孟森著作集

明元清系通紀 一

中華書局

圖書在版編目(CIP)數據

明元清系通紀/孟森著. － 北京:中華書局,2006
(孟森著作集)
ISBN 7 – 101 – 05363 – 7

Ⅰ. 明… Ⅱ. 孟… Ⅲ. 中國 – 古代史 – 研究 – 明
清時代 Ⅳ. K248.07

中國版本圖書館 CIP 數據核字(2006)第 131111 號

責任編輯:俞國林

孟 森 著 作 集

明元清系通紀

(全四册)

孟 森 著

＊

中 華 書 局 出 版 發 行
(北京市豐臺區太平橋西里 38 號　100073)
http://www.zhbc.com.cn
E – mail:zhbc@zhbc.com.cn
北京市白帆印務有限公司印刷

＊

880×1230 毫米 1/32 · 52¼ 印張 · 8 插頁 · 1150 千字
2006 年 11 月第 1 版　2006 年 11 月北京第 1 次印刷
印數:1 – 4000 册　定價:128.00 元

ISBN 7 – 101 – 05363 – 7/K · 2382

孟森著作集

出版説明

孟森(1869—1938)，字蒪孫，號心史，江蘇武進人。早年留學日本，就讀於東京法政大學。歸國後，於 1913 年當選爲民國臨時政府衆議院議員，爲配合議會活動，曾撰寫時政論文；與此同時，相繼發表有關清代歷史的專題考證文章，在當時學術界引起很大反響。1929 年，就聘於南京中央大學歷史系，主講清史課程。1931 年應聘北京大學歷史系教授，講授滿洲開國史，至七七事變止。

孟森先生的清史研究成果，主要在於對清先世源流考定、滿洲名稱考辨、八旗制度考實、雍正繼統考證、清初史事人物考辨等，對明清史的研究有着較深遠的影響，被史學界譽爲我國近代清史學派的開山祖。

我局此次出版孟森著作集，除收有孟森先生清朝前紀、心史叢刊、滿洲開國史講義、明史講義、清史講義、明元清系通紀等專著外，其餘散篇論文分別輯爲明清史論著集刊、孟森政論文集刊，共八種。

中華書局編輯部

2006 年 1 月

目　錄

自　序

　　明元清系通紀之作，留意者二十餘年。近搜集材料，自謂署備，着手編次，尚未及十分之一。僅成肇祖一代，然已占三百餘頁。清先世事，在清代自爲紀載，太祖以前，不滿兩葉，今於肇祖一代已占三百頁，自訝其多。蓋此爲清先世長編，後有執史筆、操筆削之權者，就此取材，縱不敢言無遺漏，抑於清室之神秘，業盡發之，可以供來者漁獵之資，而與舉世認識此一朝之眞相矣。充善、妥羅以下，興、景、顯三祖，迄於太祖、太宗，皆在通紀範圍之内。太祖、太宗自有實錄，所應詳者爲實錄所不載，或始已載而終削者。自充善以來，尚在編次中，陸續付印。初擬求人作一序，其不共文字之甘苦者，不欲得其泛泛之稱獎；共甘苦者，又謂非所夙加思索，謝不肯序，則亦遂缺之。第一次印成五卷，未經親校，訛舛滋多，屬吳君世拱代作刊誤表，冠每卷首①，襄助之勞，不可不紀。所取之材，皆刊版行世之書，或官修之實錄。鈔本、祕笈難爲徵信者，皆不敢隨意根據，更無論委巷傳說之語，蓋愼之又愼，不敢徇一時改革之潮流，有所誣衊於清世也。民國二十三年九月，前五卷刊行時，孟森自記。

---

　　① 此次出版，刊誤表所列者均已在原書中改正，故不再收錄。——编者注

前編弁言

　　此書先稱清朝前紀，後又作滿洲開國史，迭經整理及補充，遂將清先世在明代，一一可紀以年歲。蓋清之發詳，與明之開國，時代相符。自肇祖爲清肇基王迹之始，清太廟即以肇祖爲始祖，其行事在明太祖洪武年間，已可考見。以後歷代皆與明歷帝垂統，相循而下，今以明代之紀元，叙清代之世系，成一編年之文，一覽瞭然。既爲明史所削而不存，又爲清史所諱而不著，則此一編，正爲明清兩史補其共同之缺也。惟清之祖先，有可追至明以前者，無年可紀，列作前編，以窮其源委云爾。至清代自稱，其本國原爲滿洲，終清之世，自以其族爲滿，與漢對立，尤爲自撰空名，以避臣服明廷，曾受建州衛指揮之職之嫌，而自稱其向不屬明，與爲鄰敵之國，冀免篡竊之目，而并以箝漢人之口，使之一仕清廷，即永爲不二心之忠僕，君臣之義，較漢人歷來易代之際，束縛尤嚴。其發端，先自僞造滿洲之國名始，不得不首予詳考，以發其覆焉。其不紀元之事實，名爲前編以別之。

前編第一　滿洲名義考

滿洲之音，原爲"曼珠"。曼珠之所由來，據清代欽定滿洲源流考卷一云：

> 按滿洲本部族名。以國書考之，滿洲本作"滿珠"，二字皆平讀。我朝光啟東土，每歲西藏獻丹書，皆稱曼殊師利大皇帝。翻譯名義曰："曼珠，華言妙吉祥也；又作曼殊室利大教王。"經云："釋迦牟尼師毘盧遮那如來，而大聖曼殊室利，爲毘盧遮那本師。""殊"、"珠"音同，"師"、"室"一音也，當時鴻號肇稱，實本諸此。今漢字作滿洲，蓋因"洲"字義近地名，假借用之，遂相沿耳，實則部族而非地名。

又載高宗御製全韻詩"建號滿洲，開基肇宗"二句之下，自注："語意相同。"蓋以上館臣之語，本清高宗自製詩中注語，清之子孫臣工所自言，以滿洲爲即文殊，是佛號而非地名，即何得以爲有滿洲國乎？但既言佛號、言非地名矣，而又云部族之名，則仍欲附會其爲國名之濫觴。其實既屬佛號，又何由復爲部族？此當細考其由來矣。

清之部族，實爲女眞。女眞即肅愼，古音相同。蓋"女"字古音同"汝"，"汝"字古音同"肅"，而又與"殊"字、"諸"字皆相近。清太宗天聰九年，始上太祖尊謚爲武皇帝；又繪太祖戰績，仿帝皇實錄之例，而特製滿洲之名以入之。未幾，即下諭禁稱女眞，而代以滿洲。又未幾，而放棄天命、天聰等非正式之名號，並放棄女眞中梟桀常用自娛之後金國號，并禁稱諸申舊號。諸申者，滿洲源流考作珠申，謂肅愼之轉音，蓋即由是而禁稱女眞矣，於是實行建國號曰清，稱年號曰崇德，追尊四世，儼然備太廟之制，蓋公然以有天下自期，實始於此，別詳於後。武皇帝實錄謂"本係滿洲國，南朝誤名建州"。然天聰九年十月庚寅，又謂"原名滿洲，無知之人，往往稱爲諸申，今後不許復稱"。後數日辛丑，又改旗下家奴名諸申，使人恥之不復稱焉。可知滿洲之號，亦滿族所本無也。

　　惟"滿洲"二字之即爲"文殊"，係清先世君主之美稱，是否可信，不可不考。此當就女眞之君主稱號，以歷史遞演觀之。周以上有肅愼氏，不言其有無君主。後漢、三國，始著東夷之挹婁，謂即古之肅愼，而皆云國無君長，其部落各有大人。則知漢魏以前，女眞尙無能統數部落之君長，零星屯聚，各有豪酋，無名號之可言也。晉書有肅愼傳，已言父子世爲君長，則兼并稍大，有世及之君長矣，而未詳其稱號。魏書有勿吉傳，曰："舊肅愼國，邑落各自有長，不相總一。其人勁悍，於東夷最強。"然則雖有長而分部尚微，亦未及其名號也。隋書始以勿吉之音，諧爲靺鞨，亦曰即古之肅愼氏，所居多依山水，其渠帥曰"大莫弗瞞咄"。北史勿吉傳同。唐書黑水靺鞨傳，言其酋曰"大莫拂瞞咄"，以女眞語釋之，女眞呼長老曰"馬法"，今滿語猶然。武皇帝實錄，載朝鮮國王與太祖書，猶稱"建州衛馬法足下"，猶言建州衛酋長云爾。"馬法"，即隋書、北史及唐書之"莫弗"或"莫拂"。"大莫弗"，猶漢南粵尉陀自稱蠻夷大長，而"瞞咄"則其尊稱。隋唐時已有佛號，夷俗信佛尤篤，文殊之稱，信爲佛之最尊，而即以尊其渠酋。"瞞咄"即"曼珠"，是其時已有滿洲之對音，爲酋長之尊稱。至明而建州衛最大之酋長爲李滿住。李爲明廷所賜之姓，"滿住"則明代皆認爲其酋

之名，其實非也。何以證之？萬曆四十七年，經略楊鎬四路出
師，爲太祖所敗，明所調朝鮮助戰之兵，由都元帥姜弘立率以
降太祖。其時隨姜被擄之人，有栅中日錄一文，見日本人稻葉
岩吉清朝全史所引。日錄言：“約和後，軍始下山飲水。胡將
仍言，此事當到城見滿住後，許令還國。”則當時太祖已稱天命
四年，而將士向稱之曰滿住，可知滿住爲建州最尊之號。而李
滿住在前此百數十年，其稱“滿住”，即非其名，而爲建州酋長
之稱矣。隋唐時之“瞞咄”，明時之“滿住”，一也，同爲君之尊
稱，則知清代宦官宮妾稱至尊曰“老佛爺”，猶是此俗。而高宗
所謂“滿洲”即“文殊”，其言可信。因其部族稱君爲“文殊”即
“滿洲”，因曰滿洲國。當其先，蓋建州曾稱爲滿珠部落，猶之
今世界稱帝國、王國、公國、侯國之類。以當時之滿洲部落，
即自稱爲滿洲國，亦非驟命一新名，而強其屬人遽以自命也。
對其部落以外，曰“我滿洲如何”云云，猶中國人言“奉皇上詔
旨”云云，故在口語及文字之中，亦頗順習，此太宗創造國名，
所由以滿洲爲名，而推行無滯之故。

前編第二　清始祖布庫里英雄考

清太祖武皇帝實錄叙滿洲源流云：

滿洲原起于長白山之東北布庫里山下一泊，名布兒湖
里。初，天降三仙女浴於泊，長名恩古倫，次名正古倫，
三名佛古倫。浴畢上岸，有神鵲銜一朱果，置佛古倫衣
上，色甚鮮妍。佛古倫愛之，不忍釋手，遂啣口中。甫着
衣，其果入腹中，即感而成孕，告二姊曰："吾覺腹重，
不能同昇，奈何？"二姊曰："吾等曾服丹藥，諒無死理，
此乃天意，俟爾身輕，上昇未晚。"遂別去。佛古倫後生一
男，生而能言，倏爾長成。母告子曰："天生汝，實令汝
爲夷國主，可往彼處，將所生緣由，一一詳說。乃與一
舟，順水去，即其地也。"言訖忽不見。其子乘舟順流而
下，至於人居之處登岸，折柳條爲坐具，似椅形，獨踞其
上。彼時長白山東南鰲莫惠地名。鰲朶里城名。內，有三
姓夷酋爭長，終日互相殺傷。適一人來取水，見其子舉止
奇異，相貌非常，回至爭鬥之處，告衆曰："汝等無爭，
我於取水處遇一奇男子，非凡人也，想天不虛生此人，盍
往觀之！"三酋長聞言罷戰，同衆往觀。及見，果非常人。
異而詰之，答曰："我乃天女佛古倫所生，姓愛新華言金
也。覺羅，姓也。名布庫里英雄。天降我，定汝等之亂。"
因將母所囑之言詳告之，衆皆驚異曰："此人不可使之徒
行。"遂相插手爲輿，擁捧而回。三酋長爭共奉布庫里英雄

爲主，以百里女妻之，其國定號滿洲，乃其始祖也。南朝
誤名建州。歷數世後，其子孫暴虐，部屬遂叛，於六月間，
將鰲朶里攻破，盡殺其闔族子孫。内有一幼兒名范嚓，脱
身走至曠野，後兵追至，會有一神鵲棲兒頭上，追兵謂人
首無棲鵲之理，疑爲枯木椿，遂回，於是范嚓得出，遂隱
其身以終焉。滿洲後世子孫，俱以鵲爲祖，故不加害。

以上爲清世自述其初得姓初有部屬之祖。其託之神話，情節已
定，爲後來歷次修改之所本。然武皇帝實錄爲最初之本，其中
如云"爲夷國主"及"三姓夷酋"、"三酋長"等文字，俱爲後來諱
改。又滿洲之名亦造端於此實錄，而託之彼時所已定，然自加
注云"南朝誤名建州"，則猶示人以彼之所謂滿洲，即明之所謂
建州。後來則建州之名亦爲所諱矣。布庫里英雄，當時實爲意
譯之文。布庫里既爲誕生之地山名，英雄則言其地之豪耳。後
來改爲布庫里雍順，以抹殺其意義，使成一不可解之夷語。又
稱"以鵲爲祖"，蓋亦往時關外原義，後來改作"以鵲爲神"，則
寖非舊俗矣。清世祭祖，殿前必有高杆，置祭肉等品於杆頭，
以供烏鵲之食，正其"認鵲爲祖"之遺意，始而鵲銜朱果，以成
天女之胎；既而鵲棲兒首，以救范嚓之禍，累世賴鵲，而有此
一帝系之產生。附會之傳說如此，不足深究。

　布庫里英雄之爲夷國主也，在大朝版圖之内，不禀朝命，
豈能攝服部屬？其所居之地爲鰲莫惠之鰲朶里城。鰲莫惠後改
俄漠惠，一作鄂謨輝；鰲朶里後改俄朶里，一作鄂多理，其方
位則在長白山之東南。實錄又言："肇祖後居赫圖阿拉，在鰲
朶里城西千五百餘里。"東華錄，"西"字訛作"四"字，道里悠
謬，益不可究詰。清代帝王欲追溯其祖宗之王迹，乃於遼東邊
外松花江流域，妄指地名爲俄漠惠、俄朶里以實之；又以三姓

之說，牽合松花江上之三姓地，附會愈多而愈不合。其實，最
初傳說，筆之實錄，而歷修未改者，俄漠惠地之俄朶里城，確
在長白山之東南，後來不過去一"南"字，猶在長白之東，則實
在後來之高麗境內，並非松花江流域也。日本人考得朝鮮鏡城
之斡木河，實當清實錄之俄莫惠，其說最確。惟以朝鮮記載，
清肇祖於朝鮮李朝太宗李芳遠時，由遼東邊外入居其地，因謂
居斡木河者為孟哥帖木兒，其先別無所謂布庫里雍順。清之始
祖，即為肇祖，其上衍數世之說，皆清世悠謬之說，此則未免
為日人之武斷；不知高麗北部之地，在元代實為版圖以內開元
等路之地。元初設斡朶憐萬戶府，即設長白山之東，清為斡朶
里部族，實始於此。證以元史及明實錄，地望乃定。今分述之
如下：

　　元史地理志："遼陽等處行中書省，所屬合蘭府水達達等
路，旣土地曠闊，人民散居。元初設軍民萬戶府五，鎮撫北
邊：一曰桃溫，距上都四千里；一曰胡里改，距上都四千二百
里，大都三千八百里；有胡里改江并混同江，又有合蘭河，流入於
海。一曰斡朶憐；一曰脫斡憐；一曰孛苦江，各有司存，分領
混同江南北之地。"此所謂混同江南北之地，該括甚廣，北則黑
龍江全境野人女眞部落，南則奉、吉二省之女直所在，直至鴨
綠江左右，皆合蘭府水達達等路地也。何以證之？明實錄：
"太祖洪武二十年十二月壬申，命戶部咨高麗王，以鐵嶺北東
西之地，舊屬開元，其土著軍民女直、韃靼、高麗人等，遼東
統之；鐵嶺之南，舊屬高麗人民，悉聽本國管屬。疆界旣正，
各安其守，不得復有所侵越。"所云"舊屬開元"，謂元時屬開元
路。元開元路極廣，與水達達等路，皆屬遼陽行省。鐵嶺亦朝
鮮境內地。開元非後來之開原，鐵嶺亦非後來之鐵嶺也。又：
"二十一年三月辛丑，置鐵嶺衛指揮使司。先是，元將拔金完

哥，率其部屬金千吉等來附。至是，遣指揮僉事李文、高顯鎮撫杜錫，置衛於奉集縣，以撫安其衆。”鐵嶺之元將來附，設衛以撫安其衆，衛署雖在奉集，奉集，明置堡，在瀋陽東南。而衛以鐵嶺爲名，所撫安者鐵嶺之衆，則固以鐵嶺爲轄境也。是日又書：“徙置三萬衛于開元。本年正月壬午，賜遼東三萬衛指揮侯史家奴白金二百兩、文綺帛各六匹、鈔五十錠。先是，詔指揮僉事劉顯等，至鐵嶺立站，招撫鴨綠江以東夷民。會指揮僉事侯史家奴領步騎二千抵斡朶里立衛，以糧餉難繼，奏請退師，還至開元。野人劉憐哈等，集衆屯於溪塔子口，邀擊官軍，顯等督軍奮殺百餘人，敗之，撫安其餘衆，遂置衛於開元。”據此，則三萬衛原立於鴨綠江東之斡朶里，由鐵嶺設站，以通接濟，其經營皆在後來朝鮮境内。至是，以糧餉難繼，退至開元，此則明之開元，即今之開原也。四月壬戌又書：“時高麗王顯表言：‘文、高、和、定等州，本爲高麗舊壤，鐵嶺之地，實其世守，乞仍以爲統屬。’上諭禮部尚書李原名曰：‘數州之地，如高麗所言，似合隸之。以理勢言之，舊既爲元所統，今當屬於遼。況今鐵嶺已置衛，自屯兵爲守，其民各有統屬。高麗之言，未足爲信。其高麗地壤，應以鴨綠江爲界。從古自爲聲教，然數被中國累朝征伐者，爲其自生釁端也。今復以鐵嶺爲辭，是欲生釁矣。遠邦小夷，固宜不與之較，但其詐僞之情，不可不察。禮部宜以朕所言，咨其國王，俾各安分，毋生釁端。’”蓋三萬衛雖已撤退，而鐵嶺轄境，仍在高麗境内。高麗抗議，而太祖未遽允。尋太祖諭部臣之言：“高麗地壤，歷代原以鴨綠爲界。”至元代，有女直軍民萬戶府斡朶憐萬戶，置於朝鮮北界俄朶里。洪武間尚有元將拔金完哥等守之。太祖既收降元將，遂欲仍元之舊而設衛置兵。觀其後洪武二十四年，建瀋王府於瀋陽，建韓王府於開元；二十五年，建遼王府於廣甯，分封諸子，皆在邊衝，正欲襲元故事，使子孫各自發展，以擴境土。
後永樂六年，遷瀋王於山西潞州；二十二年，遷韓王於陝西平
涼；遼王則於建文中改封湖廣荆州府，於是經營東北之志衰
矣。當三萬衛初立之日，尙立於朝鮮境内之斡朶里地方，未幾
退至開元。越數年，擬封三王於瀋陽、開元、廣寗，主持邊
事，則前之姑退，以糧運不繼，安知非封藩以後，再擬全力營
運道，而終收元之故地爲疆域耶？惜乎後嗣以猜忌之私，不欲
復以强兵要地，與親貴爲資，削弱宗親，亦即沮抑邊計，後來
大禍即起於東北，孰知爲咄弗摧，其源正在骨肉猜防間也。

　　再考元女直軍民萬戶府五，皆屬合蘭府水達達路，然斡朶
里地，則在開元路。元志於五萬戶中，桃溫及胡里改兩萬戶
府，能言其距京師之里至；至斡朶憐以下三萬戶府，則不然，
蓋明修元史時，並不能悉詳五萬戶府之所在，而以可詳者在合
蘭府水達達等路，遂連類而書之。其實女眞部族，占合蘭府及
開元路兩處，而建州女眞則盡屬開元，海西女眞亦多在開元境
内。元志：“開元南界高麗，高麗北境又在元爲雙城府，亦即
屬開元路。考咸吉道，本高勾麗故地。高麗成宗十四年乙未，
宋太宗至道元年，分境内爲十道，以東界爲朔方道，咸州迆
北，沒於東女眞。睿宗二年丁亥，宋徽宗大觀元年，以中書侍
郎平章事尹瓘爲元帥，知樞密院事吳延寵副之，率兵十七萬，
擊逐東女眞，自咸州至公險鎮築九城，立界至碑石於公險鎮先
春嶺。高宗四十五年戊午，南宋理宗寶祐六年，蒙古兵來侵，
龍津縣人趙暉、定州人卓青叛，以和州迆北附於蒙古，蒙古乃
置雙城總管府於和州，自是又屬於大元。恭愍王五年丙申，元
順帝至正十六年，遣樞密院副使柳仁雨，收復和州迆北諸城，
號爲東北面。至本朝太宗十三年癸巳，大明太宗文皇帝永樂十
一年，以管内有永興、吉州，改永吉道。十六年丙申，永樂十

四年，降永興府爲和州牧，陞咸州牧爲咸興府，乃改稱咸吉
道。"以此，知朝鮮之咸吉道，元時皆屬中國，其爲高麗所侵
占，實在元末明初。金元時，女眞皆入郡縣之列，由今之吉林
南入斡朶憐，並無阻隔。明代女眞未爲内地，設三萬衛於斡朶
里，遂覺運輸難繼，鞭長不及，退入開原，而鏡城遂入朝鮮，
朝鮮王李裪所以謂爲太祖賜復之地也。其實咸鏡之屬高麗，遠
在唐初，後入渤海，即所謂東女眞，則已淪異域。元收其地，
明則得之於元而又棄之於朝鮮。此斡朶里之確定地點也。

　　朝鮮李朝開國之太祖李成桂，據彼國之龍飛御天歌。日本
稻葉岩吉清朝全史所引。卷七第五章注云："東北一道，本肇基之
地也，此言高麗之東北境。畏威德久矣，野人酋長，遠至移蘭豆
漫，皆來服事，常佩弓劍，入衛潛邸，暱侍左右，東征西伐，
靡不從焉。如女眞則斡朶里豆漫夾溫猛哥帖木兒、火兒阿豆漫
古論阿哈出、託溫豆漫高卜兒閼。"又云："移蘭豆漫爲三萬戶，
古論與夾溫，皆其姓也。"然則阿哈出本爲火兒阿豆漫，即元史
之胡里改萬戶，猛哥帖木兒本爲斡朶里豆漫，即元史之斡朶憐
萬戶，高卜兒閼爲託溫豆漫，即元史之桃溫萬戶。據龍飛御天
歌，所謂入侍之女眞，止有三萬戶，然與元史之女眞萬戶府
名，一一相合，其爲五萬戶已止存其三，抑尚有未暱就李成桂
之兩萬戶在，未可知也。永樂間，阿哈出與猛哥帖木兒復入
明，托溫部亦屢有入明者，但不見高卜兒閼之名。如永樂二年
四月庚辰，托溫江女直野人頭目甫魯胡等來朝，授以兀者衛百
戶等官，仍加賜賚；十月癸未，托溫女直野人頭目喚弟等來
朝，設丸者托溫千戶所，以喚弟等爲千百戶等官，賜誥印、冠
帶、襲衣、鈔幣有差，皆是也。

　　今爲清之祖先，詳其發祥之始，清實錄謂始祖布庫里雍順
居俄朶里，龍飛御天歌謂孟哥帖木兒爲俄朶里萬戶。萬戶乃世

職，非孟哥所新授，必其先世已受此職而承襲之。元設女眞五萬府，在滅金之後，其始授斡朶里萬戶職者，必即所謂布庫里雍順其人。何以明之？元百官志：“諸路萬戶府，其官皆世襲。”又兵志：“國初典兵之官，視兵數多寡，爲爵秩崇卑。長萬夫者爲萬戶，千夫者爲千戶，百夫者爲百戶。世祖時頗修官制。”“萬戶、千戶死陣者，子孫襲爵，死病則降一等；總把、百戶老死，萬戶遷他官，皆不得襲。是法尋廢，後無大小，皆世其官，獨以罪去者則否。”又於軍士，則言“遼東乣軍、契丹軍、女直軍、高麗軍、雲南之寸白軍，福建之畲軍，則皆不出戍於他方者，蓋鄉兵也。”據此，知元萬戶府本皆世襲，女直軍尤爲鄉兵，不出戍他所，無遷官不得襲之理，亦無死陣死病之別。明初，尙存元初各萬戶之原名，即其受自元初，得之世襲無疑。斡朶里自有始受萬戶職之人，即孟哥自有所承襲之先祖。日本人以孟哥於永樂初年曾入居朝鮮鏡城之斡木河地，正合長白山東之方向，又合俄漠惠之對音，遂謂清之始祖實止孟哥一人，謬分爲兩，而生出布庫里雍順之名。豈知斡朶里部族，本在長白山東，朝鮮鏡城之斡木河，實係女眞故地，並非因孟哥入居，而留女眞之踪跡。不有明實錄中洪武二十年設三萬衞於朝鮮之斡朶里爲證，不復知斡朶里之原在朝鮮。清代康、雍、乾三世，追維王跡，發揚先緒，極欲考尋俄漠惠及俄朶里所在，止知向明代之女眞地域內搜求，不知元代之女眞實有朝鮮東北境鏡城之地，自指發祥地在甯古塔附近，以今敦化縣爲鄂多理，而於其左近，覓一俄漠惠音近之地以實之。此所覓得之俄漠惠，僅從康熙內府輿圖中，按其字音摸索而得，而在康熙敕撰之皇輿表卷二，言“俄朶里城在興京東北一千五百里，四至莫考”云云。當時並未確指俄朶里之境，又安有俄漠惠地？且其地在長白山北，非長白山東，故日本人雖言敦化附近之俄漠惠，爲乾隆以來所附會，而俄朵里則係建州部族之稱，非必實有是城，因斡木河與俄漠惠音近，恰在長白山東，乃斷定其爲實錄所言雍順發祥之地。又以斡木河地無俄朵里城可指，則斷定爲建州原有之部族名。又以入斡木河者，明初爲肇祖，則斷定雍順之事實，即肇祖之事實，並非別有其人。其以斡木河爲俄漠惠，正在長白山東，所見尚合。斡木河據朝鮮王疏，爲太祖賜復之地，即太祖設三萬衛於俄朵里而旋撤退之事，可知木斡河自有俄朵里，今雖無城，元初設萬戶府時，安知不築有土圍，謂之俄朵里城，豈得以六百年後無城而疑之！以元史及明實錄互證，乃知清初實錄，並不悠謬，轉因乾隆間鑿求其地而致誤。康熙皇輿表謂“俄朵里在興京東北千五百里”，不過襲太祖實錄之文；又云“四至莫考”，即並未實指其所在。其實所云“相距千五百里”，乃天聰時按朝鮮東北境，遶長白山而至其麓之赫圖阿拉，可有千五百里之程，非謂直線之長有此里數。蓋清太祖實錄之言肇祖以前有始祖，始祖居長白山東之俄漠惠地俄朵里城，一一不妄。日本人所考，僅得其半耳。又武皇帝實錄，壬子年萬歷四十年。十二月，太祖責兀喇貝勒布占太，有云：“天生愛新覺羅人，曾被誰責辱，汝試言之。百世以前，汝或不知；十世以來，汝豈不知？”所云“天生之愛新覺羅”，即自詡其傳述之天女誕生始祖。其質諸鄰敵之聞見，自言不過十世以來。今以太祖而上溯之，一世顯祖；二世景祖；三世興祖；四世石報奇，與妥羅爲同輩；五世董山兄弟；六世肇祖；據實錄，肇祖爲范察之孫，則范察爲八世；再上溯至十世，即爲范察之祖，以雍順爲范察之祖，正合十世以來之數。所謂雍順之子孫，虐待部屬而被戕，幼兒范察得免，一切可以相合，於清實錄之紀載始祖布庫里雍順，可以無疑義矣。

清代當未入關前，尚明其本族女眞與朝鮮之分地歷史，故於始祖之居俄朶里，確知其在長白山以東。入關後，歷順治至康熙朝，關外故老無存，考訂文字輿地，又多出漢人之手，其眼光爲明代之朝鮮封域所限，咸鏡一道，信其爲朝鮮地，自忘其祖居所在，而轉誤求之長白山西，以興京爲根柢，約略指定，遂謂俄漠惠在今敦化縣境，不知清之始祖所受俄朶里萬戶職，自在元代。元史地理志，高麗元時尚未名朝鮮。之咸鏡道地，自屬遼陽行省，與其國王之管轄無關。至高麗全國，雖亦曾設行省，然別爲征東行省，不混入遼陽省也。女直部落，皆在遼陽省內。征東等處行中書省，領府二：一瀋陽等路高麗軍民總管府，二耽羅軍民總管府，耽羅在高麗南境，舊爲高麗屬國，元世祖至元十年平耽羅，於其地立招討司，後改軍民總管府。三十一年，以高麗之請，乞仍爲所屬。世祖以爲小事，允之，耽羅遂併隸高麗。高麗國王仍爲行省中之左丞相。大德五年，并爲罷行省官，雖名爲征東行省左丞相，實仍高麗國王矣。明萬曆間，清太祖與李成梁相結，成梁欲倚太祖取高麗以自封殖，故於太祖求官請地，無不曲徇其意。清業之藉以坐大，皆成梁致之。成梁晚年，屢爲言官所論，沒後其子如柏、如楨，亦以通奴爲一時指摘。如柏之妾，爲太祖弟舒爾哈赤女。李氏本朝鮮人，占籍鐵嶺，又方與清太祖共圖朝鮮，必共研朝鮮故事。朝鮮境內原有女眞故地，太祖自應知之。太祖實錄始成於太宗天聰九年，所述始祖事跡，後來皆以爲據，蓋其口耳相傳，尚可取信。康熙時已茫昧，乾隆間更附會而失眞，所謂數典而忘其祖。今爲考定俄漠惠俄朶里之疆索，舉清室所不能自知者，於今日使世人共知之。日本人所考訂，亦不無導源之益云。元志，征東行省所屬五道，設勸課使五：慶尙州道、東界交州道、全羅州道、忠清州道、西海道。

　　或有爲日本人申其說者曰：萬戶一官，固爲元舊，明已改爲指揮使矣，然朝鮮實錄中始終有萬戶，猛哥帖木兒等之三萬戶，安知非朝鮮所授？如果猛哥始受萬戶職，則安能必其爲襲自元代？而其先有始襲之人，足當布庫里雍順其人，而遽斷定猛哥非實淸之始祖乎？淸實錄謂雍順後有范察，范察後乃有猛哥，然明實錄則猛哥之弟名凡察。淸實錄謂雍順之後爲仇人所殺，僅留范察以延其世，明實錄則猛哥爲仇人所殺，其弟凡察與猛哥子存而襲職，似皆以猛哥事實影射爲雍順。又雍順於武皇帝實錄作"英雄"，則知布庫里雍順乃後來化名，其實爲布庫里英雄，而布庫里旣爲山名，則布庫里英雄，乃布庫里山所在之豪，更疑其爲譚名而非人名，是淸之所謂始祖，竟未必有是人。本此三端，仍應信日本所云猛哥即淸始祖，淸實錄乃上溯布庫里雍順，恐出僞託，以天女所生神其說，自比於朱蒙之爲河伯外孫，傳其東夷之虛誕故習云爾。

則爲之一一答解焉：

（一）萬戶一官，固爲朝鮮所有，但猛哥之爲萬戶，則其文爲"豆漫"。豆漫乃女眞語之萬戶。猛哥等三萬戶，從女眞語，謂之"移蘭豆漫"，則其爲猛哥等原有之官，非朝鮮所授明甚。又此三萬戶，恰爲元史女眞五萬戶中之三，是明明循元時舊職而來，故朝鮮太祖以此三萬戶入侍爲榮。若朝鮮自授之女眞萬戶，得其來侍，又何足侈龍飛之盛也！又況猛哥之父揮厚，其官已爲豆漫，則猛哥之職，襲自先世，非本身所始授。若謂以始得萬戶者爲始祖，則揮厚已爲豆漫，即已爲萬戶，何故不爲淸系所託始？知揮厚原非始爲萬戶之人，惟可證猛哥家之世襲萬戶，其來已久。即問其承襲之由來，必有一始受萬戶職者，即必有一始祖在也。童揮厚之爲豆漫，見朝鮮實錄，錄其文如下：

太宗二十年，大明正統三年。七月辛亥，傳旨咸吉道節制使金宗瑞："今聞凡察非猛哥帖木兒同父弟，而童倉幼弱之時，猶領管下，以爲一部酋長。今童倉年滿二十，體貌壯大，一部人心，咸歸童倉而輕凡察。卿久在邊境，必熟知形勢，斡朶里一部之心，果如予所聞歟？備細啟達。"宗瑞回啟："凡察之母，僉伊官名甫哥之女也吾巨，先嫁豆萬官名揮厚，生猛哥帖木兒。揮厚死，後嫁揮厚異母弟容紹官名包哥，生於虛里、於沙哥、凡察。包哥本妻之子，吾沙哥、加時波、要知，則凡察與猛哥帖，非同父弟明矣。"

所云豆萬揮厚爲猛哥之父，豆萬下又注"官名"，明即豆漫，亦即萬戶。揮厚之異母弟包哥，官爲容紹，而猛哥母也吾巨之父甫哥，其官亦爲僉伊，明皆世有官職之家，其襲自先世尤可信。

　　（二）猛哥之祖名范嗏，或作范察；猛哥之弟亦名凡察。祖孫同名，野人所恒有。凡察一名，在建州不知凡幾，想其必爲習見之名。明實錄中建州左衛酋目，名凡察者先後若干人，別詳於後。方之各國通例，若路易，若愛德華，若查理斯，其爲人名，有第一、第二、乃至第若干而未已。中國自周始以諱事神，子孫避祖父之諱，臣避君諱，皆周禮之所創。酈道元水經注溫水下云："林邑國王陽邁，其太子初名咄，後陽邁死，咄年十九代立，慕先君之德，復改名陽邁。昭穆二世，父子共名，知林邑之將亡矣。"此亦習用周禮之見解。今謂祖名范嗏，孫不得有凡察，無乃若唐人所謂李賀父名晉肅，賀不得舉進士之類也乎！至野人世相仇殺，雍順之後，有戕於其仇者，范嗏幸免之後，再傳至猛哥，又戕於七姓野人，亦夷俗所恆有之

事，何得以被仇殺者謂清之先止有一人，不許其傳世後再遭此
禍也。

（三）謂布庫里雍順或可爲人名，一經考得其本爲布庫里英
雄，即斷定必非人名，此亦難以理解。我國文字爲單音，世界
各國文字多用複音，用複音字者，其一名恆爲一語句，清始祖
命名時，志在爲布庫里英雄，即名布庫里英雄，若吾國人，志
在爲國之屛藩，即名國藩，志在爲漢族之民，即名漢民，烏在
其取名成一語句，即爲諢名而非所命之名也。

以上三說，皆不足以伸日本人之臆解，則吾終以清實錄之
託始布庫里英雄，自有其人而非僞託，若云託之天女所生，必
僞造一人。夫天女生人之妄語，自可不信，然與清始祖之有無
其人不涉。果使猛哥即爲始祖，清代何難以天女所生之事即綴
之於猛哥之身？故天女之說可闕，始祖之有其人，不可抹殺
也。清太廟之追尊，至肇祖而止，則以其身爲都督，名績燦
然，自信爲肇基王跡之祖。若其先之襲爲萬戶，史有明文，豈
能由日本人臆斷而遂沒之乎？

前編第三　女眞源流考略

地球東部大陸之上，除漢族外，歷史之悠久，及其發展之經過，自今以前，無有過於女眞一族者。以發展言，女眞在中國史書，占金及清兩朝。以悠久言，女眞即肅愼，自來未與他族混亂。肅愼之見於史書，在正史則史記五帝本紀："舜之所撫，在北方者，已有山戎，北發、肅愼。""發"字原脫，而錯見於上，從索隱說如此。而別史則竹書紀年，"虞舜二十五年，息愼獻弓矢。"息愼，史紀集解引鄭玄曰："或謂之肅愼，東北夷。"此女眞之通中國，遠在虞舜之世，其以弓矢著稱，當時已然。

至周時，一見於武王之克商，肅愼氏貢楛矢、石砮。國語魯語"仲尼在陳，有隼集於陳侯之庭而死，楛矢貫之，石砮，其長尺有咫。陳惠公使人以隼如仲尼之舘問之。仲尼曰：'隼之來也遠矣，此肅愼氏之矢也。昔武王克商，通道於九夷百蠻，使各以其方賄來貢，使無忘職業，於是肅愼氏貢楛矢、石砮，其長尺有咫。先王欲昭其令德之致遠也，以示後人，使永監焉，故銘其楛曰"索愼氏之貢矢"，以分大姬，配虞胡公而封諸陳。古者分同姓珍玉，展親也；分異姓以遠方之職貢，使無忘服也，故分陳以肅愼氏之貢。君若使有司求諸故府，其可得也。'使求，得之金櫝，如之。"再見於成王時，書序："成王旣伐東夷，肅愼來貢，王俾榮伯作賄肅愼之命。"釋文曰："肅愼，馬本作息愼。"周書王會篇又作稷愼，史記周本紀，則采書序作息愼，與尙書馬本合。此女眞之通中國，見於周代者也。

漢爲匈奴所隔，班書不載東北夷。武帝已後，攘斥匈奴，先通西道，班書已有西南夷及西域傳。至范書，乃有挹婁傳，傳首即云："挹婁，古肅慎之國也。"挹婁爲女眞族中之一部，漢時或以此部爲較强，遂以代表其族。今考挹婁之爲部，當即清之祖先，所謂斡朶里部。何以明之？挹婁或作桂婁，在高麗北境，正高麗咸吉北道歸化女眞斡朶里部之地。其證如下：

　　唐書渤海傳："本粟末靺鞨附高麗者，姓大氏。高麗滅，率衆保挹婁之東牟山，地直營州東二千里。"

　　舊唐書渤海靺鞨傳："大祚榮者，本高麗別種也。高麗旣滅，祚榮率家屬徙居營州。萬歲通天年，契丹李盡忠反叛，祚榮與靺鞨乞四比羽，各領亡命東奔，保阻以自固。盡忠旣死，則天命右玉鈐衛大將軍李楷固，率兵討其餘黨。先破斬乞四比羽，又度天門嶺，以迫祚榮。祚榮合高麗、靺鞨之衆，以拒楷固。王師大敗而還，屬契丹及奚盡降突厥，道路阻絕。則天不能討，祚榮遂率其衆，東保桂婁之故地，據東牟山，築城以居之。"

此挹婁即桂婁之證也。

　　後漢書東夷傳："挹婁，古肅慎之國也，在夫餘東北千餘里，東濱大海，南與北沃沮接，不知其北所極……衆雖少而多勇力，處山險，又善射，發能入人目。弓長四尺，力如弩。矢用楛，長一尺八寸，青石爲鏃。"

此爲漢時之女眞。在挹婁傳中，亦不言其來朝貢，但中朝知有此國之部落及風俗而已。以地理言之，乃黑龍江之生女眞，北沃沮尙在其南。沃沮即烏稽或窩集，華言老林。北沃沮即吉林之森林地也。其時南部熟女眞之地，乃以高勾驪及扶餘爲國名。

又高勾驪傳："在遼東之東千里，南與朝鮮、濊貊，東與沃沮，北與扶餘接。……凡有五族，有消奴部、絕奴部、順奴部、灌奴部、桂婁部。注按今高驪五部；一曰内部，一名黃部，即桂婁部也；二曰北部，一名後部，即絕奴部也；三曰東部，一名左部，即順奴部也；四曰南部，一名前部，即灌奴部也；五曰西部，一名右部，即消奴部也。本消奴部爲王，稍微弱後，桂婁部代之。……武帝滅朝鮮，以高勾驪爲縣，使屬玄菟。"

據東夷兩傳合考之，桂婁部乃高驪之中央一部，而爲當時之統治者，其南部乃後之朝鮮境。餘四部及夫餘國，正爲建州女眞及海西女眞之地。又從上所引兩唐書之靺鞨傳，知桂婁即抑婁，則桂婁部在南，爲高勾驪之統治者。抑婁在北，自成一國，其實乃蒙桂婁之音而來，故暫隱其肅慎之名而爲抑婁。桂婁實爲熟女眞之本部，其地在今朝鮮北境。明實錄："太祖初設三萬衛於朝鮮之斡朶里城。"朝鮮實錄："咸吉道附近，皆斡朶里女眞之地。"故知桂婁、挹婁皆指其地，而斡朶里之音即挹婁，其中間"朶"字之音，特略去之耳。

高勾驪本漢滅朝鮮分設四郡之後，爲玄菟郡所屬之一縣。後就其地爲女眞南部所據以立國，故漢之高勾驪，實亦大部分爲女眞，而小部分爲朝鮮。其後高麗并朝鮮，疆域愈縮而南，女眞故地遂別名勿吉，又變而爲靺鞨。其變遷可歷考之如後：

三國魏志有挹婁傳，其文略同范書。陳壽成三國志在前，范特仍之。

晋书有肃慎氏国传："一名挹娄，在不咸山北，去夫余可六十日行，东濒大海，西接寇漫汗国，北极弱水。"

魏志之挹娄，即范书之挹娄。魏时亦尚有高勾骊。齐王芳正始七年，幽州刺史毌邱俭破灭之，过沃沮千有余里，至肃慎氏南界，事见俭本传及高勾骊传。晋无高勾骊，而肃慎之贡献，至中兴后未已，不似汉之挹娄，仅通其国名，不载其来贡之比也。盖已於魏兵还後，通高勾骊旧时之肃慎地为一国矣。所云在不咸山北，语本山海经大荒北经："大荒之中有山名曰不咸，有肃慎氏之国。"不咸山当即长白山。山海经之疆域本不甚远。左传昭公九年，王使詹桓伯辞於晋，有曰"肃慎、燕、亳，吾北土也。"周盖述周初以肃慎为北边，与燕相等。尤可知三代以上肃慎之通中国，决非远在黑龙江，越数千里而来相接也。杜预注："肃慎，北夷，在玄菟北三千余里。"此说当误。盖以汉之挹娄为肃慎故土，而不知挹娄之本为桂娄，汉时别称高勾骊，其地实在玄菟境内也。观晋以後以勿吉或靺鞨为挹娄，即为肃慎，其地域皆近接长白山，可以知不咸山之所在矣。一统志以不咸山为长白山。

魏书勿吉传："在高勾骊北，旧肃慎国也。……国有大水，阔三里余，名速末水，其地下湿，……国南有徒太山，魏言太皇。"

此所谓"高勾骊北"，乃南占朝鲜之高丽，非汉之高勾骊，故云"国南有徒太山"。"徒"，隋书、唐书作"徒"，北史作"从"，流传歧误，未知以何者为正，但作"徒"字者为多数。而其即为长白山，於唐書有明文矣。速末水，隋唐作粟末水。水道提綱：
“松花江，古粟末水，亦曰速末水。”松花江發源長白山，皆可
證其不在漢之挹婁境也。

　　隋書靺鞨傳：“在高麗之北，邑落俱有酋長，不相總
一。凡有七種：其一號粟末部，與高麗相接。勝兵數千，
多驍武，每寇高麗中。其二曰伯咄，在粟末之北，勝兵七
千。其三曰安車骨部，在伯咄東北。其四曰拂涅部，在伯
咄東。其五曰號室部，在拂涅東。其六曰黑水部，在安車
骨西北。其七曰白水部，在粟末東南。勝兵並不過七千。
而黑水部尤爲勁健。自拂涅以東，矢皆石鏃，即古之肅愼
氏也。所居多依山水，渠帥曰“大莫拂瞞咄”，東夷中爲强
國。有徒太山者，俗甚敬畏，上有熊羆豹狼，皆不害人，
人亦不敢殺。地卑濕，築土如堤，鑿穴以居，開口向上，
以梯出入。

　　隋之靺鞨，即魏之勿吉，穴居以梯出入，與漢之挹婁同。
所云“不相總一”，乃同爲一族，而分七部，然其每部勝兵者多
至七千，少亦三千，則邑落已不爲小，故其渠帥亦有尊號，爲
後之滿洲所自始矣。
　　唐時以靺鞨諸種中，粟末部大氏獨强盛，立渤海國，其餘
則惟存黑水靺鞨，遂分黑水靺鞨與渤海靺鞨爲二傳，皆肅愼，
亦皆女眞也。

　　唐書黑水靺鞨傳：“居肅愼地，亦曰挹婁。元魏時曰
勿吉。直京師東北六千里，東瀕海，西屬突厥，南高麗，
北室韋，離爲數十部，酋各自治。其著者曰粟末部，居最

南，抵太白山，亦曰徒太山，與高麗接，依粟末水以居。
水源於山西，北注它漏河，稍東北曰汨咄都，又次曰安居
骨部，益東曰拂涅部。居骨之西北曰黑水部，粟末之東曰
白山部，部間遠者三四百里，近二百里。白山本臣高麗，
王師取平壤，其眾多入唐。汨咄、安居骨等皆奔散，寖微
無聞焉，遺人迸入渤海。惟黑水完彊，分十六落，以南北
稱，蓋其居最北方者也。人勁健，善步戰，常能患它部。
俗編髮，綴野豕牙，插雉尾爲冠飾，自別於諸部，性忍
悍，射獵。……其酋曰‘大莫拂瞞咄’，世相承爲長。無書
契。其矢石鏃長二寸，蓋楛弩遺法。”又渤海傳：“本粟末
靺鞨附高麗者，姓大氏。高麗滅，率眾保挹婁之東牟山。
地直營州東二千里，……爲海東盛國，有五京十五府六十
二州。”

合此二傳，皆肅慎之在混同江以南者。其最南之粟末部，以松
花江爲名，自唐至五代，建渤海國，幾盡併女眞地，置五京十
五府六十二州，爲海東盛國。其諸部女眞之僅存者，惟黑水一
部而已。其俗編髮，即清代之辮髮。徒太山即太白山，朝鮮猶
稱長白山爲太白山。矢用石鏃，猶古肅慎之遺。

舊唐書兩靺鞨傳，叙源流略同。

唐末，契丹始興而未盛。終唐之世，女眞猶以渤海爲統一
之國。渤海自大祚榮死於開元七年，其子武藝嗣，即建號改
元，傳世二百餘年，乃爲契丹所滅，時在後唐同光三年，契丹
太祖天顯元年也。女眞他部之役屬於渤海者，僅一黑水靺鞨，
與渤海並存。考之遼史，天顯元年正月，破渤海。二月丙午，
改爲東丹國，冊皇太子倍爲人皇王以主之。次日丁未，復書高
麗、濊貊、鐵驪、靺鞨來貢，則渤海亡而靺鞨如故也。然其明

年十二月，即書女眞國遣使來貢，從此幾無歲不見女直，甚有
一歲再見者，而靺鞨之名遂絕。意者渤海未亡，黑水部沿稱靺
鞨，渤海亡而女眞各部復起，遼史屬國表所著歲歲來貢之女
直，非復黑水靺鞨一部。遼人從其民族之本名爲肅愼，而又異
其譯文爲女眞。至興宗諱宗眞，又於國史中改書女直。此女眞
之始見於史，而於遼史中則稱女直之所由也。然靺鞨一部，在
遼則已混於女直之中，在南朝則猶以黑水靺鞨之名，通於渤海
旣亡以後。五代史四夷附錄，於渤海則紀至大諲譔，而結之
云：「諲譔世次立卒，史失其紀。」蓋其亡國，南朝所未聞知，
而於黑水靺鞨傳，則云：

> 同光二年，黑水兀兒遣使者來，其後常來朝貢，自登
> 州泛海出青州。明年，黑水胡獨鹿亦遣使來。兀兒、胡獨
> 鹿，若其兩部酋長，各以使來，而其部族世次立卒，史皆
> 失其紀。至長興三年，胡獨鹿卒，子桃李花立，嘗請命中
> 國，後遂不復見云。

舊五代本由永樂大典輯出，外國列傳未必全文，其兩靺鞨
傳太略，不足引據，其本紀則頗有較詳於新五代者。

> 舊五代唐本紀：「同光二年九月庚戌，有司自契丹至
> 者，言女眞、回鶻、黃頭室章合勢侵契丹。」

此爲南朝史書見女眞之始。據所記，亦得自契丹消息，則契丹
於未滅渤海以前，亦已稱此族爲女眞。是年遼太祖正親征渤
海，渤海於前一年殺遼州刺史張秀實，正與契丹啟釁。遼太祖
於六月乙酉，詔以党項、渤海兩事戒嚴，則所謂合侵契丹之女

眞，正指渤海。契丹於渤海、黑水，實皆稱女眞，惟史文以舊來紀載，各有定名，故亦仍之。至旣滅渤海，則并靺鞨亦不見於遼史。而南朝亦皆稱女眞，此五代及遼一時代，肅愼仍復原名，而特異其譯文之變遷也。

舊五代後唐莊宗紀："同光三年九月己酉，黑水、女眞二國，皆遣使朝貢。"新五代，是年是月是日，書"黑水、女眞皆遣使朝貢。"雖無"二國"二字，仍有"皆"字，蓋視黑水與女眞爲二。是南朝未審女眞種族情形，然可見是時女眞非以前之統一矣。

金爲女眞，未審何部。但非粟末部，亦未敢定爲黑水部。蓋其先亦自粟末部來，後居完顏部，則未知當勿吉七部之何部。若其初出粟末部，則與清之先出斡朶里，正同其地矣。

金史世紀："始祖諱函普，初從高麗來，年已六十餘矣。兄阿古迺好佛，留高麗不肯從，曰'後世子孫，必有能相聚者，吾不能去也。'獨與弟保活里俱。始祖居完顏部僕斡水之涯；保活里居耶懶，其後胡十門以曷蘇館歸太祖，自言其祖兄弟三人，相別而去。蓋自謂阿古迺之後，石土門迪吉乃保活里之裔也。及太祖敗遼兵于境上，獲耶律謝十，乃使梁福幹答剌招諭渤海人曰：'女直、渤海本同一家，蓋其初皆勿吉之七部也。'"

金始祖亦自高麗來，即謂自南方來，且因此而招諭渤海人，謂"本同一家"，此渤海即渤海國之祖居粟末部，亦即最南之部，是皆即古之桂婁、抑婁，清之祖居斡朶里。是女眞三次發展，皆在長白山北麓、高麗之北邊，爲其發祥之地矣。

金一代自有正史，國祚歷一百二十餘年，爲蒙古所滅，而

仍復女眞之舊。金亡之日，即清始祖發生之年。由歷史紀載之
跡而觀，直銜接無少間斷，亦一奇矣。始祖布庫里英雄，由金
遺民，受元代斡朶里萬戶府職，爲清發祥之始，已見上篇。其
後爲建州女眞之一部，而建州女眞，又爲三種女眞之一種。最
遠者爲野人女眞，稍近則爲海西女眞，又近則爲建州女眞。

一、野人女眞

　　“野人”二字，以種人之程度言，殊難確定其地域，自非女
眞人言之。凡女眞皆稱野人。明實錄於來朝之女眞各部，無不
稱爲野人者。自明中葉以來，紀載涉東北夷，皆云女眞。國初
分爲數種，居海西者曰海西女眞，居建州、毛憐諸處者曰建州
女眞，極東最遠者曰野人女眞，則以松花江以北黑龍江之地，
謂之野人女眞。明自永樂以後，威行朔漠，既敗阿魯台，蒙古
已稍退縮。其前，俄羅斯爲元所征服，當明成化以前，俄尚未
能立國，蒙古勢力既不及東北，東北曠野之地，遂悉入明之版
圖。明會典分女眞爲建州、海西、野人三種，遂以黑龍江境爲
野人女眞之境，其時謂之生女眞，以別於建州、海西之爲熟女
眞。在清代，自稱滿洲，猶以黑龍江爲新滿洲，此即明時區爲
野人女眞之故跡也。黑龍江既爲野人女眞之區域，又以呼倫一
地爲中心點。呼倫，明時譯音作忽喇溫。建州部族，恆爲忽喇
溫野人所逼，蓋已入占海西。以種族言之，尚稱忽喇溫；以地
域言之，已成海西。明時所分別爲野人女眞，指其未入海西者
也。松花江下流亦謂之混同江，江以北爲黑龍江地，即野人女
眞所在。馬文升撫安東夷記：“松花江東北一月之程，所謂黑
龍江之地，又立奴兒干都司。”此爲明代治理野人女眞之時。清
代欽定滿洲流源考，謂明疆域盡於開原、鐵嶺、遼、瀋、海、
蓋，絕非事實。

　　滿洲源流考卷十三明衞所城站考，敘云：“謹案：明
初疆宇，東盡於開原、鐵嶺、遼、瀋、海、蓋，其東北之
境，全屬我朝。及國初，烏拉、哈達、葉赫、輝發諸國，
並長白之納殷，東海之窩集等部，明人曾未涉其境。”

此語蓋自居於明之化外，示其與明爲不相統屬之敵國。所云
“明初疆宇，盡於開原、鐵嶺、遼、瀋、海、蓋”，則以遼東都
司轄境而言。明以遼東都司屬山東布政司，蓋以遼東地勢，由
金州、旅順，與山東之登、萊，隔海相接，其視山海關內外，
轉爲塞垣，入遼者多爲登、萊之民，故山東人之移殖於東三
省，乃明以前事實之所形成。而明代政治區域之所劃定，其由
來蓋已久矣。女直向化以後，於遼東都司之外，添設奴兒干都
司。明史地理志，於山東布政使司詳其轄境。有遼東都指揮使
司，竟削去奴兒干都司不載，以實其明無東北境之說。然於明
之兵志不合。兵志中仍出奴兒干都司，及所屬三百八十四衞之
名。兩志不相關照，自成牴牾矣。

　　衞所城站考敍又云：“永樂二年，倣唐羈縻之制，設
尼嚕罕衞。七年，改爲尼嚕罕都司，後又續設衞所空名，
其疆域之遠近，原弗及知，而稱山川城站，亦多在傳聞疑
似之間，又譯對訛舛，名目重複，一地而三四名，一名而
三四見者甚多。又如黑龍江屯河、呼爾哈河等地，與明邊
界相去絕遠，而亦列於衞所之中。蓋緣諸部，常以貿易與
明往來，即其所居，強名爲衞，書之實錄，授以官稱。或
間有部長自來，或僅部人之來貿易者，前後蕪複，展轉傳
訛，明人固無由而悉也。”

據此，則奴兒干都司，不過改其字爲尼嚕罕，亦未能盡掩其迹。然云二年設尼嚕罕衛，七年改爲尼嚕罕都司，則又甚誤。永樂中設奴兒干衛，志在三年，非二年。至七年，則設奴兒干都司，而奴兒干衛仍在，即隷屬於奴兒干都司之下，爲全司百八十四衛之一，並非升衛爲都司。考中所列衛所之名，因欲削除建州等衛，遂將各衛所總數及衛名，多所竄易，別詳建州女眞條下。茲先將明設女眞百八十四衛之詳目，具列於下：

　　　名山藏王享記："東北夷海西、建州，洪武初歸附。高皇帝爲設都司衛所，官其酋長爲都督、都指揮、指揮、千百戶、鎮撫等官，使因其俗，自相役屬；不給官祿，聽其近邊住牧，保塞不爲寇，而厚之宴賞。永樂初，成祖益遣人招諭之，於是諸夷盡附，皆置衛所授官如洪武時。成祖又爲置馬市開原城，給贍其酋長柴米布。其有願居內地者，於開原設安樂州，於遼陽設自在州以處之，皆量授以官，聽其耕牧自便。於是諸酋聞風麕至。成祖先後爲置奴兒干都司一，建州等衛一百八十四，兀者托溫千戶等所二十。其來貢諸夷，又有速溫河地面等三十八地面，哈魯、喜樓里城、別里眞站等七站，又有巫里阿古等寨，凡五十八所，罔不內嚮歸誠，稽首闕下者矣。"原注："奴兒干都司：朵顏衛、泰甯衛、建州衛、必里衛、福餘衛，洪武間置。兀者衛、兀者左衛、兀者右衛、兀者後衛、赤不罕衛、屯河衛、安河衛，俱永樂二年置。毛憐衛、虎兒文衛、失里縣衛、奴兒干衛、堅河衛、撒力衛，俱永樂三年置。古賁河衛、右城衛、塔魯木衛、蘇溫河衛、斡灘河衛、兀者前衛、卜顏衛、亦罕河衛、納憐河衛、麥蘭河衛、兀列河衛、雙城衛、撒剌兒衛、亦馬剌衛、斡蘭衛、

亦兒古里衛、脫木河衛、卜剌罕衛、密陳衛、脫倫衛、嘉
河衛、塔山衛、阿速江衛、速平江衛、木魯山衛、馬英山
衛、土魯亭山衛、木塔里山衛、朶林山衛、兀也吾衛、吉
河衛、劄竹哈衛、福山衛、肥河衛、哈溫河衛、木束河
衛、罕荅河衛、撒兒忽衛、劄童衛，俱永樂四年置。阿古
河衛、喜樂溫河衛、禾陽河衛、哈蘭城衛、可令河衛、兀
的河衛、哥吉河衛、野木河衛、納剌吉河衛、亦里察河
衛、野兒定河衛、卜魯丹河衛、好屯河衛、喜剌烏河衛、
考郎兀衛、亦速里河衛、阿剌山衛、隨滿河衛、撒禿河
衛、忽蘭山衛、古魯渾山衛、阿資河衛、甫里河衛、荅剌
河衛、撒只剌河衛、阿里河衛、依木河衛、亦文山衛、木
蘭河衛、朶兒必河衛、甫門河衛，俱永樂五年置。納木河
衛、童寬山衛、兀魯罕河衛、塔罕山衛、者帖列山衛、木
興衛、友帖衛、牙魯衛、剌魯衛、益實衛、乞忽衛、兀里
溪山衛、希灘河衛、弗朶禿河衛、阿者迷河衛、撒察河
衛、斡蘭河衛、阿眞河衛、木忽剌河衛、欽眞河衛、克默
河衛、察剌禿山衛、嘔罕河衛、阮里河衛、列門河衛、禿
都河衛、實山衛、忽里吉山衛、眞溫河衛、薛列河衛，俱
永樂六年置。卜魯兀衛、葛林衛、把城衛、劄肥河衛、忽
石門衛、劄嶺山衛、木里吉衛、忽兒海衛、伏里其衛、乞
勒尼衛、愛河衛、把河衛、和屯吉衛、失里木衛、阿倫
衛、古里河衛、塔麻速衛，俱永樂七年置。木興河衛、木
剌河衛、喜申衛、使坊河衛、甫兒河衛、亦麻河衛、兀應
河衛、法因河衛、阿荅赤河衛、古木山衛、葛稱哥衛，俱
永樂八年置。督罕河衛、建州左衛、只兒蠻衛、兀剌衛、
順民衛、囊哈兒衛、古魯衛、滿涇衛、哈兒蠻衛、塔亭
衛、也孫倫衛、可木河衛、弗思木衛、弗提衛，俱永樂十

年置。斡朶倫衛，永樂十一年置。哈兒分衛、阿兒溫河衛、速塔兒河衛、兀屯河衛、玄城衛、和卜羅衛、老哈河衛、失兒兀赤衛、卜魯禿河衛、可河衛、乞塔河衛、兀剌忽衛，俱永樂十二年置。渚冬河衛、劄眞衛、兀思哈里衛、忽魯愛衛，俱永樂十三年置。吉灘河衛、亦馬忽山衛，俱永樂十四年置。阿眞同眞衛、亦東河衛、亦迷河衛，俱永樂十五年置。建州右衛、益實左衛、阿塔赤衛、塔山左衛、城討溫衛，俱正統間置。兀者托溫千戶所、兀者穩勉赤千戶所、兀者已河千戶所、兀者揆野木千戶所、海剌兒千戶所、哈流溫千戶所、兀托河千戶所、竦和兒千戶所、哈三千戶所、哈喇哈千戶所、兀的罕千戶所、可里踢千戶所、兀音千戶所、只陳千戶所、鎭郎哈眞千戶所、得的河千戶所、奧江河千戶所、哈魯門山千戶所、古賁河千戶所、敷答河千戶所，俱永樂間置。又有速溫河地面、昏地迷河地面、兀兒袞車地面、施伯河地面、卜魯丹河地面、勝和兒河地面、木溫地面、諸車河地面、可木山地面、車讓河地面、欽眞河地面、因只河地面、兀思哈里地面、古里河地面、卓兒河地面、撒哈剌地面、亦禿渾河地面、古里罕河地面、忽忽八河地面、失木魯河地面、把兒卜河地面、木倫河地面、崔哈河地面、黑龍江地面、也令河地面、那門河地面、卜忽禿河地面、忽孫河地面、兀魯溫河地面、撒只剌河地面、兀察河地面、畢力木江地面、的里木地面、桶坎地面、海西地面、蘇分地面、失令地面、亦馬阿咬束地面、哈魯城、喜樓里城、別里眞站、古代替站、伏答林站、別兒眞站、弗朶河站、五速站、忽把希站、播兒賓站、黑勒享右站、黑勒里站、五里河站、那令口、火名口、口兒河、必興河、鎖失河、古因溫都魯河、斡的因河，凡五十八處。"

按正文言三十八地面、七站及各寨，凡五十八所。注文三十八地面尙明析，其餘站寨混合不分，共二十名，合之三十八地面之名，恰爲五十八所。其明有站字者，是八站而非七，其中五里河口，當即正文所舉之巫里阿古，核其總數相符，至對音文字，是否正確無誤，則未可定矣。明兵志：所二十四、站七、地面七、寨一。多寡又不同。

據以上所云，證以陳仁錫潛確類書區域部九四夷三東北夷女直下云："永樂九年，遣將將水軍，召集諸酋豪，餌以官賞，於是東旺、佟答剌、王肇州、瑣勝哥四酋，率眾來降，自開原迤北，因其部落所居，置都司一、衛一百八十四、千戶所二十。"此下注都司衛所之名，與名山藏注文同。又云："其酋長爲都督指揮、都指揮、千百戶、鎮撫諸職，給之印信，俾仍舊俗，各統其屬，以時朝貢。"又朝貢地面域站口河名目，亦與名山藏同。又云："不領於衛所，並約歲一朝貢，又設馬市開原城北，設安樂、自在二州，居降夷。"云云。又證以葉向高女直考："永樂元年，野人酋長來朝，已悉境歸附。先後置建州等衛一百八十四，兀者等所二十，都司一，曰奴兒干，官其酋爲都督指揮、千百戶、鎮撫，俾統其部落，別爲站、爲地面各七，不領於衛所。"更証以黃道周博物典彙第二十卷四夷下附奴酋云："永樂元年，野人酋長來朝，已而建州、海西悉境歸附，設建州等衛所二百餘，置都司一，曰奴兒干以統之。"則又合衛與所併計之，爲二百餘之數，其設衛一百八十四，且經列舉其名，並其建置年分，若名山藏諸書，則其爲甚確可知也。惟通紀作三百八十四，清修明史因之。今細檢其目，史志之有年分可據者，仍此一百八十四衛，悉與名山藏所列相同，且舉會典

所載，譯音略有不同，一一附注。其餘二百衞名目，多與百八
十四衞中相複，又無建置之年，亦無會典可證。是言百八十四
衞者，皆本會典，而言三百八十四衞者，乃據正統後傳載之
文。考明自正統末土木之變以後，據諸家紀載，女直部族爲也
先所殘毁，朝廷所賜璽書，盡爲也先所取，其子孫不復承襲，
入貢第名舍人，賞賚視昔爲薄，董山乃擁衆入寇。則女直至正
統後，止有亡失故官，無更置新職之事。且建州漸橫，明無馭
邊之力，奴兒干都司已撤至開原以南，領土之名且係虛有，又
何從增置衞所？乃明史與通紀相合之三百八十四衞，其能與會
典校正文字，注明建置年分者，盡在一百八十四衞之中。其注
明正統以後續增之百三十九衞，及注明添設之五十八衞，共百
九十七衞，合之原設之百八十四衞，外加朶顏、泰甯、福餘三
衞，是爲三百八十四衞。又千戶所則增其四，爲二十四所；站
與地面，則各止七處，蓋成化懲董山之亂，女直來請補給敕書
者，輒徇其意，以濫予之，故重複錯亂，不可究詰。官文書徒
張虛數，且站與地面反少，而所亦增多，蓋求官者非衞所不屬
其欲，明廷旣以給敕爲羈縻之策，復何所吝而不許。在名山藏
等所載百八十四衞，核其衞名，實有百八十七，其中多朶顏、
泰甯、福餘三衞，乃所謂兀良哈三衞，明史自有專傳，本非女
眞部落。其厠入者，乃因明初併轄於奴兒干都司，遂致闌入其
名。而結算總數之時，又作百八十四，乃專對女眞而發。再以
明紀本書論之，於成化三年十月，書"建州女直寇遼東，命左
都御史李秉、武靖伯趙輔，率兵征之。"其下追叙云："永樂初，
旣以大甯之地與朶顏等三衞，又以開原之東北，至松花江迆西
一帶，今之野人女直，分爲二百七十餘衞所，皆賜印置官，選
酋長，授以指揮、千百戶，間亦以野人之向正者，爲都指揮督
統之，爲我藩屛。而松花江東北一月之程，所謂黑龍江之地，

又立奴兒干都司，時遣使往招諸夷。有願降中國者，於開原設安樂州、遼陽設自在州居之，皆量授以官，任其耕獵，歲給俸如其官。"按此段文，出馬文升撫安東夷記，併衛以外之所而言之，猶衹得二百七十餘，既併千百戶所，當亦併各地面各站、各寨在內，而得此數，時已浮於會典百八十四衛加所及地面等合五十八處之數，當是正統以後之變遷，然亦未有所謂三百八十四衛也。馬文升作記，已在成化之末。逮正嘉以往，豈尚能添設新衛，至倍於正統以前？故知明紀亦前後自相違異。惟據明史歷舉之衛名，則又知非數字之訛誤，特前後根據不同，故致兩歧，而求其的然可信之數，則百八十四衛爲女眞曾受之職，乃有土有民，未經冒濫以前之定制也。明會典卷一百零七禮部六五東北夷條："女眞，古肅愼地，在混同江東，開原城北，東濱海。西接兀良哈，南鄰朝鮮，爲金餘孽。永樂元年，野人頭目來朝，其後悉境歸附。九年，始設奴兒干都司，建州、兀者等衛，及千百戶所，以其酋長爲都督、都指揮、指揮、千百戶、鎮撫，賜敕印。"云云。又以奴兒干都司爲設於永樂九年，則與實錄不合。實錄永樂七年四月癸巳，"奴兒干韃靼頭目忽賴東奴等六十五人來朝，置伏里其乞、勒尼二衛，敷答河千戶所，命忽剌冬奴等爲指揮、千百戶，賜誥印、冠帶、襲衣及鈔幣有差。"是月己酉，"設奴兒干都指揮使司。初，頭目忽剌冬奴等來朝，已立衛，至是復奏其地衝要，宜立元帥府，故置都司，以東甯衛指揮康旺爲都指揮同知，千戶王肇舟等爲都指揮僉事，統屬其衆，歲貢海青等物，仍設狗站遞送。"六月己未，"置奴兒干都指揮使司經歷司經歷一員。"此其節次設立，月日分明，自必無誤。其與會典往往相差，當緣政事與制度，紀述各別，故會典與實錄時日常不密合。即建州、兀者等衛，亦於元年以來絡續設置，而會典敘次，亦渾括言之，要其分列仍自明析。蓋未設奴兒干都司前，女眞所設各衛，猶附遼東都司。至朶顏等三衛，本屬北平行都司。成祖起兵靖難，以三衛兵自從，旣篡大統，乃以大甯及遼東地委之三衛，内徙北平行都司於保定。明中葉以前，談者以爲失策。三衛旣不屬北平都司，儼然別爲部落，與元後韃靼抗衡，故明史亦列之外國傳矣。然明史兵志，又以屬奴兒干都司，則與會典及名山藏等書皆同。殆永樂間設奴兒干都司時，曾以朶顏三衛編入轄境；正統以後，國威旣挫，邊事大變，奴兒干都司亦撤退開原，朶顏三衛旣視同外國，女眞亦漸脫控制，所謂奴兒干轄百八十四衛，亦不過承平故事之布在方策者耳。

云三年置奴兒干衛，乃據會典所載年分，明實錄實置在二年，與滿洲源流考所叙尼嚕罕衛設置之年合。實錄永樂二年二月癸酉，“忽剌溫等處女直野人頭目把剌答哈來朝，置奴兒干衛，以把剌答哈、剌孫等四人爲指揮同知，古驢等爲千戶所鎮撫，賜誥印、冠帶、襲衣及鈔幣有差。”至七年四月，乃設奴兒干都司，實錄原文已見上。又其設都司時，前設之衛所已達百餘處，乃以都司總攝其上，其先蓋猶擧所設之衛，附屬遼東都司。源流考謂設尼嚕罕衛，改爲尼衛罕都司，然後又續設衛所空名，此皆故爲閃爍之語。在當日根據實錄，實錄原文叙述明晰，偏括以此若離若即之詞，故知爲有意支飾，非考之不審也。明史於地理志旣隱沒奴兒干都司，然於職官志中，其第五都司目下，云：“都司率流官，或得世官。此所謂世官，蓋即夷與番之都司；内地各都司，雖亦有傳世，然遷調任使，乃循府兵之制而來，非一定不可間斷，即非世官之制。”又云：“有番夷都指揮使司三，指揮使司三百八十五，宜慰司三，萬戶府四，千戶所四十一，站七，地面七，寨一。”注云：“詳見兵志衛所中。”是亦與兵志相照應。所謂都指揮使司，即簡稱之曰都司，其類有三：一即奴兒干都司；其二乃西番，即衛與藏之地，設都指揮使司二，一云烏思藏都指揮使司，一云朵甘衛都指揮使司。其三百八十五衛指揮，即奴兒干都司所屬三百八十四衛，西番僅一隴答衛指揮使司。宣慰司、萬戶府，皆惟西番有之，千戶所在西番者一十七，合奴兒干都司所之二十四所，故云四十一。其站與地面與寨，則皆在奴兒干屬下。職官、兵衛兩志所載皆合。何以烏思藏、朵甘二都司見於西夷傳，而奴兒干都司則隱沒不彰，此亦明史故爲諱飾之明證。

　　明實錄永樂二年之設奴兒干衛，緣已有忽喇溫等處女眞來朝。忽喇溫爲黑龍江之呼倫，奴兒干亦黑龍江地。馬文升撫安東夷記謂“松花江東北一月之程，所謂黑龍江東北，立奴兒干都司”，是知奴兒干都司治所在松花江東北，距江甚遠，至有一月之程，蓋在黑龍江省之東北瀕海之地。元史地理志合蘭府水達達等路之下，注云：“有俊禽曰海東青，由海外飛來至奴兒干，土人羅之，以爲土貢。”據此，知奴兒干境之瀕海。又考清高宗御製盛京土產雜詠詠海東青序曰“羽族之最鷙者，有黑龍江之海東青焉”，則元史之所謂奴兒干，即清代之黑龍江。詩註又言：“鷹鶻皆窩巢，惟海東青從未見其巢也，此爲海東青之名所由來，元史所謂由海外飛來者”也，是亦謂奴兒干爲黑龍江沿海處。初設奴兒干都司，並不取女眞酋長爲都指揮使，乃移遼東都司所屬之東甯衛指揮康旺爲奴兒干都指揮同知。實錄又於永樂十二年載：“閏九月壬子，命遼東都司以兵三百，往奴兒干都司護印。先嘗與兵二百，至是都指揮同知康旺請益，故有是命。敕旺逾二年遣還。”可知奴兒干之設都司，直是他處調任之流官，且有隨帶之客兵，名爲護印，實即駐防。自是明之實力已到，決非若滿洲源流考所云“僅設空名，疆域遠近，舉弗及知，山川城站，在傳聞疑似之間”等語。又

其轄境直包庫頁島，今俄國西比利亞之海濱省，舉在其內。清
末光緒十一年，枝江曹廷杰奉吉林將軍札委，赴伯利一帶密探
俄界情形，著有伯利探路記。記有云：“廟爾上三百五十餘里，
混同江東岸特林地方，有石巋壁立江邊，形若城闕，高十餘
丈，上有明碑二：一刻敕建永寧寺記，一刻宣德六年重建永寧
寺記，皆述太監亦失哈征服奴兒干及海中苦夷事。論者咸謂明
之東北邊塞，盡於鐵嶺、開原，今以二碑證之，其說殊不足
據。敕建永寧寺碑陰有二體字碑文，其碑兩旁有四體字碑文，
惟‘唵嘛呢叭嘲吽’六字漢文可識，餘五體俱不能辨。永寧寺
基，今被俄人改爲喇嘛廟，二碑尙巍然立於廟西南百步許。廟
後正東二十餘步山凹處，有連三礮臺基一座，南向據混同江之
險，壕塹俱在。廟西北約百步，有土圍一道，土壕二條，周數
百步。中有土臺，亦如礮臺基，西北向，可堵海口及恒滾河口
水道來路。恒滾河在特林下十餘里西岸，其江長二千餘里。西
入黑龍江之精奇里江、牛滿河，東入混同江之格林江、庫魯
河，共發源於外興安嶺南枝。俄人由索倫江海口南行八九百
里，可入此江上游。搨碑時，有喇嘛鋪拉果皮，與土著濟勒彌
種六七人在旁觀望，均謂此碑係數百年前大國平羅刹所立。土
人以爲素著靈異，喇嘛斥之。”此碑形式及未泐之原文，從日本
內藤氏拓本，及其釋文，但疑義亦多，不過證滿洲源流考所謂
明初疆宇即不及遼、瀋、開、鐵以北，絕非事實。至內藤拓本
之釋文，證以吳大澂皇華紀程所載，已堪訝其可辨之文，多寡
懸絕，猶可曰曹氏發見雖爲首功，而拓碑實太無手術，以故遠
不及日本人所得之精審。但證以明實錄，即碑中永樂九年之
說，即有可疑。日人至疑亦失哈爲元代舊太監，故名氏不同中
土，此即失於考證之處。今縷析之如下。

内藤拓本

敕修奴兒干永寧寺碑記

伏聞天之德高明，故能覆幬；地之德博厚，故能持載。聖
人之德神聖，故能悅近而服遠，博施而濟衆。洪惟我朝統
一以來，天下太平五十年矣。九夷八蠻，□山航海。駢肩
接踵，稽顙於闕庭之下者，□莫枚舉。惟東北奴兒干國，
道在三譯之表，其民曰吉列迷，及諸種野人雜居焉。皆
□□慕化，未能自至。況其地不生五穀，不產布帛，畜養
惟狗或野□□□□□□物以捕魚爲業，食肉而衣
皮，如弓矢諸般衣食之艱，不勝爲言。是以□法女直國
□□□恐□□□矣，□□而未善。永樂九年春，特遣內官
亦失哈等，率官軍一千餘人，巨船二十五艘，復至其國，
開設奴兒干都司，□遼金時□□故業，□□□□□今日
復見而□矣。□上□朝□□都司□餘人□□□印信□□
衣服□□布鈔□□而□依土立與□□收集□部人民，使之
自相統屬。十年冬，□命中官亦失哈等，載至其國。□海
西抵奴兒干及海外苦夷諸民，賜男婦以衣服器用，給以穀
米，宴以酒食，□□□懽忻，無一人梗化不率者。
□□□□□□擇地而建□柔化斯民，使知敬順。□□□相
□之□十一年秋，卜奴兒干西，有站滿涇之左，山高而秀
麗。先是，已建觀音堂於其上，今造寺塑佛，形勢□雅，
粲然可觀。國之老幼，遠近濟濟爭趨□□高□□□□□威
□永無厲疫而安□矣。既而曰：亘古以來，未聞若斯朝民
之□□□上忻下至吾子子孫孫，臣伏永無□意矣。以斯觀
之，蓋方之外，率土之民，不飢不寒，歡□感戴矣。堯舜
之治，大□□□不過九州之內，今我□□□□□□□□
蠻夷戎狄，不假兵威，莫不朝貢內屬。中庸曰："天之所

覆，地之所載，日月所照，霜露所墜，凡有血氣者，莫不尊親，故曰配天。"正謂我朝。□□□誠無息，與天同體，□無尙也。□盛□故爲文以記，庶萬年不朽云爾。

永樂十一年九月□□日

張童兒　張定安　鎭國將軍都指揮同知張旺　撫總正千戶王迷失帖　王木哈里　□□衛指揮　失禿魯苦　弟禿花哈妻叭嘛　指揮徹里　□□　王謹　弗提衛指揮僉事禿稱哈母小彥　男弗提衛千戶納蘭以下不明　千戶吳者因帖木兒寧□　馬兀良哈　朱誠　王五十六　□□　黃武　王□君□以下不明　百戶高中　劉官永奴　孫□　□得試　奴□□　李敬　劉賽因不花　傅□　□□以下不明　趙鎖古奴　王官音保　王阿哈納　崔三　鬼三　□□　康速合阿卜哈　哈赤白　李道安　□道　閻三　總旗李速右以下不明　所鎭撫王溥　戴得賢　宋不花　王速不哈　李海赤高歹都　李均美　都事席□　醫士陳恭　郭□　總吏黃顯費□　監造千戶金雙頂　撰碑記行人銅臺邢樞　書丹甯憲書蒙古字阿魯不花　書女眞字康□　鑽字匠羅泰　安來降快活城安樂州千戶王兒卜　木答兀　卜里哈衛鎭阿古里阿剌卜　百戶阿剌帖木□納　所鎭撫賽因塔　把禿不花付里住　火羅孫　自在州千戶□剌□哈弗□的　阿里哥出百戶滿禿　木匠作頭不哥兒　金夘白　揭英　粧塑匠方善慶　宋福　漆匠李八回　□匠昔三兒　史信郎　燒磚瓦窰匠總旗熊閏　軍人張豬弟　泥水匠王六十　張察罕帖木都指揮同知康旺　都指揮僉事王肇舟　佟答剌哈　經歷劉興　吏劉妙勝

重建永甯寺□□

□天之高覆，四時行，萬物生焉；地之厚載，二氣合，萬物育焉。□人至德，五常明，萬姓歸焉。□故□□仁昭而□□□所化□無爲而治□□□□者恭惟爲朝，布德□□□而逾明，□□□□□□久矣□□蠻夷戎狄，聞風□□而朝□貢者絡繹不絕。惟奴兒干國□□□之表道□餘里，人有□□□野人吉列迷、苦夷□重譯莫曉其言，非威□□□其心，非□舟□□其地，□□□□□其居，風俗之□，弗能備述。洪武間，遺使至其國而未通。永樂中，上命內官亦失哈□□□□大航五至其國，撫諭□□設奴兒干都司。其官□□□斯民□□□捕海青方物朝貢。上嘉其來服□給賞□□還之

朝廷□□□□命□使柔化之。十一年秋，擇地滿涇之左創寺。國民所觀□□□曰，□□亘古以來，未有□此□□也。宣德初，復遣太監亦失哈，部衆再至以下不明聖天子與天同體，明如日月，□德之□□□□□□之其民□服，且整飾佛寺，大會而還。七年，上命太監亦失哈，同都指揮康政，率官軍二千，巨舡五十□至，民皆如故，獨永甯寺□□基址有焉。究□□其□人，吉列□□□者，皆悚懼戰慄，憂之以戮。而太監亦失哈等，體皇上好生□逸之意，深加□□斯民謁□□宴以酒食，□□□愈撫□。於是人無老少，蹋躍歡忻，咸嘖嘖曰："天朝有□□之居，乃有啟處之方，我屬無患矣。"時從□□□□□敢不優□，遂委官重造。合工塑佛，不費而□，華麗典雅，復勝於先。國人無遠近皆來頓首□曰："我等臣服，□無疑矣。"以斯觀之，此我聖朝□□□□道高堯舜，存心於天下，加意於□民，使八□四裔，□士萬姓，無一飢寒者。其太監亦失哈、都指揮康政，□能□仁厚德政治普化□□□夷□□□□偉歟懋哉！正□聖主布德施惠，非求報

於百姓也；郊望禘嘗，非求報於鬼神也。山致其高，雲雨
興焉；水致其深，蛟龍生焉；君子致其道德，而福祿歸
焉。是故有陰德必有陽報，有隱行必有昭名，此之謂也。
故爲文記，萬世不朽云。

大明宣德八年癸丑歲季春朔日立

欽差都知監太監亦失哈　　御馬監左少監三命内官范桂

□□　阮落　□藍　阮通　給事中□旦

遼東都司都指揮康政　指揮高勗　崔源　高□　李□以下
不明金寶　金□　崔越以下不明

高□　□□　馬旺　黃督　馬□中間不明　醫士□□以下
不明

□□　王□　□□　□春　陸□以下不明

海西□□等衛指揮　木答兀哈　弗家奴　李希塔　木兀花
□　□□□　剌木兀哈以下不明

以上不明周□　□□　金海　王全　□□　羣英□□　通
事百戶康安　書丹□□張競

畫匠□升　孫義　木匠□成　石匠□□　金海　泥水匠
□□　鐵匠雷遇春以下不明

□□□都指揮康福　王肇舟　佟勝　經歷孫□　吏劉觀

　　今更以原發見人之說證之，說已見上。其第一碑不明年月，
其二碑則云宣德六年。夫六年易訛八年，八年則不易訛作六
年，内藤拓本之作八年，當係據下文癸丑歲而定之。但原發見
人曹廷杰，當時曾以此碑拓本贈吳大澂。吳時赴東北勘中俄
界，作皇華紀程中載此事云：

　　　　曹彝卿別駕廷杰以手拓混同江東岸古碑四紙見贈。其

一大碑正書，上有"重建永甯寺記"六字橫列，文多剝蝕不可讀，有"太監亦失哈"五字，"偉歟懋哉"四字，下隱約有"正德"二字。其一小碑正書，上有"永甯寺記"四字橫列，首行"敕修奴兒干永甯寺碑"九字尚可辨，餘多漫漶。文後題名，第一行"鎮國將軍都指揮同知"，以下不可識；第二行有"□正十七年"數字，"正"上當即"至"字。又文內屢見"帖木兒"三字，疑元時所刻也。又一小碑，上有四字橫列，似蒙古文。碑文兩體書，前半似唐古忒字，後半似蒙古文。唐古忒字類楷書，如"昊袞屮亥孚毛金帯扎齿夬击丹甪釆攵兆夵芇呇"，似可識而實不可識。富森堂云，此唐古忒字也。此碑刻在前一小碑之後，當即永甯寺記文。兩面刻三體書，其文必同也。碑側又有四體書六字"唵嘛呢叭嚕吽"此下又載梵書"唵嘛呢叭嚕吽"。此梵書也。余藏西夏碑陰字類此。此下又載蒙文"唵嘛呢叭嚕吽"。此似蒙古文，"夨尢羔劣耒岢"此亦唐古忒字。以碑陰碑側合觀之，是碑必非明刻矣。其地在三姓東北三千五百餘里，有石崖如城闕，斗峙江邊，高八九丈。山頂北面立小碑，其大碑在其南。彝卿採訪俄事至此，并手拓二碑以歸，亦可謂壯遊矣。

按吳之勘界，在光緒十二年，曹之探路，在光緒十一年，距發見之時甚近。吳以篤好金石著名，而於此碑考訂殊草草。所云"唐古忒字類楷書，似可識而實不可識"，此誤也。唐古忒字與蒙古字爲近，其似楷書而不可識者，乃金書，即女眞書。金泰和間國書碑，今尚流傳，即王昶之金石萃編亦已摹入，吳乃未見耶？但於碑文全不能辨，較之內藤拓本，竟無一足證。其云似是"正德"，此必"宣德"之誤。其云"至正十七年"，校內

藤拓本，當是人名王五十六，而"年"字乃吳之以意添出。其疑
初建之碑爲元刻，據內藤本爲絕不然。內藤本首尾太完具，而
核之實錄，又有不符。實錄亦失哈奉使事，不見於永樂之世，
而始於洪熙元年十一月，是時宣宗已即位。是月乙卯，"敕遼
東都司賜隨內官亦失哈等往奴兒干官軍一千五十人鈔有差。"其
敕遼東都司賜鈔，此軍官必爲就遼東官軍中派遣。此時或爲初
派，或爲已派往而回，未可臆斷。但文內不言酬既往而還之
勞，當是尚在初派定而將往之時，要之亦失哈之往奴兒干，必
距此時不遠。而內藤拓本乃云："永樂九年春，特遣內官亦失
哈等，率官軍一千餘人，巨船二十五艘，復至其國，開設奴兒
干都司。"成祖在位凡二十二年，永樂九年至洪熙元年，相隔十
五年矣。其云"復至"，則前此已曾至，并非是年始至。此姑不
論，要其開設都司，據實錄亦在宣德三年正月。是月庚寅，命
都指揮康旺、王肇舟、佟答剌哈往奴兒干之地，建立奴兒干都
指揮使司，并賜都司銀印一，經歷司銅印一。據此，則以前永
樂七年之設奴兒干都司及經歷司，十二年之添設護印兵三百
名，於原設二百名之外，皆係設有奴兒干都司衙門官兵員名，
而未實抵奴兒干之地。奴兒干爲黑龍江濱海之地，當即伯力地
方，於洪熙時亦失哈既往而還，始由原設之都指揮等，實行抵
駐其地。實錄於既命康旺等之後三日，又書："壬辰，遣內官
亦失哈，都指揮金聲、白倫等，齎敕及文綺表裏，往奴兒干都
司，及海西弗提等衛，賜勞頭目達達奴丑禿，及野人哥只苦阿
等，嘉其遣人朝貢也。"此所謂"嘉其朝貢"，當指弗提等衛，而
奴兒干都司則奉命建立，尚在三日以前，不在嘉其朝貢而予以
賜勞之列。是爲亦失哈之再往奴兒干，實錄之可考如此。至疑
亦失哈爲元代宦官，則以明史宦官傳無亦失哈，遂未細考。不
知亦失哈雖無傳，而未嘗不見於史。宦官曹吉祥傳後云："其

他宦者，若跛兒干、亦失哈、喜寧、韋力轉、牛玉之屬，率兇
狡。"又云："亦失哈鎮遼東，敵犯廣寧，亦失哈禁官軍勿出擊，
百戶施帶兒降敵，爲脫脫不花通於亦失哈。正統十四年冬，帶
兒逃歸，巡按御史劉孜並劾亦失哈及他不法事，景帝命誅帶
兒，而置亦失哈不問。"實錄於亦失哈，亦屢見於宣正之間，最
後正統十四年十二月壬子，尚見亦失哈，即此誅帶兒不問亦失
哈之詳情，以後亦失哈即不復見。實錄稱亦失哈爲海西女直
人，故用夷名，非蒙古人而爲元故宮之奄人。正統十四年，距
元亡已八十餘年矣。

　　曹廷杰拓永甯寺碑，既不能辨其第一碑之年分，吳大澂得
其拓本，亦絕無考訂，一入日本人之手，遂摹拓攝影，既得其
狀，又釋其文，足見吾國士大夫對邊事之草率。所謂好古而治
金石之學者尙如此，豈能與日本絜長較短。但據紙上推論，亦
疑日人釋文，或不無推測太過，有涉附會，如云"永樂九年春，
特遣内官亦失哈等，率官軍一千餘人、巨船二十五艘，復至其
國，開設奴兒干都司"。證以實錄，七年始設奴兒干都司，十
二年，乃命遼東都司派兵三百往奴兒干護印，先嘗與兵二百，
至是都指揮同知康旺請益，故有是命，仍敕旺逾二年遣還。是
其設都司以來，並未多調兵往，且船從何來，而有二十五艘，
遽至其國？據實錄：

　　　　宣德四年十二月壬申，召内官亦失哈等還。初命亦失
　　哈等率官軍往奴兒干，先於松花江造船運糧，所費良重。
　　上聞之，諭行在工部臣曰："造船不易，使遠方無益，徒
　　以此煩擾軍民。"遂敕總兵官都督巫凱，凡亦失哈所賫頒賜
　　外夷段匹等物，悉於遼東官庫寄貯，命亦失哈回京。

又據明史巫凱傳：

> 宣宗立，以都督僉事佩征虜前將軍印，代朱榮鎮遼
> 東。……帝嘗遣使造舟松花江，招諸部。地遠，軍民轉輸
> 大困，多逃亡。會有警，凱力請罷其役，而逃軍入海西諸
> 部者已五百餘人。

巫凱鎮遼東，在宣宗立後，傳文叙造船事，於鎮遼東下又
隔數事，當即四年之事。松花江行船，非造自松花江，無路可
入。宣德間一造不成，召亦失哈回，幾乎放棄奴兒干設都司之
政策矣。其後實錄又云：

> 宣德五年八月庚午，敕遣都指揮康旺、王肇舟、佟答
> 剌哈仍往奴兒干都司，撫恤軍民。又敕諭奴兒干、海東、
> 囊阿里、吉列迷、恨古河、黑龍江、松華江、阿速江等處
> 野人頭目哥奉阿、囊哈奴等，令皆受節制。
> 又，十一月庚戌，罷松花江造船之役。初，命遼東運
> 糧，造船於松花江，將遣使往奴兒干之地招諭。至是，總
> 兵官都督巫凱奏虜寇犯邊，上曰：「虜覘知邊實，故來鈔
> 掠，命悉罷之。」

宣德五年八月，亦失哈復往，即再造船，至十一月又罷，
是造船竟不成也。巫凱傳又曰：

> 既而造舟役復興，中官阮堯民、都指揮劉清等董之，
> 多不法，致激變。凱劾堯民等下之吏。英宗登極，進都
> 督同知。

以此上史實觀之，永樂七年始設奴兒干都司，不過有此詔令，直至宣德間，未成事實，以造船不成，終於廢格。蓋至宣宗崩逝，以遺詔罷奴兒干都司也，事詳後。然則以巨艦二十五艘，直抵其國，果可信耶？至所率往之官軍千餘人，則據實錄，事在洪熙元年，碑文謂在永樂九年。據歷次實錄，恐宣德以前無此大舉。其云"洪熙元年十一月"，已在宣宗登極之後。仁宗崩於洪熙元年五月，宣宗即位於六月也。亦失哈之用事於遼，亦不應自永樂九年以前，直至正統十四年以後，況九年已稱再至，則七八年間已曾至奴兒干矣。觀碑文以亦失哈主名，而都指揮康旺等附銜在後，是權位已尊，能歷四十年而不替，且巨船早成，何以前二十年有此成績，後來反言船終不成耶？故疑內藤碑文終有牴捂。其年分爲訪碑者最要之眼目，而原拓之曹廷杰，受贈之吳大澂絕不能辨，故碑文之解釋，未敢信爲必然也。潛碻類書言"永樂九年，遣將將水軍，召集諸酋豪。"當是在鴨綠江召集，與朝鮮實錄可相參證。野人女眞部落，至宣德以後，明廷既不實行設官，但以奴兒干都司寄俸於開原之三萬衛，遙領其事。正統北狩以後，邊患孔棘，更無暇勤遠略，則眞爲荒服之地，如滿洲源流考所言矣。但海西、建州則猶奉職貢，直至清太祖兼并以後始止，終不得如源流考所語云云也。

二、海西女眞

海西爲元代行政區域之名，屬遼陽等處行中書省。世祖紀：至元二十五年二月壬戌，省遼東海西提刑按察使入北京。又仁宗紀：延祐二年夏五月庚午，立海西、遼東鷹坊萬戶府，隸中政府。明太祖實錄：洪武十六年四月己亥，故元海西右丞阿魯灰遣人至遼東，願內附。上遣人賫敕往諭之。敕曰："惟賢者能知存亡之道，決去就之幾。今爾所守之地，東有野人之隘，南有高麗之險，北接曠漠，惟西抵元營。道路險阨，孰不以爲可自固守。”云云。據此敕，可確定海西之地域。所謂東有野人，乃指建州女眞，時建州未附，故統稱野人。南有高麗者，其時遼東未悉入版圖。元亡後，高麗正侵入遼境。後設鐵嶺衞時，乃逐漸收回，事已見前文。當洪武十六年，遼東地尙與高麗相混，故云南有高麗。北接曠漠，乃後來朝貢無常之野人女眞地。西抵元營，正指元後尙在應昌。迨洪武二十年，元故丞相納哈出自兀良哈出降，封爲海西侯；二十二年，又置朶顏等三衞於兀良哈。是時兀良哈與女眞，皆爲元向來行省治理之地。兀良哈爲元之大甯路，女眞爲元之開元路，皆屬遼陽行省。元官制：行中書省，每省丞相一員，平章二員，右丞一員，左丞一員，參知政事二員，郎中、員外郎、都事各二員。遼陽行省之右丞，當駐海西，故稱海西右丞。在元地理志，遼陽行省所屬開元路爲海西地，而無海西之名，則其爲區域，亦係通俗之稱，非分地分路之爲定制之比。當洪武二十年，納哈出自兀良哈出降，封以海西，未必實領其地。至二十二年，分兀良哈爲三衞，通紀記此事云：“兀良哈，山戎也，歷代爲渾莫奚，爲奚契丹。時大軍征敗北胡，朶顏元帥等各遣人來朝，願爲外藩，詔以其地置三衞。自全甯抵喜峰，近宣府，曰朶顏；自錦、義歷廣甯，至遼河，曰泰甯；自黃泥窪逾瀋陽、鐵嶺至開原，曰福餘，以其酋爲指揮等官，各統所部，自是每歲朝貢。”兀良哈本爲契丹故地，但自蒙古盛時，久已爲蒙古所統一。東華錄天聰二年二月癸巳朔，書蒙古喀喇沁部，注云：“開國方略注：元太祖大臣札爾楚泰之後裔，世管喀喇沁六千戶，附於明，爲朶顏三衞都督指揮。”是明初之兀良哈，實已爲蒙古之別部，不復爲古之山戎、渾莫奚、奚契丹之屬。至所舉三衞之轄境，惟朶顏爲兀良哈本土，即今熱河地；而泰甯則占

瀋陽以南之遼西地；福餘則占瀋陽以北至開原之地。此實永樂
初年，酬三衛從行靖難之功，乃擴其疆域至此，非洪武初設三
衛之故蹟。而明紀則於洪武設三衛時，即指其地界如此，亦據
後來約略言之。且按會典等書，福餘衛設在建州衛之後，疑與
朵顏、泰寧二衛設非同時也。至三衛之地，後來仍以兀良哈故
地爲範圍，並不久占遼東境內。蓋三衛於永樂二十年之頃，已
叛附蒙古。成祖於親征阿魯台，逐北之後，併討兀良哈，大敗
其衆於屈烈河，斬馘無算，見明史三衛傳，其詳在永樂實錄
中，來降者釋弗殺。仁宗嗣位，詔三衛許自新。斯時之三衛，
大受懲創，故仍爲兀良哈部落，以聚其種人，所占遼東之地，
則仍屬遼東都司耳。而野人女眞之侵入海西，則駸駸不已。英
宗北狩以後，海西漸爲扈倫四部所有。扈倫爲野人女眞，即今
黑龍江之呼倫，說已具於上。由是野人女眞之扈倫四部，轉爲
海西女眞。四部皆爲清太祖所併，其事實皆見後。再考明史韃
靼傳，洪武中，屢征韃靼，王保保既卒，諸巨魁多以次平定，
獨丞相納哈出擁二十萬衆，據金山，數窺伺遼。按明一統志，
金山在開原西北二百五十里，遼河北岸，與兀良哈接壤，是爲
海西盡處。納哈出據此以窺遼，即知海西爲遼境。而爲阿魯灰
於洪武十六年據以降明。納哈出在兀良哈，出據金山以窺遼，
即規復海西地耳。太祖本紀：“洪武二十年春，以馮勝爲征虜
大將軍，率軍征納哈出。夏六月，馮勝至金山，納哈出降。”馮
勝傳：“元太尉納哈出，擁衆數十萬屯金山，數爲遼東邊害。
二十年，命勝爲征虜大將軍，潁國公傅友德、永昌侯藍玉爲
左、右副將軍，帥南雄侯趙庸等，以步騎二十萬征之。帝復遣
故所獲納哈出部將乃剌吾者，奉璽書往諭降。勝出松亭關，分
築大甯、寬河、會州、富峪四城。駐大甯踰兩月，留兵五萬守
之，而以全師壓金山。納哈出見乃剌吾，驚曰：‘爾尚存乎！’

乃剌吾述帝恩德，納哈出喜，遣其左丞探馬赤等獻馬，且覘勝
軍。勝已深入踰金山，至女直苦屯，降納哈出之將慶國公觀
童。大軍奄至，納哈出度不敵，因乃剌吾請降。"按大甯路，元
屬遼陽省，清喀喇沁右翼南一百里之地；會州，即清喀喇沁右
翼。此大兵漸入兀良哈之路，踰金山至女直苦屯，兀良哈與女
直以金山爲兩界之所在，是即海西西界之所在。以此合之明太
祖敕諭阿魯灰之文，於海西地域瞭然矣。明自中葉以後，海西
常爲國屏藩，扈倫四部不亡，清太祖終不得逞，以海西與明休
戚相共如此。明史竟全沒其名，并不得與長爲邊患之朵顏三衛
分占一傳，居於外國之列，乃曰烏喇等爲四國，與滿洲皆爲明
之敵國。無論抹煞四部爲明捍邊之事實，即以敵國論，史既有
外國傳，西洋及日本皆在明史之內，何爲獨不可見烏喇等名
乎？以海西之爲女眞，明史遂諱之，有不可告人之秘，此信史
之難言也。今爲詳海西女直之一種者如此。

　明史以朵顏三衛爲兀良哈。考朝鮮實錄，則以建州女眞爲
兀良哈，而海西女眞則爲兀狄哈。今從明史，故分析兀良哈之
境如上說。建州女眞，在清代不自認爲兀良哈，明廷亦不以兀
良哈稱之，朝鮮則從女眞所本稱，自必無誤；但明、清史皆不
言，姑仍史文。至"兀狄"則爲窩集或烏稽，明代譯爲兀者；
"哈"乃女眞語稱人。馬文升撫安東夷記，敍述成化間海西女眞
之事獨詳。時海西女眞之主名，爲兀者前衛。凡紀奴兒干都司
之百八十四衛，皆以建州必里衛爲設置最早，次即永樂二年所
設之兀者衛、兀者左衛、兀者右衛、兀者後衛，及赤不罕衛、
屯河衛、安河衛等。其時之兀者衛，地境廣莫，故同時即分兀
者衛之外，有左、右、後等三衛。至永樂四年，又設兀者前
衛。據馬文升作記，此實爲海西女眞。可知兀者各衛，皆在海
西，與朝鮮之稱海西爲兀狄哈者正合。

三、建州女眞

　　女眞在明世爲三種，而建州女眞爲清之正系。建州固明廷所設衛名，然建州女直之稱，由來已久。明廷因其原有之種別，以名其衛，非種別因衛而起也。新唐書：渤海大氏置率賓府，領華、益、建三州。其地循長白之北麓，至朝鮮境内之斡朶里族所住地，皆爲建州女眞生息之地。遼移建州治靈河之南，後再移靈河之北。靈河即凌河，在今蒙古喀喇沁、土默特二旗之間，當明兀良哈境内。金、元相承，皆有建州，皆即此遼時移置之建州。元一統志有故建州，在上京之南。金之上京，幅員甚廣，自開原東抵寧古塔，自長白山北抵阿勒楚喀河。建州在其南境，正長白、寧古塔等地，謂之故建州，以別於遼、金、元之建州，而爲渤海所設之舊。是知建州女眞之本土，自唐代渤海創立州名以來，其地即恆名建州。因其西復有遼時移設之建州，於是故建州亦曰東建州。馬文升撫安東夷記云："永樂末，招降之擧漸弛，而建州女直先處開原者，叛入毛憐，自相攻殺。宣德間，朝廷復遣使招降，遼東守臣遂請以建州老營地居之。老營者，朝廷歲取人參、松子地也，名爲東建州。初止一衛，復增左、右二衛，而夷人不過數千，然亦歲遣使各百人入貢以爲常。"觀馬氏記文，明設建州衛，祇襲用其部族之名，謂之建州，而其住地則在開原，後叛入毛憐。在永樂之末、宣德間，復招使居建州老營地，則以建州故地爲建州衛矣。其時雖已有建州左衛，然左衛指揮之受職，尚在斡朶里。斡朶里則本爲建州之東境，本與建州衛同處開元。至建州衛回處建州，左衛猶處開元之斡朶里，後左衛從斡朶里逃奔建州衛，以避朝鮮之壓迫，未幾又分右衛，此皆宣德以後之事。馬氏擧其概略言之，其詳俟後述。

建州老營地，元曰故建州，明曰東建州，皆緣遼以來移置建州於凌河，而渤海大氏初設之建州，舉其源流則曰“故”，指其方位則曰“東”，非有異也。

朝鮮太祖所俘陳入侍潛邸之三萬戶，其二爲建州女眞：(一)火兒阿，即元史之胡里改。史言胡里改江并混同江，元史言胡里改，朝鮮言火兒阿，清代言呼拉哈，亦曰虎爾哈，蓋即寧古塔河。寧古塔即赫圖阿拉故名，清初設寧古塔將軍於吉林，遂以將軍所駐之城爲寧古塔城，而爲後設之寧安縣地。赫圖阿拉則自名興京，惟寧古塔河尚在興京境内，足證太祖實錄中寧古塔貝勒之說。其地與入關之後之寧古塔地，並非一地。

水道提綱：“寧古塔河，即呼拉哈河，亦曰虎爾哈河。唐時謂之忽汗河，金時曰按出虎水，即金源也。金史國語解：“金曰按春，按春即愛新。”今按，按春即按出，亦即清之所謂愛新。源在長白頂北徑三百餘里，長白之幹，東爲土門江諸水之源，西北爲混同江諸水之源，其中平頂山東北行分一幹，向西北，其南爲富爾虎河諸水之源，西入混同。其北即呼拉哈之諸源，北入松花江。”於此知火兒阿萬戶在古之金源，正金之發祥地，而爲建州之西偏。

建州女眞之又(一)爲斡朵里，在圖門江南朝鮮境。圖門亦作圖們，亦作土門，朝鮮又作豆滿，蓋即豆漫。以移蘭豆漫所聚居而得名。移蘭，即女眞語三；豆漫，即女眞語萬戶。故明設三萬衛，本在斡朵里，即由其地原以三萬戶得名，故謂之三萬衛耳。

三萬戶中，餘一萬戶爲托溫，即元史之桃溫。此一部族，則爲海西。朝鮮以海西爲兀狄哈。兀狄，明史作兀者，或作完者，又作丸者。觀明代凡托溫部來降者，皆授以兀者衞、丸者千戸所等名，可知其與建州非一族。

建州故地，其東偏本爲清之發祥地，然明代竟劃入朝鮮，而西偏之呼爾哈部地，轉爲建州三衞所麕聚，漸向西向南蔓延。三衞之外，又分一毛憐衞，皆統於建州女眞一部族之下。其地界則東南抵鴨綠江，西抵撫順邊，皆爲建州女眞盤據之所。其地皆明之遼東都司所轄；但係邊荒，遂棄爲夷落。考之明太祖所定遼東區域，建州一部女眞，盡在其中，不似海西、野人兩部，尚隸於不甚確定之奴兒干都司轄境，蓋鑿然爲遼東都司原轄之邊地。明廷以存恤建州夷，恩給住牧，遂以傳世者也。故清代旣欲自詭爲明之敵國，從未入其版圖，受其官職，不得不深諱建州之名，以亂史實。建州雖純爲遼東都司轄境，但永樂間設奴兒干都司，則劃其所轄甚廣，凡遼東境內之女眞，兀良哈之朶顏等三衞，凡東北邊之夷族，盡割隸之。至奴兒干都司之罷設，則朶顏等三衞仍爲兀良哈，建州、海西仍隸遼東，而野人女眞則在羈縻之列，中隔海西部落，無直接控制之可言矣。建州雖爲遼東轄，因永樂間劃入奴兒干都司，遂脫出遼東都司範圍以外。清修明史，以遼東都司爲明東北之疆域。地理志有遼東都司，而無所轄之建州、毛憐等衞地，削奴兒干都司不載，以明中葉以後，奴兒干都司已由寄俸三萬衞而漸銷滅無存，故可隱沒於地理志文，以就其明疆域不出遼東以外之說也。

但地理志雖不載奴兒干都司，兵志又明明有奴兒干都司，所轄衞所之名，又明明有建州三衞，其文原本明會典。修史時雖極意諱匿，終不能盡沒其痕。但以兵志不必詳設衞之由來，及其初受衞職之人物，地理志則不能不略敘原始，故露於彼而隱於此，自相違異不恤也。及乾隆間作滿洲源流考，清之所謂滿洲，正即女眞全境，建州尤爲女眞分爲三部之一部。又明之設衞，與古來部落之沿革，層遞而及。旣考源流，烏能不析其

眞相。豈料淸代之欽定滿洲源流考，非藉考以顯滿洲之眞，實
藉考以混建州之迹。其第十三卷附明衛所城站考，竟與明史兵
志之衛名，忽然翻異。在兵志，本據會典等書及明紀等各種記
載，所言奴兒干都司之三百八十四衛，源流考則作三百七十六
衛。所少者八衛，一一核對，乃知其移置之用心甚苦。蓋三百
八十四衛，應除去正統以後添設不可據之二百衛，實止有百八
十四衛，說已見前。所云可據之百八十四衛，不可據之二百
衛，皆有方策可本。源流考不用舊本，而稱從明實錄中輯出。
實錄本有缺佚及漏書，並有舛誤，又輯時亦不免脫漏。總之不
用會典舊載，便可意爲出入。先變其總數爲三百七十六衛，根
本與明志不同，而於正統以前之百八十四衛加朶顏、泰寗、福
餘三衛，合爲一百八十七衛。源流考則以朶顏等三衛爲應入熱
河志而去之，此則是矣。然於百八十四衛之中，任意增減，其
數總爲百八十三，則少去一衛。核其衛名，乃少於會典所載者
凡五衛，多出於會典所載者凡四衛，以期故與明志分道而馳。
細考所少五衛之名，即是建州三衛，又加奴兒干一衛、斡朶倫
一衛。其去建州三衛，自爲隱蔽其先世之曾受衛職。益之以斡
朶倫者，斡朶倫乃淸始祖布庫里雍順所居之地，亦爲淸代切身
之關係。又益之以奴兒干者，奴兒干衛與奴兒干都司同名，由
設衛而擴之爲都司，旣欲隱沒奴兒干都司，不得不併匿奴兒干
一衛。又覺選出此五衛而去之，恐讀者一與明志核對，覺其所
少之數，適爲建州等與淸代關係之地，未免露骨，又爲捏造四
衛添入其中，遂致蒙混糾紛，不可究詰。今更核其所添之四
衛，乃烏拉衛、哈密衛、額埒衛、弼勒古河衛，共四名。其烏
拉衛下注云：“舊訛兀蘭，今改正。明實錄永樂四年八月，烏
拉等處部人奇爾鼎紐爾等來朝，置烏拉、伊爾庫魯、托漠、斐
森四衛。”又於伊爾庫魯衛下注云：“舊訛亦兒古里。”托漠河衛

下注云："舊訛脫木"。斐森衛下注云："舊訛福三。"今按名山藏及潛確類書及明史兵志，永樂四年所設各衛，並無兀蘭，止有斡蘭，正與亦兒古里衛、脫木河衛相連，福三衛則稍後，要亦同為一年間所設。是烏拉即斡蘭衛無疑。乃源流考又有沃楞衛，下注："舊訛斡蘭。"則以沃楞當斡蘭，而烏拉則當兀蘭。兀蘭衛實非奴兒干都司轄下所有。明志等書，祇有一斡蘭衛，源流考以烏拉及沃楞兩衛當之，遂多出烏拉一衛。其實永樂四年八月實錄原文則云："兀蘭等處女直野人頭目乞剌尼紐隣等來朝，置兀蘭、亦兒古里、札木哈、脫木何、福山五衛。"源流考節去"女直野人頭目"六字，代以"部人"二字，是其不欲見"女直野人"字樣，已可概見。又故意脫去札木哈一衛，而改總數五衛為四衛，引實錄而不符其原文。在實錄中譯名，原與他紀載不必相同，此作兀蘭，志作斡蘭；此作札木哈，志作劄竹哈；此作脫木河，志作脫木何；此作福山，志作福三。源流考又逢譯名即改其字，乃將斡蘭一名幻成烏拉及沃楞兩衛，此所多出之烏拉一衛，可以指其謬者一也。又哈密衛下注云："案哈密在西域，不應遼、瀋之東有此地名，而明實錄稱永樂四年因嘉河人進馬，與嘉河衛同置，其訛舛實不可詰。"夫既知其訛舛，何不以他紀載訂正？明史兵志，西北諸部，自有哈密衛；奴兒干都司之下，則各紀載皆無哈密衛。明實錄於永樂四年二月甲申，書云："嘉河等處女直野人頭目阿必察等二十八人來朝貢馬，命置嘉河、哈密、斡難河三衛。"又於三月丁巳，書云："設哈密衛，給印章，以其頭目馬哈麻火者等為指揮、千百戶、鎮撫，辜思誠哈只馬哈麻為經歷，周安為忠順王長史，劉行為紀善，以輔脫脫。復命脫脫，凡部下頭目，可為指揮、千百戶、鎮撫者，具名來聞，授之以職。"是實錄於哈密衛之設置，鄭重言之，所以籠絡西北蒙古忠順王脫脫者甚至，絕無東北之事。惟其設哈密衛之動機，在因嘉河之進馬，則與同進馬者同受衛職，原非謂地在東北也。奴兒干都司轄下，有無哈密一衛，可據之文甚多，何得因實錄類叙之文，而爲添出一衛。又明知其訛舛，而不求其故？意實爲所抽去之五衛補空，幸其有此訛舛，而可多一衛名，此所多出之哈密一衛，可以指其謬者二也。又其額埒衛下注云：“名已見前，此處訛兀列。”弼勒古河衛下注云：“名已見前，此又訛卜魯兀。”此二衛所云名已見前者，見於永樂八年實錄也；此又訛云者，謂永樂十二年又見也。今檢實錄：“永樂八年十二月丙午，女直野人頭目早花等二十人來朝，設兀列河、朶兒必河、木里吉、卜魯兀、乞塔河五衛，命早花等爲指揮、千百戶，賜誥印、冠帶、襲衣及鈔幣有差。”而於十二年九月乙酉，又書：“女直野人頭目阿路禿等百十五人來朝，設塔速兒河、五屯河、玄城、和卜羅、老哈河、兀列、兀剌忽、哈兒分八衛，命阿路禿等爲指揮、千百戶，賜誥印、冠帶、襲衣及鈔幣有差。”是年並無再見之卜魯兀衛，惟再見兀列之名，與八年所名兀列河者，亦微有差異，則源流考所云云者，亦不可據。且實錄乃因事而書，往往類及，蓋有已與某數處聯同得受衛職，後又特提其一處而重見者，或又與他處聯見者。建置典章，自當以會典等書爲據。會典於此二衛，其設兀列河衛在四年，設卜魯兀衛則在八年，以後並無重出。源流考不本會典等書，而自從實錄搜輯，所輯實錄則又舛誤，乃致重複二衛，此所多出之額埒衛、弼勒古河衛，可指其謬者三也。凡此皆爲抽去建州衛名，遂併明史志文而翻異之。所云滿洲源流，於明以前未名爲建州時，叙述尚明，獨於明代之源流，則故爲紊亂，以掩建州設衛之痕迹。故知源流考非考明其源流，乃使人因考而無從辨其源流而已。

　　然亦祗於明衛所城站考極意紊亂，在源流考之全書中，仍

時時漏出其所削之五衛。卷七部族門，全見建州三衛之名，特
不見於有系統之衛所考中耳。又衛所城站考敘文，明有永樂二
年仿唐羈縻州之制，設尼嚕罕衛，七年改爲尼嚕罕都司之文，
此不過誤在改字，說已見前。然亦明明認有尼嚕罕衛，即史志
中之奴兒干衛也。至斡朶倫衛，不見於明衛所考，而見於元疆
域篇鄂多理萬戶府注中，言明志鄂多理城，永樂十一年置衛，
是又悉與史志及名山藏、潛確類書相合。可見非不知此五衛，
而偏於衛所考中脫漏不載，別於他處一一漏出。其爲事實具
在，終不能盡掩耶？抑載筆者故弄其狡獪，見其仰承廷旨以爲
親諱之不得已耶？此建州一部落之女眞，尤爲清代所諱飾混
淆，今日終得以復之於正確者也。

前編第四　建州衛地址變遷考

清室之先，起於明之建州衛。當清之世，以爲忌諱，無人敢言之，世人亦幾忘之。改革之後，此事已大彰，然亦但以爲清之所謂興京，即明建州之地而已。清史館旣開，主其事者頗以前朝遺老自居，於清所諱，亦視力之所及，能諱者務終諱之，然於建州衛一名，則不復能掩蓋矣。旣立阿哈出等傳，但以清或非建州衛掌衛職者的裔，以順清室自稱未臣服於明之意。其意謂清由建州衛之人民起事，先取建州而後取明，清之先終非自受明之衛職也。此事別有考，不在此篇範圍之內。

清史稿地理志，已詳建州三衛地址。此在舘中屬稿時，當非以意爲說，或自有檔案可據，但所據必爲清之檔案。清於先世之事，有意塗飾者半，實係失傳者半，其說多不可信。今先就清史稿所列建州衛各地，爲再加辨正之根據。

地理志二　奉天

興京府省東南三百二十里，明建州右衛。領縣四：通化、府東南二百七十里，明建州衛之額爾敏路。懷仁、府南一百八十里，明建州衛之棟鄂部。輯安、府東南四百二十里，明建州衛之鴨綠江路。"建"字原刻訛作"置"。臨江、府東南五百九十里，明鴨綠江路。此雖不冠"建州衛"字，旣屬本府，總在建州右衛之下。又承上文三縣而來。自屬建州衛。

長白府省東南九百八十里，明建州衛之鴨綠江部。領縣二：安圖、府東北四百里，明建州左衛地。　撫松府西北五百二十里，明建州衛之訥音部。

海龍府　領縣四：柳河府西南一百二十里，明建州衛地。

地理志三　吉林

濛江州省南四百六十里，明鄂爾琿山所，後屬訥音部。此訥音部不冠"建州"，似訥音部有不屬建州部。

樺甸縣省南偏東二百七十里，明法河衛，末屬長白山之訥音部。同上。

敦化縣省東南四百七十里，古挹婁國，明建州左衛，後屬窩集部之赫席赫路。清始祖居鄂多哩城即此。初爲額穆赫宇羅頓地，光緒八年建新城置。

額穆縣省東三百八十里，明斡朶里、禿屯河二衛，後屬窩集部之鄂謨和蘇魯路。清始祖所居俄漠惠即此。舊曰額穆赫索羅，乾隆三年置佐領，宣統三年改。"斡"訛"斡"、"謨"訛"漠"。此條原不指爲建州，而指爲始祖所居俄漠惠。又云明斡朶里衛地，應注意。

建州疆域，至太祖時并吞之廣，原無限制，史稿所據，不知何年之界址。其以興京爲右衛，蓋疑清之先出於右衛也。疑清之先出於右衛，蓋以明人謂太祖爲王杲遺孽，而王杲則明人謂爲建州右衛指揮也。

彭孫貽原署管葛山人，不著其名，惟於諸將傳杜松傳中，有"貽聞杜將軍恃勇而輕敵"語。山中聞見錄："萬曆二十九年，太祖仍羈吾兒忽答建州寨，陽以撫養爲名，奏爲那酋搶殺來奔。那林孛羅亦訐建州係王杲遺孽，計殺猛酋，又擄其子，乞諭還其子，守靖安關。"那林孛羅爲太祖妻父仰家奴之子，嗣爲葉赫貝勒者，即太宗生母孝慈高皇后之胞兄弟行也。

錢謙益初學集岳忠武畫象記："惟忠武王僇力中夏，誓滅金虜。佟奴以王杲餘孽，啟疆犯順。忠武有靈，其能賈諸！"謙益明代所刻集爲初學集。此文中涉其撰文之年月，爲崇禎改元之後一年，即太宗天聰三年，猶沿"奴"稱耳。

以上爲明代稱太祖爲王杲遺孽之例證。

王在晉三朝遼事實錄，其總略篇："嘉靖間，王杲爲
建州右衛都指揮使，黠慧剽悍，數犯邊。

山中聞見錄建州篇："初，甯遠伯李成梁之誅阿台
也。"阿台下注云："右衛指揮使王杲子。""也"字，羅振玉刻
本誤作"屯"字，此字遂屬下句，致文理難通，今改正。

又東人志建州篇："王杲，建州右衛都指揮使也。"

以上爲明代稱王杲爲右衛酋之例証。

其實清非右衛。所謂"王杲遺孽"云者，太祖之母爲王杲孫
女，於誼甚親。又建州自董山而後，百年間無名酋，至王杲而
兇悍著聞，繼其後爲邊患者即太祖。那林孛羅爲海西女眞，與
太祖相訐於明廷，舉最近建州酋之爲逆者以聳人聽。謂之"遺
孽"，何得即認爲正系親屬！凡明人言"王杲遺孽"者，皆此意
義。故王杲自爲右衛，太祖非右衛也。王杲爲太祖外曾祖，別爲
考証，不及。

建州三衛，皆緣事遞嬗而生，在明廷初未劃地授職。所因
其歸附而設衛者，祇有最初之建州衛一衛。其設衛之地何在，
乃與世所信爲建州衛故地者相去甚遠。一經舉出，殆可令舉世
訝爲未之前聞也。

明人紀述，言建州始設衛之地者，就予所見，祇有馬文升
之撫安東夷記。記僅言"建州女直先處開元，永樂末乃叛入毛
憐。"初讀記文，積疑至數年不解。蓋不惟不解建州之何以得處
開元，實未解開元之並非開原也。開元之誤認爲即開原，以前
學者皆有此疏忽。間有能悟其非一地者，亦尚未能實指其所
在。以故欲考建州，當先考開元。

從前談地理沿革者，陳芳績之地理沿革表、李兆洛之歷代

地理韵编今释、杨守敬之沿革图，李氏书中附沿革图，篇幅尚小而不详，姑不计。皆以開元路爲即開原，殊爲舛誤。開原自洪武二十一年以後，已設三萬衛，又置安樂州。其先爲快活城。安得於永樂間復設建州衛。再考明地理志，山東布政司所屬遼東都司屬之三萬衛，注云"元開元路"，又云"洪武初廢。二十年十二月，置三萬衛於故城西，兼置兀者野人乞例迷女直軍民府。二十一年府罷，徙衛於開元城，南距都司三百三十里。遼東都司治遼陽，開元城南距都司三百三十里，即今之開原也。未徙以前之三萬衛，則非在開原，而在元開元路故城之西也。僅據地理志文，祇能知三萬衛之曾經遷徙而至開原，不能知元開元路距開原之近遠。但洪武初設衛時，兼置兀者野人乞例迷女直軍民府，如果開元即開原，則開原之西已入兀良哈之福餘衛地，欲設女直軍民府，豈有不於女直根據之地，而反遠設於奚契丹部落之邊者，以故終疑開元路之不近開原也。

　　然則開元故城西，初設三萬衛之地，究在何處？得其實在，乃可定開元路之地址。於是先求之於元志，則所云開元路者，區域廣大，不易定其路治所在，惟其中有"治黃龍府"一語，雖指一時之事，未必爲元代開元路治定點，但既有此語，姑從黃龍府求之，則明代皆指瀋陽北之開原爲即黃龍府。萬曆四十七年，太祖攻陷開原，明樞臣疆臣奏議，若熊廷弼之流，皆名震百世之人，其奏中每論開原之重要，輒云即金之黃龍府，然則又證明開元之即開原矣。於是考金地理志，求其黃龍府所在，則爲隆州之舊名，在混同江岸，與開原之在遼河流域者，相距頗遠。今先錄元與金兩地理志原文而說明之。

　　元志："開元路，古肅慎之地。隋、唐曰黑水靺鞨。唐初，渠長阿固郎始來朝，後乃臣服，以其地爲燕州，置

黑水府。其後渤海盛，靺鞨皆役屬之。又其後，渤海寖
弱，爲契丹所攻，黑水復擅其地，東瀕海，南界高麗，西
北與契丹接壤，即金鼻祖之部落也。初號女眞，後避遼興
宗諱，改曰女直。太祖烏古打既滅遼，即上京設都。海陵
遷都於燕，改爲會寧府。金末，其將蒲鮮萬奴據遼東。元
初癸巳歲，出師伐之，生禽萬奴。師至開元恤品，東土悉
平。開元之名，始見於此。乙未歲，立開元、南京二萬戶
府，治黃龍府。至元四年，更遼東路總管府。二十三年，
改爲開元路，領咸平府。後割咸平爲散府，俱隸遼東道宣
慰司。”

　　開元之名，前史所無，亦非元代所命之名。太宗五年
癸巳歲，征東夏國，蒲鮮萬奴所僭國號。師之所至，始見此
名，則可知爲東夏始有此名也。東夏先稱東眞，僭號於太
祖十年乙亥，以金之東京遼陽爲國都。是年爲耶律留哥所
破，取東京之金幣。歸于蒙古。十二年，萬奴又稱東夏，
蓋以黃龍府爲都矣。開元之境東瀕海，此元之所定開元路
轄境，瀕海爲金之恤品路地。元不置恤品路，即隸開元。
其初設開元、南京二萬戶府，蓋即以黃龍府爲開元萬戶府
治所，而南京萬戶府則治恤品。後改遼東路，而領金舊設
之咸平府。金之咸平府，實近開原，開原當爲所轄之地。
既設遼東行省，遼東右丞駐海西，即駐黃龍府等地，而開
元改路，廢南京萬戶府，即將開元路治所。遷至南京萬戶
所在，故開元路在極東近海之地矣。其證下文詳之。

　　金志：上京路隆州下利涉軍節度使，“古扶餘之地。
遼太祖時，有黃龍見，遂名黃龍府。遼志：“東京道龍州黃龍
府，本渤海扶餘府。太祖平渤海，還至此崩，有黃龍見，更名。”
天眷三年，改爲濟州，以太祖來攻城時，大軍徑涉，不假

舟揖之祥也，置利涉軍。天德二年，置上京都轉運司。四年，改爲濟州轉運司。大定二十九年，嫌與山東路濟州同，更今名。貞祐初，陞爲隆安府。縣一，利涉，倚，與州同時置。有混同江、淶流河。"

利涉縣爲黃龍府倚郭之縣，而縣境有混同江，即黃龍府在混同江岸，非開原地，明人所說皆誤。李氏韻編今釋，更以金之上京會寧府爲即開原，則又誤中之誤。蓋誤以爲黃龍府即金之上京，故岳武穆有"直擣黃龍"之語。不知會寧府與隆州，各自一地，金史地理志分載甚明也。

開元路治在瀕海恤品路地，一證之明實錄："洪武二十一年三月辛丑，徙置三萬衛于開元。先是，詔指揮僉事劉顯等，至鐵嶺立站，招撫鴨綠江以東夷民。會指揮僉事侯史家奴，領步騎二千抵斡朶里立衛，以糧餉難繼，奏請退師，還至開元。野人劉憐哈等，集衆屯於溪塔子口，邀擊官軍。顯等督軍奮殺百餘人，敗之，撫安其餘衆，遂置衛於開元。"此段文內之開元，皆當作開原，或其時尚未改書"原"字。三萬衛原設在元開元路故城西，而此文則舉其地名爲斡朶里，所招撫者爲鴨綠江以東夷民，即斡朶里女眞之民。鐵嶺爲鴨綠江上源朝鮮境內之地，斡朶里爲鐵嶺以北朝鮮境內地，三萬衛設於此，即是指斡朶里以東爲開元故城也。斡朶里，據清太祖實錄，在長白山東，而赫圖阿喇即後名興京者，在其西千五百餘里，是斡朶里實在朝鮮東北界。太宗時修太祖實錄，尚能言之鑿鑿。入關以後，漸與舊聞隔膜，不知朝鮮北境，在金元時實係女眞地，明初尚然。乃狃於永樂以來，將其地賜予朝鮮，遂不料肇祖以前實居朝鮮東北，而不在長白以西奉、吉二省之內。故康熙時敕撰之皇輿圖表，其卷二云"俄朶里城在興京東北一千五百里，

四至莫考"云云，猶未敢擅改太祖實錄所言，但自明未能考其
四至，以示傳疑。至乾隆三年，乃就皇興圖考中，按其圖載有
額穆和蘇魯之地名，遂指爲俄漠惠，爲始祖之發祥地，設一佐
領以守之，又於其旁近任指一地爲斡朶里。乃併字音相近之地
名而不可得，即以僅有地名之地，原稱額穆赫宇羅頓者，因其
音雖不近斡朶里，猶近俄漠惠，即定爲俄朶里。而於太祖實錄
所言。方向在長白山東，此已改在長白山北；所言里至距興京
千五百里，且興京在西，此則最遠之額穆和蘇魯，距興京亦不
滿千里，且興京在西南。又額穆和蘇魯與額穆赫宇羅頓相距較
遠。額穆赫宇羅頓，清所認爲俄朶里者，光緒八年置爲敦化
縣。額穆和蘇魯，清所認爲俄漠惠者，宣統三年改爲額穆縣。
兩地相去百餘里，亦與太祖實錄所云"俄漠惠地內之斡朶里
城"，其說不合，蓋皆後來之造作。清室於先世之發祥地，自
太宗以後，無復知之者矣。

　　斡朶里在朝鮮會甯境內者，即在朝鮮斡木河之地，是即肇
祖所居，其不在斡木河之斡朶里，相距亦不遠。東國興地勝覽
卷五十，慶源都護府下云："訓春江，源出女眞之地，至東林
城，入於豆滿江，斡朶里野人所居。"此當即明置三萬衞之處。
其地近綏芬河。綏芬即金之恤品，亦即遼之率賓路，而遼又因
渤海之率賓府以爲名。渤海率賓府，領華、益、建三州。建州
地正琿春等處女眞之地。琿春即朝鮮所謂訓春，而建州女眞之
得名，正指此一帶之女眞而言。

　　知三萬衞之設於斡朶里，即爲元開元之故城西，乃確定琿
春一地，尙在開元故城西，而開元在琿春以東審矣。更以馬文
升撫安東夷記所言"建州先在開元"論之。據馬氏說，以理推
知，必爲元之開元，非明之開原。然非更得確證，尙嫌迹涉懸
斷。及讀朝鮮李氏朝實錄，確證甚多，爲之大快，茲錄如下：

　　朝鮮太宗李芳遠十一年，即永樂九年，正月辛巳：
"趙英茂、李天祐上言曰：'今猛哥帖木兒雖令招撫，今將
移徙於開元路，恐與種類以間道直向吉州，則鏡城如囊中
之物，又牧馬南下，則端、青之地騷然矣。'"據此，則開
元路更在肇祖原住斡木河之東。斡木河向鏡城、吉州，尚
爲正道。開元路由東北而入爲間道，更南下則朝鮮極東北
之端川、北青皆騷然矣。此開元路在極東瀕海之一證也；
然此猶未證明開元路之即爲建州衛也。

　　是年四月丙辰，朝鮮實錄又書："東北面吾音會童猛
哥帖木兒徙于開元路。吾音會，兀良哈地名也。猛哥帖木
兒嘗侵慶源，畏其見伐，徙于鳳州。鳳州即開元，金於虛
出所居。於虛出，即帝三后之父也。"據此，則開元路所
在，即阿哈出所受之建州衛地，阿哈出，朝鮮有時作於虛出，
有時亦作阿哈出。又名鳳州。此鳳州非朝鮮内地黃海道鳳山
郡古名鳳州之鳳州，乃朝鮮東北境外之地。"鳳"字之音，
亦係口語相傳，非有定字。何以明之？更舉一證如下：朝
鮮世宗李祹六年，即永樂二十二年，朝鮮實錄書："四月
辛未，平安道兵馬都節制使，據江界兵馬節制使呈馳報：
今四月十七日，小甫里口子對望越邊。兀良哈沈指揮，率
軍人十三名，將牛馬并十三頭匹來說：'吾等在前於建州
衛奉州古城内，居住二十餘年。因韃靼軍去二月十七日入
侵，都司李滿住率管下指揮沈時里哈、沈者羅老、盛舍
歹、童所老、盛者羅大等一千餘戶，到婆豬江居住。'"據
此，則建州衛初設所在之鳳州又可作奉州。自永樂元年爲
阿哈出設建州衛，至是二十餘年。李滿住爲阿哈出之孫，
其言云然，知"鳳"或"奉"無定字。自高麗、渤海以來，不
知何時於此地有此名也。朝鮮太宗四年，即永樂二年，朝鮮實

錄書："六月己卯，遼東千戶、三萬衞千戶等，賚敕諭及賞賜，與楊内史偕來，隨後而入，蓋以向建州衞也"云云。時建州設衞未久，明廷奉使往建州者，假道朝鮮而後可至，亦可見建州在朝鮮東北。使者由朝鮮西界來，必歷朝鮮國境乃達，亦証其時之建州，非長白西麓赫圖阿喇之建州，亦非可以明開原之地爲建州，而附會馬文升之說也。

　　惟云蒙古太宗時之南京萬戶府。即後來之開元路，此亦當有證實。考東北荒遠，古無有興國宅京之事。自渤海、遼、金，始以其地爲都會。但遼南京爲析津府，即今北平。金南京爲宋之汴都。元無南京，且在太宗時猶沿游牧之舊，不知有定都之說。漠北四汗，以和林爲汗所駐之地，應作世祖以前四代之都城，然終元之世，未加和林以京都之名，但稱嶺北行省之和甯路而已。世祖乃以開平爲上都，燕京爲大都，更無其他東西南北之京。則當太宗時，取萬戶府之名爲"南京"，斷非有自定爲南京之意，不過就遼東所有之舊地名，隨意名之而已。考遼東地之有南京名地者，惟渤海五京皆在遼東，而其南京，則云沃沮故地，曰南海府。沃沮即東海窩集，今爲清咸豐八年割界俄國之俄屬東海濱省。而又爲其南境，則東海濱省之極南，即琿春以東之地。元初設南京萬戶府，祇有設於此地，而後來正爲開元路所在。故知兩萬戶府廢而改開元路，必於其時併開元於南京，而爲路治所也。此一證也。

　　朝鮮於女眞之請居境內不許，往往入居南京。初疑朝鮮國內自有南京之名，及讀實錄中燕山君三年，即弘治十年九月丙午，承旨愼守勤啟："當初兀狄哈伊伊厚等。稱歸順來住加訖羅。朝廷以人面獸心，其誠難信，遣敬差官李玷與節度使同議，開諭還土。伊伊厚等托言，待秋收穀乃還，而移居于南京，迄今不還。臣意伊伊厚等在近境，而歲月積久，滋蔓盤據，則處置實難，是養虎遺患。近者李季仝語臣曰：'穩城與柔遠堡，皆賊路初面，防禦最緊，軍卒殘劣，柔遠則土兵僅五十餘人。伊伊厚等環居其地，則窺覘虛實，不可不慮。'"據此，則穩城、柔遠本爲朝鮮極東北邊境。而伊伊厚所自占久居之南京，乃緊與相鄰之近境，則在東北邊外，正爲琿春以東之地，即以前建州衛未移婆豬江以前之故地。此又一證也。

辛酉，成俊議又云："五鎮以豆滿江爲界，江外乃彼地。自城底至深處，諸種野人，數多屯居。是自居其地，非三浦倭人居於境內之比也。雖城底禁之爲難，況南距穩城二息餘程乎！若禁之而不從，則臣恐其損威也。"據此，則南京在豆滿江以外，距穩城二息餘程。一息猶一舍，大約三數十里之謂，成俊言南京雖爲近境，而實在國界豆滿江之外，恐朝鮮無說禁使勿居。此其地望，亦與開元路相合。以下議論南京之地勢甚多，大指已足明其地址，同符開元，餘不備錄。其證三也。

然則建州之始設，成祖之意，蓋回復洪武間初設之三萬衛，并其置女直野人軍民萬戶府之原意。當太祖設三萬衛於斡朵里時，正爲招撫女眞之故，故三萬衛指揮爲流官，同時設女直軍民萬戶府，則以土官治女直。越一年，以糧餉難繼，衛徙而府亦罷，是時暫不經營東北。越三年，洪武二十四年，乃封子松於開原爲韓王，模於瀋陽爲瀋王。明年，又封植於廣甯爲遼王。皆以親藩鎮東北，必將大闢遼東，確固根本，而後盡撫女直諸部。又以北平早封棣爲燕王，而權封大甯爲甯王，穗封宣府爲谷王，亦皆爲遼東應援。太祖對女眞之大舉如此。自成祖以親藩發難，恐他藩之效其尤，盡撤徙諸王，無一在者，而後獨用官職賞賚，籠絡女眞，遂成久而難繼之局。觀其設建州衞於開元路，自以爲前此設衞爲流官，故以運糧爲慮；今以土官領衞職，假以名義而不煩俸餉，又併太祖並設軍民府之策而一之，以故建州衞獨設經歷，實用都司之體相待，蓋將以建州一衞，爲招撫女眞之總樞矣。其後來者日多，其地日遠，既多納黑龍江之野人女眞，覺非建州所能遙制，乃改計設奴兒干都司，而建州遂永與諸衞等視，無復特殊。至永樂末叛入毛憐，遂去開元路舊址而至鴨綠江之西，與毛憐先後俱入明邊矣。

　　毛憐衞設在永樂三年，以隨肇祖來歸之把兒遜爲指揮。把兒遜原稱毛憐等處野人，則毛憐衞亦就其原地而名之。其地在朝鮮東北界愁州，與肇祖原住之斡朶里切近。八年，以侵犯朝鮮，爲朝鮮所戮。九年，以建州衞阿哈出次子猛哥不花爲毛憐衞指揮，疑即沿襲其名而不居毛憐故地，蓋已移鴨綠江西佟家江地面。至永樂末，建州叛入毛憐，即併入佟家江。所謂婆豬江，即佟家江也。朝鮮諧“婆豬”之音爲“蒲州”；女眞則諧“佟家”之音爲“東果”，爲“棟鄂”，爲“東古”，皆是此地。朝鮮實錄世宗十三年，即宣德六年，八月，敕使欲往毛憐等衞捕海青。朝鮮不知毛憐所在，尙據把兒遜受衞職地址推索，可見毛憐久不在朝鮮故地。燕山君五年，即弘治十二年，十二月己酉，左議政韓致亨、右議政成俊、左參贊洪貴達啟：“臣等於邊事，晝思夜度，乃得一計以獻。國家開咸鏡一路，以通野人往來，平安道則境接毛憐衞，而不許通朝路，必經建州衞，得達咸鏡道。毛憐與建州素搆隙，當其來往，慮其被害，故其來不數。開通西路，乃其願也。”云云。此亦可證毛憐在鴨綠江西，且在建州移居竈突山地之南，正是佟家江流域。隆萬間之王兀堂，即毛憐衛酋。沈國元皇明從信錄、馬晉允明通紀輯要及王在晉三朝遼事實錄皆云：萬曆元年，兵部侍郎汪道昆閱邊，總戎李成梁請展築寬甸等六堡。其地北界王杲，東鄰兀堂，去靉陽二百里。據此地望，六堡在靉陽邊門外二百里，其東即鴨綠西岸，又其北爲建州王杲地，則兀堂固在鴨綠西、建州衛南，正毛憐衛地也。從信錄等又云：當是時，東夷自撫順而北屬海西，王台制之；自清河而南抵鴨綠江屬建州者，兀堂亦制之，頗遵漢法。則兀堂之地，尤明指爲清河以南至鴨綠，皆毛憐衛之地界也。毛憐自猛哥不花後，以王兀堂爲悍酋，其後即爲歸清太祖部落之首。太祖以女妻何和哩，爲清佐命元功，即棟鄂當時之部長，亦即毛憐衛之裔耳。建州女眞除三衛外，惟有毛憐，今得考其始末，亦爲談建州故事者一快。其餘據朝鮮實錄，尚有歧山衛、温下衛，云此等皆無酋長，蓋無受明衛職者，則建州之附庸矣。

建州衛之入毛憐，在永樂二十二年，既如上述。馬文升謂"宣德間，朝廷復遣使招降，遼東守臣遂請以建州老營地界居之。老營者，朝廷歲取人參、松子地也，名爲東建州。"此文言之太略，蓋招降自是宣德間事，其界以老營地，則已在正統初，因記文無取詳叙，不妨約略言之如此。今摘其證明如下：

葉向高女直考："建州指揮李滿住，嗣李顯忠之職。宣德四年，請入都充宿衛，不許。"據此，則建州於宣德四年以前已受招降。再以實錄檢之，洪熙元年十二月甲午，已書"建州等衛指揮僉事李顯忠子滿住等，貢馬及方物"，時宣宗已即位。則亦無所謂有待於招降。避兀狄哈之難而遷居，乃其眞相。

實錄："正統元年閏六月壬午，敕遼東總兵官都督同知巫凱等曰：'今得建州衛都指揮使僉事李滿住奏："原奉恩命，在婆豬江住坐，近被忽剌溫野人侵害，移居遼陽草河。"朕未知有無妨礙，爾等宜計議安置處所，毋弛邊備，毋失人情。'"此在正統元年，尙以移居遼陽草河爲商榷。

實錄："三年六月戊辰，建州衛掌衛事都指揮李滿住，遺指揮趙歹因哈奏：'舊住婆豬江，屢被朝鮮國軍馬搶殺，不得安穩。今移住竈突山東南渾河上，仍舊與朝廷出力，不敢有違。'事下行在禮部、兵部議，渾河水草便利，不近邊城，可令居住。從之。"此爲最後定居竈突山之始。清實錄謂之虎欄哈達。"虎欄"華言"竈突"，"哈達"華言"山"也。

東建州：又從遼、金、元歷代皆有建州，在大凌河南北。今建州衛移設竈突山，遂謂之東建州。若較其初住之元開元路，則此已移而西矣。

建州衛至是而始定後來之局。未幾，左衛、右衛皆并住其地，遂爲清代發祥之所。清室所自知其先世舊居，祇有此地；以前之鄂謨惠、俄朵里皆非所能考矣。

次論左衛。左衛據明史兵志及會典等書，兵志即從會典而出。皆言建州左衛，永樂十年置。考實錄，則永樂十年不見設置之文。十一年，乃見建州等衛指揮使猛哥帖木兒之名。十四年，乃有建州左衛指揮使猛哥帖木兒之名。及讀朝鮮實錄，乃知永樂三年以後，肇祖即授建州衛內之指揮。蓋由建州衛阿哈出所招來，又爲建州衛同種，本係置之建州衛內。永樂八年，肇祖乘兀狄哈侵朝鮮，乃於中反側取利。朝鮮慶源郡界不堪其擾，遂廢郡退守以避之。肇祖於是以地納之於明，而設衛以處己，遂於建州本衛以外多一獨當一面之局。始亦未正名爲左衛，逐漸形成一獨立之衛。而左衛之名，定於事實之發生，故實錄不能書其設衛之月日耳。

　　左衛地址，最初在朝鮮之慶源府。朝鮮之遷陵罷郡，朝鮮因有祖陵所在，故以慶源名郡。移民撤兵，在永樂八年，即朝鮮太宗十年，肇祖之潛入，即在其後。據明官書，謂永樂十年設左衛，當是肇祖私自納土之年，而在明廷則猶認爲建州衛增一新闢之土，無定爲左衛之明文。在朝鮮，則以肇祖未歸附大明時，原居慶源府境，亦認爲依親戀舊而偶來，與領土無涉，但知肇祖爲建州衛之指揮而已。至永樂十四年，明實錄有左衛指揮猛哥帖木兒之文。明年，朝鮮太宗十七年，即就富居復設慶源，嚴兵設守，又不敢遽復慶源舊境，悔憾可知。然在朝鮮實錄中，不載其君臣惶駭力圖恢復之議論，蓋既諱其前日棄地之失，又懼流傳爲明廷所聞，但竊自爲亡羊補牢之計云爾。至二十餘年之後，朝鮮世宗李祹，乃乘肇祖父子被兀狄哈所殺，左衛無主，力爲其父雪蹙國之恨，逐肇祖之子弟而去之。朝鮮實錄載祹與其臣金宗瑞往來密書，備詳此事。然既逼逐左衛遺孽，而轉求明廷將彼遣回。彼等自不敢回，懇明廷收容於邊內，而後朝鮮無與上國爭地之嫌，明廷亦無終取其土之意，此李祹謀國之工也。密書原文甚長，載入下編分年敘述中，此不具錄。

　　肇祖既於永樂十年左右漸開建州左衛於朝鮮慶源郡境，朝鮮已無如之何。至永樂二十一年，又詐稱明廷之命，令再入居斡木河故地，以避兀狄哈來犯之衝，則更深入朝鮮境矣。朝鮮不敢遽違帝命，遣使入奏。帝乃口稱猛哥說謊，而回諭敕文，

並不令猛哥退出斡木河，反諷令朝鮮濟以食糧，恤其遷播，於
是左衛又進而移至朝鮮斡木河地，此爲建州左衛一次移動，而
皆朝鮮境内。朝鮮文字，每謂童猛哥帖木兒乘虛入居斡木河，
此當分數步言之。肇祖當未歸明以前，早居朝鮮斡木河。斡木
河又作吾音會。朝鮮地理志："會寧都護府：本高麗地，俗稱
吾音會，胡言斡木河取"會"以名府。童猛哥帖木兒乘虛入居
之。"據此文，說明吾音會之即斡木河，而會寧之所以名府，正
由取吾音會之"會"字，則"會"字原有"都會"之義，而斡木河則
爲胡名，即自肇祖輩所名，其實亦用吾音會原名，而語音稍變
耳。故在清實錄中，作鰲莫輝、俄漠惠、鄂謨輝等名，皆以下
一字與"會"字相近，是則胡語原非"河"字，朝鮮人故爲分別
耳。至云"乘虛入居"，乃言乘慶源棄郡之虛，而挾朝命設建州
左衛以入居。至十年以後，再詐徙斡木河，斡木河已非虛地。
且朝鮮設兵復慶源，已置重鎮，何得云虛？鮮雖設鎮，而肇祖
自以斡木河爲故居。家族猶多留住其地，乃更挾朝命内徙，則
朝鮮之設鎮，反爲斡木河外衛，代當兀狄哈之衝，而肇祖以建
州左衛之名義，反居朝鮮腹裏矣，何狡如之！朝鮮設兵，反代
建州左衛守邊，自必不願，故兀狄哈之來，仍由肇祖當之。至
宣德八年，肇祖父子皆爲兀狄哈所屠，遂予朝鮮以復地機會，
威懾左衛，使不寧居。明實錄："正統二年十一月戊戌，建州
左衛都督猛可帖木兒子童倉奏：'臣父爲七姓野人所殺。臣與
叔都督凡察及百戶高早花等五百餘家，潛住朝鮮地，欲與俱
出遼東居住，恐被朝鮮國拘留，乞賜矜憫。'上敕朝鮮國王李
祹，俾將凡察等家送至毛憐衛；復敕毛憐衛都指揮同知郎卜
兒罕，令人護送出境，毋致侵害。"此左衛内徙明邊，奉到朝
旨之始。

　　朝鮮雖奉明敕，並不遵送出境，反回奏固留不遣，求朝命

凡察等安心居住。蓋若送凡察出境，則左衛地尙懸空，安知明
不更命一指揮而來。惟迫使自逃，而朝鮮轉向明廷奏索押還，
則凡察等旣不敢還，又不肯舍衛職名義。久之而朝貢襲授，皆
在明邊內行左衛之事，而斡木河地自成懸案。朝鮮乃收二十餘
年前故境，仍得守鴨綠、圖們兩江爲界，遂亘明、淸兩朝不
改。此建州脫離朝鮮之經過也。其事實入下編，分年備載，此
不具錄。

　　凡察、童倉乃逃還建州。建州即李滿住之所在。滿住於肇
祖入居斡木河時，亦叛入毛憐，而居婆豬江。是可知所謂"叛"
者，特棄朝廷所授衛地之謂，非有反逆之情，但避兀狄哈之
害，與肇祖各謀善地以去耳。凡察等逃歸建州，在正統三年。
滿住又從婆豬江求徙，而得竈突山居之，亦在是年。自是建州
衛與建州左衛地址，復由分而合，惟各挾衛印，各有朝貢乞恩
之利，雖一地而依然兩衛矣。未幾，左衛中凡察又與肇祖之子
董山互爭衛印。久之，明廷復分給衛印，以爲調停，事在正統
七年，又有建州右衛之設，蓋亦再增一衛名，而其轄地，則均
在竈突山一境之內，此即淸代興京所在。竈突山之橫岡，即所
謂赫圖阿喇，是即興祖六子所環居，所謂寧古塔貝勒。入關以
後，隨事增飾，移寧古塔於吉林東北八百里，去赫圖阿喇絕
遠，以示其原有疆域之廣。而建州衛之入淸地理志，亦未知修
淸史稿時根據何檔，要亦爲後來增飾之說。按其史實，建州三
衛祇是一地，其三家耕牧住址，各有分配，亦相去不遠。朝鮮
實錄中屢有探訪三衛居址之報詞，歷歷可考，入下編分年叙述
中，此不具錄。觀寧古塔之推擴甚遠，則建州之爲建州，亦幸
而爲淸代所諱言，無意爲之張皇輻幀，否則有天下之後，任指
何處皆爲建州域內，亦孰得而抗之！今爲考其變遷，而終歸於
竈突山一地者如此。

附　言

建州衛之初設，在元之開元路城，前無考及者。而元之開元路，自明季以來，皆認爲即瀋陽之開原城，尤未有考其實者。惟故友屠君寄，光緖間遊歷塞外，就地考求古代疆索，頗知開元、開原之非一地，故其作蒙兀史，於太宗紀五年九月，禽蒲鮮萬奴之文下，注引元地理志開元路一節，而加斷語云："據此，知東夏之開元，即金之上京會甯府，今吉林阿勒楚喀副都統城東南四里之珊延和屯。元之開元路，即遼之黃龍府，金之隆安府，今吉林之長春府屬農安縣也。恤品，今吉林之綏芬廳也。"云云。不以開原爲開元，其識卓矣。又以開元之名，爲蒲鮮萬奴東夏僭號時所命，更爲詳人所略。然元開元路絕不治黃龍府。治黃龍府者，乃元太宗所設之開元萬戶府，此爲屠君所未知。又云："東夏之開元，即金之上京會寧府。"此語殊無據。萬奴僭號共十九年，當元太祖十年乙亥，據遼東，稱天王，改元天泰，自出略地，而所據之遼東東京，爲耶律留哥所破，萬奴遁入海島，明年降蒙古，旋復取女眞故地，以太祖十二年丁丑復叛，自稱東夏國。此時以東京已失，重定國都，遂名開元。觀元太宗禽萬奴後，設開元萬戶府，治黃龍府，必因萬奴之開元本在黃龍府，從其因襲之迹而推之如是。若謂萬奴之開元在上京，憑何爲證？至元志開元路之涉及上京，不過明本路之爲金上京路地耳，何足爲上京即東夏開元治所之證？此因考建州而考明開元路者也。

又開元路原轄咸平府，後割咸平府直隸遼東宣慰司，咸平府下亦云然，則遼東有宣慰司矣。元百官志，宣慰使司祇有六道：曰山東東西道，曰河東山西道，曰淮東道，曰浙東道，曰荆湖北道，曰湖南道。新元史則云："至正十九年，增河南道宣慰司於洛陽。十五年，改北京行省爲宣慰司。"是柯氏補出兩道宣慰司，然未及遼東道也。再考柯氏所補十五年改北京行省爲宣慰司，乃世祖紀至元十五年文。今以至正十九年一事隔斷於上，似叙次之誤，當以此句列至正句前，乃與上十五年爲同一年，并可改十五年爲是年，則文義順矣。惟本紀中，設宣慰司、罷宣慰司、設而復罷、罷而復設，不知凡幾，其究爲經制之官凡幾，殊難考定，何以獨存此兩宣慰司，而若遼東道宣慰司見地理志者，則又不列入？元史制度疏漏，整理爲難，此亦可見。其至正十九年增河南道宣慰司於洛陽一事，元史本紀不見，新元史本紀亦無之，則未知所據。按是年元已瀕亡，南方羣雄盡起，已非元有；河南以察罕之力，尚支持其間，雖設宣慰司，亦不足言經制，此因遼東宣慰司而連及之，亦見元史志之尚無善本也。

婆豬江之爲佟家江，由"佟家"而訛至"東古"、"東果"、"棟鄂"、"董鄂"等諸名，其源皆出於佟姓諸夷所居，其故易見。至婆豬之名，明史朝鮮傳亦作潑豬，而朝鮮實錄則多作蒲州，其來源何在？考鴨綠江西，元時爲婆娑府，金時爲婆速府路，至明地屬邊遠，口語流傳，遂有"婆豬"、"潑豬"、"蒲州"等諸名，此皆可以地望證之，於建州之歷史沿革，不無貫串之益。

日本人之考開元，以爲在鴨綠江西岸，蓋亦知元志開元路之先，設有開元、南京二萬戶府，就地名之有南京者，比附開元之所在，則於鴨綠江西岸，亦有一明初所設之南京千戶所，因疑開元路亦與相近。此殊不然。元之開元及南京，上已證明其地望矣。今再言鴨綠江西之決不得有元開元路。

一、元時在朝鮮西境設東寧路，治所即在高麗之平壤，所

領地在鴨綠江邊高麗境內。鴨綠江西則爲婆娑府，皆與開元路
無涉。世祖至元八年，改高麗西京平壤城爲東寧府；十三年，
升東寧路總管府，設錄事司，割靜州、義州、麟州、威遠鎭隸
婆娑府，是東寧路與婆娑府爲連界。婆娑，明時音變爲"婆
豬"，故其地之江流，謂之婆豬江。元開元路有咸平府，由合
而分。東寧路則與婆娑府接界，地望迥殊。

　　二、明之東寧衛，據地理志："本東寧、南京、海洋、草
河、女直五千戶所，洪武十三年置，十九年七月改置。自在
州，永樂七年置於三萬衛城，尋徙。以上五衛定遼左衛、定遼右
衛、定遼前衛、定遼後衛與東寧衛，共五衛。一州，同治都司城
內。"而都司城下則注云："元置遼陽等處行中書省，治遼陽
路。"此與三萬衛之初設地址，志言元開元路者，各自一地。明
之東寧衛，亦仍元之東寧路而來。其初東寧衛必轄鴨綠江沿
岸。後鴨綠江沿岸已爲建州、毛憐衛所居，明一代猶謂之寄住
毛憐。則東寧衛直在遼陽，與都司同城而居而已。其先之南京
千戶所，與朝鮮東北境外之南京，本非一地，不得因其南京之
名，并疑開元路亦在其旁近也。開元路故城西爲明初原設三萬
衛之處，地志明載之，而實錄則指實其爲斡朵里。朝鮮地志載
斡朵里所在在訓春江，則開元故城在訓春江即琿春河之東，確
然無疑。而日本人之討論開元所在，猶未足爲定論可見矣。遼
東都司，地志言其境東至鴨綠江，西至山海關，南至旅順海口，北至開
原，蓋都司本轄地至鴨綠江。永樂間即有寄住毛憐衛，占居婆豬江流
域，遂成屬夷之地。而東寧衛雖有招撫女眞、安置降人之名，其實在遼
陽行其職務，決非太祖部署遼東之意。

　　又考朝鮮地理志："吉州古號三海陽"，注云："一作海
洋。"吉州在東北面，元屬開元路，即與開元路治之南京相近。
洪武十三年所置之五千戶所，其東寧千戶所爲擬元之東寧路，
則將復收朝鮮西境；南京、海洋二千戶所，則擬元之開元路，

乃未設三萬衞前，示將復收圖們江流域之意；草河則鴨綠沿岸，即李滿住初在婆豬時所乞徙居之地；女眞則總括東北夷而言，其意皆在徧撫元時長白東西全境，故有此南京之名耳。則遼陽之南京千戶所，太祖之意，即指開元之南京。元開元本屬遼陽行省也。再考全遼志，開原山川："松花江，城南一千里，源出長白山湖中，北流經南京城，與灰扒江合。"此爲明之南京千戶所所在。灰扒江即輝發河。南京城在松花江沿輝發河口之南，則與元之南京萬戶府爲非同地。其在松花江岸設南京千戶所者，不過以擬元時之南京，猶東甯之擬元時東甯路，其實亦並不在平壤城也。

正編卷一

洪 武 朝

明太祖開國，而清肇祖亦與同時而生。雖當時爲蕞爾小夷，然清旣代明，赫然享南郊配天之尊，爲太廟崇祀之首。以其時考之，天祚有明，而取而代之者與之並起，亦史蹟之一奇也。清實錄乃不能自明，蒙昧已甚，茲爲晰之。

清太祖實錄：“范嗏之孫都督孟特木，生有智略，將殺祖仇人之子孫四十餘，計誘於蘇蘇河虎欄哈達山名下黑禿阿喇，黑禿，華言橫也；阿喇，岡也。距鰲朶里西千五百餘里，殺其半以雪仇；執其半以索眷族，旣得，遂釋之。於是孟特木居於黑禿阿喇。都督孟特木生二子：長名充善，次名除煙。”據第一次修之太祖武皇帝實錄。

清代傳肇祖生時事蹟，僅此數語，豈知史實正多。就已考得者編年作紀，先略叙清本族建州女眞自通於明之蹟。

洪武四年(1371)二月壬午，元平章劉益以遼東降。從本紀，其詳見葉旺、馬雲傳。

是爲明威信漸及東北夷之始。

十六年(1383)四月己亥，故元海西右丞阿魯灰，遣入至遼東。願內附。上遣人賚敕往諭之。敕曰：“惟賢者能知存亡之道，決去就之機。今爾所守之地，東有野人之隘，南有高麗之險，北接曠漠，惟西抵元營，道路險阨，孰不以爲可自固守。爾迺能率衆內附，自非智者審勢達變，計不及此。雖古之志士，何以過之。朕甚嘉焉，今特使諭意，爾其知之。"實錄。

　　海西爲元代遼東行省之一部，即開元路之大部。此時由元所設海西之官，以地來附，明遂有海西女眞之地。惟建州故地之女眞，尙附高麗，較海西爲後至。明一代遂分海西女眞、建州女眞爲兩部，其實皆元遼東行省內之開元一路夷也。

　　在此時，明之疆域已不盡於遼、瀋、開、鐵矣。

　　十八年(1385)九月甲申，女眞高那日、捌禿、禿魯不花三人，詣遼東都指揮使司來歸。自言"高那日乃故元奚關總管府水銀千戶所百戶，捌禿、禿魯不花乃失憐千戶之部人也，皆爲野人獲而奴之，不勝困苦。遼東，樂土也，願居之，乞聖明垂恩，得以琉璃珠、弓、錫鑞遺野人，則可贖八百餘家，俱入遼東。"事聞，賜高那日等，衣人一襲，琉璃珠五百索，錫五斤，弓弦十條。實錄

　　女眞始見於明實錄。其時乃蒙古人被擄於女直，由女直逃詣遼東，求得中國所產內野人所需之物，即可以盡贖野人所擄之蒙古八百餘家。蓋野人並無大欲，擄人勒贖，恃其險遠而爲之。蒙人之被擄，乃元亡之故，或在海西右丞歸附之後，蒙人已無蒙官吏爲保障，故致此耳。是時海西雖入版圖，野人未即向化之一時代。元丞相納哈出尙據大甯，時時窺伺海西，海西女眞野人亦尙未能委心歸順，

情勢如此。

二十年(1387)春正月癸丑，馮勝爲征虜大將軍，傅友德、
藍玉副之，率師征納哈出。三月辛亥，馮勝率師出松亭關，城
大甯、寬河、會州、富峪。六月癸卯，馮勝兵踰金山。丁未，
納哈出降。九月戊寅，封納哈出海西侯。癸未，置大甯都指揮
使司。從本紀。

此爲明平大甯地，即今熱河地也。據馮勝傳："勝兵
深入踰金山，至女直苦屯，降納哈出之將慶國公觀童。大
軍奄至，納哈出度不敵，乃降。"然則納哈出當勝進兵時，
已退至金山以東海西女眞地。勝兵深入，穿大甯境而入海
西，先降觀童，復降納哈出。此明之以兵入海西也。

二十年十二月癸亥，賜遼東女直所部阿苦義等六人，衣各
一襲，鈔五錠。實錄。
又，野人部將西陽哈等百三十四人，自遼東來降，命賜衣
各一襲，尋加賜白金千三百七十兩。實錄。

遼東、大甯皆定，女直自源源而來。太祖當日尚未於
女直設官分職，但以賞賚縻之。蓋高麗未誠服，方設三
萬、鐵嶺等衛，扼守與高麗接壤之土，以重邊計，野人乃
封內之事，非所注重。其時視高麗爲可顧忌之鄰國，足與
中國爭隸屬女直之威權。能壓服高麗，女直自無所往也。
三萬衛、鐵嶺衛之進設及退還，已見上。

二十一(1388)年八月戊申，置遼東義州衛指揮使司。初，

大軍討納哈出，詔指揮同知何浩等統金、復、蓋三衛軍馬，往遼河西十三山，屯積守禦，至是始置衛及五千戶所。實錄。

金、復、蓋三衛之外，復立義州衛，逼近鴨綠江，以控制高麗。蓋三萬衛之設在斡朵里者，上年三月辛丑，已撤退至移設之開原城。元之開元路故城，尚在高麗之斡朵里城東，詳明史地理志。所謂三萬衛，初設於開元故城西，而實錄則明指其地爲斡朵里城，其明證也。而同時仍設鐵嶺衛於奉集，以轄高麗之鐵嶺；設義州衛，所以通鐵嶺之路也。

高麗於是時對明尚有反側。但其國內多故，王氏之祚將亡。至李氏篡立，改國號曰朝鮮，乃竭誠事明，明得一意招撫女眞矣。茲略附明實錄所載高麗事狀，以明此時東北情勢。

二十一年八月甲寅，高麗千戶陳景來降。言其故爲高麗國元帥崔完者部曲，是年四月，國王王禑欲寇遼東，率其都軍相崔瑩、李成桂，繕兵於西京。成桂使景屯艾州，以糧餉不繼退師。王怒，殺成桂之子，率兵還王城。成桂乃以兵逼王，攻破王城，囚王及崔瑩。景懼禍及，不敢歸。時景妻子已爲遼東白帖木兒招諭入境，故與其屬韓成、李帖木兒來降。上知其故，敕遼東謹烽堠，嚴守備，乃遣人以偵之。

十月庚申，高麗國王王禑，遣其臣禹仁烈等上表，請遜位于其子昌。上曰：“前聞其王被囚，今表請遜位，必其臣李成桂之謀。東夷狡詐多類此，姑俟之以觀其變。”

二十二年(1389)正月庚寅，高麗遣使姜淮伯來奏，其權署國事王昌請入朝，不許。八月癸卯，再遣使來奏，乞入朝，仍不許。

二十三年(1390)正月癸未，高麗遣使來言："國王王昌，非王氏後，實辛肫子爲禑之子，國中人民多不信服，故別求王氏宗親，定昌國院君王瑤，迎立嗣位，以續王氏之後，伏望朝廷允所請。"上諭禮部尚書李原名曰："高麗限山隔海，其人多詐。今云廢黜異姓，擇立王氏宗親，則前者來言童子入朝，吾不聽者，意必執國政者所爲，今其情見矣，且其眞僞莫知。若果爲本國臣民所推，亦聽其自爲；倘陰謀詐立，一旦變更，盡爲虛妄，必將禍起不測，皆自取也。爾宜備咨其國人知之。"

二十四年(1391)，據高麗太祖李成桂實錄，是年爲高麗恭讓王瑤三年。十二月，兀良哈及斡朶里來朝，爭長。斡朶里曰："吾等來朝，非爭長也。昔侍中尹瓘平吾土，立碑曰'高麗地境'。今境内人民，皆慕諸軍事威信而來耳。"遂不與爭。太祖享兀良哈、斡朶里於邸，以其誠服也。

此兀良哈爲建州衛指揮阿哈出，斡朶里即清肇祖。李成桂之簒高麗，尚在其後一年。此時之斡朶里來者，即清肇祖猛哥帖木兒也。成桂實錄末言成桂潛邸，已有斡朶里豆漫猛哥帖木兒，及火兒阿豆漫阿哈出，均來入衛。曰潛邸，則在未簒以前，即前引龍飛御天歌之注文。今此處叙成桂將簒前事，所言斡朶里來朝，自爲成桂而來，故入成桂實錄，其距成桂簒國，不過半年耳，故肇祖之入衛，必即指此時事。

兀良哈在明史爲朶顏等三衛之部族名，朝鮮實錄則以爲建州女眞之總名，惟斡朶里則常與分別言之。據朝鮮實錄中言，斡朶里爲金之後裔，兀良哈則其平民，其與明史所謂兀良哈之不同。今據華夷譯語，"兀良哈"乃樹林中人，則朵顏三衛可稱"兀良哈"，建州女眞亦可稱"兀良哈"。清世又改爲"烏梁海"，而蒙古極西北又有烏梁海部落，清史稿地理志謂即明兀良哈之種族。以今考之，所說皆不謬。蓋凡屬山地森林中之人，皆名"兀良哈"，是女眞語如此，不必以其相距之遠近，與朵顏三衛及女眞之種族不同，而疑之也。再考朝鮮人所謂火兒阿，即元史之胡里改，已詳前說，清代又作呼爾哈，其實亦即兀良哈之轉音，故龍飛御天歌謂斡朵里偕來，而朝鮮太祖實錄，此處又作兀良哈與斡朵里同來。呼爾哈河爲牡丹江之上源，胡里改江爲烏蘇里江之上源，皆出自長白山，皆即長白森林之地，其種人即爲兀良哈，其發源之水亦爲兀良哈，而流傳作漢字則各異其體。建州女眞皆爲兀良哈。清代雖不認此名，而呼爾哈河、胡里改江之在長白山發源，則皇輿圖考具在。齊召南據以作水道提綱，脉絡分明，可以證呼爾哈及胡里改之所在。若滿州源流考强言呼爾哈在黑龍江，明邊界相去絕遠，皆故生支節，以混耳目。正之以清代內府圖，可以知之矣。再補述朝鮮李成桂之篡國，以完前意。

　　洪武二十五年（1392）九月戊子，高麗知密直司趙胖等，持其國都評議司奏，言："本國自恭愍王即王顓。薨逝無嗣，權臣李仁人，以辛旽子禑主國事，昏暴自恣，多殺無辜，至欲興師侵犯遼東。其時大將李成桂以爲不可而回軍。禑自知其罪，惶懼遜位於其子昌。國人弗順，啟請恭愍王妃安氏，擇立宗親，定昌國院君王瑤權國事。及今四年，亦復昏迷不法，聽信讒說，離間勳舊。其子奭，復癡騃無知，縱於酒色，與禑黨玄禹寶等，潛謀復禑位。守門下侍中鄭夢周，嘗以前者欲攻遼東，爲李成桂所阻，致令朝廷索取馬匹。二十四年十一月己亥，高麗權國事王瑤，遣其臣金之鐸等，送互市馬二千五百匹於遼東。以此譖於王瑤，謀害成桂及趙俊、鄭道傳、南誾等，國中臣民，多被殺戮。國人以社稷生靈爲慮，謂瑤不足以治民。今年七月十七日，以恭愍王妃安氏之命，退瑤於私第。擇於宗親，無可以當輿望者，惟門下侍中李成桂，中外人心，夙皆歸附，於是臣等與國人耆老，共推成桂主國事，伏望聖裁，俯從輿意，以安小國之民。"禮部侍郎張智奏其事，上曰："我中國綱常所在，列聖相傳，守而不失。高麗限山隔海，僻處東夷，非我中國所治，且其間事有隱曲，豈可遽信。爾部移文諭之，從其自爲聲教，果能順天道、合人心，以安東夷之民，不啟邊釁，則使命往來，實彼國之福也。"

又閏十二月乙酉，高麗權知國事李成桂，欲更其國號，遣使來請命。上曰："東夷之號，惟朝鮮之稱最美，且其來遠矣，宜更其國號曰朝鮮。"

以上爲朝鮮開國事實。此下皆以明實錄及朝鮮實錄爲編年之根據，得成此明元清系之紀述。

二十六年（1393）四月壬午，徙遼東鐵嶺衛於瀋陽、開元間，古嵒州之地。實錄。

二十八年（1395），朝鮮太祖四年，閏九月己巳，朝鮮實錄書：吾都里上萬戶童猛哥帖木兒等五人來獻方物。

斡朵里，朝鮮亦作吾都里。肇祖是時未通於明，但附朝鮮，此爲書名史籍之始。前於二十四年，稱朝鮮太祖潛邸肇祖來侍，故斡朵里之來邸，斷爲肇祖已入朝鮮朝貢，

而實錄尙未明揭其名也。此後不書肇祖之名，但稱斡朶里
或吾都里者不錄，以省篇幅。兀良哈亦作吾郎哈或吾郎
改，其不見阿哈出之名者亦不錄。

是年十二月癸卯，朝鮮實錄又書：吾郎哈水吾秋介等四人
來。三國之末，高麗與百濟、新羅並峙之時，爲三國時代。平壤以
北悉爲野人游獵之所。高麗時，徙南民以實之，自義州至陽
德，徑築長城，以固封疆。然不安其居，數爲畔亂，至於用兵
以討之。義州土豪張氏，不遵朝令，南方之地，倭寇肆暴，東
西數千里，去海數百里，屠燒城郭，暴骨原野，絕無人烟。安
邊以北，多爲女直所占，國家政令不能及。睿宗遣將深入，克
捷有功，建置城邑，然尋復失之，羈縻而已。上受命以後，聲
教遠被，西北之民，安生樂業，田野日闢，生齒日繁。義州張
思吉，願隸上麾下，得與開國功臣之列，自後張氏無復反側。
自義州至閭延，沿江千里，建邑置守，以鴨綠江爲界。島倭革
面來朝，復通商賈，南道之民，安心奠居，戶口益增，雞鳴狗
吠相聞，濱海之地，斗絕之島，墾田無遺，不知兵革，日用飲
食而已。東北一道，本肇基之地，畏威懷德久矣。野人酋長，
遠至移闌豆漫，皆來服事，常佩弓劍，入衛潛邸，昵侍左右，
東征西伐，靡不從焉。如女眞，即斡朶里豆漫夾溫猛哥帖木
兒、火兒阿豆漫古論阿哈出、托溫豆漫高卜兒閼、哈闌都達魯
花赤奚灘訶郎哈、叁散猛安古論豆闌帖木兒、移闌豆漫猛安甫
亦莫兀兒住、猛安，據金史語解即千夫長。此移闌豆漫猛安，蓋即三
萬戶所屬之千戶。海洋猛安括兒牙火失帖木兒、阿都哥猛安奧屯
完者實、眼春猛安奚灘塔斯、甲州猛安雲剛括、洪肯猛安括兒
牙兀難、海通猛安朱胡貴洞、禿魯兀猛安夾溫不花、斡合猛安
奚灘薛列、兀兒忽里猛安夾溫赤兀里、阿沙猛安朱胡引答忽

豺、出闊失猛安朱胡完者、吾籠所猛安暖禿古魯奚灘孛牙、土門猛安古論孛里、阿本剌唐括奚灘古玉奴，兀郎哈則土門括兒牙八兒速，嫌眞兀狄哈則古州括兒牙乞木那答比那可兒答哥，南突兀狄哈則速平江南突阿剌哈伯顏，闊兒看兀狄哈則眼春括兒牙禿成改等是也。上即位，量授萬戶、千戶之職。據此文，可知以上豆漫、達魯花赤、猛安等官名，皆原來之名，與朝鮮所新授之萬戶、千戶無涉。使李豆蘭招安女眞，披髮之俗，盡襲冠帶，改禽獸之行，習禮義之教，與國人相婚，服役納賦，無異於編戶，且恥役於酋長，皆願爲國民。自孔州迤北，至於甲山，設邑置鎭，以治民事，以練士卒，且建學校，以訓經書。文武之政，於是畢舉，延袤千里，皆入版籍，以豆滿江爲界。江外殊俗，至於具州，聞聲慕義，或親來朝，或遣子弟，或委質隨侍，或請受爵命，或徙內地，或進土物者，接踵於道。所畜之馬，若産良駒，皆不自有，爭來獻之。近江而居者，有與國人爭訟，則官辨其曲直，或囚之，或笞之，莫敢有怨。於邊將蒐狩之時，皆願屬三軍，射獸則納官，犯律則受罰，與國人無異。後上幸東北面，謁山陵，江外野人。爭先來見，路遠不及者，皆垂涕而返。野人至今慕德，每從邊將飲酒酣，言及太祖時事，必感涕不已。

　　此文必鋪張太過，但可證女眞史實頗多。三國末，正在唐五代間，新羅、百濟漸滅，其以前之野人游獵，及平壤以北，正渤海有國時也。高麗王建有國，在後唐明宗時，三國遂併爲高麗。斯時遼滅渤海，女眞歲貢於遼。據此文，則亦常侵占高麗之境。至高麗睿宗，當遼天祚時，乃請於遼，北伐克捷，取咸鏡之地。明時朝鮮向中國求復北邊故地，皆根據其時之記識，以爲其疆界所在。又云

“尋復失之”，則遼亡金興，以迄於元，已屬上國版圖。
“羈縻”之論，誇誕之詞耳。其言李成桂即位之後，西北以
鴨綠江爲界，東北以豆滿江爲界。江以内向化之女眞，斡
朶里、兀良哈、兀狄哈三種皆有，所謂城底野人。江以外
東爲斡朶里，西爲兀良哈，稍北爲兀狄哈。移闌豆漫之
名，皆見於此。是爲龍飛御天歌注之所本。肇祖及建州衛
始封之阿哈出，皆見於此。

三十年，朝鮮太祖六年(1397)，正月丁丑，朝鮮實錄書：
賜吾郎哈八乙速、甫里、仇里老、甫乙吾、高里多時等五人，
吾都里童猛哥帖木兒、童所吾、馬月者、童於割、周豆乙於等
五人，各綵紬、綵絹、綿布、苧布有差。

建 文 朝

元年，即朝鮮定宗元年，己卯(1399)

正月庚辰，朝鮮實錄書：吾都里萬戶童所老來。

是月庚寅，朝鮮實錄書：遣吉州都鎮撫辛奮，賜酒于愁州
兀良哈萬戶劉八八禾，吾音會吾都里萬戶猛哥帖木兒、多甫水
兀狄哈等。

吾音會，即清實錄之鰲莫惠或俄漠惠或鄂謨輝，地在
土門江南朝鮮境内。肇祖先居江外訓春即琿春，是時已爲
向化朝鮮，故居鮮境。鮮人又稱斡木河，即清代所紀發祥
之地。江外來附者爲屬夷，直居江内者爲向化。蓋清之
先，不但臣於明，且嘗臣於朝鮮。後征服朝鮮，以爲屬
國，取明之天下而代有之，皆人事之推遷，興廢之間，正

見創業者之偉大。清代引爲深諱，必造虛說以自誣。觀朝
鮮實錄，每稱日本爲"倭賊"，亦曰"賊倭"，又多載日本列
藩入貢於鮮之事。日本人印行朝鮮實錄，不以爲諱。始猶
不欲以此書售之中國，後卒由其學者主張，可聽中國人購
閱，此亦世運之進化也。

永 樂 朝

元年，即朝鮮太宗三年，癸未(1403)

六月辛未，朝鮮實錄書：三府會議女眞事。皇帝敕諭：
"女眞吾都里、兀良哈、兀狄哈等，招撫之，使貢獻。"女眞等
本屬於我，故三府會議。其敕諭用女眞書，字不可解，使女眞
說其意，譯之而議。

明招撫女眞始此。

是年十一月辛丑，女眞野人頭目阿哈出等來朝。設建州衛
軍民指揮使司，阿哈出爲指揮使，餘爲千百戶、所鎮撫。賜誥
印、冠帶、襲衣及鈔幣有差。　設建州衛經歷司署經歷一員。
實錄。

建州設衛始此。阿哈出爲三萬戶之一，即元時胡里改
萬戶之後。

明史兵志從會典："建州衛與朶顏、泰寗、必里、福
餘四衛，俱洪武間置。"與此不同。但他衛皆有年分，此獨
渾稱洪武間，會典原有未瞭。考成祖靖難，革除建文年
號，仍稱建文四年爲洪武三十五年。殆以是年七月朔即位

以後，即經阿哈出來朝，而設衛則在永樂元年，故紀載兩歧耶？

　　附：建州以外女眞之迭受衛職者，按年列入：

　　元年十二月辛巳，忽剌溫等處女眞野人頭目西陽哈、鎖失哈等來朝，貢馬百三十匹。置兀者衛，以西陽哈爲指揮使，鎖失哈爲指揮同知，吉里納等六人爲指揮僉事，餘爲衛鎮撫、千戶、百戶、所鎮撫。賜誥印、冠帶、襲衣及鈔幣有差。

　　二年二月癸酉，忽剌溫等處女直野人頭目把剌答哈來朝。置奴兒干衛，以把剌答哈、剌孫等四人爲指揮同知，古驢等爲千戶、所鎮撫。賜誥印、冠帶、襲衣及鈔幣有差。

二年，即朝鮮太宗四年，甲申（1404）

　　三月戊申，朝鮮實錄書：吾道里童猛哥帖木兒等三人來朝。　甲寅，以趙璞爲藝文館大提學，李彬參贊議政府事，張思吉都統制，崔雲海參判承樞府事，尹柢參判司平府事，金定卿左軍都總制，全伯英承寗府尹，權弘僉書承樞府事，南在開城留後，許應左右道觀察使，柳龍生慶尙道節制使，趙末生、陳遵侍學，趙興、柳謹侍直。是日，初置元子侍直，用功臣子弟。又以吾都里猛哥帖木兒爲上護軍，崔也吾乃大護軍，馬月者、童於何朱、童於何可各護軍，張權子司直，無難達魯花赤多末且司直，張于見、帖木兒副司直，馬自和司正。召元子諭善薛偁及侍學、司直等，使朴錫命命之曰："今爲元子多設官僚者，欲其常侍從而教導之，以成其德也。國祚長短、生民休戚咸係焉，其可忽諸！教童子之法，雖以執法爲宗，然亦使之不至於厭怠，其教乃成。侍直等皆以功臣子弟爲之者，欲其預令元子親近交厚，信之無疑，以爲他日之輔弼。當予御國，其父兄誠心輔翼，而用之無疑，不亦美乎！但以善保養，勿論時人賢否得失，以成他日釁端，自中嚴令毋得如此。如有犯令者，自中行罰以懲之。侍學等分番日以講論爲事，侍直等分番日夜侍衛，毋敢或怠！”己未，賜童猛哥帖木兒段衣一稱、鈒花銀帶一腰及笠靴，命內臣饋之。其從者十餘人，賜布帛有差。壬戌，童猛哥帖木兒辭還，留其弟及養子與妻弟侍衛，上賜物有差。又賜崔也吾乃紬布、綿布各一匹。

肇祖之自暱於朝鮮，與朝鮮之期待於肇祖者如此，是時純然爲朝鮮之臣矣。

四月甲戌，朝鮮實錄書：遼東千戶王可仁奉敕諭至，上率百官迎于西郊，偕使臣至太平舘，率百官拜敕書叩頭；與使臣行私禮，設宴。“敕諭叁散、禿魯兀等處女直地面官民人等知道：今朕即大位，天下太平，四海內外，皆同一家。恐爾等不知，不相統屬，强凌弱，衆暴寡，何有甯息之時。今聽朕言，給與印信，自相統屬，打圍牧放，各安生業，經商買賣，從便往來，共享太平之福。今招諭叁散、禿魯兀等一十一處：奚關萬戶甯馬哈，叁散千戶李亦里不花，禿魯兀千戶童叁哈、佟阿蘆，洪肯千戶王兀難，哈蘭千戶朱蹈失馬，大伸千戶高難都夫，失里千戶金火失帖木，海童千戶童貴絅，阿沙千戶朱引，忽幹合千戶劉薛列，阿都歌千戶崔咬納、崔完者。”原注：李亦里不花即李和英，咬納即崔也吾乃。

明招諭女眞事，與朝鮮實錄互詳如此。

　　四月己卯，<u>朝鮮實錄</u>書：<u>王可仁</u>奉敕書向<u>女眞</u>地面，命議政府餞于<u>東郊</u>，以<u>金承霖</u>爲接伴使以送之。

　　四月庚辰，托溫江<u>女直</u>野人頭目<u>甫魯胡</u>等來朝，授以<u>兀者衛</u>百戶等官，仍加賜賚。<u>實錄</u>。

　　四月戊子，<u>黑龍江</u>等處<u>女直</u>野人<u>歹寅加</u>等來朝。賜鈔及文綺、表裏。<u>實錄</u>。

　　四月丁酉，<u>朝鮮實錄</u>書：命領春秋舘事<u>河崙</u>、知春秋舘事<u>權近</u>開史庫，考前朝<u>睿宗實錄</u>。<u>睿宗</u>朝，侍中<u>尹瓘</u>擊<u>東女眞</u>，立碑于境上。帝遣<u>王可仁</u>于<u>女眞</u>，欲設<u>建州衛</u>，故欲據此對之也。

　　<u>明</u>設<u>建州衛</u>，<u>朝鮮</u>知<u>建州</u>之地有<u>高麗</u>轄境在內，欲借前朝<u>實錄</u>之文以抵之，此亦在<u>朝鮮</u>不能無此保土之心。其實<u>高麗睿宗</u>遠在<u>遼</u>末，後經<u>金</u>、<u>元</u>兩朝，<u>高麗</u>北境久在<u>中朝</u>版圖之內，<u>元</u>且夷<u>高麗</u>爲<u>征東行省</u>。遠代一時之碑碣，何足以自固其疆宇哉！<u>睿宗</u>尙姓<u>王</u>，名<u>俁</u>，討<u>女眞</u>而得<u>咸州</u>之地，在<u>遼天祚乾統</u>七年，文見下。<u>遼史拾遺</u>引<u>東國通鑑</u>：“<u>天祚</u>五年，<u>肅宗明孝王</u>三十年九月丙辰，<u>王</u>不豫，十月丙寅薨，太子<u>俁</u>即位。”<u>明</u>初以<u>女眞</u>道路不便，自不欲深究<u>元</u>時疆域耳。

　　五月己未，<u>朝鮮實錄</u>書：<u>王可仁</u>還京師，上餞于<u>西郊</u>。遣計稟使藝文舘提學<u>金瞻</u>如京師，<u>瞻</u>與<u>可仁</u>偕行。奏本云：“照得本國東北地方，自<u>公嶮鎮</u>歷<u>孔州</u>、<u>吉州</u>、<u>端州</u>、<u>英州</u>、<u>雄州</u>、<u>咸州</u>等州，俱係本國之地。至<u>遼乾統</u>七年，<u>東女直</u>作亂，奪據<u>咸州</u>迤北之地。<u>高麗睿王王俁</u>告<u>遼</u>請討，遣兵克復。及至<u>元</u>初戊午年間，<u>宋理宗寶祐</u>元年、<u>元憲宗蒙哥</u>八年。<u>蒙古散吉普只</u>

等官，收附女直之時，本國叛民趙暉、卓青等以其地迎降，以趙暉爲總管，卓青爲千戶，管轄軍民。由是女直人民雜處其間，各以方言名其所居：吉州稱海陽，端州稱禿魯兀，英州稱三散，雄州稱洪肯，咸州稱哈蘭。至至正十六年間，恭愍王王顓，申達元朝，並行革罷，仍以公嶮鎮迤南還屬本國，委定官吏管治。聖朝洪武二十一年二月，承准戶部咨：'該侍郎楊靖等官，欽奉太祖高皇帝聖旨，節該：鐵嶺迤北迤東迤西，原屬開原，所管軍民，仍屬遼東所管。欽此。'本國即將上項事因，差陪臣密直提學朴宜中賫擎表文，前赴朝廷控訴，乞將公嶮鎮迤北還屬遼東，公嶮鎮迤南還屬本國。至當年六月十二日，朴宜中回自京師，承准禮部咨：'該本部尙書李原明等官，於當年四月十八日欽奉聖旨，節該：鐵嶺之故，王國有辭。欽此。仍舊委定官吏管治。'今奉欽差東甯衛千戶王脩賫來敕諭，內'招諭叁散、禿魯兀等處女直地面官民人等。欽此。'切詳叁散千戶李亦里不花等一十處人員，雖係女直人民，來居本國地面，年代已久，累經胡人納哈出等兵及倭寇侵掠，凋瘁殆盡，共遺種存者無幾，且與本國人民交相婚嫁，生長子孫，以供賦役。又臣祖上曾居東北地面，玄祖先臣安社，墳墓見在孔州，高祖先臣行里、祖先臣子春，墳墓皆在咸州。切念小邦遭遇聖朝以來，累蒙高皇帝不分化外，一視同仁，又欽准聖朝戶律內一欵：'其在洪武七年十月以前流移他郡，曾經附籍當差者，勿論。欽此。'小邦既在同仁之內，公嶮鎮迤南，又蒙高皇帝'王國有辭'之旨。所據女直遺種人民，乞令本國管轄如舊，一國幸甚。爲此今差陪臣藝文舘提學金瞻，賫擎奏本，及地形圖本，赴京奏達。"

六月己卯，朝鮮實錄書：遼東千戶、三萬衛千戶等，賫敕諭及賞賜，與楊內史偕來，隨後而入，蓋以向建州衛也。命各

司一員迎于郊，舘于古太平舘，以吏曹典書金漢老爲舘伴設
宴。此下多叙朝使無禮搶荒等事。蓋來者皆朝鮮入華之人，尤以奄人爲
多，若楊内史即奄也，本係下流，恃爲天使，故然。明好任奄，其弊始
此。無關女眞，略。　　甲申，朝鮮實錄書：遼東千戸等至闕告
辭，以向建州衛也。

　　　明設建州衛，由阿哈出之來朝。阿哈出爲建州女眞，
遂設此衛。然建州種人附著之地，實尙在朝鮮。明因阿哈
出所述而招之，故能詳知其十一處之部族人名，指名招
取。朝鮮已於上月奏辭婉拒。奏詞未達，招使已來，此明
使人建州之始。

　　　阿哈出授建州衛職，設衛於開原，蓋元之舊開元也。
馬文升撫安東夷記：“永樂末，招降之舉漸弛，而建州女
直先處開原者，叛入毛憐，自相攻殺。”此可知阿哈出爲處
開原，至永樂末而其後併入毛憐。毛憐亦建州地。毛憐衛
之指揮，則由阿哈出之少子猛哥之花始受是職。毛憐與建
州，本一家也。

　　　七月癸丑，朝鮮實錄書：以上護軍朴齡爲東北面宣慰使。
議政府啟：“遣人於東北面，使猛哥帖木兒、波乙所等不得生
變於使臣。”上曰：“其道安撫使盡心敎誘，使不生變爲上策。
若不從，則威之以法，且言曰：‘前者王可仁所布敕書之意，
非將汝等卷土以歸，但使各安生業，打圍牧放而已。故今使臣
之來也，我國使汝等敬迎敕書，毋生釁隙，上不得罪於朝廷，
下欲使汝等安業耳。今汝等不從此意，則我國因爾等而得罪於
上國乎？’又不從，則以軍馬把直，使不得生變，令使臣無事回
還。其遣善言者速通於安撫使。”齡乃行。

　　肇祖斯時正在建州境内。明所招十一處酋目，蓋皆在
肇祖領導之下，惟波乙所則爲兀良哈之首領，略與肇祖之
在斡朶里相等。故朝鮮不欲十一處應明之招，特以言恐嚇
二人，使不生變。朝鮮旣不敢違抗上國，又不欲放棄屬
夷，極爲難處。其先極力籠絡肇祖，其故可知。今雖欲恩
威並濟，以收其用，而肇祖實已暗結於明，非朝鮮所能束
縛也。事詳下。

　　波乙所，一名把兒遜，爲兀良哈萬戶。十一處人，蓋
有斡朶里、兀良哈兩族。朝鮮實錄本年四月癸酉："賜兀
良哈萬戶波乙所及百戶衣布。萬戶裌衣、靴、笠各一，縣
布、黑麻布、白苧布各一匹；百戶三人，各黑麻布一匹，
白苧布一匹；通事黑麻布一匹。遣上護軍金廷雋、護軍趙
加勿等于東北面，諭以使臣應對事宜，以王可仁將至也。
波乙所，即把兒遜也。"補錄於此。雖不關肇祖，而可證其
一事之關係曲折。

　　九月壬子，女直野人頭目鹿壇等三百七十五人來朝貢方
物。賜之鈔幣。　　甲寅，賜遼東忽剌溫女直指揮那海等宴。
實錄。
　　十月己巳朔，朝鮮實錄書：計禀使金瞻賫准請敕書回自京
師。敕書曰："敕朝鮮國王李諱：省奏，言叅散千戶李亦里不
花等十處人員，准請，故敕。"上賜瞻田十五結。

　　前招撫者十一處，而朝鮮奏却者止言十處。此敕爲准
朝鮮所奏，明廷乃獨羅致肇祖，不復索所招十處酋目矣。

　　辛未，丸者頭目那海、又不扎尼等來朝。設兀者右衛，以

那海爲指揮同知；設兀者後衛，以叉不扎尼爲指揮同知，羅卜
灘咩哥毡爲指揮僉事，餘各授官。賜誥印、冠帶及鈔幣、衣服
有差。　癸未，托溫女直野人頭目喚弟等來朝。設丸者托溫千
戶所，以喚弟等爲千百戶等官。賜誥印、冠帶、襲衣、鈔幣有
差。　庚寅，置兀者托溫千戶所流官吏目一員。實錄。

丸者、兀者互用，皆即兀狄哈也，此爲海西女直。海
西早入明版圖，其所住之女眞，來受土官，不似建州之尙
有朝鮮爲梗，故其來者踴躍如此。

丙戌，朝鮮實錄書：遣中軍都總制林整如京師，謝十處人
民還屬本國也。

十二月庚午，朝鮮實錄書：遼東總旗張孛羅、小旗王羅哈
等至，上就見於太平館。孛羅等奉帝敕諭，授參政於虛出於建
州衛者也。初，帝爲燕王時，納於虛出女。及即位，除建州衛
參政，欲使招諭野人，賜書慰之。

於虛出即阿哈出。據此，則先以納女燕邸之故，故即
位即授以官。前所云會典以建州衛設自洪武間，益知爲革
除以後之洪武三十五年。蓋成祖之於阿哈出，原不待正位
之後，以威信孚及野人，而後致其來格也。惟在永樂元
年，始定衛內一切官制，故實錄書設衛在永樂元年耳。阿
哈出設衛在開元，此時敕諭經朝鮮而往，故有此張孛羅等
之來使，是知馬文升所謂建州衛在開原，非明以來之開
原也。

成祖納朝鮮女甚多。明史后妃有權妃傳。權爲朝鮮
人。國榷言成祖宮中有名號之朝鮮女五人，中有李姓。按

阿哈出賜姓李，李氏在宮中者或即其女。朝鮮亦姓李，李
姓者多，未可必其爲是也。朝鮮實錄中，永樂至宣德時，
遣使往選處女及索鷹鵰、海青與文豹等物者，無歲無之，
驛騷已甚。至正統初，英宗以沖齡踐祚，奢慾未開，三楊
當國，力持大體，朝鮮始釋此重負。而權妃之死，宮中鮮
女有謀斃之者，興大獄累年，冤死纍纍，事不見於明史，
而詳載朝鮮實錄。禽荒色荒，成祖以東藩爲逞志之地。宣
宗繼之，在仁宗喪服中已然，而國中不言其失德，蓋亦巧
於縱慾矣。高麗女侍及服御之中於宮府貴人所好，自元以
來皆然，見元史奇后傳。

　　甲戌，朝鮮實錄書：張孛羅等至闕辭，上使參議李玄及宦
官饋之。

三年，即朝鮮太宗五年，乙酉(1405)

　　正月庚子，朝鮮實錄書：朝廷使臣千戶高時羅等，奉聖旨
到吾都里地面。吉州安撫使報云：“使臣高時羅等欲開讀聖旨，
吾都里童猛哥帖木兒不迎命，曰：‘泛稱吾都里衞，不錄萬戶
之名，何以迎命？’使臣等詰之曰：‘由朝鮮來使臣二人於吾音
會，彼北阿伊兒、朱乙巨、何大等處，會道伊兀良哈三衞，好
羅乎、兀狄哈二衞，沙何歙兀狄哈一衞，建州衞等處七衞待
之。又皇帝遣都司率兵衆，賫燒酒百瓶、朝鮮馬三十匹，來與
七衞磨金同盟，賜馬三十匹於於虛出參政。今爾萬戶不順，可
乎？’猛哥帖木兒見使臣不爲禮，曰：‘不錄吾名，緣何屈身？’
其母及管下百姓皆不可，曰：‘若不從聖旨，帝必敕朝鮮執歸
于京師，如林八剌失里，無乃不可乎？’猛哥帖木兒怒叱之，遂
不順。千戶等率伴人十餘，前月二十日至吾音會。”　甲辰，遣
大護軍李愉于東北面吾音會，諭童猛哥帖木兒以應變事宜。賜

表裏、段衣一領、兀良哈萬戶劉波乙所表裏。　二月辛未，李
愉等回自東北面。愉啟曰："兀狄哈等不從朝廷使臣之命。"

三年正月丁巳，虎兒文等處女直野人、韃靼頭目綽魯不
乃、也兒古尼、往哥赤等來朝。詔設失里綿、虎兒文二衛，以
綽魯不乃、也兒古尼等六十四人爲指揮、千百戶。賜誥印、冠
帶、襲衣及綵幣有差。　癸亥，賜住不罕失里綿地面女直猛哥
等宴於會同館。實錄。

二月己丑，朝鮮實錄書：遣議政府知印金尚琦于東北面，
賜童猛哥帖木兒慶源等處管事萬戶印信一顆、清心元十丸、蘇
合元三十丸；兀良哈萬戶甫里段衣一；萬戶波乙所鈒花銀帶一
腰。童猛哥帖木兒管下人八十二，波乙所管下人二十，都賜木
緜一百二十四、白苧布三十四。女眞萬戶仇要老子遼河襲爵萬
戶剳付一道。賜童猛哥帖木兒所使千戶河乙赤草笠、帽珠具、
木緜裌衣一領、光銀帶一腰。

二月丁卯朔，陞兀者衛指揮同知鎖失哈爲指揮使，賜之綵
幣。　甲午，把蘭等處女直野人卯叉等來朝。設撒力衛，以卯
叉爲指揮僉事，賜誥印、冠帶、襲衣及鈔幣有差。實錄。

三月丁酉，女直野人頭目溫勉赤等來朝。設兀者隱勉赤千
戶所，命溫勉赤等爲千百戶等官。　迤北野人女直頭目喃不花
等二十四人來朝貢馬。命喃不花等爲福餘衛指揮千百戶，賜鈔
幣有差。福餘衛，明史屬兀良哈。明史之兀良哈，專指朵顏、泰甯、
福餘三衛。三衛與女眞爲異族。此實錄文，乃以女眞爲福餘衛指揮，永
樂時此二族不分如此。朝鮮以建州女眞爲兀良哈，其種族原相類。惟三
衛爲奚契丹故地，明初同屬奴兒干都司，設官可彼此互任，其時固不覺
有何界域也。　己亥，遣使賜失里綿衛指揮使綽魯不乃、虎兒
文衛指揮使也兒古尼等綺帛，時二衛新設故也。　奴兒干衛指
揮同知把答剌哈及兀者左衛頭目本答忽等九十七人來朝，賜之
鈔幣。　癸卯，上謂兵部臣曰："福餘衛指揮使喃不花等奏其

部屬欲來貨馬，計兩月始達京師。今天氣向熱，虜人畏夏，可
遣人往遼東，諭保定侯孟善，令就廣寧、開原擇水草便處立
市，俟馬至，官給其直，即遣歸。"此爲後來廣寧及開原開市之嚆
矢。　　癸亥，賜女直及奴兒干黑龍江忽剌溫之地野人女直把剌
答，宴於會同館。此奴兒干黑龍江忽剌溫之地，爲野人女眞，以別於
海西，蓋此在松花江北黑龍江境矣。把剌答，上作把答剌哈，蓋一人
也。以上實錄。

　　三月丙午，朝鮮實錄書：朝廷使臣王敎化的等三人。奉敕
書至，上迎于西郊，至無逸殿受敕。皇帝敕諭朝鮮國王："東
開原毛憐等處地面萬戶猛哥帖木兒，能敬恭朕命，歸心朝廷。
今遣千戶王敎化的等賚敕勞之，道經王之國中，可遣一使與之
同行。故敕。"　又敕諭萬戶猛哥帖木兒等："前者阿哈出來朝，
言爾聰明，識達天道，已遣使賚敕諭爾。使者回，復言爾能恭
敬朕命，歸心朝廷，朕甚嘉之。今再遣千戶王敎化的等，賜爾
綵段、表裏。爾可親自來朝，與爾名分、賞賜，令爾撫安軍
民，打圍牧放，從便生理。其餘頭目人等合與名分者，可與同
來。若有合與名分，在彼管事不能來者，可明白開寫來奏，一
體給與名分、賞賜。故敕。"　己酉，遣上護軍申商于東北面，
諭童猛哥帖木兒，以勿從朝廷使臣之命也。上嘗謂左政丞河
崙、右政丞趙英茂曰："使臣之來，專以招安童猛哥帖木兒也。
此人東北面之藩籬也，卿等其圖之。"至是，遣商以諭之。　甲
寅，王敎化的如建州衛，上如太平舘，行茶禮，議政府餞于崇
仁門外，以上將軍郭敬儀爲伴送使。　四月乙酉，王敎化的等
至野人地面。王敎化的等，月八日到吉州，先送伴人於童猛哥
帖木兒、把兒遜等居處。猛哥帖木兒等云："我等順事朝鮮二
十餘年矣，朝鮮向大明交親如兄弟，我等何必事大明乎！"月十
四日，王敎化的到吾音會，童猛哥帖木兒率管下人不肯迎命。

把兒遜、著和、阿蘭三萬戶，路逢教化的伴人，言："我等順事朝鮮。汝妄稱使臣，亂雜往來。"拒而不對。到吾音會，與猛哥帖木兒約云："不變素志，仰事朝鮮無貳心。"

肇祖此時言"順事朝鮮已二十餘年"，則自此上溯至洪武十八年爲二十年。其事朝鮮必在其前，其時尚在高麗王氏朝也。

庚寅，朝鮮實錄書：朝廷遣百戶金聲到東北面。"皇帝諭毛憐地面兀良哈萬戶把兒遜、著和、答失等知道：朕今即位三年，天下太平，四海內外，皆同一家。恐爾等不和，不相統屬，強凌弱，眾暴寡，何甯息之有。今遣百戶金聲等，以朕意諭爾，并賜爾綵幣等物。爾等若能敬順天意，誠心來朝，各立衞分，給印信，授以名分、賞賜，俾爾世居本土，自相統屬，打圍牧放，各安生理，經商買賣，從便往來，共享太平之福。故諭。"

五月丙申，童猛哥帖木兒、波乙所等迎敕書，受綵段，教化的誘之也。　庚戌，遣藝文舘大提學李行如京師，奏曰："永樂三年三月十一日，王教化的欽奉敕諭到國。欽此。差陪臣郭敬儀欽依伴送去後。據東北面都巡閱使呂稱狀啟：'見爲欽差千戶王教化的等招諭猛哥帖木兒、把兒遜、著和、答失等，將赴朝廷。有猛哥帖木兒回稱："當初我與兀狄哈相鬪，挈家流移，到來本國。今若赴京，慮其兀狄哈等乘間擄掠家小，以快其讎；又濱大海，倭寇來往，以此憂疑未決。"聽此狀啟申達。'得此。照得猛哥帖木兒等，始緣兀狄哈侵擾，避地到來本國東北面慶源鏡城地面居住當差，後因防倭有功，就委鏡城等處萬戶職，經今有年。永樂二年五月間，奉欽差東甯衞千戶王修賚敕招諭三散、禿魯兀等十處女直人民。欽此。切照洪武二十一年間，欽蒙太祖高皇帝聖旨，准請公嶮鎮迆北還屬遼東，公嶮迆南至鐵嶺仍屬本國。因差陪臣金瞻賚文奏達。當年十一月十一日，回自京師，欽奉敕書：‘三散千戶李亦里不花等十處人員准請。’欽此。臣與一國臣民，感激不已。竊念小邦臣事聖朝以來，累蒙高皇帝詔旨：‘不分化外，一視同仁。’近又欽蒙敕旨：‘三散等十處人員准請。’切詳猛哥帖木兒、答失等，并管下一百八十餘戶，見居公嶮鎮迆南境城地面；把兒遜、著和等并管下五十餘戶，見居公嶮鎮慶源地面，各各附籍當差，俱係欽蒙准請十處地面，皆在聖朝同仁之內。伏望聖慈，許令上項人等，仍舊安業，永霑聖澤。”

五月庚辰，阿速兀者江等處女直野人頭目李關住八等二十八人來朝。賜鈔及綵幣。　壬戌，女直野人頭目哈達歹等來朝貢馬。賜鈔及綵幣。實錄。

六月庚寅，兀者衛指揮使鎖失哈遣子沙弄哥等進馬，謝升職恩。賜之鈔幣。實錄。

七月丙辰，朝鮮實錄書：遣大護軍李愉于吾音會。時朝廷招諭童猛哥帖木兒，我欲留之，故遣愉諭其意。

八月辛卯，朝鮮實錄書：李愉還自東北面吾音會，猛哥帖木兒等給愉云：“我等不從朝廷招安，王教化的等欲還向朝廷。”初，王教化的之來，猛哥帖木兒等以寓居本國境內，且受厚恩，故陽爲不順朝廷招諭者，以示郭敬儀，內實輸寫“納欵無貳之誠”於王教化的，潛理裝欲隨教化的赴京師，我國未之知也。既遣李行奏聞，又使愉于吾音會。

　　肇祖權術，至是始顯。其前朝鮮使往，所述猛哥對明倨強之狀，而明廷敕來，極獎猛哥忠順，並指居間奏達者爲阿哈出，則肇祖之通欵于明，並不藉明之來使。其對明來使之順逆，皆互相諒解之僞飾也。於此見肇祖在當時諸夷中，爲絕有機變，與衆不同，故其前大得寵幸於朝鮮，其後又大得寵幸於明，官爲都督，駕乎阿哈出之上，別造成建州左衛，爲清開國之基，其得之固非偶也。

八月壬申，苦野木等女直野人頭目虎失木等三十九人來朝。賜鈔幣有差。　丙子，兀者衛別里哥禿等來朝。命設兀者揆野木千戶所，以別里哥禿等九人爲千百戶，賜誥印、冠帶、襲衣、鈔幣有差。　辛巳，野人地面赤不罕達魯花赤察不赤安你安兒哈等百九十人來朝貢馬。賜鈔幣有差。　壬辰，女直野人頭目可憐哥、夕顏哈等四十九人來朝。命設屯可、安河二衛，以可憐哥等爲指揮、千百戶、衛所鎭撫，賜誥印冠帶、襲衣及鈔幣有差。實錄。

九月乙未，朝鮮實錄書：與啟事諸臣議東北面事宜。呂稱報："猛哥帖木兒不順，故王敎化的留至仲秋，朝廷更使人督之吾都里。把兒遜、著和等聞徐元奇之誘，答云：'若猛哥帖木兒不歸中國，則吾等亦然。'"上曰："猛哥帖木兒服我未久，何可强使入朝。然欲留之請，帝若不允，入送亦可。"啟事諸臣皆曰："然。若帝不允，何敢不送。"上曰："予初不欲使李行計稟，帝已許東北面十處人民矣，何顏更請此事。"

朝鮮於屬夷，對明欲留與否，本非己所能爲力。肇祖之權詞相紿，亦非有憚於朝鮮，其別有貪戀，蓋賞賚等未肯一日拋棄耳，蓋已玩朝鮮於掌握中矣。

乙巳，朝鮮實錄書：童猛哥帖木兒同王敎化的入朝京師。

呂稱報云：“猛哥帖木兒云：‘李行計稟事，帝雖俞允。我若此時不入朝，則於虛出必專我百姓，故不得已入朝。’已於九月初三日發行。是月朔癸巳，初三日乙未，正上條與啟事諸臣議東北事宜之日。印信則以弟於虛里權爲萬戶授之，留吾東站，待國家行下。’”

肇祖既入朝，又挾以求朝鮮仍畀其弟以萬戶之職，此亦其前必用權詞見好之故。

己酉，朝鮮實錄書：計稟使通事曹士德回自京師，啟曰：“童猛哥帖木兒事，皇帝宣諭內：‘昔日東北面十一處人民二千餘口，已皆准請，何惜一猛哥帖木兒乎！猛哥帖木兒，皇后之親也。遣人招來者，皇后之願欲也。骨肉相見，人之大倫也。朕奪汝土地，則請之可也。皇親帖木兒，何關於汝乎？’”上謂左右曰：“今聞皇帝之諭，不勝惶愧。往者不可追，來者猶可圖，帖木兒理宜督送，不可緩也；遣陪臣陳情，亦不可緩也。”召參贊李叔蕃議之。

前云阿哈出之女入宮，此又云猛哥爲皇后之親，竟稱皇親。所謂皇后，固係朝鮮從俗混稱，但稱皇親，則必與後宮有兄弟子姪等關係。上又言猛哥云“若不入朝，恐於虛出專我百姓，故不得已入朝”，而薦己之弟於虛里代爲萬戶。則猛哥與於虛出，即阿哈出，並非親屬。一爲斡朶里，一爲火兒阿，種族雖近，而血屬不相通也，殆猛哥自有姑姊妹等亦入宮得幸矣。

庚戌，朝鮮實錄書：千秋使尹穆、計稟使李行等回自京師。尹穆來傳宣諭聖旨：“永樂三年七月初五日，早朝於奉天門。叩頭時，帝使兵部尚書朝鮮來的使臣，根底問猛哥帖木兒勾當，朝鮮國王好生至誠，怎麼不送將來？兵部尚書領聖旨，到金水橋邊問曰：‘猛哥帖木兒怎麼不來？’對曰：‘欽差千戶王敎化的三月十一日到王京，殿下欽蒙敕諭，差陪臣郭敬儀其月十九日伴送猛哥帖木兒住處去了。臣等四月二十六日離王京，去的勾當不知道。’又問曰：‘猛哥帖木兒那裏住？’對曰：‘在朝鮮境内豆萬江這邊住。’圖們江又名土門江，朝鮮亦謂之豆萬江，正由移蘭豆萬所住面得名，即三萬戶江，故明初設衛於此，謂之三萬衛也。又問道路多少，對曰：‘距王京二十五六日路。’聽罷，還樓棚下朝。飯後，禮部尚書李至剛及趙侍郎、錦衣衛官員等傳聖旨問曰：‘猛哥帖木兒怎麼不來？太祖皇帝時發去雲南的倭子搶掠的人物，上位都送將去了。上位，即言皇帝。太祖時倭掠高麗國人，爲明所得，發與雲南，時高麗求臣服。去年姓金的宰相爲地面勾當來奏，有你國王祖墳的，上頭將二千人口，連地面都與了你。把你朝鮮，不同四夷看承。上位至誠，殿下知道。九變孝順，一變差了，連那九變都無了。一箇帖木兒他做怎麼？’對曰：‘俺殿下怎麼不知道上位全心。猛哥帖木兒的勾當，臣等來的日頭近的，上頭曾不知道。’又問曰猛哥帖木兒去的根源，去即過去，猶云以往，朝鮮文義多如此。有‘猛哥帖木兒是太祖皇帝的百姓那，你每的百姓那？’對曰：‘普天之下，莫非王臣。那箇不是太祖高皇帝之百姓。’又問曰：‘王敎化的還，從你國土裏來那，把那一邊回來？’對曰：‘臣等不知道。’以此再問，對之如前。初六日四更，於午門外，部兵尚書在朝房問曰：‘恁那裏又有一箇宰相來，朝鮮於中國使臣皆稱大人，中國於朝鮮使臣每稱宰相。怎麼勾當來？’對曰：‘來的勾當不知道。’又問曰：‘爲猛哥帖木兒的勾當來，猛哥帖木兒怎麼不來？上位即位之初，誥命、印章也與了。上位好生重你朝鮮，一箇猛哥帖木兒，留下做怎麼，不送將來？與將來的是那，不與將來的是那？你心裏如何？'對曰：'有聖旨的上頭，去年一萬匹牛隻，兩三個月內准備送將來，凡事盡心向上。若要聖旨着落要呵，一箇猛哥帖木兒怎麼不送將來！猛哥帖木兒只怕他自家有緣故不來，臣等不知道。'"

　　又李行來傳宣諭聖旨："永樂三年七月十六日早朝後，禮部尚書李至剛、左侍郎楊、右侍郎趙、給事中一員等，到午門外中道上，進二使及從官，傳聖旨曰：'你每為甚麼來？'對曰：'計稟人口事來。'問曰：'那箇人口事？'對曰：'三月十一日，欽差千戶王教化的欽賚敕內"東開原毛憐地面。"東開原"字樣，本年三月丙午下已見，非有脫誤。蓋元時為開原路東境，故云然，今則非開原地矣。萬戶猛哥帖木兒，敬恭朕命，歸心朝廷。今差千戶王教化的，賚敕勞之，道經王之國中，可遣一使同行事。欽此。"差陪臣郭敬儀伴送前去。所有猛哥帖木兒事因，來奏上位知道。'問曰：'我不把朝鮮做外邦看承。你國王上占親人，此句朝鮮文義難達，當云你國於皇上沾親之人。把聖旨撇在一邊，倒把猛哥帖木兒的言語來奏。既受你節制，猛哥帖木兒是大，王子是大？'當云猛哥帖木兒既受你節制，彼大抑國王大？言其不敢對朝鮮有異議。彼口所出之言，不足為彼之本意也。對曰：'國王不知占親的事故，欽差王千戶也不曾說的占親。況猛哥帖木兒住處，不是毛憐。若是討本人，豈無明降？一來他是受節制要緊處防禦有功的人，王教化的硬去招諭，又有他啟來事故，不敢不奏。一年內陪臣數來朝，若有明降，國王怎敢不欽依？'又問曰：'去年奏請十處地面人時，怎麼無猛哥帖木兒名字？'對曰：'去年招諭的文書上，不曾有本人的名字，止只奏那十處頭目的名字，不曾寫那土地人口。此人正是蒙准請十處內鏡城地面江裏頭住的人。'又問曰：'旣是上位占親，又要重用這箇人呵，你來計稟時，便同他一處來，就分說地面事故，怎麼不准你！誰和你爭地面來！你把本人延留，皆是奸詐。上位是天量，便恕了呵，我禮部家也饒你不過。'對曰：'臣等不曾啟國王殿下，是我等不是。'又曰：'你送文書來的人，怎麼知道。你回去對國王說知，便送將他來。'申時，禮部三官到會同舘前廳，進二使及從官等曰：'你早間說的話，我每上位根前都奏過了。上曰："猛哥帖木兒曾有文書到我這里，他的文書并你說來的話，多有不同。不干你事，你休管他，他自來見我。我當初不問你國王討人，經由你的國中過去，只教你差一人伴送去。來賀千秋的使臣，在此過了節日回，你先回去。"'十七日早朝辭後，於午門樓棚下，與諸夷使臣受飯時，禮部三官來傳聖旨問曰：'你便怎麼回辭？你休荒怕，你國王、猛哥帖木兒的言語奏將來也是。'對曰：'臣等別無他事。昨日蒙教先回，不敢留滯，因此辭回。'又傳曰：'天道暄熱勞路，教你歇幾日去，就教你過了千秋節日去，你心裏如何？'對曰：'皆在上意。'又問：'昨日傳與你每聖旨，你的話都記得麼？'將前話一一誦對，聽之欣然還入。未時，禮部使主客司員外郎寫臂來，寫臂當非人名，或即書手之意，蓋禮部寫辦之稱。曰：'後來的使臣且休去，留他過了慶賀，與先來的使臣一同回去。'二十五日早朝辭後，禮部尙書、左右侍郎等引奏，朝鮮國王差來奏猛哥帖木兒使臣，今日辭回。臣禮部家合回與他文字去。上曰：'奏將來的話不同，又無甚麼緊要勾當，只這般教他回去。'" 壬子，遣戶曹參議李玄如京師，奏曰："永樂三年九月十六日，陪臣李行等回自京師，傳奉禮部尙書李至剛等官欽傳宣諭聖旨。節該：'猛哥帖木兒怎麼不送將來，却來計稟？來計稟時，便同他一處來，就分說地面事情，怎麼不准你。誰和你爭地面！你回去對國王說知，便送他來。欽此。'臣兢惶無措。竊照猛哥帖木兒，係是小邦地界公嶮鎮迤南，欽蒙准請十處内鏡城地面豆萬江裏頭住的人，又未嘗蒙令發遣明降，以此差人奏達。今據議政府狀啟備。東北面都巡問使呂稱呈報，有猛哥帖木兒。與欽差千戶王教化的等，於本年九月初三日起程赴京。臣尙未委端的，慮恐遲延，當日即差上護軍曹恰星夜馳赴萬戶猛哥帖木兒在處，催督欽赴朝廷。"

肇祖於是乎入明，由朝鮮屬夷而爲明之應召皇親矣。其後亦並無任用之處，乃宣召如此其勤，官賞如此其厚，皆以後宮之寵可知。清之興也，亦得力於裙帶之親也。清不欲言，恐亦本不自知，以先世原無文字紀載之故。而此等猥瑣之宮掖遺聞，明代亦不傳於世，今乃由朝鮮實錄中詳載之，不可謂非考清史者之一大快也。

甲寅，朝鮮實錄書：吉州道都安撫使報其道事宜。報曰："兀良哈萬戶把兒遜、甫乙吾、阿亂千戶其羅美、於赤於山、不花、所仡羅、多時古、加乙非等[1]以上爲幾人之名，今未能定。二十餘人，會於因居站。把兒遜曰：'此時不入江南，江南謂明，時明都南京。則猛哥帖木兒必受聖旨，以予爲管下百姓，故不得已入朝。還來則如前仰事朝鮮?'吉州疊入殷實管下千戶者安等十四戶，男女并一百餘人，節晚失農。每戶一二人，欲往舊居處捕魚資生。以巨陽千戶高時羅古及殷實一族建州衛千戶時家等，欲招安者安及仇老、甫安、骨看兀狄哈與建州衛千戶談波老，出來待候，故未得入歸捕魚。千戶阿乙多不花、百戶

---

① 以上人名據王鍾翰清史論集第一冊 332 頁標點。

好時不花等，欲上京乞糧，故不得已上送。好時不花能弓馬，
且穎悟，宜留京侍衛，職賞勸後。" 壬戌，朝廷使臣及建州衛
千戶時家等，到女眞地面。東北面都巡問使報："大明使臣與
建州衛千戶時家等，以女眞萬戶仇老、萬戶甫也、甫也，當即
上條之甫安。骨看兀狄哈萬戶豆稱介等招安事。是月二十二日，
到甫也住處而留連，其敕諭迎命及處變事，問於甫也。此數語，
朝鮮文義未達。據首書壬戌，乃月之三十日。三十日明使等到女眞，面
都巡問使則以二十二日先至甫也住處，以敕諭迎命及處變之事，問於甫
也也。甫也曰：'使臣無心中到來，不得已迎命。'使臣云：'吾
都里、兀良哈、兼進兀狄哈等，兼進，乃兀狄哈一部族之名。頭
頭人皆順命，唯仇老、甫也等不順。以招諭以歸事，奉聖旨而
來。'仇老、甫也等云：'雖順命，妻子百姓等必爲朝鮮所虜，
慶源兵馬使阻當則不得率行。'以上述甫也所言，甫也等住朝鮮境，
先與明使有此問答，而後明使至女眞地面也。右仇老、甫也等十處
外人物，慶源兵馬使阻當不入送如何？"十處已蒙准不送，明仍招
此等十處以外人物。

　　　　　以下並無下落，當是朝鮮未敢阻當。

　　十月己卯，建州兀者等衛指揮章乞帖木兒等來朝貢馬。賜
鈔幣有差。實錄。
　　庚寅，設海剌兒千戶所，以來朝野人頭目把禿等爲千百
戶，賜誥印、冠帶、襲衣及鈔幣有差。實錄。
　　十一月丙辰，賜遼東那兒河女直野人頭目宴。實錄。
　　十二月庚午，那兒河野人頭目修苦不花、忽星哈頭目亦稱
哥、建州衛頭目王古驢等百二十人來朝。賜銀鈔、綵幣有差。
　　甲戌，毛憐等處野人頭目把兒遜等六十四人來朝。命設毛憐
衛，以把兒遜等爲指揮、千百戶等官，并賜誥印、冠帶、襲衣

及鈔幣有差。實錄。

此把兒遜即朝鮮之兀良哈萬戶。朝鮮稱肇祖所屬爲斡
朵里，餘建州部屬皆爲兀良哈。把兒遜爲開設毛憐衞之指
揮，其後又爲阿哈出次子猛哥不花所受職，見後。

四年，即朝鮮太宗六年，丙戌(1406)

正月壬辰朔，朝鮮實錄書：上率世子百官遙賀帝正，坐正
殿受朝賀宴羣臣。吾都里、兀良哈、日本客使皆與朝，上曰：
“受日本使之朝，無乃僭歟？且以鄰國之使，在於拜列，似未
便也。”左右對曰：“振古如茲，賜羣臣宴，日本客使皆坐於
殿上。”

吾都里在此時，肇祖已入明，其子弟皆在故地，隨朝
爲朝鮮臣僕，即肇祖亦仍有回本衞時，猶是臣服於朝鮮者
也。　日本是時不統一，其各島多向朝鮮通朝貢，無關清
世事，偶涉及之，不續詳也。

丁酉，朝鮮實錄書：奏聞使戶曹參議李玄回自京師。玄齎
禮部咨文而來，咨曰：“永樂三年十二月初四日，准朝鮮國咨：
‘陪臣李行等自京回，傳欽奉該：“猛哥帖木兒怎麼不送將來？
你回去國王說的便送他來。”等項緣由。差陪臣李玄齎文移咨施
行。’查得本年七月二十五日早，本部官將引差來人李行等，於
奉天門題奏，合無回與他國王文書。奉聖旨：‘着使臣每回去，
無文書與他。他的奏詞，與猛哥帖木說的多不同。等猛哥帖木
來時，自有說話。欽此。’當即李行等面聽聖旨，本部又將前
因，再行傳與各人，回還去訖。今咨前因，查與原奉旨意不

同。現是陪臣李行等所傳差訛，理合移咨本國知會：今後一應事務，須憑文書爲准，又有口傳事理，宜仔細參詳施行。"禮部官又謂玄曰："汝國在前自云不與日本交通，今朝廷使臣回自日本，告曰朝鮮使臣先已在彼矣。又皇帝已招安童猛哥帖木，不因汝國，汝知之乎？汝國言將令猛哥帖木入朝，此汝國之奸宄也。"時日本使適入朝，朝廷賞賜甚厚，且序其班於李玄之上云。

己未，朝鮮實錄書：流前軍資監曹士德于春州。初，判漢城府事李行以計稟使入朝，還傳宣諭曰，童猛哥帖木宜發赴京，朝議未決。既而聞猛哥帖木已自赴京，乃急遣李玄及猛哥帖木未至徑奏之。禮部官曰："宣諭之旨，本不如此。"乃以錄本示之。移咨本國曰："李行誤傳聖旨矣。"憲府劾問行，行曰："吾不曉華語，惟憑舌人耳。其時口錄具在，可考也。"又劾曹士德。士德曰："與李行面奉宣諭，非誤也。"憲府啟："士德誣妄訛傳，李行不質諸禮部，偏信士德之言，乞治其罪。"上以行憑舌人之言，只流士德。

正月乙未，女直野人頭目哈成哈、八禿卜花等五十人來朝。置右城衛，以哈成哈爲指揮使，餘爲指揮僉事、千百戶鎮撫；又置可里踢千戶所，以八禿卜花等爲千戶、所鎮撫，各賜誥印、冠帶、襲衣及鈔幣有差。　　庚申，賜女眞頭目宴。實錄。

二月己卯，朝鮮實錄書：兀狄哈金文乃等寇慶源之蘇多老，兵馬使朴齡擊却之。初，野人至慶源塞下，市鹽、鐵、牛、馬。及大明立建州衛，以於虛出爲指揮，招諭野人，慶源絕不爲市。野人憤怨，建州人又激之，乃入慶源界抄掠。齡易之，率數十騎赴之，野人以騎兵從旁突出，齡驚，策馬而退。俄而官兵繼至，齡率以戰。有一人獻計曰："野人善射，難與爭鋒，若執短兵鏖戰，則勝負決矣。"即突陣而入，衆從之，殺文乃子，野人乃掠牧馬十四匹而去，官軍死者四人。

　　於虛出明譯作阿哈出之於建州，爲設衛之首，於肇祖之入明，爲引進之人，招諭野人，其功獨多，清史稿亦作列傳之首。朝鮮錄中先言於虛出女入燕邸，而其後稱皇親者乃肇祖，肇祖歸附在後，功又不及阿哈出，然受寵甚於阿哈出，疑阿哈出所納之女，實爲肇祖親屬，始以阿哈出之名納之，旣而由女自言其實，成祖遂眷及肇祖也。

　　二月己巳，女直野人頭目塔剌赤、亦里伴哥等四十五人來朝。置塔山衛，以塔剌赤等爲指揮同知、衛所鎮撫、千百戶，賜誥印、冠帶、襲衣及鈔幣有差。　癸酉，女直野人頭目倒羅等二十一人來朝。置兀也吾衛，命倒羅等爲指揮同知，餘爲千百戶、鎮撫，賜誥印、冠帶、襲衣及鈔幣有差。　丙子，奴兒干衛頭目察罕等遣人朝貢。賜之綵幣。　丁丑，木倫河野人頭目馬兒張等來朝。置哈三、哈剌哈、古賁河三千戶所，命馬兒張等爲千百戶，賜誥印、冠帶、襲衣及鈔幣有差。　甲申，嘉河等處女直野人頭目阿必察等二十八人來朝貢馬。命置嘉河、哈密、斡難河三衛，兀的罕千戶所，以阿必察等爲指揮、千百戶、鎮撫，賜誥印、冠帶、襲衣及鈔幣有差。實錄。

　　哈密設衛，滿洲源流考以混入女眞各衛中，又駁正之，其原本出於此條實錄。今詳其文義：實錄原不爲分部紀載，是日有番夷來朝，因而設衛者，則類書之。惟適以嘉河之女直領其首，遂連敍及哈密耳。其下三月丁巳，又書：“設哈密衛，給印章，以其頭目馬哈麻火者等爲指揮、千百戶、鎮撫，辜思誠哈只馬哈麻爲經歷，周安爲忠順王

長史，劉行爲紀善，以輔脫脫。復命脫脫，凡部下頭目可
爲指揮、千百戶、鎮撫者，具名來聞，授之以職。"此則明
爲西番之哈密，其前之類見於二月己巳者，必以其頭目之
來朝，與嘉河女直同日之故。

戊子，木倫河轄瓡、女直野人頭目卯不花等百八十人來朝
貢馬。賜之鈔幣。　　庚寅，女直野人頭目打葉等七十人來朝。
命置塔魯木、蘇溫河、阿速江、速平江，四衛，以打絮等打絮
當即前之打葉，彼此必有一誤。爲指揮、衛鎮撫、千百戶等官，
賜誥印、冠帶、襲衣及鈔幣有差。實錄。

三月丙申，朝鮮實錄書：賀正使姜思德等回自京師，通事
曹顯啟曰："吾都里萬戶童猛哥帖木等入朝，帝授猛哥帖木建
州衛都指揮使，賜印信、鈒花金帶，賜其妻幞卓、"卓"或即
"罩"字。衣服、金銀、綺帛；於虛出參政，子金時家奴爲建州
衛指揮使，賜鈒花金帶；阿古車爲毛憐等處指揮使，賜印信、
鈒花銀帶；阿難、把兒遜毛憐等處指揮僉事，賜廣當是"度"字，
即俗"鍍"字。銀帶。"

　　此條可證明肇祖事實者甚多。肇祖之受明建州左衛。
據會典等書，建州左衛設於永樂十年。然實錄永樂十年並
不書設左衛；而十一年十月甲戌，則書建州等衛都指揮李
顯忠、指揮使猛哥帖木兒等來朝貢馬及方物，亦未明敍建
州左衛之名，惟稱建州等衛，則似不止一建州衛，或包有
左衛在內。至十四年二月壬午，書賜建州左衛指揮猛哥帖
木兒等宴，自此始明敍肇祖爲左衛指揮。但其初受左衛之
年月日，則終不見之實錄也。朝鮮實錄於此敍肇祖初受之
職，乃建州衛都指揮，其時蓋在永樂三四年之間。朝鮮得

通事報告，在永樂四年三月，乃賀正使在京所得消息，故知爲三四年間事。時並未有建州左衛之名，而肇祖受職，乃與阿哈出同在一衛，後以肇祖爲明所矜寵，或不願隸屬於阿哈出，遂爲之分設左衛以處之。其事無關招撫授官，故不見於實錄，特彼中事實之變遷而已。

於虛出子金時家奴，即明實錄所言阿哈出子釋家奴，而此冠以金姓，可知阿哈出家亦自稱姓金，自以女眞爲金後，而皆以金爲姓，此即清一代稱愛新覺羅之所由來，亦即前所言阿哈出姓古論之"古論"字，即爲"金"之翻切音，與肇祖之姓夾溫，同爲自稱姓金，而朝鮮人就其口語作譯音，遂有文字之不同也。

把兒遜授職於毛憐，與明實錄合，此亦隨肇祖而入明者。

戊申，朝鮮實錄書：賜女眞檢校漢城尹崔也吾乃、護軍童所老笠、靴，又賜所老妻紬、苧、麻布各一匹。

所老，亦肇祖家屬之留鮮者，別詳於後。

三月甲午，設遼東開原、廣寗馬市二所。初，外夷以馬鬻於邊，命有司善價易之。至是來者衆，故設二市，命千戶答納失里等主之。實錄。

馬市自是有定所，而某衛就某地互市，後遂逐漸配定。建州衛本在開原通市，而後乃特開撫順關以通建州，遂開清太祖犯明捷徑。

癸卯，<u>女直</u>野人頭目<u>速魯董哈</u>等來朝。置<u>吉河衛</u>，命<u>速魯董哈</u>爲指揮僉事、鎮撫等官，賜誥印、冠帶、襲衣及鈔幣有差。實錄。

四月己卯，<u>朝鮮實錄</u>書：朝廷內使<u>黃儼</u>、<u>楊甯</u>、<u>韓帖木兒</u>，尙寶司尙寶<u>奇原</u>等至。……又賚禮部咨來。"……一件，<u>建州衛</u>指揮<u>猛哥帖木兒</u>奏，有親屬<u>完者</u>等一十一名并家小，見在<u>朝鮮</u>。本部奉聖旨：'恁禮部行文書與國王知道，給與他完聚。'"

　　<u>肇祖</u>此時已爲<u>建州</u>指揮，受職居衛。其親屬則留<u>朝鮮</u>者，<u>肇祖</u>已自請<u>朝鮮</u>，以所授己身之職移授其弟，而復有欲迎以自隨之親屬十一人及其家小，更挾朝命以索之<u>朝鮮</u>。明廷爲<u>肇祖</u>委曲從其所願，以下敕於<u>朝鮮</u>，與待<u>女眞</u>他衛迥別，其爲皇親獨承恩澤可想。

四月乙酉，<u>兀者衛</u>指揮<u>鎖失哈</u>，遣男<u>阿速哈</u>，率<u>女直</u>頭目來朝。命<u>阿速哈</u>等二十人爲千百戶、衛所鎮撫，賜鈔幣有差。丁亥，賜<u>兀者衛</u>野人<u>女直</u>宴。實錄。

五月辛卯，賜<u>遼東</u>者<u>不林河</u>來朝<u>女直</u>頭目宴。實錄。

六月己未朔，<u>朝鮮實錄</u>書：<u>吾都里</u><u>童所乙吾</u>、<u>李好心波</u>、<u>童於虛主</u>等七人來。賜<u>童所乙吾</u>等七人靑縣布、紅紬布、黑麻布、白苧布各一匹，<u>於虛主</u>之子<u>於乙於伊</u>黑麻布一匹。

七月己酉，<u>朝鮮實錄</u>書：遣上護軍<u>車指南</u>，管送<u>猛哥帖木兒</u>親屬<u>完者</u>等十名并家小于<u>建州衛</u>。

　　<u>肇祖</u>求以自隨之親屬送<u>建州衛</u>，其時<u>肇祖</u>固與<u>阿哈出</u>共居一衛。後乃復回居<u>朝鮮</u><u>斡朵里</u>，而就其地設衛，謂之

建州左衛，蓋在建州衛之左，而以爲名，故實錄不書設左衛之事，乃建州衛內部之分析，非朝命之設置也。

七月己酉，右因、溫都魯河、因只河、兀者揆野、欽眞河、哈流溫河等處女直野人頭目乞列門、者里不花、木禿答蘭等百一十人來朝貢馬。賜鈔幣、襲衣。實錄。

閏七月癸酉，苦溫等處女直野人頭目達魯花赤脫可赤，及安河衛女直頭目成哈等三十一人來朝。賜鈔幣，并織金文綺、紬絹、襲衣。　甲戌，忽剌溫三角野人頭目吉里結納、者哥難等來朝。置雙城、撒剌兒、亦馬剌、脫倫、卜顏五衛，以吉里吉納等爲指揮、千百戶等官，賜誥印、冠帶、襲衣及鈔幣有差。實錄。

八月戊子，兀蘭等處女直野人頭目乞剌尼紐隣等來朝。置兀蘭、亦兒古里、札木哈、脫木何、福山五衛，以乞剌尼紐隣爲指揮，餘爲千戶，賜誥印、冠帶、襲衣及鈔幣有差。　辛卯，不臘哈赤等處野人頭目乃兒不花等來朝貢馬。置札木哈衛，命乃兒不花爲指揮同知，賜誥印、冠帶。　丁酉，女直野人喜列尼等六十三人來朝，以爲兀者衛指揮千百戶，賜冠帶及鈔幣有差。　辛丑，能木里、吉兒代里等處野人頭目古里帖買罕等來朝貢馬，賜鈔幣有差。　丙午，松花江等處女直野人頭目徹兒帖木等四十八人來朝，賜之鈔幣。實錄。

九月丁巳朔，朝鮮實錄書：朝廷差來王伐應只，招安骨乙看兀狄哈萬戶豆稱介父子，及副萬戶阿知、千戶達賓介等二十五名赴京師，東北面都巡問使所報也。

此亦明代招撫女眞之一事，其音譯太殊，於明實錄未能指出此事，但以朝鮮實錄文存此。

九月辛巳，禿河、石魯山門等處女直野人頭目哈合察等六十三人來朝。置肥河衛，命哈合察爲指揮千百戶，仍賜誥印、冠帶、襲衣及鈔幣有差。實錄。

十月庚寅，亦答魯、能木里女直野人頭目趙州不花、乞歹不花、忙古納等來朝貢馬。置密陳、卜剌罕二衛，命趙州不花等爲指揮、千百戶、鎮撫，賜印誥、冠帶、襲衣及鈔幣有差。

辛卯，土稱頭目府剌出、哈剌罕等來朝貢馬。命府剌出爲蘇溫河衛指揮使，哈剌罕爲指揮同知，餘爲千百戶、鎮撫，賜之鈔幣。　癸巳，賜泰甯衛能木里、亦答魯、土稱等地面來歸頭目宴於會同舘。實錄。

十一月乙丑，木楞古野人頭目佟鎖魯阿等四十人來朝。命爲建州衛指揮、千百戶等官，賜以冠帶及鈔幣有差。實錄。

　　　　凡佟姓即童姓，授職時皆歸建州。建州以佟爲公姓，所以其南有佟家江；而其北則圖們江即豆萬江，又以移蘭豆萬而得名也。

甲戌，扎童、撒兒忽、罕答河等處女直野人頭目顏赤不花等四十人來朝貢馬。置扎童、撒兒忽、罕答河三衛，命顏赤不花等爲指揮、千百戶、鎮撫，賜誥印、冠帶、襲衣及鈔幣有差。　甲申，必輕窩、虎河、阿羅麄、麥蘭河等處女直野人頭目砍木里、速同哥、我里哥、黃脫因等百十二人來朝貢馬。賜綵幣有差。實錄。

十二月丁酉，你蠻等處女直野人頭目那顏帖木兒等來朝貢馬。賜之鈔幣。　己亥，吾藍兒等處女直野人頭目火失剌、程哥納乞等來朝。置木魯罕山衛于掃鄰狗站之地，命大失剌上作火失剌，當有一誤。等爲指揮、鎮撫等官，賜誥印、冠帶、襲衣及鈔幣有差。實錄。

此爲野人女眞部。狗站即所謂使犬部，掃鄰當即索倫之音譯。

庚戌，剌兀河那海哥里窩赤等處女直野人韃靼頭目孛羅帖木、洛上頭吉野失那等來朝貢馬。賜鈔幣有差。實錄。

五年，即朝鮮太宗七年，丁亥（1407）

正月辛巳，朝鮮實錄書：欽差官東甯衛千戶陳敬賚禮部咨二道來，上迎入正殿，敬授上咨文。一件，催取革除年間漫散到來仍在本國東甯衛軍人全者遂等四千四百九十一名，及邊都里哥事；又據建州衛女眞萬戶佟鎖魯阿告，搬取本國金線地面住坐家小六十四口，給發建州衛完住事。一件，建州千戶失加奏稱，察罕失剌不花等十三戶，解發完住事。上覽訖，敬曰："皇帝宣諭，懷土常情，親戚不可相離。"上伏地叩頭，遂設宴慰之。

佟鎖魯阿入明，明實錄見上年十一月乙丑，此時已由禮部咨朝鮮搬取家小。永樂間建州夷於帝室實有特別關係。

壬戌，五看河、納木里河、失魯赤河等處女直野人、韃靼頭目滿禿雪黑勒鎮斌哈等三百人來朝貢馬。賜綵幣有差。　戊辰，女直野人頭目土成哈等來朝。置喜樂溫河、木陽河、哈蘭城、可令河、兀的、阿古河、撒只剌河、依木河、亦文山、木蘭河、阿資河、甫里河十二衛，得的河、奧石二千戶所，命土成哈等二百五十二人，爲各衛所指揮、千百戶等官，賜誥印、冠帶、襲衣及鈔幣有差。　　丁丑，<u>朵兒必河</u>、<u>恨骨河</u>等處<u>女直</u>野人頭目<u>官天答蘭</u>、"天"下作"夫"，譯夷音未必用"天"字，當從下作"夫"。<u>張虎</u>等八十一人來朝。置<u>朵兒必河</u>衛，命<u>官夫答蘭</u>等爲指揮、千百戶、鎮撫，賜誥印、冠帶、襲衣及鈔幣有差。　　己卯，<u>納里木河</u><u>女直</u>野人頭目<u>白百舍</u>等來朝。置<u>納木河</u>、<u>甫門河</u>二衛，<u>哈魯門山</u>千戶所，命<u>白百舍</u>等爲都指揮、千百戶，賜冠帶、襲衣及鈔幣有差。<u>實錄</u>。

　　二月丙戌朔，<u>女直</u>野人頭目<u>可成哥</u>等來朝。置<u>哥吉河</u>、<u>野木河</u>、<u>納剌吉河</u>、<u>亦里察河</u>、<u>答剌河</u>五衛，命<u>可成哥</u>等九十三人爲指揮、千百戶等官，賜誥印、冠帶、襲衣及鈔幣有差。乙巳，賜<u>黑龍江</u><u>鎮尖河</u>等處來朝<u>女直</u>野人、<u>韃靼</u>頭目萬戶<u>苦康哈</u>等宴於<u>會同舘</u>。　　癸丑，<u>女直</u>野人頭目<u>巴思答木咬納</u>等五人來朝。置<u>阿踢山</u>、<u>隨滿河</u>、<u>撒禿河</u>、<u>忽蘭山</u>、<u>古魯渾山</u>五衛，命<u>巴思答木咬納</u>等爲指揮僉事、鎮撫、千百戶，賜誥印、冠帶、襲衣及鈔幣有差。<u>實錄</u>。

　　三月己巳，<u>朝鮮實錄</u>書：禮曹參議<u>安魯生</u>回自京師，賫禮部咨文來。咨曰："該兵部於兵科抄出<u>建州衛</u>指揮<u>莽哥不花</u>奏：'<u>洪武</u>十九年間，有本處<u>楊哈剌</u>赴京，蒙除<u>三萬衛</u>百戶職事。<u>洪武</u>二十一年間，根指揮侯<u>史家奴</u>等，於<u>斡朵里</u>開設衙門。後因<u>三萬衛</u>復回<u>開原</u>立衛，起發人民之時，有百戶<u>楊哈剌</u>等，將帶家小，於<u>土門</u>地面一向寄住。<u>洪武</u>三十三年間，有<u>朝鮮國</u>萬戶<u>鎮矣咬納</u>等，前來起取本官連家小三十戶，在本國後門<u>阿漢</u>地面住坐，具奏取回。'兵部參看得，<u>楊哈剌</u>既係原除<u>三萬衛</u>百戶，合取回還本衛住坐。<u>永樂</u>四年十二月十二日早，兵部官於<u>奉天門</u>覆奏，奉聖旨：'是。欽此。'行移到部。照得<u>朝鮮國</u>見有使臣<u>安魯生</u>在京，合寫咨文就付使臣，賫往本國，取發前項人口回還<u>三萬衛</u>住坐。仍希發過人名口數，回咨施行。"

　　莽哥不花爲阿哈出少子，後授毛憐衞職，此時尚爲建
州衞指揮。以建州衞指揮而爲三萬衞爭還留住朝鮮人口，
知建州衞職官其時皆住開原。馬公三紀所謂"永樂末而後
原住開原之建州夷叛入毛憐，宣德間復招之使居建州老營
地"者也。在永樂間，因其部族爲建州，而授以建州衞職
名，初非後日建州之地。而爲明初原設三萬衞之地，楊哈
剌據稱爲本處人，即原爲建州人，於洪武十九年即赴京，
則早於阿哈出者甚久。其時未提及建州之設衞，但以將設
三萬衞，遂以爲百戶而屬三萬衞。三萬衞原設於斡朶里，
則正建州之地，而亦轄及元之開元路故城。其時本將取建
州故地，盡轄以三萬衞之指揮也。至三萬衞退設開原，楊
哈剌留住土門，即留住斡朶里故地。斡朶里固在土門江南
岸沿江地。鎖矣咬納一作崔咬納，又作崔也吾乃。洪武三
十三年，乃永樂時所稱之建文二年。

　　三月己巳，黑龍江等處女眞野人頭目早哈、虎失忽等百七
十人來朝貢馬。置考郎兀、亦速里河二衞，命早哈爲指揮使，
虎失忽等爲指揮僉事、鎮撫、千百戶，賜誥印、冠帶、襲衣及
鈔幣有差。　乙亥，卜魯丹河、穩勉赤、欽眞河、可木山等處
女直野人頭目管禿阿合木、哈喇不花等來朝。賜鈔幣襲衣。
實錄。
　　四月癸卯，朝鮮實錄書：遣判漢城府事偰眉壽如京師，咨
禮部曰："承准來咨，起取佟鎖魯阿家小事。於東北鏡城地面，
究問得女眞萬戶佟鎖魯阿等六戶家小，男婦共五十七口，內除
佟鎖魯阿子三甫等一十四口，於永樂四年八月間，先送建州衞
外，今將見在六戶四十三口，送建州衞完聚去訖。"　壬子，遣
左軍同知總制盧閏如京師，賀千秋也。咨禮部曰："承准來咨，

起取三萬衛百戶楊哈剌等家小事。准此。行據議政府狀啟，據東北面都巡問使朴信呈備：'鏡城等處萬戶崔咬納狀供：原係玄城附籍人氏。洪武五年，兀狄哈達乙麻赤到來玄城地面劫掠殺害，當有管下楊哈剌等，被兀狄哈攄掠前去，咬納將引原管人戶二十戶，前來本國吉州阿罕地面住坐，小心謹慎，防倭有功，欽奉國王委付鏡城等處萬戶職事。後於洪武二十三年，親往兀狄哈地面尋覓得楊哈剌等九戶，到來阿罕同住當差。今蒙朝廷起取，供乞施行。'得此具呈照驗，得此狀啟。據此，看詳楊哈喇等九戶，見於吉州阿罕地面，男婚女嫁，安業居生。參照來咨內萬戶鎖矣咬納起取楊哈剌，連家小三十戶，在本國阿罕地面住坐。今據崔咬納狀供，洪武二十三年到兀狄哈地面，尋覓得楊哈剌等九戶到來，事意蓋與來咨內戶數不同。又欽檢到聖朝戶律內一欸："逃避差役，其在洪武七年十月已前流移他郡，曾經付籍當差者勿論。欽此。'理合咨稟，聽候明降。"鎖矣咬納即崔咬納也。

八月辛丑，乞里山女直野人頭目哈剌等來朝貢馬。賜鈔及文綺襲衣。實錄。

九月丁巳，朝鮮實錄書：賀千秋使盧閈等還。閈至京師，詣禮部呈楊哈剌咨。又數日，有兵部武選清吏司郎中謂閈曰："你賫來的楊哈剌咨文事。該建州衛奏，洪武三十三年時分，那人每往你那地面去了；你那里却開道洪武二十三年。這人每，却是俺大國的人。俺堂上大人、禮部大人說你國家至誠，革除年間逃過去的人也都送過來了，正月辛巳來咨，尚有索取革除年間漫散到來之軍人全者遂等四千四百九十一名。四月癸卯去咨，即將此項軍人遣送回國。這些人有甚麼打緊？"又道："你那國家錯行移這咨。太祖上位當初立下的戶律內一款勾當，不是這意思。遼東的人走在浙江，浙江的人走在山東，就在那里附籍當差，不是說走在外國去的不問。”

九月丁巳，帖木者禿等處女直野人頭目恍可等來朝貢。賜之鈔幣。實錄。

十月戊戌，禿都、嘔罕阿等處女直野人頭目朵定哈禿里、必纏、阿剌兀者來朝貢馬。賜鈔幣。實錄。

十一月己卯，問者連之地女直野人頭目乃他木男吉察兀木哥禿等來朝。賜賚有差。實錄。

十二月庚寅，必里赤河等處女直野人頭目可魯、佟把都兒、李朵赤等來朝。賜之鈔幣。　壬辰，喜剌烏之地野人的升哥等來朝。置喜剌烏衛，命的升哥等爲指揮、千百戶，賜誥印、冠帶及襲衣、鈔幣有差。　癸卯，木興河，忽剌溫，松花江忽吉里、禿兒河，阮兀都山、黑龍江等處女直野人頭目沈江納兒等來朝。賜之襲衣。實錄。

六年，即朝鮮太宗八年，戊子(1408)

正月甲戌，女直野人頭目必纏等百六十人來朝。置禿都河、實山、忽里吉山、列門河、莫溫河、阮里河、察里禿山、嘔罕河八衛，命必纏等爲指揮、千百戶，賜誥印、冠帶、襲衣及鈔幣有差。　丁丑，遂花河女直野人頭目我卜魯等來朝貢馬。賜賚有差。實錄。

二月丙戌，朝鮮實錄書：欽差千戶陳敬、百戶李賓等齎禮部咨來。咨曰：“……一件，起取人民事。准兵部咨；先該建州衛指揮莽哥不花奏，有‘三萬衛百戶楊哈剌，洪武十九年將帶家小，於土門地面寄住。三十三年，朝鮮國萬戶鎖咬納等將本官連家小三十戶，起在阿罕地面住坐’等詞具奏，已行朝鮮國取發。今本國王咨，據鏡城等處萬戶崔咬納供：‘楊哈剌等，原係玄城附籍人氏，先被兀狄哈擄去。洪武二十三年，尋來阿罕地面同住當差，安業居生。’等因回咨。參照楊哈剌等，原係

三萬衛人數，難以准理，合行取發遼東都司三萬衛住坐，具奏
欽依。既是民不失業，軍不失伍，准他。還行文書與國王知
道。除欽遵外，合行知會。” 丙午，東北面察理使金承霆，進
建州衛指揮於虛出等所贈綺絹等物。於虛出段子、藍絹各一
匹，童猛哥帖木兒段子、黃絹各一匹，千戶於虛里鹿皮一領，
千戶夫乙居愁海獺皮一領；毛憐衛指揮甫乙好大鹿皮一領。察
理使上言：“此皆贈送於臣，臣不敢私受，謹一一封進。”命下
有司。

　　二月甲午，瑣郎哈眞河等處女直野人萬戶只兒木等來朝貢
馬。賜鈔幣有差。 丙申，女直野人頭目賈令哈、火禿等百六
十五人來朝。置弗朵禿河、斡蘭河、薛列河、希灘河、克默而
河、阿眞河、兀里奚山、撒叉河、阿者迷河、木忽剌河、欽眞
河、同寬山一十二衛。令賈令哈等爲指揮、千百戶、鎮撫，賜
印誥、冠帶、襲衣及鈔幣有差。 乙巳，忽剌溫倭魯兀、兀卜
山等處女直野人頭目傳四、達魯花赤伯塔木等百五十人來朝貢
馬。賜鈔幣有差。實錄。

　　三月己未，喜樂溫和、欽眞河等衛女直野人千戶喜省奇來
朝，自陳願居京師。贈襲衣綵幣，及牛羊、薪米、居宅。實
錄。 辛酉，忽的河、法胡河、卓兒河、滿剌河等處女直野人
頭目哈剌等來朝。遂并其地入建州衛，指揮、千百戶，賜冠
帶、襲衣及鈔幣有差。實錄。

　　　曰“并其地入建州衛”，則原非建州衛轄地也。元年設
　　建州衛時，即設衛經歷署。女直各衛惟奴兒干都司有經
　　歷，以其有屬衛，乃需有承轉文書之官。是當時早以升爲
　　都司期待之矣。合此文，皆見重視建州之意。後來設奴兒
　　干都司，轄女直各衛，建州遂僅爲各衛之較大者，此政策

之轉變也。無亦成祖始願不擬收奴兒干地與内地同？後向化者紛至，遂移其帥府於極北，以統女眞之全境耶？"指揮、千百戶"上當有脱文，蓋命哈剌等爲此官也。

丁卯，暖暖河等處女直野人頭目普速等百二十人來朝。置兀魯罕河、答罕山、木興河、益實、者帖列山、乞忽、剌魯、牙魯、發帖九衛。命普速等爲指揮、千戶，賜誥印、冠帶、襲衣及鈔幣有差。　壬申，戳兒河女直野人頭目忽失歹安等來朝。命忽失歹安爲福餘衛指揮僉事，安苦等爲千百戶鎮撫，賜鈔幣有差。實錄。

女眞頭目亦可爲兀良哈之福餘衛指揮僉事，其時明於屬夷之歸附授職，惟意所命，不甚問其種別。

四月戊子，兀者右等衛指揮使千百戶賈你等奏，願居遼東三萬等衛。從之，賜之鈔幣、襲衣、鞍馬。其居室什器、薪米、牛羊，命所在官司給之。自後願居邊衛者，賜予准此例。乙巳，札里河等處女直野人頭目順住等來朝。命爲考郎兀等衛千百戶，賜鈔幣有差。　丁未，女直野人頭目哥脱木兒等來朝，命爲木興衛指揮僉事、千百戶、鎮撫。　考郎兀等衛鎮撫牙失等奏，願入居遼東開原，從之，賜予如例。實錄。六月壬辰，朝鮮實錄書：參贊議政府事柳龍生賷禮部咨回自京師。咨曰：一件，人口事。兵部咨："該建州衛指揮使阿哈出等奏：有奚官萬戶府所屬察罕等一十三戶人民，朝鮮國將木答兀連妻子四口送回來了，有十二家不曾回還。具奏間，得本衛指揮莽哥不花等說稱，奚官萬戶府有人戶百十餘家，東甯衛指揮高塔海帖木兒招到數內頭目失加，赴京除授副千戶。察罕等十二戶，俱係失加同寨管的，因是失加除授回還，有朝鮮國王差把關兵馬，將失加家小同察罕一十二戶搬裏去訖。後有失加家小，永樂五年八月內到于建州，有察罕十二戶不曾來，委係失加所管人數。除具奏外，移咨到部。合行本國，取發建州衞住坐，仍將發過人數開報。"一件，給聚事。兵部咨："據建州衞指揮僉事馬完者呈，有各戶下人口，見在阿罕等處地面住坐，具呈搬取。除具達外，移咨到部。合行本國，照依開去男婦口數，起發建州衞完聚。仍將發過月日回報。今開：指揮僉事馬完者戶下男婦一十一口，見在几連地面住坐；六口，見在紅肯地面住坐；指揮僉事阿哈出戶下男婦二口，見在失里地面住坐。"

九月癸酉，能哥山野人頭目鎖羅等來朝貢馬。賜鈔幣有差。實錄。

十月庚寅，打捕女直頭目阿里帖木及兀蘭亦兒等衞指揮千百戶、鎮撫阿升哥等詣闕自陳，願居三萬衞，戍守自效。從之，賜予如例。實錄。

十一月戊申，乞答河女眞野人頭目乍里等來朝。設乞塔河衞，命乍里爲指揮僉事，餘爲千百戶鎮撫，賜予如例。己未，賜女直頭目乍里等宴。實錄。

七年，即朝鮮太宗九年，己丑(1409)

正月甲子，朝鮮實錄書：遣知議政府事偰眉壽如京師，賀聖節也，就賚移禮部咨二道而去。……其一曰："近准來咨，奚官萬戶府所屬察罕等十二戶，合行取發建州衞住坐，指揮僉事馬完者、阿合出戶下人口起發建州衞完聚。准此。行據議政府狀啟備，東北面都巡問使林整呈：'問得故察罕媳婦那難等供稱："洪武五年壬子，因那哈出到來女直地面鬨亂，那哈出即明史之納哈出，元丞相。根同萬殷實，向國出來，於慶源、定州、咸州等處附籍，安業當差。"又於各官地面及紅肯等處，究問馬完者及阿哈出等戶下男婦人口，並無咨內開來名字相同人氏。具呈得此狀啟。'據此。看詳上項事理，所據察罕等戶下人口，欽檢到聖朝戶律內一歁，節該：'凡民戶逃往鄰州縣躲避差役者，杖一百，發還原籍當差。其在洪武七年十月以前流移他郡，曾經附籍當差者勿論。'又欽蒙太祖高皇帝恩降聖旨：'不分化外，一視同仁。欽此。'參照上項，故察罕等戶下人氏，男婦共五十口，既於壬子年間流移本國准請十處地面，久安生業，附籍當差。如蒙奏達，伏望聖慈，特賜明降，仍使安業，一國幸甚。"

正月乙丑，賜割林河、奴兒干等處來歸野人萬戶等宴。實錄。

三月丁卯，葛林河上作割林河。等處女直野人頭目禿木里等官百一十人來朝。設葛林、把城、札河、忽石門、孔嶺、木吉坐、哥吉河、納剌吉河、忽兒海、木束河、好屯河十一衛，命禿木里等為各衛指揮、千百戶等官，賜誥印、冠帶、襲衣及鈔幣有差。實錄。

四月乙亥，札肥河等衛千戶禿魯忽等自陳，願於三萬衛及快活城居住。從之，賜予有差。上年五月甲寅，命於遼東自在、快活二城，設自在、安樂二州，每州置知州一員、吏目一員。六月乙酉，添設遼東自在、安樂二州同知、判官各一員。 丙戌，木束河衛指揮衆家奴、札肥河衛千戶阿不列等九人自陳，願於北京、遼東居住。許之，命如例給賜。 癸巳，奴兒干韃靼頭目忽賴冬奴等六十五人來朝。置伏里其、乞勒尼二衛，敷答河千戶所，命忽剌冬奴等為指揮、千百戶，賜誥印、冠帶、襲衣及鈔幣有差。實錄。

閏四月己酉，設奴兒干都指揮使司。初，頭目忽剌冬奴等來朝，已立衛。至是復奏其地衝要，宜立元帥府，故置都司，以東甯衛指揮康旺爲都指揮同知，千戶王肇舟等爲都指揮僉事，統屬其衆，歲貢海青等物，仍設狗站遞送。實錄。

奴兒干都司之設，實錄書於此時，會典則較後。總之，設官則在此時，蒞任則始終未有實事。紀載兩歧，正以事之無實耳。邊民來服，不急爲生聚教養及開闢之計，惟課以海青之貢，以縱禽荒。使太祖爲之，當不如是。得地而不以殖民，徒爲君主及奄人肆慾之地，宜其終於無成也。

戊午，女直野人頭目你即加等來朝。命爲乞忽衛指揮僉事，賜冠帶、誥命、襲衣。實錄。

五月乙酉，瓦剌、金河等處野人頭目塔失等二十三人來朝。改忽兒海衛爲弗提衛，以塔失等爲指揮、千百戶鎮撫，賜誥印、襲衣及鈔幣有差。實錄。

兵志："忽兒海衛，七年置。弗提衛，十一年置。"兩衛皆存，未改爲一名，各書皆同，與實錄異。

六月丁未，敷答河千戶所鎮撫弗理出、忽兒海衛所鎮撫火羅孫，皆自陳願居東甯衛。從之。　己未，置奴兒干都指揮使司經歷司經歷一員。實錄。

七月丁丑，建州衛指揮阿合出等來朝貢馬。賜賚有差。實錄。

癸巳，遼東自在、安樂二州韃官指揮賈你等來朝貢方物。賜鈔及襲衣。所貢物，悉厚酬之。實錄。賈你原爲兀者右衛指揮，入居遼東三萬衞在上年四月戊子。

八月戊午，愛和河站女直野人頭目乞塔納等爲指揮、千百戶，以其來朝，設愛河、把河二衞以處之。 克默而河等衞頭目阿剌答出等九十四人來朝，命爲指揮等官，賜誥印、冠帶、襲衣及鈔幣有差。實錄。

九月己卯，禾屯吉河等處女直野人粉甫等來朝。設禾屯吉、失里木二衞，命粉甫等爲指揮、千百戶鎮撫。兀者衞所舉頭目卜也哈等來朝。命爲指揮等官，賜誥印、冠帶、襲衣及鈔幣有差。實錄。

十月庚子，女直野人頭目也力哈等來朝。設阿倫衞，命也方哈“方”上作“力”，必有一誤。爲指揮僉事，歹羊哈爲千百戶鎮撫，賜誥印、冠帶、襲衣及鈔幣有差。 癸卯，女直野人頭目官音扒在清代當譯作觀音保。等來朝。設塔麻速衞，命官音扒等二十一人爲指揮、千戶所，賜誥印、冠帶、襲衣及鈔幣有差。

癸丑，嘔罕河等衞舉送女直野人頭目阿不哈等三十九人來朝，請授之職。命爲指揮、千百戶等官，賜鈔幣、冠帶、襲衣。 戊午，札肥河衞舉送女直野人頭目學剌罕等來朝，請命以官。遂授指揮等職，賜鈔幣、冠帶、襲衣。 乙丑，虎也木等處女直野人頭目撒禿兀等來朝。命爲乞勒尼衞指揮、千百戶，賜冠帶、襲衣及鈔幣有差。實錄。

明盛時，招撫之策如此，以官職爲歆動遠夷之具。受官回衞，無俸給之煩，時以爲樂得爲之；若願居內地，更有田宅及俸給，亦且在所不吝。其後兩皆難繼，在京者至受嗾作亂；回衞者以受一敕書，增一分貢賞，貢使人數至不受限制，供應不貲，人衆騷擾，回賜之優，以貢爲市，給之則受累，靳之則生釁。其源皆起於永樂朝。後世以殖邊爲利，古時以開邊爲害，情勢如此。

十二月丙寅，朝鮮實錄書：建州衞指揮童猛帖木兒遣使來獻禮物。上命厚待之。

八年，即朝鮮太宗十年，庚寅(1410)

正月丁丑，朝鮮實錄書：建州衞指揮猛哥帖木兒遣使獻土物。　癸巳，兀良哈毛憐衞指揮寶乙者、千戶吾哈主等九人來獻土物。

二月庚子，朝鮮實錄書：兀狄哈金文乃、葛多介等，結吾都里兀良哈甲兵三百餘騎寇慶源府，兵馬使韓興寶與戰，敗死。毛憐衞指揮甫乙吾使人謂興寶曰：“聞諸建州衞指揮阿古車云，將有賊兵侵慶源，宜預知備禦。”興寶不之信。翌日黎明，賊兵已至城外，興寶倉黃帥戍兵百人出戰。興寶所騎馬中矢而斃，興寶中三矢，僅得入城，三日而死。官軍死者十五人，馬死者五匹。賊遂圍木柵，不克，焚柵外廬舍蓄積殆盡。

丁未，命吉州察理使趙涓往伐兀狄哈。東北面兵馬都節制使延嗣宗馳報韓興寶敗死之狀，上驚駭，以爲興寶爲國戰亡，賻米豆四十石、紙百卷，命歸葬。上欲討兀狄哈，悉召曾守慶源者問方略。趙英茂等啟曰：“今兀狄哈等無故入寇，殺邊將，釋此不討，彼無所懲。波乙所指揮，亦兀狄哈之別種也，居中兩投，亦當並滅。請令吉州道察理使調其道兵馬一千以往，則可一舉而滅之也。”上然之，以大護軍朴楣爲敬差官，如慶源體探事變，命回還之日，率接戰時軍中穎悟者一人以來。以僉總制郭承祐爲慶源鎭兵馬使，行司直安乙貴爲慶源鎭左右翼都千戶，令馳驛赴鎭。上又命議政府議之。河崙、成石璘對曰：“蕞爾山寇，勝之不武。且此寇本鼠竊狗偷，非欲抗大軍。臣等恐師至其境，即逃竄山谷，師退則復來侵擾，徒勞王師，而啟後日之邊釁也。”趙英茂、柳亮等啟曰：“小寇敢肆毒于我境，不以此時往殄滅之，即無以示武也。且非止此寇而已，吾都里兀良哈雜種，亦無所懼矣。不如一舉而滅之。”上從英茂等之議，使趙涓爲主將，前都節制使辛有定、前同知總制金重寶爲東北面助戰節制使，有定以下皆受涓節度。有定家貧，故令議政府量給米豆以養家屬，又賜襲衣、弓矢以遣之。上謂宰相等曰：“慶源但德、安二陵在耳。遷陵古亦有之，遷陵廢郡，退守鏡城，何如？”皆曰可。乃命議政府擬議陵守奉遷便否以聞。

朝鮮於慶源廢郡退守之議始此。郡廢而肇祖回舊居，明遂就其地以建州左衛名之。以地在建州衛之左，從而爲名，非先定衛名以授之，故實錄於建州左衛並無設立之年。漸由建州衛分別成此名，其變轉之迹可考也。慶源未廢，肇祖先回。自慶源兵馬使之敗死，已生心矣。

己未，朝鮮實錄書：命發青州軍馬一百五十，以濟北征之師。始韓興寶既死，猛哥帖木兒聲言捕賊，率兵到慶源，宿所多老。翼日宿吾農草，遣千戶金希周謂趙涓曰：“今來入侵兀狄哈，乃探州葛多介、具州金文乃等也。若不追捕，深處數多賊人，並生輕易之心，不無頻頻入侵之患。察理使須領兵馬追逐，吾當同力助戰。”涓乃使希周復歸童指揮之所。童指揮謂希周曰：“察理使如有追捕之心，則潛師入來，以慶源築城爲名，且使人潛通於我，則我領兵同行，出賊不意而掩襲之。”童指揮之弟於虛里亦曰：“草木茂盛，則捕賊爲難，宜速行兵。若朝鮮出鐵騎四百，我等以二百騎會，則可以勝戰。”涓以報都尋問使林整，整以聞，且使希周詣闕告狀。上召議政府舍人趙啟生曰：“童指揮若誠心助我，則固可喜也。或與賊人相結，而爲

此言以誘我，亦未可知。所以對之之辭，務盡事情，集議以
聞。"領議政府事河崙以爲："自古越險攻敵，罕能成功。今自
慶源至彼敵人之境，經數百里，道路之間，必有險阻，然則我
反爲制於人。賊之强弱衆寡，臣所不知。意其介居山谷，合散
不時，或邀於險阻，或起於夜半，出人不意來攻，則恐大軍之
見挫於小醜，悔之無及。不若堅壁固守，待其來而應之也。"左
政丞成石璘以爲："往討之計已定，不可中變，宜亟進兵。縱
不能翦滅渠魁，但令蹂躪賊巢，燔燒廬帳而還可矣。"右政丞趙
英茂以爲："童指揮消息之勢，疑已與彼賊同謀。請按兵不動，
待四月草長，出其不意，輕行掩襲，可以得志。"啟生以三議
啟，上是石璘之策，且曰："賊已知我往征，不可輕舉，乃有
是命。"李天祐啟曰："今討兀狄哈，三相之議不同，如之何?"
上曰："策已定矣，何復爲異論！宜令趙涓退師吉州，其在慶
源之軍，聲言修築城堡，待彼懈而弛備，以三月晦四月初，即
出兵掩擊。"遂遣鎮府于趙涓，授以事機。金希周來見，命之
曰："兀狄哈向天子不忠，今又無故侵我邊疆，罪當討捕。然
蕞爾頑凶，何足數乎，故置而不問。今童指揮既欲出兵追討，
又送人於我，欲爲嚮導，誠欵可嘉。"賜希周衣冠及靴。　壬
戌，遣上護軍李和美、檢校漢城尹崔也吾乃如建州衛，賜童猛
哥帖木兒苧麻布各十四、清酒二十瓶，觀其意也。　癸亥，以
大護軍黃碩中爲東北面敬差官，遣酒饌于童猛哥帖木兒。

　　朝鮮李氏，起于東北，慶源以其祖墳所在而得名，斡
朶里即在其地。高麗既收其地，附其地之女眞遂爲所屬。
肇祖由此入明，仍留諸弟襲其在朝鮮之職以居之。至是，
回慶源，仍回其故居耳。朝鮮期望頗厚，入肇祖之術中
矣。但肇祖亦非敢爲兀狄哈助逆，特因利乘便耳，故於兵

事亦未牽掣。

二月戊戌朔，<u>女直野人那溪</u>等來朝。設<u>甫兒河</u>、<u>使坊河</u>、<u>亦麻河</u>三衛，命<u>那溪</u>等十九人爲指揮等官，賜誥印、冠帶、襲衣及鈔幣有差。　乙巳，<u>法因何</u>等處野人頭目<u>禿剌</u>等來朝。設<u>因河</u>、<u>兀應河</u>、<u>古木河</u>三衛。實錄。

三月丁卯朔，<u>朝鮮實錄</u>書：遣中軍護軍<u>田興</u>于東北面，賚宣醞往，慰北伐將帥也；仍傳旨曰："賊奔則追之，不過一二日程；若竄伏不退者，窮搜以捕。"　壬申，<u>吉州</u>道察理使<u>趙涓</u>，率兵過<u>豆萬江</u>，助戰節制使<u>辛有定</u>、<u>金重寶</u>，<u>慶源</u>兵馬使<u>郭承祐</u>從之。　乙亥，<u>吉州</u>道察理使<u>趙涓</u>等至<u>豆門</u>，誘殺<u>毛憐</u>指揮<u>把兒遜</u>、<u>阿古車</u>、<u>著和</u>，千戶下<u>乙主</u>等四人，縱兵殲其部族數百人，燔燒廬舍而還；生擒男一名、女二十六名，及將士所獲人口，男女并若干人。於是<u>趙涓</u>以捷音報議政府曰："<u>涓</u>於二月二十九日，與<u>辛有定</u>、<u>金重寶</u>、<u>郭承祐</u>，率領軍馬一千一百五十名發<u>吉州</u>，至二月初六日，到<u>吾音會童猛哥帖木兒</u>在處，獲<u>童巾接</u>"接"字爲<u>朝鮮</u>文義，猶言住近。<u>兀良哈</u>指揮<u>阿亂</u>孫子<u>加時仇</u>。問得<u>慶源</u>入侵賊黨，乃<u>具州</u>接<u>兀狄哈</u><u>金文乃</u>、<u>葛多介</u>、<u>將老</u>、<u>多非乃</u>，及<u>童</u>指揮管下<u>安春</u>、<u>喫里</u>等數十名，<u>豆門</u>接<u>甫乙吾</u>管下<u>崔哈兒不花</u>等也。又聞<u>童</u>指揮聲言助戰，領兵至<u>慶源</u>所<u>多老</u>，掠取各戶家財牛馬。<u>甫乙吾</u>托以謁見察理使，多率徒衆，經過所<u>多老</u>，恣行搶奪。初九日，至<u>兀良哈</u>指揮<u>阿古車</u>居處<u>豆門</u>，獲<u>加時仇</u>兄<u>哈兒非</u>。問得<u>葛多介</u>、<u>金文乃</u>，當初同至大父<u>阿亂</u>處，與<u>甫乙吾</u>、<u>阿古車</u>、<u>著和</u>等管下，同議入侵。其<u>具州</u><u>葛多介</u>等賊類，本是五戶，<u>童</u>指揮使人告以<u>朝鮮</u>行兵問罪，曾已逃匿<u>騎山</u>。"騎"字爲<u>朝鮮</u>文義，"騎山"猶"跨山"。船與馬亦同稱騎。竊謂<u>兀狄哈</u>、<u>兀良哈</u>、<u>吾都里女眞</u>，男女相婚，並是族類，互相主謀，羣聚爲盜，擅入邊境，掠奪牛馬，殺傷人物，至乃擅開國庫，爲害已甚。童猛哥帖木兒，初稱同力捕賊，明爲期會，今則傳通東良北人，領兵退屯，阿古車、把兒遜、著和及下乙主等，及管下軍人一百六十名捕斬。其金文乃等，初非首謀，亦已逃竄。累日程途，難以進兵，已於慶源府所多老退屯待命。"及報至，上曰："指揮等皆受中朝職事，今而擅殺，是生釁於上國也，宜速奏聞。其生擒人口，悉令推刷還本。"

把兒遜先與肇祖均僞示不肯歸明，旣而從肇祖之後，受毛憐衞職。事隔三四年，遂爲戎首，爲朝鮮所戮。其時毛憐衞地在圖門江北，後至宣德以後，皆在鴨綠江西。蓋始居朝鮮東北，後乃在朝鮮西南。把兒遜見戮，而毛憐遂歸納哈出次子猛哥不花，事詳下。

壬午，朝鮮實錄書：遣大護軍張大有賜毛憐衞指揮把兒遜、建州衞指揮甫乙吾，酒各二十瓶、苧麻布各十匹；毛憐衞千戶升尙、金庸，苧麻布各一匹，賞其先告賊變也。時趙涓捷報未至。　議政府啟："金文乃、葛多介，或受中朝官爵，請移咨遼東，然後伐之。"上曰："金文乃等受職於朝廷，我國所不知，況邊境之寇，察理使以邊將自伐之，不必通諭也。成政丞明日當來，來則更議之。"　戊子，議政府啟東北面區處事宜：(一)請增慶源鎮戍兵數百。(二)出征將帥，乘勝欲圖猛哥帖木兒。然已緩，彼且必有備，當農月不可再出，請放散軍兵，召還將帥。(三)生擒孛兀兒等三人，囚于青州。若孛兀兒，宜及彼人未知生死之前速誅之。其金庸、升尙二人，轉致王京鞫問，徐議處置。上皆從之。乃命慶源鎮加置師旅，嚴整備患。　辛卯，遣中軍總制李玄如京師，奏本曰："議政府狀啟：'據東北面吉州察理使趙涓呈："二月初四日，有賊軍突入慶源府，殺死兵馬使韓興寶及軍士一十五名，搶奪牛馬錢穀回去。卑職欲行追捕間，有慶源接境毛憐衛指揮兀良哈把兒遜、著和等遣人通云：'遠處山谷間散住兀狄哈，前來慶源府作賊回去。'又有建州衛指揮吾都里猛哥帖木兒遣人通書，稱云：'若欲追捕前賊，我亦領兵同捕。'卑職隨即領兵追捕上項賊黨。行至豆門，猛哥帖木兒托故不進。要路有伏兵，起發挾攻，互相擊射，彼我軍士殺傷數多。不意把兒遜、阿古車、著和、下乙主等，乃與兀狄哈等通謀作賊，設計伏兵，邀擊我軍，以致中傷身死。呈乞照驗。"得此狀啟，參照兀良哈吾都里等地面，接連本國地境。今來把兒遜等，與兀狄哈同謀，殺害邊將軍民，今又伏兵邀擊，反致中傷身死。'切詳上項把兒遜等，曾受朝廷職事，不勝惶恐，理合奏聞。尚慮兀良哈吾都里連生邊釁不便，伏望聖慈明降禁約，一國幸甚。"　壬辰，召趙涓還。議政府啟："趙涓所擄甫乙吾，若放還，則入其故里，積尸蔽野，屋廬燒盡，妻子朋友皆已死亡，雖一宿一飯亦無所寄，怨極于天，必告諸天子，誓死復讐矣。不若托以與升尙、金庸逃走殺之。豆門之戰，趙涓等執吾都里哈兒非、加時仇，問以賊變，遂並殺之。二人，皆童猛哥管下指揮阿亂之孫也。猛哥由是怒甚，謀入寇。"上乃以延嗣宗代趙涓。政府請遣田興於童猛哥帖木兒，賜以宣醞，諭之曰："此兵之舉，非國家之命，實邊將之擅興。國家已使延嗣宗代涓，召涓赴京，欲治擅興濫殺之罪。"則猛哥之怒稍解，而後日朝廷之詰問，亦可對也。上曰："政府合議，須依而爲之。惟送酒諭童指揮一事，有何所因，恐無言可執；不若使田興只呼趙涓而來，漸使童指揮知之。"乃以田興爲敬差官而送。

　　三月戊辰，葛稱哥野人頭目斜稱哥等來朝。設葛稱哥衛，命斜稱哥等爲指揮、千百戶鎮撫，賜誥印、冠帶、襲衣及鈔幣有差。實錄。

　　四月辛丑，朝鮮實錄書：童猛哥帖木兒寇北邊。帖木兒弟於虛里與吾都里仇老甫也等，結毛憐遺種，合步騎百五十餘人，至慶源雍丘站，殺擄男女二十二名、馬十匹、牛八頭而去。是後又有賊二十餘名，隱於鏡城富珍汀，邀殺慶源鎮撫權乙生等十五名。又有一百餘名，侵時原站。林整飛報："賊兵爲寇不止。時原等處，人皆騎山避寇，道路不通，慶源兩陵朔望奠物，與兵馬使廩給，未及輸送。賊人相續侵掠，故富家站以北，不耕一畝，皆有離心。"　壬寅，遣人於慶源府，迎朝廷公差張小旗等五人以來。東北面都巡問使林整啟："據慶源兵馬使呈：本年三月二十二日，有大明公差小旗張五十六、羅仁保等五人，連名狀稱：'去戊子年三月十四日，皇帝遣總旗揚失里吉及我等六人賫敕諭，招安朝鮮近境海邊兀里因接，骨看兀狄哈甫彼、劉明可河，毛憐接亐末應巨等。十一月十三日，到希拉溫衛，明作喜樂溫。逢見兀狄哈指揮豆稱介，問前頭甫彼等人去處。時有曾人朝病死阿知于羅等人親弟趙籠介等，疑其兄死，乃射殺揚失里吉，次欲害及我等。我等騎山到來府東村朱毛端里，乞食資生。前年十二月二十九日，豆稱介等跡至欲加害，奪我騎馬三匹。上項吾都里兀良哈既背大明，亦侵貴國，作賊遮路，必使我等不得還朝，衣食乏絕，無可奈何。願轉聞殿下，使還本國。'"上覽之，即遣議政府知印柳盤，給雙馬倍道馳至，謂小旗等曰："我國未知官人到境上寄食民戶，今都巡問使以聞，殿下驚恐，即命我往迎。敬此，不分晝夜而來，又命沿途各官精備供億。"上曰："今聞張五十六等六人，奉聖旨招安兀良哈，至其境，則射殺上官一人，其餘五人無所

歸，來投我境。此賊既反上國，又侵我疆，今之往伐，上國有
何辭焉！待五人至，賞賜厚待，送還上國可也。"

　　朝鮮所討者與兀狄哈勾通作賊之毛憐衛，明使所遭劫
殺者，亦稱吾都里兀良哈。而朝鮮以爲誅討毛憐，本慮上
國詰責，今有劫殺之事，上國可以無辭，則劫殺者亦即毛
憐夷。毛憐夷亦可稱吾都里兀良哈，其始把兒遜之視肇祖
爲進止，固知其種族之相近，而吾都里即斡朶里，固亦可
同稱兀良哈也。

　　丁未，朝鮮實錄書：中軍護軍田興回自吉州。興啓曰：
"今月初五日，童猛哥帖木兒使其管下千戶李大豆至青州，謂
察理使延嗣宗曰：'若還所擄男女，則吾將俾還本土，各安其
所，然後詣朝鮮肅拜，倘予有故，遣子以謝。'嗣宗如其言，皆
遣還。"先是，趙涓欲使崔也吾乃遣還俘口，也吾乃未發而大豆
適至，故也吾乃不行。嗣宗問大豆以敵情，大豆曰："初，愁
州著和弟之大祿時，來告於童指揮曰：'著和與豆門接阿古車、
伐時溫接把兒遜等相議曰：吾等各率麾下，佯從察理使往征具
州，使時應巾接高里寶里、加下羅接加羅，童巾接下乙主，東
良北接他時阿，之郎貴接伐乙所等，各率其軍而後至。當朝鮮
攻金文乃、葛多介、非乃、毛當介、將老之時，使我爲先鋒，
與金文乃等合兵攻其前，使高里寶里截其後，則朝鮮之軍必至
於敗矣。察理使先事掩擊，大有殺獲，此天之使然歟，抑朝鮮
之威靈有所見聞而知歟？'遂大痛哭。"大豆又言著和等見伐之
狀，指揮時未奏聞。田興曰："吾聞童指揮之子，與把兒遜子
偕如京師，如何諱之？"大豆曰："把兒遜之子尙未收葬其父屍，
何暇朝京奏聞乎？"

著和亦爲毛憐衛指揮，與阿古車及把兒遜爲同衛。阿古車之居，接近豆門；把兒遜之居，接近伐時溫。其上冠以愁州，則女眞之愁州，即明初之毛憐衛地也。高里寶里等約使後至，此數酋蓋亦毛憐衛酋。據肇祖所使之千戶李大豆述之大祿時爲著和之弟，其來告肇祖之言，盡情無隱，是已承認女眞同種之同謀矣。此時肇祖已有子可以如京師奏事，可以遣至朝鮮代爲肅拜，則其年齡必已長成。時尚在永樂八年，肇祖之年已不甚少。而二十餘年後肇祖父子俱死兀狄哈之難，知肇祖年事已高，即其子亦已四五十以上矣。愁州，據朝鮮地理志，即咸吉道之鍾城，則亦朝鮮境內切近斡木河之地。

己酉，朝鮮實錄書：兀狄哈寇慶源府，兵馬使郭承祐與戰敗績。丁未，有賊三十餘騎，登慶源阿吾知南山，以示我軍。戊申，賊步騎五十餘，登於汝火山上俯瞰城中，徜徉不下，欲致官軍。己酉昧爽，都千戶安乙貴，率五十騎覘賊。晡時，邏卒來告曰："賊數十騎於阿吾知洞裏乍出，還騎山矣。"兵馬使郭承祐，即率數百騎追之。賊數騎遇官軍佯北，承祐逐之。既入洞，賊伏兵四合猝擊，官軍大敗，死者七十三人，傷者五十二人，戰馬百二十匹，及兵甲二十四部，皆爲賊所奪。承祐亦中矢，率三十餘騎潰圍而出，入保阿吾知木柵。乙貴遇賊亦敗，只以十餘騎入城。賊衆數百隨至而圍之。童猛哥帖木兒亦至，問承祐存沒，且曰："吾都里指揮殺之何罪？"承祐出語之曰："彼負國恩，來殺興寶故也。我殿下謂汝可信，汝何同來作賊乎？"以片箭射之，賊乃解去。居民死者二十九人，被擄者十二人。賊皆有父母妻子之讐，冒死而戰，而承祐恃勇無謀，故敗。賊退之後，遣人跡之，賊燒戰死之屍者四十八處。野人

之俗，凡有戰死者必燒之，歸其骨於父母妻子云。　辛亥，吉
州察理使延嗣宗，發青州兵三百救慶源府，次于龍城歧。　趙
涓還自吉州，入見。上曰：“兀良哈等又侵我邊鄙，殺害人物，
宜具情狀奏於朝廷。”仍問大臣曰：“若此，則未知皇帝對之如
何，將曰朕將制之乎，汝國便宜處置乎？若曰便宜制置，則是
帝心不肯，託言以觀吾所爲如何耳。今奏本，但具錄事狀，不
可謂欲行報復，又不可謂待朝廷之命也。或賊又來侵，當不待
帝命，利用禦之。”河崙、成石璘、趙英茂等皆曰：“唯唯！臣
等未知帝意，然帝豈曰朕將制之乎？”上曰：“宜速奏聞。李玄
旣奏聞於前，又遣人繼奏於後，則帝亦信其賊黨相繼而侵也。”
李膺進曰：“皇帝若曰汝勿報復，朕將制之，則於我國實爲未
便，無乃直啟以報復之意。”上曰：“未可。前此旣不奏聞而行
兵，今又奏請如此，可乎？”上又曰：“吉州飛報。有於虛里者
同來，即童指揮之弟也，然則童指揮之黨必同來作賊矣。伊誰
明見於虛里乎？”英茂對曰：“延嗣宗報，豈不實哉！童指揮與
謀明矣。”趙涓曰：“賊兵數至百五六十，則把兒遜之遺種不如
是之多也，必童指揮、把兒遜等之管下捲土而來也。”上曰：
“然。”又曰：“慶源置府，爲陵室也。彼賊必世爲邊警，予欲遷
陵而移府，然則彼賊胡爲來哉！”羣臣皆唯唯。膺曰：“然則無
乃彼有蠶食之漸，我有削土之恥哉？”上曰：“不然。每於春秋
往逐之，則彼自不得耕穫矣，何憂乎削土！”膺對曰：“與其遷
陵移府而每歲往逐，不若固守而禦之。”上曰：“不然。毋以爲
慮。”議者皆非膺，獨金漢老議與膺同。石璘又啟曰：“若厚待
張五十六等遣還，可得其心，而因以達彼賊之惡於天聰矣。”上
然之。

是時吾都里之實力甚微，以把兒遜之種，合肇祖之管

下，乃可得百五六十之數。此其所以易制。遷陵移府之議
更迫，遂啟建州移衛之心。無故棄地，總之爲失計也。

甲寅，朝鮮實錄書：召趙英茂、李天祐、黃喜等至便殿，
議禦賊之策，以林整報郭承祐敗狀也。　己未，命僉總制盧原
湜爲慶源助戰兵馬使，率慶源、鏡城、吉州、端州、青州人爲
甲士者百五十人赴防。賜原湜廐馬、弓矢以遣。初，上謂大臣
曰：“慶源之事，何更無報歟，無乃陷沒乎？”對曰：“城必不
陷，此賊前攻韓興寶之時，祇以木箭燭火射城中，城中人隨拾
隨滅，得以不陷。其技止此耳，安能陷城！”上曰：“此賊但恃
弓矢而無他術，諸卿之議或然矣。若城陷，則飛報必速。”且
曰：“吾聞鏡城兵馬使金乙和善修城堡，且治軍士，可以保
守。”柳亮對曰：“臣知其爲人勤儉可用。”上又問乙和才藝，亮
曰：“能於騎射，但不識字，且戇。”上曰：“郭承祐見敗者，亦
以有才而不識字，未嘗諳練故事也。”至是，都巡問使林整啟：
“向者賊兵入寇慶源，進而圍城，至夜乃退。翼日又圍城，不
克而退，伏兵山谷。賊謀可畏，軍馬不敢出城外，芻豆俱盡，
乞加發軍兵救援。”故有是命。　命議政府賜賻戰亡人，復其
戶。韓興寶既死，慶源之民畏賊，不能安業，郭承祐率其民去
蘇多老城，退保阿吾知木栅自固。及承祐敗北，民益畏懼，未
敢出原野畜牧耕稼；咸願避狄于龍城之地。林整、延嗣宗以
啟。議政府啟曰：“慶源居民移置鏡城，則勢若怯懦，賊益興
矣。況初設府，專爲守陵室，而亦屏捍國家也。今乃漸退其
民，則後日將何以還入乎？且以地圖考之，蘇多老去二陵九十
里，阿吾知三十餘里，其於守護陵室甚合。其地品雖不多，蘇
多老之沃饒，抑又次焉。以待敵言之，則蘇多老四面受敵，救
兵亦不易至。若阿吾知，則有險阻可依，前後救兵有相及之

勢，軍民將有致死之理。仍置其民，使盧原湜率兵據此，與郭
承祐固守吉州，民事則權令判官掌之。延嗣宗入鏡城，同兵馬
使金乙和守之，則慶源之民頗多蘇息，雖農業不實，慶源之民
猶可及種晚粟、大豆。爲慶源計，不出乎此。郭承祐雖敗軍，
傳曰‘寡固不可以敵衆’，非承祐孰能如比，身傷馬斃，潰圍而
出。臣等以爲送宣醞、馬匹慰之可矣。”上曰：“慶源之計，政
府之啟得矣。承祐之功，則雖政府不言，予固知之。欲賜以戰
馬，將軍馬死而賜之馬，身傷而送酒救療，可矣。然名爲敗
績，而特賜宣醞，於法何如？更議以聞。”政府使金孝孫啟曰：
“上教允合。”上曰：“宜速差人傳旨，乃令議政府知印韓宗會，
賜郭承祐酒及藥。”且曰：“馬則路遠不可授，汝馳去。明日當
授盧原湜以遣，汝其不分星夜馳往，諭以予意。”議政府啟曰：
“慶源將卒，與兀狄哈接戰敗績，其間事狀不可盡信，請遣朝
士一人，軍卒死傷被奪之數、人民耕種便否，詳察而來。”上
曰：“然。”遂以上護軍尹夏爲東面敬差官，令空其城，只留軍
士。　辛酉，遣司譯院直長金有珍管押張五十六等如遼東。張
五十六等初至，命各賜衣服靴。五十六等俱詣闕謝恩，上命安
騰傳旨曰：“王人羈旅之苦，殊不知也。予三年未終制，陪臣
朝賀猶不受，況於王人，敢受其拜？”對曰：“某等蒙恩至重，
誠欲叩頭，然惟命是從。”乃使戶曹參議吳眞，與中官置酒于西
上廂慰之。至是，又詣闕欲拜辭。上辭，且曰：“予欲面話，
當喪未可接賓客，故未敢耳。”五十六等曰：“我等不死於賊而
得還，殿下之恩也，敢不叩頭。”安騰止之。　甲子，命移慶源
府于鏡城。延嗣宗上書曰：“今月二十四日，慶源千戶安乙貴
呈稱：遣通事崔龍守覘賊形勢。吾都里則領兵，於仇老家近地
屯駐，造防牌，且潛使軍馬聚於深處，或百餘人，或五十餘
人。甫也之子土穩，則率五十餘人，橫行於雍丘站要路檜峴等

處哨馬，煙氣相望。慶源四面爲賊所圍，城中糧儲皆已虛竭，軍民乏食，不得樵牧，牛馬飢困，願於鏡城移排，以活人命。"上覽之，謂知申事安騰、左代言金汝知曰："慶源移置，予計已定，胡爲多談，至今猶豫乎？亟命遷之。"

慶源決遷於此。自是肇祖遂得分設建州左衛。至衛設而後朝鮮大驚。易世而後，幸肇祖有七姓野人之難，乃得其子弟遠離鮮境。當其圍困慶源，或肇祖已有藉朝命進取之計畫矣。既知吾都里之武力不足畏，何自怯如此！

是日，朝鮮實錄書：遣前恭安府尹朴惇之如京師奏本，曰："議政府狀啟，據東北面都巡問使林整呈備：吉州道察理使延嗣宗等牒呈，永樂八年四月初九日，據慶源鎮府王庭狀呈：'本月初四日，有蘇州賊人所訖剌與親弟加乙土等五十餘名，於山谷間潛來本府地面劫掠，即將民戶男女共五名、耕牛二隻射殺，搶奪馬三匹前去。本月初五日，有吾都里童猛哥帖木兒親弟於虛里，與仇老男者剌老等一百五十餘名，潛來本府雍丘站刬掠，放火燒毀房舍，射殺男女共一十七名及牛八隻，又將男女五名、馬十匹搶奪前去。'得此。本月十二日，有吉州居住金添祐告稱：'本月初十日，因覷親姪慶源留防軍金洵，路經富珍汀，有賊軍二十餘名潛伏路邊放箭，射死同行鎮撫權乙生及軍人等一十五名，告乞施行。'得此。十月十七日，慶源千戶安乙貴狀呈：'本月十三日辰時，有吾都里仇老、甫也、失家甫里哈剌末乙彥、仇里老達音般老也厮禿、金文乃、葛多介等，率領一千餘兵，前來本府阿吾知城北，鬨擾作亂，將兵馬使郭承祐左腿射傷，鎮撫金玉、鄭賢等及伴黨軍人共七十三名，盡被殺害。又鎮撫金呂生、朴彥貴等軍人五十二名中傷，生死未知。彼軍或戰或退，賊謀難測。'參照兀良哈、吾都里兀狄哈等類，鄰接小邦，連連結黨侵犯邊境，殺害軍民，刮掠財物，搶奪牛馬。除先差人奏達外，今來益加騷擾，致使邊鄙不甯。爲此謹具奏聞。"

四月己未，兀里奚山等衛女直野人頭目塔因哥、撒因加等六十四人來朝。皇太子命爲指揮、千百戶，賜鈔幣有差。是時帝北征，皇太子監國，故以皇太子命行之。實錄。

五月辛卯朔，朝鮮實錄書：童猛哥帖木兒遣李大豆來曰："著和、把兒遜管下侵慶源之時，予亦同來者，爲其所逼，勢不得已耳，非予本心。今棄舊土而從遐域，人多地窄，生理良艱。願殿下使通曉言語若金同介者來諭，予當遣子入朝，還我舊土矣。"上曰："大豆且厚待之。"東北面察理使亦啟："骨看兀狄哈豆稱介不與賊同謀，而入於海島，往往使人於慶源以通其情。金同介本骨看兀狄哈之種也，請遣之招安。"上許之。猛哥帖木兒貽書吉州察理使延嗣宗曰："久隔未見，今聞來鎮，喜甚。前察理使率國家大軍，本爲制正野人兀良哈金文乃、葛多介等作賊人，托以道遠，不肯直指其地，却於中路，將毛憐衛掌印官員百姓盡行殺害。今被殺害人父兄子弟之遺在者，逼迫我云：'指揮若不去向朝鮮，則指揮必與朝鮮通書定計，欲挾攻我輩審矣。'予亦不得退避，且提兵迎留上項毛憐衛死亡遺種，已先至阿吾知地面，予乃領兵隨至，禁其侵掠。本欲率領還歸，慶源軍馬到來接戰，兩相殺害。毛憐遺種欲將慶源官家破毀，家屬錢物牛馬並皆奪取，以快其忿。予誘之曰：'予已使人詣朝鮮，請將擄掠人口放還，莫如退軍各還舊居。'及李大豆還，言前察理使，國家議罪拿歸，今好察理使到界，欲修舊好。更使李大豆前往，若盡還擄掠人口，使彼我人口依舊居生，則此實係令公聲譽美事。予謂此事莫如寢息；儻連釁不已，數多種類作賊擾邊，視聽非祥。惟斟酌施行。"李大豆之還，仔細報道，於虛里亦移書嗣宗，大略如大豆之言，且列書吾都里被擄者三十人名，甫乙吾管下被擄者七人之名，曰："儻不死亡，乞賜放還。"且求妻弟之子都好、仇老等。嗣宗以其書聞。上謂代言曰："大豆何爲而來哉？童猛哥帖木兒自言：'慶源之役，予雖與焉，非本意也。'其果然歟？無乃托此誘我，以爲自安之計乎？外似求和，心欲誘我，因來覘我國事變乎？"對曰："其言攻慶源非本心，特詐耳。臣等意甚欲覘我，而爲自安之計也。賊謀幽深，未可知也。"議政府啟曰："童猛哥帖木兒遣李大豆請和，且曰，大豆之還，遣子弟入侍，此必詐也。然不逆其詐，且賜大豆衣襨以遣，觀其誠否。"上曰："上國待我使臣，必有可原之事，然後賜以衣襨。今童猛哥帖木兒領兵作賊，殘破慶源，殺擄人畜，以快其心；又謀自安之計，乃遣大豆求和。今我既無聲罪之舉，反賜衣襨，則無乃怯懦歟？"遂不許。

本年二月丁巳，所書童猛哥帖木兒自效之辭，並力請討賊，與此時所通書相較，其爲詐僞，何待討論。朝鮮之有所顧忌，掩耳盜鈴，以求無得罪於猛哥，自緣明帝認爲皇親，不敢正言斥責。肇祖亦有所恃而不恐，不惟自認助賊，并反求返舊居，挾此以分設左衛，與阿哈出各自爲政，遂開清數百年憑藉之資。謂明之爲清，早由成祖時女戎肇禍，無不可也。

辛巳，朝鮮實錄書：賊寇慶源，盧原湜與戰敗績。原湜率甲士爲中軸，前判事金成、前護軍魏臣忠率吉州、端州兵爲左右翼追之。賊佯走，至一里許，大呼反攻。左右翼先潰，甲

士亦北。有司直金加勿，奮槊逆戰，射殺一人，又刺一人，賊
頗不敢近。俄而原湜亦中矢，賊縱兵大至。原湜與軍士奔入新
柵。金成等所管軍人斬二級。報書至，上召大臣議曰："賊人
野處，天方霖雨，草木深茂，固知其不可攻也。然禦賊之術，
與其裹糧坐甲，宜亟伐之，以雪前恥。若待秋涼，賊必遠遁
矣。"河崙對曰："宜深溝高壘以待之，不宜輕動。"乃止。

此時之賊，即是吾都里，亦即是肇祖一家，觀下文
自明。

壬午，朝鮮實錄書：遣大護軍趙定於東北面，以選女眞子
弟可以宿衛者也。

六月丙申朔，朝鮮實錄書：以柳廷顯判恭安府事，兼判義
勇巡禁司事，仍命爲東北面都宣撫處置使；金南秀吉州道都安
撫察理使；河敬復慶源兵馬使；崔閏德鏡城兵馬使；金加勿爲
護軍。賜廷顯斧鉞、教書以遣之。"教書"蓋予以誅戮敗將之權。
議政府啓曰："東北都巡問使林整，爲一道之主，司賞罰之權，
諸將屢敗，坐視不恤，不能申問科罪。察理使延嗣宗，身爲主
將，慶源之役，郭承祐敗軍而退，屯兵不救；龍城之役，即五
月辛巳賊寇慶源之役。時慶源已退守龍城，非故地也。諸將敗北，乃
托以方物封裹，退駐吉州。郭承祐初守慶源，不度賊之多少，
輕敵失律，衣甲槍劍盡爲賊有，使賊勢益熾，又不能固守城
子，乘舟逃命；龍城之戰，畏懶不出，固已甚矣；及尹夏、朴
湄以孤軍赴敵，扣柵急呼出軍與戰，非徒不能，反高聲叫號甲
士盡死無出戰者，眩惑衆聽，罪不容誅。安乙貴與承祐同罪。
盧原湜多率禁兵，不能禦敵，先走入柵，及尹夏等赴敵，又不
出助。金成、魏臣忠，爲左右翼，亦皆先潰。請皆依律擬罪。"

又密啟曰：“上項人等罪當死，惟嗣宗功臣，請免其罪；乙貴為承祐副將，稍輕於承祐，決杖一百，散軍防禦可也；金成雖無實績，有驅城中軍出戰之名，又有管下殺敵之名，可貸其罪。”上曰：“且皆勿殺，以待後日樹功可也。”及廷顯辭，召入內殿親授指畫，以是啟授之，且命延嗣宗都鎮撫，依軍法施行。此句文義，蓋謂嗣宗功臣，不可用軍法治罪，治其所屬之都鎮撫也。而不知其為誰，後上乃知為前忠州牧使李中培，命議政府曰：“是人平日處心不奸，從事維勤，誠可惜也。”急遣知印李道諭廷顯勿殺。廷顯至吉州，鎖延嗣宗，使平浦驛丞押送于京。翼日，廷顯還至青州，嗣宗猶不發，遂杖驛丞五十。是月己未，平浦驛丞以延嗣宗至京，命其解職鎖置于其家。

　　是時朝鮮之武力亦甚懈弛，將帥怯惰，遇警即潰。賊不甚逼，則報功甚張皇可聽。賊之伎倆，亦不過以木箭燭火射城中，隨拾隨滅，即以無事。官軍非官軍，寇亦非寇，故猶得以大國之虛聲，壓服零星鼠竊之虜而無大敗也。

　　是日，朝鮮實錄書：成石磷等啟曰：“前日命金丞霆入慶源古城以守陵室，承霆必多率軍士以入慶源。賊若來侵鏡城，必不及回兵救之，鏡城之戍益危。但慶源陵室所在，不可不戍，臣等未能定計。”趙英茂啟曰：“臣愚以為童猛哥帖木兒，平日厚蒙上恩，不至於侵陵之已甚，豈向殿下祖宗之陵室肆其惡乎？且水路不平，運糧尤難。”上曰：“前日余已遣人省視陵室，其人若既省視而來，則承霆宜屯留鏡城；若以路塞不敢入者，則承霆當領全軍入慶源，留數十日，若將久居其地者，犯夜遣審賊所向而來可也。然此謀慎勿洩於軍中，若使彼賊知之，是履睡虎之尾也。"未幾，承霆馳啟曰："臣遣郎將龍彥往審二陵，守陵人戶及碑石皆依舊。"

慶源之不敢守，純爲猛哥一人。又恃待猛哥素厚，雖棄慶源，陵室未必遭猛哥蹂躪。然則生者避猛哥兇燄而去，死者委之猛哥，賴平素不開罪於猛哥而苟存於仇敵之中。且從此不敢開罪，一開罪即祖墓可危也。朝鮮之苟且如此，若非明設建州左衞，有削其國土之憂，朝鮮固樂以陵地界猛哥，而且厚撫之使爲守陵人矣。惟由此可見遷陵廢郡，專爲無奈猛哥何，非患多數兀狄哈也。

甲寅，朝鮮實錄書：柳廷顯誅東北面鎮撫王庭、牌頭崔哲生。庭以慶源鎮撫，敗軍棄城，乘舟入海，以致軍民流亡；哲生以鏡城牌頭，龍城之戰先走惑衆故也。郭承祐以下，決杖一百，散軍防禦。廷顯密啟曰："東北面既困戰伐之數，又苦使命之繁。"上議諸政府，乃召廷顯還。

七月壬午，朝鮮實錄書：流前吉州道察理使延嗣宗于咸州。大司憲黃喜等上言曰："前吉州察理使延嗣宗，職專方面，以制敵討賊爲任者也。往者野人侵邊境而殺守臣，再肆陸梁，圍逼慶源，勢將陷沒。爲嗣宗者，當倍日兼行，進兵討之。曾不爲慮，托詞逗遛，圖存性命，其於見危授命之義如何？況慶源陵寢所在，尤不可不重。雖不及救援，及賊退之後，亦當以重兵臨之，宣示威信，鎮安民心可也。退駐鏡城，終不進兵，使賊勢益張，其於忠君愛國之道又安在哉？慶源見圍，則逗遛鏡城，不即救援；龍城見侵，則退駐吉州，以避賊鋒，是宜明置於法，陛下特以勳臣之故，置而不問，賞罰失中，臣等所以痛心者也。請明正其罪，以懲後來。前慶源兵馬使郭承

祐，職當重藩，賊來則死守，力戰以全城邑，職也。顧乃棄入
海島，先示怯弱，以撓民心，使民望風潰散，糧儲器械爲賊所
掠，慶源一邑蕭然爲墟，至於陵寢無人守之。承祐之罪，死有
餘辜，而今乃置之寬典，賞罰亦可謂不中矣。伏惟殿下明置於
法，以垂後來人臣之戒。”乃命嗣宗付處，承祐勿論。喜等復
言：“承祐之伐野人，濫殺婦人嬰孩，又有貪婪之行，雖不置
於法，收其職牒，家財沒官可矣。”上曰：“此人已杖一百，散
軍防禦，足以當其罪，自今毋得再請。” 丙戌，吾都里千戶張
權子等五人來朝，啟曰：“臣等未嘗與謀作賊。”

八月乙未朔，朝鮮實錄書：以完城君李之崇、星山君李稷
爲東北面遷陵使，以中軍都總制李和英爲遷陵侍衛使，又命東
北面都體察使、都巡問使以兵衛之。上欲因遷陵之役以襲野
人，政府固諫曰：“山水艱阻，待冰合之時圖之未晚。”乃遣護
軍田興于猛哥帖木兒部以覘之。

八月乙卯，陞建州衛指揮使釋家奴爲都指揮僉事，賜姓名
李顯忠；千戶咎卜爲指揮僉事，賜姓名張志義；賜百戶阿剌失
姓名李從善，可捏姓名郭以誠，俱爲正千戶。釋家奴者，指揮
阿哈出之子，皆以從征有功也。實錄。

時親征阿魯台方凱旋。

九月丁卯，朝鮮實錄書：韓尚敬回自北京，啟曰：“帝御
奉天門早朝，宣問：‘高麗北門上，不知甚麼人來搶人口？’尚
敬等具奏其故；且奏本國差李玄、朴惇之二次來奏，適以大駕
北巡，玄已還國，欲啟于東宮如南京。帝曰：‘朕不曾見爾國
文書。這兀良哈眞箇這般無禮，我調遼東軍馬去，你也調軍馬
來，把這厮殺得乾淨了。’帝又謂通事元閔生曰：‘這野人受朝

廷重賞大職，賜以金帶、銀帶招安，如此忘了我恩，打海青去
的指揮，拿做奴婢使喚，又嘗一來擾我邊。有恩的尚或如是。
你莫說了，料着你那兒十個人敵他一個人，要殺乾淨。'閔生奏
曰：'未蒙詔，不敢下手。'帝曰：'這已後還這般無禮，不要饒
了。再後不來打攪，兩個和親。'又帝御奉天門，宣諭曰：'這
野人貌雖似人，實懷熊狼虎豹之心，可著好軍馬一舉殺了。其
中若有歸順朝廷的，不要惹他又來告，難決斷。'"

　　　帝於朝鮮奏兀良哈侵擾，所以作朝鮮之氣者甚至。然
謂"其中有歸順朝廷的，不要惹他又來告"，則如肇祖，固
不許朝鮮惹他也。

　　　辛未，朝鮮實錄書：命東北面都巡問使歸所擄兀良哈婦
女。　壬申，中軍護軍田興回自兀良哈地面。　遣司譯院副使
崔雲管押總旗金帖木兒如遼東，咨曰："田興到建州衛，有東
甯衛總旗金帖木兒出來相見，告稱永樂六年欽奉聖旨招諭野人
亥狄乃等，爲緣亥狄乃托故不曾赴京，却來建州衛住留，幸蒙
護軍出來，朝鮮既與朝廷是一家，願隨護軍同赴朝鮮國，回還
京師。興聽此，就引帖木兒同來。看詳帖木兒既係朝廷差遣總
旗，理合差人伴送回還。"

　　　是時明之招諭野人，使者亦往往被野人所留。朝鮮使
往，又能率之而返。女眞以掠誘外來之人爲殖產之計。後
來華人在野人地面者，轉輾逃至朝鮮，乃得朝鮮護送回
國，野人又因此仇怨朝鮮，甚至以率衆擄掠爲報復。此時
野人猶不至如此猖獗。若清代之容納漢人投旗，與兵部設
督捕則例，皆女眞之故俗也。

　　九月丁卯，<u>古路慶之地</u><u>女直</u>頭目<u>不里哈</u>等來朝。授千百戶之職。<u>不里哈</u>等乞於<u>東甯衛</u>居住。從之，賜予如例。_{實錄}。

　　十月甲午朔，<u>乞忽</u>、<u>古里</u>二衛<u>女直野人</u>頭目<u>阿兒禿</u>、<u>阿里急納</u>等九十二人來朝。命爲指揮、千百戶等官，賜冠帶、襲衣鈔幣。　　乙未，<u>女直野人</u>頭目<u>撒因加</u>等來朝。命置<u>兀里奚山衛</u>指揮等官。<u>撒因加</u>等奏願居<u>安樂州</u>。從之，賜予如例。_{實錄}。

　　十一月壬午，<u>乞烈速</u>頭目<u>干塔奴</u>等來朝。設<u>喜申衛</u>，以<u>干塔奴</u>爲指揮僉事，賜誥印、冠帶、襲衣及鈔幣有差。_{實錄}。

　　十二月辛酉，<u>朝鮮實錄</u>書：<u>吾都里</u>指揮<u>童猛帖木兒</u>遣使獻禮物。時稱<u>吾都里</u>指揮。<u>吾都里</u>原屬<u>朝鮮</u>，指揮則<u>明</u>官。未設<u>建州左衛</u>，<u>朝鮮</u>不忌之也。

　　十二月丙午，<u>女直野人</u>頭目<u>早花</u>等二十人來朝。設<u>兀列河</u>、<u>朶兒必河</u>、<u>木里吉</u>、<u>卜魯兀</u>、<u>乞塔河</u>五衛，命<u>早花</u>等爲指揮、千百戶，賜誥印、冠帶、襲衣及鈔幣有差。_{實錄}。

九年，即<u>朝鮮</u>太宗十一年，辛卯(1411)

　　正月壬戌朔，<u>朝鮮實錄</u>書：<u>吾都里</u>指揮<u>童猛哥帖木兒</u>使人獻熊鹿皮各一張。　　庚午，遣大護軍<u>朴楣</u>于<u>童猛哥帖木兒</u>，令還所掠人口牛馬也。　　賜<u>吾都里</u>人衣一襲，<u>吾都里</u>將還也。辛巳，命以下番軍士三百、侍衛軍三百濟<u>鏡城</u>之師。東北面監司上言："野人來言，<u>猛哥帖木兒</u>將徙于深處，恐乘其時侵掠，益兵以禦何如？"上曰："野人按堵，我發兵以屯，彼必生疑，不如待之以靜。"議政府上言："<u>鏡城</u>戍卒本六百人，又以番下甲士、侍衛軍等戍之，則內實完繕，而虜亦不敢動矣。"從之。<u>趙英茂</u>、<u>李天祐</u>進言曰："今<u>猛哥帖木兒</u>雖令招撫，今將移徙於<u>開元路</u>，恐與種類以間道直向<u>吉州</u>，則<u>鏡城</u>如囊中之物。又牧馬南下，則<u>端</u>、<u>青</u>之地騷然矣。又訴上國曰：'<u>朝鮮</u>殺我族類，故棄土而來。'<u>永興</u>以北，在<u>元朝</u>直隸<u>中國</u>，宜削其地，則上國信之。若令納土，則甚爲未便。宜先遣兵，自甲州直抵阿赤郎口，又以兵分入其境，則必爲我擒矣。假使復生，懼不敢動。」上曰：「未可知也。賊雖入吾土，若知我情，則難獲矣。況邈在異土，地之遠近險阻未易知也。雖爲我擒，後必有患，況未可必乎！上國曾納東北十處人民，遣金瞻以辨之，不於此時削地矣，其將聽猛哥之訴而令納我土乎？星山君李稷自漢京來，亦善謀者也，盍咨焉。」既而稷至，啟曰：「道遠地險，不可動衆。況北方年饑馬困，不如來則擊之，去則勿追。」上笑曰：「予知之矣。」

此開元路亦是元之開元，故在深處。此時朝鮮之臣已慮及猛哥將據地歸明。李芳遠恃明之厚彼而未信，未幾遂有設建州左衛之事，猛哥之納土，乃成事實。

二月丙申，朝鮮實錄書：賜童猛哥帖木兒穀百五十石。初，大護軍朴楣至自野人，曰：「野人甚飢，猛哥帖木兒云：『國家若給糧餉，不敢離散，否則皆爲盜矣。』」政府上言：「野人甚飢，運米給之何如？」上曰：「楣之往，專以救飢也，何謂何如，宜直賜之。」

朴楣以上年五月丁卯朔，奉遣令金乙和率兵七百，馳至慶源，宿衛陵室，遂如豆稱介處招安。據實錄所書，並非專往救飢也。李芳遠爲此言，不過欲以恩結猛哥耳。猛哥爲身計，豈恩所能結哉！

是日，朝鮮實錄又書：東北面都巡問使申報：「猛哥帖木兒之弟沙介來云：『胡剌溫兀狄哈將與他野人來侵。』又云：『猛哥往中國，則吾當來附。'"上曰："果合吾言。此輩宜深撫之。
若來附，則佯納之。"

二月甲辰，督罕提吉兒女直野人頭目馬吉你等來朝。置督
罕河衞，命馬吉你等爲指揮、千百戶、鎮撫，賜誥印、冠帶、
襲衣及鈔幣有差。上諭翰林學士胡廣等曰："朕非欲并其土地，
蓋以此輩貪殘，自昔數爲邊患，勞動中國，至宋歲賂金幣，剝
及下人膏血，卒爲大患。今旣畏服來朝，則恩遇之，從所欲授
一官，量給賜賚。捐小惠以彌重患，不得不然。"實錄。

　　明實錄於此紀成祖之言，自必以爲成祖馭邊之得計。
此所謂不徹底之見解也。謂可免宋代之患。宋代於金，雖
受大創，猶存南渡偏安之局，明則終覆於建州。官職賜
賚，豈可以易代興之大欲哉！此與朝鮮之恩結肇祖，同一
方式。在朝鮮旣爲野人所擾，又畏上國之譴，事本難處。
明則國勢方盛，荒服仰慕來歸，不於此時力闢交通之路，
爲之墾闢興利，濟以內地之民力，導以漢族之文化，徹底
易其心志，用夏變夷，欲以私恩小惠籠絡異族，何乃與李
芳遠同一無聊也。古無殖邊之政，所經營者如此。然使太
祖爲之，恐不如是。有遠計者，豈必學他人而始有方略
耶！豪傑之士，雖無文王猶興。論明事者，終覺成祖之非
眞英主也。

三月壬申，朝鮮實錄書：兀良哈童於虛出率子來朝。

　　於虛出亦姓童，此爲的證，故童爲建州之公姓。惟於
虛出獨稱兀良哈，與斡朶里有別。但朝鮮實錄亦言建州皆
斡朶里種，蓋呼爾哈與斡朶里本甚相近，惟斡朶里獨爲金

裔之說，亦見朝鮮實錄。清之先殆與金有特近之系屬也。

庚寅，朝鮮實錄書：罷慶源鎮。慶源嘗爲北戎所敗，且
德、安二陵遷於咸州，其兵馬使何敬復獨留，無與守者。命敬
復還，遂罷其鎮。

是爲盡棄慶源，益生肇祖納土之心矣。

三月庚午，建州衛千戶古那等，及禾屯吉衛指揮不顏帖木
兒等奏，願居遼東安樂州。從之，賜賚如例。　　癸酉，建州、
十里綿二衛女眞野人頭目童撒歹、也輕哥等二十人來朝。命爲
指揮等官，賜予有差。實錄。

此等建州衛千戶或頭目，未能必其爲猛哥或阿哈出親
屬，亦從附見之列。

四月丙辰，朝鮮實錄書：東北面吾音會童猛哥帖木兒徙于
開元路。吾音會，兀良哈地名也。猛哥帖木兒嘗侵慶源，畏其
見伐，徙于鳳州。鳳州即開元，金於虛出所居。於虛出，即帝
三后之父也。

此條又可證明建州故事不少。於虛出即阿哈出，其所
領建州衛，爲元時開元路，而即爲朝鮮之鳳州，是建州設
衛已在朝鮮境內。特其西之吾音會地，雖爲肇祖本居，然
猶爲朝鮮所屬之兀良哈地，非明廷置衛之所。凡建州部族
所在，皆名兀良哈。斡朵里，特其分別之名詞，實亦兀良
哈也。

明太祖置三萬衛，本在斡朶里城，其南又置鐵嶺衛，本已統治高麗北境，旋因運糧不便引還。逮置建州衛，則已用女眞人就地受職，恢復三萬設衛之一半，用土人爲土官，可無需運糧接濟。毛憐則在豆滿江外，可與建州聯絡，而尙非奪朝鮮地。至分設建州左衛，又占朝鮮之慶源、鏡城，遂盡復太祖時三萬設衛之本域。此時肇祖忽徙去歸建州，其實回其本衛而已，無所謂徙。時尙未有分設左衛事也。然當是以退爲進，使朝鮮安然遷陵廢郡，然後乘虛而入耳。其後終以朝鮮實力方强，先逼建州衛內徙明邊，又逼左衛併徙，乃復完明初朝鮮疆域。

於虛出在前月壬申，書其姓爲童，於此又書其姓爲金，益證童爲建州公姓，而金又女眞自表其前朝國號，以顯其爲帝王種族之裔，則所云姓古論、姓夾溫，皆爲金之音譯，而愛新覺羅，則爲金姓之意譯。

於虛出爲帝三后之父，是永樂宮妃位次第三，爲女眞夷女。肇祖之皇親，是否亦由此而來，則尙疑不能明。但肇祖非於虛出近屬，則必可信。或是各有入宮之女，或是猛哥家女子認阿哈出爲父，而由阿哈出納之，不可考矣。

五月丙寅，朝鮮實錄書：遣知印及前護軍金同介于東北面。東北面都巡問使報，吾音會指揮李好心波來云，北戎之變難測，宜整軍旅，以備不虞。上慮水兀狄哈與他野人相結，遣人招撫之，且觀其變。同介，水兀狄哈之種也。

指揮爲明官名。此云"吾音會指揮"，非吾音會之地置有指揮，當是建州衛中有指揮職名者，隨肇祖來吾音會者耳。

金同介爲水兀狄哈種。海西瀕松花江女眞部落，明人謂之"江夷"，當即此所謂水兀狄哈。

乙酉，友帖衛指揮亦令哈、建州衛千戶牢若禿等奏，願入開原及自在州居住。從之，賜賚如例。實錄。

六月癸巳，卜魯兀等衛千戶團脫等奏，願居安樂州。從之，賜予如例。實錄。

癸卯，朝鮮實錄書：議政府上言曰："東北面都巡問使金承霍報：'吾都里、兀良哈、兀狄哈等，近因飢饉，絡繹數來，每求鹽糧，欲與之則難繼，不與則必生邊釁，請糶米若干，以答求望之心。'臣等得此，深願殲滅，然未敢輕舉；若不聽所求，則患在不測，請從之。"上曰："出米三十石，令鏡城兵馬使，每於野人往來，撙節均給。"　丙午，罷東北面家別抄。先是，咸州等處良民五百家，役屬于太祖潛邸之時，守令莫得而役之，謂之家別抄。上即位之初，減其半屬公，至是悉令罷之。乃曰："我旣革之，其誰占執哉！子壻之家，若有其民往來者，則宜告之。"國人皆感上之無私。咸州之民，曾爲大護軍文貴所役使別抄者，求爲軍資吏，文貴執之不許。上知之，讓文貴曰："良民求仕，何以爲不可？"乃令入仕，其人感泣。

朝鮮國李朝之起，蓋與清之先世同地。清起於斡朵里，朝鮮亦於其地置慶源郡，以其祖墓所在也。咸州有家別抄，即李太祖之家兵。朝鮮文調兵謂之"抄軍"，言此兵爲彼家所抄用，後雖化家爲國，仍屬家兵。至芳遠時，兩次革除始盡。此亦與清之舊制，以屬人分八旗，爲八貝勒私產，同出一俗。又言"子壻之家，若有其民往來，准其

自告"，則家別抄可以隨嫁女而屬壻家。又大護軍文貴家
役使別抄，則當是即得之宗室之嫁女，以人口爲財物，頗
與清代相同。朝鮮自李氏有國，不久即開放家別抄。清代
始終保守旗制，遂終與漢人隔膜。且入關以後，反開漢奸
投靠之路，設督捕則例，以縱逃人而擾良善，似尚有不及
朝鮮者矣。女眞以擄掠人口爲利，朝鮮輒拯其逃來者，致
與女眞時時生隙，蓋文野之別顯然。然當其初則居處習
俗，李氏純與女眞相近，此可見也。

　　九月庚申，兀者左衛故指揮同知脫脫妻亦里哥來朝，謝賜
葬祭其夫。實錄。
　　辛酉，命建州衛指揮僉事猛哥不花等十八人，爲毛憐等衛
指揮使、千百戶等官，賜之鈔幣，蓋從建州衛都指揮李顯忠所
舉也。實錄。

　　　毛憐衛指揮把兒遜，被朝鮮討而殺之，在上年三月。
明廷以使入女眞之人亦爲把兒遜等所拘執，方由朝鮮送
還，亦遂不譴責朝鮮之擅殺。至此乃由建州指揮請授其
弟，毛憐遂爲建州之分衛矣。
　　葉向高四夷考："建州衛指揮阿哈出及其子釋家奴，
皆以有功賜姓名。阿哈出曰李思誠，阿哈出賜姓名事，太宗
實錄未載，逮後世實錄，乃敘述及之，則爲李誠善，或係葉氏小
誤。釋家奴曰李顯忠。顯忠弟猛哥不花亦以內附故，俾領
毛憐衛，累都督同知，父子兄弟光寵矣。"
　　李顯忠之賜姓名、陞職都指揮僉事，在上年八月乙
卯。當緣阿哈出已死，釋家奴即於其時襲職，朝鮮實錄於
本年四月，言"猛哥徙鳳州，即金於虛出所居"，乃指其地

而涉其人，非此時阿哈出尙在也。

癸酉，建州衛千戶囊那哈等來朝，奏願居遼東快活城。從
之，賜予如例。　甲戌，原訛甲午。其上癸酉，其下丙子，寫本之
訛也。忽論兀河等處女直野人頭目脫成哈等來朝，賜襲衣、綵
幣。　庚辰，屯河、撒剌兒、阿眞河、亦馬剌、愛和、友帖、
把沙木束河等衛女直野人頭目忽失木、弗剌奴等來朝貢馬。賜
襲衣、綵幣。　丁亥，建州等衛指揮甯失加、乞塔河衛指揮失
剌等來朝，奏願居快活城。從之，賜予如例。實錄。

十月庚寅，賜兀者右衛野人頭目起蒙哥、毛憐衛指揮使猛
哥不花、乞忽兒衛女直野人頭目朶羅禿等宴。　己亥，女直野
人頭目鎖令哈等來朝貢馬。命鎖令哈爲薛列河衛指揮同知，撒
因塔等四人爲指揮僉事，能哥等二人爲兀者衛指揮同知，兀哈
出等三人爲指揮僉事，平住等五人爲阮里河衛指揮僉事，餘爲
千百戶鎭撫，賜予有差。　丁未，賜阿剌山衛指揮阿魯忽里、
木束河衛女直野人頭目脫成合等宴。　癸丑，失里木等衛女直
野人頭目哈升哥等來朝。命爲本衛指揮、千百戶等官，賜冠
帶、襲衣、鈔幣。　乙卯，女直野人頭目咬納等三百人來朝貢
馬。命咬納等爲木蘭河衛指揮千百戶鎭撫，賜賚有差，仍酬其
馬直。　丁巳，木束河等衛指揮使把剌答哈等二十四人來朝，
奏願居遼東自在、安樂州；兀魯罕衛指揮鬼里赤，奏願居京
師。從之，賜予如例。實錄。

十一月己未，嘔罕河等衛女直野人頭目歹都等來朝貢馬。
賜鈔有差。　辛酉，督罕河、嘉河等女直野人頭目木荅兀等二
百二十四人來朝貢馬。優賜賚之。　戊辰，賜督罕河等衛女直
野人頭目木荅兀宴於會同舘。實錄。

十二月癸丑，撒力等衛女直野人頭目別里哈等來朝貢馬。

命爲指揮、千百戶等官，賜襲衣、鈔幣有差。實錄。

　　閏十二月乙巳，朝鮮實錄書：吾都里指揮童多音波老等九人來献土物。戊寅，建州衛吾都里人來献土物。

　　　此必爲肇祖家屬及所屬人，時未有左衛之說也。

　　閏十二月丙寅，指揮高不剌等賫敕招諭野人八留兒來朝。賜鈔有差。　丙子，斡難河等衛女直野人亦稱哥等來朝。命爲指揮千百戶，賜予有差。　辛巳，賜朝鮮、琉球使臣及女直頭目宴。實錄。

十年，即朝鮮太宗十二年，壬辰(1412)

　　　是年，明史兵志及明會典，並名山藏王享記、潛確類書等，皆云建州左衛設於是年，而太宗實錄無明文，朝鮮實錄亦未知其事。但朝鮮已棄慶源，肇祖納土於明，即始於是年耶？今以各文詳證之。

　　正月，朝鮮實錄書：悅難衛骨看兀狄哈達賓介等，及建州衛兀良哈甫多豆等還。　壬辰，建州衛吾都里崔好吾大等二人，及指揮童多音波老等八人還。　辛丑，建州衛吾都里金希周等告還。

　　三月，朝鮮實錄書：庚寅，建州衛吾都里人等來献土物。癸巳，建州衛指揮童於虛周及童所羅等來献土物。

　　　據上載各條，吾都里明認爲有建州衛指揮等官，且其人多爲肇祖童姓家屬，是前所云肇祖徙於鳳州者，無根之語。而朝鮮則以爲建州衛自在鳳州，此吾都里之建州衛人，則以猛哥家屬原在慶源，有此往來寄頓之便，不料其已納土也。

三月乙未，凡速麻河等處女直野人頭目把失等十三人來朝。命把失等爲法因河衛千百戶、所鎮撫，賜冠帶、襲衣、鈔幣有差。　戊戌，女直野人頭目阿剌孫、也兒怯等來朝。賜之鈔幣。　壬子，失里綿等衛女直野人頭目桑哥失里哈等五十一人來朝。命爲指揮、鎮撫、千百戶，悉賜冠帶。實錄。

四月己卯，忽石門衛指揮僉事兀丁哥、建州衛副千戶可奚等詣闕自陳，願住遼東安樂、自在二州。從之，賜予如例。實錄。

六月辛酉，遼東建州衛指揮僉事李顯忠奏，塔溫新附人民缺食，乞賑貸之。上謂戶部曰：“薄海内外，皆吾赤子，遠人歸化，尤宜存恤，其即遣人發粟賑之，毋令失所。”實錄。

此“指揮僉事”，當依上作“都指揮僉事”。時建州衛奏事皆由李顯忠，知已承襲之說爲不誤。

八月丙寅，奴兒干乞里迷、伏里其、兀剌、曩加兒、古魯、失都哈、兀失奚等處野人頭目准土奴、塔失等百七十八人來朝貢方物。置只兒蠻、兀剌、順民、囊哈兒、古魯、滿涇、哈兒蠻、塔亭、也孫倫、可木、弗思木十一衛，命准土奴等指揮、千百戶，賜誥印、冠帶、襲衣及鈔幣有差。實錄。

此爲奴兒干之女眞，即黑龍江之女眞。

十月庚申，遼海衛指揮王謹等百六十六人，奉命招諭奴兒干還。賜鈔幣、表裏有差。所招野人女直付羊古等，悉授督罕河衛指揮、千戶等官。有言願居遼東開原者，從之，循例給賜。 丁卯，置遼東境外滿涇等四十五站。敕其頭領那可孟常等曰：「朝廷設奴兒干都司并各衛，凡使命往來所經之地，舊有站赤者，復設各站頭目，悉恭命毋怠。」實錄。

此皆明初招撫東北女眞直至黑龍江之事實。滿洲源流考謂「明代所設衛所皆附會傳聞不足據」，非確論矣。 又其時實錄絕未言内官亦失哈率師大舉赴奴兒干，其奉命往招者，不過遼海衛指揮王謹等百六十六人，故疑日本人拓本及釋文之永甯寺碑，於實錄太無徵也。

十一月丁酉，朝鮮實錄書：建州衛吾都里千戶童甫知、白顏豆，百戶多龍介及骨看兀狄哈阿吾實等，來獻土宜。

十一月乙酉，兀里奚山等衛女直野人頭目歡只忽等來朝。命爲指揮、千百戶，賜予有差。 丙戌，肥河衛指揮僉事木答哈奏，願居遼東東甯衛；阿剌山衛指揮伯答木，願居安樂、自在州。並從之，賜予如例。 乙巳，考郎兀衛副千戶兀魯不花，乞於北京居住。從之，資予如例。實錄。

己酉，遼東都指揮同知巫凱等奏，建州衛都指揮李顯忠，指揮李速、趙歹都、劉不顏等，悉挈家就建州衛居住，歲乏食。上命發倉粟賑之。實錄。

十二月，朝鮮實錄書：辛酉，建州衛吾都里來獻土宜。丙寅，給吾都里指揮李好心波糧米。東北都巡問使報，李好心波等十七人告狀，他人等皆入中原，予等十七家獨留，生理甚難故也。

此兩條相比照，朝鮮已認吾都里爲建州衛。而李好心波等則未隨肇祖入明者，然亦稱爲指揮，則指揮亦可隨意爲酋目之稱，亦由建州設衛後影響致此。

十一年，即朝鮮太宗十三年，癸巳(1413)

十月甲戌，建州等衛都指揮李顯忠、指揮使猛哥帖木兒等，來朝貢馬及方物。特厚賚之。實錄。

此爲明實錄見猛哥木帖兒之始。不云建州左衛指揮，猶統於建州衛之下。然稱“建州等衛”，則又不以建州爲一衛，蓋已分斡朵里之建州爲別一衛，而特未正其衛名耳，故尚未爲朝鮮所注意也。

是年二月丙辰，建州等衛千戶郎八兒忽歹等詣闕自陳，願居遼東安樂州。從之，賜予如例。實錄。

六月庚午，朝鮮實錄書：建州衛指揮童風只來獻土物。

九月，丁丑朔，兀者衛指揮使鎖夫哈率部屬來朝。上嘉之，陞爲都指揮同知，仍掌兀者衛事，賜賚甚厚。實錄。

十月丙寅，女直野人頭目脫亦脫等來朝。置斡朵倫衛，命脫亦脫爲指揮同知，猛哥弗兒哥爲指揮僉事，兀的哥等爲副千戶等官，賜誥印、冠帶、襲衣及鈔幣有差。實錄。

據前後各文，此斡朵倫，非清先世之斡朵里也。然滿洲源流考中所考明代之衛所，去此衛名，與建州三衛同諱，蓋自疑其爲即祖傳之斡朵倫部。其實不然，縱使亦屬斡朵里種人，分設此衛，必非肇祖近屬也。

己巳，毛憐衛指揮使猛哥不花等來朝貢馬，優賚遣還。
實錄。

十一月乙酉，朝鮮實錄書：建州衛千戶金希周使人獻
土物。

十二月戊辰，朝鮮實錄書：骨看兀狄哈女眞共三人，來獻
土物。議政府啟："骨看兀狄哈男女三百餘人，來至鏡城地，
脫若飢饉，恐必成羣寇竊，請人各米五斗，男女并布一匹，題
給何如？"從之。

　　鏡城即斡木河所在地，清代謂之俄漠惠、鄂謨輝，朝
　　鮮又謂之吾音會，爲始設建州左衛之地。此時以慶源罷
　　鎮，兀狄哈直至鏡城，不言與猛哥有相值之衝突，知其時
　　尚未明設建州左衛，特肇祖管下之人多住坐於其地，常以
　　建州衛吾都里名之。史、志謂左衛設於永樂十年，實錄不
　　書此事，其間兩相含混之狀，可以覘之。

十二年，即朝鮮太宗十四年，甲午(1414)

二月庚戌，朝鮮實錄書：兀良哈千戶六人來獻土物。其先
丙午，已書吾都里千戶、骨看兀狄哈建州衛百戶各一人來獻土物。永吉
道都安撫使李從茂報："自鏡城二十五日程，羅毛羅住兀良哈
指揮阿老，管下千戶毛下也進言曰：'女直都事也羅介，率中
原數多軍人，於前年正月云屯隱出來。自正月至四月，造大船
及汲水小船各二百三十艘，載軍人，泛自松渴江，歷愁下江，
向愁濱江，將築巨陽城、慶源熏春城，實之以吾都里兀良哈'"
上曰："此人等每以如此事來告。上國之兵雖來，豈以船過鐵
嶺乎？此必虛語也。抑或中原邊將造船於此地耳！"

　　此爲肇祖納土於明，明來就地設衛之消息。松渴江、
愁下江、愁濱江，雖不詳知其所在，但云船不能過鐵嶺，
則知其爲由南而來，非由土門江北岸來也。既由中原取水
道入土門江岸，當是由鴨綠江上溯。鐵嶺當在兩江之間，
長白之支嶺，隔斷鴨綠、圖們兩江之處。船即不過鐵嶺，
至鐵嶺而陸行赴工，未必不可。此時有此消息，尚未築
成，即尚未明設左衛，故兩月以前，兀狄哈直至鏡城而無
阻。證以後來事實，朝鮮之震驚於明設左衛，乃在朝鮮太
宗十六七年之時。而明實錄始見建州左衛，亦在永樂十四
年，即朝鮮太宗之十六年。蓋建州左衛之彰明於耳目，顯
著於紀載，正在此時。即今之所報消息，足證其非無
稽耳。

三月辛巳，朝鮮實錄書：吾都里指揮、千戶、百戶并四人
來獻土物。　四月甲辰朔，吾都里指揮童於虛周等及兀良哈千
戶於夫老等還。　癸丑，吾都里李好心波等三人還。

　　此童於虛周，當即肇祖之弟童於虛里。"周"字與"里"
字音不相近，然爲吾都里指揮，即前所云吾都里千戶，
"指揮"乃假借之稱。

三月庚辰，女直野人頭目亦能哥、斡羅失等來朝。設卜忽
禿河、阿兒溫河、可河三衛，命亦能哥等爲指揮、千百戶，賜
誥印、冠帶、襲衣及鈔幣有差。　乙酉，女直野人頭目廣右等
來朝。命爲指揮、千百戶，而設葛可河衛以處之，賜誥印、冠
帶、襲衣及鈔幣有差。實錄。
八月壬戌，弗提衛女直指揮僉事阿剌禿等來朝，自陳願居

北京。從之，命禮部賜予如例。實錄。

九月乙酉，女直野人頭目阿路禿等百十五人來朝。設塔速兒河、五屯河、玄城、和卜羅、老哈河、兀列、兀剌忽、哈兒分八衛，命阿路禿等爲指揮、千百戶，賜誥印、冠帶、襲衣及綵幣有差。實錄。

丙戌，朝鮮實錄書：吾都里千戶一人來獻土物及鷹一連。

十三年，即朝鮮太宗十五年，乙未(1415)

十月庚寅，弗提衛奏舉女直野人頭目沙板等至京。授指揮千百戶，賜誥命、冠帶、襲衣及鈔幣有差。　辛卯，考郎兀衛指揮同知惱納等來朝。置忽魯愛、渚冬河、札眞、兀思哈里四衛，陞惱納爲忽魯愛衛指揮使，脫赤爲指揮同知，苦出脫幹等四十人爲指揮僉事；長家爲渚冬河衛指揮同知；吉當哈爲札眞衛指揮同知；忽答思爲兀思哈里衛指揮同知；忽禿等七十一人爲千百戶、衛鎮撫，賜誥印、襲衣及鈔幣有差。　壬辰，古里河衛女直牙失答奏，願居遼東東甯衛。命爲指揮僉事，賜予如例。實錄。

十一月丁未，忽忽八河女直野人頭目阿當哈等五十六人來朝貢馬。命爲指揮、千百戶，賜賚遣還。實錄。

十四年，即朝鮮太宗十六年，丙申(1416)

正月癸丑，建州衛都指揮僉事李顯忠，及毛憐衛指揮使猛哥不花等，率其部屬郎卜兒罕、札不哈等來朝。命郎卜兒罕、札不花等爲指揮、千戶等官，賜誥命、冠帶、襲衣、鈔幣。實錄。

二月壬午，賜和甯王阿魯台使哈剌因等及建州左衛指揮猛哥帖木兒等宴。實錄。

建州左衛，至是始見於實錄，而朝鮮實錄中於此時仍甚含糊。至二十餘年之後，朝鮮世宗李祹有自爲文賜金宗瑞，中云：“太宗十年，女眞入寇孔州，韓興富戰死，郭承祐亦敗，乃以在其地之兩陵遷於咸州，以民戶併於鏡城，遂空其地。當時臣僚，或謂孔州當四散之地，防守極難，不若革罷之爲愈；或謂境內數百里之地，豈可棄與夷狄，敵必相率而入處矣。太宗曰：‘國家疆域之內，固不可令夷狄居，然若因而黜之，則何不可！’遂從革罷孔州之議。其後風聞大明於孔州之地建衛，朝議大駭。太宗十七年丁酉，即升富居爲慶源，割鏡城之豆龍耳以北之地爲都護府，設柵屯兵以守之。”云云。情節合前後文亦可見。惟“聞大明設衛，朝議大駭”一節，竟不詳於此時實錄，當是李芳遠自悔失策，不欲復彰其國論。至其子裪，乃始言之，時在正統二年，猛哥已死，裪亦決計復取孔州矣。

六月戊寅，亦馬忽山地面女直野人鎖提兀等、弗提衛卜不花、刺郎等處回回鎖非等，來朝貢駝。賜鈔幣有差。　七月戊申，賜弗提衛指揮卜不花、刺郎地面回回鎖非等，亦馬忽山地面女直野人鎖奴兀宴。“奴”上作“提”，必有一誤。　丁巳，女直野人頭目保童、塔失塔木等來朝。命保童爲兀者右衛指揮同知，塔失塔木等二十三人爲指揮僉事，禿刺納等十四人爲副千戶，忽失塔等二人爲衛鎮撫，忽失納等八人爲百戶，兀桑哈爲所鎮撫，俱賜誥敕。　八月辛酉，弗提衛女直野人舉頭目牙速等堪任以職。從之。設告灘衛，命牙速爲指揮同知，亦里當哈等爲千百戶，賜誥印、冠帶、襲衣及鈔幣有差。　癸亥，設亦馬忽山衛，命女直野人頭目鎖奴兀爲指揮使，哈散哈爲指揮同知，木答兀等七人爲指揮僉事，餘爲千戶、百戶、鎮撫，賜誥印、冠帶、襲衣及鈔幣有差。　乙酉，女直野人頭目木良苦等來朝。設札眞衛，命木良苦等爲指揮、千百戶，賜誥印、冠帶、襲衣及鈔幣有差。實錄。

十五年，即朝鮮太宗十七年，丁酉(1417)

二月己巳，建州左衛指揮猛哥帖木兒奏舉其頭目卜顏帖木兒、速哥等堪任以職。命爲指揮千百戶。實錄。

此當爲初設衛時，薦舉所屬乞官，本非若他衛率屬來朝，遂各受職之比。

九月壬午，朝鮮實錄書：咸吉道都巡問使柳思訥獻採金百九十兩。思訥報，孟哥帖木兒遣人，欲率去鏡城接李大生等五人。命守禦官據法禁止。

此亦已設衛在近處，更來招納人衆。

十月戊戌，朝鮮實錄書：兵曹上慶源節制使曹備衡合行事宜啟曰："北青以北別牌五十一，慶源人物阜盛之間，勿令番上，許赴慶源防禦，桶火藥量宜題給，遣軍器監，有能放射人一名，令道內人傳習，且給差備人二十名糧料。又兀狄哈吾都里兀良哈支給實難，米布鹽醬量宜連續題給。"從之。

此慶源，即上所云升富居爲慶源。既廢之後，悔而復設，不能復其故地，猶必設此郡名以便設守。其留兵防禦及料理軍械，即上所云"設都護府，設柵屯兵以守"也。

十月丁未，遼東總兵官都督劉江奏："今歲兀良哈之地旱，泰甯衛指揮鎖南等，以馬千匹來易米。前此易米者其數不多，止用馬馱，今泰甯一衛用車三百輛運米，慮朵顏、福餘諸衛皆來，則無以給之。況遼東極邊，無他有司供給，守備官軍數多，每年安樂、自在二州寄住韃官俸糧，歲用浩大。而舊定馬價甚高，上馬一匹米十五石、絹三匹，下者米八石、絹一匹。如悉依舊例，則邊儲空匱。宜令所司更議馬直，撙節糧儲，遞增布絹，中半市之，庶外夷蒙博施之恩，而邊儲無不給之患。"上曰："江所言是。"命兵部定議行之。實錄。

　　明牧馬地少，且馬以北邊爲良，開市易馬，自亦應有之政策。增布絹以省糧儲，於彼無損，於我有調劑之益。但糧儲之所以空匱，正由安樂、自在二州韃官之俸給已成巨額。韃官中女眞占其大部，招降之流弊已漸見矣。當時馭邊之計甚拙。意太祖爲之，必不如是。

　　十一月乙卯，敕遼東總兵官都督劉江曰："爾奏欲更議馬價，已見體國之心。況今年遼東薄收，正宜撙節以舒用。今更定其價，上上馬米五石、絹布各五匹，上馬米四石、絹布各四匹，中馬米三石、絹布各三匹，下馬米二石、絹布各二匹。其他有可以實邊儲者，尚悉心計慮，以副朕委託之重。"實錄。

　　此時爲市馬定價，但爲撙節邊儲計耳。後來國力不振，以市爲挾賞之地，則所云上下等級，遂啓爭論，而邊吏或不敢深求，或一經覈實而即召釁；又貢馬則馬之高下無憑，回賜之額有定，貢市盡成漏巵矣。

　　乙丑，弗提衛指揮使塔失舉送哈剌把禿兒等至京師。命哈剌把禿兒爲指揮僉事，兀失哈安出哥爲副千戶，賜誥敕、冠帶、襲衣、鈔幣。實錄。

十二月壬寅，兀者左衛都司鎖升哈等來朝貢馬。賜賚有差。　甲辰，忽魯愛衛指揮惱納舉送女直頭目阿羊加等至京。授官有差，仍賜賚遣還。　丙午，女直野人撒里亦答乘等來朝。置阿眞同眞衛，授指揮、同知、僉事等職，賜誥印、冠帶、襲衣及鈔幣有差。實錄。

戊申，建州衛指揮李顯忠奏，顏春地面月兒速哥，願率家屬歸附居建州。從之，仍賜賚如例。實錄。

己酉，苦烈河女直野人可郎加等來朝，奏願於兀者前衛指揮哈鼻答處同居。從之，授千百戶等職，賜賚如例。

十六年，即朝鮮太宗十八年，戊戌(1418)

正月己未，毛憐衛指揮猛哥不花奏，本衛千百戶哈答等二十餘人，每有調發，能效勤勞，今來朝，請量升之，以勸將來。遂各陞職有差，仍賜敕獎諭，賚之遣還。實錄。

是時毛憐指揮，即建州指揮親弟，葉向高所謂"父子兄弟光寵者"。

戊午，朝鮮實錄書：賜吾都里童風只紙百卷，爲老母有是請也。

壬申，察不赤罕山等處女直野人頭目答龍加等來歸，俱命爲千戶。且奏願居喜樂溫和衛，從之。實錄。

二月庚戌，建州衛都指揮李顯忠奏，其衛指揮、千百戶、鎮撫頭目哈剌忽等，擒捕叛亡，累著勞績，請陞職示勸。遂陞指揮僉事哈剌忽爲指揮同知，副千戶失剌等八人爲正千戶，百戶也兒吉納等四人、鎮撫哈答等二人爲副千戶，俱賜敕褒諭，且優賚之。實錄。

五月甲戌，兀者衛都指揮鎖失哈奏舉野人頭目納哈台失敕堪任指揮僉事。從之。實錄。

八月己亥，朝鮮實錄是月初十日丁亥，朝鮮太宗內禪其子裪，是爲世宗。己亥，乃禪位後十二日。書：咸吉道慶源兵馬使曹備衡啟："今先運新徙民回府內，時到者但百八十戶而已。歲戊寅，修孔州城，置慶源府，徙道內富民以實之。其後再經兵亂，流移四散，今復置府，已令各官刷還。而各官托以不付籍，不即刷還，然其產業基址尚在，分辨不難。乞勿論付籍與否，悉令刷還。且元居人民，其父母妻拏盡爲賊所殺擄，而移居賊衝龍城之地，累年戍禦。本府復立之後，又先徙居可尙，乞賞以添設檢校之職，以慰其心。"上令兵曹擬議。兵曹啟："募道內無產業者徙之，復三年徭役，除其租稅。刷還流移人民，即依所啟爲便。"從之。

此爲復設慶源以後使民復業之事。朝鮮太宗實錄終不言肇祖入居，明設建州左衛一事，蓋爲李芳遠諱也。然慶源復府之周折，則固見於此文矣。

九月辛亥，奴兒干等處哈兒分等衛女直野人必里答哈等來歸。命必里答哈爲指揮同知，幹路闊等爲指揮僉事，哈升哈等爲正千戶，阿兒帖木等爲副千戶、所鎮撫。　丙子，忽林河等處女直野人阿都赤等來歸，命爲忽石門衛千戶等官。實錄。

十二月丁酉，察察魯河、失木河等處女直野人難都不蘭溪等來朝。命爲老哈河衛千百戶、鎮撫等官。實錄。

十七年，即朝鮮世宗元年，己亥(1419)

二月己亥，只脫河等處女直野人把禿等來歸。命把禿爲吉里河衛副千戶，餘爲百戶，賜鈔幣有差。實錄。

三月戊辰，命建州衛都指揮李顯忠所舉女直也住等二十七人爲指揮、千百戶，賜鈔幣有差。實錄。

十八年，即朝鮮世宗二年，庚子(1420)

　　正月乙巳，鎭眞河等處女直野人兀令哥等來朝。命兀令哥爲建州衛副千戶，木郎哈爲百戶。　　戊申，穩克河野人乞松哈來歸。命爲副千戶，令居喜樂溫和衛，加以賜賚。實錄。

　　閏正月甲戌，建州、毛憐二衛指揮李顯忠、孟哥帖木兒等奏，各衛千戶，請升除指揮等職。上以無功不許，仍賜敕戒諭，而賜其來者鈔幣，遣還。實錄。

　　　　云"建州、毛憐二衛指揮"，則李顯忠之外，又一指揮當爲猛哥不花，非肇祖也，此文或有誤。建州、毛憐之承寵者至矣，無厭之求，致遭戒諭，自此爲創見。

十九年，即朝鮮世宗三年，辛丑(1421)

　　十月癸巳，奴兒干等處都指揮王肇舟等來朝貢馬。賜宴及鈔幣有差。　　丙申，毛憐衛指揮猛哥不花等來朝貢駝馬。賜織金文綺、襲衣及鈔幣有差。實錄。

二十年，即朝鮮世宗四年，壬寅(1422)

　　四月庚寅，毛憐衛指揮猛哥不花等，率子弟部屬從征者俱至。賜弓矢裘馬等物。實錄。

　　　　上年奏乞升衛千戶皆爲指揮，已遭戒諭，以無功故不許。至此乃盡率以來，謂其從征有功。雖有所賜，仍未升職，朝廷自有限制授官之意矣。

　　馬文升謂"永樂末招降之舉漸弛"，正謂此時。觀近數年來，不置新衛；有來歸者，授職而附入他衛，則官止酋目，不及其從屬諸夷矣；更不許濫請升職。來者亦遂稍

　　沮，皆足證馬氏"招降漸弛"之說也。

　　九月壬午，奴兒干等處都指揮王肇舟等來朝貢馬。　十月
戊子，奴兒干等處都指揮王肇舟等辭還。賜宴及鈔幣有差。
實錄。

　　　　王肇舟等本係流官，且未抵奴兒干任，亦以朝貢點綴
時政，彌見女眞來者之少。

　　十一月丙辰，遼東建州左等衛指揮猛哥帖木兒來朝。命禮
部宴賚之。實錄。

　　　　肇祖自受左衛職後，既見忌於朝鮮，而壓之以都護兵
力，又當兀狄哈南犯朝鮮之衝。據朝鮮實錄，本年九月戊
寅，"嫌眞兀狄哈巨乙加介，率兵百餘，侵慶源府，殺二
人，射一人。"十月丙戌，"兀良哈二百餘人，寇慶源府。
僉節制使田時貴率衆擊走之，斬一級。"是時兀狄哈之出
入，必經建州左衛。朝鮮亦不以左衛爲勾通兀狄哈，則名
爲設衛，依然一寄居之斡朵里野人，於朝鮮無所損益也。
同時朝鮮西境，鴨綠江岸江界、閭延等郡，亦屢被野人焚
掠。後數年，肇祖卒爲兀狄哈所殺，其子弟遁入明邊，托
庇於遼東都司而後幸存，蓋始終受明之卵翼矣。載舟覆
舟，一國之君無道，其下何妨取而代之。清代必極言其先
世與明無涉，則反形其昧良反噬耳。

　　十二月乙未，古魯等處野人頭目只古你等三十六人來朝。
置古魯衛，命只古你爲指揮，餘授千戶等職，賜鈔幣有差。
實錄。

閏十二月庚午，後軍都督同知王麒卒。麒舊名麻子帖木
兒，建州松花江人。父貴，故元開原路達魯花赤，洪武中，以
麒歸附，事上於藩邸。貴卒，麒以壯勇善射，選充御馬坊勇
士，從上平定內難。小河之戰，麒躍馬衝陣，矢不虛發，敵甚
畏之。自千戶累升都指揮同知，繼升後軍都督僉事。從征胡寇
還，以功陞後軍都督同知。卒，遣官致祭。實錄。

　　此建州人之爲明功臣者，其時視僅爲夷部酋長、世襲
土官者，固未可以等視也。清世謂從未臣服於明，則將視
此等功臣爲彼族之敗類乎？嘉靖間，更有建州黑春，討建
州叛酋王杲，中伏戰死，在明且爲忠義。清世亦好獎明之
忠義諸臣，惟黑春傳見明史稿，而正史刪之，則爲建州王
杲諱也。春子雲龍，亦爲總兵，崇禎末，京師陷，降賊，
此則眞建州之敗類矣。黑雲龍降賊，見黃魏赫甲申北都覆
沒述聞。

二十一年，即朝鮮世宗五年，癸卯(1423)

四月乙亥，朝鮮實錄書：咸吉道兵馬都節制使馳報：“今
四月十四日，童猛哥帖木兒管下童家吾下等二十七名來告慶源
府云：‘我指揮蒙聖旨，許令復還阿木河地面以居。指揮先令
我曹率男女二百餘名、牛一百餘頭，送還舊居耕農，仍使朝
京，請穀種口糧，且移鏡城、慶源官文，我等帶來矣。猛哥帖
木兒則隨後率正軍一千名、婦人小兒共六千二百五十名，今四
月晦時出來。又開陽恆居女眞楊木塔兀，因自中之亂，未得安
住，率婦人小兒共三百餘名，欲居於古慶源，隨後出來。’慶源
府使答云：‘猛哥帖木兒曾受國家印信，安住我境阿木河之地
二十餘年。去庚寅背歸大明，國家印信送于大明，改受大明印

信，至今居住。今又背大明出來，向大明亦不忠。其間所犯未
知，且未蒙國家之命，擅便來往，亦爲不當。'以此開諭送還。
其所帶來明文二道，監封上送。"命下議政府、兵曹，議云：
"先令練事人送于阿木河。童猛哥帖木兒果若出來，以王旨諭
曰：'汝等還來舊居，可喜。然近年咸吉道失農，國庫米豆盡
支于邊上賑濟，遺在數少。只將豆粟稷種共三十石、米二十
石，以補不足，可遣人領受。'彼若欲謝恩自來于京，不過五六
人押來。且更言楊木答兀欲來古慶源之意，則答云：'本人元
是慶源居住人，不可許接于境內。'續探事變啟達。"從之。

　　建州左衛在慶源，屢爲兀狄哈所攻，至是又向朝鮮內
徙，并入其家族舊居之斡木河，並借朝命以自重，介居兩
大，惟利是圖，肇祖時之處境如此。惟此時肇祖之內徙，
又當有他故。馬文升言："永樂末，招降之舉漸弛，而建
州女直先處開原者叛入毛憐，自相攻殺。宣德間，朝廷復
遣使招降。"然則建州、毛憐方有變故，正建州自相攻殺之
時。左衛與建州分析未久，不無關連，或假此以避攻殺之
闌及耶？
　　肇祖始起不在朝鮮。當永樂三年僞稱不願歸明時，自
稱"我等順事朝鮮二十餘年矣"。其時至少以二十一年計，
則其入朝鮮在洪武十七年。此叙"庚寅永樂八年。背歸大
明"，又云"安住我境阿木河之地二十餘年"，則至多以二
十九年許，入鮮在洪武十四年。肇祖之入朝鮮，當在洪武
十四至十七年之間。依清實錄，肇祖曾手刃仇人於赫圖阿
喇之地，遂定居焉。當是曾竄居明邊內若干時，然後入
鮮，是入鮮亦非始至。斡朵里部族原在慶源，特不在鏡城
之斡木河耳。東國輿地勝覽卷五十慶源都護府下云："訓

春江，源出女眞之地，至東林城，入於豆滿江，斡朶里野人所居。"齊氏水道提綱："土門江，折東流百餘里，合北來小水三，其南岸朝鮮美踐鎭城也。折東南流數十里，又有東英額河來注之，其西岸即朝鮮循鎭城，南爲慶源府城也。又東南，經輝春村西南；又東南，有輝春河，自東北合十數水，西南流來會。"輝春河即訓春江，在土門江北岸，蓋即今之琿春，逼近朝鮮之慶源。斡朶里居訓春城之土門江岸，跨江皆其族類，故肇祖之父輝厚及其母再嫁揮厚異母弟包哥，所生子女及其生父，皆能言之鑿鑿。蓋肇祖先世久居朝鮮邊境，至肇祖乃更暫去復來耳。惟清實錄之言，亦尚未足堅據，如云"肇祖復讎之後，即定居赫圖阿喇"，此必不然。定居赫圖阿喇，乃正統初建州衛李滿住得請於先，左衛凡察、童倉追踪於後。肇祖即曾至赫圖阿喇，亦不過與人仇殺而暫至，不如清實錄所云。至其是否有仇殺之事，是否曾至赫圖阿喇，除清實錄外，他無佐證，則安知洪武中葉之所謂入居朝鮮，非從北岸之琿春渡江而入鮮境，遂居鏡城之斡木河乎？故日本人謂清先世仇殺之事，即肇祖被殺於兀狄哈七姓之事，影射於肇祖以前，是以被仇殺後所遺之人，亦名范嗦，與凡察同名，其說未必無據。但謂清於肇祖以前必無所謂始祖，此則不然，前已言之。

建州叛入毛憐，自相攻殺，或即建州與左衛相攻殺。檢明實錄，是時毛憐衛尙遣所部從帝北征，則其本衛非有變亂之事。

朝鮮聞肇祖所傳帝命，亦不信爲眞，謂其背明不忠，特未知其所犯，然又不敢決其背明，而乘時翦除，以復慶源故土。觀後數年，肇祖承明之待遇甚厚，則此時之投朝鮮，並非得罪於明，實是迫於私事。當緣建州之自相攻殺而圖遷避也。

是月丁巳，忽喇溫野人女直板察苦進馬。賜鈔幣、織金紵絲襲衣等物。實錄。

六月，朝鮮實錄書：丙寅，斡朶里童猛哥帖木兒管下童家吾下等四人來獻土物。命饋之，回賜緜布，仍命禮曹加等厚待。　壬申，賜斡朶里指揮家吾下等各衣一襲。　癸酉，建州左衛指揮童猛哥帖木兒移慶源府關曰：“前年十月，以大明助戰入歸，還來時，皇帝聖旨：‘猛哥帖木兒所居，在達達軍馬路邊，可於朝鮮地移居。’且予無職，少時蒙太祖招安，支給農牛、農器、糧料、衣服，許于阿木河居住。故今六月初二日，率管下百姓五百二十三戶還到斡木河，乞給糧資生。”

肇祖關文，謂“前年十月爲大明助戰。”前年爲永樂二十年。夏，逐阿魯台北竄，盡收其牛羊駝馬，焚其輜重。其秋還師，遂勦助逆之兀良哈也。肇祖所言達達，即是兀狄哈。在明人口語中謂之達達，非謂蒙古。肇祖自謂無職，蓋以移闌豆漫爲故元之職，非朝鮮之職。朝鮮稱肇祖爲建州左衛指揮，實錄始見於此。

丙子，朝鮮實錄書：咸吉道監司馳報：“童猛哥帖木兒到阿木河，見慶源千戶金光秀，握手喜曰：‘不圖今日復相見也！專恃殿下德，率妻子來耳。國家先給穀種糧料，感喜。’仍言：‘楊木答兀，亦率管下五百餘戶，來屯豆滿江外。此人擄掠中國開陽城而來矣。吾等居中國，近於達達。皇帝以達達擾亂，許各還其所。吾以五百餘戶先來，未至者亦五百餘戶。庚寅年

背朝鮮歸中國者，不得已爾，豈敢忘德，仍求今年過活
口糧。'"

　　肇祖於楊木答兀，言其擄掠中國以告朝鮮，以示親鮮
而疎明。又以以前爲居中國，則以舊慶源旣設建州左衛，
即爲中國之土。今旣居斡木河，過活口糧則乞自朝鮮，衛
所則仍領左衛。以朝鮮之領土媚中國，以中國之授官挾朝
鮮，無一不擅其利於己，亦可見其設心之狡矣。開陽蓋即
開元。

　　七月，朝鮮實錄書：辛巳，野人童猛哥帖木兒遣管下千戶
也叱大等，謝賜穀種，兼獻土物。賜也叱大等三人衣服笠靴。
丙戌，傳旨于咸吉道監司曰："童猛哥帖木兒乞口糧，其給
雜穀一百石。後若更請，以啟達煩數爲辭，依常時彼人接待
例，雜穀魚鹽布物，隨宜贈送，隨即具由馳報。" 己丑，咸吉
道節制使報："童猛哥帖木兒母，及弟於沙哈、凡察，與女眞
千戶楊木答兀等，今六月十九日到阿木河。" 辛卯，斡朵里千
戶李都乙赤來獻土宜。回賜綿布十匹，又賜衣服笠靴。

　　此時始見凡察，而其母猶在。肇祖受朝鮮招安，在洪
武十七年以前，其生當在元末。是時明開國已五十六年，
肇祖最少必五十餘近六十歲。後十年被殺，年已頗高。今
其母在，則母年於此亦已高。而童揮厚在生之事，則多在
元代。清實錄"肇祖爲范嗏之孫"，則揮厚爲范嗏之子。又
范嗏爲始祖布庫里英雄之孫，則始祖當在元初。清太祖自
言始祖爲天女所生，乃十世以來之事。按其世數，正相
符也。

八月，朝鮮實錄書：庚戌視事。諸宰執皆出，吏曹判書許
稠、兵曹判書趙末生仍留。稠進曰："楊木塔兀人面獸心，驍
勇無比，一有激怒，制之甚難。況我國饑饉相仍，倉庫虛竭，
脫有不虞，將何以哉！臣愚以爲爲今之計，姑停奏報搬來之
事，使羈縻而已可也。雖不奏聞，無失於我。"上曰："不然。
今此奏聞，不可緩也。"　辛亥，判司譯院事崔雲賫奏本赴京，
其奏曰："議政府狀啟：永樂二十一年四月二十五日，據咸吉
道兵馬都節制使何敬復呈，送到建州左衛指揮使童猛哥帖木兒
關本使關文二紙。一件：'本職於永樂二十年四月內赴京，跟
駕回到北京。九月內，奉天門奏，有達達常川往來攪擾，邊境
去處，住坐不得。奉欽依："准他，着他自在好原久去處住坐，
打圍牧放。"本職等於永樂二十一年三月十五日起程，前來阿木
河等處。'一件：'本職查勘得男婦大小六千五十名口，接濟口
糧。'得此具啟間，本年六月二十四日，又據本使呈：'送到童
猛哥帖木兒關本使關，爲糧料事。於本年六月初二日，除在路
落後軍馬外，先領百姓五百二十三戶，已到於在先住址去處住
坐，接濟糧料便益。得此。'本年七月二十七日，又據本使呈，
該猛哥帖木兒差來告糧千戶愁虛言說，遼東開陽衛女眞千戶楊
木塔兀，連家小軍丁、男婦共五百餘名，亦於本年六月十九
日，前來與猛哥帖木兒一處住坐，呈乞照詳，得此具啟。據
此。臣參詳猛哥帖木兒雖稱欽依事理，又恐楊木塔兀等軍丁男
婦搬移前來本國邊境，理宜奏達。"

九月，朝鮮實錄書：癸卯，傳旨於咸吉道都節制使曰：
"前此野人當秋收時頻來爲寇，令高郎歧居民及時收穫，入保
城堡。且於童猛哥帖木兒、楊木塔兀處事變，不可不探候。然
無因頻數送人，反生疑貳。卿其酌量。"

十一月，朝鮮實錄書：丙戌，判右軍都總制府事朴子青

卒。叙子青一生事：“先在高麗王氏朝，由内侍出身爲郎將。
壬申，太祖登寶位，進中郎將。丙子，拜虎翼司大將軍，爲東
北面宣慰使，招安童猛哥帖木兒。”

　　丙子爲洪武二十九年，朝鮮太祖五年，此時又有招安
猛哥之擧。其前已入侍太祖潛邸矣，至上年太祖四年九月
八日己巳，尚於實錄書“吾都里萬戶童猛哥帖木兒等五人
來獻土物”，則並未叛去也。至次年乃煩朝鮮招安。招安
既爲朴子青傳中成績，自必招之有效，則其離去朝鮮必在
一年之間。至洪武三十年正月，朝鮮實錄書“賜猛哥等綵
綢絹、綵綿、布苧有差”，自是招回以後之事。但費朝鮮
招安，則其離去非安然他適，必有變故於其間，非招即有
不便再至者，或其與他族仇殺，即在此時。而仇殺則輾轉
闌入明邊，曾至赫圖阿喇之地。特夷族相戕，未煩明邊吏
議禁，遂泯然無聞，不過荒野中一大命案耳。而朝鮮則轉
知其尋讎去國，避不敢回，特由宣慰使招之而後返，此則
或然之事也。

　　十二月，朝鮮實錄書：戊午，傳旨于咸吉道都節制使曰：
“本道比年失農，倉廩虛竭，民尚艱食。童猛哥帖木兒、楊木
塔兀揮下人或三四十，或五六十，相繼而來。以國家有限米
布，安得人人而給之哉！若又丐乞於貧窮民家，則彼此俱餓
矣。且慶源、鏡城、龍城等處，野人入寇，深可慮也。其各里
居民，並令入堡，使當番留防軍及守城軍，常著甲胄，以備侵
突。又遣人於猛哥帖木兒，以節制使之言語之曰：‘爾等下人，
携妻子絡繹而來，乞食於慶源、鏡城民家。如我國有所蓄積，
則當馳報國家以賑恤之；民間若又豐稔，則亦與汝等分食可

也。本道近因凶歉，賑恤窮民，軍資告罄，汝輩所知也。雖馳報國家，將何以能給？民間又皆乏食，又安能與汝共食之也？雖然，若汝酋長脫致乏食，國家雖無所蓄，予當轉達接濟，使不至飢餓。至於麾下，雖連續羣至，必不能給糧與食。今當雪天，挈妻子而來，徒勞無益，須禁絕之。其中飢饉迫切不能自存者，聽其自願，就食豐稔他道，以遂其生，何如？'以此曉諭，且其處飢困迫切與否，須遣人偵候，從實以聞。"

二十二年，即朝鮮世宗六年，甲辰(1424)

正月，朝鮮實錄書：壬午，傳旨于咸吉道都節制使暨慶源、鏡城僉節制使等曰："前慮時方歲歉民飢，猛哥帖木兒、楊木答兀等管下人，成羣連續，出來丐乞，應接爲難，且恐作耗，命令邊民入堡，整軍防戍。然更思之，隣居兀良哈、吾都里兀狄哈等，不知其意，反生疑貳，或至驚動。當上項野人出來，或上京回還時，諭以邊民難支管下人求索，自願入城，非有他意，諄諄開說，使之安心。"

吾都里爲原在慶源、鏡城，與兀良哈、兀狄哈等俱稱城底野人者，肇祖已別爲明之建州左衞，在吾都里中分別言之。

乙酉，朝鮮實錄書：奏聞使崔雲先遣通事金祉以書啟曰："癸卯九月初一日，臣到北京，進啟本皇太子。命進奏行在所，時帝北征，太子監國。仍給上等馬，使兵部辦事官侯正伴送。初五日到行在所爛柴口子，皇帝命臣等進前來，距帝座前五六尺進奏本。帝披覽未訖，云：'說謊。'臣奏：'我國邊將啟，童猛哥帖木兒奉聖旨，本年六月到阿木河。殿下謂，既奉聖旨來了，不敢聞奏。又邊將啟，楊木答兀本年七月到猛哥帖木兒一處住了。殿下謂，楊木荅兀不奉聖旨，擅自搬移未便，即差臣奏聞。'帝曰：'說謊。'微笑。又曰：'汝國見彼入，雖一二便殺，一二百便殺，乃至千餘人都殺了。'又問臣：'汝是崔雲?'臣對曰：'是。''汝莫非崔得霏親眷?'臣對曰：'不是。'又問：'崔得霏、韓確好否?'臣對曰：'好。'帝呼内官尹鳳，命饋酒飯。禮部尙書呂震、刑部尙書李慶等謂臣等曰：'童猛哥帖木兒新徙，必無糧科，汝國接濟否?'臣答云：'本國後門連歲不登，又野人三次於咸吉道，二次於平安道，住來作耗。我民尙且飢困，何暇接濟！'兩尙書欣然相對，再三歎美，云：'殿下知理，速奏甚善，不濟糧料亦是矣。'又說：'汝國可擒獲彼人否?'答云：'彼人見其不敵，逃隱於大山長谷，難以擒獲。'尙書云：'汝言亦是。今皇帝親征，達子逃隱不見，彼亦如此。'又指揮金聲與臣言：'皇帝命我齎敕往朝鮮。吾奏："我若往朝鮮，楊木荅兀必謂請兵討之，將敕書付朝鮮使臣回去甚當。"帝許之。'金聲又言：'來四月間往東良北，楊木荅兀等似前不服，當擧義征之。汝去啟殿下，惠我藥酒與衣。我自先王時，向朝鮮有厚意。'仍付臣紅氈鞍籠曰：'汝將此物進殿下，以表予誠心。'" 甲午，奏聞使判司譯院事崔雲奉敕書回自京師，上幸景福宮，以黑衣烏帶、百官吉服，備隊仗以迎。其敕曰："皇帝敕諭朝鮮國王李：往者，楊木荅兀違逆天道，屢嘗逃竄。朕體天地好生之心，特加寬宥，仍復任用，無有疑忌。不意其冥頑無知，負德辜恩，近又挈家逃竄，且又用言哄嚇良善，將歸順朝廷好人一概迫脅前去。既而又聞其詐傳朕命，來於王邊方居住，索糧接濟。若此所爲，豈罪可容。茲特以敕諭王，王即遣人前去，諭以朕意。如果楊木荅兀能敬順天道，改悔前非，輸誠求歸，朕悉宥其罪，仍復任用，令其與妻子團樂，於本地方居住，自在快活，享有富貴於悠久。如是執迷不改，王即擒拿來獻。若其中果有被迫脅前去、能順天道來歸者，亦悉宥其罪，令其各安生業，永享太平之福。若復怙惡不悛，盡數擒拿解京，明正國典，以謝天人之怒。王切不可循情容匿，以負納逋逃之咎。故茲敕諭，宜體至懷。”命遣前判司宰監事柳季聞、大護軍池含，賚賜楊木答兀教書，及童猛哥帖木兒宣醞，往阿木河。其教書曰：“朝鮮國王告諭楊木答兀等：永樂二十二年正月十七日，判司譯院事崔雲回自京師，欽奉敕諭。節該：‘往者楊木答兀違逆天道，屢嘗逃竄。朕體天地好生之心，特加寬宥，仍復任用，無有疑忌。不意其冥頑無知，負德辜恩，近又挈家逃竄，且又用言哄嚇良善，將歸順朝廷好人，一概迫脅前去。既而又聞其詐傳朕命，來於王邊方居住，索糧接濟。茲特以敕諭王，王即遣人前去，諭以朕意。如果楊木答兀能敬順天道，改悔前非，輸誠求歸，朕悉宥其罪，仍復任用，令其與妻子團欒，於本地方居住，自在快活，享有富貴於永久。若其中果有被迫脅前去、能順天道來歸者，亦悉宥其罪，令其各安生業，永享太平之福。欽此。’今差判司宰監事柳季聞傳諭旨意。欽惟皇帝陛下，方布大信於天下，不念舊惡，特降敕旨，丁甯反覆，許以改悔。此正爾等去逆效順、以求自新之日也。爾楊木答兀等，宜體皇帝陛下懷綏無外慰安反側之至恩，回心革面，歸附聖朝，永享太平之福。”

　　明帝敕書，但令朝鮮遣人諭楊木答兀，不復提及肇祖。當朝鮮使臣上奏時，親聞帝再言“說謊”，此“說謊”者，肇祖也，然以微笑了之。及敕下，而更不提肇祖，則固已許其說謊矣。此蓋含有肇祖據朝鮮地納之明廷，明設建州左衛等一番作用在內。朝鮮始疑其叛明而來，今知其不然矣。

二月辛未，朝鮮實錄書：咸吉道敬差官右司諫柳季聞、大護軍池含來復命，言於承政院曰："初至阿木河，距童猛哥帖木兒等所住一舍，先使通事通之。猛哥帖木兒率兵二百餘人，迎于十里許道左，躬身迎命。余使之前導，至其家，且陳上慰諭之意。猛哥帖木兒言：'楊木答兀爲覓糧，歸于四舍程常家等處。'仍跪言：'教書雖諭楊木答兀，吾亦願聞之。'我使千戶王毛長以漢訓開讀，又以女眞語解之。猛哥帖木兒云：'楊木答兀背皇帝到此，予亦心不寧，來則予當開說。'遂饋宣醞，猛哥帖木兒拜受，疑而不飲。余曰：'宣醞不可不飲。'遂卒爵。予坐北壁，池含坐東壁，自坐西壁，陳盛饌，相與醉飲。又請予宿，予從之。猛哥帖木兒喜而釋其疑。"

三月己卯，朝鮮實錄書：傳旨于咸吉道都節制使河敬復曰："遣人於童猛哥帖木兒，細問楊木答兀前降王旨開諭後，及赴京日期以聞。"

壬辰，毛憐衛指揮猛哥不花遣指揮僉事王吉，率所部從征。上嘉之，賜賚吉等有差。實錄。

此時從征之女直，言毛憐不言建州。而據朝鮮實錄，則於四月間敘建州指揮已於二月內，由奉州到婆豬江居住矣。合之馬文升所謂"由開元叛入毛憐者"，情迹相符。而毛憐衛在永樂初授把兒遜時，原在愁州，則在圖們江。後來之毛憐衛，則在婆豬江，殆猛哥不花復受毛憐衛職時，已易地矣。故建州衛之徙婆豬江，馬文升謂之"叛入毛憐也。"

壬寅，建州衛指揮管禿來朝，奏願居遼東。從之，賜襲衣鈔幣。實錄。

　　管禿之名，在朝鮮實錄爲肇祖之長子，明實錄以肇祖長子爲阿古。朝鮮實錄又作權豆，"權豆"則與"管禿"爲音轉也。據朝鮮實錄，權豆曾充中朝侍衛，或即指此時。

　　癸卯，朝鮮實錄書：兵曹據咸吉道都節制使牒啟："童猛哥帖木兒管下人等，求索口糧魚鹽布物，以有限之物，難以人人而給之。請將國庫雜穀一百石、鹽三十石，其中指揮、千戶、百戶來乞，則依前例撙節分給。其神稅布及魚物，除常貢外，量宜支給。"從之。

　　四月己酉，朝鮮實錄書：總制元閔生賫楊木答兀聲息奏本發行，賜衣一襲，笠靴及藥。其奏曰："永樂二十二年正月十七日，陪臣崔雲賫持敕諭回自京師。節該：'往者楊木答兀，違逆天道，屢嘗逃竄。朕體天地好生之心，特加寬宥，仍復任用。近又挈家逃竄，來於王邊方居住。茲特以敕諭王，王即遣人前去，諭以朕意。如果楊木答兀能敬順天道，改悔前非，輸誠求歸，朕悉宥其罪，仍復任用，令其享有富貴於永久。如是執迷不改，王即擒拿來獻。欽此。'臣於當日欽備敕諭事理，差陪臣判司宰監事柳季聞、大護軍池含等，馳驛前去阿木河地面招諭去後。本年二月二十五日，季聞等回還，備建州左衛都指揮使童猛哥帖木兒呈啟，節該'永樂二十一年間，有欽差指揮王紀，將敕諭前來，招諭楊木答兀等。本人驚怕，未曾相見。有猛哥帖木兒著人四散根尋，不知去向。指揮王紀未曾得見回京。楊木答兀一向有外心，不肯向前間。永樂二十二年二月初一日，敬差官齋捧欽備敕諭招諭楊木答兀的王旨前來，猛哥帖木兒即便差千戶兀里等前去叫尋楊木答兀。初七日回。據兀里言說，本月初四日，前到無人迤北英哥地方，遇見楊木答兀說：'童指揮差我前來根尋，叫你即便前來。'有本人回言：'我

聽得有内官二人前來捉拿我，心中十分驚怕，我去不得。我這
裏打聽明白，有五月間我親自上位前叩頭。'不肯前來。賫來招
諭的王旨查下，務要根尋楊木答兀，著他知道，說的王旨内明
白之日，即便回報，得此等候間。本年三月二十五日，有咸吉
道兵馬都節制使河敬復，備猛哥帖木兒關本使關文，飛報該：
'永樂二十二年二月初七日，明白查寫王旨。本月二十一日，
差百戶愁虛等五名，前去根尋楊木答兀。本月二十五日，愁虛
回還言說："前到應巨散五里無人地面，遇見楊木答兀，說與
他知道。"本人回說："永樂二十一年八月内，有聖旨前來招諭，
不曾相逢，不曾去。今年第二遭又來時，我死也不去。將親弟
子中朝見去。"聽此回來。得此關請照驗，得此具啟。'據此。臣
參詳楊木答兀違逆天道，負德辜恩，不肯從順，擬合遣將擒拿
解京。切緣此賊逃竄深遠無人險阻去處，又兼道經斡朶里、兀
良哈等野人地方，難以行兵捉拿。爲此謹具奏聞。"

辛未，朝鮮實錄書：平安道兵馬都節制使，據江界兵馬節
制使呈馳報："今四月十七日，小甫里口子對望越邊，兀良哈
沈指揮率軍人十三名，將牛馬并十三頭匹來說：'吾等在前，
於建州衛奉州古城内居住二十餘年，因韃靼軍去二月十七日入
侵，都司李滿住率管下指揮沈時里哈、沈者羅老、盛舍歹、童
所老、盛者羅大等一千餘戶，到婆豬江居住。去癸卯年，蒙聖
旨，許於婆豬江多回坪等處居住。今因此到接。然無口糧種子
鹽醬，切欲乞丐過活。'其所持印信文字上送。"

此段於建州之考證，大有關係。"建州衛奉州古城内
居住二十餘年"，即前所云於虛出居鳳州，而鳳州即開元
路也。"鳳"與"奉"諧音，蓋前所謂鳳州。其"鳳"字本非正
字。朝鮮内地有鳳州，在黃海道，元初亦入元，設東寧

路，而朝鮮之咸吉道，則自元以來不屬朝鮮。元初設開元路於此，明太祖先設三萬衛，即在開元路故城之西，見明史地理志；其設衛之地即斡朵里，見明實錄，上已言之。是開元路故城，更在斡朵里之東也。朝鮮起而抗議，明祖遂撤三萬衛退至開原。此開原則爲今之開原。其地先本無名，以三萬衛由開元來，而遂以名其地；又改"元"字爲"原"。開原與開元，明非一地，然明末人若熊廷弼、王在晉等疏議之內，皆謂"開原即金之黃龍府"，已誤認開元與開原同地。吾鄉李申耆先生作歷代地理今釋，即以開元爲開原。近楊惺吾作地理沿革圖，復仍其誤。今始可與訂正。奉州旣與鳳州同用，知同係語音之流傳，"奉"與"鳳"皆非定字。朝鮮咸吉道北境，有所謂具州、愁州、探州等，俱不知其州名之由來。據彼地志言：遼末高麗睿宗時，尹瓘開闢北疆，築有九城。今俱無考，或即此等州名所自始。其云"二十餘年"，即阿哈出受建州衛職以來，至此年叛。馬文升謂"永樂末，建州叛入毛憐。"觀此文，則"叛"乃離去之意，亦非有反逆之意可言。據彼等自言，亦曾奉朝旨而後徙，此未知其確否？李滿住此時已見，則李顯忠蓋又死矣。　　所云"韃靼軍入侵"，韃靼爲明代專稱蒙古之名，此時成祖屢征蒙古，方逐之北走，不得近明邊，更無論朝鮮邊矣。馬文升謂"其自相讎殺"，正謂女眞人自相讎殺耳。或兀良哈、兀狄哈等，亦可云韃靼耶？　　婆豬江，在明人常用此名，朝鮮則恆稱蒲州。此亦朝鮮之多以音近之字爲地名，而每加"州"字。清代以滿住之音而爲滿州，以附合爲地名，皆此方人種之同一作用也。

六月癸亥，朝鮮實錄書：咸吉道都節制使河敬復報："欽

差指揮金聲，使人賣乞糧劄付一張前來。其劄付曰：'欽差指
揮金聲爲招諭事。近蒙賣奉大明皇帝救諭，將領官軍一百五十
員名，前往白山迤東幹木河等處，招諭遼東三萬等衛叛出軍官
楊木答兀等。除欽遵到于各處開讀外，見行至地名東凉住劄。
所據官軍因往路道轉逯遙遠，及雨水連綿，中途阻滯，經今日
久，各人原帶米糧不足，目下缺糧。今照朝鮮國附近，擬合行
文那借接濟便益。爲此前差指揮吳禎前去，劄付到日，仰即具
啟國王，照依開去米數，差撥人夫，運送前來接濟施行。計實
借米一百五十石。'金聲所賫來救諭楊木答兀聖旨曰：'朕主宰
天下，上膺天命，凡四方萬國之人，輸誠來歸者，亦莫不敬順
天命，不敢有違。爾等盡是朝廷好漢，比先識達天命，也曾與
朝廷出氣力來。朝廷恩待爾等，亦未嘗有纖毫虧欠。前因爾等
逃叛，朕以爾等能順天命，回來復業，已三次饒爾罪過，與爾
官職，一般任用。今爾等又不曾做一些歹勾當，也無一些罪
過，不知有何緣故，便輒逃去。爾等恪遵朕命，順着天命，隨
即回來，安生樂業。爾等一些罪過也無，仍與爾官職，一般任
用，俾爾等與父母妻子團圓，快活住坐。這便是爾等能順天
命，合天心，永享太平之福。若是執迷不省，不遵朕言，與天
命相拗，不即回來時，大軍到來，決然不饒。故諭。''皇帝救
諭建州左衛指揮猛哥帖木兒、凡察、薛赤、兀撒哈阿合里、歹
都孔可塔阿察，頭目何思答，千戶勸赤等；往者楊木答兀違逆
天道，背叛朝廷。論其罪逆，天地鬼神不容。及其來歸，朕乃
屈法伸恩，特加寬宥，仍與官職，待之如初，未知有纖毫虧
欠？不意其冥頑無知，負德辜恩，仍復挈家逃竄，且又用言恐
嚇良善，將歸順朝廷好人，一概迫脅前去。若此所爲，罪豈可
容！然人孰無過，過而能改，即爲無過。特以救諭爾等；如果
楊木答兀能敬順天道，改悔前非，輸誠來歸，朕悉宥其罪，仍

復任用，令其與妻子團欒，於本方居住，自在快活，享有富貴於悠久。如是執迷不改，爾等即禽拿來獻，以謝天人之怒，朕當論爾等功賞。若其中果有被迫脅前去、能順天道來歸者，亦悉宥其罪，令其各安生業，永享太平之福。若其怙惡不悛，盡數擒拏解京，正以國法。故茲敕諭。'"甲子，遣前司諫柳季聞，賷宣醞燒酒二十瓶，往慰金聲，仍賜金聲苧麻布十五匹、夏衣一襲。傳旨咸吉道監司，給指揮金聲酒果魚肉、粳米二石、糙米一百五十石。賜柳季聞夏衣一襲。　丁卯，奏聞使總制元閔生馳書啟曰："五月十六日，臣及到開平迤北一百餘里行在所，皇帝引見，問奏本內楊木答兀詞因，欲更授敕書。臣奏云：'本人驚怕，隱遁於山險地面，實難禽拿。'遂停敕書。賞銀二錠、六表裏、鈔五百張，命錦衣衛千戶屠忠護送于燕都。"　辛未，傳旨咸吉道宣慰使柳季聞曰："今聞前日作賊被殺謙進兀狄哈父兄族類一百五十餘名，前到阿木河，賊謀難測可畏。然使臣到於野人地面絕糧，當及時送入，慰問接濟。爾其詳審，量宜布置。"

　　七月乙亥，朝鮮實錄書：平安道監司報："建州衛指揮玉古只、千戶童觀音老等男婦共二十六名，持牛馬於江界滿浦口子、江北皇城平、來屯，言曰：'原居回波江方州等處，爲因韃靼兀狄哈侵耗，兀狄哈冠以韃靼，尤可證其爲通稱。前年受聖旨搬來婆豬江等處。爲飢餓覓糧而來，欲上京謁殿下。'仍言：'都司李滿住領軍人四百餘戶，到鴨綠江相距一日程瓮村等處。'有解朝鮮語一女云：'我本居咸吉道，被擄而來。'此野人等，冰凍則欲越江，乞口糧種子，難待冰合之日。"命下議政府、六曹議之。同議啟曰："彼人接待，一依去四月二十七日受敎，行移處置。若乞糧料，則以升斗給之，云減我軍料濟之。若帶軍器成羣而來，則一依永樂二十年六月受敎逃來唐人

接待例，邊將固守不許入境。若越入作賊，臨機應變。此建州
衛軍人，非咸吉道來往彼人之例，實與遼東東甯衛人無異，諭
以'無皇帝聖旨而相接，未可也'，勿令越入。"從之。

　　據此，朝鮮廷議，以建州從前在咸吉道内來往，則飢
荒求乞，可以逕來。今已出境，在中國遼東邊界，則與中
國原有之東甯衛無異，可以勿令越入。亦正謂開元路在朝
鮮咸吉道内也。

　　是年七月十八日，帝崩於榆木川，仁宗即位，明年改
元洪熙。

洪 熙 朝

仁宗登極後之永樂二十二年，仍朝鮮世宗六年，甲辰(1424)

　　八月戊申，朝鮮實錄書：司僕提調啟："前此咸吉道良馬
多產者，乃因開原路相通，與韃靼馬孳息。今與開原不通已五
十年矣，韃靼馬絕種，且濟州雖產馬之地，體大性馴者不產，
將來可慮。願令慶源、鏡城居人，於童猛哥帖木兒等處，以其
所求之物，交易體大雌雄種馬，孳息便益。"於是傳旨咸吉道都
節制使曰："於童猛哥帖木兒處，品好韃靼雌雄種馬，以營中
之物，如其界軍民私市者而市之，即將匹數毛齒啟聞。"

　　此所謂"開原"，不作"開元"，蓋是謂當時之開原。而
云"其路不通已五十年"，則謂當時開原所在之路，而非謂
五十年已有開原也。五十年已前爲洪武七八年，其時未有
開原。至洪武二十一年，徙開元路之三萬衛至其地，乃并
開元之地名而移之，又改"元"謂"原"。當洪武十年以前，

明尙未平大寧之納哈出，未受海西右丞阿魯灰之降，高麗
直通瀋陽以北，蒙古以販馬爲利，故易得馬。及明已平定
遼東，則關市有禁，故此路不通耳。

戊午，朝鮮實錄書：咸吉道都節制使啟："慶源百戶金自
忠、通事洪大等，因候事變，到童猛哥帖木兒所。回言謙眞兀
狄哈、巨乙加哈，與子四人、麾下三十餘人，到童猛哥帖木兒
家，與欽差金聲飲酒。巨乙加哈詰聲曰：'皇帝賜我之物，當
與我也。'彎弓欲射聲。聲曰：'予奉皇帝聖旨招諭楊木答兀而
已，無有賜汝之物。'然恐其被害，與木綿三匹、廣綃一匹、針
一百個、朱紅一封、白蛤一百個、弓弦一條、匹段帖裏一領。
然後巨乙加哈置弓箭，又爲四子强求贈物。金聲不得已，各給
木綿三匹、朱紅一封、針一百箇、白蛤一百箇、弓弦一條。受
之乃還。" 癸亥，咸吉道監司報："去七月二十八日，欽差指
揮金聲，使送通事黃顯等九名，賫指揮劄付，來督未盡輸運糧
米七十八石。其劄付曰：'欽差指揮金，爲招諭事；照得近蒙
賫捧敕諭，將領官軍，前來白山迤東斡木河等處，招諭叛出官
軍楊木答兀等。除欽遵到於各處開讀，見在東涼住劄招諭外，
爲官軍急缺糧食，已經行文前去朝鮮國鏡城節制使，轉達借支
去後。續蒙敬差宣慰使柳季聞，部民送到糧米七十二石，其餘
未曾運至。今該官軍所給前米，即日將及食盡。若不催督，誠
恐臨機缺食不便，擬合再催。爲此專差百戶王歧等，賫去劄
付。到日，即便照依原今事理，將未到米數，作急差撥人夫，
星火運送赴營接濟施行，請勿遲誤。'遂輸米七十八石，發軍人
五十名護送。"
　　八月庚午，賜哈兒蠻衛指揮只冬哈、建州衛指揮千戶阿哈
木、忽喇溫地面舍人納禿鈔幣、布帛、襲衣有差，以納禿願居

京師，只冬哈、阿哈木願居遼東故也。實錄。

己卯，陞毛憐衛指揮使孟哥不花爲右軍都督府僉事，賜鈔
幣遣還，嘉其從征迤北之勞也。毛憐衛指揮同知王吉等從征迤
北還京，辭歸，賜鈔幣有差。實錄。

時毛憐衛獨有功受寵，建州衛正在叛入毛憐時。成祖
崩于北征途次，此其師還之日也。

九月丙戌，兀者左等衛指揮失剌等五十人，貢馬及方物。
賜之鈔幣。實錄。

十月甲辰，兀者等衛指揮速的阿卜勒、頭目字乞納等，來
朝貢馬及方物。賜鈔幣有差。實錄。

同日，嘉河衛指揮阿必察等，遣女直頭目咬納等來朝，且
奏乞授咬納等本衛指揮。上顧侍臣曰：“一來朝遽授指揮，再
朝當授何官？且有功者又何以賞之？”不許。賜咬納等鈔幣遣
還。　丙辰，忽石門指揮沙籠加，率頭目亦失哈等來朝，乞授
亦失哈本衛指揮。上諭之曰：“今一來朝，遽授指揮。有先帝
時累累來朝，今尚爲千百戶者，其必不安矣。彼既不安，汝得
此職，豈能自安？但永建忠誠，不患無官職也。”遂賜沙籠加及
亦失哈等鈔幣有差，命禮部厚待之，遣還。因謂尚書呂震曰：
“祖宗官職，當爲祖宗惜之。”震對曰：“外夷人授之官，而非俸
祿之費，似亦可與。”上曰：“先帝所授外夷人官，亦非有俸祿，
何爲不輕授哉！吾授此官，以寵此徒，而又自輕之，可乎？且
得一人而失衆人，亦不可也。”實錄。

仁宗稱先帝以却夷人之陳乞，其實成祖無此愼重官職
也。馭夷自當以仁宗爲得體。　內官亦失哈亦海西女眞

也，與此亦失哈同名同種之夷，當非一人。然或因不官之故，遂自宮求進？斯時距實錄初見亦失哈，尚隔年餘，亦非不可有之事也。若果然，則永寕寺碑爲僞增文句矣。以無確證，不敢質言之。

丁卯，奴兒干都司都指揮同知康旺遣子貢馬。賜之鈔幣。實錄。

十一月甲申，朝鮮實錄書：平安道監司據江界道節制使呈馳報："曩日來住皇城平兀良哈童所吾、王都乙好、張三甫等五戶，領妻子牛馬，造土宇於鴨綠江邊，爲過冬之計，陸續來往，丐乞口糧鹽醬，或斗或升，再三接濟。江邊民家，亦以升合與之。然數多人口，使不絕食，連續賑給勢難。且欲上京朝見，多方以止之，不聽強留，疊入人之空家。其將何以處之？"令下議政府、六曹擬議。僉曰："彼人非但渡江入來未便，以有限之穀應無窮之欲甚難。當據理開說，云'汝等原係上國建州衛人民，不可私通'，阻當勿令渡江。若強渡來邊，將勿許接待，不與酒食。若橫行民戶劫奪，令隣保正長逐奪還取，禁止侵漁。依前受教，江邊居民督令入堡清野以備之。"從之。明年三月丁亥，給糧遣還皇城平，略之。

十二月庚申，朝鮮實錄書：平安道監司啟："婆豬江住野人李都巨等五名，指揮童凡察等四十一名，王伐介等男女共十四名，林毛多胡等三名，林昧澄可等十四名，各日到閭延郡小甫里口子；古也老等二十五名，到趙明干口子；修甫答等十名，到閭延郡，皆欲乞糧資生。雖依曾降教旨，以'上國建州衛人物，不可私通'，據理阻當，不即回去。如此絕食飢困之人，不給酒食糧米未便，請限解冰，以升斗量宜題給。"從之。

甲子，東寕衛指揮使金聲、建州衛指揮使猛哥帖木兒，來朝貢馬。賜綵幣表裏有差。實錄。

洪熙元年，即朝鮮世宗七年，乙巳（1425）

正月丙子，建州等衛指揮使沙班等二十九人，及兀者等衛指揮莽古等，來朝貢馬。賜鈔幣、表裏有差。實錄。

正月丁亥，朝鮮實錄書：童猛哥帖木兒使送斡朶里指揮馬佐和等二人、千戶阿加乃等二人，來獻土宜。賜衣服笠靴，回賜綿布有差。

己丑，建州等衛指揮同知不蘭乞、遼東叛虜楊木答兀等，遣人來朝。賜鈔幣、表裏有差。實錄。

辛卯，朝鮮實錄書：平安道監司馳報：「野人李滿住等百七十三名到江界，童修甫答等二百六名到閭延，俱以請糧爲辭，留連不還。」

二月壬寅，亦馬剌山衛指揮撒里等十人來朝貢馬。賜鈔幣、表裏有差。　辛酉，古木山衛指揮等官答剌哈等七十九人來朝。賜之鈔幣。　戊辰，遼東勿提衛都指揮指揮塔失等二百餘人來朝貢馬。賜鈔幣、表裏有差。　庚午，嘉河等衛指揮阿魯不花等來朝貢馬。賜之鈔幣。實錄。

三月甲戌，朝鮮實錄書：使臣尹鳳、鳳，朝鮮人李彬家奴，選入明爲宮監。朴實還京。上率王世子以下羣臣幸慕華樓設餞宴，贈兩使內廐馬各一匹。上謂使臣曰：「本國北門江界、閭延等處，建州衛都司李滿住、指揮童修甫答等，托以乞糧，各率管下百餘人，或二百餘人，連續出來，留連不還。切欲奏聞間，今幸遇尊使，細陳各情。彼輩既逃上國，潛來我邊境，不可厚接；今邊將只給回程糧送還。我之接待，未滿彼心。彼若生變，其禍不測。應之之方，予甚慮焉。請爲我悉奏上前。」使臣答曰：「吾等胡不盡心奏達。然吾等之言，不如殿下一奏。」鳳曰：「臣本國人，尤恐帝鑑，以爲本國之事言之如此繾綣也。

奏聞則於臣無嫌，而臣亦從而極陳之。"上曰："使臣之言甚是。"又曰："曾降敕諭拿送楊木答兀，然彼人不曾來往於我國，國人皆不知其面貌，且北方多閒曠之地，野人散處山谷，若兀良哈、斡朶里、兀狄哈之類是也。予連屬使人諜訊，皆云楊木答兀無定居，潛隱山谷，遷徙不常，拿捕無由。予用至慮，幸並此聞奏。"使臣曰："是先皇帝以征胡爲棘，未暇問罪，由是此等人得全至今。"宴將罷，鳳執盞實注酒，進上前一爵，行三拜而出。上送于門外，世子立道左，兩使就前揖別。至三議政立處，各行揖禮，乃行。上命知申事郭存中餞于碧蹄舘。

是年五月十二日辛巳仁宗崩，六月十二日庚戌宣宗即位。

正編卷二

宣德朝

洪熙元年，即朝鮮世宗七年，乙巳(1425)

六月庚申，宣宗即位後十日。朝鮮實錄書：咸吉道監司馳報："鏡城通事洪天回自阿木河，言猛哥帖木兒言，皇帝爲招還楊木答兀，差指揮金聲，率官軍百餘人，今月十二日來到頒救，仍謄寫救書而來。其救曰'皇帝救諭千戶楊木答兀等：爾等本朝廷恩養之人，輸誠效力，有勞於國，亦非一日。前者因都指揮王雄，不能撫綏，生事虐害，致爾驚恐，挈家逃竄。我皇考太宗皇帝，體上天好生之心，特加寬宥，遣指揮金聲，齎救往諭，爾等即能改悔伏罪，差人具奏來聞，備悉爾意。今朕主宰天下，天下之人，有罪者咸赦之，使之安生樂業，獨爾等艱難在外，未得安居，朕甚憫之。已將王雄貶責，特再遣指揮金聲齎救諭爾。爾等前過出於不得已，朕已深知，今一切不問。救到，即同金聲親來朝見，仍復爾官，俾回本土，與父母妻子團欒居住，安生樂業，永享太平之福。朕爲太平之主，體天恤民，推誠待爾，明如皎日，決不食言。爾等其體朕之懷。故諭。'" 丙寅，"欽差指揮金聲爲招諭事，近蒙賫捧大明皇帝救諭，將領官軍，前來阿木河等處地面公幹。除欽遵已到本處，據官軍原帶米糧，即日盡絕。若便著令建州等衛官民之家，備辦供給，不無有擾。照得朝鮮國附近，擬合行文關支。

爲此，今差百戶金振等，賫文前去。劄付到日，即轉達具啟國王，乞照數差人運送前來，接濟施行，請勿遲誤。須至劄付者。計關支米一百五十包，并鹽醬菜。右劄付鏡城節制使。准此。” 傳旨咸吉道監司：“阿木河出來指揮金聲處，賜送米酒及雜物，依甲辰年例預備，待宣慰使下去，及時輸送。”七月己巳，遣使賫酒衣布芧慰金聲，又傳旨咸吉道監司，贈聲海菜三百束。

七月辛未，朝鮮實錄書：兵曹啟：“今考平安道監司所送建州衛僉都督劄付曰：‘今後但有建州衛人民來往買賣印信文書，許令施行，毋得阻當。’則依憑印信明文，連續來往必矣。請自今雖有印信文字，以‘無聖旨，不可私通’，據理開說，勿接待，禁買賣。只以升斗量給行糧送還。”從之。

七月壬申，奴兒干吉列迷千戶速只哈奴，自遼東來貢馬，奏願居京自效。賜鈔、紵絲襲衣、綵幣及布，仍命有司給房屋、器皿、牛羊，月支薪米。初，速只哈奴以招撫至京，授正千戶，願居遼東三萬衛，至是復願居京，故有是賜。實錄。

宣德朝，招撫女直之事又盛行，蓋欲追永樂中葉以前政策。若仁宗，則即位以後，頗不肯濫授夷官，非棄之也，開邊自有長策，非可專以官賞爲招徠也。在位不及一年，未能見其設施。自後明之馭女眞，不過以永樂、宣德爲盛時之舉動而已。

閏七月戊戌朔，朝鮮實錄書：宣慰使上護軍金時遇，即賫酒衣等物往慰金聲之使。回自阿木河復命，啟曰：“臣初至金聲營，聲出軍門迎入。臣授賫去贈物，欲饋宣醞。聲曰：‘吾聞宣慰使先聲，使人請童猛哥帖木兒與楊木答兀，待其來共飲。’臣曰：‘爲大人來，何必待彼。’聲曰：‘吾爲招安，待以厚禮。

至於飲食不召，彼必以予爲無信。'俄而<u>猛哥帖木兒</u>來，遂飲至醉。<u>聲</u>謝曰：'年前殿下特加恩恤，今又蒙厚恩，深感深感，但願殿下千千歲耳。'仍贈給廣綃二匹，從事官差使員各一匹。臣等辭不受。及還，<u>聲</u>及<u>猛哥帖木兒</u>，於十里程設餞。<u>猛哥帖木兒</u>言：'小人從<u>太祖</u>時，特蒙厚恩。中間事多失禮，又蒙殿下深恩，非獨小人活命，乃至管下，專蒙恩澤，迨今連命。'再三叩頭，言辭繾綣。初出餞時，<u>猛哥帖木兒</u>言：'<u>金</u>指揮是<u>大明</u>使臣，宣慰使乃殿下使臣也。吾既土民，豈敢先行。'讓臣先，隨後而行。臣問：'<u>楊木答兀</u>歸順與否？'<u>聲</u>曰：'當時未定。'"

十月戊辰，<u>朝鮮實錄</u>書：<u>咸吉道</u>監司<u>鄭招</u>啟："<u>童猛哥帖木兒</u>率弟<u>凡察</u>、管下四十餘人，及<u>楊木答兀</u>弟<u>馬言彼</u>等五人，赴中朝。<u>楊木答兀</u>不朝。"

戊寅，<u>遼東</u>建州衛千戶舍人<u>你沙納</u>等貢馬及方物。　庚寅，賜<u>你沙納</u>等鈔幣、表裏、襲衣有差。<u>實錄</u>。

十一月己酉，<u>朝鮮實錄</u>書：<u>咸吉道</u>監司<u>鄭招</u>啟："<u>慶源</u>之邑，本爲<u>德</u>、<u>安</u>二陵而設，今已遷<u>安</u>於內地。本邑四面受敵，<u>龍城</u>之地，二面險阻，移<u>慶源</u>於<u>龍城</u>爲便。"<u>崔閏德</u>亦啟曰："此地形勢，臣備知之，移於<u>龍城</u>，雖曰退縮，其間不甚隔遠，移之爲便。萬一<u>慶源</u>爲賊所敗，則雖悔可追。去庚寅<u>郭承祐</u>之事，是爲明鑑。"上曰："政府、六曹與曾經其邑之任者，會議以聞。然吾意以爲退縮未便。"

<u>李裪</u>始終持恢復舊疆之意，其臣之能喻此旨者甚少。

乙卯，敕<u>遼東</u>都司，賜隨內官<u>亦失哈</u>等往<u>奴兒干</u>官軍一千五十人鈔有差。<u>實錄</u>。

　　明實錄見亦失哈始此。日本人所釋永甯寺碑文，謂亦失哈之往在永樂九年，距此已十五年，隻字不見於實錄。後此則二十五年間，常見亦失哈，至有通瓦喇也先之嫌而撤回京師，乃不復見，蓋其人尚未老死也。則永樂九年之早膺重任，統大衆以立大功，似未可信爲實矣。宣宗始勇於招撫女眞，亦失哈之行，當在宣宗登極以後。

　　辛酉，必里衞土官都指揮僉事康壽等來朝貢馬。賜弗提等衞指揮同知察罕帖木兒等九人鈔幣。實錄。

　　十二月癸未，毛憐衞土官都督僉事答隆哥等，來朝貢馬及方物。實錄。

　　十二月丁亥，東甯衞指揮僉事金聲等，招諭建州左衞指揮僉事猛哥帖木兒、木合等，至京貢馬。實錄。

　　此與朝鮮實錄所載相符。

　　癸巳，賜奴兒干都司都指揮僉事佟答剌哈等鈔、綵幣、表裏、靴韈有差。實錄。

　　甲午，古木山等衞野人頭目咬納、建州等衞指揮僉事李顯忠子滿住等，貢馬及方物。上諭行在禮部臣曰：“正旦朝會，遠夷俱集，凡宴賜皆宜豐厚，毋簡於禮。”實錄。

　　是日，弗提等衞指揮同知察罕帖木兒等，率妻子五百七十二人來歸，奏願居京自效。賜以紵絲、紬絹、襲衣有差，仍命有司給房屋、器物如例。實錄。

宣德元年，即朝鮮世宗八年，丙午(1426)

　　正月丙申朔，朝鮮實錄書：咸吉道都節制使河敬復馳報：“楊木答兀所遣百戶卜只等三人，到鏡城云：‘楊千戶曾蒙賜米

糧，差我等赴京謝恩，賫奉進上土豹皮、鹿皮，持千戶關來。'
臣令鏡城節制使答曰：'汝背上國之人也，國家勢難待接，開
說還送。今將關文一紙上送。'其關曰：'千戶楊木答兀爲謝恩
事：比先恩養官軍，與米糧接濟，今經三年，並無效順之心，
今將土豹皮一領、鹿皮一領，差去百戶卜只等，前赴上京，謝
恩叩頭。須至呈者。'"命下政府、六曹同議以聞。議云："本朝
並無賜米恩養之事，此人倨然使人妄意謝恩，倘上國聞之，以
我爲通好，則大是異事，拒而不納可也。"於是傳旨敬復曰：
"楊木答兀雖實使人，國家曾無賜給米糧，謝恩無理。以此開
說還送，毋失事機。且楊木答兀管下人，冒稱童猛哥帖木兒使
人，來乞糧料，慮有守令不察而給之。若有如此者，推勘
以聞。"

　　是月己酉，弗提衞故指揮僉事禿僧哈母佟氏等，來朝貢
馬。實錄。

　　壬子，命建州左衞指揮僉事猛哥帖木兒爲都督僉事，賜冠
帶。實錄。

　　　清實錄稱肇祖之名爲都督孟特穆。據此，知"都督"之
稱實非假借。野人俗，以所受中朝之官名冠於己名之上，
如肇祖之父爲豆萬揮厚，揮厚異母弟爲容紹包奇，肇祖之
母爲伊僉甫哥之女。豆萬、容紹、伊僉皆官名也。野人既
得官，必亟稱之，以自標異而資號召，故以都督孟特穆爲
名，從此爲建州名酋，此即受明之賜也。肇祖未受都督僉
事職之先，其實職爲指揮僉事。以階品論，僉事之上爲同
知，同知之上爲指揮，其上再歷都指揮僉事同知，而至都
指揮，然後可陞都督僉事。今肇祖由指揮僉事一躍而至都
督。宣宗初立，有此殊恩，與仁宗之愛惜名器大異。肇祖

在永樂初以皇親入侍，宮掖之中或別有顧遇之故。殆宣宗
爲太孫之日，於成祖嬪妃中承親待者，屬肇祖之姑姊妹其
人耶？左衛之得與建州衛抗衡，自必由此。方其時，建州
衛酋猶未授都督也。觀後來太祖受明都督之職，更受龍虎
將軍之官，因得力於李成梁。而成梁親戮太祖之祖若父，
清一代不以爲怨。鐵嶺李氏之世爵，與清同休，蓋至宣統
三年，李氏世襲之男爵乃盡，則清亦非薄於報德者。太祖
非假此尊寵，不易速成大業，其感念成梁可知。獨於明廷
之世世卵翼，不惜負心圖賴，冀杜後來取代之萌，自康雍
乾以來，皆懷此鄙陋之見，其後嗣之渾渾噩噩者更無論
矣。易代以後，足供讀史者尙論如此。

癸丑，賜建州左衛土官都督僉事猛哥帖木兒，及東寧衛指
揮使金聲等二百八十四人，鈔絹、綵幣、表裏有差；仍命遼東
都司給賜綿布。實錄。

　　昨日進官，今日蒙賜。金聲則久在斡木河肇祖所在，
與肇祖招楊木答兀。楊木答兀不來，僅以弟馬言彼隨與俱
朝者也。至是則肇祖與聲俱受賞賚，招諭事未足爲功，其
厚肇祖則甚矣。

　　甲寅，賜毛憐衛土官都督僉事莽哥不花等三百八人、遼東
東甯衛轄官指揮僉事答隆哥等九十三人，綵幣、表裏及紵絲襲
衣、靴韈有差。實錄。

　　猛哥不花，在永樂末獨有從征功，其官亦至都督僉
事，斯時蒙賞者極多。宣宗銳意繼成祖招撫之策，特於改

元之初，曲示恩資，爲一代馭女直之見端。後屢欲設成奴
兒干都司，卒以專恃軍人及財利，無所成就，至身後且以
遺詔罷之。而明對東北夷之用心，亦止於宣德一朝矣。

乙卯，賜建州左衛指揮僉事木合等鈔幣、表裏等物有差。
戊午，命建州左衛指揮僉事塔阿察、撒里不蘭、乞自在州居
住指揮僉事木答哈爲指揮同知，三萬衛正千戶佟敬、建州左衛
正千戶牢苦禿爲指揮僉事，其餘副千戶、百戶、所鎮撫，各陞
職有差，以其從東甯衛指揮招諭還故也。實錄。

　　是時在朝鮮後門之建州衛夷，惟有左衛，已深入朝鮮
之斡木河。而其逋逃往依建州左衛之楊木答兀，招諭使
還，皆恃左衛爲之傳達。今招諭之效，尚未全奏，建州左
衛之蒙賞，已稱疊如是。建州衛則李滿住已入明邊，不預
招撫之事，此爲建州衛與建州左衛分立遠距之時。

己未，賜古木山衛野人頭目咬納、建州衛舍人李滿住等，
鈔幣、襲衣、靴韈有差。實錄。

　　滿住在朝鮮實錄，見於永樂二十二年，已稱都司。時
其父釋家奴已死，滿住當襲爲都司矣。至此已隔二年，明
實錄尚稱舍人，則明廷未予襲職也。所謂“永樂末叛入毛
憐”，蓋棄其敕授之衛地，即謂之叛；逮允其襲職，則謂
之招安，當時官文書之情節如是。

庚申，撒力等衛韃官指揮僉事桑果奴等，來朝貢馬。　癸
未，賜弗提衛故指揮僉事禿僧哈母佟氏，併姪奴奇等，撒只剌

河衛野人頭目火羅火遜等，鈔、綵幣、表裏及羅絹、襲衣、靴襪有差。　甲子，木速河等衛指揮同知捏哈、卜忽禿河等衛頭目牙失哈等，來朝貢馬及方物。實錄。

二月丁卯，建州等衛指揮僉事塔阿等，來朝貢馬及方物。實錄。

戊辰，賜撒力等衛轄官指揮僉事桑果奴等鈔、文綺、襲衣有差。　庚午，察剌兀山衛頭目撒里本加等來朝，奏願居京自效。命爲千戶等官。建州等衛指揮僉事連台等五人來朝，奏願居遼東東甯等衛。皆賜冠帶、金織襲衣、綵幣、銀錠、綿布、鞍馬有差，仍命順天府及遼東都司，各給房屋、器皿等物如例。　甲戌，賜木速河等衛指揮同知捏哈等四十人、卜忽禿河等衛頭目牙失哈等一百六十四人，鈔幣、襲衣、表裏有差。賜亦馬忽山等衛指揮僉事完者禿等，鈔、金織文綺、表裏有差。實錄。

壬午，賜建州等衛指揮僉事塔阿等，綵幣、表裏及金織紵絲絹、襲衣有差。實錄。

三月丁酉，毛憐衛指揮僉事兀罕出等八人，招諭逃叛楊滿皮至京。賜鈔及綵幣、表裏、襲衣等物有差。實錄。

　　　楊滿皮即楊木答兀之弟。滿皮，朝鮮譯作馬言彼，已
　　見前。後文朝鮮亦作楊木答兀弟楊滿皮。

壬寅，賜忽石門等衛頭目兀龍加等，鈔、綵幣、表裏、襲衣有差。　丁未，進北和甯王阿魯台部屬把的來歸，葛林衛頭目板塔等來朝，皆奏願居京師自效。命爲百戶所鎮撫。毛憐等衛指揮僉事亦令合、亦馬山衛試百戶委剌等來朝，皆奏願居遼東東甯衛。悉賜冠帶、金織、襲衣、綵幣、銀鈔、綿布、鞍馬

有差，仍命順天府及遼東都司，各給房屋、器皿等物如例。
實錄。

五月戊戌，兀者前等衛指揮同知阿魯禿等，來朝貢馬。
丁巳，賜兀者前等衛指揮同知阿魯禿等，鈔、金織、綵幣、表
裏、羅綺、絹布、襲衣有差。實錄。

宣德初招撫之策復行，安插賞賚之費甚鉅。此但就其
最多之部族女眞一種錄之，亦有西番等同時來者。此皆宣
宗力行永樂初成策，其大概可見矣。

六月丁丑，朝鮮實錄書：咸吉道都節制使馳報：「前月二
十六日，女眞千戶高天等男女大小共五十名逃來。」又報：「慶
源前千戶李三哲，以事變探候，到阿木河。童猛哥帖木兒謂三
哲曰：『吾等曾居余下時艱難，管下人將牛馬衣服買得人物，
逋入慶源、鏡城之境，則以楊木答兀管下人例論，專不送還。
管下人痛心，欲擄掠慶源、鏡城人物，以償所亡。歲在寅庚，
兀良哈、兀狄哈等，因人物擄掠，終乃成群作賊。我欲專心歸
順，管下人亦以逋逃人之故，勢將未得安心居接。汝其歸告節
制使，送還逋逃人物。』切惟彼人本是人面獸心，生變難測，令
鏡城節制使，領兵馬防禦於龍城，用戒不虞。」從之。上召政
府、六曹、都鎮撫及卞季良議曰：「楊木答兀、童猛哥帖木兒，
率其部落，居我國之地，不可以敵國論也。然在前背叛朝廷，
故其所擄掠唐人，逃來則押送于京。今則朝廷許其歸順矣，以
其歸順而送還逋逃之人，則有虧於我事大之誠；若押送于京，
則彼必怨怒而生釁矣。若欲還給以弭釁，當於此決之。中國雖
或知之，豈無可藉之言乎！如之何而處之？」皆曰：「古今天下
之事，當以大義處之。今逃來人，皆中國付籍之人也。今若還

給，則是猶助桀爲虐，事大之誠安在？莫若一則固其防禦，一則待之以厚，而其逋逃之人，隨即押解于京可也。”上曰：“還給之，則於大義有乖，予亦以爲解還可也。”

七月壬辰朔，朝鮮實錄書：兵曹據平安道監司關啟：“江界滿浦口子相對，彼土皇城住。其地名皇城平。兀良哈張三甫與鎮撫安有謙說：‘我等奴婢，汝節制使解送京師，使我等不得存接，故已將家財小兒送婆豬江。吾以皮船五六隻，乘隙渡江，剽掠江邊農民，可以償吾所亡。’彼既人面獸心，生變難測。江界道軍馬，各分六番，則三翼番上軍士，纔九十餘名，恐未能應變，請分三番防禦。”從之。

咸吉道在圖們江邊，建州左衛此時居其地。平安道在鴨綠江邊，建州、毛憐等衛居其對江之地婆豬江。兩處俱以解送逃人，懷憤於朝鮮。而朝鮮盡禮於事明，不敢避怨，卒解送之；且即以事大之義開諭女眞，女眞亦不敢過事倔強。是時建州夷之態度，不過如此。後來清室督捕逃人，屬兵部專職，則其故俗相仍，由來久矣。

癸卯，朝鮮實錄書：咸吉道都節制使河敬復馳啟：“今六月十七日，女直千戶楊木答兀弟楊滿皮，使千戶於乙於，百戶兀良哈、多陽哈等來說：‘我奉聖旨，推刷親兄楊木答兀率來人物。今到阿木河，然親兄率來人五十餘名，皆逃在貴國地面，幸即送還。’臣答云：‘今投來人曰：“我等原住開陽城，曾爲楊木答兀所擄，到阿木河。童猛哥帖木兒弟凡察、於沙哈、子權豆等，分執爲奴使喚，或轉賣兀狄哈，不勝艱苦，願因大國，欲還鄉土。”夫上國之民，欲還本土而來，禁之不可。且再降聖旨令本國推刷，汝等所知也。今若送還付汝等，則有違大

體，不可從也。'以此開諭送還。其所賷敕旨，謄寫以進。"其敕
曰："皇帝敕諭千戶楊木答兀等：爾等昔事我皇祖太宗文皇帝，
效勞於國，亦有年矣。我皇考仁宗昭皇帝，即位之初，撫念爾
等，挈家遠遁，遑遑無依，特遣指揮金聲賷敕往諭。爾等即能
改悔，遣弟楊滿皮等來朝，足見向慕之心。朕恭膺天命，嗣登
寶位，恪遵先志，特除楊滿皮爲正千戶，就遣同都督僉事猛哥
帖木兒賷敕曉諭爾等，凡前所有過失，今一切不問，爲官者仍
復爲官，爲軍爲民者仍復本役。敕至，爾等即率領家小，回還
本土，團欒居住，安居樂業，永享太平之福。切勿自生疑慮，
以取後愆。故諭。"

　　由此可見肇祖之入斡木河，必連帶一楊木答兀，正利
其先於三萬衛内徙時，彼不從往。而在三萬衛舊址擄得人
口，可供肇祖父子兄弟役使或販賣也。開陽城蓋即開元之
混稱。舊三萬衛設在開元，衛徙而居民爲夷目所擄，肇祖
等宜其視爲奇貨矣。既在阿木河，則已入朝鮮境，逃人舉
足即離夷轄，投入朝鮮。肇祖始隱庇楊木答兀，得其所擄
人口。既而其人多逃，乃率楊木答兀之弟楊滿皮入朝。宣
宗急於撫夷，來即以恩結之，乃轉借楊滿皮之口，向朝鮮
索逃人，女眞當時所重視者惟此。至逃人求還本土，乃是
求還中土耳，非求還開陽城也。開元自三萬衛内徙，已爲
女直盤據，欲免爲夷奴，豈可復入。此節於建州地望，及
肇祖輩事情，多有可推見者。

　　八月丁卯，朝鮮實錄書：禮曹啟："甲辰八月，投化受職
女眞睦加乙獻，原係開陽人，請與今來女眞人一時解送。加乙
獻一時偕來金劉時應哈、李於乙虛取，及乙巳投化金巨伊代、

金好心波、大陽哈等，自開陽被擄而來者，並皆解送。且上項人等，初來假稱野人向化，濫受官職，合收告身。"從之。

　　此仍與上節爲一事，以開元人爲中國人，則宜解送中國。然其來時稱係女眞向化，已得朝鮮官職，則其人與女眞無別久矣。但由三萬衛退徙時，爲楊木荅兀所擄及其同時或稍後來者，皆歸此一案解送。甲辰爲永樂二十二年，乙巳則洪熙元年也。

　　九月壬辰，忽魯愛等衛指揮僉事哈剌等來朝，貢馬及方物至京師。時親征高煦還，是日駐蹕河間府。　丁酉，阿木河等衛指揮同知弗剌荅等來朝，貢馬駝等物。　辛亥，亦馬剌等處女直野人木刀兀等二百二十九人，來朝貢馬。命木刀兀爲指揮僉事，脫脫出等爲千百戶、所鎮撫，賜冠帶、文綺、表裏鈔有差。上因謂侍臣曰："夷狄爲患，自古有之，未有若宋之甚者。靖康之禍，論者以爲不當通女眞，攻契丹，取燕雲之地，亦非根本之論。是時天祚失道，內外俱叛，取之可也。女眞以方强之勢，乘契丹之弊，後日必與我爲鄰。燕雲之地，太宗百戰不能剋，乘時取之，亦不爲過。若究禍之根本，蓋自熙寧至宣和五六十年，小人用事，變易法度，民苦征徭，軍無紀律，國家政事，日陵月替，遂爲夷狄所侮，致有此禍。高宗南渡，中原陷於夷狄，民心思宋，正宜臥薪嘗膽，委任忠良，恢復舊疆，洗雪大恥。乃復用小人，主和議，爲偷安之計。以岳飛之忠，卒死於秦檜之讒。小人之敗人家國如此。"又曰："自古無中國清明而有外夷之禍者。"實錄。

　　明於女眞，輒引宋金事爲鑒，而自以爲處置有勝於

宋。成祖以來，常持此論，惟宣宗以中國自謀清明，庶免
外夷之禍，較爲探本之言。其後明卒覆於女眞，較宋尤
甚。則以明政不能清明，而女眞得之，反能清明故也。宣
宗言此時，豈料萬曆以後之事！夫言宋不知臥薪嘗膽，自
古國家阽危，應臥薪嘗膽之日甚多，而何以獨一越王勾踐
傳此故事！宋高宗之必殺岳飛以與金和，正其不欲父兄返
國，以奪己位之一念耳。對外之失敗，根本皆緣於對內。
若徽、欽以身殉國，南渡後專意復仇，反無此牽制，或者
直擣黃龍，岳飛竟爲漢之衛、霍，唐之郭、李，未可知
也。明神宗之昏怠，無女眞亦足致亡。設因女眞之警，而
竟能臥薪嘗膽，則勤視朝以接外廷，散內帑以養戰士，撤
礦稅兇奄以收人心，威柄未渝，人材不乏，區區一建州，
欲免翦屠，搖尾乞憐之不暇，何必眞嘗勾踐之苦而始有濟
哉！亡國敗家，所最無奈何者，在內而不在外。宣宗之
言，爲勝於成祖多矣。子孫之不肖，則固非宣宗所能預
防矣。

　　是日，賜忽魯愛等衛指揮僉事哈剌、阿木河等衛指揮同知
弗剌答等，銀鈔、綵幣、表裏有差。　壬子，忽魯愛等衛指揮
僉事阿剌哈等來朝，貢馬及方物。實錄。

　　忽魯愛衛於前二十日壬辰，有朝貢來京之指揮僉事哈
剌，方於本日賜賚，而又有一來朝來貢之指揮僉事阿剌
哈，至十八日後下月己巳再書賞賚。此等以利爲餌之撫夷
政策，恃國勢方盛，民力不覺其因此而絀，然固不可以持
久。彼夷貪利即來，了無限制。至國力已屈時乃始限制，
則反以速釁矣。開邊而不殖民，是爲兩害。

是日，賜嘉河等衞女直指揮僉事猛哥等一百四十三人，
鈔、綵幣、表裏、氈帽、靴韈有差。實錄。

丁巳，陞掌毛憐衞右軍都督僉事猛哥不花爲中軍都督同
知，仍掌毛憐衞。猛哥不花初以土酋歸順，因立毛憐衞，命爲
指揮統其衆，事太宗、仁宗，咸盡勤誠，累官至都督僉事。至
是嘉之，故有是命。并陞其差來建州衞正千戶速刺禿爲本衞指
揮僉事。實錄。

猛哥不花，自是建州衞阿哈出之子、釋家奴之弟、李
滿住之叔。此文乃以爲土酋歸順，不著其父兄餘麼之由
來。惟其官賞最隆，因永樂、洪熙間從征立功之故。其所
以獨能立功，實錄立衞不在毛憐舊地，故不與建州衞、建
州左衞同被兀狄哈之患，身處安全，得有餘力出兵從征，
事勢可以推見。毛憐衞所差赴京之人，乃係建州衞正千
戶，遂陞爲毛憐衞指揮僉事，亦見其時建州衞合入毛憐，
略無分別之狀。

十月壬戌，賜考郎兀等衞指揮阿兒帖木等，銀鈔、綵幣、
表裏、紗羅、綾絹、文綺、襲衣有差。　己巳，賜忽魯愛等衞
指揮僉事阿刺哈等，鈔、綵幣、表裏、襲衣、靴韈有差。　癸
未，賜兀者等衞指揮僉事古郎加等，鈔、文錦、綵幣、表裏有
差。　甲申，弗提等衞指揮同知張禿等，來朝貢馬及方物。朵
兒必河衞百戶安出哈來朝，奏願居京自效。賜紵絲、襲衣、綵
幣、鈔布，仍命有司給房屋、器皿等物如例。實錄。

十一月丙申，可令河等衞指揮僉事凡察、乞列里衞千戶莾
苦、兀的河衞頭目卜郎乞等，來朝貢馬。　戊戌，賜弗提等衞
指揮同知張禿等六十四人，鈔幣、襲衣、靴韈各有差。　己

亥，<u>亦里察河</u>等二十二衛野人頭目<u>革忒兀</u>等，來朝貢馬。實錄。

癸卯，<u>朝鮮實錄</u>書：<u>斡朶里</u>指揮<u>權豆</u>及子千戶<u>馬波</u>等十一人，來進土物及馬。回賜縣布九十五匹。

<u>權豆</u>爲<u>肇祖</u>長子，此時已有子<u>馬波</u>爲千戶，而預於朝貢之事。後數年，<u>肇祖</u>父子同被殺，<u>權豆</u>遺子乃在襁褓，則<u>權豆</u>自有長大之子，於戰敗被擄時已同盡也。觀下年<u>權豆</u>拜辭時語，確係<u>肇祖</u>之子，非偶爾同名之人，則<u>馬波</u>亦確係<u>肇祖</u>之孫而同被害者也。

十二月乙丑，賜<u>建州左</u>等衛歸附官軍鎮撫<u>佟敎化</u>等，及原差招諭所鎮撫<u>高歹都</u>等二十人，鈔、綵幣、表裏、襲衣等物有差。實錄。

庚午，賜<u>亦里察河</u>等二十二衛野人頭目<u>革忒兀</u>等百二十八人，鈔、文綺、襲衣有差。實錄。

已丑歲除，<u>建州</u>等衛千戶<u>伯思哈</u>等貢馬及方物。實錄。

二年，即<u>朝鮮世宗</u>九年，丁未(1427)

正月丙申，<u>朝鮮實錄</u>書：<u>斡朶里</u>指揮<u>權豆</u>拜辭。上引見曰："好去。"<u>權豆</u>叩頭曰："我父謂臣曰：'我旣老矣，汝當往朝，專心奉國。'臣願留侍衛。"上曰："予知汝父好意，且嘉爾言。然爾曾侍衛朝廷者也，留此不可。雖不侍衛，已知汝忠誠。"賜鞍馬、衣二領、青縣布紬各五匹。

<u>肇祖</u>父子斯時所以媚<u>朝鮮</u>者如此。又知<u>權豆</u>且曾入<u>明</u>廷充侍衛。

是月壬辰，<u>東甯衛</u>指揮僉事<u>卜顏不花</u>、<u>建州衛</u>指揮使<u>鎖羅</u>

幹等，來朝進馬。　　乙未，希灘河等衛指揮僉事卜哈塔等，來
朝貢馬及方物。　　丁未，哈兒分衛指揮僉事苦赤不花等，來朝
貢馬。　　庚戌，賜建州等衛千百戶伯思哈等，鈔、綵幣、表裏
有差。　　乙卯，納鄰河等衛指揮僉事阿塔哈等，來朝貢馬。
賜東甯衛指揮僉事卜顏不花等、建州衛指揮使鎖羅幹羅等，綵
幣、表裏有差。　　丁巳，賜希灘河等衛指揮僉事卜哈塔等，
鈔、綵幣、表裏有差。　　戊午，哥吉河衛舍人把失罕等貢馬。
實錄。

　　　　西南各夷亦多貢賞事，不錄。

　　二月辛酉，老哈河等衛頭目羅幹可後作幹羅可。等，來朝
貢馬。　　壬戌，忽禿河衛指揮僉事哈答等，來朝貢馬。　　賜哈
兒分等衛指揮僉事苦赤不花等，鈔、綵幣、表裏有差。　　庚
午，撒力衛指揮忽申八等，貢馬及方物。實錄。

　　　　西南各夷不錄，以下同。

　　壬申，建州衛頭目桑果奴來朝，奏願居京自效。賜紵絲、
襲衣、鈔布，仍命有司給房屋、器皿等物如例。實錄。
　　甲戌，賜納鄰河等衛指揮僉事阿塔哈等，鈔、綵幣、表
裏、襲衣有差。　　乙亥，賜哥吉河衛舍人把失罕等，鈔、綵
幣、表裏、紵絲、襲衣有差。　　丙子，賜老哈河等衛頭目幹羅
可等，鈔、綵幣、表裏有差。　　丁丑，賜忽禿河衛指揮僉事哈
答等，鈔、綵幣、文錦、絹布有差。實錄。
　　己卯，朝鮮實錄書：吉州判官安位辭。上引見曰："兵事，
都節制使在；民事，汝宜加盡心。近聞猛哥帖木兒欲向他處。

予心以爲留於我境，則向我不敢懷二心；若入他境，將或生變。是意傳語都節制使。”

是日，賜依木河等衛指揮僉事禿多等，鈔幣有差。　癸未，賜撒力河指揮忽申八等，鈔、綵幣、表裏有差。實錄。

丁亥，毛憐等衛掌衛事都督同知猛哥不花等進馬。實錄。

戊子，朝鮮實錄書：禮曹啓：“兀良哈指揮劉甫乙看言曰：‘斡朶里酋首，權豆也；兀狄哈酋首，古乙同哈也。予則爲兀良哈酋首。伏望賞賜依權豆例，賜半飛紅中笠、鹿皮靴、斜皮套。’”從之。

　　是時肇祖健在，權豆已稱斡朶里酋首。父子同被害，尚在其後六年。劉甫乙看，即毛憐衛指揮郎卜兒罕。

四月癸亥，朝鮮實錄書：咸吉道都節制使河敬復馳報：“楊木答兀弟千戶楊滿皮進告：‘我受聖旨刷還開陽人物。若由忽剌溫地面入朝，則恐爲彼人所擄，欲由貴國之境入歸，請將此意轉聞施行。’”命下議政府、六曹同議，僉曰：“節制使當對以‘歲甲辰永樂二十二年。有聖旨，招諭汝親兄楊木答兀，及所擄開陽人物赴京，若楊木答兀率所擄人赴朝，則聽由我國之境，汝則本無聖旨，不可從也。’以此回答送還，更嚴防守爲便。”從之。

　　楊木答兀等已在斡木河，所擄開陽即開元之人物，亦在斡木河，因挈此等人物而不敢由忽剌溫地面，蓋將經由海西入開原邊。海西即是忽剌溫地面，宣德初已如是。後來海西謂之扈倫部。扈倫，即忽剌溫，其來自黑龍江之呼倫，呼倫亦即扈倫。楊滿皮欲假道朝鮮內地渡鴨綠江入

朝，朝鮮不許。是時楊木答兀所依附之建州左衛，在圖們
江內朝鮮極北境。建州、毛憐二衛，在鴨綠江西朝鮮西境
之外。

己巳，掌毛憐衛事都督同知莽哥不花家屬留京師者，奏請
給俸。上諭行在戶部臣曰：“留其家屬于京者，以係其心，而
無以贍之，能得其心乎？其如京官例給之。” 乙亥，建州衛頭
目咬失來朝，奏願居京自效。賜紵絲、襲衣、鈔、布，仍命有
司給房屋、器皿等物如例。實錄。

七月壬辰，朝鮮實錄書：咸吉道監司啟：“楊木答兀所擄
漢人指揮僉事苦失帖也可木等男婦共九十七名逃來，言欲還本
土，分運上送。”

　　假道則不許，逃來則送還中國，然則不待刷還，亦自
逃入朝鮮矣。

　　此下朝鮮咸吉道官吏屢陳慶源仍宜放棄，李裪不允。
文太長，不錄。

八月戊午，禿都河等衛指揮僉事脫你哥等，來朝貢馬。朵
兒必河等衛指揮僉事阿兒帖木等男婦二十五人來朝，奏願居京
自效。賜金織襲衣、綵幣、鈔布、棉花，仍命有司給房屋、器
皿、等物如例。 庚申，考郎兀等衛指揮僉事克徹、屯河等衛
指揮僉事不顏禿等，來朝進馬及方物。 丙寅，阿木河此非朝
鮮之阿木河。永樂五年，所設女真之衛，有野木河衛，蓋即此阿木河，
名偶同耳。等衛指揮僉事散替等，來朝貢馬及方物。 壬申，
撒剌兒等衛安樂等州寄住指揮僉事卜也哈等，來朝貢馬及方
物。 丙子，命奴兒干等處來朝野人女直頭目者得兀為可令河

衛指揮僉事，償卜爲弗提衛指揮僉事，俱襲父職；斡冬哈、僧住、可忙哈、帖木兒哈、傅剌察等俱爲副千戶，孟常三哈可里因答忽亦思答乃答哈剌脫歡出忽失塔加塔什哥里忽失答答必納等，俱爲百戶，賜賚有差。　丁丑，玄城等衛指揮僉事木答兀答下作"哈"，必有一誤。等，來朝貢馬及方物。弗提衛指揮僉事三哈、禿都河衛指揮僉事莽加及其母來朝。莽加奏願居京師，三哈奏願居遼東自在州。賜紵絲襲衣、綵幣、鈔布、棉花，仍命順天府及遼東都司給房屋、器皿等物如例。　戊寅，賜禿都河等衛指揮僉事脫作哥、奴兒干都司都指揮同知康旺、考郎兀等衛指揮僉事克徹、屯河等衛指揮僉事不顏禿等，鈔、綵幣、表裏有差。　癸未，賜阿木河等衛指揮僉事散替、撒剌兒等衛指揮僉事卜也哈等，鈔、綵幣、表裏有差。可木河等衛指揮僉事亦令加等、喜申衛百戶能哥等、屯河衛女直頭目答必納等來朝。答必納等二人奏，願居京自效。原脫"京"字，據下有命順天府給房屋、器皿等語，定爲居京。命爲百戶。亦令加等十六人奏，願居遼東自在州。各賜紵絲、襲衣、綵幣、鈔、布，仍命順天府及遼東都司給房屋、器皿等物如例。實錄。

九月丁亥，陞遼東下無"奴兒干"三字。都指揮同知康旺爲都指揮使，都指揮僉事王肇舟、佟答剌哈爲都指揮同知，東寧衛指揮使金聲爲都指揮僉事。旺等累使奴兒干招諭，上念其勞，故有是命。　壬寅，賜往奴兒干及招諭回還官軍鈔，千戶一百錠、百戶八十錠、旗軍四十錠，命遼東都司給之。實錄。

實錄始見敕賜隨亦失哈等往奴兒干之官軍鈔，在洪熙元年十一月癸卯，即宣宗登極後半年，即賜在既往而還之後，亦當在宣宗登極後所遣往。至康旺、王肇舟、佟答剌哈，皆於永樂七年四月己酉，任爲奴兒干都司各職。十二

年閏九月壬子，又因康旺請益奴兒干都司護印之兵，命遼
東都司更以三百人往。然至今已宣德二年九月，康旺等尙
以招諭回還蒙陞賞，則名爲設衞，乃常設一前往招諭之官
而已耳。隨往回還之官軍賜鈔，此爲第二次。

是月癸巳，賜玄城等衞指揮僉事木答兀哈等鈔有差。實錄。
十月庚辰，賜差往奴兒干指揮僉事金聲等官軍鈔有差。
實錄。

據此，知上月賜鈔之官軍，乃隨康旺等往奴兒干者。
奴兒干尙爲未設官，無專轄之地。所設之奴兒干都司專
官，僅能前往招諭，而猶以爲未足盡招諭之能事。又以東
甯衞指揮僉事金聲，亦任其責。其軍官各別賜鈔，則亦非
同行，蓋各自以此見長也。

三年，即朝鮮世宗十年，戊申 (1428)

正月庚寅，命都指揮康旺、王肇舟、佟答剌哈往奴兒干之
地，建立奴兒干都指揮使司，并賜都司銀印一、經歷司銅印
一。實錄。

此時始命康旺等往奴兒干建立都司，并始賜印，則永
樂間所謂設都司，十二年所謂命遼東都司益兵往奴兒干都
司護印，皆有其文而無其事也。

壬辰，遣內官亦失哈，都指揮金聲、白倫等，齎敕及文
綺、表裏往奴兒干都司及海西弗提等衞，賜勞頭目達達奴丑禿
及野人哥只苦阿等，嘉其遣人朝貢也。實錄。

　　一稱頭目，當是已設衛之弗提衛頭目；一稱野人，當
是尚未設衛之奴兒干野人。野人一朝貢，至煩特遣內官偕
一都指揮賫敕及文綺、表裏往勞，是極意招徠之際，有此
作用。據實錄，亦失哈於此爲再往奴兒干，敕建永甯寺碑
記，所稱亦失哈復至其地，當在是時。

　　乙未，朝鮮實錄書：都督僉事猛哥帖木兒、斡朵里千戶童
末乙大等三人、闊兒看兀狄哈千戶照郎哈等二人，各獻皮物。
回賜綿布三十六匹。　己亥，斡朵里都督僉事童猛哥帖木兒遣
千戶童末乙大、百戶安取古乙豆，及兀狄哈千戶照郎哈、斡朵
里千戶馬大愁、百戶肖波好、肖多甫、仇音甫下等十人獻土
物。賜衣笠靴，別賜童猛哥帖木兒苧麻布各三匹、棉布四匹。
　　是日，雙城衛指揮僉事兀丁哥、阿剌山衛舍人阿剌孫等，
來朝貢馬，皆奏願居遼東自在州。賜金織襲衣、綵幣、鈔布，
仍命遼東都司給房屋、器皿等物如例。　庚子，女直野人頭目
女隆加、安成哥等，來朝貢馬。實錄。此未書其何衛，殆亦未設衛
之處。後於二月丁巳，又書賜女隆加等綵幣、表裏有差。
　　癸卯，建州左衛都督僉事猛哥帖木兒遣千戶答答忽等，同
三萬衛百戶趙鎖古奴等，來朝貢馬。實錄。

　　朝鮮以是月乙未、己亥等日，迭書肇祖來獻，實錄以
癸卯書貢。同時遣人，分投貢獻，可見其時之兩屬。

　　丙午，遼東劄童衛指揮阿里哥來朝貢馬。實錄。二月己未。
實錄書賜阿里哥等鈔、綵幣、表裏有差。
　　壬子，朝鮮實錄書：斡朵里指揮童權豆使千戶童道老、伊
思麼等來獻土物。回賜棉布十八匹。

朝鮮實錄凡書斡朵里來獻者不錄。斡朵里爲朝鮮後門外切近之女眞部，貢獻事所常有。即書阿木河斡朵里來獻者亦不錄，以斡木河原有肇祖遺下之族屬不入建州左衛者。至此童權豆，則係肇祖之子。一月之中，父子分番來獻，固示其馴服朝鮮，亦其以回賜爲利。未敢盡試於明廷者，已迭用其術於朝鮮矣。

二月丙辰，朝鮮實錄書：斡朵里指揮童權豆，願以管下也羅吾也侍朝，遣千戶好時乃等來獻土宜。

戊午，賜建州左等衛千戶答答忽，并原遣招諭回還百戶趙鎖古奴等，鈔、綵幣、表裏并紵絲、襲衣有差。趙鎖古奴，本三萬衛百戶，先隨楊木答兀等叛去，宣德元年，同千戶楊滿皮來歸，遂遣二人同賚敕招諭楊木答兀等。而楊木答兀同楊滿皮俱往古州，惟趙鎖古奴同舍人速古等來貢馬，答答忽等送之至京，故併賞之。實錄。

壬戌，兀者等衛指揮僉事木答兀等來朝貢馬。　甲戌，賜木答兀等鈔、綵幣、表裏有差。實錄。

丁卯，朝鮮實錄書：禮曹啟："斡朵里也羅羅吾也等，上少一"羅"字，譯音繁省不同。今欲居京侍衛。其衣服、笠靴、糧料，及娶妻資裝、家財、鞍馬、草料、奴婢，受職等事，請依馬右延主例施行。"從之。

乙亥，命阿剌山衛故指揮僉事乃馬谷子阿剌孫襲職。時阿剌孫進馬，奏請襲職，且乞居自在州，皆從之。實錄。

丁丑，朝鮮實錄書：兵曹據平安道都節制使牒呈啟："婆豬江兀良哈居處體探鎮撫來告，李滿住言：'三寸叔都督已死。朝鮮以一服爲一寸。予之奴婢十口，曾逃入江界。近日予之族類，在東北面往來京中者，語予云，其逃奴婢，已屬禮賓寺使

喚.'滿住言說，意頗憤怨。其居處人戶七十六，家舍產業富
實。饋我輩時，軍士二百餘人環立。" 丁未，兵曹據平安道都
節制使牒呈啟："婆豬江住兀良哈指揮童所乙好等，告江界兵
馬使云：'韃靼軍馬，自相攻殺於鳳州境上，來整軍裝。若向
婆豬江來，則我輩難居，願來鴨綠江邊。'此言難信，然賊謀可
畏。且所乙好等，率於鴨綠江以西皇城平來住。故兀良哈張三
甫妻孥人口出去，尤爲難測，又慮張三甫等妻子，亦因產業艱
辛，移住其族所在。前此軍士分六番防禦，今三月十五日，受
教行移，應變間，令分三番防戍。請依前教考察防禦，又憑他
事遣人探候。"從之。

　　婆豬江自今已爲建州居址，不比豆滿江邊，尚多雜夷
部落。此童所乙好，亦李滿住家族也。張三甫事，見上年
七月壬辰朔兵曹據平安道監司關啟："江界滿浦口子相對
彼土皇城平住兀良哈張三甫，與鎮撫安有謙說：'我等奴
婢，汝節制使解送京師，使我等不得存接，故已將家財小
兒送婆豬江。吾以皮船五六隻，乘隙渡江，剽掠江邊農
民，可以償吾所亡。'彼既人面獸心，生變難測。"江界道軍
馬"若分六番，則三翼番上軍纔九十餘名，恐未能應變，
請分三番防禦。"從之。蓋此分三番應變之教書，至本月十
五乃下也。

　　是月癸卯，古里河等衛指揮僉事鬼迷等來朝，願居遼東自
在州。賜金織、襲衣、綵幣、鈔、布，仍命遼東都司給房屋、
器皿等物如例。實錄。
　　四月癸丑朔，遼東東甯衛女直指揮僉事木答哈等，來朝貢
馬。實錄。

東甯衛屬遼東，亦有女直指揮僉事。

　　甲戌，納剌吉河等衛女直指揮僉事沙隆葛等，來朝貢馬及方物。　丙子，遼東兀者衛指揮僉事劉剌等，來朝貢馬。實錄。閏四月己丑，賜鈔、綵幣、絹、紵絲、襲衣有差。

　　閏四月戊子，乙乙塔河衛指揮同知脫因不花、屯河衛舍人木禿納等，來朝貢馬及方物。癸卯，賜鈔、紵絲、襲衣、棉布有差。賜納剌吉衛野人女直指揮僉事沙隆葛等，及原差招諭指揮僉事施者因帖木兒等一百人，鈔、絹、綵幣、表裏等物有差，以沙隆葛等招諭初至也。實錄。

　　八月庚寅，阿倫等衛女直指揮僉事亦省哥等來朝，貢馬及方物。　丙申，亦馬剌衛指揮僉事伯羊加、兀者衛指揮僉事兀里著波、羅河衛指揮僉事阿同哥、亦馬忽山衛指揮僉事卜得等，來朝貢馬及方物。　壬寅，兀也吾等衛女直指揮僉事保同等，來朝貢馬及方物。實錄。

　　九月甲戌，賜亦馬剌衛指揮僉事阿同哥、亦馬忽山衛指揮僉事卜得等鈔、綵幣、表裏有差。實錄。

　　乙亥，遼東建州衛女直僧綽失班等，來朝貢馬。實錄。

　　丙子，遼東朶林山衛女直指揮僉事兀帖木、兀者等衛女直指揮僉事把思塔等，來朝貢馬。賜阿倫等衛女直指揮僉事亦省哥等，鈔、紵絲、表裏有差。　戊寅，賜兀也吾衛女直指揮僉事保同等，鈔、綵幣、表裏有差。實錄。

　　十月癸未，遼東沒倫河等衛指揮僉事卜顏不花等來朝貢方物。　甲申，遼東玄城等衛指揮僉事乃塔哈、兀者前等衛女直指揮僉事安同等，來朝貢方物。　乙酉，賜遼東朶林山衛女直指揮僉事兀兒帖木、兀者衛女直指揮僉事把思塔，及建州衛女直僧綽失班等，鈔、綵幣、表裏、靴韈有差。　己亥，賜遼東沒倫河、玄城等衛指揮僉事卜顏不哈、乃塔哈，兀者前等衛女直指揮僉事安同等，鈔、綵幣、表裏、紵絲、襲衣、靴韈有差。實錄。

十一月丙寅，遼東東甯衛女直指揮僉事賽因塔等，來朝貢馬及方物。實錄。

十二月壬午，賜建州衛女直舍人阿里因納、遼東自在州轄官舍人李開原保、東甯衛女直指揮僉事賽因塔等，鈔、綵幣、絹布、紵絲、襲衣、氈帽、靴韈有差。實錄。

丁酉，朝鮮實錄書：咸吉道阿木河住斡朵里權豆遣千戶原時無等三人，童猛哥帖木兒遣指揮也吾乃等五人、馬佐和等三人，來獻土宜。

乙巳，遼東建州衛原少"左"字。都督同知猛哥帖木兒遣指揮僉事苦禿、毛憐衛指揮同知哈兒委"委"下作"禿"。等，來朝貢馬及方物。實錄。

四年，即朝鮮世宗十一年，己酉(1429)

正月乙亥，賜毛憐衛指揮同知哈兒禿、遼東建州衛指揮僉事苦禿等，鈔、綵幣、表裏、金織、文綺、襲衣等物有差。丙子，賜建州衛頭目忽牙奴等，鈔、綵幣、表裏、紵絲襲衣等物有差。實錄。

二月辛巳，朝鮮實錄書：咸吉道監司啟："童巾、愁州等處住兀良哈指揮伊廖唻古老、都乙昏、都乙溫等，使人來告：'我等所居童沙吾里之地，乃兀狄哈成羣出來之路，因此屢失馬匹，未得安住。去十二月十七日，我等所居里，及阿赤郎耳等處七十餘戶，悉以妻子財產移置童巾、愁州等處。本月二十五日，我等十人欲取遺穀，還向童沙吾里，路逢亏乙未車兀狄哈三人，射獲之，問其來由。答云："聞愁州住兀良哈大也乃，多畜財產馬匹，欲偷而來。"我等所移愁州等處，將不得安住，

願移居古慶源阿多老、訓春等處。'節制使答云：'阿多老、訓
春等地，是朝鮮近境，汝等其勿來住。'"

　　此一段文，可推見朝鮮北界，亦不盡以豆滿江爲限。
既不以豆滿江爲限，則訓春等處，固亦以境內視之。訓春
本斡朵里所居。清之先爲斡朵里，即清之先直爲朝鮮屬夷
也。今細考朝鮮東北境豆滿江內外之地。據朝鮮地志：
"咸吉道下吉州，古號三海陽，一作海洋。久爲野人所據。
高麗睿宗丁亥，元帥尹瓘、副元帥吳延寵，率兵十七萬逐
女眞，畫定地界，所領都護府一，慶源。"又云："慶源都
護府，古孔州，或稱匡州，久爲胡人所據。高麗大將尹瓘
逐胡人，置公險鎭防禦使。"又云："孔州城在阿吾知城南，
豆滿江邊。古慶源府，時爲邑城。"又云："越江十里，大野中
有大城，即縣城，內有六井。其北九十里，山上有古石
城，名曰於羅孫站。其北三十里，有虛乙孫站。其北六十
里，有留善站。東北七十里，有土城基，即巨陽城，城本
高麗大將尹瓘所築。自巨陽西距六十里先春峴，即尹瓘立
碑處。其碑四面有書，爲胡人剝去其字。後有人掘其根，
有'高麗之境'四字。"又云："自所多老北去三十里，有於
豆下峴。其北六十里，有童巾里。其北三里許，越豆滿江
灘。北去九十里，有吾童沙吾里站。其北六十里，有河伊
豆隱。其北一百里，有英哥沙吾里站。其北蘇下江邊，有
公險鎭，即尹瓘所置鎭。"據此各文，古慶源以古孔州爲縣
城，而在豆滿江北十里，其轄境直至公險鎭，則在豆滿江
北二百餘里矣。兀良哈諸酋原居童沙吾里，尚在公險鎭之
南，亦古慶源所屬之地。今至不敢復居，而欲徙古慶源阿
多老、訓春等處，則其地非但爲朝鮮所不過問，且爲兀良

哈女眞所不居。至阿多老，未詳其所在。而訓春，則確在
豆滿江外。兀良哈欲徙居而必請之朝鮮，朝鮮亦竟以其爲
近境而不許，則江外之訓春等地，朝鮮猶爲管轄所及也。
其云"以豆滿江爲界"，乃對明而言。江以外苟爲明所不及
治理，即朝鮮亦未盡放棄，爲兀狄哈所不爭，則慶源內
徙，倘兀狄哈之患不甚，朝鮮猶於近境行其管轄之權。所
謂兀良哈，乃指建州女眞。時女眞建州爲弱，而海西爲強
悍難禦也。然江以外地，朝鮮可以相機管轄，而豆滿江以
內，則又時時爲兀良哈入處，並不能驅而遠之。若童巾，
則據地志，在豆滿江內，距江三里；若愁州，則據地理
志，即江內之鍾城，本高麗地。野人乘虛入居，號稱愁
州，西距豆滿江二里，是童巾、愁州皆在豆滿江內。兀良
哈諸酋來居時，朝鮮未聞不許，又可知咸吉一道，本爲兀
良哈舊居。元末明初，雖幸而復爲朝鮮所有，其地女眞託
迹已久，謂之城底野人，苟其種類相引而來，朝鮮初亦無
可防止。至明言請徙江外近境，乃反不獲邀允，由此可知
朝鮮東北面之女眞錯居情狀。而清之先斡朶里種族之起自
朝鮮，無論在訓春之斡朶里，入居斡木河之斡朶里，皆爲
朝鮮屬夷。而清代所出乎意外者，亦緣入關以後，不知先
世與朝鮮之關係，故妄求斡朶里所在而失之也。

　　庚寅，建州等衛副千戶咬納、所鎮撫管肆來朝。肆奏願居
京師，咬納奏願居遼東東甯衛。賜紵絲襲衣、綵幣、鈔、布，
仍命順天府及遼東都司給房屋、器皿等物如例。實錄。
　　甲午，亦馬喇、兀者、弗提、屯河等衛指揮亦里伴哥等，
遣人來朝，奏言："昨大軍至兀良哈，三年九月，車駕巡邊。辛
亥，至石門驛。喜峯口守將奏兀良哈侵邊，決策親征。乙卯、丙辰等

日，擊虜潰之。癸亥，以孟冬廟享期不遠，議旋師。甲子，下詔班師。
諸衛皆恐怖，慮不自保。"上慰諭之曰："天道福善禍盈，人君
賞善罰惡，一體天心，豈有私哉！兀良哈有罪，則朝廷討之，
豈肯濫及無罪！爾等安分守法，即長享安樂，何用恐怖！"皆賜
資遣還，仍降敕撫安其衆。實錄。

　　明以兀良哈爲朵顏等三衛之專名。三衛被討，海西女
眞恐怖。宣德以前威信未替，其狀如此。

　　丁酉，賜兀者右等衛女直指揮僉事怳果等九人，鈔、綵幣
及紵絲、表裏有差。實錄。
　　三月丁未朔，建州衛都指揮僉事李滿住，遣人奏請入朝充
侍衛。賜敕諭之曰："昔我皇祖臨御，爾父顯忠及爾叔猛哥不
花，多效勤誠。及朕嗣位，爾亦克嗣先志，用攄忠悃，故特授
爾都指揮僉事。今欲入侍，尤見誠心。但部曲之衆，須爾統
屬，姑留撫下，未可輕來。"　壬子，命故掌毛憐衛事都督同知
猛哥不花子撒滿答失里襲爲都督僉事，仍掌毛憐衛。時撒滿答
失里來朝貢，上厚撫遠人，故有是命。　甲寅，賜毛憐等衛都
督僉事撒滿答失里等，鈔、綵幣、表裏及金織襲衣有差。實錄。
　　戊辰，弗提等衛指揮僉事償卜等六人來朝，奏願居遼東自
在州。賜金織襲衣、鈔、布，仍命遼東都司給房屋、器皿等物
如例。實錄。
　　四月丙戌，朝鮮實錄書：咸吉道監司據慶源節制使呈啟：
"前此古羅耳住兀良哈指揮巨也老等十四戶，愁州住指揮忘古
等七戶，於伊厚江住指揮古音夫介等二十二戶，童巾住指揮時
羅等十四戶，共五十七戶，則移到古慶源地所多老、古營平
前此，童巾住千戶豆難等二十二戶，則移到吾籠草，伊應看住

指揮貴土等十戶，則移到孫城平，凡八十九戶。臣遣人語云：
'此乃國家禁雜人之地，爾等何不告而遽來乎？'答云：'貴國雖
禁雜人，然吾輩須依貴國近地，乃得永安生業。況於去年與嫌
眞兀狄哈作仇，散居諸處，防禦實難。所多老等處，非但地
廣，亦賊程中央，防守爲易，故爲此而來。'上項野人何以處
之？"命政府、諸曹同議，僉曰："彼人等已居慶源地，勢難黜
送，請姑留置。"從之。

　　此亦見建州女眞之在朝鮮，原住地及移居地，皆在豆
滿江內。惟孫城平一地，未詳所在。朝鮮於其原住時並無
驅遣，於其移居，則以爲"禁雜人之地"，是不移居則雖爲
女眞野人，而不以雜人論也。卒亦以"勢難黜送"而置之。
蓋咸吉道爲野人所居，在朝鮮復得其地以前，本以女眞爲
土著；朝鮮既取其地，但能設法管理女眞，不甚許其任意
移動而已。清先世之出於朝鮮境內，尤可明其歷史之由
來矣。

　六月壬寅，遼東東甯等衛女直千戶朶羅不納等貢方物。實
錄。　七月戊午，賜鈔、綵幣、表裏有差。
　七月壬戌，賜兀者左等衛女直指揮僉事柳哥，鈔、綵幣、
表裏有差。實錄。
　八月庚寅，兀剌忽等衛指揮僉事者龍加等，來朝貢馬。實
錄。　辛丑，賜鈔、綵幣、表裏及紵絲襲衣有差。
　九月丙午，遼東總兵官都督巫凱奏："海西野人女直數有
寇邊者，請發兵討之。"上曰："夷狄寇邊固當誅，然諭之不從
而後誅之，彼將無悔。"遂發敕諭之曰："爾等野人女直，受我
皇祖太宗皇帝大恩，積有年矣。朕即位以來，上體皇祖之心，

加意撫綏，屢敕邊將毋肆侵擾，俾爾等安生樂業；有來朝者，皆量授官職，賜賚遣還，朝廷之恩厚矣。今聞尚有不知感激思報、屢寇邊境者，此愚之甚也。蓋其所得甚少，不知召禍甚大，非全身保家之計。今邊將屢請發兵剿捕。朕慮大軍一出，玉石難分，良善之人必有受害者。茲特遣人賚敕諭爾，宜互相勸戒，約束部屬，各安爾土，朝貢往來，相通貿易，優游足給，豈不樂哉！若仍蹈前過，恣意爲非，大軍之來，悔將無及。" 丁未，吉河衛指揮木刀兀、溫河衛指揮阿哈出、察剌禿山衛指揮咬禿、建州衛指揮卜顏禿、亦馬忽山衛指揮伯成哥、乞忽衛指揮亦哈、者帖列山衛指揮剌塔等，來朝貢馬及方物。

壬子，察剌禿山衛指揮僉事咬禿來朝，奏願居遼東安樂州。賜金織襲衣、綵幣、鈔、布，仍命遼東都司給房屋、器皿等物如例。 甲寅，把忽兒河衛指揮僉事隆加、撒只剌河衛指揮僉事者令加、弗提衛指揮僉事速木哈、忽石門衛指揮僉事鎖那等，來朝貢馬及方物。 己未，劄肥河衛指揮僉事牙失塔、弗朵禿河衛指揮僉事卜也哈、益實衛指揮僉事奴克禿等，來朝貢馬。 辛酉，賜吉河衛指揮木刀兀、溫河衛指揮阿哈出、察剌禿山衛指揮咬禿、建州衛指揮卜顏禿、亦馬忽山衛指揮伯成哥、乞忽衛指揮安亦哈、者帖列山衛指揮剌塔一百五十三人，鈔、綵幣、絹有差。 壬戌，賜把忽兒河衛指揮僉事阿隆加、撒只剌河衛指揮僉事者令加、弗提衛指揮僉事速木哈、忽石門衛指揮僉事鎖那等六十二人，鈔、綵幣、絹有差。釋哥吉河衛指揮禿能哥等罪，遣歸。時遼東總兵官都督巫凱，以禿能哥等入境剽掠，獲三人送京師。又奏遼海衛軍劉勝兒逃爲刼盜，已鞫訊具服。上命法司訊之。禿能哥等云："初入境求貿易耳，實非剽掠。"法司以聞。上曰："此或實情，剽掠則當有兵器。"命釋之，敕凱曰："禿能哥等訊之非盜，今遣之歸，使遠夷知朝廷不妄殺無辜也。劉勝兒果強盜不枉，即軍中斬以徇。"
實錄。

丁卯，朝鮮實錄書：受常參視事。上謂左右曰："今童猛
哥帖木兒請來見。太宗嘗教曰：'此人居吾境內，爲吾藩籬，
宜待之以厚。'且楊木答兀，則仁宗皇帝敕云：'叛歸爾境，毋
得納遣。'此人固非楊木答兀之比，上國雖知，何害於義。今乃
慕義求見，其心可尚，可不許其來乎？"左議政黃喜曰："姑辭
而拒；更待固請，然後許之，何如？"

戊辰，賜劄肥河衛指揮僉事牙失塔、弗朶禿衛指揮僉事卜
也哈、益實衛指揮僉事奴克禿等六十二人，鈔、綵幣、絹及金
織紵絲襲衣有差。實錄。

十一月戊辰，嘔罕河等衛指揮同知阿里哥、兀者衛指揮同
知保同等，來朝貢馬。實錄。　十二月壬午，賜鈔、綵幣、表裹、
金織、紵絲等及靴韤有差。

十二月戊寅，弗提等衛女直指揮僉事佛家奴等，來朝貢
馬。實錄。　甲申，賜鈔、幣、帛、靴韤有差。

壬申，召內官亦失哈等還。初命亦失哈等率官軍往奴兒
干，先於松花江造船運糧，所費良重。上聞之，諭行在二部臣
曰："造船不易，使遠方無益，徒以此煩擾軍民。"遂敕總兵官
都督巫凱，凡亦失哈所賫頒賜外夷段匹等物，悉於遼東官庫寄
貯，命亦失哈等回京。實錄。

　　明史巫凱傳："帝嘗遣使造舟松花江，招諸部。地遠，
　軍民轉輸大困，多逃亡。會有警，凱力請罷其役，而逃軍
　入海西諸部者已五百餘人。"　此傳文諱奴兒干不見，亦不
　言亦失哈之名。史於女直事皆藏頭露尾，難考始末。　宣
　宗經營奴兒干，何以不委任遼東總兵，而必使內官銜命，

以病地方。據凱傳，罷役由凱力請，實錄又略其事，似不欲彰信用內官之過。其後役再興再罷。興者皆亦失哈在事，而罷則皆以凱言。凱在明初以名將稱，既任邊寄，又不予以全權。至內官弊發，而又以凱言屢次救正。若可行可止，一委邊將，安見其必不可成。明之大弊在用奄人，以此開邊，固決其無能爲矣。

庚子，嘉河等衛女直指揮僉事莽哥、兀者等衛指揮阿剌孫等，來朝貢馬。實錄。五年正月癸亥，賜鈔、幣、表裏、紵絲襲衣、靴韈有差。

五年，即朝鮮世宗十二年，庚戌(1430)

正月甲辰，遼東兀者等衛女直指揮弗羊加等，來朝貢馬。乙丑，賜鈔，綵幣、表裏、絹布、胡椒等物有差。　乙卯，嘔罕河等衛野入頭目兀冬加等，來朝貢馬及方物。　丙辰，亦馬剌衛指揮完者禿等來朝貢馬。實錄。以上兩日，來朝人均於己巳賜鈔、綵幣、表裏等物有差。

二月乙亥，賜弗提衛百戶剌里、遼東撒义河等衛女直指揮僉事喃都等，鈔、綵幣、表裏及絹、胖襖有差。　戊子，賜屯河衛指揮僉事都倫帖木，并福餘衛韃靼指揮僉事那米納等五人，鈔、綵幣、表裏等物。蓋都倫帖木齎敕招諭那米納等來朝，故并賜之。　壬辰，敕遼東總兵官都督巫凱等曰：“野人女直朝覲往復，道路皆出遼東，爾等宜善加撫恤，毋令失所；亦須禁約下人，勿有所擾，庶不阻其歸順之心。”實錄。

三月壬子，遼東毛憐衛故都督莽哥不花子官保奴等，來朝貢馬。　甲寅，遼東建州等衛都指揮僉事李滿住等，來朝貢馬。實錄。　以上兩日之毛憐、建州朝貢，均於丁卯日書賜綵幣、表裏、絹布、金織紵絲襲衣有差。

甲寅，愛河等衛女直指揮僉事可因帖等四人來朝，奏願居京自效。賜金織襲衣、綵幣、鈔布有差，仍命有司給房屋、器皿等物如例。實錄。

四月己卯，建州衛都指揮李滿住等奏：“欲於朝鮮市易，而朝鮮不納。”上遣敕諭之曰：“朝鮮國王素守禮法，其事朝廷，小心敬慎，不與外交，於理爲宜。爾等既受朝廷爵命，亦當禁絕外交，毋縱下人侵越鄰境。若欲市易，聽於遼東境上，不爾禁也。”實錄。

　　朝鮮實錄書此事，在洪熙元年七月辛未。

辛巳，朝鮮實錄書：禮曹判書申商啟：“咸吉道都節制使報，童猛哥帖木兒使人謂曰：‘帝下詔於我，刷還楊木答兀所虜中國人物。我欲刷還，但道經兀狄哈部落，恐被掠不得達也。曾赴貴國者已皆遣還，今欲刷送貴國，護送上國。’答云：‘潛赴我國者，理宜護送。命爾刷還者，非我國所知也，爾宜直送上國。’猛哥帖木兒又使人曰：‘直送上國，則被掠必矣，須更善達。’臣以爲若令我國護送，疲弊實多，何以處之？”上曰：“帝敕我刷送，固當盡力。況彼承詔誠願刷送，勢難自達，賴我如此，其可不從乎？宜諭此意於猛哥帖木兒。”

六月己卯，遼東東甯衛女直指揮僉事亦失哈等，來朝貢馬。實錄。丁酉，賜鈔、綵幣、表裏、襲衣有差。

　　此亦一女眞亦失哈，但非海西女眞。

八月庚午，敕遣都指揮康旺、王肇舟、佟答剌哈，仍往奴兒干都司，撫恤軍民。又敕諭奴兒干海東囊阿里、吉列迷、恨

古河、黑龍江、松花江、阿速江等處野人頭目哥奉阿、囊哈奴
等，令皆受節制。實錄。

　　　上年十二月壬申，召回亦失哈，據此則并康旺等亦不
復留奴兒干都司各官之名矣。至此又遣仍往奴兒干，宣宗
之終不忘情設此都司也。其所諭各處野人，無一以衛所名
者，蓋皆非曾受指揮等職之人，其地當皆黑龍江境。所云
海東囊阿里，當是庫葉島等處，隔海之地，在清亦爲後服
之地，謂之新滿洲。明之終不能設定奴兒干都司，要與海
西、建州之臣服於明無涉，清代亦不能以黑龍江終未帖
伏，遂藉口明之未嘗收撫女眞也。

　　癸巳，兀者前等衛女直指揮僉事阿剌禿等，來朝貢方物。
實錄。

　　九月庚子，海西失里木等衛女直指揮同知木哈連、阮里河
等衛女直指揮同知孫保等、遼東自在等州女直指揮僉事馬兒孫
等，來朝貢馬及方物。己未，賜鈔、綵幣、表裏及布有差。　庚
戌，土魯番城回回撒都等、吉列河衛女直指揮同知打牙等來
朝，皆奏願居京師自效。命撒都等二人爲百戶，各賜冠帶、金
織、襲衣、綵幣、銀鈔、鞍馬，仍命有司給房屋、器皿等物如
例。　癸丑，野木河衛指揮同知朵多等來朝貢馬及方物。十月
癸酉，賜鈔、綵幣、表裏等物有差。　癸亥，撒剌兒衛指揮同知也
卜哈、屯河衛指揮僉事忽失八、古里河衛指揮僉事必令加等，
來朝貢馬。實錄。癸巳，賜綵幣、表裏有差。

　　十月壬申，遼東撒叉河衛指揮同知長加等，來朝貢馬。實
錄。十一月甲辰。賜綵幣、表裏、氈帽等物有差。

　　十一月戊戌，屯河衛指揮同知土罕、忽魯愛衛指揮斡黑

等，來朝貢馬及方物。實錄。丁未，賜鈔、綵幣、表裏有差。

辛丑，賜瓦剌、女直貢使宴。　丁未，嘉河等衛女直指揮同知剳隆加等，來朝貢方物。實錄。丁巳，賜綵幣、表裏等物有差。

庚戌，罷松花江造船之役。初命遼東運糧，造船於松花江，將遣使往奴兒干之地招諭。至是，總兵官都督巫凱奏，虜寇犯邊。上曰：“虜覘知邊實，故來鈔掠。命悉罷之。”實錄。

巫凱傳又云：“既而造舟役復興，中官阮堯民、指揮劉清等董之，多不法，致激變。凱劾堯民等下之吏。”　四年十二月，罷造船。本年八月，再遣康旺等往奴兒干，其時必并復造船之役。至今十一月，不過三閱月，又罷之。此後遂不復舉矣。然設都司之議未罷，故至宣宗遺詔復以爲言而終罷之也。實錄但以虜犯邊爲罷役之由，凱傳乃明言中官之罪，然則不用中官，逕令巫凱等決其可否，可即任之，未必不能成事也。實錄似爲中官用事諱。

丙辰，兀者左衛女直指揮僉事柳溫哥等，來朝貢方物。實錄。　丙寅，賜綵幣、表裏等物有差。

十二月庚辰，把忽兒衛女直指揮同知失里併加、雙城衛女直頭目阿桑加等，來朝貢方物。壬辰，賜綵幣、表裏等物有差。壬午。考郎兀衛指揮同知速苦等，來朝貢方物。丙申，賜綵幣、表裏等物有差。　辛卯，禿都河衛頭目阿隆加來朝，奏願居京自效。命爲百戶，賜冠帶、金織襲衣、綵幣、鈔布，仍命有司給房屋、器皿等物如例。　甲午，益實等衛指揮僉事木當加等貢馬。實錄。

六年，即朝鮮世宗十三年，辛亥(1431)

正月壬申，把河等衛女直指揮僉事哈剌等，來朝貢馬。

實錄。

甲戌，朝鮮實錄書：童權豆等七人來獻海青及土宜，并獻其父猛哥帖木兒及千戶赤古乃所進土宜。

乙亥，朝鮮實錄書：受常參視事。上謂左右曰："童猛哥帖木兒曾於癸卯年永樂二十一年。使人來朝，予嘉其向化，議諸大臣，賜苧麻布十匹，頗喜之。後又使人，予欲依舊賜之。黃象曰：'野人不可別示恩寵。若厚待，則彼必曰朝鮮待我厚，自尊統眾，則漸不可長。'予然其言，遂不賜。後象黜外，大臣議云：'厚待賜與可矣。'今權豆何以待之？"孟思誠、申商對："厚待賜與可也。"遂命禮曹議定賜與之數。　　己卯，受常參視事。上謂禮曹判書申商曰："今來權豆欲侍講武，已令議諸大臣，大臣等以爲如何？"商對曰："孟思誠、權軫、許稠等，以爲講武之行，務欲簡便，故輜重士卒，未甚眾盛，不可以示野人。臣以爲皇帝出狩，士卒各持乾餱，其進肝也，亦藉以茅草，其器械不備可知。許權豆侍衛，有何不可！但慮後日野人蜂起而願從，則弊或生矣。"上曰："予亦以爲可許。輜重士卒，雖簡何害，豈可以中國之事較之乎！"顧謂諸臣曰："卿等以爲何如？"諸臣或可或否。上謂商曰："彼人若更語之，姑對以向化宿衛之人扈駕，常例也。"上又曰："昔漢時匈奴納欵，帝特出狩，令從行以示之。匈奴，方外之人也。而尙然；此境內之人也。但初來者無扈駕之例，尙更議之。"又曰："太祖皇帝北征時，待童猛哥帖木兒甚厚。今若從行，則宜厚待之。曾聞彼人等言：'太祖時，向化者令宿衛寢殿之旁，待遇甚親，今則不然，相與憾恨。'今待之宜厚，熟議施行。"諸大臣出，上謂代言等曰："卿等以爲如何？"皆曰扈駕爲可。安崇善啟："孟思誠、權軫皆曰不可。許稠亦曰：'特爲我啟之，野人扈駕甚不可。後來者皆欲隨駕，則將如之何？'臣意亦以爲然。請權詞以對曰：'非投化侍朝者之例，難以啟達。'"上曰："更諭此意于禮曹。"　壬午，賜宴童權豆于禮曹。權豆聞禮曹欲令己與兀狄哈同饋，曰："與其同兀狄哈而饋，不若不饋。"遂別賜宴。蓋權豆雖强，甚畏兀狄哈，故强辭之。　癸未，禮曹判書申商啟："權豆曰：'太宗殿下授父猛哥帖木兒上將軍職，仍給鎮撫螺匠，使掌北都防禦之任。厥後太宗皇帝召爲都指揮，使居中原。未幾乞還本土，來住朝鮮之境。洪熙、宣德兩皇帝不復召用。吾父年老，予當承襲。且予生長朝鮮境内，骸骨已是朝鮮之物，請代吾父職事，當北鄙干城之任。'"又啟曰："昔日賜見權豆者，以初來朝見也。今乃再來，且兀狄哈與權豆頗不平，宜不賜見。"上曰："卿言然矣，吾不見之。"　兀狄哈指揮者用介，語禮曹佐郎李補丁曰："權豆父子，於庚寅歲叛亂作賊，剽掠邊境。又於年前，謀欲掠吾部落，仍擾朝鮮邊境。吾等報於慶源節制使，節制使諭以對敵之意，權豆終不來戰。當此之時，吾等一心歸附，殿下待之以厚。今旣無事，殿下之待吾等反不如權豆。"又福同介語通事馬淵大曰："去歲初夏，權豆使人期以共掠朝鮮邊境。吾等答以厚蒙恩德，何敢忍爲；仍通此意於慶源節制使。節制使預備防禦，故終不敢來。且前日吾父頭稱介來朝，殿下賜以鞍馬。今待小人，何不如父耶？"　壬辰，賜權豆鞍馬、衣、笠、靴、染紬七匹、染綿布三匹；賞進海青，棉布五十匹、染細紬綿布各十匹；又就賜猛哥帖木兒等，各麻、紵、綿布并十匹。權豆拜受，叩頭曰："待小人如此其厚，雖百臠吾身，何以報之？若向殿下小有不忠之心，雖不拿來抵罪，天必誅之。"

　　此數則，見權豆之自暱於朝鮮，冀取厚賞。惟其述肇祖曾受朝鮮太宗上將軍職，可補一史實。是時權豆與兀狄

哈不相容，故尙易制。兀狄哈所攻訐權豆之言，亦可見肇
祖父子眞相。　　庚寅爲永樂八年，其時擾邊者已并言權豆
父子。至今二十年矣，權豆年事已長。其自云生長朝鮮境
內，肇祖入朝鮮斡木河，在洪武十餘年間，固亦相合。

　　是月辛巳，建州衞故都指揮僉事李顯忠妻康氏及指揮僉事
金家奴等，來朝貢馬及方物。　　戊子，賜建州衞故土官都指揮
僉事李顯忠妻康氏，及指揮僉事金家奴等六十九人，把河等衞
指揮僉事哈喇等，紗、綵幣、絹布及紵絲襲衣有差。　　己丑，
建州等衞指揮僉事張加等，來朝貢馬及方物。實錄。
　　二月庚子，毛憐等衞女直土官都督僉事撒滿答失里等，來
朝貢駝、馬及方物。　　壬寅，賜弗提等衞奏事女直指揮同知速
木哈、建州等衞指揮僉事張加等，鈔、綵幣、表裏、絹布及金
織襲衣有差。實錄。
　　是日，把河衞指揮僉事哈剌來朝，奏願居遼東安樂州。賜
金織襲衣、綵幣、鈔、布，仍命遼東都司給房屋、器物如例。
實錄。
　　丁未，賜毛憐衞土官都督僉事撒滿答失里等九十九人，
鈔、綵幣、表裏、金織襲衣有差。實錄。
　　戊午，朝鮮實錄書召右議政孟思誠，判府事崔閏德，贊成
許稠，判書安純，參贊吳陞，都總制成達生、朴實，判書申
商，參贊李孟畇，判書李明德，參判沈道源、朴葵，議曰：
“今咸吉道都節制使河敬復馳報，斡朶里都督僉事猛哥帖木兒，
使送千戶莫古大等來告云：‘都督言，深處住都骨兀狄哈一百
餘人，到下伊亂家會住兀良哈者邑同介戶，射殺男女十一，虜
十七人。仍言吾曹每欲向朝鮮作賊，汝等居中輒通事變，肆未
遂志，是用侵困汝家。’莫古大等又云：‘如此事變，吾等心欲

親啟，仍以猛哥帖木兒啟書一道遺節制使，今乃并書上送。'召
見莫古大與否？擬議以聞。"思誠等議有同異。上曰："從衆
議。"令兵曹回諭都節制使曰："童猛哥帖木兒凡干聲息文書，
欲令管下人親啟則上送。今者傳通文書，若問置處，則答曰：
'曾已馳報，國家嘉悅。'其莫古大等更欲來京，便上送。"其啟
書，乃請久任敬復，以鎮邊圉也。

三月戊辰，毛憐衛所鎮撫忽失剌來朝，奏願居遼東東甯
衛。賜金織襲衣、綵幣、鈔、布，仍命遼東都司給房屋、器物
如例。實錄。

六月己未，賜福餘等衛來朝鎮撫土木得兒等、吐罕河衛招
諭回還頭目禿赤克等，綵幣、表裏等物有差。實錄。

　　　　福餘衛本非女眞，可不錄。惟此文連叙，或此來朝之
　　　鎮撫，即由招諭而來，故并錄之。吐罕河，蓋嘔罕河之
　　　誤，海西女眞也。

戊戌，海西老哈河衛頭目桑果奴、木蘭河衛頭目唆納等，
來朝貢馬。庚戌，賜此等十八人綵幣、表裏有差。丙午，嘉河衛指
揮同知教化等，來朝貢馬及方物。實錄。戊午，賜鈔、綵幣、表裏
有差。

癸丑，命都指揮同知佟答剌哈姪勝襲爲都指揮僉事。佟答
剌哈，永樂中在邊，多效勞勤，陞奴兒干都司都指揮僉事，後
陞都指揮同知，於三萬衛帶支百戶俸而卒。勝告襲，行在兵部
言："都指揮流官，不應襲。"上曰："懷撫遠人，勿拘常例。"特
命襲都指揮僉事，仍食百戶俸。實錄。

　　　　此文可以見奴兒干都司之迄未抵任。所設之官，乃在

三萬衞寄俸，以都指揮同知而所食不過百戶之俸，其所以
仰給者亦微矣。又都指揮之職，雖在所屬指揮皆爲世襲者
之上，仍屬流官，而不應得襲。彼土酋之進官，至都指
揮，甚至都督，不過虛銜。若都司果能設定，此曹仍隸於
都司之下也。但以此之故，設流官以統諸土官之衞，亦更
不易使之帖服矣。

七月癸亥朔，<u>兀者前衞女直</u>指揮同知<u>阿剌禿</u>等，來朝貢方
物。乙亥，賜此等七十四人鈔、綵幣、表裏、襲衣有差。　癸酉，<u>阮</u>
<u>里河衞女直</u>指揮僉事<u>弗魯忽禿</u>等，來朝貢馬及方物。癸未，賜
鈔、綵幣、絹布有差。　乙亥，<u>海西阮里河</u>等衞頭目<u>答安出</u>等，
來朝貢馬。戊子，賜綵幣、表裏有差。　壬午，<u>童寬山衞女直</u>指
揮同知<u>失令</u>等，以奏事至，賜綵幣及絹。　丁亥，<u>亦馬忽山</u>等
衞指揮僉事<u>木刀兀</u>等，來朝進方物。八月己亥，賜此等四十八人
綵幣、絹布有差。　<u>實錄</u>。

是月辛巳，<u>朝鮮實錄</u>書：受常參視事。上謂左右曰："今
聞使臣爲招安<u>楊木答兀</u>而來。其歸也，若少與軍卒，則危道
也；多與，則野人驚怖，恐生邊釁。具辭以聞，何如?"<u>孟思</u>
<u>誠</u>、<u>權軫</u>等啟曰："誠如上教。"上曰："使臣若往來<u>童猛哥帖木</u>
<u>兒</u>處，則護送馬兵不可不與。"<u>思誠</u>等啟曰："此則曲從爲便。"
上曰："然。"

八月甲午，<u>遼東哥吉河</u>等衞指揮僉事<u>木列忽</u>等，來朝貢馬
及方物。癸丑，賜此等三百三十五人綵幣、絹布有差。　丙申，<u>察</u>
<u>剌禿河衞</u>頭目<u>者英哥</u>等，來朝貢駝馬方物。丁巳，賜綵幣、絹布
有差。　己亥，<u>建州左衞</u>指揮僉事<u>卜顏禿</u>、<u>兀列河衞</u>指揮僉事
<u>阿里哥</u>、<u>塔山衞</u>指揮僉事<u>打隆加</u>等，來朝貢方物。丁巳，與上
<u>察剌禿河衞</u>同賜。　庚子，<u>海西兀里英山</u>等衞指揮僉事<u>字羅哥</u>

等，來朝貢馬。　　辛丑，亦馬剌衛指揮僉事穩察、撒剌兒衛指揮僉事歹羊加、也速兒衛指揮僉事伯思罕等，來朝貢方物。丁巳，同丙申、己亥兩日來朝人同賜。實錄。

　　是月己亥，朝鮮實錄書：上謂安崇善曰："毛憐衛在何處？"對曰："臣未知之。"上曰："其問於投化人以啟。"即召崔於夫介、崔毛多好等問之。答云："毛憐衛在古慶源、斡木河之間，前此波乙所爲其衛主。波乙所子阿里，阿里子都乙好，襲職爲指揮。其地離新慶源三日程也。初面則女眞指揮於牛老居之，其次千戶蘇多老居之，其左右野人散居者甚多。"上曰："然則毛憐與我國不遠矣。"　壬寅，受常參視事。又謂左右曰："毛憐衛在何處？"許稠對曰："臣不知的在何處，然近於斡木河。"上曰："年前使臣往捕土豹之時，童猛哥帖木兒言：'吾家兒女不知使臣入來之由，皆散走。'其恐怖預防可知矣。況其地險阻，兵不可用，其人獸心，言不可化。今來使臣，若往毛憐衛地面，則或有不測之患。微語其故，止之若何？若强歸則已矣。知而不言，無乃不可乎！然昌盛往來本國非一，爲人心本不平，今雖言此，反生疑惑，必不聽矣。"稠曰："上敎甚當。然今敕書有往毛憐衛之辭，何以止之？"上曰："然。"

　　此事因朝廷體念屬國，曾敕朝鮮於朝使來時，勿有額外供應。朝鮮遵敕，裁抑待遇內使之贈賄。內使大怒，屢肆兇擾，更以採捕動宣宗。宣宗固好珍禽奇獸，因有敕令內使昌盛、尹鳳、張童兒、張定安等，率官軍赴毛憐等衛採取海青、土豹等物。是時敕尚未到，朝鮮已知昌盛等將來，故先事商阻止之法，並訪問毛憐所在。是爲宣德朝之聽信奄人，愛好玩物，騷擾屬國，作爲無益之舉。今不暇問明之失道與否，但以此證建州衛之變遷，大有裨益。蓋

波乙所即把兒遜，曾與肇祖同應明廷招撫，而受毛憐衛
職，時在永樂三年。八年，即爲朝鮮討而戮之。九年，乃
以建州衛都指揮李顯忠之請，以顯忠之弟猛哥不花爲毛憐
衛指揮。毛憐於永樂間，屢從征討，爲最有功。宣德初，
陞猛哥不花爲都督同知。未幾，猛哥不花卒，以子撒滿答
失里襲職，官賞稠疊，朝貢頻繁，爲建州女直中表表者。
若問猛哥不花之毛憐衛所在，何待輾轉推求，且問之於投
化女眞，彼亦以波乙所等爲對，而不及現時有名之毛憐衛
諸酋。是今之毛憐，非波乙所家之毛憐也。考明史兵志，
於奴兒干都司所屬一百八十四衛之外，另列正統以後所增
二百衛，其第一衛即寄住毛憐。寄住之意義，正謂名雖毛
憐，而實不在毛憐本土。波乙所之毛憐，以毛憐本土爲名
也。猛哥不花之毛憐，乃襲波乙所之衛名，而寄住於婆豬
江者也。寄住早在受職之初，即在永樂九年，故永樂末建
州叛人毛憐，即在婆豬江住坐，是李滿住特往依其叔父以
自存耳。然則史何以言寄住毛憐爲正統以後所設？蓋正統
以後，經也先之亂，一切女直土官，皆有補給敕書等事。
所言設衛，盡屬重複歧異，多張衛名。其時遂以寄住毛憐
爲重設之首，并歸入正統後類列。其實把兒遜見殺後，明
已不予襲職。此時投化人言波乙所子阿里，阿里子都乙
好，乃野人自傳其世，並非有襲職於朝。當波乙所見殺
時，朝鮮原曾追問其子是否入京控訴，而肇祖所使之千戶
李大豆，曾明其父喪未葬，何暇朝京。波乙所之有子，本
早見之紀載。近年朝鮮實錄所書，愁州住野人之來朝獻
者，屢有都乙昏、都乙溫等之名，當即此舊毛憐後人都乙
好，但已不稱毛憐而但稱愁州野人矣。故猛哥不花之毛
憐，乃寄住婆豬江之毛憐，非毛憐本土之毛憐。此時復提

及舊毛憐者，奄人欲與朝鮮爲難，必騷擾於朝鮮邊境。且
舊毛憐濱北方之海，在圖們江口，地產海青等物，遂以此
指名，率軍人往捕，經過朝鮮，以肆其婪索蹂踐之計。觀
後文所載敕書，乃與童猛哥帖木兒，並不與毛憐衛，足証
毛憐地已無毛憐衛。當時之毛憐衛，惟有婆豬江之毛憐。
正統後徹查各衛補給亡敕之時，乃名之爲寄住毛憐，史志
遂入正統後添設之列。其實正統以前，止有毛憐之名，原
無寄住與否之別，此可以考明建州女直中毛憐一衛之遷變
者也。且以知永樂九年若不使猛哥不花以毛憐衛寄住婆豬
江，後來李滿住亦何至一遁而入明邊，早有親屬可傍，更
後而肇祖之子若弟，亦由圖們江逃入明邊，皆以毛憐開寄
住之端，而長白以西，遂爲清室代明之根柢。成祖寵待建
州，豈知已引狼入室，尤以婆豬江容許野人住牧爲緣起。
此非世人所能知，亦并非清室所能自知矣。防患求其周，
而患常在所防之內，此方正學所以作深慮論也。

　　辛亥，昌盛等至，迎敕後，壬子，朝鮮實錄書：命知申事
安崇善，問安于使臣。崇善先詣昌盛所舘問安，告曰："童猛
哥帖木兒所居，距我境不遠，故或有知者。楊木答兀，則移入
深遠之地，未知所在。"使臣不答，仍問知訥彥路者。崇善曰：
"國人未聞地名，安有知其路者？"盛曰："由海路則可往。"崇善
曰："沿海有水野人，故不得通路。"盛曰："訥彥歸路至遠。若
於此地捕海青，則需用水魚喂養，其來往難。汝國後門相距不
遠，且易得飼鷹之物。"崇善曰："無知路者。"且曰："兔骨鷹
子，本國未能詳知。"盛不答。崇善又告大張。即張童兒。答曰：
"楊木答兀所居，則我等不歸。歸，猶言往，朝鮮文義如此。童猛
哥帖木兒所居，雖本國二日程，毛憐衛則一日程也。我等必至

毛憐衛。"且曰："訥彥地面,在元朝時汝國相通,豈無知其路
者乎?"崇善答曰："元朝之人,豈能生至今日乎?"崇善又告小
張、尹鳳曰:小張即張定安。"兔骨海青,本國之人未能詳知。
前者捕得一鷹,頭目王承見之曰,正是海青,故進獻。厥後殿
下聞非海青,實深驚恐。"鳳曰："此則咎在王承。然往事何必
更言。以兔骨鷹稱爲海青而進,何爲驚恐乎?"崇善又以折指海
青一連及孫多所兒土豹二口視之。使臣等曰："此鷹體大色好,
正是玉海青之次,蘆花海青也。"　引見左代言金宗瑞于內曰:
"權豆所進海青,豈勝於往日所進乎?予至誠事大,隨獲隨進,
敢有一毫遲留顧惜不進之心乎!天地神明,實所監臨,而使臣
等憾予不從其請,欲加以虛誕之責,言甚悖慢。天子雖明見萬
里,焉知我誠心,予實痛心。宦者所爲,自古如此。然自返無
愧,吾何畏焉!但多率採捕軍,經過郡邑,多作民弊。今年如
是,明年又如是,連年出來,重困吾民,深以爲恐。救弊之
術,不可不慮。卿將此意議諸大臣。"時夜踰二鼓,上猶未寢,
唯小宦印平侍側。蓋上心以爲本國能續獻海青,則中國必不遣
捕採軍矣。諸臣議亦如是。故始備捕海青之事。　甲寅,命左
代言金宗瑞問安于使臣,仍問護送軍數。答曰："京來軍官崔
眞、高誠等十人先往,護送軍不過二十名。"張童兒曰："予賷
敕率頭目一人,將往骨看地面,宜別定護送軍五名。"盛與童兒
又曰："吾等今不親往童處,使眞輩賷敕招諭。若和順,則終
當親往。"宗瑞告大張曰："大人欲往骨看地面,然甚險遠,道
路不通。"大張曰："斡木河則遠而依西,骨看則近而正東,其
種性善。"

　　九月乙酉,朝鮮實錄書:咸吉道監司啟："序班崔眞、高
誠等十一人,賷敕往斡木河,遣軍二十名護送,又給往還糧
米。"其敕曰："皇帝敕諭都督猛哥帖木兒:今遣內官昌盛、尹

鳳、張童兒、張定安，率領官軍一百五十員名前來。爾等即令
部屬人等，探取海青、土豹等物，差人進來。仍差人護送至朝
鮮後門，交付內官昌盛等，一同將來。"

　　觀此敕，祇諭猛哥探取，並不論及毛憐，可知毛憐已
屬地名，當地已無衛職土官存在。而猛哥不花所受之毛
憐，即爲寄住毛憐，即由此爲建州三衛闌入長白以西之階
梯。一代興王發祥之地域，非得此無以考其演變之詳也。

　　是月癸亥，右城等衛女直指揮僉事阿里吉納等，來朝貢馬
及方物。辛未，賜此等六十六人白金、綵幣、紗、羅、綾、紬、絹、
布、襲衣有差。　丁卯，兀者前衛女直頭目巴領葛、坤城此非女
員，乃西域部名。使臣者馬里丁等來朝，奏願居京自效。賜紵
絲、襲衣、鈔、布，仍令有司給房屋、器物如例。　庚辰，弗
提衛女直指揮同知孛羅託等，來朝貢方物。十月乙未，賜綵幣、
絹、布、襲衣等物有差。實錄

　　十月壬辰朔，阿者迷河衛指揮僉事咬哈、寶山衛指揮僉事
阿里黑來朝，皆奏願居京自效。賜金織襲衣、鈔、布，仍命有
司給房屋、器物如例。實錄。

　　乙未，命奴兒干都司都指揮康旺致仕，以其子福代爲本
司都指揮同知。旺本輨鞈人，以父蔭，爲三萬衛千戶。自永樂
以來，頻奉使奴兒干之地，累陞至都指揮使。至是，復命往設
都司，旺辭疾，乞以福代，故有是命。實錄。

　　丁未，朝鮮實錄書：左代言金宗瑞、右代言南智、左副代
言宋仁山等啟："臣等初聞四使臣各率其屬百五十餘人，又率
本國軍人一千名，同往野人地面，則野人震恐，必生疑變，不
可不奏。故廷議僉同，臣等亦以爲是。今聞使臣之言，只遣頭

目及本國官人護送軍若干，齎敕以往，則野人生變未可必也，而必須奏請，深以爲疑。永樂皇帝遣王教化的，同本國官人招誘野人，野人初不肯從。本國信野人之言，遣李行奏請童猛哥帖木兒仍屬本國，帝不准，而帖木兒乃與王教化的偕行入朝，我太宗深悔之，野人之難信類此。以今事勢觀之，使臣之來，無歲無之，而每有賞賜，今歲獨無，恐有間言也。其遣採捕軍捕鷹豹，此可疑之端。遭可疑之勢，慮未兆之變，特遣人奏請，不可不熟計也。雖得准請，若野人順朝廷之命，無他變，則後日朝廷以我國之奏爲何如也？此不可不慮也。倘若不准，則悔將何及。且雖奏請得准，無及今年之行。姑從朝命。如有不意之變，因變奏之，亦不失機。願留三思。　序班崔眞回自咸吉道。　戊申，視事。上謂申商曰：“咸吉道地窄民艱，倘使臣每年下去，則將來支待之策，不可不軫慮。他道之物，轉輸爲難，不可爲也。其道內可備物件，磨勘以啟。”商曰：“問諸本道監司更啟。”上曰：“然。”　序班崔眞進段子一匹、象牙毛鞭一柄，上引見于幄次曰：“爾今往見斡木河，其勢何如？”眞曰：“初至彼境，野人率妻子登山，止有四人候之。吾以野人語說之，四人迎吾等以歸。”上曰：“爾知女眞言歟？”眞曰：“女眞、蒙古語皆知之。”上曰：“何以知之？”眞曰：“於野人、達達地面屢奉使招諭，故知之。”上曰：“傳敕於童猛哥帖木兒乎？”眞曰：“若先傳人物還本之敕，則恐野人懼不肯來，故先傳採取海青、土豹之敕。及猛哥來至鏡城，然後乃傳其敕，仍囑以諭毛憐衛指揮及楊木答兀之敕。”上曰：“於訥彥地面之外，亦可採海青乎？”眞曰：“遼東近處容或有之，不如本國之多也。”上又問：“高誠之系，亦出本國乎？且知本國語乎？”眞曰：“母則本國人，父則女眞人。本國之語則不知之也。”命同副承旨權孟孫饋之，回賜麻布十匹。眞曰：“還舘時欲見叔母，願

賜粥米。"賜白米五石。遣同知總制尹重富爲四使臣冬至宴宣慰
使。　辛亥，序班崔眞還向咸吉道。

崔眞傳敕於猛哥帖木兒，囑其轉以敕諭毛憐衛指揮及
楊木答兀。此所謂毛憐衛指揮，即把兒遜之後人都乙好，
由彼傳稱爲毛憐衛指揮，非明廷所授之指揮也，故不以敕
直諭之，而需囑猛哥轉諭。

己未，迤北韃靼濟咬丁率妻子來歸，弗提衛女直指揮僉事
哈剌帖木來朝，皆願居京師自效。以濟馬丁上作"咬"，必有一
誤。爲副千戶，賜冠帶、襲衣、綵幣、銀鈔、棉布、鞍馬有
差，仍命有司如例給房屋、器物。實錄。

十一月丙子，兀者等衛女直指揮僉事苦赤等，來朝貢馬。
十二月甲午，賜綵幣、表裏、絹布、襲衣等物有差。實錄。

十二月癸巳，朝鮮實錄書：昌盛、尹鳳、張定安等，率童
猛哥帖木兒弟凡察，及管下人十一名，被虜唐人男婦共八十二
名，回自咸吉道。命左議政孟思誠、刑曹判書鄭欽之、左副代
言宋仁山，迎于普濟院宴慰之。　甲午，幸太平舘宴慰使臣。
凡察率其管下行四拜禮。上曰："爾等傾心從使臣而來，予甚
嘉悅。"

甲辰，毛憐衛土官都督僉事撒滿答失里等，遣女直指揮僉
事歹加羊等，來朝貢馬。七年正月丁丑，賜綵幣、表裏等物有差。
實錄。

明實錄此時所載毛憐衛，乃婆豬江之寄住毛憐。同時
朝鮮實錄所載之毛憐衛，則以猛哥帖木兒爲承敕之人，其
衛無主名可指，相形益顯其非一地。

丁未，賜兀者等衛來朝<u>女直</u>指揮僉事<u>撒里乞納</u>等，鈔、綵幣、表裏、襲衣等物有差。<u>實錄</u>。

庚戌，<u>建州左衛</u>指揮同知<u>佟答察兒</u>等，來朝貢馬。七年正月戊寅，賜鈔、綵幣、表裏、紵絲襲衣有差。<u>實錄</u>。

七年，朝鮮世宗十四年，壬子(1432)

正月甲子，<u>阿倫衛女直</u>指揮同知<u>亦省哥</u>等，來朝貢方物。己丑，賜綵幣、表裏等物有差。<u>實錄</u>。

甲申，<u>朝鮮實錄</u>書：禮曹啟：「<u>斡朵里</u>指揮<u>權豆</u>欲葬其母，馳書求紙，請給五十卷。」從之。

　　<u>肇祖</u>於是蓋有妻喪。<u>清世</u>已不能詳<u>顯祖</u>以上之配，而<u>肇祖</u>之配，今雖亦不能得其氏族，猶知其卒年爲上年<u>宣德</u>六年，故至本年正月行葬事，而以求紙見<u>朝鮮實錄</u>也。逾二年，<u>肇祖</u>父子祖孫俱爲<u>兀狄哈</u>所害。

二月乙未，<u>玄城衛女直</u>舍人<u>惱答</u>來歸，奏願居京自效。命爲副千戶，賜金織襲衣、綵幣、鈔、布，仍命有司給房屋、器物如例。<u>實錄</u>。

丁酉，<u>建州左衛</u>土官都督僉事<u>猛哥帖木兒</u>，遣弟指揮僉事<u>凡察</u>等，貢馬及方物。　戊申，命<u>東甯</u>等衛千戶<u>李欽</u>等，賫敕往<u>建州</u>招諭。　庚戌，賜<u>建州左衛</u>土官指揮僉事<u>凡察</u>等，鈔幣、絹布有差。　壬子，<u>建州左衛</u>千戶<u>住出</u>等，來朝貢方物。三月癸亥，賜鈔、綵幣、表裏、絹布有差。<u>實錄</u>。

三月壬戌，<u>建州左衛</u>指揮僉事<u>凡察</u>，以招撫遠夷歸附，陞爲都指揮僉事，且賜敕勞之。<u>實錄</u>。

　　<u>凡察</u>當<u>肇祖</u>在時，頗有以自見，此所以能繼<u>肇祖</u>領建

州左衛。

五月癸亥，賜自在州女直指揮僉事償卜、安樂州副千戶阿里哥、建州衛女直僧綽失班等，鈔、綵幣、表裏、絹布有差。實錄。

丙寅，以松花江造船軍士多未還，敕海西地面都指揮塔失納答、野人指揮頭目葛郎哥納等曰：「比遣中官亦失哈等往使奴兒干等處，令都指揮劉清領軍松花江造船運糧。今各官還朝，而軍士未還者五百餘人。朕以爾等歸心朝廷，野人女直亦遵法度，未必誘引藏匿。敕至，即爲尋究，遣人送還遼東總兵官處，庶見爾等歸向之誠。」遼東總兵官都督巫凱奏：「有軍卒二人，逃往海西二十餘年，誘引女直野人入寇，今皆就獲，請斬以徇。」上從之，因敕凱等曰：「人情豈樂從異類，此必有不得已者。如爲將能撫恤之，動息以時，溫飽得所，雖驅之不去。爾等勉之。」實錄。

自此結松花江造船之局。巫凱傳所謂「造船軍士逃入海西者五百餘人」，實錄見於此。松花江造船終無所成。不知永樂九年，何以有官軍一千餘人、巨船二十五艘復至奴兒干國開設都司之事？清季東省鐵道已通，關東官吏擬行輪松花江，載運殖邊之民，購輪船數艘，經外海由黑龍江口駛入。俄人以海口兩岸皆已割界，謂吾國船舶擅入彼國之境，拘而付諸拍賣。後乃仍就松花江造船，而後能行。明永樂間，斷無能用民船由黑龍江口駛入之理，則除松花江造船，船從何得？今吉林附近地名船廠，正明代造船遺蹟。宣德間造而卒於無成，若永樂間已有巨船二十五艘行至奴兒干，何必於宣德時創造艱難如此？惟明代紀載，亦有言永樂九年以水軍入女眞地者。陳仁錫潛確類書區域部九東北女直下云："永樂九年，遣將將水軍，召集諸酋豪，餌以官賞，於是東旺、佟答剌、王肇舟、瑣勝哥四酋率眾來降，自開原迤北，因其部落所居，置都司一、衛一百八十四、千戶所二十。"據此，則船入女眞地，不爲無據。但所叙東旺等四酋，其三與當時所命之奴兒干都司職官名字相同，惟東旺爲康旺，蓋皆從東甯衛調往之官員，非來降之酋，則其說固已失實矣。惟明以水軍入女眞，據朝鮮實錄亦有此事。永樂十二年庚戌，永吉道報兀良哈千戶毛下也進言："中原數多軍人，於前年正月至四月，造大船及汲水小船各二百三十艘，載軍人泛自松潟江，歷愁下江，向愁濱江，將築巨陽城、慶源薰春城，實之以吾都里、兀良哈。"上曰："此等人每以如此事來告。上國之兵雖來，豈以船過鐵嶺乎？此必虛語。抑或中原邊將造船於此地耳。"此爲朝鮮國中風說，然或竟有其事，則在永樂十二年稱前年，或即九年相近之事實。但此爲由鴨綠江入圖們江，而朝鮮謂船不能過鐵嶺，此必虛說，否則或造船於圖們江北岸。蓋即以水軍入女直，亦不過鴨綠、圖們之間，非若松花江之已屬海西女直地域，遣軍造船之不易也。言者謂永樂九年，實有水軍入女直之事。圖們北岸，亦即松花江上源。在彼造船，可以順流而下，不必吉林船廠地，若宣德間之所爲乎？果爾，則宣德間何爲不踵前事爲之，而必於極難之地，一試再試，終於作罷。且永樂間既有已成之船在松花江，何十餘年來無一艘可用，而煩創造，更復始終無效？吾終信永樂九年之水軍，爲自鴨綠江入，至鐵嶺登陸，爲規畫建州左衛之用，且亦不必在九年，或在十年以往。永甯寺碑中或提此事，而日本釋文，於文內過求詳悉，不免以意摸擬之事較多，遂成亦失哈於九年率此巨船大衆而往奴兒干耳。

七月壬申，劄肥河衛女直指揮同知卜剌罕等，來朝貢駝馬。八月辛卯，賜白金、紗羅、綾紬、絹布及金織紵絲襲衣有差。實錄

九月己未，劄肥河衛指揮僉事牙失答等，來朝貢馬。　遼東總兵官都督巫凱奏："亦馬忽山等衛指揮木答兀等來報：'福餘等三衛韃軍往掠阿魯台，爲阿魯台所敗，盡收其家口、輜重、牛馬、田稼。'三衛之人奔往海西，或在遼東境外，招之不來。間有來者，語言譸張。已整飭軍馬備之，且送木答兀等六人詣京師。"上曰："虜賊譎詐，亦惟謹備之耳。"遂敕凱等嚴哨防，命行在禮部宴資木答兀等。　戊辰，賜亦馬忽山等衛女直指揮僉事木答兀等、劄肥河衛指揮僉事牙失答等、鈔、綵幣、表裏有差。　己巳，劄肥河衛女直指揮僉事牙失答等，奏願居遼東自在州。賜金織襲衣、鈔、布有差，仍命遼東都司給房屋、器物如例。實錄。

壬申，朝鮮實錄書：上謂左右曰："曾聞猛哥帖木兒等將欲徙居。年前，其徒凡察，隨使臣到中國，於回還路上，亦言移居之事。若移居，則於我國無患矣。予意以謂，猛哥帖木兒虜中國人以居，豈肯移居遼東近地乎?"黃喜對曰："臣意亦謂必不移近中國也。"

是時建州左衛已動移居之意，殆亦自有戒心於兀狄哈，而肇祖之死亦日近矣。

甲申，遼東總兵官都督巫凱奏："前有敕令海西地面都指揮塔失納答等，追取造船逃軍五百餘人。凡野人女直所匿者，

皆已追還。餘山寨頭目刺令哈等，多隱匿不還，請領兵追索。"
上曰："以兵臨之，恐害及無辜，且諭以禍福，彼當悔悟。如
又不悔，發兵未晚。"實錄。

　十月壬辰，朝鮮實錄書：上護軍任孝信往咸吉道，輸軍糧
于張童兒。頭目千戶李讓，與孝信言："斡朵里指揮凡察告使
臣云：'聖旨內楊木答兀所擄唐人，令刷送朝鮮。吾等交易使
喚奴婢及作妾人等，逃至慶源、鏡城界者，悉還中國。因此吾
輩無使喚之人，故不得已，將擄掠慶源、鏡城、甲山、閭延之
人爲奴使喚矣。且吾等族親在婆豬江等處，將往以居。使臣答
云：'朝鮮殿下敬事朝廷，唐人入境，則雖三歲小兒，悉皆送
還，獨於汝等不然乎？何含怒也。'凡察不服，曰：'要奪朝鮮
人物，以報吾讎。'又野人千戶月下來謁使臣，謂孝信曰：'吾
輩奴婢逃至慶源者，依唐人例，入送中國，甚不可也。然我則
不怨，凡察怨其妾女被奪，常欲報讎。'孝信至咸興謁昌盛，盛
怒曰：'汝何不盡輸軍糧于大張，而妄稱吾語，何不與歸孔州
頭目等僕馬，何不許頭目率行小通事，而留之慶源乎？'令脫孝
信帽，將打之。賴接伴使盧閈及監司金孟誠等營救，乃止。"

　　此亦凡察口中言以婆豬爲族親可依之地。昌盛之橫
暴，錄中無時不有。所謂使臣，皆是中官，求索尤無間月
日。甫歸即再遣，此輩以此爲谿壑，彌見宣宗字小之失
道，然不能盡錄也。

　　甲午，朝鮮實錄書：咸吉道監司馳報："愁濱江野人將欲
盡殺張童兒軍馬，及斡朵里兀良哈等，整軍待變。"

　　愁濱江在圖們江外不遠，亦是兀良哈所在，而欲殺斡

<u>朶里兀良哈</u>。<u>斡朶里</u>，亦<u>兀良哈</u>中一族，文義如此。

十二月庚寅，<u>葛林</u>等衛<u>女直</u>指揮同知<u>安禿</u>等，來朝貢馬及方物。癸卯，賜綵幣、表裏、絹布等物有差。　<u>實錄</u>。

甲午，<u>朝鮮實錄</u>書：<u>平安道</u>監司馳報：“野人四百餘騎，突入<u>閭延</u>之境，摽掠人物。<u>江界</u>節制使<u>朴楚</u>率兵追之，還奪被掠人二十六口、馬三十四、牛五十隻。我國人戰死者十三，中箭者二十五。日暮未得窮追。”上怒甚，即召<u>黃喜</u>、<u>孟思誠</u>、<u>權軫</u>、入番都鎮撫<u>趙末生</u>、兵曹判書<u>崔士康</u>等議曰：“野人之發忿者無他，以其摽掠人民逃來我境。若係本國，則仍還其業；係上國，則隨即發還。以此含怨，即今作變。本國未得窮追者，以不可擅越上國之境也。具此意奏聞何如？”<u>喜</u>、<u>末生</u>、<u>士康</u>等以爲“當女眞侵掠之時，我師雖追入<u>中國</u>地面，是乃禦之。固無害於事大之義，帝何咎哉？今<u>中國</u>待我甚厚，然以舉兵入境，預先奏達，於義未便。且野人至頑，人面獸心，不可校也。若欲掃除種類則不可。禦戎之策，古昔聖賢已詳言之矣。”<u>思誠</u>、<u>軫</u>等以爲依上教奏聞爲便。　遣上護軍<u>洪師錫</u>于<u>江界</u>、<u>閭延</u>，審察接戰之狀。賜戰亡軍官各米豆五石、軍卒三石。
乙未，召<u>黃喜</u>、<u>孟思誠</u>、<u>權軫</u>、<u>崔閏德</u>、<u>許稠</u>、<u>安純</u>、<u>趙末生</u>、<u>鄭欽之</u>、<u>崔士康</u>等，引見<u>安崇善</u>、<u>金宗瑞</u>于思政殿更議。其一曰：“前日所議奏聞可否如何？”<u>純</u>、<u>思誠</u>等以爲“奏聞則野人聞之，必有畏服之心。本國受辱如此，不可忍置，宜奏聞。”<u>軫</u>以爲“野人之怒無他，<u>中國</u>人來則入送，本國人來則納之，以此含怒來攻。且今<u>金小所</u>，倘是<u>遼東</u>統屬之人，則不可不奏。”<u>士康</u>、<u>末生</u>等以爲“雖不奏聞，當接戰之時，不分彼土，追逐無妨。”<u>稠</u>以爲“彼與禽獸無異，雖奏不畏，且准不准亦難必也。固我邊境，以待二三年，則必來請和，宜厚加撫綏。”<u>閏</u>

德以爲"臣曾知其處，行兵甚難，雖得奏准，難以制之；且不
准，則彼人聞之，必更肆毒，宜停此舉。"喜以爲"此輩烏合之
衆，制之甚難，且脣亡齒寒，古人所戒。攻初面野人，則深處
野人必來扶援，同力戰攻，必有後患。"其二曰："如未得奏聞，
則遣問何如？"土康、軫等以爲"今洪思錫往閭延，探知事變回
還後，更議施行。"喜以爲"受辱含默，似不可待師錫之還，更
議遣人詰問。"欽之、末生等以爲"遣使責還所掠人口，彼若回
心投降，則待之如舊；不還，則姑置勿論，自固封疆守禦爲
便。"純、思誠等以爲"遣使致問，深恐反見拘留，甚爲不可。
且詰逃人所在，則何以對之？宜固守封疆以待之。"稠以爲"高
皇帝聞本國攻遼，似若不聞，其謀之宏遠如此。宜含嘿不言，
自固封疆。"上曰："大臣之議，予已知之。"謂安崇善曰："明日
召承文院提調李兢、判事金聽等，成奏草以啟，然後更議諸大
臣。"　丙午，平安道都節制使馳報："蒲州江住李滿住管下兀
良哈千戶劉乙哈等二人，賫汝屯指揮文牒，率被虜男婦七名到
閭延都，言：'滿住承聖旨，入深遠處捕土豹。空家之時，忽
喇溫兀狄哈領兵百餘，到閭延、江界作亂，掠男婦六十四名以
還。滿住率六百餘兵，把截山谷要路，盡奪而留養之，宜遣人
率還。'"命召政府、諸曹及三軍都鎮撫，御思政殿，令知申事
安崇善、左代言金宗瑞等議事。其一曰："李滿住之言如此，
使人便否？同議以啟。"柳孟聞、鄭淵、申稽、金益精、趙啟
生、成抑、李孟畇、河敬復、安純、許稠、黃喜等以爲"宜遣
江界等處解知言語穎悟人率來爲便。"趙末生以爲"國家佯若不
知，以本道節制使之言率來爲便。"其二曰："予初欲奏聞，然
未詳知被擄人數，姑停待之。今略知之，奏聞何如？"孟聞、
稽、益、精、抑、啟生等以爲"奏聞爲可。"淵、孟畇等以爲"洪
師錫回還後，細知事變，更議奏聞爲便。"純、敬復、喜等以爲

"李滿住詭言忽剌溫兀狄哈，不無疑焉，姑停是命。知忽剌溫虛實，然後奏聞，猶未晚也。"稠以爲"事重難奏。且未知忽剌溫虛實，奏聞未可。"上曰："予欲汲汲奏聞，卿等乃曰細知忽剌溫眞僞，然後奏聞。予更思之，此賊雖忽剌溫之所爲，本國實未知之。知非忽剌溫之所爲，然後以婆豬江兀良哈爲咎，不亦通乎？其更議以啟。"稠、益精、抑等曰："賊謀難測，安知後日復有如此之變，即行奏聞爲便。"淵、啟生、孟畇等曰："細知忽剌溫眞僞，然後奏聞爲便。"末生以爲"不奏則已，奏則此時奏聞爲可。"稠、喜等以爲"此雖滿住所爲，悔過還送被擄之人，亦云可恕；況實是忽剌溫之所爲，而滿住奪還，則尤有功焉，何可未知虛實，而汲汲奏聞乎！"上以速奏爲上策，即命上護軍金乙玄爲奏聞使，仍命安崇善明早召承文院提調俻正奏本安印，夜已四鼓矣。其奏本曰："臣竊照永樂八年三月間，有兀狄哈、毛憐衞、兀良哈等類，領軍潛入本國咸吉道慶源府地面，將兵馬使韓興寶并軍士一十餘名打殺，搶奪牛馬回去。本道察理使趙涓，領兵追到豆門地面，與上項野人等對手厮殺時分，内中兀良哈八乙速等，八乙速即朝鮮所云波乙所，明所云把兒遜。指揮四名，也中箭身死。係干邊警，臣父先臣恭定王某，謹具事因奏聞去後。陪臣韓尚敬、通事元閔生等回自京師，本年月日，奉天門欽奉太宗文皇帝宣諭聖旨節該：'恁這垒高麗垒高麗，喫他手裏着道兒了。恁殺的正好。這野人，他的模樣是人一般，熊狼虎豹心腸，著好軍馬綽他一綽，務要殺了他。這野人每，受了朝廷的大賞賜，與了大職分，金帶銀帶，這般安撫了呵，也忘了我的恩。這裏打海青去的指揮，拿了做奴婢使喚。這一遭，也知我根底來。他攪有恩的尚或是這般呵，你那裏莫說了。這以後，還這般無禮呵，不要饒了。再後不來打擾呵，兩家和親了罷。欽此。'欽遵施行外，竊詳本國

西北地面，隣近婆豬江迆北白山等處，散住野人等類，雖或到
來本國邊境，未敢私與相通。上項野人等虜到軍民，逃來本國
邊郡江界、閭延等處，審問根腳，委係上國軍丁，差官解送；
本國人口仍令復業。野人等因此積年含憤，節次往來作耗，爲
害不小。乃緣接連上國地面，未敢擅便追捕。臣欽檢到洪武十
八年月日太祖高皇帝詔旨節該：‘不分內外，一視同仁。’本國
既在同仁之內，如蒙聖慈明降，今後野人等似前作耗，許令本
國欽依太宗文皇帝宣諭聖旨事意，從宜策應追捕，一國幸甚。
今將上項野人等虜掠累次逃來人口，及野人等類來往邊境含憤
作耗等因，逐一開坐，謹具奏聞。”　丁未，申商、鄭招等啟：
“臣等前日議得未及參與，今聞上教，乃知奏聞之意。臣等以
爲彼人侵我疆域，則門庭之寇，利用禦之，爲邊將者，當整兵
以討之，奚待教命，然後制之，此古今守邊之通法也。況太宗
皇帝宣諭聖旨，昭然可考，准請與否，亦難期必。果得請，則
國之幸也。若未蒙明降，則非徒無益，而又害之。臣等竊謂，
姑停是奏，陳兵訓卒。脫有賊變，盡力追逐，雖越江厮殺，必
無過咎。”上曰：“予意以爲，東北野人則與本國連境，疆界似
未分析，雖窮追極殺可矣。西北野人，則與本國大江回截，疆
域分卡，且近上國，予恐擅便追捕，未安於義，爲是奏達，以
備後日之應。今卿等議曰，太宗皇帝聖旨昭昭，雖不更奏，亦
無妨害。卿等之言果然，則予何強奏？予乃允從。但太宗皇帝
聖旨，可通於西北野人乎？”黃喜、權軫、許稠、申檣、李兢等
曰：“均是野人，皇帝豈以西北爲別哉？且太宗聖旨，何獨通
於東北野人而不通於西北野人，亦豈通乎古而不通乎今歟？請
殿下勿疑。”上又曰：“李滿住處，遣人致詰何如？致詰而果忽
剌溫之所爲，則何如？非忽剌溫而乃滿住之所爲，則又何以
處？并議以啟。”兢、檣、招、商、軫等曰：“使人致詰而眞知

忽刺溫之所爲，則褒賞滿住；非忽刺溫而乃滿住之所爲，則當
行兵問罪。"稠、喜等以爲"雖滿住之所爲，其悔過送還虜去人
物，亦云可恕，何煩問罪。"上從羣議，遂寢其奏，即傳旨平安
道都節制使曰："解野人語穎悟者三四人，送于彼土，率來被
虜人。"

　　此後建州種族將悉聚于婆豬江左近，朝鮮於兀良哈之
接觸，亦將盡在鴨綠江沿岸矣。今以滿住等之開釁於朝
鮮，爲朝鮮所不能容，因有征討之舉。而滿住乃更求內
徙，不近江邊，以避朝鮮之威脅，遂有竈突山之徙。左衛
因之，右衛又因之，此赫圖阿喇之所以爲興京也。其機蓋
動於此。

　　辛亥，海西益實衛指揮木當加等，來朝貢馬。實錄。

正編卷三

宣 德 朝

宣德八年，即朝鮮世宗十五年，癸丑(1433)

正月戊午，朝鮮實錄書：受常參視事。上謂左右曰："向者兀良哈寇我北邊，其時不興問罪之師，今又竊發，虜掠人物。此類近在我境，行兵問罪，固爲不難，然姑忍之，待以恩義。"

滿住等自朝鮮北邊，徙來江界、閭延對岸，不及十年，此時尚通計其前後來寇言之。

壬戌，朝鮮實錄書：平安道都節制使馳報："建州衛指揮李滿住送還被擄人曰：'於宣德七年十一月二十九日，有暖禿指揮叱納奴差人來報，忽剌溫野人將領一百五十餘人馬搶虜，經過暖禿地面。滿住聽此，將領本衛人馬三百餘名，星夜前去，遇天使張、都督猛哥帖木兒。追至，守定山口圍住，盡行奪下男婦大小六十四口，差官送去本處江界交付。'" 癸亥，平安道監司啟："閭延、江界戰亡被虜人七十五，戰亡人四十八。"召議政府、六曹議曰："前日卿等議云，宜待洪師錫還，送人於李滿住，予姑停之。今觀監司所啟，推覈文案，滿住所爲無疑。雖不待師錫之還，遣人問之，何如？"沈道源等議曰：

"何待師錫還，然後決其可否。今觀鞫案，實爲痛心，宜於發遣。"黃喜等議曰："文案詳悉，師錫之言必不過此。然其還當在近日，擇可遣人，待師錫還後發遣爲便。"從喜等議。　乙丑，上護軍洪師錫回自閭延，至龍泉站患疾，令人馳啟曰："閭延節制使金敬、江界節制使朴礎等，非徒不能禦敵，把截木柵並皆頹圮，令敵窺伺，一朝突入，以致禍患，誠爲不當。都節制使文貴，亦不進行糾察。請下攸司治罪。"召政府、六曹、三軍都鎮撫使、知申事安崇善、左代言金宗瑞議事。其一曰："金敬、朴礎之罪，不必更言。文貴專任一道，自赴任後，把截木柵，一不巡察，以致今日之患，并拿來治罪，何如？"黃喜、孟思誠、權軫、安純、趙末生、李孟畇、鄭欽之、趙啟生、崔士康、沈道源、申檣、許誠、柳孟聞、李蒐等議曰："宜並拿來推覈。"許稠獨曰："文貴雖有罪，甯邊、江界兩處之將，不可一時遞代，待新都節制使赴任後拿來，猶未晚也。"其一曰："前日卿等議云，婆豬江野人所爲，佯若不知，姑置勿論，予亦以爲然。今更思之，野人近在我境，無故犯邊，殺擄人民，國家坐視，恝然不顧，以啟後來屢侵之患，可乎？卿等之論，雖合於守靜之道，豈可以中國待夷狄之道待此輩乎？若窮兵黷武，深入其境，非予本心。欲整飭戎兵，陳師示武。彼若盡還所虜，誠心歸順，則不必致討。其各熟議以啟。"黃喜等議曰："臣等亦痛心。宜當訓卒鍊兵，以示威武。"許稠獨曰："以如朴礎、金敬等輩，俾守邊圉，失誤機會，誠國家用人之失也。況此野人種類繁多，今雖往征，後必爲國家累世之患，其害甚大。臣心以爲姑置勿論，自固封疆。侵陵則禦之，投降則許之爲便。"其一曰："代文貴任甯邊者誰可？"黃喜薦崔閏德、河敬復、李順蒙等，河敬復薦崔閏德、李順蒙，餘皆薦崔閏德。崇善啟曰："順蒙雖云狂悖，己亥東征，身先士卒，討賊

有功，宜以順蒙爲都節制使，戶曹參議金孝誠爲都鎮撫。”上
曰：“予意亦然。然大臣之望，在於閭德。”乃以閭德代貴，孝
誠爲都鎮撫。　　賜閭延戰亡軍士米豆，復其戶。　　丙寅，遣義
禁府鎮撫趙瑞康于江界、閭延，更鞫敗績之狀。　　己巳，受常
參視事。上曰：“咸吉道報，童猛哥帖木兒從張天使赴京，忽
遇忽剌溫寇閭延，掠人馬而歸。猛哥帖木兒告天使，欲盡殺
之。天使曰不可。若盡殺，則朝廷使臣往來奴兒干之時，不無
含恨生變之虞，只令還其被虜人物可矣。乃取男婦六十四名還
送。觀此，則與平安道馳書無異。無乃猛哥帖木兒相應作賊，
紿天使以爲忽剌溫乎？彼兀良哈同謀情迹，令咸吉道都節制使
密候以啓可也。且滿住處問其情迹，何如？”禮曹判書申商啓
曰：“國家似若不知，而令邊將以其私問之爲便。”上曰：“予意
亦然。”　　壬申，視事。上謂左右曰：“閭延被虜人未還尚多，
馬牛則專未還，欲令崔閭德送人於李滿住、林哈剌、沈叱納奴
詰之。其與閭德議其詰辭以啓。”吏曹判書許稠啓曰：“閭德率
禁兵五十名赴寧邊府，臣以爲即令往討，則猶可也，若送人徐
察賊之眞僞，然後往伐之，則隨往繼發爲便。西北一方，地本
瘠薄，加以使臣往來，凋殘甚矣。今已聚本道兵馬于閭延、江
界等處，又率五十官軍而去，則軍糧馬料，恐皆乏絕。且滿住
以爲前日侵掠。乃忽剌溫所爲。今未知賊之爲誰，姑遣人厚
待。審知其賊，然後往伐之可也。”上曰：“予孰思以處之。閭
德多率軍官，不能無弊；然到甯邊練習武才，不戰而還，固亦
有益。”稠又啓曰：“滿住等所居，山川險阻，所謂伐十木見一
星也。且野人驍勇奸狡，若往伐則登山，旋師則復來狗盜，邊
釁從此不絕，徒勞我師耳。臣謂邊圍城柵不能完固，使賊窺覘
爲其所奪，不若愼固城柵，以嚴防禦之爲便也。臣中夜反覆思
之，上心大事已定，臣狐疑之言，仰瀆天聰，知其不可；然內

有此心而不以上達，則是内外二致。"涕泣請止。上曰："今舉
大兵掃蕩無遺，非予本心。但賊來侵掠而去，我乃安受其辱？
一不往問，則彼必輕我，每來侵之。遣人于其處，審知賊黨，
舉兵往伐，雖不能取勝，猶足示威而讋服賊心，是爲良策。"禮
曹判書申商啟曰："嘗思昔日倭賊來侵之事，今此野人之害，
特其小耳。國有外患，然後警心恐懼，以備不虞，永享太平。
若無外患，狃於安甯，則甚不可也。"上曰："卿言然矣。"上曰：
"滿住、叱納奴等，待以東北面野人接待之例，何如？"商對曰：
"往者，滿住管下人到江界求入朝，我國拒而不納。今若復來
索糧，兵馬使隨宜給之，仍與言：'此乃防禦之所，固無儲
粟，以軍糧給之。'此乃上策也。若一接之，則往來不絕，營求
無厭，雖厚蒙國恩，小有嫌隙則叛之，況西北凋殘之道乎？"上
然之。　命知申事安崇善議於議政府、六曹判書、三軍都鎮撫
曰："李滿住、沈叱納奴、林哈剌處，遣人當幾度？詰問當何
辭？"衆議曰："以都節制使之言，先送人於李滿住，說云：'忽
剌溫所掠本國之人奪而送之，爲可喜也。但未還者多，而牛馬
則全未還，宜速盡還。'回還之時，歷入沈叱納奴、林哈剌處，
言曰：'送還本國之人，茲用深喜。'且問忽剌溫野人出來時，
何不通喻，仍觀其事變。"又議曰："監司，一方之主也，遊行
郡縣，審視城栅，固其職也。今平安監司朴葵，一不巡察，閭
延等處城栅口子，至爲空疎，使吾民爲賊所虜，不無罪責。此
時拿來，何如？"僉曰："金敬、朴礎、文貴等，推覈之時，有
司必請並覈，姑停拿來，以待有司之請。"　癸酉，平安道都節
制使崔潤德、此處作"潤"。都節制使金孝誠、經歷崔致雲等辭，
上引見，曰："禦戎之道，古無良策。三代帝王，來則撫之，
去則不追，但羈縻之而已。然無明籍，未得詳知。自漢以下，
史策可考。漢高祖以英明俊逸之資，戡定天下。其伐匈奴，宜

若振槁，然終見危，僅以身免，復議和親。呂太后亦女中之英
俊也，冒頓之書，雖甚無禮，終不致討，和親而已。武帝多事
四夷，天下虛耗。唐、宋之事，瞭然明白。故古人比之蚊虻，
驅之而已。古人所以如此者，國無大小，蜂蠆有毒，彼此之
間，無罪之民，豈無受害乎！然婆豬江賊異於是。去壬寅年，
侵我閭延，其後爲忽剌溫所迫逐，失其巢穴，携其家屬，乞住
江濱。國家憐之，許令寄住。我國卵育之恩，不爲少矣。今者
負德背恩，無故入侵，殺掠平民，窮兇極惡，罪不容誅，若不
征討，後無悔悟，每年必有如此之事矣。況今昇平日久，四境
無虞。孟子云：‘無敵國外患者國恆亡。’今日之事，雖野人行
爲，實天之所以警戒於我者也。今李滿住、童猛哥、尹内官之
書皆云忽剌溫所爲。然詳思之，則豈無引之者乎？近林哈剌到
閭延，言‘吾奴婢隱匿不出，後必有患’，其言有由然矣。昔日
慶源韓興寶之事，河崙言不可伐，趙英武言可伐，太宗從英武
之策，命征之。後日對馬島之事，或言可伐，或言不可伐，太
宗斷以大義，命將致討。其事雖不快心，彼賊等終有恐懼之
志。”閭德對曰：“對馬之事，百年之備，今日之事，僅十年之
備。況同是野人，稍有東西之別。李滿住近於遼東，非猛哥比
也。”上曰：“卿言是矣。但審知其來賊之實，則整理軍馬，晝
夜兼行，攻打一二里亦足矣。”閭德對曰：“古之良將，豈獨用
軍力哉，亦因時數互爲勝敗耳。今者水冰地溢，待四五月春水
已渴，可行也。若有事機，則當請勇士二十餘人。”上曰：“卿
所言，予何不聽。至於軍士進退，則聽卿處分。”仍敎曰：“致
雲久在近侍，卿於幕府與論古事可也。”閭德對曰：“若有探候
賊境之事，欲並遣致雲。”上又命孝誠曰：“爾則軍旅之事已知
之矣，戒之戒之。”賜閭德鞍馬及弓矢，賜孝誠馬一匹。

　　二月丁亥，建州左衛野人女直都督僉事猛哥帖木兒等，來

朝貢馬。實錄。

　　此即朝鮮實錄中猛哥偕張內官同入朝，至今日見明實錄。其時李滿住等以建州、毛憐野人，由婆豬江向朝鮮作賊，事後冒稱忽喇溫，反以所虜人物，稱向忽刺溫截奪來歸，又經猛哥爲作證明，并結合明使臣諸奄人等附會其說，扇之於入朝之際，其計亦狡矣。但所讎疾，僅爲逃人不還，尙無大欲，而朝鮮則終至用兵，紛擾甚久。兩方實錄對照，事實益詳。明史則隻字不見也。

　　癸巳，朝鮮實錄書：拿平安道都節制使文貴，囚義禁府。閭延戰亡軍官金龍乙及軍卒二十九人，令所在官致祭。國王各有敎令、賜祭之文，從略。　　甲午，遣前少尹朴好問、護軍朴原茂，于野人李滿住、沈叱納奴、林哈刺處，審察野人等作賊眞僞，及種類多少，與山川險阻，道路遐邇。　　丙申，召義禁府提調議曰：“朴礎、金敬及領軍百戶、千戶、鎭撫、牌頭等，視吾民被殺虜而怯不進戰，其罪大矣。然其間，或因道途險阻，未得及期赴援；或强弱不敵，不得已而退者，情亦可哀，不可以一概論也。卿等親鞫，已悉其情，當其按律，務合情理，毋使輕重失宜。”僉曰：“金敬、朴礎之罪，當置重刑。稽諸古昔，未聞敗軍而保全者，且千戶丁宥、鎭撫金天永率七十騎，都鎭撫金天鳳率百十騎繼進，總計一百八十人。以一百八十騎，對敵五十餘，若盡心力戰，則安有不勝之理乎？其畏怯不戰無疑矣。上項領率十三人，宜並置重刑，以示後來。”上曰：“將從卿等之議。”
　　丁酉，賜建州衛都督僉事猛哥帖木兒鈔幣、絹布及金織襲衣有差。　　戊戌，陞建州左衛土官都督僉事猛哥帖木兒爲右都督，都指揮僉事凡察爲都指揮使。實錄。

　　肇祖於時更由都督僉事陞右都督，其"都督"之稱益無
假借矣。清實錄直以肇祖之名爲都督孟特穆，宜也。但被
害即在本年，此爲寵榮之極矣。凡察之官，亦與兄俱進。
後來與肇祖子爭印不相下，亦朝廷有以養成之。

　　己亥，朝鮮實錄書：上將討婆豬江野人，欲試大臣，密令
政府、六曹、三軍都鎮撫等，各陳接待之方，聲罪之辭，攻伐
之策。領議政黃喜曰："若聲罪，則當言忽剌溫兀狄哈於本國
不曾相通，未知道路向背，山川通塞，安能越二十餘日之程，
深入作賊？且與汝輩，宿有讎怨，不侵汝輩，越入我邊，備肆
侵掠，此不近事情之言也。汝等嘗以交好誘我邊將，乘其懈
怠，竊發作賊，殺掠無辜，謀匿己罪，詐稱兀狄哈，情迹明
甚。倘令兀狄哈作賊，汝等邀奪被虜人口，則牛馬家財，何獨
不奪，是可疑也。汝輩若內省不疚，則押送被虜者，誇功求
賞，常事也。遇本國路人，急遽交付，自惑逃遁，情實不直。
被虜回還者亦言，汝輩陽圍兀狄哈，而實與和好，或合胸相
抱，或相食酒肉，則汝等引而犯邊無疑矣。以此聲罪，欲令盡
還被虜人畜。彼如不從，欽依太宗文皇帝宣諭聖旨，問罪致
討，使不得安業可也。若不可興師致討，則益嚴武備，固守邊
境。彼來犯邊，應期追捕亦可也。假使彼賊詐以交好甘言出
來，拘留待變。何如？"左議政孟思誠曰："入寇閭延，專是婆
豬野人所爲，而反指忽剌溫兀狄哈，因張天使奏帝，所以當時
事勢，雖疑婆豬野人所作，然聲罪致討，恐或不可。但稱兀狄
哈入掠我境，經宿三日，汝等非徒不追捕，且不盡還被虜人
畜，又不擒送兀狄哈，則專是汝輩所爲也。執以爲辭，勿許和

好，謹慎固守，使彼畏罪自服。假若爲悖，則急攻應變。何如？"右議政權軫曰："兀狄哈於二十餘日之程，豈無指示之人，而深入抄掠哉？是必婆豬江兀良哈。爲之鄉導也。使人諭以悉還人畜。彼若犯邊，則預整軍馬，應變追捕可矣。且崔閏德專制閫外，彼之情僞，猶可聞知。詰問被虜還來人，得情啟聞後，聲罪之辭，攻伐之策，更議何如？"吏曹判書許稠曰："婆豬江兀良哈，與兀狄哈同心作賊無疑，罪惡深重，固當往伐。然竊聞彼土，山水險阻，樹木茂密，本無城郭，散居山谷。若聞興師，輒遁深處，似難追逐。且此輩自度所作，慮有征討。洶洶未安。此時往伐，恐難有濟。待兩界將帥。觀變啟達後獻議。"戶曹判書安純曰："婆豬之寇，以忽剌溫爲辭。然婆豬之人如不與謀，忽剌溫豈能越數十日之程，假途深入乎？矧今俘虜之人，皆自婆豬而還，則其托彼而自解明矣。誠宜聲罪致討，掃蕩巢穴，以示威武。此聖上之軫念，臣民之切齒者。然其不可有者三：獷俗負險，恃隙而出，見其不敵，則鳥散而伏，雖張闔之勇，不得而施，窮入賊穴，未可必勝，勞師無功，反生輕侮之心，一也。假使值天之時，選鋒銳進，殲醜類以快一時之憤，則斯無難矣；然其類多種，豈可盡誅！倘出唇齒之計，與嫌眞骨看等常伺不虞，協謀來侵，後日之患，不可勝言，二也。楊木答兀負罪上國，上國雖置之度外，然欲致討之心，未嘗頃刻而忘也。聞我國用兵之利，命使征之，其何得辭，此亦意外之慮，三也。且戎狄之害，歷代通患，帝王視之，若蚊蟲之螫驅之而已。待戎狄之道，守備爲本，不以攻伐爲先。當繕修城堡，選將練卒，內侵則攻之，遁去則不追，是乃古今之良策。婆豬之寇，以忽剌溫爲辭，是乃知罪自服之幾也。因其自服之幾，命還被虜人畜，待之如初，內謹修攘之備，外示懷柔之仁，則禦戎之道得，而搆怨跳梁之患弭矣。況

張內史先將婆豬二人之語，奏聞於帝，尤不可以婆豬爲咎而往
征之也。"贊成盧閈曰："接待之方，則彼人姦詐多端，不可輕
絕，亦不可厚待，依舊爲之。聲罪之辭，觀各人供招，則婆豬
江人與忽剌溫相親可知。若果圍兀狄哈而奪六十餘人，則其足
以制賊，其勢可以盡奪，而其餘人口畜產，獨不奪送。以此觀
之，婆豬人自爲賊明矣。況忽剌溫與婆豬江，相距二十五日
程，則與閭延尤爲懸隔，忽剌溫人有何嫌，而以一百孤軍，道
過婆豬之境，而侵我疆土，奪我人物乎？然則婆豬江人詐稱忽
剌溫而自爲賊明矣。雖非婆豬人所作，與忽剌溫相應作賊必
矣，是則彼婆豬江人，不得辭其責矣，固所當討。然彼欲免
罪，以忽剌溫爲辭。時方辨析，罪名未著，而亦已報於朝廷，
國家苟不得情而討罪，則實爲未便。今者彼人等逃遁山谷，雖
舉萬衆之師，安得人人而制之哉？且人心日久月深，則可以得
其情而知其實矣。因續遣人，令還被擄人口、牛馬、家財，一
以聽其言，觀其志，而因察山川險阻害要之處。且待彼人等，
安心不虞，然後聲罪致討。何如？"刑曹判書鄭欽之曰："聲罪
致討之前，宜當待之如初，不可使彼知吾疑己，得成其計。若
預備抗拒，或且逃遁，非計之得也。聲罪之辭，忽剌溫兀狄哈
與斡朶里兀良哈等，雖曰同類，本非同心，頗有嫌隙，居數十
日程途之外，其間各種野人雜處，與我不曾相通，未知道路要
害，安能越千里之險，冒雜種之虜，深入我境乎？儻使忽剌溫
出來，非斡朶里爲之鄉導，安能的知要路，襲我無備，經三宿
之久，恣行無忌乎？斡朶里於兀狄哈，强弱不侔，材技懸絕，
畏之不啻如虎。今奪其所掠人口、牛馬無亡矢遺鏃之費，而反
與之娛戲飲食，交相往來，如家人父子之相授受者，是臣之所
不信也。況閭延軍人全義者，交戰之時，親見斡朶里沈阿郎
哈，責以負恩爲賊，又被虜回還婦人，親聞賊德宋天富怨李春

富之言，其斡朵里之爲寇益明矣。此賊仁義不足，兇狡有餘，
豈不知後日之患乎？故指忽剌溫爲辭，猶擇婦女之美者與牛
馬、財物，卒不盡還。上欺天子，以賣朝鮮。以此聲罪，何患
無辭。攻伐之策，當選將鍊兵，數道並進，銜枚疾馳，出其不
意，掩其部落，虜其巨魁，遷其幼弱，使彼輸誠納欵，稽顙求
哀，然後與之和親則易固，以之招撫則易服矣。此賊可以威
服，難以德化。己亥對馬島之役，朝野皆不欲征。太宗斷自聖
心，六月興師，以討其罪，倭人畏威懷惠，至今臣服，民受其
賜，此已然之明效也。今之議者皆曰：‘彼雖實爲寇盜，托以
忽剌溫爲辭，國家似若不知，固我守備，待之愈厚，不可與之
構怨。’臣愚以謂此一時偷安之計，非永世久安之長策也。”戶曹
參判沈道源曰：“我國有野人之患，猶中國之有戎狄也。禦之
之方，備載方策，大要不過征伐與和親爾。今閭延之事，邊將
失策，令殿下軫慮，此臣等之罪也。以被虜還來人言考之，斡
朵里姦詐之謀顯著，其陰謀譎計，非惟免今日之征討，將以圖
後日之作賊，是不可不懲也。林哈剌有釁於邊境者也，其所與
他部落，皆不過一兩日之程。今當僞受其詐，接之如初，以求
未還人物爲辭，連續送人，深察其情；使閭延、江界選聚驍
勇，待其無心，潛師渡江，銜枚疾走，數道並進，掩其不意，
責之曰：‘忽剌溫所居遐隔，出來之路，由爾部落。爾不同謀，
焉能作賊？且爾盡奪其所掠，奈何不盡還乎？今我之來，將以
搜還人物耳，宜當盡出。’背者殺之，降者俘之。又戒將士，勿
殺老幼婦女，盡驅以來，拘留訊之，則作賊之情可盡得，邊民
之冤可以雪也。議者曰：‘野人散居山谷，難可盡滅，一與爲
隙，邊患滋甚，殆無寧歲。今因其詐，包容以禦之可也。’臣以
爲野人侵害邊民，未有如今日之慘酷也。釋此不誅，必生輕
慢，當討其罪。使沿江諸郡，築城堡，謹烽火，合冰則堅壁清

野以待之，乘便觀利而擊之，使走無所歸，來無所得，則不得爲邊患矣。臣竊有獻焉，幾事不密，事故不成。欲伐人而不密其事，臣恐言之易洩也。伏望深謀秘計，內斷於心。其臨機制勝之策，委之將帥，責其成功，不勝幸甚。"刑曹左參判許誠曰："野人近居我境，與吾民雜處，飢則卑辭來附，飽則跳梁肆暴。故當恩以懷之，威以制之，使知恩不可背而威不可犯也。非若中國之於夷狄，置諸沙漠區別之地，而但以羈縻之也。婆豬江野人，咫尺相望，朝往夕還，糊口我邊郡，無求不得，無欲不遂，其恩至矣。今反加侵害，詐以北人來寇爲辭，此將爲後日乞丐求索之計也。今年如此，則明年又如此，不可不威以制之，以防後患也。接待之方，聲罪之辭；攻伐之策，略陳于後：（一）佯信彼人忽剌溫入寇之語，依舊接待，以觀其變。（一）忽剌溫作賊之言，罔誕不信明矣，然事有明驗，乃能正名其罪。願擇遣朝官一人，言於婆豬江酋長等曰：'兀狄哈虜掠我邊境人物而去，爾等力戰而取，良用喜謝。然忽剌溫二十餘日之程，懸軍深入，古所未有。又與我國本無小嫌，不知何故而來？爾等戰奪之際，彼當言來侵之故，欲問其詳。'從容反覆詰問，則彼亦對之無辭，必露肝膽矣。又令咸吉道都節制使，擇遣軍官一人，言於猛哥帖木兒曰：'今閱森波之言，稍知其變。然森波之言，似乎未盡，願聞其詳。其忽剌溫遠來之故，婆豬人戰奪之由。'反覆詰問，則亦可知其實矣。又本國赴京使臣還，則亦知婆豬野人奏聞與否，其陰謀欺誑之實，自有明驗矣。然後責之以'爾等朝夕往還，乞丐求索，以資其生。當致謝之不暇，乃背恩侵犯，托以忽剌溫來寇爲辭，欺誑天聰，又誑我國，爾等罪惡不淺'，聲言致討，使盡還人民畜產。即據太宗皇帝明降，野人托辭欺誑之辭，與夫興兵侵暴之狀，具辭奏聞。（一）行師之時，則擇二品以上二人，又遣習於攻戰、能知其界山川道路形勢上大護軍五六人，以爲裨將。其行軍進退之方，令都節制隨宜布置，又令二品以上一人督察。”判院事河敬復曰：“臣竊見被虜回來人供招，乃知作賊者非忽剌溫，實是婆豬江兀良哈誘引連境雜種野人而作賊也。蓋忽剌溫距婆豬江二十餘日程，且與我國本無釁端，況當寒凍，彼豈越千里之險，而來侵我邊鄙乎？兀狄哈之於兀良哈，本非相和，彼此相遇，則猖然相噬矣，豈有相遇之際抱腰相戲之理乎？此必是婆豬江野人之所爲耳。臣於壬寅年兀良哈來侵之後，往鎮吉州，使人於兀良哈諭之曰：‘汝之所居，東有大海，北有諸種兀狄哈。若不復我人口田畜，則吾將聞於國家，當耕耘時往征，以害汝農；又於秋斂往征，以害汝稼，則汝將曷歸？彼皆讋服，盡還我人口頭畜，雖死牛馬亦皆徵還。今婆豬江兀良哈，亦猶是也，東接嫌眞雜種兀狄哈，北有忽剌溫兀狄哈，西有中原，而介居其間，無所歸處。今不勝一朝之忿，犯我閭延，恐我攻討，托忽剌溫爲辭，虜掠人物尙未盡還，其紿國家甚矣。是宜命將往征，以示天威可也。然山川險易，未易知也；虜掠人物，亦未盡還也。乞依臣前日之計，姑緩攻討，先遣諳練通事於婆豬江，諭之曰：‘比等忘我國恩，殺虜我人口，奪掠我頭畜財物。汝若不盡還我，將春夏遣兵擾汝耕耘，秋冬遣兵擾汝收藏，將使汝無所歸處。’威以警之，使還我人物頭畜，且知山川險易，而後聲其罪而討之。今若不討，後必甘心乘間作賊，須震雷霆之威，往征其罪。接待之方，姑仍其舊。”禮曹判書申商曰：“接待之方，依已成格例，毋或加減。彼如有欲來京辨明者，給傳以送。聲罪之辭：‘年前本國被虜人逃來，言林哈剌等含憤，潛到閭延虜掠農民，其罪一也；今又與忽剌溫結黨來侵，殺害軍丁，虜掠婦女、牛馬、家財，詐稱忽剌溫所爲，只還其老幼男女而已，餘皆匿不以還，其罪二也；

歲在戊寅，洪武三十一年。虜掠閭延人物，又於壬寅再舉入侵
者，非此輩而誰歟？其罪三也。'攻伐之策：以當時已然之迹觀
之，此輩雖非自爲，與忽剌溫相應必矣，固當攻伐示威。然事
理無窮，關係甚重。宜令東西兩界邊將，因事使人，徐觀其
勢，更得其實，然後乃加攻伐，未爲晚也。當其攻伐之日，令
其道將帥，瞰其無心，潛師入境，討其有罪者。其投降與老
弱，勿殺擒來，以待其餘類來謝，盡還我人口頭畜，然後還
給。"參贊李孟昀曰："侵犯閭延者，非忽剌溫，即婆豬江野人
所爲也。雖或有忽剌溫來賊者，必是婆豬人交結作賊明矣，不
可不聲罪致討。然臣聞彼地山川險阻，林木薈蔚，徑路狹而多
曲折，雖大舉而往，什什伍伍，不得並馳而進。彼必嚴斥候以
待之。如聞我軍之至，則匿其妻子老弱，使壯勇者每於曲折幽
僻之處，隱居林壑。我軍纔至，攻其前後，則進退失措。雖或
進攻巢穴，其可得乎？如或直擣巢穴，一無所取，空往空還，
但損國威耳。不如佯信歸罪忽剌溫之辭，如有來往者，溫言慰
接，聽給需索，如舊而已可矣。不得已攻伐，則須俟一二年後
斯得矣。緩之數年，則彼必謂我永不來討，弛其武備矣。當是
時也，分遣將帥，出其不意，各攻其部落，則不得自相救援，
而巨魁可盡殲，老弱可盡擒也。若夫聲罪之辭：'爾等密邇我
疆，邊將待之甚厚，仍給所求之物，其懷綏也至矣。今乃忘恩
背德，反肆豺狼之毒，犯我邊疆，殺虜我軍民，刦奪其牛馬財
物；慮其問罪，欲免誅戮，歸罪於忽剌溫。其言之誣妄，昭然
可知也。忽剌溫之地，離我境千有餘里，安敢以百餘兵馬，突
過爾等部落，直犯我疆乎？況與我無宿怨乎？且被虜回還人
等，皆言汝等所爲也。我民無罪而被殺者多，虜去未還者多，
何忍置而不問乎？故今命將往討，蓋出於不得已也。爾若盡刷
未還人物，及牛馬財產以還，仍繫頸來謝，則待以不死。不

爾，則當盡殲爾衆，以復邊民讎怨。'以此諭之，何如？"兵曹右
參判皇甫仁曰："臣聞來則接之，去則不追，寇則禦之，此古
之帝王禦戎之大略也。然夷狄有盛衰，深爲中國邊患者，猶多
有之，於是或議和親，或議征伐，要皆偏見一時之利害，而未
有究終始遠近者也。國家地連野人，特一小水隔之，然冰合則
坦如周道，來往如飛，其可不深慮乎？如去冬閭延之事，至爲
寒心。今觀被虜人之語，及全義之言，兀良哈見彼人而相歡如
兄弟，則彼人入寇者，非兀狄哈也，必其同類也。兀狄哈則與
兀良哈曾有嫌隙，安有如此相歡乎？兀狄哈本居深處，安有二
十餘日之程，遠涉他種野人之境，而敢行侵掠乎？夷狄之俗，
雖義理不足而兇狡有餘。閭延之寇，必是兀良哈含前日之恨而
爲之，乃歸罪於兀狄哈。兀狄哈安知江邊人物聚居虛疎之處，
淹留三日而爲盜乎？儻曰兀狄哈來侵，則兀良哈必爲前驅而指
示也。兀良哈居我北門，衣食之奉，實賴我國，反行剽竊，背
恩忘德甚矣，頑凶不恭甚矣，當聲罪致討，珍滅無遺。然當此
時，外有可伐之勢，內有不可伐之實。兀良哈等深恐我國故，
今乃名言之曰'海西兀狄哈虜掠人物而去，我率兵與張天使共
圍之，奪六十四口而還'，其心反以爲大有功於國家。今未知
其實，而遽發兵伐之，旣爲不可。且建州衞指揮，將兀狄哈侵
掠我國之事，已奏朝廷；張天使亦旣還京。徐觀其勢，則必得
其實矣，然後聲其罪以伐之，亦未晚也。且我北方，東自慶
源，西至義州，沿邊城堡，時未畢築，今舉兵伐之而未盡滅
之，則彼俗報復之心噐然未已，乘間投隙，無時入寇，則邊民
之患無時而息。莫若沿邊郡城，可築處畢築之，木柵可排處畢
排之，斥候烽火等事，無不畢備，雄城巨鎮，煙火相望，精卒
勁弩，分守要害。然後爲寇之迹未著，則依已成待遇之禮而待
之，羈縻不絕，以觀其勢；入寇之迹悉著，則命一二良將，將

數千之衆，分道俱進，聲其罪曰：‘汝居我北門，寢食我疆境，乍臣乍叛，擾我邊民。今又無因而逞盜賊之謀，殺掠我人民，侵奪我頭畜財物，乃詭之曰兀狄哈，其姦凶頑惡甚矣。肆命將問罪。汝能戰則戰，不能戰則輸情謝罪。’如此則彼賊必有辭矣，因其辭之曲直而區處之可也。彼地大山長谷之間，草木鬱密，難以成陣，千態萬狀，變化須臾，在將帥應變如何耳，不可遙度。然上下山坂，潛匿竊發，野人之長技也。觀其山川之形，虛實之勢，曠野則進攻之，鬱密則因風之勢而縱火燒之，隱遁則盡焚其廬舍。雖未得快意，如此數年，則彼賊春夏不得耕耘，秋冬不得安居，終繫其頸致闕下矣。此接待聲罪攻伐之大略也。若其條目，則必因時區處，乃得其宜。臆量之說，未免有膠柱不通之患。臣欲因後日事變而更陳之。”同知中樞院使李順蒙曰：“忽剌溫與婆豬江，相距懸絕，且與我無釁端，安敢跋涉千里，虜我邊民乎？是必婆豬野人與雜種野人，同心入寇也。然不知山川險阻，而遽欲往伐，賊必恐懼逃匿山谷，雖遣百萬之師，恐不能得志矣。臣妄謂因其詐謀，佯爲不識，歸罪於忽剌溫，歸功於婆豬江，接待如舊，則賊必謂我陷於術中，而安然不虞。我則多爲反間，備知山川險阻，待江冰解，作船作桴，潛師越江，出其不意，急擊一二部落，回師速還，則賊必含恨，待冰而來，應而擊之，是良策也。夫然後諭野人曰：‘汝等虜掠邊民，詐稱忽剌溫，故邊將不告國家，直問汝罪爾。若須往伐，則於甲山等處，命遣將卒，聲罪往伐，置木柵於閭延江北，屯兵五六百人，使戍其柵，示以威靈，使賊不得農作田獵，以資其生。賊心尤忿，冰合則必來侵犯，我則嚴兵固守，以逸待勞。此兵家所謂致人而不致於人也。賊若不來，則因形往伐亦可也。臣抑有獻焉：今蕞爾百餘野人，得逞暴虐，虜掠邊民，小臣伏聞其事，寢不假寐，腐心切齒，願竭駑鈍，往問不恭之罪。"兵曹判書崔士康曰："接待之方，臣竊謂，今以被虜還來各人之言，參觀其事勢，則實非忽剌溫，乃林哈剌之所爲也。然彼賊旣知其非，乃曰被虜之人奪於忽剌溫，悉以還送，往來如常，則雖接之以厚可也。況來則撫之，去則勿追，禦戎之良策乎！姑宜接之如舊，以觀其變。聲罪之辭，臣竊謂婆豬之賊，近處我境，朝往夕還，請乞鹽醬，以資其生。若忽剌溫之賊出來，則彼當使人先告。拒而不納可也。作賊之前，不先告變；作賊之後，詐稱忽剌溫，彼之自賊明矣。還來之人皆曰，奪取之時，不接兵刃，或把腰相戲，或饋以酒食，其爲詐謁亦明矣。忘我惠養之德，侵我邊陲無辜之氓，殘殺者五十餘，擄掠者七十餘，牛馬財產之奪，亦不知幾許。以此執言致討，則誰敢不服。攻伐之策，臣竊謂婆豬之賊，魁首不過五六，所領未滿數百，雖其黨與散處，然程途遠隔，豈一晝一夜所能救援哉！若命將選卒，分軍爲三，更出迭入，則彼何敢當我哉！然野人恃其山谿之險，林木之茂，奔突竄伏，安能一舉而盡殲乎？然則徒增怨怒，尋復鼠竊，邊境未得寧矣。黨類分處東北，聞其攻伐，則更相來侵，北方之民亦未得安寢矣。況建州衛屬遼東，而作賊之事，詐稱忽剌溫所爲，已聞於帝。臣謂莫若修城柵，固封疆，遣使告諭悉還人物，則雖無目前之快，亦不貽患於後也。"工曹判書趙啓生曰："野人人面獸心，丐乞之間，未饜所欲，便生私怨，窺覘虛實，賊害邊民。雖懷之以恩，不可保也。今入侵閭延，雖以爲忽剌溫，然忽剌溫於我國本無往來，又無釁端，豈知閭延防禦虛疎之實，以孤軍經强敵所在婆豬之地，邆來作賊？被虜回還人言，婆豬江人與忽剌溫或把腰談笑，或割肉相噢，如此則其同謀可知也。且兀狄哈之强勇，本野人所畏，不交一刀，何以盡奪虜去之人物乎？其相應可知也。當相戰時，閭延正軍全義，

見婆豬江住沈阿郎哈，罵曰：‘汝等前此頻來乞食，受恩於我
國，何故同來作賊？’阿郎哈不答回去，則婆豬江人引忽剌溫同
謀作賊，又何疑哉！其送還虜去人物，圖免後日攻伐之計也。
若誠爲我國，而奪其虜去之人物，則當初過門之賊，何不先報
於我國乎？其姦惡莫甚。若置而不問，是示弱也。彼賊將謂我
國墮於術中而甘心矣，況未還人物，何不推乎？宜當以此執
言，往征其罪。婆豬江野人，雖以兀狄哈作賊先聞朝廷，具其
野人同謀之狀奏聞，則直在我，曲在彼，朝廷豈疑我國而信野
人哉！然野人本無城郭，散居山谷，先知我兵之至，登山而
遁，則雖千萬兵，何以制？出其不意，掩襲攻之，在將帥籌
策耳。”參贊成抑曰：“接待之方，臣意以謂婆豬野人暗引同種，
侵耗邊境，詐稱兀狄哈，然情節未著，宜令邊將，分遣人探
問。彼若以送還虜掠人物爲功，姑順其意，名爲賞勞，擇遣有
智勇敢者，且慰且問，以觀其意，待之稍厚。令平安、咸吉兩
道訪問，如得其情，奏聞上國，聲罪致伐，不患無辭矣。攻伐
之策，臣意以爲及此時攻伐，則彼賊自知其罪，竄伏山谷，雖
興師深入，必不得攻，蜂蠆之毒，亦不可不慮。姑待之稍厚，
令閭延、江界軍馬，頻數越江田獵，示爲常事，然後出其不意
攻伐，何如？”同知敦寧府事趙賚曰：“忽剌溫距閭延三十日餘
程，今當天寒雪深，深入抄掠，不近事情。又以被虜各人觀
之，其事勢雖以兀狄哈入寇，兀良哈等援引作賊，明白無疑，
誠宜舉義致討。然自古用兵者，先知山川道路，遠近險易，然
後行師。彼人所據之地，山川險阻，雖用千萬之衆，難以成
功。今又作賊，彼必設備以待之，不可輕舉。臣愚以爲任其彼
人之誣，姑示寬大之恩，遣人賜酒，仍使詗察情實，明知道路
難易，然後待其懈怠之隙，設奇兵以討之，猶未晚也。”禮曹參
判柳孟聞曰：“婆豬江兀良哈與其族類，同來作賊，明白無疑，

是誠不可不懲也。然其魁首，既受帝命爲婆豬江指揮，則不可
擅自往伐也。又況托稱忽剌溫以奏於帝，則其可不奏而擅伐
乎？今若奏達，未必允許；不請擅誅，亦爲未便。唯其來服，
則加惠而送之。如又侵擾我疆，則登時滅之，庶合撫綏制禦之
方。"禮曹左參判林安臣曰："忽剌溫與我國，相距遼隔，又無
讎怨，而但以百餘兵來寇，似無是理；且以被虜回還人所說觀
之，其爲婆豬之賊無疑矣。然不可輕舉者有四焉：婆豬江虜，
既受帝命，號爲指揮，且今托以忽剌溫虜去朝鮮之人，舉兵圍
之攻奪所獲，悉令回還，飾詐奏聞，皇帝必以爲然矣。當是之
時，不即奏聞，擅興師旅而往討，一也。彼賊既寇我邊，自懼
其禍，設備待變，不可攻伐，二也。且與猛哥帖木兒共爲犄
角，其勢已著，只擊婆豬，則是遺虎狼而問狐狸，猛哥帖木兒
反生疑惑，脣齒相資，其謀難測，三也。閭延、江界之民，方
見破敗，離散憂危，殊無戰志，四也。大抵善戰不如善陣，善
陣不如善守，能屈能伸，用兵之道也。今莫若修城柵，練兵
器，積糧餉，謹邏候，優來使，行間諜，探其首謀作賊之爲
誰，又知其與猛哥帖木兒同謀作賊之實，具辭奏聞，欽蒙明
允，然後出其不意，分兵突擊，並破二虜，似亦未晚。"兵曹左
參判鄭淵曰："閭延侵掠之事，婆豬人雖曰忽剌溫。然忽剌溫
與我本無嫌隙，二十餘日隔絕險路，無緣出來，侵掠人物，固
無此理。婆豬之人，久居我境，來往求索，少有不厭，必生怨
恨。又有林哈剌，失奴追逐，明有其嫌。今侵掠之事，實婆豬
之人所爲也。然事迹時未現著，虜掠之人過半送還，且張天使
之還，聲言忽剌溫侵掠，則必以此言告朝廷。雖有高帝之詔，
今未更奏，遽急攻伐，實爲未便。臣愚之計，莫若修城柵，固
邊圍。彼雖侵犯，使邊民悉皆入保，備患之策，無不備具。又
擇武臣三品以下有智略能權變者，賚酒饌往諭之曰：'忽剌溫

侵奪人口，遙奪而還，是可喜也。然未還人口財物，宜當盡數
刷還。'因察所居山川形勢，用兵難易，聽言觀動，則其間事勢
情偽，庶可知矣。如此而審知侵掠情實，山川道路，然後奏聞
准請，聲罪致討，則事機未晚。名正言順，彼輩亦無辭自伏
矣。未舉兵之前，接待宜如舊。吏曹左參判金益精曰："我國
之有野人，猶中國之有匈奴，接待之方，守禦之備，不可不慎
也。苟或邊將匪人，關防失守，則必生窺覦之心，重爲吾民之
害矣。戎狄之性，無異豺狼，強悍暴戾，嫌隙必報，難以恩信
結之，威勢服之也。然其養生佚樂而欲保其身者，無異於華人
也。我太祖、太宗明乎禦戎之道，納款歸附，則豐其賜與，又
令邊郡濟其窮乏，由是邊境無虞，生民安枕，于今四十餘年
矣。其接待之方，姑令依舊。嚴其防守，示之以威；嘉其來
附，綏之以恩，則強悍之氣消，而窺覦之心自沮矣。安有背恩
忘惠搆怨於我乎？至若聲罪之辭，攻伐之策，則又有說焉。忽
剌溫不與我連境，無恩讎之可報，肯聚百餘之衆，越千里之
險，而輕犯我境乎？今考各人供辭，實非忽剌溫明矣。又還其
被虜人口之際，徒遣老弱而匿其丁壯，其欲報前釁而懼其見
伐，托爲他賊，亦明矣。雖凶謀萬端，假托多辭，其情迹畢露
而姦狡自見矣。往問其罪，豈曰無辭？然聲罪而攻，雖曰行師
之正，彼其山谿之險，樹木之密，鳥竄鼠伏，聚散倏忽，師出
窮險之地，不見一虜而還，未可知也；分據要害，伏發逼我，
亦未可知也。如此則非徒一時之失利，將見後日之侵陵矣。莫
若選其精銳，間道銜枚，出其不意，要其走路，而繼以大兵，
徑往襲之，則彼衆可盡虜矣。獨念西自婆豬，東至於海，野人
之居，多則百餘聚，少則數十戶，厥類非一，同惡相濟。賊平
之後，脫有遺醜，修怨報仇，容或有之矣。選揀名將，嚴兵警
備，守禦之方，誠不可不慎也。"工曹右參判李兢曰："自古禦

夷狄之策，人持所見，各有異同，其要歸不過曰和親，曰征伐，兩科而已。然各一得失，不可以執一論也。臣竊料野人通謀同類，陰逞憤情，愛惜土地，圖免後患，姦狡審矣。議者曰：'婆豬江至白頭山北，部落連接，種類甚衆，不可侵犯，以啟報復之端。莫若佯信其言，姑置勿問，接待如初，則止怨之方，安邊之利，勿擊便。'臣愚以謂彼豺狼貪暴之類，如知其佯信之術，未爲良策；如不知之，其必曰：'朝鮮之人墮於術中'，甘心肆暴，不可被詐侮而實受禍也。又安知異日邊患，無有已也。昔有一婦人行淫，其夫佯爲不知，而莫之禁，卒之被害，何以異於是哉！夫規事建議，不圖永世之利，偷恃一時之便者，未可以經久也。臣妄意令邊將先使人切責之曰：'汝等近居我境，乞索鹽醬口糧，輒便給與，恩養足矣。但爾等虜掠中國人口及我邊民，爲奴婢使喚。往往有逃來者，審問根腳，中國人口，發還遼東；我國之人，仍令復業。此乃尊朝廷，愛百姓，事理之當然也。我國何負於汝？不計是非，背恩忘德，反致憤怨乎？前此汝等數來侵掠，我國不計細過，非兵力不贍而勿問也。近者結聚羣黨，暗入作賊，虜去男女七十餘口，殺害四十餘口，牛馬財物，盡數搶奪。當相戰日，閭延正軍全義，對見婆豬江住坐沈阿郎哈，罵曰："汝等前此數來乞索，受恩我國不爲小矣。何故同來作賊？"罵不絕聲，阿郎哈不答回去，衆人所共見知也。今汝等變生謀計，詭言忽刺溫作賊回去，中路圍住，還奪人口送回。其未還之人安在？且牛馬財物全不送還，是何姦狡之甚歟！男女老幼無辜遇害者，如彼其多，誠爲痛心。永樂八年間，兀良哈等突入慶源府作賊，我軍追逐厮殺時，八乙速等指揮四名中箭身死。我國具奏太宗皇帝，聖旨節該："恁殺的正好。這以後還這般無禮呵，不要饒了。"我國欽奉聖旨既如此，今汝等所爲又如此，雖我國大舉師

旅，殲滅汝類，皆汝自取，復誰咎哉！'邊將引軍至彼，陣師觀
變。彼若畏服，卑辭請降，則責以大義，班師而還，上策也。
若驚惶罔措，棄其部落，逃遁山林，則勿窮追，勿殘害，全其
部落，明示威靈，薄伐而還，中策也。若彼我相敵，鋒刃交
接，決其勝負，下策也。臣妄意必出於中策也。然則寡怨之
道、息戰之方，王者之師矣。然後修築城堡，嚴整軍兵，固封
疆，謹守禦，則彼必畏服，自來求和，待之不過依舊而已。己
亥年東征以後至于今，下三道沿海州縣，晏然無虞，倭人畏威
懷德，納欵來朝者，殆無虛月；庚寅年東北兀良哈戰勝之後，
野人不敢肆毒，歸順不絕，此我國家已驗之明效也。獨此蕞爾
野人，豈足深慮乎?"上命都承旨安崇善密封不發，潛心決定。

　　就此反覆議論之中，可考見者數事：
　　朝鮮稱建州衛李滿住等爲婆豬江兀良哈，建州左衛猛
哥帖木兒爲斡朶里兀良哈，可知建州女眞皆係兀良哈。其
前以原來之部族分之，則建州衛爲胡里改萬戶之後，建州
左衛爲斡朶里萬戶之後。今建州衛已移居婆豬江，遂就其
所住以名之，建州左衛尚在斡朶里原地，故名稱未變。
　　河敬復所議，言婆豬江兀良哈，東接嫌眞雜種兀狄
哈，北有忽剌溫兀狄哈。凡建州女眞，朝鮮皆稱兀良哈，
建州以外之女眞，則皆稱兀狄哈。朝鮮所分別稱名之兀狄
哈，大約三大別：曰骨看兀狄哈，骨看亦作闊兒看，此種
在朝鮮東北界；曰嫌眞兀狄哈，嫌眞亦作謙眞，在朝鮮西
北界。東北界者近海，即清實錄之東海瓦爾喀。瓦爾喀即
兀良哈也。西北界者在長白山北，在婆豬江之東即長白
山。長白一帶雜種兀狄哈，謂爲婆豬江以東之兀狄哈。而
忽剌溫則云在婆豬之北，即開原以東以北之忽剌溫兀狄

哈，其先來自混同江以北之呼倫，故清實錄謂之扈倫四部。考大清一統志及齊召南水道提綱，皆云嫩江，明代謂之腦溫江，一作忽剌溫江。則嫩江之名，亦由忽剌溫之縮音而來，由嫩江流域轉入混同江以南。明中葉以後，分爲四部，則已吞併多部而成此四部矣。

皇甫仁所議，言兀良哈深恐我國之故，乃名言之曰海西兀狄哈。前言托名爲忽剌溫兀狄哈，此則云名言爲海西兀狄哈，可見兀狄哈中之忽剌溫種，其時已在海西，則扈倫部，不待中葉以後，始占居海西，特當宣德間，尙未成烏拉、輝發、哈達、葉赫四部耳。

金益精所議，言婆豬江至白頭山北，部落連接，種類甚衆。此即河敬復所言婆豬江東接嫌眞雜種兀狄哈也。

辛丑，朝鮮實錄書：上謂諸代言曰：“崔閏德請送贈給野人之物，予意以爲以有限之物應無窮之欲，殆亦難矣。今野人無故突入，殺掠人物，可以興兵致討。然今尙未知野人所爲，似難聲罪。且興師動衆，不得已耳。野人之居，山川險阻，行兵甚難。但嚴備邊境，示以威武，使彼有畏服之心可矣。又不奏請而興師越江，儻或有問，何以答之？予意以爲以高皇帝敕書之辭，奏對可也，皇帝必不向野人而外本國也。若彼人到境請朝見，何以處之？”乃召議政府、六曹及三軍都鎮撫，命安崇善、金宗瑞議之贈給條。成抑、鄭欽之、崔士康、趙賚、沈道源、權蹈、鄭淵、朴安臣、皇甫仁議曰：“今未知婆豬江野人作賊眞僞，彼雖托辭而來，未可反加贈遺。審知忽剌溫作賊情實，然後厚待，猶未晚也。姑宜仍舊。”李順蒙議曰：“虜掠人民。旣已還送，別有贈給，何如？”權軫、河敬復、安純、盧閈、李孟畇議曰：“接待贈遺，一依前例，不宜有加。”黃喜議

曰：“婆豬江野人作賊，情狀明甚。若依舊贈遺，則似乎情弱，
宜頓除之。但邊將接待之禮，姑從前例。若公言聲罪，則拘留
其不受朝廷官職者一二人，責還被虜人畜，何如？上京請朝
條。”朴安臣、皇甫仁議曰：“欲知作賊情實，宜數使人以探其
情。我之使人數，則彼人之來，不可固拒。況野人許接，已有
成規，宜從請上送。”李順蒙、成抑、鄭欽之、崔士康、趙賚、
沈道源、權蹈、鄭淵議曰：“彼人未嘗由此路而來朝，且今作
賊之狀頗著，未可遽從其請而上送也。且既有咸吉道往來之
路，豈宜又開此路乎？”李孟昀議曰：“受上國官職者不宜私交，
依前答以不宜私交，毋令上送，攻伐條。”皇甫仁議曰：“待秋
冬之交，攻伐爲可。”河敬復、盧閈、成抑、鄭欽之、趙賚、沈
道源議曰：“此賊不可不懲。進兵之時，出其不意。攻圍之策，
委諸將帥。”李順蒙議曰：“兵貴拙速，未覩巧之久也。”鄭淵、
朴安臣議曰：“審知作賊情實，具辭奏聞，然後乃可攻之，不
可輕舉。”權蹈議曰：“都節制使臨敵示威，使人責之曰：‘汝之
作賊，事狀已著，將加大兵。’連續使人，責取未還人口。”安
純、李孟昀、崔士康啟曰：“修城柵，固封疆，待變可也。”權
軫議曰：“都節制使連續責取未還人畜，彼若抗拒，待秋急攻
初面，示威而還。”黃喜議曰：“臣之料度，備在前日獻議。”崇
善等入啟，上曰：“予已備知。”崇善啟曰：“百聞不如一見。崔
閏德專受一方，彼人之來，豈可輕贈？若有不得已之勢而贈
之，則人情之物，不可不預備，令其道監司量輸布、紙等物，
何如？”上曰：“爾言是矣。”即命平安道監司量輸布、紙、米、
鹽、醬等物，移牒監司預備，臨時量給。彼若欲上京，則勿上
送，如有不得已上送，則量宜處之。”　甲辰，上謂諸臣曰：
“婆豬野人之入寇，情狀明甚，非臆度也。在我近境陵暴如此，
豈可含忍。如其舉兵，則不可孤弱，當大舉而討之。山川險

阻，用兵甚難，抄步兵以往。”黃喜啟曰：“上敎允當。”　乙巳，
召領議政黃喜，右議政權軫，都鎮撫河敬復、李順蒙、趙賷，
判書鄭欽之、崔士康，參判鄭淵、皇甫仁，中樞院副使崔海山
等議事。其一曰：“今兵曹所啟，平安道所用兵仗雜物之數何
如？”喜等曰：“臣等之心以爲允當。”敬復曰：“他物宜依所啟。
甲則一千五百二十五部過多，宜減三分之一。”其一曰：“馬步
軍數當用幾何？”賷曰：“馬兵一千，步兵二千。”敬復、順蒙、
欽之、海山、淵、仁議曰：“馬兵一千、步兵一千可矣。”軫曰：
“馬步兵三千爲可。然馬兵步兵之數，令主將臨機定之。”其一
曰：“步卒所著甲冑，送軍器監所藏乎？用何處甲冑乎？”僉曰：
“擇用本道各官所藏爲便。”其一曰：“濟師之時，用舟楫乎，用
浮橋乎？”僉曰：“力役雖重，過涉便易，莫若浮橋。”其一曰：
“軍士皆調發于平安道乎，并發他道乎？”淵、仁、海山議曰：
“黃海道五百，平安道二千五百。”喜、敬復、順蒙、賷議曰：
“除黃海道，並調發平安道。”士康曰：“黃海道六百，平安道二
千四百。”欽之曰：“黃海道四百，平安道二千六百。”其一曰：
“行軍時與赴征時，習陣何如？”僉曰：“習陣則彼賊先知，隱伏
潛師，突入可矣。”皆從喜等之議，唯騎步兵之數從軫議，令主
將臨機定數。又議曰：“中軍，左、右軍主將誰可者？”僉曰：
“宜以崔閏德爲中軍，順蒙爲左軍，海山爲右軍。”上曰：“可
矣。”崇善啟曰：“順蒙與臣言：‘大抵軍士之進退，專在中軍。
臣受左軍，則何以成功？臣謂以閏德爲中軍上將，以臣爲中軍
副將，以海山爲左軍，以江界節制使李恪、戶曹參議金孝誠爲
右軍。臣率精騎五六百爲先鋒，潛入彼土。若勢可擊則擊之，
不可則退屯以待後軍。’”上令崇善密議于三議政，仍命曰：“昔
征對馬島，太宗賜赴征將士弓矢。今順蒙、海山之行，當賜何
物，并議之。”軫曰：“順蒙、海山，皆輕妄之徒，不宜專付軍

士，請依前議。賜物則弓矢與甲。"孟思誠曰："以閏德爲中軍上將，順蒙爲副將，海山爲左軍，恪爲右軍可也。賜物則依權軫之議。"喜曰："分三軍，則依孟思誠之議。賜物，則只給馬爲可。"崇善回啟，上曰："當賜弓矢與馬。分三軍，從黃喜、孟思誠之議。命崔海山先往平安道，造浮橋於鴨綠江。"令安崇善修事目，使海山傳說於崔閏德，皆上命意也。(一)以都節制所啟供招之辭，議諸羣臣而反復思之，則婆豬之寇，詐稱忽刺溫，情見事白，斷無疑矣。惟彼獷俗，居相望之地，不念舊恩，懷奸肆毒，剿殺邊民，謀免後患，反以忽刺溫爲辭，上欺中國，下誣本朝，罪惡貫盈，不可不討。間有議者曰："彼寇以忽刺溫爲辭，已奏於帝，則不可以婆豬爲咎而急征之也。"予則以謂皇帝一視同仁之量，焉有以婆豬爲信而歸咎於本國哉，必無是理。倘或詰問，當具事由以聞，且引太宗皇帝宣諭聖旨以奏，則終見俞允。肆定征討之舉，軍數以三千爲率，二千五百出平安道，五百出黃海道，其騎兵步卒之數，臨機議定。(一)江深難以濟師，是誠可慮。如有灘上可涉之處，則可矣；若無可涉處，與都節制使同議，毋令喧動，造浮橋於二三處。(一)江界、閭延等江邊，接居無知之民，曾因營產，潛往彼土，官吏又不知而不禁，疎闊至此。今當大事，漏透聲息，則非細故也。密令官吏嚴加考察，以絕往來。(一)使人伺其部落多少，山川險易，然後定其往征之期。將兵偏裨，磨鍊以啟。(一)步卒所著甲冑，以道內各官所藏，揀擇用之。(一)造浮橋，毋發煙戶丁夫，只役附近各官船軍。(一)大軍既過江之後，賊若出其不意，或竊入逞欲，或斷取浮橋以絕師行，此亦可慮，分卒堅守待變。文告廟、授鉞等禮，又從略。

　　是日乙巳，兀者衛女直指揮僉事猛古等六人，俱奏事至京。賜鈔幣、表裏、金織、紵絲絹襲衣等物有差。實錄。

戊申，敕建州左衛掌衛事右都督猛哥帖木兒、都指揮使凡察等，令以初隨楊木答兀漫散官軍，悉送京師。實錄。

庚戌，朝鮮實錄書：召議政府、六曹都、鎮撫議曰："今已定征討婆豬之策。三千之衆，不可無統，予欲擇朝臣有武才者作牌頭，往領其衆，一牌頭當領幾人，量宜以啟?"以下凡征建州一切軍事預備，條議甚悉，以非建州本身情狀，不足證建州史實者，從略。

是日庚戌，以招諭遠夷勞，陞喜樂溫河衛指揮同知出兒不花、卜洽爲指揮使，正千戶亦昂恰、亦稱哈爲指揮僉事，副千戶吉宋哈爲正千戶，阿眞河衛指揮同知撒兒吉灘、撒里亦答爲指揮使；速平江衛僉事羊加瓜莫哥爲指揮同知。　辛亥，兀者肥河等衛奏，和寧王阿魯台部衆，數經其地，恐其侵擾，欲以兵拒之。上曰："虜逐水草求活耳，拒之非是。"遣敕諭之曰："朕嘗敕和甯王，戒飭部屬，毋擾鄰境。爾亦宜約束部下，謹守地方。彼來擾則禦之，不擾亦勿擾之。"　壬子，陞建州衛指揮僉事不顏禿爲指揮同知，正千戶迭卜爲指揮僉事；毛憐衛指揮使卜兒答爲指揮僉事，指揮同知哈兒禿爲指揮使，指揮僉事阿力爲指揮同知，千戶以下各陞一等。實錄。

三月庚申，朝鮮實錄書。平安道都節制崔閏德，遣經歷崔致雲啟曰："今承內傳。伏審征討婆豬，用軍三千。臣竊惟虜地多險阻之處，須分留守備軍，又置護輜重軍，事可成矣。況如此大事，勢難再舉。臣心潛計，一道自滿浦，一道自碧潼，共向兀剌等處；一道自甘洞，向馬遷木柵等處，令東西齊舉。臣則欲自小甫里而行，向吒納奴哈剌居處。軍士須萬餘乃可。今聞以三千爲定，臣甚慮焉。"上御思政殿，引見知申事安崇善及致雲曰："初與羣臣議軍數，或言七八百，或言一千，紛紜未定，終以三千爲限。予心以爲少也，今觀上書，果然矣。昨日朴好問言，當不下萬數。今議政府、六曹、三軍都鎮撫會議，或曰加五百，或曰加一千，或曰不必加，議論不一。"致雲啟曰："閭德言，初來時但欲攻吒納奴哈刺等，若得精兵一千，猶可也。今更思之，自馬遷至兀刺等處，野人散居山谷，雞犬相聞。若擊一二里，則必相救援，成敗難知。古人有動大衆而爲小寇所敗者，況大軍固難再舉。每一二里各遣一軍，則彼將自救不暇，不能援他人矣，故非萬餘不可。若以三千分爲數道，則分軍亦難。"上曰："然軍數當加一萬。"致雲又啟曰："閭德言，黃海道及期馳赴，則疲敝不可爲用。平安道軍馬幾至二萬二三千，何賴黃海道？"上曰："宜除黃海道之軍。"仍問曰："閭德欲何時動兵？"致雲啟曰："閭德意，端午時則賊類皆聚懽樂，且草亦長矣，但恐雨水。若二十四五日間則可矣。"仍啟曰："閭德言，征討之日，宜寫彼人罪名，張牓而還。"上曰："牓草吾當書送。"仍命崇善，密與承文院預草牓文以啟。又謂崇善曰："征婆豬江之日，具辭通遼東何如？"崇善啟曰："上敎至當。預通則不可。當其發兵，通諭可矣。"上曰："爾其知之。" 癸亥，知申事安崇善與判承文院事金聽草征婆豬聲罪牓目以啟，其辭曰："朝鮮國平安道兵馬都節制使崔閭德，見爲邊釁事：當職敬奉王命，控制方面。惟爾婆豬江等處散住兀良哈等類，境地相連，往往到於本道邊境江界、閭延等處，乞索米糧鹽醬等物，隨請輒行接濟，未嘗搪塞，蓋亦有年於茲矣。有何嫌隙，成羣妝扮野人兀狄哈形狀，入寇江界、閭延等郡，殺掠人民、馬牛、資產，孤人之子，寡人之妻，其爲酷害滋甚。將欲整搠軍馬，直抵賊巢，擒捉賊魁，問罪區處。今將兀良哈等含憤顯著事因，逐條于後，須至牓者：（一）爾等虜到軍民，逃來邊郡，審問根腳。委係上國軍丁，差官解發原籍；本國人口，仍令復業。爲爾計者，深自愧悔，不可復蹈前非。不

此之思，反行含憤搆怨：一次，洪熙元年閏七月日，千戶童孛
塔等到來，言說：‘逃來人口，不肯發還，將江邊人民虜掠將
去。’一次，本年十一月日，兀良哈張三保過江言說：‘逃來人
不肯發還，冬月人民入城，不敢來侵。夏月農忙，人民四散時
分，到來江邊虜掠人口，實爲未難。’一次，宣德元年六月日，
建州衞都司李滿住，差指揮林黑奴前來，發憤言說：‘逃來人
口不肯發還，將你國江邊住民，倍數虜掠，轉賣於深遠處住兀
狄哈地面。’說罷回去。一次，宣德七年七月日，指揮林哈剌等
九名，賷李滿住批文到閭延，索要逃來人口回去。一次，本年
此本年，乃承上文而言，即宣德七年。八月日，前項林哈剌等五
名，到閭延郡江邊，將刈禾人朴江金捉拿綁縛，聲言：‘我的
奴婢，你國容留不還。今捉此人將去，問我奴婢在處。’說罷回
去。本年十一月初七日，朴江金逃回，告稱：‘林哈剌家住通
曉本國語音婦女萬月說道：“江水冰凍，林哈剌欲虜掠人口。”
林哈剌也說：“江金安心在此！你的父母妻子也要捉來。”’有此
積年含憤，今乃詐爲兀狄哈形狀。（一）斡木河住人說稱：‘朝
鮮國閭延郡作耗忽剌溫兀狄哈，但四十名，其餘俱係李滿住管
下人，成羣指引作賊，詐稱忽剌溫。’（一）賊人三名，詐畫面上
刺形，回到小甫里洞原地面。蓐食時，以雪水洗墨畫，盡去刺
形，其詐顯著。（一）斡木河住指揮凡察家人，言斡朶里兀良哈
事云：‘閭延等處來往知路婆豬江人事，指引忽剌溫兀狄哈作
賊回還，遇見欽差內官張，發放你等虜掠人物。云今我撞見，
不可任置，除牛馬財物外，人口盡行發還。有賊人等，將年壯
婦女放回其家，幼弱婦女隱匿不還。’（一）賊人等回到婆豬江，
有兀良哈二名迎見賊人，慰之曰：‘你到朝鮮，我道你死在那
裏，將米問卜，今乃生還，歡喜矣。’盡饋酒肉訖。（一）張大人
稱云：‘人係有髯半白，朝鮮語音通曉之人。’（一）林哈剌妻云：

'我家奴婢人口逃去，不肯還我，好生煩惱。今有兀狄哈等到
朝鮮殺掠人物，喜感。'仰天拱手。（一）賊人等言：'朝鮮人宋
天富，家計富饒，常時往來必饋餉。一隻眼人李春富，不肯饋
餉，反行打罵。今也宋家不要燒火，李家須要燒火。'其時李家
果然燒火。（一）兀良哈沈阿郎哈，相戰時到於軍中，本國人語
曰：'常時來往，乃至求索鹽醬，如何結黨作賊?'其人勒馬避
去。（一）本國通事，以女眞言喚按塔高答奴。賊人答云：'高
答奴不曾來，其妻父來在軍中。'賊又云：'趕野豬，失家豚。
李滿住大人領兵發向閭延城搶掠，你等撇了城子來此。'如此說
罷。前項逐條奸謀詭計，灼然可知。（一）中國軍民，不幸被虜
爲奴使喚，使父母妻子懸望，實爲可憐。有能逃脫前來，將啟
聞事因，轉發原籍。（一）本國邊民，或被野人搶刼，或爲事匿
罪亡命，久在虜中者，有能逃回復業，各歸原籍，不論原罪。
右仰知悉。"

　　據此一段文，朝鮮稱建州女眞皆爲兀良哈，惟分建
州、毛憐等衛爲婆豬江兀良哈、建州左衛爲斡朶里兀良
哈。他處往往建州、毛憐衛等爲兀良哈，而建州左衛則但
稱斡朶里，此乃文字之省略，取足達意而止耳，當以本段
文爲正。

　　兀良哈與兀狄哈形狀有別。兀狄哈則面有刺紋，兀良
哈則否。又據張內官言，有髥半白，通曉朝鮮語音，以此
爲兀良哈之證；則兀狄哈殆不留髥，抑不能通鮮語者也。

　　丙寅，朝鮮實錄書：上曰："斡木河女眞崔奴乙應赤，今
持權豆書啟而來，願仕，處之何如?"禮曹判書申商啟曰："此
人之父，土著慶源，且前日自願娶醫女爲妻，心不能忘，還來

求仕。許令從仕，不害於義。"從之。

　　斡朵里女眞以權豆爲酋長，權豆則自處於朝鮮屬夷
如此。

　　丁卯，朝鮮實錄書：進獻使金乙玄，先遣通事金精秀馳啟
曰："臣見禮部尙書，請刷還被虜人物。尙書答云：'外國事，
無文憑難以奏達，須開具事因以來。'臣即具書進呈曰：'乙玄
去年十二月，賫進獻物件，起離木國，行到鴨綠江，聞野人入
我北境閭延口子，劫殺人口，盡奪家產，虜男女六十四人以
歸，使我無辜之人，虔劉不遺，其暴不可勝言。非我國之力不
足以雪其恥也，只緣朝廷所撫綏者，不敢擅自加兵耳。乙玄到
京，聞被虜男婦拘於建州衛，風羈雨緤，飢寒凍餒，死亡無
日。哀我同類，以至此極。寡君如保赤子之心，以爲如何！恭
惟尙書大人，朝廷之蓍龜，四方之瞻仰，萬民之命懸于大人，
豈恝視一夫一婦之不獲哉！大人苟得達於至尊，俾我哀民遣還
本國，則豈惟生者之舞蹈，死者尤有德色於地下，而寡君亦當
感荷天地之鴻私矣。且野人人面獸心，恩信不足以結頑悍之
心，貨寶不足以填谿壑之欲，橫逆之來，直受不報，則爲禍不
止，爲之奈何！永樂八年，太宗皇帝宣諭本國，有曰："野人
侵虐，追捕盡殺。"惟茲聖旨，昭在我國，況無故虐鄰，王法所
必誅者哉！異日倘有越境侵虐，一依聖旨備兵追捕，是寡君之
願也。大人並將此意聞奏施行。'禮部以此奏聞，乃降敕書。"
召議政府、六曹及都鎭撫等使、知申事崇善、左代言金宗瑞議
曰："……金乙玄賫來敕書節該：'敕忽剌溫：擄掠王國人民，
盡令發回。'且曰：'賊人如其不悛，王可打擾。'今欲且征且奏
何如？"孟思誠、李孟畇、河敬復、李順蒙、趙啟生、鄭欽之、

沈道源曰："一依上教。"盧閈、許稠、安純、崔士康、鄭淵、朴安臣、柳孟聞、皇甫仁、奉礪曰："敕書如不悛之說，是指其將來之事，奏聞取旨後舉事。"黃喜等議曰："舉事奏聞，及奏聞取旨後舉事兩件，奏本修草後更議。"申商曰："前有宣諭，今有敕諭，何必奏聞而後舉事？……"

是日，建州左衞頭目早哈來朝，奏願居京自效。賜紵絲、襲衣、鈔布，仍命有司給房屋、器物如例。　肥河等衞女直指揮僉事咬失等五人，奏事至京。賜鈔及綵幣、表裏、絹布、金織襲衣等物。實錄。

己巳，朝鮮實錄書：中軍節制使李順蒙辭。引見，賜馬及弓矢。軍官洪師錫等三十人亦辭。　召大臣等議。……議曰："金乙玄捧敕回還，不無有益於我國。然奏被奪人畜不盡出送則可也。至奏婆豬地面接連上國，未敢擅便越江追捕，則非予指揮，若不罪之，恐從此生事上國者有之。若罪之，則賫敕而來，反加罪責，於義未安。自今立法，本國指揮奏聞外，不得擅自奏達，何如？"僉曰："乙玄之事，宜姑置勿論，密責之可也。立法則未便，如有臨機奏達之事，則拘於其法而不達，亦爲不可。"……又議曰："通事金精秀回自京師，至義州，謂判牧事李思儉曰：'乙玄賫來敕諭，乃征伐婆豬江事也。'洩漏聖旨，無乃不可乎？"僉曰："宜下攸司推覈懲後。"並從之。　庚午，王意決師期在四月。　辛未，以吏曹正郎金何，假稱城基巡審官，賫事目往咸吉道，傳教都節制使曰："斡木河野人與婆豬江野人，聲勢相倚。今征婆豬江，又於慶源甯北鎮稍加兵額，節制使領兵往鎮，則斡木河野人等自生疑惑，浮動移徙必矣。彼素嫌我國不還逃來唐人，恐虜掠邊民，深入遠地，須使人通諭曰：'今都節制使添兵防禦，因汝等之言，以防忽剌溫兀狄哈。'以安其心。彼雖移徙而未有作賊之狀，不可輕舉。連續遣人以偵之。實有作賊之心，則及機追捕可也。不審強弱，窮追突入，反見禍敗，非細故也。乘其可討之勢，畏怯不追，後悔無益。臨機計畫，使緩急得中。"　壬申，以征討野人告于宗廟社稷。　　癸酉，視事。上謂諸臣曰："高麗尹瓘將十七萬兵，掃蕩女眞，拓置州鎮，女眞至于今皆稱我國之威靈，其功誠不少矣。瓘之置州也，有吉州。今之吉州，與古之吉州同歟？高皇帝覽朝鮮地圖，詔曰：'公險鎮以南，朝鮮之境。'卿等參考以啟。"上時方注意於婆豬之征，故有是教。上又曰："前此野人接待時，都觀察使都節制使向南，野人雖都督指揮，皆分坐東西。近日尹鳳往咸吉道，童猛哥帖木兒來見，鳳令童猛哥帖木兒坐東壁，我國巡察使等坐西壁。巡察使等不坐乃出，鳳甚怒。予亦以彼雖中國極品，亦野人也，故中國待童都督，位在我國陪臣之下，豈無意歟！"僉曰："依中國待女眞之法，以定我國待女眞之制，令禮曹移文邊將知會。"

尹瓘闢地事，在宋徽宗大觀元年。遼平渤海，已取得女眞為屬地。此時高麗復取近境之女眞地，名為取之女眞，實乘遼之衰微而取遼屬夷之地以自益耳。金方志在中原，亦不暇問此一隅之事。金之盛時，用意與元代不同，但爭遼宋富庶之內地，邊遠則雖其同種女眞生息之所，亦不在意。直至金衰而蒙古，乃四出擴地，高麗所得，仍入於元。元亡時，高麗乃再乘機恢復，遂為李氏有國以後，藉口於明，以得有此北境。故朝鮮欲長有北邊，輒以尹瓘拓境時為根據。明亦以起自南方，天下初定，不欲勞師於遠，遂從而假借之也。

甲戌，朝鮮實錄書：前少尹朴好問回自婆豬江。上引見，

審問野人聲息。好問率軍卒三四人，賫酒果至李滿住家，滿住
欣然待之，因贈以酒果，經宿。翌日，又至吒納奴等居處，審
視山川險夷，道路迂直，部曲多少，以啟。上決意討之。　乙
亥，進獻使金乙玄回自京師，上率文武百官迎敕如常儀。敕
曰：“比聞本國後門，被忽剌溫地面野人頭目木答兀等，搶去
頭匹，經過建州左衛地方，爲都指揮僉事李滿住等奪下男女六
十四名，拘留在衛，不曾發回。已敕李滿住等，將奪下前頭人
口送還本國，及敕忽剌溫地面野人頭目木答兀等，如搶去人口
頭畜見在，亦皆送還。仍戒木答兀等，自今務要敬順天道，恪
遵朕命，各守方面，毋相侵犯。如或不悛，王宜相機處置，勿
爲小人所侮，仍遵依洪武、永樂年間敕諭事理防堤，庶幾有備
無患。王其體朕至懷。故諭。”　遣集賢殿副提學李宣頒教于北
征將卒，仍命審察將卒越江。　召三議政，及吏曹判書許稠、
禮曹判書申商等議。申商獻議云：“宗社關係重事，則雖不稟
命，觀其事勢而專辭以對可也。至若邊警之事，則不可不稟
命。金乙玄不思大體，邊警之事任意奏達，已爲不可；況所奏
差誤，乃稱忽剌溫所爲，尤爲不可，請加罪責。若曰乙玄捧敕
而來，不可加罪，則請罪書狀。此言何如？”喜等議曰：“乙玄
持詔而來，從而加罪，甚爲不可。且免乙玄罪而罪書狀，亦爲
未便。”獨申商以初獻此議，固執不改。又議曰：“彼人於三四
月之間，欲來江界等處，若或出來，則留而不送乎？若不拘
留，則彼將以我國之事，洩漏於彼，處之何如？”喜等曰：“拘
留不送，則彼必生疑。然送而洩漏，不若不送之爲愈。”皆從喜
等之議。　兵曹啟：“平安、咸吉道地連彼境，故鐵物買賣，
已曾立法防禁。然無識之徒，意謂防禁疎闊，如前買賣者，間
或有之。自今以後，兩道居民，如炊飯鐵器、農器、兵器等鐵
物，與彼買賣者，及知情故放者，以違禁下海律科罪。有能捕

告者，依此律文充賞。野人京中來往，所經各官各驛，及京中入接館中，皆定禁亂，當是誤字，或當作"令"。嚴加糾察。"從之。

丙子，受常參視事。上曰："今北征奏本，事目過於詳備，甯失於煩而詳悉乎？令後日入朝之臣，備言於遼東及禮部乎？高皇帝聖旨，野人侵掠則討之。今來敕書，又野人侵犯則相機應變。姑不奏聞而討何如？今奏本，似乎先發後聞之意，皇帝無乃以我爲非乎？若奏聞，則野人虜掠證驗，及唐人與本國人被虜回還名數，於奏本舉其大略，於咨文詳悉備錄何如？然此亦未可也。若奏本咨文詳略不同，則皇帝必以爲咨文載錄之人不緊，卿等以爲何如？"吏曹判書許稠啓曰："唐人被虜者逃來本國，則隨即發還上國，其數至於五六百矣。由是野人含怨積怒，來掠邊境，此其實事也，何嫌煩事目而不奏乎？與其陪臣言於遼東、禮部，不若奏聞之爲愈也。"　咸吉道監司馳報，請移龍城住居向化人於端川、北青等處，令大臣等議之。權軫、成抑、許稠、鄭欽之曰："待農隙移之。"黃喜、孟思誠、何敬復、盧閈、申商、安純、趙賚、沈道源曰："彼人奔波，尚懷憂懼時當未見，又將同類人無因移徙，則非獨向化之徒，斡木河住人亦皆疑貳。況今舉事於西，又成釁於北，似乎未便，莫若待後日乘勢布置。"從喜等議。　丁丑，崔閏德遣護軍朴原茂啓曰："今征討之舉，以來月初十日爲定。然聞賊徒並皆登山，日夕憂慮。臣料之，彼處冰尚未解，難於來四月十日時，差人偵候，二十日以後，江界聚會，則彼人等以農作還下家，下家，謂山下之居。潛師掩襲何如？"即召三議政，及吏曹判書許稠、戶曹判書安純、禮曹判書申商議之。修事目付原茂以送，曰："今大軍已發，雖其地寒冷，四月晦時則草木茂盛，嵐氣晦冥，不得通望，且至五月霪雨可慮。一依前定日施行。沈吒納奴等雖欲上京侍衛，其心難知。如此舉事時，不可以常例待之，依已曾布置，及期搜捕。” 戊寅，內傳于崔閏德曰：“童猛哥帖木兒回自北京，當在婆豬江致討之時。若助彼賊，則佯不知而殺之；不助彼賊而誠心歸順，則毋得殺之。惟卿密藏中心，毋使人知。”

據此，則朝鮮有襲殺肇祖之計畫。若成事實，清之祖先，又增一宗公案。然雖未成事實，肇祖亦於是年，自爲女眞同類所殺。野人相戕，旋熾旋滅，反無釁怨可言矣。

是日，嘉河衛指揮乃剌禿等，差指揮卜顏禿來奏：“和甯王阿魯台部屬，徙於忽剌溫之地，恐其爲患。今以所部人民，移居近邊，乞賜優容。”遣敕諭之曰：“朕於四方萬國之人，一視同仁，皆欲使之安生樂業，故屢敕邊將，有來居近邊者，善加撫恤，況爾等素歸心朝廷者乎！已敕和甯王，令各守地方，無相侵擾。爾等既近邊居住，亦宜安分，勿縱所部擾害邊人。”遂敕和甯王阿魯台，戒約部屬，勿作過愆，以擾鄰境。 壬午，兀者左衛指揮僉事亦里不花、嘉河衛女直指揮僉事卜顏禿等，來朝貢駝馬方物。四月甲午，賜綵幣、絹布及金織襲衣有差。實錄。

是時女眞於蒙古畏避如此。蒙古强而女眞弱，蒙古亦不能要結女眞以自助也。明且以金元世讎，藉女直以抗蒙古，爲以夷制夷之策。逮清太祖時，乃能威濟以恩，柔服蒙古，共謀中國。歷史所云世讎，曾何足據，在能者善調御之而已。清代所創五族一家之業，國民所自負爲國内自有新世界殖民地，供無窮之開發者，不善承受，而心目別有所營，滋可懼矣。

　　四月乙酉，朝鮮實錄書：遣上護軍金乙玄捧奏本如京師。其奏曰："陪臣金乙玄賫捧敕諭該：'比聞本國後門被忽剌溫地面野人頭目木答兀、南不花、阿魯兀等，搶去人口頭匹，經過建州左衛地方，爲都指揮僉事李滿住等奪下男婦六十四口，拘留在衛，不曾發迴。已敕李滿住等，將奪下前頭人口，送回本國，及敕忽剌溫地面野人頭目木答兀等，搶去人口頭畜見在，亦皆送還。仍戒木答兀等，自今務要敬順天道，恪遵朕命，各守地方，毋相侵犯。如或不悛，王宜相機處置，勿爲小人所侮，仍遵依洪武、永樂年間敕諭事理隄防，庶幾有備無患。王其體朕至懷。欽此。'除欽遵外，臣竊詳斡木河、婆豬江等處地面散住野人等類，與叛人楊木答兀，結爲羣黨，擄掠遼東開元等處軍民男婦，及本國邊民，爲奴使喚。前頭被擄人口等，不勝艱苦，自永樂二十一年以後，連續逃來本國，共計五百八十名口，審問根脚，委係上國軍民，節次差官解送五百六十六名口；內有本國人口，仍令安業。因此野人等積年含憤，侵擾本國邊境，爲害不少。今來婆豬江住野人等，稔惡不悛，糾合同類野人四百餘騎，於各人面上黑畫刺形，仿做忽剌溫野人模樣，突入邊郡江界、閭延等處，殺害軍民男婦，刦掠人口、牛馬、財產，孤人之子，寡人之妻，其爲酷害尤甚。不但輕蔑本國，乃敢爲欺罔朝廷，詐稱忽剌溫人等搶去人口、頭匹，奪下拘留在衛。臣竊謂忽剌溫地面，與本國相去复遠，本無釁嫌，乃緣婆豬江等處野人等引誘前來，托爲賊首，本非忽剌溫野人造意作耗。即日本人等又欲作耗，窺伺邊郡，事若倉猝，難以應變。著令邊將，部領軍兵，前去從宜設策，及機處置外，今將本人等前後往來事因，及詐飾忽剌溫形貌見著等項情狀，逐一開坐，謹具奏聞。一次，永樂二十年十月日，野人三十餘名，到來鴨綠江邊，將刘禾童男四名，捉拿回去。一次，本年十二月日，野人二百餘名，到來閭延地面廝殺。一次，宣德七年七月日，婆豬江野人指揮林哈剌等九名，賷李滿住批文到來閭延郡，索要逃來人口回去。一次，本年八月日，前項林哈剌等五名，到來閭延郡江邊，將刘禾人朴江金，捉拿綁縛，聲言：'我的奴婢，你國容留不還。今捉此人將去，問我奴婢在處。'說罷回去。前項朴江金逃來，告稱：'林哈剌家，住通曉本國語音婦女萬月，說道："江水冰合，林哈剌欲來擄掠人口。"林哈剌也說："江金你安心在此，你的父母妻子也要捉來。"'一次，前項野人四百餘騎，到來江界、閭延等處，殺害軍民五十三名。其中婦女、年老者殺害，乳兒投棄雪中凍死，將男婦共七十七名口，及牛馬財產，盡行刼掠，回到本處地面。遇見欽差內官張童兒，有本官說與前項野人等，將被擄人口盡行回送。本人等擇不用老弱男婦共六十三名口送回，其餘壯實男婦一十四名口，並牛馬財產，並皆不還。（一）本國通事洪田到幹木河地面回還，告說：'野人千戶里籠阿妻本國婦女於里加伊說道："朝鮮國閭延郡作賊人，忽剌溫兀狄哈但四十名，其餘俱係李滿住管下成羣引路作賊，詐稱忽剌溫。'（一）本國婦女每邑加伊被擄回還，供說："賊人等面上墨畫刺形，回到本處地面，以雪水洗去墨畫刺形，詐稱忽剌溫。'（一）前項婦女每邑加伊供說：'賊人等回到婆豬江，本處野人二名迎見賊人，慰之云："你到朝鮮，我道你死在那里，將米問卜，今乃生還，歡喜無盡。"饋肉食訖。'（一）閭延郡團練使問據被擄人等供稱：'賊人經宿作耗時，與被擄人等言說："閭延住宋田夫家活富饒，我等常時來往，備辦饋餉。一隻眼人李春富不肯饋餉，反行打罵。今番宋家不要燒火，李家須要燒火。"李家果火燒。'（一）婆豬江野人沈阿郎哈，到於軍中。相戰時，本國人全義，對本人稱說：'你每常時來往，米糧鹽醬，取索食用，你每如何結黨作賊?'阿郎哈勒馬避去。(一)閭延住婦女銀珍得莊等供稱:'被擄到於婆豬江,有本處野人等四散潛入其家,只見三十餘人向山峪入去,婆豬江住野人等指以爲賊,說稱如今還向忽剌溫地面。'(一)通事李三哲告說:'三哲前往唆答魯地面,有本處野人馬剌言說:"婆豬江住女直苦魯,親男者剌奴,請將忽剌溫兀狄哈,指路前去閭延,侵掠人物錢糧,擇取壯實男婦外,不用婦女放回。"如此言說。'(一)婆豬江野人金孛哈,與本國人朴好問說稱:'有同類野人和林哈剌言說:"如今若有朝鮮軍馬來問作賊事因,你上天那,入地麼?"林哈剌嘆息回說:"謀計已錯,雖悔奈何。"同類人等要將林哈剌綁縛,送至朝鮮。緣本人戚親强盛,就罷了。如此言說。'(一)斡木河住童管禿,使管下人森八來說:'野人等又要今年三四月間,前去作賊,宜先隄備。'(一)本國平安道觀察使李叔時,及兵馬都節制使崔閨德馳報該:'本年三月十一日,鴨綠江邊趙名干口子江西岸,有婆豬江野人等九名到來。把截軍等問其爲來事因,本人等回說忽剌溫野人等欲要趙明干口子入來作賊。如此說罷回去。'"

　　奏內叙敕諭文,與上相同。中言忽剌溫經過建州左衛,爲都指揮李滿住奪下人口,兩文相同,並無誤字。夫李滿住非左衛,自在婆豬江住坐矣。此稱忽剌溫所經過者爲左衛,則以此忽剌溫爲幷未至婆豬境地,直由左衛抄截而來。而滿住自認爲建州之都指揮,建州左衛之地亦可過問,是以前往截奪人口。　斡木河住童管禿,即肇祖子童權豆之異譯,已曾見前文。

　　文內叙忽剌溫酋首名木答兀,又叙斡木河婆豬江等處野人等類,與叛人楊木答兀結爲羣黨。木答兀是否即楊木答兀，証以明實錄，實係一人。夫楊木答兀，即肇祖所始終勾結之酋，祖庇在衞。明廷屢招撫之，而不肯遣出者也。然則縱令侵掠朝鮮，肇祖尤爲發縱有力，可以想見。再考明人文字，武靖侯趙輔平夷賦序言："開元降虜楊木答戶往投建州，其黨類遂滋，日浸强悍。"然則肇祖左衞之聲勢，亦由木答兀成之，宜其庇留甚至。然本年殺肇祖父子之七姓野人，又以楊木答兀爲主名，則清之創業，以楊木答兀之結合爲始，而肇祖之生命，又以木答兀之凶隙而終。在當時爲野人反覆戎賊之常態，而清室與楊木答兀之關係則甚鉅。清歷代子孫已未必知之，而於搜輯清史之佚聞，則可云極重要之資料矣。

　　戊子，朝鮮實錄書：上密問安崇善、金宗瑞曰："權豆等若欲救婆豬江，治兵而來，則令平安道都節制使密通咸吉道都節制使夾攻何如？"崇善等啟曰："權豆等果欲救婆豬，率兵而來，則平安道都節制使雖不待上命，其不攻討乎？權豆等不欲居本國境內，則預移妻子於他處，率兵救婆豬之人；不爾，則彼豈輕舉，以開釁端？必無是理。姑停夾攻，以安其心。"上曰："毋漏洩。"　丙午，咸吉道監司啟："古慶源地面阿吾知住女眞千戶都致等四人，欲移居於本府舊居之地。"上令議政府、六曹議之。或曰不可；或曰使居慶源以南，與本朝人民雜處則可矣，欲居邊境則不可，以此答之，觀其指意。"上曰："此事非易，更熟議之。"

　　此見朝鮮北門豆滿江以外之野人，仰求於朝鮮者多，朝鮮亦自議處置，並無侵越上國之嫌。明之威令，不甚及東北海濱可見。逮清太祖起而并吞同種，猶曰爲朝鮮除

患，直以兵入朝鮮邊而掃蕩之，盡撤朝鮮藩籬，朝鮮瞠目
而無如之何。此清肇基王跡之事實也。

戊申，朝鮮實錄書：平安道監司李叔時，馳報中軍節制使
李順蒙之捷。命饋賚來人，仍賜衣一領。

　　　戊申爲四月二十五日，是日爲始已奏捷。

己酉，朝鮮實錄書：平安道監司李叔時，馳報都節制使崔
閏德、上護軍洪師錫等，生擒射殺男婦之數。命饋賚來人賜
衣。　　內傳于諸將等曰："上京節次及所領軍人放送節次，一
聽都節制使號令。雖已發程，留于所至處，待都節制使指揮。"
又別內傳于都節制使崔閏德曰："並皆指揮，毋使失次。"　庚
戌，大護軍趙石岡來啟俘獲之數。賜石岡衣二領。領議政黃
喜、左議政孟思誠、右議政權軫、吏曹判書許稠等，聞北征報
捷詣闕。上令安崇善、金宗瑞等議曰："野人本多猜嫌。昔趙
涓殺野人之後，野人於中原路上，見貌類趙涓者欲害之，其志
慘矣。征討之後，恐有乘間謀害本國赴京者，迎送軍加送，何
如？"喜等啟曰："事畢後觀彼人盛衰更議。"

五月乙卯，朝鮮實錄書：平安道監司，遣人啟右軍節制使
李恪之捷。即命戶曹右參判朴信生賚宣醞往寧邊府，慰赴征都
元帥崔閏德，副將李順蒙、李澄石、崔海山、李恪等。　　召領
議政黃喜、左議政孟思誠、右議政權軫、吏曹判書許稠、判中
樞院事河敬復、戶曹判書安純、禮曹判書申商議事。其一曰：
"今興師西征，童猛哥帖木兒亦懷疑懼之心，不得安業。予欲
贈酒食，以安其心。然昔在庚寅，永樂八年。贈以酒食，仍加
討罪。近崔閏德遺酒食于李滿住，從而征討。今若使人贈遺，

則恐彼人不知本國之意，反生疑貳，終不安居，處之何如？"僉
曰："年前李滿住還我被虜人時，猛哥帖木兒亦並力爲之。今
既以滿住爲詐而致討，則猛哥帖木兒必將有疑矣。然遣人贈
遺，待之以信，則彼人初雖有疑，終必知我國之信意而安居
矣。然則莫若遣人告諭之爲愈。"權軫亦啟曰："兼送布子爲
可。"其二，畧言大勝可喜，而亦有懼。僉曰："殿下大勝而恐懼，誠美
意。堅城柵，備粮餉，慮不虞，存敬畏，則可無後患。"其三，畧言設有
報復，不可輕敵，當堅壁清野，臨機追捕。僉曰："上教至當。"即内傳
于平安道都節制使。其四，略言征人馬死應否換給。或言軍卒馬死，
限年復其戶；或言不必一時盡給，今年明年分給之。其五曰："令邊
將及士卒，與斡木河野人及諸野人，爲自言曰：'婆豬江野人，
厚蒙本國之恩久矣。今乃忘恩背德，無名動衆，突入我邊郡，
殺掠我人民，厥罪貫盈。我國家命將討罪，豈好功而然歟！出
於不得已也。若彼人悔過自新，誠心歸順，則國家必待之如
初。'以此開諭，何如？"僉曰："此議甚好。"從之。　　丙辰，命
左代言金宗瑞，往議于三議政之第曰："童猛哥帖木兒、權豆
等，部落各異，而心之向背，亦各不同。今之宣慰，雖托言奪
還被虜人之功，實慰安脅動之意。今若只慰其父而不慰其子，
則無乃其子有嫌乎？然其子無功而并慰之，無乃不可乎？在平
時猶嘗以麻布、緜布共十匹贈孟哥帖木兒，今賞其功而只給十
二匹，無乃少乎？今給苧麻布各十匹，何如？宣醞則先慰其
父，次慰其子，布特亦給其子，何如？"權軫曰："童猛哥帖木
兒給苧麻布各八匹。其慰權豆之辭，則連啟被擄人物，又啟堅
備防禦之事，見前奏文内。權豆彼處作管禿。其心可嘉，肆給苧麻
布各四匹。宣醞先慰其父，次慰其子可也。"孟思誠議曰："權
豆再朝獻琛，其意可賞。以事勢觀之，其父之心不及其子。今
慰安之時，贈物均賜可也。然父子之間必有差等，其勢乃安。

猛哥帖木兒給二十匹，權豆給十五匹，何如?"其慰辭，則與軫意同。黃喜曰："權豆只給十匹，仍慰曰：'前日使人無面答者，待汝父回還兼慰耳。'"即遣上護軍池含，齎宣醞以慰之，仍賜童猛哥帖木兒苧麻布各十匹，權豆苧麻布各五匹；乃令其道隨宜備酒饌以給之。

是日，木興河衛女直指揮僉事鎖升加等來朝貢馬及方物。辛未，賜鈔、綵幣、表裏及紵絲襲衣有差。兀者右衛指揮僉事兀列哈等四人來朝。賜鈔及綵幣、表裏。實錄。

丁巳，朝鮮實錄書：平安道都節制使崔閏德，使平壤少尹吳明義上箋，賀平野人曰："去壬子歲十二月，婆豬江野人等寇我北鄙。臣於宣德八年正月十九日，承命上道。三月二十七日，敬奉教書，即命三軍節制使李順蒙，分兵七道。四月十九日昧爽，行師問罪，戎醜悉平。謹箋稱賀者。"四六文無關事實，從略。上御思政殿引見明義，賜衣二領。　戊午，召政府、六曹議曰："平安道擒獲老幼男婦，南道各官分置之策何如?"沈道源曰："姑分置於其道與黃海道。"安純、申商、趙啟生、鄭欽之、崔士康、趙賚議曰："照依己亥年永樂十七。例，分給爲奴婢。"孟思誠、權軫、許稠、何敬復議曰："頒賜有功軍士爲奴婢。"黃喜議曰："有功軍士頒賜爲先，并賜有能存恤者。"即內傳於平安道都節制使，被擄男女姑送于京。又議："迎送軍加定乎否?"僉曰："限邊警寢息，倍數加定。"獨黃喜曰："依前數，精擇銳者充定。"上從僉議。　己未，上御慶會樓下，議政府、六曹進豐呈。國有慶典，則進豐呈。前兩日丁巳，王世子及三大君進豐呈。蓋緣戰勝稱慶，當有儀物。王世子及諸宗親、六代言侍宴。上謂黃喜等曰："婆豬之寇悉平，而我師萬全，予欲以捷告於宗廟，何如?"喜曰："此實臣等思慮所未及也。今聞上教，實合於理。"上即命集賢稽諸古文。上曰："婆豬江地面山川險

阻，部落散處，命將之初，豈意大捷。今捷書累至，予甚喜
焉。"喜等曰唯。吏曹判書許稠啟曰："我朝鮮億萬年無疆之祚，
實兆此舉。"上曰："前者金乙玄賷捧奏本內，令邊將部領軍兵，
前去從宜設策，及機布置，則今日悉平獷俗，理宜奏達，處之
何如?"喜等曰："上教至當。"命承文院修文書。至九爵乃罷。

　平安道都節制使崔閏德，差扑好問馳啟曰："宣德八年三月
十七日，敬奉符教，將討婆豬江寇，送至左符參驗發兵。敬
此。即發本道馬步正軍一萬，兼領黃海道馬軍五千。四月初十
日，江界府一會分軍。中軍節制使李順蒙領兵二千五百十五，
向賊首李滿住寨里；左軍節制使崔海山領兵二千七十，向車餘
等處；右軍節制使李恪領兵一千七百七十，向馬遷等處；助戰
制使李澄石領兵三千一十，向兀剌等處；金孝誠領兵一千八百
八十八，向林哈剌父母寨里；洪師錫領兵一千一百一十，向八
里等處；臣領兵二千五百九十九名，直趨正賊林哈剌等寨里。
本月十九日，諸將潛師剿捕，迄今將生禽斬頭及奪取牛馬、軍
器數目，并軍士中箭致死人，及中箭人馬數目，開坐以聞。臣
生擒男女六十二名，殺死賊九十八名，角弓二十一，箭四百二
十，環刀三，矢箭八，弓袋三，槍刃二十八，小鼓一，馬二十
五匹，牛二十七頭；本國軍士中箭死者四，中箭者二十，中箭
馬十八匹，中箭死馬二匹。中軍節制使李順蒙，生擒男女五十
六。殺死之數不錄，此係原注。左軍節制使崔海山，生擒男子一，
斬首三，角弓六，箭一百四，矢箭六，羅鞱二，環刀一。右軍
節制使李恪，生擒男子十四，殺死賊四十三，馬十一匹，牛十
七頭。助戰節制使李澄石，生擒壯男十八，壯女二十六，男女
兒童各十二，射殺割耳五，甲二，角弓十五，矢箭七，環刀
一，箭三百三十，槍二，馬二十五匹，牛三十三頭，鞍子三。
助戰節制使金孝誠，生擒男女十六，殺死賊十三，中箭賊七，

角弓二，箭十四，馬六匹，牛十二頭；中箭軍士二，中箭馬六匹，一匹即死。上護軍洪師錫，生擒男女三十一，殺死賊二十一，中箭賊二十八，角弓八，箭一百十二，環刀一，牛二十一頭；中箭軍士三，馬三匹。"上引見好問于思政殿。好問啟曰："今被虜人言，婆豬江野人之寇閭延也，童猛哥帖木兒管下人亦來。"上密令金宗瑞議于諸大臣曰："猛哥帖木兒聞，則必疑懼，密諭閭德勿令喧說，何如?"僉曰："上教允當。"即下內傳于閭德。賜好問衣二領。初閭德發軍時，會諸將帥，披示教書及事目，仍取招曰："主將條令，如或有違，敬依教書，軍法從事，無辭其罪。"令訖，與諸將約曰："來十九日，皆入賊穴問罪。若有風雨晦冥，則二十日亦可。"就相拜別。閭德自所灘下時番洞口過江，駐師江邊。有四野獐自來入營，軍士捕之。閭德曰："吾聞武王欲伐紂，過河，有白魚入於王舟。"人曰："白商色也，今入王舟，乃商人歸周之徵也。今獐乃野獸也，而自來見捕，實野人見殺之兆也。"至魚虛江邊，留軍士六百名設木柵，十九日昧爽，林哈剌寨里仍駐營賊里。此句或有誤字。沈吒納奴寨里皆潰無人。但江邊有賊三人先見形，或七八人，或十餘人，相爲見形射矢。閭德令通事馬邊者、馬淵大等呼語之曰："我等行兵，非爲爾也，只爲忽剌溫來爾。以此汝等寨里，勿令攻伐，汝宜知之。"賊人等下馬攢手叩頭。是日戰時，我軍上有白氣，如帛匹之長。二十日，洪師錫策馬至，與閭德會。師錫軍生擒三十一。賊從後挑戰，謀令逃散，遂斬二十六名，只存五名。自吒納奴東山，至哈剌等寨里，山上則左軍，川邊則右軍，中央則中軍，終日搜探，退營石門，仍設鹿角城。令知慈山郡事趙復明、知載寧郡事金仍等，領兵一千四百，將俘虜人先來，修治道路。時野草燒盡，馬匹疲憊，兼以大雨，閭德憂之，仰天攢手而告曰："惟此野人，侵我邊鄙，窮兇極惡，積有年紀。年前招引忽剌溫人等，陵犯邊徼，殺害生靈，掃蕩室廬。予承上命，領兵問罪。今天恕彼有罪，困我無辜。嗚呼皇天，我罪伊何？"告訖泣下，須臾雨止。令洪師錫、崔淑孫、馬邊者，領兵一千五百，搜各里。至吒納奴寨里，亦無人，故只挂招諭榜文而來。金孝誠領兵來會。閔德以李順蒙不獻馘，不待令先行，崔海山不及軍期，李澄石亦不待令，劾之。宣慰使朴信生至，賜酒，仍宣上教曰："今日之事，實賴天地祖宗之德，以至于此，非予所敢當也。還師之後，必有報復，于沿江等處，益加整軍守禦。李順蒙、李澄石、崔海山，不得與焉。"庚申，傳旨平安道都節制使，生擒人內除老幼外，丁壯並令斬之。辛酉，平安道監司李叔時遣知祥原郡事崔永淳上箋賀平野人。四六箋文，略。 癸亥，命安崇善議於領議政黃喜、右議政權軫等曰："彼人牛馬家財，頒給閭延被賊破產人民，其馬之大者以爲種馬，何如？"喜對曰："上教至當。"又議旋師將帥是否親迎，或遣官代迎？議決遣代。又議迎慰日賜夏衣，令服赴宴。喜又啟曰："昔在庚寅，東北面所擄兀良哈，不久放還。又於己亥，對馬島所擒人物，發還本土。今婆豬之人聞此，必望送還。若婆豬之人請奏上國，帝降還送之詔，則恩出於上國，婆豬之人必不德我。今遣擄人之年老者一二人，開諭事目以送，令傳說於同類人。其事目曰：（一）汝等屯居本國近境，每蒙恩恤，得遂生理，固當感德懷惠。今汝等擄掠上國人丁，潛用爲奴，其爲奴者逃來本國，本國解送上國，非有嫌於汝等，乃事大之常禮。汝等不此之顧，徒自含恨，請誘忽剌溫，犯我邊邑，殺擄人民，又掠家財牛馬，以至懷中小兒，棄置雪上，其虐太甚。又於本國，及張天使之行，托爲忽剌溫所爲，既欺上國，又瞞本國，罪惡貫盈。故命將問罪，誠不獲已。若汝等悔罪納欵，則可以赦罪；稔惡不悛，則終必見滅。是皆自取，豈怨於人？（一）汝等自今以後，誠心歸附，無敢有異志，則本國俘虜妻孥，皆可遣還，存恤之厚，亦當如初。若汝輩猶不知悔，梗化不順，則本國豈能强汝使之歸順。” 上遣内豎問於許稠、安純、河敬復曰：“崔海山不及軍機，依他論賞乎？”許稠等曰：“若非遇赦，宜置於法；既不論罪，而復賞之，似乎未便，只奪其職以戒後人，何如？”上曰：“知之。” 禮曹啓令中外稱賀。從之。文略。 乙丑，禮曹啓告廟。儀文略。 遣戶曹參議權復如京師奏邊警，其辭曰：“近者婆豬江住野人等，糾合同類，成羣突入本國江界、閭延等處，殺害軍民，擄掠人口財産去訖。其後本賊等，頻頻遣人詐稱忽剌溫人等，欲要再來作賊，如此恐嚇，窺伺邊郡，賊計難測。於宣德八年四月間，著令平安道都節制使崔閏德等，部領軍士，哨探賊蹤。本賊等抗拒對敵，力窮逃竄。今將捕獲賊徒數内，曾被本賊擄掠遼東、開元等處住坐男婦共二十四名，到於中途病故二名，其餘廖蠻子等二十二名，就差通事護軍宋成立管押，解送遼東都司交割外，臣竊詳先爲此事，已令陪臣金乙玄賚擎奏本赴京去後。今據上項事理，理宜奏達。” 丙寅，兵曹啓：“今婆豬江征討時，左軍節制使崔海山，失誤軍機，不得成功。惟其所犯在於赦前，不可加罪，請收告身，命只罷其職。” 丁卯，御殿受賀，下教。文略。 司憲掌令趙遂良啓暴白崔海山罪，上援赦例勿論。 司憲府上疏請暴海山罪，以海山二十餘年掌火礮功，只罷其職。掌令趙遂良再請，仍援赦例。 戊辰，襃諸將功陞職。賜崔閏德等奴婢。 己巳，教旨戰死頒恤。 辛未，兵曹啓：“慶源是國家門戶，其築城不可不急。其道早寒，秋穫亦早，請自九月盡發道内軍人合力畢築。”從之。 壬申，議斬馘論功，及送還生擒人口，又無須將平安道之捷喧傳于咸吉，彼自知之。 甲戌，知申事安崇善啓

曰："判中樞河敬復與臣言曰：'兀良哈之類，報仇之心，傳至
後世，尚不忘懷。今洪師錫往征彼土，殺掠甚衆。彼人聞師錫
爲府使，則必注意報復。昔庚寅年，趙涓殺戮斡木河野人後，
不使涓於中朝與彼連界之地，此亦畏彼人之報復也。改除他
人，何如？"上曰："河敬復之議似矣。"　召黃喜、孟思誠、權
軫、許稠、安純、盧閈等議事。其一曰，"蠲減平安、黃海赴
征之民及馬匹損失者。"其二曰，"前者命還被虜年老人于本土，
使知本國之意。今野人七八名到江界，隔水與趙明干口子人說
曰：'我輩妻孥，置之何處？'答曰：'分置南道。'彼人曰：'近
當使人。'予欲勿送被虜年老之人，何如？"黃喜、孟思誠、權軫
曰："奚待彼人之來，須速入送，使之通諭本國之爲便。"盧閈
等曰："與彼人相話之時，未開說前送事目，則斷不還送。如
不開說而彼人不來，則一依前日布置。"從閈等議。其三曰：
"大抵攻戰之後，守禦之備不可不嚴。閭延防禦，夏月則解冰，
雖曰不緊，然彼人心懷報讎，而計出不測，不可不慮。遣右議
政崔閏德于本道，築石城，設木柵，以備不虞，以固疆宇。予
意已定，何以稱號？"僉曰："號爲都按撫察理使爲便。"盧閈、
安純、許稠曰："遣閏德備邊，實爲良策。然平安人受弊多端，
今當農月，別無措置之事，至秋命遣，亦未晚也。"其四。不涉
討野人事。其五曰："河敬復言師錫領兵往征，結怨於彼者深，
而今爲江界節制使。江界非他郡邑之例，與彼地只隔一水，野
人朝夕相通，接待之時，豈無報復之心乎？宜遞此人，予以爲
然。卿等擇有武略可當之人以啟。"僉曰："李土信可。"遂以土
信代之。其六曰："今生擒野人，前者議曰分給有功軍士。予
更思之，彼人雖請還，永不聽從則可也。若還本處，則分置各
官，以待彼人之請何如？"僉曰："上敎允當。"黃喜啟曰："臣等
反覆思之，奏本内斬獲之數，生擒之額，分明開寫。臣等以爲

本朝承皇帝之命，往征其罪，則分明開寫，似爲可也。今日之
舉，爲本國之事，尤不可開數。況茲射殺之數未能的知乎？宜
除斬獲之數，只開唐人之數可也。"從之。　　乙亥，全羅道監司
進箋賀平野人。　　丁丑，崔閏德回。命安崇善迎，賜宣醞。文
略。　　戊寅，御勤政殿設宴，慰赴征將帥。文略。　　庚辰，慶
尚道監司進箋賀平野人。召黃喜等議。其一，設防以備報復；
其二，移民以避賊變；其三，賞老人自願赴征者；其四，賞功
定等級；其五，賞功定陞級；其六，平安、咸吉肆習陣法，宜
避猛哥等疑懼，祇令讀陣說，他道則習陣法；其七，李士信有
斬獲功，更防含憤，又代以楊春茂，知閭延郡事辛得海亦然，
又代以金允壽；其八，崔閏德言，江界不必置判官。前七日甲
戌，吏曹啟，江界設判官。

　　辛巳，朝鮮國王李祹奏，叛虜楊木答兀屢寇掠其邊境。上
敕祹嚴兵備，至則殺之，仍飭遼東總兵官都督巫凱謹邊防。
實錄。

　　　　朝鮮奏，至是始見明實錄。原奏稱木答兀、楊木答兀
　　　　互見，或疑其非一人。以此證之，則寇邊者即楊木答兀，
　　　　即朝鮮實錄中之木答兀。

　　六月癸未，毛憐等衛都督僉事撒滿答失里等來朝。賜鈔、
綵幣、表裏、金織紵絲襲衣等物有差。　　遼東總兵官都督巫凱
奏，朝鮮國擅攻建州衛，請詰問之。先是，朝鮮國王奏毛憐、
建州之人詐爲忽剌溫野人裝束，凡四百餘騎，犯朝鮮邊境，劫
殺軍民。建州、毛憐二衛亦奏，忽剌溫野人頭目木答兀等，掠
朝鮮人口，遇朝廷所差內官，已追還之。朝鮮謂實建州所爲，
故加兵。上遣人齎敕諭朝鮮國王李祹，及忽剌溫野人頭目木答

兀等，建州、毛憐二衛官，曰：“天之於物，必使各遂其生；
帝王於人，亦欲使各得其分。今爾等皆受朝命，而乖爭侵犯，
爲之不已，豈是享福之道？朕爲天下主，所宜矜恤。敕至，宜
解怨釋仇，改過遷善，各還所掠，並守封疆，安其素分，庶上
天降康，福祿悠久。”至是，凱復奏其事。上曰：“遠夷爭競，
是非未明，豈可偏聽？遽有行遣，宜待使還議之。”敕凱但謹邊
備而已。實錄。

　　上月辛巳乃晦日，始見朝鮮奏。在朝鮮未出兵時，本
月癸未乃初二日，已言朝鮮出兵又有奏，而此爲朝鮮奏後
之邊將奏，相距不過兩日，而出兵前之奏與出兵後之奏，
并集其時，又加以邊將之奏，在朝鮮出兵既奏之後，蓋各
奏下部之時日如此。情節與朝鮮實錄所叙皆合。朝鮮謂之
婆豬野人，明實錄則析言之爲建州、毛憐二衛。毛憐先居
婆豬江，建州後來依之。此時二衛皆在婆豬，無畛域可
分也。

　　是日，朝鮮實錄書：知慈山郡事趙明復，押俘虜野人而
來。　兵曹啓：“平安道上送生擒野人大小男女共一百七十四
名，請安置供給。”上曰：“小童及女，皆非作賊者也，義當存
恤。野人性本畏暑，恐或有中暑而死者，須令涼暖得宜，使不
生病。且使男女不相混雜，使不飢寒。所在守令，嚴加考察。”
甲申，禮曹啓：“今來俘虜，當此苦熱，或著毛衣，或著襦
衣，恐得暑疾。令濟用監造白布單衣各一以給，何如？”從之。
仍命并裙給之。　乙酉，受常參視事。上曰：“婆豬江來金自
還，投化纔二年，生理可惜，且有武才，有功於西征，優賞何
如？”知申事安崇善啓曰：“前日除職，著紗帽而來。臣問紗帽

何從而得？對曰：‘乞諸鄰家。’生理誠如上敎，眞可惜也。”命
給冠帶衣一襲，鞍馬、靴套等物，又給奴婢。金自還原名小
所，初居江界，爲野人林哈剌所擄，居哈剌家已經年紀，率妻
逃還江界。上喜其自來，賜名自還。林哈剌、沈吒訥奴尋蹤小
所不得，於是發憤來侵，邊地搆隙，自此人始。　禮曹啓：
“生擒野人，時到一百七十四名，分置京畿及忠清道各官，限
其安業。每人給春夏衣纏正布二匹，秋冬縣布一匹、正布二
匹；月給糧，壯男女中米六斗，小童中米三斗，鹽三斗，醬一
斗；七八歲以下無母無族親小童等，付京中各司奴婢、有產業
慈惠者，依他例給衣糧。”從之。以下迭記恤軍及防守各事，從略。

　丁亥，咸吉道監司進箋賀平野人。　庚寅，兀良哈十六名潛
寇閭延，射殺男女各一。命依前例給米豆共三石，亦令致奠。
辛卯，宣慰使護軍池含回自斡木河，復命曰：“臣到彼境。猛
哥帖木兒以兵儀延，命設宣慰宴。彼極感謝，仍曰：‘婆豬江
賊魁，乃林哈剌也，李滿住力止之。今其聲罪，不分玉石，並
行天討，滿住失望。且小人族親，居婆豬江而被擄者頗多，願
善啓送還。’帖木兒麾下，有婆豬江被殺人之族，疾親而欲害
之，然一因帖木兒之令，不敢肆焉。”　壬辰，召領議政黃喜、
左議政孟思誠、右議政崔閏德議事。其一曰：“池含回啓，童
猛哥帖木兒云：‘吾之族親被擄者頗多，請還本土，以復其
生。’予令問之。有一婦曰：‘我是猛哥帖木兒從弟童阿車之妻，
餘無族親。’予欲遣何如？”喜等曰：“臣等閱池含之書，猛哥帖
木兒之謂族親者，非謂阿車之妻，乃謂四歲孫女也。今本國所
獲無孫女，而只送阿車之妻，則是非猛哥帖木兒之本意。且征
討之後，即還人口，似爲太速。而況被擄人口皆還斡木河，則
野人將就斡木河矣。以此觀之，猛哥帖木兒之請，非出於誠
心，而邀功於野人也，大爲不可。姑徐之，以待野人之來降，

然後垂寬大之恩，俾還本土，甚爲便益。"其二曰："猛哥帖木兒與池含說：'去年忽剌溫入寇閭延，搶去人口，李滿住率領營下軍卒，盡還本處，豈無功乎？宜當褒獎，反加征討。吾等未知所由，含不能解。'蓋滿住豈無聲罪之辭，管下林哈剌誘引忽剌溫，入侵我境，豈滿住不知，而敢行如此之事乎？而況當其初，滿住雖曰不知，終必知之。飾非文過，歸罪忽剌溫，欺瞞本國，罔冒上國，厥罪甚重。問罪之舉，何獨不及於滿住乎？其不得無罪之意，使邊將諭於彼人何如？"僉曰可。其三曰："今者野人十六，乘虛潛入閭延，射殺男婦各一。農民始知而馳告郡守，且共追逐，彼人奔走急渡，至於敗船沈沒者。其追逐之功，誠爲可賞。洪師錫言：'兩界之民，敵居咫尺，變在朝夕，故常令邊民不釋弓矢，與彼人無異，然後可以奠枕安居。'斯言信矣。何以益令興起武事乎？"僉曰："如或彼人，突入閭延、江界沿邊各官。官即治字之義，朝鮮文義如此。則恐邊將不及救援，以附近各里作隊。當於農作之時，常帶弓矢，如有賊變，同力防禦。令邊將考察，官給箭，人二三十，以習武事。"從之。　　丙申，童猛哥帖木兒父子遣馬佐和等四人謝恩，仍獻土宜。　　戊戌，奏聞使金乙玄先使通事全義以書啟曰："赴京呈奏本，令禮部及兵部同問臣與婆豬江忽剌溫野人等，言各不同。命遣猛担可采、後作孟指揮又作猛控可來崔眞等，于本國及野人地面，刷虜掠人馬，各還本處。" 內傳于京畿、忠清道監司曰："各官分置野人，語音不通，依前下教，務令厚接。强暴之徒侵逼婦女，亦或可慮，並宜糾察，曲盡存恤，俾安心過活。倘致疎虞，必加罪譴。且當分置之初，傳教禮曹，子母兄弟毋得相離。其時禮曹布置未盡，不得完聚者間或有之，更細訪問，聽從自願，悉皆完聚一處。"

己亥，建州衛遣指揮僉事劄剌答等二人奏事。賜綵幣、表裏等物。實錄。

　　是日，朝鮮實錄書：召黃喜、孟思誠、權軫、崔閏德、許
稠、河敬復、安純、盧閈、申商等，令安崇善議事：其一曰：
"上國令孟指揮及崔眞賫敕到國，推刷人口、牛馬財產，各還
本處。前日征討所獲牛馬家財，已給閭延、江界人民，即令還
收，待崔眞之行乎？待崔眞到國，然後還收乎？"喜、思誠、商
等議曰："今聞彼人奏云，以至誥命印章亦皆奪去。本國盡出
所獲之物，而獨不出誥命印章，則上國不無疑焉。況王者之
師，舉義討罪而已，今出彼等衣服財產，不亦愧乎！其人口、
牛馬、金銀器皿，依敕諭以還；其餘財物，以燒焚爲答，似爲
便益。"軫、閏德、稠、敬復、閈議曰："給付民間而已用之物
則已矣，不散之物宜並推刷入官，以待崔眞之行。"安純議曰：
"人民已受之物，不可追奪。在官若金銀、若帶等物，似爲可
也。"其二曰："今者馬佐和請曰：'童猛哥帖木兒之子都赤，娶
猛哥不花之女。前者征討之時，被擄而來，如其生存，請還本
處，以塞童猛哥帖木兒之請。'何以處之？"喜、思誠、軫、閏德
議曰："如其生存，則依請給還可也。"敬復、純、閈、商議曰：
"今上國敕諭，被擄人口各還本處，則本國不得已發還矣。如
此則非獨孫女，其請人並皆還送，以悅其心，似爲便益。"崇善
入啟。上良久思之，謂崇善曰："爾心以爲何如？"崇善啟曰：
"奪來之物，本無印章，其他物件，雖將卒非理奪來，已分諸
人民。今因傳聞之言，汲汲還收，則恐非示信於民之義。且設
使敕諭並令還給，豈一一計數傳付乎？待崔眞之來，送還牛
馬、金銀，其他雜物，已給人民，服之穿裂，以此爲辭，則以
皇帝一視同仁之量，豈一一強收還送乎？"上曰："待崔眞來更
議未晚。"

據此，則肇祖此時於權豆之外，更有一子名都赤，以娶猛哥不花女而在毛憐被擄。其究爲見在與否，後不復明言。權豆本年與肇祖偕死，被仇所虜者爲童倉。依後文，童倉被虜時尚未長大，則非都赤也。"倉"字可爲"褚晏"二字之合音。據清實錄，褚晏有兄名充善，在明謂之董山，朝鮮又作充尙，意即此文中之都赤，以預於婆豬江之役，不在斡木河本土，故得免七姓野人之難。後父兄皆殉，輾轉自脫於朝鮮，而衛印又適在其手，遂與叔凡察爭襲歟？

辛丑，朝鮮實錄書：召領議政黃喜、左議政孟思誠、右議政致仕權軫、右議政崔閏德、吏曹判書許稠、判中樞河敬復、戶曹判書安純、贊成盧閈議事。其一曰："今平安道都節制使馳報，野人等數數來往，蓋因其妻子被奪，懷憤不解之致然也。前者江界拘留兀良哈二人，開說事目辭緣，入送何如？"僉曰："兀良哈未來之時，本朝事變開說入送，則甚便于義。今也，兀良哈懷憤不降，而使之入送，則是示弱於彼也。姑除入送他人一時區處。其二，黃海、平安等道豫籌馬草。其三，平安道內軍馬及下送防禦。皆不關女眞，略之。　　壬寅，上謂諸代言曰："婆豬江野人常懷肆毒之念，其守禦之策，僉議以啟。"安崇善等議曰："臣等以爲速遣右議政崔閏德臨機處置。"即召閏德，命往平安道以鎮之，仍給內廐馬五十、鹿角弓三十，以備軍用。　　癸卯，御會慶樓，餞都安撫察理使崔閏德及從事官軍官等，王世子及大君、宗親侍宴。命知申事安崇善餞于弘濟院，議政府亦往餞。賜金自選襦衣二領，崔毛多好單衣一領，以女眞通事隨閏德往者也。閏德率京軍士、從事官、通事等四十餘人以行，命平安道各官守令，輪番率其士兵赴防，一道人民，未得安枕。加以京軍士豪橫作弊，平安凋弊，自此始焉。　　甲辰，上謂諸代言等曰：“閔德啟：‘平安之民，爲小醜之數來，不可如是疲勞。若小醜未得報怨，捲土而來，則似難禦之。’予心然之，然野人含憤，數侵邊疆，不可示弱。屯兵要害，或千或百，以固防禦可也。方今待寇之術，堅壁固守，上策也。彼若來侵，乘我便利，出擊敗之，中策也。冰合則彼賊必來，須當秋冬選卒備禦。彼野人等，不畏中國而畏我國，無他，野人雖跳梁上國之境，擄掠邊甿，上國置之度外，不興兵討罪。故上國使臣，因我國往野人之境則畏之，自中國而直往則不畏，不惟不畏，且或有射之者，是故高皇帝終不招安。”上又曰：“頃者婆豬征討，有斬獲者皆賞之。其餘皆未蒙賞，雖未有斬獲之功，其行役之勞，不可不慰。高麗之時，雖無軍功而有億萬添設。今三軍士卒不得受賞者，以添設之職賞之。平安之卒，以土官賞之。何如？擬議以啟。”　童猛哥帖木兒所送馬佐和等辭，賜俘虜童阿車妻姐姐與大者等帶去，皆童猛哥族也。

大者，或即前之都赤。如即都赤，則係猛哥之子，而亦疑爲即後來之董山或充尙，亦即清實錄之充善也。據後八月辛卯錄，所還猛哥者爲女二人，則大者又或是女人之名。

乙巳，朝鮮實錄書：召領議政黃喜，左議政孟思誠，右議政致仕權軫，吏曹判書許稠，判中樞院事河敬復，戶曹判書安純，贊成盧閈，禮曹判書申商，參贊李孟畇、成抑，刑曹判書鄭欽之等議事。其一曰：“斡木河，本我國之境也，童猛哥帖木兒輸誠歸順，本國亦垂矜恤，凡所來求，靡所不從，相和久矣。今凡察管下人，射殺通事朴天奇從人一名，拿射者以來償其死者，何如？”僉曰：“可。若托故不送，則拿妻孥以來；若又不送，則以他人充送；如又托故不送，則徵燒埋銀及死者之直於其族類，以戒後日。”其二曰：“金玉寶、孟春等，初與野人私通買賣，恐其發覺，潛謀滅口，射殺野人乎？盜馬而去，追逐射殺乎？委遣朝官推覈，何如？”僉曰：“除遣朝官，令其道推鞫啟聞後更議。”其三曰：“開諭馬佐和，令送射殺通事從人者何如？”僉曰：“國家勿露此意，令其道都節制使以自意開說。”獨許稠曰：“既結怨於西，又何必挑亂於東，姑置勿論可也。”上曰：“稠之言是矣。然今日不懲，後復有如此者，如之何？須要懲戒以絕後患。”遂以上項事意，内傳于本道都節制使。　庚戌，受常參視事。上曰：“中朝都督聞本國往征婆豬，乃非之曰朝鮮擅舉兵入邊境。然予以爲太宗文皇帝宣諭聖旨，昭然可信。況又今皇上敕諭云：‘相機處置，勿爲野人所侮。’以此知皇帝必不以往征爲非也。且猛捏可來、崔眞等來，閏八月發向建州與本國，推刷兩處被擄人物，各還本處。予以爲初征建州，欲其示威靈也。彼人誠心來投，則予欲盡還。不悛其惡，而數犯閭延等處，故分置南道。若待皇帝敕諭，然後還其被擄人物，則是野人徒以爲皇帝之德，而不以爲我國之恩也。江界留置野人二名，還送本處，諭之曰：‘汝等誠心來投，則擄來人物，當盡還之。汝等不改前過，而窺伺邊境，故至今不還。’又諭之曰：‘汝之妻孥，衣服飲食，無有失時，强暴之徒不得侵逼，安心居生。’彼野人等聞此言，誠心來投，我國盡還。則彼知前日之威，今日之恩，恩威並行，而不相悖矣。”判書許稠曰：“上教至當。”命安崇善，往議於黃喜、孟思誠、權軫之第。　禮曹判書申商啟曰：“斡木河野人潛來慶源民家，偷馬以去，馬主追捕殺之。甯北節制使令通事往告事由，童權豆、凡察教誘管下人射殺通事從人，其惡至重。令送人于斡木河，督責權豆，何如？”上曰：“楊木答兀、猛哥帖木兒，正中

國叛賊也。皇帝猶不明言其罪，遣使招諭，是乃馭野人之權
也。射殺從人，雖是權豆之教諭，然是酋長，不可明言其罪。
姑再三送人，責取射殺人以懲之可也。"申商又啟曰："權豆居
我國境內，乃有如此之惡，具其罪狀，奏聞於帝，如何？"上
曰："往征之，則卿言然矣。不然，則何煩奏達。" 內傳于平
安道都安撫察理使崔閏德曰："前日卿常啟曰：'太宗皇帝時，
野人處置宣諭。'及今出來敕書內事意，婆豬江等處，欲出牓而
通諭，予乃止之。今金乙玄回，啟曰：'禮部、兵部憑問乙玄，
及赴京忽剌溫兀狄哈、婆豬江野人之時，尚書潛令乙玄勿言宣
諭敕書之事。卿知此意，令閭延、江界沿邊等處守令，不洩宣
諭及敕書宣諭之事。"亦將此意內傳于咸吉道都節制使。

　　七月癸丑，朝鮮實錄書：召領議政黃喜，左議政孟思誠、
右議政仍令致仕權軫、判中樞院事河敬復等議曰："咸吉道都
節制使成達生馳報：'前者野人來偷慶源民家馬匹以去，馬主
金玉寶、孟夏等追殺之。甯北節制使令通事朴天奇往告事由，
凡察使管下人射殺從人。臣願遣壯士三四十，執凡察以來。'予
以爲雖以天下之主，待野人以權，楊木答兀、猛哥帖木兒，正
中國賊人也，皇帝不名其賊，每加綏撫，況我國征婆豬已蕩
盡，不宜與東女眞又結釁端。卿等熟議以啟。"黃喜等議曰：
"臣等以爲達生之策，徒輕彼敵而不計其終也。遣壯士而彼人
不服，則將何以處之？請依臣等前日所議，責取射殺之人。如
或托以逃亡，拿其妻孥；又托以逃亡，又送人督之曰：'以族
人充送。'又固拒不送，勢不得已，然後于遠近親族，徵燒埋銀
及死者之直。頻數使人通諭督責，以懲其惡，以防後患爲便。"
即回諭于都節制使。 　己未，都督童猛哥帖木兒使千戶馬大
愁，告于咸吉道都節制使曰："吾管下人也常哥等二名，到慶
源持馬三匹而來，其盜與否，未可知也。其主孟夏，追及於錢

拘川邊，執也常哥等射殺之。其族人家時波，忿也常哥之死，射殺通事朴天奇從人而逃。我等不勝惶恐，不得安心農業。乞轉啟達，俾安生業。”都節制使即送鎮撫朴恩義、通事朴天奇等于猛哥帖木兒處，督令捕獲家時波以送。　甲子，咸吉道監司馳報：斡木河野人等，疑我國興兵問罪，並皆登山。故送斡朶里副司直童干古，諭以安心勿疑，然後皆下山治農業。”　乙丑，視事。上謂諸臣曰：“斡木河猛哥帖木兒部落，聞西征疑我致討，挈家登山。及聞干古之言，然後來治農事，然挈妻子猶未下來。今猛哥帖木兒書曰：‘射殺來人，固無元情，然自知其罪，挈妻挈並逃，未得執送。’此望我國姑置不問之命也。予以爲今若置而不問，假令後日復有如此之變，而不得已問之，則彼必以今日不問爲藉口矣。雖不委遣朝臣，令邊將問之，何如?”吏曹判書許稠啟曰：“臣以爲旣與婆豬江野人搆怨，不宜結釁於東女眞，置而不問爲便。”上曰：“野人朝京回還之際，或殺虜中國人民，其惡極矣。皇帝猶且招安，不錄其過，此乃駁夷之權也。然猛哥帖木兒種類所居之地，乃我境內，不可以此論也。宜如前日所議，令邊將再三送人，拿來射殺人；彼托以逃去，然後再三送人拿來妻孥；彼又托以逃去，勢不得已，然後又使人拿來族親；又不得已，然後又使人徵燒埋銀及價，以防其微，乃上策也。”稠又啟曰：“獸心之人，不可校也。野人侵慶源等處，兵馬使韓興富戰死，郭承佑又中箭，然其源則出於杯酒之微。願赦此人，以除亂階，幸甚。”上曰：“然。”稠出，上謂諸代言曰：“予非快於西征而輕其東也。今此野人居我國之境內，曾不畏忌如此，宜懲之以防其微。”

是日，益實等衛女直指揮使木當加等三十五人，奉命往福餘等衛招撫還。賜綵幣、表裏等物有差。實錄。

壬申，奴兒干都司故都指揮同知佟答剌哈妻王氏，來朝貢馬及方物。實錄。

癸酉，朝鮮實錄書：判江界府事楊春茂馳啟：“今奉下旨，
放還拘置野人二名。依事目開說曰：‘前日興兵，專以討罪，
非戮及妻孥也。故放汝本土，歸語爾類，若輸誠來降，則虜來
妻孥必皆還之。’其人叩頭拜謝而去。”

乙亥，命肥河衛故指揮使哈哈纏子剌令哈、嘔罕河衛故指
揮使必纏子乃胯，各襲父職。實錄。

八月己丑，朝鮮實錄書：平安道都安撫使崔閏德啟：“兀
良哈劉家剌等三名，到江界府江北曰：‘前送被擄趙沙羅甫下
還，言若誠心出降，則擄掠人物並令送還。聞此，賚都督李滿
住大人書以來，吾等待回報乃還。’言訖而退。即令所在官，如
其更來，待之以厚。” 庚寅，平安監司報：“欽差孟、崔兩使
臣，率頭目二十五，今八月十三發遼東。” 辛卯，內傳于平安
道都節制使崔閏德曰：“劉家剌不還歸。若他兀良哈出來，則
當言曰：‘汝等誠心歸順，則待之如初，還給所擄人口，本國
之意也。故已送男婦共二人，又送女二人於童猛哥帖木兒之
處。以誠投降，還給不難。’”

壬辰，亦麻河等衛野人指揮僉事抄剌你、奴兒干弗朵河等
衛野人指揮同知必里加答等，來朝貢方物。 甲午，奴兒干都
司都指揮同知康福等貢馬。 弗提衛女直指揮同知佛家奴等十
七人，從中官亦失哈往奴兒干還，貢方物。賜之綵幣、表裏、
絹布有差。實錄。

　　中官亦失哈此時又往奴兒干，則與永甯寺重修碑所署
宣德八年正合。又近見明全遼志云：“奴兒干都司，先名
遠三萬戶府。前代無考，元為東征元帥府，國初累加招
諭。永樂九年春，復遣中使率官軍駕巨船至其地，爵賚其

人之來附者，設都司、都指揮三員：康旺、佟答剌哈、王肇州，以鎮撫之。間歲相沿領軍，比朝貢往還護送，率以爲常。"據此，又與永甯寺第一碑合。且與潛確類書所載同而又加詳。然則日本所拓之碑，其釋文殆又可信，而吾國原發見之曹廷杰、最初審定之吳大澂，草率太甚矣。所云"間歲相沿領軍，比朝貢往還護送，率以爲常"，語不甚明瞭。殆云間歲相沿一朝貢，領軍護送其往還，率以爲常耶？果爾，則宣德去永樂時甚近，其相沿之例當未廢。所置都指揮等，雖多退職或病故，而宣德初造船役興時，則皆尚在。何以從前則有巨船，而宣德時則屢造而屢輟，訖於無成。亦失哈之老壽，則尤可異。此皆前所持之疑點也。

是日，朝鮮實錄書：平安道監司報："野人二名，賫李滿住書到江界府江北，言曰：'崔、孟兩天使往忽剌溫，推刷朝鮮人物，歷李滿住處，從滿浦出來。'已令各官措置支待諸事。"將滿住書以進。其書曰："以太宗皇帝聖旨，來居婆豬江。宣德七年，北方兀狄哈一百四十人，到朝鮮境搶去人民，吾與彼戰，奪其六十四口。朝鮮遣人來餉，又興兵來討，殺擄人口而去，具辭奏達。天使捧聖旨而出，乞須毋防，盡還所虜妻孥、牛馬、財物。""毋防"，當即無禁遏之義，即不遣一人之謂也。命知申事安崇善、左代言金宗瑞等，與政府、六曹議其答辭。領議政黃喜曰："'初，汝輩到忽剌溫虜掠江邊，故往問其由，汝等抗拒不服，故自取敗亡，專是汝輩不順之過，何故尚稱忽剌溫而欲自脫也？汝輩妻孥初欲送還，故已還四人。汝輩若誠心歸順，則豈待敕書而還送？'以此爲答。"參贊李孟畭等曰："除雜詞，答以'汝若誠心歸順，則盡還所擄人口。'"上從喜議。　平安道都安撫使崔閏德，使大護軍朴好問馳啟曰：“自閭延、江界、慈城，至義州江邊各官各口子，要害處守禦軍，用江邊各官軍馬，與朔州、義州、江界道軍馬，寧邊附近各官軍馬，或分三番，或分四番，相遞立番，自六月至今八月，尚未休息。若慈山以南各官，與平壤道各官軍馬，則今於夏節全不防禦，勞逸不均。自今平壤道各官，及甯邊道慈山以南各官軍馬，依前例分三番防禦。”又啟曰：“野人到江界府江北，言曰：‘前日被擄人回還，李滿住等喜甚。我輩家小若生存，則乞須相見於江邊。’今沿邊防禦軍馬疲極，且欽差捧敕而來，俘虜中穎悟一二人，或入送，或送江邊相見，以遂彼歸順之心，何如？”命議于政府、六曹。　丁酉，大護軍朴好問還向平安道，授事目以送。（一）今野人等乞還妻孥，且使臣出來，沿邊各官防禦軍馬，限冰合放送。冰合之後，以慈山以南軍馬代之可也。然事難遙度，臨機措置。（一）李滿住及沈吒納奴等，欲令子弟侍衛。然未知野人之心，不可輕許，徐觀其勢以啟。（一）令監司所送李滿住書契，反譯下送。若兀良哈更來，欲受回答，則以前送楊春茂處事目辭緣回答。（一）婆豬江野人詐稱忽剌溫獨來作賊，強以爲說。則答曰：‘被虜野人及漢人、斡木河野人，皆言汝等誘引忽剌溫作賊。汝等固諱，甚爲不直。’（一）今啟平安道早寒之地，京中下去軍士馬，養飼之豆，請不待九月給之。如此之事，固當臨機措置，已曾諭於監司。　命安崇善議于議政府、兵曹及三軍都鎮撫曰：“斡木河住家時波，射殺本國人池萬。使人拿家時波，家時波率妻子逃遁，童猛哥帖木兒徵馬一匹以送，其畏本國明矣。然償殺人而只用一馬，似乎輕矣。督令加徵乎，置而勿論乎？”皇甫仁等曰：“待彼人不可同於本國人也；然只受一，似乎過輕，姑納今送馬，督令加徵，馬則加一，牛則加二。”朴信生曰：“馬則加二，牛則加三。”河演曰："殺人之事，不可受價，豈有因此生變之理乎？更送人推本人；勢難，然後使童猛哥帖木兒罪之，何如？"孟思誠曰："彼人之射殺我國人，豈無故耶？我國人以彼人偷馬爲辭，追殺二人，在彼豈無欲報之冤哉？以是心推之，猶有可恕之義。今彼人旣知其罪，徵馬以進，庶可懲惡。今來馬匹，給付死人之家，毋更督徵，以安其心，何如？"黃喜曰："臣之迂疏，所見備於前日獻策。然欲使彼輩安心，則誕布寬恩，勿使更徵。"又曰："置而勿論，則邊將以國家之命遣人云：'家時波所犯，報于國家。國家以殺人之事，不可以馬償之，矧茲家時波，近在鄰境，恣行無忌，其罪不小。然其馬已給付被殺人家，且本人在逃，姑置勿論，何如？"僉曰："可矣。"上從之。仍賵池萬米豆各三石，致祭復戶。

戊戌，賜奴兒干都司故都指揮同知佟答剌哈妻等、亦麻河衛野人指揮僉事抄剌你等、弗朵河衛野人指揮同知必里加答等，鈔、綵幣、絹布及紵絲襲衣、絹衣有差。實錄。

庚子，兀也右衛"右"當是"吾"字之訛，否則"也"爲"者"字之訛，但下文再見仍作兀也右衛，前後均訛。指揮同知忽失禿，來朝貢方物。己酉與甲午書：貢馬之康福，同賜鈔、綵幣、絹布及紵絲襲衣有差。實錄。

丙午，朝鮮實錄書：平安道都安撫使崔閏德隊官曹茂，賫沈吒納奴書以來。其書曰："兩國如一國，二家如一家，如兄若弟，交親居生。忽刺溫賊，搶貴國人六十四名回去，吾率軍三百名，盡奮以還。不知我輩之功，殺掠吾曹，兩國各有異心。今聞回來被擄人言說，全差送人。若不盡送被虜之人，則吾未能率管下人仍居於此。且賊人起兵之事，亦難禁也。"

建州倔強不改，特不用李滿住爲主名耳，蓋亦知朝鮮無再舉兵之能力矣。

丁未，嘉河等衛女直指揮同知阿里不花等，來朝貢方物。
閏八月己巳，賜綵幣、絹布及紵絲、襲衣有差。實錄。

庚戌，朝鮮實錄書：召承文院提調，命安崇善、金宗瑞議
曰：“今觀各處散住野人等處敕書，此敕書尚未迎到開讀，蓋已在
途探得其文。斡木河、婆豬江地面散住野人等，假飾忽剌溫模
樣，突入朝鮮邊郡作賊。若權豆父子見此敕書，則必生疑懼，
自不安矣。將何以處之？且今被擄人言，童猛哥帖木兒管下十
人，移居婆豬江，去年閭延同來作賊，以此使人諭于權豆父子
而解之，仍言譴此十人，則彼必少安。如此處之，如何？”尹
淮、鄭麟趾議曰：“今遣人使譴此十人，則似若本國并奏斡木
河野人之罪矣。待斡木河住居人等處開敕後，從實言：‘本國
初奏，斡木河及各處野人虜掠遼東軍民事而已。今敕內無發還
人畜之言，則非本國所奏，爾等可驗矣。’姑停遣人。”黃喜曰：
“遣人隨使臣崔眞到斡木河。幸有言及，以非本國所奏，從實
爲答。”又議曰：“金乙玄賫來敕書，欽依洪武、永樂年間宣諭，
若野人等類不改前心，更來作賊，相機處置。今來敕書，乃言
勿相侵犯，然此專爲兩國和解之計，非改在先敕諭之意。予謂
除欽遵今敕外，若彼賊更來侵掠，則意欲欽依曾降敕諭，相機
處置，即開情由奏聞，以開後事，何如？”黃喜、孟思誠、權
軫、許稠、安純、盧閈、申商、鄭招、尹淮議曰：“彼來作賊，
門庭之寇，臨機應變，不必預奏。”鄭麟趾議曰：“今敕似若只
爲今日和解之而已。若後日之事，則自依前降之敕，何必更
奏。”又議曰：“崔眞與通事宋成立言曰：‘敕書回答辭緣，吾當
到王京面達殿下。’予亦聞眞之言，然後定矣。然千秋使及進獻
使之赴京，就差回答乎？崔眞等婆豬江往還後回奏乎？本國被

擄人口，皇帝專使推刷發還，義當謝之。然初當六十四口敕
還，已謝之矣，深恐重疊。又使王欽等更推未還人口以給，朝
廷用意懇至，更謝何妨。"僉曰："欽依發還人畜宣敕，就差千
秋、進獻兩使回奏。又待王欽等將本國人物交付後，具奏謝
恩，但無禮物，何如？"又議曰："婆豬江人等，誘引忽剌溫作
賊，不唯本國詳知，被擄野人、唐人等，所言亦同，且童猛哥
帖木兒與池含及邊將見說，況遼東官人等，亦謂林哈剌引誘作
賊，此事明白無疑。今敕書內有虛實未明之語，然則朝廷之
疑，恐未盡解。具悉情由，當更辨明乎？事既往矣，勿復奏
乎？"僉曰："虛實未明之說，非指本國，專指野人而發，不必
辨奏。"又議曰："崔眞妓已到京中，其賜衣食之數，量宜以
啟。"僉曰："衣一襲、米五石、醬一甕，其餘雜物，隨宜備
給。"仍啟曰："臣等聞殿下，彼人財物，只還牛馬，而金銀則
待彼人輸誠納款後送還。臣等以爲因聖旨送還，則無遺即送可
矣，何待彼人誠欵，然後畢送乎！民間已分給物外，並皆發
還。"崇善與宗瑞以此入啟，上曰："予心亦如諸臣之議，姑試
議之而已，皆從僉議。但加賜崔眞妓衣一襲可也。野人被奪之
物，雖已分給民間，既有敕書，則不可不還收以送。"崇善啟
曰："凡事正則終得其福，不正則禍患將至，理之自然。雖已
分民間之物，亦令還收以送。眞年前隨昌、尹兩使臣往咸吉
道，愛咸興妓萬喚來，請致于京不得。今爲使臣至本國境，請
招之。"上令乘馹以來，寓于眞妹婿李沬之家。　　閏八月戊午，
咸吉道監司馳報："朝廷使臣裴俊，率軍人一百六十一人，齎
敕書到斡木河，有使人于寧北鎮之語，仍謄送敕書：'皇帝敕
諭建州左衛掌衛事右都督猛哥帖木兒及男阿谷，原注：即童權
豆。并大小頭目人等：比先楊木答兀一起漫散出去官軍，已陸
續招還復業。近聞高旱化等六十九家，見在爾處地方居住。茲

遣指揮同知裴俊、千戶趙鎖古老、百戶王茂，賫敕諭前來，招
其回還。敕諭至日，爾等即令高旱化等六十九家，盡數收拾，
同指揮阿谷、裴俊等，送回原衛所，安生樂業，尤見爾報效朝
廷之誠心。爾等其欽承朕命毋怠。故諭。'"

　　本日戊午爲閏八月初八日，有此一敕使，遂爲肇祖父
子被戕之由。楊木答兀尋仇於中國使臣，肇祖父子保護敕
使對敵被殺，亦可謂殉國事而歿矣。被殺在十月十九日，
其詳見下。

　　庚申，朝鮮實錄書：指揮孟揑哥來、百戶崔眞等奉敕而
來，上率王世子及文武羣臣，幸慕華館迎敕，至景福宮受敕如
儀。敕曰："所奏斡木河、婆豬江等處野人，與楊木答兀結黨
飾詐，虜掠遼東軍民，又糾合四百餘騎，假作忽剌溫野人，突
入邊鄙，殺害軍民等事，具悉。旣而婆豬江野人毛憐衛土官都
督僉事撒滿答失里及建州衛都督指揮李滿住，差指揮阿剌答等
來，亦奏去年忽剌溫野人楊木答兀等，往弗得山打圍，被王邊
民偷去馬二十餘匹，因此搶擄男女六十餘人，行至中途，遇見
朝廷所差內官張童兒等省喻，盡將所擄男婦送還王國。王已差
上將把公等，三次將酒禮往謝。至宣德八年四月十九日，忽有
王國四路軍馬前來搶刼，將李滿住射傷，妻小殺死，又搶去及
殺死部下人民數多，并奪去敕諭、誥命等件。朕以此事虛實未
明。其往者楊木答兀擄去遼東、開元人口，已遣人追取，如不
送還，別有處置。茲特遣指揮僉事孟揑哥來、百戶崔眞，賫敕
諭王，并諭忽剌溫地面野人木答兀，毛憐衛都督僉事撒滿答失
里，建州衛都督猛哥帖木兒、指揮使凡察，建州衛都督指揮僉
事李滿住等，令各將所搶去人口、馬牛頭匹，盡行給還。王亦

須以所得建州衛敕諭、誥命，并人口、頭畜等物還之。而自今各順天道，謹固邊備，輯和鄰境，戒敕下人，勿相侵犯，庶幾共享太平之福於無窮。故茲敕諭，宜體至懷。"

　　朝鮮兵加建州，在本年四月十九日。前據明實錄，六月癸未，遼東總兵奏朝鮮擅攻建州。癸未爲六月初二，由遼東知此兵事，然後奏達朝廷，已越四十餘日。至六月己亥，實錄書建州衛遣指揮僉事劄剌答來奏事，此即建州之赴訴中朝。朝鮮實錄載明廷敕書，叙此事劄剌答作阿剌答，自即一人，己亥爲六月二十八，朝廷據以分敕朝鮮及建州、毛憐各衛，已在閏八月庚申。庚申爲閏八月初十。情事皆合。

　　辛酉，朝鮮實錄書：上率王世子及文武羣臣，詣太平館，行翼日宴，如常儀。當宴，上曰："今來敕書，婆豬江野人等專不作賊爲辭，反謂我國邊民偷忽剌溫馬二十四以來，因此忽剌溫作賊，詐冒奏聞。初忽剌溫等言，建州衛東面山獵時，馬二十四逃逸，追尋蹤跡，到婆豬江，婆豬人指我國後門，遂作賊。然馬逸之事，虛實難知，且忽剌溫地面隔遠，全不相通，別無讎怨之事，專是婆豬江人之所爲。"眞曰："殿下勿信野人之言，且野人不托罔談，則何能奏達朝廷乎？金乙玄親見之矣。初，禮部、兵部，一同對問婆豬江人等招引忽剌溫木答兀作賊事，尙書大人亦知之矣。其時婆豬江人等作賊之實，予盡心辨明，其人等怨我。又我辭出日，見張內官曰：'婆豬江野人作賊事，我亦到今乃知其實。初云忽剌溫作賊，是誣我也。'"上曰："張大人亦被野人詐冒，婆豬野人云：'若我輩作賊，則朝鮮被虜人口，何無一人留在吾處。'然相望之境，豈肯留置，必移於深遠忽剌溫之處矣。予奉事朝廷，垂二十年，奏聞之事，無一虛妄。前此中國被虜人，在野人地面者，不勝其役，逃來我國，則予一一送赴朝廷。各年節次入送人，其計五百餘名。因此野人等累年挾讎，突入我國後門，殺掠而去。予不得已今已處置之矣。"眞曰："被虜人物解送朝廷時，我以鴻臚寺序班知之，朝廷亦皆知之矣，惟殿下勿慮。向者乘舟人遭風漂至山東，備禦官捉拏枷鎖，送赴朝廷。予奉聖旨問之，其中一人見我云："此是崔序班也。"蓋海豐住一人，往年阻江捉黃魚時見知我者也。予即解枷，朝廷乃知是朝鮮人。昌尹出來時押送來。"上曰："已知之矣。"眞言："金乙玄累年有功，他人已帶金，乙玄猶未帶金，今日賞職，則明日我當謝矣。"上曰："官職不可輕易也。使臣之意，已知之矣。"眞又言："平壤、義州通事等，使臣來往時，多被頭目毆打，又受罵詈，右人等賞職爲便。"上曰："已知矣。"眞曰："此處虜來野人數目，備細書寫送我。我欲喚來一兩人親問。"上曰："各有供狀，書其供狀以送。且此人口內四名，已曾還送之矣。二名則猛哥帖木兒使人來請，故給送。又老人二名，則還送本土，俾陳所見之事。其餘人口，皆令給糧好在。"眞曰："予之出來，禮部尙書曰：'汝等差去事，須當成事回還。'我對曰：'朝鮮法度嚴正，且爲官吏者皆秀才也。野人地面所得之物，雖細必記，可以推刷矣。野人本是無統之徒，五六人雖得一衣，皆分取之。眼前見在牛馬、人物，則我當取來。至於未見之物，似難以推之。此處虜來人物，及敕書、誥命等，盡還爲可。"上曰："初伐野人，不爲取奪財物也，故將士所取之物，即自燒焚，或沈水中。至敕書、誥命等物，奚暇取之。然予已令推之矣。人口則初是二百餘口，上國人曾已赴送朝廷，餘在一百六十餘人，其中本國人曾被野人擄去，而今回還七八名，亦將并送乎？"使臣曰：

“此國人民，則不送可矣。”又曰：“我等賫來敕書五道，<u>猛哥帖</u>
<u>木兒</u>一道、<u>毛憐衛</u>一道、<u>因吞野人</u>一道、<u>婆豬江</u>一道、<u>忽剌溫</u>
<u>木答兀</u>一道也。我等親去其處，成事以還。朝廷之議，<u>猛哥帖</u>
<u>木兒</u>乃是<u>滿住</u>之舅也，疑<u>猛哥帖木兒</u>挾讎向<u>朝鮮</u>，別下敕書，
此宜殿下知之。”上曰：“已知矣。”

　　<u>肇祖</u>是<u>李滿住</u>之舅，則<u>猛哥不花</u>之妻乃<u>肇祖</u>之姊妹。
前言<u>肇祖</u>子<u>都赤</u>娶<u>猛哥不花</u>女，則<u>建州衛</u>與<u>建州左衛</u>世世
爲婚也。<u>阿哈出</u>爲<u>永樂</u>三后之父，即<u>猛哥不花</u>之姊妹，爲
<u>成祖</u>後宮，而<u>肇祖</u>又稱皇親，云“爲皇后所必欲召入”，則
其姊妹亦爲<u>成祖</u>妃嬪。<u>建州</u>之屬族相關如此。

　　同日，<u>朝鮮實錄</u>書：議于議政府、六曹曰：“今被虜人内
本國人七名，奏聞後不送乎？雖不奏聞，無害於理乎？”僉曰：
“初奏曰：‘野人偷取爲奴之人，逃來本國，則審問根脚，係是
上國軍丁，則差人發還；原係本國之人，則給親完聚。’雖不更
奏，無害於理。”從之。又議曰：“今來敕書，去年<u>忽剌溫野人</u>
<u>木答兀</u>等，往<u>弗得山</u>打圍，被<u>王</u>邊民偷去馬二十餘匹，因此搶
虜男婦共六十餘名。此言誣罔，欲奏辨明何如？”僉曰：“上敎
至當，請悉辨明。”上從之，令承文院修奏草以啟。又議曰：
“前日所議護送，非<u>建州衛</u>，乃指<u>斡木河</u>也。使臣牽來之馬，
則回自<u>江界</u>，勢所不能，不可不護送也。且無聖旨而擅便護
送，亦不可也。處之何如？”僉曰：“雖無聖旨，使臣不可徒行
也。差人護送，具辭奏聞可也。”獨禮曹判書<u>申商</u>曰：“若自<u>建</u>
<u>州衛</u>無往<u>斡木河</u>之路，而須經本國，則差人護送猶可也。自<u>建</u>
<u>州衛</u>通於<u>斡木河</u>，則何必經本國而到<u>斡木河</u>乎？臣以爲今日護
送，而開後日無窮之弊，甚爲不可也。須擧聖旨，不從其請，

則必不來本朝之境，而自婆豬江直往斡木河矣。"上曰："申商之議得矣。"

庚申迎詔之日，禮畢，上升勤政殿，與使臣再拜行茶禮。崔眞曰："我輩帶來馬匹，留養義州，待我輩到江界起送。然今當草枯瘦損，婆豬往還，請借貴國之馬。"上曰："在境內則聞命矣，境外事難於從命。"眞曰："今天下四海內外，皆同一家，吾輩賫敕往諭野人，與貴國毋相侵伐，相親相睦，若無馬則徒步往還矣。"上曰："吾當思之。"此爲今日所議護送與否之由來。

壬戌，朝鮮實錄書：又議曰："時氣漸寒，今被虜野人，即令送還何如？若使臣曰：'吾當回自忽刺溫，交付本國人物，然後還送。'則答曰：'無交付聖旨，故本國欽依敕書，即還本處。'以此爲答，如何？"僉曰："上敎至當。"從之。　崔眞自以原係本國人，欲行私覿，托往族家，潛詣闕。上出勤政門，迎入勤政殿，設小酌慰之。眞進飛鈿子帶一部、色絲五斤。上曰："皇帝敕諭，使還我國所虜野人人口、牛馬，予豈敢違。帝命使臣，疑其難而致慮，何哉？使臣往婆豬江忽刺溫地面，使還前日所虜我國人物之難易，則我未敢知。以我國所獲野人，還付野人，則不足慮也。"眞對曰："吾受敕出來之時，告於禮部曰：'朝鮮禮義之邦，賫敕諭之，俾還所獲野人人口、牛馬，無難矣。野人不識禮義，俾還所獲朝鮮人物，甚難矣。'"眞又曰："擇年少潁悟人，着漢衣冠，隨我往忽刺溫地，審知道路野人居處以來，便益。"上曰："無聖旨，擅送他境，義所不可。"眞曰："我出來時，禮部尚書謂予曰：'汝往忽刺溫時，率朝鮮通事二名以往。'"上曰："本國征討所獲野人，使臣率行乎，先送乎，隨後送之乎？"眞曰："我等此時率歸，則可免兩度之行。"上曰："已知之矣。"上又問曰："婆豬江人等前在何

處?"眞曰:"前在忽剌溫地面方州。太宗皇帝北征時,時家老、
猛哥不花等,到時波豆站,奏曰:'我等之居,境連達達地面,
數來侵伐,願移於婆豬江。'皇帝許之,徙居婆豬江。"上曰:
"巨兒帖哈、林哈剌住在何處?"眞曰:"前居斡木河地面。去年
巨兒帖哈率家小赴京,帶去奴僕,到北京並皆逃匿。皇帝並追
捕給之,本是高麗人。"上曰:"婆豬江野人在舊處乎?"眞曰:
"吾未曾到其處,未知之也。"眞曰:"殿下使兩處人口各還本
處,共享太平,勿令中國動怒。"上曰:"自今野人不生釁隙則
已矣,如有不悛無禮,予當不饒。"宴罷,上送之勤政門,命知
申事安崇善慰送。眞於路上駐馬,使人謂崇善曰:"代言隨我
而來,則孟必知我私謁而怒,乞須回去。"崇善曰:"吾受殿下
之命,不敢擅便回去。"再三沮之。崇善强答曰:"旣受君命,
安敢中路而擅還乎? 況殿下令我進言于正使乎?"崇善至舘,眞
使人曰:"毋來我處。"崇善直謁孟曰:"殿下使我進言,俘虜野
人,先大人送乎,後大人送乎,大人率去乎?"孟默然良久,
曰:"與崔同議以對。"

　　　明廷在宣德以前,使外藩者恒爲奄宦小人。崔眞非奄
人,以解朝鮮語爲鴻臚序班,蓋出身通事也,狡黠多慾,
能記女眞事,能窺藩國所欲,而以甘言取媚,以濟其貪。
背欺正使,獨取私利,正使如木偶,然貪慾則同。實錄所
記,不涉建州者從略。要見明之御藩,不能用士大夫出使
以取重,亦自褻其威重耳。朝鮮是時君臣處事尚詳審,應
對之際,卑亢間頗有分際。
　　　婆豬江爲猛哥不花先來,此爲明証。猛哥不花爲建州
家老。後來滿住踵至,又後則左衛偕來,右衛增設,建州
女眞遂盡生息於明邊以內,終且代明有國,固非二百餘年

前所及料。獨清以不臣于明，自始與爲敵國之言，傳播于世，則不可以對此故牘矣。

丙寅，朝鮮實錄書：命知申事安崇善草事目授舘伴、通事，迎接都監官員等。其一曰："使臣若更說推還李滿住皮箱之事，則答曰：'殿下一依敕書内事件，全爲差人推之，何於李滿住之事獨不致慮乎？大人枝舉李滿住之事，慇懃開說，何也？'崔眞私索答詞，從略。命安崇善議於議政府。"其一曰："今崔眞等云往忽剌溫時，本國人一名，着漢人衣，隨我入歸，觀其處事變，然無聖旨而擅便送人，似爲不可。一則以爲金乙玄出來時，禮部曰：'當使通事二人留遼東，隨崔眞以歸。'以此觀之，眞之言亦有根也。入送乎否？"僉曰："禮部之言，乃自遼東入歸而言也。今使臣至本國而還，則無聖旨而入送，似爲不可，且無急急觀變之事，不必送也。"上曰："通事不必入送。"戊辰，視事。上謂諸臣曰："敕書只還人口、頭匹，不及家財，只還敕書所載乎，家財亦令還送乎？"領議政黃喜啟曰："家財還送，雖非敕書所及，於義不害。"上曰："予意亦如此。予當還之。惟野人所奏誥命、印章，本非我國所奪之物，以無奏達朝廷，亦不强推。"上又曰："使臣言欽差出來時，白禮部曰：'人口、牛馬外，其餘家財難以盡刷。'禮部然之。其誥命、印章及所無家財，請勿慮焉。其心之誠否，未可知也。其言則如此，以無奏之，似爲便益。"上又謂黃喜曰："崔眞言：'貴國往征建州衛時，奪滿住箱子以來，須即刷還。'其言未便。敕書所載，非獨滿住之物。爲欽差者，獨舉滿住之事，無乃不可乎？此必欲納功於滿住，以責賂也。若再言之，予以不可答之。"命左代言金宗瑞問安於使臣。崔眞曰："我等往建州忽剌溫地面，推刷本國被虜人物，還到江界，乃還被虜野人，幸

甚。此無他，李滿住等本不知禮法，頑惡甚矣。今若先得其管
下人，則雖有敕書，本國人物必不盡推刷故也。人物則已如此
矣，牛馬如之何？”宗瑞答曰：“牛馬本不多也，隨其所得之數，
分給於閭延被賊民戶。殿下欽奉，即日差人還收。”孟曰：“李
滿住皮箱子，置何處乎？”宗瑞曰：“初興兵致討，非爲彼人財
產也，但問侵境之罪耳，誰肯收拾乎？大人連說此事，觖望大
矣。”　宗瑞回啟，令議發還野人入送節次于政府、六曹。僉
曰：“彼人雖不還本國人物，我國當從聖旨速還。”仍命宗瑞往
告於使臣曰：“大人向本國之慮至重，感謝感謝。然受帝命，
不可留滯，望大人率去。”孟答曰：“與崔大人同議回說。”崔答
曰：“然則我等二十二日發程，俘虜野人，二十五日發送。本
日丁卯，爲十八日，使臣惟欲多往來，以便滋擾，朝鮮則以一去不還爲
幸。　庚午，視事。上曰：“使臣自江界歸建州衛，還王京，
又歸斡木河，此事非敕書所載，不可從也。然使臣強請，不可
不從，將此意奏達朝廷，且使使臣知之，何如？”左議政孟思誠
對曰可。即命崇善與政府、諸曹同議以啟。召黃喜、孟思誠、
許稠、安純、盧閈、申商議事。其一曰：“婆豬江野人被奪頭
匹、家產，特降聖旨，並令送還，且使臣屢言其已刷與否，本
國閭延人民被奪頭匹家產，刷來之事，暫不開說。觀其勢，本
國人民被奪之物，似不推刷。本國備書被奪家財、牛馬之數，
令館伴於路上傳付使臣，何如？”僉曰：“上教至當。”其二曰：
“使臣往斡木河時，更請護送，則答以無聖旨，難以聽從。若
強言，則答曰：‘若是，則將其事奏聞後施行。’何如？”僉曰可。
其三曰：“今使請路次所用鑼鍋行器，代言等皆以敕書嚴明答
之。若明日親來請之，則何以對之？”僉曰：“若使臣親請，則
宜從其請。”　辛未，命知申事安崇善往太平館，言於使臣：
“經由我國往于彼土，如不奏聞，朝廷必以我爲奸詐，不可不

奏也。"兩使臣議曰："我等除經王京，自建州衞入忽剌溫地面，刷本國被虜人物，留置建州衞，歸斡木河頒敕，還來建州衞，與王欽等率本國人民，出來交付。"崇善曰："王使臣亦來乎?"崔眞曰："已有聖旨。"崇善曰："本國來聖旨，無王欽等出來辭。"眞曰："王欽等賫來敕書有之。"呼頭目將謄寫敕書來。非敕書，乃勘合也。其書有"交付崔眞"之語。崇善曰："然則大人獨來。"眞再言王欽亦當出來。崇善曰："無聖旨，則雖出來，我國義不接對。"使臣良久曰："入建州衞，我等商量。"崇善復命，仍啟曰："館伴鄭淵、趙從生，與臣言曰：'今通事艾儉、李含等，學淺不能傳言，又不知使臣言之本末，倘他日朝官使臣出來，如有詰問之事，無以傳兩國之言，甚可慮也。擇年少可學之輩，送遼東經三四年。肄業而來，便益。'"上曰："辛亥年，議遣子弟入學，中寢不行。然更思之，淵等之言，誠今日之急務也，不可不入送講習。"令承文院修奏聞草以來。　　壬申，咸吉道都觀察使馳報，慶源節制使呈："朝廷使臣指揮裴俊、千戶赫連等，率軍二十名，自斡木河奔告慶源曰：'吾等去年爲因捕鷹，隨張内官出來。回還時，童孟哥帖木兒、凡察等，刷出楊木荅兀擄掠人口一百三十名，前赴朝廷。帝以童猛哥帖木兒爲都督，凡察爲都司，仍下聖旨曰："楊木荅兀所虜人口，雖三歲小兒，無遺刷來。"童猛哥帖木兒等，承聖旨回還，稽遲不來。帝命吾等，率軍人一百六十名，到斡木河。童猛哥帖木兒等，約以楊木荅兀虜掠人口，本月十五日盡數傳授。吾等屯於草野以待。十五日昧爽，賊徒來圍，射殺吾軍人二名，彼賊一名亦中箭而死。問賊徒從來，乃曰嫌眞兀狄哈也。侵之不已，吾等僅得脫來。蓋童猛哥帖木兒首謀作賊，而欲免其罪，假稱兀狄哈，若吾徒皆歸兀狄哈，則恐或殺盡，故留千戶赫連等五人於此，吾則以收拾闌遺，還向斡木河。若斡朶里之人，以不出人物爲要，而詐稱兀狄哈，則吾當傳報朝鮮，奏於帝所矣。'言訖而還。迎赫連等五名於城内。節制使親自厚慰。"寧北鎮節制使呈："童孟哥帖木兒父子使人來告曰：'楊木答兀請嫌眞兀狄哈三百餘名，來圍裴指揮屯聚處，射殺軍人六名，搶奪兵器及雜物回去。童孟哥帖木兒父子，率軍兵五百餘名到要路，圍賊言曰："汝等執出楊木答兀，則解圍而送。"圍之不解。'"即召議政府、六曹議曰："昔在庚寅，朝廷使臣亦被野人所殺，國家遣知印，迎軍人張小旗等五人，移咨遼東，轉達朝廷。今若裴俊奔潰到境，則亦依庚寅年例，移咨遼東乎，直奏帝所乎？本國接待，何以爲之乎？"黄喜等議曰："裴俊若欲上來，則留於所至之處，曰：'未敢擅便上送。待殿下之命，然後上送。'星夜馳啟後，遣五六品通事厚慰迎接。監司節制使相接時，客東主西，除油蜜果隨宜饋餉，各官守令只饋飯，仍行酒，坐次上同。奏問之事，更待聲息議擬施行。"從之。　遣知印李大成押忠清道來野人四十九名向江界，是二運也。　甲戌，視事。上又曰："朝廷使臣裴俊等，受命到斡木河遇賊，告我邊境。我國當厚慰入送，然受命于他境者奔告我邊境，事莫大焉，但於遼東移咨，以爲未便，直達朝廷何如？"許稠對曰："如此重事，宜奏朝廷。"　上令注書姜孟卿，賫事目往議於三議政之第。其一曰："甲山郡北連賊穴，而西距閭延，東南距端川、北青，道途甚遠，四無援兵，雖有賊變，不及往救，孤危莫甚。本道都節制使，則慶源等處防禦最緊，何暇救援。彼賊奮發，必欲復讎，窺伺孤虛之處，突入作賊，見可慮也。矧茲惠山口子及本邑城子，分入人民，而一處則無將帥，孤軍無援，兵家所忌。擇遣將帥一人，率勇士二三十名，將帥則守邑城，守令則守木柵，相爲脣齒，以待賊變。何如？"其二曰："令接伴使潛告崔眞曰：'着漢衣冠率歸觀勢，庶乎有益，本國感喜。然知漢語人留在遼東，則依禮部所說當矣。先送本國，大人從而出來，則與禮部所言異矣。擅便入送，未安於義，故未得聽從。'何如?"其三曰："前者大人潛送童猛哥帖木兒敕書，據本國奏，斡木河、婆豬江等處居住野人，假裝忽剌溫野人面貌，糾合四百餘騎，突入邊郡，殺害軍民，即今又欲糾合人衆，窺伺搶擄等因，載在敕書。然當初本國奏本，只錄婆豬江野人誘引忽剌溫作賊而已，未有斡木河居住野人之事，大人知此意。斡木河人等若問奏本之辭，以實告之。何如?"右議政仍令致仕權軫、左議政孟思誠等曰："依事目施行。"領議政黃喜曰："甲山遣將，及野人地面本國人不送等事，依事目施行，甚爲便益。至於斡木河人敕書并載之事，若辨明，則指言中國，所係匪輕，且與賫來使臣言之，無乃不可乎? 大抵帝命敕諭，無大害於義。藩國明言首末而辨正，臣心以爲不可。"上從黃喜之議。　乙亥，遣上護軍許之惠賫奏本如京師，奏曰："宣德八年八月初十日，欽差指揮孟捏哥來、百戶崔眞等官，賫奉敕諭到國。除欽遵外，臣竊詳本國軍人，並無奪取敕諭、誥命前來。見有捕獲到婆豬江人口，共一百七十五名，內身病物故二十一名，曾被虜去本國軍丁男婦六名，就令給親完聚外，其餘男婦大小共一百四十八名口，到本國新產小兒三名，并馬三十七匹，牛一百一十八頭，軍人拾得銀帶一腰，及瓶蓋等一十事，奇零不計數家財等物，並行送還本處去訖。所有不得山。前敕文作弗得山不知在何地方，本國邊民，絕無往還，何緣經過婆豬江野人窟穴，盜取忽剌溫打圍馬匹。今來婆豬野人等，懷挾積年之恨，要掩自作之罪，增飾虛捏，欺罔朝廷。今見欽奉，兢惶罔措，理宜辨明。"仍進醃松菌二十五壜、大狗十隻、海青一連，并賫買藥麻布一百匹以行。

是日，奴兒干喜申衛吉列迷車卜來朝，奏願居遼東東寧

衛。命爲百戶，賜金織襲衣、鈔布，仍命遼東都司給房屋器物
如例。實錄。

此云奴兒干喜申衛，前八月壬辰有奴兒干弗朶河等
衛，然則喜申衛及弗朶河衛，皆冠以奴兒干，是皆在黑龍
江地之女直也。

丙子，朝鮮實錄書：承文院副校理皇甫恭，押忠清道來野
人六十二名，發向江界，是三運也。 己卯，視事。上曰：
"皇帝敕諭童猛哥帖木兒曰：'與婆豬江野人同謀，虜掠朝鮮邊
郡。'猛哥帖木兒父子觀此，必謂本國告訴於朝廷。本國所奏之
意，不過聲滿住之罪，而朝廷之敕若此者，無他，猛哥帖木兒
於滿住連戚，必與此謀，且欲止彼我之戰而已，非我告訴而然
也。予欲以此意開說野人，領議政黃喜以爲今降敕書，雖非本
國之意，若本國辨明其事，是指上國爲非，無乃不可乎；不若
不言，予甚然之。卿等之心，以爲何如？"左右皆曰黃喜言是。
上又曰："若野人來言汝國訴我於朝廷，則使邊將言曰：'非本
國訴汝，以汝等連戚於滿住，故有此敕，勿以我國爲疑。'何
如？"吏曹判書許稠啟曰："雖言之，彼必不信，不若不言。"判
書申商曰："若不言，則是我國似若訴也。雖言之，豈以朝廷
之敕爲非也。但諭我國之本意，使邊將言之，似爲便益。" 平
安道都安撫使崔閏德馳報："婆豬江野人王半車等四人，賚李
滿住書，乞授所掠家產。饋以酒食。二人回歸。王半車及甫介
願欲上京朝見。"上令注書往議于三議政家。權軫、孟思誠曰：
"從願上京便益。"黃喜曰："今當使臣之來不，必上京。令都安
撫使崔閏德回答還送便益。"又令議政府、六曹更議。知申事安
崇善啟曰："臣心以爲今雖使臣出來，然今降敕書內辭曰'謹固

邊鄙，輯和鄰境’，則野人之往來，何嫌於上國乎？倭人之往來本國，上國亦詳知之，則何獨嫌於野人乎？而況來者不拒，載在聖經。今野人慕義投降，則聽從其言，是聖人包容之德也；矧茲征討之後乎？理宜聽從，不必更議。”上曰：“正合我意，毋有他議。但議曰，今當講武日逼，欲使人言曰，今殿下講武幾旬，宜急上歸，若彼人勞不能馳，不及上來，則欲于講武所率來如何？”黃喜等曰：“何必言講武之事，而汲汲率來乎？宜徐徐率來，而令禮曹厚慰，言曰：‘汝等姑留，似爲便益。’且此輩雖小土之人，然數往中朝，所見廣矣，率詣行幸所，甚爲不可。”上從喜等議，即令經過各官厚慰以送。

是日，以奴兒干都司都指揮同知王肇舟老疾，命其子貴襲爲都指揮僉事，食副千戶俸。肇舟初自副千戶陞都指揮，貴屢使奴兒干之地，諳其土俗。至是眾請以貴代肇舟，從之。實錄。

九月甲申，朝鮮實錄書：咸吉道監司據慶源節制使呈啟：“千戶李綱等四人來言曰：‘與都指揮裴俊還歸斡木河，路遇賊。俊等十三人竄於山谷，吾等奔還，未知俊等生沒。’又總旗劉昇等來言曰：‘十五日，遇賊相戰，奔潰而來。他人生沒，未可知也。’慶源節制使延入城內，親自厚慰。綱等欲尋俊，還向斡木河。”乙酉，諭平安道都安撫使曰：“今與野人言曰：‘前日征討，乃邊將所爲。故其時邊將，國家已曾貶黜，’則似爲有理。然命將致討之意，已曾奏聞，而對辨於禮部，野人豈不知哉！名正言順，乃可服人，須知此意。且和親雖美事，觀其有可和之勢，然後與和，則爲長久之策。若汲汲求和，非出於誠心，則不可恃也。俘虜野人還送時，復見妻子者必喜矣，其見殺者怒猶未解，交割之際，尤宜謹愼，勿令本國人輕易越江。今雖使臣入歸時，彼人生變，不可保其必無也。”咸吉道監司報云：“裴指揮率軍人到斡木河，野人等侵殺指揮率領軍

人，其不畏使臣如此。勿恃使臣，周密布置。”　丙戌，遣通事
宋成立往慰裴俊、頭目赫連等。　　婆豬江野人王半車等二人
來。　　丁亥，賜王半車等二人衣服笠靴。　　己丑，賜婆豬江野
人宣赤時衣服笠靴。　　庚寅，御勤政殿受羣臣朝，婆豬江野人
亦參。

　　甲午，遣哥吉河衛差來指揮吉速你等賚敕，命其衛故指揮
同知可成孫末希納襲職，仍賜金織文綺襲衣。實錄。

　　庚子，朝鮮實錄書：平安道監司李叔時，傳寫兩王使臣賚
來敕書以送。其辭曰：“皇帝敕諭野人頭目木答兀、沙籠加、
得隆哥、南卜哥、阿魯古、禿魯多、額勒肯革等：爾等能敬順
天道，歸心朝廷，在於邊境居住，謹守法度，朕心嘉悅。比聞
爾等，去年搶了朝鮮人口頭畜。敕至，爾等即根尋追取原搶人
口頭畜，交付百戶王欽、舍人王武，同指揮僉事孟捏哥來、百
戶崔眞等，領去給還朝鮮國王，尤見爾等敬順朝廷之美意。故
諭。”　甲辰，禮曹啟：“野人賜與衣冠等物，給於所舘，有違
於禮。今後依中國例，於闕内賜與，何如？”從之。

　　　　此見朝鮮待遇女眞之體制，及清先世屬於兩大時所受
　　待遇。

　　十月甲寅，建州衛指揮僉事哈刺來朝，奏願居遼東安樂
州。賜金織襲衣、鈔布，仍命遼東都司給房屋、器物如例。
實錄。

　　戊寅，朝鮮實錄書：咸吉道監司趙末生馳報：“兀狄哈入
侵斡木河，殺權豆父子，管下人見殺亦多，唯凡察、大伊等幸
免，見國人哀言曰：‘勢難居此，願徙慶源附近時反等處。’又
欽差裴俊，曾到斡木河，遭亂，率頭目百餘人潛到甯北鎮。”即

召領議政黃喜、左議政孟思誠、右議政致仕權軫、判書許稠、判中樞院事河敬復、戶曹判書安純、禮曹判書申商、工曹判書趙啟生、刑曹判書鄭欽之、兵曹判書崔士康等議之。其一曰："予惟歷代帝王，處戎狄於塞內，以爲藩屏者，間或有之。我太宗嘗曰：'斡木河，你國之藩籬也。'凡察、大伊之請，將何以應之歟？其許接與否，地之遠近，共議以啟。"趙啟生、鄭欽之、崔士康曰："未見其誠僞，不可輕許。更待懇請。"孟思誠、權軫、許稠、安純、河敬復曰："姑令邊將答曰：'不可以傳聞之說，達於國家。'徐觀誠僞。"申商曰："敗亡之言，亦未可信。徐觀事變，然後更議。"黃喜曰："親近戎狄，自貽禍亂，古人深戒。雖或誠心懇請，終不可許。"其二曰："徙彼人於安邊等處深遠之地，因以爲民，何如？"僉曰："彼人等受職中朝，義不可許，且其心陰譎不正，必不欲與我國之民混處矣。"其三曰："今聞聲息，乃傳聞之說，情僞難知。遣人探候，若何？"鄭欽之、崔士康曰："更待事變，當遣人審之。"黃喜、趙啟生曰："即今使人審候可也。"孟思誠、權軫、許稠、河敬復、安純、申商曰："雖不送人，彼若送人懇乞，則可知其實，且彼不送人而我先送人，尤爲不可。"其四曰："欽差裴俊，雖不關本國，不救王臣之患，先哲所戒也。今俊遭狄人之亂，身疲勢窮，逃來我境，義不可不慰。何以爲之？"僉曰："遣使厚慰。倘欲經由平安直路回還，則許之，而給與衣糧護送幸甚。"其五曰："裴俊等經由本國入歸，則具其事因，移咨遼東可乎？"僉曰可。其六曰："相見勢難之由，使人開說於裴俊何如？"僉曰可。其七曰："平安道都安撫使崔閏德，令崔致雲來啟曰：'欲親帥士卒，巡行沿邊各官，耀兵示威。'然予心以爲，凡兵事，深藏固守，使敵莫知端倪，乃上策也。又初與彼人約曰：'誠心投降，則待之如舊。'今反動兵示威，則無乃違前約乎？抑禦

寇之日無窮，而示威之行，有時乎息，則賊心必曰防禦怠矣，
不測之變，將自此而生矣。熟議便否？"僉曰："上教至當。"於
是野人徙居之議寢。遣大護軍金乙玄慰俊，仍贈衣一襲，并給
頭目衣。

　　肇祖被禍之訊，于是始傳，朝鮮尚在疑信之間。據後
文，肇祖死在十月十九日。本日戊寅，則爲二十九日。邊
將得訊馳報，乃在凡察等哀言之後，又由邊至闕，故書於
實錄，後事實之發生十日矣。在廷議論，尚未及乘機收復
斡木河故地，但議何以處告哀之凡察等，及何以慰遭亂之
欽差，蓋倉卒未有成謀也。

　　乙酉，朝鮮實錄書：咸吉道節制使馳報："斡木河野人，
其魁已滅，其黨無所依，移接之際，恐有作耗，已令甯北、慶
源整軍馬，嚴兵器，以應事變。" 丙戌，遣兵曹佐郎禹孝剛于
咸吉道。其事目曰："野人移徙，恐有作耗，整齊軍馬待變可
矣。昔在庚寅，雖作賊移去，其後回心，乞地歸順，國家許
之。今不必更言其時之事而討罪也。近者射殺朴天奇從人，事
情雖悉，悔過謝罪，國家亦許之矣，未可更論其罪。今乘人之
危，興師得勝，亦不足爲武。利人之災，加兵攻取，似乎殘
忍；且妄動取敗，不可不慮。不爲熟計，輕易獻策，無乃未可
乎！若彼人入寇，則不得已應變追捕；彼人或移或住，無意作
賊，則愼勿先意致討，待之以厚，使之安業可也，亦須使人
問慰。"

　　據此，則其時咸吉道監司，有獻策乘機攻討者。猛哥
生前迭次罪狀，不欲更問。仍以禮問慰，朝鮮於肇祖，相

待未嘗失理。

戊戌，朝鮮實錄書：召黃喜、孟思誠、權軫、河敬復、沈道源等議事曰：“守成之君，大抵不好遊畋聲色，則必好大喜功。自古及今，繼體之主所當戒也。予承祖宗之業，撫盈成之運，常以此爲念。往者婆豬之役，大臣將相皆曰不可，此乃萬世不易之正論；予乃命征而成功，此特其幸耳，不足尙也。今童猛哥帖木兒父子俱亡，凡察率其衆，欲來居境内，議諸大臣，僉曰不可輕許，其論至矣。然每思之，斡木河本是我國境内，儻或凡察等移居他處，又有强敵來居斡木河，非但失我國之境，又生一强敵也。予欲乘其虛，移寧北鎮於斡木河，移慶源府於蘇多老，以復舊疆，以繼祖宗之志。何如？且太祖置慶源於孔州，太宗置慶源於蘇多老，其後韓興富戰死，郭承祐中箭而敗，太宗猶不忍棄之，設木栅于富居站，屯兵守之，是祖宗以斡木河爲界之心，未嘗忘于懷也。予欲移排者，非好大喜功，如祖宗設藩籬，爲子孫者從而補之耳，始置兩鎮，開拓舊境，是祖宗已成之規，夫豈予之功哉！予意以爲童猛哥帖木兒父子一時而亡，若天亡之也。今其時如此，其可失之乎？况豆滿江迴抱我疆，而天作之險乎，甚合古人大江爲池之意。予意已定，卿等熟議以啟。”沈道源、河敬復等曰：“時不可失，遣朝臣于其道，與都節制使成達生，審知斡木河形勢，同議啟達，然後臣等更議，依上教施行。”權軫、黃喜等曰：“强寇來居更生一敵之語，上教至當。臣等亦謂乘虛置鎮，惟其時矣。然置兩鎮，則一鎮之内人戶不下一千，然後乃可當也。人戶出處甚難。且此事艱大，未易輕議。待禹孝剛之來，審問形勢，然後更詳熟議。”上曰：“人戶以下三道鄉吏驛子，公私賤勿論，如有自募者，放役入居，或除土官職以充軍額，何如？”黃喜等曰："咸吉道咸興以北人民爲先，抄出入居；不足，則以附近他道人民抄出入居爲便。"孟思誠曰："詩云'昔召公日闢國百里'，此乃傷今思古憤激而言也。惟我璿源，世居孔州，今也鞠爲茂草，爲野人所據，何歟？昔慶源之敗，以興富之非其人故也。若有將略者居之，何敗之有！今其時如此，正是闢國之秋也。"

朝鮮謀乘機收復土地始此。清室之由圖們江移入明邊，而赫圖阿剌之爲興京，亦以此爲動機矣。

庚子，朝鮮實錄書：召黃喜、孟思誠、權軫，議甯北、慶源兩鎮移排條件。令知中樞尹淮製教旨下兵曹曰："自古帝王，莫不重興王之地，以爲根本。考諸史册，班班可見。且我國家北界豆滿江，天造地設，雄藩衛而限封域。太祖始置慶源府于孔州，太宗移府治于蘇多老，皆所以重肇基之地也。歲至庚寅，寇盜草竊，守臣失馭，退寓于富居站，因循至今，未返舊城。然太宗嘗有命，若胡人來居，則便行斥逐，勿使爲賊窟穴。今夫蘇多老、孔州鞠爲茂草，胡騎踐蹂，恣爲遊獵之場。予每念此，痛切于懷。且斡木河直豆滿江之南，在吾境内，土地沃饒，宜於耕牧，正當要衝，合設巨鎮，以壯北門。太祖之世，以猛哥帖木兒效順來歸，請爲藩籬。太祖軫守在四夷之慮，姑庸許之。茲者自底滅亡，藩籬一空，事會之來，機不可失。予欲紹述先志，復還慶源府于蘇多老，移寧北鎮于斡木河，募民以實之，謹守祖宗天險之封疆，少寬邊民迭守之勞苦，非好大喜功開斥境土之比。爾兵曹宜體此前意，所有合行條件，續議以聞。"兵曹啟："今設慶源、寧北鎮，姑築壁城，設置土官，刷移本道民一千一百戶于寧北鎮，一千一百戶于慶

源府，使之且耕且戌，輕徭薄賦，以厚其生，待其阜盛，漸除
南道赴防之軍，以革積年之弊。如木道可徙民戶未滿二千二百
戶，則忠清、江原、慶尚、全羅等道，自募入居者：良民則賞
以本處土官職，鄉驛吏則永免其役，賤口則永放爲良。其兩鎮
奴婢，并元屬各給一百戶，以道內住公處奴婢充給。若公賤不
足，以私賤充之，仍以下道公賤充給本主。富居站石城、石
幕、木柵，量定軍人，令土官千戶率領分戍。"從之。　辛丑，
命戶曹參議朴坤往祭于權豆父子，仍賻紙二百卷。

朝鮮於建州左衛，移民設鎮，逼使自逼；而於猛哥父
子，則以禮周旋，宗旨已定於是。蓋其君臣間頗有方略，
時正朝鮮全盛時也。

乙巳，朝鮮實錄書：差司譯院判官金仲渚，護送欽差指揮
裴俊等，移咨遼東曰："議政府狀啟，咸吉道觀察使呈該：'近
有斡木河地面公幹出來欽差遼東都指揮裴俊，帶領軍馬一百五
十二員名，日期不等，俱於宣德八年十月到來本鎮。除已禮待
外，今將本官手本一道，原封不動，隨呈前去。'得此俱啟。今
准本官手本該：'奉敕將領軍官一百六十員名，往斡木河等處
招取楊木答兀下漫散人口，欽遵開支五月行糧及馬匹、軍器等
件。於本年六月十九日開元出口，八月二十七日到彼下營。閏
八月十四日，爲見草枯馬瘦，衆議移營於人家附近田地處所，
駐劄養馬。十五日卯時分，馱載賞賜衣服等件，到於中途，忽
被楊木答兀同古州野人阿答兀等，約有三百餘人馬，前來搶
殺。當與對敵間，都指揮凡察、指揮阿谷等八名，協同對敵，
殺死野人阿答兀等二名，陣亡旗軍七名，被傷都指揮凡察、指
揮阿谷、官軍四名，將馱載賞賜等件、馬二十八匹搶去。都督

猛哥帖木兒等收拾人馬，仍與當職官軍追至河北。對敵野人說
稱："侯指揮、劉指揮比先殺了我每的爺娘，如今來報讎，務
要殺了招諭官軍。"當又殺死野人一名，追趕至大山下，楊木答
兀棄馬上陡峻山崖，得獲馬四匹，首級一顆，凡察等八名被
傷。天曉領軍回還，惟恐野人復來搶殺，當職將領官軍到於朝
鮮國路口下營，差百戶赫連等走報。十七日，仍復到彼催督人
口，置備毛皮衣服、粮米等件回還間，九月初三日，有毛憐衛
指揮阿兒替報說，塔禿罕領下有野人三百餘名在彼下營，等候
招諭官軍回還截搶。據報，當職同凡察、阿谷等三百員名，前
去哨探，果有野人候久回還去訖。仍回到彼催取人口百戶郎捨
兒答等家。同指揮阿谷等，於十月十九日卯時分起程間，有楊
木答兀糾合各處野人，約有八百餘名人馬，各被明甲到來猛哥
帖木兒、凡察、阿古歹都等家，并當職營寨，圍繞房屋，放火
燒毀。困至申時，見得阿古大門燒毀，及攻開墻垣，賊人入
內，將猛哥帖木兒、阿谷等男子俱被死殺，婦女盡行搶去。酉
時分，本職將領官軍，奮力殺出，舍人王贇等殺死。本職同高
忽沙忽等被傷，衣服鑼鍋米粮俱被搶去。今照官軍節次被搶衣
服、糧米、馬料、鑼鍋等件，無從措辦，難從原路回還。除將
領官軍贲夜前來寧北鎮駐劄聽候外，手本施行。'得此，除差陪
臣上護軍金乙玄前往迎慰本官，仍給衣廩。其餘官軍一百五十
二員名，應付分例。又差陪臣司譯院判官金仲渚，護送馳驛。
所有官軍招諭到被擄男婦三百五十四名口，逃來本國人王兒漢
等二名，交付官軍順帶，並給口糧脚力。被擄人內無衣受凍
者，令給綿衣。官軍帶來馬匹及被擄軍人己梯頭畜，應付草
料，前赴都司。"

　　肇祖之死事，備詳於明使臣裴俊手本。在事之人，所

見自確。其致死之故，以助明使刷還被擄人口，又以救護明使而與楊木答兀苦戰，致父子俱殉，亦可謂歿於王事矣。綜肇祖之一生，不失爲明之順夷，惜爲清廷所諱；但清世亦未必得其詳耳。

是日，朝鮮實錄又書：上聞崔眞等欲掩李滿住等之罪，命安崇善條列作謀之狀，言於崔眞。(一)兀狄哈金卜同哈通書於其子古乙都哈曰："去年冬，偕張大人赴京時，到婆豬江，適見忽剌溫搶去朝鮮人物。吾與張大人奪取，留置建州衛。此賊乃加乙仇大、加乙乃兄弟，及哈剌、末乙巾等，誘引忽剌溫入寇也。"以此觀之，卜同哈與賊一體，且目見之事也。若未知情實，則何緣而如此通書乎？其同謀作賊也無疑矣。(一)被擄婆豬江住林哈剌親妹斜吾姐供說："哈剌請忽剌溫作賊之由，不記日月。去年冬，哈剌出獵，撞見忽剌溫兀狄哈之類，搆黨作賊。"童阿車妻姐姐供說："林哈剌稱云，逃奴本國人金小八，容留不還，因此含憤，請忽剌溫作賊。自作賊以來，李滿住等議欲綁縛哈剌送于朝鮮。"非徒此二人也，被擄人人所說皆同，明白無疑。彼人等至今諱之，不直甚矣。(一)猛哥帖木兒與上護軍池含言曰："林哈剌、末乙巾等，誘引忽剌溫作賊，又令撒滿答失里傳言曰，忽剌溫等入寇閭延，專聽哈剌指揮耳。"(一)撒滿答失里言："哈剌潛師作賊，而當初奏聞，則以忽剌溫等類，爲因朝鮮人偷其馬二十匹。出來作賊。前後之說各異，此欲其同類人免罪也。"自初至今，飾辭強辨，不直之甚也。(一)境將報曰："作賊人數四百餘騎。"李滿住馳書曰："作賊人數一百五十騎。"撒滿答失在禮部對金乙玄言："忽剌溫一百名出來，其餘皆婆豬江人也。"婆豬人等同謀作賊，情見事白。欲要免罪，詐稱忽剌溫獨來。上欺朝廷，下瞞本國，罪惡深重，不可不懲，欽依宣諭致討，命注書姜孟卿將此事目，往議三議政家。黃喜議曰：“唯末條外，他條皆論林哈剌獨知，而他人不與焉，殊失本意。臣以謂婆猪江住人等入寇閭延，專指哈剌而己不與焉，今猶强辨。雖然，被擄各人供語，及童猛哥帖木兒、撒滿答失里等書，皆言林哈剌所致，非徒不說李滿住同謀之事，亦且堅諱。此非他也，若哈剌出，則恐其同謀情迹易見矣。如此說之何如？至若金卜同哈之書，則賊人一體人也，的實無疑。雖然，賊人名字，列錄過於明白，右書姑除何如？”孟思誠曰：“此事目至極明白，如此開說爲便。但‘欽依致討’一句，似乎未然之事，請以已然之事改之何如？”權軫曰：“事目允當，然已曾奏聞，何必更言乎？若崔眞更言，則以此答說；如不更言，則不必言也。”孟卿回啟，上曰：“知之。”

十二月乙卯，朝鮮實錄書：遣上護軍鄭發進文魚五百首、大口魚五百尾、海青二連、白鷴子一連，仍奏曰：“宣德八年閏八月初十日，欽差指揮僉事孟捏可來、百戶崔眞等官，賷捧到勅諭，節該：‘諭忽剌溫地面野人頭目木答兀，毛憐衛都督僉事撒滿答失里、建州左衛都督猛哥帖木兒、都指揮使凡察，建州衛都指揮僉事李滿住等，令各將所搶去人口牛馬頭匹，盡行給還。欽此。’又於本年十一月初十日，欽差百戶王欽、舍人王賷等到國說稱，近奉敕諭，取要野人擄掠本國未還人口十四名，交付孟捏可來等官，送回本國。除欽遵前往，忽剌溫地面有野人等稱無開到花名，不肯發還。前項事因，欲與孟捏可來等說知。爲此前來，道罷聽此。臣欽惟皇上憐憫小邦橫見野人侵擾，特留宸念，節次遣使往諭野人。天意丁寧，臣不勝感激。”

朝鮮征討建州之役，自此結束，而其壓迫建州左衛，使讓出斡木河之地，則方始矣。

癸亥，朝鮮實錄書：賜李滿答失里及李滿住米，各二十石。　庚午，婆豬江野人李滿住，使送指揮王答兀、劉撒禿等人，來獻土宜。

辛未，賜建州衛奏事指揮僉事乃剌等，綵幣、表裏有差。實錄。

九年，即朝鮮世宗十六年，甲寅(1434)

正月丁亥，肥河衛指揮使剌令哈遣指揮僉事牙當、嘔罕河衛指揮使乃胯遣指揮僉事晏答等，來朝貢馬。　戊子，益實衛指揮僉事失真哥等，來朝貢馬及方物。實錄。

甲寅，朝鮮實錄書：賜建州衛指揮李滿住及李撒滿答失里使送李三波老等十一名，衣服笠靴。

李撒滿答失里爲毛憐衛，在朝鮮視之，皆婆豬江野人也。討婆豬以後，至此屢通貢賞矣。

丙午，朝鮮實錄書：禮曹判書申商啟曰：“今來斡朵里告本曹曰：‘今作鎮於斡木河，仍率我以居乎，無乃黜我等乎？’蓋其意欲其率居也。”上曰：“願爲之氓，則何逐之有？若欲出去，則何拘之有？作鎮斡木河，彼必不肯。然斡木河本是我國之境鄉也，童猛哥帖木兒借居其地。今見滅於兀狄哈，其地蕭然閑曠，在我不可不作鎮以鎮之。女眞亦來居咸吉道，斡朵里若欲同居，則亦此例也，何獨差殊。”

朝鮮既設甯北鎮於斡木河，已不認爲明之建州左衛。斡朵里人新經喪敗，不敢抗言，祇問率居與否。李裪答辭，直夷爲咸吉道之城底野人，相逼之意切矣。

二月己酉朔。以下每月紀朔，使所紀干支，易排其爲某日。

癸丑，賜益實衛指揮僉事魯省哥、失眞哥，及肥河衛指揮使剌令哈所遣指揮僉事牙當，嘔罕河衛指揮僉事晏答等，綵幣、絹布及金織襲衣有差，仍命牙當等齎敕及綵幣歸賜剌令哈。實錄。

乙卯，朝鮮實錄書：嫌眞兀狄哈及楊木答兀等七十餘騎，掠東良北野人人口牛馬。東良野人紿曰：“朝鮮軍馬四千餘人，今到斡木河。”賊驚懼，棄牛馬奔還。

壬戌，兀者衛指揮僉事納哈出、亦馬忽山衛指揮僉事伯乞納等，來朝貢駝馬。　乙丑，陞肥河衛指揮使剌令哈爲都指揮僉事，仍掌肥河衛事。　戊辰，嘉河衛野人乃剌禿遣頭目卜顏禿等，來朝貢馬。　壬申，兀者衛僉事猛可禿等三人，隨內官亦失哈歸自奴兒干。賜之綵幣、表裏、金織紵絲襲衣等物。癸酉，賜右城等衛指揮僉事木答哈等，綵幣、絹布及紵絲襲衣有差。實錄。

是日，陞建州左衛都指揮僉事凡察爲都督僉事，乃掌衛事，餘陞秩有差。先是，遣都指揮裴俊往斡木河招諭，禦寇與戰，衆寡不敵，凡察率衆往援，殺賊有功，故超陞之。實錄。

　　裴俊往斡木河招諭遇寇與戰，與朝鮮實錄合。惟賞凡察之功，而不言猛哥之殉，似尙在肇祖未死以前。然又以掌衛事歸凡察矣，則已知建州左衛之無主。實錄載凡察奏猛哥父子之死，在四月庚申，則此爲未據該衛奏報，先由裴俊以遇寇情形上達，而約略以處分之也。

三月戊寅朔。

戊子，阿倫衛指揮僉事亦省哥、亦察里河衛指揮同知哈剌等，來朝貢方物。四月庚戌，賜鈔幣、絹布及紵絲襲衣有差。實錄。賜嘉河等衛頭目卜顏禿，綵幣及紵絲、襲衣有差。實錄。

乙未，賜毛憐等衛來朝指揮三保奴等十三人，綵幣、表裏等物有差。實錄。

己亥，朝鮮實錄書：召政府、兵曹、都鎮撫議事。議四事之後，又啟：“斡木河住權豆父子管下斡朵里等，未有統屬。問之曰：‘統領汝輩者誰歟？’答曰：‘權豆養子老胡赤可以爲首統衆。’觀其形勢，皆付胡赤。凡察則人皆厭之，且於本國素有讎嫌，若統其衆，則後害可慮。胡赤今未受職於中朝，且依本國求領其衆，若遂其志，將德我國，盡心效力矣。若以爲中朝置衛所屬之人，不可輕許其任，則姑使邊將權許統衆之文，何如？”議諸政府、六曹，議論不一。更與都體察使副使、都節制使、慶源寧北鎮節制使同議以啟。宗瑞回啟曰：“都節制使在龍城，都體察使副使則在吉州，故未即同議。”隨後議啟：“然臣前啟之時，宋希美言：‘月下自中勢強，近居所多老。今當移徙搖動之時，須及從願賞職，後必有利。’”李澄玉言：“凡察屢無禮於我國，常懷疑二，若盡領其衆，則必不利也。老胡赤分領其衆，則勢分力弱。須及凡察未還之時，給老胡赤領衆之文。時勢相當，機不可失也。”成達生曰：“月下授職，無損有益。胡赤領衆，事意在可否之間。”河敬復、沈道源等曰：“可。當臣觀野人情狀，與其示之以威，莫若結之以恩。今日急務，和親爲貴。將何以處之歟？僉曰月下、胡赤等，時皆不統於我國，汲汲除職委任，似乎不可。況凡察今既入覲天庭，若受統衆之命而還，則如之何？不若徐觀其勢，自爲酋長者出，然後因以厚接可也。”上皆從之。

四月戊申朔

己酉，朝鮮實錄書：上曰："寧北鎮節制使李澄玉請伐童猛哥帖木兒之弟，都觀察使金宗瑞以爲不可伐，兩議何如？"領議政黃喜等啟曰："無侵掠之釁而伐之，則後必憤怒，多引雜類來侵矣。"上曰："然。予亦以爲猛哥帖木兒喪亡之後，我國因而置鎮，不可無釁端而輕動以伐之，卿等熟議以啟。"

辛亥，毛憐衛都督僉事撒滿答失里母金阿納失里等，來朝貢馬。丙寅，賜綵幣、絹布、紵絲襲衣有差。實錄。

庚申，建州左衛都督僉事凡察奏："去年野人木答忽、木冬哥、哈當加等，糾合七姓野人寇掠，殺死都督猛哥帖木兒及其子阿古等，盡取其財，請發兵問罪。"上諭侍臣曰："彼之相讎乃常事，朕豈應疲中國之力，爲遠夷役乎！"遂遣指揮僉事施者顏帖木兒等齎敕，同建州左衛指揮同知札剌兒，往諭木答忽等禍福，且赦其罪，凡所掠人馬貲財，悉令追還，仍令與凡察解仇通好，則永享太平；不然，天道禍淫，無所逃避。實錄。

肇祖凶問，至是始達朝廷。又不言爲欽使裴俊而戰死，是可知凡察已有心冒功得陞賞於前，蓋由請屬裴俊而入奏。既陞都督僉事，今乃以木答忽殺兄爲名，請兵於中朝，問兀狄哈之罪。亦知中朝豈肯發兵，不過爲求襲衛職地耳。官職已高，且已先有掌印之名，襲職固言之甚順矣。

壬戌，札肥河衛指揮僉事歹羊加等，來朝貢馬。五月庚子，賜鈔幣、絹布及紵絲襲衣有差。實錄。

癸亥，朝鮮實錄書：建州衛都指揮李滿住，移牒江界府。其一，搬取原賞米二十包；其一，請還本衛逃走男婦七口也。

己巳，受常參視事。上曰："今來李滿住之書曰，本土人七口逃歸，未知何人乎？若實是彼人，還送何如？"禮曹判書申商啟曰："前來七人，其三唐人也，其四彼人也。彼人曰：'我輩計活艱苦，未得聊生，肆就求衣耳。倘令送還，是絕後來歸附之心也，豈復有歸化之人乎？'然臣謂雖留之無益於國，待彼奏請，還送爲便。"上曰："然。"　壬申，禮曹啟："投化人金山生等，江界府別下里，隨母移居于甲山之地，又移于三豆萬之地，被擄紅軍，入歸遼東居之。死，當是母死。移居南河之地，又移居李滿住衛下。四年後，率其妻其兄，願侍衛本國。既是本國之人，依自願留置京城，依金自還例。"從之。

　　按三豆萬既是地名，即所謂移蘭豆漫，已成地名。而豆滿江，即今之圖們，即因此地之名而爲名。明初之三萬衛，又因此地之名而爲名也。

　　癸酉，朝鮮實錄書：建州衛都指揮李滿住管下百戶張交河、柳布子，領家王安彈等逃來。禮曹啟："依一時出來唐人例，給其衣服笠靴，還送平安道，待李滿住來推，授以送之。"令議政府、諸曹議之。領議政黃喜等議："依禮曹所啟施行。"參判沈道源議："已曾上來，姑留京中，待其強推更議。"判書崔士康等議："非天寒時，除給衣服笠靴還送。"啟從崔士康等議。

　　建州經朝鮮一征討之後，今已一切復常。此後以逃人之交涉爲常事矣。

　　同日，朝鮮實錄又書：兵曹據咸吉道監司關啟："麼乙好

里住居南豆乙亐狄哈阿羅，使人言於寧北鎮節制使曰：‘意欲
順命。’節制使答曰：‘他餘我國境內之人，率皆誠心投順。汝
等獨不歸順，作耗於慶源府已三度矣，且殺害歸順本國童猛哥
帖木兒。以此觀之，可行兵而問罪也。然何筭汝等，而興兵致
討乎！今後毋或如此而誠心歸順，則當使之永永安業。’至所答
之言，似乎誇大。若更來言，則令邊將自以其意答之曰：‘歸
順者護之，無禮者罪之，乃是國家之大義也。汝等已往之愆，
不可追論，悔過自新，誠心歸順，則其厚待也無疑矣。無禮則
後悔何益。’”從之。

　　　　“亐”即“于”字。亐狄哈，即兀狄哈之轉音。

五月丁丑朔

　　戊庚，朝鮮實錄書：傳旨平安道都節制使：“李滿住使人
來請逃人七名，則答曰‘三名委係上國軍丁，故不得已發還。
其餘四名還送。’”甲午，受常參視事。上曰：“楊木答兀征討
之事，我國使臣再度赴京，未聞聲息。未知至秋舉兵乎？前者
凡察之言，未可信也。”領議政黃喜啟曰：“是乃凡察設言以自
誇耳。”

　　　　觀前明實錄，凡察實向中朝請兵，帝不允。而凡察則
　　　　以得請先自揚言，故朝鮮君臣以爲疑義。

六月丙午朔

　　戊午，朝鮮實錄書：婆豬江野人李滿住管下劉家加納，到
江界府告曰：“願如京侍衛。”報至，上曰：“此人棄妻子財產出
來，疑背滿住逃來，仍令留置。若滿住使人來尋，給送何如？

時無逃來之狀，使之來京，待以<u>金山</u>之例，又如何？"令三議
政、承文院提調等議啟。

丁卯，<u>建州左衛</u>指揮塔察兒、<u>木速河衛</u>指揮同知捏哈、<u>答
山衛</u>指揮同知札令加等，來朝貢馬。七月甲申，賜鈔、金織、紵
絲、羅絹有差。<u>實錄</u>。

乙亥，<u>朝鮮實錄</u>書：咸吉道監司<u>金宗瑞</u>密封上書曰："寧
北鎮節制使<u>李澄玉</u>事目：（一）<u>凡察</u>初來時，言語則恭順，意欲
騎馬入城門，同來指揮<u>太伊</u>及守門人等堅禁，乃下馬入城。
（一）<u>凡察</u>再來時，言語則恭順，西壁許繩床不坐，自己持交床
西壁置坐。（一）<u>凡察</u>自鎮城西指五里許自己古基設木柵，欲領
<u>斡朵里</u>人等居之，聚百餘人于<u>猛哥帖木兒</u>古基北峴謀議。（一）
<u>凡察</u>畏亐<u>狄哈</u>，與妻父<u>李將家</u>，將欲構屋鎮城西南間二十餘里
山間，潛隱以居。（一）<u>凡察</u>前日入朝時，到<u>婆豬江李滿住</u>家，
累日留連。（一）同類人潛說欲移居<u>婆豬江</u>，已送戶人于<u>婆豬江</u>
農作。（一）<u>凡察</u>使其子贈綵段一匹，不納，溫言饋送。（一）<u>凡
察</u>初見之日，贈紫鷺翎二枚，受之。若<u>凡察</u>與<u>滿住</u>作黨，則不
無後慮，以他人公然制之不可也。以往者被殺人子弟，似為報
讎而制之，何如？臣愚竊謂其殺人之罪，為日已久，且受爵於
上國者，無因而聲罪似難。然此人終必為患，不可不早為之
計。若如<u>唐人三下</u>之言，及其<u>婆豬江</u>移徙之時，包藏禍心，或
虜人口，或竊牛馬，則因事追討何如？邊將之畫，不可不聞。
彼人移徙，固無定期，待之之策，不可不早圖，伏惟上裁。"召
領議政<u>黃喜</u>等議曰："今觀咸吉道監司之書，予意以謂<u>凡察</u>雖
可去之人，今無致討之罪，舉無名之師，甚為不可。若<u>凡察</u>或
偷牛馬，或掠邊境，則邊將任意區處可也。"僉曰："上教允當。
詐為被殺人家乘間報讎之策，似為未便，斷不可從。"上從監司
之議，內傳于<u>咸吉道</u>。

七月丙子朔

癸未，遼東自在等州女直指揮僉事鬼迷等貢馬。　戊子，可令河等衛指揮僉事阿古尚等，來朝貢馬。　壬辰，吉河衛指揮僉事阿里哥等，來朝貢馬。以上兩日來朝人，戊申賜鈔幣、絹布、紵絲襲衣有差。實錄。　丙申，肥河等衛指揮僉事凡察、兀魯罕等衛指揮僉事脫木哈等，來朝貢馬。　戊戌，兀者左衛指揮僉事柳溫哥、嘔河等衛指揮僉事託因脫木兒等，來朝貢馬及方物。以上兩日來朝人，同於八月己酉賜綵幣、絹布及紵絲襲衣有差。實錄。　壬寅，嘉河衛指揮僉事忽失苦等，來朝貢馬。八月辛亥，賜鈔幣、絹布及紵絲襲衣有差。實錄。

八月乙巳朔

是日，哥吉河衛指揮同知末希納、剌蘭吉衛指揮同知我可哥等，來朝貢馬及方物。丙辰，賜鈔幣、絹布及紵絲襲衣有差。實錄。　戊申，可令河衛指揮僉事伯里哥禿來朝，奏願居遼東東甯衛。從之。賜金織襲衣、綵幣、鈔、布，仍命遼東都司給房屋、器物如例。實錄。

壬子，遣金吾右衛指揮僉事孟捏可來，送朝鮮國人金香伊等還國。先是，香伊等十二人，爲忽剌溫人沙隆加等所掠，國王以聞。上遣孟捏可來等，齎敕追索，惟存香伊等四人，故遣送還國。實錄。

孟捏可來等之往兀狄哈忽剌溫等部，已見朝鮮實錄。據此文，則孟等由忽剌溫刷得之朝鮮人，乃歸報朝廷，而後再奉遣以送還之。此輩時假朝命，以擾朝鮮，朝廷所不知也。朝鮮實錄與明實錄，前後互有詳略，參看方完具。

丁巳，右城等衛指揮僉事安苦，斡朵里等衛指揮僉事帖木兒哈、頭目哈的納等，來朝貢馬及方物。九月丙子與戊子日來朝人同受賜。　實錄。

　　斡朵里爲清之先。但以斡朵里中之已爲建州左衛者，乃屬肇祖以下世系；其留居朝鮮邊內外之斡朵里人，則清不認爲先世也。清太祖起，方蠶食東海瓦爾喀而盡之，此斡朵里即在其內。明於斡朵里亦設衛，當即在琿春附近。雖設衛而距遼東甚遠，猶是於朝鮮爲兩屬之夷也。

　　戊午，益實等衛指揮同知得隆哥、嘉河衛指揮僉事忽申八等，來朝貢馬。九月丙子，與上一日丁巳來朝人，同受賜鈔幣、絹布及金織襲衣等物有差。實錄。

　　己未，朝鮮實錄書：建州左衛指揮童凡察，遣管下以女直文字獻書。譯之，其辭曰：“楊木答兀擄掠中國人民，年前裴俊押率還本。今吾等貿易使喚人民，逃歸邊土，邊土衙門官吏不即分辨，皆以爲楊木答兀所擄人民，送于上國，深以爲悶。”令領議政黃喜等議之，僉曰：“宜答以被虜漢人，思戀本土而來。事大之國，其肯不解送乎？實是汝等貿易之人，奏聞還受可也。”從之。

　　是日，札童等衛指揮同知安冲加、撒只剌河等衛指揮同知損吉等，來朝貢馬。　癸亥，嘉河等衛野人乃剌禿遣頭目安冲家、兀里奚山衛指揮僉事木當加、弗提衛指揮僉事柳失哈等，來朝貢馬及方物。以上兩日來朝人，同於九月丁丑賜綵幣、絹布及金織襲衣等物有差。　實錄。

　　是月癸亥，朝鮮實錄書：初，童猛哥帖木兒及子權豆。爲楊木答兀所滅，帖木兒弟凡察朝京師，繼帖木爲都督僉事，新授誥命、印信，來斡木河。時我國初置鎮，凡察反側未安。

肇祖被戮，印信亦失，故有新授之文。其後董山挾舊印爭襲，此新印終繳銷，而凡察另得建州右衛印信。新印之來在此時，與明實錄互詳。

戊辰，右城衛野人末朵幹，遣撒义河衛指揮同知喃都等，來朝貢馬。九月戊寅，賜鈔幣、絹布及紵絲襲衣有差。　實錄
九月乙亥朔

庚辰，實山衛指揮僉事阿里哥等，來朝貢馬。　壬午，屯河兀者等衛指揮同知失郎加等，來朝貢馬。以上兩日來朝人，同於十月丁巳賜鈔綵幣、絹及金織襲衣等物有差。實錄。
十月甲辰朔

丁巳，沒倫河衛指揮僉事馬兒等四人奏邊事。賜鈔、綵幣、表裏等物。　癸亥，依木河等衛指揮同知朵多卜、忽禿河衛指揮同知忒等吉等，來朝貢方物。十一月乙未，賜鈔幣、絹布及紵絲襲衣等物有差。　實錄。
十一月甲戌朔

壬午，失里木衛指揮僉事歆失來朝，奏願居遼東開原自效。從之。賜金織襲衣、綵幣、鈔布，仍命遼東都司給房屋、器物如例。　庚寅，上初聞木蘭河等衛指揮兀苦里等言，黑龍江七姓野人議侵朝鮮。至是朝鮮使還，敕諭國王，令戒飭守將嚴為之備，并以備倭官軍所得朝鮮人歸之。蓋朝鮮初遣舟師捕海賊，風飄一舟至揚州，官軍得之，凡七十八人，悉送京師。上憐之，賜衣及鈔遣還。　壬寅。遼東右城衛女直指揮同知歹羊加等三人，奏事至京。賜鈔及綵幣、表裏。實錄。
十二月甲辰朔

庚戌，肥河等衛指揮使女隆加等來朝貢馬。丁巳，賜鈔幣及紵絲襲衣等物有差。實錄。　乙卯，忽魯愛衛故指揮僉事哈剌子

創加、兀剌忽衛故指揮僉事<u>納吉答</u>子<u>土木</u>，以朝貢來京，皆命襲其父職。<u>實錄</u>。

十年，即<u>朝鮮世宗</u>十七年，乙卯(1435)

正月癸酉朔。

　　是日，<u>實錄</u>書"上不豫"。前於上年十二月甲子，即二十一日，已書"上不豫"。<u>明史</u>本紀於是日正月朔，書"上不視朝"。蓋至乙亥即初三日上崩，相距止二日矣。

　　甲戌，敕<u>遼東</u>總兵官都督僉事<u>巫凱</u>，及掌<u>遼東</u>都司都督僉事<u>王眞</u>，鎭守太監<u>王彥</u>、<u>阮堯民</u>、<u>門副</u>、<u>楊宣</u>等，凡採捕、造船、運糧等事，悉皆停止。凡帶去物件，悉於<u>遼東</u>官庫內寄收。其差去內外官員人等，俱令回京。官軍人等，各回衛所著役。"爾等宜用心撫恤軍士，嚴加操練，備禦邊疆，以副朝廷委任之重。"<u>實錄</u>。

　　<u>奴兒干</u>設都司事，至此始永罷，似以臨終遺詔，作悔過之表示。<u>英宗</u>即位以後，復治<u>阮堯民</u>等罪。蓋<u>奴兒干</u>都司之不可設，仍以任用中官擾夷致釁，而造船運糧之外，又以採捕爲開邊之一種大事，是即作爲無益以致擾夷之由來。<u>明</u>之終不能治理<u>奴兒干</u>，實坐<u>宣宗</u>之不爲國民生計着想，專欲得異物以充玩好，因而所遣必爲中官，宜其償事。若使<u>太祖</u>爲之，必不如此。

　　<u>宣德</u>朝之終，與<u>清肇祖</u>之終，時日相近。<u>肇祖</u>被殺之消息，亦正須在九年陸續始達。今以此爲一段落，爲<u>肇祖</u>紀之長編。

孟森著作集

明元清系通紀

二

中華書局

正編卷四

正 統 朝

宣德十年英宗即位以後，**即朝鮮世宗十七年，乙卯**（1435）

丁亥，**朝鮮實錄**書：建州衛都指揮李滿住遣使來報，忽剌溫千餘騎欲侵犯朝鮮，已啟行矣。

庚寅，嘉河等衛指揮僉事革禿等，俱來朝貢馬及方物。賜宴及綵幣等物有差。實錄。

丁酉，帖列山等衛頭目撒聽加、毛憐衛指揮同知兀罕住等，來朝貢馬及方物。賜宴并綵幣等物有差。實錄。

二月癸卯朔

戊申，毛憐衛都督撒滿答失里及建州衛指揮李滿住等遣使奏，忽剌溫境內野人那列禿等，率衆至那顏寨，刼掠人畜財物。上命其使齎敕諭那列禿曰："爾與毛憐、建州，俱屬朝廷統治，宜各安分守法，以保境土。爾何爲輒敢肆暴虜掠？敕至，爾等即將擄去人馬財物，如數發還，庶免後禍。繼今爾等尤宜敬遵國法，相與和好，毋肆侵漁，自取禍殃。爾其省之慎之。"實錄。

明於是時，諸夷自相剽劫，而可以赴愬；明亦能以敕諭發還所掠。女眞當時以忽剌溫爲最强悍，爲建州女眞所畏。雖同屬女眞，而忽剌溫則來自黑龍江，已佔有海西之地，即可云海西女眞矣。海西常壓迫建州，明常以中朝之威信平停之。

壬子，命建州左衛故指揮僉事管禿姪那火赤襲職。實錄。

　　管禿在朝鮮實錄中，與權豆二字互用，即明實錄之猛哥帖木兒長子阿古。阿古在朝鮮實錄作阿谷，云即權豆。其姪那火赤，即朝鮮實錄中之權豆養子老胡赤也。是時以那火赤襲管禿之職，在朝鮮已先行之。夫管禿若不死，自應襲左衛之職，但其生時已與肇祖各有管下，則其所管之一部，朝鮮與明，皆已委之那火赤承襲。後來凡察、董山互爭左衛，左衛亦被迫逃入建州衛地；然則權豆之後，既與朝鮮相洽，又得朝命襲職，大約即留住斡木河，而爲朝鮮城底之斡朵里矣。

　　丙寅，朝鮮實錄書：咸吉道兵馬都節制使，抄寫李滿住、凡察處皇帝敕書二道以送。其辭曰："敕諭建州衛指揮李滿住等：今建州左衛都督凡察等，欲率領部下大小官民人等，及百戶棗火等五十家，俱來爾處居住。已敕其同毛憐衛都指揮郎不兒罕等，一同前來居住。特諭爾等知之。故諭。"又"敕諭建州左衛都督僉事凡察等：爾差指揮李張家等來奏，楊木答兀引領野人來廝殺情由，朕已具悉。先因指揮塔察兒來奏報前事，已敕內官阮堯民、亦失哈、張童兒等，前去整理，尚未回報。且待其日具奏何如。或此賊順服，遵朕號令，將搶去人口頭畜等物，還爾收領，朕則宥其前過不問；如執迷不悛，仍復爲惡，必發大軍勦捕不饒。爾等又奏，大小官民人及百戶棗火等五十家，見要往建州衛都指揮李滿住那裏，一處住坐，從爾等所便。茲因指揮李張家等回，特諭爾等知之。故諭。"

百戶棗火，即明實錄中之百戶高早化。此敕亦是明廷文字，而與實錄不同，譯音時時隨意變換，初不一定。李張家即凡察妻父李將家。塔察兒之來朝，實錄書於上年六月丁卯，爲二十二日。塔察兒來奏後，乃敕內官前往。內官未回，再有此敕，自必在上年六月以後。其中有"必發大軍勦捕不饒"，凡察自可誇說天兵將爲討罪，但朝鮮君臣問答，言征討楊木答兀，凡察之言難信，事在上年五月甲午，即十八日。時決未有此敕文，而凡察自聲言有此旨耳。

三月癸酉朔

丙戌，陞毛憐衛指揮使王朶羅等二人爲都指揮僉事，兀罕住卜良吉等八十六人俱襲爲指揮千百戶。實錄。

戊子，遣敕諭阿速江等衛野人頭目弗答哈等，責還原虜建州左衛人馬財物。先是，建州左衛都督僉事凡察奏，被阿速江等衛，殺其兄猛哥帖木兒等，并掠去人馬財物，請兵勦捕。宣宗皇帝謂兵部臣曰："蠻夷仇殺，習俗則然，不必動兵，但遣使賷敕往諭，俾還所掠。"使回未報。至是，上復有是命。實錄。

楊木答兀初本投肇祖，則在建州左衛之內，至此必已分離。今據實錄，殺肇祖者爲阿速江等衛，以阿速江領首，是楊木答兀爲阿速江，而阿速江亦屬忽剌溫種也。

是日，朝鮮實錄書：咸吉道監司報曰："今童凡察、李將家等，將移婆豬江，欲令斡朶里等舉種以隨，造爲浮言曰：
'朝鮮欲捕汝等，須從我徙。'斡朶里等類皆信之。今若都節制
使領衆而到，則恐彼人等自相驚惑，並皆移居。且以新徙人
民，供億之弊，亦不小矣。況今欲移婆豬江者十三戶，其欲留
者衆多。都節制使姑駐綠野歧，以爲聲援。"從之。

壬辰，陞建州衛指揮使觀赤忽爲都指揮僉事。實錄。

四月壬寅朔

丁未，毛憐等衛都督僉事撒滿答失里，來朝貢馬及方物。
賜綵幣等物有差。實錄。

壬子，朝鮮實錄書：斡朶里指揮李將家賫敕書，與其壻凡
察，誘斡朶里兀良哈，欲徙婆豬江。斡朶里等不從，李將家只
率東良北接其子指揮月下，及甫乙下接指揮權赤、斡朶里馬多
多溫等，還向婆豬江。凡察則徙居上甫乙下之地。

　　凡察已決徙婆豬，此時則由其妻父李將家率子指揮月
下，並他一指揮權赤，及一斡朶里人馬多多溫還向婆豬，
則亦未言已到婆豬也。若凡察，則但在朝鮮境內，徙于上
甫乙下，蓋斡木河必有使之不能安居者。其實行移至婆
豬，尚在兩年之後，此時則已定移往之計耳。

　　辛酉，太監阮堯民、都指揮劉清等，有罪下獄。初，堯民
同清等督兵造漕舟於松花江，并捕海青，因與女直市，輒殺傷
其人，女直銜之。堯民等徵回京，女直集部落沿途攻截，騎兵
死亡者八九百人。鎮守遼東總兵官巫凱以聞，詔下堯民等獄，
鞫之。實錄。

　　此奴兒干設都衛不成之故。

五月壬申朔

　　辛巳，陞毛憐衛都督僉事撒滿荅失里爲都督同知，<u>建州衛</u>指揮僉事<u>木荅兀</u>爲指揮同知，以招諭遠夷功也。實錄。

　　　　此<u>木荅兀</u>，未知即<u>楊木荅兀</u>否？<u>楊木荅兀</u>久附<u>建州左</u>衛，亦可得<u>建州衛</u>職名。此時自不在<u>建州</u>，但<u>明</u>廷就其原職加陞，亦可有之。至其與<u>肇祖</u>讎殺，原非<u>明</u>廷所問也。

六月辛丑朔

　　戊午，敕<u>建州</u>等衛都指揮<u>李滿住</u>等曰：“比得<u>遼東</u>總兵官<u>巫凱</u>奏，亦遣指揮官<u>黃啟奴兒</u>等，齎文來言，乞收回<u>東甯衛</u>復業各寨人口，具見爾之忠誠。敕至，爾等即遣人送還原衛復業，庶不負我國家恩待爾等之意。”　己巳，陞<u>建州衛</u>指揮同知<u>李張家</u>爲指揮使，從都督<u>凡察</u>奏請也。實錄。

七月庚午朔

　　庚辰，<u>遼東</u>總兵官都督同知<u>巫凱</u>奏：“先差土官千戶<u>劉與</u>等，齎敕往<u>海西</u>，責還原虜<u>松花江</u>軍隊馬匹器械等物。與還，言其族類尙多，猝難遍歷，復降敕諭二十九姓野人。”仍戒<u>凱</u>愼遣賫敕人，毋起邊釁。實錄。

　　　　是時<u>海西</u>女直族類尙多，復降敕諭二十九姓野人，則<u>海西</u>野人至少尙有二十九姓也。<u>海西</u>女眞以一姓爲一種族，歷見兩方實錄所謂“四姓野人”、“七姓野人”、“九姓野人”，皆是。後并爲<u>扈倫</u>四部。其兩部原姓<u>那拉</u>，其又兩部則亦冒姓<u>那拉</u>。雖爲四部，已統之一姓，是爲<u>海西</u>之集合時期，而<u>清太祖</u>盡并之。當<u>正統</u>初，<u>忽剌溫</u>雖强，去并爲四部時尙遠。<u>明</u>不能善馭之，漸聽其兼并坐大，遂爲百年以後鉅患。

八月庚子朔

　己酉，遼東總兵官都督同知巫凱言邊情八事。其中一事，兀良哈三衛達子，并海西野人女直等，遠來朝貢。近奉敕撙節，止許二三人，多不過二十人，其餘從人，悉留關外。其間孼寇蒙恩既久，一旦沮尼，必生疑惑。請自今外夷慕義，悉聽來朝。實錄。

　　　東北夷以朝貢爲塡其慾壑之計，不謀駕馭長策，而以聽其悉數來京，爲敷衍之道，後遂有多至千人，一路取食宿供應，爲地方病者。宣正全盛之時，巫凱有名之將，尚有此請，他何責焉。

　辛亥，朝鮮實錄書：咸吉道都節制使馳報："具州接"接"，乃居與相近之謂。楊木答兀弟楊蠻皮，前作馬言彼，明實錄作滿皮。奔告於會甯都節制使李澄玉曰：'昔與童猛哥帖木兒居斡木河。指揮金聲奉使招安吾兄，兄不歸順，予獨入朝，受千戶職。仍奉敕書而還，諭兄同入朝，中路被虜於具州兀狄哈阿多吾居管下。予又請兄入朝，兄不從。予強之，兄乃潛請兀狄哈等欲殺予。予率妻孥管下，并竊兄馬十四匹而逃，欲假途上朝。今斡朵里又欲殺我，故置家財馬匹於豆滿江邊而來，願使人取還。'澄玉答曰：'假途上朝，前此所無。'蠻皮曰：'如不得上朝，則欲居本國。'"上召議政府、六曹、三軍都鎮撫等議曰："假途上朝，固無前例。許留我國，則楊木答兀必生嫌隙。若遣還本土，則必爲所殺。何以處之？"參判皇甫仁等曰："假途則不可。若遣還被殺，恐絕後來歸附之心，且違聖人來者不拒之義。請安置於端川、北青等各官，擇深遠曠閑之地，仍給衣糧，使得安業。其自願侍衛者，許令上京。且會甯接斡朶里等，居我境內，無異本國之民。今奪掠歸順人之畜產財物，甚爲無禮，請令刷還。倘以遺亡爲辭，亦宜徵給。"都鎮撫趙末生等議曰："本欲假途入朝，邊將止之，乃請留居，其非誠心歸順明矣。彼欲上朝，而我反留于境內，似乎沮之，安知蠻皮後日發他語乎？且潛竊人馬而來，若其主根尋，則何以處之？恐生嫌隙。宜諭曰：'自爾所居，舊有上朝之路，宜速上朝。且曾受招出爾兄敕書而來，今不復命，退居他處，甚爲不可。'如此開示，不納何如？本是叛逆之徒，雖遇變故，不足慮焉。"右議政盧閈等曰："今蠻皮來言：'曾赴朝廷受職，奉敕而來。兄不從敕旨，反欲殺我。欲從北路上朝，路多讐人，願假途上朝。'若拒而不納，或留之境內，朝廷聞之，得無不可？且此輩本係閈元，非若野人之比。楊木答兀虜掠之人，已皆解送，不可云無例，宜從願入送。"上從閈等議，仍命其被奪財產，令窮搜還給。壬子，傳旨咸吉道都節制使："斡朶里等居國境內，掠奪歸順楊蠻皮等牛馬財產，甚爲不可。令沿邊守令，舉義曉諭。今後有歸順者，毋得虜掠。且癸丑秋，因兵曹所啟，慶源、寧北、甲山等官，居民十三以上者，並令習射。每三年一次，分其等第，賞職賞物；鄉吏賤口，則免役。仍將賞用木棉三百匹送之。迄今不啟等第賞給之數，有違立法之意，其考以聞。"
九月己巳朔

　　己丑，朝鮮實錄書：遣同知中樞院事李思儉賀正，仍奏邊警，上率羣臣拜表如儀。其奏曰："宣德八年閏八月初十日，欽蒙敕諭節該：'特遣指揮僉事孟捏哥來、百戶崔眞，賫敕諭王，并諭忽剌溫野人頭目木答兀、毛憐衛都督僉事撒滿答失里、建州衛都督僉事李滿住等；令各將所搶去人口、馬牛頭

畜，盡行給還；王亦須以所得建州等衛人口、頭畜等物還之，
而自今各順天道，謹固邊備，輯和鄰境。欽此。'即令攸司挨刷
所獲人口、頭畜、家財、零碎等物，並行送還。續刷出邊遠居
民收留馬匹，亦令發回去後。李滿住等，連連使人討索鹽醬米
糧等物，悉令給付。正多方撫恤間，不期前項野人，稔惡不
悛。今年正月，誘引忽刺溫，結聚羣黨，前來本國閭延地面，
圍城刦掠。又於七月初十日，成羣潛入本郡城外屯種寨里，殺
害男女并三口。本月十八日，本賊九十餘名到來，殺死人三
名，搶虜人口、頭畜、財產去訖。如此連續作耗，係干邊警，
理宜奏達。"

　　　　此爲朝鮮再討婆豬之動機，即爲建州衛移入呼蘭哈達
之動機，亦即爲建州左、右衛并入呼蘭哈達，而爲異日清
之發祥地。其始固緣事而變形，以漸蛻化，非人之所能
測也。

十月己亥朔

　　乙卯，鎮守遼東太監亦失哈等奏："近者朶顏三衛，縱其
部落，數來擾邊，乞舉兵征剿。"上念軍旅一出，必害及無辜，
但敕諭三衛頭目，使嚴加約束，毋自取滅亡之禍。實錄。

　　　　此無預女眞事。以其爲亦失哈奏，可證亦失哈之久鎮
遼東。日本人疑爲故元舊奄者，非也。明之代元，至是已
六十八年矣。

　　乙丑，木蘭衛女直指揮同知咬納、弗提衛指揮火乞等，奏
事至京。賜綵幣等物。實錄。

十一月戊辰朔

　　己巳，敕遼東總兵官都督同知巫凱等曰：“比得太監亦失哈奏，擬將原賜奴兒干物件停貯境庫者，給賞招來夷人，已從其言。今爾等又言亦失哈并自備，并假貸官下財帛充賞。是將以有限之財，供無厭之欲，殊非制馭外夷之良策也。爾等但宜作士氣，謹邊防，使有備無患。餘事不許擅行。”實錄。

　　奴兒干已由朝廷罷設都司，亦失哈猶以彼私人之願力，爲之不已，任事之勇如此。但以賄結夷，縱以挾所欲而來，得之何益。邊帥不爲，而奄人爲之，適見其爲小人妄作而已。

　　癸酉，復遣敕諭海西各衛野人女直都指揮、頭目人等，令鈐束諸夷，毋容造禍。以遼東守臣累奏其來擾邊故也。　陞弗提衛都指揮僉事塔失爲都指揮使，仍理衛事；兀者衛指揮僉事莽剌的各八哈答爲都指揮僉事，指揮同知阿里哥的各別里該爲指揮使。實錄。

　　壬辰，朝鮮國王李裪奏：“建州衛都指揮李滿住等，稔惡不悛，屢誘忽剌溫野人入擾害本國邊境，願行天討，以慰徯來之望。”上以敕復之曰：“此小寇耳，不足煩師遠征，王宜自飭兵備以懾之。”實錄。

　　朝鮮奏發於九月己丑，由賀正使齎京，至是上達。而答敕原文，見明年二月癸丑朝鮮奉到之日。

十二月戊戌朔

　　丙辰，吉里河等衛女直指揮打剌哈等，來朝貢馬。賜綵幣等物有差。戊午，<u>女直</u>指揮<u>哈當加</u>等，俱來朝貢馬及方物。賜綵幣等物有差。　己未，<u>朵兒必河</u>等衛<u>女直</u>指揮<u>阿剌答木</u>，來朝貢馬。賜綵幣等物有差。<u>實錄</u>。

　　　　自<u>英宗實錄</u>始，來朝與受賜，不分作兩日書，漸視爲例行之事矣。

正統元年，即<u>朝鮮世宗</u>十八年，丙辰(1436)

正月丁卯朔

　　是日，陞<u>可令河</u>衛指揮僉事者得<u>兀</u>爲指揮同知，授<u>福餘</u>衛頭目<u>哈兒古歹</u>爲副千戶，以招諭遠夷功也。　辛未，命<u>文山</u>衛故指揮僉事<u>阿卜哈</u>子<u>木花連</u>襲職。　癸酉，<u>兀者左</u>等衛指揮<u>阿都赤</u>等、<u>阿者迷河</u>等衛指揮僉事<u>必桑如</u>等、<u>海西嘔罕河</u>等衛<u>女直牙失</u>等，俱來朝貢馬，並賜綵幣等物有差。　己卯，<u>納剌吉河</u>等衛指揮<u>塔失</u>等，俱遣人來朝貢。賜綵幣等物有差。　癸未，命故<u>阿者迷河</u>衛指揮僉事<u>納哈出</u>子<u>答赤</u>襲職。　甲申，<u>海西剳嶺</u>等衛<u>女直兀昌哈</u>等、<u>竹墩</u>等衛<u>女直</u>指揮僉事<u>阿成加</u>等，俱來朝貢馬及方物。賜宴并賜綵幣等物有差。　戊子，命<u>兀的河</u>衛故指揮僉事<u>王失答</u>子<u>凡察</u>襲職。<u>實錄</u>。

　　　　<u>英宗</u>新立，四夷朝貢麕集，不但<u>女眞</u>，然<u>女眞</u>爲最繁。在<u>明</u>廷則席全盛之勢，自足以饜羣夷之欲而來之，但已無必藉以拓土之意。<u>竹墩</u>一衛，前此<u>實錄</u>所未見，當是<u>剳童</u>之對音。當時記注，并夷人衛名亦不案故牘，以稽其所由來，但以譯音入奏，漸開不問眞僞之弊。

　　　　庚寅，行在禮部尙書<u>胡濙</u>等奏："<u>亦馬剌</u>衛指揮<u>完者禿</u>，

來朝貢方物，言古州地面野人克里脫哥伏塔哈，欲赴京師，但
伺敕旨招撫。"上曰："帝王之待夷狄，來者不拒可也，何必招
撫。"實錄。

　　宣宗以後，馭夷宗旨大異，或與仁宗朝爲近。招撫誠
非法，然不加稽覈，聽其自爲變化，則亦失籌邊之策矣。
由是自相吞并，積小成大，有非常之狡健起，因而資之，
竟覆國焉。三楊當國，力持安靜，未嘗非救弊之道，然弊
又生於視之太輕。其端逾百年而後見，則固非當時所及
料也。

　　乙未，鎖顏河等地面野人指揮著不你等，遣人來朝貢馬。
賜綵幣等物有差。實錄。
二月丁酉朔
　　是日，海西嘔罕河等衛野人女直指揮使卜不剌等，遣人來
朝貢馬及方物。賜宴并賜綵幣等物有差。實錄。
　　庚子，命故亦迷河衛指揮使出羊哈子失列木、益實衛指揮
僉事鎖羅哥禿子阿的納，俱襲職。扎嶺衛指揮僉事撒兒乞納，
老疾無嗣，以其姪木哈連代之。　丁未，命故肥河衛都指揮僉
事剌令哈子別里格襲爲指揮使；嘉河衛指揮使阿必察子那剌
禿、兀者右衛指揮使喜列尼子桑吉塔、玄城衛指揮同知禿路苦
子朵兒哈、兀者衛指揮同知撒哈連子托因帖木兒，俱襲職。壬
子，命故弗提衛指揮使陳帖木子木當哈、兀者衛指揮僉事石彥
不花子忽剌答，俱襲職。　癸丑，以嘔罕河衛頭目卜兒格、沙
籠哈、阿里哈、沙兒忽、忽失剌，兀者右衛頭目弗剌答，俱爲
指揮僉事，從本衛都指揮乃胯等奏請也。實錄。
　　癸丑，朝鮮實錄書：正朝使李思儉賫捧敕書回自京師，上

帥王世子及文武群臣迎敕如儀。敕曰："所奏<u>建州</u>衛都指揮使
<u>李滿住</u>等，稔惡不悛，屢誘<u>忽剌溫野人</u>，前來本國邊境劫殺等
事，具悉。蓋此寇禽獸之性，非可以德化者，須震之以威。敕
至，王可嚴飭兵備。如其再犯，即勦滅之，庶幾邊民獲安。"

　　　此敕<u>明實錄</u>重在小寇不煩王師，<u>朝鮮實錄</u>重在許其專
勦，故互有詳略。

　　　乙卯，命<u>兀者</u>衛指揮僉事<u>伯顏不花子忽剌答</u>襲職。　<u>海西</u>
<u>剳童</u>衛<u>女直</u>頭目<u>亦克</u>，來貢方物，并獻所收銅印一顆。賜綵幣
等物。　丙辰，敕諭<u>兀也吾</u>衛故指揮使<u>倒羅沙男阿哈你</u>曰：
"爾父在昔，能敬順天道，歸向朝廷，特隆恩命，授以官職，
不幸爲人殺戮。爾年尚幼，離去有年，能克成立，遣指揮<u>牙失</u>
<u>納</u>來朝，又欲親詣闕廷，誠意可尚。爾宜斟酌彼處事情，可來
則來，否則任於本處安居。"遂命<u>阿哈你</u>襲父原職。　庚申，<u>海</u>
<u>西女直</u>指揮<u>木花連</u>來朝貢馬，奏願居京自效；<u>泰寧</u>衛<u>達子帖木</u>
<u>兒</u>男婦四人來歸。俱給賜衣服、房屋等物，安插居住。　壬
戌，命故<u>阿者迷河</u>衛指揮僉事<u>吉察兀子看赤兀木</u>、<u>忽剌河</u>衛指
揮僉事<u>可魯冬子着不你</u>，俱襲職。<u>塔山</u>衛指揮同知<u>塔剌赤</u>年
老，命其子<u>永的</u>代之。　乙丑，陞<u>嘔罕河</u>衛都指揮僉事<u>乃胯</u>爲
都指揮同知，<u>右城</u>衛指揮使<u>木答兀</u>、<u>益實</u>衛指揮<u>木當哈</u>爲都指
揮僉事，<u>也孫倫</u>衛指揮同知<u>卜不剌</u>、<u>考郎兀</u>衛指揮同知<u>薛列河</u>
爲指揮使，<u>朵林山</u>衛指揮僉事<u>扯養加</u>、<u>忽魯愛</u>衛指揮僉事<u>苦出</u>
<u>納</u>、<u>禿都河</u>衛指揮僉事<u>也兒哥</u>、<u>老哈河</u>衛指揮僉事<u>八思塔</u>爲指
揮同知，<u>渚冬河</u>衛百戶<u>演不花</u>爲副千戶，<u>可令河</u>衛頭目<u>羊加</u>等
十一人，俱授副千戶。以<u>乃胯</u>等來朝，援例奏請也。<u>實錄</u>。

三月丁卯朔

是日，海西弗朵禿河衛女直指揮宇羅多等來朝貢馬。賜宴并賜綵幣等物有差。　辛未，朵林山等衛女直指揮劄禿、右城等衛女直指揮苫亦不花等，俱來朝貢馬及方物。賜宴并賜綵幣等物有差。　己卯，兀者左等衛指揮同知滿哥禿等來朝貢方物。賜綵幣等物有差。　己丑，哈兒分等衛女直指揮脫令加等、兀者等衛女直指揮速哈等、海西乞忽等衛女直指揮阿剌禿等、禾屯吉衛野人粉甫，俱來朝貢馬及方物。賜宴并賜綵幣等物有差。　命愛河衛故指揮僉事福昌哈子罕失、衛鎮撫塔里孫阿卜，俱襲職。　甲午，命故嘉河衛指揮同知殷答虎子牙令加、正千戶阿哈塔子巳失加，俱襲職。　乙未，命兀者衛野人阿路古、禾屯吉衛野人粉甫、女直人速合赤阿兒兀，俱爲本衛指揮僉事。　丙申，嘔罕河等衛女直指揮阿黑木等、斡朵倫等衛女直指揮弗郎吉等，俱遣人貢馬及方物。賜綵幣等物有差。實錄。

四月丁酉朔

癸卯，兀者前衛加納等，女直野人色冷哥、沙剌絞哈減哈你等，來朝貢馬及方物。賜宴并賜綵幣等物有差。　丙午，命朵林山衛故指揮同知兀里帖木子台平襲職。實錄。

五月丙寅朔

丙戌，嘔罕河衛女直指揮古乙奈等，俱遣人來朝貢馬及方物。賜宴并綵幣等物有差。實錄。

戊子，朝鮮實錄書：平安道監司報：「兀良哈五百餘騎，到閭延趙明干口子，搶擄男女共十四名，馬五十一匹，牛三十四首；中箭七人，内死者一人。」己丑，李滿住遣指揮金納奴等四人，來獻土宜。時朝議欲拘留，推問閭延被擄根由，且議減館待之禮。黃喜、崔閏德、盧閈等啟：「支待諸事，不可減省。納奴等皆非滿住親戚任事之人，乃是微者，雖拘留無益。
但舉義詰責，隨例還送。"從之。

　　　朝鮮稱建州女眞爲兀良哈，與明史異。此文前一日書
　　兀良哈搶閭延，後一日滿住使至，議拘留推問此事，是指
　　滿住爲兀良哈之明證。

六月丙申朔

　　辛丑，朝鮮實錄書：命兵曹判書崔士康，招進李滿住使送
金納奴于禮曹，開諭曰："爾等以寇我邊鄙，指爲忽剌溫所爲。
果若所言，則忽剌溫所居，與我國相距隔遠，且無他往來之
路，必經由爾等所居，爾豈不知？又其草竊者，皆徒步數十
人，豈忽剌溫累日程途，冒險跋涉之人乎？爾等托彼爲惡，反
覆詭詐，昭昭可知。邊將攘臂奮拳，請率精騎數十萬，窮探窟
穴，問其暴亂欺罔之罪。我國家優容爾罪，不令深入窮追。爾
若終無改心，罪盈惡積，自取滅亡，則悔不可追。"

　　丙午，命故必里衛指揮僉事康濟叔宇襲職。實錄。

　　己酉，朝鮮實錄書：咸吉道都節制使金宗瑞啟："臣至會
寧，凡察贈綵段一匹、馬一匹。臣溫言開諭而不受。後又贈土
豹皮，將欲不受，凡察慚愧，故受而送之。"上令戶曹回贈綿紬
二匹。

　　庚戌，謫遼東都指揮使劉淸等戍邊。淸等領官軍護船料粮
米往松花江，爲女眞人所掠。法司擬死，并追其粮料，而淸等
貧乏無徵，上宥之，命戍甘肅。實錄。

　　　奴兒干罷設都司之故，此亦可見。

辛亥，兀者右等衛舍人苦女等，來朝貢馬及方物。賜宴并賜綵幣等物有差。實錄。

乙卯，朝鮮實錄書：教旨："戎狄之爲中國害，其來尙矣。制勝之策，古人言之亦詳矣。我國東鄰島夷，北連野人，撫綏之道，守禦之方，非不至也。以往者咸吉道之事言之，歲在庚寅，斡朶里等敢肆跳梁，侵掠慶源，賊殺良民，害及鎭將，我太宗命將致討，彼寇雖有一二報復之役，終乃革面順服，執壤來庭者絡繹於道，殆將三十年矣，邊將甯一，制禦之方稍得矣。平安一境，則疆域安靜，素無鼠竊之患。壬子之冬，婆豬江李滿住等肆虐，侵掠閭延等處，予與大臣共議，告于宗廟，遣將討罪，殲厥鷙悍，擒其男婦，班師以還，固當盡置於法以絕種類。然予思之，戎狄者禽獸也，得其地不足爲用，得其人不足爲民，亦不可以一朝小釁，棄數十年撫綏之信。其生擒男婦等，聽還本土，以安其生；厚其使人，從其告糴，撫綏之恩，倍於前日。且擇武將以授邊任，令南道士卒遞代防禦，歲遣大臣，措置方略，其備禦之策，似已無遺矣。然彼滿住者，不改豺狼之心，常懷狗鼠之計。乙卯正月，侵突閭延口子邑城。七月，再掠薰豆、趙明干兩口子。今年夏五月，又入寇於趙明干口子，殺虜農民、牛馬。其肆毒如是，甯無痛憤乎！無乃制禦之方，綏撫之信，有未盡歟？其令時散東西四品以上。"時"謂在任，"散"謂已無職，"東"謂文職，"西"謂武職。如有能言制禦之策者，實封投進，予將親覽。"進實封者九十七人。

朝鮮再征建州之大舉，於此定矣。乃朝鮮與女眞之恩怨施報，初無所預，惟造成一竉突山之爲興京。自清代言之，由邠土而之岐山，此其王迹之始矣。

丙辰，雙城衛野人女直伯桑加等、建州衛女直轄官千戶何隆家等，俱來朝貢馬及方物。賜宴，并賜綵幣等物有差。實錄。

己未，朝鮮實錄書：以李蕆爲平安道都節制使，李宗孝知閭延郡事。

　　此爲再討建州之命將。

閏六月乙丑朔

丁卯，朝鮮實錄書：李滿住使指揮佟觀音奴等六人，來獻土宜。賜衣服笠靴。　平安道都節制使李蕆辭，賜廏馬一匹。

乙亥，建州衛女直指揮遣男古納哈等，來朝貢馬駝方物。賜宴并賜綵幣等物有差。壬午，敕遼東總兵官都督同知巫凱等曰：“今得建州衛都指揮使僉事李滿住奏，原奉恩命，在婆豬江住坐。近被忽剌溫野人侵害，移居遼陽草河。朕未知有無妨礙，爾等宜計議安置處所，毋弛邊備，毋失人情。”實錄。

　　滿住自永樂二十一年來婆豬江，依其叔父猛哥不花於毛憐衛。至是，當亦欲自分析，別尋牧地。謂被忽剌溫侵害，固是托辭，且屢假忽剌溫之名寇朝鮮，則其自訴被侵，亦自爲寇朝鮮之實係忽剌溫作證也。觀其兩年之後，移居竈突山，仍言自婆豬江來，可知移草河之說，並非事實。草河爲東甯衛之一千戶所。此時奏移而不移，後來移竈突山，則先移而後奏，故知其尚未眞欲移也。

癸未，朝鮮實錄書：以前日四品以上所上制寇之策，抄寫二帙，送于平安道都節制使李蕆，仍諭曰：“一方制禦之事，專委於卿，卿已悉予心矣。兵事難以遙度，今旁求制禦之策，抄寫以送。雖不合時措之方者多矣，然亦有可用之策，可法之事。卿常獨觀，細求其意，夙夜致思。如有長策，籌畫以啟。”

此即前四品以上九十七人所上實封之文，實錄具載之，凡數十葉，皆懸擬之文，不錄。

辛卯，建州衛都指揮李滿住，遣男古納哈等朝貢，並送還東甯等衛逃移人四十八口復業。上嘉其效誠，賜綵段、紵絲襲衣、靴帽有差。

七月甲午朔

己酉，考郎兀等衛女直兀兒帖木等、忽兒罕等衛女直指揮忽申捌等，俱遣人來朝貢馬及方物。賜宴并賜綵段等物有差。實錄。

八月甲子朔

丁卯，嘔罕河等衛使臣指揮弗剌答等陛辭，命賚敕并金織綵幣，歸賜其都指揮乃胯等。　乙亥，木蘭河等衛女直頭目伯正哥等，來朝貢駝馬及方物。賜宴并賜綵幣等物有差。實錄。

戊寅，朝鮮實錄書：傳旨平安道都節制使李蕆：“今一方兵事，全委於卿。大抵邊將布置，必取旨施行，則不無掣肘噬臍之患。若以萬數動衆，不可不啟。其餘應變，不須啟達，臨機決策，以盡布置，隨後啟達。”

甲申，兀者等衛都指揮僉事莽剌、嘉河衛女直指揮弗剌答等，俱來朝貢馬及方物。賜宴並綵幣等物。　丙戌，命木蘭河衛指揮同知阿剌孫子撒赤哈、卜忽禿河衛指揮僉事亦能哥子巴眞哥，俱襲職。實錄。

九月癸巳朔

己亥，朝鮮實錄書：忽剌溫兀狄哈加隱豆等八名，八月二

十五日至會甯，擄男婦共九名、馬一匹而去。會甯節制使李澄
玉，令副司直孫孝恩，率軍十二名追之，凡察管下人十三名亦
從焉，至無乙溪，執加隱豆弟加湯其、愁古等二名。其所擄人
馬，並皆還奪。都觀察使、都節制使、都安撫使、會甯節制使
會議，斬二人首。以司正李苣來啟。賜苣衣二領。

　　庚子，命故木蘭河衛指揮僉事砍木里子吉松哈襲職。　　癸
卯，陞兀者衛指揮使八哈答爲都指揮僉事，指揮同知別里該爲
指揮使。　　乙巳，童寬山等衛野人女直苦剌木等，兀者前衛女
直伯厮合等，俱來朝貢馬及方物。賜宴并賜綵幣等物有差。
實錄。

　　丁未，朝鮮實錄書：議政府啟：“今忽剌溫加湯其等，侵
我邊境，而邊將能遣人追捕，還奪所擄人口，可送宣慰別監勞
慰。且凡察聞變，率兵馳赴，其情可賞，宜別行宣慰，特加厚
賞。其孫孝恩等各人，令宣慰別監第其功勞以聞。加湯其、愁
古等，無因入侵，擄掠人物，當鞫問入侵之由，及同黨之人，
啟聞之後，行刑廣示，猶爲未晚，全不推覈，遽爾行刑，乞并
推覈。”上更令政府各陳所懷，領議政黃喜曰：“凡察居于會寧
境內，聞變馳赴，固其常例也，賜衣一襲亦足矣。管下人等，
實從凡察之令耳，非爲國家，縱不給賞亦可也。然其指路十
人，則邊將已給青紅綿布各一匹，今不加給爲便。”右議政盧閈
等議曰：“凡察遣人指路捕賊，其心可賞，宜賜衣一襲及三表
裏。其管下人雖已給綿布，然邊將自賞之，非國家之命也。其
十人及中路隨從人，每一人各賜青紅木綿各一匹，以礪其心。
何如？”即傳旨咸吉道都節制使、都巡撫使、都觀察使：“自古
與夷狄共事者，常見其禍，未見其福，豈可借野人之力以禦侮
乎？雖然，以夷狄攻夷狄，中國之利也。凡察居於境內，聞彼
賊人寇，不待請援，率兵馳赴，雖未知其心，以外貌觀之，其

宣勤效忠，不畏彼人之懷怨，他日之報復，率兵來會，且令管
下之人指路，官軍直到無乙溪，捕獲賊人，又奪還所擄人物，
不可不賞。肆賜凡察衣一襲，細綿紬綿布三表裏；管下十人，
黑染木緜衣各一；其路邊住居幹朶里之從行者，亦給青紅綿布
各一匹。然邊事難以遙度，上項行賞，卿等更議。若有加有減
者，則臨時量宜施行。又自無乙溪至會寧府，其間一百二十里
程，甫乙下里及路旁左右，幹朶里散住者多，加隱豆等若無內
應之人，則豈能直入而虜掠哉？且追賊時，昆赤及也吾乃等，
乃以加隱豆等為正賊，而直至無乙溪，於兀良哈三十餘戶內，
的指加湯其、愁古等為賊人，其勢似是相應。若推同黨之人，
則凡察等歸附我國，住居境內，素有不安之心，恐致騷動，卿
等詳知是意。賊人生擒，近來所無，而今卿等善謀，不勞擒
獲。但近有忽剌溫入寇聲息，累日捉囚，而不推同黨及忽剌溫
事變。卿等曾在朝廷，國家大事，無不參謀，事理緊緩，無不
諳練，而不推情由，急迫行刑，意必不得已急時行刑，然後事
勢合當耳。"仍賜監司鄭欽之、都巡撫使沈道源、都節制使金宗
瑞、會寧節制使李澄玉衣酒。

　　庚戌，命故渚冬河衛指揮同知長家子哈的納、葛林衛指揮
僉事丁丟子答兒花、兀者衛指揮僉事禿魯坤子奴克，俱襲職。

　　辛亥，命塔山衛頭目弗剳出為指揮同知。戊午，弗提衛指
揮闊乞等、兀者前衛女直頭目阿黑里等，俱來朝貢馬及方物。
賜宴并綵幣等物有差。實錄。

十月癸亥朔

　　乙丑，朝鮮實錄書：咸吉道都節制使馳報曰："九月二十
六日，兀狄哈三千餘兵，來圍慶源邑城。判官李伯慶，及護軍
牛安德等，分出夾攻，斬首三級。都鎮撫趙石岡，領兵而到，
賊稍却。石岡入城，整軍而出，追至豆滿江相戰。賊涉江，日

已暮，我軍未得追乃還。” 戊辰，傳旨咸吉道監司、都節制使：“近來野人屢寇邊境，朝議以爲婆豬江人誘引忽剌溫，以肆其暴虐也。以今觀之，非獨婆豬江人請兵而來，彼忽剌溫貪暴所爲也。往者，彼圍我獐項木柵，我雖無迅掃之功，彼所喪人馬亦多矣。至乙卯正月，二千七百餘人入寇閭延，亦失利而還。其報復之心，翳然未已，亦可知也，豈獨婆豬江人請兵而然耶！忽剌溫之於會甯，道路平易且近。去九月，三千餘人出其不意，遠由險路，來圍慶源城，守將堅拒，未幾解圍。守將出兵，斬首三級，仍獲胡馬，追奔至於豆滿江，賊顚沛而涉。其報復不遑之情，曷其有極？咸吉道沿邊四郡，已有守備。道內閭延、慈城、江界等處，守禦亦固。彼必乘虛突入義州等處，掩其不備，此固可疑。令昌城以下義州等處，申嚴守禦之備，俾無後悔。”

十一月壬辰朔

丙午，海西嘔罕河衛野人女直路失等，兀者衛野人都指揮剌塔古，脫倫衛野人忽里并加，古賁、葛林、阿剌山、哥吉河、婆羅河、亦罕河六衛女直兀的納等，俱來朝貢馬及方物。賜宴并賜綵幣等物有差。 丙辰，葛林、依木河、察罕禿山三衛女直指揮吉失塔木等，葛稱哥衛女直指揮者乞納等，朵顏、安河、納憐河、兀列河、木蘭河女直指揮卜令哥等，俱來朝貢馬及方物。賜宴并賜綵幣等物有差。實錄。

　　　朵顏非女直，而并入女直計數。斯時朝貢之夷極多，朝廷不甚分析應付，視爲點綴太平之常例矣。

　　丁巳，朝鮮實錄書：咸吉道都節制使金宗瑞上書曰：“斡朵里童者音波言：‘凡察及兀良哈、卜兒看、都兒溫等，與忽剌溫結好，欲於明春虜掠朝鮮人民，移居沙吾里等處。'又斡朵里馬自和言：'我斡朵里等，憚李節制使威嚴，皆欲移居遠處。我老人等沮之曰："天下無如我國之強，往年移居，達達等侵逼，永樂皇帝不能容，使還此地。不能容，謂不能相庇。舍此安歸？"斡朵里等亦皆改悟安業。'今會甯節制使李澄玉，以者音波之言來告臣，因謂曰：'凡察姦謀，非一朝一夕，此賊終必爲患，我固知之，恨不早除也。前日加湯其之事，亦凡察之謀也，故我欲因其事誅之。沈道源、鄭欽之等止之，故不即誅之，乃今深悔焉。今可速啟，誅其酋長三四人，仍撫恤其衆，援立權豆三歲子爲酋長，使有統屬，則大姦去而斡朵里、兀良哈之類各安其心，此策之善者也。或盡滅之無遺種，以絕後日之患，策之尤善者也。失此事機，則悔將何及。'其言迫切，不但已也。臣以謂今新設四邑，惟會甯築石城，其餘皆未築，且糧餉未足，守禦未甚固，軍卒未甚衆，而西有忽剌溫，北有嫌眞，皆已結怨，彼皆乘隙而窺伺矣。且如澄玉之計，能執凡察而誅之，餘黨得無驚動乎？何異剌人之父而殺之，撫其子欲安甯，有是理哉？不唯其類，兀良哈亦曰：'今日誅凡察，明日次及我矣。'相與搆禍，則非徒更生一敵，將結兀狄哈遠近同謀，嫁禍於我，臣恐庚寅之禍復作矣。大抵遠賊其來也遲，其去也速，又未知我之虛實，故其防之或易。近賊則我之山川險易，道路迂直，人民居處，靡不究知，乍侵乍去，變動莫測，故其禦之也亦難。臣又思之，者音波之言，或出於僞未可知，則不可盡信。自和之言，或出於眞未可知，則不可偏疑。況凡察以復通巨兒帖哈之故，自來具告，又其往還皆使人來告，似不隱其情。今無因遽誅，亦以爲疑。又如澄玉之計，殄滅之無遺種，則宜無後患矣。斡朵里八百，兀良哈數千之衆，可一一盡誅之乎？成敗未可知也。臣恐我兵動日，彼兵亦動，邊民之

禍，不日而起矣。臣又思之，高麗臣尹瓘，誘殺女眞，屢立奇
功，雖建九城，尋復失之。本朝臣郭承祐誘殺八指揮，遂殲其
妻孥，以開庚寅之禍。此亦可鑑矣。假使者音波之言實，則當
其移徙之時，固我城守，整我兵衆，使四鎭無虛隙之處。臣亦
率兵數千，屯於鍾城，與諸鎭相爲犄角，徐觀其勢，預定我
計。及見遷徙摽竊之迹乍見，因而追討可也。彼知我兵，察我
守固，雖有異心莫敢動，則此伐謀之一端也。然澄玉北鄙宿
將，智勇過人，慮事周密；臣本書生，不闍軍務，作事迂拙。
伏望上鑑裁擇。"上曰："宗瑞所啟，備知野人反覆難信之狀矣。
凡察逆謀情迹已著，則先事誅之，以沮衆酋之謀，此兵家之一
奇也。然斡朶里數百之衆，可無遺盡殄乎？若有遺種，後日之
憂，靡有紀極。假使盡彼斡朶里等歸附我國，與我邊民混處日
久，今無因遽誅，則諸種野人皆謂我國殺害歸附，不可信也，
孰肯有向化之心乎？恐從此北鄙之禍，連茹而起矣。且凡察結
黨忽剌溫，已定作賊之計，則雖討凡察，盡殲斡朶里之衆，爲
能沮忽剌溫作賊之計乎？若凡察、忽剌溫素無結黨之謀，則凡
察雖保首領以居，彼忽剌溫何必跋履險阻，以侵突我之境乎？
去癸丑，先事遣將以討李滿住，以成克捷之功。滿住則與斡朶
里，其勢不同。滿住居婆豬江，與我邊民相距隔遠而作賊之
罪，不可赦也，孰肯忍也。今此凡察，久居邊城之底，內雖獸
心，外已歸順，一朝誅之，似爲無名。予亦以宗瑞固守之計爲
是也。雖然，澄玉北鄙宿將，凡察之謀，果如者音波所言，而
忽剌溫結黨情迹昭著，勢不可掩，則先事誅之，如澄玉之計，
疑亦以爲可也。"即回諭宗瑞曰："卿之所論，合於機宜。大抵
往來之言，不可盡信，亦不可不信。堅壁固守，密伺彼人動
靜。稍有釁端，則其應變之機，依乙卯年曾降教書，臨機區
處，愼勿輕動。"

是時朝鮮再征滿住之意已決。而凡察則對明未敢自便，但欲逼使離境而已。若凡察罪狀昭著，有辭於明，則亦不憚一誅。李裪辭氣呑吐，知其有成見矣。

辛酉，朶兒必衛指揮乞剌忽等，來朝貢馬及方物。賜宴并賜綵幣等物有差。　命故脱倫衛指揮僉事兀哈任子忽里并加、阿剌山衛指揮僉事乃馬答子劉路古、賁河衛指揮僉事哈剌章子兀的納，俱襲職。實錄。

十二月壬戌朔

是日，朝鮮實錄書：建州衛都指揮李滿住，遣人來獻土宜。

戊辰，塔山等衛女直指揮賽罕、兀的河等衛野人指揮得里徹等，各來朝貢馬駝及方物，賀明年正旦。賜宴，並賜綵幣等物有差。　戊寅，哈剌孫等衛當即哈蘭城衛女直指揮吉列兒等、嘔罕河衛女直指揮脱因托、兀者前等衛女直指揮阿剌秃等，各來朝貢鷹馬及方物。賜宴，并賜綵幣等物有差。　己卯，命故哥吉河衛指揮僉事准黑丁哥子亦忒哥，弗朶秃河衛指揮僉事火秃里子省哥、海漢子女冲，俱襲職。　辛巳，益實等衛女直指揮色克等、撞石衛無此衛名，又係臨時隨音書寫，不檢敕書故牘。女直土剌納、兀的河等衛女直指揮牙失答等、兀剌忽衛女直頭目歡出火等，各來朝貢馬及方物。賜宴，并賜綵幣等物有差。

癸未，敕諭塔山衛野人頭目阿答剌，并賜織金紵絲綵絹，俱命來使指揮同知賽罕齎與之。　行在禮部尚書胡濙奏："遼東野人女直進貢珍珠至京，每人賞綵緞一表裏、絹五匹；珍珠每二顆，賞絹一匹，此朝廷柔遠人之盛意也。近者往往將蚌殼磨成，并黄暗黑色，細碎不堪珍珠，絡繹進送赴京，惟務希求賞賜。宜移文遼東總兵、鎮守並都司官，今後從公辨驗，毋得一

概進送來京，庶省軍民沿途轉送之勞。"從之。　　乙酉，命故督
罕河衞女直指揮僉事哈答你都襲職。實錄。

庚寅，行在吏部主事李賢言："臣聞帝王之道，在赤子黎
民，而禽獸夷狄。夫黎民而赤子，親之也；夷狄而禽獸，疏之
也。雖聖人一視同仁，其施也必自親以及疏，未有赤子不得其
所，而先施惠於禽獸，況奪赤子之食以養禽獸，聖人忍爲之？
切見京師達人，不下萬餘，較之畿民三分之一，其月支俸米，
較之在朝官員亦三分之一，而實支之數，或全或半，又倍蓰
矣。且以米俸言之，在京指揮使正三品，該俸三十五石，實支
一石；而達官則實支十七石五斗，是贍京官十七員半矣。傳
曰：'朝無倖位，則食者寡矣。'此又非倖位之比也。夫以有限
之糧，而資無限之費，欲百姓富庶而倉廩充實，未之有也。近
者連年荒旱，五穀不登，而國家之用，則不可缺。是以天下米
粟，水陸並進，歲入京師數百萬石，而軍民竭財殫力，涉寒
暑，冒風霜，苦不勝言，然後一夫得數斛米至京師者幸也。若
其運至中途，食不足，衣不贍，而有司曾莫之恤，督責之愈
急，是以不暇救死，往往枕藉而亡者不可勝計。其達官坐享俸
祿，施施自得。嗚呼！既奪赤子之食以養禽獸，而又驅其力使
餒之，赤子卒至於餓困以死，而禽獸則充實厭足，仁人君子所
宜痛心者。若夫俸祿所以養廉也。今在朝官員，皆實關俸米一
石，以一身計之，其日用之費不過十日，況其父母妻子乎？臣
以爲欲其無貪，不可得也。備邊所以禦侮也。今邊軍長居苦寒
之地，其所以保妻子禦飢寒者，月糧而已。糧不足以贍其所
需，欲其守死，不可得也。今若斥去達官，臣以爲除一害而得
三利焉。何則？達官一歲之俸，不下數十萬，省之，可以全生
民之命，可以贍邊軍之給，可以足京官之俸。全生民之命，則
本固而邦寧也；贍邊軍之給，則效死而守職也；足京官之俸，

則知恥而守廉也。得此三者，利莫大焉。臣又聞聖王之道，貴乎消患於未萌。易曰：'履霜堅冰至'、書曰：'惟幾惟康'，不可以不察也。臣竊見達人來降，絡繹不絕，朝廷授以官職，足其俸祿，使之久處不去，腥羶畿內，無益之費，尚不足惜，又有甚者焉。夫夷狄人而禽獸，貪而好利，乍臣乍叛，荒忽無常。彼來降者，非心悅而誠服也，實慕中國之利也。且達人在胡，未必不自種而食，自致而衣；今在中國，則不勞其力而坐享其有，是故其來之不絕者，中國誘之也。誘之不衰，則來之愈廣，一旦邊備有警，其勢必不自安矣。前此五胡之亂，可不鑒哉！是故聖人以禽獸畜之，其來也懲而禦之，不使其久處；其去也，守而備之，不誘其復來，而為社稷生民之慮，至深遠也。近日邊塵數驚，而達官羣聚京師，臣常恐懼而不安寢。伏願陛下斷自宸衷，為萬世長久之計。乞敕兵部，將達官漸次調除天下各都司衛所。彼勢既分，必能各安其生，不惟省國家萬萬之費，而又消其未萌之患矣。"上是其言，命該部議行之。實錄。

　　永樂以來，招降羣胡之非計，此奏暢言之。賢本傳略載數語，而云帝不能用。據實錄，則命該部議行之。又于謙傳，分遣降人而征。在景泰初，乃始實行賢策。賢傳又云："天順初，復由陳汝言希宦官旨召還。賢諫，則止其召而未行者。是後曹欽反時，恃達官為用，則即陳汝言召還之效。英宗既殺于謙，以汝言代為兵部尚書，與曹、石比而為此。"

　　明代招納降人，除天順間一小變外，後尚無他。此緣永樂、宣德時政策，正統以來，早已知變。三楊當國，早以招撫為多事。李賢一奏，以後京師乃不增益達官。于謙

實行調發出京，雖小人復有翻覆，要已減少達官之數。至
曹欽挾達官以反，小懲大戒，京師乃不容留達官。以故嘉
靖庚戌，寇迫都城，及崇禎時畿輔屢警，皆無内應之懼。
夫曹欽之用達官爲變，猶成祖之挾兀良哈靖難，以彼胡
人，不知中國之所謂名義，惟以豢養爲恩，易於驅使爲逆
也。袁應泰之失陷遼陽，即坐多納降人。京師無降人之
患，不可謂非李賢之先發其弊。但亦當國者本有此意，故
其說得行。本傳謂帝不能用，亦謂當時未立有行遣耳。然
此後夷人求居京自效者，輒改發他衛所，時蓋取逐漸汰
除，不欲張皇從事也。

二年，即朝鮮世宗十九年，丁巳（1437）

正月辛卯朔

　　癸卯，劊眞等衛女直指揮阿成哥等、建州衛女直指揮奴答
失里等、肥河衛女直指揮亦里哈，來朝貢馬及方物。賜宴，并
綵幣等物有差。實錄。

　　是日，命故雙城衛指揮使吉里吉納孫三角兀、指揮僉事火
知大子土剌納，俱襲職。實錄。

　　戊申，建州衛野人女直指揮僉事失里不孫等，來朝貢馬及
方物。賜宴，并綵幣等物有差。　庚戌，野木河等衛野人女直
指揮僉事兀剌哈等、肥河等衛指揮同知阿罕住等、建州左等衛
女直指揮同知李五哈等，五哈下作兀黑。俱來朝貢駝及方物。賜
宴，并綵幣等物有差。　乙卯，命建州左衛故指揮僉事兀魯速
子得里速襲職。實錄。

　　丁巳，永昌衛土官指揮哈剌不花，來朝貢馬，自陳欲同土
官指揮毛哈剌等，居京自效。上賜敕諭之曰：“爾等識知天命，
歸附朝廷，朕深嘉悅。尚念路遠人衆，跋涉爲難。茲已敕總兵

鎮守等官，加意撫綏，仍於本衛地方居住耕種。爾等宜各守法
度，安生樂業。但遇征調，隨即從行，不可妄生疑惑。其審思
之。"時左副總兵都督等官，俱在永昌備禦，特敕諭之，俾善加
撫恤，給與田地水利，以慰其心云。實錄。　　明年正月庚午，又
書：達子剌兒劄等二十有一人來歸，賜銀鈔、綵段、表裏、金織襲衣、
布匹、牛馬、柴薪，命於山東衛所安置，給房屋、田畝、器皿。

　　　明永昌衛屬陝西都司，即今甘肅涼州永昌縣。此非女
眞也，特以事爲不允土官留京之始，可見李賢之奏已行。

二月辛酉朔

　　是日，命建州左衛指揮李兀黑，齎敕諭其頭目都督凡察等
曰："得李兀黑奏，爾等居鄰朝鮮，數被其國人侵擾，且言欲
遵先敕，移建州衛，又被朝鮮沮之。然朝鮮自先朝確守法度，
事上交鄰，未嘗違理，恐未必然。誠如爾言，宜遷建州。果復
爾阻，具實來聞，朕爲處之。蓋朝鮮國與爾等，皆朝廷之臣，
惟睦守境而相和好，是朕一視同仁之心也。爾其體之。"實錄。

　　　凡察時方爲建州左衛酋，將挾左衛遷入明邊，與建州
衛李滿住同住，是爲清室發祥於竈突山之更進一步。然是
時李滿住尙在婆豬江，凡察欲往依之，亦未知所謂竈突山
也。據言"欲遵先敕，移建州衛"，則凡察畏逼，欲離朝鮮
而入明邊，請求已不止一次。朝鮮實錄亦屢言其欲逃，情
事正合。

　　是日，又命兀者衛指揮同知都連帖木子咬納，嘉河衛指揮
僉事卜顏子剌哈、者令加子兀長加，忽石門衛指揮僉事赤丁哈

子古羊加，撒禿河衞指揮僉事帖木兒子弗答希，卜魯兀衞指揮
僉事卜剌哈子卜散，撒剌兒衞指揮僉事兀不里姪土剌，俱襲
職。　壬戌，納木河衞、帖列山衞、禾屯吉衞、兀列河衞、阿
者迷河衞、阿倫衞、阿眞河衞、亦里察衞、斡蘭河衞，俱遣人
貢馬及珍珠。賜宴，并綵幣等物有差。　甲子，命嘔罕河衞指
揮吉當加，齎敕及金織襲衣、綵幣，歸賜其頭目指揮乃胯。
己巳，命故建州衞指揮同知木答兀子散禿，野木河衞指揮僉事
吉掃兀弟撒撒，禾屯吉衞指揮僉事剳里哈子太平奴、克赤子勒
者，帖列山衞指揮僉事剌不塔子答升加、沙籠哈子撒必哈，兀
列河衞指揮僉事散赤哈子鎖魯忽、剳魯哈子弗羊古，阿者迷河
衞指揮僉事桑果奴子公把奴，阿眞河衞指揮僉事忽禿子哈當
加，吉河衞指揮僉事惱金哈子剌令加，俱襲職。　辛未，納木
河等衞指揮兀良哈剌速苫等陛辭。命賫敕并金織綵幣，賜其頭
目。實錄。

　　壬申，朝鮮實錄書：傳旨咸吉道都節制使：“見卿事目已
悉。卜兒看、凡察等事，今喧言斡朶里兀良哈等，將欲徙居忽
剌溫地面，此未足信聽。然凡察、卜兒看等，言無遷徙之心，
亦難盡信。卜兒看若更來請開東良北徑路，移設東良歧木柵，
則其徑路終雖難通，然卿當以權辭答曰：‘汝向我國盡心盡忠，
永永效力，則開路移柵，是不難事。’凡察更請造給家舍於卜兒
下，則當答曰：‘汝之造家，不必賴我而能成。然小小之事，
我當助之。’且多弄哈曾寇閭延，今又與無伊應哈等間諜而來，
宜置於法。然卿及澄玉、好問等獻議云：‘宜放還，以安彼人
疑貳之心。’予以邊境之事，當從邊將之意，即令有司館穀，如
朝見野人例，又賜衣服，優待放還。卿當說與凡察、卜兒看等
曰：‘多弄哈等罪大，然汝等歸附日久，我殿下寬仁大度，優
納汝等之請，特令放還。’”

癸酉，命故木束河衞指揮同知長把子喃卜阿、兀者左衞指揮僉事札冬哈子卜黑禿、列門河指揮僉事速滿哥子阿冲加、忽魯愛衞指揮僉事阿羊加子桑加、禿都河衞指揮僉事哈剌子兀因哥、木魯罕山衞指揮僉事火失剌子卜羊加，俱襲職。　丁丑，右城衞女直指揮木答哈、肥河衞女直指揮歹羊、兀的等衞女眞指揮歹都等、建州等衞女直指揮孛希，貢珍珠及馬。賜宴，并綵幣等物有差。實錄。

是日，建州衞女直指揮失里不孫奏，願居遼東安樂州自效。賜鈔幣、紵絲襲衣，仍命有司給俸米、牛馬、柴薪、房屋、器皿。實錄。

辛巳，兀者左衞女直指揮阿都赤、肥河衞指揮阿都赤、二人同名，未知誤否？友帖衞舍人苦女、兀也吾等衞野人女直舍人哈你等，各貢珍珠。賜宴，并綵幣、表裏等物有差。　丁亥，命撒只剌河衞指揮同知鎖吉子劄路、兀者右衞指揮同知以里子色替、友帖衞指揮僉事徹里帖木子苦女、建州衞指揮僉事帖因哥子勒路、亦罕河衞指揮僉事速同哥子必剌兀，俱襲職。實錄。

三月辛卯朔

乙未，塔山等衞指揮色冷哥等、可令等衞野人女直指揮兀黑等，貢馬及方物。賜宴，并綵幣等物。　丙申，命故察剌禿山衞指揮同知哈出你子散卜、苦失帖木兒子沙瀧加、肥河衞所鎮撫朵羅歡子色冷哥、列門河衞指揮同知弗里魯子朵兒只，俱襲職。　己亥，右城衞貢使木答哈等陛辭，命賞敕及文綺、表裏，歸賜其都指揮木答兀。　乙巳，命故朵兒必河衞指揮同知阿灘木子木答哈、兀的河衞指揮僉事兀山子三合、札童衞指揮僉事安中哈子阿成哥、木魯罕山衞指揮僉事沙籠哥子得曲、亦罕河衞指揮僉事兀魯哈子兀亦哈，俱襲職。　丙午，法塔哈等處野人女直木哈速等，俱來朝貢馬及方物。賜宴，并綵幣等

物。　辛亥，命阿剌山衛指揮僉事阿魯忽里子忽兒火、亦速里
河衛指揮僉事咬納子答籠哈，俱代職。實錄。

四月庚申朔

　　辛酉，朝鮮實錄書：斡朶里童所奴帖木兒等五人，來獻土
物。所奴帖木兒，凡察之兄子也。　　咸吉道監司都節制使啟：
"斡朶里童於虛里者，誠心歸順，悉告遠近事變。今使其子入
朝，宜加殊遇之恩，以勸雜種。"

　　壬午，毛憐等衛都督同知李撒滿答失里等，來朝貢珠五百
顆。上諭行在禮部曰："先王盛時，四夷之獻，惟服食器用，
珠於國用何益？曩已諭緣邊總兵官，凡諸夷來貢獻者，不用珍
玩。今撒滿答失里乃復貢珠，本欲却之，第念遠人輸誠，姑酬
其直，無以爲例，仍賜之宴。"實錄。

　　　　正統初三楊柄政，馭夷稍存大體，有勝於前代之處。

　　丙戌，劄肥河衛女直指揮捏隴加等，來朝貢馬及方物。賜
宴，并綵幣等物有差。實錄。

五月庚寅朔

　　辛卯，陞建州衛指揮僉事金家奴爲指揮同知；副千戶牙失
爲指揮僉事；百戶七十、所鎮撫阿不樂，俱爲副千戶。時金家
奴等來朝貢，上嘉其誠，故加秩，并降敕諭之。　　命都督同知
李撒滿答失里仍掌毛憐等衛事。撒滿答失里，女直人，祖阿哈
出，永樂中賜姓名李誠善，父猛哥不花，累官至都督同知，總
掌毛憐等衛。及是撒滿答失里來朝，自陳世受國恩，欲居京自
效，嘉其忠誠，錫賚有加。以其世居塞外，部屬相安，仍令撫
綏其衆，以扞邊圉，賜敕諭遣之。實錄。

阿哈出之賜姓名，葉向高女直考作李思誠，實錄作李誠善，當是葉氏之誤。

丁酉，朝鮮實錄書：傳旨咸吉道都節制使："監司啟，凡察使人云：'李滿住將陪聖旨而來，傳聞欲與凡察會居一處。'若果如是，則姑宜答云：'會甯即係公險鎮內本國之地，曩因空閑，童猛哥帖木兒請欲居住，因而許焉，汝等迨今居之。見今本地設府置守，許接之議，非我邊將所擅，亦非汝等任意，況無朝廷之命乎！'其應答之詞，須即啟達。"辛丑，咸吉道監司李叔時馳啟："今五月初九日，李滿住軍人五十名，陪聖旨出來，辭曰：'皇帝敕諭建州左衛都督凡察及大小頭目人等：今指揮李兀黑來奏，爾等見在阿木河地面居住，與朝鮮國境界相接。本國軍馬，亦有在彼住坐，往來攪擾，不得安穩，十分艱難。今欲遵奉比先敕旨，移來建州衛，與都指揮李滿住一處住坐過活。緣被朝鮮國阻當，不肯放來。朕以朝鮮國王恪守藩邦，謹遵法度，敬天事上，罔有違禮，未審李兀黑所奏，虛實若何，難便準信。茲特遣李兀黑齎敕，往諭朕意。爾等宜想彼人動靜，如果見住之處安穩無虞，仍舊在彼住坐，安生樂業，不必輕動。若實被朝鮮軍馬攪擾，不能安生，爾等即探聽道路無阻，可率領部下人口，來與李滿住一處住坐。如或朝鮮軍馬阻當，不肯放來，爾等即將備細緣由，具奏定奪。蓋朝鮮國王，及爾等大小頭目，都是朝廷之人，不可自分彼此。爾等更宜睦鄰守境，相與和好，以副朕一視同仁之心。故諭。'"
六月己未朔

乙丑，朝鮮實錄書：初，傳旨咸吉道都節制使："今來李耕畎言，朴好問詰問凡察云：'聖旨內"本國軍馬往來攪擾"，及"阻當不肯放來"數語。非本國所爲，實是虛事，汝等何爲有

此奏?'凡察告天不服曰:'實非吾輩所爲也。'雖然，此乃邊將
詰問耳。卿與朴好問中，更謂凡察曰:'國家令臣某問於汝，
我國撫綏汝輩，愛如赤子，欲與汝輩永世安靜，恩至渥也。汝
等奏於上國云"朝鮮軍馬往來攪擾，不得安穩，十分艱難。"我
國何事令汝輩不得其所乎? 國家撫綏之仁，汝何不知? 又奏云
"與滿住一處住坐過活，緣彼朝鮮國阻當，不肯放來。"何時之
所爲乎? 汝亦一部酋長，何敢有如此妄語?'隨其所答詰問，亦
不必强詰。"至是回啟曰:"凡察向來見臣，臣厲聲叱之曰:'汝
誣奏朝廷，欺天罔上，汝罪大矣。我若究其欺罔本末，啟於我
國轉奏朝廷，則皇帝豈信汝夷狄而不信我乎? 我國家恩恤汝等
無異我民，且我承國家之意，愛養汝等，無異赤子，何不念恩
德，反誣奏乎? 汝若不改前心，事我不誠，汝無生理矣。汝之
七子二女，與諸族屬皆在此，汝何不愛惜乎? 古之將軍，受命
在外，不聞天子之詔，生殺與奪，皆在掌握。汝雖夷狄，豈不
知此義乎?'凡察失色驚懼，謝曰:'予實不知。'告天誓之，仍
言曰:'予捨此土，顧無去處。滿住雖齎聖旨來促，我無移去
之意，永世歸順，死于都節制使足下矣。歲月久，則當知予之
誠僞矣。'臣已責之如斯。今又責之，則似有形迹，姑且休之何
如?" 丁卯，傳旨平安道都節制使:"其初體探之意，以國家
如有征討之舉，則賊穴形勢，道路險夷，不可不知。故去年春
今年秋，兩度遣人，俾知賊穴，然無一人的知賊穴而來者。今
年五月，江界李肅林等，深入彼土，殺賊數人。又昌城金將
等，越入婆豬，雖見賊穴，然與彼人相逢接戰，彼必知之，不
無預備。今若遣人體探，如前頻數，則必陷於賊術。此非細
故，甚可慮也。賊若潛來近地，累日留連，一以備船隻，一以
伺我虛實，而我則懵然不知。及賊騎到柵，然後遽備器械，罔
知所措。宜遣斥候於五六十里之內，常令體探。如有賊來，急

遽告變，則我之備禦，庶有裕矣。如早有此策，近日趙明干申
貴等之功，亦當不止於此矣。五月初一日，兀良哈三百餘騎入侵趙
明干口子，萬戶申貴率七十餘騎力戰，斬一級，獲馬三匹，賊棄弓六、
劍三、甲二而走。追至江，中箭溺死者又十餘人。見本錄五月乙未平安
道都節制使報。然則賊變探候，不可不慮。是用議諸大臣，議
諭紛紜。予亦未得其要，將何術以處之？卿更盡心布置，如得
善策，備細啟達。大抵本國邊民，不畏彼賊。雖當賊人突入之
時，督令入城，猶不盡入，散在閭里，以致殺虜。沿邊之人，
若聞李蕭林等深入殺賊蒙賞，則越江探候之際，爭欲邀功，不
避彼賊，以致意外之變者，將或有之。今後申嚴教命，令斥候
者不由行徑路，常由山野眺望賊變，謹避其患。近者監司朴安
臣獻議：'彼邊高山峻嶺，帶江連排。賊欲入寇，必登此山，
經日窺望，知我虛實，然後渡江來寇。當夏月鬱密之時，使二
三人裹一日食，夜乘船渡，藏船滅跡，登通望之處，終日窺
望，至夜乃還。如其有變，備兵以待，則非惟免禍，賊亦可
擒。自今口子越邊至近之地，越一日乘夜往還，窺望待變。'此
議合于事宜。然邊情難以遙度，卿並商確以啟。" 己巳，平安
道都節制使李蕆上言曰："臣本庸愚，既無經濟之才，又乏禦
侮之智，徒以兵家末技，濫遇上知，位至宰府，措躬無地，若
臨深淵。今又忝承重寄，來蒞于茲，夙夜匪懈。欲固封域，意
料所及，備禦之事，靡所不爲。不幸月初婆豬小醜，竊發于趙
明干，以欺我士卒。若先期聞知，則庶幾盡殲。而不及追捕，
臣之罪也。然此猾賊，密邇境上，假名虎狼，連年犯境，厥罪
貫盈，稱兵致討，豈得已哉！臣臆料此賊，自癸丑以來，疑我
突至，必有候望，且備隱伏之計。大舉往討，則必遁于深林密
叢之間矣。曩者之全師，出其不意而掩之也。今舉大眾，不見
一賊而還，則是不能示威，而反貽後日之譏矣。臣謂沿邊之

人，奮欲擊賊者多矣，聽其自募，可至數百。以其自募及防赴
精銳，分道潛入，距賊屯二十里駐兵，量人家多少，分授其
家，至夜半直擣其穴。每家令善射者伏于四際，火礮火箭，交
放于其間，屋舍皆燒，箇箇射中。則惟此大醜，信如拾芥振槁
耳。是以前月初九日，請遣體探，即令邊郡探其居處。臣自義
州向閭延巡行之際，到滿浦口子，雨乃大作，連日不止，閭
延、慈城山谷之水，漲溢難渡。臣以爲時方仲夏，霖雨乃作，
難以制事，還向熙川。得聞趙明干之變，馳到其處，雨且止
矣。各郡體探之人還至，則皆不得直尋其穴，中塗而返，殊失
發遣之意。臣欲加責而不敢者，恐其謗言之浮動，且機事尙
密，臣不見說，故邊郡之守，皆不曉意，以至今日，莫知其
穴，臣實有辜。今更移書于邊郡曰：‘連年侵犯之賊，不知所
在，可乎？其各更遣探穴，以速馳報。’月初三日，理山體探金
將等五人，潛波婆豬江，直抵兀剌山北隅吾彌府，見水兩岸大
野，率皆耕墾，農人與牛，布散於野，而馬則不見。人家十八
戶，撲在水岸，而散排山陝者，不能遍視。然此其大數也。金
將等見此賊穴還，登一嶺上，賊人五騎，出自茂林，高聲追
射，不獲已而依木逆射，軍人金有生中賊左腋，其後聚立不
追。潛遁之際，顧視其後，乃覺軍人金玉老之無也。然非被
虜，必是離群獨出，爲獸所啗，且溺於水也。月初九日，理山
體探宋世雨等五人，至兀剌山南麓、婆豬之東古音閑之平，見
人家二戶，有男婦十六，或耕或耘，放養牛馬。月十三日，臣
在江界，遣鎭撫李肅林等九人，自滿浦行至岸巖谷底，突遇候
賊三人，勢窮難避，射獲三級。蓋金將等到吾彌府大野，但見
牛隻而不見馬匹之言，與前所啟劉大愁謂李滿住前月十三日發
兵未還之語相應；宋世雨等至兀剌山南麓北隅，見人家田地人
口之言，與劉大愁謂婆豬野人皆入兀剌城之言相合。臣料此賊

定在兀剌山城與南麓北隅，而未敢的知某在某處、某在某處，
必欲審渠魁之居，然彼亦候望使守要害，故切恐深入却被搶
擄，姑停不入，以弛其疑。劉大愁又曰：'李滿住發本衛兵三
百，請兵一百，作賊于閭延阿木河等地。'定州安置童豆里不花
亦曰：'建州之兵纔有三百，癸丑之前，散在山陝，今則群聚
而居。'以此度彼之眾，多不過四百餘矣。舉精兵七八百，則庶
可矣。然危險之地，如有援兵，則示弱未可也。破山城吾彌之
屯，則當用三千精銳之眾；取阿間古音閑之賊，則當用自募精
銳百五十餘眾。臣欲即舉入討，但念山川險阻，若有雨，則恐
有阻水之患。季秋季旬，木葉盡脫，弓力方强，人馬俱便。當
此之時，卜吉而往，則可以濟事矣。然李滿住移居之意，聞知
有素。近日體探，彼亦知之，恐必生疑，捲土而徙矣。阿間古
音閑之里，距吾彌大屯三十餘里，距理山中央木柵二日程，因
農居此者殆將四五十矣，秋收之後，想必移入。臣謂未刈穫之
前，仲秋仲旬，先以自募精兵百五十餘人，出其不意，潛形突
入，先剪其羽翼，則彼謂我爲不喜兵者，既興師而返，必不更
來，安然刈穫矣。於是如上所陳，季秋季旬，復舉三千精銳之
眾，分爲二隊。一隊自江界高沙里木柵，經里番多會之平，而
至吾彌上端。一隊自理山中央木柵，經古音閑平，而至吾彌下
端。以先擒之賊爲導，道路難易，窟穴居處，與制勝之謀，迫
令自陳。乘夜掩之，則此制勝之謀也。至若明年二月季旬，節
候非甚寒烈，江冰未解，積雪半消，馳騁無方，彼無隱形之
所，此亦可乘之時也。然此賊深挾前憾，近亦必來，遠亦必來
矣。苟生疑意，遠遁於他，則無以雪連年之恥。迭出迭入，亟
舉以討，不得遂其生業。此臣日夜之情也。以上三策，儻蒙俞
允，宜當整軍鍊器，預爲之備。不煩他眾，誓不與此賊俱生，
仰答西顧之憂矣。伏惟殿下勿露此意，責臣以全勝。"　戊子，

平安道都節制使李蕆上言："本月十九日下教討滿住之策，即移文各官，使之簡閱兵馬。今當農月，不宜閱兵，然野人孔熾，禍在朝夕，此正門庭之寇，利用禦之者也。雖不得行師致討，盍訓我師旅，以固我封疆乎！"又曰："賊到近地，累日淹留，其謀難測，不可不備。今國家閑暇，內無可慮；賊在近境，外有可虞。請擇內禁別侍衛甲士之有勇略者，待七月望後，於昌城以上六郡，各遣六人防戍。又遣火炮教習官六人，火藥匠十二名，擇馬可騎者百餘匹，分養各官，以爲禦敵之用。"從之。蕆又上言："敬承下教討滿住之策十六條，謹商確以聞：（一）閫外之事，不須朝廷節度。（一）須用累舉，疎數臨時。（一）預備乾粮。（一）欲及草木未衰便於飼馬之時，發兵深入，蹂燒禾穀，毀其廬舍，奪其牛馬。雖未見一虜，彼必畏懼，不自安居，奚暇犯我。右四條一依奉行。（一）擇精銳分三番迭入，互爲聲援條。三番互爲聲援，以次入討，則必曠日持久，然後乃可行之。若此小醜，雖深入持久，無可虞也。若招忽剌溫、毛憐之衆，則彼俗本是喜戰好鬥，又長上下山阨，出入險阻。若扼我還路，則恐傷威損望。臣謂以精銳分爲二隊，一時並進，多方急擊，但以所獲，隨即還來，休養人馬。隔一二朔，以先擒之賊爲導，復舉而入，則殄殲無遺矣。（一）內禁別侍衛甲士中有勇略者，托以赴防發送條，更閱馬匹。昌城以上六邑，各定十人，七月望後下送。（一）銃筒教習官及藥匠加定送條。昌城以上六邑，教習官各一，藥匠各二，七月季旬下送。然稱號教習官，則例是使臣，而各官接待之禮煩弊，改稱他號下送。（一）道內守令不合將兵者換差條，各官守令，無因換差，則必胥動浮言。時在沿邊守令，可爲偏裨者有十五餘人。（一）可騎調習馬百餘匹，道內各官分送預養條。擇其肥實者百餘匹，七月望時下送預養。（一）昌城、江界、慈城、閭延

等官各遣候騎探候條。今雖各遣騎兵五六十，橫行彼境，獲虜
與否，固未可期；又陷於術中，亦未可知。當此之時，莫若固
我守禦，謹我候望，以示安然無動之狀。及其臨時，隔三四
日，擇壯勇五六十，夜行晝隱，潛至前日先探之地，覘其虛
實，後軍繼至可也。（一）過涉沿加造條。慈城五隻，江界十
隻，理山十隻，共二十五隻，已移文急造。（一）人馬料雨具軍
器布置條。行兵當在八月九日，人料則給以乾糇，馬料則草未
盡枯，可以喂養，然戰馬不可無豆。量減常例，大馬五升，小
馬三升，給十五日之料。軍器則元在道內者各有私具，然其中
破毀不完者，及京來軍士本無軍器者給之。雨具宜令各備。
（一）賞給布貨量宜下送條。前所送射禦者，賞給綿布，多貯沿
邊各官。（一）擇道內精銳或百或千，無時遣兵，使賊懈怠，因
潛襲之條。舉事之後，量宜施行。（一）南道軍士盡徵與否條。
南道未發之軍，皆前日越險防戍之士卒也，無時越江，亦令徵
發，則疲弊實深。但以各色已赴之軍，擇其精銳而行可矣。然
因其事之緩急，臨時徵發，未敢預期。（一）欲知賊之巢穴條。
昔在癸丑，彼我相通，故的知某在某處。今則絕不相通，故直
入探穴爲難。臣更招童豆里不花反覆詰問之，其言曰：‘過婆
豬江馬行一日之程，吾彌府洞，源深流長。其水南流，合于婆
豬江。右水南邊，則蔣家都督率三十餘戶居焉，常養馬十四
匹。北邊則李滿住率二十餘戶居焉，常養馬十二匹。隔江相對
而居，其散居山陝之單戶，不可遍記。予則李滿住切隣也，滿
住乃蔣家女婿也。蔣家之衆，多於滿住，而驍勇則不及。大率
建州之衆，老弱婦女共五百餘，而正兵則不過二百餘。到此作
賊，每藉虎狼衛之力。蓋滿住之子，乃爲虎狼都指揮逸當哥之
婿也。且愁許山城在吾彌之西三四里，路且隘險，纔二人上下
之地也。右處野人，每當九月之季，收穫已畢則運糧於城，挈

家入保，以爲過冬之計。蓋滿住等癸丑年入兀剌而見敗，故以爲不祥而不入。今愁許亦古稱不祥之地也。吾彌府直入之路有二處，而其他四面越入之地，則亦非一二也。用四千之衆，乘夜分入，圍其部落，待其日晡，多方急擊，則必俛首就擒矣。予本生鳳州，移於建州，居十二年而投化。建州等處，過路難易、江水淺深之處，靡不周知。予之投化，專是輔佐於國。八九月之間未刈穫之前，正是舉事之時也，予當爲導以成其事。若夫兀剌之南，農作之人，則必是牛隻鮮少者，不能墾新田而爲熟田，出居於此也。'以此觀之，向者金將等之所見，水之兩岸人家撲在，又稱人家十八戶，則與此滿住率二十戶之言相似。彼之窟穴居處，道路難易，大率如此。九月初旬、八月季旬，宜當舉事，請卜其吉，密諭於臣。且本道兵馬，元數一萬八千，或聽自募，或選精銳，可充四千。然非時閱兵，恐騰謗議。今移文諸郡曰：'向者野人趙明干失利之後，懷憤未消，泥城、歧舍外等，他方隔朔，逡巡不即回歸，其志必有窺覦作亂之兆。時當秋節，意必生變。唯茲赴防之軍馬鮮少，雖有其額，率多羸弱，脫有緩急，其將何以？宜以餘丁并定改馬。'又曰：'赴防之軍，當身壯勇馬實者，雖當賊變，乃是前軀，義關死生，宜當甄別其隊，以立叙用之門。其各軍千戶、百戶所掌，士卒之勇怯，馬匹之羸健，靡不周知。壯勇而有健馬者，雖步兵充以馬兵，雖云正軍，而馬羸者，以餘丁之壯勇有馬者換定。若閑良壯勇而無馬者，亦令備馬。各官守令與千戶，同議及時揀擇成籍。七月望日，一齊畢報，則七月二十日時，又別遣人以點虛實。如其有違，一依軍法。令茲農事方盛，不宜簡閱兵馬。然野人孔熾，禍在朝夕，此正門庭之寇，利用禦之者也。雖不得舉兵致討，盍訓我師旅以固我封疆乎！各官守令，盡心鍊軍。'"

七月己丑朔

　　是日，朝鮮實錄書：御勤政殿受朝。建州衛都督凡察，率管下十六人來朝，引見殿內。教曰：“如此炎暑，遠來朝見，予嘉乃志。”凡察對曰：“切欲來朝久矣，禮亦宜速，第因本土盜賊滋繁，未果速來，今乃來矣。”因良久不言。上曰：“汝欲有言，可即言之。”凡察對曰：“欲退居會寧三十里之外，但恐國家以爲何如，是以未果耳。”上曰：“我國與汝既爲一家，不圖汝之有此計。今欲移徙，其意如何？”凡察對曰：“管下愚民，無知犯法，抵罪不赦，邊人或輕蔑我民。且牛馬互相放逸，踏害禾穀。故欲退居耳，暫無他心。”上曰：“汝辭去之日，予更說之。”凡察曰：“素與兀狄哈有讎嫌，今約以和親，各出三日程，會於中野，以釋舊怨。當其時不可無軍士。然軍士則不敢請，願賜甲冑。”上曰：“予知之。”凡察曰：“吾輩歸附，久居境內，願賜完護文書。”上曰：“予每令都節制使及邊將憐恤汝輩矣。”凡察曰：“小人屢奉聖旨，迨今未赴帝廷還納聖旨，切欲朝見。但恐國家以爲何如，殿下許之，則吾當朝見；不許則止。”上曰：“予知之。然汝朝見與否，非予所區處。”凡察又請曰：“留棄妻子，只與數人往。”上曰：“汝朝見皇帝之意則好。”凡察叩頭趨出。賜宴于勤政殿西廊。　　命都承旨辛引孫，以凡察所啓數條，議于政府。黃喜等議云：“答其徙居之辭，則當云：‘汝居境內，共爲一家，相親歲久。今雖移居，予何疑乎！雖仍舊，亦不厭也。去留只在汝心。’答其請賜甲冑之辭，則當云‘造甲甚難，且已授軍士，不可奪彼與汝。’”趙啟生議云：“凡察一身所着甲則賜之，以示懷綏何如？答請完護之文，則當云：‘汝等既能效順，予已令邊將完護。汝輩今又親請之，更使邊將亦加優恤矣。’答朝見中朝之辭，則當云：‘汝前此朝中國再矣，而不告於我，今何必告於我乎？汝之行止，任汝自爲。’” 庚寅，議政府贊成申槪上言：“滿住窟穴，今來凡察必詳知之，其伴人亦豈不知。俟其留館日久，使館待者及其相識者，從容接話，偶爾言及，則其居處庶可悉矣。會寧地面，必有滿住族親，或有同類交通者，令都節制使熟察其志慮直諒、可以辦事者，啗以厚利，心誠附我，然後以之用間，則非唯得知其穴，凡百情狀，亦可詳矣。會寧等處，去滿住之穴不甚相遠，或以交親，或以婚姻，相通往來，想亦多矣。”不允。恐問答之際，漏洩事機，且令金宗瑞布置故也。 傳旨兵曹：“斡朵里酋長童凡察，住於咸吉道會寧府境內，歸順我國已多年矣。嘉其誠欵，使之撫綏。今本人來見，索要完恤文書，情可矜憐。其體予意，更與移文本使，務要益加優恤，撫安其生。”

丁酉，咸吉道都節制使馳啟：“斡朵里毛多赤告，‘凡察與忽剌溫約入寇，欲及八月回來，須拘留至十一月可也。’然以臣所見，凡察歸附似勤，但其爲人執心不固，姦詐難測，固不可信。斡朵里等類，以凡察非堪統率，又苦役使，疾惡者衆，毛多赤之言，亦未可盡信。姑且益修武備，嚴兵固守，徐觀其勢矣。”命禮曹曰：“今凡察請欲移居他處，又欲速還本土，又云‘我若久居，而兀狄哈侵掠邊鄙，則國家必責我。’其心似乎誠欵，而姦詐難知。意與毛多赤所告相合。令凡察速歸，則無乃陷於術中乎！留之何如？留之而彼若不聽，強欲速回，則任其去留乎？與政府同議以啟。”黃喜、盧閈、許稠、趙啟生、崔士康議：“凡察始來，其情可矜。今毛多赤之言，不足盡信。若強令久留，必生疑貳。且終當還送，則徒爲無益。令禮曹稱傳旨，今當霉熱，跋涉艱難，姑待秋涼回去爲便。彼若欲強還，勢難強留，宜厚慰而送。密教都節制使，陽言護其築城之卒，嚴兵待變何如？”申槪、河演議曰：“留之之辭，禮曹稱：‘有旨曰：“久不來見。今者始來，予甚喜焉，不可遽還。且當霉熱，

行路尤難，發行日期，予將定焉。"臣等難定回期。'毛多赤之言
似不足信，然必有其根。且凡察徙居之請，借甲之辭，及'兀
狄哈作賊，則恐邊將疑我知情，須及望時回去'等語，情涉姦
巧，似與毛多赤言相合。宜故緩行期，密令都節制使究問毛多
赤之言，疾速啟聞後遺還何如?"從喜等議。　癸卯，傳旨承政
院："今有獻議者云：'斡朶里酋長童猛哥帖木兒父子，自底滅
亡。其弟凡察以姦計獲免，朝見上國，受都督僉事，遂爲酋
長，其部落强從之耳，非心服也。憚凡察苛察，欲以權豆之子
爲主者，頗或有之。自古夷狄力分，則中國之利也。漢元成
間，五單于爭立，匈奴遂衰，中國無邊境之虞。今權豆之子，
年雖幼稚，若授以職，則部落之久事童猛帖木者，今猶不忘恩
愛矣，其附權豆之子而背凡察者多矣。如此則斡朶里中，自有
二酋長，其力必分，誠我國之利也。'或云：'如此則凡察必忌，
妄懷異心矣。宜諭凡察曰："汝兄童猛哥帖木兒父子，久事我
國，忽底於亡，予甚愍焉。汝又歸順無貳，予乃嘉之。權豆之
子，年雖幼稚，授以某職，以賞汝歸附之誠。"則凡察當感謝之
不已矣。如此則外示以褒嘉之寵，而實分凡察之力也。'或曰：
'權豆之子，未免襁褓，其母所居，距凡察之居三四里，無有
一人救護之者。若國家授之以職，而部落歸附，則凡察兇狡有
餘，必陰害之矣，姑停此議，待其壯長，然後議授官職爲便。'
二議何如?"啟曰："宜從或者之議。"

　　此處見權豆之子尚在襁褓，而於七年以前，宣德元年
十一月癸卯，則書權豆及子千戶馬波等來進土物及馬。知
權豆本有長子，早與朝貢之事，今必年已甚長，此時已不
存在，當亦與於七姓野人之難。所留者，獨此襁褓中兒
耳。若馬波尚在，建州左衛之傳統，必且盡變。其醞釀而

成清室之發祥，中間多有莫之爲而爲者矣。

乙巳，朝鮮實錄書：平安道都節制使李蕆上言："賊穴採
候及興兵日時道路等事，質問體探人與童豆里不花等，李滿住
今在吾彌府，或移入兀剌山城，皆未的知。其向吾彌府之路，
則一自江界涉婆豬江，直入吾彌洞口；一自理山涉婆豬江，由
兀剌山東，入吾彌府西邊山間；一又自理山涉婆豬江，由兀剌
山南西折而入。賊在吾彌府，則可由三路分入。若在兀剌山
城，則大軍入吾彌等處，賊必預知，慮其逃散。欲更遣人密
探，然賊知我探候，必立把截，恐如前被獲。體探者云：'若
邊幅一二戶，則可潛入，生擒以致。'臣亦反覆思之，野人當此
刈穫之時，必不遠遁，雖遷舊居，亦在近地。直探賊魁之居，
旣已勢難，必須生擒彼人，以爲嚮導，可成大計。自江界二日
程，有吾自帖，三戶居之；距吾彌府九十里也，自理山二日
程，有古音閑里，二戶居之；距吾彌府一日程也，右二里勢
孤，居人不多。八月十日時，遣精騎五六十，率體探者乘夜而
入，急擊擒致，窮問賊魁，及種類居處，八月二十日時復入致
討，此一策也。自五月體探人被獲之後，更不遣人，如此安然
無動，以弛其疑。至八月十日時，擇遣謹愼壯勇三四人，晝隱
夜行，潛形而入，登山窺望吾彌府洞口人戶聚居之處。若人戶
安然住居，則深居大屯，亦必安居。八月二十日時，發兵急進
擊之，先問渠魁所在，遂擊其屯，躁其禾穀，火其廬舍，以其
所獲隨即還來，休養士馬，量時復入，彼不得安業，此又一策
也。爲今之策，不出二條。用兵，則當用騎兵二千五百，步兵
五百，合三千。分道，則當由三處。若賊在兀剌山城，則臨時
變勢，八月二十日後，草未盡枯，喂馬便易，曉月正明，夜行
亦便，節候非甚寒冽，天時人事遞宜之時，但恐水潦未涸，加

以雨漲，則婆豬江過涉爲難。八月二十日後，及九月初旬仲旬
等三時，卜吉臨時而動，何如？” 上命辛引孫、金墩賫李蔵
書，往申概家議之。概等又議數策以啟。 上曰：“可。”並書
送之。

文内吾彌府，明實錄作兀彌府，明史稿及明史誤作九
彌府，事詳後成化三年。

丙午，朝鮮實錄書：傳旨平安道都節制使：“（一）大軍齊
進，獲吾自占、古音閑、吾彌洞口賊人問之。滿住若居兀剌山
城，則悉問進攻形勢。以三千之卒，可以攻則進攻可也。若至
險而以三千之卒難以攻取，則但討婆豬江等處散居賊人而還，
以圖後日大舉亦可矣。今以三千之卒，圍至險之城，終無成
功，則賊皆遠避，我之後舉亦將無功矣。卿其臨機度勢而爲
之。（一）向者逃來人言：‘滿住已移居鳳州，距忽剌溫地面二
三日程。’滿住果移居鳳州，則姑勿窮討，只討婆豬江等處散接
賊黨，擒獲還來亦可。（一）滿住雖移居遼東近地，若非城之傍
近，則致討亦可。前此曾降敕書云：‘窮其巢穴。’若有遼東人
就問之者，則當答云：‘曾有敕旨，豈有誰何者乎？’將欲謄寫
敕旨下送，卿入討之時，不煩賫持可也。（一）大軍一處多聚，
則非徒難於進退，首尾相救尤難，須分道而進。每道之軍多作
部隊，擇其智略者定爲牌頭，衆隊相去，疎密得中。攻城時則
慎勿齊進，衆隊別立，擇精銳之人，潛從他道互相進攻，則賊
不知我師之多少而畏惴矣。（一）卿啟云騎兵二千五百、步兵五
百。予意以爲騎兵則足矣。險路步兵爲最，且制敵莫如火礮防
牌，步兵五百，似乎過少。卿知此意，量加步卒。（一）若執吾
自帖三戶、古音閑二戶，或執吾彌府洞口住人，則佯言曰：

'大軍自北方，已襲滅滿住等大部落矣。北方要路皆置斥候，大軍行當到此，汝等勿動。我之自南而來，爲迎北來之大軍也。'如此言之，則賊雖欲遁，必無向北奔告之計，亦并知之。(一)癸丑之征，獲賊丁壯，不即殺之，還到我境乃誅。今則不必如此，若獲賊人，除婦女幼兒外，不必生全。古人以多殺爲戒，此專爲無辜之民陷於塗炭者言也。婆豬之賊，則人人各爲强盜，謀欲侵掠我境，罪盈惡積，豈可容於天地間乎？且賊中雖唐人，皆事賊人而不知逃還者，此中國之罪民也，何必拳拳分辨乎？除明白可用唐人外，並依賊人例施行。(一)兀剌山城若有攻取之勢，則城外或步或騎，隨宜列立。擇其易攻之處，嚴備火炮，使賊人不得立於城上。令步卒千餘人，各持布袋盛土七八斗，填其城外，一面登而突擊，則可以拔城矣。(一)已傳密旨于觀察使，如有同議之事，則同議爲之。(一)敵人若聚小堡小寨，則不可不攻取也。攻之則須用碗口，然重難馱載，實爲無用。卿更思致遠之術以啟。(一)兵難遙度，上項條件，予亦未知可否，卿亦不必强從。或可或否，臨機酌量。"

鳳州，前云即開元，此又云距忽剌溫地面二三日程，則不在兀狄哈境內可知。朝鮮實錄中又言建州之徙婆豬江，乃由回波江之方州移來。回波即輝發，方州非即鳳州。蓋滿住之移婆豬，中間曾先至輝發，不得疑開元之即在輝發也。

丁未，朝鮮實錄書：右承旨金墩啟："今猶未知李滿住所居，乞依申槩上言，使監護官金河，與凡察率來諳事性直人閑話，先言他事，反覆譬喻，以問滿住居處，隨宜鈎距其情，則庶或知之矣。"上使金何因閑話問之，使彼不知我之有意也。

傳旨平安道都節制使："（一）若滿住使人臨時適來，察我施
爲而逃去，則我事不諧矣。須要拘留，切爲嚮導，直向巢穴最
可。（一）今凡察到京留連，其率來人名古赤者，熟知婆豬江等
處，故予使人因閑話徐問之。古赤答云：'滿住已移居吾彌府。
其妻父蔣家指揮，前前年自阿木河亦移居吾彌府，與滿住共
處。若兀剌山城則至險，有水而已，無草可以喂馬，無田可以
種穀，避難則可矣，平時則難以居之。'其居吾彌之說，與童豆
里不花所言相合。但五月體探人連續見獲，恐滿住等移居他
處。依前傳旨，若得吾自帖、古音閑等處賊人，的知滿住等居
于吾彌，則倍道急擊勿失。"　甲寅，凡察等十七人辭。賜凡察
衣服鞍馬，賜宴于勤政殿西廊。凡察叩頭謝曰："自入京以後，
每日醉飽，今日上恩又如此，報效無地，永爲國家輸誠效力。"
八月戊午朔

　　癸亥，朝鮮實錄書：上於內殿親自爲文，令東宮書之，授
內豎以賜金宗瑞曰："初富居、慶源之民，僉告于朝曰：'古慶
源之地，宜牧宜農，且有江易守，請遷居之。'又有輪對人曰：
'古之爲國者，務廣其地。公嶮鎮以南，不可棄也。'又策試諸
生，以此爲問也。癸丑之冬，適有兀狄哈破殺管禿父子，而阿
木河無酋長矣。時議臣之言曰：'疆域不可棄也，機會不可失
也。宜沿江邊設鎮，高其郛郭，多其軍民，以耕以守，則赴防
往來之弊，亦可除矣。若大明聞無酋長，或別有布置，則後悔
無及。'前者孔州之城，高不過一人之長，民居不過四百戶，猶
能守數十年。今日之計，必無所慮。但如此盛時，得人之事，
固不足言。後世綱紀緩弛，邊將非其人，是可慮也。雖然，治
亂相爲消長，無百世之運，理之常也。至於季世，破敗之事，
豈特邊境而已哉，亦不足論也。小小寇竊，雖不可永絕，大段
之事，勢不能爲。何者？嫌眞之人本不多也，其居與本國不過

六七日之程，且必聞婆豬之事，豈不寒心，亦無所慮也。予以
爲庚寅之變，諸議臣或曰：'孔州四散之地也，防守極難，不
如革罷之爲愈也。'或曰：'境内數百里之地，棄而與之夷狄可
乎？必相率而入處矣。'太宗曰：'疆域之内，夷狄居之，固不
可也，隨即黜之何患乎！'於是從革罷之議。其後風聞大明欲建
衛於孔州之地，朝議大驚即復慶源於富居。以此言之，太宗之
不棄其地明矣。近年以來，兀良哈數百戶，浸浸入於孔州等
處。予欲黜之，議諸大臣，皆曰：'野人不可强驅，因存而撫
之可也。'議臣之言如此，其於太宗隨即黜之之意何如？不過數
十年，野人之居必偏矣。近又有張内官營於孔州等處，留連過
冬，打捕海青、土豹而歸；繼而阿木河無酋長矣。往者風聞之
言如彼，今日張内官阿木河之事又如此。威制野人，打捕海
青，今朝廷之所欲也。若或欲乘其無酋長之際，置衛於此，以
威野人，以捕海青，則我國既已棄之，又何辭以請乎？機會不
可失之言，甚合予意。若曰太宗不用之策，今不可行也。則不
然。太宗即黜之教，不能奉行，但爲此言其可乎？況太祖已成
之事，今但奉行耳，曰龍城極要害之地也，以爲關塞，則我可
以高枕而臥，則又不然。龍城以爲塞，則野人之居，亦以龍城
爲限；吉州以爲塞，則野人之居，亦以吉州爲限，無有窮極
也。況龍城之南，入寇之路非一二乎！予之取捨本末如此，卿
所知悉。去年九月之事，非地勢使然，鎮將非其人所致也。假
言以龍城爲界，非一夫當關，乃四戰之地也，居民必布於其野
矣。如此之事，難言其必無也，庚寅之事是已。據此而言，今
日開邊，其爲上策也無疑矣。不意初年大雪，次年大疫，人
口、頭畜多物故矣。去年賊變，被擄被殺亦不少矣。雖然，予
意猶以爲成大事者，其初必有不諧之事，後日之效必可望也。
即今又有可慮之事，故書以諭卿。今之備賊，非昔日之比也。

賊不來則已，來則必千萬爲群，恣行無忌。我若欲但守城砦，
勿與之校，則益長盜賊之心，後日之禍無窮矣。必須懲艾，沮
其後日之心，策之上也。雖然，近日告賊變者，或曰正月，或
曰五月，或八九月，或曰冰凍時，或曰忽刺溫，或曰愁濱江，
或曰黑龍江，或曰數千，或曰數萬。如此紛紜，無歲無之。聽
之者以爲虛言，則固不可也；以爲實言，而不論四時，發兵南
道，不減千數，又有築城之卒，二三萬矣。如此不已，不及十
年，財力竭，民力殫矣，怨望逃散，必然之理也，後日之效未
可必也。咸吉一道，地窄民少，賦役素輕，深感先王撫恤之
政，至矣盡矣。及予之身，利益之政無聞焉，煩擾之事日以多
矣。予甚愧之，予甚懼之。元魏孝文，雖曰夷狄，其仁孝慈
祥，才備文武，德洽化內，誠難得之賢主也。其言曰：‘先祖
專事用武，不暇敎化，敎化之責，在於朕身。’故禁胡語胡服，
遷都洛陽，欲其漸革舊俗，比擬於成康矣，前史美之。然太
子、勳臣，皆以之不終，臣民不安厥居，自此以後日以衰微。
帝每言曰：‘朕於洛陽不成矣。’帝崩之後，終於不振而已。蓋
其意，必以己之爲爲盡善也，其效乃如此。予每念及此，良增
兢懼。前日慶源人金貴南啟曰：‘賊徒後日益多而來，大城小
堡皆不能守必矣。’以此人之言觀之，四邑人之心不土着，亦可
知也。四鎮之初建也，河敬復、沈道源回啟曰：‘李澄玉、宋
希美皆喜言以如此之兵，何難乎懷服，何畏乎盜賊。厥後又聞
慶源等處士馬精強，爲東方之最，將士猶恨無用兵之事。又聞
慶源在富居之時，賊徒越江而入，累日乃至，我軍追之，亦不
過一二息，故賊安然而行，還越而歸。今則不然，還路甚難，
我軍追之至江，賊之奔敗必矣。’予深用喜之，不以爲虞。至于
今日，自守且不足，況望其得志乎？未建四鎮之前，南道之兵
赴於富居，道路近於今日，軍數小於今日，而谷山君、延嗣宗

等猶啟曰：'赴防之軍，賣馬步來者十之八九，甚非長策也。'
以今觀之何如？況歲有築城之役乎？此予之日夜祗懼者也。初
建新邑之時，諸臣之議頗有不同，卿所知也。今也不然，大臣
皆曰：'西北之鴨綠，東北之豆滿，豈有輕重之別乎？建立藩
鎮以固封疆，義之盡也。其或輕議之者，皆無識之人也。'大臣
之言則如此，予獨以爲深憂。蓋築城不可緩也，民弊不可顧
也，來告賊變者不可謂實矣，南道之兵不可不多發矣，而財盡
何衣，食盡何食，力盡何爲，逃盡何使？況乎向化異語之人，
多預徭役，尤宜憐恤。予每每思之，無計奈何。雖然，予深居
九重，道內之事遙度而已，未詳其實也。卿於如此之事，熟慮
之久矣。四鎮之建，將有效乎？民之財力，將必盡乎？民之怨
望，日益盛乎？四鎮民心，將有安乎？野人之變，終有寢乎？
昔日道內愚民虛造浮言，以驚人心者非一。近日事大於前，民
勞於前，予亦以爲慮。今必無此事乎？卿商度以密啟。"宗瑞亦
手自爲書，密封以啟曰："臣伏覩御扎，晝誦夜思，蓋亦有日，
深體聖上愛民至仁，憂國遠慮，不勝感激。然臣才猥劣，恐不
副聖慮，措身無地。臣竊聞威德廣被，日闢國百里者，不爲不
多，而莫盛於周文；窮兵瀆武，拓地千里者，亦不爲不多，而
莫甚於漢武。又有暗弱衰薾，日縮其地，而終以不振，爲劉禪
之類，固不足道也。然以德闢國者易得難失，以力拓地者難得
易失，事同而道不同也。其得失難易，在道與不道耳。苟道之
所在，則雖爭之彼界亦可也，況復其我疆乎？臣聞前朝王祖，
力能統合三韓，威不及於朔方，只以鐵嶺爲界。其在睿宗，謀
臣騁智，誘剪戎醜，遂置九城，雖旋得旋失，未見其利。然界
域之分，版籍之明，惠後無疆。恭惟我太祖，天縱聖武，起於
朔方，奄有大東，南盡于海，西北抵于鴨綠，東北至於豆滿，
爰置孔、鏡、吉、端、青、洪、咸七州，誠東方闢國以來，未

有之盛業也。太宗繼世，道洽政治，漸磨旣久，夷化爲民，俗革於善，維持鞏固，莫敢誰何。第因昇平日久，守臣失馭，鏡城以北陷爲賊藪。太宗軫念，姑置慶源於富居，微示復舊之意。其攘斥夷狄，恢復土疆，是在聖上繼述耳。曩者在朝羣臣獻議曰：'縮慶源於龍城，則北方布置得宜，而民弊盡去矣。'聖上以爲祖宗所守，雖尺地寸土不可棄也，固執以爲不可，不從羣議。厥後其議復起，喧囂不已，乃命微臣往議大臣，加置寧北鎮于石幕，以定界域。臣今在北方，無處不見，無言不聞。富居、石幕，皆非限域之處，龍城亦非關塞之地。議者曰：'龍城如秦之函谷，隘險無比。若守於此，則胡人不敢向我而售姦，我民可以安枕而肆志。'是大不然。無水可阻，何以設險？無山可據，何以爲固？眞所謂四散四戰之地也。若以四邑要衝，宜作大鎮，以爲主將之所，以爲四邑之援，則然矣。儻如議者之言，以龍城爲界，猶未免侵陵之患，則後之議者必以摩天嶺爲界，而又未免，則乃以鐵嶺爲界而後已，前朝之事可鑑矣。臣又聞歷代帝王，莫不重肇基之地，劉漢之於豐沛，李唐之於晉陽，蓋可見矣。棄先祖之地而不守，忘肇基之地而不復，則肯構肯穫，而謂其有後乎？善繼善述，而承其前烈乎？抑以龍城爲界者，有一不義、二不利。縮先祖之地，一不義也。無山川之險，一不利也；無守馭之便，二不利也。以豆滿爲限者，有一大義、二大利。復興王之地，一大義也。據長江之險，一大利也；有守馭之便，二大利也。然則欲以龍城爲界者，偶未之思耳。天相有道，元凶自滅，孽胡自竄，我聖乘機布置得宜，不勞一兵，不傷一民，克復舊疆，爰置四邑，可謂善繼善述，而增光于前烈矣。臣又聞成大事者不顧小弊，建大業者不計小害。事巨則弊必生，業廣則害相隨，非獨今時，自古爲然。今四邑之設，非爲好大，復先祖之地，則事莫大於此矣，繼先王之業，則義莫重於此矣，何慮乎小弊，何患乎小害。況初年之雪雖云大矣，而頭匹不甚斃損；次年之疫雖曰大矣，而人民不甚死亡。若如議者之說，則農牛戰馬，從何而出；軍卒之多，餘丁之衆，尚不減於舊額，又何歟？其說之過情，不待明者而可知也。且以去年之事言之，其禍雖曰重矣，比之興富之身戮，承佑之覆軍，龍城之大敗，固有間矣。夫九年之水、七年之旱，無損於堯湯之盛德；五十萬之匈奴，四十萬之突厥，何害於漢、唐之大功。況灾不過於一年，賊不滿於數千，則何憂何懼？臣又聞古之豪傑，築萬里之長城以防胡，脩千里之長堤以防河，且其役民至於十年之久，此則過矣，然後世猶蒙其利。我國北連靺鞨，屢被侵陵，自前朝至于今，其禍不滑。城郭之脩，甲兵之練，當百倍於他道可矣。雖今年築一城，明年又築一城，無歲不築，何害於義哉！往者以富居爲界，而尚無數尺之城，塞邑如是，況其龍城以南之州郡乎？以今思之，籌邊之策甚失，而華人之笑宜矣。我聖軫念，謀臣獻議，庶民子來，既築會寧，又築慶源，役不踰時，功乃告訖。況甲山、慶興，自能修築，皆有堅城，北方之憂，十已去其八七矣。臣又聞殷伐鬼方，至于三年；周之戍役者，乃曰‘自我不見于今三年’，又曰：‘曷月予旋歸哉。’若是則殷周之民，尚不免戍役之久也。自此以降，夷狄益張，征戍益苦，觀其‘歸來頭白還戍邊’之詩，則可知矣。非獨中國，前朝亦然。初以鐵嶺爲關，後以雙城爲界，出諸下道之軍，遣戍於此，戍卒到老尚未歸家，至於父子不相識，其道途之遠，戍役之久，又可知矣。以我朝之事言之，霄壤不侔矣。自甲寅春至于丙辰秋，設四鎮以後，洪原以南，晏然不動。但去歲冬，遠近野人，勢將搖動，不可不示威。且北青以北，營屬軍卒，未得番休，以此初出洪、咸、定、預四郡正軍五百名，以禦冬月，次出永、高、德、龍、安、文六郡五百名，以守春夏之交，唯此二番而已。臣於癸丑冬受命以來，富居、甲山皆有留防，南道番上番休者，絡繹於道，馬斃卒仆，臣所目擊。以今日之事言之，勞苦自有間矣。臣又聞，遷邑大事也，起怨咨，傷和氣，古人之所深慮。況遷吾靜居之民，移彼豺狼之域乎，其不怨惡者幾希矣。第緣聖算神妙，不鞭一吏，不刑一民，數萬之衆，纔閱月而畢集於新地，大事易就，新邑永建，其與旋得旋失者，不可同日語矣。不意浮薄之徒，假托初年之大雪，次年之大疫，胥動浮言，扇惑人心，安者欲動，止者欲行，幾乎沮大事而喪前功矣。幸賴聖上之明斷，浮言自殄，民心自安。加以至仁浹洽，寒者以衣，飢者以食，民困於役而忘其勞，卒困於戍而忘其苦。古人有言‘毒民不由其上，則民懷敵愾之心’，又曰‘悅以先民，民忘其勞’是已。今日之建四邑，全以藩屏北方也；今日之築城郭，全以鞏固藩屏也；今日之戍邊圉，亦欲禦彼賊而安我民也。然則今日之事，非可已不已而輕用民力也，非好大喜功而窮兵黷武也。夫民至愚而神豈不知此意，妄興怨咨乎！民之十夫與臣言曰：‘會寧、慶源今已築城矣，所當築者唯鍾城與龍城耳。惟此二城既築，則我輩無憂矣。’信斯言也，其他庶民之心，從可知矣。去年慶源之禍，可謂慘矣，而民無懼色，散者聚，逃者復，力農安業，無異平日。以今日之事觀之，後日之效死勿去可期也。卒不勝銳氣，自出赴敵，能斬賊首者有之。以往日之勢考之，異日之親上死長亦可期也。以慶源一邑之事推類，則三邑軍民之心概可想矣。臣久在北方，熟觀野人之情，雖父子兄弟之間，有欲則相殘相害，無異仇敵，縱使日費千金，難以結其心。或結之以利，利盡則又肆其毒矣。莫若外示懷柔之惠，內修禦備之事，則我勢自强，彼勢自屈。以自强之勢，乘自屈之隙，則我可以得志矣。臣之欲汲汲於築城郭，繕甲兵，訓士卒，蓄粮餉者，良以此也。若城郭完固，甲兵堅利，士卒訓練，則四鎮之人足以自守自戰，奚待他兵之助？其賊變之永息，賊心之永服，難以預料也。臣抑又思之，新徙之初，僅以數尺之寨，尚能固守，況今石城既築，何憂自守？民無所儲，官無所蓄，因之以饑饉，亦免餓莩。況今連歲有年，民有餘粟，官有餘蓄，何憂食盡？官無尺寸之求，民無絲毫之出，何由財盡？民志已定，逋逃日減，何由逃盡？鍾城畢築，則民力自休矣，何患力盡？若龍城則勢非急急，何必速成，待其財力有餘，然後爲之未晚。臣又聞善人爲邦百年，可以勝殘去暴。是雖善人，未百年則不可以言治。況新邑之設未十年乎，何可以一事之得、一事之失，遽爲憂喜也。伏望聖上不求速成，不貴小利，不計小弊，不慮小患，積以歲月，待之悠久，則浮言自息，民心自定，民弊自去，民怨自絕，民食自足，兵力自強，寇賊自屈，新邑永固矣。然臣之所言，似不可盡信。初年之雪，言者以爲頭匹盡死；臣則以爲不然。次年之疫，言者以爲人民幾盡死亡；臣則以爲不然。朝議多以彼爲直，以臣爲曲；指彼爲忠，指臣爲邪。臣於是時痛心罔極。以今觀之，事各有迹，卒不可掩，未知孰爲忠，孰爲邪？孰爲公，孰爲私？公私之分，忠邪之辨，唯在聖鑑之明耳。自古在外建事之臣，必遭讒謗，不能脫禍者多矣。前朝臣尹瓘，蓋其一耳。瓘以巨室大功，幾乎未免，況臣無尺寸之功，又無建事之才，而所爲多舛，寧不寒心！臣不勝隕越昧死以聞。”上覽訖，即遣中官嚴自浩命之曰：“吾於北方之事，日夜軫慮不置。今見卿書，可無憂矣。”仍賜御衣一襲。　辛未，傳旨平安道都節制使曰：“除惡務本，雖擒賊黨之多，豈如獲一賊魁乎！如擒滿住，則幸之大也。惟其一向滿住窟穴，而不探同類之所居，則不無兩失之弊矣。大抵討賊，掃盪爲最。卿其知之，酌量施行。”

癸酉，兀者等衛野人女直指揮弗魯忽等，來朝貢馬駝。賜綵緞、鈔絹等物有差。　丁丑，海西劄眞等五衛野人女直指揮吉當加等、荅失山等二衛女直指揮奴膝哥等，各來朝貢馬。賜綵幣、衣絹等物有差。實錄。

丁亥，朝鮮實錄書：忽刺溫兀狄哈嘔罕衛指揮乃要昆及肥河衛指揮伐兒哥等，各遣人奉書投化。嘔罕衛書曰：“大明皇帝封忽刺溫一方兀狄哈乃要昆，設立嘔罕衛，世襲都督，住坐本土，管轄百姓。今欲於朝鮮國殿下受命效力，往來交通，差送指揮亏將介等六人，自今受命效順，永不寇邊。我等地面，所貴金銀及馬匹、鞍子等物賜給；仍授高爵遣還，則乃要昆等益改前心。殿下所貴之物，我等亦連續進獻，永永歸順。”肥河衛兀狄哈伐兒介書亦同。

此即明實錄中之嘔罕河衛指揮乃胯。

九月戊子朔

己丑，哥吉河等衛女直歹羊加等，來朝貢馬。賜綵幣、絹布等物有差。　命故木束河衛指揮同知阿憐哥子奴荅荅、罕山衛指揮僉事阿魯孫子色冷哥、阿倫衛指揮僉事塞勒子荅刺哈，俱襲職。實錄。

丙申，朝鮮實錄書：傳旨禮曹：“忽刺溫自古不通我國，而寇掠邊疆。我國以蕞爾醜虜，置之度外。苟犯邊境，則擊而逐之，使之懲艾而已，不相交通可也。彼雖欲交通，使得往來，識我虛實，非策之宜。且煩擾驛路，誅求無厭，不無將來之弊，皆非我國之利。今其酋長都督乃要昆，及都督伐兒哥等，各遣麾下六人，以歸順爲名，始來通好。予意彼人狙詐反

覆，難以信義待之。今之歸順，其誠心與否，皆不可知。假使
誠心，安能保其久而無替乎？且我國接待之禮，雖從優厚，大
抵戎狄之心，貪利無已，雖十事極厚，一事稍薄，則頓忘前十
日之厚，而反生怨隙，此戎狄之常情，則雖今日厚待，亦安能
終感其心於無窮乎？故不來則不必交通可也，來則不必厚待亦
可也。然曠古不通之夷，始來納欵，其志可取而可喜也。雖不
知其實心，名爲歸順，欺以其方，則以大字小之心，豈可追咎
既往之愆，逆計將來之詐，而薄待乎！雖後日有煩擾誅求之
弊，與剽竊寇盜之害，固有間矣。接待之禮，當從優厚何如？
其與政府同議以啟。"時諸種野人來者日衆，慮將難待，故有是
命。皇甫仁曰："微者則都節制使待之送還，酋長所遣，則並
皆上送。若多，則其中爲首者上送可也。"權蹋曰："雖酋長親
來，送京之數不過十人可也。"崔士康曰："不過四人可也。"黃
喜、盧閈、許稠、申槪等曰："令都節制使度審其部族强弱，
及待之厚薄之宜。當厚者不過十人上送，其餘都節制使厚接
之，贈物遣還。"上命錄擬議之辭，傳旨都節制使："大臣之議
如此。雖其來朝可嘉，然京中則猶可供給，驛路彫弊，將不能
堪，不可不慮。卿知此意，量宜畫策爲可。"　戊戌，御勤政殿
受朝。伐引住兀良哈都指揮僉事都兒溫等五人來朝，忽剌溫都
督乃要昆所遣指揮亏將介等六人、都督伐兒哥所遣指揮吾寧
應哈等六人，亦隨班。上引見都兒溫、亏將介、吾寧應哈等三
人於殿內，曰："險遠道路，艱苦出來。汝輩前此不曾朝見，
今乃來朝，甚嘉之。"都兒溫對曰："忽剌溫酋長，喜前日放還
朴多弄哈無伊應哈等，送人於我曰，今欲遣使以通歸順之意於
朝鮮，汝其勿禁護行，我是以率來。"上曰："已知汝意。"都兒
溫曰："前日兀狄哈侵慶源、會寧而還，我要中路，奪其馬三
匹及人口，遂有嫌隙，故至今未得來朝。今無兀狄哈聲息，且

雪未降，冰未合，故乃出來，欲及雪降冰凍前還歸也。且欲歸
順者非獨兀剌溫，北方深處種類，亦皆將有歸順之心矣。"上
曰："汝意好，予且悉之。"都兒溫曰："我兀良哈等，或居於伐
引，或居於水下，部落隔遠散居。故水下被寇，則伐引不及救
援，請欲聚居于伐引。"上曰："汝輩之事，予不當布置也。"都
兒溫曰："各處部落，欲會居一處久矣，然諸鎮禁之曰：'汝安
接已久，何故一朝棄舊居，是以不能擅便。'敢來啟也。"上曰：
"已知。"都兒溫又曰："我輩元無奴婢，所得役使之人，投于貴
國，貴國不還，我輩恨之，乞今後隨即發還。"上曰："投來者
是中國之民，則我國安能擅自進退乎?"都兒溫但俯伏叩頭不能
對。上曰："汝輩勞苦上來，姑且就舍。"並賜衣服笠靴。又賜
都兒溫靴馬。

　是日，命斡蘭河衛指揮同知亦稱哥子弗羊古、指揮僉事吉
桑哥子吉速，俱襲職。實錄。

　辛丑，朝鮮實錄書：平安道監司馳報："都節制使李蕆，
月初七日分軍三道：上護軍李樺領一千八百十八人，向兀剌山
南紅拖里，大護軍鄭德成領一千二百三人，向兀剌山南阿間，
皆自理山越江；李蕆與閭延節制使洪師錫、江界節制使李震，
領四千七百七十二人，向瓮村、吾自帖、吾彌府等處自江界越
江。" 傳旨平安道監司："近得咸吉道都節制使馳報，忽剌溫
兀狄哈領兵將向江界。若有賊變，則軍馬皆已渡江，防禦疎
虞，予甚慮焉。其戒敕邊邑入保，嚴備以待變。" 甲辰，傳旨
兵曹："今有獻議者云：'忽剌溫族屬，自古未聞執壤朝聘往來
者也。即今都督乃要昆、伐兒哥等，遣使歸順；指揮毛多吾哈
聞之，即自來朝。曾未一日，忽剌溫之歸順者絡繹不絕，將一
方雜種，無大無小，競來朝聘，其勢未有紀極也。自古未通北
方部落，向化自來，實爲盛事；然未知部落強弱大小，道里遠

近險夷，一樣待之，糜費財穀，以填無窮之欲，是亦不可不慮
也。大抵作事謀始，慎始慮終。今來忽刺溫使人所館，監護官
通事因閑訪問，忽刺溫境內四方相距里數，道路遠近迂直，某
職某人居某地，所率族屬部黨，幾戶幾人，某爲酋長，某爲次
酋長，酋長之數，部落强弱，則雖有不以實告者，參互前後各
人所言，從多而籍之，雖或不中，亦不大相遠，而接待彼人，
庶乎得宜。非獨忽刺溫，北方雜種，亦依上項，並皆細知明
白，置簿待之，實爲便益。'此議何如？擬議以啟。" 己酉，平
安道監司馳報："今九月初七日，左軍都兵馬使上護軍李樺、
右軍都兵馬使大護軍鄭德成，自山羊會過鴨綠江；都節制使李
蕆等，過滿浦口子前灘。十一日，左右軍入古音閑地，夾攻賊
田莊，賊皆逃遁。左軍向紅拖里，都節制使兵自吾自帖沿江而
下，搜索諸賊穴十二戶，斬賊三十五級，擒五名，奪牛馬頭
畜，焚其儲粟。十二日，右軍過婆豬江，搜索兀剌山城及阿閒
地面，賊皆逃遁，只斬一級，焚其廬舍及菽粟，即還涉婆豬
江。十三日黎明，右軍及都節制使兵，俱到吾彌府，圍其賊
穴。賊已預知皆遁，遂焚其空舍二十四戶，及所蓄菽粟。都節
制使兵即還師。右軍屯兵所土里待左軍。左軍斬賊十級，虜男
女九名，自紅拖里來會。是日晡時，賊乘右軍未成陣，突入交
戰，不克而退。十四日朝，賊又直指左軍，大呼犯陣，我軍放
火炮，賊退去，左右軍皆還師。左軍先引，右軍爲殿，道遇賊
五十餘騎。突出林間，我軍擊之，奪其馬二匹。十六日，左右
軍及都節制使軍皆還越江。凡殺獲賊六十名；我軍則黃海道自
募人一名中箭死。"蕆等遣使獻捷，前後凡五。其使者皆賜衣有
差。崔井安亦以捷來啟。賜衣，仍給典農註簿以下告身。

戊申，木蘭河野人女直阿失禿等、撒刺兒等衛女直指揮都
魯不花等，俱來朝貢馬。賜宴及綵幣、絹布等物有差。實錄。

　　壬子，朝鮮實錄書：傳旨咸吉道都節制使："忽剌溫兀狄
哈，自古不來我庭者也。幸今其酋長各遣人來朝，毛多吾哈則
親自來朝，一月之內，連續納欵。意必自今諸酋長，或聞風自
來，或遣使朝聘者，將絡繹不絕矣。然我國家，不知彼部落之
大小強弱，職秩高下，一體待之，誠爲未便。且雖單弱猥劣
者，或稱強盛，或托強者之命。若待之一樣，則彼弱者雖喜，
強者必懷不平，因此忿恨，不無生釁。我國接人之禮，亦失其
輕重之宜矣。自今卿可悉知此意，於往來忽剌溫人處，因便問
知其部落強弱，管下人口多少，土地廣狹，程途遠近，官爵高
下，山川險夷，並宜詳悉聞知。不特忽剌溫，其近處住居凡
察、都兒溫、甫兒看部落，伐引、訓春、厚訓、東良北等諸族
類野人，亦依上項例。至極秘密，訪問以啟。又建州左衛則凡
察，右衛則滿住，又有中衛，是何人，宜並問之。大抵比隣住
居雜種野人之類，國家不可不知，而邊將尤不可不知也。卿亦
潛心隨宜廣問，密封以啟。"

　　　　此時並未有建州右衛，亦始終無建州中衛之名。但既
有左衛，則意其又一衛必爲右衛。遂臆料斡朵里既爲左
衛，即婆猪江必爲右衛。既有左右，想必有中衛。國王傳
旨詢問，初非中朝有此事實，可知不在其境內之事，朝鮮
亦甚恍惚。在明境內之事，當以明實錄爲確也。

　　　　乙卯，禿都河衛女直舍人笞里等、納憐河衛頭目苦列得
等、考郎兀衛女直忽申八等，俱來朝貢馬駝及方物。賜宴，并
賜綵幣等物有差。實錄。
十月丁巳朔
　　戊午，兀者衛故都指揮鎖升哈孫男斡朵苦、兀的河等衛女

直頭目哈丁加等，各來朝貢馬及方物。賜宴，并綵幣等物有差。　命故考郎兀衛指揮僉事阿塞子忽申八襲職。　辛酉，兀者等衛女直頭目鎖令加等，來朝貢馬駞及方物。賜綵幣等物有差。丁卯，木里吉等衛女直指揮木花連等、嘔罕河等衛女直指揮同知阿隴加等，俱來朝貢馬及方物。賜宴并綵幣等物有差。

命故兀者衛指揮僉事歹都子阿松哥，亦罕河衛指揮僉事紀龍哈子撒并加，阿資河衛指揮僉事察班子阿種哥，納剌吉河衛指揮僉事禿能哥子弗羊古，弗朵禿河衛指揮僉事海滿子打申加，土魯罕子阿路、阿納忽子阿隴哥，俱襲職。　癸酉，命故忽兒衛指揮僉事忽失塔子咬納，也失塔子末朵那，兀列河衛指揮僉事脫今哈子打必納、阿令哥子忽失木，俱襲職。實錄。

丙子，朝鮮實錄書：平安道都節制使李蕆，獻北征所虜男女及投化出來童山等三名。

戊寅，命故嘉河衛指揮同知弗魯渾子阿卜、兀也吾衛指揮僉事歹孫子撒赤哈、木魯罕山衛指揮僉事察罕塔子婁得、劄童衛指揮僉事禿干子土納、忽里吉山衛指揮僉事卜郎哈子也哈、忽石門衛指揮僉事亦丁哈子亦沖哥，俱襲職。　癸未，行在兵部奏：「兀良哈及韃靼、女直人等來朝貢者，進馬或三五匹，動輒三四十人。有回至中途復來者，多有不逞之徒，詭冒其間，引誘爲非，多無公文照驗。道經城鎮關隘，總兵城守等官，略不誰何，一概縱放。所過凌辱驛傳，騷擾軍民，需索剝奪，其害非一，乞禁止之。」上是其言，乃敕遼東等處總兵等官：「今後外夷以事來朝者止許二三人，或四五人，非有印信公文，毋輒令入境。」　甲申，右城等衛女直舍人沙隆加，來朝貢馬及方物。賜宴，并鈔幣等物有差。實錄。

十一月丁亥朔

戊子，可木河等衛女直舍人鎖羅幹、建州左衛指揮塔察兒

等，俱來朝貢馬及方物。賜宴并綵幣等物有差。 庚寅，命右
城衛故指揮同知苦出不花子沙隆加襲職。 甲午，命故可木河
衛指揮僉事范察子鎖羅幹、兀者右衛指揮僉事廣古子阿剌孫、
阿者迷河衛指揮僉事咬哈子必思哈、撒力衛指揮僉事桑果奴子
阿束、弗提衛指揮僉事蒙古答子短失古，俱襲職。實錄。

戊戌，建州左衛都督猛可帖木兒子童倉奏：“臣父爲七姓
野人所殺。臣與叔都督凡察及百戶高早化等五百餘家，潛住朝
鮮地，欲與俱出遼東居住。恐被朝鮮國拘留，乞賜衿憫。”上敕
朝鮮國王李裪，俾將凡察等家送至毛憐衛；復敕毛憐衛都指揮
同知郎卜兒罕，令人護送出境，毋致侵害。實錄。

既認凡察爲都督，而奏事又用童倉之名，當是董山已
有以自見，故以猛哥子具奏。以見猛哥自有子，甘戴凡
察，示董山之不應爭襲也。觀數日後之朝命可知。

丙午，肥河衛指揮使別里格，言其父剌令哈曾效力，乞襲
其舊職爲都指揮僉事。從之。實錄。

是日，命建州左衛故指揮使歹都子戴咬納襲職。實錄。

甲寅，命故掌建州左衛事右都督猛哥帖木兒子董山，襲爲
本衛指揮使。實錄。

甲寅距戊戌十七日。戊戌書童倉奏辭，稱凡察爲叔都
督，非有爭襲之意。而董山之出，正在此時，明紀載皆稱
童倉、董山爲兄弟二人，與清實錄合。朝鮮則認童倉爲即
董山。日本人據之，謂明紀載爲誤。然實錄年月情節，實
不得爲童倉謂即董山，且朝鮮實錄中，亦明載明廷詰問朝
鮮，何以童倉與董山混稱無別？朝鮮則答以明廷亦有時混

稱云，則朝鮮原非確認其是一人而非二人，不過越境以後，於建州事已隔膜，不甚了了云爾。

十二月丙辰朔

丁巳，行在禮部奏："初有旨諭外夷勿貢珍珠。今建州左衛、毛憐衛復貢珍珠，宜還之。"上以夷人遠來，意在規利，其姑收之而酬以直。實錄。

上月戊寅，禁諸夷朝貢人數太多，猶不專指建州，而建州自在內。此以已諭禁之貢珠，仍復充貢，則專屬建州、毛憐所爲。諭禁屢見前文。建州產珠，即所謂東珠。正統元年十二月癸未，胡濙奏"女直貢珠，往往將蚌殼磨成，黃暗黑色，細碎不堪"。本年四月壬午，毛憐等衛貢珠五百顆，則云"姑酬其直，無以爲例"，至此又貢，仍"酬其直"，即無以爲例之例也。納貢爲國家漏卮，古時不善馭夷如此。而建州之嗜利藐禁，尤爲諸夷之冠，蓋由來舊矣。

乙丑，兀者衛野人女直鎖住克等、刜童衛指揮禿省哥、伍屯當即和屯衛舍人得松哥、弗提衛指揮僉事刜剌等，俱來朝貢馬駝及方物。賜宴，并綵幣等物有差。　戊辰，命兀者衛故指揮僉事亦成哈子鎖住克襲職。實錄。

庚午，朝鮮實錄書：平安道監司馳報："本月十一日，野人三千餘騎寇碧潼，焚碧團木柵而還。知碧潼郡事辛晉保與碧團副萬戶許惟剛，率三百餘騎追之。"

此爲建州之擾朝鮮。

甲戌，敕遼東總兵官都督巫凱等曰，"得奏戰守方略，具悉卿等盡心。然曩言兀良哈三衛達子、并海西野人女直，來朝不從戒諭，且出悖言。朕以卿等握重兵，鎮邊陲，於茲小醜，不能以禮法制之，況大敵乎？若然則所畫方略，將何所施？古云'非言之艱，而行之艱'，卿其勉哉。" 哥吉河衛女直指揮夫里必納、亦文山衛指揮不當加、兀里奚山衛指揮女桑加，各來朝貢馬及方物。賜宴，并綵幣等物有差。 命五屯河衛故指揮僉事脫尹不花子尚都、弗提衛故指揮僉事由稱子咬納，俱襲職。實錄。

丙子，朝鮮實錄書：御勤政殿受朝。斡朶里童阿下大、童所老帖木兒等，來獻馬。阿下大，凡察子也；所老帖木兒，於虛里子也。 辛巳，聖節使李宣、通事高用智回自京師，進聞見事件，及傳錄敕書……一、李滿住所送野人等，每見用智等曰："汝國何故伐我乎？吾等將害汝於東八站路矣。"敕書則以童猛哥帖木兒子童倉所奏，右童倉及其管下五百戶、指揮高早化等五十家，許令移居婆豬江，令邊將護送境內，與滿住一處完聚。 壬午，召領議政黃喜、左贊成申槩、右贊成李孟畇、左參贊趙啟生、右參贊崔士康、禮曹判書權蹈、兵曹判書皇甫仁、僉知中樞院事金聽、吏曹參議崔致雲等，使辛引孫、金墩議事……（一）敕諭云："童倉等欲移婆豬，恐朝鮮國不肯放。本人及所管五百戶，指揮高早化管下五十家，并護送出境上，令移居婆豬。童倉前日無移徙之請，我亦無禁遏之令，而今若此，且其所管未滿一二百戶，而以虛事奏聞，其計狡矣，何如而可？"僉曰："本人等雖久居我境，其租稅徭役，一皆蠲免，特令完恤。移徙之請，前所未聞。今欲移徙者，意必忌我國輒解唐人之逃來者，故欲與滿住結黨為寇，而移居于婆豬。以此奏聞為可。又於奏本，其管下多少真偽，並錄亦可。"（一）滿住報復之心未嘗少弛，而東八站舊路，近於婆猪，欲請剌楡寨新路何如？僉曰："限賊變寢息，經由剌楡新路赴京，以此奏請爲可。"（一）東八站之路，可畏如此，赴京使臣，迎送軍不宜單弱，加其軍額，移咨遼東何如？喜等曰："舊額四十，又加四十爲便。"槩等曰："宜加一百六十。"喜等又曰："軍數倍於前，宜移咨遼東，俾知之。"金聽、崔致雲等議曰："軍數不多，不須移咨。"

三年，即朝鮮世宗二十年，戊午（1438）

正月丙戌朔

己丑，建州左等衛都督凡察，來朝貢馬及貂鼠皮。賜宴并賜幣、襲衣等物有差。實錄。

辛卯，朝鮮實錄書：聖節使李宣捧敕回自京師，上迎敕于思政殿，除群臣侍衛。敕曰："今得建州左衛都督童猛哥帖木兒子童倉等奏，比先其兄阿古，與七姓野人讎殺，被野人將其父兄一家都殺了。童倉等連印信都被搶去，後得毛憐衛指揮哈兒禿等贖回。今要將帶都督凡察等，及童倉家小，與所管五百戶，並百戶高早化等五十家，俱來遼東，與都指揮李滿住一處住坐。緣本地方切近王國，祇慮王不肯放。茲因王使臣回，特以敕諭王：如果都督凡察等及童倉家小，與所管五百戶，並百戶高早化等五十家見在，即令人護送出境，交與毛憐衛頭目都指揮同知郎卜兒罕，轉送出來，與之完聚。不惟見王之美意，尤足以副朝廷同仁一視之心。故敕。"

是日，命故兀魯罕河衛指揮同知哈里子咬納、指揮僉事著脫子令加、阿古河衛指揮僉事勤弅子克因哥木、忽剌河衛指揮僉事弩荅子長吉荅，俱襲職。實錄。

丙申，朝鮮實錄書：傳旨咸吉道都節制使："聞去年夏，李滿住來斡木河，一日到權豆家祭童猛哥帖木兒，欲宿其家。

聞會甯府使抄兵，初昏還去。夜半，軍士圍權豆家搜之，曳出
權豆妻及盲人，以謂滿住，出門外乃知非滿住而止焉。滿住初
欲還斡木河以居，聞此驚懼，還歸婆豬江。此卿前日來啟之旨
也，細聞以啟。又聞會甯判官李林，性惡斡朶里，雖有小過，
鞭笞不赦，侵之已甚，彼徒徙居他處者頗多，細聞以啟。”

壬寅，右城衛女直舍人苦女等，俱來朝貢馬。賜綵幣等物
有差。　癸卯，命故考郎兀衛指揮使薛列河子哥哈，建州左衛
指揮僉事兀魯連子兀乞、童答蘭子阿哈里，俱襲職。實錄。

甲辰，朝鮮實錄書：傳旨咸吉道都節制使：“今送童倉等
移往婆豬江事由奏草，不煩審視。前送敕諭事意，千萬勿洩，
以觀其變。若童倉等以爲聖節使受敕已還矣，當答曰：‘不知
矣。敕書若到，則國家必諭我等矣。今無國家之命，汝是誑
說。’童倉等強欲移徙，則當謂童倉等曰：‘汝寄生于我，厚蒙
國家之恩，許多年矣，而徭役租稅，本不相關，視之如吾民，
愛之如吾子，永與汝輩共樂同仁之化，奈何一朝遽欲移徙乎？’
彼雖以禮辭而去之，多方以說，勒令淹留可也。卿向者啟云：
‘凡察雖欲移居，管下之人不從者必多矣。至於權豆妻，亦不
欲移徙，永依國家而居。’今赴京有如此奏請，彼人之不足信乃
如此矣。凡察等遇李宣於高嶺驛，曰：‘聞今者稱我告朝廷之
事，專是滿住管下童塔赤等所爲耳，我暫無開口矣。彼人等何
以爲我所爲也，未知其端，心實怒焉。我到北京，則當與鬧一
遭矣。’凡察之言，雖未可信，亦或有理。前此同類來告凡察欲
移徙他處者，絡繹不絕，比來不聞凡察之欲徙，今已二三年
矣。且去年七月，親自來朝，厚蒙國家之恩，焉知彼猶不改前
心乎？且使其子阿哈歹，來獻馬二匹，我館穀加等，授之高
爵，以悅其心，時當留京。予心以爲凡察必不今春移徙他處
也。惠寧君回還之間，百計設策，多般撫綏，俾安其居，無有

移動之心，策似善也，若先下手，則似不可者有三。禮部謂李宣等曰：'猛哥帖木兒子童山奏請移住事，汝當順賫敕書回還，可差人將上項人口送出境上。若汝國守邊官不知朝廷旨意，及汝殿下意思，害了一二人，則朝廷當怪汝國矣。'朝廷之議如此，而遽加討捕，則朝廷無乃怪我乎！其不可者一也。今使奏請未返而遽興師旅，則非唯有違情理也，我之自古禁他遷居之迹見矣，朝廷以爲何如？其不可者二也。守邊之要，非貴戰討，貴乎寧靜。今邊境未有釁隙，而遽先下手，以開後日之患。其不可者三也。有一不可，尚不可妄動師旅，況不可者有三乎！卿其愼之。但聚兵會寧以示威。若有橫逆之狀，先犯於我，則不得已應變處置。毋陷術中，亦可。（一）自今至四月，卿聚兵會寧，以觀彼人農作之勢。彼皆安業耕田，無移動之狀，則還營爲可。（一）今春節多備酒食於會寧，卿隨宜數喚諸酋長饋餉，或給布物，以悅其心，仍善誘上送。諸酋長雖未親來，勸令送其子弟亦可。（一）高早化年老，率管下安居會寧之吾弄草，其子弟勸令上送亦可。（一）卿之報兵曹牒曰滿住將到斡木河。予疑滿住爲迎引童倉而來也。但去年夏，滿住到斡木河，驚感還歸，必不到近處。卿悉知此意，隨宜應變爲可。（一）斡朶里等托兀狄哈侵掠，而皆騎山，不無乘夜移徙之理。宜使人因他事常時往來，以觀向背。果有兀狄哈聲息，則其江內人，并於府城以南山間隱匿爲可。隨宜盡心施行。" 檢察官賫去事目，其請童倉、凡察等仍舊安業。奏曰："正統三年正月初六日，陪臣李宣賫捧到敕諭，節該：'今得建州左衛都督童猛哥帖木兒子童倉等奏，比先其兄阿古，與七姓野人讎殺。今要將帶都督凡察等，及童倉家小，與所管五百戶，並百戶高早化等五十家，俱來與都指揮李滿住一處住坐。緣本地方切近王國，祗慮王不肯放。如果都督凡察等及童倉家小，與所管五

百戶，並百戶高早化等五十家見在，即令人護送出境。欽此.'
查照得永樂二年五月間，奉欽差千戶王脩賫敕；'招諭叅散、
禿魯兀等十處女直人民。欽此.'臣先父恭定王備洪武二十一年
間，欽蒙太祖高皇帝聖旨，准請公嶮鎮迤北還屬遼東；公嶮鎮
迤南至鐵嶺，仍屬本國事因。差陪臣金瞻，賫文奏達。當年十
月初一日，回自京師，欽奉敕書：'叅散千戶李亦利不花等十
處人員准請。欽此.'臣今竊照童猛哥帖木兒率領管下人民，久
居本國公嶮鎮迤南鏡城阿木河地面，臣祖先臣康獻王時，授鏡
城等處萬戶職事。自此並無差撥收稅，安業住坐。近因七姓野
人等，將猛哥帖木兒父子殺了，乘勝侵掠，不計本國地方，欲
要奪占。爲此，本國開設衞門守禦以來，將其拋下家小人民
等，撫綏如前，本人等亦無告言搬移他處，自在快活，不曾有
缺。今欽見奉再照，本人等以前與楊木答兀結黨，虜掠遼東所
轄開原等處住居軍丁，爲奴使喚，所虜之人，不勝艱苦，往往
逃脫前來，本國隨到隨解，共計八百餘名。以此含畜怨恨，積
有年紀。比來童倉、凡察等所居地方，切近本國所設衞門，其
被虜人口，容易逃來，益生恨心，欲要搬移。見今李滿住等讐
嫌本國，住來作耗，兩相結搆，曾未解忿。倘若本人等與李滿
住一處聚居，同心作賊，本國邊患益滋不絕。竊念小邦臣事聖
朝以來，累蒙高皇帝詔旨：'不分化外，一視同仁。'又蒙太宗
文皇帝敕旨：'三散等處十處女直人員准請。'所有童倉、凡察
等祖居鏡城地面，皆在聖朝同仁之內。伏望聖慈，許令上項人
等仍舊安業，以安邊民，不勝幸甚。"

戊申，命建州左衞故指揮僉事南加子苦玉襲職。實錄。

癸丑，敕建州左衞都督凡察及故都督猛哥帖木兒子董山
曰："往聞猛哥帖木兒爲七姓野人戕害，掠去原降印信。宣德
年間，又復頒降，令凡察掌之。前董山來朝，云舊印已獲。近

凡察來朝，又奏欲留新印。一衛二印，於法非宜。敕至，爾等即協同署事，仍將舊印遣人送繳，庶幾事體歸一，部屬信從。”實錄。

　　自此始見凡察、董山爭印之事。董山來朝襲職，在上年十一月二十八日甲寅，其時即不與凡察相合。至近日凡察來朝，欲留新印，朝廷始鑒其叔姪爭端，乃有此敕。而童倉則於上年十一月十二日戊戌來朝奏事，歸後仍與凡察同居一衛，同向朝廷言欲移徙，同向朝鮮諱言移徙，直至同逃入明邊，皆爲叔姪合作，與挾印相爭之董山大異，故知童倉、董山確非一人也。

二月乙卯朔

　　乙亥，建州衛女直指揮劉伍、陳加等，俱來朝貢馬。賜宴，並賜綵幣、絹布、襲衣有差。　丁丑，吉河衛女直失理哈，願居京自效。命隸錦衣衛，給鈔布、餼廩、居室、什器。實錄。

　　戊寅，遣敕諭建州衛都指揮李滿住等曰：“得奏，知朝鮮人馬無故殺戮爾農人，爾亦率衆往彼必屯城讐殺。朕惟朝鮮與爾接境，爾能睦鄰通好，彼豈殺害無辜，況角力爭強，甚非保境安民長策。爾繼今宜遵守法度，鈐束部屬，各守爾土，毋相侵犯，以稱朕一視同仁之意。實錄。

　　朝鮮再討滿住，在上年九月，討後未有專奏。就朝鮮實錄中觀此役，亦本未爲大舉。而滿住被討，亦於率衆往彼讐殺後，方奏朝廷，故明實錄見於此時。其讐殺在上年十二月，朝鮮實錄書其事於上年十二月庚午，謂“野人寇碧潼，焚碧團木柵"。此處言滿住往朝鮮"必屯城讐殺"。必屯即碧潼或碧團之譯音，女直所報係女直文字故也。

三月乙酉朔

丁亥，建州衛女直副千戶赤失奏，願居京自效。命隸錦衣衛，賜金織襲衣、紵絲、鈔、布諸物，給居屋、器皿。實錄。

此後願居京自效者多依此。李賢奏後，雖沿前朝例，未能遽不許居京；但隸錦衣衛，則已非閑住食俸，漫無管轄矣。

四月甲寅朔

辛酉，朝鮮實錄書：咸吉道都節制使金宗瑞啟："(一)童倉回自京師，謁臣於會寧曰：'前年夏，凡察囑李月下曰：'我欲率管下人徙于滿住所居，宜奏朝廷以受聖旨。'今者我輩之赴京也，李月下及童塔赤奏于朝廷。禮部喚我與月下、童塔赤參問。吾答云：'不忍遠離父母墳墓，心欲仍居朝鮮。宰相亦皆聞之。'臣謂童倉曰：'汝父汝兄歸順我國，國家撫綏亦厚，奈何忘恩背德，欲居滿住所居，搆黨爲賊乎？'童倉曰：'雖有聖旨，我無移去之意。'其言難信，然勤治農事，時無移徙之狀。(一)斡朶里等相謂曰：'若漏洩此聖旨，則徒增朝鮮之怒。'馬波羅來告，李滿住欲於四五月間，潛入間延作賊，多作樺皮船。滿住又聞朝鮮殿下第五弟赴京，欲於回還時剽掠於東八站，晝夜窺伺。(一)童倉及他斡朶里等，畏我國威靈，不敢出移徙之言，勤治農事，無移徙之狀。然詐謀難測，臣於朝夕窺其去留。(一)李月下，即滿住、凡察等妻弟，李將家子也。童塔赤，即權豆養子古老赤父也。童倉、凡察前此因爭管下結

怨，視如仇敵，非一二年。"即傳旨平安道，惠寧君迎逢軍倍數
抄送。又命兵曹參判金孝誠，率京中壯士二十、藥匠十名，往
迎遼東。

　　　　李將家爲滿住、凡察等妻弟，則滿住之妻與凡察之妻
爲姊妹。

　　　　童倉、凡察因爭管下，視如仇敵，非一二年，則其相
爭已久，而並無挾有舊印之說。至董山出而印始來。若童
倉先有印，則不爲凡察所攘奪，亦必爲童倉所早挾以壓凡
察矣，此亦童倉與董山非一人之證。　　月下，即吾哈，亦
作兀黑。

　　甲戌，朝鮮實錄書：平安道監司啟："今承傳旨與都節制
使，共議道內死囚可能審視賊穴者。甑山囚明火賊卓思右，永
柔囚金麼應巨豆、李興實、金居次里等，可人也。"遂下傳旨監
司、都節制使曰："卓思右所犯可疑，更令推覈。其餘三人所
犯無疑，可以發遣。若不足，則更擇如此可當死囚，隨宜布
置。此事關係匪輕，更加盡心布置。"
五月甲申朔
　　是日，朝鮮實錄書：計稟使通事全義等，齎捧謄寫敕書二
道、兵部移左軍都督府咨呈一道來。賜衣各一襲。其敕曰：
"前因建州左衛都督猛哥帖木兒男童倉等奏，欲同李滿住一處
居住，已准所奏，敕王令人護送出境。今得王奏，李滿住等釁
嫌未解，若令聚處，將來同心作賊，邊患益滋。王所計慮亦
當，其童倉、凡察等，聽令仍在鏡城地面居住，不必搬移。此
輩皆朝廷赤子，在彼在此一也。王惟善加撫恤，使之安生樂
業，各得其所，庶副一視同仁之意。欽哉。"

　　朝鮮必欲逐凡察出境，而偏示固留不遣，使凡察自爲
逃徙之計，而朝廷反居庇護之名。則凡察徙而建州左衛亦
徙，明仍認凡察等爲建州左衛，不能復設此衛於朝鮮斡木
河地矣。其計畫盡露於王與金宗瑞往返密書中。

六月癸丑朔

　　丁卯，宥守備鐵嶺衛奴兒干都司都指揮同知康福、鐵嶺衛
指揮僉事張忞死罪，降充爲事官，仍於本處哨備。以福等失於
哨瞭，致賊入掠故也。實錄。

　　　奴兒干都司康福爲前都司康旺子，此時書其職務爲守
備鐵嶺衛。鐵嶺切近開原。奴兒干都司既不擬復設，即移
用於開、鐵間，以前本寄俸於開原，此時并奉職於鐵
嶺矣。

　　戊辰，建州衛掌衛事都指揮李滿住，遣指揮趙歹因哈奏：
“舊住婆豬江，屢被朝鮮國軍馬搶殺，不得安穩。今移住竈突
山東南渾河上，仍舊與朝廷效力，不敢有違。”又奏：“故叔猛
哥不花任都督同知，曾掌毛憐衛事。其衛印被指揮阿里占藏不
與。今猛哥不花男撒滿答失里襲職，仍掌衛事，乞給與印信，
以便朝貢奏事。阿里印信，不許行用。”事下行在禮部、兵部
議：“渾河水草便利，不近邊城，可令居住。阿里見住毛憐衛，
部下人衆，宜與印信。撒滿答失里住建州衛，與毛憐衛隔遠，
又無部下，難與印信。其朝貢奏事，宜令李滿住給與印信文書
爲便。”從之。實錄。

　　據此，則毛憐衛自猛哥不花受衛職以來，原無印信，

其印信自有指揮掌之。且與猛哥不花父子所住，相隔甚遠，則知掌印之毛憐衛指揮，仍在朝鮮東北之舊毛憐衛，而猛哥不花毛憐衛，當為明史兵志之寄住毛憐衛。猛哥不花原係建州衛阿哈出之子，所統之衆，乃建州衛部下，以從征有功，予以毛憐衛指揮之官，又許寄居邊內。其毛憐原有部屬，自在毛憐舊地，故與婆豬江遠隔。自李滿住以建州衛指揮移來婆豬江依猛哥不花，歷年既久，反稱婆豬江爲建州衛地，而以撒滿答失里爲住建州衛矣。今滿住代撒滿答失里求給毛憐衛印信，部議不欲奪彼予此，遂使撒滿答失里之朝貢奏事，反用建州衛印信，是婆豬江之毛憐衛爲寄住毛憐衛可知。而自猛哥不花以來，原未有毛憐衛印信，則向來朝貢奏事，本用建州衛印信亦可想矣。明代之言建州女眞，必連毛憐衛在內，事實固如此也。阿里，即舊毛憐衛指揮把兒遜之子，見宣德六年八月己亥朝鮮實錄，已見前。把兒遜作波乙所。

甲戌，朝鮮實錄書：咸吉道都節制使金宗瑞啟：“（一）今聞李滿住與忽剌溫兀狄哈沙弄哈、也吾時等搆黨，欲掠赴京使臣之行，乘夜入侵閭延、江界等處。臣欲設携離之計，因忽剌溫住女眞龍良哈之還，厚遣沙龍哈、也吾時而招安之。沙弄哈則送其弟，也吾時則親來，並令上京。此輩前雖作賊，今乃革面，況李滿住發憤，欲搆黨報讎之時乎，宜加厚慰，以離其黨。（一）今上京斡朶里千戶毛多赤，爲諜於諸種野人，連告事變，且主忽剌溫招安之事，宜加厚待勸勵。” 己卯，咸吉道都節制使啟：“（一）郎卜兒看招安南羅耳住野人，使之歸順，希望賞賜。（一）童倉來言：‘吾父中朝、本國皆受職，吾亦願依父例受職，且欲結婚於李滿住族人處。然更思之，滿住本國之

賊也，不可結婚，今欲與本國人結婚，永永效力。'（一）郎卜兒
看云：'我與凡察、都乙溫等議，若招安李滿住，則雖不親來，
必遣子弟。'此輩先滿住之意而來告也。臣等以爲蕞爾滿住，制
之不難，然數興兵甲，往討險阻，勢甚不易，多聚遠邑軍卒，
年年防禦，其苦無窮，且赴京之行，絡繹不絕，疑被侵害，多
率護送軍往來，罷弊益深。爲今之計，莫如和親，聽凡察、郎
卜兒看等計招安，以觀其勢何如？"

　　郎卜兒看，明實錄作郎卜兒罕，乃毛憐衛指揮，此非
婆豬江之毛憐衛，即毛憐舊地之毛憐衛也。毛憐舊地與斡
木河相近，此時因李滿住數與朝鮮齟齬，致煩征討，以招
安之說進朝鮮，即是欲爲滿住與朝鮮重媾和好，而爲朝鮮
屬夷也，與李撒滿答失里無涉，故知其爲舊毛憐地之毛憐
衛，都乙溫，見朝鮮實錄，爲愁州住野人。愁州即舊毛憐。又阿
里子都乙好，當即其人，亦見朝鮮實錄，在宣德四年、六年。

　　辛巳，朝鮮實錄書：傳旨咸吉道都節制使："郎卜兒看賞
以本道所儲青紅木緜。其招安李滿住，聽郎卜兒看、凡察等
計，以觀其變。童倉欲娶本國人，依他向化人之例，欲來京中
娶公處婢乎，娶近境各官居人之女乎？若娶近境各官居人之
女，則何等人之女乎？當令監護官因語次問之。其受職之事，
既受中朝官爵，不可又受本國官爵。"

　　朝鮮於李滿住之招安，於童倉之求婚本國女，受本國
職，皆在相機應付之列，並不定欲其成。蓋本意在逐去建
州左衛，故李滿住欲移居斡木河，則斷斷不許；至招安，
則不必移居，固無所不可也。

七月癸未朔

是日，朝鮮實錄書：斡朶里童倉等來獻土宜。 斡朶里凡察所送指揮申具等三人辭。賜布帛、衣服、笠靴有差。 己丑，議于政府、六曹曰："斡朶里住居境內，而猶有移動之心久矣。今已蒙奏准，童倉等仍舊安業，其不能擅自遷徙一也。四鎮領兵而居，以示制御之威，其不能遷徙二也。酋長雖欲移徙，管下之人皆不肯從，棄管下而獨徙，則爲匹夫而已，其不能遷徙三也。彼久居斡木河，自在耕牧，安心土着，一朝棄已熟之田，挈家遠徙，依付草木之間，亦人情之所不忍也，其不能遷徙四也。以是觀之，固無移徙之疑矣。然童倉求婚於滿住，期已定矣，既而以滿住寇我本國辭之，乃求婚於本國之人。大抵斡朶里酋長，不娶管下，必求婚於同類之酋長，或兀狄哈，或兀良哈，或忽剌溫。今童倉不求於彼而求於此，其向化誠僞雖未可知，其外貌則亦可尙已。端川以北之人，皆是女眞遺種，向化已久，國家差役，無所不爲，與本國舊民無異。獨斡朶里猶未順服，爲我邊境之虞。今宜從童倉所願，許娶會寧良家之女。彼雖率歸，必往來婦家，以告雜種野人動靜聲息，此待夷狄之一策也。古之帝王，或以公侯之女，或以宗室之女，下嫁於夷狄，此則不得已而爲之，其事大矣。童倉則不然，其管下之人侍衛京中者，許娶公處之婢，或嫁良夫之産，今其酋長誠心效順，而以近境良家女妻之，此事之小者也。反以爲無前例，不肯聽從，其未可也。或云今許童倉，則彼諸種皆援例求之，其漸不可長也。予亦以前日所無之事，不可輕易爲之，然境內酋長子弟之求婚者幾人乎？若其管下之人，則誰能仰告於我以求婚乎！但今告童倉曰：'汝娶本國之女，仍置本處，往來彼此則可矣。若率歸汝家，不肯往來，則誠心向國之意未著，汝何以處之？'如此告諭何如？"領議政黃喜議："古者中國許婚夷狄，不得已而行之，不可取法。今童倉許婚，千思萬慮，未知其可也。今姑停之以觀其變，然後更議何如?"右議政許稠議："請依上敎。"左贊成申槩議："會寧爲我境内，且旣許婚，而禁其率妻而歸，則似乖於女歸夫家之義，又乖於許婚之義，且使彼反生疑間之心，非大國待夷狄之道也。請從情願。"左參贊趙啟生等議："曾聞童倉與滿住求婚久矣，今若辭彼而誠心求婚，則擇四鎮有產業良家之有姿色處女，官給資粧，從自願婚嫁可也。"右贊成李孟畇等議："今童倉絕婚於滿住，求婚於本國之人，其情可尚，宜准其請。" 癸巳，議于禮、兵曹曰："今令監護官，因閑話謂童倉曰：'汝欲受我國官爵，以效誠心，其意可尚。然汝旣受中國官爵，又授本國之職，退居邊境，心懷兩端，則雖授本國之職，於汝何益乎? 我國家亦不爲此無名之事矣。汝若侍衛京中，則不可無職事。旣受職事，則俸祿亦隨之矣。旣受俸祿，又娶良家之女，以有室家奴婢，如馬邊者例，或入直王宮，或公參官府，或來往本土，撫有管下，則永享富貴，以遺子孫無窮之計。'如此告諭，以觀其志何如。"禮曹判書權踶、兵曹判書皇甫仁等皆曰可。議于政府曰："野人生長草野，以飛放打圍爲事，不喜覊係一處。今之從仕京中者，率皆無賴之徒，無所依托，仰望衣食者也，其酋長則固無一人來往，獨馬邊者自其父來仕，其意可賞，故予之待遇，亦特異於他人。然其伯叔兄弟在斡木河者，自樂其土，終不求仕，其性然矣。今童倉則自以酋長之裔，率管下挺身來朝，革面效順，旣求婚姻，且欲宿衛，其誠固不淺也。同來管下人沮之，以爲若留於此，則吾輩伊誰撫有乎，發怒詰責之。然後童倉曰：'我亦回去矣。'然猶不忘侍朝之志，每發於口。予欲令監護官告諭童倉，以觀其志。議諸權踶等，皆以爲可也。酋長誠心求仕，此機似不可失也。何以處之，擬議以

啟。"僉曰："似爲未便，姑停以待後議。"遂命停之。　辛亥，
傳旨咸吉道都節制使金宗瑞："今聞凡察非猛哥帖木兒同父弟，
而童倉幼弱之時，猶領管下，以爲一部酋長。今童倉年滿二
十，體貌壯大，一部人心，咸歸童倉而輕凡察。卿久在邊境，
必熟知形勢。斡朶里一部之心，果如予所聞歟？備細啟達。"宗
瑞回啟："凡察之母，僉伊官名甫哥之女也吾巨，先嫁豆萬官名
揮厚，生猛哥帖木兒。揮厚死，後嫁揮厚異母弟容紹官名包
哥，生於虛里、於沙哥、凡察。包哥本妻之子吾沙哥、加時
波、要知，則凡察與猛哥帖木兒，非同父弟明矣。然猛哥帖木
兒生時，如有興兵之事，則必使凡察領左軍，權豆領右軍，自
將中軍，或分兵與凡察，故一部之人素不賤惡。猛哥帖木兒死
後，童倉與權豆妻，皆被擄未還，凡察乘其隙，亟歸京師，受
都督僉事之職，又受印信而還，斡朶里一部人心稍附之。及權
豆妻與童倉生還，且得遺腹之子，一部人心皆歸於權豆之子與
童倉。其後權豆之妻輕薄善罵，詈童倉愚弱，一部稍稍失望。
其赴京也，朝廷薄童倉而厚凡察，賜凡察以玉帶，且命凡察
曰：'汝生時管一部，死後并印信與童倉。'以此一部之人不得
已附於凡察，然其心則或附童倉，或附權豆之子，時未有定。"

　　此一節，最足考見清先世事實。於肇祖以前，又知其
父之名爲揮厚，其官已爲豆萬。其外祖名甫哥，而官爲僉
伊。其母之名爲也吾巨。然則肇祖之爲斡朶里萬戶，女眞
稱斡朶里豆萬。自其父已居是職，可知其世襲在前，并非
肇祖始受萬戶之職於朝鮮也。日本人謂肇祖即清始祖，清
實錄謂其先別有始祖布庫里雍順，必出依託。觀此，則肇
祖受朝鮮萬戶之職，正緣其傳世本爲斡朶里豆萬，故以萬
戶授之。當未受朝鮮職之先，原稱其職爲豆萬，乃先世相

傳之女眞語。至朝鮮所授，自名萬戶，不得并爲一說也。
肇祖之父之豆萬，自亦世襲之官，則推本於元史之女眞五
萬戶，其中斡朶里萬戶，明見元史，設在元初。其始受此
官之人，即爲清之始祖。清世紀其名爲布庫里英雄，後改
布庫里雍順，正可補元史之佚文耳。

　　童倉被擄後生還，直至於今，未言其携有舊印，與凡
察爭襲。明廷且有命，凡察死後，并印信與童倉，尤爲童
倉別無挾印之證。而董山之挾印爭襲，已見於明實錄中，
事在上年十一月，朝鮮猶未聞知。可見董山與童倉非一
人。董山在明廷所陳奏之事，朝鮮不易得其消息也。

八月癸丑朔

　　是日，朝鮮實錄書：御勤政殿受朝。童倉辭，引見於殿
內。上曰：“險遠之路，辛苦而來。”倉對曰：“我及父兄俱沒於
賊。我幼少無知，來覲太晚，惶恐無地。”上曰：“已知汝誠
心。”倉曰：“我父旣仕本國，我亦望受職侍衛。”上曰：“汝之好
意，予已知之。”倉又曰：“先父管下三十餘戶，搬移薰春地面，
欲於所居斡木河完聚，不敢擅便。”上曰：“遠處之事，予未悉
知，更訪區處。”罷朝。遂賜宴于勤政殿西廊，仍賜衣一襲、笠
靴、鞍馬，及縣布、細布共八匹。其從者亦賜物有差。　傳旨
咸吉道都節制使金宗瑞：“今童倉親啟：‘先父猛哥帖木兒管下
百姓三十餘戶，搬移薰春地面，欲於所居斡木河地面完聚。’其
搬移之由，完聚便否，詳錄以聞。”宗瑞回啟：“薰春地面移接
人十戶，夜春地面移接二戶，共十二家，本非猛哥帖木兒管
下，乃楊木答兀所擄開陽人也。權豆父子被殺後，或仍居斡木
河，或移夜春，或移薰春。前此凡察率兵與薰春兀良哈爭十二
家，兀良哈拒之曰：‘汝輩與楊木答兀擄掠皇帝百姓，汝是賊

人，何故爭之?'凡察不得而還，即告於臣曰：'願還吾百姓。'臣曰：'若原係爾管下，則義當還之。此人籍係開陽，義不可還。且爾等百姓相爭，何關於我。'其後屢告於臣，臣每以此沮之。然臣之本意，則凡察之去就未定，且野人一處完聚，則必生驕心，況欲悅凡察而取怨於兀良哈，非計之得也。" 甲寅，傳旨咸吉道都節制使："今童倉言：'我父受職於本國與中朝，我亦願依父例而受職。且吾求婚於滿住，尋更思之，滿住本國之賊，不宜婚媾，故欲婚於本國之人，永世效力。'肆令禮曹、兵曹、議政府僉議，至于再三。或云可也，或云不可也，議論紛紜。除爵之事，後當更議。許婚之事，卿更調察其志。如欲娶妻，鏡城、吉州居人，擇其富饒有奴婢且姿色美好者，妻之可也。其有資粧未備，則官爲備給亦可也。如其本道難辦之物，具辭啟達。彼若不欲，亦不必嫁也。卿更察其情，商榷以啟。" 庚申，傳旨咸吉道都節制使金宗瑞："今啟：凡察、甫乙看、都乙溫言：'我等欲遣管下招安滿住，但管下人到婆豬，而國家遣兵致討，則恐管下人被殺也。'臣答云：'國家之事，臣不及知。前日往討，不得已耳。國家本不好兵，今年必無兵事，爾宜放心使人。'夫接待滿住之策，具載屢降內傳。且婆豬江土地沃饒，滿住累歲住居，營建家舍，耕牧自在。第緣作惡不已，累被邊將致討，不能安居，欲移住草河地面，而未蒙奏准。遠徙渾河之上，其流離失所明矣。近又聞滿住自移渾河之後，猶謂見討，竄居山谷。其地多虎豹，屢害牛馬，不能安業，糧餉匱乏。其管下人，或持土物往來開原，買賣覓糧；或往遼東，取保寄住；或買糧米鹽醬，如此者絡繹不絕。以此觀之，滿住之困於遷徙可知。古人之待夷狄也，來則撫之，去則不追，其來尙矣。滿住若改心向化，誠心歸順，親自來朝，或遣子弟宿衛，則予之厚待，將不下於巨兒帖哈矣。彼猶梗化不服，則何必遣人招來乎？雖不招來，其終困苦之極，意必革面而來矣。凡察、都乙溫、甫乙看等，自願招安則勿禁，不必拳拳請送。乃至云‘國家不好用兵，今年必無之，放心使人也。’卿更考前後内傳之辭，酌量施行。”宗瑞回啟：“臣承内教，不勝惶懼。然兵家之事，貴知敵情。今言滿住之情者，皆是傳言，而無親見之人。凡察管下之人，皆有因於滿住之黨，率隱滿住之情，雖百往百來，難得而知也。若甫乙看、都乙溫管下，皆是兀良哈。大抵斡朶里性姦，兀良哈性直。若兀良哈數十輩直往滿住窟穴，則其中一二人必不隱滿住之情。況凡察、都乙溫、甫乙看等，爭欲送人招安。甫乙看則乃欲自往，必是滿住暗送人，托三人求降也。臣雖無智慮，豈以夷狄招夷狄，敢露拳拳之意，而卑辭委聽於其間乎！”

　　此所謂甫乙看，蓋即毛憐衛之郎卜兒看。“甫”與“卜”、“乙”與“兒”譯音常相通。

　　庚午，朝鮮實錄書：傳旨咸吉道都節制使：“今因馳報，知童倉將婚於滿住，即令政府、兵曹議之，僉曰：‘童倉勢孤無依，既告上國欲移而不得，又來我朝求婚而不得。大抵去危就安，人之常情，倉雖小醜，豈無安危之計乎？倉乃斡朶里之正宗也，後日權豆之子年長，則童猛哥帖木兒麾下之人，去就未可知也。時皆歸心於倉，若連姻於滿住，則豈無後日之虞乎？令會寧節制使責童倉曰：‘我頻聞汝欲婚於滿住，若爾則汝必誑我，或托以赴京，或托以出遊近境，或潛隱而歸矣。然有聖旨，令爾等仍居鏡城地面。不必搬移，汝管下人人皆共知之。汝雖欲婚於滿住，誰肯從汝乎？汝自此必爲獨夫矣！且汝既失信義，何面目見我乎？滿住構嫌於我，不能安業，遠遁深處，汝欲從之，是何心哉？野人頭目，近居者頗多，何必滿住之女然後得妻。汝必娶滿住之女，仍居其穴，則有違聖旨；率妻還來，則豈無疑汝之心乎？汝之此計，甚乖於信義，非汝保全之計也。吾爲邊將，不敢違聖旨，聽汝出境；亦不可無殿下之命而縱汝所爲也。汝必欲爲此，則親朝面稟殿下之旨，然後可行。'如此諄諄切責，深絕圖婚之計，以觀其心何如？'大臣之議如此，若不從而強欲移居，則臨機處置亦可也。邊境之事，難以遙度，卿其隨宜爲之。"

九月壬午朔

　　戊子，右城等衛女直指揮首同、千戶亦里哈，俱來朝貢馬。實錄。

　　乙未，朝鮮實錄書：兵曹與政府，因咸吉道都節制使所啟，議曰："凡察、童倉世居我境，深蒙國家厚恩，豈有遁居深處野人之間，爲服役於強種之理乎？今此驚動，實因無根之言。多方開諭，使彼知其虛事而自安，上計也。如有反側逃匿者，則當如都節制使處置，愼勿驚動以開邊釁也。"即以是回諭都節制使。　　丙申，御勤政殿受朝。忽剌溫兀狄哈毛多吾等五人，及斡朵里大也吾羅等七人，來獻土宜。大也吾羅，則權豆妻兄也，引見曰："汝於遠路，艱苦而來。"對曰："上德裹各官各驛，館待甚厚，不知艱苦。"仍啟曰："父及權豆等皆已死亡，小人願終身效誠。"

十月壬子朔

　　庚辰，阮里河衛女直指揮脫歡哥、撒只剌河衛女直指揮木答兒等，俱來朝貢馬。賜宴，并賜綵幣等物有差。實錄。

十二月辛亥朔

　　戊午，失里木衛指揮木當加等，俱來朝貢馬及方物。賜宴，并賜綵幣等物有差。實錄。

四年，即朝鮮世宗二十一年，己未(1439)

正月庚辰朔

丁亥，薛列河衛指揮革同哥、失里木衛女直舍人哈丁加、嘔罕河衛女直舍人丹八下作當八等，俱來朝貢馬駝及方物。賜宴，并綵幣等物有差。實錄。

乙未，朝鮮實錄書：御勤政殿受朝。吾都里指揮童倉等九人、護軍童所老加茂等五人、千戶禹亡乃等六人，指揮童吾沙介等六人，骨看亏知哈指揮波泰等七人，隨班獻土物。　咸吉道都節制使金宗瑞馳報禮曹曰："吾都里童凡察之兄吾沙哈來言：'部落浮動，吾今年老，至誠歸順。'其情可尚，今送京師，宜加優待。"

戊戌，命嘔罕河衛故指揮同知也兒哥子當八、撞哈子奴塔襲職。　甲辰，益實衛指揮答里哈、薛列河衛指揮阿里哥、卜忽禿河衛指揮乃賴忽等，俱來朝貢馬及方物。賜宴，并賜綵幣等物有差。實錄。

丙午，朝鮮實錄書：以童倉爲嘉善雄武侍衛司上護軍，以童所老加茂加威勇將軍虎賁侍衛司護軍。初倉來請受職，以倉受中朝爵命，不敢授。今又來請之，上議諸政府、六曹，議有異同。上曰："愼固封疆，嚴兵待之可也，不宜除授官職以誘之，大臣此議，誠爲確論，予甚嘉之。然古昔帝王待夷狄也，有經有權，漢文之待匈奴是也。童倉部落，世居本國之境，爲我藩籬，故太宗嘗曰：'此輩不可不撫綏，亦不可不備禦也。'勿許除職，雖爲至論。然童倉等寓我邊境于今六七年，今懷遷徙之心，是則非我國待之不誠，實此類性本獷悍故也。今議者又曰，除童倉上護軍。予以爲朝廷雖授童倉指揮之職，朝廷豈畏童倉等威勢而然耶？誠以慕義而來朝也。童倉曾徙居我國邊境，朝廷亦已知我國撫恤童倉也。童倉今又再來，欲受本國之

職。今雖除職，朝廷有何咎焉？朝廷若知而問之，答以居我境
內故授職，何如？蓋事之機會，不可不審。若今只除上護軍，
則倉必不滿於心矣。或謂不可以宰相之職授野人。然二品以
上，豈可總謂之宰相哉？居燮理輔相之位者，乃眞宰相也。高
麗之季，乃以樞密以上皆稱宰相，甚無謂也。予意以謂授童倉
嘉善中樞院副使，似無妨也。"會咸吉道都節制使金宗瑞來啟童
倉受職利害，上又議于禮曹、兵曹，僉議以謂倉既受中朝指揮
之職，而帶金帶，若除上護軍，則帶鈒花銀帶，似不滿於其
心；若授樞副，則二品之職，不可輕以遽授，乃酌輕重，以階
嘉善，授上護軍。所老加茂去年春授宣略將軍，今來請受上護
軍，然三品之官，亦不可輕易遽授，故但加威勇。　丁未，上
護軍童倉、護軍童所老加茂來謝除職。賜童倉金帶、紗帽、靴
及衣一襲。

二月庚戌朔

　　甲寅，朝鮮實錄書：賜童倉玉環子。　乙卯，御勤政殿受
朝。婆豬江指揮童塔赤等八人，都指揮李將家子李豆滿等八
人，隨班進土物。　丙寅，童倉等言於禮曹曰："我輩室廬在
草野，深慮賊徒突入，且我輩與會寧人并耕而食，若會寧人奪
我舊田，後雖與爭，亦無及矣，乞速遣還。"又曰："我父兄盡
爲賊所殺，小人特厚蒙上德，心欲侍衛鑾轂，然以一身侍衛，
豈若多率管下守禦邊方乎！若於節制使之營旁近築室以賜，當
與管下親屬來居防戍矣。"禮曹具辭以啟。　戊辰，童倉及所老
加茂等辭還。

　　戊辰，斡朵倫衛指揮哈剌、阿者迷河衛指揮把失答等，俱
來朝貢馬及方物。賜宴，并賜綵幣等物有差。實錄。

閏二月己卯朔

　　是日，朝鮮實錄書：御勤政殿，受王世子及羣臣朝。束良

北吾郎哈都事劉甫乙看等七人、指揮事金吾間主等六人，婆豬
江李滿住所遣所羅哥等四人，並隨班辭。賜衣服、笠靴、紬
布、綿布有差。　　上謂承政院曰："劉甫乙看云：'今來所羅哥
妻，於丁巳年被擒，請遣還。'今宜答云：'癸丑年征討滿住時，
所獲人口頭畜，我殿下保全首領，曲加館穀，厥後悉皆遣還。
彼滿住尚不知感，侵掠如舊，其罪惡不可勝記，故邊將憤怒致
討。然滿住盡誠歸順，則其所願欲，我國必聽矣。滿住不順而
汝雖懇請，事何由成？且此事不干於汝，勿更言。'以此答之何
如？"遂議諸政府，令北平館監護官傳諭於劉甫乙看。

　　　　劉甫乙看，蓋即郎卜兒看。東良北即愁州等地，舊毛
憐衛所在。

三月己酉朔

　　壬子，朝鮮實錄書：進賀使通事僉知司譯院事辛伯溫賫奉
敕書先來，上出思政殿迎敕。其敕曰："今得建州等衛都指揮
李滿住奏：'都督凡察、指揮童山，自永樂年間歸順朝廷，開
設衛門，降給印信，屢蒙恩賞，陞授重職，聽令管領部屬，在
邊自在居住，已有年矣。今凡察等不思出力效報，背國負恩，
聽朝鮮國王招引去見，受其鞍馬、衣服等物，就於本國隣近地
方，相參住坐。又令毛憐衛都指揮郎不兒罕，及凡察男阿哈答
等，來詐誘李滿住等，前去朝鮮國一同居住。并本國收留逃叛
楊木答兀下人口。'然此事未知虛實，俱置不問。已遣人賫敕往
諭凡察等，即將帶原管人民，及挾同都指揮李張家、指揮佟火
你赤等家屬，并各人部下大小人口，與收逃叛楊木答兀下
人戶，俱來遼東附近渾河頭，與李滿住一處完聚。敕諭至日，
王宣嚴禁彼處軍民人等，不許阻當，仍差人護送出境，聽其搬

移前來。不唯見王之永篤忠誠，而且彼此相安，不招外人非議，豈不美哉。故茲敕諭，宜體至懷。"甲寅，遣計稟使工曹參判崔致雲如京師。其賚去奏本曰："正統四年三月初四日，陪臣崔士儀賚捧敕諭，欽此。臣不勝兢惶。欽檢到累朝頒降處置野人敕諭事理，及今李滿住等虛揑奏達事因，逐一開坐。伏望聖慈，令凡察、童山等，仍舊安業，以安邊民，小國幸甚。爲此謹具奏聞。（一）永樂二年五月間，奉欽差千戶王脩賚敕：'招諭三散、禿魯兀等十處女直人民。欽此。'臣父先臣恭靖王某備洪武二十一年間，欽蒙太祖高皇帝聖旨，准請公險鎮迆北還屬遼東，公險鎮迆南至鐵嶺，仍屬本國事因，差陪臣金贍賚文奏達。當年十月初一日，回自京師，欽奉敕書：'三散千戶李亦里不花等十處員人准請。欽此。'童猛哥帖木兒與伊父童揮護、伊弟凡察等，似居本國公險鎮迆南鏡城阿木河地面，臣祖先臣康獻王某時，前項猛哥帖木兒被亐狄哈侵奪家財等物，其部屬人民逃散，不能自存。臣祖憐憫，授本人鏡城等處萬戶職事，造給公廨，以至面前牢子等使喚人口，鞍馬衣服，並給撫綏。臣父時，陞授上將軍三品職事，附籍當差。其後蒙授朝廷職事，仍與本國軍民相參住坐。自臣祖及至臣身，欽依洪武五年七月二十五日早朝奉天門陪臣張子溫等欽奉太祖高皇帝宣諭聖旨節該：'我聽得女直每在恁地面東北，他每自古豪傑，不是守分的人，有恁去國王根底說着，用心隄防者。欽此。'又於永樂八年七月十八日，陪臣韓尙敬等欽奉太宗文皇帝宣諭聖旨節該：'吾良哈這廝每眞箇無禮呵，我這里調遼東軍馬去，你那里也調軍馬來，把這廝每兩下里殺得乾淨了，搶去的東西盡數還恁。知道了。這已後還這般無禮呵，不可饒了。再後不來打攪呵，兩家和親了罷。欽此。'宣德八年三月二十三日陪臣金乙賢賚捧到敕諭節該：'自今務要敬順天道，恪遵朕命，各守地方，毋相侵犯。如或不悛，王宜相機處置，勿爲小人所侮，仍遵依洪武、永樂年間敕諭事理隄防，庶幾有備無患。欽此。'猛哥帖木兒部下人民及散處野人等，前來本國，和順者或給布米鹽醬，或給衣服鞍馬，願授職事者，亦授職事，願留都城者，仍聽住坐撫恤，但犯罪過者，隨其輕重，依律科斷。後來至宣德八年十月日，有七姓野人等，將猛哥帖木兒及子阿古殺了，燒毀房屋財物，凡察、童山等俱各失所。臣某憫其無依，如前給與衣糧鞍馬存恤間，正統三年五月十五日，陪臣親弟征賁捧到敕諭節該：'前因建州左衛都督猛哥帖木兒男童倉等奏，欲同李滿住一處居住，已准所奏，敕王令人護送出境。今得王奏，李滿住讎嫌未解，若令聚處，將來同心作賊，邊患益滋。王所計慮亦當，其童倉、凡察等，聽令仍在鏡城地面居住，不必搬移。此輩皆朝廷赤子，在彼在此一也。王惟善加撫恤，使之安生樂業，各得其所。欽此。'臣欽依敕諭事意，仍令安業。今滿住却稱凡察等聽朝鮮國王招引，受其鞍馬衣服等物，就於本國隣近地方相參住坐。臣竊謂衣服鞍馬，非今日始給；鏡城地面，亦非今日始居。滿住增飾虛語，欺罔朝廷。（一）郎不兒罕及凡察男阿哈答等，見知滿住與本國讎嫌，欲令和解，於邊將處求索禮物及文憑。邊將以滿住屢犯邊境，且未知朝廷發落，不從其請。本人等私自前去招諭，實非本國令本人等詐誘。其招來滿住一同居住事因，臣曾不聞知。（一）本國東西北附近地面散住野人等，虜掠遼東、開原等處軍民男婦，爲奴使喚，不勝艱苦，連續逃來，本國隨即給與衣糧脚力，差官解赴遼東都司交割，内叛人楊木答兀所虜人口六百九十八名。有滿住屢與邊將現說：'我的使喚人口，逃往汝國，盡行解送，我亦捉獲汝國邊民使喚。'其後果然累次侵掠邊境，殺虜軍民。猶未解忿，妄稱本國收留楊木答兀下人口。臣安敢占吝存留，以

欺上國。（一）<u>正統</u>二年五月，<u>滿住</u>親詣<u>阿木河</u>地面，對<u>阿古</u>妻
及<u>吾良哈朵兒溫</u>等言說：‘我每也要此地來住過活。’<u>正統</u>三年
五月，<u>凡察</u>赴京回還，告說：‘我到<u>開原</u>，遇見<u>滿住</u>親戚<u>撒滿</u>
<u>答失里</u>。本人云，我每欲往<u>朝鮮</u>和解，<u>朝鮮</u>若許可，則我每當
去。’本年十月，<u>滿住</u>使指揮<u>唆剌哈</u>，於本國邊將處通書該：
‘若<u>朝鮮</u>多與我錢物，或親往，或遣子拜謝。’又與<u>郎不兒罕</u>等
言說：‘<u>朝鮮</u>若給衣服鞍馬，且送招來文字，我當遣子從仕。’
又<u>阿哈答</u>告稱：‘我到外祖父<u>李張</u>家住處，<u>滿住</u>及管下人等皆
云：俺每將往<u>阿木河</u>地面依<u>朝鮮</u>過活。’自後<u>滿住</u>管下人等，撞
見<u>阿木河</u>住人<u>馬哈當吉</u>等，皆說<u>阿木河</u>移來之意。至<u>正統</u>四年
二月，<u>滿住</u>部下指揮<u>童答察</u>等四名，賫土產皮張前來告說：
‘俺每見居<u>渾河</u>地面，土性磽薄，並近<u>忽剌溫</u>窟穴，似難過活，
欲移<u>阿木河</u>地面。本人一時出來，指揮<u>李士萬</u>告說：有親父<u>李</u>
<u>張</u>家，因往冬雪深，未即出來，先着我賫土物出送。’仍言移居
<u>阿木河</u>之意。緣無明降，且野人狡計難信，不聽其請。前項<u>李</u>
<u>滿住</u>、<u>李張</u>家等，一則說諭小邦，一則控訴上國，其詭詐自
見。（一）<u>滿住</u>自<u>永樂</u>二十年，累次侵掠本國邊境，殺害軍民，
猶且窺伺邊郡。臣於<u>宣德</u>八年四月，着令邊將部領軍士，哨探
賊蹤，捕獲人口牛馬財產。本年閏八月初十日，欽差指揮僉使
<u>孟捏可來</u>等官，賫捧到敕諭節該：‘並諭<u>李滿住</u>等，令各將所
搶去人口馬牛頭匹，盡行給還。王亦須以所得<u>建州</u>等衛人口頭
畜等物還之。而自今各順天道，謹固邊備，輯和鄰境，戒飭下
人，勿相侵犯。欽此。’即將男婦大小共百四十八名口，到本國
新產小兒三名，並馬三十七匹，牛一百一十八頭，以至零碎之
物，並行送還了訖。其後<u>滿住</u>使人告請糧米鹽醬等物，並令支
給，來人亦給衣食，厚待而去。<u>滿住</u>等不體敕旨，又於<u>宣德</u>十
年，三次誘引<u>忽剌溫</u>野人，到來<u>閭延</u>地面，殺虜人口頭畜去

訖。本年九月，差陪臣李思儉赴京奏達。正統元年二月十七日，回自京師，賷捧到敕諭該：'所奏李滿住等稔惡不悛，屢誘忽剌溫野人，前來本國邊境劫殺等事，具悉。蓋此寇禽獸之性，非可以德化者，須震之以威。敕至，王可嚴飭兵備。如其再犯，即勦滅之，庶幾邊民獲安。欽此。'欽遵施行間，上項滿住，於正統元年一次、二年二次，到來閭延、碧潼等處，殺虜男婦四十六名口，馬牛并九十餘匹。自生疑惑，率其部落移住渾河地面，懷挾積年之忿，欲與凡察等一同居住，多添黨類，謀掠邊境。見今虛飾百端，歸罪本國。若令凡察、童山等一處聚居，同心作賊，以遂奸計，本國邊民益擾。臣竊念小邦臣事聖朝以來，累次欽蒙太祖高皇帝詔旨：'不分化外，一視同仁。'太宗文皇帝開設毛憐、建州等衛，然與本國人民雜處，乃宣諭云：'這廝每無禮呵，不要饒了。'宣宗章皇帝敕諭：'王事大之心，出於至誠，朕所素知，非彼小人所能間。'近又欽蒙敕諭：'童倉、凡察等，聽令仍在鏡城地面居住，不必搬移，在彼在此一也。'乞依累朝頒降聖旨事理，勿許搬移。"

　　此奏更詳清之先世於明代公牘。童揮護，前作猛哥之父揮厚。而童山、童倉，則一篇之中，兩名互見。前於上年正月甲辰傳旨內，已於累見童倉之中，曾作童山字樣一次，今又叠見童山。此日本人所以據爲童倉即董山，非有兩人也。然朝鮮以童山、童倉混稱，後曾遭明人詰問，則明廷自確認董山、童倉爲兩人，朝鮮亦並未執言爲一人。蓋朝鮮此時並未與董山相接，其童倉、童山，皆認爲譯音無正字，偶然互書。明廷則各接其朝貢請襲之公文，決不至誤一人爲兩人。清實錄亦言肇祖三子，其二爲充善與褚晏。充善自是董山，褚晏則"倉"字之緩讀，"倉"爲"褚晏"

兩字之合音，"童"則清之本姓。清實錄固與明紀載並無不合。明各家紀載皆分紀董山、童倉爲兄弟，惟以童倉爲兄，而清實錄則以董山爲兄。各家所本，皆本實錄。今已備載實錄原文，餘皆不復複述。惟實錄於童倉、董山，並不言其孰爲兄，孰爲弟；諸紀載家則以童倉先見，董山後來，遂以意定童倉爲兄，此其與清實錄不同之故歟？　朶兒溫即都乙溫。

四月戊寅朔

丙戌，朝鮮實錄書：上謂都承旨金墩曰："凡察、童倉等，因李滿住奏請搬移，朝廷已允其請。予欲拘留凡察等，議諸政府、六曹，大臣獻議不同，竟日不決。仍傳旨咸吉道都節制使金宗瑞曰："政府大臣之議皆正大，而右議政許稠之議，尤爲反復詳盡而合於理也。大略黃喜之議，以爲莫若留則不拒，去則不追，從其自便。許稠之議，以爲此輩既受爵命於朝廷，則國家固不可除官，亦不必使之拘留也。"

丁亥，初建州等衛都指揮李滿住等奏，都督凡察、指揮童倉等，聽朝鮮招引叛去，有詔追索。朝鮮國王李祹自明，并陳述累朝安邊詔敕。上賜敕諭之曰："得奏，李滿住等虛捏奏請，及曾有敕諭，聽令童倉、凡察等，仍在鏡城地面居住等因，具悉。朕惟王之父子，世守禮法，永篤忠貞。童倉、凡察等，既在彼安生樂業，不必般移。王更宜戒敕其安分守法，勿作非爲，以累王之令德。"實錄。

李滿住奏及朝鮮奏敕後回奏，俱已見前朝鮮實錄。逮崔致雲所賫回奏達後，再奉此敕。合兩實錄觀之，詳略互見，情事畢顯。清先世之史實，大致具於兩實錄，此非清室所自知也。

己丑，敕遼東都司衛所："凡祭祀合用儀物，俱照洪武定例，支官錢兩平收買，不許科斂害人。"從署都指揮僉事畢恭言也。恭又奏："韃子海西女直歸自京師，道過邊境，輒以所得綵幣或駑馬，市耕牛及銅鐵器皿。臣以耕牛，邊人所恃以爲生，而銅鐵器，外夷所資以爲用。乞禁勿與市。"上可其奏，諭總兵、巡撫等官禁之；敢有犯者，治罪不宥。實錄。

　　明馭夷以貢市爲樞紐，馭貢市得法，夷人決不敢有異志。清太祖、太宗時，雖甚強悍，猶爲物質所限，極願與明相和。若當時明廷能善用馭夷之法，固猶可制夷死命。當明中葉以前，邊將得人，往往能得要領。畢恭爲遼人任遼事，爲遼將之有名者，事蹟見遼東志宦業。遼東之創作志者，亦恭也。

辛卯，朝鮮實錄書：傳旨咸吉道都節制使金宗瑞曰："前者於童倉、童者音波、金波乙大、童所老加茂、童河下大、劉仇難等，除拜官教，印以行寶。予更思之。'寶'字似涉僭擬，今改書'官教'，用以朝廷所賜之印以送。卿知此意，宜謂倉等曰：'前授官教，有司誤用以他印，且字畫錯誤，故殿下改印以皇帝所賜之印以送。'因便授之。前授官教，其收還以送。"
五月戊申朔

壬子，朝鮮實錄書：傳旨咸吉道都節制使金宗瑞曰："今五月初五日，計稟使崔致雲遣通事李興德回還，言凡察等仍居鏡城地面，安業撫綏，事已准請；崔致雲捧敕十五日後入京。卿其知之。崔致雲入京後，據敕諭製敎書，發遣朝官，令野人並皆知會。卿姑謂凡察等曰：‘前冬李張家誣飾虛僞，以訴朝廷，進賀使崔士儀賷來敕旨，內令凡察等搬移李滿住一處聚居。國家將凡察等久居鏡城地面，不可許令搬移，奏達朝廷，得蒙准請。汝等毋生移動之心，仍居安業，以遂生生之利。’卿將此意審其凡察等向背，量宜曉諭，不必強說也。”　庚申，幸慕華舘迎敕，至景福宮受敕。禮畢，還御思政殿，引見參判崔致雲，問奏准事由，勞慰繾綣，天語歝曲，仍賜鞍具馬一匹。其敕諭曰：“得奏，建州等衛都指揮李滿住等，虛捏奏請，及曾有敕諭，聽令童倉、凡察等，既在彼安生樂業，仍聽其在彼居住，不必搬移。王更宜戒敕其安分守法，勿作非爲，以累王之令德。欽哉。故諭。”

辛酉，教咸吉道都節制使金宗瑞曰：“天之育物，不遺洪纖，王者愛民，無間彼此。粵惟童倉、凡察等，自其先世，居于本國鏡城之地。惟我祖宗，授以官職，給其衣食，安生樂業，蓋有年矣。歲在癸丑，七姓野人等舊有釁隙，殺略殆盡，其餘孽不能自存。肆予追念祖宗綏撫之至意，不忍視其自滅，悉令完聚存恤，開設衙門，以嚴守禦，予之撫恤，亦非不至。而童倉等謀欲羣聚，陰與滿住互相奏請。正統三年正月初六日，藝文提學李宣賷捧到敕諭節該：‘童倉等奏，其兄阿古與七姓野人釁殺，今要與李滿住一處住坐，即令人護送。’予即遣親弟惠寧君具奏。本年五月廿五日回來，賷奉敕諭節該：‘童倉等欲同李滿住一處居住，已准所奏。今得王奏，李滿住等釁嫌未解，若令聚處，邊患益滋。其童倉、凡察等，聽令仍在鏡城地面，不必搬移。王惟善加撫恤，使之安生樂業，各得其所。欽此。’復令安業，庶與吾民永享生生之樂。不意今者滿住等向啣宿恨，欲遂詭計，飾詐多端，欺冒天聰。正統四年三月初四日，仁壽府尹崔士儀賷捧到敕諭節該：‘聽其搬移，與滿住一處居住。'予又條具事由，即遣工曹參判崔致雲馳奏事由，本年五月十三日回來，賫捧到敕諭云：'得奏，建州等衛都指揮李滿住等，虛捏奏請，及曾有敕諭，聽令童倉、凡察等仍在鏡城地面居住等因，具悉。朕惟王之父子，世守禮法，永篤忠誠。童倉、凡察等，既在彼安生樂業，仍聽其在彼居住，不必搬移。王更宜戒敕其安分守法，勿作非爲，以累王之令德。'欽惟我聖天子，以乾坤之量，日月之明，洞照滿住之姦僞，我國之誠欵，開示處置之方至矣。予惟童倉等，世居境內，輸誠扞衛，略無疑貳之心。而今乃至此者，只緣滿住陰誘耳，實非本心也，予特矜恕焉。卿久在邊陲，灼知事情，宜加曉諭，使自省悟也。卿其思勉寡人好生之德，仰體皇上一視之恩，克敦撫綏，俾遂生業，共沐東漸之化，永安北鄙之氓。故茲教示，想宜知悉。"

七月丁未朔

戊午，海西右城衛女直指揮牙郎加、建州左等衛指揮塔察兒等，俱來朝貢馬。賜宴，并賜綵幣等物有差。實錄。

八月丙子朔

辛巳，兀者等衛女直魯溫哥、童寬山衛女直出羊加、阿者迷河衛女直伏剌出、哈兒分衛女直隆加、兀列河衛指揮尙禿哈、卜魯兀衛指揮速忽奴，俱來朝貢馬及方物。賜宴，并賜綵幣等物有差。實錄。

壬午，朝鮮實錄書：傳旨咸吉道都節制使金宗瑞曰："東北之境，以公嶮鎮爲界，傳言久矣，然未知的在何處？考之本國之地，本鎮在長白山北麓，亦未知虛實。高麗史云，尹瓘立碑于公嶮鎮以爲界。至今聞先春岾有尹瓘所立之碑，本鎮在先春岾之何面乎？其碑文可以使人探見乎？其碑今何如也？如曰路阻未易使人，則無弊探知之策，卿當熟慮以聞。且聞江外多

有古城，其古城無乃有碑碣歟？如有碑文，則亦可使人謄書與
否？并啟。又尹瓘逐女眞、置九城，其城今何城乎？在公嶮鎭
之何面乎？相距幾何？并聞見開寫以啟。”　又傳旨宗瑞曰：
“今卿馳啟，知鍾城郡事李仁和報臣曰：‘吾弄草住坐楊木答兀
管下高早化等二十戶，不堪凡察等侵擾，欲移居本邑南面端谷
地面效力，本國許從其願，何如？’臣回答云：‘前日滿住誣奏，
收留逃叛楊木答兀管下人戶，若今許入於內地，則凡察必潛
通，而滿住執此咎我，義甚不可。’當謂高早化等曰：‘仍居舊
處安心樂業。若凡察更侵擾不已，則都節制使別有處置。’如此
善誘，勿許入接爲便。予惟敕書雖云‘本國收留逃叛楊木答兀
管下人口’。所謂收留者，指自楊木答兀管下逃來本國者也，
非指高早化等元是住坐本國境內者而言也。高早化等亦非楊木
答兀虜掠率來爲管下者，而但與楊木答兀一時來耳。且野人與
吾民雜處境內，中國之所知也。但我不可勒令高早化等入處內
地耳。彼心欲移居內地，亦何妨乎，又非我强移內地以供賦役
也，雖中國聞之，何愧焉！卿答仁和之意，未愜予心。下兵曹
及議政府議之。領議政黃喜、左議政許稠、右贊成成抑議曰：
‘姑從都節制使所啟，一以觀其事變，一以察彼人之誠僞，然
後酌量措置可也。’右議政申槪議：‘臣未知高早化等所自來矣。
都節制使謂高早化爲楊木答兀管下者，何所據而言耶？凡察等
侵擾高早化，又何意歟？高早化被凡察侵擾，而我若不許內
附，則慮恐高早化將徙於他處矣。更令都節制使備細刺探，啟
達後施行爲便。’兵曹判書皇甫仁、參判辛引孫議：‘議政府之
議，若守經論之則可矣。我若不許內附，而凡察侵擾不已，則
慮恐移徙遠地矣。許其自願，令移居內地便。’承旨等議：‘高
早化雖都節制使未曾知之，向因馬婆剌，乃知久居吾弄草而無
移徙之心者也。昔與楊木答兀自開陽逃叛而來耳，非是楊木答

兀管下人也。議政府亦未知此人等所自來，故其議如此耳。元
居我國境內，而又欲誠心內附，何必拒而不許乎？'予又問於童
干古，答云：'高早化於猛哥帖木兒生時，爲猛哥帖木兒管下。
自猛哥帖木兒死後，無所依附，率五十餘戶自爲一部，安居吾
弄草，耕牧自如，已有年矣。'予心以謂，敕旨云"百戶高早化
等五十餘戶"，而不稱楊木答兀管下，且馬婆剌、童干古之言
如此，高早化必是自爲一酋長者也，素居境內，安心耕牧。今
被凡察侵擾，而自願移居內地，其情可憐也。卿之稱爲楊木答
兀管下，何所聞而言歟？凡察侵擾之意何耶？無乃欲爲管下
乎？我若不許，則恐其移徙遠地而附於他種也。右衆議皆可。
卿其知悉，更加商確以啓。"

　　乙未，敕遼東總兵官都督僉事曹義等曰："今遼東境外女
直野人諸衛，多指進貢爲名，往往赴京營私。且當農務之時，
勞擾軍民供送。今因其使臣回衛，已遣敕諭之。如係邊報，不
拘時日，聽其來朝；其餘進貢、襲職等事，許其一年一朝，或
三年一朝，不必頻數。其有市易生理，聽於遼東開原交易，不
必來京。如仍數遣使，爾等詢察，即令退回。脫有違碍，仍奏
定奪。庶幾不擾軍民，亦不失遠人歸向之意。"實錄。

　　女直朝貢，爲國之蠹，自正統初屢見論奏矣。

　　己亥，葛林衛女直千戶撒住，薛列河衛女直指揮那米納、
兀者衛女直頭目賽因加、亦馬忽山衛指揮寧哈答、兀魯罕河衛
指揮字羅脫、克默而河衛指揮鎖答失等，各來朝貢馬及方物。
賜宴，并賜綵幣等物有差。　命阿者迷河衛故指揮僉事咬納子
鎖迷納襲職，指揮僉事朵兒只子塔升哈代職。實錄。

九月丙午朔

　　是日，朝鮮實錄書：咸吉道都節制使啓曰："謹依內傳，楊木答兀旣爲千戶，則高早化及其管下百姓，所率之人皆屬於千戶，故高早化以下，例稱其管下。歲在甲寅春，凡察奏請朝廷，欲令高早化等爲管下，朝廷許令高早化等爲凡察管下，故高早化等不能自爲酋長，而役屬於凡察，已有年矣。高早化等怨凡察役屬，力強者或抗拒曰：'我等本非汝管下，況今附於鍾城，向朝鮮效力，又何服役於汝哉？'凡察以此與李仁和有隙，已二三年矣。前日敕書云'收留逃叛楊木答兀管下人口'，臣嘗疑其執此爲虛捏也。移居內地，不可者非一。凡察等吾都里種類搖動，不寧厥居者無他，'朝鮮將移我等於內地，占爲百姓服役，如李豆蘭管下，則我等子孫，永不免服役之勞'。今若從高早化之言，遽令移置，則彼必曰'移置我等於內地之漸始兆矣'，益懷疑貳，此不可之一也。高早化等還居鍾城之西、會寧之北，爲兩鎭藩籬，凡所見聞，奔走來告，撤其藩籬，虛其賊路，此不可之二也。高早化等雖其來附，其心必異，徙其內地，使彼盡知我情，似乎無智，且此輩與遠處野人，葛藟相連，往來相通，盜竊我民牛馬，因此生釁，其勢必然，此不可之三也。今方凡察據敕書，欲移置其家，近地役使，而我亦許令移置于內地，則勢嫌於爭奪，而有違於敕書，此不可之四也。瑞谷旣無可耕之地，又無牧養之處，高早化等時居處，有良田可耕，有水陸漁獵之所，生生自樂，今欲移居，特免凡察一時勒令移置之害耳，非久住之計，不過四五月即還舊居，豈可輕許哉，此不可之五也。事有不可者五，而從其一時規避之說，輕許來接，非計之得也。不如禁其凡察移置，使彼仍居舊處，爲兩鎭藩籬，臣意以爲可也。其移徙遠處而附於他種與否，臣未可預料。然歲在甲寅之夏，吾都里於噓里密告於李澄玉曰：'高早化等有貳心，潛附於亏知介而資敵，不如早除之。'澄玉然之，欲盡殲此輩，臣力止之，此輩至今存留。且此輩來告於臣曰：'凡察怨我等不附於己，而附於鍾城，故搆辭附於他種耳，我等願仍居舊處，自在耕牧，向國效力。'其言雖不足信，於虛里甲寅之告，至今不實。此時凡察潛附他種之說，詎可信哉？"下兵曹磨勘以聞。

　　是日，牙魯衛女直指揮阿省哥、愛河衛女直指揮已失、兀者衛野人女直舍人阿的納、都罕河衛女直指揮滿古、亦文山衛女直指揮斡欒哥、納剌吉河衛頭目賽因加、兀賴忽河衛頭目色路合、兀路罕河衛舍人土甲加、阿眞河衛舍人省失、嘔罕河衛指揮阿都赤等，俱來朝貢馬及方物。賜宴，并賜綵幣等物有差。　陞兀者衛都指揮同知剌塔爲都指揮使。命故忽石門衛指揮僉事亦丁哈男革冷哥襲職。實錄。

　　辛亥，朝鮮實錄書：節日使同知中樞院事李思儉聞見事目曰："凡察遣指揮童答察兒奏云：'皇帝再敕朝鮮，使我與李滿住一處住居。今朝鮮尙不解送，且禁打圍，不得自由。請遣使于朝鮮，使我如敕解送，與滿住一處住居。'皇帝不允其奏，敕凡察曰：'往者建州衛指揮李滿住等，屢奏搬取爾等，移來遼東渾河頭一同居住，已遣敕諭朝鮮國王，禁約彼處軍民，不許阻當，仍差人護送出境，聽爾等搬移前來。既而得朝鮮國王奏，李滿住等虛捏奏請，妄稱爾等欲移居同住。朕惟四海一家，彼此皆朕人民，況朝鮮國王世守禮法，必不敢擅自拘占，已諭其若果凡察、童山等在鏡城地面安生樂業，仍聽爾等在彼居住，不必搬移。今爾等又奏，要搬回鳳州放猪地面居住。緣在此在彼，俱是朝廷官屬。茲特遣敕往諭爾等，遵奉朝命，仍在彼居住，朝鮮國王必能撫恤爾等，不致失所。但爾等須守本分，以安生理。朝廷或有敕召爾等來朝，或有征伐調遣，爾等

須即聽命，前來效力不違，庶見爾等敬天事大之誠。故茲敕
諭，宜體至懷。'"　癸亥，傳旨咸吉道都節制使曰："以前日卿
所上區處高早化條件，議諸議政府。政府議曰：'令都節制使，
當謂凡察曰："雖父祖相傳僕隸，若加侵責，則必生逃反之心。
汝於高早化，何侵責不已乎？自今慎勿侵逼，使生移徙之心。"
又當謂高早化曰："汝之欲移居內地，其意則善矣。然內地土
田磽埆，不如汝等所居之肥饒也。況今已令凡察不侵汝輩，汝
等宜於前所住居之處，依舊耕牧，安生樂業可也。"'政府之論
如此，卿其知悉。將此意曉諭二虜，其言語加減，自以卿意量
宜施行。"　甲子，咸吉道都節制使金宗瑞馳啟曰："凡察移歸
之心已決，欲與管下五六家治其行裝，期待搭察兒以來。其搭
察兒奏請辭緣，與不准事由，忽刺溫人與搭察兒一時赴京，明
白聞知，回來傳說於吾郎介等。吾郎介來告於臣。臣到會寧，
以吾郎介之言說於凡察，陰折移歸之心。凡察告天誓曰：'固
無奏請'。臣笑曰：'汝勿怪也。汝對搭察兒，喉馬波羅與高士
長史，作書以奏，我於其時具悉知之，汝何諱之甚也。已往之
咎不可追，自今已後，勿懷貳心，永蒙國家至恩，貽及爾子
孫，不亦好乎！'凡察忸怩叩頭無數。每日進退，即遣其子阿下
大隨臣，臣亦益加厚待，以安其心。凡察與其童倉太指揮等，
給土宇於內地靈通山西谷，以避亐知介侵掠。"上回答曰："今
來書辭，具悉。然凡察前此入朝時，多般誣奏。今更入朝，則
亦必如前誣奏，不若不遣之為愈也。然前此凡察入朝，略無阻
當，彼每訴于朝廷曰：'朝鮮沮我朝覲。'今凡察如欲入朝，則
不可防遏。前日凡察潛遣童搭察兒奏請時，適我使人准到，其
奏請辭因，不准事由，具悉回來。我雖不言，彼豈不知？若終
不開說，彼必反懷疑貳之心。卿宜因語次謂凡察曰：'國家至
誠待汝，汝輩每稱恩德，曰至誠圖報。茲者奈何密奏朝廷，必

欲搬移乎？'如此舉理呵責，彼若不服，當謂曰：'向者童搭察兒入奏之事何事耶？'如此指說詰責，則彼將自然破膽，潛消再請之計，難於發言入朝矣。不可使彼激怒也。卿其善處之。且前者童搭察兒賫去凡察奏聞辭因，及搭察兒自奏緣由，閔義生等備悉聞見回來，亦彼所知。然王焻竊取所與搭察兒呈文賫來事意，不可使彼知之。此皆議諸大臣。卿意以爲可，則依此施行；若以爲否，則酌量加減施行。”　壬申，咸吉道都節制使金宗瑞奉書于承政院曰：“今九月十五日，吾弄草住吾都里毛多赤來告曰：'忽剌溫亏知介愁乙、同巨等二人，因買賣到愁州，我往見仍問聲息，答云：“吾部落人前赴京師，聞凡察等奏請移居婆豬江，帝覽奏大怒，令考其前此開陽等處虜掠事跡叱之，遂不准所奏。”聞此而還。'”　癸酉，傳旨咸吉道都節制使金宗瑞曰：“卿之上言，具悉。予惟凡察之罪非一。昔者哥時波射殺人，其罪一也。去年肆其悖慢，無禮於邊將，其罪二也。今奏達朝廷，謂君父曰姦謀，曰詐稱，久居境內，深蒙國恩，而言如此不敬，其罪三也。數其三罪而誅之，則朝廷不以爲非也，諸種不以爲疑也。然更思之，哥時波之射殺人，今已數年，而國家之厚待凡察久矣，乃今數其射殺人之罪，似乎晚矣。去年無禮於邊將，其後朴好問之厚待如舊，乃今數其無禮之罪，亦爲未便也。指君父曰姦謀，曰詐稱，此誠不赦之罪，然不可顯言李邊等竊取童搭察兒奏草，則當以自中人進告爲證矣，以自中人進告爲証，則彼諸種部落，皆以爲大國聽愒小之人讒訴，而常懷反側不安之心矣。夫讒訴，古人之所不取。而大國之待夷狄，必以信義爲重。一失信義，則孰能信我乎？巨乙加介罪惡貫盈，其初見捉之時，孰以爲得保首領哉！然內雖懷探伺之計，外似有歸順之狀，率其妻子來謁邊將，予重其信義，保全其生，安置京中，此諸種之所共見聞也。朴好問、李仁和等所告，凡察欲引忽剌溫分圍三鎮，使不得出兵，其說不無可疑。忽剌溫之衆，厥數猥多，其土俗各自爲部，或率十餘家，或率二三十家，多不過百餘家。予不知作賊之時，諸部能合爲一與否？然欲圍三鎮，則必須萬餘兵，然後可圍矣。其愁下沙弄哥之弟多弄哥等，所領之軍其足圍三鎮乎？又曰：當倉卒之時，殺其管下之不從者，脅從其餘而行。此說已到邊將之耳，其管下豈無聞知者乎？管下若聞，則必也喧騰，而今未喧騰，則此亦可疑也。彼當時安居城底，授首邊將，歸順如古，而叛狀未著，我遽先下手，則連境野人如都乙溫、甫乙看之類，無乃有疑貳之心乎？況如松古老之輩，至今未心服者乎！議諸大臣，皆以爲令邊將有備，徐觀以待釁隙而誅之可矣。今無釁隙，而遽加誅戮，則諸種必疑，而邊患自此生矣。雖令童倉領其管下，其心亦未可測也。予又思之，更加嚴其制禦之術，使不得搖動，此爲上策。然予則思而未得其術。卿反覆思之，如得良術，備細啟達爲可。李滿住屢犯邊境，肆其虜掠，其罪惡，朝廷之所知也，而朝廷亦已許勦滅矣。凡察屢請朝廷，欲與滿住同居，朝廷豈不知凡察之欲與滿住同心作賊乎？敕諭已令凡察仍舊安業居住，而凡察違敕方命，再請移居，故朝廷叱怒童搭察兒之奏而不許。以此觀之，凡察雖見誅戮，朝廷必無他議矣。其諸種之疑，則此固可慮。然彼有釁隙而見誅，則諸種亦必無疑貳之心，皆以爲凡察之見誅宜矣。人情不得已而後不顧妻子者，或有之矣。凡察無不得已之勢，棄其妻子挺身逃走乎！或引誘他賊之形已着，或逃走婆豬之狀已露，如此釁隙，昭然可言，則千里待報，似乎失機。如有可爲之機，則臨時酌量施行。”宗瑞回啟曰：“今承內教，反復思之矣，聖慮至當。臣奉承之不暇，有何他策可獻。然臣有一疑：臣與凡察說搭察兒奏請不准之事，凡察初有懼色，益肆驕氣。

臣逆料其志，過一二朝，必請親朝矣。大抵悅其附己，常情
也。凡察若親奏哀鳴，則安知朝廷之不聽信乎？若得准則遂不
返，而或留於朝廷，或留於婆豬，先請妻子以歸，繼請管下以
往，我雖欲不送難矣。滿住之不能大肆侵掠，徒以力弱耳。如
得凡察管下之力，則邊民後日之患，何可勝言！此臣之所以不
憚煩而敢言也。"

十月丙子朔

　　是日，督罕河衛頭目阿剌孫、撒剌兒衛頭目額里哥、朵兒
必河衛舍人必納、海西哈兒分等衛指揮伯思罕等，俱來朝貢馬
及方物。賜宴，并綵幣等物有差。實錄。

　　壬午，朝鮮實錄書：遣漢城府尹柳守剛如京師賀明年正，
上拜表如儀。守剛賫去事目："（一）禮部官儻問以前猛哥帖木
兒隨宜搬住別處一節，答云：'去庚寅年，兀狄哈等作耗邊境，
殺我邊將韓興寶，軍卒四散。猛哥帖木兒誘引毛憐衛，乘虛擄
掠。畏我致伐，自生疑惑，潛引其部逃往別處，亦不能過活，
還到阿木河寄居。假若其時猛哥帖木兒將搬住事理，告我邊
將，則必無聽他之理。'（一）遼東亦大人及都司若問汝國招安滿
住等果然乎？則宜答云：'滿住等居於婆豬江，與我國江界地
面相距不遠。擄掠都司所轄各處人口，以爲奴婢，役使多端，
本人等不堪其苦，連續逃脫，前來本國。我殿下至誠事大，輒
解還都司。滿住等緣此怨恨，累犯邊境，殺擄人物。不得已，
去癸丑夏，遣將致伐，所獲野人男女，保全首領，曲加館穀。
蒙朝廷敕令還送，我殿下即令發還，至於錢帛，無有所失，恩
不淺矣。彼滿住等前日擄去人民，匿不還送，作惡愈熾，連歲
侵邊，殺擄倍舊。去丁巳秋，我邊將又伐之。彼滿住又於其
冬，掠我碧團口子，自懷疑懼，移居他處。我殿下教邊將云，
滿住親身及子弟外，勿許入京。邊將已知殿下之意，豈有遣人

致物以招安乎？近境住坐野人，蒙我恩德者，自入彼地以招彼
人，滿住等緣此妄謂本國招安，敢煩中國耳。我國何故以招累
年作惡之人乎？'（一）有問凡察搬移事者，則答云：'童猛哥帖
木兒率領管下，久居本國公嶮鎮迤南鏡城阿木河地面，受上將
軍三品職事，附籍當差。其後本人蒙受朝廷職事，自此並無差
撥收稅，安業住坐。近因七姓野人等，將猛哥帖木兒父子殺
之，乘勝侵掠，不計本國地方，欲要奪占。爲此，本國開設衙
門，守禦以來，將其抛下家小人民等，撫綏如前。本人等前此
與楊木答兀結黨，擄掠遼東所轄各處人口，爲奴使喚。所擄之
人，不勝艱苦，往往逃脫前來，本國隨到隨解，無慮數百。凡
察等緣此怨恨，欲要搬移，與滿住等相結搆。我殿下將此辭
緣，奏達朝廷。近者已蒙敕諭，聽令仍在鏡城地面居住，不必
搬移，使我國善加撫恤安業矣。豈有更聽滿住所告，令凡察等
搬移完聚滿住乎？況滿住讎嫌本國，朝廷所共知也，吾知朝廷
必不許滿住所訴也。（一）有問巨乙加介事者，則答云：'巨乙
加介於永樂八年二月，與兄金文乃同謀，侵我慶源府，殺我節
制使韓興寶，五月，又侵我龍城，與節制使田時貴相戰。二十
年九月，唱率諸種，又侵慶源之阿山。正統元年九月，又誘愁
濱江亏狄介圍我慶源府。前後侵掠，殺擄人畜不少。又與楊木
答兀同謀，刮掠上國人民，以爲奴僕，不堪其苦，逃來本國，
解送遼東者前後甚多，又正統二年六月，作刻木分送於南訥亏
狄介、阿令介，兀者乙亏狄介未其車，小巨節亏狄介家好等三
處，十月初十日間，謀欲入寇。其計已定，於八月間，潛來本
國鍾城郡地面，窺伺軍馬强弱，人物多少，被守邊官所獲，送
王都。國人請置重刑，殿下姑令不殺，仍給家舍、衣服、飲
食、器皿。時已病死，妻子今在王都之內。'"

　　乙酉，命故朵兒必河衛指揮同知官夫孫答比納襲職。實錄。

辛丑，傳旨咸吉道都節制使金宗瑞：“今卿啟云，今上京老古赤優待以觀其勢，麾下所古從願除職，即令議政府、兵曹議之，皆曰：‘老古赤厚待，可依卿所啟。其所古除職，則更考族類尊強弱，察其情偽施行爲便。’其考卑族類尊卑強弱以聞。”

五年，即朝鮮世宗二十二年，庚申(1440)

正月甲辰朔

甲辰，朝鮮實錄書：吾都里都督童凡察等八人來獻土物。

癸丑，咸吉道都節制使奉書承政院曰：“野人部落，自慶興府城底，連亘愁濱江，皆能射御，其數甚多，羈縻之策，不可緩也。酋長指揮古邑同介來告曰：‘先父豆稱介，與童猛哥帖木兒，始事本國，其賞賜與童猛哥帖木兒無異。父死之後，服事貴國，更無他心。其待猛哥帖木兒子弟，則與猛哥帖木兒生時同。其待我輩，則例視他野人，甚爲缺望，請依猛哥帖木兒子弟例，襲父萬戶之職。’其辭甚懇，請從其願，授萬戶之職，以爲羈縻之計。”下兵曹與議政府同議以聞。　壬戌，受常參視事。及視事畢，諸臣皆退，墩亦將退。上呼墩進御榻下，謂墩曰：“金宗瑞之功，不爲小矣。撫集新民，招降諸種，使東北一方，晏然無警，此其功之尤者也。昔高麗侍中尹瓘之征北方也，舉朝大小臣僚皆請殺之，時王不聽，俾專其任，以成厥功。予未知請殺者是耶，不聽者非耶？以今觀之，瓘之後孫聯姻王室者十餘人，高麗大臣之後，莫如尹氏之盛也，然則不聽者必是矣。自古功成之後，鮮有能保全者矣。朴好問本輕佻人也，昔兼司僕時，崔閏德及宦官印守，爭譽其勇，及選可使婆豬江者，大臣亦薦好問。此無他，言語動止便利故也。宗瑞亦薦爲會寧節制使。好問回自會寧，予欲問北邊事，引見內殿。好問曰：‘宗瑞怯懦，不合將帥，且射御非其所長，徒欲耀威於野人耳，其能服衆心乎？李澄玉威制太過，其與斡朵里即吾都里。側目久矣，倘不移差慶源，則其勢必不能相容矣，臣專事懷綏，乃與凡察愛之如兄弟，凡察亦愛臣而部落帖妥。凡察亦忌宗瑞，監司當用文臣，將帥當用武臣，以澄玉代宗瑞可矣。'宗瑞實薦好問，而好問乃反讒害宗瑞如此。然因予所問而言之，故予不加罪。予意以爲宗瑞欲威制凡察，好問欲懷綏凡察，所尙不同故也。好問言必誇懷綏，乃曰彼有事變，則許令斡朵里入保城內，彼亦感我至恩矣。彼懷禽獸之心，不可信也。其後兀狄哈之犯邊，皆近境野人導之也。好問此計非也。好問謂以澄玉爲暴，而乃欲以爲都節制使，其言之變詐如此。爾其知之，宗瑞之功甚大，非小人所能間也。今當新附人民安集四鎭之時，宗瑞不可遞也。然四鎭已安而厥功既成，則出鎭于外今已七八年，不顧家事，亦可憐也，欲擇將爲都節制使者，以爲副將，使宗瑞親任，每事同議，習知備邊之事，則可使代宗瑞。爾與兵曹判書皇甫仁、參判辛引孫，議堪爲將帥者以啟。"墩與仁、引孫等同議，薦義州牧使李穰、僉知中樞院事權孟慶、吉州牧使金允壽、安東大都護府使李思任、上護軍鄭孝完、慶源僉節制使朴以寧、知慈城郡事俞益明等，仍啟曰："如此則宗瑞當親任之矣。若士卒不附宗瑞而咸歸心副將，則恐終相猜矣。"上然其言，遂寢其議。　　甲子，禮曹與議政府、兵曹議：凡察饋餉時答說條件以啟："（一）凡察凡事欲親啟上前，禮曹答曰：'汝意已悉知之。'（一）凡察言欲拜其子帶金之職，禮曹答曰：'既無舊例，勢難舉行。'（一）凡察請放送朱尙禮，禮曹答曰：'得罪放黜之人，勢難啟達。'（一）請見向化侍衛人及朴好問，禮曹答曰：'向化人則職姓名啟達，然後乃許相見。好問得病未愈，不得動履，相見爲難。'（一）請胡床從願賜給。"從之。

己巳，傳旨咸吉道都節制使："童凡察辭日啟，管下童好溫

赤、童麼豆、童介豆等，其父已受本國爵命，好溫赤等亦當援
職，請爵此三人。右人等居處祖系，及武才有無，備細啟達。
且來京侍衛，與本處防戍，職秩高下，聽其情願，并啟。"
二月甲戌朔

　　是日，朝鮮實錄書：傳旨咸吉道都節制使："今送事目，
乃凡察之言，卿其磨勘措置。"又傳旨觀察使："今送事目，與
都節制使同議，磨勘以啟。事秘，人不得知也。" 癸未，傳旨
咸吉道都節制使金宗瑞曰："兀狄哈、吾良哈等，自相侵掠，
搶奪人畜，其被耗者亦必報復，依數徵還而後已也。故雖強力
者，恐其後日之患，未敢輕易下手。本國兩界沿邊，居民被虜
者比比有之。然大國不可以小人鼠竊事故，輕舉報復，置而不
論，又無徵還之法。緣此彼人恣行不忌，屢生邊釁。近來童凡
察來言曰：'嫌眞、巨節、南訥等類，所居地面，距本國或七
日，或五六日之程，非惟侵虐吾良哈及我輩，又於本國邊境，
連年入侵，殺擄人物，我等至極痛憤。我等與兀良哈及本國軍
馬，春秋入歸侵虐，使彼不得耕耨，則自然順服矣。'前此獻議
者亦云：'彼人等侵害邊境，後無報復之舉，故彼人容易來侵，
報復徵還之法，不可不行。'右二說似爲得策矣。昔童凡察使其
女婿射殺我國之人一名，河敬復欲徵馬三匹，予只令徵一匹，
此已行之例也。間者愁者哈及巨乙加哈等被捉拘留之際，使人
言於同類人及子弟曰：'朝鮮被虜人等，在某某家，將本人等
悉皆發還，買我而去。'同類人等竟不發還。如此觀之，本國被
虜之人，雖欲徵還，而聽命與否，未可必也。然累被侵掠，恝
然任置，則邊境之患，何時而息乎？今後彼人如有侵奪我之人
馬財物，則須即量率兵馬，臨境耀威，不即加兵，使隣近野人
詰責，准數徵還。如此則縱不得徵，使彼不得安心耕牧，彼人
竊發之計，庶可潛消，而容易來侵之患，亦可除矣。卿意以爲

何如？熟議以聞。"宗瑞回啟曰："敬奉紳繹，正合臣意，不勝欣躍。臣於丙辰慶源人物被擄之後，即上書再三陳請。又於己未春親朝啟達。臣所陳請，亦非欲引軍深入，輒行殺伐，第觀兵近境，多張旗幟，震動鼓角，大示威武，如將掩襲，則彼必不得安心耕耨，坐使挫困。然合南道兵，動大衆以往，我亦困矣。臣每於春秋，率軍防禦，在營出征，其勞一耳；且四鎮正軍之精銳者，不役他事，常時守禦，浹旬出征，不至於勞。賊程要衝南京、豆門，距我境師行二日，疾行一日程。自豆門距南訥、林阿車、巨節居處，亦皆不遠。若於豆門設三木柵，分處三軍，晝則耀兵，夜則收保，分遣隣近野人，詰責前後侵凌之罪，則諸種必懷忌憚矣。況去年諸種所居處，霜降失節，禾穀不稔，又多疫氣，頭畜俱斃，人亦饑饉。兀良哈等方與小巨節爭相報復。小巨節稔惡不悛，又殺我漁人，奪我馬匹，自造可攻之釁。斡朶里與南訥、巨節、林阿車結怨，欲食其肉。乘此飢困之際，資其仇敵之憤，待其草長，率營屬當番軍卒，并刷四鎮精銳，當不下數千，往于豆門，陳兵示威，分遣吾良哈、斡朶里，或詰責，或侵掠，則雖不得盡還我被擄人物，彼必失耕種之時矣。今一試之，如得其策，後復如之，竊發之計潛消，而容易來侵之患亦除。誠如聖敎，非獨兀良哈諸種畏怯，近在我境，動搖如斡朶里凡察之輩，梗化如兀良哈松高老之徒，亦寒心破膽，悔罪歸順之不暇矣。"　乙亥，童凡察辭。賜衣二襲、靴笠、青木綿二匹、柳青紬二匹、紅紬四匹；子甫老及權豆養子指揮老古赤，各賜衣一襲、靴笠；別賜甫老青木綿二匹、紅紬二匹，老古赤青木綿三匹、紅紬三匹；麾下九人，各賜衣一襲、靴笠。

四月壬申朔

　　戊寅，朝鮮實錄書：咸吉道都節制使金宗瑞奉書于承政院

曰：“斡朶里護軍童者音波言於童倉、凡察等曰：‘兵曹判書領
兵，與觀察使，都節制使，將盡殺汝輩。’童倉懼，與其麾下謀
欲逃竄。臣聞之，領兵到會寧，以觀其變。一日，童者音波來
謁於臣，臣待以優禮。有頃，者音波潛出，馳馬徑歸其家。臣
使童玉等追捕者音波，仍搜其家。其資產皆已潛移他處，只有
一笥貯蒿草而已。蓋欲與童倉等共謀逃去也。翼日夜，童倉、
凡察等率麾下舉家逃去。問者音波：‘何故造飾虛言，使童倉
等逃去乎?’不以實對。榜掠幾百餘，又不承，乃加杻械繫獄。
者音波又逃去，追獲其妻子資產。使會寧節制使洪師錫、鍾城
節制使李仁和，領兵於南羅耳等處，要其歸路，臨機追捕。臣
亦領兵倍道追之，至阿赤郎耳大山下，童倉等棄其資產馬畜，
皆逃遁山谷。分兵跡之，獲倉麾下男婦共二十七人，并獲牛馬
資產。洪師錫、李仁和等，追至斜地上岐伊。倉等家小皆逃匿
山間，虜壯者拒戰。仁和等急擊，虜力盡，棄馬登山。搜捕男
婦共二十餘人，盡獲資糧兵仗而還。其逃去者不過三十餘戶，
餘皆依舊居住。野人千戶童也叱大、童劉稱等，誠心嚮導，及
機捕獲，其功不小。請悉啟達。”遂傳旨咸吉道觀察使曰：“今
授中樞院副使馬邊者、前判內贍寺事卞孝文事目以遣。卿其聽
孝文等言。卿與孝文等曲盡措置，其所捕獲男女及留居各戶，
使其守令曲加撫恤，毋令失所，各安生業。其事目：（一）斡朶
里逃亡幾戶？留住幾戶？卿與都節制使分揀以聞。馬邊者則深
入野人之域，偵探事情，且閑諭撫綏之意。（一）馬邊者、卞孝
文等，謂斡朶里留住者曰：‘自我祖宗，撫綏汝輩，汝輩亦效
順我國家。今殿下欽奉敕書，繼述祖宗，推廣赤心，撫恤汝
等。汝等信姦詐之徒妄語，自生疑貳，悉皆逃散。殿下聞之，
以爲斡朶里不知予意，逃竄失所，亦可憐憫。深慮其餘留在
者，亦自驚惑，或逃匿山谷，不能安業，遣臣等布仁恤之意，

使汝輩各安其業，毋生疑貳之心。汝等知悉上意，安居樂業，
以遂其生。'（一）所獲斡朶里男女毋得混處。其婦女亦毋令本國
人犯之。（一）所獲男女，給其衣食，特加撫恤，毋致飢餓。
（一）逃亡人所耕之田，近於會寧城，而人力可及之處，令本國
人耕種，以示還給之意。其所獲妻子願耕其田者聽。其田距城
遙遠，人力所不及者，謂留居人曰：'逃竄之人，若又還來，
則資粮出處爲難，國家給其穀種，則汝爭耕種，以待還來。'備
細勸誘，毋使陳荒。（一）逃亡人牛馬資產，毋令損毀，以待還
來之日。（一）馬邊者若見兀良哈，則謂曰：'斡朶里童倉等聞
其妄語，自生疑貳，悉皆逃竄。殿下遣臣等廣布懷綏之意，於
留居人等，故臣等到此。'（一）馬邊者問嚮導野人於都節制使，
其人若果有功，則謂其人曰：'我殿下聞汝等盡心嚮導，深嘉
乃功。'諄諄開諭。（一）斡朶里有搖動之心久矣，今果逃竄，若
曲加撫綏，則悉知國家仁恤之意矣。觀察使與都節制使，同議
撫綏之策以啟。"　庚辰，咸吉道觀察使都節制使奉書于承政院
曰："斡朶里指揮童亡來告於會寧僉節制使裴惠曰：'童倉、老
古赤等馬畜資產，悉皆見奪，只著一破衣，往托於兀良哈都乙
溫曰："吾輩之來，非欲背叛朝鮮，信聽童者音波妄語，驚惑
至此。欲還進都節制使前，備陳事由，依舊居生。"使指揮申貴
傳諭於我，故來告耳。'指揮阿下里、童所老加茂，亦以此來告
於惠。阿下里且曰：'予欲親往觀都乙溫部落，率童倉以來。'"

辛卯，咸吉道都節制使金宗瑞馳啟曰："都乙溫來告於鍾城
僉節制使李仁和曰：'前日都節制使令曰："童倉等與李滿住同
謀，欲徙居婆豬江，故當加憐恤，使之安業。若欲徙居，無他
歸路，必經汝等所居。汝等須要把截勒留，急來告我。"今童倉
等逃來，謂予曰："吾等逃來時，爲朝鮮所逐，牛馬財產，悉
皆見奪，僅以身免。若追殺我輩，並不得脫，幸得不死以來。"

我等答曰：“汝等若或以他路逃去，而我專不知，則雖不拘執，罪不在我矣。汝等經由我居處，我不拘執，則汝等逃遁遠處，各安其生，我等代汝受其罪責。”遂拘執勒留，不聽其去。且童倉等，雖心欲逃歸李滿住所居，然其勢既弱，來附於我，亦畏兀狄哈虜掠，又乏資財，將至餓死。懇請於我曰：“親達於都節制使，更招還本處。”又前此與童倉等雜處女眞二十餘人，亦乘隙逃去。吾等亦皆拘執，分處各戶守之。凡察等更請還給，吾等答曰：“汝若帶領此輩，將爲李滿住助援，故不能給也。”仍謂仁和曰：“我若實放此輩，聽其逃去，則後日我罪不小，略無放遣之理。”” 癸巳，受常參視事。上曰：“今童倉等逃遁山谷，不安其居，撫綏制禦之策，何以處之？若禁其出入，繩之以法，則必致怨恨。若任其往來，則必有逃匿之弊。或曰，移置酋長及妻子於慶源，絕其往來。或曰，授子弟官爵，往來京中以爲之質。若之何則得安其居，永絕逃叛之心？撫禦之策，擬議以啟。”

乙未，敕遼東總兵官都督僉事曹義曰：“得奏，言建州衛指揮李滿住，與福餘衛輦靼，互相盜馬。夫夷虜讎殺爲盜，循習舊俗，無足怪者。自古帝王，順其情以爲治，使彼不爲邊患即已，不能保其族類皆善也。況彼力有強弱，情爲眞僞，我若悉制以法，未必能服其心。或其不從，則事有不可已者。大抵爲將守邊，以備禦撫綏爲急。自今有若此者，但當以善道諭之。”實錄。

正統初，明之御夷，以安靜爲主，此三楊之功也。明馭夷有道如此，建州之純習夷俗毫無大志如彼，正不足爲患之時。乃未幾奄人敗國，帝陷虜庭，女眞亦因以不靖，蓋不過數年間事。明終爲奄所亡，此其見端矣。

　　丙申，朝鮮實錄書：傳旨咸吉道都節制使金宗瑞曰："童
倉、凡察等，近年每懷移徙之心。邊將屢陳制治之策，然本人
等雖內懷姦詐，既授首於我，密居會寧城底，叛狀未著，而遽
然下手，則同類諸種，必生反側之心；況朝廷已降敕旨，撫綏
安業，尤不可輕易下手也。今者本人等，只聽童者音波無根之
說，擅輒逃去，非我國撫綏乖方，是自作之孽也。今乘有釁，
舉義治罪，彼必自服其辜，而諸種野人，目見逃叛之狀，豈有
浮動之心乎？雖朝廷聞之，亦無異議矣。然待夷之道，信義爲
重，莫若招來復業，使之依舊安業也。童倉等倉卒逃走，故未
及盡率管下之人，留者亦多，且我國兵馬追及歸路，盡奪所持
資產頭匹，本人生理窮迫，依附都乙溫。雖言欲還之意，其誠
心與否，實未可知也。其終還業與否，亦未可必也。倘若還
業，則其措置之方，不可不預先布置也。議者曰：'本人等雖
還本業，若無禁防，則其逃出之心，焉能沮遏哉？當其回還之
後，將童倉、凡察等居首人及管下用事人等，全家移入內地，
給良田，俾厚生業。使之略率伴人，往來管下，居處漁獵自
若，則彼將有安業之理矣。雖有反側之心，焉能棄其妻子而挺
身逃去哉？此羈縻之良策也。'或曰：'議者之說雖若得矣。然
斡朵里等有移徙之心，無他，久聞內地居生向化人等，賦役之
苦，恐其我等亦將爲本國之民，如此役使也。今若還業之約，
依議者之說，移入內地，則非唯管下人等有疑貳之計，近處諸
種亦有難保之心矣。乞仿古者質子之法，童倉、凡察及居首用
事人等子弟，刷送京中，依他向化子弟例，除授官職，仍令娶
妻，安心侍衛，使之迭相往來覲親，則彼自有永久按堵之心，
而管下及諸種野人，亦無携貳浮動之心矣，此最羈縻之上策。'
予亦以爲或者之說，似乎近理。本人等倘若回還，則邊將當諭
之曰：'汝等爰自祖父，居於境內，效力於我，而本國待之以

誠，已有年矣。況近者朝廷明降敕旨，令汝等仍居本國後門，
安生樂業；今亦敕諭本國，撫安之也。本國體朝廷敕諭之意，
念汝祖效力之誠，尤加撫綏，曲施恩惠。汝今不顧本國撫綏之
誠，信聽憸小不根之說，妄生疑貳，携其家小，輒自逃出，非
唯負國家，實違敕旨事理。固當舉法治罪，汝之自取，何怨之
有！然我國憐憫汝等還業之情，置而不論，俾令安業，我國之
恩不啻萬萬矣。汝等當以子弟入送京中，從仕侍衛，時時往來
相見父母族親，永享生生之樂，實爲汝等之幸也，則我國尤見
汝等之誠矣。'如此開說，刷送子弟，何如也？若不從命，則強
使爲之亦可。且將此事意備載敎書，下送邊將，當頒示敎書，
開說辭緣後，刷送子弟，亦何如也？卿其更加商確，曲盡布置
以啟。如或別有他策，則并錄以聞。又居首用事人，須令使子
弟爲質者幾人乎？并以聞。右童倉等，其終還事與否，固未可
必也。然乃於回還之後，措置之方，千里遠路，往來議定，必
致遲緩，先將事件備書還送，亦宜知悉。”　丁酉，<u>馬邊者</u>、<u>卞
孝文</u>等奉書承政院曰：“<u>童倉</u>麾下人相繼復還舊居，欲爲耕田
之計。都節制使給其種糧，前所奪人畜資產，並皆還給。其彼
此來往招諭有功者，及遺失衣服者，乃以都節制使營所貯青木
綿，隨宜給之；倘有不敷，則深爲可慮，請青木綿二十餘匹加
送何如”？遂傳旨<u>馬邊者</u>等曰：“<u>斡朶里</u>等胥動浮言，自生疑
貳，逃竄山谷，資產頭畜，悉皆被奪，生理窮迫，不得已復還
故居。國家不惟待以不死，而慰諭安集，亦已足矣。前日下去
時事目內，野人衣服支給事，則<u>斡朶里</u>等遺失衣服，有赤脫之
人，則隨宜周給可也，豈可以輸京中縣布賞給也哉？與都節制
使同議，隨宜斟酌施行。”　己亥，<u>咸吉道</u>都節制使進事目：
“(一)都指揮同知<u>浪甫乙看</u>，遣子<u>伊所應</u>，及從弟<u>老化老</u>等來
言曰：'予即欲進謁，然拘留<u>童倉</u>等，慮其逃歸；欲携<u>童倉</u>等

謁見，又慮節制使拘執童倉等。若勿拘執，則率童倉等以進。’
臣遣人開諭撫綏之意。童倉等自知勢窮，托於都乙溫、甫乙看
等，復還之意，益切于懷。（一）兀良哈遠近散處男女等，皆來
謁見，略不動搖。斡朶里復還人等，亦皆連連來謁。（一）與馬
邊者、卞孝文等同議，分遣兀良哈都乙溫及斡朶里馬子和、亡
乃，招安凡察、童倉等。馬邊者、卞孝文等在會寧待候，臣駐
兵鍾城以觀其變。（一）浪甫乙看又使人謂曰：‘童者音波之母，
是予族也。若保授者音波之母及妻子於我，則其餘浮動者亦皆
復還。’臣答曰：‘待見汝面議區處。若依今四月十四日內傳，
廣諭捉來者重賞之意，則非惟者音波永逃不親，其餘浮動者聞
之，則亦且疑貳矣。待汝安靜，徐觀其勢，一依內傳施行何
如？’（一）指揮馬仇要音波來言：‘吾於今四月，道遇童倉。童
倉謂我曰：我則軍士追逐，故心懷疑懼，不得進謁。凡察則不
然，先遣阿下大謁見，然後予亦進謁，為計欲與凡察議論此
事，往凡察所。亦謂老古赤曰，汝亦進謁勢難，則請率浪甫乙
看以速進謁可也。’” 己亥，傳旨咸吉道都節制使：“閱卿前後
事目，都乙溫輸誠國家，其情可賞。初，童倉等逃去時，都乙
溫預知其謀，以待事變，及本國之兵追捕，盡奪資產頭匹，後
倉等謀欲逃匿，過都乙溫被拘執乎？倉等事窘勢迫，往托都乙
溫，因而執之乎？凡察請還所拘執女眞二十餘戶，都乙溫不
許，其事信乎？浪甫乙看使子弟來言：‘予欲謁見，但慮童倉
等逃去，未得親進。’浪甫乙看拘留倉等事狀，及前項數事，備
細聞見啟達。”

　　浪甫乙看，即明實錄中之郎卜兒罕，與都乙溫，皆舊
毛憐衛。

辛丑，朝鮮實錄書：馬邊者、卜孝文等奉書承政院曰："斡朵里等皆言：'吾等逃去，非聽童者音波之言而然也。聞都節制使將殺我輩，我輩疑懼而逃。'又者音波自見謁曰：'吾略無與童倉說妄言，使之逃去也。'臣等放遣童者音波妻子，又責保者音波。都節制使金宗瑞又奉書承政院曰："童者音波既受本國之職，非他野人之比。若以招撫之人，不置於法，則後日造言生事者，無以懲戒矣。請逮捕童者音波及妻子于京，掠問其罪，依律痛懲。"遂傳旨馬邊者、卜孝文曰："卿等下去時，命凡事與都節制使同議施行。今都節制使則請依律痛懲者音波，卿等保放者音波，各異區處。自今凡事與都節制使同議施行。"

五月壬寅朔

是日，朝鮮實錄書：馬邊者、卜孝文等奉書承政院曰："臣等道遇凡察、童倉於遠甫乙下地面，開諭傳教事意。童倉謂臣等曰：'後當更來。'遂還。凡察則率麾下七十餘人，與臣等偕到會甯。臣等待之甚厚。凡察將還，謂臣等曰：'殿下遣使慰撫，欣喜無涯。吾亦來秋入朝，姑先遣吾子與大人偕進，以展謝禮。'凡察等來謁會甯節制使，則神心甚安。若於都節制使，畏懼不敢來謁。" 甲辰，咸吉道都節制使金宗瑞奉書承政院曰："凡察、童倉等皆逃遁極邊，竄匿山谷，不欲復還。都乙溫、甫乙看請之甚懇，然後留妻子於山間，來見馬邊者、卜孝文，並皆即還。其餘斡朵里等，皆潛徙伐引、阿赤郎耳、東良北等處，藏匿山林。其本家所藏米穀，冒夜潛隱賚去，時未復還，其心難測。故會甯、茂山、豐山密增軍馬，嚴加備禦。自鍾城至慶源，其間入寇可疑之處，潛遣兵把截，已曾措置預防。今於鍾城者乙未下，賊四五人，白晝入寇劫農民，掠馬四匹；又入鍾城細谷塲，竊牛馬各一；又寇慶源多溫旁近，劫奪馬二匹而去。即遣兵迹之,皆是伐引等處移接幹朶里與兀良哈等所爲也,並皆徵還。今虜再寇茂山堡。臣竊料幹朶里等,勢窮力竭,外若順服,内懷異志。今欲令歸順,屈意招安。至於姦惡已著,并放者音波,臣心深以爲未便。然馬邊者、卞孝文等,獨在會寧措置施行,臣未知其詳。大概以已往之勢觀之,則將來竊發之計,逃叛之心,未可測也。臣一以招撫,一以整兵備禦,以觀其勢。” 己未,馬邊者、卞孝文等奉書承政院曰:“幹朶里逃叛者,臣等皆已招安。雖有未還者,皆到于阿赤郎耳等處,則投化人都乙溫、甫乙看等居處也,來秋庶幾畢還矣。還來戶數,將更審以啟。” 咸吉道都節制使金宗瑞奉書承政院曰:“野人來告云:‘忽剌溫兀狄哈等領兵千餘,將寇閭延。李滿住請蒙古兵三萬,又欲入寇,但未知所入寇之處。’又云:‘凡察曾使人於滿住曰,汝請忽剌溫兵而來,則吾亦並力入寇。’臣竊料前月盜馬者,乃兀良哈權赤也。慶源府拘其黨舍老劉青介,故野人等必虛張兵勢,恐喝國家。然所告者非一,其言略同。賊謀難測,臣即分兵以守要害,各鎮人民並皆入堡,堅壁清野,以待其變。臣所領兵但一千而已,然與各鎮合勢,則攻雖不足,守則有餘。” 宗瑞又奉書承政院曰:“伏承内旨:‘童倉、凡察及庵下用事人子弟,刷送京中,除授官職,仍留京都,又令娶妻。其議甚合時宜。’然臣竊意,被擄回還之心未固,不可遽施此策,故示撫綏之意,反復開諭,使永絕逃叛之心,益固安業之計,特降教書頒示而後施行,何如?且臣近聞馬邊者等從近還京,然童倉等不惟不還舊居,來往頓絕,餘人亦然。招撫不可期以日月,又賊變多端。馬邊者派連幹朶里,偵候甚易,熟知山川道路。請賊變寧息爲限,仍留防戍,一以招安,一以分兵助戰。” 丙寅,咸吉道都節制使金宗瑞及馬邊者、卞孝文等,奉書承政院曰:“巨乙加介之子因都乙溫

謂臣等曰：'國家雖不殺吾父，然拘執我父。父已物故，父則
已矣；繼母及同產尚在，請須遣還。夷狄之法，不復父母之
讎，則羞愧不敢舉顏。故我輩與深處兀狄哈等結援，不惜必死
以復其讎。若還繼母及同產，則服事貴國，永無異心。'臣等以
爲今當斡朶里疑貳之時，若父與遠賊構釁，則更生邊患，其慮
不少。臣等使都乙溫等謂巨乙加介之子曰：'若汝歸順來投，
則還汝母子。亦何難哉！'巨乙加介之子也吾湯介，及巨乙加介
兄子之介、甫堂介等十七人，與女眞三十餘人，本月十五日投
化而來。臣等待之甚厚，又贈以物。也吾湯介等感荷不已，欲
見其母，請之甚懇。臣等答云：'至六月晦時，可得相見也。'
吾湯介等曰：'若令見吾母，則吾當朝見。'之介又欲受職效力，
請遣還其母及同產。使之相見，何如？"

六月辛未朔

　　丁亥，朝鮮實錄書：馬邊者、卞孝文奉書承政院曰："千
戶馬波羅來言：'凡察、童倉等皆無離叛之心。但童權豆收養
子指揮老古赤，父母皆在李滿住部落。滿住欲娶權豆之妻，已
定媒妁。指揮大也吾，乃權豆妻之同產也。故此三人，與前日
資產被奪斡朶里三十餘人同謀，數請凡察等徙居李滿住部落，
時當未定。凡察等今欲徵聚各處酋長，乃決去留。'臣等又遣馬
仇音波偵候。仇音波路遇凡察子阿下大，問之，答曰：'吾父
略無移徙之心。麾下被奪資產者，請之甚切，吾父不獲已，乃
徵聚五十餘人，已到東良北，當時去留之議未定。'臣等又即遣
前護軍童於虛里，指揮馬佐化、馬仇音波于凡察等部，謂童
倉、凡察曰：'汝等既特蒙上恩，宜速赴京謝恩。資產見奪者，
其錄名以送，則當給與衣食。此意須啟達。'"　咸吉道都節制
使金宗瑞奉書承政院曰："人皆言童倉等潛謀逃徙。臣多方聽
探，若已逃徙，然後取旨措置，則必不及機。且今童倉等屯聚

東良北，距會寧幾數百里，道又險阻。若得兀良哈等馳報後發
兵，則萬無及追之理，不可不預爲措置之策。若不捕此賊，則
後日必爲邊患；待逃徒之狀已著，潛師掩襲，或有不及之勢。
然賊衆旣多，我軍之數亦不可不多。端川以南，則道路遙遠，
難以猝致。擇吉州、鏡城、慶興、慶源、鍾城、會寧各營精
兵，合二千人追討。」　金宗瑞奉書承政院曰：「凡察再往都乙
溫家，密請同舉兵入寇。都乙溫不從，反以其謀告於臣。又欲
與具州兀狄哈和解。都乙溫等請還巨乙加介妻子，其辭甚切。
臣答曰：‘巨乙加介族黨，順命親請，則吾將達於國家。’如此
往復，迨無虛月，都乙溫果率巨乙加介之親子族黨歸順請還，
約曰：‘五月晦時，願得見吾母。’與馬邊者等同議，答曰：‘五
月晦時則迫矣，六月晦時或可得相見。’權辭以對。今伏覩聖教
與朝議，不勝驚恐。然臣在邊境，苟利於邊民之事，則豈顧一
身得失，敢憚煩瀆。當初巨乙加介之被執，非興兵掩獲，因其
自來而偶執之耳。巨乙加介已死，其妻子操縱之權，在於國
家，留之不足示威，還之不以爲怯。況其子與族屬，身親順命
哀乞，雖從其請而還之，諸種何敢以我爲怯弱乎？今儻不還，
則怨益深，而其禍速。還之則怒稍解，而其禍遲。待數年之
後，斡朶里浮動者安靜，彼雖怨惡，安能爲吾害哉？若與斡朶
里連和，又結兀良哈爲援，則臣恐邊民之患，自此而起矣。肆
臣不彈煩瀆，昧死再達，伏望聖裁。」遂下傳旨曰：「即下議政
府更議，皆曰仍以前日傳旨事由，開諭巨乙加介之子，徐觀其
變以啟，後更議可也。卿其知悉，使之知會。」　傳旨金宗瑞：
「今卿馳啟云：‘凡察逃匿之時，若待兀良哈馳報後發兵，則萬
無及追之理；若不追捕此賊，則後日必爲邊患。待逃徒之狀已
著，潛師掩襲，或有不及之勢。即下議政府議之，皆曰：‘斡
朶里在境內之時，一朝浮動，尚且不及追捕，況凡察居東良

北，距會甯數百里，路且危險，其能及追乎？及追則誠幸矣，若不及追捕，徒曝兵於草野，使中國之人聞之，徒爲取笑。莫若撫綏招來，使之潛消反側之情耳。'予心以謂本國已蒙敕旨，仍居撫綏。彼不從敕旨，一朝舉種浮動，擅自移歸，厥罪不少。彼移歸之狀見著，則興兵掩捕，理固然矣。雖不盡捕其黨，或三分之二，或二分之一及追捕，患亦可已。然移徙之狀未著，而興師固不可也。若已著興師，則彼必先聞逃竄，我必不及，空行空返矣，則北方諸種豈不冷齒，不如佯不知之爲愈也。但恐彼當移歸之日，潛隱入境，掠我人物。卿當預先布置，整齊軍馬，不輕待變，毋失事機。儻近境斡朵里等隨而浮動，移歸之狀著見，而我之兵勢可以及之，則乘機發兵，掩襲拘留，似乎得宜。然邊境之事，難以遙度，卿當臨機區處。"丙申，咸吉道都節制使馳報："童倉、凡察等與管下三百餘戶，逃往婆猪江。"丁酉，童倉欲徙居李滿住部落，潛訴本國于朝廷，誘脅管下逃竄。上將欲具其事由，遣使聞奏，召議政府及承文院提調草奏本。傳旨平安道都節制使："今咸吉道都節制使馳啟，凡察、童倉等舉種逃竄。倘江水淺涸，或有渡江入寇，深可慮也。沿邊防禦，毋添聚他鎮兵馬，各以見在本處之兵，臨機應變，毋致忽慢。"

七月辛丑朔

是日，朝鮮實錄書：遣吏曹參判崔致雲如京師，奏童倉、凡察等逃竄事由，特賜弓矢衣服，有如常例。奏曰："先據議政府狀啟備，咸吉道都觀察使李叔時呈報該：'有本道鏡城居住吾都里凡察，耕農打圍爲由，帶領妻小，於東良地面，無時擅便往來。至正統五年三月初頭，挈家起移去訖。'得此狀啟。據此，臣以東良地面，係本國邊陲，且慮有違敕諭撫綏之旨，不令禁約，聽其任便。又據本道都觀察使李叔時呈：'凡察親

姪童倉，聽從凡察指揮，欲與李滿住聚居，妄起浮言，恐動部
落，本月二十四日逃脫去了。本處把截官尋蹤，到於阿赤郎貴
地面，止留家小人丁，一無傷害，各還寧家。'據此，臣差官前
去，丁寧開諭，其拋下牛馬家產等物，並令還給。無衣者給
衣，無食者給糧，無穀種者給種，但有田禾，官給人夫鋤治，
更加撫綏。本人等詐稱還業，逗遛草地。續據本道都觀察使李
叔時呈：'凡察、童倉等，於本年六月二十三日，逼勒部下人
口逃竄了當。'據此，臣今將累次頒降撫恤本人敕諭事理，及本
人等違背敕旨前後狡詐事因，逐一開坐謹具奏聞。（一）鏡城係
是洪武二十一年間，太祖高皇帝准請公嶮鎮迤南之地。其童猛
哥帖木兒，與伊父童揮護，伊弟凡察等，仍居本地。臣先祖臣
康獻王某，授猛哥帖木兒鏡城等處萬戶職事；臣父先臣恭定王
某，陞授上將軍三品職事，附籍當差。（一）永樂八年二月日，
亏狄哈突入慶源府，殺死兵馬使韓興寶去後，猛哥帖木兒遣人
通書，稱云同力追捕本賊，却與本賊通同，伏兵邀擊本國軍
兵，殺傷數多，緣此畏罪避去。其後本人及凡察等，與叛人楊
木答兀同謀，擄掠開原等處軍民，回來阿木河地面，一處住
坐，爲奴使喚。其被擄之人，不勝艱苦，連續逃來，本國隨到
隨解，共計八百餘名；且兼本人等部下人民，或盜牛馬，或窃
錢物，邊將依律斷罪。以此積年含忿，欲效滿住迯居荒野，恣
行不道，前往李滿住在處同住，其詐至甚。（一）正統三年五月
十五日，陪臣親弟祉，賫捧到敕諭該：'前因建州左衛都督猛
哥帖木兒男童倉等奏，欲同李滿住一處居住，已准所奏，敕王
令人護送出境。今得王奏，李滿住等讎嫌未解，若令聚處同心
作賊，邊患益滋，王所計慮亦當。其童倉、凡察等，聽令仍在
鏡城地面居住，不必搬移。此輩皆朝廷赤子，在彼在此一也，
王惟善加撫恤，使之安生樂業，各得其所。欽此。'臣欽依敕諭

事理，仍令安業間，李滿住與童倉等通同，妄稱童倉、凡察等聽朝鮮王招引，詐誘李滿住前去朝鮮一同居住等項詞由，朦朧奏達。正統四年三月初四日，陪臣崔士儀賷捧到敕諭節該：'凡察等即將帶原管人民，及挾同都指揮李張家，指揮佟火你赤等家屬，并各人部下大小人口，俱來遼東附近渾河頭，與李滿住一處完聚。欽此。'臣不勝兢惶。正統四年三月初六日，差陪臣崔致雲，備將前因奏達。敕諭節該：'得奏，建州等衛都指揮李滿住，虛捏奏情，及曾有敕諭，聽令童倉、凡察等，仍在鏡城地面居住等因，具悉。朕惟王之父子，世守禮法，永篤忠誠。童倉、凡察等，既在彼安生樂業，仍聽其在彼居住，不必搬移。欽此。'（一）正統四年九月日，陪臣閔義生回自京師，告說：'凡察欲與李滿住一處聚居，虛捏事情，使童答察奏達，聖鑑明照姦小情僞，亦不准他。欽此。'（一）差去官報說，凡察等逼勒管下人逃出時分，帶去一百六十八戶；不肯隨去，仍留安業。凡察親兄斡沙哈、阿哈里、哈失八及管下人等，共計一百八十戶。其從行者大半亦云：'今雖被驅，終當還業。'又有吾都里、刺松哈等前來告稱：'俺等欲帶親母及女子脫出間，凡察等裹擄親母，不許與母哭別，只率年十三歲女子來了。'（一）在先凡察與楊木答兀同謀，虜掠開原等處軍民，爲奴使喚。今次逃去時，賣與深處同類野人者，其數頗多。（一）凡察等逃出，中路授同類人亦甯哈，送到書一紙，譯該：'國王恩德，不勝感戴，別無恨心。爲緣見忓都節制使，指向處出歸。'仍與本人言說：'我的人口家財等件，李滿住處寄留，親詣京師奏達。'臣查照前件，凡察見忓邊將一節。凡察欲與李滿住一處聚居，虛捏事情，令馬把剌撰造奏本，於正統四年七月日，使童答察奏達去後。邊將因馬把剌親姪興貴所告，就對凡察說與：'你等既居境內，敢以不實之言肆行奏達，豈宜無責？只

緣欽遵累降敕諭事由，曲加撫恤。'如此戒諭。凡察指天指地，
說誓無有。其後遇見陪臣馬邊者，不能遁情，云果有此事。以
此臣相度本人等，實與李滿住曾有定約聚居，今乃反指見忤邊
將爲由，送書逃走。臣竊詳本人等陰謀詭計，反覆無常，上以
欺誑朝廷，下以謀擾本國，妄構多端。臣仰體屢降敕諭事意，
更戒所在官吏，一切差發稅糧，並不科擾；耕農打圍，以至畜
牧，亦聽自便；其有所求，隨請隨給，多方撫恤。不期凡察猶
蹈前非，不遵聖旨，欲與李滿住爲黨，侵害本國，誘脅年少無
知童倉，不順眾情，強率逃走。臣竊念小邦累蒙聖恩，使本人
等不許搬移，本國邊民稍得甯息。今若凡察等逃往李滿住在
處，同心作賊，本國邊患，遂復如前。伏望聖慈，下令遼東都
司，將前項人等發還元住鏡城地面，仍舊復業，使小國邊民，
永被聖恩，不勝幸甚。」 咸吉道觀察使奉書承政院曰：「今差
人撫綏吾都里，曲盡無餘，然謀欲逃叛，其惡莫甚。今當草木
暢茂，雨水漲溢，舉兵追討，正是危道，且勢難掩襲，徒增虜
怨。臣妄意爲今之計，莫若謂野人曰：'汝等仍在舊居，何益
於我國；汝雖逃去，亦何損我國哉！所以勸留者，但仁卹汝輩
故也，去留任汝情願可也。'若然則彼雖逃去，其怨不深，又安
知或有復還之理乎？姑勿追逐，徐觀其勢，更議施行。」 癸
卯，咸吉道都節制使金宗瑞奉書承政院曰：「吾都里指揮羅松
介來言：'凡察、童倉等與其管下二百餘人逃叛，將住於白頭
山西南亐多軒之地。'臣欲迹其去處，則豆滿江東良北等處，灘
水急流，道路險阻，樹木茂密，行兵勢難，必無追及之理。今
當暑雨，勞軍深入敵境，實是危道。茂山、豐山，乃虜入寇之
處，故已分兵固守。臣潛駐兵豐山，以待其變。又移牒甲山
郡，整兵以待。其留去吾都里八十餘戶，臣曲加撫恤。且吾都
里等，不從凡察等避匿山谷者，或有之，臣將搜索以聞。」馬邊

者、卞孝文等奉書承政院曰："吾都里應介來告曰：'凡察乃以
蕃字書懷寄我，使呈差來大人轉啟上前。'因謂予曰：'資產人
口，已寄于李滿住所，欲朝于京師，奏聞皇帝，然後留居之。
吾見凡察等帶去人口，不過三百戶而已。'其書契云：'建州衛
都督凡察，惶恐聞于國王前：臣欲效力於國，誓以死報。第因
氣力衰憊，雖居於此，不得效力，故欲移住萬浦，一以效力於
皇帝，一以輸誠於殿下。且吾略無負罪於國家，特蒙殿下恩
德，不勝感戴，唯得罪於都節制使而已，又無狠心矣。'" 乙
巳，上又引見仁順府尹金墩、都承旨成念祖，謂曰："自古爲
邊將而終始無過者鮮矣。漢之趙充國、唐之李靖，皆爲名將，
而終不免有過。又在高麗，尹瓘樹立邊功，而竟招物議。逮至
我朝，崔閏德、成達生、河敬復等，皆授邊寄，而終有過失，
予皆釋不問。此無他，重邊將而專委任也。今咸吉道都節制使
金宗瑞，本以儒臣，體貌矮小，且短於武藝，長於吏才，不宜
爲將，但取其臨事勤謹，處事精詳耳。至於四鎮新設之時，處
置得宜，驟見其效，此亦可褒也。以故雖有小過，不敢遽論。
今者待吾都里童倉、凡察，輒以威猛而不施寬仁，終使野人舉
種逃叛，誠可愧報，必將貽笑於中國。卿等其與右議政申槩、
右贊成河演等，議宗瑞及經歷李師曾解任可否以啟。"槩等議
曰："若遞宗瑞，則野人以爲朝鮮以我之故，罷都節制使，則
將以啟後日野人之讒也；不遞，我國人民，曾已離心離德矣。
宗瑞則待奏聞使崔致雲回來，解任未晚。若師曾，宜可即遞。"
上曰可，又命更議代師曾者。且李蕆久任邊寄，其議可遞與
否？槩等議曰：'今蕆別無可論之罪，無故遞之，則野人以爲
何如？姑除京職，令隨例上來可也。"上曰："予當更思之。"
乙酉，傳旨咸吉道都節制使金宗瑞曰："近居兀良哈及留住吾
都里等，要須撫恤，使之安業也。我既如是，而吾都里等尚懷

反側，相繼逃脫，縱不可以加兵，當以兵示威，嚴其禁約，似乎可也。然隨凡察逃去管下人內，或有同心逃叛者，或有被其脅從者。其被脅從者，則又或有懷土輒還者矣，雖未即還，終必有復業者矣。若聞我耀兵示威之事，必懷疑貳之志矣。旣懷疑貳，雖欲還業，其肯來乎？況今酋長已去，而逃去者過半，餘種不足論矣。況奏請還本之時，尤不可用兵也。如是則示威禁約之事，亦不可輕舉也。姑當外弛觀兵，以示懷綏，內謹守禦，以防奸暴，勿爲彼賊所侮，又令毋毀室廬，勿收田禾，昭示恩信，以待彼人之還，當與遺種閑話曰：'凡察等妄自浮動，違背殿下之恩，遂至逃竄，雖擇地搬移，那似舊居樂土乎？凡察必有悔悟之心矣，若不忘殿下之恩，回心革面，復還舊業，則我殿下必嘉其志，撫恤之恩，倍於前日。予亦仰體旨意，當撫恤之益篤矣。'如是常說云，則其遺種等，必自相喧說矣。自相喧說，則彼賊亦必聞之。彼賊聞之，雖曰獸心，豈不省悟乎？當此時，使反間傳說勢甚難也。或有凡察使送之人，亦如此說之可也。或自募游說能令招安者，亦宜依此意諭之，且曰：'爾等諄諄開說，使之復來，則或賞汝以帛，或授汝以爵矣。'要須令自募者悅而行之也。今吾都里等酋長雖去，留住之戶尙至百餘，其中豈無巨魁者乎？共戴以爲酋長者誰也？觀勢啟達爲可。吾都里等脫有驕橫自恣，盜竊我財物，虜掠我人民，則自有邦典，固不可得已也。然其中不預謀者并罪之，亦不可也。卿多方熟計，臨機善處。其撫綏之策，曲盡布置，使不得浮動，安生樂業，是誠急務也。凡此數條，卿心熟思之。有所未安，則不必強行。吾都里逃去之後，兀良哈之生業自若乎？有浮動之心乎？來往見卿如舊乎？吾都里元數內，逃去幾分，留在幾分？備細聞見逃去指向處啟達。"宗瑞回啟："今承內傳節該：'今吾都里等酋長雖去，留住之戶尙至百餘，其中

豈無巨魁者乎？共戴以爲酋長者誰也？觀勢以啟。’臣惟吾沙
介、於虛里等，世管部落。吾沙介雖兄，搬移之心，至今未
絕，尙在東良北，將來去留，未可必也。於虛里則其子所老加
茂雖欲移去，堅執以爲不可，歸順誠心，終始不變。且存留之
中，官高亦有人望，臣意以爲但此人而已。”　癸丑，上御思政
殿，引見都承旨成念祖、右副承旨李承孫，謂曰：“朴好問爲
人稍善射，且穎悟便利，久任司僕，領中樞崔閏德爲提調，信
任之。又於癸丑年，崔閏德薦好問穎悟可使。予使反間于李滿
住者再三，其後伐滿住之時，閏德每事咨焉，言無不從。予聞
之，以爲過信也。然有獻馘之功，襃授官爵。曩者咸吉道會寧
節制使闕，因大臣薦差遣。赴鎭之後，與吾都里凡察等，深相
結納。凡察等偏愛好問，稱爲兄弟，聞好問有疾，至涕泣問
疾。凡察朝見到京，問好問安否，且欲相見，曰：‘朴公稱我
爲兄。’其交結之篤如此。凡察相與好問言曰：‘君在則吾亦留
此，君去則吾當逃去。’其心中秘計，一無所隱。厥後好問以疾
辭職上京，予引見咨問邊事，答曰：‘宗瑞非力戰之士，且不
能射御，又性本躁急。其待野人甚嚴，野人惡之。目以爲姦。’
其毀宗瑞如此。大抵邊將之於野人，懷之以恩，使之愛慕，斯
亦可矣。然好問異於是。好問旣爲裨將，當與元帥同心協力，
其待夷狄之道，一體處之，以安一方，乃其職也。宗瑞尙剛，
好問尙柔。好問之事，常反於宗瑞，使凡察等愛好問日篤、惡
宗瑞日深，終致逃叛；又多毀宗瑞必有構隙。予欲下攸司鞫
問，未知事端。卿等與申槪、河演等同議以啟。”槪等議曰：
“誠宜按問。然事端未形，姑待都體察使皇甫仁之還，必有會
寧防禦失誤之事，因此鞫之何如？”從之。　己未，傳旨咸吉道
都節制使金宗瑞曰：“惟卿處事精敏，克勤不怠，予選卿以爲
咸吉道主將，欲賴卿以寧一方，未嘗聞卿之愆也。曩者因卿上

書問于承政院，政院啟曰：‘有人以妾妓受野人之賂，與好田
獵屯田等事，訴于憲府。憲府知其人之有所銜也，已不受理。’
予欲追論告者，以謂日久之事而停之。夫妾妓受賂之事，予意
以爲若使妾受人之賂，卿必先受之矣。野人獨賂妾而不賂卿
乎？今告者不得誣卿之受賂，只言妾事，此不合於人情天理者
也。雖頑愚無識者，尚且不爲，而謂卿有此乎！告之者至愚且
狂也。屯田之說，細瑣之事，尤不足芥於意也。好田獵之事，
予亦以爲侍從軍士，諸道侍衛牌等，當春秋講武之事，亦多有
受陳省謀避者，若停講武，則攢手喜躍，赴武試者厭其擊毬之
技，或有毬杖擊倭之譏，因而得罪者，皆卿所知也。夫以往來
京師，多習聞見者，尚且厭之如此。邊圉無知人，好田之誚宜
矣。況予並一道數千精兵，悉屬於卿，已令卿因田獵講習武
藝，雖率赴防軍士隨意行獵，亦因戲習武之舉，無害於義也。
甲山人受土官之事，予初未聞有此事也。今得卿書乃知。然予
意以爲卿若鬻爵營私，卿之左右侍從者甚多，何不於此人，而
必於甲山之人乎？且土官必待本官論報，然後注擬，則豈容挾
私於其間乎？上項數事，必是不得其志者之妄搆，固非其實，
予不信也；卿亦勿以爲疑也。大臣議云：‘凡察等以耕農爲辭，
往來東良北累年矣。邊將不能禁制，不得辭其責矣。’予意謂大
臣之議是矣。然吾都里等嘗怨云：‘邊將令我不得隨意出入，
已告于中國也。’當是時，因農往來，固無叛狀，不可嚴其禁
防；況諸種野人浮動之時，不可以兵威制之。以此觀之，當徐
觀其勢，勿禁可矣。朴好問詣闕，予引見問以邊事。好問對問
之際，多毀卿。予引見之意，但問邊事，初無意於因好問知卿
過失也。好問既毀卿於予，又私通于卿，其往來讒言輕薄不肖
如此。好問毀卿之翌日，予謂兵曹判書皇甫仁、都承旨成念祖
等曰：‘邊將待野人以恩，使之懷慕，固善也。然好問則異於

此，使人懷己而嫉主將，必有其由也。昔年凡察來朝，數稱主
將之賢；近日來朝，又言主將之短，只言好問之賢，其情可
知。好問漏洩陰謀明矣。然今聽其言，知其憎惡主將，其與凡
察言話之際，必見於外貌矣，其爲人也輕薄難信。卿等知之。'
皇甫仁等亦以爲然。予之欲論其罪久矣。今下義禁府鞫問情
由，卿其知悉。但卿布置失宜者亦有焉。我於夷狄，兵精勢
強，能制其出入，置之掌握，則猶可待之以嚴；如其不然，不
若寬柔撫恤之爲愈也。卿嘗待凡察等及其管下人，多端恐嚇，
乃懷疑貳，以至逃竄。卿嘗啟云：'凡察挺身逃竄，則其逃易
矣，勢難追禁；若率部落逃去，則可能及期禁制矣。'今者凡察
等預定移徙日期，帶領部落，舉羣逃竄，而卿不能阻當。凡察
能用計逃竄，而卿乃墮於奸謀，一無所爲，此誠卿之失也。卿
其體予至懷，熟計善處。" 辛酉，御勤政殿受朝。吾都里馬佐
化、馬仇音波、童也吾他、童哥時波、吾郎介仇赤等，隨班獻
土物。上引見，謂吾郎介、吾都里等曰："自我祖宗撫恤爾等
祖父，爾等祖父亦咸能歸附，宣力效順。予亦仰體祖宗之意，
尤加撫恤，凡有所求，無不曲從。凡察、童倉等，違背卵翼之
恩，潛謀逃竄。爾等遠來朝見，予甚嘉之。"謂吾都里等曰：
"童倉、凡察，辜恩背德，勒管下人逃去。然能悔過還業，則
予當存恤，有加於舊。況爾等不忘厚恩，仍舊居住，予將益敦
撫恤，爾其安心快活。"又謂吾郎介曰："童倉、凡察，已曾率
羣逃叛。其留在吾都里等，不從奸計，仍舊按堵，誠可憐恤。
爾等既與此輩爲隣，宜當同心協力，共享昇平。"仇赤對曰：
"臣祖及父，俱受萬戶職事。昔者邊將托以招安，紿殺我父。
厥後每欲來朝，恐被誅戮，不敢朝見者有年矣。側聞國家治邊
將枉殺無辜之罪，又聞國家懷柔遠人，待之甚厚，臣頓釋前
疑，感慕至德，肆修朝禮。國家待予，如都乙溫、甫乙看例，

賜以鞍馬衣服，則臣欲誇示部落。"馬佐化對曰："凡察、童倉
等，逼勒部下逃竄，老臣諭諸人留住。第恐寡弱不能自存，欲
與仇赤協心效力。願殿下降内旨于都節制使與四鎮邊將，儻有
亐知介侵掠之變，則出兵救援，俾遂生業。"上曰："汝之好意，
予已具悉。"遂賜宴、降教書，命直藝文舘朴以昌開讀于宴廳，
通事解說教旨辭意。野人等俯伏而聽。其教吾都里馬佐化等
曰："洪惟我國家誕受明命，撫有東方，惟爾輩世居北門，爲
我藩屏。昔我始祖穆王之在慶興，爾等祖先始率諸部，咸能歸
附，服事不懈。自是列宗，亦世加仁恩，護恤甚至。爰及我祖
康獻王，開國之時，爾祖父等又能輸誠宣力，昵近宿衛。我祖
嘉其勞效，推赤心以待之，益敦存撫，恩德甚厚。凡茲事蹟，
具載史牒，昭然可考。非惟爾等之所逮聞，亦諸種之所共知
也。況予恭承祖宗之緒，敢不祗述先猷，是用子視爾輩，益勤
撫綏。近年凡察等，妄懷疑阻，欲與李滿住聚居，告于朝廷。
於正統三年五月十五日，欽捧敕諭節該：'童倉、凡察等，聽
令仍在鏡城地面居住，不必搬移。凡察等執迷不悟，再告朝
廷。'又於正統四年三月初六日，欽奉敕諭節該：'童倉、凡察
等，既在彼安生樂業，仍聽其彼居住，不必搬移。欽此。'凡
察等，凡厥所求，悉皆曲從；每有來見者，優其館穀，或不次
除官，或賜鞍馬衣食，至於耕農打圍畜牧等事，亦聽自便，多
方撫恤，實爾等所共知也。邇者，凡察等不自悔悟，虛捏事
情，復行奏達。既不得請，又逼管下人等，潛謀逃竄。予聞之
久矣，第冀其悔悟自安，略無致詰，待之如初，亦爾等所共
知也。不期凡察等，尚不體敕諭至意，猶蹈前非，辜恩背
德，妄起浮言，恐動部落，驅率逃去。然凡察若能悔過自還，
則予當優待，有加於舊。夫人孰無過，過而能改，斯爲善矣，
豈以一時之過而遂絕之耶？矧惟爾等，深念我國家涵育之恩，

不徇不義，不蹈姦計，屹然獨存，仍舊按堵，其心可嘉，即頒賞賜，仍命邊將益敦撫恤，凡可以厚其生業者，無所不至。且聞爾等素與具州野人搆隙，悶其寡弱，將被侵擾。今已教諭旁近吾郎介等，如有緩急，協心救援，使成輔車之勢，永作藩籬之固。爾其體予至懷，安心保業，共享昇平之樂。故茲教示，想宜知悉。"吾都里四人各受教書，其辭皆同。教吾郎介仇赤曰："始祖穆王之在慶興，爾等祖先世居北門，始率諸部，咸能歸附，服事不懈。自是列聖亦世加仁恩，護恤甚至。爰及我祖康獻王，開國以來，爾祖父又能宣力，昵近宿衛。我祖深知勞效，加意優待，事在簡策，昭然可考。我國家之於爾輩，待以恩信，非一世矣。非惟爾等之所逮聞，亦諸種之所共知也。且吾都里凡察、童倉等，自其祖父世居我境，欵附于我，亦我祖宗世加撫綏者也。予承祖宗之意，爾輩及吾都里一體存恤。又爾等之與吾都里，有脣齒相資之勢，凡出入患難，義所當援。近日凡察等，非惟忘恩背德，又違累降皇帝敕諭，欲與李滿住同居，虛揑事情，奏達上國，既不得請，輒起浮言，逼勒管下強率逃竄。而凡察親兄斡沙哈、阿哈里、哈時波，及管下人等，獨不忘我國厚恩，不肯隨去，仍留安業，予甚嘉之。然此輩與具州野人，素有釁隙。彼將乘其寡弱，或肆侵擾，予甚慮焉。爾等既與此輩爲隣，脫有寇變，約爲聲勢，悉力救援，務令彼此各得其所，以副聖天子一視同仁之意。予惟汝嘉，尤示恩待之隆。故茲教示，體予至懷。"　傳旨咸吉道都節制使金宗瑞："昔者權豆請云：'吾與深處亐狄哈素有釁隙，恐被侵掠，如其有變，貴國憐憫我等，耀兵救之。'厥後吾都里等連請不已。予謂是乃諸種野人之自相搆釁，予何憎愛於其間乎？李澄玉亦云：'野人性本強狠，好爲戰鬭，報復無常，便是自中之事，固無關於我國，不可輕舉救援，以速彼人之怨也。'今又問諸李叔時，叔時之對，亦猶是也。然更思之，吾都里等久居境內，已曾歸附。予憫其寡弱，特加仁恩，凡有需索，一如所求。邇者童倉、凡察等，違背卵翼之恩，强驅管下，潛謀逃竄；其餘吾都里等，深念我厚恩，不從姦計，仍舊安業，予甚嘉之。況今留在者甚寡，勢窮力弱，欸附于我，哀鳴請救。脫有深處野人成羣突入，侵掠境內之人，我國以爲非我族類，坐視其死亡而不之救乎！且亏狄哈等姦猾尤甚，聲言侵彼吾都里，乘虛突入，犯我邊鄙，亦未可知也，以此觀之，如有緩急，陳師境上，約爲聲援，一以濟其弱，一以應其變可也；然不可輕易下手以生釁也。如或殺擄我人民，盜竊我財物，卿其較彼多寡，量我强弱，臨機應變，勿爲野人之所侮。"宗瑞回啟："彼類欸附于我，哀鳴請救。坐視其死亡而不恤，有違字小之義。且彼賊犯境恣行，漸不可長，不可不禁。當一依內教施行。今寧北鎮馳報云：'南訥亏知介阿羅介等，率四姓亏知介，並百餘人，欲掠吾弄草留住吾都里。'即遣兵耀威。亏知介等無所得而退，吾都里老少男女，攢手喜悅。然賊謀難知，已令各鎮整兵以待。"　丁卯，吾郎介浪甫乙看等十人，吾都里阿下里等四人，來獻土物。上御勤政殿，引見甫乙看等曰："爾以好意數來，予甚嘉之。"其餘吾郎介、吾都里等，傳旨之辭，與前日教仇赤、馬佐化等同。甫乙看啟曰："凡察、童倉等，執迷欲逃，臣多般開諭止之。凡察等不改前心，逃叛而去，故終不得請。"上曰："爾之好意，予已具悉。"甫乙看更啟曰："其留居人或有兄逃弟在者，或子逃父在者，若聞凡察等快活居住，則慮或相繼逃去，欲啟此意而來。且臣自祖父，專仰國家，盡心效力。老人欲以死報，故來見耳。童倉雖逃竄，其留居者過半，若令速遣還小人，則臣當曲加救恤矣。"上曰："爾言甚合予意，予甚喜之。"甫乙看又啟曰："凡察等今已逃叛，

深處野人，慮恐侵掠留居吾都里，第恐國家以予爲疑耳。"上
曰："予豈不知，邊將亦已知之。爾其勿疑。"阿下里啟曰："臣
前此住於吾弄草地面，今聞亐知介林阿車，謂我寡弱，將肆侵
掠。今臣上來之時，匿臣之妻子於慶源旁近之處。臣亦欲移居
幽隱之處，以避侵掠。"上曰："不若舊居之地，且予未知土地
形勢，將問諸邊將，然後施行。"賜見訖，仍賜宴。又命直藝文
館朴以昌開讀教書於宴廳，通事從旁解說。其教書亦與前日教
書同。　　戊辰，傳旨咸吉道都節制使金宗瑞："凡察、童倉等，
負恩逃竄，然其存留部落尚多。其留住之徒，連續逃往，勢之
必然也。若宣言於衆曰：'我殿下差吏曹參判崔致雲，將凡察
等逃叛情由，奏達朝廷，必令還業。若未蒙允，更須奏達，期
於得請。今雖逃叛，永無安生之理。'留住人等聞之，以爲我雖
逃去，終當不能安業，我等徒勞往還，彼此失所矣，其不聽凡
察招誘，仍舊按堵者，庶或有之矣。如是則其說，豈不當理而
有益哉！茲將奏聞必還之意，因言吹噓，使存留者自聞。卿其
知悉，與四鎮守將潛議，愼勿與野人直說，務要勿露形跡。我
國之人若有事機，必形於外，彼若知之，豈不爲國家之恥哉！
卿當熟計。"

八月庚午朔

　　辛未，朝鮮實錄書：吾郎哈金都乙溫來朝。上御勤政殿，
引見曰："爾以厚意來見，予甚嘉之。自我祖宗撫恤爾祖父，
爾祖父亦咸能順服。予亦仰體祖宗之意，尤加撫恤。童倉、凡
察等，違背卵翼之恩，舉種逃叛。其留住吾都里，不從奸計，
仍舊按堵，誠可憐恤。爾等既與此輩爲隣，宜當同心協力，共
享昇平。"都乙溫對曰："臣爰自祖父，厚蒙上恩，故臣今來朝。
今凡察、童倉，執迷不悟，忘國厚恩，遂行逃竄。臣深荷上
德，安敢有搬移之意，仍於元住地方，依舊安業。前日蒙賜鞍

馬等物，其時即欲來謝，第因路遠，且邊將阻當不送，未果如
心。今乃來朝。”又曰：“吾所居之地，賊路要衝。忽剌溫赴京
者，必經由於此；諸種野人之來朝者，亦皆經過而來，小人甚
慮焉。”上曰：“予已具悉。”仍賜教書。其教書與所賜甫乙看同。

　　丁丑，傳旨咸吉道都節制使：“曩者女眞吾郎哈、亏狄哈之
種，素居境内者，及雖居境外來往效誠者，如有心志淳厚，射
禦有能，身彩可觀者，密啟二三人，以充侍衛，已曾内傳矣。
卿與李叔時啟曰：‘充尙本是强族一部酋長也；甫乙看第二子
伊所應哥，年雖十三，且有將來。唯此二人僅可，餘無可取
人。’予惟思之，太祖開國之時，女眞之類，久居境内，附籍當
差，至有上京宿衛者頗多，太祖亦推赤心以待之。吾都里亦是
女眞之種，只以居吾都里城，故因以爲號耳。今吾都里之從仕
於京者亦多，其中馬邊者、童干古，尤其穎悟者也。馬邊者以
元隨從，特授達官；童干古亦將陞授職事矣。茲者甫乙看曰：
‘國家之待吾都里，厚於兀良哈、亏狄哈。’倘有心厚才能、情
願從仕者，予將一體叙用，以釋其疑。卿若廣求之，則諸種人
厥數猥多，其中豈無宿衛可當者乎？卿其知悉，不限境之内
外，更須搜訪，選心志淳厚、族勢强盛、才堪宿衛者，錄名啟
達。”　戊寅，咸吉道都節制使移文兵曹曰：“將軍童於虛里，
告於會寧僉節制使池淨曰：‘斜地住居吾都里毛多吾等十七人
逃去，使人追止之。’毛多吾曰：‘我輩逃來，非厭朝鮮也，乃
被亏狄哈侵掠，不勝艱苦。且吾等所居之地，與貴國隔遠，不
相救援，故欲避亏狄哈之侵，乃至於此。’其使人反覆開諭，毛
多吾悔悟，心欲還歸，乃迫於其子，遂不回還。又遣於虛里及
司直童干古、童三波、童玉等，乘傳追及拘留。”　辛巳，咸吉
道都節制使移文兵曹曰：“童玉等回還曰：‘我等追及毛多吾於
南羅耳。毛多吾曰：“我輩非厭朝鮮而逃去也。自凡察逃叛後，

亏狄哈等，不數日擄掠我人畜。且聞巨乙加介子家里應可等，將大舉而來，盡行擄掠，驚惑而來。'"童玉等又謂毛多吾曰：'汝等與我國家，隔遠居住，故畏其亏狄哈，不安其居。若居會寧旁近，則無此患矣。'毛多吾答曰：'若吾等未移徙之前則可，今旣離家遠來，勢難復還。'遂不聽。"乙丑，咸吉道都節制使金宗瑞奉書承政院曰："前者伏受內傳節該：'奏請還本之時，尤不可用兵也。如是則示威禁約之事，亦不可輕舉。'臣敬此，於前日毛多吾移去時，恐動餘衆，不得已遣兵止之。今聞吾沙介、所老加茂等，率十五餘戶欲逃去，輜裝盡輸東良北凡察舊農所，欲於本月十五日內發程。令兀良哈護軍波乙大招來二人。吾沙介獨來，所老加茂不來。吾沙介留數日，勒令上送。爲計所老加茂，則本性橫戾，忘其父母，棄如弊屣，其他可知，不可徒以言語招諭。不得已，遣兵五十餘名，先使族兄羅松哥森波，與其吾郎介、波乙大、仇難等，善諭率來。如或抗拒不從，令遣兵率來。今若此徒縱而不禁，餘黨相繼逃移，漸不可遏，不得已遣兵示威。"

九月庚子朔

是日，敕諭朝鮮國王李祹曰："比者爾奏，凡察誘姪童倉，逃往建州，慮其與李滿住同謀生釁，侵擾本國。朕遣敕諭凡察等，仍還鏡城，守父境土；如其回還，王宜解釋舊怨，寬以撫之，仍敕守邊軍民，無使侵擾。朕又慮其疑懼不還，已敕李滿住等，嚴加戒飭，不許纖毫有犯。若其不順天道，不遵朝命，自生釁端，天災人禍，必不免矣。王爲朝廷東藩，宜體朕至懷。"復諭建州左衛都督凡察等曰："朝鮮國王與爾等，皆朝廷臣子。往者以爾等遷徙不常之故，累諭李祹，善待爾等。祹皆奉朝命，不敢有違。爾等旣奉敕居鏡城，今乃無故擅自遷徙，致祹疑慮，皆爾之過。今已悉置不問。敕至，爾等即領部屬人口頭畜，復還鏡城居住牧放，仍與朝鮮永敦和好，毋懷小忿，輒有侵軼。朕已再遣敕諭禂，令其仍善待爾等。如爾等不願回還鏡城，願與李滿住等同處，亦聽其便，不許故生釁端，侵軼鄰境，以取罪愆。"實錄。

是時，凡察等實已逃赴滿住所居。朝鮮實錄中，已見於兩月之前，且有凡察親具告罪之書矣。朝鮮猶虛作聲勢，務示其必須追還，非得明廷庇其逃亡，不能爲建州左衛，由明廷自徙入邊之據。直至此敕出，而明已爲最後之允許，於朝鮮本意甚愜。然朝鮮未能遽示順從也，猶必向明廷求請押還，以堅明廷徙衛之證。以後之奏請往復，皆此時壓迫令逃之餘波也。

清修明史，盡删建州事實，并其衛名亦欲隱沒不見。然此童倉、凡察逃離朝鮮一事，則仍見於朝鮮傳中。蓋全部明史，至外國傳，已爲最後一類傳目，舘臣之審勘，清帝之注意，已頗懈怠。又清自入關以後，已不自知其先爲朝鮮屬夷，故於朝鮮傳並不用心洗刷。今引原文，可見清室所忌諱，終有漏未經意之筆。朝鮮傳云："正統三年，先是建州長童倉，避居朝鮮界，已復還建州。朝鮮言：'昔以窮歸臣，臣遇之善，今負恩還建州李滿住所，慮其同謀擾邊。'建州長言：'所部爲朝鮮追殺，阻留一百七十餘家。'五年，詔禂還之。"云云。凡建州之地名，童倉、李滿住等之人名，皆爲清室所甚諱，乃於朝鮮傳將舊史文明明敍入，竟不自覺如此。其爭所部一百七十餘家，欲藉朝命以取之朝鮮，事在本年十一月。

甲辰，朝鮮實錄書：御勤政殿受朝。吾都里指揮吾沙介隨

班。上引見吾沙介，曰：“予嘗撫恤凡察、童倉等甚厚，今忘
國厚恩，舉群逃竄。汝獨不從奸計，輸誠遠來，予甚嘉之。”吾
沙介啟曰：“童倉等非背國家也，曾與具州亐知介構隙，故恐
被來侵，不獲已而逃去耳。”上曰：“居於大國境內，彼小寇何
足畏哉？”吾沙介啟曰：“童倉等曾作罪過，却恐國家致詰，以
此逃去。我等深蒙國家撫恤之恩，仍舊居住，今乃來朝。”上
曰：“汝之好意，予已具悉。”　壬子，咸吉道觀察使馳報兵曹
曰：“司直童玉，副司直馬興貴，千戶姜叔、吾郎介、金波乙
大，指揮羅松介等，欲拘留所老加茂等，領兵五十餘人，到虛
水羅洞。所老加茂竄匿山谷，奪其鎧胄弓矢。馬興貴、羅松介
等，領三十人渡江，趣童亡乃家。亡乃等十餘人，以樸頭射羅
松介，或以杖擊之，又射正軍金元仲，元仲得不死，射其馬斃
之。金光衍之馬又中箭，亦不死。興貴、羅松介等追擊之，奪
賊馬一匹。賊魁亡乃、阿下大、因豆等，並皆逃竄，捕其家婦
女一人。羅松介等追迹所老加茂見之，所老加茂謂曰：‘恐為
汝輩所殺。’遂走馬避之。羅松介等追及，丁寧開諭加茂云：
‘保無他變。’加茂乃來。與羅松介等同坐，因謂曰：‘前日兄妻
之逃匿，皆吾教誘之致然也。且父於虛里，實非吾父，與鬼神
無異。既殺二子，今又欲畢殺，乃至於此。吾欲與汝等同謁節
制使，然節制使以我為尋覓家產軍器而來，用此為疑慮，未敢
耳。汝等姑小留以俟，吾當與俱往矣。’又云：‘若授我總制，
則吾依舊留居；不然吾乃逃去耳。’臣當更調發軍兵，招來所老
加茂，使與其父完聚，以慰安其心矣。其吾都里因豆、阿下大
等，射殺戰馬，其惡莫甚。阿下大則已捕繫會甯府；因豆則逃
匿不出，其所獲婦女一人，并繫會甯府獄，徵馬後放還為便。
若欲論阿下大之罪，則恐留居吾都里更生疑懼；若釋之，則後
無懲戒，處置為難。須啟聞移文。”　丙辰，議政府據兵曹呈

啟："阿下大住居近境，豈不知都節制使所遣官軍耶？今見羅松介與其黨十餘人，或射之，或擊之，又射傷金光衍之馬，甚爲不道。然野人與禽獸無異，且今當浮動之後，若將野人所犯，一依律文施行，實爲未便。請曲盡曉諭放還，撫綏遺種。其曾奪之馬，仍給金光衍。若與光衍被殺之馬價不相當，則更追徵充償。"從之。

戊午，行在禮部尙書胡濙等奏："比者，遼東總兵官都督僉事曹義言：'海西哥吉河、黑龍江等處野人女直苦納、亦里加納等，皆生拗番夷；玆者輸誠慕化，欲赴京朝貢。蓋由皇上化被萬方之所致也。請敕鎮守太監及總兵等官，如遇海西、黑龍江等處夷人赴京朝貢，務令諳曉夷情官員伴送，加意撫恤，以悅其心；更在密切關防，毋令生釁。"從之。實錄。

己未，敕諭建州左衛都督凡察等曰："鄉已敕爾等回朝鮮鏡城居住。今總兵鎮守官又奏爾等已離朝鮮鏡城，同原叛土軍馬哈喇等四十家，來至蘇子河，家口糧食艱難。今已敕遼東總兵官曹義等，安插爾等於三土河及婆豬江迤西冬古河兩界間，同李滿住居處。若果糧食艱難，即將帶男婦口數，從實報與總兵鎮守官，給糧接濟，聽爾自來關給。其土軍馬哈剌四十家，已敕其前逃叛之罪，仍令各帶家口，回三萬衛著役，照舊與月糧養贍，不許再犯。爾等既改過復歸，須要始終一心，敬順天道，不許復懷二三之意。尤宜約束所部人，謹守朝廷法度，自在耕牧，安分生理，永享太平之福。毋仍侵犯鄰境，以取罪愆。"實錄。

　　冬古河即棟鄂河，清實錄原作棟鄂，又爲東果或東郭，後又作董鄂，皆此一地，其實即佟家也。

戊辰，建州左衛潁赤即火爾赤，安樂等州指揮三保奴，塔山衛指揮弗剌出，毛憐衛指揮每哈、女直頭目打必納等，俱來朝貢馬及方物。賜宴，并賜綵幣等物有差。實錄。

己巳，朝鮮實錄書：奏聞使崔致雲回自京師，上幸慕華舘迎敕。其敕曰："得奏，凡察誘姪童倉，挈家逃往建州李滿住處居住，慮其同謀生釁，侵擾本國等情，具悉。朕已遣敕諭凡察等，仍還鏡城居住，守父境土，本分生理。如其回還，王宜解釋舊怨，寬以撫之；仍飭守邊軍民，毋使侵擾。朕竊慮凡察，自懷疑懼，不肯回還，已敕李滿住嚴加戒飭，各安本分，不許纖毫有犯隣境。若其不順天道，不遵朝命，自造釁端，天災人禍，必不自免。王爲國東藩，恭事朝廷，以禮義誠信相與，用圖永寧，尚體至懷。故諭。" 上御思政殿，引見致雲，問奏准事由，勞慰繾綣，賜鞍具馬一匹，又賜從事官金何馬一匹。傳旨吉咸道都節制使曰："今九月三十日，吏曹參判崔致雲回自京師，欽捧敕諭節該："得奏，凡察誘姪童倉，挈家逃往建州李滿住處住居，慮其同謀生釁，侵擾本國等情，具悉。朕已遣敕諭凡察等，仍還鏡城居住，守父境土，本分生理。如其回還，王宜解釋舊怨，寬以撫之；仍敕守邊軍民，毋使侵擾。欽此。" 崔致雲又啟云：'遼東鎮守王狗兒、亦時哥、曹義等官，亦捧敕諭於李滿住、凡察等處，各差人賫敕往諭。'卿其知悉。"

　　王狗兒，爲永樂初靖難兵起之善戰有功太監；亦時哥，即亦失哈，皆鎮守遼東之內監也。

十月庚午朔

癸酉，陞塔山衛女直指揮同知弗剌出爲本衛指揮使。實錄。

　　乙酉，朝鮮實錄書：議政府啟：“馬邊者與卞孝文親承上旨，不與都節制使同議，擅自招安童者音波。者音波既來，又保放妻子，還給家產，以致逃去。其罪與者音波無異。邊者今已上來，請推鞠依律治罪，以懲後來。”從之。　　戊戌，宗瑞又奉書于承政院曰：“敬承內傳節該：‘敕諭凡察等仍還鏡城居住，守父境土，本分生理。’臣不勝喜賀。初，凡察誘其管下曰：‘我率汝等歸朝廷，則朝廷必重賞於我，并賞汝等，超陞官爵，恩榮至極，衣食不足慮矣。’其管下等信而隨去，存留者亦曰：‘隨凡察去者，皆超受朝廷之職，我曹不及，是可恨也。’今敕諭辭意曲盡。凡察之還本土，雖未可必；朝廷之不賞凡察等而不給衣食，必然之事。若凡察不從朝廷之命，不還本土，則朝廷亦惡其方命，非唯不許其朝，或責其逆命，則彼此無依，其勢窮迫矣。其隨去者，或自潰散而還；存留者，永絕逃歸之心，勢之必然。故臣令各鎮將敕諭事意，汲汲曉諭吾都里兀良哈等。”

十一月庚子朔

　　壬戌，建州左等衛女直舍人阿哈答等，俱來朝貢馬。賜宴，并綵幣等物有差。實錄。

　　　阿哈答，即朝鮮實錄中凡察子阿下大。

　　癸亥，朝鮮實錄書：正朝使李明晨到遼東馳啟：“臣等到柳河地面，遇童者音波。者音波謂女真通事徐德生曰：‘我欲還歸本國，已寓居於此河西邊親兄達官家。’又云：‘李滿住欲於明年正月正朝使回來時，請忽剌溫，邀於東八站路上劫掠，汝將此意傳說宰相。’臣等聽此前來間，者音波出自兄家，走馬而來，下馬叩頭。臣等謂者音波曰：‘我國已赦汝罪，汝何逃

來?'者音波答曰:'只緣都節制使拘囚,以此逃來。'"召右議政
申概、右贊成河演、左參贊皇甫仁、兵曹判書韓確、右參贊尹
璠議,加定正朝使迎逢軍,及移咨遼東請定護送軍等事。

　　乙丑,敕諭朝鮮國王李裪曰:"得奏,凡察等逃居建州李
滿住所,慮其生釁擾邊。朕即遣敕諭凡察等,仍還鏡城。如其
懷疑不還,聽與李滿住同處,但不許侵犯王之邊境。蓋以小人
去就,不足爲重輕也。今凡察等奏,將率衆還,爲王軍馬追逐
搶殺,內有一百七十餘家,阻當不放。朕惟凡察疑懼不還,此
小人之心,無足怪者,而使其父子兄弟夫婦離散,情則可憫。
此或下人所爲,王不知也。敕至,可遣人覆實,果有所遣人民
一百七十餘家,即遣去完聚。如凡察妄言,或其人在彼不欲去
者,王善加撫恤,俾遂其生,亦用奏來。并諭建州左衛都督凡
察、指揮董山曰:'比爾凡察奏,衛印爲七姓野人搶去,朝廷
給與新印。後董山來朝,奏已贖回舊印。凡察來朝,又請留新
印,已允所言。令凡察暫掌新印,與董山同署衛事,遣人進繳
舊印。今爾凡察,又奏舊印傳自父祖,欲俱留之。朕惟朝廷自
祖宗建立天下諸司,無一衛二印之理。此必爾二人以私意相
爭。然朝廷法度,已有定制,爾等必當遵守。敕至,爾凡察仍
掌舊印,爾董山護封如舊,協心管事,即將新印遣人進繳,不
許虛文延緩,以取罪愆。爾等又奏,所轄人民,及開元女直馬
哈剌等,從朝鮮國回,內一百七十餘家,爲朝鮮所留,土人百
戶高早化等四十一家,被毛憐衛都指揮郎卜兒罕等所留。朕已
遣敕諭朝鮮國王李裪及毛憐衛都指揮郎卜兒罕等,令悉還所
留,不許沮遏。第恐各人已安於彼,不願回還,爾等當從其
便,勿令失所。特諭知之。"實錄。

　　自此建州左衛爲明廷所許遷入明邊,足償朝鮮驅逐大

願。而凡察董山之互爭承襲，以挾有舊印而爲憑藉，又於
左衛中發生右衛，爭執尙歷兩年，而後決定分衛，此時已
大費朝廷之區處矣。

　　是日，朝鮮實錄書：遣通事全義等移咨遼東曰：“議政府
狀啟，據兵曹呈該‘正統五年十一月二十三日，賀正朝使李明
晨、謝恩使鄭麟趾等關文，路遇在逃童者音波，言李滿住定
議，今次賀正朝使臣回還時，請忽剌溫前往東八站路上，突出
搶劫。’得此具啟。據此，參詳李滿住本有釁嫌，累次侵掠我國
邊境，殺擄軍民，見今搬移渾河地面，誘引本國鏡城住人凡
察、童倉等，一處結黨，欲爲邊患，已曾具由奏達，欽蒙敕諭
節該：‘朕已遣敕諭凡察等，仍還鏡城居住，守父境土，本分
生理。敕李滿住等嚴加戒飭，各安本分，不許纖毫有犯隣境。
欽此。’前件童者音波，亦係凡察一時逃出人數，今於都司附近
路邊寄住，與本國通事明白開說，本人等作賊詞因。前此滿住
所差人等前到朝廷，對本國差去陪臣等言說：‘若於汝國邊境
未得侵掠，當於東八站一路往來使客，攔截報復。’又本國後門
同類野人等來往，聽得本人欲於東八站一路，打劫朝鮮使臣，
以報舊讎。如此來告邊將者頗多。所據滿住等詭計作耗，不可
不慮。竊照本國依例進賀聖節、正朝，及一應無時進賀、謝
恩，奏請進獻，以至解送被擄各處野人逃來人口等項，差去陪
臣，陸續不絕。入朝之時，賫進表箋禮物，本人等雖至兇狠，
不敢侵犯。每於回還之日，慮有彼賊竊發山野，逞其奸兇，搶
擄人物，多發防護軍兵迎接前來，誠恐曠日等候，煩擾都司。
竊意官軍雖少，賊不敢發。自今每遇各起陪臣回還時，都司量
宜差發官軍，防送至本國地境，實爲便益。請煩爲聞奏，明降
施行。”

十二月己巳朔

　　癸酉，陞毛憐衞指揮使李哈兒禿爲都指揮僉事，指揮僉事速都爲指揮同知，頭目鎖羅幹等六人，俱爲所鎭撫。　甲戌，益實衞女直千戶沙路等，俱來朝貢方物。賜宴，并賜綵幣等物有差。實錄。

　　丙戌，先是四夷朝貢者，正使而下，朝參出入，皆給馬。至是，始止給正副使，著爲令。實錄。

　　辛卯，朝鮮實錄書：傳旨咸吉道觀察使都節制使曰：“今以節日使尹炯，欽奉回來敕書，送付于卿。卿謹密藏之。儻有野人賷敕書來，將欲逼勒同類人搬移，則答曰：‘皇帝已敕諭凡察等，仍在鏡城居住，守父境土。此後未有他敕書，既無敕書與本國之命，而邊將擅便區處，甚違於法。’以此舉義開諭，多方措置，勿令移徙。”

　　丁酉，建州衞女直頭目阿都赤等，來朝貢馬。賜宴，并賜綵幣等物有差。實錄。

正編卷五

正 統 朝

六年，即朝鮮世宗二十三年，辛酉(1441)

正月己亥朔

　　是日，朝鮮實錄書：節日使禮曹參判尹炯齎敕書來，上迎于思政殿。敕曰："前得王奏，凡察等逃往建州李滿住處居住，慮其生釁擾邊。朕即遣敕諭凡察等，仍還鏡城。如其懷疑不還，聽與李滿住同處，但不許侵犯王之邊境。蓋以小人去就，不足爲輕重也。今凡察等奏，將領所管人民回還，被王國軍馬追趕搶殺，内有一百七十餘家，阻當不放。朕惟凡察疑懼，不願回還，此小人之心，無足怪者；而使其父子兄弟夫婦離散，情則可憫。此或下人所爲，王不知也。敕至，可遣人覈實，果有所遺人民一百七十餘家，即遣去完聚。如凡察所言妄，或其人在彼不欲去者，王善加撫恤，俾遂其生，亦用奏來"。其欽傳宣諭聖旨："恁遞年來進獻朝貢，我見恁誠心。如今天下太平，人受其祿，敬順天道，百姓快活。說與恁王知道，說與衆頭目知道。"

　　乙巳，斡朵倫衛女直指揮滿哥，來朝貢馬及方物。賜宴，并賜鈔、綵段、表裏、絹布有差。實錄。

　　是日，敕諭建州衛指揮李滿住曰："近聞比先開原逃叛土軍馬哈剌等四十家，能悔禍遷善，願回原衛住坐。内舍人古魯答、餘丁卜勒哥二家，爲爾拘留不放。敕至，即發遣回衛，庶見爾敬順朝廷之意。"實錄。

丙午，朝鮮實錄書：遣中樞院副使金乙玄如京師謝恩，上拜表如儀。表曰："帝德溥博，庸篤懷綏，聖訓溫淳，深增感激，撫躬罔措，揆分難堪。伏念臣猥將屑資，幸逢熙運，恪守東土，心常謹於畏天；顒望北辰，禮益虔於執壤。何圖賤价之返，遽荷殊獎之加，聽受以還，佩銘曷已。茲蓋仁敦柔遠，度廓包荒，利萬物而不遺，家四海而無外，遂令駑鈍，獲被鴻私。臣謹當誓至子孫，倍殫誠於葵藿；嘉與父老，恒祝壽於岡陵。"方物表曰："天語丁寧，曲加獎諭，土宜菲薄，聊表謝忱。謹備黃細苧布二十匹、白細苧布二十匹、黑細麻布五十匹、黃花席一十張、滿花席一十張、雜彩花席一十張、人參一百斤、雜色馬二十匹。右件物等，製造匪精，名般甚尠，敢充旅庭之實，庶修執壤之儀。太皇太后殿禮物：紅細苧布一十匹、黑細麻布二十匹、滿花席八張、雜彩花席八張；皇太后殿：紅細苧布一十匹、黑細麻布二十匹、滿花席八張、雜彩花席八張。其奏本曰："尹炯賚來敕諭曰：洪武五年七月二十五日，早朝奉天門。陪臣張子溫欽奉宣諭聖旨，節該：'我聽得女直每，在恁地面東北，他每自古豪傑，不是守分的人，有恁去國王根地說着，用心隄防者。欽此。'洪武二十一年二月二十八日，本國差陪臣朴宜中，奏請公嶮鎮迤南至鐵嶺，原係本國地土，乞令仍屬本國。本年六月十二日，承准禮部咨該：'本年四月十八日，本部尙書李原名等官，於大庖西，欽奉聖旨，節該：'鐵嶺之故，王國有辭。欽此。'永樂二年五月十八日，差陪臣金詹奏請參散、禿魯兀等處女直地面，係是太祖高皇帝准請之地，其所居官民人等，乞令本國管轄如舊。本年十一月初一日，欽奉敕諭該：'參散千戶李亦里不花等十處人員准請。欽此。'永樂八年七月十八日，早朝奉天門，陪臣韓向敬等。欽奉宣諭聖旨節該：'兀良哈這廝每，眞箇無禮呵，我這裏調遼東軍馬去，爾那裏也調軍馬來，把這廝每，兩下裏殺得乾淨了。搶去的東西，盡數還恁。知道了。'本日朝罷後，又於奉天門欽奉宣諭聖旨，節該：'坌高麗，喫他手裏着道兒了。恁殺得正好。料着爾那裏十箇人敵他一個，也殺的乾淨了。這已後還這般無禮呵，不要饒了。'又於本月二十二日，奉天門欽奉宣諭聖旨，節該：'恁回家去和國王說，這野人他的模樣是人一般，熊狼虎豹心腸，着好軍馬綽他一綽，務要殺了。欽此。'宣德八年三月二十三日，陪臣金乙玄賫捧到敕諭，節該：'自今務要敬順天道，恪遵朕命，各守地方，毋相侵犯。如或不悛，王宜相機處置，勿爲小人所侮。仍遵依洪武、永樂年間敕諭事理隄防，庶幾有備無患。欽此'。本年閏八月初十日，欽差指揮僉事孟捏哥來等官，賫捧到敕諭，節該：'諭李滿住等，令各將所搶去人口馬牛頭匹盡行給還。王亦須以所得建州等衛人口頭畜等物還之。而自今各順天道，謹固邊備，輯和隣邊，戒飭下人，勿相侵犯。欽此。'正統元年二月十七日，陪臣李思儉賫捧到敕諭，節該：'所奏李滿住等稔惡不悛，屢誘忽刺溫野人，前來本國邊境刼殺等事，具悉。蓋此寇禽獸之性，非可以德和者，須震之以威。敕至，王可嚴敕邊備。如其再犯，即勦滅之，庶幾邊民獲安。欽此。'正統三年五月二十五日，臣親弟陪臣祉等，賫捧到敕諭，節該：'今得王奏，李滿住等讎嫌未解，若令聚處，將來同心作賊，邊患益滋，王所計慮亦當。其童倉、凡察等，聽令仍在鏡城地便居住，不必搬移。此皆朝廷赤子，在彼在此一也。王惟善加撫恤，使之安生樂業，各得其所，庶副朕一視同仁之意。欽此。'正統四年五月十三日，陪臣崔致雲賫捧到敕諭，節該：'得奏，建州等衛都指揮李滿住等，虛捏

奏情，及曾有敕諭聽令童倉、凡察等仍在鏡城地面居住等因，
具悉。朕惟王之父子，世守禮法，永篤忠誠。童倉、凡察等，
既在彼安生樂業，仍聽其在彼居住，不必搬移。欽此。'正統五
年九月三十日，陪臣崔致雲賫捧到敕諭，節該：'得奏，凡察
誘姪童倉，挈家逃往李滿住處居住，慮其同謀生釁，侵擾本國
等情，具悉。朕已遣敕諭凡察等，仍還鏡城居住，守父境土，
本分生理。欽此。'竊照凡察等，祖居鏡城阿木河，係是准請之
地。以此凡察親兄童猛哥帖木兒，與伊父揮護，生長本地，安
生樂業。至臣祖先臣康獻王諱時，前項猛哥帖木兒等，被深處
亐狄哈突入作賊，侵奪家產，因而部落人民離散，不能自存。
臣祖憐憫失所，授猛哥帖木兒鏡城等處萬戶職事，造給公廨，
以至使喚人口，鞍馬衣糧，並皆給與撫恤。臣父先臣恭定王諱
時，陞授上將軍三品職事。其後又因亐狄哈作亂，本人及原來
雜處本國人民，轉徙流離。至永樂二十年間，凡察等十分窮
迫，幾至餓死。所在官吏，將老弱男婦，個個分付饒食人戶，
接濟衣糧，連給穀種，使之耕農。至宣德八年十月，有七姓野
人等，將猛哥帖木兒及子阿古殺了，燒毀房屋財物，凡察、童
倉等俱各失所。臣憫其無依，鞍馬衣糧，如前給與，儘力救
活。今乃背恩，反搆誣妄，至於此極，實有由焉。凡察與楊木
答兀，搶擄遼東開原等處軍民，爲奴使喚，或作媳婦。所携人
等，不勝艱苦，逃脫前來。中國人隨到隨解，共計八百餘名。
凡察與土官金得淵說道：'我的使喚人口，雖係上國人民，既
已作妾爲奴，如今農忙時月，被奪轉解，深以爲悶。我當擄掠
慶源人物，以報此讎。'正統元年八月，通同兀良哈哈兒禿等八
名，擄掠鏡城地面居住男婦并九名、馬一匹，藏在山谷。事覺
首實，人馬皆還。又同類人頻頻來告云：'凡察謀引忽刺溫作
賊報讎，故犯罪惡，無禮至甚，因此逃移。'情迹屢現，合依上

項累朝聖旨事意處置警衆。爲緣欽遵聖上累降敕旨事意，一不責問，更加安撫。本人等忘臣累世舊恩，違背敕旨事意，欲與李滿住同處爲患，乃於正統五年六月二十三日，驅逼部落，逃竄去了。所據李滿住，昔居婆豬江，與本國沿邊民戶，朝夕往來，無有相資，所在官司，隨其所索米粮鹽醬，並皆給與，恩惠不少。後因本國每將本人擄掠遼東開原等處軍民男婦，隨到隨解，遂成仇怨。屢與邊將現說：‘我的使喚人口，逃往汝國，盡行解送。我亦捉獲汝國邊民使喚。’遂於宣德七年十一月，糾合同類野人，面上墨畫刺形，假作忽剌溫模樣，突入邊郡江界、閭延等處，殺害軍民男婦，劫掠人口馬牛財產。臣於宣德八年四月，欽依敕諭相機處置事宜，著令邊將，部領軍士，哨探賊蹤，捕獲人口牛馬財產，回還來了。本年閏八月初十日，欽奉敕旨，即將所得男婦頭匹，以至零碎之物，盡行送還，務要輯和隣境。本賊等不遵敕旨，只得婦女四口、并中道新產小兒一口送回外，其餘男婦牛馬財產，并不送還。尚不解忿，於宣德十年三次、正統元年一次、二年二次，誘引忽剌溫野人，到來本國閭延、碧潼等處，殺虜人口頭畜去訖。目今又與凡察，兩相和應，誘脅童倉，將帶部落，一處聚居，多張羽翼，已爲不道。今復教唆凡察，虛捏奏達，要并安業不欲去者一百七十餘家，增添黨類，謀害本國，姦狡莫甚。臣聽得本人等逃去時，忽剌溫乃胯，差送弗剌出等，護帶前去。今有同類野人馬充波來告云：‘凡察欲與忽剌溫頭目乃胯，結爲婚姻，將欲來侵邊境。’又兀良哈者和老告邊將云：‘凡察將前妻女子，嫁與忽剌溫乃胯。’又兀狄哈包堂介，使送人都伊之等三名，亦告云：‘凡察、滿住與忽剌溫乃胯同謀，欲於朝鮮國邊界，不揀那個地方作賊，定約部落，各處傳箭請兵。我的使長包堂介處，亦送箭來。’又兀狄哈朴多箅介等五名，亦告云：‘忽剌溫

乃胯、哈音看、察音、同哈、那音歹、松吉歹、把兒哈、伊兒
當哈等，與滿住、凡察同謀，要於本國邊郡閭延、江界地面作
賊，定計如此。告說其凡察、滿住，連結忽剌溫，謀欲來侵，
譎謀姦狀。今已發現遠播。'臣據此相度，此輩去就，似不足爲
輕重。然世居本國境內，山川險夷，道路迂直，民居疎密，靡
不周知，非他賊比。慮恐益肆豺虎之毒，邊境寧否，軍民休
戚，在此一機，所係匪輕。當初童倉逃出時分，本處把截官，
尋蹤到於阿赤郎貴地面，遇見落後人口，各還寧家，一無搶
殺。若凡察初因耕農打圍爲由，帶領家小，移住本國邊陲東良
地面，忽然潛隱逃去，把截官不及阻當。其留住人等，本非阻
當，或父存子去，或母去子留，皆因互相婚嫁，懷土不去，或
被同類野人開諭而還。又凡察親兄阿哈里告於邊將：'我子所
老加勿欲要逃去。'果然所老加勿，嫚罵其父，背棄逃去，就還
舊居。又同類人剌松哈亦告云：'凡察攘擄我親母逃去，我要
取母回還，因他不許，與母哭別，只帶年十三歲女兒回來了。'
又凡察親兄斡沙哈、阿哈里、哈失八等，及戶頭吾都里馬佐
和、馬仇音波、童也叱多、可朴訥於赤、李寶之伊、童也叱
大、童末應羅、童毛知、童波安、童仍豆等肆拾餘人，各將皮
張等物，陸續親來告說：'凡察等不遵皇帝聖旨，不念國家厚
恩，撇棄爺孃生長地土，驅逼部落，逃竄去了。我等只緣國恩
深重，不忍棄去，誓將終身。'其餘人人來告邊將，亦如前說。
今凡察等奏稱搶殺阻當，實爲虛揑。臣今欽見奉敕諭事理，其
仍居安業者，尤加撫恤外；臣又欽檢到洪武十八年九月十六
日，欽差國子監學錄張溥等官，賫捧到詔書，節該：'不分化
外，一視同仁。欽此。'洪武廿五年九月十二日，禮部右侍郎張
智等官，於華蓋殿欽奉聖旨，節該：'其三韓臣民，既尊李氏，
民無兵禍，人各樂天之樂，乃帝命也。欽此。'本年閏十二月初

九日，本部右侍郎張智等官，於奉天門鈔奉聖旨，節該：'惟朝鮮之稱美，且其來遠矣，可以本其名而祖之，體天牧民，永昌後嗣。欽此。'洪武三十年正月初三日，陪臣安翊等於右順門，欽奉宣諭聖旨，節該：'朝鮮國王，我上出氣力，如今得了王高麗，改號朝鮮，自然天道朝鮮國王至誠。欽此。'永樂十五年十二月二十九日，欽差奉御善財，齎捧到敕諭，節該：'王恭事朝廷，恪勤不怠，良用嘉獎。欽此。'永樂十七年八月十七日，欽差太監黃儼，齎捧到敕諭，節該：'爾父李諱篤厚老成，能祗敬天道，恭事朝廷，爲一國之人造福，忠順之誠，愈久不替。欽此。'洪熙元年二月十一日，欽差內官尹鳳等官，齎捧到敕諭，節該：'朕君臨天下，惟先皇帝之道是承，王守藩一方，亦惟爾先王之行是率，共樂太平，豈有窮哉。欽此。'宣德四年十一月初二日，欽差內官金滿，齎捧到敕諭，節該：'惟王恭事朝廷，足見王之至誠，朕甚嘉悅。欽此。'本年十二月十三日，臣親弟陪臣裪，齎捧到敕捧，節該：'王父子敬事朝廷，多歷年歲，逾久逾篤，朕所深知。欽此。'宣德五年七月十七日，欽差內官昌盛等官，齎捧到敕諭，節該：'王事大之心，篤於誠敬，洊歷年歲，不懈益隆。欽此。'本年十一月十一日，陪臣李皎等，齎捧到敕諭，節該：'惟王至誠端恪，敬事朝廷，朕用歡悅。欽此。'宣德七年五月二十九日，欽差太監昌盛等官，齎捧到敕諭，節該：'王之恭事朝廷，恪共乃職，朕已具悉。欽此。'本年十月初六日，陪臣尹季童，齎捧到敕諭，節該：'王恭事朝廷，自永樂至今，前後一誠，肆朝廷待王，亦前後一誠。欽此。'宣德八年十二月二十二日，陪臣朴安臣，齎捧到敕諭，節該：'王敬天事大，樂善之心，出於至誠，朕所素知，非彼小人所能間也。欽此。'臣竊伏惟念，小邦遭遇聖朝，濫蒙列聖褒嘉之寵，乃至於此。臣祖、臣父及臣，不勝感

悅，思效聖德之萬一，列聖洞照至誠無貳。太宗文皇帝賜臣父
以九章冕服，比諸親王之秩，賜臣母以冠服。宣宗章皇帝賜臣
以所御絛環寶帶，賜臣世子某冠服玉帶。且蒙列聖賞賚之厚，
錫宴之榮，前後沓至，不可悉記。至於小國軍民，或逋逃，或
被虜，或飄風轉至上國之境，隨即發還。凡可以寵待小邦者，
靡所不至。今我聖上，通迪祖宗之德意，錫予便蕃，而又特賜
九梁遠遊冠服。即今陪臣尹炯，欽傳宣諭聖旨，節該：'恁遞
年來進獻朝貢，我見恁誠心。欽此。'臣仰承聖諭，感激之至，
天日照臨，實鑑此心。臣又竊自念，小邦於聖朝，固無絲毫之
補。列聖之寵遇如此，聖上之撫恤又如此。天眷之隆，至為稠
重。而彼凡察、滿住，人面獸心，天地間一種醜類也，敢懷兇
狡，必欲逞忿於臣，實朝廷之灼見，不奉累降聖旨，罪惡之
重，亦朝廷之所知。今彼反得其計，偃然自肆，輕侮小邦。而
臣邈居外服，不能自明於黈纊之下，終被誣搆，臣實痛之。況
小國之民，皆是朝廷赤子，獲被同仁之化，生齒日繁，田野日
闢，邊境無虞，人各樂業，積有年紀。滿住妄搆嫌隙，屢行犯
邊。聖朝軫念遠人，屢降敕旨，諭滿住及忽剌溫等，眷眷以輯
和鄰境，勿相侵犯為戒，恩德至矣盡矣。滿住尚不悛改，輒引
忽剌溫連續侵犯。今乃誘致凡察，而凡察又與乃胯圖婚，其交
結黨援，謀欲侵擾小國邊氓，情迹明甚。敕諭雖切，曾不遵
奉，略無敬畏。臣又念臣子有懷，達之君父而無隱，情之至
也。此臣所以觸冒天威，至再至三，而不暇念其煩瀆也。伏望
諒臣荷寵於聖代，憫臣受侮於小人，特令凡察等遄還舊居。豈
惟安業人口，不至動搖，小國邊民，亦免寇賊之患，臣不勝
至願。"

　　此文內見凡察親兄斡沙哈、阿哈里、哈失八三人之

名。前於正統三年七月辛亥，金宗瑞回啟，所查得之凡察同母兄，一爲肇祖，則其母前夫揮厚所生；二爲其母後嫁其從父包哥，生於虛里及於沙哥。於虛里即此阿哈里。建州衛始封之阿哈出，朝鮮正作於虛出，可知朝鮮之譯音，"於虛"與"阿哈"正同。於沙哥當即此斡沙哈。但宗瑞又稱凡察有不同母之兄三人，爲吾沙哥、加時波、要知，則吾沙哥亦可爲斡沙哈，而加時波則即哈失八。所老加茂，則爲於虛里之子。於虛里之於肇祖，則其親與凡察等也。吾沙哥是否即於沙哥，則在疑似之間。

丙辰，命右議政申概、右贊成河演、左參贊皇甫仁、兵曹判書鄭淵、刑曹判書金宗瑞、右參贊尹璠、兵曹參判辛引孫等，議撫御吾都里之策。仍賜書咸吉道都觀察使都節制使，凡五條："其一曰，留住吾都里等，宜量給種糧布帛鹽醬等物，以慰其心。然其欲無窮，不可一時多給，且無因許給未便。宜諭之曰：'年前汝等因凡察煽亂，耕農失時，種糧或有不敷者，國家必當周給。或有犯法者，姑從末減。'其二曰，予欲依古質子之例，將授吾都里等職，令侍衛日久醇謹者，亦令陞職近侍。其選子弟有才幹、族屬強盛者，敦遣之。其三曰，童於虛里子所老加茂，吾沙介子加時波子一人，亡乃子副司直伊童時可、也吾他長子阿何里、弟毛多吾赤，李貴也弟也吾乃，愁音佛伊子一人，高早化子副司直吾同古、童於虛取子松古老風，其取崔寶老妹所出子沙乙下等，宜善諭連續上送。如或不從，勒令上送。其四曰，沿邊各鎮將帥，度彼可移之時，託言兀狄哈出來，預先厚集兵卒，盛陳旌旗，以示威武，使留住吾都里不得逃竄。如或潛逃，或兀狄哈引誘而去，則及期追捕，雖抗拒不順，要須生擒。彼若用兵拒捕，勢不得已，則臨機處置。

追捕之後，老弱者仍留舊居，曲加存恤，宜擇父子兄弟之壯勇者以遣。如又舉兵抗拒不服，亦宜臨機區處。然務要委曲布置，勿令生事。若居隔遠一二殘戶，逃匿勢難追逐者，佯若不知，不必强追。其五曰，新設穩城郡，及鍾城者未下洞口、會寧吾弄草。今鍾城新徙愁州等四處，至爲要害，戍卒不可不多。穩城前定入居七百戶，又加一百戶；者未下、吾弄草等兩處，前定各二百戶，又加一百戶；其愁州則前已加二百戶。且鍾城舉邑遷移，人物精悍，亦有餘丁，不必加數。其農民入保各塲，及新入居農民各塲，戍卒多少，與都體察使親審啟達。"

二月戊辰朔

壬申，遼東兀者衛女直都指揮莽剌、老哈河衛野人女直阿冲加、木蘭河衛女直得申哥等，俱來朝貢馬及方物。賜宴，并賜綵幣等物有差。　癸酉，斡朶倫衛指揮滿哥等辭歸。令賚敕及綵幣，賜其指揮脫亦脫。　乙亥，遼東阿者迷河衛野人女直的克等，來朝貢馬。賜綵幣等物有差。　陞兀者衛指揮僉事忙懼台爲指揮同知。命故指揮使別里該子兀里哈、指揮僉事咬納子海散，塔麻速衛指揮僉事忽失八子失郎哈，俱襲職。實錄。

戊寅，行在錦衣衛帶俸都指揮僉事陳友等言："遼東東甯衛及安樂、自在二州，寄住達官人等，累年進貢，不依時月，多帶家人，貪圖賞回，所過勞擾軍民，妨廢農務。乞飭遼東鎮守總兵等官，諭令今後，皆候農隙之時進貢，毋庸多帶家人，仍踵前弊。"從之。實錄。

招降之達官寄住遼東者，以女直爲多。既入內地，又不視爲編氓，授官則糜俸，納貢則勞民傷財，是不但對屬地爲不能開發，并對降夷亦坐受困弊矣。明之不善馭夷，久之舉其國以畀之。而清又承古來傳統之政策，以封貢爲

虛榮，以移殖爲厲禁，數百年已闢之邊境，地利棄而不
收，文化壅而不達。直至於今，猶仍故轍，遂爲强鄰窺伺
之資，則又非俦封貢禁移殖之遺毒，但内政不修，無暇及
遠，其爲放棄地利壅過文化一也。

己卯，遼東建州左衛女直指揮易使加等、嘔罕河衛女直指
揮帖木兒哈、考郎兀衛女直指揮古郎加等、愛河衛野人女直阿
塔出，俱來朝貢馬及方物。賜宴，并賜綵幣等物有差。　　壬
午，葛林衛女直指揮得英哥、實山衛野人女直兀察、野木河衛
女直指揮塔麻赤等，來朝貢馬。賜宴，并賜綵幣等物有差。
癸未，命故老哈河衛野人指揮同知付剌答子安出哈襲職。　　甲
申，愛河衛女直指揮扒失塔，隨滿河衛野人指揮坎失兀、木蘭
河衛女直指揮卜正哥、野人指揮野人上或有脱字。撒赤哈，俱來
朝貢馬及方物。賜宴，并賜綵幣等物有差。　　丁亥，陞嘔罕河
衛都指揮同知乃胯爲都督僉事，以乃胯遣本衛指揮帖木兒等八
人進馬請陞也。　　辛卯，命故葛林衛指揮僉事和出和子塞無知
納哈襲職。實錄。

壬辰，敕諭朝鮮國王李祹曰："王爲國東藩，恭事朝廷，
簡在朕心，用圖宵永。往年凡察棄其本土，逃居鏡城。後得罪
於王，而復逃回。朝廷憐其播遷困苦，敕宥前過，加之撫綏，
給糧接濟，不失所矣。王近奏言，凡察同李滿住，謀欲俟王之
使臣回國，引領野人，邀掠於路。朕已遣人齎敕，嚴加戒約。
今聞其境來朝者言，凡察約其黨類，將以今歲掠王之境，不于
四月即九月。朕又遣敕戒之。然狼子野心，未可必其信從否。
特飭王知，不可忘備。如彼革心自止，王亦棄其前過，勿與校
也。"敕諭建州左衛都督僉事凡察曰："近聞爾懷挾舊怨，欲於
今年四月或九月間，去朝鮮搶掠，未知虛實。朕惟我祖宗臨御

之時，授爾官職，令於本土管領部屬。爾後逃居朝鮮鏡城，及得罪於朝鮮，又自鏡城逃回。往來播遷，訖無甯日。朝廷憫爾困苦，差人撫取來邊安插，給糧賑濟。又敕朝鮮聽爾回還，不究前過。爾當感恩知報，以圖長遠，豈宜復謀搶掠。前者朝鮮國王奏：'本國逃民童者音波說，李滿住同爾謀議，欲候朝鮮使臣回時，引領野人，於東八站搶劫，已敕爾等不許妄爲。今又聞爾所謀如此，豈遵奉朝命之道？朝鮮爲國東藩，亦受朝命守禦邊境，皆朝廷臣子，豈可潛謀劫掠？朝鮮聞爾等所謀，亦必有備，不可圖也。且凡忘恩肆惡之人，不有人禍，必有天殃。爾等若果有此謀，即須改過爲善。如爾部下之人，假爾之名爲非，爾宜嚴加戒飭，毋爲爾累。若部下聽爾鈐束，不致非爲，爾仍與董山輪次來朝，恩賚之典，必不爾吝。"復敕諭建州衛都指揮李滿住、兀者衛都指揮使剌塔、嘔罕河衛都督僉事乃胯，勸諭凡察勿令爲惡，亦戒滿住等勿助其惡。　丁酉，朝鮮國王李祹奏："近日凡察等奏，臣追殺其部落，又阻留一百七十餘家，蒙朝廷敕臣，放與完聚。臣聞命兢惶，不知所措。伏念小邦，遭遇聖朝，太祖高皇帝改臣國號，復臣鐵領一帶地土；太宗文皇帝賜臣父以九章冕服，賜臣母以冠服；宣宗章皇帝賜臣以御絛環寶帶，賜臣世子珦以冠服玉帶；今聖上賜臣以九梁遠遊冠服；又蒙列聖褒獎戒諭之勤至。至於陪臣下吏，皆蒙賞賚之厚，賜宴之榮；軍士小民，或逋逃，或被倭，或漂海，轉至上國之境者，隨遣之還。凡可以寵待小邦者，無所不至，臣累世感激而未嘗少忘者也。彼凡察舊居鏡城阿木河，即太祖高皇帝賜復之地。其親兄猛哥帖木兒等，被深處兀狄哈攻擊，不能自存，臣祖憫之，授以萬戶職事，爲創公廨，給以婢僕衣糧鞍馬，撫綏備至。臣父又陞以上將軍職事。後被七姓野人等攻殺，又并殺其子阿古，悉焚掠其房屋財物。凡察等俱各失所，臣撫恤之，一如先臣撫恤其兄，既得所矣。忽於近歲，先以耕農打圍爲由，移住本國邊陲東良地面，後乃潛逃，與李滿住同處。此時臣不及知，安有追殺之事。其在此留住者，或因婚姻懷土不去，或被同類開諭而還，非臣阻之也。李滿住昔居婆豬江，在臣國邊方，隨其所索，米糧鹽醬，並皆給與。後屢引忽剌溫，殺掠臣邊不已。今凡察與之同惡，又謀引忽剌溫乃胯。及哈音看、察音等，侵掠臣邊，約日同發，乃復誣臣前事，妄瀆朝廷，其背恩作惡，一何甚哉。臣父祖及臣，荷聖朝寵遇之隆，獲守其國，臣民亦被同仁之化，各安其生。而彼凡察、滿住，人面獸心，天地間一種醜類也，敢懷兇狡，必欲逞憤於臣。而臣邈居外服，不能自明於黈纊之下，臣實痛之。夫臣子有懷，達之君父而無隱，情之至也。伏望諒臣荷寵於聖代，憫臣受侮於小人，特令凡察等遣還舊居，庶小國邊民，獲免寇賊之患，永感聖明之德，臣不勝幸甚。"上覽奏，復敕徇曰："朝鮮自王之祖考暨王，事我祖宗，以至於今，數十年間，恭謹之誠，久而益篤。肆朝廷禮待，素加常等。彼凡察、李滿住輩，朝廷不過異類畜之，饑窮來歸，則矜憫而芻豢之；所不絕之者，亦意彼得所止，則或者不肆鼠竊於王之境，非有厚彼之施也。彼之負王煦育之德，朕既屢敕諭之。其獸心確焉不移，蓋其志已離，勢難復合，强之復合，終不爲用，不若姑聽之耳。其所遣人口，存王國者，王厚加撫綏，勿致失所，彼如感德，自無異志。比聞凡察有侵軼王邊之謀，朕已遣敕嚴戒之，及戒李滿住、乃胯等，皆不許作過。猶慮獸心，非可必也，故亦有敕諭王備之。自今王惟加謹邊防，其還與否，不必計也。"實錄。

　　自此凡察之徙，爲明廷所容許，朝鮮之不肯放逐，轉爲明廷勸諭始罷。朝鮮收回斡木河，爲名正言順矣。

三月戊戌朔

庚子，嘔罕河衞使臣帖木兒哈等辭歸。命賚敕及綵段表裏，歸賜其在衞達官。　庚戌，賜弗朵河等衞野人女直色中哥等，鈔、綵段、表裏、絹匹、衣服、靴韈有差。　辛亥，兀者右衞女直百戶苦奴等、禾屯吉等衞女直指揮阿正哥等，來朝貢方物。賜宴，并賜綵幣等物有差。　命故朵兒必河衞指揮僉事以僧哥子阿出、弗朵禿河衞指揮僉事阿苦察子阿剌孫、札童衞指揮僉事猛哥禿子塔哈納，俱襲職。　丁巳，塔里等衞女直指揮弗羊古等、阿剌山等衞女直亦出哈等、弗朵禿河衞女直指揮歹眞加等，俱來朝貢方物。賜宴，并賜綵幣等物有差。　戊午，亦馬剌衞指揮僉事答當哈老疾，以子阿培代之。實錄。

是日，朝鮮實錄書：平壤少尹宋儲，傳受遼東差東甯衞千戶金寶賚來敕書到行宮。其敕曰：“王爲國東藩，恭事朝廷，簡在朕心，用圖寧永。往年凡察棄其本土，逃居鏡城。後得罪於王，而復逃回。朝廷憐其播遷困苦，赦宥前過，加之撫恤，給糧接濟，不失其所矣。王近奏言，凡察同李滿住謀，欲伺王之使臣回國，邀掠於路。朕已遣人賚敕，嚴切戒約。今聞其境來朝者言，凡察約其黨類，將以今歲掠王之境，不於四月即九月。朕又遣敕戒之。然狼子野心，未可必其信從否也。特敕王知，其不可忘備。如彼革心自止，王亦棄其前過，勿與校。故諭。”己未，以敕書之辭，下諭平安、咸吉兩道戒嚴。　丙寅，伐引住野人加乙吐，賚皇帝敕諭二道而還，咸吉都觀察使韓確，謄寫馳報。其一曰：“皇帝敕諭毛隣衞指揮使加哈兒禿，指揮僉事速都，頭目鎖羅斡、卜郎哈、阿羊哈、哈速撒哈、哈塔哈：自我祖宗臨御以來，爾等皆能敬順天道，尊事朝廷，效力邊陲，于茲有年。比者爾等賫敕，前往朝鮮地方，搬移都督凡察等家小，并其部屬回還，及中途遇野人軍馬，又能宣布朝廷威德，使其不被侵犯，足見爾等忠能。今特降恩命，陞授爾等職事，仍於本衛管屬軍民。爾等宜益順天心，永肩臣節，俾子子孫孫，咸膺福澤，同樂大平。"其二曰："敕諭毛憐衛都指揮同知郎卜哈兒罕，都指揮僉事王朶羅，及大小頭目：得建州左衛都督凡察等奏，土人百戶高旱化等四十一家，先被楊木荅兀反叛帶去，今已革心向化，將帶妻子回還，爾等阻當不放。今特遣敕諭爾等，果若高旱化等見在爾處，即便省會部下頭目人等，一一檢查遣還，庶見爾等遵奉朝廷之意。"

是日，亦察里河衛女直古里麻等、阿剌山等衛女直亦出哈等，俱來朝貢馬。賜宴，并賜鈔、綵段、表裏、絹匹、衣服靴韈有差。實錄。

四月丁卯朔

己巳，命故阿剌山衛指揮僉事咬納子亦出哈襲職，隨滿河衛指揮僉事巴思塔木子歹劉代職。實錄。

壬申，建州左衛都督凡察等，以朝鮮國王李祹奏其欲糾連野人謀劫貢使，蒙降敕戒諭，遣人詣京奏曰："臣荷國厚恩，享受爵祿，安敢爲非。如其所云，罪當萬死。"上曰："凡察似有悔過之意，然狼子野心，未易料度，復賜之敕，俾恪守禮法，修睦鄰好，命總兵官都督曹義遣人賫往諭之，并廉其情僞事勢以聞。"實錄。

乙酉，朝鮮實錄書：謝恩使金乙玄賫敕還自京師。敕曰云云。已見上月丁酉明實錄所書末段，一字不易。特由明廷發敕，至朝鮮受敕，相距五十日耳。可見雙方紀載之翔實，不復複錄而注明之。上賜金乙玄馬一匹。先是，上聞敕來，特命咸吉道都節制使撫恤凡察遺種。

五月丙申朔

丙午，朝鮮實錄書：命都承旨趙瑞康、右承旨李承孫、左參贊皇甫仁、禮曹判書閔義生、刑曹判書金宗瑞等，議童所老加茂。及童羅松介、好陽可、毛多吾赤、也吾乃、巨乙加介等接待事宜。仍諭京畿、江原、咸吉道沿邊各官各驛曰："今九州亏知介、巨乙加介、土豆亏豆等，慕義率伴人二名，携母朝見。各驛其體予意，厚慰以送。" 賜吾都里大護軍童所老加茂衣一襲。前月癸未，授大護軍，并厚賜及許娶妻。　　戊申，僉知中樞院事童所老加茂詣闕謝恩，命右承首李承孫傳教曰："爾前此不無罪惡，但爾父於虛里誠心效力於我，今爾亦革面來朝，其意可尚。予棄前過，命爾爲酋長，仍除僉知中樞院事，兼阿木河等處都萬戶。汝當體予之意，往爾舊土，管攝遺種，使無搖動之心，永安生業。"所老加茂對曰："野人愚惑，殊無報效之力，深荷煦育之恩，今日寵榮至此，敢有惡心，天日照臨。"上厚慰之。　　辛亥，御勤政殿受朝。引見僉知中樞院事童所老加茂，教曰："今汝來朝，予甚嘉之。"所老加茂對曰："臣叔父凡察逃竄。臣不隨去者，欲終身效力耳。"且曰："臣部落遺種，不過二十餘戶，臣等統率，一從大國之命。"上曰："予嘉汝厚意。"對曰："臣欲入居深處，但恐國家未信，欲於會寧近地居處，隨都節制使防禦。"上曰："予知爾意。"又對曰："予有老親，且同來人亦皆孤單，今欲速去，使之耕農。"上曰："已知之矣。"所老加茂，野人之有才力者也，惡其反復，使咸吉道都節制使，勒令上京授職娶妻，仍留宿衛。所老加茂不肯留，曰："父母年踰八十，臣獨子，思欲奉養。聞朝臣有老親者，皆令歸養，何獨於野人不然乎？"因稱病或不食以拒之。

是日，遼東總兵官都督僉事曹義奏："奉敕遣人往建州都督凡察處，取逃亡土人馬把連等三十八戶。把連等皆匿海西，惟取回阿剌孫等十三戶八十人。"上曰："人情戀土，其逃亡皆因不得所而然耳。今取回者，總兵鎮守官其用心撫恤，勿令失所。"實錄。

六月丙寅朔

壬申，命故必里衛指揮僉事俺奔子汪束襲職。實錄。

癸酉，遣敕諭建州左衛都督僉事凡察、董山等："爾等世居邊陲，舊爲親戚，正宜同心協力，撫率部屬，用圖長久。往歲冬，因爾一衛存留二印，已嘗遣敕諭爾凡察、董山，協同署事，將新印進繳。今爾凡察，乃奏董山不應署事。都指揮李章加等，又奏保凡察獨掌衛事。此事朕處置已定，豈容故違。敕至，爾等即遵依前敕，存留舊印，隨將新印繳來，務在安分輯睦，毋爲小人所惑，自取罪愆。爾凡察所奏取回人口，已敕邊將如例給糧接濟，爾等其欽承之。"復敕遼東總兵官都督僉事曹義等，遣人往察其二人不和之故，及多人之情，并計議處置之方，奏聞處之。實錄。

李章加，即所謂凡察婦翁李將家。凡察之在建州，擁有此部分之勢力，其與建州衛李滿住之援繫，亦以同爲李將家之壻。是以董山雖爲猛哥之子，當凡察近八九年來，已養成一部羽翼之後，不得遂取而有之。明廷雖仍令繳還新印，凡察不肯遵敕，明亦料之，故仍命曹義察其部下之情，別議處置，則分衛之計畫，已有端倪矣。

七月乙未朔

甲辰，命故建州左衛指揮僉事丹保奴子買禿襲職。　乙卯，敕建州左衛都督僉事凡察及建州衛都指揮李滿住等曰："爾奏朝鮮國王李祹將爾叔指揮逢吉等所屬人民一百八家，拘留不遣；又稱各人不願回還，乞朝廷差人往彼分豁。已敕朝

鮮，將所留爾處人口，願回還者發還完聚。朝鮮復奏，各人在
彼居住年久，結爲婚姻，不願回還，已諭爾等知之。今爾等奏
乞朝廷，差人往彼分豁，此言可行。至云如彼不與，候明年率
衆往取，此言非理。此蓋由爾等昧於天道，不順人情，欲生釁
端，自取危亡，朕深憫之。敕至，爾等謹遵法度，約束部屬，
毋犯朝鮮，待其使臣來朝，審其實情，必爲爾等從公處之。若
不遵朕言，擅動人馬，自作不靖，必有天殃人禍。爾等其愼之
愼之。"實錄。

八月乙丑朔

　　丁丑，遼東總兵官都督僉事曹義言："比奉敕旨，以凡察、
董山爭掌衛印，宜審其所部人情所屬者授之。臣即遣人奉宣詔
旨，而二人各執一詞，紛紜不已，遂同至開原。臣反覆諭以朝
廷法制，凡察乃黽勉出其新印，且欲身自入朝陳論。已省令暫
還本衛，至秋後赴京。臣竊觀其部落意嚮，頗在董山，而凡察
怏怏，終難安靖。永樂中，海西野人惱納、塔失叔姪爭印，太
宗皇帝令惱納掌忽魯哈衛，塔失掌弗提衛，其人民各隨所欲。
今茲事體，與彼頗同，請設建州右衛以處凡察，庶消爭釁，以
靖邊陲。"上命俟其來朝議之。實錄。

九月甲午朔

　　甲寅，朝鮮實錄書：上幸景福宮，御勤政門受朝。吾良哈
都指揮僉事都乙溫等四人，宗貞盛所遣由羅沙、也文等二人，
隨班獻土物。引見都乙溫曰："爾數來朝，予嘉爾意。"都乙溫
啟："臣年已老，每年但欲一朝耳。且臣居諸種野人往來之衝，
凡有聲息，悉告邊將。亏未車、亏知介等，居國後門，殺害人
口，摽竊牛馬，無歲無之。頃者都節制使入賊境觀兵示威，自
是邊患殆息。近來賊復欲爲寇，殺害我輩。臣願又令都節制使
觀兵示威，臣亦前驅以助其力。"又啟曰："臣管下之人，半居

童巾揮叱介之地，半在阿赤郎耳之地，今欲聚居阿赤郎耳，并力防禦。"上曰："散居兩地，既已久矣，今欲聚居何哉?"都乙溫不復明言其意，又以上京時守令不厚待訴于上。上即命推劾。

丙辰，鎮守遼東太監亦失哈奏："海西等處野人女直每來市易，願以馬易牛。今官軍少馬，乞從其貿易。"事下行在兵部，請移文遼東總兵官曹義等，體審斟酌以聞。從之。前二日甲寅，以亦失哈奏，用都指揮僉事胡源代都指揮同知夏通守備開原，把總管事以通老疾也。實錄。

　　　　亦失哈鎮守遼東，年月甚久，時距永樂九年，已二十
　　　一年。自此以後，尚屢見亦失哈。日本人疑爲元時故奄，
　　　則決非矣。

十月甲子朔

丙寅，朝鮮實錄書：傳旨咸吉道都節制使李世衡曰："今者都乙溫上來，當禮曹賜宴之日，告于判書閔義生、金宗瑞等曰，楊木答兀於吾郎哈胸仇大還來時，因言從近親朝。予惟本人於永樂二十年間，背叛朝廷，攻破開陽等城，擄男婦軍丁數千餘口，逃來東良北地面。其時太宗皇帝降敕本國，捕獲解送。第以本人潛遁山谷，未知穴處，不得尋捕也。今若來朝，則已有敕旨，不可放還矣。然彼投化來朝，而我仍掩捕解送，則不特有違於楊木答兀來附之意，諸種野人聞之，亦將以我爲不信，而來附之心必沮矣。且人欲附我，而我乃不受，亦不可也。其區處之方，即下大臣議之。皆曰：'今也楊木答兀，族屬衰微，部落單弱，其來朝不是誠心，特以勢孤力薄，爲群虜所侮，依附於我耳。倘或來朝，則固當縛送朝廷，不可違敕放還也。彼欲來朝，邊將沮而不納，則必將傳播於中朝，無乃以

我爲不可乎？且本人罪惡之深，朝廷降敕之旨，諸種之所共見
聞，雖縛而送之，名正言順，野人等不以我爲疑矣。如有可捕
之勢，則不可失機。今乘其來，捕獲解送，則朝廷益知我事大
之誠矣。本人如欲來朝，邊將依他例慰送于京，捕送朝廷，甚
爲便益。'予亦以爲滿住、凡察等輩，背我恩德，屢行侵掠，逃
往上國之境，聚居添黨，罪惡深重。本國開具事由，再請還
本，未蒙俞允，實爲痛憫。所據楊木答兀，亦是天下之罪人
也。彼楊木答兀之於上國，凡察、滿住之於我國，其辜恩積
惡，同一罪也。我國於朝廷之事，雖至細瑣，尚且竭誠而爲
之，況如此大逆之人，固不可違敕而縱釋也。卿其知悉。若或
本人到境，於卿及邊將處謁見，告以朝京之意，則依他例，厚
慰伴送于京可也。又或本人潛來近境，卿及邊將處不即來謁；
雖即來謁，又無上京之志，卿當審勢伺隙，如有可捕之機，出
其不意掩捕，即令愼密武士數人，管押上送于京，晝夜看守，
勿令自盡，亦可也。本人仍留窟穴，不欲來歸，卿若先送人招
致，固不可也，彼亦反生疑惑而不來矣。莫若因彼送人之時，
隨請隨給，以悅其心，又於賜物之際，愼勿令卿之左右及野人
等知之，當潛說云："說與楊木答兀，所求之物，數數來告，
我當從願贈送。"如此啗之以利，至于再三，則楊木答兀必貪財
利，終當自至而亦或上京矣。卿其不期月日，不露形迹，潛心
善圖爲可。且機事必密，不密則事不成矣。今此內傳，卿獨看
之，雖父子兄弟之間，愼莫喧傳。若其掩捕之時，則卿之腹心
一二裨將，不可不知也，卿其善處施行。"
十一月甲午朔

　　　是日，始改給兩京衙門印信。北京去"行在"字，南京
增"南京"字。

乙巳，建州衛女直千戶納速等貢馬及方物。賜宴，并綵幣等物。 辛亥，命故毛憐衛都指揮僉事張塔子奴升哈襲職。乙卯，賜考郎兀衛女直指揮哥哈等，綵段、表裏、絹匹、衣服、靴韈有差。實錄。

閏十一月甲子朔

丙寅，陞考郎兀衛指揮使哥哈爲都指揮僉事。 甲戌，陞肥河衛都指揮僉事別里格爲都指揮同知；指揮僉事咬失，并失里木衛指揮僉事哈的哈，俱爲指揮同知。授兀者衛舍人納因哈、肥河衛舍人吉撒兀安出，俱副千戶；肥河衛頭目苦出鐵、滿合馬忽，俱百戶。實錄。

乙亥，朝鮮實錄書：野人李滿住、凡察等，使人來朝。

戊寅，命故弗提衛都指揮使塔失子阿察奴、指揮僉事保奴弟管禿，俱襲職。 庚辰，賜木忽剌河等衛野人女直指揮著不你等，綵段、表裏、紵絲、襲衣、靴韈、絹有差。實錄。

辛巳，朝鮮實錄書：上聞皇帝遣指揮吳良驗問留住吾都里去留情願，召右議政申概、左贊成河演、右贊成崔士康、兵曹判書鄭淵、禮曹判書金宗瑞、兵曹參判辛引孫等議曰：“今敕旨欲驗問留住吾都里去留情願。敕使若親往取招，其弊不貲，何以處之?”僉曰：“敕使若親往，則不徒支待之弊，野人等去留情願，未可必也。莫若於敕使未到前，招集酋長及凡察之諸兄上京，敕使到國，則云‘留住吾都里酋長已曾上來，當問去留情願，何必於遠路冒寒親往’。如此懇請甚便。”上從之。即遣奉常判官金光晬于咸吉道，傳旨都節制使，留住吾都里及凡察諸兄，招諭上送。

十二月癸巳朔

乙未，肥河衛指揮同知咬失等辭。命齎敕并綵段表裏，歸賜都指揮同知別里格，仍賜咬失等及其在衛頭目莽都、合咬

納，人各綵段一表裏。　　丁酉，建州左衛都指揮李張家等來朝
貢馬。賜宴，并賜綵幣等物有差。　　戊戌，賜嘔罕河等衛野人
女直舍人甯哈答等，鈔、絹、綵段、表裏、靴韈有差。　　甲
辰，益實衛指揮僉事賽徹年老，以其子苦女代之。實錄。

　　丁未，朝鮮實錄書：遠接使鄭淵馳啟：“使臣吳良、王欽，
率頭目六人，及李滿住手下卜剌兀、凡察手下李歆赤等，於本
月十二日渡江。”　己酉，遣刑曹參判李季疄如京師，賀新建奉
天、謹身、華蓋三殿，仍謝藥材。又奏邊境事由：“正統六年
三月二十六日，遼東東寧衛千戶金寶，賷捧到敕諭，節該：
‘王近奏言，凡察同李滿住，謀欲俟王之使臣回國，引領野人，
邀掠於路，朕已遣人賷敕嚴切戒約。今聞其境來朝者，凡察約
其黨類，將以今歲掠王之境，不于四月即九月，朕又遣敕戒
之。然狼子野心，未可必其信從否也，特敕王知，不可忘備。
欽此。’本年四月十七日，陪臣金乙玄賷奉到敕諭，節該：‘比
聞凡察有侵軼王邊之謀，朕已遣敕嚴戒之，及戒李滿住等，皆
不許作過，猶慮獸心未可必也，故亦有敕諭王備之。欽此。’除
欽遵戒飭邊將隄備外，先於正統五年十二月初二日，東良住吾
良哈者和老，將忽剌溫者里之言，告說邊將，凡察與忽剌溫等
結黨，欲於朝鮮作賊。本月十九日，忽剌溫都乙赤告說，凡
察、滿住與忽剌溫等同謀，要於朝鮮國地面作賊，野人各處送
箭請兵。本月二十五日，吾弄草住吾都里於夫老傳說，忽剌溫
等與李滿住，欲於朝鮮國閭延、江界等處必定作賊。正統六年
二月二十六日，伐引住吾良哈毛多吾他傳說，凡察請諸種野
人，欲於朝鮮作賊。本年四月初五日，吾良哈大也乃告說，凡
察、忽剌溫通同，要於朝鮮作賊。本年十月二十七日，忽剌溫
色奇等告說，凡察約與忽剌溫等，要於朝鮮作亂，整備軍馬。
本日婆豬江住吾都里加乙夫等，與東良住阿陽可等言說，李滿

住、凡察、忽刺溫等，同謀作賊，已曾定約。本年十一月二十
四日，阿赤郎貴住吾良哈尚家傳說，凡察忽刺溫通同，率領軍
馬五百餘名，要於朝鮮甲山等處作賊一定。本月二十八日，豆
門住吾良哈周將介，與寧北鎮住吾良哈所乙只傳說，凡察、童
倉、滿住等，請引忽刺溫，多領軍馬，要於朝鮮作賊。本月十
五日間，忽刺溫地面屯聚。本年閏十一月初二日，受本國職事
吾都里豆稱哥，會寧地面省親回還，告說，凡察管下胡農只與
我說，滿住、凡察，連結忽刺溫，一千五百名成群，要於本國
閭延地面作賊。又凡察、滿住等，於情願留住吾都里處，送人
傳說，要於來春率領軍馬，到汝等所居地面，藏匿林間窺伺，
拘取搬來。得此。查照先據議政府狀啟備，平安道都觀察使鄭
苯呈該：'野人二百餘名，於江邊樹林間潛隱窺伺，望見農人
布野。正統六年八月二十六日，突入閭延地面虞芮口子，殺死
軍人一名，搶掠婦女六口、馬七匹、牛四頭去訖。'得此。更飭
邊將嚴加隄備。又據本府狀啟備，本使呈該：'本年閏十一月
十一日，前項野人等，多結軍黨，前到慈城、閭延等處，不能
深入，各將點看烟臺人，殺死二名，虜去二名。'得此。本年十
二月初七日，滿住管下冬伊包告說，前番八月間，虞芮口子虜
去婦女一口，見在滿住管下貴淹波老家裏使喚。來月十一日，
上項被擄逃回閭延堡軍任得連供說：'本年閏十一月十三日，
爲因點看烟臺，忽遇賊黨，穿甲帶弓，倍前成群，其中面上黑
刺野人相雜追趕，致被捉拿。有解說本國言語者，把俺用繩拴
項，晝則路上率走，夜則拴了兩脚，又令同類野人二名，堅守
不放，以此不得逃脫。至第七日，推稱痢疾，見本賊等睡著，
隄防小懈，黃夜逃走。爲緣飢餓不能行步，至九箇日頭，纔到
本處口子。前項賊人等退兵回還，行至婆豬江迤北地，分羣數
宿，相距五里許，所著冠毛各異。三軍向北，一軍向西迴去。

其向西回去野人，都是已前住在婆豬江時，常川本國來往，討索鹽糧的野人，請引同類野人，結黨作賊.’據此。臣參詳滿住，自宣德七年至于今，凡十年之間，連連作賊，即今誘致凡察、童倉，一處聚居。又凡察、滿住等，與忽剌溫連姻，增添黨類，數月之內，累次來犯邊境，殺虜人畜，違背敕旨，敢肆狡兇，邊患益滋，理宜奏達。”辛亥，召右議政申概、左贊成河演、右贊成崔士康、禮曹判書金宗瑞等議之，遂遣知印朴楨，遺貂裘貂冠于兩使臣。其頭目及滿住、凡察手下人，亦賜襦衣毛冠。

是日，泰甯、福餘、朵顏、建州左四衛都督僉事等官拙赤等，所遣頭目，至是辭歸。俱賜敕以諭之，俾其永堅臣節，歸順朝廷，守法循理，安處邊陲。實錄。

戊午，朝鮮實錄書：欽差錦衣衛指揮僉事吳良及遼東百戶王欽等，賫敕而來，上率王世子及羣臣出迎于慕華館，至景福宮勤政殿受敕。其敕曰：“近凡察、滿住俱奏，不敢刼王使臣，犯王邊境。但凡察言，鏡城遺下叔逢吉等一百七十餘家人口，不得完聚。李滿住亦言，正統二年，王國軍馬搶去人十一口，欲回未得。王所言彼皆久居懷安，心不欲回。朕明諭此意，而凡察等固求完聚，屢奏不已，詞亦懇切，乞朝廷爲之分割，且欲自往搬取。近又聞其糾合乃胯等，欲爲非義。朕惟王爲國東藩，凡察、滿住皆受朝命，於邊居住，俱宜保全，俾之安靖。若坐視其競爭構怨而不恤，非一視同仁之心。今特命錦衣衛指揮僉事吳良，賫敕諭王，仍令凡察、李滿住等，各差一的當人隨來，王可招集凡察、李滿住等所索之人，面對吳良等及其所遣來者，自言願留願回。如有誠心願留，即聽在王國居住，則凡察等亦難復言。如其願回，則付其所遣來人帶去，王亦令人護送出境，不致失所。如此庶幾合天理，協人心，紛爭自息，

邊境永寧。王世秉禮義，以忠厚立國，即此數人，或去或留，
何係損益？惟王體朕之心，勿有固必，惟義之從。況此輩反覆
無常，非至誠不足以服之。王其遵朕所言，善與裁處。"受敕行
禮訖，上升殿，與使臣行再拜禮。上語使臣曰："天寒路險，
艱苦而來。"吳良曰："站路供饋甚厚，又遺貂衣貂冠，遣宰相
迎慰，絡繹於道，深感殿下敬朝廷之意。"仍曰："凡察、滿住
言，留住人口，朝鮮不肯放還，故朝廷差我而來。殿下敬順天
道，並皆放還，則邊境可得安寧。凡察背王厚恩，逃去訴於朝
廷云：'父子兄弟，分離異處。'然其留住者，要去則放，要
留則聽。"仍行茶禮訖，遂歸太平館。上幸太平館設下馬宴，
命都承旨趙瑞康，賜使臣及頭目、李滿住、凡察手下人等，
衣服靴笠有差。　己未，吳良謂舘伴鄭淵曰："吾欲與本國
管事宰相，同問野人去留。"先是，國家慮吳良親往，問其情
願，招致酋長及凡察兄弟，已上京矣。今吳良又書居住野人
姓名，使之招致，國家難之，召黃喜、申槩、河演、崔士
康、皇甫仁、金宗瑞議之。僉議曰："良所招來者甚多，不
可盡從。良若有問，當答曰：'野人散處，或五六戶，或十
餘戶，或十五餘戶，屯居不常，各有酋長。酋長欲留，則其
下焉往？欲去，則其下亦從之。不必盡問，野人每歲時朝
謁，故今酋長多有來者，如問其去留，則宜問已來者。'"上
從之。仍命皇甫仁、李承孫，與舘伴鄭淵、閔伸，同使臣問
野人情願。時國家密遺良甚厚，凡所求索，無不曲從，故良
只問已來野人等。

七年，即朝鮮世宗二十四年，壬戌(1442)

正月癸丑朔

　　甲子，朝鮮實錄書：命左參贊皇甫仁、左承旨李承孫，與
舘伴鄭淵、閔伸，以婆豬江所獲滿住管下女愁音等四口，見于

使臣。問其去留情願，皆曰願回本土，仍付其夫卜剌兀。又以斡朵里童亡乃、馬仇、音波等八人見使臣，問去留情願，皆曰不願搬去，遂取供招。後來斡朵里問其情願，取其供招，皆從此例。　　乙丑，左參贊皇甫仁、禮曹判書金宗瑞、左承旨李承孫往禮曹，招於虛里等，問見存斡朵里之數。　　丙寅，命皇甫仁、李承孫，與鄭淵、閔伸，以斡朵里哈夫八等九人，見于使臣，問其去留情願，皆曰不欲搬去。　　己巳，傳旨咸吉道都節制使李世衡：“今因使臣之行，仄聞逃去斡朵里等聲言曰：‘前任朴節制使，誠心厚待，故安業居住；今洪節制使，令人執紅杖禁其出入，故以此不得安心，乃至逃竄。’其言難可足信，然豈無托言之由。今上來斡朵里等，見於使臣前，皆以情願留住，一一供招；雖其心終不可保，當此時以願留納招，亦可尚也。肆予諭之曰：‘大抵人心於平常之時，未可知其實情，及其亂離之際，乃知其然。今汝等當凡察逃去之時，不曾隨去，如舊安業，一心效力。以此知汝等向國之誠，終始不渝。厚加賚賜，以賞汝功。汝當益堅此心，永作藩離，共享生生之樂可也。’如此開說下送，卿及邊將悉知此意。當留住斡朵里等，以此辭意時時開諭，使彼一以知我國嘉尚之意，一以固彼等願留之誠，安心耕牧，不生携貳，是乃羈縻之策也。斡朵里等，今雖願留納招，後或與凡察通謀逃去，則我國之羞，豈不大哉！且朝廷無乃指國家以爲姦詐乎？是不可不慮也。卿及邊將，當曲示存恤之意，以繫彼等之心，要令終不搬去。又因使臣之言聞之，留住斡朵里等密通凡察云：‘我以朝鮮拘執，未敢移去。若有聖旨，則可能搬移。’凡察將此事由控訴朝廷，有此分割之舉。亦於使臣面問斡朵里情願之時，於虛里云誠願留住，凡察手下人歇赤從旁詰問曰：‘汝曾言於凡察云，若有聖旨，則可能移去，今何欲留乎？’於虛里答云：‘汝誠妄語也，我固無此言矣.'歆赤更無答辭。如此事由，卿及邊將不可不知也。且今使臣賫到敕書之辭，亦不可不知也。故令傳寫下送，卿與邊將並皆看詳。"

是日，毛憐衛都督李撒滿答失里等、建州衛都指揮李滿住，遣指揮安屯等；剳肥河等衛女直指揮克因忒哈合察古魯文等；兀者等衛女直指揮沈禿剳里等，俱來朝貢馬及貂鼠皮。賜宴，并賜綵幣等物有差。　命察剌禿山衛指揮僉事喜程哥子阿答、建州左衛指揮僉事馬兒塔子阿里，俱代職。實錄。

乙亥，朝鮮實錄書：召黃喜、申槩、河演、崔士康、皇甫仁、權踶、金宗瑞、鄭麟趾、柳季聞、金聽、安止等，謂曰："使臣吳良云：'凡察管下皆欲留居本土，不願搬移，固當謝恩。予意以爲凡察之類，本在我國之境，仍留不去，非自他境而來，何必謝恩。但敕書中有'世秉禮義，以忠厚立國'之語，以此謝恩則可矣。前來各年敕書，如有褒獎之辭而謝恩與否，卿等其考以聞。"黃喜等議："本人等仍在鏡城居住，不必搬移，累降聖旨，已曾附與我國，今只以去留情願取招，行謝恩似爲未便。"上然之。　丁丑，傳旨咸吉道觀察使，官買農牛一頭，給指揮於虛里。　戊寅，上幸景福宮，御勤政門受朝。斡朵里童哥時波等三人，兀良哈月下乃等二人，隨班辭。上引見哥時波曰："汝以好意來朝，予甚嘉之。"哥時波叩頭曰："小人厚蒙賞賜，心無所恨，但女婿身死，中心惻然。"上曰："女婿之死，予亦驚駭。"哥時波又啓曰："具州兀狄哈等言曰：'汝不與我和親，則將虜汝兄弟三人。'臣今欲聽國家之言，以結和親。"上曰："予已知之。"上即還移御所。哥時波及於虛里、吾沙哈等三人，皆凡察同產也。時哥時波率其女婿於巨乃來朝，於巨乃死，燒屍拾骨以去。

戊寅，命故建州左衛指揮同知丹保奴子塔失、指揮僉事速哥子苦女，俱襲職。實錄。

　庚辰，給毛憐衛印。先是，本衛指揮阿里掌衛事，後阿里卒，印亦失去。至是，掌衛事都督同知李撒滿答失里來朝，乞更造頒給。從之。　辛巳，授毛憐衛舍人袁首保爲副千戶，李升爲百戶，從本衛都督李撒滿答失奏請也。實錄。

　　　自此舊毛憐爲不存在，而建州衛所分出之毛憐衛，乃爲明廷實設之衛。朝鮮東北邊境，益無爲明轄地之嫌矣。明會典及史兵志，俱以寄住毛憐衛爲正統間始設，殆以此時始給印而言之，然其原委不詳，得此可補一掌故。

　　是日，朝鮮實錄書：命皇甫仁、李承孫，與舘伴鄭淵、閔伸，以斡朶里吾沙介等八人，見於使臣，問其去留情願，皆曰不願搬去。

　　　二人皆凡察親兄弟，亦肇祖之同母兄弟。乃建州左衛雖遷，二人竟與斡朶里諸遺種同戀朝鮮不去。至淸太祖，乃以兵力取之，則所謂東海瓦爾喀也。

　甲申，陞建州衛都指揮僉事李滿住爲都督僉事，仍掌衛事。實錄。

　戊子，朝鮮實錄書：傳旨咸吉道都節制使李世衡：“禮曹饋斡朶里、吾良哈時，參贊皇甫仁、判書金宗瑞謂吾沙哈等曰：‘爾於前日，使臣處去留情願進告後，取招遲留，言曰：“不是將我等給付朝鮮耶，何以令我等著名乎？”使臣云：“汝言願留，只書其辭取招耳，本不與他也。”爾聞此言而後著名，無乃以我國爲疑乎？仄聞凡察等，見北靑居生向化人等供役之

事，畏我國終爲百姓而逃去，其然乎？必聽人之誆說也。我國
生齒日繁，人民不少，何必收汝之稅，役汝之身，然後以供國
事哉！第緣汝輩自我祖宗以來，世居近境，誠心效力，我國亦
加撫綏，共爲脣齒，積有年紀。況今國家新置郡邑，而汝等爲
我藩籬，有聲息則隨即來告，有賊變則同心捍禦，是用國家存
撫汝等，非有他意也。北靑等處散居向化人，則異於汝輩矣。
本人等深入內地，雜處吾民，男婚女嫁，與本國之人無別，國
家不得不使喚也。汝輩則雖住近境，別作一種區別而居，安有
是理？此必無之事也。自凡察移去之後，本國待汝等益加撫
恤，此汝等之所知也。愼勿妄生疑貳，安生樂業，永作藩籬，
於彼我豈不萬萬有益哉！'吾沙哈答云：'童者音波、馬波羅等
言，終必爲百姓，其餘各人如此說之。'以此吾沙哈之言觀之，
則斡朶里等，見北靑等處向化人供役之事，如此致疑者多矣。
卿須與彼人詳說之曰：'今聞吾沙哈上京，以童者音、馬波波
羅之言，告于禮曹，汝等何以如此致疑乎？此必無之事也。以
必無之事致疑如此，則上天以爲何如哉！我亦受命來此邊境，
何敢與爾等妄語乎，千萬勿疑。'如此款曲開說，以釋疑貳之
心。且待吾沙哈之還，亦與言曰：'汝何以必無之事致疑，告
于禮曹乎？'曲盡說之，其勿形怒氣，怡顏和色，善辭開諭。"
庚寅，傳旨咸吉道觀察使都節制使："富居縣居住童羅松介、
童末乙所、童千古里等訴云：'所居官當我等督徵戊午年田稅，
多端侵辱，妻子將爲逃散。'予惟雖內地所居向化，固宜安撫。
況此輩向化未久，且今斡朶里去留可慮，若聞此事，恐懷疑貳
之心。富居縣監尹璞，不顧國家大體，妄行侵擾，卿等亦不得
辭其責，其劾尹璞以啟。"　辛卯，命皇甫仁、李承孫、鄭淵、
閔伸，將富居、鏡城居住斡朶里松羅介等十五人，見于使臣，
問去留情願，皆曰："我等元自祖父，久居本國，心願留居，

不願搬去。”

二月壬辰朔

　　是日，朝鮮實錄書：上幸景福宮，御勤政殿受朝。斡朶里指揮童三波老、護軍金波老等八人，隨班獻土物，斡朶里都萬戶童吾沙哈等十五人亦隨班辭。上引見吾沙哈曰：“汝以好意來朝，予心嘉之。”吾沙哈對曰：“小人常欲朝見，但途道遐隔，未能如心。然小人之心，將於此地以終餘年。”上曰：“汝意如此，予益嘉之。”吾沙哈啟曰：“我與林阿車兀狄哈舊有讎嫌，常欲殺我，我等不得安心居住。我等之生，願聽國家指揮。”上曰：“汝等居於近境，依附我國，兀狄哈何能害汝乎？”吾沙哈叩頭乃退。上還移御所。　傳旨兵曹：“斡朶里、兀郎哈、兀狄哈等，受職居京者，奴婢曾量減其數。然向化遠來，其情可尚，且生業不實，並皆還給。”　傳旨咸吉道都節制使李世衡：“斡朶里吾沙哈啟云：‘我與林阿車兀狄哈舊有讎嫌，常欲殺我，我等不得安心居住。我等之生業，願聽國家指揮。’予答曰：‘汝等居於近境，依附大國矣，彼兀狄哈何能害汝乎？’然予未審吾沙哈所啟之意，即令禮曹判書金宗瑞細問情由。吾沙哈曰：‘我與林阿車有隙，常恐來殺我輩，欲結和親以解讎嫌。然和親之時，必兩皆陳兵相對，仍使牙保傳言結好。故我輩本無軍兵，願賴國家之兵，以成和親之計耳。’宗瑞答曰：‘汝言是矣。然以本國之兵陳之，則彼必畏威不來矣，何能結好乎？’吾沙哈曰：‘然則國家於都乙溫、甫乙看、仇赤、吾干主等處下教書，如有兀狄哈侵逼之患，則令上項人同心救援，以安生業，我等之望也。’予惟吾沙哈於凡察逃竄之時，不隨搬去，仍舊安業，然勢孤力薄，常畏兀狄哈等來侵，若本國不救，則彼斡朶里等，附我安業之望絕，而國家示信之義亦無矣。卿知此意，當與都乙溫、甫乙看、仇赤、吾干主等開說曰：‘吾沙哈

等不隨凡察逃去，依敕留住，其心誠可尚也。曾與林阿車構
隙，常恐侵逼，汝等既與吾沙哈等隣近居住，宜當同心協力，
以救緩急也。若聞彼賊之來，則一以奔告于我，一以阻當于
彼，唇齒相保，豈不兩俱有益哉！若汝等不從我國之言，恝然
不救，則前日頒降教書相救之意安在？汝等向國效力之心亦安
在乎？汝等其審此事由。'如此開說，使斡朶里等賴我國威靈，
安心過活。"

　　癸巳，陞兀者衛指揮僉事恩魯黑爲指揮同知，從本衛指揮
刺塔奏請也。實錄。

　　甲午，朝鮮實錄書：命皇甫仁、李承孫、鄭淵、閔伸，將
斡朶里指揮金三波老等十七人，見于使臣，問去留情願，皆曰
不願搬去。　丙申，命李承孫問安于使臣。良曰："十分好在，
但斡朶里等來見者數少，予之使事不完。"承孫曰："今日亦有
來見者六人，通計曾見者則共六十一人。"良曰："元數百六十
人，其已見者只零數也。"承孫曰："本數雖多，除雜故外，今
明日來見，則庶幾滿其數矣。"　命皇甫仁、李承孫、鄭淵、閔
伸，將鏡城居住斡朶里崔於富等六人，見于使臣，問去留情
願，皆曰不願搬去。初問時，於富告使臣曰："我不敢擅便搬
去。"使臣意謂於富之願留非其本心，特拘於事勢耳，反復詰
問，猶豫不即取招。承孫等使人來啟。上引見都承旨趙瑞康，
即遣使臣館，至則使臣已知其心，誠願留而取招矣。　斡朶里
指揮童因豆等來朝。　傳旨咸吉道都節制使："今卿啟，候候
里等五戶給於虛里，則爭端不絕，處之實難。議諸大臣，僉
曰：'籍係中國人口，於古鍾城城內勒令久居，實爲未便。且
甫乙看等共相爭占，獨於於虛里父子就付，亦爲未便。依吾同
古例，聽其自便，任意居住。卿知此意，當諭於虛里曰：'前
日汝等欲與候候里等聚居，故國家姑令就付。今者甫乙看等爭

之，本人等元係開陽人民，我國不敢擅便處置。汝等如欲率居，則任意施行。" 丁酉，傳旨戶曹："向化斡朵里等，田役差稅，一皆蠲免，以示優恤之典。"

是日，兀的河等衛女直指揮孔乞等，來朝貢馬及貂鼠皮。賜宴，并賜綵幣等物有差。敕諭兀者衛都指揮剌塔及頭目兀撒等，并以綵幣表裏往賜之。　遼東威遠堡官軍，護送赴京回還女直哥哈等十名，途中以事相爭。至石觜，遇女直迎接人馬，射傷護送百戶，殺死軍人。副都御史李濬等奏："都指揮胡源、裴俊等備禦不嚴，俱合究治。"上命取源、俊招狀，仍罰俸一月。敕女直頭目乃胯，械送行兇女直，赴京處治。實錄。

戊戌，朝鮮實錄書：命皇甫仁、李承孫、鄭淵、閔伸，將斡朵里指揮童延豆等十人，見于使臣，問去留情願，皆曰不願搬去。

庚子，命故塔山衛指揮僉事伯客子你哈荅、塔魯木衛指揮僉事弗剌出弟控列哥，俱襲職。實錄。

　　塔山前衛，後改名哈達，為南關貢夷；塔魯木衛，後改名葉赫，為北關貢夷，皆清實錄中所謂扈倫四部之二部。此時尚為明初設衛之原名，海西女真尚未兼并變動。

是日，敕諭建州衛掌衛事都指揮僉事李滿住曰："昔我祖宗臨御之日，爾祖李善誠、爾父釋迦奴，皆善事朝廷，宣力效勞，守禦邊境，安享秩祿。迨爾繼承，益修臣職，以紹前人。今復遠來朝貢，特陞爾為都督僉事，仍掌衛事。爾宜益順天心，永堅臣節。爾奏保故指揮同知荅剌兀男鎖羅幹等二十人，悉陞襲官職，如爾所言。及遼東東甯衛軍人佟玉，通曉女直文字，乞與書辦，已敕遼東總兵鎮守官，令查審本軍，他無違

礙，即令隨爾同去，否則於東甯衛住坐女直人內，別選篤實堪
用者與爾。其遼東三萬衛原逃土軍四十一戶，除節次送還原衛
外，有馬把速等二十一戶，尚未回衛。爾與董山、凡察，須從
實挨究送還。爾宜深體朕心，善撫部屬，以守禦邊境。欽哉。"
實錄。

滿住之祖阿哈出，所賜姓名，此處作李善誠，後於實
錄中又追述建州事，作李誠善。私家著述，若葉向高之建
州考，又作李思誠。當永樂初賜姓名時，未書於實錄，後
來追述，官私書互有不同，其孰爲正確，亦有不可知
者矣。

又同日，分建州左衛設建州右衛。陞都督僉事董山爲都督
同知，掌左衛事；都督僉事凡察爲都督同知，掌右衛事。董山
收掌舊印，凡察給新印收掌。并陞建州左衛指揮使塔察兒爲都
指揮僉事，指揮同知哈當爲指揮使，指揮僉事木答兀、火兒火
孫爲指揮同知，千戶張家中卜爲指揮僉事；建州右衛指揮僉事
兀乞納、古魯哥、哈塔克苦苦爲指揮同知，千戶牙失答忽里、
哈遼哈爲指揮僉事。敕董山曰："爾奏保都指揮僉事塔察兒等
十人，皆嘗效力於邊，悉陞官職，聽爾部分。及奏高早化在朝
鮮邊境，欲乞取回。爾往歲嘗奏此事，已敕毛憐衛都指揮李哈
兒禿，令其挨查此人，今尚在否，候彼回奏處置。爾與凡察，
舊本一家，今既分設兩衛，特遣敕諭爾處大小頭目人民，聽所
願分屬，自今宜嚴敕下人，勿相侵害，以保爾祿位，延及于
孫。"敕凡察曰："爾所保兀乞納等十五人，悉准所言，陞授官
職。所缺耕牛農器，准令如舊更易應用。所遺親屬家口在鏡城
住者，已遣指揮吳良，賫敕諭朝鮮國王，令審查發還。爾又

奏，欲與董山分屬頭目人民，已敕遼東鎮守總兵官，遣人公同
審問，各從其願，分別管屬。爾等自今宜謹守法度，各安生
業，毋事爭鬭，以取罪愆。其欽承朕命毋忽。"實錄。

　　建州左、右衛之分設，於此始定。近代學者及日本
人，皆疑清之先實爲右衛，以清實錄中以范察爲祖之故，
不恤其與肇祖以下歷代皆不合。今據朝鮮實錄，則清太祖
行文，屢用建州左衛印信，乃知清實左衛之後。右衛至王
杲、阿台，始滅于李成梁，而清景、顯二祖實與其謀，此
後來之終局也。

　　又同日，命建州衛故指揮同知劄剌兀子鎖羅幹、沈保奴子
咬納黃、祁羊姑子阿哈出，指揮僉事禿剌子卜郎哈，俱襲
職。陞指揮同知王吉散禿爲指揮使。千戶、百戶、舍人、伯克
等十人，俱陞授有差，從本衛都督李滿住奏請也。實錄。

　　滿住所屬，亦有此多數奏請陞襲之舉。毛憐衛則新給
印信。建州三衛皆新承寵命，於是遼東境內、撫順邊外，
皆爲建州一種所聚，與遼瀋最近，遂開後來蠶食上國之
路。觀明廷委曲鄭重，以卵翼此建州屬夷，清代必欲諱
言，以爲與明絕無臣屬之義，從古自成一國，可謂誣矣。
各家著述皆本實錄，不復複述。

　　丙午，朝鮮實錄書：命皇甫仁、李承孫、鄭淵、閔伸，將
斡朵里指揮好心波等十三人，見于使臣，問去留情願，皆曰不
願搬去。　丁未，命皇甫仁、李承孫、閔伸，將斡朵里指揮也
下等二人，見於使臣，間其去留情願，皆曰不願搬去。　庚

戌，命皇甫仁、李承孫，書曾死斡朶里姓名，以示使臣，仍謂
曰："此人等已曾身死，不得率來。"答曰："已知之矣。"　丁
巳，傳旨咸吉道都節制使："禮曹判書金宗瑞獻議曰：'傳聞東
良北接吾良哈也吾可等十六人，待其草長，四月間搬移凡察窟
穴，已爲定約。上項人等逃去之時，一處居住斡朶里等，或有
共逃之理。彼斡朶里等，莫若留在北門，爲我藩籬也。況於使
臣前皆以願留納招，不久逃移，則我國無乃有愧乎！其拘留之
策，不可不速圖也。令都節制使，謂其面居住頭頭斡朶里等
曰："汝等前日朝京，厚蒙上恩，而禮當各遣子弟，送京謝
恩。"如此開說，勸令上送頭頭人子弟七八，除授官職，姑留京
中，是覊縻之一策也。'都承旨趙瑞康獻議曰：'自斡朶里浮動
以來，欲令留住，設策招安，非一二計也。然凡察必欲逃去，
莫能禁遏。其後以此等人事，我國受弊，何可勝言。莫若觀其
事勢，任其去留也。都節制使儻令子弟上京，而其人等拒而不
送，則安得强令上送乎？彼若必欲逃走，則前日不能禁邀凡察
之逃去，是爲明驗矣，亦焉能必禁其逃去哉？與其勸留而不
能，莫若不爲之爲愈也。'將此二說議諸政府，僉曰：'姑從金
宗瑞獻議施行可也。'予惟宗瑞之議，似爲允當。然勸送子弟，
因此反生疑貳之心，是可慮也。卿當善辭開說云："汝等朝京，
厚蒙上恩而還，禮當親送子弟上京謝恩。"使彼聞卿之語，各遣
子弟，最爲上策也。如或違逆不肯，而勒令强送，則彼必更生
疑貳之心，而浮動之弊亦復如前矣。卿其酌量善處施行。"　戊
午，遣兵曹判書鄭淵賚奏本如京師，其奏本曰："欽差錦衣衛
指揮僉事吳良等官，賚奉到敕諭。欽此。除欽遵外，臣即令議
政府行移各該衙門，挨刷到前項李滿住所索人十一口內，一名
已曾身故，見在一十口，責付所遣來人卜剌兀收領前去外；所
有逢吉等人名，并照欽差官指揮僉事吳良，賚到凡察錄名單本

人數，劃便行移本人等所在地面咸吉道都節制使李世衡，並令照名前來。本人等身親來到，其中老病之人，替送子弟。臣隨差陪臣議政府左參贊皇甫仁、兵曹判書鄭淵、工曹參判関伸、承政院左承旨李承孫等，眼同欽差官指揮僉事吳良、百戶王欽，及凡察、李滿住所遣來人歁赤、卜剌兀等，責問各人去留情願，其各安土不願搬去者，蒙欽差官取招。其有故之人，各具不能前來之意，及願留情由，告於其道都節制使李世衡，本使一一驗實，并他餘人各項事故，開報前來。得此。報知欽差官，仍獎願留人等欽依敕諭事意，如舊安業。內有童干古等，世居本國近裏地面，見授職事，本非凡察所管。凡察妄冒錄名，緣係欽差官取問人數，亦行責得情願仍舊居住外，爲此謹具奏聞。」

三月壬戌朔

丁丑，陞毛憐衛都督同知李撒滿答失里爲右都督，仍掌衛事，以其守職來朝故也。實錄。

四月辛卯朔

壬辰，朝鮮實錄書：咸吉道都節制使李世衡馳啟，存留吾都里十五餘名，將欲逃去，形迹已著。召左參將皇甫仁、禮曹判書金宗瑞、都承旨趙瑞康、右承旨趙克寬等議之。皇甫仁等啟曰：「國家於野人去留，其待之也過於綢繆，故野人頗懷疑貳，亦不安心土着。臣等謂古昔帝王之於夷狄，未嘗不拳拳也，然來則撫之，去則不追。今此野人，既定逃移之計，則豈可以兵威、恩信止之哉！任其去留爲便。」上可其議，仍傳旨李世衡曰：「今者所啟欲逃吾都里處置之策，一依前月內傳施行。麼伊豆則誘留住吾都里等率逃，其情可憎，然招還爲難，且反有後日之弊，莫如佯若不知。童吾沙哈、童因豆、權赤、阿何多等，移來會寧近地，安心耕牧，其情可賞，連給種糧，以慰

其心。童亡乃、伊時可，則亦依前降內傳，勿令追還。”庚
子，進賀使押馬官金何，賚敕書來自京師，王世子迎于五里。
其敕曰：“得奏言，凡察、李滿住屢結黨類，肆爲侵掠，搆禍
未已。朕已遣敕戒飭，仍令李滿住挨究前虞芮口子擄去婦女，
如其見在，即令遣還。此輩本無恒性，王惟飭兵以備之，推誠
以待之。蓋天道福善禍淫，必不爽也。”金何又膳寫諭滿住之敕
以來，其敕曰：“今得朝鮮國王奏，正統五年以來，屢被忽剌
溫等處野人，侵軼邊境，殺擄人畜，且云皆出爾與凡察等所
爲。”又云：“爾等邀結同類，欲謀侵擾之意。去年八月，虞芮
口子虜去婦女一人，見在爾部下貴俺波老家，奏請朝廷追還
之。往者爾與朝鮮爭境不和，朕慮二家結釁日深，勢必彼此皆
傷，欲保全爾等，已屢遣敕戒諭，令各安分守法，共圖長遠。
近爾與凡察親來朝貢，自陳敬遵朝命，不敢侵擾朝鮮，朕心嘉
之。今虜去婦女，亦是在前之事，爾或不知，必是以下小人所
爲。此一婦人，雖不足爲重輕，其離隔人之親戚骨肉，違天背
理，辜負朝廷恩命，其過匪輕。敕至，即從實挨究所虜婦女，
差人送至遼東總兵鎮守官處，令發與朝鮮使臣領回，庶見恭敬
朝廷之意。自今以後，尤須以睦隣保境爲務，戒敕部屬，謹守
法度，毋輒爲非，庶幾永享太平之福。”

五月庚申朔

　　是日，敕諭建州右衛掌衛事都督同知凡察曰：“昔因爾遺
下鏡城人口，與朝鮮各執一詞，積久不已。朕慮爾等搆怨日
深，特敕錦衣衛指揮僉事吳良等，齎敕諭朝鮮王李祹，令拘前
項人口，對衆面審，果願還爾處者，即付領回；願留朝鮮者，
亦聽在彼安住。今吳良等回奏，同爾頭目歟赤，及朝鮮委官，
審得童阿哈里等八十五名，俱稱世居朝鮮，父母墳塋皆在，又
受本國職業，不願回還。其餘有已故者，有先徙遠處者，有原

非管屬、不識其名者，俱審實明白，皆非朝鮮拘留。爾自今宜
上順天理，下體人情，安分守法，用圖長遠享福。"又敕諭建州
衛掌衛事都督僉事李滿住曰："爾前屢奏朝鮮軍馬搶去十一人，
欲回未得。今朝鮮國王李祹奏，前項人口，一人已故，其見在
十人，就付爾頭目卜剌兀，領回遼東都司，聽候給還完聚。"又
諭朝鮮國王李祹曰："覽奏具悉。所遣回李滿住處十人，已送
還建州。其凡察所索之人，既不願回，聽其所便。蓋安土重
遷，人之同情，況其親之墳墓所在，王之撫綏加厚，不忍違
去，亦是良心。已嚴戒凡察，不許復索之矣。然豺狼之心難
必，其飭邊臣備之。"　壬戌，敕諭朝鮮國王李祹曰："聞附近
鴨綠江一帶東甯等衛，密邇王境，其中多有過犯之徒，或逃至
王國，或被國人誘脅去者。此皆反覆小人，不可任用。自今但
有至者，不問漢人、女直，即差人擒解來京，庶幾不貽爾國中
之累。"實錄。

　　癸亥，朝鮮實錄書：咸吉道都節制使李世衡馳啟："達達
篤吐兀王等十六人，賫蒙古皇帝敕書，於四月十六日到阿赤郎
耳地面，臣以義拒不納。"召黃喜、申槩、河演、皇甫仁、承文
院提調權踶、金宗瑞、鄭麟趾、柳季聞、安止等議，奏聞便
否。僉曰："此是大事，理宜奏聞。"即以僉知中樞院事李邊爲
奏聞使。　戊辰，奏聞使僉知中樞院事李邊如京師，其奏本
曰："議政府狀啟，據咸吉道都節制使李世衡備，本道會寧鎮
節制使洪師錫呈該：'正統七年四月十八日，木里安住人吾良
哈所棄哥告稱，達達篤吐兀王等四名，及忽剌溫、波伊叱閒等
十二名，於本月十六日，前來阿赤郎耳地面，說道："蒙古皇
帝即位，今已累年，俺每賫敕委來報知高麗。即日野人等軍馬
聚會迎接後，使我來告本意。"聽此，隨差高領把截權管、裴崇
禮，吾都里馬古因八等，前去本人等下處，取問根脚。假如所

衆哥所告是實，儞每對本人等說道：“天無二日，民無二主。
如今大明皇帝統一天下，汝何發如此不道之言乎？必無待汝之
理。”古因八等聽此，與本人等盤問來歷，篤吐兀王言，“我是
海西西北朵顏衛達達人。”波伊叱聞、伐於節等言：“俺每俱係
忽剌溫人。”仍言：“我蒙古皇帝，見住照兀足所地面。前年時
分，皇帝招諭忽剌溫頭目六人等敕書，及諭高麗敕書，授高吐
照王出送忽剌溫地面。緣未知高麗道路，回還。俺每隨同本
人，去年十二月內，進見皇帝於帳幕裏，設宴賜馬。至今年二
月初五日，封篤吐兀爲王，授波伊叱聞豆麻豆，授伐於節達魯
花赤，仍令賫敕，不分星夜出送來了。”古因八等依卑職上項指
示詞因，舉義開說。本人等答曰：“古因八亦是胡種，如此蔑
見，於理未便。後日授汝蒙古職事，宣命賫來，則汝擅自不受
歟？”古因八答說：“我受朝廷指揮職事，帶金已足。”本人等聽
此，開示蒙古字敕書。古因八略記回說：“太祖成吉思皇帝，
統馭八方。祖薛禪皇帝即位時分，天下莫不順命。內中高麗
國，交好倍於他國，親若兄弟。世衰遭亂，棄城依北，已累年
矣。今我承祖宗之運，即位今已十年，若不使人交通，是忘祖
宗之信意也。今後若送海青及賀表，則朕厚賞厚待。季後年
號，則未得理會，年月日則十年二月初五日。紙則黃色蒲紙。
印信則不是大印，其方周尺五分許。我默識，陽言俺本不識蒙
古字樣。”本人等答言：“將俺每不許入境，大不可也。用人力
築城即位大明皇帝則歸順，天賜王印蒙古皇帝則蔑見，如後日
王印敕書，一送大都，一送高麗，萬數成羣出來時，汝亦阻當
乎？雖大雪如山，大風拔樹，儞邊將毋動待候。又我皇帝於忽
剌溫地面出來，建都一定。儻若出來，道路尤爲不遠。俺每今
賫蒙古皇帝敕書出來，既不使親詣王國，又不受邊將明文，回
去誠恐譴責。”含淚回還去了。’得此具啟，臣據此參詳，上項不

道之言，雖不足信，干係非輕。臣心驚駭，備開奏達。”

辛未，玄城衛女直指揮朵兒哈、舍人阿剌加禿等，願住坐遼東安樂州。從之。給賜供饋如例。實錄。

六月庚寅朔

己亥，朝鮮實錄書：謝恩兼奏聞使鄭淵。賫敕二道。回自京師，王世子率百官迎于慕華館。敕曰：“覽奏具悉。所遣回李滿住處十人，已敕遼東總兵送去交付。并敕李滿住，令挨究王國婦女一人，見在貴淹波老家者遣還。其凡察所索之人，既是公衆審問，不願回彼，蓋安土重遷，人人同情，況其親之墳墓所在，王之撫綏加厚，不忍違去，亦是良心，聽其所便。已嚴戒凡察，再不許復有妄言，違者取禍。然豺豕之心難必，王其飭邊臣備之。” 庚子，傳旨咸吉道都節制使：“今承敕諭：‘吾都里墳墓所在，王之撫綏加厚，不忍違去，亦是良心，聽其所便。’聖訓丁寧，卿其知悉，開說彼人，使之曉諭；且與邊將戒約，益加厚恤。”

是日，命建州右衛故指揮同知皂花子額頂勒襲職。實錄。

七月己未朔

是日，朝鮮實錄書：禮曹啟：“向化金巨波，其同產皆隨凡察逃竄，而獨留不去，侍衛于京，且族屬強盛，可授副司直以賞。”從之。

丁卯，賜女直來歸人都勒等，各鈔百錠、布十匹、紵絲衣一襲，送遼東東甯衛寄住，給與牛羊、柴米、房屋、器皿。實錄。

八月戊子朔

己亥，朝鮮實錄書：奏聞使李邊賫敕二道回自京師，王世子率百官出迎于慕華舘。上御思政殿，引見李邊，賜鞍馬、衣一襲，仍賜宴于議政府。其敕曰：“得奏，知力拒達達事，良

用喜悅。王之忠誠，朕所素知，初非待今之奏也。蓋迤北達達
名脫脫不花者，權臣脫歡立之爲主，雖假之虛名，實專其權。
前歲脫歡已死，其子也先繼領其衆，擅權如故。每歲脫脫不花
及脫歡父子，皆遣人來朝貢馬，朝廷亦嘗遣使往彼，答賜禮
物，與之通好，實則謹敕邊備，防之甚嚴。王之所言，必是此
種部落。今後如彼再有人來，但堅此誠。若其虛張大言，只應
嚴固邊備。亦慮野人女眞中，或有小人因此爲鼠竊者，不可不
戒也。使回，特賜王綺幣表裏，至可領也。故諭。”

丁巳，朝鮮國王李祹奏：“比者承賜敕諭：‘附近鴨綠江一
帶東甯等衛，率多過犯逃匿，或被人誘挾至者，無分漢人、女
直，即擒解發回。’臣蒙聖訓切至，感激罔極。挨訪發遣還者，
計一千二百七十五人。自茲以往，復有至者，不敢容留，以欺
上國。”實錄。

九月戊午朔

己巳，命建州左衛故指揮僉事咬納子易里喝襲職。實錄。

十月戊子朔

甲午，朝鮮國王李祹，遣陪臣崔士康等貢方物。初，瓦剌
密令女直諸部誘脅朝鮮，祹拒之而白其事。上嘉其忠誠，以敕
獎諭，并賜之綵幣。至是，遣士康等奉表謝恩。實錄。

　　獎諭敕文，與朝鮮實錄八月己亥所書者同，不重錄。
韃靼也先方張，即數年後英宗北狩之漸。其通朝鮮，由海
西女直爲介，亦即後北狩時女眞皆蠢動附和之見端。

癸卯，陞建州左衛指揮同知賽因不花爲指揮使。　丁未，
建州右衛都督凡察、建州左衛都督董山，遣指揮賽因不花等奏
事至。賜之綵幣。實錄。

十一月丁己朔

癸亥，陞建州左衛正千戶奴忽爲指揮僉事，授頭目隔干帖木爲所鎮撫。實錄。

甲子，朝鮮實錄書：咸吉道都節制使金孝誠馳啟："都萬戶浪卜兒罕進告云：'李滿住使寧恩頭木、達亦歌等，寄書於我曰："昔年所遣浪得里卜，至今未還。請以今去人等轉達邊將，送赴京都。"'臣觀書契即無印信，且但寄書於浪卜兒罕，上送未便，姑留於館，厚待俟命。"命下議政府、禮曹議之。領議政黃喜、右議政申概、左贊成河演、左參贊皇甫仁、右參贊李叔畤、禮曹判書金宗瑞等議曰："滿住使寧恩頭木、達亦歌，但寄書於浪卜兒罕，且無印信，則寧恩頭木之欲上京者，希望賞賜耳，非滿住本意也。今聽浪卜兒罕之言，許上京賞賜，似乎綢繆。宜使邊將答之曰：'汝酋長使汝等于浪卜兒罕，非爲國家而來，故不宜啟達上送。'如此開說，厚待還送，毋使彼人知國家不納之意。"上從之。遂以此議傳旨孝誠。　咸吉道都觀察使馳啟："通事朴萬進告云：'吾都里忘乃等四人，曾居吾弄草，近到吾郎哈照乙所家，見我云：凡察曾向本國歸順，故今亦欲歸順，使我等四人，及曾居吾音會吾都里指揮阿里等十六人，授書契以送。阿里等十六人，因馬困，行到赤郎耳留止。'"上議諸大臣。黃喜、申概、河演、皇甫仁、金宗瑞等議曰："凡察歸順，雖爲難信，然聲言歸順，若不接還送，則似沮後日歸順之路。今來人等，若持凡察誠心歸順印信書契而來，則五六人送京，其餘隨宜給鹽布，溫言厚饋。若但說歸順之言，則宜開諭之曰：'汝酋長誠心歸順，則必有印信書契。今無文契可驗，啟達上送爲難。'如此開諭，溫言饋送。且今來徒衆至於數十，詐稱歸順，招誘同類而逃，深可慮也。令主將及邊將，預先布置，勿墮術中。"上從之，遂以此議傳旨金孝誠。

　　是日，克默而河衛指揮喃哈、右城衛指揮牙郎加等，貢馬
駝方物。賜綵幣等物。　　乙丑，陞兀者衛都指揮使剌塔爲都督
僉事，指揮僉事莽加爲指揮同知，賜之敕曰："近者邊將獲到
犯邊賊寇二名，供稱隨爾剌塔，搶刼義州等處。而爾適到開
原，報說賊情，鎮守等官拘送來京對理。朝廷與爾辨明，已將
賊徒監候處決。重念爾克紹爾祖父之志，忠順朝廷，幾爲小人
所陷，特陞爾今職，及賞賜衣服，命還本衛管事。爾宜益效忠
勤，撫輯人民，安處邊境。仍挨捕節次犯邊賊解京，或遇各處
犯邊賊，竭力擒殺。朝廷賞功之典，必不爾吝。爾其欽承之。"
實錄。

　　是日，授建州左衛頭目溫答爲百戶，以都督董山奏請也。
實錄。

　　又同日，海西女直阿克不花來歸。命爲南京錦衣衛帶俸所
鎮撫，給房舍等物。　　癸未，命愛河衛故指揮僉事乞塔納子朵
兒只襲職。陞斡蘭河衛指揮同知弗羊古爲指揮使。實錄。

十二月丁亥朔

　　是日，朝鮮實錄書：咸吉道都節制使馳啟："童倉遣指揮
童阿里等四人，凡察遣指揮亡乃等三人，來謂曰：'某等不忘
貴國恩德，將欲親朝。但今雪深路遠，難於馱載，未得進土
宜。待吾親朝，賚土宜以獻。'得此。所遣童阿里、亡乃等遣詣
京都，其餘偕來者，率多不錄書契，皆留之旅館，待之優厚。
臣竊意右人等，背國厚恩，逃竄而去，今遣人者，安知非佯爲
歸順，實欲招諭存留野人耶？請拘留一二人以杜陰計，且其留
館者何以處之？"議諸大臣。領議政黃喜、右議政申槪、左贊成
河演、左參贊皇甫仁、右參贊李叔畤、禮曹判書金宗瑞議曰：
"存留野人若欲逃徙，雖留此一二人何益哉？且彼以歸順奉書

來朝，執留之，甚不合於理，徒增其怨而已。且未上京者拘留
於館，則不唯支待之難，彼必生怨，或妨後日歸順之心。莫如
依舊例待之，外示寬仁，托以他辭，數遣人覘其情實，或示兵
威，或加撫恤，内嚴禁約，使不得動搖爲便。"遂以此傳旨都節
制使。

　　戊子，嘔罕河衛都督僉事乃胯卒，上遣官致祭，賜賻儀紵
絲二表裏、鈔一百錠。命故嘔罕河衛都督僉事乃胯子你哈答、
建州衛指揮使佟鎖魯子釋家保，俱襲職；兀里奚山衛指揮僉事
兀昇哈子程哥代職。　　己丑，右城衛女直指揮搜得、可木河衛
女直指揮阿卜叉、乞忽衛野人女直指揮包勒等，來朝貢方物。
賜宴，并綵幣等物有差。　　壬辰，敕諭兀者衛掌衛事都督僉事
刺塔曰："近遼東總兵鎮守官，累次解到犯邊賊寇，内二人係
女直野人，四人係朶顏等衛頭目，及家下達子。廷臣邊將俱請
發兵剿捕。朕念各衛之人，爲惡者少，爲善者多，鋒鏑之下，
猝難分辨，特遣指揮王息等同爾賫敕前去女直各衛，同兀良哈
三衛，責令管事大頭目，挨捕犯邊賊人，追要搶去人口頭畜，
及將賊首遣人管押，隨王息等赴京。其餘隨從賊人，悉令各頭
目處治。朕以爾世守東陲，累效忠勤，今又傳報聲息，已加陞
賞。爾宜體朕眷待之心，宣布朝廷恩德，撫善擒惡，用副委
托。事完，仍同王息等來京，爵賞之典，必不爾吝。其王息等
至爾地方，及往福餘衛等處，爾等須量撥軍馬，護送往回。沿
途但有纖毫失所，即是爾等縱容下人爲惡，罪不輕恕。爾等其
欽承朕命，毋怠毋忽。"　　癸巳，察剌禿山衛頭目阿松加、哈兒
分衛女直頭目女斯忽、渚冬河衛女直頭目愷郎加，來朝貢馬及
方物。賜綵幣等物有差。　　壬寅，遼東兀屯河衛女直頭目羅
合、剳肥河衛女直頭目女隆加等，來朝貢馬及方物。　　甲辰，
敕諭考郎兀衛都指揮僉事哥哈曰："去年冬，爾來朝貢，朕賜

爾宴賞，復陞爾官，令回衛掌印管事。爾至<u>遼東</u>，邊將以禮舘
待，仍遣人護送出境。爾乃與同行<u>女直</u>，縱酒逞兇，將護送軍
射死，打奪行路人財物。彼時邊將請發兵追捕。朕念爾遠來，
又慮傷及無罪之人，故不允所請。但敕諭<u>嘔罕河衛</u>都督僉事<u>乃
胯</u>等，令挨究犯人解京，明正其罪。今爾具奏，委曾射人致
死，又稱因與軍人爭鬧，遮掩己罪。論爾所犯，法實難容。今
特屈法宥爾，俾爾改悔。自今宜敬順天道，謹守法度，統率部
屬，毋作非爲，用保身家，及爾子孫長久之福。如再恃頑稔惡
不悛，則鬼神照鑒，國法難容，悔無及矣。茲因爾弟<u>塞斡尼</u>及
頭目<u>額極</u>等，朝貢回還，特諭朕意，爾其省之戒之。"實錄。

　　　馭夷至以朝貢爲虛榮，適以啟侮招釁。因其傷及民
命，國家視一軍人軀命甚微，動輒屈法以敷衍野人。不知
法不可屈，人命不可輕，國家無以民命法律爲人情贈送之
權，明明可與共開化，講平等，而不能爲，此古代之蔽
塞也。

　　　乙巳，陞<u>右城衛</u>都指揮僉事<u>木答兀</u>爲都指揮同知，<u>建州衛</u>
指揮同知<u>金家奴</u>爲指揮使。命故<u>亦文山衛</u>指揮僉事<u>滿禿子咬哈</u>
襲職；老疾<u>察剌禿山衛</u>指揮僉事<u>速苦你子禿能哥</u>、<u>哈兒分衛</u>指
揮僉事<u>弗非路子脫令哈</u>，俱代職。　丁未，<u>剌魯</u>等衛野<u>人女直</u>
舍人<u>兀令加</u>來朝貢馬及方物。賜宴并綵幣等物有差。實錄。

　　　戊申，<u>朝鮮</u>實錄書：<u>咸吉道</u>都節制使<u>金孝誠</u>馳啟："<u>吾都
里</u>之逃移可疑者，皆於旁近居住同類人及酋長，取保授之，然
其心難測，請<u>童倉</u>、<u>凡察</u>所遣人，所往本土間逃竄可疑者，明
年春隨宜送京，臨農時還家何如？"上議諸大臣。<u>黃喜</u>、<u>申槩</u>、
<u>河演</u>、<u>皇甫仁</u>、<u>金宗瑞</u>議曰："存留者若有移徙之心，則明年

二月內不葺家舍，不治萊田，移徙之迹必見矣。令邊將因他事，數數使人窺覘情狀，多方撫恤，以結其心，托以田獵，耀兵示威，以挫姦計。此則陰折移徙之心之一策也。凡察所遣童阿里、童倉待遣亡乃等五人，今已舘待，其留旅館者，以其未得上京，或懷忿怨。今移牒本道，歲後發程，徐徐上送，使監護官語亡乃等曰：‘汝等伴人之留館者，並不來京，似爲未便。國家將欲厚待，已曾移牒本道，令速上送。待其上來，一時回還爲可。’如此開諭，久留則一月之程，彼往此來，自然淹延，幾盡二三月而後還歸矣。若爾則存留吾都里，去留形迹著見，而易爲禁遏。且農月已迫，則彼人遷徙之謀沮喪矣。此亦拘留之一策也。始以此試之，徐觀其勢便。”上從之，遂以此意傳旨孝誠。

　　癸丑，剳眞等衛野人女直舍人撒里只、兀列河衛女直頭目亦失加、弗朵禿河衛女直指揮歆赤等，來朝貢馬及方物。賜宴，并綵幣等物有差。實錄。

八年，即朝鮮世宗二十五年，癸亥(1443)

正月丁巳朔

　　是日，朝鮮實錄書：咸吉道都觀察使鄭甲孫馳啟：“今諭以斡朵里逃移可疑者，耀兵示威，以折其心。臣竊謂凡察、童倉之逃背本國，豈樂遷離舊落，寄寓滿住哉！第念前日自作罪惡，迫於疑懼，不得已而奔竄耳。其管下遺留人口，居於會寧境內者，或居城底，或散布數里之內，朝往夕還，會寧軍機動靜虛實，備悉知之，豈待托獵耀兵，然後示威乎？且彼人包藏禍心，欲投間謀我，則陳師觀兵，以示威靈之不可犯，而挫計伐謀可也。彼蕞爾遺虜，亡其酋魁，畏首畏尾，常恐朝夕莫保，內懷疑貳，今邊將雖托以田獵，欲誇示兵威，無外侮而多張旗鼓鉦角，異於平昔，則彼必疑之，以爲邊將僞獵陳兵，狃

我耳目，將出其不意，掩襲我類，其一心以謂兵律雖嚴，豈能
窮追我所往。由此觀之，耀兵示威，強使存留，形迹尤著，非
徒無益於沮挫姦計，陰折移徙之心，反生恐動疑貳之心耳。國
家作爲約束，嚴立關防，擅其生殺，而境内之民，猶或逃往他
境者有之，況無恒業度外之胡虜乎！臣妄謂不可以兵威防其移
徙之心也。待夷狄之道，來則撫之，去則勿追，千萬世不易之
確論也。臣願姑寢耀兵，令邊將慇懃撫綏，賚與賙給，示以恩
信，結其懽心。且古昔盛時，外夷遣子弟入侍中國，一代之美
事也。勿露存留形迹，獎勸遺虜衆所依附者，使遣子弟居京侍
衛，許令父子兄弟往來相見。彼雖犬馬，寧不知感，留者安心
樂業，則去者將回心向慕，而知所歸矣，是亦羈縻之一端也。”
下議政府。

　　又同日，授兀者衛舍人婓得爲指揮僉事。　癸亥，命兀者
衛故指揮同知鎖失哈孫挕兀的爲指揮僉事。　古木山三十七衛
女直指揮剳路古等，俱來朝。貢馬及方物。賜宴，及賜綵幣鈔
絹有差。　戊辰，命故亦迷河衛指揮使出羊哈子你不赤、兀思
哈里衛指揮同知忽答木子阿剌孫、阿資河衛指揮僉事炒焓子都
兒禿，俱襲職。老哈河衛指揮僉事弗思魯老疾，命其子阿古山
代之。　己巳，瓦剌使臣卯失剌等，慶成宴畢，出長安左門，
與女直使喧呼忿爭，奪衛士兵械，毆傷之。事聞，上曰：“夷
狄素無禮義，不可以醉飽之故責之，宜諭虜王自治。通事都指
揮昌英等，不能導之以禮，令戴平巾供事。”　庚午，兀也吾等
十一衛野人女直木打速等，來朝貢馬及方物。賜宴，并賜綵幣
鈔絹有差。癸酉，命故嘉河衛指揮同知阿里不花子牙失哈，塔
山衛指揮同知亦里伴哥子阿哈答，兀也吾衛指揮同知倒羅沙子
阿哈你、指揮僉事孫保子失伴哥，撒只剌河衛指揮僉事阿合令
孤孫都失，剌魯衛指揮僉事可你子罕眞哈，兀的河衛指揮僉事

完者不花子都兒禿，俱襲職；木蘭河衛指揮同知咬納子答八
哈、亦里察河衛指揮僉事完者不花子都兒禿，俱襲職；木蘭河
衛指揮同知咬納子答八哈、亦里察河衛指揮僉事哈剌不花子扯
顏得，俱襲職。　丙子，陞雙城衛指揮使三角兀爲都指揮，塔
魯木衛指揮僉事捏列哥、建州衛指揮僉事阿失帖木俱爲指揮同
知，授頭目失完哥、安禿哈爲副千戶，你哥謹卜爲百戶。　壬
午，陞益實衛指揮僉事阿的納爲指揮同知，兀者托溫千戶所千
戶兀昌哈爲指揮僉事，從指揮木當哈等奏請也。　癸未，命故
兀者前衛指揮同知哈必答子加木哈、阿剌山衛指揮僉事忽魯忽
納子沙魯、斡蘭河衛指揮僉事亦薛哥子卜兒哈、忽里吉山衛指
揮僉事只魯哈子兀劉哈、木蘭河衛指揮僉事不哈孫加哈你，俱
襲職。禾屯吉衛指揮僉事粉甫老疾，以其子哈魯代之。實錄。

二月丁亥朔

　　是日，敕諭隨滿河等十三衛指揮歹札等、塔魯木等四十五
衛指揮別生哥等曰：“近者遼東守將擒獲賊寇至京，多是女直
野人與兀良哈達子，已寘之法矣。惟爾等往來朝貢，而爾之同
類又於邊境爲賊，何以取信朝廷？朕推天地大恩，凡爾等來朝
者，仍加禮待。其爲賊者，自取滅亡，天道所必不容。大軍一
出，悔將何及。爾等其深省之。”實錄。

　　癸巳，朝鮮實錄書：童倉遣阿里等三人、凡察遣亡乃等三
人，來獻土物。賜衣服笠靴。甲辰，議政府、禮曹啟：“童倉
所遣阿里，與通事發憤無禮，請囚禁懲戒。”上命繫義禁府，仍
教曰：“同亡乃等四人，姑先遣還。”尋釋阿里送之。

三月丙辰朔

　　甲戌，遼東總兵官都督僉事曹義奏：“永樂間，開原城設
安樂、自在二州，每州額除官吏四員名，專令撫安三萬、遼海
二衛歸降達官人等。其東甯歸降達官人等，原無衙門官員管

屬。乞并自在州達官人等，于安樂州管屬，其自在州官吏，徙
于遼東都司，在城設立衙門，撫安東甯衛，并附近海州、瀋陽
中等衛歸降達官人等，庶爲兩便。"章下吏部，移文左副都御史
李濬覆審，乞如義言。從之。實錄。

　　　　遼陽之自在州，乃正統八年由開原移來，於達官有關
　　掌故。

四月丙戌朔

　　辛卯，錦衣衛指揮僉事王息奉使兀良哈三衛還奏，原帶官
軍五十一人，并兀者等衛野人女直都督刺塔等一百一十九人，
今俱還，得馬一百六十三匹進貢。上命禮部賜酒饌，兵部定擬
陞賞。實錄。

　　　　是時女眞以海西爲强。海西名酋，前有嘔罕河衛之乃
　　胯，乃胯新死，代興者爲兀者衛之刺塔，皆以能效奔走於
　　明廷，藉中朝之寵命，以鎭壓其同種諸落者。

　　甲午，提督遼東軍務右僉都御史王翺奏："女眞野人竊入
鎭北山，虜守卒二人。指揮同知王崇，率官軍追至海西，察得
之，擒賊二人而還，請旌崇功，并治守瞭官軍罪。"上命陞崇爲
指揮使，并所領官軍有功者十人，各賞絹二匹、布二匹；失機
官軍各杖一百。實錄。

　　　　從朝鮮實錄觀之，向來遼東軍民，爲女直虜去者甚
　　夥。女直以缺乏人力，虜人以供其役使，久而逃歸，多假
　　道於朝鮮，此事亦其一端。而將佐中猶有能登時追獲擒賊

者，軍政未盡弛也。

乙未，陞錦衣衛指揮僉事王息爲指揮使，東甯衛正千戶王武爲指揮僉事，兀者等衛刺塔爲都督同知，都指揮僉事木當哈爲指揮同知，指揮同知莾加爲指揮使，故指揮僉事范察子兀加哈襲爲指揮同知，以使兀良哈功也。　丙午，肥河衛女直指揮乞溫哥貢方物。賜宴，并綵幣等物。　設女直成討溫衛，改命兀者衛指揮僉事婁得掌衛事。婁得，都督刺塔弟，析居成討溫，請立衛給印以自效，故有是命。實錄。

招降女直，設衛授官，事多在永樂中葉以前。及永樂十餘年間漸稀，至十五年以後則無之。洪熙、宣德間，雖銳意欲仿永樂時招降，然未增一衛。至正統間，復有新設之五衛。若建州右衛、若成討溫衛，皆因故由舊衛析置，非別有招來，比之永樂間，則毛憐衛、弗提衛等似之。其餘尚有益實左衛、阿答赤衛、塔山前衛，未能詳其添設之故。塔山前衛，據滿洲源流考謂即後之哈達部。

庚戌，錦衣衛指揮僉事吳良奏："臣奉命使海西，見女直野人家多中國人，驅使耕作。詢之，有爲虜去者，有避差操、罪犯逃竄者，久陷胡地，罔不懷鄉。爲其關防嚴密，不得出，或畏罪責不敢還，情實可憫。今海西各衛，累受陞賞，皆知感激，請給榜開原及境外，於野人女直則諭以理，使無拘禁，於逃叛則宥其罪，俾之來歸。"上可其奏，仍敕遼東總兵官禁約守邊官旗，自今有軍餘逃叛者，俱重罪之。實錄。

吳良以建州與朝鮮爭執人口，奉使往朝鮮審實。此奏

止及海西，不及建州，蓋經由海西至朝鮮後門，非由建州
地面東八站入朝鮮也。虜人爲役之風，建州或且更甚，非
所目見，故不及耳。

癸丑，陞兀者等衛都指揮同知莽剌爲都指揮使，指揮使兀
六住、勿剌出俱爲都指揮僉事，指揮同知保禿等六人俱爲指揮
使，指揮僉事海散等二十九人俱爲指揮同知，正千戶亦馬納乞
散兀爲指揮僉事，故副千戶必撒兀弟法長哈爲正千戶，百戶阿
加、所鎮撫呀答洪等五人俱爲副千戶，舍人頭目六十四人俱授
所鎮撫，以從指揮王息使兀良哈功也。實錄。

五月乙卯朔

是日，陞兀者右衛指揮使桑吉塔爲都指揮僉事。　癸亥，
賜建州左衛指揮艾兒孫鈔幣、表裏、紵絲、襲衣等物，以報海
西聲息也。　丁卯，右城衛野人都指揮末朵合遣舍人歹孫等貢
馬。賜綵幣、表裏有差。　賜建州右衛女直指揮李禿墨等鈔、
綵幣、表裏、紵絲、襲衣等物。實錄。

七月甲寅朔

丁卯，雙城衛野人女直伯羊加等，貢馬及方物。賜綵幣、
絹布有差。實錄。

九月壬子朔

庚辰，朝鮮實錄書：諭咸吉道都節制使金孝誠曰：“童倉、
凡察等，欲引誘吾都里，遣人而來，托以見其親戚，不露引誘
情迹，仍請上京，則佯若不知，依舊厚送。或來近地潛形匿
迹，暗行謀計，或公然橫行，見肆奸謀，則遣兵捕之，繫獄推
鞫其由。其留住吾都里逃移可疑者，數遣人窺覘情形，或示嚴
威，或以溫言多方曉諭，陰折移徙之心，毋使動搖。猶不自
安，移徙情迹現著，則當諭之曰：‘汝等同類人，謂汝等將有

逃移之勢。如此往來之言，雖不足信，在汝等須以親信子孫女
婿，於城內隨我以居，或上京從仕，則可解衆人之疑，於汝豈
不有益哉！'又倣古質子之例，以子孫女婿，或以親信姪弟，使
於城內居之，厚給衣糧，不使飢寒；或諭以朝見之意以送，隨
宜措置。其意欲逃移，率妻子馱載財物已就途者，遣兵追捕，
當教曰：'皇帝再降敕諭，令汝等仍居阿木河地面，又遣使垂
問情願之時，汝等皆以存留納招。今汝等無因逃去，非唯得罪
於我國，違背敕諭，中國亦必罪汝。我雖使邊將盡殺汝等，於
義不背。第以我殿下撫恤汝等之意，不即汝罪。汝等勿懷逃叛
之心，於城內隨我以居，待汝等永絕逃移之心，然後依舊隨意
居生。'須於城內招致撫恤。且險遠處居住吾都里，逃去則興兵
追捕，非唯勢難，恐生他變，因時善處。若有可乘之處，則臨
機處置。

　　是日，敕遼東總兵官都督僉事曹義等曰："得爾奏，兀者
衛差人傳報，達賊得都等欲來犯邊。如遇賊近邊，即相機剿
殺，使邊境無虞。爾等愼之，仍敕各邊官一體隄備。"實錄。
十月壬午朔

　　甲辰，朝鮮實錄書：斡朶里僉知中樞院事童所老加茂來
京，啟曰："請於所居築壁城，與管下人聚居。管下人上京時，
用曾賜印信於書契以送。又挈北青妻歸養父母。且具州兀狄哈
種類不多，我與都乙溫、卜兒罕等，欲同五鎮軍馬殲滅之。"下
禮曹與議政府同議。僉議啟曰："壁城則可從其願。其城之大
小廣狹，令會寧節制使量宜築之。若管下欲上京者，都節制使
考其前日上京疎數，依舊例移文禮曹以送。其挈妻事，則令以
會寧之妻奉養其親。往攻具州事，則不答爲便。若更言，則宜
答以已知。"從之。

　　丁未，建州衛都督李滿住遣人報兀良哈達賊欲寇遼東。上

命僉都御史王翱及總兵鎮守官嚴兵備之。實錄。

庚戌，朝鮮實錄書：賜童所老加茂笠、環刀。

十一月壬子朔

乙亥，兀魯罕河衛野人女直穩義等貢馬。實錄。

十二月辛巳朔

癸未，授成討溫衛舍人忽失八爲副千戶。　甲申，吉灘等四衛女直舍人木當加等、列山衛女直指揮歹來，各貢貂鼠皮。賜宴，并賜綵幣等物。　丁亥，命故忽魯愛衛指揮使惱納子幹合、野木河衛指揮僉事宇羅答子乃哈，俱襲職。陞毛憐衛指揮使忽克爲都指揮僉事，指揮僉事石帖爲指揮同知，正千戶牙失哈、納出俱爲指揮僉事。　己丑，考郎兀等九衛女直舍人撒只哈等，貢貂鼠皮等物。賜宴，并賜綵幣等物。　庚寅，授弗提衛舍人完者帖木爲副千戶。剳眞衛指揮同知木良苦老疾，以其子失列谷代之。　壬辰，土魯亭山等七衛野人女直咬哈等，貢馬及貂鼠皮。賜宴，并綵幣等物。　甲午，亦里察河等三衛野人女直舍人阿古上等，貢貂鼠皮。賜宴，并綵幣等物。命剳肥河衛故指揮僉事答魯哈子弗當哈襲職。陞弗思木衛指揮同知郭其爲指揮使。　戊戌，命故亦兒古里衛指揮使乜客禪子幹羅，牙魯衛指揮僉事范乂子剳魯兀，俱襲職。　壬寅，忽石門等四衛野人女直指揮頭目舍人兀籠哈等，貢貂鼠皮。賜宴，并賜綵幣襲衣等物。　甲辰，亦里察河等九衛野人女直頭目舍人咬速等，各貢馬及貂鼠皮。賜宴，并賜綵幣、襲衣等物有差。　丙午，者帖列山等四衛野人女直千戶古牙等，貢貂鼠皮。賜宴，并賜綵幣等物有差。　戊申，幹蘭河等六衛女直指揮伏羊古等，貢貂鼠皮。賜宴，并賜綵幣等物。　庚戌，兀剌忽衛野人女直舍人苦女等，各貢馬、駞、貂鼠皮。賜宴，并賜綵幣、襲衣等物有差。實錄。

九年，即朝鮮世宗二十六年，甲子(1444)

正月辛亥朔

丁巳，遼東自在州達官指揮亦令哈等、葛稱哥等衛野人女直苦成等，貢馬并方物。賜綵幣、表裏、紵絲、襲衣等物有差。實錄。

是日，命故毛憐衛指揮同知阿里孫北赤襲爲都指揮僉事；指揮僉事不顏古里子孫昌答，建州左衛指揮僉事卜顏帖木兒子王扎同哈，俱襲職；以王扎同哈任毛憐衛事。實錄。

按此，則毛憐衛自此又併爲一。阿里爲舊毛憐衛酋。阿里未死以前，毛憐衛印尙由阿里掌之，而建州衛之分爲毛憐，仍借用建州衛印行其朝貢。至近年，乃知舊毛憐衛印亦已亡，乃給建州衛所分出之毛憐衛以新印，再由阿里之孫襲職，則衛印已移屬建州部之毛憐。又使建州左衛中一酋目襲職而并入毛憐，則此時之毛憐爲建州兩衛酋長所分占，而舊毛憐衛酋，亦於此中效其一職而已。明會典及史兵志，皆載寄住毛憐衛設於正統間，其原委蓋如此。建州與毛憐爲一體。清太祖始創業，即收毛憐衛爲歸附功臣之首，則明之移置毛憐，亦爲建州部女眞增其羽翼，而爲清室培養實力之一事也。清之興也，無一非假靈寵於明。雍乾之世，務稱先世與明爲不相統屬之敵國。談清史者固應考其實狀矣。

壬戌，建州右衛女直舍人金保奴、實山等衛野人女直舍人阿里赤等、葛林等衛女直頭目打束等，貢馬及方物。賜綵幣、表裏有差。實錄。

癸亥，陞建州衛指揮同知安禿爲指揮使，千戶黃罕爲指揮

僉事，授頭目趙章加、官音不花、昌塔俱爲百戶，從本衛都督
僉事李滿住奏請也。實錄。

　　　建州左、右衛時爲新設，建州部又新定爲掌印之毛憐
衛，而建州衛亦特承寵命，陞授酋目頗多，皆滋長建州部
聲勢之會也。

　　甲子，命斡蘭河衛指揮僉事阿里不花子沙泥哥、吉河衛指
揮僉事忽剌歹子吉撒、兀的河衛指揮僉事兀良答子都里克，俱
襲職；阿剌山衛指揮同知牙希子猛古、撒只剌河衛指揮僉事扎
領哈子額克卜，俱代職。　　乙丑，阿眞河等衛野人女直散哈
等、建州等衛女直指揮安同等，貢馬及方物。賜綵幣、表裏等
物有差。　　丁卯，禮科都給事中胡清等奏：「邇者，累賜海西
野人女直等宴，光祿寺官員厨役人等，怠惰偷閑，不行親督監
視，以致夷人乘隙盜去椀楪等器五百八十三件，略不知覺。今
被通事趙興順等緝出送官。其他錢糧牲口之類，亦多有疎失。
俱應查送法司問罪。」旣而本寺卿奈亨、署丞等官李春等請罪，
上俱宥之。　　戊辰，陞肥河衛指揮同知咬失爲指揮使，命故指
揮僉事牙失塔兒子兀章哈襲職。實錄。

　　庚午，敕諭兀者衛都督剌塔、亦里察河衛指揮哈剌、納木
河衛指揮沙籠哈，及大小頭目人等曰：「昔我祖宗臨御之時，
爾等父祖尊事朝廷，特設衛授官，給與印信，管束人民，保障
邊境，朝貢往來，優加陞賞。爾等感恩圖報，亦旣有年。近聞
境外有等無知小人，設謀遣人，往來蠱誘爾等，欲搆爲非。此
等賊徒，滅亡有日。爾等自今宜堅秉忠誠，互相戒飭，嚴禁部
屬。遇有境外爲非之人，少則即便擒挐解京；多則會合軍馬擒
殺，具奏來聞，量加陞賞，則身有美名，子孫長享太平。若不

遵朕言，背恩黨惡，天道不容，國法難宥，大軍一出，爾無噍
類，此時雖悔，亦將無及。爾等其欽承之。"實錄。

　　　實錄載此文，而按之明史，此時背恩黨惡者實爲建
州。此敕所諭，乃係海西諸衛，蓋未出兵前尚未審實之
言。明史朵顏三衛傳明紀其事，與實錄互有詳略，且此亦
爲清修明史之漏見建州事實。錄如下：

　　　朵顏三衛傳：正統間，屢寇遼東、大同、延安境。獨
石守備楊洪擊敗之，禽其頭目朵欒帖木兒。實錄載此事在正
統九年正月甲戌戊子等日，未涉女眞。未幾，復附瓦剌也先。
泰甯拙赤妻也先以女，皆陰爲之耳目。入貢輒易名，且互
用其印，又東合建州兵入廣甯前屯。帝惡其反覆，九年
春，命成國公朱勇，偕恭順侯吳克忠出喜峯，興安伯徐亨
出界嶺，都督馬亮出劉家口，都督陳懷出古北，各將精兵
萬人，分剿之。勇等捕其擾邊者致闕下，并奪回所掠
人畜。

　　　建州入寇，始見於此。參考其時實錄所載，建州三衛
方渥承明廷寵遇，而已有此反覆。實錄未紀其文，而明史
則朵顏等衛傳外，又遍載於朱勇、吳克忠、馬亮、陳懷等
各傳。

　　　壬申，命故弗朵禿河衛指揮僉事女沖弟納耶哥、建州左衛
指揮僉事答答忽子卓花奴、答羊哈子郎禿，俱襲職；指揮使李
張家子寬赤代職。實錄。
　　　丁丑，建州衛都督僉事李滿住等奏："本衛指揮郎克苦等，
久逃高麗潛住，去歲帶領男婦大小二百二十餘口回衛，甚是饑
窘，乞加賑恤。"上謂戶部臣曰："柔遠人乃治天下之大經也，

況克苦等久亡他國，今忽慕義回還，可不賑恤乎？速令遼東都司量撥糧米接濟。"實錄。

戊寅，忽里吉山衛野人女直兀劄哈等、建州等衛女直色沖哥等，貢馬駝方物。賜綵幣、表裏、紵絲、襲衣有差。實錄。

二月辛巳朔

壬午，建州左衛女直指揮佟郎可等、雙城等衛野人女直頭目准答等，來朝貢貂鼠皮。賜衣，并紵絲、襲衣、綵段絹有差。實錄。

戊子，朝鮮實錄書：諭咸吉道都觀察使鄭甲孫："仄聞所老加茂與李厚有舊隙，曾拔劍欲殺李厚，厚乃逃避。其殺害之心，至今未泯。若無禁防，恐有不祥之事。卿招致所老加茂與李厚，謂所老加茂曰：'汝父向國誠心，終始不變。且汝繼父之心，至誠歸附。國家嘉汝父子誠心，授汝高官，賜汝印信，以爲酋長。凡汝所欲，無不從之，榮幸既至，汝宜謹愼圖報。乃何不忘已往之小忿，欲殺李厚乎？殺人者殺，傷人者刑，天下通法。汝若殺人，國家豈肯爲汝廢其大法乎？況赦前之事，雖大罪勿論，亦國家大法。前日欲治李厚之罪，囚繫於獄，適有大赦釋之，亦汝所知也。今汝不畏邦憲，不遵教令，敢行報復之心，雖不至死，小有毆傷，則反得大罪。汝宜體國家大法，忘一時小忿，庶保終始，汝之大幸。'謂李厚曰：'汝初不恭順，陵犯大官，汝罪不小，適有大赦，幸免重罪。今後若遇所老加茂，汝宜致敬盡禮，以解宿怨。若不改前心，如前侮慢，則國家罪汝不貸。'如此反復開諭，務要和解。"又諭曰："曩者所老加茂上京，告于禮曹曰：'我有老親，而喪其舊妻，欲帶新妻移居會寧，以養老親。'予將此意議諸大臣，僉曰：'所老加茂率妻養親之言最有理，宜從其請。但於會寧城外，不可一日出居。'卿其知悉。其入歸行裝居計諸事，曲盡措置，毋或有愆。"

己丑，劄童等十七衛野人女直指揮塔哈等，來朝貢貂鼠皮。賜宴，并綵段、表裏、紵絲、襲衣有差。　庚寅，命故建州衛指揮使沙班子卜羊不花，指揮同知高早化子乃因塔，指揮僉事也里吉子能額禿、失里哈子穎赤巴，童寬山衛指揮僉事因塔忽孫者魯格，撒剌兒衛指揮僉事撒剌納子端的，俱襲職；兀里奚山衛指揮僉事完替子塔必代職。　癸巳，命屯河衛指揮使瓦納哈子幹亦納襲父原職。　賞弗朵禿河衛指揮省可、兀者右等衛女直苦榮哥少里等，綵段、表裏，以其在邊效勞也。　甲午，玄城衛指揮撒升哈、脫脫木、答魯等奏："臣等四十衛無識女眞字者，乞自後敕文之類，第用達達文字。"從之。實錄。

　　　是時女眞文已不行於女眞，至有四十衛聯請改用達達文。夫用達達文而語言未必盡與達達同，則用其文字而仍與女眞辭意有間也。斯時女眞幾乎有語言而無文字。直至清太祖，乃以達達字改爲滿洲文，斯亦不得已之改革矣。

　　　壬寅，陞建州衛指揮使那可戴咬納爲都指揮僉事，指揮同知撒里和尼赤爲指揮使，指揮僉事申谷、不勒克、土蠻、禿兒困、佛家奴、忽失哈、阿都赤爲指揮同知，正千戶牙剌等五員爲指揮僉事，副千戶速忽右成等五員爲正千戶，授舍人李羅等十八人爲千戶百戶；命指揮同知管禿子莽剌、指揮僉事雙火奴子金奴，襲父原職，俱從本衛都督同知凡察、董山奏保也。實錄。

　　　建州分左右後，有此寵命，其藉重於中朝如此。管禿子莽剌，當即遺腹所生之肇祖嫡孫。

三月辛亥朔

　　戊午，敕雙城等衛都指揮三角兀等曰：“比者遼東總兵鎮守官械送賊人禿令哈，審係爾弟，於去年糾集本衛達賊巴里哈，及海西童山衛野人察木哈等，潛入開原。將采薪軍餘李興等虜去，爲官軍追逐至塞，擒之。令法司論罪當斬，爾等懇奏乞憐。朕念爾等久處邊陲，敬遵朝命，素無過惡，特屈法宥之，給以糧，令齎敕回諭爾等，自今宜體朝廷恩待之重，務在互相戒飭，不許生事擾人。若爾等聽信小人蠱惑，不用朕言，黨蔽惡人，致再犯者，必以國法剿捕不宥。　　己未，宥玄城等衛指揮牙里麻等七人死。先是，牙里麻等來朝貢馬，至薊州被盜，不告官追捕，輒擅繫居民劉重環兒夫婦，并掠其財物，至會同館囚之。事覺，下法司論罪，俱當死。至是，上念其頭目素無過惡，茲又修朝貢而來，故特宥之。仍命齎敕歸諭其頭目替非等，戒其自後遣使，須擇謹愿之人，庶不爲其所累。實錄。

　　　　以上屢見女直犯罪於中國，輒以特宥敷衍之。雖係不屑以中國法治夷人，亦威信漸替，夷人不畏中國法之見象。

五月庚戌朔

　　庚午，朝鮮實錄書：諭咸吉道都觀察使鄭甲孫：“今都節制使金孝誠啟，童所老加茂以未得率妻，而痛悶至於墮淚，懇請更與大臣議之。僉曰：‘會寧城內已造家居住，不宜一日出居城外。若所老加茂率妻欲居其堡，謂之曰：“汝堡不完，兀狄哈入侵，深可畏也，莫若會寧城內，居之無患害也。且汝強欲出居，則汝妻必生忿怨。若居城內，庶幾妻家不生忿怨，夫

婦和合矣。”如此解說爲便。’卿其知悉，從僉議措置。若所老加
茂强辭不從，更說曰：‘不完土城，率妻居住未便。妻則於會
寧城内造家安接，汝則互相來往爲便。’反復開說，隨宜善處。”
六月己卯朔

　　丙申，朝鮮實錄書：諭咸吉道都節制使金孝誠：“卿之所
啟，凡察、童倉所遣人上送可否，及多弄哥到龍城見所乙非等
事。議諸大臣，皆曰：‘今稱爲凡察、童倉等使人，不可盡信。
慮或有托見族親仍行反間之謀。邊將宜謂使人曰：“汝等皆欲
見族親而來，非爲國家也，不敢上送。若汝等酋長或親來，或
遣子弟，則當即啟聞，國家亦必厚待矣。此汝等酋長所知悉
也。”邊將須宜厚饋遣還，且所乙非既居内地，不宜與外人相
見，權辭以對爲便。’卿其知悉施行。”

　　辛丑，賜鎮守遼東太監亦失哈歲支米四十石，以其能奬率
官軍，遠涉境外，斬殺賊徒，取獲人口以歸也。實錄。

　　　亦失哈此時仍鎮遼東。

八月丁未朔

　　辛亥，朝鮮實錄書：咸吉道都節制使金孝誠馳啟：“所老
加茂謂會寧節制使李仁和曰：‘吾父母年逾八十，朝夕當辭盛
代，吾以獨子不得奉養，別居城内，殊無人子之義。吾欲挈妻
歸父母之側，朝夕孝養。’其與仁和言，或和顔色，或憤然言
曰：‘吾之居城内，無異罪人。’仁和反覆說諭止之。野人性本
橫暴，儻因醉挈妻歸家，强止之則必發弓劍傷人，願賜區處。”
上議諸大臣。領議政黃喜、左參贊權踶、禮曹參判尹炯等議
曰：“所老加茂其心雖不可測，然其言順理直，出於懇惻。其
父母俱居城外，獨於所老加茂以寇賊恐嚇之，亦不當理，所老

加茂必不肯信從矣。大抵待殊俗，必開誠心置諸腹中，不可使
彼懷疑貳之心。不然，其先示以疑之之心，則彼豈信我而不疑
乎？今開諭所老加茂，至于再矣。其言愈切，而至有‘無異罪
人’之言，則益懷其疑懼之意矣。若并與其父母置之城內，則
非惟彼有妨於畜牧，我之供億之弊，亦且不小，是亦不可不慮
也。況其言順理哉！宜姑從其言，任其往來城外，示我不疑之
心。多方設備，以察彼譎詐之謀。”右議政申概議：“宜諭所老
加茂曰：‘汝之言似于順理。然父母所居城外，寇賊可畏，奉
老親入城內家，朝夕奉養，甚爲便益。’又使加茂妻父母，似若
自以其意，見女子而來。加茂若言出居城外之意，答曰：‘吾
女子年幼，城外出居，則寇賊可畏。若欲以吾女永以爲妻，則
依殿下之命，住居城內，可無後患，夫婦之義永不失矣。’且令
會寧節制使開諭曰：‘殿下待汝無內外，故命居城內，數教吾
等，居家所需俾無不具。汝今欲出居城外，則殿下必以吾爲待
汝衰薄，罪責隨至。汝若心有不足之事，則言之無隱，予當聽
其所願。汝雖官高，汝之父母與汝，久居吾土地，與吾化民無
異。吾以汝之故受罪，則於汝安乎？’又言於加茂父母曰：‘汝
子加茂，欲出城外與汝同居，朝夕奉養，若然則寇賊甚可畏
也。汝等入城內與子同居，甚爲便益。’以此開諭加茂，更觀反
覆之情，開具啟聞後更議。”禮曹判書金宗瑞、右參贊李叔時議
曰：“初以內地之女嫁此胡者，欲其漸次來居內地，使其永絕
反覆之心也。中變而送其妻于會寧，使居城內者，示厚意，實
防外叛也。今若送其家，則無由禁制，必生叛心。今其汲汲率
妻以歸者，其意難測。宜從前議，使居城內，絕其往來。其供
億之費，准加茂祿俸給粮，毋過祿俸之數。”大提學鄭麟趾議
曰：“夫夷狄狼子野心，非恩信爵祿可縻，處之關城重地，恐
非萬全之慮。然業已爲之，姑從宗瑞之議。”上閱諸臣之議，遂

諭都節制使："諸臣之議不一，予以申概、宗瑞之議爲是。女之從夫，理之當然。然率妻養親，彼胡之言甚切。然今當招安之時，給送其家，則漸生逃叛之心，如是則非徒陷於術中，取笑於中國尤甚。夫所老加茂當初至誠歸順，請於會寧城外築室以居，國家從其請以居之。繼而又請築室於城内，奉老病親共居，亦從其請。今所老加茂旣已移其妻于城内，又欲移居于城外，反覆難信如此，其心不可測也。宜令會寧節制使與加茂說諭曰：'汝於前日請云，父母俱爲老病，脱有賊變，則倉皇之際，奉老親城内入保勢難，願築室於城内以賜，則與老病親共居，同心應變。其情出於懇惻，故轉聞于上，國家已許其請，令汝挈妻來居城内，國家嘉汝之意。今若以移居城外之意傳報國家，則國家必責以前後相反，吾等將何以待之，必受矇矓啟達之罪，於汝安乎？不如依前約，與父母來居城内爲便。'卿當參考諸臣之議，與前項事意，商確以啟。" 庚午，諭平安、咸吉道都體察使皇甫仁："卿所啟，童所老加茂欲率其妻與父母同處城外事由，予已具悉。前已諭都節制使，令依前約，率父母來居城内，勿令出居。卿與都節制使同議，若以出居于外爲可，當以國家之命開諭，令與其妻出居城外。"

九月丙子朔

　　丙戌，朝鮮實錄書：咸吉道都節制使金孝誠馳啟："伏覩諭書，竊謂所老加茂，與其父母慕義投化，不從凡察而去，國家嘉其誠心，特設高爵，兼賜印信，又嫁内地之女。加茂謂國家撫戎，如保赤子。近以不得與妻同居城外，居常快快。其父若子，相繼病死，又有八十老母，加茂欲與其妻出居城外，庀辦喪葬，兼養病母。今若使彼不如其志，彼必知我疑貳，畜忿背恩，是我先示之以疑也，雖多方善誘，彼將不信。臣聞我太祖朝，吾都里童於虛主宿衛京師，娶本國女，率還本土，至于今同居東良北，產三子：長曰毛知里，次曰流豆，次曰松古老，皆授護軍職事。加茂城外家，距會寧邑城僅十三里，彼之情迹，易以見聞。臣意謂今當招安之時，可依此例。加茂父喪祭之間，姑從其情，以廣撫綏之義。彼雖人面獸心，敢不知感！令會寧節制使謂加茂曰：'國恩深重，汝當率妻來往城內家，以報國恩。'且托慰問，連遣人以觀其勢，何如？"都體察使皇甫仁又啟："臣觀所老加茂，二子與父相繼而死，妻又病臥，情理至切，事機甚迫。臣不及聞天，乃令挈妻入城，禱祀即還。擅便施行，俯伏待罪。"　丁亥，諭咸吉道都觀察使鄭甲孫："故都萬戶童於虛里，久居城內，不隨凡察逃竄，納欵效力，終始不渝。其子所老加茂，能繼父志，順服無貳。予乃嘉之，授於虛里爲都萬戶，擢所老加茂，授以高官，賜以印章，俾爲酋長。唯此父子非他野人之比，今者聞於虛里訃音，誠可憐閔，特遣禮官致祭，仍賜賻物。卿其知悉。"

辛卯，建州左等衛都督凡察、董山，遣女直千戶大藏吉等奏事。賜之綵幣。實錄。

壬寅，初，肥河衛都指揮別里格奏，兀良哈拘殺其使人，朝廷許其報復。別里格遂同嘔罕河衛都督你哈達等，率衆至格魯坤迭連地，與兀良哈頭目拙赤安出等戰，大敗之，遣指揮咬失以狀聞。上賜綵幣獎諭之。時兀者衛指揮莽刺，隨別里格往諸部互市，格魯坤迭連之戰，達寇悉掠其所齎，莽刺聞其強暴，復請於朝，欲率衆追殺。從之，實錄。

明之馭邊，至是而綱紀大璪。明之所謂兀良哈，乃朶顏三衛。其肥河衛之爲海西女眞，同是屬夷。女眞赴訴兀良哈，明廷當以朝命斷其曲直，豈有許其自相報復之理。使女眞不奏而先報復，尚當責其專擅，豈可因奏而徑許

之。戰而獲勝，又賜幣以獎，是獎亂也。兀者衞又請而又
從之，明何嘗復保其朝覲、訟獄之尊嚴乎？時王振擅權，
老成已盡，舉措之不當，不待土木之變，其威信固已自削
矣。此事見朵顏三衞傳，并涉建州。夫明史有兀良哈傳，
無女眞傳。所謂肥河等衞，已不易知其由來，乃又漏見建
州。就明史觀之，祇覺突兀無根，就史以外明代紀載證明
之，則知此亦史外國傳之忘其忌諱本旨，爲史臣之失於檢
點而已。舉其史文漏見之女眞并及建州者如下：

朵顏三衞傳："拙赤等拘肥河衞使人，殺之。肥河衞
頭目別里格，與戰於格魯坤迭連。拙赤大敗，瓦剌復分道
截殺，建州亦出兵攻之，三衞大困。"

據史文，不過夷狄自相攻，不能爲中國患。據實錄，
則屬夷相攻，由明廷厚此而薄彼，失其共主之體，此正當
據以證史也。

十月丙午朔

壬戌，朝鮮實錄書：平安咸吉道都體察使皇甫仁啟："今
承諭書，令議所老加茂之事。臣意以爲，使所老加茂信聽會甯
節制之言，還居城內，則固爲便益。前此所老加茂惡居城內，
出居城外，今雖誘之，彼必不從。且臣嘗到會寧，所老加茂來
見臣。臣欲更觀其志，謂曰：'亡父喪事已畢後，城內城外互
相來往，甚爲便益。'所老加茂忿然對曰：'我於城內難過一
日。'因謂臣曰：'前日我居城內時，麾下與本國人較獵，麾下
射獸，本國人奪之。我與本國人相詰，因此本國人厭我。其後
妾子感疾甚苦，又長子腹漲而死，病父抱尸哭泣不輟，三日而
死。予心疑長子飲毒而死，我雖還入城內，終不飲城內水也。'
此人難以威力制之。若用威力，則慮或生變。會寧節制使李仁

和亦曰：‘雖多方善誘，彼必不從。’城內與城外住居之事，臣亦依違，時未決議，姑令會寧節制使，稱國家之命開說曰：‘前者國家從汝之請，城外本家，亦旣築成，然勢甚孤單，賊變可畏，又令居城內以避賊變，曲盡布置。汝今厭惡城內，與國家撫恤之意，實爲相反。然國家姑從情願，許令出居城外，汝奉養老母，以答國家至恩。’乃以此辭開說，徐觀其勢。”

甲子，諭咸吉道都觀使鄭甲孫、都節制使金孝誠：“所老加茂出居之心，終不可遏，則令會寧節制使，稱國家之命，諭加茂曰：‘前者汝請於會寧城下築室以居，國家從之。汝又請曰，母纏宿疾，濱於死亡，父亦老病，未能動履，倘有賊變，則扶携病親，運輸輜重，入保城內，來往甚難，須於城內築第處之，則奉養老親，同心應變，故國家又從之，又使汝率妻來居。今汝又厭居城內，欲出居城外，何先後之相反耶？國家曲加撫恤，從汝情願，許令携妻出居城外，汝與母同居，安心奉養，以答國家厚意。’以此善辭開說，仍數使人慰問，以觀其勢；又令麾下密伺動靜。”

十一月丙子朔

己丑，亦里察衛、哥吉河衛、兀者托溫千戶所野人亦里答等，俱來朝貢馬及方物。賜宴，及綵幣、表裏等物有差。實錄。

丙申，建州衛都督李滿住遣人貢馬。賜宴，并綵幣、表裏有差。實錄。

十二月乙巳朔

是日，兀者衛都督刺塔、剳童衛指揮塔哈納等、愛河等衛指揮朶兒只等，各遣人貢馬及方物。賜宴，及綵幣等物有差。

庚戌，塔麻速等五衛舍人把令加等、童寬山等二衛舍人察木哈等、兀者等三衛，并哈三千戶舍人木哈良等，來朝貢馬及方物。俱賜宴，并綵幣等物有差。實錄。

甲寅，野人女直葛林等十八衛指揮打里哈等，建州左、右二衛都督同知董山、凡察，兀里奚山等十二衛塔必兀的罕等，各來朝貢馬及方物。賜宴，并賜綵幣等物有差。　命建州左衛故指揮僉事那卜子剌塔孫襲職。陞毛憐衛指揮僉事莽哈爲指揮同知。　丁巳，命建州左衛故指揮僉事巾卜子木哈三襲職。陞正千戶忙忽爲指揮僉事，授舍人納剌孫頭目亦失哈，俱爲所鎮撫。　丙寅，命建州衛故指揮同知阿克木子童山襲職。　戊辰，毛憐等三衛都指揮卜赤等，各遣人來朝貢馬駝及方物。賜宴，并綵幣等物有差。實錄。

壬申，老哈河等三十餘衛指揮安哈出等，各遣人貢方物。賜宴，并綵幣等物有差。實錄。

癸酉，授建州衛都督僉事李滿住子都喜爲副千戶，從滿住奏請也。實錄。

十年，即朝鮮世宗二十七年，乙丑(1445)

正月乙亥朔

壬午，考郎兀衛野人女直木當加等，各奏事回。賜宴，并綵段、絹鈔、襲衣等物有差。　丁亥，毛憐等衛都指揮哈禿、益實等衛野人女直奴生哥等，來朝貢海青、鷹、馬。賜宴，并綵段、襲衣等物有差。實錄。

　　　獻海青之毛憐衛，蓋是近海之舊毛憐衛。

戊子，陞建州各衛指揮同知李禿滿爲指揮使、副千戶塞勒爲指揮僉事，毛憐衛正千戶賽住哥爲指揮僉事。命故兀者衛都指揮僉事桑吉塔子失列襲職，建州右衛指揮使賽因不花子都兒忒，建州左衛指揮同知童兀思哈子亦失哈，斡蘭河衛指揮僉事阿里帖木子亦出等，俱代職。　庚寅，陞禾屯吉衛指揮僉事哈

魯爲指揮同知，建州衛正千戶著兒速爲指揮僉事。命故兀者衛
都指揮僉事兀六住子昂克、指揮僉事迭塞子亦合哈，古賁河衛
指揮同知李速哥子你里哈，忽石門衛指揮僉事沙龍哈子阿哈
答，建州左衛指揮僉事忽失子鎖羅迷，俱襲職。　辛卯，毛憐
等衛女直都督撒滿答失里等，來朝貢馬及方物。賜宴，并綵
幣、金織襲衣等物有差。實錄。

　　　設衛之多，四夷中莫如女眞；朝貢之擾，亦莫如女
眞。其建州一族女眞，書於英宗實錄者，幾無虛日，其藉
寵於明者至矣。明之籠絡女眞，衆建而分其力，亦未始非
計。後又失其本意，聽其自爲兼并而不問，甚且許其自相
報復而獎其獲勝者，清之興也，其來有漸矣。

　　甲午，陞可令河衛指揮同知者得兀爲都指揮僉事，忽石門
衛指揮同知你籠哈爲指揮使，嘔罕河衛指揮僉事沙兒忽爲指揮
同知。命故毛憐衛指揮使鬼里子納剌禿、指揮同知弗答子答魯
哈、指揮僉事伯顏不花子莽剌、阿卜子申保奴，俱襲職。　己
亥，命故把河衛指揮僉事阿籠哈子阿古沙、督罕河衛指揮僉事
馬吉你子你籠哈，俱襲職；失里木衛指揮僉事迷失哥子坎都
捏，玄城衛指揮僉事乃當哈姪武忠，俱代職。　辛丑，玄城衛
指揮僉事阿魯哈告，願遼東安樂州居住報效。賜綵段、布匹、
衣服、房屋、柴米、器皿等物。　壬寅，陞毛憐指揮僉事三保
奴爲指揮同知。命故指揮僉事眞帖木兒子額克，并慶河衛指揮
僉事本答納子朵羅，俱襲職。納剌吉河衛指揮僉事沙籠哈老
疾，命其子赤奴代之。　癸卯，沒倫河等衛野人女直奴答等、
塔山等衛女直指揮亦里塔等、剌魯等衛女直指揮罕正加等、兀
者等衛女直指揮綽字等，俱貢馬及方物。賜宴，并綵段、絹

布、衣服等物有差。實錄。

二月乙巳朔

是日，命故朵林山衞指揮同知箇郎哥子乞丁哥、指揮僉事忽失木子替麻哈，俱襲職。　戊申，卜忽禿河衞指揮僉事巴眞哥奏：“嘗被達賊虜掠人馬。去年七月間，同都督別里哥率衆往彼地面，殺敗賊徒，將所獲馬遣人進貢。”賜敕獎之，并賜綵段、表裏。　庚戌，塔山等十七衞都指揮弗剌出等奏：“累被兀良哈三衞達賊擾害，欲率領人馬前去復讎。”從之。　乙卯，亦兒古里等衞指揮僉事斡羅等來朝，因請率領人馬，往兀良哈地面復讎。上敕斡羅回還，仍諭各衞管事頭目，果曾被達賊侵擾，聽其報復，但不許生事啟釁，以害良善。實錄。

　　自上年有獎夷讎殺之事，今遂蠭起。明既不能字小，兀良哈自然折入蒙古，而女眞亦自然乘隙思動，其招邊患宜也。

庚申，命故毛憐衞指揮使張塔姪李升、賽住哥子李壽，俱襲職。實錄。

三月甲戌朔

辛巳，毛憐衞右都督李撒滿答失里奏，願居京自效。上從之，賜名曰忠。實錄。

四月甲辰朔

庚戌，命發遼東、廣甯等庫收貯故衣，就於彼易米上倉，以足軍用。先是，永樂、宣德間，工部及山東布政司，造運青紅藍綠布絹、紵絲衣於廣甯等庫收貯，市易馬駞及賞賜野人。至是，年久支用不盡，至有浥爛損壞者，都御史王翱、李純及太監亦失哈等會計上聞，故有是命。實錄。

是時國儲充實，招降煩費，所不及計，夷亦仰此為利。既兵力足以固圉，自足以制夷死命矣。

九月辛未朔

癸未，遼東總兵官都督同知曹義言：「海西肥河等衛女直都督刺塔、甯哈答、別里格，遣其徒咬束等來報，欲於今秋率衆往福餘等衛報復私讐，已聚兵辰州。戎狄多詐，或是假此為名，窺伺邊境，乞行沿邊將帥，嚴兵為備。」從之。實錄。

屬夷爭告自相讐殺，一時成流行語，朝廷許之獎之，賴邊將猶有識事體者；不然，恐已有事變矣。

己亥，朝鮮實錄書：咸吉道都節制使報，吾都里指揮斜老秋也豆麼等，推刷楊里人，奉敕出來。其敕曰：「皇帝敕諭斡木河居住建州左衛指揮額黑里男鎖兒哥帖木等：近聞往年楊木答兀帶去遼東土民十家，見在爾等處寄住。今已革心向化，欲復回還，爾等亦各欲送來。茲特遣敕往諭爾等宜遵奉朕命，即將前項人口，盡行放回，令的當人護送至遼東總兵鎮守官處，庶見爾等忠誠之意。朝廷論功陞賞，必不吝惜，不許仍前留拘阻當，致彼嗟怨失所。爾等其欽承之。」上諭都節制使曰：「前此朝廷敕諭，令本國送還楊里人高早化等，其時本國以不干我國回奏後，欽差官吳良到國，又說楊里人事，亦答以不知。今豆麼等請朝廷，受敕而來。楊里人等去留，卿皆勿與其事。且吾都里存留安業者，凡察、童倉等嘗謀欲誘去，畏我邊將，未遂其計。今恐或憑藉敕諭，誘引而去。若然，則卿宜開諭曰：『朝廷屢降敕旨，存留安業之人，汝等不可擅便帶去。』禁遏不送。如有不得已之勢，奉敕之人雖不可侵脅，亦不可示弱，縱其所爲。卿審其事宜，臨機善處。”

十月辛丑朔

　　己未，提督遼東軍務左副都御史王翺奏：“比者益實等衞野人傳言，瓦剌也先以歲饑故，欲遣人馬於紅崖子山圍獵。”恐其因而入寇，上命沿邊總兵鎭守官嚴兵備之。　　庚申，敕諭福餘衞都指揮同知安出、都指揮僉事歹都，及大小管事頭目人等曰：“今得爾等奏，女直頭目剌塔等，引領人馬，到爾地方，殺掠人畜家財。爾歹都率人馬追逐，奪回人口，今欲復率部屬，往彼報讎。然去年冬，剌塔等奏，被爾處部屬，殺掠其人馬財物，累請擒治。朝廷諭彼，令挨尋原賊，依俗賠償講和。爾兀良哈與女直，皆朝廷開設衞分，乃彼此交構報復，論法俱不可容。特念爾等遠人無知，悉置不問。自今各宜謹守法度，無作非爲，與隣境和睦，用圖永久。仍宜戒飭部屬，凡往來須遠邊境，恐巡哨官軍一概剿殺難辨。特諭知之。”遂并敕泰甯衞都督拙赤、都指揮同知隔干帖木兒等，各頒賜織金襲衣、綵幣、表裏，俱命來使孛羅塔等賫與之。實錄。

　　　　敕文既喻以字小之道，而實則陰縱女直尋讎，中朝舉動如此，何以服夷狄？

十一月庚午朔

　　丙戌，亦兒古納衞女直指揮阿納忽等，來朝貢馬。賜宴，并綵幣、表裏等物。　　己丑，敕諭兀者衞都督剌塔等、肥河衞都督僉事別里格等、嘔罕河衞都督僉事你哈答，及各野人女直衞分都指揮等官頭目曰：“今得爾等奏，去年被兀良哈達子，劫掠爾女直人畜財物，近者爾往彼報復，得其達子人口，彼復追及爾等，將所得達子人口遣還，就遣人往彼取原掠爾女直人

口，遣人來奏。近者福餘衛指揮安出等亦奏，欲復率部屬，來
爾處相讎。朕以爾野人女直各衛與兀良哈達子各衛，皆朝廷開
設，皆當以奉公守法爲心；乃互相報復，不知悔過，豈保全長
久之道！已遣敕切責安出等，不敢擅動人馬；敢有近邊者，悉
聽官軍剿殺。然彼譎詐反覆，素性不常，爾等宜整飭人馬，如
彼遠遜境外，爾亦不必窮追。朕以爾女直衛分，忠順朝廷，始
終無間，特諭知之。"實錄。

　　是時，兀良哈爲蒙古所逼，方倚中國求苟全。中國敕
獎女眞與相讎殺，未敢遽以爲釁，故未以此生釁，然此不
可狃也。未幾，兀良哈折入蒙古，無所倚賴於中國，反附
蒙古以擾邊。其後且遂爲蒙古小王子所入據，夷狄漸相兼
并坐大，明且自顧不暇矣。夫即兀良哈永遠不競，明廷不
妨自謀漸進，規復大甯；否則扶弱抑强，衆建而分其力，
亦一策也。豈可縱女眞肆其侵掠，以開長蛇封豕之慾，諸
夷之藐視中朝，自正統間始。以祖宗全盛之威，一朝自失
馭夷之柄。奄人擅權，士夫重足，不保朝夕，所以爲國計
者可知。明之卒亡於夷，此已種其因矣。

十二月庚子朔

　　癸卯，兀思哈里等衛野人女直指揮木當等，來朝貢馬及方
物。賜宴，并紵絲、襲衣、綵段、絹布有差。　丙午，陞建州
左衛指揮僉事忽失八爲指揮同知，正千戶木答忽、卜兒速俱爲
指揮僉事。　己酉，命故弗提衛指揮僉事三八奴子塞卜兀、撒
禿河衛指揮僉事實捧哈子幹你，俱襲職。　庚戌，命友帖衛故
指揮僉事必郎哈子納因塔木襲職。陞督罕河衛副千戶忽失八爲
指揮僉事，以其屢修朝貢，乞恩陞職也。　丁巳，陞弗提衛指

揮僉事管禿爲指揮同知。管禿，都指揮使察阿奴之弟，爲衆所舉，故特陞之。實錄。

己未，授建州各衛都督同知凡察子不花禿爲百戶。實錄。

不花禿，朝鮮實錄中作甫下大，依清世改字例，必作布哈圖。

甲子，建州左、右衛，并成討溫等衛野人女直指揮沙隆加等，來朝貢駝馬、貂鼠皮。賜宴，並紵絲襲衣、綵段、表裏有差。實錄。

乙丑，兀也吾衛指揮奴荅、阿資河衛指揮荅龍哈等，俱以朝貢至京，言黑龍江野人頭目兀里忒必哥等，各欲詣京朝貢，乞賜敕諭之。禮部尚書胡濙言，宜聽其自來，未可先降敕諭。上曰然。　丙寅，命失里木衛指揮僉事咬納子著里的、兀者衛指揮僉事失剌子鎖古脫，俱代職。陞斡蘭河衛指揮使弗羊古爲都指揮僉事。實錄。

十一年，即朝鮮世宗二十八年，丙寅(1446)

正月己巳朔

壬申，敕泰甯衛都督僉事拙赤等、朵顏衛都指揮同知朵羅干等、福餘衛都指揮同知安出等曰：「茲爾等以正旦節各遣頭目來朝貢馬，特以綵幣、表裏付各頭目賚回頒賜。及得爾等奏，瓦剌欲遣人馬於爾處，挨索阿魯台子孫，請朝廷憫恤，及稱遇急欲移部屬潛避邊境山谷。朕從所奏，敕邊將不得侵擾。其阿魯台之孫，聽其來朝，保全身命。爾等又奏，欲遣人往女直，與都督剌塔等議和。悉聽其便，但在各守禮分，共圖悠久，毋生事啓釁，以取罪戾。朕以爾等忠事朝廷，故以至誠諭之。爾等其欽承毋忽。」

是時三衛甚憚瓦剌也先，前爲女眞讎殺而不敢怨。明廷獎女眞之讎殺，而仍奏請與女直議和，待明廷之允許。明不能乘此經劃女眞、兀良哈，明帝未幾反爲也先所虜，馭夷從此大損威信矣。

是日，陞考郎兀衛都指揮僉事哥哈爲都指揮同知。命建州左衛指揮僉事著哈子沙魯哈、毛憐衛指揮僉事波里子塔里必，俱襲職。　辛巳，毛憐衛女直指揮僉事監卜等，來朝貢駝馬方物。賜宴，并紵絲襲衣、綵幣、表裏諸物有差。　壬午，建州左衛指揮僉事阿哈里老疾，命其弟速苦代之。實錄。

癸巳，建州右衛都督凡察男阿哈答奏：“曩同兀者衛都督剌塔男阿的納、建州衛都督李滿住男亦的哈來朝，人賜紵絲衣三件、綵段二表裏。今所賜視前少綵段表裏一，乞足之。”上命禮部稽例以聞。尙書胡淡等言：“舊例，野人朝貢，人賞綵段一表裏、紵絲衣二件。正統九年，阿哈答係凡察男，初來朝貢，奏加賞綵段二表裏、紵絲衣三件。今阿哈答等復來朝貢，欲增賞如初來例，難允。”上曰：“外夷賞賜，朝廷已有定制。今爾禮部乃任意增損，以啟彼狠貪之心，罪本難容；姑曲宥爾。自後宜悉如舊，毋得擅有增損。”實錄。

戊戌，陞速平江衛指揮僉事綽必下作綽必探。爲指揮使，阿眞同眞衛指揮僉事塔哈爲指揮同知，頭目舍人工速屯戎掃撒哈管禿爲副千戶，納亦哈僧格爲百戶，以綽必探、塔哈二人屢來朝貢，令回忽魯孩地面出力報效，俟其有功，再與陞授。實錄。

二月己亥朔

庚子，命故建州衛指揮同知土城哈子兀稱哈、兀宵哥子必桑加，指揮僉事郁亭哥子兀苦納，俱襲職。升正千戶弗羊苦爲指揮僉事。命都督董山弟綽顏爲副千戶。實錄。

　　董山弟綽顏，此處始見，即清實錄所謂肇祖二子，長
充善、次褚宴也。董山即充善，綽顏即褚宴。但其先有童
倉，疑其"倉"字爲"褚宴"之合音，而童則其姓。今既復有
綽顏，此時始爲副千戶，則似非曾爲建州長之童倉。而日
本人斷定童倉即董山，爲不謬矣。然明實錄叙童倉、董
山，同時互見。明士大夫之紀建州事者，皆以童倉、董山
爲二人，朝鮮實錄則認爲一人。夫童倉、董山俱到京師，
禮部之所按牘引覲，通事等官之所覿面接談，其爲一人二
人，豈不明瞭？朝鮮知有童倉、不知有董山，逮後聞建州
左右分衛，主左衛者爲董山，則意即前日之童倉耳。觀後
來明之使臣，質問朝鮮何以稱董山爲童倉，朝鮮亦未確答
其即爲一人，則明廷自的知童倉、董山非一人，朝鮮則在
疑似之間。蓋朝鮮於不在其境內之事，原甚隔膜，不能不
以明實錄及明人紀載爲可信。惟此綽顏之爲副千戶，究爲
童倉之外別有綽顏其人耶，抑童倉在前日爲建州長，分衛
之後已失其故官，至是始重受職於朝，而以副千戶爲初命
耶？非可確斷，存其說以待訂。於此，見日本人之堅信童
倉爲即董山，亦非無所見而云然也。

　　壬寅，陞毛憐衛都指揮僉事北赤協同、都指揮同知郎卜兒
罕，俱爲都指揮使；指揮僉事賽住哥爲指揮使；監卜、鎖羅
幹、根帖木、亦合哈、牙失哈，俱爲指揮同知；正千戶火赤
納、木答哈、莽哈，副千戶答塔木，俱爲指揮僉事；建州衛指
揮使李土礬爲都指揮僉事，指揮同知苦赤、塔失，俱爲指揮
使；指揮僉事買禿你爲指揮同知；正千戶土哥帖木兒、忽失
塔，副千戶沙魯，俱爲指揮僉事。命毛憐衛指揮同知把速子莽
刺哈、答吉子得禿，指揮僉事伯速子苦女等，建州衛指揮僉事

兀罕住子歹沙、幹乞子速古等，俱襲職；毛憐衛指揮同知薛哈列子添住，指揮僉事雙忽奴子南失、福魯答子阿羊哈等，建州衛指揮僉事你哈子授撒等，俱襲職。　辛亥，敕諭兀者右衛野人都指揮失列格，及大小頭目人等曰："近得邊將奏，爾兀者右衛野人捧速，隨同逃叛犯人劉跰子，入境爲盜，罪本當死，朕姑令監候。今爾等差人來朝，請罪乞憐，特屈法伸恩，宥捧速之衆，遣回爾處，令其出力報效，以贖前愆。如爾部屬中再有犯者，并爾該管頭目一體論罪不宥。"實錄。

三月戊辰朔

　　癸未，遼東三萬衛百戶馬哈剌，招諭野人額卜里等男婦十五人來歸。給賜綵幣、表裏、鈔布，令還遼東開原居住。　建州衛撒木合與弟來合，及其妻孥來歸，願居遼東自效。上從之，命爲所鎮撫。實錄。

　　既設衛以轄野人，又招野人來歸，令居邊內，而招之者有賞，所招者亦有賞，糜內地之民力以餌野人。揆其政策，設衛猶屬羈縻，招降乃爲上策，殆欲令野人盡棄本土，生息於內地，而後爲本圖也。此與近世開邊之意相反。近世以開邊，爲使野人同化，而并用移民之法，爲內地之民寬生計。古時則竭內地之民力，又移殖野人於內地，以擠內地之民。其意若謂空彼野人之地，即爲至計。是今以能闢洪荒爲天責，古以能錮荒不闢爲上理也。若在今日，則我錮之而鄰敵取之，貨惡其棄於地也。古爲經訓，今爲公理。若明中葉以前之君相，已有今世之知識，必不作此荒謬之舉矣。然今之爲國者，仍不知獎助殖民，而恆置不肖之官吏於邊遠以摧抑之，又不肯暫置其地，悉聽殖民之自爲。姑勿以官吏相擾，則仍是傳統之羈勒其民

政策。日日言效法現代，此等根本大計，未有合焉。所效
法者，乃其環境未必相合，求利而反以得害者，往往而有
之。故言新政，不可不知舊歷史也。

六月丁酉朔

戊申，遼東總兵官都督同知曹義等奏，朝鮮國王咨稱：
“茂昌郡近被野人五十餘人突入，剽掠人口畜產，慮恐建州衛
李滿住部落所爲，煩爲奏達禁制。”上命兵部移文王翱等，遣人
廉察，果實，即與追究，毋令彼此構隙。仍戒李滿住，謹守法
度，毋縱部落爲非，自速罪戾。實錄。

　　朝鮮王此咨，不見於朝鮮實錄，得此乃互詳。

七月丁卯朔

戊子，朝鮮實錄書：咸吉道都節制使啟：“斡朶里都萬戶
童所老加茂來言：‘吾以酋長特受印信，而用之無處。斡朶里
等不告於予，請於會寧節制使，連續上京，甚爲無統。乞依忽
剌溫酋長例，用所賜印信，移文會寧府上送。且臣既受京職，
仍居境內，乞賜祿俸。’”命禮曹與政府議之，議曰：“印信文
移，將來生弊，不可從也。遙受祿俸，且無前例，隨歲豐歉，
量給米粮。”從之。

十月乙未朔

壬寅，兀者衛都督剌塔、吉河衛指揮速魯董哈、肥河衛野
人女直指揮咬束等，來朝貢馬駝及方物。賜宴，并綵幣、表裏、
鈔絹等物有差。　　丁巳，設女直塔山左衛，給印。命塔山衛都
指揮弗剌出掌印管事，從嘔罕河衛都督你哈答奏請也。實錄。

塔山左衛，後遂爲海西扈倫四部中一時最大最強最忠於明之哈達部。是時據實錄，所授掌印之都指揮爲弗剌出，而滿洲源流考則云："塔山左衛，即國初哈達國地，明人所謂南關也。正統間，授部長錫赫特及其孫王台爲左都督。太祖己亥年平其國。'云云。錫赫特在明實錄作速黑忒。速黑忒之名見在後，當非正統間人。源流考所考本多不可恃。清太祖實錄："哈達之先爲胡籠，因居兀喇河岸，故名兀喇。始祖名納奇卜祿，生上江朶里和氣，上江朶里和氣生加麻哈芶朱戶，加麻哈芶朱戶生瑞吞，瑞吞生杜兒機，杜兒機生二子，長名克世納都督。"又云："哈達國汗名萬，納奇卜祿七代孫，其祖克世納都督。"云云。明南關哈達部，其最強者爲王台，即清實錄之萬汗。王台之祖速黑忒，即清實錄之克世納，而滿洲源流考又作錫赫納。乾隆間改定太祖實錄，則改作克習納。夫錫赫納即速黑忒，音本相符，而在實錄則上兩字音互倒。克世或克習，皆錫赫或速黑之倒轉。源流考亦係清室欽定，究不知孰爲正確？但其爲哈達之祖，則均無誤也。塔山衛設在永樂四年，盛京通志："塔山在開元城東二十五里，明時北關所在。又布爾德庫蘇巴爾漢山上有塔山，皆葉赫國地。明時又嘗以衛都督授哈達部主。蓋哈達強時，葉赫嘗屬之耳。此亦源流考之言。要之，胡籠即扈倫，扈倫即忽剌溫，而兀喇後作烏拉。據朝鮮實錄，亦即忽剌溫之促音。忽剌溫盛於明中葉以前，其結穴爲扈倫四部，而反爲忠於明之夷部。逮其盡爲清太祖所滅，遂以全力取明。此與太祖王業大有關係，故畧明之。

十一月乙丑朔

戊辰，朝鮮實錄書：諭咸吉道監司都節制使：“野人特賜之物，監司給之，則道路遙遠。犯法之事，監司決之，則滯獄生怨。況主將須恩威并盡，然後遠人懷服。今後野人賜物、決罰等事，皆令都節制使主之。如其大事，各鎮依舊報監司施行。且吾都里來朝者，令童所老加茂磨勘，轉報會寧節制使或報都節制使，更加磨勘上送。又所老加茂每年給綿布五六匹或十餘匹，以遂其生。”

甲戌，忽魯愛衛野人女直指揮撒只哈、兀者前等衛野人女直指揮本答納等，來朝貢馬及方物。賜宴，及綵幣、表裏、鈔絹有差。　己卯，設塔山左衛。敕諭塔山衛都指揮僉事弗剌出曰：“爾弗剌出，世居邊境，忠事朝廷。自我先朝，涊膺官賞。爾累奏所管人民頗多，或有聲息，馳報未便，請設衛給印，以圖補報。嘔罕河衛都督同知你哈答，又奏保爾效力多年，善撫人民。遼東總兵等官，亦審實以聞。今特准爾所請，設塔山左衛，給與印信，命爾掌印管事。爾宜深體朕恩，堅守臣節，遵守禮法，撫綏部屬。或有遠夷姦詐之徒，蠱誘爾部屬為惡者，即便擒治。爾其欽哉。”實錄。

此為正統以前未遭土木之變時，最後之正當設衛。清實錄侈其名為哈達國。此衛亡而清業成，明祚亦以傾覆。實錄無意中鄭重載之，讀者不無感觸矣。

是日，敕諭吉河衛指揮速魯、董哈男卜、赤納等曰：“近得爾等奏言，聞逷北韃靼來搶各衛，爾野人女直欲收拾人馬隄備，具見爾等保守境土、忠敬朝廷之意。敕至，爾即約束部屬，但有遠夷姦人到來蠱誘爾眾為非者，即拒絕捕治；或來侵

爾境，即并力剿殺，斯爲爾福。近觀兀良哈三衛，皆因其頭目
與遠夷交通，致被數數往來，察其動静，今被劫掠人畜，實所
自取。爾等宜深以爲鑒，庶不貽爾禍。爾等近處邊方，世尊朝
命，特以誠心諭之。其體朕至懷。”命故肥河衛指揮僉事撒籠
哥子魯兀哥、亦馬忽山衛指揮僉事木答兀子額黑里、毛憐衛指
揮僉事阿蘭子者住哥，俱陞襲爲指揮同知。陞肥河衛都督僉事
别里格、嘔罕河衛都督僉事你哈答，俱爲都督同知；益實衛都
指揮同知木當哈爲指揮使；塔山左衛都指揮僉事弗剌出爲都指
揮同知；朵林山衛指揮使撦養哈、肥河衛指揮使咬失，俱爲都
指揮僉事；兀者右衛指揮僉事奴克爲指揮同知；建州衛正千戶
失剌木答、忽伯速，俱爲指揮僉事，以能遵朝命，還所掠朝鮮
人口，及遠來朝貢故也。實錄。

　　各衛陞襲或陞職，凡以遠來朝貢之故。朝貢既爲夷人
　　貿利之計，又有陞職之榮。斯時朝廷馭夷，職名已濫。其
　　掠朝鮮人口者，惟建州、毛憐等衛有之，而還所掠人口
　　者，又或由他衛藉此見好，事具下文。

　　壬午，命故薛列河衛指揮同知哈塔子炒哈阿、吉河衛指揮
僉事苦失不花子馬古山，俱襲職。陞塔麻速衛指揮同知阿木納
爲指揮使。　甲申，命故斡蘭河衛指揮僉事土木得子哈撒哈、
劄童衛指揮僉事咬約子卜郎乞，俱襲職。陞忽石門衛指揮僉事
教化爲指揮同知。　乙酉，命故哥吉河衛都指揮僉事莫希納子
劄魯哈、玄城衛指揮同知替非納子米希察、木魯罕山衛指揮僉
事火失剌子黑合、兀魯罕河衛指揮僉事木答速子忽乞，俱襲
職。陞木答里山衛指揮同知把卜沙爲指揮使。實錄。
　　壬辰，敕諭朝鮮國王李祹曰：“前得遼東都司奏，王國移

文稱：'今年四月，有野人突入王境，殺擄人口頭畜而去。及聞李滿住等所管之人，屢對王國之人言欲報復，此必滿住等含忿所爲等因。'已敕遼東總兵鎮守官，差官往女直野人地面挨追。近者都督別里格等，將所搶王國男婦十人送至遼東，給與衣糧優養。其別里格等來京備奏：'比先女直者兒兀歹等，在建州居住。宣德八年，被王國軍馬搶殺甚衆，内搶婦女十口，見在王國，所遺幼小，今已長成，委是報復前讐。今謹遵朝命，送還朝鮮人口；請朝廷一體差人往王國，挨取見在人口給還，免致彼此讐怨等情。'朕已撫慰別里格等，回衛竢候。茲將彼挨還人口，付王國使臣李堅期領回，給親完住。王宜於境内，挨查女直者兒兀歹等家男婦十口，送還遼東總兵等官處，給還其親。非特遂彼骨肉之情，王之邊境，亦得永寧。王素重德義，爲賢藩屏，宜敦崇和睦，保境恤鄰，用造下人之福，副朕一視同仁之心。"實錄。

　　　此敕見明實錄，不見於朝鮮實錄。據此知正統間女直情狀，雖甚狡變，猶以中朝爲共主，而認朝鮮爲大邦。清修明史，一概抹殺。使談東北歷史者，無從知此一方眞相。

　　　癸巳，命阿倫衛指揮僉事阿弄哥子打隆加，兀者右衛指揮僉事弗剌答子都兒禿，斡河衛指揮僉事禿同哥子苦奴，俱襲職；愛河衛指揮僉事朶兒只子薛令哥、可因帖子你籠哈，俱代職。實錄。

十二月甲午朔

　　　丁酉，斡蘭并忽石門等四十餘衛都指揮弗羊古等，遣人貢馬及方物。賜宴，并襲衣、綵幣等物有差。　命故亦束河衛指揮使哈剌苦出子哈剌、亦馬剌衛指揮僉事伯羊加子咬納、納木河衛指揮僉事白卜舍子納郎哈、兀者衛指揮僉事速的子額的捏、失里木衛指揮僉事阿孛蘭子撒剌失俱襲職；失里木衛指揮同知哈的哈子哈里速代職。陞建州衛指揮僉事朶列禿爲指揮同知。　戊戌，命故失兒禿赤衛指揮僉事亦能哥子哈的、和卜羅衛指揮同知王哈奴子你籠哈、兀者左衛指揮同知禿失帖木子亦領哈，俱襲職；朶兒必河衛指揮僉事阿里哥子額昇哈代職。

癸卯，忽里吉山等五十六衛指揮兀扎哈等，遣人貢馬及方物。賜宴，并綵幣等物有差。　命故忽石門衛指揮使兀籠哈子苦女五、屯河衛指揮僉事察哈子額黑里、可令河衛指揮僉事曳登哥子塞失、卜魯兀衛指揮僉事哈塔乃子歹速、兀者屯河千戶所指揮同知不里哈子歹出、克默而河衛指揮僉事答蘭子只兒忽、亦馬剌衛指揮僉事失列門子溫察，俱襲職。陞兀魯罕東衛指揮使哈答孫爲都指揮僉事。命故亦馬剌衛指揮僉事完者帖木子莽加、兀者衛指揮僉事吉當哈子你魯哈、禾屯吉衛指揮僉事劄里哈子兀魯、奴客赤子咬納、古賁河千戶所指揮僉事木刀哈子速必納、阿剌山衛指揮僉事歹羊哈子你吉你，俱襲職；亦馬剌衛指揮僉事咬塔子安塔、阿眞河衛指揮僉事索籠哥子伯哈，俱代職。　丁未，友帖等五十二衛指揮巾稱哥等來朝，貢馬駞方物。賜宴，及綵幣等物有差。　丁巳，命故失里木衛指揮同知木哈連子木當哈速、塔兒河衛指揮同知哈塔子凡察哈、指揮僉事阿路禿子帖格列，愛河衛指揮僉事不答納子散哈、把河衛指揮僉事卜魯哈答子納哈出、屯河衛指揮僉事忽失塔木子也里哥、友帖衛指揮僉事必郎哈子沙籠哈、阿倫衛指揮僉事也力哈子答魯哈、嘔罕河衛指揮僉事阿不哈子卓花奴、兀者衛指揮僉事孛羅脫子答必納、兀察河地面指揮僉事鎖令哈子速答，俱襲職。實錄。

戊午，建州等衛都督李滿住、都督同知凡察，朶兒必河等六十餘衛指揮阿出等，各遣人貢馬駝方物。賜宴，及綵幣等物有差。實錄。

是日，命故把河衛指揮僉事的可子薛克列、哈剌子答剌巴，俱襲職。陞指揮僉事歹因哥爲指揮同知。　己未，命故屯河衛指揮同知哈答子哈三哈阿兒、溫河衛指揮僉事莫里馬子忽失八、麥蘭河衛指揮僉事劄佟哈子哈撒哈、塔麻速衛指揮僉事哈兒答子安成哈，俱襲職。實錄。

十二年，即朝鮮世宗二十九年，丁卯(1447)

正月甲子朔

辛未，陞建州衛指揮使歹因哈爲都指揮僉事，指揮同知官八奴爲指揮使，正千戶你哈并忽魯愛衛副千戶忽失八，俱爲指揮僉事。　癸酉，毛憐衛指揮色仲哥、建州等衛指揮召乃納等，俱來朝貢馬及貂鼠皮等物。賜宴，并綵幣、襲衣等物有差。　癸未，陞建州衛都督僉事李滿住爲都督同知，毛憐衛指揮同知劄剌答爲指揮使，指揮僉事塞住哥弗羊，俱爲指揮同知；命故指揮同知牙失哈子卜兒哈，指揮僉事阿蘭孫歡必、根帖木子斡朶果，俱襲職。實錄。

二月癸巳朔

丙申，陞建州衛指揮僉事阿失塔納、速都列，俱爲指揮同知。命故指揮同知兀兒帖木子亦領哈、咬納、張八，指揮僉事迭卜弟弒失、伯速子阿卜、黃罕塔子答出，俱襲職。實錄。

閏四月戊寅，敕提督遼東軍務右都御史王翺、總兵官右都督曹義等曰：“近朶顏衛指揮乃兒不花等，遣指揮哈剌兀答兒等言：‘也先誘彼往取所虜人畜。比至，一無所還，反遣人取其所虜人家屬。恐其復來搶刧，欲率衆移居白山。’又言：‘本衛達子速可台，娶兀者衛都督剌塔妹爲妻。也先令可台來迫剌塔饋送糧食，且言違命即肆搶掠，因來侵擾廣甯、開原。蓋也先今者猶在境外，夏深草茂、秋高馬肥之時，必復來脅兀良哈，同來犯邊。'爾等宜嚴切隄備，精選能幹頭目，往剌塔處體察事情，諭以嚴禁部屬，不許輕聽誘脅。如也先犯邊，協力征剿，務在計出萬全。其乃兒不花欲移居白山，宜從其請。若彼探知虜情來報，爾即星馳奏聞。"實錄。

此敕爲諭邊臣以兀良哈所報虜情，其中涉及女直野人都督剌塔，皆爲土木之禍將起之漸。

六月辛酉朔

　　壬午，建州左衛指揮僉事莽古來歸。賜綵幣、表裏等物，命於遼東自在州居住。實錄。

七月辛卯

　　庚戌，敕諭海西野人女直衛分都督剌塔、別勒格、寧哈答，都指揮末朶幹、長安保，及建州三衛都督李滿住、凡察、董山，并各衛都指揮等官大小頭目曰："今兀良哈來朝者言，瓦剌復欲侵刼兀良哈部屬。且瓦剌居迤北之地，兀良哈居迤南之地，本不相侵犯。近年瓦剌謀取兀良哈，以結親爲由，與其都督拙赤等交結，去歲爲彼刼掠，拙赤等先死，其餘敗亡，往事可鑒。今此虜又欲謀爾野人女直。爾宜戒飭所屬頭目人民，但有虜寇來蠱誘者，即便擒拏，送鎮守官具奏處治；侵犯者，即併力剿殺，無失建立功名、忠報朝廷之意。"實錄。

八月庚甲朔

　　丁丑，命故嘉河衛指揮僉事兀剌歹子得隆哥襲職，送遼東自在州居住。　壬午，兀者衛都督剌塔奏，迤北韃靼遣人來其衛，追尋兀魯歹等。上命兵部，移文提督軍務等官王翺等：

"委諧曉夷情者，曉諭剌塔，戒飭部屬，毋效三衛達子，輕與
虜和，自取災禍。敢有違者，聽剌塔等依法懲治；重則送總兵
等官處發落。有不服者奏來，調兵剿捕。"實錄。

九月庚寅朔

　　丙午，鎮守大同太監郭敬、總兵官武進伯朱冕奏："百戶張
政有勇略，嘗出境禦寇，寇不敢近。今以毆死軍人論斬，乞宥
死使立邊功。"鎮守遼東太監亦失哈、總兵官右都督曹義亦奏：
"把總指揮僉事鐲住馬，備邊年久，熟知邊務，今以毆死指揮溫
諒論絞，乞宥死使立邊功。"上皆許之，令充軍立功贖罪。實錄。

　　　　亦失哈久鎮遼東，若永寧寺碑文爲字字可信，則上距
永樂九年，已三十七年矣。

　　己酉，敕提督遼東軍務右都御史王翱等曰："瓦剌朝貢使
臣言，也先侵兀良哈，其泰寧、朵顏二衛，已爲所脅，惟福餘
人馬奔腦溫江，彼又欲待冰凍時追之，因往海西收捕女直。爾
宜遙振軍聲，使虜聞風不敢近塞，斯爲全策。謹斥堠，飭將
卒，毋貪微利，以啟釁端。"　乙卯，漕運總兵，并各處巡撫
官，兵部左侍郎周忱，都察院右副都御史羅亨信、李純，後軍
都督同知武興，都指揮同知湯節等至京，會六部、都察院堂上
官，具條事宜以聞。……一、第六項野人女直每歲朝貢，遼東
館驛狹小，多寄宿軍餘之家，被其騷擾。宜蓋屋一所，俾其往
來住宿。……上曰："……蓋屋以居野人女直，令王翱同鎮守
等官更議其便。……"實錄。

十月己未朔

　　辛酉，敕提督遼東軍務右都御史王翱等曰："瓦剌也先以

追捕仇人爲名，吞噬諸部。往者旣自北而西，又自西而東，今又東極海濱，以侵女直。女直自開國以來，役屬中國，一旦失之，是撤我遼海藩籬。脣亡齒寒，不可不慮。已敕女直衛分，俾知隄備。卿等亦宜嚴兵爲備，毋恃其不來，恃吾有以待之；毋恃其不攻，恃吾有所不可攻。不來不攻，尙須有恃，況其必來必攻者乎！卿等其愼之。"實錄。

是時明以保護女眞，爲扞禦韃靼之要着。女眞自來役屬於明，與韃靼之憑藉先朝遺胤，時思興復故業者不同。清修明史，掩沒事實，并諱女直之名，驟造滿洲之目，自稱爲化外之一國。此廢興承繼之迹，所以突兀難明。清廷不以是而不亡，徒使史實混淆，重煩學人推究，以顯其久隱之眞象焉爾。

十一月己丑朔

乙未，兀者等衛野人指揮禿升哥、禿河衛女直指揮歹都、納剌吉河衛指揮阿卜、可令河衛指揮馬失哈、兀者等衛女直頭目亦里答、肥河衛女直禿八束等，來朝貢馬及方物。賜綵幣等物有差。　辛丑，命故木蘭河衛指揮同知察罕帖木子失答納、阿古河衛指揮僉事木良古子亦籠哥、葛林衛指揮僉事著不渾子撒春、卜魯兀衛指揮僉事哈答子苦女，俱襲職。實錄。

壬寅，設益實左衛，命益實衛都指揮使木當哈掌衛事。實錄。

明設奴兒干都司所屬女眞一百八十四衛，至是而畢。土木變後，敕書散亡，衛分凌亂，重複影射，朝廷不能指正，衛數增多至稱三百八十四衛，並無一設衛之年月日可紀。明之馭夷，根本失其道矣。

癸卯，命益實衞故指揮同知鎖羅哥禿子脫失襲職。陞嘔罕河衞指揮僉事阿里哈爲指揮同知。　乙巳，敕提督遼東軍務右都御史王翺、總兵官右都督曹義等曰："得奏，瓦剌平章領人馬於北山駐劄。此必也先所遣，欲脅野人女直，使之歸己，又窺山川道路險易，及我邊境兵備虛實。爾宜勤瞭望，謹巡邏，練士馬，利器械，晝揚旗幟，夜舉烽火，使虜知我有備。或彼侵擾近邊女直，宜酌量事情，遙爲聲援。若來犯邊境，則嚴督官軍，運謀奮勇殄滅之。"實錄。

明是時因禦韃靼而益護女直，女直則視勢之强弱而反側於其間，蓋距土木之變近矣。

是日，命童寬山衞故指揮僉事阿卜蘭子阿哈里襲職。陞兀者衞都督同知剌塔爲右都督，嘉河衞指揮使捏列禿爲都指揮僉事，塔魯木衞指揮同知捏列哥爲指揮使，卜魯禿河衞指揮僉事把眞哥、雙城衞指揮僉事三角兀，俱爲指揮同知。　丁未，命故肥河衞指揮僉事亦失蠻子苦赤哈、亦罕河衞指揮僉事答木納子塔山哥、兀者右衞指揮僉事土八哈子忽答，俱襲職。　癸丑，考郎兀衞都指揮哥哈，遣指揮撒赤哈奏："黑龍江諸部野人欲入朝貢，乞以敕付撒赤哈，令詣其地招之。"上曰："黑龍江取遼東路甚遠，朕不能勞人以事遠夷。其自願來朝者，固不拒也。爾等以朕意告之。"實錄。

是時猶承宣德以前故事，朝廷欲設定奴兒干都司，海

西夷則欲通黑龍江野人女直以自效。其實政策已變，哥哈
與撒赤哈，雖仍欲爲以前之亦失哈，明廷已無意及之。亦
失哈斯時尙鎭遼東，其得寵正與哥哈輩無異。益知宣德以
前，無殖民開邊之計畫，惟欲藉海西夷以收黑龍江夷，其
根本固非有效之圖也。

　　乙卯，命故兀里奚山衛指揮僉事孟的卜子諸路出、卜魯兀
衛指揮僉事朶羅禿子失伯干，俱襲職。實錄。

十二月戊午朔

　　己未，斡蘭河衛指揮牙失答、亦速里河等衛野人白勒革等，
貢馬及方物。賜宴并綵幣有差。　辛酉，命故古里罕河地面指
揮僉事亦縢哥子剳只哈、忽石門衛指揮同知敎化子鎖里哈，俱
襲職；斡蘭河衛指揮僉事牙失答、忽石門衛指揮僉事鎖奴，俱
爲指揮同知。　丁卯，毛憐衛指揮色仲哥、毛河衛女直指揮打
隆加、益實衛野人罕失、建州衛女直指揮文殊奴等，來朝貢方
物。賜綵幣等物。　命故木里吉衛指揮僉事阿黑令子打速、察
刺禿山衛指揮僉事撒桑哈子老李、阮里河衛指揮僉事紀往哈子
失失哈、亦罕河衛指揮僉事忄忽里子亦令哈，俱襲職。　甲
戌，命故雙城衛指揮同知嘔克子答古你，者帖列山衛指揮僉事
奴塔子散里眞、答升加子阿兀山，俱襲職。陞右城衛指揮同知
沙隆加、塔山衛指揮同知永的，俱爲指揮使。　乙亥，命故兀
者衛指揮同知乃刺忽子抄刺哈、可可帖木兒子刺卜答，朶兒必
河衛指揮同知完者不花子敎化，俱襲職。陞兀者衛指揮同知脫
因帖木兒爲指揮使。　壬午，命故建州衛指揮僉事木長哈子沙
魯哈、哥吉河衛指揮僉事法莽加子果兒戈，俱襲職。陞指揮僉
事木哈爲指揮同知，正千戶椀帖爲指揮僉事。實錄。

十三年，即朝鮮世宗三十年，戊辰(1448)

正月戊子朔

　　戊戌，陞考郎兀衛正千戶兀的哥、毛憐衛副千戶阿的納，俱爲指揮僉事。命故指揮同知不得納子歡察，指揮僉事苦女子阿納哈、鎖奴子阿哈，建州左衛指揮同知扣你赤子灘納哈，亦里察河衛指揮僉事咬納子襖哈，阿古河衛指揮僉事禿能哥子亦籠哥，卜魯兀衛指揮僉事台改你子木答，考郎兀衛指揮僉事木答哈孫塞魯黑，俱襲職。　　壬寅，海西塔山等衛野人女直指揮永的、建州女直都指揮召歹羊加，俱來朝貢馬駝、銀鼠及方物。賜宴，并賜綵幣、表裏、絹布、鈔錠等物有差。實錄。

　　乙巳，敕諭建州等七十五衛所都督同知李滿住等，及大小頭目人等曰：“比聞北虜屢遣人來爾處忕誘，爾等即明白說稱，爾野人女直，係朝廷開設衛分，世受節制，不敢擅爲。若彼生事，爾即設法擒送遼東總兵官，奏來處治。朝廷論功行賞，必不吝惜。敢有輕聽所誘，私通夷虜，引寇爲患，必調軍馬剿殺不宥。”實錄。

　　　　明待女眞，體制如此。雖奉行與否，仍視實力。要之令出不行，亦由朝廷自褻其威信，致爲夷人所侮，然定制則未改也。苟能振國內紀綱，自足以馴服夷虜。清代諱其眞相，終清之世，能知者鮮矣。

　　　　所論女直七十五衛所，以建州衛都督李滿住爲首。建州猶爲最近邊內，而深戒其勾結韃靼。是時也先方張，各部蠢動，可以想見。

六月乙卯朔

　　丁卯，海西成討溫衛野人舍人扯老赤等，來朝貢馬駝及方

物。賜宴，并鈔、綵幣、表裏等物有差。　庚午，陞弗提衛都
指揮使成討溫衛指揮僉事婁得爲指揮同知。　命故友帖衛指揮
同知也兀答兒子額塞哥，考郎兀衛指揮僉事額里哥子撒都哈，
弗提衛指揮僉事卜顏子撒哈、良可徹子打出，俱襲職。實錄。

十月甲寅朔

　　丁丑，海西兀者等二十八衛野人女直都指揮昂克等，來朝
貢馬。賜宴，并鈔幣等物有差。實錄。

十一月癸未朔

　　是日，海西馬英山等十五衛野人指揮沙路等，并黑龍江野
人乃因帖木等，來朝貢馬及方物。賜宴，并綵幣等物有差。
庚寅，敕諭兀者等衛都督等官刺塔別里格等曰：“近爾等進瓦
刺與爾等文書，朕覽之，皆甘言誘語。且自古國家興廢，皆出
天命。今虜乃以元成吉思、薛禪可汗事誘爾，且元亡已百餘
年。當其亡時，子孫奔竄草野，皆爲人所害。今其稱爲首領
者，亦不過冒其名以脅部屬耳。其屬人尙皆不信服，況欲欺遠
方之異類者乎？我祖宗受天明命，統御萬方。爾女直野人，皆
自開國之初，設衛授官，頒給印信，管治人民。爾等世受國
恩，聽朝廷節制。茲乃受虜文書，於理甚不當。況爾居東陲，
虜居北地，相去甚遠。虜以文書遺爾，事必有因。論情固當究
問，但念爾等素稱忠謹，自以文書繳進，不隱其情，悉置不
問。自今爾等宜嚴禁部屬，勿與虜往來。或虜侵犯爾境，爾等
備禦不及，馳報遼東總兵等官，爲爾量度應援，務使爾等不致
失所。爾等其敬愼之。”實錄。

　　　明之馭夷威信，此時爲一大轉變。瓦刺煽誘，女直生
心，屢煩敕諭，正是控制力微之驗。朝廷若能討平瓦刺，
女直自然帖服，何勞辭說紛紛爲哉！乃不但不能致討，且

以天子屈節於虜廷。宣傳如彼，事實如此，烏足挽羣夷之傾嚮！其後景帝委任于謙，不爲晉宋偏安之續，乃又羈縻夷虜，受其朝貢，得其臣服者近二百年，則亦事實爲之，於文告無預也。故辭說之繁，即威信之墜也。

　　實錄於明年正統十四年正月己酉，又書迤北瓦剌使臣陛辭，上致書達達可汗有云："遣正副使完者帖木兒奉書，并致良馬，尤見恭順朝廷之心。載覽來書，首舉堯舜帝王爲言。又云說過的言語，要堅固緊守。中或有小人姦詐非言，不可聽信；所行的事，務要誠實，和好的道理，不可怠慢。益知可汗明達古今，灼見順逆，用圖和好久遠之意，朕甚嘉之。"又書云："所喻和好之情，已具正書。載覽來書有云：'去歲書內寫我作達達可汗，緣故不知如何？'可汗自我先朝通好朝廷，其所稱名號亦有定體。自朕即位，重念可汗和好至誠，以其管治迤北人民，得以達達可汗稱之，亦爾俗至美之號。且朕與可汗和好在有誠心，亦不必論此空文也。前歲因迤北差人到兀者等衛，跟尋讎人，已致書可汗，并諭太師也先，各安禮分。去歲秋，女直衛分都督、指揮等官來奏，瓦剌遣頭目把禿不花等，同兀良哈達子，齎文書到各衛，其書言：'前成吉思汗及薛禪可汗，授彼父祖職事，要令彼想念舊恩，及要彼整備脚力糧飯。'彼各頭目，將爾瓦剌文書來奏。朕覽其詞，皆誘脅之意，非正大之言。不知果係可汗之意否？……女直野人地方，附近遼東境，皆我祖宗開國之初，設立衛分，給印授官，管治人民。今可汗欲誘其往來交通，可乎？且爾處亦有部屬人民，朕遣人招之而來，可汗之心安乎？……"末又動以和好利於君上，不利於小人等語。

　　正統十三四年之間，也先之釁已顯然。明廷不止曉曉

於女直、兀良哈，并哈密各部，皆屢以長文敕諭。其實不
但敕諭無益，即致書達達可汗，亦不足以壓服也先。然其
時瓦剌貢使方絡繹於道，宴賞無虛日。苟能絕貢聲討，何
用浮文？既慮以絕貢啟釁，則敕諭之效力可知！外夷以貢
爲利，絕與侵犯不相關合，已開後來建州藐玩之先河矣。

甲午，命故馬英山衛指揮使出乞子速木哈、朵林山衛指揮
同知乙丁哥弟額眞哥、虎兒文衛指揮僉事阿里哥子倒加奴，俱
襲職。　庚子，賜哥吉河等衛野人指揮失得等一百七十餘人
宴。　辛丑，海西吉河等二十二衛野人女直指揮乞丁哥等、海
西右城等三十衛野人女直指揮沙隆加等、塔山等二十五衛野人
女直指揮莽加尙等、忽石門等六衛野人女直失郎加等，來朝貢
馬。賜宴并綵幣等物有差。　壬寅，命肥河衛故指揮同知阿老
看子撒冲哈襲職，兀魯罕河衛指揮僉事鎖奴子歹孫代職。陞右
城衛正千戶木哈連爲指揮僉事。　海西阿答赤河等三十五衛野
人女直指揮阿衛加等，俱來朝貢馬駝及方物。賜宴，并襲、衣
鈔幣等物有差。　癸卯，命故玄城衛指揮僉事北思滕子幹欒、
察剌禿山衛指揮僉事牙失子古果、忽魯愛衛指揮僉事紐里子乃
剌忽、忽兒海衛指揮僉事劉失子哥哈，俱襲職；失里木衛指揮
僉事失剌子散赤哈，代職。陞赤不罕衛指揮使失兒哈達兒爲都
指揮僉事，野兒定河衛指揮同知賈虎失爲指揮使。　戊申，海
西屯河等三十二衛野人女直指揮愷忽里等、幹蘭等一十三衛野
人指揮奴併哥等，來朝貢馬。賜宴，并鈔幣等物有差。實錄。

女眞朝貢承襲，紀載無煩於此時者。以朝貢計，自辛
丑至戊申凡八日之間，來者凡一百六十三衛，大約黑龍江
極遠之野人，或有不全到者。是時三部女眞設衛全數，共

祇一百八十四衛，乃同時畢到。豈非以瓦剌有釁，明廷方極意籠絡女眞，貢品必不挑剔，賜物必不吝惜，乘時輻輳，以爲贏利之計乎哉？觀此，知治邊而不解殖民，適以勞費取侮而已。

庚戌，會同舘大使姬堅奏："近者朵林山等衛野人女直朝貢，到舘不循門禁，徑出街市，强奪民貨；其日給薪炭，不俟均分，輒肆搶奪。舘夫人等繩之以法，反被毆傷。乞加禁治。"上曰："朝廷懷柔遠人，加恩優待。此輩不體恩意，違法擾人，令都指揮昌英等，於會同舘追問，違法者人杖三十。今後來朝貢者，賞賜後，方令於街市買賣五日，永爲定制。敢有恃恩玩法者，重罪不宥。" 壬子，命故亦馬忽山衛指揮使末希納弟劄兒吉，哥吉河衛指揮同知保童子阿出兒谷、指揮僉事牙失塔子塔沙，吉河衛指揮同知速魯董哈子伯眞，塔麻速衛指揮僉事阿令哥子速八，斡朵倫衛指揮僉事不乞子阿撒哈，俱襲職。實錄。十二月癸丑朔

是日，上以泰寗等三衛，并忽魯愛等七十四衛，俱受瓦剌也先誑誘，屢爲邊患，遣敕七十二道，分諭各衛管事都指揮等官及大小頭目人等，責其已往之失，勉其方來之忠。 戊午，命故蘇溫河衛指揮同知兀塞子也兒勤、指揮僉事歹速子著力，塔山衛指揮同知劄令加子朵兒干、指揮僉事答籠哈子安出，卜魯兀衛指揮僉事伯羊哈子朵羅禿，俱襲職。陞木里吉衛指揮僉事木當加爲指揮同知。 辛酉，命故木蘭河衛指揮同知木當加子哈答、木興河衛指揮僉事阿剌不花子阿不哈、愛河衛指揮僉事保童子阿兒哈、塔麻速衛指揮僉事出馬哈子兀的納、把河衛指揮僉事八兒速不花子古奴，俱襲職。陞納剌吉河衛指揮僉事塔失帖木爲指揮同知。 乙丑，敕黑龍江野人頭目土忽兒孔加

兀察亦巴谷土巴撒兒得令哈等曰："亦文山衛指揮滿禿言，爾
等不聽也先恍誘，願出力報效，足見忠順朝廷之意，朕甚嘉
之。特令滿禿，賚敕諭爾等：自今也先遣人恍誘，爾即擒送遼
東等官處治，俱重加官賞。蓋瓦剌本北虜散部之人，妄稱元
後，僞立名號。爾等切勿招引，自取禍患。其欽承朕命毋忽。"
　　丁卯，命木野吉衛故指揮僉事也兒吉納子阿只奴襲職。　　己
巳，命故阿剌山衛指揮僉事管禿子阿籠哈，木忽剌河衛指揮僉
事阿勝哈子出籠哈、阿失禿子必兒你，俱襲職。陞嘔罕河衛指
揮同知失里必納爲指揮使；指揮僉事那哈赤、建州衛指揮僉事
蕭古魯、木忽剌河衛指揮僉事著不你，俱爲指揮同知；兀者衛
副千戶木刀哈爲指揮僉事。授嘔罕河衛舍人歹劄哈、亦麻納，
俱爲所鎮撫。　　丙子，命故木忽剌河衛指揮同知亦赤哥子歹因
劄、失里木衛指揮僉事塞勒子克也木、薛列河衛指揮僉事阿隆
阿子奴兒吉、弗朵禿河衛指揮僉事阿納忽子惱忽、者帖列山衛
指揮僉事伯顏禿子勒帖吉，俱襲職。陞失里木衛指揮同知早哈
爲指揮使，者帖列山衛指揮僉事速苦、亦馬剌衛指揮僉事撒哈
里，俱爲指揮同知，正千戶答魯爲指揮僉事。授弗朵禿河衛舍
人塔速哈爲所鎮撫。　　庚辰，毛憐等衛指揮亦令哈等：隨滿河
等衛指揮打隆加等、忽石門等衛指揮火赤不花等、雙城等衛指
揮阿速等、亦速河等衛指揮歹羊加等、古木山等衛指揮伯失
等、喜樂溫河等衛指揮里奔等、屯河等衛指揮忽石木等，來朝
貢馬駝、貂鼠皮等物。賜宴，并綵幣、表裏、襲衣鈔有差。
實錄。

十四年，即朝鮮世宗三十一年，己巳(1449)

正月壬午朔

　　丁亥，建州右衛都督凡察妻朶兒眞索來朝，進皇太后塔納
珠二顆。上命賞紵絲二表裏。實錄。

戊子，陞兀者衛指揮同知歹都、渚冬河衛指揮同知哈的給，俱爲指揮使，禿都河衛指揮僉事舍連爲指揮同知。命故忽里吉山衛指揮同知把卜沙子歹都，嘔罕河衛指揮僉事得哥子阿里哥，兀者右衛指揮僉事廣古子阿剌孫，禿都河衛指揮僉事散哈子答納哈，亦馬忽山衛指揮僉事答因哈子兀令哈，弗孫河地面指揮僉事女籠哥子乞昌哈，愛河衛指揮僉事可因帖子阿格失、若苦納子阿卜蘭，阿眞河衛指揮僉事阿答哈子阿剌孫，阿眞同眞衛指揮同知探塔哈子管禿，速平江衛指揮僉事失令哥子奴兒干，俱襲職；納剌吉河衛指揮僉事牙失子忽兒干赤代職。

己丑，建州等衛女直千戶人等合哈劄等，來朝貢馬及貂鼠皮。賜宴，并綵幣、襲衣等物。　丁酉，命故喜樂溫河衛指揮僉事主郎哈子咬哈、猛黑禿子撒哈答、打魯花哈子失列密，俱襲職。以指揮僉事者里奔哥余籠哥爲指揮同知。　壬寅，命毛憐衛都指揮僉事王朵羅子答魯哈代職。故指揮同知剌塔子阿拉禿、根帖木子伯里忒、指揮僉事可因帖木子李馬忽、不顏古里子忽必忽、得州子管禿、麻忽子奴黑赤、失保赤子住張哈、斡乞男子伯勤，建州衛指揮同知早花子卜赤、指揮僉事木答兀子阿哈答、童答蘭孫脉兒干、速克子阿卜哈、皂花子得魯干、禿不花子管失答、虎神扒子右失答，俱襲職。實錄。

二月壬子朔

戊午，命友帖衛故指揮僉事徹里帖木子捏克帖木襲職。癸亥，賞錦衣衛千戶王勉等，野人都督剌塔、都指揮木當加等，各絹二匹、綵段四表裏、紵絲衣一襲。先是，勉等齎敕往海西考郎兀等衛、同剌塔等撫諭野人，既而剌塔等同來朝貢馬，故賞之。　丙寅，陞塔魯木衛指揮使捏令哥爲指揮僉事。實錄。

壬申，朝鮮實錄書：正朝使戶曹參判李先齊賚敕還自京師。其敕曰："頃者建州衛都督李滿住男亦當哈來朝奏請：'去歲九月間，往甫出河圍獵，留家人丹八看守家小。比回，其丹八帶馬八匹并弓箭，不知所往，遂襲踪入王國邊境。未審丹八自行遁去，或被王國人所獲，懇請朝廷聚還。'等情。然彼係附近邊衛，既有所陳，豈可閉拒？且王素以禮義自處，苟有逃免之徒，詎容下人隱匿。敕至，王宜令守邊頭目，挨究丹八并其馬匹之物，送至遼東總兵鎮守官處，給還其家，庶見王睦隣恤人之意。王宜體朕至懷。"　是日，又書：遣通事崔倫押王田保如遼東，奏曰："欽奉敕旨，照得比奉以前，先據議政府狀啟，據平安道都觀察使韓確備，江界節制使李穰呈該：'正統十三年九月初二日，巡哨人張益順報說，不知來歷騎馬野人一名，到來江邊，即便差軍捉拿到官。盤問得稱係李滿住管下人王田保，今年七月，隨同滿住長子果刺哈，及管下人八名，前來婆豬江舊居地面打圍，住至月半。爲緣生理艱辛，欲要就食，向朝鮮國出來，情願留住。得此，商量得野人詭計難測，必是窺覘虛實，道路迂直，似前作耗，邊患可慮。以此不許入堡，權於堡外人家知在撥軍看守外，呈乞照驗。得此具啟。'臣據此參詳，凡係上國軍民曾被野人搶擄逃來者，不揀漢人、諸種野人，及原係本國人，悉皆解送，未敢容留。如有素與和好野人地面逃來人口，不係上國軍民，發還本土；委係讎人管下，就行拘留，其或酋長悔罪懇請，方許給還，已爲常事。況兼滿住違背累降敕旨，不曾輯和，誘引忽剌溫侵軼邊陲，殺擄人畜，或暗行覘覦，未遑而還，非止一二次。今來王田保，亦係滿住所管，以此將本人解來，付該司羈管間，臣今欽見奉，即令該司審問得田保供說：自幼只稱田保不是丹八，當初帶灰褐騾馬共二匹，到於打圍處所，逃出時分，撇了一匹，止帶黃驃馬并角弓二張、箭四十一根、氈衫等物來了。其餘詞因與初供無異，執結是實。得此看詳，<u>滿住</u>所索<u>丹八</u>，與今<u>田保</u>名稱各異，未委端的，然逃來年月相同。今將<u>王田保</u>并馬匹、弓箭等物，責差陪臣<u>崔倫</u>，牢固管押，解赴<u>遼東</u>總兵鎮守官處交割外，爲此謹具奏聞。”

乙亥，<u>遼東</u>總兵官右都督<u>曹義</u>等奏：“<u>廣寧</u>沿邊累報煙火，臣等同太監<u>亦失哈</u>、提督軍務右都御史<u>王翱</u>，率領官軍出境，遇見<u>達賊</u>，與之對敵，將士奮勇殺敗賊衆，斬首一級，生擒男婦五十名、馬八十七匹、牛二十七隻、車七輛，並軍器等物。”上命所獲賊及馬堪用者，并軍器送京，其餘馬牛車輛，供給有功官軍。<u>實錄</u>。

此<u>達賊</u>，當是<u>兀良哈</u>三衛人，非<u>女直</u>也。但鎮守太監<u>亦失哈</u>亦預其役。特錄此條，以證<u>永寧寺</u>碑中<u>亦失哈</u>之究竟。

六月己酉朔

辛亥，致仕少保戶部尚書兼武英殿大學士<u>黃淮</u>卒。……虜酋<u>阿魯台</u>，欲收<u>女直</u>、<u>吐蕃</u>諸部，聽其約束，請朝廷集諸部長，刻金以盟。<u>淮</u>曰：“胡人各自爲心，則力小易制，若併爲一，則大而難制矣。<u>太宗</u>以爲然，且曰：“<u>黃淮</u>如立高岡，無遠不見。”<u>實錄</u>。

此追敍<u>永樂</u>年間事，力小易制，當時君臣能知之。至中葉以後，夷部自相吞併，朝廷不問。<u>清太祖</u>得盡收<u>女直</u>同種，漸及<u>韃靼</u>、<u>吐蕃</u>，遂成代<u>明</u>之業。不防其漸，誰之咎也！

丙辰，朝鮮實錄書：咸吉道都節制使報，女眞司直金毛多好、指揮朴猛哥豆來告："今年三月，自上國回至李滿住所居。滿住曰：'皇帝降聖旨，令我歸順朝鮮居生，且前日入寇茂昌者非我，實忽剌溫兀狄哈所爲。今欲歸順，移書都節制使，探候可否，而後親朝。'仍以書授之，吾等持以來。今將滿住移書，封緘上送，遂回。"諭都節制使曰："以所啟金多毛好等之言觀之，則滿住似誠心歸順。以滿住移書觀之，不是滿住之心，金毛多好等要滿住歸順耳。卿宜與金毛多好等答曰：'移書與汝等所言不同，果滿住誠心歸順，國家豈不厚待耶！'"

八月十五日壬戌，車駕陷虜。九月戊寅朔，六日癸未，帝弟郕王即皇帝位。其前先立憲宗爲太子，自稱奉聖母命爲太子輔，代總國政，尊帝爲太上皇帝，以明年爲景泰元年。

正編卷六

景泰朝

正統十四年，即朝鮮世宗三十一年，己巳(1449)

九月戊寅朔

乙酉，兵部言："遼東提督軍務左都御史王翱、總兵官都
督曹義、鎮守太監亦失哈等奏報：'達賊三萬餘人入境，攻破
驛堡屯莊八十處，虜去官員、軍旗、男婦一萬三千二百八十餘
口，馬六千餘匹，牛羊二萬餘隻，盔甲二千餘副。'義等失機之
罪，雖在赦前，亦難容恕。"帝曰："守邊為急，且免其死。翱、
義俱罰俸半年。"實錄。

　　此時屢見亦失哈，錄以參考永甯寺碑年月。　九月乙
酉為初八日，虜兵尚在城下，彰儀、西直等門外，時時鏖
戰，虜方挾英宗為重。部臣議將帥罪狀，不少假借如平
時，是為綱紀未紊。　亦失哈奏報列名，而處分不及，可
知明初設監軍太監之意，特使將帥無從諱匿情報，勝則同
功，敗則罪不相及也。其實廉恥未喪時，武臣自不與太監
扶同，自然據實上達。此輩貪濫，豈賢於士大夫！後來揑
勝諱敗之弊，皆由太監導武臣為之，或且迫武臣為之。朝
廷任用奄人，徒使之作威福、索賂遺、破軍儲、壞邊計而
已。任將自有其道，非以寄耳目於宵小為能事也。

庚寅，巡按山東監察御史劉孜劾提督遼東軍務左都御史王
翱等，“平昔不謹哨瞭，不舉煙火，以致達賊入寇，虜去人口。
被虜之人，皆望追救，各官聞言，畧不加意，被賊訪知教場內
頓放軍器，又來搶劫，宜將各官明正典刑。”兵部議：“翱等之
罪，朝廷已寬宥之。惟都督僉事劉端，宜照例罰俸半年。百戶
施帶兒交通外寇，泄漏邊情，宜令巡按御史究治。”從之實錄。

　　實錄此文，證以明史各傳，施帶兒所交通之外寇，正
爲亦失哈任其交通耳。亦失哈本見於明史，日本人疑爲元
之故奄，時代太不相及。

　　明史宦官王振傳，末言：“其他宦官，若跛兒干、亦
失哈、喜甯、韋力轉、牛玉之屬，率兇狡。”又言：“亦失
哈鎮遼東。敵犯廣甯，亦失哈禁官軍勿出擊。百戶施帶兒
降敵，爲脫脫不花通於亦失哈。正統十四年冬，帶兒逃
歸，巡按御史劉孜並劾亦失哈，及他不法事。景帝命誅帶
兒，而置亦失哈不問。”

　　明史劉孜傳不及此事。史稿孜傳：“出按遼東，劾鎮
守中官亦失哈，收養義子家人有反狀，并劾王翱、曹義等
不能禦敵，皆不問。”

　　史傳各文，亦出實錄。另見後。

十月戊申朔

　　庚申，遣使齎敕往調朝鮮及野人女直衛分軍馬，與遼東兵
會合殺賊。實錄。

　　女直兵自永樂以來，屢調從征，至今尙沿故事調發。
清代諱稱與明爲敵國，宜將實錄所載事實盡刪，明史遂爲

闕漏一大部分之書，而有待今日之補訂矣。

遼東、宣府之兵，先於丁巳日奉調入援。

丁卯，敕止所調永平、遼東等處勤王兵。　乙亥，敕止所調朝鮮及野人女直各衛軍馬。實錄。　時虜已北返出邊。

是日，翰林院侍講劉定之陳十事，其四曰降胡："往年以來，降胡皆留居京師，授以官職，給以全俸。夫非我族類，其心必異，故昨者或衝破關塞，奔歸故土；或乘伺機便，寇掠畿甸。今宜乘大兵聚集之際，遷徙其眾，遠居南土，禁其種落，不許自相婚媾；變其衣服，不許仍遵胡俗。為兵者，使與中國之兵，部伍相雜，以牽制之。為民者，使與中國之民，里甲相錯，以染化之。況又省全俸之給，減漕輓之勞。臣嘗言於上皇時，智謀淺短，不足仰動天聽，然今者之禍可以鑒矣。"……帝以所言皆有理，頗采用之。實錄。

前於李賢疏，阻其方來之降胡，猶未有以處前降之胡也，至此乃又有此疏。

十二月丁未朔

己酉，塔山衛女直阿冲加等，來朝貢馬，并奏夷情。賜宴，并紵絲、表裏等物。實錄。

壬子，遼東百戶施帶兒，見獲於虜，泄我虛實，且數為虜張其聲威，嘗致虜酋意于鎮守太監亦失哈。既而虜退，帶兒脫歸，巡按山東御史劉孜收鞫之，坐斬。孜因言："亦失哈本海西人。虜犯廣寧，亦失哈禁制官軍，不使出擊之，反狀昭然。況在邊久，收養義男家人，隱占軍餘佃戶，動數百計。如不早圖，實遺邊患。"疏聞，詔坐帶兒罪，置亦失哈不問。實錄。

　　亦失哈見於實錄，此爲最後。然景帝置而不問，則鎮
守遼東如故也。壬子爲十二月初六日，已在正統十四年之
末。明年景泰元年，鎮守遼東太監忽爲易信。于謙以信爲
海西、建州等都督之親黨，恐洩機通虜，召令還京。以後
鎮守太監即易宋文毅。易信被召在景泰元年五月戊午，即
十五日，距亦失哈被劾通虜、帝置不問之時，止五閱月，
而其通虜及爲女直親黨，又甚相類，殆易信即亦失哈之異
譯。景帝即位之初，記注官易人，故譯名驟有兩歧乎？然
亦失哈歷事數朝，久鎮遼左，不應其名忽然異譯，然則亦
失哈在正統十四年歲杪尙未離遼，景泰元年鎮遼太監已易
易信，至五月又去遼。無論其爲一人，爲二人，要皆在景
泰元年上半年中離遼，以後未知亦失哈死於何年。其於此
年上溯永樂九年，恰爲四十年，亦覺相距太久。

　　從實錄始見亦失哈之年爲洪熙元年，至此已二十六
年。所云在邊年久，多收義男家人等情，自洪熙以來不離
遼邊，亦與劾詞相合矣。又指明其爲海西人，明用亦失哈
招野人女眞，冀設奴兒干都司，仍不過藉海西女眞，以通
黑龍江女眞而已。徒予奉使之海西女眞，有可居之奇貨，
決非能爲國家籌安邊之本計者。漢人宿將如巫凱之流，不
以此舉爲然，而亦失哈爲之不已，奉敕停止而不欲受命，
故知其始亦貪功戀棧，其後又交通胡虜，與女眞共爲反
側。則明之經營女眞，用亦失哈，亦本爲無策矣。當時不
知有殖民一法，欲假降夷以通夷，老成邊將已不贊同。黑
龍江所以終不就範；東北統於一都司之計畫，終不覩成，
然建州、海西之爲明土官，不因是有變動也。

戊午，敕塔山、考郎兀等衛大小頭目曰：“爾等自昔識達

天道，歸順朝廷。朝廷加恩於爾，亦有年矣。近聞爾等被狨虜
也先誘脅。朕亮爾情，亦不得已。今能幡然改過，遣使來朝，
朕甚嘉悅。特令指揮阿冲加等，齎敕諭爾。爾當永堅臣節，保
守疆土，毋聽小人誘惑爲非。爾其欽承朕命毋忽。"　癸酉，陞
哥吉河衛都指揮僉事劄魯哈爲都指揮同知，童寬山衛指揮使住
羊哈爲都指揮僉事。時邊塵未靖，而二人躬來朝貢，故特陞
之。實錄。

景泰元年，即朝鮮世宗三十二年，庚午(1450)

正月丁丑朔

　　庚辰，劄童等衛野人女直指揮卜郎乞等，朵兒必河等衛野
人女直等衛都指揮額昇哈等，哥吉河等衛野人女直指揮色隆哥
等，各來朝貢鴉鶻、貂鼠皮及方物。賜宴，并賜綵幣、表裏、
鈔絹等物有差。　　乙丑，陞斡蘭河衛都指揮僉事弗羊古爲都指
揮同知，指揮僉事沙泥、苦奴，俱爲指揮同知；右城衛指揮使
沙隆加爲都指揮僉事；屯哈衛指揮同知哈三哈爲指揮使；阿塔
赤河衛指揮僉事替麻哈、哥吉河衛指揮僉事吉撒兀、卜魯兀衛
指揮僉事歹速、木蘭河衛指揮僉事哈不、木里吉河衛指揮僉事
阿黑令古，俱爲指揮同知。命故克默而河衛指揮僉事答蘭子忽
失剌、忽石門衛指揮僉事兀丁哥子答魯哈卜魯，俱襲職。　　癸
巳，陞嘔罕河衛都督同知哈答爲右都督，指揮同知沙籠哈爲指
揮使；塔山左衛都指揮同知弗剌出爲都指揮使；葛林衛指揮同
知答魯哈爲指揮使；朵兒必河衛指揮僉事額昇哈、阿者迷河衛
指揮僉事公把奴、列門河衛指揮僉事叫化、肥河衛指揮僉事必
魯，俱爲指揮同知。命故土魯亭山衛指揮同知阿剌哈子額勒
孫、葛林衛指揮僉事沙籠哥子答里哈，俱襲職。　　乙未，陞斡
蘭河衛指揮同知牙失塔爲指揮使，亦馬剌衛指揮僉事阿蘭哈爲
指揮同知。命故亦里察河衛指揮僉事咬納子古魯麻襲職。

實錄。

丙申，朝鮮實錄書：吾都里童所老加茂來獻土物。

是年二月壬辰，世宗薨，世宗錄畢。

庚子，敕諭隨滿河等五衛指揮僉事歹扎等，及大小頭目人等曰：「朝廷以爾歸順，故加恩於爾，亦旣有年。今朕嗣承祖宗大統，爾又能不爲瓦剌所惑，特遣人來朝，忠誠可嘉。茲特令齎敕諭爾。爾當恪守人臣之節，益堅向化之心，但遇瓦剌來邊侵擾，即便密報總兵鎭守等官，相機剿殺，不許任其哄誘爲非。若能殺賊有功，朝廷重加陞賞，必不吝惜。爾其欽承朕命無怠。」實錄。

閏正月丙午朔

戊申，斡幹河等衛野人女直千戶凡察等、建州右等衛女直指揮佟火你赤等，來朝貢方物。賜宴，及綵幣等物。　己酉，陞建州左衛指揮使塔失、建州右衛指揮使和你赤，俱爲都指揮僉事；亦馬喇衛指揮僉事安塔、亦里察河衛指揮僉事扯顏得，俱爲指揮同知。命故喇魯衛指揮僉事歹羊加子亦里襲職。　庚申，陞建州右衛指揮同知忽失八爲指揮使。實錄。

二月丙子朔

戊戌，朝鮮實錄已入文宗朝。文宗諱珦，世宗長子。是日，告即位於宗廟、社稷、輝德殿、永寧殿。來朝野人吾都里都萬戶童仁豆父子等言曰：「我等雖本係野人，今居會寧府城底，與平民無異。過蒙上德，位至都萬戶，願得喪服服之。」命製給。

此皆建州左、右衛之近屬留居朝鮮者，恭順如此。清太祖始以兵力取歸，則謂之東海瓦爾喀矣。

三月乙巳朔

　　壬子，陞兀者衞右都督剌塔爲左都督，指揮使莽干爲都指揮僉事，所鎮撫色不堯爲指揮僉事；益實左衞都指揮使木當加爲都督僉事，舍人散赤哈授所鎮撫，以其拒絕虜使，恪守臣節也。　乙卯，海西兀者衞指揮莽干等奏事回，賜綵段、絹匹、衣服等物有差。實錄。

　　己未，陞建州左衞指揮使馬哈答吉爲都指揮僉事，正千戶安出禿只爲指揮僉事，從都督董山奏請也。實錄。

四月甲戌朔

　　癸巳，朝鮮實錄書：金宗瑞上書論邊事，下議政府議之。時韃靼脫脫王屯兵廣甯、遼東近地，也先屯大同城外，李滿住等諸種野人，皆投於彼，聲言將擊遼東，以及我國。時平安道困於築城，仍之饑饉，疾疫死亡，流移者過半，民生殘弊，兵馬疲弱。人言滿住有憾於我，若引賊長驅，則無如之何，羣情汹汹。宗瑞前往平安，目擊其弊，請罷築城，休民力，修州郡城堡以備害，政府阻之。至是宗瑞上書言之。領議政河演廢書不觀，左議政皇甫仁曰：“我國山川險固，也先志在中原，安能遽至我境？”宗瑞曰：“一朝賊騎至鴨綠，然後始爲之謀乎？”凡論國事，三人持議本自不同，今議邊事，同異若此。

　　五月癸丑，敕朝鮮國王李珦曰：“近得鎮守遼東總兵等官奏報，開原、瀋陽等處，達賊入境，搶掠人畜，及攻圍撫順千戶所城池。審知各賊，乃建州、海西、野人女直頭目李滿住、凡察、董山、剌塔，爲此虜迫脅，領一萬五千餘人來寇，守備官軍追逐出境。又稱欲增人馬，再來攻劫，已遣敕遼東總兵等官，整搠軍馬，固守城池，設法擒剿。朕詳李滿住等，素與王

國有釁，至今懷恨不已，恐其乘機前往王國地方，哄嚇爲寇，
不可不預爲之備。敕至，王宜戒飭邊將，嚴整軍馬，謹愼烽
堠，設法防備。倘遇前賊出沒潛遁，即便截殺，以除邊患。將
士人等有功，一體賞賚。王其圖之，愼之。"實錄。

　　前屢次敷衍剌塔，可知亦一時權術，非剌塔眞效忠
也。此敕中正與建州三衛，聯合寇擾，而剌塔自爲海西渠
魁。中國有也先之釁，女眞皆蠢動。夷情固但知畏威，無
所謂懷德也。　此敕朝鮮實錄中，以八月壬申朔見，字句
異同甚少，不重錄。因述中國敕文，故亦作董山。其前朝
鮮於董山，皆書作童山。

　　戊午，召鎭守太監易信還京。陞羽林前衛指揮使李繪爲貴
州都指揮僉事。時建州衛都督李滿住，潛通胡虜；都督剌塔散
兵剽掠。少保兼兵部尙書于謙，以信、繪皆其親黨，恐泄事
機，請密爲區處，故有是命。實錄。

　　本年四月癸巳，實錄書："命遼東定遼前衛指揮僉事
何海署都指揮僉事，備禦廣寗，從鎭守太監易信奏請也，
則易信所請，已達而朝命施行。信之爲鎭守，似已頗有時
日。然上年歲杪，鎭遼太監猶爲亦失哈，被劾不問，未見
易人，且與女直爲親黨，尤似亦失哈。亦失哈本海西人，
天然爲女直親黨，故疑易信即亦失哈之異譯。

六月癸酉朔
　　癸未，提督遼東軍務左都御史王翺奏："海西、建州賊李
滿住、剌塔等，累入境肆掠。臣等議調官軍，先擒剿滿住、凡

察、董山三寨，然後發兵問罪海西。"敕翶度量事機，如其可
圖，分兵攻剿；否則愼勿輕舉。實錄。

九月壬寅朔

　　是日，朝鮮實錄書：輪對御經筵。知經筵事金宗瑞啟：
"近有李滿住聲息。左右議政以爲滿住雖固請，必不來我北門。
臣意也先方有志中原，終必遣一二使价以試我矣。滿住則與我
國有舊讎，恐數年間必一來侵。"上曰："敵之來否，未可預料。
雖國家閑暇，常若敵至，修吾器械，鍊吾士卒，以備不虞，此
誠爲國家之長策。比來我國專事北方之備，以南方爲無虞，稍
弛備倭之策，此亦不可不爲之慮。"宗瑞曰："邊備甚踈，宜令
各道多造弓矢。"上曰："行城未易猝成，姑堅邑城以自保，實
吾良策。弓矢加造，亦所當急。世宗嘗命鑄銃筒，其數已多，
且鹽硝雖重，然曾採者亦多，姑停鹽硝別監，又使各道監鍊
官，停銃筒之鑄，專責監造弓矢可也。然則外方使命之弊，似
亦省矣。"

十一月辛丑朔

　　癸卯，海西女直都指揮弗剌出等奏事回，賜綵段、表裏、
衣服等物有差。實錄。

　　甲辰，賞建州等處殺賊有功官軍一百二十七人。都督曹
義、胡源，副都御史李純，人銀十兩，綵段二表裏；都御史王
祥等，人銀五兩，綵段一表裏；指揮翟賢等，人銀一兩，絹二
匹；千百戶等官，人絹二匹、布二匹；旗軍人等，各絹二匹。
實錄。

　　此爲明軍小創建州等夷，蓋王翶剿建州之說果行也。
邊帥能舉其職，論賞尤輕，皆紀綱未紊時情狀。

乙卯，海西益實等衛女直都督木當加等奏事回，賜綵幣、
衣服等物有差。　建州衛女直米合來歸，命爲廣寧衛帶管頭
目，給俸廩、房舍、器物。實錄。

十二月辛未朔

乙亥，少保兼兵部尚書于謙奏：“比者侍郎趙榮使瓦剌還，
道遇也先使臣昂克等言：‘今歲交易不滿所欲，又疑朝廷欲加
害，心甚忿之。’榮又聞脫脫不花王，欲整人馬征女直野人。臣
惟虜情譎詐，禍心難測。聞其順服不足喜，慍怒不足懼。蓋中
國之於夷狄，不論彼之强弱，顧我備之有無。其欲征女直之
言，或欲爲侵犯遼東之計，宜敕大同、宣府、永平、山海、遼
東諸處總兵等官，戒嚴邊備；令在京各營總兵等官，同心戮
力，練士馬，獎忠義，恤飢寒，倡勇敢，將卒一心，以備不
虞，毋事因循，有妨大計。”從之。實錄。

二年，即朝鮮文宗元年，辛未(1451)

正月辛丑朔

丙午，敕提督遼東軍務左都御史王翱、鎮守太監宋文毅
曰：“得爾等奏報，脫脫不花王親領人馬，收捕野人女直，欲
先到開原空城。已敕永平、山海總兵官，選調精銳官軍五千，
委參將一員管領，在開原操候；又令在京選調官軍三千操備，
聽候策應永平、山海。爾等遇賊來到，先飛報永平等處，仍自
相機剿殺，不許似前賊已臨門，猶自不信，退縮畏懼，坐失事
機。如違，必重罪不宥。今命都指揮石忠來遼東伺候。脫脫不
花王來近爾處，爾等即量遣人伴送石忠，往與相見而歸，毋或
違誤。”實錄。

壬戌，朝鮮實錄書：通事金辛，在遼東馳啟：“臣到遼東，
謁王大人曰：‘聞脫脫圍遼東，欲向朝鮮。又聞脫脫兵已向東。
故殿下使臣聽探聲息而來。’大人曰：‘脫脫兵三萬，於臘月二

十三四日間到海西，執不剌吹殺之。其部落降者不殺，不順者
皆殺之。指揮剌塔以下一二百，逃奔黑龍江松林等處。建州衛
李滿住，聞脫脫王殺掠海西人，奔竄山林。脫脫不窮追，還于
海西。今海西、建州等處一空，未聞向朝鮮也。所謂向東者，
是建州衛也。'又曰："脫脫凡南朝被虜者，皆不殺遣還，於汝
國有何讎嫌而入侵乎？且吾嘗觀地圖，汝國後門，山溪險阻，
脫脫豈得妄進乎？脫脫多奇策，又知汝國弓兵利害，不向汝國
明矣。汝以吾言啟殿下勿慮。'"右議政南智啟曰："前日議徵兵
各道，待金辛回報，然後更議區處。今觀辛書，別無緊急，請
放遣各道兵。"上謂承政院曰："何以處之？"僉曰："黃海道後運
兵三千，宜勿調發。又京畿、忠清、江原等道軍卒，令其道助
戰節制使，點閱罷之。黃海之兵次于平安道者，亦令金宗瑞以
便宜處之。"從之。遂諭宗瑞曰："今觀金辛所報，聲息稍弛。
朴薑所領軍士，即時放還。脫有事變，或臨時復徵。如或變故
難測，姑留屯住，以待解冰。卿其斟酌施行。"又諭黃海道都體
察使，及京畿、忠清、江原、咸吉等道觀察使、都節制使，皆
令罷兵，並召還各道助戰節制使。

二月庚午朔

　　丁亥，敕遼東提督軍務左都御史王翱，并鎮守總兵、參將
等官曰："得爾等奏，建州三衛賊首李滿住等，姦詐百端，方
送還人口，又縱賊虜掠。爾等欲選摘精銳馬步官軍，往近邊駐
扎，省諭滿住等，將所虜人口盡數送回軍前赦罪；如或展轉延
調，欲便相機征剿。今悉准奏。敕至，爾等務在籌議停當，計
出萬全，不可輕易忽略，有誤事機。"實錄。

四月己巳朔

　　壬申，朝鮮實錄書：諭平安道都觀察使趙瑞安、左道都節
制使朴以甯、右道都節制使李昇平曰："今來唐人押送官李裕

德聞見事目，内王御史言：'今李滿住逃在婆豬江，童倉、凡察逃在東分水嶺、八渡河極南，與汝國隣近，又有宿嫌，若我急擊之，則彼或侵犯汝國邊境，宜謹備禦。'卿等看詳上項事目，一應防禦等事，日加檢察，毋或小弛。"

丁酉，命建州右衛故都督同知凡察孫納郎哈襲職。實錄。

> 凡察死於是年。

五月戊戌朔

是日，陞建州右衛都指揮僉事佟火你爲都指揮使，指揮同知李吾哈爲都指揮僉事，賜綵幣有差。先是，提督遼東軍務左都御史王翱等，奉命遣人往建州，諭李滿住等，俾送還原虜人口。至則滿住等先已避脱脱不花王兵遠遁，獨佟火你等在，引使人深入，獲見滿住，送還人口三百二十人。佟火你又備方物入貢。翱等言其效勞可嘉，乞增秩獎勵，故有是命。實錄。

> 佟火你即佟火你赤，李吾哈又作李兀黑。嗣後二人屢次效順，直至成化初明誅董山，二人皆有密報消息之功。

壬寅，朝鮮實錄書：典農少尹崔濡上言："……又自吉州西北口子，指東良北，賊徒通行，自古成路。近年大小使臣，未知其實，防禦亦踈。今凡察、童倉逃匿作賊，山川道路，無不知之，而吉州無城堡，故倉庫吏民，將爲剽竊。其附近西北口子，乞依茂山例，差定萬戶，給吉州正軍一百五十名、雜色軍三百名，使之番戍。……"從之。

> 凡察之死，朝鮮尚無所聞。自建州入明邊後，朝鮮已

隔膜，故始終認童倉、董山爲一人，亦此故也。

丁未，太子太傅兼禮部尙書胡濙等奏："瓦剌脫脫不花王遣使朝貢，及將虜去招撫海西使臣高能等七人送回。其忠順可嘉，乞厚加賞賜，以慰遠夷歸向之心。"從之。　己酉，遼東三萬衛所鎮撫總旗舍人高能等七人，先是齎敕往海西等衛招撫，遇脫脫不花王虜以去，至是遣使送回。帝以能等跋涉艱險，況又傳報虜中事情，賞鈔及綵幣。實錄。

六月戊辰朔

壬午，朝鮮實錄書：咸吉道都節制使李澄玉啟："李滿住言於慶興伊沙山住女眞朴伊泰云：'予欲取白頭山北南羅耳夫尼衛，或慶源地訓春居之。'"命召議政府議之。諭澄玉曰："滿住如欲來居旁近，或親來，或親信人誠心請乞，則啟達區處。"

　　滿住前以居近朝鮮而憚兀狄哈女眞，遁入明邊，今又憚瓦剌，欲回近朝鮮地。是時建州爲狓猜疲弱流移不定之夷。

七月丁酉朔

是日，女直都指揮千百戶奢養哈等二十四名來歸，命於遼陽定遼左等衛帶俸，給衣服、綵幣、鈔、布、房屋、牛羊、食米、牀榻、器皿等物。　壬子，益實等衛野人指揮同知苦女等來歸，命於遼東定遼中等衛帶管，給房屋、牛羊等物。　己巳，遼東總兵官都督曹義等奏："往海西、建州等衛招撫官旗郎福等十四人，爲賊所殺，暴骸原野。乞將其應襲子弟，依陣亡例俱陞一級。"從之。　益實衛野人指揮同知苦女等，故所鎮撫兀頂哥、阿都哈海三等，以被也先擄掠，率家屬來歸。命苦女仍原職，阿都哈海三襲所鎮撫，於自在州居住，隸定遼中衛，暫支半俸，賜鈔、布、綵段、衣服、房屋、器皿等物。實錄。

是日，也先許歸上皇。

八月丙寅朔

辛未，朝鮮實錄書：議政府啟："今被擄逃來唐人唐貴、張順等供稱：'吾等去年八九月間，爲李滿住、凡察等管下人所擄。今年六月，乘夜逃出，晝行夜歇，五日至理山地面。滿住曾居渾河，今年三月，畏達達及遼東軍馬，率部下移居渾河迤南十日程枉天地面。自枉天以南二日程，地名吾未何。吾未何以南半日程，地名婆猪江。自婆猪江至枉天，道路不險，其間雖有川河，人馬皆可通行。吾未何西邊有兀剌山城，滿住管下人等常言，右山城險阻，西不畏遼東，北不畏達達，唯南邊朝鮮軍馬甚可畏，然避亂之地，莫如此處。今年秋收後，當來居于此。'以是觀之，上項滿住等移居處，與本國後門不甚相遠，且賊路平易，滿住等不忘舊釁，乘虛突入作賊可慮，備禦條件，磨勘後錄。"……從之。　甲戌，召皇甫仁、南智、金宗瑞、鄭苯、安崇善、許詡，命左承旨鄭而漢，議李滿住使送人等接待節次，及江邊各堡人民入保等事。下諭書于平安道右道都節制使曰："今來左道都節制使啟本節該：'李滿住管下金納魯等六名，到江界地面滿浦。問其來由，則曰："脫脫兵馬擊海西衛，殺虜人物，因此滿住不得寧居。今年三月，還居兀剌山城甕村；凡察子甫下吐，則移居甕村迤北十五里吾毛水之地；充尙則移居甕村。上項滿住管下一千七百餘戶，充尙、甫下吐管下共六百餘戶，自桑木、仇非，至于沈者羅老林加羅古

家基址，則海西衞指揮李滿者，率管下一千餘人來止。因今年
大水，禾穀不實，吾等爲請口糧，受滿住印信文引而來。滿住
亦欲於九十月間，遣其子古郎巨來獻土物。"右金納老，常往來
江界等處，道路遠近，備嘗知之，托以乞糧，窺覘虛實，實爲
可疑。然因饑乞食而來，不可拘留。臣饋以酒食，給粟米十二
斗、黃豆六斗、鹽醬各六斗，以遣之。'予亦以爲滿住、充尙、
海西野人等，密邇境上，連兵作賊，誠爲難測，防禦諸事，日
加謹愼。今去事目，看詳曲盡施行。"又諭平安道左道都節制使
曰："今來啟本具悉。李滿住還至舊居。海西野人來居桑木、
仇非等處，密邇我境。防禦諸事，日加謹愼。今去事目，看詳
曲盡施行。其事目：（一）若滿住或遣親子，或遣管下，來欵邊
邑，則邊將當應之曰：'汝輩今還舊居，日月不久，去留難定，
歸順誠僞，亦且難知，邊將不可輕易接待。'姑與之酒食，量給
米醬等物，毋或生釁。（一）滿住使送人賫來土物，欲要進上，
權辭以答曰：'未得肅拜，經自進上，似乎勢難。'且欲以所持
物件贈遺節制使，則答曰：'既欲進上，又贈節制使，甚爲未
便。'以此開說遣還之。（一）咸吉道則沿邊各鎭，城外皆有客
舘，以待野人。本道則蒲州江野人接待於江界、滿浦。今於滿
浦堡外行城內，量設客舘二三間待之。若貧窮者乞糧於理山、
碧潼、慈城、虛空橋堡、閭延等處，則各於城外設草家待之，
稍給口糧遣還。理山則木柵不完，於央土里行城外，亦作草家
待之。渭源、高山里、虞芮等各處，則毋令接待，隨即給糧，
指送滿浦，馳報節制使。（一）江界地面滿浦堡，則城子完固，
又有行城，堡內人民，除邑城入保，仍在本堡。高山里人民，
亦姑除入保邑城，仍在本堡。若江水冰合，聲息緊急，則入保
滿浦堡。慈城、虛空橋，則城堡完固，守禦無難。除入保邑
城，仍居防禦。麻田池、寧貴堡，亦姑除入保邑城；至江水冰

合，聲息緊急，乃入保邑城。虞芮、趙明干堡，既有內外城堡，姑除入保邑城；至江水冰合，聲息緊急，乃入保邑城，並力固守。"諭咸吉道都節制使李澄玉曰："今來平安道都節制使啟本內，李滿住遣管下金納魯等六名，乞糧於江界、滿浦。得此，竊料本道與滿住居處，相距遙隔，遠來作賊，似無可疑，然恐或有因飢困歸順來歁者。今去事目，看詳曲盡施行。"其事目與平安道事目同。又下諭書于兩界觀察使。

　　此所云凡察子甫下吐，在明實錄中作不花禿。建州右衛之職，雖由凡察孫承襲，而凡察子不花禿仍領管下。後凡察孫納郎哈以罪被誅，右衛仍屬不花禿承襲。充尙，即明實錄之董山，朝鮮往往譯作充尙，清實錄作充善。據朝鮮實錄此則，建州三衛皆有移徙，蓋避瓦剌之難，向南退至鴨綠江邊，與朝鮮隔江極近矣。

　　丙戌，上皇還京師。

九月丙申朔

　　丁酉，胡寇所虜建州女直百戶旺保等四名來歸，命於廣寗等衛居住，給房屋、牛羊等物。　　戊戌，海西亦馬剌衛故野人指揮僉事阿蘭哈子寫稱哥來歸，命襲指揮僉事，於遼東自在州安置支俸，賜鈔、綵幣、表裏、紵絲、襲衣，給房屋、器物。

　　戊申，命故古木山衛指揮同知歹羊哈子愛成哥，兀的河衛指揮僉事忽失帖木子俺出、都魯禿孫阿桑加襲職，授女直夫不葛爲所鎮撫，俱於遼東安樂州居住，給房屋、牛羊等物，以其先爲胡寇所虜，至是來歸也。　　癸亥，海西兀的河衛女直俺出、阿桑加來歸，命爲指揮僉事，於遼東安樂州支俸，賜鈔、綵幣、表裏、紵絲、襲衣，給房屋、器物。實錄。

十月丙寅朔

辛未，海西弗朶禿河等衛女直官舍二十九人，挈家來歸，願居遼東邊衛自效。命指揮納郎哥等十五人，仍原職；故指揮僉事速哥禿子色里伯、克苦苦子松塔、苦出子必失哈、末希納子朶里必、沙籠哈子古郎加、察罕帖木兒子劄空住、亦失蠻子劄令加、塔不答孫阿古沙襲職，老疾副千戶也兒吉納子乞塔納代職，授阿色等五人爲所鎮撫，隸遼陽等六衛帶管隨操，給半俸，及房屋、器皿、牛羊等物。　　丙子，命海西來歸故建州衛僉事童哈留孫歹英加襲職，授肥河衛舍人亦失麻爲所鎮撫，毛憐衛女直松吉納、建州左衛女直趙阿迷納爲頭目，歹英加隸東甯衛，亦失麻等隸廣甯中衛，俱給賜房屋、器皿等物。實錄。

乙酉，建州等衛女直都督李滿住、董山等，自正統十四年以來，乘間竊掠邊境，遼東爲之困敝。提督遼東軍務左都御史王翱等，遣指揮王武、經歷佟成往招之。至是稍歸所掠男女，而身自入朝，貢馬謝罪。

　　　　建州三衛復受撫，時上皇已歸，虜已與明和，邊警漸息，女眞自亦向化。視中國强弱爲順逆，夷人本色。

丙戌，命故建州左衛指揮僉事牙失塔子土滿、兀者衛指揮僉事四哥子亦令加、木束河衛指揮僉事長把孫瓦劄、肥河衛指揮僉事牙失塔子木令加、卜魯兀衛指揮僉事忙哥子速猛哥、兀的河衛指揮僉事阿里哥子海撒、兀者右衛指揮僉事忽失苦子斗戒、古里河衛指揮僉事鎖魯哈子土刺，俱襲職。土滿還原衛；亦令加等七人，隸海州衛帶管，俱給賜房屋、器物，以其願居邊衛自效故也。實錄。

丁亥，敕諭朝鮮國王李珦曰：「近得遼東邊將奏，建州野人頭目李滿住，累遣人往王朝鮮界，與婆豬江邊堡官司結約而回，其官司又令十月再至，爲之啟王。朕惟建州諸夷，皆是祖宗以來設置衛分，陞授官職，俾各管束人民，自由居住，所以眷待之者甚厚，而狼子野心，背義忘恩，乍臣乍叛，譎詐百端。況李滿住等，素與王國讐隙，今一旦通好往來，此必假以投順爲名，窺伺王國虛實，然後指引他寇，乘間肆侮，其爲王國之患無疑。王宜戒飭邊堡官司，嚴愼隄備。如彼遣人至邊，果無釁端，則惟拒而勿納，有則，擒之解京，庶免後患，朕當爲王賞有功者。王其愼之愼之。”實錄。

此後，明頗以朝鮮勾結建州爲疑。直至天順間，幾欲問勾結之罪。由朝鮮史實觀之，女眞臣服朝鮮，其來甚遠，且朝鮮亦決無與中國爭取屬夷之野心，然明廷不能不防也。朝鮮實錄中未載此敕。

三年，即朝鮮文宗二年，壬申(1452)

正月乙未朔

戊申，命來歸女直指揮僉事管禿子女松哈、正千戶阿卜哈子革撤襲職，俱于遼東安樂州支俸，給與房屋。　甲寅，命建州左衛故都指揮僉事佟黃綽子添保奴襲職。　辛酉，建州右衛女直都指揮李吾哈等，來朝貢馬及貂鼠皮。賜宴，并綵幣、表裏、鈔錠、食茶等物。實錄。

二月乙丑朔

壬申，朝鮮實錄書：初，西北沿江郡邑，因上年水潦，田禾野草沒於泥沙，餘者亦帶塵穢，頭畜食之者，疲困而死，耕牛戰馬，公私殆盡。定寧郡調習馬本二十匹，而死者十九，其他郡縣人家，與遼東及野人之地皆類此。自野人中來者，言此

時歛精兵一二百騎，入李滿住等窟穴，則羸人困畜，一舉可
盡。滿住及童卜化禿等，嘗假稱達子，屢寇遼東，俘掠邊氓，
畏其來討，自原居蘇子河，移住兀兒彌河阿坡里等處，與江
界、渭源，相距才二三日程。此輩自癸丑北征之後，絕不往
來，今因年饑，指揮百戶千戶携妻挈子，來索米鹽，絡驛於
道。國家以爲從之難繼，不從生釁，給以升斗，於江邊城外略
備酒飯，慰諭而遣之。彼欲疊受，才去復來，期於苟得。我亦
連年凶歉，邊儲罄於救荒，以是難之。時漢人被擄者多隨以
來。知渭源郡事張緝，有膽勇者也，知其爲漢人，具戎服領士
卒而出，奪漢人楊哲等入城。其酋虜取金帶帶之，謂緝曰：
"我中國官人也，團練使何得無禮乃爾！"緝叱之曰："爾受天子
之爵命，而虜天子之人民，是賊耳，敢稱官人乎？"酋口噤不得
語。緝前後所奪漢人二十餘名。野人被奪，或有垂涕而反者。
聞者壯緝之爲人，而朝議以爲輕易，卒爲監司所貶。卜化禿，
凡察之子，虜中之驍勇者也。平安一道，自昇平以來，野人賓
服，邊境無虞，民物蕃息，山顛水涯，墾田無遺。世宗初年，
人民之多，亞於慶尙，而諸道不及。自北征，邊務日興，築城
之勞，防戍之緊，加以饑饉疾疫，且都節制使或置或革，或分
左右道，或合爲一，或監司兼之，或宰相領之，移營置鎮，殆
無寧歲。十六七年間，民之死亡流離者十六七，田卒污萊，滿
目蕭然，人之存者，亦皆喪其樂生之心。上即位，停築行城，
量減戍卒，募土人選爲甲士銃筒衛，除官給廩，人樂赴防，而
民力得蘇矣。觀察使鄭而漢，飭廚傳，媚賓旅，喜名好譽，而
道內尤多事焉。

乙亥，命來歸海西阿資河衛故指揮同知抄花子阿刺禿……
俱爲頭目，於錦衣衛安挿，月給米二石，并房屋等物。　兀者
等衛女直指揮同知把哈差等九人，先爲瓦刺所虜，至是隨其使

臣來朝貢，願內附，及建州左衛女直莽苦等六人來歸。俱命仍
舊職，并爲頭目，隸南京錦衣衛，賜衣服、鈔幣、房屋、器皿
等物。　乙酉，命故毛憐衛指揮僉事克忒額子凡察襲職。　指
揮同知牙失哈、指揮同知柏羊哈、副千戶打隆加、頭目伯的牙
兒等三十四名來降，命送南京錦衣衛安挿，月給米二石，并房
屋、器皿等物。　戊子，命故刴嶺衛指揮僉事撒兒乞子苦失，
隨滿河衛指揮僉事木答忽子額失捏、兀者衛所鎮撫忽申拔子幹
冬哥、卓里哈子木黑尙，俱襲職。　壬辰，建州衛女直都指揮
佟火你赤等，來朝貢馬及方物。賜宴，及鈔幣等物有差。
實錄。

是日，朝鮮實錄書：諭咸吉道都節制使李澄玉、都觀察使
金文起，平安咸吉道都體察使皇甫仁曰：“同封政府所啓事目，
看詳布置。正朝使事目：正月二十六日，建州衛野人李愚許、
童奴高等，見兩使云：‘我管下人二戶，逃歸貴國後門。前者
奏達朝廷，欲敕貴國回送。’（一）廣甯王御史曰：‘聞建州衛人
十一名，往在後門。’我記他姓名，殿下拿此人等送付朝廷。王
御史言：‘今十一人，往在狼甫兒幹之第。宰相等達于殿下，
須將拿來。’（一）遼東王璜言：‘李滿住年前赴京，到廣甯，告
於都御史云：“我的搶去人口當盡還，但凡察三子不花吐，帶
領頭目十人，往朝鮮後門藏在。此等我管不得，宜宣敕朝鮮拿
來。”以此王御史奏達朝廷，亦實聽敕本國。’（一）奏聞使事目，
二月初九日到廣甯，通事金有禮問於椽史彭宗曰：‘金保直到
後門乎？’宗曰：‘但見殿下交割敕書而已。’看詳事目，十一人
往在後門之語，非獨指平安道後門，必指咸吉道後門，其曰不
花吐帶領頭目十人往朝鮮後門，又曰今十一人往在狼甫兒幹
家，則其爲咸吉道後門明矣。滿住之訴如此，而朝廷之敕又如
此。本國不知十一人到甫兒幹家與否，而回奏似難。雖實到本

國，不曾措置，而遽以拿來爲難回奏，亦爲未安。必使人探知，然後乃可回奏。且今敕書未到，不可遽使檢刷，然都節制使遣親信野人，或遣通事，勿露受敕之意，但以賞賜之意誘說，則庶或率來唐人或有自來之理。若敕書到後，差人往求，則道路遙隔，使者交割敕書，隨即回還則已，若必欲根同回奏使解赴京師爲辭，久留則弊不可勝言。熟議布置。"

不花吐即甫下土，明譯作不花禿。狼甫兒幹即郎卜兒罕，舊毛憐衛酋，故同在咸吉道後門。其鴨綠江西岸上游，則朝鮮之平安道後門也。

三月庚子朔

丁酉，命毛憐衛故指揮同知根帖木子阿刺孫，指揮僉事賞禿子克忒里阿、因帖木子阿哈，俱襲職。 庚子，女直有來歸者，命指揮僉事苦失等五人，於遼東廣寧左衛帶俸安挿；軫等四人，於南京錦衣衛安挿，賜鈔、紵絲、衣服、柴米、牛羊、房屋、牀榻、器皿等物。 丁未，苦木山衛故指揮同知把把撒溫子它彌，携其弟及妻奴來歸，願自效，命襲職帶俸遼東屬衛。實錄。

是日，命提督遼東軍務都察院左都御史王翶理本院事。先是，建州右衛都督凡察子卜花禿，嘗從其父擾邊，剽掠人畜。及凡察死，又糾賊徒入遼東盜馬、殺官軍。至是，都指揮王武招撫來降，皆至京師服罪。兵部及六科，劾其悖逆不忠，罪惡深重，宜正典刑，以彰天討。詔："卜花禿罪固難容，但彼夷人，且來服罪，宥之，令其遷善改過。復爾，必殺無赦。"實錄。

　　前見朝鮮實錄，正由邊將知會捕送不花吐。此明卜花禿罪狀，以乘也先之釁而父子爲寇。今瓦剌求好於明，建州自欲歸順。明既宥卜花禿，亦無責於朝鮮矣。

　　王翱自此召回理都察院事。實錄本年二月壬辰，先書以提督遼東軍務左都御史王翱在邊年久，還京，命副都御史寇深往代之。至是，翱到京有此命，乃離遼東提督任矣。殊域周咨錄："正統十四年，北虜也先入寇，犯京師，脫脫不花王犯遼東，阿樂出犯陝西，各邊俱失利，而遼東被殺掠尤甚，故海西、建州夷人所在皆起爲亂，遼東爲之弗靖者數年。兵部侍郎于謙上疏略曰：'野人女直各種夷虜之人，俱附遼東地方，近來相率投降者衆，朝廷許其自新，推以曠蕩之恩，宥其反側之罪，授以官職，嘉以賞勞。遼東總兵等官，就於自在州并東甯等處城堡，安插者動以千數。此等之人，狼子野心，中難測度。即今醜虜犯邊，我軍失利，遂起奸謀，結連内應，其貽後患，慮恐非關細故，矧近日遼東安插韃人，糾合謀叛，出城潛從虜寇者，動至一二十，此正其驗，不可不防者。宜令寇深、宋文毅、曹義等，公同計議區畫，將以安插夷人，若何設法關防鈐束，以消意外之變，而爲經久之策。後來降者，俱從起送，赴京處置，或更與官賞，令回本處住種。何者爲便，或別有長策，可以安内攘外、防患弭奸者，俱令區畫馳奏。'至景泰後，始克甯謐。"

　　于謙此奏，在寇深代王翱後，則在此時之後，其于遼東安插韃官，又有變計，則其前設安樂、自在二州招降女眞，來者不拒，一有邊警，弊害立見。知永樂、宣德以來，馭夷之策本疎也。大約後來降者，給予官賞，令回本處住種，而以前安插之夷，則別定鈐束之法，所謂至景泰

後始克寧謐，即一變濫招之計也。前于願居京者，迭次設
法約束，今更于願居遼東者，亦窮而知變矣。然殖邊之一
策，終未覺悟。古來不知民力可用，以爲非兵不濟邊計，
乃其有失無得之本因。過此以後數十年，明威信益墜，疲
玩益深，雖欲殖邊，不可得矣。

　　己酉，朝鮮實錄書：遠接使金何馳啟："金千戶言：'我來
時，監軍大人語曰："朝鮮國將被虜走回人口，解送遼東都司，
都司具奏，而我等不奏，不可也。汝去朝鮮，請將景泰二年三
月二十日至景泰三年二月初一日，起解口數，具錄咨文。且往
王京，若有解送人口，則亦於咨文內具錄口數，汝回時一同順
帶而來。其咨文當云，轉呈提督軍務都御史王、總兵官曹等處
解送，則遼東不敢徑奏，當呈我處。我當就差汝同朝鮮差來
人，送付北京矣。且遼東咨文節該：'毛憐衛都指揮浪卜兒哈、
李額革等，奏保各將原搶人口盡數送還，只是路遠，本衛相離
高麗兩三日程，要着我每將人口都送到高麗，轉送前來，又好
便當。'等因。兵部擬議准令本人等，各將原搶去遼東地方人
口，盡數還來遼東總兵官等處交割，及從便就近送去朝鮮國，
轉送前來，及仍令都御史王等，先行差人賚文，前去朝鮮國，
遇有毛憐等衛送到原搶遼東人口，寫記名數，就便差人伴送遼
東總兵等官交割，不許留難遲違。"　庚戌，命召金宗瑞、鄭
苯、李穰、許詡等，示以金何馳啟事目，及遼東咨文，仍曰：
"卿等觀此二書，其可議條件，詳悉布置。且今到唐人姑留之，
待使臣回還，一時解送何如？"宗瑞等逐條以議："（一）本國自
來被虜潛來唐人，及江上乞糧野人率來唐人，並皆差人解送。
毛憐衛野人等若送到人口，則當依前解送，安有稽緩，宜以此
答之。（一）今到唐人若留待使臣，倘見使臣請曰：'吾之族類

被虜者，在某處某野人之家。若令本國差人刷來，可以得之。’
使臣因此強請差人刷還，則非徒對之爲難，終有難處之事，不
如先送平安道爲便。使臣若問唐人有無，則宜答曰：‘近者被
虜逃來及本國尋覓，并計幾口數，依前解送間，聞大人之來，
令留平安道，待大人指揮。’（一）自今解送咨文書，轉呈提督軍
務都御史、總兵官之事，當待使臣到京，見敕書之辭，兼聽使
臣之言，更議施行。然遼東咨文云轉達奏聞，舊例也。今因使
臣傳說監軍之言，卒變舊例，斷不可也。若其今舊解送唐人口
數，一一具錄於咨文，似爲無害。（一）使臣若說毛憐衛等處被
虜唐人，差人刷還之事，則當答曰：‘敕諭內無刷還之語，且
毛憐等衛，非我國所管，而山川險阻，安能差人刷出。如不得
已刷，則當用軍馬。彼若聞吾起兵，則必轉賣唐人於深遠之
地，或值勢窮，則射殺之，逃遁山林，其不能刷出明矣。莫若
乘其自來，連續解送，日月多則庶幾盡還。昔楊木答兀所虜唐
人，前後解送幾至千餘，此其一驗也。’（一）若問侵犯上國野人
有來居本國後門者，則宜答云：‘曾蒙敕諭，備知朝廷指意，
安有容留犯罪野人於境內之理乎？我國境外，則山川險阻，人
烟隔絕，不知野人來居與否也。’”上曰：“卿等之議甚當。但其
咨文轉呈監軍御史、總兵官，及野人、唐人之事，因言次答之
乎，先自發言乎？”僉曰：“臣等意謂咨文內辭，彼必面陳。倘
或面陳，則上當答曰：‘已知。’後使承旨將擬議事意回答
爲便。”

丁巳，命故建州左衛指揮同知買禿子保能襲職。實錄。

戊午，朝鮮實錄書：上率百官迎敕于慕華舘，還至景福
宮，行禮如儀。敕曰：“近得遼東邊將奏報：‘建州三衛女直野
人先因北虜逼脅，來犯我邊，搶去人口。後聞朝廷欲行調兵征
剿，始各畏懼，將其所搶人口送回，赴京服罪。然聞其中多有

怙終之徒，潛帶所搶人口，逃往王國後門，於斡木河一帶地方
藏躲。'等因。朕念此徒狼子野心，容留久住，必生後患，爲王
國害匪細，不可不早袪除。敕至，王即嚴戒守邊頭目，速將前
項躲住女直野人，盡數趕出境去，不然必致引惹外寇生事，治
之晚矣。如有重情，可即差人擒拿，解赴遼東邊將處定奪，毋
或稽違。故敕。"　上幸大平舘，命姜孟卿議于政府曰："今敕
書何以回奏，回奏使當差何等官？"僉曰："必須差人回奏。此
敕主意，專在女眞野人盡數趕出境外之語，是疑本國容留彼人
於境內。今當奏曰：'斡木河地方，雖接本國之境，地甚遼遠，
其住與否，本國未知之也。且彼野人若到本國近境，則其所虜
唐人，或自逃來，或被邊將收奪，故無來往近境者。況累次蒙
敕，慎勿容留，聖訓昭昭，安敢許納境內乎？'以此意草奏，而
平安道來到唐人供詞，一一具錄於咨文，則我國情僞，自然見
矣。其所差之人，則擇參議以下、判事以上穎悟者差遣爲便。"
又問曰："金河啟云：'使臣語臣曰："有親達之事，然畏殿下，
如之何？"臣答曰："在大人之心仍問何事？"使臣曰："宋大監、
曹總兵官等囑予曰：殿下每使臣之來，厚送禮物，感謝無極，
幸爲我謝恩。"且曰："又有一事。"臣問何事？使臣不答。臣意
以爲前日所言，北門逃回人口，差人刷來等事也。'今若相見言
之，則何以答之？"僉曰："若親答，則當答曰：'前此被虜逃來
者，雖一二人，本國必差朝官劃即解送，安敢遲滯。頃者野人
所虜人口，或自逃來，或隨乞糧野人而來，被邊將收奪者，凡
二十餘人，皆給衣糧，差官押解間，聞大人之來，姑留平安
道，以待大人指揮。又咸吉道後門來投九人，亦送平安道，待
大人。'"又議解送咨文轉呈提督軍務都御史及總兵官之語，僉
曰："臣等前日見遼東咨文，誤謂差批，故獻議曰，不宜但因
監軍之言，卒變舊例。今更詳此文，其令左都御史王等，先行

賚文前去朝鮮國，遇有毛憐衛送到原搶遼東人口，寫記名數，便差人伴送遼東總兵官交割等因。兵部奏准移咨，而遼東據此移咨本國也。今此解送遼東咨文，當云都御史、總兵官等處，轉呈施行，於遼東固無嫌焉。”

己未，女直頭目住阿哈來歸。命於南京錦衣衛安插，賜鈔、布、衣服、柴米、牛羊、房屋、牀榻、器皿等物。　辛酉，建州衛指揮僉事能額禿等八人來歸，願自效。命能額禿仍舊職，餘襲授有差，分處海州、蓋州二衛，給房屋、牛羊等物。實錄。

此等來歸人安插之法，當是于謙疏尚未上時舊法。

壬戌，朝鮮實錄書：命都承旨姜孟卿問安于使臣，仍語曰：“昨日大人請差人督刷人口，然毛憐衛非我國所管，不可差人刷出。如不得已，則當用軍馬。彼聞起兵，則必轉賣所虜唐人於深遠窮僻之處，終不可得矣。”使臣曰：“毛憐衛卜哈禿、李額革等供稱：‘本衛相離高麗兩三日程，要著我每所擄人口，都送高麗，轉送前來。’事已奏聞，今若差人通諭，則彼必聽順矣。”孟卿答曰：“毛憐衛與我素有讎嫌，大人所知。彼據險負固，常搶擄我國邊氓，故絕不通好。今若差人起兵往刷，則彼將轉賣唐人於窮遠，而逃遁山林，唐人雖欲逃來，道阻莫致，萬無得一矣。莫若寬待野人，勿露此事，使唐人乘間逃來，連續解送，日月多則庶幾盡還。昔楊木答兀所擄唐人，前後解送幾至千餘，此其一驗。”使臣曰：“雖不差人，委往彼界轉轉通諭，得彼可否回報，然後我欲復命，且潛囑被虜唐人，使之逃迴，亦如何耶?”孟卿曰：“彼人非我族類，且有讎怨，雖轉轉通報，斷不能行，而反使彼人深藏人口矣。潛囑唐人之事，亦不可爲也。然昨日因大人言，已遣人於後門探候人口矣。"使臣曰："皇帝招致李滿住、童倉，而不招卜哈禿，卜哈禿慊之，搶奪遼東牧馬十七匹而去。皇帝敕諭滿住等，拿卜哈禿以來，否則當擒殺汝輩。滿住督卜哈禿赴京，卜哈禿不應。滿住曰：'見咎於爾猶可也，若得罪皇帝，則我輩無所逃矣。'遂拿卜哈禿而歸。今將敕意往諭之，則彼必順命。"孟卿曰："皇帝之命，普天之下，凡有血氣者，莫不順從。若我國，則雖差人往諭，豈肯聽順?"使臣良久曰："殿下之言，吾思之甚合事理，不可差人委往。又使彼人毋得知敕書到國，待後門探候之人急速回報，然後予亦決其可否矣。"諭咸吉道監司曰："今來使臣，欲待邊將報逃來唐人有無，然後定其可否。宜速馳報，仍具事目以送。"

四月甲子朔

丁卯，建州左衛都指揮僉事佟塔察兒老疾，以其子莽剌代職。　壬申，遼東都指揮僉事王武，奉命往建州等衛拘取原搶人畜，并捕達賊卜花禿，遂招降都督納郎哈等五十一人來朝，各貢馬匹、貂鼠皮。賜織金襲衣、絹匹有差。　女直指揮高捏勒禿等五名，以其地缺食，率家屬二十四人來歸，并請襲職。命於海州、蓋州二衛安置，賜織金襲衣、鈔布、牛羊、柴米、房屋、牀榻等物。　庚辰，建州左等衛指揮等官阿里、兀山等十七人，并故指揮同知忽里并加子古納、頭目它彌孫答，及海西忽里吉山衛女直納台溫察，初爲脫脫不花王所虜，至是來歸。兵部奏："阿里等宜仍舊職及襲授職事，聽於蓋州等衛帶官差操。啞哈等二名，叛服不常，難往遼東，宜陞爲頭目，送南京錦衣衛安置。"從之。各賜織金襲衣、鈔、布、綵段、表裏、牛羊、柴米、房屋、牀榻等物。實錄。

安插女直，仍是舊法，于謙疏仍在後。

癸未，朝鮮實錄書：奏聞使李蕃如京師，奏曰："東寧衛千戶金寶，齎捧到敕諭該：'近得遼東邊將奏報："建州三衛女直野人先因北虜逼脅，來犯我邊，搶去人口。後聞朝廷欲行調兵征討，始各畏懼，將其所搶人口送回，赴京服罪。然聞其間多有怙終之徒，潛帶所搶人口，逃往王國後門，於斡木河一帶地方藏躲。"等因。朕念此徒狼子野心，容留久住，必生後患，爲王國害非細，不可不早袪除。敕至，王即嚴戒守邊頭目，速將前項躲住女眞野人，盡數趕出境去，不然必致引惹外寇生事，治之晚矣。如有重情，可即差人擒拿，解赴遼東邊將處定奪。毋或稽違。欽此。'除欽遵外，議政府狀啟：'行據咸吉道都節制使李澄玉呈該："本道邊鎮會寧迤北，係是野人窟穴，山谿阻隔，樹木茂密，諸種野人四散占據，縱跡詭秘，雖有潛帶所搶人口，藏躲本處，無從可知。若乃卑職所管境內，怎肯教他潛來躲住？前後解送被擄回還遼東人口，所共見知，不肯容匿。呈乞照驗。"得此。具啟。'據此。臣竊念斡木河地方，雖近本國後門，所有野人號令所不見，況兼在先人口，陸續逃來，轉解遼東共該八百三十四名；又於近年遼東等處被擄人口，或逃來小國邊邑，或野人帶來，遂爲邊將收奪，節次解送，總計一百六十九名口。緣此上項野人等，心懷讎怨，且患搶到人口，逃去不止，不欲帶住本國隣近地方，豈有藏逃境內之理。臣竊詳此輩，譎詐萬端，容留久住，必生後患，誠如聖諭。若有帶領所搶人口，潛躲境內，安敢容留？即令邊將欽依敕旨事理施行。"

五月癸己朔

朝鮮已入魯山君日記。

壬寅，毛憐衛故指揮使北赤母白氏來貢馬。賜宴、綵幣、表裏。實錄。

丁巳，朝鮮實錄書：奏聞使李蕾，奉書于承政院以啟曰："臣管押唐人到遼東，言於王祥曰：'前日咨文有云："毛憐等衛送到原搶人口，差人伴送總兵官處交割。"今次押來人口，雖非毛憐衛所送一般逃回人口，亦當於總兵官處交割。'祥曰：'旣非毛憐衛送到人口，當依舊例就本司交割，予當報之總兵官。'通事崔倫等，押唐人就見都御史及按察使之第，皆曰：'朝鮮賢王效順朝廷。'"

己未，海西老哈河衛指揮同知付剌答、兀者右衛指揮僉事阿剌孫等、塔麻速河衛指揮僉事連八等、阿古河等衛指揮僉事亦籠哥等、兀者衛故指揮使莽加子幹里哈等、老哈河等衛副千戶付羊古子撒路古等二十二人、女直幹都等十九人，俱來歸命。幹里哈等襲指揮使指揮同知僉事等官，撒路苦等襲副千戶等官，支半俸；都幹等爲頭目，月支倉米二石，俱於遼東金州衛安挿，賜鈔、綵幣、表裏、紵絲、襲衣、房屋、器皿等物。實錄。

六月壬戌朔

癸亥，兀的河等衛指揮兀山等二十八人歸奏，願居京自效。命仍原職，賜金織襲衣、紵絲、鈔、布有差，仍命隸遼東金州等衛，給房屋、器皿等物。 辛未，命來降女直建州衛指揮同知剳剌兀子木答等十五人爲指揮千戶等官，金州衛帶俸，仍賞賜布有差。 甲申，朝鮮國王李珦遣陪臣李蕾等，來朝貢

海青。賜宴，并賜金織襲衣、綵段等物有差。仍命齎敕并綵
段、表裏歸賜玽，且敕之曰：“得奏，先有被虜逃在王國人口，
已行陸續解送遼東，此具見王忠敬朝廷之意。王自今尤當嚴戒
守邊頭目，但係野人女直，先通北虜犯邊，後帶所搶人口，逃
在王國後門斡木河一帶地方藏躲者，務須盡數搜尋，或連被搶
中國人口，送赴遼東總兵官處交收，毋令因循潛住，寖爲彼此
邊患。”　丙戌，建州等衛并海西夷人指揮千戶等官凡察等十六
人，同男婦五十七人來歸，奏願居京自效。命襲原職，賜金織
襲衣、紵絲、鈔布有差，仍命隸遼東金州衛，給房屋、器皿。

　　戊子，命海西來歸女直阿冲加等二十人爲指揮僉事等官，金
州衛帶俸。實錄。

七月壬辰朔

　　丁未，建州衛都督李滿住奏：“曩時都御史王翺鎮守遼東，
夷民感惠，今聞回京，如失父母，乞仍令鎮守。”又言：“本衛
指揮使趙安禿，乞增一職，同臣治事。”詔報滿住，翺已別委任
矣，陞趙安禿爲都指揮僉事。實錄。

　　　　　時建州蒙朝廷存恤，居遼東邊內，視守遼之官如父
　　母，攀留愛戴，純習華風矣。後反以撫順爲邊，棄地與
　　夷，而夷反自居於化外，至清世乃自命爲明之敵國。夷固
　　無良，亦明邊計之日疎也。

　　癸丑，命海西來歸女直故指揮僉事也客兒子沙路等人襲
職，及指揮同知兀的納等十二人，俱於金州衛安置，給與半
俸。實錄。

八月辛酉朔

　　戊辰，海西劄童等衛女直指揮安中哈等三十六人來歸。令

於遼東復州等衛安插，月支食米二石，賜綵幣、表裏、絹布、紵絲、襲衣、房屋、器皿等物。實錄。

庚午，朝鮮實錄書：奏聞使吏曹參議李蓄，齎奉敕書來，百官以吉服，出迎于慕華館。詣殯殿讀敕訖，百官著衰服，還入殯殿外庭哭臨。其敕曰："爾能從尊事朝廷，遣陪臣李蓄以海青來進，具見忠敬之意。茲李蓄等回，特賜王綵幣、表裏，用答爾誠，至可領之。故敕。"頒賜紵絲、織金胸背麒麟大紅一匹、暗花骨朵雲青一匹、素綠一匹、綵綃三匹。又敕曰："得奏：'先有被虜逃在本國人口，已行陸續解送遼東，其有四散人口占據之人，但係諸種野人，恃其窟穴陰阻，林木茂密，國王境内，並無藏躲人口之理。'等因，具見王忠敬朝廷之意。但念虜人之性，譎詐不常，假息偷生，無所不至，況有險阻可恃，一時難於搜尋，其所搶去人口，居止無定，亦難必其無有，不可以一時所見，便謂其不來近邊。王自今尤當嚴戒守邊頭目，但係野人女直，比先交通北虜犯邊，後帶所搶人口，逃在王國後門斡木河一帶地方藏躲，務須盡數搜尋，或設法趕逐，或連被搶中國人口，一體送赴遼東總兵官處交割，毋令因循潛住，爲彼此邊患，有誤事機，王其省之。"蓄又受遼東咨文來，其文曰："准左軍都督府咨稱：'朝鮮國送到被虜漢人王散化等稱說："李滿住子果剌哥都兮等，及管下人金納魯等，爲因年饑，欲要討糧，再到朝鮮境界。本處官司不肯給糧，生理艱苦。近日托以興販，欲往遼東境内。"等因。令當職等差人齎文與朝鮮國，令整飭人馬，固守地方。若野人女直直詣討糧爲由，到於地界侵擾。度氣勢可以截殺，宜從相機而行，仍飛報遼東總兵官，調兵策應，不許容留隱匿，以辜朝廷待遇之恩。'奉此前事，擬合就行。爲此咨文到日，煩請施行。"其聞見事目曰："太監尹鳳語吉生曰：'解送唐人之數，獨於金寶奉宣敕諭

之後，一何多也。'臣等令吉生還告曰：'敕諭者，毛憐衛送到
原搶人口也。今之押來者，乃野人等搶去逃來人，及搶過近
境，爲邊將所奪者也，豈因金寶而後送還上國人物哉！殿下即
位以後，解送人口凡一百六十九名。自洪武二十五年我朝開國
以來，解送人口八百三十餘名，然此特被野人虜去逃來人口
耳。若並係倭、野人搶虜逃來，及買來，解送人口，則又一千
八百五十餘名。我國誠心事大，豈待敕諭而後有加哉！'又令吉
生問也先所在，鳳曰：'脫脫王與也先相惡。王先擊也先，也
先敗，其後也先大舉攻王，弒之，又殺其太子，而立太子之
子，因北遁遠去。太子之子，乃其妹出也。'"

　　所問得也先消息，與韃靼傳不合。迤北消息，亦未必
爲宮監所能詳也。韃靼傳："脫脫不花自上皇歸後，修貢益勤。
嘗妻也先姊生子，也先欲立之。也先亦疑其與中國通，將害己，遂
治兵相攻。也先殺脫脫不花，收其妻孳畜，給諸部屬，而自立爲
可汗，時景泰二年。"吉生姓尹，即鳳之姪，隨使臣赴明者。

　　乙亥，韃子女直所鎮撫頭目馬哈木等八人來歸。送南京錦
衣衛帶俸，給房屋、器物。　癸未，海西女直劄同加等十三人
來歸。命劄同加等爲頭目，於遼東海州衛安插，月支食米二
石，俱賜綵幣、表裏、絹布、紵絲、襲衣、房屋、牛羊、器
物。實錄。

　　是日，朝鮮實錄書：咸吉道兵馬都節制使，據高嶺萬戶呈
啓："城底斡朶里大護軍文帖兒哈、護軍浪宋音甫里等，來告
曰：'前日童速魯帖木兒、李貴也等，射殺具州兀狄哈五名，
今兀狄哈等謀欲報復。若有聲息，請將妻子、家財、牛馬入行
城以避。'會寧城底斡朶里，亦請之如此。"下政府議之，政府

啟："常加撫恤而遇賊反不救，使被殺掠，則殊失信義。今後上項野人等若遇賊，從願許令入城爲便。"從之。

丙戌，兵部奏："今有被虜脫歸者，言野人云：'我輩不畏遼東軍馬。雖是二三人到其境上，亦不見官軍出敵。見今遼東寇邊者，乃建州、海西、兀良哈三衛賊。'雖其所言未可盡信，然近年邊報絡繹不絕，蓋總兵等怯懦無謀，致賊輕侮。請移文使調精兵出境，覘伺剿殺，以靖邊患。"從之。　丁亥，命故建州衛指揮同知木答兀孫海三，加指揮僉事；佟答剌即丹巴子火合、失兒卜孫阿剌孫，襲職；建州衛指揮同知朵列禿木嗒、葛林衛指揮僉事沙籠哥、肥城衛指揮僉事兀章哈等，俱於遼東蓋州衛支半俸，以其先爲達賊所害，至是來歸也。實錄。

九月庚寅朔

丙申，命阿資河衛指揮僉事都兒禿子卜里吉納襲職，并吉河衛指揮僉事都里克等，俱於遼東海州衛支半俸，以先因達賊潰，至是來歸也。實錄。

己亥，朝鮮實錄書：遼東都指揮使司移咨曰："准左軍都督府咨，准兵部咨呈，兵科抄出遼東都司都指揮僉事巫英等奏，抄准朝鮮國王咨：'准本司咨，奉當職劄付，據毛憐衛郎卜兒哈、李額革告稱："今年七八月間，各將原搶人口盡數送來，只是路遠，本衛相離高麗兩三日路程，要着我每將人口都送到高麗，轉送前來，又好便益。"等因，具本起送赴京具奏。該擬議，仍請敕付都指揮佟火你赤、郎卜兒哈、李額革齋回，同都指揮打隆哈、李哈兒禿、那失哈等，各將原搶去遼東地方人口，盡數送來遼東總兵等官處交割。及從便就近送朝鮮國，轉送前來，及仍令左都御史王等，先行差人齋文前去朝鮮國，遇有毛憐等衛處到原搶遼東人口，寫記名數，就便差人伴送遼東總兵等官處交割，不許留難遲違等因。具題節該："奉准移咨欽遵，與同鎮守遼東太監宋等議得，見奉敕選差東寧衛千戶金寶，齎奉降到敕諭，前往朝鮮國公幹，劄付本司，就行千戶金寶，順齎前去，本國王處交收。欽遵。遇有毛憐等衛送到原搶人口，就便差人伴送，前來當職等處交割定奪，具奏施行。奉此移咨准此。"除欽遵外，當職切照，近者上國邊境被虜人口陸續逃來，自景泰二年二月初二日至本年十二月二十八日，節次解送男婦共一百二十六名口，除已差人起解外，今次咸吉等道解送被虜逃來男婦王菩薩奴等，共四十三名口，給與衣糧、盤纏、脚力，差陪臣吏曹參議李蓄，另咨花名、供詞、咨文，隨同差來東寧衛千戶金寶前去外，切念小邦自祖先，凡有上國人民被虜逃來，即便逐一解送。若有毛憐等衛將所搶人口送到本國，安敢留難遲違，咨請照驗，轉呈提督軍務總兵等官聞奏施行。'准此，案查節准朝鮮國王咨，陸續差陪臣咸吉道觀察使趙克寬等，解送被虜逃來男婦盛狗兒等共一百二十六名口到司，已行斷事司取審明白，轉行各該衛所查勘，俱發寧家隨住，備由開坐具本，差舍人許謙等齎奏，及將本國王原來咨文，呈繳左軍都督府去訖。今准本國王咨文，送到男婦王菩薩奴等四十三名口，候查審明白，另行具奏。今將朝鮮國王原來咨文一道，呈繳左軍都督府外，具本專差舍人錢勝，齎奉具奏。景泰三年六月二十一日，掌部事少保兼太子太傅本部尚書于等，於奉天門欽奉聖旨，兵部知道。欽此。欽遵抄出到部，除送回男婦，候遼東總兵等官查審明白，具奏至日另行外，參照朝鮮國王，爲我邊方屏蔽，世守臣節，朝貢以時，邇者又能忠順朝廷，將原搶人口，節次差人送還，忠誠可嘉，合當獎賞。合無行移遼東總兵官左都督曹，差人齎文與朝鮮國王，嘉其忠順之誠，能將野人女眞原搶我邊人口送還，足見不忘我祖宗以來待汝之厚。汝等能審於禍福利害，竭盡臣道，捍禦邊方，共享太平之福，固守藩治之節。自今以後，宜益加恭順，益勵忠誠，遇有各種夷人送到搶去我邊人口，就便轉送遼東總兵官處交割。果能始終如一，勤恪匪懈，朝廷賞勞之典，自有定例，待遇之厚，有加無已。如此庶可慰外夷之心，而爲保邊之助。緣奉欽依兵部知道事理，未敢擅便具題。景泰三年六月二十三日，掌部事少保兼太子太傅本部尙書于等，於奉天門欽奉聖旨欽此。欽遵。合就咨呈該府，轉行鎭守遼東總兵官左都督曹，照依奏奉欽依內事理，欽遵施行，咨呈到府，合行移咨前去，欽遵施行。准此。前事除欽遵外，合行劄付。到日，仰即照依兵部奏准事理，備由移咨，付朝鮮國差來人員，順齎付本國王知會，令其依奉欽遵施行。奉此前事，擬合就行，爲此咨文到日，煩請照依欽依內事理，依奉欽遵施行。”

壬寅，建州衛女直指揮僉事都里克等二十九人，率家屬來歸，願留邊效力。命都里克等仍原職，餘皆爲頭目，賜鈔及襲衣、綵幣、表裏、布絹、房屋、器皿等物，隸遼東海州衛。實錄。

癸卯，朝鮮實錄書：議政府據兵曹呈啟平安道左道兵馬節制使牒呈該：“李滿住管下金納魯等三十四人，來滿浦請口糧，因言：‘我等挈家出來，欲永居貴國境土。’即舉累降事目，反復開諭，令還本土。答云：‘我等所居地面，虫蝗害穀，雖欲還歸，難以過活。’不肯回去。若續給則難繼，不給則生怨。臣等據此同議，當令邊將語之曰：‘汝等負罪中朝，雖欲接待，於義不可。若中朝聞之，本國與汝屬皆不利，可亟還歸。’彼若強留，又語之曰：‘退居我國隔遠地面，若口糧鹽醬，則不以地方遠近有異。’以此開諭爲便。”從之。

己酉，命故兀者衛指揮同知捌哈答孫脫托、指揮僉事亦令

哈子歹孫襲職，并斡朶倫衛指揮同知伯思罕、朶兒必河衛指揮
同知教化等，俱定於遼東蓋州衛支半俸，以其先爲達賊殺散，
至是來歸也。實錄。

十一月己未朔

庚申，冬至。命來歸嘔罕河衛指揮同知阿里哈仍原職，故
右城衛指揮僉事剌不塔子牙郎加襲父職，俱皆俸遼東金州衛。

乙亥，命故朶林山衛指揮同知亦剌兀子木當哈、哈兒分衛指
揮僉事阿牙子必魯哈俱襲職。　戊寅，海西弗提等衛故指揮歹
出子滿皮、卜令哥，并女直塔莽加等三名，各率家屬來歸。命
滿皮、卜令哥等襲父職，塔莽加陞頭目，俱於復州衛帶支半
俸，賜鈔布、襲衣有差，仍命有司給與牛羊、柴米、房屋、牀
榻、器皿等物。　壬午，賜海西亦兒古里等衛野人女直斡羅等
八十八名宴。實錄。

十二月己丑朔

乙酉，建州衛女直佟凡察等，來朝貢馬及方物。賜宴，並
綵幣、表裏等物有差。

辛卯，敕考郎兀衛都指揮使格哈，及大小頭目人等曰：
“爾等自祖父以來，世受朝廷官爵，設衛給印，俾爾等管束
人民，自在居牧。爾等既不能效力補報朝廷，乃又結連外
寇，擾我邊境，掠我人口，肆爲悖逆。論爾等罪，本難容。
但朝廷恩同天地，念爾等既能認罪，悉宥不問。敕至，爾等
即各將原虜人口，令人盡數送赴遼東總兵等官處交還，庶蓋
前愆。今後但有外寇來侵，爾等即便奮勇剿殺，以除邊害。
其有功之人，朝廷陞賞不吝。如或陽爲順從，陰爲兩端，不
還所掠人口，必調大軍征剿，悔無及矣。”　丁酉，考郎兀等
衛野人女直指揮撒亦哈等來朝貢馬。賜宴、綵幣、表裏、紵
絲襲衣。實錄。

四年，即朝鮮魯山君元年，癸酉(1453)

正月己未朔

魯山君名弘暐，文宗李珦子。上年景泰三年爲文宗二
年。五月十四日丙午，文宗薨。十八日庚戌，弘暐以世子
即位。三年乙亥，即景泰六年，閏六月十一日乙卯，爲其
叔父瑈逼禪，稱太上王。其臣成三問等謀復王位，不克死
之。旋貶弘暐爲魯山君。瑈在朝鮮爲有功德之王，後尊爲
世祖，惟以篡得國。在位至三年六月甲寅，降太上王號爲
魯山君，出居甯越，十月辛亥，自縊。至清康熙戊寅，始
追尊爲端宗。其實錄作魯山君日記，後終不改。但於封面
署簽作端宗大王實錄。

丙寅，命故塔魯木衛都指揮僉事捏令哥子撒哈答、阿塔赤
河衛指揮僉事替馬哈子捏兀得、者帖里山衛指揮僉事阿魯不花
子弗昇哈、朵林山衛指揮僉事劄令哈子阿剌孫、哥吉河衛指揮
僉事禿能哥子禿兀都，俱襲職。實錄。

癸酉，上元節。建州左衛女直都督董山等來朝，貢馬并貂
鼠皮。賜宴，并襲衣、綵幣、表裏有差。 丙子，故建州左衛
指揮同知忽失哈子帖木哥、吉河衛指揮僉事准黑丁子哈各，俱
襲職。實錄。

庚辰，命故右城衛指揮僉事失弄哥子矮答失、玄城衛指揮
僉事兀令哈子鎖力，俱襲職。 壬午，敕弗提等衛都督常安
奴，并大小頭目人等："正統十四年，爾等誘引北虜，犯我遼
東邊境，掠去人口。景泰元年，爾等又來開原等處犯邊，將山
東一帶直抵遼陽等處男婦擄去。論爾等罪，本難容恕。但朝廷
弘天地之量，置而不問，已降敕赦爾等罪，令即將人口送還。

而爾等仍復遷延顧望，不盡數送來，其意如何？敕至，爾等宜
痛改前非，速將原掠人口，盡送遼東總兵官處交收，伴送來
京，不許仍前延滯占悋，自速罪戾。如違，必調大軍剿殺，俾
無遺類，其時雖悔無及矣。爾等其省之。"實錄。

三月戊午朔

　　丙寅，兀者衛故指揮同知撒哈連子卜散、指揮僉事歹失子
哈喇咯，各携妻孥來歸。命襲父職，安插遼東復州衛，人給布
四十匹，支俸如例。實錄。

八月乙酉朔

　　辛亥，屯河衛指揮使哈三哈，先爲達賊所虜，至是挈家來
歸。仍授原職，送南京錦衣衛帶俸。實錄。

十月甲午朔

　　庚戌，朝鮮實錄書：世祖李琈篡後，廟號世祖。此時執朝政，
實錄爲世祖以後所修，追稱琈號。與左議政鄭麟趾、右議政韓確、
右贊成李思哲、左參贊李季瞵、兵曹判書李季甸、參判朴仲
孫、都承旨崔恆、左承旨申叔舟等，會于大君廳，擬議以啟。
以世祖書，諭六鎮隣近諸種野人曰："近日姦臣皇甫仁、金宗
瑞等，專權日久，潛謀反逆。李澄玉以咸吉道都節制使，黨附
連結，京外相應，刻日舉事。我乃啟于殿下，盡誅逆黨，天之
力也。我向憐澄玉累朝老臣，啟于殿下，存其性命，只流遠
方。澄玉自知罪大，遂率麾下，賊殺新遣都節制使朴好問，發
兵拒命，苟延頃刻，正是鼎中之魚。殿下命我爲中外兵馬都統
使，委以征討之事，我將悉選精銳往討，勦滅之。爾等久居境
內，厚受國恩，宜各勉力捕殺，以報國恩，毋爲人後，我將啟
殿下大加賞賚。如有容隱者，亦在珍滅之例。我將致討，展我
弓馬之力，其悉知此意，毋貽後悔。"會寧府住中樞童速魯帖木
兒、江外東良北都萬戶浪孛兒罕童風其、上將金般大、指揮金

胡心波、阿赤郎貴都萬戶金都乙溫，慶源江外汝舖都萬戶金權
老，慶興江外顏春都萬戶金次郎哈、何多麻都萬戶金時貴，慶
興府上將李多弄哈等處，各書一件，并以野人字反譯。會寧等
處，則命向化行副司正金亏豆乙介；慶源、慶興等處，則向化
行副司正李劉於應巨，賫往論之。賜金亏豆乙介、李劉於應巨
狐裘、毛冠、弓箭。又馳書于李澄玉麾下將士等云："近日姦
臣皇甫仁、金宗瑞等，與爾帥李澄玉潛結，欲中外相應，謀爲
反逆，刻期已定。我乃啟殿下，已將仁、宗瑞及李穰、閔伸、
趙克寬處斬，其支黨鄭苯、許詡、安完慶、趙遂良等，皆流於
外。以澄玉累朝老臣，特啟殿下安置，使存性命，實爲聖上重
恩。曾不念此，殺害新遣都節制使朴好問，脅爾等拒命，其爲
反逆益甚。今殿下拜我爲中外兵馬都統使，委以征討之事。我
將選京外精兵往討之，脅從者悉皆不問。爾等將皆爲我麾下，
宜具悉此意，速捕殺澄玉，以效國家。如或念澄玉小恩，不顧
順逆大義，猶爲執迷，及至重兵壓境，玉石俱焚，悔不可及。
是用預先知會。"

十一月癸丑朔

乙卯，朝鮮實錄書：諭咸吉道都節制使金文起曰："姦臣
皇甫仁、金宗瑞等，專權日久，潛謀反叛，刻日既定。李澄玉
以本道都節制使，連結姦黨，欲内外相應。幸賴宗社之靈，已
伏誅。予以澄玉累朝老臣，不忍加刑，安置邊郡。澄玉自知發
露，遂率麾下，賊殺新遣都節制使朴好問，以發兵拒命。將士
知彼逆謀，已捕斬澄玉及其黨與，事皆平定。予以脅從者無
罪，悉置之不問。卿以此意曉諭道内及近境野人，使知予意。"

此皆朝鮮内變將作，李琛誅鋤異己，凡忠於國王之舊
臣，殺逐無遺，踰年即爲禪代之事矣。

辛酉，朝鮮實錄書：咸吉道觀察使成奉祖馳啟曰："今十月二十五日，愁州住兀良哈都指揮使尙同介，及司直於里應巨、於夫乃等五名，來告於鍾城府曰：'尙家下住尙同介妻同產於澄可，言於予曰：會寧住童速魯帖木兒，率妻子及管下人，十月二十日移于時沙吾貴，使人于東良北浪甫兒罕，令出來，且徵會軍兵。且尙同介將還，語行城門把截鎮撫全好信曰：'童速魯帖木兒、浪甫兒罕欲乘間作耗于保和堡。'今十月二十三日，浪甫兒罕子大護軍浪伊升巨，來告于會寧府曰：'今十月十九日，逢童速魯帖木兒於府西古壁城平，謂吾曰：通事金竹到馬仇音波家，稱金皇帝即位，欲授斡朵里兀良哈職事，汝仇音波傳于童速魯帖木兒，傳于童吾沙可，傳于浪甫兒罕，次次傳通，凡老少男丁，皆會于愁州住毛下呂家，以待令焉。以金竹之言觀之，則國家必有事變，爾等姑整軍馬，以應事變。吾聞之，還語吾父，遂通于同類兀良哈，使會於毛下呂家，父亦率軍馬二百餘名，來屯上甫乙下，使吾問於節制使，故來告耳。'臣恐野人等聞新舊都節制使之死，以致騷動，故即移文諸鎮，使之明諭，以安其心。"

此稱金皇帝即位，徵女眞兵往會者，即朝鮮都節制使李澄玉。時李珫志在篡位，多殺老臣，澄玉宿將握兵，尤爲珫所忌。澄玉不自安，遂反，但稱金皇帝，則與皇甫仁、金宗瑞等異趣，直欲擁女眞以自立矣。

當時在女眞地面者，諸種野人皆以金爲姓。建州衛所謂姓古論，姓夾溫，皆是金之異譯。野人心不忘其爲金朝之後，而朝鮮李氏，起於朝鮮北境，當亦與女眞同類，故能篡王氏有國後，即撫有東北諸女眞。今之李澄玉，蓋亦其地之人，自恃擁有朝鮮一鎮之兵，遂欲倔強於東北境，旋爲琛所克。琛有此兵威，益足以廢君自立而莫敢與抗矣。

清之興也，其始亦稱後金，蓋號召於女眞之中，爲元以後有倡亂聲勢之女眞，所共有之標幟。至太宗志在代明爲中國主，則不欲襲女眞稱號，以自儕於謀變之野人，此崇德元年改國號爲清之所由來。且旣改爲清，清一代并以前稱後金爲諱，其理由皆可推見。至女眞自稱姓金，清亦未改，特不用金之音，而譯其義。女眞稱金爲愛新，清遂姓愛新覺羅。覺羅，據武皇帝實錄自注，爲即姓字之意。後來又故歧之，以太祖以下子孫爲宗室，則姓愛新，太祖以上至肇祖之子孫，則名爲覺羅而不稱宗室，則又不以爲姓之用矣。

癸亥，朝鮮實錄書：野人等曾以李澄玉請兵，心懷疑懼，或有屯兵者，以都統使書，授向化副司正金亐乙豆介，送于會寧府住中樞童速魯帖木兒，江外東良北都萬戶浪甫兒罕、童風其、金都乙溫、上將金般大、指揮金胡心波，授向化行副司正李劉於應巨，送于慶源江外汝舖都萬戶金權老、慶興江外顏春都萬戶金吹郎哈、何多麻都萬戶金時貴、慶興府上將李多弄哈曰："近日姦臣皇甫仁等，專權日久，潛謀反逆。李澄玉以本道都節制使，黨附連結，將欲京外相應，刻日舉事。我啟殿下，盡誅逆黨，尙憐澄玉累朝老臣，啟請殿下，存其性命，只流遠方。澄玉自知罪大，率其親黨，殺害新遣都節制使朴好問，罪惡貫盈，亦已伏誅，國家晏然。足下與麾下具知此意，曉諭鄰近諸人。"乙丑，諭咸吉道觀察使都節制使曰："慮近境野人等，未知國家平安，或有疑懼逃移者。今遣金亐乙豆介、李劉於應巨，賚都統使書，曉諭童速魯帖木兒等，境內及

近境野人。卿等具悉此意。若野人有願上京朝見者，其頭目人
斟酌上送。"

十二月癸未朔

　　甲午，海西亦兒古里等四十四衛野人女直指揮苦女等來朝
貢方物。賜宴，及綵幣等物。　乙未，海西忽石門等二十三衛
女直指揮革令哥等來朝貢馬及方物。賜宴，及綵幣等物如例。

　　乙巳，命者帖列山衛故指揮僉事撒替哈子卓令哈襲職，可令
河衛老疾指揮僉事曳登哥子你籠哈代職。實錄。

五年，即朝鮮魯山君二年，甲戌(1454)

正月癸丑朔

　　己未，命故脫倫衛指揮使塞因哈子乃剌忽，兀者衛指揮同
知托因帖木兒子都魯禿、塔失荅子撒赤哈，俱襲職。實錄。

二月壬午朔

　　丁卯，命故哈兒蠻等衛野人指揮僉事虐禿子苦乞、苦康哈
子塞哈，俱襲職。　己丑，命故兀者衛右都督剌塔子察安察，
襲爲都指揮僉事；亦馬剌衛指揮僉事亦里伴哥子密希察、右城
衛指揮同知阿哈力子白里革、苦出不花子亦禿、阿速江衛指揮
同知可里帖哥子兀都、朵兒必河衛指揮僉事阿里哥子溫察、可
倫河衛指揮使等篤子失連革、忽魯愛河衛指揮僉事阿剌卜花子
索兒禿，俱襲職。　丙申，賜亦里察河等衛野人女直指揮古魯
麻等宴，并綵幣、表裏等物有差。　壬寅，命兀者衛來降女直
卯罕、劄荅爲頭目，送南京錦衣衛，給房屋等物，月給米二
石。實錄。

三月壬子朔

　　甲寅，兀者衛女直卯罕并男劄荅來歸。俱命爲頭目，隸南
京錦衣衛，賜衣服、鈔幣、房屋、器皿。實錄。

此與上月壬寅所書爲一事，不知何以互見。

辛酉，朝鮮實錄書：又諭金文起曰："境内及近境野人酋長子弟，有才行可入侍者，問於童速魯帖木兒、李貴也、浪孛兒罕等，并考族系以聞。"世祖各寄書于童速魯帖木兒、馬仇音波、李貴也等曰："前日金亏乙豆介、李劉於應巨等還言，多有欲上京侍衛者。我已啟殿下，下諭都節制使，令聽中樞等言，選可侍衛者以聞。中樞等擇其心忠才勇者以送。"

五月辛亥朔

辛酉，朝鮮實錄書：世祖寄書于咸古道都節制使曰："前日金亏乙豆介、李劉於應巨等來言曰，多有欲上京近侍者。我已啟殿下，都節制使招童所老加茂、李貴也、馬仇音波、童亡乃、吾沙介、童因豆、柳尙同介、金都乙溫、浪甫兒罕、裴磨剌介、仇赤、屢時巨、金權老等，聽其言，選其心忠才勇可近侍者以聞。"

七月庚戌朔

辛亥，命故毛憐衛指揮僉事哈兒朶子朶里只、指揮同知莾哈子角剌忽；建州衛指揮使釋家保子阿古，指揮同知佟鎖魯哈子米西忽、撒里子答乞、額頂子亦勤克、鳳吉子伯勒各右，指揮僉事克苦苦子仍剌、哈哈塔子納束、木答忽子簪卜、溫失子撒魯那、火失子速塔你、禿卜花子卜兒、罕惱子小厮，俱襲職。　癸丑，兵部奏，開原女直歹速，自少爲建州女直所虜，至是挈妻子來歸。命送南京錦衣衛安插居住，給月糧、房屋、器物。實錄。

此開原當作開元，乃元之舊開元，即李滿住遷婆豬江時所虜來者，距今已近三十年。

十月己卯朔

丁亥，朝鮮實錄書：諭咸吉道都節制使曰："曾下諭書，擇境內及近境野人酋長子弟，有才行可宿衛者以啟，何至今不啟？聽今去馬興貴之言，速即廣選，就付興貴上送。且酋長之子，雖無才勇，有願侍衛者，並送。"又諭觀察使曰："曾下諭書，擇道內軍士土官及閑散人，有才行可用者，與都節制使同考族系以啟，何至今不啟？速即馳啟。"

十一月戊申朔

辛亥，朝鮮實錄書：建州衛都督李滿住，遣指揮金羅陋等四人，送書於平安道滿浦節制使曰："國家寧謐，從順效力，往來之至。聞慶源、鏡城之域，反賊忽起，謀害國家。滿住因此使人，如有賊變，毋諱，說破還送。若國家無事，則今送羅陋，送于京都爲望。且國家命召，今已三年，若不送京都，則無由得謁，難以效力。他方效力之人，皆賜鞍馬，而獨吾未蒙上恩。"

十二月丁丑朔

丁亥，朝鮮實錄書：坐勤政門受朝參。中樞院副使童速魯帖木兒，率麾下隨班引見，勞之。速魯帖木兒啟曰："兀狄哈等暴悍者多，願以會寧兵馬討之。"又曰："臣於世宗、文宗朝特蒙厚恩，乃受本職，今願改帶而歸。"癸巳，命都統使獵于清溪山，童速魯帖木兒、浪孛兒罕、李貴也等從焉。左右廂大軍先行，兼司僕獅子衛、射隊銃筒衛，會都統府以從。到射場，饋速魯帖木兒等酒食。速魯帖木兒等受而畏之，乃曰："我等以爲太上王復出，故來謁。"太上王指太祖。是日，獲禽多。野人見軍容整肅，歎服不已。既罷陣，回至漢江邊，都承旨申叔丹奉宣醞而至。酒酣，速魯帖木兒、孛兒罕等迭起而舞，極歡而罷。速魯帖木兒於路上請曰："吾之死生，係於都統使。子青周，即都統使奴也，年長則獻焉。"又曰："李滿住、童倉，皆吾姻族，使人招之便來。"都統使曰："滿住得罪世宗，若有非違，吾則征滅之。來則來，不來亦無求也。童倉則吾所素知，又曾見於中國。"初在射塲，也速魯帖木兒、李兒罕等請曰："遼東人逃避徭役而來吾土者，或有作妾而居者，逃來朝鮮，則盡送中國，我等甚悶。"都統使笑曰："朝鮮推刷汝家而送中國，則汝等宜悶焉。汝不能藏畜汝妾，汝妾亦背汝，汝不憎怒，而反以爲請也！"李兒罕等大笑，叩頭而退。李兒罕又請率其子阿兒哥豆而還。都統使曰："伊升哥旣留在此，汝亦老人，不可無扶護者，可率還。"

李琛時爲都統使，號召女眞，自比於太祖李成桂，將以成其篡逆。

六年，即朝鮮魯山君三年，乙亥(1455)

正月丁未朔

壬子，建州左衛野人女直都指揮戴咬納等，來朝貢馬及方物。賜宴，及綵幣、表裏等物。實錄。

庚午，命故喜樂溫和衛指揮同知余籠哥子答里加、兀寧哥子主成哥、猛黑禿子色因不花、者爲里奔哥子牙郎加、兀稱哈子木哈尙，指揮僉事弗隆哈子只兒哥、安成哥孫喜兒哥、哈升哈子高里、和羅孫子牙當吉、兀苦哈子只稱哥、兀苦阿子阿羅把、哈塔子亦留、咬哈孫寮哈，阿貞同貞衛指揮同知散里亦答子牙失塔，毛憐衛指揮同知木答忽孫阿哈，指揮僉事塔失子速古林、卜顏子撒出、算當哈子貞哥我、爪英哥子把剌速、阿令哥子歹長、加速哥子可帖木兒，俱襲職。　乙亥，女直夷人頹加兒來歸。命爲頭目，直隸南京錦衣衛，給月米、房屋、什器如例。實錄。

二月丁丑朔

　　己丑，命故建州衛指揮同知童撒歹子卜理哈，指揮僉事雙火奴子亦塔、哈勒路子納速攤、納哈子金卜；毛憐衛指揮僉事凡罕出子撒出格，俱各襲職。實錄。

　　丙申，朝鮮實錄書：兀良哈童速魯帖木兒、浪孛兒罕，並爲正憲大夫，知中樞院事。

三月丙午朔

　　己巳，朝鮮實錄書：都統府據兵曹呈啟："舊例，咸吉道洪源以南兵，往戍于甲山三水。自甲戌年不復往戍，而北青以北兵則依舊防禦，南北兵勞逸不均。請洪源以南兵，每年春秋，正軍餘丁中一人，抄送于北青等邑，使之鍊鐵造兵器，以給士卒，則不過十年，人皆堅甲利兵矣。從之。　咸吉道都體察使李思哲，因諭書與都節制使同議，第其野人部落族類強弱以啟，曰："火剌溫、愁濱江、具州等處兀狄哈，則居于深遠之地，未嘗歸順，故其部落族類強弱，及麾下名數，不可得知。兀良哈斡朵里女眞、骨看兀狄哈內酋長，則分等爲難，故並以一等施行；雖非酋長，部落族類強盛人，亦以一等施行。其餘各人，以強弱分爲二三四等，其不得詳知強弱者，亦具事由，以憑後考。會寧鎮北指二十里江內吾弄草住：斡朵里萬戶李貴也，族類強盛，酋長，一等；子護軍李巨乙加介，上京侍衛，次子司直阿伊多可，次子處巨乃，已上四等。護軍童南羅，故都萬戶阿下里子，族類強盛，一等；子息迷弱，護軍童毛多赤，族類強盛；阿下里弟，侍衛，二等；子也車石，四等；次子名不知。護軍浪加加乃，族類強盛，二等；子護軍浪三波，侍衛，四等；次子司直浪金世，次子浪沙吾介，次子沙乙之，次子浪三下，次子毛可，已上四等。護軍朴訥於赤，侍衛，二等；子司直毛都吾，次子司正家老，已上四等；次子二，名不知。護軍浪愁佛老，族類强盛，二等；子浪加乙愁，四等；次子三，名不知。副萬戶童敦道，族類强盛，二等；子三，名不知。司直李溫赤，族類强盛，三等；子都老古，四等；次子一，名不知。司直浪下毛羅，族類强盛，三等；子阿下，四等。司直李都致，李貴也弟，二等；子這巨乃，四等；次子三，名不知。司直阿弄可，三等；子阿古赤，四等；次子三，名不知。司直童束時，族類强盛，三等；子四，名不知。副司直童也音夫，四等；子兒家，四等；次子一，名不知。司直李注音比，李貴也姪，三等；子二，名不知。副萬戶童所乙吾，三等；子三，名不知。護軍文加乙巨，族類强盛，二等；子公時大，四等；次子三，名不知。右里四十餘家，內壯丁八十餘名。已上并李貴也管下。北指十里江外沙吾耳住：兀良哈護軍也乃，深處往來，報告事變，三等；子照赤，次子照家，已上四等。亐郎巨，也乃弟，四等；子大伊愁，次子大下，已上四等；次子二，名不知。司正常道，無子息，四等。右里七家，內壯丁十餘名。四里江內吾音會住：斡朶里都萬戶馬仇音波，族類强盛，酋長馬邊者姪，所老加茂妹夫，一等；子護軍伐伊多，三等；次子毛多赤，次子阿唐可，已上四等。都萬戶童亡乃，族類强盛，酋長，一等；子護軍伊時可，三等；次子司直約沙，次子麻舍，次子甫郎可，已上四等。上護軍馬朱音波，仇音波弟，二等；子甫郎可，三等；次子甫多赤，四等。上護軍馬金波老，仇音波弟，二等；子司直馬千里，三等；次子多弄可，次子阿乙多，已上四等；次子一，名不知。副萬戶童三波老，族類强盛，都萬戶吾沙介子，二等；子護軍伊時可，三等；次子司正者吐，次子者邑可，已上四等。護軍馬加弄可，仇音波弟，二等；子三，名不知。右里九家，內壯丁二十餘名。西指十三里江內住：斡朶里中樞童所老加茂，族類強盛，酋長，一等；子青周，二等；次子三，名不知，皆迷弱。司直高羅邑多孫，無子，四等。司直高羅麟可，無子，四等。護軍童伊麟可，無子，四等。楊里人童候候里，四等；子三，下次子三波，四等。楊里人李多非，四等；子佐吾下、次子佐化老，已上四等。右楊里人十戶，并十五家，內壯丁三十餘名。已上並吾音會人，所老加茂馬仇音波等管下。西指二十里江內下甫乙下住：斡朶里都萬戶童吾沙可，族類強盛，酋長，一等；子護軍童宋古老，四等。護軍童吾乙沙，故都萬戶因豆子，無子，二等。司直阿下大，四等；子訥許，四等。司直童沙下知，無子，四等。護軍童夫里可，故都萬戶也吾太子，童亡乃姪，二等；子二，名不知。指揮多可，童吾沙可女婿，三等；子加老，四等。司直童束時，亦童吾沙可女婿，無子，三等。右里七家，內壯丁十五餘名，已上送，並吾沙可管下。境外西指三十五里江外下多家舍住：斡朶里司直無伊應可，三等；子伐伊堂可，次子三下、次子多非可、次子阿乙多，已上四等；次子一，名不知。毛多吾童末應巨，加勿弟，故都萬戶加時波子，無子，二等。右里二家，內壯丁九名。西指五十五里上甫乙下住：兀良哈上護軍浪仇難，族類強盛，二等，都萬戶浪卜兒罕子；子三，名不知。副司正愁堂可，四等；子二，名不知。副司正愁隱豆，四等；子三，名不知。斡朶里司直童他守，四等；子加無老，四等。兀良哈護軍浪加麟可，浪卜兒罕子，三等；子四，名不知。右里七家，內壯丁十五餘名。西指九十里斜地住：兀良哈指揮阿弄可，三等；子一，名不知。萬戶加乙軒，族類強盛，二等；子六，名不知。指揮仇伊孫，族類強弱不知。斜老，三等。指揮乃伊多，族類強弱不知。護軍於沙巨，族類強盛，三等。司正好心波，四等。甫乙看多

時，三等。老好赤，三等。愁陽可，三等。右里十五餘家，內
壯丁三十餘名。西指一百三十五里無乙界住：兀良哈都萬戶屢
時巨，族類強盛，酋長，一等；子三，名不知。萬戶時加具，
族類強盛，二等；子司直金世，四等；次子三，名不知。指揮
余弄可，子麻伊豆；次子三，名不知。指揮巨羅茂、好心波、
照陽可、胡抄。已上人族類強弱不知。指揮巨乙加介，三等。
司直羅下，三等。司直處里，三等。司直羅邑多，三等。指揮
仇守，三等。右里二十餘家，內壯丁四十餘名。已上並屢時巨
管下。西指一百八十里仍邑包家舍住：兀良哈萬戶林黃巨，族
類強盛，二等。都司於巨，族類強盛，二等。指揮阿具於具也
吾乃，已上族類強弱不知。指揮豆常可，三等。車弄可，三
等。毛羅，三等。多愁，三等。右里二十餘家，內壯丁四十餘
名。西指一百八十里和尚家舍住：兀良哈指揮斜弄可、副萬戶
者里介，已上族類強弱不知。右里九家，內壯丁二十餘名。西
指一百八十里甫伊下住：兀良哈都萬戶金仇赤，族類強盛，酋
長，父故指揮阿高車，一等。指揮加多伊弄可、好時乃，司直
甫乙下，已上族類強弱不知。伊時可，三等；于丹，三等；甘
里及時申可，三等。護軍伊時可，三等；可乙主、者從可，三
等。班車，三等。右里二十餘家，內壯丁三十餘名。已上并金
仇赤管下。西指二百一十里阿赤郎貴住：兀良哈指揮亏老可、
伊時可，指揮司直好時乃，指揮亏乙之大、甫下也下赤，已上
族類強弱不知。萬戶未老，族類強盛。金都乙溫一族，二等。
指揮者衆可，三等。多乙赤，三等。斜老，三等。吾同介，三
等。干應羅，三等。右里五十餘家，內壯丁一百十餘名，並都
萬戶金都乙溫管下。西指二百一十里常家下住：兀良哈阿下萬
戶亏乙主甫乙可羅出羅吾下，已上族類強弱不知。右里十四
家，內壯丁二十餘名。西指二百七里伐引住：兀良哈都司哈兒

禿，族類强盛，酋長，一等。大護軍充尚，二等。萬戶毛堂可，指揮亏老阿、都乙赤、阿陽可、伊郎可、多乙非、亏弄可、者乙多、毛下呂所乙吾麻古里伊弄可夫里巨加多也弄可多只，已上族類强弱不知。都萬戶裴麻羅可，族類强盛，酋長，誠心歸順，一等；壻吾未乃，次壻楊里人劉弄可，已上四等。大護軍李阿豆，侍衛，二等。右里四十五家，内壯丁一百餘名。西指二百七十里毛里安住：兀良哈副萬戶所衆可，族類强盛，二等。指揮羅邑多，三等；子阿乙多，四等；次子五，名不知。指揮汝羅豆，族類强盛，二等。指揮所衆可、伊乙多、照陽可、愁隱豆，司直澄羅亏，已上族類强弱不知。指揮羅下赤，三等。指揮林多末、乙彦稱號，三等。司直萬豆可，三等。多乙非舍，三等；於沙可，三等；甫郎可，三等；其羅吾，三等；指揮也吾多茂，三等；巨永巨，三等；萬戶毛多可，三等；於虛大，三等；無里介，三等；仇吾大，三等；都介，三等；巨弄巨，三等。指揮老也，三等；伊時乃，三等。萬戶所永可，三等；阿叱散，三等。右里三十餘家，内壯丁六十餘名，並哈兒禿麻羅介等管下。西指一百二十里下東良住：都萬戶浪卜兒罕，族類强盛，酋長，一等；子護軍加麟可，三等；次子大護軍伊升巨，侍衛，三等；次子司直於乙巨豆，三等；次子於羅豆，四等；次子三，名不知。護軍浪將家，族類强盛，卜兒罕從弟，二等。司直餘弄巨，三等。護軍都老古，三等；子三，名不知。護軍浪斜隱、豆都可，族類强盛，卜兒罕弟，二等；子月郎巨，四等。副萬戶因多只，族類强盛，三等；子三，名不知。指揮好心波，三等。司直仇音夫，四等。司直羅守，四等。指揮加伊，四等。都萬戶金波乙大，族類强盛，酋長，一等；子三，名不知。司直波只，族類强弱不知。司直李阿可，三等。右里二十餘家，内壯丁七十餘名。西指二百八十里中東良住：<u>斡朵里萬戶阿下</u>，二等。護軍<u>加可</u>，子息不知，四等。兀良哈大護軍<u>金豆難代</u>，族類强盛，故萬戶<u>吾看主</u>子，二等。指揮者<u>里加羅吾乃</u>、司直<u>浪波乙生</u>、指揮<u>甫也</u>，已上族類强弱不知。萬戶<u>林高古</u>，族類强盛，<u>浪伊升巨</u>妻父，二等；子司直<u>阿具</u>，三等；次子五，名不知。指揮<u>愁仇</u>，三等。萬戶<u>仇赤甫下</u>，四等；<u>權豆</u>，四等；<u>仍邑大</u>，四等。右里四十餘家，內壯丁八十餘名，並<u>卜兒罕波乙大</u>等管下。西南指二百一十里<u>虛水羅</u>住：兀良哈副萬戶<u>童波好</u>，二等；子三，名不知。司直<u>豆邑時</u>，族類强盛，三等；<u>月虛乃</u>，三等。司正<u>羅守</u>，四等。右里壯丁十餘名。西南指二百一十里<u>上東良</u>住：<u>斡朵里</u>護軍<u>童毛知里</u>，族類强盛，二等。護軍<u>童宋古老</u>，族類强盛，三等。護軍<u>童劉豆</u>，族類强盛，三等。右人等，<u>童干古</u>從弟。兀良哈萬戶<u>李沮里</u>，<u>李甫兒赤</u>弟，二等；子指揮<u>宮時大</u>，四等。副萬戶<u>阿下</u>，三等。右里十餘家，內壯丁二十餘名。西南指二百四十里<u>朴加別羅</u>住：兀良哈<u>豆時</u>，三等。<u>伊里夫</u>，三等。<u>屯豆</u>，三等。右里八九家，內人丁二十餘名。<u>鍾城鎮江內行城底</u>住：兀良哈萬戶<u>毛下呂</u>，三等；子<u>所應巨</u>、<u>松古老</u>，已上四等；女婿副司正<u>羅所</u>、<u>楊里人所衆介</u>，四等；從弟<u>者邑同介</u>，四等；子二，名不知；弟<u>汝虛乃</u>，四等。右里五家，內壯丁九名。二十里<u>江內愁州</u>住：兀良哈<u>好時古</u>，四等；子三，名不知。副司正<u>加老</u>，四等；子二，迷弱。司直<u>宋所乙只</u>，三等。<u>波音甫</u>，四等；子一，名不知。<u>伐也</u>，四等；子一，名不知。<u>多雄巨</u>，四等。<u>於乙愁</u>，四等。<u>頭伊</u>，四等；子名不知。<u>也時</u>，四等。<u>夫乙愁</u>，四等；子四，一迷弱。<u>也吾乃</u>，四等。<u>楊里人</u>司直<u>於虛茂</u>，四等；子二，名不知。弟<u>於虛里</u>，四等；子二，名不知，迷弱。右里楊里人并十五家，內壯丁二十六名。西指二十里<u>江外愁州</u>住：兀良哈都萬戶<u>柳尙同介</u>，族類强

盛，酋長，一等；子一，迷弱。兄副萬戶班車，二等。副萬戶
於赤介，二等；子一，名不知。弟毛伊乃，三等。從兄上護軍
所古，三等。姪護軍柳要時老，三等。弟於里應巨，三等；子
二，名不知。弟佐和奇大，三等。姪沙安，四等；子二，名不
知。時時可，四等；子二，名不知。老老好，四等；子三，名
不知。阿乙巨，四等；子三，名不知。末乙老，四等；子二，
名不知。所古老，四等；子一，名不知。彼應者，四等；子
三，迷弱。多陽可，四等。羅音多，四等；子一名。楊里人司
直也尙介，四等；子所衆可，四等；次子二，名不知。所時
乃，族類强盛，三等；子司直所尤大，四等；次子二，迷弱。
於夫介，族類强盛，三等；子司直羅松介；次子所吾介，次子
者邑介，已上四等；次子三，名不知。南介，四等。多將介，
四等；子三，迷弱。右里二十四家，內壯丁五十三名。老沙，
四等；子二，迷弱。也車，四等；子一，名不知。者弄介，四
等；子一，迷弱。沙主，四等；子二，迷弱。舍土，四等；子
一，名不知；次子二，迷弱。司直於夫乃，族類强盛，三等。
女婿豆伊應巨，四等；子二，迷弱。麻下，四等；子二，迷
弱。巨車，四等；弟二，名不知。伐伊應巨，四等；子一，名
不知；次子二，迷弱。太守，四等；子三，迷弱。可下，四
等；子一，名不知。吾老都，四等；子二，迷弱。都乙之，四
等。尙家，四等。也時，四等。汝稱巨，四等；子名不知；次
子三，迷弱。非郎介，四等；子二，迷弱。伊時介，四等；子
二，名不知；次子二，迷弱。多音波老，四等。巨夫，四等。
伊稱介，四等。毛乙吾，三等。子甫青介，四等；次子一，名
不知。沙乙只大，四等；子甫郎十，四等；次子一，名不知。
右里二介三家，內壯丁四十名，並柳尙同介管下。北指十五里
江內童巾住：兀良哈護軍東良介，三等；子二，名不知。好郎

哈，四等；子一，名不知；次子三，迷弱。厚子，四等；子二，名不知。司直所羅，四等；子二，迷弱。吾所，四等。阿用介，四等；子一，名不知。加乙所，四等；子二，迷弱。吾老耳，四等；子一，名不知；次子三，迷弱。尚往，四等；子二，名不知；次子二，迷弱。多只，四等；子四，名不知。右里十家，内壯丁二十名。三十二里江内住：兀良哈也音夫，三等；子五，名不知。吾堂可，四等。厚郎介，四等；子一，名不知；次子二，迷弱。麻里，四等。大應巨，四等；子一，名不知；次子，迷弱。尚界，四等；子一，名不知；次子二，迷弱。金老，四等；子二，名不知；次子一，迷弱。吾青介，四等；子四，名不知。也乃，四等；子五，名不知；弟四，名不知。也可赤，四等；子一，名不知。右里十二家，内壯丁四十一名。西指一百九十五里阿赤郎貴住：兀良哈都萬戶金都乙溫，無子，族類强盛，酋長，一等；收養姪都指揮僉使金多弄可，一等；子司直阿應山，四等；姪護軍金當，侍衛，都萬戶金大豆麻子，二等；弟多具，二等；姪司直舍多，弄介弟，二等；子臥郎介、次子吾里介，已上四等。姪萬戶金土時，二等；子羅弄介，次子南郎介、次子伊乙大，已上四等。姪司直江乃，三等；子三，名不知。右右里六家，上下阿赤郎貴住人，并三百餘名，並金都乙溫管下。都指揮多伊乃，族類强盛，三等；子藪大，四等；次子二，名不知。同生弟指揮臥許乃，三等；子六，名不知。萬戶阿下，族類强盛。指揮剌答子，三等；弟五，名不知；叔二，名不知。住將介，三等。所弄巨，三等。也尚巨，三等。指揮凶仇大，三等；子三，名不知。右里人並都乙溫管下。二百七十里伊應巨住：兀良哈伊時乃，族類强盛，能射强弓，二等；父也音夫，三等；兄朱將介，二等；次兄也堂只，三等；次兄都隱道，三等；次兄所應

巨，三等。右人族類三十餘名。穩城鎮東指三十里江内未饒
住：女眞於許里，四等。巨具知，四等；弟都道，四等。所
羅，四等。西指十里江外多隱住：兀良哈副司正多乃，三等；
子永時，次子永和；次子里茂，已上四等。女眞副司正都乙
溫，四等；弟副司正都里豆，四等。女眞愁乙頭，四等。兀良
哈老要古，四等；弟甫里，四等。兀良哈豆伊應巨，四等；弟
都下，次弟大伊乃，已上四等。兀良哈舍知介，四等。右里七
家，内壯丁十三名。西指十五里江内尼麻退住：兀良哈副司正
豆伊，三等；弟豆所，四等。女眞於巨豆，四等；弟厚時巨，
四等；子好時老，四等。卓多，四等。兀良哈甫陽介，四等；
子末應加巨、次子老青介、次子羅下住、次子可下者、次子知
所巨、次子巨乙加，已上四等。右里六家，内壯丁十三名。西
指二十五里江外時建住：兀良哈副司正所時右，三等；子波乙
道，次子波乙大，已上四等；弟下稱介，四等；次弟副司正多
弄介，四等；次弟副司正多乙和，四等；次弟阿乙都介，四
等。兀良哈副司正豆升巨，四等；子亐乙金，四等。貴伊波，
四等；弟阿乙波，四等；次弟加愁巨，四等；次弟加所，四
等。兀良哈大豆，四等；弟伊時，四等；子加乙愁，次子加
茂，已上四等。兀良哈多卜乃，四等；子何乙主介，四等。豆
乙應未巨，四等；弟含大，四等；子非介，四等。右里十家，
内壯丁二十二名。西指三十五里江外甫青浦住：兀良哈指揮所
澄介，三等；子三音土，三等；弟訥伊大，四等；次弟巨豆，
四等。副司正波乙時，故護軍巨也老子，三等；子介伊乃，四
等；兄訥於赤，四等；弟下大，四等，次弟沈波老，四等；次
弟所其老，四等；次弟也叱大，四等。愁郎介，四等；子多乙
和，四等。副司正所告，四等；子麻伊介，次子麻伊老，次子
劉已，已上四等；弟麻伊波，四等。兀良哈仇伊，四等。吾乙

未，四等。青邑含，四等；子羅赤介，四等；弟舍老，四等。公古，四等；子尙同介，次子也下，次子加應巨里，已上四等。副司正吾青介，四等；子大豆麻，四等，弟後郎介，四等。右里十九家，內壯丁三十名。慶源鎮東指三十九里東臨江外住：兀良哈都萬戶金權老，族類强盛，酋長，一等；子大護軍阿羅介，三等；次子司正麻只老，次子司正伐麟巨，次子司正豆彥。次子阿夫，已上四等；女婿千戶軍有，三等。司正愁羅乃，四等；子二，名不知。難道，四等。右里九家，內壯丁三十餘名，並金權老管下。南指九十里江內伯顏家舍住：女眞護軍訥郎介，族類强盛，三等。指揮沙下知，四等。司正毛堂介，四等。阿多毛，四等。伊應介，四等。阿朝應介，四等。右里六家，內壯丁二十餘名。七十九里江內件加退住：女眞司正之下里，族類强盛，三等。阿老豆，四等；弟惠乙介，四等。所乙非，四等。右里三家，內壯丁十餘名。五十里江內吾弄草住：女眞司正下乙金，四等；子一，名不知。也郎介，四等。於乙非下，四等。多弄介，四等。也昌介，四等。也時右，四等。訥於赤，四等。阿羅所，四等。右里六家，內壯丁二十餘名。東指二十八里江外汝甫島住：女眞萬戶好時乃，族類强盛，三等。千戶都可，三等。仇郎只，四等。伊叱介，四等。夫家老，四等。波也可，四等。遠伊，四等。司正毛多可，四等。照之應介，四等。阿伊多，四等。伐之羅，四等。多朱，四等。於乙非下，四等。多羅，四等。伊多，四等。也吾多，四等。也尙介，四等。也多下，四等。時豆介，四等。吾豆，四等。也漢，四等。都乙好，四等。司正端抄，四等。司正吾豆，四等。大愁，四等。右里二十五家，內壯丁四十餘名。四十里江外下訓春住：女眞司正都乙甫下，四等。者吾豆，四等。阿老，四等。毛多吾多，四等。也時右，四等。千戶所古之，四等。吾龍古，四等。阿尙介，四等。時右羅，四等。都乙好，四等。右里十家，内壯丁十五名。女眞司正仇音所，四等；子吾老，四等。吾時，四等。所伊應介，四等。司正回叱介，四等；子多非，四等；弟升尙，四等。所羅，四等。也可之，四等。愁之應巨，四等。大多也可，四等。也郎可，四等。也多可，四等。愁許，四等。伊從介，四等。劉者，四等。臥郎伊，四等；子加龍介，四等。司正伊叱豆麻里，四等。司正者羅老，四等；子伐也，四等。司正愁音下，四等。司正都甫下，四等。所古，四等。照乙道，四等。者乙道，四等。阿羅，四等。右里二十七家，内壯丁六十餘名。兀良哈萬戶多乙非，族類強盛，三等；子吾乙道無，三等。一族萬戶伊何所，三等；子二，名不知。班車，四等。千戶於許里，四等；子一，名不知。司正大舍，四等；子一，名不知。多吾也，四等。家和，四等。所愁介，四等。亏知應介，四等；子一，名不知。沙終介，四等；子二，名不知。司正都萬介，四等；弟一，名不知。多尙介，四等。者多，四等。萬戶甫郎介，四等；子豆末應巨，四等。司正亏者，四等；子土伊應巨，四等。毛多亏，四等。亏應介，四等。多吾應巨，四等。知家，四等。司正於豆，四等。羅所，四等。伐之羅，四等。班車，四等。未許，四等。阿堂介，四等。所郎介，四等。仁多，四等。土伊應巨，四等。加乙所，四等。萬戶沙弄介，三等；子毛都，三等；弟汝愁應介，四等。右里四十三家，内壯丁八十餘名。十七里訓戎江外住：兀良哈上護軍李舍土，族類強盛，二等；子副司直於有巨，次子司正資和，次子司正於雄巨，次子餘巨，次子加雙介，已上四等；女婿指揮多舍、司正阿乙大，已上四等。司正照乙道，四等。甫古金，四等。多弄介，四等。伐伊大，四等。每伊下，四等。因大，四等。老古，四等。班車，四等。千戶齊伊介，四等。子尙加土；姪亐里，已上四等。多舍，四等。加伊介，四等。伊郎介，四等。哈陽介，四等。毛多好，四等。右里二十四家，內壯丁五十餘名。六十餘里上訓春住：兀良哈萬戶波難，族類强盛，四等；子多小，次子羅多介，孫子多雙介，已上四等。司直沙吾里，四等；子甫乃、女壻可波，已上四等；弟阿伊大，四等。毛老，四等。毛堂可，四等；子所大，次子阿羅，已上四等。千戶伊叱介，四等；時加右，四等；女壻加吾沙，四等。甫羅外，四等；姪每陽可，四等。加乙漢，四等。汝同介，四等。所甫，四等。司正童之，四等。阿叱大，四等。司正馬波，四等。於赤乃，四等。阿多介，四等。時乙豆，四等。朱將介，四等。甫乙道，四等。江里，四等。時乙非乃，四等。加以多茂，四等。者吾乃，四等。麻里，四等。時里右，四等。司正羅多介，四等。甫乙道，四等。所衆巨，四等。齊乃，四等。於虛主，四等。時里甫下，四等。羅吾羅，四等。羅吾羅，四等。羅吾羅，四等，原重。伊叱介，四等。羅守，四等。阿郎介，四等。佐和，四等。甫堂介，四等。奴巨，四等。朱將介，四等。司正都正，四等。羅下，四等。照同介，四等。夫如乃，四等。阿羅介，四等。朴可，四等；子照赤，次子時巨，次子夫貴，次子阿乙伊，次子伐伊大，次子阿巨，已上四等。右里六十一家，內壯丁一百二十餘。慶興鎭東指三十里江外何多山住：骨看都萬戶金時仇，族類强盛，酋長，一等；子司直金加乙夫應可，三等；次子朱澄可，四等。弟副萬戶金加向介，二等；次弟上護軍金加陽介，二等；子副司正金赤成可，三等；次子二，名不知。上護軍劉伊項介，族類强盛，二等；子河知羅，四等。副萬戶劉諸稱可，三等；子羅時，次子何何羅，已上四等；姪副司直劉甫乙澄可，三等。

上護軍劉無澄可，二等；子亐乙羅，次子由處，已上四等。姪劉波沙羅，故都萬戶時方介子，二等。劉要時古，故都萬戶時里主子，三等；弟劉老音好，四等。劉加乙賓介，三等；弟羅麟可，四等。大護軍李都乙之麻，族類強盛，三等；子李其音金，三等；姪司直李豆應仇阿，三等。司直李毛陽介，二等；子司正李都弄介，次子李其斜羅，已上三等。弟司正李所澄可，三等；子其乙可時，次子好乙好，次子可毛介，已上四等。萬戶金良所，三等；子金波乙多，次子帖里時，已上三等。姪司正金沙從介，三等。右里十七家，內壯丁三十六名。東指一日程江外草串住：骨看副萬戶李阿時應可，族類強盛，二等；子舍音者，次子朱古，已上三等。弟司正李阿澄可，三等；子四，名不知。副司正李好伊應可，三等；子云用可，次子愁老毛，次子毛多時，已上四等。護軍金吾乙昌可，族類強盛，故萬戶豆稱介子，一等。姪護軍金於虛乃，侍衛，二等；子羅吾乃，四等。弟司正金知青可，三等。從兄司正金毛下舍，千戶金古乙其乃子，三等；子毛下體，次子麻波，已上四等。從弟指揮金吾音所吾，三等；子里可老，四等。從弟司正金吾乙古里，三等。從弟副司直金吾看主，侍衛，三等；次弟司正金朱青介，侍衛，二等；次弟司正金仇火里，侍衛，三等。司直金之應豆阿所乙古，三等。萬戶劉所叱同介，千戶昌同介子，三等；子阿古者，四等。弟副司正劉所淡乙金，三等。妹夫司正劉也吾時應可，三等；子也吾澄可，四等。從弟劉非之里，故上護軍豆郎介子，三等。從弗無郎可，三等。萬戶劉好土，三等；子所乙時，次子羅老，已上四等；次子一，名不知。司直劉常常可，故萬戶朱郎介子，三等；子汝吾正可，四等。司正劉土伊已可，三等；子夫應羅時，次子夫知老，已上四等。右里二十家，內壯丁四十二名。東指二日程江外餘山住：骨看都萬戶金照郎可，族類強盛，酋長，一等；子無巨應可，二等。姪阿伊干可、阿之可，已上三等。大護軍金先主，三等；子副司直加隱堂可，三等；次子伐加應可，次子毛只，已上四等。右里三家，內壯丁八名。東指四日程江外於知未住：骨看萬戶劉沙已只大，族類強盛，二等；子厚弄吾，三等；次子二，名不知。弟萬戶所乙古大，三等；子上者，四等。右里二家，內壯丁六名。北指三十里江外會伊春住：女眞護軍朴波伊大，故指揮未阿土子，三等；子司直吾乙賓介，侍衛；次子司正沙迎夫下，次子沙伊隱加茂，次子司正所伊加茂，已上四等。弟護軍朴甫乙古所，三等；子也堂只，次子也多茂，次子也郎可，次子也羅可，次子了古，已上四等。弟朴夫，四等；子加吾里，四等。女直殷束時應可，四等；子於乙所，次子所弄可，已上四等。女眞護軍金朱弄可，三等；子指揮非尙可，三等；次子者里可，次子所老可，已上四等；次子一，名不知。姪金小末應可，故所澄可子，四等；弟一，名不知。右里六家，內壯丁二十一名。北指三十里江內汝吾里住：女眞萬戶金毛多吾，三等；子都雙可，次子伊麻豆，已上四等。弟副司直金毛下，四等；子津紅吾，次子延多，次子干阿之，已上四等；次子一，名不知。女眞司正金伊郎可，四等；子護軍家和，四等。弟金也下，四等；次弟一，名不知。女眞司正朴丹用可，四等。兄毛下禮，四等。弟豆弄可，四等。次弟阿陽可，四等。女眞金毛郎可，四等；子沙從可，四等。右里八家，內壯丁十八名。四十里江內阿乙阿毛丹住：女眞司直金含大，四等；子一，名不知。弟伊里右，四等；子一，名不知。北指十里江內江陽住：骨看上護軍李多弄可，千戶者邑同介子，二等；子豆應夫里，四等。弟李留應巨，侍衛，三等。弟司正李多陽可，三等；子山玉，次子獨松，已上四等。姪護

軍李時羅末，三等；子豆所應可，次子都郎可，已上四等。弟
時將可，三等。右里四家，内壯丁十名。

　　朝鮮所查勘女真各族人口強弱多寡，多在東北後門，
即豆滿江内外。其幹朵里一族，如吾沙介之子童三波老、
童所老加茂，則官爲中樞，乃童於虛子，皆凡察親姪，亦
肇祖之異父同母兄弟子也。其中所列諸人，細尋之，尚可
多得清先世族屬關係。
　　女真當時部落之零星，各族皆然，彼此互相雠殺，其
力量亦無甚高下，故未能多所兼併。即建州已徙婆豬江之
後，首領較爲單純，然其所屬，亦各自爲部落。一部落人
數，多不過百餘人。明廷於女真，尚未有如朝鮮之詳勘
者。若詳勘以定墾殖之方略，化爲内地，與漢人雜居，漸
成改土歸流之計，亦易易耳。乃竟坐視而莫之問，待其有
梟傑者出，盡收同種而與大朝爲敵。國有内釁，遂并以全
國與之，此誰之過也？

五月乙巳朔
　　辛未，朝鮮實錄書：咸吉道都節制使金文起啟："李滿住
今畏達子，還舊居，遣其子豆里夫妻於速魯帖木兒，因請上
京，又請還阿木河。"令議政府、六曹議之。世祖建議許之。豆
里，童速魯帖木兒壻也。　甲戌，諭咸吉道觀察使都節制使
曰："李滿住子豆里，厚待上送。"
閏六月乙巳朔
　　己酉，朝鮮實錄書：世祖見豆里於議政府。豆里曰："速
魯帖木兒使人言，朝鮮異於昔日，故父遣我朝見。"世祖曰：
"汝父得罪先王，然今革面歸順，何不容受！"自後豆里及古納

哈、阿具、伊澄哥等，連續來朝，皆滿住子也。

　　　李琛於此月乙卯，即十一日，逼魯山禪位，距己酉止六日矣，以是年爲元年。

八月甲辰朔

　　丁未，哥吉河夷人伯革等，自虜中來歸。送南京錦衣衛安插，給房屋、器物。實錄。

十一月壬申朔

　　丁丑，朝鮮實錄書：斡朶里都萬戶童吾沙介等七人，來獻土物。　丙戌，御勤政殿受朝賀。野人金都乙溫、童吾沙介等三十二人隨班。尋御思政殿，引見金都乙溫等，命饋于弘禮門西廊，遂觀宗親、宰樞棒戲。　丁亥，兀良哈指揮所証巨豆末應、斡朶里護軍童吾沙、副司正童無乃也等十二人，來獻土物。　癸巳，斡朶里副萬戶童敦道、護軍文加乙巨等七人，來獻土物。

十二月壬寅朔

　　乙巳，命故弗提衛指揮僉事常石子住兒出，兀列河衛指揮僉事打必納子法麻哈、忽失木子答出，撒力衛指揮僉事果郎哈子阿松哈，資河衛指揮僉事察班子苦丁格、也里石子白令哥、阿里帖木子木化連，甫門河衛指揮僉事桑果奴子阿哈，忽兒海衛指揮僉事哈納子凡察哈，俱襲職。　辛亥，建州等衛女直指揮項哈、兀者等衛野人女直賽不克等，貢馬及方物。賜綵幣等物。　丁巳，命故阿速江衛指揮使奚木黑子弗亦馬、撒兒忽衛指揮同知必籠哈子兀升格、朶兒必河衛指揮同知宛者不花子額赤不花、嘉河衛指揮僉事者加令子你察兀，俱襲職。　乙丑，命故海西友帖衛指揮僉事苦女子阿里戶納襲職。來歸毛憐等衛女直金把奴等三人爲頭目，隸南京錦衣衞；木答忽等三人充湖廣軍，以嘗犯邊故也。　丙寅，兀者等衞遣指揮歹羊加等、忽石門等衞指揮亦沖哥等、喜樂溫河等衞遣女直失勒迷等，貢馬、貂鼠皮等物。賜綵幣有差。實錄。

丁卯，命掌建州衞事都督同知李滿住子古納哈代職。實錄。

> 滿住於永樂二十二年見實錄，已稱都司，而紋其上年癸卯移入遼邊，則滿住之襲職，至遲在癸卯矣。自永樂癸卯至今景泰丙子，已三十四年，由其子代職，蓋滿住已請老矣。又十三年，而爲朝鮮所戮。代職以後，衞事仍由滿住專之，觀後文可見。

是日，故兀者衞指揮僉事兀籠哈子剳住，考郎兀指揮僉事木答哈子阿都赤，法因河衞指揮僉事台不花子速木哈、乃塔子兀的格，益實衞指揮僉事一僧哥子答魯速，塔兒河衞指揮僉事失剌哈子阿古沙、阿路禿子帖木，俱襲職。實錄。

七年，即朝鮮世祖二年，丙子(1456)

正月辛未朔

乙亥，建州左等衞都督等官董山等、毛憐衞女直指揮火兒火孫等，來朝貢馬、駞方物。賜宴，及綵幣、表裏、襲衣等物有差。實錄。

癸未，命故建州左衞都指揮僉事馬哈嗒吉子昆、安朶子帖失，指揮僉事兀魯速子速籠格，建州右衞指揮僉事阿黑子只兒、管禿子你籠哈，阿貞同貞衞指揮同知探塔哈子剳里納，俱襲職。　丁亥，命故喜樂溫河衞指揮同知土成哈孫乙都革；阿貞同貞衞指揮同知尤良苦子住丁革；毛憐衞指揮使也克子住魯

哈，指揮同知卜兒哈子木哈兀，指揮僉事阿因帖木子寧捨、亦
赤哈子溫禿、得州子兀六、宋哈奴子阜花奴、凡察子幹都；速
平江衛指揮使綽必孫劉梵，指揮同知失奔哥子帖木，指揮僉事
刺必哥子列者格；建州衛指揮同知阿失帖木子木哈連，指揮僉
事釋家奴孫亦丁哈，撒木哥子木魯哈，木長哈子薛列、監卜子
木哈，俱襲職；毛憐衛指揮同知哈塔子埽哈代職。實錄。

　　建州衛之指揮僉事釋家奴孫，當即李滿住之姪，而其
襲職則尚是推釋家奴之恩，非得之於滿住者。

　　丙申，命故毛憐衛指揮使納刺禿子兀里哈，指揮同知速都
子塞籠格、莽哈子詥護、木答忽子鎖古奴、答魯哈子卜郎、把
連子阿魯，指揮僉事孫昌答子搴亦客、答哈子塞列、失保赤子
帖黑車、阿哈子兀察、黃脫因子那那哈，建州衛指揮使賽因不
花子撒哈答，指揮同知佟鎖魯阿子暖塔、塔失子撒哈刺、忽失
哈子你魯、兒因子塔養、重山子雙占奴，指揮僉事丹保奴子把
答哈、安赤子捏失格、小㕮子也迭乞，失里木衛指揮僉事賽示
塔子板里塔、咬納子亦失哈，哥吉河衛指揮僉事准里亭哥子阿
納哈、八令哈子速失，俱襲職。實錄。
二月庚子朔
　　壬寅，朝鮮實錄書：建州衛李滿住子都萬戶李豆里、指揮
李阿具等，來獻土物。　癸卯，建州衛李滿住、左衛童山、右
衛都督童羅郎只等，各遣人來獻土物。　壬子，御慶會樓下，
設社稷祭飲福宴，世子、宗宰、承旨入侍，引倭人源教直使者
道圓等三人，野人李豆里等三十九人，賜酒，命兼司僕內禁衛
射侯，野人能射者，亦令射之。賜道圓虎豹皮各一張，綿紬三
匹；豆里、阿具、秦羊等各鞍具馬一匹，絛環、具帶子、角

弓、刀子；餘各賜物有差。豆里就上前啟曰："父滿住年老，
然聞殿下即位，欲來朝，但經由咸吉，則道路阻脩，若開平安
舊路，雖農月亦來，請許之。"上曰："夏月上道，慮阻雨水，
且有喝疾。予將許平安舊路，可待秋上來。"秦羊啟曰："兄充
尚亦欲來謁。"上答曰："汝兄及滿住，皆欲來朝，予甚嘉之，
可待秋上來。"

　　右衛此時襲都督者爲阿哈歹，此云右衛都督童羅郎
只，當是阿哈歹之異名。

　　秦羊，爲充尚之弟。充尚即董山。後來成化初誅董
山，而發建州左衛都督董重羊於邊衛，遂謫戍福建。向讀
明實錄時，決此董重羊必爲董山之弟，今得此證，益信非
誤。則後來正德元年，有建州左衛忠順效勞而死於邊者之
子失保，襲職爲都指揮僉事，自可當清實錄中興祖之父石
豹奇。而秦羊與重羊，皆即明實錄中之董山弟綽顏，并意
其爲即童倉之"倉"字合音，於此明言充尚之弟，爲一大的
證，詳後考興祖世系中。

　　豆里稱其父滿住年老。自永樂末滿住襲職，至此已三
十餘年，亦可云年老，且於明已奏請因老由子代職矣。乃
後十餘年，終爲朝鮮所戮，滿住之享年，可爲永矣。肇
祖、凡察、滿住。得年皆不促，而肇祖、滿住。又皆不以
善終。建州諸酋，稟賦自厚。

　　丁巳，朝鮮實錄書：受常參視事。上謂大臣曰："李滿住
請由平安道之路來朝，許之否？"韓確啟曰："中朝禁我國不與
此輩交通。向者野人之來，中朝必聞，況滿住有名，不可招
來。且開平安道之路，使彼知夷險迂直，亦不可。"上曰："中

國之於我國，雖敕之如此。野人入朝，則饋遺甚厚，此中國之深謀。古人云：‘以蠻夷攻蠻夷，中國之利。’此即今日中國之謀也。在我國固當待之以厚，豈可陷於中國之術乎？當語豆里曰：‘天氣將暖，汝父老矣，不可此時而來。若欲來則秋冬可也。’姜孟卿啟曰：“中國頗畏野人。去年也先之亂，野人入連山把截，搶掠人物，繩貫其掌以歸。”上曰：“中國置連山把截何也？”孟卿、確對曰：“專爲我國，然此非計也。”　壬戌，野人李豆里、阿具等辭，命饋于賓廳，賜各青紅綿布各二匹、鞍籠一事，加賜阿具紗帽、玉貫子。又賜螺盞二事，轉付滿住。豆里等啟曰：“父滿住欲由平安道之路來朝。”傳于承政院曰：“今若不從其請，則彼不知本國之意，以爲厭煩而然，其議以啟。”朴元亨、成三問則啟曰：“此年本道水旱相仍，加以三邑新徙，彫弊莫甚，且使彼人備諳山川險易，道路迂直，於事體何？”命注書議于申叔舟，叔舟啟曰：“臣於中朝見滿住之子，具悉意向。雖不許平安之路，必不以我國爲厭己也。且今平安道當三邑新徙之初，人民野處彫弊莫甚。雖一酋長之來，其遞送支待，必賴南道之力，弊不勝言。況當明使出來之時，尤爲不可。”上允之，命語豆里等曰：“平安之路險阻，不如咸吉之平坦，從舊路可也。”

此時建州三衛，皆以通朝鮮朝貢爲請求，與明廷明係兩屬，不可諱也。

七月戊辰朔

己卯，朝鮮實錄書：承政院奉旨，馳書于平安道觀察使曰：“前者朝貢野人，並由咸吉道一路上京，不許經由本道，且於舊路設險防塞。然今李滿住、童倉等來朝時，若要道由境内，可毋遮阻，舘待上送。若值<u>明</u>使回程時來，則便宜開諭，停留深遠處，待<u>明</u>使渡江上送，勿令<u>明</u>使知，且須預先啟達。"

十二月丙申朔

　　庚戌，安河衛指揮<u>歡察</u>、劋肥河衛指揮<u>塞冷格</u>、建州右衛指揮<u>李土曼</u>等貢馬。賜宴，並綵幣等物。實錄。

　　壬戌，命故<u>木興</u>衛指揮同知<u>苦不花</u>子<u>弒者克</u>、<u>古里河</u>衛指揮僉事<u>官音扒</u>子<u>失列克</u>，俱襲職。實錄。

八年，即<u>朝鮮</u><u>世祖</u>三年，丁丑(1457)

正月丙寅朔

　　癸酉，命故<u>撒刺兒</u>衛指揮同知<u>都魯不花</u>子<u>得溫格</u>、<u>木興</u>衛指揮僉事<u>不得納</u>子<u>阿里出</u>、建州右衛指揮同知<u>兀乞納</u>子<u>勒格</u>代職。實錄。

　　<u>實錄</u>此年連上年爲卷，盡十六日辛巳，即<u>英宗</u>復辟之日。自後稱<u>天順</u>元年，故史紀<u>景泰</u>止有七年。

孟森著作集

明元清系通紀

三

中華書局

正編卷七

天 順 朝

天順元年，即朝鮮世祖三年，丁丑(1457)

二月乙未朔

己未，女直忽失塔來降。命送錦衣衛，撥房屋居住，給米二石。實錄。

三月甲子朔

乙酉，建州衛女直都指揮莽剌等，來朝貢馬。賜宴，并賜綵幣、表裏等物有差。實錄。

七月壬戌朔

庚寅，朝鮮實錄書：諭咸吉道都節制使郭連城曰："野人、倭人，俱爲我藩籬，俱爲我臣民，王者等視無異。或用爲力，或用爲聲，不可以小弊却來附之心。予即位以後，南蠻北狄，來附者衆，皆願爲我子，此天所誘也，非予智力。但來往驛路有弊，國家支待，難繼以時，宜授卿方略如下：(一)若浪孛兒罕、速魯帖木兒、李貴也等諸酋請朝，則答曰：'有旨，近日來朝不久，今年勿送。如捕捉松鶻，別例親啓事，上送。'(一)黑龍江、速平江兀狄哈、火剌溫，建州衛兀良哈李滿住、童倉等深處野人，及三衛樉子，扣關請朝，則約其從人，厚待上送。(一)如野人，無所加禮。其餘從人，館待優厚。

九月壬戌朔

　　庚寅，朝鮮實錄書：諭咸吉道都節制使郭連城曰："聞野人等多往中朝者，然不能居中國矣，不能數朝貢矣，亦非反此而去彼也，邊將愼勿防遮，撫育妻子如常，來者接待如舊。若見野人，當諭國家撫育接待如舊之意。亦勿强諭。"

十月辛卯朔

　　癸巳，朝鮮實錄書：諭咸吉道都節制使郭連城曰："今見本道觀察使移刑曹關文，知馬金波老毆傷其叔童亡乃，罪固重矣。然禽獸之行，何足誅責。且坡老本來自謂不下於亡乃，故國家並除職。今卿當以予命，召金波老、亡乃等，語金坡老曰：'爾受予都萬戶，亡乃受予中樞之職，尊卑固不如也。且亡乃爾之叔父，而毆傷之，是不畏國法而又不畏予也，當殺無赦。然汝等皆予所愛護，且地遠情狀難究，故特赦汝。汝可贖於亡乃，以相和解，悔過自新，後勿復然。'使金波老知其罪，亡乃雪其憤可也。又金佛生毆溫稱介，固有罪矣。稱介牧馬佛生穀田，亦不爲無罪。卿宜依法輕重決罪，不使生怨。野人之事，不可一一如法。今後不得已事外，勿取決，可從權處置，而後密啟。"

　　丙申，建州等衞女直都指揮趙歹因哈等，來朝貢馬及方物。賜宴，并織金、紵絲襲衣、綵段、絹鈔有差。實錄。

　　壬寅，朝鮮實錄書：諭咸吉道都節制使曰："野人住中朝者，不可防遮，亦不可疑貳，依前諭書，撫接如常可也。然近境居人往來他國，不可不知。某人以某事率其某某某人某時發去，續續詳悉聞見啟達。且中朝招誘使之往朝乎，野人等以自意往朝乎？并聞見啟達。但須秘密，不可使彼知其探候聞見，自生疑惑也。又聞兀狄哈等聚兵，似欲作耗，亦宜廣其耳目，以知其謀，豫爲之備，然不可先自騷擾也。"

十一月辛酉朔

庚午，朝鮮實錄書：諭咸吉道都節制使郭連城曰：“近聞
兀良哈等聚兵，謀復讎於斡朵里，斡朵里等亦聚兵應之。此是
自中相圖，然此輩散處，故力弱不敢侵邊。今若並之，則將爲
邊患，其勢不可不審，當以計和解之。兀狄哈至近境，則我當
爲之聲援，以庇近境之人，然不可輕舉，代人受兵，卿審處
之。又爲大將之道貴持重，萬一輕而致悔，大虧國體。卿既知
將道，宜體予撫士卒，布寬澤，乃可得衆心。”

十二月辛卯朔

己酉，命故掌肥河衛事都督同知別里格弟孛里格襲職。陞
掌嘔罕河衛事右都督你哈答爲左都督，忽里吉山衛指揮僉事卜
牙哈爲指揮同知。實錄。

天順二年，即朝鮮世祖四年，戊寅(1458)

正月庚申朔

辛未，陞也孫倫衛指揮使卜不剌爲都指揮僉事；弗提衛指
揮僉事管禿爲指揮使，指揮僉事塞卜兀爲指揮同知。命故指揮
僉事徹里不花子斡你、駁希塔子額者卜，俱襲職。

甲戌，朝鮮實錄書：建州右衛都司羅郎可，遣使來獻
土物。

> 上年二月癸卯，書作右衛都督羅郎只，此作都司羅郎
> 可，固是一人，而字或有歧誤。建州右衛自凡察故後，由
> 其孫納郎哈襲。此羅郎可或羅郎只，蓋即明實錄之納郎
> 哈，而“哈”字與“可”字爲叶，前之羅郎只，乃誤字。

己卯，命故速塔兒河衛指揮同知哈答子答籠哈，友帖衛指
揮僉事桑歌速子沙魯哈，阿資河衛指揮僉事察班孫阿古山、你

散子塞勒，木興衛指揮僉事哥脫木兒子卓李、鎖忽子瓦兒哈，
忽魯愛衛指揮僉事哈答子馬忽、失列木子都魯哥、孛速子賽
實、失當哈子孛的，欽眞河衛指揮僉事答兒馬子都魯兀，察剌
禿山衛指揮僉事阿力麻子得兀塞，乞剌兀衛指揮僉事者籠哥子
剳方哈，撒里衛指揮僉事卯叉子苦列捏，童寬山衛指揮同知罕
長哈子都兒得克，可木衛指揮僉事當哥子鎖兒孛，俱襲職。陞
考郎兀衛都指揮使哥哈爲都督僉事，弗提衛都督僉事察安奴爲
都督同知，馬英山衛指揮使速木哈爲都指揮僉事，朵林山衛指
揮同知額眞哥爲指揮使。實錄。

　　辛巳，弗提等衛野人女直都督長安奴等，建州左等衛野人
女直都督李滿住等，來朝貢馬。賜宴，并綵幣、表裏、襲衣等
物有差。實錄。

　　是日，命故建州衛指揮同知散禿子完者帖木兒，指揮僉事
只兒哈子沙魯；塔亭衛指揮僉事納剌吉子脫火赤、來奴子馬昇
哈；亦兒古里衛指揮僉事完者禿子失升哈、伯顏古子者得兀、
阿稱哥子答吉卜，俱襲職。陞兀者衛指揮同知都魯禿爲指揮
使。　命故毛憐衛指揮同知阿里孫咬殊奴、塞住哥子苦奴、答
起子帖失、塔失子納魯，指揮僉事賽的子奴木哈，管知八子孔
失、阿卜子歹因、察莽哈子乃塔、奴哥奴子木郎哈、兀魯哈子
答力哈、火兒塔子塔里哈、答羊哈子賣禿孫、昌塔子帖革；喜
樂溫和衛指揮同知余籠哥子速魯哈，指揮僉事和羅孫不顏格；
建州衛指揮同知塔失子失而古答，指揮僉事木答忽子灘答，俱
襲職。陞喜樂溫河衛指揮同知者里奔哥爲指揮使，指揮僉事知
魯哈爲指揮同知；建州衛指揮同知都列阿、失塔木，俱爲指揮
使，指揮僉事阿哈答、張卜、捏克帖木兒，俱爲指揮同知。

　　丁亥，命故朵兒必河衛指揮僉事台不花；建州衛指揮同知撒里
子得魯、伯速孫果幹，指揮僉事帖失子愛伯；毛憐衛指揮同知

石帖子果兒果、哈答子管禿，指揮僉事卜良吉子管孫奴；兀者
前衞指揮同知木加哈子都里吉、河魯忽子兀丁格；屯河衞指揮
同知忽失木子哈兒速，指揮僉事忽失塔木子斡昇；兀者右衞指
揮僉事尹列帖木兒子亦猛格，俱襲職。陞忽石門衞指揮使你籠
哈爲都指揮僉事；建州衞指揮同知也隆哥爲指揮僉事，孛克爲
指揮同知；木蘭河衞指揮僉事建哈你爲指揮同知。

二月庚寅朔

壬辰，命陞建州衞都督同知董山爲右都督。董山言其故父
猛哥帖木兒原任右都督，乞襲故也。實錄。

是日，朝鮮實錄書：御思政殿，引見童倉使者六人。臨瀛
大君璆、永膺大君琰、桂陽君璔、義昌君玒、密城君琛、寧海
君瑭、翼峴君璭、永順君溥、延昌尉安孟聃、河城尉鄭顯祖、
左贊成申叔舟、兵曹判書洪達孫、承旨等入侍。上命野人居上
者二人，各進爵，乃罷。移御後苑觀射，賜左贊成申叔舟鹿皮
一張，判院事權臨手彩段衣一領、靴一雙。

是日，陞毛憐衞指揮使郎卜兒罕爲都督僉事，都指揮僉事
苦魯哈、牙失哈、額克，俱爲都指揮同知；建州左衞指揮同知
不里爲指揮使，指揮僉事得魯干苦、玉奴忽，俱爲指揮同知；
建州右衞指揮同知卜赤爲指揮使，速魯、迷速苦，俱爲指揮同
知；速魯之上，當有"指揮僉事"字樣。哥吉河衞指揮僉事亦忒哥爲
指揮同知；阿眞同眞衞指揮同知管禿爲指揮使。　命故建州衞
都指揮僉事趙歹因哈子趙散巴，指揮同知火兒火孫子歎赤、古
魯哥子可迭、帖木子允塔、佛家奴子阿剌忽、忽失哈子拙赤、
禿里困子隨住、額頂勒子引塔、乞答乞子吉兒撒兀、阿失帖木
子答失哈、莽剌子卜里哈，指揮僉事沙魯哈子火脫、禿劉不顏
子那兀、那禿只子納剌、監卜子也兒克、納顏卜花子哈剌、剌
答孫也僧格、蘭帖木子斡兒、三郎禿子牙禿、伯思哈子猛古納、

福先子察述、安朵子奄出、安赤子卜塔、買禿子不力哈、薛列
格子愛答哈；兀里奚山衛指揮僉事兀升哈子馬木山；失里木衛
指揮僉事咬納子兀失；毛憐衛指揮使王朵羅子兀兒古都木，指
揮同知哈答子答魯克、卜郎哈子苦卜、朵欒子失兒克、土兒火
孫子納籠哈、把連子塞魯，指揮僉事管禿子劄兒哈、伯勤子勺
赤格、乃顏卜花子歇失哈、脫亦哈子察令哈、著和子綽乞、忽
必忽子歹納、賞禿子麻哈、鎖羅斡子兀魯哈、速赫帖木兒子昆
赤、李馬忽子者失奴、黑赤子剌力答、歹都子帖苦、亦失哈子
兀禿哈、速古子斡黑、速都子馬禿、哈麻忽子出羊哈、早花子
答魯、眞帖木子因答哈、安台子打魯、伯速孫安法哈、亦塔哈
子凡堅、哈哈納子因答、乞班答子散里只答、速古子沙魯、伯
速子魯禿、哈答子額卜哈、阿速卜子長加奴、失保赤子額克
禿、火里答子劄哈；喜剌烏衛指揮僉事木丁哥子答出；喜樂溫
河衛指揮同知禿車格子斡多、木哈尚子受能、成哈孫斡魯哈，
指揮僉事答里丙哥子塊你、孟黑禿子尚都；友帖衛指揮同知阿
哈力孫赤老溫、兀答兒子申巴，指揮僉事亦令哈子阿剌孫；愛
河衛指揮僉事苦答納子屯台、福昌哈子阿令哈；阿倫衛指揮僉
事忽禿子納失，俱襲職。　　乙未，毛憐等衛野人女直指揮得隆
哥等，各來朝貢馬及方物。賜宴，并賜表裏有差。　　己亥，陞
建州衛指揮使卜羊不哈、安禿，俱爲都指揮僉事，指揮同知鎖
兒斡、蕭古魯、亦領哈，俱爲指揮使；指揮僉事文殊奴、失思
恩可、趙阿蘭答、答忽勒、路互格、塔因哈，俱爲指揮同知；
毛憐衛指揮使三保奴爲都指揮僉事，指揮同知者住哥爲指揮
使，指揮僉事李苦女爲指揮同知。　　命故建州衛指揮使撒里子
脫兒戮、歹因哈子德黑孫，指揮同知賈你子答速、黃孫奴子卜
兒哈、木答兀子得兀，指揮僉事趙安禿子哈你、合散禿子馬你
哈、觀音保子撒哈、王果出忽兒子答魯哈、王阿魯子孛魯脫

木、迭失子火列帖木、納速子捏亦赤木、長哈子撒都、王阿魯子火尼、卜郎哈子木答兀、劄卜哈子哈林、古魯子能格、塞黑勒子鎖禿、歹沙子不塔、失木哈子得列孫、失兒卜孫尚速保、把丹子六十保官、觀奴子哈兒；雙城衛指揮同知禿有哥子遼良；毛憐衛指揮僉事也克子勿奴忽，指揮使也克子重塔住魯哈，指揮同知得州子額黑木、木答哈子因答乞、肖禿子鎖失、剌塔子阿魯，指揮僉事黃脫因子尚禿、姜叔子剌塔、得里必子哈塔合、阿因帖木子孛只、根帖木子納當哈、納出子索果奴、住張哈子得魯格、斡乞子奴木哈、帖黑車子阿失塔；速平江衛指揮僉事奴干子薛列；野兒定河衛指揮僉事脫可子答必納；阿古河衛指揮僉事牙當吉子塞魯格、福剌忽子得魯，俱襲職。

庚子，陞兀者衛指揮同知抄剌哈；忽石門衛指揮同知鎖奴兒，俱爲指揮使；兀者衛指揮僉事鎖兒克忽失塔；建州左衛指揮同知忽失八爲指揮使，指揮僉事管奴、官音保，俱爲指揮同知；毛憐衛指揮使細剌禿爲都指揮僉事，指揮僉事納顏爲指揮同知；必籠哈子亦逞哈；阿者迷河衛指揮僉事朵兒只子賈禿；阿倫衛指揮僉事孛羅帖木兒子劄力乞；建州左衛指揮使和尼赤子撒速格，指揮同知鳳吉子奴克納，指揮僉事卜兒子桐禿、簪卜子乞力、綽必子阿答哈、童兀哈撒子劄牙沙、安朵子速力、撒蘭子昆卜花；速平江衛指揮使劄禿子速古、綽必子忒黑帖，指揮僉事爪英哥子尚張哈；愛河衛指揮僉事剏過子阿禿；毛憐衛指揮使鬼里子亦出哈，指揮同知答魯哈子板塔沙，俱襲職。

乙巳，陞失列木衛指揮使早哈爲都指揮僉事；安河衛指揮同知歡察；建州左衛指揮同知阿都赤、灘納哈，俱爲指揮使，指揮僉事卜兒速古火塔火羅；朵兒必河衛指揮僉事額昇哈；亦馬剌衛指揮僉事溫察，俱爲指揮同知；和卜羅衛指揮同知你籠哈爲指揮使；建州右衛指揮使都兒忒爲都指揮僉事，指揮同知恐得

失爲指揮使；察剌禿山衛指揮僉事禿能哥爲指揮同知。　命故
毛憐衛指揮同知宋哈奴子長加奴、卜兒哈子阿都、塞籠格子撒
失、阿魯子歹山、吉里迷子塔納、朶樂子坤不花、兀罕子塔魯
哈，指揮僉事亦令哈子申山、塔失子塔剌哈、撒里子阿古山、
斡都子阿赤哈、兀察子哈的哈、哈答子撒魯、賞禿子土剌、鎖
羅斡子木乞納、莽哈子的卜古奴、阿卜子勺赤哈；兀思哈里衛
指揮同知忽答木子莽禿、乞兀你子忽禿赤；刕嶺衛指揮僉事阿
牙子歹羊哈；和卜羅衛指揮僉事完者不花子弗升哈；撒力衛指
揮僉事高替子田住；速平江衛指揮使綽必子滕格送；建州右衛
指揮使撒里子忽失納；喜樂溫和衛指揮同知猛里禿子阿木納，
指揮僉事主郎哈子速剌納、弗隆哈子弗魯額、者里奔哥子高來
失、阿羅子賽都；建州左衛指揮使和尼赤子歹尙吉，俱襲職。
實錄。

　　戊申，朝鮮實錄書：野人童於乙加茂等二十一人辭。賜鞍
馬、角弓、絛環、絛兒、綵囊、藥物有差。以綵段衣三領，付
於乙加茂等，分賜李滿住、童倉、羅郎可。

　　辛亥，陞喜樂溫河衛指揮使馬申哈，毛憐衛指揮使亦里
哈、兀罕住，俱爲都指揮僉事；指揮同知阿古爲指揮使，指揮
僉事喃失速古；克默而河衛指揮僉事只而忽；阿古河衛指揮僉
事牙失答；童寬山衛指揮僉事者魯革；建州衛指揮僉事弗羊
古、沙魯哈，俱爲指揮同知；可令河衛指揮同知兀加哈爲指揮
使。　命故建州衛指揮同知卜赤子木答赤、佟鎖魯哈子糾住；
毛憐衛指揮同知鎖古奴子撒剌、諜可子阿兒禿、伯里子額三、
卜良古子升斤、阿古子額苦山；撒只剌河衛指揮僉事張塔子亦
里哈、刕領哈子北得奴；兀者衛都指揮僉事莽加子失孛、歡察
子答古，指揮使保禿子撒只哈；依木河衛指揮僉事木當哈子太
平；古里河衛指揮僉事鬼迷子剌里；朶兒必河衛指揮僉事阿里

哥子捏哈塔；塔山衛指揮僉事阿里充哈子歹察；喜樂溫和衛指
揮同知麻失哈子你哈答；肥河衛指揮僉事孛羅台子失伯革；把
河衛指揮僉事薛克里子撒只哈；兀魯罕河衛都指揮僉事哈答孫
子剌塔；塔山衛指揮同知永的弟哈失哈，俱襲職。　戊午，陞
毛憐衛指揮同知伯里忒爲指揮使，指揮僉事宋哈奴爲指揮同
知；亦馬剌衛指揮僉事阿里塔爲指揮同知。實錄。

閏二月己未朔

　　是日，命故兀者衛左都督剌塔子察安察爲都指揮同知，建
州右衛都指揮僉事李土蠻爲都指揮同知，兀者衛指揮使託因帖
木兒爲都指揮僉事，建州左衛指揮同知莽剌爲指揮使，可令河
衛指揮使爲都指揮僉事；考郎兀衛指揮僉事兀的哥、阿眞河衛
指揮僉事阿剌孫、塔山衛指揮僉事安出，俱爲指揮同知。
實錄。

四月戊午朔

　　庚午，朝鮮實錄書：諭平安道節制使、觀察使曰：“曾下
諭，令送李滿住、童倉帶來野人。予非不知驛路之弊，此人等
皆遠來叩關，不可遏其來附之誠。非徒李滿住、童倉，其他亦
然。如不得已，則約其儉從，厚待上送。有請糧者，托以非邊
將擅便；無已，則給其小許，且挾帶弓矢者勿禁。大抵野人，
一以仰中朝，一以仰我國，故夏月來叩，彼旣不廢事大之禮，
我當撫以字小之義，卿其知悉。”　癸未，野人中樞李豆里，指
揮王三哈、趙豆乙於，指揮同知於乙多，指揮吾都古，副萬戶
斜澄巨、亦里哈等七人，來獻土物。

五月丁亥朔

　　甲午，朝鮮實錄書：野人李豆里等七人，分三等賜物有
差，又賜豆里米十五石。　辛丑，御慶會樓下，引見野人李豆
里等七人，命宰樞、司僕、內禁衛分左右射侯，亦令野人射

之。賜豆里等彩段、衣、扇子、油、紙、席有差。　　庚戌，平安道觀察使元孝然馳啟：“野人李滿住子伊澄巨等十二人，到滿浦，欲上來。”御扎諭元孝然曰：“李滿住子伊澄巨又來。滿住之子多，而一一各來，必是利賞賜耳。若每率十餘人，漸至數十人，則難待。且豆里之來，麾下各賫滿住書契而來，料今伊澄巨之來，亦如此也。卿知此意，以己意語之曰：‘今當農時，驛路支待有弊，汝兄只率六人，已有前例，何得煩率上京！’若不得已，厚待上送如例。予初欲還遣，曰：‘豆里以暑病還，北人不宜夏月來朝，汝可還，待秋來。’既而又思滿住竭誠歸附之時，不可沮心。今來秋來一也，覺前失計，命之上送。卿善思度，勿强約從。”

六月丁巳朔

　　是日，朝鮮實錄書：諭咸吉道都節制郭連城曰：“童倉使送多陽哈、凡察子甫下土、李滿住管下毛里等，竭誠歸附，雖當農月，不可沮之。約其從者，擇五六人上送。如不得已，則厚待上送。”　壬午，野人伊澄巨等十一人，來獻土物。　癸未，諭咸吉道都節制使郭連城曰：“聞近境野人，以不得上京爲恨；又速魯帖木兒麾下，以不如浪孛兒罕爲恨。卿宜諭以‘孛兒罕遣子入侍，汝等亦遣子入侍，則待之豈有異乎？又遠境之人來朝，其意可嘉，汝等近境之人，何得每年上朝！汝等上朝，自有朝廷之命，且所麟可、非常可逃移蒲州，甚違歸順之意，不可不懲。’今適滿住子伊澄巨來朝，予令語其父拿送。又斡朵里阿乙充可等，如有移徙之志，令邊將諭之曰：‘汝等世居近境，深蒙國恩，今無緣潛移他境，是何意也？若逃往，則拿來治罪無難。’如此開諭，若不告逃歸，則自有處置，不可特給魚鹽厚於平時，以示弱也。”　野人李滿住管下指揮薛衆巨厚時來獻土物。

七月丙戌朔

乙未，朝鮮實錄書：野人童倉、童羅郎可等，遣人來獻土物。　壬寅，幸西郊觀稼，還至慕華舘設宴，宗宰及野人伊澄巨等二十人侍。賜野人等鞍馬、絛環、綵囊、刀子有差，令司僕內禁衛射毛毬。　甲辰，御慶會樓下觀射，讓寧大君禔、孝寧大君補、臨瀛大君璆、誠寧君祖、益寧君袗、延昌尉安孟聃、雲城府院君朴從愚、鈐川府院君尹師路、河東府院君鄭麟趾、左贊成申叔舟、右贊成黃守身、判中樞院事李仁孫、左參贊朴仲孫、右參贊成奉祖、吏曹判書韓明澮、兵曹判書洪達孫、都節制使楊汀、承旨等侍，或投壺，或射的。引見野人伊澄巨等十三人。賜伊澄巨綵段衣一領，且以綵段衣二領、綵段護膝、囊子、刀子各一，付澄巨賜李滿住。　承政院奉旨，回書平安道觀察使曰：“李滿住子古納哈，非酋長，未可殊禮待之，其審書後合行事件措置：（一）依豆里、伊澄巨例接待。（一）初面邑若以李滿住例接待，則書狀所至邑，便改接待。彼人若問其故，則答云：‘初面邑失錯接待，觀察使已移文覈之，故待之如此。’（一）若觀察使已接待，則自黃海道，依上項改接待事通諭。”

戊申，女直野人都督長安奴入貢，歸遼東，左參將曹廣因其所部奪驛夫什物，令百戶追取之。長安奴怒，即引弓射百戶。廣不能平，自至驛繫長安奴至公所，究其奪驛夫什物者杖之。事聞，都察院劾廣失柔遠之意。上曰：“然。命降敕切責之。”實錄。

是時邊將能任事，而朝廷則示柔遠人，綱紀未弛。

辛亥，朝鮮實錄書：建州衛野人李滿住子都萬戶阿具等，來献土物。　　壬子，建州衛都督童倉、羅郎可，各遣使來献土物。毛憐衛指揮王羅朱等三人，亦來献土物。　　癸丑，野人都萬戶李阿具、指揮李古納哈五人，來献土物。

八月丙辰朔

　　是日，朝鮮實錄書：命召右議政姜孟卿、左贊成申叔舟、右贊成黃守身、吏曹判書韓明澮、兵曹判書洪達孫、禮曹判書李承孫、刑曹判書朴元亨，議野人接待事。御書事目曰：“若李滿住、童倉及其子其弟，凡察子弟，火剌溫掌印酋長親來，則約其從者入送；其餘雜類來朝，則開說云：‘此道上國使者往來之處，且寧邊以北山川險阻，驛路不通，故在前汝等不得從此路上京。殿下只爲滿住等年老者，特命權開此路，非永遠之事。汝等依前例，從咸吉道來朝爲可。’彼人等若曰：‘李滿住等子弟亦從此路入見，何防我等乎?’答曰：‘前日李滿住等遣其子入朝，請之殿下，嘉其誠欵特許之，然不并許使送人由此路入朝。今汝等來朝，邊將不敢擅便上送。’若請啟達，答曰：‘邊將不敢擅啟。宜從咸吉道內路朝見。’又慮彼人等以不得從近路入朝，生怨擾邊，可預先隄備。（一）李滿住、童倉、凡察等使送人，以緊急聲息來云，必須親啟，或其事變的實，其功可賞者，請朝見則許之可也。”即諭事目于平安道都節制使。　　建州衛都督李古納哈等九人，來献土物。　　庚申，御書諭咸吉平安都節制使曰：“李滿住以書契差人告曰：‘火剌溫百餘人，欲作賊朝鮮地境。’此雖未可必，然專人告變，理或有之，卿宜隄備，勿令騷動。假如實來，戒飭諸將，勿邀功輕戰。俘斬百餘，不如不動。且有可言之機，則語之曰：‘汝等何不入朝? 上憐汝等，預飭邊將勿輕勦殺之。’先使諭意，不順然後加兵焉。大概如上項事意，善隨宜布置，不動爲上，破之爲中，被虜爲下，失物不中不下。　　野人童者音彼等十三人，來獻土物。　癸亥，傳于戶曹曰：“知中樞院事李古納哈、同知中樞院事李阿具，依例給祿。”　毛憐衛副萬戶巨九等二人、建州衛指揮石兒可等四人，來獻土物。　甲子，幸東郊觀獵，宗親觀樞及野人李古納哈等五十六人扈從。賜讓寧大君禔内廐馬一匹。　己巳，特賜野人李古納哈、李阿具等，麻布、綿布、單帖裏各一，領笠靴各一。　庚午，御勤政殿月臺上，設飲福宴，宗親及百官諸執事、倭、野人等侍。上下床飲福，諸執事以次飲福就坐。敬寧君裶、判中樞院事李季甸、兵曹判書洪達孫、野人古納哈、倭人居首者進爵。別賜倭人正官及古納哈等，鞍馬、玉條環、刀子，綵囊、席、綿布有差。　御政殿，復召宗宰設酌。上曰：“左議政鄭昌孫常在墓廬，今聞入京，可慰問也。”命藝文直提學徐岡賫宣醞、素物往慰之。　癸酉，野人李古納哈、李阿具辭。上引見，賜綵段、衣、苧麻、紬、綿布、弓矢有差，又以紬、綿、麻苧、布及席送于李滿住。　甲戌，幸箭串平觀放鷹，野人李古納哈、李阿具等隨駕。至樂天亭設酌，宗親、宰樞、野人等入侍。申叔舟進酒，古納哈、阿具亦進酒。命賜入侍軍士酒。日晡還宮。上與中宮御思政殿，隨駕宗親、宰樞、野人、宣傳官兼司僕等入侍。孟卿進酒，出内樂與工人交奏。古納哈、阿具等亦進酒。命召王世子進酒。傳曰：“入侍之人，皆令飲醉。”　李滿住遣指揮沈伊里多，來獻土物。　庚辰，御勤政門受朝參。引見李滿住使者沈伊里多等。

是日，朝鮮實錄書：禮曹啟。“指揮沈伊里多、沈伊時馬、童於澄巨等職帶指揮，請依例除副萬戶。”從之。

九月乙酉朔

丙戌，朝鮮實錄書：諭平安道都節制使具致寬曰：“前者許野人經由平安入朝者，特爲李滿住、童倉，與滿住親男，凡察子甫下土、嫡孫羅郎哈，及報變的實可賞而請親朝者耳，非永遠之事也。今後上項野人等願來朝者，依前諭書，約其僄從，須使一路往來，其經由口子州縣防禦諸事，不可踈虞，以示虛實，卿知此意。凡干備禦事，與觀察使詳議以啟。”　戊子，諭咸吉道都節制使楊汀曰：“塞上寒酷，今遣宦官尹得富賜宴慰之，仍賜貂裘一領、鹿皮靴一雙、角弓二張、磨箭一部，卿可領受。又命尹得富慰撫野人酋長，卿悉此意，聽得富言，依前年故事，招致饋慰。如有不來者，呼其管下送酒肉，並宣予意。卿又詳看下條施行：(一)浪孛兒罕、速魯帖木兒及近境諸種野人，卿酌其輕重，約其從者上送。(一)黑龍江速平江火剌溫、李滿住、童倉等，深處野人及三衛達子，扣關請朝，約其僄從，厚待上送。”又諭觀察使咸禹治曰：“念卿馳驅諮詢之勞，今遣尹得富賜綵段衣，仍設宴慰之，卿可領受。”

丙申，諭平安道觀察使、節制使曰：“曾於八月初一日、九月初二日，再諭卿以待野人事目。又疑卿慮有異同，莫知所從，更諭約從上送事目，卿其隨宜酌量施行，不可拘局。(一)李滿住、童倉及其人親男。(一)凡察子甫下土、嫡孫羅郎哈。(一)報變的實可賞而請親朝者。(一)火剌溫掌印酋長來請入朝者，其權可擬李滿住者之類。(一)如沈伊里大、沈伊時麻、童於澄巨之類。(一)多齎進上其誠可取者之類。　辛亥，觀獵于土其山，讓寧大君禔、臨瀛大君璆、永膺大君琰、誠寧君䄄、益寧君袳、桂陽君璔、密誠君琛、翼峴君璭、寧海君瑭、順城君譓、寶城君㝬、新令孝伯、延昌尉安孟眈、鈴川府院君尹師路，右議政姜孟卿，右贊成黃守身，中樞院使朴薑、洪允成，判中樞院事權擥，吏曹判書韓明澮，上護軍李思明、金漑、金澣、行浚生、河友明、鄭種，京畿觀察使金連枝，及承旨、野人童倉等十三人隨駕。命童倉等進酒。夕次于離宮。

　　朝鮮李瑈以叔篡姪，挾有戰勝之威，此其極盛之時。
建州三衛，奔走來朝，侍宴侍射無虛日，李滿住之子尤
多，不久遂致明廷責言矣。

　　前於景泰五年，即魯山君二年之十二月癸巳，朝鮮實
錄書："瑈自言童倉其所素知，又曾見於中國。"瑈於魯山
君元年十月庚子，奉表如大明。二年二月癸丑，與副使李
思哲賚禮部咨文覆命。其見童倉，即此數月間事。所見童
倉，實即董山，朝鮮始終認彼兄弟爲一人。凡來朝之童
倉，皆董山也，曾由明使質問其混稱之故，見後。

十月乙卯朔

　　丙辰，朝鮮實錄書：諭平安道都節制使具致寬曰："今來
都節制使楊汀啟本內，野人童羅郎哈遣人告，火剌溫昌加老
等，俟冰合時入寇。此言雖未可信，然邊圉之備，不可疎虞。
卿知此意，益嚴警備。"仍諭汀曰："今來告變者，量宜賞鹽慰
送。"　癸亥，親傳：宗廟冬享，大祭香祝。御思政殿，引見都
承旨曹錫文、同副承旨李克堪，議賜野人童倉等物件。仍設
酌，命錫文、克堪進酒。　　甲子，行冬享大祭。御慶會樓下，
設飲福宴，獻官玉山君躋班首，河東府院君鄭麟趾進酒，王世
子又進酒，讓寧大君禔、孝寧大君補、臨瀛大君璆、誠寧君
裀、益寧君袳、桂陽君璔、義昌君玒、密城君琛、翼峴君璭、
寧海君瑭、順城君譓、寶城君㝈、雲城府院君朴從愚、延昌尉
安孟聃、鈴川府院君尹師路，右議政姜孟卿，領中樞院事李季
甸，判中樞院事李仁孫、權擥，右贊成黃守身、右參贊朴仲
孫，禮曹判書李承孫，右參贊成奉祖，戶曹判書權蹲，兵曹判
書洪達孫，知中樞院事朴薑、洪允成，大司憲閔騫，承旨等入
侍，作定大業之舞。引見野人童倉等十四人。命童倉進酒。賜

段衣、鞍具、馬、綿、紬、苧麻、布、彩囊、刀子、條環、細
條靴、毛衣冠阿多介，并賜其子知方哈紬衣二領及靴。令兼司
僕內禁衛射侯，命野人等亦射。　　丁卯，御序賢亭觀射，王世
子與內宗親、宰樞、承旨等侍。引見童倉父子，賜童倉鍮行
器、水鐵鑼鍋、弓矢、環刀、油芚、銀椰瓢、狄磨箭、馬裝，
知方哈段衣。

　　　此云童倉子名知方哈。清武皇帝實錄言董山三子：長
脫落，次脫一莫，三石豹奇。知方之音，於石豹爲近。明
實錄中，有"忠順效勞而死於邊之董山弟董重羊，其子失
保，歸襲其叔父從兄之職，爲都指揮僉事"，蓋即董重羊
子，而襲董山、脫羅等之職。清實錄以爲即充善之第三
子，是爲興祖之父。

　　戊辰，朝鮮實錄書：賜童倉宴于北平舘，命投化野人浪伊
升哥、馬興貴、馬右其、李巨乙加介、崔適赴宴，以伊升哥爲
押宴臣。　　庚午，幸東郊觀獵，宗親、宰樞及野人童倉等隨
駕。　　辛未，命戶曹，給野人知中樞院事童倉祿。　　壬申，幸
慕華舘，王世子隨駕，宗親、宰樞及倭人等侍。命童倉及日本
國使者盧圓柴江等進酒。令司僕內禁衛野人等射侯、毛毬、騎
射。賜童倉子知方哈毛衣一領。還宮，御思政殿，召隨駕宗宰
及童倉入侍，設酌。　　丙子，御思政殿受常參。童倉等辭，引
見。賜知方哈馬一匹、條環、彩囊、刀子、藥物；其餘賜物有
差。仍設酌，命童倉及知方哈進酒，御後苑觀射。　　甲申，以
愁所好住野人指揮高之波麻伊阿羅尤阿乙朱，千戶吾陽可朱青
巨亡加投毛唐介等，爲本處副萬戶；都指揮權赤、阿赤羅古住
上護軍金所衆可等，爲本處都萬戶。

十一月乙酉朔

　　甲辰，朝鮮實錄書：吏曹據司譯院女眞通事黃中等上言啟："女眞學限品受職，專爲不得科名出身者設也。女眞學與倭學同，而倭學入譯科出身者，隨例取才，次次加資遷轉，女眞學則雖譯科出身，而拘於限品之法，不得加資，勸勵無由。請依倭學譯科人例，計取才分數，勿限品加資，四孟朔取才居首者一人，於本院祿官遞兒和會，隨品遷轉。"從之。

　　朝鮮之馭屬夷，亦仿中國制，設司譯院，即明之四夷舘譯字生也。以前重視日本交涉，故倭學出身，遷轉較易。此時女眞朝貢頻煩，建州三衛來者絡繹，故通事輩有是請而國王允之。兒和會之"兒"字，未知有誤否？當即明之會同舘，專掌賓接四夷者，清代謂之會同四譯舘，則并賓接與通譯爲一署矣。

　　辛亥，朝鮮實錄書：咸吉道都節制使楊汀啟："野人浪孛兒罕等十一名，到鏡城府欲入朝。臣令只率親信者五六入朝，孛兒罕怒，不告而還，似乎輕慢主將。若一置於法，則沮其歸順之意；若從其願入送，則不識法令之徒，效尤蜂起，適以示主將懦弱。願自今有如此橫逆者，雖受高爵，即禁身馳啟科罪。"御書回諭曰："今卿所啟浪孛兒罕事，具悉。予當大懲。卿策甚善，寬急得中，予尤嘉之。"又兀良哈萬戶者邑同介、指揮薛粟巨松古土他蒙哥等，捕獲土豹，欲來獻，勿許。

十二月乙卯朔

　　丙辰，朝鮮實錄書：咸吉道都節制使楊汀馳啟，野人尙同哈與兀狄哈等相鬥事由。下書回諭曰："兀狄哈等被奪人畜，怨隙既深，報復必速。若尙同哈等諸酋長，率麾下上京時，兀

狄哈乘虛入虜，則其受害尤甚。尙同哈等居我後門，爲我藩
籬，宜當愛護，不可翫視也。卿可諭以予意，使自預備；卿亦
爲救援之勢，以示國家撫育之意。其與兀狄哈構怨者，今冬勿
令上京。如有不計利害、强欲來者，亦勿防遮。” 甲子，野人
都萬戶劉無澄介等三人，來獻土物。向化護軍童清周，以陞大
護軍謝恩，賜衣帶。　　乙丑，野人浪孛兒罕等十五人，來獻土
物。　　丙寅，御思政殿，引見浪孛兒罕等。賜左議政姜孟卿、
右議政申叔舟大刀各一把。令入侍衛將都鎮撫承旨亦侍。上命
進孛兒罕于殿内，傳曰：“予待汝異於諸野人，且見汝子伊升
巨，愛護之。今聞汝無禮於邊將，予欲懲之，然以伊升巨之
故，特釋不問。”孛兒罕俯伏謝罪，命饋于外庭。

天順三年，即朝鮮世祖五年，己卯(1459)

正月甲申朔

己丑，命毛憐衛指揮同知賽住哥子滿皮，指揮僉事吉里迷
子阿速、塔里必子卜里塔、納當哈子撒哈連、賞禿子額苦、土
剌子哈撒哈；建州衛指揮同知乞奴兒子六十；喜樂溫河衛指揮
同知劉里加子阿速孫、色因不花子鎖因鐵木，指揮僉事失列密
子土松哥、撒哈答子木當加、只稱哥子沙仲哈、兀苦納子塔
書；速平江衛指揮僉事奴兒干子非得，俱襲職。毛憐衛都指揮
同知答魯哈子阿撒代職。實錄。

是日，朝鮮實錄書：諭平安道觀察使元孝然曰：“後門野
人逃入李滿住部落，予親命伊澄巨使之刷還，又受禮曹書契以
歸。今伊澄巨之事，必有要領。若更來，則卿其上送。” 庚
寅，御書諭咸興道都節制使楊汀曰：“浪孛兒罕無禮於卿，故
予初引見思政殿，令申叔舟問曰：‘汝何無禮於都節制使耶？
汝雖切欲朝見，而輕慢邊將，予欲治汝罪。而汝子侍朝勤誠，
故待汝素厚，異於諸酋長，是以赦汝，汝勿復爲如此。’孛兒罕

懼而飾辭辨明。予再三從容問之，命引出饋之。其日，伊升巨欲請其父於家，予多賜酒肉，并其管下宴之。孛兒罕泣語其子曰：‘上責我，我心欲死。都節制使奏我所失，甚負於我矣。’其後伊升巨往舘，見其父孛兒罕，亦言都節制使甚負於我。予之接待如舊。卿可預知此意。孛兒罕啣卿必甚，料必不和，或扇構諸種，言卿之短。卿宜柔制，能爲方圓，勿生釁隙，威惠並施。”野人中樞浪孛兒罕等十六人辭，別賜有差。　甲午，野人中樞柳尙同介等十九人辭，別賜有差。　諭咸吉道都節制使楊汀曰：“野人柳尙同介等來言曰：‘與兀狄哈結釁旣深，報復必速。某等散居諸部，恐不能支，願聚居一處。’予諭之曰：‘汝等不必聚居，予已令都節制使爲援矣。’大抵野人聚居，於我不便。又柳尙同介等世居後門，爲我藩籬，亦不可恝視其受禍也。卿其爲聲援之勢，不可失信。但兀狄哈等與野人作讎，於我國本無釁隙，今不可爲柳尙同介等更生一敵也。雖爲聲援，而其中緩急，卿宜酌量處之。”　丁酉，傳旨義禁府曰：“野人中樞馬仇音波，以其弟馬加以愁職，未滿其意，禮曹饋餉時，發憤言辭不恭，其推鞫以聞。”　辛丑，賜野人中樞柳尙同介綵段衣一領、環刀一。　乙巳，御後苑觀射，宗親、議政府、諸將、承旨等入侍。引見野人馬申哈，問照運兀狄哈等與斡朶里野人，使得和親之策。　戊申，野人中樞李豆里來獻土物。　壬子，以申叔舟爲咸吉道都體察使。叔舟辭，設酌慰遣，賜貂裘、靴、劍、弓矢，命入内拜辭于中宮，令宗親及政府六曹，賚宣醞餞于東郊。時上慮兀良哈、兀狄哈報復無已，欲令和解，以叔舟爲體察使，命曰：“往諭野人云：‘聞汝等舊相讎，無益浪死，於我無所利害。予以汝等雖異類，而人情則同，是故與我國人一視之。李滿住實國賊，而予無偏窄之心，故其子皆來，一人侍朝。童倉等亦來朝，於汝種類何異焉？予

不忍相爲死亡，妻子離散，呼泣悲思，天亦必爲之傷惻。予今
代天理物，平定禍亂，視汝等猶子之時，不爲汝等保安之，則
豈合天心？汝兀狄哈等，勿懼路阻，頻頻來朝。兀良哈、斡朵
里等，勿阻王化，各棄前怨，聽予至誨。”初，兀良哈柳尚同
介、金管婁，斡朵里童速魯木兒、骨看兀狄哈金麻尚哈等來
朝。麻尚哈將諸種兀狄哈木契，告禮曹曰：“兀狄哈等使我來
告云：兀良哈等殺虜我人畜，欲報復，乞不救援，勿許入長
城。我輩爲兀良哈所阻，願從骨看地面以朝。”上引見麻尚於交
泰殿，諭之曰：“予以酒困而臥，未得見汝。汝其往兀狄哈諭
之曰：‘予憐諸種野人，非獨斡朵里、兀良哈，李滿住國賊也，
而予等視之，滿住之子皆來朝，乃至再三。今又豆里來，欲入
侍。爾兀狄哈等，雖阻斡朵里，予令勿遮，爾嫌舊罪，予則不
有，勿以路阻爲難，勿以舊罪爲嫌，且以爾相讎，浪死無益。
故予欲刷還爾等妻子牛馬，使之和解，各安生業。爾往諭予
意。’”因賜弓箭、衣、劍以遣。麻尚哈曰：“死且不避命矣。”
癸丑，以斜地住時乙豆，愁州住於赤乃，毛里安住滿禿哈，孛
加退住金引乙介、金之下里、童奴兒干，東良北住李昌阿、浪
羅守、浪仇音夫，阿赤郎貴住浪時波赤，吾弄草住浪金世，草
串住金眞哥我、李把刺速、金馬申介、李訥仇於件等，爲本處
萬戶；南羅貴住帖苦，東良北住出羊哈，吾治安住愁隱豆，無
兒界住著兒速，上家下住里仇，毛里安住訥失，斜地住忽失
塔，朴可別羅住每下，伐引住於夫乃吾看主，何多山住劉高來
失，愁所好住童稱統，甫青浦住劉阿赤哈，吾弄草住撒歹，何
多山住金尙張哈，吾音會住高羅邑多，孫汝吾住吾臥者吾，建
州衛住無陽可沙漠地等，爲本處副萬戶；浮昌住李波乙時，無
兒界住浪時加具，東良北住李麻具，訓春住金沙魯哈，草串住
李汝乙於，建州衛住李毛只乃等，爲本處都萬戶。

二月甲寅朔

己未，陞毛憐衛指揮同知伏羊古爲指揮使，指揮僉事伯勒爲指揮同知；喜樂溫河衛指揮同知兀稱哈、必桑加、余籠哥，俱爲指揮使。實錄。

是日，朝鮮實錄書：幸豐壤，宗親、六曹參判以上、野人中樞李豆里等七人隨駕。賜豆里弓矢、環刀。至豐壤川邊，審定防川之地，還至忠勳府。御大廳，命臨瀛大君璆、桂陽君璔、朴從愚、趙惠進酒。又命諸宗宰各以次進酒。御書曰："諸宗宰功臣之於予，猶磁石之於鐵，故相合無能間；薪之於火，故勢盛不可遏；地之於天，故生成無得議。"示諸左右，因以此命題，各賦詩文。

辛酉，命故忽石門衛指揮使你籠哈子阿令加，指揮同知鎖奴子木刀哈，指揮僉事必籠哈子瓦納哈；可令河衛指揮僉事叟登哥子滿皮；阿倫衛指揮僉事塞勒子伏羊古、阿羊哈子木哈；喜樂溫河衛指揮同知土成哈子阿多、受能子斡你，指揮僉事高里子鎖定哈、安成哥子勒孫哥、牙當吉子北成答里丙哥、喜兒哥子撒魯哈、知魯哈子海蝦；把河衛指揮僉事哈剌子斡里克；木答里山衛指揮使把卜沙子撒兒乞；阿剌山衛指揮僉事沙魯子得乞納；兀者衛指揮同知以里子阿陸加，指揮僉事忽失塔子木令加；速平江衛指揮同知替長哥子沙的朶、木同哈子羅果，指揮僉事失令哥子阿迷；石城衛指揮僉事失弄哥子塔速；童山衛都指揮僉事李吾哈孫常加奴、歹因哈子金八，指揮僉事木長哈子牙失牙、甯失加子趙郎哈、迭兒哥子終沙；建州衛指揮使歡赤忽子剌哈；阿眞同眞衛指揮同知牙失塔子鎖失哈，俱襲職。

壬戌，陞建州右衛都指揮僉事李土蠻爲都指揮同知；速平江衛指揮使綽必、建州衛指揮使沙加保，俱爲都指揮僉事；指揮同知苦魯哥、兀乞納、撒里、阿的勒、皂化，俱爲指揮使；指

揮僉事授撒、沙魯、桑果奴、古失答、阿卜、沙魯哈、牙失
塔，俱爲指揮同知；阿眞河衛指揮使撒里亦答爲都指揮僉事，
都指揮同知探答哈爲都指揮使；毛憐衛指揮使劄剌答爲都指揮
僉事，指揮同知課果阿古卜良吉朶欒、宋哈奴，俱爲指揮使，
指揮僉事鎖羅斡、奴黑赤、鬼里班答、住張哈，俱爲指揮同
知；劄眞衛指揮同知吉當加爲指揮使；喜樂溫河衛指揮同知兀
寧哥爲指揮使，指揮僉事打魯花哈、墨黑禿，俱爲指揮同知。
實錄。

　　癸亥，朝鮮實錄書：御慶會樓下，觀射設酌，王世子進
酒。引見野人中樞李豆里等八人。內宗親及左議政姜孟卿、領
院事李季甸、左參贊朴仲孫、判院事洪達孫、梁山君李澄石、
戶曹判書權蹲、判漢城沈澮、工曹參判尹士昀、漢城府尹尹士
盼、右承旨權摯、左副承旨金礩、右副承旨鄭軾入侍。召禮曹
判書洪允成，令改選陣書，命兼司僕內禁衛分左右射侯。又命
澄石、仲孫射侯。仲孫連中三矢，賜黑漆籠一事。　　丁卯，野
人中樞李豆里辭。命判內侍府事田昀語豆里曰：“汝父遣汝兄
弟，使相來朝，又遣汝侍朝。予嘉其誠，特賜鞍具馬一匹。汝
其悉傳，前來趙豆之還也，奪驛吏之物以去，汝語汝父罰之，
推其物以還其主，具狀以啟。汝今遠來侍朝，予甚嘉之，其速
來歸。汝之生理，保予措置。仍賜紅絲帶、刀子、綵囊。賜甫
下土、老胡赤等馬各一匹，紅絲帶、刀子、綵囊；其餘四人，
各賜紅絲帶、刀子、綵囊。　　己巳，奏聞使金有禮馳啟：“廣
寧百戶黃英密與臣言，建州都指揮李兀哈、童火你赤等，訴於
總兵官曰：‘都督童倉今秋到朝鮮，朝鮮國王每日賜宴，又賜
鞍馬、衣服、弓劍，度其勢，必有招撫之意。’總兵官曰：‘汝
等聞諸何處?’李兀哈等曰：‘我輩眼所共見。’仍告賞賜物件。
總兵官即與太監奏達，秘不宣。遣經歷佟成前去童倉居處，窺

覘情僞。"

李兀哈，即明實錄中之李吾哈，亦作李兀黑；童火你赤，明實錄"童"作"佟"，皆建州右衛中之極忠於明者。後董山之以罪誅，亦由此二酋告密。明人紀此事，謂邊帥訪得，且盛稱遼撫程信之功，正是得之於李兀哈等之密報耳。畧錄明諸家紀載文於下：

明通紀："天順三年二月，遣使朝鮮及建州女直。先是，朝廷諜聞建州酋董山潛結朝鮮，命巡撫遼東都御史程信譏察之。信使自在州知州佟成，托他事廉其境上，得朝鮮授董山爲正憲大夫、中樞密使制書，還報。信具以上聞，請乘其未發，遣二急使往問之，可伐其謀。上乃命一給事中往朝鮮，一錦衣譯者往建州。兩酋初不肯承，出制書示之，皆驚服，各上表貢馬謝罪。　名山藏朝鮮傳："天順初，諜報女直建州酋長董山，潛結朝鮮謀叛。朝廷命巡撫遼東都御史程信察之。信廉得王琛所授董山爲中憲大夫、中樞密使僞制書，以還報。上命一給事中往朝鮮，一錦衣譯者往建州，急問之，皆不承。出僞制書示之，王琛驚服謝罪。"

兩書所載，實錄不爲此張皇語。觀朝鮮實錄歷來叙述，建州於朝鮮，本爲兩屬。若以相結爲即謀叛，太遠於事實。所云乘其未發，可伐其謀，乃當時文人好事，張大其事，以爲在事之臣紀功云爾。蓋各家叙述此事，皆本劉珝所撰襄毅程公墓誌。誌言："建州虜酋董山，潛結朝鮮。公使土官佟成，授以成算，往廉之，得朝鮮授董山中樞院使制書以還。公疏曰：'乘其未發，急遣二使問之，可伐其謀。'朝廷乃命一給事往朝鮮，一錦衣譯者往建州。兩酋

初不肯承。出制書示之，咸相顧愕然，各貢馬謝罪。"翊與
信同官京朝，信子敏政亦早達，世稱篁墩侍郎者也，乞翊
爲父作誌。所謂諛墓之文，不免稍加渲染，以表勳績。國
史之說，殊不盡然。觀實錄下文所述可見。

庚午，禮部奏："建州等衛野人頭目，乞於沿途買牛，帶
回耕種。"上從其請。　乙亥，敕諭朝鮮國王李琛："近者邊將
奏報，有建州三衛都督古納哈、董山等，私謁王國，俱得賞賜
而回。此雖傳聞之言，必有形迹可疑。且王國爲朝廷東藩，而
王之先代以來，世篤忠貞，恪秉禮義，未嘗私與外人交通，何
至於王，乃有此事？今特遣人賫敕諭王，王宜自省。如無此事
則已；果有此事，王速改之。如彼自來，亦當拒絕，諭以各安
本分，各守境土，毋或自作不靖，以貽後悔。在王尤當秉禮守
法，遠絕嫌疑，繼承前烈，以全令名。王其愼之。"　左順門門
正忽思忽奏："臣海西女直人，自洪武間入侍內廷。有姪佟預，
在京生長，習讀經書，粗知章句，切思故鄉萬里，無家可歸，
雖欲圖報，無由進身，乞援例入國子監讀書。"從之。實錄。

據此，則女直人亦准入監讀書。惜明不能推廣文化，
直以學校科舉推行於女直之地域，徒欲以賞賚誘之，眞馭
邊之下策也。

三月癸未朔

甲申，敕諭建州左等三衛："右都督董山，都督同知古納
哈、納郎哈等；近者邊將奏報，爾等私往朝鮮，見其國王，俱
得賞賜而回。且爾父祖以來，世受朝廷重職，保守境土，未嘗
與朝鮮私通，何至于爾，輒爲此舉？今特遣人賫敕諭爾，爾宜

自省。如無此事則已；果有此事，爾速改之。如彼招引爾去，爾當拒絕，不可聽從，毋或貪圖微利，以貽後悔。"實錄。

此與上月乙亥兩敕，即所謂一給事、一錦衣譯者分往朝鮮、建州所齎之敕。

己丑，朝鮮實錄書：受常參視事，引見野人伊澄巨等四人。　壬辰，咸吉道都體察使申叔舟馳啟："臣到會寧，招兀良哈、斡朶里等諸酋，諭以上旨，且語之曰：'我今承命來聽爾等情願，將招兀狄哈使與和解，汝等以爲如何？'諸酋皆叩頭曰：'此皆殿下爲我等至計，敢不如命！'又招柳尚同哈於鍾城，與金把兒歹等面約，皆願如命。尚同哈言：'我聞兀狄哈二人來愁州議和，但未及聽其言耳。'臣即令尚同哈妹婿這比冬哈招二人，兀狄哈名加霜哈者一人來。臣問之，曰：'我本兀良哈，曾爲兀狄哈所擄，有母在此，每往來相見。今來路經兀未車兀狄哈也堂其所居，也堂其等言汝往兀良哈處，爲我語之，天雷方起而或止，兩兵相合而或解，死者則已，生者見還，相與和解安居，何如？'時兀良哈尚冬哈等亦在坐，臣語加霜哈曰：'汝還語也堂其，我聖上神武定難，撫臨東夏，靖綏四方，以至殊俗，一如國人，悉棄舊惡，保之若子，無有遠邇，亦汝等所聞知也。今聞也堂其等，妻子爲兀良哈所殺擄，憐其死亡流離，命臣諭兀良哈，還其所擄，使各棄前怨和解，汝等可來聽命。汝等雖欲起兵謀報，汝今見此輩皆居近境，出入效順，如我國人，邊將豈恝然傍觀，況我在此乎，然則汝安得必其得利乎？凡當事會，時不可失，不如來聽王旨，率還妻子，各安生業，數數朝見，以承上恩，聖上待汝等豈有遠邇。若違拒無禮，則兀狄哈之地，亦不過數日程耳，後悔無及。我今承命而來，整戎鍊兵，事訖則亦不久留於此，來則宜速。加霜哈曰：'上位憐恤遠人，恩實至重，誰敢不來。'臣乃作書譯以女眞字，付加霜哈諭也堂其等。書曰：'茲者骨看兀狄哈麻尚哈，持木契進啟曰：照兒好兀狄哈送木契言，兀未車兀狄哈，爲兀良哈榦朶里等所攻殺，妻子見擄，因此路阻，願從骨看地面別路朝見。我殿下命臣若曰：兀狄哈與兀良哈榦朶里舊相讎殺，於我國固無利害。然彼雖殊俗，人情則同，故予與我國人一視之。今彼無益浪死，妻子離散，呼泣悲思，天亦必爲之傷惻。予方平定禍難，代天字民，視諸種如子之時，若不保安之，則豈合天心？爾往諭兀良哈、榦朶里，使還所擄，勿阻王化；兀狄哈亦勿懼路阻，頻頻來朝，各棄前怨，以安生業。我今承命而來，行邊招諭，兀良哈、榦朶里等，已皆聽命，不敢違異，刷出所擄，願與釋仇。汝等妻子亦流離孤苦，日望汝來，適聞加霜哈來到，使之傳語，可速來率還，使妻子團圓，安生樂業，以承我聖上不忍之仁，不亦可乎！惟我承天體道烈文英武王殿下，神武定難，撫臨東土，推誠待物，一視同仁，威惠遠著，東夷北狄，爭先納欵，如蛾赴燭。李滿住、童倉等，前爲國賊，今皆投化，遣子入侍，殿下亦不記舊嫌，待之如一。況於汝等，何有異焉？兀良哈今既聞命，敢爲誰何？汝等勿生疑貳；勿慮路梗，亟來聽命。'兀良哈等聞臣語，亦皆感恩，坐中自相謂曰：'上位爲吾等計，雖父憐子，亦不過也。'臣今考前年朝見者，火剌溫外，諸姓兀狄哈，無一人來者，是必畏路阻，且兀狄哈等，曾於慶源作耗，亦以此自疑耳。臣竊計彼既與兀良哈作讎，而今來議和，是非畏兀良哈，乃畏我援，其心亦必欲納欵，以孤兀良哈之勢。招之則勢必無事而來，又憑和解招之，則兀良哈等亦爲我等計，不爲疑貳，此正當兩撫之時。臣一以示憐撫之意，一以恐動之。又於加霜哈路經最近尼

麻車兀狄哈亐豆處，作書送之，令亐豆傳諸姓兀狄哈，以招諭
之。書曰：‘今承王旨巡邊，招安諸種。爾可遍告諸姓兀狄哈
頭目，來聽王旨。兀良哈、斡朶里等，今既承命和解，爾等勿
懷疑阻。’臣歷到穩城、慶源，招諭兀良哈女眞等，皆如命。召
骨看麻尙哈與金管婁面約，又於諸姓兀狄哈頭目處，作書譯送
之。書曰：‘惟我承天體道烈文英武王殿下，握符乘運，平定
禍難，撫臨東夏，島夷山戎，一視國人，恩威並著，遠近爭
赴，如子投母。邇者兀良哈、斡朶里等，謀報兀未車兀狄哈舊
讎，乘其不備，殺擄妻子。我殿下憐其死亡流離，命臣行邊安
輯，使彼此各棄前怨，永安生業，且通爾等朝見之路。我來宣
諭，兀良哈、斡朶里等悉皆稽顙聽命，願與解仇，不復相讎。
今使骨看兀狄哈麻尙哈，招兀未車頭目，與之面約。爾可導致
麻尙哈於兀未車，且諭此意於諸姓頭目，勿慮路梗，來聽王
旨。’又再諭也堂其等書，與加霜哈賫去書同。臣初欲先送人招
兀狄哈，慮兀狄哈既來，而兀良哈不欲，則爲兀狄哈所輕。今
既送人預刷所擄人畜來，則與之。又慮既刷而兀狄哈不至，則
爲兀良哈所輕。今既兩道送人，計往還程途，及到彼，擬議幾
至一朔。兀狄哈既至，刷沿江上下遠近散占人畜，會諸酋定約
還付，亦幾一朔。臣在京計三月內可了，今來計與事殊，處處
稽留，辭離輦下；時移節變，日夜懸望宸極，情不能已。又浪
孛兒罕言；近聞兀狄哈二萬餘兵，欲來報。臣又慮彼知請和，
安之非計。今憑習閱，部署六鎭軍，精鍊以待。今觀兀良哈斡
朶里女眞等，環居六鎭近境，特承上恩，唯邊將所使，與我國
人無異。臣今來處處，無男女老少，皆奔走爭來謁見，數百爲
羣。兀狄哈等地遠，恩威所及，不如此輩。今當招撫之時，宜
有以感其心。臣令所在邊將，呼被擄兀狄哈妻子厚饋，量給糧
餐，諭以上恩，且語上待諸種，無遠近厚薄之意，令各還語其

夫若父，使彼心感。” 甲午，奏聞使知司譯院事金有禮，先送通事金由敬來啟，刑科給事中陳嘉猷、序班王軌齎捧敕諭，本月初三日發北京。 丙申，御書下議政府曰：“中朝今方惡野人歸順，待伊澄舉等以薄乎？敕書未至，而據何辭薄待乎？依舊厚待乎？若中朝使臣適至建州，而觀聽則得無嫌乎？厚賜野人，本非所諱，而敕亦未至，厚賜遣之，於我有厚恩，於中朝怨隙發矣，從此雖薄待無傷也。” 己亥，野人伊澄巨等四人辭。命饋之，傳于伊澄巨曰：“中朝以我國招撫汝等，今遣使來問。爾等宜知此意，慎勿任意出來；我國亦不敢擅便招納。”賜弓矢、布子、席、紙、鍮器、紅絲帶、刀子、綵囊；餘皆賜物有差。 丁未，諭平安道觀察使元孝然、都節制使具致寬曰：“野人來服，我國之上策，卿等獨知。然上國所惡，故使臣回還間，建州衛野人等來朝者，勿許上送，諭之曰：‘汝等精誠，國家所知。然中國非之，故上命勿送。’爾知此意，給行糧、鹽醬送還。” 庚戌，以婆猪江住千戶童阿羅愁爲本處副萬戶，婆猪江都指揮沈伊時哈爲本處萬戶，建州衛住指揮王車多、王昆伊等爲本處副萬戶，汝吾住副萬戶金亦留爲本處萬戶。

四月壬子朔

　　己未，朝鮮實錄書：幸慕華舘迎敕，至勤政殿受敕，行禮如儀。敕曰：“近日邊將奏報，聞有建州三衛都督古納哈、童山等，私詣王國，俱得賞賜而回。此雖傳聞之言，必有形迹可疑。且國王爲朝廷東藩，而王之先代以來，世篤忠貞，恪秉禮義，未嘗私與外人交通，何至於王，乃有此事？今特遣人齎敕諭王，王宜自省。如無此事則已；果有此事，王速改之。如彼自來，亦當拒絕，諭以各安本分，各守境土，毋或自作不靖，以貽後悔。在王尤當秉禮守法，遠絕嫌疑，繼承前烈，以全令名。王其愼之。"上陞殿，與陳嘉猷行禮，又欲行禮於王軏。嘉猷曰："王序班非副使，乃欽差通事，不可並禮。"軏近南，向西北行禮，上向東答拜，軏趨出。上與嘉猷行茶禮；命禮曹判書洪允成，就東廊與軏行茶禮。嘉猷令軏傳語云："朝廷非有他意。蓋因野人報邊將，邊將差人覆審乃奏，故有是敕也。貴國世守禮義，殿下賢明，天下共知，近又搬運漂海錢糧，解送人口，日本朝見，亦并奏達。朝廷深嘉殿下忠誠，今聞古納哈、童倉及諸野人受職，又受弓劍鞍馬，以此爲訝耳。"上令金何答曰："今見敕旨，又蒙大人指示，備悉，豈敢小隱。古納哈、童倉等，曾受本國之職。李滿住子四五人，頻頻來往，其子一人，前月來還。此輩人面獸心，若不許來，即生邊釁，不得已而待之，有自來矣。"嘉猷曰："朝廷亦知此輩易生釁端，此輩與畜生一般。今年受職，明年又欲受職，欲心無窮，朝廷所知。但朝廷之意，以爲此二人，曾受朝廷都督職事，殿下又加授職，於理未安，只此一節而已。今奏本書某人於某月日來受某職，及某某賞物，某日回去，明白具開。朝廷當敕彼人等，勿復交通。彼人不敢更來，則便是朝鮮之福也。"又問："聞都希來住，信乎？"上答曰："滿住子豆里，近者來此，願住，不聽送還。"嘉猷曰："奏本亦須明白開具。"上答曰："當如大人指示，一一具奏。且我國西北連野人，東南近倭人，若日本國則相去窵遠，往來稀闊。至如對馬、一歧、覇家臺等三島倭人，屢生邊釁，我國不得已，隨所討索，給與米布，煩費不小，朝廷焉知我國細事。今應接野人，亦出於不得已耳。"上幸太平館，將設下馬宴。明使辭，上固請。明使出，上與之行禮，上坐西壁，陳嘉猷東壁，王軏於東壁差退，近南而坐。奏樂行茶禮，上行酒，永膺大君琰、義昌君玒、翼峴君璵、左議政姜孟卿、兵曹判書韓明澮、刑曹判書朴元亨、禮曹判書洪允成等，以次行酒。嘉猷曰："要見奏本草。"上答曰："蒙大人曲盡指示，深謝深謝，敬當如命。"嘉猷曰："聞古納哈授正憲大夫職事；童山改名童倉，亦授正憲大夫。如此授職者不止二人，亦須載諸奏本。又聞於里帖木兒亦曾來去。"上答曰："於里帖木兒，不曾記憶，當考之。童倉則前來敕書皆稱童倉，不是我國改其名也。然具奏本草，送與大人看了。"宴罷還宮。

此是朝鮮受敕情狀，無所謂不承；亦無所謂示以敕書，乃愕然驚服，蓋明紀載之點染也。

明使謂古納哈授職；童山改名童倉，亦授職。然則朝鮮授職之制書，實名童倉，而受職之人，則爲童山即董山。明使自正言董山非童倉也。李瑈謂前來敕書，皆稱童倉，非我國改其名，則謂從前童倉與凡察同居同逃之時，敕書屢有童倉字樣。在明對童倉、董山，各自就事降敕，而朝鮮仍不悟其爲兩人，故有此含混之答辭。可知李瑈前言在北京曾見童倉，其實所見即董山，而自認爲童倉耳。日本人據朝鮮片面語，謂童倉即董山，明人所傳皆誤，則殊不然，前已言之，此更可爲確證。　眞羊特見奏報，自是建州近屬，來往在景泰七年二月，則即其時之充尙弟秦羊，譯文隨時不同，明實錄中之董重羊，即此人無疑。

甲子，朝鮮實錄書：咸吉道都體察使申叔舟馳啟："麻尙哈等率兀未車、兀狄哈、育帖應哥及南訥兀狄哈、好土剌亦哈等還言："初行無人之地七日，始到兀未車愁呵歹家，愁呵歹率妻子藏匿山谷。又行到南訥吾哈家寄宿，吾哈適不在，使其家人召愁呵歹，開語事意，授書使傳布諸姓。次日又行過愁呵歹所在處，愁呵歹二子言："爾等必爲間諜。"引滿相向。麻尙

哈等開說上命，乃止。愁呵歹率到南訥呵剌哈家，愁呵歹使人
先報阿剌哈，率甲騎五六十餘，出迎於路，跪聽上命受書，
言：「吾等聞柳尙冬哈前冬上京，啟請五鎮兵五百餘將復來，
以此皆移置家累於山，亦欲聚衆謀報。今聞上命，恩出望外，
孰不聽命！」乃於路上自行酒，饋麻尙哈等，請至其家留宿，饋
待極厚，又請留一日。又行四日，到兀未車育帖應哥所居，家
舍皆爲灰燼。適育帖應哥自山中來取米，問也堂其等所在。答
曰：「傳聞柳尙冬哈啟請五鎮兵將復來，皆移往阿毛剌、忽兒
阿等處，距此五六日程。」麻尙哈等授書，育帖應哥曰：「我等
牛馬家財，皆爲所掠，無物可以買還妻子，但多兵力以報耳，
已於諸處請兵，得五千餘，以待草長。今聞上旨，當往聽命。
也堂其聞此，亦當來矣。」乃使其子宋吾持書往諭也堂其等，育
帖應哥即隨來。行三日，還到阿剌哈家，又留慰一日。阿剌哈
言：「我等素效順大國，近以此輩相讎，未敢往。今恩憐至此，
時方向熱，老人不能自往，欲遣家人代行。」乃使好土賫土物隨
來。又行半日，還到吾哈家寄宿。阿剌哈兄所雄哥子波水來
饋，言：「我父昔年買還大國婦女內隱藏與家財，以功受職。」
乃使其長子剌亦哈賫土物隨來。又行六日，還到也春麻尙哈
家，留一日。又行一日到此。」臣即召兀良哈、斡朶里諸酋。本
月初六日，遠近畢會，與兀未車、育帖應哥相見，面定解和，
且約將率也堂其諸人來聽和，次次刷還育帖應哥妻及子四人，
被擄在此，其妻懷孕而來，今已產兒。臣竊計今育帖應哥，親
殺兀良哈蘇多哈者，而猶聞命即來，其餘頭目之來無疑矣。然
方在疑信之間，欲待育帖應哥之還，以爲計今不還育帖應哥妻
子，使空還招餘人，則益彼之疑，盡還其妻子，則所欲已盡，
其來或緩。留其四子，只給妻與乳兒，使還告餘人，且以爲
驗。如是，則其招徠必力而速。臣語育帖應哥曰：『人孰無過，

過而能改，亦爲善人耳。今汝許我改行效順，將與同類偕來聽
命，男兒一諾則已，我豈有疑汝心。但汝盡率妻子而行，則不
能遠達，且獨身勢難，今姑還汝妻與乳兒，汝亟還更率餘人而
來，汝四子我當厚恤以待。我聖上一視同仁，不記舊惡，汝今
改行聽命，又力於招徠，則上必嘉之。'育帖應哥扣頭曰：'敢
不盡心。'又令麻向哈等三人護送，且又招徠餘人。和事大概已
定，臣前後與彼此相語，及諸處書契，凡諸節目，一一囑付都
節制使楊汀施行。臣即日發還向京。又阿剌哈及波水，皆知尊
敬我國，厚待使人，其心可嘉。其所使人不可拒還，以孤其
心。臣移文都節制使，令厚待上送。又前月二十九日，尼麻車
兀狄哈大護軍亐豆，率麾下十人，持前日加霜哈受去臣書，來
見曰：'老王殿下時，招我除職，我亦往來效順。中絕十餘年
矣，今上恩威遠播，孰不效順，但不敢自達耳。今又致書招
來，上恩極大，承書即日來。'臣語之曰：'我承命召諸頭目，
汝最先來，其誠可嘉，當達上前。'亐豆曰：'時方向熱，未得
上京。秋涼當來朝見，且我還語諸頭目，亦必相繼來朝。'臣令
留一日，厚饋，略給其所求以送。諸姓頭目，計將次次出來，
皆付楊汀厚待存撫。"御扎諭申書狀官曰："今傳寫敕書，同封
以送，卿可看焉。予謂中國多有計，度誘我耳。欲威而不可
威，欲置而不得置，勢固然也。又卿所分送書契，大有招撫之
迹。卿雖還程，可還北道，隨宜還收，上策也。雖未盡收，近
中國處則須還收，然不可露形迹也。和解之事，宜終始如一，
畢竟歸順之而已。此餘細節目，委卿布置。"　乙丑，幸太平館
設宴，餞明使。上語明使曰："後門野人世爲邊患，自祖宗奉
敕旨存撫，以安邊氓耳，非我招徠也。"因良久立話。上將還，
明使送至中門，上又語以至誠事大之意。嘉猷曰："誠也者，
可以事大，可以事小，可以交隣。殿下之言正是。"上還宮，命

饋隨駕宰樞於勤政殿西庭。　丙寅，御扎論申叔舟、楊汀曰：
“卿等論諸種野人云，中朝忌汝等來順，聞武忠者以救往建州，
勿令來往朝鮮。汝等雖非建州衛人，亦不可公然來往。殿下待
汝等，憐育甚至，然中國所忌，不必相抗，汝等知此意勿來。”

丁卯，遣吏曹參判曹錫文、仁順府尹權摯奉奏本如大明。奏
曰：“天順三年四月初八日，欽差刑科給事中陳嘉猷，齎捧到
敕諭該：‘近者邊將奏報，聞有建州三衛都督古納哈、童山等，
私詣王國，俱得賞賜而回。此雖傳聞之言，必有形迹可疑。且
王國爲朝廷東藩，而王之先代以來，世篤忠貞，恪秉禮義，未
嘗私與外人交通，何至於王，乃有此事？今特遣人齎敕諭王，
王宜自省。如無此事則已；果有此事，則王速改之。如彼自
來，亦當拒絕，諭以各安本分，各守境土，毋或自作不靖，以
貽後悔。在王尤當秉禮守法，遠絕嫌疑，繼承前烈，以全令
名。王其愼之。欽此。”臣不勝兢惶，欽檢到宣德八年閏八月初
十日，欽差指揮僉書孟揑可來等官，齎捧敕諭節該：‘自今各
順天道，謹固邊備，輯和隣境。欽此。’正統三年五月二十五
日，陪臣叔父䃏等，齎捧到敕諭節該：‘此輩皆朝廷赤子，在
彼在此一也。王惟善加撫恤，使之安生樂業，各得其所。欽
此。’正統五年九月三十日，陪臣崔致雲齎捧到敕諭節該：‘王
宜解釋舊怨，寬以撫之。欽此。’正統六年三月二十六日，遼東
東寧衛千戶金寶齎捧到敕諭節該：‘如彼革心自止，王亦棄其
前過，勿與較也。欽此。’正統七年四月二十二日，陪臣李季疄
齎捧到敕諭節該：‘王惟飭兵以備之，推誠以待之。欽此。’正
統十二年正月初九日，陪臣李堅期齎捧到敕諭節該：‘王素重
德義，爲賢藩屏，宜敦崇和睦，保境恤鄰，用造下人之福，副
朕一視同仁之心。欽此。’竊照童山親父猛哥帖木兒，率領伊弟
凡察及管下人民，世居本國鏡城阿木河地面。臣先祖臣康獻王

諱時，授鏡城等處萬戶職事。臣祖臣恭定王諱時，授上將軍職事，附籍當差。至臣父臣莊憲王諱時，授董山上護軍職事。其餘散處野人等，前來和順者，或給米布鹽醬，或與衣服、鞍馬等物；願受職者，或都萬戶，或副萬戶，分等除授，厥數甚多，其來已久。又李滿住原居婆猪江時分，常川往來本國邊境，討索衣糧，隨請隨給。自構釁以來，懷忿既深，欲要報復，誘引凡察、董山等搬移遠地，聚居一處，同心作賊，不與本國相通。所有建州三衛古納哈，天順二年八月初一日到本國，本月二十四日回還。董山，天順二年九月二十三日到本國，至十月二十三日回還。不只此輩。都希，景泰六年六月三十日到本國，至閏二月二十七日回還；景泰七年二月初一日到本國，本月二十五日回還；天順二年四月二十六日到本國，至五月十七日回還；又今年正月二十三日到本國，言說欲要領帶妻子，留住都城。臣不許，於二月十四日送還。眞羊，景泰七年二月初八日到本國，本月二十六日回還。額里武木，天順元年二月初八日到本國，至三月初八日回還；天順二年正月二十五日到本國，至二月十八日回還。阿具，景泰七年二月初一日到本國，本月二十五日回還；天順二年七月二十八日到本國，至八月二十日回還。伊澄巨，天順二年六月二十三日到本國，至七月二十日回還；今年三月初四日到本國，本月十八日回還。毛只乃，天順二年十二月十五日到本國，至今年二月初一日回還。前項各人等，初到本國境界，告說邊將：‘我等還到婆猪江舊居住處，改心革非，俱欲親往，以謝前罪。’懇請不已。臣竊意拒而不納，邊患復生，又蒙屢降敕諭內，輯和隣境，棄其前過。臣欽遵敕旨事理，許其來往。且依本國故事，衣服、鞍馬等物，隨其所索，量宜給與；其有懇請受職者，亦許除授，以塞無厭之欲，以解舊怨，以除邊患，非至臣身始有

此事。自臣先祖，來則待之，去則勿追，自成故事。臣又念本
國，北連野人，東濱島倭，皆是受敵之處，常伺虛實，無時攪
擾，須要輯和，以保邊境；矧是滿住、董山等，皆與本國素結
讎嫌，今其悔過自來，勢難拒絕。臣事不得已，北和東交耳，
豈敢欺朝廷。此輩獸心，其於往來，徒為煩費，臣有何利益，
敢爾區區和惠乎？小邦世蒙列聖厚恩，思欲報效，夙夜祇懼，
又安敢私與外人交通，以負朝廷。緣臣祖父時往來有素，因仍
至今。今承敕諭，倍增惶悚，措躬無地。在後彼雖懇求欲來，
臣當諭以敕旨，拒而不納，仰副明降。謹備進獻禮物：黃細苧
布一十五匹，白細苧布一十五匹，黑細麻布三十匹，黃花席一
十張，滿花席一十張，雜彩花席一十張。皇太后禮物：紅細苧
布一十匹，黑細麻布二十匹，滿花席一十張，雜彩花席一十
張。中宮禮物：紅細苧布一十匹，黑細麻布二十匹，滿花席一
十張，雜彩花席一十張。皇太子禮物：白細苧布一十匹，黑細
麻布二十匹，滿花席一十張，雜彩花席一十張。”錫文、摯辭，
命世子饋之。賜錫文毛衣、毛冠、耳掩各一事，藍羅帖裏塔
胡、鴉青羅帖裏圓領各一領，黑斜皮靴、馬皮靴各一部，草笠
一頂，刀子、弓矢、馬裝各一部。摯鴉青羅圓領、藍羅帖裏塔
胡各一領，毛冠、耳掩各一事，刀子、馬皮靴、馬裝各一部。
命同副承旨成任，賚宣醞往慕華館餞之。

　　庚辰，敕賜朝鮮國王李琛曰：“先因邊將奏，王與建州三
衛頭目交通，朝廷遣敕諭王。今得王回奏，似以為當然，不以
為己過。故特再敕諭王，王其明聽朕言毋忽。王以為欽遵敕旨
事理，許其往來。宣德、正統年間，以王國與彼互相侵犯，敕
令釋怨息兵，各保境土，未嘗許其往來交通，除授官職，且彼
既受朝廷官職，王又加之，是與朝廷抗衡矣。王以為除官給
賞，依本國故事。此事有無，朕不得知。縱使有之，亦為非

義。王因仍不改，是不能蓋前人之愆也。且董山等，王以爲有
獸心者，今彼自知其非，俱來服罪，而王素秉禮義，何爲文過
飾非如此。事在已往，朕不深咎。自今以往，王宜謹守法度，
以絕私交，恪秉忠誠，以全令譽，庶副朕訓告之意。欽哉。”
實錄。

　　觀此一奏一敕，可見李琛並無不承及驚愕之事。私家
誌墓之文，初不足信，而明代野史悉仍之，殊非國史眞
相。明史於此事，本諱不登載，然諱之於程信傳，猶漏見
於朝鮮傳中。核其文字，正符國史，分別述之如下：
　　明史程信傳：“天順二年，改左僉都御史，巡撫遼東，
以奏都指揮夏霖不法，爲門達、寇深所中，下詔獄，降南
京太僕寺卿。五年，召爲刑部侍郎。”叙撫遼事止此，惟可
知天順三年在遼撫任而已。
　　明史朝鮮傳：“天順三年，邊將奏，有建州三衛都督
私與朝鮮結，恐爲中國患，因敕琛毋作不靖，貽後悔。琛
疏辨，復諭曰：‘宣德、正統年間，以王國與彼互相侵掠，
敕解怨息兵，初不令交通、給賞、授官也。彼既受朝廷官
職，王又加之，是與朝廷抗也。王素秉禮義，何爾文過飾
非。後宜絕私交，以全令譽。”
　　朝鮮傳文，確與實錄情節合。史於女眞事，多漏見於
此傳。如建州事，童倉、李滿住等名，皆僅見於此傳，蓋
多用國史舊文，已屬全部史書之最後一類外國傳，清廷不
甚注意，舘臣亦心不在焉，未加諱飾之處尚多也。
　　明廷之處分此事，實於朝鮮與建州之向來關係，不甚
浹洽，但聽屬夷告密數語，責讓朝鮮。朝鮮疏辨，復敕責
之。朝鮮屈於上國，不敢復言，要亦陽奉陰違，姑全天朝

威信而已。

　　給事一人往朝鮮者，即此刑科給事中陳嘉猷。其錦衣譯者一人往建州者，即本月丙寅御札所云，聞武忠者以敕往建州者也。武忠後復與張寧俱使朝鮮，事見下。

五月壬午朔

　　己丑，朝鮮實錄書：諭平安道觀察使元孝然、都節制使具致寬曰：“前去野人接待諭書，內一節不必說與野人，其聽吳伯昌之言措置。”諭江界節制使洪興祚曰：“聽吳伯昌之言，委卿措置。大概野人來者必厚接。問云：‘中朝禁汝等來往，聞武忠、佟成往來，其事云何？我殿下待汝等厚薄，汝等所知，汝等以爲自今忘恩乎？中朝使臣何樣往來，汝等何樣接待，使臣問何事，汝等對何事乎？汝等不忘殿下之恩，殿下亦不忘汝等之誠。雖然，中朝所忌，不可相通，汝等可速去。’若請糧鹽等物，當諭以中朝之旨不許；若強請，則優給之，曰：‘汝等之中，必有異心者，當密齎去。吾體殿下寬仁普育之意而給耳。’”辛丑，平安道觀察使元孝然啓：“野人李豆里與其徒五六人，賫其父滿住書，到江界願朝，且云：‘中朝使臣武忠、佟成等，賫敕滿住、古羅哈、童倉、羅郎哈等四人書，去四月初八日到建州衛等處。武忠責我等叛中朝，歸順朝鮮，且問曰：‘汝於今春往朝鮮而還乎？’曰：‘然。’又問：‘自今以後亦敢往來乎？’答云：‘自祖先投順，往來受職受賜，後亦安敢已乎！’又問：‘馬匹雜物亦受之乎？’答曰：‘然。段子非爾國所產，唯受綿布、麻布、衣服耳。’武忠等將率滿住、古羅哈等四人赴中朝。滿住病，以其弟阿古乙代遣。且四人等各率子弟八人向遼東，皆議云：‘到朝鮮，當告以自來交隣往來耳。’豆里又言中朝之所以如此者，以童倉管下李亐哈往訴也，吾等與童倉疾亐哈，但彼族類多，欲殺而未得也。節制使洪興祚論以中朝敕諭我國之意，只給糧鹽送還。”

此後朝鮮之馭建州，遇有難從之求請，樂得以上國不許爲辭。可見李琛馭夷，惟在有利於國。相結謀叛之說，絕非當時事實。

壬寅，朝鮮國王李琛遣陪臣曹錫門等、建州左等衛都督董山等，貢馬及方物。賜宴，并綵幣等物有差。實錄。

此即所謂兩酋各貢馬謝罪。朝鮮自爲上國屈，無庸復辨矣。

癸卯，朝鮮實錄書：諭平安道觀察使元孝然、都節制使具致寬曰：“今得書具悉。若李滿住使人更來，則當語之曰：‘前日汝等賫來書，及接待武忠之事，已馳啟。殿下聞之，深嘉汝等向慕之志愈確。’仍設酒饌厚饋之。如有需索，當優給米鹽綿布等物，但令彼不知出朝命。若又童倉使人來，亦依此例隨宜厚接，益堅彼歸附之心。”

戊申，兵部奏：“建州右衛都指揮僉事李斡黑，奏報都督古納哈、董山私通高麗。朝廷既命總兵等官廉察得實，又遣敕戒諭，而古納哈等赴京服罪矣。緣斡黑忠誠可嘉，請量給賞賜。”上從之。賞斡黑綵段三表裏、絹一匹，令遼東都司遣人齎與之。實錄。

李斡黑即朝鮮所云李兀哈。

六月辛亥朔

是日，建州左衛右都督董山、建州衛都督同知李古納哈、建州右衛都督同知納郎哈，三人俱奏乞遷職。事下兵部。尚書馬昂等言：“董山、李古納哈，世受朝廷厚恩，不思圖報，乘間潛受朝鮮國官職賞賜；今不加誅幸矣，乃又恣無饜之求，希意外之恩，不宜允。惟納郎哈不受朝鮮賞賚，忠誠可嘉，宜量加一職。”上從之，陞納郎哈爲右都督。實錄。

李幹黑等以納郎哈所屬之右衛酋，訴董山等事，宜納郎哈亦預其賜。要知此事爲三衛自相忌嫉而發。

辛酉，朝鮮實錄書：咸吉道敬差官康孝文馳啟：“今兀未車、兀狄哈、也當其、育帖應哥等，男婦十九名，從麻尚哈到慶源。今五月二十三日，臣與楊汀招兀良哈、斡朵里諸酋，與也當其等同饋。也當其等與兀良哈自相酬酢，告天約和，其所擄來男婦共二十七人給還。且前者申叔舟在慶源，集諸鎮諸酋，刷還兀狄哈人物，諸酋皆來，獨孛兒罕辭病不赴。及申叔舟還，囑楊汀令遣通事開諭之。孛兒罕子於兒哥禿及姪月郎哥，遇通事於路。月郎哥彎弓欲射，於兒哥禿遽止之，且問因何事來。通事答曰：‘將與兀狄哈和解，招汝等來也。’又孛兒罕道遇通事，其族人浪明家等二人亦引滿，於兒哥禿、月郎哥等又止之。孛兒罕問委來之由，通事答之如初。孛兒罕云：‘朝鮮將發兵擊我，遣汝等詗吾出處爾。’孛兒罕素憾楊汀，且不欲還兀狄哈之人，詐稱朝鮮將伐諸種，又作木契相傳，欲煽動搆釁。通事云：‘儻疑間諜，可遣人探候。’孛兒罕云：‘昔在庚寅，安乙貴與阿古車交親，反間窺詗，尋引兵馬，殺虜妻子殆盡。汝等所言實未可保。’通事云：‘汝子伊升哥近侍輦下，愛護甚篤，豈

有是事?'孛兒罕云：'安知汝國先殺我子乎？前者富寧兵馬審
虛水刺道路，我等皆懷疑慮，分軍望候。今年四月十五日，即
是寅日，野人俗忌寅日。豈不疑慮！'並令妻子登山耳，遂不來。
前此叔舟令富寧府使吳益昌，審虛水刺賊路，故孛兒罕借以爲
辭。汀累遣人招之，亦不來，且言子阿兒哥禿所擄兀狄哈刺幹
里者，因所喂馬斃，惑而自縊，後當親告事由，是後猶遷延不
來，必有其情。臣見楊汀文移，令會寧府因便招致。若來，則
孛兒罕外，並皆囚鞫。臣謂孛兒罕爲人，性本陰譎，必是不欲
還所虜人物，多般詭詐。若遽加威脅，非唯無益於和解，將招
朋黨，或背聖化，則安知環鎮野人舉皆如此。臣觀東良北、無
兒界、舍地等處，野人不靖之勢，必自孛兒罕唱之也。"諭咸吉
道都節制使楊汀曰："今觀康孝文所啟，知卿遣人招浪孛兒罕，
托辭不來，卿令會寧府招浪孛兒罕等，若來，則孛兒罕外，囚
禁鞫問。孛兒罕無禮，若繩以法，則不得無罪；然狼子野心，
豈可一一以法繩之？且與卿有隙，卿當從權處置，自然誠威夙
著，彼必祇服，不須深慮也，更宜靜以鎮之，令諸部寧一。"
壬戌，兀狄哈也堂其等三人，來獻土物。　乙丑，御慶會樓
下，設宴觀射，引見倭使者僧秀彌等二十五人，兀狄哈、也堂
其等三人，令侍宴。　丙寅，諭咸吉道都節制使楊汀曰："兀
良哈、幹朵里等，擄掠兀狄哈人物，或作妻，或作奴婢，或多
給牛馬財物買得，今從國令，不敢爭而還給，其心可嘉。卿與
孝文磨勘，以其虜來人物壯弱，買價多小，及還給時情勢輕
重，分爲三等。一等給軍資米七石，二等五石，三等三石。前
後和解時，聚會聽令，往來有勞。如向同介、管婁、把兒歹、
婁時哈等，亦以情勢輕重，分爲三等，給米如上。麻尚哈能再
度往來招來，給米十石。其隨從往來二度者，給七石，一度者
五石，且各諭以上旨，以褒獎。又上項論賞之人，於今冬野人

上送時，爲先上送。" 己卯，諭咸吉道都節制使楊汀、敬差官康孝文曰："昔年僉知中樞院事李巨乙加介弟時羅孫、妹姐姐等，爲兀狄哈搶去。今兀狄哈與兀良哈釋仇，其所掠人口，悉相解送。上項時羅孫等，前日都體察使申叔舟在慶源時，語育帖應哥訪問率來。如未率來，則所在處聞見來告。今育帖應哥再來，其說云何？於兀狄哈出來酋長處，備細更說，使之刷還。"

七月庚辰朔

乙未，朝鮮實錄書：咸吉道敬差官康孝文馳啟："浪孛兒罕與月郎哥、阿兒哥禿等來鍾城。臣謂孛兒罕云：'胡不率所擄兀狄哈刺幹里以來乎？雖稱自縊，豈可信哉！'孛兒罕曰：'吾何誣敬差官。誣敬差官，乃所以誣朝廷也。吾雖欲掩覆，其如隣里耳目何？今葬處在焉，不是虛妄。'指天爲誓。又曰：'諸種野人所擄兀狄哈人物，我當以爲己任，招誘率來。'臣又云：'汝厚蒙國恩，位至中樞。汝前日告都節制使曰："吉州斜麻兒洞口子，非要害之處。"故都節制使、富寧府使往審之。此事實出汝之所言，汝何反生疑惑？'孛兒罕曰：'果吾前日所言，年旣老耄，又無知識，以至於此。'皇恐謝罪。臣又云：'汝子伊升哥，近侍蒙恩甚重，待汝父子，實出等夷，汝何向本國通事彎弓欲射，援引庚寅年事，以至分軍候望乎？以此觀之，朝鮮軍馬出來，訛言必出於汝口也。'孛兒罕反覆辨明。臣云：'中樞豈妄言？況悔過乎！訛言不出於汝，則月郎哥者，欲射我通事，此必爲訛言者，我將鞫問情由，繩之以法。'孛兒罕叩頭哀乞云：'此人彎弓非眞欲射，纔與隣人飲酒，大醉相詰，適逢通事，作彎弓勢耳。況胡人逢人則彎弓相戲，常事也。訛言亦非出於此人。'固請放之。臣答云：'此人罪重，汝不得私請，我不得私釋。妻子之心，尚未能測，汝焉知姪子之心？'臣觀孛兒罕容辭，訛言實出於孛兒罕，而鞫問月郎哥，則必吐露情實，以此固請勿鞫。臣鞫問月郎哥，月郎哥亦自辨不服，尋亦放之。” 戊戌，奏聞使吏曹參判曹錫文、戶曹參判權摯等，賫敕回自大明。敕曰：“先因邊將奏報，王與建州三衛頭目交通。朝廷以傳聞之言，未可遽信，因此遣使賫敕諭王。今得王回奏，交通事情具悉。察王所言，似爲當然，不以爲己過，故特再敕諭王，王其明聽朕言毋忽。王以爲欽遵敕旨事理，許其往來。但宣德、正統年間，以王國與彼，互相侵犯，所降敕諭，欲令釋怨息兵，各保境土，未嘗許其往來交通，除授官職。且彼受朝廷官職，王又加之，是與朝廷抗衡矣。王以爲除官給賞，依本國故事。此事有無，朕不得知。縱使有之，亦爲非義。王因仍不改，是不能蓋前人之愆也。王欲和隣保境，理固宜然，而除官給賞，事實未當，王之明達，豈不自知？且童山等，王以爲有獸心者，今彼乃能自知其非，俱來輸情服罪。而王素秉禮義，何爲文過飾非如此！然春秋責備賢者，況朕以至誠御天下，豈可外王而不言。但事在已往，朕不深咎。自今以後，王宜謹守法度，以絕私交，恪秉忠誠，以全令譽，庶副朕訓告之意。欽哉。” 己亥，承政院奉旨，馳書于咸吉道敬差官康孝文曰：“今得浪孛兒罕服罪事，具悉。賞米當從優給之。然此等事，在爾臨機布置，不可一一取旨，以致稽緩。” 丙午，承政院奉旨，馳書于咸吉道觀察使曰：“今去浪伊升巨，賜紅青木綿各五匹、燒酒五十瓶、鹽十五石、米十石。及餘物如有所索，亦量宜給與。”又諭曰：“賜宴于伊升巨之父孛兒罕及兄弟，卿其備給。”

八月庚戌朔

　　壬子，朝鮮實錄書：向化浪伊升哥妻從兄崔適密啟：“伊升哥妻言，伊升哥欲往中國，預備行裝有日，今必因浴，遂往父處。”前此伊升哥請暇往吉州溫井治病，發程已數日矣。上召右議政申叔舟及兵曹判書韓明澮議，李兒罕父子，罪不可赦，命以兵曹正郎吳伯昌爲咸吉道敬差官，往囚李兒罕父子家小，鞠問扇動浮言，使諸部落登山，又欲射通事情狀，執伊升哥於所到處，送于京。李兒罕性最兇狡，累喙諸種，寇我甲山等處，每現說兇謀脅我。當世宗朝，遣伊升哥入侍，伊升哥尋還。文宗累召不至。及上靖難以後，諸種皆歸順，李兒罕復遣伊升哥入侍，上厚待之。建州衛李滿住諸子及童倉等來朝，李兒罕嫉之，始有缺望之心。吳伯昌齎去御扎事目：（一）召李兒罕時，勿誘致，與酋長雜召之。旣至，囚李兒罕父子，語諸酋長以李兒罕之罪。（一）語李兒罕扇動之罪，則諸酋恐緣及推問，或致騷動，宜又語之曰：“李兒罕前日申叔舟在慶源招諸酋時，造爲浮言，托故不來，其罪獨當，他無所及。” 壬申，咸吉道都節制使楊汀、敬差官吳伯昌馳啟：“囚李兒罕與子仇難、仇難之子毛多於會寧。”先時，李兒罕妻其沙哥，幷子阿兒哥禿無者、女子吐勞古、從婢何兒河知、奴歹漢，在富寧青巖母家，今令鏡城判官禹貢執囚之。伊升哥倍道疾馳，處處毆鞭驛吏，夜至北青。前川水方漲，宿于川邊，待水落便渡。已到吉州，又令都鎭撫趙繼宗執送于京。是後李兒罕子加麟應哈、仇難子者邑哈、加麟應哈子無同可、奴卜剌遜，亦囚會寧。李兒罕子阿比車，與伊升哥子十三四歲小童、加麟應哈子時郎哥逃。前此楊汀馳啟：“臣與康孝文、吳伯昌召李兒罕父子，及諸酋于會寧。召李兒罕父子就臣前，開諭上旨，歷數其罪。李兒罕隨辭辨明，且曰：‘前日無兒哈野人，喧說朝鮮兵馬入來，故富寧府使虛水剌開路事，實深驚恐。然木契非我造作，乃傳自他人，而我亦傳送林高古家爾。’臣又曰：‘東良北諸種野人，因汝造言浮動，不事農業，使耕種失時，以至分軍候望，汝之

姦譎甚矣。又率徒黨彎弓，欲射我所遣通事，援引庚寅年事，
言極悖慢。及通事稱汝子伊升哥，厚蒙國恩，汝何敢爾？則汝
曰安知汝國先殺我子而來乎？其罪大矣。'仍令力士拘執。時童
亡乃、金把兒歹、柳尚冬哈、金多弄哈、浪婁時哈、浪時帖具
等在坐，皆失色曰：'李兒罕受中國高職，年又老耄，請輕
論。'臣答曰：'此上旨也，非我所爲也。'獨柳於麟哈曰：'李兒
罕之罪，實是自作，我不恐怖。'臣因與諸種野人飲酒極歡而
罷。其後或有持酒肉來訪李兒罕者，雖反覆開諭，而野人等皆
驚懼不安，臣從權撫安。"　癸酉，御扎諭咸吉道都節制使楊汀
曰："浪李兒罕受恩既久，而惟懷逆心，造爲浮言，驚動諸落，
至於其徒彎弓向我使人，又誘其子伊升哥，內外相應。伊升哥
特受厚恩，事我累年，而不諫其父，一朝離反，托沐浴吉州，
而直過吉州，促急欲出境。李兒罕又於和解不克順命。是父子
情狀已甚，天討所加，罪不可赦，今將拿來治罪。慮諸部酋長
不知所由，或致驚恐，卿宜明諭予意：（一）浪李兒罕罪犯，前
日已與諸酋開說，然慮猶懷驚疑，卿可以今去諭書，開示諸
酋，使洞知事由。若一時招來，則又慮益生驚疑，卿巡行時，
隨其來謁開示，務在不生疑阻，亦宜喧說李兒罕罪狀，使遠近
自然聞知。（一）李兒罕父子隨行輕貨外，家產頭畜田地，其所
居近住，最恭順聽命，不爲浮言所惑，如把兒歹等者，量宜分
給，諭以予意。"　乙亥，敬差官吳伯昌拿浪伊升哥以來，命囚
義禁府。傳曰："伊升哥當初請浴吉州溫井，後往會寧覲父，
而不入溫井，徑往會寧，且欲往中國，而不先啟達，其推鞫以
聞。"　丙子，諭咸吉道都節制使楊汀曰："李兒罕子阿比車，
及伊升哥母妻等，逃未捕者，皆婦幼，無足慮也。然隱在諸
種，慮生後患，卿開諭附近諸酋，使之捉來。捉來者厚賞之。
月郎哥、浪將家二人，彎弓欲射通事，其罪固大，然其親族

多，不能盡捕，事益滋蔓，終成釁耳，又非獨此二人也。隨孛兒罕佩弓箭見通事者十人，必生驚疑。卿宜揚言浪孛兒罕之令耳，在下者何罪乎，殿下有旨勿問，使彼月郎哥、郎將家及佩弓十人等聞之。　丁丑，御思政殿，受常參視事，臨瀛大君璆、桂陽君璔、翼峴君璵、永順君溥、烏山君澍、河城尉鄭顯祖、右議政申叔舟、兵曹參判金礩、承旨等入侍，設酌。議作諭楊汀事目，上與叔舟等議浪伊升哥罪。叔舟曰："伊升哥叛狀已著，若遲留不誅，恐或有彼人爲黨者，疑爲連累，又更生事，不如速誅。"即命義禁府誅伊升哥于門外。遣知事金國光斬浪孛兒罕、仇羅、加麟應哈、阿兒哥禿無者、毛多可、者邑哈、無同可于所在。御扎諭汀曰："卿審同封事目施行：（一）其沙哥、吐勞古，付與其兄弟之居青巖者豆稱哈等，何兒河知、卜剌遜、火剌速、歹漢，給賞有功酋長。（一）孛阿罕子及孫子逃者，隨獲隨斬，其妻妾子婦勿論。（一）孛兒罕受予厚恩，位至二品，遣子入侍，予所特待，所宜不避水火。乃當和解之時，以私怨忌童速魯帖木兒、柳尙冬哈、金把兒歹、金管婁、浪婁時哈等諸酋之順命，殺所虜兀狄哈剌幹里，使和事不成，妄動浮言，驚恐諸部，欲生邊釁；又使麾下彎弓，欲射使者，罪一也。申叔舟受命而往，招之不來，罪二也。與其子伊升哥相應謀叛，罪三也。其罪犯不可不令諸種知之，明白曉諭，使遠近悉知。大抵明罰而寬仁，只誅渠魁，不令諸落生疑，畏察察之政耳。古語曰'水清無大魚'，卿其體予。"　甲午，咸吉道都節制使楊汀馳啟："今承金國光賚到諭書事目，若即斬孛兒罕，則阿比車等在逃者，終必不來，今姑停行刑，以孛兒罕言招阿比車待之。"御書諭汀曰："勢不可遙度，委卿處置。然見卿書，疑其遲決，更諭予意，初不待執阿比車，速斬孛兒罕，勿論彎弓者，使諸酋長知罪止孛兒罕，而自無驚惑也。今若强索阿比車，則諸酋之事干者，皆疑將自及矣。且卿以孛兒罕之言，權辭招致，是尤使諸酋生不信之心也。阿比車雖親子，切欲執致，而執之甚難，雖逃之中國，無妨生存，作賊何畏？今乃以阿比車之故，而用權辭，使諸酋不信，一未可也。久不殲巨魁，使脅從疑將自及，益固彼黨，二未可也。爲彼一小豎，用心太過，而竟不能獲，徒示彼人無威耳，三未可也。卿其酌量，勿拘遙度，且金把兒歹等自疑事干，勿區區强致。”己亥，諭咸吉道敬差官康孝文曰：“和解事已成，未刷還者不多，不必强刷。其付都節制使審勢施行，爾可上來。”壬寅，兀狄哈柳尙冬哈等三人，來獻土物。癸卯，咸吉道都節制使楊汀及敬差官金國光馳啟：“已斬孛兒罕，又捕斬仇難子小童二人，其沙哥、吐勞古、河兒河知，授豆稱哥；歹漢授本主青巖童風其妻；卜剌遜、火剌速，留置會寧府。”諭汀曰：“今來浪孛兒罕等論刑書狀，已悉。但會寧近處住金波乙歹等，自疑者不必督令上京，從其所欲可也。前日以浪孛兒罕家人，賞給波乙歹等，同里人有自疑之勢，不必强致賞給，卿觀其情勢，斟酌施行。”戊申，幸慕華舘，王世子及宗親、宰樞隨駕。令宗親、宰樞兼司僕內禁衛射候，以新宗正孝伯及崔適善射，各進一階。觀甲乙槍、放砲、射毛毬、手搏戲。引見野人柳尙冬哈等三人。賜尙冬哈衣及鞍具、馬刀子、弓矢，於致巨所應大等紅絲帶、刀子、綵囊、藥物。賜侍衛軍士酒。

十一月己卯朔

戊戌，朝鮮實錄書：御思政殿受常參視事。召藝文直提學康孝文，特加一資，以爲咸吉道敬差官。其賚去事目：（一）諭兀良哈等，今和解實爲汝等，他人則已順國令，汝獨不還何也，以爲國家令之不得乎？若猶執迷，則將治汝罪，後悔無益。況今兀狄哈知汝等獨不順命，將欲報復。當其時，何顏更求援於國家乎？（一）兀狄哈若曰：“兀良哈不順命，還給被虜人，今欲報讎。”則語之曰：“數多散處人，安可刻日一一盡送，當徐徐畢還。吾等已受殿下嚴命，豈小忽，汝不可欲速。”（一）東良北近處野人等，今雖不來，後當自來，不可汲汲厚待，以益彼疑。若有自疑之勢，徐徐諭國家之旨耳。（一）語會寧等處野人等曰：“阿比車年少，前已不問。今阿比車不知上恩，反欲生釁。今汝等若能捕來，當受厚賞。”　甲辰，建州衛李滿住遣人馳報：“浪孛兒罕親黨火剌溫可昌哈，率千餘兵犯邊。”乃以訓練觀察使具信忠爲咸吉道敬差官，授御扎事目，諭楊汀曰：“（一）浪孛兒罕素往來火剌溫。今此聲息雖或可信，然度其情勢，必不能來，不可先自騷擾。但邊境隄備，豈可恃其不來，宜廣耳目，度其道路衝要，觀勢以待。兵法曰：‘毋恃其不來，恃吾有以待之。’（一）火剌溫若來，則當先語之曰：‘浪孛兒罕受我國厚恩既久，今國家和解兀良哈、兀狄哈等，欲各安生業也。孛兒罕獨不順命，造爲浮言，恐動同類，使登山失業，又刻木徵聚同類，欲生邊釁，自罹罪辜。殿下寬仁大度，只誅罪魁，不問脅從。其子阿比車逃竄。今汝何與於孛兒罕，而自作釁端？況我主上一視同仁，汝等來者，無不厚恤；不知報效，今反如此，後悔無及。今宜縛送阿比車，汝酋長朝見，以承上恩，不亦可乎！’若猶不聽，則當盡兵勢，使匹馬無歸，以宣威靈可也。然兵可止戰，愼勿貪功，乘勝勿迫窮寇。（一）訪問彼中人，可以往來火剌溫者，使往火剌溫，數浪孛兒罕之罪，且語之曰：‘其子阿比車逃竄不見。汝火剌溫久受國恩，今我主上，撫綏汝等無遠近，汝所知也。阿比車若到汝境，宜即捕來，以受重賞。’（一）火剌溫若來，而東良等處之人，雖有內應者，知而不知，上策也。姑勿形言詰問，徐觀情勢以聞，若顯然內應，與我交兵，則卿之兵勢，豈可遙制。”

　　丙午，徵巡撫遼東左僉都御史程信。初，管糧僉事胡鼎具揭帖，疏遼東都指揮使夏霖貪酷違法事，白信，信遂以奏聞，執霖等，下錦衣衛獄。指揮使門達等，言信不令鼎自奏，而輒爲之煩瀆聖聽，宜究問。上命信具狀以聞。信援引敕書有奏聞區處之語，都察院劾其不輸罪。上曰：“信處事乖方，又不輸罪，其徵還，吏部選老成者往代之。”實錄。

十二月己酉朔

　　辛亥，朝鮮實錄書：咸吉道都觀察使鄭軾啟：“甫青浦住兀良哈劉阿赤介等六人回還，到吉州雄平站，站吏以馬不足，給豆伊應巨所乘牛。豆伊應巨怒，拔刀刺傷其牛。”至是，諭鄭軾曰：“野人豆伊應巨刺傷牛畜，敢干邦憲，宜置法懲後，然遠人不可一一坐罪，特宥放還。吉州牧使南尙亨，不檢察野人所乘馬，亦當論罪。然旣赦野人，卿拿尙亨，令與野人同跪，將予意曲盡開諭，乃赦。”　乙卯，諭咸吉道都節制使楊汀曰：“速魯帖木兒等疑畏厭憚，無足慮也。但明白顯言，諭之而已。彼若實逃，不過往建州耳。卿宜不露形迹，促送青州及好時乃，彼將無暇施計，勢必自崩，革面順服矣。”

　　己未，調遼東都指揮使夏霖廣西都司，帶俸差操。謫山東僉事胡鼎隆慶州爲民。霖貪淫，受部屬饋遺無算，至與建州衛及海西野人交通賄賂，且盜官木以建私居，時與妓女淫褻。鼎疏其三十事，以白巡撫，僉都御史程信奏之。上命內官張驥、錦衣衛指揮僉事郭瑛往覈之。瑛等受霖賂，報鼎所疏事有誣，且言鼎嘗索部屬絹繪己像，乃執霖、鼎俱下錦衣衛獄，鞫送都察院。左都御史寇深，庇霖惡鼎，論霖贖徒還職，鼎不能振揚風紀，索所部絹，而又增飾人過失，不可以常律處，故有是命。　壬戌，命建州衛指揮同知卜兒哈子塞住格，指揮僉事梡帖子斡朶果；阿古河衛指揮牙當吉子交納；脫木河衛指揮僉事紐隣子伯正哥，俱襲職。陞建州指揮同知張八，友帖衛指揮同知額塞哥，俱爲指揮使；亦罕河衛指揮僉事撒幷加，納剌河衛指揮僉事弗羊古；忽兒海衛指揮僉事末朵那；撒禿河衛指揮僉事斡你，俱爲指揮同知。實錄。

　　辛未，朝鮮實錄書：咸吉道都觀察使鄭軾馳啟：“通事朴永守率兀良哈浪打化婁上京時，以打化婁爲孛兒罕遠族，恐嚇取其衣。”令囚鍾城，鞫之。　　壬申，咸吉道都節制使楊汀馳啟：“柳尙冬哈告，因探候親識，往阿赤郞貴，見浪孛兒罕弟舍隱都哈，及從第佐化婁等請兵曰：‘朝鮮殺我族親，欲聚兵報復，汝等若不從請，當盡勦殺之。’吾反覆曉譬，舍隱都哈猶且不從。諸部野人皆不應，惟東良北八九百里人聽從，謀欲犯邊。臣令諸鎮整兵以待。”　　咸吉道敬差官康孝文馳啟：“鍾城愁州兀良哈南剌來言，前往火剌溫兀狄哈愁婁家，廬兒禿等怨乙亥年來朝不納，五百餘人聚議，今十一月間，欲寇甲山。臣計甲山偏據一隅，軍馬不多，救援之路險遠，其孤單形勢，道路迂直，賊所素諳。當今隄備之策非一，烟臺候望，所係匪輕，而軍卒盡單寒劣弱之人。乞諭沿邊諸鎮，申嚴候望，更立論賞勸勵之方。”　　乙亥，諭楊汀事目曰：“（一）今來康孝文事目，火剌溫廬兒禿等，以乙亥年不許入朝，含憤謀寇甲山、鍾城等處。彼人與火剌溫常相往來，如有往彼者，語以阿比車之事，仍諭予撫綏無間遐邇，來則受賞之意。火剌溫有來者，亦招來面諭，使彼不疑來附可也。若有言乙亥不納之事者，語之曰：‘其時上初即位，邊將未審上意耳。今則不然，來則可知。’務使彼不懷疑阻。（一）烟臺候望，於備最急，於役最苦，聞其軍人率皆殘劣之徒，雖日三令，不能謹愼候望。今沿邊緊要烟臺，令其所在鎮甲士各一人，一朝相遞，率軍人候望。甲士給別到軍人授賞職節次，已令該曹立法。卿知此意，姑先施行。(一)毋恃其不來，恃吾有以待之。精察人情，寬厚接敵。
(一)浪孛兒罕之事，只罪其魁首耳。今鍾城通事朴永守恐嚇浪
打化婁，奪其衣服，使彼一族同類益生疑懼，罪不可赦，予必
殺之，以懲衆人。卿於衆中推問事由，取其衣冠還給打化婁，
諭以只誅罪魁，不問一族，同類待之如舊之意。非徒打化婁，
使彼人周知，亦不可區區知會。永守如有情迹明白而隱諱，則
刑問依法堅囚以啟。"

天順四年，即朝鮮世祖六年，庚辰(1460)

正月己卯朔

　　是日，朝鮮實錄書：行望闕禮，御勤政殿受朝賀，仍設
宴，宗親、宰樞、承旨等入侍，倭人迎毛洒、野人阿羅哈等三
十一人亦侍。召阿羅哈，諭誅浪卜兒罕事由，仍命阿羅哈、迎
毛洒等進酒，令赴舞。上謂領議政姜孟卿等曰："今日是世子
生辰，可與世子師傅同歡。"遂引孟卿及左議政申叔舟、右議政
權擥、兵曹判書韓明澮、入番諸將等，入康甯殿設酌。　　己
丑，咸吉道敬差官康孝文馳啟："速魯帖木兒實無可疑，東良
等處孛兒罕族親野人，亦連續來謁云：'孛罕兒之罪，罪止一
身，不緣及族類，我等已知國家之意。'阿比車亦有來投之意，
將家奴能彎强弓，阿比車亦推以爲首，今願上京侍衛。"御扎諭
楊汀曰："今見康孝文書，知卿布置得宜。東良北之人，來往
會寧，且有上京者，可知彼人漸解疑惑矣。阿比車亦有來投之
勢，旣以不問誘之使來，來而殺之，是失信也，彼他日誰肯信
我者。今阿比車自來，則語之曰：'上初以汝年少，不與父事，
特命勿問。尋聞汝逃逸，乃命汝若不識寬貸之恩，猶懷作逆，
則捕而罪之；若自來，則赦其罪，使之安業；若捕來，則囚之
啟達。'兀婁哈之子將家奴如欲上京，可上送，當試用之。速魯
帖木兒旣無可疑之迹，更不可探候聞見，反生自疑。凡待彼

人，當以信義，寧失罪人，不宜詭道誘致。卿體予意。” 癸卯，諭咸吉道都節制使楊汀曰：“會寧住速魯帖木兒，病羸不能自朝，使人來致誠欵，可辦宴，令於乙巳就賜其家。”

是日，陞建州等衛指揮使撒禿、牙失塔，俱爲都指揮僉事；指揮同知木答兀等十一人，俱爲指揮使；指揮僉事禿剌等十二人，俱爲指揮同知。命故指揮僉事綽必子亦里把加、指揮同知藥忽奴子割里答、趙早花子苦女、咬塔子也苦沙，指揮僉事失兒卜孫阿古沙等七人，俱襲職。 乙巳，陞建州等衛指揮使王吉、哈當、得里速，俱爲都指揮僉事，指揮同知阿哈等三人，俱爲指揮使；指揮僉事苦奴等十一人，俱爲指揮同知；正千戶馬奴哈，爲指揮僉事。命故都指揮僉事歡赤忽子奴忽，指揮使蘭帖木弟哈禿、早花子牙令哈，指揮同知勒華子把卜、兀乞納子灘塔，指揮僉事忽失把子禿籠哈、白卜舍子喃納哈，俱襲職。實錄。

連日陞襲，皆建州等衛酋。其爲建州部夷能得朝命，必有其特殊之求請方法，非他部所能及者。

丙午，朝鮮實錄書：咸吉道都節制使楊汀馳啟：“伐引住兀良哈大護軍金這比冬哈來告，阿比車請兵千餘，屯于斜地，今正月二十日間，入寇會寧。斡朶里浪金世、李阿伊打哈來告，何伊亂住兀良哈兒哥乃來言，阿比車言，會寧今囚林高古等九人，又上京侍衛者浪三波、金當、李阿豆、童阿陽可，亦皆被殺，今欲請兵以寇會寧。臣率營兵及鏡城、富寧兵到會寧，見兵凡七百餘人，分爲三衛，以會寧節制使金師禹將中衛，都鎮撫趙繼宗將左衛，會寧判官申興禮將右衛以待。阿比車聚諸種一千五百餘人，正月二十日來屯會寧長城外，毀木寨而入。臣出兵與戰，殺賊二十餘人，賊退屯速魯帖木兒家前，臣還守會寧。賊夜焚長城門，毀木寨。翼日，賊分道而入，臣更率三衛力戰，賊退走，退至古堡兒下，距會寧三十餘里而還。殺賊五十餘級，賊多棄牛馬器仗而走，我軍中箭死者四人。"又啟："會寧之戰，會寧阿木河、斡朶里、馬仇音波等十六人，初附賊，見賊敗北，乃率妻子來投，自言爲賊所脅，臣令因于會寧府。又高嶺城底兀弄草斡朶里，皆棄家逃散。請前此到京野人，留；在道者，令所在邑囚之。" 以司憲掌令李繼孫爲咸吉道敬差官，宣慰諸將。御扎諭楊汀曰："卿可謂報予恩遇矣，予可謂能用賢矣。以寡制衆，決勝逐北，威振朔方，來進首級，可謂公侯干城矣。今遣掌令李繼孫賜卿宴慰，就賜卿三表裏、弓矢；又賜都鎮撫趙繼宗、經歷金好仁、會寧節制使金師禹、判官申興禮，各一表裏，略表予喜意。論功行賞，當待卿報。今送綿布百匹，勿論彼我，任卿姑先給賞，以勵其心。繼孫賫去事目："(一)若見馬千里斡朶里等，宣旨語之曰：'阿比車雖孛兒罕之子，而幼，且無所犯，故予特赦之。今聞阿比車妄言煽動，相誘聚會，入寇會寧。予猶憐斡朶里兀良哈等無知，求生而招死。自阿比車外，脅從者一皆不問。如有能捕阿比車以來者，當重賞。汝等今來朝見，親聞予意，具知事狀。可往諭諸種，使明知國家之意，安心復業。雖脅從黨賊者，予恕其勢不得已，尚且宥之，況恐懼逃遁者乎！萬一汝之家小有從賊者，汝所不知，汝勿恐。予若過汝者，何不即殺之於路中乎？汝若捕阿比車，若使諸種解惑者，予之嘉賞，後日當知，惟勿急速，徐徐效力。'時馬千里還在途。(一)戰士傷者救療，死者官爲收葬致祭，賵本家各米五石、布五匹，依例復戶。(一)交戰時將士功勞，與楊汀同議等第。(一)兀良哈斡朶里往來告變者，與楊汀同議等第。(一)野人不與於戰，按堵如

舊者，與楊汀同議論賞。（一）馬仇音波等告變誠實，初雖從
賊，後乃來投，是勢不得已脅從者也，其速放之，待之如舊。
其餘脅從，亦皆盡赦。（一）兀弄草斡朶里等，空家逃散，是必
驚懼登山耳。慮有軍士等乘其家空，或撤去材木，或竊其財
產，嚴令禁護。諭以赦其驚散脅從之意，隨其還來，使之安
居。見鍾城近居柳尚冬哈等、檼城李波兒是等、慶源金管婁
等，諭以赦其驚散脅從，只購阿比車之意。（一）童速魯帖木
兒，必是脅從驚恐耳。其空家亦宜禁護，徐使諭之。來則安
接，撫之如舊。（一）若見柳尚冬哈，則宣旨云：‘今會寧近處
兀良哈斡朶里等，不能無惑於阿比車所誘。予憐其愚惑脅從
耳，已皆赦之不問，汝則深知予意，予所倚信。汝其廣諭予意
於諸種，使之轉禍爲福，且捕告阿比車以立大功。予且聞爾亦
登山，是何意耶？汝受我恩，非他比也，親受我教，亦非他比
也。汝不知則誰知之？汝其用力探知阿比車所爲以告。’（一）誘
諸種野人曰：‘阿比車誘汝等，必以會寧兵馬寡弱易當，民居
可掠，且我亡則次及汝爲辭耳。汝等陷於阿比車淺謀，有何利
乎，秖取禍耳。汝應知之，毋執迷，轉禍爲福可也。’（一）若事
勢與所聞不同，則聽楊汀所言，事事隨宜施行，不必拘。”　丁
未，諭平安道觀察使曹孝門、都節制使黃石生曰：“浪孛兒罕
子阿比車，請兵丁于諸種野人，入寇會寧，再戰皆敗北而走。
賊不得志於此，慮恐移犯本道邊境。卿知此意，告諭邊將，密
爲隄備，務要盡殲，不可騷擾。”諭咸吉道觀察使鄭軾、都節制
使楊汀曰：“今兀良哈、斡朶里等，雖與阿比車等同謀寇會寧。
其來朝效順者，不可於歸程拘留，當語之曰：‘雖汝等家人子
弟與賊，非汝等所知。若汝等在，必止之。汝知此意，告諭
同類。’”

　　是日，肥河衛野人都督字里格等、建州衛女直都督董山、

兀者衛野人都指揮歹都等，各來朝貢馬及方物。賜宴，并綵幣、表裏等物有差。實錄。

二月戊申朔

　　庚戌，陞建州衛指揮同知阿失帖木爲指揮使，指揮僉事彧必爲指揮同知。命故指揮使撒里子塞勒哥，指揮同知得魯子塔速哈、彧失子完者，指揮僉事住溫塔子兀魯哈等五人，俱襲職。實錄。

　　是日，朝鮮實錄書：御忠順堂觀射，仍設酌，引見野人李家紅、李肖陽介、郎都良哈。諭黃海平安道都體察使韓明澮曰：“浪孛兒罕子阿比車，煽誘諸種野人，聚千餘兵，毀長城入，抵會寧城下，再戰敗走，斬首五十級。賊猶不懲，諸種屯聚，出沒不已。平安道邊堡之完固，甲兵之堅利，皆不如咸吉。且攻其無備，出其不意，賊之常情也。雖不可先自勞擾，亦不可忘備。卿巡審邊上，量宜措置，毋失事機。” 辛亥，御忠順堂觀射，引見野人李家紅等三人。上曰：“阿比車造爲虛說，誘諸部落曰，朝鮮將諸向化者盡行殺死，宜爲報復，乃脅令作黨爲寇。爾等前此出來，不知阿比車作謀矣。爾當以今日所見聞，說與諸種。諸種皆爲脅從耳，予不咎焉。若出來，當待之不疑。”家紅等對曰：“我等只以言語傳之，彼或不信，願受書契以歸。”命姜孟卿、申叔舟、尹子雲等，草諭野人書。其書曰：“兵曹參判金礩敬奉王旨若曰：浪孛兒罕父子，世受國恩，今乃內外相應，搆爲虛辭，聚衆謀叛，以至欲射通事，因此按律科罪。其子阿比車置而不問，不知寬貸之恩，誘引諸種，侵犯會寧，其罪固大。然予知彼人等，率皆詿誘脅從，豈其本心，勢不得已耳。首謀阿比車外，餘皆宥之，使復安業。有能捕阿比車以來者，重賞。雖阿比車能自來，則亦宜赦之。爾兵曹諭李家紅、李肖陽哈、浪都郎哈等，還語諸種，使知予意。汝李家紅等，謹悉王旨，往曉彼等，使遵王旨。如或執迷，後悔無及。”　咸吉道都節制使楊汀馳啟：“愁州兀良哈兀歹來告，柳尙冬哈、柳要時老、於麟哈等，聞童速魯帖木兒言，會寧盡殺馬仇音波等，將次及斡朶里，愁州之人皆驚懼登山。又賊百餘騎，來屯高嶺城外古剌貴洞口。萬戶李存仁登城守陣，以筒箭射之，賊乃遁。前此城底近居野人等，有變則請入行城，今皆越江逃竄，與阿比車同謀，成羣竊發，其勢不止。今徵洪原以南之兵戍甲山，北青以北之兵戍六鎭。請量送京中精勇武士，兼送火砲。”又馳啟：“速魯帖木兒家人打里哈，率妻及小子，竊速魯帖木兒馬二匹，逃來富寧，自說：‘速魯帖木兒見浪孛兒罕被誅，自生疑惑，欲逃往建州，潛移家財於山谷。及阿比車等入寇會寧，令家人同力助戰。及賊敗北，挈家逃往上保兒、下浪仇、難空家寄住。我不勝艱苦逃來，願上京侍衛。’臣令置鏡城府待命。”

是日，陞兀者等衛指揮使脫因帖木、斡羅，俱爲都指揮僉事；指揮同知亦領哈等八人，俱爲指揮使；指揮僉事鎖住克等七人，俱爲指揮同知。命故都指揮僉事你籠哈子管迭、哈孫孫火禿，指揮使保禿子撒只哈，指揮同知脫失帖木子兀魯哈、牙失荅子塞出革，指揮僉事脫脫可孫孛魯克等二十一人，俱襲職。實錄。

癸丑，朝鮮實錄書：正朝使咸禹治馳啟：“建州衛都指揮佟火你赤、毛憐衛都指揮尙冬哈等，遣廣失塔等奏稱：‘朝鮮誘殺孛兒罕十六人，今欲聚速平江、喜樂溫、斡木河、西海等衛人馬六千，往朝鮮報讎。’敕令勿擅動軍馬，自取身家之禍。以禮科給事中張寧爲使、錦衣衛都指揮武忠爲副，賫敕來問殺孛兒罕事由，今正月二十二日發北京。”進鷹使金有禮亦馳啟：“臣在會同舘，童倉賫酒殽來見，向東跪，再三叩頭曰：‘年前率兒子到王京，厚蒙上恩，願終身效力。比因朝廷禁絕，未敢入覲，大失平生怙冒之望。'仍指其衣曰：'是皆殿下所賜。'潸然泣下。又曰：'浪孛兒罕謀逆伏誅，其罪應爾。童火你赤求官討象，稱說借兵報讎，差人來奏。若起軍馬，我當爲國藩屏，不許放過。'臣問廣失塔所奏文字，用何印乎？倉曰：'尙冬哈從兄毛憐衛都指揮伐引車死，其子幼不堪襲，朝廷因尙冬哈之奏，以其印權與尙冬哈掌之。伐伊車之妻不從，賫印來住建州，今火你赤借用之耳。'臣又問：'尙冬哈與孛兒罕同居一衛，無乃尙冬哈通於火你赤乎？'倉曰：'即今尙冬哈親兄於稱哥，亦來在此。如有此志，何不於其兄之來付奏乎？'臣回到廣寧，總兵官令通事千戶佟成，就問孛兒罕事。成仍言建州都督童刺難、指揮禿滿，告總兵官曰：'聞朝鮮與野人戰勝，多所勦殺，不勝憤恨，欲借兵謀報。'總兵官罵曰：'孛兒罕居朝鮮境內，得罪被殺，朝廷救汝等勿動軍生事。若不用命，將發大兵，會朝鮮軍馬夾攻，汝等安逃？'" 甲寅，御忠順堂觀射，設酌，野人金波乙大、婁時哈等十人辭。上賜見饋酒，賜金波乙大、婁時哈內藏弓及環刀，餘皆賜弓，授書契以送。其書曰："兵曹參判金礦，敬奉王旨若曰：今阿比車構爲虛辭，誘引同類，侵犯會寧。其無知脅從之徒，已皆赦之，雖阿比車自來，亦赦之。速魯帖木兒侍予既久，素知予心，其子青州亦好在。爾兵曹因於乙巨之還，諭速魯帖木兒，使知予意，告諭脅從者，使各安業。爾速魯帖木兒，體悉王旨施行。"仍命侍朝野人等，賫酒肉，餞于東小門外。初野人詣闕時，禮曹正郎尹孝孫，監護官李寬植、李近愚等，獨引金波乙大等五人，而不引婁時哈等五人。命義禁府拿孝孫、近愚、寬植等，於野人所見處囚之。 丁巳，遣僉知中樞院事李興德如大明，奏曰："野人浪孛兒罕，世居本國咸吉道會寧地面，其子亦升哥，來住國

都。不意孛兒罕父子，潛謀反逆，內外相應，誑誘同類，遞相
連結，謀構邊患。當職差人拿問情由，依法科罪去後，議政府
狀啟，據咸吉道都節制使楊汀呈節該：'浪孛兒罕親男阿比車，
誘引諸種野人，約數千餘名，於天順四年正月二十日，侵犯本
道會寧鎮。卑職帶領軍馬，廝殺趕逐，猶且處處屯結，頑謀難
測。'得此具啟，臣據此參詳上項事理，係干邊境聲息，爲此謹
具奏聞。" 戊午，咸吉道都節制使楊汀，遣知印申得和馳啟：
"城底近居野人等，以賊輩更欲入寇，告變諸鎮者相繼，棄家
登山，今猶未還。臣竊謂此輩，黨賊情狀已明，今更從容優
待，徐觀情迹。若其反狀無疑，聲罪勦殺。" 召領議政姜孟
卿、左議政申叔舟、兵曹參議具信忠、都承旨尹子雲、同副承
旨柳子煥等，議備邊之策，賜得和襦衣一領，親製諭楊汀、洪
允成書，付得和以送。諭汀曰："今具見卿啟本，應變之事，
既委之卿，大抵以強勝強難，其終有害；以弱制強易，其終無
害。今野人雖成黨，而初非本心，輕速之人，不久黨解矣，黨
解則焉往他鄉？持久日月，啗之以利，解黨之術也。須以靜和
寬弘接之耳。若因敵愾之志，一舉滅毛憐、建州等衛，其中豈
無逃逸者乎？然則賊黨益固，不啻阿比車一人矣，是與深處諸
種獰子爲讎也。然予之遙度，豈如卿親當乎？若有不得已之勢
則已；如無不得已之勢，則忍辱守重，保威韜勇，無功無過，
全軍全旅，不戰而屈人之兵，豈非善之善者乎！其道內將番上
軍士，已下諭勿送。速魯帖木兒從人打利哈等，今若上送，則
速魯帖木兒必益疑懼，姑可依他例厚賞來投之意，於所在護恤
安接。"又書曰："東北之事，觀卿啟本，又親問所遣知印，知
卿處事、行止皆善，予無憂矣。卿前日所遣知印，適來行幸之
路，予引之馬側，久與之語。今所遣知印，亦引親語。此二知
印，皆穎悟之人，諭卿並知。"諭允成曰："本道知印來，得知

卿馬困，未易進途，餘事卿所知也。予無所授方略也，卿往見
楊汀，如在京所受施行耳。道路日悠，思想日深，宜悉至情。"

　　進鷹使李孝長先遣通事啟："使臣禮科給事中張寧、都指揮
僉使武忠，率序班張敬，本月初五日到遼東，留二三日發程。"

　　壬戌，陞建州右等衛指揮同知卜赤禿兒困爲指揮使；指揮
僉事薛克列、牙剌、古魯麻，俱爲指揮同知。命故指揮佟速魯
哈子兀兒搭、指揮僉事塔必納弟面忽，俱襲職。實錄。

　　甲子，朝鮮實錄書：平安黃海道都體察使韓明澮，據平安
道都節制使黃石生呈馳啟："本月十日，野人伊澄巨、多常可
斜、王甫下他都道等，來江界鎮，令通事金命山問委來事。伊
澄巨言：'我前到北京，聞羅松哈弟仇應時多，於去年十二月
二十一日，奏皇帝云：朝鮮國既殺浪孛兒罕等十七人，又執柳
尙同介，馱牛而去。未知皇帝發落而還，與護送序班王冲，行
至沙嶺驛，遇逢貴國進鷹使金有禮等，謂我曰："凡干聲息，
急報本國，"我到遼東，以買牛留十日，適見羅松哈次三弟斜
漏，問本土聲息。答云："浪孛兒罕族親浪巨口家，及深遠處
兀良哈四人來云，待雪消，率四千兵馬，向朝鮮國作賊，故欲
奏帝來耳。"'臣據此戒嚴，已抄南道軍士三千名，分遣要害處
防戍；又抄軍士一千名，付判安州牧事宣炯，如有的實事變，
令馳赴應援。臣亦見伊澄巨，親問聲息，馳往江界鎮。今者聲
息如此，而江邊防戍，至爲虛弱。應變諸事，臣方刻慮措置。"
即遣注書于領議政姜孟卿第議之。孟卿曰："所啟南道軍抄送
事，時方冰澌，且農務方興，不可先自勞擾軍民，姑停以待事
變。"　丙寅，咸吉道都節制使楊汀馳啟："今二月初九日，賊
八百餘騎來屯鍾城江邊，焚長城、水口木寨，賊五騎闌入長
城，焚邑城南門外野人舘，又欲焚長城門。本鎮節制使趙邦霖
領軍逐之，賊乃遁。前此楊汀聞賊屯于阿赤郎貴，謀更入寇，

遣骨看李打弄哈，授書諭賊，解兵歸順。打弄哈自古刺貴往賊
中，付書致意。賊阿兒豆等，奪打弄哈馬、軍裝、衣服，直向
鍾城。打弄哈赤脫，間道走還鍾城。至是賊將遁，遣其徒持楊
汀書到長城，言依書諭解兵歸順。邦霖欲追擊，乃止。”回諭楊
汀曰：“今見卿啟本，已悉鍾城事變，卿宜益謹隄備。”　辛未，
咸吉道都節制使楊汀、助戰元帥洪允成等馳啟：“今月十四日，
賊五騎，入富寧府邑城下虛水剌洞甲士金叔農幕，殺二人，擄
男婦六口，掠牛四頭、馬一匹而去。富寧節制使辛柱，分軍哨
探不及。是日，又賊百餘騎入鏡城吾村口子，殺別差前萬戶宋
憲等六人，擄男婦并九口、牛馬三十九而去。留營鎮撫金引成
等追之，日暮雪下，不及而還。”上手草諭汀、允成書曰：“野
人等叛國作賊，所當舉兵討罪，殄殲兇醜，而予猶赦其脅從，
撫之如舊者，不可以人理待之，且不可植世讎之萌也。如此度
日，其究安宅，則何策如之？若彼益驕，不思莫大之恩，而來
寇不已，欲以威我，則卿等其能爲舞干羽乎？當使威凌百蠻，
遐邇宅心可也。卿等姑勿露形跡，探知殺宋憲者某人，而密啟
取旨。”遂召吏曹判書具致寬、同副承旨柳子煥，于內殿示之。
致寬曰：“雖不下諭，楊、洪已怒矣。且北方兵力強，而近日
休息已久，人人皆欲成功，待幾而動耳。”上然之，乃不下書。
御扎諭楊汀曰：“賊雖退而益固備焉。且兀狄哈等，幸兀良哈
叛國，欲報前日之嫌。雖強使和解，其勢終不得止。況兀良哈
等再犯我境，未踰旬月，而猶云我國藩籬，勸令和解，似損國
威，又沮兀狄哈之心。彼如欲報讎，則正所謂以蠻夷攻蠻夷之
勢也，實我國之利，何必禁之？爲今之策，外示兀良哈等以擁
護之狀，內實勿禁兀狄哈動兵來擊，而我則無助無救可也。如
此則近境兀良哈等，進退維谷，勢必堅附於我，從而撫之，則
阿比車可獲，賞罰易施。國家威靈，不惡而嚴，恩威並馳，仁

聞遐邇矣。但不使兀良哈窺吾計策耳。萬一窺知吾計，則結怨
必倍於常，人皆作讎矣。卿與洪允成秘密熟計施行。與其乘利
而生事，莫如持重而無事，保卿善處。"命致寬子燠膳寫楊汀等
啟本，馳諭左議政申叔舟、平安道都節制使黃石生、都巡察使
金礩等，又命以軍器監所藏磨箭一千部、銅箭一百部，送付楊
汀。　　壬申，御慶會樓下，設飲福宴，引見尼麼車兀狄哈非舍
等五人，諭之以浪孛兒罕之罪。又諭："兀良哈等累犯邊鎮，
予猶慮脅從，故赦之。若猶執迷，予當擊滅之，汝須以兵來
會。"非舍對曰："後有來者，請問我奔走效力如何？"又曰："聞
上如鏡，故來朝。"上曰："明鏡無心，黑白自照，功罪賞罰，
皆自取耳。"非舍等叩頭。後非舍等果擊兀良哈之犯邊者，深服
上恩威也。

三月戊寅朔

　　是日，朝鮮實錄書：咸吉道都節制使楊汀馳啟："甫青浦
兀良哈，從巨婁其歹來告，毛里安兀良哈阿兒豆，率吾治安、
伐引等處賊一百餘人，今二月十八日發兵向富寧。臣率營兵五
鎮精騎，到鏡城以待。"又啟："今二月二十四日，候望軍金得
祥馳告，賊百餘騎，曉入朱乙溫口子洞下。臣率敬差官康孝
文、經歷金好仁、軍官金奉元等，分領見兵分道追之，斬二十
六級，奪馬十餘匹。其鞍馬、器械、所掠人畜財物，悉棄而
走，阿比車亦死於是戰。"　己卯，欽差正使禮科給事中張寧、
副使錦衣衛都指揮武忠，賫敕諭至，上率百官迎于慕華舘。寧
等至，上迎敕至景福宮，行禮如儀。其敕曰："今得建州右衛
都指揮佟火你赤、毛憐衛都指揮散冬哈等奏，有毛憐衛都督僉
事浪孛兒罕等十六人，被王誘去陞賞，盡行殺死，本衛人民不
忍，要選人馬報讎。朕以此事，中間必有別故，已敕各衛，不
許驚動人馬，構怨讎殺，諭以問王，回奏至日處置。今特問

王：曾無差人誘引浪孛兒罕前去？因何將彼十六人殺死？王宜
從實開奏，要見是非明白，毋或隱情掩飾，庶可開示各衛，使
彼心服。不然，兵連禍結，自取不靖，非保境睦隣之道也。王
宜體朕此意。"上受敕畢，與寧等行茶禮，謂曰："兩大人遠路
辛苦，我於支待諸事，盡情措置，然必不如意。"寧等拱手謝
云："我等初到境上，連遣宰相設宴問慰，兼致厚禮，不勝感
謝。"且曰："殿下細見敕書內事意乎？"上謝曰："今見敕書，益
感聖天子厚恩。朝廷焉知彼人等姦詐，我今將備細回奏。"寧
曰："浪孛兒罕元受朝廷大官，殿下何以擅殺？且此人等使人
拿來乎？勾喚而來乎？十六人盡皆殺死乎？"上曰："浪孛兒罕
等，世居我國地面，即是編氓，且叛亂事迹明白。門庭之寇，
事急未暇奏聞。孛兒罕既爲我國之民，邊將使人勾喚，則不得
不來。然此皆敕書內未及之事，大人等不必問也。"寧曰："孛
兒罕亦是朝廷大官，如有犯邊實迹，則拘囚奏聞，而後處置，
乃可也；若交兵相戰，則雖殺數百人，亦無如之何矣。既拘囚
而便殺之，何如？"上曰："前日孛兒罕等處置之後，即具辭奏
聞。今承敕旨，彼人等叛亂情由，我當明白回奏，明日草奏本
與大人看。"寧曰："浪孛兒罕等誅殺，在前年八月，彼人等即
具辭以奏。朝廷要見明白，而後將有處置，乃發此敕，差我等
而來。殿下奏聞，則乃在今年，何不即奏聞乎？"上答曰："彼
人如有擾邊犯順之事，自祖宗以來，隨時應變，明有前例。且
相機處置，曾有聖旨，因此前日浪孛兒罕等謀欲叛亂，事覺案
問，依律論罪之後，別無奏達情由。孛兒罕子阿比車，扇引同
類，前來境上作賊，然後差人奏達。"寧曰："今日之敕，朝廷
非爲彼人。朝鮮本是禮義之邦，太祖高皇帝以來，待本國之
禮，非他國比也。殿下上項事意，一一回奏，則朝廷禁約彼
人，使不得再行報讎矣，實是皇上至恩而朝鮮大福。"上曰：

"餘辭盡在回奏，大人不要多說。"寧等辭往太平舘。百官分半，
先詣舘行參謁禮。上幸太平舘，設下馬宴。樂部既進，寧曰：
"請勿用女樂。"上曰："固知女樂非正音，然我祖宗以來，中國
大人之來常用之。古云：'素夷狄行乎夷狄'，大人寬容，何
如？"寧曰："朝廷有禁，斷然不用。"上曰："大人不欲，不必強
請。"仍命出女樂，只用男樂行酒。序班張敬未得參宴，上請於
寧等，許之，坐於東壁，差後近南。上謂寧曰："李兒罕世居
我國境土，每從邊將討索米布鹽醬，何能一一聽從其欲。每年
多率僕從來京，以填谿壑之欲，邊將據例減抑，止不上送，雖
或間世一來，約損人數，使不得逞志，常懷忿怨。去戊寅秋，
又從邊將請到京，邊將亦復裁減。李兒罕憤怨，凌辱邊將，悖
慢無禮，無所不至。更於是年歲杪，又欲來京，邊將約定人數
上送。年前正月，初至京城，會行宗廟春享祭後，我與羣臣飲
福，亦令李兒罕參宴。我面責前日無禮邊將事。宴罷到舘，旋
即發怒，以至涕泣不食，無禮事多。我於其時便欲處置，以其
禽獸無知，置之不論。今因叛亂事迹發露之後，究問乃知。其
時與伊子伊升哥同謀定計，期以至某時，告暇下來謀叛。後伊
升哥果詐請往浴吉州溫井。我信其言給暇。伊升哥到吉州，不
肯沐浴，直向其父在處，急馳而行。我差人拿來，究問情由，
一一服招。如此罪惡，法難容恕，以是依法論刑。如此等事，
奏本上難以備悉，大人仔細知道。"寧答云："已細知之。朝廷
自祖宗以來，待貴國甚厚，貴國使臣到，朝鮮例於第一班位
次，諸國所未有，此其一也。皇帝宴羣臣，殿上侍坐，此其二
也。貴國遣子弟入學，高皇帝許於國子入學，此其三也。其餘
待之之厚，難以枚舉。朝廷今降敕書，欲知事之首尾，禁戒彼
人，使不得來作亂耳。殿下須知此意，明白回奏。"上曰："奏
本則當如大人所說。"寧曰："今日殿下之言，金宰相一一傳說。

我等言語不盡傳，請紙筆書所懷。"上答曰："大人所說不能盡傳，我意亦不能盡傳必矣，此所以兩情不能相通。"仍與紙筆，寧乃書數語，皆是前所言也。上操筆書謝意以答，又曰："今大人所云遣子弟入學，尤感。我國雖僻陋，所重者文章禮樂，且上國使臣來往，舌人尤少，賓主兩情，未能盡達，常欲奏請入學，恐煩朝廷，未能如心久矣。大人既在禮科，後日若進奏本，大人圖之。"寧答云："殿下奏不奏，我不敢主張，朝廷准不准，亦不敢料度。然殿下奏達甚善。"上曰："我小邦敬事朝廷，至誠無貳。我國邊民，皆聖皇帝赤子，若見侵畧，朝廷安得恝然？我在小邦，保護邊民，皇帝無東顧之憂，此是我忠貫白日之處，大人知道。"臨瀛大君璆、永膺大君琰、桂陽君璔等，以次行酒。寧等云："我等路遠身憊，請停明日宴。"上曰："當依大人所言。"宴罷還宮。　　以金國光爲咸吉道差官，授御扎，諭都節制使楊汀曰："虛水剌、吾村口子，虛疎之處，而賊不多得志而去，我之幸也。朱乙溫之戰，賊亦失利。每失利怨益深，皆已爲阿比車焉，作賊何日已乎？宜乘此時，擊滅兀良哈斡朶里，幾不可失。且近日尼麻車非舍、八里來朝時，予語浪孛兒罕之罪，非舍、八里請曰：'吾等請舉兵擊之。'予笑曰：'不可。近境野人兀良哈等皆脅從，故予已盡赦之，汝等不宜擅擊。若兀良哈等猶迷不返，則予當發兵擊之，且使人諭汝等，汝等亦發兵擊之。'非舍等曰：'使人則願使尙冬哈之人。'予曰：'汝言是。國人不知路，予當使尙冬哈之人。'此與尼麻車相約之言。觀今之勢，兀良哈等危言扇動，深處好事之人，或無切己之事，而邀利喜事，黨與未必不衆矣。因尼麻車等舊讎，使之相攻，則兀良哈腹背受敵，不亡而何！雖曰兀良哈等固交於建州等衛，而尼麻車則必不和解矣，是尼麻車、兀良哈自相攻擊耳。卿可與洪允成秘計，待非舍、八里到彼，卿宣旨

曰：'有旨來，上教於汝等曰："與汝語，勿擅擊兀良哈。今更
思之，兀良哈作賊不已，予何護焉？任汝擊之。"'如此開說，
卿可作書，送也多會、阿剌哈、亏豆里等諸酋，任其相攻，我
不護焉。此約兀狄哈使之相攻之事。卿等亦宜乘機殄殲凶醜。若
欲擊之，予謂探知聚屯之時，則一舉殲之矣；若不屯聚，則兵
至而賊已散矣。此其大概耳。卿等熟料千萬情狀，任意施行。
且發兵之日，遍諭尚冬哈、金管婁等，及火剌溫、兀未車、尼
麻車、南訥、骨看等，使知攻討者某亦許發兵，來報宿嫌者亦
諭特賞，獲阿比車者，并聽今去金國光所言。"　庚辰，助戰元
帥洪允成馳啟："臣到會寧，近居野人稍稍來見。臣諭以國家
撫恤之意，皆願歸順。臣以勢觀之，賊等必將歸順。今來者皆
言，阿比車等云：'若還孛兒罕妻與二奴，家財牛馬，則當盡
歸順。'孛兒罕妻，我國之人，不宜還給。還其奴子、家財、牛
馬，以解仇怨。賊輩每往來京中，本道民居道路，歷歷皆知。
臣見本道外實內虛，吉州距賊至近，而無城郭，居民布野，若
當東作之時，乘虛竊發，則為患不貲；莫若厚撫以解邊患。聞
阿比車等云：'若遣親信人招撫，則當歸順。'李家紅賫來兵曹
招諭書內，有'首謀阿比車外，餘皆宥之，捕阿比車以來者重
賞'之語。阿比車見此，則必自恐，益堅入寇之計。臣留是書，
略以招撫之意，別作書授李巨兒帖哈往諭之。臣與楊汀領軍久
留會寧，諸種野人，來者絡繹，支待給與之物不貲，附近諸邑
魚鹽米布，請量數支用。"御扎回諭允成、汀曰："卿等正當軍
旅之中，勤心勞力，予所常愍，莫慰莫慰，自有後日。大抵卿
等既受委任，事事勿拘遙制。且所啟浪孛兒罕妻女、奴婢、家
財還給事，今當交戰，不可遽給示弱。受後歸順與否，亦未可
必。當待阿比車等誠心歸順，更啟還給，亦未晚也。"　乙酉，
咸吉道助戰元帥洪允成馳啟："前遣李巨兒帖哈招諭諸種野人，

及字兒罕孫時郎哥，皆疑懼不信。巨兒帖哈反覆諭林高古、時郎哥等數十人到會寧。時郎哥曰：'還給祖父奴及家產，則與一族投順。'臣答曰：'奴馬已曾啟達待報，不敢擅給。'但給笠、靴、衣、帶等物，且諭之曰：'國家非兵力不足，我殿下天地生成，憐汝無知，自就誅夷。爾富寧、吾村等處，所掠人物當刷還，如是則必有厚賞矣。'臣觀諸種野人皆還家安業，而獨速魯帖木兒不來；其情難測。臣當徐察，因勢待之。" 丁亥，遣戶曹參判金淳、慶昌府尹梁誠之如大明，回奏張寧等賚來敕諭，兼謝欽賜表裏，仍進白雉。其奏曰："天順四年三月初二日，欽差禮科掌科事給事中張寧、錦衣衛都指揮武忠等官，賚捧到敕諭該：'今得建州右衛都指揮佟火你赤、毛憐衛都指揮散冬哈等奏，有毛憐衛都督僉事浪字兒罕等十六人，被王誘去陞賞，盡行殺死，本衛人民不忍，要選人馬報讎。朕以此事中間必有別故，已敕各衛不許輕動人馬，構怨讎殺，諭以問王，回奏至日處置。今特問王：曾無差人誘引浪字兒罕前去？因何將彼十六人殺死？王宜從實開奏，要見是非明白，毋或隱情掩飾，庶可開示各衛，使彼心服；不然，兵連禍結，自取不靖，非保境睦隣之道也。王宜體朕此意。欽此。'臣竊照天順三年七月日，據議政府狀啟備，咸吉道都節制使楊汀呈該：'本道後門野人等，每欲赴王城求討物件，驛路騷弊，所索無厭，自來從約上送。於年前冬間，有浪字兒罕，率從人比前倍多，請赴王城。卑職據例裁減，字兒罕因此發憤，扇動同類，造爲浮言，說稱朝鮮將舉兵勦殺，盡令驚動騎山，又刻木爲符，誘集諸落，委遣通事探問事情。字兒罕與其徒黨，彎弓射之，躲避得免。卑職差人拿致字兒罕，伊妻已沙哥，伊子古難、哥另哈、阿兒哥、禿木者，女兒禿羅古，與古難子木答哥、這比哥，哥另哥子木董哥，婢阿兒哈知，奴火羅速、卜羅遜等，究問情狀，俱各服招。亦升哥初以治病湯泉，受假而來，鞭打處處驛吏，馳過湯泉，倍道前來吉州，其與伊父通謀相就，情迹現著，并皆監禁聽候，得此具啟。臣據此參詳李兒罕所犯，關係邊境重事，理宜究治。差遣陪臣金國光覆問浪李兒罕等，又差人拿亦升哥審覈，辭與楊汀所報相同。上項李兒罕本居會寧地面，與我國人民，世相婚嫁，無異編氓。亦升哥，自臣先父臣莊憲王諱時，來住都城，娶妻從仕。父子通謀，背恩扇亂，罪不容赦。將李兒罕、亦升哥、古難、哥另哈、阿兒哥、禿木者、木答哥、這比哥、木董哥等九人，依法置罪；李兒罕妻已沙哥，係是本國鏡城民家女子，并其所生女禿羅古、婢子阿兒哈知，付本家完住；卜羅遜、火羅速仍處會寧住活。其餘黨類，一皆不問，以安反側。李兒罕子阿比車，逃逸遠竄，不思伊父罪惡，含怨謀報，誘引同類，於今年正月二十日間，作耗會寧。臣具事由奏達去後，本年二月初九日，又犯鏡城敗退。十四日，潛入富寧地面，掠居民男女共六名口、牛四頭、馬三匹。十五日，入鏡城地面，掠居民男女共九名口、牛三十六頭、馬三匹。二十四日，又入鏡城地面，掠男女二名口而去。連來作賊間，見今欽奉敕諭：‘佟火你赤等奏稱，指臣誘引浪李兒罕陞賞，殺死十六人，’是必被他阿比車詿誘，虛捏爲辭。本國每患此輩往來煩擾難支，何因誘致，自貽騷弊？若行誘致，何因無故殺死，自生邊釁？臣雖愚昧，不至於此。臣欽蒙敕諭丁寧，使臣得以自明，感激兢惶。天日照臨，聖明在上，明見萬里。臣受恩聖朝，赤心圖報，安敢一毫掩飾不盡，以負聖恩？伏望聖慈。”又奏曰：“議政府狀啟，據咸吉道都節制使楊汀呈該：‘野人浪李兒罕子阿比車，誘引諸種野人，於天順四年正月二十日，前來本道會寧府地面作賊。卑職領兵赶逐，本賊退屯。與本國人言說：俺父被殺，今雖不得報復，汝國朝

貢人馬，皆由東八站山路。當於此地山峪去處，藏躲等候，邀
截搶劫。'得此狀啟。據此參詳，小邦朝貢往來，常由東八站一
路。目今阿比車不思伊父罪惡，志欲報復，前於會寧地面，未
得逞忿，構釁不已。所有東八站舊路，草樹茂密，絕無人居。
儻遇本賊潛來本地，窺伺出沒，阻碍不便。臣體知得遼東所轄
刺榆寨一路，與賊境窵遠，居民散住，勢難突出作耗。伏望聖
慈明降，許令開通刺榆寨道路，以便往來，不勝幸甚。" 戊
子，平安道都巡察使金礩，據江界鎮節制使洪興祚呈馳啟：
"今二月二十九日，野人萬戶波脫木，千戶浪堅、王永來言：
'同類人厚時應哈，回自火剌溫大者家，說稱大者言會寧節制
使曰："兀良哈種類則少矣，必將與李滿住管下人共謀作耗。"
我以告滿住，滿住曰："朝鮮每賜我鞍馬衣服，待遇甚厚，我
等斷無是心。而節制之言如此，可爲痛心。"因授我書契而送，
且言去年冬，火剌溫可昌哈子詣王京，禮曹因饋餉，乃曰：
"汝父何故向我國作賊乎？"滿住之報已再三矣。聞此言尤切痛
心。厚時應哈又言："浪孛兒罕之族浪巨具，帶管下百餘戶而
居，再與我言將入寇朝鮮。"'臣切計波脫木等，雖稱持書契報
變而來，然前此伊澄巨來歸，旬日之間又來，而其言皆怨懟之
辭，意必名爲報變，窺覘虛實。故已令江界諸鎮，整齊軍馬，
遠斥候，謹烽火，臣亦巡行諸鎮待變。" 庚寅，咸吉道都節制
使楊汀馳啟："今三月初四日，賊入鏡城云帖委洞，擄掠男婦
二名，牛四頭而去。"又啟："鏡城境內魚遊澗、吾村、朱乙溫
等口子，本非賊之緊路，而今入吾村、朱乙溫上項口子，距賊
甚近，防備不可踈虞。臣已依六鎮例，設農堡置兵守護，令民
入保，出入耕穫。" 咸吉道助戰元帥洪允成馳啟："前者請還
浪孛兒罕奴婢、家產、頭畜，以俟明降。今見康孝文云：'其
家產、奴婢、頭畜，可觀勢還給。'臣亦料若不還給，彼之疑

懼，無時而釋，其所擄人畜，亦必不還。今還加麟哈，奴卜剌遜、火剌速，牛一頭、馬一匹，又略給衣服零碎之物。彼固請盡還，臣答云：‘盡還鏡城所擄人畜，然後亦盡還汝家財。’”御扎諭汀、允成曰：“今見卿啟本，知歸順者太半，勢必盡數歸順矣。此無他，賊方困弊，不得不歸順故耳。永無邊患，未可必也。以前之事觀之，予之撫恤非不至也，彼之歸順非不誠也，一朝一人憤唱，而諸種從風而叛，是無他，畏國之心不大，而好賊之欲大故也。卿正當握威戢怒，凜若雷天，使彼莫測，而曠日持久，則賊當自解矣。敵愾薄伐，則賊無孑遺矣。今乃被擄人畜未刷，而遽以所得人畜給之，是示約之甚，取笑於天下也。雖然，予素知卿之必有得策，必無失策，故委任特專，予何遙制。且今歸順之勢既成，卿之功效既著，民之安宅既定，一方蒼生之命，司在卿等。予之嘉賞，非筆可述。勉終大功，益光盟府。又加麟哈奴子，則已還給矣，其浪孛兒罕妻女、奴婢，及速魯帖木兒奴婢，慎勿還給，取旨然後施行。所欲上朝人等，上送可也。大抵凡事急速不暇外，卿等皆同議熟計，以持重爲先，萬全爲本，勿欲速爲幸。”御書諭書之尾曰：“前後諭書，因勢而發，非使必從也。在卿等斟酌予意，選擇而用之耳。兵法曰：‘善戰者，因其勢而利導之。’予恃卿等。”

　　癸巳，咸吉道都節制使楊汀馳啟：“臣到會寧，中東良兀良哈浪婁時哈、林高古、豆難歹、李忘乃、李伊郎哈等，率所擄女白莊、班春等二名來見，云：‘前日鏡城富寧擄去人物，轉轉相賣，牛馬亦羸瘦，冰泮水深，未能刷來，後當畢還，上朝謝罪。’臣與洪允成同饋，舘待如舊。二女言：‘今來兀良哈，以本國語謂我等曰：“若朝鮮厚待，所掠人畜當悉刷還；不然，朝鮮境內道路四通，當乘時竊發。”且云勿洩此言。’時郎哥云：‘還其父加麟哈鞍馬，則我當騎去，盡還所擄人物。’臣等已還給。”

時郎哥云，其父加麟哈，前丁亥日書，拿致浪孛兒罕
家屬，有子名哥另哈，旋又作哥另哥。哥另哥子木董哥，
再前乙酉日書，孛兒罕孫時郎哥。則加麟哈即哥另哈，或
哥另哥，而加麟哈之子，一名木董哥，爲朝鮮拿得，一名
時郎哈，乃未拿得而方在招諭者也。浪孛兒罕，前歷年作
劉甫乙看，明實錄作郎卜兒罕。譯音之異，大畧如此。

甲午，朝鮮實錄書：召領議政姜孟卿、左議政申叔舟、右
議政權擥、兵曹判書韓明澮、吏曹判書具致寬、都承旨尹子
雲、右都承旨李皎然等，議咸吉道野人接待事。御扎諭楊汀、
洪允成曰：“野人等托故不時刷還，欲盡釣己物，然後作賊也。
與白莊、班春以朝鮮言，語其作賊之意，此故爲危言，使我聞
之，懼而厚待，上送於京，則必受厚賞矣。上項虜情，卿等不
知耶？徒舞干羽，損國威靈。假使上送，而予之接待，豈可如
前，豈有一物之賜，一言之慰？若待之如前，厚賞慰撫，則其
於事體，予未知若何也。當其時，彼能悔責乎？不深結怨乎？
深結怨則不作賊乎？作賊而卿猶欲以恩報之乎？不能以恩報
之，則必欲攻伐矣。等爲攻伐，而不乘疲弊困苦之時，邀於蘇
復養力之後，計之得乎？予謂急乘不刷之釁侵之，使虜盡數刷
還；如此而猶不刷還，舉兵滅之可也。然不可遙度，卿等熟計
施行。” 己亥，咸吉道都節制使楊汀馳啟：“賊七八人夜入富
寧石幕里，殺居民一名。”上引見左議政申叔舟於交泰殿，定議
北征。又召領議政姜孟卿、兵曹判書韓明澮、吏曹判書具致
寬、承旨李克堪，參定征討之策。仍以叔舟爲咸吉道都體察
使，教曰：“命卿專管道內軍務，都節制使以下，悉聽卿節度。

卿宜撫安軍民，臨機處置，以副予意。"仍諭楊汀、洪允成聽其
節度。又以御扎諭允成曰："今旣事定，且聞道內疲弊，卿可
以京軍士交付楊汀而來。"命叔舟曰："卿往察事機，允成可留
則留之。"　庚子，咸吉道都體察使申叔舟、從事官康孝文辭。
上引見叔舟于內殿，授以方略，仍諭東良等處置鎮事，遣之。

兵曹啟："賊入虛水剌、石幕等處，擄殺人物。富寧府使辛
柱，不卽窮追，請置軍法。"上令付申叔舟從便處置。叔舟至富
寧，杖柱一百，充會寧鎮軍，令立功自贖。　戊午，上觀獵于
西郊，向化兼司僕馬興貴啟："豆羅歹殺宋憲，奪其鞍子等物，
今到京公然服用，宜殺之。"時向化人兼司僕者，環待左右。上
笑曰："不可。今改過來朝，何可殺之！予將待之如舊。但近
日事多，未引見耳。"

四月丁未朔

辛未，朝鮮實錄書：奏聞使李興德賫敕而還。敕曰："先
該建州等衛頭目奏稱，毛憐衛都督僉事浪孛兒罕等十六人，被
王誘去殺死，本衛要聚人馬報讎，已差給事中張寧等，賫敕往
問王殺死緣由，要見是非明白，庶可處置。今王奏稱，浪孛兒
罕父子潛謀叛逆，結構邊患，差人拿問，依法科罪等因。但浪
孛兒罕爲都督僉事，是朝廷所授之職，雖稱謀構邊患，然亦未
見形迹，而遽然殺之，是王自啟釁端。今其子阿比車，引誘諸
野人，侵犯爾境，意在報讎，王宜自省。若與之講和，庶免邊
境之患；不然，兵連禍結，非爾國之利也。王其圖之。"　壬
申，咸吉道都體察使申叔舟馳啟："臣伏審降諭，臣於前日未
及舉事辭緣，已授金繼孫上達。臣發向虛水剌，宿胡地兩日，
托相城基，歷審江水諸灘，前日皆淺，而今水盛不可渡。彼賊
皆居江西，居此邊者少，舉而未擣巢穴，將爲彼笑。臣竊計姑
緩之以待事機；如有機可乘，雖中朝有敕，何患無辭。虛水剌

上有上東良朴加非剌，下有下東良、斜地等處，皆一路相通，如置重鎮於此，則上下斷絕，實彼要害之地。地且平衍沃饒，於六鎮爲上，必須置鎮。但彼所甚憚，臣陽語之曰‘地勢不可置鎮’，以安其心。其餘節目，臣還京親啟。” 咸吉道助戰元帥洪允成馳啟：“有野人告于鏡城鎮曰：‘我去年十月入中朝。及還，路見浪三波，屯兵三百餘騎。問其故？答曰：從兄浪孛兒罕死於朝鮮，故欲報之。’”

甲戌，敕朝鮮國王李瑈：“今得王回奏，殺死毛憐衛都督郎卜兒哈，蓋因其通謀扇亂，依法置罪。王之依法置罪，止可行於王國，今以王國之法，罪鄰境之人，得乎？若郎卜兒哈扇亂，既已監候，宜奏聞朝廷，暴白其罪。今王輒害伊父子九人，其族類聞之，得不憤然，以復讐爲事乎？無怪其子阿比車之不靖也。朕爲王慮，或可釋怨。其猶有五人存焉者，一乃阿比車之母已沙哥，王宜將五人送至遼東都司，朝廷令阿比車收領完住，庶可以諭解仇；如或不然，王雖自恃國富兵強，恐亦不能當其不時之擾害也。且王素爲禮義之邦，尊敬朝廷，故爲王慮如此，無非欲其境土寧靖，安享太平之福。王其勿忽朕命。”實錄。

乙亥，朝鮮實錄書：御札諭咸吉道都體察使申叔舟曰：“本月二十九日，兀良哈等下直肅拜，予不引見，饋之於外。豆難歹者，初公然持宋憲之物，且誇示，輕蔑國家之甚，予欲顯懲之，而乖於接降之道，故赦之。又於今日，怒衣服之粗，受職之卑，投擲於地。予甚怒，欲殺之而盡數拘留焉。顧以既許來順，故忍之。無一言加之者有五條：將欲敗之，必姑輔之，一也。卑而驕之，使之無備，二也。示信夷狄，三也。止中朝雜說，四也。留一罪而安諸種，五也。予觀兀良哈等，片無感德之心，必益驕而益怨，久近間作賊不已。卿密授楊汀，須乘機征討之策。見還去兀良哈，則宣上德而慰其再生，以觀其意；或醉之以酒，以觀其情可也。予又聞宋憲之子，欲報父讎，此義不可禁，中國聞之，亦何責乎！但慮諸種及中朝，必謂國家之意矣，非姑輔之策也。雖然，禁與不禁，在卿斟酌。”
五月丙子朔

丁丑，敕毛憐衛都指揮尙冬哈：“頃者爾奏，都督郎卜兒哈，被朝鮮國王誘害，已嘗遣官詰彼情實。今朝鮮國王奏，郎卜兒哈與其子亦升哥，謀欲會寧作亂，因是殺之；伊妻已沙哥等五人見在。又言郎卜兒哈次子阿比車，糾合人馬，屢欲報讎。朕詳此情，彼此俱失。郎卜兒哈旣不當與朝鮮交通，朝鮮亦不可因事殺之。若彼無故擅殺，朝廷舉兵問罪何難，但事起有因，理難窮治。今已降敕切責朝鮮國王，令將已沙哥等送還阿比車完聚；爾等宜省諭阿比車，將見聚人馬散回，依舊住牧生理，不許仍前讎殺，自取禍敗。”實錄。

　　明實錄中所見朝鮮誘殺郎卜兒哈事止此，以中朝爲屬國屬夷作和事老而已，事之曲折，不如朝鮮實錄詳明。張寧、武忠之名，亦不見於實錄。今更以明史可證者證之。
　　明史張寧傳：“景泰五年進士，授禮科給事中。天順中，曹、石竊柄，事關禮科者，寧輒裁損，英宗以是知寧。朝鮮與鄰毛憐衛讎殺，詔寧同都指揮武忠往解。寧辭義慷慨，而忠驍健，張兩弓折之，射雁一發墜，朝鮮人大驚服。兩人竟解其讎而還。”　此傳事實不謬，惟於毛憐衛之上不冠女眞字，故史官及讀史者，不復注意爲滿州故事。此毛憐衛爲舊毛憐，非建州衛所分之寄住毛憐，但亦與建州同種族，亦爲清室所諱言。史見其文，亦屬漏筆。明史稿卽如此。

名山藏王享記記朝鮮云：“天順初，王琛與女眞毛憐衛讎殺，廷議遣使問罪，舉禮科給事中張寧，及中軍都督同知武忠往。朝鮮請寧、忠閱兵。忠取其弓矢挽之，並張兩弓皆折。既有雁橫空而過，國人請射，忠援弓應弦而落，國人大慴服。忠因與寧宣示威德禍福，王琛使陪臣謝，復遣子入學，引咎解兵。”　此即張寧傳所從出，亦微覺中國人自譽如此。合兩實錄觀之，則朝鮮時方强盛，中朝亦頗假借之而已。

殊域周咨錄朝鮮錄：“天順初，國王與女直毛憐衛仇殺，廷議遣使問罪，僉舉禮科給事中張寧往，詔可之。內批：‘都指揮武忠與俱。’既行，而遼東奏兩夷方搆禍，乞詔寧擇進止。寧曰：‘君仁臣忠，義難自便。’乃急趨朝鮮，宣上德威，示禍福，諭之。君臣震懾，遣陪臣入謝，復遣其子入學，引咎解兵焉。時謂寧此行，不減重兵十萬橫行鴨綠也。”　此更張皇。當時遼東何至“乞詔寧自擇進止”，若往將有生命之憂，且辱及國家者然。至謂“不減十萬兵橫行鴨綠”，眞誕妄之辭矣。

是日，朝鮮實錄書：咸吉道都體察使申叔舟馳啟：“兀良哈等，還朱乙溫虛水剌所擄男婦十人。”又啟：“臣更到會寧，細審野人情狀，不從賊者有云：‘作賊者上京受賞，而安居順國者不與焉，是賞賊也，不如爲賊。’臣語之曰：‘此非爲賞也，彼知其罪，還其所掠，而願上京謝罪耳。汝等不從賊，固善矣，然亦本分事耳。’答之如是。然彼所言理順，且於賞罰亦乖。廣失塔麻具等，臣到前已約上送，皆裝束而來，難於失信，並令上送。今後有欲上京者，臣以時向熱，待秋凉上送爲辭以拒之。臣竊謂今上京者，皆賊魁，掠畜產未還者，多依前

例，但衣服、靴笠，無別賜，不除職，諭以'爾等久蒙憐恤，
無故而黨阿比車作賊，罪固重矣。以爾等無識，故特赦之。今
直痛悔，盡刷所掠人畜財產更來，則待之如舊。'以觀其情。李
沮里、李昌可，聞於刷還時往來有功，宜有別賞，以示後人。
又豆難歹殺宋憲，取衣服、鞍靴，服着而去，憲子弟見之痛
心，欲射殺之，守令堅禁而止。臣謂豆難歹等初執憲，生而片
片割其肉。問都節制使、守令等去處，剖其腹，剝其面皮而殺
之；今又公然服着所掠而來，其無所忌憚也如是，正宜推鞫治
罪。然旣誘而致之，來而罪之，在此者驚動逃散，則雖有後
舉，無所下手。將欲取之，必姑與之，今姑忍置之，以待秋
期。又聞將家壯勇絕倫，東良之人所恃以爲惡者，且所願侍
朝，今宜因事方便留之。臣觀六鎮士馬精強，所乏者弓箭，而
官軍器亦不多，然不可刻日加造，不若多輸箭竹鏃鐵，分給軍
士，使自造，持弓房軍器監造作年久，不用弓子，亦多輸送，
輕價和賣，使自修補。如是則軍器不日自足。若臨事，則雖欲
脩一軍器，緣民虜雜處，旋自胥動驚散。今因聲息急，早爲
備，使六鎮之人亦皆不疑。又金把兒歹來言：'童火你赤、浪
巨口等，自建州奉和解敕旨，已到伐引。今敕旨如是，賊輩孰
不歸順。'臣語之曰：'汝等久蒙我聖上曲憐，今背恩作賊，上
猶憐其無知，曲赦其罪。彼有人心，宜自悔罪輸誠。不爾，則
戰耳，何與中朝事也。'"　戊寅，平安道兵馬都節制使黃石生
馳啟："臣到江界府，見野人李豆里、李伐介、沙澄虛、乙愁
甫、羅秋、沙車等六人，饋之，因問曰：'汝等前日來朝，舘
待特厚，中朝以是歸咎，此必汝麾下人漏說也。'豆里答曰：
'此言果然。'臣曰：'自汝歸順之後，屢報賊變皆驗，甚喜，特
給綿布十匹、鹽四石。'又問：'汝弟阿具來言，浪巨苦將欲入
寇，然乎？浪巨苦所居何處乎？'答曰：'巨苦乃，老父麾下人，

距我居四日程也，第以浪孛兒罕族親，不勝忿恚妄言耳。且受制於我，必不能擅行作耗矣。'仍索米鹽。臣以綿布、米鹽等物差等給之。"　丙戌，遣仁順府尹金禮蒙，同知中樞院事洪益誠等，奉表如大明，謝賜綵段，并回奏李興德，賫來敕旨。奏曰："天順四年四月二十五日，陪臣李興德回自京師，欽蒙敕諭該：'先該建州等衛頭目奏稱，毛憐衛都督僉事浪孛兒罕等十六人，被王誘去殺死，本衛要聚人馬報讎，已差給事中張寧等，賫敕問王殺死緣由，要見是非明白，庶可處置。今王奏稱，浪孛兒罕父子潛謀反逆，結構邊患，差人拿問依法科罪等因。但浪孛兒罕爲都督僉事，是朝廷所授之職，雖稱謀構邊患，然亦未見形迹，而遽然殺之，是王自啟釁端。今其子阿比車，誘引諸種野人，侵犯爾境，意在報讎，王宜自省。若與之講和，庶免邊境之患；不然，兵連禍結，亦非爾國之利也。王其圖之。欽此。'所據浪孛兒罕謀逆構釁，情迹已著，臣即令科罪，安敢不審形迹，遽行誅殺？其殺死根因，欽差給事中張寧，賫到敕諭，已於本年三月初十日，差陪臣金淳，具悉奏達。今奉敕諭，不勝兢惶。第孛兒罕子阿比車，不悔伊父罪惡，謀欲報復，累犯邊境，邊將勢不獲已，抵敵厮殺，臣豈敢喜兵挑怨，自貽邊患？諭令講和，聖訓諄至，臣深切感激。臣謹當欽依敕旨。"　乙未，野人李麻具、李沮里、廣失塔等來，御思政殿召見。問曰："汝等久蒙撫恤，聽何人言而來寇耶？"麻具等對曰："非聽人言，自來爲寇耳。"上曰："予以汝輩爲阿比車誆誘，特赦不治。如汝所言，罪在汝等，當盡斬於此。"麻具等震懾無言。上曰："汝雖罪大，歸順而來，故今又赦之。若又不還俘虜人物，後悔無及矣。汝能升天入地，不在人間耶？"麻具等指天曰："後若貳心，則天必罪之。"命引出饋之。
　　己亥，黃海平安道都巡察使金碩馳啟："李滿住遣波脫木等

告，薰許住斡朶里童托時，到會寧地面，擄婦女以來。”御書諭
碩曰：“儻又有來告此女事者，當以邊將之言責之曰：‘汝等素
受國恩至矣，何不刷來，徒爲虛言。汝若刷來，必有厚賞。’因
此節其賜物，以觀其情勢可也。若一向切責，以致其怨，則甚
不可也。卿將此意，知會邊將洪興祚等。”　庚子，咸吉道都體
察使申叔舟馳啟：“臣前日自會寧到鍾城，柳尙冬哈言：‘聞伐
引河主等處裴麻剌哈子阿下等賊酋，以招諸賊而不得，與爲
怨，聚兵數百欲犯邊。今我欲受敕於童火你赤，將往伐引，因
招阿下等，何如？’臣曰：‘見阿下語之曰：前日禮曹判書欲宣
諭上旨，泛招賊輩耳，非提名招之也。今汝欲來見則來，作賊
則賊，任汝所爲。’臣巡穩城、慶源、慶興，還到古營，尙冬哈
來言：‘阿下聚兵二三百，將向鏡城等處。適至開諭，且語之
曰：“汝等今宜放兵，往謁體察使，不然則必有大悔。”阿下等
即散兵來謁，明日當到會寧。’又童火你赤亦欲來謁。臣率尙冬
哈到會寧，阿下等三十餘人來，臣問：‘汝等俱被我聖上憐恤，
而背恩從賊，罪固大。今又蒙曲赦，猶以不見招爲怨，何也？’
阿下曰：‘前日爲阿比車所誘，罪已深矣。曾招諸賊，而不見
及，意國家獨不赦我等故耳。今聞尙冬哈言，即來聽命。’臣
曰：‘我不招汝。汝欲作賊，今放汝還，汝歸率兵而來！’皆叩
頭謝不敢。童火你赤等三十餘人，持敕書二道來。臣曰：‘敕
書不干於我，不敢開見。’火你赤曰：‘既是和解事，見亦何
害？’尙冬哈曰：‘吾不知書，火你赤之言安可信？願開見開
說。’臣受見，一諭火你赤，一諭尙冬哈。臣問：‘敕內汝與尙
冬哈奏報事，然乎？’火你赤曰：‘遼東曾使人問李兒罕死狀，
我使第二子廣失塔，報朝鮮殺李兒罕等十六人，然不知何故
也。’臣又問：‘敕內誘李兒罕陞賞事，何以誣構？’因語李兒罕
罪狀。火你赤曰：‘今乃明知其罪，誘致報讎事非我所報。’臣

曰：'敕書明白，汝何敢隱？'火你赤不敢辨，但曰無。臣問：
'尙冬哈亦奏報乎？'火你赤曰：'皆我所報。'尙冬哈曰：'其時
我兄赴京，何緣更使他人，此火你赤所爲也。'臣到鏡城，豆難
歹、打弄哈等亦到。林高古、伊里哈、忘乃告曰：'豆難歹、
打弄哈殺宋憲，取鞍子等物持來。我等與此賊同來，故不得受
職。'臣問豆難歹，豆難歹曰：'吾村作賊時，我欲止之追來耳，
鞍子亦買於他人。'臣曰：'此皆汝同類所告。前罪上旣赦之，
今乃欺我！我受命而來，節度一方，爲汝豎子所欺乎？當啟事
意，招所賣之人，與汝對論處決。'乃留豆難歹、打弄哈，又留
忘乃爲證，餘皆厚饋放之。翼日，忘乃言：'豆難歹等欲首服，
願更問。'臣呼來問之，一一俱服，且曰："其餘衣甲雜物，當
往盡還。'又歷陳諸賊掠去之物，泥首請罪。臣曰：'汝今自服
輸情，故赦汝。'鞍子令還憲子。臣語憲子不得私讎之意，又令
楊汀堅禁。臣發向吉州，鏡城人來告，憲子二人，伏於中路橋
下，射殺豆難歹、打弄哈而逃，護送軍救之不及。臣令楊汀捕
囚憲子，及護送不能救者推鞫，并問忘乃事狀以啟。招豆難歹
等子姪，還其所賣財物，送其身屍，略致賻給。"又啟："本月
十四日，賊入甲山寧波堡前平，殺男婦六名，擄一名，掠牛馬
而去。知郡事趙敬禮率兵追之，不及而還。" 諭申叔舟曰：
"宋憲之子不告國家，擅殺朝見還歸之人，固可罪矣。然父母
之讎不共戴天，原其情意，難以定罪，不必囚禁，卿其放之。
但豆難歹雖有重罪，旣來服罪，旣蒙予赦宥，宜招其家人，告
以此意，并給米豆五六石，以爲喪葬之用，使明知不出於國家
之意。其甲山人口被殺事實，是邊將防備踈虞之所致也。卿令
檢劾被殺人口，及被掠頭畜之數，令得其情以啟，予將有處
置。" 壬寅，御扎示具致寬、洪允成曰："野人跋扈，不從中
國之命，故中國畏之。我國每事不違命，故中國易之。比野人

爲兩國，是我國不能素夷狄之所致也。到今野人每來侵，而中國不責；我國每從命，而野人日慢，如此則國威盡喪，而將爲中國郡縣矣。智者見於未萌，何時見乎！予憤日夜，忽起忽臥，援弓撫劍，既而披書彈琴，強顏言笑。事勢已不靖，正經綸之會耳。不能煩說，聊與股肱相係之於心，以俟秋深。”

六月丙午朔

　　甲寅，朝鮮實錄書：謝恩使金淳、副使梁誠之，賚敕而還，帝以進白雉回賜綵段四表裏。其敕曰：“今得王回奏，殺死浪孛兒罕實情，蓋因其通謀扇亂，依法置罪，委無誘引緣由等，具悉。且王之依法置罪，止可行於王國，不可行於鄰境。今以王國之法，罪鄰境之人，欲其不生邊釁得乎？若浪孛兒罕父子通謀扇亂，既已監候，宜奏聞朝廷，暴白其罪，令三衛頭目曉然知之，然後付彼領去，遂與相絕。彼亦自知其非，雖欲擾邊，無辭動人，庶獲安靜。今王輒將伊父子九人殺死，其族類聞之，得不忿然以復讎爲事乎？無怪其子阿比車之不靖也，是王依法置罪之計失矣。但將來之患，王可自圖。朕爲王慮，或可釋怨，以其猶有五人存焉，而一乃阿比車之母。敕至，王宜將此五人，差人照管，送至遼東都司交割，朝廷令阿比車收領完住，俾母子得會，庶可諭以解仇釋兵。如或不然，兵連禍結，王雖自恃國富兵強，恐亦不能當其不時之擾害也。且王國素爲禮義之邦，尊敬朝廷，故爲王慮如此，無非欲其境土寧靜，安享太平之福也。王其毋忽朕命。” 丁巳，諭楊汀曰：“毛憐衛野人等，近因兵交，反側不安，自知其罪，逃往建州者必多。卿不露形迹，仔細尋問，得其實數以啟。” 甲子，以吏曹參判金脩爲謝恩使、中樞院副使徐居正爲副，并賚敕諭回奏，如大明。其奏曰：“天順四年六月初九日，陪臣金淳回自京師，欽蒙敕諭該：‘今得王回奏，殺死浪孛兒罕實情，蓋因其通謀扇亂，依法置罪，委無誘引緣由等因，具悉。且王之依法置罪，止可行於王國，不可行於鄰境。今以王國之法，罪鄰境之人，欲其不生邊釁得乎？若浪孛兒罕父子通謀扇亂，既已監候，宜奏聞朝廷，暴白其罪，令三衛頭目曉然知之，然後付彼領去，遂與相絕。如此彼亦自知其非，雖欲擾邊，無辭動人，庶獲安靖。今王輒將伊父子九人殺死，其族類聞之，得不忿然以復讎爲事乎？無怪其子阿比車之不靖也，是王依法置罪之計失矣。但將來之患，王可自圖。朕爲王慮，或可釋怨。以其猶有五人存焉，而一乃阿比車之母。敕至，王宜將此五人，差人照管，送至遼東都司交割，朝廷令阿比車收領完住，俾母子得會，庶可諭以解仇釋兵。如或不然，兵連禍結，王雖自恃國富兵强，恐亦不能當其不時之擾害也。且王國素爲禮義之邦，尊敬朝廷，故爲王慮如此，無非欲其境土安靜，安享大平之福也。王其毋忽朕命。欽此。’臣竊照本國後門境上野人等，與本國人民互相婚嫁，以至糶糴賑貸，無異編氓。但犯罪過，邊將隨其輕重，例加科斷。浪孛兒罕世居會寧地面，娶到鏡城民家女已沙哥爲後妻；伊子亦升哥，自先父臣莊憲王諱時，來往國都，娶妻從仕，尤非他境上野人之比。若是鄰境之人，臣安敢拿問？雖欲拿問，亦安能拿致？上項五人內，卜羅遜、火羅速，原係浪孛兒罕子哥另哈雇人，因哥另哈子失良哈來投請還，於本年三月初五日，已曾付還。已沙哥係是本國婦女，從其情願，并所生女禿羅古、所使婢阿兒哈知，令就鏡城本家完住，本非阿比車親母。阿比車亦於本年二月二十四日，入寇鏡城地面敗死，無從完聚。乞賜明降，許令仍舊歸宗完住。臣曾奉敕旨，諭以講和，着令邊將釋其前罪，更不與較。只有彼賊，不體聖上誠諭綏靖之意。臣前奏達以後，本年三月初四日，又入鏡城地面，虜男婦二十三名口，掠馬二匹、牛二十九頭。五月十四日，入甲山地面，虜男一名，掠馬一匹、牛三頭。本月二十二日，入端川地面，虜男婦共十九名口，掠牛八頭。此輩處處竊發，相繼不已，所虜男婦共二十三名口，牛馬共四十三，其前後所殺男婦共四十九名口。此輩頑兇，暴橫益甚。今蒙敕旨誠諭詳切，不勝感激。臣敢不盡心，仰副聖意。"七月乙亥朔

　　己卯，朝鮮實錄書：咸吉道都節制使楊汀馳啟："明使馬鑒，賣敕到毛憐衛，爲和解也。近居野人來報云，近當到會寧。臣答曰："敕旨不干我國，邊將無擅便接待之禮。"即諭汀及觀察使鄭軾曰："今見所啟，若此敕專爲毛憐衛，不干我國，則當如前日下諭，拒而不納。雖干本國，亦當語之曰：'此非使臣來往之路，前日無由此路到王京者。大人若實賣敕書，當由遼東入平安道，我國固當待遇如例。今無殿下之命，未敢擅便接待，固拒不納。'"　辛巳，咸吉道都節制使楊汀馳啟："聞馬鑒言，與朝鮮使臣同到遼東，朝鮮使臣先報殿下矣，邊將豈至今不知乎？鑒本月初七日至下堡倪下。臣聞馬鑒之來，專爲和解事，萬一強欲入界，則何以處之？"即命禮曹參判李克培爲宣慰使，授接待事目遣之：（一）相會禮度，宴享物品，一如本國出來使臣例。（一）宴罷後，語鑒曰："殿下聞大人遠來，草地中路所需薄物，付臣轉送。"贈鑒十升黑麻、布十五匹、油紙席三張，贈序班十升黑麻、布八匹、油紙席二張。又以油籠一百、摺扇二百把，隨頭目人數多少分給。（一）若請軍糧，以四鎮田米題給，毋過七十石。仍命克培宣慰楊汀以下邊將。諭汀曰："念卿暑雨戍禦之勞，就遣李克培勞之，卿與六鎮諸將一歡。"諭觀察使鄭軾曰："遣李克培慰卿，及楊汀、六鎮諸將，卿其辦宴共歡，以體予意。"　楊汀馳啟："速魯帖木兒今七月初五日病死，給喪葬之需。"諭汀及鄭軾曰："速魯帖木兒雖有

罪責，歸順日久，又其子侍衛於京，葬用諸事，優禮備給，且令妻父李添壽及曉事族類一人入去，護視喪葬諸事。卿亦密察情狀，其願留本處者，聽從情願；欲移住北青者，許令搬移，當於馬鑑回還後移置。”　癸巳，咸吉道都節制使楊汀馳啟："馬鑑數遣人于行城門，召會寧通事。臣遣都事李克均、通事楊根生見鑑。鑑曰：‘汝鎮將何以待我乎？’答曰：‘時無殿下之命，未敢自意相接。’鑑曰：‘野人傳言，兀狄哈以與斡朶里有隙，今來欲報，來則當到我所處，如之何？’答曰：‘兀狄哈自復私讎耳，況大江橫隔，豈能飛渡。萬一渡江，我鎮將豈坐視而不之救歟？’鑑請牧馬于行城內，又答以無殿下之命。鑑曰：‘汝鎮將敢拒我如是耶？若遣一二頭目，啟汝殿下，則汝等豈能免罪？’又曰：‘今聞甲山鎮被擄頭畜甚多。予之來此，專爲刷還俘擄也。汝既自賢而拒我，則交兵無際矣。’鑑請軍糧食物，遣楊根生送酒殽，又贈白米三十斗、粟米五石、黃豆五石、鹽二石、燒酒六十瓶、豬十口、雞三十首、乾魚五百尾、文魚二十尾、海菜五百束、脯脩魚醢等物。鑑曰：‘浪孛兒罕妻子之在汝國者，斯速刷還。’根生答曰：‘浪孛兒罕妻，本國鏡城人女也，今孛兒罕既死，從父母以居，且非邊將所得專。’鑑曰：‘暑雨險阻，跋涉遠途，一二野人，擄在汝國何益？’答曰：‘野人自犯我邊，我未嘗俘擄野人也。’鑑曰：‘汝國使臣到朝廷，則迎入城內待之厚。汝鎮將何以待我於草野？’答曰：‘邊鎮規模，大小無異，大人之來，不干我國，茲所以未敢迎候耳。’”命以啟書示蓬原府院君鄭昌孫、領議政姜孟卿、左議政申叔舟、右議政權擥、兵曹判書韓明澮、吏曹判書具致寬、禮曹判書洪允成、吏曹參判郭連城議之。　甲午，諭咸吉道都節制使楊汀、宣慰使李克培曰："孛兒罕妻父，元係我國，不可不受敕旨而擅給，故曾已奏達事，說與馬鑑知之。"　咸吉道都節制使楊汀馳啟："馬鑑聚諸種野人，開說聖旨，且曰：'朝鮮殺浪孛兒罕，汝柳尚冬哈等告朝廷云，朝鮮無故殺浪孛兒罕父子。朝廷遣使朝鮮，究問虛實，朝鮮奏孛兒罕父子厚受國恩，而潛謀叛逆，事覺伏誅。又奏野人竊發邊境，侵害不止。皇帝今命汝輩還所掠朝鮮人物，又令朝鮮亦還俘虜，以相和解。'野人等曰：'朝鮮先歸俘虜，然後我輩亦還所掠人物。'鑑怒曰：'朝鮮禮義之國，汝若還所掠，則朝鮮豈不還汝俘虜？'野人等曰：'請依命刷還。'鑑遣人招語會寧通事曰：'聖旨開讀時，欲召汝國人參聽，野人狼子野心，恐變起不意，故不召。'"

辛丑，命召申叔舟、洪允成。引見叔舟於交泰殿，命進酒，乃携手閑步南欄，決計北征。召韓明澮、具致寬、李克堪、成任、金國光。出御忠順堂，與明澮、致寬閑步獨語。遣田昀議姜孟卿、權擎之家。即以叔舟爲江原咸吉道都體察使、宣慰使，洪允成爲副使。即日，叔舟等率從事官安寬厚、金謙光，軍官金嶠等發行。教叔舟曰："委卿東北軍務，副將以下如有違節度者，卿其以軍法從事。"是時野人等累犯邊鄙，又以孛兒罕事訴于馬鑑，猶欲謀寇，鑑亦右之。上怒甚，是以決征討之計。慮賊聞而驚遁，以叔舟稱宣慰使，往見鑑請舘于城內，厚慰之。發江原、咸吉之兵，分道進攻，窮其窠穴，送鑑于京。叔舟臨行，上引入內殿，密授方略遣之。　　諭江原道觀察使金繼孫、咸吉道都觀察使鄭軾、宣慰使李克培曰："卿等皆聽申叔舟節度。"　諭楊汀、李克培曰："今遣申叔舟、洪允成宣慰明使，有所贈遺，須強請明使，留待相見。"　癸卯，申叔舟行至永平，以事目禀旨："（一）童倉、火你赤等二百人，今隨馬鑑而來，名爲護送。當舉事之日，或在鑑處，或散在賊中，何以待之？（一）鑑上京從直路，則由江原而上；從枉路，則由平安而上，將從何路？（一）倉等稱路梗，亦欲隨鑑上京，則何以處之？（一）火你赤曾陪敕書而來，於還路逢鑑隨來，其敕猶在，坐次禮度，何以處之？（一）舉事後，彼必投建州，與建州合則不可。今急命江界，有滿住、童倉之人來者，語之曰：‘後門彼人叛國，建州之人如與連謀相助，或受其歸投，則是與彼罪同。汝宜告建州之人，毋代人受責，各安生業。’如是語之，以披其勢，使逃無所歸。（一）雨甚水多，臣等昨早到梁文驛前川不能渡，日暮猶脫衣乃渡，計必不能速行。觀水多路皆石齒，後來軍士速行，則戰馬不可用，且沿途諸邑刷馬難支，請令速發徐行。（一）戰馬請量數下送。（一）臣所進五鎮地圖，請下送。”御扎回諭叔舟曰：“觀卿書狀，笑其無決。既委以閫外之事，何意臨機取決，然所問不可不諭所懷，卿自採擇。第一條，童倉、火你赤等二百人，若有助戰者，并殲之；不然，則勿犯焉，喻其敬明使之意。其中，童倉、都里等私喻予憐恤不忘之意。第二條，予思之，可從陽德、孟山之路。予將早發巡幸，接之於平壤，並欲鎮建州之謀。若明使不欲由我國，則當強請之曰：‘彼賊必殺天使而推之我國矣。’第三條，童倉、都里等曾見於予者外，勿許入境。第四條，童火你赤雖陪敕書，於我無涉，卿隨宜處之，大抵不與同坐可也。第五條，雖語童倉之人無利，祇促洩謀耳。予但戒敕邊將耳。第六條，予已令兵曹啟目聲言，有聲息時，請於五鎮加定赴防軍士，速遣發行，卿其用之。第七條，當如所陳送二十匹，軍器載重，故遣朴健順分運先發，遣打里哈及甫堂可兄弟，隨朴健順而往，卿用其力，而諱之於鑑可也。”　御扎諭曹孝門、黃石生曰：“後門野人竊發不已，今命申叔舟乘機處置。彼必逃者歸建州衛，合謀報怨，邊警隄備，不可疎虞。但兵機尙密，卿獨知此意，益謹隄備，勿露形迹。若露形迹，後必有害。愼之。”　韓明澮、具致寬等密啟：“皇帝專發使臣和解弭兵，今使臣猶在後門，遽舉兵攻討，於事體不順。"上乃召明澮、致寬、李克堪於交泰殿議之。御札諭申叔舟曰："幾不可失，而事勢無窮，予未能必其須動也。條列予意于後：（一）明使若盡數刷還我物，而遽攻擊，則曲在我矣。（一）明使聚會之人，我乘而勦殺，則是殺順天子之命者也。（一）水潦險易，未知其勢，卿之動否，未能必定，故下送京軍士似難，予姑停之。卿亦斟酌發江原之兵。若只用北道，亦自足矣。上項事意，諭之而已，卿善處之。若彼人不順帝命，則奚有再言，須殲乃還。若動，則如李巨兒帖哈、將家老等侍朝野人之家屬，須護之勿殺。"諭書將發，上命還入，御書紙尾曰："幾不可失。用兵之害，猶豫最大，三軍之災，莫過狐疑。"

八月甲辰朔

乙巳，朝鮮實錄書：咸吉道都體察使申叔舟回啟：第一條，"盡還我物而攻擊，曲在於我。臣竊謂若能盡還而歸順，則固伐之無辭矣。我國人物數十，頭畜百餘，彼皆各占，欲得我重賞招撫而還，必不聽馬鑑空言而盡還。"御札就書回諭曰："是故有辭，必伐之勢也，不可失此機也。"第二條，"殺天使所會之人，臣亦謂不可如是。"御書曰："何懼天使！"第三條，"動否未定，停京軍士。臣竊謂威不可翫，翫威則非特彼之輕我，我士卒之氣，亦從而墮緩，將不可用。自春至此，再動而無終，實爲不可。水潦險夷，未知其勢，誠如上教。舉事遲速，臣等親到，觀勢而進退之。然計臣等到彼，經營舉事，在八月二十日後，水潦亦已落之時。臣等既發行，雖名宣慰，事不可中止明矣。至彼而遲疑，則必洩。今道中水潦方盛，臣亦徐徐而行，以待南軍之集。今沿途之人，皆問新鎮置否？以新設築城防護爲名，令皆到吉州待令，使我士卒不知，則彼安得知？南邑之軍既到彼，則京軍士雖停亦無益。且六鎮口傳軍官，已下來者數人耳。舉事則非乏於卒伍，所不足者領卒伍之人。臣願命督送六鎮口傳軍官，又送可領卒者數十人，及火砲、火箭、弓子、弓絃。"御書曰："卿雖不言，予已布置之。" 戊申，咸吉道都體察使申叔舟馳啟："臣於七月二十九日，在金化承下諭後，晝度夜思，事不可中止者有五：咸吉之人，方扼腕切齒，今又不舉，則士卒思奮之志日弛，一不可也。彼之竊發不已，而一不誰何，彼將輕我，甘心掠獲，邊患不止，二不可也。邊患不止，我軍疲於奔命而坐困，三不可也。彼之犯邊非一，以至成羣攻城，而我一未快勝，但纔驅逐，獲不補亡，且彼號居我境，無異編氓，而馬鑑之來，羣而訴我，鑑必謂我爲彼所輕，貽笑中國，四不可也。臣等到彼不舉，則當招撫之。前已招撫，而猶作賊，又何顏招撫，以示六鎮之士，五不可也。可舉者有五：彼恃鑑，無逃散之勢，一也。盡禮於鑑，無不順之事，則鑑不怒於我，二也。欲加之罪，何患無辭，聲彼不從救之罪，多作彼不順之說，使鑑怒彼，則鑑親於我，三也。又作諸鎮聲息交至以告鑑，多方以迷之，謂出於不獲已，則鑑不疑我，四也。彼曲我直，舉而有辭，五也。以是觀之，其不可中止明甚。臣今已付虎符，江原道觀察使金繼孫，以新設寧北防護爲辭，令發嶺東之兵，附近嶺西勇士，繼臣而至，到吉州待令。江原之兵已發，京軍士之來，亦不害於勢。今六鎮口傳軍官，專未下來，北道不教之兵，無領率之人，臣到彼，即有可乘之勢。六鎮之兵亦不須盡徵，何待江原、京軍士。既舉之後，亦即有再舉之勢，其勢無窮。 辛亥，李克培馳啟："臣到會寧，先使通事問安於馬鑑，設帳幕於鑑所在之側。臣與楊汀，率會寧節制使金師禹，領兵二千五百騎，往見鑑。鑑恨不許入城，辭以疾不見。翌日，使通事問疾。鑑答曰：'今日疾愈可見。'臣等往見行禮。臣語鑑云：'敕書不干我國，然禁約賊虜，刷還我被擄人畜，且此地是我封域之內，殿下遣臣問安，仍行薄禮。'鑑答曰：'多感殿下之恩。'仍曰：'爲兩國和解而來。浪孛兒罕家屬在本國者，可速刷來。野人搶去人口，亦即刷來。'臣答曰：'浪孛兒罕家屬卜剌遜、火剌速，則孛兒罕孫時郎哥來投請還，已於本年三月初五日給付。孛兒罕妻其沙哥，鏡城民家之女，今並其所生女吐勞古、婢何兒河知，完聚鏡城母家。殿下具由奏達，時無回敕，不可擅便區處。'鑑猶不信曰：'使事未完，何心赴宴爲歡。'臣反覆開諭，鑑曰：'宣慰使奉命而來，此宴乃殿下所賜，禮不可拒。'乃就宴。行禮畢，鑑曰：'具州兀狄哈，與我率來建州斡朶里有嫌。今聞欲報，若出不意，搶攘之間，恐及我等。又若要之於路，安能生還復命？歡樂之中，憂慮亦多。且隨從十四頭目，刈草喂馬，循環坐更，人馬俱困，宣慰使見之則可知，請入城留五六日，待人馬蘇息發還。'臣答曰：'都節制使領重兵在此，必無不虞之變。且兀狄哈素臣服我國，大人今在我國境內，我國敬事朝廷，彼亦皆知，必不來犯。況自中釁隙，何與大人？敕旨不干我國，不可館待大人於城內，大人亦不可強入。'鑑曰：'旣爲和解而來，則不可云不干。今殿下敬事朝廷，朝廷待貴國倍他國，今何外之？'頃之曰：'且有密旨。'臣曰：'願聞。'鑑曰：'不可言於廣坐，當入城言之。'臣曰：'屛人宣旨可也，何必入城？'鑑曰：'然則我將發還矣。路上辛苦，固不足道。儻有不虞，若之何？如此事窮勢迫，而拒我如是，朝廷亦將知之。'臣曰：'人馬草料，當令供費。'臣觀鑑所舍，就野人於兒哥家，以松葉補簷，不蔽風日，臣令設帳幕。鑑喜。臣語鑑云：'我殿下聞大人遠來草地，故付臣薄物，來表誠意。'鑑曰：'於宴已受殿下之恩，我使事未成，何心又受禮物？許我入城，使人馬得蘇，我之所願也。'油籠、油紙、席、扇子外，皆不受。臣令會寧給米豆二十石，又令連給食物蒭料。”御扎諭申叔舟曰：“前約卿率馬鑑，由陽德孟山來會平壤。更思卿不可遽棄咸吉道而來也。卿觀其事勢，以爲仍鎮可，即使李克培伴鑑以遣。”御扎諭曹孝門、黃石生曰：“若有李滿住、童倉使者，來住滿浦等處，語之曰：‘近日遼東都司詰我入朝使臣曰：“李滿住、童倉等，連續遣人至滿浦、江界等處，汝國給以資糧等物，然乎否？”此必是汝輩麾下人所洩也。前日中國已嚴禁汝等來往，而殿下憐恤汝等歸順，特命邊將給資糧等物。到今遼東亦詰問，汝等不可連續來往，以起事端，我國亦不可相接也。汝等不忘殿下舊恩，則大段報聲息外，勿復來也。’以上項辭緣諭之，勿令生怨而遣之。若强請糧米鹽醬，則亦當量給。”乙卯，諭平安道觀察使都節制使曰：“若李滿住、童倉等使送人，到滿浦等處。當諭以上國詰責交通之意，以杜頻煩往來。”咸吉道都體察使申叔舟馳啟：“臣到吉州明原站，見李克培、金師禹，聞馬鑑已還，計已出兀良哈之境。又聞彼賊，疑鑑旣還而我國舉兵，方在疑信之間，臣約從急進，以示無疑。舉事時動者守者不足，克培、師禹，臣亦率去。”丙辰，楊汀馳啟：“斡朶里童亡乃等，相繼逃往建州。緣馬鑑在近，不得發兵追還。又馬仇音波告，建州斡朶里童甫花禿，今從鑑而來，誘童速魯帖木兒妻，明日率逃建州。臣遣人招速魯帖木兒妻不來，甫花禿亦持弓矢拒之。令通事告鑑，遣二十餘騎取來，留置會寧。臣觀其情勢，非特斡朶里也，兀良哈等亦懼罪，續續逃移建州者，前後二十餘人。其餘部落，亦將俟秋盡移建州。臣方曲加存撫，然終不可保。”初，汀遣騎取速魯帖木兒妻，其子童碍亡哈，持其父印逃往伐引。

童甫花禿，即建州右衛凡察子不花禿。

　　是日，朝鮮實錄書：李克堪馳啟："馬鑑言：'朝夕問安，日致食物，軍糧不乏，深感殿下之恩。'又曰：'前日搶去貴國人畜，野人已皆刷來，以貴國不還孛兒罕妻女，亦不肯還貴國。我將率野人及貴國人口，往遼東交割，貴國亦當待敕旨施行。'又馬鑑密謂通事咸仲良曰：'野人之居城底者，乃貴國藩籬，存撫勿令逃移可也，說與宣慰使達殿下。'鑑又語通事張有誠曰：'本月初六日發還。'臣適承降諭，遣咸仲良告鑑曰：'我殿下遣左議政申叔舟、禮曹判書洪允成宣慰大人，請留三四日。'鑑答以初十日發還。至初六日，守長城門者來告，鑑飭裝將發。臣與楊汀往見鑑，請留。鑑曰：'殿下既遣宰相宣慰，又多致軍需食物，已見誠心。今會寧取速魯帖木兒妻子，從我建州人驚懼先去，吾欲赶到。'臣曰：'都節制使招速魯帖木兒妻不來，甫花禿等持弓矢遮門不見。其時告于大人，遣數十騎取來，豈致驚去。'鑑曰：'使我由貴國內路得到遼東，則當依命留待。'臣曰：'由本國內路事，則當啟于殿下，未敢擅便。殿下特遣兩宰相來慰大人，大人不顧而去，於禮何如？'鑑曰：'自此至王京，道路遼遠，往還之間，動經數十日。若待啟達，時候漸寒，我所持衣服皆紗羅，勢難久留。吾不待宰相而去，固不可也，宰相強留吾行，亦不可也。'遂行。上聞馬鑑不待申叔舟而還，斡朶里、兀良哈等亦將盡移建州，大怒，召見兵曹判書韓明澮、都承旨李克堪於交泰殿曰："一女子去留，不關事勢。楊汀輕發軍士取來，以駭觀聽，令馬鑑徑還，又令諸部逃徙，以失事機。"又召姜孟卿、權擥、黃守身、具致寬，皆未至。乃與明澮、克堪出後苑，誓曰："予固知天道惡殺，然殺以止殺，終不留此賊以長民害。"仍與論征討建州之事。俄而致寬亦至。上曰："韓、具不得辭征。"出御忠順堂射候。命明澮為黃海平安道都體察使。翌日，率行上護軍金處禮、宣炯、朴居謙，從事官成均，司成愼後甲，義禁府知事吳伯昌，及軍士三十四人而往。諭平安道觀察使曹孝門、都節制使黃石生曰：“卿等聽韓明澮節度。”　戊午，御思政殿，召李克堪，以御札諭申叔舟書示之。書曰：“聞毛憐衛人盡逃移建州，而馬鑑以不入城內怒焉。蓋野人等聞卿等舉兵而來而驚動也。予謂業已舉兵，幾迹大露，攻與不攻，在卿處分。但中國必以不入城內，聽馬鑑之讒，而益右野人，欲立敵於朝鮮，其勢甚明，使臣亦必來矣。卿若攻之而大得，則固善；若不大得，則助中國之言而自撤其藩籬，成孤立之勢耳。今卿等未到而自遁，威已極矣，此善陣不戰者也，旋斾凱還，無愧於天下，取信於兀良哈。雖中國怒之，我有辭焉。日久月深，野人自來，此修文德以來之之術也。在此廟堂之論，則欲速奏，請爭毛憐之人，請罪毛憐之人，微侵邊將整兵相幾之語，此處疑有脫誤。卿斟酌任意施行。攻與不攻，皆通。”命召右議政權擥，左贊成黃守身，參贊李承孫、成奉祖，吏曹判書具致寬，刑曹判書朴元亨，兵曹參判金礩示之。皆曰：“野人既皆逃移，徒勞士馬，無益於事，宜下此書止之。”將命司藝李繼孫賫此書止之，俄而叔舟上書至。書曰：“臣於今八月初九日夜，承本月初二日降諭，備審上旨。臣於初八日道上，見賫楊汀書上京者，聞馬鑑已還。臣等計鑑雖還，其勢尤便，事不可中止。臣等又見楊汀聲息文移，豆難歹、打弄哈等族親，請鑑復讎發兵之語。以此觀之，雖有事，鑑聞之亦不疑我。又計鑑不過三四日，當出兀良哈之境矣，臣等急速馳進。”上召克堪、繼孫於交泰殿後，反覆熟論之，謂繼孫曰：“爾但示諭書於叔舟而已，大抵口傳之言，不可憑驗。叔舟見此書，則自有處置矣。”謂克堪曰：“事幾多端，不可遙制，予委之叔舟，不從中覆。”克堪亦曰：“野人無所懲艾，寇掠不止。今大軍已集，勢不可止。”乃命克堪出議於大臣，皆執前議，寧猶欲勒止之，獨致寬欲勿降諭書。命停繼孫之行。　　壬戌，奏聞使尹子雲、副使尹吉生等，如大明。其奏曰：“議政府狀啟，據咸吉道都節制使楊汀呈該：‘本道後門散住野人，糾合諸種黨類，於天順四年正月二十日前，來會寧鎮作耗。本年二月初九日，鍾城一次。本月十四日，富寧一次。十五日，鏡城一次。二十四日，又鏡城一次。三月初四日，鍾城一次。五月十四日，甲山一次。本月二十二日，端川一次。六月十七日，甲山一次。前後殺虜甚多，橫暴已極。今尙處處屯聚，出沒無時。若不調兵勦殺，邊患益滋。’得此具啟，臣據此參詳，洪武五年七月二十五日，早朝奉天門，陪臣張子溫欽奉宣諭聖旨節該：‘我聽得女眞每，在恁地面東北，他每自古豪傑，不是守分的人，有恁去國王根底說着，用心隄防者。欽此。’永樂八年七月十八日，早朝奉天門，陪臣韓尙敬等欽奉宣諭聖旨節該：‘兀良哈這廝每，眞箇無禮呵。我這裏調遼東軍馬去，你那裏也調軍馬來，把這廝每兩下裏殺得乾淨了，搶去的東西，盡數還恁的。欽此。’本日朝罷後，又於奉天門欽奉宣諭聖旨節該：‘坒高麗，喫他手裏着道兒了。恁殺得正好，料着你那裏拾箇人敵他一箇人，也殺的乾淨了。這已後還這般無禮呵，不要饒了。欽此。’又於本月二十二日，奉天門欽奉宣諭聖旨節該：‘恁回家去和國王說，這野人，他的模樣是人一般，熊狼虎豹心腸，着好軍馬綽他一綽，務要殺了。欽此。’宣德八年三月二十二日，陪臣金乙賢賫奉到敕諭節該：‘如或不悛，王宜相幾處置，勿爲小人所侮。仍遵依洪武、永樂年間敕諭事理隄防，庶幾有備無患。欽此。’正統元年二月十七日，陪臣李思儉賫捧到敕諭節該：‘此寇禽獸之性，非可以德化者，須震之以威。敕至，王可嚴飭邊備。如其再犯，即勦滅之，庶幾邊氓獲安。欽此。’天順四年三月初二日，欽差禮科給事中張寧等官，齎捧到敕諭節該：'已敕各衛不許輕動軍馬，構怨讎殺。
欽此。'本年四月二十五日，陪臣李興得齎捧到敕諭節該：'若
與之講和，庶免邊境之患；不然，兵連禍結，亦非爾國之利
也。欽此。'臣自前項野人等累次侵犯以來，即要欽依曾降敕
諭，著令邊將領兵問罪。第念聖訓丁寧，務令講和。臣仰體聖
意，釋其前罪，即令邊將，除軍前殺死外，禽獲人口，并衣服
零瑣之物，盡行還給所居。野人等違背敕旨，嘯集羣醜，藏躲
山谿，東剽西略，恣行侵犯。此輩善緣在先開原等處住居百
姓，不揀男婦，搶擄使喚。其被擄人口，不堪其苦，逃來本
國，隨到隨解，無慮一千餘名。因此舊畜忿怨，伺獲事機，即
令與阿比車同謀作賊，反將事情虛捏奏達，欺罔朝廷。迹其罪
惡，理難容恕。今且不懲，跳梁益恣，邊氓受害，殆無紀極。
此實門庭之寇，應不獲已。着令邊將整齊軍馬，相機處置。"又
奏曰："議政府狀啟，據咸吉道都節制使楊汀呈該：'斡朶里等
住居本道會寧鎮地面，自來耕農打圍，安業過活。於天順四年
月日不等，所據斡朶里童亐沙哈、無應哥等十九名，挈帶家
小，向建州衛逃去，擬合刷還，得此具啟。'臣據此查照得永樂
二年五月間，欽差千戶王脩，齎敕招諭參散、禿魯兀等十處女
直人民。欽此。臣先祖恭定王臣諱，備將洪武二十一年四月十
八日，太祖高皇帝准請公險鎮迆北還屬遼東，公險鎮迆南至鐵
嶺仍屬本國事因，差陪臣金瞻奏達去後。本年十月初一日，欽
捧敕諭：'參散千戶李亦里不花等十處人員准請。欽此。'臣竊
照斡朶里童亐沙哈、無應哥等，世居公險鎮迆南會寧鎮地方，
與本國人民互相婚嫁，以至耀耀賑貸，無異編氓。自在居地，
積有年紀。即今與阿比車同謀結黨，累犯邊境，自知其罪，反
生疑惑，帶率親黨，潛往建州。念惟此輩，原居本國境內，不
宜擅便搬移。且慮本人等，揣知李滿住素與本國有嫌，若聚居

一處，多添黨類，險遠足負，兵衆足賴，與之締謀構釁，迭爲脣齒，兵禍不息。伏望特垂明鑑，許令斡朵里童亐沙哈、無應哥等，發還原住，仍舊復業，永絕邊患，不勝幸甚。仍獻黃細苧布二十匹，白細苧布二十匹、黑細麻布五十匹、龍文簾席二張、黃花席一十五張、滿花席一十五張、雜彩花席一十五張、人蔘一百觔。皇太后禮物：紅細苧布一十匹、黑細麻布二十匹、滿花席一十張、雜綵花席一十張。中宮禮物，同皇太子禮物：白細苧布一十五匹、黑細麻布二十匹、滿花席一十張、滿花方席一十張、雜彩花席一十張。”　己巳，謝恩使金禮蒙賫敕回自大明。敕曰：“前者王奏，阿比車以父讎未復，欲於東八站山路，藏候朝貢人馬，邀截搶刼，要開通刺榆寨一路往來等因。特下遼東鎮守總兵等官，勘議可否。茲得回奏，刺榆寨地方，山險樹密，居民稀少，不堪往來。其東八站地方，路坦行熟，兼與毛憐衞等處隔遠，往來無礙。但看得連山關外，來鳳分中去處，宜築城堡一座，差發軍官守把，防送往來使臣。已令遼東都司相度築立，王之使臣往來，有人防護，可無患矣。況阿比車蓋因復讎未遂，故發爲是言以搖撼之，然未必能遠離巢穴，久候於此。若輒信其言，改易道路，則是自示怯弱，寧不爲彼類之所輕哉？王其仍遵舊規，毋或過爲疑慮，致乖事體。欽哉。”

九月甲戌朔

　　丁丑，朝鮮實錄書：咸吉道都體察使申叔舟馳啟：“臣到會寧，聞馬鑑在伐引，欲刷我被擄人口，率還遼東，而賊輩從違不一，猶未出境。臣令金把兒歹往見鑑，致臣承命來慰而未及見之意。尋聞鑑率我人口十七、賊百餘，發伐引而去。賊酋之來者九十餘人，悉收斬之。敬奉成算，部署諸軍，南則上東良，北至常家下，以本月二十七日，分道並進，直擣窟穴。”都承旨李克堪持書徑至交泰殿後門，呼内宦啟曰："申叔舟已舉事，此是部署諸軍書也。"上召見甚喜，乃召李皎然、成任、金從舜、柳子煥、金國光，及具致寬、金磧、洪逸童等視之。謂克堪曰："昨日之語，今如何也！"命進大爵。先一日，上與克堪論北征事，曰："五日無報，則必不舉事矣，待五日予有處置矣。"又與致寬等舉觴以懽。又謂致寬等曰："國其强乎！古云'日闢國百里者'此也。"又曰："我用申叔舟不止此耳。今則只用一指，九指尚全，其用無窮。"顧謂逸童曰："予將遣汝宣慰叔舟，汝毋忘諭此意。" 戊寅，御扎諭申叔舟曰："甚喜舉事，詳在後面。予謂深處兀狄哈等，雖自中有隙，而必有懼心。卿速諭諸種：'只攻有罪者。汝等若有擒致逃往者，則必有重賞。'卿意何如，斟酌施行。又將家奴等侍朝人家屬，全之乎否？予有所布置，卿其速通。"夜遣注書李壽男賫示權擎、黄守身、具致寬、李克堪之家，乃下諭。 甲申，咸吉道都體察使申叔舟，遣軍官金嶠、黄守正啟："臣與諸將分道攻討，窮其窟穴而還，勦殺四百三十餘級，焚蕩室廬九百餘區，財產俱盡，殺獲牛馬千餘。"上喜，賜嶠段衣、守正紬衣各一領，及弓箭。命以平定北方告宗廟。御勤政殿，百官上箋陳賀。箋曰："天威震動，羣醜畢熸。馹報星馳，輿情舉賀。歡均朝野，慶綿宗祊。恭惟乃聖乃神，允文允武，撫重熙之區宇，奄殊俗以梯航。蕞爾殘兇，梗予聖化，敢搆釁而嘯聚，遂乘間而陸梁。運九重之神謀，整我貔虎，授萬全之勝算，掃彼犬羊。屬奏三捷之功，咸服一怒之勇。伏念臣等，猥將樗質，叨居鼎司，蹈之舞之，情倍深於鼇抃；悠也久也，壽恒祝於龜疇。"御扎下教赦中外，教曰："天地之道一於生成，而又有肅殺之時；帝王之德一於仁愛，而又有威振之舉。我太祖康獻大王，起自朔方，奄有東夏。列聖承襲，凡所以撫恤野人者，視諸方尤篤。

迨予承緒，諸種野人，莫不來朝，窮髮殊俗，稽顙不暇。不意浪孛兒罕，搆釁邊將，自就誅戮。其中好亂者交黨阿比車，累犯邊境。邊將鍊兵坐甲，屢請師期。予念祖宗綏遠之仁，前世歸附之誠，屢敕邊將，更加撫恤，以待自悔。頑兇之徒，不思彌天之恩，日益梟獍，邊民受毒。予代天理物，作民父母，其可忍視而不恤乎？是用申命元臣，往董師旅，分道並進，焚蕩窟穴。乃於今月十一日，咸吉道都察體使申叔舟，捷書馳啟，諸將凱還，賊巢皆空。此實祖宗威神之所佑，邊塵永息，使元元之衆，安享太平之樂，邦家之慶，莫大於斯。既有非常之喜事，須有非常之異恩。自天順四年九月十一日昧爽以前，除謀叛大逆、子孫謀殺毆罵祖父母父母、妻妾謀殺夫、奴婢謀殺主、蠱毒魘魅，謀故殺人，但犯强盜外，已發覺未發覺，已結正未結正，咸宥除之。敢以宥旨前事相告言者，以其罪罪之。於戲！制敵安民，王者之勇，推恩示慶，聖人之仁。"初，叔舟以五鎮民虜雜處，慮事洩賊遁，令把截茂山、櫟山要路，自南來者須驗符乃許入，叔舟巡察五鎮，還到古營，南軍已集富寧。部分諸軍，誓告將士曰："浪孛兒罕父子，久蒙國恩，背德謀叛，自罹天討。兀良哈等黨惡搆亂，連犯會寧、鍾城、富寧、鏡城。上猶憐其無知，許其自新，待之如舊。彼不念大恩，又犯甲山、端川，前後殺虜凡數人，或剖腹割肌，極其慘酷。今又不順帝命，將謀入寇。稔惡不悛，神人所共憤。此而不誅，何以爲國？今我祇承上命，部署諸將，分道而入，直探賊穴。惟諸將士卒，各盡心力，同雪國恥。小功必錄，終不使士大夫虛勞鋒刃。如有違犯，軍有常法，士大夫不得辭責，叔舟亦不得曲法徇私。天神地祇，臨之在上，其各明聽誓辭，毋忽。"令吉州牧使吳益昌，領步騎八百，八月二十三日發鏡城，從吾村踰嶺入，攻朴加非剌、上東良，從入路而還。寧北鎮節制使康純，領步騎九百，二十七日，發富寧踰嶺入，攻虛水刺沿江而下，攻中東良；與吏曹參判郭連城會。連城領步騎六百，會寧鎭節制使林得楨、安邊府使禹貢，領步騎一千三百；穩城鎭節制使金處智，領步騎六百，會于會寧，聽楊汀節度。汀率三將，二十七日發會寧，至甫兒下，令連城別路沿江而上，攻下東良，與純會從便道而還，至雲頭城。令得楨、貢先渡江，攻何多里、斜地、無兒界、廬包，抵河兒安河主。汀自領營兵一百，率處智渡江，從何多里由南羅貴而進，爲得楨聲援。至和尙里，令處智別路西上，與得楨夾攻河兒安河主，沿伐引水而下。汀進攻毛里安，與得楨等會。叔舟自以步騎四千，二十七日發鍾城。時尼麻車兀狄哈亐豆等五人，南訥兀狄哈加兒打哈等二人，適以朝見到鍾城，皆從軍自效。叔舟渡江，從愁州踰嶺。先遣康孝文領百騎，先攻河伊亂；別遣漢城府尹金師禹，率北靑府使趙邦霖，領千騎西攻常家下；江原道觀察使金繼孫，率慶源節制使金貴孫，領千騎，東攻甫里下。叔舟率洪允成、李克培、鄭軾、許亨孫、鍾城鎭節制使朴炯行、護軍朴大生，領二千騎，夾阿赤郎貴大川林藪左右，而攻焚之。疾行二百餘里，至阿赤郎貴上里。日晩，輜重在後者遠，令亨孫、大生分兵退護輜重。叔舟亦於所在下營。繼孫旣攻甫伊下來會。賊乘夜四面攻撓之，叔舟堅陣不動，令善射者持盾出營外，迭射之，賊多中箭乃走。二十九日，令炯、貴孫選精騎五百，進攻毛里安，與汀等會，徑還會寧。叔舟還營亨孫所屯處，賊邀之於路，擊走之。師禹前一日旣攻常家下，還與亨孫會屯。是日晩，大雨且雷，賊四面攻撓之。又令善射者出營射之，賊多中箭乃走。三十日，叔舟全師還鍾城。賊或邀之，或尾之，師禹、繼孫、孝文，終日冒雨力戰走之，多所殺獲。汀違叔舟節度，不令得楨先進，自攻何多里。得楨軍爲汀軍所扼塞，不得進至斜地。得楨率輕騎百餘先進，吳益昌以吾村路險，不得入，還從汀而進。至是欲立奇功贖罪，率五十餘騎隨得楨。二十九日，并領得楨等餘軍徑還會寧。炯等攻毛里安，楨不至，乃由南羅貴處處冒雨苦戰。三十日，全師得達會寧。得楨攻廬包、河兒安河主、伐引，沿水而下，至阿赤郎貴。賊處處邀擊之，從山路而行，益昌中箭走死。地多泥濘，雨且不止。三十日，到愁州古城，西距鍾城五十餘里，依山而陣，軍自驚夜散，散出會寧、鍾城、穩城。叔舟與諸將，沿江布兵應接。九月初四日，得楨率吉州判官河叔溥，軍官李仲潔、洪繼庸，及軍士五人，還到鍾城，軍未還者二十餘人。連城攻虛水剌，下中東良，多所殺獲。二十九日，全師還會寧。軍所不至者，上東良、朴加非剌數十家耳。會寧城底阿木河、兀弄草，及愁州以下野人，按堵如舊，或有從軍鄉導者。叔舟以汀、得楨、益昌等失律，上書自劾曰："臣初慮汀等或有進却，各其所出道里遠近險夷，部落多少，臨地圖一一指授，三令五申，又各為誓書，申令書授。不意汀首違節度，得楨、益昌輕進失道。然此蹉跌，實由於臣。臣更巡五鎮，分授諸將守禦方略，還京待罪。"命行僉知中樞院事洪逸童為咸吉道宣慰使，令宗簿少尹申泗從行。御扎諭叔舟曰："今得卿啟，甚嘉卿部分得宜，不失機會，分道深入，焚蕩窟穴，克雪邊民積年之憤，李靖之功，焉能獨美！但卿以楊汀違令，林得楨失律，上章自劾。然一勝一負，兵家常勢，何足介懷。卿既全師凱還，威振北方，以副予意，何善如之。今特遣宣慰使洪逸童，賜卿三表裏；洪允成二表裏。又送表裏十五，卿其分與諸將。又賜卿等宴，卿與諸將一歡焉。論功行賞，當待卿報。卿徐徐有為而來，不必及巡狩行也。楊汀之罪，固當治之，然非他例功臣，且有久鎮北方之功多，故予已錄其功而赦其罪，卿宜釋之。卿子泗欲謁卿，給馹下送，以遂省親之志，卿知予意。"又書紙尾曰："卿雖笑我，我瓢既成，剖而爲杯，以示至情。"先是，上獨引叔舟於交泰殿，決計征討之日，墻下種瓢方蔓，叔舟醉啟瓢終不成，以故戲之。又諭曰："既勝而驕則必怠，此賊乘我之機也。大軍既旋，彼必弛備，此我乘賊之機也，卿必慮之，予何多言。數日息馬，倏然復征，輕騎蹂踐，如電如雷，則賊之喪膽，殆非數十年不復振矣。卿更熟思，以全而動。"御書紙尾曰："勿拘於予而輕動，予但示其意耳。"又諭曰："寧北鎮事，卿何樣布置乎？此正要害之地，須當急設，但未知形勢如何耳。卿宜任意而行，從後啟達。"御扎諭楊汀曰："卿何違申叔舟節度，使林得楨敗衂耶？是卿固有責矣。雖然，卿非他例功臣，而且久鎮北方，思卿艱苦，今雖失律，予豈過焉。茲特遣宣慰使，賜卿二表裏，又賜宴，錄卿之功，赦卿之罪，卿其體予。"諭平安黃海道都體察使韓明澮曰："申叔舟征伐已捷，邊境無虞，甚可喜也。建州人等，本不與彼相干，宜撫之如舊，使不生疑懼之心。本處人若到滿浦，當語之曰：'毛憐衛野人背恩犯邊，自取禍患。彼等雖或往來狙言，慎勿聽信。如有來投者，亦勿容接。'然建州之人，必懼且怒，或生邊釁，宜益守備。" 丁亥，諭平安黃海道都體察使韓明澮、都節制使黃石生曰："今來接待李豆里啟本已悉。但我國纔征毛憐，而又薄待建州人，是益其疑懼也。如有其請，雖不可充其欲，亦不可太少，令失望也。今後李滿住、凡察、童倉等之子若來，當依舊例，量給綿布。其來告緊關聲息者，雖非酋長之子，可一體待之。 己丑，仁壽府尹金吉通、行上護軍李興德，奉表如大明，謝於連山關外築來鳳堡撥軍守把。其表曰："聖謨淵深，克敦綏撫，皇恩溥博，曷勝感銘。卵翼特加，粉糜雖報。伏念臣猥將庸品，端遇昌辰，曾微效於涓埃，唯知謹

於朝貢。頃緣比車之構結，豕突無厭，每當行李之往來，狙伺
莫測，恐阻就日之路，敢煩籲天之伸。何圖睿慈，曲軫神筭，
迺設屯守之堡，許撥防護之軍，悉兇醜搖撼之謀，令勿輕信，
戒愚臣疑慮之過，俾遵舊規。眷憐若茲，前昔所罕。茲蓋伏遇
仁踰怙恃，德侔生成，奄四海爲一家，居九重見萬里，遂令厥
服，優荷殊私。臣謹當誓至子孫，益虔藩屏之任；嘉與父老，
倍殫頌禱之誠。"

　　癸巳，毛憐等衛女直都指揮奴升哈等，來朝貢馬及方物。
賜宴，并綵段、表裏等物有差。實錄。

　　　　此毛憐衛，乃建州衛所分之毛憐。

　　甲午，朝鮮實錄書：以中樞院副使金有禮爲奏聞使，如大
明，奏征討野人聲息。奏曰："近者本國後門散住諸種野人等，
累次作賊，殺虜邊民。臣不獲已，着令咸吉道都節制使楊汀
等，整齊軍馬，相機處置外，差陪臣尹子雲具由奏達去後。議
政府狀啟，據本道都節制使楊汀呈該：'承奉劄付，調兵策應
間，欽差官馬鑑，前來會寧鎮附近地面，說稱你每與毛憐等衛
輯和撫綏。聽此，前項野人，益加綏輯。賊輩又謀竊發，數十
爲羣，托以索討衣糧，潛來各處，窺覘虛實。俾職詗知其狀，
皆衷甲帶仗，毒手垂舉。禍機甚迫，未及啟過，捕斬殆盡，餘
賊逃脫走回。即使與同裨將，分道追蹤，直擣巢穴。除軍前殺
死外，餘黨四散竄匿，呈乞照詳施行。'得此具啟，臣據此參詳
上項事理，緣繫邊警聲息，理宜奏達。爲此謹具奏聞。"　乙
未，兀狄哈上護軍金亏豆等四人、指揮甫要麻等四人，自軍中
來獻土物。咸吉道都體察使申叔舟，遣從事官安寬厚馳啟：
"臣令楊汀領兵踰古剌貴，應接散軍。行十五餘里，我軍與彼

賊既散，樹木茂密，無蹤可尋。適漢人二名，自尙家下逃來鍾城，言其所居里賊多中箭，欲殺我取膽解毒，故逃來。又言今餘賊疑朝鮮更舉。又聞兀狄哈亦三道發兵並進，皆方登山爲備。臣亦計散軍沿江上下，星散而至，賊亦方散而爲備，林藪茂翳，行兵不便。近境野人，亦疑次及，勢必驚逃，與賊相連。臣將親進計禀。”御扎回諭曰：“今來卿書，已悉。卿量留京中將士備禦，其餘率上來。”　丁酉，兀狄哈千戶也堂只、也郎可右、時應巨、林多亏證巨、加乙多介、乃伊可等，自軍中來獻土物。　上命論亏豆、也堂只、甫要麻等軍功厚賞。與中宮御康寧殿，引見亏豆等，諸將佩劍分立左右，宗親及權擎、黃守身、李克堪侍坐，司僕官趙得琳、朴壽長臂鷹立于左右。上語亏豆等曰：“前日禁汝等擊毛憐衛者，以其臣伏於我也。今忘我厚恩，累犯邊鎭，予已討之，任汝報復焉。戰功論賞，以割馘爲驗。汝等如攻擊有功，割馘以來，予當依本國將士例論賞。”亏豆等請受聖旨，以令諸酋。上曰：“汝等所自報復，予何强之。其中不肯者，不必勒令也。”亏豆等曰：“今聞上命，敢不效力。”命以次進酒。諭咸吉道都節制使楊汀曰：“今去亏豆、也堂只、甫要麻等十五人，遠來從軍，又請攻兀良哈。其情可賞，故優待。卿量宜倍他優給米、布、鹽、豆等物，使之懷我怨彼。”　咸吉道都體察使申叔舟馳啟：“臣徐巡六鎭，存撫近居野人，指授諸將守禦攻討之策。還到吉州嶺東站伏承下諭，備審上旨。臣竊觀本道鏡城以北之兵，各守本鎭，吉州以南之兵，分運立番於兵營，號爲助戰，都節制使領之，爲六鎭之援。南官資北鎭以爲藩籬，北鎭資南官以爲助援，其勢相資。若分置二將，各執兵權，則其勢必離。臣今親承上旨，專制諸將，猶有進却；況權分則致爭，勢離則生乖，又況兵分則力弱。臣竊謂宜仍舊制。但以軍士試才之法，令都節制使、觀察使同試，道遠不時試取，武事因之惰弛，是大不可。端川以南觀察使、吉州以北節制使，各試似便。道內揀軍助戰等法，久而弊生，事多舛誤，宜有更張。臣將詳加檢考，親稟上裁。臣與洪允成，今自利城人甲山、三水、惠山，躬審形勢，分授防禦諸事，還到北青、咸興等處待命。又今承降諭寧北置鎮事。臣今更度形勢，必置鎮於此，然後富寧、鏡城、吉州防禦可除，實爲彼此要害之地。但今年節晚，守護軍馬又因征討勞苦，今年勢不可及。其詳在臣親啟。” 戊戌，錄從征功。一等：尼麻車兀狄哈上護軍金亏豆，陞授中樞院副使；指揮甫要麻、千戶也堂只，授上護軍。二等：尾麻車兀狄哈千戶也郎哈，上護軍；南訥兀狄哈副司正加乙多可，護軍；尼麻車兀狄哈豆伊沙、安多茂、臥羅可、巨之可、其堂可，司直。三等：尼麻車兀狄哈波多茂大、時應巨、林多亏證巨，南訥兀狄哈，副司正；乃伊可，司直。

十月癸卯朔

乙卯，朝鮮國王李琛奏：“本國斡朵里童於沙哈、無應歌等，世居會寧鎮。比與阿比車通謀犯邊，挈其親黨，遁往建州衛，依都督李滿住。竊恐與之締謀搆釁，兵禍不息。”上命遼東鎮守等官，遣人往建州諭滿住。實錄。

舊毛憐與在朝鮮會寧之斡朵里甚親。其先已移往婆豬江之斡朵里，即董山、凡察等左、右兩衛，則與寄住毛憐同住。是時兩毛憐之分別如此。

十一月癸酉朔

戊寅，通事都督同知馬顯等言：“朝鮮國使臣七十餘人，毛憐女直來朝者三百人，雜處於會同舘。二處舊有讐隙，恐致爭競，請分舘處之。"禮部議遷女直，其頭目尙佟哈不從。朝鮮使臣請遷，乃命遷於烏蠻驛。實錄。

明會典："永樂中設會同舘，又以烏蠻驛幷入。"據實錄此文，則烏蠻驛與會同舘，仍不在一處。所謂幷入者，幷其職掌，非幷其地址也。

庚寅，敕鎮守遼東左少監覃瓛等曰："得奏，建州衛女直指揮謹捌等，來報朝鮮殺虜事情，已接待遣還，悉。但事有輕重，今後凡奏報事情者，須令人伴送來京審實，以爲區處，不得就彼遣還。"實錄。

閏十一月癸卯朔

乙巳，毛憐衛指揮同知得州子格不得、兀罕住子劄郞哈，指揮僉事克忒子塞乞、著和子塔失、官奴子捏捏、速苦子納孫哈、李歹住子冲山，俱襲職。陞毛憐等衛指揮同知阿力等十三員爲指揮使，指揮僉事麻忽等二十員爲指揮同知，正千戶沙魯等三員爲指揮僉事。　辛亥，命故毛憐衛指揮使也克子特魯革，指揮僉事木哈里子木花良、納當哈子苦赤；劄眞衛指揮使答剌哈子打郞哈；建州衛指揮同知苦赤子哈撒；兀者衛指揮僉事兀籠哈子捏哈莫；溫河衛指揮僉事不列子小厮，俱襲職。陞毛憐衛指揮使張塔、建州衛指揮使苦赤，俱爲都指揮僉事；指揮同知剌塔等八員爲指揮使；指揮僉事眞帖木等二十一員爲指揮同知，正千戶咬納哈等三員爲指揮僉事。　壬子，命故建州左衛指揮同知丹保奴孫童抹敦；建州衛指揮僉事忽兒答子阿只答、忽魯子乃亦哈；喜樂溫河衛指揮同知土成哈子安失塔，指揮僉事高里子格哈叉，俱襲職。陞毛憐等衛指揮同知牙失卜花等六員爲指揮使，指揮僉事納顏干帖木等五員爲指揮同知，正千戶木刀兀等二員爲指揮僉事。實錄。

丁巳，朝鮮實錄書：諭平安黃海道都體察使韓明澮曰："聞吳伯昌之言，具知卿意。所陳皆善。今又得金有禮事目云，毛憐衛人聞妻子盡死，聚哭含怨，與建州衛人結約整兵，四面入寇。此雖未可必，料勢必風塵復起，然後已矣。若毛憐衛、建州人同力作賊，而見敗則其交益深，不若及其未發而先制之。然建州衛時無罪，而兵出無名，故爲今之計，當備而待之，俟有罪即討可也。今送戰馬十匹、京軍士十人、藥匠一人。卿體予意，任便施行。且聞野人等本月初六七日間發北京，計十二月上旬，當到建州，卿其知之。" 戊午，奏聞使尹子雲賚敕回自大明。敕曰："今得王連奏女直野人事情：一稱斡朶里等自生疑惑，潛往建州，欲令復業；一稱諸種野人累次犯邊，欲令邊將相機處置。所言雖異，事實相關。顧王激切之情，朕已具悉。蓋釁端禍機，本起於阿比車父子。今斡朶里等雖居王國，終係異類，既與彼同謀結黨，勢必懼罪逃生；假使未逃，猶應竄逐，何必令其復業，以遺後患。今曲從王意，特令兵部移文建州衛，令其省諭復業，不許阻留，亦不許結搆邊患。王慮門庭之寇，欲相機處置，此誠不獲已者。但前此建州、毛憐二衛奏言，欲爲浪孛兒罕父子報讎，朕已敕各衛，不許屯聚讎殺。續又遣指揮馬鑑，齎敕往彼宣諭。今馬鑑回還奏稱，於今年七月初八日，到彼宣敕，曉諭各衛，即將所聚人馬退散，且言再不敢與朝鮮結怨報讎。其都指揮尚冬哈等，就隨馬鑑來京謝恩，及浪孛兒罕孫男木哈尙，亦來襲職。又將原虜王國男婦得里哈等九名口，送至遼東。據此，則王所奏事情，皆在馬鑑未到之先，非敕諭已至而彼故違也。朕撫臨四海，一視同仁。前敕諭和，實欲兩處人民各安生業。今彼既釋怨，從化如此，王可不必慮其復爲患矣。所送人口，就令使臣領回。

繼今王宜歛兵自守，不可復啟釁端。特敕以諭，王其體朕
至意。"

　　庚申，授故毛憐衛都督僉事郎卜兒罕孫木尚哈爲指揮僉
事，曾孫塔納哈爲正千戶。先是，郎卜兒罕及其家屬，俱爲朝
鮮國所殺，惟餘木尚哈等二人，至是爭襲其職，上憐而命兩授
之。實錄。

　　　　完朝鮮殺毛憐都督浪孛兒罕案。

　　壬戌，陞建州右衛都指揮僉事猛古能爲署都指揮同知，以
其父李吾哈報董山等私通朝鮮國功，乞陞故也。實錄

　　　　完朝鮮、建州私通案。

　　乙丑，陞建州左衛指揮同知申谷爲指揮使，指揮僉事郎禿
等七員爲指揮同知，正千戶兀黑等三員爲指揮僉事；建州衛指
揮僉事款赤巴、建州右衛指揮僉事克也木、哈兒分衛指揮僉事
伯思哈，爲指揮同知。　　丙寅，陞建州衛指揮同知納速、建州
右衛指揮同知恐失得，俱爲指揮使；建州左衛指揮僉事兀魯
速、建州右衛指揮僉事鎖羅迷，俱爲指揮同知；正千戶咬納、
沙魯，俱爲指揮僉事。　　己巳，命建州衛故指揮僉事可捏子早
華襲職。陞建州左衛指揮同知額頂勒、忽失八，俱爲指揮使，
指揮僉事木答忽、文殊奴，俱爲指揮同知，正千戶木都爲指揮
僉事。實錄。
十二月癸酉朔
　　是日，陞建州左、右二衛指揮使扣你赤、撒里，俱爲都指
揮僉事；指揮同知木勒克爲指揮使，指揮僉事金奴哈、哈納，

俱爲指揮同知；正千戶速忽、咬納，俱爲指揮僉事。陞建州右衛指揮使款赤爲都指揮僉事，指揮僉事皂花奴、建州衛指揮僉事三哈、建州左衛指揮僉事巾卜速哥，俱爲指揮同知，正千戶苦女、弗羊古，俱爲指揮僉事。實錄。

甲申，命故朶林山衛指揮同知亦刺兀子哈冬哈、欽眞河等衛指揮僉事也兒克出等子忽失哈等十二人，俱襲職。陞弗提衛指揮同知孛羅脫爲指揮使；指揮僉事阿刺哈爲指揮同知。　丙戌，命故哈兒分衛指揮同知亦隆哈子勒黑赤、滿涇衛指揮同知納成哈子木荅忽、哈兒分等衛指揮僉事脫脫等子兀魯荅哈等七人，俱襲職。陞考郎兀等衛指揮僉事速古等六員，俱一級。

丁亥，命故和卜羅等衛指揮同知王恰奴子只卜哥、細隣子宋塔，指揮僉事阿思刺子雙吉納、必籠哈子兀納哈、刺不塔子木荅兀、不桑哥子住兒出、旺家奴子勝哥你，俱襲職。陞忽石門等衛指揮使你籠哈等六員，俱一級。　戊子，命故忽石門衛指揮使兀籠哈子抄刺哈，滿涇衛指揮同知里荅哈子若因哥、馬英山等衛指揮僉事吉刺木等子穩叉塔等十一人，俱襲職。　己丑，陞成討溫衛指揮同知婁得爲都指揮同知，以弗提衛都督察阿奴等，奏保其效力年久，乞陞故也。　丁酉，命故安河衛指揮同知不得納子撒住哈；木里吉衛指揮同知准里丁哥子都里吉，指揮僉事失迭溫子必奴哈；建州左衛指揮僉事勸赤忽子奴忽；可令河衛指揮僉事叟登哥子亦失哈；欽眞河衛指揮僉事女女子苦女、荅兒馬子牙吉失、勝哥里子罕家、速古子得住克，俱襲職。陞兀者衛指揮使脫因貼木兒、建州左衛指揮同知古魯哥、喜樂溫河衛指揮同知主卜哈、古里衛指揮同知必里你、益實衛指揮僉事阿的納、塔麻速衛指揮僉事失郎哈、亦馬刺丹衛指揮僉事荅魯、弗朶禿河衛指揮僉事惱忽，俱一級。實錄。

戊戌，女直貢使朝。望日，因廷進番書，通事都督同知馬顯、僉事季鐸失於奏達，下錦衣衛，送法司論，當贖杖復職。
從之。實錄。

　　此當是望日帝視朝，而貢使亦於是日得引進廷見，遂
廷進番書，不由通事奏達，有違常例，故罪通事。蓋通事
於引見之先，應查問其廷見時有無進納文件也。當時不過
偶爾違誤，所進番書，想亦無關出入，處分亦甚輕微。後
萬曆間，有因建州使人廷進文書，致謂閣臣李廷機通敵
者，則事體不同。其時爲清太祖桀驁，藉此達其謾書，故
致譁然，然此亦其見端矣。

正編卷八

天 順 朝

天順五年，即朝鮮世祖七年，辛巳(1461)

正月壬寅朔

　　戊申，建州右衛野人女直李吾哈等，各來朝貢馬及方物。賜宴，并綵幣、表裏等物有差。實錄。

　　壬子，命可林河衛指揮使黨禿爲都指揮僉事；撒剌兒衛指揮同知都魯不花爲指揮使；建州右等衛正千戶剌哈、右成，俱爲指揮僉事。故可令河衛指揮同知答乞子昆、格必河衛指揮僉事鎖赤子塔麻赤，俱襲職。　乙卯，命朵林山衛指揮使搽養哈爲都指揮僉事；兀者衛指揮同知保禿、兀六住，俱爲指揮使；依木河等衛指揮僉事朵兒只等五人，俱爲指揮同知；故友帖衛指揮同知阿哈力子牙同，哈眞河衛指揮僉事雙古奴子回忽等五人，俱襲職。　己未，給察剌禿山衛、木蘭河衛印各一，從其請也。實錄。

　　　請給印則給印，此當爲各衛重複之由來。自正統以後，衛印及敕書，皆不正確，所見各衛之名，亦與會典原見之一百八十四衛，字多歧異。明馭女眞，無復覈實之意，蓋其自相吞併，亦不可究詰，馴致國家原設之衛名，不復行用，由各女眞自定其名。如扈倫四部之名，皆非明廷所命。清太祖興，蠶食同種，以自開拓，有由然也。

癸亥，命肥河衛指揮同知牙失帖木爲指揮使；屯河等衛指揮僉事也里哥等五人爲指揮同知。實錄。

庚午，朝鮮實錄書：咸吉道巡察使康孝文啟："鍾城、愁州住兀良哈也叱歹來告曰，火剌溫兀狄哈伐哈另哥、歹哥稱歹等，各率軍士七百餘名，將寇甲山等處及平安道。雖未盡信，然亦難料，且今諸種兀狄哈結黨，乃於五鎮分兵來屯，逗留不退，勢若可信。即令甲山整搠軍馬，益嚴隄防，且已馳報平安道。"命示左議政申叔舟。叔舟爲書啟曰："今觀聲息啟本，賊欲多張形勢，使我兵分，乘間突入也。然朴炯、康孝文等，已知其情，必備應變之策，不可從中遙制。但尼麻車等實來，則不可輕與之戰，使堅黨賊之心。今宜諭具致寬等，因勢開諭尼麻車等，使不與賊連兵，姑勿輕戰，何如？臣竊料賊方出死力，我兵厭戰，賊聲分形勢，而悉力攻我不意，我分兵爲備，處處力弱，是可慮也。爲我計，宜令諸鎮堡堅壁清野，勿輕出戰，徐觀其勢。乘其疲怠，都體察使、都節制使以輕騎往來赴援可也，並諭此意於致寬等何如？"　上覽之，即草諭書及事目，諭咸吉道都體察使具致寬、副使康孝文曰："今觀聲息啟本，賊欲多張形勢，使我兵分乘間突入也。然兀狄哈等實不欲與我作釁，故言朝鮮兵勿出。若輕與之戰，則徒使兀狄哈益堅黨賊之心。今宜因勢開諭兀狄哈曰：'國家無負於汝，而汝信汝讎之誑言，輕犯大國，利害若何？吾非不能與汝角手，但以時無上旨，故商量耳。勢不得已，則何待上旨！然則汝代人受毒矣，可更思之。'如是開諭，使不與兀良哈連兵，姑勿輕戰。又料賊方出死力，我兵厭戰，賊分形勢而悉力攻我不意，我分兵爲備，處處力弱，是可慮也。爲我計，宜令諸鎮堡或堅壁清野，或撤聚并守，勿輕出戰，勿爭小利。都體察使、副使、都節制使，以輕兵往來赴援可也。萬一賊雖小得而去，勿爲姑息之爭，當爲大勝之遠計。朴烔則可用者也，卿其任使之。前日都體察使詳知予意而去，又康孝順賫去諭書，示意詳悉。兀狄哈兵解之後，意謂必有攻兀良哈之勢，卿熟思善處，盡兵家之變通，毋局於遙制。並審同封事目：(一)尼麻車兀狄哈非沙劄里等，因朝見而來，不干於賊，今使之開諭，諭書事意：於亏豆澄羅右等，勿令與賊連兵可也。若拘留薄待，則益成嫌怨，必生變故，當厚待以送。(一)尼麻車等，雖與兀良哈，或有連姻往來。前日諸姓兀狄哈攻阿赤郎耳之時，尼麻車亦與焉。今尼麻車之來，特憤高嶺之戰，與我之庇護斡朶里，乃爲兀狄哈所誘引耳，非眞與相會也。今觀啟本，尼麻車不欲與兀良哈合兵，今且別屯，其心不相合益明矣。自古夷狄連兵者，皆以利動，非以誠也，不久而必自生疑貳。一退則一不能獨留，勢之然也。唐太宗以香火之言間突利，慕容廆以牛酒間宇文氏，是皆不過用間以離之而已。今因非沙等往來澄羅右之處，量致犒饋，以示慇懃之意，彼必感而心動。且我聲言兀狄哈與我夾攻兀良哈，則兀良哈聞之，亦不能不疑，此用間之時也。用間非獨此，可因勢而行。(一)諭澄羅右等，以夾攻兀良哈之軍立大功，受厚賞以報。殿下厚待之意，則貪利之徒，必生心焉。黨賊無利，則焉有不翻覆之理乎？(一)使如非沙之輩，數數往來傳言，則兀良哈不能不疑。且聲言與尼麻車夾攻兀良哈之軍，使相疑貳，亦一間也。(一)聲言兀良哈等，怨前日諸姓兀狄哈攻阿赤郎耳時，尼麻車亦有與者，今假與之合，報讎朝鮮後，與斡朶里之在東良等處者，邀其歸路而盡殺之，使尼麻車聞之，亦一間也。(一)尼麻車若又言出送斡朶里，則當直答曰：'斡朶里之居城底者，素效順於我，今以窮來，豈可捕致於汝。

是猶尼麻車之人，來在我者，斡朶里請將報讎，豈可許之，以負尼麻車歸順之誠哉！汝等思之可解也。'如是誠直言之可也。（一）尼麻車若强求斡朶里之在城內者，當答曰：'斡朶里在東良等處者多，汝何不攻此輩，以復私讎，而反爲兀良哈等之所使乎，正如奴僕耳，何不乘此敗亡之時，與我夾攻，一則效功於國，一則得人物而作奴婢，豈不利乎？兀良哈請汝之意，汝不知乎？一以報自讎於朝鮮，一以使汝等搆讎於朝鮮，以紓已患，成汝實禍。自爲善計耳，汝猶不聽於國家不怒之時，而當國家既怒之後，汝其安處乎？汝更思之。'（一）所欲急攻兀良哈者，以盡敗無勢力，則兀狄哈不足數矣，豈爲之連兵哉！是則急攻良策也。然兀良哈、兀狄哈，皆野人同類者也，故雖舊讎嫌，而相合之勢易。我若急之，則其合也堅；緩之，則其離也可待。今雖有攻兀良哈之幾，姑忍不動，俟時而動未晚也，是則不攻良策也。以此二策，擇而用之。"又示叔舟，叔舟啟曰："允當。"傳曰："明日當與姜孟卿、韓明澮、成任議之。"

二月壬申朔

　　是日，命建州等衛指揮使卜赤子阿答忽、指揮僉事速滿哥子咬哩哈，襲職；指揮同知李阿卜子納撒哈，代職。陞指揮同知沈保奴爲指揮使，指揮僉事乞奴兒、都失、阿卜蘭、賽亦塔，俱爲指揮同知；正千戶瑣兒失、兀答郎、木答兀，俱爲指揮僉事。　乙酉，命故友帖衛指揮同知赤老溫子答魯格、速平江衛指揮僉事綽必孫兀挃思革，俱襲職。實錄。

　　乙酉，朝鮮實錄書：平安道都體察使曹孝門馳啟："野人李豆里、古納哈等到滿浦言：'火剌溫兀狄哈加昌可，率三百餘兵，屯于他郎哈川邊，將寇朝鮮。古納哈止之曰："曩者毛同果作耗，朝鮮因此加兵於我。汝等今若作耗，則必來攻伐。"加昌可等引去，且言："吾等厚蒙上恩，常欲如京陳謝，須將

此意啟達。'"'"命示左議政申叔舟。叔舟啟："火剌溫聲息，眞
僞不可知。豆里等稱爲告變而來，不可絕之。且旣攻東北，宜
撫建州。今速遣朝官敎豆里等曰：'汝等不忘予憐撫之意，遠
來告變，且欲朝見，予嘉汝誠。然中國忌汝等往來於我，不敢
相接。然汝旣不忘我恩，予亦知汝之誠，不必面見，將見中朝
指意耳。茲爲遣人曉意，汝宜體悉。'仍設宴厚饋，量賜衣服、
貨物以遣。且古納哈禁火剌溫作賊，眞僞亦不可知。然其言如
此，不可不論功以結其心。今因豆里等量致賜物，諭旨又令諭
滿住、童倉等曰：'今毛憐之人作耗於我，汝等不可連結容接，
以貽後悔。'"上曰可。　　丙戌，平安道都觀察使曹孝門馳啟：
"野人伊澄哥等五人來言：'火剌溫、兀狄哈等，將於東八站邀
截朝鮮赴京回還使臣。'且言：'我等欲上京朝見，邊將不許。'
曰：'汝等往來，中朝忌之，不可上京，乞以此啟殿下。'"　命
召申叔舟、金從舜、韓繼禧、李克堪等，議待野人之策。傳
曰："今豆里、伊澄哥等來告聲息，不知虛實，而輒遺衣服、
貨物，則雖得一時之喜，後日告變者必援此爲例，希求厚賞，
末流難支。況贈衣服、鞍馬，本是中朝所忌，則贈送無乃不可
乎？古納哈親禁火剌溫作賊，亦未盡信，且不親來，遽贈衣
服，則示弱莫甚。但遣朝官，諭以'汝等往來，中朝所忌，不
可來朝。'仍設宴饋送，何如？"叔舟啟："上敎允當。然臣意以
爲野人多慾，賜物則感恩，不賜則含怨。自攻東北以來，建州
之人，皆疑待我如何。今若薄待，則恐生嫌隙。又古納哈禁火
剌溫作賊，雖未的知，我當佯信其言，以觀其勢。"上御慶會樓
東偏房，召謂叔舟等曰："卿言甚當。予意以爲衣服、鞍馬贈
給，中朝所忌，則贈之不可也。今若爲遣朝官，多贈衣服、貨
物，則後日援例者必多，國家待之一不如意，釁從此起。今遣
朝官設宴慰之，仍言：'深嘉汝等欲來之誠。然汝輩往來，中

朝所忌，故不許上來。'以此開說，無乃可乎？"叔舟對曰："上
敎甚善。"遂諭曹孝門、黃石生等曰："今悉所啟，火剌溫聲息
及古納哈禁賊，虛實未可知也。然彼既以告變而來，不可截然
拒之，且既攻東北，宜撫建州。今遣成均司藝金永濡，賷事目
諭之，仍設宴慰送。其事目：（一）宣諭豆里等曰：'汝等不忘
予憐撫之恩，遠來告變，且欲朝見，予嘉汝誠。然汝等往來於
我，本是中朝所忌，不可上來。觀中朝指意，許其來朝未晚
也。兹爲遣人曉意，汝宜體悉。'如此開說，設宴厚饋，又語之
曰：'汝等累次遠來輸情，滿住累遣子弟朝見，又數報變；童
倉親來朝見，曾在會同舘見我使人，云不忘聖恩，情語懇到；
古納哈累次親來輸欵，今又親禁火剌溫作賊，遣親弟、女壻報
變，予嘉誠意。非不欲厚賞，以答其誠，然以中朝所忌不果，
予甚恨之。非徒汝等，建州之人俱不與賊連結，予所憐撫。汝
宜體悉，曉諭同輩，永安生業。'（一）今因豆里諭滿住、童倉等
頭頭酋長曰：'火剌溫素無嫌隙於我，今欲作賊，必爲毛憐衛
之人所誘耳。汝等復安舊業，受予厚恩，宜思遠計，勿連結毛
憐衛，又勿容接逃散之人，以貽後悔。毛憐衛之人既背我恩，
屢犯我邊，我不得已，攻其巢穴。今毛憐衛人若以誠歸順，則
予當撫之如舊。不然，則予當極我兵勢。汝等知悉，勿與賊連
結，助我攻伐。'（一）豆里等若已還，事目傳付都節制使，待他
日更來，語以爲遣朝官之意，且依事目辭緣，開說饋送。（一）
饋餉後，邊將以自意，依前例贈物。若有不可不優給之勢，則
隨宜優給。"上命克堪、從舜、繼禧，賷事目及諭書草，分往姜
孟卿、權擥、韓明澮第議可否。擥、明澮皆曰允當，唯孟卿之
意稍異。上曰："明曉速遣金永濡。"又諭孝門曰："謝恩使宋處
寬等回還時，抄發義州旁近諸邑甲士五十名，整搠器械，義州
口傳軍官，及道內軍士中，擇有材略可將者，領率送至遼東。"

戊子，遣通事金自海賫咨往遼東。其咨曰："近體知得建州衞住諸種野人，累次奔敗逃竄，謀欲於東八站山路，潛往藏躲，等候本國朝貢往回使臣，闌截報復。目今適當進賀正朝及進鷹謝恩等項使臣回程日期，慮恐本賊乘機竊發，擬合移咨添撥軍兵護送相應。"承政院啟："今咨文内，有稱建州衞住野人闌截報復等語。臣等以爲，邇來建州衞人與我國無嫌，每來告變，今斥本衞人，往訴遼東，則彼聞之，必自懷疑貳。毛憐衞人聞之，必藉此爲辭，扇動建州，請改之。"上曰："幾誤大事！速改以啟。"乃改"建州衞住"爲"比前作耗"，"闌截報復"爲"邀截搶刧。" 乙未，咸吉道都體察使具致寬馳啟："會寧吾音會、高嶺等處住斡朶里等，每遇事變，入保城内，民虜雜處，恐或生弊，且將財產置之長城，無時可安，誠可矜憐。近有逃去者，必是未得安接而然也。斡朶里等力請作堡，臣謹已移牒會寧府，使設壁堡，且錄道内聞見事目以啟。"召申叔舟示之。御扎回諭致寬曰："旣任卿以閫外之事，卿何遠來取旨？後勿如此，并送事目：(一)爲斡朶里築堡事。先是，諭令待秋，今旣令築之，旋又止之，益生其疑，不若急速築之。(一)築堡，宜令斡朶里等主之，我人助之，似自爲者。(一)尼麻車有問斡朶里築堡者，宜答曰：'被兀良哈朝夕竊發，爲自守之計，我則助之耳。'"

丁酉，毛憐衞遣指揮歹山等，來朝貢馬及方物。賜宴，并彩幣等物有差。實錄。

辛丑，朝鮮實錄書：咸吉道都體察使具致寬馳啟曰："慶興住女直萬戶屢沙哈，慶源住指揮何伊歹、兀彌乃等，來言赴京回還時，要索口糧，到李滿住所居地面，火刺溫約三百餘名羣聚，謂滿住曰：'將寇朝鮮。'滿住曰：'汝等徑由我地作耗，我必受害。朝鮮惠恤我等，我當報變。況汝等兵少，必盡爲禽殺。'火剌溫等聞滿住言乃還。又以密書啟。臣觀形勢，今方冰解。三月望時，月明水淺，草木不密，可以行兵。農務方興，兀良哈登山者必下，彼疑再攻，聚兵備禦已久，銳氣必衰，若乘此時入攻，則殺獲多少。雖未可料，使彼奔潰，失業可期也。然彼請兵於尼麻車不見答，累犯邊城，一不得利，故兵聚之時，則或云欲向兀狄哈，或云移居遠處，或云會議歸順。犯邊之時，則或云欲報斡朶里私讎。觀各處燃火之事，非直欲來戰，不過畏本國入侵，多方爲備耳。間有伐引、阿赤郎貴之人，因人報告云：'賊魁固宜見侵，我輩無所犯而等被焚攻，生理甚難，將欲歸順。但去年秋，招諭效順之人而殄殲之，以此未敢耳。'臣據此臆計，雖各處事變不絕，不須深慮。但野人性本多疑，聞我兵欲再舉，方且譁然。今臣適至，益生疑慮。鍾城、會寧居人等，亦言前年宰相之來，多率軍士，終有攻伐，今年亦然，以此疑恐。臣密令措置，務要安定。當此時舉兵入攻，彼益忿怨。數年之間，鼠竊不息，姑停攻討，內整外綏，自當歸順。"命姜孟卿、申叔舟等議之。孟卿等啟："具致寬已知上指揮，自爲措置。然適當農作，且方草長，若令彼安心耕稼秣馬，則爲寇未已。當耀兵境土，似若入攻者，令彼不測，變在朝夕，廢農收牧，先自疲困，歸附益固。致寬所啟，數條未詳，宜更諭焉。"因草諭書以啟曰："今見卿密封，備悉賊勢。今莫若因其勢而撫之，卿計得矣。但賊自去年入攻之後，疑我再攻，逃竄登山，人馬俱困，此所以欲投順也，然報復之心未嘗忘也。今若假其投順，稍自安息，以畜其力，則必來見擾矣。四月之初，草長馬肥，此其時也。今令諸鎮陳兵出入，似若入攻者，使賊不得休息畜牧耕稼，則賊勢必困矣。困則其投順也必誠矣。善戰者不戰而屈人兵，卿宜料勢審機善處之。卿書所云，請兵尼麻車不見答之狀，各處燃火之事，未知其由。又伐引等處人所言賊魁，未知指何人也？卿前啟，賊將移南羅貴，今未知果然歟？并詳聞見以啟。”上覽之，問於承政院曰：“致寬已知吾意，不必別有指揮，宜勿下諭。”承政院啟：“其中廢農牧以疲其力，此正策之良者，然致寬固所裕爲。所上條内，雖或有未詳者，其大意已洞然矣，亦不必更問。”遂不下諭。

三月壬寅朔

己酉，朝鮮實錄書：兀良哈上護軍權豆等，來獻土物。

辛亥，海西益實等衛野人女直指揮色苦徹等，來朝貢海東青。賜宴，及彩幣、表裏等物。實錄。

壬子，朝鮮實錄書：平安道都觀察使曹孝門、都節制使黄石生等，奉書于承政院以啟曰：“李滿住遣人到滿浦，言曰：‘我子弟及管下人，受大國職賞，如聞變故，雖夜馳報，仍請米豆。’已許之。”命示申叔舟，仍御書曰：“建州人頻頻告變自售，得無深處兀狄哈畜力之勢耶？此益加隄備之時也。”叔舟啟：“上教允當。然臣意以爲頻頻告變，只著效力之誠耳。且今解冰，別無隄備之事。”

戊午，陞兀者衛指揮使兀里哈爲都指揮僉事，指揮同知海散爲指揮使。實錄。

五月庚子朔

丁巳，朝鮮實錄書：平安道都節制使黄石生馳啟：“野人李滿住管下巨右等四人，到滿浦言曰：‘兄火剌溫亡古與我言曰，加昌哈將欲起兵入寇。’又李滿住子伊澄巨等三人來言：‘咸吉道伐引住毛憐衛阿兒帖木等，以浪孛兒罕之事，不得寧居，移于萬車遷。’臣計火剌溫兀狄哈，與我國本無怨隙，若出來，則可隨宜厚待。毛憐衛人則逃竄至彼，必不出來。如或出來，則未知接待與否？”命示申叔舟。叔舟啟：“火剌溫則果如

石生之言，厚待可也。毛憐衞人則雖出來，不可待之也。"諭石
生曰："今見卿啟本，具悉。巨右等所告火剌溫來，則厚待以
送。如欲上京，則語之曰：'前例無有從此道上京者，汝從咸
吉道上京可也。'毛憐衞之人，則已背後門，潛移於彼，是逃叛
之人，雖來不可接待。當語之曰：'汝等本屬後門，今逃叛潛
移，是國家罪人，邊將不可擅便接待。汝宜速還本居歸順。不
然，將有後悔。'如是說送可也。"

九月戊戌朔

　　壬子，朝鮮實錄書：平安道都觀察使金礩、都節制使金繼
孫等馳啟："野人李豆里等來滿浦言：'童倉管下權赤，及吾乙
面住趙三波等，率軍士百餘名，擬欲殺害入朝朝鮮使臣，八月
三十日發兵。'此言雖不足信，備禦諸事，不可不預。已令沿江
口子，更加隄備待變。入朝使臣護送軍，增定騎兵三十名，甲
士充補幷二十名。"繼孫又馳啟："李滿住管下波脫木等三人來
滿浦言：'權赤、趙三波、浪巨具等，欲殺害入朝使臣。今九
月初一日，托以田獵，整齊軍馬向遼東，故持滿住書契而來。'
節制使趙繼宗問之曰：'權赤等本無嫌隙，何故作賊？'答曰：
'彼以浪孛兒罕族親，本居毛憐衞，今移居于童倉一里，已七
八年。以孛兒罕之故，自前年謀欲報復。'"謝恩使金有禮等馳
啟："賊人邀路劫打事，非特豆里之言，李滿住亦通書契，賊
變可慮。只以護送軍一百名，及觀察使加定五十名，難於對
敵，請義州等處下番甲士別侍衞，量加護送。義州火炮，年久
無用，請軍器監火炮，授藥匠送至遼東。"命議于左議政申叔
舟，回諭礩、繼孫曰："今見卿啟本具悉，趙三波等欲於東八
站路間邀截。此雖不可信，然不可不爲之備。卿審同封事目施
行：（一）參驗今送密符，加抄義州旁近諸邑精勇甲士一百五十
名，護送聖節使。（一）道內閑散武官及旅帥中，擇有武略可將

者，領加抄軍士護送。(一)李滿住使送告變者雖還，若後有來者，令滿浦節制使語之曰：'趙三波等作賊之謀，即馳啟，殿下嘉汝效誠。然三波等豈能不聽汝等指揮，而擅便作賊乎？汝等宜禁焉。'(一)義州所藏火砲，量給藥匠二人并送。"

癸丑，弗提等衛野人女直都督察安奴等，來朝貢馬及方物。賜宴，并金織襲衣、綵段、絹紗有差。實錄。

庚申，朝鮮實錄書：平安道戶籍敬差官愼後甲馳啟："臣以人口推刷到義州。本月十七日有賊變，牧使張孟昌、判官張孝孫領兵渡江。臣即飛報觀察使、節制使及沿江諸邑諸口子，令各固防禦；又移文隣近諸邑，急速救援。十八日，體探甲士朴巨萬來告曰：'本月十六日，以體探越江，宿造山平農幕。翼日平明，賊兵十騎，自昌山而下，向我等發射。我等亦射之，賊輩稍却。我獨脫身而來。賊兵遂虜甲士徐處恭等四人而去，殺掠人畜，焚燒農幕。'甲士韓玉石又告曰：'本月十六日，因體探越江，宿馬山北農幕。翼日，賊五騎自昌山馳出，向我等射之。我中箭，即拔賊箭逆射，賊退，乃得渡江而來。'"節制使金繼孫亦馳啟如右。　舍人鄭文炯將本府議啟："今聞賊犯義州，果如李滿住所告。今宜降諭滿浦節制使，轉諭滿住，使之刷還搶去人畜。又聞江原道淮陽惡虎多傷人物，宜令安邊府使禹貢，領軍捕捉。"即召議政府及六曹參判以上于賓廳，令議草諭書。諭滿浦節制使曰："前日馳啟李滿住遣劉哥等報賊變，即降諭觀察使節制使，事目內：今李滿住使送者雖還，若有後來者，語之曰：'趙三波等作賊之謀，遣人報告，殿下嘉汝效誠。然三波者，豈能不聽汝等指揮，而擅便作賊乎？汝等宜禁之。'此前日未知滿住虛實，故令語之如是。本月十七日，賊來犯義州，果如滿住所告。今若有來者，語之曰：'殿下命曰：滿住聞趙三波等作賊，即遣人來告，所告果驗，予甚嘉之。三波等所居，於汝相距不遠，汝滿住、古納哈等，宜速刷還搶去人畜，益見汝效誠。童倉與三波等，同里而居，可諭以予意，同力刷還。汝等宜同心盡力，以顯汝誠。'"時平安道觀察使金礩，據義州牧使張孟昌等呈啟："本月十七日，馬山守護軍士等，促角即領軍渡江，鳥暮亭平煙氣四發，賊虜自黔同島向威化島。即移文龍川、鐵山，使之救援。又移文于水上諸邑諸口子，使戒嚴待變。孟昌等領軍到黔同島，賊聞角聲退兵。適有西風，軍士未得一時畢涉，只率精兵二百過江，追及賊于進上灘相戰，奪被擄人口男女并五口，牛九頭，又奪賊馬二匹。賊二百餘人，過灘日沒，未得再戰。翼日，與龍川郡事兵合，至紅斤遷，追之不及，只得牛十三頭。初昏還渡江，甲士徐處恭等二名溺死西江，婦女四名逢刃而死，自餘搶去人畜，則令隨川郡事邊定，詳悉刷出。"并劾孟昌等不謹備禦，以致擄殺人畜之罪。上御交泰殿，引見議政府、六曹參判以上，諭礩及金繼孫曰："看詳同封傳寫所諭趙繼宗書。"

　　辛酉，陞忽魯愛衛指揮使兀革、蘇溫河衛指揮使八眞奴，俱爲都指揮僉事；朶林山衛指揮同知乞的格爲指揮使；弗提衛指揮僉事答出，爲指揮同知。　命故考郎兀衛指揮同知薛列河子斡果羅，弗提衛指揮僉事忽里罕赤子歹赤哈、刺不塔子答速哈，忽魯愛衛指揮僉事孛速子得塞，俱襲職。實錄。

十月丁卯朔

　　是日，朝鮮實錄書：禮曹判書洪允成、兵曹判書金師禹等辭。上命召領議政鄭昌孫、左議政申叔舟、左贊成黃守身、右贊成具致寬、左參贊李承孫、右參贊成奉祖，引見于慶會樓水閣。　命都承旨金從舜，議遣允成等可否。上曰："予深思熟計，今此舉恐太急，姑停之。先諭李滿住，令刷還賊虜所搶去人畜，又奏聞朝廷，請令刷還，後觀勢更議，何如？"僉曰允當。上曰：“金謙光嘗往來北方，知野人情狀。”遂命右副承旨金謙光傳語滿住，其齎去事目：（一）建州人有來者，承旨觀察使中親見語之；若無來者，難於久留，則令江界節制使安仁厚語之曰：‘殿下命曰：前日李滿住聞趙三波等將作賊，即遣人來告，今所告果驗。予待滿住、古納哈父子兄弟素厚，今乃效誠如是，予甚嘉之。三波等搶殺義州江外收穫男女幾至二百，頭畜亦幾二百。三波等不顧前日撫恤之恩，無故來犯我境，殺掠農民頭畜，至於此極，罪不容誅。予欲遣兵問罪，窮其巢穴，然滿住、童倉，播遷之餘，不得安業，且予素厚撫之，慮大兵一臨，玉石豈可一一區別，若又驚擾失業，非予撫綏之意。三波等距滿住所居不遠，與童倉同里。汝滿住、古納哈、童倉等，同力刷還我人畜，益效誠款；不爾，兵可得已，後悔無及。’（一）見建州人，接語之間，勿露形迹，因問今來作賊之人姓名及人數，所居道里遠近，部落形勢。（一）又問前年秋間，自會寧逃移童亡乃，與其子若沙伊兄弟，其婿馬秋音波等五六人，今居何處，亦與作賊否？（一）訪問諸鎮故老軍民，或因體探，或因赴征，往來建州，曾知部落形勢，山川道路險夷者。（一）檢點所經諸邑兵器。（一）存問義州被賊殺虜者家人。”賜謙光衣一領，及毛馬裝鞍籠、油籠等物。謙光即發程。

　　庚午，陞弗思木衛指揮使木答兀、嘔罕河衛指揮使奴塔，俱為都指揮僉事；希灘河衛指揮同知阿都、弗提衛指揮同知歹都住魯，俱為指揮使；古賁河衛指揮僉事幹的。為指揮同知。

　　命故蘇溫河衛指揮同知武令哈子阿失塔，乞塔河衛指揮僉事剳里哈子赤兀哥，可木河衛指揮僉事禿魯哈子牙禿哈、你里哈子阿哈住、牙剌吉子賽哈，朵林山衛指揮僉事脫脫不花子馬哈，俱襲職。　乙亥，命故兀者衛指揮僉事速的子你籠哈、額黑立子打出，滿涇衛指揮僉事兀稱哈子孛卓，俱襲職。　陞阿

古河衛指揮使馬哈你。爲都指揮僉事，乞塔河衛指揮同知苦赤
納爲指揮使，失里綿衛指揮僉事愛的、兀者衛指揮僉事乃塔、
哈兒分衛指揮僉事弗非路、忽魯愛衛指揮僉事哈答、伏里其
劄指揮僉事納亦答、牙魯衛指揮僉事劄魯，俱爲指揮同知。
實錄。

　　丙子，朝鮮實錄書：遣同知中樞院事梅佑如大明奏邊警。
奏曰："議政府狀啟，據平安道都節制使金繼孫呈該：'於天順
五年九月十七日，有建州衛住野人等，冒夜潛來義州江邊，殺
死收禾農民男婦共四十名口，攎掠大小男婦共一百三十八名
口，馬三十七匹、牛一百二十五頭，去訖。'得此狀啟，臣伏望
聖慈，憐閔小邦，特令建州衛頭目等，刷還前項搶去人口頭
畜，不勝幸甚。"下載隨奏本所獻禮物單，略之。己卯，平安道都
觀察使金礩、節制使金繼孫等馳啟："野人中樞李豆里到滿浦
言：'聞加昌介請兵於火剌溫，擬於十月入寇。父滿住聞趙三
波等，多攎義州人畜而來，將盡心刷還，上京肅拜。'果如此
言，則何以處之？"繼孫又啟："滿住前報事變果驗，加昌介前
年欲入寇，爲滿住等所沮，乃止。今聞趙三波等利於義州，勢
必入寇，請遣安州牧使張進忠于渭原、龜城郡事李淳叔于碧
團，領兵分防，臣及都鎮撫閔亨孫，分道檢察江邊諸邑諸口
子。二十里外居民，並令入保待變。且本道調習馬不合戰騎，
進獻補數馬，仍留看養調習。黃海道當番諸邑軍士，勿令番
上，送本道分防。"即諭礩、繼孫及右副承旨金謙光曰："今見
啟本，具悉事意。軍士赴防及調習馬等事，皆從卿請。隄備固
不可疎緩，亦不可騷擾，卿宜量處。豆里等若更來請上京，語
之曰：'汝前日來請，且報聲息，具由啟達。我殿下嘉汝效誠，
特賜汝衣服，皆中朝所忌，故不敢多給。汝等上京，中朝所
忌，勢難聽許。雖不親見，汝等誠意，予所洞見。還語汝父若

兄、童倉、甫下等，同力效誠，予豈不知。汝等效力，雖請上
京，不許上送，厚待慰送。'"諭咸吉道都體察使韓明澮曰："卿
軍官中有故未下去者，今皆停留以待。卿更請已曾下去者，若
賊效順，無所用之，而久留有弊，則在卿審度彼我形勢，量宜
上送。" 癸未，右副承旨金謙光馳啟："聞滿住等姦狡有餘，
雖與作賊，謀欲免罪，先使人刷還被擄人口若干，以示不干趙
三波之意，則何以對之？將語之曰：'汝等前日告變果驗，今
又刷來，其誠可嘉，其功不淺。予將汝等刷還事由，即日啟
達。但擄去人口幾至二百餘，汝宜速還，傳布殿下之敎于汝酋
長，盡刷人畜而來，殿下大加厚賞，豈但今日例賜而已。'以此
開說，比前優待遣還，何如？"命示議政府，僉曰書意允當。傳
曰："書意不出賣去事目，不須答之。"

戊子，命故哈兒分衛指揮僉事剳剌的子委剌、剌魯衛指揮
僉事瓦者兀子禿升哥、可木衛指揮僉事巴里兀子歹剳，俱襲
職。陞亦兒古里衛指揮使乜格襌爲都指揮僉事，忽魯愛衛指揮
僉事弗剌答哈出亦里哈、弗提衛指揮僉事苦亦，俱爲指揮同
知。實錄。

癸巳，朝鮮實錄書：右副承旨金謙光馳啟："聞李豆里率
管下三人到滿浦，留一日而還，臣未得親見開諭。然彼人必應
更來，臣欲留江界親見開諭後向義州，但今久留，慮雪深路
塞，邊報屢至，未可沿江而行。且滿住使人若刷被擄人口而
來，懇請上京，則如之何？"回諭："今啟事意已悉。滿住使人，
雖有刷被擄人口而來，欲上京親達者，考前日累降諭書事目，
權辭以對，不必從請。"

十一月丁酉朔

壬寅。朝鮮實錄書：右副承旨金謙光、平安道節制使金繼
孫馳啟："兀良哈其山老、沙車等到滿浦。臣等問委來事，答

曰：‘不記名火剌溫。來語趙三波等曰，加昌哈等千餘兵，欲
侵盜白頭山以西，李滿住管下阿下，適往於坡地，聞而告滿
住，滿住將送親子報變。適廣寧總兵遣裴百戶，奉聖旨將往趙
三波所居地，刷還被擄義州人畜往蒲州，滿住率其子及管下人
隨去，令我報變，故出來。’臣等依事目開說後，語之曰：‘前
日加昌哈屯兵麻車山邊將爲寇，汝滿住等禁之使不得犯邊。今
雖欲更來寇，安能經滿住所居而犯我境乎？’答曰：‘加昌哈等
若經大人所居，猶可止之而報變。若潛從遠地，則亦無如之何
矣。’臣等曰：‘火剌溫本與我國無釁，何故入寇乎？若來，則
滿住斷必知之。’答曰：‘火剌溫等以寇盜營生，何計其釁嫌有
無。但所聞如是，故使我來告耳。’臣等問曰：‘趙三波等爲寇，
在九月十七日，朝廷路遠，何由得聞，奏奉聖旨送裴百戶乎，
無乃廣寧總兵官馳書歟？’答曰：‘今月十八日，裴百戶與滿住
言曰：“義州被擄人畜刷還事，奉聖旨出來。”我親聞而來。然
未知聖旨與總兵官馳書也。’臣等問曰：‘滿住父子幾時還來乎？
且童倉與趙三波同里而居，必能共力，無難刷還。’答曰：‘滿
住昔居雍村，今所居距舊居一日程，與於坡地相距二日程，留
連與否未可知，若速還則不過五六日矣。童倉今居愁愁墟東，
距於坡三日程，與大人所居甚遠，未得尋常來會，時未共議。
倉若及聞，則必共力推刷。’臣等又問：‘去秋會寧居童亡乃，
率子壻五六人，逃移建州衛，無乃黨於趙三波等爲寇乎？’答
曰：‘聞亡乃來附童倉，必不與三波。且三波、巨具、權赤三
人，雖皆童倉麾下，亦各率麾下，總計百五十餘名。吾聞入寇
義州時，但率麾下百五十餘兵而已，他人無與焉。’臣等曰：
‘前此野人如或犯邊，遣大兵問罪，汝等素知也。今三波等不
顧聖上撫恤之恩，無故犯境，殺擄農民頭畜甚多，罪不容誅，
固當以大兵窮其巢穴。但慮滿住、童倉，播遷之餘，才得安

業，若以大兵臨之，童倉、滿住庵下，豈可一一區別，必有枉被殺傷者矣，殿下爲此不遣兵問罪。汝歸語滿住、童倉等，同力刷還，益效誠欵；不爾，後當有悔。'其山老謝曰：'大人已知此意，當刷還以報聖恩，況今裴百戶亦到，何難推刷。若三波等不肯，則滿住、童倉各率千餘兵，三波等三人僅各率五十餘兵，猶可以威脅也。當以上教歸告大人，盡情刷還。'臣等厚待其山老等，給物有差。今來衣服及青紅綿布，付江界節制使安仁厚，令竢豆里等來，依事目開說，分誠欵輕重給送。臣等發向義州。"上覽訖，即示致寬等。

　　朝鮮所謂童倉，即是董山。觀其敘述建州三衛內容，共處鴨綠江西岸，三衛無甚疆界可分，在董山、滿住等時代尙如是。奇零窮弱之夷，絕未有氣勢可言也。徒以托處遼東邊內，朝鮮不能薙除，遂幸存於兩大之間，則明之大有造於建州者也。

　　辛亥，命故兀者衛都指揮使莽剌子宋哈答，指揮使昂克子亦里答，俱襲職。實錄。

　　丁巳，朝鮮實錄書：平安道都觀察使金礩馳啟："本月十八日，野人七百餘兵來昌城鎮。臣即分送發兵符，以中和郡事金革、价川郡事尹復興、熙川郡事張瑞，德川郡事禹元老等，急抄境內及旁近諸邑驍勇騎兵，踰狄踰嶺，到江界鎮，分守楸坡、滿浦、上土等處。以寧邊判官禹孝新、定州牧使柳均、慈山郡事朴子英、順川郡事李惕若、三和縣令朴坦、龍江縣令李承衍等，領兵踰牛場嶺，會兵理山郡，分守渭源、阿耳、碧童、碧團等處。以永柔縣令權宗孫、肅川府使金日容、郭山郡事閔孝幹等，各領境內及旁近諸邑騎兵，與臣等會，直抵昌城鎮。但彼賊圍城，于今三日，及臣之到，應已解圍，當即窮追。然今雨雪，恐賊易尋我軍蹤迹，不得孤軍深入。欲與都節制使同議，觀勢追捕。"

庚申，命故塔兒河衛指揮僉事阿路禿子塞兀得、撒力衛指揮僉事撒罕闍子都剌哈，俱襲職。陞者帖列山衛指揮僉事桑果奴、兀者右衛指揮僉事禿魯坤、嘔罕河衛指揮僉事不冷哥，俱爲指揮同知。　辛酉，亦兒古里等衛野人女直指揮必里你等，來朝貢馬。賜宴，并賜綵幣等物。實錄。

十二月丁卯朔

己巳，陞失里綿衛指揮僉事得失苦爲指揮同知。實錄。

壬申，朝鮮國王李琛奏："建州衛野人。乘夜至義州江，殺並江收禾民，及掠男婦牛馬，乞令還所掠。"事下兵部議，以爲"朝鮮先嘗誘殺毛憐衛都督郎卜兒哈，朝廷因其讎殺不已，降敕遣官諭令釋怨，繼又誘致都指揮厄克，因縱兵掠其家屬，意者野人此舉欲復前讎。宜語朝鮮使臣，還語其主，寇盜之來，皆其自取。自今其務安分守法，毋自作弗靖，庶使邊夷釋怨。"從之。實錄。

　李琛所奏，在朝鮮實錄，書於十月丙子。而其決定暫不用兵，先行奏請朝廷，刷還所擄，則在十月朔日丁卯。朝鮮以建州在明邊內，有所顧忌，不輕用武。而斯時之作耗主名，權赤、趙三波等，明係董山管下之酋，朝鮮已遣洪允成等圖之，而又縮手，不似對毛憐衛夷之勇決。建州之受庇於明如此。後來清世諱言，大遠於事實矣。

辛巳，朝鮮實錄書：平安道都節制使魚得海啟："今十二月十三日，兀良哈都督李古納哈子副萬戶甫當可，到滿浦言，

隨父赴京，離家五日程，宿于車善遷。妹夫火剌溫兀狄哈高
甫，亦因赴京到此，與父言曰：'加昌哈見我云，前者聞李權
赤、浪巨具、趙三波、甫阿土等，多擄朝鮮人畜，與嚴應加歹
等，領軍入寇不得志，將請韃靼，十二日内復寇平安道。'父
曰：'我等居朝鮮近境，厚蒙恩德。若聞聲息不告，必有後
悔。'即令吾等報變，故出來。臣等移牒江邊諸鎮堡，使嚴隄
備。"命示議政府。　壬午，平安道都觀察使金礩啟："今十二
月初六日，李滿住管下厚羅住都萬戶其山右、蒲州住萬戶者邑
波、司直都道等，到滿浦言：'我等聞麟加歹、加昌哈、李權
赤等，十一月間，選銳卒三百，入寇朝鮮，多虜人畜而還。童
倉管下馬愁，口語李豆里，豆里令我等告變，故出來。'"諭咸
平道都節制使康純曰："近日野人來朝者，其從人比前稍繁，
卿宜斟酌約其從者以送。"

　甲申，命故兀者左衛指揮同知亦籠哥子安出哈；塔山衛指
揮同知札令加子蒙古能，指揮僉事失剌子塔失哈；亦里察河衛
指揮僉事咬納孫子出山；兀列河衛指揮僉事忽失木子得住克，
俱襲職。陞弗提衛指揮僉事常不、兀列河衛指揮僉事打必納，
俱爲指揮同知。　己丑，陞薛列河衛指揮同知哈塔爲指揮使，
阿剌山衛指揮僉事忽魯忽納爲指揮同知。　癸巳，陞朶兒必河
衛指揮僉事額昇哈、建州衛指揮僉事高安赤，俱爲指揮同知。
實錄。

天順六年，即朝鮮世祖八年，壬午(1462)

正月丙申朔。

　丁未，朝鮮實錄書：咸吉道都節制使康純，據鍾城節制使
呈，馳啟："愁州住兀良哈也尙哈來言：'蒲州住女眞伊速哈毛
里哈等，言年前十二月，蒲州住斡朶里三百餘名，請火剌溫兀
狄哈五十餘名，入寇平安道，各虜人畜而來，曰平安道軍士不

實，防禦疎虞，將更請火刺溫兵，二月間入寇。又諸處兀良哈等共議曰，今正月望時，來二月初，當於吉州甲山等處，乘虛入寇。'臣即移牒平安道，且令甲山、惠山、三水等處，更嚴隄備，差送軍官李仲潔檢察。" 諭平安道都觀察使金礩、都節制使魚得海曰："同封傳寫咸吉道都節制使康純啟本事情，審之。益加隄備，應機破之，上也。輕敵蹉跌，下也。慎勿爲賊所乘，持重養銳。"

壬子，陞木答里山衛指揮使把卜沙爲都指揮僉事，朶林山衛指揮僉事扯養加爲指揮同知。實錄。

癸丑，朝鮮實錄書：咸吉道都觀察使康孝文、都節制使康純，據鍾城節制使金嶠呈馳啟："愁州住兀良哈都萬戶柳於麟哈來言：'吾聞於常家下住甫羅大、不記名火刺溫兀狄哈五名，於本月初三日，到阿赤郎貴住宣頭家，言曰，同類火刺溫都督伐兒哥、伊應加多、哈下甫堂哈等，各率管下一千名，蒲州住斡朶里童倉、李滿住子等，各率管下五百名，約曰：平安道兵弱，防禦疎虞，再度入寇，不一枝梧，當於解兵前往攻，搶擄人畜。'"

丙辰，建州等衛野人女直都督古納哈等，來朝貢馬及貂鼠等物。賜宴，及綵幣、表裏等物。實錄。

　　　　古納哈代滿住職以後，已逕稱都督，朝貢不復用滿住之名，然滿住仍時時預事，卒被戮於成化之初。

是日，木蘭河衛野人女直指揮散赤哈等，來朝貢海青。賜宴，及綵幣、表裏等物。 戊午，命故兀者衛都指揮同知刺塔子阿都哈，指揮使保禿子阿的納；朶兒必河衛指揮同知完者不花子方家奴、沙魯子巴哈刺苦，指揮僉事阿兒哥子忒忽得、河卜蘭子答古，俱襲職。指揮使吉當加子苦塞奴，代職。建州衞指揮使沙班、忽石門衞指揮使兀籠哈、友帖衞指揮同知額塞哥、薛列河衞指揮同知炒哈、愛河等衞指揮僉事朶羅等八人，俱陞一級。實錄。

辛酉，朝鮮實錄書：都體察使韓明澮從事官李克均馳啟：“自本年十月、十一月之間，諸部酋長，聽臣節度，繼踵來見，刷還人畜者絡繹不絕，牛馬共三十六頭匹、小男一名。十二月以後，諸酋皆不來，刷還者亦斷絕。臣探問情由，會寧城底住斡朶里僉知浪金世來言：‘蒲州住浪孚兒罕弟者右、三波姪阿兒豆、凡察子甫可豆等，送木契于毛憐衞諸酋，浪婁時哈金多弄哈、汝羅豆等處，且言曰：“本衞人欲報怨朝鮮，若入平安道，人畜可大得，汝等慎勿效順，同心作賊。”故如此隔絕。’又愁州住兀良哈也尙哈來鍾城言：‘蒲州住汝夫伊所介、毛里可等到家言曰：“十一月，蒲州斡朶里等三百餘名，請率火剌溫兀狄哈五十餘名，入寇平安道，各擄人畜而來。曰平安道兵弱，防禦疎虞，請火剌溫兵來，二月間更往作賊。且本衞諸處兀良哈等，擬於正二月間，吉州、甲山等處乘虛入寇。”’以此觀之，賊情可見。”壬戌，遣僉知中樞院事趙得，仍如大明奏邊警。奏曰：“議政府狀啟，據平安道都節制使金繼孫呈備，本道昌城鎮兵馬節制使宋嚴卿呈該：‘天順五年十一月十八日，建州衞住野人數百餘騎，潛來本鎮江邊作賊，殺死一十一名，搶去一十名、馬一十三匹、牛三十三頭去訖，呈乞照詳。得此具啟。’臣據此參詳：所有野人等，前於天順五年九月日，前來義州江邊，殺虜農民、頭畜，爲此差陪臣梅佑具由奏達。今又似前作賊，兀頑莫甚。伏望聖慈，今次搶去人畜，并令刷還，不勝幸甚。”癸亥，義禁府啟：“平安道都節制使金繼孫、義州牧使張孟昌、判官張孝孫等，非徒不能接戰，全不追賊。賊人搶去人畜，及賊人鞍馬奪來事，皆不閱實，虛揑啟聞。罪應奏不奏條云：'若有窺避增減緊關情節，矇瞱奏准施行，已後因事發露，雖經年遠，鞫問明白，斬。'預知彼賊入寇水下之報，義州則非他江邊之例，農民多越江布野，只令移牒，以主將托不緊取才，退在平壤等處，不一親到布置，人畜多被殺擄。罪主將不固守條云：'凡守邊將帥守備不設，爲賊所掩襲而失陷城寨者，斬。'於奉教推鞫時，咸吉道則十二度殺擄人畜，不曾請劾都節制使，今者只命鞫張孟昌，而再度啟請，連累於吾，項鎖推鞫，含怨高聲揚說，罪比棄毀制書印信條云：'凡棄毀制書者，斬。'名例云：'二罪以上俱發，以重者論罪，各等者從一科斷。'金繼孫從一斬待時。"從之，命不待時。

二月丙寅朔

壬申，命毛憐衛故指揮同知南失子乃看襲職。陞建州等衛指揮同知童撒歹爲指揮使，指揮僉事克苦苦、咬納孫、昌答，俱爲指揮同知。　乙亥，命故兀者左衛指揮同知禿失帖木子惱沙，指揮僉事滿哥子魯禿；肥河衛指揮僉事木荅塔子歲侖革，襲職。陞木蘭河衛指揮同知撒赤哈、右城衛指揮同知苦出不花、肥河衛指揮同知亦里哈，俱爲指揮使；建州左衛指揮僉事阿哈，爲指揮同知。實錄。

丙子，朝鮮實錄書：奏聞使梅佑遣通事賷事目先來以啟曰："本月二十五日，到永平府灤河驛，序班王忠護送海西達子敕督魯、溫大加哈、昌安奴等，回還此驛。臣等問其聲息，忠答曰：'護送達子至開原，其管下達子千餘人來迎，相謂曰："往者建州都督指揮趙三波等搶擄朝鮮人畜，彼人等猶且如此，我等何不往寇？"今方整齊軍馬，待雪消草生往寇。'聽此，須將此意往啟殿下，以固邊備。"　戊寅，咸吉道都觀察使康孝文，據判會寧府事宣炯呈馳啟："東良住知中樞院事金波乙大來告：

‘去冬蒲州人等，與火剌溫連兵，往寇平安道，所擄頭匹不可勝數，人口擄來者亦多，人各執二三名而去。火剌溫毛歹哈。首議聚兵，解冰前欲與蒲州人作賊。毛憐衛汝羅豆等，送木契併力爲寇。且伐引毛里安蒙古家舍朴加、別羅等處人，皆議待草長作賊。’又據鍾城節制使金嶠呈：“愁州住兀良哈速沙阿充可等來告：‘吾聞於火剌溫兀狄哈光應，自言蒲州住斡朵里甫羅大，遣人於兀狄哈都督里應可大曰：“前者入寇平安道，無城子處，防禦疎虞。若以汝等兵來，則吾當同力作賊。”里應可大曰：“當率管下軍士二百名，以正月晦時作賊。”’愁州住兀良哈羅邑他，率居唐人、蒙古來告曰：‘吾治安住兀良哈未弄哈，率居唐人舍吾間到吾家，言曰：“阿赤郎耳、吾治安等處，前日攻伐時，被殺者之族親來言曰：伐州住斡朵里等，違逆朝鮮，再度作賊，吾等亦將報復，適值凶歉，人畜飢困，難爲報復，然分運屯聚，乘虛入賊事，議之。”’阿赤郎耳住兀良哈司直吾同古來告曰：‘火剌溫兀狄哈仇郎同哈來言曰：“同類兀狄哈等議曰，同類人及伐引住斡朵里三千餘兵，前往平安道，防禦疎虞，作賊則將盡擄人畜而來。”’”都節制使康純亦以是馳啓。即諭平安咸吉江原黃海道都體察使韓明澮曰：“同封傳寫咸吉道觀察使康孝文啓本，及奏聞使梅佑先來事目，看詳。”又以梅佑事目，馳諭咸吉道都觀察使及都節制使。

庚寅，海西兀者衛野人女直指揮禿魯出等，來朝貢馬駝、海青、兔鶻、土豹等物。賜宴，并綵幣、表裏等物有差。實錄。
三月丙申朔

己亥，命成討溫衛指揮使婁得爲都指揮僉事；弗朵禿河衛指揮僉事阿隴哥、阿資河衛指揮僉事都兒禿爲指揮同知。兀者衛指揮同知亦馬納子惱答襲職。實錄。

戊申，朝鮮實錄書：兀良哈上護軍權豆等，來獻土物。

癸丑，咸吉道都觀察使康孝文，據鍾城節制使申興智呈馳啟：
“阿赤郎耳住兀良哈吾同古，到鍾城告曰：‘女眞毛尼可到吾家
言曰：吾等及同里住火剌溫兀狄哈都督尼應可大、汝羅豆等，
率兵五十，將入寇平安道。去六月到李滿住家議之。滿住曰：
江水解冰，且前年秋入寇，以此平安人皆入保城內，勢難攻
城。又汝等馬瘦，待草長農民布野，入寇爲可。遂還養馬練
兵。’” 乙卯，以兀良哈無乙界住上護軍權豆爲本處都萬戶，
指揮亏豆茂爲本處副萬戶，訓春住指揮兀良哈也叱大爲本處副
萬戶。

　　　兀良哈上護軍權豆，屢見入貢朝鮮，此皆建州女眞之
　　留住朝鮮東北豆滿江流域者。以其於清室較遠，後凡朝鮮
　　實錄中所書東北女直，不能盡載，取其足明清之先系者
　　而已。

　　是日，敕諭弗提等衛都督察安奴等曰：“今遣都指揮僉事
馬鑑等，賫敕并貨物，往爾處公幹，宜省諭奴兒干、吉列迷、
黑龍江各處人民，照舊買賣。有以海青等物進貢者，聽馬鑑等
就彼給賞；其買賣者，任從兩平交易，不許爭競紛擾。事完，
爾等護送回還，毋致疏虞，庶見爾等敬順朝廷之意。”實錄。
四月丙寅朔
　　丁丑，朝鮮實錄書：咸吉道都觀察使康孝文，據鍾城節制
使申興智呈馳啟：“愁州住兀良哈中樞柳於麟哈來告曰：‘伊應
巨住兀良哈都哈，因興販往火剌溫地，還來語我曰，火剌溫兀
狄哈都督另可歹、甫堂介、汝羅豆介下等言曰，我等曾與李滿
住、充尙等，連兵入寇平安道，還時更議四五月間草長馬肥，
則復寇甲山及平安道，滿住已整兵五百，我等亦聚一千餘兵，

當如約入寇。'又愁州住兀良哈司正也叱歹來告曰：'弟伐陽巨來言，阿赤郎耳尙家下，東良北無乙界、斜地等處，住人四十餘名，挈家徙居伐州，其仍居者議曰：伐州住斡朶里浪巨具使人傳箭曰，竢草長馬肥，入寇甲山，故將如約發兵，姑與四五人乘虛入朝鮮，殺虜人畜。'"又據會寧節制使宣炯呈啟："斜地住兀良哈甫兒介來告曰：'我往東良、阿州等處，聞之檢天住羅邑乃、陽所應可等，則本年二月，東良住兀良哈也叱歹、於弄巨、巨餘老等，伐引住加乙巨、乃車吾羅、乃也可等，則三月；要苔也吾乃、阿古歹加斤乃等，則辛巳九月；河州住私家老、仇哈豆、金舍老、伐巨汝等，則本年十月，並徙居蒲州地。亐豆住時浪巨、毛多吾、蒙古住舍地等，則三月，亦徙居火剌溫地。且吾子路遇阿赤郎耳住兀良哈老也，問火剌溫聲息。老也答曰，我嘗往火剌溫甫堂可家，聞火剌溫等議曰，草長馬肥，則入寇平安道。'"即諭都體察使韓明澮曰："同封傳寫咸吉道觀察使康孝文啟本，審之，申嚴隄備。"

六月甲子朔

　　壬辰，錦衣衛帶俸都指揮僉事馬鑑、忠義前衛帶俸副千戶楊貴等奏："臣等奉命往女直地方買賣，至開原候夷人接護，過期不來。至本月初四日，始有山場女直都督你哈答，領四百餘人，帶明甲弓箭到邊，詐言迎接，不依例脫卸盔甲弓箭，因參將曹廣詰問奔散。至晚入境，掠去男婦六人。次日，廣領軍追至賊寨，擒寨首三十人。至十四日，有成討溫衛一寨女直都督婁得，領五十六人來迎，稱說黑龍江野人，與都督阿哈讎殺，阿哈又與婁得有讎。臣等切詳夷情虛詐，難以憑信，前往恐被誆騙。"上令該部覈實以聞。實錄。

七月甲午朔

　　乙卯，命故遼東鐵嶺衛帶俸奴兒干都司都指揮同知康寧子顯，襲都指揮同知，食指揮僉事俸。實錄。

八月癸亥朔

　　壬午，朝鮮實錄書：謝恩使金係熙、姜希顔，先遣通事張有誠啓聞見事目："（一）五月二十九日，還到寧遠衛，指揮盛光云：'達賊與建州、毛憐等衛野人連結，今在沙河北長墻外三十里之地。汝國向者殺野人有幾？'答曰：'不知。'盛光曰：'野人等汝國之讎，朝廷與汝國合兵攻之，則可以殄殲無遺。'（一）七月二十九，宿于曹家莊驛，廣寧差人管押被擄達子回來漢女四人，及本朝解送楊里夫、金長命等詣北京。楊里夫云：'向虜我者，與趙三波一族，故三波知我。三波到廣寧見我，問曰：'汝自朝鮮後門，到鴨綠江而來。鴨綠江淺深幾許，騎馬可渡乎？江邊農莊，有無防禦，緊緩何如？'答云：'農莊無有，防禦甚緊。鴨綠江水深，不可徒涉。'又問何人帶汝來？答云：'隨使臣入來。'又問使臣多少幾何？答云：'三十餘人。'（一）八月初三日，宿于十三山驛，序班王忠自遼東向北京。臣問聲息，答曰：'我到廣寧，總兵官謂我曰："野人趙三波來此，我語之云，汝建州人於朝鮮無讎怨，何故搶擄人馬乎？"三波曰："朝鮮所殺浪孛兒罕，乃我叔伯，故欲復讎耳。"'（一）初四日，宿于廣寧。王璜曰：'野人趙三波、童關赤等五人，來告總兵官曰："建州人等田獵到開原衛，不分情偽搶殺之。"總兵官謂三波曰："汝等若田獵，則何以帶兵甲入長墻底乎？汝嘗搶擄朝鮮人馬，又犯上國。汝若如此，我與朝鮮及遼東合攻，則汝類無遺矣。"'璜仍曰：'達子聲息寧定，則及冬將請朝鮮兵，合攻建州衛矣。'（一）遼東聞東八站有野人聲息，加護送軍二十五名。（一）遼東護送百戶高輔曰：'野人等皆着明甲，到乾者介，搶掠頭畜財物，問於人曰：朝鮮使臣回來何時？野人等今在山太豆，欲邀截搶劫，奪其輜重。'"即以事目論都體

察使韓明澮、咸吉道觀察使康孝文、都節制使康純、平安道觀
察使金礩、都節制使金師禹。

十一月壬辰朔

己酉，陞考郎兀衛都督僉事哥哈爲都督同知。實錄。

十二月辛酉朔

是日，朝鮮實錄書：正朝使柳守剛等，先送事目于承政院
以啟：“有建州右等衛女直都指揮指揮卜花禿等，各自分投海
西毛憐等衛，勾引都督寧哈答等，起五百人馬。毛憐等衛女直
都指揮尚冬加等人馬五百，卜花禿、趙乃剌等五百人等，共千
五百人馬，會同十二月十八日都到東北幹阿地面取齊，二十四
日從婆豬江進去，搶朝鮮國人馬牛畜，大殺一場。出來到遼陽
撫順所東北草河口入口，到遼陽界上，搶遼東人馬牛畜，就去
朝鮮國愛州江上，搶截人馬，回還分用。”諭都體察使韓明澮、
咸吉道都觀察使康孝文曰：“同封傳寫正朝使先送事目，
看審。”

癸亥，陞哈兒蠻衛指揮僉事虜脫爲指揮同知。實錄。

丁亥，朝鮮實錄書：都體察使韓明澮，據滿浦鎭節制使趙
繼宗呈馳報：“兀良哈古納哈，將父滿住書來告曰：‘我等特蒙
上恩，誠心效力。前者趙三波、李權赤、浪巨具、童甫阿土再
犯邊，父令弟豆里馳報，禁制管下人，使不得黨惡。若大國發
兵致討，則請啟殿下，勿迎擊我等，更加憐恤。’臣以曾降諭書
事意，反覆曉諭。古納哈叩頭曰：‘大人之言然矣。我等曾欲
刷還，然三波等非我管下，不從吾言。更與童倉盡心刷還。’滿
住書則無解野人文字者，監封上送，命通事譯之。”其書契曰：
“永樂二十年，太宗皇帝諭父於許乙主曰：‘達達侵擾，汝是皇
親，若被擄則名譽不美，汝可移居蒲州地，朕當諭朝鮮國王。
永樂二十二年移住。宣德七年，火剌溫兀狄哈毛都古入寇大

國。宣德八年四月十九日，大國發兵七道入攻，盡殺父子兄弟
妻子，擄六十四口，後乃遣還。滿住猶不敢報，移居開元、遼
東近地。達達之兵侵中國，又侵我等，我還蒲州江。天順五
年，趙三波奏于皇帝曰：'叔父浪孛兒罕，無罪被殺于朝鮮，
要欲報復。'帝爲止之。"又曰："今上撫恤小人之子，特授高職，
賜之鞍馬，報恩無路，祇欲直心效力。"即面諭明澮曰："古納
哈等若又來，語之曰：'汝雖陳情，亦無利害。憐汝小汝，故
置之；怒汝憎汝，則征之，在我所爲，無干於汝。且汝陳情何
晚耶？孛兒罕今朝死乎，征與不征在我，生與死也在汝，如或
久迷，必有速寤矣。'古納哈、豆里等頻頻告變，向國有效，須
厚待異於他。"

　　此滿住書，可明建州當時情狀。其云父於虛乙主，太
宗稱之曰"皇親"，自是阿哈出之異譯，前作於虛出，與此
同也。阿哈出女爲明帝第三后，前亦已言之。惟阿哈出乃
滿住之祖，此云其父，必是字誤。阿哈出與清肇祖均稱
"皇親"，建州之受明恩寵，絕非他女眞部族之比，蓋其得
官亦裙帶親也。其後受卵翼於邊內，密邇遼藩，駸駸强
大，遂以代明，豈當時玩弄夷女、暱近夷酋，所能料及
者哉！

天順七年，即朝鮮世祖九年，癸未(1463)

正月辛卯朔

　　癸巳，朝鮮實錄書：咸吉道都節制使康純馳啟："愁州住
中樞院使柳要時老來言，幹朵里甫下土，擬於解冰前，率軍馬
復往平安道爲寇。"諭都體察使韓明澮曰："古納哈輩如有來者，
語之如前諭，且語之曰：'今雖曰甫下土、趙三波等所爲，我

國家豈不知情狀哉？汝等與童倉，俱受我殿下厚恩，當思報效。要令無事，汝等之善計也，不可久迷致悔。我國非憚於用兵，但敬朝廷耳。汝等更深思圖之。'卿更加精練休養，以待事機。同封傳寫咸吉道啟本，并審。"又曰："或言李滿住等既屢報變有驗，而遽以此諭書語之，則恐生怨叛之心。卿并知此論，斟酌變通。"

甫下土即不花禿，乃右衛凡察子。是時女真與朝鮮轇轕不解者，惟建州三衛。滿住父子則報變見好，左、右衛則弄兵作惡，玩朝鮮於股掌，又明以"皇親"等語懾朝鮮，狡矣。總之，恃託庇明邊耳。

壬寅，失里木衛女真都指揮木刀兀等，來朝貢馬駝及方物。賜鈔幣等物有差。實錄。

乙卯，朝鮮實錄書：咸吉道都節制使康純馳啟："蒲州住甫下土、童倉等，使人於火剌溫尼加大，約以解冰前入寇平安道。又蒲州野人等，欲寇甲山、江界間。臣計今冰合，恐或入寇，帶領洪原以北諸邑軍士待變。"命書啟本，送于都體察使韓明澮。

二月庚申朔

是日，朝鮮實錄書：都體察使韓明澮，遣成川府使吳伯昌啟："義州牧使許亨孫、判官吳湘等，正月二十二日，令軍士十八人，獵于江外。二十三日，忽遇彼賊，殺九人、虜八人而去，一人生還。二十四日，亨孫等領軍追賊至松峀，奪被虜人四名。以邊將當邊警最緊之時，遣人田獵，以致被虜，至為不當。湘則已囚，亨孫請上裁。"上引見伯昌問之，仍手草諭書，諭明澮曰："久不見卿，今又添慮，遠以相慰。此事許亨孫等與賊耳，可堅囚窮推以啟。予固知庸輩未足任事，而未嘗有大舉之志者也。卿今方勵敵愾之志，奮貫日之誠，旌麾所指，何堅不碎，舉國烈士，孰不扼腕。此毛憐、建州自滅之時，兵法所謂殺敵者怒之勢也。然不可輕舉者有三：中國方右野人，欲抑强而遽攻之，則中國益忌，一也。國家方急於軍籍徙民，未能整兵，而興忿毒之師，豈大體久遠之策，二也。賢才俊傑，何地無出，而舊老新隱，運蓋未至，育才方急，用兵非晚，三也。卿知此意，忍其辱而待其時耳。楊汀亦親授方略下去，卿等隨宜施行。兵不可遙度，予言止此。”亨孫多大言寡實，每當上論兵之時，先人率對，偶中上旨，得受義州牧使。至是賊搶擄而去，亨孫計窮，率麾下兵三百餘人逐之，遇賊九騎於山間。賊見衆寡不敵，相呼曰：“今日吾輩盡斃矣。”策馬不已。有一辮髮小賊，旋騎而立，亨孫士卒鳥散無餘。賊擁至，亨孫及麾下一人，橫馳冰坂，馬磧而仆。賊引滿垂發，亨孫眴目不動，麾下一人臥地仰射，其賊應弦而倒。麾下扶亨孫上馬，且射且退。被擄者登山，望見亨孫用兵甚劣，搥胸大哭。名不在兵籍被擄而去者，不知其數。

乙丑，陞建州等衛指揮同知出那、木答兀、不顏禿，俱爲指揮使；指揮僉事阿哈出等六人，爲指揮同知；正千戶佛羊古等五人，爲指揮僉事。命故指揮同知李阿卜子歹察襲職。　己巳，海西考郎兀衛都督哥哈等，來朝貢馬駝方物。賜宴，及綵幣、表裏、襲衣等物有差。實錄。

甲申，朝鮮實錄書：咸吉道都節制使康純馳啟：“火剌溫兀狄哈伊麟哈來言：三衛達子三千餘名，來屯近境，聲言北方達子來侵，故來屯耳。臣謹牒諸鎮，使之戒嚴應變。若彼出來，何以應之？”乙酉，御札諭都體察使韓明澮、咸吉道都體察使康純、都觀察使康孝文曰：“今來達子聲息，未知虛實，

然事勢無窮，宜益整兵以待幾勢，不可輕戰，更生一敵，此用
奇之時也。同封事目詳察，隨宜施行。（一）達子或因窮縮，或
因誘請。窮則乞糧，誘則必寇。乞糧不敷，其竟必怒。我當備
兵爲戰，却入寇之計。來則語之以'本無釁隙，何故爲人所誘，
輕來犯邊？我非不知與交戰。殿下常飭勿與無嫌者戰，故語其
事由。'若猶未已，則戰耳。如是持久，使求戰不得，欲歸無所
之間。野人亦不得久接支待，然則達子、野人，生嫌相讎，此
以蠻夷攻蠻夷之策也。（一）達子實以窮來，屯於近境，遣使告
飢。答曰：'我與汝絕遠，素不相聞，且今汝之來，未審情
僞。'因反覆詰問，以求其情。達子實飢窘，必欲得糧而還，則
不少濟急，是促之爲賊也，此不可不濟急者也。一開其端，求
索無厭，不能盡塞其欲，則終於致釁耳。此不可開端者也，宜
斟酌輕重審處之。（一）雖有不得已給糧之勢，若人人來求，則
不可盡從。有不盡則終歸致怨，須審其酋長中之酋長所使可
也，今計多不過十名。然不可遙度，因勢審終，量宜給之，諭
以中朝所忌，不可多給。一多給則難繼，且中朝聞之則怒矣。
如不得已，則在卿隨宜施行，不必盡從事目。"

　　三衛達子，乃明史之兀良哈三衛，即大寧三衛，非女
眞也。此由兀狄哈女眞來告朝鮮，以三衛達子被侵於北方
蒙古達子，來屯女眞之地，漸近朝鮮，故朝鮮爲備如此。

　　是日，陞建州左等衛指揮同知卓花爲指揮使，指揮僉事火
羅吉里迷爲指揮同知，正千戶阿剌塔扣你赤爲指揮僉事。實錄。
　　甲午，朝鮮實錄書：先是，建州衛李滿住子古納哈，使人
於滿浦節制使洪貴海言曰，欲謁都節制使楊汀。汀馳啟，上命
領議政申叔舟，草諭古納哈事目："（一）前日童於登哈來言，

汝將來見我，馳啟我殿下。殿下命語汝曰：'近來江邊賊變，汝兄弟一一來告，審知汝等誠欵，能不背我昔日厚接之恩矣，欲令朝見，然中朝所忌也。今特賜汝青紅綿布各五匹。汝知是意，益修誠欵，固知賊穴不遠，分軍數道，電擊掃盡，易如反掌。然鼠竊狗偷，不足介意，且憐汝等驚動不爲耳，因厚饋以送。'（一）宴時，詳問童倉、趙三波、普花豆、權赤等。近來作賊者根脚，與所居道路遠近夷險，人馬多少。慎勿露形迹。（一）問火剌溫海西野人等動靜。"命世子弼善吳凝，賷事目往平安道。

三月庚寅朔

丙申，陞兀者衛指揮使兀里哈爲都指揮僉事，建州左衛正千戶阿籠哈爲指揮僉事。　甲辰，弗提衛野人女直都督察安奴，遣指揮塞哥等，來朝貢馬、海青。賜以綵幣。實錄。

四月庚申朔

乙丑，命弗提衛都督同知察安奴。爲右都督，指揮僉事牙速、可撒，俱爲指揮同知。　辛未，建州右衛都指揮佟火你赤等，貢馬及方物。賜宴，并綵幣等物有差。　甲戌，弗提衛年老指揮僉事阿哈塔子亦失哈、福勝哈子拙赤納，俱代職。實錄。

五月己丑朔

癸丑，先是，遼東總兵官成山伯王琮等奏，海西女直屢犯開原等邊，上命守開原左參將曹廣剿之。既而廣奏，同海西公幹都指揮馬鑑，領兵追擊，攻破清河寨，斬首四十，餘皆遁去。至是，海西嘔罕河等衛頭目都督你哈答，遣都指揮李土蠻，詣闕言廣等誤殺清河寨歸順夷人。上謂兵部尚書馬昂等曰："向命廣但剿犯邊者，豈意妄殺如此？論法皆當治罪，今姑貸之。爾兵部即擇謹厚譯者往撫諭之。"實錄。

曹廣、馬鑑追擊夷寇，事在上年。上年三月乙卯，敕諭弗提衛都督察安奴，護送公幹之馬鑑等，並省諭奴兒干、吉列迷、黑龍江各處人民，公平買賣。又於六月壬辰，馬鑑等奏買賣夷人過期不來，後有來者，乃帶甲挾箭之都督你哈答，掠去男婦六人，因咨參將曹廣追至賊寨，擒寨首三人。復有女直都督來迎，恐被誆騙，遂不敢往。此事之後，又於七月乙卯，命康寧子顯，襲奴兒干都司職。蓋其時，復有經營奴兒干之意，先以指令買賣試之，而野人女直竟無從化之意。所假以省諭遠夷及護送公幹人員者，恃一弗提衛酋，毫無所得而返。蓋明之威信，真不足復問奴兒干事矣。至是，復以曹廣之追剿，爲有誤殺順夷之事，訴之明廷，則邊將尚不示弱，而海西夷則固不效招徠遠夷之力，亦與宣德以前態度迥異。明雖不罪邊將，猶將以好語撫夷，此可見天順末馭夷之實狀矣。

六月己未朔

丁卯，敕諭海西嘔罕河衛都督你哈答等曰：“去年五六月間，遼東報有賊盜侵犯，參將曹廣等，率官軍殺獲首級。未幾，都指揮李土蠻言，遼東軍馬將不叛者苦赤納、苦女等五十餘人俱殺訖，且爾海西等處各衛頭目，以時朝貢，俱得陞賞，豈意背義犯邊，致令官軍追剿，誅殺無罪之人。然非爾處小人犯邊，官軍必不妄殺。因此特遣通事都指揮武忠，齎敕撫諭爾等，盡赦爾罪。爾等宜改過日新，嚴束部落，各安本分耕牧，依時朝貢，不許輕易犯邊，自取滅族。慎之慎之。”復諭兀者衛指揮察安察、肥河衛都督索里哥、弗提衛都督察安奴、考郎兀衛都督哥哈、成討溫衛都督婁得等，亦如之。實錄。

九月丁巳朔

　　乙丑，兵部奏："于兵科譯出<u>女直忽剌溫</u>、<u>海西嘔罕河衛</u>都督察<u>阿奴哥</u>、<u>建州左衛</u>都督<u>董山</u>等番文奏辭，內有請命內官<u>白全</u>通市等情。及令通事審覈，<u>阿奴哥</u>等皆言未嘗具奏，而<u>董山</u>亦未嘗到京。此輩夷人，言語不通，無從推究。宜令通事都督同知<u>季鐸</u>等，今後凡遇外夷投進番文，必須研究明白，然後奏聞。"從之。<u>實錄</u>。

　　　　此事蓋即<u>董山</u>請開<u>撫順關</u>，以利其入邊之路，而假<u>嘔罕河衛</u>都督之名，與之共請。兵科明有譯出之番文，而<u>嘔罕河衛</u>不認其事，<u>董山</u>遂亦以未到京，含糊其辭，抵賴爲未嘗有此。觀明年即開<u>撫順關</u>，蓋<u>董山</u>更設他法准請矣。<u>撫順</u>一通貢市，<u>建州</u>自達於<u>遼瀋</u>，從而進<u>山海關</u>，皆便捷遠過諸<u>女眞</u>，遂開<u>太祖</u>取<u>遼瀋</u>之先路。其得通遼人，輸遼貨，與漢人同化，得以取爲自利之資，有賴於<u>撫順</u>一關者大矣，此事蓋其力圖而未成之一波折也。

十月丙戌朔

　　甲午，<u>朝鮮實錄</u>書：<u>平安黃海江原咸吉道</u>都體察使<u>韓明澮</u>，據<u>平安道</u>都節制使<u>楊汀</u>呈馳啟："<u>建州衛李阿具</u>遣人來言，<u>甫下土</u>云：'歲庚辰，吾兄<u>童速魯帖木兒</u>死，妻子家產，并皆籍沒，吾故入寇<u>義州</u>，掠人物而來。今若放還本處，則所掠人物當送還，吾亦歸謝。'臣得此，若<u>阿具</u>更遣人，則當語之曰：'<u>速魯帖木兒</u>恒居我國城底，向國輸誠，我國嘉其誠心，嫁以本國之女。今汝等多般作耗，不可輕易送還。'"上命領議政<u>申叔舟</u>、右議政<u>具致寬</u>議之，皆曰："當如<u>明澮</u>所啟。" 乙巳，<u>咸吉道</u>都節制使<u>康純</u>馳啟："<u>建州李滿住</u>、<u>童山</u>等，送箭於<u>毛</u>

憐衛，約合兵欲寇中國，或寇朝鮮。"又千秋使宣炯等聞見事件
云："去年馬鑑奉敕將往海西，到開原衛，海西人拒而不納。
適海西人獵開原長牆外，開原人殺之，因是海西人連結建州
衛，橫逆不入貢。今武忠奉敕往海西招撫，又往建州衛招撫。"
上召申叔舟議之。御扎諭韓明澮、楊汀、金謙光曰："同封宣
炯等聞見事目，及康純啟本，傳准草看詳。予料賊計，必然之
勢也。但畏我國，搖尾中國。見我不動，輒納詐懇，以爲入其
自計。虜情反覆喜亂，不能自靜，數犯中國，常伺我邊，正自
速天禍之時也。正當因此機而殄殲無遺，中國何顏更有言哉！
然虜之連結，我之利也，莫如嚴兵待來，來則敗之，勿示入征
之形，使虜須動。虜既動，則雖知我備，無辭罷合，必犯中國
矣。此以蠻夷攻蠻夷之術也，於我無損。麥禍相時，豈非上
策？卿等專制閫外，勢宜熟悉，隨便施行。"上又議叔舟曰：
"使咸吉道問罪毛憐衛者，非策也。謂之征則非征，故示弱於
天下；謂之問罪，則玉石俱焚，失信戎狄。且虜不犯邊境而犯
中國，則何必代人結怨？"乃諭康純曰："今見卿啟本，具悉事
狀，即遣許琮。卿宜詳密探問，悉知某某人實往建州作賊，馳
啟。"遂召琮親諭之。　丙午，諭韓明澮曰："若彼人有到滿浦
者，因戲語之曰：'我已聞建州招集毛憐之人及海西野人，謀
寇中國與我國，我待其來耳。'如是語之，使彼知我有備，自然
折彼之謀，且張滿浦軍數，自然見之，千萬勿區區爲示之。"
十一月乙卯朔

　　戊午，朝鮮實錄書：咸吉道都節制使康純馳啟："林大、
阿下等三百餘人，會伐引、阿赤郎貴、毛里安等處，聲言朝
見，謀寇遼東及甲山、義州等處，將以本月初十日發兵。東良
北汝巨子厚乙仇豆等三百餘人，屯于扑加別羅，又蒲州人與火
剌溫相應發兵。"

辛酉，弗提衞指揮使卜當哈，自其地護送朝廷所遣使武忠
等還至京。卜當哈尋卒，上特命賜祭，有司具棺殮葬之。實錄。

完天順間擬通奴兒干事。使往必資護送，海西已非朝
使自由出入地，較之正統以前，誠不可比。然即此海西，
猶是屬夷，更無論建州也。

甲子，朝鮮實錄書：諭咸吉道都節制使康純曰：“更審前
降諭書，往蒲州者仔細聞見，續續啟達。” 癸酉，都體察使韓
明澮，據滿浦節制使洪貴海呈馳啟：“野人童於虛茂來言：‘叔
父童倉，歲戊寅上京肅拜，蒙賜高爵，又賜鞍馬、衣服、家
財、器皿，感恩至深，更欲上謁。會有於許者，告遼東曰，童
倉叛入朝鮮。廣寧總兵官報奏，帝差人率去，敕自今毋往朝
鮮，以故未得上京。今年正月，聞甫下土、羅下軍有等入寇義
州等處，擄掠人馬，即令探問，皆非朝鮮人物，故未得刷還，
但禁甫下土等勿復入寇。’因請米、鹽、綿布，各給有差。且依
前降諭書，於虛茂等整兵接待，不露形迹。”回諭明澮曰：“今
來啟本已悉，惟滿浦口子彼人接待時，軍馬整齊，不可常也。
或爲或否，量宜施行，不如不爲之爲愈，示能示弱，隨時變
化，不宜與小醜介懷。當如熱湯之無氣，震雷之無形。平壤所
藏綿布及布，送滿浦鎮，野人贈給事，及許亨孫、吳湘等，仍
令赴防事，依所啟施行。”

戊寅爲天順二年，於虛茂所述之童倉，自是董山，女
眞口語，非有文字定形，朝鮮始終認童倉、董山爲一人。
明使雖曾詰問，亦無糾正之意，朝鮮自任其所見耳。

己卯，陞兀者衛都指揮使察安察爲都督僉事，失里木衛指揮使早哈爲都指揮僉事，阿古河衛指揮同知呀失塔、阿隆哥、兀丁哥，阿倫衛指揮同知哈當家，察剌禿山衛指揮同知弟里吉，俱爲指揮使；失里木衛指揮僉事咬納克也木、察剌禿山衛指揮僉事牙失、弗提衛指揮僉事牌喜，俱爲指揮同知。實錄。

十二月乙酉朔

丁亥，命考郎兀衛都督同知哥哈子撒哈良代其父職。陞兀者前衛指揮同知哈必答爲指揮使。　戊子，陞弗提等衛指揮使歹都等十六員，俱爲都指揮僉事；指揮同知忽申八等三員，俱爲指揮使；指揮僉事答升哈等四員，俱爲指揮同知，從都督察安奏報也。實錄。

庚寅，朝鮮實錄書：咸吉道都節制使康純馳啟：「曾奉上諭，骨看兀狄哈本不與賊，若有欲來者，約從上送。兀狄哈今方應蒲州，姑勿上送。臣謹依下諭施行。然城底斡朶里兀良哈，及深處兀良哈等，亦欲上京肅拜，盡情乞哀；臣權辭答之。臣意以爲，其中本國人畜刷還者，及報告事變，誠心歸順者，依前詳定數，上送爲便。」　辛卯，回諭康純曰：「今見啟本，已悉。城底斡朶里兀良哈等，刷還人畜者，及報變歸順者，量宜上送。」

甲午，陞童寬山等衛指揮使迓速、哈巴孫、撒籠哈，俱爲都指揮僉事；指揮同知阿籠革、阿都赤、答籠哈、扯養加、桑果奴，俱爲指揮使；指揮僉事教化、塔麻赤，俱爲指揮同知。

丙申，陞兀者右衛指揮同知禿忽剌爲指揮使；建州衛指揮僉事木長哈爲指揮同知，正千戶回忽、丹保奴，俱爲指揮僉事。

辛丑，命建州衛指揮使亦領哈子李猛古赤，指揮同知蕭古魯孫惱納，指揮僉事亦丁哈子克兒速、撒木哥子失都、蕭幹歹子把答忽、兀格子朶兒只木；忽剌河衛指揮僉事塔不答子苦失哈；

毛憐衛指揮僉事塔失子納魯，俱襲職。建州衛指揮同知你哈子
兀的格代職。建州等衛指揮同知釋家奴、扯養加，俱爲指揮使；
指揮僉事牙失創、加沙魯，俱爲指揮同知；正千戶迭兒哥、牙
升哈，俱爲指揮僉事。　　癸卯，命故哈蘭城衛指揮僉事阿哈出
子損禿、弗剌歹子兀都哈、卜乞答子甫答哈，俱襲職。陞指揮
僉事法其哈，建州衛指揮僉事賈你，俱爲指揮同知。　　乙巳，
命建州衛都指揮僉事卜羊不哈子乃塔代職；故指揮僉事阿哈出
孫奴忽襲職。陞指揮同知乃因塔、賈你，俱爲指揮使；指揮僉
事福先、卯空，俱爲指揮同知；正千戶只兒和爲指揮僉事。
己酉，撒力等衛女直指揮朶隆哥，來朝貢馬及貂鼠皮。賜綵幣
等物。　　辛亥，命建州衛故都指揮僉事王吉姪諮巴襲職，老疾
都指揮僉事沙班子沙罕答代職。陞指揮同知兀乞納爲指揮使，
正千戶都哈、建州右衛正千戶郭兀勒，俱爲指揮僉事。實錄。

天順八年，即朝鮮世祖十年，甲申(1464)

正月甲寅朔

　　乙卯，朝鮮實錄書：都體察使韓明澮，遣從事官李文煥
啟：「通事閔尚德，隨李豆里到建州，還告云：‘初到豆里家，
其妻及母子皆山中來，言自迷惑之徒侵犯上國，吾輩不能安
業。乃具酒殽饋之。俄而李滿住管下張多陽可來，語豆里曰：
“火剌溫兀狄哈麟加大、泥邑之、伐郎巨等，欲寇平安道，來
屯于侯羅，騎兵三十四人，自稱浪孛兒罕種族。滿住、童倉等
欲止之。”言未旣，豆里止之，謂我曰：“麟加大等退兵，則使
人馳報。不退，則吾當親告。”’」　　丙辰，咸吉道都節制使康
純，奉書于承政院以啟曰：「臣聞兀狄哈都萬戶八里言，欲起
兵攻高嶺斡朶里，以復私讎。臣已諭高嶺各鎮曰：‘彼若起兵，
聲言復斡朶里之讎，實欲與我戰，則依前降諭書語之曰：“我
國待汝等極厚，乃何忘國厚恩，反欲作賊乎？”’如此而猶欲戰

不已，則審觀形勢，臨機應變。”回諭曰：“前者兀狄哈攻斡朶里時，斡朶里請入高嶺城，見兀狄哈火其家，不勝其憤，潛從水寶出射之。兀狄哈固以我爲護斡朶里，被攻而我復助之，則彼必構釁於我矣。斡朶里自有土城，不納可也。然斡朶里附我既久，若其勢窮，亦不可不納。卿須斟酌善處，不構釁於兀狄哈，亦不失斡朶里之心。”

辛酉，忽石門等衛野人女直都指揮兀籠哈等，來朝貢馬及方物。賜鈔，并綵幣、表裏、紵絲、襲衣等物有差。　丁卯，建州左等衛女直都指揮塔失等，來朝貢馬及方物。賜綵幣、表裏、紵絲、襲衣等物有差。　戊辰，命建州左等衛指揮僉事歹都勿里哈爲指揮同知，故指揮僉事童凡察子木答木、撒里赤答子索顔革，襲職。實錄。

前景泰三年十二月，見建州衛女直佟凡察。此童凡察，當即其人，與肇祖弟姓名皆同。夷人固多同名，故知范察非即凡察，如塔失亦與顯祖同名，而前後同出建州左衛也。

壬申，朝鮮實錄書：都體察使韓明澮，奉書于承政院以啟曰：“臣審彼虜形勢，明春來欸者必多。請令江界判官先到滿浦，布置支持之事。”回諭曰：“滿住子古納哈、豆里，及嘗持書契往來者，依前例待之。雖稱滿住麾下，不可盡信，更詳察之。且諸種野人，甘於小得，實遺我巨弊，不可輕易容接。宜少給鹽糧，一以固滿住之心，一以構諸種之疑。卿其觀勢斟酌爲之。”　丁丑，義州女羅德，曾被建州衛女眞搶去，逃至遼東，都司奏還之。　壬午，進鷹使通事石蟾先，送事目以啟曰：“建州野人路遇我輩曰：‘業已報仇，今欲和解。’”上命申叔舟。草諭教體察使韓明澮書曰："賊屢寇我邊，持之已久，賊不得測我。今於中朝路上遇我人，稍露歸順之益，是賊自悔犯國，不得安業，猶恥屈降，欺我招撫耳。今若因其來者招之，必無不至；然是我示弱而彼益肆。宜乘機設計，坐而困之之時也。若有豆里等來者，稱上旨，令傳語甫下土、趙三波、李權赤等曰：'浪甫兒罕父子罪重，自就誅夷，何與汝事？汝欲爲寇，而藉以爲言耳。汝焉知予不討之深淺，汝以爲我終不怒耶？汝其能禦大兵，則善修兵馬而待之，不日有事矣。今汝速還我人馬，來投乞命，是汝生道。不爾，則予不知也。且童所老加茂妻子，今皆在我國中；青周已授三品職，近侍司僕，汝甫下土何故不還？阿伊亡可亦宜送還，使母子完聚也。甫下土，所老加茂從弟。所老加茂死，其妻及子青周居我國，甫下土率青周弟阿伊亡可居其部，欲娶所老加茂妻，未得而怨之，常寇邊。我今待汝回報，汝宜審思之，毋貽後悔。'且語豆里等曰：'汝即親見甫下土等，詳傳上旨，聽其言速即回報。'如是連續傳說，使彼不得耕種，終就自困。又前日所諭率軍越江觀兵事，姑停待命。"又御書曰："上項諭書，只爲坐而困之之術，非實欲用兵也。雖然若賊勢窮，出悖慢之語，爲豕突之舉，則不可不預爲之備。兵法所謂毋恃其不來，恃吾有以待之。卿宜更整道兵，爲入攻之計，以待旨。若京軍，則冰且解而弊已重，卿其選留之可也，盡還之可也。賊若以爲實不攻，則不遽服矣。不遽服，則將生計矣。須使賊以爲必攻，然後遽服矣。遽服之後，難返計矣。此大機勢，卿所最慮處，毋泛文移，秘密布置。"又以此諭咸吉道都節制使康純。上與諸宰從容飲話，仍各賜油紙、席，以備隨駕。　癸未，向化兼司僕童青周啓曰："父所老加茂葬期已逼，臣固不可歸，請令毋歸葬。"上不允。仍諭咸吉道都觀察使康孝文曰："童青周今請遣毋葬父，然其母固不可送，官備葬具，委其管下於乙巨葬之。"

二月甲申朔

　　壬辰，朝鮮實錄書：都體察使韓明澮，遣從事官許琮賷事目來啟。又據滿浦節制使洪貴海呈啟："有名稱波右者，自野人中來告云：'予本遼東人，曾於八年間，李滿住管下山金波右，到遼東誘我帶去，賣於趙三波，三波又轉賣於滿住，苦役難堪，仍偷滿住馬，逃至貴鎮，願爲編民。'然稱波右雪上騎馬，蹤跡易尋。若滿住迹而求之，則當語之曰：'馬匹元是汝物，故還之。稱波右係是上國人，當啟聞區處。'乃送稱波右於江界，留置供饋。"　甲辰，正朝使通事金繼朴回自大明，啟："正月十七日皇帝崩，越四日皇太子即位，年十八。"　戊申，都體察使韓明澮，遣從事官李文煥啟："先是，建州衛李滿住麾下稱波右，竊滿住馬，投入碧潼鎮。滿住子古納哈數來請還。臣見稱波右殘劣，留之無益，且不從則必生邊患，請還給。又古納哈云：'吾善辭趙三波、甫下土、童倉，彼若歸順，當率而來。三波等若欲朝見，則請語之曰：'汝等無緣犯境，擄去人畜，如不刷還，國家終不置汝。'"御書回諭曰："具悉。但其中有所不可者：（一）不可輕許上京。（二）不可拘少無益。卿宜體此，隨宜變通，勿復就稟，務乘時而濟難。又古納哈云善辭，則是必不知國家威說，以爲國家乞說，此甚失國家大體，示卑屈之狀耳。今勿示弱而示強，定爲入攻盡滅之計。卿之素畜，國家之素待，卿盡卿心，吾盡吾計，務乘時而濟難，任卿隨宜。"

三月甲寅朔

　　庚申，朝鮮實錄書，進鷹使孫壽山，先遣通事以啟曰："明使大僕寺丞金湜、中書舍人張城，以二月二十八九日發程。又毛憐衛野人一千餘兵，謀設伏于鳳凰山等處，邀正朝使之還，中朝邊將聞之，發軍馬三百，送至湯站而還。”上遂諭體察使韓明澮曰：“皇帝既崩而猶藉跳梁，是愚物而已。卿其知之，草長則須入討，問有罪者而慰誠國者，更待布置。”　庚辰，承政院奉旨，馳書于平安觀察使金謙光、都節制使楊汀曰：“移置稱波右于内地，厚饋存撫。若古納哈更來，又語之曰：‘稱波右今已到王京，未知朝廷處置如何。’”

四月癸未朔

　　甲申，朝鮮實錄書：都體察使韓明澮，據滿浦節制使洪貴海呈啟：“兀良哈李豆里、李玉時哈等來告曰：‘前者節制使謂吾兄古納哈曰：“趙三波往年犯邊，搶去人畜，我國置而不問有年矣。三波曾無悔罪之意，今欲發兵致討。”古納哈及父滿住，見三波、浪巨具等，具陳此意。答曰：“邊將給我，恐非王命。若實奉王命，則吾亦臣民，敢拒王命乎？且往年搶來人馬，當刷還歸順。汝更歸詗探節制使之意而還。”古納哈以病不能躬來，令我進告。’且曰：‘趙三波言，雖刷還人馬，亦發兵來討乎？’貴海答曰：‘未可知也。’又從事官朴耀、崔敬止等以書通曰：‘豆里言：“趙三波等誠心歸順，欲還搶去人物，令我進告來耳。”答曰：“此出於汝兄，非我朝廷所知，其來與否，任汝自爲。”豆里曰：“彼無他心，一向歸順。”豆里又私問於通事閔尙德曰：“新船多泊江邊，何也？”尙德答曰：“越邊樵採所用耳。”豆里曰：“爾無給我，我固知之。”’臣明澮竊計，是必窺覘入攻虛實，數數出來。故更督船回泊，加抄軍士，以戍滿浦。”御書答曰：“既爲入攻之計，終無中止之理。多泊船隻，按甲休兵，毋自費，毋欲速，整練兵器，以待定命。”

　　乙未，敕遼東鎮守總兵等官：“遇有建州等衛女直到邊，須令從撫順關口進入，仍於撫順城往來交易。務在撫諭得宜，防閑周密，以絕姦宄之謀；毋或生事阻當，致失夷情，及縱令窺覦，引起邊患。"實錄。

　　此爲撫順開關之始。建州女直貢道及互市，以前須赴開原，與海西女眞貢市之路同，而更繞道以往，較居近開原之海西部族，尚不如其徑捷。自此，則獨處邊門要地，一舉足即入遼瀋腹裏。清太祖舉兵叛明，一尅撫順，即瀋陽、遼陽相繼而下，并及開原、鐵嶺，奄有河東，皆此久通撫順路之所養成也。上年謀之不成，此時不藉他部，并不詳其求請，徑由明廷諭行之，其中必有在朝之線索矣。所云"毋縱窺覦"，旣入腹地，何以不縱窺覦乎？雖然，馭邊不用殖民之法，雖久吝撫順一關，亦非本計矣。時已入憲宗實錄。

　　是日，兵部臣奏："頃山西道監察御史陳選言：'北虜惟孛來最强，又密招朵顏三衛及海西、野人女眞，相結屯住。去冬來朝，要我宴賞，窺我虛實。其犯邊之情已露，而我邊關守臣，多因循怠慢，城堡不修飭，甲仗不堅利，軍士不操習，甚至富者納錢而安閒，貧者飢寒而逃竄。是以邊備廢弛，緩急無所憑藉。乞敕該部計議，行文各關，務要修治甲仗，操演軍士，痛革前弊。候至九月，請敕大臣徧歷巡視，若鎮守備禦等官，果有盡心所事，邊備整飭，而士卒愛服者，量加賞賚，以獎其能；若素無勇略，廢弛邊務者，量情降黜，以警其怠。邊關要害之處，或當益官軍守備，或當設營堡隄防，或當用墩臺瞭哨，而舊未有者，俱要處置得宜。于農閒時月，差遣大臣，巡視督責，則五年之間，一帶關口無不整肅，威武無不振揚，而虜寇不足慮矣。'宜准其言。"因具諸大臣職名以請。上曰："大臣不必差，但令巡關御史兼理之。"實錄。

　　因字來結海西女直犯邊，御史有邊備廢弛，請遣大臣
巡視之奏，兵部有具大臣職名請准遣之奏，知其時邊務之
弛已甚矣。上未許遣，但令巡關御史兼之，是視爲不甚急
也。夫既設巡關，自應整頓邊備，雖不派大臣，固無不
可，然其時女直蠢動，不似正統以前之畏威奉法，則已可
知。明史陳選傳不載其有此奏，猶是爲女直諱也。

　　丙申，朝鮮實錄書：都體察使韓明澮，遣從事官許琮啟
曰：“兀良哈李豆里來滿浦，告節制使洪貴海曰：‘父滿住言於
趙三波，令還人畜，革面歸化。三波以牛四頭、馬二匹，就付
吾兄古納哈，使還之，故我今持來耳。’貴海答曰：‘三波擄去
人畜甚多，而今所還如此其少，且三波何不自來，而使汝乎？
歸順與否，任其自意。’豆里曰：‘三波之心雖未的知，然不欲
來順，則豈還頭畜？’從事官朴耀等又謂豆里曰：‘汝兄先發三
波歸順之言，汝亦云爾，而三波不來，歸順之意安在？體察使
必不以此啟矣。’豆里曰：‘三波言，人口則水土異性，皆已物
故。其自不來，則畏罪不敢耳。甫下土，則吾不得與語，然三
波若來，彼亦樂從矣。’”上御康寧殿，召領議政申叔舟、右議
政具致寬、仁山君洪允成、左參贊崔桓、兵曹判書尹子雲、同
知中樞院事梁誠之，及承旨等，議平安道事。召琮入與語，命
加資賜衣靴。御書回諭曰：“至善無戰，其次勝之，其次守之。
皆先爲莫犯之勢，後較優劣之計。故兵道無常勢，料敵無定
計，因勢變化，措勝莫測者，善之善也。自卿禦邊之後，予寢
食常安，無復可議之事，以卿即予心故也。然而不無指授方略
者，激振卿操，示予心焚，數載于今，忍忿畜怒，相時審幾，
期適至善，巧作勢，弄造化。今既使虜坐困，敵仇不得，投降
不得，潛竊不得，鼠竄不得，無所容處，無所控處，失業離

家，日就破蕩，踉跄山谷，氣志蕭喪，此益蹙之，以至善之計，至善之勢，不勞一刃，足滅戎虜之時也。卿宜體此。若趙三波，雖盡刷還人物而來順，卿勿許新，猶更叱敕曰：‘汝罪重大，雖使汝來，汝實歸順，前日何只還牛馬數頭而不親來乎？汝自疑國家殺汝，是汝不信國家之心不解耳。汝不信國家，國家肯信汝乎？汝所嘗擄去人畜，非但此耳，數目分明，汝何進退計度，欲弄國家耶？汝不即盡還，而欲釣國家意趣，姦詐之甚，罪惡益甚，豈輕許汝，墮汝術中。汝自善計，非吾所知。’以上項事意，乘彼歸順，叱責益嚴，使虜知國家用兵不已，則至善之計，無以踰此矣。然責之特嚴，而饋之如例，使知國家之不殺，則亦坐勝之術也。大概如此，不必煩及。卿與楊汀，皆啟運元勳，情不相遠，而義實相成。久勞邊塞，霑霜冒雪，冬宿草野，夏奔熱天，心勞身飢，獨奮忠義，白日昭其忠，鬼神知其誠。言念至此，感慨深切。今因許琮回還，特賜卿等及金謙光，綵羅各一段，以資節衣；并賜宴，可一歡焉。”

咸吉道都觀察使康孝文，奉書于承政院以啟曰：“斡朶里萬戶朴毛都、於稱巨等來告曰：‘吾還自中朝，童倉告我云：“吾弟充也，欲入覲朝鮮，行當遣之。”又謂阿乙豆等曰：“朝鮮用兵，則無問老少，擊斬無遺。今因汝輩搆釁，我輩亦不得寧居矣。”又李豆里云：“往年朝鮮使人于我，我同里人欲殺者衆，予周旋護送。”又甫下土云：“朝鮮若還我從兄童所老加茂妻于會寧，則吾亦率其子阿伊忘可完聚而居。”又趙三波云：“曩者叔父於巨，往朝鮮受誅，予緣此搆釁，不敢歸順。若還於巨衣馬，則歸命效順，遂送一矢爲信。”’又阿赤郎耳兀良哈言於蒲州云：‘朝鮮兵將入攻汝境，蒲州人聞之，挈家登山以避之。吾所聞於諸人者只此，其作賊與否未聞。’”回諭曰：“虜雖百言，我當自若，益整兵力，待予定命。童倉之弟若來，則語之曰：'殿下命曰："無功者毋得上送。"邊將不敢擅便。'若有誠效，則曰：'無功者不得上送，然汝有誠效，當啟取旨。'即馳啟可也。"

童倉言"吾弟充也"。童倉即董山，亦即清實錄中之充善。充也即前云充尚弟眞羊，亦即明實錄中董山弟綽顏，清實錄中充善弟褚宴，武皇帝實錄又作除烟，而吾尚疑其皆爲"倉"字之合音，此則眞童倉，眞明實錄中之童倉也。

丁酉，朝鮮實錄書：咸吉道都節制使康純馳啟："臣謂野人朴毛都等曰：'趙三波、甫下土盡還人畜，誠心歸順，則曩日所犯，不必追論。不爾，特舉大兵而殄殲之。有罪無罪，何暇擇焉。'又以此意通於李滿住、童倉。但充也若欲朝，何以處之？"回諭曰："卿所諭趙三波等語，淺露柔弱，使賊有以窺其輕重，殊失待敵之體。卿審回諭韓明澮書，勿輕易許降。"
五月癸丑朔
乙丑，朝鮮實錄書：咸吉道都節制使康純啟："高嶺斡朶里李家和歸蒲州。臣以前降諭書屬家和，令開誘甫下土、趙三波、李權赤。家和還告曰：'甫下土等皆藉前嫌爲辭，然疑大國入攻，鍊兵待變。其擄去人口，則各分役使。且充尚弟充也，及李滿住管下秋都哈，欲上京肅拜，已到會寧，又予之還也。吾羅別羅斡朶里都指揮馬無豆言：蒲州賊欲向朝鮮，予按據要路，使不得出歸。'臣責之云：'汝等以浪甫兒罕、速魯帖木兒妻藉言，是不知生道也。若不盡還人口，則大兵一入，終無所悔矣。'"上覽之曰："秋當滅之，何更商策。"　丙子，咸吉道兵馬都節制使康純，據會寧節制使李施愛呈啟："今五月十一日，兀良哈童倉弟充也，及李滿住管下王時乙豆等來告：

'聞大國將舉兵以討犯邊之賊，吾輩雖不干於賊，然恐等蒙攻討，即歸順出來，願入朝于上。'施愛云：'汝等無功，非邊將所擅便。'彼又答云：'如今天熱遠路，盡情來順，而不以時入朝，深所缺望。'"御書回諭曰："益加整兵，爲入攻之計待命。"六月癸未朔

　　丙戌，朝鮮實錄書：都體察使韓明澮，遣從事官李文煥啟曰："本月初九日，兀良哈李豆里及趙三波子車多等，持牛五首，到滿浦。臣與都節制使楊汀，語豆里曰：'汝不憚險遠，累次來往，我在南道，不得相見。今我到此，汝又適至，幸也。然汝嘗欲移居皇城平，何不移耶？國家終無釋賊之理，我恐玉石俱焚也。'曰：'移居所大欲也，但遷徙重事，遷延至今耳。'豆里又曰：'前者逃來稱波右，愚惑之人。父家惟有此一奴供役，今者見逃，無可奈何，乞須還給。'臣答曰：'國家何愛此一人，但稱波右自言上國人，今已送王京，近當有區處。'次語車多曰：'汝亦嘗犯我邊耶？'曰：'無有。'曰：'汝父何爲？'曰：'曾於義州作賊。'曰：'汝豈不從汝父賊耶？'曰：'我年少，不與也？'曰：'汝父何緣作賊？'曰：'大國殺浪孛兒罕父子故也。'曰：'浪孛兒罕父子有罪，自就誅戮，是何干於汝，憑此作賊乎？汝是罪人，何敢來耶？'曰：'我等竊犯大國，罪當萬死。今之來也，只欲革心歸化耳。'曰：'汝父何不自來？'曰：'我父心欲來謁，第恐被罪，令我歸命待罪耳。'曰：'擄去人畜，數目分明，何只還牛數頭？其人口在汝父家者幾口？同里居者幾口？'曰：'無有。'曰：'汝父於義州多所剽略，汝何諱乎？'曰：'我年少未及知。'曰：'汝即代汝父來，汝年又不少，皆以爲未知，何足與汝言乎？汝其去矣。'車多皇懼失色曰：'人口去處，我當問諸人率來。'曰：'汝父之罪雖重，汝則來順，是可嘉也。欲歸順者來，不欲者不來。'遂給里豆鹽米。車

多曰：‘我等之罪至重，我之來也，初無生還之意。今來而不罪，此我再生之日。但同來諸人皆蒙厚恩，我獨不然，何以見隣里乎？’臣少與之，退而與豆里曰：‘何不別白我，而使賜物減數耶！我自此不與汝同矣。’”

七月壬子朔

　　是日，朝鮮實錄書：都體察使韓明澮馳啟：“今得從事官朴輝、崔敬止等書，李滿住子阿具來言：‘比因出入中朝，未得謁都節制使，今乃來矣。’又私語通事曰：‘兄豆里以病未得出來。趙三波承廣寧總兵官之招，歸廣寧。然三波歸順之計已定，以故充尙、甫下土亦各使人毛憐衛，因咸吉道節制使納款上京。大國若許充尙等，則三波亦來矣。’又義州民金少豆未、金凡伊等，六月十五日自虜中逃來，言趙三波、李滿住等常云：‘朝鮮秋來必入攻，將家財妻挐，並移山幕，每日出後下本家，申時還山幕，遠處土田又不得耕穫。’”御書其後云：“滿住老虜，常爲首鼠，豆里業哨，自謂得計。此甚滋味處，應如所教，勢量無窮。” 己卯，咸吉道都節制使康純，據鍾城節制使裴孟達呈啟：“蒲州幹朶里童倉弟都萬戶肖陽來言：‘吾族久居會寧城下吾音會，歲庚申，從族類移居蒲州。從兄速魯帖木兒仍居吾音會，隸於大國，今已物故。然吾音會本吾所居之地，欲因速魯帖木兒管下，還居於此，已挈妻而來。若節制使轉報於兵使，吾當托妻於族中，身還本居，率母子頭畜而來。’臣曰：‘國法顯有功績者有賞。汝於國家，曾無可效，豈宜聽不信之言，援速魯帖木兒故事，引居城下耶？’肖陽猶請不已，故臣權辭答曰：‘行當親到區處。’”上以此示諸將曰：“無用之虜，接之無益，逐之而已，生殺在吾處置。”仍回諭曰：“今見卿啟本，具悉事意。童倉之弟肖陽，率妻而來，不可拒絕，不可輕許，宜語之曰：‘今啟傳旨曰：‘肖陽率妻而來，其情由何

也？所欲效力者何也？如實無故則忠也，有故則詐也。其辨忠
詐，更啟。'傳旨如是。未可接置，如此詳說，急速回啟。"

此所云"童倉弟肖陽來言，歲庚申從族類移居蒲州，
今欲仍回吾音會"。庚申，乃正統五年，正是凡察、童倉
逃往婆豬江之年。蒲州即婆豬之諧音。此童倉爲眞童倉，
抑仍董山之言，無需分別。肖陽仍即充也或眞羊。但此時
建州左衛曾有此窺探朝鮮之語，亦並未成事實。其後則滿
住子豆里，又請徙皇城平矣。

八月壬午朔

乙巳，朝鮮實錄書：都體察使韓明澮馳啟："野人都督李
古納哈等到滿浦告曰：李權赤及浪巨具、甫下土等，率軍五
百，欲寇義州，否則勒截入朝使臣。臣即令江邊諸鎮，整兵待
變。"命下議政府議之。領議政申叔舟等議作事目以啟："（一）
選義州及附近諸邑精兵五百，令禹貢、孟得美、閔孝源、金奉
元、李近孝、朴雍、辛柱、李拱、洪永河、尹末孫等十人，各
將五十，不相統領，護送聖節使至通遠堡而還。（一）諸將輕兵
往還，毋得多挾輜重。（一）江界節制使魚得海，與滿浦節制使
洪貴海，領所部兵及各口子兵，自滿浦到江；理山郡事金壽
堅，與渭原郡事張瑞，領所部兵，自理山到江觀兵。"上允之。
仍諭韓明澮、平安道都節制使楊汀、都觀察使金謙光等曰：
"可依事目施行，因勢變化在卿。"

九月辛亥朔

甲寅，朝鮮實錄書：都體察使韓明澮，據滿浦鎮節制使洪
貴海呈啟："野人中樞李豆里，挈其妻子來告曰：'欲移居皇城
平。但新徙，計活專仰貴國。'答曰：'非我國請汝也，汝等慕

義，累請移居，故殿下嘉汝投順許之耳。且汝父爲都督，麾下甚多，汝若誠心歸順，則家舍器皿，亦足自辦，奚待我國？'豆里曰：'吾等本無奴婢，生理又寒，肆不能備。若蒙上恩，得構舍又得糧，則後日生業，何賴上國？'答曰：'是在國家處置。'"召議政府堂上，及仁山君洪允成、兵曹判書尹子雲，會賓廳議之。下御扎曰："豆里之欲移來皇城平，無他意，但欲覘我動靜，以告同類耳。宜却之曰：'汝父兄皆都督，汝弟亦多，汝何因欲獨移來乎？且中朝所禁，不可許也。如有誠心效力，則自有特例之事矣。不然，兵鋒擾擾，未暇迎接，入獵之事，不必分人，亦不必待赴京行次。'豆里去後，須當一二度觀兵。"叔舟等曰："事目曲盡，更無可議。但韓明澮丹腫復發，宜安心調理，不可委以邊事。請明澮病愈間，令節制使楊汀節度本道兵務。"上曰可，乃諭明澮曰："卿調理未久，爲國遠行，遂致復發，追悔不留卿耳。今慮卿以邊事關心，姑令楊汀節制本道兵事，卿須安心調理。"又諭楊汀曰："韓明澮病未差愈，卿其節度本道軍務。又令從事官許琮、魚世謙、吳伯昌往，聽卿指使。" 甲子，御書諭楊汀曰："近日三衛達子三十餘人，入開原等處，掠五人而去。遼東恐與建州衛連結作耗，以兵千人，禦通遠堡、鳳凰山等處。予謂中國不能和戰夷狄，畏首畏尾，自疲於奔命耳，甚可笑也。前日諭卿觀兵示威，攻心伐謀。今更思之，是伐人自勞，非計也，宜按兵勿動。驕虜而逸之，使自蚌鷸，以人攻人，豈非自得。"

十月辛巳朔

乙酉，巡撫遼東左僉都御史滕昭奏："建州女直傳報，孛來領衆五萬，欲寇邊。"上敕沿邊守臣，嚴加隄備；及敕在京總兵等官，整飭軍馬，以聽調用。實錄。

壬辰，朝鮮實錄書：平安道都節制使楊汀、都觀察使金謙光馳啟："臣等依從事官賚來諭書，語豆里，答曰：'我同類觀我以爲進退。前日主上矜恤我輩，命居都城，予欲挈家歸順。會中朝沮之，使不得交通貴國，以故不果。然中朝之禁，我等所悉。且童倉、甫下土、趙三波等，以我等漏洩凶謀於貴國，心甚惡之。若還，則爲彼等所笑，將若之何？如蒙容許，雖不造家賜種，隨水草而居，亦所甘心。'"回諭曰："今見卿等所啟，李豆里欲自作家，不必迫促還送。若時告窘，量給鹽糧。"

乙巳，平安道都節制使楊汀，據滿浦鎮節制使洪貴海呈啟："依曾降諭書，饋遺豆里，不滿其意，通于其父滿住曰：'予之初來也，意謂朝鮮必厚待。今托以中朝所禁，待之甚薄，生理極難，欲亟還。'滿住遣人迎之，豆里已挈妻子還歸。且滿住俾告于滿浦節制使曰：'若大國發兵討趙三波，乞勿加兵吾輩。'"

是日，會昌侯孫繼宗、吏部尙書王翺等議奏："自古撫馭外夷，來則嘉其慕義，固不厭其多而拒之，亦不病其少而招之。今野人女直，僻在東荒，永樂間相率歸附，時月有期，名數有限。近年絡繹不絕，動以千計。彼所貪得者，宴賞之優厚，而豺狼之心，亦何厭之有哉？若不限其來數，中國勞費實多；限之太狹，則失其向化之心。合酌量事體，建州、毛憐等衛，衛許百人；海西兀者等衛，衛許三五人，不得重複冒名，審驗然後入關。"從之。實錄。

　　建州每衛百人，海西每衛止三五人，似太少。據後成化五年十二月己巳，禮部奏，追述天順間議，建州、毛憐等四衛，每衛歲不過百人；海西兀者等衛，每衛歲不過四五十人，則此"三五"下脫"十"字。

　　合前後觀之，建州等衛，乃建州三衛及毛憐衛；海西有兀者等衛，以概其餘，不復及野人女直，蓋雖有衛名，是時已不通朝貢。

十二月庚辰朔

甲午，朝鮮實錄書：咸吉道都節制使康純馳啟曰："兀良哈斡朵里骨看等，多欲入朝。請觀其誠偽，考其功勞，依前日定額上送。"答諭曰："今到鍾城兀狄哈金亏豆沙、延帖木兒等二十五人，並分運上送。又有欲來朝者，觀其誠懇上送。其還去者皆厚待，毋使生怨。前諭卿有功者外毋上送者，謂作賊者耳。兀狄哈骨看，本不與賊，不宜薄之，更生一敵也。如更有言毒藥薄待及高嶺斡朵里等事者，答曰：'如欲害爾，何必置毒？往來者多，何獨害一微人？因一人病死而怨，甚無謂也。待爾不一，實因諸鎮豐儉耳，安有厚於前而薄於後乎？高嶺之事，斡朵里實畏汝而竄伏投入耳，非我保之也。汝等以此怨我，不亦遠乎？'如是開說，以解愚惑。" 丙申，咸吉道節制使康純，據鍾城節制使裴孟達呈啟："城底兀良哈上護軍同郎介來告曰：'尼麻車兀狄哈都萬戶沙迎帖木兒，到吾家言曰："前此朝鮮待我極厚，且謁諸鎮，則多給布鹽，又從情願許入朝，賜縣布衣帶，以至鞍馬，上恩深重。半年以後，接待稍薄，至以藥毒殺，怨恨悉深。且吾輩擊斡朵里以復讎時，高嶺守將匿斡朵里於城內，故酋長等議托復讎，并寇高嶺。"'臣以萬一不勝忿怨，起兵而來，則勿輕與戰，依前降諭書，權辭開說，使無嫌隙。如欲強戰，勢不得已，然後臨機應變事，移于諸鎮堡。"純又啟："具州尼麻車兀狄哈金亏豆，率管下二十五人，到鍾城鎮言曰：'吾等率兵三百，徑到李滿住管下沙下致部落，男皆騎山，擄得女人小童五十三名，牛馬五十五頭，且請朝見。'故臣已令諸鎮第其功勞，從約上送。然兀狄哈等數多出來，懇請朝見，則處于何如？" 壬寅，平安道觀察使金謙光馳啟："野人李滿住管下副萬戶金納老等，到滿浦鎮告曰：'滿住言，去壬子年間，火剌溫毛都古等寇慈城，搶擄人口六十四名。我領兵五百，遮路還奪，送到朝鮮。其時再遣朴好文、通事李和尚等，宴慰以賞功，吾等保無他心。乃於癸丑、丁巳年，舉兵來攻，殺吾妻子。然至今專仰大國，故吾子豆里欲居皇城平，拒而不納。以此觀之，則恐與賊人趙三波、甫下土等同被攻伐，如癸丑年也。'"回諭謙光及都節制使楊汀曰："若有李滿住之人更來者，語之曰：'前日啟納老等來告辭緣，傳旨曰："汝李滿住，自我即位以來，盡送諸子來見，豆里亦欲居京侍衛。方欲許之，中朝厭忌，故不果。其後趙三波等入寇時，汝每報變，予悉知汝誠懇。豆里欲居皇城平，亦聽許之。但作家給糧，恐中朝聞之，以爲我招來，以是不敢，豈有他故！趙三波等累來爲寇，終當勦滅。今慮汝驚動，姑忍耳。汝滿住自來改心納欵，予亦推誠愛撫，雖罪三波，必不並及，勿自疑貳。癸丑年事，事在先朝，予未詳知，然豈有不分是非而賞罰並行之理？今既許汝改心，往事不必更論，汝毋驚動，安業樂生。"'"戊申，御康寧殿設酌，令入侍宗宰擊棒。夕，上與中宮御忠順堂觀放炮火。野人馬仇音波等二十一人、倭護軍三甫郎、大郎等三人入侍。後苑及白岳山頂，一時放火，聲震天地，倭、野人驚懼失色。

成化朝

成化元年，即朝鮮世祖十一年，乙酉(1465)

正月己酉朔

　　癸丑，朝鮮實錄書：尼麻車兀狄哈金亏豆等八人，來獻土物。　　乙丑，咸吉道都節制使康純，據鍾城節制使裴孟達呈啟：“今正月，訓春兀良哈司直巨波守來言：‘近往中原，適罹疾，回到李滿住手下伊乙方家。伊乙方及同里人等謂我云：“朝鮮攻我輩無疑。我輩欲先事圖之，已通部落屬兵秣馬，期於正月入寇平安道。”’臣發急遞報諸鎮，使之倍前隄備。”上覽之，使問於韓明澮曰：“巨波守所告，似爲的實。京軍士及助戰將帥，送平安道以備之，何如？”明澮對曰：“以此速諭楊汀，則汀自可布置，不必別遣京軍。”傳曰：“明日示申叔舟等議之。” 丙寅，召領議政申叔舟、左議政具致寬、右議政黃守身、兵曹判書尹子雲，示康純啟本議之。叔舟等議曰：“宜以此諭平安道。”遂諭觀察使金謙光、節制使楊汀曰：“今來咸吉道都節制使康純啟本內，建州賊人等，欲於正月入寇江邊。同封啟本傳准草看詳，益嚴隄備。大抵野人情狀，深懼我入攻，至於請中朝禁攻。是故前日諭卿觀兵者，所以坐以疲之，我逸賊勞之術也。今此聲息，實不實皆欲自强耳。實皆入於吾術中也。卿宜固邊持久，益造江船，數出觀兵田獵，焚荒山野，必有大勢。”

辛未，建州左等衛女直都督董山等、肥河等衛女直都督孛里格等、兀者等衛女直都指揮亦升哈等、毛憐衛女直都指揮朵里只等，各來朝貢馬及貂皮等物。賜宴，并衣服、綵段等物有差。實錄。

乙亥，嘔罕河等衛都督寧哈答，差女直都指揮鎖奴、指揮塔麻禿，赴京報迤北孛來欲糾朵顏三衛，於京近地方搶掠。禮部請賜鎖奴等衣服、綵段如例。上命於常例外，加綵段一表裏，以慰其勞。實錄。

二月戊寅朔

壬午，弗提衛都督察阿奴奏，欲進海青。上曰：“朕即位未久，未萌之欲正所當防。此等野禽，能令人蕩心於畋獵，豈宜受獻？有司其即却之。"實錄。

　　是日，朝鮮實錄書：平安道都節制使楊汀，據滿浦節制使
洪貴海呈啟："野人李豆里、阿乙古多等來，以前降傳旨語之
曰：'滿住自即位以來，送諸子來見，豆里亦欲入朝宿衞。方
欲許之，中朝厭忌，故不果。其後趙三波等入寇時，汝每報
變，予知汝誠懇，豆里欲居皇城平，亦許之。但作家給糧，恐
中朝聞之，以我招來，以是不敢，豈有他故？趙三波累來為
賊，終當不置，勦滅後已。今慮汝驚動，姑忍耳。汝滿住自
來，改心納欵，予亦推誠意愛恤，雖罪三波，必不并及，勿自
疑貳。癸丑年之事在先朝，予未詳知，豈有不分是非而罰之？
今既許汝改心，往事不必更論。前日逃來稱波右，自言本係中
朝人民，其時即送中朝。又汝書自言移居，何所疑懼而然耶？
汝毋驚動安業。'豆里扣頭曰：'若傳此意於父，則老父感德安
土矣。'"　戊子，兀狄哈金亏豆等八人辭還，命厚饋于賓廳，
特賜亏豆鞍具、馬一匹、段衣一領、油紙席二張，其餘賜物有
差。諭咸吉道都節制使康純曰："兀狄哈等自初輸誠，當曲加
撫之。今亏豆等率其麾下欵塞，俱欲上京，卿何約從大過，只
送二人乎？一則還者結怨，二則萬一二人病死，必生疑貳，穩
城之事是已。不宜單獨上送，以致萬一之疑。今亏豆請麾下前
到鍾城者，並令上京，予為許之。今如更來，可俱上送。亏豆
亦宜厚慰以送。聞兀狄哈等，以前日穩城之事，疑我不已，令
禮曹移書，付亏豆還諭部落。其書草同封，卿可審悉。"上仍命
承政院馳書於純曰："卿見亏豆，當云：'主上聞汝隨從人有未
得上京者，以書諭純，悉令上送。'"其諭兀狄哈書曰："禮曹判
書元孝然，敬奉王旨，若曰：予聞尼麻車之人，有到穩城病還
而死者，遂稱毒死，致怨於我，是甚無謂。有罪則顯誅之，大
國何懼，而用詐潛毒？況彼之往來者多，何獨殺一微人？彼亦

有心，豈不知其不然乎？予待遠人，每推赤心，於尼麻車尤所
憐撫，彼亦在諸部最輸誠歟。今忽如此，是必姦人造言搆釁
耳。爾禮曹諭亏豆還告諸部，使明知予意。"又馳書京畿、江
原、咸吉道察訪等曰："亏豆下去時，盜賊可畏，爾其躬親
護送。"

戊子，賜兀者衛都督察安察、野兒定河衛都指揮賈虎失等
印信，以原印爲別部落所掠也。　己丑，建州衛指揮同知迷卜
男捏苦迷等入貢，乞官職，命捏苦迷襲父職，爲指揮僉事；惱
納等四人，陞一級。實錄。

丁酉，巡撫遼東左僉都御史滕昭奏："虜酋孛來，謀結建
州、三衛夷人入寇。總兵官武安侯鄭宏等，率師禦之，至長嶺
山，與戰敗之，斬首五級，俘獲賊數十人，及其牛馬軍器。"上
命降敕獎諭之。實錄。

是日，朝鮮實錄書：上黨府院君韓明澮啟："往者高嶺之
戰，金亏豆殺浪三波之父，由是與三波有宿怨。近日亏豆到北
靑，三波見之，相詰不已。今亏豆之歸，儻與三波相值，則恐
又生事，請勿使相見。"上曰："卿言是矣。"即命領議政申叔舟
爲書諭咸吉道都觀察使康孝文、都節制使康純曰："金亏豆於
本月十一日已發程，浪三波亦已下去。其回若與亏豆相值於
路，則必以舊讎相鬭，是可慮也。卿等宜密布置，勿令相見。"

庚子，建州左衛都督董山、肥河衛都督孛里格入貢，如例
給賞外，復乞銀器、玉帶、蟒龍衣帽。禮部奏請量賜，以慰夷
情。上命人與大紅膝襴衣，幷大帽。　癸卯，建州左衛都督董
山、指揮你魯哈等十二人，幷都督古納哈等，俱自陳出力防
邊，乞請陞職，且保馬你哈爲都指揮。上俱不允，加賜綵段等
物。實錄。

　　建州左衛與建州衛，漸見貪慾難饜。越二年，遂以誅
死，猶恃明之綱紀未墜，邊帥有人，樞臣能得邊臣之用，
後此乃相安數十年，可見馭夷以威力爲最要。

三月戊申朔

　　癸丑，朝鮮實錄書：進賀使崔有臨，先送聞見事目曰：
"今二月十二日，臣到廣寧，女眞李滿住子豆里自建州衛來，
謂通事朱英孫曰：'予於去年十月，挈妻子到滿浦，願居皇城
平，鎭將專不應接，又聞整兵入伐，懼之，即還告於父。父錄
此意馳報滿浦，轉達殿下，鎭將即啟。去正月望時，滿浦鎭撫
召我，傳殿下之命曰："前日不許汝居，非有他意，只恐上國
耳，勿生他疑。"聞命而還。'臣問豆里爲何事而來？答曰：'此
衛諸將俱新任，欲賀而來。'臣未信，更令通事曹明達私問於豆
里伴人，答曰：'豆里聞汝國來伐，欲奏皇帝，今向京師，來
止於此。'"上即以此意諭咸吉、平安道觀察節制使。　　戊午，
進賀使崔有臨奉敕回自大明。其敕曰："近得建州衛都督同知
李古納哈等奏稱，欲躬來京朝貢，因探知國王收集人馬，要分
八路入建州搶殺報讎，遂不敢來，亦聚人馬聽候讎殺。及審差
來指揮李孟古，言辭亦同。未知王果有此意否？如無此意則
已。若果有之，甚非國王之利。彼此讎恨，互相報復，兵連禍
結，何時能已！朕奉天命爲天下主，一視同仁，無間遠邇。聞
有此舉，心甚憫焉。已遣敕戒諭古納哈等，不許擅動人馬。王
亦宜解怨釋仇，保境安民，不可輕逞干戈，以貽後悔。且王與
女眞結怨，實自誘殺浪孛兒罕父子始。在先帝時，已嘗屢降
敕，令兩處解怨息兵，各安境土，故後來俱各無虞。今建州三
衛，如或冥頑無知，追思舊恨，先犯王之邊境，王當自省其
故，愼守封疆，俾不敢犯則止，豈可興兵越境，快一時之忿而

構怨不已乎！朕特敕付陪臣崔有臨等，賫回諭王，誠不忍兩處人民，橫被荼毒故也。王其欽承之，毋忽。”上召領議政申叔舟、上黨府院君韓明澮、左議政具致寬、右議政黃守身、兵曹判書尹子雲等，謂曰：“今敕書如此，何以回奏？”叔舟等啟曰：“皇帝有敕，今宜以欽遵聖旨爲答。若於後日有動兵之勢，則亦何患無辭。”傳曰：“予意正如此。其以此意作奏本。”　癸酉，平安道都節制使楊汀、觀察使金謙光等，據滿浦鎮節制使洪貴海呈啟：“今三月初十日，野人李古納哈雇工稱朴右者，自虜中逃來，言曰：‘我本遼東人，爲李滿住管下李雄時老所擄，轉賣於李古納哈，至今供役。然小有過失，侵責無已，故不得已逃來。’以本鎮野人來往之地，留置爲難，即送江界府。”回諭曰：“稱朴右移於寧邊，語之曰：‘汝則當招去王京，解送本土。但啟達後無上命。’姑留待之，仍厚饋存撫，待命上送。若古納哈更來，語之曰：‘稱朴右送京後無可否，未知朝廷處置。’”　遣工曹參判李塏如大明，回奏敕諭，謝賜表裏。其奏本曰：“敕諭該：‘近得建州衛都督同知李古納哈等奏稱，欲躬來京朝貢，因探知王國收集人馬，聽候讎殺，及審差來指揮李猛古，言辭亦同，未知王果有此意否？如無此意則已矣。果若有之，甚非國王之利，彼此讎恨，互相報復，兵連禍結，何時能已！朕奉天命，爲天下主，一視同仁，無間遠邇。聞有此舉，心甚憫焉。已遣敕戒諭古納哈等，不許擅動人馬。王亦宜解怨釋仇，保境安民，不可輒逞干戈，以貽後悔。且王與女直結怨，實自誘殺浪甫兒罕父子始。在先帝時已嘗屢降敕，令兩處解怨息兵，各安境土，故後來俱各無虞。今建州三衛，如或冥頑無知，追思舊恨，先犯王之邊境，王當自省其故，慎守封疆，俾不敢犯則止，豈可興兵越境，快一時之憤而構怨不已乎？朕特敕付陪臣崔有臨等齎回諭王，誠不忍兩處人民，橫被

茶毒故也。王其欽承之，毋忽。欽此。'今蒙聖訓切至當，職不
勝感激，謹當欽依明降。爲此謹具奏聞。” 乙亥，咸吉道都節
制使康純，據鍾城節制使裴孟達呈馳啟：“今三月十三日，愁
州兀良哈馬巨車來言：'吾治安佳毛多右，因事到蒲州，聞之
李滿住、充尚等欲入寇朝鮮，通于阿乙豆，令抄送壯勇人五
百。阿乙豆答曰：“吾輩已歸順朝鮮矣。”遂不從。'”上以此諭平
安道節制使觀察使。純又據會寧節制使魚有沼呈啟：“野人伊
充巨來言：'多郎介等六人，去正月間，因獵到虛水刺，遇體
探人，射之而去。'有沼答曰：'汝於前年夏射我體探者，當其
時，欲討而止。今復犯邊，當舉兵入攻，殄殲無遺。'伊充巨叩
頭謝曰：'自庚辰年焚蕩以後，各自安業居生，深以射體探者
爲責，自今願勿復爾。'”

四月丁丑朔

　　戊子，朝鮮實錄書：平安道都節制使楊汀，據滿浦節制使
洪貴海呈啟：“李豆里來問三歧等處斫木下營等事。節制使答
云：'曩聞其處多有獐鹿，渡江田獵耳。'豆里不以爲然，曰：
'是必攻討中止也。'節制使又曰：'趙三波、甫下土犯我邊境，
至今不討者。近汝父若兄向國輸誠，報告賊變，故朝廷慮汝等
驚動，不得問罪。倘若趙三波等久不歸順，則其終攻討與否，
未可知也。'此蓋曾於冬節，憑獵觀兵於江外，豆里見而疑之。”

五月丁未朔

　　是日，朝鮮實錄書：唐人稱波右來自江界，命問野人動
靜，山川道路遠近迂直。稱波右答曰：“滿住所居，距滿浦百
餘里。百餘家出軍五百餘名，自滿住所居東距四十餘里，地名卯禿，百
餘家出軍百餘名，蔚牛歹作頭居生。趙三波所居，在滿住家西北十
五里，過二小峴，越小川，無大山藪。二十餘家出軍四十餘名。
童倉家在趙三波家西北三日程。日行五十里，百餘家出軍六百餘

名。甫下土家在李滿住家南五十里吾乙面川。百餘家，出軍六百
餘名。李權赤與甫下土同里居。自前年來，見滿浦軍士多，集
船艘亦多，疑其入攻，皆居山幕，在李滿住家西北三四里餘。"
稱波右自言："道路險夷，我皆悉知，願鄉道入攻。"

此時建州部落情形，來告者係唐人，其名爲稱波右。
漢人無此姓名，必係程姓，而波右則亦音近之字。漢人能
告之朝鮮，朝鮮藉知建州實狀，明廷竟無從得此確實探
報，則主邊計者無誠心招致故也。明用兵建州，爲期不
遠，誅戮兩巨酋，竟不能收其部落，施以内地改流之治，
由不知其内容之故。卒之優游坐大，有非常之傑黠生於其
間，遂不可制，至以宗社奉之。此撫邊之鑒也。草野未嘗
無人，貴人自不延訪，去知彼知己甚遠，其隔膜宜矣。

乙卯，巡撫遼東副都御史滕昭奏："撫順千戶所，乃建州
諸夷入京朝貢之路。其來多或五六百人，少亦二百餘，俱於城
中居民家憩宿。間有覘知邊情虛實，或内應爲姦者，且孤城絕
遠，猝難赴援。請於本所城南，置一馬驛，撥館夫十名，以備
接待。"又云："撫順西南抵瀋陽九十里間，宜增置墩臺三座；
西北抵蒲河七十里間，增置墩臺一座；奉集堡十餘里，增置三
座。每墩撥軍五名哨瞭。"兵部會官議以爲便。從之。實錄。

撫順此時已爲建州闢定之貢道，事始上年四月。而其
預備接待之所，及防守之具，則皆前無所承，由此創始。
可見撫順開關，實爲建州所創意，偪近遼瀋，據此更道里
瞭然。

庚午，朝鮮實錄書：平安道節制使楊汀以書啟曰："野人中樞李豆里來言，趙三波等往訴中朝曰：'前者朝鮮以非罪殺我叔父浪甫兒罕，故我欲報仇，再度往侵。今朝鮮多造江船，將欲來攻。'皇帝敕諭朝鮮，又下聖旨于都督童倉、羅郎可、父滿住等曰：'自今毋或作賊，歸順居生。'野人等曾匿山幕，不得農作，今意無事，至喜即回。"諭觀察使節制使曰："若豆里更來，當語之曰：'浪甫兒罕父子潛謀爲亂，自罹於罪，何與三波，而累寇我邊，不還我人畜耶？若不還我，當自往取來，大國豈爲汝所弄？'如是語之，且更修船嚴兵，渡江一二次，以擾彼農事。"

六月丁丑朔

是日，朝鮮實錄書：命申叔舟、韓明澮、具致寬、朴元亨、都承旨申泂等。會于賓廳，招稱波右問之。其言曰："（一）無父母，但有兄弟三人，居遼東城東北六日程，西北距瀋陽亦六日程，北距李滿住家十餘日程。（一）李滿住舊居，南距今居三日程。李滿住麾下百餘家，至今居住。（一）火剌溫地面，南距李滿住家三四日程。（一）自李滿住家往童倉家，大概平地，有三四小川耳，無大林藪，路甚平坦。（一）兀剌山城在李滿住家南二日程，路亦平坦，都督羅郎哈居之，與甫下土皆在吾乙面川邊。（一）自李滿住家東行四十餘里，到大茶玩峴。峴高峻，不能並騎而行。踰峴又東行六七十里，路頗平坦，渡江至滿浦。（一）滿住等三四月間疑入攻，居山幕，今皆還家。"

辛巳，諭平安道都節制使楊汀、都觀察使吳伯昌曰："今聞建州之賊，計我不入攻，皆下山。此正出其不意之時，且不可長賊，使我邊氓疲於防戍。予已定計，卿其急造船，整練士馬以待。" 辛丑，咸吉道都節制使許琮啟："會寧節制使魚有沼報云：'斡朵里李家紅之族加弄介等，男女二十九人，欲復居

吾音會之地。自尼麻車逃至家紅之家，若尼麻車根尋來鎮，何
以應之?'臣依前降諭書，答云：'斡朵里附我既久，若其勢不
可不納，斟酌善處，不構釁於兀狄哈，亦不失斡朵里之心。'"
七月丙午朔

　　辛酉，朝鮮實錄書：以事目諭咸吉道都節制使許琮曰：
"(一)尼麻車之人有來者，語之曰：'聞汝等欲攻斡朵里。汝中
讎嫌，非我所知，如有寃悶，何不辨明。若自相攻擊於近境，
則非敬朝廷之意，甚無謂。宜速來訴，各以公道辨明，不可以
威力相加。國家一視同仁，無有遠近，何不輯睦平安無事乎?'
(一)預語斡朵里曰：'不還彼馬，則尼麻車必來。汝宜思所以
和解，各安其業。'(一)尼麻車以私恨逼境，卿整兵待之，慎勿
與交鋒，使人問其事由曰，何故來耶? 若為斡朵里，則汝之私
事，不可以兵來於境上。尼麻車等如不順從，則再三諭之。猶
自侮慢，則責以大義。猶不從，則威之以義。亦猶不從，則觀
形勢，勿輕交鋒，猶責大義。亦有可攻事狀，則攻却之可也。
(一)語斡朵里曰：'尼麻車為汝等不還馬而來，汝等何不還之?
汝等居城底，每告事變，國家以百姓待之，不得不納城內，是
私情於汝也。汝中讎嫌，私自和解，非關國家。如有不得已之
事，則當啟聞施行。邊將但一視遠近之人，汝等若交構執迷，
非惟自中禍結，朝廷亦自有處置。'"
八月丙子朔

　　庚辰，朝鮮實錄書：承政院奉旨馳書于咸吉道都節制使許
琮曰："茲者謝恩使李瑀聞見事目內，遼東奏：'被虜逃來人宋
全招，天順八年八月日，自女眞逃至朝鮮國第六城。其守不收
留，欲還野人。予恐其受辱，即以刀自傷。有察訪劉處康者，
知予為漢人，給與衣粮，送還遼東。'宋全之來也，接待人及不
收留者，備細錄聞，且其時穩城府使判官，因何事出某處，亦

並推問以啟。” 辛巳，平安道都觀察使吳伯昌、都節制使楊汀馳啟：“七月，野人男女二人，自婆豬江乘船而來。渭原郡事張瑞率兵應之。二人皆以刃自刺，女則已斃，其男生存。遣人招來，問其根由。答曰：‘吾名賣土，父尙阿赤，原係遼東人，爲建州野人汝弄巨所擄，而奴使之。吾亦生長其家，以所弄介女子舍豆爲妻，居之。屢被汝弄巨譴責，欲投化貴國，率妻逃至婆豬江。妻望見軍士，懼爲所害而死。’賣土又言：‘李豆里每念慕朝鮮，李古納哈則謀欲報讎。今當冰合之時，作賊必矣。’”上回諭楊汀曰：“前此累諭卿渡江觀兵，使彼不得桑農，今幾度觀兵乎？秋收已迫，宜急擾彼，不可緩也。卿其知悉。”又諭吳伯昌，賣土厚待上送。 戊子，平安道都節制使楊汀，據滿浦鎭節制使鄭山彙呈啟：“野人沈汝弄巨，告兄沈毛知子，賣土潛奸隣部所衆介之妻，多持服玩，乘船而逃。此必從婆豬江而下，到泊於此，投命大國，是用來告。乞於理山諸邑，亦通此意。”上命承政院馳書於汀曰：“待賣土上來，問其根脚區處。彼人若更來問，答以不知。”命議諸政府、左議政具致寬、左參贊崔恒議，賣土宜解赴遼東。領議政申叔舟議：“賣土自言其父爲唐人，而汝弄巨云是野人。其爲唐人未可的知，且其所願欲居我國，不欲往中國，今若强送，則慮有宋全之訴，反有害於我。雖實唐人，彼所自掠，必不能告於中國，請留之。”上從叔舟議。

壬寅，宥遼東總兵官武安侯鄭宏、都御史滕昭、太監李良等罪。先是，泰寧等衛軍餘，私出境外採取人參，多爲建州女直所傷，虜有二十三人，逃入朝鮮境。朝鮮國王令資送來歸。及三歹都各處沿邊地方，數爲女直入境，剽掠人畜器物，分守指揮千百戶，皆匿不報。既而宏等送二十三人赴京，并奏指揮以下失誤軍機之罪。事下法司、都察院擬議，因劾宏號令不嚴，昭等容隱不舉奏之罪，請逮治之。皆得宥。實錄。

九月乙巳朔

是日，朝鮮實錄書：平安道都觀察使吳伯昌，據滿浦鎭節制使鄭山彙呈啟："今月十八日，野人李豆里來言：'前日沈汝弄巨、童湯愁等到貴鎭，尋賣土去處，竟不得。其後族類等散求諸處，亦復如是。但吾乙面兀良哈權老言，去月有男女二人，乘船從婆豬江以下，緣此疑於貴國境上到泊。'山彙答云：'我國於汝等，一以誠意待之。如唐人逃來，初不隱諱，況汝等種類投至，則其可容隱收留乎？吾意以爲婆豬江波瀾狂駛，近因淫雨，水漲尤甚，而小小船隻，二人幷乘，且復重載，安知不爲溺死？'豆里曰唯唯。童湯愁潸然曰：'然則無復相見！'且豆里言：'厚蒙國恩，于今八年，一不得朝觀，願今年上京肅拜。'山彙又答云：'汝等近來告變皆實，宜聽上京。然彼我相通，中國所禁，不可以此報節制使。'豆里强請不已。臣即據此移諸鎭曰：'慮彼人等尋賣土，四散出來，宜整齊軍馬待變。'"　丙午，謝恩使李瑀齎敕，並帶漂流人濟州金迥豆等十四名，回自大明。敕曰："近得遼東鎭守等官奏稱：'被擄走回男子一名宋全，供稱係三萬衛百戶，守瞭柴河。天順七年五月初九日夜，傳籌巡空，被忽剌衛女直搶擄出境，轉賣各家使喚。天順八年八月脫走，到于爾國第六城。守邊頭目，不肯收留，復要遞送出境。全懼怕送回凌辱，用刀自傷。當遇察訪官劉處康問知前情，方行帶赴本國。審實給與衣糧，咨送遼東。'奏送前來。朕爲之惻然。但爾國第六城守邊頭目，不能體爾忠敬朝廷之心，以推愛予下人，而爲秦越之視者，宜懲治之。劉處康之知大體而同爾心者，宜獎與之。仍戒約以今後遇有此等走回者，即便收留送京，庶彰爾誠。"　癸酉，御思政殿受常參。王世子與永膺大君琰、咸陽卿訷、右議政黃守身、吏曹判書韓繼

禧、刑曹判書洪應、文山君柳河、戶曹參判金謙光、漢城府尹
李墍、工曹參議李坡、禮曹參議趙瑾，承旨及三品以下常參
官，皆入待命。世子及宰樞以次進酒。投化浪將家老、童清周
亦就坐。上謂將家老曰："汝在本地，以驍勇稱。汝投化來附，
勤謹宿衛，予益愛護而恩撫之。非我恤之，汝無生理。且前日
汝能射虎，予猶未忘，可即進酒。"又謂清周曰："汝自少侍朝，
非他投化比也。汝宜知予喜之恤之之意。"清周、將家老對曰：
"臣等固知上意。"上又召坡曰："汝以都承旨，今在同副承旨之
下，予甚憐焉。前日之事，汝實自取，自知其罪可也。"顧謂繼
禧曰："後政毋忘此人。"

十月乙亥朔

　　丙子。朝鮮實錄書：咸吉道都節制使許琮啟："今覈唐人
宋全自刺之因。甲申九月，軍官李之衡夜成行營，有一人到城
底，問其從來，不曉語音，即報都節制使，以居山察訪劉處康
解漢語，即送全令取招。全疑其還付野人，引刀刺項。"又據會
寧節制使魚有沼呈啟："今九月十日，城底兀良哈中樞李家紅
言：'愁州住兀良哈於邑介等六人，到者羅家言曰："尼麻車兀
狄哈也多好阿具等，來屯江外古羅耳洞，遣人云，前日逃來人
馬，若盡刷還，則雖久遠釁隙，尚且和解，故吾輩先送逃來馬
二匹。"兀狄哈等又約曰："隔江居者相與嫁女，則可永世好。"
遂退兵。'臣已令會寧府，若兀狄哈更來和解，則更報。"　癸
未，聖節使宋文琳在遼東，先以書馳報聲息云："遼東都指揮
使司，成化元年九月十三日，據撫順城備禦把總指揮同知蕭旭
定，差遣舍人蘇禮，伴送女直人到來，使夷語通曉通事王安、
高亮等問之。女直忽失哈等供招曰：'建州衛女直都督李古納
哈等，授我各衛女直印信文書差遣，故來耳。'其印信文書曰：
'今年八月十二日，毛憐衛曾已物故都指揮白成子苦赤哈到本

衛，謂吾父李吾哈曰："毛憐衛女直都指揮尙冬介、都指揮朵
兒只那可等謀議，與郎卜里哈子郎克里卜等，連結阿眞同眞衛
及速平江衛諸野人，聚兵一千，將於十一月十三日，向去婆豬
江豬兒山谷，曰：'吾等死生間，朝鮮人馬盡力搶擄，以報前
讎。'本人等皆是作惡人，吾等慮恐後日等被惡名，故建州衛掌
軍都督李古納哈。則遣女直指揮忽失哈，建州左衛都督童山則
遣女直指揮苦女加，建州都督納加則遣女直指揮兀丁奇，用各
衛女直印信文字，呈報總兵官大人，轉聞朝廷。後日雖有事
變，吾輩不干也。'"按：納加即納郎哈，乃右衛都督，朝鮮前譯作羅
郎哈。諭咸吉道都觀察使康孝文、都節制使許琮曰："今送宋
文琳所報聲息文書，卿宜審之。此雖不可盡信，然不可不爲
備，卿宜整兵待機。毛憐衛與兀狄哈等連謀動兵，則五鎮必先
知之。前有毛憐衛聚眾往建州之報，後云不果，無乃與此同
乎？可更詗知馳啟。今來啟，李家紅所告，自尼麻車逃來斡朵
里二十人，逃歸建州者，自避其讎，不必更問。"咸吉道都節制
使許琮馳啟："高嶺鎮城底住斡朵里中樞李家紅進告曰：'斡朵
里豆麟巨、沙吾下等，嘗爲尼麻車兀狄哈所擄，既而逃來，今
九月十八日，復携妻子潛向蒲州。'"　丙戌，禮曹條錄野人賣
土所言以啟："（一）李滿住住平原無草木之地。子八人，曰古
納哈、豆里、阿具、甫羅歹、毛屎那、多非那、劉時哈，一人
名不記。凡子孫二十餘人。管下不過三百人，馬四十餘匹，古
納哈領之。家無畜積，不足則覓食於管下。所住地名所老非羅
多，距理山八日程。（一）趙三波子孫十五餘人，名皆不記，管
下不過三百餘人。所住地名於波非羅子，滿住家西北一日程，
多高山大藪，所涉水不過七八處，皆步涉。（一）童倉、甫下
豆、李權赤等居處，但聞在北京去路邊耳。其地名及人馬多
少，道路夷險，亦不知。（一）建州人與火剌溫，自來相通，其

道路相距，不過十五日程。路多險窄，人馬不能並行。又建州
人與童倉相交。童倉所居距建州三日程。（一）李滿住居處，距
朝鮮不遠，常恐加兵，每春秋登山而避。趙三波自謂所居深
遠，又滿住介居其間，故不畏朝鮮。（一）古納哈常謂管下曰：
'吾管下人逃往朝鮮，唐人則必解送，女真人則仍留不還，因
此使令日乏，我等須向朝鮮虜略而來。'"

　　甫下豆亦即不花禿。童倉，左衛。不花禿，乃右衛凡
察子，後卒代納郎哈爲右衛都督。據此，知建州衛在東，
左、右衛在西。所謂在北京去路邊，尤近撫順，想見後來
清太祖屢入明邊之路。

　　庚寅，朝鮮實錄書：遣中樞院副使李文炯如大明，謝發還
漂流人口，并回奏敕諭事。奏本曰："陪臣李嶧回自京師，賫
奉敕諭該：'近得遼東鎮守等官奏稱："被擄走回男子一名宋
全，供係三萬衛百戶，守瞭柴河，天順七年五月初九日夜，傳
籌巡空，被忽剌衛女直搶擄出境，轉賣各家使喚。天順八年八
月脫走，到于爾國第六城。守邊頭目不肯收留，復要遞送出
境，全懼怕送回凌辱，用刀自傷。當遇察訪官劉處康，問知前
情，方行帶本國審實，給與衣糧，咨送遼東。"奏送前來。朕爲
之惻然。但爾國第陸城守邊頭目，不能體爾忠敬朝廷之心，以
推愛予下人，而爲秦越之視者，宜懲治之。劉處康之知大體而
同爾心者，宜獎與之。仍戒約以今後遇有此等走回者，即便收
留送京，庶彰爾誠。故諭。欽此。'臣劃即差官前往咸吉道究
問，將鍾城鎮守官李之亨拿來置罪，劉處康別加陞賞。臣竊念
小邦自祖先以來，被擄逃來上國人民名口，隨到隨解。至於臣
身，每戒邊將無少違誤。不期之亨應接不謹，迺至上煩天聰，

臣不勝驚惶。仍行沿邊守禦去處，如遇走回人口，益謹應接，毋致遲誤。爲此謹具奏聞。」　丁酉，平安道都節制使楊汀馳啓：「前降諭書，數渡江觀兵，使彼不得農業。臣已諭諸鎮碧潼節制使洪永漢與碧團阿耳萬戶，率軍渡沙蒼浦，至熊音柳洞四息程，結陣觀兵；理山節制使文孟孫與渭原郡事，渡江至二息程黎洞峴；仇寧萬戶鄭安信，渡江至吾里二息程；昌城節制使李元良與昌州萬戶，至二息程里溫平；都鎮撫孟得美，渡江至二息程大口介嶺；上義州節制使禹貢，渡江北至二息程造山底觀兵。」

十一月乙巳朔

乙卯，朝鮮實錄書：咸吉道都節制使康純，據鍾城節制使裴孟達呈啓：「愁州住中樞柳尙同介等來告曰：『前往五日程所乙古肖，見尼麻車兀狄哈亐豆，語我云：「兀狄哈之乙介等二百餘兵，將往攻蒲州斡朶里，以復前讎。」其後又見毛里安住於虛主，亦言之如是。』臣以謂衝東擊西，賊謀難測，已移文諸鎮堡，令益謹隄備。若遇賊變，勿輕出戰，權辭開諭，使不生隙。」

十二月甲戌朔

癸未，賜弗提衛故都督察阿奴祭。初，察阿奴來朝貢，卒於路，至是，考郎兀衛都督哥哈成等以祭請，故賜之。實錄。

丙戌，朝鮮實錄書：平安道都節制使楊汀，據滿浦節制使鄭山彙呈啓：「野人中樞李豆里指揮玉英等來言：『屢請朝觀而竟未蒙允，是必同類無知犬豕之輩侵犯邊塞所致。』又云：『童倉弟朱陽，往咸吉道會寧住馬仇音波弟馬加弄哈家，聞朝鮮將討我等，多遣京軍士，來戍平安沿江諸鎮。又加陽介獵於甫乙下等處，遇朝鮮人十餘名，意謂採蔘人，發射嗾犬恐動之，其人等隱深林射犬殺之，又射人中之。前此朝鮮人無如此深入

者，是必因獵審道路迂直也。前日朱陽所言，眞不誣矣。同類
等盡登山待變。'"

童倉弟朱陽，即前之充尙弟充也或眞羊，或秦羊，亦
即明實錄之綽顏，清實錄之褚宴，或除煙，而實皆"倉"字
之合音。朝鮮於童倉遁歸建州後之所謂童倉，實皆董
山也。

庚寅，亦力克等衛女直指揮包能革等，各來朝貢馬。賜衣
服、綵段等物有差。實錄。

成化二年，即朝鮮世祖十二年，丙戌(1466)

正月甲辰朔

是日，朝鮮實錄書：咸吉道都節制使許琮，奉書于承政院
以啓曰："臣到會寧，見斡朶里馬仇音波，問尼麻車讎嫌之故。
答云：'尼麻車每欲報復侵攻，故吾輩練兵待變。'臣因謂之曰：
'汝等軍馬數少，難與之敵，未得安心居住，誠爲可怜。與之
和解何如？'斡朶里扣頭謝曰：'節制使怜恤我輩，指示可生之
路，感喜罔涯。然以予之力，雖欲和解，彼必不從。'節制使語
尼麻車云：'汝與斡朶里解仇，則彼欲以牛馬贖蒲州人馬。'臣
以此語亏豆，亏豆曰：'彼不還我牛馬，故欲攻伐。然彼居大
國城下，若數數攻伐，則恐得罪於貴國，忍而不發。然彼欲和
解，則吾輩亦從之。'"上命申叔舟、具致寬、黃守身等議之。
叔舟等啓："尼麻車與斡朶里相攻，救此則彼怨，不救則此怨，
應接若失其宜，必一致紛擾。今因引見亏豆，命諭釋怨，各安
其業。"上曰可。　乙巳，兀狄哈金亏豆等辭還，上欲使兀狄哈
與斡朶里相好，作書諭之曰："爾尼麻車，昔與斡朶里構隙相
攻，至今未解。予念天地之間，萬物各生其生。苟因小釁自相

殺掠，豈天意耶？況皆先世之事，不足追怨。予將諭斡朶里聽爾和，爾亏豆亦往諭諸落，各相和解，以安生業，以答天地生生之意，以副予無外之仁。"諭咸吉道都節制使許琮曰："今來兀狄哈金亏豆自言：'雇人毛多右，逃去二十餘年，今聞隱於河伊難兀良哈於虛里家。欲獨往推還，則彼必拒之；率軍而往，則又畏貴國，望刷還。'卿因便訪問以啟。實如其言，則諭以利害，令刷還和解，各安其生。尼麻車與斡朶里解和事，予親諭亏豆，亏豆欲將書往諭同類，今授書以送。卿審同封書草，亦諭斡朶里。"

丁巳，兀者等衛女直都督察安察等、考郎兀衛女直都督撒哈良等、忽魯愛等衛女直都指揮斡哈等，各來朝貢馬及貂鼠皮等物。賜宴，并賜衣服、綵段等物有差。實錄。

二月癸酉朔

甲申，海西童寬山等衛女直都指揮牙速哈等，赴京繳敕。賜衣服、綵段等物有差。實錄。

是日，朝鮮實錄書：平安道節制使楊汀馳啟："野人李豆里來言：'蒲州住羅下、軍有等，二月初當到遼東、義州之間，邀掠赴明使臣。'"回諭曰："豆里告變，未嘗不實。卿度使臣之還，領精兵渡江，臨機設變，要使賊匹騎無歸。"

三月壬寅朔

庚戌，朝鮮實錄書：謝恩使書狀官金礦進聞見事目曰："海西野人都指揮鋤良哈等，於撫寧衛路上，見通事黃中曰：'我等飽聞聖上在位，撫恤逷邇，舉境仰慕，欲將土物往献。至建州衛，建州衛人等云："我與朝鮮曾有讎嫌。"不肯指路。故又往吳音會，其處人亦云："朝鮮邊將神術不測，不宜前往。"海西人舉皆爲悶。今幸得知路人，我等迴還後，明年間將往肅拜，須將此意以啟。'"上命承政院馳書于咸吉道觀察使節

度使曰："海西野人有欲來朝者，依例館待上送。" 丁巳，承
政院奉旨馳書于咸吉道節制使許琮曰："今來裴其同介密言，
會寧居斡朶里馬仇音波、浪金波老、李多弄介，及高嶺居斡朶
里等，畏兀狄哈侵掠，欲移蒲州。卿不露此意，密探形勢以
聞。前者亏豆之還，付書契諭尼麻車，令與斡朶里和解。卿諭
斡朶里以亏豆書契，使皆安業，且令知予撫恤之意。"

四月辛丑朔

甲辰，朝鮮實錄書：咸吉道觀察使吳凝，據會寧鎮節制使
魚有沼呈啟："兀良哈中樞浪亏老哈來言：'我本居中東良。今
子將家老侍朝，故欲問安否。曾於癸未年移甫乙下居住。中東
良亦有子二人，同產一人，遠離族類，死生疾病，未得相救，
且自移居以後，疾患不絕，壞土且磽，欲還中東良。'答曰：
'汝輩厚蒙上恩，鎮將亦加撫恤，何故還歸？'亏老哈曰：'欲還
本地，別無他心，思戀族親耳。'答曰：'強還入歸，則背恩忘
德，於國家撫恤之意何？'亏老哈曰：'我過蒙上恩，然不得已
還歸。當初率來女壻末應巨，則仍居甫乙下，當數來謁。'仍辭
歸。其帶去人：長子將家老妻及十歲女子、次子，中東良住居
毛多好，四歲子、一歲女子，次子於虛代，年十六，次子巨吾
里，年十四，後妻子原車，年三歲。" 丙辰，咸吉道觀察使吳
凝啟："臣到會寧鎮，下多家舍住兀良哈都萬戶稱豆、大護軍
沙弄巨等，來言：'吾輩同類舍地住上護軍甫乙介、無乙界住
中樞時加具、東良住中樞金沙乙、大蒙古住上護軍多弄介等，
與諸種議云："吾輩與亏未車兀狄哈伊澄可等，舊有釁隙，互
相疑畏，未得安心。吾等欲並歸伊澄可和解，擬於四月初六
日，領一千餘人，會於鐘城、穩城江邊鶴沙等處發行，請許令
軍中所用螺。"'臣答云：'汝等與亏未車懷怨相攻，未得安業。
國家素所垂憐，每欲和解，各安其業。汝等此行，國家本意

也。但汝等成羣吹角，遽臨彼土，則彼必舉兵逆戰，汝等必受其害。螺不可與也。'稱豆等皆免冠拜謝曰：'此實愛我之辭，不敢復請。'"　丙寅，平安道觀察使吳伯昌，據滿浦鎮節制使鄭山彙呈啟："野人副萬戶金納許來言：'都督李古納哈，去年十一月入覲中朝，還言曰："因有疾，至今未謁滿浦新節制使。"遣我來饋魚肉。'答曰：'餘人已再來往，而都督一不出來，疑有他心。今者專人送酒示意，可知不負國家矣。汝前告羅下、軍有等在家，已而李豆里伻人來告軍有等發行，何前言之不直乎?'納許叩頭指天曰：'軍有、羅下等，今春三四日田獵而已，暫無出入。如有出入而不以實告，則今不得還家。'以此強辨。又問：'汝等居處人，請兵伐引、阿赤郎貴等處，木契成送，孰主是事? 又指何處?'納許曰：'當時未聞，當更細聞來告。'答曰：'汝往日饑甚，賴我國得活，恩旣不貲。凡所聞見，一不來告，未見汝誠也，汝須更聞見從實來告。'納許曰：'當如教。'"

五月辛未朔

癸酉，朝鮮實錄書：咸吉道觀察使吳凝，據會寧節制使魚有沼呈啟："沙吾耳住兀良哈大伊舍來言：'同生兄伊羅大，元居伐引，今挈家移居沙吾耳。'且斡朶里三下，及副萬戶馬多弄介等來言：'吾等本居吾音會，庚辰年間徙蒲州，不得安居，今已挈家還舊居。'又據慶興鎮節制使呈啟：'江外住女眞上護軍金留有哈來言："伐引住兀良哈等通言曰，深處具州兀狄哈，每年侵掠，故吾等未得安居，今欲入歸和解，因送木契招吾等，故吾等皆欲入歸。"'且鍾城鎮判官鄭禮孫呈該：'愁州住兀良哈中樞柳尙同介、柳要時老、都萬戶柳於麟介等來言："一里住兀良哈，及東良北、伐引、阿赤良耳、尙家下、豆門、訓春等處住兀良哈等，欲與亏未車兀狄哈講和，率兵一千五百餘

名，入歸加下羅等處。'"臣令諸鎮堡整兵待變，并馳報平安
道。"　癸巳，平安道觀察使吳伯昌，據滿浦鎮僉節制使鄭山彙
呈啟："野人李豆里來言曰：'吾家失火，前呈印紙請糧，未知
可否？'節制使答曰：'當時無回答。'豆里又言：'前者節制使與
我言曰："待草長入獵汝地。"吾等近處人聞之，驚惑不得安業，
且吾妹夫童倉管下末應仇乃，去閏三月，前到廣寧衛，還家
曰："總兵官語我曰：'汝等累犯朝鮮邊境，故朝鮮將必入
攻。'"又三斜地住汝英哈言於童倉家曰："咸吉道六鎮近處居人
等，咸曰朝鮮必於四五月西征建州衛。"皆以爲前日節制使入獵
之語，必是托辭，益自疑畏。故吾等畏其等蒙天討，將由咸吉
道會寧入朝，親達情懇。'節制使曰：'吾於前月適以病未得入
獵。若征討與否，在國家處置，非邊將所知。'酒酣，問前日鍾
城事變，及羅下、軍有等還家與否？豆里曰：'羅下則初不出
歸。軍有等十餘人，未知某處往還，自言田獵而還。但伐引、
阿赤郎耳、愁州人等，去年十月欲入朝中國，遼東大人不許，
故回還時擄遼東人畜而來。童倉管下無豆並奪還遼東。其見奪
人等唧之，欲攻無豆，請兵諸處而已。'"命議之，申叔舟、韓
明澮等議曰："豆里請朝已久，今若到咸吉道，則不可又拒。"
回諭節制使鄭文炯曰："李豆里來滿浦言曰：'五月望時將到會
寧，請入朝。'豆里若到本道，卿諭以'爾從平安道入朝甚邇，
何必來此？但中國禁交通，故不許入朝，爾之所知。'厚待遣
還。"　乙未，咸吉道觀察使吳凝馳啟："今承諭書，更問毛多
右逃來根因。愁州住兀良哈中樞柳尙同介等曰：'毛多右本是
女眞人，元居吾音會，曾於三十年前，具州尼麻車、兀狄哈亏
豆父巨乙加介攻吾音會里，殺酋長童末應巨加勿、權豆。其時
毛多右逃至訓春，後移愁州居焉。及尼麻車兀狄哈等入寇童
關，毛多右爲亏豆所擄，隨居一年。翼年八月，還到愁州，娶

於虛里女，還歸吾音會里，居李貴也之隣。’”回諭曰：“亏豆若
更來請毛多右，答曰：‘古老皆言毛多右本係女眞，久居吾音
會里。曩爲汝所搶，隨居纔一年，還來已久。本非汝所管，汝
勿復推，朝廷不可枉法以還給也。’若亏豆更以他辭强請，答
曰：‘當又啟達。’仍啟其辭。”

　　本年丙戌，距宣德八年癸丑爲三十三年，此述三十年
前兀狄哈攻吾音會，殺酋長童末應巨加勿及權豆。末應巨
加勿，即猛哥帖木兒之異譯；權豆，本猛哥子，皆爲吾音
會酋長，則所述即其時事也。

六月庚子朔

　　乙卯，朝鮮實錄書：咸吉道節度使鄭文炯，據會寧鎭節制
使魚有沼呈啟：“會寧城底斡朶里李家紅來告曰：‘野人七八
人，來屯高羅貴洞口。’且甫青浦住兀良哈加應加里告曰：‘兀
良哈二十餘人，屯江外山間窺伺。’又兀良哈愁將介告曰：‘我
前往尙家麽波，聞兀良哈仇麟巨等，聚兵將寇童關、鍾山、永
建堡、穩城，殺擄農民、守護軍士，故來告。’臣已令諸鎭，晝
則謹斥候，守護農民，夜則伏兵備禦。”　戊午，咸吉道節度使
鄭文炯馳啟曰：“訓春住兀良哈麻尙哈告曰：‘前於慶興府江
邊，劫奪刈草人衣者，即也亂住邊羅時。’問犯邊之故，答曰：
‘朝鮮嘗擄去吾曾祖及同類三人，故吾等潛到慶興，搶擄一人
而來。于後骨看修仇家陽哈等謂我曰：“若還擄人，則朝鮮必
厚賞吾等。”即還其人，專不論賞，又不給祖父之價，故又入慶
興，劫奪刈草人衣，更欲侵邊報仇。’臣謂麻尙哈曰：‘邊羅時
祖父被擄與否，年代綿遠，未詳眞僞。雖實被擄，而其後骨看
等世世歸順，邊羅時等乃敢如此者，必有他故也。’麻尙哈曰：

'子孫圖報祖上之讎，骨看所業。餘人則每到慶興，略守令請入朝，守令納賄而不聽，故以此怨之。'臣又曰：'邊羅時如有情願，則告邊將可矣。乃以祖上懸遠事爲讎，遽爾侵掠，無乃不可乎？若更來，則問其所願施行，汝將此意傳說可也。彼若執迷犯邊，則國家豈無處置乎？汝亦不得辭其責矣。"遂以事目回諭文炯曰："（一）骨看自古效順，今稱舊釁，不過欲來朝邀賞耳。今遽從願，則示弱也；待之邈然，則彼或因此執迷彌固，然不可獨令骨看來朝。故今諭諸種許來朝，一則示我恩威，一則攻心伐謀，使彼不知形迹耳。卿其獨知此意，公然遍諭。且審諭書辭意，擇其可朝者，待冬分運上送。（一）卿與麻尚哈言：'邊羅時來則從願施行者。'似示輕弱，後宜斟酌。又諭曰：'予本憐撫遠人，悉聽來朝。曩者兀良哈等自構不靖，特簡其朝，近者彼亦自知其罪。予念天施雷霆旋復霈威，今特許諸種來朝如初。'卿諭此意於彼，擇欲朝者上送。"　丁卯，咸吉道節度使鄭文炯，據童關鎮節制使呈啟："今招甫青浦住兀良哈加應巨里問之，答曰：'亏乙未車，兀狄哈也。堂只，曾與兀良哈有隙，今率兵來屯，欲攻奪牛馬。兀良哈二百餘人，盡奪兀狄哈所持雜物，兀狄哈等失利而歸。且時應巨里住兀良哈仇麟巨、亏麟巨等，來屯江外烏知巖，我軍知之預防，故未得爲寇，已還歸。'臣竊料高嶺、童關等處橫行之賊，雖變姓名，其實一賊，更令詗知。"　戊辰，咸吉道節度使鄭文炯馳啟："臣聞高嶺鎮節制使魚得淮，率軍士越江田獵，卒遇野人，多被殺擄。臣使虞候李經、評事張末孫，同往推覈。旅帥朴有文供招曰：'節制使使吾等率軍百餘名，越江獵獸。行至甑山洞，忽遇賊。我正兵三人，爲賊所殺，衣服馬匹多被搶掠。'得淮率軍探入賊境，多被殺擄，又不追捕，詐報野人七八名至江外而還。行獵被殺之事，匿不以報，故囚得淮于鍾城，使司直康興孫權管高嶺鎮防禦。"回諭曰："河伊亂距鍾城不遠。夫乙豆等其種不多，敢稱舊釁，又來作賊。置此不問，無以示威。今卿因巡邊，招會寧、鍾城近居兀良哈等，語之曰：'今上以汝等悔禍自新，欲朝者悉令上送，將待之如初。諭書方到，夫乙豆等又來作賊。若啟此事，上必震怒，將有玉石俱焚之禍。汝等若不與，則其速問爲寇者，并其所掠拿來，庶無後悔。宜往議諸酋急圖之。'彼若聽去而托辭不拿來，則須有侵語，使彼知國家終不置之，遷延之計不得不變矣。宜語之曰：'汝等每言悔罪效順，今乃如是可乎？我今以是啟聞，上必有處置，後悔無及，宜早圖之。'如是恐動，觀其所爲，徐徐詳問彼賊姓名居處馳啟。又高嶺要害之處，節制使、旅帥等皆被囚，其勢孤單，宜加隄備，且可整鍊諸鎮士馬。又斡朶里、骨看兀狄哈等，依前諭書，至冬上送，兀良哈姑停以待。"平安道觀察使吳伯昌，據滿浦節制使鄭山彙呈啟："六月二十四日，有人男小吾稱、女者羅巨，率童子三人，來江上。使通事問之，者羅巨言：'我本唐人，前十七年間，被擄於古納哈，爲李滿住家人西亐柳之妻，產二子。豆郎巨勞老，其後嫁小吾稱，產一子亐多乃，即今帶來者是也。然古納哈性惡，飲酒發狂，不分金刃，打殺西亐柳。吾等恐又見害，日夜畏懼，乘古納哈之出，逃來貴國，願因還本土。小吾稱亦中原瀋陽衛人也，爲李權赤所擄，轉賣於古納哈，今五六年矣。'據者羅巨之言，以豆郎巨爲己子。古納哈則云豆郎巨非者羅巨之子，乃吾所得於父滿住之奴也。其言不一。又者羅巨言，前十七年間產其子豆郎巨，而豆郎巨時年十九歲，言又不一。況自以爲中原之人，而父母族派，州里之名，都不記憶。問其處動靜，則答云：'去四月，古納哈率三百餘兵向貴鎮，云欲剽略人物，以償稱波右，行至中路而還。'者羅巨之言，大率乖戾。反覆詰問，則者羅巨曰：

‘西亐柳交嫁日月，更思之，則乃年十六七歲時也。其他違端，并以不知答之，故不得歸一。推問移送江界府，以避彼人。臣亦移文江界云：‘小吾稱等安慰供饋，以竢朝廷處分。若古納哈更來尋討，則答曰："前者已通於沿江諸鎮，間小吾稱等來否，諸鎮之報未至。"'"上即下申叔舟、韓明澮及議政府、都總府、兵曹、禮曹議之。叔舟以爲，"者羅巨之言多牴牾，似非唐人。小吾稱雖實唐人，勢不可獨送。古納哈若來求不置，則宜並還給。"明澮以爲，"解送小吾稱，餘宜還給。"具致寬以爲，"小吾稱等自不記中原族係州里，其爲唐人不明。然古納哈以小吾稱爲唐人。者羅巨被擄日月，及自己年歲，各異告稱，的非唐人，宜只解送小吾稱。"黃守身、朴元亨、崔恒、曹錫文等以爲，"小吾稱雖元係唐人，與者羅巨及小童同時逃來，若獨解送小吾稱於遼東，則恐復有前日宋全之讒言，並令邊將還給古納哈。"金礩以爲，"小吾稱則古納哈亦以爲唐人，不可不解送。者羅巨雖不記族係州里，似非唐人，然自稱唐人，而其夫小吾稱亦解送遼東，則者羅巨並宜解送。"金國光以爲，"小吾稱獨解送遼東，則妻子分離，其怨不小，恐有讒訴。且古納哈以不還給爲怨，生釁丁寧，宜令邊將並還古納哈。"沈澮以爲，"者羅巨言端不一，小吾稱亦未的知爲唐人，更悉訪問。若實爲唐人，則留小吾稱，餘皆還給。"康純以爲，"小吾稱雖實唐人，派系難知，並還其主。"康孝文以爲，"若以小吾稱爲實唐人，只令解送，則遠離妻子，必懷憤怨，恐有意外之讒。野人構怨，多爲唐人還本，況同時逃來之人，不可區別。古納哈若來尋之，宜並還給。"盧思愼以爲，"小吾稱等雖實唐人，不可奪彼與彼，以重其怨，於我無益。若不留置我國，則還古納哈。"叔舟更議，"若並解遼東，則其咨當云：‘古納哈言小吾稱非唐人，者羅巨之言，亦多違端，然自言上國人民，不可不解。'其語古納哈則云：'雖實爲汝奴婢，然自稱中國之民，不可不解，故具汝辭緣咨送，汝可告辨於遼東。'此似正大，然怨歸於我而恩在於彼，重彼之威而示我之弱，可乎？依舊例並解遼東，則中國以例事不甚致意，而古納哈失數口奴婢，其怨必深，是無故而媒怨於人也。獨解小吾稱，餘還古納哈，則古納哈雖喜而小吾稱必怨，怨則必訴而生釁矣。招至王京，詳理還給，則建州、開原距遼東甚邇，非如咸吉後門也。小吾稱等後若還逃，則必訴招京還給之事，皆所不可。臣竊意今置小吾稱於江界，以待古納哈之請，以邊將之意答曰：'前日汝皆還去，而小吾稱等出來。詳問情狀，實非唐人，今並還給。避苦就樂，人之常情，勿更侵虐，存撫率居。若又侵虐，後不復還。'如是語之，則古納哈必深感，一可也。小吾稱雖不遂本願，亦不深怨，二可也。後或逃歸遼東，而訴不解送，則推之邊將，答之有辭，三可也。"從叔舟議。　庚辰，咸吉道節度使鄭文炯，據慶興鎮節制使鄭夏生呈啟："野人阿洛豆米來言：'骨看兀狄哈謂諸青巨云，即今農布野，欲於慶興撫夷、造山等處，聚軍馬窺伺，乘虛突入，搶擄人畜，汝其盡出男丁，爲我鄉導。'又會寧鎮節制使魚有沼呈：'斡朵里童也可赤來言："兀良哈虧時應巨云，前者仇麟巨、破可大等，謀欲入寇，已發向童關。"'又鍾城鎮節制都尉鄭禮孫呈：'兀良哈毛伊乃來告，妻父致邑多使人言曰，指揮班車以前日穩城之戰，本鎮人金用達多殺族類，欲復其讎，與同里人約，入寇高嶺、童關，已發程矣。'臣以諸鎮所報，未可盡信。然骨看自侵掠慶興蓴池以後，如此來告不已。兀良哈則殺擄高嶺人物，今又發兵，其計難測。故農民守護防禦諸事，已移諸鎮嚴加布置。其中草密兵弱，賊路四通，如富寧、惠山，尤爲可慮。今抄發五鎮精騎，及北青、洪原下番軍士防戍。臣亦勒兵待變。"御康寧殿，召逢

原君鄭昌孫、高靈君申叔舟、上黨君韓明澮、仁山君洪允成、
南陽君洪達孫、領議政具致寬、吏曹判書韓繼禧、戶曹判書盧
思愼、刑曹判書洪應、工曹判書丘從直，及承旨等，議隄備便
宜。諭文炯曰：“今見卿慶興、會寧、鍾城等處聲息啟本，具
悉事狀，固宜嚴加隄備。然當農時，每因虛聲輒別送赴防，慮
致先自疲弊，卿宜斟酌。”　辛巳，諭平安道觀察使吳伯昌、節
度使金謙光曰：“今來小吾稱等實非唐人，諭鄭山彙諭書及事
目，同封而去，卿知此意。事目：（一）小吾稱等以邊將言，還
給古納哈，仍語之‘前日汝既還，小吾稱等乃來。詳問情狀，
實非唐人，今並還給。避苦就樂，人之常情，勿更侵虐，存撫
率居，汝若存撫，則豈必復逃。’（一）還給時，古納哈若問小吾
稱到來日時，以實語之，且曰：‘李豆里來時，方報節度使，
待回答，故不敢語之耳。’勿言啟聞節次。（一）若古納哈不來而
建州人來，則語小吾稱還給之意，招古納哈親納。若建州人亦
不來，則使人招古納哈。若有故，則給付親信人。（一）小吾稱
等若先知還給之意，則或逃或自盡可慮，勿露此意。”其諭山彙
書曰：“今來小吾稱等，待古納哈之來，依同封事目，開說還
給。”初，山彙爲滿浦節制使，與彼人多言，上以裴孟達代之。
召問兵事，孟達無學術，昧於兵法，一不能對，故以山彙還任
之，仍諭曰：“議者云爾對彼人說話多詳，慮或爲彼所輕，以
是遞任。然更思之，無如爾久諳北狄之情，雖有多言之失，然
不多言，則無以得彼之情狀，但愼機關事體耳。”　甲申，咸吉
道節度使鄭文炯馳啟：“臣遣兀良哈柳尙冬哈、斡朶里李家紅，
就高嶺作賊人處，問曰：‘曩歲汝輩自作不靖，以犯天討，又
不悛心，累侵邊鄙。國家將舉兵問罪，諸酋雲集投降，曰“願
自今易心改過，永世順服。苟有異心者，我等當繫致營下。”故
國家寬汝等之罪，撫恤如舊。不意近者羣聚窺覘，殺掠刈草人

畜，歸順之意安在？'柳尙冬哈還言曰：'豆門住兀良哈仇里應
巨、亏里應巨等云："弟加里應介，前年寇永建堡遇害，而因
奪其馬，故欲報其讎，與河伊亂住波加大、甫都古等相結犯
邊，虜其牛馬。今因汝等之言，吾輩亦欲歸順，乃還牛馬。"'
李家紅亦曰：'見波加大等致節度使之言，波加大言："吾叔父
吐波等，被殺於鍾城妹夫家，里應介被殺於積石堡。"甫都古
言："父回陽古，被殺於鍾城。以故皆追怨不已，侵犯高嶺，
虜牛馬而來。今因汝等之還，各歸牛馬。"'臣計彼人搶去頭畜，
勢將畢還。"回諭文烱曰："卿到任以後，一無謬誤。適有高嶺
之事，賊必以卿爲未諳軍旅而輕侮之，或有不度情勢，妄搆不
靖，故以康孝文代卿。同封事目，詳審施行，嚴令諸鎮，更謹
堤備，以待孝文。(一)前去諭書應未及到，到則宜審所諭，語
尙冬哈曰：'汝等須拿此賊來，庶明歸順之意。彼之族親爲賊，
故我自殺賊耳。彼之讎我，是何理也？死於穩城而報之於高嶺
之民，亦何理耶？彼與汝等，皆同類兀良哈也，吾亦報之於汝
等，亦有當理乎？汝等以甚無理之事，輕犯大國，大國其終不
討耶？若及其禍未作而拿致謝罪，則猶可止禍；不然，則吾未
知汝類存亡也。其速圖之，無遺後悔。'(一)'以汝等歸順，今
冬特許欲朝者皆上送，將待之如初。諭書方到而又作賊，汝兀
良哈等，若不拿賊，則何辭上送，汝亦何顏朝京乎？'(一)今雖
刷還牛馬，毋現嘉尙之意，益責拿賊之事。(一)盡數拿致，則
上策也。雖不能盡數，而過半拿致，亦上策也。若只拿數人而
殺之，是更生多賊，無益也。卿觀勢自量。若不能爲半拿致而
自來者少，則當叱之曰：'汝何獨來，是嘲我也。來則盡來謝
罪，然後爲汝啟聞。'勿接待還送。若自中有拿致者，勿論多
少，皆因以啟。然事機多端，在卿斟酌。"

建州是時與朝鮮接觸極多，所爭執者皆爲逃人。而建州對朝鮮之態度，極示屈服，亦暗中偶爲鼠竊。其憚明廷，尚不如憚朝鮮之甚，則以朝鮮尚能詗其内情也。未幾，建州益侮明廷，遂遭誅戮，亦尚得朝鮮之助。

八月庚子朔

丁未，朝鮮實錄書：咸吉道節度使鄭文炯馳啟："童關住兀良哈，請朝京獻馬者多。臣答曰：'近來汝輩悔過自新。今冬下諭，諸種願朝者，悉令上送。今高嶺有變，上必震怒，將有玉石俱焚之禍，況望朝京乎？斡朶里、兀狄哈，當依諭上送，汝輩則難矣。'兀良哈等曰：'罪人則已矣，吾輩效順無貳，乞許赴朝。'"又啟："臣曾奉下諭，招愁州兀良哈柳尚冬哈、要時老、於麟哈等，詰之曰：'汝等若不干高嶺之賊，其賊魁及其里頭酋，可速拿來。'尚冬哈等承諭而去。於七月二十日，尚冬哈率豆門住賊魁仇里應哥父權豆，其里頭酋仇郎古，要時老率何伊亂住波加大等，來鍾城。臣問權豆曰：'汝子何故犯邊？'答曰：'癡兒未忘其兄於加應哥被殺之嫌，妄犯邊境。旋自悔恨，深願歸命，搶去頭畜，即皆送還。但以罪魁不敢來見，使我爲之先，欲俟命爾。'問仇郎古曰：'仇里應哥，汝之管下也，當初作謀時，汝豈不與知乎？'答曰：'吾輩元不同處，況因田獵爲生，未嘗在家。彼愚駿之徒，潛寇大國，初未之知也。後乃聞之，責讓本人。彼亦悔罪，已還所虜頭畜矣。'問波加大曰：'汝何故犯邊？'答曰：'叔父土音好，與其子高羅介，效順上國。歲庚辰，到鍾城，無罪見殺，心常痛憤。里中人夫乙豆，亦以其父見殺於鍾城，共謀報復。潛往鍾城，伏城門外三日，竟不見人。迤至高嶺，道遇獵者二人，射之並搶馬匹。今皆送還。'臣曰：'汝等諸酋每言歸順，今乃如此，國家豈無

處置？火炎崐岡，玉石俱焚，汝輩其能免乎？'皆惶懼謝罪。臣
語尚冬哈曰：'汝之從弟都羅伊，與仇里應哥共犯邊境，人皆
云汝亦與知。'答曰：'都羅伊雖是族親，未嘗同處，潛行入寇，
吾何與知？吾自少時一心順國，今頭髮已白，過蒙厚恩，位至
中樞，凡干聲息馳報之事，不憚艱險，生死以之。今聞此語，
不勝痛心。'臣曰：'往來行言，吾豈盡信，可勿見疑。'然觀其
辭色，必與知者也。"上下議政府、都總府議之。　庚戌，平安
道觀察使，據滿浦節制使呈啟："野人副萬戶羅下來言：'都督
李古納哈，使我問其逃奴還給與否？'答曰：'逃奴則問沿江諸
鎮，皆曰不來。且古納哈效誠歸順，非他野人之比，懇請朝
京，處之何如？'御書回諭曰："古納哈若又出來，更請朝京，
答以中朝所忌，不可許也。雖咸吉道亦何異乎？'如此說送。"
乙卯，咸吉道節度使鄭文炯，據會寧鎮節制使呈啟："吾音會
住斡朶里古乙古來言：'吾於江上刈黍，尼麻車兀狄哈七八人，
潛伺發射，擄牛馬而去，故僅從林間逃出。同類斡朶里二十餘
人，渡江追之不及。'臣聽此，移文諸鎮，令探賊去留，人畜殺
擄之數飛報，且令謹嚴防禦。"

九月己巳朔

　　庚午，平安道節度使金謙光，據滿浦節制使呈啟："野人
李古納哈、李豆里等來言：'曾蒙節制使之招，即欲來謁。適
有言火剌溫聚兵而來，故至今乃來爾。'即還給小吾稱曰：'避
苦就樂，人之常情，更勿侵虐，務加撫恤。'古納哈以大箭舉于
額上，告天曰：'小吾稱雖本是家僮，背我而逃，今公體殿下
之意而還給，此是殿下之賜，何敢忍下一杖。若渝此盟，有如
此箭。'豆里又曰：'每告節度使，乞上京肅拜，至今無回答，
是必節制使不報也。秋收後當來，雖留一二月，必待回答。'"
回諭曰："今見卿啟本，豆里等若更請上來，令鄭山彙以卿言

答曰：'中國禁與建州人交通，諭令自今勿許上京。汝等誠欵
雖懇，未敢啟達耳。'若曰欲由咸吉道上京，答曰：'彼何異此，
然各有邊將，非吾所知。'如是答送。"

丁酉，命整飭兵備都察院左都御史李秉總督遼東軍務。時
秉奉敕整飭大同兵備，從鎮守太監李良請，故有是命。實錄。

李秉督遼東軍，遂討建州，誅董山，此其發端。然明
廷本意，尚未令秉圖建州也，董山自桀驁犯順耳。明綱紀
未紊，所用士大夫，尚皆實心奉職，故能有功；其實當時
之建州，亦不足平也。

是日，建州右衛女直指揮捏察等來報："木里王遣使至
三衛頭目苦特，令擁眾六千，分掠開原、撫順、瀋陽、遼陽
等處。又聞黑龍江野人，亦整備人馬，欲來邊方搶掠。"兵部
請敕，令捏察等齎與本衛都指揮卜花禿等："見其敬順天道，
效忠朝廷之心，仍令戒其部落，毋通虜以犯我邊。"上從之。
實錄。

十月己亥朔

丁未，朝鮮實錄書：咸吉道節度使康孝文，奉書于承政院
以啟曰："會寧下多家舍住兀良哈阿下來告曰：'東郎住多郎介
等，欲寇中國，聚兵百餘，已就途。吾亦聚二百餘兵，將入
歸。'又廬包住朱將哈來告曰：'阿下等又聚兵八十餘，將入寇
中國。'中東良住亐老哈來告曰：'多郎哈等以前者入朝中國時，
蒲州人等以樸頭箭射之，使不得往，欲報其讎，聚兵三十餘往
蒲州。'阿下等之言雖不足信，然賊謀難測，臣令諸鎮勒兵待
變，并移文平安道。"上示申叔舟、韓明澮及議政府、都總管議
之。沈澮等以爲，"依節度使所啟，益謹邊備。"叔舟、明澮及

康純等以爲，"多郎哈等據去人畜，今令刷還，而答以無禮之言，其與蒲州人結黨爲寇，未可知也，宜諭本道及平安道，令防禦諸事倍前布置。"從叔舟等議。 平安道節度使金謙光，據滿浦鎮節制使鄭山彙呈啟："野人李古納哈等來告曰：'節制使體殿下憐憫之意，還給逃奴婢，報恩無地，心欲朝見謝恩。'以中朝所忌沮之，欲由咸吉道而往。山彙答曰：'彼此何異，然各有邊將，非予所知也。'古納哈又言：'李權赤到吾家曰："羅下軍有欲竢冬冰合，復寇義州三島。"'山彙答曰：'前日再犯我邊，邊將刻期舉師，適中國止之。且聖上憐憫汝輩，不許出師，邊將至今切齒。彼若復來，是自速禍也。'古納哈叩頭曰：'我等雖不能禁彼之惡，若知彼竊發，則馳報大國。'"

甲寅，整飭邊備左都御史李秉言："建州、毛憐、海西等諸部落野人女直來朝貢，邊臣以禮部定擬名數，驗其方物，貂皮純黑，馬肥大者，始令入貢，否則拒之。且貂產於黑龍江迤北，非建州、毛憐所有。臣聞中國之待夷狄，來則嘉其慕義，而接之以禮，不計其物之厚薄也。若必責其厚薄，則虜性易離，而或以啟釁，非聖朝懷遠人厚往薄來之意。今年海西、建州等夷人，結搆三衛，屢擾邊疆，進貢使臣，一介不至，凡以此也。今邊報日聞，若不更定其制，恐邊患日甚一日，所係非輕。"禮部因請戒飭遼東守臣，自後夷人入貢，驗數放入，不得過爲揀擇，以起邊釁。從之。實錄。

　　據此，可知李秉督遼本意，在寬待建州貢夷，以消邊釁。明之京外諸臣皆未預爲征討建州之計也。天順間部臣以貢夷人數冒濫，方議約束，行不數年，又復縱弛。

　　實錄中開原虜警，此時極繁，以不明著女直之加入，

略之。董山之所以柴鶩，正緣虜訊方亟，明廷曲示敷
衍耳。

丙寅，遼東鎮守太監李良等奏：“女直哥木列等衛，傳報
三衛虜賊，欲率衆分道來開原等處搶殺。又言哱兒哱太師到河
東時，擁衆十萬，往大同等處搶掠。”上命沿邊鎮守總兵等官，
整兵嚴爲備禦。實錄。

十一月己巳朔

辛未，朝鮮實錄書：平安道觀察使，據滿浦節制使呈啟：
“李豆里來言：‘充尙管下多漢，見毛憐衛兀良哈伊波等，領五
百餘騎，渡吾乙面江而西。問其所向，多浪哈答曰：吾輩往年
欲入朝，到遼東，自持良馬一匹、黑貂皮三十張者外，不許入
朝，以故欲入遼東，剽掠人物，以雪宿憤。’”上召高靈君申叔
舟、綾城君具致寬、玉山君躋、銀川君穧及諸將議，增平安道
軍官，遂命李德良、金奉元，各率精兵二十人往焉。

癸酉，考郞兀等衛野人女直都督撒哈良等、兀者等衛野人
女直都指揮宋哈答等，各來朝貢貂皮等物。賜衣服、綾段等物
有差。實錄。

辛巳，朝鮮實錄書：平安道觀察使吳伯昌馳啟：“李滿住
子毛只乃來告曰，兀良哈阿邑可、末乙彥率軍四百名，繼多郞
哈而去。” 丙戌，平安道觀察使吳伯昌馳啟：“李滿住管下李
古那等來告：本月九日，兀良哈末乙彥、阿邑可等，率四百餘
騎，向遼東而去。”命下兩府議之，皆以爲節度使隄備已具。

庚寅，平安道節度使金謙光馳啟：“正朝使趙瑾護送虞候朴星
孫來告：‘越江三日，宿夫乙厚里，唐人終信言：“十月二十五
日，野人入通遠堡，殺擄人畜，指揮劉英出戰，死之。賊分屯
夫乙厚里、深浦、雙嶺，往來剽掠。鄧御史領千餘兵戰琥珀

洞，不勝而還。胡參將、王指揮亦到開州追戰。又宋參將、朱參將領兵，直到李滿住所居，執滿住，問其子等所在。仍攻殺所管二屯，縛致滿住及家屬於胡參將、王指揮在處。"然其後滿住所送人到滿浦，不言其事，則終信之言，未可信也。" 甲午，平安道節度使金謙光馳啟："都督李古納哈等，使其弟阿具等來告曰：'咸吉道兀良哈百餘兵，入寇遼東而回，誇之曰：'盡掠遼東人畜而去。予適聞皇帝有敕賜，故未得親告。'"

丁酉，總督遼東軍務左都御史李秉奏："女直毛憐等衛達賊入玉湖等處，指揮張勝擊却之。參將孫瓄、周俊，率官軍追剿于分水嶺，賊敗走。瓄等追之，出邊外三百餘里。賊倚山為勢以迎敵，瓄等身先士卒，麾軍四進，生擒賊徒一十二人，獲賊男婦九十二人，馬匹器械牛羊千餘。翌日回駐中途，夜三更，賊率眾衝營，用銃礮擊之。自後連三日，賊沿途據險，邀我歸路，或衝其中，或擊其後，瓄令軍士俱下馬，且戰且行，自朝至暮，戰十餘合，夜不得息。會副總兵施英領兵至，併力攻之，賊敗走、復由鳳凰山入邊搶掠，使指揮傅海、王衡為左哨，李英、徐祥為右哨，督軍奮勇夾攻，衝賊為二處，復力戰破走之，獲賊男婦三百二十七，馬四、弓箭刀數百。謹具以聞。"命兵部知之。實錄。

是時遼東、開原等處虜寇不一，李秉參奏鎮巡等官失機之罪亦不一，大約皆以朵顏三衛為主名，與為聲勢應和者乃北虜字來太師，即實錄又稱哮兒哮者也。以其非明指為女直事，俱不備錄。此次則確係毛憐等衛達賊。蓋於成化初，建州女真公然與皇朝有相戰之事矣。

此戰以孫瓄為最有功。明史本盡諱建州戰事，而獨瓄之戰績，漏出於王翱傳中。文云："指揮孫瓄，鞭殺戍卒，其妻女哭之亦死。他卒訴環殺一家三人。翺曰：'卒死法，妻死夫，女死父，非殺也。'命環償其家葬薶費。環感激，後參將遼東，追敵三百里，事李秉爲名將。"所云"參將遼東，追敵三百里，所事者爲李秉"，正指此戰。但不言敵爲何種，使人不覺爲建州而已。此爲明史曾涉此次戰事，其他野史則叙此事頗詳，皆綜成化初戰事始末，別爲引證於後。

十二月甲戌朔

癸卯，朝鮮實錄書：平安道觀察使吳伯昌馳啟："理山體探甲士金仲善，於婆豬江得一被擄唐女每邑藏，招云：我本遼東松站里人也。去十月二十六日，兀良哈侵掠我里，及不胡里，女亦被擄。聞有兀良哈一人，欲寇朝鮮。眾曰：朝鮮軍士猛如羣蜂，又好夜戰，不如往遼東，易如拾芥，遂結黨而去。女伺家空逃來。"答諭曰："送唐女于義州待命。"　乙巳，咸吉道節度使康孝文馳啟："今十一月十五日，尼麻車兀狄哈蘇主等二百餘騎，突入會寧鎮煙臺下童速魯帖木兒住處，焚其廬舍二十二區，搶奪牛馬財產殆盡，沙陽可、松古老中箭死。兀狄哈有解我國語者五六人，棄兵仗進煙臺下，言曰：'吾等與大國本無仇隙。所以來者，蓋爲斡朵里報讎耳。'遂退。"御扎事目示議政府、都總府："（一）今適阿仁帖木兒來朝，宜語之令和解。（一）斡朵里若又被侵，欲入長城內，則宜有處置。（一）被寇人內，爲首人等上送。"申叔舟、具致寬等議曰："尼麻車與斡朵里和解事，依上旨，俟阿仁帖木兒回時語之爲便。阿仁帖木兒，蘇主從兄弟也。斡朵里入長城事，前此潛避入城，國家若初不知者，今亦如此，勿令兀狄哈生釁。被賊者上送事，若論以被賊而上送，則於事體未穩，且不可使聞於彼，可依他上送。其中不能自存者，依前例貸米穀存撫，使不失業。"命以此答諭。　　己酉，平安道觀察使吳伯昌，據滿浦節制使呈馳啟："古納哈來言：'去家西二日程回隅住管下先波右言：毛憐衛兀良哈多良哈、阿邑可、伊波，領軍入遼東，擄人畜并一千餘。遼東總兵官追來接戰，兀良哈指揮伐伊應哥中流矢死，其餘中箭者二十四人。'又李權赤來言：'遼東守關將宋參將，帥三千餘兵，前月七八日間，與童倉管下戰，擒殺男女一百二十人。'"　　庚戌，咸吉道節制使康孝文馳啟："臣聞諸近境野人云：東良西里住兀良哈多良哈、伊波，與無乙界住羅下，伐引住於夫介、愁陽哥，吾治安住汝赤，阿赤郎耳住多弄介、方只金、阿堂介，堡兒下住時堂介，毛里安住阿下等，領三百餘兵，與尼麻車兀狄哈兵合，總五百餘兵，入遼東擄男女五百餘人，當時未及回還。還則當更詗問具啟。曾奉諭書內'骨看兀狄哈邊時羅，曾入慶興擄樵採人，今可於諸野人上京時，并許上京，使之聞之，彼當自來。'臣依諭書措置，邊時羅傳言：'我欲入朝，方患疹疾，姑就兵使謝罪。'"回諭曰："毛憐衛人等入寇遼東，事後當自知，不必綢繆更問，示人輕重。骨看亦不必招誘，任其所爲可也。凡大將當自嚴重，卿宜知悉。"　　壬子，諭咸吉道節度使康孝文曰："同封事目，密審施行。近日平安道所啟，及赴明使臣聞見事件，亦宜看詳。大抵不關於我，謹自隄備而已。"其事目曰："(一)入寇遼東野人內，有欲上京者，勿以入寇爲咎，托以他故勿許上送。(一)前以巡幸命停野人朝京，今已停巡幸，依前例上送。(一)浪將家奴父與兄弟，有欲入朝者，從例上送。"　　甲子，咸吉道觀察使吳凝馳啟："本月十九日，兀良哈柳尙冬哈語臣曰：'近聞同類五百餘人入寇中朝，擄男女四五百人。'臣曰：'中朝撫恤汝輩，何爲入寇？'尙冬哈曰：'前者天使之來，同類多聚于會寧鏡城，以

致爲貴國所誅，欲報讎中朝。我强止之，今不從我言入寇耳。'
臣言他而不答，尚冬哈更言：'吾輩兵非五百，只二百騎，人
各擄七八人以來。'所言似誇，臣亦不答。"

　　柳尚冬哈爲愁州住之兀良哈，舊毛憐衛之後，所冠
"柳"字似姓，其實即浪孛兒罕之"浪"。浪孛兒罕，前又作
劉甫乙看，"劉"與"柳"音尤近，明實錄作郎卜兒罕。
"郎"、"浪"、"劉"、"柳"，皆同是譯文之歧異。

正編卷九

成 化 朝

成化三年，即朝鮮世祖十三年，丁亥(1467)

正月戊辰朔

是日，朝鮮實錄書：御勤政殿，設會禮宴，野人知中樞院事金麻尙哈、李多弄介、柳尙同介，副使柳於麟介，同知事劉無澄哈，都萬戶照麟可、李都弄吾、阿充哈等八人，倭僧四人，入內殿侍宴，餘各以類列坐庭下。命倭、野人在殿內者進酒，在庭者上殿賜酒，仍命起舞。

庚午，總督遼東軍務左都御史李秉等奏：“建州左衛都督董山，歸歹都哈所掠我人口，欲贖彼之人口爲我所俘獲者。已嘗得旨給還，蓋欲俯順夷情，以息邊釁也。但董山等陽爲助順，陰縱鈔掠，乞降敕切責建州、毛憐等衛虜酋，備述其犯邊之罪，及獎諭董山歸我人口之功，使之畏威懷德，革非改過，庶得少紆邊患。”從之。　辛未，總督遼東軍務左都御史李秉奏：“遼東夷人入貢，往年不限人數。其有來者，俱赴撫順關驗收方物，轉送京師。近日供費浩繁，減限人數，而建州三衛多冒毛憐衛人，以規賞賜。及毛憐人至，而守關者以數足不容入，故毛憐人怨，恐生邊釁。宜敕建州頭目，毋更詐冒；及明諭毛憐頭目，俾知此意。”事下禮部，以：“詐冒有禁，舊例也，而守者不遵，當行究理。但邊事方殷，姑從寬貸，宜如秉言請敕，以諭建州、毛憐二衛。"從之。實錄。

撫順開關未久，已有限人數、不限人數之變遷。既限
人數，董山即有多餘之人數，冒用他衛之名混入，然則驗
敕爲具文，而某衛貢使，祗憑其口報矣。建州左衛狡於他
夷，其例如此。

壬申，朝鮮實錄書：平安道觀察使吳伯昌，據滿浦節制使
鄭山彙馳啟曰："去年十二月二十三日，野人指揮沈尙同介等
五人來言：'祖父沈者羅老，事大國甚謹，身死之後，絕不相
通，于今二十餘年。今飽聞大國厚待我類，仰慕風化，吾父所
乙古，與諸部落頭酋會議，欲遣子弟來謁於節度使，先使吾等
來告。發家七日，乃到於此。'"

癸酉，錦衣衛帶俸署都督指揮使武忠，往諭建州、毛憐等
衛都督董山等。初，董山等謀爲叛逆，屢爲邊患，朝廷命將帥
師往征之。至是始畏服，故命忠賷敕，以責其累畔之罪，令改
過自新；因而獎其歸順者，令益效忠義。實錄。

戊寅，朝鮮實錄書：平安道觀察使吳伯昌，奉書于承政院
以啟曰："滿浦節制使鄭山彙報曰：'野人李豆里來言，建州衛
居人等剽掠中原，故不得貿鹽於遼東地面，今春必將來求貴
鎮，請備鹽送之。'"命議于議政府、都總府，面諭曰："今來啟
本，觀豆里所言，建州之人既不得往遼東，故來滿浦求鹽者必
多。若更來，則語之曰：'汝等交通我國，中朝所甚忌。況今
汝輩作耗遼東，尤不可私通。若中國聞之，非徒咎我，於汝亦
甚不便。汝之來歟，固我所嘉，勢方如此，姑勿來往。'如是開
說，亦須秘密耳話，使彼知我憐佑不永絕之意，厚待如例。卿
以此意速通山彙施行。"又命承政院馳書于山彙曰："近因觀察

使所啓，備悉古納哈刷還中朝人物，可昌介發兵，多郎介等回還等事。凡聲息情勢，所當詳知。然亦不可無端詳問於彼，必因便使自陳說，不宜綢繆淺露，爲彼所測也。"

庚辰，兵部奏："巡按遼東監察御史魏瀚奏：'虜寇入遼東鱗墖堡及鴉鶻山，屯梁家臺等處，縱火焚堡門營舍，大肆殺掠而去。按伏指揮金榮、高通，守備巡視等官千戶李傑、百戶劉興等，俱失機致寇，宜正其罪。'鎮守大監李良亦奏：'副總兵施英，左參將孫璟、周俊，俱失應援，亦宜究治。'但施英及金榮等，嘗因失機停俸立功，高通等罪與榮等，或逮問如律，或令自贖如榮等例。"上曰："高通等亦記罪，令立功自贖。"　陞錦衣衞帶俸署都指揮使武忠爲署都督僉事。時忠受命撫諭建州、毛憐諸夷，因言："建州女直董山等，俱已官都督，臣止署都指揮使，位出其下，恐不爲所尊信，乞量加陞擢，使聲位相等，庶可以懾夷心而全國體。"上從之，遂有是命。實錄。

野人求官，不吝陞擢，以爲羈縻之策。豈知彼即以職分較大，蔑視王人，則名器固不可褻也。建州之坐大，皆朝廷官賞有以資之，於武忠陞職往使事，可推知矣。

癸未，禮部奏："遼東邊關一帶驛遞，於入貢夷人，待之失宜，致有嗟怨，恐生邊釁。"上曰："然。其移文薊州、永平等處鎮守巡撫等官，令各嚴飭守關官軍，及驛遞衙門，凡遇夷人入貢，務待之以禮。其供用之物，亦宜周備，毋簡略。所貢之物，聽其自效，毋責備。必使夷人感恩懷惠，庶盡朝廷柔遠之意。"實錄。

乙酉，海西忽石門等衞女直都指揮管迷等、兀者等衞都指揮阿都哈等、童寬山等衞都指揮牙速哈等、朵林山等衞都指揮扯養哈等、忽魯愛等衛都指揮幹哈等、幹蘭河等衛都指揮牙失塔等，各來朝貢馬及貂皮等物。賜宴，并衣服綵段等物有差。實錄。

壬辰，朝鮮實錄書：咸吉道節度使康孝文，奉書于承政院以啟曰：“距慶興二十日程，甫所住嫌眞照乙好兀狄哈，前此絕不往來，今欲歸順，因骨看李小通介請使轉聞。”回諭曰：“今因李小通介所告，已悉。嫌眞照乙好內附之意，居遠而欲來，其意可嘉。已語小通介曰：‘來則撫之，不間遠邇。’卿亦知悉。”

二月丁酉朔

己亥，毛憐衛女直都指揮戳乞納等，來朝貢馬及貂皮等物。賜宴，并衣服綵段等物有差。　總督遼東軍務左都御史李秉等奏：“海西、建州等虜，入鴉鶻關，抄掠佛僧洞等處。副總兵施英等，分兵禦之。遣都指揮鄧佐，率軍五百前哨，至雙嶺，遇伏戰死，一時陷沒者餘百人。時英亦次樹遮嶺，與參將周俊兵合，去佐不遠，不能應援，致損士馬，挫軍威，罪不可宥。”事下兵部言：“施英向以啟釁要功，被劾令立功自贖，今復行師失律，致陷佐等，誠宜逮問；但兵興之際，用人方急。”上是之，曰：“施英姑不問，仍令殺賊贖罪。”　總督遼東軍務左都御史李秉奏：“雙嶺之戰，隨征官軍署都指揮鄧佐、達官指揮使李剛等九十八人陣亡，請以遼東都司官庫綿布，人給四疋，以備喪具。”從之。實錄。

鄧佐死事，明史不見其人。清堂子祀鄧將軍，蓋即其人，考如下。

附：清代堂子所祀鄧將軍考

禮親王昭槤嘯亭雜錄云：“國家起自遼瀋，有設杆祭天之禮，又總祀社稷諸神祇於靜室，名曰堂子，實與古明堂會祀羣神之制相符，猶沿古禮也。既定鼎中原，建堂子於長安左門外，建祭神殿於正中，即彙祀諸神祇者。南向，前爲拜天圓殿，殿南正中設大内致祭立杆石座次，稍後兩翼分設各六行，行各六重。第一重爲諸皇子致祭立杆石座，諸王貝勒公等，各依次序列，均北向。東南建上神殿，南向，相傳爲祀明將鄧子龍位，蓋子龍與太祖有舊誼，故附祀之。"　此清皇族自言堂子有明將鄧姓者，而以鄧子龍實之。考昭槤之襲禮親王爵，在嘉慶十年，已爲代善六世孫。其所傳述，去國初已稍遠。其云"設杆爲祭天，總祀諸神有社稷"，皆爲誣捏。

　　查慎行人海記元旦堂祭條："每歲元旦，昧爽，未謁太廟，先上堂祭，乃鄧將軍廟也。在朝門之巽隅，庭列劍戟，自車駕外，侍從皆匍匐而入，非親暱者不得隨行。按鄧諱子龍，南昌人，萬曆中副總兵。"　查氏逕稱堂子爲鄧將軍廟，無附祀之説。其云"庭列劍戟，侍從皆匍匐而入。"或其時儀式如此。今清會典則不同矣。

　　蕭奭齡永憲錄："康熙六十一年三月，上跳神回宫。"注云："跳神，國制也。凡遠出者回，必享牲酬神，病愈亦然。滿洲之行此者，咸具饌以招親友，盡醉飽乃已。或云，即祀堂子所奉之鄧將軍。相傳明鎮遼總兵。戕建州部，而保護我太祖於孤幼中，故祀之等祖廟。一曰其神主疾癘。"　蕭氏此説，亦早於昭槤。其言鄧將軍，並無子龍之名，要其爲堂子祀鄧將軍之説，則先後一也。夫蕭氏疑跳神之即堂子，今據滿洲祭神祭天典禮，知其不然。"跳神之日，朝祭設如來、觀音位，而夕祭則設七仙女、長白山神、遠祖、始祖位。溯跳神之始，沿自蒙古。輝和跳神，以一人介胄持弓矢坐墻堵。蓋先世有劫祀者，故豫使人防之，因沿爲制。”據此，則非滿洲自創之堂子祭也。惟其所述堂子之傳聞，則可證鄧將軍爲舊有之說；而其云“將軍戍建州，獨保護太祖於孤幼”，則又誤合於李成梁事。又曰“一曰其神主疾癘”，此則亦堂子之舊聞，可供印證。

　　堂子之爲祭天，其說起於乾隆年。蓋高宗自爲文飾之語，而清代臣工紀載皆述之。乾隆十四年，初定金川，三月凱旋，四月丙午諭曰：“堂子之祭，乃我朝先代循用通禮。所祭之神，即天神也。列祖膺圖御宇，既稽古郊禋，而燔柴典重，舉必以時。堂子則舊俗相承，遇大事及春秋季上旬，必祭天祈報，歲首最先展禮。定鼎以來，恪遵罔怠，且不易其名，重舊制也。考諸經訓，祭天有郊有類，有祈穀祈年，禮本不一。兵戎，國之大事，故命遣大將，必先有事於堂子，正類祭遺意，而列纛行禮，則禡也。我祖宗於行營中，或別有征討，不及歸告堂子，則望祭而列纛行事，其誠敬如此。朕思出師造遣，則凱旋即當告至，乃天地宗社，俱已祝冊致虔，且受成太學，而堂子則弗之及。祀官疏略，如神既何？祀典攸關，彝章宜備。著議政王大臣等，詳悉具儀，朕親爲裁定，載入會典。特諭。”尋奏：“謹按：會典‘崇德間大兵凱旋，太宗文皇帝率衆拜天，大設筵宴。宴畢，躬率凱旋王貝勒貝子公大臣等，恭謁堂子，行三跪九叩禮。’請嗣後凱旋，致祭於天地、太廟、奉先殿、社稷、陵寢如常儀外，皇帝告祭堂子，由禮部請旨，欽天監擇吉。屆期，鹵簿大駕全設，禮部堂官奏請皇帝詣堂子行禮。凱旋將帥大臣，及諸王、貝勒、貝子、公、鎮國將軍、都統、尚書等官隨行。禮部堂官恭導就位，凱旋將帥等依次排立，鳴贊官贊跪叩興，皇帝行三跪九叩禮。將帥等隨行禮畢，禮部堂官奏，請駕還宮。樂作、禮成如儀。"得旨："是。依議。"

據東華錄所錄實錄之文如上。是知以堂子爲祭天，而以類祭、禡祭等古禮之名比附之，皆出高宗之創意，禮臣承旨附和其間，由此定入會典，而後祭天之說乃有明文。當禮臣議奏時，所據故事，乃崇德年間凱旋所行，明言太宗先率衆拜天，即設宴。宴畢，再率凱旋諸將恭謁堂子。是堂子非天，尤爲明晰。其載入會典之年，據事例，乾隆十七年奉旨：堂子祀典。載入內務府會典，蓋十四年因金川凱旋諭禮臣後，迭經奏覆奉旨，至十七年乃指定會典應載之官署職掌也。

再考會典所載內務府祀典，滿洲舊俗所祭諸神，以坤甯宮居堂子之先。而乾隆十二年敕撰之滿洲祭神祭天典禮，則以堂子居坤甯宮之先。蓋其次序，亦非清初之原序。清初以堂子爲祀典之最尊，坤甯宮乃堂子不祭之時，安奉諸神而便於朝夕躬祭者也。歲十二月二十六日，則悉索諸神，昇入堂子，以供元旦之陳列。此數日間，坤寧宮以神不存在，亦停朝夕之祭，惟元旦日，猶向諸神空位上香一次。元旦，堂子雖供諸神，而獨祭圓殿，則元旦祭堂子，實爲惟一之典禮，非諸神所共預。但諸神亦必於元旦安奉於堂子，可知堂子爲棲神之重地，非坤寧宮朝夕便安之比。堂子之神，謂之鈕歡台吉、武篤本貝子。台吉、貝子，皆金元以來尊貴之號，夷所習稱，而爲其時建州酋長所不敢自居，以奉其所尊之神，示崇敬之意，後乃沿稱不改，存舊俗耳。要其爲人鬼，而非天神則明矣。

堂子之制，饗殿不奉主神，遇大祭時以奉諸神，而主神則別爲圜殿，北面以向之。諸神者，有朝祭神，有夕祭神，即坤甯宮中每日朝與夕所分祭者也。朝祭神有三：（一）釋迦牟尼，（二）觀世音菩薩，（三）關聖帝君。夕祭神，其名甚多，總稱爲穆哩罕諸神、畫像神、蒙古神。會典事例云："夕祭祝辭所稱，有阿琿年錫、安春阿雅喇、穆哩穆哩哈、納丹岱琿、納爾琿軒初、恩都哩僧固、拜滿章京、納丹威瑚哩、恩都蒙鄂樂、喀屯諾延諸號。中惟納丹岱琿，即七星之祀。其喀屯諾延，即蒙古神，以先世有功而祀。其餘均無考。又樹柳枝求福之神，稱爲佛立佛多鄂謨錫瑪瑪者，爲保嬰而祀。"云云。凡此，皆坤甯宮所供之神。除朝祭三神外，餘皆見夕祭祝辭，而惟佛立佛多鄂謨錫瑪瑪，則爲求福祭時專祭。其祝辭中，惟有佛立佛多鄂謨錫瑪瑪之神位，別有朝祭求福祝辭，則以朝祭神佛菩薩冠其前，乃及佛立佛多鄂謨錫瑪瑪，有夕祭求福祝辭，則以夕祭神穆哩罕等諸神冠其前，乃及佛立佛多鄂謨錫瑪瑪，蓋除諏日專爲求福之祀外，平常朝祭夕祭，隨時皆可附帶求福。此佛立佛多鄂謨錫瑪瑪，即京師士大夫相傳之"萬曆媽媽"也。首爲"佛立"，末爲"瑪瑪"，疾讀之略其中間，遂成"萬曆媽媽"之音。因謂清太祖被李成梁擄獲時，神宗太后命勿誅，故清世永祀神宗太后於宮中，每日必祭，祭必以豬。禁門甫闢，一車懸一燈，載豬最先入宮。朝士候朝者常見之，云此所以供"萬曆媽媽"者。其豬用後，載出宮賤售之，朝士俸薄不能具肉食者，亦或購之。此說舊京官無不知之。無錫許靜山曾以筆之於所刊雜記，其實皆委巷語也。成梁破阿台時，并殺太祖祖及父。阿台猶爲小醜，其所從屬之夷目，奏報所不及，實錄所不見，何至煩太后之緩頰？清宮中晨所進豬，乃以供坤甯宮之朝

祭。朝祭三神，如來、觀音不食肉，先以香碟三、淨水三
琖、方切灑饊十盤，設供訖，即徹佛、菩薩水二琖，徹菩
薩像，移供佛小亭。然後移關帝像於正中，乃進豬，先以
二琖獻水致禱，又合二琖水爲一琖，灌豬兩耳，去皮而節
解之。凡用二豬。載豬首先入宮，自是事實。"萬曆媽
媽"，則緣佛立佛多鄂謨錫瑪瑪之附會。此可以附明清宮
傳說之一故事者。

　　坤甯宮之祭神，歲終皆彙總於堂子，一切神位，皆舁
入堂子饗殿。且一年中所積楮帛，及祭神所樹之杆，祭佛
立佛多鄂謨錫瑪瑪之柳枝，皆送堂子焚毀。是堂子爲祭神
之定所，而坤甯宮特其近便之祀所耳。惟歲終至元旦，諸
神皆正位於堂子，其餘春秋立杆大祭，及四月八日浴佛之
祭，則皆祇請朝祭神，即如來、觀音、關帝三神，入堂子
致祭。祭時，饗殿祭舁入之神，而對面圓殿則祭堂子主
神。元旦日，饗殿雖遍供諸神，而祭拜惟在圓殿。圓殿北
向，對饗殿，主神面北。帝南向而拜。杆祭及浴佛祭，則
饗殿、圓殿並祭。其餘正月初三及每月朔，則專祭圓殿，
謂之月祭。正月用初三者，初二始撤元旦所供諸神歸坤甯
宮，故以初三爲圓殿專祭也。又堂子東南隅上神殿，亦有
月祭。正月用初二，餘月用月朔。嘯亭雜錄以此爲祔祀鄧
將軍，其堂子中爲馬祭神，則坤甯宮內諸神，移供於祭馬
神室。室在神武門內，而堂子則於圓殿設祭，其遣將及凱
旋等祭告堂子，則專祭堂子主神於圓殿，不復及坤甯宮諸
神，是可知堂子饗殿，爲諸神之總匯。堂子圓殿，爲堂子
主神所在。主神對佛、菩薩、關帝則北面，故圓殿北向。
每月朔，祭尙錫之神於上神殿，殿南向。此堂子祭神之全
部規制也。後修之會典，强名元旦之祭曰拜天，其實乃專

拜圓殿主神而已。

堂子主神之神名，謂之紐歡台吉、武篤本貝子。會典事例云："上神殿即尙錫神亭。謹案：欽定滿洲祭神祭天典禮：'尙錫之神，即田苗神。其圓殿祝辭，所稱紐歡台吉、武篤本貝子者，皆不得其緣起。'"夫祭神祭天典禮，原有彙記故事一門，惟堂子之神，不詳其緣起。然百年以來，故老傳說，則爲明之鄧將軍。惟考鄧將軍爲何人？即知其緣起矣。其名既爲夷名之人爵，其體制尤向佛、菩薩、關帝北面。清世祭佛、菩薩、關帝之祝文，稱爲上天之子，堂子主神亦稱爲上天之子。總之，堂子有主神，祭堂子決非祭天。祭天之說爲高宗所創造，既不欲革除國俗，又不甘循守夷名，遂有此牽合禮文之謬說。按之致祭之實狀，則無一而可合也。今於祭神祭天典禮中，錄其祭堂子饗殿所迎之神，及祭圓殿上神殿，祝文各數通，如下：

堂子圓殿月祭祝辭："上天之子，紐歡台吉、武篤本貝子！某年生小子，某年生小子，此爲主祭之人。設兩名者，爲帝及太子也。若帝及太子不與祭，即用代祭之人，舉其生年，稱以小子，此下即必有其名。此所謂滿洲舊俗。今敬祝者：豐於首而仔於肩，衛於後而護於前。畀以嘉祥兮，齒其兒而髮其黃兮，偕老而成雙兮，年其增而歲其長兮，根其固而身其康兮。神兮既我，神兮佑我，永我年而壽我兮。"

堂子立杆大祭饗殿內祝辭："上天之子，佛及菩薩，大君先師三軍之帥關聖帝君！某年生小子，某年生小子，今敬祝者：貫九以盈，具八以呈。九期屆滿，立杆禮行。爰繫索繩，爰備粢盛，以祭於神靈。"以下同上祝辭。

立杆祭時圓殿內祝辭："上天之子，紐歡台吉、武篤本貝子！某年生小子，某年生小子，今敬祝者：貫九以盈。"以下同上饗殿祝辭。

堂子尚錫神亭月祭祝辭：圓殿月祭，乃元旦日，雖諸神皆在饗殿，而所祭則惟圓殿。尚錫神亭月祭，乃正月初二日，及各月月朔。"上天之子，尚錫之神！月已更矣，建始惟新。某年生小子，敬備粢盛兮，潔楮並陳，惠我某年生小子，貺以嘉祥兮，畀以康寧。"

浴佛祭則舉行亦必在堂子，其饗殿內祝辭："上天之子，佛及菩薩，大君先師三軍之帥關聖帝君！某年生小子等，今敬祝者：遇佛誕辰，偕我諸王，敬獻於神，祈鑑敬獻之心，俾我小子豐於首而仔於肩。"以下同前饗殿祝辭。

浴佛祭堂子主神圓殿祝辭："上天之子，紐歡台吉、武篤本貝子！某年小子等，今敬祝者："以下同上饗殿祝辭。

為馬祭神，非祭馬神，乃為馬而祭國俗所崇奉之神，即坤寧宮諸神，及堂子神也。祭諸神，在神武門內祭馬神室；堂子神則祭於堂子之圓殿。堂子圓殿祝辭：上天之子，紐歡台吉、武篤本貝子！某年生小子，今為所乘馬敬祝者：撫脊以起兮，引鬣以興兮。嘶風以奮兮，噓霧以行兮，食草以壯兮。齕艾以騰兮。溝穴其弗蹈兮，盜賊其無攖兮。神其貺我，神其佑我。"

祭馬神室祝辭所祭坤寧宮朝祭夕祭各神，其首各如朝祭夕祭祝辭，敬祝者以下，各如堂子祝文。

歷觀堂子各祭禮節，及所祭各神祝文中之主名，明堂子之決非祭天。而清代於堂子，既極其尊崇，又曲為之諱飾，而惟口語傳說，則謂之祭鄧將軍。嘯亭雜錄雖言鄧將軍，又以堂子中之尚錫神當之，則是主神仍不知誰何也。清史稿禮志，於內務府所掌祀典，頗用滿洲祭神祭天典禮，故俱在清通禮之外。即跳神一事，不在内務府祀典者，禮志亦載之。但其說堂子中之鄧將軍，又兼用會典事例及嘯亭雜錄兩說。蓋於尙錫神，旣曰田苗，又曰或謂明總兵鄧子龍。其於所謂紐歡台吉、武篤本貝子者，仍無所指名也。今考堂子之在清室，自太宗未改元崇德以先，乃建州人家所共奉之神，猶之乎跳神也。會典事例：“崇德元年定，官員庶人等，設立堂子致祭者，永行停止。”是可知其旣非天神，亦非清先世一家之祖，蓋爲全部落所信仰之一神。崇德元年，始建國號曰清，始定帝制，即限堂子爲皇室之祭，不許官民之家設立，則其前固家家可祭堂子矣。

堂子規制，會典事例所載詳矣，而尙有一不載之地，爲自來考論堂子者所不及。北京堂子之始建，在順治元年，擇地在長安左門外玉河橋東。光緒辛丑拳亂後議和，長安街以南地，皆劃作使舘界，堂子遂遷於街北。其時西狩初回，勵行新政。工程不由内務府專辦，遷移興築之事，一委尙書張百熙。百熙先任工部，繼調刑部，仍領工程事。所分委之部員，遂有刑部司員承之。而堂子之役，則委吾鄉董綏經康。董言新建之堂子，一仍舊式而縮小至五分之一，限於地也。會典所載規制，祇言其拜祭時所及見者，而南墻之外，復有一大方場，植松樹四十九株，儼然墳塋，與拜祭處隔絕不通。所謂饗殿、圓殿，亦皆庫隘。饗殿中間一炕，中爲明間，傍爲暗間，與普通居室相同。舊堂子即無偉大之建築，門亦西向而不南向。門外一街，街外又一墻。墻之西北角，當玉河橋塊，開一小門。在小門以外，並堂子之門亦不可見，蓋頗有神秘之意。尤奇者，南端隔絕一松林，自來不見會典著錄。清末改革之

際，震鈞作天咫偶聞，始及此成林之松柏，而全文多所附
會，復錄如下：

偶聞云："堂子在東長安門翰林院之東，即古之國社
也。所以祀土穀，而諸神附焉。中植神杆以爲社主。諸王
亦皆有陪祭之位。神杆即'大社惟松、東社惟柏'之制。滿
洲地近朝鮮，此實三代之遺禮，箕子之所傳也。俗人不
知，輒謂祀明鄧子龍，不知子龍蓋於太祖有舊。相傳開國
初，太祖常微服至遼東，以覘其形勢，爲邏者所疑。子龍
知非常人，陰送出境。太祖篤於舊，袝祀於社，亦崇德報
功之令典，非專爲祀鄧而設也。堂子墻外，松柏成林。滿
人欲請神杆者，具呈禮部，任擇其一，而仍以稚者補之。"
震鈞氏，國變後改名唐元素，僑居上海。偶聞初成書，視
爲談故都事之最有根據者，今下世久矣。再讀此記堂子之
文，則無一義不涉牽合。神杆乃春秋兩祭而兩立，祭畢撤
之，年終焚毀，明年再植新杆，與樹木以爲社主之古說何
涉？乃借滿洲東近朝鮮箕子傳國社之制等語，愈牽愈遠。
堂子墻外松柏，想是遷堂子時衆所共見。乃云"滿人請神
杆者，具呈禮部，任擇其一，以稚者補之"，此尤遠於會
典事實。堂子立杆，正中爲大內致祭之杆座；次稍後，兩
翼分設各六行，行各六重。春秋二次舉行立杆大祭，前期
一月，內務府派內管領一員，帶領領催三人、披甲二十
人，前往直隸延慶州，於潔淨山內，砍取松樹一株，長二
丈、圍徑五寸、樹梢留枝葉九層，製爲神杆。此堂子立杆
之不採自堂子松林之明文也。至滿洲王公家之杆祭，據會
典事例，自大內至入八分公，均祭一杆；鎮國將軍以下，
不立杆致祭，此爲光緒間新修會典時定制。若清初之制，
則崇德元年原定：親王、郡王、貝勒，每家各祭三杆；貝

子、鎮國公、輔國公，每家各祭二杆；鎮國、輔國、奉國將軍，每家各祭一杆，不祭者聽。無爵宗室不得祭。此項神杆，由各家自備，送入堂子，立於石座。乾隆十九年諭："王公等建立神杆，應按爵秩設立整齊，以肅觀瞻。嗣後著每翼作爲六行，每行六分，以未分封皇子等列於前，其次則親王、郡王、貝勒、貝子、公等，分爲六層，設立神杆。"等語。杆座除中央大内一杆外，左右翼各六行六重，即各有三十六座，共可立七十三杆，即未必立滿其數。據乾隆十九年遵旨議定，是年左翼十六杆，右翼二十杆，是亦合爲三十六杆，恰爲得半之數。其杆皆枝葉扶疎新伐之木，一年兩次，取材甚多。若取之於堂子墻外之四十九松，一次已濯濯盡矣，補種稚松，何益於事？此滿洲人家，不能就擇杆材於堂子墻外松林之事實也。至所言鄧子龍與太祖之關係，尤爲可笑。子龍生平未爲遼東鎮將。嘉靖中，應募討平本籍江西賊，累功授廣東把總。萬曆初，以平巨盜功，遷銅鼓石守備，擢署都指揮僉事，掌浙江都司。會麻陽苗金道侶等作亂，擢參將討之，歷平五開衞亂卒及靖州、銅鼓、龍里諸苗。十一年閏二月，緬甸犯雲南，詔移子龍永昌，以功進副總兵，予世廕。後以與劉綎不相能，綎將騰衝營，子龍將姚安營，兩營軍相鬬，帝以兩將皆有功，置不問。既子龍兼統兩營，挾成見，抑騰而右姚，騰兵欲譁散，副使姜忻令他將轄之乃定。姚兵久驕，又索餉作亂，由永昌、大理抵會城，所過肆掠，煩兵力始靖，子龍坐褫官下吏。十八年，孟養賊思箇叛，子龍方對簿，巡撫吳定請令立功自贖，旋以戰有功復副總兵。二十年，擊敗攻孟養之土同知思紀奔等。蓋由都司調滇，至是歷十年矣。尋被劾罷歸。二十六年，朝鮮用師，詔以故官領水軍從陳璘東征，與倭戰，爲他舟誤擲火器入子龍舟，舟中火，賊乘之，子龍戰死。時平秀吉死，倭將遁歸，朝鮮兵事亦解於二十六年間。是子龍之入東，乃入朝鮮，與遼東無涉。甫至朝鮮即戰死。偶聞謂子龍之作副總兵，若在遼者然，此已誤矣。當萬曆二十六年以前，清太祖方厚自暱於明，深自結於明將李成梁，陞職至龍虎將軍。成梁至以六堡地棄與之，爲中朝所劾，事尚在三十三年。方二十六年以前，太祖朝貢於明無虛歲，欲入遼東，何必微行？何從致邏者之疑？不但遼東，即携敕書入山海關，入京城，入會同舘，入禁門，就貢夷之列，亦恆有之事，明見於明實錄，與明決裂，在萬曆四十六年陷撫順、清河爲始，以前則例應朝貢之順夷也。偶聞紀太祖若早爲明之敵國君主，可謂盲於史實。夫鄧子龍之決不得與太祖有舊，此事既明，則不但震鈞氏之謬說當廢，即查愼行及昭槤輩之以鄧將軍爲子龍者，皆當屏之。且昭槤謂堂子中之尙錫神爲附祀之鄧將軍，余謂堂子當從舊說爲鄧將軍廟，實即鄧將軍之墓，而尙錫神則墓上附祀之小神。今人家上冢，祭墓之外，必酹酒於墓旁之土地。此尙錫神，乃墓旁土地耳。其爲墓也，以墻外松林，清世諱不入會典等紀載而知之，且堂子月挂紙錢，亦合展墓之俗。惟鄧將軍爲何人，其墓何以在建州，而建州崇拜至此，此不可不徵諸史。

　　成化三年，明征建州，李秉提督軍務。實錄書二月己亥，秉等奏：“海西、建州等虜，入鴉鶻關，掠佛僧洞等處，副總兵施英，遣都指揮鄧佐率軍五百前哨，遇伏戰死。英與參將周俊兵合，去佐不遠，不能應援，罪不可宥。”五月丙戌，又書：“命鄧佐子鈺襲陞都指揮僉事，以佐殺賊陣亡也。"實錄之見鄧佐者如此。明史旣無佐傳，而李秉傳亦隱沒征建事迹。名山藏秉傳："都指揮鄧佐爲先鋒，殺敗虜。副將逗遛不前，賊圍佐，佐領親兵五百，辰至酉，皆戰死。佐手馘數賊，自刎而斃。秉具太牢祭佐墓，奏陞佐子，治邊將罪，邊人快焉。"據此，則鄧佐死甚烈，且未歸葬，有墓在邊。

全遼志宦業門鄧佐傳："鄧佐，定遼前衛指揮使，儀表魁梧，性資剛勇。提督軍務王公翱，喜其善騎射，有膽力，保升署都指揮僉事。成化三年春，隨總兵施英按奉集堡。賊衆三千餘人來寇，佐率五百騎爲前鋒，奮勇身先，斬賊千餘級，賊敗去。急追至樹遮嶺，峻山四壁，復殺數賊，鼓戰而前，復并力鏖戰久之。有一校策馬西走，衆遂潰，惟餘五十騎，與佐殊死戰。佐悉令士卒下馬，拒賊歸路。賊不能支，下馬羅拜乞退。佐怒罵，督戰益急，右手拇指剔弦見骨。賊伐柳爲楯進逼，餘卒死傷殆盡。佐知不可爲，乃歎曰：'天乎！吾力竭矣，吾豈可入賊手乎！'遂引佩刀自刎。五十人無一生還者。報未至，遼人遙見佐乘馬挾弓，鼓吹前導，自東而西，僚屬皆出迎，竟不至。佐家亦聞鼓吹聲入門，老少驚惶，逆之不見。守臣奏其事，立祠旌表，諭祭。都御史吳禎爲撰碑記。至今撫順夷人，凡有疫厲，必易中國猪禱享乃應，其忠節顯著如此。"

據此傳，則明時鄧將軍祠，爲撫順夷人所崇祀，明時已見傳記。撫順邊門，切近建州左衛，朝鮮實錄載之極詳。左衛爲清先世，撫順夷人，即清之祖先也。據李秉祭墓而邊人快，知墓即在撫順邊。據全遼志本傳，知祠亦在撫順，又其靈應在疫厲，則與永憲錄'鄧將軍神主疾厲'相合。當佐死戰時，神話相傳，中國人久而忘之，清先世乃歷代崇奉不替，後乃託之於拜天。惟堂子主神之圓堂北向，而南向之享殿，乃清室崇祀之一切神祇所尊事之總匯。推其命意，乃以如來、觀音、關帝三神，臨堂子主神之上，俾鄧將軍亦有所尊仰焉，則亦進將軍之神，上接三大神，尊之至也。故祝辭均稱"上天之子"云。撫順邊鄧將軍祠墓，或本在一處，當時即就墓建祠。吳禎碑文未見，未可定斷。至饗殿留奉諸神，圓殿所祭主神乃北向，此則必爲清制，或入關後始爲此制，未可知也。

辛丑，朝鮮實錄書：進鷹使成允文在明，聞毛憐、建州兩衛野人，欲與海西達子連兵犯遼東地面，爲書以啟。御扎示高靈君申叔舟、領議政韓明澮、綾城君具致寬、左議政沈澮、延城君朴元亨等曰："夷狄之人，天性暴戾，常以爭奪爲事，其於同類亦不和輯。比者作耗遼東，得利頗多，其心無厭，更思窺覦。苟爲闌入之計，則殆非我國之利也。比如羣犬得食，猖然爭取，及見豹，共來吠噬，又見大虎，則羣聚而搏之，豈非所見愈大而利心益動故耶？今同類譬則食也，遼東譬則豹也，我國譬則虎也。夫虎豹之所以困於羣犬者，以其無備耳。爲今計者，正當張皇邊事，無爲無備之虎，使羣犬得以逞其謀也。卿等其擬議以啟。"叔舟等啟曰："備邊之策，莫若休養士馬，靜以待變。至於戰伐方略，邊將已有措置，無容更議。"御扎諭咸吉道節度使康孝文、平安道節度使金謙光、觀察使吳伯昌等曰："大抵軍國之道，彼安心，我慮心；彼不靖，我益靜。今遼東與野人方搆釁，我當益靜而熟慮，此猛將謀士立功之幾。卿宜不忘致慮待命，並審同封成允文書。"又諭謙光曰："京軍士等冰解後可即上送。"諭伯昌曰："頃者卿所陳請米穀，已令該曹量給。卿可安撫賑貸，勸課農桑，勿令失時。"

　　癸卯，總督遼東軍務左都御史李秉言：“建州虜寇，因結海西女直，抄掠邊境。今海西虜使在京者審譯之，皆云部内惟嘔罕河、兀者、肥河三衛附近建州，黨比爲寇。”遂降敕切責，併付武忠往諭之。　　壬子，贈遼東陣亡署都指揮僉事鄧佐爲都指揮僉事，遣官致祭。實錄。

　　　　實錄書明祭鄧佐僅此，清一代乃永祭鄧將軍矣。

　　庚申，弗提衛右都督帖思古，奏討金帶大帽等物。禮部以非常例，宜不與。上曰：“待其有功，如例與之。”實錄。

　　是日，朝鮮實錄書：平安道觀察使奉書于承政院以啟曰：“李豆里來言：‘趙三波於正月間到山海衛。本衛總兵官謂三波曰：“朝廷以汝等竊耗邊境，使禹大人賫敕往汝界，汝宜速歸迎敕。”吾兄古納哈聞之，使吾奔告，故來。’又曰：‘毛憐衛兀良哈奴古，帥二百騎屯于毛里安，將犯中原邊境，會雪深乃去。’又曰：‘去年毛憐衛兀良哈作耗遼東之時，建州衛人從者亦多。今聞明使出來，自惑以爲中國與朝鮮合兵致討，則我輩無噍類。大國兵馬動靜何如？’”　　乙丑，諭咸吉、平安道節度使曰：“近日野人出沒遼陽，胡騎侵軼河内，中國東西爲備，形勢既張，事將不靖。中國不靖，則我國亦不得寧矣。苟不預慮，安能應猝？今觀毛憐、建州、海西之賊，迭出勤掠，中國雖遣人尋問，終必不得要領矣。賊性雖喜亂好利，散處林莽，終無統領，故易制。今既得利累勝於彼，以貪利之心，乘累勝之勢，苟有誰何，相聚爲謀，避難於彼，乘易於此，其勢何常。古今事變，多生慮外，故毋恃其不來，恃吾有以待之。此正務農積穀，休養精鍊，日不暇給之時。卿素悉予意，今更着慮。”

三月丙寅朔

己巳，朝鮮實錄書：時帝患野人作耗邊境，使武忠賫敕到毛憐衛，諭令和解。上疑武忠欲由我界而還，諭咸吉道節度使康孝文曰：“審此事目施行：（一）武忠若欲來見節度使，便當接之於城外，仍厚慰曰：‘體殿下之意也。’言若干於公事，則曰：‘大人與我所管公事不同，非吾所敢擅便。’（一）若有不得已入城之勢，則聽。（一）若欲由我國而還，答曰：‘此非使臣來往之路，前此無由此路到京師者。況無殿下之命，不敢擅許。’固拒之。若久居而强之，勢不得已，答曰：‘當啟殿下。然此地距王城餘四十日程，不可留待也。’（一）若問：‘今年野人往王城者，何以接待？’答曰：‘舊例。野人欲往王城者許之，非自今年始，亦朝廷所知也。’若曰：‘野人之犯上國之境者，不可接之。’答曰：‘彼輩所犯，非本國所知，但從舊例接待耳。’”

是日，陞也孫倫衛都指揮僉事卜不剌爲都指揮同知。　命故朶林山衛指揮同知亦剌兀子喇郎哈襲職；弗提衛指揮同知兀三哈你哈答，木興衛指揮同知苦不花，卜顏衛指揮同知乞列門，弗思木衛指揮同知都魯禿，弗提衛指揮同知卜顏、徹里不花、哈剌帖木、咬納，察剌禿山衛指揮僉事阿東麻，甫門後衛指揮僉事石當哥，兀者後衛指揮僉事羅卜灘，塔魯木衛指揮僉事察籠哈、台因不花、杷綁哈、兀兒脫，俱陞一級。實錄。

庚午，朝鮮實錄書：諭平安道節度使金謙光曰：“審此事目施行：（一）武忠到建州，路梗不得還，則必來江邊，卿可速往滿浦措置。（一）武忠若來求見邊將，卿可量率軍士，或百或千，渡江相見，厚饋禮待，一如使我國者，且語之曰：‘體殿下之意也。’（一）言若干於公事，則曰：‘大人與我所管公事不同，非吾所敢擅使。’（一）若欲渡江由我界而還，答曰：‘前此使臣無由此路還者，況無殿下之命，不敢擅許。’固拒之。若强之，勢不得已，答曰：‘當啟殿下。然此地距王城餘一月程，路且險，往還幾經兩月，固不可留待。’若猶强之不可拒，則於城內舘待。(一)頃者馬鑑來毛憐衞，請糧於會寧府節度使楊汀，贈以稻米三十斗，粟米、黃豆各五斛，鹽二斛，燒酒六十瓶，猪十口，雞三十首，乾魚五百尾，海菜五百束，文魚二十尾，脯醢等物。今隨所易備，量宜加減，不可一依前數。又令吳伯昌助辦，卿可通議爲之。(一)若來他鎮，卿可往待。”又諭觀察使吳伯昌曰：“諭金謙光往滿浦待武忠。若來，則厚饋。請糧物，則量宜備給。其謙光所不能備者，卿亦助辦。”

戊寅，巡撫遼東右僉都御史袁愷等奏：“諜報：海西女直擁衆入寇，適火兒忽等六十四人朝貢回還，左參將孫璟、巡按監察御史魏瀚等計議，質留四十二人，遣指揮馬成，偕其頭目二十二人，詣其營寨曉諭撫安之事。”下兵部議，謂：“夷情譎詐，不可測度，宜行巡撫等官及沿邊諸將，整兵提備。”詔可。

建州、海西女直入連山關、通遠堡、開原、撫順搶掠，又鐵嶺、甯遠、廣甯境外，亦有達賊窺邊。奏至，上命遼東鎮守總兵、巡撫等官，嚴督官軍防禦之。　乙酉，海西速溫河衞野人女直都指揮八只奴等、兀者衞指揮亦里答等，來朝各貢馬及海青貂皮。賜衣服、綵段等物有差。　命故速溫河衞都指揮使失剌答子亦里當哈襲都指揮僉事。陞兀者衞指揮使亦里答爲都指揮僉事。實錄。

戊子，朝鮮實錄書：平安道觀察使吳伯昌馳啟：“進鷹使成允文迎來軍帶領義州軍官林貴枝來言：‘本月十八日，行軍至通遠堡唐人李海家北，遇賊結陣以待。賊前鋒一人抽矢而射，我等亦發一矢，并神機火箭。賊却立曰：“汝是高麗人，我是李豆里麾下浪思和。非敢戰也，只要相見耳。”因索酒，與飲曰："海西衞千餘兵屯于白塔，毛憐衞千餘兵屯于連山，建州衞五百餘兵屯于通遠堡，道途甚梗，請勿入歸。"" 上命申叔舟草諭書，諭伯昌及節度使金謙光曰："今見啟本，已悉東八站路梗，可令邊將細探賊去留，然後擇良將精卒，量加前數入送迎來。"諭義州牧使禹貢曰："我國之人，本精於射，而賊不能射，以我敵賊，猶千鈞之壓卵。近日邊人未知賊情，惕怯畏縮。今軍官林貴枝，乃能以半敵倍，令賊畏避，雖無顯功，其勇志可嘉。又嘉卿能任人，特命超貴枝一階，又賜襦衣、弓矢、雨具，卿其傳給。"又諭謙光曰："今見觀察使所啟，成允文迎來軍到通遠堡，遇賊交戰。豆里管下思和，在賊陣首唱和解。若豆里來，則當語之曰：'爾前日頻來報變，固知向我國誠意。今聞爾管下思和，遇我人於東八站前路，不敢相敵，益知爾誠。'仍給布穀鹽以勵其意。"時伯昌秩滿當遷，領議政韓明澮啟曰："今西北多事，伯昌備諳本道情勢，請仍任。"上良久曰："若伯昌死，則如之何?"對曰："死則已矣。如東西兩界，宜用諳鍊者久任。"上從之。明澮又啟曰："若仍任，宜增秩以勵其志。"又從之。命陞嘉靖，仍諭伯昌曰："聞卿盡心字撫，西人賴安，予甚嘉之。卿今考滿，乃令仍任，第念卿久勞，特命陞階。卿體予意，益勤乃職，以壯西藩。" 己丑，咸吉道節度使康孝文馳啟："嫌眞兀狄哈柱同於等四人入慶興，搶去人二口、牛四頭。"命高靈君申叔舟草諭書回諭曰："審此事目施行：(一)語李多弄哈等曰：'汝等今方特蒙上恩，而柱同於等，無故殺掠我人畜，乃曰怨麻尚哈不達我意於慶興，使我不得如京朝謁，故敢爾。凡汝類如有所言，皆得自達於邊將，何獨柱同於不能自言，而必使麻尚哈傳告耶? 怨麻尚哈而殺掠慶興之人，是又何理也? 汝等速往拿致柱同於，以報上恩。且柱同於以甚無理之事，輕犯大國，大國其終容忍不討歟? 若於禍之未作，縛致謝罪，則禍猶可止。不然，吾未知汝類之存亡也。其速圖之，無貽後悔。'（一）今雖刷還頭畜，毋示嘉尚之意，督索埋葬錢。（一）拿來則囚禁以啟。"

辛卯，陞弗提衛指揮僉事阿卜塔楊書、忽魯愛衛指揮僉事斡合里，俱一級。實錄。

壬辰，磔反賊打郎哥、色都二人于市，皆從女直都指揮李款赤入東甯、玉湖等處殺掠人畜者也。　　癸巳，達賊入遼東東山搶虜人畜，及海西野人、建州等衛夷人，俱欲入境搶掠。報至，上命鎮守總兵巡撫等官，整飭兵備，嚴謹隄防，仍命監察御史覈實以聞。實錄。

甲午，朝鮮實錄書：平安道觀察使吳伯昌馳啟曰："本月十八日，野人李豆里與其子雪胡赤來滿浦言曰：'前此禹天使來我地面，留吾兄古納哈家凡五日，本月初九日，往吾乙面，吾從行，十四日乃還，則奴斜往逃去，願於境內跡得。'請之甚切，故不得已許之。二十一日，加也之洞探候軍洪仁奎告云：'野人騎者二人、步者二人，當日黎明由三歧路而往。'必是李豆里捉斜往等歸也。"

四月丙申朔

己亥，敕諭考郎兀等四十四衛都督撒哈良等曰："爾女直衛分，乃我祖宗所設，世授爾以官職，積年朝貢，所得賞賜亦已厚矣。正當感恩圖報，以全臣節，今乃背義忘恩，縱其部下犯我邊境。邊將屢請起調大軍，直擣爾境征剿。朕念爾處人民，俱是朝廷赤子，中間有善有惡，不可一概誅戮，特廣天地之量，姑置不究。仍降敕示爾：爾宜敬順天道，深體朝廷好生之德，戒諭部屬，令其革心向化，改過自新；即將原掠人畜，一一送還，以贖前罪，自今各安生理，依時朝貢，永享太平之福。若仍長惡不悛，大軍一出，追悔無及矣。爾其欽承朕命，

毋怠毋忽。”　癸卯，鎮守遼東太監李良等奏：“三月以來，虜
賊攻圍通遠堡，搶掠人畜，射傷土兵官軍；及懿路、開原、錦
州等處虜賊二千餘騎，在邊窺伺入寇。”上敕良等整兵隄備，仍
命巡按監察御史覈實以聞。實錄。

　　癸卯，朝鮮實錄書：平安道節度使金謙光馳啟：“野人李
豆里與其子胡赤，爲唐人汪仲武所殺。仲武常從正統皇帝征
虜，皇帝陷虜庭，仲武被擄，轉賣爲豆里家奴，改名斜往，與
被擄漢女三姐，黃夜逃來，至高沙里堡。豆里父子尋得之以
歸，未至，夜宿草野，仲武伺豆里等熟睡，以斧並擊殺之，遂
與三姐還至渭源郡。”命作事目回諭曰：“(一)李豆里遇害事，
不干於我，不必綢繆更問，使仲武等疑惑。(一)豆里族類麾下
若來問，當語之曰：‘豆里父子，前月十八日尋逃走奴婢到此，
未得而還。後六日，男婦二名到渭原江邊，爲邏卒所獲，問
之，則男名汪仲武、婦名三姐，皆稱唐人。三姐言仲武殺豆里
父子事甚悉。仲武雖諱之，觀其情勢，殺害無疑。即具由以
聞，時無回答。’且曰：‘豆里等向我國誠意甚篤，不幸至此，
聞之驚痛。’如是慰藉之。若請還仲武等，答曰：‘未知朝廷處
置，不可擅便還給。’如例厚饋。仍問遇害狀，丁寧反覆，以示
哀憐之意，使彼感動。(一)給糧鹽布，稍加等焉，約以待朝命
回更來。(一)若有建州人不知豆里遇害，而以他事來者，當以
實語之，且曰：‘我憐其死，即欲諭其家知之，慮汝等見我人
驚疑，故不敢。汝今回語其族類。’”　甲辰，平安道觀察使吳
伯昌馳啟曰：“義州牧使禹貢，遺甲士金南等入彼界探候，至
獐項，道逢漢人沈貴等。貴云：‘兀良哈三百餘兵，嘗寇通遠
堡，今又來圍，分兵四百餘，剽掠夫兒胡里下豆多里。路梗如
此，慎勿往。’貢已令沿江諸鎮，整兵以待。臣以曾降諭書，令
諸鎮勿遣孤軍斥候，故覈貢擅遣之罪，且移文節度使，加抄軍

士，令護三島農民。”即回諭曰：“前者累諭以勿遣斥候，而今
貢擅遣之，又令水上諸鎮整齊軍馬，卿又移文令加定護農軍。
此賊未至而先自騷擾，取笑犬羊，是何舉也！宜戢威不動，審
勢善處。” 己酉，咸吉道觀察使吳凝馳啟曰：“訓春住兀良哈
吾老土到慶興告曰：‘本月初一日，遇骨看兀狄哈於朱乙溫水
邊。兀狄哈曰，厚羅土島有船十三艘到泊。’臣意其曩者兵曹所
知會，慶尚道唐浦現形倭船來也。本道自安邊至慶興十九邑，
民皆濱海而居，今賊變猝至，雖勒兵備禦，勢不能支。況當農
月番休，軍士亦難盡舉赴防。即令沿海居民，窺覘賊變，挈家
逃避。仍移文節度使康孝文，嚴候望，固防戍。”回諭曰：“厚
羅土島到泊船，卿何以指爲唐浦現形倭船也？遠涉諸道，乃至
於彼，似無理矣。卿因虛揑聲息，馳驛移文諸邑，使民挈家逃
避，動擾民心，甚爲不可。卿速鎭定，愼勿騷擾。”又以此意諭
康孝文。 庚戌，咸吉道節度使康孝文馳啟曰：“中朝武大人
奉敕到毛憐衛刷還被擄人物。”又啟曰：“臣令野人柱同於還所
搶去頭畜。不肯發還，曰須待聖旨，親自持進。” 諭平安道節
度使金謙光曰：“建州衛人若來問，朝廷何以處汪仲武？答曰：
‘朝廷以仲武夫妻，雖殺豆里父子，原係唐人，必將押解。’若
請還仲武等，答曰：‘朝廷固知豆里最效誠於我，今豈愛仲武
哉！出於不得已耳。朝廷既有處置，吾等安能擅便？’權辭慰
答，且以己意贈綿布鹽米及紙。 壬子，平安道節度使金謙光
馳啟曰：“李豆里姪子指揮時應巨等來，見豆里父子遇害處，
叩頭泣曰：‘必爲奴隷所害，夫復何咎！’”上命左承旨尹弼商費
事目，即往平安道區處汪仲武。 丁巳，以都承旨申泗代吳凝
爲咸吉道觀察使，令即帶金進酒，謂曰：“吳凝妄疑倭船到泊，
令民登山竄伏，騷動民心，不可付方面之任，卿往代之。”
　　是日，巡撫遼東右僉都御史袁愷等奏：“虜賊從饅頭山雪

裏站入境，搶男婦三百一十七人，馬牛驢六百四十一頭，殺死
官舍餘丁十人。又從威遠堡金家寨守屯入境，搶虜男婦七十二
人，馬牛驢九十三頭，燒死男婦三十六人。又從小尖山墩入
境，搶虜男婦六十八人，馬牛四十二頭。又從靖遠墩入境，搶
虜男婦十二人，牛十隻。”上命兵部議處來聞。　庚申，兵部左
侍郎程信等奏：“虜賊入遼東撫順、懿路、開原、遼陽、鐵嶺
地方，節次搶掠人畜。巡視、守瞭、守堡、巡空、備禦等官，
都指揮康顯等，失機誤事，法當究治。請令各官住俸，戴罪殺
賊，以贖前罪。鎮守總兵、巡撫等官、太監李良等，不能運籌
決勝，且號令不嚴，以致下人怠忽悞事，亦宜究治。”上曰：
“然。良等姑宥之。”實錄。

　　是時遼東警報絡驛，建州、海西女眞及朶顏等三衛，
更迭爲寇，不能盡辨其某次之寇爲女眞，某次之寇爲三衛
也。但在開原以東遼、瀋沿邊者，必爲女眞；在廣寧、薊
州以北等處者，必爲三衛。邊警纍纍，非確係女眞來寇，
不能盡錄。因是時羣虜皆動，故建州三衛滿住、董山等，
益無顧忌，反覆囂張，卒爲明廷一怒而盡誅之。以後女眞
馴伏近百年，此爲明討建州之一大舉。明史盡諱之，明代
諸家紀載皆詳此事。今一依實錄爲據。私家紀載，大畧亦
根據實錄，不復臚舉，以省篇幅。

　　辛酉，中軍署都督僉事武忠，奉敕撫安海西嘔罕河、兀
者、肥河三衛。忠請降敕并撫安考郎兀等四十五衛。兵部奏如
所言，降敕各衛，曉諭其首領都督撒哈良等曰：“爾世受朝廷
厚恩，在邊住牧，授以官爵，賚以賞賜，所當堅守臣節，保固
藩籬。今乃不遵法度，搆患邊方。朝廷本欲出兵追剿，但念中

間善惡不同，若一概誅戮，則恐罪及無辜，故特加寬宥，降敕省諭。爾自今其守分安生，鈐束部落，各保境土，永享太平之福。若長惡肆姦，竊掠不悛，朝廷必痛剿不宥。尙其省念，毋貽後悔。”　癸亥，建州左衛女直都督董山等，以聽招撫，來朝貢馬及貂皮。上以山等嘗縱部落犯邊，遂召集諸夷於闕下，降敕諭之曰：“爾等俱係朝廷屬衛，世受爵賞，容爾在邊住牧，朝廷何負於爾？今却縱容下人，糾合毛憐等處夷人，侵犯邊境，虜掠人畜，忘恩背義。論祖宗之法，本難容恕，但爾等旣服罪而來，朕體天地好生之德，姑從寬宥。今爾回還，務各改過自新，戒飭部落，敬順天道，尊事朝廷，不許仍前爲非。所掠人口，搜訪送還，不許藏匿。若再不悛，必動調大軍問罪，悔將何及。其省之戒之。”於是諸夷皆頓首輸服。實錄。

五月乙丑朔

　　是日，朝鮮實錄書：平安道節度使金謙光馳啟曰：“李豆里妻到滿浦，願上京。”即以事目回諭曰：“（一）豆里妻更問汪仲武事，當語之曰：‘朝廷痛惜汝夫見殺，理宜將仲武等付汝，任汝復讎。然仲武等元係唐人，且汝等方與遼東構釁，不可以汝夫故而還給也。汝等亦計之，勢不得已，故已令押解于遼東，非不追思汝夫之功也。’（一）朝京襲職事，答以未得朝命。（一）里豆妻若留在，若復來，若使人，則給綿布米紙。”　丙寅，平安道觀察使吳伯昌，據昌城鎭僉節制使朴良信飛報馳啟曰：“本月一十九日，兀良哈千餘兵入義州鳥暮亭，圍木柵。與之戰，我軍失利。義州牧使禹貢，與良信，及麟山郡守李揆等，越江獵于大昌山底，賊騎猝至，我兵倉黃奔北，人馬多被擒殺，良信不以實報。”　丁卯，咸吉道觀察使吳凝馳啟曰：“吉州住內需司奴萬自，執私奴古邑同付官云：‘此人行止甚可疑。’牧使薛丁新、判官朴順達等鞠古邑同。古邑同供稱：‘我

是前新寧縣監元孟孫家奴，住忠清道連山縣，於去年十二月，
因買鹽到本道水軍節度使營，忽被螺匠拘執，逼令上船，同舟
人鎮撫河水長等四十人，載米四百石，鞍子十面，小鼓一面，
中錚一事，約與他船九艘，夜半而發。晝則行，夜則下碇，稱
往咸吉道禦狄。一日，水長語舟中人曰：“將請兵兀狄哈，殺
盡咸吉道人物。”至今年三月，泊于離邑城三日程不記里名地，
與同舟人百姓金哲、吉伊、龍哲、末生、末同等五人，乘小舟
下陸汲水，金哲等四人忽亡去，不知所向。我因求糧到金生
家，寓居耕種間，被萬自拘執告官。’臣竊料忠清道與本道海路
險遠，船難回泊，且南人連北狄構亂，似爲誕妄，即囚古邑
同，仍移文忠清道，覈其眞偽。”又節度使康孝文馳啟曰：“曩
者吳凝所啟厚羅土島到泊船，臣今詳問豆里山住骨看兀狄哈中
樞李都弄吾等，皆言曾於此島絕無船泊，必是虛事也。”又馳啟
曰：“樂器匠朴訥金來告云：‘掌隸院奴仲山與我言：因行貨寓
鍾城陪牌高思敏家，思敏言曰：“慶興、慶源賊船多泊，稍稍
下陸，焚蕩鍾城、慶源兩邑民家。且今節度使營建狄舘於諸
鎮，又訓練軍卒，倍於平昔，跡似李澄玉反狀，軍卒欲共殺
之。”遂致仲山問之，則其辭與朴訥金所告同。仲山又云：‘鏡
城軍士欲害節度使者，以慶興、慶源到泊賊船，具宰相儀物者
頗多，必是節度使與六鎮節制使通謀，欲殲殺六鎮居民也。擬
於節度使越江往審賊路之時，當其半涉，前後夾擊，可以得
志。思敏及鎮撫軍士等已密議，晝夜裝束以待，且城中男丁擧
皆喧說，故聞之驚惑出來。’臣以係干自己之事，即移文觀察使
按覈。然胥動浮言，騷擾民心者，理宜痛繩以法。”上召高靈君
申叔舟、上黨君韓明澮、綾城君具致寬等議之。　己巳，平安
道節度使金謙光馳啟曰：“義州牧使禹貢，率三百騎渡狄江，
北至大昌山底，猝遇賊兵，與戰良久。貢矢盡力竭，僅以身登

山得免。復收散卒，追至椒島，日已昏黑乃還。"上即召宗宰及諸將謂曰："野人千餘兵，殺掠我人畜而去，將坐受其辱乎，聲罪致討乎？"羣臣相顧莫敢言。上曰："卿等難其事不言耶？"都總管康純對曰："固當大舉討之，但時方盛夏，弓力解弛，雨水漲溢，恐不得利而還。當待秋高馬肥，分道而入，火其委積，使無所資，則虜可殲矣。"衆議紛紜。御扎示之曰："今野人既陵中國，又侮我國，是非宏圖遠略，專以好亂無知，見利則貪耳。無體統，故無紀綱，小敗則逃散，小勝則分贓，此敵情也。近野人移附於我，故中國忌之。我國事事從救，故信之。到今如此，故欲攻之。攻之利，則效力中國也，邊警永息也，備禦益固也，使不得農作也。害則未知雨水也，虛備糧餉也，代人受敵也，疲於奔命也。"高靈君申叔舟、上黨君韓明澮等曰："虜今得利於我，頗有驕心，無所備戒，乘其不意擊之爲便。"上頗然之。以綾城君具致寬爲都體察使，康純、吳子慶、魚有沼、崔適、李克均等爲裨將，領精兵二萬五千，分五道入攻。計畫已定，上召克均問其策，克均對曰："昔日許亨孫之敗也，臣率軍入賊境，山川險阻，歷歷記諳，此不可用武之地。況今草樹蓊鬱，雨水漲溢，烏得用我長技。"上不喜，謂克均曰："國家之事，唯主及將相謀耳。以汝爲賢良，而招問籌策，汝何不知主意與廟算，問東答西也。古今天下，未有如此受辱而不報者。古人云：'不探虎穴，焉得虎子。''以若所爲，求若所欲，猶緣木而求魚。'殆謂此也。予豈好大喜功，輕慮淺謀，老耄而爲此舉也！予每與廷臣，常憫中原受制於此虜，今何忍恥不雪乎？穰苴斬莊賈，孫武斬宮嬪，越王軾蛙，士卒自奮。汝自憚於征役，無敵愾之志，沮吾謀若是乎？臣子之義，水火可蹈。今令汝赴湯蹈火，汝不肯就乎？"克均伏對曰："但陳所蘊而已。馳驅兵革，爲國舍生，是臣之志也。"上曰：“更勿多言。”　咸吉道節度使康孝文馳啟曰：“臣遣野人知中樞院事李多弄介等，令執骨看兀狄哈柱同於以來。多弄介等縛致柱同於及妻、與弟諸弄於、李伊士麻，并還所擄頭畜。臣已將柱同於及兩弟繫獄；其妻及辭連人，並留鎮厚饋。鞫問柱同於，柱同於皆輸情。”即回諭曰：“今見卿所啟，柱同於既自服辜，且經赦宥，只徵血價，野人稱埋葬錢爲血價。曉諭放遣。”

　　癸酉，諭咸吉道節度使康孝文曰：“今聞道內之民，初因吳凝妄謂厚羅土島有倭船，令挈家避賊，遂相驚惑，至有撤產棄兒，奔赴四散者。乃令義禁府拿凝來，治妄惑眾之罪。卿其曉諭軍民，使明知不然，各安其業。又有訴卿以會飲田獵不法等事，予洞知其妄，豈敢疑之，卿宜知悉。”

　　　自此以下數月間，咸吉道吉州土豪李施愛反，流言鼓惑。一道之人爲之誑誘，以弟璆之子浚爲都總使，數月僅乃克之。厚羅土泊船，即流言之始也。所中傷朝官及邊帥甚眾。此朝鮮之內亂，與建州事無關，皆不錄。

　　甲戌，停免遼東歲貢人參。故事，遼東都司歲貢人參，每歲役東寧衛卒，出境採辦。時以建州女直頻歲入寇，人不聊生，賦無所出，巡撫都御史袁愷等以爲言，免之。　庚辰，命建州右衛指揮使禿麻子謟察代職，故指揮同知卓赤子滿必襲職。　陞益實衛都指揮僉事木當哈爲都指揮同知；建州右衛指揮使賽因不花爲都指揮僉事；建州衛指揮同知歹哈、莽刺，俱爲指揮使；指揮僉事速忽、阿來，俱爲指揮同知；毛憐衛指揮僉事昆必弗、朵禿河衛指揮僉事塔速思，俱爲指揮同知。　丙戌，命故遼東都指揮僉事鄧佐子鈺，襲陞都指揮僉事，以佐殺賊陣亡也。　己丑，命左都御史李秉提督軍務，武靖伯趙輔佩

靖虜將軍印，充總兵官，往遼東調兵征建州女直。　癸巳，遣
行人送建州女直董山等還。時董山與李古納哈、納郎哈等，聽
撫來朝，已降敕省諭，及賜之宴。朝廷遣大臣押宴，董山部下
指揮，有出嫚罵語及褫厨役銅牌者。事聞，詔切責之。既而給
賜馬值，并襲衣、綵幣如例。山與李古納哈二人，復奏索蟒
衣、玉帶、金頂帽及銀酒器非一，上命賜衣帽人一具。山等
又言指揮使可昆等五人有勞效，乞賜服，復命與之襲衣、靴
帽，亦人一具，不爲例。至是辭歸，鴻臚寺通事署丞王忠
奏："山等前以屢寇邊方，已蒙朝廷宥其罪惡。今革面入貢，
乃敢罵坐不敬，貪求無厭，且復揚言，此還即糾合海西野人
搶掠邊境，語無忌憚。誠恐前路難於檢制，乞遣官同臣防
送，至遼東都司發還，庶不貽患。"於是禮部奏遣行人送之，
復賜之敕曰："爾之先世，僻居荒落，後爲部落所逼，遠來
投順。我祖宗憐爾失所，賜與近地，使爾住牧，設立衛分，
除授官職，父死子代，世世不絕。自爾祖父以來，或邊方效
勞，或歲時進貢，朝廷陞賞宴賚，俱有定例。我之所以加恩
於爾者，不爲不厚，而爾之所以享有室家之樂，官爵之榮，
數十年間，部落莫不聽爾約束，鄰封不敢輒加以兵，是誰之
賜歟？爾等正宜盡心竭力，爲我屏藩，以報大恩。乃敢悖逆
天道，糾率外夷，寇我邊境，掠我人畜。朝廷不即出兵征
剿，慮恐爾等中間，善惡不一，是以特命都督武忠齎敕往
諭，欲令爾等改過自新。爾等既已服罪本朝，所有往愆，悉
置不問，從厚賞賜。茲爾等歸，宜曉諭本衛大小頭目人等，
務在敬順天道，洗心改過，亟以所掠人畜盡數送還。遇有外
人糾合爲非，爾等或聚衆截殺，或捉送遼東總兵官處首告，
論功陞賞，必不爾惜。如或執迷不悛，似前寇擾邊方，朝廷
必調大軍征剿，悔無及矣。爾等其省之省之。"實錄。

六月甲午朔

丁酉，提督軍務左都御史李秉言邊議四事："（一）遼東自在、安樂二州，先年投降夷人，陞授指揮等官，遇有病故，免其子弟赴京，就於都御史處襲替。後兵部必欲其應繼之人赴京襲替，多有貧難經年曠職者，人心嗟怨，或因而洩漏邊情。乞今後，凡有應該襲替之人，許於遼東都司轉行巡撫都御史處襲替，具由令本司年終通類造册奏繳，以備查考。（一）遼陽、開原二處，有副總兵、參將分鎮地方，緣其間所屬通遠等堡，俱係夷賊侵犯之處，山路險遠，必得熟於嚮導神將，統調人馬，分據要害，庶幾有警易於應援。臣見延綏等處參將都指揮韓斌，生長遼東，曾守備義州，號令嚴明，夷狄畏詟。今延綏邊警已甯，乞將韓斌取回遼東，命充遊擊將軍，聽調殺賊。（一）遼東自山海關直抵鳳凰山，沿邊一帶，隘口數多，建州賊人乘間入境搶掠。守備等官，兵部奏准，已命戴罪殺賊。其間又有失於瞭望隄備官員，平昔守法奉公，弓馬熟閑，一時因虜犯邊，連累致罪，情實可憐，乞行巡撫都御史，查勘此等官，亦令照例戴罪殺賊，俾圖後功，以贖前罪。（一）遼東地方，自成化二年秋以後迄今，被賊搶掠之處，其聽調官軍，多有與賊交鋒被傷陣亡者；又有守瞭墩臺、城堡，被賊攻圍射傷身死者，已由該鎮巡等官節次奏報，有案可查，而陞賞不及。乞行巡撫等官，將節次行勘造册，勇敢當先及陣亡被傷官軍，并未行勘；曾與賊對敵被傷，或因身死沒於王事者，通查明白，量加陞賞，以激勸人心。"從之。　乙巳，兵部奏："遼東虜賊入境搶掠，殺死官軍，鎮守太監李良、總兵官武安侯鄭宏、分守遼陽副總兵裴顯等，失機誤事，請究治之。"詔李良、裴顯殺賊贖罪；鄭宏姑宥之，停祿半年。　己酉，毛憐等衛女直指揮主魯哈等，來朝貢馬及貂皮等物。賜衣服、綵段等物有差。　癸

丑，靖虜將軍總兵官武靖伯趙輔奏："茲者虜酋毛里孩，擁衆
數萬，向東而行；建州女直數寇遼東，事情危急。萬一此虜結
構朶顏諸夷，自東而來，侵犯京師，誠爲可慮。臣等備員東
征，念京師根本重地，各營雖有大軍，然久樂承平，慣戰者
少，一聞邊警，率皆變色，此皆平昔不經戰陣之所致也。若不
多方選鋒，更法操習，尚乃因襲故事，仍蹈舊失，雖使孫吳韓
白，亦莫之能爲矣。"又言："大同……"上命兵部斟酌行之。
　癸亥，鎮守遼東太監李良奏："遼陽以東一帶地方，屢被建州
女直糾合毛憐等衛賊徒搶掠。臣偕總兵官衛穎、副總兵裴顯，
率奉集堡等處按伏指揮王昇等，遇於西湖屯，伏兵四起，與賊
對敵。顯父子身先士卒，奮勇大戰，生擒賊二人，斬首十六
顆，獲馬三十二匹，奪回男婦二百五十二人，馬牛驢一百九十
有奇。"奏至，上賜敕嘉獎。兵部請移文巡按御史查良、顯功，
以贖前罪；仍行巡撫都御史張岐，將有功并陣亡官，造冊繳
報，以憑陞賞。從之。實錄。

七月甲子朔

　是日，禮部主事高岡陳守邊討賊事宜："一曰攻取。女直
世受朝廷爵賞，今乃背負恩義，恃強爲惡，自開原以及遼陽，
六百餘里，數萬餘家，率被殘破。近遣都督武忠往彼招撫，已
及數月，而虜之來朝者畧無忌憚，在邊者寇無虛日，其情僞可
知。若又待其既去復叛，而後征之，則失機會矣。今董山見來
朝貢，宜命總兵官趙輔等拘留於遼東，遣譯者詣虜營，省令還
我所掠以贖之，因以觀虜勢之虛實，察地形之險易。而又遣使
朝鮮，以伐其交。計畫既定，即將董山等明正典刑，以徇諸
夷，使大義昭明，人心奮發。然後舉全勝之策，而征剿之。二
曰戰守。遼東兵馬困弱，不足應用，河東有警，不免動調河
西。儻朶顏三衛勾引北虜，乘虛而入，則東西受敵，爲患尤

甚。臣愚以爲河西官軍不可輕動，宜選京營兵二萬，一萬赴河
東，聽都御史李秉等調用；一萬分守河西要衝，俟草木零落，
河西既定，仍令參將韓斌等，量率原選精兵，速赴河東策應，
合力征勦，戰守兩得，兵威大振，而修攘之功可成矣。"上命兵
部參酌行之。實錄。

　　　董山之伏誅，發端乃自高岡，非李秉、趙輔輩所創議
也，此爲各家紀載所不及。

　　庚辰，提督軍務左都御史李秉等，奉敕議得："建州三衛
虜寇，悖逆不道，累次犯邊，罪不容誅，皇上量同天地，遣使
招撫。而董山等自知罪大，赴京謝罪，皇上不咎既往，厚賜而
還。若復拘留不遣，彼得藉以爲詞。欲將董山厚加欵待，宣布
恩威，令其還境，毋再爲非。"又議得："董山在京日久，知我
出師，及廣甯拘留，又生憤恨，言悖氣傲，謀不可測。況其部
落，近復蹂躪邊境，荼毒生靈，天地不容，神人共怒。若縱使
還，則又啓外夷之侮，缺生民之望，邊境屬階，豈有窮已。今
若遣其同來家屬十餘人，令歸諭其部落，使革心向化。若在彼
者執迷背約，不還所掠，在此者反側不安，復懷異志，即具奏
擒治，連兵征勦。"奏至，上命廷臣參酌之。太保會昌侯孫繼
宗、禮部尙書兼翰林院學士陳文等，以爲"王者之於夷狄，雖
以不治治之，然亦未嘗縱其爲惡。今董山等雖稱謝罪來朝，尙
爾桀驁無禮，且有‘各持佩刀，一齊殺出，還匿妻子，據險拒
戰’之言，是其稔惡不悛之情，昭然可見矣。若遽縱遣，益無
忌憚。揆之事勢，實有未宜。秉等前議不可用，宜用其後議。"
上從之。　　癸巳，命都督僉事王瑛充副總兵，都督僉事王銓充
遊擊將軍，都指揮使黃欽協同遊擊，統兵赴遼東，會總兵官趙

輔等，征剿建州虜寇。實錄。

八月甲午朔

庚子，靖虜將軍總兵官武靖伯趙輔等奏："奉命拘留董山等於廣寧，諭令先遣家屬數人還告部落，歸我所掠人口，毋再犯邊，已各遣還。至七月二十七日，取山等一百一十五人至帥府，宣敕旨戒諭。未畢，山等即逞兇肆詈，袖出小刀，刺傷通事人等。臣等見其勢惡，即令甲士擒捕之。其在驛夷人哈塔哈等一百一人聞知，亦各持刀亂刺館伴、兵卒，臣等俱即擒捕。當時格殺二十六人，餘皆囚之以俟命。征剿之勢必不容已。"奏至，命速催副總兵王瑛等統兵赴之，仍敕毛憐、海西，以離其黨。敕曰："祖宗以來，敕立建州三衛，俾其近邊居住，管領部屬，爲我藩屏，授之爵秩，錫以冠帶；及其朝貢，屢加宴賞。朝廷推恩於彼，亦已厚矣。乃者都督董山等，忘恩悖義，輒率醜類侵犯我邊，殺掠人財不可勝計。朕體天地之量，不即加誅，遣使招諭，令還所虜人口，赴京謝罪，與其自新。彼來朝貢，待之加厚。豈期各虜陽爲順從，陰懷不軌，與其黨類，意圖內外應援，侵擾邊方，爲惡愈甚。似此譎詐反覆，神人共怨，天地不容。朕不得已，遣將帥師往正其罪。重念爾等素守臣節，今又遣人隨都督武忠來朝，朕甚嘉悅。自今建州三衛逆虜，或使人誘引爾等爲惡，或奔竄爾處藏匿，爾即盡數拘執送來。若能統率爾衆，與我大軍相應，彼此夾擊，剋期剿滅，則朝廷大加賞賚，必不爾吝。爾等其省之圖之。故諭。"　辛丑，賜征遼東達舍軍餘銀，人三兩，凡一千三百四十四人。實錄。

戊申，朝鮮實錄書：咸吉道宣慰使盧思愼辭。上親授方畧，仍以諭書授都總使浚曰："建州衛野人作賊義州，釁隙已成。今秋冬防禦實緊，欲用康純備西北面。事定，即日可諭康純，精擇京軍官一百、平安道兵二千，又擇裨將若干，急赴平安道待命。又，此皆遙制之辭，不可盡從。"

此蓋李施愛事定，又移兵向建州，遂助明誅滿住。其
成功，固非倉猝僥倖也。

庚戌，朝鮮實錄書：進鷹使成允文，賷遼東都司征勦夷寇
及解送人口咨文二通，回自大明復命。其征勦咨文曰："成化
三年八月初五日，承奉欽差提督軍務都察院左都御史李劄付，
爲征勦夷寇事；及奉欽差總兵官靖虜將軍武清伯趙劄付，俱爲
前事。近節該欽奉敕：'得爾等奏，處置虜酋童山等事情，已
敕廷臣會議。敕至，爾等若別有方略，亦聽從長計議，以靖邊
方。一面整搠軍馬，以圖大舉。今後彼處一應邊情軍務，悉聽
爾等便宜而行。欽此。'欽遵。會同欽差提督軍務都察院左都御
史李，議得建州三衛，世蒙國恩，授與官職，以榮其身；撥與
土地，以安其居。邇者悖逆天道，累犯遼東邊境，致廑聖慮。
特命當爵等統調大勢官軍，將以搗其巢穴，絕其種類，以謝天
神之怒，以雪生靈之忿。但緣建州後路，與朝鮮國地方相連，
慮有殘賊敗走，遁入彼國邊方，逃命投生。爲照朝鮮國乃禮義
之邦，自祖先敬順朝廷，好善惡惡，彼此同心，縱有前賊奔入
邊境，必能拒而擒捕。已經議奏，請敕朝鮮國王隨機設備，截
其後路，朝夕允降。誠恐路途窵遠，又恐賊寇阻絕，一時未達
本國。今當爵等統率重兵，定擬九月初旬，諸道并進，剋期勦
滅。及照朝鮮國原差進貢使臣回還，亦被建州賊寇阻絕道路，
久滯遼東三箇月餘，致勞彼國人馬遠接，方得前去。況朝鮮與
建州，素有世讎，復讎之義，誠不可緩，亦當乘此大舉，共圖
勦滅。宜令都司備行本國，就與使臣齎回，先行啟王知會，先
爲豫防。倘遇建州窮寇奔遁到彼，就便截殺。所獲虜賊，差人

解送遼東都司監候，或以近就近徑送軍前定奪。有功人員，備
將擒斬功次，職役姓名，明白開報，以憑奏請獎諭，重加旌
賞。若係我邊被搶男婦來降者，審悉明白，起送前來。受降人
員，一體重加旌賞。毋以敕書未到爲嫌。如此則兵威愈振，夷
寇易滅，邊鄙可以安靖，彼此可以有益。除具題外，爲此合行
劄仰本司，着落當該官吏，照依會議內事理施行。奉此，合行
備咨，就付本國使臣賚去，煩請依文施行。”其解送咨文曰：
“成化三年八月初二日，承奉欽差提督軍務都察院左都御史李
劄付，爲走回人口事。據遼東都司呈，將走回男婦審得一名金
小廝，即牟斤重，年二十四歲，係朝鮮國義州城人。天順四年
十月內，是斤重前去鴨綠江島中收割田禾，被建州衛先不知名
達賊、後知是產捌等人馬到彼，將斤重等搶擄去訖。斤重一向
在產捌家使喚。成化三年三月失記的日，有產捌等又來遼東地
方，搶去沙兒寨屯住東寧衛左所千戶金鼎弟金倫、妻金氏即林
氏，并伊本所餘丁金長命、女金氏，到家一同住過。本年七月
內，有彼處達賊。聽知遼陽人馬於九月十月間要來征伐，各賊
商議，著家小搬運食米俱入深山藏躲去訖，精壯人馬俱來各寨
等候。斤重恐怕連累受害，又因本國地方寫遠，與同搶去婦女
金氏等商議，窺伺產捌等不在，偷拐本賊栗色騍馬一匹、弓一
張、箭十枝，一同黃夜逃走前來，到於地名塔剌邦口入境，被
按伏官軍捉送按伏都指揮孫能處。審供之時，是斤重隱下係朝
鮮國人氏，供係東寧衛左所千戶金鼎下家人金小廝名字，林
氏、金氏供同備由，連人同帶來弓箭馬匹呈送到院。參照牟斤
重等，既係被賊搶擄，今已走回，俱合給親隨住。緣牟斤重係
朝鮮國人氏，今本國義州見差團鍊使俞山寶等，迎接赴京回還
陪臣，見在合行遼東都司，即將牟斤重給與衣糧，行令俞山寶
等順帶回還，召人認領。金氏等收發該衛，給親完聚。帶來弓

箭，給與牟斤重領用。馬匹審得牟斤重執稱中途因病倒死，別無定奪。爲劄仰本司，著落當該官吏依文施行，仍行朝鮮國王，及鎮守巡撫遼東等官知會，毋得違錯不便。奉此。案照先准新通遠堡按伏都指揮同知孫能，咨送各人到來，爲無的實來歷緣由，已經連人劄發斷事司，與同通事百戶高亮會審明白供詞，連人呈送到司，差舍人張遠管送走回人口馬匹等件，前去告稟。及將審過供詞，開呈欽差鎮守遼東總兵等官宣城伯衛等處去後。今奉前因，擬合通行，除將送到走回人牟斤重，給與衣糧，付陪臣成允文收領，順帶回還外，合行咨請照驗審發施行。”

辛丑，命署都督僉事武忠充參將，同總兵官武靖伯趙輔殺賊。 丙辰，命署都指揮僉事韓斌充遊擊將軍，往遼東會兵剿賊。實錄。

庚申，朝鮮實錄書：御集祥殿，召高靈君申叔舟、左議政崔恒、右議政洪允成、右贊成金國光、右參贊尹弼商、行護軍南怡，及承旨等，議應接遼東軍事。遂以弼商爲平安道宣慰使。雖號爲宣慰，而其實欲節制諸軍，攻建州衛也。上親製事目以授弼商：“（一）遼東承聖旨而移咨則當矣，不竢聖旨而咨曰：‘勿待敕書而當從我令。’此何義也？我若聽從回咨，而聖旨不准，則如之何？若武靖伯大敗而我軍大破之，則朝廷貪殘之議益的矣。武靖伯必受罪，我亦似嫌於交通邊將之責。（一）期勿越江，而敕書若越江助戰，則如之何？（一）在吾計，當遣人預整精兵，以待康純而授之。不預，則軍民常慮急遽之令，無安心之日矣。（一）若遼東都司問何不回咨，答以：‘敕旨未到，未即回咨。然皇帝用兵，我國豈不助些小之力。是故殿下已嚴兵境上，相幾攻打，欲獻俘軍前，若逃來者，邊將自有處置，不必嚴兵。’（一）若官軍向江上來送，通事以上命告曰：‘前成允文來，聞大人九月望時奉敕征建州，我已嚴兵境上，令諸將候官軍入征時攻其後，大人知道。'若言越江假道，則通事以自意進前耳語答曰：'無舟楫，渡大兵極難。且江邊路險狹，魚貫而行，不得并馬，不可計日而行。遲則賊必知而遁，不如從直路速入攻。又應接之事不備，此事甚難，大人更思之。'(一)武靖伯近來江邊，則宣慰使隨宜或出見致禮意，或送人致意，或因來人致意，而聲言已還，實則往指授康純、南怡等。(一)凡干求請，皆拒以'殿下不知，不敢。'若小小獐皮、馬鞭、針綿等切用之物，則邊將與之無妨。(一)若欲合兵同力，則答曰：'言語不相通。且受殿下之命，攻賊後助力，豈敢違命？'若欲添兵，答曰：'精兵一萬，足以破建州衛。今啟稟殿下已緩幾，不可也。'(一)官軍之勢不競，則我當歛兵觀勢，勿與野人交手。勢勝，則急攻野人巢穴若陣。其某某等，即軍前殺死，其餘不論。本國人俘致軍前曰：'本國人亦來，大人揀還。'(一)入京及給粮等事，勢不得已，則從之可也。(一)若召將欲議事，答以'當使人若通書。將帥任重，不敢棄軍輕往。'彼若使人，若將軍者自來，我隨其使之輕重，人之高下，若主將、若裨將、若通事，迎往江外近地，略以酒果饋送。其相見禮度，必先問而行，不可無禮倨傲。"

九月癸亥朔

　　是日，弗提等衛都督得塞兀等，遣指揮歹扎哈等，因撫諭來朝，自陳守法畏威，未嘗犯順。兵部謂："今用兵建州，可因彼效順，量加賞賚，令其遣歸，不惟示我懷柔之意，抑且絕彼構結之謀。"既而兀者等衛遣指揮兀黑納等，兀者前等衛遣指揮兀令加，亦因撫諭來朝。禮部議如前。詔皆賜宴，及加賜綵段、表裏，遣之回。實錄。

　　甲子，朝鮮實錄書：滿浦節制使李克均馳報，兵曹判書李克培曰："今八月二十四日，於坡住指揮沈汝弄巨、延車、伊

澄巨，千戶老用、蒙古、亡應家等來。翼日，古納哈使送指揮
伊時應巨，千戶斜王、阿乙豆、臥伊子等又來，並餾待。問委
來事，汝弄巨曰：'以謁見新節制使來。本人等雖是李滿住管
下，別居遠處。'故以賫來事目開諭之。汝弄巨曰：'犯邊乃火
剌溫所爲，我輩不干。天日照臨，不敢仰誣。'又開諭曰：'汝
勿詐飾，速還所攄人畜，然後庶可安業矣。'伊時應巨曰：'前
者都督承節制使所敎，欲刷還人物，即往火剌溫地面，不得刷
還，深自惶懼。先使我等持書乞糧，仍告此意。且曾報發兵邀
赴京使臣事，以甫乙下土弟羅下止之，故不發兵。'克均曰：
'初都督約以刷還人物，歸而不返，反作乞糧書，授諸他人以
送，甚不當也。須及時刷還，親來謁見，然後將此書傳報。'伊
時應巨曰：'都督當從後刷還人物而來，我當以今所開諭之辭，
說與都督。'又曰：'吾來時，豆里妻云：去五月，遣子亐之加
茂請上京襲職，今聞朝廷從我情願，故欲往，須傳告此意。'克
均照得曾降諭書云：'豆里妻所請上京襲職事，答以啟聞未發
落。然豆里妻不關大體，自是投化，當例上送爲可。'據此答之
曰：'節制使新來，汝若來謁，當從願。豆里妻若來，上送與
否，請啟稟發落。'并謄寫古納哈書契以報。"其書曰："建州衛
掌衛使都督李古納哈等奏：爲朝鮮國因爲普天下法，大水落田
和無糧食吃用，大職奏朝鮮國朝廷討糧食吃用，今奏去朝廷知
道。成化三年月日，都督李古納哈奏。"克培據此以啟，上令大
臣議之。議政府以爲，"豆里妻當此時，接待上來爲難，宜權
辭答說送之。"高靈君申叔舟、綾城君具致寬、延城君朴元亨等
以爲，"古納哈請糧事，答曰：'汝等盡還所掠，然後啟達。'豆
里妻上送事，答曰：'古納哈等刷還事畢後上送。'綿布紙器用
等物，姑勿給送爲便。"都總府議與叔舟等議同。即回諭曰：
"已悉卿所啟。但古納哈請糧，當語曰：'汝等盡還所掠，然後

啟達。'豆里妻欲來，亦語之曰：'古納哈盡刷所掠，當啟上
送。'且勿給綿布、紙、器用等表表之物。"　壬申，平安道觀察
使吳伯昌馳啟："遼東百戶白顒，率頭目三人，本月初七日夜
渡江。"命以成任爲黃州宣慰使，黃致身開城府宣慰使，乘夜發
行。　　右參贊尹弼商馳啟："今以康純爲主將，韓繼美、南怡
爲大將，分付將牌，開示諭書及事目，一一指授。臣與兵曹判
書李克培、都承旨權孟禧，同議抄兵給餼調送。臣聞白顒之
來，到博川以待，北征主將康純馳啟。臣到平安道，本道軍
士，咸吉道從征回還未久，人馬疲倦，有名無實，請其中微弱
者留防江邊。擇京兵三千，及咸吉道留屯兵二千，最精銳者領
去。"　　御札授行護軍金堅壽，諭純曰："下三道三千兵，初約
以防戍江邊，咸吉道留屯二千兵，又約以暫時留屯而召還，今
不可中變，使於北征，且事機忽迫，必不及赴征。卿知此弊。"
諭尹弼商曰："委卿以調兵付將，宣勞武靖伯等事。今者來博
川待白顒，甚不可。且觀康純請兵之書，其間事事似有舛違。
既任卿以指授方略，卿宜更慮運籌，予不更言。"又諭曰："武
靖伯若使人止我兵勿來，則但嚴兵江上以待命。武靖伯若來江
上，則宣慰接待，一依事目施行。"　　癸酉，以李克培爲廣陵
君，朴仲善守兵曹判書，魚有沼中樞府知事。命有沼往平安
道，聽右參贊尹弼商指授，代韓繼美爲將，仍賜弓劍戰馬。有
沼即日拜辭。　　諭尹弼商曰："今白顒言：'遼東軍馬，擬於本
月二十二日發程，二十五日到建州衛留屯。汝國軍馬，則渡鴨
綠江上流，入建州衛東邊，二十五日亦到本衛，與總兵官相約
舉事。我到王京頒敕後，隨汝國軍馬徑往建州衛。'前日意白顒
不來，故卿爲宣慰總兵官而往。今白顒既來，卿勿接總兵官，
而白顒往江邊之時，卿爲宣慰使，宣慰於江界府，又於江邊略
設酒饌慰送。"又諭平安道觀察使吳伯昌，以白顒所言會兵之

期，并製事目以送。其事目曰：“白顒往建州衛，其所由道路，自安州經寧邊、熙川、江界渡江，其支待不可如南路之豐厚，隨宜支待，但愼不潔耳。（一）江界宣慰事，已委尹弼商。”　甲戌，遠接使尹子雲奉書于承政院以啓曰：“白顒入開城府，云當有使臣二人繼來。”　丙子，遼東百戶白顒，賫敕書及遼東都司咨文一通來，上幸慕華館迎敕如儀。其敕曰：“建州三衛童山等，本以藩臣，世受朝恩。近者陽爲朝貢之名，陰行盜邊之計。朕宥之而愈肆，不得已用兵致討。惟爾朝鮮國王，世守禮義，忠於我國家，有加無替，朕甚嘉焉。若我兵加于彼逆虜，王宜閉絕關隘，使彼奔迸無所入，以就擒殄。若王能遣偏師，與我軍遙相應，伺便而蹙之，則彼之授首尤易，而王之功愈茂，忠愈昌矣，朕豈無以報王哉！勉樹勳名，時不可失。”其咨文曰：“奉欽差提督軍務都察院左都御史李剳付：照得先因建州三衛女直，結構諸夷，悖逆天道，累犯遼東邊境，致塵聖慮，特命當職等統調大軍，搗其巢穴，絕其種類，以謝天神之怒，以雪生靈之憤。已經議奏，請敕朝鮮國王。隨機設備，阻其逃遁，截殺賊寇。近該兵部議擬，合無請敕朝鮮，以數董山等前項不臣之罪，謂爾乃禮義之邦，覩此叛逆，罔不忿懟，即便出兵，以絕其後路，使彼腹背受敵，一鼓就擒，成功之日，重加賞賚。其前項敕書，付奏事人員賫付。當職等候出兵之日，差官賫去諭曉等因，題奉聖旨‘是。欽此。’欽遵備咨。請給敕書一道，賫付當職等收奉。見在會同總兵官武靖伯趙議得，即目京營大勢，漢、達官軍俱已到邊，會合遼東，選過軍馬，整搠齊備，仍定擬九月中旬後，進兵大舉。合行剳仰遼東都司，着落當該官吏，即便選差的當官員，賫捧前項敕書，先去朝鮮國，交與國王開讀欽遵。仍備咨本國，早爲發兵，就其便道，阻絕後路，截殺虜寇。先將差過官兵總數、起程日期、駐兵截殺處所，開報施行，奉此行間。又奉欽差總兵官靖虜將軍武靖伯趙劄付，亦爲前事。擬合併行。爲此，除選差諳曉夷情通事百戶白顒等四員名，齎捧敕書前去外，合行備咨，煩照依咨文內事理施行。” 上御勤政殿，與顒行茶禮訖，顒遂往太平舘。上御思政殿謄寫敕書，又爲書諭右參贊尹弼商曰：“中國兵月二十二日發遼東，以二十七日攻建州。我國兵無庸再議，須於此日攻之。同封事目，亦宜看詳。（一）白顒欲隨我軍往總兵官處，當從其言。若欲離軍而往，則堅止之曰：‘不可單約獨行，如有變故，責在我國矣。’（一）白顒及頭目所騎，以前去司僕戰馬具鞍給之，勿復推還。（一）用兵之事，勿聽白顒指揮，亦勿待白顒往。虜獲之數，軍士功能，則白顒及總兵官在近則報告。” 上幸太平舘，設下馬宴，令通事李興德語白顒曰：“欽奉敕書，馳諭諸將依約入攻。但江界之路險遠，大人雖欲急赴，慮不及我兵之入也。請馳諭大人隨來軍士，以直還遼東之意，何如？”興德誤傳曰：“大人歸江界，則當馳諭江上軍士。”顒答曰：“貴國兵已渡江，則吾亦不及赴之，況在義州兵，何能及至也。”上曰：“通事誤傳。”顒曰：“吾亦未曉其意。”命高靈君申叔舟語顒曰：“通事年老，未能盡傳予意。”顒曰：“是。”上又命叔舟，令通事金自海語顒曰：“兵事不可不及期。今朝聞會兵日期，即諭諸將。慮大人向江界而我兵先渡江，則賊之巢穴縱橫，不可孤單入赴。然大人必欲向建州，予當布置護送。”顒曰：“知之。我初欲向建州者，未知貴國兵已到江上。今已聞命，我必不及矣。竊計我五日到義州，三日到遼東，可以及大軍矣。我欲直還遼東。”上又命叔舟語顒曰：“前來咨文，以敕書未到，未即回答。今來咨文，亦當承敕舉事。事完後，并前咨文答之，何如？”顒曰：“藩國自有規式，顒不敢主張。”又問曰：“後來使臣幾人？”答曰：“我來時，李御史欲待敕書、

表裏就付於我，而軍機事急，故我先來，意謂一人來矣。"又
曰："世人種樹既成，虎來乳子，因傷養樹主人。今賊農牛農
器、婚嫁所需，皆是皇帝恩賜，今反害上國邊民，又犯貴國，
正是惡極滅亡之期。"上曰："大兵既入，滅之不難，但慮聞聲
盡逃。"顗曰："賊雖竄伏林藪，頭畜家產，殺掠殆盡，退而下
營，爲久住之計，輕兵四出搜捕，縱有餘賊，亦必不多。今年
如是，明年亦如是，期必盡殲而後已。"宴罷還宮。　丁丑，五
鼓，上幸慕華館。質明，白顗亦至，設餞宴。上使通事金自海
傳于顗曰："昨贈薄物，何卻之？"顗曰："殿下敬朝廷，故待顗
極厚。路上送大臣迎慰絡繹，是皆殿下恩賜也。今受朝廷大事
而來，何敢又受私恩！"上曰："如是則我不敢強。"上又使申叔
舟語顗曰："皇帝不鄙夷小邦，令出兵助戰，感戴無已。初因
總兵官文移，知有征討之舉，已令邊將勒兵河上。今聞帝命，
即令領精兵一萬，於本月二十七日，依約入攻。建州小醜，不
足介懷，但大兵勢重，賊必先知，若皆逃竄，慮無所得。然今
予既知皇帝之意，大兵既去，賊必復下。予揀輕兵更出迭入，
隨斬獲以聞，期盡滅賊，以報帝恩。"顗曰："天下蕃國雖多，
朝廷每以貴國爲禮義之國；蕃王雖多，朝廷每以殿下爲賢。茲
皇帝所以有是命也。今聞命，益知殿下誠敬。"上曰："但慮我
國所發兵少，然亦足用。"顗曰："殿下之堅甲利兵，何往不克，
固不在多。且違天悖理之賊，制之何難。今天兵與貴兵，夾攻
建州滅之，則毛憐、海西之賊聞之，必寒心歛服矣。"又曰：
"建州西至婆豬江路遠，貴兵二十七日入攻，則官兵恐未及到。
二十八、九日間入攻何如？"上曰："當更諭之。"宴罷，顗與上
拜辭，上送至大門。顗步至百官侍立處，每二十人一揖，然後
過行。　諭右參贊尹弼商，主將康純，大將魚有沼、南怡曰：
"昨日諭以本月二十七日中國兵定攻建州，我兵亦於其日攻之。

今白顒更言二十八、九日間可入攻。卿等知此意，不可必欲與中國爭先成功。以吾所料，野人豈不聞知乎？若知，則必皆逃竄，師往無所得。若我先入攻，有所得，則猶善；無所得，而中國兵亦無所得，則後日中國諸將藉口云朝鮮兵早入逐之，故不獲。卿等寧爲緩幾，愼勿爲後日之藉口。且緩急形勢，不可遙制，卿等臨幾善處之。”戊寅，高靈君申叔舟啟曰：“昨日白顒言，野人先知入攻，登山逃匿，則當久留以制之。若果久留，則我軍與官兵會，遽以糧乏退來，恐不可。宜諭尹弼商等，令我軍各加賷糧，且諸將等所殺頭馘及資糧器械，皆勿棄之，明白知數。且野人來朝者，其來與明使同時，而明使知之，則無乃不可乎？”永順君溥以啟，傳曰：“令軍士各加賷糧，此策甚善。然轉輸甚難，不可輕議。野人之來，雖與明使同時，接見異日，則明使何知？但虜中所獲，雖零碎之物，不可棄置。”遂諭弼商、純等曰：“審此事目施行：（一）所擒獲人口、馬牛、資糧、器械、頭馘，盡數賷來。其中强壯違拒者，斬首而來；老弱婦女，縛來。（一）若總兵官等在近處可通，則擄獲、斬馘之數，及焚燒家舍人口、牛馬、資糧、器械之數，明白錄呈。”

　　壬午，兵部尚書白圭等奏：“遼東建州等衛賊寇犯邊，已命監督軍務太監黃順、提督軍務左都御史李秉、總兵官趙輔等，率兵征剿。今九月將終，正係進兵時月，第恐因循遲疑，老師費財，請移文秉等，尅期抵巢剿殺，仍將進取方略及所定日期來聞。”從之。辛卯，遼東總兵官宣城伯衛穎奏：“廣寗、寗遠、義州、錦州等處官軍，選調二萬九千餘員名，前去征剿建州賊寇。近廣寗等處節報：毛里孩人馬，出沒不常，墩空煙火不絕，誠恐此賊竊知官軍起調，乘虛入寇，以爲邊患。乞將廣寗等處人馬，量留三分之一，以禦北虜。”事下兵部議，以爲

“東征官軍已難更易，宜將在京團營內官軍，撥一萬往廣甯、山海等處應援保障。”上從其議，命撥揚威營官軍七千，令原坐營內外官譚平等統領赴之。實錄。

己丑，朝鮮實錄書：左參贊尹弼商奉書于承政院以啟曰：“康純、南怡等所領軍，本月二十四日始渡江，二十五日與魚有沼軍會于皇城平，約勒兵，二十七日行。軍分二道入攻。”

十月癸巳朔

是日，陞女直忽魯愛衞指揮僉事失塔哈、朶林山衞指揮僉事扯養加，爲指揮同知，從肥河衞都督宇里格等奏請也。實錄。

甲午，朝鮮實錄書：大明廣甯百戶任興、遼東舍人黃哲，賫敕書、表裏，及遼東都司咨文來，上幸慕華舘迎敕如儀。其敕曰：“得遼東邊臣奏：王遣團練使俞山寶等，領人馬來邊，迎接前所遣赴京回還陪臣成允文等；又遣陪臣朴枝，管送東寧衞男婦逃至王國者裴松等十三名口來還。朕覽奏，知王輸誠本朝，冒危歷險，不以小醜阻隔貳其意；憫恤我人遭患失所，務俾歸安其生，不以遠道護遣爲難。王之忠勤，鮮與儷矣。今特賜王大紅織錦麒麟素柏枝綠紵絲紅藍綃各一匹，至可領也。其或續有境外之務，王可效力者，尤當勿怠初心，以大後績。特茲獎諭，想宜知悉。欽哉。”其咨文曰：“成化三年九月初九日，承奉欽差提督軍務都察院左都御史李劄付，爲剋期進兵勦滅虜寇事，節該：‘欽奉敕：“爾等今後彼處一應邊情軍務，悉聽爾秉爾輔，同心計議便宜而行。欽此。”欽遵。照得當職等統調大軍，征勦建州爲惡虜寇，但緣彼處賊徒山寨數多，道路四散，已經議奏請敕朝鮮國“隨幾設變，阻其逃遁。”等因。續該兵部依擬具奏，請給敕書，賫與當職等，候出兵之日，差官賫去。欽遵。等因。又經議行遼東都司差百戶白顯賫捧前項敕書，前去朝鮮交與王國開讀欽遵，仍備咨本國，早爲發兵，取其便

道，阻絕後路，截殺虜寇。先將差過人馬總數，起程日期，駐
兵截殺處所，開報去後。今會同欽差總兵官武靖伯趙議得：原
行朝鮮國王，定擬今年九月中旬後，約會發兵，阻絕後路，截
殺虜寇。緣未曾定有截殺過絕賊人處所，誠恐臨期彼此隔遠，
難以應援，致虜逃遁，恐負朝廷委托之意。合再劄仰本司，備
咨差人，順齎本國知會，先將所發人馬，就與建州虜寇山寨附
近地名潑猪江或義州城，便道取路前進，取將潑猪江迤東建州
賊寇李滿住、阿姑女女等一帶山寨賊巢，痛加勦殺。先行移兵
建州東北賊人逃遁處所，分布軍馬，嚴謹多方把截。如遇窮寇
奔遁至彼，即須督兵殺解。所獲賊屬，除男子解送軍前，其餘
婦女、牛馬等項，悉聽本國有功官軍收用。仍先差人直至軍前
會合，及將斬獲首級、生擒賊徒，并收獲我邊被虜男婦，通行
解報，以憑奏請定奪賞賚。除具題外，合行劄仰本司，依文施
行。’奉此行間，又奉欽差總兵官靖虜將軍武靖伯趙劄付，亦爲
前事，合併就行。爲此備咨，煩請照依劄付內事理施行。”上御
勤政殿，與任興等行茶禮，勞之曰：“間關道路，跋涉良苦。”
興等答曰：“路上處處設宴，累蒙厚賜，又乘飛馹以來，何苦
之有？”禮訖，興等往太平舘，上命都承旨權孟禧問安，世子往
太平舘行相會禮，百官分半參謁。

　　壬寅，朝鮮實錄書：主將康純奉書于承政院以啟曰：“臣
領兵九月二十六日，與右廂大將南怡，自滿浦入攻波猪江，斬
李滿住及古納哈、豆里之子甫羅充等二十四名，擒滿住、古納
哈等妻子，及婦女二十四口，射殺未斬頭一百七十五名，獲漢
人男一名、女五口，并兵仗、器械、牛馬，焚家舍積穀，退陣
以待。遼東兵累日無聲息，故本月初二日還師。初三日渡江，
左廂大將魚有沼自高沙里入攻兀彌府，斬二十一級，射殺未斬
頭五十，獲漢女一口，并兵仗、器械、牛馬，焚家舍九十七

區，亦與遼東兵不遇。本月初四日，其所獲漢人等，分付諸邑，給與衣食。其所獲兵仗、器械、牛馬之數，別錄以聞。"右參贊尹弼商遣從事官趙信孫獻捷書。上悅，賜信孫衣。回諭弼商曰："前日論卿以再征之舉，今既滅建州，不必復入。但殘賊致死之時，不可輕忽，宜益固隄備。事畢之後，卿與諸將隨宜而來，下道之兵亦隨宜罷遣。"又諭曰："魚有沼父得病，今以廣陵君李克培爲節度使，卿其先遣有沼。"又以事目諭曰："(一)中朝諸將若到江邊問我軍士，答曰：'我軍已於前月三十日，入攻婆豬江、兀彌府等處，斬李滿住、古納哈父子，其餘斬獲亦多，焚其屯落，盡殺其頭畜而還。'(一)若問斬獲實數，答曰：'不知。'(一)若問我諸將職名，答曰：'大將中樞府知事康純、魚有沼，同知事南怡，其餘偏裨不知。'問軍數，答曰：'一萬。'(一)若欲見入征諸將，答曰：'已還王城。'(一)若問何以不待中國兵乎？答曰：'非我所知。然我國之力，足以攻殺，而西面天兵所征，非我可與。'(一)中朝將若來，鎭將略率精兵渡江接見，饋酒飯以送。若不得已，則引入境内接見不妨。(一)相見之禮，先問彼而行。(一)率去通事等，分置江邊諸鎭以待。(一)所斬頭馘、所擒人口，付黃斯允送義州待命。(一)已上事目，徧曉諸將。(一)所擒漢女，將欲解送，詳悉取招以啓。(一)漢女給衣服、暖靴，毋令寒凍。(一)所斬頭馘、所擒男婦、所獲牛馬財產、所焚家舍之數，詳悉開錄，星夜馳啓。"諭克培曰："魚有沼以父病來，以卿爲節度使，卿其任之。"

召蓬原君鄭昌孫、高靈君申叔舟、綾城君具致寬、左贊成金國光、漢城府尹李石亨，及都承旨權孟禧等議事，仍設酌，製事目授黃斯允征平安道："(一)擒獲人口，枷鎖縛手，令軍士遞押，毋令逃逸，且自死。到義州亦監囚，多差人守獄，又令饋餉，毋致飢寒生病。(一)所斬頭馘，親自計級，著鹽函之，毋令遺失，賫到義州，待奏聞使交付。（一）漢人善視之，其居處飲食，須令飽暖。”　癸卯，正郎柳子光自建州衛來獻馘，右耳居半。　甲辰，百官進箋賀捷，其箋曰：“天威震動，俄飛三捷之音；朔漠塵清，竟走四方之賀。慶關宗社，喜溢臣鄰。恭惟主上殿下，英明敻超，勇智卓冠。運乾坤於掌上，否已泰，屯已亨；玩胡越於目中，邇自安，遠自肅。九夷恐梯航之後，三垂絕刁斗之虞。蠢茲頑酋，蝨處建衛，妄負險固而匪茹，敢辜亭毒而不恭。非唯構釁于我邦，鼠竊狗偷之不已；亦且跋扈於上國，豨縱豕突之無厭。爰興一怒之師，庸示九伐之典，授萬金之神策，坐成掎角之形。奮一鼓之奇功，立埽豺虎之穴。始乘機而深入其阻，終賈勇而盡擒厥良。有觸皆麋，誰竄得脫？豈匈奴值百年之運，故將軍定三箭之餘。盪黿幕以遂空，奏膚功於不日。茲由妙筭，斷自睿謀。于襄于夷，不勞靴尖踢倒之力；無侮無拂，寧聞榻側鼾睡之聲。鼓百韛而燎鴻毛，雪恥可誇於漢帝；垂千鈞而壓鳥卵，除兇欲報於唐宗。是奚特三韓之歡欣，實乃爲九有之踊忭。伏念臣猥將駑劣，首詣鵷班，四征不庭綏兆民，縱乏借箸之石畫。萬壽無疆總百祿，倍申添籌之丹忱。”此等文字極多，在王京各署、在外各道皆有。錄一見例，餘略。　丙午，康純奉書于承政院以啟曰：“今降諭書云：‘今次用兵，似同捕影。中國雖持留歲月，終自勞弊耳。用兵之道，進退往來，倏忽變化，形勢無常，只在能審虛實，善乘利機而已。今未報卿等殊功，而再勞卿等，心極未安。然見利不動，天與不取，瞬息之間，威播天下之事，豈可以勞而不勉。法曰：角之而知有餘不足之處。卿等體予委任責成之意，凱還之後，伺賊復穴，即更整軍士，須期殄滅建州，然後乃已。其間節度，任意施行，予不更言。’臣祇審諭書之辭，更欲舉事。然臣意亦謂建州之地，唐兵與我軍陵轢之後，遺氓栖身於山林，此正天亡之時，利機在此，若整軍馬復伐，則殲滅可期。聖算默符愚計，縱未得殲之，兵力有餘，足以播威敵人。女真不知我軍之出沒，常嚴設備，其力自弊，此兵家多張形勢之一道也，大概則如此矣。以今時事論之，不然，有不可者焉。峻嶺棧路，石齒如鉅，長驅之馬，未可遽用，其不可一也。雪深草沒，溪流冰合，牧馬爲難，其不可二也。千里饋糧，士有飢色，況江邊所在米穀，不能支萬兵一月之糧。若休兵息馬於數旬，則官廩告匱；不休則人馬疲困。若欲因糧於敵，則穀之所積，已爲焚蕩，所藏地窖，亦且難得。飢困之餘，若遇強敵，眞乳狗之搏虎，其不可三也。若用戰卒挽運內地米豆，則勞弊莫甚，其不可四也。臣知有其弊而強行，隳損威名，非所以補聖化。愚計放兵息馬，輸內地米豆於江邊，明年四月，擇精兵分道入攻，天與利機，正在此時。見今事勢不便，不得已罷兵。"

　　觀以上自壬寅報捷，至丙午決定罷兵，其進止皆出朝鮮本意。在明以爲朝鮮效忠，其實李琢方欲除其西邊之患，屠滅建州，以爲久安之計。尤幸明亦動兵，適符其私願。否則縱能勝建，尚須慮及明有責言，故以此時爲天予良機耳。朝鮮已功成而退，明兵尚未會師。明實錄此數日內，亦尚未書此戰事。假使無朝鮮之戮滿住父子，明兵進路恐未必無阻，即廣寧羈留之董山，亦恐未必能放手誅戮也。故成化三年之役，明臣鋪張其武功，乃享朝鮮之唾餘耳。非讀李朝實錄，無由明其眞相矣。

　　朝鮮實錄敘罷兵一節，先敘九月癸未之國王諭書。本諭前敵乘勝即殄滅建州，康純於既勝後改計作罷，則諭書之結果乃如此。諭文前後皆見，既錄此一則，即於九月癸未下諭書時省略，以免重複。然其征建滅建又復存建，皆

朝鮮自定之計畫，絕非奉明廷之命而行，則可瞭然。趙輔
之平夷賦，眞貪天之功也。

丁未，海西亦兒古里等衛女直都指揮色令革等、兀野吾等
衛女直都指揮撒赤哈等、阿倫等衛女直指揮伏羊古等，各來朝
貢馬及貂皮等物。賜宴，并賜衣服、綵段等物有差。實錄。

戊申，朝鮮實錄書：聖節使鄭文炯到遼東，以聞見事目馳
啓：“（一）遼東鎮撫王鑽云：‘今北征總兵官韓贇、參將周浚
等，領一萬三千兵，九月二十日先發，向通遠堡、草河口。總
兵裴顯、都指揮夏霖等，領一萬三千兵，二十二日發向鹹塲。
都御史李秉、太監黃順、小監張欽、大總兵官趙輔爲中營，領
二萬六千；二十四日發向牙笏關。總兵官王英、參將黃端等，
領一萬三千兵，發向撫順所。參將孫景、副統兵官武忠、小監
魏良等，領一萬三千兵，發向鐵嶺衛。各賷兩月糧。鹹塲、牙
笏關在通遠堡、撫順所之間。’鑽又言：‘皇帝欲勞慰朝鮮赴征
將卒，送銀二百兩于遼東，備酒五百餘缸、牛四十頭、羊八十
口、猪百二十口、雞二千首、鵝一千首，將去會兵處。’（一）就
都司呈咨文，大人劉英、李端等問曰：‘你國出軍否？’臣等答
曰：‘成有智還，殿下見大人咨文，即調兵境上待敕旨。我等
見聞而來，逮今敕旨已到，必應舉兵。’（一）臣等告都司曰：
‘我國被虜走回人牟斤重，給與衣糧回送，殿下深感。但來咨
無欽奉聖旨辭緣，未即謝恩，未謝恩而回咨亦難，願聽大人指
揮。’英答曰：‘當初取招，的知爲朝鮮人，都御史李秉但移文
總兵官，不曾奏聞解送，除謝恩爲便。’臣等又謁都御史張岐。
岐曰：‘建州賊屢犯邊境，然皇帝撫護不治，遣內臣諭之，彼
不悛心，奪內臣所率炊子銅牌，橫恣益甚。帝怒，有此舉，約
會朝鮮兵二十九日入攻。若效力征討有功，則帝必嘉賞。’時適

大風雨雪，岐曰：'昨日雨雪，天必欲滅此賊。此賊雖欲逃之，
天兵籠山而進，朝鮮兵又據後門，彼不能升天入地，凍死且
盡。'鑛來言賊逕甚險，深入爲難，故此舉必不深入，且聞回兵
在十月內。"上命召高靈君申叔舟、綾城君具致寬、上黨君韓明
澮、都承旨權孟禧等，議作事目，并聞見事目，授從事官趙信
孫，諭右參贊尹弼商、節度使李克培等曰："弼商往理山，克
培往義州應接。其事目曰：（一）遼東將若送帝賜酒肉，欽受。
其授受禮度，問彼而行。（一）彼若欲饋將士，答曰：'入征士
將皆罷還，當啟殿下施行，酒肉受置所在待令。'（一）略率精兵
渡江接見。彼若欲渡江，聽之。（一）若到理山等處，欲沿江而
下，由義州而還，亦聽。（一）其饋餉酒饌，隨宜備待。（一）大
將來，則贈黑麻布、白苧布、白縣紬各五匹，油紙席四張，油
籠十事。若裨將來，則贈黑麻布、白苧布、白縣紬各三匹，油
紙席四張，油籠五事。若千戶百戶來，則贈黑麻布、白苧布、
白綿紬各二匹，油籠三事。（一）人情雜物，以尹弼商賚去之物
分半用之。若爲首者一人來，則贈一人，體同者數人來，則隨
宜分給。（一）若問我將職名及軍數，從實以對。（一）若問入征
將士，何不待見官軍而還？答曰：'聞遼東咨文，初約以前月
初旬入攻，再約以中旬，後白顒云又約以下旬入攻，故我軍於
前月二十五日渡鴨綠江，分道而進。二十九日、三十日，攻建
州、婆猪江等處，痛加勦殺，且西面天兵所征，非我所與，故
不敢深入。'（一）若問既還軍，何不把截賊逃歸之路，而即罷兵
乎？答曰：'既勦殺殆盡，雖或逃漏，亦不暇奔突我邊矣。且
沿江上下，皆有防戍，必不敢來。'（一）若請錄我將士有功者，
則答曰：'將士論功等第，當啟殿下處置，何敢擅便？'（一）若
問殺獲之數，答曰：'斬李滿住及其子古納哈。其餘殺獲亦多，
焚其屯落及積穀，盡殺其頭畜而還。'若詳問殺獲實數，答曰：

'生擒滿住、古納哈妻等二十四口，獲漢人男婦共七名口，斬首二百八十六級，其餘或中箭或投江而死者亦多，獲馬十八匹，牛十五頭，所殺牛馬共二百二十九匹頭，焚家一百九十五區。'（一）弼商答其詳，克培勿答，但曰'不得悉知'。（一）弼商、克培皆稱宣慰使。　　癸丑，遣行副護軍高台弼如大明奏捷獻馘。其奏曰："成化三年九月十四日，遼東百戶白顯齎捧到敕諭該：'建州三衛董山等，本以蕃臣，世受朝恩，近者陽爲朝貢之名，陰行盜邊之計，朕宥之而愈肆，不得已用兵致討。惟爾朝鮮國王，世守禮義，忠於我國家，有加無替，朕甚嘉焉。若我兵加于彼逆虜，王宜閉絕關隘，使彼奔迸無所入，以就擒珍。若王能遣偏師，與我軍遙相應，伺便而蹙之，則彼之授首尤易，而王之功愈茂，忠愈彰矣，朕豈無以報王哉！勉樹勳名，時不可失。欽此。'臣欽遵敕諭內事理，令陪臣中樞府知事康純、魚有沼，中樞府同知事南怡等，領一萬餘兵人攻去後，議政府狀啟，據康純呈該：'卑職蒙差，與同魚有沼、南怡等，於成化三年九月二十五日渡鴨綠江，分道而進。本月二十九日，攻建州東北瀦豬江李滿住等所居諸寨。三十日，攻兀彌府諸寨廝殺，斬李滿住及其子古納哈、打肥剌等二百八十六級，生擒滿住、古納哈妻等男婦共二十三名口，獲馬一十七匹、牛一十頭，殺牛馬二百二十九頭匹，焚燒廬舍一百九十五坐，及其積聚二百一十七所，收其家產，并獲曾被虜遼東東寧衛男子一名、婦女六口。本年十月初四日回還，呈乞照詳施行，得此具啟。'臣據此，上項俘獲及頭畜、家產、物件，另送遼東都司交割外，謹具奏聞。"遣司譯院正朴枝齋咨文，管押建州衛俘獲及被擄人口，交割遼東。其咨文曰："成化三年九月十四日，百戶白顯齎捧到敕諭該：'建州三衛董山等，本以蕃臣，世受朝恩，近者陽爲朝貢之名，陰行盜邊之計，朕宥之而

愈肆，不得已用兵致討。惟爾朝鮮國王，世守禮義，忠於我國
家，有加無替，朕甚嘉焉。若我兵加于彼逆虜，王宜閉絕關
隘，使彼奔迸無所入，以就擒殄。若王能遣偏師，與我軍遙相
應，伺便而蹙之，則彼之授首易易，而王之功愈茂忠愈彰矣，朕
豈無以報王哉？勉樹勳名，時不可失。欽此。'本官齎來咨節
該：'奉欽差提督軍務都察院左都御史李劄付，先因建州三衛
悖逆天道，累犯遼東邊境，致厪聖慮，特命當職等，統調大
軍，搗其巢穴，絕其種類，已經議奏，請朝鮮國王隨機設備，
阻其逃遁，截殺賊寇。近該兵部議擬，合無請敕朝鮮，以數董
山不臣之罪，謂爾乃禮義之邦，覩此叛逆，罔不忿懥，即便出
兵，以絕其後路，使彼腹背受敵，一鼓就擒。其前項敕書候出
兵之日，差官賚去曉諭等因。題奉聖旨是。欽此。欽遵。即目
京營大勢，漢、達官軍俱已到邊，定擬九月中旬後進兵大舉，
仍備咨本國，早爲發兵，就其便道，阻絕後路，截殺虜寇。先
將差過官兵總數、起程日期、駐兵截殺處所，開報施行。奉此
行間，又奉欽差總兵官靖虜將軍武靖伯趙劄付，亦爲前事，擬
合并行。爲此除選差百戶白顒等，齎捧敕書前去外，合行備
咨，煩照依咨文內事理施行。准此。'先於成化三年八月十七
日，陪臣成有智齎來咨節該：'承奉欽差提督軍務都察院左都
御史李劄付，爲征勦夷寇事，及奉欽差總兵官靖虜將軍武靖伯
趙劄付，俱爲前事。建州三衛悖逆天道，累犯遼東邊境，致厪
聖慮，特命當職等，統調大勢官軍，將以搗其巢穴，絕其種
類。定擬九月初旬，諸道並進，剋期勦滅。況朝鮮與建州素有
讎，亦當乘此大舉，共圖勦滅。宜令都司備行本國知會，先爲
預防。倘遇建州窮寇奔遁到彼，就便截殺。所獲虜賊，差人解
送遼東都司監候，或以近就近，徑送軍前定奪。若係我邊被搶
男婦來降者，審悉明白，起送前來。除舊題外，合行劄仰本

司，照依施行。奉此，合行備咨，就付本國使臣齎去，煩請依文施行。准此。'又於本年十月初二日，千戶任興齎來咨節該：'承奉欽差提督軍務都察院左都御史李劄付，爲剋期進兵勦殺虜寇事原行朝鮮國王，定擬九月中旬後約會發兵，阻絕後路，截殺虜寇。緣未曾定有截殺過絕賊人處所，誠恐臨期彼此隔遠，難以應援，致虜逃遁，恐負朝廷委托之意，合再劄仰本司，備咨差人順齎本國知會，先將所發人馬，就與建州虜寇山寨附近地名，潑豬江迤東，建州賊寇李滿住、阿姑女女等一帶山寨賊巢，痛加勦殺，先行移兵建州東北賊人逃遁處所，分布軍馬，嚴謹多方把截。如遇窮寇奔遁至彼，即便督兵殺解。其所獲賊屬，除男子解送軍前；其餘婦女牛馬等項，悉聽本國有功官軍收用。仍先差人直至軍前會合，及時斬首獲級，生擒賊徒，并收獲我邊被虜男婦，通行解報。合行劄仰本司依文施行。奉此行間，又奉欽差總兵官靖虜將軍武靖伯趙劄付，亦爲前事，合併就行。爲此備咨，煩請照依劄付內事理施行。准此。'欽遵敕諭及咨文內事理，令陪臣中樞府知事康純、魚有沼，中樞府同知事南怡等，領一萬餘兵入攻去後。議政府狀啟，據康純呈該：'卑職蒙差，與同魚有沼、南怡等，於成化三年九月二十五日，渡鴨綠江分道而進。本月二十九日，攻建州東北，渡婆豬江李滿住所居諸寨。三十日，攻兀彌府諸寨厮殺。斬李滿住及其子古納哈、打肥剌等二百八十六級，生擒滿住、古納哈妻等男婦共二十三名口，獲馬一十七匹、牛一十頭，殺牛馬二百二十九頭匹，焚燒廬舍一百九十五座，及其積聚二百一十七所，收其家產，并獲曾被虜東寧衛人男婦共七名口。本年十月初四日回還。呈乞照詳施行，得此具啟。'據此。上項俘獲及頭畜家產物件，并被虜人口，差陪臣司譯院正朴枝管領，送付都司交割外，今將花名數目，逐一開坐。合行回咨，請照驗轉達施行。"

朝鮮已奏咨告捷，所告斬滿住父子，在九月三十日。合明實錄明臣所報出邊日期觀之，九月三十日間，方在徘徊中路、遇敵時有交綏耳。

甲寅，提督遼東軍務左都御史李秉奏："臣同武靖伯趙輔征勦建州虜寇，所統官軍，分爲左右哨掖。九月二十四日，從撫順關出境，歷賊張打必納等寨俱空。二十九日，瞭見賊約百餘衆，俱在薄刀山屯聚，急麾兵進，賊占大山，據險迎敵，官軍奮勇攻退賊衆。比暮屯兵，賊復乘機來襲，又用神鎗攻打，賊退。次日，督兵追襲，賊俱在五嶺及迤東密林隘口阻截官軍。當調都指揮柯忠等，選精騎三千，徑趨賊屯處所。至十月初四、初五日，抵巢攻剿。賊先將妻子藏匿，而以精壯二百餘衆，據險迎敵。忠等隨督官軍，奮勇與賊連戰數十餘合，賊潰，生擒二十七人，斬首五十六級，俘獲男婦二十四人，奪回被虜男婦二百五十二人，并獲其牛馬器械，燒其廬舍。及左哨右監丞韋朗等，各統官軍，亦抵戴咬納等寨，於九月二十九日，四散衝擊。賊見勢盛，奔入深山。官軍粘踪襲至朗家等寨，連戰十餘合，賊敗，生擒六人，斬首一百二十五級，俘獲男婦五十四人，奪回被虜男婦二百四十七人，又獲其牛馬器械，并燒毀賊舍。左掖副總兵王瑛、遊擊王銓等，督兵由渾河口出境，歷賊嘹哈等寨俱空，賊聚深山迎敵。是月三十日至次日，追至五嶺等處，與賊交鋒，攻戰二十餘合，賊潰，生擒一十八人，斬首六十四級，俘獲男婦二十八人，奪回被虜男婦二百一十八人，又獲其牛馬，搜出敕書朝鮮國帖文及番書器械等件，并賊舍俱焚之。"捷至，上命賜敕獎諭。實錄。

實錄於此日以下，庚申日文不全，辛酉、壬戌兩日缺。

辛酉，朝鮮實錄書：傳旨兵曹曰："今既破建州衛，益憐將士之勞，行當褒賞。其四等人員，又加一資；征建州將士，與康純等同議等第以聞。"

十一月癸亥朔

丙寅，敕遼東巡撫右僉都御史張岐贊理軍務，仍兼巡撫。

遼東左參將都指揮使孫璟卒。璟，河南新鄉縣人，襲世職爲遼海衛指揮同知，累以擒達賊功，歷陞都指揮使，奉敕充左參將，分守開原、鐵嶺等處。至是，以征勦建州虜寇，感疾卒。璟爲人驍勇善戰，夷狄知名，虜寇畏服，呼爲"莽孫。" 丁卯，建州俘虜董阿兀等十人，反獄逃匿。事聞，兵部請逮治監守官軍，併劾鎮守太監李良、總兵官宣城伯衛穎號令不嚴之罪。上曰："李良、衛穎且不問，令戴罪捕賊，不獲不宥。" 提督軍務左都御史李秉奏："建州三衛結搆諸夷，剽掠邊方，朝廷已命將出師，擣其巢穴，苟不乘勝立爲經久之計，恐班師後遁逃餘賊復爲邊患。臣今會總兵官趙輔等，議得遼陽迤東，自鳳凰山北抵奉集堡四百餘里，山險林密，而遼陽城去鳳凰城僅五日程，守備官軍止有千人，兵寡力弱，乞取回往年調去廣寗二千四百人，操守地方，則虜賊畏威，邊境無虞矣。又遼陽迤東，鳳凰山、鴉鶻關、撫順所、奉集堡諸處，皆通虜大路，往因無事，不爲設備。今賊既探知虛實爲寇，請相地遠近，築立千戶所城堡，以腹裏蓋州、復州、廣寗左屯三衛，各摘二所官軍，每所指揮二員統領，詣彼操守，仍增置驛道、墩臺，以便往來，以通邊報，則邊方有備，遇警無虞矣。又開原極臨虜境，三面受敵；遼陽密邇建州，地里廣闊，須分守副將得人，則緩急之間，庶不誤事。今左參將孫璟病故，副總兵都指揮同知裴

顯，生長開原；遊擊將軍署指揮韓斌，累經戰陣。乞敕顯代
璟，分鎮開原、鐵嶺諸處；斌代顯，分鎮遼陽、瀋陽、海州諸
處，操練軍馬，整飭邊備，則委任得人，邊方寧靜矣。"上曰：
"秉等所擬良是，其悉從之。"實錄。

辛未，朝鮮實錄書：都承旨權孟禧奉書于承政院以啟曰：
"臣於本月初五日到安州，與奏聞使高台弼、謝恩使趙瑾，點
檢北征諸將所獲物件。其中主將單字所錄朝謝，乃福先男察述
襲爵敕書也，而與家產雜物例錄，未安，欲於空押禮部、遼東
等咨文計開第一行別行。塡云：'建州衛指揮僉事故福先男察
述襲爵敕旨一道。'而奏本不及敕旨，恐相違異，請改書奏本以
送。然奏本咨文，詳略不同，奏本則仍舊，咨文則改書，何
如？且虜獲頭畜內，馬十八匹，而見到者十七匹；牛十五頭，
而見到者十頭，皆先到義州，故臣未得親點。今謄寫前件敕旨
以進，一一轉啟。"承政院將此以啟，即命高靈君申叔舟，承文
院提調李邊、宋處寬、田桐生等議之，爲書以報，云："遼東
回咨及禮部咨，計開第一行宜添入'建州衛故指揮僉事福先男
察述襲職敕諭一道'，從今送立劄內黃標書之，字樣則一依敕
諭本文。汝所賫空押只一番，故今加送二番，隨宜用之。奏本
仍舊爲可，但今所啟牛馬之數，慮或與奏本所錄不同，故又送
空押奏本二番，其以見在實數塡寫。"

丙子，命益實左衛都督僉事木當哈子三赤哈、撒剌兒衛指
揮僉事兀不里子麥苦捏，襲職。陞忽魯愛等衛指揮僉事哈當吉
等二十一人，俱一級。實錄。

庚辰，朝鮮實錄書：正朝使朴萱到遼東，馳啟曰："月初
二日，詣都司呈咨文，次詣察院謁都御史李秉、張岐，問：
'汝國發兵擊建州李滿住屯，殺掠幾許？'答曰：'聞已發兵，然
在路上，未知其詳。'次謁都統兵官趙輔，次謁崔、俞、邊三御

史，曰：'我亦從征三衛，獲汝國被擄人五口而旋，四口則路中病死，一口來此，已奏朝廷。'初三日，都司械送虜掠野人男女并二百五十三名口于京師，令通事張有華請兵房抄書其數，男金三漢等五十二名，女梁氏等二百一口，及馬三十七匹、牛一十六頭、弓一百五十五張、箭一千六百二十八枚、盔一十四頂、甲一十六部、貂鼠皮四十二領、腰刀四十一把、鞍子六十八部。初五日，令崔有江詣白顒第，贈布子、油紙席。顒病臥，引入言曰：'前日殿下親賜衣服等物，我雖不受，深感殿下向朝廷誠意。今又厚賜，感激罔涯。然前日不受親賜之物，而今受賜送之物，此二三其心，所不爲也。'固辭不受。都司招張有華授義州被掠女合同"。　辛巳，上謂右議政康純曰："御征建州，斫木白而書之，然乎?"純對曰："然。"上曰："書云何?"對曰："朝鮮大將康純領精兵一萬攻建州。"上曰："'攻'字未快，'滅'字最好。"

乙酉，提督軍務左都御史李秉、靖虜將軍總兵官武靖伯趙輔，遣人來獻建州捷俘。召提督軍務都察院左都御史李秉還京。實錄。

是日，國榷書："董山伏誅。"與召李秉爲同日事，而實錄不書"誅董山"。蓋國榷不專據實錄也。董山至此方誅。明亦見征建已大捷，誅董山無所顧慮，且李滿住已誅，董山更不必留矣。故若非朝鮮先誅滿住父子，明軍未必能全勝無阻，董山亦未必輕於加戮。是役之有光中葉，朝鮮實成之。後朝鮮一弱不復振矣。

己丑，海西嘔罕河等衛女直指揮阿剌孫等、兀剌河等衛女直指揮官音八等、朵顏等衛女直指揮"朵顏"字，或有誤。末那孫等，各來朝貢馬及貂鼠皮等物。賜宴，并衣服、綵段等物有差。實錄。

十二月癸巳朔

丁酉，提督軍務右都御史李秉等，先奏於蓋州、復州、廣甯右屯三衛，各摘二所官軍戍守鳳凰山等處關隘。既而人情安土重遷，多不樂從。秉等復請於奉集、通遠各立城堡，摘遼陽招集土兵官軍守之。且言守備撫順城指揮蕭旭、義州城指揮楚鳳，皆貪懦不勝任，乞以都指揮白欽代旭，指揮徐珍代鳳守備。俱從之。礫毛憐衛女直指揮同知苦女等三人于市，以其屢犯邊地。　辛丑，以都察院左都御史李秉爲吏部尚書。　癸卯，鎮守遼東總兵官宣城伯衞穎奏："諜報，海西墩只剌河衛女直朶隆哥等言，虜酋毛里孩糾合朶顏三衞頭目，欲舉衆分寇遼東。"上敕遼東及諸邊鎮守總兵等官，嚴爲隄備。實錄。

辛亥，哥吉河等衛女直指揮色冲哥等、海西屯河衞女直指揮瓦里哈等，各來朝貢馬及貂皮等物。賜衣服、綵段等物有差。實錄。

壬子，朝鮮國王李琠，遣其陪臣高台弼等奏所獲建州賊屬。上命厚賜琠，并台弼等，且敕琠曰："董山等世受國恩，以爲藩衞，近者陽爲朝貢之名，陰行盜邊之計，朕宥之而愈肆，不得已用兵致討。惟王世守禮儀，忠於國家，王宜閉絕關隘，以杜其奔迸之路。更能遣兵相應，伺便而殲之，則彼之授首尤易，而王之功愈茂忠愈彰，朕豈無以報王哉？勉樹勳名，時不可失。故敕。"實錄。

實錄此文誤也。高台弼來奏大捷，朝鮮實錄中原奏具在。奏中敍入此敕，乃九月十四日白顒賚往朝鮮之敕。又於九月丙子錄中，白顒到時，已敍入此敕。敕文爲希望朝鮮出兵助戰之辭，何得於奏捷後始下此敕？證以朝鮮實錄，其誤始明。

成化四年，即朝鮮世祖十四年，戊子(1468)

正月壬戌朔

是日，朝鮮實錄書：御勤政殿會禮宴，倭、野人來朝者亦參，王世子與諸臣行禮如儀。酒半，上召兀良哈劉也吾時、於麟可，骨看兀狄哈劉都老老，斡朶里馬游德等，傳曰："汝等之來何遲也？"對曰："節度使以近者路梗，令姑待命，故臣等未敢來朝。"上曰："汝等欲來未果者何時也？"對曰："在去年十月。"又傳曰："汝聞李施愛之事乎？"對曰："聞之矣。"上曰："聞此汝等懼歟？"對曰："見諭書無懼矣。"上曰："小醜自滅，脫有大姦賊過於施愛者，投入汝境，汝等當盡捕殺來告。"野人等啟曰："其時李施愛請兵於臣等，臣等豈敢從乎！臣等與柳尙冬哈議曰：'施愛若到我境，當殺施愛、妻子、牛馬獻殿下。'"上曰："予知汝心矣。"即命也吾時進酒，曰："汝等居我境上，數數來朝，予知汝等誠心。今日乃元日也，汝當以醉爲度。"次命於麟可進酒。於麟可啟曰："臣居會寧，數數體探，有變必達，乞賜祿。"上曰："汝敢請祿乎？其速退。" 甲子，咸吉北道節度使許琮馳啟曰："李滿住子與班車子等，擬於解冰前寇平安道義州等處。"即命承政院，馳書平安道節度使李克培，巡邊使金堅壽、黃斯允等："彼人含怨，當有報復之計。卿等審此同封咸吉北道節度使許琮啟本，愼勿輕忽，益謹隄防。賊若來寇，不可貪功殺攄，但禦之而已，最得良策，愼之。" 乙丑，御丕顯閣，召蓬原君鄭昌孫、高靈君申叔舟、綾城君具致寬、上黨君韓明澮、寧城君崔恒、中樞府領事沈澮、領議政曹錫文、右議政康純、左贊成金國光、右參贊尹弼商等議事，仍諭平安道觀察使吳伯昌，節度使李克培，巡邊使金堅壽、黃斯允等曰："前者達達使者來咸吉道，邊將令近境斡朵里語以大義曰：'大明開運，不可接汝。'其人大怒而去。皇帝聞之，遣敕賞賜。今若達達來，則亦宜以義却之。如有不得已之勢，則姑接之曰：'當啟稟施行。'急馳以啟。"

戊辰，朝鮮國王李琠，遣陪臣高台弼來獻建州俘。先是，使朝鮮遣將征建州，琠因以其所獲賊屬來獻，上嘉之，特敕琠出兵以助征剿。琠遣其中樞府知事康純等統兵萬餘，渡鴨綠、潑豬二江，攻破兀彌府諸寨，斬賊首李滿住及其子古納哈等三百八十六級，生擒二十三人，獲牛馬等畜二百餘，焚其積聚二百一十七所。至是，仍遣台弼來獻俘。命禮部從厚賞賚，詔加賜錦四段、西洋布十匹，并賜領兵有功官白金、綵段有差，遣內臣金輔賚與之。敕琠曰："嚮者朕命將率師致討建州逆虜，俾王協助天兵。王遣中樞府官康純統萬衆入虜地，斬虜酋李滿住、古納哈父子，獲其部屬頭畜，焚其廬舍積聚，得其所掠我東寧衛人口，給親完聚，牛畜給軍屯種。良由王世篤忠貞，故朕以尺札命王，而王國之衆響應於海東。朕之將士雷厲風驅，內外合勢，逆虜瓦解，王可謂能副朕所命矣。朕與王君臣同心，豈不美哉。今遣內官金輔至王國，賜王綵段、白金、錦綺。其康純、高台弼等，亦各有宴賜，以旌其勞。王其欽承之。"實錄。

癸酉，朝鮮實錄書：兵曹啟："征建州人軍功姓名，明載者已曾論賞，其餘姓名誤錄人及鄉吏公私賤等，時未論賞，請依咸吉道軍功例，令從事官改正啟達後論賞。"從之。

己卯，童寬山等衛女直都指揮出養加等、兀者等衛女直指揮納哈木等、塔麻速等衛女直都指揮阿木郎等、木答里山等衛女直都指揮把卜沙等，各來朝貢馬及貂皮等物。賜宴，并衣服、綵段等物有差。實錄。

庚寅，論平建州虜寇功，太監黃順米歲二十四石；陞少監張璘爲太監；右監丞韋朗爲右少監；加左都御史李秉太子少保，仍舊職，武靖伯趙輔爲武靖侯；轉右僉都御史張岐爲左僉都御史，支正三品俸；陞都督僉事王瑛、王銓，俱爲都督同知；都督僉事武忠，署都指揮使黃欽，署都指揮僉事韓斌、周俊，俱實授；陞都指揮同知裴顯爲都指揮使；監察御史呂雯、邊鏞，爲南京通政司左右參議；孫珂、崔讓，爲南京大理寺左右寺丞；遼東苑馬寺少卿馬進，爲山東左參政。其餘有功將士，俱令兵部視擒斬迤北虜寇例，定擬以聞。既而兵部言："自正統十四年，虜寇也先犯順，嘗令當先殺賊者，量加陞授，以激人心。然勢大事重，不爲常例。至天順間，累定征虜功次，以有擒斬功者，照例升授。餘若奮勇當先等功，俱量給賞不陞，已是定例。今征建州有功官軍，宜准此例行，庶恩賞公平，不致冒濫。事體均一，無復紛更。"上悉從之。實錄。

二月壬辰朔

戊戌，海西兀者等衛女直都指揮巴孫撒赤哈兀里哈等、木速河等衛女直都指揮板答哈等，各來朝貢馬及貂皮等物。賜衣服、彩段等物有差。　陞童寬山等衛指揮僉事阿哈里、禿納河等衛指揮使者因哥等七人，俱一級。時外夷入貢乞陞職者衆，惟阿哈里四人有敕書可憑；及者因哥等三人，通事武忠等言其有撫諭諸夷功，故特陞之。實錄。

己亥，遼東總兵官宣城伯衛穎等奏："去冬，虜寇入汎河城殺男子二人，虜男婦四十餘人。守堡指揮陳福，不能捍禦，提督署都指揮佟昱等率軍，與備禦指揮王福，追捕至土臺，官軍被殺傷者五十人。未幾，虜復入西慶雲墩，殺三人，掠牛畜以去。此皆分守開原副總兵裴顯所轄之地。顯既不出兵救援，又匿不以報。且開原三面受敵，最爲要地，而顯不勝任，罪固難容。及福等失守，昱等喪師之罪，俱宜逮問；陣亡軍士乞加優恤。"兵部覆奏："佟昱、陳福等，宜行巡按御史按問。裴顯貪懦不職，宜逮繫來京究治，別舉堪任者代之。顯等守土無狀，宜加切責，使勉圖後效。并錄陣亡將士，以勸來者。"從之。　壬寅，命都指揮僉事韓斌。充副總兵，分守開原，兼提督遼陽等處軍馬。　遼東總兵官宣城伯衛潁等奏："虜屢入開原、鐵嶺、懿路等處，掠軍民財畜，副總兵裴顯、署都指揮佟昱、都指揮康顯等，各率軍追之，生擒二人，追回被虜男婦二十餘人、牛馬九十有餘，虜遂遁去。"兵部言："顯等雖有微捷，然沿邊警報日至，而諜者猶偵知虜欲糾結爲寇，宜移文顯等，益嚴守備。"從之。實錄。

此所謂"虜"，亦或有朵顏三衛在內。但汎河、懿路等地，皆建州女直出沒之處。是時明廷以爲已平建州，而遼東虜警，並不衰止，明之兵威，不爲夷虜所憚可知矣。平夷賦豈足信哉！

平夷賦之不足信，日本人曾言之。此賦亦不甚傳於世，清代早已禁毀矣，今猶見之全遼志藝文門。其言平建州之功雖不足信，然其言建州之起因，及董山爲邊患之烈，則固可據。今錄其序文以供事實之參考焉。

武靖侯趙輔平夷賦序

建州三衛女直，東方之黠虜也，深處萬山，林木障天，晴晝如晦，恃險負固，已有年矣。永樂間，開原降虜楊木答兀者悖逆，率數百騎往投之，其黨類遂滋，日浸強悍。我成祖文皇帝靖難之初，憫生民之艱，不即加兵，姑撫綏之。

　　此段言孟哥帖木兒左衛之浸强，由得楊木答戶開元叛逃之人衆數百騎。木答戶，即前述之木答兀。肇祖之興，以木答兀之來投；其亡，亦以木答兀之推刃。當時趙輔尚特舉木答戶，爲其黨類之所由滋，則此固建州左衛有大關係之一事。　成祖之廟號，乃嘉靖間所改定，以前固稱太宗。今賦序已作成祖，當是全遼志編入時所改，輔原文不如是也。

彼狼子野心，終懷覬覦。迺者守邊將吏，弗能制禦，以致猖狂莫遏。一歲間，寇邊者九十七次，殺虜人口十萬餘。

　　成化二三年間，董山、李滿住輩之爲患遼邊，一歲間九十七次，則平均無三四天之寧息日也；殺虜人口至十萬餘，其數可駭。實錄是時所載虜警，以其不明著建州，多不盡錄。據輔言觀之，則凡有警報，必涉建州。實錄止有失書，未必能見九十七次耳。

皇上震怒，乃興問罪之師。以臣輔挂靖虜將軍印，授以成命，總統成師。復以太監黃順、少監張璘監督軍務。左都御史李秉提督兵戎。副參厥事，則都督王英、武忠。總督糧儲，則僉都御史張岐。督陣紀功，則監察御史孫

珂、崔讓、呂雯、邊鋪。往來遊擊，則都督王銓、都指揮
韓斌。協同游擊，則都指揮黃欽。分兵出屏，古文"戰"字。
則遼東副總兵都指揮裴顯。左右參將，孫璟、周俊。摧鋒
破敵，則都指揮楊嶼、柯忠、曹廣、戴廣、楊廣、海彙、
楊玉、孫能、文寧、崔勝、焦貴、白欽、盛鑑，指揮閻
斌、冀暉、李讓、宋守忠等。綜理營陣，則都指揮曹洛、
劉通、傅海、王鍇。護遞饋餉，則都指揮陳信、郭瑄。通
得京營與遼東漢番官軍五萬餘衆，各秉忠赤，咸奮敵愾。
俱以成化丁亥三年秋九月二十有四日，共分五路，深入虜
地。左翼左哨出渾河、柴河，越石門、土木河，至分水
嶺。右翼右哨由鴉鶻關、喜昌口，過鳳凰城、黑松林、摩
天嶺，至潑豬江。中軍自撫順經薄刀山、粘魚嶺、過五
嶺，渡蘇子河，至古城。期以是月二十九日，大兵齊舉。
時則有若朝鮮國，亦遣中樞府知事康純、魚有沼、南怡
等，率兵萬衆，以助官軍，皆如約抵虜巢，無一後期者。
勢撼山岳，聲震天地，虜寇望風披靡，譬之破刃而解，擒
斬俘獲虜酋指揮苦女等以千數，賊屬牛馬無算，巢穴蓄積
蕩然一空，收其被虜者歸厥家。間有遺寇，奔遁深山，以
保殘喘。一月之內，虜地蕭然。

　　叙朝鮮會師，而於師期自詔定九月二十九日，
且云無一後期者。據事實，乃朝鮮兵獨到李滿住巢
穴，三十日已盡誅滿住父子，虜其家屬俱歸，明兵
殊未相值也。至其誇張擒斬俘獲之虜酋，竟剔除最
大最著之滿住父子，不敢掠朝鮮之美則是矣。然此
行之所得，舍滿住父子，將何以紀其功？諸家紀
載，亦以成化初誅滿住、董山，爲無上之威信。輔

爲身總其事之大帥，遺此不言，其心之有愧何如！所云一月之內，虜地蕭然，亦僅有此一月之成績而已。

時積雪盈尺，寒風裂膚，不可久居，乃整兵凱旋。尋有遁寇指揮張額的里，率其妻赴軍門，哀詞乞降，且曰："吾所處之地，自唐以來，人跡罕到。太宗征東，至鳳凰城而止，亦未嘗入吾境士。今天兵率然至此，使我父母不相顧，兄弟妻子盡被擒戮，家產已盡，死亡無日，豈非天也耶！"遂具奏納之。

誇張至此，武夫不學何足怪；修志時載之，亦以其言爲可喜耳。遼東之地，元以後豈可與唐初比。即唐至高宗時平高麗，亦不能以鳳凰城爲絕塞。明初遼東地本承元舊，無端留毛憐寄住，無端許建州入居，今反以一出撫順爲奇績，此夏蟲之語冰也。

予惟建州之地，東南接鴨綠江，正南則三江月虎城，正東則毛憐衛、此指舊毛憐。七姓野人、黑龍江奴兒干諸夷，東北洎北，率皆海西四百餘衛野人女直，竟稱四百餘衛，誇大無當如此。西北又泰寧、福餘、朵顏三衛之虜賊也。而建州實處其中，左右前後，盡爲夷狄，相與聯絡，掎角應援。五營、喜昌、石門，又咽喉之地，一夫當關，萬夫莫開之險。今王師一舉，直擣其中，長驅疾捲，所向無敵。誠我皇上德動天地，威播華夷，神謨廟算之所致也。其萬萬載太平無疆之休，又肇於此矣。予觀成功，不勝雀躍，謹拜稽首而作賦曰云云。

乙卯，朝鮮實錄書：奏聞使高台弼、謝恩使趙瑾、正朝使朴萱等，遣通事金自海啟："明使太監姜玉、金輔出來。"自海啟曰："姜玉家在公州，問母及弟妹存沒。金輔家在長湍，亦問其父母安否？"上即令其道觀察使問其父母兄弟之存沒以聞。

三月辛酉朔

是日，陞毛憐衛都指揮僉事刴里答、木蘭河衛指揮使撒赤哈、古里指揮亦兒、兀里奚山衛指揮同知程哥、阿眞河衛指揮同知阿喇阿答哈、者帖列山衛指揮同知鎖奴、兀者右衛指揮僉事忽失答、古里河衛指揮僉事鬼米等，俱一級，以年久援例乞陞也。實錄。

壬戌，朝鮮實錄書：奏聞使高台弼馳書啟曰："遼東鎮撫王鑌，傳參將韓斌之言曰：'海西指揮你拖哈言李滿住子娶妻居海西衛者，請本衛及毛憐衛兵，要往朝鮮報復，此意回啟殿下備禦。我等聞寇汝國，當整齊軍馬夾攻之。'"又遼東押解官張思發啟聞見事目："（一）遼東參將韓斌曰：'海西達子打乞處被虜漢女逃回，說野人等於三四月間草長，要搶江上高麗。'（一）被擄逃回遼東唐女李氏供招：'海西女眞打乞處，聽得青草長一尺高時，要搶江上高麗。'"即令謄寫台弼書及思發事目，諭平安中道節度使李克培、西道節度使金堅壽、東道節度使黃斯允、咸吉道節度使許琮、北道觀察使魚世恭等曰："審此同封事目，益謹隄備，乘機抄擊。" 遣注書趙益貞問於左贊成金國光曰："去秋征建州軍士三千餘人仍留平安道防戍，期以解冰。如今有滿住子請兵來寇聲息，召還戍兵否？"國光對曰："既征建州，不可又留過冬。如不得已，則可遣人代之。"上曰：

"明當與諸宰商議。"

　　乙丑，建州左等衛女直都指揮佟火羅等、毛憐衛女直指揮魯禿等，各來朝貢馬及貂皮等物。賜宴，并衣服、綵段等物有差。實錄。

　　　　　建州、毛憐，皆被討之叛夷，其酋誅死，而其衛他酋朝貢如故，朝廷亦賜賚如故，意在敷衍，非有討罪決心。

　　丙子，遼東自二月以來，寧遠、鐵嶺、懿路、蒲河、瀋陽前屯等處地方，連有達賊往來窺伺，欲乘隙入寇。上聞，命鎮守總兵巡撫等官，嚴督守備官，整兵防禦之。　戊寅，兵部奏："建州三衛遣指揮阿魯力哈等四人，入貢服罪，且請仍舊開設衙門，釋放犯邊夷虜。"上曰："夷虜悖逆天道，大軍方討平之，如何輒便求請？兵部還集多官會議以聞。其阿魯力哈等，禮部照例欵待，令其回還，以後果能改過自新，輸誠效忠，朝貢以時，朝廷仍與開設衙門未晚也。"　辛巳，建州虜糾合朵顏三衛寇遼東、開原等處邊境。報至，上敕鎮守總兵巡撫等官防禦之。實錄。

　　丁亥，朝鮮實錄書：禮曹啟："建州衛兀良哈處被擄逃來唐人妙貴，毛憐衛兀良哈處被虜逃來唐女妙眞、背失里等，請從其願解送遼東。"從之。

四月庚寅朔

　　甲午，太子少保吏部尚書李秉乞罷太子少保，不許。初，秉督軍征建州，凡官軍奮勇者例賞不陞，秉乃乞罷所加官，爲官軍請陞。詔從其言凡深入虜地殺賊者，陞署一級，不爲例。然不言秉加官罷否，故秉復有此奏。實錄。

　　戊戌，朝鮮實錄書：姜玉、金輔等捧敕入京，上率百官幸

慕華館迎敕如儀。其敕曰："嚮者朕命將率師致討建州逆虜，
俾王協助天兵。今得王奏，知遣陪臣中樞府官康純等。康純等
統衆萬餘，渡鴨綠、潑猪二江，攻破兀彌府諸寨，殺逆虜李滿
住、古納哈父子等，斬獲其部屬頭畜，焚其廬舍積聚，得其所
掠我東寧衛人口，遣陪臣吏曹參判高台弼獻俘。已將王所獻賊
屬，依例處置，人口給親完聚，牛畜給軍屯種。良由王世篤忠
貞，故朕以尺扎命王，而王國之衆響應于海東。朕之將士雷屬
風驅，內外合勢，逆虜瓦解，王可謂無負朕所命矣。朕與王君
臣同心，豈不美哉！"

　　癸卯，建州衛女直指揮因八等，來朝貢馬及貂皮。賜宴，
并金織襲衣、綵段等物有差。實錄。

　　戊午，朝鮮實錄書：傳旨兵曹曰："去丁亥年，從征建州
衛公私賤，依庚辰年北征隨從例，一等免賤爲良，二等限己身
免役，三等限二年免役。"

六月己丑朔

　　是日，海西也孫倫等衛女直指揮也黑忒等，來朝貢馬。賜
衣服、綵段等物有差。實錄。　壬子，建州女直董山餘黨開原
保等四人，法當凌遲；知其謀者納郎哈等六人，并賊弟馬毋
都，俱當斬；幼男十二人，當爲奴；無罪當留內地者七人。獄
具，大理寺詳審以聞。上以山既誅，原保等十人姑送錦衣衛
獄，馬毋都并幼男俱發充廣東邊衛軍，無罪七人聽留內地。
實錄。

　　　賊弟馬毋都，當是董山之弟，則董山又有一弟名馬毋
　都也。充廣東軍，則與重羊之後充福建者不同，自非一
　人，或其他應凌遲者之弟耶？

七月戊午朔

　　丁亥，<u>毛憐女直</u>都指揮<u>塔哈</u>等、<u>建州左</u>等衛<u>女直</u>都指揮<u>重羊</u>、<u>女直</u>指揮<u>阿隆哈</u>等，各來朝貢馬及貂皮。賜衣服、綵段等物有差，以國恤免宴。其歸也，禮都請移文<u>遼東</u>都司宴勞之。<u>上</u>月甲寅，<u>英宗</u>后崩。<u>實錄</u>。

　　　　<u>重羊</u>爲<u>董山</u>之弟，當即"倉"字之合音，見之<u>朝鮮錄</u>爲<u>眞羊</u>、<u>秦羊</u>、<u>朱陽</u>、<u>肖陽</u>、<u>充</u>也，見<u>明實錄</u>者爲<u>童倉</u>、<u>綽顔</u>，見<u>清實錄</u>者爲<u>褚宴</u>、<u>除烟</u>，皆一人也。<u>董重羊</u>此時暫代<u>左</u>衛職，亦見下，後又戍<u>福建</u>。

八月戊子朔

　　乙卯，<u>朝鮮實錄</u>書：咸吉北道節度使<u>金嶠</u>，據<u>會寧鎮</u>僉節制使呈啟："今八月十六日，<u>伐引住兀良哈</u>大護軍<u>也邑時</u>來言：'<u>兀狄哈</u>等，自以前者入寇<u>穩城</u>，不許上京，欲盡會諸姓<u>兀狄哈</u>兵。<u>慶源</u>則<u>南訥</u>、<u>巨節</u>、<u>古也乙</u>、<u>也羅</u>等四姓，<u>穩城</u>則<u>具稱</u>、<u>古也</u>、<u>者愁</u>、<u>豆巨</u>等四姓，<u>會寧</u>則<u>尼麻車</u>、<u>都羅</u>、<u>其屯</u>、<u>沙羅</u>等四姓，今八月內分道入寇，議已定。'臣據此移文諸鎮諸堡，令謹愼隄備；臣亦巡邊待變。"命下兵曹、都總府議之。兵曹、都總府啟曰："五鎮聲息緊急，實爲可慮。請本道番上軍士，及親軍衛內<u>吉州</u>以北居人等，並許發還，聽節度使指揮防禦。且令<u>南道</u>節度使，領軍到<u>鏡城</u>、<u>富寧</u>等處，爲援兵虞候，入<u>甲山</u>等處待變。"從之。

　　　　九月初八日，<u>朝鮮世祖琈薨</u>，世子<u>晄</u>嗣，是爲<u>睿宗</u>。以下<u>朝鮮</u>入<u>睿宗實錄</u>。

十月丁亥朔

己卯，毛憐等衛女直都指揮亦里哈、王苦赤等，各來朝貢馬及貂皮。賜衣服、綵段等物有差。實錄。

　　毛憐衛亦照舊貢賞。

十一月丁巳朔

庚申，毛憐衛都指揮苦赤等奏：“本地路遠，欲於遼東人買一牛，馱載行李。”許之。實錄。

癸亥，朝鮮實錄書：被擄逃來義州人劉得吉來，命承政院問其往來本末。得吉條對曰：“（一）臣居義州，去辛巳年，被建州衛野人李古赤等八十餘兵搶去，十日方到愁愁厚住佟答馬赤家爲奴。本年七月十八日，入山採人參，因而逃往遼東。（一）答馬赤酋長充尙，今年率麾下五百二十人入朝，大明盡殺之，存者纔五十餘人。（一）去年大明兵與我軍夾攻後，野人等恐我軍再至，皆登山不得安業，因此貧劣無報復之志。（一）充尙弟充也代爲酋長。（一）野人以唐牛角或以本土牛角自造弓，但其體視我國弓差大，絃用皮，箭鏃貿大明鐵自造，其制與我國西甫子箭同。（一）去年我國軍攻殺李滿住父子，舉部驚駭。（一）每作賊時，與火剌溫、兀狄哈甫乙可土、甫乙可大及建州衛羅夏、李古赤等連兵。（一）他麻赤家東距李滿住部落三日程，北距火剌溫、兀狄哈地面五日程，南距義州十日程，西南距遼東六日程。”

　　此時充尙弟充也代爲酋長，與明實錄所記本年七月丁亥，重羊朝貢之說合。重羊，即充也。充尙，即董山。重羊既代長建州而卒又遣戍，則其代職之說，亦以明廷尙未加罪，而野人間自以爲已代職耳。但朝貢之後，實錄明言其歸，且以國恤在京未予賜宴，由歸途遼東都司宴勞之，則遣戍尚在其後，見之於成化二十年實錄追叙其事。並於十一年春，有重羊妻入關乞請之事，不知遣戍究在何時始也。　董山之死，同戮者四五百人，滿住父子爲朝鮮所誅，建州幾覆。然報復不已，警報迭至，觀下各條實錄可見。重羊之卒被譴，想即由此。盡復滿住、董山之後乃定，夷情固結，非一威所能懾。

甲子，遼東總兵官都督同知趙勝奏："諜報，虜賊二百餘，由鴉鶻關合哈里入境寇掠，都指揮僉事莊鑑、把總指揮傅斌，率輕騎四百，追至境外喜昌口擊走之，奪回所掠人畜。"事下兵部，言："莊鑑等不能嚴督備禦，賊去始追，雖有微績，終係失機，宜行巡撫山東御史逮問。"從之。　己巳，陞毛憐衛指揮僉事速苦、捏苦，俱爲指揮同知。　丙子，遼東總兵官都督同知趙勝奏："十一月初六日，虜賊千餘至斡羅村，攻指揮傅斌營。指揮胡珍率軍來援，被賊射死。既而都指揮莊鑑等領軍二百，赴斌營併力禦敵，至暮賊退。"事下兵部，請"移文趙勝等度量賊情緩急，運謀戰以圖成功。其失機官，令巡撫御史逮治之。"實錄。

十二月丁亥朔

庚子，巡按遼東監察御史侯英，劾奏遼東總兵官趙勝、太監葉達、左參將楊璵號令不嚴，以致指揮胡珍等爲虜所害，宜逮治其罪。兵部覆奏，以爲巡撫都御史彭誼，亦宜并逮。上曰："葉達、趙勝、彭誼、楊璵，皆姑宥之。"實錄。

先於八月庚戌，侯英奏遼東備禦都指揮康顯不能防禦，致達賊搶掠人畜，坐守備不設者律，應謫戍。上宥之，降二級帶俸差操。

壬子，上遣太監鄭同、崔安往朝鮮，冊封故國王李瑈世子李晄爲王，太監沈繪致祭。既行，巡按遼東監察御史侯英奏："遼東連年被建州虜寇侵擾。去歲東征，至今瘡痍未起，民窮財盡，今復禾稼不登、米價踊貴，軍士缺食。太監鄭同等所領隨從下人，沿途勞費百端。臣查得先年曾遣翰林院編修陳鑑等，素有學行聞望者，出使其國。今同與安俱朝鮮人，祖宗墳墓，兄弟宗族，皆在其地，於其國王，未免行拜跪之禮，進囑託之辭，殊輕中國之體。且朝鮮雖稱外國，其人多讀書知禮，苟使臣非人，必爲所輕。乞追寢成命，於翰林院官或六科給事中推選一員，及行人司官一員，往使爲便。"會山東分巡遼海按察使僉事俞璟亦以爲言。禮部以聞。上曰："英所言良是，今後賚賞遣內臣；其冊封等禮，仍選廷臣有學行者充正副使，庶不失中國大體，而亦可服遠人之心。"實錄。

朝鮮實錄中，恒記明遣內臣往使之擾累，明廷亦知而故容之。今雖許冊封等禮改選廷臣，賚賞仍非內臣不可。用內臣何益於事，不過爲此輩留一吞噬之路耳。自明開國以來，皆存此見，以爲爲主人者必有以肥其家奴，卒之奄禍爲千古之最。清馭內臣之嚴，勝明代何可以倍蓰計也。

成化五年，即朝鮮睿宗元年，己丑(1469)

正月丙辰朔

己卯，弗提等衛女直都督帖塞苦等、納剌吉河等衛女直都督赤奴等、海西木蘭河等衛女直都指揮撒赤哈等、忽石門等衛女直都指揮管禿等、野兒定河等衛女直都指揮賈虎失等、失里木等衛女直都指揮早花等，各來朝貢馬及貂皮等物。賜宴，并織金衣、綵段等物有差。實錄。

　　癸未，朝鮮實錄書：咸吉道節度使金嶠、觀察使李恕長等馳啟：“本月初四日，斡朵里亡子言：‘子尼可大歸大明，道還，云蒲州住巨叱巨曰：“往年大明與朝鮮殺害我父兄，將欲報復，率兵向遼東，路逢大明兵相戰，物故相當。”且同里住甫下豆、里下、李滿住子甫乙古大等云：“解冰前入寇於平安道。”’”上令議政府都承旨議之，皆曰：“即令馳諭鎮西大將軍具致寬及咸吉道節度使，益嚴隄備而已。”從之，遂回諭金嶠曰：“已悉所啟。此雖彼人常談，固不足信，亦不可忽。其防禦諸事，卿宜盡心措置。”

二月丙戌朔

　　是日，朝鮮實錄書：諭鎮西大將軍具致寬曰：“咸吉道節度使金嶠馳啟，會寧地面吾音會住兀良哈亡子來言，曾到蒲州，聞巨叱巨言，斡朵里、甫下豆、羅下、李滿住子甫乙古太等，解冰前欲寇平安道等處。此言不足信，亦不可忽，急諭沿邊諸鎮，益固隄防。”

　　壬辰，特賜弗提等衛都督帖思古、都督僉事塔失，各織金麒麟膝襴紵絲一匹，從其請也。　庚子，海西塔麻速等衛女直都指揮阿木郎等、忽失木等衛女直指揮炒剌、兀者等衛女直都指揮阿都哈等、益實左等衛女直都督三赤哈等、毛憐衛女直都指揮阿轍等，各來朝貢馬及貂皮等物。賜宴，并賜服、綵段等物有差。實錄。

閏二月丙辰朔

　　己巳，磔達賊孛哥羅於市，以其犯邊抄掠罪也。實錄。

此當亦是<u>建州</u>俘。

癸酉，<u>毛憐衛女直</u>指揮<u>鬼力赤</u>等，來朝貢馬。賜衣服、綵段等物有差。實錄。

四月甲寅朔

丙辰，<u>毛憐</u>等衛<u>女直</u>都指揮<u>哈兒禿</u>等，來朝貢馬及貂皮。賜宴，并襲衣、綵段等物有差。實錄。

癸亥，<u>建州</u>三衛<u>達</u>賊糾衆欲入境搶掠。報至，上敕鎮守總兵巡撫官整兵防禦之。實錄。

五月甲申朔

甲辰，朝鮮實錄書：咸吉北道節度使<u>金嶠</u>馳啟：“今日初八日，<u>尙家</u>下住<u>兀良哈</u>萬戶<u>仇伊赤</u>來告，<u>李滿住</u>子<u>甫古大</u>云：‘聞<u>朝鮮</u>使臣押馬往<u>中朝</u>，欲伏兵馬於西路，殺害人馬。’”傳于承政院曰：“平安東道節度使<u>李從生</u>，則予不知其爲人；西道節度使<u>金堅壽</u>，則予嘗知之，然年少恐誤事機。<u>堅壽</u>若不可，則更擇他將以啟。”院相<u>金國光</u>以<u>吳子慶</u>、<u>朴居謙</u>、<u>辛鑄</u>啟，且曰：“<u>洪允成</u>之行，加送迎來軍，令通事持火者親喪咨赴<u>遼東</u>，語<u>允成</u>以聲息。”從之。仍諭<u>嶠</u>所啟于<u>從生</u>、<u>堅壽</u>曰：“卿等備悉此意，加抄迎來軍三百名，差人押送。予將別遣京將，把截彼賊於要路，卿宜整兵以待。”又諭曰：“兵者不可遙度，然而野人之告變，不可以爲不實，邊將之守不可如常。況當如此之變，宜鍊甲兵。卿其體此，益固邊圉。若野人犯我入朝之行，則即領兵追擊之可也；不得，則在卿處置。”又諭<u>從生</u>、<u>堅壽</u>及咸吉北道節度使<u>金嶠</u>曰：“往年征<u>蒲州</u>殺<u>李滿住</u>事，從朝廷之命，不得已也，非我私怒。今聞<u>滿住</u>之子<u>甫古大</u>不知大義，歸怨我國，潛謀報復，罪惡既極。卿宜招誘近境酋長，開說此意，仍語之曰：‘爾等若招誘<u>甫古大</u>拿來，則當有顯賞；不爾，我國當舉大兵，盡勦窟穴，非但甫古大受禍，爾等亦將未脫，後悔無及。'"　乙巳，召領議政韓明澮、左贊成金國光、右參贊李克培。克培先至，傳曰："予聞平安一道，民居或稠或稀，沿江防戍如何？卿備諳本道事，其言之。"克培曰："此道古來富盛，曩因築城等事，民物流亡。世祖徙南民以實之，比舊稍盛。而民居疎密不同，然各有產業，歲月已久，不可徙居。且沿江城子口子，則守令萬戶相間而處。今方夏月，不徒鴨綠江漲，賊路大川非一，彼雖欲犯邊，不可得也。"明澮、國光等繼至。御丕顯閣，引見明澮等。明澮啟曰："兵難遙度。然以臣料之，今方農月，諸種野人，其肯聽甫古大之言，廢農業而來耶？且今雨水漲溢，間多大川，彼賊安能跋涉而來？洪允成迎來軍一百名，使臣護送軍六十名，及支待差使員所率軍士，等待允成之還偕來，今又加定迎來軍三百名，總五百，可以備變。又令兩道節度使各率軍馬，屯兵要害之地。若皆抄千餘兵入歸，則農月不可舉道從戎，請量定節度使等所率兵。"上曰："在將節度耳。"仍曰："滿住之子今存者有幾？"明澮等對曰："但有妾子甫古大。"上曰："其能招來乎？"明澮對曰："今必不肯來。然甫古大時未能收集部落，安能爲患？"上曰："兵務精不務多，此意說與今去安處仁，令語兩道節度使。"

六月癸丑朔

　　庚申，朝鮮實錄書：御慶會樓下視事，領議政韓明澮啟："金有禮言：'中朝築長墻至我國碧潼江邊而止，是彼我爲一家，且無北方防戍之勞。若有利於我國，然亦有弊。前此平安道人民投入遼東者，比比有之。今若連境，則臣恐投亡者頗多，然何敢請停？請擇謹慎知大體者，除西北邊鎮守令。'"上曰："然。"伴送使戶曹判書盧思愼自平安道來復命，上問："中國築長墻信乎？"思愼曰："然。"　辛酉，伴送使申叔舟來復命。

御思政殿，引見叔舟及領議政韓明澮、院相寧城君崔恒、承旨
等。明澮曰："今中朝方欲築城至碧潼等處，宜擇遣守令。"叔
舟亦啟："臣至義州，問於都司，答云：'朝廷欲築，已措置。'
臣謂自古小國與大國異域，乃可保安。今中朝連城碧潼等處，
列置防戍，則東寧衛人連居義州之境，不可不早圖。"上命詳定
所及諸該司議啟。

　　明築遼東長墻，備建州耳。建州始逃兀狄哈之難，托
　　庇明之邊內，今乃反築墻以自限，認建州為非國境矣。東
　　八站為朝鮮貢道，尚未遽改而南，而先築長墻以外之，名
　　為大捷，亦怯甚矣。

　　乙丑，禮部奏："海西考郎兀等衛野人女直都督撒哈良等，
貢海青及鷹。令內府鷹坊司辨驗，海青四十一連，乃兔鶻鷹，
二連乃鶒鶻，宜量給絹布以勞之。仍令通事戒諭撒哈良等，今
後不許仍前冒進希賞。"從之。實錄。

　　宣宗以前，責貢之外，並以採捕擾朝鮮。後來意不在
　　此，乃反勝宣德時矣。

　　癸酉，朝鮮實錄書：天下圖成，上出示諸宰曰："卿等朝
大明，備諳山川，觀此圖以審形勢。"韓明澮曰："棘城真要害
之地，可築城以備不虞。"又指碧潼等界曰："此中朝所築長墻
之境，請遣人審築長城之處，因勢隄備。"從之。仍命行司果李
淳叔為平安敬差官，右參贊李克培、黃海道體察使淳叔賚去事
目："（一）中朝長墻所築界限，及中朝官人所至處，使人探候。
又邊將遣人告以將面告禦賊諸事，然後入歸。（一）見中朝官

人，語之曰：‘今聞中朝築長墻，欲聽防禦事宜，且欲審賊路
而來。’（一）與中朝軍人相會時，稱仇寧口子萬戶，而只率軍官
二人，及漢、女眞通事各一人。（一）單騎深入爲難，擇率東、
西道當番軍士二百。其衛部將，擇率其道虞候軍官守令。（一）
凡事與其道節度使共議措置。（一）與中朝官人相會時，不可無
人情，黑麻布十匹，扇子、油籠各五十賫去，布用義州所在，
酒肉亦令本道備給。”

　　丙子，毛憐等衛女直都指揮兀黑禿及兀罕住等，來朝貢馬
及貂皮。賜宴，并襲衣、綵段等物有差。實錄。

　　丁丑，朝鮮實錄書、上謂都承旨權珹曰：“今大明築長墻
至于我國境，雖不知爲我國而設，儻有事，則當徙都於開城或
平壤，隄備封疆，卿其知之。”時平壤府尹李德良奉賀箋到京。
上召德良曰：“世祖幸平壤，卜宮闕之基。予亦欲幸平壤備不
虞，然非謂欲此時遂遷也。卿其預知。”　辛巳，工曹判書梁誠
之上書曰：“臣伏覩主上殿下，以英明冠古之資，承先聖付托
之重，嗣登大寶，勵精圖治。首革防納，以福我一國；次嚴治
盜，以惠我良民。定逆賊而宗社固，受帝命而朝野慶。此正臣
子精白一心以承休德之時也。臣以庸劣，特蒙先王天地之私，
未效涓埃之補，思欲圖報於殿下者，曷嘗斯須而弛于懷哉。謹
將管見一十八事，條錄以獻，伏惟睿鑑垂察：（一）議長墻。臣
竊惟本國，表裏山河，輻員幾於萬里，戶數百萬，兵一百萬。
堯與並立，周不爲臣，元魏通好，馮燕納款，隋六師大敗而唐
賓之，遼隻輪不返而宋事之，金稱父母之鄉，元爲甥舅之國。
我大明高皇帝，亦謂三韓非下下之國，以遼東之東百八十里連
山爲界，以爲把截。以聖人明見萬里之量，豈不知土地沃饒，
便於畜獵，而捐數百里之地以空其處者，誠以東郊之地，三韓
世守，兩國疆域不可相混；若或相混，則易以生釁故也。今聞

中國將築墻于東八站之路，以至碧潼之境，此實國家安危所關，不可不深慮也。前此本國平安之民，逃賦役者，流入於彼，東自開州，西至遼河，南至于海、蓋州，聚落相望，不知幾千萬人。永樂年間，漫散軍凡四萬餘人。近年遼東戶口，東寧衛居十之三，若無長墻，則野人出沒，誠可慮也。若或築墻，則還爲内地，眞樂土也，其流亡豈不萬萬倍於古哉，此其害一也。若中國列置煙臺，廣行屯田，如是則兩國之間，特一江之限耳。名曰海外，實同腹裏。彼豈千百年不窺我邊鄙哉！或利或害，未易量也，此其害二也。長墻雖自遼河至于鴨綠，猶有可慮。若至于碧潼之境山羊湖之間，則是東韓之地在彼封域之中，如在人肘腋之間，如處人家園籬之内。一此一彼，任彼主張，豈特長沙舞袖而已哉！此其害三也。如此利害，三尺童子莫不知之。建州之人勢必來爭。然傳聞之事，恒多失實。若眞有是事而恬不奏請，則彼以我爲無能，益有凌辱之事。須急馳使上奏。連山把截，高皇所定，兩國封疆，不可相紊。碧潼以西、義州以北，大江限隔，無足爲慮。仍遣金輔等内史族親，入啟國人之意，以達帝聰，使得自遼河至鴨綠築之，豈不幸哉！若不准請，則當益嚴自治之事，以固萬世而已。臣竊觀平安之弊，大者有三：曰赴防，曰舘夫，曰騎載將迎獲送而已。若碧潼江外又築長墻，則北方守禦，比古爲歇；若如前以南界之兵戍江邊之地，則民皆流入遼海，其爲害不可勝言。須撤沿江州郡，以狄踰嶺爲關防；移江界、渭原于熙川、理山，碧潼于雲山，昌城、朔州于龜城。如是則江邊赴防之弊，庶幾除矣。且國家大小使命，皆至平壤傳付監司，民事則使都事，軍事則使虞候行之，小事以知印摘奸，如是則一路舘夫之弊可以除矣。且聖節、千秋、正朝使外，謝賀、奏聞等使，皆順帶而行。東八站之路，果有所虞，則一行三節之人，使副之行不過十五人，單使之行十二人，因定軍士五十名，乾糧五十斗，馬馱上節五、中節三、下節二。如是則騎載將迎護送之弊，亦可除矣。於是陞平壤府爲西京，與漢城，府咸興、慶州、全州、開城府爲六京，以壯大東之勢，以收西人之心。以至披地圖，考形勢，改兵政之分衞，以京畿、忠清道爲中衞，慶尙、全羅道爲後衞。平安、咸吉道爲前衞，江原道爲右衞，黃海道爲左衞。如臣前疏，咸吉道各官，分賜宗親爲鄉貫，平安道各官，分賜功臣爲食邑，以之內外相維，以實兩界。又如古江東爲平壤上流要害，復置大邑，以宿重兵。至若建州之人，來則接之，去則不追。但毛憐、對馬之人，益加厚待，以之遠交，以爲緩急左右之資。"

七月壬午朔

戊戌，女直都指揮阿古哈，以迎送使臣往來效勞，奏乞陞秩。命陞一級。　乙巳，毛憐等衞女直都指揮阿失帖木兒等、建州左等衞女直都指揮買禿等、速平江等衞女直指揮速古等，各來朝貢馬及貂皮。賜宴，并衣服、綵段等物有差。實錄。

是日，建州左衞指揮佟那和剳等奏，乞命都督董山子脫羅、李古納哈姪完者禿，各襲其父伯之職。事下兵部，尙書白圭等言："董山等世受國恩，享有爵土，罔思敬順，自取誅戮。脫羅等乃叛逆遺孽，法當誅夷。然旣聽其悔過來朝，待以不死矣，予奪之宜，惟聖明裁處。"上曰："虜酋背負恩義，罪當族滅。今首惡已誅，餘皆悔過向化。朕體上天好生之德，悉加寬宥。脫羅等，旣衆人奏保，其授羅都指揮同知，完者禿都指揮僉事，令統束本衞人民，依前朝貢，再犯不貸。"實錄。

明廷不勝建州種人之擾，仍使三衞後人盡復故職，以羈縻之。所謂平夷大捷，實非武力足辦此也。於滿住之建州衞、董山之左衞，先復其舊矣。

八月壬子朔

甲子，朝鮮實錄書：平安道敬差官李淳叔馳啟："臣領軍三百，渡江至也郎洞，見長墻之界，川溪則以木石交構，作溝墻，高六尺，廣四尺；平地則以木交置，廣百餘尺，南距十餘里；高峯築煙臺，用木交積，高八尺，四面各十三尺。臺上造板屋，高五尺。煙臺相距或二十餘里，或十五餘里。自長墻東距昌城府雲豆伊煙臺百餘里，南距仇寧口子六十餘里。"

十月辛亥朔

己未，遼東總兵官趙勝等奏："虜入平頂山墩，百戶詹勝并其子皆被執。我軍追之，從墩西北坍塌處逸去。其守堡指揮馬興等，失於防禦，宜治其罪。分守參將周俊，號令不嚴，亦當究治。"上是之，惟周俊姑宥其罪。墩臺不修，令鎮守等官具實來聞。實錄。

十一月辛巳朔

己酉，海西忽石門等衞女直都指揮兀龍哈等、蘇溫河等衞女直都指揮八只奴等、毛憐等衞女直都指揮忽申八等、成討溫等衞女直都督婁得等，各來朝貢馬及貂皮等物。賜宴，并賜衣服、綵段等物有差。實錄。

　　是月二十八日戊申，朝鮮睿宗薨，兄子娎嗣立，是爲成宗，以下朝鮮入成宗實錄。

十二月庚戌朔

甲寅，朝鮮實錄書：正朝使吳伯昌到遼東，馳啟聞見事目曰："外郎李榮言：'新設長墻居置內五堡：一曰靉陽，距汝國昌城一日餘程，登我煙臺，可遙望汝國煙臺；二曰黐場；三曰清河；四曰馬根單；五曰東州。自撫順口子至瀋陽而止，兩堡相距，或百里，或八九十里。其釁陽堡要害之地，而距遼東幾至七日程，故總兵大人常鎮守，其餘諸堡不甚相遠，故一大人兼管二堡。'"

己未，禮部尚書鄒幹等奏："海西等處并朵顏等衛女直、達子來貢，內開指揮等官，并帶進馬數多，舍人達子及自進馬數少，緣指揮與舍人達子，賞賜有輕重，自進與帶進馬，回賜有厚薄。中間有無職事之人，詐作指揮等官名色，并自進貢詐作帶進，妄報入關，多圖賞賜。及詢知朵顏三衛達子貢回，於薊州等處，收買耕牛、農具諸物過多。宜行彼處總兵、巡撫等官，嚴加審驗禁約。又詔書令天下勿貢花木鳥獸，此蓋皇上宵旰圖治，不事遊畋、不畜珍禽異獸之盛心，宜令通事都督武忠等曉諭各夷，除馬及貂皮常貢外，其海青、兔鶻，今後不許來進。"上是之。實錄。

丁卯，朝鮮實錄書：咸鏡北道節度使金嶠馳啟曰："本月初七日，宣傳官慶紙到行營，適向化中樞李巨乙加介亦至。翌日，臣會慶紙于大廳，巨乙加介參坐共飲。巨乙加介遽起，拔所佩小刀刺臣胸，臣驚走。又將刺慶紙，紙亦走。臣之軍官等，執巨乙加介問情由。巨乙加介云：'我自本鎮來謁節度使後，與子都好，及我親屬多弄介、李都弄古、處虛乃、鄉通事趙未致等宿客館。夜半思飲，呼未致取水來。予飲之曰："何以取馬粥水來耶？"未致曰："雖飲馬粥何害？後有大事如之何？"吾聞而疑之。又吾帶行站吏全仲山，密語予曰："亂將作，吾等生理何如？"我問曰："汝何爲此言？"仲山曰："宣傳官之來荒唐，令公亦且不免。"我聞此等語，慮及於禍，欲先事圖之耳。'軍官乘怒擊殺之。臣即囚都好及多弄介等待命。"命示院相申叔舟，啟曰：“遣醫治嶠創處，令南道節度使往北道治防禦諸事，又使觀察使推問嶠被刺之由。”傳曰：“可。”李巨乙加介，本高嶺城底居斡朶里也，自世祖朝，居京侍衛，官至中樞，時謁告歸。諭金嶠曰：“聞卿爲李巨乙加介所刺，驚慮，未審卿傷處何如？今遣醫救視。令南道節度使李淑琦往治防禦諸事，使卿安心調理。巨乙加介刺卿事由，別諭觀察使推鞫。卿宜靜鎮，毋使彼人驚惑。”又以此諭李淑琦。　諭觀察使李繼孫曰：“李巨乙加介刺傷金嶠事情，卿擇差守令推問以啟。”　戊辰，院相申叔舟、韓明澮、洪允成、金國光啟曰：“李巨乙加介親族多居鏡城，今不遞金嶠，則謂金嶠將不利於己，必生疑忌，扇動浮言，勢不安靜，請遞之。且以巨乙加介發狂見殺事由，諭巨乙加介京家人及侍朝野人、來朝寓舘野人，使無驚動，何如？”傳曰：“可。”召諸院相及吏、兵曹堂上議，薦可代金嶠者，乃以藥城君魚有沼爲節度使。召侍朝向化金尚美、童清周、浪三波大、好時乃，及李巨乙加介家人，命洪允成宣諭巨乙加介發狂刺傷金嶠事情曰：“不干於汝，愼毋驚懼。”又召來朝寓館野人斡朶里文果乙大等六人，宣諭如前，又語之曰：“汝等到京已久，遞因國恤，一不接見。今命饋汝等於禮曹，宜各醉飽。”

　　己巳，禮部尚書鄒幹等奏：“天順年間，因建州等衛野人女直來朝日衆，供給浩繁，敕令一年一次來朝，其數不許過五十人。其後本部復會官議，建州、毛憐等四衛，每衛歲不過百人，海西、兀者等衛，每衛歲不過四五十人，已經通行遵守。然今年自正月起至十二月止，海西等處女直人等，到者已有一千八百三十二員名，未到者尚多，供給愈難。宜敕遼東鎮守總兵等官，照例驗放；仍飭通事都督同知武忠等，諭夷人使知此意。”從之。實錄。

　　庚午，朝鮮實錄書：宣傳官慶紙自咸鏡道來復命。問李巨乙加介刺傷金嶠事狀，與金嶠所啟略同，但云：“金嶠被刺後，巨乙加介歸所舘，嶠令吹角聚兵往捕之，巨乙加介執弓刀拒之。嶠軍官語都弄古曰：‘汝若不同力捕之，罪與之同。’都弄古即奪巨乙加介弓刀，軍士就捕之，并其子都好，縛致大廳前，以大杖亂擊巨乙加介父子。臣與金嶠同止之。”辛未，諭咸鏡道觀察使李繼孫曰：“李巨乙加介刺傷金嶠事由，前諭卿推問。慶紙今來言：‘巨乙加介之子都好及隨從彼人等，皆不知情。且巨乙加介拒捕時，都弄古奪弓刀禁之，情實可矜。’其隨從人等若無他情，宜速放之。又聞都好被杖有傷，其亟治療放遣，如欲上京，可從願上送。巨乙加介屍身，其妻子親族有願收葬者聽之。”又以是諭金嶠，且曰：“慮卿被創，欲使安心調理，今以魚有沼代卿爲節度使，卿宜待魚有沼交代而來。”壬申，上黨君韓明澮來啟曰：“咸鏡道人喜擅殺人，習以爲常。今殺李巨乙加介，非小事也，請遣朝官拿來推鞫。”命議于院相。申叔舟、崔恒、金磧議：“前此慶紙之去，本道人已有疑懼之心。今又遣官，恐生他變。但令觀察使拿送，如何？”具致寬議：“擇送朝官，開諭拿來之由，使本道人民知國家重擅殺之罪，何如？”從致寬議。　咸鏡南道節度使李叔琦馳啟曰：“臣承命到會寧鎮，李巨乙加介從弟中樞李家紅等五十餘人來謁，臣饋之。家紅等言曰：‘巨乙加介有罪，死固宜矣。但鞫問情由，聞于上前，招六鎮投化頭頭人，廣示數罪，然後殺之，則我等尤心服矣。巨乙加介侍朝三十年，位至中樞者，今乃擅殺之，有違大體。且都好奪其父弓箭禁之，而亦皆撲殺，至於剖胸取膽。吾同類聞之，亦恐禍及，男丁盡越江，二日後乃還。今則國家還巨乙加介屍，又推問致死之由，故我等依舊安居。但巨乙加介衣服等物投官爲悶耳。’其所言如此。臣意謂，軍士等殺害巨乙加介父子，剖胸取膽，殘酷已甚，虞候、評事不能禁止，其衣服雜物亦不還給，高嶺節制使則擅差鄉通事，令巨乙加介橫行五鎮諸邑，五鎮節制使則巨乙加介非差任公行者，而接待饋餉，察訪，則巨乙加介及其親族，令乘馹以行，皆不可，請並鞫之。"傳曰："令本道觀察使鞫之。" 甲戌，命召向化兼司僕金尚美，教曰："李巨乙加介之見殺，不干汝輩，汝宜安心。"仍賜米豆并六碩、紙三十卷、正布三匹，以巨乙加介子都好爲金嶠麾下所殺，而都好乃尚美女壻也。 以訓鍊院副正朴繼姓爲咸鏡道敬差官，其賫去事目："(一)通事趙未致、驛吏全仲山等，虛言傳說，使李巨乙加介疑惑生變，決杖一百。(一)巨乙加介雖有罪，軍官鄭山老、辛秀武等，不告節度使而擅殺之，將此罪狀，廣諭彼類後拿來；并諭巨乙加介隨從人勿推之意。"

丙子，禿納河等衛女直都指揮因哥等、海西兀者等衛女直都指揮撒赤哈等，各來朝貢馬及貂皮。賜宴，并衣服、綵段等物有差。實錄。

成化六年，即朝鮮成宗元年，庚寅(1470)

正月庚辰朔

辛卯，禮部尚書鄒幹等奏："建州三衛女直，頃因董山等背恩負義，朝廷已出師問罪，宥其脅從之人，又命脫羅爲都指揮同知，完者禿爲都指揮僉事，各給印敕，約束其衆矣。今三衛頭目沙保加等三百餘人來朝，宜降敕宣諭，俾知朝廷恩威，永保境土。"上從之，乃降敕曰："朝廷設置建州三衛，授以官職，俾世守其地，以爲我國家藩籬。比者董山等悖逆天道，孤負國恩，屢犯邊境，因命將出師，聲罪致討，賊首已就擒滅。然此時非不能以大勢軍馬，掃除一隅。但念爾等多有被其逼脅，非出本意，是以置而不問。今爾等既能悔過自新，遣張兀

力等赴京謝罪。已往之咎，悉從寬釋，再不追究。特降敕省諭
爾等：自今以往，果能鈐束部落，輸誠效順，照舊朝貢，朕當
待之如初；若或反覆變詐，似前縱容下人犯邊生事，則動調大
軍，剿無遺類，必不爾恤。爾等其省之戒之。"實錄。

壬辰，賞海西忽失門衛野人都指揮速奴等二人，綵段各一
表裏，酬其指揮女直不花禿、重羊等功也。實錄。

　　此非建州衛夷，則不花禿適與建州右衛凡察子同名，
重羊適與左衛董山弟同名，非一人也。然可知此種命名，
爲夷所習慣矣。

是日，禮部奏："木蘭河衛都指揮撒赤哈等，以所領段匹、
衣服有截短者，延至臨行來告，無從追問。自後凡遇夷人來
貢，其賞賜衣服、綵段等物，會同通事等官，逐一檢點唱名給
散，仍令通事省諭各夷，如有衣服、綵段截短者，即時具告，
毋得退後方言。"從之。實錄。

又是日，朝鮮實錄書：聖節使通事崔有江啟聞見事件曰：
"自遼東至我國境築長墻，設五堡，分定軍人，又設指揮及都
提調以守長墻。其五堡：一曰東州堡，距遼東二日程，守護正
軍七百餘、丁七百；二曰馬根單堡，距東州二日程，軍數與東
州同；三曰清河堡，距馬根單一日程，其軍數亦同；四曰鹻場
堡，其軍數亦同；五曰靉陽堡，與我國昌城相對，距鹻場一日
程，守護正軍一千、餘丁一千。長墻自東州至鹻場，或以石，
或以土築之；自鹻場至靉陽，今年燔甓以築，軍料則遼東輸以
供之。自今年，五堡皆屯田以供軍食。"

辛丑，海西木答里山等衛女直都指揮把卜沙等、失里木等
衛女直都指揮旱哈等、建州右等衛女直都指揮沙加保等、建州

左等衛女直都指揮重羊等、毛憐等衛女直都指揮搜勤等，各來
朝貢馬及貂皮。賜宴，并金織衣、綵段等物有差。實錄。

建州左衛都指揮重羊，此則董山之弟。今已成化六
年，尚預朝貢，遣戍尚在此後。

壬寅，朝鮮實錄書：諭咸鏡北道節度使魚有沼曰："李巨
乙加介族親李家紅等來謁，則當語之曰：'巨乙加介謀殺邊將，
旣就拘執，而軍官等擅殺之，乃至剖胸取膽，殘忍莫甚，朝廷
已遣人拿致首謀者，將鞫問治罪。巨乙加介旣犯叛逆之罪，其
子法當緣坐處死，其家產亦當沒官。然念其累朝侍衛之勞，京
外妻子族親，皆置不問。其衣服雜物亦令還給其妻。汝等宜悉
此意。'如是語之，速刷被殺時衣服、雜物以給之。" 癸卯，唐
人池交夏、鄧小兒，曾爲建州野人所擄，至是來投滿浦鎮，差
通事安仁義解送遼東。 乙巳，諭咸鏡北道節度使魚有沼曰：
"去年五月，彼土居兀良哈與兀狄哈自相攻戰，不干於我，而
邊將李長孫、廉穆等先自妄動。其下金添奇等，欲要功賞，擅
渡江斬殺兀狄哈而還。李長孫等懵然不知，甚失邊將之體。若
此不已，必生邊釁，當痛治戒後。然已經赦，姑置之。卿悉此
意，招添奇等開諭之，又遍諭民庶使知之。"
二月庚戌朔

癸丑，建州衛都指揮兀者禿木等，欲舉兵侵朝鮮。朝鮮以
聞，兵部言："初討建州叛寇時，朝鮮實發兵爲助，此虜欲修
怨于彼。倘置而不恤，失外國歸義之心。宜遣通事武忠，諭責
建州入貢之使，謂：'朝鮮助順討逆，乃奉朝命。爾等不知自
咎，而欲咎人，神必不祐。且其士馬精强，素非爾比。宜歸戒
爾屬，各安分守土，勿啟釁速禍。'仍即以此意諭朝鮮入貢陪

臣，密敕其王，令謹爲防備。"從之。實錄。

戊午，朝鮮實錄書：傳旨義禁府曰："辛秀武、鄭山老等，擅殺李巨乙加介及子，刳腹取膽，其推鞫以啟。"丙寅，義禁府請囚鞫辛秀武等，拿致金嶠並鞫之。從之。院相申叔舟、具致寬啟曰："咸鏡道人心驕悍，今巨乙加介刺傷主將，若又拿致金嶠，則本道之人尤以陵犯主帥爲無妨而益肆矣。"傳曰："然則竢金嶠上來鞫之。"

三月庚辰朔

是日，兵部奏："遼東定邊中衛軍十二人，夜出境外捕魚，遇賊執之，使分引入長靜等堡地方，殺略人畜，燒毀屯房。總兵官都督趙勝以聞。其守堡指揮王宣等，縱軍出境；巡視都指揮文甯等，備禦無策；副總兵韓斌，號令不嚴，俱宜寘諸法。"上曰："宣等令巡按御史如律究問；斌姑記其罪，令停俸，殺賊以贖。"甲辰，巡撫遼東右副都御史彭誼奏："達賊阿賽奴者伊等，渡遼河搶虜人畜，官軍追剿之。賊糾衆五百餘騎，依樹鏖戰。官軍持刀擁進，殺賊首四顆，生擒賊男婦完者依等三十人，及獲牛羊四百六十有奇，并被虜男婦一十人。"上命以所獲賊徒，送都察院鞫問之。實錄。

　　甲辰所書，渡遼河而來者，或是開原邊外朵顏三衛之虜，但夷虜此時構結，明人紀載，謂皆聲言爲董山復仇，即此等事，錄以見當時事狀。

丁未，朝鮮實錄書：永安北道節度使魚有沼馳啟曰："臣到鍾城府，李巨乙加介弟阿多哈來謁，言其兄被殺，哀痛哭泣。臣諭以巨乙加介罪狀，及前降諭書之旨。答云：'我其時適到火刺溫兀狄哈家，聞兄死，不知見殺事由。及聞中樞權豆

朱章哈之言，乃知之。意謂新節度使不可不謁，故來爾。今聞
節度使之言，我兄固自取也。'仍叩頭不已。臣優給魚鹽遣之。
後阿多哈又與弟處虛乃及巨乙加介女壻融乃來謁，仍請上京。
臣答以農時不可上京，姑待冬節。阿多哈等懇請不已。"傳曰：
"許上來何如？"院相等啟曰："允當。"即諭有沼令從願上送。
四月己酉朔

　　丙辰，朝鮮實錄書：義禁府啟："金嶠令軍官辛秀武、鄭
山老，鎮撫金得麗等，擊殺李巨乙加介，又屬慶紙匿不啟達，
罪杖一百、充軍。慶紙聽金嶠請辭，當承傳下問時，匿嶠令軍
官擊殺罪，杖一百、徒三年。虞候李照、評事曹兌河，知嶠令
軍官擊殺，而以軍士等擅殺，詐飾啟聞，罪並杖九十、徒二年
半。辛秀武、鄭山老等，聽嶠之令，擅自擊殺，罪杖一百、充
軍。"傳曰："金嶠、李昭只罷職。慶紙收職牒、徒三年。兌河、
秀武、山老等，並收職牒，依律施行。"

　　丁巳，上以遼東屢報虜寇欲入境搶掠義錦、甯遠、鐵嶺、
開原等處，復有賊近邊出沒，特敕鎮守巡撫等官，計議防禦之
策，仍督沿邊墩臺哨守官軍，嚴謹備之。　　乙丑，工部奏：
"四夷朝貢，人數日增，歲造衣幣，賞賚不敷。"上命禮部議減
各夷入貢之數，尚書鄒幹等具例以聞。上曰："其移文各邊，
令如已定年數入貢，不得違越。"幹等以烏思藏原無定立則例，
議請。烏思藏贊善、闡教、闡化、輔教四王三年一貢，每王遣使百人，
多不過百五十人，由四川路入；國師以下不許貢。其長河西、董卜韓胡
二處，一年一貢，或二年一貢，遣人不許過百；松茂州地方住坐番僧，
每年亦許三五十人來貢。其附近烏思藏地方，入貢年例如烏斯藏，亦不
許五六十人。乞行四川鎮守等官，俱為委官審辦，有印結文字者，方許
放入。仍乞降敕各番王，諭以番僧入貢定數。至期各王將番僧姓名及所
貢方物，各具印信番文，以憑驗入。從之。實錄。

番夷朝貢規則，冒濫狡變，無過於女眞。西藏、青海
各部，至是始定朝貢人數，可知其不甚爲患，特因限制東
北夷而類及之。是時青海自爲西番，尚未爲蒙古所侵入。

五月戊寅朔

甲申，朝鮮實錄書：平安道觀察使李尹仁，據滿浦僉節制
使孫孝胤牒，馳啟曰："今四月二十二日，故建州都督李豆伊
子亐之加茂，遣指揮李伊時應巨等四人來言：'我於己丑六月，
入中朝肅拜，朝廷加本衛都督，並賜印，留會同舘。舘員謂我
云："朝鮮之征討汝輩，非擅行也，從帝命耳。"及陛辭，皇帝
特命和好朝鮮。願依父豆伊例，希望上恩，若許待我使人，則
我亦欲朝京肅拜。'"命議於院相。申叔舟、韓明澮、具致寬、
崔恒、洪允成、曹錫文、金礩、尹子雲、金國光議："伊時應
巨等若更來，當語之曰：'將汝歸順之意已啟達。教曰："先王
朝，豆伊納欵我國，待之亦厚。今亐之加茂欲繼父志來欵，可
嘉。若果誠心效順，當待之如舊。但中朝不許相通，勢難來
京。"'如是開說，厚待以送，何如？"傳曰："其以此諭本道。"

　　亐之加茂，即完者禿。"亐之"與"完者"爲同音，完者
即兀者，朝鮮譯文"兀"恆作"亐"、"之"恆作"者"。亐之加
茂之父，成化三年九月甲子，李豆里妻言五月間遣子亐之
加茂請襲職。豆里此處作豆伊，當成化三年四月，豆里爲
唐人汪仲武刺死，故五月請襲職。豆里乃滿住子受職於朝
鮮者，在明則完者以姪襲伯之職，古納哈乃其伯也。

　　己亥，朝鮮實錄書：唐人金衆伊自毛憐衛來，投永安道會
寧鎮；婦女河知哥，自同衛來，投穩城鎮；文中旺、安金山、
金山妻小姓、親男好心波、何心波、旺時，旺時妻沙河娘、親

男鎖古奴、延時波、親女鎖之，婦女妙時的兀刺、親女鎖果
脫、親男鎖另哥，俱自建州衛來，投平安道滿浦鎮。差司譯院
正咸仲良押解遼東。

七月丁丑朔

己亥，建州左衛女直都指揮卜花禿等，各來朝貢馬及貂
皮。賜宴，并金織衣、綵段等物有差。　壬寅，朝鮮國王李娎
遣陪臣金國光、鄭蘭宗等，奉表來朝貢方物，謝賜其先王諡號
祭賻，并令娎襲位，及賜誥命冠服恩。賜國光等宴，及金襲
衣、綵段等物有差。李娎又奏："伏蒙朝廷遣使賜敕，諭以建
州虜，俾臣先事隄備。聖訓諄切，臣不勝感激，謹依詔旨，行
令邊將嚴加防備。謹具奏聞。"實錄。

八月丙午朔

戊申，兵部言："建州三衛都指揮惱里呵古里等奏：'右衛
右都督納郎哈無子，乞命其叔卜哈禿襲職。'臣等竊惟納郎哈叛
逆伏誅，卜哈禿乃其與謀親黨，罪在不赦。而今悔過來朝，衆
復奏保，予奪之宜，惟聖明裁之。"上以卜哈禿既三衛保其誠
實，其授都指揮同知，給與印敕，命統束本衛人民。再犯法不
貸。實錄。

建州右衛至是始復職，三衛於是盡復矣。凡察舍其子
而立孫，其孫納郎哈伏誅，而仍以其子襲。是年冬，復有
討建州之事，雖盡如其意以敷衍，不能戢其時時蠢動也。
事見通紀及殊域周咨錄等，詳下。

癸丑，朝鮮實錄書：義州人崔莫同，曾爲建州衛野人甫郎
哈所虜，逃至遼東，都司奏聞遣還。莫同言："甫郎哈部落，
比他最強。其東半日程，自李滿住子甫乙加大部落八九家，壯

男十五名。二日程陁剌介里，有兀古大部落三十餘家，壯男四十餘名。其西半日程，有之乙仇伊部落二十餘家，壯男三十餘人。其南半日程，有鋤從哈部落七家，壯男十餘名。”

建州情狀，朝鮮時時有紀載，明實錄無之。當時能知建州内情者，朝鮮實勝中國。建州畏朝鮮過於畏明，有以也。

癸亥，兵部奏：“虜寇突入遼東河口基，殺掠人畜。都指揮田綱等防禦不謹，都指揮崔勝提督不嚴，請命巡撫逮問。其鎮守太監葉達、總兵官趙勝、贊理軍務都御史彭誼，號令不正，宜俱參究。”上曰：“崔勝姑恕之，葉達等不問，但令用心提督防禦。”實錄。

十月乙巳朔

壬子，朝鮮實錄書：先是，遼東人張利云自毛憐衛，婦女慢姐、開里莊自建州衛，并來投滿浦鎮。婦女麼沙論伊自毛憐衛，來投會寧鎮。至是遣通事安義管押解送遼東。

十一月乙亥朔

丙戌，中軍都督同知武忠卒。忠之先女直人。宣德中，遣使奴兒干，授錦衣衛百戶。後代叔父乃當哈爲海西都指揮僉事，改注錦衣衛帶俸。以軍功歷陞都指揮同知，署都指揮使。成化三年，遣往建州，招諭都督董山等，陞中軍署都督僉事。未幾進同知。至是卒，賜祭葬如例。忠，會昌侯孫繼宗之婿，貌壯偉善射。嘗偕給事中張寧使朝鮮，國人請閱兵，因以弓矢請射，忠挽弓輒嫌其軟，並張兩弓折之。既而有雁橫空而過，國人眳請射。忠挽弓射，應弦而落，國人大慴服。子拱令，嗣爲指揮使，帶俸錦衣衛。實錄。

　　明史略見張寧傳，去其"建州"及"董山"等字耳。忠爲
女直人，且曾爲酋長，受高職。既仕於明，頗效勞力，爲
孫繼宗壻。繼宗乃宣宗繼立后之弟，英、憲兩朝，爲國戚
尊行，不鄙女眞而以爲壻。明於女眞亦不薄，清世乃必舉
女眞一族自遠於明，若另一天地所出之神物，彌覺可哂。

十二月甲辰朔

　　戊申，毛憐衛女直都指揮答魯哈、指揮咬納哈等，各來朝
貢馬及貂皮。賜宴，并衣服、綵段等物有差。　　乙丑。命毛憐
等衛都指揮僉事亦里哈子出山等五人，襲職有差。實錄。

　　是年冬，明通紀載："巡撫遼東都御史彭誼討建州，
敗之。"明史誼本傳，但言鎮遼八年，未及討建事。果有其
事，清修明史，固當諱之。考明人紀載、殊域周咨錄敍此
事特詳。

　　殊域周咨錄："六年，建州夷潛謀作亂，巡撫遼東都
御史彭誼討之，散解。先是，任巡撫者與鎮守中官不相
協，不以邊儲爲意，倉無再歲之粟。虜覘知之，聲言入
寇。誼獲諜者訊之，盛稱女直林箐險阻，中國糧少士饑，
虜固無恐。誼命斬以徇。其人哀求，誼釋之，語曰：'汝
虜恃黟，不見中國匠刌木之器乎？使萬卒持之，人刌木
千，不終朝可盡也，汝虜何恃耶？芻糧又在吾庾內，發萬
人運之來，山斯積矣。'諜報虜，未信。誼果發餉實鐵嶺、
瀋陽、三萬諸衛，相繼於道。乃閱兵建大將旗，出遼陽
塞，部伍整嚴，旗旌蔽野。命都指揮崔勝進擊，擒建州酋
斬之，奪其馬騾器械輜重。虜奔潰，自是遠遁，邊境
稍甯。"

　　此事實錄不載。實錄方於八月癸亥，書"寇入遼東，
彭誼號令不正，宜俱參究"而已。且所敍亦多誇大失實之
辭，伐木豈能人盡千株於一朝？各衞餉果能立使充軔？虜
本何敢生心？擒斬建酋，又無主名，亦無責任之語。此亦
彭誼之私家傳狀作溢美之詞，而爲諸紀載所採耳。

正編卷十

成化朝

成化七年，即朝鮮成宗二年，辛卯(1471)

正月甲戌朔

是日，朝鮮實錄書：御仁政殿，行會宴禮，倭人、野人入參。命野人金波乙大進爵，又賜李多弄介酒，又賜倭人、野人物有差。

甲午，兀者等衛野人女直都督僉事察安察、弗提等衛野人女直都督僉事塔失、朵林山等衛女直都指揮撘養哈、建州左等衛女直指揮捏克帖木等，俱來朝貢馬及貂皮。賜宴，并衣服、綵段等物有差。　考郎兀衛都督哥哈死，弗提等衛都督帖思古等，遣人以聞，援例求祭。命禮部以綵段二表裏代祭品，并具祭文、香帛，令所遣人齎往賜之，仍敕帖思古等知之。實錄。

二月甲辰朔。

丁巳，建州三衛女直趙哈禿等十七人，乞襲父都指揮等職。上命各降一級授之。哈禿等，皆董山餘黨也。實錄。

三月甲戌朔。

壬辰，遼東總兵官都督同知歐信等奏："虜寇甯遠，臣督令都指揮崔勝，遣兵伏於要路。虜至與戰，克之。餘虜奔散，遇伏又克之。生擒一人，斬首五十七，獲馬四十匹。詔賜敕獎諭。實錄。

　　此似即明紀載所謂六年冬，巡撫彭誼所獲之捷。然寇在寧遠，又不似建州所爲，則或是朵顏三衛之事，姑存之。

　　是日，朝鮮實錄書：諭永安北道節度使魚有沼曰："今見卿啟，乃知李滿住之子甫乙加大謀復父讎，卿其益謹隄備以待之。今甫乙加大使人輸欵，雖爲弛我邊備之計，亦宜因此勢導之使自戕。其使人若更來，語之曰：'李滿住初雖得罪於我，後能悔禍歸順，先王許復舊土，以安其生，古納哈、豆里等，待之如舊。曩在丁亥，中朝間罪於爾，命我夾攻，我不敢違帝命耳，爾不可怨我明矣。今能歸順，使人來欵，可嘉。我已馳啟，殿下命云："來則待之如舊。如欲朝京，亦聽。"汝宜知之。近告汝犯邊之諜者甚多，朝廷憤之，已敕平安兵馬，自江界、理山、昌城，永安兵馬，自甲山分道入攻，多運糧，設柵久駐，期於盡滅。又當飛報遼東，與之合兵攻討。汝於其時，將升天入地乎？汝之窺覬邊鄙之計，我已知之，沿江諸鎮設備已嚴，汝何爲乎？然汝之逆順，非我所知，任汝審處之。'若甫乙加大到五鎮，厚待之，告諭如上意。彼若欲朝京，量宜約從上送，且預擇六鎮兵馬強勇者，每鎮毋過一隊，又募近境野人從征者。如是措置，使彼知我有備，亦令知有犯必討之意。"　丙申，遣通事司譯院正崔有江，移咨遼東都指揮司。其咨曰："朝鮮國王爲聲息事。議政府狀啟，據永安道節度使魚有沼呈該：'本道後門近境，住居毛憐衛野人等，累次來告，建州衛野人李滿住子孛兒哈歹說稱："曩在丁亥年，朝廷征討建州衛時分，朝鮮將俺父親與兄殺害，已於遼東總兵官根前告說，欲要報復間，適因中朝敕招同類三百餘人入去，待本人等回還，四五月間草長馬肥，前去朝鮮江邊口子搶擄設計。"等因。聽

此，即便行移諸鎮，嚴加隄備外，呈乞照詳。得此具啟。'據
此，參詳上項滿住父子等得罪天朝，義合誅滅。其子李兒哈
歹，幸漏天誅，尚懷兇忿，曾降敕旨節該：'今三衛殘虜，乃
敢聲言要往爾國報復前讎，已令通事折以大義，謂朝鮮助順討
逆，職分當然，爾等不思自咎，欲修怨啟釁，其滅亡可待。'聖
訓嚴切。本賊不遵聖旨，猶欲嘯聚黨類，肆毒本國。儻或來
寇，一邊馳報都司，一邊分道追討，以懲兇醜。慮恐窮寇奔突
上國之境，合無審賊形勢，臨機應接，實爲便益。爲此合行移
咨，請照驗施行。須至咨者。"其賷去事目曰："（一）咨文進呈
後，都司若問何人往說此聲息？答曰：'永安道六鎮城底居生
毛憐衛野人等往來建州者，聽甫乙加大報復之謀，而來告之人
非一，其所言不謀而同，故今乃咨報。'（一）若問告聲息者姓
名？答曰：'我但賷咨文而來，非所管，故不得知其姓名。'
（一）若問甫乙加大犯汝國邊境，則何如布置入攻乎？答曰：
'我位卑，不得詳知，然聞永安道之兵從甲山，平安道之兵從
江邊諸口子而入。'（一）若問追討遠近？答曰：'聞窮其巢穴。
然兵事臨機應變，不敢預度。'（一）若問汝國已抄軍聚兵乎？答
曰：'沿江防戍之兵，常如見敵，自爲行備，不更抄聚。'（一）
若問此是汝國門庭之寇，自當臨機應敵，何以來告？答曰：
'若深入攻討，則餘賊必散走，恐有奔突上國之境者，不敢不
告耳，非有他意。'（一）若問甫乙加大如不作賊，則何以處之？
答曰：'如不作賊，則但嚴邊備耳，何用攻伐。雖作賊，若小
小盜竊，則不須與較。必成羣攻略，然後大舉入攻，使之懲艾
矣。'（一）若問嚴責甫乙加大，使不作賊，則何如？答曰：'如
是則兩家無事，實爲便易，在都司處置耳。'（一）招敕建州衛野
人三百餘人入去，爲何事耶？至遼東而還乎？至廣寧而還乎？
至北京乎？何時招來？今何時還乎？詳悉聞見而來。·（一）呈咨

文後，都司或奏聞，或報總兵官，其發落詳悉聞見而來。（一）
若問意外難答之事，答曰：‘我位卑，國家事安敢與知！’”
四月癸卯朔

乙丑，朝鮮國王李娎奏：“往年天兵討建州，本國效順，
擒斬野人李滿住。其子孛而哈歹，今欲報讎聚眾，肆毒本國。
乞敕近臣審賊形勢應援。”詔可。實錄。
六月壬寅朔

己巳，朝鮮實錄書：諭永安北道節度使宣炯曰：“後門野
人累犯邊境，我世祖大舉誅討，野人悔禍，競來納欵。世祖以
包荒大度，特許自新，待之如舊，以至于今得遂生生。今阿下
等，又無故嘯聚其徒，殺我邊民，是自就誅夷，不可不懲。阿
下何人而何故作賊耶？所聚何人？所居何地也？道路遠近險
夷？詳問馳啟。邇來賊每犯邊，邊將急於招撫，來則受之，故
賊狃以爲常，有時來寇，以爲如是而後見重於邊將。爲邊將
者，一遇刷還人畜，則爲可賞，遂善待之，是大不可。自今賊
若犯邊，宜探問作賊之人，量出精騎搜討之，所掠人畜，我自
取來，不必使之自刷以爲功也。卿審此意，約束野人，毋得因
循姑息。”
九月庚午朔

庚辰，朝鮮實錄書：永安北道兵馬水軍節度使宣炯馳啟：
“頃承諭書：‘今阿下等無故嘯聚，殺我邊民，是自取誅夷，不
可不懲。阿下何人耶？其所聚者何種？所居時地？其道路遠近
險夷，及作賊所因，詳訪以啟。’臣將諭書事意，訪問各鎮。會
寧鎮城底野人等言：‘作賊者，下朴加別羅住者里、無豆，西
家舍住照吾主、仇音夫、可甫里、愁音夫可、毛多厚、余愁，
蒙古住多隱他於沙，下乙注江住阿下、劉弄可、阿下子車和、
吾治安住都羅、尚家豆、甫非可，尚家下住伐乙虛、無澄巨等

十八人。其道路遠近險夷，則下朴加別羅住者里、無豆等家，距鎮四息二日程，其路由上甫乙下始入，過西家舍，歷小峴二、江灘三，其間頗險。西家舍住照吾主、仇音夫、可甫里、愁音夫可、余愁、毛多厚等家，四息二日程，其路由上甫乙下始入，歷二峴三灘，其間平易。蒙古住多隱他於沙等家，四息二日程，其路由上甫乙下始入，過西家舍，歷小峴二、江灘三，其間平易。下乙江住阿下、劉弄可、阿下子車和等家，四息二日程，有二路：小路則由下多家舍始入，過中斜地無乙界，歷中峴二、小峴三，權豆家前江灘一，其間險惡；中路則由下多家舍過中斜地仇羅，歷大峴一、小峴四，權豆家前江灘一，其間平易。吾治安住都羅尙家、豆甫非可等家，六息三日程，其路由古羅耳洞始入，歷一峴、一灘，其間平易。尙家下住伐乙虛、無澄巨家，四息二日程，其路由古羅耳洞始入，歷一峴一灘，其間平易。下伊亂住朴加大家，五息二日半程，由古羅耳峴始入，歷江灘一，其間平易。其作賊之因，則會寧城底野人高乙古等言：'者里云，向者進朝鮮時，接待甚卑下。且吾奴逃入國境，不還於我，送遼東。每年謁邊將，亦不許上京，以此啣之，入虛水羅殺害人物耳。'無豆云：'在庚辰年，朝鮮招殺我父，并奪衣馬，以此啣之，與者里結黨作賊。'馬千里等言：'阿下云，去庚辰年往中原時，朝鮮盡殺我妻子。其後因李施愛兵亂，作賊茂寧地面，搶奪牛馬而來，馬旋故失，將其皮張及貂皮謁會寧節制使以謝前罪，因要上京而不得，以此啣之，與伐乙虛、者里等作賊。'李家紅等言：'伐乙虛、無澄巨等云，去庚辰年，浪甫兒罕征伐時，我同生族類，無故被殺，至於鞍馬、衣服并奪。其後雖來往，請上京亦不許。他人雖微賤，皆得高爵厚祿，我等獨未蒙恩，以此啣之。與阿下、伐乙虛、無澄巨、者里等，結黨作賊。到今悔恨實多，惶懼亦

深。'臣意謂彼雖云然，賊變難測，且前日之犯，不可不懲。臣
謹備入攻之具以待變。"下院相議之。鄭麟趾議："以小憤輕舉
未便，受侮又不問亦未便。彼之誠心悔過，雖曰未知，宜以邊
將書諭彼曰：'汝等殺害鷹人，罪固不小。國家舉兵問罪，汝
將焉逃？汝若誠心革面，盡還搶物，親來服罪，庶乎可免。'"
鄭昌孫、韓明澮、崔恒、尹子雲議："野人搶擄邊民，專是邊
將隄備疎虞之致耳。小小鼠竊，不足介意。若舉大兵深入賊
穴，萬一蹉跌，悔之何及？庚辰之事，可以鑑矣。敵加於己，
不得已應之可也，何必輕舉以蹈不測之險哉！莫若謹愼隄備，
固守邊圉。"申叔舟議："黠賊狃我不較小寇，輒加撫接，實生
是謀，欲以自重。今若不懲，積小成大。況近年國家多事，彼
謂我不能發兵討罪。今若不懲，是墮於計中矣。竊計六鎭兵不
下四千，抄精騎數百，攻賊之居近而路坦者。其入攻之時，每
當險要，必留兵數十守之，則其還亦無邀截之患矣。然今聞道
路遠近險夷，彼方疑懼，緩之似不攻者，待彼懈而突入攻之，
所謂疾雷不及掩耳者也，百無一失矣。又令自今凡入寇者，宜
究問詳悉，置簿。立他功者外，雖還其所掠人畜者，不許接待
上送，以折其謀。"洪允成議："鏡城人民深入賊穴遇害，咎在
邊將不謹防守耳。舉兵深入，若或蹉跌，噬臍無及。臣於庚辰
歲親蹈賊境，所見地勢，皆不如所聞也。吳益昌等數百兵馬，
陷沒於賊，專以誤聞地勢而然也。古人所謂百聞不如一見者此
也。況審問道路要害者，皆賊類也，豈可信聽彼等言，輕舉大
兵哉。敵加於己，出兵拒戰可也，不可自先輕動，以勞吾民
也。爲邊將計者，莫若出門如見敵，養兵自强，時加撫綏耳。"
曹錫文、金國光議："來則禦之，去則勿追，誠萬世帝王禦戎
之長策。"大舉爲難，命更議之。僉議啟曰："野人處處散居，
其小小作賊，非必共謀，雖重重開說，無益於事，祗見侮慢

耳。今阿下等所犯，非野人盡與同謀。其不同謀者待之如舊，勿言阿下等作賊，毋誘說，毋招來，使彼莫測。若阿下等自來，則堅囚啟聞取旨。若阿下等使他人來言歸順之意，答曰：'阿下等無故作賊，方欲遣兵拿來，慮汝諸種驚動，不即輕舉。汝之來否在汝，我何招來？'如是答之何如？"傳曰："可。"以此諭節度使。

閏九月庚子朔

庚戌，敕遼東鎮守總兵巡撫官太監葉達等："今後建州、毛憐等衛夷人來朝貢者，先遣通事諭以利害禍福。必齎本衛印信文書，方許上京。如有詭姓名者，定行追奪賞賜，別行處置。"實錄。

十月己巳朔

辛未，朝鮮實錄書：唐人金的實奴等三名，曾爲建州衛野人所擄，至是逃來理山鎮，就差正朝使通事張自孝押解遼東。

永安北道節度使宣炯馳啟："臣前承下諭，巡行五鎮。野人有來謁者，語之曰：'自爾先祖父歸附我國，安生樂業。乃者浪孛兒罕父子，負國厚恩，自就夷滅。遺孽阿卑車誘動族類，再犯我邊鄙。我世祖大王將大舉誅討，則必掃滅。爾酋長諸人稽顙來服曰："諸野人不識義理，爲阿卑車所誤，妄動犯邊，願自今效順。"其時都體察使矜愍之，達于天聰，世祖大王包荒大度，命諸將勿入攻，許其自新。諸野人悔罪順服，安業如舊，得有今日，此實爾等所目見也。今者伐乙虛、阿下、者里等，無故犯境，殺我人民。我若大舉問罪，則延及無辜，玉石俱焚。爾等其歸語同類，拿致罪人以自明可也，不然後悔何及。'野人皆叩頭。臣使會寧、鍾城等各鎮城底野人柳尙同介等，率其類至伐乙虛、阿下等所居，要其隣里族類，開諭禍福，使之同力拿來。臣留在行營，聲言徵聚諸鎮兵，分道掩

襲。又諭以賊能早自來降，罪止一身；不然大兵一入，蹂躪無
噍類矣。野人聞之洶懼，登山自保，遙呼曰：'我等賊殺國民，
罪當萬死。今既悔恨，願以財產贖罪。'臣又遣虞候、評事整頓
六鎮精兵，又抄各鎮城底親信野人，使爲指路，若將入攻狀。
野人等叩頭請更歸拿賊而來，臣許之。野人等還告曰：'賊徒
畏誅不敢來，以牛五十頭、白玉小佛一軀爲殺錢，付我等送
呈。'臣語之曰：'彼無故犯邊，殺掠人民而去，逃匿山間，要
當入攻，誅滅乃已。'如是開說遣之，其牛及玉佛，臣領受留
置。敢啟。"命院相等議之。鄭麟趾、鄭昌孫、申叔舟、韓明
澮、崔恒、洪允成、尹子雲議："頭畜野人所重惜，而今進五
十頭，悔懼可知，然犯邊賊猶不自來。遽捨之，彼必以我爲恐
嚇取頭畜，將生慢心。今宜益嚴責辭，示以不釋之意，且勿迫
之，觀其所爲如何。其牛畜分與死者之家，玉佛付僧舍何如？"
命以此諭宣炯，仍賜炯毛衣一領、靴二部。

十一月己亥朔

　　丙午，初，遼東虜寇哈都赤，與父打必納，及舅失忒苦，
犯開元邊境，殺掠人口。我軍追之不及，獲鄰寨小郎親屬瓦洪
等三人歸，以爲質。小郎等乃擒斬歹必納、失忒苦，又生致哈
都赤來贖。遼東守臣還其親屬，械哈都赤至京，命下都察院鞫
之。其失機備禦都指揮僉事杜敬通、分巡指揮徐昇等，令巡按
御史究治其罪。小郎等七人，俱賞布帛，仍賜敕獎諭。實錄。

　　丙辰，毛憐等衛女直都指揮兀答納等、女直指揮中山，各
來朝貢馬及貂皮。賜宴，并衣服、綵段等物有差。實錄。

十二月戊辰朔

　　壬午，遼東鎮守太監葉達等奏："女直打隆加云，近邊山
寨都督你赤、寧哈答、產察等，欲糾衆入寇開原。"章下兵部
言："你赤等連年入貢，凡我邊備道里，悉爲所窺。傳聞入寇，

固未可信，第今適當朝貢，而此虜尚無一人至邊，亦爲可疑。然甯哈答等，頃以擒送犯邊虜寇，蒙降敕酬賞。促達等速送分守開原右少監韋朗、參將周俊處，令伺夷人到邊，計招甯哈答等至，諭以國家恩意，俾之效順。果招之不至，飭兵備之。遇警，相機剿殺。”上是之。實錄。

　　海西朵林山等衛野人女直阿眞哥等、弗提等衛野人女直都指揮僉事苦女等、朵兒必河等衛野人女直都指揮兀里哈等、兀者等衛野人女直都指揮使宋哈答等，各來朝貢馬及方物。賜宴，并衣服、綵段等物有差。實錄。

成化八年，即朝鮮成宗三年，壬辰(1472)

五月戊戌朔

　　己亥，朵兒必河等衛指揮同知等官教化子安出等十六人，乞襲代父職；弗提等衛指揮同知等官管禿等十二人，乞陞職；朵兒必河衛指揮同知阿昇革、兀者衛指揮僉事木當哈，以授職敕書爲火所毀，乞更賜。上許之。仍陞管禿等各一級。　丙辰，海西木忽剌河等衛野人女直都指揮撒禿等、兀者等衛野人女直都督僉事察安察等、建州右等衛野人女直都指揮猛古能等，各來朝貢馬及貂皮。賜宴，并衣服、綵段等物有差。實錄。

　　丁卯，建州等衛都指揮僉事李斤山子斤昇及指揮同知等官，凡察子逞家奴等三十二人，乞襲代父職。兵部臣言：“凡察等，嘗從故都督董山謀逆，以罪拘死遼東，其子襲代者例降一級。”上命如例。實錄。

二月戊辰朔

　　庚午，忽石門等衛都指揮僉事等官你籠哈子都塞革等十一人，乞襲代父職；速答兒河等衛指揮同知等官哈答等三人，乞陞職。上從兵部議，命都塞革等襲代，而陞哈答等各一級。實錄。

四月丁卯朔

乙酉，朝鮮實錄書：進賀使成任馳啟曰："臣等二月十四日到連山驛，建州衛野人左衛酋長卜哈禿、右衛酋長李忘哈大，率麾下二百餘人，自京師回來，先據舘。其一人來見臣等，令通事傳語曰：'我是浪三波同生弟也，兄好在否?'又言曰：'二酋赴京師。聖旨曰："往者爾等侵掠邊氓，朕命將征之，令朝鮮挾攻。今聞李滿住子欲修怨朝鮮。朝鮮奉敕伐罪，焉得私讎!"二酋叩頭曰："謹奉聖旨。"皇帝加賜衣服、表裏，使還衛曉諭，勿令報復。'又曰：'李滿住小子卜兒阿歹，令離舊居，西就卜哈禿所居近地，與舊居相距一日程。李忘哈大家在其北，相距亦一日程，地近長白山。'又言曰：'二酋欲會宰相與之言。'臣等許諾。卜哈禿見臣言曰：'我是童清周五寸叔也，曾朝貴國，受中樞職。我之親戚，仕貴國者亦多。李滿住之子欲寇貴國報父讎，我常諭以大義止之，彼猶未解，當嚴備待之。彼若有獲，則喜於得利，後必再寇矣。'臣等答曰：'邊將已有處置，不足慮也。'"

卜花秃，乃凡察子，爲右衛酋，朝鮮所謂甫下土其人也。李忘哈大，乃建州衛，非建州右衛，文內所敘，亦言其與滿住少子之關係，是否爲完者禿或亐之加茂之異名，抑係滿住子孫中別一酋，則未敢必。但建州在最東；右衛較西而在南；左衛最西，近撫順，此亦瞭然矣。朝鮮實錄於建州三衛酋名時有互錯。

是日，朝鮮實錄又書：諭平安道觀察使李繼孫、節度使辛鑄曰："今進賀使成任所啟建州野人等聲息，或是恐嚇之計，然不可不爲之備。令沿江諸戍申嚴邊備，又不可先自騷擾。進賀使之還，節度使親到義州。如有賊變，渡江救援，陳慰使之行，亦嚴護送，毋失機，毋煩擾。」 諭平安道觀察使鄭蘭宗、北道節度使宣烱、南道節度使李經曰：「今進賀使成任所啟建州野人等聲息，或是恐嚇之計，然不可不爲之備，宜申嚴邊備，又不可先自騷擾。」

五月丁酉朔

　　庚子，釋死罪囚開原保等七人，充廣西邊衛軍。原保等皆建州衛女直都指揮等官，先坐董山等謀反罪，繫獄四年，多瘐死者，至是因審錄以聞，乃有是命。實錄。

　　　　討建州，誅董山，在成化三年。及今八年五月，尚有處分董山餘孽邊衛充軍之事，是案當結於是年。而董重羊之戍福建，或亦是年結董山叛案中之一事乎？

十月甲子朔

　　乙亥，朝鮮實錄書：禮曹據野人僉知童阿亡哈上言，啟曰：「請召致本曹宣傳，語之曰：『汝所陳事意，予已知悉。當初斡朵里等移去建州時，汝父獨留會寧，誠心效力，故國家待之極厚，在北門者無與爲比。汝母本在北青，許以爲妻，造家築墻，凡所以衛護之者，無所不至。歲己卯，毛憐衛人爲阿比車所扇動，汝父來告其事，故入居城內，而挈家赴賊。其時彼我之人所共見聞也，豈待多里介來告，然後乃知耶？多里介方忽冗戰爭之時，人皆從賊而獨能來歸。先王憐其志，特命除職侍衛。汝今信汝母誣飾之言耳。又當庚辰歲，馬鑑之來，汝母爲人所誘，邊將招之入城而不來，故令軍士取來，汝母挈汝遂往建州。汝母本我國人，法當治罪。先王以爲婦人之事不足責也，命其父添壽率來，汝母猶遷延，不得已而後乃來。先王憐清周之故，亦不之罪，亦非馬仇音波所告也。多里介等告與父方於朱乙溫之戰，亦所未聞。且其時作賊者，先王皆貰其罪，待之如舊。今汝之所言，皆先王所已區處，不宜追論。汝但能自今革心效順，以繼汝父初年歸歆之誠，則予之待汝，亦當如先王之待汝父矣。前者汝兄清周啟曰："弟阿亡哈，久在建州，老母每思念之，請因斡朶里之往建州者，招之以來，令母子得一相見。"憐其意特許之，非予爲招汝來也。然今來爾母相見，亦是孝順之事，予甚嘉之。汝之來居會寧，任汝所爲，造家築墻，已令從汝所願，汝宜知之。'如是開說何如？"從之。　辛巳，禮曹啟："建州衛都督童甫下土使送馬阿多右、童倉子土老使送童加羅雄時等，言：'李滿住子甫加大，謀欲報仇，請兵於甫下土及土老。答曰："自我祖父效順朝鮮，不可與汝作賊。拒之不聽，然慮大國疑我，不敢來歆。"今甫下土、土老等，使吾等賚書以達歸附之意。'臣等參詳，歲在戊寅，建州衛都督李滿住、右衛都督童倉、左衛都督羅郎可等，使人持書來朝，其時修答書，兼賜段衣一、綿布數匹，而中國遂疑我招撫，至遣使臣來問。今若修答書，則恐萬一傳播中國，請招馬阿多右等于本曹宣傳，語之曰：'前之征李滿住，實承上國之命，非我私怒。雖甫加大來朝，亦當待之如舊，況甫下土等乎！今乃自生疑沮何耶？今使人來歆，予乃嘉之。'似此開說何如？"從之。

甫下土，即不花禿。土老，即脫羅。其敍戊寅年事，戊寅爲天順二年，時左衛爲董山，右衛爲凡察孫納郎哈，此則左、右衛互易。董山則恒作童倉。朝鮮於建州多有舛誤，又其所舉人名，既出翻繹，又係口語而非文字，即朝鮮自用文字，亦非宣傳時建州所能辨。"董山"、"童倉"音既相近，永遠錯誤，無從訂正矣。至是時，滿住子襲職者爲完者禿，而朝鮮云甫加大，與上四月乙酉所紀右衛酋爲李忘哈歹，其云右衛，乃衛分之舛，與此處同。其“忘哈歹”之音，亦與“甫加大”相符。朝鮮譯字中，“哈”字與“加”字、“介”字、“哥”字常互用，“歹”與“大”亦無別，“忘”與“甫”在今日讀之有輕重之殊，朝鮮讀“忘”當如“旁”，讀“甫”則如“浦”，是可知前之李忘哈歹，即此之甫加大也。

十一月癸巳朔

甲寅，巡撫遼東右副都御史彭誼等奏：“九月間，虜寇掠定遠堡境内，參將都指揮周俊等率軍追之，虜棄所獲牛畜三十餘而去。旬日復糾衆二千餘入寇，俊復與都指揮馬成等，分兵四路拒之，追至亮子河，轉戰二十里，共斬首八級，獲其馬四匹，并盔甲弓箭以還。今遼陽等處境外，虜衆屯聚，往來不絕，而海西女直，亦屢傳報朵顔三衛謀入寇，宜預爲設備。”巡按遼東監察御史徐英亦奏：“虜賊入寇，射傷官軍九人、馬五匹，指揮董源等被調守堡，分巡按伏，及備禦開原都指揮俞隆，俱失於防禦，律宜究治。”章下兵部，言：“獲功軍官，宜覈實陞賞。董源等既嘗率軍拒敵，追獲俘虜，宜令戴罪殺賊以贖。且傳聞此虜近邊抄掠之謀未已，宜仍行總兵官歐信并誼等嚴加防禦。”從之。實錄。

十二月癸亥朔

庚午，命建州右衛都指揮使察哈答子歹山降襲指揮同知。歹山入貢求襲父職，兵部言：“其父察哈答係董山逆黨，難允求襲。但其子悔過來朝，宜視趙哈禿事例，降襲爲都指揮同知。”從之。　庚辰，毛憐衛女直都指揮亦里哈等、建州衛女直都指揮完者禿等，各來朝貢馬及貂皮。賜宴，并金織衣、綵段等物有差。實錄。

成化九年，即朝鮮成宗四年，癸巳(1473)

正月壬辰朔

　　乙巳，建州衛女直都指揮釋家保等、建州左等衛女直都指揮脫羅等、建州右等衛女直都指揮剌哈等、海西亦兒古里等衛女直都指揮必里你等、哈兒分等衛女直指揮伯思哈等，各來朝貢馬及貂皮。賜宴，并衣服、綵段等物有差。實錄。

二月壬戌朔

　　戊寅，海西益實左等衛野人女直都督三赤哈等、弗提等衛野人女直都指揮孛羅禿等，各來朝貢馬及貂皮。賜衣服、綵段等物有差。實錄。

四月辛酉朔

　　戊寅，遼東總兵官都督同知歐信等奏：「福餘等三衛虜賊，搆結海西女直，屢犯邊境，又於義州、廣寧等要衝地方出沒。臣等議調官軍征剿。四月初三日，副總兵韓贇等兵，馳至興中接戰，敗之。初四日，追至小孤山，再敗之。初五日，追至麥州，又敗之。前後斬首六十二，獲馬一百一十三、牛羊一千三百六十四、器仗一千八百九十九，空其巢穴而還。是日，都指揮崔勝等兵，亦於南塔兒山遇虜，斬首九，獲器仗二百一十八。」上賜敕獎勞之，所遣人賜衣一襲。實錄。

六月庚申朔

　　癸亥，朝鮮實錄書：諭平安道節度使鄭文炯曰：「今觀卿啟，彼虜北自江界、滿浦，南至義州水口，布列出沒，必有譎計。然江水方盛，宜無所慮。若賊久留，則農民不得出入，廢農必矣。賊本野處行獵，苟無所憚，必不遽還。竊計中國長墻，直我朔州仇寧口子，煙臺相望。虜騎過仇寧而南，至于方山口子，則於中國長墻靉陽堡亦已過矣。今令於仇寧長墻相望煙臺，數放直上火，使長墻之人知賊南下。中國之民布居墻內，彼必有追截之計。今令沿江諸戍，於賊望見處伐木，若作船作桴將渡大軍然者，戍將張形名循環出入，使賊疑我將渡，必有還計。且義州諸島水淺可渡處，令民疊入以待賊還，亦可也。今又通事金渚以押解往遼東，令義州昌城體探候望，知賊盡還，然後使之越江而去。賊布兵於江邊，使我不得渡江，而分兵以掠八站中國居民，是亦可疑。今雖江邊賊騎已還，而深入八站之賊未還，若遇金渚之行，則是亦可慮。須遠探八站之路，必無可疑，乃可遣也。且卿所啟，滿浦彼人饋遺等物，依前例備給，事下諭觀察使。然賊若成羣而來，則勿令接待。若一二人來欵，無可疑之勢，則令接待語之曰：'去冬汝建州三衛酋長，使人從永安道送欵，國家許其自新。前日入攻，非我私讎也，乃中國所命耳。汝苟歸順，則我之待汝如昔日而已。'彼若欲上京，則語之曰：'中國不欲我招撫汝等，亦汝之所知也，不可由此路上京，從永安道而去可也。'如是開說，厚待入送。凡應變諸事，不可遙度，卿宜相機措置。"

九月己丑朔

丁未，錄遼東義州將士功，以副總兵都指揮僉事韓斌，督軍深入虜境，進一級；太監葉達、右副都御史彭誼、總兵都督同知歐信、守備都指揮同知崔勝，俱加賞。餘將士陞者七十一人，賞者二千一百九十八人。實錄。

十月己未朔

壬午，命速平江衛故指揮使劄禿子也速等十七人襲職；建州左衛指揮同知鳳吉子委革等十六人、克都伯等十三人，俱降一級襲授。委革等以董山餘黨故也。實錄。

十一月戊子朔

　　癸巳，賞遼東義州從征有功官軍太監葉達等二千四百九十七人銀、段、布有差。實錄。

　　甲寅，喜樂溫和等衛女直都指揮馬申哈等、毛憐衛野人女直都指揮忠塔等，各來朝貢馬及方物。賜宴，并金織衣、綵段等物有差。實錄。

十二月丁巳朔

　　戊寅，建州右等衛女直都指揮卜花禿等、海西木速河等衛女直野人都指揮斡哈等、木蘭河等衛野人女直都指揮撒赤哈等，各來朝貢馬及貂皮。賜宴，并金織衣、綵段等物有差。實錄。

　　乙酉，命兀者衛都指揮刺塔孫扯革等二十一人襲職，速平江衛指揮使綽必等五人陞一級，從綽必等陳乞也。

成化十年，即朝鮮成宗五年，甲午(1474)

正月丁亥朔

　　癸巳，朝鮮實錄書：諭永安北道節度使魚有沼曰："同封事目，卿其審察施行：(一)祖宗朝，五鎮年例上送野人之數甚少。世祖朝，招撫遠人，其數漸多，然或多或少，逐年有異。今年上京者比前倍多。今欲定爲恒式，其考前例，量定運數及人數以啟。(一)凡野人到京，自叙功勞，陳請者多，禮曹不知其實而論功爲難。今後凡有功勞，諸鎮逐日詳錄，報節度使置簿，每於上送時，悉錄以啟。其族類强弱及才力特異者，亦並錄啟。(一)年例上送者，每當秋季分運定數，依上項詳錄功勞以啟，使得預辦支待。(一)近日考上來野人，前受職及中朝受職告身，多有錯誤，遠路往復，質問爲難。須詳悉憑考，毋致錯誤。如有自言遺失等項緣由，亦須詳辨以啟。"

　　丁未，海西益實左等衛野人女直都指揮阿木郎等，各來朝貢馬及貂皮。賜宴，并金織衣、綵段等物有差。　辛亥，諭祭成討溫衛故都督婁得。婁得病死，弗提衛右都督帖思古等以聞，命禮部以綵段、香帛、祭文，付來使領回祭之。實錄。

三月丙戌朔

甲辰，命限建州等衛夷人入貢名數。建州衛都指揮字哈答等乞增入貢人數，事下禮部議，以"成化六年以前，各衛入貢者歲不過八九百人，至八年以後，增至千二百餘矣，乞照先年議定之數，驗放入貢。"從之。實錄。

天順間所限建州入貢人數，每衛多不過百人。至是言成化六年以前，歲不過八九百人，似已爲合理之數。八年以後，增至千二百餘，是已較天順時議定之數增至十餘倍矣。逐次限制，實等具文。直至清太祖與明決裂，而後放棄其貢市之利，而明之馭屬夷，則久已難爲經制。當永樂以來，即非根本之計也。

九月癸丑朔

乙丑，遼東總兵官都督同知歐信等奏："虜入撫順境剽掠人畜，射傷官軍四人，而其部下亦斬賊首一級，奪馬三匹。"因劾百戶袁昇等守望不嚴，都指揮僉事隄備不謹，請究其罪，而賞被傷及斬獲者。事下兵部，言："昇等宜行巡按御史併問，仍覈其有功者以聞。"詔可。實錄。

十一月壬子朔

辛巳，毛憐等衛女直都指揮字羅禿、郎卜兒等，喜樂溫河等衛女直指揮者里奔哥、馬申哈等，各來朝貢馬及貂皮。賜宴，并衣服、綵段等物有差。已而郎卜兒等十一人乞襲職，馬申哈等三人各乞升一級，俱許之。實錄。

十二月壬午朔

　　乙巳，朝鮮實錄書：御經筵。講訖，侍講官洪貴達啟曰：
“臣遍歷五鎮，到訓春。城底野人被兀狄哈侵掠，家產蕩盡。
節度使親往慰勞，兼與食物，臣又優給布貨鹽穀以慰之。野人
深感上恩，安居如舊，無復流離之患矣。”又啟曰：“野人之地，
本無鐵，以骨爲箭鏃。今所虜野人之矢，鐵鏃居半。臣訝而問
之，則云：‘六鎮所貢貂鼠皮，率皆貿于彼人，故以牛馬鐵易
之。’邊將亦受彼人毛皮而不以爲怪，請須嚴立法以禁之。”洪允
成啟曰：“所謂骨箭者，以熊脚骨久沈於血，則其堅如鐵，故
用以爲鏃耳。野人之地亦產鐵，非盡無鐵鏃也。世宗朝，凡賜
野人鞍飾及鐙子，皆以黃銅爲之。至世祖朝，始命以鐵爲之，
曰：‘王者賜夷狄，豈以寸鐵爲嫌乎？’自此因循不革，然此特
其末耳。若聖德廣運，則邊圉自爾無事。”上曰：“寸鐵固無嫌，
萬一有事，則鐵鏃之利，豈非我國之害乎？買賣禁鐵，已有成
法，邊將得人，則自無此患矣。”允成曰：“世宗朝，金宗瑞、
李澄玉、崔潤德爲邊將，彼人所贈，亦皆不却。臣於庚辰年，
與申叔舟北征時，野人以白狐皮、貂鼠皮贈叔舟，以木、錫贈
臣，臣等以爲彼人所與，不可固却，持以獻之。其贈與邊將，
自古然也。貂鼠皮雖貴，何至以牛馬易之？”戊申，平安道觀
察使鄭文炯馳啟：“今十二月二十二日，兀良哈三千餘騎來圍
理山，助戰節制使朴思亨領兵與戰，身中數矢，軍士亦多被
創。”命議于院相及兵曹判書申叔舟等。議請遣敬差官往問交戰
之狀，又遣助戰節制使二人防戍。命以僉正許誠爲敬差官，行
護軍卞宗仁、行司勇李惇仁爲節制使，各率軍官五人而去。
諭永安南道節度使康袞曰：“今聞理山賊變甚緊，所管甲山、
三水，與理山相距不遠。防禦諸事，當加措置，然不可先自騷
擾。”又諭北道節度使魚有沼曰：“今聞理山賊變甚緊。理山雖

與六鎭地勢懸絕，然諸種野人，彼此扇動，理或有之。防禦諸事，更加嚴備。理山之賊，其數三千，非但建州之人，諸種野人亦必有從往者，卿不煩聞見以啟。” 己酉，賜平安道助戰將卞宗仁、李惇仁各貂皮襖子一領，軍官耳掩各一。 諭平安道節度使河叔溥曰：“今聞理山事變，賊至三千餘騎，似非鼠竊。今遣助戰將李惇仁直赴理山，聽朴思亨指揮；卞宗仁直赴昌城，聽朴星孫指揮，同力防戍，並令聽卿節度。彼虜謀我既久，多請援兵而來。今不得利，必不即還。予慮沿江列戍單弱處或疊入，不嚴或一處受賊，隣鎭救援之際，因江邊路狹，被賊邀截。卿其斟酌措置，堅壁清野，在我無失在彼無得可也。若邀功生事，得不補亡，實爲非宜，卿審處之。” 諭平安道助戰節制使朴思亨曰：“聞爾被圍苦戰，以至中矢，戰士亦多被創。即遣許誠賷藥往救。又遣李惇仁往，聽爾指揮防戍。賜爾及郡守崔進江襦衣各一領，其各受之。”

　　是時，在明成化十年末，朝鮮之成宗五年，距建州大創不過數年。朝鮮武力方强，足以彈壓女眞，中國與朝鮮皆視爲無足顧慮，是建州日就馴服時也。然明室馭邊之計，實已懈弛，轉不如朝鮮之振作矣。

成化十一年，即朝鮮成宗六年，乙未(1475)
正月辛亥朔

　　壬子，朝鮮實錄書：受常參視事。左議政韓明澮啟曰：“今西虜寇邊，我國雖不即致討，請以將討之意奏聞，使彼人朝京師者聞而知懼。”傳曰：“然。”即令承旨議諸院相。 丁巳，傳于禮曹曰：“年前建州衛野人寇我西鄙，頗有殺掠，必誇說於遼東矣。今次謝恩使之行，以賊若再寇隨機追討之意附奏之。"　戊午，下書平安道敬差官許誠曰："理山被寇，人畜殺掠之數，欲具由奏聞朝廷。而邊將前後所啟，互有抵牾。人言賊圍理山城，分兵內侵，至于薪洞，擄居民而去，渭原人亦被殺掠。今方雪深，賊騎出入，其迹難掩。爾其親審得失以啟。"

癸亥，禮曹據故向化中樞院副使童所老加茂妻上言啟："所老加茂本是厚待酋長，其所納壻金波乙多尙，亦是厚待酋長金汝羅豆之子。請依本朝士族子女貧乏未嫁者例，給資粧米豆幷十碩。"從之。　甲子，諭平安道節度使河叔溥曰："賊寇理山不得利，又見於昌城，其譎謀可知。前此遣將助戰，且諭方略，猶有理山之變。卿宜常如見敵，多張形勢，以摧虜心，毋致再誤。但未見敵先自疲勞，亦不可。卿其審勢處之。"　御畫講。講訖，同知事李克培啟曰："上以鍾城捕賊之功，遣朝官勞慰，仍賜將帥衣，又令第功以上。軍卒顒望恩賞，今只給仕，豈不缺望？投命矢石功雖小，賞宜從厚。請依本曹所第。"上曰："卿言是矣。然鍾城將卒，以眾禦小，只擒二人，後有懋功，復何以賞？人君一言之褒，猶可知感，況給別仕乎？"克培曰："誠如上教。"仍啟曰："賊寇理山，擄去人畜甚多，而郡守崔進江不以實聞，坐此繫獄，終當抵罪。請罷其職，拿來推鞫。"上曰："可。"克培曰："阿耳鎮、渭原郡，距理山郡不遠，而兩鎮終不救援，皆可罪也。力雖不能救，若率兵登高舉旗鼓譟，則彼疑援兵大至，不旋時引却矣，何至終日持久，多擄人畜如此耶？且聞渭原郡守鄭以禮，賫酒食將訪理山助戰將，中路遇賊，幾爲所擄。然事出傳聞，未可盡信，故不即啟達耳。節度使河叔溥啟本，亦無問阿耳、渭原不救之由。請問之。"上曰："可。"　諭平安道節度使河叔溥曰："賊圍理山，終日搏戰，渭原、阿耳以旁鎮皆不救援，是必報應失誤也，其推鞫以啟。"　傳旨義禁府："理山郡守崔進江，不謹防戍，所管人畜，

多致被虜，其推鞫以啟。” 乙丑，禮曹啟：“今來兀良哈都萬
戶金波乙多尙，以厚待野人，在舘成婚，請依京居向化人例，
給鞍具馬一匹，並給例賜衣服、靴帶；其妻母童所老加茂妻
家，亦給衾枕、褥席、酒果。”從之。又特給酒肉。 丁卯，前
此平安道都事安琛，以啟理山賊變來京，至是辭。上引見，琛
啟曰：“理山郡守報云：‘竟日相戰，夜深而罷。人畜殺虜之
數，未得悉知。’觀察使令臣審問。臣往鞫之，本郡人等，初言
男女并三口、馬二匹，後言男二十一、女四、馬二匹、牛一
頭，前後牴牾。然臣意在速啟，而今許誠往鞫，必將得實，故
以其所言來啟耳。且渭原郡守鄭以禮將往理山，道遇賊，理山
之人非不知也，而一無言者，臣到平壤始聞之，以此料之，
隱匿不首之事，恐多有之。”上曰：“渭原之事，予亦聞之。”仍
問曰：“賊退之時，理山鎮將，其追之乎？”琛曰：“率百餘騎追
至長城，夜深，恐設伏乃還。”上曰：“以百餘兵追千餘騎，甚
爲失策。” 戊寅，平安道昌城助戰將朴星孫，遣軍官姜自成，
來上昌洲賊變。上引見于宣政殿西廡。自成啟曰：“本月二十
二日，賊圍昌洲，星孫聞變，率精騎二十五馳赴之，值霧暗且
雪，咫尺不辨，未至昌洲五里許，但聞人馬聲，意謂城已陷。
星孫謂臣等曰：‘我輩受命來此，義不可不救，吾當赴鬪，一
死而已。’俄而雪霽霧收，審視城中有揮旗狀，且有號呼聲。星
孫等更進一里許，望見賊騎數千，圍城數重，始知城不陷。當
南門外數十步許，賊圍稍解，星孫謂臣等曰：‘我輩在此逡巡
何益，不如入城救之。’遂大呼馳馬突進，直抵南門。恐城中人
疑我爲賊，不開門，星孫呼助戰將卞宗仁名，城中人應聲開
門，臣等得入。賊追不及，星孫與宗仁合兵拒之。有一賊乘駿
馬指麾，宗仁射中其馬斃之，又射中三賊皆殪，中矢傷者十餘
人，我軍中矢者五人，皆不死。但步兵一人持盾立城堞，矢著

盾上，欲抽矢引領覘賊，賊射之中頸而死。至日暮賊退，星孫、宗仁等率五百餘騎出城追之。斥候人奔告曰：'賊設伏，欲邀擊之。'還入城，登陴以待之。"上曰："如汝言，星孫果有功矣。"仍謂都承旨申瀞曰："防禦事不可疎虞，擇將帥一人，帶京軍官二十人，赴救何如？其議院相以啟。"未幾，移御宣政殿，召院相及兵曹堂上、都總管，議備禦方略。問誰能才堪助戰將者？兵曹判書李克培啟曰："僉知權宗孫，有學識才幹，可任爲將。"院相申叔舟亦曰："臣歷考班簿，無如宗孫者。"上曰："在朝者則如是，居閒置散亦無可用者耶？"克培對曰："前府使李蔓孫，有驍勇之才，亦可爲將。但以前任甲山時，以決訟錯誤，罷職收職牒，故臣未敢擬薦耳。"上曰："若可用者，復職何難。"顧問左右，僉曰可，即命還給告身。克培抄啟內禁衛兼司僕等二十人，上曰："留京有武才者幾何，防禦雖緊，侍衛亦重。"克培對曰："允當。"上曰："兼司僕內禁衛，勿遣可也。"叔舟啟曰："星孫以單騎突入救之，非殘劣所能，功可賞也。"上曰："賜表裏，下諭書獎之。其傷者，令許誠審問而來。"命李蔓孫賫角弓一百張、長箭三百部、片箭五百部、箭兒一百箇、弓弦三百箇、火藥一百斤、魚膠十斤，并帶軍官二十人，藥匠二人而去；又特賜蔓孫貂皮耳掩。其賫去事目："（一）今率軍官賫軍器，直赴昌城，或一處合防，或分赴助防，量勢措置，亦聽節度使河叔溥之令。（一）不得已有相救之勢，遠斥候，量力度勢，萬全然後可動。（一）大抵邀功則生事，在我無失可也，何必更邀他功，無過於清野堅壁。" 下書平安道敬差官許誠曰："今昌洲又被賊攻，爾畢鞫理山、渭原事，然後往昌洲，依前事目，并鞫以啟。" 諭助戰將朴星孫、卞宗仁曰："今見爾等所啟，又聞姜自成之言，知爾等爲賊所攻，彼眾我寡，星孫出死力赴救，能以弱當強，使無所失，予甚嘉之。但賊猶未退，予爲是慮，即命李蔓孫爲助戰將，擇率京軍官二十人馳赴，又送軍器等物。爾等更加勉力，毋墮賊計。又慮賊遲留，待我救兵，邀之於路，如或相救，必審勢量力，遠斥候，然後可動也。在我無失足矣，何必更邀他功。」諭平安道觀察使鄭文炯曰：「今見卿啟，知昌洲之賊猶未退，即命李蔓孫爲助戰將，擇京軍官二十人馳赴。卿宜抄得道內未赴防軍士，令守令有武才者領赴救援。」諭平安道節度使河叔溥曰：「今因觀察使所啟，知昌洲賊猶未退，即命李蔓孫爲助戰節制使，率京軍官齎軍器，直赴昌城，聽卿節度，卿宜量勢措置。今賊之遲留，恐是待我救兵，邀之於路。沿江戍將，既各分地而守，苟能清野堅壁，亦足以無失。若孤城單弱，勢不可不救，當量力度勢，萬全然後可動。卿其戒之。」

己卯，建州右衛等都指揮卜花禿等、海西兀者等衛野人女直都督康尼等、考郎兀等衛野人女直都督撒哈良等，各來朝貢馬及貂皮。賜宴，并衣服、綵段等物有差。實錄。

二月庚辰朔

是日，命塔木等衛都指揮同知撒哈塔等子納兒乞卜等九名，俱襲父職；考郎兀等衛指揮使哥哈等四員，各陞一級。實錄。

又是日，建州左等衛女直額苦捏等七名，乞襲其父指揮使等職。命各降一級授之，以其皆董山餘黨也。實錄。

　　建州衛以董山得罪者，皆漸復舊。合觀兩國實錄，明廷此時亦尚非畏建州，特以建尚馴服耳。

又是日，朝鮮實錄書：御書講。講訖，柳睊啟曰：「今日賊變啟本齎來人云：『賊寇昌洲後，三十餘騎又圍姑林烟臺。

烽燧軍六人逆戰，一人中矢死，其餘勢窮，奔竄得免。越二日，賊四千餘騎又圍碧團。'"上曰："烟臺戍卒僅六人，而賊兵三十，力豈不能盡屠，而只殺一人乎？是可疑也。"睠啟曰："姑林烟臺，地險而高，人必攀緣而上，故賊不能猝拔，而戍卒得以竄匿。且臣聞諸申叔舟、韓明澮云：'從古以來，野人乘間竊發而已。成羣大舉，累日相持，未有若今時，恐彼請兵既多，將欲大寇也。'請令沿江諸鎮，及内地近邊諸邑，收民入堡以備之。"上曰："然。"　諭平安道觀察使鄭文炯曰："累見卿所啟，賊寇昌洲、碧團等鎮皆不得利，久屯不解，恐有譎計。今沿江諸鎮皆已嚴備，但慮賊分兵突入昌城、朔州以下内地。其有城堡諸邑，則聚民入保；無城可保，則或依山林，以免剽掠。又於賊路日謹斥候，使民知避可也。節度使方在江邊，卿宜曲盡措置，毋墮賊計。"　諭平安道節度使河叔溥曰："賊自寇理山，至圍碧團，凡四十餘日，久屯不解，必有譎計。賊若來圍諸鎮，以綴我兵，分兵突入内地，則大可畏也。昌城、朔州以下，已諭觀察使措置。卿方在江邊，昌城以上諸鎮，有城堡處，則聚民入保；無城可保處，日謹斥候，使民預知而避可也。賊雖退，更加謹愼，以待冰解，毋墮賊計。"　辛巳，御經筵。講訖，同知事李克培啟曰："平安道今方冰泮，秋則可慮，請黃海道番上軍卒悉令歸農，俟秋赴防爲便。"上顧問左右。領事申叔舟啟曰："克培之言是也。但今賊屯聚昌城近地，連日不解，彼衆我寡，雖不得出擊，宜移咨遼東，以聞朝廷。且沿江設木柵，造船艦，多張旗幟，若爲進攻之狀，使彼不得耕耘，自底困斃可也。又聞昌城人往戍碧團者，以護送謝恩使韓明澮之行，放還其家，道遇賊，被擄者數人。若泄明澮行期，彼必爲梗於中路。請以黃海道之兵代平安道戍卒，擇平安道戍卒之驍勇者護送。"上曰："以黃海道軍士五百護送何如？"叔舟曰：“似太多。”上曰：“雖五百，其中精兵豈過二三百乎！”叔舟曰：“然。”上曰：“其議以啟。” 御書講。講訖，克培啟曰：“往時野人屈木爲鐙，削鹿角爲鏃。今聞鐙鏃皆用鐵，是無他，國家責貢貂皮於五鎭，守令托以進上，誅求於民，而貂皮產於野人之地，故或以農器，或以農牛換之，實是資敵。請除五鎭貂皮之貢。”上曰：“前日有陳此弊者，而洪允成以爲野人處亦有鑛冶匠。”克培曰：“野人不解鍊鐵，但得正鐵改造耳。”侍講官洪貴達啟曰：“臣曾爲永安道評事，備諳其弊，克培之言是也。”克培曰：“向者五鎭居民上言，請免貂皮之貢，下該曹議之。該曹啟以作貢已久，不可改也，竟不施行。臣意以謂苟知其弊，雖久當改。且尙衣院貂皮積藏，歲久或色變，或蠹敗，不合御用。固當計一歲之費，取新而用之而已，何必多其數以病吾民哉！”上謂同副承旨玄碩圭曰：“其令該曹議除之。”克培曰：“下該曹則必駁之，請即除之。”上曰：“五鎭貢貂皮，始於何時？”貴達曰：“不久。”上曰：“固可永除矣。其令該曹議之。”貴達曰：“永安道士馬，素稱精強，北道則精銳者果多矣。若南道不然，內需司奴婢居多，而占良民稱宮屬助役者，一戶幾至百餘，軍卒寡弱，實由於此，不可不禁。”上曰：“誰可禁制？”克培曰：“此則守令事也。然內需司奴婢，凌蔑邑宰，不供賦役，守令莫能制也。”上曰：“守令則已，觀察使亦不能制耶？”克培曰：“雖觀察使亦難制之。”上曰：“以觀察使統制一方，而不能制奴輩，可乎？”克培曰：“別降教旨，申諭觀察使則可盡刷出。”上謂玄碩圭曰：“將此意諭之。”上曰：“近來驛路凋殘，何以處之？”克培曰：“省使命乃阜盛之本。如罪人推鞫等事，一委觀察使，勿別遣敬差官爲便。” 敎黃海道都事南祎曰：“近日平安道困於戰守，且方沿江列戍，故謝恩使韓明澮護送軍，以本道軍卒補之。敎書到日，即選人馬精強者五百，各備餱糧、兵器、雨具，月十五日，守令領到黃州傳付。若有未及備糧者，以軍資倉米給之。自發本邑二十日之外，令平安道給糧，俟秋於軍卒所在邑償納。今遣宣傳官賚發兵符以去，驗符施行。” 諭平安道節度使河叔溥曰：“近日本道軍卒，困於戰戍，故今命京將二人，領黃海道軍卒五百赴義州，聽卿節度，以護送謝恩使之行。若路遠行急，人馬疲困，則留戍本道諸鎮，以本道軍卒之防戍者代之，聽明溜之言護送。” 諭平安道觀察使鄭文炯曰：“近日本道軍卒困於戰戍，故今以黃海道軍卒五百，補謝恩使護送軍。慮恐糇糧中絕，自發本邑二十日之後，除義州以沿路諸邑軍資倉米計給，俟秋令軍卒所在諸邑收納。” 永安北道節度使魚有沼馳啟曰：“賊三十餘騎直抵穩城，城外縱火，燒積禾三十餘所。城中人射中賊一人，遂散去。”即回諭曰：“今見卿啟，賊三十餘騎直至穩城城外，燒積禾三十餘所，而鎮守懵然不知。且賊之爲兀良哈、爲兀狄哈，其所出入之處，並不分辨以啟。其鞫鎮將及斥候、巡哨人，且審問作賊者之種類以啟。賊之燒城底所積，必有詭計，鎮將視爲常事，不之措意，實爲不可。” 壬午，諭永安北道節度使魚有沼曰：“同封事目，看審施行，詳在評事李永寧。（一）卿前啟毛憐衛人三百到建州衛，其一百人入朝中國，一百人從建州賊往平安道，一百人還本家，其名目依前諭一一訪聞錄啟。（一）建州之賊，於前年十二月二十二日寇理山，今正月二十三日寇昌洲，二十五日寇碧團，退屯於距碧團十五里之地。或曰三千餘騎，或曰四千餘騎，或曰八千餘騎。以此觀之，雖不至八千，亦不下三四千，實非小賊。李滿住種落，裁數百耳，必是併左、右衛普花禿、童倉種落，而又請兵於諸種也。卿因建州來往人詳悉訪問，窮覈情實以啟。（一）童伊亡介從賊與否？密問以啟。” 癸未，上謂右承旨柳睆曰：“北方何時冰解乎？”

睨曰：“二月望時也。”上曰：“然則冰將解，賊必去矣，但慮水淺易涉也。”睨曰：“人言山谷冰泮則水生，且鴨江水深，流急難涉也。”上曰：“邊將所啟賊數，初言三千，而再三轉報，至於八千，則賊來日衆，恐終難敵。”侍講官盧公弼啟曰：“大抵邊將若遇事變，誇張賊勢，勝則歸功於己，敗則托於不敵，自任無咎。邊將所啟，不可盡信也。” 傳于兵曹曰：“今謝恩使韓明澮之行，其令京將二人，領黃海道軍士五百護送，并募京中閑良自願者、罪人立功自贖者，及驍勇鄉吏自願者。入送節目擬議以啟。” 乙酉，下書平安道敬差官許誠、觀察使鄭文炯、節度使河叔溥曰：“永安北道節度使魚有沼啟本，謄寫封去，其審施行。”其啟本云：“李滿住子甫乙加大等請兵，去十二月間寇平安道，殺虜人物百餘。” 永安北道節度使魚有沼馳啟：“兀狄哈三百餘人，分三處屯豆滿，住北阿乙可毛端平，遂渡江，侵掠汝吾里居野人家而去。” 平安道觀察使鄭文炯馳啟：“前月二十九日，賊三千餘騎破長城，闌入碧團松平里，其民皆已入保城內。賊縱火焚其空家，虜甲士金克孫而去。”丙戌，永安道觀察使金瓘馳啟曰：“李滿住子甫乙加大，聚兵千餘，欲於二月十五日間寇平安道諸鎮，因城下野人密報也。”

丁亥，移咨禮部曰：“成化十年十二月二十二日，建州衛野人約三千餘騎，突至本國平安道理山鎮，搶擄野處人畜。十一年正月二十三日，又寇昌城鎮管內昌洲口子。本月二十五日，又寇碧潼鎮管內碧團口子。此賊世擾本國邊境。又自成化三年，本國奉敕攻斬李滿住父子等後，滿住黨類謀欲報復，窺覦間隙。今者嘯聚同惡，誑誘火剌溫、毛憐衛諸種，衆至數千，恣行兇獷，非徒陵蔑本國，亦是不敬朝廷。竊計此賊爲謀既久，鳩合亦廣，勢不便止。煩爲聞奏，明降戒飭本賊，戢兵守分，刷還所搶人畜。倘或不悛，似前寇盜，當職欲要著令邊將，相機乘勢出兵追討，直擣追巢穴，以懲奸猾。」教韓明澮曰：「近者建州衛野人來寇平安道沿邊諸鎮，累月不退。茲遣助戰將率軍官往救，然恐邊將戌禦乖方，以失事機。今卿適以謝恩使經由本道，一應軍務，相機措置，以舒予北顧之憂。」平安道觀察使鄭文炯馳啟：「正月二十九日，賊千餘騎由碧團內路松峴而來，火空家四五，至碧潼城底塹外。郡守尹孟枝率兵出南門與戰，賊中矢者六，我兵中矢者三，馬一匹中矢而斃。夜三更，賊引退，沿江而下。」命示院相，僉議曰：「今觀賊勢自昌洲遡江而上，至碧團、碧潼等鎮，是必欲得利而後還也。碧潼以上，則有阿耳、理山、滿浦，江界以下，則有碧團、昌洲、昌城、朔州、方山、義州。而江界、義州地廣，邑城距民居遠，未及入保。理山等鎮連被賊烽，士氣沮喪，宜更諭助戰將益嚴隄備。至於蒭茭，亦多方措置，毋令馬畜困斃。」從之。命以此議遍諭觀察使、助戰將等。諭訓鍊院僉正盧吉蕃曰：「渭原郡守鄭以禮，今方被鞫。姑令爾權行郡守之事，其與助戰將李惇仁同力防備。且罪在以禮，非干邑人，故一城之人，並棄不問。其死傷者，將賜賻給復。遍諭此意，振勵士心，毋致再誤。」兵曹啟：「今賊連寇理山、昌州、碧團等鎮，殺擄人畜，而自西鄙歷黃海道，以至畿甸，所在烽燧，一不報變，例以無事通于京師，其慢不警備可知。今敬差官許誠，以理山官吏推鞫，往在本道，竣事上來時，諸處烽燧軍並鞫以啟。」從之。戊子，諭平安道節度使河叔溥、觀察使鄭文炯曰：「賊初寇理山，隔三十日又寇昌洲，隔一日又寇碧團，隔三日分兵又寇碧潼。以此觀之，賊初寇理山，雖有所得，及寇昌洲、碧團，並不得利。其請兵既多，難以准償，必欲處處出沒，得利而後還也。今計水上則阿耳、理山、渭原、滿浦、江界，水下則昌城、朔州、方山、義州、麟山，皆可慮也。理山、渭原前既失機，士氣沮喪，江界與朔州以下，無城可入保。賊若分兵以綴邊城，突入內地，則無復誰何，此尤大可慮也。去冬預知有聲息，下諭邊將，一一申戒，尚有理山之失。卿宜更加戒飭，毋令再失。事急，故直諭朴思亨仍守理山，李惇仁移守渭原。其諭草同封以送，看審施行。又慮沿江諸戍蒭茭或有不足，馬若因斃無以為後計，亦令多方措辦。兵難遙制，卿宜審賊量勢處之。」諭助戰將朴思亨曰：「今賊自昌洲沿江而上寇碧團，去理山不遠。前既得利，慮或再寇，且慮士氣沮喪。怯於守禦，宜更振勵，以思立功補失。」諭助戰將李惇仁曰：「賊寇碧團，去渭原不遠，以爾移守渭原。又慮渭原之人，因前喪失，士氣摧沮，宜更振勵，使之立功補失。」

是日，命野兒定河衛都指揮僉事賈失虎子木克、毛憐衛都指揮僉事乃塔子特列速，俱襲父職。實錄。

乙未，朝鮮實錄書：諭平安道節度使河叔溥曰：「今見卿啟，知賊退去。然賊譎計難測，佯為退去之狀，復來為寇，甚可慮也。卿申戒沿江諸鎮，常如見敵，益嚴防戍。烽燧斥候等事，尤宜謹備。」丁未，永安北道節度使魚有沼馳啟：「訓春居兀良哈阿巨來告云：『尼麻車兀狄哈甫陽介等，前日穩城鎮作耗時，賊二人中矢，一人死，由是含恨，請諸姓兀狄哈，欲乘農民布野之時，潛入為寇。』」命議于院相，僉曰：「果如所啟，賊變可慮也。然當耕耨之時，農民不得不布野。民散四野，以一鎮之卒守護，必有兵分力弱之患。其令邊將今日守一面，明日守一面，輪護四面。農民隨兵所守，一面之耕，餘三面助之，轉相助力，使無遊手為便。」上曰：「其以此意下諭。」

戊申，平安道觀察使承諭送唐人阿家化。其言曰：「俺年十四歲時，為建州賊松古老等所搶，隨住其家。松古老妻一人、子二人、女一人、唐女二人。同里而居者六家，而有冶匠弓人

焉。相望之地，又有二十餘家。其餘部落，雖間有之，我爲松
古老劫制，未得親往見之。前年十二月望時，松古老聚衆一千
六百餘騎，指東出去。本月二十八日，還語妻子曰：‘掠得朝
鮮人口三十，我兵人馬中矢者雖多，斃者只人二、馬一而已。’
今年正月望時，又聚衆一千四百餘騎，東去未還。我乘夜竊騎
松古老馬，逃離本處，到理山郡。” 諭永安北道節度使魚有沼
曰：“聞野人欲待農民布野之時，乘間爲寇。若處處守護，則
兵分力弱，猝遇賊變，如有所失，此不可不愼也。今一城之
民，今日某處，明日某處，轉相助力耕耨，如南民之治農事
也。鎮將量其兵力，或分或合，必身親守護，庶無所失。此意
前已降諭，然陵夷必不奉行。卿須面諭鎮將，毋誤事機。”

三月庚戌朔

　　癸丑，朝鮮實錄書：平安道節度使河叔溥馳啟鴨綠江冰已
解，命罷助戰將及京軍官。承政院啟：“碧潼郡中庵寺住僧省
有供稱：‘今年正月二十九日申時分，野人三十餘騎到寺，擄
俺及同居僧義修、覺禪、洪衆等，乘夜涉鴨綠江。義修老不行
步，中路落後；覺禪、洪衆他路拿去，並不知去向。獨俺與一
時被擄甲士金極孫，從賊涉蕭洲江，歷野人所居之屯五。初屯
十餘家，第二屯又十餘家，第三屯二十餘家，第四屯又二十餘
家，第五屯六七家也。越四日，宿于第五屯近處平野。夜深，
乘賊就睡，俺獨挺身逃脫，山行野宿，至二月初十日到渭原。’
又云：‘俺初被擄，蒼黃心怯，未能的知賊數。見賊死者六七
人，中箭而傷者十餘人。其傷者皆被髮騎馬而行；其死者燒屍
作灰，盛於布囊，或裹草而去。有賊一人，以我國言語金極孫
云：“汝國邊將，何故屢見敵一不出戰乎？是必汝國故令勿出
戰也。前日我軍初欲奪鎮，昌洲則著朱兜鍪者二三人，乘城引
射，堅壁不出；碧團則城中人以長鏃箭引射不止，故未得奪

之.'初省有到渭原，命驛送，至是到京供招云。" 己巳，正朝使金之慶回自京師復命，上引見。之慶啟曰："臣等到江上，風雨數日不止。臣等迎來軍，及謝恩使韓明澮護送軍，凍傷者頗多，死者四五人。"上曰："死者豈止四五人，必多有之!"對曰："臣等忽忽未悉訪問，囑觀察使知數以啟。"之慶又啟曰："遼東等處，人人皆云：'李滿住之子欲報仇，屢寇朝鮮，而竟不得利，反爲死傷，是汝殿下福德也。'"左承旨柳輊啟曰："國家若不預遣助戰將，邊城或不可保。"上曰："當初建白遣將，其功大，予欲待邊警之息而賞之，今可賞也。"輊曰："去冬遣將之議，申叔舟、韓明澮實主之。"上曰："洪政丞亦與焉。"
傳旨司僕寺："去甲午年冬，西鄙有聲息，人皆以爲不足慮也，獨領議政申叔舟、左議政韓明澮、仁山府院君洪允成，建議分遣助戰將于諸鎮，使之整飭邊備。賊果嘯聚部落，來犯理山、昌洲、碧潼、碧團等鎮，以我有備，窺覦數月，竟不得利而還。若非老成大臣先機運籌，安能若是乎! 其功可賞，各賜馬一匹。" 諭平安道觀察使鄭文炯、節度使河叔溥曰："前日理山、昌洲、碧潼、碧團之戰，諸將各出死力，以弱當強，能無大失，不可不賞。卿等共議功勞等第以啟，務要得實。"
四月己卯朔
　　庚辰，朝鮮實錄書：諭平安道觀察使鄭文炯、節度使河叔溥曰："建州之賊，前日不得利於我，亦有中箭而死者。今謝恩使之還，恐乘時報復。迎來諸事，條列以送，卿其審處之。(一)謝恩使迎逢主將辛柱，裨將李蔓孫、金繼宗、李惇仁、朴星孫，各領兵一百，聽辛柱節度。若有疾病事故，選他助戰將代送。(一)迎逢軍勿論甲士正兵，擇人馬精強者定送。其戎服、鎧仗有未完備者，給以官藏，務要整齊。(一)助戰將擇破陳軍各一人，多賚銃筒火箭而去。(一)本道軍士，既苦於赴防，又勞於迎送，勢必困極，其往還間，蠲本家徭役。"

乙酉，朝鮮國王李娎奏："建州野人糾聚毛憐等衛夷人，侵擾本國邊境不已，乞朝命戒飭之。"事下兵部，尚書項忠等，以"朝鮮世受封爵，尊事朝廷。曩以建州李滿住爲逆，朝廷出師問罪，嘗敕朝鮮應援。今李滿住遺孽旣已歸順，而又報復朝鮮舊讐，宜特降敕建州頭目，重加省諭，令悔過睦隣，自相和好。"上從之。實錄。

甲午，朝鮮實錄書：平安道節度使河叔溥馳啟曰："賊四十餘騎，至理山江北，呼通事欲與語，靡有一人解胡語者，無以應之。臣令諸鎮整備待變。然諸鎮兵分三番，其數多不過八十，少或至三十，請諸鎮軍士姑令分二番防戍。"命議于院相。鄭昌孫、申叔舟、洪允成、金礩、尹子雲議："賊窺我所爲，欲自爲計。前諭渡江設柵之策，必未及舉行故也，宜督令設柵戍兵，不論防戍緊緩，例分諸戍未便，宜擇要害處多數分戍。國家曾設訓導教女眞言語，而今無通事以應之，甚不可。今後宜令解譯者審聽所言以啟。"李克培議："農月不可役民，設柵戍兵分二番事，當依叔溥所啟。"傳曰："更議于諸將及曾經邊將者以聞。" 庚子，院相申叔舟啟曰："賊騎屯理山江北，久留不還。謝恩使韓明澮還期在近，是必覘我虛實，欲邀於八站路上矣。今觀永安道節度使魚有沼啟本云，遼東責野人甫加大等曰：'丁亥之征，天子之命也。汝何欲報讐朝鮮乎？'遂拘繫三百餘人，宜遣人報遼東，請護送明澮何如？賊謂我不入討，恣行不忌。今若諭魚有沼以將大舉入討之意，則賊必轉相告報，不得專意耕農矣。"上可之。即諭平安道節度使魚有沼曰："建州野人自癸丑入討之後，悔罪來歆，我先王許其自新，待之如舊。丁亥年間，賊搶掠遼東等處。其時遼東入征，敕我國助攻。今賊方歸順中朝，而反讐於我。自冬至春，累寇我西鄙,搶掠居民,違天逆理,罪惡貫盈,將欲出師攻討,掃其巢穴,使無餘孽。慮賊或有往投毛憐衛者,卿宜曉諭後門諸種,悉捕來告。如或容庇,厥罪惟均。且六鎮防禦,亦加嚴備。"

五月己酉朔

是日,朝鮮實錄書:永安北道節度使魚有沼,進野人書契一張,令反譯以啟。其略曰:"右衛都指揮使甫下吐羅哈阿打古、左衛吐論朱顏等,告于朝鮮國邊將,轉達國王:我輩自祖父時,無違惡之事,於貴國見恤受職矣。我二人率二百人,前年十二月,朝見于皇帝未還。李滿住子甫乙加大,欲報父兄之讎,十二月,率二千三百餘騎,渡江擄掠,至今年正月十五日歸來。俺等適於吾音會地面相逢。今指揮司馬阿堂介等,還自帝京,謹以書傳報。"命示領議政申叔舟。叔舟啟曰:"臣審此書,歸惡於甫乙加大,欲免理山入寇之罪,依舊歸順耳。且入攻之事,言之不可,不言亦不可。我若言將入攻,則彼以謂攻之必不聲言,是紿我耳;若言不入攻,則彼以為再入寇而一無問罪之舉,是萎弱也,不如勿說之為愈也。將此意諭魚有沼何如?"諭永安北道節度使魚有沼曰:"卿所啟建州右衛甫下土、左衛吐論書,反譯同封下送。其意不過歸咎中衛,欲自明其不與於賊,且欲止我入攻耳。馬阿堂介若請回答,當語之曰:'已啟我殿下,命曰:"建州衛之人,於我國本無私讎。丁亥之事,只因中朝所命也。今不與於平安道作賊者,固無所嫌。汝等中朝入貢者,固無與於作賊;其留在建州三衛者,豈無與焉者乎?"'又若建州人來言,初不與賊,請朝于京,則答之曰:'汝雖言不與於賊。賊數千寇我西邊,安知汝等不與乎?且未知國家區處,我不敢擅便。'待之如常。"又諭魚有沼曰:"卿嘗啟云,野人吾都介言,與同類三百餘人到婆豬,一百人歸中朝,一百人從甫乙加大向甲山去,其餘從我還本土。果如此言，則毛憐衛之人，亦與於理山之賊明矣。其入中朝者誰也？
向甲山者誰也？還本土者誰也？卿可詳問吾都介以啟，不露形
迹可也。”

　　建州文字譯成不花禿爲甫下吐羅哈阿打古，脫羅爲吐
論朱顏，則知明譯不花禿及脫羅，朝鮮譯甫下吐及吐論，
皆是節其上半段。逮翻其原文，則有二酋名字之全音耳。

　　己巳，朝鮮實錄書：永安道節度使魚有沼馳啟曰：“兀良
哈柳要時老來告曰：‘甫乙加大再寇西鄙，城郭完固，不得利
而還。惟甲山兵少，作賊甚易，聚衛人及火刺溫都里等部落三
百餘人，皆去騎持短兵，決意入寇。’”命議于院相。兵曹判書
及永安道節度使呂義輔、蓬原府院君鄭昌孫、仁山府院君洪允
成、右議政金礩、茂松府院君尹子雲、兵曹判書李克培、節度
使呂義輔議：“自建州至甲山，山路峻險，時又水漲，作賊勢
難。然今當農民布野，鼠竊不可不慮。諭永安南道節度使康袞
及平安道節度使河叔溥，嚴飭備禦以待何如？”領議政申叔舟、
光山府院君金國光、昌寧府院君曹錫文議：“自建州至三水、
甲山，白頭山麓橫絕其間，路廢已久，樹木蓊翳，人馬不通；
中朝又方挨問，雖有其謀，不足爲慮。然諭康袞親到指揮戍
將，越江深探，如竹馬數及茂昌舊路，有可通處，設險防備，
益謹守護，毋令邊民先自騷擾，以廢農事。平安道江界、上土
等鎮，亦境接彼土，并下諭備禦爲便。”命以此意諭平安道、
永安南道節度使。
六月戊寅朔
　　辛巳，朝鮮實錄書：謝恩使韓明澮、副使李克均捧敕回自
京師，百官迎敕於慕華館如儀。其敕曰：“得奏‘建州衛野人約

四千餘騎，自成化十年十二月至十一年正月，突至本國理山等鎮昌洲等口子，侵擾邊境，搶虜人畜，糾合黨類，屯結不散，等因。朝廷二降敕書，命遼東鎮守總兵等官，差人齎往彼處，省諭大小頭目人等，令即改悔，將搶擄人畜退還本國，安居守分，毋蹈前非。但此夷狼子野心，不知禮義，王宜益固封守，謹慎隄備，毋或墜其奸計。"上御宣政殿引見明澮等，謂曰："中國有何事？"明澮對曰："皇帝勤於聽政，天下太平，民物富庶。臣齎進請討建州衛奏本，呈于兵部，兵部即申奏，一以救建州，一以救遼東，使括還被擄人畜。"上曰："予即欲謝恩。"院相僉曰："平安一道，累因使命，疲弊莫甚，待秋亦可，故姑停之。"明澮曰："凡謝恩不如速，然姑待秋亦可。"明澮又啟曰："中國弓角禁令甚峻，前此賣角者處處有之，近坐犯此禁，盡徙遠徼，今只有一家。故臣等之行，未得買來。臣於閒話謂守關人曰：'我國遇中國有事，則必扞衛之，不可以夷虜待之。弓角並禁我國，得無過乎？'有一人曰：'前日汝國通事往來金輔家，事覺，有司論請，皇帝特原之，仍命朝鮮人勿禁出入。汝等何不援此例奏請乎？'又太監鄭同謂通事金繼朴曰：'聖旨云："今來韓宰相旣是族親，將何禮物孝順我乎？"'臣等不得已，略以食物進焉。又翌日，韓氏送小簡致謝，賜臣銀十兩，及彩段、食物，又賜副使、書狀、通事紗羅有差。"史臣曰："明澮性浮夸貪饕。初赴京時，請于朝，多齎人情物，又索於州郡，重載而去。及入朝，因金輔、鄭同達於韓氏，稱爲近族，多獲賜物。華人皆言'皇親老韓'，屢入東華門聽命，其所得羅段及私貨器玩，不可勝數。"　丁未，御經筵。講訖，領事韓明澮啟曰："平安道仇寧口子，素置萬戶。頃者革罷，冰合則朔州府使往戍，冰解則但遣軍官戍之。此口子賊路要衝，防禦最緊。若大賊圍仇寧，分兵以襲朔州，則城無主將，誰其禦之？復於仇寧設萬戶爲便。"上曰："革罷在何時？"知事李克培啟曰："世祖朝革之。雖然，仇寧沿邊初鎮，不可無將。世祖特以邊無聲息革之，今有邊警，復設甚可。"上曰："先王所革，不可遽復，當廣議施行。"金礩啟曰："仇寧口子，世祖朝革之者，以距大朔州不遠，可以兼守也。今大朔州移排于小朔州，距仇寧三十有五六里，緩急必不及相救，況今聲息未殄，不可不復立也。李滿住季子，因其母娶妻於火剌溫，欲報父讎，招集部落，積有年紀，秋高馬肥，安知不爲寇抄之計？理山之戰，火剌溫部衆亦多見殺，彼虜頑愚不知自省，必反讎我國，仇寧萬戶須速復立。"

七月戊申朔

　　癸丑，朝鮮實錄書：御經筵。講訖，領事洪允成啟曰："今冬平安道防戍不可緩也。建州賊寇邊屢矣，而兵至二千，未有如今日也。李滿住三妻：一則斡朶里、一則兀良哈，一則火剌溫。其子酋長甫加大者，火剌溫女所出也。建州衛雖捲地而來，不可得三千餘人，其請火剌溫兵明矣。虜俗請兵於他部，失一人則贖以十人；失馬則贖以五馬。去年冬再寇，未得利而還，勢必復寇，請速遣將備禦。"上曰："然。"　辛酉，右參贊魚有沼來復命。御宣政殿引見，謂曰："卿久在北道，無乃有弊事乎？"對曰："無也，但救鹽荒盆。觀察使、節度使各置一於五鎮，一日之稅，盆收一碩，民甚苦之。況此道不產鐵物，盆若破缺，雖以更鑄，且今民居稠密，收柴草於七八十里之外，煮鹽實難，罷之爲便。"上曰："法已立矣，如之何？"有沼曰："辛卯年間，本道觀察使啟請始置。"上謂都承旨柳輊曰："考立法之由以啟。"有沼又啟曰："五鎮內鏡城、鍾城、慶源、慶興，則兀良哈居城底者甚衆，故賊來勢難。唯穩城賊路要衝，諸姓兀狄哈皆由此路入寇。今方築長城，俟役訖，豐川口子置萬戶以備之，何如?"上曰："徐當更議。"輕啟曰："臣聞諸<u>有沼</u>，興利人貿易貂鼠皮，北方鉅弊。國家雖減貂鼠皮之貢，而弊猶不祛者，俗尚奢侈，服飾必用貂鼠皮。朝士階陞四品，則與從三品相混，故必著貂皮耳掩。且毛裘宜於老者，而年少婦女皆服貂裘，無此則羞與爲會。數十婦女之會，無一不服者。貂皮價高，謀利者雲集，<u>北道</u>市索無已，至以牛馬鐵物買之。野人箭鏃，昔皆用骨，今則皆以鐵爲之，良由我國人用鐵換皮之故也。"上問<u>有沼</u>曰："果有以鐵換皮者乎?"<u>有沼</u>曰："往者<u>穩城</u>人有以二鋤易鼠皮二張者，臣捕而啟聞，會赦乃免。"上曰："<u>中國</u>人亦以鐵貿於野人否?"<u>有沼</u>曰："法嚴，全未矣。"<u>輕</u>曰："欲革其弊，無如先塞其源。堂上外，貂皮之飾一禁何如?且綾帛羅段，亦非我土之產，而豪侈者務欲服之，故通事輩得售而利。<u>平安</u>一道之民困於馱載，以此也。間者上教宰臣好服綾段之弊，自後服之者少，綾段之價頗賤。今更立禁章，頓革奢侈之風幸甚。"上曰："禁斷事目，承政院議啟。"顧謂<u>有沼</u>曰："卿在北方，北人咸服卿威德，予甚喜焉。"　己巳，<u>上黨府院君韓明澮</u>請啟邊事，上引見。適右參贊<u>魚有沼</u>因掃墳辭，命召入。<u>明澮</u>啟曰："<u>呂義輔</u>軍官<u>孫眞語辛柱</u>曰：'<u>蒲州</u>人請兵于<u>車</u>節兀狄哈云，<u>朝鮮</u>人守城不戰，請兵萬餘人則可破城。先寇<u>甲山</u>、<u>三水</u>，次寇<u>理山</u>等處可得之。'臣聞之，夜不能寐來啟耳。防戍不可不嚴，請速遣助戰將。"上曰："賊欲紿我而大言耶?其言若實，必生大變矣。其召助戰將、兵曹判書同議之。"<u>有沼</u>啟曰："<u>世宗</u>朝，設預差甲士，人皆樂屬。今革之，兩界軍額日減。預差甲士，自備器仗與糧，復立甚當。臣日者將是意啟聞，兵曹駁之，遂寢。"上謂都承旨<u>柳輕</u>曰："其搜得參贊啟本以啟。"<u>明澮</u>曰："<u>平安</u>諸鎮相距踈遠，賊若大寇，必不相救。<u>狄踰嶺</u>、<u>牛塲</u>等處，設關以守，何如?"上曰："并議之。"

八月丁丑朔

戊寅，朝鮮實錄書：傳于戶曹曰："投化野人金波多尙遭父喪，其以米豆并十碩、紙一百卷、正布五匹賻之。" 丙申：禮曹啟曰："初，金波多尙娶童清周妹來京，今遭其父汝羅豆之喪，欲與其妻偕去。本曹啟請勿與。今波多尙到曹言曰：'我父與蘇老加茂約婚，而國家亦許之，故已娶清周妹。娶妻欲其偕老，今老母獨存，無幹家人，而不許我率歸。知我如此，不如勿娶。壬辰秋初投化，授僉知，甲午年授嘉善都萬戶，深感上恩。然今不給妻；我何生生？且妻母本北青人也，蘇老加茂率歸會寧，自有前例。'所言如是，何以處之？"傳曰："世祖朝，蘇老加茂欲率清周母向本土，不許何也？且波多尙，近住人也，若不許，其妻無乃含憤耶？但一女耳，給之何如？其問院相以啟。"

此輩幹朶里，皆肇祖、凡察之近屬留居朝鮮者。蘇老加茂，即於虛里之子，於肇祖、凡察爲從子。

十月丁丑朔

庚子，朝鮮實錄書：幹朶里中樞馬金波老等七人辭。御宣政殿引見，教曰："汝曹居城底有事變輒報，予嘉之。"命饋之，賜物有差。馬金波老乃啟曰："臣冒風雨，探候聲息，立邊將馬頭而行，請賜油席、長劍。"上曰："知道。"馬金波老等出，上問禮曹兼判書尹子雲曰："從請何如，於例有諸？"對曰："有之。但劍乃兵器，不可與外人，且彼輩貪求無厭，一啟其端，末流難支。然金波老其父祖皆授本朝職，至嘉善，與編氓無間。"命賜金波老油席一張。

十二月丙子朔

甲午，海西兀者等衛野人女直都督察安察等、列門河等衛野人女直指揮吉掃兀等、毛憐等衛野人女直都指揮北赤等，各來朝貢馬及貂皮。賜宴，并襲衣、綵段等物有差。實錄。

成化十二年，朝鮮成宗七年，丙申(1476)

正月丙午朔

二月乙亥朔

乙未，朝鮮實錄書：頭目王璽賫遼東咨，詣闕投進。命以直提學洪貴達爲對客，饋之，仍賜人情物。語之曰："爾父向我國誠意甚厚，今爾又賫咨而來，予用喜之。"其咨曰："遼東都指揮使司承奉欽差贊理軍務兼巡撫遼東都察院右副都御史彭劄付，爲齎繳敕書事。准兵部咨該：'本部題，職方清吏司案呈，奉本部送兵科抄出，遼東都司都指揮使劉等奏，准撫順城備禦都指揮同知羅雄咨，據撫順關把關百戶蕭貴呈，送建州衛指揮馬你哈、建州左衛指揮張卜、建州右衛指揮阿魯哈三名到來，發據通事百戶許信等呈，審得馬你哈等說稱："我們三衛掌印都指揮完者禿等，今年授敕書著我們三衛頭兒，再不許去朝鮮地方雠殺。自敕書到，衆頭兒都遵依，再不敢去了。今差我三人齎捧敕書赴京告繳。"據說，備呈移咨，差人伴送到司，委據通事百戶溫忠等，審說相同。理合起送具奏。成化十一年十一月二十九日，兵部尚書項等，於奉天門欽奉聖旨：兵部知道。欽此。'欽遵抄出送司。查得先該朝鮮國王李奏稱："建州女直野人，約有三千餘騎，自成化十年十一月，突至本國理山等鎮昌洲等口子，侵擾邊境。今者嘯聚同惡，誆誘毛憐衛諸種，恣行兇獷。乞行特降明諭，戒飭本賊，退還所搶人畜。"等因。本部爲照建州女直野人，懷挾朝鮮舊雠，往往擅入彼界侵擾。今朝鮮國王李奏，要明諭戒飭，合無俯順外國至情，乞請降敕一道，令遼東鎮守總兵巡撫等官，選差諳曉夷語的當通事二人，齎與建州衛女直頭目省諭，俾其釋怨止戈，安居守分，將原搶人畜退還朝鮮，永相好和；及敕朝鮮國王，嚴固封守，謹防侵軼等因。成化十一年四月初七日具題，奉聖旨：“是。欽此。”除欽遵外，今奏前因，案呈到部。臣看得建州等衛與朝鮮國搆怨興兵，搶擄人畜。往者朝鮮國王陳請戒飭，仰蒙皇上不即加譴，特降敕書省諭。今茲醜虜敬順天道，尊事朝廷，翻然改悔，不敢似前爲惡，差指揮馬你哈等赴京齎繳敕書。雖是難保將來無事，其暫時悔悟，亦足嘉尚。欲行禮部議擬，將建州等衛頭目差來指揮馬你哈等三員，量給賞賜，以示懷柔之意。仍行通事都指揮僉事詹昇等，省諭馬你哈等，回還該衛，說與掌印都指揮完者禿等，各要保守疆土，安分牧放，不許外施誠敬，貪圖賞賜，內蓄姦謀，復又爲惡。本部仍行遼東鎮守等官，候有回朝鮮順便人員，徑自移文國王李知會。緣係給賞外夷并移文外國，及奉欽依兵部知道事理，未敢擅便，具題。成化十一年十二月初四日，本部尚書項等，於奉天門奏，次日奉聖旨：“是。欽此。”欽遵擬合通行。除外，合咨貴職，煩照本部奏奉欽依內事理，欽遵施行。准此。合就備咨，劄仰本司，着落當該官吏，照依該部奏奉欽依內事理，欽遵施行。’奉此前事，擬合就行。爲此，除公文付順差舍人王璽齎去外，咨文到日，煩奉欽依內事理，欽遵知會施行。須至咨者。”

四月壬戌朔

　　己卯，朝鮮實錄書：命以永安北道節度使呂義輔所啟聲息，移咨遼東。咨曰：“朝鮮國王爲聲息事。議政府狀啟，據永安道節度使呂義輔呈該：‘本道鍾城鎮僉節制使李琪呈，成化十二年三月二十日，本鎮城外住居兀良哈厚應古弓時老等告說：我於成化十一年十二月二十九日，爲因買賣，前往十九日

程松加老住居火剌溫兀狄哈阿充哈家，留住間阿充哈言說，俺
家相距約三日程住居火剌溫兀狄哈等說稱，上國自去年以來，
只許七百名定額進貢，餘悉阻當，緣此懷憤。麻豆尼等四十
名，曾向開原地面搶擄烟墩官軍，回還本土間，一名在途逃
走，餘各分占拿來，又要聚集軍馬，欲於今年四五月時分前往
開原等處再行打劫。得此具啟據此。'參詳上項所告，未委虛
實，緣係上國邊境聲息。理宜馳報。"

七月壬寅朔

　　丙午，朝鮮實錄書：理山人金略安你，曾爲海西女直搶
虜，至是逃至遼東，都司給與衣服靴帽，順付謝恩使送還。其
咨曰："遼東都指揮使司爲走回人口事，抄蒙欽差鎮守遼東總
兵官都督同知歐批文前事。據遼東都司呈送走回男子一名金略
安你到來，發據廣寧備禦都指揮焦貴，備廣寧衛鎮撫呈，會同
通事，審係朝鮮國人氏，在理山住坐，成化十年十二月二十七
日，被海西女直撒哈連搶去走回等情。據供備呈，會同欽差鎮
守遼東太監葉、贊理軍務兼巡撫右副都御史彭，議得前項走回
男子金略安你，緣係朝鮮人氏。今既審供明白，除另行具除
外，令將本人發回遼東都司，收候本國使臣到來，照例給與衣
服靴帽，順付帶回完聚。爲此。除將本人仍令原送舍人帶回
外，今批仰都司，遇到收候本國使臣到來，給與領回，仍將給
過衣服靴帽，同領回使人名日期各號，連批繳報。蒙此。案照
先爲前事，已行呈送去後。今蒙前因，擬合就行。爲此。除將
走回男子金略安你，遵依劄付內事理撫待，給與衣服、靴帽，
就令本國原差赴京回還使臣判中樞府事朴仲善等領回外，咨請
遇到收發，給親完住。仍希收給日期咨報施行。"　丙辰，巡撫
遼東右副都御史彭誼致仕。　壬戌，陞山東左布政使陳鉞爲都
察院右副都御史，巡撫遼東。　乙丑，命兵部右侍郎馬文升、

戶部右侍郎程萬里，整飭邊備，以大學士商輅等言也。實錄。

　　此數事，爲明廷再用兵於建州之前提，故錄之。

八月辛未朔

　　丙申，朝鮮實錄書：遼東都指揮使司移咨曰：“成化十二年四月二十七日，兵部尙書項等，欽奉聖旨，准朝鮮國王咨報，海西女直要聚集軍馬，欲於今年四五月時，前往開原等處搶刼一節。雖是夷人告報之辭，未可憑信。但海西女直，素與朵顏三衛達賊結親，交通買賣。而三衛達子近被北虜搶殺，備極艱窘，誠恐彼此結搆，同爲邊患。況今日朵顏、泰寧三衛，各差使臣到京進馬，通報迤北大衆達子事情，惟福餘一衛不見差人來報。今福餘人馬獨在遼東邊方出，而墩臺累報烽火，顯是所報前項賊情，多恐是實。合無行移遼東鎮守太監葉、總兵官都督同知歐、巡撫右副都御史彭，督同分守備禦等官，嚴督所屬，整操人馬，精利器械，以備不虞；仍督沿邊墩臺哨守官軍人等，晝夜用心瞭望。儻前項賊徒，乘間伺隙爲寇，隨處邊堡軍馬，並聽相機截殺。若是賊勢重大，飛報總兵等官，調度各路軍馬，會合攻勦，以除邊患。及照朝鮮國王，咨報前項賊情，忠義可嘉，不宜不答。合行鎮守遼東鎭巡等官，仍令都司，待候彼國差來赴京陪臣回還，照例移文國王知會，見王尊奉朝廷，遠報邊務，已經沿邊將官，如遇賊人入寇，勦殺無遺外，今有小大賊情，審實馳報，益堅事大之誠，永享太平之福。爲此移文知會施行。”

九月辛丑朔

　　癸卯，朝鮮實錄書：平安道節度使金堅壽馳啟：“野人十餘騎，獵於高山里江外，自春至秋，出沒無常。恐候隙乘便，寇掠邊鄙，請逮冰未合，令助戰將及黃海道軍士分戍諸鎮，以備不虞。"命議于政丞。兵曹判書鄭昌孫、尹子雲、李克培議："江冰之合，當在十月望後，豫遣助戰將爲便。設坑塹、謹瞭望等事，亦不可緩。新節度使朴星孫之去，戒諭以遣何如？"從之。　　甲寅，諭平安道節度使朴星孫曰："今聞兀良哈吾乙古守告永安北道節度使呂義輔曰：'李滿住子甫乙加大，請兵諸部，欲向平安道乘秋作賊。野人報邊，雖是常事，卿令諸鎮整束軍馬，嚴加隄備，毋貽後悔。"　戊辰，諭平安道節度使朴星孫曰："野人自春至秋，出沒無常，恐有竊發之虞。今遣助戰將李欽石於碧團，朴壅於昌洲，辛柱於昌城，崔浚於方山，各領軍官十人而往，聽卿節度，卿其知之。江界府使李惇仁，令出鎮高山里。其餘孤單之鎮，擇內地守令有武略者，分地以守。卿亦循行規畫，毋貽後悔。"

十月辛未朔

　　丙子，朝鮮實錄書：永安北道節度使呂義輔馳啟："兀狄哈五十餘名來攻鍾城，城底兀良哈頗有殺傷。"即下諭曰："今因卿啟，知兀良哈爲兀狄哈所殺傷。此雖自中報復，在我不可不謹，令各鎮日謹防禦，毋貽後悔。"　丁丑，下書平安道觀察使金之慶曰："彼人自春徂秋，連續來現，防禦不可不嚴。今遣助戰節制使李欽石、朴壅、辛柱、崔浚，各率軍官十人。其數猥多，所需必煩，若節度使營儲不足，則卿量宜備給。相會時，勿論職秩高下，助戰節制使許坐東壁。文字相通，助戰節制使用牒呈。"　乙酉，平安道觀察使金之慶馳啟："唐人朴馬記至自建州衛，言野人將寇遼東。"即諭平安道節度使朴星孫、永安北道節度使呂義輔曰："建州被虜唐人來言，野人聚兵，本月間謀寇遼東。此雖不干我國，然聲東擊西，賊謀難測，令諸鎮嚴加隄備，毋使疎虞。"

十一月辛丑朔

　　戊午，朝鮮實錄書：永安北道節度使呂義輔馳啟："本衛韃靼，招諭都乙溫韃靼，都乙溫不從，搆釁相戰。都乙溫酋長一人中箭死，本衛韃靼使人語曰：'何不服從？'都乙溫殺其使者，懼見侵，欲徙居穩城越邊，火剌溫兀狄哈所居處。"命示政丞及兵曹判書。僉議："都乙溫人數，及其實欲移來與否？火剌溫所居距慶源、穩城遠近？令節度使啟聞後更議何如？"命下書于節度使問之。

　　壬戌，毛憐衛女直指揮尚冬哈等來朝，貢馬及貂皮。賜宴，并織金衣、綵段等物有差。　　命行人伴送東北諸夷入貢者出境，并禁其市軍器。兵部右侍郎馬文升言："比年朝鮮陪臣，及建州、海西、朵顏三衛夷人入貢，軍民人等，輒以弓材箭鏃與凡鐵器，私相貿易，誠非中國之利。乞下所司禁約，且以行人帶領通事伴送，沿途防禁之。事下禮部，請差行人，著爲例。兵部請榜諭京師并諸邊軍民，違者謫戍邊遠；會同舘及沿途伴送官吏人等，有縱之者，概治其罪；若夷人挾帶出關，事覺拘入官，給還原值，仍追究所鬻之人。"從之。實錄。

十二月庚午朔

　　丙戌，海西兀者衛致仕都指揮同知阿冬哈，假執亦麻剌衛指揮僉事你希察受官名敕，冒其名入關來朝，復以己名陛見，面奏乞賞賜。禮部請究問之。上以阿冬哈冒名入朝，當正以法，但係夷類，姑宥之，令收其敕，仍命通諭之，後有犯不赦。實錄。

　　是日，朝鮮實錄書：諭平安道節度使朴星孫曰："今因卿啟，知理山鎮野人聲息。彼人江邊遊獵，自是常事，爲來窺覘，亦難的知。雖有作賊之勢，苟不犯境，豈可輕發開釁乎？堅壁清野以待可也。今纔見彼人二名，遽發六百名深入彼地，追逐無功，徒激賊怒；如或失機，其悔可追？今後慎勿如是。防禦諸事，曲加措置，隨機應變，毋爲輕動。"

己丑，整飭邊備右侍郎馬文升奏："遼東諸夷朝貢，朝廷賞賜筵宴，恩禮極盛。但光祿寺酒飯甚菲薄，殆非懷柔之道。乞敕禮部筵宴加厚，以安夷心，毋分彼此，使之感恩畏威，亦撫綏之一道也。"下禮部，覆奏："謹按往年精膳司員外郎李麟所呈，朝鮮使臣筵宴事，已經奏行，請申其令。"上曰："宴待諸夷，本柔遠之道，所以尊隆國體，起其瞻仰。非但飲食之而已，必器具整齊，品物豐潔始稱。今後筵宴并酒飯處，令光祿寺堂上官視之，仍以禮部官一員督察，敢有不遵者，併治其罪。"　文升又奏："遼東都司帶管應募兵二千七百有奇，廣寧操守應募兵一千八百有奇，俱金、復、海、蓋等衛餘丁。今既廩食在官，而募者亦陞受職役，然不轄以衛所，不籍其姓名，他日逃故，無從勾補。乞令山東管糧參政僉事，稽二處募兵本貫，量遣所帶餘丁衆多者，還助舊軍，仍籍應募兵并所帶餘丁，分編衛所。隸遼東者，以五百人編入撫順；隸廣寧者，以一千人增設一所。餘則各照原募地方，編入定遼、東寧、廣寧諸衛乏軍所分。有故一概勾補，庶軍有定伍，人無私役。"事下兵部，請行山東管糧官，通閱所募之兵原隸何衛分，其餘丁彼此貼助，仍視其原衛附近某境，隨宜分撥，而令隊長約束操守。其撫順缺軍數多，宜參酌處畫。若廣寧右衛應增一所，亦當議奏施行。倘正軍有故，隨營無丁，聽行原衛勾補。"奏可。

文升又奏："海西、建州、女直、朵顏三衛諸夷，變詐叵測，慮爲邊患。自後入貢，乞敕兵部會同總兵，宣布朝廷恩威利害，令還諭部落，感恩畏威。"事下尚書項忠等，謂"事非著令，但遇各夷入貢之時，或有邊情，宜令譯者譯問，必須明白切當，俾夷人知所感畏，不得飾言以取輕慢。"從之。　增設遼東、錦義二城參將一員。　　命毛憐等衛都指揮僉事等官北赤子速苦等十人，襲職；陞毛憐衛指揮王朶羅等三人，一級，從其請也。　　壬辰，整飭邊備兵部右侍郎馬文升言："遼陽東山新添東州、馬跟單、清河、䲭場、靉陽五堡，孤懸境外，距遼陽三四百里，山林深阻，人跡罕到。其守堡軍士行糧，令海、蓋諸衛餘丁轉運，每石費銀一兩之上，比於遼陽關支，任負凡五六日，方得至堡，遂有緣此他往者，況無軍民耕種，客商報納，緩急無備。五堡馬步軍共二千九百九十一名，除月糧外，人支行糧四斗五升，欲將近堡閒曠田地，每軍撥給五十畝，并牛價銀一兩，令其買牛，且耕且守。一年之後，將所收子粒，准作行糧，其本衛月糧米鈔中半兼支。雖目前費銀頗多，而一年所有行糧，足償其數，且所種餘糧，有願於本倉上納者，如例給銀，更圖別儲，以備急用。此外脫有小警，量支行糧，事甯即止。如此則不勞輸運，邊用自給。"事下戶部，議以爲"所言爲耕守良法，宜行總兵鎮守等官，審實無礙，一如所言，仍令撥給之外，別有餘地，如例分給餘丁種納，則地無遺利，兵儲不虛矣。"從之。　　癸亥，戶科左給事中等官張海等，查盤遼東邊糧。還言定邊左等衛二十一倉，見在銀糴買米豆，陳浥數多，因劾其管糧并巡撫等官，罪皆當治。下戶部，以爲"欲行巡撫遼東都御史，督同山東二司管糧官，以堪用米豆照舊放支。陳浥者量數追陪外，原經管糧參政陳儼、參議尹淳、副使陳相、僉事張珩，宜行都察院轉行巡按御史提問。其先日巡撫右副都御史彭誼，已致仕，合請進止。"上曰："應追糧數，令巡撫諸司查實追究。儼等并誼，令本處巡按御史逮問。其大同、宣府、甘肅、甯夏、延綏并薊州諸處糧料銀，俱選差公正給事中、御史各一員查盤，具實以聞，無容襲弊，仍悉以敕書付之。"　　整飭邊備兵部右侍郎馬文升奏："遼東地方，三面受敵，故兵分三路，以禦外侮。廣寧爲中路，開原、遼陽爲東路，前屯、寧遠、錦、義爲西路。遇有緊急，彼此應援。切見遼陽迤西一百六十里、廣寧迤東二百里有遼河一道，分界遼之東西，冰結則人馬可以通行，易於呼應。或遇冰開，賊先據之，我兵雖有渡船，不能猝濟，彼此勢孤，誤事非小。正統十四年，虜犯廣寧，遣兵據此，已有明驗。今請造大船十數，橫列河中，中聯鐵索，上加木板，以爲浮橋。兩岸豎大木爲柱，總繫其纜，遣兵護守以往來。設或有警，則東西聲勢相連，不至誤事。"從之。　　乙未，戶科左給事中張海等言："遼東歲費京師輦銀十萬，以爲積粟四十萬石之計。近姦弊日滋，儲積日耗，臣等目擊其事，敢略疏五事爲獻：（一）三萬衛倉，其地汙下潴水，糧多濕腐，宜徙於高燥之地。鐵嶺、瀋陽、海州、錦州，糧賤輸多，則積久陳腐。廣寧、寧遠、前屯等衛，糧貴少納，則歲支不給。宜令自今開報銀監，凡地里遠近，糧價貴賤，斟酌適均，則倉各有積，足支三年。（一）定邊左等二十一倉，報納銀糧客商，類有輸糧未久，即已得銀；亦有輸久未得，或至三四年者，是蓋始不量銀開納，終復徇私無序，用致缺少商銀十三萬兩，無以爲償。且糧多濫收，利歸富室。宜令自今開納，則量歲運銀數，支給則依輸納月日，庶兵商兩利，國課不虧。（一）定邊諸倉上納糧料，多監臨勢豪之家，冒代客商納糧領銀，任意作弊。宜令監臨內外官，自都指揮以上，無得報納；違者比依鹽法，沒入其糧。（一）遼東地方，以遼河爲界。河東定遼左等十四倉，按察司官主之；河西廣寧等十一倉，布政司官主之，一年一代，行之已久。且各倉循環月報，出入數目，兩不相知，且干涉軍職，難於行事。況官經二年，或相掣肘，差官查盤，又無定例，是以人多玩法，易於作弊。今宜如大同、宣府事例，部差廉幹郎中一員，於廣寧管理，犯

者即治其罪。其二司官或減省取回，差官查盤，立爲定法，則
事體歸一。"事下戶部，議以爲："諸倉宜行巡撫并布按二司管
糧官，從宜計造，繼以贓罰之貲，官銀以備糧餉，無容輕費。
欲添設郎中，宜行吏部推選以往。二司巡守，暫合如舊。俟踰
三年，從巡撫官具奏區處。差官盤查，則定以五年。餘如所
言。"議上，上皆從之，惟查盤則三年一差官，著爲令。　巡撫
遼東右副都御史陳鉞奏："臣奉命出關之後，各衛士卒，迎愬
軍職者，往往而是。臣以便宜處盡，量罰馬匹、布花，給授士
卒。今詣廣甯，愬告都指揮以不法者尤多，欲拘之則恐誤邊
防，欲執之則初無敕旨。願如前任都御史彭誼事例，賜臣敕，
凡都指揮以下，有應執問者聽，庶姦弊可革。"事下兵部，言
"巡撫之職，當執憲體。今軍職有罪，不行劾奏，止以情罰之，
固非所宜。至若逮問方面軍職，法應上請，豈得專擅。如誼之
事，亦出權宜。鉞奏非是，不可聽。"上曰："人臣不得專擅威
柄，雖有一時假以權宜者，非常法也。陳鉞欲請敕，自都指揮
以下徑行執治，是欲專擅威柄邪？所請不允。"實錄。

　　　陳鉞以罰馬壞遼東軍政，後爲馬文升所糾。此奏蓋已
　　行之，而欲朦混取旨，以爲根據。部駁未遂其欲。

　　　己亥，是日爲除夕。整飭邊備兵部右侍郎馬文升上兵備五
事。下兵部議。尚書項忠等議謂："文升欲於永平府孳牧馬內，
選取牝馬千匹，分給永甯監官軍領養，三歲取其二駒，死則量
加追償，惡則預爲調習。遼東軍士缺馬，則具奏選而給之，其
言誠爲良便。宜因其言推而行之，并令陝西、山西苑馬寺，各
措置牝馬千匹或二千匹，即給寺監軍餘領養如例，二年算駒一
匹，其孳生追償，聽巡撫、巡按比較。文升又欲於各邊操練軍

馬命所司定其日期，務要依期教閱，一其號令，不許各立操
法。緣各邊氣候習俗不同，不可定期泥法，宜行總鎮等官會
議，各申教閱之令，參以時宜，自行演習。文升又謂遼東軍士
苦於馬死陪補，欲令守臣預籍三路軍馬，月報馬死之數，收軍
陪馬及官助買之價，每季遣官賫價，於產馬之處收買，歲爲常
例。宜令遼東鎮守諸臣，熟議可否以行。文升又以遼東、廣
甯、前屯抵開原，巡撫官常在廣甯，巡按官歲滿即代，而按察
司分巡官又專督糧儲，不能遍歷其境，欲於東西二路，添設僉
事或副使一員。緣今遼東守臣已衆，不宜添置。文升又以遼東
副參以下，多役餘丁，欲移文所司，籍其丁數，馬軍與二丁，
步軍與一丁，其指揮千百戶等官合用之數，明立定則，以免餘
丁辦納之苦。今擬定爲三等，量爲重輕，貧弱者盡免之。而把
總官如京營近例，從以六人，都指揮以下管事管操者，亦酌定
名數，令隨以出入，不得役使墾田營貨，違者治罪。"詔從其
議。實錄。

　　　此時建州方馴弱，而有陳鉞之妄殺邀功，馬文升撫安
之。文升有撫安東夷記，爲任事之人自道其事，對建州爲
最詳實之文，將據以入吾通紀，故於實錄文升規畫遼事，
所錄亦詳。

成化十三年，即朝鮮成宗八年，丁酉(1477)

正月庚子朔

　　丁未，戶部議覆："整飭邊備兵部右侍郎馬文升所奏事宜：
'(一)足衣食以恤官軍。謂近年遼東衛所官軍，折色俸鈔不足
關支，間有關支，大半頓爛，千貫僅直銀一兩餘，若以月米計
之，每石不過直銀一錢以上，不足養贍。又軍士歲例有冬衣布

花之給，而海運不繼，妻子不免號寒。蓋因登州海船數少，及運到，又無官吏及時散給。欲於旅順口修金、復、蓋三衛庫房三十間，設立官吏，遇到即收，以俟給散。(一)均屯田以蘇困弊。謂遼東各衛近城膏腴田地，多被衛所官員占種，却將累年放免充軍名下未蠲之糧，分派貧乏餘丁老幼，其富實餘丁，官豪仍舊私役，以致人無控訴。欲得巡撫督令分巡等官，明白丈量分撥屯種。'其言俱可從，"議入，悉命所司行之。實錄。

丙辰，朝鮮實錄書：聖節使書狀官韓萬齡，進聞見事件："(一)還到公樂驛，伴送金智從後來，言曰：'因見親故落後，路逢校尉，捕載弓角人而去，謂伴送必知情，並執我囚錦衣衛。翌日奏之，聖旨云："朝鮮禮義之邦，猶可矣。無乃有與野人獞子相買賣者乎？當鞠之。朝鮮已登途，可放伴送人護送。"'(一)到連山，建州衛野人百餘名已先到矣，自言李滿住姪子歹因哈、趙三波子金家老請見宰相行禮，仍曰：'本衛與朝鮮通好久矣，丁亥年以後，不得相通。'使答曰：'丁亥年事，非我國私舉，承皇帝之命，不獲已耳。'歹因哈曰：'皇帝比有詔曰："嘗敕朝鮮國與你等和好，你等亦當和解。"故屢到滿浦求入不許，願達殿下，由滿浦入朝。'使答曰：'當以爾言啟達。'"

己未，命兀者右衛都指揮僉事木令哈等子滿古揑等四人，各襲職。陞喜樂溫河衛指揮使主卜哈等四人，各一級。　刑部議覆："整飭邊備兵部右侍郎馬文升言：'武職多不恤軍士，侵剋月糧，蓋以事發止於帶俸差操，立功贖罪，故視以為常，不知警戒。乞飭法司查照舊例，若都指揮指揮侵欺軍士糧料二百石、大布一百匹、棉花一百斤者，依律議罪；立功滿日，俱降一級帶俸差操，不許管軍管事。若侵欺不及此數者，仍依見行事例。'宜行遼東，禁約指揮千百戶等官，及通行天下。"從之。實錄。

甲子，海西木蘭河等衛野人女直都指揮撒赤哈等，亦迷河
等衛野人女直都指揮捏克等、兀者等衛野人女直都指揮扯革
等，各來朝貢馬及貂皮。賜宴、并金織衣、綵段等物有差。
實錄。

二月庚午朔

乙亥，命奴兒干都指揮僉事佟昱子鎮，襲爲指揮使，支百
戶俸，優給。實錄。

　　　　時奴兒干不設都衛而名猶存，襲指揮者支百戶俸，亦
　　　　告朔餼羊之意矣。此必知爲都衛者，若非都衛之奴兒干
　　　　衛，其指揮屬達官，非佟氏後，亦無需此待遇也。

是日，命肥河衛女直都督同知別里格子剌哈等一十三名，
各襲祖父職；渚冬河衛女直指揮使哈的納等六名，各陞一級。
實錄。

庚寅，命修築遼東錦、義等處邊牆壕塹城堡墩臺，增築尖
山川、鳳凰山二堡，從整飭邊備兵部右侍郎馬文升言也。實錄。

閏二月己亥朔

丙午，朝鮮實錄書：永安北道節度使呂義輔馳啟穩城鎮兀
狄哈事變。命示諸議政。兵曹判書鄭麟趾、沈澮、曹錫文、李
克培議：“兀狄哈以自中之釁，來圍兀良哈永守等家。烟臺軍
金順京、任豆儉等，先自發矢，致令彼逆戰。鎮將又射中兀狄
哈六人、馬四匹，溺死者亦有之。臣恐從此嫌隙益深，邊釁或
生，防禦諸事，尤宜謹嚴。且金順京外，我人無中矢死傷者，
亦可疑也。令觀察使李克均，事之首末，詳悉推啟後更議何
如？”鄭昌孫、韓明澮、金礩、金國光議：“兀狄哈本與城底兀
良哈，釁怨已久，其鼠竊狗偷，自中常事。更令上將阿速等，

伺調賊黨去留形迹以啟，然後更議何如?"從麟趾等議。　　丁
未，諭永安道觀察使李克均曰："今因呂義輔馳啟，知兀狄哈
等以自中讎怨，來圍穩城城底兀良哈家，烟臺軍金順京等發
矢，致令逆戰。鎮將亦不問彼人來圍之故，輕與之戰，射中人
馬，至有溺死者。慮從此邊釁或生，防禦諸事，尤宜謹嚴。且
本國人金順京外無中矢死者，亦可疑也，卿其詳覈以啟。"

己未，巡撫遼東右副都御史陳鉞奏："遼東都司大草場火，
被焚草七十萬餘束。守臣韓斌、劉英等及各衛掌印經收官員人
等，關防不嚴，俱當逮治。"上曰："韓斌、劉英，法當究問，
姑宥之，餘悉治罪如律。"實錄。

四月戊戌朔

辛丑，兵部劾奏遼東分守開原太監韋朗右、參將都指揮同
知周俊，提督不謹，以致虜賊拆牆入境，劫掠人畜，宜治其
罪；而鎮守太監葉達、總兵官都督同知歐信、巡撫右都御史陳
鉞，亦合究問。上俱宥之。　　壬子，命遼東備禦義州都指揮僉
事盛鑑守備甯遠前屯地方。實錄。

七月丙寅朔

甲戌，遼東總兵官都督同知歐信等奏："朵顏三衛夷人扣
邊，謂爲北虜所逼，逃避於此。"事下兵部，言："北夷勢已窮
迫，若我邊將乘其敝而逐之，海西女直亦不相容，彼必順從北
虜，是撤藩籬以資外寇。請敕信等，規畫戰守之宜，察其情僞
而撫順戮逆。仍將敕二道，曉諭開原海西女直、朵衛三衛酋
長，一則啟以睦鄰之義，一則示以保全之恩，使彼協力禦虜，
勿爲我患，自取殄滅。"從之。　　丙戌，遼東遼海衛都指揮俞翱
備禦汎河城，有虜寇入境，掠人畜以去，爲鎮守等官所奏，下
巡按御史鞫實，例當充軍，都察院以聞。詔貸之，令降官二
級，原衛差操。實錄。

是時朶顏三衞，與蒙古尚各爲種族。明稱三衞爲北
夷，乃東夷之較北者耳；蒙古目爲北虜。三衞亦畏虜而反
親明。　迨嘉靖間，小王子打來孫徙幕東方，而三衞與韃
靼不可分矣。

八月乙未朔

辛亥，朝鮮實錄書：遼東人康金夫等男婦共二十五名，自
建州衞逃來會寧等鎭，就差聖節使通事司譯院訓導張自孝解送
都司。

戊午，巡撫遼東右副都御史陳鉞奏："女直及朶顏三衞進
貢，爲私買違禁器物出關故，添差行人防送。但自山海東抵遼
東一千餘里，驛站應付艱難。今後建州、海西夷人還，乞如舊
例，止差通事爲便，仍預差行人一員，同分巡僉事，於開原、
撫順等關搜驗放出。如有違禁器物，即追究所從來，遍行參
問。"事下禮部覆奏，從之。實錄。

十月乙未朔

乙卯，朝鮮實錄書：奏聞使尹弼商至遼東，馳啟："建州
衞野人，連結三衞猹子，約有四千餘兵，到鱗場堡，聲言作
賊。總兵官韓斌、指揮王能領兵一萬，出鎭東州；常海大人領
兵一千，出鎭撫順所；文寧大人領兵一千五百，出鎭堅墻堡；
指揮劉聰領兵一千，出鎭靉陽堡。聰行至洒馬吉夾山，遇賊戰
死。"丙辰，御經筵。講訖，上曰："遼東有聲息，恐賊來侵
我境，然助戰將不可加遣也。"領事韓明澮對曰："劉聰戰死，
勢必征討，恐徵兵于我。遣大臣聲言救援，則彼必聞而退矣。"

上曰："然。"　命曾經政丞議平安邊事。鄭麟趾、尹子雲議：
"下諭邊將，謹嚴隄備何如？"鄭昌孫、尹士昕議："達賊志在遼
東，不干於我國。今平安道因建州之賊，防守甚緊。今雖欲添

兵，兵無可得，雖欲遣將，將無軍士，令本道軍士勿論當下番，分戍諸鎮預爲之備。”金國光議：“靉陽堡距我境甚近，野人素與我構怨，今連結達子攻殺鎮將，變故難測，宜遣一大將率軍官往鎮之；本道軍士，勿論當下番分防何如？”從麟趾等議。　　諭平安道節度使成貴達、永安南道節度使金嶠、北道節度使鄭蘭宗曰：“今聞建州衛野人，連結三衛達子寇遼東，指揮劉聰領兵出鎮靉陽堡，遇賊戰死。靉陽堡距我甚邇，江冰亦合，恐賊侵犯我境。卿宜行邊戒嚴，常如臨敵，毋致疎虞。”武靈君柳子光上劄子曰：“今者遣許琮于平安道，巡察邊戍，以備敵變。臣愚竊謂達子雖與建州連兵入侵遼境。然達子侵擾中國常事，而未有韃靼兵及我境。李滿住餘衆，雖欲引結達子，以報我丁亥之怨，達子必不遠涉山川，動經日月，甘於勞苦，報人仇怨。丁亥年，臣亦從征建州，滿住部落五六十家，人丁稀少，生理可惜。雖曰野人習性耐飢，又終不能不食焉，則請達子數千，何以供餉，而達子其能忍飢越人之土，侵人之國乎？曩者人言平安賊兵其數三四千，臣常謂此言妄也。況今變在他境，而遽遣大臣，又軍官數至五十，加以從事官、伴人僕從之多，而黃海、平安道風災之餘，失農之民迎送道路，其能堪乎？邊無急警，先自騷動，以疲吾民，大不可。今我之計，莫若申諭其道節度使，以嚴防戍於要害之地，量其戍卒多少，增其土兵，以待事變，上策也。若不得已，遣大臣亦不過率十餘軍官，巡行邊鎮，以察防禦使各鎮將，固守所在城堡，次也。至於有大事變，則臨時遣將，實爲未晚。滿住遺種，倘不能忘丁亥之怨，更欲圖報於我，自成羣黨，二三百爲兵，乘間鼠竊，出我不虞，則又未可知也。其曰達子從建州之請，不憚險遠，侵我邊境，則萬無是疑。伏願更議施行，毋使兩道飢荒之民，重困迎送供饋，而坐敝於無事之時。”

其時所謂<u>建州衛</u>者如是，縱成大患。遂以國予之，<u>明</u>之過也。

十一月甲子朔

是日，巡撫<u>遼東</u>右副都御史<u>陳鉞</u>奏："十月中，<u>建州</u>虜寇<u>清河</u>、<u>靉陽</u>二堡，副總兵<u>韓斌</u>逗遛不進，虜大掠而去。"上曰："<u>韓斌</u>失機當罪，但時方用人，令停俸戴罪殺賊。" 己丑，命都指揮同知<u>崔勝</u>爲<u>廣寧</u>中路參將。時<u>海西</u>虜酋糾<u>建州</u>三衛入寇<u>靉陽</u>，言往年受朝廷厚遇，今無故添一官人伴送我行，飲食之如犬豕，禁制我市買，使男無鏵鑱，女無針篦，因是入寇。巡撫<u>遼東</u>都御史<u>陳鉞</u>等議："<u>建州</u>夷虜，始居<u>斡木河</u>，與七姓野人爲仇，奔依<u>朝鮮</u>不受，因而來貢。朝廷令居<u>遼陽</u>迤東<u>蘇子河</u>，爲東北藩籬。<u>成化</u>二年，悖負國恩，累寇<u>遼陽</u>，天威震怒，誅元惡<u>董山</u>等，仍命進師，擣其巢穴。當時總兵者，爲謀不遠，小有克捷，遽爾班師，物論至今惜之。使此虜當時痛遭挫衄，于今豈敢輕犯？爲今之計，非大舉伐之不可。"遂請添設遊擊，召募土兵，且言<u>勝</u>可任，故有是命。按：<u>鉞</u>至<u>遼東</u>未幾，此奏已有貪功妄舉之意。執政者多疑之，謂<u>太宗</u>設此三衛，爲東北藩籬，或爲鼠竊狗偷，當慎固封守，遏之而已，今欲大舉滅之，恐非計，且恐未必能盡滅也。 庚寅，<u>朵顏衛</u>指揮<u>帖木兒</u>等、<u>毛憐</u>等衛<u>女直</u>都指揮<u>速苦</u>等、<u>海西考郎兀</u>等衛<u>女直</u>都指揮<u>哥哈</u>等，各來朝貢馬及貂皮。賜宴，并衣服、綵段等物有差。 壬辰，總理<u>遼東</u>糧儲戶部郎中<u>王宗彝</u>言："<u>遼東</u>邊餉，委官往往稽緩。請自後有誤者，聽臣參奏提問。又各衛頻年凶歉，軍餘衣食不足，轉運甚艱。請自後但調運糧豆出百里之外，及隆冬大寒、青黃不接時，許以各衛收貯贓罰銀，人給二錢，或布一匹，以資衣食之用。"下戶部議，"宜如其言"。詔可。<u>實錄</u>。

十二月甲午朔

甲辰，兵部言：“建州衛夷人累犯邊，宜預爲設備，請給賞召募土兵，償運各邊糧草。”戶部奏：“賞募土兵，以折糧銀一萬兩給之。俟其果往出力，仍每月給口糧三斗，無事住支。其糧草缺乏，則運用於附近有積之處。若有贓罰等物，俱量支收買。”制可。　乙巳，巡撫遼東右副都御史陳鉞言：“建州三衛夷虜，雖名爲屏蔽，而叛服不常，得利則朝，失利則寇。又與海西女直，聯絡雜處，最難防禦。若非大挫其鋒，則虜益猖獗，兵連禍結，何時能已。莫若舍經而從權，詭道以制勝，召募土兵，選立驍勇，併力討之。今遼東土人，屢經殘掠，含怒切齒，思報其仇，出令募之，必遠近響應，然後聲罪致討，搗其巢穴，亦足以雪邊人之恥。”詔是之，敕鉞等戒嚴進討。時汪直權傾中外，既興大獄，欲立邊功，鉞揣知其意，故屢建征討之議。實錄。

癸丑，命毛憐等衛女直都指揮僉事把里答子卜也赤等，襲職；指揮使馬申哈等，俱進一級。實錄。

丁巳，朝鮮實錄書：唐人李火削花等三人，曾爲訓春斡朵里所擄，至是來投慶源鎮。南已等五名，曾爲建州衛所擄；彭昇等八名，曾爲毛憐衛所擄，至是並來投會寧鎮。婦女訖里，曾爲建州衛所擄，至是來投穩城鎮。婦女那邑非等四名，曾爲建州衛所擄，至是來投義州鎮。差通事閔墻押解遼東。

己未，海西成討溫等衛野人女直都指揮婁得等，各來朝貢馬。賜宴，并衣服、綵段等物有差。實錄。

成化十四年，即朝鮮成宗九年，戊戌(1478)

正月甲子朔

己丑，巡撫遼東右副都御史陳鉞奏：“建州女直買禿等，傳報北虜將入寇。乞移文沿邊將臣，嚴加守備。”從之。　壬

辰，建州左等衛野人女直都指揮童羊等，來朝貢馬及貂皮。賜
宴，並衣服、綵幣等物有差。賞錄。

二月甲午朔

庚子，兵部以虜犯遼東靉陽堡，殺掠甚衆，劾奏鎮守太監
葉達、總兵官歐信、贊理軍務都御史陳鉞方命罔上，致副總兵
等官韓斌等失機，宜遣指揮吳儼齎敕督責，仍令儼具所見邊情
軍務緩急以聞。從之。　巡撫山東監察御史王崇之言：“遼東
阻隔山海，官軍俸鈔布花，類皆取給山東、河西諸衛。今陸挽
既難，海運復廢，軍士怨嗟，恐貽意外之患。乞敕山東將原欠
布鈔，折價齎銀，以紓目前之患。”又言：“遼陽東山土人，專
以採取人參榛松、獵野獸爲生，數年以來，官司指稱進貢，逼
迫科擾，土人不勝其苦。已敕供應人參等物，暫且停免，庶民
力少紓。”詔下所司知之。　壬寅，巡撫遼東右副都御史陳鉞，
以建州女直將謀入寇，自言躬督官軍馳往東州等堡，及分遣將
領於各邊剿捕，或設伏以邀其歸路，或乘隙以擒彼妻孥。三日
間飛報三至。悉命兵部知之。實錄。

庚戌，海西兀者右等衛野人女直都指揮滿古捍等，來朝貢
馬及貂皮。賜宴，并衣服、綵段等物有差。實錄。

庚申，總兵官都督同知歐信、巡撫右副都御史陳鉞，襲建
州三衛夷虜，攻破虜寨五十三所，火燬房屋二百餘間，斬首二
百級，獲馬一百二匹，并盔甲軍器甚衆，以捷聞。命賜敕獎，
陞奏捷人各一級。實錄。

三月癸亥朔

辛未，敕兵部左侍郎馬文升等往遼東招安三衛夷人。時巡
撫遼東右副都御史陳鉞，同總兵官歐信等，屢奏建州夷人犯
邊，請益兵征討。有通事王英者，密說太監汪直曰：“建州三
衛係祖宗朝設立衛分，世受官賞，修職貢，豈肯背叛？止因近

時侍郎馬文升奏准，差行人伴送，禁其買賣，心懷怨望故爾。
且都御史陳鉞，不務招安，惟欲貪功生事。近聞執報事及投降
之人，禁錮凌虐，欲置之死以爲功，甚失遠人心。宜請於上，
往彼撫諭，及體察鉞等所爲，革其情弊，英願備前驅。"直喜以
聞。上命太監懷恩等至閣下議其事。學士萬安等力阻之曰：
"直在京師，尚動搖人心如此。若令至邊地，陳鉞必不能保全，
誠恐各邊巡撫、總兵等官，從此聞風，皆各憂禍及，無復能盡
心防守之事矣。必欲差官，宜遣大臣。"恩等曰："然。"具以其
語復命。上乃敕文升，并通事都指揮詹昇曰："爾等往遼東，
會同鎮守總兵、巡撫等官，從長商確，選委熟知夷情官員，同
通事徑往三衛，招其頭目到邊，諭以'爾等父祖及爾，自永樂
以來，朝廷賜以近地，開設衛分，授以官職，遞年朝貢，累受
賞賜。今却忘恩背義，時來犯邊，已嘗遣總兵等官領兵抵巢征
剿，聊示朝廷大法，俾知警畏。仍念爾父祖屢曾效順，部落中
間有善有惡，須令各衛頭目明白開報。其中有爲惡犯邊者，所
虜人口，悉數送還，朝廷體上天好生之心，悉宥其罪，許其仍
來朝貢，照舊宴賞。若招安之後，猶稔惡不悛，再來犯邊，朝
廷必調大軍問罪，此時追悔何及。'仍寫番文開諭各衛頭目。一
切邊情，爾等須從宜相度而行，務在詳審周密，俾有成效，不
可輕率妄動，致有疎虞。"實錄。

乙亥，朝鮮實錄書：先是唐人王鑑等男婦共八名，爲建州
衛野人所擄；程安等三名，爲毛憐衛野人所擄，至是來投永
安、平安道諸鎮。差通事俞好讓押解遼東。

丁丑，巡撫遼東右副都御史陳鉞，以前襲擊建州女直官軍
功次，奏乞陞賞。下兵部行之。 戊寅，巡撫遼東右副都御史
陳鉞復奏："建州女直入寇，發兵擊破之，斬獲甚衆。"實錄。

辛巳，朝鮮實錄書：禮曹啟："平安道出來野人羅何秋樓

蔡等供稱：'係遼東人，被擄到建州衛，住兀良哈劉弄可家，爲奴聽使，不堪其苦。今正月初一日，逃離本處，向平安道出來。俺等本不解漢語，且不知父母所居地面，及宗族姓名，欲於貴國住居。'請依忠清道韓山分置兀良哈柳將介例，置于全羅道錦山官富實民戶，保授令娶妻，給家舍田地，限三年官給衣糧，使之安業，每歲季啟住活形狀。"從之。

丙戌，詔復開遼東、廣寧等處馬市。巡撫遼東都御史陳鉞奏："永樂間，遼東設馬市三處。其一在開原城南關，以待海西女直；其一在城東五里，其一在廣寧城，皆以待朵顏三衛夷人。正統間，因漏洩邊事，已罷其二，惟開原南關市獨存。近者朵顏屢請開市，朝廷不許。今朵顏窮迫，潛結海西，轉市於我，而海西藉彼馬力，數犯我邊，甚爲非便。若許復開，則有以收朵顏之心，撤海西之黨，而中國并受其利。"事下廷臣會議，報可，仍下巡撫等官，區畫事宜，嚴革私弊，命巡按御史覺察之。實錄。

四月壬辰朔

癸卯，朝鮮實錄書：遼東人金永等六人，曾爲建州野人所擄，逃至滿浦鎮。就差通事裴袖押解遼東都司。

戊申，巡撫遼東右副都御史陳鉞奏："三月，虜賊入深河，擊敗之，斬首六十三級。"以捷聞。命兵部知之。實錄。

五月壬戌朔

丙寅，免徵遼東藥材二年。遼東都司職貢人參三百斤、五味子二百五十斤，連年貢未至。巡撫都御史陳鉞奏："藥材產於鳳凰山、靉陽等處，距遼陽西五百里，密邇虜巢，時被侵掠，不得採取，乞暫停免，俟事平之日，採辦如例。"從之。實錄。

乙亥，朝鮮實錄書：永安北道節度使鄭蘭宗馳啟："愁州住兀良哈柳尚同哈來言：'斡朶里甫乙加大等十人，到臥致安云："我等領兵千餘騎，做賊遼東，擄得人畜。回兵時，中朝軍士五萬餘兵，根尋追逐，當夜挾擊我軍，盡數被殺，唯十餘人僅得躱脫。蒲州地面居人鮮少，茲欲挈帶妻子，東良北無乙界等處移來住活。"得此謹啟。'上命示曾經政丞及兵曹。鄭麟趾議："野人會寧等處來否，徐觀其勢更議何如？"鄭昌孫、韓明澮、沈澮、尹士昕議："甫乙加大等，不安本土，欲來居東良北等處，非我國之利，邊將宜絶之。若强請之，宜答云：'汝等得罪於上國，邊將不可擅便許接。'以此下諭何如？"金國光議："甫乙加大等，若來會寧，則必告邊將，而邊將啟聞發落矣。其餘若東良北等處，非我國界，勢難禁之。且臣意妄謂建州衛盡空，則我國平安道後門防戍必歇，彼甫乙加大等，盡數移來東良北等處，亦無妨也。"魚有沼、金順命、盧公弼、李吉甫議："蒲州斡朶里等，中朝作賊，被殺眞僞，不可以柳尚同哈傳聞之說取信。令其道節度使，被殺酋長姓名及人畜之數，秘密探問以啟。又平安道滿浦，乃蒲州斡朶里來往處，亦令其道節度使，不煩聞見啟聞事下諭爲便。蒲州斡朶里，與永安道後門斡朶里，乃兀良哈連族，互相遷徙，且與尼麻車兀狄哈有慊。今若盡數移來，作我藩籬，則兀狄哈不得數犯我邊鄙，平安道防禦稍歇。今欲移居彼土者，無害於我。若有欲來居此邊者，權辭勿聽何如？"　諭永安北道節度使鄭蘭宗曰："今見卿啟，柳尚同哈所言，雖未必盡信，亦不可不慮。蒲州斡朶里被殺酋長姓名，及人畜之數，多方秘密探問以啟。斡朶里等各來言欲居東良北之意，宜辭以不便。若强請，宜據義答之曰：'汝等旣得罪於上國，非邊將所擅便。'以此固拒之。"諭平安道節度使成貴達曰："今因永安北道節度使鄭蘭宗所啟，知蒲州斡朶里等作耗遼東，爲官軍所圍，被殺者千餘人，婦人

及頭畜多數被擄，只有十餘人躲脫而來。蒲州距本道密近，斡
朵里等常川往來，其軍人被殺眞僞，及人畜被擄口數，詳悉聞
見以啟。且賊不得志於中國，勢窮則恐有奔迸侵軼之弊，防禦
諸事，宜謹措置。"

　　　　蒲州，即婆豬。婆豬江之斡朵里，即建州左、右二
衛，原由朝鮮後門會寧阿木河移來。其永安道後門斡朵
里，即建州左、右衛族屬之未移者，此時尙時有回住朝鮮
後門之說。董山死後，建州方弱，對遼東尙無野心，以故
有此徬徨不定之見，但亦終非事實耳。

　丙戌，朝鮮實錄書：遼東人崔山松等二十人，曾爲建州衛
野人所擄，至是來投滿浦鎮。差通事崔自漢押解遼東。
　己丑，巡按山東監察御史王崇之奏："遼東自本年正月以
來，累有虜賊，從鴉鶻墩等處入境，殺掠居民，殘破地方。副
總兵韓斌、右參將崔勝、都指揮李宗等，旣累失機，都御史陳
鉞、總兵官歐信、太監葉達，亦俱誤事，併宜治之。"下兵部看
詳，謂："鉞等累奏捷音。今御史乃言賊屢入境，曾無一人禦
之，則鉞等罔上飾辭；冒功掩罪甚明，宜從究治。但今侍郎馬
文升奉敕招撫，若遽易諸將，不免致彼疑懼。待事寧之後，通
覈各官功過，以定賞罰。"報可。實錄。
六月辛卯朔
　　戊戌，敕兵部左侍郎馬文升及贊理軍務右副都御史陳鉞等
會議招撫夷寇。文升奏："臣偕大通事都指揮詹昇，招撫建州、
海西女直已於四月終，招來建州左、右二衛掌印都指揮脫羅卜
花禿等一百九十五人，及被剿家屬指揮卯哈等四十八人，繼又
招至建州衛掌印都指揮完者禿，偕賊首趙得路等二十七人，俱

以敕諭撫慰遣還，俾歸所掠，仍令入貢。然諸夷以不得大通事入境偏諭，尚懷疑懼。"事下兵部。尚書余子俊言："詹昇見今與文升偕行，入虜可否，事難遙制。"得旨，令文升相度事勢，務在成功。適文升奏再至，言："五日內臣至開原，又招出海西兀者等衛都督等官察安察等三百七十五人，亦以敕諭撫慰遣之。彼言海西二百餘衛，若不得大通事偏歷撫諭，亦不信服。"子俊言："文升欲令通事入虜境，已再上章，而總兵、巡撫等官，畧無撫安一語奏報，或恐謀議不協，卒難成功。宜敕文升及鉞等會議可否行之。"既報可。是日，文升又奏虜寇擁衆，從清河入境鈔掠，因言："建州女直叛服不常，往年已招降都督董山等而又殺之，已為失信。近復擣其巢穴，概殺無辜，故復讐恨不服，變詐難信。招撫征討，伏候處分。"子俊等言："今推誠撫安，事將就緒。若欲加兵，則撫安成命，不足為恩，適足為讐，無以示信。況六月興師，兵法所忌，宜令總兵、巡撫等官，按兵境上，以戒不虞，仍與文升等協和定議，以撫安為主，少蘇邊困。果有深入為寇，方許征討。"奏上。從之。蓋是時陳鉞方欲擣巢貪功，而文升奉敕招安，故鉞違拗不協，而文升為所苦，累有奏請也。　　庚子，遼東贊理軍務右副都御史陳鉞奏："五月，虜入大水峪境，我師擊之連勝，共斬獲首虜一百四十七級。"以捷聞。章下兵部知之。　　癸卯，命太監汪直，領通事百戶王英，往遼東處置邊務。賜直敕曰："朶顏三衛，自其父祖以來，作我藩籬。今宣府走回人口，報稱虜酋滿都魯人馬東行，去彼尋殺。倘其為賊所襲，實乃撤我藩籬。爾與鎮守等官，議照上年事例，許令將家口輜重近墻住牧，以避戕害，其貧甚者，量給米物，以結其心。尤須督令沿邊將官，整搠軍馬，晝夜隄備，毋令乘機入寇。建州、三衛達子，被我官軍征剿之後，不得安生，已令馬文升等往彼招安。其餘仍復犯

邊，雖被官軍殺戮，彼猶不從撫諭。爾與鎮守等官，并文升及
通事詹昇等，量度事機。或令王英等賫敕赴彼，開讀曉諭，俾
知朝廷體上天好生之心，不忍加兵殄戮，仍來聽撫，悉宥其
罪，許其革心，聽其朝貢。倘或執迷不悛，即嚴督兵馬，分據
要害，俟其入寇，夾攻邀擊，俾大遭挫衂，不敢復犯，此外別
有長策，聽爾便宜行事，會奏裁處。海西各衛女直，附近者已
聽招安，窵遠者令王英等徧歷各衛，招出曉諭，俾知世受朝廷
厚恩，不得爲他寇所誘，爲我邊患。爾爲近臣，受茲委託，須
與鎮巡等官及馬文升等，用心討議，務使邊情妥貼，地方甯
靖，斯爲爾能。毋執偏見，有壞邊事，構患邊地，責有所歸。
爾其勉之愼之。"初，王英謀欲往遼東撫諭諸夷，會遣馬文升，
不得遂。至是，聞文升等招安功垂成，復嗾直而佐之行，其意
謂建州雖安，朵顏三衛宜撫，欲因是以爲己功，且阻詹昇之
進。後英果得陞千戶，而文升之禍肇於此矣。實錄。

戊午，海西兀者等衛都督指揮察安察等，各遣都指揮等官
把孫等，來朝貢馬謝恩。賜宴，并襲衣、綵段等物有差。　　己
未，海西肥河等衛野人都督同知剌哈等、兀者等衛野人都指揮
僉事把奴等，俱來朝貢馬。賜宴，并綵段等物有差。實錄。
七月庚申朔

　　癸亥，剳肥河等衛指揮使等官亦黑哈等十七人乞陞職，益
實衛指揮同知鎖羅哥禿乞更敕書，兀者等衛指揮同知等官木當
哈等八人乞給敕書，葛稱哥衛指揮僉事罕加乞襲父職，弗朵禿
河等衛都指揮僉事等官申克捏等二人乞兼給敕書印記。諸夷皆
兵部左侍郎馬文升等奉敕招徠者。兵部言："舊例，年深者、
始陞者，其中查無授職之因者，宜諭遣之。但今諸夷入貢，本
非常期，特廣其自新之路，以釋彼疑懼之意耳。其欲陞職者，
宜各陞一級；其欲襲職并敕書印記者，宜各從其願爲便。"報

可。　　丙子，弗思木等衛指揮使等官都魯禿等十三人乞加陞，
兀者衛故都指揮同知等官剌塔子引塔溫等六人乞襲職，屯河衛
故指揮使革勒革子馬牛乞陞并請給敕書印記，亦麻剌衛指揮僉
事阿塔乞陞并改衛，諸夷皆以招撫至者。兵部言："馬牛等常
犯邊，不宜與；順從者一例遇待。今乞別其善惡。順從者如近
例，特從所請；常犯邊者以敕并印記等物送付遼東守臣收之，
俟歲餘果不背叛，時修職貢，方撫之出邊給領。庶彼知懲勸。"
上是之。命都魯禿等各陞一級，阿塔改哈兒蠻衛。　　海西阿古
河衛野人兀丁哥等六人，并兀者衛野人張阿古等二人，俱以犯
邊被獲，命斬之。　　丁丑，賜海西肥河等衛野人女直都督都指
揮等官剌哈并野人撒赤哈等宴，并金織衣、綵段等物有差。剌
哈等皆常犯邊，至是皆以招撫，各貢馬謝恩。上以夷狄不足
較，特加宴賚，仍降敕午門外召集各夷，諭以禍福而遣之。
辛巳，海西兀者衛指揮同知木當哈詐爲指揮使，請給敕。兵部
廉知其情，已奏以本職之敕賜之。至是，復申前請，詔不許，
令大通事署指揮使楊銘諭之，約以是後在邊，果效勞歲久，朝
廷自能善處；又命銘等嚴加禁防，有洩漏事情者，罪不赦。
實錄。

　　此次招撫，純以官賞爲籠絡。馭夷之根本規制，在衆
　　建而分其力，使之不冒濫，不并吞，而後求庇於中國，因
　　以稍安，今則不足言矣。

八月庚寅朔

　　丙申，朝鮮實錄書：御經筵講訖，領事韓明澮啟曰："平
安道防禦，國家重事。世宗朝築長城，起自義州，抵永安道，
又沿江置州郡，此國家萬世之利也。然歲月久遠，漸至崩頹，

以致邊備疎虞。今太監汪直，掌天下之兵，威震海內，天子倚以爲重者。而與兵部侍郎馬文升等，各領兵來鎮遼陽，此中國大舉也。我國其無備禦之策乎？今年平安道農事未稔，軍官不可多遣，宜量數抄送，以嚴隄備。」上曰：「予意以爲無害於我國。」 壬寅，遣知中樞府事韓致亨，奉表如京師賀聖節，上率百官拜表如儀。先是，唐人梁多貴等六人，爲毛憐衛野人所擄。至是，多貴等四人來會寧鎮，張台已來投鏡城鎮，趙松兒來投富寧鎮。金東京等四人，爲建州衛野人所擄。東京來投理山鎮，韓平山來投昌洲鎮，婦女胥青等二人來投碧潼鎮。就差聖節使通事張有華押解遼東。

癸卯，女直朝貢求陞職者四十九人。朶林山等衛指揮使等官阿山革等十四人，聽陞一級。玄城等衛指揮使等官木希察等三十三人，內閣底簿並無名。帖列山衛鎮撫等官答剌哈等二人，未至。俱不許。又塔魯木等衛故都指揮僉事等官撒答子童哈等二十四人乞襲職，肥河衛都督剌哈一人乞賜冠帶、衣服、銀器，友帖等衛都指揮使等官塞籠革等七人乞賜敕書，失里木等衛指揮使等官阿古山等二人乞兼賜印記。俱許之，惟銀器不與。實錄。

庚戌，朝鮮實錄書：御夕講。洪貴達啟曰：「千秋使先來通事，賫來聞見事目云，行至沙嶺驛，總兵官歐信到是驛，待太監汪直之行，語曰：『嚮者征達子，斬獲千餘級，又欲於九月入征建州衛，殄殲無遺。汪太監欲與爾國夾攻，將如京奏請。若殄殲無遺，則於爾國亦有利矣，但未知蒙准與否？』若爾，則上國必請兵，請先抄兵何如？」上曰：「若先抄兵，則慮或騷擾。」貴達曰：「臨時選兵，則事必急遽，請與大臣及諸武臣廣議何如？」 壬子，命召曾經政丞、議政府、兵曹，及曾經平安道觀察使、節度使者，傳曰：「聞上國將請兵於我征建州

衛，抄兵之數及運糧、斥候便否？僉議以啟。"鄭昌孫議："平
安道今年失農，且近來數有邊警，防禦尤緊，勿抄本道兵。擇
永安及下三道驍勇者，毋過三四千人。糧餉依丁亥年例，用本
道所儲爲便。前此再征建州，道路迂直已悉，不必預令探候，
先自騷擾。"尹士昕、金國光、盧思愼、尹弼商、洪應議："抄
軍毋過五六千，擇本道、黃海、京畿及忠清上道、永安南道精
兵爲便。糧餉依丁亥年例，用本道所儲。令邊邑詳知彼境道路
者，預先斥候爲便。"許琮、魚有沼議："若入攻，則當分二路
而入。一路之兵須不下五六千，本道及黃海道軍士壯勇者，必
不滿萬，預擇京中、京畿、忠清、永安南道有武才者二千人，
臨時發遣。糧餉依丁亥年例，以安州、寧邊等邑所在穀支用。
且先知道路迂直，兵家要道，密諭本道節度使，須及草木未
枯，使人探候。去丁亥年，分二路入攻，一自滿浦，一自高山
里。其後唐人逃來者皆云，彼人疑我再舉，多鑿坎設險，若從
此路，不可入矣。今宜一從理山，一從碧團而入，擣其不虞。"
李克培議："丁亥年中朝征建州衛，下敕徵兵，世祖命將入征，
彼人不虞我兵之至，壯者皆出禦遼東，我兵乘虛而入攻，僅獲
婦女弱口頭畜而還，其不敗幸也。彼人懲於前日，若聞中朝入
征，必先備我兵入攻之路，據險伏兵，則雖良將勁卒，必不得
志，反取笑於中原。且連結諸種，侵軼不已，邊民受弊，何可
勝言。丁亥已後，前怨未釋，今又用兵，益生憤怨。況平安一
道，年年飢饉，軍民俱困，時屈舉嬴，又恐不可。世宗朝，正
統皇帝親征達子，王武奉敕求兵，世宗至誠事大，宜若奉命，
而以我國四面受敵，防戍處多，兵力不敷爲辭。今我國南方亦
有亂，其於奏對不爲無辭。"朴星孫議："若入攻，則可於草枯
前，遣人探候道路。本道殘敝莫甚，運糧爲難，安州、寧邊所
儲亦足支用。多抄本道軍，分二路入攻爲便。"李克增、魚世

恭、鄭文炯、金堅壽議：“平安道頻年失農，兵力不敷，分道
入攻，勢甚不可。不得已用兵，則當不過六七千。若然，則安
平、黃海、京畿、永安南道之兵足矣，不須并抄下三道兵，使
一國騷動。況慶尚、全羅屢有倭變乎？本道蓄積不爲不足，不
須移轉。若欲入攻，則密諭本道節度使，須於草枯前探候爲
便。然觀事目，此事歐信之言而已，皇帝准不准，猶未的知，
不可先自騷動。待遼東飛報後處置，亦未晚也。若日期太迫，
勢未及調兵，則回奏有辭。”李克均議：“平安一道，去年失農，
今年尤甚，民生甚艱，況興兵乎？在世宗朝，中朝請兵不從，
只獻馬匹。今雖請兵，對之無難，雖不從命可也。若以爲世祖
既從請，今不可違，則平安軍士一萬四千八百，一道入征軍
士，不過四千，則他道軍士，不須并徵。丁亥年入征時，下三
道軍士三千，分戌江邊諸邑，然道遠人困馬疲，不可用矣。自
理山直抵野人居處，道路平衍無礙，用大軍甚便，只抄本道兵
四千，與京軍官由理山入征，以塞命爲便。平壤、安州、寧
邊，軍需不爲不足，不必運糧，以致騷擾。且用軍當先察山川
形勢，道路迂直，須及草木未枯，愼密探候，勿洩事機。”河叔
溥議：“自世宗、世祖朝，累攻建州、毛憐二衛。去乙未年，
建州野人犯境，奏請入攻，而中朝不許。今違背敕命，似爲不
可。須預先規畫，待敕至即發兵，用本道及黃海道之兵足矣。
宜令本道節度使，草木未枯前，自滿浦至蒲州，自理山至吾未
會，秘密體探。本道軍糧有餘，勿令他道運糧。”金順命議：
“中朝之請雖不可違，在我之計亦不可輕動。使助征而捷，利
不歸我，況勝敗難知，取怨必多，彼不得逞憤於中原，則將侵
犯於我。臣恐平安殘敝之兵，不能當之。若承敕諭，但以平安
之兵作爲聲援，不可輕動。本道軍資不敷，須預爲之備。黃海
道田稅，限五六年納於安岳、長連等邑，次次運用爲便。不可

先事斥候，以起彼人疑懼之端。”李吉甫、朴良信議：“平安道連年失農，彫敝太甚，難於用兵。況我國旣與建州衛、尼麻車、兀狄哈爲讎，今建州衛方與海西達子連結作賊於上國，今我攻建州衛；則海西達子必助建州衛作賊於我國矣。若如此，則又生一敵也，後日之害，豈可勝言。世宗朝，中朝請兵於我，辭以四面受敵，軍士不敷。今全羅道有倭變，以此聲息先咨遼東，若降敕，則以倭變爲辭何難？若謂世祖旣應於前，今不可違，則草枯前須遣人探候道路，抄慶尚、全羅上道、忠清道、永安南道、平安道精兵一萬，過安州、寧邊等邑，散料入征，作爲聲援，塞命而已，毋窮追取怨。”甲寅，命召曾經平安道職事諸宰議事。許琮、魚有沼、金堅壽、李克均、河叔溥、朴星孫、朴良信議：“用軍道路，則理山二處，滿浦、碧潼、碧團各一處也，其險易遠近，結陣形便，及彼人所居形勢，不可不探候。擇軍官及萬戶解文有智者，率壯勇土兵五六人，分往諸路。有能探候者，或加資，或給綿布二十匹賞之。且軍士過涉船，不可臨時猝辨。江邊諸鎮口子船艘，令節度使點檢以啟爲便。”命遣吏曹佐郎曹淑沂于平安道，將上項議，囑節度使。諭平安道節度使成貴達曰：“聞塞上風寒，甚於他方，斥候軍士，當祈寒雨雪，其苦無比，良用惻然。姑備襦衣二百五十領，付曹淑沂以送，卿其受之，分給軍士，兼諭予意。”乙卯，御經筵。講訖，李世匡、崔潘又請革寺田。上不聽。謂李克培曰：“昨日令示卿體探議，卿其見之乎？若中國徵兵，則不可不從，若往征，則不可不體探，故議之，於卿意何如？今軍民凋殘，予欲不從，然於義不可，奈何？”克培曰：“臣見其議。”思慎曰：“中國之於我國，不以外國待之，中國之令不可不從。昔在丁亥之歲，方征討李施愛，北方擾亂，而中國徵兵，世祖重違帝命，分遣北征之師以赴。於此之時，猶不敢違命，況在今時，不可不從。"克培曰："臣嘗欲啟此事，觀今事勢，則不從可也。丁亥西征，乘彼人不備，故得利焉。今則不然，彼旣作賊於中國，而懲前日之事，必重爲之備。我軍深入險阻，萬一失利，則非徒見侮於戎虜，必貽後世之笑，不可輕舉。借曰中國之待我至厚，不可違命，則君父之命，臣子亦當諫止，豈可不度事之是非，而一從無違乎？雖曰世祖已從之，然世宗則不從，亦度其事勢而已。"上曰："今若不從，則中國必怒矣。"克培曰："今中國非如契丹、達子之類，雖怒，豈遽加兵於我？如不得已，則遣兵待變而進可也。"上曰："若從命，則豈可逗留不進乎？"克培曰："見可而進，知難而退，兵家之常事。觀勢而動，何有不可？"上曰："更議之可也。"

　　是日，右副都御史陳鉞子澍，前以奏捷陞錦衣衛冠帶小旗，至是鉞言澍常爲生員，不能操練，乞入國學自效。因引前都御史李秉子華、項忠子綏，俱以奏捷陞所鎮撫之例。事下兵部，尚書余子俊請免澍旗役，而令冠帶入監。從之。　戊午，建州左等衛女直都指揮脫羅等，因招撫來朝，貢馬及貂皮。賜宴，并衣服、綵段等物有差。實錄。

　　董山以強悍伏誅，脫羅以下世世馴服於明，在清實錄爲充善及妥羅父子，此可以注意者。

九月己未朔

　　是日，朝鮮實錄書：兵曹參判金順命來啟曰："童清禮受假，將掃墳于其鄉會寧。今聞中國有請兵之舉，清禮之兄阿亡哈在建州衛，若相通，則恐聞洩事機，請勿遣。"從之。

　　辛未，毛憐衛都指揮老佟，差都指揮主張哈等，貢馬及貂皮。賜宴，并金織衣、綵段等物有差。先是，建州賊犯順，毛憐族類在建州者多從之。老佟等遣使朝貢，且謝其不知犯邊之罪。於是巡撫都御史陳鉞等，言建州賊實藉毛憐、海西以爲聲勢，今毛憐既悔過欵附，使歸之日，乞賜敕老佟等，以慰其效順之心。從之。　　壬申，建州等衞指揮使等官早花等二十七人，各陞一級；都指揮等官脫羅等七人，以在邊有傳報擒送之功，各陞二級；弗羊古等十五人，以赴京之後家人爲官軍勦殺，各加賜絹布；都指揮僉事等官塔失子迷革等六人襲職，指揮使等官速哈失等三人更與敕。俱從其請也。　　己卯，建州右衞指揮使剌哈，既乞陞爲都指揮同知，至是，其同類復奏言，故都督剌郎哈職無人繼襲，而剌哈其諸父也，爲衆所服，宜令襲職，剌哈亦自訴，嘗有擒送叛卒之功。事下兵部議，宜俯從其請。遂命爲都督僉事。實錄。

　　　　招撫之結果，一切徇夷人之請，爲息事計，此在朝稱正人之主張也。而陳鉞方結汪直以挑夷釁，不旋踵兵事又起。其實此時女眞方弱，果欲經營東北，未始不可有爲，特不當如陳鉞輩之濫殺耳。弗羊古等十五人，當即撫安東夷記中之也僧哥等，詳後。

十月己丑朔

　　辛丑，巡撫遼東右副都御史陳鉞奏：「宜復調軍擣其巢穴，以除邊患。」事下兵部，尚書余子俊言：「建州、海西諸虜，比蒙恩諭，多已改悔。今鉞以傳聞之故，復請加兵，恐起舊釁。乞令鉞等嚴飭所部，如偵瞭虜衆犯邊情狀不妄，則擊之；出境既遠，可勿窮追。倘卜剌答等服罪入貢，及朵顏三衞被滿都魯等讐殺，避難近邊，俱宜曲加撫慰。毋貪功妄殺，失朝廷懷柔之意。」詔可。實錄。

壬子，朝鮮實錄書：唐人李昌山等五人，曾爲建州衛野人所擄，至是來投理山鎮。就差通事俞好讓押解遼東。

十一月戊午朔

辛未，命遼東帶俸都指揮莊鑑提調東州、馬根單二堡，副總兵韓斌、參將崔勝分領官軍於靉陽、蒿甸子等處設備如舊，從遼東總兵等官言也。　癸酉，毛憐等衛野人女直都指揮禿蘭帖等、海西欽眞河等衛野人女直都指揮哈答等，各來朝貢馬及貂皮。賜宴，並衣服、綵段等物有差。　丁亥，陞山西石州知州齊經、陝西延安府同知王婁爲山東按察司試僉事。兵部奏："遼東邊務廢弛已久，山東按察可增置僉事二員，於府州正佐官內，推服勤練事者量陞試職。請敕聽巡按官節制，整飭東西兩路兵備，凡邊牆墩堡一切事宜，皆從鎮守等官規畫已定，候明年春暖，邊境寧謐，次第爲之，期於久便，不限歲月。三年後有成績者，實授之。"吏部覆奏。詔可。實錄。

　　明遼東地方，屬山東布政使所轄。今以邊事廢弛，增置兩兵備道。以前之設遼東巡撫，猶是差而非官。設按察僉事，則兵備漸注重矣，遂爲後來永制，久且大官麕聚，成危亡之局云。

十二月戊子朔

甲午，兵部左侍郎馬文升奏："比者建州、海西犯邊諸夷，俱已聽撫效順。蓋遼東邊禍，自海西馬牛、撒赤哈等數人，或因不得官職敕書，或欲入貢被守關指揮等官索錢詬辱。參將周俊知之既久，不與轉達處分，及謀已成，又不能撫安解息，以釀成大患，俱宜逮問。仍行遼東守臣，凡傳報夷情，有所陳乞不平者，即宜招徠首惡之人，開諭釋怨，或具聞區處。"從之。

丙申，賞遼陽等衛殺賊有功官軍白金、綵段等物有差。　丁未，海西益實左等衛野人女直都督僉事三赤哈等、兀者等衛野人女直都督僉事察安察等，各來朝貢馬及貂皮。俱賜宴，并金織衣、綵段等物有差。　敕遼東鎮守官，自明年十月始，凡各夷入貢人數，悉如舊，勿得朦朧冒賞。仍降敕於會同舘，諭各夷遵守之。從禮部臣請也。　癸丑，建州等衛都指揮等官廣失塔等入貢，因乞官職。事下兵部，言：“此係常貢之期，與初因招撫向化者不同。亦惟失里木衛指揮僉事賽亦塔等八十四人，有誥敕可據，乞視天順間斟酌陞襲年限事例，自天順四年至今，及十八年，准陞一級。雖無敕印而有招諭之功，許襲舊職。自成化十五年以後，非因撫安而來，有所求乞者，宜以二十五年爲率，方許之。”命如議。賽亦塔等陞襲有差。　甲寅，監察御史王崇之巡按遼東，守備鐵嶺衛都指揮王英，舉呈指揮王琼受財枉法諸事，琼亦訐英私用官鐵。崇之方按問，會太監汪直廉得其事，因奏執崇之并英等下錦衣衛獄，且言崇之嘗以公事杖殺人，受都指揮廷參不爲禮，所部衛卒有餒死逃竄者，皆不能撫循之故，併以爲罪。刑部因崇之因公毆人致死，罪當徒，例贖；英等擬罪有差。大理寺以具獄奏，詔崇之贖罪畢調除外任，餘悉如所擬。吏部擬崇之浙江金華府推官，特命改邊郡，遂調陝西延安府。崇之嘗劾奏都御史陳鉞啓釁冒功之罪，直與鉞比，故憾而去之。實錄。

成化十五年，即朝鮮成宗十年，己亥(1479)

正月戊午朔

　丙子，海西都罕河等衛野人女直都指揮忽申八、右城等衛野人女直都指揮撒籠哈等、建州等衛女直都指揮弗納等、建州左等衛女直都指揮重羊等、建州右等衛女直都指揮卜花禿等，各來朝貢馬及貂皮。賜宴，并衣服、綵段等物有差。實錄。

此左衛都指揮重羊，與董山之弟同名，非一人。董山弟實錄作董重羊，朝鮮實錄作秦羊，又作眞羊，又作充也。吾以爲皆童倉之"倉"字歧音，是時已久戍邊衛，見後。

己卯，兀者都督察安察，以其父曾任右軍都督府都督，因朝貢乞賜衣服。詔以織金麒麟衣予之。實錄。

二月戊子朔

己丑，海西亦兒古里等衛野人女直都指揮必里你等、建州右等衛女直都指揮當哈等，各來朝貢馬及貂皮。賜宴，并衣服、綵段等物有差。 癸巳，賞遼東官軍八百六十三人，共銀五十餘兩、絹一千五十餘匹、布六百九十餘匹，以遼陽等處討賊功也。實錄。

三月丁巳朔

辛酉，錄遼東釃河、忒失等處擒斬虜賊功，官軍人等六千一百一十二人，陞賞有差。實錄。

以上各軍功受賞，皆陳鉞有意開釁，節次所報獲勝。

四月丁亥朔

辛卯，治遼東守臣太監棄達，都督同知歐信，都指揮韓斌、崔勝、陳雄、葉廣、羅雄、文宥、常凱、白祥、李宗，定遼等衛指揮夏時、王鑑、張宏、田俊、劉旺、石俊、蕭凱、傅斌罪，各降級罰俸有差，而宥都御史陳鉞、太監韋朗、都指揮周俊。初，達鎮守遼東，信、斌充正副總兵；勝充參將，協守；雄、廣、羅、雄，分守備禦；宥、凱、祥、宗、時、鑑、宏、俊、旺、俊、凱、斌，各聽調遣，守堡設伏。鉞巡撫遼

東，朗鎭守開原，周俊充參將分守。虜賊屢入遼陽、開原、靉
陽堡等處虜掠，殺傷官軍，達等不能禦，爲監察御史所劾。時
信、斌已受代回京，下都察院獄，復命定西侯蔣琬、刑部尙書
林聰，同太監汪直往按之，各疏其功罪以聞。詔以斌等失機誤
事，貽患地方，論法當重治，但各有微勞，姑從輕處治。斌降
三級，信、達降一級，俱閒住；雄降二級；勝、廣、雄、寗、
凱、時、鑑、宏、俊、旺、俊，各停俸半年；宗、凱、斌一
年；鉞、朗、俊以功贖罪，仍各賜敕切責之。直等之征東虜
也，甫入塞，而虜已隨寇諸堡，邊將爲直故，匿不報。及直等
還朝受賞，始以聞。劾者亦不敢併言直。直請琬、聰與偕往
勘，冀掩其罪。前此未有尙書隨內臣出外勘事者，聰不能辭，
而所勘復多徇直意，故論者於聰獨責備焉。實錄。

五月丙辰朔

　　壬戌，太監汪直執兵部左侍郎馬文升下錦衣衛獄。　庚
午，謫兵部左侍郎馬文升戍四川重慶衛。初，文升奉敕往遼東
撫諭夷人。時太監汪直亦往按事，巡撫都御史陳鉞譖文升於
直。直還朝，會兵部尙書余子俊有參陳鉞本，鉞疑文升所爲，
遂嗾直奏文升專擅行事，懷姦不忠，撫安無方，致啟邊釁。蓋
建州、海西夷非一種，文升招撫之，多順服，間有未服而犯邊
者，故直以此陷之。錦衣衛指揮吳綬，承直意，傅會成獄。刑
部不敢違，比依指揮、千百戶致所部軍人反叛者律，遂命謫
戍。人皆寃之。　癸酉，內官奉旨宣諭六科、十三道曰：“牟
俸職居風化，大肆貪婪；馬文升撫安無方，用致邊患。科道官
胡爲互相容隱，緘默不言，可自陳狀。”於是給事中李俊等二十
七人、御史王濬等二十九人，合詞請罪。詔廷杖之人二十。時
文升謫不以罪，俸臟證未明，俊等莫有論列，及承詰責，而又
不敢辨明，冀以巽辭獲免，竟被撻云。實錄。

以上完馬文升撫安建州，卒被陳鉞、汪直擠陷之事。文升有撫安東夷記，乃述其身任身歷之事，不比明人他紀載，多根據實錄爲言。文升之記，則實錄亦於是取材也，故錄此以供讀者貫串事實。記文前半叙建州緣起，已於前編引之，茲專錄其撫安以來之說。文升原書稱馬氏三記，蓋各邊之事，文升歷任之，各有記述。此撫安東夷記，蓋三記之一也，節錄如下：

成化中，元之遺孽滿都魯，僭稱可汗，虜酋亂加思蘭爲太師，節犯宣府，聲勢甚大，警報殊急。予乃以兵部右侍郎奉命整飭遼東邊備以防胡，時成化十二年八月也。九月，即抵遼東，徧歷險要，繕城堡，利甲兵，練軍士，選精壯，凡所以爲防虜計者，罔不殫心力。虜人覘知我有備，遂不復發。適山東左布政陳公鉞，以右副都御史來巡撫遼東，後予而至。凡備禦、都指揮等官，輒逮於理。既當法，則止罰馬罰草，而仍俾蒞戎政，由是馬之價皆削，軍士不復顧忌。予既防胡歸京師，則以十五日上陳，而禁巡撫官罰馬於軍職者，亦與焉，陳遂以爲隙。先是，海西兀者前衞都指揮散赤哈上番書言：「開原驗放夷人管指揮者，受其珍珠、豹皮。」兵部移文遼東守臣勘之。管指揮者懼，乃因本衞都督產察，係散赤哈姪，入貢歸，賄求產察，言管實無所受。散赤哈聞之，深怨產察，聲言聚衆犯邊，邊將以情報守臣。守臣乃譯番書，招散赤哈來廣寗面折。散赤哈遂率所部數十餘人，並由撫順關進赴廣寗。時參將周俊等守開原，恐散赤哈至，則眞情畢露，乃遣使馳報廣寗守臣，詭云：「海西人素不由撫順關進，恐熟知此道，啟他日患。」守臣不虞其詐也，即召其使速阻之。時散赤哈已入關，聞之大怒，折箭誓恨，復歸至撫順所。備禦都指揮羅雄，知事不協，具酒食慰遣出關。時建州三衛女直，亦欲報誅董山之怨，而藉海西之勢。緣此遂留散赤哈於建，共來犯邊，勢漸昌熾。向使不阻散赤哈以啟之，邊患爲之息矣。守臣以聞，乃招士兵大征建州，而出牓示衆，徒張虛聲，實皆顧戀私家，不趨遼陽。三衛遂得糾合海西人數千，於十四年正月，乘虛入境，大掠鳳、集諸堡。報至廣甯，陳懼，始赴遼陽，而寇出已久矣。獨近邊土著夷人也僧格等十八人家，皆有使入貢未還，恐誤罹兵禍。及拘留其使，乃走撫順所，報訴云：“犯邊者皆海西人。”陳與分守遼陽副總兵韓斌，意在撲剿夷人以掩罪，遂皆收繫瀋陽衛，乃乘夜率諸軍襲各寨屠之，訖無所掠人畜，而精壯者間亦脫去。暨回，遂搥死也僧格於獄，乃以搗巢之捷聞。時太監汪直者，勢焰方熾，惑於通事王英，謂往撫可邀大功。上命司禮監出駕帖。太監懷公恩，以直年少喜功，於本年三月初四日，同太監覃昌等七人，至內閣傳宣兵部尚書余公子俊、侍郎張公鵬暨予。比至，僉言：“彼既有使入貢，卻又屠其家，今若之何可以弭釁？”或言“宜以大官酬之。”予曰：“官不足以釋其忿。且宋以李繼遷爲京官，遂致西夏之患。”懷公曰：“然則遣大臣，同大通事往撫之。”衆皆曰諾。尋宣至內府，懷公傳旨：“建州夷人被大軍征剿，恐懷疑懼，着兵部侍郎馬文升、大通事詹昇，前去撫安。”已而王英前謁予於私居，喻汪意，願請與俱，予遂謝絕之。即行，汪深以爲恨。衆皆爲予懼，予以事關朝廷，亦無所恤。乃疾馳，追及入貢夷使重陽等於中途。四月初五日，抵撫順所，先縱重陽左右一二人，歸諭其衆，使知朝廷意旨。遂有十數人來見，即諭以前意，遣歸。尋召各衛酋長，聽宣璽書，由是纍纍皆至。而被屠之家數百人，悉訴其方遣使入貢，無犯邊狀，而冒當殺戮，又果無劫掠人畜可證，今雖仰荷朝廷招安，實難於度日。予遂承詔，各以牛、布給慰之，且令其酋長赴京。適微聞海西雖來聽撫，猶思寇掠始歸，乃於東甯衛訪嘗爲建州經歷、識字熟女眞趙安，以招降爲名，陰探於渠魁卜答剌所，果有海西兵馬與否？不數日，趙安歸，云：「有。且賊數千，而馬悉臕壯。」時分守開原太監韋朗，亦遣人來言：「海西賊俱動。若來遲，恐勢不可撫。」予遂以建州事聞於朝，且言夷人雖暫聽撫，觀其言貌詞氣，尚懷反側，難保遽安。仍移文總兵官歐信、副總兵韓斌、參將崔勝，各率所部，及調開原參將周俊，帶領開原、鐵嶺精卒三千，各分伏鳳集堡一帶，賊以爲無備矣。比予至開原，甫三日，果數路入寇，諸軍以逸待勞，遂斬首二百餘級，生獲數十人，及賊馬器仗無算，而所斬者率多海西人馬。參將崔勝、周俊馳報陳，爲陳功。予因并前所論反側情狀，及申虜人背逆天道，既聽招安，旋復入寇，以自取滅亡之禍，請移遼東兵剿之，或既奪其心，而姑與更新招撫，遣通事指揮李璟聞諸上。事下兵部，以爲虜人既撫安垂成，只仍招撫，以安地方。朝廷從之。海西人聞之，且感且懼，都督產察等盡歸降，乃一體論之，遣其酋入京。而遼東守臣奏報，十數日方至，以故賞皆不行，陳以是隙益甚。夷既降，予慮其猶踵舍人之怨，則檢其先授官子孫之失襲者，皆令譯審實，請兵部，以內閣驗授官璽書底籍明白，再遣遼東守臣勘實，令襲官者復數十人，夷愈感激。汪以夷既招安，曷又入寇，復主王英言，請帶領頭目百餘人，給令牌令旗往。夷聞其聲勢，久無一人復出者。汪至開原，更有予原所招出兀者前等衛野人女直堵里吉等三百餘人，而予時在撫順，汪不與之接，皆怒欲歸寨。参將周俊恐敗事，乃渭汪曰：“不可不請馬欽差來議。”汪乃遣人至撫順所邀予，予亦馳至開原與汪會。汪曰：“若之何？”予曰：“大監既至此，此夷即太監招出者也，何問彼此。”汪揣知事不易，遂聽予言，俱犒之。既又以膳黃璽書，付各寨招安，同以事聞。已而汪意猶欲再招出見示己功，予曰：“太監此來，既有令牌令旗，彼懼，決無敢出者。太監第回京，可保無虞也。”汪亦欣然，與予俱歸遼陽，復會聞於上。予至京師，上賜羊酒寶鈔，汪亦釋然矣。既而兵部以失機召信、斌入京，久未訊，汪皆許以復舊任。適汪有事河南，兵部以信等逮訊於都察院。汪回，怒甚。又有李謙者，上疏救斌，汪遂請同定西侯蔣琬、刑部尚書林聰往勘。比回，信等獄皆解。有譖予者，汪遂密奏予下錦衣獄，謫戍四川。成化癸卯，乃蒙恩改都察院左副都御史，巡撫遼東。顧軍士雖喜，而將士甚疑懼。予率公以處之，迄今邊境宴然，而東人之心亦安矣。　　此文記於弘治十六年癸亥九日。文升之以東事下獄，在成化十五年己亥。記中所云癸卯復起，乃成化十九年，汪直於時以罪貶矣。作記又在二十年之後。

　　文升之撫安東夷，其時夷之發難者爲海西女眞，實亦以建州女眞爲其內主。文升既自爲之記，明諸家記錄皆本之。明史文升本傳，獨能含糊鋪叙，但云遼東軍務，竟不明搆成此軍務者爲何人。其文云：“尋，入爲兵部右侍郎。明年八月，整飭遼東軍務。巡撫陳鉞貪而狡，將士小過輒罰馬，馬價騰踴，文升上邊計十五事，因請禁之。鉞由是嗛文升。文升還部轉左。

十四年春，鉞以掩殺冒功激變，中官汪直欲自往定之。帝令司禮太監懷恩等七人，詣內閣會兵部議。恩欲遣大臣往撫，以沮直行。文升疾應曰："善。"恩入白帝，即命文升往。直不悅，欲令其私人王英與俱，文升謝絕之。疾馳至鎮，宣璽書撫慰，無不聽撫者。又請前以也先亂，失授官璽書者十餘人，得襲官。事定，直欲攘其功，請於帝，挾王英馳至開原，再下令招撫。文升乃推功與直，然直內慚。文升又與直抗禮，奴視其左右，直益不喜。而陳鉞益諂事直，得直懽，日夜譖文升，思中之，未有以發也。文升還，賜牢醴。明年春，以遼東屢失事，遣直偕定西侯蔣琬、尙書林聰等按之。會余子俊劾鉞，鉞疑出文升意，傾之益急。直因奏文升行事乖方，禁邊人市農器，致怨叛。乃下文升詔獄，謫戍重慶衛。直既傾文升，則與鉞大發兵徼功，鉞以是驟遷至尙書。十九年，直敗，文升復官。"此文讀之，所云激變，所激何人？所云招撫，所撫何人？行文豈有如此鶻突之理！夫列傳之綱領在本紀，或本紀已言之，猶可說也。憲宗紀：成化十四年六月癸卯，"太監汪直行東邊"，祇此一句，而馬文升赴遼事不見也。十五年五月壬戌，"汪直劾侍郎馬文升，下文升獄，謫戍。"如此而已。陳鉞又無傳，附見宦官汪直傳，直傳敘此事則云："以所喜王越爲兵部尙書，兼左都御史，陳鉞爲右副都御史，巡撫遼東。十五年秋，詔直巡邊，率飛騎日馳數百里，御史、主事等官迎拜馬首，篲撻守令。各邊都御史畏直，服橐鞬迎謁，供張百里外。至遼東，陳鉞郊迎蒲伏，厨傳尤盛，左右皆有賄，直大悅。惟河南巡撫秦

絃與直抗禮，而密奏直巡邊擾民。帝弗省。兵部侍郎
馬文升方撫諭遼東，直至不爲禮，又輕鉞，被陷坐
戍。由是直威勢傾天下。"所云直巡邊，若無所爲者；
文升撫諭，亦若無所爲者；兩人相遇於遼東，亦若偶
值也者。此亦可謂失實之至矣。文升本傳，又言：
"陳鉞於將吏小過輒罰馬，馬價騰踴。"此與文升自記
者相反。文升言"馬價爲削"。名山藏之文升傳亦同。
史臣蓋擬罰馬入官，將吏缺馬，不應馬價反削。然語
出文升自述，必非錯誤。意當時官馬購自馬市，官馬
充斥，無須補購，故市價爲貶。至將吏則馬缺不補，
聽其廢弛，故致此削價乎？

六月丙戌朔

　　甲午，命斬劉八當哈於遼東，梟首示衆；發張驢兒等六人
充軍。八當哈，東甯人，天順間因盜馬事露，畏罪奔建州；張
驢兒等爲虜所掠，因相與導虜寇邊。至是，各冒虜酋阿卜等名
朝貢。比還遼陽，爲親知所識，拘留之。巡撫都御史陳鉞等奏
請梟二人首以示衆。事下兵部，言："八當哈等雖華人，然既
冒虜名朝貢，亦使臣也。若拘留之。恐開將來之隙，宜姑縱之
使去，以懷遠人。"詔下公卿議，咸言："八當哈，華人附夷，
宜伏顯戮；張驢兒等爲虜所掠，可待以不死。"議上，乃有是
命。仍馳敕諭阿卜等曰："爾等因朝廷招安，進貢謝恩，而所
遣使，乃有中國叛人數名希賞，已依國法處之矣。爾等借敕之
人，固爲有罪，但朝廷念其守邊之勞，特茲寬宥。自後依例朝
貢，不必疑慮。"仍須戒飭概衛官員知："遇朝貢之期，皆審實
出給印信文書付照，毋得以所受敕書借人冒賞，自取罪愆。"
實錄。

七月乙卯朔

庚辰，巡按遼東御史楊徽奏，虜入撫順、蒲河邊境虜掠人畜，請治備禦、都指揮羅雄、陳璽等失機之罪，并劾副總兵吳瓚、鎮守太監韋朗、總兵官緱謙、巡撫都御史陳鉞，亦宜究治。得旨："羅雄、陳璽，令戴罪剿賊。餘皆貸之。"實錄。

十月癸未朔

丁亥，命太監汪直監督軍務，撫甯侯朱永佩靖虜將軍印充總兵官，討建州夷。時巡撫遼東都御史陳鉞希直意，奏："建州女直伏當加，以不得爲都督，聲言來寇遼東。"且言："往年建州三衞，構海西、毛憐，累犯邊境，朝廷授以都督、都指揮之職，諸夷因起爭端，紛紛擾亂，亦欲挾制以求顯職。與其加陞而遭侮，莫若整兵而征討。伏惟簡命剛正謀勇大臣，假以賞罰之權，掩其不備，擣其巢穴，庶不縱寇長姦。"事下兵部，尚書余子俊以爲"馭夷之道，守備爲本，我太祖載諸祖訓，永以爲法。建州女直叛服不常，朝廷或開馬市以掣其黨，或許買鐵器以結其心，皆羈縻之義，非示之弱也。今鉞等歷數其罪，意欲擣其巢穴。此軍國大務，非臣等所敢專。"詔下廷臣會議。於是掌中軍都督府事英國公張懋、吏部尚書尹旻等，復上議曰："遼東爲京師左掖，恒宿重兵，正欲守臣隨宜戰守，以分宵旰之憂。但勤兵於遠，難以妄動。今鉞等以伏當加等二百餘人，聲言要來犯邊，遽欲命將出師，似非備邊本意。然恐其或有所見，未敢逆料其非，乞命重臣一人，往遼東隨機戰守。其建州、毛憐、海西，有未嘗犯邊者，亦須分別，勿令驚疑，庶萬全可圖，一方可靖。"時鉞附太監汪直勢，而司禮、內閣又有結爲心腹者，故竟主鉞奏，而有是命。然直弄兵之禍，實始於此。丙申，命朝鮮國主李娎出兵，夾擊建州女直，賜之敕曰："朕誕膺天命，君主華夷，施惠行仁，乃朕素志。興兵動

衆，豈所願爲？奈何建州女直，逆天背恩，累寇邊陲，守臣交
請剪滅。朕念彼中亦有向化者，戈鋋所至，玉石不分，爰遣大
臣撫諭，貸其反側之愆，聽其來京謝罪，悉越常例，陞賞宴待
而歸。曾未朞歲，賊首伏當加等，復糾醜類，侵犯我邊，雖被
官軍驅逐出境，而未遭挫衄。廷議皆謂此賊冥頑弗悛，罪在不
宥，已令監督、總兵等官選領精兵，刻期征勦。我師壓境，王
宜遣兵遙相應援。賊有奔竄王國境者，必擒而俘獻之。逆虜旣
除，則王敵愾之功愈茂，而聲名永享於無窮，報醻之典，朕必
不爾緩也。"　丙午，賞遼東等處官軍莊鑑等五千七百七十五員
名，共銀一百三十餘兩、絹七千五百七十四、布四千三百九十
匹，以義州等處討賊功也。　己酉，命巡撫遼東右副都御史陳
鉞參贊東征軍務。初，建州之役，其謀實起自鉞，而都御史王
越亦有垂涎之意。兵部尚書余子俊，以鉞開邊釁，惡之。旣而
上命汪直、朱永將兵，而不及越。越疑爲子俊所沮，乃言本朝
未嘗有武職節制文職大臣者，且征討重務，豈可無文臣總督，
意蓋自薦。於是子俊言："前命出於聖斷，不可復移。今鉞自
以風憲大臣，不受節制，故爲沮撓。宜敕其協濟共謀，無分彼
此。"而鉞以直故，且以計沮越，竟得參贊之命云。實錄。

　　伏當加之役，在實錄明著爲建州，後弘治間再見，且
明爲建州左衛酋，則清先世之近屬也。乃明史於建州他
事，皆諱而削之，獨於伏當加竟但據舊史文，而未檢明實
錄，累書伏當伽之名。（一）英宗紀，成化十五年冬十月丁
亥，撫寧侯朱永爲靖虜將軍，充總兵官，汪直監軍，禦伏
當伽。"十二月辛未，"論功封朱永保國公，加汪直歲祿，
陞賞者二千六百餘人。"按明史稿英宗紀無此文，殆王鴻緒
進史稿時，猶知爲建州夷而避之；史舘諸人，則不知爲何

虜而書之矣？（二）宦官汪直傳：“直年少喜兵，陳鉞諷直
征伐當伽，立邊功自固。直聽之，用撫寧侯朱永總兵，而
自監其軍。師還，永封保國公，鉞晉右都御史，直加祿
米。”此傳文則史稿亦同，皆忘其爲建州矣。故讀明史，雖
見建州事，亦莫能指之也。

庚戌，朝鮮實錄書：聖節使韓致禮到遼東，上聞見事件。
其略曰：“鎮撫王璜、虞振來言：‘今以東征建州事，太監汪直
與前遼東總兵官韓贇、撫寧侯朱庸等，本月十五日發京，二十
五日間當到廣寧。’都司呂信語通事張有華曰：‘汪太監當賚敕
朝鮮書來，來則必差遣此處人也。’且王璜來館，臣問曰：‘無
乃有請兵事乎？’答曰：‘未詳知之。’”命速示政丞、政府、兵
曹。　平安道觀察使玄碩圭據義州牧使吳湘牒呈啟：“十月二
十五日午時，金石山回自遼東，言使臣出來。若使臣速來，則
恐遠接使未及下來，故臣到義州留待。”　辛亥，命召諸政丞、
議政府、兵曹議中朝請兵從否？鄭昌孫、韓明澮、金國光、尹
弼商、洪應、李克增啟：“可從。”尹士昕、李克培、韓繼禧、
權瑊、魚有沼、魚世恭、呂自新、李吉甫、申溥啟：“不可
從。”上御宣政殿引見曰：“可者何謂？不可者何謂歟？”昌孫啟
曰：“我國平時至誠事大，至於如此之時，請兵一事不從可乎？
中朝以我師討有罪，非獨今時。昔脫脫南征，我師爲先鋒，先
登陷城之事，麗史亦有之。”明澮曰：“臣亦以爲不從難矣。”士
昕啟曰：“今年平安道失農，興師不可。”克培曰：“論以大義，
則帝命不可違。然西北早雪，野無芻茭，喂馬甚難，非特此
也。丁亥年則建州衛野人全備遼東，不虞我人之挾攻，故少有
俘獲。今則野人必分兵以備之，入攻極難。雖得入攻，還師之
日，野人先據險以要之，則我勢危矣。雖急於天子之命，我勢

亦不可不度也。昔世宗朝，不從請兵之命。"上曰："若然，則
我師之入果爲難矣。然分兵以守，則彼力亦分矣。第今托何辭
回奏乎？雖云失農，必不見信矣。"昌孫啟曰："臣等非不知其
弊，勢不得已耳。"明澮曰："興兵國之大事，然勢出於不得已
焉耳。"都承旨金升卿啟曰："世宗之不從者，爲我師懸軍深入，
非此之比也。"上曰："辭之甚難。"以從請爲定議。其軍數，左
右或言五六千，或言三四千。上曰："魚二相當往，軍數宜問
之。"有沼啟曰："若與唐兵相會，則軍不可少也。"左承旨李瓊
仝啟曰："丁亥年亦與唐兵相會矣。"上曰："不可以一概論也。
丁亥年其軍數幾許？"弼商啟曰："其時臣爲主將，領二萬以
往。"克培曰："軍數不可少也。"上曰："一萬可矣。諸事商議以
啟。"政丞等出賓廳議啟，赴征軍士一萬，內平安道七千、黃海
道二千、永安道一千，以右贊成魚有沼爲大將；以宣傳官沈安
仁，經歷辛仲琚，正郎曹碩輔，佐郎趙之瑞、曹淑沂，爲從
事官。

閏十月癸丑朔

　　己未，朝鮮實錄書：御經筵，始講國語。講訖，掌令成健
啟曰："聞上國將請兵，我國至誠事大，不可不應命也。興兵
利害，在廷大臣籌之也熟矣，奚待臣言。臣意以謂我國遣兵夾
攻，搆釁於醜虜，則我使赴京之行，彼必侵掠於中路，宜奏請
從刺楡寨而往，則人居稠密，可無事往來矣。"上顧問左右，領
事尹弼商對曰："請兵事今未的知，且其處居人皆東寧衛人，
言語行事皆如我國人。往者我朝請由此路而行，中朝以東寧衛
人原係朝鮮，往來之際不無相從，不聽。今雖請之，必不許
矣。"成健曰："此路臣亦未能的知，但以臣所聞而啟之耳。"參
贊官李世佐啟曰："臣爲忠淸道觀察使，熟知水軍疲敝之由，
大抵水軍一朔相遞，休息不過十餘日，國家雖立給保之法，州

縣以無餘丁，不能充給。雖給之，類皆屠劣。以如此之卒，欲
其禦敵難矣。請抽出諸邑并旅正兵，充給保人。"上顧問知事徐
居正，對曰："臣亦知水軍無用也。國家搜括遺民，錄其軍籍，
然或有職人，或富實人，皆投爲正兵，保人中間隱漏閒遊者亦
有之。今須搜括如此者以屬正兵，減其正兵之額，以增水軍可
也。"上曰："其令諸道搜括以聞。" 承文院參校鄭孝終上疏曰：
"臣伏聞國家今因遼東官報，知命將出師，將應帝命，往討建
州等衛，是乃聖上事大之誠，敵愾之忠，豈不甚善也哉。然臣
有一得之愚，爲殿下陳之，伏望聖裁。臣伏見本月上旬將過，
以日月道途計之，征戰之期，不在月晦、在至月之初。今年雖
若冬暖，然天氣漸寒，而到十一月則正當沍寒矣。不深慮此，
遽令大軍赴敵，一朝風雪忽作，益之以暴雨，路冰而不能行，
山高而不能踰，進不能摧敵，退不得所據，遭回於谿谷之間，
惟彼虜醜素所經習，先據要害之地，邀截我軍，則所謂一夫所
守，千夫不過，我軍雖有扛鼎穿楊之技，必以扼腕見制，而末
如之何矣。臣於丁亥秋，從魚有沼攻建州衛，往還之際，備審
形勢。一則山峻樹密，一則緣崖石迤，下臨深水，若一顛踣，
便陷不測。一則樹木高密，不生蒭茭，間有木賊數莖生於澗
邊，若冰雪交深，則絕無喂馬之資。今以平安失農之民，遽徵
七千之兵，驅之險遠之路，行齎居送，遠近驚駭。而且永安、
黃海遠道之兵，皆倉卒調發，部領將士迫於軍期，星夜馳突。
不暇休息，又從而督令赴戰，則臣不知其人幾馬幾能苟活而得
還也。其不爲勍虜所害，則臣恐填於溝壑之中，自相蹂躪而莫
之救也。臣聞孟子曰：'鄉鄰有鬬，雖閉戶可也。'以今日之事
言之，建州醜虜連犯上國，抄掠邊民，故上國懲彼頑兇而致討
耳。其請我助者，欲張其威靈而分其怨於我也，是於上國計則
得矣，於我則是鄉隣之鬬，在所閉戶也。虜不加於我，我先磯

彼之怒，臣未知其可也。古云：'夷狄相攻，<u>中國</u>之利也。'臣
以謂隣國相攻，我國之利也。何必驅吾赤子，赴之鋒鏑之間，
而資他國之利也？臣愚以爲莫如罷兵之爲愈也。若曰帝命不可
不從。臣按<u>永樂</u>二十二年敕諭我國，擒拿叛虜<u>楊木答兀兒</u>解
兵；<u>正統</u>十四年調集精兵夾擊<u>達賊</u>，我朝權辭回奏，並不從
之。夫威德之廣，未有盛於<u>永樂</u>，<u>中國</u>之困，未有甚於<u>正統</u>。
而<u>世宗大王</u>事大之誠，出於天性，然猶斟酌時勢，權宜敷奏
者，誠以邦本不可不固，邊患不可不慮也。當是時，上國不以
我爲非，在我亦無事大之失。至若<u>世祖大王</u>丁亥西征之舉，則
特聖人之時中，不可引以爲式也。若曰<u>世祖</u>既已從之，在今不
可獨違？今年從之，明年又從之，則臣恐上國視以爲常，每遇
征虜，其徵發我國，有同腹裏矣，然則其能一一應之乎？請兵
之舉，<u>世宗</u>不應於前，<u>世祖</u>應之於後。臣愚以爲殿下又不應於
今，亦不失爲孝爲忠也。何者？聖人行事，因時制宜，固不滯
於古，亦不碍於今也。若今年從之，明年或出於不得已而不
從，上國援例譴責，則臣未知何辭以辨白乎？於是上國怒我不
從，虜醜乘我貳於上國，則臣恐我國之邊患兆於此矣。或以帝
命爲重而不獲已應之，則亦宜開諭來使，回咨<u>遼東</u>，以時方寒
沍，師出不便，請更以春和爲期，且令本國將帥揀養士卒，期
至而赴，則在我有從敕之義，士卒無窘速之失，行師得時日之
機矣。或者<u>中國</u>先期而行，則我民無征戰之勞，而後日我還有
辭矣。若曰虜於去年寇犯<u>昌城</u>、<u>碧潼</u>等處，今欲仗皇威以問其
罪，則臣以爲未也。夫虜之所以犯我者，丁亥之戰爲之階也。
丁亥之戰，我軍直擣醜虜巢穴，勦殺焚蕩，幾於殲盡，彼安知
我朝欽承帝命出於不得已而然也。其子弟日夜以快父兄之憤爲
念，經營十年，來犯我境，而卒無所得。夫<u>建州</u>酋長<u>李滿住</u>
等，誠心投化，素無讎怨。今以丁亥之戰，嗛銜至今，累次來

犯，豈非爲害之甚也。甲怒乙移，而代人受敵，臣未知其可
也。況今滿住之子孛兒哥歹，爲家人所殺，則是爲百年之運，
而我民去一讎家矣。爲吾計者，自今撫綏餘種，許彼自新，安
彼反側，則彼方且悔懼奔走，投順之不暇矣。若或不已，而勒
兵致罰，雖奏捷帝庭，美談則快矣。臣恐前讎已殲而更生後
仇，邊民之患殆將孔棘矣。若曰將士既已就途，不可中止。臣
恐將士中止之弊小，赴戰之害大。中止則一往一來，不過煩頓
舘驛而已；至於征伐，大則殘形軀，小則喪士馬，馴至於邊患
之無窮已也。言之至此，足爲寒心。臣以草茅賤士，端逢聖
朝，思竭犬馬之誠，以效涓埃之報。"命示政丞。鄭昌孫議：
"臣於前議，對我朝自祖宗以來至誠事大，特蒙皇眷，世祖朝
下敕助征建州，我朝無辭，應命獻捷。今又爲遣使臣下敕助
戰，不可辭避。況助戰事舉國知之，天使越江之日亦必聞之，
辭之爲難。但今山高雪深，野無青草，戰馬喂養爲難，今若動
大衆遽入其境，則人馬俱困。建州醜虜素識地形，以逸待勞，
則我國軍士萬一蹉跌，非細事也。宜從鄭孝終上言，開說來使
云：'今方寒沍，冰雪滿路，山險樹密，出師不便。待來春天
氣和暖，與中原東西齊舉，'似爲便益。"韓明澮、沈澮、金國
光、尹弼商、洪應議："前日議啟時，祖宗以來誠心事大，不
可不從。請令使臣入京頒詔後，孝終上言，更議何如？"士昕
議："前日議啟時，平安道今年失農，又無蓄積，且軍期逼而
請兵緩，未得從請。使臣頒詔後，的知請兵事意，更議何如？"

　庚申，御書與使臣問答節目示政丞等。政丞等即據御書議
啟："（一）受敕後，天使若問出師之事，何以答之？答曰：'當
從皇上敕諭，但念時當寒沍，草枯雪深，行兵爲難，且冬夏興
師，兵家所忌，以此爲慮。'若問軍數？答曰：'今當倉遽，恐
難卒辦，但以西北本道之兵徵送爲計耳。'強問其數？答曰：

'除留防之數，不過萬餘矣。'（一）天使若曰親領<u>朝鮮</u>兵直指<u>建州</u>，則何以答之？答曰：'我兵則當命將，一一調遣，不煩大人同往。昔丁亥年<u>白天使</u>來徵兵，亦欲同我兵入歸，以勢難未果，直還<u>遼東</u>，惟大人其思之。'（一）丁亥年則時序九月，應期而往，今則天寒雪下，難以如約。若於敕書內某日攻某處，則以如約答之乎？答曰：'自古兵難遙度，況<u>建州衞山</u>勢險危，今又冬節，雪深草枯，行兵尤難。定日期會，亦難必然。當督勵將帥，急速往赴。'（一）<u>白顒</u>之來，別無規式，其時<u>世祖</u>臨時問對，今時則何以爲之？殿下今亦隨問而答，何如？（一）天使處欲問<u>汪太監</u>入征形勢可乎？若敕書內舉論<u>汪直</u>之名，或天使語及<u>汪直</u>，問<u>汪直</u>入征形勢不妨。"　敎<u>平安道</u>都體察使<u>尹弼商</u>曰："安危注意，惟將與相，閫外之事，雖將所制，相亦不得不任其責也。但茲醜虜竊犯上國。帝乃赫怒，命將致討，又不鄙夷我小國，使協助大軍。爰遣右贊成<u>魚有沼</u>，將三道兵，會于<u>平安</u>之界，以膺帝命。顧茲本道，與賊境相連，呼吸之間，變故可慮，措置諸事，亦不可不爲之備。卿素諳此道形勢，煩卿使往，令觀察使<u>玄碩圭</u>、節度使<u>金嶠</u>以聽卿節度。卿其鎮扼境上，以紓予西顧之憂。"　敎三道都體察使<u>魚有沼</u>曰："王室有故，則方伯連帥，以諸侯之師救之，古之制也。今者<u>建州</u>野人，猰噬上國，以干天誅。帝遣<u>遼東</u>指揮<u>高清</u>，請兵以爲聲援。其敵王所愾，在所當爲，而推轂之任，不可付非其人。顧惟廷臣莫踰於卿，命爲元帥，簡拔三道兵一萬，以膺帝命。閫外之事，自有將軍節度，不可遙制。所管衞將以下，用命不用命，任卿處置。卿其勗哉！"　癸亥，上幸<u>慕華舘</u>迎敕，至<u>景福宮</u>受敕如儀。其敕曰："<u>朝鮮</u>國王姓諱；朕誕膺天命，君主華夷，施惠行仁，乃朕素志，興兵動衆，豈所願乎？夫何<u>建州女直</u>，逆天背恩，累寇邊陲，守臣交請剪滅。朕念戈鋌所至，玉

石不分，彼中寧無向化爲善乎？爰遣大臣撫諭再三，貸其反側
之愆，聽其來京謝罪，悉越常例，陞賞宴待而歸。曾未期歲，
賊首伏當加等，復糾醜類，侵犯我邊。雖被官軍驅逐出境，但
未大遭挫衄，守臣復請加兵。廷議皆謂此賊冥頑不悛，罪在不
宥。已令監督、總兵等官，選領精兵往彼，會合鎮守都御史，
刻期搗巢征勦。惟爾國王，紹胙東藩，輸忠於我國家，有隆無
替，朕甚嘉悅。顧王國素稱禮義之邦，接隣腥羶之域，亦有以
敵之乎？我兵壓境，賊有奔竄國境，諒必擒而俘獻之。王如申
遣偏師，遙相應援，大奮貔貅之威，同殲犬羊之孽，逆虜既
除，則王敵愾功勤愈茂，而聲名豈不有以享於無窮哉！報酬之
典，朕必不緩。故敕。”上與使臣行禮，命金自貞語使臣曰：
“萬里路上辛苦而來，大人之行，曾是不意，沿路各處舘待諸
事，豈無闕失？”使臣答曰：“安州、平壤、開城等處，殿下委
遣宰相厚慰，兼致人情，處處州府舘待優厚，安有闕失。”乃就
坐。行茶禮訖，還就坐。使臣令通事張自孝啟曰：“建州衛野
人曾犯上國之境，朝廷欲興兵勦滅，緣本人等歸順進貢，故從
優賞賜，不次除職。野人不念皇恩，似前犯邊，帝乃命將致
討。初欲遣馬侍郎請兵，不果而遣我。”上令金自貞、張有誠答
曰：“當依敕書施行。但冬夏興師，兵家所忌，昔漢征匈奴，
士多墮指；馬援征南，疫死殆盡。今天寒草枯，雪深路險，難
以行兵。”使臣曰：“朝廷赴戰軍馬，總計一十五萬，兵非不足
也。但朝鮮若依期進兵，則彼不得躱脫，殄殲無遺矣。”上曰：
“今當冬月，行兵最難。”仍問朝廷攻討形勢。使臣曰：“太監汪
直、撫寧侯朱庸、前總兵官韓贇及廣寧總兵太監領兵入討。”上
問師期，使臣出示汪太監所定日期小帖，乃閏十月二十五日
也。上曰：“當依敕書抄發軍兵，督將送之。但今敕書不錄日
期，又無汪太監指授之語，而二十五日師期甚迫，勢不能及。”

使臣曰："敕書則錄其大綱耳，何得預定日期。太監等當初會議，以閏十月二十日至二十五日，來十一月初三日擇定，其後更議二十日則冰未堅合，師渡爲難，十一月初三日，則建州地界距遼東不遠，彼知聲息逃散，寧不如二十五日之爲便，此日不可前却。且兵貴神速，須及此日出師。"上曰："所謂兵貴神速者，軍在近處，臨機應變。如上國則猶可，本國與建州，相去絕遠，山川險阻，安能飛到歟？且今我兵須行文移，乃可抄發。所抄軍士，亦當整敕器械。此日會兵，定不可及也。"使臣曰："雖發城內兵須備糗糧乃行，況諸道軍士乎？殿下之言允當，然是期不可違也。"上曰："臣子當以實對。今若對以依期出兵，而終不及期，是欺罔朝廷，罪實難逃。"使臣曰："天順三年白顒之來，亦如此例。其時及期出兵，今乃如是，何哉？"上曰："其時則都御史李秉預先知會，故備預出兵。今則受敕後乃知，未易卒辦耳。"使臣曰："聖節使護送軍先知此意來報，何異於白顒時。"上曰："護送軍只報有敕書耳，何由知敕書內辭意乎？且師行有程，我國距建州遼隔，若不分星夜，倍道兼行，則士卒先自困斃，是猶伏雞之搏狸，乳狗之犯虎，無益之事也。"使臣曰："汪太監等，今閏十月二十一日起兵，四日到靉陽堡北邊牙鶻關等處，二十五日分五路入攻。貴國兵自建州，三路合攻，則野人所居各寨，可得殄殲，朝廷豈不重賞。若違此期，大兵已去，虜亦遠遁，不得孤懸深入，徒爲勞斃而已。"上曰："發兵則劃即應命，日期則勢難從之。"使臣曰："此日期吾不敢擅便進退，欲聞殿下定日。"上曰："兵難遙度，是在將帥觀勢爲之耳。且將在閫外君命有所不從。脫有勢難，雖汪太監亦於定日不得出征，安敢預定日期。"使臣曰："吾言已盡。但汪太監令我率貴國官人二員前來，今若差人往聽，則可知我啟殿下丁寧之意。"上曰："今將大人之言，及不得依期會兵之故，當差人根同大人回報。"使臣曰："知道。"且曰："我來時，平壤留半日，開城府留半日，碧蹄驛留半日，以此稽緩。明日當回程，十七日到義州，二十日還到遼東，須令各驛擇馬遞送，護送軍則毋過二十人。"上曰諾。使臣曰："今欲拜辭。"即行再拜。上讓之至再，不得已答拜曰："何遽如是，大人就舘，我將往見。"相與降階，送至勤政門外，相揖而別。上還內有頃，幸太平舘，就御室少留，出至舘中門外，使臣出迎相揖，至正廳，使臣曰："我欲殿下更勿起動，故已於殿上拜辭而來。今乃如是動勞，惶恐多謝。"上曰："禮當如是。"相揖就坐，行茶禮，仍設下馬宴。上將行酒，使臣曰："請殿下先禮。"上曰："敬朝廷，敬大人，予何敢先。"使臣曰："惟命。"禮訖，月山大君婷、德源君曙、上黨府院君韓明澮、青松府院君沈澮，以次行酒。酒行五爵，使臣令張自孝啟曰："俺醉甚矣，不得久坐，請行回酒禮。"上曰："大人勿飲，從容安坐，姑俟禮成可也。"使臣曰："當初殿下賜酒，皇恐盡爵，雖不再飲，昏醉無知，且使事甚重，明日當早行。"上曰："王事靡鹽，大人之欲速還可也。然朝廷記我小國，特降敕諭，仍擇大人委遣，如此際會難得，而與大人相會亦難，且賓主之禮不可廢也，請大人少留。"使臣曰："遼東兵期甚迫，斷不可留也。"遂行回杯禮訖，相揖而出。使臣送上至中門外。上命都承旨金升卿留贈人情物，使臣固拒不受。升卿曰："欲贈人情物于頭目。"使臣答曰："我既不受，彼安受哉？"升卿曰："天氣峭寒，欲以贈衣服耳，非他重物也。"使臣亦許受襦衣與靴。 通事崔有江、張自孝賫去事目：（一）若問兵事，有江答曰："我等皆以通事，而不與於高大人與殿下論議時，但受咨文矣，未知首末。"若問於自孝，答曰："我其日在側，暫聞其末，未詳其奧。然高大人請於今月二十五日期以夾攻，殿下以建州山勢至險，道途遼遠，師期甚迫，勢必不及爲對。高大人再三力說，殿下重欺朝廷，差我等報以不及，故來耳。"(一)若更強問，答曰："我等忽遽而來，高大人所知，若咨文内辭緣，殿下不曾與臣等知道。若軍機，則高大人親與殿下論議，必詳知之。"(一)到遼東，汪太監等如已發兵，而高清若欲率向軍前，答曰："臣等陪大人已到遼東，且傳咨文。欲赴軍前，則無殿下之命，不敢擅便。"固辭不赴。(一)若詢問邊鄙防禦雜事，皆答曰："我等微人，不知國家之事。" 甲子，上幸慕華舘。使臣至，上出門外，引入大廳。使臣曰："殿下昨日勞動，今又勞動。"上曰："有向勞動，禮則然矣。"相揖就坐設宴，上行酒。使臣曰："昨日殿下教以敬朝廷，不敢違命先飲。今日則我欲伸敬殿下之意，請殿下先禮。"上曰："送別之禮，不當如是。"使臣曰："唯命。"仍令通事張自孝啟曰："昨日書朝廷出征將帥職姓，授權宰相，不識已啟殿下否？"上曰："已見。"仍致謝意。命金自貞問："將帥職姓則既已知之，請問名字？"使臣以所知名字稱說，仍言間有不記省者，同往遼東張自孝回還時，當一一書送。上又問進兵形勢，答曰："軍兵共計一十五萬，分五道入攻，可屠者屠之。彼若逃匿，則當窮搜遠探，盡滅乃已。如或不獲，又當運糧久住，則冬寒雪深，賊必自斃。"上曰："今聞兵勢，勦滅小醜，不待我兵裕如也。第以朝廷特憐我國，恩遇加等，今賜敕諭助征，敢不遣兵往赴！但會兵之日，不得如期。"使臣曰："建州野人侵犯上國，或作耗貴境，若合兵攻討，則彼賊窟穴，庶可殄滅。"上曰："我意昨已悉陳，更不煩說。但今遣兵者，豈欲逗遛不進哉？大兵所至，必無遺類，如或奔竄，則我兵當相機截殺。"使臣曰："是願聞殿下指授形勢。"上曰："兵難遙度，某日攻某處，某日攻某處，則勢難逆定。其敕勵將士，我當盡心；成與不成，亦難期也。"使臣曰："多謝多謝，是在殿下用心分付耳。將士若承殿下之意，則何慮不勝乎！"酒行四巡，使臣曰："行忙，請回酒。"上曰："別離只在此時，請少留，姑待酒行一巡。"使臣曰："唯命。"乃飲一巡，便起立欲回酒，上固請還就坐，仍進大膳。使臣回酒訖，曰："昨日既設盛宴慰之，兼賜厚貺，今又出郊餞慰，深感厚意。"上曰："有何厚意！"使臣仍行再拜禮，上答拜。使臣曰："殿下所贈禮物，並皆却之，則恐負不恭之罪，略以行裝雜物受之。"仍探懷中，出所受物件小簡，進于上前。上曰："衣服著破還棄，馬則路上所騎，非金銀玉帛之比，而大人固却不受，今乃揀受微薄小物，慚愧實多。"相揖而出。行至階上，頭目等立於階下。使臣曰："頭目等昨蒙賜衣，今行叩頭謝禮。"上曰："不須致謝。"至大門，上曰："辛苦行路，願奉一盃。"使臣曰："臨行醉已極矣，不能再飲。"上曰："若然，則請以半盃成禮。"使臣曰："唯命。"行雙盃禮訖，上送至階下，使臣曰："情意已極，不必多言。"遂揖別，請上陞階乃行。至十餘步，語通事張自孝曰："大宰相前來，吾將揖別。"宗親、宰樞以次稍前，乃與相揖，即騎馬過行。西征大將魚有沼，衛將李淑琦、成貴達，虞候曹幹，從事官沈安仁、趙之瑞辭。上御宣政殿引見，左議政尹弼商亦入侍。上謂弼商曰："卿欲何言？"弼商啟曰："今日魚有沼拜辭，臣亦近日拜辭，欲受節度耳。"有沼啟曰："臣今往平安道，欲禀處置便宜。其入征日時，馳報然後啟行歟？"上曰："兵難遙度，卿觀其機好為之。若其日時，必報於朝，是從中遙制也。"弼商啟曰："軍機之事，若得勢利，要當赴戰，何必取決於朝廷也？"上曰："卿入賊境，何以制敵？"有沼對曰："建州衛土地險隘，騎不成列，多用形名以行軍。然彼地易寒，今必冰合，未至堅凝，騎不得渡，坐待冰堅，則唐兵已入賊巢，必不及矣。臣意彼賊聞中國大軍壓境，必逃山遁谷，及唐兵乃旋，復還巢穴，因乘危敗之餘，猝入攻之，勢必取勝。"上嘉納曰："果如卿言，唐兵侵伐之後，乘其不意，猝入攻之，必有所獲。且中朝兵十七萬，則亦已多矣。"左承旨李瓊仝啟曰："中朝廣寧兵亦不多，而控禦北狄專賴此軍，豈得空陣赴戰也。所云十七萬，虛張其數耳。"上曰："古云眾號百萬，正謂此也。"有沼曰："野人非他賊比，丁亥年臣從康純入征，軍於山谷，野人乘釁來攻，且戰且前，至於一險谷，遇賊數十，金繼宗、洪利老身先士卒，射賊數人，有一義州甲士，膽大而善射，先登而射，連殪四人，賊不敢近，身亦中流矢死。西征軍士，要須猛敢善射者也。"上曰："雖有勇力，若不用將軍之令，恃勇輕進，必爲敵所敗。"有沼曰："許亨孫曾牧義州，聞邊人被掠，將兵四百，追及與戰，賊徒不過數十，有一偏將先登北走，官軍奪氣，遂大敗衄。時有二守令登山下視，曾不來救。臣意以謂試之而後可知其爲人矣。且平安軍卒，須使守令親率赴征，必皆力戰。"上曰："邊地守令防禦事緊，不可動也，可抄內地守令。承旨其與政丞，議抄可赴戰者以啟。"瓊仝出取官案，乃於上前抄定。弼商曰："非徒防禦，治民亦重，不可多定。"乃抄平壤庶尹李仁忠等六人。有沼請率朔州府使任得昌。弼商曰："朔州隣於賊境，萬有賊變，誰能禦之？"有沼曰："征伐野人，莫如善射。得昌勇冠於眾，雖無軍官，十人猶可戰也，此人不可無也。"弼商曰："京軍官數百人中，豈無一人如得昌者乎？"上曰："防禦亦不可虛疎也。"弼商曰："文臣亦當從征，使經戰陣，以爲他日之用。丁亥年前，軍士聞戰鬪之語，則無不駭怯。自是年後，人爭欲赴。文臣之爲將，亦國家之利也。"　丙寅，御經筵。講訖，大司憲金良璥啟曰："前日啟都體察使發遣未便，至今未聞命。近日驛路彫弊，無馬可遞，前送衛將軍官，皆逗遛驛舍，恐尹弼商未得速去也。且平安、黃海兩道困敝若此，既困之後，雖欲救之難矣。平安道既有觀察使、節度使，調兵運糧，可無慮矣，又何必遣弼商乎？"上謂左右曰："兩道困敝，予豈不知。但彼人如聞大臣在邊，以爲聲援，則可折窺伺之心，而於戎事大體亦得矣。"領事李克培啟曰："平安邊事，臣嘗粗知。丁亥之西征也，康純爲主將，南怡爲大將，以滿浦節制使李克均備諳建州衛之路，與南怡爲先鋒，直搗李滿住家，大捷而來，此直二三日之事耳。且中朝與我國相爲掎角，則乘時竊發，何足慮乎？曾聞建州之路，有嶺撑天，若雪深冰凍，則往來甚難，固不可久留也。"上曰："中朝戰伐之期，在本月二十五日，則我兵意未及相會也。但我兵於中國既伐之後，休馬息卒，從而伐之，則於我勢得矣。然賊謀難測，其不竊發，未可逆料也。"良璥曰："當戰伐之時，彼將自救不暇，何以竊發也。所可慮者，大軍既去之後，或有鼠竊之患耳。"克培曰："弼商之行，從事官三人、軍官五人，或伴人，或從人，或長行馬，合而計之，則所從人無慮二十餘矣。況以三公在外，則供給轉輸之弊亦不貲，願留意焉。"上曰："當與政丞更議。"司諫李世弼啟曰："發兵重事，必遣朝官頒敎書而後應徵，例也。前者閱武時，以黃海隊卒困於聖節使之行，特不徵之。而本道觀察使李孟賢擅自調發，於軍法何？刑曹按律，以不應爲杖八十斷之。凡不應爲之律，以無正律而比附也。此則必有正律，而刑曹照以不應爲，上又從而宥之，未便，請罪之。"上曰："予以爲無情，故放之。"仍謂左右曰："何如？"克培對曰："孟賢迂儒也，必誤錯而爲之也，有何情乎？"良璥曰："犯法者豈皆有情，有私而後罪之，若以無情而放之，則於法未穩。"上曰："予將商量。"傳于承政院曰："今朝經筵，領中樞及臺諫皆言左議政不可送，其議諸政丞等。"鄭昌孫、沈澮、尹士昕啟曰："近來平安道多事，今又遣政丞，則驛路有弊，供頓不貲，莫如不遣之爲愈也。"從之。　　諭三道體察使魚有沼曰："卿受命西征，軍機至重，擬遣左議政尹弼商以爲後援。第念西鄙軍事方興，大臣繼往，供頓難支，茲用停行。命本道節度使金嶠爲後援，卿知此意。西征之事，一以自任，相機進兵，奮揚威武，以旣厥功。且渡江日時，臨發馳啟。"　諭平安道節度使金嶠曰："今遣右贊成魚有沼，領兵一萬，入攻建州。卿領本道軍馬，沿江上下防禦諸事，倍加嚴固。且自當有沼兵後，如有不虞之變，隨即進兵應援，毋失事宜，以誤事機。且有沼發兵日時，及凡干軍機，宜速馳報。"諭平安道觀察使玄碩圭曰："今遣右贊成魚有沼西征，又令節度使金嶠領兵鎮邊，以爲後援。若事有不虞，金嶠進兵，則沿邊防備，非卿誰任？卿職兼兵馬節度，本道之事，宜所統察。今當兵興，一應軍政，預須著意，善爲後圖。軍政至重，毋令失誤。"　是日，使臣發安城舘，至鳳山受宴，仍語伴送使曰："毛憐、建州等衛，驕虜盡殲則已。如不能，假如三分雖滅一分何益？靉陽堡等處，則關防甚嚴，彼不得作耗。距此堡若許西南間，則以其戍禦踈虞，每至作耗。此距遼東八十餘里，轉傳馳報之間，已搶擄人畜而去。朝廷患之，擬欲甜水站、草河口子、鳳凰山等處，設大小鎮築城，移內地不緊鎮衛軍馬復設八站，以嚴防戍。"

　　壬申，初汪直、朱永之討建州也，兵部尙書余子俊等建議，諸夷有來朝不犯邊者，勿令驚疑。至是直等以其所擬示弱損威，乃遣使招誘建州夷人郎禿等四十人來貢，欲賞之死。且言建州三衛，法當珍殲，若今日縱還，明日復爲邊患，欲進兵征剿，恐兵部復以爲殺來朝者家屬俟進止。詔曰："郎禿等旣招誘來貢，且拘留於邊，仍敕汪直等便宜行事。"至是，直等械郎禿等至，遂令都察院、錦衣衛禁錮之。實錄。

　　癸酉，朝鮮實錄書：諭三道體察使魚有沼曰：“今天氣甚
寒，且於本月二十日大雪，想塞上雨雪尤甚。言念三軍，爲之
惻怛。見可而進，知難而退，此良將事也。卿爲三軍司命，其
可不體予意，冒危蹈險，以傷士卒乎？師出萬全，是予本意。
卿其三思，審度時勢，酌其難易，毋輕進，毋久留，以全我士
卒，以紓我西顧之憂。”　丙子，諭三道體察使魚有沼曰：“本
月二十三日，永安北道節度使辛鑄啟本內，蒲州兀良哈李滿住
子甫乙加大子時波右甫堂可等，於遼東此邊十日程，他郞哈地
面聚軍一千名，閏十月二十五日間，將寇義州。此是傳聞之
言，虛實難憑。然兵法不恃其不來，恃吾有以待之。安知彼賊
探知中朝之事，而有此不測之謀，以擾我邊境乎？卿悉此意，
申嚴師旅，以圖萬全。且與節度使金矯相聞，益固邊鄙。”　戊
寅，永安道觀察使李克墩辭，上引見，謂曰：“今年中朝入攻建
州，我兵從征。西北聲息，二三年間必不絕矣。卿知此意，備
禦諸事，盡心爲之。且三峯島事，則今朝承旨已知之矣。”左承
旨李瓊仝啟曰：“前月二十八日，曹偉合結麻尙船入送，風逆還
來，三十日更送，今已一月而不還，不知其故？”克墩啟曰：“臣
爲江原道監司有金漢京者，始發此言。臣疑之，反覆詰問，其
言多變詐，臣不信聽。永安道人愚惑太甚，多信飛語。一人有
言三峯島之好，則人皆欲往居之。今乃命遣招撫，如未得還，
國家未知其由，又從而遣之，如此恐傷人物。”上曰：“三峯島土
地沃饒，民安其業，不事官役，背國忘君，必不自來。今欲遣
人審其形勢，然後大舉征伐，故如此耳。其或敗船溺死，特一
時之變，安可以此而不爲乎？”瓊仝曰：“前日講武時，安仁厚所
言三水、甲山間閒曠之地，令監司更審何如？”上曰可。
十一月壬午朔
　　辛卯，朝鮮實錄書：通事張自孝還自遼東，上御宣政殿引

見。自孝啟曰："臣始到遼東，高清先入，與太監等會議後，引臣等而入。臣呈咨文，太監問起兵日時，汝殿下何以云云？臣對曰：'二十五日師期太迫，未能及赴。'高清從旁語太監曰：'殿下言二十五日似未可及，然遣將領兵，計日入攻。我云：白顥時及期，今則何緩也？殿下答曰：前日則遼東大人先報，故預整軍馬，及赴師期。今則敕到始知，恐忙不及期。'太監、御史等云：'殿下之言良是。'"上曰："太監無乃不悅乎？"對曰："始聞未及之言，聲猶稍厲，及高清解之，皆有怡色。"上曰："二十五日果入征乎？"對曰："高清二十二日回還，二十五日行纛祭，用雜戲饗兵，前軍啟行，二十八日，將帥乃行。"上曰："館待何如？"對曰："饗用果肉，贈以布帛，禮待甚厚。"上曰："其將帥賢乎？"對曰："撫寧侯，正統皇帝之姪，舉止有節，寡言笑，眞長者。汪太監，年少，溫雅簡默。魏太監，年齒已老，習熟古事。""其甲冑何如？"對曰："軍器整治，莫罄名言。"

壬辰，西征從事官辛仲琚賚罷陳啟本來，上御宣政殿引見。上曰："若事難則罷陳，甚善。"仲琚啟曰："臣等自滿浦將入賊境，冰不堅合，厚僅三寸，不可騎渡。有一流漫處，冰凝稍厚，然兩岸峻絕，僅通一騎，不可行軍。且前日斥候者來言，賊人於我國往來之地，斬木爲寨，用軍七人，以爲防戍；問諸逃來唐人，其言亦然，是以罷陳。且狄踰嶺路本狹窄，重以冰雪，僅通一騎，我軍之踰，至於三四日，人馬飢困，僅獲不死，且軍人衣薄，不能耐寒。今冬尚煖，茲未凍死。若至賊穴，死者必多。"上曰："自此至彼幾日程？"同副承旨李季仝曰："仲琚六日到京，以通夜而行也，若急行可七日程也。"上曰："冰不早合乎？"季仝啟曰："臣守昌城，故知之。度其冰合，疑與漢江同時。"上曰："明日議得時，并議奏聞之辭。"　甲午，上黨府院君韓明澮來啟曰："臣昨日見通事崔有江，問西征事，

答曰：‘汪直領軍甚衆，以牛一萬五千頭運糧，爲久住之計，
候彼人之登山躲匿者，自斃而還，’果如此言，則必留屯閱月。
而我國以江冰未合奏聞，必不見信矣。殿下誠心事大，而以一
事之微，見疑於上國，於大義未便。今已放之軍，不可復會，
留防軍數，亦可萬餘矣。使將帥領行，渡江而還。雖未搗賊
巢，我國之奏聞有據矣。”上御宣政殿引見，明澮啟之如初。上
曰：“政丞之言甚是。然今已罷陣，不可復徵，奈何?”都承旨
金升卿啟曰：“信如明澮之言，雖未入賊穴，渡江而還不妨。”
左承旨金季昌、右承旨蔡壽啟曰：“復徵已罷之軍，更舉大事，
甚未便。”右副承旨盧公弼啟曰：“今天氣沍寒，積雪塞路，野
無青草，喂馬亦難，臣決知其不可復舉矣。夫我則直矣，雖奏
以江冰未合何害?”上曰：“此是大事，欲廣議於朝。” 命召政
丞、臺諫等，御宣政殿引見。上曰：“卿等其聞韓政丞之言
乎?”鄭昌孫啟曰：“明澮之言是矣。臣反覆思之，我師曾未渡
江而還，雖奏以江冰未合，上國豈信之哉? 必以我國爲詐。雖
未得深入致討，若將兵越江，揚威而還，則我之奏事有據矣。”
沈澮曰：“我國平時至誠事大，今以此事見責，則前日之誠掃
地矣。”國光曰：“深入致討，則勢難矣，渡江而還斯可矣。”弼
商曰：“魚有沼罷諸道軍，領留平安道之兵，馳聞稟旨則可矣，
而事已如此，將復何爲? 雖不可復徵已罷之軍，若率留防軍士
入于靉陽堡等處揚兵而還，則中國知我國之出師，而我國之奏
辭亦有據矣。”思慎曰：“今已罷軍，不可復徵，而留防軍士類
非精兵。若領單弱之軍深入其阻，而適犯彼人之憤兵，則利害
可知矣。如我國全不出師，而奏以江冰未合，則曲在我矣。今
大軍已出，留屯江上，而天氣尚暖，江流未冰，雖欲渡軍，勢
所不得，以實奏之，何害於義? 若爾，則上國雖或不信，而在
我國無愧於心矣。如故爲揚兵，越江旋返，而據此以奏，則曲

已在我，有乖殿下事大之誠矣。"洪應曰："今已罷兵，不可復舉矣。"上顧謂左右曰："何如？予意以爲盧敦寧之言是也。然此事至大，議當從多，卿等各言其志。"昌孫曰："今以江冰未合奏之，則必以我國爲詐矣。若遣使讓之，則當以何辭對之乎？"克培曰："昌孫之言甚是。雖不可復徵已罷之兵，留防軍士，數且不少，領此渡江，揚兵而還，則無損於我國而奏聞有辭矣。"良璥曰："渡江揚兵，而遣人通於遼東，使知出兵，而後還師奏聞可也。"繼禧、權瑊曰："領行留防軍士渡江而還爲便。"世恭曰："領軍渡江，斬馘而献俘於王朝，不亦快乎！"安性世、弼致琨曰："令已罷兵而時勢亦難，臣意以爲越江未便。"上曰："大義則信如政丞之言，然時勢則甚難。"思愼曰："今天氣尚嚴，積雪沒脛，道途不通，而野無蒭茭，人馬俱斃，勢有所不得爲也。且敕書內若有'逃竄者，則諒必擒而俘献之'，非必於興師致討也。今勢已如此，以實告之何害？中朝待我國非如畿內諸侯之比，覊縻而已，臣意以爲必不以此事遣使責之也。昔元朝征日本時，我國出師助戰，然其時元將到我國，親督出師，不得已而從之，今則又非此比也。"繼禧啟曰："臣今更思之，如此苦寒，再舉入攻，則棄平安一道也。如棄平安一道，則明年赴防，不獲已必用他道之兵矣。今復興師，似乎不可。"明澮曰："臣非必欲興師渡江也。有懷不敢不達，而欲廣議於朝耳。"弼商曰："有沼則既往在途矣，命金嶠領留防軍士渡江而還可也。"上曰："然則渡江之議多，從多可也。而事當急速，其事目磨鍊以啟。但時勢甚難，若渡江則當擣賊穴矣，謂之揚兵而還，則甚不可。國家命將，先謂之揚兵而還可乎？"昌孫啟曰："渡江之意，急速遣人馳諭有沼可也。"克增曰："臣聞有沼既還，今到肅州等處，餘軍時未回還。"良璥曰："渡江揚兵而止則可，必擣其賊穴，則時勢甚難。"思愼曰："決知我兵不利而必於渡江，臣之所未解。若故揚兵而據此奏聞，則是欺上國也。"上曰："我兵不利之禍小，上國譴責之害大，義當越江，然預知人馬俱斃而猶遣之，予所不忍，寧爲民受責何如？"左右嘿然。上曰："寧爲民受責，姑停越江之議。奏聞使賫去事目磨鍊以啓。"政丞等咸退，議啓："（一）若問入攻事意，一依奏本答之。（一）若問'自王京距江上幾日程？'答曰：'平時則二十日餘程，疾行則十六七日程。'（一）若問'徵何軍士？'答曰：'時急，以本道及京軍，共萬餘矣。'（一）若問'將帥不入攻，汝國何以處之？'答曰：'我等離發時，將帥時未復命，故未知而來。'（一）若問'江冰未合，何不用舟楫浮橋等事？'答曰：'兩岸冰膠，難用舟楫，浮橋則我國本不解造，且野人等屢犯邊鄙，我國固欲勦滅，况承敕諭，如有可入之勢，安敢不討乎？'事不便之意，據奏本多般力辨。"

丁酉，毛憐衛野人女直都指揮等官老佟、海西肥河衛等野人女直都督等官剌哈等，各來朝貢馬及貂皮。賜宴，并衣服、綵段等物有差。實錄。

戊戌，朝鮮實錄書：命召都承旨金升卿入內。上曰："奏本云'以圖後效'，此語泛稱不切，中朝必多方詰責。詳叙來年入攻之意，何如？"升卿啓曰："政丞等亦欲削去此語。奏本又云'草枯雪深，喂馬爲難。'若我師越江，則此言猶可也。此邊乃我國尋常防禦之地，不可以無草托辭。雖只以此責之，我無答辭。若明言來年入攻，則必喜之。今太監汪直將兵而來。宦官心志躁急，慮不遠大，若多般以咎我，則皇帝亦必非之矣。"上曰："政丞等皆云：'我師纔得越江，乃奏中朝曰勢難不得入攻可矣，是則詐飾誣奏也。'今雖不得入攻，若以實奏之，之則正矣，無愧於心。明秋入攻，萬一得利獻俘，則皇帝必以爲其時勢難不入矣。結怨野人小，見責中朝大。政丞曰：'今猶未晚。'予則以爲不然。"升卿曰："韓明澮今朝見臣云：'反覆思之，今不入攻，於吾心猶有未安。前日面對時，上曰"予當爲民受責"，故不得復請。今欲更啟而來，適不御經筵，亦未敢上達。中朝每稱殿下之誠，今以一事見過，則無乃不可乎？'其意蓋欲令臣上達也。"上曰："予已召承文院提調，當以明年入攻之意并載奏本。" 承文院提調鄭昌孫、尹弼商、洪應、徐居正、李承召承召而來，金升卿傳上旨。居正曰："夷狄相攻，中國之利。今若奏以明年入攻，則中國必不止之矣。"弼商曰："今年中國攻建州，明年我攻建州，則臣恐移怨於我，而有兵連禍結之兆矣。"傳曰："今年入攻與明年入攻何異，其結怨則一也。與其受責於中朝，寧結怨於野人。其載明年入攻之意于奏本。"仍召曾經政丞及議政府示奏本。韓明澮、沈澮、金國光、李克培、韓繼禧、權瑊、魚世恭啟曰："若明年有故，不得興師，則如之何？不如去此言也。"上曰："然則去'明年'二字，但叙後當入攻之意。" 己亥，御經筵。講訖，大司憲金良璥啟曰："征西大將魚有沼，初以一萬之衆，出屯江上，未入賊穴，乃曰江冰未合，難以濟師，不稟旨擅罷兵，請罪之。'上曰："在境内而擅罷兵，雖曰有罪，然必見勢而然也，夫豈不思而爲之哉！"良璥曰："渡江則其進退在將軍。今不渡江，則安能自擅其進退哉？馳馹以聞，則不過七八日之程，而擅退兵，此而不懲，何以懲後？"上曰："待有沼來問之可也。"領事韓明澮啟曰："臣反覆思之，今次奏聞使行次至遼東，而大兵若深入未還，則臣恐於是必有錯矣。"上曰："政丞之言然矣。我師之屯於江上，上國必不知矣。上國不知，則我雖曰'江冰未合，難以濟師'，上國其信乎？上國不信不知，則我雖直，何以暴白哉？"明澮曰："誠如上教。我雖據事奏聞，然在吾境上而罷兵，安知我之眞僞哉？爲今計，雖未得深入致討，若將

兵越境，則其奏辭有據矣。且通事崔有江言：'汪直領軍甚衆，
又以牛一萬五千頭運糧，爲久留之計。'若天兵未還，而奏聞經
至，則上國益不信矣。殿下誠心事大，而今不見信於上國，則
臣恐有失事大之誠矣。臣意以謂已放之軍不可復徵，擇留防軍
精銳者以入，則雖未搗賊穴，不有愈於不越江而旋退者乎？"上
曰："然。兵可擇用三千。雖未滿三千，亦可。且如許琮者，
可堪爲將，今在何處？"左承旨金季昌啓曰："琮今丁祖母憂
矣。"上曰："其起復入送，且先遣人于平安節度使，諭以還入
攻之意。"又曰："予欲遣同副承旨李季仝，何如？"仍召謂季仝
曰："予將還攻建州衛，汝往平安道，與節度使金嶠，擇留防
軍士以待。"仍賜季仝貂裘一領。上聞許琮有疾，以左議政尹弼
商爲都元帥，節度使金嶠爲副元帥。　　御晝講。侍講官成俔啓
曰："今天氣沍寒，積雪塞路，野無芻茭，如我國全不出師，
則曲在我矣。今大軍已出，留屯江上，而適因江流未冰，勢不
得已，罷兵乃還，以實奏之，不亦可乎？如此，而上國雖或不
信，在我國何愧之有？今雖再舉入征，臣決知其不得入也。"上
曰："予豈不思大義而妄興大事乎？議已定矣，不可止也。"
司憲府掌令丘致崐來啓曰："北方之地，未秋先霜，未冬先寒，
況當窮陰之日，層崖絕壁，冰懸雪擁，人不得並肩，騎不得成
列，人仆馬僵，必不戰而死矣。請勿再舉，以全我士卒之命。"
上曰："大事已定，何屑屑言之哉！"　上御宣政殿，引見尹弼
商及鄭昌孫、韓明澮、洪應、徐居正、李承召、李克增議西征
事。上謂弼商曰："今者西征，專在政丞節度。"對曰："臣敢不
盡力。然成敗利鈍，非所逆料也。但以江冰未合，不得入征，
言甚無理，故魚有沼拜辭時，臣適入侍，有沼以冰未合爲言，
臣謂有沼曰：'如冰未合，可作浮橋以渡也。'有沼不用臣言，
罷兵而還。然有沼屢從征伐，非如臣之屢劣，必觀勢知難而

退。但應敕討賊，已咨遼東，今以罷兵奏聞，實爲未穩。若以江冰未合，雪深草枯爲辭，則草枯在秋，今非其時，而雪深則冰必合，其言矛盾。反覆思之，理當入攻。"上曰："如是等語，是欺中朝，甚不可也。且幾日可至賊境乎？"弼商曰："臣於丁亥年，以主將四日而至江邊，今不能如是之速也，來月望前可得入攻。"上曰："旋師後予欲令點兵。"弼商曰："允當。臣之此行，全師而還，未可必也。萬一敗軍，敢不以實聞。然必令點閱，可知虛實。"上曰："誰使爲之？"弼商曰："在上意斟酌爲之耳。"上曰："李季全可也。"承召啟曰："委重任於政丞，而又令承旨點閱，似未穩也。"居正曰："我軍雖入賊境，若以雪深中道而返，何以使中朝知之？"上曰："雖不得知，自反而縮，其亦可矣。且中朝兵與賊勝負，未可知也。"弼商曰："汪直將萬兵以壓小醜，勢必勝矣。"上曰："汪直必帝所信任，不然何以授重兵以討賊乎？"弼商曰："臣曾赴京聞之，汪直寵幸於帝，内而宮禁之事，外而軍國之務，無不總攬。"上曰："其不見敗乎？"對曰："皇帝賞賜優厚，家計豐富，粗有清名，此其所以不敗也。"金升卿曰："旋師之後，宜遣朝官勞軍。"弼商曰："在丁亥年世祖遣官勞慰於道者三。"上曰："前日已令平壤府慰宴，今亦如之，別遣宰相慰之似可。"弼商請率季全入征。上曰："已令季全，但調兵馬，不可又命入征也。"弼商曰："命内臣調兵甚善。丁亥年，臣以右參贊、權孟禧以承旨俱入侍。世祖命孟禧往調軍馬，繼命臣赴征，蓋遣内臣則凡事易成。且臣已老，金嶠又過壯年，而季全有武勇，殿下將欲付大任於斯人，則與老臣參用之可矣。"上曰："職帶承旨，赴戰未穩。"弼商曰："臣亦内臣也，以内臣從征何妨？"固請，不聽。上曰："諸島兒馬給平安軍士何如？"弼商曰："平安、黃海道軍士防戍往來，馬多困斃，請賜兩道軍士。"克增曰："諸道牧馬守塲者，簡出良馬，竊賣遠方，充以羸馬，馬之耗損日甚。"弼商曰："軍政莫急於馬。古人問國之富，數馬以對。今諸島牧場，無一良馬，大可慮也。"上曰："養馬節目，商議以啟。多方以試之，則必有善者矣。"　司憲府大司憲金良璥等來啟曰："臣於今朝經筵，聞上敎及韓明澮所啟之言，退而思之。平安之民，本無衣襦衣者，當此隆寒，不可輕舉大眾，請停之。"司諫院大司諫朴安性等亦來啟曰："今者再興師旅深入賊穴，則我師凍傷必矣。預知死傷而強使赴征可乎？"傳曰："已與政丞等議定，豈以臺諫之言改之！"安性等又啟曰："當此苦寒，積雪塞路，豈能窮探賊藪哉！纔得越江而還，則中朝安得知之，以此奏聞，則是重欺皇帝也。前日敎曰：'予當爲民受責。'羣情爲快。今復如此，不勝缺望。中朝雖或有責，直在於我，有何患乎？"丘致崑曰："古人云：'自反而縮，雖千萬人吾往矣。'魚有沼受命出征，不得濟師而罷兵，然我則正矣。今據有沼啟本回奏帝庭可矣。"傳曰："安可越江而還乎？當直擣賊穴。前日議者有揚兵觀兵之語，必聞此議而有是言矣。其各退去。"　賜都元帥尹弼商貂裘二領、角弓三張、大箭一部、韃服具弓箭帽各二部、油芚二、弓弦十枚、結弓鹿皮五張、甲胄一部、長箭片箭各二部。　諭平安道觀察使玄碩圭曰："以節度使金嶠爲副元帥，卿其代金嶠防禦。"　敎平安道都元帥尹弼商曰："王室有故，則方伯連帥，以諸侯之師敵王所愾，古之制也。徂茲建州醜虜，屢犯上國，以干天誅，帝乃赫怒，命將致討，特遣使我國，請兵以爲聲援，即命魚有沼簡率三道兵一萬赴征，辭以江冰未合，罷兵乃還。是雖出於不得已，然將入攻事因，移咨遼東，已達天庭。今以江冰未合小故，不入攻退師，於心未安，於義不直。先遣內臣李季仝抄兵，特命卿爲都元帥，以平安道節度使金嶠爲副元帥往征，以膺帝命。閫外之事，自有將軍節度，不可遙制。所管副元帥以下，及本道觀察使、守令等，用命不用命，任卿處置。卿其勗哉！" 下書同副承旨李季仝曰："都元帥尹弼商率師渡江後，仍留待還點檢士馬而來。" 教平安道觀察使玄碩圭、節度使金嶠曰："頃承敕諭，命魚有沼率本道及永安、黃海道兵，赴征建州衛，因江冰未合，罷兵乃還。今當沍寒，更舉入征，予豈樂爲？然旣以徵兵赴征，移咨遼東，今不可中止。特命同副承旨李季仝，賷兵符以往。卿與季仝，抄發沿邊諸鎮防禦軍士精銳者以待。" 御經筵。講訖，大司諫朴安性啟西征不便。上曰："冬月不宜再舉者，爲民也。今日決意入征者，大義也。今者我軍纔到江邊，便即罷還，中國豈知邊將擅自罷還？雖欲奏聞，辭實無據，朝廷其無責我乎？前者馬侍郎請禁我國收買弓角，奏請然後朝廷許之。且中朝親信我國，使者之行，皆許佩弓帶刀，今不從敕書，必生疑貳，遣使責之，其將何辭以對？今雖不至元朝之侵責，天下之事未可期也。"掌令丘致崐啟曰："邊將不取稟擅罷，信有罪矣。在我國固盡其職，今復遣弼商入攻，以此奏聞，天朝豈信我再舉入攻乎？"上曰："我國之有魚有沼，中國所不知也。政丞之往，何以得知再舉也。"安性啟曰："平安之民無一衣絮者，殿下重失信於中國，強驅羸卒冒雪赴征，甚未穩。"侍講官安琛啟曰："國家大事，非小臣所議。然嚴寒雪路，勢難入攻，奏報中朝，俟春再舉何如？"上曰："咨文亦曰‘以圖後效’，然纔及江上，罷兵而還，乃云後效，事似不直。況已與大臣議定，豈可聞一二臣言而中止乎？"琛曰："蒭蕘必擇，小臣之言，豈無所補？平安之民本皆疲羸，難以赴征。"安性曰："世宗朝，中國嘗請兵，世宗不從，何必再舉乎？"不聽。 臺諫合司來啟曰："西征之舉，國家大事，臣等反覆思之，彼地積雪塞路，人馬不通，且天氣寒嚴，倍於他道，況貧民疲馬，生還者有幾？臣等以謂此非興師動衆之時。"傳曰："入侍經筵臺諫，已知予意。"大司憲金良璥曰："中國日候之寒，非塞外之比。然露宿經日，則鮮不凍傷，況積雪沒脛之地乎！是棄其師也。雖令深入賊穴，臣等決知其不得入也。若不得入賊穴，則雖云渡江，與不越江何異？徒無益而有損也。"傳曰："前日議時，大司憲以爲領軍渡江，遣通事通於汪直而還可也，與今日所言何相反也？"良璥曰："通於汪直，非臣所言。初有揚兵之議，故臣以謂渡江揚兵而通於遼東，探知汪直進退而後還可也。及聞上教，渡江則當擣賊穴，臣亦以時勢甚難啓之。臣有懷不敢不達，恐於轉啓之間有所未盡，請面對。"上御宣政殿引見。良璥啓曰："臣於昨日上教非不聞也，明澮等議非不知也，但邊地苦寒，民無衣絮，猝驅赴征，深入狄地，倘遇大雪，進退無據，屯留數日，生存者幾何？野無蒭茭，馬亦自斃。時勢甚難，不可再舉。我今旣承中國之命而出師，觀其時勢之難而罷兵，以實奏聞，有何不可？"上曰："我國事大以誠，自古號爲禮義之邦，中朝待之不疑，特令本國使价，仍帶弓箭而入，又許弓角之請。今者起兵助征，已咨遼東，轉報朝廷，而竟不赴之，則其不直甚矣。祖宗朝稱禮義之邦，而至我謂之不直，可乎？事勢之難，予非不知，不獲已也。"良璥曰："平安之地，邑居虛踈，雖移民實之，猶未奠居，而又當敵人之衝。今驅戍禦之卒，冒冰雪之險，萬一覆敗，平安一道盡爲虛荒。不特此也，前此軍官赴征之時，驛路困敝，逃散殆盡。"上曰："中國之命固不可違，斯民之弊亦不可勝言。每念至此，予心慘然。如此隆冬，西征將士何以能堪？今雖峭寒，予不忍着耳掩也。"良璥曰："臣家處於高地，耳傾漏聲，至於四鼓猶未能寐。臣意以爲今旣出師，屯臨敵境，雖不入攻，是用中朝之命也。"上曰："小所以事大信也。今雖不入攻，中朝必不遣使責之也，然不可失信也。且小人自古有之，今天子聖明。小人固不得售其奸矣。然天下之事，安可必也。雖入賊地，元帥措置得宜，則可以萬全矣。”良瓘曰：“如遇大雪，雖弼商無如之何？”丘致崐曰：“今此之舉，中國聞之，亦必以冬月興師爲非也。”上曰：“旣敕夾攻，何以爲非乎？”良瓘曰：“中國入征，當八九月則時矣，非其時而窮兵於遠，其失亦大，何必從之？”上曰：“予計以爲野人被王師入攻，恐我國夾攻，必遣人覘之。雖不深入攻，若遇候覘者，擒獲以獻，可以塞責。”良瓘曰：“此徼幸萬一，非計也。”上曰：“是亦幸也。”良瓘曰：“臣不知弼商之外別有將乎？”上曰：“政丞爲元帥，金嶠爲副也。”對曰：“然則戍邊者誰歟？”上曰：“觀察使也。”對曰：“防禦不可不謹也。”都承旨金升卿曰：“弼商云成貴達、李淑琦中一人留守邊鎮以防不虞。”上曰可。臺諫咸退，升卿曰：“命製給西征軍士襦衣耳掩，今驛路殘敝，轉運實難，請以平安道所儲縣布亦令製給。”上曰：“驛路困敝，誠可哀也。是亦爲民，何憚轉輸。”先是，傳于承政院曰：“今者赴征軍再舉深入，勞苦莫甚，予欲諭以不得已再舉之義，當於回還之後各給襦衣一領、耳掩一事，其有功者並給馬以償其勞。”故升卿有是啟。　癸卯，同知成均館事金紐上劄子曰：“臣伏聞征西以左議政尹弼商爲大將，臣甚危之。臣於世祖朝，受命從尹子雲往審屯兵之地。正月初自義州沿江而上，出入彼土，至滿浦而還。其間道路，懸崖絕壁，層冰積雪，人馬僵仆。雖非臨陳對敵，驅馳緩急，惟意所適，而其難如此。況深入彼界無路之境，冰雪凜冽，登危歷險，而與敵相戰，豈人人所可能哉？夫受敵於危險不測之處，履之如平地，無所蹶墜而能制勝者，無他，恃吾之强、心不餒焉，從容制馬之得其道耳。今弼商，書生之最弱者也，素不業弓馬，被甲佩弓，不得運身，對强敵而能制馬於冰崖不測之險乎？身旣

如此，則心安得不餒？其不倉皇墜蹶而號令士卒，幸矣；當大
事而徼幸，可乎？臣聞師出萬全，猶有慮外之患。未有主將顯
有大故，而一軍能制事者也。臣之所以危之者，入攻之期四，
而最後則在來月之望，措置猶可及也。今妙選文武全才者爲大
將，匹馬遣之，而令弸商在江上指揮方略，則庶幾無弊而大事
可濟矣。臣不任言責，敢干天威，無所逃罪，有懷於心，不能
含默，謹昧死以聞。"傳曰："議於政丞等，業已爲之，今不可
復改也。" 乙巳，上引見都承旨金升卿，謂曰："聖節使迎逢
軍之往，當諭以魚有沼以江冰未合，不得濟師而還，更命他將
入征事，令語于遼東，其將此意馳書觀察使。" 三道體察使
魚有沼來復命。傳旨兵曹曰："議政府右贊成魚有沼，以西
征將帥，領兵到江邊，不啟稟擅便罷兵，其推鞫以啟。" 下
書平安道觀察使玄碩圭曰："聖節使迎逢軍入歸時，遼東若
問西征之事，答曰：'我國承敕諭，即命將出師，齊到江上。
適今冬稍暖，又江水勢駛，冰未堅合，故未得渡師，不得已
罷兵而還。更命他將領軍入討。'強問前後大將姓名及軍士之
數，'大將姓名則我等卑品不知，只以職銜從實對之。'軍數，
則答以'自江上他路入征，故不知。'以此意迎逢軍率領團鍊
使處，詳悉開說以送。"又下書玄碩圭曰："今以驛路困敝，
西征將士宣慰使不得已停之，將士出來後，卿於平壤府行宣
慰禮。"

　　丁未，靖虜將軍撫寧侯朱永等襲敗建州夷，上章奏捷，
謂：'建州賊巢在萬山中，山林高峻，道路險狹。臣等分爲五
路，出撫順關，半月抵其境。賊據險迎敵，官軍四面夾攻，且
發輕騎焚其巢穴，賊大敗，擒斬六百九十五級，俘獲四百八
十六人，破四百五十餘寨，獲牛馬千餘，盔甲軍器無算。'詔
授其奏捷舍人李珍、監生陳澍，俱爲錦衣衛百戶。珍，太監

李榮姪；澍，陳鉞子也。仍敕永等曰："得奏，足見爾等同心運謀，鼓振軍威，致茲大捷。邇來遣將出塞，鮮有若茲之舉。況能冒犯霜雪，深入險阻，朕甚嘉悅。茲特降敕獎諭，以勵勤能。報功之典，俟册報之日，在所必行。即今嚴寒，爾等良食自慎，官軍暴露艱苦，爲朕加意撫恤。其欽承之。"實錄。

　　是役，明人紀載，殊域周咨錄尤詳。有云："建州諸酋，不意大兵猝至，壯者盡逃匿，惟餘老弱，被殺掠而還。鉞因侵盜邊庫十萬兩，并玉蝴蝶諸異品，又私匿所掠人口，父子各占一姝。"又云："遼東御史强珍劾韋朗、陳鉞失機，詔停俸戴罪。既而汪直憾珍，乃奏珍行事乖方，妄參被虜人畜，名數過多，請治其罪。命錦衣千戶蕭聚往覈，聚械珍至京。直先執珍於御馬監，拷掠然後奏聞，執之戍遼東。後汪直敗，鉞下獄，人皆爲之危。鉞乃洋洋然對法吏，謂子女金寶，不敢謂無，但分遺於人耳。所引皆大臣，皆爲鉞極力營解，僅坐除名。起文升巡撫遼東，邊境始得安。"

　　按周咨錄詆斥陳鉞，自是當時輿論。但考汪直傳："帝乃調直南京御馬監，罷西廠不復設，中外欣然。尋又以言官言，降直奉御，而褫其黨王越、戴縉、吳綬等；陳鉞已致仕，不問。"則所謂下獄洋洋對法吏，引分遺諸大臣，及坐除名，恐皆不甚確。

庚戌，朝鮮實錄書：任士洪在配所上書曰："體察使魚有沼，以臣有武才，文移本州，督赴陣所。臣素乏弓馬之能，又未嘗知軍旅之事，然聞國家有事，義不敢自安，即跨馬並江而上，涉險歷巇，凡五日及抵滿浦，則有沼已罷兵還矣。臣竊聞罷兵之由，冬月興師，諸將咸以爲不可。自出師之日，棄家宅，離妻子，如就死地，旣不樂於中。尋承工曹判書柳輊之文，則有曰：‘一卒匹馬如或傷斃，杖其將一百。’諸將咸進言於主將曰：‘天寒地凍，柴草一掃，士卒之困於踰山趣嶺者，直指敵壤，則必不戰而死，寧安處而受杖？何用歷盡崎嶇，傷我士卒，而後還被重罪乎？’於是諸將解體矣，有沼回心矣，遂爲之辭曰：‘江冰未合矣，道路遼遠矣，柴草不足矣，待留之際糧餉未給矣。’臣聞滿浦人韓敬智之言曰：‘有沼遣敬智等五人，深入詗之。初三日發去，信宿得至其落，初五日夕乃還。路甚平坦，雖萬騎可以齊驅，雪不深矣，而草亦茂矣。’臣又與節度使金嶠，共審冰之堅薄。滿浦地面、金巖等處，一邊稍有未堅，然合旣三寸，何虞難濟。路旣可行，冰亦可渡，而柴草不至於不毛，糧餉亦備。其旬日則還師之意，臣實未解。臣竊料之，見可之諭已下，而柳輊之文遽至。本以不樂之情，翻生痛惻之懷，而有是故也。臣竊惟彼人人面獸心，鼠竊狗偷，無足介慮，且無犯邊之隙，遽興冬月之師，宜其停住。然皇帝發十萬之兵，命太監汪直以征，猶慮其未盡擒也，賜敕於殿下，冀獻其頭畜，則以殿下平素至誠事大之意，寧不欲效力於其間乎！是故不計細務而有此舉也。伐其叛羌，以奉我天子，無非義舉。今將士不體上意，徒欲自安，臣竊痛心。臣與節度使金嶠，自義州至滿浦沿江諸郡，問其賊路便易處，則碧團、都渾洞、碧潼、蔡家洞、理山、長洞、滿浦、斜乙外洞，皆路坦可入，居人多言往征之易。今將士不遍問諸人，只取一二愚氓之告以啟，臣實痛心。又料今皇帝如歸責于我，則將何辭以答之乎？以言雪深，則十萬之兵，已窮探賊穴，知其冷暖矣；以言冰薄，則今天氣漸寒，冰堅可指日待矣，然則奏報之際，辭亦難矣。必有睿算，已窮其蘊奧矣。然臣久在侍從之列，濫受眷遇之隆，雖造大罪，遠投荒域，臣敢一日忘芹曝之懇乎！臣妄意改命將士，刻日徂征。縱無所獲，與官軍會，則朝廷必信其用命之實，賞殿下事大之誠，豈非邦家之光乎！不然，則臣恐今日之小弊，轉爲異日之大弊也，惟殿下三思。臣聞平安道軍額，甲士三千七百、別侍衛一百、騎兵六千三百、步兵七千有幾，總不下二萬。今分成江郡及諸口子，二萬之中，揀精兵數千，分道而入，則彼虜可獲，我師不困，黃海、永安之兵不勞再徵，可得征之矣。歲在丁亥，叛臣李施愛之鋒甚銳，自五月至六月七月八月，涉夏經秋，南北士卒俱罷於征討，師未歸家，而世祖承敕之日，即命往征，果得大捷，獻馘王庭，遂被獎諭。殿下思丁亥之事，則今日之興師，不足言其細弊也。巖廊之上，臺閣之間，豈無上策？臣邈處天涯，魂散神耗，誠不能效一得之愚。第以所覩所聞，不宜緘嘿，敢昧死以聞。”　辛亥，上引見西征從事官趙之瑞，問曰：“罷兵時果有宣慰使柳輊移文乎？”對曰：“然。”上曰：“其文果有一卒匹馬如或傷斃，則杖其將一百之語乎？”對曰：“臣掌文書而未見是語。”上曰：“其何以罷兵乎？”之瑞曰：“於本月初二日，主將將點軍，崔至剛來言：‘士卒凍傷，手足莫運，將安用之？’成貴達、李叔琦繼至曰：‘日寒如此，人馬俱凍’，諭書亦曰‘今天氣甚寒，且於本月二十八日大雪，想塞上尤甚，卿爲三軍司命，毋輕進，毋久留，以全我士卒。’聖諭如此，不如罷兵。有沼曰：‘受國大事，豈可輕還耶？’金瑞衡亦曰：‘我踰狄踰嶺以來，馬之僵仆者半，十日散料，大半不足，今又凍傷，不如罷兵。’諸將之如是來說者多矣。有沼商量數日，不得已罷兵。”上曰：“何不啟稟乎？”之瑞曰：“若啟達而罷兵，則往還當不下十日，必至太緩，人馬凍餒尤甚，故未暇啟也。”上曰：“使韓敬智體探，

信乎？體探之後，何以回報乎？"之瑞曰："體探人則果遣。臣
賫啟本上京，故未見其還也。"上曰："此大事，不可不窮推。
上書者必有所聞見，逐條推鞫事，馳書于李季仝。"承旨金季昌
曰："此書實，則有沼罪不容誅矣。"

十二月壬子朔

　　是日，朝鮮實錄書：平安道敬差官權健辭。上引見，曰：
"據土洪之疏，備細推鞫。事關軍機，良非細事。"都承旨金升
卿啟曰："疏語果實，則魚有沼當服大罪；若虛，則上疏人宜
被重刑。所係非輕，不可不詳鞫。"上曰："柳輊移文，亦宜根
尋，期於必得。"權健對曰："柳輊文移於有沼，而有沼與柳輊
業已來還，臣恐未獲。"升卿曰："權健之言亦然。今有沼已來，
無路可得。"上曰："然。"升卿啟曰："若事干守令及堂上官，可
以處之。"上曰："事干守令，而有刑推之端，則刑推可也。若
事干堂上官，而有面質之事，則雖節度使，面質可也。"仍顧謂
升卿曰："今賫去事目，上書人取旨刑推。予意以爲若待取旨，
則恐或遲緩，如有違端，雖刑訊亦可也。"升卿曰："臣意以爲
上書人遽加刑推未便，故以爲取旨可也。今聞上教，至爲允
當。"　甲寅，正朝使工曹參判金永濡到遼東，馳啟聞見事件，
其略曰："天兵征野人，去十一月十五日還軍遼東。王瑝曰：
'蘇子河等地面搜討後，登大嶺，望汝國，連境道路，絕無軍
馬之迹。汪太監曰："朝鮮必不入討矣。"'且云：'曾住毛憐衛，
受汝國職事野人等，移住建州衛，今被汪太監搜捕，並收汝國
除職劄付官教。陳太監示俘獲男婦一百九十四名。'"上御宣政
殿，召承旨金升卿、邊脩謂曰："觀察使其通諭事件於政丞
否？"升卿對曰："書狀内無通諭之言，政丞見此，則必有布置
之事，須謄寫事件，下諭爲便。"上曰："予亦以爲然，然恐不
及。"邊脩啟曰："若急行，則江邊可五日而至。"升卿曰："政丞

去時謂臣曰初九日越江。若以壯健能騎如金世勣者，即日發行，不分星夜而馳，則初八日可及至矣。"上曰："然則其速遣之。"諭都元帥尹弼商曰："正朝使到遼東，聞見事件節該：'王瓘云："到蘇子河等地面搜討後，登大嶺望汝國，連境道路，絶無車馬之迹。"'然則前日興師眞僞，中國必不爲信。今又不深入巢穴，則亦難以發明再擧，我兵徒勞而已。同封謄寫事件，看審詳度，不失其宜，且於所經處白而書之。"丙辰，被虜唐人孟貴自建州衛逃來，差通事崔有江押解遼東。崔有江賫去事目："（一）若問我兵入攻與否？答曰：'去閏十月，命將魚有沼，率萬餘兵入攻，到江上，因日暖江冰未合，累日留待，冰猶未合，不得渡江，罷兵乃還。改命左議政尹弼商入征，時未回還。'若問冬深何不合冰？答曰：'水上江流甚駛，兩岸則冰合，中流則未合耳。'若問將卒數。'裨將則金嶠、成貴達、李叔琦等也。除不記姓名，軍數則率其道兵卒，故未知其詳。'若問渡江入攻日時。'此則在將帥處置，不能遙度，故未知其詳。'（一）天兵入征日時及留屯日時，被賊殺獲之數，不煩問見而來。（一）若問魚有沼不入攻之由，何不奏達，則答曰：'尹弼商回還後并奏，故時未奏達耳。'上又書一條：若問魚有沼罪之乎？答曰：'未詳。'"

丁巳，命毛憐衛指揮同知甫刺忽等五人，進一級；兀者右衛故指揮同知亦里子木里禿等十八人，襲職。實錄。

己未，朝鮮實錄書：命召魚有沼問曰："任士洪上書內，滿浦人韓敬智體探來言曰，路甚平坦，萬騎可以齊驅，雪不深而草亦茂矣，信乎？"有沼曰："臣在江界，問於故老人年可六十餘者，曰：'年二十餘歲時，往審狄土，知有車踰嶺，路亦不險，可從此入矣。但嶺南二日程，茭草掃無。北一日程亦如此。'臣意以謂往返六日程，專未喂馬，則何以能行？且年六十

者見於二十年前，則不可信也。故臣令從事官先往滿浦，送人
詗之，臣亦踵至，留一日，會隆寒大雪，人馬寒凍。又諭書適
至，令毋輕進，毋久留，故臣得罷陣而還。至寧邊留一日，金
瑞衡後至，傳體探人之言曰：'馬瘦不能及矣。車踰嶺以南，
路固不險，然嶺北則草木蒙密，人馬不通矣。'" 癸亥，命召
魚有沼、趙之瑞。傳于有沼曰："卿向在平安道先遣趙之瑞時，
謂之瑞曰：'若無還入征之議，毋啟事目'云云乎？"有沼曰：
"無之。"之瑞曰："臣當夜發程，因忙遽誤聽，故賫來事目不告
政院。"傳曰："之瑞照律似輕，其示政丞及府院君。" 吏曹佐
郎趙之瑞上疏曰："臣於啟本陪來後，以備忘記，不告于政院，
臣誠有罪，雖闔門寸誅，無以曠已失之罪。然臣之不告，非有
心而然也。去十一月初八日，大將魚有沼還到江界立石站，時
夜已深，將驛吏逃散等事，具啟本令軍官金從石馳啟，旋止
之，招臣而授之。臣緣急遽，僅得治任，告行於大將。大將以
備忘記具授臣而有指焉：第一條，不得已罷兵事；第二條，驛
吏逃散等事；第四條，領軍人員科罪等事；第九條，軍士子枝
凍傷事。此四條，則乃隨問隨答之指，臣實詳聞之，其餘條，
則臣所被劾也。臣誤聞之，誤啟以大將言朝廷更不遣我入征，
則不告云爾。自罷兵之啟縷隔二日，而有此備忘，則臣執迷不
悟，妄以謂大將魚有沼更不入征，則不必告也。且臣所不告者
有一焉，臣入京師之日，議定回咨，自十一月十三日至十八
日，寂無出師之議，故臣既誤聞而誤以爲不當告于政院也。若
聖上命取臣所賫來備忘本記，一經睿鑑，則必知臣誤聞之由。
臣筮仕之日雖多，而在朝行習事之日少，故凡臣動靜所爲，莫
知其方，致此誤妄。臣當服大罪，以塞負聖恩之責。臣雖萬
死，無悔於心。" 庚午，御經筵。講訖，左承旨金季昌入啟兵
曹啟目："趙之瑞照律違主將一時之令，斬待時。"金升卿啟曰：

"若使之瑞來便啟達，議于朝廷，魚有沼未返時，還攻野人，其勢甚易。匿不以聞，其罪重矣。然簽仕未久，初不諳練，致此誤舉，實無情也。"上曰："有沼在途遣之瑞，不可謂違主將之令，然照律不得不爾也。"升卿曰："既罷陣，何以爲主將！"右承旨蔡壽啟曰："有沼不以文字啟達，敢以言傳之瑞以啟乎？然之瑞不啟，則不免重罪矣。"上曰："豈可坐死？可收告身、杖百，付處外方也。"升卿曰："然則決杖歟？"上曰："之瑞有文學者，冬寒受杖，恐或隕命，其贖焉？" 辛未，夜四鼓，都元帥尹弼商從事官李堪來獻捷。上引見，承旨蔡壽、邊修，注書史官入侍。尹弼商啟本署曰："初九日越江，十三日深入賊巢。李惇仁、李叔琦、曹幹、李欽石、李從生、洪利老，各率精兵一百餘騎；副元帥金嶠，領游軍五十騎；弼商自以輕騎三百馳進。乘時相機，分道入攻。斬首十五級，割耳二馘，生擒唐女七口、野人十五口，射殺頭畜，焚蕩室廬。十六日全師而還。"上欣然曰："予初以爲難，得一二足矣。今乃至此，所獲多矣。"仍問曰："官軍有死亡者乎？"李堪對曰："一人中流矢，二人病死，餘皆無喪。"上曰："自古野戰雖大克捷，必有死亡，今可謂萬全矣，喜可勝言。"因問攻敵形勢，堪對曰："李惇仁等分道至一里，只有五六家，而中朝兵焚之餘，僅結草穴土而居耳。又至一里，則家可七八，居計饒給，欲爲寇，請兵隣部，釃酒而待。聞我軍馬之聲，彼以爲請兵之來。猝入攻之，倉卒不知所爲，驚愕散走，於是縱兵而擊，賊之騎馬者僅得躲脫，餘皆斬俘，遂還營壘。時至四更，虜騎犯陣，我軍肅然不動，先於四面設遠火以備之，賊不敢近。及日出行軍，賊五出狙射，一卒中矢矣。"特賜堪草綠襦帖裏一領。曰："將論賞軍功，喜深，故賜之。" 上親札諭平安道都元帥尹弼商曰："今見卿獻捷啟本，喜不自勝。予惟今當雪天，加以險阻，再舉疲

師而送死地，憂心冲冲，坐臥忘安，日慮吾民無辜就死。及聞
克捷，又爲全師，罔覺自笑，脣不掩齒。予之此言，難以盡
說。若非卿與諸將同心協力，圖報王家，榮進辱退之心，昭格
于皇天，安能濟事乎？卿等可謂忠誠貫日者矣。功勳必赫於史
策，子孫永享於無窮。卿悉予懷，斯速上來。"史臣曰："弼商
書生，不閑軍旅。而是行也，部分將士，號令嚴明，人莫敢
犯；措置軍機，無少停滯。"　兵曹啟："議政府右贊成魚有沼，
以西征大將，領兵到江上，不稟旨擅罷兵，至爲不當，上裁施
行。"命收職牒。史臣曰："有沼善射禦，有膽氣。丁亥居山之
役最有功。累鎮北門，夷虜知其名。然爲將無威斷。是行諸將
計策紛紜，不知所從，竟坐罷兵之罪。"

　　是日，錄平建州功，封太子太保撫寧侯朱永爲保國公，不
世襲，太子太保如故。　錄平建州功，加太監汪直食米歲三十
六石，韋朗十二石；陞右副都御史陳鉞爲右都御史；領兵官右
監丞藍瑩，都督同知馬儀，都督僉事白全、侯謙、王鍇、白
瑜，都指揮同知崔勝、周俊，署都指揮使韓斌，加一級紀功；
監察御史楊徽爲按察司副使；試僉事王璿、齊經俱實授；總理
糧儲郎中王宗彝爲太僕寺少卿；儧運糧餉都指揮同知常凱署都
指揮使；布政司參議張盛、按察司副使魏秉，加俸一級。官旗
陞賞者五十人，陞者一千八十九人，賞者一千五百四人。　乙
亥，陞巡撫遼東右都御史陳鉞爲戶部尚書，改掌通政司事；太
子少保工部尚書張文質爲禮部；工部右侍郎劉昭爲本部尚書；
左通政何琮爲通政使。實錄。

　　成化間二次用兵建州，皆有功，亦皆有朝鮮助戰之
力。而時以汪直、朱永之師爲多事，爲非建州罪。其時建
州方弱，邊將貪功爲之。但在清先世建州部落間，則固爲

一大史實，明史所不載者也。

戊寅，毛憐女直都指揮忽申八等、海西哈而蠻等衛野人女直都指揮阿塔等、禿納河衛野人女直都指揮者因哥等，各來朝貢馬。賜宴，并衣服、綵段等物有差。實錄。

正編卷十一

成化朝

成化十六年，即朝鮮成宗十一年，庚子(1480)

正月壬午朔

　　癸未，朝鮮實錄書：通事崔有江還自遼東復命，上引見。有江啟曰："臣到松站，聞去年十一月野人分道寇東八站地面，多擄人畜而去。"上曰："聞太監汪直怨我不出兵，信乎？"對曰："遼東鎮撫王璜曰：'汝國失期不出兵，汪太監怒而還。'答曰：'殿下承敕即命將入攻，適江冰未合，不得渡江，留數日，而更命將入攻，時未還師。'璜不之信。翼日，呈文咨于都司大人李英、傅海等，又問'汝國何爲不出兵應之？'臣對如前，亦不之信。又鎮撫吳振語臣曰：'汪太監還京時，言朝鮮軍馬不至，是必道阻未及期也，仍使撫寧侯留待。'臣問曰：'王璜云汪太監怒我軍未及期，信乎？'振曰：'璜言妄也。'"上曰："大軍往返凡幾日？"對曰："十五日也。"上曰："戰亡之數幾何？"對曰："臣聞北京軍二名、遼東軍四名而已。"上曰："動大衆出征，死亡豈止是耶？"已江又啟曰："王璜謂臣曰：'汪太監云："彼人若不順服，明春將復舉兵入攻，使不得耕耨。"乃以軍器火筒藏于南門樓。'臣目覩果然。"　乙酉，御經筵。講訖，執義李德崇啟曰："前日臣等請治魚有沼之罪，殿下以爲待畢推而後更議。今有沼偏裨咸集闕下，請付有司鞫之。"上問左右。領事李克培對曰：“有沼爲人優游不斷，必迫於羣議而罷兵也，當鞫諸將，使後之爲偏裨者知有所戒。”上曰可。　　聖節使韓致禮回自京師復命，上御宣政殿引見。致禮啟曰：“鄭同謂臣曰：‘明年何宰相來乎？若非韓氏族親，難以別獻。’臣答曰：‘往年大人謂我曰，非是常貢，若年年而進，何異常貢？’仍陳轉輸之弊。同曰：‘宰相之言是。然今年進獻，皇帝喜悅，不亦佳乎！’”上曰：“天兵殺獲之數幾何？”致禮對曰：“臣行至廣寧見高清，問將何之？清答曰：‘押領俘級赴京耳。’臣問其數，清示書目，生擒四百八十六名，斬首六百九十五級。臣聞諸路人，唐人被擄於野人者，聞天兵至，爭來迎，官軍輒殺之以邀功賞，故獻馘如此多矣。”上曰：“聞天兵東征後有聲息，然乎？”致禮曰：“臣還到遼東，王璜、吳振語臣曰：‘去年十一月二十四日，建州衛野人約三百餘騎來寇刺楡寨、沙川等處，焚蕩廬舍，殺虜甚衆。’”　丙戌，傳旨義禁府，付處魚有沼于京畿農庄近處。

丁亥，御經筵。講訖，持平鄭摯、正言金永貞啟曰：“今以魚有沼配于農庄近處，是無異在家，何所懲乎？”上曰：“緣江冰未合，不得已罷兵，如是罪之足矣。”摯曰：“罷兵之時，裨將以爲不可，則有沼豈能獨斷，請并治罪。”上曰：“不可。大將之令，下豈能違！”摯曰：“假令大將有不義之舉，而其下靡然從之，則其無罪乎？”　戊子，遣吏曹參判魚世謙如京師獻捷，都承旨金升卿賚宣醞餞于慕華館。其奏本云：“朝鮮國王臣姓諱，爲勦殺虜寇事。成化十五年閏十月十一日，指揮高清。齎捧到敕諭該：‘朕誕膺天命，君主華夷，施惠行仁，乃朕素志。興兵動衆，豈所願爲？夫何建州女直，逆天背恩，累寇邊陲，守臣請剪滅，朕念戈鋋所至玉石不分，彼中寧無向化爲善者乎，爰遣大臣撫綏再三，貸其反側之愆，聽其來京謝罪，悉越常例，陞賞宴待而歸。曾未朞歲，賊首伏當加等，復

糾醜類，侵犯我邊，雖被官軍驅逐出境，但未大遭剉衄。守臣
復請加兵，廷議皆謂此賊冥頑不悛，罪在不宥。已令監督、總
兵等官，選斂精兵，往彼會合鎮守都御史，刻期搗巢征勦。惟
爾國王，紹祚東藩，輸忠於我國家，有隆無替，朕深嘉悅。顧
王國素稱禮義之邦，接隣腥羶之域，亦嘗有以厭之乎！我兵壓
境，賊有奔竄國境，諒必擒而獻之。王如申遣偏師，遙相應
援，大奮貔貅之威，同殲犬羊之孽。逆虜既除，則王敵愾功勤
愈茂，而聲名豈不有以享於無窮哉！報酬之典，朕必不緩。欽
此。’臣欽遵敕諭內事理，即令陪臣議政府右贊成魚有沼等，領
兵一萬入攻去後。議政府狀啟，據魚有沼呈該：‘卑職蒙差，
於成化十五年閏十月十二日發兵，二十八日前到滿浦鎮江上，
自本鎮至理山鎮沿江上下，巡審江水，冰合旋解，難以渡師，
留駐旬日，人馬俱困，不獲已罷兵回還。呈訖照詳施行，得此
具啟。’據此，將有沼不及軍期除已治罪外，又於本年十一月十
九日，差陪臣議政府左議政尹弼商、平安道節度使金嶠等，領
兵四千入攻去後。議政府狀啟，據尹弼商呈該：‘卑職蒙差，
與同金嶠等，於十二月初九日渡江，前赴賊穴攻勦。斬首一十
六級，生擒男婦共一十五名，獲馬二匹、牛一十四頭，射殺頭
畜，焚燒廬舍，收其家產，并獲曾被虜遼東東寧衛婦女七口。
本月十六日回還。呈乞照詳施行。得此具啟。’據此，差陪臣吏
曹參判魚世謙，齎捧實封奏本，并將俘獲家產物件，并被虜人
口，管押前赴朝廷外，今將各人花名數目，逐一開坐，合行移
咨。(一)斬首一十六級。(一)生擒男婦共一十五名口，內男子
三名、婦女一十二口。一名婦女打失，年四十一歲，係建州衛
野人李舍奴親女，本衛野人都兒赤妻。一名小男打失哈，年一
十一歲，係打失親男。一名小女姐斤伊，年九歲，打失親女。
一名小男打比哈，年六歲，係打失親男。一名小兒，打失親

男，在途身故。一名婦女也吾乃，年五十八歲，係建州衛人郡
阿里加親女，本衛野人阿充哈妻。一名婦女阿兒失，年四十
歲，係建州衛野人丫同親女，本衛野人也吾哈妻。一名小女那
歹，年七歲，係也吾哈親女。一名婦女也那，年五十歲，係建
州衛野人坐貴親女，本衛野人柳化妻。一名婦女阿失哈，年二
十二歲，係建州衛野人充相親女，本衛野人哥兒杜妻。一名小
女照已，建州衛野人者奴歹親女，在途身故。一名婦女孛的，
年四十一歲，建州衛野人投音孛親女，本衛野人於兒哥妻。一
名小女毛歹哥，年九歲，係孛的親女。一名小女伊已里，年七
歲，係建州衛野人孛孛親女。一名小女目已里，孛孛親女，在
途身故。(一)野人襲職敕諭一道。(一)馬二匹、牛一十四頭，
內一十頭沿路倒損。(一)軍器三百七十九事。(一)男女衣服四
十二件。(一)家產雜物一百一十二件。(一)被虜遼東東寧衛婦
女七口。一名婦女那邊，供稱：‘年三十九歲，係遼東東寧衛
人氏，父親曾被野人殺死，嫁與忘記名馬軍，離城迤西三日程
韓頭目屯住活。成化三年十月不記日，建州衛野人茲化等前來
作耗，父母挺身躲脫，俺及鄰家住婦女加麻世，俱被搶擄。俺
到茲化家做婢聽使，生下一女，住經一十三年。今年閏十月
間，上國軍馬征剿回還去後，十二月十三日早晨，朝鮮兵馬前
來攻擊，焚燒廬舍，殺擄人畜時分，俺等認是朝鮮兵馬，帶領
女兒訥兒於里投來軍前。告蒙將帥盤問來歷，挈帶同時出來一
名小女訥兒於里，年一十三歲，係那邊親女。’一名婦女加麻
世，供稱：‘年三十三歲，係廣寧千戶李陽管下金小廝親女，
嫁與東寧衛忘記名金千戶餘丁金乃哥，離城迤西三日程栗洞
屯，隨夫住活。成化三年十月不記日，被建州衛野人都兒赤搶
擄，到本人家做婢聽使。’其餘出來詞因，那邊供招相同。一名
婦女要姐，供稱：‘年二十五歲，遼東東寧衛前所總旗王海親

女，嫁與本衛總旗趙者音字餘丁趙孛，離城迤東半日程塔兒嶺
屯，隨夫住活。成化三年二月初二日，被野人都兒赤搶擄，到
本人家做婢聽使。'其餘出來詞因，與那邊供招相同。一名婦女
古加伊，供稱：'年一十八歲，係遼東東寧衛馬軍崔成餘丁崔
會親女，嫁與百姓金海山，離城迤西五日程字削莫羅屯，隨夫
住活。成化十四年十月不記日，被建州衛野人南打等搶擄，到
本人家做婢聽使。'其餘出來詞因，與那邊供招相同。一名婦女
孛巴，供稱：'年一十八歲，係遼東東寧衛軍人內隱松親女，
嫁與百姓王泰，離城迤南五日程阿相哈屯，隨夫住活。成化十
四年十月不記日，被建州衛野人趙麻等搶擄，到本人家做婢聽
使。'其餘出來詞因，與那邊供招相同。一名婦愛姐，供稱：
'年一十八歲，爲緣生性癡騃，爺孃名字並不記得。俺及大哥
遼東指揮趙京，離城迤東一日程柳河屯，隨父母住活。成化十
四年二月不記日，被建州衛野人那需等搶擄，到本人家做婢聽
使。'其餘出來詞因，與那邊供招相同。" 己丑，傳旨尚衣院，
賜上黨府院君韓明澮唐表裏，以建議再舉西征也。

壬辰，戶部尚書陳鉞，自遼東馳驛至京，命掌部事。 丁
酉，命太監汪直監督軍務，兵部尚書王越提督軍務，保國公朱
永佩平虜將軍印，充總兵官，率京兵萬人，赴延綏禦虜。其參
將等官，即令直等推舉以聞，并速具從征什物，待報啟行。
實錄。

汪直於建州，爲國生釁，賴國力尚充，但枉殺夷人，
誣陷正人而已。既得志，又貪功不已，再與王越相結，用
兵西虜。久離禁近，遂爲其黨所中而敗。此亦建州一役之
餘波也，故附及之。

　　庚戌，斬建州夷人哈速等五人；發郎禿等七十四人，編成兩廣、福建。哈速等，聽太監汪直招撫入貢，行至海州，見人馬東行，覺有異，遂驚疑而返。伴送者追之，爲所殺。官軍襲獲之，至京具獄。上以哈速等五人情犯重，命斬之；餘免死，嚴加防護，悉發遠戍。實錄。

二月辛亥朔

　　己未，海西弗提衛野人女直都督帖色古，朝貢來京，卒於會同舘。事聞，命禮部官致祭，工部給棺，兵部移文沿途給車徒舁還本衛。實錄。

　　庚申，兵部言：“比因遼東守臣所報累次殺賊官軍，多所錯誤，嘗令覈實。其把總、都指揮等文寧等十一人，以功贖罪，例不陞賞。其都指揮使等官陳英等三十五人，乞如例陞賞。”從之。實錄。

　　丙寅，朝鮮實錄書：奏聞使魚世謙到遼東，馳啟聞見事件：“（一）都御史姓王者，自鞍山驛到遼東，臣令通事安仁義就謁。御史曰：‘汝殿下遵奉聖旨，以至成功，誠可喜也，今欲宣慰。’即招臣及書狀官、從事官、團練使至都司中門外，都司招通事金由敬問曰：‘漢人及首級，其欲直獻于京，何耶？’答曰：‘雖係漢人，等是軍獲，非逃來解送之比。且獻馘王庭，古也。故我殿下令直進禮部。’鎮撫王璜等持奏本草示臣，傳三大人之言曰：‘欲如此奏達，於宰相意何如？’其大概言：‘被虜人等給付親戚，其首級送與靉陽堡總兵官，梟諸境上，以警賊人也。’臣令由敬告都司曰：‘殿下命直進禮部。今此處置，不敢聞命。’都司曰：‘此非吾所擅，其面陳三大人。’臣即進都司廳，與太監韋朗、總兵官緱謙及都御史王行禮畢，三大人曰：‘殿下既成大功，吾等喜甚，略設宴席以慰使者。’臣對曰：‘我殿下忠誠，不止此也。但冰雪路險，未得大捷耳。’太監笑曰：

'是何言也！'仍曰：'被虜人與首級，何必並獻，可置於此。'臣
對曰：'古有獻俘馘之禮，況奏本及禮部咨已錄之，不可委之
而去。'三大人曰：'此有太監、總兵官、都御史，是亦朝廷公
議也。被擄人本是遼陽人，往來有弊。首級付邊鎮梟示，人口
付親戚完聚，不亦可乎？'臣對曰：'獻于王庭，則自有朝廷處
置。今奉殿下之命，惶恐不敢擅便。'三大人曰：'宰相之言誠
是矣。然既是一家，雖不直獻王庭，殿下忠誠，豈不光顯，況
吾等具由奏達乎？'臣語之曰：'今所示奏本草，與我國奏本之
辭不同。若禮部問人口首級，何爲擅置遼東乎，則將何以答？'
三大人曰：'前示奏草當改之。'因各行酒，又欲贈遺，臣辭曰：
'某等未達君命于帝庭，先受幣物可乎？請辭。'三大人曰：'薄
物何可辭。'强之不已乃受。使及書狀官、團練使皆一表裏，正
官青綃二匹，打角從人各一匹，軍官綿布各二匹。（一）令通事
贈人情于傅都司。都司曰：'咨付人物，義當直達帝庭。王御
史以往來有弊沮之耳。今日宰相固爭，誠是矣。然事勢如此，
奈何？'仍給奏本草。其文曰：'題爲剿殺虜寇事。據遼東都司
呈抄，准朝鮮國王咨備據呈，得此。臣會同欽差鎮守遼東太監
韋朗、欽差巡撫遼東贊理軍務都察院右僉都御史王，議得先因
建州逆賊，累犯邊境，命將出師，抵巢征勦，及降敕朝鮮國發
兵應援截殺。今其國王乃能發兵殺獲賊人首級，生擒男婦，收
獲被擄漢人，并生畜家產，焚燒廬舍，其敬事朝廷，效勞邊
方，忠義誠爲可嘉。使建州漏殄之賊，及臨境諸夷，舉知聖朝
威令遠施，外方用命，未必不心驚而膽落。除將差來護送人員
以禮舘待，及量加犒勞，就令回還外，所據俘獲賊屬男婦，例
應解京；其斬獲首級例該沿邊梟掛；收獲被擄人口，俱係遼東
各衛官軍家屬，應該給發寧家。今欲照依朝鮮國文，俱解赴
京，不無道路往復。臣等公同計議，將俘獲賊屬男婦，并原得

家產，仍令遼東都司差官伴送原來陪臣押解赴京；其被虜漢婦，審取供辭明白，給發寧家完聚；斬獲首級，辨驗是的，轉發沿邊梟掛；原獲牛馬，就在本國倒死，俱各無存。緣係外邦用命剿殺虜寇事理，具本專差舍人于忠親齎，謹具題知。'"

壬申，朝鮮國王李娎遣陪臣魚世謙等，來獻建州之捷，賜宴於禮部。初，朝廷有事於建州也，敕朝鮮出兵策應。王遣其陪臣右贊成魚有沼等，率兵至滿浦鎮江，以冰泮後期；繼遣左議政尹弼商、節度使金嶠等，引兵渡江，進擣賊巢，斬首十六級，生擒男婦十五人，并獲遼東被擄婦女七人，及驅其牛馬，燬其廬舍，至是乃以捷來上云。實錄。

甲戌，海西兀者前等衛野人女直都指揮都里吉等，來朝貢馬及貂皮。賜宴，并衣服綵段等物有差。實錄。

乙亥，下朝鮮所俘建州衛夷婦十人于浣衣局。　己卯，以朝鮮國王李娎奉敕討建州虜寇有功，遣太監鄭同、姜玉賫銀幣往賜之，及其有功官軍，仍以敕獎諭之，曰："往年建賊背逆，朕嘗出師致討，而爾國先王琋，發兵來助，用能克捷。茲者，賊猶稔惡不悛，朕從廷議出師討之，王發兵來助，始因江泮，弗獲與我師合勢成功；繼而兵至，乃亦抵巢攻剿，得其所掠我邊衛人口，遣陪臣來獻。王之忠誠，於先世可能謂繼，於朕命可謂無負矣，令聞寧有窮已耶！今遣中使賜王綵段、白金、文錦、西洋布，其領兵官左議政尹弼商、節度使金嶠，亦各如例有賜，以旌勞勩。王其欽承之。"實錄。

三月辛巳朔

丁亥，朝鮮實錄書：正朝使金永濡、副使李克基回自京師復命，上御宣政殿引見。永濡啟曰："序班李祥言，皇帝錄東征功，陞撫寧侯李永爲公，太監汪直爲都太監，參將周俊、白玉，總兵官馬儀，陞都督，其將士並陞秩有差。"

辛卯，禮部奏定征建州等處有功官軍人等賞例，陞一級給賞者：指揮，人銀三兩、絹二匹。千百戶、知事、監、候，人銀二兩、絹二匹旗軍、校尉、通事、舍人，人銀二兩、布二匹。不陞給賞者：都指揮，人銀三兩、綵段一表裏。指揮，人銀三兩。千百戶、鎮撫等官，人銀二兩。旗軍、舍餘、陰陽、正術、書辦、吏典、士兵人等，人銀一兩、布二匹。量賞者：都指揮，人銀三兩、絹二匹。指揮，人銀二兩。千百戶等官，人銀一兩、布一匹。旗軍人等，人絹布各一匹。實錄。

戊申，朝鮮實錄書：奏聞使通事李義來進聞見事件："(一)司禮監太監承聖旨，招使以下入至左順門，宣問入攻部落所見賊數，使對曰：'我軍入征兀剌山城等處，即建州部落也。賊人出沒林莽間，未可的知其數。所獲首級，皆賊魁也。恃其鷙勇，直犯我陣。軍士迎擊斬之。其餘中矢死者不知其數。'又問魚有沼斷以何罪，對曰：'收職牒放于江原道楊根郡。'太監曰：'江冰未合，不能渡師，則有沼何罪？'對曰：'殿下以皇帝有命，不能奉行，直以大義罪之耳。'太監曰：'有沼之罪，當恕而末減矣。'"

四月辛亥朔

戊午，朝鮮實錄書：唐人金安奴等八人，曾爲建州衛野人所擄，至是來投理山鎮。差千秋使通事康繼祖解送遼東。

己巳，兵部奏："遼東守將言：'諜報，建州女直嘗有怨言，欲興兵犯我邊境，以報十四年二月襲殺之讎。'請敕遼東鎮守總兵、巡撫等官嚴爲之備。"從之。實錄。

　　不報十五年搗巢，而報十四年襲殺，殆以襲殺爲更負屈耶？鎮守在文武官之上，清之駐防亦此意。清暱八旗，明暱奄人，明代似更卑劣。

五月庚辰朔

　　丁亥，朝鮮實錄書：唐人車貴、車自兀信等二人，居東寧衛，曾爲建州衛野人所擄，至是來投平安道滿浦鎭。差通事崔澄押解遼東。

　　辛丑，陞錦衣衛副千戶陳澍爲正千戶。澍初爲父都御史鉞自遼東報捷，陞冠帶小旗，乞恩改冠帶監生。尋復以監生報捷，陞錦衣百戶，又自陳斬獲功，陞副千戶，至是仍稱文官三品，例應送子入監，乞以軍功遞陞，而有是命。實錄。

　　　　　鉞之乞恩取巧，實錄詳書之，深著其非端人之列也。

六月庚戌朔

　　戊午，巡按遼東監察御史强珍奏：“建州班師之後，虜即入靉陽、清河二堡之境，四散殺掠男婦五百餘名，頭畜無算，實由前巡撫都御史、今戶部尙書陳鉞啟釁邀功，以致虜報復舊怨。其守堡指揮王英、白祥，及分守副總兵都指揮吳瓚、右參將崔勝等，俱不能防禦，而鎭守太監韋朗、都督緱謙等，又各畏罪貪功，隱匿前事，直待朝廷論功陞賞、陳鉞回京之後，始以奏聞，實爲欺罔，請皆逮問，以正其罪。”兵部尙書余子俊等覆奏，引皇明祖訓參鉞累犯死罪，不宜再縱，當從珍言。上命吳瓚、崔勝戴罪殺賊，韋朗停歲賜食米半年，緱謙、陳鉞各停俸一年，餘皆屬珍逮問之。實錄。

　　癸亥，朝鮮實錄書：唐人黃延等男婦共九人，居東寧衛，曾爲建州衛野人所虜，至是來投平安道滿浦鎭。差通事張友奇押解遼東。

　　丙寅，兵科都給事中吳源等劾奏遼東鎭守太監韋朗、總兵官緱謙、舊巡撫都御史陳鉞等啟釁冒功、失機匿罪，以祖宗法度為不足畏，以生靈血肉為不足恤，不忠不仁，莫此為甚。雖為御史强珍所劾，不過停俸戴罪，情重法輕，公論未愜，恐邊將效尤，視失機為等閑，以匿罪為得策，請重加懲治，為人臣欺罔之戒。監察御史許進等亦以為言，且謂鉞如宋黄潛善、賈似道，其罪尤甚。上曰："爾等所言皆是。朗等本當重罪，但事已處分，其已之。"既而太監汪直自遼東還，憾珍奏其事，乃奏珍行事乖方，妄參被虜人畜名數過多，請治其欺罔之罪。命錦衣衛千戶蕭聚往勘，如珍奏不實，即械至京鞫之。實錄。

> 强珍奏，書於本月戊午，但并叙兵部覆奏，則珍奏在
> 先，非戊午始奏也。據本條，則珍奏尚在汪直在遼東未還
> 之前。

七月己卯朔

丁亥，命覈邊將誘殺夷人以為戰功者。時巡按遼東御史强珍勘報："三月十九日，虜賊犯鎮臺，殺掠戍卒，守備都指揮魯寧、指揮楊茂追擊之，斬首七級。二十一日，有朵顏三衛夷人二十騎，至河身臺牆外乞鹽米，守邊指揮王全，以甯等前有斬賊，欲因以為功，乃令百戶劉昇，誘十二人，舍騎捐弓矢入來牆內，坐之地而飯之，陰戒健卒躍出各抱持一人，旁卒手刃交下盡殺之，乃聲礮報警。甯及指揮王瑾引兵至，不見賊，知其情，乃相與分取首級，詐稱犯邊對敵所斬者以上功。全及甯等俱宜治罪。"事下兵部，請允之。得旨："仍令巡撫都御史王宗彝及錦衣衛千戶蕭聚覈實，奏至處之。"實錄。

八月戊申朔

乙亥，朝鮮實錄書：下書平安道觀察使金嶠、節度使沈瀚曰："謝恩使韓致亨回自京師云：'太師達子十萬餘兵，屯於廣

宁、开原地面，侵三卫达子。三卫达子将妻子头畜来附开元卫，请入长城内，遂结建州野人。今已三战而胜否未决。又建州野人六百骑请海西达子一千五百余兵，距抚顺所六十里许屯兵，议于八月间入寇于辽东。参将崔升领兵三千，往抚顺所备之。'予惟贼谋难测，彼若失利于中原，虑恐侵轶我疆。卿悉此意，防御诸事益严措置。"

辛未，宥辽东都指挥盛鑑等罪，下指挥使王全等于狱，以虏寇入宁远等处劫掠，鑑等不能预防也。　癸酉，谪监察御史强珍戍辽东边卫；降辽东都指挥佥事王宗三级，带俸差操。先是，珍巡按辽东，劾镇守太监韦朗、总兵官缑谦、巡抚右副都御史陈钺失机罪，委宗查勘被虏人名数，钺等既坐停俸。太监汪直奏珍欺罔，命锦衣卫千户萧聚往勘，械珍及宗至京。直先缚珍于御马监拷掠，然后奏闻。命会官廷鞠之，珍坐奏事不实，宗坐违制，各当赎杖还职。内批："朝廷于风宪参奏事情，未尝不以为实。如珍之怀奸欺罔，诬人重罪，难循常例处治，谪戍辽东边卫，宗降三级差操。"寻以兵部及科道官先尝妄劾钺等，都察院奏差御史不当，俱令回奏。皆服罪。上责都御史王越等不谨，姑宥之，仍戒再犯不宥。停兵部及科道官俸各三月，钺等应所停俸皆免之。时论为之不平，然皆悯默，无敢言者。　乙亥，守辽东爨阳堡都指挥佟昱等有罪下狱。时千户萧聚勘报，昱科取所部银，隐匿所获马，与百户傅林，俱用银买取首级；千户王庆，夺取首级，转卖于人，各报功次，及百户刘通答逃军不如法致死。事下兵部，请下山东按察司逮治之。诏可。实录。

九月戊寅朔

己卯，朝鲜实录书：平安道观察使金嶠、节度使沈瀚驰启："建州野人五百余骑，声言游猎，过行江上。"传曰："平安道聲息緊急，欲令觀察使到江上，與節度使同議措置，又遣重臣以爲聲援，其召大臣與兵曹議之。"鄭昌孫、沈澮、尹士昕、洪應、李克培、柳輊、尹壕、盧公弼、李仁忠議："野人雖稱遊獵，安知窺我虛實欲作耗耶，須益嚴邊備，又遣重臣使爲聲援可也。但本道之民，困敝太甚，請徐觀賊勢遣之。"上曰："其共薦重臣之可遣者。"遂薦許琮、鄭蘭宗、李鐵堅，上命遣琮。時琮方在祖母之憂，以爲有文武才共薦之。　親札下諭觀察使金嶠曰："今觀卿與節度使所啟，乃知聲息之緊，防戍之備不可少緩。卿親往江邊，與節度使觀賊勢緩急，同力措置，機不可失，悔不可追，毋使我有西顧之憂。"又以是諭節度使沈瀚。　乙酉，平安道觀察使金嶠馳啟曰："天使護送軍還自遼東，本月初四日東八站路上遇野人，遮截相戰。我卒四散，獨甲士崔義成、譯學許順等脫來。"上召領中樞以上及兵曹議之。鄭昌孫、韓明澮、沈澮、洪應、盧思慎、李克培、柳輊、盧公弼、李仁忠議："彼人等得利，則慮我躡後，當即還窟穴，我軍分散者亦必出來。但韓偭以聖節使在途，賊耗可慮，令節度使沈瀚，抄例送軍一百名，前諭別加二百三十名，今又加二百七十名，并六百，使助戰節制使二人，分將護送。如野人屯兵未散，臨機抄擊爲便。"　丁亥，平安道觀察使金嶠馳啟曰："臣聞天使護送軍遇賊，親率精騎三百，馳至開州、鳳凰山等處，賊已去矣，收散卒得三百二十人，多有死傷者，且有生存而飢困不能行者，臣並救療領來。"史臣曰："許熙爲團練使，送使臣于遼東，回至半途，遇遼東官人云：'虜方充斥，姑留此探候乃行。'熙飲酒大醉，不聽。至中路遇變，走入山谷，其士卒死者過半，輜重散失亦無算。邊將不以實聞。熙性貪墨，所至多有黷貨之誚，至是不服敗績之罪。西北之民聞之，莫不痛憤。"

東八站遇賊，即建州衛夷也。是時夷雖鈔暴，站路未改，建州實明邊內之地，至後朝鮮貢道改由南衛，則以邊外視之矣。清代自命滿洲爲一國，其言皆抹殺歷史之言也。

十月丁未朔

丙辰，南京十三道監察御史徐完等，劾奏戶部尚書陳鉞"巡撫遼東時爲御史强珍所劾，有旨止停鉞俸一年，此固皇上好生之仁。然鉞有大罪三，乃王法之所必誅而不可赦焉者：其始不守隘險，致虜侵掠，貽患地方，其罪當誅一也。繼而坐視邊患，不行過彼歸路，還我良民，其罪當誅二也。終而匿不奏報，避罪邀功，其罪當誅三也。臣等伏讀律文飛報軍情之條，有曰：'隱匿不速奏聞，因而失誤軍機者，斬。'則是鉞之罪當斬矣，今止停俸。夫失機者，至重之罪；停俸者，至輕之罰。原情定罪，鉞爲首惡，今罪重罰輕，何以示戒。"六科給事中章玄應等亦言："鉞存心陰險，制行憸邪，惟知掠美于己、賈禍于人，玩寇殃民，冒功希賞，恣犬羊之吞噬，忍鴻雁之哀鳴，附勢招權，植黨害正。中外交章論列，皇上曲賜保全，誠恐益肆姦欺，積成厲階，有不可勝言者矣。乞將鉞明正典刑，以爲人臣不忠欺罔之戒。"上曰："鉞等失機隱匿事情，前日科道官糾劾不實，已責之矣。又泛言攪擾，本當執問，姑宥之。"仍各罰俸半年。實錄。

辛酉，朝鮮實錄書：遣知中樞府事孫舜孝、吏曹參判李秉正，奉表及奏本如京賀正，上率百官拜表如儀。其奏本曰："謹奏爲被搶人畜事。議政府狀啟，據平安道觀察使金嶠呈：'欽差內官鄭同等回去時分，卑職蒙差，於成化十六年八月十九日，管領人馬，供頓物件，跟往遼東回還。本年九月初四日晚夕，行至東八站開州地面，下卸歇馬間，忽有建州衛野人約二千餘騎，突至邀截。卑職劃即相戰。因賊衆我寡，且緣夜深，人馬潰散，除登山躲脫外，人三十餘名、馬二百三十餘匹，并馱載物件，俱被搶奪去訖。呈乞照詳。得此狀啟。'臣據此參詳，本國於成化三年、成化十五年，節次欽奉敕諭入攻建州衞以後，此賊等常懷憤怨，謀欲報復。目今嘯聚黨類，伺隙竊發，邀搶人畜，恣行兇獷。伏望敕諭本賊，刷還所搶人畜。臣欲要著令邊將伺便入攻。爲此謹具奏聞。"

己巳，遼東守臣奏："七月二十九日，虜騎數百入撫順境，都指揮羅雄領兵與戰，爲賊矢所傷，官軍傷者四十人。八月初三日，虜騎數百入鐵嶺境，殺掠男婦六十三人。雄與虜戰，雖傷尚能禦敵，情罪可恕。而鐵嶺守哨百戶丘清、過寧，指揮金德勝，都指揮林勝，守備不謹；分守參將周俊、右少監藍瑩，號令不嚴，俱當坐以失機之罪。"事下兵部，覆奏："請移文責雄，勉圖後效。逮清等治之，而記俊等罪。"上宥瑩、俊不問，清等亦免逮，命戴罪殺賊。實錄。

十二月丙午朔

甲寅，朝鮮實錄書：遣上黨府院君韓明澮、同知中樞府事李季仝，賫奏本如京師。其奏本："……二曰，議政府狀啟，據平安道觀察使金嶠呈備，定州牧使許熙呈該：'今次欽差內官鄭同等回去時分，卑職蒙差，於成化十六年八月十九日，管領人馬，供頓物件，根往遼東回還。本年九月初四日晚夕，行至東八站開州地面，下卸歇馬間，忽有建州衞野人約二千餘騎，突至邀截。卑職劃即相戰，因賊衆我寡，且緣夜深人馬潰散，人畜多被搶擄。得此呈乞照詳。得此狀啟。'臣據此已經具奏去後。臣竊照本國比先節次欽奉敕諭，入攻建州衞，因此本賊等常懷憤怨。前到朝廷，撞見本國差去陪臣，聲說我於汝國邊境，未得侵掠，當於使臣往來一路，攔截報復。自今本賊嘯

聚黨類，於東八站路上邀截，人馬搶去，果如前項所言。竊計
此賊搆釁既深，勢不便止。若令朝貢使臣仍由舊路，慮恐似前
突出搶劫，有碍進貢，好生不便。伏望聖慈，東八站舊路迤
南，與賊境窵遠去處，許令開通新路，經行便益。"

　　癸亥，初，太監鄭同使朝鮮國還，國王李娎遣陪臣許熙伴
送。熙還道遼東，行至開州境，建州虜騎二千，乘夜邀之，掠
其從卒三十餘人、馬二百三十餘匹，他所賚什物稱是。蓋往年
征建州，朝鮮皆以兵來助，故虜懷忿心，伺隙竊發。至是，娎
奏至，願敕諭夷虜，追還所掠人畜；且云，欲令彼邊將臣伺便
攻之。事下兵部，請會府部諸臣議。於是英國公張懋、吏部尚
書尹旻等議謂："朝鮮奉藩維謹。今其臣工爲黠虜所邀，固宜
懲之。第遼東連年用兵，未可輕動。宜降敕嘉娎忠敬，及諭以
不可用兵之意，許令邊將追其所亡，仍命之養士恤民。更乞賜
敕諭我山東守臣，整飭邊防；及遣譯者多方究其所掠，期於必
得。"報可。仍以許熙率兵冒險，給綵段二表裏、銀二十兩慰
之。實錄。

　　丙寅，海西納木等衛女直都指揮恰升等、毛憐等衛野人女
直都指揮老克等，各來朝貢馬及貂皮。賜宴，并衣服、綵段等
物有差。實錄。

成化十七年，即朝鮮成宗十二年，辛丑(1481)

正月丙子朔

　　甲辰，海西斡南河等衛女直都指揮忽失禿等、木蘭河等衛
女直都指揮剳吉等、塔木等衛女直都指揮納兒乞卜等，各來朝
貢馬及貂皮。賜宴，并金織衣、綵段等物有差。實錄。

二月乙巳朔

　　丁巳，海西兀者等衛女直都督察安察等、哥吉河等衛女直
都指揮扯克等，各來朝貢馬及貂皮。賜宴，并金織衣、綵段等

物有差。實錄。

乙丑，遼東巡守柴河堡指揮沈清、戴讓，以虜寇入境，人馬被傷，命戴罪立功。　丙寅，朝鮮國王李娎奏：“本國三方受敵，近又數被野人侵擾，兵備不可疎缺。每歲許買角弓五十副，不足於用，乞依先年事例，收買不拘額數。”上許每歲增買百五十副。　己巳，降遼東都指揮同知史敬爲都指揮僉事，於三萬衛帶俸差操，治其失機罪也。實錄。

　　是時中國與朝鮮，屢被建州之擾，當是報陳鉞、汪直等誣戮之恨。但皆小小鈔掠，亦見建州是時之微弱。所有寇警，亦緣備邊者之無能耳。

三月乙亥朔

乙酉，朝鮮實錄書：正朝使孫舜孝賫敕回自京師。上幸慕華館，率百官迎敕，至景福宮受敕。其敕曰：“得奏‘宣差定州牧使許熙，管領人馬，護送內官鄭同，回至開州地面，被建州三衛賊徒搶去人三十餘名、馬三十餘匹，并駄載物件，欲敕刷還，及欲伺便入攻。’朕覽奏，此賊逆天悖理，兇獷已甚，當即出師往征其國。但聞自去歲征勦之後，賊首止有伏當加等數人，俱投往海西、毛憐居住。其餘黨散處巢穴，善惡不一。若遽加兵，非惟首惡未得，抑恐鋒刃之下，徒殺無辜；且王秉禮之國，欲與彼犬羊羣醜較其勝否？必須萬全是圖，庶無悔吝。朕已令邊將選差諳曉夷情通事，多方挨究搶去人畜。王可練兵秣馬，保境恤民。俟探前賊復回故處，必欲進攻，先爲馳奏來聞，用敕沿邊將士併力截殺。重念王敬事朝廷，差人護送朝使，經此危迫。其領軍頭目許熙，特賞綵段二表裏、銀二十兩，付今來使臣孫舜孝賫回賜給，以慰勤勞。其被搶三十人，王宜優贍其家，蓋使下之道當然。"其聞見事件："（一）去十二月十四日，太監汪直令序班李翔來問我國被擄野人事，今奏朝廷，無乃請人馬乎？若然，則我當抄兵馬挾攻。答曰：'野人作耗，非犯我國。天使護送軍還時，伺隙搶擄，兇獷莫甚，待朝廷處置而已。小國何敢請兵，但奏請刷還耳。'（一）去正月十四日，序班李翔來言：'達子犯大同、宣府等處，帝命太監汪直領兵一萬五千往禦之，兵分三運而出。'（一）去正月二十八日，陛辭，將出門，序班李翔承敕旨，率使孫舜孝，還入奉天門待命。太監懷恩傳奉聖旨曰：'汝國陪臣許熙，賞二表裏、銀二十兩。免謝恩。'（一）今二月十二日，到廣寧，令通事崔有江，謁三大人于都府。太監魏廊云：'汝國被虜人馬刷還事，敕書到此，將敕意書鈞牒授海西達子，送建州衛。汝等歸啟殿下。'（一）十六日，到遼東，鎮撫吳振云：'廣寧大人等承敕書，海西達子回還時，酋長十餘人拘留，餘二人授鈞牒入送，且敎曰：建州野人不花禿剌哈等，因婚居海西，伏當加亦往留焉。汝往率右人等，往建州，朝鮮被虜人馬無遺刷來，亦令朝貢，然後放還拘留人。'"

是日，海西成討溫等衛野人女直都督僉事康尼等，來朝貢馬及海青、兔鶻、貂皮。賜宴，并金織衣、綵段等物。康尼等奏乞金帶帽子，與之。實錄。

丙申，分守遼陽副總兵韓斌奏："建州三衛殘賊，遁逃窮困，托夷酋哈哈尚赴關控訴，乞賜撫諭，容其仍舊朝貢。"事下部，以爲："建州諸夷，自永樂間立衛授官，蓋羈縻之以屏蔽遠方。今乃犯順，以致興師問罪，固不容誅。但王者不治夷狄，今既勢窮悔過，宜容其自新。"上不允。實錄。

五月乙亥朔

壬寅，巡按遼東監察御史唐鼐奏："虜兩入廣甯境，剽掠人畜，射傷軍人，分守等官指揮同知鄧俊、都指揮僉事劉璘、都指揮同知劉璿、都督同知王鎧、都督僉事李英等，及遊擊將軍佟昱，皆當治罪。"兵部言："昱擁兵不進，其罪尤重。"詔："賊再入境，佟昱不即應援，本當究治，姑宥之，其停俸半年。俊等俱三月。餘皆執問如律。"實錄。

六月甲辰朔

　　癸酉，築遼東鳳凰山等處城堡。初，朝鮮國使還，路經鳳凰山，爲建州野人所掠，奏乞於舊路以南新開一路，以便往還。詔下守臣議。至是，巡撫遼東都御史王宗彝等奏："鳳凰山前後，實虜出沒要途，距遼陽三百餘里，其間土地廣漠，舊無烽堠。請自山之東北，至靉陽間，築墩臺一十三座，自通遠堡東南至沿江間，築墩臺二十二座。距山之西北一十五里，舊有古城遺址，於此築立一堡，名爲鳳凰城，屯駐軍馬一千。距城西六十里曰斜烈站，築立一堡，名鎮寧堡。距站之西北六十里，曰新通遠堡之南，築立一堡，名寧夷堡。各屯駐軍馬五百，以爲鳳凰城聲援。如此則自遼陽直抵朝鮮，烽堠聯絡，首尾相應，一以拒虜賊東南之竊掠，一以便朝鮮使臣之往來。"奏下兵部，請改鎮寧堡爲鎮東，寧夷堡爲鎮夷，餘悉如所奏。從之。實錄。

　　自是視東八站爲畏途，漸由內地設防，劃建州爲化外，清代乃以爲滿洲自爲一國，此其起因也。

八月癸卯朔

　　戊辰，建州衛都督完者禿，遣甫忽答等十八人，來朝貢馬。初，建州夷人剽掠朝鮮使臣方物，詔守臣遣譯窮詰之。至是，其酋完者禿，遣使貢馬十匹，且求入朝謝罪。遼東守臣奏其事，且言："連年用兵，苦於供饋，加之北虜近邊，屢有警報，乞容其朝貢，使得自新，庶邊患少息。"上命兵部參酌之。兵部言："遠臣畏威慕義，未戰而屈，機不可失。況甫忽答等先已入境，勢難中止。請從守臣所議。"詔許之。已而賜敕遣還，謂："朝廷設立三衛，令世修職貢，撫待之恩，未嘗不厚。近者虜酋伏當加，不思報效，乃敢糾衆犯邊，不得已，命將出師，問罪剿殺。今爾等乃能格心向化，貢馬服罪，已悉宥不問，仍加賞宴。茲特令齎敕曉諭完者禿，并其部下，俾依期朝貢，勿生疑慮。其省之念之。"實錄。

　　建州自是爲馴服之屬夷。因歷年之不順，已使明劃爲化外，不甚受官吏之鈐束。撫順之路已開，入邊之徑獨捷，此時請朝請貢，休養生息，遂成百年後勃興之基。完者禿，爲李滿住之後。建州三衛中，當時以建州衛爲宗主。

九月壬申朔

　　庚子，建州等衛女直都指揮李革當等各來朝，貢馬及貂皮。賜宴，并衣服、綵段等物有差。實錄。

十月壬寅朔

　　丙午，朝鮮實錄書：諭永安北道節度使朴星孫曰："都骨等五姓兀狄哈，聚合軍馬，欲於鍾城、穩城等處作賊，已發兵事。羅松介等馳報，聲息極緊。卿宜不分星夜，馳入應變。而不即入歸，退住富寧，只遣虞候禦之。及聞賊已到穩城近處，然後入歸，是何應變之疎虞也，殊無委任分閫之意。深慮緩不及事，致誤事機。卿其毋襲前非，嚴加隄備。"

　　己酉，嚴遼東馬市之禁。先是，陳鉞爲都御史巡撫遼東，奏開馬市於開原、廣甯二處，朵顏諸夷每月兩市。後通事劉海、姚安稍侵牟之，諸夷懷怨，寇廣甯，不復來市。至是，鉞爲兵部尚書，懼罪及己，乃奏言："初立馬市，非資外夷馬以爲中國之用，蓋以結朵顏之心，撤海西之黨。今宜申嚴禁例：每爲市，令參將及布按司官一人監之，有侵刻者重罪之，庶無激變之患。"詔可，仍令巡按御史治劉海、姚安之罪以聞。　甲子，命降夷宋哈答、哈里不花，廣甯安置。建州女直宋哈答與其弟哈里不花來降，巡撫遼東都御史王宗彝等奏："宜留之遼東，以啓東夷向化之心。其先次降夷宋款赤八，安置廣東者，乞令還京。"兵部尚書陳鉞以爲"制馭夷狄，有經有權。正統、景泰間，來降者悉處之遼東，所以誘其歸附，其後降者頗多，分送兩廣，所以離其黨與，此誠撫馭之良法，防微之深意。今王師破建州，宋哈答等首慕化來歸，若置之兩廣，則無以慰彼初心，感其族類，宜處之遼東，給與賞賜，令爲通事。諸夷聞風，將相率而來降矣。"詔從之，命取宋欵赤八還京。實錄。

十一月辛未朔

戊寅，毛憐等衛野人女直都指揮撒赤哈，來朝貢馬及貂皮。賜宴，并衣服、綵段等物有差。實錄。

十二月辛丑朔

己酉，朝鮮實錄書：諭平安道節度使李克均曰："遼東總兵官韓斌言曰，建州衛野人合冰後將作賊于朝鮮。其實雖未可的知，卿其密諭沿邊諸鎮，更嚴隄備，毋致誤事。"

辛酉，海西渚冬河等衛野人女直都指揮松吉答等，各來朝貢馬駝及貂皮。賜宴，并織衣、綵段等物有差。實錄。

成化十八年，即朝鮮成宗十三年，壬寅(1482)

正月庚午朔

丙戌，海西益實左等衛女直都督三赤哈等、肥河等衛女直右都督剌哈剌、考郎兀等衛女直都指揮惱納等、亦迷河等衛女直都督僉事揑克等，各來朝貢馬及貂皮等物。賜宴，并衣服、綵段等物有差。實錄。

二月庚子朔

戊午，建州左等衛女直都指揮張卜忽申八等、毛憐衛女直都指揮狼因答戶等，各來朝貢馬，并輸其犯邊之罪。賜宴，并衣服、綵段等物有差。實錄。

四月己亥朔

乙卯，朝鮮實錄書：唐人朴經，曾爲毛憐衛野人所擄，至是來投平安道滿浦鎮；王命吉，爲建州衛野人所擄，來投平安道渭原鎮；李山等三人，爲建州衛野人所擄，來投平安道義州鎮；崔俊爲建州衛野人所擄，來投永安道鍾城鎮。差通事李效碩押解遼東。

六月戊戌朔

己亥，遼東總兵官都督同知緱謙等奏："二月二十六，虜入開原鎮北堡境，攻圍墩臺。按伏指揮沈清等以兵追之，斬首一級。四月初六日，虜伏鐵嶺衛撫安堡境外，執偵卒二人。按伏指揮宿鍾等以兵追之，奔還一人，斬首一級。"遂劾鐵嶺衛備禦都指揮周琳等隄備不嚴，宜治其罪，而鍾有追亡斬首之功，宜貸之。事下兵部，請行巡按御史究治，因言"遼東累報海西朵顏等衛，欲啟邊釁，而降虜亦報北虜欲東，與三衛讎殺。宜併行遼東守臣，督屬隄備。"報可。實錄。

己未，朝鮮實錄書：兵曹據永安北道節度使啟本啟："馬加弄介、柳尙同介前往虛水羅等處探知童山等蒲州入歸事而還，前此，下諭有云：'城底野人有能入歸，招率而來，則將加重賞；雖不能招來，若的知去接處，則往來之勞，亦當褒賞。'今若不論賞，無以勸勵。請令監司等，量給鹽醬、綿布以

賞之。且童山等自知罪重，深入不還，爲可慮也，亦令監司等
多般措置，斯速刷還。"命議于領敦寧以上。鄭昌孫等議："依
兵曹所啟。"從之，遂下諭觀察使鄭文炯、節度使朴星孫曰：
"今見卿啟，知卿遣柳尙同介、馬加弄介探問童山等寄接於吾
車介童毛知里、童蒲堂介、具由音波等所居里中事。予惟彼人
等，性本貪利，重賞之下，死不知避。若有刷還之勢，則柳尙
同介等，豈以讎嫌托辭哉！今雖更令招率以來，事必無成，而
徒勞無益矣。卿等偕到會寧、鍾城等處，招城底野人爲首者，
謂之曰：'富寧、靑巖接童山等，元係雖是向化，投來已久，
與吾良人男婚女嫁，生育子枝，爲吾編氓。今者，並率我國人
民，前後逃往者六十餘人。朝廷將欲舉師刷還，恐驚擾汝輩，
故特命我監司、節度使召募汝輩。有能與吾車介等招率以來，
則國家將重賞汝等，吾車介等亦加厚賞，仍給所求綿布等物以
送。彼若入歸，招率吾車介以來，則厚加接待，多給綿布。'仍
語吾車介等曰：'汝等居國近境，自汝祖父誠心效順，厚蒙賞
賜，上恩至重。我人逃去者，義當隨即刷還，而使爲容匿之
計，爲逋逃主，汝等不得辭其責矣。然其逃去者，本非汝等招
諭，我今不以深責也。若能刷還，則自有重賞；如或不爾，汝
罪益深矣。且童山等世受國恩，一朝背恩逃去，罪固重矣。然
彼久居我土，安心樂業，初豈有逃竄之心哉！必迫於飢寒，不
能自存故耳。若自悔悟，相率以還，則國家非特貰罪，將復其
舊業，待之如初。汝等俱以此意往諭童山等，使之還本，則國
家益知汝等效誠矣。'卿將此意以諭之；開示恩威，務合事機。"
　　癸亥，平安道觀察使馳啟："建州衛都督李完者頭，即達罕，
遣指揮李買驢，印信呈文到滿浦鎮，請由平安道入朝，且請邊
邑互市。"命議于領敦寧以上及兵曹。鄭昌孫等議上，遂下諭觀
察使李克均曰："今因卿啟，備悉建州衛野人等更來歸順，請

由本道上來肅拜，又請來往貨賣等因。接待事宜，前諭盡之。
但前之來者，皆因田獵，今之來者，雖云達罕之使，亦未可
信。其賫來印書，文不成理，不可謂之信書。若更來請，則
使滿浦節制使應之曰：‘汝等前日來云達罕朝京，故未即親來，
使吾等先告歸順之意。今則達罕已還本衛矣，若真誠心，則何
不親來乎？達罕親來，則其誠意可知，當接待上送事。’開諭入
送，而達罕果若出來，誠欲肅拜，則卿等與沿海諸邑察訪等，
依祖宗朝酋長童倉、甫花土上來之例，約其驪從，接待上送可
也。且與外夷互市之事，自古有之，然論價低昂之間，必生忿
爭，將搆邊釁，不可許也。但彼以好馬來貿，則可易以鹽醬布
物，此則有利於我而損於彼也。其餘節目，在卿處置得宜耳。”

　　完者頭，即明實錄之完者禿，此又明著之云即達罕，
以後朝鮮錄中恆言達罕，而為建州夷中主持馴服於中、鮮
兩國之首領。建州之得遂生息，以養成後來氣勢，不可謂
非得此時力也。

七月戊辰朔

　　是日，朝鮮實錄書：兵曹據永安道觀察使啟本啟：“阿速
等還來云，童山往依虛水羅接吾都里童於乙巨豆家，於乙巨豆
久居近地，誠心效順者也。須及童山等未入蒲州時，令城底斡
朵里往招於乙豆開諭，使之刷還，何如？”從之。

　　癸酉，陞賞遼陽官軍二十有四人，并柏林堡官軍十有八
人，各有差，以殺賊功也。　　壬午，建州降夷宋歆赤八，初授
頭目安置廣州。至是自陳，昔在邊塞，傳報有功，且嘗授都指
揮僉事之職，乞仍加陞，並給與妻子。兵部以請，有旨授正千
戶安置遼東，妻子皆令完聚。實錄。

甲午，朝鮮實錄書：義禁府啟：“金坤前任富寧府使時，以向化童山六十餘名不能撫恤，致令逃亡罪，律該決杖一百，盡奪告身，發邊遠充軍。”命示領敦寧以上。鄭昌孫、韓明澮、尹弼商、洪應、尹壕議：“金坤罪名正合律文。”沈澮、尹士昕議：“金坤依律論罪宜矣，然非故犯，邊遠充軍，似爲過重。”從沈澮等議，仍傳曰：“律浮於罪，且功臣，只杖八十。”

　　　　此童山，非建州左衛之童山。童倉逃亡事，距今已四十餘年。

閏八月丁卯朔

　　戊辰，朝鮮實錄書：平安道兵馬節度使李克均馳啟：“野人請朝，且欲互市。”命議于領敦寧以上及兵曹。鄭昌孫、沈澮、尹士昕、尹弼商、洪應、尹壕議：“野人成羣，數到江邊，託言謁見，意必窺覘虛實，令節度使整軍馬待變爲便。”盧思慎、李克培議：“前日彼人牛馬互市，已議下諭禁之。今趙于老哈之請，何可聽從。若更來請，當答云：‘我地牛畜尟少，民不肯賣。大抵買賣從其情願，何以強之！’如此答之爲便。其來朝事，前日李巨右等累次來說，其誠僞難知。若達罕親到請朝，則接待上送，事已下諭。今達罕之言如此，其非誠心可知。然達罕以一族被殺之故，懷嫌不已。沈汝弄可，近日亦搆隙者也。沈汝弄可、李巨右若更來請朝，則接待上送，一以開說前日入攻之意，一以開說沈阿時哈被殺之由。如此，則達罕自有歸順來朝之理。達罕歸順，則邊方自此無虞。但三下伊等，前日殺擄我人事，臣未之聞，必是邊將匿不以聞，當推鞫以啟。以此下諭何如？”李繼孫、辛鑄、李孟賢、柳洵議：“達罕請朝及互市等事，前下諭書已盡之，更無餘辭。但近日野人或稱效順，或因田獵邊地，出入無常，窺覘虛實，乘間鼠竊，亦未可料。江邊隄備，曲加措置，何如?"從思愼等議。　庚午，命召領敦寧以上，議平安道合防便否? 鄭昌孫、韓明澮、盧思愼、李克培議："野人部落不多，雖懷報復，恐未易大舉入寇。況今酋長達罕等皆欲歸順，且阿時哈見殺，彼人已知非國家之意，歸咎於三下伊。賊謀雖不可測，以勢觀之，必無意外之虞。各鎮分戍軍士，厥數不少，雖不宜於出兵攻討，亦足以自守。且平安道飢饉之餘，人未復蘇，若又合防，先自疲敝，恐非良策。"沈澮、尹士昕、尹弼商、尹壕議："今年助戰節度使及京軍士旣不下送，賊若大舉出來，曠日圍城，難以應敵。備禦之緊，誠如兵曹所啟。"洪應議："臣謂彼人縱有報復之心，沈阿之應可喪子，雖欲連結作耗，其勢已弱，豈有圍城之舉? 其待鼠竊狗偷，不必合防。黃海道連年入防，是何未見寇敵而先自疲勢乎? 況本道今年凶歉，所當休養之時，不可合防。"　諭平安道觀察使李崇元、節度使李克均曰："今悉所啟彼人等請買牛畜，與來朝等因。彼若以好馬來賣，則只易以鹽醬布物，餘皆勿許，事前已下諭。今趙于老哈等之請，不可許也。後若更請，則當答之曰：'大抵買賣從兩情願，我地牛畜尠少，民不肯賣，何可强之乎!'其前日達罕欲來歸順之語，固疑其難信，而今巨右之言如此，其非誠心可知。且達罕以一族被殺之故，懷嫌不已，汝弄可亦以阿時哈之事，含憤不少。國家前日入攻之意，與阿時哈被殺之由，不可不開說以釋其疑也。若李巨右、汝弄可等更來請朝，出於誠心，則宜即接待上送。且三下伊等擄去我人等事，前此未聞，此必邊將匿不以聞，卿其推問以啟。今我與彼構釁非一，而彼人托以歸順，乍往乍來，若非欲得鹽醬等物，必是窺覘虛實。防禦諸事，益加措置，常如敵至，毋或少弛。"　乙亥，就差通事司譯院訓導金嶠，管押被擄逃來唐人許沙借等男婦共一十二名，解赴遼東。許沙借、許豆成哈，皆遼東人，不記年月爲建州衛野人宮時所擄聽使，成化十八年三月逃來平安道渭原鎮。劉正、劉小斯，皆東寧衛人，成化十六年五月爲建州衛野人達兒漢所擄聽使，成化十八年四月逃來平安道滿浦鎮。小斯、婦女熙姐，皆遼東人，不記年月爲建州衛野人羅河頭頭所擄聽使，成化十八年三月逃來平安道上土鎮。婦女者只，東寧衛人，成化十五年十二月爲建州衛野人王厚所擄聽使，成化十八年四月逃來平安道滿浦鎮。蕭楨，遼東人，成化十二年十二月爲建州衛野人車仍哥所擄聽使，成化十八年六月逃來平安道理山鎮。婦女滿好，東寧衛人，成化二年九月爲建州衛野人車仍哥所擄聽使，成化十八年六月逃來平安道理山鎮。姜得夫，東寧衛人，不記年月爲毛憐衛野人馬伊哥所擄聽使，成化十八年三月逃來永安道富寧鎮。婦女馬記，遼東人，不記年月爲毛憐衛野人毛大赤所擄聽使，轉賣馬伊哥家，成化十八年三月逃來永安道富寧鎮。

丁丑，朝鮮實錄書：平安道節度使李克均馳啟曰：“野人車仁巨等五人到江邊，請還蕭楨等，仍致書啟二道，乃蒙古字也。”即下議于領敦寧以上。鄭昌孫、盧思愼、李克培議：“野人來尋蕭楨不得，則怨我必矣。然中朝人物，自彼界逃來，則解送遼東，非自今始，彼人素所悉知，邊將當以實答之。若更來索，令邊將語之曰：‘汝等失其手足，其悶宜矣。然我國誠心事大，豈有見中朝人物而不解送乎？汝等亦受中國爵位，而擄掠人物，已爲非義，又何顏責還？’如是開說，寧不自悟！”韓明澮、尹士昕、尹壕議：“野人數來江邊窺覘虛實，京軍士量數入送防禦，何如？”沈澮、尹弼商、洪應議：“近日備邊之事，聖筭已定，但在將帥用心奉行而已，別無措置之策，宜敕邊將益加隄備。”李繼孫、李孟賢、柳洵議：“前者幹黑能到滿浦，

言隣居沈者羅老長子阿之應可云，去五月間，親子阿時哈與其
隣居二人越江畋獵，爲朝鮮人所射，阿時哈死，二人見傷，控
告中朝，必欲報復。又甫花土等四十餘人，托採參來往渭原、
理山等處。又永安道兀良哈中樞童老言，去四月到建州衛阿忘
介家，聞蒲州斡朶里汝弄可言，我子三人到滿浦近處，朝鮮人
射殺一人，又傷二人，冬節合冰時聚兵報復。其所言雖異，而
親子被殺見傷，憤怨可知矣。況今車仁巨等追蕭槙到理山，云
不許則必報復。此言雖若尋常，以其勢考之，野人性本凶狡，
睚眦必報。建州野人，自己亥入征之後，一不來寇，其懲艾效
順而然耶？必養兵俟時，欲逞其志耳。今又結釁於沈阿之應
可，衆怨交構，秋高冰合，則東西連結，相爲聲勢，入寇邊城
可慮。觀李克均分防軍數，亦不過四五百，小則一二百，其間
老羸疲軟之卒亦多。若野人連兵大舉，聲東擊西。圍其邊城，
揀其驍勇，開道深入，繫累人畜，雖過城下，安能以羸少之卒
抗擊耶？乙未之變，亦可鑑矣。今黃海、平安失農處外，軍士
全數合防，遣重臣巡徼點檢，益嚴措置，何如？” 乙酉，平安
道觀察使李崇元馳啟：“李達罕欲遣子由平安道入朝。”命兵曹
議之。判書李繼孫、參知柳洵議：“前此達罕外，餘人勿令取
路平安。然若是達罕親子，許由平安道來朝，甚當。今者沈阿
之應可有報復之語，若與達罕部落東西相應，連黨作耗，則邊
虞益深矣。達罕若果遣其子入朝，則其效順可知，必不與阿之
應可同心作耗。令邊將審其虛僞，實是親子，則約其驍從，由
此路上送，何如？”參判辛鑄、參議李孟賢議：“野人不許由平
安道上來久矣。若是酋長達罕，則不得已當許之。其子，則不
與酋長親朝同，且其來也必有帶率之人，一開其端，則後來納
款者，皆援例而言曰：‘某某得由此路，我獨不然。’含怨懷憤，
必搆邊釁。如又不得已而許之，則往來絡繹，迎送供頓之弊，

何可勝言？今勿開端，以杜後弊，何如？"

丁亥，朝鮮實錄書：命召領敦寧以上議達罕遣子來朝事。鄭昌孫、韓明澮、尹士昕、洪應、李克培、尹壕議："建州衛野人若欲入寇，不必審知至京道路，然後作賊。今達罕懇請遣子入朝，其誠僞雖未可知，然不可終拒之。簡其騶從，由平安道上送爲便。"尹弼商議："達罕當初遣人來說，欲效順來朝，國家許由平安之路。今變辭託言入貢中朝，欲遣其子來朝，其非誠心可知。若達罕出來，則當許之矣。其子則勿令開端，以除後弊何如？"盧思愼議："建州衛與我境相近。自征李滿住以後，彼人等恐我掩襲，撤居遠道，今則盡還舊土。若居此地，必歸順我國而後乃安，此彼又所以欲效順也。若懷作賊之心，爲窺覦之計，則必不來居於此，亦不勤勤如是也。然達罕不即親來，而欲先遣子弟者，乃己爲酋長，且與我有隙，一則疑畏，二則自重，欲審知國家之意，保其無他，然後乃來耳。臣意以爲其子若來，厚待以示無外，則達罕入朝之言，始雖不誠，終當感恩，雖欲不來，固難爲辭，必當躬朝以效誠欵。倘有恐懼危疑，縱不入朝，必慚恩報德，自不爲寇，得此持疑，爲利亦在。"從思愼議。　辛丑，命召領敦寧以上兵曹議野人李巨右、沈汝弄可等接待事。尹弼商、李克培議："李巨右等時未來朝，他野人來朝之數，不可預定。巨右來朝後，徐觀其勢更議何如？"韓明澮、洪應、盧思愼、尹壕議："李巨右等從本道上京事，已諭其道。若有援例請之者多，則不可防禦，依李克均所啓，隨宜約定甚當。"鄭昌孫、沈澮、尹士昕、李繼孫、辛鑄、李孟賢、柳洵議："野人請朝者由平安道上京事，不可開端，以貽後弊。但達罕係是酋長，不宜乖其情願，以失歸順之心。故前此達罕親子若來，從略上送事，受旨行移。李巨右、沈汝弄可，既非酋長，又無功勞，今從其請，則如此懷利之輩，接踵繼至，爭欲上京。從之，則平安一路凋弊莫救；不從，則結釁生怨，雖欲約定次數，節其往來，將來之弊不可勝言！李巨右等若更來請，當語之曰：'汝欲誠心歸順，則自有永安之路，不必由此路來朝也。'隨機開諭，毋致生怨事，下諭何如?"從弼商等議。 永安道觀察使鄭文炯馳啟曰："鏡城人甲士李達生等，以青巖逃歸人童山刷還事，自願入歸。還告曰：'蒲堂介等投劍擬之，沮吾輩使不得入去。'觀其勢，難以事理曉諭。俟木落雪深，令節度使陳兵耀武，遣通事曉諭酋長勒還何如?"兵曹據此啟曰："蒲堂介等橫逆莫甚，在所當懲，合冰後令節度使抄吉城以北軍士陳兵境上，督令刷還。猶不從令，直擣窟穴，明正其罪何如?"命示領敦寧以上及知邊事宰相。鄭昌孫、韓明澮、沈澮、尹壕、李鐵堅、鄭蘭宗、李德良、金堅壽、辛柱、金彥庚、孟碩欽、李季仝議："青巖向化人慕義來居，積有世紀，今乃無釁逃還，及使人曉諭，反致凌辱。今不懲戒，漸不可長。須別遣有威望大臣，率軍官巡到近鎮，整飭軍馬，以示入攻之勢。又遣城底可信酋長反覆開諭，使之刷還。如其不從，臨機措置何如?"許琮、李淑琦、河叔溥、成貴達、卞宗仁、李拱、金崇海、吳溢、金舜輔議："青巖向化人，自其祖父來居國土，與編氓無異，且深知邊鎮強弱，道路迂直，後日之害，不可不慮，固當期於刷還而後已。然遽興兵示威，恐彼驚動，以生他變。姑遣彼人所親，如崔適之類，招其酋長，諭以禍福，則彼或有開悟刷出之理。如其執迷不悟，遣一大臣以便宜處置，期以歲月可也。"傳曰："予意以爲不可遽興大兵，姑遣大臣將諭書招諸種酋長，諭以利害，以觀其勢何如?"僉曰："上教充當。"傳曰："其遣魚有沼。"

十月丙寅朔

乙亥，朝鮮實錄書：下書永安道觀察使鄭文炯曰："今欲諭以童山刷還之意，會寧囚中樞馬多弄可、馬有德，斯速上送。”

丙子，巡撫遼東右僉都御史王宗彝等奏：“今年八月間，虜賊兩從鐵嶺古城墩等處入境殺掠，其守墩百戶趙慶、守堡指揮馬興、巡視千戶劉鑑及備禦指揮何忠、分守右少監藍瑩、右參將周俊等，俱宜究問。”事下兵部，言：“慶等失於瞭守，固宜罪。瑩、俊雖防守要害，難於概及，然亦宜薄示責罰以警將來。若鎮守太監韋朗、總兵官綦謙、巡撫右僉都御史王宗彝，各膺重寄，失機日久方奏，復不引咎自責，俱屬有罪。”命慶與鑑、忠俱逮問，瑩、俊仍記其罪，朗、謙、宗彝姑宥之。實錄。

以下實錄所載，遼東小勝小敗小賞罰，亦難定其爲女眞者，從略。但存此一條爲例。

丁丑，朝鮮實錄書：鄭昌孫、韓明澮、沈澮、尹士昕、盧思愼、李克培啓曰：“今聞會寧囚馬多弄可等召致于京，然則姑停魚有沼之行，待馬多弄可上京，細問刷還事，然後發送爲使。”傳曰：“馬多弄可乃蒲堂可之婿，雖開諭，必不盡情刷還。如或興兵示威，則冬深事緩，有沼不可不速遣。且既諭馬多弄可，又委遣大臣，則彼亦知朝廷之意矣。非予欲效漢武帝窮兵黷武，不得已耳。”　甲申，永安道巡察使魚有沼辭。御宣政殿引見，謂曰：“往見野人，諭以禍福，使自刷還，不至用兵可也。兵難遙度，在卿處置。”有沼對曰：“謹奉教。但恐彼人懲於庚辰之事，不即來見耳。”賜有沼段衣一領及弓矢，虞候李拱段衣一領。其賫去諭書曰：“諭諸衛酋長：爾等居國近境，世受國恩，凡有所求，無不如意，國家於汝，可謂厚矣。富寧、青巖里居童山等，元系雖是野人，來投已久，與吾百姓男婚女

嫁，爲我編氓。近者率我國人民，前後逃往者六十餘人。爾等
義當奔走刷還之不暇，而容匿不還，任爲逋逃之主。向者令邊
將再三使人，諭以刷還之意，爾猶執迷不知悔悟。不特此也，
蒲堂可等見我使人，反欲傷害。爾等之罪，固難容赦。邊將請
舉兵致討，明正其罪。予慮大兵一舉，玉石俱焚，故姑停問罪
之舉，以開自新之路。今若早知禍福之所在，將逃往人民一一
刷還，則非惟待之如舊，俾復其業，亦當錄爾等之勞，特加大
賞。若猶頑然昧於利害，則將以大兵直擣窟穴，使爾諸衆無有
噍類，其無悔乎！"

　　乙酉，守備遼東甯遠左軍都督同知王鍇、備禦都指揮僉事
魯寧、寧遠衛巡邊指揮宋英，俱以去年七月以後，虜寇入境，
不能禦，爲巡按御史所劾。兵部奏："下御史驗問，法當充軍，
都察院覆奏。"有旨："鍇、甯、英免充軍，各降一級。"實錄。

　　辛卯，朝鮮實錄書：先是，平安道節度李克均馳啓："今
十月初九日，彼人幹黑能到滿浦鎮言：'本月初，火剌溫之將
忘可，請韃靼兵，圍遼東北面巨陽、蒲川兩間小堡，搶擄而
去。遼東兵追擊之。'"命議于領敦寧以上及兵曹。鄭昌孫、韓
明澮、沈澮、尹士昕、尹弼商、洪應、盧思慎、李克培、尹濠
議："幹黑能來告聲息，不干我國，且虛實未可知，然亦不可
忽，宜令節度使倍加隄防。"李繼孫、辛鑄、李孟賢、柳洵議：
"火剌溫作賊中朝，無關於我。而幹黑能來告，此不過托邊報
以爲來丐之資耳。然沈阿之應可部落與我有隙，今當冰合，其
窺覘之計，固可疑也，宜令邊將益嚴防戍。"　諭平安道節度使
李克均曰："今因卿啓，知幹黑能所報火剌溫作賊中朝，雖若
不干我國，然沈阿之應可部落與我有隙，其窺覘之計，固爲可
疑。沿邊防戍，益嚴措置。"　壬辰，平安道節度使李克均馳啓
野人書契一道，令司譯院翻譯。其言曰："汝高麗毋橫行于我

畋獵之地。我若見之，則當拘執不送，汝勿咎焉。”癸巳，諭平安道節度使李克均曰：“今卿所送野人書契，必有其由。無乃沿邊守令不畏國法，猶有越江畋獵者乎？卿其推問，嚴加禁斷。且賊變可慮，防禦亦不可疏虞，卿其更加措置。”

十一月乙未朔

是日，朝鮮實錄書：永安道巡察使魚有沼馳啟曰：“臣到永興府，伏覩下書，會寧囚馬多弄可、童尚時等斯速上送。臣意以爲逃入人物，須遣其族親人，然後可以刷還。馬多弄可等姑勿上送，何如？”命議于領敦寧以上及兵曹。鄭昌孫、盧思愼、李克培議：“蒲堂介，即馬多弄可之女壻；流頭，即童尚時之四寸親。青巖向化逃去者，多附蒲堂介、流頭等家，其刷還難易，及他餘逃去向化去處，馬多弄可、童尚時必詳知之。且當此沍寒，累月被囚，不無怨憤。今若召諭厚加接待，則彼必感恩，前憤釋然，儘陳所懷矣。”李繼孫、辛鑄、李孟賢、柳洵議：“魚有沼親受刷還方略而去，不必更招馬多弄可等開諭也。”沈澮、尹弼商議：“魚有沼雖善措置，若無此輩，遣誰刷還乎？請依所啟施行。”傳曰：“若實無可遣之人，巡察使難以刷還，姑從所啟何如？更議以啟。”昌孫、沈澮、弼商、繼孫、辛鑄、孟賢、柳洵議：“上教允當。”思愼、克培議：“魚有沼不親到六鎮審度事勢，熟議方略，而纔到永興，遽爾啟達，非持重之將。請依前議施行。若不得已，特召一人何如？”問于思愼、克培曰：“有沼纔受重任，遽指爲非持重之將，無乃不可乎？”思愼等對曰：“有沼在京，已知馬多弄可等召致之命，而不即啟達，今到永興馳啟，是必聞觀察使之言而然也。”傳曰：“知道。”諭永安道巡察使魚有沼曰：“今因所啟，備悉卿意。卿到會寧招馬多弄可等，以予意語之曰：‘青巖里人豈樂爲遷徙哉？第因守令撫御乖方，使之播遷流離耳。爾力可以刷還，而不效誠，故觀察使囚之。然擅囚之非，予已責諭，爾豈不知。今欲招見爾等，開諭刷還之策。爾若上來，則慮童山等益懷疑懼，深入遠處，故且止耳。爾等雖不親聽予言，豈不知予意？若盡情刷還，則非惟汝身，刷來之人並蒙顯賞。’以是意曲盡開諭，厚待入送，期於刷還可也。但會寧等處若有可信人，則毋以無人爲辭，馬多弄可等依前諭上送。”　己酉，永安道巡察使魚有沼從事官洪濱齋啟本來。啟曰：“臣遣童清禮等七十餘人刷還逃歸人，彼人等皆固拒不從，只還四人，竊恐有報復計也。”上曰：“魚有沼輕舉矣，只送一二人，諭以利害，是予本意，固不可大興師衆。”即令右副承旨權健草諭諸衛酋長書曰：“童山等刷還事，邊將累次開諭，爾等遷延不即刷還。予慮爾等不達朝廷本意，故近日累遣重臣，兼降諭書，使爾等詳知朝廷之意。今聞齋諭書而往者多至數十餘人，爾等想必驚動矣。爾等毋自疑貳，盡情刷還，予將有重賞。如或執迷，則豈無制置之策！爾等早知禍福之所在，毋貽後悔。”諭魚有沼曰：“今因卿啟，知阿乙加茂等刷還事，但徐徐開諭，不使輕動可也。遽遣童清禮等七十餘人，使彼人驚動，至於拒射，其於措置，似未得宜。若復輕舉大兵，以益其疑，則非徒不能刷還，將重搆邊隙，甚非細故。姑勿舉兵入征，更遣一二可信人齋送諭書，反覆諭以禍福，使自感悟，還授洪濱入送。”　癸亥，諭永安道巡察使魚有沼曰：“今因卿啟，知有刷還之勢，予甚喜焉。第念事機難得，乘機措置，正在此時。卿必慮之熟矣，不須遙授。但馬多弄介、馬有德、文加乙巨等，從童清禮往彼土，雖不能一一刷來，其奔走效力之誠，亦可嘉也。卿更以予意語之曰：‘爾等自爾祖父以來，世受國恩，朝廷撫摩之恩，有加於吾民，亦爾等所共知，圖報之心，固所當盡。青巖里人逃徙彼土，初非有憝於國家，乃因邊將撫馭乖方，致有播遷。

此皆吾赤子，以予一視之心，其可不思所以安集之乎？思欲遣人刷還，使復舊居，永遂生生之業。但慮彼輩遽見我人，或有驚動之心。爾等於彼，連姻族屬，往來無間，且深悉朝廷之意，彼人之所不疑，而亦必盡心於我。故刷還之事，專以委之爾等。益殫心力，開諭刷還，則褒賞之典，當倍尋常。'以此開諭，期盡刷還。馬多弄介、馬有德等，果如前諭上送，則事未就緒，爭心遽起，誰復盡力乎？依卿所啟，姑勿上送，待事完第其功勞以啟。且凡節度，更加詳度措置，以副予委任之意。"

甲子，海西右城等衛野人女直都指揮撒失哈等、渚冬河衛野人女直都指揮哈的納等、弗提衛右都督答吉祿，遣都指揮管禿等，各來朝貢馬。賜宴，并衣服、綵段等物有差。實錄。

十二月乙丑朔

乙亥，朝鮮實錄書：承政院啟曰："李阿乙加茂，雖是野人，生長我國，積有年紀。今以野人例接見，於事體何如？且阿乙加茂，久屬正兵，名爲李孟孫，則與吾民無異，勿置北平舘，居處飲食，令禮賓寺掌之，何如？"傳曰："若然，則何用接見？承政院其招問情狀以啟。"阿乙加茂到承政院啟曰："父李三萬大，始投大國。去壬申年生臣，居富寧青巖里，後改臣名孟孫，屬正兵，貢賦徭役，與編氓無異。鎮撫金承禮奪臣奉足崔石老，因貧窮不能娶妻，艱辛以居。一日，向化金於弄介，謀還彼土，童山亦應諾，乃曰：'叔父好弄只、四寸兄蒲堂介等，去辛丑年逃亡後，責尋於我，難以對答。'遂與臣及阿乙豆、劉貴同，良人金檢山、李龍山等十五口，今年三月逃亡，由鏡城松洞入歸。路遇富寧體探軍士，追射於弄介中箭死。又逢茂山體探人，妾粉德及劉貴同等九人見捕。第九日，臣等投虛水羅洞，居父同生弟溫之介家；龍山金檢山等投檢天里童蒲堂介家；劉貴孫投朴家里，居其兄好弄古家住活。今年

四月，以刷還事，通事與向化人等累次入歸。彼人等禁通言
語，故不得相見。雖欲還來，別無諭書，且恐被戮，未能出
來。聞國家寬宥不罪，與李達生謀欲出來。溫之介云：'汝若
還歸，則當率朝鮮兵馬而來。'射傷胸間，因此未得出來。適寓
宿鄰人所老家，童清禮等入來圍其家，所老等欲拒射之，我禁
之，因自現被執。"命議于領敦寧以上。鄭昌孫、韓明澮、沈
澮、尹士昕、尹壕議："阿乙加茂本居邊鄙，與編氓無異，當
治謀背之罪。然今還者纔四人，宜厚待，因授兼司僕，以招未
還人。"尹弼商議："阿乙加茂謀背之罪，宜置重典。然此類寔
繁，務要招還。今若繩之以法，則彼必不來。但當慰之以溫
言，賜之以衣服，遣還本居，使彼輩明知不加罪之意。"洪應
議："阿乙加茂，不可不遽使還歸，亦不可遽以授職。今姑賜
以衣服飲食，別例厚接。待魚有沼處置，然後更議，何如？"李
克培、盧思愼議："阿乙加茂謀背之罪甚重，今之初來，授職
厚待，非徒虧損國威，彼亦反生疑懼。然今已命召來，不可徒
然送還。使政院傳教云：'汝等自祖父久居青巖里，與編氓無
異。汝等之逃，必是守令不能撫字所致。今聞汝言，果然。予
欲留此侍衛，第以汝知彼人情偽，且知朝廷之意，可說彼人刷
還，故還送。事完後，當更召之。'仍賜衣物以送，令魚有沼安
接本家，何如？"從克培等議。

　　庚辰，賜弗提衛都督同知塔失祭及香幣，以都督撒哈等奏
請也。實錄。

　　癸未，朝鮮實錄書：平安道觀察使李崇元馳啟云："野人
李巨右、沈汝弄介等欲入朝。"命議于領敦寧以上。鄭昌孫、韓
明澮、沈澮、尹士昕、尹弼商、洪應、尹壕議："依前諭書，
驕從不過五六人，上送爲便。彼若固請加率，則隨宜加一二
人。幹黑能欲來，則并送何如？"盧思愼、李克培議："李巨右、

沈汝弄介等所居，與邊境相接，當弘撫納之道。況沈汝弄介，其子爲我人所殺，而不懷報復之心，亦欲來朝，其情可嘉。且前降諭書，已令約其騶從。今彼人等若欲多率騶從，邊將當語之曰：‘汝等於國家無一毫之功，雖單身入朝，國家之恩亦重，不可多率騶從也。’以此戒約，所從之人，不過五六名。彼若固請，專數上送，恐亦無妨。幹黑能有誠心與否，雖未可知，數來報邊，不可謂無功。若欲上京，并送爲便。李巨右若過期不來，則幹黑能等亦不可久留，虛費邊糧。達罕必見此人等接待厚薄，以爲進退，不可不愼。”李繼孫、呂自新、柳洵議：“李巨右、沈汝弄介等，多率傔從，似有弊。然彼人等搆釁以後，初來歸順，不宜乖願，依前啟爲便。幹黑能，亦常往來稱欲效順者也，李巨右等亦令上送爲便。但今幹黑能言：‘與李巨右等相約，同時上京’，而猶來滿浦，無乃陽言入朝而陰懷窺覘之計耶？防戍諸事，尤不可忽。以此下諭節度使備邊，何如？”從思愼等議，即下諭李崇元。

甲申，海西成討溫等衛野人女直都督康尼等、益實左衛野人女直都督三赤哈等，各來朝貢馬及方物。賜宴，并金織衣、綵段等物有差。實錄。

成化十九年，即朝鮮成宗十四年，癸卯(1483)

正月甲午朔

甲寅，成討溫衛女直都督僉事康尼，以兩進海青，乞陞職，并賜蟒衣玉帶。上曰：“朕於遠物，素所不寶，但念遠夷效順，故勉受之。康尼惟陞一級，視常賜外加綵段二表裏，亦足以答其意矣。蟒衣玉帶，胡可濫及？其止之。”庚申，建州左等衛都指揮灘塔等、海西兀者及益實左等衛野人女直都督三赤哈、察安察等，各來朝貢馬及貂皮。賜宴，并金織衣、綵段等物有差。實錄。

二月甲子朔

是日，朝鮮實錄書：御思政殿，引見野人幹黑能等四人，置酒樂，月山大君婷、青松府院君沈澮等入侍。上命禮曹判書李坡，傳于幹黑能曰："汝屢告變，予甚嘉之。沈汝弄介、李巨右何不來乎？"幹黑能對曰："沈汝弄介其妻得病，李巨右以沈汝弄介不行，故皆不果來耳。"又傳曰："達罕何不來乎？"曰："承敕赴京。"又傳曰："今雖不來，後可來乎？"曰："掌印治事，似未來也。"傳曰："今日之宴爲汝也，汝其痛飲。"賜物有差。

戊寅，建州左等衛女直都督脫羅等，來朝貢馬及貂皮。賜宴，并金織衣、綵段等物有差。實錄。

　　脫羅爲清先世，特宜注意其時代。

三月癸巳朔

乙未，朝鮮實錄書：正朝使李克增等回自京師，上引見，問曰："皇帝好佛，信乎？"對曰："臣未之聞也。但盡撤舊所見閭閻，建一大屋。問之，則曰道觀也。"上又問："見太監鄭同乎？"對曰："未見也。但同每遣家人問韓宰相明澮何日到京，又言到京則吾當奉命往本國矣。"上又問："建州衛野人有入朝者乎？相見何以待之？"對曰："臣等到通州，適值建州衛野人百餘人來寓同宿，與之語，略無悍辭。乃曰：'公等安心以行，吾黨約與朝鮮和解，已遣李巨右等通好矣。'"　甲辰，禮曹啟："今來野人李巨右、沈汝弄介等，乃酋長達罕所遣也，不可以幹黑能之例待之。今考去丁丑年間，酋長李滿住、童倉使送人接待之例，條錄于後：（一）李巨右等，當以堂上官例接待；其隨從童散赤哈等亦經都指揮，並以正官待之，何如？（一）別下程每五日一次，酒肉備送。（一）護軍於乙加茂等三人，依一等例，各鴨頭綠木綿袂圓領一、柳青紬襦搭胡一、草綠紬襦帖裏一、紅獤皮靴氈精黑斜皮套鞋具一、黑羊毛笠子紫紬綿具一，別賜紺茶割木綿襦腋注音一、青紅木綿各二匹。指揮羅伊巨等八人，依二等例，各鴨頭綠木綿袂圓領一、草綠紬襦帖裏一、紅馬皮靴氈精具一、黑羊毛笠子紫紬纓具一，別賜紺茶割木綿襦腋注音一、青木綿一匹、紅木綿二匹。指揮赤宗哈等十一人，依三等例，各鴨頭綠木綿袂團領一、紅紬襦帖裏一、黑馬皮靴氈精具一、黑羊毛甘土一，別賜紺茶割木綿襦腋注音一、青紅木緜各一匹。賜給請依此例施行。但李巨右、沈汝弄介等，青紅木綿又各加二匹別賜何如？”從之。　己巳，李巨右等賜給之物命考前例，有賜鞍具馬及弓子等例，議于領敦寧以上。傳曰：“弓則決不可給也，鞍馬當如何也？其議之。”鄭昌孫議：“李滿住，建州衞巨酋，且强盛，優待可也。今李巨右等再來作賊，以至出師往征，其罪大矣。然今歸順來朝，則不可不厚待，但不可以李滿住、童倉之例待之。鞍馬弓箭，皆重賜也，不可賜給；視他野人稍優賜給爲便。”尹弼商議：“鞍馬角弓，誠如上敎，不給爲便。”洪應議：“李巨右等初來效順，不可不厚賜，以感動其心，特給馬匹、衣襲等物以寵待之，何如？”李克培議：“李巨右、沈汝弄可等，受酋長達罕都督書契而來，接待當加常例，然弓子不當賜給，何可拘於別賜之例。”尹壕議：“鞍馬及角弓，皆資敵之物，不可給也，以他物量宜加賜，何如？”　兵曹據平安道觀察使啟本啟：“前日曹受敎，達罕都督親子若來，審其眞僞，許令由平安道來朝。如蔣尙同介等，亦達罕都督之族也，若與達罕之子同時欸關，而獨不許之，則慮或懷怨搆釁。請簡其騶從，亦令入朝，何如？”從之。

　　丙午，建州衞野人李巨右等來獻土宜。上令都承旨李世佐賜酒，仍傳曰：“曩承天子之命，興數邑之衆，遣將助戰。汝亦有上下之分，上命其可不從乎？汝必因此搆怨已甚，今者釋憾來朝，予甚嘉焉。若復叛亂以生邊釁，則興師討罪，易如拉朽耳！"李巨右等曰："上教允當。" 禮曹啟："今達罕都督欲遣子來朝，其接待之禮，請依李滿住子豆伊例施行。初次慰宴，用車食九果床；中央一次，用車食三行床。觀察使、節度使向南交倚，達罕子兩壁繩床；二品外官向南交倚，達罕子東壁交倚；三品以下，守令客東主西，邊將則主東客西，俱交倚，何如？"命議于領敦寧以上。鄭昌孫議："李滿住是建州衛巨酋，且中朝指揮，豆伊亦受本朝資憲，其待之也不得不優。達罕都督之子，未受本朝之職，與豆伊一例接待未便，降豆伊一等何如？"尹士昕、李克培、尹壕議："依禮曹所啟施行。"洪應議："本待野人西壁繩床，例也。今達罕都督之子，雖是優待者，本無職事，則依資憲豆伊例坐東壁，似無分別，萬一達罕都督出來，則坐於何地？達罕子西壁繩床爲便。"盧思愼議："李豆伊受我國資憲中樞，是宰相職也，故其接待之禮宜優。雖達罕都督之子，無名位於朝廷，乃一野人耳，依豆伊例似爲過重。然達罕，建州酋長之首，今乃慕義投誠，使其子入朝，則不可以他野人之例待之。節度使一次接待慰宴，觀察使不與相見。路次饔廩諸事，稍加常例。其接待時，則節度使向南交倚，彼人南行繩床，二品外官向南交倚，彼人西壁繩床，三品以下守令依豆伊宴品用油果何如？"從思愼議。 己酉，平安道觀察使李崇元馳啟："唐人劉時自□中逃來，其主野人沈吾應只追尋而至，何以處之？"命召領敦寧以上兵曹堂上議之。鄭昌孫議："平安之民，與建州野人相交，或有神祠，則往來飲食，其交已深。世宗朝，有一唐人逃來本國，野人來尋竟不還，以此搆隙，屢犯邊境，戰爭不息。況此劉時，七八歲時，沈應吾只以馬一匹買於毛憐衛，非自搶虜者也。今者來尋，不可不與也。

逃來唐人發還京師，至爲正大，然事貴從權。世祖朝，亦有唐
人逃來，其主追尋則還給，雖遼東知之，無妨於義，況不知
乎？還與之爲便。"洪應、盧思愼、李克培、尹壕議："今更來
推尋，答云：'劉時本鎮已發遣于朝，今將解送遼東。我國家
事上國，凡野人地面出來唐人，無不解送。前日，唐人蕭楨出
來，野人車仁巨等尋蹤來請，我國不聽，竟解送。汝豈不聞？
雖汝買得於毛憐衞，原係上國之民，汝等亦恭事天朝，於理不
當爲奴。'以此開說，給物慰送何如？"尹士昕議："劉時被虜野
人，轉轉買賣，沈吾應只以馬買之已久，如不還，則其怨必
深，不可不與也。"權瑊、呂自新、李孟賢、李世弼議："今沈
吾應只等追尋劉時，登時而來，然唐人來投則解送京師，已有
例，固無還給之理。若彼人等再來，以實語之，反覆開諭，優
待入送何如？"傳曰："今者劉時若還許之，則有乖事大之意。
若不許，則必有構釁作耗之事。今宜具由移咨遼東，使預知彼
人搆釁之端，則後日我國雖有征討之舉，亦不非之矣。"皆對
曰："誠如聖諭。" 辛亥，永安道巡察使魚有沼來復命，上引
見。問逃人刷還事，有沼對曰："野人童山亦在逃，令其叔李
達生等刷還，到檢天里蒲堂介家。蒲州幹朶里三人適至，呼李
達生云：'曩者朝鮮舉兵殺我族類，血猶未乾，怨入骨髓。今
此逃來人等，以朝鮮專不護恤，投來本土，爾何得刷還乎？'遂
射李達生，誤中所乘之馬。蒲堂介禁之云：'我等近在朝鮮之
境，別蒙上恩，而汝等害朝鮮人等。朝鮮必謂我知其謀，將有
問罪之舉，若之何？'遂扶執而和解之。李達生等將向童山、好
弄只所住嚴穴，路逢童山之妹，相與哭泣。其妹與達生言曰：
'前者刷還何多茂，特蒙上德。觀事勢，終無罪責必矣。今欲
率其子息，與童山等隨汝出歸。適以蒲州人出來于此，當出歸
之時，恐要於路而射殺之，故未果耳。然來秋冬決意出歸。'李

達生問云：‘汝等無乃歸蒲州乎？’答曰：‘蒲州則無鹽醬可以資生，何有人歸之理乎？’又李阿乙加茂以刷還事往來彼土，多有功勞，欲入朝，涕泣以請命。許宿衛何如？” 諭永安道觀察使鄭文炯曰：“魚有沼青巖里逃去人刷還之時，彼土往來有功人，不可不賞。檢天里接蒲堂介、虛水剌里接吾乙之介，會寧城底接中樞朴家老文、加乙巨等四人，已令上送。其餘李達生、李阿乙加茂等一百七人，並於年例上來野人，一時稍稍分運而送。” 癸丑，兵曹據平安道觀察使李崇元啟本啟：“野人蔣舍澄可，雖稱達罕都督妹夫，來請入朝，然無驗可據，又乏功勞。農務方興，驛路凋敝，舘待之際，弊復可虞，令邊將權辭勿令上送何如？”命議于領敦寧以上。鄭昌孫議：“本道年凶，農務方急，以天使出來爲辭，諭而遣之。彼若强請，爲首一二人許入朝，何如？”尹士昕議：“蔣舍澄可上來，依兵曹所啟施行，何如？”尹弼商議：“彼人聞我國接幹黑能，必多求朝，勢必難支。若別無功勞而一一從願，則驛路必至凋敝，況今正當農時乎？如達罕都督及其子輩，在所當接，其餘野人，令節度使權辭入送，何如？”洪應議：“彼人等兵疲計窮，正當趨附之時，又聞厚遇幹黑能，稱效順來朝者，不特此輩，後將絡繹不可遏也。今方農時，平安一路殘敝已久，姑依啟本，權辭接待。如或更來强請，約以來秋入朝，何如？”盧思愼議：“蔣舍澄可實達罕都督妹夫，爲建州衛上萬戶，則非李巨右、幹黑能之比，待之當加於彼。今李巨右等皆令來朝，而蔣舍澄可獨拒不納，非惟孤其向化之心，其於待野人之道，恐輕重失宜。彼若再來請之，邊將答以：‘今則夏熱方熾，霾霖又作，經涉山川，道路不通，待秋涼上道，不亦便乎！’則彼本畏熱，必當聽令。如又固請，今雖農時，約其騶從上送爲便。建州衛與我境相隣，其所順逆，邊備之緩急係焉，何惜小費不計大體乎？且

蔣舍澄可云：‘從妻父李豆伊上京拜萬戶。’金于唐介亦云：‘其
父有功於國。’其言歷歷，固非妄語。令該曹考其時文案，則其
情僞可知矣。上裁。”尹壕議：“蔣舍澄可實達罕都督妹夫，則
例宜上送。然平安一路正當農月，天使之行臨近，驛路疲敝，
來冬上送事下諭，何如？”從思愼議。　丙辰，議野人李巨右、
沈汝弄介等接見時坐次及進爵事，于領敦寧以上。鄭昌孫議：
“汝弄介、李巨右等，自邊境來時，皆以汝弄介爲首。今接見
時，因自中坐次爲便。世宗時，野人皆許進爵，況今倭人亦許
進爵，則野人亦不可不進爵也。”尹士昕議：“沈汝弄介、李巨
右坐次，隨其自爲可也。若進爵，則倭、野人一樣接待，何
如？”尹弼商議：“李巨右受達罕都督書契而來，宜坐沈汝弄介
之上，然禮曹饋餉時，既以汝弄介爲首，今若改之，則必生忿
爭，且汝弄介年老，依前坐爲便。特送倭進爵，則一堂難別，
雖進爵似無妨。”洪應議：“臣謂平安道啟本，以李巨右爲首，
且受達罕書契而來。然其來也，無使副使之差別。今已以汝弄
介爲上，依舊爲便。進爵則兩人皆令進爵，何如？”盧思愼議：
“李巨右受其酋長書契而來，則待之當以巨右爲首，豈問老小
哉！平安道啟本，皆以巨右爲首，則滿浦接待之時，亦必以巨
右爲上矣。於禮曹饋餉之時，彼二人等，雖以婚姻之故，以汝
弄介爲首，爲禮曹者，當以禮論之，使巨右爲首可也。不加詳
審，任其自意，殊失事體。今接見之時，須以巨右爲上，令通
事先諭之曰：‘汝等雖以年之老少爲上下，國家待之，當以事
之有無爲輕重。巨右受汝酋長書契而來，弄介無受事而來，巨
右爲上，於禮當然。’則彼必釋然。儻有自相忿爭，何與國家事
哉？李巨右等野人之微者，若獨接見，則雖不進爵可也。然與
倭人一時接見，而倭人獨進爵，野人獨否，則必有缺望之心，
並令進爵，恐亦無妨。”李克培議：“沈汝弄介，不獨於禮曹饋

餉時爲首，當初詣闕肅拜時，亦爲首而坐。從彼坐次而已，何可更改。接見時，依前坐次爲便。倭使上副官人，其進爵，則同時接見野人，又不可不進爵，一體施行，何如？”尹壕議：“巨右以沈汝弄介爲首，從其坐次爲便。且依平國幸例，皆許進爵，何如？”從思愼議。　戊午，上御仁政殿，宴倭人平國幸、野人李巨右等，宗親蛇山君灝等、領議政鄭昌孫等入侍。上命禮曹判書李坡，言於平國幸曰：“近日薺浦失火，燒焚室廬，予已遣官慰問，且令賑救。爾其知之。”國幸啓曰：“上教至此，不勝感戴。”又謂野人李巨右等曰：“爾等昔年得罪中朝，皇帝命本國助征，爾等懷嗛不來久矣。今汝遠來，予甚嘉焉。”李巨右等啓曰：“我等惶恐，久不入朝，今欲修好自來爾。”平國幸等令通事言於都承旨李世佐曰：“我等委來島主書契請事，至今未得聞命。願副島主向上之誠。”上曰：“島主向國誠心，與汝輩誠歟，予豈不知耶？府庫諸物多寡之數，該司議啓而後，當斟酌爲之。”令平國幸、平國忠、李巨右、沈汝弄介進爵。上謂巨右曰：“李達罕亦欲來乎？”巨右對曰：“我等回還，達罕亦當來朝。如沈者羅老、沈汝弄介等，賜之以鞍馬，則自然效順，相繼而來矣。”上曰：“汝於我國，本無釁嫌，今若效順往來，則可安生生之業矣。”謂沈汝弄介曰：“汝等既效順上國，今又來朝，予甚嘉焉。達罕若來，則予當厚待。若不肯來，予豈請之乎？”汝弄介曰：“我是沈者羅老姪子也。吾姪沈莫吐，願使侍衛，常騎好馬。莫吐先來侍朝年久。吾亦願拜高爵，得受鞍馬。”傳曰：“汝若常常而來，則亦當如願矣。”倭、野人，並賜物有差。

四月癸亥朔

　　丙寅，朝鮮實錄書：下書平安道觀察使李崇元、節度使李克均曰：“建州衛野人蔣尙同介、蔣尙澄可等前日欲來朝，如已登途，則不可中止。否則，諭之曰：'今有國恤，不可入朝，後可更來。'慰藉還送。"時世祖妃薨。　　庚午，平安道觀察使李崇元馳啟曰："野人金毛多吾等來請入朝。"命議于領敦寧以上及兵曹。鄭昌孫、尹弼商、盧思慎、李克培議："金毛多吾等若更請來朝，諭以本國有喪，遣還何如？"權瑊、呂自新、李孟賢、李世弼議："幹黑能、李巨右已由平安道入朝，金毛多吾等似難固拒。然幹黑能等自西征之後，首先來附，嘉其誠歟，以遂歸順之意。今一從來朝之請，則後來者接踵，皆欲取路平安矣，豈肯從永安險遠之路歟？況今當國恤，天使將至，而農事方殷，驛路凋殘乎？金毛多吾等更來請朝，當語之曰：'你等來貢，中朝非之。今皇朝遣使，且有國恤。你雖入朝，必不接遇。你等實有歸順之誠，則可於來冬由永安後門上。'歸優待還送爲便。"從昌孫等議，下書諭之。　　甲戌，遣同知中樞府事朴楗如京師賀千秋節，百官以時服拜箋，用權停例，移咨遼東曰："今次被擄漢人倪柳時，逃來滿浦鎮。解送後，建州衛兀良哈沈者兒哈等三名，到鴨綠江邊，說稱：'俺使喚倪柳時，逃入本鎮，跟尋來了，若不發還，定行報復。'本國自我祖先，被虜漢人隨到隨解，積有年紀。所有野人緣此搆釁，來肆惡言，倘或竊發，不可坐受其辱。野人入朝時分，將此事意備悉開諭，仍切戒敕，便益。"　　丙子，野人李巨右、沈汝弄可等辭，賜物有差，命都承旨李世佐語之曰："汝等自遠方慕義而來，嘉乃誠歟，前賜乃例物耳。今日所與，乃別賜也。"又以匹段衣一領、緅囊刀子具、紅帶一事、馬一匹，付之曰："達罕酋長，故以此遺之。且欲答書，中朝知之必以爲非，未果耳。"　　丁亥，全州府尹李封陪陳慰箋到京，上疏曰："臣猥將不才，邈處南州。撫字之心雖勞，而催科之政甚拙，欲避賢自退者蓋亦有年矣。然恐負聖上委任之意，默然勉留，精白一心，以報

聖恩。每因大小使臣之來，間以朝廷之事，皆曰：'凡有施爲，
上必博採衆議，從其尤者以措置焉。'臣聞之曰：'此即大舜執
其兩端用其中之意也。'比者建州衛野人，請由平安、黃海兩道
入貢，上議諸大臣，遂許之。臣對食不覺忘餐而嘆。臣請爲殿
下熟計而歷籌之：彼野人由此兩道而入，其不可者有五：彼兩
道年年易失農業，人民之殘，驛路之困，比他道萬萬矣。況有
本朝及皇朝使命，冠蓋相望，絡繹不絕，是以民之豪壯者，潛
竄於東寧之衛，老弱者，困斃於輸運之苦，日就羸殘，不可不
慮。加之以近年鄭同之往還，馱載之甚夥，進獻之難堪，其輸
運之煩，倍於前日。昔之羸殘者猶恐不能自存，又安可更生一
弊，敺吾赤子，剝吾民膏，以奉野人乎？此是一不可者也。而
況兩道絕無關防，至如棘城等關，誠如兒戲。其山川險夷，道
路迂直，不可使敵人容易悉諳也。且王都與建州衛相去不遠，
不過數百餘里耳，脫有不虞之變，必當朝夕而至，可畏之甚
也。若夫永安之道，以言乎道路，則萬餘里之遠矣；以言乎險
夷，則有鐵嶺焉，有咸關嶺焉，又有磨天嶺、磨雲嶺焉，所謂
百二重關。若有建州野人欲由此兩道以入者，宜對以權辭曰：
'此皇朝使命往還之路，若知爾等與我私通，必有赫怒之師，
爾等宜自永安而來。'以此辭之，此可爲國家之永計矣。彼若眞
有向化之心，則何憚乎道路之遠乎？非眞有向化之心，而輕示
我之虛弱，此亦二不可者也。況此兩道之兵，邾莒之弱也；永
安之兵，秦楚之強也。兩道之殘，邾莒之郡縣也；永安之富，
秦楚之府庫也。安有舍秦楚之富強，而乃示敵人邾莒之殘弱
乎？此亦三不可者也。野人非我族類，其心必異，來則不拒，
去則勿追，略加羈縻耳，豈宜置之心腹，輕示我之虛弱乎！此
亦四不可者也。且朝覲聘問，乃事大交隣之義，不可廢也。然
漢之光武，閉玉關以謝西域之質，猶不害於漢家之治。彼建州

野人，必須相通而後以爲我國之治耶？安可得已而不已，以養後日之禍胎乎？此亦五不可者也。臣雖不及遍觀兩界之地，而親觀其事，然豈無所見聞，而妄爲殿下陳之乎！丁亥之歲，臣濫蒙世祖之恩，承乏政院，昵稟睿算非一二矣。適於是歲，李滿住子豆伊，追逐亡奴，至我境上而還，中路見殺於其奴。世祖仍文武大小朝臣之可議者議之曰：'今豆伊至我境，死於中路，必生邊釁，將何以處之？'或曰：'若有邊患，當興兵往討。'或曰：'當擇邊將文武兼資者，堅壁固守。如有滿住之使來，當以便宜從事。'衆議紛紜，世祖卒以李克均除爲滿浦節制使往守之，乃教曰：'平安道邊備甚疎，我國邊患終必在此。'且世祖每嘉遠人之納欵，雖琉球遠國，亦許其來，而至於建州野人，初許其來，旋即覺悟，遂閉其路，曰：'後有欲來者，必對曰，當由咸吉道後門而來。'彼雖請之或懇，而世祖拒之甚固。此臣平昔服膺之梗槪也。今者朝廷忘世祖西顧之軫念，以開建州衛野人之捷徑，以示我國襟帶之虛疎，何耶？詩曰：'不愆不忘，率由舊章。'孟子曰：'遵先王之法而過者，未之有也。'且古有關防執訊之禁，以民流移也。伏惟殿下，特命邊將，乃於鴨綠江上列置防守，使我民無潛竄之虞，而遵世祖之成算，體光武之閉關，不廢蒭蕘，渙發俞音，兩道幸甚！"傳曰："卿言甚是。然野人慕義效順，而沮其歸附之路，則恐有邊患，予將更議。" 己丑，禮曹啓："今承傳教，今來野人文加乙巨等，富寧流移人物刷還有功，諭賞之事，其議以啓。臣等以謂文加乙巨、朴家老、李吾乙之介、童蒲堂介，例賜之外，以青紅木綿各四匹、四張付油席各一別賜之，何如？"命議于領敦寧以上。鄭昌孫、尹士昕議："野人來朝者，雖無功，例有賞賜。況今文加乙巨等，推刷人物，頗有功勞，依禮曹所啓爲便。"沈澮議："文加乙巨等，在衆中率先刷還，其功不細，

不可不厚賞。且流移餘衆未盡還，此類不厚賞，則後無誠心效
力者，例賜外，青木綿各四匹、紅木綿各二匹、四張付油席各
二、二張付油席各一，別賜何如？"尹弼商議："野人文加乙巨
等上來時，意謂當更受重賞，且流移人未還者多，今別賜似
少。青紅木縣各加二匹、油席各加一張，以慰其心，務開刷還
之路，何如？"盧思慎議："文加乙巨等既以有功而招來，則當
加厚賞以答其功，況流移人物未還者尚多，尤不可吝小費而失
大計。各賜青紅木綿十匹、油席二張，以起其心，以責後日之
效，何如？"李克培議："文加乙巨等流移人刷還時，將命往來
別有功勞，以此特召上來。今例賜外，只賜綿布油席，此皆賞
賜之物，非徒未滿其意，亦違論賞勞來之義。吐環刀子具條帶
各一、有文衣服各一，加別賜以慰其意，以勸將來，何如？"從
克培議。

五月壬辰朔

　　辛丑，朝鮮實錄書：平安道節度使李克均馳啟："野人金
劉里介率部落，欲徙居皇城之野，藩衛本國，以輸誠欵。何以
處之？"命議領敦寧以上。鄭昌孫、沈澮、盧思慎議："劉里介
本居慶興城底，爲兀狄哈所破，移住沈者羅老古基。今聞國家
受建州衛歸順，率其部落欲居皇城，憑恃國家之威，安心住
活。其心誠僞雖不可知，料應有此計也。皇城雖與邊鎮只隔一
水，然本非我地，彼人欲來居，作爲藩籬，禁之則阻其向化之
心，不禁則有戎夏雜處，嫌隙易生之患。且本朝處倭人於三
浦，日益繁滋，至今爲梗。於此二者，宜權輕重。今雖陽爲效
欵，安保其異日乎？若劉里介更來請居，令邊將語之曰：'汝
等之欲居此地，非徒安生之計，欲爲國家效力，誠亦可嘉。然
此地與靉陽堡相近，曠無人居，歲月已久。今汝等率部落四十
餘戶，忽來居此，中朝必有譴責。事須奏聞，國家亦不可擅

斷。'以此開說，何如？"尹士昕、尹弼商議："劉里介欲移居皇
城，爲國藩籬。其言雖若可嘉，然彼輩狼子野心。今若許之，
移居相望之地，窺覘我虛實，以啟作賊之路，是所謂養虎自遺
患也。癸丑年以前，彼人居於近地，與我國人相交，婚姻祭
祀，互相往來，親昵之極。乃生嫌隙，遂有入征之舉。自後迄
今，戍邊之役，人不堪苦。其居近之弊，此亦明鑑。且世祖
朝，彼人亦欲來居，不之許，命節度使於春秋領軍越江，累日
觀兵，一以恐動之，使彼不得有爲於其間；一以使彼不得居於
此野。劉里介雖更來請，斷不可許。"權珹、盧公弼、李孟賢、
李世弼議："劉里介等今始歸順，欲移居皇城，其心誠否，實
未可知。皇城雖在越邊，只隔一江，逼近於我，豈可使人面獸
心之類，知我虛實也。今當語之曰：'汝欲來居近地，爲國藩
籬，汝之誠心可嘉。然此地空曠已久，汝今率麾下獨來居此，
則他衛之人心生疑貳，汝不得安心住活。且在爾身誠心效順，
固無可疑。若其麾下及汝子孫，或不如初，則易生釁端。兩俱
有悔，不若不移之爲愈也。此地久空不居，豈無意耶！汝等雖
在元居之地，凡有所聞，悉通於我，則汝之效誠益著，國家豈
不嘉賞！'以此開說爲便。且沈者羅老部落，今雖效順，然以阿
時哈之死，必懷嫌恨，豈可全信。且今皇城越邊，彼人等恣行
田獵，萬一因此作耗，亦爲可慮。皇城等處當遣體探，秘密巡
哨隄備事下諭。何如？"從昌孫等議。

　　壬寅，虜酋亦思馬因，爲迤北小王子敗走，所遺幼稚，朶
顏三衛携往海西易軍器。道經遼東，巡撫都御史王宗彝等知
之，議以爲馬市之設，正欲革海西與三衛互市之弊，今若使其
得以人口易軍器，而不豫爲杜絕，他日必將糾合以爲邊害。乃
遣譯諭之，凡携幼稚來市者，倍償其直。至是，以所市男女九
人來獻，兵部請如降虜處之，俟其長，遣置兩廣。上命不必

遣，乃以分賜司禮監太監懷恩等。實錄。

己酉，朝鮮實錄書：兵曹據平安道觀察使啟本啟："建州野人不忘宿怨，陽爲歸順，窺覘虛實，乘間竊發，亦爲可慮。令其道節度使勿狃於歸順，警備之事毋或少弛。若趙都乙赤等來言前日入攻之事，令邊將語之曰：'國家與你等本無搆怨，但你等得罪中朝，自速天誅，我國承敕，不得已入征，你等豈不知之耶？你等若知順逆，誠心歸順，則依舊接遇。儻或執迷不悟，作耗邊鄙，國家必有處置，往者入征之事可鑑矣。'以此解說，何如？"從之。　　庚申，兵曹據平安道節度使啟本啟："野人李權數等更來請朝，則令鎮將諭而遣還爲便。彼人等托以來朝，接踵而至，供億之弊不貲。其求請之物，固難盡從。彼又有援李巨右之例而欲來朝者，當語之曰：'達罕都督遣李巨右來報歸順之意，故國家欲觀其意，特令巨右入朝。其後達罕父子並不來，舉衛歸順之言未可知。且汝等之言，豈可盡信？我邊將未悉汝情，不可上聞。'以此說之，何如？"從之。

六月壬戌朔

己卯，朝鮮實錄書：兵曹據平安道節度使李克均啟本啟："建州左衛李木長哈、右衛趙伊時哈等請來朝，待之甚難。然前有幹黑能、李巨右之例，今不許之，則生釁必矣。彼若久留不還，當語之曰：'我朝方有國恤，天使亦來，汝姑待天使還朝後更來，則汝等歸順之意，當啟稟施行。'以此開說遣還，何如？"從之。

癸未，命建州衛寄住毛憐衛三姓夷人郎引答赤忽等二百五十家，每歲於毛憐進貢例一百名外，增其人一十二名。實錄。

　　建州衛之毛憐衛，爲寄住毛憐衛，與原在圖門江邊毛憐地方之毛憐衛，爲有分別。前以明史兵志有寄住毛憐衛

之一衛，斷定其即在建州衛所在，乃建州衛猛哥不花所分
立之衛，實錄中於此一見，證明寄住毛憐衛屬於建州衛部
落之內。

乙酉，朝鮮實錄書：兵曹據平安道節度使李克均啟本啟：
"建州野人來請入朝者甚衆，以本道之弊，拒而不納，則非徒
絕其歸順之路，因此積釁，恐搆邊患。若厚加待遇，則彼雖禽
獸，豈不知感？向者防戌將士，往來之弊，供頓之費，有甚於
待遇之煩，不可不爲之慮也。然邊鎮贈饋，所費亦不貲，請令
戶曹措置，量加輸入。"從之。

七月辛卯朔

丁酉，朝鮮實錄書：平安道觀察使李崇元馳啟："建州都
督李達罕子李多之哈等請來朝。"命議于領敦寧以上及兵曹。鄭
昌孫議："平安道人物凋殘，驛路疲弊，故自古建州衛來朝人，
不由本道，例也。今若開路，則弊將難救。其欲上來者，皆權
辭以對，勿令知西路虛實。"沈澮議："平安道後門，迂直險易，
不可使彼人知之。然前日幹黑能、李巨右等，欲誠心歸順，不
得已招來，例已成矣。若多之哈等誠心歸順，拒而不納，則恐
生怨憤。今節度使探其誠僞，使臣回還後招來，何如？"尹弼商
議："建州野人爭欲入朝，雖和親可喜，其心誠否難知。況今
國有大恤，使臣又來，非徒驛路殘弊，支待亦難。令邊將語之
曰：'今天使在國未還，難以接待。天使回還後更來，則當啟
聞取旨。'權辭慰送，何如？"洪應議："曾者，幹黑能、李巨右
等來朝，特蒙厚慰，其後稱歸順希望恩澤者非一。若開端則終
將難禁，且今遭國恤，平安一路值朝廷使臣往來疲敝。請下諭
其道，若彼人等更請入朝，權辭阻難。若有不得已接待者，許
令冬月從永安道上來，何如？"盧思愼議："達罕之子來則上送，

事前已下諭，今欲上京則不可拒。今雖天使來此，彼所率者只
四人，於一路不煩上送，恐亦無妨。黃者者羅若實權過酋長，
其中用事人，則尤當撫以厚恩，若欲隨多之哈上京，亦不可
拒。沈伊時可、李所乙古等，或云父祖效力國家，受印統衆；
或云滿住姪子，釋讎歸降，則亦不得不撫納。但彼人等務欲上
京，或稱某人之子，或稱先世有功，假名僞辭者，間或有之，
令邊將詳加審問後上送，何如?"李克培議："天使出來，國中
多事，野人接待勢難。然達罕乃建州酋長，其祖父滿住，曾見
殺於我，含憤不少。今慕義歸順，此正懷來釋怨之機，不可失
也。達罕雖不親來，遣子來朝，誠意足嘉。若多之哈與黃者者
羅更來，則者者羅亦本衛用事之人，并接待上送爲便。其沈伊
時可、李所乙古等，亦是終當接待之人。但有國恤，天使亦
來，多事之時，接待勢難。若更來請，則以此開說，量給所求
之物慰送。但趙都乙赤與我國作讎，常懷報復，必有洩憤之
日。李所乙古若率來，則簡其驅從，亦令接待上送，何如?"尹
壕議："彼人等上來事，國家已開其端，不可不從。然今者國
有大喪，天使到國，國家多事，天使回還後上送事答說，何
如?"李克增、盧公弼、權侹議："今達罕都督子李多之哈及沈
伊時可、李所乙古等，接踵出來，以滿浦一隅，接待至爲繁
擾。然當效順之初，已開端上送，不可中止。李多之哈、黃者
者羅及李所乙古，若率趙都乙赤等更來，則待天使回還，依例
接待上送。其他沈伊時可之類，但稱沈者羅老親孫，別無功勞
可賞，同類人中，更細問族係强弱，取稟施行，何如?"從思愼
議。　戊戌，諭平安道觀察使李崇元、節度使李克均曰："備
悉彼人歸順等因。李多之哈，達罕都督之子，不可不厚待，故
來則上送事，前已下諭。今欲上京，則不可拒也。今雖天使來
此，彼所率者只四人，於一路不是巨弊，若更來欲上京，則依

前諭上送。黃者者羅實爲權過酋長，其中用事之人，則尤當撫以厚恩，若誠心歸順，欲隨李多之哈上京，則不可拒也。沈伊時可、李所乙古，或云父祖效力國家，受印統衆，或云滿住姪子，釋讎歸降，則不可不撫納也。都乙赤等常懷報復，而李所乙古率來，則亦是終當接待之人。卿其斟酌處置。但彼人等爭欲上京，或稱某人之子，或稱先世有功，心懷報怨而詐言歸順者，間或有之，須度情僞，詳加審問。更稟施行。”　兵曹啟：“平安道節度使鄭蘭宗、滿浦鎭僉節制使崔漢望等，賫去事目：‘（一）彼人效順之初，審知根派，然後接遇得宜。三衛酋長族係强弱，及用事人姓名，部落所居地面，詳悉探問錄啟。（一）彼人求朝者，節度使不曾分別便否，只據滿浦鎭所報而轉啟朝廷，處之爲難。節度使辨其可否，可接待者具由啟稟，否者遣還。其不得已遣還者，須從優餽贈，以慰其心。（一）滿浦鎭與彼境只隔一江，野人之來皆由此鎭，號稱西北門戶，實我國要害之地，萬一防戍疎虞，彼必輕我，凡城堡器械軍容鍊習一應機務，倍加措置，以示威重。’”

八月辛酉朔

是日，朝鮮實錄書：兵曹據平安道節度使啟本啟：“野人蔣舍澄可、蔣上同介，俱是達罕都督切族，依李多之哈例上送爲便。沈汝弄介、沈亐老哈等，欲令其子丹秋可侍朝，沈伊時哈亦欲率子入朝，慕義投化，誠心可嘉。待天使回還，約其驥從，不煩上送。柳乃也明言庚辰年北征時事，其時從軍有功，或未可知，令禮曹相考。若有功勞，並許入朝，何如？”命議于領敦寧以上。李克培議：“蔣舍澄可，以酋長達罕之妹夫爲上萬戶，不無權勢，前日再來求朝，誠意可嘉。今若受酋長書契更來請之，則勢不可拒。去庚辰年，申叔舟北征時，野人隨從者非一。臣亦隨叔舟北征，入征時事略知之矣。今此柳乃也之言，雖間有非是處，大概相合，必是隨征蒙賞之人。大概遠人慕義歸順，固當不拒，況有功者乎？沈亐老哈願令其子丹秋可侍朝，親自來言，其誠心歸順可知矣。今若出來，語之曰：'汝若欲令子秋可侍朝，誠意則嘉矣。但秋可年纔十三，遠離父母，豈不憫然思戀舊鄉乎，因此成病，亦可慮也。'如此開說，而彼若固請之，則以帝王懷遠之道，當容受之。沈伊時哈雖請率子入朝，不即親來，因人傳言，亦不足信，徐觀其勢處之爲便。蔣上同介前日雖請朝，今則獨無一言，其誠心固未可知，而徒以達罕族親輕易接待，則稱族請朝者，紛然必多，其弊不小。令邊將如此之類，詳審更問，取旨施行。何如？"從之。　　壬申，平安道節度使鄭蘭宗辭。上引見，謂曰："邊事難以遙度，建州衛野人今方歸順，其誠與不誠未可知也，毋以苟安而弛其防戍也。前者李巨右等始歸順請朝，故不得固拒。然平安一路不可開也。野人欲得食物，托報事變，頻頻往來，不可一一接待。若酋長子弟歸順請朝，卿其具由以聞，朝廷當參酌處之矣。"蘭宗啟曰："臣本不知野人之部族，而關防又虛疏，臣晝夜思慮，未知所以。若從野人之請，而皆令入朝，則平安一路，館舍彫敝，曠無人居，州邑供頓之弊，不可勝言，豈可使野人悉知其虛實也。且野人相繼請朝，或聽或不聽，則怨生於不均，臣其慮焉。建州衛人自去年西征之後，含怨茹憤，其報復之心，無時可已，雖陽若歸順而陰懷剽竊。"上曰："野人今雖歸順，人面獸心，防戍之備，不可不愼。其待之之便，卿其往察，務要得宜。"因賜衣一領及靴弓箭。　　甲戌，兵曹據平安道節度使李克均啟本啟："建州野人李木長哈、趙伊時哈等，以左、右衛都督使送求入朝，勢難固拒。況趙伊時哈，在己亥年被討搆怨，今請解怨投化；童巨右同，以都督親子，隨趙伊時哈而來，至今留舘待命。若以天使不還，而防遏不納，則彼必失望。請簡其從人，並令入朝。"命議于領敦寧以上。鄭昌孫議："建州衛人必由平安道往來，則非徒驛路凋敝，山川道路險夷備知之，亦為可慮。今托以天使之來，使由永安道入朝為便。"沈澮議："彼人朝我，中國所惡。天使回還後約從上送，何如？"尹士昕議："既許開路，今復拒之，不可。若李木長哈等留館，則許令上來為便。"尹弼商、洪應、尹壕議："今野人之來，邊將雖以天使及國恤為辭，彼不聽而強留，必欲期於入朝。前日幹黑能等既已接待，此輩不可獨拒。依兵曹所啟，簡其驍從上送，何如？"盧思慎議："李木長哈、趙伊時哈等，皆左、右衛所使之人，童巨右同，都督親子，視幹黑能輩，此皆有名字人也，再來求朝，今若拒而不納，是孤其向化之心也。簡其驍從，上送為便。但趙伊時哈率所領六人，皆以征伐時喪亡人子弟為辭，欲上京蒙聖恩解怨，其心可嘉，固當撫納。然征討時被攻部落非一，今若不覈虛實，只聽其言上送，則後有欲入朝者，效此蜂起，將有不勝接待之敝。某某人祖父某某，某年征討時為我所殺虜，詳加質問，有驗無疑者上送，餘人並令厚待遣還，何如？"李克培議："李木長哈、趙伊時哈、童巨右同等，前日出來請朝，不得而還，今又出來求請，期於必得，邊將之開說如此，而猶不聽受，留在待命，勢不可固拒。且以待遠人大體論之，則建州之人，來往非一，而左、右衛之人，獨不許朝，非徒有乖事體，因此必生釁端。若簡其隨從上送，則一路之弊亦不多，依兵曹所啟施行，何如？"從兵曹所啟。　乙亥，兵曹據平安道節度使李克均啟本啟："彼人李多之哈，乃都督達罕親子，當依受教，簡其驍從，許令入朝。然若有不得已事機，則從優施行。李巨右等三人，雖稱指路，驛路有弊，不可並來。其中一人，從願上送為便。李忘可初來歸順，理不可拒，天使回還後，宜令接待上送。曹

華，則童巨處言領衆尊重人，後若出來，則姑留客舘，細問根
脚以聞。其餘野人，雖欲來朝，並慰藉還送，何如？”命議于領
敦寧以上。鄭昌孫、尹士昕、洪應議：“依兵曹所啟，何如？”
沈澮議：“平安道居民稀少，軍卒殘劣，不可使彼人審知虛實。
幹黑能之初來，不可輕許也，而已許通路，今若阻當，怨恨必
生。李多之哈簡其驪從，使臣回還後上送。他餘人，節度使及
邊將權辭勿上送。何如？”尹弼商議：“達罕都督親子若更出來，
則當如前議，從簡上送。隨從人全數帶行事，雖懇請，在所不
聽。李巨右等三人，雖欲以指路率來，當語之以旣已接待，不
必指路以拒之。其餘野人，亦以天使及國恤爲辭，多般權說還
送。何如？”盧思愼議：“李多之哈接待入送事，前已下諭。但
彼欲多率驪從而來，邊將嚴加防制，多不過五六人。若懇請不
已，只加一二人；過十人則不可許也。野人入朝者非獨多之
哈，今若成例，後難禁遏。李巨右等雖以多之哈指路出來，前
已上京，今又上京，則彼人等必皆曰：‘巨右等別無功勞，而
一年之內再度入朝，我等一未上京。’必人懷缺望，邊將亦難爲
辭。巨右等曾蒙國家厚恩，雖令還送，必不至於生怨，令邊將
詳加曉諭，還送爲便。李忘可，建州衛初歸順時，與李巨右俱
效誠欵，功勞一體，待之不可有異，天使回還後上送爲便。童
巨處云，曹華領衆尊重人，則必其屯中統兵有權。且其言
曰，朝鮮使臣與野人相逢時，解鬭有功，則於我國亦有微勞。
然其虛實未可的知，且小小領衆之人，諸屯皆有，不可輕易開
端。若更出來，邊將厚待入送。其部落之多少、兵馬之强弱，
詳實驗問，馳啟禀旨爲便。永安道山川險阻，道里遼遠，軍鎮
富强，故自祖宗以來，雖建州野人，皆從永安北門而來。世祖
朝，童倉、李豆里雖由平安道來朝，右人等皆有名酋長，以一
時之權，待以殊禮，故其時非有名位如童倉者，自然望絕，無

有請由此路者。今看野人之勢，皆欲由此路上京。若盡從其請，則勢將難支；不從其請，則有含怨搆釁之虞。臣意謂所當接待野人，先定格例，或酋長親來，或酋長之子婿弟姪，或已身顯有功者，許令上送；此外餘人，邊將第其高下，量給所求之物，厚加接待，慰藉還送，則彼亦自知國家格例如此，非惟不生怨恨之心，人思立效矣。彼人等若云：‘巨右之輩既非酋長之子婿，又無顯功，而上京，何獨拒我？’邊將答曰：‘建州衛自國家入征以後，絕不相通有年，李巨右等先來效順，且彼邊聲息頻頻來告，此功不小，故特命上京。汝等但當誠心歸順，立功於國家，如此則豈但上京肅拜而已，將有莫大恩賜。’以是開說爲便。若以天使、國恤爲辭，則天使回還、國恤終喪之後無辭可拒矣。伏惟上裁。”從思愼議。　　壬午，司憲府大司憲孫舜孝上疏曰：“臣竊謂凡事之始也，事之變也，不可不深慮遠計以圖之也。易曰：‘先甲三日後甲三日，先庚三日後庚三日。’又曰：‘履霜堅冰至。’蓋言愼也。夫涓涓不塞，將至於滔天；星星不撲，將至於燎原，此古人所以貴圖難於其易，爲大於其細者也。今聞建州野人叩關投化者相繼，而該曹啓請許之。然平安一道，人物不阜，境內蕭然，加之以使臣頻來，苦弊尤甚。前日許入朝，聞者慕利而繼來。今日再許，聞者必興起而相續，待以數年，絡繹不絕，勢之所必至也。既已開其路而遽欲止之，則釁隙是萌，患將難救，是何異忘火之星星，而欲撲燎原之熾炎，忘水之涓涓，而欲塞滔天之大勢乎？雖有智者，不能善其後矣。伏望聖上留神預防，以圖後艱，生民幸甚！”舜孝又啓曰：“世祖朝，李滿住、李豆里請由平安道來朝。世祖大王議諸大臣，申叔舟議以爲不可開端。今者兵曹輕許其路由平安，大臣亦從而和之，此非萬世計也，豈可使賊覘我室中也？”傳曰：“予豈不審思而處之乎？”

九月辛卯朔

　　甲午，朝鮮實錄書：野人都指揮李多之哈等五人來獻土
宜。命饋之，賜物有差。　　戊戌，禮曹啟："本曹餉建州衛野
人李達罕子李多之哈等，仍問曰：'乃祖豆伊，向我國傾心效
順，特著誠欵，汝知之乎？'答曰：'何不知之！有今之來，欲
追祖父之跡耳。'又語曰：'乃翁都督，未嘗通欵，今送嗣子，
克修前好，良用嘉悅。'答曰：'我父豈不欲來朝納欵？今送我
輩，其意可知。'又問建州有三衛孰是中衛，孰是左、右，主將
誰耶？答曰：'我父鎮中衛，吐老鎮左衛，甫花土、羅下鎮右
衛。'又問：'三衛所居地面何名？'答曰：'中衛在吾乙面江之
間，右衛在吾乙面江下面，左衛在愁曹會，居遼東北。'又問：
'三衛道里，相距幾何？'答曰：'中衛至右衛三日程，至左衛二
日程。'又問甫花土、羅下、吐老族系。答曰：'甫花土、羅下，
是班車之子。吐老，是童倉之子也。'又問：'班車、童倉，於
乃曾祖滿住幾親？'答曰：'童倉，滿住之壻。班車，滿住之妻
弟也。'又問：'三衛所管軍數幾何？'答曰：'兩衛則各有所管，
未知多少。但本衛具甲冑實軍二千，其餘甚多。'又問：'兩衛
只一將，右衛則別有二將，何歟？'答曰：'甫花土居長，故掌
印行公，羅下有才能，故皇帝別命耳。'"

　　成化末，建州三衛詳情如此。吐老，明實錄作脫羅，
清實錄作妥羅。甫花土，明實錄作不花禿，亦作卜花禿，
朝鮮亦作甫下土。班車，明實錄作凡察。是時右衛有兩酋
長，明實錄中不詳，其後是否終合爲一？其實並非分立，
祇因明廷賞拔，暫多一承受敕命之別酋歟？
　　吾乙面江，佟家江之上有額爾敏河，對音相合。建州
衛正跨此河。而右衛在下面，即右衛在建州衛之南也。左

衛不近江，前據<u>朝鮮</u>所探報，<u>左衛</u>最近<u>撫順邊門</u>，蓋在<u>建州衛</u>之西矣。

　　壬寅，<u>朝鮮實錄</u>書：御思政殿接見野人<u>李多之哈</u>。上曰："近年久未通信，今慕義而來，可嘉。往年征討之舉，承<u>中國</u>之命，出於不得已，非我國之過。"<u>多之哈</u>啟曰："臣等亦知其事矣。"上曰："<u>平安道</u>境連上國，汝等不由此路久矣。汝則酋長之子，且初來效順，故姑由此路耳。其餘野人，當由<u>永安道</u>而來，可說與汝人。"對曰："當從上教。"上曰："汝之兄弟幾人？"對曰："同母兄弟五人，異母兄弟二人也。"上曰："汝年幾許？"對曰："庚辰生也。"　壬子，野人<u>李多之哈</u>等五人辭，命賜衣服、鞍馬有差。　丙辰，<u>平安道</u>節度使<u>鄭蘭宗</u>馳啟："野人<u>沈半車</u>等欲來朝。"命議于領敦寧以上及兵曹。<u>鄭昌孫</u>議："一開其路，則後來難當，令節度使權辭以答，勿令上送。何如？"<u>沈澮</u>議："<u>平安道</u>後門已開，前許<u>沈汝弄介</u>等由此路上京，今若不許，則憤怨必生。令節度使詳察其人功勞有無而處之。何如？"<u>尹弼商</u>議："當初開通<u>平安</u>後門，只爲務寧邊境。若<u>達罕</u>之子等數人，則不得已許之，然亦非長久之計也。彼人等見國家厚待，爭先出來，安能以有限之財應無窮之欲乎！況今<u>沈半車</u>等，皆非酋長，又不緊關於我。若更出來，令邊將語之曰：'我國<u>平安</u>後門，密邇上國。凡有事，動必聞之。若聞接待爾等，必有譴責，如是則彼此俱有害焉。且今天使回還，尤不可從此路也。汝有誠心，依祖宗朝故事，由<u>永安道</u>後門來請，則國家當從之矣。'如此開說還送。何如？"<u>洪應</u>議："<u>沈半車</u>等雖歷叙祖父功勞，皆已往難知之事，若一一聽之，托名歸順者難可禁抑，一路騷然，弊故多端，一切勿聽爲便。"<u>盧思慎</u>議："<u>沈半車</u>其祖父雖實有功，如此之人甚多，不可開端。今若再請，令邊將語之曰：‘由此路上京者，皆酋長之子弟，或身有功勞，此外皆由永安後門，汝等所聞知。汝雖言祖父有功，久遠之事未可知，汝身又無一毫功勞，邊將不敢違國家之法，擅便上送。今汝立功，何患不得上京。’如此開說，厚待還送。何如？”李克培議：“沈半車所說前功，皆年久無據，不可取實。若更來請，朝令邊將權辭開說，所求雜物，隨宜題給還送，何如？”李克增、權侹議：“沈半車等自叙功勞，不足盡信，然亦言勢有理，至於哭泣，則其誠可知。誠心歸順，拒以不納，有乖懷遠之道，且厥數不多。更來請之，則許令上京，何如？”盧公弼、李陸議：“沈半車等歷叙前功，懇請來朝，以帝王懷綏之道，固宜撫納。然前日李巨右等輩，皆三衛酋長及其子弟，故特令接待。今半車等不由三衛，自稱別種，必欲入朝，雖哭泣請之，然既非酋長之使，又無自己之功，徒以祖父之功，許令入朝，則三衛中如半車之類者，不爲不多，必將蠢起而來，援半車爲請，則以何辭拒之？盡許之，則有難繼之勢；不許之，則啟缺望之心。莫若謹之於始，以防後日之弊也。半車若更來請，則依前禮曹受教開諭，厚慰還送，何如？”

　　諭平安道節度使鄭蘭宗曰：“今仍卿啟，知沈半車等欲來朝。予惟半車等祖父雖實有功，如此之人甚多，不可輕許開端也。今若再請，當語之曰：‘由此路上京者，皆酋長子弟，或其身顯有功勞者，他人則皆由永安後門，汝等所聞知。汝祖父雖有微勞，此皆久遠難知之事，今於汝身亦無一毫功勞，邊將豈敢違國家之法，擅便上送。汝今繼祖父之心，立功於我國，何患不得上京。汝若誠心歸順，由永安北門上去，則孰有沮之者？’以此開說，厚待還送。且木日巾羅等，偶因田獵來謁邊將，邊將給鹽四升、米一斗、紙二卷，未爲優也，而卿以爲只宜饋送而不可優給。邊將若因此薄遇野人，使之憤怨，則邊釁易生，

不可不慮。卿悉此意，務要得中，俾勿失宜。" 丁巳，傳于承
政院曰："今者，建州衛野人效順納款，予欲遣人慰之。此祖
宗朝所無之事，將議諸大臣而行之。其議可否?"都承旨李世
佐、左承旨金世勣、右副承旨金礪石啓曰："如此則非徒彼必
悅服，其道路迂直、屯聚強弱，因此可知。"左副承旨權健，同
副承旨李德崇啓曰："野人之心難信，不可待以禮義，但來則
接之而已，勿遣爲便。"傳曰："古之帝王，亦有遣使匈奴者，
其召兵曹、禮曹、議政府，及領敦寧以上議之。"鄭昌孫、韓明
澮、尹弼商、洪應、盧思愼、尹壕、徐居正、李坡、韓致禮、
李克增、金謙光、盧公弼、李瓊仝、權侹、李陸、李孟賢議：
"自古帝王待夷狄，但羈縻而已，來則撫之，去則勿追，豈可
以禮義相交，信義相保哉！其來附也，雖曰慕義投誠，實貪其
厚利，豈可保其無他哉！今雖欲遣人，彼人面獸心，且與我國
有隙，豈肯信使命而無疑也，必將疑其行間。大則戕殺之，小
則拘留之，虧損國之威重而已。今達罕新附，雖待之以誠，其
他部落，初無統令，往還之間，恐有他變。況祖宗朝所無之
事，萬一上國聞之，豈不以我交通爲嫌乎？今因使人之來，諭
以通信之意，以觀可否，雖則可矣。然彼聽命相通，如前所
云，勢已難行，不答則徒損國威，莫若勿遣。"李克培議："國
家去癸丑年，先遣朴好問通信，厚贈信物，審其道路，繼而令
崔潤德入征。自此以後，彼之疑我太甚。達罕等今雖通信，前
疑未釋，使介往來之間，竊恐辱命。令禮曹先送書契，諭以通
信之意，使彼曉然知之，然後遣人爲便。"傳曰："領中樞議，
與予意正合。"遂命禮曹製書契以進。其書曰："朝鮮國禮曹敬
奉王旨，諭建州衛都督李達罕：爾土境隣我國，爾父豆伊傾心
效順，克著誠款。近者汝等以往年入征之故，汝雖繼乃父之
迹，長于三衛，而未敢一致誠款，良由未知我國之意耳。我國

與汝衛，前此一無釁嫌，故累代交通，彼我無間。若往年之舉，非我國本意，承上國之命，不得已而爲之也。汝今洞知此意，爲遣親男來輸赤心，良用嘉悅。我亦欲因此遣人報之，自今永爲安輯之計，顧不韙歟！汝若肯之，則當於後人來通其可否。”

十月庚申朔

　　庚午，朝鮮實錄書：御思政殿置酒，引見野人李木長哈、趙伊時哈等八人。問于大臣曰：“今來野人，往年征討時喪其妻子者也，恐懷宿怨，勿令進爵，但使承旨賜酒何如？”鄭昌孫啟曰：“上教允當。”乃命曹判書李坡語趙伊時哈等曰：“汝等久不來朝，今乃效誠，勞苦遠來，予甚喜焉。”伊時哈等對曰：“三衛都督議云，自祖父時納款朝鮮已久，今亦不可不朝也，使我等來朝耳。”上曰：“汝三衛效順如此，誠意可嘉。予將遣人以答其意，姑欲修書付汝可乎？”對曰：“如此則寵光益著矣。”仍賜物有差。　　戊寅，野人趙伊時哈等八人辭。命都承旨李世佐賜酒，仍問曰：“汝衛男婚女嫁，何以爲禮？”答曰：“男往女家。”又問：“有納采納幣之禮乎？”答曰：“壻家先以甲冑弓矢爲幣而送于女家，次以金盃，次以牛二頭、馬二匹，次以衣服、奴婢，各因其家之貧富而遺之。富者三四年而成禮，貧者雖至十年之久而猶未得成禮。”又問：“婚娶之日，有宴飲之禮乎？”答曰：“壻往之夕，女家宰牛宴飲。翌日，邀壻之親戚而慰之。”又問：“同生兄弟，若有先死者，娶其妻，然乎？”李木長哈曰：“兄妻若貌美而多財者則娶之。”童巨右同遽止之曰：“汝何發此言，貴族則安有此風乎？此特奴輩之事耳。”又問：“我殿下欲使人于汝衛，汝等何以接待？”答曰：“三衛各出兵馬一百以迎之。”又問：“我殿下今送諭書于汝衛，有識字者乎？”答曰：“朝鮮文字雖或不知，蒙古書則多有知之者。”又問：“有祭祀之禮乎？"答曰："祭天則前後齋戒，殺牛以祭。又於月望祭七星，然此非常行之事，若有疾病祈禱，則有之耳。親死則殯於家，亦殺牛以祭，三日後，擇向陽處葬之。其葬之日，常時所服之物并葬之，且殺其所乘之馬，去其肉而葬其皮。"又問："親死，服何服乎？"答曰："或著衰服。"又問："親死食肉乎？"答曰："殺牛以祭，故不得已食。"又語之曰："往年征討汝衛，非本國之意，承天子之命，不得已而爲之。汝等知此意，今皆來順，殿下深用嘉悅。"答曰："天子如天，天之所爲，我何怨焉！"又問："汝衛甲胄，以何物爲之乎？"答曰："以鐵爲之。"又問曰："鐵產於何地？"答曰："產於火剌溫地面。"又問曰："有冶工乎？"答曰："多有之。"又問："汝衛與達子相通乎？"答曰："距我衛十日程，常往來焉。"又問："達子人物之數幾何？"答曰："繁盛優於中國。"又問："有室廬乎？"答曰："以車爲家，蓋以油苫而居焉。"又問曰："汝等往犯遼東邊境之時，汝等潛往犯之乎？必告於酋長而爲之乎？"答曰："安有不告酋長而擅行之理乎？"又問："常時有謁見酋長之禮乎？"答曰："每朝齊往謁見，聽其指揮者，或至百餘人。"又問："都督之印用之於何處？"答曰："若有文字施行事則用之。"仍賜例物。又別賜李木長哈、趙伊時哈、童巨右同三人，匹段、袱塔胡各一匹、段襦帖裏各一、條環具紅帶綵囊各一、刀子各一、馬各一匹；正官童沙何多、王伊羅愁、李巨羅茂、李別郎介，匹段襦帖裏各一、條環具紅帶綵囊各一、刀子各一；隨從人趙舍吾，章襦黑綿布衣一、條環具綠帶綵囊一、刀子一。左衛都督土老、右衛都督羅下處，賜送匹段紅腰線襦帖裏各一、條環具紅帶綵囊各一、刀子各一、馬各一匹。　命禮曹爲書授趙伊時哈，送于建州左、右衛。其書曰："敬奉王旨，諭建州右衛都督羅下、左衛都督土老：乃父自先王時，傾心效順，克著誠歉，我國之待遇亦隆，汝豈不知？汝繼乃父，長于本衛有年，而一無耗息，或者必以往年征討之故，而有疑阻之心也。雖然，往年之舉，非我國本意，只緣汝州爲梗于上國，皇帝赫怒征剿，而令我掎角之。我國祇承敕諭，揆以大義，用偏師助順耳。汝曾不察，而枉怨於我。今乃洞知逆順，翻然改圖，爲遣親族來輸赤心，良用嘉悅。予欲差人往本衛以諭予意，汝若以爲可，則因後來人以道可否，且自今永爲安輯之計。”

　　建州三衛納歉朝鮮，於此告成。建夷之歉於明、歉於鮮，皆以完者禿爲宗主。自此中國與朝鮮，無女直之警，女眞亦休養百年。李滿住之後人，大有造於明之中葉時代，不可沒也。其所使屬夷，與朝鮮問對語，能掩夷俗之陋，而鋪張其儀式之繁，縱不盡實，要其能窺測華風，而心知其貴尚者久矣。自此至清太祖興，向有百年，建州之瞭解中國禮俗政治者，更復如何？夷知中國，中國絕不知夷，此亦興衰得失之關鍵也。明代不知建州，至清一代，漢人仍不知明時之建州，非惟漢人不知，即建州之後已自改爲滿洲之帝室，亦久而不復知其先世之情狀，此通紀之所以作也。要之，建州早習華風，所用名詞多爲漢語，清世反改用滿文音譯，以示其特殊，痕跡甚顯。

十二月庚申朔

　　乙丑，朝鮮實錄書：平安道節度使鄭蘭宗馳啟：“建州衛達罕請其子包多羅入朝。”命議于領敦寧以上。鄭昌孫、韓明澮、尹弼商、洪應、尹壕議：“向者多之哈以達罕親子來朝，例已成矣。皆是達罕之子，拒之爲難。但令約其驍從上送，何如？”傳曰：“達罕但送著印空紙而已，餘無可驗，未可以此而遽信。若以爲皆是達罕之子，並令入朝，則達罕之子多至七八，亦皆入朝乎？予意欲令邊將諭而止之，何如？"僉曰："上教允當。"　下書平安道節度使鄭蘭宗曰："今因卿啓已悉，達罕欲遣其子包多羅入朝。彼若更來，令邊將語之曰：'前日多之哈，以其父達罕歸順之意來告，故許來朝，優其館待，至授諭書而還。近者童漏大之來，非徒不答諭書，且不謝多之哈厚待事，而只傳著印空紙，中間詐僞，未可知也。況今國家多事，未敢上聞。'以此慰諭遣還，毋令搆釁。"

丙子，毛憐衛指揮僉事喃失子買禿等六人襲職，都指揮僉事亦里哈等十三人各陞一級。實錄。

庚辰，毛憐等衛女直指揮亦里哈等、海西塔魯木衛女直指揮的兒哈你等，各來朝貢馬及方物。賜宴，并衣服、綵段等物有差。實錄。

此條文內塔魯木衛指揮的兒哈你，與清實錄紀載相銜接。清實錄敍扈倫四部之葉赫云："葉赫始祖，蒙古人，姓土默特。初滅扈倫國所居帳地之納喇姓部，遂居其地，冒姓納喇。後遷葉赫河岸，建國名。始祖星振達爾漢，生席爾克明噶圖，席爾克明噶圖生齊生噶尼，齊生噶尼生楮孔格。"

明實錄後於嘉靖七年，見海西都督加哈叉、竹孔革等。加哈叉爲扈倫四部中之輝發部長噶哈禪。竹孔革即楮孔格。第一次所修之武皇帝實錄，噶哈禪原作剛哈諂，竹孔革原作出空格，與明實錄之加哈叉、楮孔格兩人名，音尤相合。而竹孔格之父齊生噶尼，武皇帝實錄原作奇里哈尼，則與此文所謂的兒哈你，音尤合矣。至葉赫之爲塔魯木衛，具詳滿洲源流考。

　　源流考云：“達喜穆魯衛，舊訛塔魯木，今改正。明實錄永樂四年置，爲葉赫國地。部長祝孔額，嘗授達喜穆魯衛都督僉事，即明時所謂北關也。太祖己未年滅之。己未爲萬曆四十七年。考葉赫相近，惟達喜穆魯山，南爲占尼河，北爲葉赫，傳聞不審，誤倒其音耳。”云云。葉赫之稱國，乃清代人語，務使女眞一小部族，皆名爲國，以見其非明之土官，所以爲滿洲名國地耳。而塔魯木之爲葉赫則可信。清實錄於葉赫始祖星根達爾漢之後，所可紀爲部長之人名，中有奇里哈尼，爲出空格之父。源流考出空格作祝孔額，始紀其爲葉赫部長，要可證明葉赫之原爲明塔魯木衛。而明實錄成化十九年所見之塔魯木衛指揮的兒哈你，即清實錄之奇里哈尼，爲明清兩實錄銜接之痕矣。明實錄：“永樂四年二月庚寅，女直野人頭目打葉等七十人來朝，命置塔魯木、蘇溫河、阿速江、速平江四衛。以打絮等爲指揮衛鎮撫千百戶等官。”其時未受衛職之頭目，以打葉又作打絮者領其首，置衛則以塔魯木領首，“葉”與“絮”必有一誤，其爲塔魯木之始受衛職者則甚明。清實錄謂葉赫始祖星根達爾漢，武皇帝實錄原作勝根打喇漢。“打葉”或“打絮”，蓋皆“打喇漢”之異譯，疑“葉”字“絮”字皆“案”字之訛。在葉赫何所謂始祖，即始受衛職於明，得以傳世爲酋長者耳。又據清實錄，葉赫本蒙古土默特種，其姓納喇，乃忽剌溫女直之姓。扈倫即忽剌溫。葉赫爲清所滅，固有深讎。至太祖之孝慈高后，乃葉赫女，實生太宗，爲國懿親。康熙間寵相明珠，即葉赫納喇氏，直至亡國之孝欽后，仍出其族。今可考見此族之實爲蒙古土默特種，清認爲滿洲同種，實相沿於扈倫四部時也。

乙酉，朝鮮實錄書：都承旨金礪石進己亥年征建州衛圖及日記。礪石以從事官從尹弼商征建州衛故也。

成化二十年，即朝鮮成宗十五年，甲辰(1484)

正月己丑朔

丁未，朝鮮實錄書：禮曹據平安道節度使啟本啟："三衛內，右衛則甫花土、羅下二酋長分統。前者，中衛李達罕、左衛吐老、右衛羅下使送人曾已接待。甫花土使送童者乃及姪子沙下致，請依三衛酋長送使例，接待上送。"命議于領敦寧以上。鄭昌孫、韓明澮、尹弼商、尹壕議："依禮曹所啟。"沈澮議："三衛內，達罕、吐老使送已上來，受賜而還。甫花土使送，不可不接待，簡其騶從上送，何如？"洪應議："建州野人，自厚接達罕之子，爭言有功，冀蒙恩澤。若三衛之人，不可不一體待之。然而無功妄希賞典者，節度使須分揀以送，送之則必由永安之路，依禮曹所啟，何如？"盧思慎議："建州二衛使送，皆已接待，甫花土亦一衛之酋長，與達罕、羅下，一體人也。今來叩關投誠，不可獨拒。若更來，上送爲便。待夷狄之道，不可一於姑息，當兼示恩威。後若有不遜之言，豈可以堂堂大國畏縮而受侮乎？崔漢望之言，恐未爲過。其餘出來人接待便否，依前降諭書施行。"傳曰："宰相等豈不深思國家之事而議之乎？予意以謂三衛酋長使送人，國家已接待矣，右衛何獨有二酋長，而又欲別遣人來乎？衛之有酋長，猶國之有君，不可有二。縱或有之，姑令邊將開說此意，以觀其意何如？其更議以啟。"昌孫議："一衛有二酋長，眞僞令邊將反覆審問爲便。"明澮、澮、弼商議："上教允當。"思慎議："建州都督皆中朝所命，則必不於一衛命二人爲都督也。今甫花土、羅下二人分統一衛，未知孰爲中朝所命，孰爲自中所推，意必二人爲一衛中豪强，衆所推服，故概以酋長稱之耳，其實必有一人受命主之者。臣前日議得時，慮不及此，今聞上教，允合事宜。臣曾聞羅下以有勇力，皇帝賜印統衆，然未知的然，請令禮曹考啟。"傳曰："其以予意諭節度使。"

甲寅，建州等衛女直都督卜花禿等、海西肥河等衛女直都督剌哈等，各來朝貢馬及貂皮。賜宴，并金織襲衣、綵段等物有差。實錄。

二月戊午朔

甲戌，建州等衛左都督等官你哈答男尚古等四百五十七人，入貢乞官職。兵部言："内查都指揮同知等官奴奴帖等三百八十人，無敕可據，兼授職年淺，例難陞襲。其尚古等七十七人，俱齎有授職原敕。尚古等九人，宜准令襲父原職。兀魯罕河衛都指揮僉事等官火禿等六十六員，已滿二十五年之例，宜陞一級。"從之。　丙子，建州衛女直都督完者禿等、海西弗提等衛野人女直都督亦把哈等、亦迷河等衛野人女直都督捏克等，各來朝貢馬及貂皮。賜宴，并金織衣、綵段等物有差。實錄。

三月戊子朔

是日，建州衛都督完者禿等累上書，言："建州左衛都督董重羊，忠順效勞，實無反叛情罪，謫戍福建，乞宥之還。"兵部言："成化十一年春，重羊之妻伯吉嘗入關，願乞其夫同居内地。及建州頭目人等，累以爲請，情辭懇至。但一時招誘發遣者七十餘衆，非止重羊一人，兼累有旨不允。今完者禿復以爲言，取旨裁處。"詔不允取回。實錄。

　　董山之弟有重羊、秦羊、充也、眞羊諸名，俱見朝鮮實錄。此更冠以"董"字，亦即"童"字對音。明實錄中之童倉、綽顏，皆縮短音及對音字，清實錄作褚宴，當合正德元年四月庚申事觀之。

癸卯，朝鮮實錄書：平安道節度使鄭蘭宗馳啟曰：“建州衛野人沈亏漏哈請以其子丹秋可侍朝。”命議于領敦寧以上及兵曹。鄭昌孫、韓明澮議：“毛憐衛野人前此侍朝者非一，建州衛野人雖無侍朝者，彼若強請，不應拒之。”沈澮議：“野人人面獸心，反側難知，且丹秋可年未强壯，遠離親戚，久居異土，不幸得疾而死，彼必有疑，令邊將權辭却之。若勢難終拒，待其年壯許侍朝。”尹弼商議：“今觀亏漏哈之請，似出於誠。若更來請，許從願。”洪應議：“先王朝，向化侍朝，皆不得已之人。今丹秋可幼少微弱，且以沈賣土之子弟思得產業，非不得已者，豈可盡從其請？”李克培議：“沈亏漏哈非酋長，又非酋長親子弟，又無功勞可賞，今若許之，請侍朝者必多。後若更請，令邊將語之以由永安後門上京，多方曉諭入送。”李克增、金自貞、權侹議：“前此向化侍朝者非一，丹秋可不可獨拒。若更來，則許令上送。”下書鄭蘭宗曰：“先王朝，向化侍朝者，皆不得已之人。今丹秋可幼少微弱，非酋長子弟，且無功勞。今更來請，宜令邊將諭之曰：‘丹秋可年幼離親，慮或生病，然若誠心效順，願令侍朝，則可由永安道上來也。’”全州府尹李封上書，略曰：“嘗聞欲治之主不世出。今我殿下，挺上聖之資，撫亨嘉之運，酌古準今，將大有爲，眞近古以來未有之聖主也。比者下旨求賢，遣官問弊，益見殿下欲治之盛心也。然求賢非難而得賢爲難，得賢非難而任賢爲難，若能任之不貳，則賢不必求而野無遺賢矣，野無遺賢而列于庶位，則弊不足問而弊自革矣。方今賢非不任，弊非不革，治非不隆矣，然豈無一二可言者歟？臣請爲殿下陳之：第恐人將以爲彼李封何等人也，前陳平安、黃海兩道五不可之弊，而言之懇懇，殿下聽之藐藐，何不自揣而敢爾曉曉不已也！雖然，臣之事君，雖鼎鑊在前，斧鉞在後，猶不避之。況前者陳兩道之弊，而殿下令內臣諭臣曰：'通建州路，非永久事也。但以滿住之孫欲由此來，故不得已姑許之，今將此疏議諸大臣。'臣欽奉聖言，今猶在耳，竊意終必有所措置矣。夫兩道之弊，前已略陳，今不暇論。但臣意以爲，宜令邊將，權辭諭建州野人曰：'兩道乃皇朝使命往還之路，若與爾等私通，必有上國之責。爾等宜由永安道後門而來。'此正世祖之本意也。朝議欲許此路者，特從其所便，冀免剽竊之患耳，此非萬世之長策也。冀免剽竊之患，而行姑息之計，臣甚恥之。且議者必曰：'我若以赤心待之，彼必以赤心應之。'是大不然。雖堯舜之世，尚有三苗之不順，況彼人面獸心者乎？我國請皇朝南路而未得蒙准。夫皇朝待我以優禮，而猶不許，我何待建州野人，過於皇朝之待我歟？今殿下睿意，必以爲我德廣被，野人雖見空虛之地，踈虞之勢，將何足慮。臣以爲當今國勢，可謂堂堂矣，然後日可保邊釁之無虞歟？伏見殿下已舉徙民之策，又議築義州、麟山之城，益賀殿下貽謀燕翼之遠略矣。世祖慮平安道地多閒曠，聽朝官自願開墾，其墾多者賞之。今殿下亦聽朝官願墾，而本道人民之願墾者，亦以所墾多少，量減其役，則闢土日廣，可謂善繼而善述矣。但慮今日雖徙民以實之，若無關防之固，則其避役之民之潛竄東寧衛者，安可一一盡禁歟？臣嘗聞姜希孟朝天而還，馳到義州，夜半猶不閉城門。如此則雖義、麟之城過於百雉，猶爲無益。須固其關防，疊差關吏，朝開暮鑰，驗其縴符，以節人出入，如漢故事，則可以沮潛竄，禦外侮矣。伏惟殿下潛心焉，并獻我國輿地圖。"

下書李封曰："卿於治民之暇，爲國家遠慮，開陳邊事。予觀議論正大，良用嘉悅，特加一資。"

七月乙酉朔

癸巳，朝鮮實錄書：平安道節度使鄭蘭宗馳啟曰：“彼人蔣舍澄可來言：‘左衛人高都乙赤聲言“朝鮮於己亥年盡殺我妻子父母，焚燒家舍，至今未復業，而一時逢患趙伊時可，則朝鮮許令上京厚待，我則不許上京，以此含怨欲報。”合衆二百五十餘名，以船百餘隻，到婆豬江洞口灘。右衛酋長羅下及達罕等，同議追走止之，罷兵而去。’”命示領敦寧以上。鄭昌孫議：“前此建州衛野人來請，則例皆接待上送。高都乙赤等妻子雖被殺，志切朝見，宜從願上送接見，何如？”韓明澮議：“彼人等報復丁寧，若出來欲朝，則不可不接待。且今當農民布野，防禦諸事亦當隄備。”沈澮議：“臣觀蔣舍澄可言勢，高都乙赤等欲上京朝見，希恩澤耳。然賊謀難測，不可不慮，嚴加隄備。高都乙赤若酋長，則已有前例，難以止之；非酋長而若從上來之請，則援引上來者紛擾，終必難支，令邊將諄諄開諭。”尹弼商議：“今當水漲之時，請兵作賊，勢所難爲。舍澄可之言，未必皆實。原其情，則不過恐嚇欲要上京而已。己亥之討，都乙赤之父及妹見殺，妻與子四名被擄，其報復之心，未嘗忘于懷。彼若有可報之勢，非一二度接待之恩所能釋仇也。都乙赤若來請朝，當語之曰：‘三衛酋長之子，與至誠歸順之人，例所當接。汝則初來，不知誠否？我知其至誠，然後當轉啟。’權辭諭之。”洪應議：“此人等誇功，不過來秋欲上來蒙賞賜也。且賊人多謀，乘勢竊發，未可知也。令益嚴隄備。”盧思慎議：“舍澄可等來告事變，似不的實。高都乙赤，左衛中之微者，非領兵人也，安能聚兵至二百五十餘名，造船至百餘隻之多乎？其言曰：爲半乘船流下，爲半騎馬陸行，則一人乘一船而下也，此亦無是理也。況今霖雨方作，江水漲溢，弓弩膠解，彼雖禽獸，狡計有餘，假使實欲作賊，必不於此時也。臣

意以謂諸衛酋長等，皆歸順國家，邊境無事。彼人等雖欲告變
受賞，無事可言，虛捏聲息，以爲詿功受賞之地耳。不然，聽
都乙赤之請，以爲後日上京之階耳。舍澄可所言高都乙赤作賊
之事，張皇太甚。今若上送，則彼必以謂國家畏之，從而效之
者必多。雖請上京，不可聽也。"李克培議："蔣舍澄可所言都
乙赤聲息，難以盡信。大抵今當夏月，水潦漲溢，必不大舉作
賊。但農民沿江布野，守護雖嚴，乘間竊發之變，自古有之，
更加隄備爲便。都乙赤若來，欲上京朝見，則臨時更議。"尹
壕議："今當雨水漲溢，其曰造船作賊，實是虛言。然在我防
備不可虛踈，令益加隄備。高都乙赤於我別無功勞，不必上
送。"御書下承政院曰："今觀蔣舍澄可之言，其爲不實明矣。
且高都乙赤必欲報仇，聚兵而來，則豺狼之心，其聽達罕、羅
下之一言，輕罷已聚之兵乎？此必舍澄可受酋長陰謀詭計，或
者自生奸術，一以欲使都乙赤受賞，一以詿己功而蒙顯褒耳。
都乙赤之心，達罕何不知？達罕之計，都乙赤其不識耶？相爲
唇齒明矣。今若示弱而接待，則非徒勞我之民，亦有後日之邀
功者，將不實之變，起無窮之欲，則其可一一待之乎？宜令邊
將，都乙赤之來，嚴兵以待之，曰：'我國本與汝一無釁隙，
頃因上國之命，不得已舉兵加之耳，我與汝何有仇怨？汝等不
知此意，聚兵肆暴，以干天誅，於義何如？非徒輕易我國，亦
不順於上國，如飛蛾赴燈，自喪其命；丸螳拒轍，焉用其力！
汝將何意聚兵而來，又將何意罷兵而去？且欲誠心上京，豈生
如此不能成不可赦之心乎！'如是示威，以觀其情。若其言順，
則告者自悔其失；其言悖，則又何畏乎？言不順則名不正，名
不正則事不成，理之必然者也，吾何畏彼哉！予意如是，僉意
何如？"承旨等啟曰："御書充當。"又命示領敦寧以上。鄭昌孫
議："臣意妄以謂，昔者世宗朝，野人金自還逃來，建州之人

懇請還給，竟不從請，野人等因作讎嫌，兵連禍結。夫野人雖
小嫌，作爲讎隙，侵盜不已。故臣昨日議許從其請。今伏覩御
札，甚爲允當。"韓明澮、盧思愼、李克培、沈澮、尹弼商、洪
應、尹壕議："御書允當。"傳曰："其以此意下諭節度使。" 己
亥，禮曹正郎金永貞將堂上意來啓曰："野人甫花土所居之地，
與我境相距雖遠，然與羅下並稱酋長，前日達罕、羅下使送，
則厚贈送之。今雖不及於此例，量宜別賜何如？"傳曰："甫花
土之事，曩者疑一衛有二酋長，使者若來，則欲質問。今既上
來，詳悉問之。" 禮曹啟："頃承傳教。考李多之哈上來時問
答之言，則甫花土乃右衛酋長，掌印行事，而羅下有才能，故
皇帝別命爲酋長。今甫花土之使厚待，何如？"傳曰："天無二
日，民無二主，安有一衛有二酋長乎？彼雖自稱酋長，豈可徒
信其言而厚贈乎？國家似若不知，依例接待，何如？"其議于領
敦寧以上。鄭昌孫議："羅下、甫花土皆云，俱受皇帝之命爲
酋長，然不可的知虛實，一體待之，何如？"韓明澮議："自古
帝王禦戎之道，來則撫之，去則勿追。前者羅下使送，優禮待
之，則甫花土使送，不容有異。"沈澮、尹壕議："一衛焉有二
酋長乎？縱有之，我國所未知，不可待以酋長之使，依他野人
例待之。"尹弼商議："右衛有二酋長，雖未的知，然甫花土爲
酋長，則聞之久矣。三衛使送，不可各異，一體待之，使不缺
望。"洪應議："三衛內甫花土之使，因道遠今始來矣，不可不
以三衛接待之禮待之也。況中國許爲二酋長，而彼等本無上
下，一體待之，無害於義。"盧思愼議："戎狄本無君臣，強者
爲雄，一衛之內雖二三酋長，其俗然也。我不可分別其間也，
當視其利害於我者，以爲厚薄耳。甫花土，右衛之掌印都督
也；羅下以勇力聞，皇帝特授都督，分統其衆。此兩人者勢均
力敵，在我撫恤不可有異。況一衛之中，甫花土爲上，羅下爲

副，今待甫花土下於羅下，則非徒輕重失宜，彼亦缺望，宜一
體待之。」 甲辰，上御宣政殿，訓鍊院副正邊伍千，將義禁府
所鞫許混、許種等訟事啟訖。上謂都承旨金礪石、右副承旨成
健曰：「甫花土之使，當據何例待之？」健啟曰：「一衛必無二酋
長，然夷狄君長，豈有定乎？今云甫花土與羅下俱長於右衛，
而國家於甫花土薄待，彼必缺望。」礪石啟曰：「羅下有才能，
故雖命爲酋長，然甫花土本是酋長，掌印行事。一衛有二酋
長，雖似可疑，然在我待之之道，不可輕重也。」上曰：「予意
不然。天無二日，安有一衛有二酋長乎？彼雖自謂酋長，國家
豈可信其言而厚待乎？今若厚待而他人又稱酋長，則國家其盡
以酋長待之乎？」健曰：「上教允當。然曩者李多之哈上來時，
言甫花土亦長於右衛，臣意今待不可異於羅下也。」礪石曰：
「一衛果無二酋長，則國家固不可輕信彼言而厚待也，然臣意
慮有邊釁。」上曰：「承旨等言是矣。然今無考驗處，未可的知
爲酋長。野人等由平安道往來，予心曾以爲不可也。二衛酋長
開道之後，野人連續出來，求請無已，其弊不貲。今甫花土使
送，姑以他例待之。後日復來自明其實，則以酋長例待之，若
何？」礪石曰：「前者甫花土使送童者乃，到平安後門請上京，
國家諭以汝若酋長而歸順，則更來永安後門。今甫花土使送由
此上來，國家又不以酋長使待之，則豈不缺望？臣意謂縱不可
以酋長使待之，於凡例優待饋餉時，令禮曹語之曰：『羅下旣
長右衛，爾雖言甫花土亦爲長，然無所考驗，故如此待之。爾
等若明言其實，則後當以酋長待之。』何如？」上曰：「於凡人例
優待事議啟。」 丙午，承政院議啟甫花土之使別賜物件。命議
于領敦寧以上。鄭昌孫等僉啟曰：「甫花土之爲酋長，聞之已
久，書契踏印不誤。且書契云：『達罕曾受馬匹、綵段等物。』
是已知酋長接待之例，而希望於今日也。又云：『邀處遇土，

久未遣使，而今始遣使。'則其輸誠之意亦至矣。其祖李滿住，亦納欵於我國者也。及自被誅後，避我國深入遠地，而今乃遣使致欵，希望上恩也。國家降殺待之，則恐缺望矣。戎狄人面獸心，若一缺望，邊釁或生矣。"傳曰："政丞等必計之熟矣，然予意以爲不的知酋長，而以酋長使待之，則後必有詐稱者，如是而不優例待之，則亦生釁矣。"昌孫等曰："甫花土掌印行事，臣等聞之久矣。酋長之稱，恐非虛語。"傳曰："政丞等議如是，其以酋長使待之。"昌孫等曰："今不賜見，又無別賜，恐缺望。"傳曰："李巨右、沈汝弄可等上來時，雖在喪中接見，今亦當接見。"　丁未，承政院啟曰："今甫花土使二人、吐老使五人，同處一舘。吐老使則已接見，今不可更接也。甫花土使接見時，吐老使何以處之？"傳曰："一舘之人，何可異之？吐老使並當接見。"承旨等啟曰："吐老使前旣接見，今又接見，則三衛使送絡繹上來，臣等恐例或一成，則弊將難支。甫花土使接見之日，吐老使依留舘倭賜宴例饋餉何如？"從之。　戊申，向化兼司僕金波乙多尙來啟曰："甫花土，臣之舅也。臣幼少時鞠於其家，年至二十餘始出來。右衛之事，臣悉知之。今來馬阿多右，非甫花土使送，乃左衛吐老麾下也。曩者臣在會寧時，馬阿多右與臣同居。歲在庚辰，還入本土，屬於左衛。今乃詐稱甫花土使送，以希厚賜。當初馬阿多右出來之時，臣問之曰：'何得以甫花土使送出來乎？'多古懇乞於臣勿洩此事，俾蒙上德。臣其時即欲啟達，無緣未果。今則思之，此實國家大事，且恐陷於彼人術中，故敢啟。"傳曰："今聞爾言，良用嘉悅。特賜汝弓一張、毛馬粧一部。且汝悉知三衛之事，其族派細陳之。"仍傳于承政院曰："今以波乙多尙之言，議于領敦寧以上。"韓明澮議："波乙多尙所啟有理。馬阿多右部落酋長與書契印迹，令禮曹因波乙多尙所啟詰問，啟達後更議。"沈澮議:"曩者右衞酋長羅下使送,曾已賜見厚待。今稱右衞酋長甫花土之使者,亦希望恩賜,不無詐僞。知虜情者莫如波乙多尙,其言似實。依前議,從凡人例待之爲便。"尹弼商議:"彼人狼子野心,凡百所言,皆不可信。今波乙多尙之言,未知何謂也?今來馬阿多右,雖曾爲吐老麾下,安知今爲甫花土之麾下乎?此亦未可臆議也。且馬阿多右果非甫花土麾下,則書契印信,何從而得著乎?前者李多之哈來云'甫花土爲掌印酋長',其言亦豈無謂乎?臣意謂不可信一人之言,而失待夷之體。"洪應議:"波乙多尙所言誠然,則此非甫花土使送,安可以甫花土之使接見乎?然波乙多尙之言,固亦難信。今來使者,爲甫花土之使與否,須質問辨其虛實。"盧思愼議:"今來馬阿多右等,若眞甫花土使送,不可不厚待,否則國家不可受其欺也。須辨其眞僞待之可也。以波乙多尙之言詳加質問。若不直告,與波乙多尙對面相質亦無妨。"李克培、尹壕議:"馬阿多右持來書契,旣不分明,甫花土使與土老之使,未可的知,且波乙多尙之言,又安可一一盡信。令禮曹因便細問。果非甫花土之使,則不可以酋長之使待之。"傳曰:"波乙多尙乃甫花土姪子也,馬阿多右等實爲甫花土之使,則波乙多尙何以謂之土老使乎?今若質問,則土老聞之,必構怨於波乙多尙矣。然則後日雖有如此之事,波乙多尙必不肯告矣。予意謂更驗土老及甫花土書契印迹,姑以凡人例待之,曰:'爾等雖言甫花土使,然安有一衞有二酋長乎?假令有二酋長,汝之爲甫花土使,又未可的知也。汝若辨明復來,則當以酋長使待之。'以此開諭何如?其更議之。"明澮、澮、思愼、壕議:"上敎允當。"弼商議:"波乙多尙之言如此,未知馬阿多右眞爲甫花土之使也。若信其詐言,則陷於術中矣。今宜待之以常例。"應議:"臣意雖相質無妨。況波乙多尙乃甫花土之切族,公然相

見，問一門安否，因問奉使之由，可知情狀。彼於波乙多尙，
雖有衛情，於國何害？若不相質，宜如上敎，凡例待之。"克培
議："馬阿多右與波乙多尙面質是非，則不可矣。問於馬阿多
右曰：'前日羅下稱右衛酋長使人，國家已優禮待之。汝又稱
酋長甫花土使。一衛之內，安有二酋長乎？且甫花土子壻弟姪
多在，何可捨子壻弟姪而送汝乎？'如此言之，則辭嚴理順，彼
必無辭。然書契印迹，的非甫花土所爲則已矣；若涉疑似，則
不可以波乙多尙之言，斷然以謂非甫花土使送。依前議，差減
酋長使例接待爲便。命召禮曹堂上示之曰：'羣議則如此。'予
意謂今來馬阿多右等，令禮曹特加饋餉，而反復細問，以觀其
虛實何如？"判書李坡等啓曰："上敎允當。再度饋餉，固無前
例，然亦無妨。饋餉之時，詳加細問，則容貌言辭之際，容或
可見其虛實。然馬阿多右必不對之以實，於何辨正乎？且波乙
多尙之言，豈可盡信，然亦有理。臣等意謂，姑以凡人例待
之，令本曹郎廳往語之曰：'大抵酋長使送，則國家待之固異
於凡人。汝實爲甫花土使送，則當以酋長使例待之。然汝所持
來書契，印迹不明，且甫花土不以子弟使送，而使汝，故國家
未知的實，如此待之耳。'"傳曰："凡待夷，必禀命然後爲之，
如使禮曹郎廳往舘開諭，似若擅便。予意謂於凡人例稍優待
之，仍諭之曰：'汝若甫花土之使，則吾當以酋長之使待之。
然未知其實，故於凡人例從優待之。'以此開諭何如？"僉啓曰：
"上敎允當。"傳于承政院曰："賜給物件，於凡人例稍優議啓。"

　　辛亥，平安道節度使鄭蘭宗馳啓曰："彼人童巨處等四人來
滿浦鎭，言本土饑饉，欲移接江邊，冀蒙賑濟。"御書示承政院
曰："此言雖未知虛實，然不可不早爲之所。其議于領敦寧以
上及政府、六曹參判以上。"韓明澮、沈澮、尹弼商、洪應議：
"彼人誠僞，固未可知，因本土飢饉來望賑救，豈平安一道所

能支也？儻率妻孥來居江邊，窺我虛實，則此尤不可。況中國聞之，必加譴責。於此於彼，俱有害焉。令邊將以此曉諭。"尹壕、許琮、韓致禮、孫舜孝、金碏議："彼國飢饉而來，欲因此永居，未可知也。臣等意謂若一開其端，後來者必多，應之爲難。若欲永居，則本道與永安道，勢不相似。永安道沿邊各鎮，皆產魚鹽，待之無難。本道魚鹽產處，距滿浦險遠，轉輸極難。況此道防禦非永安六鎮之比，不可令彼人近境而窺其虛實。"魚世恭、魚世謙、李崇元、洪利老、李世佐、洪貴達、金升卿、權侹、邊脩議："今觀童巨處等所告，則前則云爲報高都乙赤等作賊事變而來，今則云因飢饉望其賑濟，或恐嚇，或乞憐，其言飢饉望救，未可的知，假令的實，彼既上國之罪人，況越江之地本非我土，若許來接，則上國聞之，以爲何如？且近在我國，以窺我虛實，將來之虞，亦甚可慮。後若更來，當語之曰：'此地密邇上國，汝等來居，則朝廷聞之，必加譴責。'如是開諭，賑撫慰送。"傳曰："諸議皆同，其以此下諭節度使。"

八月乙卯朔

丙辰，朝鮮實錄書：甫花土使送馬阿多右等辭，命饋之。仍傳于承政院曰："甫花土若遣使，則必送子壻族屬矣。雖云甫花土之使，眞僞未可知，則固當不納。然遠人之來，不忍拒之，故姑接之。若遣子壻族屬來，則雖由平安道亦許之，當以優例接待。其以此教之。"　壬申，平安道節度使鄭蘭宗馳啟曰："建州衛野人沈汝弄介等，因飢饉率妻子而來，欲蒙厚恤。臣恐因此屯聚成黨，且聲言歸順，絡繹來往，求請無厭，亦可慮也。所宜預爲措置，敢稟。"命召領敦寧以上、議政府、都總府、兵曹議之。鄭昌孫、沈澮、尹弼商、盧思慎、許琮、李鐵堅、韓致禮、愼承善、李從生、金永濡、李約束議："彼以窮投我，義當矜恤。然一開其端，後難應之。況江邊各鎮，所儲軍需不敷，雖欲濟之，勢不能也。江邊來接之請，尤不可從。其中酋長所送人，及事變進告者，依前例接待。只爲救荒而來者，以前降諭書之意開說，留二三日，饋餉而送。所求之物，亦不可盡從，量宜給之。"徐居正議："彼土人前此來往求請，尚加存恤。今以飢窘求活於我，斷然絕之爲難。救荒物件，隨宜略給，不至煩費。後有相續出來，不能盡副所求，則當答曰：'錢穀在朝廷處分，非邊將所能擅給。'固拒亦未晚。江邊決不可許留也。"孫舜孝、邊修議："彼因凶荒望救而來，在王者之仁，所當賑恤。但犬豕之心，窮則依歸，飽則爲患，不可容易待之也。平安一道，防禦軍需，不如永安之實，宜閉關不示敵以弱。彼若更請，當語之曰：'此道地界，乃上國使臣往來處，不可暫留也。汝欲歸順，則當叩後門。'如是開諭，略施所求而遣之可也。"傳曰："徐二相之議，似難從之。餘議皆當，其以此諭節度使。"　戊寅，唐人劉信甫等男婦共十四名，系遼東東寧衛。劉信甫曾爲建州衛野人所擄，尚安爲毛憐衛野人所擄，至是來投永安道鍾城鎮。李哲等九名，爲毛憐衛野人所擄，來投會寧鎮。李昌里爲建州衛野人所擄，來投穩城鎮。孟昌殊等二名，爲尼麻車兀狄哈所擄，來投鍾城鎮。就差聖節使通事李義押解遼東。

九月乙酉朔

丁亥，朝鮮實錄書：平安道節度使鄭蘭宗馳啓曰："野人愁升應巨等出來時，滿浦僉節制使李暹失於應接，使之久留客舘，供頓不贍。且唐女三者來到，自云愁升應巨妻，因其夫出獵，逃來欲還本土。然愁升應巨來在江邊，彼女渡江之時，若或見之，生怨丁寧。敢取稟。"兵曹據此，啓曰："待戎之道，不可過於厚，亦不可失於薄。愁升應巨等來在江外，李暹贈給鹽糧過厚，遂使仍留不還。且唐女三者，許即渡江，送于監司。俱失事宜。若三者本係唐人而還給野人，則有乖事大之義，依例解送何如？”傳于承政院曰：“自稱唐女，逃來已久，而愁升應巨等近在相望之地，又不來尋，無乃欲搆釁端乎？”承政院啓曰：“臣等意亦疑之。今三者乘其夫出獵逃來，彼必出獵未歸，未即來尋耳。”命議于領敦寧以上。鄭昌孫議：“三者自稱唐女，欲還本土，須及其夫不來，解送爲便。贈與鹽糧雖云過厚，業已與之，何必追論。”沈澮議：“平安沿邊各鎮，儲備數少，野人求請，應之難繼。遲給與過厚，其失大矣。且三者雖云唐女，若不還給，則彼必搆怨。然給之，則有乖事大之義，解送爲便。”尹弼商議：“李暹不遵前降諭書，待愁升應巨甚優。三者雖係唐女，元是愁升應巨之妻，拒而不賑可也；輕易許接，生釁丁寧。此女非彼土走回人口之例，隨夫出來，乘夫出獵，背棄而逃，其情可憎。雖給其夫，何乖於義？彼人告飢，既不救之，又奪其妻，生怨必甚。從權還給，以杜邊患。”洪應、尹壕議：“李暹招來三者，以啟釁端，專擅之罪，不可不問，依兵曹所啟施行。”盧思慎議：“依所啟爲便。但愁升應巨等率其妻子，來住江邊，望其賑救，如不得其欲，必有缺望之心。以大國邊將，給米鹽斗升，豈是過歟？此恐無罪。”李克培議：“三者雖是唐女，隨夫出來，乘夫出獵，脫身逃來，其夫豈不知蹤迹之所向。李暹輕易許接，擅送監司，誠有罪矣。愁升應巨若出來請之，邊將當答云：‘某月日，女一人，夜到江邊稱唐女。本國凡被擄逃來者，並解送，例也，故送于監司，轉達于京。初不知爲汝妻而然耳。今既如此，非吾擅便。汝亦有耳目，豈不知本國解送之例。’如是答說。”傳曰：“今此唐女，非從彼土深處逃來，欲要救飢，隨夫來往，脫身逃來。暹輕易許接，又送于監司，此大不可。以我國事大之義，固當解送，然海外之邦，有時用權何害？欲留此女，俟彼尋索還給。其更議于領敦寧以上。" 戊子，更議唐女處置事。鄭昌孫議："世宗教云：'被擄唐人逃來，其主若細知，尋蹤而來，則宜從權還給。'此於事大雖似未穩，權宜之策，不得不爾。"沈澮、李克培議："三者之來，李暹初不許接，宜矣。今既許接，越在我境，若不解送而還給其夫，後日若逃還本土，說此意，則前日事大之意一朝掃如矣。解送爲便。"尹弼商議："三者之事，臣反覆思之。彼雖稱漢女，未可的知。假令是實，以事勢計之。兵家之法，有奇有正，制事之宜，亦有經有權。今當從奇從權，務弭邊釁而已，不可慕虛名而取實禍也。臣意以謂還給其夫，甚合事體。"洪應、盧思愼議："前此唐人爲野人所擄，而逃來我國者非一，野人追蹤而來請者亦多，皆云'此非汝土之人，原係漢人，本國事大以誠，例皆解送，汝等所知。'以此答之，已成格例，彼亦無怨言矣。當初不納則已矣，今已受而納之矣，若又還與，則非爲大義，不可。後有唐人逃來，彼據此例以請之，將何辭而拒之？解送爲便。"傳于承政院曰："於僉意何如？"承旨等啓曰："唐人解送，已有前例。今若還給，則非徒有虧事大之義，後有逃來者，亦援例以請曰：'前日已還愁升應巨之妻，今何獨不然。'則將何辭而答之？"傳曰："以大義言之，則固當解送。然解送則邊釁立生，今姑下諭監司，語三者曰：'汝雖稱唐女，豈信汝言乎？'當以野人待之。"又諭節度使："愁升應巨來尋與否？今即馳啓。"

十月乙卯朔

丁巳，朝鮮實錄書：命議兀剌山城斡朶里者羅太、多羅介、加于介上來便否？洪應議："今三衛新歸順，其勢必欲年年來朝，不可拒之。宜如倭人例，定其人數，令一衛每行毋過三四人，以爲恒式。"從之。 丁卯，先是，平安道節度使鄭蘭

宗馳啟曰：“建州衛野人今年因雨失農，托以畋獵，來屯江邊，
冬節合冰時防禦可慮。”至是，下諭曰：“得卿所啟，乃知彼人
羣聚江邊，合冰之後竊發果可慮也。咨諸大臣，皆曰宜令邊將
嚴加隄備，整旅待變。予亦以謂盜起於貧窮，變生於所忽。今
年彼土因水潦失農，彼人窘於生利，叩關乞憐者相續。彼之所
求者無窮，我之所以應彼者有限。彼必不滿其欲，或懷鼠竊之
計，我其以爲尋常而不之慮耶？但閫外之事，不可遙度，在邊
將措置得宜爾。卿其體予委任之意，益礪軍卒，曲盡方略，無
敢少弛。如有不得已承稟之事，當詳度緩急輕重之勢，急速馳
啟，無或稽期。” 辛未，平安道節度使鄭蘭宗馳啟曰：“右衛
甫花土使送姪子童哈答等，及左衛土老使送子童吾乙都左，請
來朝。”命召議政府領敦寧以上及兵曹議之。鄭昌孫、韓明澮、
沈澮議：“建州三衛內中衛酋長達罕、左衛酋長羅下使送皆已
來朝，其未來者右衛甫花土，而今遣送者來在江邊，不可拒
之。但今後更來朝者，皆令由永安道上來，何如？”許琮議：
“土老之子，例當上送。甫花土所送人，雖非親子，甫花土乃
實酋長，且居近境，彼人作賊者，皆經由此人所居之地，初送
沙下致，既不接而送，今來人又令還送，則彼必缺望。今姑令
并上送爲便。臣意又以爲，平安一道，驛路疲敝，若數數而
來，終不可支。建州三酋長，子弟不知幾許？彼獸心之人，雖
非子弟，亦有詐稱之理。其子弟不限其數，一一接待，則終必
難當矣。雖酋長子弟，各令一度上送，所率人亦不過四五人；
其餘并令從永安道上送，何如？”韓致禮議：“今來土老、甫花
土所送之人，不可的知爲親子弟。更問之，而若實子弟，則令
上送。若未的知子弟，令由永安道上送，何如？”孫舜孝、金
礩、權侹議：“世祖朝，李滿住子李豆伊，始自平安上來。其
後彼人等，欲從此路來朝者紛然，廷議難之，托以使臣往來之

路而止之。今酋長所送，既已接待，而遽復拒之，則釁隙必生。其親子，姑許從平安道上來。自今以約曰：‘平安地面，乃上國使臣往來之路，不可紛然往來。每三年一度，遣子修信，以爲永好。’何如？”金謙光議：“今我聖上威德所被，野人累次欵塞，固不可拒而不納。平安一道，使臣往來之地，驛路彫斃，自祖宗朝，酋長外，勿令由此道入送。前者諭書內：‘酋長子弟及現有功勞者外，皆由永安道後門上送。’今土老之子，則例當入送。甫花土雖右衛酋長，所送皆非親子弟，一依諭書辭緣，厚慰還入送。雖酋長子弟，每三年一次接待，何如？”傳曰：“此議大概一意。今三衛使送，既已出來，不可不接待。但誠如許贊成之議，彼人等雖非子弟，或有詐稱爲子弟者，予欲下諭曰：‘此道境連上國，不可紛然往來。若酋長子弟，則宜由此路上來。其餘，悉令永安後門上送。’何如？”僉啟曰：“上教允當。”琮啟曰：“上國既以三衛爲都督，而我國屢通諭書，慮或不可。臣意今使送人上京時，以此意開說，何如？”傳曰可。　　壬申，下書平安道節度使鄭蘭宗曰：“今所啟右衛酋長甫花土、左衛酋長土老，使人皆是親子弟，約其隨從，毋過三人上送。以前所啟達罕女壻童巨右等來告，包羅多明是達罕子，並依此例上送。”

庚戌，海西塔魯木等衛野人女直都指揮的兒哈你等，遣頭目火兒嗊等，并自來都督僉事等官撒因孛羅等，各來朝貢馬及貂皮。賜宴，并衣服、綵段等物有差。實錄。

十二月甲寅朔

辛酉，朝鮮實錄書：達罕長子都指揮李包羅多、者羅太等六人，來獻土宜。　　癸亥，平安道觀察使朴楗，據滿浦僉使李遷牒呈啟：“建州中衛都督達罕之弟欲出來朝。遷語曰：‘都督親子包羅多已上京，一年內一衛之使不可再來。’拒而還送。”命議于領敦寧以上及兵曹。鄭昌孫議："邊將既以權辭答說入送，若更來請，宜如前答以送。若又懇請來朝，上送何如?"韓明澮議："李因塔忽尺，於達罕同祖父母弟，意謂非同生也。今來野人包羅多處，問其族派，考前降諭書之辭接待，何如?"沈澮議："今來包羅多，以酋長之子，已上來。李因塔忽尺，非酋長之子，若許上來，則如此之類，紛紜難禁，不可許也。邊將因便說諭，還送爲便。若強欲上來，則令從永安道後門上送亦可。"尹弼商、盧思愼、李克培議："達罕之子既許來朝，其弟不可上來。後若來，請依啟本開說還送爲便。"洪應議："達罕之子既來朝，其弟之來，又何煩也? 節制使李暹拒而不納，未爲失也。"孫舜孝、朴星孫、權侹議："達罕弟李因塔忽尺，初言欲肅拜而來。及李暹答云：'達罕之子，前已上京。一年內，子弟不可累次上送。'則又云：'求米鹽而來。'前後所云各異。邊將所答得中，不必上送。請以此意行移。"從明澮議。　甲子，聖節使韓致亨馳啟聞見事目曰："十一月十四日，有馬指揮自大同口子回來，到太監谷清第，言于清曰：'北元小王子，率兵二十餘萬下營，窺覷虛實，向東北而去。其後有一酋長，亦領兵十餘萬伺邊。我軍欲進擊之，酋長紿曰："我等非爲犯邊，只爲燒黃而來。"我軍信之，退兵。彼人掠我軍二十餘騎而去。'二十七日，到遼陽舘，鎮撫王憲曰：'近有敕旨，以小王子領兵向東北，故今整齊邊備。'因此此處將士尋蹤去向。小王子，則以三衛達子曾盜管下人駝馬牛羊，追蹤達子而去。"傳曰："今觀事目，北元小王子領軍向東北，予未知東北何方也? 又向三衛，三衛境連我國，爲可慮也。雖我國無事，若中原多事，則亦豈安心哉? 且我國昇平日久，邊備必弛，其以此意諭邊將。"　乙丑，禮曹啟："前日達罕子李包羅多饋餉時，問其同生。答云：'達罕嫡子五男五女，妾子二。包羅多其長子也。’”傳曰：“遣使諭書彼人等，一不答通，而徒欲出來。今見包羅多，同生如是其多，則今年次第出來，明年次第出來，年年變面而來，則將不勝館待之弊。今包羅多之言，豈可盡信，遣使于建州，則可知眞僞。今欲遣使下諭建州，其問右議政洪應、宣城府院君盧思愼，及禮曹以啟。”是日，洪應、盧思愼適詣闕，故有是教。洪應、盧思愼及禮曹啟曰：“上教允當。”命議于領敦寧以上。鄭昌孫議：“前者遣使于建州，一未見答。野人與犬羊無異，今又遣使不答，則祇見辱焉，甚不可。待滿住子姪管下人出來，問而處之爲便。”沈澮議：“建州衞境連上國，若遣使諭書而上國知之，則無乃不可乎？且雖百度諭書，不知漢字，則亦無益矣。臣謂今來包羅多厚待；其後子弟來朝者，令由永安道上來何如？”尹弼商議：“三衞酋長之子，從約定額不許多送事，今來人處開說，且諭酋長甚便。”李克培議：“達罕今始歸順，不可以往來之弊，截然拒之。國家於對馬島，一年不過五十船。接待野人，亦依此例定數，令禮曹通諭約束何如？此則彼之來也有限，而我之待也約，邊境無事，而道路之弊亦減。”尹壕議：“達罕之子雖多，臣意如非詐僞，不可輕重，一例接待何如？”傳曰：“其更議于知邊事宰相。”　禮曹佐郎李粹彥書啟包羅多之言。其言曰：“‘曾祖李滿住雖始歸順，而一不來朝。自我祖李豆伊始朝焉。其後數年間，絕不來朝。近者上德至重，故我父遣人來朝，屢蒙賞賜。更遣次子多之哈受職，蒙賜稠重，不可不謝，故更遣我耳。’問達罕子息幾何？答曰：‘妻黃氏，生五男五女：我居長，次多之哈，次沙乙豆，次倭郎，次王秋；女長夫乙厚氏；次渾多氏，夫李咮老；次今波，夫童巨右巨；次夫揚古，次伊尼巨。一妾愁羅巨，生一子名愁伊他。二妾高氏，生一子名愁伊止。’問前所送諭書之辭汝等解否？答云：‘我等本不解漢字，故未得知耳。’”　丁卯，命召議政府領敦寧以上、六曹判書、知邊事宰相議遣使建州衛可否？鄭昌孫、韓明澮、沈澮議："勿遣使。因今來野人，仔細問其事勢，依前降諭書接待何如？"許琮、魚有沼、李克增、鄭文烱、李淑琦、李德良、李克均、河叔溥、成貴達議："三衛野人今方歸順，旣連次接待，不可遽爾阻絕。然三衛酋長，或稱子弟女壻，或稱管下，連續來朝，則道路供頓不貲。令一衛每一年毋過一運，人數每運亦毋過四五人。如或強請加數，則答曰：'平安道境連上國，不可頻頻往來。但以汝等誠心歸順，義不可拒，不得已從簡接待。前此祖宗朝，接待亦略其數。汝欲輸誠，宜從永安道後門而來。'去癸丑年，朴好問等通問滿住，繼而入征。甲申年，江界甲士金謹思等往問古納哈，繼有丁亥之征。今若遣使，則彼必懷疑，慮或辱命。又三衛近於遼東，若聞通信，亦爲不可。臣等謂於滿浦鎭遣一朝官，因其彼人出來，傳說三衛酋長，則酋長雖不自來，必使人矣。因諭以上項事意，何如？"許琮等又啓曰："今來三衛使送野人，與永安道野人共接一館，國家待三衛使送，視永安野人尤厚。臣等詮聞永安野人等，已有憾心，形於言辭。彼人之心，想必以謂彼三衛則常加患禍於朝鮮，故待之如此耳。臣等恐因是以生嫌隙。三衛使送，於別館接待何如？"傳于許琮等曰："領敦寧以上及卿等議，皆善矣。但予意以謂，酋長子弟及現有功勞者，已許由平安上來，而今反定額阻防，似不可行。且遣人滿浦，當以何辭說諭乎？卿等雖引朴好問、金謹思爲言，信然。今若遣朝官通信，則彼處接待節次，道路迂直，種類多少，必皆詳知，故欲遣之。然衆議如是，予不敢獨斷也。"許琮曰："朴好問則世宗朝事，臣未及知。但金謹思之事，則臣其時在平安道，詳知之。世祖試遣謹思通信中衛，及其返也，李豆伊家前，彼人等射中謹思之背，古羅哈、李豆伊等佯若止之，而實

陰囑焉，謹思僅免而還。野人等雖名爲酋長，無君臣上下之
分，今雖遣朝官，脫有橫加窘辱者，則辱命不淺。且彼人等忌
我審其山川形勢，雖通信，必不肯從。且臣等請欲定額者，臣
等意稱爲酋長使送者，若煩數出來，則非徒驛路供頓之弊，我
國平安防禦，不如永安道，人家鮮少，驛路殘弊，今若一由平
安道，則我國山川曲直，防禦形勢，無不知之，固爲不可。"李
克均啟曰："世祖朝，亦欲通信而未果，其時命臣往滿浦，諭
諸三衛而已。彼人等不父其父，不兄其兄，今若遣人通信，則
決必辱命矣。"傳曰："雖天子之使，或有受辱於夷狄者，且今
野人等，於中朝朝還之際，尚且道掠，受辱與否，固無足論。
但予意以謂，邊將雖以境連上國，不可頻來爲言。然彼人等利
於來朝，必不肯從，且雖下諭，不識諭書之意，以爲我國憚於
接待而然耳。予意今若遣人通信開說，則彼皆洞曉而無怨矣。
今遣人滿浦，將以何言辭之乎？且或生事，則卿等何以爲之？"
許琮啟曰："上教允當。但臣意以謂今若遣使，而乃至辱命，
則我國決不可與彼人更相好矣，然則邊釁亦因此生矣。莫若不
遣之爲愈也。"傳曰："卿等明日更來。"　戊辰，平安道節度使
鄭蘭宗，據滿浦節制使李暹牒呈馳啟曰："去年十一月三十日，
建州衛酋長達罕子李沙乙豆亦欲上京，使都指揮李哈乙豆等，
持達罕着印書契來問可否。李暹答云：‘爾兄包羅多今已上京。
雖酋長子弟，一年內不可疊送。’拒之。"　傳于前議宰相曰：
"予意三衛野人，今方歸順，或稱子弟，或稱女婿，連續不絕，
則接待爲難。且歸順之際，遽爾阻防，則邊釁立生。今雖稱子
婿，不可盡信，遣朝官于三衛詳問，則可知其實。今卿等皆曰
不可辱命，予難獨斷。今觀鄭蘭宗之啟，李暹之拒，至爲便
當。此實非輕之事，卿等更詳悉議啟。"又傳曰："遣官滿浦諭
三衛酋長節次，并議以啟。"僉啟曰："今因包羅多之還，並遣

朝官住於滿浦境上，使包羅多傳於其酋長，以定約束，節其往來爲便。"傳曰："予欲遣使三衛，皆曰不可，予亦然之。其遣朝官于滿浦境上，使招諭三衛。"　傳于禮曹曰："今接待三衛野人，固優於永安道野人，兩路來朝野人必有猜嫌，移置他處何如？"禮曹啟曰："今兩道野人同處已久，永安道來野人沙乙古大，則兀狄哈也，其餘皆三衛麾下也，今移置他處，必露形迹。況沙乙古大有洪章刷來之功，賞賜當優於例賜。且包羅多等接見之日，饋留館野人而當語之曰：'爾等每每來京，彼三衛子弟今始來朝，故國家待之如此耳。'如是開諭，勿移他處爲便。"命議于領敦寧以上。鄭昌孫、韓明澮、沈澮議："建州衛、毛憐衛野人，供饋賜物各異，同處接待未便。"傳曰："其移置他處。"　己巳，承政院啟曰："命移處李包羅多于別館。國家當初，旣與永安野人共接一館，而今若移別館，則永安野人必懷嫌矣。況包羅多拜辭日逼，姑處一館。如有後來者，處別館何如？"傳曰可。

是日，建州右等衛女直都督剌哈、毛憐等衛野人女直都指揮剳刺答等，各來朝貢馬及貂皮。賜宴，并衣服、綵段等物有差。　壬申，命毛憐等衛指揮同知等官鬼里子剳魯哈等九人襲職，指揮使等官監卜等四十人各進一級。實錄。

癸酉，朝鮮實錄書：御思政殿接見野人李包羅多、童吾乙都古等八人，宗親月山大君婷等、領議政鄭昌孫等入侍。上命禮曹判書李坡傳于包羅多等曰："汝等險路勞苦而來。"對曰："上德至重，安穩而來。"命包羅多等進爵。仍傳曰："爾都督胡不來？"包羅多曰："有土地百姓，棄而上來爲難。"上曰："都督終不來乎？"包羅多曰："父若聞上德如此，必來朝矣。"上曰："予方在喪中，未敢使爾等醉飽于此，令承旨別饋于外，爾等知之。"仍賜物有差。及出，左承旨成健饋于外廳，童吾乙都古

飲數杯，更不肯飲，仍泣下曰：“吾父使子來朝，而獨我未得
進爵於上前，還家何以語父乎？”頗有慍色。成健曰：“今當國
恤，爵數不可過多，故定以三爵，非薄待汝也，勿以爲訝。”

　　庚辰，陞兀者前衛都指揮同知都里吉爲都督僉事。故事，
夷官授職二十五年，始進。頃都里吉以都指揮僉事求陞都督，
兵部已議陞都指揮同知，至是復申前請，且鄰壤皆爲奏保，而
遼東守臣亦言其部落甚多，衆心信服，遂陞之。　壬午，建州
等衛達官請襲職陞職者一百五十四人，惟指揮僉事卜郎哈等
子、撒必干等子十有三人，齋受職敕書以來，聽襲舊職。都指
揮僉事和尼赤等二十有五人，以授職二十五年，例進一級。
實錄。

　　壬午，朝鮮實錄書：野人童吾乙都古辭。傳曰：“今野人
歸順者多，緣此驛路凋殘，不可不約束。自今來朝，每年毋過
三度，每行毋過一二人。仍命左承旨成健饋之，賜衣馬。傳
曰：“予在喪中，未得從容賜酒，爾勿以爲嫌。雖汝父聞之，
豈謂予薄待耶！”吾乙都古叩頭而退。

成化二十一年，即朝鮮成宗十六年，乙巳(1485)

正月甲申朔

　　乙酉，朝鮮實錄書：兵曹啟：“建州衛野人賜酋長子弟接
待後，爭來叩關，或托報變，或持書契，此不過欲蒙恩賞。今
後野人若或上來，當語之曰：‘平安一道，中國使臣往來之路，
不可私通。酋長親子弟及顯有功者外，有誠心向順者，可由永
安道後門來朝。’又令邊將益嚴隄備。彼若托以救飢强留，而信
聽施惠，則效此蠶起，終難支待，亦令例待督還。”從之。　丁
亥，唐人金中心步等五名，居東寧衛，曾爲建州衛野人所擄，
至是逃來理山鎮。差通事康繼祖解送遼東。

　　是日，海西成討溫等衛野人女直都督康尼等、兀魯罕河等

衛野人女直都指揮惱納等、雙城等衛野人女直都指揮撒苦答等、兀者等衛野人女直都指揮返速亦里答等、建州左衛女直都督脫羅等、女直都指揮牙籠哈等，各來朝貢馬及貂皮。賜宴，并衣服、綵段等物有差。實錄。

　　己亥，朝鮮實錄書：遣議政府舍人南潤宗往平安道說諭三衛野人。其事目曰："(一)到滿浦，三衛回報人隨其出來，各設慰宴。(一)回報人出來，若云依約無違，則當語之曰：'都督等誠心效順，國家良用嘉悅。但平安一路，境連上國，使介往還，絡繹不絕。汝三衛使者若頻數出來，上國知之，必謂我國連結汝輩，於三衛亦豈有利哉？今後所送，或遣親男，或遣顯有功者，歲一遣之，毋過四五人，以爲永好之計。且永安道後門出來者，歲不過三次，每行毋過一二人。'(一)相見時，潤宗北壁，回報人東壁。(一)回報人不可無賞賜。青紅綿布各三十五匹，賷去隨宜賜給。魚鹽雜物，令其道觀察使優給以送。(一)到鎮相見時，率前後隊，除著甲亦勿過多。(一)滿浦客舘虛疎與否，及防禦之狀，并審以啟。"

　　是日，遼東海西肥河等衛野人都指揮哈剌等、建州衛女直都指揮完者禿等、建州左衛女直都指揮咬納等，各來朝貢馬及貂皮。賜宴，并衣服、綵段等物有差。實錄。

　　丙午，朝鮮實錄書：平安道兵馬節度使鄭蘭宗馳啟："野人李因塔忽尺、幹黑能等來滿浦，欲朝京，邊將李暹開說還送。彼人等不遂其意，發憤而還。"命示領敦寧以上。鄭昌孫議："野人等仍救飢求請甚切，然其言不足信聽。若如此薄待，則恐或懷憤作賊，權辭答說：'固守邊備'，略施賜與之物以慰之。"韓明澮議："野人接待節次，已曾下諭，且今南潤宗下去，上來後更議。"沈澮議："因塔忽尺、麟加大怨望之言，不足畏也。然野人內計難知，嚴加隄備。"尹弼商議："彼雖含憤，勢難支待，不過如此開說入送而已。但防禦之事，不可疎虞，更令措置。"洪應議："今觀彼人等之辭，頗有缺望之心。焉得人人而悅之，但固我邊圉，利吾器械，以待之耳。"李克培議："令節制使謹飭邊備以待。"盧思愼議："戎虜貪利無厭，不可一一如其所欲。況幹黑能等，其中微劣之人，今雖不得所欲而歸，有何能爲？令節度使嚴加警備，更無他策。"尹壕議："幹黑能等所言，與國家所議乖違，宜置之度外，從前諭書施行。"御書曰："誠如羣議，雖發憤言何畏耶！據義而勿疑，固備而無悔。以是諭之。" 諭平安道節度使鄭蘭宗曰："今得卿啟，知彼人李因塔忽尺等到滿浦，發憤言而去。予惟夷狄，德之不足喜，怨之不足畏。所可慮者，器械有不利，邊備有不固耳。況虜情貪利無厭，焉得人人而悅之？事事而從之？但當利我之器，固我之備，以待之可也。卿悉此意，日嚴隄備。後有來者，據義答送，無執狐疑之心，以貽後悔。"

庚戌，海西兀者等衛野人女直都指揮扯革等、幹蘭河等衛野人女直都指揮牙失塔等，各來朝貢馬及貂皮。賜宴，并衣服、綵段等物有差。實錄。

閏四月辛巳朔

庚寅，海西夷人引速哈來降，命爲正千戶，住廣東廣州前衛帶俸。實錄。

　　合下文十月丁酉錄文觀之，是時處置降夷之法，與宣德以前大異。

丁未，朝鮮實錄書：兼司僕童清禮來啟曰："三衛酋長子弟，則許於平安道上來，非子弟則由永安道入來。今者，上來人雖稱土老麾下，其實自青巖里逃去而檢天里止接者，其官

教，亦皆借於他人者也。且自三衛至永安道，道路險遠，加以
地廣人稀，或畏其剽竊，故三衛人不肯由此路矣。達罕、土
老、浦花土，皆臣切族，故熟知其間之事。"傳曰："爾言如此
之事，予甚嘉悅。"仍賜弓一張。

十月戊寅朔

　　丁酉，命降夷舍打古珍等廣甯安置。初，建州夷宋歆赤八
來降，授廣甯千戶。至是其子舍打古珍，率其家人與其姻家佟
失勒得等一十九人來降，欲依宋歆赤八；遼東鎮守等官亦爲之
請。兵部言："各夷以父子兄弟叔姪之親牽引歸附，俯順其意，
固得以夷制夷之道。但狼子野心，非我族類，積聚既多，安保
無虞？且舊例多發廣東安置。"得旨："宋歆赤八子媳孫女并佟
失勒得留廣甯，餘分置廣東等處。"實錄。

　　　　成化間處置降夷，以安置廣東爲定例矣。

十一月戊申朔

　　戊午，海西忽石門等衛野人女直都指揮兀籠哈等、野兒定
河衛并毛憐等衛野人女直都指揮加忽赤等，各來朝貢馬及貂
皮。賜宴，并金織衣、綵段等物有差。實錄。

十二月戊寅朔

　　壬午，朝鮮實錄書：禮曹啟："饋野人李柳時哈、沙乙豆
時，柳時哈云：'朝廷既殺我父，又執我母，更無他語。'沙乙
豆云：'父達罕送我云："前者子包羅大、李多乙之介受大國鞍
馬而來，不勝感戴，然皆別居，無益於我。汝則同居一家，幸
蒙上恩，又受鞍馬而來，則我得而資之矣。"'前例，如柳時哈
等野人，或賜鞍馬，或但賜馬，今此人等俱賜鞍馬，似乎無
妨。然沙乙豆乃達罕之子，而柳時哈乃達罕之三寸也。左衛、

右衛使送，或稱親子，或稱切族，相繼來朝，而例賜鞍馬，則其費不貲。但接見賜宴時，聽其言語，觀其志趣，斟酌賜與何如？"傳曰："達罕遣使雖數，而沙乙豆、柳時哈來朝，乃其初也，俱賜鞍馬，無乃可乎？"禮曹回啟曰："上教允當。"柳時哈，李滿住之子。沙乙豆，滿住之孫，達罕之第三子也。包羅大、李多乙之介，即達罕之第一、第二子也。　　丁亥，禮曹判書柳輊等啟曰："野人李柳時哈，於本曹宴享時，醉酒請妓，且云：'吾父滿住則高麗斷頭，吾母則生擒而來。'此言出於讎怨。而其人也甚輕薄，況人面獸心，不可親信，使之進爵未安。"傳曰："予意無疑，然禮官所啟，不敢強違，議于領敦寧以上。"尹弼商、李克培、盧思慎議："李柳時哈雖云輕薄，萬無不虞之理。況今日之舉，專爲此輩接待也，若未得進爵，大爲失望。依前例命進爵，且賜溫言以慰何如？"傳曰："萬無可疑，其令進爵。"　　上御思政殿，接見中衛使送李柳時哈、沙乙豆等，月山大君婷、齊安大君琄、德原君曙、烏山君澍、河城府院君鄭顯祖、定陽君淳、雲山君誠、江陽君潚、八溪君淨、領議政尹弼商、右議政李克培、領中樞盧思慎、領敦寧尹壕、工曹判書權攢、吏曹判書李崇元、禮曹判書柳輊、刑曹判書成俊，及承旨等入侍。上傳于柳時哈等曰："盛寒遠路好來，予甚喜焉。"柳時哈等啟曰："聖德至重，無恙而來。"又傳曰："今日之宴，爲慰汝等也。日氣甚寒，其各劇飲。"柳時哈叩頭曰："臣李滿住之少子；沙乙豆，達罕之子也。達罕使臣輸欵耳。"傳曰："達罕都督可得來乎？"柳時哈啟曰："火剌溫、兀狄哈等逼居我境，日來侵軼，爲此疑懼，不敢棄所管人民決然上來爾。往年臣之兄蒙賜鞍馬，感戴而還，今亦依此恩賜，深切望焉。"上曰："知道。"柳時哈又啟曰："前日李豆伊、李古羅哈來朝之時，命給娼兒，亦依此例賜給何如？"傳曰："第就坐。"沙乙豆啟曰："童清禮，

吾之族屬也，伏望賜其子官爵。"傳曰："知道。"酒行七遍，上
命柳時哈、沙乙豆等進爵。上問沙乙豆曰："汝年幾何?"對曰：
"年今二十三歲。"宴訖，賜物有差。　　領議政尹弼商、右議政
李克培啟曰："今宴享時，野人柳時哈請妓，其爲褻慢莫甚，
且輕朝廷也。若禮曹素待嚴威，則豈敢於上前發此不敬之言
乎？雖或發說，通事當禁喝；通事雖傳，判書嚴禁勿啟可也，
敢爾啟達，臣等不勝痛心。請杖通事，推鞫判書，使之聞之，
知國法峻正而自悔其失。"傳曰："此輩不可與知事理者比。彼
言吾父見殺，吾母被擄，發此怨言，今若罪其通事，則彼必含
怨而歸，怨隙生矣。禮曹素待之不嚴，使至於此，則禮曹之過
也。野人既發言於予，通事與判書安可禁喝而不言於予乎？"弼
商等啟曰："通事與判書，聞言而禁止不達，則果有壅塞之弊，
今上教允當。但彼雖以殺父擒母爲言，今歲月已久，解怨釋
仇，歸順於我，雖罪通事，安敢結怨而生釁？假使忿怨，吾何
畏彼哉？須當罪其通事與禮曹，使野人等知其以彼之故而得
罪，傳說於其土之人可也。"傳曰："彼輩人面獸心，何有悔過
而傳言於彼土乎？待彼人還，推鞫亦未晚也。當請妓之時，予
豈不知令判書與通事曳而出之乎？然野人不可責以禮義，故予
不答，而姑使之就坐耳。"弼商曰："國家之事，莫重乎事大交
鄰。昔世宗朝，赴京表咨，雖一字差誤，承文官吏皆杖之，重
其事也。今接待野人，如此錯誤，大是機關，不可棄之，須當
論斷，以示國威可也。"傳曰："政丞豈不熟計而言乎！通事則
決杖一百，外方付處；判書令憲府推鞫。"　　癸巳，左衛酋長土
老使送童羅稱可等五人來獻土宜。承政院啟曰："右衛使送童
巨右同，去癸卯年出來時，賜給之物，如青紅綿布、白苧布、
油席、衣服、帶囊刀、馬匹，與他人無異，而但無鞍子。今當
再來，亦依前數賜給乎？三衛使送再來者，此其初也，何以爲

之?"命議于領敦寧以上。尹弼商議:"依前例賜給,除鞍具馬
何如?"從之。　　乙未,受常參視事,大司憲李瓊仝啓曰:"三
衛野人由平安道上來,山川道路,令虜備諳,有乖謀國之計。
若因循不改,則遂成例事,莫若早爲之圖。且彼實豺狼,而命
進爵於御榻之上,未穩,書之史策,亦非美事。"右參贊鄭蘭宗
啓曰:"邊將則於庭下接待,以示嚴威,而殿下接見於殿内,
至令進爵,京外有異。待外夷之道,恐不當如是。且如朝賀朝
參,彼亦隨班。當此之時,偶爾接見可也,何必至煩乘輿爲幸
景福宮以待乎?"上曰:"已開西路,當審其事機而徐爲之圖,
不可猝改也。引見殿内,使之進爵,非始於我,自古已然。但
今後接待於宣政殿,何如?"　傳于承政院曰:"野人接待,諸
議不一。睿宗朝事,予未之知。世祖朝,或命進爵。予之厚
待,欲安邊境也。宰相獻議者乃曰:'邊將接待之甚嚴,而朝
廷待遇過乎狎昵。'此言何如?但其引見則何必景福宮乎,當於
宣政殿待之。大司憲以史筆恐動之,果如其言,將何如而可?"
承旨等啓曰:"野人效順來附,以帝王大度,不得不引見。但
進爵御榻,似褻慢,臣等謂勿令彼輩親進,但俯伏榻下,司饔
院提調轉進於上,何如?但宣政殿陛狹小,野人及侍宴官未盡
列坐,何以處之?"傳曰:"召領敦寧以上、議政府、禮曹傳議
以啓。"韓明澮、尹弼商、洪應、李克培、盧思愼、尹壕、李
坡、鄭佸、金謙光、柳輊、權仲麟議:"依所啓施行何如?"從
之。司憲府啓:"禮曹判書柳輊,不嚴待野人,致令御前發褻
語,罪律該杖七十贖。"特命宥之。

　　是日,海西肥河等衛女直野人都督刺哈等,各來朝貢馬及
貂皮。賜宴,并金織衣、綵段等物有差。　命毛憐衛故都指揮
僉事阿里子產察襲職,指揮使得禿等十五人各進一級。實錄。

　　丙申,朝鮮實錄書:幸景福宮,御思政殿,接見左衛酋長

土老使送童羅稱可、右衛副酋長羅下使送童巨右同等十人，月山大君婷、齊安大君琄、德原君曙、烏山君澍、定陽君淳、雲山君諴、江陽君瀟、八溪君淨、南川君諴、領議政尹弼商、左議政洪應、右議政李克培、領中樞府事盧思愼、領敦寧尹壕、西河君任元濬、左贊成李坡、左參贊金謙光、工曹判書權攢、刑曹判書成俊、承旨、史官等入侍。上傳于羅稱可等曰："遠路好來，予喜之。"羅稱可等對曰："聖恩至重，無恙耳。"酒行七遍，命羅稱可、巨右同進爵，仍賜物有差。　戊戌，禮曹啟："野人達乙花，已服借達魯花哈官教事，且拜辭之日，他野人則頗有不恭之狀，而此人則辭意恭順。其自言曰："此官教若不還本主，則本主憤，必殺我矣，懇請還給。且野人官教，令邊將無遺考閱後令上送事。今已立法，達魯花哈若無此官教，則後不得來朝矣，請還給。"從之。　己亥，建州右衛酋長甫花土使王沙里等五人來獻土宜。　乙巳，建州中衛酋長李達罕使李柳時哈等辭。賜柳時哈、沙乙豆二人各鞍具馬一匹、無紋段子被搭胡一、有紋段子大紅腰線襦帖裏一、大紅多繪條環綵囊具一、刀子一；趙奴才、黃羅將、李哈土三人，各無紋段子襦帖裏一、半紅多繪條環綵囊具一、刀子一；達罕處段子襦帖裏一、染紬表裏二。柳時哈不受賜馬，曰"此馬齒落老甚，豈殿下所賜乎？雖更留一朝，吾不還歸。"命換給。

成化二十二年，即朝鮮成宗十七年，丙午(1486)

正月戊申朔

庚戌，朝鮮實錄書：御書講，講四傳、春秋，"至公會戎于潛"，侍讀官趙之瑞啟曰："春秋始書'公會戎于潛'，繼書'公及戎盟于唐'，而春秋之終；又書'公會晉侯及吳子于黃池。'聖人作經，終始致意於待戎者。所以謹華夷之辨，禁猾夏之階也。今聽建州野人直由平安道來朝，臣以爲不可。野人歆附，固不可拒而不納，然人面獸心，反覆無常，安能永保無虞乎？況平安道，天使經由之，天朝若聞我國交通野人，則必加譴責矣。祖宗朝，建州野人必使由永安道來朝，意有在焉。"上曰："李滿住子孫，於我國有宿怨，常懷報復之心，予之曲加恩數，欲慰悅之耳。旣開平安之路，而旋又閉關，則嫌隙必生，邊氓被害矣。"之瑞曰："平安之民，勞苦太甚。赴京使臣，於黃海、平安一路，求索稻米等物，使驛路轉輸，至東八站，則令軍人馱載，以是人困馬斃。我國稻米，中國人甚嗜之。使臣之多齎者，非但爲朝夕之供，欲市中國異物也。臣嘗以質正官赴京，李克墩爲使，謂從者曰：'赴京使臣求請食物，使軍士馱載，吾所痛疾。官給糧米八十斗，亦足以供行李之資，何必別有需索乎？'乃令只齎官米八十斗而去，路費未見其不贍。請自今禁不得別齎糧米，以祛民弊。且臣至八渡河，問其居人，則或言世居黃州，或言世居定州。臣謂曰：'汝因何事而來此，今可還歸也。'答云：'中國之法，一家雖多丁口，只役家長。而本國則家無隱丁，皆編軍籍，不堪其勞，逃役而來，何必歸順。'今國家將築長城，臣恐愚民不知遠慮，以爲大役將興，不堪勞苦，相率而逃入彼境，則誠非細故。"上曰："古人云：'胡馬依北風，越鳥巢南枝。'棄吾土而就他國，夫豈本心哉！是必徭役煩重，不勝勞苦而然耳。長城之築，在所不得已也。可令馳書曉諭人民，若赴京時馱載之弊，責在於使臣，痛禁之可也。"　辛亥，先是，唐人張留等男婦共七名，爲建州衛野人所擄。至是，張留等四名來投平安道昌州鎮，金孛的等三人來投理山鎮。差通事芮亨昌押解遼東。　丙辰，右衛副酋長羅下使送童巨右同等五人辭別。賜童巨右同匹段裌搭胡一領、大紅匹段腰線襦帖裏一領、大紅多繪絛環綵囊具一腰、刀子一部；李別郎哈等四人各匹段襦貼裏一領、燔紅多繪絛環綵囊具一腰、刀子一部；羅下處賜送匹段襦帖裏一領、染色縣紬表裏二襲。　丁巳，受常參視事。右副承旨朴崇質將刑曹啟本啟："玉果囚私奴無里比同，明火強盜罪，律該斬不待時。"上曰："無贓證，可減死。"工曹參議孫比長啟曰："高麗時，契丹、紅軍皆由平安道入寇。今建州野人許由此道來朝，山川險夷，彼得詳知，恐貽後悔。且宴野人用女樂，非祖宗故事。今接見正殿，至用女樂，殊失待夷之體。"上曰："三衛野人含憤積怒，鼠竊狗偷，無歲無之，故國家欲示殊恩，許由平安道來朝，若又中變，是失信於外夷也。且我國之用女樂久矣，宴中朝使臣尚用之，獨於野人接待，不可用乎？"比長曰："正殿接見時雖用女樂，如禮曹饋餉，則用男樂爲便。"不聽。　癸亥，左衛酋長土老使送童羅稱可等五人辭別，賜童羅稱可、大匠可等，各匹段裌搭胡一領、大紅匹段腰線襦帖裏一領、大紅多繪條環綵囊具一腰、刀子一事；李木長哈等三人，各匹段襦帖裏一領、燔紅多繪條環綵囊具一腰、刀子一事；土老處，賜送匹段襦帖裏一領、染色縣紬表裏二襲。　己巳，右衛酋長甫花土使送王沙里等五人辭別。賜王沙里鞍具馬一匹、匹段裌搭胡一領、匹段襦貼裏一領、大紅多繪條環綵囊具一腰、刀子一事；朱章可等四人，各匹段襦帖裏一領、燔紅多繪條環綵囊具一腰、刀子一事；甫花土處，賜送匹段襦帖裏一領、染色縣紬表裏二襲。

　　辛未，建州右衛指揮僉事宋升吉巴等來降，奏乞於廣寧隨親居住。事下禮部，援兵部舊議言："各夷牽引歸附，固可俯順，若使闔族積聚，難保無虞。"上以夷情懇切，特允之。實錄。

　　癸酉，朝鮮實錄書：受常參視事。工曹參議孫比長啟曰："祖宗朝，建州野人自永安道入來，今則直由平安道而來，使彼人備諳山川險夷，道路迂直，甚爲不可。若曰新與野人定約，而中變爲難，則當語之曰'上國若聞我與爾通使，則必有

譴責。'爲便。"上顧問左右。右議政李克培對曰："前日邊鄙數
被侵犯，今則歸順，邊氓無事。以野人歲一往來之費，視前日
防戍之苦，糜費之弊，不啻萬萬。言者以爲彼知山川迂直，入
寇無難，是大不然。彼欲入寇，雖不知道路，其不能乎？"上
曰："國家大計已定，而競出異議，紛紛不已，何哉？"

　　是日，海西弗提等衛野人女直都督打吉六等，遣頭目來朝
貢馬及貂皮。賜宴，并衣服、綵段等物有差。實錄。

　　乙亥，海西成討溫等衛并建州左等衛野人女直都督等官脫
羅等，各來朝貢馬。賜宴，并衣服、綵段等物有差。實錄。

　　　　是時脫羅等，以勤於貢朝爲希賞自肥之道，朝鮮亦屢
　　書土老等遣子入朝。清先世所以爲休養生息之計者在此。

二月丁丑朔

　　丙戌，朝鮮實錄書：御經筵。講訖，大司憲李瓊仝啟，有
曰："大抵祖宗之法不可輕變。建州野人，本由永安道後門來
朝，近來始許由平安道而來，使彼人知我國山川險夷，道路迂
直，此非謀國之策也。"上曰："卿言是也。但李滿住子孫，常
憤犯邊。自開平安之後，不復來寇。開路未久，而旋又閉關，
則必生嫌隙矣。彼雖人面獸心，在我不可失信，彼若懷不順之
心，當責以大義而還閉也。"

　　辛丑，兵部武選司吏樊忠、韓錫，大興縣民匠吳鑑、吳
興，皆以罪伏誅。先是，鑑、興出入會同館，與夷人相貿易。
有建州衛夷人謀買舊敕，鑑言於忠，輒於本司盜出廢敕十六
道，同鑑至會同館售之；錫亦盜敕二十一道藏于家，托鑑、興
轉售俱獲利。緝事官校發其事，下錦衣衛鞫實。左右侍郎阮
勤、侯瓚，郎中鄒襲、朱紳，員外郎彭綱，主事高鑑、張彔、

石巍、趙銘、蘇章，并吏役人等，俱逮下獄。刑部各擬合坐者律。上以忠等交通夷人，盜賣敕書，大不畏法，命即誅之；襲等防範不謹，免贖罪，俱調外任；勤、瓚亦調南京別部；餘各坐罪有差。實錄。

　　建州以朝貢爲利，售買廢敕充貢夷名額，遂爲後來清太祖與海西爭敕書之家法。而其殷勤納欵，於中、鮮兩國之間，純以市道出之，作用顯然。蓋女眞種族雖同，建州獨工於趨利，巧於玩法，可以概見也。

四月丙子朔

　　丙戌，朝鮮實錄書：兵曹據永安南道節度使啟本啟：“會寧城底斡朶里中樞金丹多茂家妻子及族類二十餘人，來屯惠山鎮越邊塔洞，自言避仇而來，願居此爲藩籬。臣等謂惠山賊路要害，軍民單弱，且無長城可守，如許接居，非徒所求難支，其仇家必因此搆釁，請令節度使語之曰：“會寧城外，本汝舊居之地，族類俱在，雖兀狄哈欲來報仇，邊將乘機救護，虜不敢怨。若使汝移居于此，虜必疑我庇護汝等，含怨生釁，可速還爾居。’以絕後患。”從之。

五月乙巳朔

　　己未，朝鮮實錄書：韓明澮、沈澮、尹弼商來啟曰：“臣等聞永安道會寧城底斡朶里金丹多茂等，與兀狄哈搆怨，移居于惠山鎮塔洞以避之。惠山城堡不完，軍卒弱少，且與白頭山底野人部落相距不遠。若效此來投者多，則其類漸繁，將爲後患。世宗朝，對馬島倭來居三浦，其初只三十戶，而今爲千餘戶，勢將難制，此其鑑也。請擇遣朝臣，諭以不可居之意，而驅出之。若觀察使、節度使控制一方，不宜貶損威重親往諭之。"傳曰:"農月遣朝臣有弊,令觀察使等諭之。" 己巳,御經筵。講訖,特進官金謙光啟曰:"野人金丹多茂等請居惠山鎮。本鎮兵力寡弱,而多茂等族類甚多,若許其請,恐有後患,請分處于全羅、慶尚兩道。"上曰:"不可使居內地也,將遣朝官往審而後處之。" 命召兵曹堂上傳曰:"金謙光言,金丹多茂等不可許留惠山鎮,此語是矣。金悌臣今以招撫野人往會寧,其令開諭多茂等,使還舊居。"判書慎承善等啟曰:"高嶺鎮城底野人童尚時,射殺同類沙陽介,因此搆釁,欲入居內地,請並令開諭,使之仍居。"傳曰可。

六月甲戌朔

丙子,朝鮮實錄書:京畿觀察使成健辭,仍啟曰:"今遣人招撫斡朵里,廟議已定,然有懷不可不達。若以上旨招來而不從,則恐損國威。令觀察使諭之不得,然後遣人以諭上旨何如?"傳曰:"卿言是。但彼類人面獸心,雖以天子之尊,猶詔諭之。今雖以予旨諭之何害?" 癸未,永安道觀察使成俊、南道節度使洪利老馳啟曰:"臣等招金丹多茂等,反覆開諭,令速還會寧。答云:'吾屬僅脫虎口而來,安可復入虎穴;願爲邊氓,死於此地。'"命議于領敦寧以上。鄭昌孫議:"請更遣宰相如前開諭。"沈澮議:"金丹多茂盡棄田宅,避寇移寓,窮厄可矜。然因此永居,族類滋蔓,必爲後患,更令開諭還居。彼或不肯,亦當勒還。"尹弼商議:"金丹多茂棄家來寓,可矜。然作事謀始,始之不謹,蔓必難圖。三浦之倭,亦可鑑矣。金悌臣承命而往,必有措置,待還更議何如?"韓明澮、洪應、李克培、盧思慎議:"金丹多茂等頓無還計,姑令安接,待金悌臣上來更議處置爲便。"從明澮等議。 甲午,永安道鏡城居行司直馬賢孫,承召而來,仍啟曰:"會寧城底斡朵里皆逃散,而惟馬千里獨存焉。今雖遣金悌臣招撫之,彼逃散者必不肯

來。但野人常呼魚有沼爲父，若遣有沼，則可得招撫矣。且甲
山鎮甚虛弱，而其精兵皆屬南道節度使營，若有緩急，必不及
救矣。會寧，巨鎮也，斡朶里等多居城底。北道節度使若在會
寧，則防禦必固矣。"傳曰："予已知之。但汝何不侍衛而退居
鄉村乎？"賢孫啟曰："母年已七十六，臣以獨子，不得侍朝
耳。"傳曰："宰相不得居外方，載在大典。汝侍朝久，豈不知
此法，而久不上來，大不可。歸覲後，即當還朝。"賢孫曰：
"臣固有罪。"

七月甲辰朔

　　丁巳，朝鮮實錄書：兵曹據永安道招撫敬差官金悌臣啟本
啟："馬毛多赤等移寓蒲州，只有空家，待秋穫還于故居。童
尚時則殺沙陽介後，無價錢不得與其一族和解。今若官給價
錢，恐彼請乞無厭，姑使自備，勸之和解可也。文加乙巨等本
居高嶺城底，其地狹隘，難以城居，欲附長城築半月城，入處
以守。然非祖宗朝故事，不可聽也。馬千里等欲於越邊掘地設
柵以居，然其事便否，遙度爲難，令節度使商議以啟。金昌巨
等欲於城内設土宇以居，若從其願許入，則將引類入居，遷延
歲月，雖欲驅出，必生怨恨。令金悌臣語之曰：'汝居城底，
其來已久。一朝許接城内，則兀狄哈等必謂我國庇護汝等，含
憤結釁，致毒於我矣。汝姑依前據長城造棘城可也。'如是開
諭。且會寧高嶺官吏等，當兀狄哈來侵斡朶里時，全不救援，
致令五十家流移，罪狀請令金悌臣推鞫，命大臣議之。"鄭昌
孫、韓明澮、沈澮、尹弼商、洪應、李克培、尹壕議："依兵
曹所啟。"從之。

八月癸酉朔

　　是日，朝鮮實錄書：永安道招撫敬差官金悌臣馳啟："李
阿羅加茂、伐憐介等言：'退築高嶺鎮長城時，所耕田並入城

基，竟不與價，皆不堪艱貧。'阿羅加茂又言：'嘗刷還被虜高
嶺居民守明希奉等而至，今不得朝京蒙賞，欲移就蒲州。'臣諭
之曰：'汝等所言，鎮將及節度使當一一處之，予亦具由馳啟，
汝其安心還接舊居。'沙昌介辭以無口糧，臣諭之曰："汝若還
居，則當官給口糧。'然彼略無回意，竟歸蒲州。李吾道、李者
里介、李多車、李稍陽介、李佛生、李好吐，不事耕種，又不
修葺其家，其意必不還也。"命議于領敦寧以上、政府、兵曹。
鄭昌孫、沈澮、尹弼商、盧思愼、尹壕、李鐵堅、鄭佸、愼承
善、李崇元、朴星孫、金克忸，尹垓議："李阿羅加茂等有刷
還之功，與其田沒入城基真偽，令節度使詳加覈實。所言若
是，依他例許朝，以慰其心。沙昌介久居城底，有元耕田，而
以無口糧爲辭，此非情真也，更令開諭俾還本土。"金悌臣又馳
啟："斡朶里酋長金昌巨等十一人，當初開諭時，自言：'若於
長城外築半月以與之，則待春當還。'後更來告云：'雖築城使
居，無人可守，兀狄哈若來，我輩必無遺類。如高嶺置鎮以撫
之，則我等可安心永居。'今則昌巨等十八家請還舊居；其未到
諸人，亦欲次次還來。童伐介等六家，待秋欲來。昌巨等屢變
其言，真偽難信，然皆有懷土之心，所言未必不出於真情。第
緣兀狄哈來侵，再被殺虜，散亡之餘，不能自振，常懼賊來，
莫有固志。若不官爲措置，必不能還業。然若如事目，盡從所
言，必生驕心，將啟無窮之欲。故臣權辭語之曰：'上德至重，
不可妄言。所欲若果速還，當小助口糧。'馬毛多赤等已入蒲
州，開諭爲難。斡朶里中樞浪都郎介子諸弄介在蒲州，欲使都
郎介往諭之，并諭馬毛多赤等，使之還居。"命議于領敦寧以
上、政府、兵曹。鄭昌孫、沈澮、尹弼商、盧思愼、尹壕、李
鐵堅、鄭佸、愼承善、李崇元、朴星孫、金克忸、尹垓議：
"金昌巨等三變其辭，永還本居，難可信也。然今已還來造幕，

令本道觀察使量宜助費，以慰其心。如高嶺例設鎭事，斷不可從。彼若更請，當答以事重難啟。若蒲州入居之人，雖使一族人傳諭，固無還來之勢。悌臣雖久留待之，徒損國威，無益於事，當語彼人曰：'汝等備知上意，去留各自善處，毋貽後悔。'如此開諭爲便。"從之。

九月癸卯朔

甲寅，朝鮮實錄書，永安北道節度使卞宗仁馳啟曰："兀狄哈來侵斡朶里時，我若先知，則其妻子牛馬預入城內，可用輕兵救援。如耕耘樵牧時，虜若出其不意，卒入搶擄，而待彼來報，領兵追逐，則勢必不及。"命議于大臣。鄭昌孫議："卞宗仁之啟似可，虜若不意突至，則吾何以及救乎？事勢如此，則彼何怨我？"韓明澮議："我若預知，則當嚴兵以爲聲援。若搶擄遠去，則不宜興兵往追。"沈澮、尹弼商、李克培、尹壕議："預知聲息，則斡朶里妻子許入保城內可矣。若已被擄，而我領兵往救，則是代受其禍，斷不可也。"盧思愼、鄭佸、李崇元、愼承善、朴星孫、金克忸、尹垓議："斡朶里或因樵採，或因耕穫，而見擄於兀狄哈，此事出不意，彼雖來告，勢必不及。然不可坐視也，當揚兵境上，以示聲援；不可輕爲追逐，代受其禍也。"金謙光議："斡朶里等預告兀狄哈來侵，則將其妻孥畜產許入城內，以示救恤之意。但兀狄哈與斡朶里結隙，相攻已久，先王朝只遣一介通事開解，不曾興兵往救，唯朴亨遣兵救之，反受辱焉。敵加於己，不得已而應之可也。不加於我，而遽爾往救，以犯賊鋒，非良策也。"上從明澮議。　乙丑，兵曹據招撫敬差官金悌臣啟本啟："金丹多茂欲來朝，其妻子從內地發還，然自惠山至北青，雖天作重關，不可使彼知道路迂直，且一從情願，皆聽上來，有違前例。請令金悌臣更以前言反覆開諭。"命議于大臣。鄭昌孫、韓明澮、洪應、尹壕議：“依兵曹所啟施行。”沈澮議：“彼人誠心歸順，欲爲邊氓，而固拒之，則誠非懷遠之意。雖從情願，豈有大害？”尹弼商議：“彼人所言，一皆不從，必懷忿不還。然則國家處之爲難，且北方早寒，宜速區處。若待金悌臣上來議之，則恐不及處置。姑擇其酋長，從約上送，其妻子從内地發還，以絕留住之弊。”李克培議：“金丹多茂等使不得安接，又不從情願，勢窮事迫，移入彼土，於我其無損乎？自惠山至北青，道路甚險，雖見之，何以生患？金悌臣目擊所啟，不可不從。”盧思慎議：“從彼人情願，庸何傷！”鄭佸、李崇元議：“金丹多茂妻子從内地還本土，似無弊，而久在惠山，大有害焉。請從情願，速令還本。”傳曰：“丹多茂必欲從内地還者，以厭從來路還也。自甲山至北青，山川甚險，彼人雖知，豈有害哉！從内地發還何如？其問兵曹。”兵曹啟曰：“自甲山至北青，雖山川險阻，祖宗朝不許野人來通，今許開路，有害事體。況李阿大已聽命從前路還，丹多茂亦依此發還，待金悌臣聽言上來更議。”從之。

十月壬申朔

　　丙申，朝鮮實錄書：永安南道節度使呂自新辭，仍啟曰：“北道節度使巡邊，城底野人等來謁，則有饋酒給鹽之例。南道舊無野人，今金丹多茂新到，如來謁，將何以處之？且依北道野人例，有欲上京者，又何以處之？”傳曰：“如有來謁者，依北道例接之。其欲上京者，臨時取稟。”

十二月壬申朔

　　乙亥，毛憐衛女直指揮塞住哥等、海西屯河衛女直都指揮斡昇格等、兀力等衛女直都指揮伯迭革等，各來朝貢馬及貂皮。賜宴，并衣服、彩段等物有差。實錄。

　　甲申，朝鮮實錄書：建州衛野人甫花土，遣尚郎可等五人，來獻土宜。乙未，建州衛酋長羅下，遣童甫伊多等，來獻土宜。　　丁酉，李多之哈等拜辭。賜達罕女婿黄三波右馬一匹。　　戊戌，上御宣政殿置酒，接見童甫伊多等五人，月山大君婷等、青松府院君沈澮等入侍。命童甫伊多進爵，仍賜物有差。

成化二十三年，即朝鮮成宗十八年，丁未(1487)

正月壬寅朔

　　庚戌，朝鮮實錄書：永安南道節度使呂自新馳啟：“野人金丹多茂等，畏兀狄哈報復，不肯還入本土。”命議於領敦甯以上及議政府。鄭昌孫議：“若還本土，則報復可畏，不得已欲住此處，然恐兀狄哈反讎我國。以此意反覆開諭，入送爲便。”韓明澮、尹弼商、洪應、李克培、盧思愼、尹壕、李鐵堅、李崇元議：“請依兵曹所啟，勒還本土。”沈澮議：“金丹多茂前後變辭，奸詐莫甚，令其道觀察使更多般開諭。若不聽從，盛陳軍威，勒令還本爲便。”鄭佸議：“惠山孤單，不可使此人居之。今審金丹多茂答辭，非樂我土，實畏死耳。依所啟諭以禍福。若不從之，於文川、安邊等處移置如何？”從明澮議。　　戊午，命議金丹多茂徙內地便否，于領敦甯以上及議政府、六曹。韓明澮、尹壕議：“近者青巖野人逃還本土，而邊將不知者，以彼土近故也。金丹多茂若不於內地深處移居，稍有不慊，後必有青巖野人之變矣。”沈澮議：“金丹多茂宜還本土。但此人知我國山川險夷，以不得居惠山爲憤，嘯聚黨類，侵我邊境，誠爲可慮，移居內地爲便。”尹弼商議：“金丹多茂等不畏朝命，心甚凶惡。今以姑息之計，使居內地，則其心益驕，其惡難制；且其口糧衣服、牛馬田地，亦皆備給，若稍不如意，則便生憤怨，國家將何以待之？臣意謂令節度使威迫刷還，則庶無後弊。”洪應議：“開諭還本而不聽命，則雖任其所之可也。如從其請，徙居內地，則同類聞而慕傚者，終必不可遏，是不可開端也。惠山、甲山等處，虛實夷險，彼人等皆知之，豈獨多茂知之？"李克培議："戎狄非我族類，其心必異，尤當謹嚴，豈可招致內地，與吾民雜處乎？令節度使開諭還送，於策爲良。"李崇元議："金丹多茂等，更令開諭還送。若不欲還，依前許於內地居爲便。"李鐵堅議："彼既云寧死不從，而勒令還本，則必生憤怨，因此作耗必矣。從願處內地爲便。"慎承善、朴星孫、尹垓議："彼人今雖勢窘投化，移居內地之後，恐有後悔。且城底野人等，若援例請移內地者寔繁，則國家既開端，不可中沮，一一應諾，則其徒蔓延，與民雜處，將爲腹心之疾。令邊將開諭還本爲便。"傳曰："姑留政院，待洪政丞之還更啟。" 癸亥，建州左衞酋長使童夫于馬等五人來獻土宜。

己巳，建州衞女直都督完者禿等、建州左衞女直都督剌哈等、海西順民等衞女直都指揮牙忽奴等，各來朝貢馬及貂皮。賜宴，并衣服、綵段等物有差。實錄。

二月辛未朔

甲戌，朝鮮實錄書：上幸景福宮，御思政殿置酒，引見建州衞野人童夫亏馬等五人，教曰："汝之酋長，累遣人來歟，予甚嘉之。"仍令夫亏馬進爵，賜物有差。 丙戌，永安道巡察使洪應馳啟曰："臣到惠山鎮，招金丹多茂、尼時哈等諭之曰：'何不還會寧？'答曰：'在會寧時，家累牛馬，再爲兀狄哈搶擄，居計蕩盡。今若還歸，非徒無所據依，必爲彼魚肉，願死惠山城下。'又諭之曰：'前日敬差官開諭時，汝言開春即還，而今所云若是，何前後反覆耶？更商量亟還，家舍農糧當曲盡備給。'答云：'不得留此，則願於內地移居。'又諭之曰：'汝同來太毛多會等已還會寧，官給家舍以安生業。汝獨留此，以逆上命，可乎？此地無汝類來居者。憐汝流離失所，安集之。爾若畏兀狄哈侵軼，則於會寧擇隱密處居之何難？'答云：'太毛多會則於東良北等處，素有家舍，可以復業。吾則無之，願死於此城下。'反覆開諭，而決無還意，不可以口舌爭之。且丹多茂已老，尼時哈暗弱，皆不能有意者也，然不若處於内地之爲便。"傳曰："彼人既以厭死求生而不欲還本，則豈可强驅而就之死地乎？予欲處之内地，其議于領敦寧以上及議政府兵曹。"韓明澮、盧思愼、尹壕、孫舜孝議："上意允當。"尹弼商議："丹多茂曾殺兀狄哈，畏其報復而來，非誠心投順。比如養鷹，飢則附人，飽則颺去。今雖處之内地，豈終爲供賦之民。以國之威，不能制彼之命，聽從其願，臣竊以爲不可。"李克培議："今語丹多茂曰：'汝等還歸，則有安接之理；仍留，則必受逆命之罪，當熟處之云爾。'則彼雖獸心，或有感悟之理。若執迷不悟，欲居内地，則又諭之曰：'我國下三道，土地沃饒，百姓殷富，誠爲樂土，宜移居於此。'而彼若應諾，則更無可議。然妄意彼之所謂内地者，謂甲山、北青等處，非下三道。姑以此試問，以觀其志，然後更議何如？"李崇元議："丹多茂等，下三道黄海道中許住爲便。"愼承善議："丹多茂等，反覆詐僞，罪應重論，以此諭之。如或不聽，雖於下三道移置何妨！"從克培議。

三月辛丑朔

丙午，陞建州衛指揮同知卜郎哈等二十二人俱一級。實錄。

庚申，朝鮮實錄書：永安道築城巡察使洪應來復命。上引見，曰："金丹多茂欲移居下三道乎？"應啟："觀丹多茂，雖下三道必欲移居矣。此人素與兀狄哈有怨。其後解仇，一日與之射的，兀狄哈矢盡，丹多茂連射二人殪之，以是更構怨。丹多茂避仇，來投於我，必不肯還矣。丹多茂年將七十，其妻亦老，有子女四人，皆微弱。長者年甫十五，保無反覆之慮。雖仍居惠山無妨。"上曰："丹多茂避仇逃來，何必移入内地，仍居惠山可也。"應又啟曰："臣到五鎮，每處必招城底野人饋之。
居一鎮者或百五十人，或多至三百餘人，鍾城尤多。饋餉時，
皆頓首謝曰：'上恩至重，感極天地。'野人在鎮將前，俛首聽
命，有同奴隸。小有非違，邏卒以杖亂打，野人畏縮趨出，其
服我國邊威如此。臣觀五鎮，城邑宏壯，居民稠密，祖宗規畫
處置，至爲遠大。但兵器常時帶着，不如南方之韜藏，故易致
破毀，請角弓、弓絃等物，間歲入送，分給以慰軍情。今五鎮
判官，以文官差遣，奉法莅事，其所長也，但不合於防戍之
任，然爲府使所敬憚，府使不敢爲非，不無有益，但以離妻子
戍絕域爲苦。文臣雖能射者，廢棄不習以避之，請於初授或遞
任時，命加級勸勵。慶興、穩城等邑，奴婢數小。野人饋餉
時，令軍士執饌物，事體未便，當給公賤以益之。但北道公賤
不敷，請以私賤之居本邑者定給，而以散接公賤給其主。明川
縣其地沮洳，屋宇卑湫，而距海甚遠，採進海上物者，經數日
乃還，甚有弊。其民欲就近海處，擇高燥地移排，請從其願。
會寧府軍儲，前此多至二十萬碩。近因守令非人，縱意妄費，
所耗甚多，留穀甚少。節度使卞宗仁言曰：'會寧，大邑也，
儲穀不可不多。'請或納近邑田稅，或用縣布貿穀，以廣儲峙。
鏡城居斡朶里李阿乙加茂，見臣言曰：'青巖居人逃入本土者，
我盡力刷還，至今未得蒙恩。'言甚哀懇，論賞何如？"上曰：
"令兵曹考功勞以啟。"

四月庚午朔

　　乙亥，朝鮮實錄書：初，兵曹啟："金丹多茂依洪應所啟，
仍居惠山城內，則恐有後患，請徙置下三道。"至是，傳曰：
"左議政云金丹多茂年老，其子亦迷弱，雖居城內，不患其有
變，不久必爲編氓矣。予亦以爲彼既避仇而來，不必移入內
地，故令仍居惠山。今兵曹之啟，果有理，其問今日侍講宰

相。"尹弼商、盧思慎、尹壕議:"金丹多茂之子,今雖幼弱,
居城內漸壯健,以至滋蔓,則恐變生肘腋。從願遠徙下三道何
如?"李克增、李崇元、魚世謙、李封謙議:"金丹多茂年老,
其子父迷弱,將不久爲編氓,似若無害。然其心難測,或逃入
本土,或交通族類,則必有後患。請從其願,地廣民稀如江原
道等處,移置撫恤。"從克增等議。

五月庚子朔

丁巳,遼東總兵官緱謙等奏:"海西、黑龍江等夷人,聞
欲率衆入境竊掠。朵顏三衛夷人,屢報被北虜追逐,求入邊墻
避匿,且譯稱北虜衆與三衛連和。"事下兵部,言:"夷人竊掠,
乃其常態。而朵顏三衛,脫使與虜連和,則撤我藩籬,爲彼嚮
導,不可不慮。請速移文遼東守臣籌度。彼若附虜,則設間以
携之;或糾聚入寇,則畫策以阻遏之。復遣譯厚加撫諭,令其
堅守臣節,勿爲虜誘。仍移文各邊守臣,俾知虜情,而嚴設邊
備。且請敕京營將臣,一體戒嚴,用備警急。"從之。實錄。

甲子,朝鮮實錄書:議李阿乙多茂刷還青巖人論賞便否,
于領敦寧以上。韓明澮議:"劉貴全、全檢山雖還青巖而居,
其自來與刷還,未可知也。更問論賞何如?"洪應議:"臣歸本
道時,李阿乙多茂言,有刷還之功,而未蒙國恩,至再懇說。
問其所以,則以無文案可考。節度使等阻當不許,臣謂國家初
下諭曰'如有刷出者,當加賞職',而以慢藏文書之故,不酬其
勞,殊似失信。所言劉貴全等,果李阿乙多茂所刷來,則令節
度使上送慰諭之。何如?"從洪應議。

八月戊辰朔

庚辰,朝鮮實錄書:領議政尹弼商來啟曰:"臣今觀平安
監司啟本,右衛酋長李達罕書啟有云:'高都乙赤剽竊滿浦而
來,吾甚疾之,已治其罪。'然八九月間,都乙赤又必作耗於理

山、滿浦等處矣，請嚴戒備以待。臣去己亥年，領兵西征，適
乘空虛，襲都乙赤家，擄其妻兒，搜得所有財產，有皇帝授都
乙赤指揮文。都乙赤非無賴之徒，爲人亦驍勇，其心必欲報復
於我。去丁亥年，我伐之。其後九年，彼來圍理山。自己亥至
今年，亦九年。以其時考之，恐或報復矣。臣意謂始勤終怠，
人之常情。節度使金伯謙已遞，必不致意於防戍，新節度使李
秉正，督令赴任何如?"傳曰:"政丞之言是。其召李秉正
督送。"

　　是月己丑，二十二日。憲宗崩，以下盡本年，所紀成
化二十三年事，已入孝宗實錄。

孟森著作集

明元清系通紀

四

中華書局

正編卷十二

弘治朝

成化二十三年孝宗即位後，即朝鮮成宗十八年，丁未(1487)
九月丁酉朔

乙卯，朝鮮實錄書：吏曹判書許琮啟曰："今命勒移金丹多茂等于江原道，如或不肯，則囚繫之。臣竊謂丹多茂輩歸附於我，其情可矜，今若勒移他道，則其城底族類，必懷疑懼之心，且不知其生死，胥動浮言矣。請於本道內地咸興等處，給田莊以安接之，賜今年糧，則其族不疑，而丹多茂輩亦得其所矣。如不得已徙置，則遣朝官護送何如?"傳曰："丹多茂輩屢違國命，今不勒移，朝廷綱紀不振矣。若處內地，則其族類之來朝者，必皆請見。若不許相見，則必生怨心，許使見之，則必開弊端矣。遣朝官護送事，令議于今日試官諸宰。"
十月丁卯朔

壬午，朝鮮實錄書：命兵曹判書魚世謙致書于三衛野人曰："自古待遠人之道，恩與威耳。慕恩納款，則以恩而撫摩之；稔惡犯順，則以威而懲艾之。惟爾三衛，密居鄰境，向風投化有年矣。歲遣子弟效珍闕下，我之餱穀之豐，賚與之厚，有加無替。茲者邊將馳奏：'八月初一日賊入滿浦地面，同月二十六日又入碧潼地面，殺傷人畜，又多搶擄以去。'朝之武臣猛將咸曰：'國家所以待遇之禮如此其厚矣，而狼心未革，忘

天地罔極之恩，肆溪壑難盈之欲，無辜邊民罹此荼毒，宜興師
問罪。'合辭上請。我殿下謂：'此非酋長等所知，是管下鼠竊
狗偷之所爲耳。不能檢下，雖曰有罪，然大兵不可輕動，小忿
在所當忍，豈可因一時之釁，以絕永世之好乎？汝兵曹馳書明
諭彼人，令推得作賊者縛送于京，又刷還搶擄人畜可也。若執
迷不悟，旅拒朝命，然後興師問罪亦未晚也。'是則殿下之於汝
等，有再生之恩矣。建州衛趙塔郎哈等到滿浦，傳達罕書契
言：'左衛皋都乙赤、皋甫乙赤等，入理山以下地面射殺農
民。'左衛李木長哈等到滿浦，傳土老書契言：'冬節將遣子童
大彰可，及皋都乙赤等，上京肅拜。'右衛李別郎可等到滿浦，
傳羅下言：'建州沈夫所羅、沈項時哈等八人，結黨作賊。'夫
三衛雖各統部落，皆同族婚媾也，唇齒相依，凡其所爲，無不
詳知。今所言不同，一則報賊耗，僞示誠欵；一則請入朝，以
觀我意，其詐立見。以聖上洞見萬里之明，豈墜汝等計中哉！
汝等一從朝命，則是眞心歸順，當待之如舊，永敦好意矣。不
然則興師大舉，殄殲乃已。夫安居樂業，保妻子，愛親戚，乃
人情之所同有，雖汝等亦豈無是心哉！大兵一起，則雷馳電
擊，係累其親戚，殺戮其妻子，破其居，蕩其業矣。蓋虜掠之
利小，蕩破之禍大。嗜小利而忘大害，豈計之得也？汝等豈無
豪傑之才能，明利害之所在者乎？及至勢窮力竭，飛走路絕，
雖欲革面投降，噬臍無及。其審處之。"戊子，永安南道節度
使呂自新馳啟："居城底兀良哈尼加大等進告云，藥水洞口遇
蒲州野人約二十名，被奪所持財物，請放金丹多茂，審其指向
蹤跡。"命議于領敦寧以上及兵曹。沈澮議："彼人告變常事，
無足可畏。然賊謀難測，令諸鎮嚴加隄備爲便。但呂自新啟囚
金丹多茂，而擅放體探。若多茂怨被囚犯邊，則誠非細故，令
攸司推鞫何如？"尹弼商議："金丹多茂欲要留住，使其同類虛

說聲息，以恐動之也。呂自新不察情僞，妄生疑惑。既啟囚禁，擅自放送偵之，至爲不當。雖遇大賊，爲將計者，當持重措置，臨機應變。而如此輕舉，臣未知其可也。然賊謀難測，更加隄備事下諭，何如？"李克培議："尼加大等所告，虛實難知。然防禦等事，不可不愼也。且丹多茂等既已囚禁，而還放使之體探，有違受教本意。還囚則事體乖違，不囚則逃亡可慮，此呂自新措置失宜也。"魚世謙、林壽昌議："呂自新既已啟囚丹多茂，而遽放之，使偵其情實。囚係之餘，所以感動其心者何術也，而能保其無怨乎？若令深入體探，倘與彼潛謀相應，或有徵信，將何以處之？有功而疑，則爲不仁；陷於術中，則爲不明，將爲國有人乎？況使彼人仍居城底，其利害較然明矣。不因成算急徙之，而遷延至此，使朝廷恩威俱闕，是責在節度使，固當拿來鞫治。然臨事易將，亦不合機宜。曲盡備禦事下諭。而丹多茂等處置事，更博議施行何如？"李瓊仝議："丹多茂等本是建州衛種類，今方勒移之時，責以違命囚禁，而聞變遽放，使之體探，倘若懷忿與賊同心，報變失實，以誤軍機，則誠非細故。呂自新親在惠山，應接軍務，而措置失當，殊負委任之意。然兵難遙制，且臨陣易將，兵家所忌。姑令整搠嚴加隄備，毋使失誤事，急速下諭，何如？"傳曰："以兵曹議示諸領敦寧以上。"沈澮議："臨事易將，不合機宜。兵曹所議，深得事體。"尹弼商、洪應議："丹多茂被囚，方蓄怨恨者也，而使之體探，此自新之失策也。然方臨敵，但責以備禦之事，毋失軍機。徐議丹多茂處置事及呂自新失措之罪，未晚也。"李克培議："呂自新雖措置失宜，不可以此而變置之也。但深責之，務令嚴備，毋失事機爲便。丹多茂等處置之宜，臣之前議已盡之矣。"傳曰："呂自新擅放丹多茂，固當罪之，然臨陣易將，古今所戒，姑令下書以嚴隄備。自新之罪，

徐議處之。” 諭永安道節度使呂自新曰：“爲將者專主閫外之
事，國家之安危，士卒之生死係焉。苟或臨機失宜，其害不可
勝言也。丹多茂反覆多詐，不從國令，廷議已定勒移內地，在
所堅拘，不宜縱舍。今乃一有聲息，輒以爲偵人，使入彼境。
丹多茂狼子野心，有忿懟之心者也，今寄以覘賊腹心之任，可
乎？此實卿失策之大者也。第念邊塵起於呼吸，不可盡以爲
虛，況今平安道亦有聲息，卿其更加隄備，常如敵至。”

十一月丙申朔

　　丁酉，朝鮮實錄書：諭平安道節度使李秉正曰：“王者之
待夷狄也，來者不拒，往者不追。三衛野人，投誠納款，效琛
闕下有年矣。今乃肆暴入寇，殺擄人畜，不恭之罪雖在當問，
撫馭之道不可乖方。彼狼子野心，或請入朝，或報賊變，以示
僞誠。閉關不納，則絕遠人慕義之誠；欵待如初，則長野人桀
鷔之心。在此一舉，所係至重。當令邊將語之曰：‘與爾交通，
上國所禁。而我殿下憐汝輩歸順，約遣子弟，館穀之豐，賚與
之厚，有加無替。我殿下之於汝等，恩同天地。而汝等忘天地
之恩，肆豺狼之暴，一月之內，再寇邊鎮，殺擄人畜。是雖管
下鼠竊狗偷者之所爲，然皆宗族婚媾，凡所作爲，無不相知。
汝若奉酋長謝罪之書，拿致賊人，刷還擄去人畜，待罪闕下，
則可知汝等誠心效順，國家待之如初矣。不然，則汝何面目復
入我國乎？’如此開諭，固拒不納可也。” 壬子，兵曹判書魚世
謙等來啓曰：“永安道觀察使成俊、南道節度使呂自新等，以
金丹多茂移居內地未便，請仍留惠山。其與朝議不同，請更博
議。”傳曰：“其召領敦寧以上，及曾經永安道節度使者議之。”
沈澮議：“金丹多茂今爲小寇，仍留惠山似無妨。然後日援引
黨類，年久滋蔓，則誠爲大患。觀察使、節度使不料此計，而
啓請仍留，臣實不知。依前議，急速移置內地何如？”尹弼商

議：“臣臆計在前議。今觀察使、節度使雖曲陳其弊，臣則猶
未解惑。”洪應議：“臣親見丹多茂反覆多詐，既以恩信諭之不
得，當以威懲之。今書狀内‘勒令移置，恐生嫌隙’，此亦不可
不慮也。今觀察使、節度使，度彼不生怨而可以善處之道，速
即馳啟後更議施行。”李克培議：“金丹多茂移置勢難事，臣於
前議已陳之。但今成俊、呂自新所啟如是，大抵遙度不如親
見。此誠邊境安危之機，不可不愼，伏惟三思施行。”魚有沼、
李鐵堅、孫舜孝、洪利老議：“金丹多茂從姑息之計，許居賊
境。雖無近患，然此人安居，族類紛然來往，審知樂土，亦願
來居，其勢難拒之，因以滋蔓，如薺浦、釜山之倭，朝廷腹心
之患，雖智者不能善其後矣。詳觀丹多茂之意，當初投來，欲
避仇願居内地。今則反惡内地，固拒不從。朝廷既以擬議，定
爲移居，若依違橫論，仍令永居，豈聖朝威令耶！今節度使將
朝廷議敕之曰：‘汝初以向化投來，故許其所願，令居内地。
又聞汝在本土，與兀狄哈結怨避來，若不還送，則彼必怨之，
我亦不可納犯罪之人。如不欲内地移居，當執送舊土。’如是開
諭，若不肯聽，一依兵曹受教何如？”愼承善議：“惠山孤單莫
甚，若有呼朋引類，至於滋蔓，則知我虛實，恐有後日不虞之
警。故臣爲兵曹判書時，勒移江原地面，事已陳啟。”鄭蘭宗、
李淑琦、李從生議：“丹多茂之初來也，許以姑住，以觀去留
之勢。其言曰：‘本土會寧，已搆怨隙，斷不可往。徙居内地，
惟朝廷所命。’而方量移之時，固拒不行。始以甘言乞寄，終乃
任情逆命，是雖虜之常態，然制之固當得宜。但今仍留，則呼
引族類，滋蔓瓜葛，審知我土虛實，此非後日藩鎮之利。勒移
則已非情願，恐生中變，且起元住會寧彼人之羣疑，此實籌邊
難斷之策。臣等妄意會寧之還，多茂之所甚惡。今與多茂要以
勒還會寧爲辭，則所惡有甚於内地之居，彼必一依朝廷之命，

試以此舉，欲居內地，則依兵曹目啟目施行，以示存撫之意。欲往會寧，則持兵押送，責付元居部落，庶合往者不追之義。"魚世謙、李瓊仝、金克忸、林壽昌議："惠山地面，乃永安道肘腋之地，其所防禦，即建州之賊。鴨綠江始源於此，其流甚淺，難可據以爲險。土兵脆弱，邊備甚疎，朝廷常以爲念。近者建州之賊，再犯於滿浦、碧潼之地，又聚騎兵，現形於惠山近邊，其勢將有搏噬之漸。保固邊圉之策，誠不可不爲之深慮也。金丹多茂，本是建州衛種類，其心莫測，難可保信。使之仍居至近之地，以爲藩籬，我則倚之如腹心，彼則中懷兩端，昭然知我士馬強弱、農民居接之處，潛相指導，出沒爲患，將何以應之？且以近年之事觀之，賊徒不曾犯邊，只因彼人報變，遽釋丹多茂之囚，委令體探，得其屯聚田獵蹤跡而還，是則彼人之遊騎，往來打獸，自得於水草豐衍之間，而我則亟發南道軍士以爲應敵之計。徵召奔命之際，彼自得計，我自騷擾，弊不可言。今年如是，明年亦如是，則將何以處之？此正兵家所謂亟肆以疲之，多方以誤之。勝算在彼，而我先受其弊矣。彼人之往來無忌憚也，徒以丹多茂等爲之主也。丹多茂爲彼賊東道主人，而我欲恃之以爲藩籬，不亦疎乎？今觀成俊等所啟，一則尼時哈常言：'今年我等雖入內地，明年同類人必多來居，國家不可盡入內地，彼人等亦數多出來，禁止實難。'一則曰：'丹多茂所寓，土地肥厚，真可耕可居之地。'前此彼人等以其巨鎮之側，不曾習見。今因丹多茂等經年來居審之，土地之饒，耕穫之利，必欲居之矣。國家雖勒移丹多茂，後有同類彼人，羣聚而來，請依五鎮例居之，則何以處之？本非我土，拒之誠難。然則前此彼人之來居於此者，不知土地肥美而不來耶，抑畏我國之威靈而不敢來耶？今若屯聚而來居，我將斂手而莫之禁耶？大抵敵國疆界之中，常留數百里空曠之地，我不敢往，彼不敢來，然後虛實不得相知，而有警懼之心，偵候可以潛行，而無漏洩之患，軍行延引日月，而無朝夕猝至之虞。今留丹多茂等於咫尺之間，則我之虛實，彼人得以盡知，而我即有尋常解弛之漸，其不可一也。偵候不得越入，而彼與其類。必有成黨告報之謀，其不可二也。彼人以丹多茂等為主，或稱打獸，或稱探視，往來絡繹，而我無以禁之，則安知不潛引兇醜，掩其不備，以肆竊發償軍之禍乎？其不可三也。惠山兵馬單弱，不可與五鎮相比，今乃惠山城底，亦設藩籬，是不審主客強弱相濟之勢也。若從其策，是所謂放虎自衛也，其不可四也。今若丹多茂不許留居，則其他自然不來，雖來拒之非難。今預為彼計，洩之於彼，彼得為之計，因之為釁端，其不可五也。若以土地肥饒，彼人必欲屯聚來居為辭，則前此國家已慮其屯聚來居，欲預絕其根株也。而今乃必欲仍居，使之滋蔓，其不可六也。且以浪伊承巨搆釁以來，野人亦至，叛亂為慮，則朝廷誅逆虜之舉，是歟非歟？誅之而朝廷受幾何之害乎？自爾威震彼土，至今慴服，其後被誅彼人，幾至百許，豈無其子孫苗裔，而未聞以此為朝廷之慮。今援此為自怯之辭，其不可七也。若以依五鎮仍居，聞見彼人聲勢，有益國家云爾，則豈云人面獸心，恃之為難，而托之為腹心之期乎？情與事違，其不可八也。臣等反覆籌之，未見其可也。依前受教施行何如？"傳曰："兵曹與蘭宗之議善矣。其以此意下書于觀察使、節度使。"　丙辰，諭永安道觀察使成俊、南道節度使呂自新曰："戎狄非我族類，其心必異。故古之帝王，所以嚴內外之分，謹華夷之辨者至矣。惠山地面，乃永安肘腋之地，鴨綠江源始於此，而湍流甚淺，難可據險，加以土兵脆弱，備禦甚疏，此予所以未嘗忘北顧者也。金丹多茂等，其心莫測，難可保信。使之居肘腋之地，入空虛之境，厥類滋蔓，因緣來附，知我士馬强弱之勢，覘我農民居接之狀。外示腹心，中懷兩端，潛引相通，出沒爲患，至可慮也。故廷議皆欲勒移內地。丹多茂等反覆多詐，不從國令，譎計已露，乃欲倚以爲腹心，藉以爲藩籬，不亦謬乎？今當語丹多茂等曰：‘汝等初來此地，畏兀狄哈報復也。汝等之命，住此則活，往彼則死。以我國家之力，縛還汝輩何難？汝初言本土會寧，已搆怨隙，斷不可往，願居內地。殿下憐之，許於江原道，擇良田、具農器以居之。殿下之於汝等，有再生之恩也。汝等始則乞寄，終乃逆命，欺罔聖上之罪，汝終不辭，當速還本土。聖慮已斷，國論已定，不可改也。其速處之。’如此開諭，彼將引還。”

弘治元年，即朝鮮成宗十九年，戊申(1488)

正月丙申朔

甲辰，朝鮮實錄書：御後苑，觀武臣堂上官射，以魚有沼、鄭有智、金繼宗、金世勣、禹賢孫、韓叔厚爲左，沈膺、李欽石、洪利老、具謙、李拱、吳滋爲右，分六耦而射，賜勝耦弓各一張。　魚有沼啟曰：“在前五鎮長城外斡朶里居處，我國築土城，使之安接，作我藩籬。今則節度使慢不致意，遂使兀狄哈得以殺擄人畜，斡朶里等無所仰賴，散去深處。古云‘脣亡齒寒’，城底斡朶里等，不可不撫慰而安接之。臣意以爲修築土城，深鑿溝子，招撫斡朶里散居者悉還本居，則彼尼車麻、兀狄哈等，其麗不多，控弦不過百餘，可以攻伐矣。前此三衛野人投誠欲朝者，來于會寧，擇其可送者上送。今開平安道路，使彼人得以審虛實，再掠邊氓，臣恐將有不虞之變。彼三衛野人，徒衆甚多，控弦不下數千。若相據而起，其變不小。且其鼠竊，不在合冰之時，則必於解凍之時。正二月之交，恐有邊警。臣意以爲宜遣武臣，以嚴防戍。”上曰：“今無聲息而預遣武臣，恐有騷擾之弊。且既許其路，又無緣還閉，

於事體何如?"有沼曰:"雖無聲息,遣武臣嚴加防禦爲便。"上
曰:"然。"　丙午,下書平安道觀察使成俔、節度使李秉正曰:
"三衛人外雖歸服,内實携貳。江界、碧潼之民再被殺擄,已
令兵曹諭其酋長,捕送犯人。已數月,了無回答,其心可知,
不可不預爲之備。卿其申嚴邊警,毋或少弛。"

戊申,海西忽石門等衛野人女直都指揮等官凡籠哈等、毛
憐衛野人女直都指揮等官速失哈等、忽蘭山等衛女直都指揮等
官苦出等、野兒定河等衛野人女直都指揮加忽赤等、益實左衛
野人女直都督等官三赤哈等、速平江等衛女直都指揮亦里巴加
等、脱倫兀等衛野人都指揮等官撒因哈等,各來朝貢馬貂皮等
物。賜宴,并衣服、綵段等物有差。　丁巳,命亦兒古里衛都
指揮僉事必里你男沙古答代父職,陞益實衛指揮僉事答魯哈、
法因河衛指揮僉事速木哈,俱爲指揮同知,各從其請也。
實錄。

閏正月丙寅朔

丙戌,命肥河衛達官都督剌哈之子哈哈占襲其父職,陞毛
憐衛及亦麻河等三衛指揮使等官,兀兒古都木等十一員各一
級。實錄。

戊子,朝鮮實錄書:進香使李封、陳慰使卞宗仁來覆命。
上御宣政殿引見,問中朝事。上問:"新皇帝政治何如?"李封
對曰:"政治嚴明,内外清肅。故有上書言欲誅萬氏族親者,
又有言當朝大臣過失者。彼萬氏見寵於大行皇帝,晚年色衰寵
弛,私取遠方美女進之,以悦其心,以固其寵。新皇帝在東
宮,又欲求寵,養得老鸚鵡一隻,教之曰:'皇太子享千萬
歲。'以送於太子。太子聞其語,怒曰:'此是妖物也。'即欲以
刀斷其項。萬氏聞之,自知其不見寵而反取怒也,自縊而死,
然未知其詳。"　癸巳,賀登極使盧思愼、副使柳子光,正朝使

李崇元，來復命。上御宣政殿引見，問中朝事。思慎對曰：
“朝廷安靜，民庶殷富，皇帝嚴明，羣臣祗懼。臣前爲書狀官
赴京時，關外居民鮮少，今則閭井稠密。臣且聞今來上使長於
詩，副使精於經學，十一日十九日間當發程矣。”上曰：“何若
是其遲也？”思慎曰：“似不刻日督行也。”上曰：“聞皇帝多罪宦
官及萬氏族親，此因人請罪而然乎？”思慎曰：“聞有人上疏，
故罪之耳。臣等發還時，亦見萬氏族親者以罪就獄矣。”上
曰：“聞皇帝法令嚴明，信乎？”思慎曰：“然。皇帝在東宮時，
常曰：‘僧人是何物也！’人皆曰：‘太子即皇帝位，則僧人必不
得志也。’僧人及道士除職者，果皆罷矣。先皇帝或於用人間以
私意，今皇帝則銓注登庸，一出於正。又性不喜寶玩之物，雖
風雪不廢朝會，臨羣臣皆以喪服，惟祀天祭用黃袍。臣等慰宴
時，不奏樂，不設雜戲，勸花置于牀上而不簪。大抵先皇帝弊
政，一切更張矣。”上曰：“有邊警乎？”思慎曰：“無矣。但臣路
逢建州左衛人等入朝，問其近日不朝我國之故。答云：‘本衛
人犯大國之境，我輩窮詰而不得罪人。若得，則可以進貢矣；
不得，則何顏出去？’且云：‘比聞朝鮮與上國欲攻我境，故尤
懼而不敢往矣。’臣見中朝待外國甚嚴，而待我國則甚親厚。但
臣之行，有司憲府書吏與遼東伴送，相鬭於殿庭班列中，欲手
毆之，多方以解之；罷朝後至舘門，又毆面有傷，序班怒甚，
欲言於禮部。臣等僉議，即拿致書吏，決笞五十，序班怒始
釋。今後幸有如此之事，重論爲便。且中朝沿路各驛，掛榜
云：‘凡站路舘舍，毋得題詠雜書，恐啟外國人輕中國之心。’
本朝使臣行次入歸人等，於中朝舘宇，或題詩，或題名，污褻
莫甚。今後令入朝者，毋得題詠及雜書。”

　　　戊子、癸巳兩日所書，皆憲宗崩、孝宗立之進慰、

陳賀使臣所歸述中朝近事之語。其中涉及建州左衛來朝夷人，在京相問答之語，故錄入，具見當時清室之先，自居於中、鮮兩屬之部落也。至所述中朝事，可證孝宗初政，即已赫然非成化時舊觀。而於萬貴妃之死，可增一軼聞。明史萬妃傳：“成化二十三年春，暴疾薨，帝輟朝七日。八月帝崩，太子即位。”此云暴疾，乃緣自縊，恐未必確。若果然，則憲宗於太子毫無芥蒂，可謂慈且明矣。

二月乙未朔

戊戌，海西兀者等衛。并建州右等衛、毛憐等衛女直都督察安察三赤哈等，來朝貢馬及貂皮。賜馬，并衣服、綵段等物有差。實錄。

三月乙丑朔

戊子，朝鮮實錄書：下書永安道節度使呂自新曰：“今因卿啟，具悉。童良哈尼時哈等入送本土，丹多茂等徙之內地，各從其願，毋有遲滯。”

四月甲午朔

戊戌，朝鮮實錄書：會曾經永安道觀察使節度使、宰相議：五鎮長城外斡朶里所居築土城以防寇事，閭延、茂昌設新鎮事，穩城美錢鎮徙民事，南海彌助項築城事。鄭文炯、李淑琦、成俊、李克墩議：“城底斡朶里是我藩籬，所當存撫，故曾遣金悌臣招撫，以示恩意。然爲之築城，則恐不可。雖曰仍舊築之，斡朶里不能恃此自保，兀狄哈亦豈以是不敢逞惡。無益於彼，徒勞我民，勿築爲便。”鄭蘭宗議：“斡朶里世居城外，有同編氓，所宜撫恤，以固藩籬。然初用我民之力築城以居之，而彼不能修築，以至頹圮。方今在我設險尚未畢舉，而舍

我護他，似失緩急之宜。"魚世謙議："我國邊城未築者多，爲
斡朶里勞民築城，恐爲不可。儻今築之而使彼聚居，反爲强寇
所殲，非彼之利，不如使之散處而自爲之計也。彼既知朝廷存
撫之意，間有既徙而還業者，要令邊將益加存撫而已。"李欽
石、洪利老、卞宗仁、朴星孫、辛鑄議："五鎮城子，春秋修
築，役民甚苦，何暇爲斡朶里處處築土城乎！去丙午年，高嶺
鎮彼邊古羅耳洞、會寧彼邊沙吾耳設險以後，兀狄哈聲息稍
寢，但令年年修築此兩處，以防之何如？"李瓊仝、李拱、金克
忸、吳瀅議："城底斡朶里土城修築，當從彼人情願，然使聚
而羣居，反爲外寇所屠，則不若使之散居，自擇便利之爲愈。
要令野人知我存撫之心出於至誠，不使至於逃散，則藩籬自
固，而可保百年無虞矣。"命留政院。文炯、淑琦、成俊、克墩
議："大抵利害曾未經試者，當講究而施之；如利害已明者，
不必更議。閭延、茂昌，我世宗初欲試可而設置，世祖備悉利
害而革之，今不可更設鎮甚明。"魚世沼議："若復置閭延、茂
昌等鎮，則自江界、楸坡、上土，賊路盡塞，甚有利益。然戍
兵難充。世祖遣大臣審其便否，革之已久，今不可更設。"蘭宗
議："古閭延、茂昌等邑，在鴨綠上流，地褊民少，寇來侵擾，
力不能支，須藉南兵輪番防戍，道路遼遠，高嶺懸棧，人疲馬
病，平安兵馬因此凋殘。世祖洞照此弊，委遣大臣審視便否？
雖知蹙地之不可，終以置鎮無益，燒絕棧道，以割棄之。今不
可更設新鎮，復擾已安之民。"世謙議："咸興西北河亂北之地，
雖是賊路，三水既截其後，寧遠又據其呃，雖無閭延、茂昌，
其間山高水險，道路阻礙，賊何從而入？況革罷既久，棧道已
絕，人跡不通乎？且置鎮重事，已革之區不可復立，新設之地
的在何處？鄭有智所啟，無益於事，徒爲煩擾，斷不可施行。"
瓊仝、李拱、克忸、吳瀅議："咸興在永安道爲內地，人物繁

盛，常無邊警。今觀鄭有智所啟，地界與建州相連。若使彼賊乘虛作耗，則百年生齒，坐受屠害，實爲可慮。議者多言河亂北之地，山川高險，道路隔礙，人馬不通，斷無他慮。然患生不測，有智所言豈無意歟？請令本道觀察使、節度使親審詳度可否以聞，後更議。"啟留。　癸卯，先是，唐人東果里等男婦共四名，爲建州衛野人所擄，至是東果里等二名來投永安道會寧鎮，高所主來投平安道義州鎮，張積財寶來投理山鎮。就差聖節使通事庾思達押解遼東。　乙卯，御經筵。講訖，大司憲成俊啟曰："永安五鎮，皆受敵之地，而富寧尤爲緊要，實賊路之衝也。但其兵額減少，又無隣援，如遇賊變，無如之何矣。且他鎮則有城底斡朶里，懷我恩信，兀狄哈入寇，則必先告變，故有備以待之。富寧則無之，賊變無從先知，必至犯境然後知之。臣意以謂於富寧虛水羅之地設寧北巨鎮，與鏡城聲勢相倚，則彼雖欲入寇，難以輕舉矣。虛水羅實天險之地，一夫當關萬夫莫敵。況其土地沃饒，禾稼豐登，民可樂生乎！"上曰："寧北設鎮利害，朝廷雖百爾遙度，豈如卿目擊乎？但此大事，難以輕舉。庚辰年，申叔舟看審置鎮當否之議，考啟後處之。"俊又啟曰："斡朶里等非但居我五鎮城底，居對境者亦多，以其懷我恩信也，國家威德方盛，豈有背叛之理乎？但被擄唐人逃來本國者，皆解送遼東。其人雖自謂唐人，而未可的知實否也。況彼非入寇遼東搶擄而來也，其人或爲深處兀狄哈所擄，轉轉移賣，斡朶里等傾產收買而役之。一朝逃來，不問根由，而一皆解送，臣恐彼因此懷憤，搆我邊患也。今後被擄唐人逃來者，若其本主追蹤根尋，則邊將權宜還給，何如？"上曰："若的知其爲唐人，則不可不解送也。其逃來即時根尋者，還給本主，已立法矣。"俊又啟曰："柔遠鎮最是受敵之地，而兵額減耗，防戍虛踈，今徙南民以實之，但甲士不許徙邊。故

下三道人民，爭屬甲士。其抄定者，皆殘劣無勇之人，於緩急
何用哉！徙南民以實邊，本欲禦敵也，臣意以謂勿論甲士，擇
其勇健者徙居，何如？"上曰可。

六月癸巳朔

　　丙申，朝鮮實錄書：武靈君柳子光上言曰："伏以平安一
道，與中國爲界，鴨綠一水分爲彼我。昔契丹有之，則鴨綠反
爲之害也。今爲我有，則所謂我據曰要，而與天地爲終始，不
可失也；與天地爲終始，不可不嚴其關防。安有恃天下之無
事，而不留意於我之關防也。臣嘗於里閈見之，有東西家籬落
相接，其貧富不甚相遠，有無相資，禍患相救，期以世世，終
歸于好。數年之內，東家漸富，西家漸貧，東家之耒耜或侵西
家之田，東家之牛羊或損西家之禾，積以歲月，漸成仇隙，於
是西家悔不造爲垣墙，以爲區域，而亦無及矣。至其子孫，東
家日益富盛，而西家日益貧殘，東家之子孫又便驕傲，侵奪西
家之土田殆過半，而西家之所有蓋無幾矣。此雖里閈之事，推
而上之，則天下國家之勢，亦不外是。今天下富盛，盡天下之
地而有之，自遼陽築長墙，既設靉陽堡，又城開州，漸次城湯
站、城婆娑堡，不待智者而後可知，而況遼東人亦皆言之乎！
平安一道，則人民稀少，生業殘亡，臣恐終不免東家之侵而有
西家之悔也。使西家之父兄，不恃東家之好，而早爲區域，築
其垣墙，爲子孫萬世之計，東家雖富盛、子孫雖驕傲，豈能遽
破其垣墙，而侵奪其土地乎？今義州之事頗類之。噫！天下無
事則已矣；天下有事，則必先受兵。今天下雖無事，安知天下
日益富盛，至後世其子孫不爲驕傲者乎？是以臣於經筵，略陳
大概，又退而爲書，昧死以上。伏惟殿下不以臣言爲迂闊，即
命大臣議之，命該司磨勘以啟。今殿下留神於平安一道，義州
關防等事，爲萬世之計，可謂至矣，可謂勤矣。噫！安而危，

治而亂，此陰陽消長之理也。三代以來，理亂之迹，布在經史，可監可戒。臣伏聞議之者或曰：'此國家已行之策。'或曰：'此自世宗朝講之熟矣，而勢有所不便，遂寢不行。'或曰：'令該司磨勘，其議紛紛，無有定論。'此豈殿下令大臣議啟之盛意乎？兵曹又議義州築城曰：'時無大敵，不宜增廣退築，以勞民力。'又曰：'與建州相對，上流諸鎮城子，間有低微狹小，此不可廣築也。'又曰：'使臣通行內地，無城小邑數多，不宜急急於義州之城。'是何意也，臣愚未知。大敵至而後乃築城以爲關防乎？所謂上流諸鎮城子，有重於義州者乎？所謂無城小邑，亦有重於義州者乎？以臣愚計，內地小邑，亦能城之則可矣，民力有所不及，則姑舍是而增廣義州城可也。上流諸鎮，雖曰緊關，臣愚以謂，不如義州與中國爲界之緊關也。臣於丁亥年從征，親見建州李滿住所居部落，皆草蓋，不過六七十家。滿住都督建州者，而其部落如此，則其他部落之殘可知。若曰建州野人時有竊發，爲鼠竊狗偷則可矣，聚爲大敵，如隋唐蕭遜寧三別抄，劉關之兵，而能從橫闌入，則必無是疑。何以言之？其部落殘亡，其種類不多，而自江界至昌城、昌洲，山川險阻，步者不能連袿，騎者不能並驅，則其能從橫而闌入乎？然諸鎮城子，高大改築亦可也，而民力有所不給，則姑舍是而增廣義州之城可也。大臣議之既不詳，而歸之該曹，該曹又議之亦無遠慮，其可乎？孔子曰："人無遠慮，必有近憂。"使孔子爲愚人則可矣，使孔子不爲愚人，則人無遠慮其可乎？善爲家者，亦必有遠慮，況爲國而不爲遠慮，其可乎？臣竊惑焉。義州之殘盛，豈秦人之肥瘠乎？臣愚以謂大有關於國家之肥瘠也。南民決不可不徙以實之，城基決不可不增廣，三島決不可不耕食明矣。奈何不詳究利害，而徒爲紛紛耶？臣竊惑焉。昔我世宗，欲復永安道四鎮，而當時紛紜，毀謗沸騰，莫

適可否。世宗裁自聖心，既復四鎮，徙民以實之，浮言隨以
定，民心自安。以今四鎮之事觀之，則當時議者之紛紜，未知
何心也？況今義州之事，非復立四鎮之例也，而又何議之難
耶？臣竊惑焉。伏願殿下斷自聖心，不計小弊，不慮小患，行
之勿疑。積以歲月，持之悠久，則義州民居可以稠密，城郭可
以高大，三島可以爲田，騎載往還，可以無虞，萬世之計，可
以得矣。"命留政院。　　　壬寅，平安道節度使李秉正馳啟曰：
"左衛李木長哈等二人、右衛童松古老等四名、溫下衛酉長金
劉里哈等十五人，請上京肅拜。"命議于領敦寧以上及議政府、
兵曹。尹弼商、洪應、李克培議："三衛野人雖懇請來朝，然
其犯我邊鄙，罪不可赦，依前降諭書辭緣開說，而勿許接待。"
盧思慎議："建州三衛，與我隔江，密邇其居，若欲入討，朝
至暮還。彼人之所以叩關歸誠，非徒畏服威德，亦自存之計
也。前此作耗，虜掠一二人而去，彼雖有君長，本無法制禁
令，安能責之一一如法乎？近年絕不叩關者，以麾下人作耗我
邊而不能禁，有所畏懼而然也，豈有輕我大國之心乎？古之帝
王待夷狄，來則撫之，去則勿追。彼既誠心而來，則不必與之
較也。且以我國利害言之，以一時小小作賊，而閉關不納，則
彼亦自知無所賴於我，而作耗邊境，必不止矣。國家常遣助戰
將，率軍官以擬敵來，敵不來而先自疲弊，此亦不可不爲之慮
也。臣之愚意，以謂若有來者，以前降諭書責之，使之知悔，
而舘待如初。"孫舜孝議："平安道道路不險，民居蕭然，故祖
宗朝只開北門而待之。世祖朝，李滿住子豆伊等入朝，取路平
安道，還復閉關，蓋以不可開門而引賊也。況今彼人，其擄去
人畜，不即刷還，徒望聖恩，托言告變，以求入朝。犬豕之心
何足取信也。許之則我受其欺，絕之則彼更蓄怨。後若復來，
姑且勿納而說之曰：'一如前諭，擄去人畜刷還，則轉聞從請；

不然，則不可入也。'"愼承善議："彼人不刷還擄去人畜，理當
閉關不納。但業已開路而遽絕之，必生釁隙。依啓本施行何
如？"李崇元議："滿浦來往野人等，並皆接待，則供饋贈給之
費，皆自南官輸入，必將難繼。三衛酋長所遣人來，則許越江
饋餉，依前諭書開說。如有求請之物，勿令從請。其餘諸衛人
來者，勿許越江，以杜無窮之弊，何如？"魚世謙、李瓊仝、尹
垓議："三衛野人托言請朝，成羣往來，一則觀我虛實，一則
費我資儲，似爲未便。然一朝遽絕，不令渡江接待，則彼人向
國歸化之心，無由得達，必生憤恨。姑令邊將依舊接待，每語
之曰：'平安道上國使臣往來之地，汝等雖欲朝京，不可由此
路，事前已曉之，汝等豈不知朝廷意乎？'且據前降諭書內辭
緣，嚴加誨諭，期以拿致賊人，刷還人畜。'汝之誠心歸順，
坦然明白，然後邊將得以啓聞。不然，則汝雖數來，邊將豈信
汝空言乃敢啓聞乎？'如此開說，而彼人若不能拿致賊人，刷還
人畜，則彼不敢以空言往來矣。拿致賊人事，恐彼終必不能。
萬一刷還人畜而來，欲上京，亦當以前所語隨宜拒之。察其情
勢，一一馳啓。"

　　上兩日所書，朝鮮視建州甚藐，信其不足爲患。鴨綠
江防，重在下流，欲與明邊界清劃，防其闌越。上流與建
州對岸，反不亟亟設防。此明中葉建州情勢也。　婆娑堡
之名，此時尙存，猶是元初婆娑府之遺，而實金之婆速
府，元世祖以後廢婆娑府改爲巡檢司。明之婆娑堡，當即
元之婆娑巡檢司所在。婆娑府地域甚大，世祖紀："命婆
娑府屯田軍移駐鴨綠江西以防海盜。"則其初婆娑屯軍并在
鴨綠以東，即後世之朝鮮界內矣。婆娑境內之江，明時訛
作婆豬江，又作潑豬江，朝鮮又作蒲州江，又以建州居

之，因其姓佟而謂之佟家江，又訛作冬古江，別寫作"東
果"、"棟果"、"東古"、"棟鄂"、"董鄂"等字。據其地望
以考其源流，大略如此。

十一月庚申朔

　　壬戌，海西喜樂溫河等衛、木速河等衛、失里木等衛女直
都指揮等官里奔哥、木昌哈等，來朝貢貂皮馬匹。賜宴，并衣
服、綵段等物有差。實錄。

十二月庚寅朔

　　甲午，朝鮮實錄書：兵曹據平安道觀察使啟本啟："彼人
金劉里哈，前日來報，金有老哈等，欲聚兵來作賊；今又買得
被擄良女仇叱加伊而來，自敘其功，欲上京受賞。溫河衛則前
未來朝，自言距建州衛三日程住居。今方閉西路，雖三衛酋長
使送，亦不接對。若更開關上送，安知彼人自作名號，互相欺
誑往來，以探我之淺深乎？賊謀難測，尤不可輕易通路。然劉
里哈等，自言向國歸順，將自己牛馬布物、衣服等物，買得被
擄人而來，此則不可謂必無之事也。既不許開路上送，又不給
賞慰藉，則不無生怒，且乖來者不拒之義。但買得價物之數，
不無虛張，難以一一計給，姑送青紅綿布各五十匹。待劉里哈
更來，令節度使擇知事體秩高守令，設宴厚慰，將上項綿布都
給，語之曰：'汝等去年來報事變，今又買被擄人而來，誠意
可嘉。但交通汝輩，上國所禁。在前由此路接對無例，且今中
朝法令嚴明。近日遼東距本國地界不遠處設城堡，汝等若由此
路上京，遼東豈不聞之？今者委送賞物，汝等隨價直高下分
執。汝等必欲上京肅拜，當從永安道後門入朝可也。'如是開
說，毋使生怨，何如？"從之。

　　丁未，遼東海西等處兀者前衛野人女直都督等官都吉里

等、亦迷河等衛野人女直都督等官捏克等，來朝貢馬貂皮。賜宴，并衣服綵段等物有差。實錄。

建州所居，本是遼東邊内，稱遼東宜也。海西之上，是時亦冠以遼東，可知奴兒干都司此時名實皆不存矣；野人皆稱都督，亦非設衛授官初制。

戊申，朝鮮實錄書：諭平安道觀察使李克墩、節度使李秉正曰：“三衛野人征討之後，結怨于我深矣。今雖外順，中心難測。當江冰堅合，求欲肅拜，留連客館，因我不納，或生異圖。卿宜審度虜情，毋狃於無虞，常如敵至，防戍諸事，謹慎措置，以紓予西顧之慮。”

弘治二年，即朝鮮成宗二十年，己酉(1489)

正月庚申朔

乙丑，朝鮮實錄書：女眞僉知木當可等十五人來朝。 丙子，毛憐衛女直都指揮尚禿等、海西兀者前等衛野人女直都督都吉里等、肥河衛野人都督加哈察等，來朝貢貂皮馬匹等物。賜宴，并綵段、鈔錠有差。實錄。

二月己丑朔

壬寅，建州左等五衛都督等官脫羅等二百五十九人，奏乞襲陞。兵部覆奏言：“脫羅等二百四十人，於例不合。卜迭捏等二人，宜襲替原職。乃塔等十七人，是授職二十五年之數，宜陞一級。”從之。實錄。

三月己未朔

丙子，海西建州等衛野人女直都督完者禿等、建州毛憐等衛野人女直都督等官康泥等，來朝貢馬貂皮。賜宴，并衣服、綵段等物有差。實錄。

建州上冠海西，當是錯誤。毛憐上冠建州，以與原設之毛憐衞相別，却最分明。

戊寅，朝鮮實錄書：永安北道節度使河叔溥馳啟："斡朶里中樞李阿伊多可，請於會寧近境沙吾耳洞口、高嶺近境高羅耳洞口，與其官同力築城，以杜賊路，以安生業。且兀狄哈爲報復讎怨，數來侵掠，請於冬節，長城内築土室，以避賊鋒。臣意以謂越境築城，力役甚重，況左右山麓，通道處非一，徒費民力，終必無功。且城底斡朶里，厥類寔繁，許入長城，與我雜處，勢必不便。儻有兀狄哈越城侵掠之變，則我民被害，亦爲可慮。勿許其請，何如？"兵曹據此啟："李阿伊多可之言，固不可從。如或更言，語之曰：'越邊賊路非一，非築城所能盡防。雖或築城，無人可守，終爲無用。況築城之役，非一二日所能辦集，不可越境起役，莫如仍舊伐木防塞之爲便。且長城内皆吾民土田，汝之種類非一，安能盡許入居乎？前古所無之事，不可輕許。況此非汝所居處，而別置妻孥於此，不得專心保守，則必至削弱。莫如仍舊固守，邊將亦當臨機救護'事開諭。"從之。

四月己丑朔

丁酉，朝鮮實錄書：唐人沙海等三名，曾爲建州衞野人所擄，至是來投理山鎮。就差聖節使通事安仁智押解遼東。　庚子，刑曹據永安道觀察使啟本啟："大典贓盜條云：'盜内地物轉賣彼境者，以潛賣禁物論，勿揀赦前。'禁制條云：'潛賣禁物重者，絞。'註謂：'金銀軍器之類。'今會寧人韓軍實，去丙午年，偷取官中鐵甲二部，賣於江内兀良哈阿沙介；金克達，偷取官中環刀一柄，賣於江内斡朶里李阿當介，然則韓軍實等所犯，非私出外境轉賣者之比。論以彼境勿揀赦前，於情法未

穩。大典內有‘獄囚情涉疑似者，具由取旨’之法。韓軍實等罪
狀，上裁施行。”命議于領敦寧以上。李克培議：“韓軍實等盜
官軍器，潛賣彼人，與轉賣彼境者何異？江內野人與越邊野
人，皆非我族類，其心必異。若以江內而末減，後之爲患，寧
有紀極？以轉賣彼境論斷，廣曉六鎮軍民，何如？”從之。

五月戊午朔

　　丁亥，朝鮮實錄書：御經筵。講訖，掌令安潤孫啓曰：
“臣近在北方，飽聞民瘼。國家以五鎮之民，困於防戍，令減
雜徭，但賦土豹皮、貂皮鼠皮而已。然不能支，故賜減十五
年。而其期已盡，請復賜減，以待蘇息。”上曰：“前日議者云：
‘貂鼠皮不產於五鎮，故以牛馬農器易諸野人，請移定于內地，
以除此弊。’予下書問之監司，啓云：‘內地雖產此物，不合進
上，故必貿於野人，而野人非牛馬農器則不與之易，故不得不
爾。’已令戶曹議啓矣。”潤孫又啓曰：“五鎮城底斡朶里，不必
曲意存撫。臣觀斡朶里還本土者，國家刷還，而多施與。居者
曰：‘我爲國藩籬，而未受國恩，彼有何功而若是乎？’逃者刷
還而施與之，居者又希其恩，則國何以支？臣意斡朶里反側多
詐，其去留不足爲國損益，請自今逃者勿刷還。”上問左右。領
事盧思慎對曰：“斡朶里居我城底，爲我藩籬，通彼聲息，爲
益多矣，不可使之逃去。”潤孫曰：“臣非謂薄於待遇，使之逃
散也，但欲其去者勿追耳。臣觀豆滿江水，近歲遷變，衝嚙斡
朶里之居。若更數年，則必皆漂沒。彼不能安其居，而或有逃
入本土者，則便責黜守令，於事體未便。臣愚以爲其去者不復
刷還，則彼將任意去就矣。”

六月戊子朔

　　己亥，朝鮮實錄書：永安道節度使呂自新馳啓曰：“野人
要老土、舍羅哈到雲寵、惠山設柴城處，因留行獵，曰：‘此

是我地，今設險何也？我雖死不去！'"命議于領敦寧以上及議
政府、兵曹。沈澮議："彼人等敢越設險處，暫不疑畏，言又
不恭。若不黜之，虧損國體，恐效此者亦蜂起，誠非細故。臣
謂大舉兵威，急逐之爲便。"尹弼商議："彼人等見我國設柵設
險，深以爲嫌。今來越入，結幕田獵，以試邊將待之之勢。當
今之時，以姑息之計，給食物示弱，則彼必成羣出來，恣行打
圍，難以却之，後日之患，不可勝言，誠宜舉兵逐之。若其拒
逆，則殄殲之可也。然一快之餘，兵連禍結，此亦深可慮也。
今姑嚴兵固守，多張形勢，嚴其詞說，以示終不待之之意。彼
若如前不還，將彼答之之辭，且將形勢，馳啟後更議。"洪應
議："前日金丹多茂居此，國家譬曉，移置江原道。今此要老
土等來此，亦不過田獵而已，然不可不預防。須令節度使，或
示之以恩，或刼之以威，依丹多茂故事，速令驅逐，毋使仍
居。"李克培議："前日金丹多茂等出來時，邊將無遠慮，鹽醬、
口糧、穀種等物多與之，出入城內，遇之甚厚，以此造家耕
田，將爲久遠之計，國家難於處置。今要老土、舍羅哈等，成
羣出來，踰越防塞，無所畏忌，在我當舉兵驅逐。然舉兵後，
彼人等若不出去，則將擊之乎？若勢不得已而擊之，則彼我之
間豈無所傷？若不得擊之，則輕易舉兵又何如也？此輩或欲爲
久留而來，或欲一時打圍而來，其間又未可知，如令邊將勿接
待，嚴詞令多張軍勢，爲過江驅逐之狀，使彼絕望。不得安
接，以觀其勢，累日之間，或去或留，情僞可知，然後更馳啟
取稟何如？邊釁將生，處之不可不審。"盧思愼、李鐵堅、鄭文
炯、孫舜孝、李崇元議："節度使托以巡邊入去，則彼必聞而
畏懼，自然退去。然猶留連不去，則以節度使逐出十餘人，何
難之有？"尹壕議："依所啟舉兵示威，以杜後日來往之路。"許
琮、李瓊全、沈潾、元仲秬議："甲山等處，土廣人稀，殘敝

莫甚。而金丹多茂來居之時，同類人來往者，每每接見。彼人
利其鹽糧，連續出來，遂成道路，漸不可長。故其來往要路，
設險掘坎，毋令接待，本曹受教行移。今要老土等，踰入設險
之內，結幕久留，恣行無忌。且彼雖云此地在前山行處，此乃
始於近日，非自古野人行獵之處。彼之所言妄也，不可不懲。
但右人等，向國歸順，今之所以獵於近境者，亦心無猜疑故
也。雖以言辭開諭，無不聽之理。當語之曰：‘今設棘城，所
以限隔彼此也。擅入其中，法當擒殺。但汝等本是歸順之人，
而初不知我國設險，故今不罪汝。宜速回還，俾無後悔。今後
亦當勿復來往。又傳喻同類，毋令來犯國令。汝等生長近境，
聞此處舊有接待者乎？今不可擅自接待。前者金丹多茂來居之
時，雖暫相容接，前無此例，故丹多茂從願移居內地。後雖有
來居此地者，當依丹多茂施行。’權辭開說，又微露威憚，期於
還去，毋令久留，且更加設險，今後勿使彼人踰入。”從克
培議。

九月丙辰朔

　　壬辰，先是，成化間以建州夷人遮殺朝鮮貢使，有旨命於
遼東之東八站南，別開新道，添設城堡，以便朝鮮往來。至
是，遼東鎮巡等官奏：“鳳凰城及鎮東、鎮夷二堡，已如原擬
築完。其餘三十二墩，次第修築。瞭望操守之人，止可就招集
軍士內摘發，不宜抽補屯軍。鳳凰城該撥軍六百名，鎮東、鎮
夷各三百名，俱屬定遼右衛帶管，仍令都指揮一人提督。其馬
匹，就夷人貢馬內給俵，不必赴京關領。”下兵部覆奏。從之。
實錄。

　　　　是時，建州與明邊相安久矣。兀良哈三衛，亦正在患
苦北虜，求庇於明。爲明邊害者，止有北虜。蓋兀良哈爲

將被吞於北虜之日，然虜亦無大擾於明，是爲明中葉最承平之時。然東八站路，已棄而不由，則建州遂爲化外，明已忘其本屬邊內地矣。後來清室自稱滿洲爲別一國，其隔閡始此。

十二月甲申朔

丙申，朝鮮實錄書：遼東被擄人巨右羅等男婦三名，自建州衞逃來。差通事卓賢孫解赴遼東。

戊戌，海西嘔罕河等衞野人女直都督尙古等、兀者等衞野人女直都指揮撒哈赤等、野兒定河、失里木等衞野人女直都指揮忽加赤等，來朝貢馬及貂皮。賜宴，并衣服、綵段等物有差，仍回賜尙古等綵段如例。實錄。

弘治三年，即朝鮮成宗二十一年，庚戌(1490)

正月甲寅朔

丁卯，海西并建州右等衞野人女直都督尙哈等，來朝貢馬匹、貂皮等物。賜宴，并衣服、綵段等物有差。實錄。

二月癸未朔

戊申，朝鮮實錄書：兀良哈奴木哈、剌力答等，買其同類人告身而來。事覺，禮曹收其告身。於拜辭日，奴木哈不拜，又不飮宣醞，剌力答拜而不飮。上使注書諭奴木哈等曰：“何以無禮於闕庭，至不飮宣醞歟？若啟爾所爲，則國家當有所處置。爾之無禮，當以國法治之。”奴木哈等稽顙俯伏曰：“臣等豈敢無禮乎？但前日隨招撫使刷還人物，頗有功勞，意謂陞職，而今乃如此，故痛憤耳。”傳曰：“此人等除職便否，問于禮曹。”禮曹來啟曰：“奴木哈等買他人告身來，故只授司猛職耳。奴木哈前日無禮於本曹，命下義禁府囚鞫，以示國威；今又無禮於闕庭，請依前例治罪。”傳曰：“野人不可以我國人例

待之也。其議于領敦寧以上。"沈澮、尹弼商、盧思慎、尹壕
議："彼野人狼子野心，不可繩之以法，置之度外，何如？"洪
應議："歸順野人等，在五鎮待之如編氓。今奴木哈等無禮於
闕庭，不可不懲。但恐雖下義禁府鞫之，亦不畏服。特赦之，
何如？"李克培議："奴木哈前日見囚義禁府，已知國威，不須
再囚。今雖無禮於闕庭，旋即自服。臣意以謂，使禮曹郎廳到
館宣教，云：'汝等居會寧鎮，與吾民無異。前日詐持告身，
欺罔朝廷，以此囚禁鞫之。汝等本不知禮義，故置之度外，特
赦其罪。今又於闕庭無禮，禮曹請置重典，以示同類；然汝自
服罪，故又特宥之。'以此意宣諭何如？"從克培等議。

三月癸丑朔

　　庚午，朝鮮實錄書：平安道觀察使李克墩，據滿浦鎮僉節
制使李永禧牒呈啟："右衞野人童約沙，率妻子來，住鎮越邊
獅子項平，爲永居之計。反復開諭，略無還意。何以處置？"啟
下該曹。兵曹據此啟："童約沙，今來滿浦鎮越邊請住居。若
一開其端，歲月浸久，厥類繁滋，諸野人亦漸類聚，凡山川形
勢、道路要害，及士馬強弱，農民出入之狀，無不備知，後日
之弊，不可勝言。宜令鎮將語之曰：'我國與爾交通，上國所
禁。況今遼東以東，新設鎮堡，凡我國所爲，朝廷必知之。然
則朝廷之譴，非獨及於我國，汝輩亦被罪責。莫若速還。'如又
強請，語之曰：'此地非徒近於遼東，土地綿薄，貨財不興，
汝輩飢渴，難以周救。永安後門，本汝胎生之地，土地肥衍，
鹽糧有餘。住此則飢困，往彼則生活，利害分明。'或以溫言開
諭，或以嚴辭詰責，毋使起怨，俾無後弊。"從之。

四月癸未朔

　　庚寅，朝鮮實錄書：平安道節度使李朝陽馳啟："滿浦鎮
越邊體探要路，彼人童約沙結幕而居，恐與體探人交通生患。

然體探不可全廢，將何以處之？"兵曹據此啟："越邊體探，所
以察賊變，不可以童約沙來居之故而停廢也。其或有交通者，
推考論罪，何如？"命示領敦寧以上。皆曰："宜如所啟。"從之。
五月壬子朔

　　戊午，定四夷舘翻譯考選之法。先是，英國公張懋奏，乞
選四夷舘翻譯子弟監生。二月己亥，懋陳禁革處置夷情事宜，末云：
"又永樂間，創立四夷舘，内分八舘，但取諳曉番字語言教師，并選各
國子弟，同國子監年幼監生，送舘習學，各授官職，以通各國夷情。後
亦取在京官民子弟，教習成效，授職辦事。比者各舘缺官，既無教師訓
誨，又無子學習，提督官曾以爲言，未得處分。乞敕禮部查例舉行。"
禮部覆奏，俱從之。云云。禮部議行翰林院查處，於是内閣大學
士劉吉等言："推補教師，宜聽禮部及臣等訪舉。其子弟監生，
宜因八舘文書繁簡，爲名數多寡。令本部選監生年二十五以下
二十名，官民家子弟年二十以下，及有世業子弟，翻譯習熟，
不限年數，通考選一百名，俱送本院分撥習學，仍定爲事例。
子弟務須專習本藝，精通夷語，諳曉番文，以備應用；不許假
以習舉爲由，別圖出身。三年後，本院同本部會官考試，中者
爲食糧子弟，月給米一石。又歷三年後，仍前會考，中優等者
與冠帶，爲譯字官，月米如舊。又歷三年，會考中優等者，授
以序班之職。其初試不中者，許俟三年再試。再試不中者，許
俟六年三試。三試不中者，黜爲民；中者，食糧、冠帶除授如
例。監生初入舘，准坐監食糧。習學三年後考中者，月與米一
石，家小糧如舊。又三年再考中者，與冠帶。九年考中優等
者，授以從八品之職，習譯備用。其初試再試不中，准如子弟
例。三試不中者，仍送還本監撥別用。其兼習舉業者，非精通
本業，亦不許入試。庶使人有定志，譯學可精。其八舘名數，
韃靼舘監生五名，子弟二十五名；女直舘監生四名，子弟十八
名；西番舘監生二名，子弟十五名；西天舘監生一名，子弟二

名；回回舘監生二名，子弟十四名；高昌、緬甸舘，各監生二名，子弟八名。"議上，從之。實錄。

乙丑，朝鮮實錄書：平安道觀察使柳輊，據高山里鎮僉節制使梁瓘牒呈啟："今四月二十五日，野人九名，搶擄體探人李仲實等三名而去，住於童約沙留屯處。滿浦僉節制使李永禧聞變，即抄發甲士安仲文等四十人，尋蹤追及之，野人等散走，奪得仲實等而還。"命示領敦寧以上及議政府、兵曹。沈澮議："令江邊諸鎮，整飭軍士待變。童約沙若因留不去，則邊將盛陳兵威，勒還本土事下諭，何如？"尹弼商議："李仲實等被虜事，宜令觀察使鞫之。又下諭節度使，禦防諸事，益加措置，何如？"洪應議："彼人等不得利而去，必更來作賊，令更加隄備，何如？"李克培議："彼賊擄李仲實等，屯于童約沙家前，滿浦僉節制使李永禧，可即領兵而進，急行追捕，而緩於應變，只遣甲士數十人，不及掩護，以失軍機。高山里節制使梁瓘，當李仲實等被擄，急告滿浦，互相掎角可也，而緩不及事。若以軍法論之，俱有罪矣。童約沙當賊人等來屯家前，不即馳告於我，豈誠心歸附者乎？此不可許接之大端也。"盧思愼議："令觀察使推鞫啟聞後更議，何如？"李鐵堅議："賊數不多，李仲實等若實爲體探而去，則豈爲所擄？其言體探，難可信也。且滿浦僉節制使李永禧，不親往追捕，只遣軍卒，不得擒賊，亦有罪矣。別遣朝官推覈後更議，何如？"孫舜孝議："候望軍被擄於賊，邊將當即領兵追捕，而逡巡畏縮，只遣殘卒，其還奪被擄之人特幸耳。彼人等作耗後，投宿童約沙家前，其勢當與之同謀，然不可一一推劾，伏惟上裁。"李克均議："臣久戍邊塞，知體探人捉魚逐獸，因此見擄者頗多，鎮將恬不驚怪，習以爲常。仲實等見擄，亦必以此也。李永禧不親往，而只遣軍卒四十人，纔奪被擄三人，不能擒獲賊徒，宜加譴責。童約沙若誠心歸順，則目覩李仲實等被擄，當來報變，而今啟本，乃不錄焉。當待江界府使推狀可知矣。若童約沙知而不告，則留住越邊，只爲謀其生，非誠心歸順明矣，斥之可也。"李克墩、權健、安瑚議："鎭將不謹措置，致令邏卒被擄，且擄去之數，恐非但三人而已。速遣朝官詳悉推鞫，何如？"　平安道節度使李調陽馳啟："臣奉旨諭童約沙，使還本土。約沙固拒不聽，曰：'今當農時，撤家入歸，則我之生理，彼此不及，當待秋成行。'請用兵威驅逐，仍焚其廬幕，撤其藩籬，蹂踐田畝，使不得更來。"命議于領敦寧以上及議政府、兵曹。沈澮議："童約沙終不可許住近地。然若令邊將驅逐之，焚其廬幕，則彼必憤怨，宜徐徐說諭入送。若又不從，則示威亦可。"尹弼商議："童約沙不可待以姑息。慶尙道三浦之倭，亦可鑑矣。爲今計，莫若依前受教開說，如不聽從，焚其廬舍，蹂其田畝，驅逐入送爲便。"洪應議："禁之使不得居住，若不從令，則當示之以威。今審啟本，絕無還歸之計，依前議，令邊將率壯士驅逐入送，何如？"李克培議："童約沙等不過飢饉窮迫，望我救活而來耳。逼迫驅逐，雖稱快一時，非帝王之仁，且恐邊釁從此而起。臣以謂凡所求請，一皆拒而不許。曰：'上國若聞之，於汝於我俱有害。以我兵力，勦殺汝輩何難。率汝妻子，還歸本土可也。'如此反覆語之，使不得安心居接，則彼必有還歸之計。"盧思愼議："彼人慕義來居，固當撫恤存接，爲我藩籬。然事有不可，故欲令入送耳，豈可逼迫驅逐，以孤遠人之心乎？童約沙如此農月，彼此不及，待秋成入歸，此言有理，亦非固拒不還也。臣意以謂更與約束，秋成後入送，何如？"李鐵堅議："童約沙來居江邊，必非獨計，乃與部落共謀，欲試我國容接與否，相繼來居耳。其初之來，邊將當以理拒之。不即措置，乃至築室墾田，以遂永居之計。

然後焚燒廬幕，蹂踐田畝，似乎刻迫。臣意以爲，使邊將諭之曰：'汝初不以來居江邊之意相報，而任意來居，今又令還歸本土，固拒不從，所當治罪。但爾今已耕種，憐汝失所，許待秋成。如或有違，當治罪不饒。'如是語之，待秋成觀勢處置，何如？"孫舜孝議："童約沙特一介山戎耳，非不知來居近地之爲非也，詐稱歸順，留住不去，雖諭之諄諄而不聽，是不畏邊將也。更以朝廷之意，反覆曉之而不從，是不畏朝廷也。今不嚴則賊不畏，賊不畏則非徒鼠竊，將有不測之變。宜諭以不還本土，則當徙置內地，且治違命之罪。如是而又不聽，當令邊將整兵揚威，縛致朝廷，問罪區處，以示大國之威。"李克均議："童約沙葺室墾田，以安其居，其心必謂國家雖萬端威脅，終不至殺戮，而還歸本土，則耕種節晚，必至飢死，不若留住，仰依賑恤而生也。今若焚蕩其廬舍，蹂踐其田畝，逼迫逐之，則非帝王待夷之道。臣意彼若秋成後又不肯去，則當諭以徙置內地之意。猶不肯去，依惠山金丹多茂例，勒移他道內地，何如？"李克墩、權健、尹愻、安瑚議："童約沙投來之意，不過因本土失農，欲資我鹽糧，以救朝夕之急耳。前者滿浦或溫言開諭，或嚴辭切責，督令還本，而彼稱時方農作，待秋入歸，不即聽命。虞候等又領兵設威，責之而亦不從。固當依節度使所啟，領兵越江，聲罪驅逐。然本鎮軍士數少，須以內地兵力助之，則徵發之間，非徒害我農務。當此江水漲溢，草木茂盛之時，越江用兵，似非萬全之計。今姑語之曰：'汝等初因飢饉而來，時方耕耘，故姑從汝願。秋成後宜如約，即入歸。不爾，悔不可追。'如此開說，秋成後如又不從命，則依節度使所啟。施行未晚。"御書曰："童約沙近邊搆農幕，不過失業而求活於我。後日窺覘虛實，潛行鼠竊之謀，或生鴟張之計，又焉保其必無。須乘此機，示我堂堂之勢，折彼蠢蠢之

謀。若焚廬舍，蹂田畝，非帝王之仁恕，固不可行也。且李永
禧以邊將不訓士卒，不謹斥堠，使李仲實等被擄，不即馳救，
只遣下卒，縱有還奪之功，何能掩其過。今欲拿致永禧，代以
良將，一新軍政，使約沙等聞風畏懼。而新將遣人招約沙，諭
以不可過秋之意。猶不聽從，示以兵威，係頸囚禁，反覆開
諭。尚復如前不聽，拿致于京，嚴示國威，何如?"以此更議于
前議大臣。澮議:"童約沙率妻子初來滿浦邊，結幕爲久居之
計，其時邊將反覆開諭，以不可久留之故，約沙固拒不從，宜
令邊將盛陳軍威，毀其家，逐之可也。李永禧不訓士卒，不謹
斥堠，事狀未露，遽爾拿來未便，徐究其實治罪，何如?"弼商
議:"伏審御書甚當。但李永禧雖不能捕賊，遣精兵還奪擄去
人，其功可嘉。童約沙不可姑息容貸，宜令邊將盛陳軍威，刻
日驅逐，勒還本土。"應議:"今審上旨允當。但李仲實等高山
里體探軍，非滿浦斥堠者。永禧雖不親行，遣人還奪所擄，不
無小功，拿致而代以他將，恐太過，姑待本道推覈以啟，處置
未晚也。約沙之事，命本道節度使親往，反覆開諭，如上旨施
行，何如?"克培、思愼議:"御書允當。"鐵堅議:"李仲實等不
謹斥堠，被擄於賊，乃高山里鎮將常時號令不嚴之所致。李永
禧不馳救，其於約沙所見，亦無將威。遣新將詳諭示威，幸
甚。"克均議:"被擄李仲實等，高山里軍卒也。李永禧不自馳
往，但遣下卒，只奪所擄，不能捕賊一人，固難逃罪。然永禧
遞期已逼，又前無守禦之失，後有還奪之功，今若拿來，恐違
待邊將之義。臣意遞永禧補實官，選遣良將，齎捧聖教，多般
諭敕。如或不從，更稟處置爲便。"克墩、健、憼、瑚議:"上
教允當。但不謹斥堠，以致被擄，梁瓘之罪也，永禧但不自逐
捕耳。然舉事當要萬全。永禧若容易直進，豈能保其無事? 梁
瓘身在于此，而斥堠人則在彼，其不能審機，以致被擄，當與

斥候人同罪。姑依前議，遣朝官更覈被擄人多少定罪。更諭童
約沙秋收後，示威還本等事，亦依前議施行，何如?"傳曰:
"梁瑾等推鞫事，依兵曹議。今觀諸議，皆云永禧遣軍追賊，
奪其所擄人，若爲無罪，予意不然。永禧聞隣鎮有變，當親領
兵馬，渡江邀擊，以伸將威。雖未獲首虜，猶可也，乃只遣兵
四十追賊，不能有所捕獲，烏得無罪。不可仍爲邊將，姑遞還
京職，亟遣良將以代之。" 以許混爲滿浦僉節制使，御書事目
付混:"(一)童約沙等若聞新節制使赴任，必來謁，宜使人隔
江語之曰:'汝等初不請命，擅來城底。我國以境連上國，不
宜許留，故已令還本。至今不歸，固爲有罪。予初承命而來，
安有許汝越江之理。'(一)童約沙必有答辭。其言順，則可以和
色以待之;其言詐，則又語之曰:'汝等既聞我言，而猶不聽
命，是我國不負汝，汝負我國矣，將何面目。欲謁邊將乎?'據
義拒之，以觀其志。(一)約沙猶不聽命，語之曰:'中朝待我
國甚厚，若聞汝等事，則非徒我國受責，汝身難保，何不早圖
免禍之策? 汝若不聽，吾當以兵制汝。'(一)約沙猶不聽命，當
報監司、節度使，抄領精兵而去，并妻孥拿來囚之。或溫言以
諭之，或嚴辭以責之。尚不聽命，具辭馳啟。" 丙寅，下書平
安道節度使李調陽曰:"今具悉卿啟。童約沙來居江外，豈眞
誠心效順、爲國純臣哉! 不過失其稽事，依我邊境，以冀苟活
耳。固當驅逐，以絕將來之患。然而焚蕩廬舍，蹂踐禾稼，固
非一視同仁之義。李永禧當此機會，整率軍卒，以示國威，又
誚讓約沙，使知畏懼可也。而數十殘卒，僅能奪還所擄，不能
有所捕獲，烏得無責? 茲遞永禧，代以他將，授事目遣之。約
沙如不聽命，卿宜抄送精兵，并其妻孥拿來囚之。或溫言以諭
之，或嚴辭以責之。尚不聽命，具由馳啟。又以是諭觀察使柳
輊。 丁丑，滿浦僉使許混來啟曰:"臣赴任後，若童約沙即

來謁，則當使隔江語之如事目。如不即來，何以處之？”傳曰：
“約沙不即來謁，則當使人語之曰：‘我聞汝等來住境上，我國
境連上國，汝不可留也。況汝旣來寓城底，則我今新到任，禮
當來謁，何不爾乎？’以是語之，以觀其志可也。”混曰：“約沙
若不聽命，臣當率軍渡江，但麻尚船雖連結，僅容馬二三匹，
如此則軍未易渡，必至喧擾，彼必聞風畏懼，棄妻子挺身登山
矣。如此則何以處之？”傳曰：“其妻子拿來囚之可也。”混曰：
“彼若率妻子登山，我軍空還，則恐損國威，何以處之？”傳曰：
“如此則當結陣留住二三日，以待其還。若久不來，則還師可
也。然則彼雖聞之，何損國威乎？”混曰：“若率妻子登山，則
其財產粮餉廬舍禾稼，何以處之？”傳曰：“焚蕩廬舍，蹂踏田
苗，殘酷不可爲也，置之可也。”混曰：“臣賷去事目，示主將
否乎？”傳曰：“節度使等已諭以抄兵之意，今汝事目。不必報
之，然移報何妨？”混曰：“約沙囚繫後，乞還本土，何以處
之？”傳曰：“放之可也。放之猶不即還，可具辭馳啟。”混曰：
“約沙若不聽命，當依事目，報主將抄兵，然道路阻隔，往來
之際，動經旬日，慮或稽緩，何以處之？”傳曰：“雖如此，當
如事目。”混曰：“約沙若言業已墾田播種，今若入歸，彼此不
及，將迫於餓死，則何以處之？過秋入送何如？”傳曰：“若過
秋入送，則是從其願也。安知復有彼人相踵而來如此耕種者
乎？將來之弊，亦不貲也。”仍命領敦寧以上及兵曹議之。尹弼
商、洪應、李克培、尹壕議：“措置之策備盡，更無可議。”盧
思愼議：“如此處置，則威惠並著，誠合機宜。但秋成入送，
臣意以謂似然。當初來居時，使不得立屋耕田，則今雖驅逐，
有何不可。旣不能爾，而生業已成，一朝強逐之，彼棄其垂穫
之穀，得食無處，則非獨怨我之深，有乖帝王撫綏之仁。且彼
地無水田，唯黍粟生焉，其收穫不過七月，今許混赴鎮，在六

月之間，則其還本，較遲數十日間耳，不必急迫驅逐，以失遠人之心，伏惟上裁。"李克墩、權健、尹愻、安瑚議："措置皆當。但二三日結陣留住事，揆之事勢，恐或不可。虜情難測，安知不以約沙爲致我之餌也。今方霾熱，弓力盡解，儻有緩急，欲還則不得渡，欲禦則不能支，實非萬全之舉。臣等妄謂約沙若逃走，移時不還，則我當還渡江，結陣以待之。約沙若還，當示更渡之勢。如此則彼必自困，斷無安接之理。姑以此試之，何如？"命召武臣宰相議之。李鐵堅、卞宗仁、李亨、孫其謙、金伯謙、金彥庚、邊靖、李承祚、韓叔厚議："事目與許混取稟之辭已盡，今無可議。"李季仝議："西北兩道，境連鞱鞨；而永安北道，則本鞱鞨之地。國家初設六鎮時，餘種願居城底，捍衛藩屏，故至今給魚鹽布藿以撫之。然猶奸譎之徒，潛引他種以擄邊氓，而反言刷還以爲己功者，比比有之。惟平安一道，鞱鞨部落，本與我邊邑懸遠，國家亦閉關不納，故我無一毫之費，彼無寇掠之計。丁亥、己亥兩年之役，師渡于江，雖住江邊二三日，虜未嘗潛師掩襲，舉皆有功。臣愚以爲虜雖仁義不足，其譎計則有餘。今此童約沙，雖言利其耕墾而來居，其實三衛酋長之謀，陽欲效順而陰欲探我虛實也。初來立屋耕田時，邊將乘時却逐可也，而陷彼詭謀，遷延至今。況今高山里邏卒，亦必童約沙謀使族親，潛令擄去，使過己家而奪之，以爲己功，欲免今秋驅逐之計也，明矣。不然，擄於水下者，何不直還所居，而更踐近鎮沿江之路，留宿於我國效順者之家乎？今宜數以近居城底，招引黨類，擄我人民之罪，一依上敎譬曉之。然猶不撤其居，而無永返之計，則當率兵往逐之。若逃遁山谷，往來不絕，則宜因此時，節度使駐兵滿浦，使滿浦鎮將日往尋逐，永絕根本，以塞敵人窺覦之謀。何如？"傳曰："說約沙以所種禾稼，待秋來穫可也。又官收其穀，置之本鎮，待彼出來給之亦可也。且使節度使駐兵滿浦固不可，但在臨機決策耳。"許混啟曰："使江界府使金繼宗率邑兵屯江上，以爲聲援，何如？"傳曰可。

　　　永安北道本靺鞨，即舊時渤海國境耳。遼滅渤海，即爲遼地。遼之將亡，高麗取之。後仍入元。而其人種則女眞爲多，仍靺鞨之遺也。

六月壬午朔

　　丙戌，朝鮮實錄書：永安北道節度使尹末孫馳啟："斡朶里阿陽阿等，願與諸種野人襲尼麻車兀狄哈，刷還撫夷被擄人物。"兵曹據此啟："斡朶里與兀狄哈，本有仇隙。兀狄哈每來侵伐斡朶里，而一不及我，在我固無虞矣。阿陽阿等，力弱不能報私讎，今其計，不過欲藉我國之勢，聚諸種野人，大舉而行，聲言朝鮮命我往伐耳。然則利在於彼，怨歸於我，其不可聽明矣。當語之曰：'兀狄哈鼠竊我邊境，固當問罪。第念大兵一動，玉石俱焚，故不果耳。若欲討之，何必藉爾力？若爾自相謀議，往擊有功，朝廷必有厚賞，其更議來告事。'下諭。"命示領敦寧以上及議政府。沈澮、尹弼商、洪應、李克培、盧思愼、李鐵堅、孫舜孝議："依啟目施行。"李克均議："斡朶里、兀良哈，本皆與尼麻車有隙。臣爲節度使時，兀良哈等欲復讎於尼麻車，請兵于近境野人，而議不合，不果行。今阿陽阿憑藉我國之威，招聚野人，以報私讎，乃其情也。若使節度使稍加指揮，令彼往襲，則可以得志矣。然藉彼之力，以還我擄口，固非大國之事也。臣意尼麻車秋冬間必來求上京矣，囚其魁三四人，以待彼軍刷還擄口，方許朝京。"上從克均議。下書永安道觀察使許琛："北道節度使尹末孫曰：'今聞斡朶里等，欲憑國威，召募城底諸種，報復尼麻車，因刷還撫夷被擄人物。'然撲之事體，不可輕許。但尼麻車等，必於秋冬來求上京矣。來則囚其魁三四人，餘悉放遣，俟彼畢刷還擄去人物後，許其上京可也。" 戊子，兵曹奉旨下書于建州右衛酋長羅下："王若曰：'爾管內童約沙，今年春來寓我滿浦江外之地。邊將雖反覆開諭以不可留之意，而頑不聽命，結廬耕田，遷延不去，是不有我國也。以我國之勢，逐偷生假息之虜，有何難焉！第以約沙窮困來歸，不即迫逐，今姑隱忍，以聽其自去耳。皇朝天覆海涵，罔間內外，皆爲臣妾。爾亦受天子之命，爲本衛長，所管部落，皆天子之編氓，不能存撫，使之流移。事若上聞，豈無咎乎？且我國事朝廷，益虔不懈。今使爾衛之人，停留境上，迫近我邊，冰合無碍，則往來不難，跡似交通，上國必加譴責。其在彼此，豈可爲安？爾兵曹體此意，明曉彼人，期於勒還。'今將事理備錄以示，爾豈不知是非利害之機。其亟還約沙，無貽後悔。"用女眞字、蒙古字翻譯書之。

七月辛亥朔

丙寅，朝鮮實錄書：諭永安北道節度使尹末孫曰："今因卿啟，知城底野人與兀狄哈搆怨。彼虜自相侵奪，無與於我。但今阿陽阿等援結黨類，深躁彼境，多虜殺人畜，彼之怨憤已深，必有報復之謀。秋高水淺，乘便肆毒，亦未可知。卿宜申飭部管，整頓軍伍，以備萬一之變。" 戊辰，永安北道節度使尹末孫馳啟曰："阿陽阿等與兀狄哈搆釁相報仇，若乘隙掠我邊鄙，則不得已應之。彼土山川向背，道路要害，不可不知。請領城底野人及六鎮軍士，深入彼境，審視而還。"命議于領敦寧以上及議政府。沈澮議："若我無故動衆入彼土，則彼必疑惑驚動，恐禍患從此而起。擇送五六人，審其山川道路，何如?"尹弼商議:"兀狄哈屢掠邊民,固當往擊。然或蹉跌,則傷損國威矣。今姑容忍,謹守城池,嚴加隄備,何如?"洪應議:"邊將當嚴兵自守而已,固不可勞師動衆,深入敵境。若或蹉跌,噬臍無及。且起彼人怨釁,所謂邀功生事者也。兵法曰.'致人而不致於人',今宜靜以待動,勿先爲彼所乘可也。"李克培議:"彼土山川道路,遠近險易,固不可不知。然領兵深入,大張軍威,驚動諸種野人之心,非徒大體未便,脫有彼人不知本意,出兵欲戰,當此之時,擊之則勝否難必,不擊則懦弱可恥,處之甚難。臣意以爲擇遣軍士秘密輕行,足以知彼中形勢,制勝克敵,固不難也。"李鐵堅議:"兀狄哈搶擄我人物,非自今日。如有賊變,邊將當領兵追擊,何必於無事之時,動衆越境,使彼諸部落驚疑生釁乎?"孫舜孝議:"非時領軍深入彼境,彼必驚惑。謀所以應之,是無釁而我自生釁也。擇年少壯勇者五六人,與素諳道路人,同往審視何如?"李克均議曰:"自庚辰北征以後,不越江深入。雖有知路者,已年老無用矣。須於合冰之時,節度使領輕兵一二千,往審賊路而還,則吾士卒審知道路曲直,而彼亦懾慴,不敢輕犯我境矣。"傳于承政院曰:"其召宰相中知邊事可爲將帥者,更議以啓。"武靈君柳子光議:"尹末孫欲知彼土山川迂直,計亦宜矣。但前此節度使無有領兵入彼土者,今若率大衆入其地,野人必相謂朝鮮觀兵吾土,將乘我不備而搶擄之,便生疑忌矣。昔李牧守趙北邊,謹烽火、遠斥候而已,未聞親率輕兵出封疆。顧近年以來,兀良哈屢犯邊境,其罪當討。若李牧之守趙邊,羊祜之牧荆州,班超之守玉門,撫以恩信。而彼猶犯邊,則國家當一大舉,聲罪深入,搶擄其人畜,焚蕩其巢穴,不可以堂堂大國,每受辱於醜虜,以損國體。然姑使末孫謹烽火、遠斥候、保守封疆而已,不可動衆輕入,先自生釁也。"韓致禮、鄭文炯議："兀狄哈屢犯我境，搶去人口，須當探道路迂直遠近，臨機應變。但率衆深入，彼必驚惑。如或相值，小有不利，則恐損國威。臣等意，擇勇士五六人，依平安道斥候例，循環入送審察，何如？"李季仝議："臣觀五鎮賊路形勢，會寧、鍾城，境接兀良哈所居；穩城，直當尼麻車都骨之地；慶源、慶興，則大小居節、南訥、骨看諸種兀狄哈往來之衝，其路不一。今末孫欲領兵深入，以探賊路夷險，臣不知其意欲向何路也？臣爲節度使之日，常引城底野人，熟聞道里。兀良哈所居之地最近，然山路險隘，地勢蔓延，非五六日可窮其地。兀狄哈之地，則愈遠愈險，而世相爲讎，未嘗往來，故未諳其詳。然度所言，其地當不下我國兩三道也。今只欲審探道路，輕舉大兵，深入敵境，則彼必驚惑，以爲襲己，而嘯聚部落，依阻險隘，以死自拒。脫有不利，則虧損國體，誠非細事。且城底野人，雖累歲納欵，天性摯悍，一有所忤，輒生憤怨，誰能宣布恩信以制其類，如常惠之領烏孫以斷匈奴之右臂也？此尤不可之大者也。今議者不深惟邊事，而托以斥候，只遣五六人以察險夷，此不大然。北道非如平安越邊，空曠之野，虜人部落，棋布星羅，晝伏夜行，必見擒獲。是驅無辜之民，探虎狼之口也。臣意以爲邊城常有聲息，則必遣城底野人，以召遠處酋長而問之。宜因此時，擇我軍士中能譯語有智力者，與之行，察其道里遠近，部落人衆多少，以記之，參考前後往來者之言，則不出戶外，可指掌其形勢也。何必勞師遠涉，以構邊釁乎？"御書曰："觀羣議已悉。予未諳邊事，何能善圖。然觀先儒之言曰：'好兵猶好色也，傷生之事非一。而好色者必死。賊民之事非一，而好兵者必亡。'古之聖人之師，皆出於不得已耳。安有先自騷動，搆釁結禍乎？方今四方泰然，兵農安寢，雖間有搶掠吾民之變，皆是鼠竊狗偷，不可深畏。當以智制之，靜

保我疆，以待敵至。今節度使請遣人審形勢，此乃兵法所謂
'不知山林險阻沮澤之形者，不能行軍；不用鄉導者，不能得
地利'者也。然兵者凶器，戰者危事，脫有不測之患，雖悔何
及！漢武承文景富溢之餘，奮其雄略，首挑匈奴，兵連不解，
雖有拓地之功，得不償亡。隋唐以下，喜兵之君，亦多未聞其
利，適以虛耗天下，窮匱百姓而已。今領兵入境之請，予以爲
不可，其從弼商議。" 辛未，平安道觀察使柳輊馳啟曰："見
童約沙，將不可留之意反復開諭。約沙恐爲我所驅逐，已焚其
廬舍，發向本土。" 下書永安北道節度使尹末孫曰："比來兀
狄哈屢侵掠邊岷，肆行無忌，固當致討。然則彼之山川險夷，
道路迂直，亦不可不知也。卿之所言，似有理。然師入彼境，
彼必驚疑，意外之患，未可謂必無也。安可起無名之師，蹈不
測之地，以開後日之釁乎？卿宜修城堡、謹斥候，固守封疆，
毋或輕動，以致後悔。"

九月庚戌朔

　　庚午，朝鮮實錄書：諭平安道節度使李朝陽曰："王者待
夷之道，欵附則施恩，寇鈔則示威。若一於懷綏，而縱釋有
罪，則貪獷之徒，何所懲乎！前者童約沙言，搶擄李仲實者乃
李哈郎介也。約沙此言，豈不流布於三衛乎？非徒李哈郎介聞
而持疑，三衛酋長亦必佇觀我之處置。今若置而不問，則非但
虧國威，彼人益無所忌憚矣。李哈郎介若與此類遊獵江外，因
求見邊帥，則其同類者依舊舘穀待之，獨止李哈郎介不許過
江，使人語之曰：'爾雖稱慕義而來，陰懷窺覘，乘間作耗，
虜我民李仲實而去，將何面目而來？'彼若自明，又語之曰：
'童約沙明言汝所爲也，若非汝所爲，則汝可擒獻其爲賊者。
如此，則汝之忠欵著而朝廷待汝如舊矣。'如此詰之，彼必墮
膽，無辭以對。不勞兵刃，而國家之威靈遠暢矣。" 乙亥，平

安道節度使李調陽，據滿浦僉節制使許混牒呈啟："九月十四日，彼人六名，乘者皮船，渡鴨綠江，四人潛入我界，二人因乘船棹向上流，適日暮不得候望。十五日，擇遣驍勇軍士三十人，潛伏草間窺伺，又伏兵於要害數處，使之首尾相救。十七日，令江界、上土、滿浦三鎮戍兵，合勢待變。斥候甲士車宥，搜得賊船於江邊。十九日未時，賊十人還至向所渡處，左右伏兵一時大呼，賊布列相戰。援兵五隊突進救之，賊矢盡而退。追斬七級，賊二人投水，一人游涉而逃。今將賊首及賊所遺弓三張、矢十四、羅鞴四事以獻。"命示領敦寧以上，及議政府、兵曹。仍傳曰："賊潛渡江入邊，然爲鼠竊之計，邊將臨機應變，追斬殆盡，此舉固善。但賊因此敗衄，必來報復。其諭邊將嚴加隄備可也。" 丙子，議平安道節度使李調陽啟本。沈澮議："斬賊七級，其功可賞。但恐彼人因此生釁，諭令嚴加隄備，何如？"尹弼商、孫舜孝議："今見啟本，臨時制勝，現有首級，且奪兵器，不可不賞。"洪應議："彼人等乘舟越入我境，事機至迫，能先事措置，多獲首級，其功可賞。令本道錄啟軍功行賞，且諭勿狃於小功，更加隄備待變，何如？"李克培、尹壕、成俊議："宜遣官宣慰，令主將第其功勞，啟聞行賞爲便。但恐釁端因此而起，防禦諸事，益加布置，何如？"盧思慎議："彼雖鼠竊，擒之有功，令該曹擬議論賞，何如？"李鐵堅、李克均議："斬虜軍功，不可不賞。宜遣敬差官推覈被殺人物有無，并考軍功以啟。且彼人報復丁寧，滿浦乃彼人往來之處，必有來告變者。對答節目及隄備方略，令該曹商議施行，何如？"李克墩、金礪石、尹慜議："今見啟本，措置得宜。斬首七級，宜考前例論賞。但我軍傷害與否，及論功等第，速遣秩高朝官更審啟聞後論賞，何如？"傳曰："論賞節目，令兵曹考例以啟。命遣黃事孝宣慰。"

閏九月庚辰朔

是日，朝鮮實錄書：傳于政院曰："曩者野人李哈郎介，作耗我邊境，不得意而去；童約沙迫於驅逐，窮蹙而歸，懷憤必甚。今者又潛入我境，邊將捕斬殆盡，是雖自送死。然彼人兇狡，不計曲直，若脫還者，宣言於部落，則意有報復之謀。方冬合冰時，賊變可慮，前此有邊警則遣助戰將。但廷議以爲徒勞士卒；無益於事，故停之。今欲選秩卑武士，分遣諸鎭，以備緩急。其議可否于領敦寧以上、議政府、兵曹。"沈澮、李克培、盧思愼、李鐵堅、孫舜孝議："上敎允當。"尹弼商議："彼人既不得利，今又見殺於滿浦，懷憤圖報必矣。分遣武士以備之，固爲得計。然沿邊諸鎭，軍資乏少。所遣武士，不諳邊事，且不知山川形勢，道路迂直，脫有賊變，其何賴焉，徒費食耳！古人云'徵兵百萬，不如召募千人'，請以其道別侍衛，除番上，分守諸鎭以備之。"洪應議："今助戰將爲有弊，欲遣秩卑武士，其弊相等。本道別侍衛在前赴防者，今皆番上侍衛，請還送本道，依舊赴防；且沿邊守令、萬戶有闕處，擇武士有才者塡差防備，何如？"李克均、成俊議："平安道築城徙民，今年並舉，驛路騷擾，若又遣武官，則尤益其弊。臣意令本道番上別侍衛，還送赴防，則不遣武官，防禦自固。又令本道武班守令，分防要害處以備之，何如？"李克墩、金礪石、尹慗、安瑚議："聖慮淵遠，誠爲萬全之策。然臣等意以爲，今若每鎭各遣武士八九人，則驛路騎馱之數必多，供頓之費稱是。若以爲有弊，每鎭只遣一二人，則不能助宣一鎭之威。況今本道農事不稔，築城徙民，一時並舉，驛路民力俱困。今若又遣武士，則尤爲有弊。依前例，擇道內有武才守令，稱爲助防將，分守各鎭，遠斥候，謹烽燧，固城池，清野待之，則鼠竊狗偸，不足爲慮。"傳曰："令本道當番軍士及次番軍士，全

數赴防。又於江邊要害處，擇武才卓異秩卑者各一人，遣之可
也。” 辛巳，諭平安道節度使李朝陽曰：“我國家推無外之化，
撫綏山戎，亦爲厚矣。然狼心未革，寇抄邊鄙，非一再矣。今
又潛入我地，將欲剽竊。卿與滿浦節制使許混，能先事而謀，
多所捕斬，以暢國威，深用嘉獎。茲遣黃事孝宣慰將卒。卿其
體我至懷，勿以一勝而自滿，當思善後之策。”史臣曰：“事孝
宣慰宴之日，軍中醉酒相鬭曰：‘汝非擒賊，乃擒獵獸者，有
何功而飲賜酒乎？’事孝微聞其事，而不覈其實，事自彰露，士
林譏之曰‘荒宣慰使’。‘荒’與‘黃’音同也。”

十二月戊申朔

　　庚戌，朝鮮實錄書：平安道觀察使柳輊馳啟曰：“滿浦出
來李巨右云，兀狄哈領兵一千擄殺建州等三衛人。又劉金里哈
來云，毛憐衛亦於建州左、右衛素有嫌隙，起兵出來。聲息如
此，而今方築義州城子，督役守令與軍士，皆聚於此。諸邑防
禦踈虞，姑停築城，專委備禦，何如？”命示領敦寧以上政府兵
曹。沈澮、尹弼商、尹壕議：“野人等報讎，固其性也。今被
殺之族類報讎，勢所必至。築城雖重，事有緩急，依柳輊所啟
施行，何如？”洪應議：“更宜下諭嚴備待之。築城諸事已完，
若或停廢，事漸失機，恐無竣事之日。令兵曹擬議施行，何
如？”盧思愼議：“下該曹擬議後更議何如？”李鐵堅議：“雖無遼
東之報，宜更諭邊將益嚴邊備。”成俊議：“彼人見殺於滿浦，
乃其自取。然野人人面獸心，其爲報復，果可疑也，宜停築
城，專委備禦。且正朝、管押兩使回還時，作耗可畏。然湯站
以西，彼人實難竊發；湯站以東，宜加送軍士迎護。”李克墩、
呂自新、尹慗、安友騫議：“彼人今欲報讎，在我不可不備。
然築城之役，若永停則已；如不可已，今方聚石，距來春纔隔
一月，雖罷役，於防禦何有便益？且步兵不能彎強禦敵，不關

防禦。至如領役守令雖多，然已擇道內有武才守令，為助防將，分守要害，其餘無武才守令，使之領役。又令義州牧使築城，兼管守護，於防禦何妨？築城之役，中止未便。且前日已擇遣武才卓異軍官十人，又令本道別侍衛等諸色軍士皆留防，若邊將能體委任之意，遠斥候，謹烽燧，清野待之，雖敵數千何畏焉？"從成俊議。　壬子，下諭平安道觀察使柳輊、節度使李朝陽曰："今聞建州野人謀欲報復，此言雖未可的知，然兵法云'先為不可勝以待敵之可勝'，茲以加遣京軍驍勇者二十人，以張聲援，且停義州築城之役，令土兵專力備邊。卿其申明紀律，訓鍊卒伍，常如敵至，不勞兵刃，坐銷邊侮。"　乙卯，築城巡察使洪應啟曰："今以野人聲息，停義州築城。臣意以為自戊申年迄今聚石，今若不築，必皆散失，正兵則遣戍矣。請以黃海道彭排隊卒，本道煙戶軍，當領水軍仍役。"命示領敦寧以上與政府、兵曹。沈澮、尹弼商議："依前議施行。"盧思慎、李克均議："以虜情度之，作賊不於正二月，則必當農月，理山以上，滿浦、上土、楸坡等地可畏也。大抵兵有先聲而或有無實，若以未形之言，遽廢不可已之大事，似妨於遠慮。凡事遙度為難。"李鐵堅議："今安接使下去，與觀察使、節度使，築城便否，同議啟達後更議何如？"尹壕議："依洪應所啟施行。"成俊議："野人之變，今雖未形，已有釁端，不可忽也。所聚之石，若令所在守令看守，何慮散失？若賊變適緊，而仍舉大役，則雖不役本道正軍，臣恐道內騷擾，不得專意於防禦也。故臣於前議，以為依監司書狀，姑停其役。"李克墩、呂自新、安友騫議："義州築城，永停則已；如不得已，仍役為便。且步正兵彎弓者十無一二，故自李克均為節度使以後，每年除赴防，專為修築長城。臣等妄謂依前例，并步兵仍設為便。"傳曰："聚石雖經一二年，豈至散失？且其軍士雖不能射，并力防禦，不亦可乎？其諭左議政，姑停築城。"

己未，海西失里等衛野人女直都指揮咬納等、肥河等衛野人女直右都督加哈察等、海西益實等衛野人女直都指揮速失哈等、益實左等衛野人女直都督等官三赤哈等，各來朝貢馬、駝、鷹聯、貂皮等物。賜宴，并衣物、綵段等物有差。　乙亥，命失里衛都指揮同知咬納之子察哈奴等二人，各代父原職；友帖衛指揮使額塞哥等六人，各陞一級，俱從其請也。實錄。

弘治四年，即朝鮮成宗二十二年，辛亥(1491)

正月戊寅朔

己丑，朝鮮實錄書：兼司憲府掌令楊沔來啟曰："臣安州反庫事畢後，路由慈山郡，居別侍衛李支乾語臣曰：'前日滿浦被殺野人，非是作耗我國，因游獵野宿于彼地。滿浦軍人犯夜越江，無遺掩殺，以爲己功耳。其渡江相戰等語，皆是欺罔。'臣聞而痛心。其滿浦軍功虛實，推鞫何如？"傳曰："大抵朝臣奉命使外，如有所聞之事，即當來啟矣。然野人被殺事，其道受任方面觀察使、節度使及金繼宗等，共議畫策，非許混之獨爲也。且江邊民衆，豈可人人而誘之，使不漏言乎？予意以爲是必其時未預軍功者造言生事，未可謂之的實矣。"仍傳承政院曰："楊沔之啟，近於虛妄。然李支乾即令上來，問其言根。"　永安北道節度使尹末孫馳啟："今正月十二日夜五鼓，兀狄哈一千餘人圍造山堡，三人踰城而入，破東門鎖鑰，闌入相戰，射殺軍士三人，又射萬戶及軍士二十六人致傷，擄掠城中男婦共七名、馬五匹、牛十一頭而去。慶興府使羅嗣宗聞之，領兵越江，入彼地十餘里，與賊相戰，中箭而死。虞候崔進河，初聞賊徒圍造山，領兵三隊，馳向造山，道遇慶興軍官朴仁孫，聞嗣宗死，越江追逐。嗣宗與十餘人果死，而軍官二

人、軍士十餘人中箭，進河率還。其初造山相戰時，彼賊死者
二，得賊角弓二、骨箭六十六、箕冠一、馬一匹。其殺擄人
畜，因時急未及推刷，當隨後啟聞。"即命鄭光世爲敬差官，往
審接戰形止，推刷人畜被擄之數。賜光世襦衣二領、藥囊一
事。　平安道節度使李朝陽馳啟："今正月十五日，臣聞彼賊
圍昌洲鎮，即率援兵到于丁灘，望見賊數可二千餘。臣於丁灘
叱音古介結陣。賊五百餘人登山。二十步間力戰時，昌城府使
李英山率兵三隊而來，自辰時至日沒時相戰。彼賊中箭者四十
餘人，而十三即斃，其黨輿屍而歸。我軍中箭者七人，而一人
重傷。日晡時，退兵瓦房洞口，追逐力戰。而以彼衆我寡，且
其處草茂日曛，疑有伏兵。夜初更，到昌洲鎮，其鎮節制使鄭
承殷、助防將宣川郡守文賁牒報云：'十五日未明時，賊人一
千五百餘人，列立于長城以北。詰朝接戰，彼人中箭十一人，
我軍中箭六人。'"傳曰："其召曾經政丞及議政府兵曹議之。"

乙未，海西兀者等衛及建州右衛野人女直都督等官察安察
等、建州等衛野人女直都指揮柳失等，來朝貢貂皮馬匹。賜
宴，并綵段、衣服等物有差。實錄。

丁酉，朝鮮實錄書：沈澮、尹弼商、洪應、魚世謙、李克
均、成俊、李克墩、呂自新、尹壕、安友騫議："彼賊大舉入
寇，今不得利，恐不退兵。然本道南邑軍士，足以爲援，且今
解冰，若送京軍，緩不及事，而徒勞驛路，勿送何如？"李克
培、盧思愼議："賊不得利而退，忿猶未解，必復犯邊。西北
氣寒，唯二月望後冰或未釋，京軍士宜速分道入送。"傳曰：
"野人前年請居永安道而不許，又不許平安道往來，其懷憤非
一日矣。以國家大事計之，則驛路之弊，何足慮也。彼賊若還
則已矣；若住近境，則京軍不可不送。外方軍士，雖有武才，
豈若京軍以一當十。依右議政議遣之。"克培又啟曰："臣意謂

永安道城陷將死，自古未有之變也。以我堂堂大國，而見辱於蕞爾之賊，臣實痛憤，請舉問罪之師。”傳曰：“予意亦然，但大事不可輕易言之。”　下書平安道觀察使柳輊、節度使李朝陽曰：“今因卿啟，知賊犯邊失利而去，但慮豺狼凶狡有餘，所欲不遂，衝東擊西，更犯邊境。即令慶由恭率京軍一百以往，又令安接使李鐵堅同議措置。其分遣所送軍士，更加嚴備。且相戰有日，想已退兵，幸而屯住近境，而我力有餘，則不可示之以弱。兵法曰‘見可而進，知難而退’，卿悉此意，有可進之勢，則整衆馳逐，以示兵威。”　辛丑，平安道節度使李朝陽馳啟曰：“臣到碧團鎮待變。聞彼賊入昌城自作洞，領軍到笠遷。昌洲僉使鄭承殷、昌城府使李英山亦至遇賊百餘相戰。地險，雖未即勦獲，然賊勢窘甚，盡棄所獲人畜而去。鄭承殷、李英山馳逐之，朔州府使李諫、价川郡守李周庭、碧團僉使李惟愼、龜城府使洪孟孫，各率兵來救，又設伏于要路。夜半，賊逃遁廟洞，射中十餘人。因草密夜暗，未得奪屍，但斬首一級，奪馬十匹、鞍子八部、角弓五張、弓袋一、環刀二、羅韜一、箭一百十五。”傳曰：“招啟本賚來人，備問其詳。”別侍衛姜孝福啟曰：“臣於烟臺候望，今亦與戰，目覩其事。彼人百餘名，騎步相半，而被鐵甲者居其半。其被甲者，皆以鐵爲其領袖，又裹其面，所露者兩目而已，或執杖而鬪。我人初以長箭射之，則彼擐者踴躍而麾之，或拾而反射之。以片箭射之，則彼人無以避之而畏懼。但邊邑所藏片箭，數少可慮。”命賜襦衣一領、別造弓一張。仍傳曰：“片箭入送。”　諭平安道節度使李朝陽曰：“彼賊入昌城自作洞，搶擄人畜之時，卿等盡心驅逐，使賊勢窮，盡棄所擄人畜，又棄所持兵器，以至斬首一級，予甚嘉悅。然彼賊累戰不利，必懷憤懣，留屯窺覘，更欲入寇。卿等勿以賊退爲心，常如朝夕必至，更加隄備，以寬予北顧之憂。"

甲辰，命考郎兀衛都督同知撒哈良男斡羅脫等，各襲父職；兀者衛指揮使阿都赤等，以授職年深，各陞一級。實錄。

二月丁未朔

是日，朝鮮實錄書：御扎諭平安道巡察使李鐵堅、觀察使柳輊、節度使李朝陽曰："今觀賊變，其謀難測。既失利於昌洲，又摧鋒於自作里。慮或懷憤未洩，俟便作耗。守禦之方，不可緩也。且帝王之師，雖貴謀而後戰；善兵之將，用多算而取勝。今賊不退兵，屯聚近障，其心雖隱，其跡易見，宜飭兵馬以待其變。彼若肆毒不已，當舉兵勦滅，誠如拉朽，豈特邊將著勳，實是生民永保。益勵心力，更謹隄備。"又下書觀察使、節度使曰："正朝使回還時，賊變可畏。迎護軍三百，擇京軍官三人，各率一百，往開州鎮護來。" 諭正朝使李陸、管押使安瑚曰："今平安道馳報，野人再入昌洲等處作耗，又正月二十六日，昌城江北有烟氣，賊必向水下，故已令京軍官三人，各率迎護軍一百，往開州護來。然卿等不可輕還，須於遼東都指揮處以賊變告云：'我國因此分防諸堡，某等迎護軍數少，恐被賊耗。'以是言聽彼指揮。" 己酉，永安北道節度使尹末孫馳啟："今正月二十二日，撫夷堡江外時錢等處，火焰燭天，至二更不滅。二十三日，件加退城底野人金阿羅豆來告云，都骨沙車等七姓兀狄哈八百餘人，欲於撫夷堡乘隙作耗。鍾城僉節制使曹澄報云，野人巨應化乃來告云，尼麻車兀狄哈時乙甫介，率同類三百餘人欲作賊。臣即率營屬軍六百，馳向六鎮，巡行待變。"命示領敦寧以上議政府、兵曹。沈澮議："擇南道軍有武才者，合防待變。"尹弼商、李克培、盧思慎、尹壕議："今聞賊變，其勢可慮。諭許琮、卞宗仁更加隄備，亦令成俊馳赴措置。"洪應議："令許琮馳往慶源件加退、撫夷等處，抄精兵分屯守禦，晝夜常如見敵，毋或少弛。先知而禦之者，與不覺猝遇者，其勢不侔。近日造山之敗，由夜不警備也。令諸堡遠斥候，益嚴隄備。”魚世謙議：“節度使既預知而措置，雖如所告，賊黨不過數百餘人，諸鎮兵力，足以隨機應變，不必更發軍馬，疲於奔命。若彼眾我寡，勢不能當，邊將必當馳啟稟旨。今不可先自騷動。但賊嘗得利於造山，今見形於撫夷，恐或輕我，再投其隙，或分兵出沒，爲東西衝擊之勢。然兵有主客，當靜以待之。本道因前日造山之敗，備禦之策，必不至疎虞。”李克均議：“金阿羅豆進告七姓兀狄哈八百餘人，彼必尼麻車，而彼諱以他姓也。巨應仇乃所告尼麻車兀狄哈三百人者似實。前既得利，故復來，然我備已具，則難以得志。”李克墩、呂自新、尹懸議：“若果如兩處人所告，則其作賊必在數日之內，無復及期措置。但彼既得利於造山，始有輕我之心。屯兵不散，其將來難測。比聞北道兵力，似不如舊，令南道節度使率驍勇者一百，馳赴北道，聽許琮節度，同力防禦。其南道防禦，令評事檢舉。” 庚戌，永安北道節度使尹末孫馳啟曰：“今正月十九日，慶興通事劉孝明言，慶興境內仇信浦住骨看兀狄哈參波等九家，骨看中樞都弄吾等四家，歸順來居，凡事變隨聞來告。自十一月，絕不來往。造山堡賊入後，空家出去。同月二十日，虞候崔進河報云，自有造山之變，仇信浦、金千等處住居骨看等，一不來現。即招連姻汝吾里住古羅介等六人，令探審去處。來報云，並不知去處。”命示領敦寧以上議政府、兵曹。尹弼商議：“仇信浦、金千等處彼人等，與兀狄哈相應作賊，至於此極，自知其罪，恐被致討，空家逃散，其詭計可知，何必遣人往探其情。姑置不問，使緩其心，還住舊處，徐圖制置，何如？”洪應議：“今審啟本，不知彼人與今來賊者相應作耗後，自知其罪，逃隱不現耶，抑不

知近日彼賊徒勦殺，人畜俱無耶？未可知也。探問去處而後更
議。"李克培議："相應作賊，自惑逃避，其情現然。更令根尋
彼人去處以啟，而後更議。"盧思愼議："參波等居處慶興近境，
審知造山堡單弱，道路迂直，彼賊入寇時，必爲前導，與之分
利，畏國家問罪，逃竄奔避。然賊謀難測，往投諸種兀狄哈，
嚮導作耗，亦未可知。今當諭邊將，整兵鍊卒，分屯要害，以
張聲勢，以壯國威，使彼勞於奔命。若有可乘之機，即往擊可
也。"尹壕議："使今去敬差官，詳悉分揀上來後更議。"魚世謙
議："以事勢觀之，仇信浦、金千住居野人等，不告聲息，全
家隱避，於造山堡同謀作賊，形迹現著。然臆料遙制爲難，使
汝吾里居住可信彼人探問事。節度使旣以行移，探問馳啟後更
議。"李克均議："慶興境內向化彼人等出歸事，臣妄料本鎮節
度使撫馭失宜，致令怨叛，乃引兀狄哈爲寇也。不然，兀狄哈
豈知我虛實，强入造山哉！更令節度使撫綏。"李克墩、呂自
新、尹慇議："參波等內應作賊，不待劉孝明進告，然後知之。
彼人等今雖舉家不還，在我之道，佯若不知，以待彼之自還。
而況都弄吾今旣來朝，近當還歸，其必有以自處之耳。彼之辜
負國恩，携貳之罪，今不可一一聲言，以露天機，今後勿更探
候。"　諭永安道觀察使許琮曰："前日造山之賊，徑由鹿屯而
入，則是經骨看兀狄哈所居地面而入也。如骨看等不內應，則
必斷其來路，奔走報邊之不暇。賊退之後，又必來見邊將，以
慰我軍之敗衄。賊退後，仇信浦、金千等所居兀狄哈等，即空
其室廬，逃入不還，其內應情迹已著矣。如此內應，則北道穩
城以下諸鎮，士馬虛弱，與嗣宗之死，士卒之死傷，亦必一一
知之。自以謂嘗得利於此，必有驕傲輕我之心，再舉入寇矣。
況兩處來報賊變，雖未可信，在我備禦之道，不可輕忽。且北
道兵力，今不如舊，其令南道節度使卞宗仁，領精兵馳赴，聽

卿節度。卿其同心恊力，繕治器械，整飭戎馬，遠斥候，謹烽
燧，常如敵至，隨方隄備。"又以是諭南道節度使卜宗仁："其
本道防禦，令評事措置。" 壬子，司諫院司諫權景祐來啟曰：
"臣見永安道安接從事官李禮堅云，賊來圍造山堡，知無守備，
闌入城中，萬戶避隱。將屠城，慶興府使羅嗣宗病劇，聞賊
變，力疾而直赴造山，建旗吹角，知有援兵，解圍搶擄而去。
嗣宗望見賊擄民人，捽縛而去，發憤馳擊。左右止之曰：'賊
勢甚盛，不可當也。'嗣宗大怒，定斬退將令，斬不進者，作鶴
翼陣追之。萬戶不獲已，收散卒始出城。賊設伏伺嗣宗過挾
擊，嗣宗猶力戰不已。賊射馬，馬蹶，又射中嗣宗而仆。萬戶
託以中箭還馳入，罪不容誅矣。時虞候將精兵數百，防守撫夷
堡，堡軍亦多，距造山僅一息。嗣宗在慶興一息餘，猶及往
救；虞候則在近地，不來救之。節度使亦將大軍在行營，造山
則隔遠，雖未及救，慶興乃最下之地，賊傍慶源西邊，循海而
下，至五息餘程，得達造山堡。行營距慶源不過三息，節度使
若聞變疾趨慶源要路，而遮賊歸路，則必無遺類矣，國家受
辱，豈至於此乎？觀察使許琮，亦發憤見禮堅云：'此路要衝，
曾語節度使，而今不邀擊，余甚恨之。'節度使、虞候、評事，
已命拿來，萬戶請并拿來鞫之。"從之。史臣曰："末孫、進河，
受委任之重，恇怯逗留，以致敗績，其損國威莫大。進河，罪
之魁也，當置極刑而幸免，豈快於衆心哉！"命召領敦寧以上議
政府；兵曹及知邊事宰相。下御書曰："今觀永安監司所啟，
知仇信浦、金千等處居住彼人，與聞黨助嚮道入寇之狀。彼人
等雖居近境，朝夕與我國人相親，性本狼貪，背恩無信，旣不
憚國威而逞其兇謀，又生疑懼，舉家逃避，是豈招携以禮、懷
遠以德者之比耶！宜遣使問其情而察其變，示之威而挫其志
也。然若失事機，使彼擾動，後難處置，而若又慮此不圖，任

其所爲，反加招撫，則如制悍馬，終不在手，如之何則可？且以我堂堂之國受辱於蕞爾之醜，雖欲雪恥，春不可稱兵，姑依右議政之議，令邊將訓練士卒，精緻器械。雖不直擣巢穴，分屯要害，使彼力憊，然後徐圖問罪，何如？”沈澮、尹弼商議："彼既知罪，舉家逃散，今雖遣人，從誰問罪？爲今計，莫如佯若不知，縱而不問，使彼自還舊居，來則待之如舊。且別遣將帥，多率猛士行邊，將若入攻之形，使彼輩不得耕農。今年如是，明年亦如是，以致力屈勢窮。又養兵畜銳，多備器械，待我兵力既定，大舉而入，先剪其仇信、金千等處，直擣兀狄哈巢穴，期於殄殲乃止。”洪應議："待夷之道，來則撫之，去則勿追。彼人等雖有歸順之狀，實行盜賊之謀，是不可以禮義招撫之。雖遣人問之，豈能畏服輸情乎？反致疑懼，益發橫心。當置之度外可也。臣聞兀狄哈諸種寔繁，桀驁難制，其鋒不可當也。今若以鍊兵問罪，互有勝敗，邊患寧有窮已。不若歛兵畜銳，分屯要害；以實我邊，愼勿妄動，來則縱擊，毋使匹馬之返爲便。”李克培、盧思愼議："仇信彼人等，背恩忘德，招引種類，殺害軍民，屠我邊將，自知其罪而逃避。若論其罪，天誅不可不急。然投入種類，途道迂遠，不知所在，難以使人問情。假令使人得至窟穴，豈能輸其情，服其罪乎？徒損國威而已。臣等意以爲，帝王待夷之道，來則不拒，去則不追。今彼人逃去者，置之度外而不問。若還舊居，則徐問其情。實有招引之狀，則臨時處置。不然，則待之如初。何如？若分屯要害，精緻器械，待彼力憊，徐圖問罪，上旨允當。”李克均、鄭文炯、李克墩、河叔溥、呂自新議："骨看負國之罪，固當問之，然待還舊居，乘機處置未晚。今不問魁首之罪，而先問骨看，則輕重失宜矣。且徵聚軍馬，久屯境上，則我之所損多矣。況尼麻車遠在三日程，雖見我聲勢，未必疑懼。莫若治器械，鍊將士，待彼謀懈，一舉而全勝也。"李秉正、邊靖、曹幹、李季仝、吳純議："招寇者雖骨看，來寇者必尼麻車、都骨之類。今不問來寇之賊，先問引誘之虜，不可。況此仇信等處，居虜不多，雖盡殺之，誠不爲武。姑置不問，待之如初。常使邊將期以數年，養練卒伍，視其可用，直搗巢穴，以示國威，然後乃問仇信之虜。"傳曰："宰相之計，亦豈偶然哉！但城底野人，歸順我國，義當告變；反誘其黨，擄我人畜，殺我邊將，我國之受辱，莫大於此。今骨看自知罪大逃去，若置而不問，後日狃以爲常。予意以爲彼雖非人類，亦有人心，欲遣大臣諭國家招諭之意，且令刷還，使恩威並濟，不亦可乎？"尹弼商等啟曰："上敎允當。然無意於舉事則已矣；若興問罪之師，則莫如佯若不知，使彼自還，然後徐詰引誘之罪，大舉問罪爲便。"李克均啟曰："世祖朝，彼人引誘兀狄哈搶擄邊氓，臣爲滿浦節制使，招建州衞酋長李萬住之子胡羅牌，語之曰：'爾等招寇來犯我境，若不刷還，當稱兵問罪。'胡羅牌扣頭以謝曰：'此事吾所不識，雖欲刷還，彼人必不許之。'臣強之而後胡羅牌入彼地，欲刷還終不得，然後乃興問罪之師。今雖遣使諭骨看，勢必不得刷還，然諭之而不聽，然後舉問罪之師可也。"傳曰："知道。"　癸丑，柳子光請面對兩界緊關之事。上引見子光，啟曰："臣嘗聞永安道士馬精強，優於平安道。今則不然，士馬羸弱，甲冑凋弊。臣又聞穩城有武才者不過七八人，會寧號爲大鎮，凋殘無比。城底斡朶里，所給之鹽纔數升。且六鎮殘敝，邊將之待野人甚薄，遂使離心，以致今日之變。邊鎮虛弱，一至於此，無他，良由守令貪不顧法，貂鼠狐貉之皮，誉求無厭，剝民膏血，馴致彫殘，臣實寒心。且永安道事變在十二日，平安道事變在十五日，豈非以兀良哈與兀狄哈相約而爲寇乎？臣又聞豆滿江水淺，可涉處多，春夏入寇尤便，不可以冰解而忽之也。"上曰："予曾聞南方虛弱，兩道士馬精強，予何以知永安道虛弱至此乎！近日造山之敗，實由邊將不能隄備，何以則處置得宜乎?"子光曰："今監司許琮、兵使成俊，皆文臣也。一道兩使，皆任文臣，似爲不當。且成俊雖稱善射，今旣衰矣，無能爲也。如李季仝，可用於緩急之際。"上曰："予意成俊可用，故授之耳。許琮雖能措置，治民事劇，奚暇兼治戎馬之事乎!"

乙卯，先是，海西野兒定河衛都指揮使加忽赤貢海青，因援考郎兀衛都指揮阿古哈例，乞陞都督。兵部議奏："阿古哈陞職，係一時特恩，不可援以爲例。加忽赤止宜加賞。"從之。實錄。

丙辰，朝鮮實錄書：永安道觀察使許琮馳啟曰："慶興人金哲成、沈玉同、金石同，路遇劉甫乙澄介，射殺割耳。即因哲成、石同，而玉同在逃，時方搜捕。"命示領敦寧以上議政府。沈澮、尹弼商、李克培議："金哲成等，以甫乙澄介妄以爲賊，擅殺割耳，邀功生事，當置重典，以快彼類耳目。并捕沈玉同，推鞫啟聞後更議。"魚世謙議："今殺甫乙澄介，至爲無名，必成怨隙。初無所持兵刃，其不爲作賊明矣，然必有來到之故，憑問族類閱實。葬時雜物，從權優給，仍說將治哲成等罪之意，以慰藉之。"命置政院。　丁巳，兵曹判書李克墩、參判呂自新來啟曰："造山之賊，不可不討。近日點軍馬皆不實。前赴平安道京軍一百，倉卒亦不精擇。欲舉大事，當選精兵，鍊習待用。忠義、忠順、忠贊族親衛，皆士族，鞍馬實而驍勇者多。今依別侍衛鍊才例試取，而給別仕陞資，以爲緩急之用，且妾子亦有武力者。若差假司僕，則徒勞番宿，若別立隊，則惡其區別，皆不樂屬。更設他條擇用，何如？且羅嗣宗不能備邊，使賊竊發，雖有罪；然造山距慶興四十餘里，嗣宗方患病，聞變力疾馳救，見城已陷，不勝激憤，忘身死敵，忠勇有餘，士卒隨死，情亦可哀。請嗣宗及戰亡被傷之人，優加褒獎，以激勵戰士之心。”傳曰：“忠義衛等事，收議爲之。嗣宗見可而進知難而退可也。輕進陷沒，慶興之民之死，皆嗣宗之罪也。假使嗣宗不死，國家豈不重論乎！今使族親收還其屍，已蒙國家之恩矣。但愚惑之卒，爲將而死，予遣宰相宣諭，臺官以爲不可，故停之。其戰亡二十二人，各給米一碩、布四匹。”傳于承政院曰：“兵曹所啟忠義等試才事。如有事變，則軍士中擇遣善射何難？然如此事，在上者處之，若在下者先發，則人心動擾矣。”　戊午，平安道觀察使柳輊馳啟曰：“溫下衛金主成可來言，左衛都指揮李加羅老古、李甫唐可等，左、右衛四百餘人，與兀狄哈一千餘人，屯聚李萬住古基，共議入寇滿浦。且趙伊里哈兄弟七人來寇水下，失利而退。今稱田獵，三百餘名先來三歧峴底防近壇等處，以待兵期，距滿浦五息矣，且議曰：分兵一圍滿浦城，一入江界，則可以得利。”命示領敦寧以上議政府、兵曹。沈澮、尹弼商、洪應、李克培、魚世謙、李克墩、呂自新、尹慜僉啟曰：“平安道今將解冰，前後入送軍士亦多，但用心應變，乘機剿殺而已。”傳曰可，仍問曰：“平安道則解冰後防禦稍歇，軍士亦已多赴。永安道則水淺，雖冰釋，防禦甚緊，亦欲擇驍勇軍士，分運入送。固知供億甚繁，然脫有不虞之變，則兵少恐不能當，並議。”沈澮等僉啟曰：“永安道依平安道例，擇番上京軍一百，分三運，令節度使軍官一人押送，視諸鎮堡緊緩分防。”傳曰可。　甲子，永安道觀察使許琮馳啟曰：“前此兀狄哈被擄人物，每令城底居野人刷還。既刷還後論功，雖十餘人共買一人，並令上京，而彼人皆言一人之價牛馬則二十餘頭，他物稱是。故兀狄哈等，視我國人物爲奇貨，伺間抵隙，期必擄去。

城底野人雖厚賫刷還，一度上京，可償其直。乃導之擄去，而
陽爲刷還者，間或有之。已前小寇置而不問，今者突入城堡，
搶擄人畜，以至殺將戮軍，羞辱不小。諸種野人視此舉以爲輕
重。今若依前徒務刷還，而一不懲艾，則國家威武不揚，非徒
兀狄哈，近居彼人等將生侮慢之心，不可不慮。臣晝度夜思，
審察形勢，彼人處備細探問，則諸種兀狄哈部落，皆在速平江
之邊。尼麻車據其上流。如南訥、巨節、于乙未車等種，沿江
而居。尼麻車最近，三四日可到，其餘遠者不過四五日。而且
所經途道，無有高山大川，可以方陣橫行，進退無阻。而兀良
哈斡朵里，與兀狄哈皆舊有釁隙，今出軍助討，勢必樂從。以
此輩爲前導，則道路迂直險易，亦皆審知，保無覆敗之虞矣。
今春則農時已逼，不可動軍。來冬初或早春，冰合地凍之時，
大徵本道兵馬，一自穩城，一自慶源，分道而入。大軍在後，
厚集其陣，持重徐行，爲不可勝之勢。使輕銳徑進掩襲，則必
大致克捷。若以輕動深入爲疑，則又有一策焉。自慶源鎮至造
山堡，不築長城，故如有大段事變，皆當自此而入，慶源越邊
也春等處，乃是經由之路，於慶源近處，多聚精兵，而令城底
可信彼人，探賊動息，或邀擊於路，或因夜襲取，亦可得志。
須出兵制勝，折其崛強，然後可以威行境外，鎮服諸戎。若曰
入攻之後，結釁必深，邊警不息。則前此賊來皆得利而去，一
不奔北，遂生輕我之心，寇盜終難禁絕。與其弱而受侮，莫若
一振威靈，雖不能禽獮草薙，勦其巢穴，足令彼賊心懷畏讋，
不至肆行無忌矣。今者被擄人畜，悔過來服，自行刷還者外，
令城底彼人姑停刷還，以觀賊之情狀。"下議于兵曹。兵曹啟
曰："許琮之言，大概合事體。但所獻數策，臨時自有廟筭，
不可預爲指授，以露天機。其被擄人畜，姑停刷還之策，請依
啟本施行。"命示領敦寧以上與政府，議多不一。傳曰："依兵

曹所啟之議馳諭。”

己巳，陞建州衛都指揮僉事釋家保等十六員各一級，以授職年深，且從其陳乞也。實錄。

辛未，朝鮮實錄書：義禁府啟：“永安北道評事辛鍵、節度使尹末孫、虞候崔進河，防禦諸事，不預措置，致令彼賊闌入造山堡，又不即勦捕罪。辛鍵、末孫各決杖一百，告身盡行追奪，發邊遠充軍。進河撫夷堡留防時，聞聲息不即救援，逗留不進，失誤軍機罪，律該斬待時。”命議于領敦寧以上及政府。沈澮、盧思慎、李克培議：“依啟本施行。”尹弼商議：“進河、辛鍵依所啟施行。末孫罪當其律，但是功臣，上裁。”洪應議：“評事但掌書記，不關軍務，與節度使同律科罪，似過重。進河、末孫之罪，上裁施行。”尹壕議：“末孫、進河依照律施行。辛鍵因母病上來，還歸未久而事發，且評事於軍機不得擅便，可恕也。”魚世謙議：“軍令不可不嚴，依所啟施行。然末孫有八議之律，上裁。”李崇元議：“依照律施行。但進河在撫夷，日晚聞變，未時馳到，不甚逗留。”傳曰：“末孫杖贖，收職牒，遠方付處。辛鍵只收職牒。進河減死杖贖，收職牒，邊遠充軍。”

三月丁丑朔

庚辰，朝鮮實錄書：御經筵。講訖，大司憲李季仝啟曰：“近日賊犯造山，國家以爲尼麻車所爲，諭邊將拒而不納，且令城底野人不許容接，於國大體是矣。然造山之賊，或云尼麻車，或云七姓兀狄哈、九姓兀狄哈，今不的知，絕而不納，於義何如？且尼麻車所居，距穩城五日，常時不數來往，雖拒之必不屑意。城底兀良哈，連昏於彼，必不聽我禁令。臣意謂佯若不知，待之如初。姑托貿易土物，令通事賚重幣往來，以探道路形勢，然後舉問罪之師可也。”上曰：“然。但彼人屢犯邊

境，而待之如初，則彼以我畏怯，益肆凌暴矣。若窮詰犯邊之
人，則彼亦恐我有聲討之舉，必有備矣。王者用兵，當出萬
全，先審道路可也。” 甲辰，平安道觀察使柳輊馳啟曰：“野
人金主成可等四人來言，左衛高甫乙赤，以其兄都乙赤死於昌
洲，欲報讎怨，且聞諸衛野人共議殺掠我體探人。此言雖難盡
信，然賊謀叵測，況今節度使遞任之時，恐致疎虞，令龜城府
使洪孟孫馳往蒲州及鴨綠等江邊，處置待變。”傳曰：“主成可
之言，大概難信。殺掠體探之言，似乎有理。送體探人時，給
援兵以救不虞之變，且勿遣洪孟孫，令虞候、評事往審江邊，
嚴加隄備何如？其問于兵曹。”

四月丙午朔

　　是日，朝鮮實錄書：兵曹判書李克墩、參判呂自新、參議
尹慜來啟曰：“金主成可之言，固難足信，然江邊人言，彼人
報怨，必在十年之後。自己亥西征之後，今已十年，而許混又
搆邊釁，且童約沙結廬于江邊，而驅逐之，彼人怨我必深，今
又再不得利，想必乘間再發。今依上教，多送救援人以備不
虞。然體探必深入，乃知賊變。且體探之路，皆由賊路，草茂
雪深之時，賊若未知則已矣；若知之而尋蹤，則必知其在某
處，雖一二人潛入尚知之，況成羣而入乎？彼若知之，則嘯聚
其黨，無遺擄去必矣。臣等安能料敵，然意謂今方草茂水深，
彼人未能朝夕竊發矣。嚴敕邊將，整頓器械，常如大敵垂至，
而使人登高偵賊，姑停體探何如？虞候、評事巡邊事，上教允
當。”傳曰：“予以爲一人深入，爲賊所獲，則無人救之，故欲
給救援人。今聞卿等之計，亦是良策。政院其以兵曹所啟之意
諭邊將。” 諭平安道觀察使柳輊、節度使吳純曰：“彼人等自
己亥西征以後，與我作隙，猙然欲噬者久矣。加之以童約沙請
居江邊，朝廷慮後日之弊，拒而不從。又於年前，邊將邀功，

殺虜斡黑能等七人，搆釁非一。昌洲等處入寇，失利而還，憤猶積中。則金主成可所言，高甫乙赤等請兵幾名，乘者皮船，江邊某處殺擄農民與體探之人，果非虛語也。然則雖不體探，早晚賊之犯邊，不占可知。況彼人作謀如此，則深入孤單體探之人，卒被殺擄，誠爲可憂。越邊則限近日毋令體探，可於此邊登山巡羅，常如敵至，整我戎馬，護我農人。水淺江灘，亦可多方隄備，不煩朝廷指授，曲加措置。" 下書平安道虞候柳承孫、評事崔湑曰："金主成可所告，彼人等請兵乘者皮船殺擄農民之言，雖未可的知，以近日之事料之，實非虛語。江邊賊船到泊可疑處，急速馳到。防禦諸事，嚴加措置。" 永安道觀察使許琮承召來。上引見，謂曰："造山入寇之後，城底野人情跡何如？"琮對曰："骨看兀狄哈居城底，彼賊寇造山時，經骨看而來，未幾逃走，情迹可疑。都弄吾自京還本道，語臣曰：'吾入歸開諭，則逃歸骨看必還。'今果還來矣。彼賊入寇時，造山人見賊有牽狗者。以此料之，恐骨看與兀狄哈共謀入寇。造山堡未易入寇之地，而如此見敗者，專由邊將不能備禦耳。羅嗣宗雖不直抵造山，若於賊路登山吹角，則賊雖圍城，必自解矣。計不出此，驅逐彼賊，如驅獸然，其致敗宜矣。"上曰："嗣宗果輕進矣。"琮又啟曰："尹末孫可及邀擊，但其計以謂，若不急救造山堡而邀擊，恐賊陷城。又城底居斡朶里朴多用介云，今雖邀出，賊必深入，不可及也，以此不邀耳。其後聞之，賊恐其邀擊，逗留數日而後去矣。"上曰："早晚問罪，則當先知道路迂直，將何以處之？"琮曰："今若探知道路，則彼必先知，預爲之備矣。城底斡朶里，今皆曰：'大國受辱於彼虜不小，以大國而問彼之罪何難。'今若不討，則此輩必生輕我之心。當舉事之時，令此輩爲先導，則道路可知矣。令斡朶里兀良哈爲鄕導，則兀狄哈必與斡朶里兀良哈爲讎，而先報其

怨，次及於我，須使此輩爲嚮導可也。或曰：'興師伐罪，則
彼必懷憤，交侵我疆。'臣意謂不然。己卯、庚辰年間北征，我
國致敗之由，則主將令諸將分道，期會一處，而主將違約不
來，分道諸將深入相失，適又其時雨甚，未及來會也。然自此
北征以後，久無邊患。今不往征，則彼必輕我。今如問罪，則
不以勦殺爲務，以萬全爲計，只分二道，大舉而入，則彼必抗
拒出戰，如此則在我不得已應之，如可勦殺，則勦殺可也。且
臣聞之，彼土初面有鬱地嶺，林木深阻，道路險隘。過此則平
原曠漠，道路平易，可以長驅而入。兀狄哈有五姓焉，有三姓
焉，皆在速平江之邊，尼麻車最强。若作耗時，則尼麻車必先
唱率。自我疆距尼麻車，僅五六日程，若抄精兵，備器械，乘
時而舉，則保無敗矣。且於入征時，留軍於鬱地守險，則彼賊
又不能要諸路而據險。且軍數當不下萬人。本道軍士不足，以
本道連境慶尚、江原道諸邑軍士并抄，何如？"上曰："可。斡
朶里其徒有幾？"琮曰："斡朶里强勇者三百餘人，而其中有軍
器者百餘人。此輩與兀狄哈，舊有讎嫌，欲啗其肉。以此輩爲
先鋒，則必盡心效力。"上曰："本道軍士强弱何如？"琮曰："本
道兵卒素稱精强，近年則不如古。今則連歲豐稔，少蘇復矣。"
上曰："本道農事何如？"琮曰："麰麥時未成長，故未可的知農
事豐歉。"上曰："本道疲弊，予意謂須令賢宰相久居其地，然
後可得蘇復。故予於前日下書仍任。"琮曰："臣以無狀，安敢
當乎？"上曰："國家若舉兵，則待彼解弛而後爲之乎，抑急爲
之征乎？"琮曰："當急速征之。彼人雖犯邊，一不問罪，故雖
聞我師之出，不以爲信。今年冬初明年正月中，入征可也。"上
曰："冱寒之時，難以興師。但此兩月中，用何月乎？"琮曰：
"正月則彼人欲寇竊，多聚兵，莫若今年十月也。"上曰："然則
十月望時可也。"琮曰："軍士不可不多，而步兵尤宜多抄。兀

狄哈交戰之初，必突圍而與我兵交鋒，急擊以恸之，如此之時，令步兵持防牌操短兵而進，則彼必北走，乘此機以輕騎突之，則彼不敢當矣。且銃筒彼人所畏，亦可賫去。”上曰：“彼路險阻，運火車亦不難乎？”琮曰：“險阻之地，但一鬱地耳，可易運矣。”上曰：“可。”琮又啟曰：“臣巡審甲山等處，距建州不遠，而豆滿、鴨綠兩江分流，初面連陸，而無大江限隔，防禦最緊。且慶源有牙山堡，慶興有撫夷堡。前者農民布野時，則令軍士防護於江邊，及其秋收，疊入城內。今則秋冬仍居其野，故分軍卒，一以戍于江邊，一以戍于城內。兵分力弱，戍禦疎虞，請依舊疊入。”上可。琮又啟曰：“慶源以下則無長城，以無石故不能築。然築土爲城，其堅固勝於石城，以土築之何如？且平安、永安兩道同時入寇，臣始疑其共謀並舉。其後更聞之，則兀狄哈所居之地，與建州衛相距十餘日之程，勢不得相應也。”上曰：“但入寇日月相近，故疑之耳。”琮曰：“國家受辱大矣，斡朶里等常憾恨曰：國家何不舉師問罪乎？”上曰：“果然，不可不懲。凡事當臨機措置。”及琮退，命承旨饋于賓廳。　壬戌，御宣政殿，引見承旨曰：“國家受辱於彼虜，問罪之舉，在所當爲也。許琮言若問罪，則兵不可下於萬人。果然，兵衆可也。前日意謂臨時爲之，然此大事，自今措置，乃可及也。今日召兵曹堂上，預諭此意。”都承旨金悌臣啟曰：“上教允當。”右副承旨權景禧啟曰：‘若依許琮所啟，舉兵於十月，則當於此時措置可也。”上曰：“其預抄兵卒，講畫方略。”悌臣、景禧啟曰：“先定將帥，使之先定裨將，修治軍器，何如？”上曰：“將帥不可預定，只可抄定軍卒。許琮言，慶尙、江原兩道之兵並可抄送。若興師問罪，則永安軍士分防諸鎮外，抄其強勇者而遣之。又抄京軍及近道軍士。”景禧啟曰：“許琮言，彼地道路迂直，雖不得知，令斡朶里爲向導可也。

然彼人反覆難信。庚辰年北征時，亦以此輩爲先導，而故爲陷
我軍於沮洳之地，人馬困乏，此已驗之事。臣意以謂，令我國
人，依憑體探二三人，作運入送，審知道路迂直，山川險夷，
然後舉師何如?"上曰："軍法亦曰必先知其道路，道路不可不
先知之也。"悌臣、景禧啓曰："諸將雖不可預定，都元帥不可
不先定。"上曰："明日慕華舘見扈從宰相，當議之。"景禧啓曰：
"今日召兵曹議軍數時，並召許琮同議何如?"上曰："可。"　兵
曹判書李崇元、參判呂自新、參議安友騫及永安道觀察使許
琮，會于賓廳，同議北征事。琮等啓曰："諸將軍官，當待主
將擬議。軍士滿一萬五千人則可矣。永安軍士幾於七千餘人，
其餘慶尙、全羅、忠淸、京畿、京居軍士抄送何如? 弓則須用
樺皮著衣，乃可用之於霧雨之日也。箭亦加倍於弓，然後有裕
矣。本道不用弓箭多在，亦可修補用之，然量宜加數入送何
如? 甲冑則本道遺在數少，上項軍士抄定時，諸道諸邑可用甲
冑，及無才軍士若持可用甲冑分給入征軍士何如? 銃筒與藥，
則本道南官所儲有裕，不須下送。但放火人數少，本道及京中
軍士抄定習放爲便。弓弦則宜倍數入送。軍糧則本道米二十餘
萬碩、皮穀二十九萬餘碩，庶可足矣。魚膠五十斤，亦可賫
往。"傳曰："都元帥則明當定之，軍士一萬伍千足矣。但只定
此數，而或有故未得從軍，則軍數益少，二萬人抄定爲可。軍
器寺弓子，已令上絃調射。箭則箭竹下送加造，軍器寺箭亦可
量數入送。甲冑銃筒事，依所啓。弓絃則每一弓給絃二事，有
餘則加入送。魚膠，亦依所啓。"琮啓曰："今此舉姑勿聲言北
征爲便。"傳曰："京中不可諱也，兩界姑勿聲言。以軍器整齊
嚴加堤防之意，下書曉諭。"　癸亥，上幸慕華舘觀射，命諸宰
相就前，教曰："近日國家受辱北虜甚矣，不可不雪恥。當於
來十月正月中舉兵，軍士則昨已酌定二萬。都元帥不可不預

定，以措置方略。"尹弼商對曰："問罪之舉，不得已也。但北方寒甚，南人不能耐寒，正月則多着襦衣，不快於運身。臣於西征，幸值日暖，不敗而還。十月則不甚寒冽，乃可舉也。"上曰："然。元帥誰可任耶？"弼商曰："臣等老矣，許琮自少出入北方，深知形勢與虜情，元帥之任，非琮不可。"上曰："然。其以許琮爲都元帥。"琮亦入侍，辭曰："臣不能剛斷，恐誤大事。"上曰："舍卿誰歟？其勉之。"試自願人及諸色軍士閑良人妾子孫等騎射，取可用者一百五十六人。忠贊衛洪順孫、楊湖佯不能射，下義禁府鞫之。　丙寅，弘文舘副提學金克儉等上劄子曰："書言蠻夷猾夏，詩稱獫狁孔熾，自古通患。秦漢以降，利害得失，炳炳史册，皆殿下所嘗覽。去春北虜犯邊，殺掠人畜，至殺守將，大小聞者，莫不心膽俱喪，怒氣勃鬱，以爲非問罪不可。今奮睿斷，俟冬初將興兵致討，武夫健卒，多稱快焉。臣等庸懦，竊獨危之。深究已往之迹，以爲漢高被圍平城，七日不食，而卒以和親。高后怒冒頓書辭極褻慢，議發兵擊之，季布諫而止。獨武帝選將鍊兵，贏糧深入，雖頗有功，胡輒報之，兵連禍結三十餘年，海內罷耗。此其明鑑。夫聖人視夷狄之侵，如蚊蝱之螫，來則驅而遠之，去則備而守之，不窮兵，不遠討。今欲舉二萬之衆於虜，以快纖芥之忿，飛輓之勞，在所不恤，而懸軍深入，直探虎穴，以逸待勞，主客勢異，用兵實難。幸而得志，結怨必深，寇掠不已。萬一蹉跎，悔之何及，其墜損國威，於茲甚矣。且兵凶器，戰危事，豈擁凶器、舉危事以報虜之常事，以僥倖未可必之勝負乎？殆魏相所謂忿兵，恐非帝王萬全之舉也。議者以殿下此舉，保其必勝。果如所言，一戰而勝，凱旋之日，殿下所知者，奏捷書，稱賀箋，以快一時之觀聽而已。至如蒙犯風霜，肝腦塗地之狀，其可忍見耶？孤子寡妻，冤號之聲，其可忍聞耶？賜宴策勳，厚賞重級，將士之利，非百姓之利，又非國家之利也。且觀宗貞國書辭，頗涉不遜，欲歲增船隻，設爲不可從之請，以試朝廷之意，其勢將爲腹心之疾。而撤南備，遠事窮荒，招咎益釁，亦非計之得也。臣等又聞古人有言，舉大事必順天意。天意向背，見於災祥。近歲水旱連年，星變屢見，天意可知。殿下方動大衆，事遠略，譬猶人子見謫於親，當怡聲下氣，負罪引慝，庶幾底豫。今乃遽然厲聲，恣箠撻於奴隸，以此而欲望親之悅己，可乎？伏願殿下遠覽前代，上察天心，下視民情，絕意兵革，以固邊塞，此社稷長久之計。臣等又聞，人臣進言，迎其方銳而折之，則難爲功。殿下銳意用武，而臣等不能奉丈二之殳，奮長纓之請，爲士卒先，而徒勸殿下息兵。誚臣等者，必以爲怯懦，必以爲迂闊。臣等非不知，而所以進言不已，誠以一得之愚，上裨聖聽也。"傳曰："示領敦寧以上與政府。"　丁卯，議弘文舘劄子。<u>沈澮</u>、<u>尹壕</u>、<u>李克墩</u>議："今見弘文舘所啟，其待夷之道，動衆之勞，構釁之慮，則當矣。然以<u>漢高</u>、<u>后</u>之事，擬於今日，則形勢似不相侔。彼則天下甫定，瘡痍之民不可遽用。今則在我無釁，累朝撫綏之恩至矣，彼反辜恩負德，殺我邊將，擄我人畜，而肆毒之狀。不可勝言。今計小弊，停問罪之舉，則國家威靈將何時而示遠乎？臣等聞圖遠慮者不求近功，成大事者不較小弊。今所舉雖空行空返，不見虜面，秖可示威而已。且所獲有無，非所計也。但臣等意謂，兵貴精不務多，若必充二萬衆，則調兵之際，恐或不精。況往返六七日之間，若多羸卒，將帥必不能護還。不拘多少，須擇精卒爲便。"<u>尹弼商</u>議："今觀弘文舘所上劄子，其於古昔帝王待夷狄之大道當矣。今則不然，我之受辱於彼莫甚，舉兵雪恥，不可廢也。但今旱甚，今年豐歉未可知也。若或時屈，則舉亦難矣。如其稍稔，不可不舉。"<u>洪應</u>議：

"前日臣之拙議，上之所悉，不復多贅。伏審弘文舘劄子，正合臣議。今之北征，乃憤於殺擄之多，以及守將凡有贊之者，莫不欲一舉殲焉。臣獨不以爲然，以二萬衆伐小醜，若太山之壓卵，必得所欲。然顛木由蘗，遺種尚在，縱得大勝之名，開無窮之患，靡不自此而始。且本道軍糧不敷，二萬之衆往來所食，幾六萬餘石。自茲結釁旣深，攻擊不已，士疲於從役，糧盡於有限，豈獨一道之困斃哉！以二萬衆深入彼境，不知隘塞險夷，士馬相蹂，虜方以犯邊殺將懷疑，養銳待之，而驅烏合橫罹其鋒，欲以耀武，反以損威，亦未可知。曩者臣之巡邊也，卞宗仁語臣曰：'五鎮兵馬足以制此虜。'若本道兵七千爲少也，則約定一萬足矣。至於二萬，非臣之料也。又疑平安之寇，頃不得利，當俟時而發，不朝則夕，此不可避之賊。盍舍永安可已之舉，當並力以圖之耶？兩寇作耗，邊患何時而止？匈奴侮慢，少不介懷，高祖之大度；虛內事外，中原疲弊，武帝之黷武。臣之計，但申飭將士，申嚴隄備，以待其來。特停永安之役，不勝幸甚。"盧思愼議："歷代征討戎蠻，成敗得失，備載史册，聖上所悉，不待人言而決。然今茲入征，時勢有不便者四：虜無城郭宮廬，逐水草而居，遷徙無常，若聞大軍入攻，鳥竄鼠伏。於山林草莽之間，不可一一披榛逐捕，其難一也。彼間險阻迂直，我全不知，今舉大軍，徑入未諳之路，其難二也。彼若來敵於我，則我衆彼寡，斬獲何難，但彼雖禽獸，奸計有餘，當入攻之時，則竄伏不出，待大軍回還，據其隘塞，或擊其首，或擊其尾，首尾不相救，而爲其勦殺者多，其難三也。虜旣作賊於我，其心豈能一日忘我哉？其所以疑我備我者，無所不至矣，其難四也。如不得已而往征，則臣之愚計，以爲姑緩期日，使人探之，則彼之虛實險阻，我備詳矣。年年作爲入攻之勢，則彼必畏愼，室不安居，田不得耕，而疲於奔命矣。如此而久無聲息，則防備稍弛而必還舊居。乘此之時，使勁將領控弦之士數千，輕裝弱賚，掩擊不意，如疾雷之不及掩耳，以二三千兵隨其後，則不須徵集下三道之兵，而可以雪邊民之恥矣。"魚世謙議："弘文舘所啟，臣意亦以爲然。軍旅一興，弊固萬端，不如且止之爲愈也。"成健議："今見弘文舘所啟，實是確論。然近日造山之敗，國家受辱不小，問罪之舉，亦不得不爾。但虜之不忘我，猶我之不忘虜，彼雖得利而去，其心豈一日忘我哉！其所以備我者，必無所不至。國家威靈，在茲一舉，所關匪輕，當思萬全。"從弼商議。史臣曰："今北征之舉，爲造山屠城殺將也。而尼麻車兀狄哈居初面，都骨部落在後面，造山人被擄於都骨部落而還，則都骨之居遠甚，勢未可越尼麻車而討也。且都骨、尼麻車，假途連兵，未可知也，則亦不宜先討尼麻車也。今舉二萬之衆，深入虎狼之穴，羣臣臺諫咸以爲不可，而獨弼商輕發可征之議。及舉朝非之，然後欲改慮不得。惜哉！"　庚午，吏曹判書李克均上書曰："臣自從事書記，至于監司、兵使，出入永安道幾十年，與彼虜戰者又四，縱不能洞知虜情，亦可知却其梗概矣。臣初聞孝常城陷，嗣宗被害，臣雖駑劣，尙欲往取賊首，以獻闕下，少雪邊氓之恥。然虜居險阻，加之樹木蒙蔽，則驅吾萬衆，首尾不救，此危道也。且彼與兀良哈連姻，我國動止，無不知之。彼亦自料犯邊以後，我軍必至，移其妻孥，藏其畜產，但留壯者以事耕穫，遠近斥候，將欲以逸待勞。則今雖率數萬之衆入征，所期但焚蕩室廬，耀兵示威而已。但慮彼虜齊力相應，潛伏險阻，衝突軍後，或尾或首，則我軍安能必其萬全乎？假令全勝，不過出於中策，況遠道之兵，用武於數千里之外，臣恐所損必多。世祖亦嘗戒楊汀曰：'勿與兀狄哈搆釁。'其長慮却顧至矣。歲丁亥，以慶尙軍分戍江邊諸鎮，其人性不慣食粟，多病臥不起，敢望禦敵乎？臣在滿浦，亦所親覩。今雖號二萬之衆，京中軍士、本道之兵外，餘不足用也。以勞兵當逸虜，亦兵家之最忌也。勞師糜費，雖所不較，兵連禍結，豈得遽休。西界之事，亦可慮也。而今島夷書辭反復，臣不能料其必無警也，臣恐國家從此多事矣。今之此舉，又何遽耶？若不得已而舉，則臣意以謂今年有入攻之勢，明年爲再舉之狀，則彼疲於防備，不能盡力於農，而累年不見入攻，則虜必謂彼我路阻。待其解弛，遣我勁卒，詗其部落，審其險夷，除遠方勞卒，選近道精兵，併本道兵力，則猶可得志。昔吳爲三軍，迭出以肆楚，三年而入郢，此計之得者也。其曰以近境斡朶里兀良哈爲之嚮道，而大軍隨行焉，則其計亦疎矣。假使嚮道而有功，則國家論賞，其能厭其所望乎？不然，狼貪羊狠，構怨必矣，是亦又生一敵也。"仍啓曰："臣素有此意，故拙草以啓，請垂覽而留中。"傳曰："今見疏，具悉卿意。然此舉非止爲寇造山也。舉大衆入攻，縱不得酋長强勇者，攜妻孥，焚室廬而來，則彼寇後欲來攻，必畏懼不得輕動。南方時無釁故，豈可預爲有事而停此舉乎？三軍迭出，如吳攻楚，則亦不然。今之形勢，異於吳楚相攻也。大事之興，言之者甚多，必盡聽之，則大事不成。且輕言兵法之罪，載在古典，卿必知之。雖曰留中，豈可不示於外乎？下疏政院，使之傳書而後還入。"復啓曰："臣素知兀良哈、兀狄哈，其性强悍，樂於戰鬭，不計生死，深入陣中，且常時屯聚不下三四百人，以三四百可以當我國萬兵。我國之兵不然，昇平日久，徒知畏敵，不畏將帥。夫戰者，當出其不意，疾如飄風，則可以得利。而我國之人，其性怯懦，難進輕退。況二萬之衆，連絡行軍，則徧布於二舍。入戰之時，彼虜竄伏於草莽；及班師之時，以二三百驍勇者邀擊其中，則首尾遠不能救。不然，以我之衆，橫行天下不難矣。且我不知虜地險阻，赴戰時，則必以斡朶里二三百爲先鋒而進。幸得功而還，將何以賞之？唐肅宗於回紇亦如此，其終難處。古昔帝王皆置之度外也。"傳曰："蕞爾小醜，屢犯我境，今若置而不問，雖城底之虜，必以我爲怯懦。我兵畏敵而不畏將，然矣，但在元帥處置如何耳。在我土，則雖犯令不可輕殺；若臨敵，則當從軍法，誰不畏元帥乎？以險阻爲難，則不然。今雖不得志，後日入攻，則已知道路迂直，其勢甚易也。若曰帝王棄之不治，則不如是也。非欲其奪土地也，彼侵我而我攻之，異於武帝之窮兵黷武也。且以爲論賞斡朶里甚難，則是矣。然豈可一一盡計而爲之。以堂堂之國屢屈小醜，此兵不可不舉。"後復有諫北征者，皆不聽，不復備錄。編者附識。　　壬申，永安北道節度使成俊馳啟曰："臣承下諭，巡到穩城，探問可信彼人，則柔遠鎮近居兀良哈護軍阿良介，有心計，其類推爲將帥。故臣與語，果有心計，且喜於立功，但言勢恨其職卑也。臣仍問曰：'聞汝久居城底，向國誠重，可信人也，故今別召汝。汝聞造山、慶興之變乎？'答曰：'已聞之，此古所未有，不勝痛心。'臣曰：'然則汝心以爲何以處置？'答曰：'國家令城底人出兵報復，以我爲將，則自會寧至慶興城底，可得精兵三四百，誰敢不從？以此入征，雖不得勦滅，庶可小雪大國之恥。'臣曰：'敵多兵小，似難得志。若或蹉跌，非徒取侮，彼必嚴設器械，後難入征，汝計疎矣。'答曰：'國家若大舉兵馬，我等當爲先鋒，自穩城而發，四日可到鬱地。鬱地距尼麻車、兀狄哈所居，一息餘程。自鬱地雞鳴時分，兩道行軍，一自北而西，一自南而西，平明時兩軍齊到，鼓噪突擊，則無不勝矣。'臣曰：'汝言是矣。但道路迂直，汝雖知之，我國人亦不可不知。汝假托刷還，帶率國人二三名，使之知路爲可。若難，則潛率往還何如？'答曰：'與吾衣冠，帶行指路，吾亦計之。然恐彼人或知而害之。潛率往還，亦恐見害。如此，則非徒吾無顏更謁，國家大計亦從而敗，以此難之。吾意以爲吾等前驅，且無大險阻，國人雖不知路無妨矣。'臣又問曰：'此吾憒憒而言之耳，非國計也，汝姑勿洩。'答曰：'如此事，至對妻子何敢言之。'且慶興近居女眞中樞朴丹容阿，臣自爲觀察使時，知其有心計。今過行時，又招見曰：'汝世蒙國恩，位至二品，向國必誠，近日慶興之事，汝心以爲何如?'答曰：'前昔所未聞見，痛心何極!'臣問曰：'然則何以爲之?'答曰：'以大國兵力，何患不克，安得畏小醜，常常含忍。萬有舉事，八九月爲最。'臣曰：'如有泥陷處，或阻大水，何以爲之? 人言十月正月爲好，汝何獨言八九月乎? 汝言似踈。'答曰：'吾非不知冰凍時最好，但此道之人，衣無綿絮，只著熟麻，如遇大寒，手足不能運。若八九月，則手足能運，且踏損穀田，令彼失秋收之望，故言之耳。如得緜衣，履冰入征，可保萬全矣。'臣亦以勿洩戒之。二人所言如此，臣意亦以爲征與不征，彼之更侵，必不得免。然征之，則彼雖欲請兵報復，畏威不從者必多，爲禍似小。不征，則近者得利已多，回還又無邀擊，彼必輕我，如更請兵，彼皆樂從，爲禍必大。與其不征而爲彼所輕，何如一征而使知國威。且入征之期，皆言正月爲最，十月次之。然臣意以爲，十月則彼因收穀，未暇請兵。至正月，則恐彼亦聚兵出賊矣。若彼此不知，兩軍相值，則雖不至於敗，其出於萬全，未可必也。以此計之，莫如十月也。言者或以爲勞師遠征，不如坐而嚴兵，以逸待勞。然臣聞彼之出賊也，潛從山路牽馬徐行，勞亦不騎，日不過一息半息而止，無疲勞之理。以此計之，以逸待勞之言，亦無謂也。雖反覆百計，莫如大舉一征，以示國威之爲愈也。然此愚臣妄料，豈合廟筭? 伏惟上裁。" 都元帥許琮來啟曰："臣聞弘文舘上疏，

謂去冬遼東所報聲息，曾已下諭，而曾不之察，使賊屠城殺
將，以此咎臣。大抵觀察使雖職兼節度使，防禦非其任也。況
造山距臣所在，幾十五日程，豈能及救？近者彼賊屢犯我境，
今則至於覆軍殺將，多擄人畜，在廷聞者，尚有憤恨。況臣在
本道，激發之心，何可勝言，故臣馳啟請伐。既而承召下問，
亦以前日所啟啟之，上命臣爲都元帥以此。弘文舘意謂以臣主
張此舉也，然非臣主張，上亦不以臣言爲此舉也。弘文舘以臣
爲不可，豈可被人論駁，安然任此大事乎！況臣性柔而剛斷不
足，恐不能堪任，請辭。”傳曰：“弘文舘疏云某事某也爲之，
果指觀察使也。然此事非因卿言而舉之。聞造山賊變之日，廣
陵以爲舉兵問罪可也。予謂不可輕舉大事，稍緩師期，然則朝
廷羣議可知也。況舉大事者，當收羣議，量宜爲之。若必羣議
盡順，然後爲之，則大事不成。弘文舘所以言之者，恐其兵連
禍結也。然以此爲懼，則何時問罪乎？今此小醜輕犯大國，今
乘其機，大舉往伐，則彼雖欲復寇我疆，畏威而不敢輕犯矣。
弘文舘疏云有某事故有星變。然天甚高遠，豈知爲我而示變
乎？又安知天之示變者，以我國不先動而彼犯我境而然耶？”仍
示成俊書曰：“予見此書，人同此心。”琮覽訖，啟曰：“臣欲辭
免而未蒙允可，如更請辭，深懼煩瀆，當竭死力。”又啟曰：
“昨日慕華舘試射時，前日能騎射者亦多不才，請抄除，而更
擇甲士別侍衛充額。”傳曰：“騎射人有馬上之才，何以謂之不
用乎？今於北方將舉大事，西南不可無備。若有事，當分軍，
一以留京，一以禦邊，京中及京畿軍士，不可盡行。騎射入格
人，雖不盡精，率歸何如？”琮曰：“騎射入格而不能步射者一
十八人，皆不堪從軍者也。”傳曰：“如所啟。” 下書永安北道
節度使成俊曰：“今又以卿爲副元帥，聽都元帥許琮節度。”
下書成俊曰：“今見卿與阿良介問答，所啟果合國家大計。問

罪之舉，不得不爾，故已令許琮爲都元帥，李季仝爲副元帥。興師節目，時方講畫，日時不可預示。如此之際，機不可泄，使彼人不知，祕密措置。而如軍器修治等事，彼人若疑而探問，則以造山賊入後防禦器械修治事，權辭以答。”下書成俊曰：“問罪之舉已定。造山入寇之賊，雖尼麻車所爲，依舊接待，勿使生疑。”　癸酉，御經筵。講訖，特進官鄭文炯曰：“戎虜犯邊，實許混之故。請於境上聚被殺人子弟，斬混頭以廣視，則虜必快於心，而邊警息矣。”同知事李世佐曰：“臣之料計，亦如文炯所啟。昔世宗朝，沿邊萬戶欲邀功，捕殺釣魚倭人，世宗命於境上斬萬戶以示之。今宜斬許混，又致賻被殺人子弟，則彼必感恩不暇，豈生犯邊之計乎？”上曰：“誅混境上以說子弟，則虜必弱我，殊失國體，甚不可。”　甲戌，命議北征事于諸宰。李克培議：“大抵兵事先論曲直。兀狄哈與我本無釁嫌，無端入寇，攻陷城邑，屠害邊將，在王法必誅而不赦者也。今此舉兵，或者以爲憤兵。所謂憤兵者，爭恨小故，不勝憤怒之謂也。我直彼曲，不過奉天討罪而已，何憤之有？但務在持重，不宜輕進舉事。節度委之元帥，勿使紛紛之說。得以間之，事之大體當如是也。至於成敗，非臣所能逆料。”柳子光議：“頃者北虜殺羅嗣宗，又西賊來圍昌洲，國家舉兵，聲罪致討，在所不已。但令許混構釁西邊，又近年南方屢驚，脫有緩急，其禍急於西北。且西賊欲報許混殺父之讎，又重北虜入寇之恥。況永安五鎭士馬，殘敝不振，而今抄南方之民，遠赴北門，人馬困斃，并其五鎭士馬，深入敵境，則所傷必多。至於勝敗，亦可寒心。”李鐵堅、韓致亨、孫舜孝、鄭佸、河叔溥、呂自新、李秉正、李承祚、韓叔厚、安友騫議：“虜於我國，本無構釁，遽犯邊境，殺擄將士，罪惡貫盈，固當問罪。然兵家勝敗難必，不可輕舉。且一萬之衆，並計輜重，人

馬不下五六萬，留連往還之間，糧餉則已矣。至於芻藁，非永
安民力所能獨辦，弊必及於他道。假令大捷，揚示威武，他日
兵連禍結，邊氓之害，可勝言哉？”盧公弼、曹幹、權侹、趙益
貞、韓倜、權健、宋鐵山、安琛、李季男、尹坦議：“小醜輕
侮大國，至於陷城殺將，爲我之恥極矣。問罪之舉，不得不
爾。但今年則彼以構釁於我，必謂我入征，備我無所不至，而
我以不習之兵，輕罹其鋒，恐非萬全之舉。宜年年聲言入攻，
作爲形勢，彼必勞於備我，不獲寧居。久則必怠而無備，乘此
之時，舉兵擣穴，則可以小雪國恥。”御書曰：“今觀羣議，紛
紜莫定。如舉大事，豈宜如此。兵家勝敗，不可預度。虜之情
狀，制在良將。我意已決，不可卒變，定大計示威可也。” 乙
亥，傳旨兵曹曰：“自古戎狄之患，雖曰無世無之，而犯順則
不敢不正，干紀則不得不誅。近者北戎敢肆猖獗，闌入永安道
造山等處，殺擄軍民，以至殺將，非惟虜之罪惡貫盈，我之受
侮不少。若以此虜如蚊蝱過前，置之度外，終不與較，使彼虜
益生輕侮之心，則侵陵之患無時以已。而城底諸種野人，亦以
我畏恓而不敢動，則國家之威不振，而邊民亦不得寧息矣。用
此佳兵，事豈獲已？故以許琮爲都元帥，成俊、李季仝爲副元
帥，擬於今年領兵二萬，欲張我伐。猛士壯夫，若聞此舉，必
鼓勇奮氣，挺劍雲趨。而或以爲窮兵黷武，或以爲兵出無名，
羣議紛紜，沮止衆心，恐軍卒不知國家大計，意今年不行問罪
之舉，摧沮不起者有矣。以我堂堂直壯之士，一臨敵境，如風
振海，如電裂石，可以雪涇陽之周恥，可以報雲中之漢讎。”其
令軍卒知國家不爲異議所沮，今年必征之意，仍傳曰：“以此
意諭京畿、忠清、全羅、慶尙、江原、永安道。”

五月丙子朔

　　壬午，朝鮮實錄書：武靈君柳子光上疏曰：“伏以聖筭先

定，銳意北征，若非神武明斷，審於大計，其能然乎！其以許
琮爲面諫，引樊噲爲言者非也；其以窮兵黷武，引漢武、秦皇
爲言者亦非也。此皆書生迂儒，欲動殿下之成筭，必欲諫止北
伐而設爲辭耳。琮豈面謾殿下者也！琮備諳邊事，今亦觀察北
地，其爲請討，欲雪羅嗣宗見殺之恥，以張國威，宜也。去四
月二十九日議，臣論人事天時之所可慮者，反覆不已。天時人
事之或然，或未然，不可不深慮。今人事之最宜先慮者：五鎮
士馬之殘弊，幾於不振也。士馬殘弊，則其能深入敵境，保其
必勝乎？雖曰多調發南兵，困於道路，比至北門，其殘弊也必
甚。臣恐驅羣羊而攻猛虎。大國出師，當以萬全爲筭，倘有蹉
跌之悔，其恥豈一嗣宗之見殺乎！此不可不深慮者也。況西賊
欲報許混之讎，其慮實深於北征之急。是以臣議以姑停今秋之
舉，以許琮爲節度使，如成俊、李鐵堅、李克均、李季仝列爲
五鎮守將，以重北虜之聽聞，則北門可鑰，北虜可威。唐郭子
儀之受拜回紇，宋寇準之鎖鑰北門，其曰軍中有一范，西賊聞
之心膽寒。然則一人之重可以威四方，一人之重可以安國家，
其重如此；況使琮等四五重臣，使守北門！以今入征二萬見
兵，道路冗費，盡輸之五鎮，期以今年，恩撫土兵，振其殘
弊，鼓其勇氣，又多輸綿布，又賣海爲鹽，散其五鎮城底野
人，肥其所欲，樂其飽煖，審觀前道入征誠意何如？而並觀西
賊之情，撫養土兵，而能使鼓氣，皆思一戰，則或明年春至於
秋，兵雖不滿二萬，亦可入征，收其破竹，立石白頭山，飲馬
黑龍江。其爲舉也在於萬全，顧未晚也。蓄力養銳，久於自
逸，待時而發，李牧所以稱良將於趙者，用此術也。今不慮士
馬之强弱，卒遽而專意北征，南方勇銳者盡驅北門，或未及旋
師，而又西賊結爲大黨入寇，則何以哉？伏願殿下更留三思。”
傳曰：“疏意已悉。舉大事，予豈偶然思慮乎？雖小事，當以

參酌衆論。今北征，大事也，既深思而定，不可更改。都元帥許琮、副元帥李季仝，皆非常宰相也。其下諸將，亦備嘗大事者，必不妄動矣。其以此疏示都元帥。” 永安北道節度使成俊馳啟曰：“造山被擄逃來慶興官奴達生、今山等招云：‘去正月十二日，根隨府使羅嗣宗與兀狄哈接戰，見兀狄哈大概四五百名，而三分著甲，甲上付板一分；無甲猶著猪皮。府使敗沒後，我等及甲士金貴精等、造山人并二十一名，一時被擄，到撫夷堡，越邊宿，企望我軍邀截而不得。行無人山路，晝夜七日程，乃到姓不知兀狄哈家。又行十三日，到虜家。留一朔，見曾被擄女直中樞朴丹容阿女子語云：‘若聞好奇，須說與我。’其女云：‘汝等終不見還矣。虜言待朝鮮京軍士入來，欲赴戰。’我等日不記夜半，與鄭興守潛逃，登山出來。第五日，遇有一江半冰，興守先渡，我等隨後。及聞所乙古聲，胡語，朝鮮人稱爲所乙古。意興守遇兀狄哈見執。登山望見，則騎馬兀狄哈四人，縛執興守，尋逐我等於樹密處。我等走避，累日飢餓，到南訥兀狄哈家乞食，仍被拘留。日不記雞鳴時，又逃出，終日潛行。日沒時，其兀狄哈等尋蹤追執，以高都里箭射中，結縛牽還，遣亏乙未車、兀狄哈、麻耳等三人，通于訓戎越邊永守島居兀良哈處羅果，以牛馬并十七首、衣七領購我等，率到訓戎鎮。其言曰：‘聞四月二十四日一時被擄人內，府正兵梁松，入居人李汀，則接戰時逢箭致死。金貴精、申敬道、金義山、鄭興守、金叱同、張惠、金哲同、名不知金青丹孫子、造山女人五名、男一名、迷劣人二名等，則都骨處生存。初接戰時，兀狄哈二人逢箭即死，三人逢箭載歸。曾被擄唐女與言，都骨等更議歲後再來作賊，箭簇甲冑日夜打造。’” 命示都元帥許琮，仍傳曰：“前日聞尼麻車所居，距我境纔五六日程。今見成俊所啟，則被擄人晝夜並行，並十三日乃到兀

狄哈家，則道路遠近，與前所聞不同，無乃被執於他種兀狄哈
而還乎？朴丹容阿女子見達生等言曰：‘朝鮮京軍士入來，將
欲赴戰。’則達生等當答曰：‘此言聞諸何處？’成俊亦當問達生
等曰：‘朴丹容阿女子如此言之，汝亦何辭而答之？’上項當問
之事，成俊亦不細問以啟耳。”許琮啟曰：“果如上教。”仍略畫
彼人所居地圖以啟，曰：“我國豆滿江，與彼地速平江，皆自
西東流入海。速平江則至末流北入海。彼虜諸種，沿流列居。
尼麻車都骨最居上流，與穩城相對，而相距不過五六日程。南
訥最居下流，與造山相對，而相距七八日程。若被擄人直至尼
麻車之居，則不甚遠也。臣恐擄歸之時，不由直路，自造山越
歸南訥，遡速平江而上，至尼麻車都骨所居之地，故若此遠
也。若臣等入征之時，自穩城直至尼麻車，則都骨所居，可三
四日餘程。臣當往北道審問達生等更啟。”傳曰：“卿其詳問上
送，予亦親問。”　丙戌，上御宣政殿置酒，引見北征都元帥許
琮，從事官楊熙止、柳順汀，軍官高崇禮、尹成冏，仍曰：
“今北征之舉，人皆曰不可，論議各異，將何以處之？今此之
舉，曲直分明，天必助順矣。”琮啟曰：“成敗未可知也，然此
舉別無難事。但所疑者，未諳彼地山川險夷，道路迂直也。城
底野人皆曰不難，但疑彼人藉我兵力，欲報己怨，故易言之
也。日者成俊所啟，城底居阿良介者，頗識事理，自中稱爲將
帥，常言曰：‘大國何不舉兵問罪乎？’臣曾與此人商論彼地之
事，臣當下去更招此人詳問，觀勢而處之。今刷還人等，被擄
於都骨而還，未知都骨尼麻車并力作寇，而各分所擄之人也？
都骨獨來入寇而擄歸也，然尼麻車近來年年作賊，並伐之可
也。”上曰：“當伐有罪而已。若不擇而伐，則玉石俱焚，而彼
必憤怨擄釁矣！予意謂令城底野人及我國人，賫敕通問彼人
曰：‘造山作賊者誰歟？若不還擄俘人，當大舉問罪。’彼必答

之以實也。然則道路迂直可知，罪人亦可得矣。然使野人通問，反覆難知，先拘囚妻子何如?”琼曰：“兀狄哈非建州衛有酋長之類，本無體統。若送我國之人，則必拘囚不送矣。臣前日馳啟，請勿令城底人刷還。今更計之，令城底可信人，名爲刷還，而探問彼土，則知我國被擄人在處，亦知山川道路迂直矣。”上曰：“征討日期定以何時乎?”琼曰：“十月初十日以後可也。”上曰：“高崇禮、尹成岡，皆本道人也，不知彼土道路乎?”琼曰：“此人等自言未諳，然生長其土，聞見已熟，今若入去，亦可識之矣。”上曰：“國馬數少，選戰馬僅得四十匹，故募民納馬。然赴征軍士，雖有馬必不肯納。民間良馬，亦豈多哉?”琼曰：“我國馬政虛踈，諸牧場所養，甚不蕃息，民間亦無良馬。”右副承旨權景禧啟曰：“納者若優給其價，則民樂納之。且令司僕提調，擇納健馬可也。”上曰：“副元帥同司僕提調揀擇可也。”上執玉盃賜琼，又命進爵。令都承旨將玉盃賜從事官軍官等，賜琼衣一襲、雨具一件、胡椒一袋、韃服具弓箭，又賜從事官軍官各弓一張、胡椒一袋。又出寶劍一賜琼曰：“此予之所帶也。”仍親製教書，下承政院曰：“令善寫者書賜之。”僉啟曰：“雖善寫者，不如御書之爲寶也。”上手書賜之曰：“今玆北征，非是好大喜功，而廷議紛紜，莫適所主。予雖寡昧，豈不思兵戰之凶危哉！然用兵大事，勢不得已。而朝中言者，或以小寇常事，不足與較，宜置度外，至引以商宗之伐鬼方、周宣之逐獫狁、高帝之困白登、漢武之征四夷，欲止此舉。其於進戒達懷之辭，雖若善矣，而當今出師問罪之義，殆不深究。蠢玆北虜，匪茹入寇，侮慢大國，肆行蜂蠆之毒，極逞豺狼之志，無饜犯我，屠將戮卒，此豈天心之所樂，王法之不誅者耶? 肆興師旅，聲罪致討，固非如貪土地，好戰勝，強驅無辜之民於死地者也。且師有直壯。辭直氣壯，而民又知

過不在上，必不以爲暴，則虜衆雖盛，胡可畏也！所謂有不
戰，戰必勝也。自古命將，專制閫外，苟非文武全才，何足以
撫衆威敵。詩不云乎'文武吉甫，萬邦爲憲。赫赫南仲，玁狁
于襄。'此今日元帥之任也，東北之事，一以委卿，可不勗哉！
今特賜劍，卿豈不度是乃宋祖征江南授劍曹彬之意也。"仍命賜
燕于忠勳府。　　丁亥，越城君李鐵堅來啟曰："許混事干三十
四人，内車宥、桂已尙，武才卓異，彼人心服，每問安否？若
相見，則手撫其背曰：'吾當以爾爲婿。'其餘人亦皆有武才。
今照律決杖一百、流三千里。滿浦、江界乃賊路要害之地，防
禦最緊，此三十四人若徙他處，則防禦疎虞。臣意謂此人等決
罪後，定本官苦役爲便。且昌洲、昌城接戰時軍功，令觀察使
論啟。觀察使非親見之，乃以傳聞論功，必多失其實。且昌洲
之戰，官奴末伊、別侍衛金守山等，獨進力戰，矢盡勢窮，爲
賊所圍，自折其弓，依崖而立，賊殺之，斬頭刳腹而去。"右副
承旨權景禧啟曰："臣嘗聞斯二人戰死而已。今聞鐵堅之言，
其死甚慘。請依永安戰亡人例致祭賻，以勵士節。"是日，平安
道觀察使論功啟本適到，傳于鐵堅曰："所啟之意已悉，覽此
啟本後發落。"　傳曰："昌城官奴末伊等，依造山戰死人例致
祭致賻。"　右副承旨權景禧啟曰："臣聞諸李念義云：'去庚午
年，謫去慶源時，李澄玉爲節度使。會寧城底野人所老加茂，
打殺會寧羅將，逃入尼麻車、兀狄哈所居。澄玉欲招撫，領軍
五百餘名入彼地，念義從行。或遊獵徐行，三宿後，至一林
藪，林藪間可三十里許，非高峻之山，而西北有平野，尼麻
車、兀狄哈散居其下。我等不由林藪，由平野行。四日朝，到
尼麻車所居處，捕所老加茂，一宿後還到慶源。此間道路無險
阻處'云。"上曰："如此則道路似不險遠矣，其時邊將得出入彼
地乎？"景禧曰："其時之事，與今時似異。念義言：'澄玉常

曰，爲邊將者不可不識賊路，或從鍾城，或從會寧，或從慶
源，出入彼地，備諳夷險。從慶源而入，則無難，而自會寧入
路，多有險隘。” 己丑，義禁府啟：“前滿浦僉節制使許混，
教誘軍人車宥等，捕殺彼地田獵兀良哈六人罪。依律，縱軍擄
掠傷人，爲首者斬。許混斬待時，車宥等杖一百流三千里。”命
示領敦寧以上與議政府。沈澮、洪應、盧思慎、尹壕、成健
議：“依所啟施行。”尹弼商議：“依所啟施行。但車宥、桂已
尙，勇力射御絕人，野人來者必問安否，蓋服其才而畏忌之
也。今若流配他處，是失一勇士，本鎮定役何如?”魚世謙議：
“許混之罪，在於律文。將帥非奉調遣，私自使令軍人於境外
擄掠人口財物，則罪固當矣。若軍人，不曾經由本管頭目，私
出外境擄掠者，爲首杖一百，爲從者杖九十，傷人爲首者斬云
者，只爲軍放縱而設法，非謂將帥也。同律，事應奏不奏條
云：‘其合奏公事，其鞫問明白斬。’今看詳律意，許混行事，
自是縱軍境外擄掠，而欲掩其罪，詐報兵使，使因而啟達。至
於斬罪，則同律所無。盤詰奸細條云：‘凡邊關塞及腹裏地面，
但有境內奸細，走透消息於外人者斬。’此指通軍情於外人云
耳，非謂被擄逃來將解送人比也。此則不過欲免己罪詐辭耳。
律各有條。”傳曰：“世謙之議，與他議不同。其召前議宰相更
議以啟。”沈澮、尹弼商、洪應、盧思慎、成健議：“今詳律文，
果如世謙之議。令義禁府改照律定罪何如?”傳曰：“世謙之議，
於予心不合焉。予意謂許混不免於死也。若將帥令軍卒探候于
彼境，而因以殺擄，則世謙之議當矣。許混則不然。車宥等告
賊獵江外，混令宥等無緣捕殺，以滅其迹，而邀其功，罪應
死。且欲掩其詐，賂賄唐人，若使上國聞之，謂我國擇任將帥
乎，此則已矣。今已生釁，使西鄙之民不得寧息，是誰之罪?
今觀羣議，皆曰改律，其意何也?”僉啟曰：“臣等非謂許混之

罪可免其死。今此照律，不合其罪，若置極刑，當得正律而斷之可也。”命改照律，仍問曰：“許混事干人多滯於獄，其中豈無冤枉者乎？今年西北旱甚，安知不由於此。當速照律遣朝官決之，何如？”皆對曰：“上教允當。”傳曰：“議者或云許混當戮於賊境，以示彼虜。予意以爲致混於京，待時決罪何如？”僉啟曰：“允當。”傳曰：“前者領議政之議，車宥等事干人，決罪後因屬于本邑苦役，予意亦以爲然。問他宰相以啟。”僉啟曰：“上教允當。不特此輩，前者全孝常，以永安居人犯罪流江界，孝常亦宜充軍于永安極邊，使之防禦。”傳曰：“已悉。” 戊戌，聖節使朴崇質馳啟曰：“臣於本月初九日到遼東，總兵官羅雄語通事云：‘建州野人來，九十月間將犯汝國，須告汝宰相。’臣更遣通事問之，雄云：‘去三月晦時，撫順所野人八名，因事來言，朝鮮人殺我無辜，我建州衛人欲邀截聖節使赴京之路，又於九十月間收拾人馬報復。’”傳曰：“今觀聖節使之啟，與前所聞相合，防禦不可不嚴。其諭都元帥及副元帥。”又傳曰：“兀狄哈不知我國將入征，從建州衛之請，分三四道一時入寇，則援軍寡少。前者聞變送援兵，倉卒之間，人馬又困，今欲預送，休其力以應變，何如？”僉啟曰：“允當。擇驍勇者若干人，七八月間先送待變，甚可。” 庚子，平安道節度使吳純馳啟曰：“滿浦僉節制使金允濟報云：本月十七日，溫下衛野人金木所、金任多可等來言：‘建州衛野人沈日多來告于我衛酋長金劉里哈曰：“左衛高甫乙赤，右衛童處伊應巨、童驢隱代茂等，請兵四方，騎兵二百由陸路，步兵二百由水路乘者皮船，於本月十四日指向水下。”劉里哈令我告諸節度使，故不分晝夜而來。’臣遣虞候柳承孫檢察防禦諸事。”命示都元帥李克均。克均啟曰：“純聞變固當馳往應變，只遣虞候不可。”諭吳純曰：“今因卿啟，知滿浦聲息，但只遣虞候應變，不合事體。

卿宜馳到江界，親自措置，毋失事機。”　乙巳，司憲府大司憲
韓堰、司諫院大司諫金敬祖等來啟曰：“今聞執義安彭命，謂
臺諫不力諫北征，臣等請避嫌。”命示彭命所啟單字。臺諫等更
啟曰：“今見單字，彭命之言，出於公論。臣等非不言北征不
可，然無格天之誠，未蒙允可，專是臣等庸劣之故也。大抵臺
諫當依公論而處之。今公論旣曰非矣，則不可就職。且聞有遞
彭命之命。彭命直言而見遞，臣等不言而仍職，未安。請存彭
命而遞臣等之職。”傳曰：“卿等初非不言也，諸大臣與弘文館
臺諫相可否，已定大事。其時假令彭命在京，豈能獨沮乎？今
彭命妄爲大言，欲沮大事，勢與卿等不相容，故遞彭命矣。卿
等本非不言，何避嫌之有。”臺諫更請辭職，竟不聽。　弘文舘
副提學金堪等上疏曰：“臣等聞，先爲不可勝，以待敵之可勝，
故以守則固，以戰則勝。今我國家，狃於昇平，兩界備禦解
弛，坐啟戎心。去春闌入造山，屠城殺將，又寇昌洲，累日交
兵。其被殺擄，雖不顯言，頗或騰播，是則在我無可勝之策
耳。今之議者，或言建州衛與毛憐衛，勢不相接，非共謀而
發。然臣等竊料，建州衛來朝於我者，路由毛憐衛，毛憐衛入
貢上國者，必經建州衛，其聲勢相倚。今者入寇，同時並舉，
安知非兩虜協謀分攻乎？然則虜之奸計，似不可測。在今先
務，擇良將勁卒，分授兩邊，積糧餉，精機械，蓄銳養威，使
在我堂堂有不可勝之勢。來則制勝，去則勿追。此兵法以逸待
勞，致人而勿致於人者也。近者慶興被擄者還自虜地，言虜備
戰具；遼東所報，亦悉虜情。明者覩未萌，況已著者乎？其備
兩虜，不可偏有輕重。今獨以造山之敗爲可恥，排羣議，斷大
舉，提兵二萬，精銳盡行。虜乘此隙，衝突西鄙，則平安、黃
海彫瘵之兵，安保其必勝乎？此北征不可者一也。用兵之要，
先審彼敵強弱虛實，山川險夷，道路迂直，然後可以萬全而無

虞。故光武欲征隗囂，馬援聚米爲山，指畫形勢，虜在目中。李愬平淮西，得賊將李祐，乃用其策，卒擒元濟。自古及今，未有不料敵而能制勝者。聞虜地山川險阨，林藪無際，非惟未諳道路，至於虜之衆寡強弱，亦未有知者，徒以城底向化之言爲信，使之向導焉。此輩雖曰向化，與同類相婚，造山之陷，已疑其導。今者之舉，亦已馳告。吾所恃以爲嚮導者，首鼠兩端，豈如馬援之可任，李祐之可信也。孫子言：‘地有絕澗、天井、天牢、天羅、天陷、天隙，必亟去之勿近也。’今虜地必多六害，犯此兵忌，何以制勝？北征之不可者二也。帝王用師，名其爲賊，敵乃可服。今虜種非一，居近地者曰尼麻車，居遠地者曰都骨。初信向化之言，欲征尼麻車，及見被擄者之招，似是都骨。不審尼麻車爲賊耶，都骨爲賊耶？尼麻車賊也，則征都骨不可；都骨賊也，則征尼麻車不可。賊在都骨，則假途尼麻車，用兵實難，莫適爲主。並征二虜，則力有不給，罪人未得，何以聲罪而服敵乎，徒結釁搆怨而已。北征之不可者三也。今決意北征者，殿下必以爲國富兵強，將帥賢明，必能了此大事，蕞爾小醜，不足平矣。然唐太宗以英武之主，舉天下之兵，將帥如李勣、李靖、薛萬徹、道宗、張亮、薛仁貴，皆不世出之才，以此征高麗，不啻如千鈞壓鳥卵，然而困一安市小城，挫衂而歸，爲天下後世笑。兵凶戰危，固不可易言。況我國將才兵力，不及唐室，而虜地之險，不下安市乎？假如此舉，仗國靈，承廟筭，多致克獲，以快一時之忿，然不能殄殲無遺，則結怨益深，常思報復，年年必矣。今歲二萬師，費七萬穀，靡有餘力以給後日。臣等竊恐國家，自此紛紛多故矣。北征之不可者四也。臣等前此仰瀆宸聰者非一，徒以大事已定，不曾迎納。且臺諫所言，指爲沮止臆謾，并罷其職。臣等深以直士之氣，沮喪爲憂，敢進劄子。御書云：‘安

欲使士之正直之氣。沮喪乎雷霆之下乎？’然自此士氣，不期沮
喪而自沮喪。今方西鄙有事，北征之不可兩舉，人孰不知，殿
下之股肱耳目，曾無一言及之，恐非國家之福而治平之美事
也。”御書曰：“已悉予意而不回所執，何也？”不允。

六月丙午朔

　　壬子，朝鮮實錄書：左副承旨權景禧啟曰：“李巒玉言：
‘歸慶興，聞前日犯邊者，即都骨、沙車、尼麻車三種兀狄哈
同心爲之。臣以向化人，當如此之時，欲爲國家立功，請從
征。’臣問於其類，皆曰：‘巒玉善射者也。’觀其容貌，年僅二
十八九矣。”傳曰：“國家亦疑彼三族兀狄哈作賊，然未的知。
巒玉於何處聞之乎？其更問以啟。”政院致巒玉問之，啟曰：
“臣去冬以率妻上來事歸慶興，骨看兀狄哈李都弄，居慶興越
邊深地。臣問其作賊之人，答曰：‘尼麻車、沙車、都骨三種
兀狄哈所爲也。’臣以向化人來此侍衛，如此之時，當奉上意，
竭力爲之，請從征。”傳曰：“其賜巒玉甲冑弓矢，以許從征。
若盡心立功，則當不次論賞。” 下書北征都元帥許琮曰：“向
化李巒玉，還自慶興，言聞諸四寸兄都弄吾，近日慶興入寇之
賊，非特都骨，乃與沙車、尼麻車共謀作賊。是雖傳聞之語，
亦必不誤矣。卿知此意措置可也。且巒玉欲從征效力，故給甲
冑弓矢而許之，卿知其意。” 癸丑，下書永安道觀察使許琮：
“北道節度使成俊曰：‘會寧、高嶺則斡朵里，鍾城、穩城、慶
源則兀良哈，慶興則骨看女眞等，城底居生，部落各異，心亦
不同。人言今北征時，從征嚮道，未可必其順從。臨時下書開
諭，使之知國家之意。’其便否？急速馳啟。” 甲子，平安道觀
察使柳輊馳啟：“今六月十一日，理山阿耳堡地面，彼賊三十
餘人，乘者皮船渡江，潛入廣平地境，擄農人男女七名，馬三
匹、牛一頭。阿耳萬戶文自良，初不能守護，使農民被擄，而

又匿不馳報。及理山郡守崔麟壽窮推阿耳、勸農、池仲山，而後始知賊變。"承政院啟曰："邊民出城農作，必有守護。若有守護，賊雖邀截，必與相戰，然後被擄。今見柳輊啟本，萬戶必以江水漲溢爲恃，恝然無備，又欲掩覆，不自首實，欺罔甚矣。令前去敬差官閔孝曾推鞫，速遣新萬戶以措置防禦。節度使亦以一道主將，不能預爲措置，見擄人畜，該曹必啟鞫之矣。宜速下諭書，預爲隄備。"傳曰："可。"　兵曹據平安道觀察使柳輊啟本啟："阿耳萬戶文自良，不曾守護農民，不謹候望，及人畜被擄後，亦匿不以報。理山郡守崔麟壽，管內農民守護及候望，不檢察，致令被擄。節度使吳純，亦不能檢察，致令防禦解弛，人畜擄去，不即馳啟，隣近諸鎮將，報變後亦不救援。請並推鞫。"御書曰："萬戶令禁府拿來推鞫。被擄人畜，令西北面從事官詳悉推刷，并鞫節度使。"仍傳曰："萬戶斯速口傳，節度使當拿致，拿致則當改差，是臨陣易將，於事體何？其問于今日詣闕宰相。"沈澮等啟曰："上旨允當。"　戊辰，永安南道節度使卞宗仁馳啟曰："彼人李阿哈、同類夫老好等三十餘人，到惠山江邊，言曰：'我率同類四名朝中國，還過蒲州，舍稱哈家，隣有項時哈夫所老者，言："族親泥加大等七名，獵于滿浦江邊，爲朝鮮人捕殺，故我等欲聚兵報復。"仍問三水、甲山等處山川道路。我答云："山高水險，道路狹窄，難以用兵。"彼曰："來秋當報復。"'臣意此言雖不足信，彼人來獵者倍多於前，道內軍士五千九百名，內除北征二千六百名，餘軍不多，請忠贊衛除番上，分二番，道內各鎮堡，二朔相遞留防。"命示議。得宰相僉議："依啟本施行。"從之。　辛未，平安道觀察使柳輊馳啟："彼人溫下衛大卿朴高里等來言曰：'前者被殺人鋤正哈父趙義里哈，請還被殺時所持羅韜七、弓六、丁斧六、斧一、銅鑪口一等物。'若更來請，何以答之乎?"兵曹據此回啟，下議領敦寧以上及議政府。左參贊李克墩議:"許混越江殺害事，曾不與彼人從實說導，而今啟目內越邊來到，潛來作賊，間或有之。諸將必疑其作賊殺害等語，似不合邊機。臣爲兵曹判書時，許混被推及遞差等緣由，權辭諱對事，承傳行移。今若如兵曹啟目開說，則彼必益懷殺無辜之憤。非但彼獨自憤，亦必騰聞上國。今姑語之曰:'前者幹黑能畋獵依憑，潛犯邊境，以致被戮，是固自取。其所持物色，雖實有之，其時委棄被戮處，今已與草木俱腐矣。今來請還，未知何心耶?汝更思之，則當愧謝之不暇，千萬勿更言。'以此嚴辭責之，勿使更說何如?"御書:"予意當答曰:'幹黑能等不犯我境，邊將無殺之之理也，必有所自取之者也。雖有逃歸者，告以朝鮮邊將掩殺，吾輩亦安知依憑畋獵，潛犯我境，而諱自取之過，使爾等疑之耶?爾等不度事勢，妄謂我國之人殺之，未知何心耶?所持物色，其時已棄，今必與草木同腐矣。假使有之，今無更給之理。'以此答之，試觀其意何如?"仍傳曰:"克墩議似合予意，然有未盡處。以予所書，示今日詣闕前議宰相更議爲可。"僉啟曰:"御書之旨允當，命兵曹依此施行。"　平安道觀察使柳輊馳啟碧潼事變'彼邊野人乘者皮船七隻，又二十二名騎馬，布列江邊。候卒望見大呼。我守護軍即布列待之。彼不得渡，沿流入青橋洞。甲士崔允成等，乘小船渡江，奪彼船七隻而還。"　命示都元帥李克均，仍傳于克均曰:"此雖鼠竊，屢犯邊境，元帥當速馳往，預設方略，外示虛弱，使農民無守護布野，則虜必來犯，可乘此時邀擊。且今奪虜船，節次不詳啟，何也?"克均啟曰:"臣聞碧潼僉使朴居信守護，故彼不得犯。望見阿耳農民，無守護，單弱，潛渡隱伏，伺農民布野來犯之。其農民凡十人，而一人逃還，二人伏林間，望見虜七人，擒我民七人，載船并牛馬浮江而渡。阿耳萬戶往追之，則虜已下陸，以石擊破其船而歸。今所云奪船，非追逐而奪之，虜之所破之船，流下廣平，而民有見之者，告碧潼僉使得之耳。今臣固當速行，但臣不可獨往，必帶軍官分守諸鎮，則糜費不貲，且農時往來亦有弊。然當大事，豈敢計小弊乎?"傳曰："予以爲元帥當速行。今雖農時，何計小弊。"傳于政院曰："吏曹判書今赴西鄙，軍務倥傯，本曹都目除授亦臨迫，欲尊以高位而遣何如?"僉啟曰："允當。"

七月乙亥朔

戊寅，朝鮮實錄書：教開城府留守柳洵、京畿觀察使金悌臣、江原道觀察使金礪石、忠清道觀察使洪興、兵馬節度使曹淑沂、全羅道觀察使金克儉、兵馬節度使辛鑄、慶尚道觀察使鄭崇祖、左道兵馬節度使河叔溥、右道兵馬節度使曹克治、永安南道節度使卞宗仁、北道節度使成俊曰："偃武修文，雖帝王之盛德；禁暴除亂，乃聖人之義兵。若稽往猷，可徵簡策。蠻荊爲讎，周宣有采芑之師；頡利憑陵，唐宗有漠北之討。粵我祖宗，亦事武功。己亥之東征，癸丑之西伐，庚辰之北征，是豈窮兵而黷武，皆爲生民之害，社稷之憂，不可得已者。予自續承基構，誕脩文教，豈欲興兵動衆，專耀武威？交隣事大，罔不盡心。至於夷虜之接於我境者，無間彼此，撫以恩信。顧茲北虜稔惡，背恩負施，去年犯我撫夷堡，以爲鼠竊狗偷，不足與較，置而不問。今年又犯造山堡，殺害我鎮將，虔劉我人民，搶奪我頭畜。邊城之人，日夜切齒，咸思一舉，薄示威靈。予念此而不討，國非其國。以我堂堂之兵威，寧堪受屈於小醜，宜興問罪之舉，亟行干紀之誅。以許琮爲都元帥，成俊、李季仝副之。今年十月，率兵二萬，直擣窟穴，勦殲乃已。今送兵符合驗。京畿、南陽、水原、陽城、振威、龍安、仁山、陰竹，驪州、利川、砥平、楊根、加平、永平、揚州、廣州、果川、抱川、竹山、陽智、麻田、漣川、仁川等官軍士，九月初二日發程，同月二十四日到吉城。開城府軍士，九月初三日發程，同月二十四日到吉城。忠清道舒川、林川、韓山、鴻山、恩津、尼山、連山、扶餘、石城、鎮岑、定山、藍浦、泰安、瑞山、沔川、唐津、牙山、平澤、稷山、天安、新昌、全義、木川、保寧、結城、洪州、大興、德山、禮山、海美、溫陽等官軍士，八月二十三日發程，九月二十三日到吉城。公州、懷德、黃澗、永同、青山、沃川、燕歧、清州、文義、延豐、槐山、清安、報恩、懷仁、鎮川等官軍士，八月二十日發程，九月二十二日到吉城。丹陽、堤川、永春、清風、忠州、陰城等官軍士，八月二十二日發程，九月二十三日到吉城。江原道原州、寧越、平昌、旌善、橫城、春川、麟蹄、狼川、洪川、金化、伊川、楊口、淮楊、金城、安峽、鐵原、平康等官軍士，九月初八日發程，同月二十五日到吉城。平海、蔚珍、三陟、江陵、襄陽、杆城、高城、通川、歙谷等官軍士，九月初四日發程，同月二十一日到吉城。全羅道靈巖、務安、咸平、珍原、長城、同福、和順、綾城、南平、光山、潭陽、淳昌、昌平、玉果等官軍士，八月十二日發程，九月十八日到吉城。茂朱、雲峯、長水、鎮安、龍潭、錦山、珍山、高山、南原、任實、求禮、谷城等官軍士，八月初九日發程，九月十八日到吉城。茂長、興德、古阜、全州、礪山、靈光、高敞、井邑、扶安、金堤、萬頃、沃溝、臨陂、咸悅、龍安、益山、泰仁、金溝等官軍士，八月十四日發程，九月十九日到吉城。慶尙道咸陽、山陰、丹城、安陰、晉州、居昌、陜川、三嘉、草溪、宜寧、知禮、咸安、咸昌、尙州、聞慶、昌原、漆原、靈山、昌寧、玄風、高靈、星州、開寧、金山、金海、善山、龍宮等官軍士，八月十五日發程，九月二十日到吉城。慶

州、興海、彥陽、清河、寧海、永川、盈德、新寧、河陽、密
陽、清道、慶山、仁同、大丘等官軍士，八月十七日發程，九
月二十一日到吉城。安東、眞寶、青松、豐基、榮川、奉化、
禮安、義城、醴泉、義興、軍威、比安等官軍士，八月十六日
發程，九月二十一日到吉城。永安道軍士發程日時，則聽都元
帥許琮節度。噫！兵旣出而有名，師當直而爲壯，執訊獲醜。
予一人豈欲逞憤於伊吾，息馬休戈，使邊氓庶幾按堵於朔野。”
此時朝議沸騰，錄不勝錄。惟錄其涉夷情者。編者附識。　庚辰，
初，平安道觀察使柳輊馳啟：“聖節使之行，解送唐人金寶甫
到義順舘，逃隱舘北麻田，翌日因飢困還舘。又到江邊，脫衣
游涉，令人騎船捉來拘留。其一時出來唐人金波豆伊、李上佐
等曰：‘寶甫雖逃，我則先歸。’”命示領敦寧以上及議政府議
之，議多不一。傳曰：“自我國歸彼土之路，則有禁防。自遼
東歸彼土之路，則無禁防。故寶甫無乃欲覘虛實而來，詐稱唐
人，歸遼東而逃入彼土乎？其拿致京中，推問根腳後區處。至
是，承文院啟金寶甫招辭，其招云：“俺父親野人金所老，母
親朝鮮人陸貞，本居永安道會寧，彼邊河你車屯裏住活。俺少
時父母俱沒，俺隨從祖父高乙洪及叔金離時哈長養，移住建州
衛野人小利哈家，過活二十餘年。同居曾被擄遼東人李上佐，
及隣住被虜遼東人金波豆里等，常誘我云：‘遼東凡投化野人，
必加職撫恤。汝與我稱唐人，往朝鮮國，仍投遼東住活可也。’
俺與李上佐、金波豆里等商議，逃離本處，來投平安道方山
鎮。俺族親大好時乃、童清禮皆是也。”命問大好時乃、童清
禮，則皆曰：“其父所老，其母陸眞，皆非我族親。其爲野人，
眞僞未可知也。”傳曰：“金寶甫自稱野人，而大好時乃等皆曰
不知，何以處之？其議于領敦寧以上及議政府。”沈澮、尹弼
商、李克培、李鐵堅議：“金寶甫，非唐人，乃野人，則不可

解送也。"傳曰："若拘留寶甫而獨解送李上佐，則上佐等必悉告都司，然則無乃致問於我乎？其問于政院。"承政院啟曰："平安道觀察使所啟李上佐等招辭，亦言金寶甫初云唐人，又變辭云非唐人乃野人也。李上佐等若歸遼東，必以此言之，何致問之有？寶甫拘留爲便。"傳曰："解送李上佐等，留金寶甫居我土可也。"　壬午，平安道節度使吳純馳啟曰："本月初一日，彼賊乘者皮船潛涉，擄許麟浦農民男女业二口，牛一頭、馬一匹而去，其船可乘三四，非如前時僅容一人之船，雖當水漲，不難渡矣。"命示西北面都元帥李克均。來啟曰："自江邊距許麟浦，不過一馳馬之間，上有小洞，居民只三四家。又踰一峴，則民居亦十五餘家。意必此等民布野而見擄矣。今斥候有名無實，致有賊變。臣意謂今往本道有不謹斥候者，以軍法處之，而使軍民曉然，知元帥擅殺有罪，則人皆戒慎盡心矣。"傳曰："遲緩斥候者，當正典刑可也。"克均又啟曰："不謹斥候者，當依教用法。但其中有心斥候者，或以布，或以爵賞之，則人皆勸勵盡心矣。"傳曰："卿今下去試之，錄勤慢以啟，予當賞罰之。"景禧啟曰："前日傳教云，令都元帥依軍法處置事，並論製教；而今則使啟聞，然後行其賞罰，似與教書之意相異矣。"傳曰："予非不知新書之意而言之，今幸有小變，則使之啟稟耳。若教書所謂用軍法者，但以冬節赴防及臨戰時事耳。昔莊賈監軍，穰苴斬之於國中；蘇建裨將，衛青不誅於境外，而古人以穰苴爲是。予意以謂今非臨陣之時，故使之啟稟。予之所執，無乃不可乎？"克均、景禧啟曰："上教允當。"　下書平安道節度使吳純曰："今觀人物被擄啟本，予甚惻然，又甚怒焉。建州之賊，再寇失利，蓄憤伺隙，欲肆凶謀，卿與鎮將何不思之？屢失邊馭，俾吾赤子做賊之奴，近日之事，誰任其咎？被擄人畜，備細推刷以啟。防禦諸事，倍加布置，毋蹈前非。"

丁亥，平安道觀察使柳輊馳啟曰：“本月初三日，賊乘者皮船，夜潛入昌城地面，分半守其船，五十餘名與我守護軍牌頭崔允亨等相戰，府使李英山領兵馳到力戰，賊退北，崔允亨、李英山前後戰，賊中矢者二十餘，我軍則唯允亨中矢。適夜深雲暗，視之賊可一百八十餘人，者皮船六十三隻。賊越江，手破其船，即令善射人李三福等七人，乘馬向船以射之，七隻猶存。”傳曰：“此虜屯聚近境，相休息迭出歟，抑各還其穴而又來歟，未可知也。水漲之時尚如此，若冰合，必將大舉入寇矣，安忍坐受其辱乎？待之以恩，既不懷服，雖待之以薄，亦豈益肆哉？都元帥亦欲直擣巢穴，然不告酋長而舉事，則虜必奏聞於上國矣。予意謂下諭酋長曰：‘爾管下托獵獸，屯聚我境，乘間作耗，搶擄人畜非一。今後有逐獸爲名，屯聚近境者，令邊將搜討勦滅，汝其知之。’如此開諭，而後令都元帥乘機往擊何如？其召領敦寧以上政府、六曹、漢城府、知邊事宰相等議之。”沈澮等議不一。傳曰：“今觀羣議，或云水漲草密，不可邀擊；或云水無舟楫，濟師爲難；或云兵難遙度。然今日之議，但議其可伐而已。左議政之議，以謂元帥既受命而去，其守其討，可專付之。此議甚是。予意謂令都元帥，有可擊之勢，則渡江邀擊；如或勢難，不必往也，要在乘機善處耳。將此意諭元帥何如？”僉啟曰：“上教允當。”沈澮、尹弼商、尹壕等更啟曰：“臣等意謂，不先諭酋長未可，故議之如是。”傳曰：“今果不諭酋長而先討，則賊必訴於中國。我若奏聞，待命而後舉事，則似緩。當以問罪之意，製諭書送都元帥，令付可信若金主成可者，傳授酋長可也。”永安北道評事李世卿，率被擄達生等三人來。上御宣政殿引見世卿，謂曰：“本道農事何如？”世卿曰：“端川、吉城、北青等處，播種時適早，立苗稀疎，今則稍稔。六鎮比前年則豐稔。永興以南茂盛。臣之來

時，六鎭小旱；永興以南，雨澤周洽。"上曰："豐穰惟天所爲，
非人力所及，不可必期。年豐則舉大事何難？今聞歲稔可喜。
道內軍器已整齊耶？"世卿曰："庶幾整齊矣。"上曰："被擄而還
者但達生等乎？"世卿曰："去六月十八日，鄭興守又來。此人
與達生等同時逃來，路中爲車節兀狄哈所獲，還往都骨，留數
月乃得逃還。"　上復御宣政殿，引見達生等，問造山被擄之
由。達生等啟曰："正月十二日曉，頭烟臺舉燧五柄，府使羅
嗣宗知賊變，整軍出門，則已昧爽矣。臣等無弓矢，且事迫，
分官中長箭一部，各持十箇，隨府使馳向造山。彼賊已擄人
畜，將還渡江。府使作鶴翼陣，追逐過江。彼賊一時大呼，回
騎逆擊，須臾圍我中軸。兩軍相接，未辨彼我，賊射中府使之
馬，府使着鞭，則馬已僵仆，賊五十餘人，或刃或射，爭殺府
使。臣等亦無甲冑，矢盡持弓而立，賊以都僕姑射之。臣初欲
以佩刀刺一人而死，終至勢窮，弓與刀皆棄之，跪而攢手。賊
下馬縛臣，或杖或射，驅迫而去，半死而行。賊疑我軍追至，
每於止處，必分屯出一人，着甲候望，至夜深乃已。如是者五
六日，賊二三人，持炊飯器先馳至宿處，宰殺擄去牛馬，和米
肉作粥，賊等繼至而食。晝行十二日，夜行八日，乃到都骨
屯。"上曰："賊馬何如？"達生等曰："人馬皆壯健矣。"上曰：
"弓箭何如？"達生等曰："弓矢皆强勁。設風爐造箭鏃，皆淬
之。"上曰："居室何如？"達生曰："其作室之形，一樑通四五
間，如僧舍。以大銅釜排置左右，一釜炊飯而食，一釜用秕糠
作粥以養馬。"上曰："計活何如，所事何事歟？"達生曰："多儲
匹段布物，一人所有，貂鼠皮可至三百餘張。雞初鳴始起，終
日舂米。隔一江有他種兀狄哈，持皮物貿米而去。其人或留二
三日，載二三駄而歸矣。"上曰："汝見朴丹容阿之女相語乎？"
達生曰："賊使臣每日斫木負米，手足皆裂流血。臣呼泣，賊

呼朴丹容阿女子問其呼泣之意。臣具言其故，丹容阿女子告
賊。賊曰：‘誰能使汝坐費飲食乎？如此則將殺之。’臣畏不敢
復言。一日，丹容阿女子招臣，臣往見之，饋酒食曰：‘汝見
此飯，不淅不去沙，此犬馬之食，非人之食也。在我土生長父
母之家，豈見如此之食乎？’又語臣曰：‘今汝所寓之家，乃富
家也。汝雖無衣，其家造給之矣。我則貧乏無衣，汝脫一衣贈
我何如？’臣脫衫兒以贈之，仍問邇來事，答曰：‘爾國無刷還
之意，而多送京兵，必將來伐矣。’”上問曰：“其言聞諸何處而
言之乎？”達生曰：“臣問言根，其女云：‘此土之人，因貿販到
爾國邊境，聞而來說矣。’臣聞此言，潛議曰：我等寧中路而
斃，必欲逃還。一日二更，窺彼人就宿，騎山逃走，左夾日出
行。五日渡一水，路逢兀狄哈四人，臣與金山避匿，鄭興守見
獲。臣等初來，糧米盡付興守，而所賫糧僅八九升，常食生
米，十三日乃絕。其後或拾橡栗，或裂月老只而食，飢困不能
步，相約縊死，掛索於樹，欲死而未能。遙見一處有人烟，臣
等相謂曰：等死耳，寧乞食而死。往則彼人方炊飯。問曰：
‘汝是何人，又向何地？’臣等答曰：‘朝鮮人。’彼曰：‘汝等見
擄於都骨而逃來矣。’先食粥，又食飯，率臣向日而行，二日到
南訥，拘留一月，無解送之意。臣等潛約逃走，至一處，飢
困，坐食生米。南訥六人追至，結縛驅去。行二日還到彼處，
南訥使曾被擄遼人解我語者，問臣等曰：‘汝欲死乎，還都骨
乎，抑欲還本國乎？’臣等答曰：‘雖死欲還本國。’又問曰：‘在
汝國爲何事歟？’臣給之曰：‘鎮撫。’曰：‘然則必解文矣，書汝
名。’臣僅書臣名與金山之名。彼人送人于城底兀良哈。歸閱十
五日，持踏印公文及空紙筆墨而返，迫臣書契而送。臣不知公
文之意而痛哭，彼人曰：‘何以哭之？’臣又給之曰：‘此公文云
姑留三日，一日尚難度，況三日乎？以是哭之。’翌日，彼人八

名，率臣等行五日，到訓戎鎮江邊山間，縛臣等令七人守之，
一人先到兀良哈家。初更，與兀良哈一人來到，臣見兀良哈痛
哭。兀良哈曰：'明日到汝土，何哭爲？'兀狄哈曰：'償我饋汝
之費。'脫臣等所衣而去。兀良哈率臣等到其家，則日已明矣。
訓戎鎮僉使載酒來饋，兀良哈及押臣等而來者，仍率臣等而
還。"上謂金山曰："汝之言必與達生同矣。"承旨其問諸興守，
興守亦啟被擄逃來之狀。上曰："汝等往來時，渡幾水乎？水
之廣狹何如？"達生等曰："所渡之水無大江，類皆淺狹。臣等
登山跋涉，乘夜而來，不能詳記其數，大概不過五六矣。"傳
曰："此人等艱苦而來，可矜也。饋酒食，給紬襦衣一領，綿
布二匹及糧，又令本道各給米一碩。"　北征都元帥許琮馳啟
曰："臣到慶源府，訓春住兀良哈等來謁。臣語以被擄人刷還
之意，答云：'同里住其叱金者，乃亏乙未車兀狄哈姻家也，
所居與都骨不遠。若欲刷還，此人可任也。'臣翌日招其叱金說
之，則曰："亏乙未車兀狄哈果吾姻家，當盡力刷還。但多給
牛馬，然後可刷還。若爾，其類必羨彼得利，蠭起作耗矣。都
骨本不犯邊，恐是尼麻車指導而然也，其罪不可不懲。且所居
不遠，大舉入攻，彼必懲艾自戢矣。'臣曰：'攻討大事，不可
輕動。但果如汝言，必來作耗，當整齊軍馬以待之。爾類中汝
是將帥，能率衆助力乎？'答云：'尼麻車、都骨，皆我仇讎，
欲食其肉久矣。我當率衆致死。'臣曰：'此事姑置勿論，刷還
不可緩也，汝當速往姻家刷來。'答云：'當盡力。'"御扎答之
曰："觀卿所啟已悉，卿可謂善方略而能措置矣。卿之所言，
予一從之，以待卿成大功也。且聞世卿之言，知卿無恙，予甚
喜焉。又聞本道農事稍稔，益知天之助我也。既命卿爲將，復
選人爲副，而利器械，鍊士馬，師出有名，復何憂哉！今議者
言問罪之師，當加於尼麻車，不可於都骨。然今聞達生之言，

何獨疑於尼麻車哉？予未曉邊事，兵亦不可遙制，略示所聞，卿可商量更啟。”仍傳曰：“此書付世卿，令密傳元帥。”　戊子，傳于兵曹曰：“予見達生等穎悟，備諳道路。達生又壯健驍勇，皆可使從征，令都元帥各給官軍器。”　諭西北面都元帥李克均曰：“近日西賊再犯阿耳、高山里等鎮，搶擄人畜。爲邊將者，當日謹隄備，以待賊至。而自以爲長江大限，未能飛渡，備禦諸事，略不措置，使賊一百八十餘人，乘者皮船六十三隻，乘夜潛涉，圍昌洲雲頭里烟臺。以我堂堂之勢，受此挫辱，邊將之罪也，當直擣巢穴問罪，然不可輕動。彼賊自來托以畋獵，來屯江外，曠日留連，窺覘我虛實，伺便竊發。國家以江外畋獵，其來已久，不得無緣遽禁。今則旣與彼結釁，雖使之不得來屯，不爲加怨，雖不禁之，亦不以爲德，故曾將此意，諭建州三衛。卿其鍊兵卒，修器械。如得可擊之機，則本衛雖未及回答，善爲措置，搜討江外留者，盡殲無遺，使賊不得南嚮也。”　武靈君柳子光來啟曰：“野人屢犯平安地面，固當問罪，但北征並舉爲難。臣欲親啟，熱甚，未敢請耳。”傳曰：“卿欲啟事，予何憚暑而不見乎？”即御宣政殿引見。子光啟曰：“北征雖已定議。然以事勢觀之，平安爲重，請移北征之師。大舉西征。”上曰：“卿言是也。但西鄙之事，邊將自生釁端，曲在於我，無罪可名，其侵犯特鼠竊耳。北征大計已定，今日且徵兵，不可中止也。且西鄙之事，賊若犯邊，元帥可能臨機設策，或誘致勦滅，或渡江迎擊矣。”　諭三衛酋長書曰：“朝鮮國兵曹判書李崇元，敬奉王旨若曰：‘比前建州三衛野人等，向風慕義，歸順朝廷，積有年紀。予亦無間彼此，撫以恩信，欵塞來附者，舘待有加，遊獵境上者，亦無禁遏。欲使疆域之民，安生樂業，共享無窮之福。豈意彼人輒懷野心，幸恩負德，好生造釁。近來連據平安道節度使飛報，自春徂夏，屢行作耗，假托逐獸，來往江濱，竄伏林莽，窺覘我疆，潛行鈔掠，搶擄人畜。列鎮諸將，不勝憤懟，咸請一舉掃蕩窟穴。予以謂狗鼠之輩，不足與較，姑務容忍，置之度外。茲者又有邊報，前項野人，嘯聚同惡，乘夜來犯昌城地面。予念此虜，不思我寬大之恩，窮兇極惡，一至於此。今若不示威武，則益肆陵侮之心。堂堂大國，豈應坐受挫辱！彼若依舊留屯江上，覬覦不已，則令沿邊諸將劃即挨捕。猶未悔禍，不戢兇心，當大舉問罪，殄殲乃已。恁兵曹其體予意，開諭三衛酋長知道。敬此。'具由以諭。爾旣統領一方，號令諸部，轉禍爲福，正在此時，庶悟前非，毋貽後悔。"　乙未，武靈君柳子光上疏略曰："北征西戍，國之大事，聖算已定，分委元帥，各事其事，不宜紛紜有言於其間也。然臣欲姑停北征，而時之遲速，事之利害，非止於所啟一二之言而已。盛朝出師，當以萬全。今大舉北征，或未必至於萬全，則臣恐悔之深而事無及矣。設使國家今無西顧之憂，其事勢亦不能遽出師而得意於北虜也。況今西賊方窺伺邊鄙，擄我人畜，邊報日至，西顧之急如是。而調南方百餘年昇平目不見兵之民，驅之萬里，以赴強虜，終無悔乎？臣反覆思之，調發南兵，移之西鄙，見兵幾二萬，則並輜重驢從，不下六七萬，兵馬四五萬匹，然則可號曰數十萬。以號數十萬兵馬，分道直擣建州衛，圍山絕水，延袤數百里，分營還陣，留二十餘日，傍出四索，俘老弱，斬強壯，夷其穴，焚其巢，使餘威震乎遠近諸種，然後徐而凱還，則西門可鎖，而數十年必無以石投之塞上矣。不然，兵連禍結，奔走防戍，至二三年，則計無如何，雖有智者何以爲也。若今年停北征，並力專意，平定建州衛以鎖西門，使一健將謹守之。從容養銳，畜力以至明年，而至於後明年二月，出師北征，則天時可而人事便，國家之力有餘裕矣，而可雪今日之恥矣。伏願殿下留意。若北征西伐，事或不利，南倭從而投隙，舉帆海上，安知已萌於不見而未可忽也。思念至此，不特寒心，國家事大可懼也。"傳曰："觀卿之疏，必深思熟計而啟之也。但大計已定，而如此紛紜不已者，以予謀爲拙也。今者上無人焉，大臣又無賢者，故非議者多。然當議諸領敦寧以上與政府而處之。" 丙申，永安道都事柳濱、兼司僕尹成冏賫都元帥書狀來啟。上引見，曰："都元帥書狀，則予已見之。"仍問成冏曰："汝往來彼土，其行軍道路何如?"成冏曰："道路平易廣闊。臣今月初四日，與阿良哈偕到穩城江邊，治裝越江，則夜三更，行到國祀堂峴，則日已昧爽。臣等食糜秣馬，歷加通峴，越南羅峴，則有河，順平廣闊無垠。臣等所過之峴，雖名之曰峴，而皆不高峻。其中國祀堂之峴稍高，然亦無險隘難越之處。渡一水，有居多介古城基址，其間有小溪，見路有二馬跡。又至古乙何峴，則夜二更，犯夜至鬱地。前有一峴，自鬱地相距二十里許，其峴下有五六馬過行之跡。阿良哈曰：'登此峴，則可通望兀狄哈所居處。'臣欲登其峴，望賊等所居。阿良哈止之曰：'彼人過行，馬跡未久。彼人若還來，見吾等馬跡，尋蹤扼其歸路，則吾等之死不足惜，國家大事不諧矣。'臣答曰：'將帥既命我親見所居處，今若不見而歸，則將帥必置我軍法，雖死必往見。'阿良哈曰：'我之往來彼土，今五度矣。國之舉師在近日，前路指揮，我任其責，由此距尼麻車所居，或二十里，或一舍，或二舍，從水滸逶邐而往，則都骨所居四五舍矣。'阿良哈以此強止之，故臣未得登望。"柳濱啟曰："成冏既受元帥之命，而不親見彼人居處，元帥欲置軍法，然如此則恐軍機漏洩，且更使成冏體探，故姑貰之耳。"上曰："成冏既已到彼，若窮探則善矣，然阿良哈固止之，則成冏獨不可強行。阿良哈之固止何心哉，必疑懼耳。"仍問曰："此鬱地，所謂樹木鬱密之處乎？其茂密幾許乎？"成冏指殿中之柱曰："如此之木，不密不疎，下有枊木蘿草，交雜而生，然其下疏通，無礙處矣。且臣歸時，所經之水，適雨下而深，若九十月水落之時，則不沾馬韀，不待冰合而渡矣。其所過道路多廣闊，數萬之兵，亦可並驅。諸峴則其廣或百步，或百五十步矣。鬱地乃三路交會之處，虜欲請兵作賊，則必會於此。"上曰："然則五六日可到彼乎？"成冏啟曰："臣并晝夜四日往還。臣等秘跡而往，猶如此，若乘駔坦途而行，則一二日程矣。"柳濱啟曰："成冏體探時，都元帥以謂乘馬則煩，故欲使步往。阿良哈曰：'不騎，則余不得歸矣。'故不得已乘馬以送。此後則雖無阿良哈，彼地道路，成冏已知之。軍官諸將中，擇其有膽氣者，并令體探何如？且何時送之乎？"上曰："此則在元帥斟酌處置耳。"上又問曰："軍器修補幾許？"柳濱啟曰："大概已修補。甲則一萬三千部，長箭七千五十餘部，其不用者時方修補矣。"上問成冏曰："汝見阿良哈，果可信人乎？"成冏曰："臣聽其言語，觀其所爲，可信人也。"　北征都元帥許琮馳啟曰："今承有旨書狀內：'會寧等諸鎮城底居野人，部落各異，心亦不同。今從征嚮道，慮有不順從者。予欲臨時下書開諭，使彼知國家之意，何如？其審度以啟。'臣敬此巡行邊鎮，招骨看女眞、兀良哈、斡朵里酋長言曰：'都骨今春無緣作耗，殺擄人畜，罪惡深重，不可懲。然路遠未能入攻，來冬亦必出來，當整飭軍馬，擊之盡殲，汝能率眾相助乎？'彼人皆曰：'我等受國厚恩，於此之時，敢不盡死力！'其中如骨看李都籠吾，女眞朴丹容阿、阿郎哈，其叱金、斡朵里童常侍、李阿多介則曰：'何待彼賊出來而後擊之乎？舉兵入攻，使之懲艾，然後永無寇盜之患。若入攻，則我等皆熟知其路，指導而行，保無憂也。'臣觀彼人之意，言非誣飾，似出於誠。彼若從征，安有二心，雖不下諭可也。於心如有不可者，雖下諭無益，徒損國體，臣意不必下諭。” 庚子，召領敦寧以上及議政府，命議柳子光請停北征上疏。諸議或可或否。命留政院。　壬寅，下書都元帥許琮曰：“城底野人，或與兀狄哈婚媾交通，慮或漏洩軍機。當入征時，令邀截道路，使不得相通，何如？其商度便否以啟。”

八月乙巳朔

　　丁未，朝鮮實錄書：平安道觀察使柳輊馳啟曰：“今押解官韓通達，押來唐人李上佐、金波土伊、白旺、童保音甫、王大相等，到義州義順舘。七月二十三日，李上佐、金波吐伊二人乘夜亡去。”傳曰：“此二人之逃，情迹可疑。若是唐人，必樂還故土，何以逃爲，無乃野人欲覘我虛實而來耶？其令觀察使速搜捕，其押去者亦當治罪。”　西北面都元帥李克均馳啟曰：“今七月二十五日夜，賊乘者皮船，渡江入高沙里地面，射中伏兵甲士金弼右臂，又殺甲士孫致京，割破胸膛，擄崔山等五人而去。鎮將不謹防戍，墜損國威，臣痛心罔極，惶恐待罪。第念赴防軍士，自四月，夜則伏兵，晝則守護，暫不顧家，不無矜恤。”御扎責諭李克均曰：“今觀賊變，予不勝痛憤。兵不可遙制，事不可遙度，關西民兵之事，卿嘗親履而目見之。予選于朝鮮，無有居卿之右者，故旣委卿西土，佇待奇功，而捷書未至，敗事先聞，其於委任責成之意安在？予不爲卿喜也。是雖諸將不遵元帥之令而致，然元帥亦豈得辭其責也？吾氓之被擄已多，而彼賊之侮國益肆。言之至此，亦可流涕。卿以虧損國威爲恨，想卿心必當如是，而又以矜恤邊兵爲辭，其意未審也。在當時安可以矜恤爲心，而不嚴軍政耶？有罪者罰之，有功者賞之，此元帥臨戎馭下之時也。予豈不念邊役之勞苦耶？秋高風動，益不忘吾民之不得安寢也。如成大勳，國家其緩酬功耶？卿體予懷，更盡風飛雷厲之志，摧朽拉枯之術，紓人主之憂，垂竹帛之名。" 乙酉，西北面都元帥李克均馳啟曰："七月二十六日，虜入渭原地面，殺宋殷女及雇工女，又擄男女六人，馬一匹、牛一頭而去，且崔成雨等，因斥候深入賊境，遇賊十餘，相戰中矢。"下書克均曰："渭原宋殷家人畜被擄，時郡守鄭希周赴任日淺，專是權管朴仲賢慢不備邊之罪。仲賢囚鞫，希周姑勿囚，專委防禦。" 辛亥，下書平安道節度使吳純曰："今見渭原人畜被虜事，初不輕入明矣。卿若嚴令清野以待，豈有是事。卿不謹措置，當依律治之。然方舉大事，姑置勿論。自今更盡乃心，以蓋前愆。" 癸丑，平安道節度使吳純馳啟云："今八月初二日夜二更，碧潼鎮舘平地境，賊乘者皮船十二隻渡江，或下陸，或在船。我伏兵人及烟臺人，高聲唱呼，賊蒼黃棄弓矢雜物遁去。" 下書西北面都元帥李克均曰："今當水漲，賊固不得大舉入寇矣。若鼠竊之徒，乘者皮船潛涉竊發者，當引致之，設伏勦殺，卿亦以此面對而去。今見吳純所啟，賊潛涉入碧潼地界，我兵不輕動，待賊深入，截其歸路，左右挾攻，則可得盡擒也。而方賊下陸，高聲唱呼，聲動天地，本鎮將亦並吹大小角，領軍馳到，使賊退遁，此則初不欲設伏剿殺，而以賊之驚走爲利也。其每十里設伏，而只用四人，以軍士不足而然歟？但用四人，可以制敵乎？其速馳啟。" 丙辰，西北面都元帥李克均馳啟曰："今八月初五日，賊十七八騎潛入理山狄洞，擄斥候人甲士趙山而去。" 癸亥，平安道節度使吳純馳啟曰："今八月初十日，臣聞昌洲瓦房洞上峴，有賊八人，曳者皮船四隻而來。臣與昌城府使李英山領軍馳到，潛伏待變。是日賊不來，於是出牛馬小童男女，布野以誘之。十二日夜四鼓，月落雲霧，賊以者皮船八隻，下流泊于木柵下，於丁灘洞見伏兵竄去。"傳于承政院曰："先使農民布野，佯示孤弱，而乘夜伏兵，其策似善。然

伏兵則賊無見之之理。今云賊見伏兵竄去，則無乃伏兵憚於相
戰，而故使賊見之乎？若此者，以軍令痛懲何如？"承旨等僉啟
曰："上敎允當。啟本內云：'月落雲霧。'若如此，尤非賊所能
見也，必憚於相戰，故現其形迹耳。"傳曰："令元帥推鞫以
啟。"　己巳，聖節使朴崇質回到遼東，馳啟曰："臣本月十五
日朝，遣通事金孟敬詣總兵官羅雄，請護送軍。雄問'汝國邊
境有何事乎？'孟敬答云：'聞有聲息，故今請護送軍。'雄曰：
'建州衛達子朴花禿等，九十月十一二月間，欲犯汝國邊境。
汝國禮義之地，與中國似一家，總兵官使兵護送於八站，則雖
達子何畏？'又云：'野人事報牒到此，明日更來抄去。'十六日
朝，孟敬抄來，其文曰："欽差分守開原等處右參將都指揮使
崔勝，爲傳報夷情事。據開源備禦都指揮使裴震呈：弘治四年
七月初十日，據通事百戶白洪呈：'審得海西葛林衛女直指揮
答罕出等五名，到市報說："今年六月二十八日，有黑龍江野
人頭兒主孔革，領着二三百人馬，說稱要來開原地方上偸搶，
又怕你海西山塲幷松花江三寨的人，先去開原報道，怕他人馬
趕殺，不得搶時，我每說搶你三寨幷山塲的人回去。"又說"七
月初一日，我每都督都里吉馬牛的百姓馬忽等三十多人馬，詐
說遼河打魚，要來漢人地上偸搶。"行間，又有海西欽眞河衛女
直哈答，亦報"七月初三日，有建州頭兒都督卜花禿，來我本
寨雇馬，他說我每先去高麗後門搶了兩遭回來了，如今又來雇
馬，還要去搶高麗。"又與我每說："南朝的人馬，要到秋間征
伐你海西一帶的人。"我每聽得這話害怕，就來開原馬法每上報
得知道，據報備呈到來。'會同欽差分守開原等處太監藍，看得
所報前情，除行屬嚴謹隄備外，合用手本煩請知會。須至手本
者。弘治四年七月初十日。右參將都指揮使崔勝、欽差分守開
原等處右參將都指揮使崔勝爲傳報事。'據開原備禦都指揮使

裴震呈，據通事白洪呈，審得海西葛林衛女直指揮答罕出報說：建州頭兒卜花禿親來，租我海西頭兒兀加的青馬，有兀加不肯與他，歇了一夜，問"你租馬要做甚麼?"卜花禿回說："五六月船上過江，搶了高麗家三遭。如今租好馬，多收拾人馬，還要去搶。"不知高麗後門，不知漢人地方上去搶，有這等事，我親來見開原馬法們報得知道.'弘治四年七月二十二日。"命示經筵宰相，仍傳曰："金主成可告變，與書狀之言相合。賊雖作謀，如今水漲，犯邊者不過鼠竊狗盜，不得大舉入寇無疑矣。但都元帥歸時，言邊事措置而後上來，予亦許之。今若上來，賊之乘間入寇，未可知也。節度使雖措置備邊，不如元帥共謀備禦之爲善。即令下書仍留邊鎮，別遣朝臣以諭是意。又聽元帥之意來啟，何如?"李克培等啟曰："上教允當。"傳曰："李琚解吏文，今日因經筵來矣，使之翻譯。"琚及李昌臣翻譯以入。傳曰："雖翻譯尚未解，見書二本，明日一本予見之，一本昌臣親讀以啟。"　下書西北面都元帥李克均曰："聖節使朴崇質馳啟，遼東總兵官羅雄言：'建州衛猨子卜花禿等，九十月十一二月間，欲犯汝國邊境。'卿勿上來，仍留防禦，倍加措置。如有議事，遣人議之。"

朝鮮所議北征西禦，紛紛未定，已來作耗者爲北之兀狄哈，未作耗而有金主成可之告變者，爲西之建州衛。至是西與北糾合爲寇，遠讎近怨，併謀報復。卜花禿爲建州右衛酋，而黑龍江野人頭兒主孔革，即塔魯木衛之祝孔革。又云"我每都督都里吉馬牛，"當即祝孔革之父的兒哈尼。祝孔革之孫楊麥奴，爲清太祖高皇后之父，其後爲世爲國戚之葉赫那拉氏。清實錄謂葉赫等四部爲扈倫四部。扈倫即黑龍江之呼倫。此云"黑龍江野人頭兒"，名稱正

合。互見前成化十九年十二月庚辰日所書條下，朝鮮於建
州稱兀良哈，於海西稱兀狄哈，於呼倫稱忽剌溫。吉林烏
拉之稱，即忽剌溫之諧音，明時謂之兀剌夷也。　“見書
二本”三句，蓋謂“現譯成二本，一本予明日親覽，一本由
譯人李昌臣讀啟。”

女眞稱尊長爲“馬法”，官長之尊稱亦爲“馬法”，即隋
唐以來靺鞨所稱之“莫弗”，朝鮮後稱淸太祖“馬法”，皆是
也。兩國實錄則始見於此。

庚午，朝鮮實錄書：西北面都元帥李克均馳啟曰：“臣頃
承下諭，詰碧潼館平伏兵曰：‘何不潛告將帥，而遽出聲驚賊
歟？’答云：‘不意間，賊直向我四人在處將下陸，彼衆我寡，
遽呼發矢。因此緣江伏兵諸人，一時呼唱，郡守不知事由，吹
角救援。’臣又詰之曰：‘汝何不先自見賊耶？’答云：‘月落時則
不見，舟行泊岸始知之。’臣驗之，果如所告。臣以此恕其情而
不罪，是則臣之失律也。且伏兵十里之間，每一處各置四人
者，小坡兒元軍不過五十名，除兩處斥候，見在軍少，不得已
只差四人，若境內廣闊，亦不過一人。以此兵分力弱，未易擒
賊。”　壬申，西北面都元帥李克均馳啟曰：“今月十八日，滿
浦斥候李石孫告云：‘彼人六百餘名，乘者皮船，分二運流下，
今明日必作賊。’臣在朔州聞變，抄隣近鎮軍士三百以待變。”回
賜御扎曰：“今觀卿啟事變，俱悉。賊衆雖多，我若密備，江
水方漲，豈能飛渡？且安能以者皮船濟五六百之兵耶？然兵不
可遙制，卿與副元帥及諸將，方竭心力，日圖良策，予有何虞
耶！惟俟卿臨機制勝，奏捷而已。卿體予懷，毋失機會。”　癸
酉，平安道都元帥李克均，遣軍官李石全馳啟曰：“本月二十
一日，賊二百餘圍高沙里城。我軍追捕，斬獲三十九級，其奔

還覆舟而死者，又不知幾許。"上引見石仝，啟曰："去二十一日，臣等以斥候將入探彼境，行到渭原理山等處，僉使金允濟使人云：'賊分三運，二三百爲羣，由皇城平、林亡哈洞、加也之洞而來。汝雖入去，彼衆我寡，不可相敵，其速馳來救援。'臣等領所率軍五十餘人，到瓮後峴，夜將向曙。臣謂李益文曰：'高沙里城孤軍少，可遣軍救援。'李益文以所領軍一隊送高沙里，領餘軍直向滿浦，望見上下煙臺火氣騰空，且有放炮聲。是山上有二人望我輩，以白笠揮之，審見其笠乃我國人也，問之則曰：'我軍方與賊戰于別乙外平。'臣等馳往見之，賊沿江布列，似若渡江，從流上下，我軍亦從而上下，使不得渡。其實賊非欲渡江，故作聲勢，使不得往救他鎮。少頃有人呼曰：'賊已圍高沙里。'臣等又以所領軍馳往，賊已解圍，倉黃北走，皆墜于絕壁。我軍乘勝追斬，凡三十九級矣。"上曰："斬首者誰耶?"石仝曰："射之者爭追斬之，且都元帥嘗令於諸鎮云：'賊至城中，毋喧擾，使若無人，臨機應變。'是日，僉節制使姜濆聞賊變，乃於城上弓家，令能射者一人，持杖者二人，潛伏以候之。賊屯江邊，呼通事，故不應。俄而徐自明從樓上答曰：'通事無矣。'賊曰：'何以言無? 我欲搶去汝國人而來。'時賊步兵已潛涉江，從國祀堂峴擁屯江邊，又蔽江而渡。賊酋三人，被甲胄緣梯，攀城拔石。我軍以石投之，賊墜城而走，軍官俞灝射之，洞其頂。徐自明等又射殺二人，賊皆北走。助戰將領軍出北門，扼其長城之路；姜濆領軍出東門，乘勝窮追。賊皆墜絕壁下，我軍俯而射之。賊船窄狹，僅容二三人，而賊爭涉，四五人同乘一船，或沉或浮，其一人中矢驚動，則舟必傾覆，以此溺死者多。"上曰："先登城者何以知其爲賊酋乎?"石仝曰："觀其甲胄及指揮其類，則疑是賊酋也。"上曰："我軍戰死者幾何?"石仝曰："中矢者六人，僅傷其皮，無一人死者。賊在江越邊觀望，我軍搜索其奔竄者，徇示彼賊斬之，賊有哭踊叩頭者。"上曰："賊兵幾何？"石仝曰："圍城者二百餘人，在江外騎兵又二三百，其滿浦見形者又多於此。"上謂左副承旨權景禧曰："唯此舉似矣。"景禧對曰："近者國家屢受辱於虜，雖擒鼠竊者，亦足喜也。況賊自以爲大舉入寇，而斬獲如此，可喜也。"石仝曰："既斬獲，令士卒呼賊曰：'我國待汝，來則食之，求則與之，又授之以爵，所欲無不從之。近者汝等屢犯邊境，我可以勦殺，而不爾者，國家禁其捕獲也。今爾大舉入寇，則其斬獲不得已也，然亦非國家之意也。今將帥適在他所，若在此，則汝無噍類矣。'於是賊五人下馬，免胄叩頭而謝曰：'是言然矣，是言然矣。'賊還，哭聲徹天。"上謂承旨曰："以予喜意諭元帥可也。然不無再寇之理，并諭之。"命饋石仝酒飯，賜草綠紬帖裏一領、胡椒一斗。石仝即出，又啟曰："曾被擄高山里田孝安者，役使於賊家。唐女二人，亦被擄在其家。孝安與其女同在農田，見賊騎從北絡繹而來者六七日，孝安問其女。女曰：'汝國有高山里、滿浦之地乎？'孝安曰：'有之。'女曰：'虜請兵於鏡城、穩城近地兀狄哈，欲寇滿浦、高山里。'後賊謂孝安曰：'汝好在無憾，吾往寇汝國，汝妻在高山里城中乎？年歲容貌何如？吾將擄來給汝。'孝安曰：'爾等雖往，事必不利。國家自吾輩被擄，遣都將帥防禦，有武才者皆來赴耳。'賊怒罵，指其掌曰：'高山里城如此，其中能容幾許乎？軍行何出此不吉之言！'遂拳毆其脣。翼日，賊空其窟穴而出，孝安乘其空，請於其女，得糧料、賊衣服，先賊軍潛來，至高山里江邊，呼船而渡，曰：'虜之來寇，非今日則必明日。'賊翼日果來寇也。"傳曰："孝安逃來告此賊變，是懷戀故國也。其諭都元帥，田孝安之事，與石仝所啟相合，則令其郡給米四碩，賜紬衣一領，否則取稟可也。"政院啟曰：

"虜來犯邊，邊將斬獲，乃其職分也。然近者國家受辱於虜屢矣，今者斬獲如此，國人孰不喜悅。曩時許混欺罔國家，斬獲只七人，猶下宣慰，今則斬獲倍多，且承旨已歸本道，今若命宣慰，則高山里軍民豈不激勵乎！"傳曰："今若褒獎，予恐邊將驕惰，防禦解弛，姑寢之以待後事。" 諭西北面都元帥李克均曰："高山里之捷，誠爲可嘉。但慮一勝之後，士卒解弛，必生輕敵之心。賊雖摧敗，想必猣然懷憤，收合餘種，再來犯邊。我若稍弛，則彼乘其機，前功墜地矣。且慮點虜必欲報復，潛伏江濱，以伺斥候之卒。卿勿以賊退爲喜，防禦諸事，申令戒嚴，越江斥候，姑勿入送。雖然，兵難遙度，在卿措置得宜耳。且高山里之功，當速論賞。將士中有功者，及諸人斬獲多少，彼賊溺死江中者，及我軍被傷者，詳錄以啟。"

九月甲戌朔

　　丁丑，朝鮮實錄書：西北面都元帥李克均，遣甲士徐自明獻賊首三十九級。傳于承政院曰："高山里接戰節次，詳問自明書啟。"自明曰："去八月二十一日，分土烟臺甲士河水永馳報，賊不記數，自黃川平入來。甲士朴元山亦馳告，賊乘者皮船自滿浦蔽江而下。翌日詰朝，僉使姜濆謂臣等曰：'賊已圍滿浦，不即往救，國家必罪我等。當分我官軍，一半守城，一半往救。'臣止之曰：'我鎮軍卒單弱，此距滿浦七十餘里，將帥盡率精銳往救，而羸弱守城。賊若不利滿浦，移圍我城，我師雖欲還救無及矣。'僉使與助防將俞灝，以臣計爲然，戒軍中曰：'汝等不善射，若賊遠在而發大箭，則矢道不疾，又不能中，而反爲賊所侮矣。汝等皆潛匿弓家，如無人焉。賊必薄城下，可發，無不中矣。'令三人，一持盾，一持長槍，一持弓矢，各守弓家而待變。辰初，臣等隨將帥登制勝樓，西望江頭，賊一百餘騎自江外走馬而來，其隨後之衆不知其數。先鋒三十餘人到江邊，距我鎮二百步許，或引弓拔劍，或揮杖叫呼，縱橫馳突，若爲挑戰之形。一賊呼我通事再三，臣答曰：‘惡呼惡呼。’惡呼，胡語言無也。賊呼曰：‘欲搶去汝等而來。’賊百數十人，乘者皮船，渡達田淵，過分土、下長蛇川，陣屯聚城隍堂岾上。又二百餘人，乘者皮船，下流自高都巖上端渡涉，並聚城隍堂岾上，屯聚周回可七十餘步。初吹大角，次吹小角，三人著水銀甲，水銀兜鍪，懸象毛，高聲揮手，仰則諸賊退數步，俯則諸賊進數步。或拔劍揮杖，若爲擊刺之狀，或抽矢弄弓，若爲舍括之形，於是六十餘人爲先鋒，三百餘人爲後援，作鶴翼陣，擁盾長驅而入，到銅納浦留駐，皆步兵，無一騎馬者。前鋒六十餘人，一人持盾，並蔽二人而進，至坑塹射矢城中，矢發如雨。或矢及城中家舍，或矢着城堞。着甲一人，鞠身至城底，二人舉梯二隨至。臣射城底賊，洞穿耳下，倒地而斃。賊等擁盾入伏坑塹深處，臣發十餘矢，二人即斃。其中矢不死者，未悉知之。僉使亦射賊一人而斃，南城守弓家甲士河石池、金繼厚、朴延壽、金貴孫、金孝連、林山、李安石爭發矢，於是賊解圍，或負盾而走，或蔽盾却步而退。俞灝、姜潰急令開門，率軍卒，或騎或步出門，到坑塹視之，則三人斃死，即斬頭。賊退渡銅納浦，灝等率六十餘人追逐，我軍繼至者百餘人。李石同所送救援軍十人繼至，追到江邊。賊擁盾列陣逆戰，以俟其黨渡江。賊半渡，我軍急擊，賊勢窮而潰，棄甲盾爭墮岸下，我軍乘勝逐之，據岸上俯射之，賊在岸下仰而射之。我軍中箭者七人而不傷，賊或赤身游水而去。我軍射之，賊皆斃溺。或四五人爭乘一船，水沒船舷，我軍百矢俱發，或中船，或中賊，自相搖動，全船覆沒，亦不知其數。六人中矢大傷，游水而渡。賊之中矢死者，俱曳岸上斬之以示賊。賊衆哭聲徹天，或走馬上下，呼曰“吡哧吡哧”。吡哧胡語，此云盡死。有一賊入石穴，我軍欲從水滸射之不得，臣以長木端繫長繩，繩端懸木搥，令甲士羅玉立巖上亂打，適擊賊頭。賊能曉我國之語者，折弓投水大呼曰："我初禁之，汝固請我，使我不得見妻子而死矣。"即仆水滸。金貴孫下岸斬之。有一賊叩頭攢手泣曰：'勿殺我父。'有一賊亦解我國之言者，呼曰：'既逢惡人，何更求生，汝等必殺食之。'臣以片箭射江外騎馬賊人，即墜地。甲士田哲石又以片箭射中一人，亦墜地。賊燃火四處，是必以艾炙矢瘡也。箭傷六人，載馬而去，必不遠而死矣。臣大概料之，斬頭者、溺死者、箭傷將死者，總計幾至八十餘人矣。" 戊寅，下書西北面都元帥李克均曰："卿所獻賊首三十九級，予甚嘉悅。高山里鎮，能以孤軍擊猾虜大捷，此雖將士勠力所致，亦由卿預爲規畫約束也。深多已成之功，更竢將來之績。" 己卯，上引見徐自明，謂曰："汝言相戰始終。"自明對如承政院書啟。上曰："此舉固善矣。若從僉使之言往救滿浦，必生大事矣。彼虜着甲者幾人？"自明曰："但三人耳，皆中原水銀甲也。奪而見之，兜鍪則以鐵片編之，上有長鐵鈎，以象毛懸之，又以獸飾之。"上曰："賊以高山里單弱，大舉入寇，而見敗至此，彼必不得輕犯我國，此尤可喜也。"自明曰："臣等長於江邊，使賊數擄人畜，以貽國家之憂，臣等不勝慚報，常調弓鍊矢，思欲雪恥，而幸今大捷，皆上德也。"上曰："汝年幾許？"自明曰："臣年五十五矣。"命賜襦衣及弓矢。 上御宣政殿置酒，引見永安道都體察使盧思愼慰之，從事官鄭錫堅、韓斯文亦入。上謂思愼曰："諸將入征，一道空虛，煩卿往鎮，予無憂矣。但西賊敗北，憤怨未洩，三水、甲山等處，竊發可慮。"思愼對曰："一道精銳之卒盡令赴征，脫有竊發，恐難禦之。"上曰："本道防禦亦緊，豈元帥盡率精銳乎？與元帥共議措置。若能守城，萬無見敗之理。"思愼曰：

"守城則雖婦人小子亦能禦敵，今時則禾穀盡收，人民輒入，似無可憂。"上曰："高山里之戰，彼賊先耀兵滿浦爲侵攻之勢，實欲掩襲高山里也。小醜豈有攻城畧地遠大之志，不過搶擄頭畜而已。徐自明云，滿浦城中火光洞徹，又有放炮之聲，姜潰欲往救，自明、俞灝固止之，竟能大捷。自明之言不可盡信，然姜潰不從自明之言往救滿浦，則高山里必大敗。由是觀之，將帥智略爲先。"右承旨李誼啓曰："臣曾聞永安道軍糧不敷，臣意今入征往來，軍需猶足以給之。若問罪之後，虜亦連年侵犯，則糧餉恐不足，不可不慮。前者諸司奴婢之貢，戶曹請以穀輸納於郡，但本道多內需司奴婢，而諸邑雜貢，如皮物之類亦多，請從市直，以穀輸納，令盧思愼審便否措置何如？"上曰："可。"誼又啓曰："賊寇滿浦，而楸坡、上土之兵皆來赴，則兵力非不足也。僉使金允濟不能誘致擊之，先自畏惻，輒放炮使之驚走，有違國家措置之意，請鞫之。"上曰："然。"賜思愼貂裘一領、匹段帖裏一領、紬帖裏一領、耳掩一、靴一、胡椒一袋、弓二張、大箭一部、鞍服具、蓑衣諸緣具，從事官亦賜弓矢。　甲申，北征都元帥許琮馳啓曰："先運軍卒到永興，臣親自點檢，人馬不疲困，類皆肥健。"御製答書曰："今視卿啓，知人馬不疲困，予甚喜之。近觀氣候不若，霜甚早而雪亦飄，雨頻飛而風已寒，每念征士之苦，不堪解裘之懷。得覽此啓，不覺喜笑。元帥已周撫恤之恩，士卒今忘凍餒之憂，於此可以知無敵不克，無功不成者也。然師期尚遠，卿體予懷，圖收偉烈。"　下書西北面都元帥李克均曰："今因卿啓，知八月二十一日夜，賊大舉寇滿浦，分運越江，我軍或射或放火，鼓譟却之。二十二日初昏，賊又分運越江，又却之。此非不意入寇，可以預設方略，江界府使、寧遠郡守、本鎮僉使，亦皆知而待變，則掎角之勢已成。若按兵不動，佯示虛弱，誘引深入，伏兵齊發，東西夾攻，可以大捷，殄殲無遺矣。僉使金允濟等先自畏恸，使賊不得渡江，坐失事機，違卿約束，其推鞫以啟。」　諭永安南道節度使卞宗仁曰：「今因卿啟，備悉惠山地面野人留住之狀。雖稱獵獸，其言豈可信也。前月建州之賊來寇滿浦高山里，大敗而歸，想必懷憤竊發於甲山、三水等處。備禦之策，當先措置。且擇道內屬內需司良人之能射者，閑良公私賤前衙朝士之有武才者，浪城、道安兩浦水軍之能射者，分戍諸鎮事，並依卿啟。戍禦之備，日慎一日，毋或少弛。」　丙戌，西北面都元帥李克均獻高山里之戰溺死賊首五級。　辛卯，北征都元帥從事官韓晌，賫元帥書狀而來，乃入征後留副元帥李季仝防禦事，及令也堂只嚮導，豆滿江造浮橋等事也。上引見，謂曰：「都元帥今在何處？」晌啟曰：「初九日發永興，已向北道。臣初九日發洪原，十四日遇盧思愼於文川。」上曰：「予見書狀之意，元帥欲令也堂只指路乎？」晌曰：「也堂只本尼麻車種，曾於我國報變效順，今欲朝京而來，彼人不知我國問罪之舉明矣。元帥曾欲生擒一二人，縛置軍中，使爲嚮導。今此虜適來，元帥喜甚。」上問：「北方氣候何如？」晌曰：「八月十三日間霜降，晚種蕎麥，似未及收。他穀則無傷，農事稍稔。九月初三日，吉城、明川等處下雪尺餘，然臣來時，日氣還暖。元帥疑入征時江冰未合，已遣權景祐、金坤預設浮橋。」上謂承旨曰：「元帥罷征後，欲以李季仝仍留防禦。兩副元帥俱在五鎮，勢似難矣。成俊以節度使兼副元帥，防禦必不虛踈。季仝則罷征後上來何如？」同副承旨曹偉啟曰：「元帥意，入征後賊謀欲報復，故欲留季仝耳。然田霖、陸閑，皆武勇人也，成俊與此二人分戍防禦，則季仝不必留在。」上謂晌曰：「以此意歸語元帥。」晌曰：「入征軍卒分四運而行，人馬皆壯健，不至疲困。」上曰：「予以天氣早寒，恐士馬凍傷，常軫慮。今聞農事稍稔，時未苦寒，士馬充實，而也堂只適來，予亦喜焉。日雖寒凜，元帥必能措置，豈使士馬凍傷哉！"命饋胸酒食。　下書北征都元帥許琮曰："韓胸來，已悉卿意，並從所啟。但五鎮不多郡邑，兩副元帥並處留防，事勢爲難。予意謂罷征後，成俊率田霖、陸閑分成防禦，亦足以制敵矣。"　兵曹啟："永安道慶興囚金哲成、金石同射殺彼人劉甫乙澄介，請令刑曹詳覈施行。"命示領敦寧以上及議政府。沈澮、尹弼商、洪應、李克培、尹壕議："依所啟施行。"李鐵堅議："彼賊作耗二日之後，卒遇彼人，射殺割馘以告兵使，則其疑爲賊人而誤殺明矣。"魚世謙議："野人入寇後，人心疑駭，行者皆持軍器，卒遇彼人，於非常往來之處，疑其爲賊，登時射殺，則其情可恕也。若彼人或謁邊將，或告事變，以好意來，而知爲非賊，邀功殺之，則與許混之事何異？今只據結案詳覆，恐失其情，詳推得情後更議何如？"傳曰："造山入寇後三日，哲成等欲求被殺者尸身而往，卒遇彼人，疑其爲賊，乘憤殺之，其情可恕，特減死。"

十月甲辰朔

庚申，朝鮮實錄書：左副承旨權景禧來復命，上引見。景禧啟曰："臣於本月初一日宣慰，初二日習陣，初三日臣發鏡城。"上曰："江冰何如？"景禧啟曰："時日尚溫，冰未合矣。都元帥已遣權景祐造浮橋。但其處葛藟多產，而蘆葦稀少，葛性沉而蘆性浮，若以葛爲浮橋，恐有陷溺之患。故又送金坤，設木橋八處。"上曰："濟師當在何時？"景禧曰："今日始渡矣。十五日先遣李季仝潛渡淺灘，邀截彼人往來處，使之成橋。稱九都將，號曰鷹揚、虎奮、鶻擊、龍驤、豹攫、獅吼、雷奔、火烈、風馳。而一都將各有十五隊將，一隊將各領軍二十五人，總計九都將，所領三千餘人，以此爲先鋒。新造旗幟，各書將號，隊將則各書字號以別之。九都將則李居仁、洪貞老、陸閑、柳自英、鄭有智、金繼宗、黃衡、邊克坤、嚴貴孫也。隊將亦皆有武才名士也。具次，則許琮爲中軍，李季仝爲左亞將，田霖爲右亞將，各領兵繼入。又其次，則從陣書設五衛。中衛將則王宗信，分部伍而入。又以成俊爲前援將，以李銚爲中援將，韓忠仁爲後援將，各領軍。前援將則過鬱地屯兵，中援將則至鬱地上屯兵，後援將則至鬱地下屯兵。先鋒若攻尼麻車，獲其俘，則傳授援將，而入攻都骨。三援將則限大軍回還，按兵不動。"又啟曰："軍期逼近，若盡聚八運軍卒習陣，則恐其稽緩，只聚先運時到軍士習陣，軍馬壯健。以四百餘人，作彼敵形勢，爲接戰之狀，士卒驍勇，能上下山坂，馳驅險阻，如履平地。又道內器械嚴整，旗幟鮮明。新造盾彩畫照耀，馬駭不敢近。且士卒奮勇，皆欲爲先鋒也。"上曰："然則所慮者但彼人逃竄耳。"景禧又啟曰："元帥以也堂只及穩城居野人英守等五人拘留鏡城。宣慰日，元帥送酒肉饋之。也堂只言：'我今欲行奉國家之意，第未知其由何路而入?'問其道路，則指坐席曰：'平易如此。'又問其遠近，則答云：'自此距鬱地三四日程，自鬱地距尼麻車一息，自尼麻車距都骨三四日程。'"上曰："與尹成囧言略同。"又啟曰："也堂只則曰：'不入尼麻車，直入都骨，則歸路尤近。'英守則曰：'雖經尼麻車所居，都骨歸路，遠近不異矣。'臣意謂也堂只即尼麻車人，故惡其入攻，言之如是。"又啟曰："臣曾聞本道軍需不足，今往問之，守令皆言國家雖再舉兵，軍需有餘矣。" 下都元帥許琮所啟書于承政院，仍傳曰："此元帥前日密啟之書，今師已渡江，故示之耳。""其一，穩城境內加訖羅伊居住兀狄哈阿良介，同類中稱爲將帥者也。臣到穩城，招說探知道路事，應之無難，且言：'此事若洩，彼必聞而逃竄，願令公須秘爲之，我則雖父母妻子，誓不漏洩。但有一弟，才略過我，亦可率行。人多則蹤迹易露，令公送人，不過三四耳，往四日，還二日，來往只在六日之內，令公勿慮。'臣意謂須以有智識勇敢者遣之，惠山僉節制使金長孫，初以成俊軍官下來，仍差本職，時未赴任，在俊所。俊之軍官，唯此人可使，故並臣軍官高崇禮、尹成同等三人，偕阿良介兄弟來，初四日入送，還則當馳啟。其一，金長孫、尹成同、高崇禮，偕阿良介兄弟，今七月初四日入送，初七日到會寧，言初四日二更自穩城越江，留江邊治裝，三更發行，向西到國師堂峴，天明見峴非高峻，而左右廣闊，三百餘人可以並行，自此向西北行，踰加通、南羅二小峴，此二峴比之平地，則稍高，故謂之峴，但坡陀而已，其廣可四五百步許。自南羅峴涉河順水，水三曲，流經大野，與加訖羅水合，其野長可七八里，廣可一二息許。自河順水踰小原，至一磧，路甚狹，上有石山，高峻不可踰越，下有江水，其狹處七八十步許，不可並馬而行。江邊大野廣平，若冰合則無憂矣。且阿良介言，今因雨漲溢，若水落則可渡矣。自磧路向北過巖石下，經大野，踰高原，日昏至巨乙加介古城。城在大野中，城隅有馬迹，尋之則二馬渡水，北去未久，疑是兀狄哈。冒暗前行，初更許，又至小磧，路狹可僅五六十步許。其磧下有江，水深難渡，冰又未合。然磧右之山，無石且卑，可以行軍。二更許，至甫乙阿伊峴，峴亦非高險。自此向西北行，至鬱地嶺下。阿良介謂我等曰：'自此至鬱地嶺上二十餘里，路有三，嶺路非險。雖有樹木森鬱，人馬可以布列通行矣。兀狄哈所居，平衍無礙，故在嶺上，則其廬舍歷歷可見。且其所居遠近不同。近者一息許，遠者二三息許。汝等雖不往見，舉事則我當先路，焉可誣也。且向見馬迹，必是人騎行。若知我等來，則邀於路，我等之身不足惜，後日成功未可必也，我等當還。'答曰：'受將帥之命而來，若違命遽歸，必受大責，須踰嶺探見賊巢而還。'阿良介堅執前言不從。不得已，三更回程，味爽至前所云巖石下。日昏到國師堂峴，二更到江邊，三更越江。長孫等所言，大概如此。聽所言圖其山川道路，并載里數及結陣處上進，但長孫等未至賊巢而還；於臣意未慊，即欲更遣探覘彼地形勢。第兀良哈等來言，兀狄哈聚兵而來，此言若然。恐其遇諸中路，姑止之，欲待八月月明時更送。其一，今到有旨書狀内：'觀所啟，機事已悉，卿可謂善方略而能措置也。卿之所言，予一以從之，以待卿成大功也。且聞世卿之言，知卿無恙，予甚喜焉。又聞本道農事稍稔，益知天有助我之心也。既命卿爲將，復選人爲副，而利器械，鍊士馬，名以出師，復有何憂！且今北征可於尼麻車，而不可於都骨，言者有之。然今聞被擄逃還達生等所言，何獨疑尼麻車而不疑都骨耶？予未必以言者之言必以爲信，切思卿前言之有深意也。然予未曉邊事，而兵不可遙制，故畧以所聞所懷諭卿，卿可商量更啟。'臣自受命以來，凡所施行，晝夜思度，然智識淺短，或有遺失，憂慮罔極，但恃廟筭勝而師直爲壯耳。城底野人言：'去春作耗雖云都骨，諸種兀狄哈必是偕來。'以此言之，皆當致討。然近年被擄刷還人，皆自尼麻車、都骨而來，尼麻車、都骨之罪，於他部落尤重。今舉當以尼麻車、都骨爲名，通言於諸部落曰：'罪在都骨、尼麻車，他人不與，毋得輕動，且勿相助，以取後悔。'則彼或猶豫不决之間，直擣巢穴，無問彼此，殺虜無遺，亦兵家之權也。又彼人云：'都骨與尼麻車及諸種人，男婚女嫁，或有雜居者。'然都骨部落，別有其地。當深入賊窟，縱未有獲，焚蕩蹂踐，以示天威，然後足以快人之心。但彼人云：'自尼麻車至都骨，徐行四日程，急行則三日可到，亦必有徑路。'若於尼麻車擄其生口，可知其徑路矣。第慮尼麻車在後邀截於險，此則臨時處置耳。今不可預言可否，臣之愚意如此，伏惟睿斷。”　下書西北面都元帥李克均曰：“觀察使柳輊馳啟：‘唐人解押官韓通達，本月初八日到遼東，謁都司。都司言，海西達子五十名，曾到遼東言曰：“毛憐、建州衛兀狄哈一百五十名畋獵，爲朝鮮人殺害，妻子皆移鬱羅山城，將發兵三千餘名，搶掠正朝使於中路”云。又海西達子五十名，來寓西舘，言曰：“建州衛野人卜花禿等三名，云聚合人馬一千，報讎朝鮮。”又曰：“東八站路間，欲搶掠正朝使”云。’此言雖是傳聞，賊既敗死，聚兵逞忿，不爲虛語。若我兵力有餘，則亦可乘時勦擊，以張國威。因前定護送軍五百名，加抄驍勇一千名，令有武才如李朝陽，率領精利器械，嚴加防備，俾無後悔。”　丙寅，北征都元帥許琮馳啟：“諸道軍士二萬，擇精兵四千，分爲九都將而爲先鋒，又爲左右亞將，與臣爲先鋒繼援，以餘軍爲五衛，又爲三援將，部署已畢。本月十四日到穩城，於豆滿江作浮橋三十處，十五日始渡兵。”琮又馳啟：“前日尼麻車、兀狄哈也堂只拘留後，中樞也郎介等三十人亦出來，恐久留城底彼人家，漏洩軍機，托以慶興人物不刷還，分囚慶源、穩城，以待回軍區處。”　己巳，傳曰：“也堂只則都元帥既率歸令嚮導矣，其分囚尼麻車、兀狄哈三十名，則都元帥啟，以回軍後區處。今之入征，專爲問罪此虜，而三十名自來，是天與之也。此虜非我國人比，不可決罰而釋之。雖未回還，今即區處何如？”其議于領敦寧以上。沈澮、洪應、李克培、尹壕議：“今囚兀狄哈有罪之虜，終不可赦。然都元帥分囚，意欲回軍馳啟區處。更加堅囚，以待元帥啟聞處置何如？”尹弼商議：“此輩罪惡貫盈，不可不治，雖名爲來朝，其作耗邊境可知，且中朝亦有如此之舉，臣意上敎允當。”傳曰：“或議云，待元帥回還處置可也。予意謂都元帥入征，若分辨罪之有無，則當待回還，知其有罪與否而處之矣。今之問罪，不分是非，而彼等自來，今若拘囚而幸有逃脫者，甚不可。令體察使用嚴刑，訊問造山入賊者誰也，然後處置何如？更議以啟。"澮議："令體察使用刑杖窮問犯邊之由，待都元帥凱還殺之何如？"弼商議："勦殺彼賊，在此一舉。今若放送，此所謂天與不取。且考古事，中朝於廣寧囚朝見野人百餘殲之，本朝世祖命申叔舟、洪允成亦如是，豈非深慮而然耶！以羅嗣宗殘酷被害之意計之，當不分玉石，小雪其憤也。"應議："臣初意許琮師還，可以啟稟制之。今審上旨，或有遲留失時之歎，依旨施行爲便。"克培、壕議："上教允當。" 諭永安道都體察使盧思慎曰："近者尼麻車兀狄哈中樞也郎哈等三十名，來投穩城，都元帥許琮分囚入征。予惟此虜罪惡已稔，而自來送死，不宜放還。卿其用刑訊造山作耗之由，具得情狀，然後并斬之。" 庚午，下書永安道都體察使盧思慎曰："前諭鞫問兀狄哈三十人，內有種非尼麻車者，姑勿斬，馳啟稟旨。"

十一月癸酉朔

　　是日，朝鮮實錄書：永安道都體察使盧思慎馳啟："尙家麻波接兀良哈中樞巨應仇、乃子、加巨車等三名，來告曰：'尼麻車兀狄哈多湯介等二名，今十月二十日到我家，言去九月晦時，往都骨兀狄哈住居處見之，則兀狄哈忘家老麻多好時家老等作將帥，聚同類兀狄哈二百餘名，將作賊於鍾城、慶興兀良哈住居處，欲於十月初十日發兵。'云云。"兵曹據此啟："兀狄哈等，非徒作賊於城底野人，入征後必懷怨忿，大舉作賊，請江邊諸鎮從征軍官諸將，及精勇軍士，量數留防，備禦諸事，嚴加措置。更審兀狄哈聲息馳啟事。行移知會于都體察使及都元帥。"命議于領敦寧以上及政府。沈澮、尹弼商、洪

應、李克培、尹壕議：“依所啟施行。”李鐵堅議：“都元帥入
征，想今必還，待三四日則可聞捷音。軍還後，江邊諸鎮以從
征將士留防事，前日聖筭已定，不必更議。然防禦諸事，更加
措置，無或少弛事，下諭都元帥何如？”魚世謙議：“兀狄哈等
果於十月初十日發兵，則必與我大軍相值，救死不贍，何暇作
賊於邊鎮乎？儻未相值，我軍直擣其穴，盡擄其妻子，是亦軍
機之利也。留鎮將士雖少，亦足固守，以待大軍之還，必無慮
矣。但軍還後不無報復之患，宜如兵曹所啟，從征將士，擇其
精勇，量數留防。”從鐵堅議。　　丁丑，永安道都體察使盧思愼
馳啟：“去十月二十七日，穩城居從征兀良哈也多好等六名來
言：‘兀狄哈將帥阿郎介，一時同類人六十一名，及朝鮮軍士
五十餘名先歸。十月十七日，鬱地洞口尼麻車兀狄哈八名，相
逢相戰，生擒一人，斬首三人，而四人逃走。本月十九日，越
鬱地，距兀狄哈里二息餘程結陣。翌日，尼麻車兀狄哈百餘人
逆戰，將帥阿郎介中矢，我等護率退來。自戰塲退距百步，見
副元帥李季仝。又退距百步，見都元帥許琮。’”是日，諸宰樞
因事會賓廳，命示之曰：“此無乃有可議事乎？”僉啟曰：“當時
勝敗未決，別無可議事。”　　壬午，北征都元帥從事官李粹彥，
賫書狀來啟。其書云：“本月十五日，率軍渡江，所經諸川，
半冰半水，渡兵爲難。行五日，十九日至甫乙峴，斥候金長孫
等十八日夜見山間有火光微明，偵知兀狄哈八人止宿，即圍
之，三人斬首，四人逃走，一人則呼曰：‘我城底兀良哈用達
也。’以故生擒。臣慮逃走者奔告諸部，促軍而行，令前援將成
俊屯于鬱地嶺上，中援將李絃、後援將韓忠仁屯于鬱地南邊洞
口，前衛將李昭、右衛將許熙屯于三岐，乃賊路要衝也。二十
二日，踰鬱地行至洞口，金長孫等忽遇兀狄哈百餘騎相戰，指
路兀良哈阿郎介中箭，阿速被獲，忽賓阿馬匹被奪。賊見大

舉，皆退去。是日距賊巢一息許，結陣而宿。二十三日，到賊巢，賊徒逃散山野。分遣諸將，于諸部落焚蕩室廬，斬獲男女各一，得馬三匹，仍結陣于賊巢而宿。其夜阿速逃還，曰：'兀狄哈等初不知入征之奇，二十一日逃還四人奔告，乃知與斥候軍相逢而戰者，欲於鬱地險處邀截。而大軍已踰鬱地，不相敵，故奔走而歸，匿其家口也。兀狄哈等曰："若非逃還四人，我等必盡殺擄，四人實生我也。"又曰："軍馬如此其多，我等但耳聞之，未曾眼見矣。"'臣初欲留屯以觀賊勢，已令于諸軍。夜更思之，諸軍齎十五日糧，今已九日，師還時更與賊相戰，不能速還，則在途人馬，想必飢困。不得已，二十四日還軍，距賊巢二十餘里許下營。二十五日，行軍左亞將李季全捍後而來，距止宿處五六里許，川林阨塞之地，賊人二百許騎，追迫後軍，接戰良久，我軍齊奮，賊不能支，奔北而走。我軍追至四五里，斬獲四級，中箭者太半，死傷必多。然傷者入林藪，壯者登山，未得窮追捕獲。我軍則龍驤都將陸閑，隊將趙元璋、張漢明、鄭鍵，及軍士十餘人中矢，皆不重傷。午時，行軍入于鬱地，止宿林木之中。二十八日，到沙便坪，結陣止宿。賊自敗戰後，至今一不現形。來十一月初二日，定還越江矣。"　受常參，引見李粹彥。上曰："虜之居計何如？"粹彥啟曰："平原廣野，土地甚饒，多積穀，不能遽移，我軍皆焚之，或取飼馬。彼地有速平江，江之北廣野無垠，賊渡江逃去，則不可追捕。"上曰："賊皆着甲乎？"粹彥曰："着甲者十未能一二，但以石鱗或塗于胸，或着于冑，其光如水銀甲。"上曰："冰合時行幾日程乎？"粹彥曰："行五六日可到賊巢。"上曰："自尼麻車距都骨幾日程？"粹彥曰："人云五日程。"上曰："舉大軍入攻，雖不能盡殲，所獲必多。今不見虜面，此則可恨。然全師而還，一無死傷，可喜也。"已，粹彥曰："阿速見虜，賊欲殺之。阿速謂曰：‘汝之徒壯士三十人囚於穩城，而我之弟兄俱在城底，汝今生我，則我弟兄必告邊將，還汝之徒。汝若殺我，則弟兄必告邊將盡殺之。’於是賊等猶豫不殺，但縛致之。阿速乘隙逃還。”上曰：“一百人邀截相戰之時，可以多獲而不能，何歟？”粹彥曰：“平原廣野，便於用武之地，則賊不敢來。若阨塞之地，則賊據險逆戰，因此未能多獲矣。”右承旨權景禧啟曰：“賊皆竄伏，雖不能盡獲，然大揚國威，全師而還，賊不敢拒，彼豈不畏威乎？但防禦不可稍弛。”　都承旨鄭敬祖、右承旨權景禧啟曰：“前者也郎哈等三十人，則已令處斬矣。也堂只何以處之乎？”傳曰：“依也郎哈例，並斬可也。”敬祖、景禧啟曰：“也堂只非也郎哈等例，初既歸順而來，且自謂指何路以鄉導，使國家得利乎，以此晝思夜度矣。今並處斬，義所未安。”傳曰：“此腐儒迂闊之言也。彼雖名曰歸順，焉知不挾詐而來。我軍既焚蕩其室，彼又罪大，不若處斬之爲愈。”　下書永安道都體察使盧思慎曰：“大軍回還後，士馬存沒之數，不可不知，卿其一一點閱而來。”　諭北征都元帥許琮曰：“予惟命卿提師，窮探虎穴，期於盡殲，使北虜不敢南下。而賊望風逃竄，罔敵我師，只斬九級，未成大捷。然張皇師旅，耀武揚威，焚踐室廬，蕩然無遺，又於邀截之時，善於殿後，虜多箭傷，卿乃全師而還，予甚嘉悅。但虜覬覦罷兵，尋即來犯必矣，戍禦之事，不可不嚴。故以京軍士三百五十人及在前留防一百名，內除一百五十名；火砲軍一百五十名，內除一百；諸將一百五十人，內除五十；軍官二百，內除一百，其餘使之留防。卿體予懷，嚴加隄備。”　諭北征都元帥許琮、北道節度使成俊、南道節度使卞宗仁曰：“都骨、沙車、尼麻車三姓兀狄哈等，街前日造山作耗時，同類七人致死之憤，聚兵四百餘名犯邊報復事，都體察使盧思慎前已馳啟矣。

今此之舉，只攻尼麻車，而都骨則不攻，尼麻車知我兵力，畏威喙息，都骨則不知我兵威之壯，輕侮憑陵之志，嚚然未已，欲報前怨，連結黨援，更來侵犯必矣。卿其知此黠虜之情，備禦諸事，曲加措置。”史臣曰：“是役也，舉大軍深擣虜穴，擒斬不多，而我軍凍餒死者相望。雖焚蕩室廬，不足以償之。然斡朶里常謂我兵弱，不能抗兀狄哈，及見我士馬精強，號令嚴明，勇於戰鬥，心誠慴服。” 戊子，上引見北征副元帥李季仝曰：“卿往來絕域，跋涉之苦，何可勝言。驅數萬之衆，入不測之地，予未知成敗，寤寐之間，未嘗忘于懷。適賊皆逃竄，縱未大捷，完師而還，予甚喜焉。”季仝啓曰：“臣每慮間關遠路，士馬困疲。及至本道，則士馬壯健，人人皆欲爲先鋒。前者兀狄哈搶擄斡朶里牛馬，欲和解，來至斡朶里家。臣等恐洩事機，先誘十二人囚鏡城。其餘人分囚諸邑。臣先渡江，諸將繼至，二十里許止宿。使金長孫率我軍五十、斡朶里六十人，先大軍體探而入。許琮戒長孫曰：‘幸路遇兀狄哈而彼寡，可以掩襲則襲之，毋使逃逸。若彼衆不可掩襲，則謹避之，毋令知覺。’長孫等遇賊八人，不能盡獲，而俾賊逃告部落，此長孫之過也。臣等初欲犯夜馳突，諸將皆曰：‘賊若伏兵邀擊，則此危道也，莫如下營於此，明日昧爽馳入奮擊。’臣等然其計，距賊巢九里許止宿。廿三日，馳至賊巢，則賊已奔竄。許琮分遣鄭有智、嚴貴孫、許熙，焚蕩室廬。”上曰：“焚燒幾室乎？”季仝曰：“臣因火焰衝起，望見數之，則四百餘戶也。”上曰：“居室何如？”季仝曰：“一梁之室。其制與唐人居室相似。此則兀狄哈昔時搶擄開原衛之人，男婚女嫁，累代而居，故其居室之制如此。”上曰：“其計活何如？”季仝曰：“臣曾見斡朶里兀良哈，居室不豐，室廬陋陋；兀狄哈則室大淨潔，又作大櫃盛米，家家有雙砧，田地沃饒，犬豕雞鴨，亦多畜矣。”上曰：

"有瓦屋乎?"季全曰："皆茅屋也。賊所積之穀，軍士取以飼馬。斡朵里等素知賊藏物處，掘地搜得女服與匹段分之。其日下營賊巢而宿，其處無木，但取門板與柳木設柵止宿。許琮欲仍留數日，以觀賊勢。夜半阿速逃還，呼入陣中。許琮呼臣語之曰：'阿速本交兀狄哈，往來此地久矣，今見擄生還，其情難測。汝率阿速於幕中寢側，徐問其情。'臣率阿速還幕，窮問其情，似無可疑。臣問曰：'彼賊逃匿之處，汝尋之乎? 今若窮追，則縱不獲壯勇，可獲妻子乎?'阿速曰：'江之北野外一處，似是賊等匿妻子之處。然此野皆巉巖之石，又有沮洳處，不得耕田而食，馳馬甚難。況彼賊之馬，久休留養，我軍之馬，遠涉疲困，縱使追逐，賊引去則擒獲爲難。'許琮謂臣曰：'昨日已與諸將議定，留觀賊勢。夜更思之，軍馬賚糧幾盡，若留數日，回軍之際，彼賊邀截，不能計日旋歸，則軍卒必中道飢困。呼諸將共議，僉言皆同。二十四日回軍。彼賊登高峯，呼斡朵里指天語之曰：'此天開後，朝鮮曾不來此侵我。汝等嚮導，焚蕩我家產，朝鮮軍士則歸入長城中，汝歸何往?'斡朵里答曰：'汝等屢犯國家，國家命我等隨往，故我等來耳。'賊又曰：'汝爲朝鮮，則何不着朝鮮紗帽；而著我等衣冠乎?'臣行至十五里許，彼賊或五六人或七八人，或三十餘人，馳馬追至，距我軍三四百步許，不敢近之。距賊巢二十里許下營止宿，賊不能來犯。二十五日行軍，臣與陸閑、嚴貴孫捍後而來。距止宿處五六里許，賊六十餘人，乘山腰挾左而來，又六十餘人乘山脊挾右而來，又百餘人擁後而來。以慕華舘地勢比之，挾右之賊，如在城底之岳；挾左之賊，如在分禮賓之岳；擁後之賊，如在京營庫之橋。陸閑之軍，如在慕華舘門前；嚴貴孫之軍，如在舘池墻隅；臣之軍，如在都藏洞。貴孫射其左，陸閑射其右，逆戰而來。臣則顧後徐行，如在沙峴

下。貴孫軍少次其後，陸閑軍北走奔來，幾過臣陣。臣拔長
劍，呼陸閑欲斬之。閑在軍中，臣未及分辨。閑軍還馳向我陣
後，奔軍亦定。臣顧見之，七賊追閑幾執馬韁，閑中六矢，肌
膚無傷，但一矢穿臂。閑因勢迫，不暇抽去。臣之軍官李之
芳、鄭殷富、具賢輝等壯士十餘人，齊發射之。賊或中矢，或
墜馬。兩軍相距纔十步許，我軍二人墜馬，彼賊拔劍擊之，然
不重傷。臣登小岸臨而射之。兩軍發矢如雨，賊窘迫，半彎而
射，臣高聲鞭馬下岸，諸軍殊死戰，奮擊，賊奔潰，追斬四
級。"上曰："死傷者幾人乎？卿亦幾發矢乎？"季仝曰："臣等不
多斬級，死傷者雖多，不可定數。然兩軍相迫，無數發矢，戰
罷拾矢，血染矢竹者亦多。臣亦發三十餘矢。賊中箭則或走登
山，或竄伏林莽。一賊背穿兩矢，猶能射之。李之芳射中一賊
肩甲，賊抽矢投地，戰罷拾見，則矢竹着肉如指。"上曰："交
戰時放炮乎？"季仝曰："事勢大迫，放炮人多不被甲。臣等蔽
立於前，不能放炮。但發一矢適中賊。"上曰："賊着甲者幾
何？"季仝曰："僅二三十人，其餘皆着青染半體衲衣。"上曰：
"我軍馬一無死傷者乎？"季仝曰："沃川軍人金應輔，矢中股
上，墜馬絕而復蘇，翌日乃死。馬中矢者三四耳。"上曰："自
尼麻車距都骨幾日程？"季仝曰："人云五六日程，而然無的知
者。斡朶里等與于乙未車兀狄哈世讎。若到都骨，則路經于乙
未車，畏其見獲，自祖父未嘗往來於都骨。"上曰："我國距尼
麻車幾日程乎？"季仝曰："臣渡江九日，始到彼地，若奉使平
常之行，則不過六七日之程。且臣等二十八日南羅峴平下營止
宿，黎明行軍，許琮令尹成囘率壯士三十人落後覘賊，賊七人
於下營處周回數匝，成囘下馬如拾矢物之狀，賊乘馬一時高
聲，還向山間。"上曰："雖不大捷，賊必畏威震懾也。"季仝曰：
"臣聞兀良哈之言，其初兀狄哈等云：'兀良哈五人不敵我一

人；朝鮮十人不敵我一人。若朝鮮入侵，則是自驅驅馬人口，資我農業耳。'臣等聞其言，切齒腐心。彼賊一敗以後，更不現形，豈不畏威乎？且成俊屯兵鬱地，云三百步許設木柵，罷陣而還。斫大樹蔽塞城門，賊見之，則必壯之矣。"上曰："彼地有阨塞設險之處乎？"季全曰："臣等初聞鬱地僅十里許，二十一日四更始入，縱馬促行，二十二日申時乃出，始知鬱地六十餘里矣，大木如櫛，鬱密蔽空，小路僅通，木枝翳路，弓韔矢服。必爲木枝所骨。使一百五十名持斧先入，芟夷其大木，則雖斫之，必附他木不能落地，竟不見天日。至一處，百步許無木，始見天日。至一處，左右高險，賊若設柵，使五六十兵守之，則萬夫莫敵也。未及鬱地，又有何順平，左右山勢互起如鼉頭，水三曲流，地勢險巇。東有賊路三處，南訥、沙車、于乙未車、大小車節等出來之處；西則海西火剌溫出來之路。若賊據險邀截，則此亦難當處。臣至其處，爲先鋒而來，頓無人跡。"賜季全病母食物。　甲午，平安道節度使吳純馳啟："本月十六日，靈陽堡人崔敏等十一人來昌城云：'火狫狙一千兵今十月二十日間義州作賊事，遼東大人通諭本堡大人，堡大人率軍一千陣于三利山峴。今月十二日送我等報變。行三日到此。'又曰：'火狫狙若作賊你國，堡大人欲率軍以禦之，你邑大人亦須率軍來，于三利山坪禦之。'又曰：'朝廷今將遣使臣宦官三人于你國，爲此，本堡大人時方田獵。'問曰：'天朝以何事遣使臣乎？'答曰：'火狫狙等控于朝廷曰："朝鮮國殺我無罪田獵人。"朝廷爲此將遣使臣。'"　己亥，西北面都元帥李克均馳啟："今十一月十九日，溫下衛護軍探塔哈及金主成可子處虛乃等五人到滿浦言曰：'三衛人等，將於十二月初三日大舉寇滿浦。'"命諭克均曰："處虛乃等所告，雖未的實。以近日事勢料之，高山里敗歸後，懷憤蓄怨，必更來侵犯。卿旣受閫外之寄，朝廷不可遙授節度，在卿善措置耳。對賊相戰，使賊驚惑解散。無如火炮，卿其商度，更加備飭。” 庚子，下書西北面都元帥李克均曰：“彼人金主成可、金劉里哈等每來報變其誠可嘉，而所言時或的實，不可以他人報變之例待之。其所送報變人，給綿布一匹，語之曰：‘汝之所言的實，則賞賜不止此。’云。”

十二月癸卯朔

丙辰，朝鮮實錄書：永安道都體察使盧思慎來復命，上引見曰：“關路悠遠，卿涉歷良苦，防戍諸事，已皆區畫乎？”思慎對曰：“五鎮城郭不固，而民居稠密，茅屋相連，假有賊虜越城而縱火，則難以禦之，請量定尺數加築爲便。”上曰：“城郭不可不高。又本道有弊事可言者乎？”思慎曰：“無弊事。但本道萬戶防戍之勞，不可勝言。臣意謂此輩授司勇之職，使之受祿爲便。”上曰：“戮死兀狄哈，皆壯勇人乎？”思慎曰：“皆强壯者也。臣窮問犯邊之事，終不直告，但也堂只子一人云：‘撫夷入寇，吾亦與焉，造山則我不與矣。’”上曰：“北征之舉，城底野人以爲何如？”思慎對曰：“野人云雖不多獲，焚蕩室廬而還，彼必畏懼矣。”

丁巳，海西失里等衛野人女直都指揮等官密哈奴等、斡蘭等衛野人女直都指揮等官忽失禿等、女城按：女城，當是玄城或右城之誤。等衛野人女直都指揮等官米希察等，來朝貢貂皮馬匹等物。賜宴，并衣服、綵段等物有差。實錄。

壬戌，朝鮮實錄書：永安北道節度使成俊馳啟都骨兀狄哈處被擄金貴精刷還事。傳于承政院曰：“我國之人被擄而去，豈不哀哉，即令刷還何如？”左承旨許琮等啟曰：“臣等嘗聞邊將失戎虜之和，城底斡朶里與兀狄哈相通，潛掠農民而去，斡朶里等略以微物而刷還，則我國必重賞。故斡朶里之喜爲兀狄

哈耳目，誘吾民使之被擄，有損於我國大矣。若邊鎮守令果賢
能，斡朵里畏威懷德，有變必報，而又無刷還之賞，則吾民被
擄之患少息矣。造山之敗，我國之人被擄者多，在所不得已。
其餘則莫若不刷還之爲愈也。"傳曰："邊民被擄，豈計所費之
多而不刷還乎？予意謂使城底斡朵里賫諭書語都骨曰：'頃者
尼麻車犯罪，故國家大舉致討。今爾若刷還被擄之人，則赦爾
前日之罪。不然，則亦必大舉入討。'則都骨幸有聽之之理。雖
或不聽，堯舜之世尙有苗民逆命，何損之有？"琛等啟曰："上
敎允當。但未知斡朵里與都骨相通之跡，令節度使詳問，馳啟
後處之爲便。"傳曰："將予意議于領敦寧以上，且刑曹判書備
諳北道事，並令議之。"　辛未，下書永安道觀察使許琛、北道
節度使成俊曰："今聞尼麻車、兀狄哈以爲北征之計，專由城
底斡朵里嚮導之故，欲聚兵報復。此非徒報復於彼，實欲修怨
於我也。戍禦諸事，曲加措畫。賊大舉，則斡朵里勢必窮蹙，
可令入處城內避兵。"

正編卷十三

弘 治 朝

弘治五年，即朝鮮成宗二十三年，壬子(1492)

正月壬申朔

己卯，朝鮮實錄書：御夕講。都承旨鄭敬祖回自永安道，上引見。敬祖又曰：“臣到慶興，見被擄人金貴精，圖其地形以示臣。西有尼麻車，東有亏未車，都骨在其北，南訥在其南。貴精曰：‘都骨與愁州兀狄哈來寇造山，擄去之時，行三日到南訥，遂至都骨。’然則入寇造山者，未可的指爲尼麻車也。然尼麻車嘗寇于撫夷等處。城底野人亦曰：‘常時來寇者尼麻車也。’”上曰：“造山之賊，安知非尼麻車乎？”庚寅，右承旨權景禧啟曰：“諭都骨、兀狄哈之書，已用蒙古、女眞字翻譯，何以處之？”傳曰：“予亦思之久矣，今不可輕易傳送。若被奪於尼麻車，則事不諧矣。前討尼麻車，但抄精銳而已，彼豈知我國軍額之多乎？今從征野人分運上來，當語之曰：‘都骨、兀狄哈擄我人畜，置諸部落，今欲問罪，但彼或有來寇者，或有不來寇者。古云：‘火炎崐崗，玉石俱焚。’如舉大兵，恐無辜亦不免誅戮。茲停問罪之舉，以待彼之自新。彼若悔過，還我人畜，則當赦過宥罪。不然，大舉軍旅，蕩覆巢穴，後悔何及。’以此修書，欲諭都骨，爾等若有自願賫去者，當授高爵重賞。以此意下諭節度使，募人授送何如？”僉曰：

"允當。"命議于領敦寧以上及議政府。沈澮等皆曰："允當。"乃命兵曹移書諭之。其書曰："兵曹敬奉王旨，若曰：'彼都骨邀處窮荒，與我國本無嫌隙，邊民安堵。而乃於辛亥正月，來寇造山地面，戕害我將卒，擄去我人畜，敢讎我邦，自作禍機。以我兵力，長驅問罪，殄殲巢穴，易如反掌。第念彼之部落，豈盡犯順！其親自作耗者，罪固當誅，如有無辜之人，並就勦滅，以予好生惡殺之心，所不忍也。茲停窮討之舉，以待自新。彼若悔悟向善，所擄人畜悉還于我，則無勞血刃，追極前過。儻或迷而不復，不悛舊惡，固將大舉蕩覆窠穴而後已。彼所自取，勢豈得已。爾兵曹其移文彼部，明諭禍福，俾無底于滅亡。'"　永安北道節度使成俊馳啟："臣聞尼麻車憤我國入征，興兵擊都骨，相戰四日，反與和議，欲犯我境。又兀良哈充尙等獵於南羅洞，伊乙仇車兀狄哈五十餘人猝至，搶奪人馬。臣意謂都骨等，乃於相戰之餘，遽相和議，無足信也。伊乙仇車擄掠人馬，雖不關我國，然彼虜橫行近地，慮恐犯境。臣令諸鎮嚴加隄備，以待賊變。"即下諭曰："尼麻車懷憤，欲報伊乙仇車，橫行近地，其侵犯我邊，至爲可慮。卿其整搠軍馬，常如敵至，毋或少弛。"　壬辰，永安北道節度使成俊馳啟曰："比聞尼麻車亏乙未車、伊乙仇車、亏乙仇車，都骨五姓兀狄哈，聚兵將入寇我境，或侵愁州兀良哈。臣令諸鎮戒嚴待變，臣亦領軍馬留駐行營，以爲諸鎮聲援。"即下諭曰："彼賊不量自取之禍，以我致討爲憤，切齒欲報，在我當常如敵至，益嚴邊備，以逸待勞耳。彼賊以北征之舉，謂城底野人嚮導，必欲報復。若城底野人被侵窘甚，必來投我，故前日許令入城避兵。然賊若潛師猝入，焚蕩室廬，搶擄人畜，其忍坐視而不救乎？卿其臨機應變，以示國威。"

戊戌，海西忽魯愛等衛、建州右等衛，并毛憐衛野人女直都督等官尚哈倒哈等，來朝貢方物。賜宴，并衣服、綵段等物有差。實錄。

　　庚子，朝鮮實錄書：西北面都元帥李克均馳啟曰：“今月丙申夜，賊兵突入碧潼郡圍城，又於城外焚民空家，助戰將自西門、權管自南門，領兵出戰，賊中箭者二十餘人。賊兵約千餘騎，不力戰而退。臣慮賊必乘急復來，率輕兵直向碧潼以待變。”命議于領敦寧以上及議政府、兵曹，仍傳曰：“賊不得利，必再入寇。欲擇壯士一當十者五人，助戍諸鎮，期以殲賊。今雖議于宰相，不過曰益嚴邊禦而已。”右承旨權景禧啟曰：“今以赴舉徵來軍官，皆年少驍勇。此輩皆來，則恐備禦愈疎也，請使之仍留赴防。若以軍官等久留爲苦，則徐擇遣五十人往代戍。”上曰：“然。”遣李苣、梁麒、孫鄭、殷富、具詮、許諴，並赴舉人同留戍邊，傳于苣等曰：“建州野人與我構怨，常欲報復。茲者舉兵圍城，若以勁兵擊其一隅，彼必北走，恨其不爾也。解圍莫如火車，其說與都元帥。國家養育汝等，欲用於緩急，勉出心力，各效其能。”又下書諭李克均曰：“予聞賊入碧潼，良用憂慮。此賊磨牙欲報，勢必數犯。其入寇也，又不窮日力戰，乃引兵而退，亦必復來。今精卒銳師，多集江上，若賊至不能殲勦，使匹馬得返，非惟貽國之羞，亦啟虜侮我之心。卿體予懷，率勵將士，嚴利器械以待之。”沈澮議：“沿邊時未解冰，請抄送黃海道及本道內地健卒以備。”尹弼商議：“賊盛兵出來，未得其利，必作耗於他鎮。請下諭本道，益嚴邊備。”洪應議：“都元帥當已益備，更無遙制之策。請諭諸鎮使一心防戍。”李克培議：“都元帥既已措置，然賊勢非輕，雖曰退去，衝東擊西，虜情難測，請令諸鎮清野以待，觀彼強弱，臨機勦擊。”盧思慎議：“賊向碧團，今已五日，若更與戰，則近日當有報至，但既盛兵而來。其勢不得於此，必出於彼。

主客之勢既殊，賊自來送死，不可城守示弱。請諭李克均，率精騎勦殺驅逐。”李鐵堅議：“賊大舉未得利，勢必更來。請令兵曹抄本道吏民中驍勇人，分屯要害，以助防戍。”韓致亨、呂自新、金首孫議：“防禦諸事，都元帥想必措置，別無遙制之策。請督送助戰將及京軍士。其前去軍官，百人中應還五十人，並留防禦。”鄭文炯議：“諸鎮防禦，都元帥曾已措置，故彼雖大舉而來，亦未得利。今將解冰，但令謹斥候，臨機應變耳。” 辛丑，平安道節度使吳純馳啟曰：“建州野人千餘騎來圍碧團。僉節制使朴山與戰良久，賊乃退。適安州牧使金彥庚率兵來援，山使彥庚潛師先往胡照里，以遏賊路。山遂力戰走之，追至胡照里，彥庚未及到，至桶兒洞始到，相與戰，至日暮乃還。方戰時，賊至胡照里烟臺，奪銃筒四、槍二、兜鍪三，烟臺軍三人亦失所在。”命議于領敦寧以上政府、六曹及刑曹判書，仍問政院曰：“賊一日圍碧潼，又戰於碧團歟？”政院啟曰：“其日時同，必分兵入寇。” 御畫講。引見報變人金義石，問相戰之狀，賜弓矢及衣。權景禧啟曰：“賊之犯邊，不於元帥在處，必先偵而後入也。此虜不解我語，胡爲得知？永安道城底野人，多移居三衛，彼曉我國言語，必潛來廬里得知也。”上曰：“然。何以知而得捕乎？其下書元帥以問之。”景禧曰：“賊分兵入寇，失利而返，慮必復來。”上曰：“其復來入寇無疑矣。但恐諸鎮軍士少，不足以禦賊，加送京兵可也。”景禧曰：“兵力有餘，則緩急可保也。”沈澮等承召來，啟曰：“碧團事前議已盡，不敢更議。”獨李季仝啟曰：“國家知賊入寇，預遣將士慎固防戍，籌無遺策。近日賊不得利以此也。賊本烏合之眾，其來犯邊，不過數日而罷。雖遣援兵，勢不及救。但助戰將及京軍之當遞者，可留助防也。”上曰：“欲抄驍勇者送之何如？”尹弼商曰：“今江水朝夕且解，京軍不必遣也。”李鐵堅曰："其道吏民，不問良賤，簡選驍勇，定爲雜色軍，以助防戍可也。"上曰："江冰雖解，賊若騎船渡江，衝東入西，安可保其無虞？在我有可恃之勢，敵至何畏？其諭本道，令抄定雜色軍，又欲送武才卓異者十人何如？"沈澮、弼商、鐵堅皆曰："然。"洪應、思愼、尹壕曰："閫外之事，責在元帥。如其不足，必加請之。每聞聲息輒增兵，可乎？"兵曹亦啓曰："抄遣勇士，則侍衛必虛矣。"上曰："朝夕邊報至，當臨時處之。"諭李克均曰："西賊每犯孤弱之城，主將所在，一不敢犯。賊必使人探我虛實，敢肆跳梁。然虜本不解我語，何以得知？五鎭城底野人，曉解我語者，多移居三衛，賊必令此輩，着我服潛入內地，與愚氓相語，仍問我國之事，邊圉虛實，無不知之。令邊將捕之。江邊軍民有能捕告者，當重賞之。其以此廣諭。"又下書曰："不嗜殺人，雖帝王好生之心，臨機制敵，非重典難以一衆心。今賊勢方張，虜騎充斥，當此之時，其用軍法不得不爾。曩以此意已諭於卿，恐或士卒解弛，動失機會，須申明軍法，以副予分閫之意。"

二月壬寅朔

　　是日，朝鮮實錄書：西北面都元帥李克均馳啓云："碧潼接戰，我軍劍傷者一人，中箭者十七人，死者三人；馬被奪七匹，中箭四匹。碧團接戰，我軍被擄三人。"上曰："戰死被擄人家，在所當恤，其下書諭之。"　永安北道節度使成俊馳啓曰："兀良哈波乙大進告，都骨尼麻車伊仇乙車、亐乙未車，諸姓兀狄哈，聚兵千餘，欲分入會寧、鍾城、穩城等鎭，攻城底斡朶里，以報嚮導之讎。臣令上項三鎭及諸鎭，各領軍馬隨機應變。臣亦率兵來鎭鍾城欲待變。"下書答諭曰："今觀卿啓，果此賊必大舉入侵，以報嚮導北征之怨。雖聲言侵斡朶里，安知不犯我境歟？且西賊分兵入寇碧潼、碧團，與我軍相戰，以

至焚民室廬，殺擄軍卒。此虜狡黠，難以測料。慮恐西北之賊
連兵結援，以生邊患。卿悉此意，備禦諸事，益嚴處置，常如
敵至，毋或少忽。」戊午，兵曹啟曰：「自滿浦搆釁以後，委
遣元帥，沿邊諸鎮，多畜精銳，以待賊變，敵至當勦擊靡遺。
頃者賊來渡江，碧潼僉使朴居信、滿浦僉使金允濟不欲與戰，
輒先吹角鼓噪，使之驚避。碧潼、碧團被賊來圍，以主待客，
以逸制勞，殄殲無難，而曾不力戰，使賊殺擄人畜，焚蕩室
廬。其鎮將盧效愼、朴山、李舜華、李喜孫、鄭孝宗、許璉
等，請拿致鞫之。且備邊制勝，責在主將。李克均、吳純不能
節度，使賊殺擄兵民，請遣官案問罪之。」命議于領敦寧以上。
沈澮議：「臨陣易將，軍法所忌，解冰後遣朝官推問。」尹弼商
議：「依兵曹所啟。」洪應議：「朴山等，可遣朝官於軍士聚會中
決杖一百，仍戍其鎮。純與克均之罪，裁自上心。」盧思愼議：
「依所啟施行。但主將不須遣官推勘，下書責之可也。」傳曰：
「鎮將等當拿致，案律罪之。值今防戍緊急，可遣朝官決杖，
仍令立功自贖。主將不能節度，致令師敗，宜罪之，今姑貰
之，其下書責諭可也。」諭西北面都元帥李克均、副元帥吳純
曰：「將帥受推轂重寄，當養士蓄銳，訓鍊磨礪，使懷投石超
距之志，遇敵必奮擊可也。近者賊入碧潼，鎮將等不乘機力
戰，使賊恣意寇掠，以貽國家之羞，豈非卿等不善措置而然
歟？當加責罰，以示邦憲。然姑貰之，以佇後效。益勵士卒，
毋蹈前非。」戊辰，永安道觀察使許琮馳啟：「尼麻車兀狄哈
末應巨等四十人，入穩城城底野人阿令哈里，焚蕩廬舍，射殺
二人，擄沙賓介兒子，掠牛馬十五頭而去，乃云阿令哈導朝鮮
兵焚蕩吾室廬，朝鮮有備，不可入寇，須殺阿令哈以報其怨。
臣意賊雖不多，慮恐又有藏兵窺覘，移東擊西，故整齊軍馬，
晝夜待變。」傳曰：「若有賊變，城底野人當輒入城中。今不能

然，被害至此！是節度使失於措置也。"其議於領敦寧以上及政府、兵曹。沈澮、金克忸議："尼麻車先攻野人，以報其怨，伺隙乘便，轉犯邊鎮，請下諭嚴加隄備。"尹弼商、洪應、李克培、尹壕、李鐵堅議："請下諭整頓軍馬，謹慎隄備。"韓致亨、鄭文炯議："國家慮此賊報復，防戍諸事已盡處置，更無遙制之策。"金首孫議："臨機設策，固難遙制，令節度使嚴加備禦以待變。"諭許琮及北道節度使成俊曰："兀狄哈入侵城底野人，掠人畜，焚室廬，聲言朝鮮有備不可入，會殺阿令介，以此益知讎我之心未嘗忘也。今虜人只四十，與曩時所聞請兵千餘之言不同，安知以輕兵先攻此種，以窺我國虛實，欲以大兵繼至寇掠也。虜兇狡有餘，而喜於報復。卿其嚴器械，勵士卒，以待賊至，乘機勦擊，以震國威。"時阿令介等來朝在舘，上遣人諭之曰："尼麻車兀狄哈入寇汝里，焚室廬，射殺人，擄沙賓介子，掠牛馬而去。鎮將領兵往救，適冰未合，不能及彼。必以爾等從我兵入征故也，國家當盡心救汝。"阿令介曰："兀狄哈怨我鄉導，常欲報復。我等從此不得安居，且弓馬甲冑，盡失於從征，請得弓矢甲冑，又於所居築城自固。"沙賓介涕泣不能言。傳曰："阿令介等所求，予欲量從之，其議于領敦寧以上。"沈澮議："阿令介雖誠服於我，本是異類，其心難信，不可與兵器也。"尹弼商、李克培、盧思慎、尹壕議："上教允當。"洪應議："阿令介等今雖從化，然非我族類，安知桀驁甚於兀狄哈乎？此所謂藉寇兵者也。況一開其端，紛紜請乞，弊終難防，勿給爲便。"

三月辛未朔

　　甲戌，海西成討溫衛都指揮兀允住等，貢方物馬匹，爲其故都督康泥援例乞賜祭。許之。仍賜兀允住等綵段、衣服等物有差。實錄。

四月辛丑朔

　　壬寅，朝鮮實錄書：西北面都元帥李克均馳啟曰："溫下衛野人金主成可來言：'建州野人十六名屯于水上，都乙赤等五十餘人指蒲州江，皆稱漁獵。'又言：'吾等至誠歸順，一未上京。'臣聞此言，已令諸鎮謹慎待變。"命議于領敦寧以上與政府。沈澮議："解冰後雖有賊變，不足畏也。然事起所忽，令諸鎮嚴加隄備，以待不虞。主成可每來誠心告變，其功不細，宜加厚賞以答其意。"尹弼商、尹壕議："沿江諸鎮防禦都元帥業已措置，然人心狃於尋常，恐或小弛，下諭更加隄備可也。"李克培議："主成可累報賊變，誠意可嘉，從願許由永安後門來朝，以答其誠。"盧思慎議："主成可亦賊徒，其告變豈誠心慕義？然其言曰'至誠歸順'，則不可拒也。從願許朝，審問虜情爲便。"李鐵堅議："備邊之事，籌無遺策，更加隄備待變可也。主成可間或報的實之事，然彼人所告，豈盡的實然後賞之乎？其待之也厚，則其告之也必誠。"鄭文炯、申浚議："主成可既告事變，應變諸事，都元帥想已措置。其請入朝事，若更來懇請，則終不可沮也。"從克培議。

五月庚午朔

　　庚辰，朝鮮實錄書：永安北道節度使成俊馳啟："尼麻車兀狄哈百餘名分道來侵高嶺等處斡朵里，掠牛馬而去。今農民布野，又因旱水淺，慮有賊變，已令邊鎮益加隄備待變。" 丙申，永安北道節度使成俊馳啟曰："亏未車兀狄哈欲聚兵入寇，南訥兀狄哈男婦十一名，欲來居城底。"命領敦寧以上及議政府議之。

六月庚子朔

　　己酉，朝鮮實錄書：兵曹據永安北道節度使成俊啟本啟曰："尼麻車兀狄哈所老等，與其酋長吾乙都介欲來歟。請令

節度使探審彼人誠心歸順與否以啟。"命領敦寧以上與政府議
之。尹弼商、李克均議："吾乙都介等，若領其擄去人物而來，
雖不保後日，旣以歸順爲辭，亦不可拒。其酋長等如欲朝京，
毋過十人上送，餘人厚饋，量納所求。若請穩城伏罪人弓馬等
物，取稟還給。"盧思愼、許琮、李鐵堅、鄭文炯、洪貴達議：
"尼麻車旣被焚蕩室廬，又三十餘人見誅於境上，而所老等冒
死敢來，是必畏國之威而然也。若將擄去人物而來，則後日之
事雖未可保，今之歸順恐非詐也。但當撫接之時，待之卑忽，
則彼必失望；待之過厚，則有損國體。必臨機斟酌，處置得
中，然後可以服彼之心矣。如又請朝于京，雖農月，其酋長不
可不從願上送。伏辜人等鞍馬、雜物，待其還我所掠人物後，
與之可也。但慮邊將恃其歸順，或弛防備，今宜下諭更加措
置。"　諭永安北道節度使卞宗仁曰："尼麻車所老等，畏我國
威，欲歸順而來，則不可固拒。在我當示大度，依例以待，然
不可待之過厚，輕示喜悅之意，以虧損國體。如盡刷擄去人物
而來，且欲朝京，可不計農月，擇酋長上送。"　永安道觀察使
成俊馳啟曰："臣巡邊到慶源鎮，向者都骨處書契受去大居節
兀狄哈老只大、老郎哈等來見，言曰：'我等入都骨部落，示
其書契于酋長時家老、麻多下、巨尼等三人。彼人等率其麾下
三百五十家請歸順，刻木爲信，且與我豹皮一張爲約。伊乙仇
車兀狄哈等，亦請歸順，以刻木及貂皮爲信約。如都骨，其他
諸姓兀狄哈，皆願歸順，然不解書啟之辭。三斷印文，各持其
一也。'臣問之曰：'時家老等實欲歸順，何不親來？'老只大曰：
'時家老等豈不欲來，畏死未敢。'臣又問曰：'慶興人物何不刷
還？'老只大曰：'時家老等言，初向骨看去，誤入慶興地面耳。
其所擄人物，一半死路上，一半逃還，無一人存者。'臣又問：
'汝所居與都骨隔幾日程？都骨部落有幾？'老只大曰：'相距十

餘日程。其部落次第，則初沙車、次少居節、次亏乙仇車、次時加乞、次好時渴、次伊乙仇車、次都骨。都骨之外，亦多部落，然不得細知。'"命議于領敦寧以上及議政府。沈澮議："老只大雖言都骨歸順。賊謀難測，整軍隄備可也。"盧思愼議："諸姓于狄哈等皆欲歸順，雖未可信，以勢觀之，則殆非虛也。今但固守邊圍，依前降諭書待之而已。"許琮議："慶興擄去人物多，而今言無一人在。老只大等所言皆譸張，其歸順未可信也。又安知其不覘我耶？下諭本道更愼措置，且順歸者接之而已，不可綢繆歎語，以示弱也。"李鐵堅議："時家老言豈不欲來，畏死未敢。慶興去擄人物，多死路上，餘皆逃去，無一人在。觀此則實非誠心歸順。後若更來，反覆更諭，盡數刷還後，許令入朝。"鄭文炯議："老只大之言雖不足信，然歸順而來，不可絕也。權辭接之，以觀情勢，且開自新之路爲便。但恐因此覘我虛實，防禦諸事，更加嚴愼可也。"李克均議："國家威靈已振，彼之歸順似若不虛。然自古邊備固則歸順，虛則竊發，不可以所言爲信，防禦諸事益加措置。且五鎮烟臺多低微，令節度使改築備邊。"洪貴達議："彼若更來效順，邊將自當接之，聽其言馳啟矣。今則別無回諭之事。"從許琮議。

七月乙巳朔

　　壬申，朝鮮實錄書：永安北道節度使卞宗仁馳啟："兀狄哈三十餘人，入伊應建水洞，擄野人之樵蘇者。野人告于訓戎鎮僉使尹承祖，將精兵一百五十餘騎渡江，與野人百餘騎合兵追之。兀狄哈六十餘人伏兵，出與相戰。承祖追至二十餘里，值林密路險不得進，乃還整軍以待變。"上問于承政院曰："觀此，則以我之衆，攻彼之寡，勢甚破竹，而訓戎僉使不與交戰，坐失機會，予欲囚而鞫之。"承旨等對曰："邊將遇虜犯邊，例多擁兵不出，此固可罪。然訓戎之事，若如所啟，則林密路險，勢難追逐，請下書于節度使，細問形勢難易，然後處之。"
上曰："然。"　辛卯，<u>平安道</u>節度使<u>曹克治</u>，據滿浦僉使<u>金允
濟</u>牒馳啟曰："<u>溫下衛金主成可</u>等到滿浦，告曰：'<u>建州衛趙多
郎哈</u>，以其兄<u>趙伊里哈</u>被殺，欲報讎，去冬寇<u>昌城</u>；<u>建州衛</u>都
督<u>達罕</u>，以妻族戰亡於<u>高山里</u>，春初寇<u>碧潼</u>，不得利。兩人今
皆悔悟，議欲歸順。且<u>建州衛</u>四十餘人，與我來至水上漁獵，
此非賊黨。'又曰：'今許由<u>永安道</u>後門入朝，上恩至重。但由
<u>永安道</u>，則道里遼遠，<u>兀狄哈</u>又於中路作梗，請由此道上京肅
拜。'<u>允濟</u>曰：'此路境連上國，曾已防塞，不可從此入朝也。'
<u>主成可</u>曰：'然則八九月間，當由後門入朝。'"命議領敦寧以上
及政府。<u>沈澮</u>議："<u>金主成可</u>前日數來告變，誠為可信。然賊
謀難測，不可以言順可保邊鎮無虞，宜整齊軍馬，更嚴隄備。"
<u>盧思慎</u>議："<u>建州</u>野人初欲報讎，累次入寇，一不得利，反為
敗衄，自知不敵，勢必悔悟，其言歸順，恐非虛也。萬一誠心
投降，不可不撫納。"<u>許琮</u>議："<u>建州</u>之賊近不得利，果有悔悟
歸順之心，然去則不追，來則不拒可也。<u>主成可</u>誠心告變，其
心可嘉。請預諭<u>永安道</u>，<u>主成可</u>若到，即令上送。"<u>鄭文炯</u>議：
"<u>金主成可</u>等接待相話節次，似乎得宜。恐彼詐稱歸順，或憑
漁獵以覘虛實，請更加隄備。"<u>李克均</u>議："自春徂夏，賊不現
形，其自悔歸順之語似是。彼聞北征師旅之壯，恐其被討，如
是云耳。所謂四十餘人漁獵之處，乃外怪木柵所管之地，臣近
聞五十餘人現形，恐是此輩。但雖初無作賊之計，乘間竊發，
亦可慮也。候望等事，更加申敕。"<u>洪貴達</u>議："彼虜等雖陽言
歸順，其心未可知，嚴加隄備以待其變可也。"御書下承政院
曰："今觀<u>主成可</u>所言，雖若不誣，然以予度之，<u>建州</u>之賊，
見敗大而得利小，故讎我必深，悔己必淺，報復之心重而歸順
之情輕。何以<u>主成可</u>之告為信，而<u>達罕</u>等之悔為無疑也？勢雖

似信，情甚難保。邊將當於接待之時，威以畏之，和以撫之，然後彼虜之情狀，庶乎其得之矣。後日趙多良哈雖或納欵而來，勿以喜而遽接于館，當於江上盛陳兵衛，使人問之曰：‘汝等悔過投誠，甚爲嘉悅。然誠心與否，何以知之？’則彼必有辭。聞其辭，度其情。固其誠，信其人，然後許渡江厚待之，使悅其意可也。以此下諭何如？承旨等其議啟。且主成可由永安，依右議政之議。申敕候望，依都元帥之議可也。”鄭敬祖、愼守勤、金諶議：“虜情難信，誠如上敎。趙多郎哈果來，令邊將依上敎探問其情，然後厚撫慰諭等事，下諭可也。”南忻、曹偉議：“戎狄無信義，惟利是趁，其情狡黠，反覆難信。昔唐德宗信吐蕃之盟，渾瑊受辱於清水，此其明鑑也。雖然，彼常觀中國之形勢，強則欵附，弱則侵陵。自去年構釁以來，屢犯邊境，一不得利，高山里之戰，益見摧挫。去年北征，亦聞兵威之盛，恐被入征，姑爲和好之言以欵於我也。趙多郎哈若來，先令通事往復，以觀誠僞。及渡江舘待，令允濟盛兵威，厚餽廩，且諭之曰：‘前日之釁，皆起於汝。今汝悔過，誠心來附，我亦待之如初。南北結和，彼此晏然，不亦樂乎！’如此開諭，以固其心可也。”傳曰：“此議與宰相雖小異，皆合予意，其以此下諭。”　下諭節度使曹克治曰：“建州野人，漁獵滿浦水上，雖初無入寇之心。如見可乘之勢，則或有竊發之理，更愼候望，以備不虞。”　甲午，永安道觀察使成俊、北道節度使卞宗仁馳啟：“兀良哈尼應加大等請築城。情理則然，但邊鎮城子尚未修築，而爲彼先築其城，近於虛内事外。況彼人居城底者非一，若倣此來請，將何以答之？彼本散處，聞有聲息，輒來報我。若從其請，盡令聚居我地，彼自安之計則得矣，無益於我國也。”命議于領敦寧以上及政府。沈澮、尹弼商、李克培、盧思愼、尹壕、鄭文炯、洪貴達議：“依所啟施行。"許琮議："阿令介、莽哈、尼應加大等，皆北征時有功者也，非他野人之比。且爲彼人築堡，前此亦有之。然役民重事，不可輕舉，依所啟施行，以觀其勢。"李克均議："會寧斡朶里等，嘗請長城外別築城堡以居之，其後卒爲賊所陷，今雖築城，彼安能守之？權辭解說，勿使生怨爲便。"從許琮議。

八月己亥朔

　　癸卯，朝鮮實錄書：永安道節度使卞宗仁馳啟："尼麻車兀狄哈羅方介等來告云：'前日承諭，往見吾乙都介，語以親自納欵。吾乙都介不肯，曰："我固欲納欵，但我未曾往來朝鮮。"吾乙都介之父也多好，嘗入朝貴國，受中樞職者也，今率部落四十人來，在距鎮半日程之地。'臣見評事李世卿，見也多好問何以來？也多好曰：'所老、羅方介，賚諭書而來，開諭於我，乃知貴國有招來之意來耳。'世卿曰：'汝子吾乙都介，托故不來，汝之歸順，亦必不誠也。'答曰：'吾乙都介今秋當來矣。'又問：'汝等與都骨爲黨，入寇造山，既有罪矣，而虜去人畜。又不刷還，我國當復舉兵問罪，汝雖悔可追。'答曰：'造山之事，不干於我。都骨路遠，勢難刷還。當與所老、羅方介等，同力買來，且也堂只之子，請還其母及馬匹，其他被殺人親屬，亦請還馬匹。'世卿答曰：'被擄人畜刷還後，更來言之可也。'若也堂只之子更來懇請，何以答之？"命議于領敦寧以上及議政府兵曹。沈澮議："羅方介等歸順之言，誠否難知。堂只妻與馬匹，姑勿給之。曰：'汝若誠心歸順，當刷還被擄人。'以此開說可也。"尹弼商議："彼之所請，不可輕許，姑語以人畜刷還後還給可也。"盧思慎議："兀狄哈見我國兵威，自知終難爲敵。其酋長等率衆投降，以求前日被殺人妻及馬匹，其辭順。然戎虜狡黠，反覆無常，豈可盡信！馬匹可還給之，也堂只妻，姑留勿與，以累其心，使不得輕易作耗爲便。"尹壕議：“也堂只之妻，不可輕還，姑給馬匹以慰其心。”許琮議：“造山被擄人畜，若能刷來，則馬匹雜物可給，也堂只之妻不可輕還。徐觀歸順誠否，然後更議之。”韓致亨、申從濩、金克忸、金首孫議：“彼人等雖曰納欵，其心難保。馬匹及也堂只妻，不可輕還。彼若更來請之，當語之曰：‘造山人畜無遺刷還後，可得矣。汝等略無寸效，空言無實，轉啟爲難。’以此下諭何如？”鄭文炯議：“彼人等累次來投歸順，雖其誠否難知，然不可阻絕，以孤其望。後若更來，依前厚接，懷之以恩，庶合待夷之道。也堂只之妻固不可還，馬及雜物還給可也。”李克均議：“造山作賊，都骨實爲之。尼麻車雖曰參謀，也堂只等至死不服。況今聲言歸順，再來納欵，其誠與否雖未的知，然帝王之待夷狄，服則當赦之。尼麻車與都骨，道里懸遠，刷還果難。擄去人畜，雖未能盡數刷還，可還給其馬。”洪貴達議：今見也多好等之言，似欲歸順而來。造山人物，雖未能盡數刷還，得還若干人，啟聞處之爲便。若穩城被斬人等，雖云有罪，然其中豈無可矜者乎？其子哀號欲還其母，亦情所不禁也，我國留之，亦何裨於制虜哉，徒激彼忿耳！臣意以爲并馬還給爲便。”從致亨等議。　甲子，特進官尹孝孫啟曰：“黃海道境連平安，一有聲息，輒興師旅，加以連年赴防，其苦倍他道，軍保厭苦之，爭屬彭排隊卒。今後一切禁斷，以實軍戶。”左承旨權景禧啟曰：“兩界皆受敵之地，防禦不可不嚴。平安道都元帥李克均，率助戰將四，京軍官一百五十，并黃海軍卒，防禦可謂周備。永安道則不然，只遣京軍官一百、京軍士一百。而京軍劣弱，反不如土兵。今尼麻車、都骨相繼請和，竊恐邊將信其歸順，且謂北征之後，虜皆慴服，必不來犯，備邊諸事必致疎虞。臣意遣望重大臣，與卞宗仁同議措置可也。如以遣大臣爲有弊，可擇諳練邊務二三品堂上官遣之。永安道距王都最遠，王化有所不及，宜屢遣使臣，使知朝廷撫安之意。"上顧問左右。許琮對曰："北征之後，永安道困敝尤甚。若遣大臣，恐爲騷擾。"上曰："勿遣大臣，其諭節度使益嚴防禦可也。"琮又啓曰："諸姓兀狄哈入寇慶源以下諸鎮者，必路由南訥。今使卜宗仁語南訥曰：'諸姓兀狄哈若欲來犯，汝不先告於我，則當舉兵問罪。'南訥必畏而來告，然則可以預知賊變而備之。"上曰："可。"　諭永安北道節度使卜宗仁曰："諸姓兀狄哈若寇我國，必路由南訥。其令城底野人語之曰：'兀狄哈之來，爾不即來告，當先問罪。'北征以後，如尼麻車、伊于仇車、都骨等爭相歸順，然誠僞難保，況虜情兇狡，喜於報復。去年受兵，怨結于中，噬我之心，何時而已也。安知今之納歉，不窺覘虛實，乘時竊發而然歟？邊將不知虜情，以爲必無邊患，隄備諸事恐或緩弛，予將遣官檢察。卿其體予軫懷，曲加措置。"諭觀察使成俊曰："北征之後，慮彼報復，卿速往北道。防禦諸事，與卜宗仁同議措置。卿當踐歷北道，備諳事勢，以時巡審，毋或少弛。"

九月己巳朔

　　是日，朝鮮實錄書：永安北道節度使卜宗仁馳啓："城底野人豆乙伊自尼麻車逃來，言曰：'兀狄哈皆謂："今年朝鮮亦必入征，乃依山結廬，又欲移徙。"都骨亦相謂曰："今宜陽爲歸順，窺邊備虛實，乘間報復。"'臣聞之，已令諸鎮隄備待變。"　諭卜宗仁曰："邊將必以尼麻車等屢請和親，以謂自去年入征之後，虜皆慴服請和，何暇犯邊；不知請和乃所以窺覘。慮恐備邊諸事，緩不致意，前已下諭。今觀豆乙伊之言，果然，卿其詳悉前諭，坐甲待變，毋貽國羞。"　乙亥，諭西北面都元帥李克均曰："今聞建州野人請兵三千，欲報高山里之怨。傳聞之語，雖不可信。野人性喜報復，江冰若合，勢易入

寇，在我當嚴兵固守，以待敵至。卿其措置待變。” 乙未，御
經筵。講訖，掌令楊熙止啟曰：“野人惟知射獵，本不事耕稼。
聞近年以來，頗業耕農。其農器皆出於我國，此必居城底者賣
之也。請嚴禁。”上曰：“豈可猝禁！守令若賢，則自無此弊。”
十月戊戌朔

　　甲辰，朝鮮實錄書：諭永安北道節度使卞宗仁曰：“自北
征後，兀狄哈與兀良哈搆釁，每來侵掠，已令邊將臨機救援。
然不度事勢，輕進交鋒，則恐見敗衄；若緩於見機，畏怯不
進，則兀良哈必缺望。然此不可遙度，在將帥臨時制變耳。宜
令城底兀良哈連續深入體探，使之潛伏要路，我軍與之夾擊，
可以得志。卿其曉諭邊將，審量事勢，務要得宜。” 癸丑，西
北面都元帥李克均，據滿浦鎮僉使金允濟牒報，馳啟曰：“溫
下衛酋長中樞金劉里哈等七人、右衛副酋長羅下所遣中樞童巨
亐同等十人，左衛酋長土老所遣護軍童伊里哈等十人到鎮，傳
其酋長之言曰：‘近者與貴國有怨人，寇貴國邊境，我等不能
禁制，因此不得效順久矣。今乃約誓不復侵貴境，令我等致
意，故來耳。’仍請因本鎮路上京。允濟答曰：‘此路連境上國，
不得通行，爾等所知也。’仍給所索米鹽遣還。” 甲寅，諭西北
面都元帥李克均曰：“今觀卿啟，金允濟所對甚失。若更來，
當語之曰：‘本國於汝本無釁隙，往年上國有命，不得已出兵
助討耳。非不知此，而常懷報復之心，窺覘邊境，故邊將薄示
勦擊耳。爾不思過，屢來犯我。當舉兵問罪，直擣爾窟穴。第
念爾輩不足與較，姑含忍待爾悔禍。諸衛酋長若親來，當依舊
綏懷；不然，爾之誠心何以知之？’如是開諭可也。”
十二月丁酉朔

　　庚戌，海西忽石門亦兒古里等衛、野人女直都指揮等官兀
籠哈斡來等，來朝貢貂皮馬匹。賜宴，并衣服、綵段等物有

差。實錄。

弘治六年，即朝鮮成宗二十四年，癸丑(1493)

正月丁卯朔

辛卯，泰寧、海西亦速河、毛憐、肥河等衛都督撒因孛羅，都指揮等官孛羅捏克、卜良吉、加哈察等，來朝貢方物。賜宴，并綵段、衣服等物有差。實錄。

二月丙申朔

己亥，朝鮮實錄書：三衛野人致書云："大王建州衞左衞右衞甫阿土都督羅下都督吐老都督三衞三都督阿車下達罕都督大皇帝向望其後朱哈人作賊三都督不知建州衞胡羅衞都督子作賊送右衞左衞甫何衞羅下吐老三都督叔伯叔弟巨奴吐王童若沙於馬赤送王時里汝巨車甫何吐童子達罕子其應巨奴郎時羅何於馬赤等三都督送吾馬下地在羅何都督父雍車都督皇帝皇帝時時溫恭勤金皇帝知道皇帝皇帝時時知道雍朱衆巨陳他里非巨羅雲吐盤知巨所羅哈等三衞人送前羅下都督滿浦地若沙等名人在送七人死外大都今滿浦地在大都金皇帝知道羅下都督子羅溫車書寫"命議于領敦寧以上及議政府。尹弼商議："今此書契之辭，雖未細知，大概不過欲歸順，送人報知而已。"李克培、盧思慎議："下該司議啟後更議何如？"許琮議："書契之意難曉，大意不過示其歸順之意而已。依前諭，待酋長親來聽其歸順事，開諭何如？"鄭文炯議："今書契不得曉解，然不過納款之意。令邊將語之曰：'汝等若誠心歸順，國家必不絕之，許由永安路上來。'如是語之，以觀情勢何如？"柳輊議："今觀書契，文意難曉，大概歸順之意也，亦有遣子弟和好之義。臣謂來者不拒，重加褒獎，聽依求請。若請上京，則許從永安路何如？"上從許琮議，遂下書西北面都元帥李克均曰："今觀三衞書契，與前書契之意同。若欲歸順，酋長親來事，依前諭答說。"　西

北面都元帥李克均啟曰："前者下諭云：'溫下酋長金劉里哈、
金主成可、朴古里等，屢報事變，其功可賞，特賜物，待三人
來，撙節量給。'臣意我大國賜給，不宜撙節，以示不裕。待三
人出來，稱以宣賜，一時專給，仍語之曰：'爾等向國無貳，
勤勤報變，且皆年老，不得遠來北門。又與兀狄哈素有搆嫌，
未得來朝。國家嘉乃誠心，特送物件。聖恩至重，不可不知。'
以此開諭。且金劉里哈雖曰酋長，皆不能御下，與金主成可、
朴古里等一例許給。"下書于克均曰："溫下衛野人金劉里哈、
金主成可、朴古里賜給事，議諸大臣下諭矣，而卿乃擅斷，已
違於理。且稱謝御書，而寄於政院開拆，是可乎！卿其知悉。"
蓋克均有所啟，而政府又啟，以克均啟爲不當也。又下書曰：
"今觀卿啟，金劉里哈、金主成可、朴古里賜給事，及其下諭
之意，而擅斷之，如已給之則已矣。邊將若未給之，姑令留
置，急速取稟施行。"

　　乙巳，弗提衛都督答只祿、亦把哈，及嘔罕河衛都督尙
古，各來貢。賜宴，并衣服、綵段等物有差。三人復各陳，父
祖以來多效勞邊塞，乞加賞賚。命賜答只祿蟒衣，亦把哈及尙
古金帶冠帽各一事。實錄。

　　丙午，建州左等衛野人女直都督等官脫羅等來貢。賜宴，
并衣服、綵段等物有差。實錄。

　　　　清先世正是妥羅爲都督之時代。明實錄之脫羅，朝鮮
　　　實錄之土老，皆此一譯名。

三月丙寅朔

　　己卯，朝鮮實錄書：御宣政殿，引見平安道都元帥李克
均。克均啟曰："聞兀狄哈常以爲朝鮮雖強，豈能踰蔚地峴乎？

今北征深入示威，又於高山里斬獲甚多，虜人相謂曰：‘兀狄哈受制如彼，我輩豈敢當哉！’乃殺牛祭天，誓告曰：‘更不與朝鮮搆釁，永爲臣服。’自是不敢遊獵於江邊矣。”上曰：“江水何如？”克均曰：“近日多雨漲溢，然或有灘可涉處，故沿江賊路，或鑿陷穽，或設木柵，或置機木於江中，使賊不得闌入。前者宋殷家口被擄者，以邊將處置失宜，不盡入保城内故也。”上曰：“夏月農民布野，時亦或有賊變。”克均曰：“臣亦慮此，於江邊芟草斫木，使賊不得遁形，又使軍卒守護農民，以備其變。且義州城不可不改築，然比諸碧團城子，爲有緩急。臣意以爲當先築碧團，次及義州。”上曰：“遙制爲難，卿已親見，來秋與韓致亨同審便否，先城碧團可也。” 辛巳，御經筵。講訖，侍讀官俞好仁啟曰：“今命永安道點馬，市御乘馬于斡朶里。我國諸道牧場多良馬，而濟州尤最，良馬不爲乏也。彼雖來獻，猶多却之，況市之乎？古人有問國君之富，數馬以對。今求馬，徒示弱耳。”上曰：“漢文帝却千里馬，予何獨市駿於彼人乎？爾言誠是。” 丙戌，平安道節度使曹克治馳啟曰：“溫下衛護軍金主成可、朴古里，及酋長金劉里哈子指揮無澄巨等，到滿浦謁僉節制使金允濟。允濟以草綠紬襦帖裏各一給之，仍語之曰：‘爾等向國無貳，勤於報邊，且皆年老，不得遠來北門，故國家嘉乃誠心，持送賜物。聖意至重，爾不可不知也。爾若如一納欵，則賞賜不止於此也。’主誠可等北面叩頭而謝，且曰：‘前者趙達郎哈啟請還物色，若不得舊物，以他物給償如何？’允濟答曰：‘其初鬬死時，散失草野。若有之，堂堂大國，豈吝些小物件乎？彼若誠心納欵，則國家恩賜，豈止此亡失之物哉！且我邊民被擄者多，而不一刷還，反求償遺失之物，其敬畏大國之意安在？但前有功勞，今若來欵，我當以物賞之，以此歸報。’主成可等喜曰：‘後當與達郎哈偕來，

願有所贈，使之釋怨。且高山里戰亡人之族古羅哈言曰："三
衛人雖歸順，不許朝京，又無恩賜，不如草竊得利之爲愈
也。"'允濟曰：'彼之反覆，固不足信。禍福之機，曾已開諭，
今何多言。爾自思之，悔無及矣。'允濟又問劉里哈何不親來而
遣其子？答曰：'劉里哈病劇濱死，故未來耳。'"命示赴宴宰
相、二品以上，仍傳曰："劉里哈若病苦，則其子何得來乎？
此言詐也。主成可所言，亦難信也。"尹弼商、盧思愼、李鐵
堅、韓致亨、韓致禮、鄭佸、鄭文炯、尹孝孫、李陸、權健
議："此輩狼子野心，雖其父病苦臨死，欲受賜物，則棄之而
來，無足怪也。主成可備知國家之意者也。達郎哈求償之請，
非徒不禁，又從而傳言之，其意未可知。然若不聽達郎哈之
請，則恐其生怨也。"李克增議："劉里哈不親來而遣子，其詐
可知。但狼子野心，不可與之細較。若達郎哈更來，請還其
物，以他物給之，犬馬畜之無妨。"李克均議："劉里哈年過七
十，前日主成可之來，已報病苦，今所言非虛也。野人性本貪
貨，其父雖病，聞有賜物，豈不來乎？趙達郎哈怨弟被殺，每
領兵作賊，主成可勤勤欸誘，率來歸順者，欲中達郎哈所求，
以悅其心而已。達郎哈若來，邊將據下諭之意，論功給物，則
其意自釋矣。"具壽永、鄭崇祖、盧公弼、呂自新、元仲秬議：
"彼人之心，雖不可保，然主成可屢報事變，其言不虛，頗有
功於我，似非難測之人也。趙達郎哈所求其弟死時散失之物，
雖知不可還給，而然且來言者，是必冀還舊物，或得他物，以
解達郎哈之憾，而邀功於我也。不然，則迫於達郎哈，不得已
而來言耳。無澄巨之來，以人道言之，父病子不可離出，然此
輩貪利無厭，苟有利焉，何恤父病。"金礦石議："無澄巨棄父
病而來，輕親重利，無足怪者。趙達郎哈其弟遺失之物，已知
國家不給之意，今更請還，似乎不順。然彼貪黷之輩，亦不過

務得利而已。達郎哈若來，則優數給物，以釋宿憾，何如？”傳曰：“議雖如此，父若病重，則子豈得來乎？且金主成可旣知國家之意，猶不言之於趙達郎哈，而乃以不可不給來言，其心未可知也。今雖賜物，邊將只以私贈之意開說可也。”下書平安道節度使曹克治曰：“趙達郎哈更來，若請亡弟伊郎之物，當語之曰：‘汝弟與邊民鬪死草野間，遺失之物，何更得之？’且以綿布若干給之，仍語之曰：‘汝雖有罪，改過歸順，故給物。’”

四月乙未朔

　　壬寅，朝鮮實錄書：兵曹據永安道節度使卞宗仁啓本啓：“兀良哈等居會寧檢天之地，效順已久，乃我國藩籬。而兀狄哈等相繼侵伐，此必以北征向導，懷憤而然也。邊將不登時救援，使人畜多被搶擄，是自撤其藩籬矣。自會寧府至檢天，道路遠近，救援難易，令宗仁考啓。”命議于領敦寧以上及議政府。尹弼商、盧思愼、尹壕、李鐵堅、鄭文炯、柳輊議：“依啓目施行。”許琮議：“檢天居兀良哈等，無一人從北征，於我國別無功勞，不必救援。雖欲救援，距會寧幾二百里，道路險阻，勢不相及。但檢天距富寧、鏡城、明川、吉城不遠，恐兀狄哈等乘虛而入侵我境也。且若來檢天，則當經由兀良哈諸部落，然後可至矣。常令兀良哈細探兀狄哈指向，連續來報，益嚴隄備，毋有後悔事，下諭何如？”李克均議：“兀狄哈噬我之情，未嘗少弛。如今農務方殷，守護等事，不可少弛。令鎮將日謹防護，毋致失機。”從許琮議。　　丁未，御經筵。講訖，特進官呂自新啓曰：“永安道沿邊居民，冬節入保巨鎮，民甚苦之，皆願仍居小農堡。小堡旣有守護軍，距巨鎮不甚遠，脫有變，猶可及救。阿吾地距撫夷堡不遠，撫夷之民入保於阿吾地，民多無家可容，故設土宇以居之。請加築撫夷城子，低微處仍留防，以除其弊。”上問左右。弼商對曰：“此自新目覩事，臣難遙度。”上曰：“民若苦之，問情願以啟可也。”自新又啟曰：
“三水、甲山，冬月雪深時，虜不得來，夏節則防禦最緊。今
南道節度使在北青，距甲山遠，聞變往救，沿路舘驛，難堪支
供，因此逃散。若移北青鎮于甲山，則無此弊矣。”弼商曰：
“前者成俊亦啟此事，已議之矣。祖宗設營於北青鎮，必有深
意，豈徒爲事變往來哉？”上曰：“然。”自新曰：“聖代歧有驛舘
舊基，赴防軍卒皆由此抵甲山，地近賊路，乘間竊發，誠可慮
也。請移金昌堡於此，以固防備。”上曰：“不可在此遙度也。”
自新曰：“自撫夷歷慶興，至造山堡，可九十餘里，築長城功
役至重。但自撫夷堡抵慶源十里，下有耶春海，自東入西，距
豆滿江陸地纔三十里，請築長城于此，移造山於東頭，慶興於
中央，與撫夷連排，則十里間營鎮羅列。其內土地，平衍沃
饒，海產亦多，民得樂土而防戍輕。”上曰：“當更議便否處
之。”自新曰：“北道苦寒，而無綿絮，烟臺軍衣布衣，徹夜坐
更，誠可憐憫，請造衲衣分賜。”上曰：“當量數造送。”弼商曰：
“非徒永安道，平安道烽燧軍，亦可造給。然若開端而力不能
繼，則不可矣。”獻納權柱啟曰：“臣赴京回還時，見遼東護送
人，多賚紗羅綾段而來。臣問曰：‘欲買何物乎？’曰：‘牝馬
也。’問其直，曰：‘段一匹也。汝國馬雖小，與中原馬交合，
則產大馬甚良。’臣意雖小物，不可許擅自互市，況馬乎？”上問
左右。弼商對曰：“雖有禁令，利重故潛相交市。”柱曰：“我國
牝馬之直，不過綿布五六匹，得段子一匹，則利倍，故法不能
禁。遼東人與義州人，往來交際，若隣里然。平安道事煩役
重，中原無事，故皆欲逃去。”自新曰：“永安道五鎮之民，以
牛馬鐵物收買皮物於野人，不自靳惜，請一切禁之，且減進上
皮物。”特進官韓致禮啟曰：“臣聞北征時，兀狄哈家多有我國
農器，是必以皮物收賣也。”上曰：“買賣之禁，考前例重罪之

可矣。"柱曰："雖禁鐵物，我國人赴京者多持火燧與猺子相販。此雖小物，積之既多，則鎧甲矢鏃皆可造，且銀價重利倍，故冒禁賚去，售重貨而來，請申明禁止。"上曰："既有法矣，使副若不禁之，則改法何益。"柱又啟曰："中國不鄙夷我國人者，以有衣冠禮貌也。通事等到義州，棄置衣冠，便服而行。及抵京師隨班時，賃着破帽，頓無儀容。今後赴京者，請令具衣冠而行。"上曰："當令書狀官考察。"　戊申，平安道節度使曹克治馳啟曰："建州衛野人趙達郎哈、童他時可、劉時哈，溫下衛金主成可、朴古里等，到滿浦言曰：'前者請還我族人被殺時所失物件，且請歸順朝京，至今未知可否，敢來耳。'鎮將金允濟即以前降諭書及兵曹受教之意曉諭之。達郎哈仍請欲於山丹等處漁獵，允濟答以不可。達郎哈又言：'被殺者子弟欲謁見節度使。'鎮將答曰：'彼若誠心歸順，則當許之矣，不必汝率來。'"命示領敦寧以上及政府。尹弼商議："越邊山獵，斷不可從。"李克培、盧思慎、尹壕、李鐵堅、柳輊議："令該曹議啟後更議何如？"許琮議："彼人等托以田獵，來近江邊，窺覘虛實，甚爲不可。又恐或與我國因此構隙，許混之事可鑑矣，權辭勿許何如？"鄭文炯議："趙達郎哈、金主成可等接待節次，前者諭書及該曹受教內詳盡無餘，只在邊將奉行如何耳。趙達郎哈若更請山丹等處遊獵事，依前開說防禦爲便。"李克均議："趙達郎哈山丹等處漁獵事，勢不能禁。且其所居距山丹纔一日餘程，求獵甚切。若更請，當答曰：'汝若誠心歸順，何必相疑。但汝等風俗，父子兄弟不能相制，萬有一人有不逞事，則汝等何以自明？況汝等居處，最近我地，路亦無礙。而前此問罪時，師不一及者，以汝等不喜作耗耳。汝等當斟酌爲之，我不必固禁。'以是答之何如？"傳曰："克均之議，甚合予意。然恐邊將失對，姑從許政丞之議。"　下書永安道觀察使成俊、北道節度使卞宗仁、南道節度使金繼宗曰：“呂自新啟云：‘沿邊小農堡之民，冬節則疊入于巨鎮，頗有移徙之弊，而不無凍傷之人。農堡既有守護之軍，雖有大賊，距巨鎮不甚遠，可以及救，故民欲仍居也。’卿等同議便否？并問民情以啟。”　永安北道節度使卞宗仁馳啟曰：“加訖羅居阿令介，到穩城報云；尼麻車兀狄哈酋長吾乙都介欲效順來歟。”命議于領敦寧以上及政府。尹弼商議：“吾乙都介若出來順服，當接待饋餉，仍語曰：‘汝雖云順服，其心未可知也。若果至誠歸順，則當厚待。’如此開說何如？”李克培、盧思慎、尹壕、李鐵堅、柳輊議：“下該曹議啟後更議何如？”許琮議：“尼麻車歸順之言，安知不玩我也。隄備之事，益謹措置。吾乙都介若出來，則來者不拒，接待為便。若欲朝京，則擄去人物雖不刷來，姑令上送，以開自新之路。”鄭文炯議：“吾乙都介若來，以歸順為辭，當語曰：‘汝寇造山，恣行殺擄，桀驁無禮甚矣。然若欲歸順，其擄去人物，無遺領來，自伏其罪，則當報朝廷，聽從所願。’觀其情勢何如？”李克均議：“吾乙都介若親來歸順，接待以觀其意。但古人云，納降如受敵，待之之時益嚴兵衛事，下諭何如？”從克培等議。　　下書永安道觀察使成俊、北道節度使卞宗仁曰：“呂自新啟云：‘自美錢鎮至造山堡，長城未築處幾三百里。自撫夷堡歷慶興至造山，築長城則相距可九十里，其功亦至重。有海浦自東入西，橫亘瀰漫，相望于撫夷堡，名曰耶春海，距豆滿江，其間陸地不過三十里，築城於此，功役輕歇。移造山於東頭，慶興於中央，與撫夷連列，則防禦亦便，所謂扼其喉之勢。而其內沃饒平衍之地，可萬餘結，民得樂土，防戍亦歇。’其便否，同審以啟。”　庚申，永安北道兵馬節度使卞宗仁馳啟：“鍾城何伊亂居兀良哈中隱愁隱豆來告云：‘尼麻車兀狄哈沙只大等，到野人於厚大家云：伊伊仇車兀狄哈酋長伐

赤乃，領軍候五月間草長時，將作耗於平安道義州等處。'"傳
曰："彼人報變，不可盡信。但近者邊鄙無事，恐有竊發之虞，
節度使豈偶然措置，然其備邊事，都元帥下去措置何如？"即召
李克均議啟。克均啟曰："臣意伊伊仇車種類本少，是必尼麻車
自欲作耗，托言爾。建州衛野人，皆斡朵里種也，與尼麻車世
讎，若作賊義州，則必歷建州衛，恐未得輕易出來矣。大概南
北事變，五月後最緊，而淺灘亦多。臣當慮建州衛野人陰結火
刺溫來耗。然碧潼居名芿叱同者，被擄於建州衛，十年而還，
言曰：'建州衛或與火刺溫結援，作賊於中原。若不得利，則火
刺溫侵掠建州衛中最單弱者以歸，故建州衛不輕請兵云。'今邊
境稍安，臣別無所爲，而號稱都元帥，領兵出入已三年矣，心
甚未安。"傳曰："果如所啟，安得每稱都元帥長在西北乎？然今
當下去，審視防禦形止。若有頑不率令者，則示其嚴威而還。"

　　此處明見建州衛野人皆斡朵里種，清亦自種其先爲鄂
多理人，明實錄明指原設之三萬衛，爲朝鮮鏡城之俄多里
城。建州三衛，皆自朝鮮北境移入遼東邊內地，源流甚
晰。其時斡朵里畏兀狄哈，畏忽刺溫，大國制服之甚易。
清太祖先併諸姓兀狄哈，更盡滅海西、忽刺溫，然後公然
犯遼東，此一代肇興之步驟也。

　　辛酉，建州右衛女直都指揮保能等來貢。賜宴，并衣服、
綵段等物如例。實錄。

　　保能爲伏當加之兄，詳後。

五月甲子朔

　　乙亥，大通事錦衣衛帶俸指揮僉事王英言："永樂間，女

直各衞授都督等官，令率所部爲中國藩籬。比來各官不能約
束，以致邊方多警。今後各衞掌印都督，若歷任無過，所部未
嘗犯邊者，仍許襲原職。否則，止令襲指揮使，別選衆所信服
者陞都督。"兵部覆奏："以各官承襲已久，一旦革去，恐啟釁
端。此後海西、建州三衞女直，成化以後陳乞陞者，指揮以
下，仍舊承襲。其都指揮以上至都督，有故者，必審其部下無
人犯邊，子孫能繼志者，許其承襲。否則，革去求陞之職，自
左右都督以下，至都指揮僉事，各遞減一級。但曾求陞一級
者，更不許陳乞。間有能嚴輯部落，還我鹵掠，擒捕犯邊夷
人，并歸我漢人之逋逃者，具奏陞賞。"從之。實錄。

　　　海西與建州三衞並稱。海西爲一族，建州三衞自爲一
族。建州惟有三衞，而毛憐即建州衞所分，仍以建州爲總
名也。是時更不別黑龍江野人，所謂奴兒干地，已不視爲
受職常朝常貢之屬夷矣。

　　　乙酉，朝鮮實錄書：諭永安道觀察使成俊、北道節度使卜
宗仁曰："前者兀狄哈作耗於兀良哈之地檢天里，恐彼人聞五
鎮防禦嚴固，欲由此而入侵於我，隄備諸事，倍前措置，事已
下諭。近見卿啟，兀狄哈欲入寇於平安道義州等處，安知彼人
不聲言寇彼，而竊發於本道乎？卿須毋忽，盡心措置。且兀狄
哈由檢天等處而入寇我境，必盡經兀良哈諸部落，兀良哈若不
來告，則必與兀狄哈通謀矣。卿須招來諸部酋長，詳問兀狄哈
動靜馳報，毋致後悔。" 諭永安南道節度使金繼宗曰："昔者
北道節度使卜宗仁馳啟云：'兀狄哈作耗於兀良哈之地檢天里。
兀狄哈北征後懷憤不釋，聞五鎮防禦嚴固，必欲由此而入侵於
我矣。'宗仁近又馳啟曰：'兀狄哈欲寇於平安道義州等處，安

知彼人不聲言寇彼，而欲乘虛入侵乎？'事益可疑矣。況檢天距端川、甲山甚邇，隄防諸事，謹愼措置。"

閏五月甲午朔

丙申，朝鮮實錄書：永安北道節度使卞宗仁馳啟："兀良哈於弄介等，來報于美錢鎭曰：'兀狄哈四十餘名，羣至越邊耕田處，掠我農器與牛而去。'尼麻車兀狄哈所老等，來報于鍾城曰：'同類酋長吾乙都介，將於朝鮮及兀良哈里中報復。'又報云：'都骨、波卵乙、小巨節等三姓兀狄哈，欲於朝鮮及兀良哈等處，農民擄去，方聚會軍馬。'"命示領敦寧以上及議政府。尹弼商、李克培、尹壕議："近日彼人聲息不絕，度其聲勢，若有可乘之隙，則必入寇於我，更加謹愼措置，毋得少忽事，下諭何如？"盧思愼議："兀狄哈本與野人作讎，國家入征時，又爲嚮導，其怨報之心，豈有暫忘。致毒於此，理所必然。若邊將整鍊兵甲，伏其要路，使野人誘引而來，乘機勦殺，使匹馬無返，彼必懲艾，後不敢輕易而來。但邊將以爲非切於我，而畏怯首鼠，坐觀其變，聲息不絕，紛紛如此，良以此也。"許琮、柳輊議："兀狄哈等連續作耗於兀良哈，若有間隙，必侵入於我矣，不可視爲自中尋常之事，緩於隄備，須謹愼措置以待之可也。且令城底野人，細探兀狄哈指向處，臨機應變，毋使有悔事，下諭何如？"李鐵堅、鄭文炯議："近因節度使啟本，益謹邊備待變事，累次下諭，更無措置之方。"傳曰："盧政丞之議甚善。然豈得使匹馬無返乎？予欲令邊將，以其意說與兀狄哈曰：'汝等若連續作耗，則吾當發兵窮討。'又使邊將聚兵江邊，爲入征之勢以威之，何如？其以此意及盧政丞之議，更議于宰相。"尹弼商議："兀狄哈等雖屢侵斡朶里之居，然時不可犯邊。今若伏兵要路，誘引勦殺，雖得一時之利，其爲後日之患，將不可勝言。且觀兵示威，沮其兇謀，可則可矣。但邊將失計，萬一蹉跌，此亦可慮。今計莫若嚴兵固守以待之耳。”李克培議：“議者所謂邊將鍊兵甲，伏其要路，使野人誘引而來，乘機勦殺，誠爲良策。其使匹馬無返，使彼懲艾，後不敢輕易而來等事，非臣之明所能逆覩。但待秋深木落，耀兵觀勢事，更議何如？”尹壕、李鐵堅、柳輊議：“上教允當。”許琮議：“今江水方漲，草木茂密，且方炎熱，若遠追則人馬疲困，恐或有不意之事。今不可輕動，當嚴備固守而已。待秋冬水淺冰合之時，臨機設策，與兀良哈挾擊之，則得利而無害矣。”鄭文炯議：“邊將要路伏兵，令野人引誘而來，乘機勦殺，必使懲艾之論，理或然也。然臣意以爲寇我邊鄙，則多方設策勦殺可也。時無侵我之狀，只與城底野人相攻，而我乃興師越江勦殺，更加搆釁，則邊患何時而息？況勦擊之時，利不利亦未可必乎！但令城底野人，細探兀狄哈去留，嚴兵守邊，臨機應變可也。”　己亥，諭永安北道節度使卞宗仁曰：“卿所啟北虜聲息，具悉。兀狄哈與野人自相攻擊，固常事，然國家北征之時，以野人爲鄉導，故結怨尤甚，侵耗不止，豈以我國爲有恩而獨怨野人乎？畏我兵威，慮有後患，而未敢耳。彼之相攻，雖不關於我，與我連境之地，肆行無忌，我亦不可不預爲之備。況今農民布野，慮或乘間竊發，防禦諸事，更加措置，毋或少弛。今送書契，擇城底野人中與兀狄哈素無讎嫌可信人，賫往諭尼麻車兀狄哈。彼若如前出來，亦將書契內事意，使人開說可也。”其書契曰：“比來爾等連續作耗，於我沿邊兀良哈等處。此雖非我國之地，然爲我相望之處，舉兵相攻，馳突無忌，是不有我國也，將欲出兵討之。蓋不足與較，姑存含忍。如此邊境細事，朝廷何由得知，知之則當大舉，直搗窟穴，殄殲乃已。後若如是不已，則我邊將亦當乘機勦擊，使匹馬不還，其無悔耶！爾知此意，後勿如是。”

六月癸亥朔

是日，朝鮮實錄書：兵曹啟禀："今年冬節，平安道別赴防，亦依壬子年例與否？"命召李克均問之。克均來啟曰："裴山居野人等，不隸三衛，別爲一部落者也。年前夏，昌城越邊九十里之地，此種野人有來造船者。昌城人姜孝福等殺其二人，虜遂懷憤，欲於義州等處作賊報復。臣意三衛野人，業已送欵，賊酋趙多郎哈亦歸順。所可慮者裴山賊耳，然其衆不過四五十人，今年勿遣助戰將。其諸處木柵，權管軍官三十二人，内減八；破陣軍十六人，内減九；別軍官五十人，内減十五。何如？"從之。

七月癸巳朔

庚申，朝鮮實錄書：諭永安道觀察使成俊、北道節度使元仲秬、南道節度使金繼宗曰："兀狄哈自北征之後，畏我國威，深恐再征。兀良哈又憑恃我國，侵耗於彼者非一再矣。其欲納欵，事勢之不得已也。然彼虜凶狡有餘，喜於報復，外示歸順，内實詐譸。往者焚蕩室廬，殺擄父兄之怨，結于中情，噬我之心，無時而已。防禦諸事，益加措置，毋或少弛。兀狄哈擄去我國人畜，盡數刷還。其酋長出來，然後聽其歸順事，前已下諭。今來亏澄介等，皆非酋長，而人畜亦不刷還，不可輕許歸順，當以邊將之意語之曰：'汝等非酋長，而人畜亦不刷來，不可上聞。汝等實欲歸順，擄去人畜盡還，酋長自來可也。'"　壬戌，永安道節度使元仲秬馳啟："阿山堡居良人蔡玉同、蔡貴石等，與兀良哈尙家土，越江斫木，爲兀狄哈所擄。"命議於參宴宰相。尹弼商、盧思愼、李克培、尹壕、李世佐議："急遣諳練朝官，其所擄去人畜數，及被擄事狀，詳悉推考，啟聞後更議。"李鐵堅、鄭佸、李克墩、鄭文炯、孫舜孝、申浚、韓瑞龜、呂自新、朴崇質、李秉正、鄭有智議："今彼人非犯我邊境，蔡玉同等冒禁越江被擄，是邊將常時不能檢舉，使之任意出入所致。姑令觀察使，被擄根因及人物之數，詳悉推考，啟聞後更議。”成健、洪貴達、尹孝孫議：“阿山萬戶宜推鞫科罪。但我國人越江而去，爲彼人所擄，彼之常欲作賊於我，其心可知。更加隄備事，下諭何如？”從弼商等議。

八月癸亥朔

丁卯，朝鮮實錄書：慶尙道觀察使李克均來啟曰：“前日平安道節度使馳啟，理山郡差軍二名守船隻，爲水所漂無去處。臣意如此事，節度使何必啟聞，疑其爲見擄也。今有軍官李忠孫者，來言於臣曰：‘理山郡守，於六月二十五日夜，令人守漁梁，野人乘者皮船來擄而去。’”傳曰：“野人旣稱歸順，今猶如此，將此意諭三衛何如？”克均啟曰：“國家佯爲不知則已矣，否則當先以邊將之語諭金主成可曰：‘汝等稱歸順，本難信。初欲不啟，緣酋長等數請歸順，故啟之。今何如是爲耶？國家若知此事，則必不接待汝等，而大示國威。汝等宜速推刷被擄人以還，且問某衛人所爲而來告也。’聞其答辭，然後當更處置。”傳曰：“可。” 戊辰，諭平安道觀察使李則、節度使曹克治曰：“李克均啟，理山赴防別軍官李忠孫回自本道云：‘去六月二十五日，理山郡於城底魚梁，差軍二名捕銀口魚，野人七名，乘夜潛渡擄去。’此言若然，則當以邊將之意，語金主成可曰：‘汝等前日歸順之語，固不可信。但以汝等頻頻來欵，故已聞于朝廷。而近日汝等於理山地面，擄去我國人二名。由是觀之，則汝等前日歸順，皆是詐僞，而欲覘我國之虛實也。義當聞于朝廷，拒而不接矣。然汝等實欲歸順，則擄去事當詳問某衛某人所爲，分明來說，被擄之人並刷還可也。不然，則我不容汝來欵，汝等亦可思量也。’若忠孫所言不實，則勿說此意。斯速馳啟。” 乙亥，平安道節度使曹克治馳啟：

"建州衛野人護軍李巨右等九人，請輸誠納欵。沈吾鹿哈請遣子由平安之路侍朝。"命議于領敦寧以上及議政府兵曹。尹弼商、李克培議："令該司議啟後更議。"盧思愼、鄭文炯議："野人等雖曰輸誠，狼子野心，豈可信乎？然自征兀狄哈以後，彼見我國兵威之盛，而建州居處密邇於我，常恐掩襲，勢不得不歸順於我也。然輕信其說，不以爲備，非徒墜其術中，亦恐失國體。令兵曹考其前事，審其可否，詳議以啟。"尹壕議："彼人等，其心反覆難測，然誠心歸順，則許令上送。"許琮議："建州衛野人等，雖曰歸順，今者理山人物擄歸，其心難測。當語之曰：'汝等擄理山等處人口，歸順之意安在？啟聞爲難。'且語吾鹿哈曰：'此道距遼東不遠，不可由之上京。汝實欲遣子侍朝，由永安道後門可也。'"尹孝孫議："彼人乍順乍叛，其心難測。平安、永安西道俱是受敵之地，而平安道道路甚邇，不可使彼知其遠近迂直也。許令由北門。若賊變應接之事，在邊將臨機處置得宜耳，不可遙度。"申從濩、朴元宗議："彼人等兇狡有餘，佯輸誠欵，其心難保。然王者待夷之義，非但服則赦之，抑亦來者不拒。彼人等更來，再伸前請，則令邊將語之曰：'汝酋長若誠心親自叩關，當坦懷待之，有何疑阻，其令子弟由北門朝謁可也。'且吾鹿哈送子侍朝之請，出於誠心，則亦祖宗故事，令邊將由北門上送無妨。但近日曹克治馳啟，理山物故人畜，果是三衛管下所耗，則不可輕許其請，當令邊將責之曰：'汝等雖曰慕義效順，兇心不悛，抄掠邊民，無異前日。朝廷若知，則當不饒汝等之罪。歸語酋長，刷還搶去人口。不然，則悔之無及。'以此語之，姑觀去就爲便。"從弼商等議。　庚辰，永安北道節度使元仲秬馳啟："南訥兀狄哈酋長嚴沙，遣人來請順服。"命議于領敦寧以上及議政府兵曹。尹弼商議："南訥兀狄哈等，於兀良哈及我國，雖無釁嫌，其心難測，不可輕許。誠心順服之迹已著後，接待爲便。"李克培議："令該司議啟後更議何如？"尹壕議："賊謀難測，更嚴隄備。"許琮、申從濩、金首孫議："南訥居處，距我國最近。諸姓兀狄哈，作賊于慶源以下，則必由南訥地面而來。南訥若歸順，則諸姓兀狄哈動靜，必皆預知。南訥部落不盛，而於我國無大咎過，今畏威納欵，事勢然也。然彼之誠僞難測，當令邊將語之曰：'汝等雖言歸順，未可信也，上達爲難。汝等若眞欲歸順，則酋長親自出來可也。且諸姓兀狄哈若作賊於我，則汝等必先知之。若不來告，則與彼同罪，國家當問其罪。汝等知悉此意，傳布同類人。'"鄭文炯議："南訥兀狄哈，前者無犯邊之迹，則歸順之望不可絶也。令兵曹考其功過，啟聞更議何如？"尹孝孫議："南訥兀狄哈，自世祖朝納欵至今，以順服爲辭，而至送信木以輸情。當以誠信待之，不可拒而不納。"從許琮等議。　　壬午，平安道節度使曹克治馳啟曰："建州野人金主成可等九人，到滿浦言：'三衛人等歸順後，當時頓無聲息。但高山里敗亡人族類左衛人，潛相語曰：三衛人等雖歸順，別無特給之物，又不許上京。與其不利於歸順，寧作賊於邊民，以復父兄之讎可乎？'又言野人性本如獸，反覆無常，今次三衛歸順之時，即令上京，實爲朝鮮之利，若以酋長親來，然後許歸順，則必生疑貳。"命議于領敦寧以上及議政府兵曹。尹弼商議："彼人等屢至滿浦，雖稱歸順，兼言報變。今以理山人物擄去之事觀之，則其挾讎報復之計，曷有其已，更令謹愼防備。"李克培、盧思愼、尹壕、許琮、李鐵堅、鄭文炯、柳輊、尹孝孫議："令該曹議啟後更議。"韓致亨、申從濩、金首孫、朴元宗議："三衛人雖曰效順，而今擄去理山人物，豈可謂誠心納欵？且金主成可作賊復讎之語，尤爲橫悖。虜情多詐，堅示歸順之意以玩我，又出不遜之語以嚇我。若於接待之際，邊將不知大體，一失事宜，則窺我淺深，而所損不細矣。若更來，嚴辭責之曰：'爾等高山里送死以後，屢犯王略，罪在不赦。而朝廷包容，使爾等偸生假息，而尙不知恩，又肆兇心，搶擄邊氓，爾何面目來稱納欵耶？此雖酋長未必知之，不能禁戢管下，亦不爲無罪。若欲歸順，急則還擄去人口，而酋長親來謝罪可也。爾等部落，距我境不遠，大兵朝發可以夕至，後悔無及也。'以觀去就。"傳曰："致亨等議是。"更示于領敦寧以上及議政府。尹弼商、李克培、盧思愼、尹壕、許琮、李鐵堅、鄭文炯、柳輊議："依致亨等議施行爲便。"尹孝孫議："依致亨所啟爲便。但彼人潛懷報復，覘我虛實，譎謀難測。若邊將狃於尋常，應接之時，不知事體，或失機宜，則後悔無及矣。頃者理山人物被擄事，匿不以聞，邊將之非人可知。今須愼擇邊將，更加防備，以保萬全。"命以致亨等之議。下諭曹克治曰："比緣聲息不絕，每年遣都元帥，多率軍官，巡邊防戍。在我邊備之事，雖不可少弛，亦不可寇未至而先自困也。旣遣別軍官五十，今不可加也。但三衛野人，雖曰歸順，近來潛來擄去理山人物，其兇狡之狀已著，不可深信。又金主成可到滿浦言曰：'左衛人高山里見敗後，潛相言曰：三衛人雖歸順，別無特賜，亦不許上京，與其歸順而無所利，無寧作耗於邊，以復父兄之讎。'其頑兇無禮，莫此爲甚。邊圉之備，尤不可忽也。將以行護軍黃衡爲助防將，率軍官四人，來十月下送，使聽卿節度。卿與同心協力，備禦諸事，益加措置，俾無後悔。"

甲申，兵曹據平安道節度使曹克治啟本啟："理山郡守李周庭，於本郡城下結魚箭，差軍二人捕魚，去六月二十四日夜半，爲野人所擄。節度使曹克治、評事權世衡非不知也，而乃以七月二十日漂沒於水，不以實聞。虞候俞顥戍理山鎭，與周庭符同，匿不以聞，請並拿來推鞫。"命議于大臣。尹弼商議：

"沿邊諸鎮諸口子，謹愼防禦，則萬無人物被擄之理。今李周庭委人捉魚，二名被擄，其罪甚大，不可不懲，拿來推鞫爲便。節度使、虞候、評事，待周庭畢推後更議何如?"李克培議:"敬差官洪湜監築碧團城子，往在本道，令湜推鞫啟聞何如?"盧思愼議:"若理山郡不以實報，則節度使無由而知? 且邊境之間，小小擄掠，尋常事也。節度使總諸鎮，豈可一一保其無事乎? 如此小事，而主將輒便拿來，則非徒將帥數易，而得人爲難，必懷苟且不安之心，而邊備尤爲疎虞。臣意今宜諭以邊民被擄，法當治罪，而特赦不問，後有此事，不容再赦之意。惟俞顯、周庭拿來推鞫，庶得事宜。"尹壕、鄭文炯、柳輊議:"依兵曹所啟施行。"許琮議:"周庭拿來推鞫。克治、俞顯、世衡等，姑令其道敬差官推鞫。"李鐵堅、尹孝孫議:"兵曹所啟似可。然節度使、虞候、評事、守令，一時拿來，則道無主將，防禦虛疎，誠爲可慮。遣官推鞫科罪。"從思愼議。

諭平安道節度使曹克治曰:"今因卿啟，具悉理山軍人被擄事狀。三衛人雖曰效順，而常懷噬我之心，固宜嚴飭諸鎮，如敵在戶，使彼無可乘之隙，則彼雖兇悍，顧安施其謀哉! 郡守李周庭爲結魚箭，使軍人更宿遞直，是猶以肉投虎也，罪在不赦。故周庭與留防將俞顯，已命禁府拿致推鞫。此雖若周庭之所失，卿亦不謹邊備，而號令不嚴故也。誰任其咎，法當拿來推鞫。第念數換主將，防禦尤爲疎虞，且周庭不以實報，則卿或有不知之理，故特赦不問。後有如此，豈可再赦，自今益加謹愼，俾無後悔。"

　　建州三衛於朝鮮，侵掠與朝貢並行，即後來清太祖對明之前例。其種落之狡展營利，固有特性。金主成可向稱溫下衛酋長，此處又謂之建州野人。考明實錄，建州三衛

外惟有毛憐一衛，應無他衛錯處其間。然李成梁討阿台時，
在建州寨獲喜樂溫河衛銅印。惟此衛與建州有關，亦與溫
下之音爲近，但縮短舉其半耳。明實錄稱海西喜樂溫和衛，
則又明非建州族。滿洲源流謂即齊努溫河，在吉林城西南
五十里，殆其間亦有移徙，本係海西而附入建州耶？

九月壬辰朔

丁未，朝鮮實錄書：平安道節度使曹克治馳啟："建州衛
野人金主成可等三人，到滿浦言曰：'聞左衛人等擄去理山人
物，一則自愧，一則畏威，趑趄者久矣。專恃恩信，敢此來
見。'僉節制使金允濟，據前降諭書責之曰：'爾等高山里敗死
以後，屢犯邊境，罪在不赦。朝廷包容，使爾等偷生假息，而
尙不知恩，又肆兇心，搶擄邊氓，爾何面目來稱納欵耶？若欲
歸順，則急還擄去人口，酋長親來謝罪可也。不爾，則當大舉
問罪，後悔無及。'主成可等叩頭謝罪曰：'當以此意說與三衛
酋長，聽其所言，即更來報。但歸順人等許令上京，則鼠竊之
徒自戢，被擄人物可還也。'允濟答曰：'爾之歸順，固不可信，
豈可遽許朝京。'主成可答曰：'右衛副酋羅下已死，左衛酋長
土老衰老，建州酋長達罕稍有知識，餘皆迷劣，不能禁戢麾
下，以致作耗。然如有大段賊變，則我等當知而告變矣。'"命
議于領敦寧以上及議政府、兵曹。尹弼商、李克培、盧思愼、
許琮、李鐵堅、柳輊議："令兵曹考主成可前後言辭，議啟何
如？"韓致亨、申從濩、李德崇、朴元宗議："前此主成可以作
賊復讎之語來嚇之，今又叩關效順，安知非挾詐以試我意耶？
今若輕許其請，則適墮虜計，非料敵勝算也。主成可若更來，
當語之曰：'汝酋長親刷擄去人物，稽顙塞下，僅得貰罪，豈
可輕聽汝難信之言，使之上京。'以此語之堅不可聽之意，以觀

去就何如?"鄭文炯議:"彼人等接待節目,屢降諭書曉諭。今者金允濟已依諭書內事意。後若更來,亦以此反覆開說事下諭何如?"傳曰:"主成可國家待之甚厚,而前後所言,反覆難信,予恐終墮其術中也。凡議諸大臣者,欲觀其謀策也。今皆曰令該曹議啟,別不建明,是必宰相等忘主成可前後所言而然也。且兵曹雖議之如此,然彼人反覆難信。予意主成可許令由平安道直路上來,厚待之,一以示取信之意,一以觀誠偽之狀,何如? 其問于前議宰相。"兵曹判書韓致亨等啟曰:"主成可每自以爲年老,不得由後門險路,但平安道人物蕭條,道路坦夷,況今有邊釁,不宜使彼人由此路也。"傳曰:"主成可只一身而已,雖由直路而來,有何不可? 然更觀羣議而處之。"

三衛酋長此時情狀:右衛副酋羅下,明實錄所不詳,時則已死。左衛土老,明之所謂脫羅,清之所謂其先世妥羅,時已衰老。達罕則李滿住孫,明之所謂完者禿,時尚無恙。

是日,朝鮮實錄書:永安道敬差官金永貞馳啟曰:"臣在慶源,南訥兀狄哈時童介來謁。臣與府使金坤問擄去人物名數,諭令刷還。時童介答曰:'其時射殺一人,擄一人而去。如欲刷還被擄人,以牛三十頭、馬一匹、甲一、釜十、田器十部、鋤十、斧十、鍮鉢五、鍮瓶五許我,則當以此買來。'臣等反復開諭,時童介終無變辭。"傳曰:"是不欲刷還之語也。永貞等當語以:'汝若如此,則我即啟聞于朝,興師問罪,汝無遺類。'嚴辭責之可也。今以卑辭誘之,坐損國威,是豈可乎?"承旨等啟曰:"永貞只爲推問被擄人而去;開諭刷還,非其任也。應對之際,果失機宜。"傳曰:"永貞擅便之罪,令禁府拿

來鞫之，金坤即改差。” 甲寅，兵曹據永安北道節度使元仲秬
啟本啟：“彼人等自相攻擊，雖是常事。互相報復之際，不無
乘便詐耗之虞。隄備諸事，宜令申飭，臨機應變。”命示領敦寧
以上及議政府。尹弼商、李克培、盧思慎、尹壕、李鐵堅、鄭
文炯、柳輊議：“依所施啟行。”許琮議：“備禦事宜，從兵曹所
啟。但臣北征後，城底野人謂臣曰：‘今者從征之人，必蒙重
賞。然北征非常有之事，未從征者今後無蒙賞之理。兀狄哈若
有犯邊，令我輩往討，斬首而來者許朝京諭賞，則人人勉力
矣。’前者阿山人物擄去，兀狄哈未知是何姓也。令節度使推問
以啟，後使城底彼人往取之，則或可擒來。如此則城底人向國
之心益固，而兀狄哈不得犯邊矣。”傳曰：“以右議政之議示于
前議宰相。”弼商議：“大抵備邊之道，但當固我邊鄙，使彼不
得作耗而已。若用許琮之策，臣恐別生禍端，亦非大國待夷之
道也。”克培議：“我國與兀狄哈既有深釁，今又令城底野人往
討斬首，則非徒無功，又與彼人搆釁不淺，此策恐不可施行。
但阿山人物擄去，兀狄哈未知何姓也，令節度使，因彼人探問
以啟後更議。”思慎、文炯、輊議：“夷狄相攻，中國之利。許
琮之策，在我不勞，而坐制彼賊之術也。下諭節度使依此施
行。”壕、鐵堅議：“城底野人與兀狄哈爲世讎，不能雪恥者也。
今雖下諭使之擒獲，勢必無成，然宜許其請。彼雖不能往取，
亦無損於我。”傳曰：“此非小事，其議于六曹、漢城府。”韓致
亨、申浚、盧公弼、呂自新、洪貴達、朴崇質、成俔、宋瑛、
李陸、尹殷老、權侹、申從濩、金克忸、李淑瑊、李德崇、姜
龜孫、金硈、朴元宗議：“兀狄哈素與城底野人有釁，自辛亥
入征，其怨益深，侵掠部落，殆無虛月。而城底野人不敢與較
者，誠以強弱之勢不同耳。苟有餘力可以報復，則何待朝廷之
賞典耶？我國動大衆深蹂虜地，以示威靈，亦足以懾其心膽

矣。又欲藉小醜之力，以成分寸之功，非惟自示不廣，適足以挑怨於彼，終無弭兵之日。若擄去人物有能刷還者，則自有其賞耳。許琮之策，恐不可施行也。”傳曰：“然。”　丙辰，兵曹判書韓致亨等來啟曰：“理山人物被擄，在六月二十五日，而曹克治乃於七月二十七日始啟。克治在昌城，距理山不遠，可一日及到。且耳目甚廣，其被擄根因，萬無不聞之理。謀欲掩置，匿不以聞。請依義禁府所啟，拿來推鞫。”傳曰：“李周庭於監司兵使處一時馳報，而監司則至今不以啟聞，故已下書問之，待回啟處之。”　丁巳，司諫院正言李世仁來啟曰：“曹克治以節度使防禦陵夷，以致人物被擄，又匿不以聞，罪固大矣，請依禁府所啟，拿來推鞫。”不聽。世仁又啟曰：“失律者雖曰周庭，其使之失律者誰歟？若主帥威令素行，則所管諸鎮自然畏服，安有如此事乎？觀周庭不畏軍令，恣行己欲，而致士卒被擄，則克治之暗懦不合將帥可知。朝廷以一方軍機重事，專委主帥，而今反如此，罪固大矣，請拿鞫。”不聽。世仁又啟曰：“平安道國之西門，與賊爲隣，變生呼吸，克治雖粗有弓馬之技，素無威望，又乏將略，不能嚴明號令，鎮服管下，遂致輕侮軍法，虧損國威，其罪大矣。況周庭再度牒報，佯若不知，匿不以聞，可乎？賞罰無章，無以勸懲。今偏裨俞灝、周庭等皆拿來治罪，而克治以主帥獨不加罪，豈勸懲之道乎？請速拿來，以正其罪。”不聽。世仁又啟曰：“爲將之道，不過忠智而已。克治不能嚴明約束，禁戢管下，而致士卒被擄，其無智略而不勝其任，可知矣。掩覆其事，而不以馳啟，其無忠誠，欺君罔上，亦可知矣。以不智不仁之人，授一方主將之權，而不治其罪，則臣不知邊事將如何哉？”不聽。　庚申，司憲府掌令楊熙止來啟曰：“李周庭雖報以溺死，爲主將者固當先啟，從而窮推得實。曹克治匿不以聞，罪不可赦。且周庭報監司李則，至今不啟，則亦不得無罪。請並鞫之。”不聽。熙止又論啟。不聽。　　司諫院正言柳崇祖來啟曰：“曹克治之罪有三：不嚴明號令，使之結箭捕魚，一也。聞邊卒多死，不問其由，二也。得報而稽留一朔，三也。以主將所爲若此，將焉用哉？況李克均在京尙得聞之，安有克治在咫尺之地，反不得聞乎？周庭雖欲諱之，營屬之人，絡繹往來，必喧騰傳播，而匿不以聞，其欺罔甚矣，請拿致鞫問。觀察使李則，請並鞫之。”不聽。　　司諫院正言柳崇祖書啟曰：“理山人申孫等，於六月二十五日被擄，周庭報以溺死，而克治稽留不啟，又不推致死之由。下書問之，然後啟聞。若不下問，則其溺死之報，亦必匿不以聞矣。不然，自周庭報後，何稽留二十三日而不啟乎？是必克治恐有罪責，欲掩匿不啟。此事平安之人傳播喧騰，故朝廷聞之。昌城距理山只六日程，豈朝廷先聞，而克治之聞反在朝廷之後乎？以是觀之，克治情狀，尤爲著明，請亟治罪，以警後來。周庭報於監司李則，而則視爲例事，不盤詰事狀，請並鞫之。且鄭崇祖事，臣等聞憲府詳鞫，而崇祖憚之，使其丘史之父上言，請移于禁府。雖曰憲府多事，未能速鞫。今若又移禁府，則尤爲遲緩，請勿移。”傳曰：“克治事已馳書問之矣，待回啟後拿來，未爲晚也。鄭崇祖事移鞫禁府，有何妨害？”崇祖更啟曰：“曹克治匿不以聞，情狀已著，殿下何姑息於不可數易邊將，而忽其罔上之罪乎？若不斷以邦典，則臣恐許混、周庭相繼而出，邊事日誤，朝廷爲邊將玩弄，莫之知也。李則任方面之寄，視邊氓之死若草菅然，而不詰其使之溺死之罪，亦不可不罪。”不聽。崇祖又啟曰：“憲府雖風聞之事，亦且舉劾之。禁府則只從傳旨而鞫耳，但令速斷，不當移於禁府。”傳曰：“雖禁府，其已露之事，則豈容隱漏。雖憲府，其所不爲之事，則豈能發摘乎？”

十月壬戌朔

　　是日，朝鮮實錄書：掌令楊熙止來啟曰："俞顥供招云，因兵使評事之言，始知理山人被擄，於此可知曹克治匿不以聞之狀也。"傳曰："予非欲掩護克治之罪也，今已馳書問之，徐觀予所處。"以下屢論克治，皆待回報，不錄。　　丁卯，永安道觀察使成俊、北道兵馬節度使元仲秬等馳啟，耶春築城移鎮不便事。并上事目："（一）兵曹以慶興一百戶，撫夷、造山兩堡各五十戶抄入事，已受教。撫夷則然矣。慶興、造山，賊巢絕遠，防禦最歇，城內居民不少，造山則勿抄入；慶興則五十戶減入。（一）阿吾地堡內居民，雖本慶源之人，今移堡于慶興之地，當役于慶興。（一）慶興以下長城溝塹未畢處，待來春役去春闕軍畢鑿。（一）甫伊德榛坡合堡及永建堡，改築期以甲寅年畢役。甫伊德榛坡合堡則當築矣，永建堡則其頹落處，新萬戶日日漸築，不甚低微，後年改築爲便。玉蓮堡除古基，於富寧鎮下十餘里虛通洞移置。（一）雲寵惠山南堡城子，待後年退築。自仁遮外至惠山，來往江邊二三里之地，須及來春造築長城。（一）道內今年農事不實，徙民妻子一時並入，則雖有布貨，貿食爲難。今年則只戶首先入送，折給田地，仍錄軍籍；其妻孥來春畢入。"命召領敦寧以上及議政府與知邊事宰相等議之。尹弼商、李克培、盧思慎、尹壕、李鐵堅、李克墩、鄭文炯、申浚、李封、卞宗仁、李季仝、辛鑄、李秉正、曹幹、朴巖議："耶春築城事，祖宗朝初置六鎮之時，以豆滿江爲限，築長城，列烽燧，隄備之方，至密且嚴，然冰合水淺之時，胡人猶且乘隙而入寇矣。今棄長城之險，深入狄地，勞築城堡，置軍民於四散之地，正是投肉於餓虎之口，非計之善者。成俊等啟爲得，且其事目，令該曹議啟後更議。"傳曰："今爲兵曹堂上者，豈盡知永安道之事？古人云'百聞不如一見'，今事目内，如徙民等事，非一二也。當議曰某事是也，某事非也，而今但議曰令該曹議啟何也？”弼商等啟曰：“此事不可不令該曹議啟也，然後臣等亦當議其是非。”傳曰：“可。” 傳旨司憲府曰：“理山郡守李周庭，於長城外江結魚箭，令軍人申孫、韓芮同等捕魚，去六月二十五日，爲野人所擄。雖詐報以溺死，觀察使李則即當馳啟，且窮推閱實可也。既不啟達，又不鞫問，至因李克均所啟下書後，但據此推鞫周庭，而其牒報日月，不詳錄回啟，其推鞫以啟。” 庚午，御經筵。講訖，大司諫許誠啟曰：“理山人被擄，曹克治雖在遠地，猶可得知，況在昌城一日程乎？俞顗供招云，見兵使、評事消息，知其被擄也。然則克治知之之狀明甚。今周庭等已決杖，克治不可不拿來。且克治自知有罪當罷，防禦諸事必致踈虞。前此邊民被擄，則節度使雖不知，必見遞，而今獨不然何耶？”上顧問左右。領事李克培對曰：“克治事狀如此，拿來可也。”上曰：“予非欲貸克治也。周庭報觀察使節度使，皆曰溺死，意克治見欺耳。誠若不知，則以一二人被擄，不可容易罷遞也。今雖擇將，如克治之才者，亦難得矣，故下書問之，欲觀其所答如何。今臺諫言之至此，可拿來推鞫。”

十一月壬辰朔

丁酉，朝鮮實錄書：永安北道節度使元仲秬馳啟：“前者書契持去，尼磨車兀狄哈李夫弄古等，到柔遠鎮呼說曰：‘被擄人物亦未得刷還，但其酋長言欲歸順耳。’”命議于領敦寧以上。李克培、尹壕議：“擄去人畜，一無刷還，酋長等亦不親來，誠意難知。令該曹曾降下諭事意相考回答何如？”盧思慎、許琮議：“擄去人物刷還，酋長等來後，聽其歸順事，依前下諭答說還送。”從克培等議。

丙辰，海西弗朵禿河等衛野人女直都指揮等官申克揑等、

兀者等衞野人女直都指揮等官亦里答等、撒剌兒等衞野人女直
都指揮魯卜花等、益實左等衞野人女直都督三赤哈等，來朝貢
方物。賜宴，并綵段等物有差。實錄。

十二月辛酉朔

　　癸亥，朝鮮實錄書：千秋使安琛來復命，仍啟曰：“海西
獟子分五運朝京，臣等遇于連山驛，避不入驛舘，投遞運所。
舘夫與獟子言曰：‘朝鮮人何以畏汝等不同入一舘乎？’獟子答
曰：‘朝鮮近來殺我人甚多，何不畏我報復乎？若同入舘，則
我等當殺一二人。’以此觀之，前此海西獟子與建州衞連兵作賊
明矣。且中朝以我國爲禮義之邦者，以其有上下之分也。前者
因通事李仁禮上言，通事有過者，使副使不得自斷治罪，由是
通事輩慢不聽命，殊無上下之分，其於中朝人瞻視，至爲不
可。凡觀察使直斷守令之有罪者，至如敬差官亦如是，奉使中
國，其任亦重，猶不得處置通事輩可乎？請今後自斷治罪，還
來後具由啟達。且臣到京後，禮部掛榜云，限五日開市；及下
馬宴，尙書來見，榜文曰：‘朝鮮人不可待之如他國限其歸，
許令互市。’禮部郎中召我通事言曰：‘爾等何不早告於我，使
我得責於尙書如是耶？’臣意尙書重待我國而然也。” 己巳，義
禁府啟：“平安道節度使曹克治、評事權世衡，知理山人物被
擄事，不卽啟聞罪，律該決杖一百，告身盡行追奪，發邊遠充
軍。”命依所啟，但克治遠方付處，杖並贖。

　　丙子，海西亦迷河等衞野人女直都督捏克等、哈兒蠻等衞
野人女直都指揮剖里革等、兀魯罕河等衞野人女直都指揮火禿
等，來朝貢方物。賜宴，并衣服、綵段等物有差。實錄。

弘治七年，即朝鮮成宗二十五年，甲寅(1494)

正月辛卯朔

　　戊午，命海西兀者等衞野人女直都督察安察等，毛憐衞女

直都指揮亦里哈等，建州左等衛女直都督脫羅等，建州右等衛
女直都督尙哈等、女直都指揮列特等，各來朝貢方物。賜宴，
并衣服、綵段等物有差。實錄。

建州左衛都督自爲脫羅；而右衛都督乃名尙哈，似即
朝鮮所謂羅下。朝鮮上年九月朔實錄謂羅下已死，則又
非也。

二月庚申朔

壬戌，成討溫衛都督同知康允卒，賜祭如例。實錄。

辛未，朝鮮實錄書：禮曹據永安道觀察使啟本啟：“火剌
溫兀狄哈將只大等到咸興，適南道節度使入郡，押領通事尹厚
生忿驛吏不謹將迎，將入告于節度使，羅將韓義江呵止之，將
只大以刀刺義江幾死。固當因鞫，以示國威。然觀察使推鞫
時，不知法令，醉酒妄爲事。旣已輸情，則不必更鞫。但將只
大所犯，未必非厚生之陰嗾，依啟本推鞫厚生何如？”命議于領
敦寧以上。尹弼商、盧思愼、尹壕議：“依啟目施行。”李克培
議：“觀察使旣鞫將只大，朝廷若棄而不問，則殊損國威，令
義禁府囚鞫，使知國法何如？”傳于承政院曰：“依領議政之議，
囚禁府，以示國威。” 癸酉，傳曰：“將只大雖不可刑訊，所
犯不可置而不問也。其召禁府詳諭此意，多遣羅將拿來，示其
嚴威。”知事朴楗來啟曰：“常時犯罪人拿來時，堂上則遣郎廳，
堂下官則遣羅將，例也。今者只遣羅將，則恐處置失宜，遣郎
廳拿來何如？且囚禁時，依重囚例乎？”傳曰：“遣郎廳拿來，
依重囚例囚之可也。”楗更啟曰：“郎廳多率羅將猝至，則彼人
等必驚駭。先使郎廳同北平館員，招彼人詳諭其罪後，繫頸而
來，何如？”傳曰：“可。” 乙亥，議將只大事于領敦寧以上。

尹弼商議：“初囚將只大時，臣以爲不可。今懷憤不食，若其隕命，必生邊釁，甚失待夷之道。許速放出救療，俾全性命。”李克培議：“將只大非徒自知有罪，一行同類亦知其有罪。今不取招，輕易放送，則殊無國威。姑仍囚，令通事開說勸食，又令醫胗病啓稟何如？”盧思慎議：“彼人與禽獸無異，且其俗以刀劍相殺，豈與我民例論哉！今既依法囚禁，困苦已極，亦知國家之威矣。今若令義禁府語之曰：‘汝雖禽獸，豈不知殺人之爲不可乎？汝罪應死，但以汝慕義來朝，特令寬貸’云云。放送何如？若死於獄中，彼怨不小，亦不可不慮。”傳曰：“今觀羣議，或云令通事開說，或云放送，然豈可若是而止乎？但此輩性本愚直，今又不食，而其父亦來在舘，若過停朝國忌而鞫之，則恐懷憤死于獄中。今日雖國忌，必從權宜，令義禁府會坐鞫之。”仍傳曰：“義禁府堂上數小，其令議政府贊成、參贊中一員參鞫。” 戊寅，命議將只大處置事。尹弼商議：“將只大所犯，固當示威。然彼是人面獸心，安得一繩以法？姑囚數日以懲其心，而後特遣內臣語之曰：‘汝罪固請痛治，予惟汝輩不識禮義，當置度外，今姑勿論，後勿如是。’”李克培、盧思慎議：“彼類人面獸心，不足數也。今累日拘囚，其苦已甚，特命放赦何如？雖有違端，不宜拷訊。”尹壕議：“非我族類，難以刑法制之。累日囚鞫，亦知國威。然不可專釋，從輕施行。”傳于左副承旨權景祐曰：“汝往義禁府，教將只大曰：‘汝之拔刀刺人，監司馳啓。若我國之人，則監司即當依法殺之。但以汝歸順而來，故不即治罪上送耳。今推問時，汝之所言，與監司所啓相乖，甚爲奸詐。生汝殺汝，實在我國。但以汝歸順而來，故特寬汝罪，後勿如是。’仍饋酒而送。”景祐承命，放將只大來，啓曰：“臣與義禁府堂上共坐，致將只大于庭，不解枷杻，語以有教，將只大更跪以聽。及聞放赦之教，若欲跪拜，而枷在項未能也。臣於是乃令解枷杻及鑷，將只大即着黑圓領衣叩頭，北向五拜，乃曰：‘自今以後，雖步至京師，無復如是。’及出門外，臣令府郎廳饋酒，又向義禁府三拜以謝曰：‘久煩令公者多矣，自今後雖步至京師，無復如是。’”

壬寅，建州左衞都指揮使保能之弟曰伏當加，成化間嘗率衆犯邊，朝廷命將征之，則遠遁山谷；遣官撫之，則佯爲面從，如是者數矣。至是，又强取保能原領敕書，冒名入貢，且求陞都督不得，因以起釁，爲同類發其事。上命三法司會官譯審於朝，具得本末，命仍下錦衣衞監候處置。實錄。

前於四月辛酉，書建州右衞都指揮保能來貢，此又作左衞，而詳其爲成化間被征之伏當加之兄，則伏當加確爲建州夷。而爲左衞或右衞，則文字兩歧，必有一誤，尚未能定。觀此，知伏當加乃無賴之小夷，不值指名大張撻伐，蓋陳鉞、汪直等之藉辭生釁也。

四月己未朔

丙戌，朝鮮實錄書：訓鍊院習讀官童清禮上言，以謂：“臣欲言國家事多矣。臣不學文，未能列諸疏章，進臣以問，則請以口陳。”命召問，乃條具書啓：“(一)富寧青巖里居向化七十餘人，去庚子年，逃入本土，翼年雖有刷還者，其未刷還者尚多，能造兵器，知六鎭虛實。辛亥年賊入慶興，殺府使羅嗣宗，臣疑逃歸者之所爲也。在祖宗朝，向化人不令徙邊者，慮其逃入本土也。請依舊例，向化勿令徙邊，已徙者還居內地。(一)前此城底斡朶里，屢被兀良哈侵奪而不能拒戰者，恐兀良哈請率女狄哈來戰故也。自北征後，兀良哈反畏斡朶里，相與言曰：‘鬱地險阻，尚能踰入，焚蕩室廬，況與我居相距纔一二日程乎？若與斡朶里構隙，則必興六鎮之兵擊我也。'常自畏懼，不與兀狄哈交通，邊境無虞。請勿遣別軍官，以除本道之弊。（一）富寧居向化，欲蒙上恩，但以內地之故，不得上京，以此爲恨者多矣。兩界及濟州，皆遐荒之地，故國家令兩界子弟，屬兼司僕；濟州子弟，授軍職。請富寧向化武才卓異者，屬兼司僕，其次授軍職。不然，六鎮野人上來之時，每運各帶一人而來，均霑聖澤，則向國之誠益篤矣。（一）六鎮守令接遇野人之時，稍不滿意，必懷憤怨，陰嗾兀狄哈擄我農民，致令守令見貶，以此數來盜竊。臣意守令有罪者置簿，待其滿期遞任後，治其前罪，守令必愼其職。彼人亦知守令之不遞，又有計後日之利，不懷盜竊之心矣。（一）臣觀六鎮軍士，弓矢不利，脫有緩急，何以禦敵？臣意每年進上軍器，藏于軍器寺，腐朽折毀，積於無用。請以二十馱許，輸送六鎮，分與軍士，自爲修補，以實防禦。（一）濟州，我國之冀北也，然良馬不出，故御乘馬難得。臣意彼人滋息有色體大雌馬五十餘匹，許令進上，馬主並許上京，或令買來，放于京畿一島，使之蕃息。"兵曹據此啟："清禮所啟，請勿舉行。"從之。清禮，向化之仕於朝，登武科，材力甚武，善騎射擊毬。

　　童清禮爲建州左、右衛近屬，亦清先世族屬中可考之
　　一人，後更詳之。

五月戊子朔
　　辛丑，朝鮮實錄書：平安道節度使呂自新馳啟："建州衛護軍李巨右等三名，到滿浦言曰：'酋長達罕，與我輩往右衛李權投家，請刷還理山被擄人口。權投不許，達罕請以牛馬十四匹易之，權投亦不許。達罕令我輩來報事由。'"兵曹據此啟：

"前此李巨右等語邊將曰：'右衛馬吾罕擄理山人一名，賣與本衛李權投家。其時被擄一名，亦必是馬吾罕所擄，我等當以牛馬賫來。'今所言乃如此，反覆難信。彼若更來，語之曰：'理山人物搶擄，雖是他衛人所爲，汝酋長若實誠心效順，刷還不難。爾等每以難信之言來報，不可轉聞于朝。其與酋長同力刷還，以效誠欵。不然，汝等雖曰右衛人所擄，難以自明，無所逃罪矣。'"從之。

七月丁亥朔

辛卯，朝鮮實錄書：永安道觀察使李季男，據會寧府使田霖牒呈馳啓："鍾城接中樞阿赤介、伊時乃等來云：'尼麻車、都骨兀狄哈等欲歸順。'府使答曰：'若實欲歸順，則造山、慶興擄去人畜在都骨者，悉皆刷還可也。不然，則國家當舉大兵，盡蕩巢穴。'云云。"兵曹據此啓："兀狄哈雖屢請歸順，若不刷還擄去人物，則其言未可信。名爲歸順，實欲窺覘虛實。令邊將防禦諸事，倍加措置。"命議之。尹弼商、盧思愼、尹壕、韓致亨、鄭文炯、尹孝孫議："依兵曹所啓施行。"從之。

八月丁巳朔

己巳，朝鮮實錄書：平安道節度使呂自新馳啓："溫下衛野人金伊弄巨等來言：'左衛高甫乙赤、趙馬吾下等，以其族親高都乙赤嘗戰死于貴國，謀復其讎，乘者皮船自婆猪江流至鴨綠江。適水漲不得涉，以其船藏于草林間，待水淺欲作賊矣。'"傳于承政院曰："彼賊者皮船若藏于草林間，則當搜以焚之。自新之啓不載焉，無乃誤耶？"承政院啓曰："上教允當。邊將果失誤矣。" 辛未，命以呂自新所啓野人事議于議政府及兵曹。李克培、尹壕、韓致亨議："諭節度使戒嚴應變。"盧思愼議：'高甫乙赤等雖欲入寇，乃鼠竊狗盜，不須別爲措置，下諭節度使益加隄備。倘有賊變，臨機勤殺而已。但金伊弄巨等所告是實，則者皮船必在江邊草林間，令急速搜覓。"尹孝孫議："賊謀難測，防禦事益嚴措置，以保萬全。且者皮船速令搜索，以覘虛實事回諭。"鄭文炯、成俊、朴安性、許誠、朴元宗議："金伊弄巨等所告，虛實未可知。然報復彼人常事，防禦諸事，不可不謹嚴，令節度使隄備待變。"　甲戌，平安道節度使呂自新馳啟："今八月初八日，虜入廣平堡，擄候望甲士朴有山并其馬而去。臣以無狀，特蒙天恩，濫叨閫寄，日夜憔勞，思不負聖恩。然臣本庸愚，加以衰病，每當籌邊，思慮不逮。今於廣平坐失軍機，致令人畜爲賊所擄，臣誠萬死，不宜久忝重寄，以積罪戾。"傳曰："自新非庸人，其於備邊必能盡力，不可以一失輕遞邊將也。下諭令勿待罪，并諭備邊諸事，倍加措置。廣平權管及別軍官等，不謹措置，致令人畜擄去，當即拿來。節度使亦有失。前有聲息，其所乘之船，不即根尋打破，以絕窺覬之心，今之來盜者，無乃前日置船于草林間者耶？其考日月先後以啟。"政院僉啟曰："節度使必不爲虛事，其權管與軍官，不可盡信，請遣朝官詳悉推治。其置船之時在七月，而被擄則在八月，然未知前此置船者復來否耳。"傳曰："予慮驛路有弊，可令本道監司委遣都事推鞫以啟。"　下書節度使呂自新曰："所啟之意已悉，但防禦疎虞之罪，卿亦不可逭也。予重數易邊將，姑特貰之，其勿待罪。"　乙亥，唐人畀遵，自建州衛來投平安道理山鎮。就差謝恩使通事李仁禮押解遼東。　壬午，千秋使許琛馳啟曰："臣到遼東，總兵官羅雄謂通事曰：'你國江上之人，數獵于江外。江外皆是吾境，你國之人，若被擄于野人，則吾何能及救乎？你報宰相，令轉啟殿下痛禁斷。'"傳曰："羅雄所言豈無所聞？昔禹貢、許亨孫等往獵三島，遇賊見敗，今又如此，是豈可乎！其諭監司斯速推鞫。"

九月丙戌朔

　　辛丑，朝鮮實錄書：河叔溥進輯註五經七書，及陳書，仍
啟曰："臣於北京，見建州野人有率妻而行者。臣問之，則曰：
'欲居南京而行者也。'以中朝政寬賦輕，民皆願居。國家雖築
長城，海口無關防，中朝又設鳳凰城，人多結廬海上，與我國
龍川人，雜處漁獵。臣恐吾民移入彼地，請於海口置鎮禁防
之。祖宗朝，遣李繼孫、魚世恭刷江邊人物，其有移居于永安
者，使之仍留；其無去處者，計其口數多寡，多者罷黜其守
令，此不可爲恒式。然有時舉行何如？"傳曰："所進書予將覽
之。其推刷人物，當諭監司節度使舉行，予亦點檢舉行。新設
萬戶事重，不可輕易處之，其議于大臣。"尹弼商、李克培、盧
思慎、尹壕、韓致亨、柳輊、尹孝孫議："請令兵曹，便否議
啟後處之。"鄭文炯議："義州下四五十餘里，有麟山鎮，此下
水多支流，海口廣闊，無處可渡。以臣所見，麟山以下恐無置
鎮處。"兵曹據此啟："江上既有義州，又有麟山鎮，不必新設
萬戶。然形勢便否，遙度爲難，令本道觀察使節度使同審啟聞
後更議。"從之。　　己酉，諭永安道觀察使李季男、南道節度使
朴巖、北道節度使元仲秬曰："建州衛野人沈半車等到平安道
滿浦鎮，告云：'前日戰死人族黨，含怨每欲報復，相約聚衆，
朝夕入寇。然水下有備，不可犯。白頭山近地，則可以乘虛作
耗。'此言雖不可信，在我不可無備，須嚴防禦，以戒不虞。"

十月丙辰朔

　　是日，朝鮮實錄書：謝恩使申浚馳啟："臣等本月十五日
到遼東。總兵官羅雄謂通事李仁禮曰：'義州人獵我地面，撻
子若犯爾境，雖殺千百，無與於我。若爾國之人遠獵我境而被
擄，朝廷必聞之。前日將此意道達殿下，知之乎？'仁禮答曰：
'然。'曰：'然則罪州官乎？'仁禮曰：'行到義州，始見差官推

覈，其定罪與否未知也。'雄曰：'可更達于殿下。'通事吳演賚
人情布子進羅雄家，雄出見謂曰：'近聞獚子來犯爾境，然
乎？'演曰：'無有。'雄曰：'近日獚子來言撫順所曰，李吐蠻
子、李哈剌兀合請兵三衛，整齊軍馬，欲作耗。我已移文于諸
鎮，慎固邊備。然以予料之，爾國嘗殺擄獚子人馬，此必欲報
爾國也。'"傳曰："建州近無聲息，彼以我爲無意於隄備，必乘
間竊發也。雄所言義州越江獵獸事，正朝使回還，雄必問之，
故予欲罪義州官吏，其議于大臣。"尹弼商議："總兵官若更問
之，當答曰：'殿下初聞大人之言，不勝惶悚，即遣官於沿江
一帶守邊頭目，嚴加推覈。若得情以啟，殿下必置重典。'云云
可也。臣意當初申浚之行，若如是答之，恐無今日之問。今觀
羅雄之言，直指義州，其往獵之事彼必詳知，不可不遣官推
鞫，以實其言。"盧思慎議："國家禁渡江獵獸，法非不嚴。如
羅雄之言，恐間有犯法者，當下諭觀察使，詳悉推考。今正朝
使之行，遼東若問此事，當答曰：'殿下命鞫未竟。'可也。尹
壕議："越江田獵，已有禁章。若有犯者，不可不罪也。"上從
思慎議。　諭平安道觀察使鄭佸、節度使呂自新曰："謝恩使
申浚馳啟，遼東總兵官羅雄言：'聞李吐蠻子、李哈剌兀合請
兵三衛，整齊軍馬，欲於三冬作耗。爾國嘗殺擄獚子，必復讎
爾也。'此言雖未可盡信，但虜自高山里之敗，報復之心未已，
恐或乘間竊發。其益謹措置，俾無後悔。謝恩使回還時，令正
朝使護送軍留待迎來，且半迎逢軍，須以驍勇軍抄定，令有武
才守令領之。"　壬戌，平安道節度使呂自新馳啟："虜騎十三，
至昌城江上呼我軍士：'爾等何爲列在江邊？'答曰：'今來大
將體朝廷之意，撫綏爾等。而爾等猶肆鼠竊，故遣我等布列江
上。若爾等潛犯，輒令禽獲耳。'虜曰：'三百餘人方欲作耗，
我等禁之已還，我等只以獵獸來耳。'又建州衛都指揮沈家音

哈、溫下衞護軍朴古里等，來滿浦鎮。沈家音哈曰：‘妹夫伊乙豆，嘗居兀剌山城，今來吾家云，同里高甫赤，嘗擄朝鮮人一名失之，更欲作耗。’臣見虜屢獵於昌城昌州江上，必託以遊獵，實覘虛實。果如沈家音哈之言，故防禦諸事，倍加措置。”兵曹據此啟：“彼人所告如此，請益嚴邊備，以待賊變。”從之。

十一月丙戌朔

乙未，朝鮮實錄書：平安道觀察使鄭佸鞫義州牧使具謙等越江田獵事以啟，命議于領敦寧以上及議政府。尹弼商、尹壕議：“義州官吏往獵，雖涉可疑，隨從之軍，六次刑訊而不服，不可以此遽治其罪。羅雄偏聽下人之言，乃發此言，實不關於大體。後行次雖問之，亦以追捕惡虎答之，何妨？”李克培、柳輊、尹孝孫議：“義州官吏越江山行之狀，其隨從者已受六次刑訊，不可更鞫，以時推照律爲便。後次與羅雄問答節目，令該司議啟後更議。”盧思慎議：“中朝待我國如一家，故我人越江而獵，不以爲怪。自禹貢見敗於野人，我國禁江邊軍民毋得往獵，其來已久。羅雄之言，似亦有理。且安知我人往來於彼，有妨於彼之行獵，故有此言耶？然我之越江斥候，不可廢也。後日雄若有問，答以‘邊人因逐虎越江而行，殿下已鞫治之’爲便。今義州軍士受刑訊六次，以時推照律何如？”韓致亨、鄭文炯議：“越江畋獵，禁令甚嚴，具謙等安能恣爲之？其或逐虎越江，勢所不得已，而彼必聞之，抑唐人之獵者，數遇我迎護送軍人？及時斥候人，忌厭而有此言也？不可盡信。後以上項事狀說與羅雄爲便。傳曰：“予意羅雄聽下人之言爲是說。以此刑訊軍卒，至于六次，尚亦可矜，其棄之。更諭監司，自今沿邊軍吏，毋得越江田獵。”

辛亥，海西失里等衞女直都指揮察哈奴等、兀者等衞女直都指揮阿都赤等、渚冬河等衞女直都指揮松吉答等、嘔罕河等

衛女直都督尚古等，各來朝貢方物。賜宴，并衣服、綵段等物
有差。實錄。

十二月丙辰朔

　　是日，朝鮮實錄書：千秋使許琛來復命，仍啟曰：「臣還
到鳳凰城，聞建州野人與海西韃子連兵八百餘騎，屯于靉陽、
堅平兩堡之間八日矣。臣問其由，指揮劉鐸答曰：『建州野人
阿唐哈，前此請兵作賊，朝廷惡之，因其入朝，遠竄西極。其
子怨之，謀欲報復，屯兵于此耳。』且鐸語通事曰：『常賜物件
外，如弓角等物一切搜禁事，遼東都指揮使移文于我矣。然本
城距朝鮮不遠，有同一家，何忍搜爲！』有一人能解我國語者，
潛語通事曰：『爾國於都指揮處，每行別贈麻布二匹，於鐸則
不及焉，鐸頗懷不平。若分贈二人，則可無事矣。』鐸護送臣等
之行，至義州言曰：『天寒風惡，不可露宿，請舘我于義順
舘。』臣許之。翌日設宴慰之，因言曰：『我行雖無犯禁之事，
然赴京使臣若被搜索，則於聞見不美矣。今不見搜，喜意良
多。且朝廷待我邦至矣，凡使臣之歸，許令互市，至於弓角，
亦且無禁。今聞搜禁之言，必非朝廷本意。前此朝廷有事于建
州等衛，則我國亦先挾助天兵，彼之怨我深矣。若聞見搜之
言，則彼必笑之矣。』鐸曰：『予將宰相之語說與總兵大人。』臣
遂贈麻布二匹，鐸却之曰：『此非殿下所送之物，吾何敢受
之。』臣強之，固辭不受，曰：『予常護爾國使介之往還，殿下
何以知之乎？』臣聽言觀色，則鐸之意在於例給人情，而不在於
小物矣。」　乙丑，正朝使卞宗仁等到遼東馳啟：「遼東總兵官
羅雄言：『毛憐右衛女直哈兒奴告云，建州等衛人在江岸鎮東
口下張機山獵，被遇高麗人，殺死乃哈等五人，因此今月收合
人馬，前去江上報讎云。』」傳曰：「觀其見殺於我人之語，彼人
不無報復之心，其召兵曹議之。」判書成俊等啟曰：「彼必因前

日許混事而有此語也。彼雖力弱，未易犯邊。其猖然報復之心，曷嘗斯須替哉！日久則解弛，人之常情。益嚴措置事，下諭節度使何如？”傳曰：“可。”

是月己卯，朝鮮成宗薨，世子㦕嗣，是謂燕山君。燕山君者，㦕，在位十二年，以失道廢，遂無位號謚法。此下朝鮮實錄，謂之燕山君日記。

辛巳，陞野兒定河衛都指揮使忽加赤爲都督僉事，弗朶禿河衛指揮僉事卓必納爲指揮同知，從其請也。實錄。

弘治八年，即朝鮮燕山君元年，乙卯(1495)

正月乙酉朔

己酉，益實左衛都督僉事撒赤哈、考郎兀衛都督僉事阿古哈，各率所部來貢。賜宴，并綵段等物如例。 庚戌，海西兀者、泰甯、弗提、毛憐、考郎兀等衛女直都督察安察、打吉六、斡羅脫并都指揮老克等來朝。賜宴，及綵段等物有差。實錄。

二月乙卯朔

是月丙寅，書朶顏三衛寇密雲、古北口，集其來貢人員詰責。以後北虜時時擾邊，遼東境上亦多鈔掠之患。當是兀良哈已折入虜中，雖職貢時通，乃規利耳，非被逼逃死，求庇中國之情狀矣。

乙亥，建州左、右并建州等衛女直都指揮等官買哈你哈塔等，各來貢。賜宴，并綵段衣服等物有差。實錄。

十二月庚戌朔

辛亥，朝鮮實錄書：兵曹判書成俊、參判許琛啟："兀狄哈伊伊厚等，今欲歸順。前此野人之歸順者，國家必語之曰：'造山被擄人盡刷還，然後當自處置。'今亦宜以此語而遣之。然臣等以謂被擄人等，散在諸部落，未易一一刷還；且伊伊厚等，若實離土而來投，則國家雖不許其歸順，萬無還歸之理。況其欲居之地，非我境內。彼人等不從國家之令，自居其地，則無乃損國威乎！若以爲難信之輩，不可許其近居，則彼久居城底野人之心，豈可盡信乎？"傳曰："其以此議于院相。"　壬戌，諭平安道觀察使李克均、節度使卞宗仁、永安道觀察使李季男、南道節度使朴巖、北道節度使李朝陽曰："予惟國家之安危在邊。邊境寧謐，則國家安矣。第患人心狃於常安，不自戒備，而一朝變起，則守閫者罔知攸爲矣。我國家賴祖宗威德，久絕邊警，然而偷安之極，患必繼之。其備禦之方，不可少弛。況野人之因田獵恒留江邊者非一，而又今兀狄哈伊伊厚、巢古等來附。若誠心歸順則已矣，安知無覬覦之心。今則時當合冰，正虜人伺便竊發之日。卿知此意，凡防禦諸事，倍常措置，使邊鄙永寧，用副予推穀之意。"

丙子，海西兀者右等，并泰甯等衛女直都指揮等官滿古捏肯帖該等來貢。賜宴，并綵段、衣服等物如例。實錄。

弘治九年，即朝鮮燕山君二年，丙辰 (1496)

正月庚辰朔

甲辰，泰甯、朵顏、福餘，并海西考郎兀等衛都督撒因孛羅，遣頭目那孩等，并都指揮肯帖該卜里干來貢。賜宴，及綵段、衣服等物如例。實錄。

二月己酉朔

壬子，朝鮮實錄書：訓鍊院習讀官童清禮上疏曰："臣父自少盡忠，效誠不懈，防禦深處野人，三十餘年，不敢近境。

祖宗朝議臣父功，位至正二品，兼授會寧等處監牧之任。及臣
父死，野人犯邊，邊患不絕。臣雖後生，豈不知敵人之情，邊
境之弊。然臣少業弓馬，短於文筆，故心欲條陳而不得，如賜
下問，則當悉陳之。"傳曰："政院其問之。"清禮曰："（一）兩界
之民，其武才驍勇，與彼人無異。第困戶役，器械虛踈，不能
專力防禦。臣意以爲軍器寺所藏弓矢，多積腐朽。請輸兩界，
均給軍士，各自修補防禦。（一）六鎮城底斡朶里等，爲國編
氓，而間有奸詐之輩，有買他人告身，冒名受職，國家不宜爲
此輩所欺詿。臣願國家盡刷此輩，罰一人以懲其餘，則冒濫之
弊可祛矣。（一）兩界之田，與下三道不等，而量田以後，減損
馬位，又減驛馬之數，因此驛路凋殘。彼人往來之地，不宜如
是。脫有邊急，不能趁時馳報。且南、北道節度使所率軍官
等，周年而遞，其往來頻數，驛路尤困。臣意軍官亦依節度
使，再期遞代，則驛路稍有蘇矣。（一）今兀狄哈伊伊厚等，求
內附而國家許之。雖一家僮僕，其心難測，況使彼類知我國虛
實可乎？平時雖若無虞，後世安保其無患耶？況兀狄哈等，自
庚辰年後，犯我邊境，擄殺人畜，不可勝計。今之內順者雖不
可殺，固當不受其降。若然，則此人不敢報息，兀狄哈等亦必
惡其有二心，自相屠殺矣。（一）壬寅年，富寧居民七十餘人逃
入彼土，國家令巡察使魚有沼等搜索刷還，其後李季仝爲節度
使時，更令搜索，而未克刷還。臣意以謂，自設六鎮以來，無
有邊將敗死，而近羅嗣宗遇害於兀狄哈，此必富寧逃民等，知
我國虛實而爲之先導也。今又鏡城、富寧居民，叛逃已久，而
緩於搜索，使遠入蒲州地面。臣請擇斡朶里有族黨在蒲州者，
責令刷還。（一）自祖宗朝，向化侍朝者多，而今則少。臣意以
謂富寧、鏡城向化人等，擇其可用者，許令侍朝，則庶不逃
去。（一）上京野人，與京居向化等符同，托以致賻，冒受米麪

油蜜而分用，其虛耗國廩不貲。請今後親父母同生外，勿許致
奠。"承政院書啟，命下兵曹。　　丁巳，前此童清禮上疏云：
"請向化人侍朝。"大臣有以爲不便者。至是兵曹判書成俊、參
判許琛啟："自祖宗朝皆許向化侍朝，夫平安、永安兩道，防
禦一也，而以永安爲歇者，城底野人預通聲息，故易以爲備
耳。今向化侍朝者，欲其城底野人，勢相維也。今勿許侍朝，
彼人寧無缺望？"傳曰："卿等之言誠是。然已與大臣議之，今
不可變。"

　　童清禮，即所老加茂之子，所老加茂爲童於虛里之
子，於虛里乃清肇祖及凡察之異母兄弟也，於清先世族屬
甚近。此時一再上言，效忠於朝鮮甚摯。朝鮮國小而器量
褊狹，不能用向化之人，後且忠而獲禍，不得其死。清之
興也，驅策各種族之人，皆爲之用，固與朝鮮不同。始雖
服屬於朝鮮，後征服之。其待遇屬國，曲諒所苦，勝於明
代之待朝鮮，不可以道里計。而朝鮮卒以外族視之，歷數
百年不改，此亦小國褊衷之不可理解者也。

　　辛酉，建州、海西肥河弗提等衛女直都督等官完者禿保能
歹同老察來貢。賜宴，并綵段、衣服等物如例。實錄。
　　辛未，朝鮮實錄書：尹弼商議："倭人等斫取城底禁山之
木，又毆禁止之人，其慢法之罪，在所當治。然前此魚梁爭奪
之人，諭對馬島主，使之治罪而不聽。今雖更諭，想彼如前。
況今金銶之行，專爲弔慰致祭而已，將此等事致諭新主，非其
時矣，今姑忍之何如？兀狄哈伊伊厚等及也堂只之子，三人來
居城底近處，誠知非我國之利，三浦倭人之事，亦可鑑矣。今
雖曰誠心歸順，其心懷報復，不占可知。古人云蔓難圖，此正

謹始之時。或云非我國之境，若欲來居，禁之亦難；彼亦以此
爲辭。當語之曰：‘此處本非汝輩來住之處，汝若强自來住，
當舉兵逐之。’如此開說，愼勿許之。”盧思愼、尹壕、成俊、許
琛、成世明議：“依所啟施行。”愼承善、魚世謙、韓致亨、柳
洵、安琛、金諶、李克墩、柳輊、尹孝孫議：“薺浦倭人累次
肆毒，我既不得如法處置，當諭島主使之嚴戢。況如此事諭島
主戒敕，已有前例。今金健齎去事目内，詳錄以諭爲便。兀狄
哈歸順，其心固難測也。但來則勿拒，待夷之道。今拒而不
納，有違招撫之義；遣大臣亦有弊。令觀察使、節度使試彼誠
否。若果無異心，使處越邊近地，時給鹽醬，以示撫恤爲便。
但也堂只之子，既不得見父母，則怨我必深，又知我虛實，終
爲亂階。況百餘人屯聚一處，將來之弊，亦未可知也。令觀察
使、節度使將此等事勢，商度馳啟後更議何如？”李世佐、權
侹、申浚、趙益貞、尹愭、朴楗、金首孫、金敬祖、李克圭
議：“兀狄哈之誠心向順，未可的知，遽令混處城底，臣恐養
虎遺患也。不如令邊將語之曰：‘沿江以北不係我地，任汝所
居何害。但汝今遠來，與吾民非宿昔相知，夤緣往來，必構嫌
隙，自干邦典，兩俱有害。若誠心歸順，依例上京肅拜，奉受
賜物，不亦可乎！’如是諭之，勿令近居爲便。別遣大臣，騷擾
一道，且暫時往來，何以知其情僞？三浦倭人來居我地，與吾
編氓無異。若犯邦憲，制在邊將。其犯法之倭，邊將拿致諭之
曰：‘汝居吾地，是猶吾民，犯法不治，是區別汝輩，於汝心
何如，不得不繩之以法。’大則杖之，少則威之，習以爲常，彼
自然知懼矣，不必開諭島主，假手以制。前此魚梁爭奪之人，
遣官通諭，未聞罪其人也。特送往來，詐言要賞，祇受其欺
耳。今島主身死，嗣子新立，聞其性輕躁鷙悍，彼若辭以不能
制之，則祇自辱命。”成俔、申從濩、曹淑沂議：“薺浦居倭所

犯如此，臣等深究處置之宜。我國編氓，尙且不遵法程，以干有司者多，況異類之人，難可一一深治。然一向寬容，盡置不問，則積習成常，將至驕恣，後來之患大可慮也。宜令金碔弔慰旣畢，乃語島主曰：'薺浦倭人等闌入禁限之内，公然斫伐官松，毆打山直，至與熊川縣監相抗，擅解縛倭而去，其凶悍無忌如此，固當嚴示國法，以正其罪。然此事在前島主之時，新島主有所不知，且予嗣服之初，宜用寬典，茲特釋之。三浦居倭旣處吾境，即同吾民，今後有犯吾禁令者，當即一一深治不饒。島主新繼先職，亦宜申飭禁約，痛戢管下，以敦永好。'以此語之，則意嚴辭順，庶合事體。且祖宗以恩威撫柔野人，故諸帳族多居六鎭城底，以爲熟戶。今伊伊厚等苟誠心願居，則在所容接，不宜固拒。然國家往年問罪尼羅車，其猏然欲報者，豈須臾忘哉，特無隙可乘耳。安知伊伊厚等一百餘人，皆尼个車之族，而假稱他部落來覘虛實耶？況也堂只之子三人，其父被殺，其母被虜，於我懷憤尤深，今若處之失宜，則後日之患，難保其必無也。百聞不如一見，其間處置事宜，難可遙度，可遣大臣之知邊事者，往審情勢。誠心願居，拒之爲難，則因勢分處，以消後患爲便。"從弼商等議。承政院啟："倭人事，臣等以謂，令其特送諭島主禁戢，似未便。今朝官之歸，兼諭島主，則甚合事宜。今觀群議，亦以是爲便者居多。且兀狄哈歸順事，去冬以弼商之議，許令來居，而今弼商之議，當語之曰：'汝若强自來住，則當擧兵逐之。'又從此議，似難施行。臣等以爲遣大臣察邊事，兼審歸順情偽。如不欲分居，則其非誠心可知，如此然後逐之，無乃可乎？"命依申浚等議。

戊寅，巡邊使李世佐啟："前日政院議啟，今來屯加訖羅野人，諭令分處六鎭越邊，不從然後使還入舊居。臣意以爲分付六鎭越邊，使敵人備知形勢，其害尤甚於屯居一處。彼若聽從，則

措置實難。臣意開諭之辭有二：一則兀狄哈本與城底斡朶里等
世讎，今語之曰：'爾若來屯近處，與讎人密邇，忿爭城底，
則朝廷必有處置，無乃不利於爾等乎！'一則'當初汝等來居時，
朝廷意謂汝等歸順之後，必刷還慶興被擄人口以效誠。今無一
人刷還，是汝歸順之心非眞。'以是開諭爲意。未知聖筭與朝
議，若開諭不從，則何以處置？"傳曰："其議于曾經政丞及政
府李繼仝、呂自新等。"

三月己卯朔

　　庚寅，朝鮮實錄書：巡邊使李世佐啟："臣受國重事，晝
思夜度。往在庚申年，遣申叔舟多致野人而殺之，今伊伊厚等
聞臣之往，必自疑惑，不肯來見。招之不來，則當何以處之？"
傳曰："其并議之。"　辛巳，火剌溫兀狄哈林大詐言曾受中樞，
禮曹廉得其狀，乃授司猛，是日陛辭。承旨分授告身，林大怒
而不受，攘臂使氣，拳毆使令；至外廷，拔佩刀若將刺人。承
旨等啟："此人橫悖至是，雖於監司節度使之營，猶不得如此，
況殿廷乎？宜下禁府，以示國威。成宗朝，有名將只大者，到
咸興郡拔劍刺人，成宗命囚禁府累日，困苦遣之。此虜亦不可
不懲。"傳曰："其議于院相等。"尹弼商、盧思慎、尹壕、愼承
善、魚世謙議："此輩雖狼子野心，其無禮莫甚，不可不示之
以威，宜下義禁府推鞫，使之知法；然不可治罪。"從之。　壬
午，尹壕、愼承善、魚世謙、李克墩、李季仝、呂自新、尹孝
孫議："（一）伊伊厚等不宜分處六鎮事，果如世佐所啟。尼个
車於我素有嫌隙，其欲報之心，猶然未已，使屯聚一處，猶爲
未可，況分處六鎮，使知形勢可乎？莫若使還舊土。（一）世佐
所啟開諭辭緣似是，今語之曰：'汝等雖曰投順來居，後日若
兀狄哈等作賊於我，則我必謂汝爲嚮導，將歸罪於汝，將何以
自明乎？莫如退居舊地，以時納欵耳。'彼若曰：'吾輩已逃離

本土，今若還歸，則必爲所害，寧死于此，固不可還云。'則語之曰：'汝果誠心歸順，以被殺爲虞而不還，則我國南方多有可居之地，汝可內徙，以安其生。'（一）前者大臣之去，彼人或有被罪者，故今世佐之行，伊伊厚等先自疑畏，或不肯來見，則巡邊使爲此留連，恐損國威。且彼來見開諭再三，猶不聽從，則亦損國威。當斟酌事勢，不得已久留，則皆付節度使，使之督還何如？（一）也堂只之子來投，與伊伊厚似異。然其父死於我，怨我必深，依伊伊厚例，督還本土。如不聽從，語之曰：'汝若誠心來順，當啟殿下，於南方內地給廛居生；不爾，當上京侍朝。'設此二難，以試其意。如又不從，期於必還何如？"承善、世謙又啟："彼伊伊厚等，聞朝廷大臣之歸，必自疑懼。招之不來，則難可以此久留；不得已空還，則恐損國威。臣等之意，宜勿遣巡邊使，令節度使開諭入送何如？"傳曰："可。"　　壕、承善、世謙、克墩、季全、自新、孝孫議："金主成可，非他野人歸順之例，於平安道累告事變皆有驗，先王特命朝京，賞賜優厚，又陞職，其接待異常。今以其子分和等虜三水人物之故，被拘慶興。臣等以爲彼類獸心，雖其父終年拘留，子若不肯刷還，則其終處置實難。今巡邊使之行，語主成可曰：'殿下聞汝拘留，命臣曰："主成可之子虜我人物，故邊將拘留其父，督還人物，於法當矣。但念主成可效順告變，其功可賞，以子之故見囚可憐。且其子犯罪，不敢更來，其父本是效順，可即放還，使之刷還擄人。"若主成可亦不肯刷還，則是棄前功也。'其以此戒敕送還何如？"傳曰："可。"

下兀狄哈林大于禁府，命同副承旨宋軼往鞫之。林大供："以因醉無禮。"命議之。尹壕、承善、世謙、克墩、成俊、世佐、許琛、世明議："在先王朝，野人或有無禮於闕庭者，必下禁府，拘囚累日，服罪然後赦之。今林大所犯，大爲無禮，然化外之人，不可依法治之；又其服罪之辭頗順，姑囚數日，復教以醉中所爲特赦之爲便。但客人舉止，專在通事指導。其鄉通事及京通事，依律治罪，使彼人知悔。"季仝、自新議："夷狄雖有過惡，當從寬典。今旣服罪，因其謝過而特宥之何如？"孝孫議："歲在庚辰，臣爲禮曹正郎，兀良哈金豆難代殺口子萬戶宋獻，著持獻靴及鞍子來朝，拜辭日，以受賜鴉靑裌團領袖窄，於闕庭手自裂破。世祖佯爲不知，即令改給。及其回程，爲宋獻子所殺。今林大自服醉酒謝罪，特宥何如？"從尹壕議。按宋獻前作宋憲。

閏三月戊申朔

丁卯，朝鮮實錄書：對馬島致奠官金碑、致慰官張珽拜辭，仍啟："前日權柱奉書契以往，今島主云：'今則爲尊官勉行拜禮。他日使臣之來，不復行此禮。'故臣等前者請改書契爲教書，得蒙允可，今承文院亦以書契例書之。臣等聞新島主性甚桀驁，雖言之反覆，終不拜焉，則將若之何？雖久留旬朔，必受其拜而復回還耶？即將書契而還不辱君命耶？"承旨權景祐啟："前者國家於建州衛通書時，兵曹判書稱敬奉王旨而作爲教書，然建州衛本無通書之例，於對馬島通信致慰非一，而皆以禮曹參議書契行之。今新島主立，改爲教書，彼必疑之。臣意以謂島人皆賴我國而生生，雖持書契而往，萬無不拜之理也。"傳曰："書契固善，其久留必受拜，及不拜即還，當否，議于政丞。"承旨等啟："臣等之意，雖議于政丞，必無廟筭。在碑等隨宜處置，難可遙度。國家已擇人遣之，不必收議！"傳曰："可。"　戊辰，永安北道節度使李朝陽馳啟："今閏三月初一日到穩城，招加訖羅來居兀狄哈中樞也堂介等，及柔遠鎮城底野人李夫弄古等，與上項人等保授兀良哈中樞阿令介等，問曰：'汝等去冬初來時，即令鎮將勒還本土，而汝等請居甚切。

時且沍寒，遠路還歸，慮恐凍傷，姑使許留。今更思之，兀狄
哈等萬一作耗邊鄙，則我必以汝等爲嚮導，歸罪於汝。當其
時，汝等無由暴白，雖悔何及。今宜速往舊地，時時納欵可
也。'伊伊厚、其巢哈等答曰：'我等本非兀狄哈，乃女眞種落，
故尼个車等常侵責如奴，今若還歸，必爲兀狄哈所殺，寧死此
土，不忍還歸。'又語之曰：'會寧城底斡朶里加他介，與汝等
有世讎，聞汝等來居，將欲報復。鎮將以汝等歸順之故堅禁，
然亦終難止之，是亦汝等大患，莫若還歸本土。以加訖羅族類
所居處覓粮往來事，哀乞於兀狄哈，則彼必憐汝，不致於死。'
伊伊厚等答曰：'加訖羅之地，他野人亦多居之，故欲與阿令
介等爲國藩籬，永居此土。今已種春麰，爲久住之計。朝鮮治
我不還之罪，斬我亦死耳；兀狄哈等怒我叛己，射殺亦死耳。
等死矣，與其見殺於兀狄哈，寧爲斬首於朝鮮。'又語之曰：
'汝等雖以春耕爲辭。汝等本事田獵，不專賴耕種而生。況今
時候溫和，正當率老幼還歸之時。'伊伊厚等答曰：'我等誠意
歸順而來，雖死此土，永不還歸。'又語之曰：'汝當誠心歸順，
則我國南方内地，多有可居處，今宜内徙以安生業可也。'伊伊
厚等答曰：'我等本女眞之種，族類等多居此土，故欲居而來，
不願内徙南方。'又語之曰：'觀汝不願内徙，汝等歸順之言，
非其情也。若誠心歸順，則何憚内徙？汝等去留利害，已詳言
之，其速還歸。'答曰：'我等居此，則凡事變體探等事，盡情
進告。若强令還歸本土，斷不可還，必於蒲州火剌溫等處入
歸。但我等歸後，若某處有變，則不無後悔。'又語之曰：'若
遲留，則將汝頭頭人及保授人等囚禁治罪，斯速還歸。'又以是
語柔遠鎮城底來接多湯介、李夫弄古、撒知古、所巢古等。答
曰：'我等來此已久，今以新到之例，並令還歸，心甚悶焉。
況我等出來後，兀狄哈等怒我逃躲，殺我兄弟。我若還歸，亦

必遇害。雖死此土，不忍還歸。'又據上項條件，再三開諭。多湯介等答辭如前，拒之甚切。又語之曰：'汝誠心歸順，則我當轉啟朝廷，於南方給廩居生，不爾當歸京侍朝。'多湯介等答辭又如伊伊厚。又語之曰：'若遲留，則非徒汝等，保授人並令拿囚致罪。'又語阿令介、馬加茂、羅陽介等曰：'爾等保授伊伊厚等，本非永許居接。但去冬嚴寒時，慮其凍死，未即督還。今宜勒還本土，勿令久留。'阿令介答曰：'今來人等多有驍勇之人。我爲此處部落將帥，常率此輩，凡干體探事變，相與盡情爲之。若今還送，此輩必往蒲州，我以將帥，恨失此勇軍耳。'馬加茂答曰：'李夫弄古作壻同居已久，他人等亦皆右人族類，雖畏國令，於人情勢難。'又語阿令介曰：'汝雖以失伊伊厚等驍勇人爲恨，此輩不來之前，汝亦爲將已久，豈賴此輩乎？且蒲州火剌溫入歸事，甚爲不宜。汝與尼个車讎怨已久，此輩來居此土，尼个車等怨汝尤甚，莫如親率送至亏知岾。'又語馬加茂、羅陽加等曰：'當初李夫弄古等出來時，已令鎮將還本，而汝等至今遲留，已爲有罪。今又因仍不送，則當治汝重罪。'阿令介答曰：'兀狄哈讎怨，非我所畏，只畏國令，當即督送。但此輩不還本土，必歸他處矣。'馬加茂等答曰：'阿令介所保授伊伊厚等，若還歸，則我等保授李夫弄古等，亦當入送。'後又移穩城鎮，督令還本，同鎮回牒云：'三度遣通事督還，而淹延不即出送，即招阿令介、馬加茂、羅陽介等，問伊伊厚等不即出來之由。'阿令介答曰：'里中來居伊伊厚等二十七名，亏知落後他堂介等五十七名，及隨後出來其巢哈等四十七名，以國令督還，則伊伊厚等言，還歸本土，必爲尼个車所害，欲投火剌溫部落，但今農時，遠路起程，於彼地亦不得農作，生利爲難，欲於今居加訖羅西，距一息許，南京川邊，結幕而居，待秋入歸。'云云。'今月初七日，並率妻子定歸'云云。又間阿堂只曰：'伊伊厚等及亐地落後人等來到根因，則初即告于鎮，而其隨後出來其巢哈等出來根因，則初不來告，無邊將處分而許，遇不可事詰問。'則答曰：'其巢哈於三月望到里中，前旣許伊伊厚居住，故意謂一例而不即告。'馬加茂、羅陽介等則曰：'里中來遇兀狄哈所巢古撒知等十名，李夫弄古等四名，並言將往居南京，率妻子出歸。'南京亦不遠之地，不可許接，更令穩城鎮督還本土。若淹留不還本土，何以措置?"命議于政府、六曹。

伊伊厚等原居兀狄哈，而與斡朶里等兀良哈相讎。兀良哈固認彼等兀狄哈，乃伊伊厚等自稱本非兀狄哈，乃女眞種落，然則係兀良哈同族，自認爲女眞，而以兀狄哈爲非女眞矣。明人謂三種女眞，并黑龍江及海西之兀狄哈皆在其內。此所云女眞，非兀狄哈，蓋自以爲金之後得名女眞。其他部落，祇可稱爲兀狄哈耳。

魚世謙、李世佐、成俔、趙益貞、申從濩、許琛、安琛議："伊伊厚勒還本土事，議已定矣。但其言曰，'欲徙他處而恐農業失時'云爾，則情可恕也，義不可迫逐。在成宗朝，童約沙等欲居滿浦江外，其時亦勒還，而猶從願俟秋入送，可依此例。但其言曰'我等歸後，某處有變，不無後悔'，似乎玩我，然是在邊將臨時一言折之耳。如此小醜姦詐之事，朝廷不必一一遙授其辭，一委節度使，隨宜勒還。果有不得已，則令馳啟取稟施行何如?"李克墩議："彼言將'投火刺溫蒲州，後有事變，不無後悔'等語，皆是玩我之辭，不可以是自沮我策。當依前事目，令節度使反覆開諭，或戒敕，期於還本。但在成宗朝，建州衛野人童約沙來居滿浦江邊，我國督還，約沙請俟

秋收後還歸，國家亦從其請。今依此例，當語之曰：‘汝言耕
種收穫後移居，此言可矜。果若此時入歸，則恐其彼此失農，
姑留此耕種，收穫後即入歸爲可。’以是開說，聽彼人答辭，更
啟取稟。”成俊、成世明議：“觀伊伊厚等所答之辭，似無還本
土之意。我國防禦，兩界皆重，而平安道尤緊。今西移南京，
勢必漸入蒲州，平安道被害，必加於前。姑令節度使審視去就
形勢。如必將西移而永無還本之理，則南京距鍾城不甚近，而
兀良哈部落多居焉，不須強逐之。”柳輊、申浚、朴楗、尹孝孫
議：“伊伊厚等來後，其類連續隨來，若是則勢將蕃息，必須
勒還本土。今其言曰：‘二十餘日程火剌溫等處移居。向意，
但今農時遠路起程，彼此不及生利爲難，所居加訖羅西距一息
許南京，結幕居生，俟秋入歸’云云，則是服從朝命，不可迫
逐。當語之曰：‘在今農時，慮其失巢，不即督還，秋成即當
發還事。’令邊將開諭。待秋督還何如？”柳洵議：“野人之性，
頑獷難移，惟利之從。今既以移住近境爲利，則雖百般曉諭，
終無見還之理。不得已，用兵威勒還乃可。但今則種麥未收，
不可迫逐之。待秋還本土事敦諭，使彼預知不得留之意。秋後
遣有威名將帥，諭還何如？”金敬祖、金諶議：“國家既不許伊
伊厚等納欵，則拒之宜速，不宜姑息，更令邊將申諭前意，亟
還本土何如？”從世謙等議。

　　　　永安北道西移而至南京，且即爲漸入蒲州之勢。是此
　　　時之南京，爲朝鮮後門之西，正是回波江即輝發江口之
　　　地，與明初之所謂南京不同，殆地名有移改矣。

七月丙午朔
　　戊申，朝鮮實錄書：兵曹判書成俊、參判許琛、參議李克

圭啟："平安道高山里以下，昌城以上，江外彼人等，自春至秋，留屯田獵，因此我國農民，晚出早入，不得如意耕作，體探之人，亦未深入。彼人等於山高樹密處，恣意觀望，我國虛實，彼必先知。近來平安道之賊，未必不由於此。請約束彼人，越邊數十里，不令來屯。如或違禁，皆論以賊，使之知禁。節度使或於水淺時，多率軍士，越江觀兵，又使知我國軍容之盛，則彼人不得窺覘，而且畏兵威，不得竊發矣。"傳曰："其議之。"尹弼商議："平安沿邊一帶，列鎮防戍，城堡器械，無不周備。疊人守護之法，亦且曲盡。若邊將奉法謹慎，必無被虜之患。但習以爲常，稍或解弛，彼輩乘間竊發，勢使然也。以大義計之，兵曹所啟，誠亦有理。在世祖朝，令節度使部領重兵，時時渡江，於彼土屯兵，使彼人望風奔還，不使留住。如或仍留，臨機勦斬，以此不得擅便來留。近年以來，彼人等假稱打圍，陸續來往，暫不畏忌，窺覘虛實，乘間作耗，或呼邊氓，多發不遜之語。若不更張，勢將難禁。依兵曹所啟施行何如？"魚世謙議："夷狄獸心，可以威懼，難以恩懷。朝廷禁邊將不得妄動，又不使深入體探，自守藩籬而已。野人無所畏忌，或本謀剽竊，或因田獵恣行窺覘，臨江伺隙，每每竊發，是知我不能遠加禁制，而輕我之所致也。越邊數十里間，不令來屯，及與彼人預先約束節目，令兵曹更加詳察，磨鍊施行。節度使率軍越江觀兵時，則依式啟稟，勿令輕舉何如？"鄭文炯議："越邊不令來屯，論以賊事，預先約束，使之知禁，似爲有理。然彼人人面獸心，何畏約束不來？雖來犯論以賊，何以治之？且節度使水淺時，軍士過涉尙難，渡江時彼從間扼之，亦可患也。凡事率由舊章，勿遽行新法，姑令將士遠斥候，謹烽燧，明目以待變，則如此者皮船之賊，不足虞也。今此渭原逢賊，只在邊將不能應變耳。畏此小賊，立前古所無之

法，臣以謂未便。"李克墩議："臣曾爲本道觀察使，稍知江邊
形勢。彼人所居，與我界隔遠，若不因田獵，留屯江邊，則彼
不得詳知我形勢，兵曹所啟之意是矣。然大江爲限，彼我地界
自分，彼人以此田獵於江邊久矣。祖宗朝亦不得禁止，亦有意
也。今雖欲約束，彼有不肯從，或如前來獵，則我不得一一責
之。然則徒損我威勢耳。且兵曹所謂水淺時，非合冰合防春秋
仲季月間也，其時鎮兵可用者不過百數，僅守城而已，節度使
雖欲觀兵，如無所率何？彼人何以知我軍容之盛乎？如必欲觀
兵，當於合冰合防時，乃可耀武。然彼或先知，或於險阻要
之，或尾擊之，雖奪一馬，其受辱豈淺淺哉！此亦祖宗朝未違
事也。臣意以謂兵難遙度，請下兵曹，議于本道監司、節度使
便否。議啟聞後更議施行。"柳輊議："平安事變，今成俊等所
啟，雖若未必由於此。然臣曾爲本道監司，時有賊變，其時
朝廷備禦節目，或深入體探，或約束，或觀兵，靡不周密，而
事變相連。臣謂兵難遙度，師不妄動。請令今去敬差官洪洞，
賷備邊節目，與觀察使、節度使，廣問諸鎮，同議磨鍊啟聞後
上裁施行。"李季仝議："甲午、乙未年間，建州衛野人屯兵越
邊，累入碧團、昌州、昌城等鎮，抄掠人畜而去。其後己亥
年，朝廷大舉入攻之後，畏國兵威，未敢肆虐，邊境稍安。自
滿浦節制使許渾謀殺野人以後，稱爲報復，當夏節農民布野之
時，侵盜不已，雖朝廷嚴加隄備，而邊將失御，以致喪失，其
害不貲。臣議以謂時遣朝官，糾察隄備。如有不謹者，宜加重
典，以懲其餘。今宜移書建州三衛酋長，開諭禍福，使之速還
虜口。如其不從，依兵曹所啟，竢秋冰合，整勵軍馬，深入觀
兵，以示兵威。而終不悔懼，桀驁如前，則當更收廟議施行。"
盧思愼、愼承善、韓致亨、尹孝孫、呂自新等議："依兵曹所
啟施行何如？"從思愼等議。　　乙丑，諭平安道觀察使李克均、

節度使卞宗仁曰："今因卿等所啟，知渭原賊變，予甚愾之。措置之方，謀及大臣。或云近年彼人，因田獵久屯江邊，窺覘虛實，乘便作耗，邊境之患，實由於此。今宜與彼約束，越邊數十里間立標，不令來此。如或違禁，皆以賊論不饒。節度使或於水淺時，多率兵馬，越江觀兵，使知我國軍容之盛。彼既不得窺伺，又畏兵威，潛竊之患可息。或謂我以大江爲界，彼或不從約束，或貌從而背違，何以一一責之，責之不得，傷威損重。且水淺時鎮兵數少，節度雖或觀兵，兵勢不嚴，江灘過涉亦難，彼或據險要之，實是危道。我邊將或勦殺報變之野人，搆釁生事，是亦可慮。二者之言，似皆有理，然兵事不可遙度。卿久在邊圉，必有籌策，與節度使卞宗仁同議商確以聞。"　丙寅，平安道觀察使李克均馳啟："建州衛彼人指揮金亏唐可等四人，來言於滿浦僉使崔集成曰：'弟金仇加、女壻趙豆乙屎，及其父趙雄也赤等云：聞金山赤下等，去月晦間，朝鮮人八十餘名而來到其家，則丁壯皆隱避，只有羸老。面詰之，則云狂妄少年，自恃驍健，數犯大國，吾等定遭兵亂，避禍無所，相攜號泣耳。且言彼賊種類不繁，部落孤單，居處不遠，可宜興兵討伐。'集成更問彼賊根腳，及部落衆寡，道路迂直遠近，兵馬强弱。亏唐可曰：'彼賊等退計四五十年間，自永安移來，附居左右兩衛間，別成一落，八十餘戶，自號歧州衛，一年十一名一朝中國而已。不事農業，以作賊爲事。所虜人馬，轉賣深處，以爲生利。自渭原、高山里、理山等鎮，至歧州皆四日程。並貧寒，兵馬不强，征討無難。且此時右賊傾落採參，逾大嶺布野，留此經宿，若輕兵掩擊，則若拾遺物。且彼人又欲乘昏到滿浦，詐稱金亏唐可，呼鎮人使渡涉，因而掩虜作耗。今後彼人渡江時，請多定持兵人守護渡涉。'若如亏唐可之言，則如此秋成參實時，彼賊貪於採取，空落而出，先使偵視，輕兵掩襲，則兵不勞而得捷。"命議于議政府、兵曹。

丁卯，慎承善、魚世謙議："金仇可前日所告已驗，今之所告，又安得全不信聽？其應變事，邊將既已預備隄防，必能自辦。但入攻之計，不可者有五：伺其壯健者採參，往虜老弱之在穴，是劫而已，何以示威，不可一也。正當草木茂密，秋潦暴至之時，非徒出入爲難，四日之程，軍馬之聲，彼若先知竄伏，一虜不可得見，況能捕獲乎？不可二也。我軍必有空行空返之勞，而功不可期，況採參壯健者徐知而踵至，或要遮尾抄，扼之於江，則我軍能保其無虞乎？不可三也。備邊者皆留鎮居民，而厥數不多，況不可舉鎮而行，須抄其中之精銳者，然後可以赴機逐利，則其中精銳又幾許哉？正當農月，南道之兵不可徵集，兵單勢難，豈宜輕舉？不可四也。征討小醜，要使勦絕震疊，視大國之威，如雷霆之不可犯，然後可抑他日窺覦之心。今若乘間抵隙，潛兵往抄，是無損於彼，而自損其威，彼益輕之，不可五也。然此小醜，肆行無忌，陵噬之辱，所不忍也。彼果終不革面，則待江冰合，調我軍馬，可一大舉以勦滅之，不可但已也。"鄭文炯、李克墩、李世佐、尹孝孫議："大抵彼人告報，不可盡信，亦不可不信。今言賊人部落單弱，可以攻取云，則似不可信。雖實信然，亦不可此時輕易發兵，以較小忿。近日渭原之事，邊將之過也。所謂慢藏誨盜，國家不必汲汲雪忿於小醜也。臣等意以謂，非徒不當發兵，亦不可遣人探候。但其所言再寇，與過涉時掠取等言，或有是理，令邊將謹慎隄備爲便。況今方事收穫，農民蔽野，守護等事，尤不可不嚴。爲邊將者，當盡在我之道而已。凡邊將之易言兵者，非愚則妄也。今滿浦節制使崔集成輕發入攻之策，不可。若待其惡極，天怒人憤，而冰合草枯，乘機問罪，自有廟筭。"成俊、許琛、李克圭、李季仝、呂自新議："採參人非聚一處，不可盡襲而取之。輕兵越境，亦是危道也。其掩擊之策，似難施行。且此非門庭之寇，而方在國恤，未可急急舉兵。然建州野人，自辛亥年以來，連年作賊，侵掠不止，是輕我也。近日渭原之事，受辱不小。觀其勢，問罪之師，將不得不舉。然則其部落强弱，道理遠近，預知然後可以得志。適今金主成可來言，童清禮、李山玉入送刷還，臣等以爲今因此機，擇遣可信向化一二通事與俱。金主成可、朴古里等輩到滿浦，爲半拘留，爲半令向化人帶去，依主成可之言，遍諭各衛，因審察形勢。若野人聽其言，爲盜止息，則亦我國之利也。若後日不得已舉兵，則宜以此輩爲嚮道。"成倪、趙益貞、申從濩、洪興、權景禧、金敬祖、柳睎、金諶、鄭光世、李復善議："近日渭原之事，不知某衛人所爲，不可以亐唐介之言，的知爲歧州衛人也。況其言以爲歧州衛間於兩衛，則兩衛必相爲聲援，兵力不强之言，尤未可信。假使道路不遠，部落單弱，如其言可以得功，今國家方在憂恤之中，非門庭不得已應之之寇也，而聽邊將希功生事之言，輕出師旅，以事邊功，可乎？況其言難信，如上所云，萬一誤事，悔將無及。大抵乘便鼠竊，夷虜常事。渭原人口被虜，皆由邊將失禦所致，但申敕邊將以嚴隄備耳，豈可以此小忿，必欲興師與較乎？彼人等猶不知懼，狃以爲常，如此犯邊，則在所不得已矣。當畜養兵力，廣儲軍需，徐議萬全之計；今則不可輕舉。"田霖、曹淑沂、李英山議："渭原作耗者，金亐唐介等雖曰歧州野人，安知辛亥年高山里鎮被殺之種所爲，然則報復之心，猏然未已，當預爲之備，不可輕兵往征。亐唐介之言，以爲不信而不征，則非徒示弱於彼，邊氓之患，無時而止。潛遣江邊驍勇人，部落相距，山川險阻，熟審然後定其征討之期，何如？"從俊等議。

　　建州左、右兩衛之間，有一八十餘戶之夷落，自號歧州衛。曰自號，則非有明廷敕命。其來自永安道，距今四五十年，蓋亦北道之斡朶里種，移附於建州，在景泰、天順之間。此與溫下衛，殆皆建州之附庸。明紀載所無，非朝鮮不能詳之。朝鮮亦祇以建州論此二衛，皆斡朶里之後移者耳。

　　戊辰，朝鮮實錄書：兵曹判書成俊等啟：“平安道邊事，以臣等之議爲可。臣等以議向化部將童淸禮之族戚，多居建州衛，而兼司僕李山玉，信實可遣人也。請遣此兩人。且宣諭之意，雖馳書于監司，然書不盡意，不若擇遣朝官之諳鍊者，與監司同議，到渭原召金主成可以諭之爲當。”傳曰：“可。”　壬申，平安道節度使卞宗仁馳啟：“若從金亏唐介之言，輕發挾擊，不無失機。但今年明年間，彼人等因獵，率妻子多出各邊，越邊連布，結幕而留。若抄各鎮驍兵，乘夜分道潛涉，黎明疾呼俱發，可以盡殺無餘。”命議于領中樞以上兵曹堂上。坡平府院君尹弼商議：“兵曹將崔集成、卞宗仁之策從長計議，啟後更議何如？”宣城府院君盧思愼議：“彼人等輕侮大國，跋扈太甚，豈可坐視，須問其罪。令兵曹熟計方略以啟後，更議何如？”領議政愼承善議：“已議遣童淸禮、李山玉開諭。卞宗仁謀策，雖似可矣，淸禮等還來後，聽其言更議施行，未爲晚也。”左議政魚世謙議：“卞宗仁設策，欲乘間掩襲。此雖有所獲，反爲盜竊之兵，非王者討罪之舉，何以示威？況其殺獲未可必乎？然軍機重事，非臆見所能斷也。觀察使李克均曾爲其道都元帥，熟知邊務，且今方爲監司，其掩襲可否利害，令與宗仁曲盡商議以啟何如？”領中樞鄭文烱議：“採參人掩擊及渡江用兵便否，前日已因觀察使啟本議啟，不敢更議。”兵曹判書成俊、參判許琛、參議李克圭、參知李堪議：“前日啟與彼人約束，越邊數十里間，不令來屯。如或違禁，皆論以賊。舉兵追逐，若有竊發之勢，令鎮將乘機勦殺者，欲以絕窺覘之弊，而止侵掠之患也。今觀節度使啟本，越邊田獵野人，掩擊之策，亦爲是也。然今無禁約而遽爲此舉，則彼固有辭，而曲在於我，斷不可行也。且西邊措置方略，令觀察使、節度使同議以啟事，已下諭，姑待之何如？”從俊等議。　癸酉，坡平府院君尹弼商、知中樞府事洪貴達啟：“國家欲遣童清禮、李山玉往諭三衛野人，其刷還虜口。臣等以謂野人雖有酋長，不相統屬，雖欲刷還，固不能也。況野人貪財好利，或於要路致害清禮等，而奪虜帶去人口雜物，辱命尤莫甚焉。且清禮雖入歸三衛，其族親甫花土等謀留不還，則小人不無懷土之情，亦未可信也。去癸丑年間，朝廷遣朴好文往審建州衛形勢，酋長李滿住欲殺好文，其部下以謂大國之人，不可害也，滿住乃止。其後未幾入征，滿住深以不殺好文爲悔。今清禮之歸，彼人亦疑其窺覘而來，拘留不返，則國家不得已舉兵問罪矣。彼人亦必先料來討，預爲之備，則雖大舉致討，功必無成。若鼠竊不已，則遣江邊人密探道路迂直，然後舉兵問罪，亦可爲也。勿遣清禮等爲便。”傳曰：“然。兵曹必磨鍊節目，其時當更斟酌。”兵曹判書成俊、參判許琛啟：“臣等請遣清禮之議，率情啟之，而上又落點，故節目則磨鍊矣。然其主成可嚮導與否，及其無事而還，臣等亦不能保其必然也。然觀清禮等，少長我土，蒙國家之恩已久，豈以彼土爲樂乎？且聞清禮等亦不以爲難，而思欲效其微勞，其懷土不返，似不疑慮。但其路中生變，及彼人拘留不還，臣等亦安能預料其必無也。”傳曰：“其更議于前議諸宰。”

八月乙亥朔

是日，朝鮮實錄書：盧思愼、魚世謙、鄭文炯、申從濩、李世佐議："弼商所啓，果有是理。今清禮之去，道路迂直遠近則可知，其被虜人口，萬無刷還之理。彼人以我國人俘爲奇貨，轉相買賣，輒得厚利，豈以清禮口舌，輕以還我乎？若被虜人在清禮族類，則猶可請還；或是近居他虜所獲，則清禮不得刷還明矣。清禮率人馬賫物，或聲言奉命，而空行空返，則其辱命損威，豈小小哉！弼商所云彼人拘留、小人懷土等語，似無是理。但彼人疑其探候，往返之間，設計致害，固可慮也。清禮族親之在他處者，豈能及救乎？且主成可泛言遣清禮等刷還之策而已，不言自已護去護來之意。今若依兵曹之啓，令主成可等護去，而分半留質，則彼必不肯從也。如是則往還之虞，尤可慮也。況今都下聞清禮之去，以爲將有西征，喧傳不已。國家早晚不得已興師焉，則先事泄機，亦兵家之所忌也。大抵策貴萬全，今信一虜輕薄之謀，勞我人馬，費我糧貨，求功於不測之地，泄機於謀我之虜，非計之得也。臣等於前議，欲啓不可遣之意，而以該曹建議，本有下問之命，故不敢耳。"李季仝、呂自新、田霖議："近年以來，建州衛野人屢犯邊域。臣意以謂今因主成可之請，遣清禮等于三衛，宣諭國家厚意，兼曉禍福，使彼酋長畏威含恩，刷還人畜，歲遣子弟禮獻土物，如毛憐衛之人，則可寬西顧之憂，而防戍之勞少休矣。三衛本斡朶里餘種，清禮，斡朶里巨酋之子，而兄阿亡介連姻大族，其類寔繁，彼雖桀驁不奉朝命，敢犯清禮乎？倘或見留，本非怨叛之人，安敢效衛律、李緒擾本國之理？況入送時，使彼來人當往者之數而留之，則雖欲拘留，勢不可得也。往者世宗大王欲征此虜，未知道路遠近，部落強弱，遣小尹朴好文、護軍朴原茂等，賜物慰綏，俾探虛實。兩人目擊山川，

如指掌中，癸丑之役，遂成大功。今清禮等縱不能使彼人懷德
慕化，弭絕邊患而來，在他日舉兵之時，顧不重歟！今若探得
虛實，以圖後日之舉，則舍此機會，將安所施乎？宜以時速
遣，伺察虛實，洞知敵情，如在我目中，然後以降則受，以寇
則擊，斯不失禦邊之策矣。若乃懷禽獸之心，加無道於使者，
當申聞大國，聲罪致討，彼必遠遁不敢近塞矣。然則設一使，
安邊境，國之善計，兵家之勝策，有何疑哉！”鄭敬祖、金諶、
鄭光世、曹淑沂、李英山議：“弭商勿遣清禮之啟，深合事機。
姑令邊將分遣體探，執審道路迂直，以爲後日之計何如？”從思
慎等議。　　己卯，平安道觀察使李克均馳啟：“滿浦僉節制使
崔集成牒呈：‘今七月二十三日，溫下衛野人指揮金何叱多等
來言，傳聞建州衛居沈一大云，兀剌山城住彼人等，或欲擒虜
秋收農民，或欲劫掠孤單人家，將聚兵犯邊。又二十六日，建
州野人護軍李巨右等來言，聞歧州衛人金山赤下謀欲作賊，聚
軍百餘名，持者皮船六隻向水下，時未還歸。又曰，田克林，
解女眞語者也，俺三父子後日欲更出來，給著俺衣服弓箭，率
到彼人所居處，指視道路遠近迂直，熟視後還率來。’”　遼東
都指揮使爲夷情事，據經歷司呈，抄蒙欽差分守遼陽等副總兵
羅批文：“據原善通事千戶王寧稟帖：‘弘治九年七月二十四
日，有建州左衛女眞答哈，前來撫順買賣，說稱：“有我們地
方上寄住毛憐夷人王撒路男卜良，這月裏帶領肆拾隻船，往朝
鮮地方偷搶，未曾回還，我來報說知道。”得此。傳稟到來。切
緣毛憐夷賊卜良阿，不守本分，造船前往朝鮮地方爲寇。雖係
傳聞之言，此情必實。況朝鮮尚義之方，與我國爲隣，倘被賊
侵犯，啟端雖小，流弊必大。爲此仰本司呈堂，即使移文本
國，使知前項夷情，務要嚴謹隄備，設法防勤，以滅侵擾之
情，勿容怠忽爲便。’蒙此具呈到司，擬合就行。爲此除外，合

咨前去，煩助批文内事，遵依隄備施行，具由咨報。須至咨者。"傳曰："召政府及知邊事宰臣，示遼東咨文及平安道啟本議之。" 庚辰，尹弼商、愼承善、鄭文炯、韓致亨、李克墩議："今觀滿浦所報之言、遼東移咨之語，彼賊常圖作耗無疑矣。今防戍不可不謹，當速倍前措置軍官，量宜下送，令節度使於孤單之處，分遣防戍，使不踈虞。賊若犯邊，乘機應變，不損國威。且遼東都司處斯速回咨，兼致喜謝之情。李巨右所言之事，國家若欲征討，當遣邊民之熟知夷情者，往探窟穴道路迂直乃擧，豈宜輕信彼人之言，付通事變服往來。李巨右若更來言之，當答曰：'如此之事，朝廷自有處置，邊將何得煩啟。'開說如何？"成俊、許琛、李淑珹、李堪議："觀遼東及李巨右進告之辭，西賊竊發，丁寧令其道觀察使、節度使同議備邊之事，曲加措置，毋或少弛爲便。但此賊自辛亥以後，年年作耗，近日渭原之變，出於無故，若不示威破其心膽，恐侵犯不已，邊民受害，所不盡言。臣等以爲問罪之師，不得不擧。今李巨右等潛帶解語人往還，使知山川迂直，宜因此機，令觀察使擇解語可信人，如其言帶送，審察彼地形勢，後日或有問罪之擧，以此人爲嚮道何如？"柳輊議："西邊聲息，以遼東移咨，本道啟本，及已往之事觀之，數月之内作賊，丁寧防禦節目，不可不早爲之計。此賊今則慣習者皮船，雖未合冰，入寇無時，辛亥年事，是可鑑矣。臣意以爲助戰將令兵曹急速磨鍊爲便；然征討之擧，勞民動衆，利害關係，未易擧也。古人云：'敵加於己，不得已而應之'，在聲息緊不緊如何耳。"柳洵、安琛、金諶、成俔、金永貞、申從濩、洪興、權景禧、曹淑沂、申浚、朴楗、尹孝孫、李永山、柳自英議："小虜一作耗於邊疆，而大國輒加兵以報之，非王者待夷之道。世宗於癸丑年，命崔潤德入征建州之時，亦以積其多年之釁，數其罪，張牓於虜庭而討之。今彼虜一鼠竊，而遽爲征討之舉，非其計也。若聲息不絕，則當擇遣助防將與軍官，分守要害之地，謹嚴隄防爲便。且李巨右更來，則當語之曰：‘征討出於朝廷命令，非邊將所可擅便處置’云云何如？”李季仝、呂自新議：“今觀遼東咨，卜良阿作耗之事，則日月攸久，必是渭原入寇之賊也。今兀剌城住居人，造船入寇之計，勢甚迫矣。然邊將互相飛報，想已戒嚴以待矣。但李巨右所告，金山赤下部落之人，方採參散處，可掩擊窟穴之言，似是；然巨右素非親信之虜，詭計難測，未可輕易舉兵。猶欲率通事指示道路遠近、部落强弱之言，似當；但慮通事雖解語，舉止必不與野人同。臣意宜擇侍朝野人之已身投化者，遣之甚便。當入送之時，留李巨右之子于江界府，換穿衣服而送，雖混處彼人之類，似難遽辨矣，于以探虛實，然後更圖方略何如？”田霖議：“金阿叱多等來告事變，非一再也。然虜情多詐，不可盡信。但遼東移咨之意，與阿叱多等所告，異口同出，亦不可不信。彼賊頻歲來侵，殺虜我邊民者，無他，區區之地恃險耳。以大國見挫於小醜，受欺於隣賊，臣甚恥之。況使我無辜之民，聽役於豺狼，非徒不堪困苦，其人之戀父母、思妻子，可勝言哉！此其天討之不得已也。田克林衣胡服，佩胡弓矢，往探險夷，非長策也。如無潼關、劍閣之險，則舉大兵直探巢穴，永絕根株，以解邊民之怨何如？”從李季仝議。　　辛巳，兵曹判書成俊、參判許琛、參議李淑瑊啟：“前日加訖羅地面來往尼个車，督還本土，而彼不肯還，移居于南京地面，今秋成當勒還本土。右人等旣背本土，若强還，則彼必入歸蒲州等處矣。兀狄哈則性本驍勇善鬬，非他種之比。今方建州野人數犯我境，鼠竊不已，而又逐尼个車於彼土，更生一賊，以益其勢，非計之得也。南京距鍾城二息半程，其間必有向化野人居焉，少有聲息，則輒即來告，無不盡知之矣。尼个車雖在此，未必爲患。況南京非我地也，彼又不從朝廷之命，則安得強逐之乎？勿令督還爲便。且李季仝知邊事者也，請與同議。”傳曰：“尼个車勒送可否事，議于曾經政丞政府、六曹判書與李季仝。”　壬午，右承旨慎守勤啟：“尹弼商見臣云：‘前日議得何以發落？’答曰：‘落點於李季仝議矣。’弼商曰：‘吾見李季仝之議云，李巨右之子一人，留於江界。吾意不然。江界非江邊之郡，稍內地而城殘民小，不可使彼人見也，不若留於理山之爲愈也。’臣亦以築城從事官，曾訪其處道里，江界於滿浦道里稍遠，理山於滿浦近，且城完固，民居繁多，留於理山爲便。以此意問於兵曹何如？”傳曰：“其議之。”　癸未，平安道觀察使卞宗仁馳啟：“碧潼鎮兵馬僉節制使鄭殷富牒云：‘彼人十五名，路險草密處，隱伏伺候，虜體探甲士崔孝宗、劉賢界而去。金性仇之、崔自蕃等逃來。’”承旨姜龜孫、慎守勤等啟：“臣等觀此啟本，體探人被虜，古所無，今置不問，則恐冰合之後，分道入寇。請依前差遣助防將。前日兵曹所啟爲是。彼人之來近邊境者，常常驅逐，則將畏威而不敢犯矣。且國恤三年，不可征伐，此論雖是，然彼人數入寇，問罪之舉，所不得已。況今武士皆欲往征，大抵介胄之士言征伐，縉紳之士守和親，此雖例事，臣等亦以往征爲可，請收議。”傳曰：“可。”成俊、許琛、李淑瑊、李堪議：“西賊竊發，近來尤甚。臣等之意，以爲備禦之策有二：遣猛將率大衆，分道問罪，窮其巢穴，威制創艾之，使絕南牧之心，一也。與彼人約束，勿令屯于近地，來則舉兵逐之，時時觀兵，使不得窺虛實，二也。若助防將，則江邊許多處，不可盡遣，無益於事，而反有供頓之弊。然邊備方略，前已下諭監司、兵使同議以啟，姑竢回啟後更議何如？”慎承善、鄭文炯、李季仝、呂自新、辛鑄議：“今觀體探人被虜之事，

八九月之間野人等或採人參，或探蜂蜜，布在山谷之時也。遣
人體探時，邊將雖丁寧戒諭而送，小人貪利，亦或採參採蜜，
不謹候望，以致被虜，實自取也。然近來屢侵，若非問罪，無
以懲艾。竢浪好時介細探虛實，然後更收廟籌何如？且時方草
密水漲之時，深入觀兵，非徒勢難；萬一敵人先知，邀截險
路，非萬全之計，姑待冰合爲便。"從俊等議。　兵曹判書成
俊、參判許琛啟："前今向化人沈个土伊、浪好時介等，從李
巨右往建州衛。今聞沈个土伊之言云：'雖言語與彼相類，然
彼必知其非同類。'此言有理，請取稟。"李季仝啟：'不得已遣
沈个土伊，則請令監司往聽巨右之言，若曰帶行可無事往還，
則送之；不然則請勿送。"傳曰："令監司聽巨右之言，然後議
遣童清禮。"仍傳曰："近日宰相有欲西征者，予意以謂前者入
征，多不得利，祇自取怨，故至今報復不已，今但耀兵示威何
如？"兵曹更啟："李巨右之子，初欲於江界留置，而尹弼商啟
云：'江界殘邑，請於理山留置。'臣意以謂若是，則自江界至
理山，其間殘弊城堡非一，其强弱虛實，不可使見之也，請於
江界留置。"傳曰："可。"　甲申，兵曹判書成俊、參判許琛、
漢城府判尹李季仝啟："前日議遣童清禮、李山玉等于三衛。
臣等意以爲清禮受職雖未久，秩則高矣；李山玉則秩雖卑而筮
仕已久。二人同行，必不相降，因生嫌隙，此甚可疑。且李山
玉年老，請勿遣。更令浪好時介、高崇禮從清禮入送何如？此
若勢難，則如李巨右之言，潛往體探可也。且勿遣敬差官，令
觀察使親往臨時處置何如？"傳曰："可。"　以兵曹所啟南京居
住尼个車勿令勒還本土事本，命議于政府曾經政丞及六曹判書
以上。尹弼商、盧思愼、韓致亨、魚世謙、朴楗、成俔、趙益
貞、柳輊、尹孝孫議："請依兵曹所啟施行。"李克墩議："兵曹
所啟，果有是理，但彼之去就，難以預度，況驅逐之命已下，

今遽變，恐或輕也。令節度使依前開諭說入送，但勿刻迫，聽
彼情願，禀旨後更議施行何如？"李世佐議："臣不諳邊事，只
以形勢料之。彼人等無緣來此，前日入征要路，與吾民混處，
互相搆釁，小有軍械，旋即漏泄，非備邊之策。故臣前日受命
往本道時，議啟邊將驅還本土。今觀兵曹所啟，若實逃入蒲州
可慮也，但彼人逃離本土，携妻子遠屯蒲州，恐無是理。彼人
所云將逃往蒲州之言，是誑我也，不可盡信。莫若依前僉議，
令邊將多般設策，驅還本土之爲便。"柳洵議："伊伊厚等初來，
寓加訖羅地面，邊將拒之，乃移居南京，是有從我約飭之心
矣。今若驅迫强之使還，則彼既與本土强族有仇隙，無所於
歸，怨我必深，勢將移就蒲州，與之爲黨，作耗邊地，固爲可
疑。兵曹之言良是也。臣意以謂固國安邊，自治爲上。若守將
得人，邊備嚴固，撫馭不失其宜，則虜之居近境者，適爲我藩
籬而已。如其不然，雖微此虜，賊之巢穴，多在境外數百里之
間，或托誠欵，或因射獵，窺覘虛實，爲我國邊患者，可勝既
耶！然則擇守將，謹隄備，以絕其侮我之心，乃安邊之上策
也。伊伊等奔竄之虜，其來去不足深慮也。"從盧思慎等議。
丁亥，王命兵曹通諭建州三衛酋長。其書曰：'自古帝王待遠
人率用恩威，恩以撫其歸順，威以懲其頑悍。其威之也，蓋非
樂爲，亦出於不得已耳。惟爾三衛，密居邊鄙，世輸誠欵，得
安眠食，殿下綏撫之恩至矣。比來爾等徒貪小利，不慮大禍，
再入三水、理山地面，又入渭原，侵擾邊民，前後殺虜甚衆。
背負至此，邊將屢請致討。殿下包荒之度，不以爲較。乃教
曰：'姦細之輩，苟爲是鼠竊耳，未必酋長盡知之矣。兵曹可
馳諭酋長，此正爾等竭誠報恩之時也。向之作耗，爾雖不知，
然不能檢下，責有所歸。爾能解悟，括得罪人，顯加誅罰，其
所搶虜，一皆刷還，申飭部落，禁戢草竊，使兩境無虞，是爾

等之福也。若猶執迷，不知所以自效，以速我不得已之舉。大兵一臨，飛走路絕。乃以一二人頑悍之罪，無辜等被覆滅，非計之得也。古人云，禍福無不自己求之，早慮良圖，無貽後悔。” 癸巳，尹弼商、盧思愼、愼承善、鄭文炯議：“近來野人等犯邊不已，問罪之師似不可不舉。然以保邦安民之道計之，朴楗之計亦當矣。童淸禮之遣，臣等亦以爲未穩也。”成俊、許琛、李淑瑊、李堪議：“國家今無征討之舉。朴楗之計，不過早爲之慮也。大抵介胄之士言征伐，縉紳之士守和親，不可偏聽而獨任，宜博求廣覽，合於時措。”李季仝、田霖議：“近年以來，建州衛野人侵耗邊城，有輕大國之心，故前因金主成可之言，遣童淸禮等探得虛實，然後當更圖方略事議之。今觀朴楗所啓如此，臣敢不更陳區區。雖然，臣意以爲祖宗朝非不愛民惜財，然東征對馬州，西征建州衛，北攻毛憐衛、尼個車者，誠以謂不一勞者不久佚，不暫費者不永寧。故自古攻守之策，其論不一，但在聖筭如何耳！”呂自新議：“朴楗所啓甚當。然野人數侵邊境，受侮不少。待淸禮之還，若不歸順，舉大兵何如？”辛鑄議：“朴楗所啓似是。國家欲知彼賊部落多少，山川險易，道路迂直，令李克均、卞宗仁遣江邊驍勇、已亥年入征時知路人，往探後更議施行何如？”從愼承善等議。平安道觀察使李克均、節度使卞宗仁同議方略云：“臣等伏覩諭書前段，或謂與彼約束，越邊數十里間立標，勿令來屯，如或違禁，皆以賊論不饒。臣等以爲彼若聽國家號令，奔走服役，如永安道城底野人則可矣。彼恃遠處險危，不畏國家威勢，往來江邊，縱意獵獲，乘便作耗，彼謂得計，我雖約束，彼本獸心，安肯從約，徒損國威耳！節度使多率軍馬，越江耀兵，是或可也。然土團兵弱，當助番軍卒亦少，僅守各界，護農無暇。若只徵邊兵，則軍額不多，而諸鎮空虛。並徵南兵，

則當助番往來，無休亦甚。此謂不足示威，而祇自先疲矣。且
江水洪深，酷旱數三朔內，猶不涉灘，況各鎮馬尚船數少，大
軍難涉。前段之論，斷不可行也。臣伏覩諭書後段，或謂我以
大江爲界，彼或不從約束，或貌從背違，何以一一責之？責之
不得，傷威損重。且水淺時鎮兵數少，欲觀兵，兵勢不嚴，江
灘過涉亦難，彼或據險要之地，實是危道，此是的論也。然臣
等以謂體探所以預知賊情，欲以備患也。而士卒狃於尋常，不
謹體探，晝則佯爲越江，暮則還渡，甚者逢點在家，期待遞
日，而爲將帥者亦以爲常，檢之不嚴，以此每失事機，令彼得
志。臣等竊思之，體探之人，沐風雨，冒霜雪，草行野宿，深
入虎口，其危如是。有道途之苦，無尺寸之賞。若能體探者計
其功，或給賞布，特異者加級以榮之；不謹者，罪配遠鎮以懲
之。如是則士卒將要賞畏罪，必能謹慎探候，爲一鎮耳目矣。
且近來以來，彼人等貪於畋獵，俱持大箭，久在江邊，略無憚
我之狀。自渭原深入虜去之後，繼有碧潼之變，邊民不得安
居。或城內疊入，或遠入山幕往來，農事收穫失時，將不聊
生，民困極矣，而賊勢不止，爭懷報復，潛伏江邊，日以窺覘
爲事，其勢不懲不止也。如謹其體探，知賊多寡，抄我勁卒，
乘其無備，犯夜觸之，又要其歸路，伏兵以待，可以殲之矣。
一度如是，彼必欲報，大舉伏兵，以疲弱挑之，我則歛兵觀
變，無越逐之意，但使彼疲於往來。如是數三，無所獲利，久
則彼將弛心，縱意畋獵，我又乘其無備，勦擊如前，則彼必欲
迹江邊矣。不然，則患終不息。" 丙申，先是以平安道監司李
克均、節度使卞宗仁同議方略，下兵曹議啟。至是，兵曹回啟
曰："臣等竊謂，兩境相對，敵人肆行，使吾民不得寧息，我
反懾縮不敢呵斥，而坐保無事得乎？今邊民之困極如此，野人
之竊發如彼，豈可不爲之圖，而滋無窮之禍也。臣等觀李克均

等所啟，謹其體探，知賊多寡，乘彼無備，夜戰殄滅之策，可以舉行。然不先約束而遽擊之，彼有責言，我則無辭，曲反在我。臣等願預與彼人爲約，不得來屯近地，使之知禁。若或違約來覘虛實，令各鎮諸將，或乘夜掩擊，或潛涉邀截，期令彼人不敢近，以絕侵盜之患。但不可不度衆寡，不料形勢，僥倖妄動，陷於不測而已。議者皆以謂，我雖禁約，彼不肯從，徒損國威耳。若違禁者一被殄滅，則彼固畏懼而自戢矣，何損威之有？邊民屢被殺虜，不以爲辱，顧以彼不從約爲損威，無乃事理顛倒歟！至於立標觀兵之事，議者以爲難，雖不行焉可也。”命議于政府及知邊事宰相等。　　己亥，尹弼商議：“古人云：‘耕當問奴，織當問婢。’兵家有云：‘兵難遙度。’今觀李克均、卞宗仁所啟，庶合事勢，今姑一從何如？”慎承善、盧思慎、魚世謙、韓致亨、辛鑄、呂自新議：“依兵曹所啟施行。但夜戰殄滅之策，難以舉行。以大國征小醜，何必犯夜潛師往征也。若有違犯約束，當聲言名正其罪爲便。”李克墩、尹孝孫議：“彼我區域已分，自獵於自土，有何罪也，而我得以禁之也？禁之而不從，則是損威也。近日彼人鼠竊，皆因邊將不謹所致。彼人雖不畋獵，若見其慢藏，則安保其不犯乎？大抵王者待夷，小則不較，大則問罪而已。因小憤僥倖於萬一，非良策也。臣等之意以謂禁令及潛師邀擊等事，皆祖宗朝未聞之事，勿舉行何如？”田霖議：“兵曹所啟禦敵安民之術，籌無遺策。彼歧州之賊，山間小虜，負其山谿之險，狙伏草莽之間，狗偷不止，其罪貫盈，不可赦也。大舉而永絕西北之憂，此其時也。臣意以謂當東作之時，觀兵於邊境，佯示入伐之意，則彼賊惶恐，離巢而客食，廢耕而遠逃，暴露日久，衆叛親離，可翹足而待也。及西成之時，陳兵關外，因田取粮，遣一使介諭之三衛曰：‘大兵之來，所以誅有罪也。汝曹明白自別，毋

取並滅。若自捕斬以贖前罪者，即以功之大小，賞賜有差，仍
以所獲財物與之。'云爾，則彼離禽獸，所以避害趨利，畏死亡
而愛妻子，與人同也，孰不效力，自取殲滅乎？如是則賊既畏
威德，又愛禾穀，不待兵刃，稽首而歸降矣，議者謂來則懲而
禦之，去則備而守之，此聖上待夷狄之道也。今若舉兵入塞，
則無乃復蹈前轍，以開邊釁乎？臣謂舜之於三苗，徂征而後修
文德；高宗於鬼方，至于三年乃克之；漢文帝約和親於匈奴，
而終見數叛；唐太宗稱臣突厥，而卒被侵略。蓋夷虜之情，反
覆多詐，豈可專倚於修文而不耀兵威，終爲賊所誤也。臣觀自
開闢以來，中國之於夷狄，不用武，專用恩信以爲久者，未之
有也。"從弼商議。　　永安道觀察使馳啟："彼人李金班老等二
十一名，今八月二十二日到鍾城府，自稱唐人，曰俱不知被虜
年月、所居衛名、父兄姓名，且不解漢語矣。即日，兀良哈個
吾乃等來云：'李金班老等，竊吾鞍馬弓箭逃來，尋蹤到此，
請見刷還。'將何以處之？"命議之。尹弼商、盧思慎、韓致亨、
慎承善、李克墩、成俊、李季仝、辛鑄、許琮、田霖議："李
金班老等既不解漢語，又不知所居衛名、父母同生姓名，則不
可以唐人之論。且本主個吾乃即時追逐，理當還給。況曾降諭
書內，旬月內來尋者還給。今李金班老等還給本主，無使結怨
何如？"魚世謙、尹孝孫議："今逃來唐人等言語可疑，然自少
久在他境，不得不隨而變也。前日解送人內，不解漢語者亦多
有之。若原係漢人，則亦解送遼東。自祖宗朝，逃來漢人，未
有還給野人者。且呂自新、鄭亨等改名劉處江，超拜嘉善，前
事昭然可考。我朝至誠事大，暫無欺蔽之事。今來二十餘人，
苦於野人使喚，雖還之，必復有逃離者，得還中朝，歷陳還給
首尾，則我國欺蔽之失必見，非細故也。當初野人跟到推尋
時，邊將知而不知，任其率去則已矣。初既諱之，今已涉月而

還給，是亦示我之曲。且野人之俗，不相爲奴，必虜漢人，互相買賣使喚，則此爲漢人明矣，安可以言語不通，指爲野人之奴。萬一還給，其爲首者必遭戕害，此仁人之所隱，尤不可忍。野人若來更索，當直語曰：'我國臣事中朝，凡涉唐人者必皆解送，何獨於汝而還給乎？汝前役事數十年，已爲足矣，更敢求乎？'如此直告，而馬匹還給送之。其唐人等，交解遼東何如？"呂自新議："唐人逃來，其主旬月內推尋即給則已矣，至於取供知其爲唐人，其主之來亦已諱之而還給，則復有唐人逃還中國者，必洩還給之由，使我得罪於上國必矣，不宜還給。"從自新議。　庚子，兵曹判書成俊、參判許琛啟："議唐人逃來者還給與否事，從自新議，臣等以謂未便。唐人逃後，旬月內來尋者還給事，先王朝諭書存焉。今觀李金班老等招辭，必非唐人也。彼野人之來居近地者，專信國家厚恩也。今若不還，則野人怨叛，而曰朝鮮諱吾奴二十餘口不刷還云，則諸野人皆將不信我國而叛之矣。國家於平安事變，今方措置防禦矣，若又有永安事變，則將何以禦之乎？且平安道監司李克均等書狀事，從弼商議，臣等亦以謂未便。若姑從克均等所啟，則體探人賞而加資事，何一一爲之乎？不謹探候，邊將之過也。若以無事體探而論賞，則彼逢點在家，與佯爲越江而夜即還來者，眞僞難辨，亦論以無事體探而並賞之乎？且曰知賊多寡犯邊邀擊，則是即許混之事也。臣等以謂先與約束而違犯者，擊之爲便。"傳曰："唐人事及平安道方略事，皆依思愼等議。"

十月甲戌朔

　丁酉，朝鮮實錄書：三衛敬差官童清禮來復命，命寫地圖及相會節次以啟。　義州牧使黃衡上疏，略曰："野人心懷竊發，每歲自春及秋，托以騁獵，長在江邊，覘覦虛實，投虛作

耗，雖使亞父李牧守之，難以制之矣。臣愚以謂虜若近境，則
許令沿邊鎮將相爲掎角，一絕其後，一衝其前，庶可盡擒矣。
如此則彼不敢出塞，伺間作賊，無鼠竊之患。中國設鎮，自遼
東至鳳凰城，凡五鎮也，而又定基湯站，距義州不過五十里
矣。既設湯站，又設婆娑堡，而並據黔同威化島鳥沒坪良田，
則雖欲禁之，其可得乎？此非國之利也。且觀義州之城，狹隘
低卑，疊以雜石，其於捍衛，有所不固，於中國人瞻視亦埋
沒。臣意以謂曩日所拾之石，所燔之甓，先築體城，遵韓致亨
退築之基，而又築長城，從體城至于南山射塲，接連古域，自
麟山下烟臺以至以前門嶺，凡四十餘里，漸次修築，則事半而
功倍之。且祖宗朝，金堅壽、河叔溥稱下道節度使，而中廢。
臣妄謂今復立此，而擇望高習事者授之，並置虞候，專事武
備，亦置文臣判官，以主牧民，移漢城、京畿、忠清、全羅、
慶尚諸道杖罪者，抄民戶富實有丁者，並令入居，許令耕黔同
威化島鳥沒坪良田，以裕民食，以補軍需，而常居不下二千
人。又分本道軍士，依永安南、北道之例，一將則營於寧邊以
制野人，一將則守于義州以備不虞。變生於南，則北道之將馳
而救之；有事於北，則南道之將奔以援之。兩將相爲表裏，則
奇正之術相生，攻守之勢已成，守必固而戰必勝矣。臣長慮迨
天未雨之志，濫陳曲突徙薪之策，伏惟垂覽焉。"命示政丞及曾
經政丞。　　平安道觀察使李克均馳啟："臣在滿浦，見童阿亡
介，力請徙居越邊江干，永爲國家藩籬。將此轉啟朝廷。議者
咸以謂平安一道，非永安所比，人物鮮少，若從其請，使居近
地，彼必熟知我虛實，終擾我邊鄙，此論甚當。然臣獨以謂阿
亡介者，其母乃本朝人物議親之種，其弟清禮、清智等，亦從
仕朝廷，萬無可絕之理。平安邊鎮，雖曰寡弱，如滿浦、碧
潼、理山，大鎮也，非如永安道高嶺、柔遠、美錢、訓戎、阿

山、阿吾地、武夷等之寡弱也，而彼人猶密近城外，至今無患。以彼計此，何異之有！況滿浦等鎮，帶以大江，城子牢固，軍民非寡，縱彼見之，必不能侮。若使彼三千按：一作三十餘戶，徙居越邊，禦之以方，撫之以恩，則將唧恩報德之不暇，豈肯與三衛賊人同心招禍，剝喪其身哉？其若鼠竊狗偷者，則彼必自然禁戢，提兵伺邊者，則必馳報鎮將，使我自備無患。非漢、魏、晉、唐渾處內地，終爲禍患者比。以爲非我族類，其心必異，有桃虫之虞，萌猾夏之階，此特迂闊之議，非籌邊良策也。臣久諳虜情，反覆籌之，敢以瞽言，仰瀆天聰。"命議于政府曾經政丞、知邊事宰相等。

十一月甲辰朔

是日，朝鮮實錄書：三衛敬差官童清禮等詣承政院啟："臣等賫奉往諭三衛教旨，到滿浦，率彼人越江，距江邊二息程三歧峴抵宿。十月初一日，越亏知岾，抵宿朴古伊地，距三歧峴一息有半。初二日，加乙豆曰'由白磻巖前，路則甚捷'云，故由此路抵蒲州江邊。越居彼人李巨右惡臣等經由捷路，不許臣等渡江，且毆加乙豆，言於臣曰：'達罕茲因迎命，來待白磻巖北長坪，當由彼路而往。'甫堂介語臣曰：'今日且暮，若向長平路，則迤邐幾二息，彼即丁亥年入征之路，可於此露宿，以觀達罕之意。達罕若不惡由此路，則必送人問安矣。'俄而達罕送人言曰：'吾於長坪迎命來待已四日矣，今使臣經由捷路甚險，何樣跋陟？'初三日曉頭，又送人言曰：'使臣所止之地，則險窄矣。越蒲州江三四里許，有平衍通望處，欲於此迎命。'臣許之。詰朝越江行三四里，至李加乙豆家，於前庭設高足床，焚香奉安教旨，達罕北面立，耆老及族類等，重五六行序立，臣立東西向。達罕以下三拜皆跪，左衛甫堂介、右衛馬阿堂介等，領麾下人迎命。臣開教旨，在庭三衛野人無解讀

者，故臣親自讀頒，猶未解聽，故使崇禮以女眞語解說。臣觀
彼人辭色間，或有推衍而話之。前此甫堂介私語曰：'渭原作
賊，乃金山赤下所爲，而於教書不載。頒教時若並語之，則彼
不得遁情，而必刷還虜口矣。'臣如其言，語之曰：'非徒寇我
理山、三水、甲山，頃者渭原之賊，乃金山赤下所爲，我國非
不知而不問，特以鼠竊狗偷而置之耳。爾以酋長，何不禁戢？'
彼人等皆曰：'教書之意是。'皆叩頭曰：'作賊人雖在他處，必
以謂三衛所爲，吾等每欲發明；而今使臣適來，如此敎之，誠
如吾等之意。'即分賓主而坐，臣等在東，達罕在西，宰牛烹
猪，設宴以餉。觀光男女老幼，或登墻屋，或緣木梢，闐咽環
視，無慮二百餘人。達罕言曰：'自我祖上歸順于大國，敎書
亦云，自祖宗世被恩澤，此言當矣。往在世宗朝，三衛等處天
火焦地，穀食盡枯，我類幾死。大國聞之，以滿浦鎭軍糧人給
米二升、鹽一升救荒。三衛之人，扶老携幼，受食者絡繹不
絕，賴以生活。大國恩惠，何可勝言。又往年火剌溫兀狄介李
毛獨好寇邊，搶虜女人六十四口而還，吾祖李滿柱要奪三十四
口，造于大國，大國嘉其功，特遣使臣賜宴需勞之。未幾大國
舉兵，來圍祖父之家，祖父自料身無所犯，不避，身被九創，
然後登山僅避，祖母則死於鋒刃。祖父由是含怒，痛入於骨。
既而翻然改曰：'必朝鮮討罪火剌溫，而誤及於吾。'即解怨自
艾。此無他，曾被國恩深也。其後朝鮮又不意興兵，斬吾祖父
若弟，掠吾妻子家人并五十餘人而去，吾由是怨不自勝，再寇
大國邊地，爲祖父報讎也。厥後更思，以謂盜賊非所忍爲，絕
不更寇。由是大國許令朝貢，蒙厚恩如舊。在今中間野人數寇
邊境，吾等欲禁戢而但無法，令部下人有罪欲殺之，則其人必
欲害我。生殺之刑，吾不得用之，故不能制矣。然當三衛酋長
同心禁戢，使之永絕。繼自今部下有作賊人，則吾當使裨將里

將尋探之，使金亏唐介、李加乙豆等馳報，可即遣兵討之。兵
雖不多，吾當助兵。所謂金山赤下，在歧州衛，吾當陪使臣而
往，親問山赤下，則前日作賊非吾所爲，可洞知矣。'臣答曰：
'野人部落雖多，朝廷亦豈謂盡是盜賊乎，其中必有不爲盜賊
者，雖欲暴露其情，無路得達，故遣臣審其情僞。今爾等之言
如此，正合朝廷遣臣之意。爾等常慮我朝加兵，凡所儲財穀，
埋於山谷，不能儲之於家。爾等能歸順，更無竊發之心，則可
得安居樂業矣，將誰畏哉！'達罕等皆叩頭曰：'吾等之意誠如
是也。我等今欲歸順朝廷，以修貢獻，須將此意轉啓。'自是凡
歷行部落，必令野人二名牽馬而迎；每到宿所，必擇淨處鋪段
褥館待。初四日，右衛酋長童甫花土，送人言曰：'吾自少時
累次朝貢，年今七十三，願及未死時親見龍顏。'臣答曰：'當
轉啓。'且以臣賚去人情雜物，賜達罕父子及其麾下中可給人，
皆致謝。又分送左、右衛酋長。初五日，達罕與臣，偕往金山
赤下所居里酋長王夫里介家。達罕語夫里介曰：'使臣以三衛
開諭，及前日渭原被虜人物刷還等事委來，故今陪使臣到汝
家。汝當明白拉渭原作賊人金山赤下來。'夫里介即跪答曰：
'當如命。'翌日，山赤下則逃匿不現，其父率野人六名而來，
此即與山赤下同犯渭原者也。達罕語右人等曰：'汝等於朝鮮
有何世讎而作賊也，爾其歷陳於使臣前。'賊人等良久不答。已
而山赤下父曰：'大金時，火剌溫兀狄哈嘗作賊於大國，大國
誤以謂吾祖上所爲而致殺，此一讎也。庚辰年，節度使楊汀召
致我七寸叔浪甫乙看而殺之，此二讎也。以此山赤下嘗含憤，
偶因出獵作賊耳。'臣語曰：'大金之後，累經年代，其時之事
已邈矣，其勿更言。汝雖曰楊汀殺我七寸叔浪甫乙看，然甫乙
看親子亦於其時來降，至今朝貢不絕，其姪將家老亦入朝，官
至二品。且達罕祖父母俱爲我軍所殺，而衹順朝廷之命，尚且

如此，汝敢以七寸疏族久遠之事托言耶？'於是達罕在傍聞之，
即跪而言曰：'使臣之言甚當。以讎怨言之，則余當先報仇矣，
然余則已解宿怨矣。今亦與三衛同議，將欲一禁作賊。汝言大
不可，爾當速還虜口。'山赤下父曰：'虜來時，或溺死，或自
縊而死，其不死者轉賣深處兀狄介，勢不可刷還。'達罕怒罵
曰：'今三衛順命爲一心，汝特爲獨夫。汝雖死，吾百姓亦居
吾地，汝若不刷還，當與三衛同議捉汝，付使臣而送。'山赤下
父跪曰：'二日程許兀狄介處亦有賣者，當使山赤下同犯人奔
往刷還，請與王夫里介之子同往率來。'達罕許之。山赤下父使
同犯一人，及王夫里介之子，乘夜發送。翼日仍留夫里介家。
臣恐雪深塞路，則還來爲難，且夫里介之子等亦難趁期回來，
故臣初八日回程，與達罕辭。達罕臨別，書三衛裨將、里將等
姓名寄臣曰：'將此轉啟，使該官置簿。若右人等統屬部下人
犯邊，大國當以是照名問罪，吾與里將、裨將同力捕告。然則
其問罪往來之時，可知我土山川道路迂直矣。'達罕所居里，距
此地在北二息許；左衛距此在西二息許；右衛距此在八九日
程。達罕令甫堂介等率軍護送至滿浦，阿亡介亦來護送。是日
還由前路，至金迂堂介家止宿。初九日，至迂知洞口止宿。初
十日，逾亐知嶺嶺下止宿。十一日，到滿浦矣。回程時，到童
可多下里，問經往高山里之路。可多下答曰：'由此而往則可
三日直到高山里，距高山里鎮三息許，即我設險處。若過此，
則至我所居之地一日餘程，皆坦路。若後日使命復來，則當以
此路奉迎。'云將指路。同里人等云：'不可以親之故，遽使之
知吾道路也。'止之不得，由此路而還。童甫堂介、右乙莊等語
臣曰：'被虜人隨後刷還。'云云。臣兄童阿亡介語臣云：'吾父
童所老加茂，於世宗朝受會寧兼牧官印，領百姓，凡防禦之
事，盡心爲之，故其時絕無邊患。父死後，吾持此印，移居于

夫乙乎里地面。其後大國召我還居會寧，適其時違期，未遂來
居。吾系本大國人，請奉父所受之印，並率麾下百姓，來居于
滿浦越邊皇城坪，作爲藩籬。雖吾死後，吾子孫當世世繼業。'
云云。各衛酋長、裨將、里將之名曰：建州酋長李達罕，裨將
李巨右，里將指揮王三下，指揮趙加乙豆；左衛酋長童都論，
裨將僉知童夫堂介、童老同、童處永巨，里將蔣馬可里、童車
音波、趙馬吾阿、高甫乙赤，羅吾川接里將馬可古多，亏羅城
里將浪還四；右衛酋長童甫花土，裨將都督童羅吾章、童舍吾
兒，里將童其音波。歧州衛酋長王夫里介，裨將王舍老。"傳
曰："示前議宰相。"

　　　建州三衛是時對朝鮮表示恭順若此，而由達罕總持其
事，猶見建州衛之爲宗主也。達罕明言其祖父祖母被戮於
朝鮮而不敢讎怨，且言其祖李滿住恭順萬狀而仍不免於被
戮，動人哀憐，彌見達罕之狡猾。甫花土即右衛凡察子不
花禿，自云已七十三歲，則生於永樂二十二年甲辰，其時
肇祖凡察兄弟皆健在，情事宛然。歧州衛爲浪甫乙看之族，
即毛憐衛夷郎卜兒罕，然則由毛憐衛支屬移入建州，其稱
歧州衛，則非明廷所知也。據達罕所開，有裨將、里將之
分，知各衛酋長皆有此等級。左衛酋長都倫，即前此屢見
之土老，清之所謂妥羅，明之所謂脫羅。又達罕所開各衛，
有歧州衛、無毛憐衛，則對歧州衛爲三衛負責，毛憐衛即
不負責。亦無溫下衛，溫下衛當是喜樂溫河衛，然究非建
州，或地近建州而恒報建州聲息以自效耳。

　　　乙巳，朝鮮實錄書：議童阿亡介來居當否。尹弼商、盧思
愼、柳輊議："李克均久諳虜情，兩邊形勢備嘗知之，其所啟

似當。然在世祖朝，李豆里欲居皇城坪，累請不已，世祖嚴絕
之。在成宗朝，李若沙來居滿浦越邊，撤其家而逐之。祖宗聖
筭，昭若日星。今有何利害，而開門引賊，違祖宗之意，養腹
心之疾乎？阿亡介若許來居，雖效力無疑，誠如克均之計。阿
亡身死之後，其子孫寔繁，相踵而來，勢必瀾漫，一朝變生，
雖悔可追？古人云：‘作事謀始。’始之不謹，其流之弊有不可
勝言者矣。況今三浦之事，亦可驗矣。大抵夷狄非我族類，其
心必異，不可使蔓於近境，蔓則難圖。”魚世謙議：“世祖朝，
李滿柱子古羅哈豆伊等請來居皇城坪，世祖許之。彼人等自
疑，終不來居，非我朝拒絕也。其後成宗朝，亦有來居作業
者，朝議以爲不便，使還本土。其時朝廷之議，臣未及知，然
必是恐終爲邊患也。今阿亡介來居後，終爲邊患與否，臣未敢
逆料；然察其情勢，與他野人稍異。其母元是本朝人物，其弟
清禮等，亦皆侍朝，若撫之得宜，順服其心，安知不爲邊圍之
純氓乎？但不知隨而徙居者幾戶，其心果與阿亡介相孚乎，此
亦不可逆料，令克均更察其情實，并其隨來人戶形勢以啟，何
如？”韓致亨議：“阿亡介來居近境，其部落必多，世世誠心歸
順則可矣。野人人面獸心，不足盡信，強則狗盜，弱則來服，
其天性也。萬一安業居之，滋息過倍，此國家腹心之疾。”成俊
議：“永安道五鎮城底，皆許野人居之，以爲藩籬。平安道江
邊，則臣未嘗目覩，然以克均書狀觀之，則江邊諸鎮，不甚寡
弱，且克均久在邊境，備諳彼我形勢，豈不熟計而啟之。依所
啟許令徙居何如？”李季仝、呂自新議：“童阿亡介等三十餘戶，
請居江邊，永爲藩屏，正猶呼韓邪單于請保漢塞，其誠意甚
善。今國家聽其所請，撫之以恩，馭之以道，鼠竊狗盜，彼必
力止；大舉入寇者，彼必先報，而邊將預爲隄備，則可以舒西
顧之憂矣。且滿浦、碧潼等鎮，比之高嶺、柔遠，城池兵力則

等夷，但海道遙遠，魚鹽之利不侔。萬一阿亡介等保塞以來，
幸無寇盜，必以爲有功於我，貪求無厭，則溪壑之欲，將何以
塡塞？阿亡介，我國之出，其向慕之誠，固當如是。世代悠
遠，則其子孫豈能盡如阿亡介乎？高麗之季，遼築長橋於鴨
水，設抱州城於我疆，柳韶築長城以禦之，當其時塗炭麗民可
勝紀極！抱州即今之義州城，長城即今之威遠古城。夷狄隣
邊，其害固然。臣等意勿聽便，宜語之曰：‘西邊近於上國，
未可擅徙汝輩於近境。’何如？”尹孝孫議：“夷狄欲移居近地，
永爲藩籬，誠爲美事。然非我族類，其心必異，雜處內地，終
爲邊患者，古多有之。今阿亡介，母系本朝人物，其弟清禮、
清智亦侍朝，世蒙國家厚恩，且堂堂聖朝，萬無疑慮。但今其
類至於三十餘戶之多，而若欲來朝，則不得不由平安道，其可
乎哉？薺浦倭戶之數，不如初約，蕃盛難制，亦可鑑矣。且平
安、永安兩道，皆是受敵之衝，而平安道亦非永安道一路之
比，賊路四通，處處受敵，可保萬世無虞乎？今許令居近地，
而且蕃且盛，熟知我道路迂直，窺覘我防禦虛實，而邊將撫禦
失宜，一或搆釁，遠近成勢，長驅叩關，將何以應之？臣恐養
虎遺患，噬臍無及。”從李季仝等議。　丙午，承旨愼守勤啟：
“兀狄哈伊伊厚、巢巢古及也堂只子等，來穩城等處加訖羅地
面，曰：‘我別種，非尼个車族類，請歸順來居。’朝廷不許，
遣李岾同節度使開諭彼人等，遂移居于鍾城越邊南京，曰待秋
收穫後還歸。兵曹以謂右人既背本土，若强還則必歸蒲州，然
則更生一賊，非計之得，請許仍居。其後兀狄哈阿堂介等，又
自尼个車來鍾城地面，曰：‘我本兀良哈之種，被虜尼个車，
而今未忘本土族類，欲來居耳。’兵曹又以謂阿堂介等雖云兀良
哈之種，眞僞難知。兀狄哈相續來投，則豈能盡許居近地乎？
遂啟請令節度使嚴敕督還。臣意以謂伊伊厚、阿堂介，同一兀

狄哈，而其種類誰能辨別乎？若許居伊伊厚而迫逐阿堂介等，則亦安知阿堂介不爲一敵乎？國家南方倭戶日至，滋蔓已爲腹心之憂。伊伊厚今雖歸順，其類漸盛，則恐必爲腹心之憂也。"傳曰："其議于宰相。"魚世謙、韓致亨、李季仝、呂自新議："伊伊厚等來住加訖羅之日，未即遠逐，移居南京地面之時，許令秋收後還本，而朝廷又不遂逐之，反令居住。今更逐之，是朝廷之命反覆無常，恐非鎮服遠人之道也。且尼个車聲言欲報阿令介，而令虜掠於鍾城越邊兀狄哈部落，實不入阿令介所居之地，與伊伊厚等來居之地，相距遠近，及伊伊厚等與本種兀狄哈通謀內應與否，未可逆料。將此數端，下諭本道節度使，詢問城底野人備諳虜情者，得實啟聞後更議何如？"李克墩、李世佐、成俔、趙益貞、洪應議："伊伊厚等還本之議，果如承政院所啟，臣等初議亦如是。當據此事變語之曰：'因爾等來此，兀狄哈等再犯我藩籬，其速還本，以絕釁端。'令節度使督還何如？"盧公弼、許琛、李叔瑊議："今觀承政院所啟，伊伊厚與兀狄哈相通，嚮導作賊，是固可疑。宜乘此機，驅逐伊伊厚等，毋近邊塞，以絕彼虜窺覘之患，實是備邊良策。但伊伊厚等初欲居加訖羅地面，朝廷許之，其後以謂不可，迫逐之徙於南京。廷議南京距我境差遠，業已許居。又作迫逐，非徒待夷之道不弘，彼虜亦有被逐之怨。今兀狄哈等作賊於兀良哈，未知爲伊伊厚等而來耶？抑因舊嫌而來耶？難以遙度。令觀察使同節度使，伊伊厚等與兀狄哈等人來之路，距伊伊厚居處遠近，伊伊厚許居南京利害，探問城底諸酋，審知情實，啟聞後更議。"尹孝孫、曹淑沂、李復善議："初，伊伊厚等語邊將曰：'我等歸順逃來，今若驅還本土，則以必殺我'爲辭。今兀狄哈等再虜我藩底野人，而不聞伊伊厚等被虜，安知其不爲應援？令節度使將此意開說，督令還本，無使滋蔓。"從世謙等

議。　魚世謙、盧公弼、許琛、李淑瑊議：“童清禮之行，達
罕與三衛遠出迎命，盡禮效誠，此所當撫納之機會，當推望外
之恩，以副其心。其賜給物件及傳諭節次，令該曹磨鍊啟稟施
行。地圖則加成數件，分藏禮曹、兵曹、承政院，以憑後考何
如？”韓致亨、李克墩、李世佐、呂自新、尹孝孫、成倪、趙益
貞、洪興議：“果如童清禮所啟，則達罕等率三衛迎送，曲盡
其禮，效順誠意，似若可嘉，當施恩命。然彼輩必因此連續出
來，當語之曰：‘三衛酋長誠心效順，今朝廷已知近日犯邊非
爾酋長所爲，爾酋長更加效力，盡令刷還被虜人口，則朝廷必
大加賞賚，撫恤之恩必倍於前。’如是開說，暫酬所求，以待刷
還，然後褒獎何如？”李季仝議：“今觀清禮所啟之辭，又按往
來地圖，達罕出迎于數日之程，敬奉使命，請清禮于歧州衛賊
酋之里，敕賊類督還虜口，以示使者，其意非但指示賊穴，實
欲自明其不犯我境也。其不即刷還虜口，非達罕誠禮不厚，乃
其威令不能制下耳。今若達罕之使出來于滿浦，稍示恩典于達
罕，以叙其慰使者之意，且詰其久不刷還之故，而語之曰：
‘清禮之還，朝廷已悉達罕向慕之誠，與賊帥不即刷還虜口之
狀矣。今可令達罕更督賊酋，速還虜口。若復堅吝，朝廷自有
處置，但恐大兵一舉，玉石俱焚耳。’當以此意累次詰問，以觀
其勢，然後更議攻守之策何如？”曹淑沂、李復善議：“觀童清
禮所啟，山川險夷，道路迂直，與開諭野人之語，至爲詳悉。
然清禮奉諭三衛之命，托以雪深塞路，不直到達罕所居之處，
止王夫里介之家，輕率而還，有乖委遣之意。且達罕臨別之時
云：‘統屬部下人犯邊大國，則將同力捕告’之言。虜情常事，
豈足盡信？”從季仝議。　丁未，持平裴叔突論啟愼自建事。不
聽。又啟命加童清禮資。“清禮之言，何可盡信？姑待刷還虜
口，然後詳知其功而加資，未爲晚也。”傳曰：“清禮若如許渾

要功生事，則改正科罪，有何難乎？"不允。以下屢論童清禮加資事，俱不聽，不復備錄。　　己酉，諭永安北道節度使李調陽曰："備邊之策，貴乎長慮，若偷安姑息，失其措置，則非兵家長策也。前者兀狄哈伊伊厚等請歸順，故使居南京，而國家常有滋蔓難圖之慮。繼聞尼个車聲言：'阿令介招我麾下，投居柔遠。'欲報仇又欲犯邊，而今者只攻幹朶里而已，伊伊厚、阿令介則略不加兵，安知以報仇阿令介爲辭，漸削我藩籬耶？北征之後，兀狄哈不敢近邊。自伊伊厚徙邊以來，乃有是變，虜之情僞，未可知也。兀狄哈侵掠幹朶里所居之處，與伊伊厚來居地面相距幾何？而伊伊厚獨不被其侵掠耶？伊伊厚之來居南京，於我國抑有利害耶？若不早圖，而至於滋蔓，則恐有噬臍之悔也，卿在邊圉，必籌之熟矣。當察其事情，審其形勢，兼詢城底野人之能識彼情者以啟。"

庚申，海西兀者、幹蘭河等衛女直都指揮察安察忽失禿等來貢。賜宴，并綵段、衣服等物有差。實錄。

十二月甲戌朔

庚辰，朝鮮實錄書：平安道觀察使李克均啟："童清禮之行，只建州衛酋長出迎，左、右衛酋長則否者。建州衛初面，故先出奉迎，左、右衛則各其地界，遣麾下來迎，而適其時雪深，且彼方與火剌溫搆釁，故清禮亦不得進前而還。今若只賜物于建州衛酋長，不及左、右衛，則恐生嫌隙也。且清禮急迫往還，故彼地道路迂直及居處，不得備細看審。請待雪消草生，更遣三衛，均一賜物爲當。且其麾下人分其功勞，賜物有差，又選智略驍勇軍士，名爲伴奴，隨清禮以往，詳審彼地道路要害及居處。"兵曹啟："己亥年征建州之後，彼人等謀欲報復，頻數作耗，邊民不得寧居。至癸卯年，始革面歸附。成宗許開西路，令酋長子弟朝貢，待以恩信，彼亦感化，邊患稍

息。庚戌年，滿浦鎮將許渾，希望邊功，潛殺田獵野人，以開
釁端，自後侵盜無忌，肆行不止。以本道軍人未克戍禦，至發
黃海兵連年合戍，兵疲馬斃，勞費萬端，誠非細故。國家為遣
童清禮開諭利害，建州衛酋長達罕則親自出迎，備陳誠欵；
左、右衛酋長，亦各遣人迎候，似有效順之狀。乘此機會，撫
綏得宜，侵擾之患可息，合防之弊可去。克均所啟，理宜舉
行。今可賜物于達罕，待其回答，更審情偽，啟聞後更議施
行。"傳曰："其議之。"魚世謙、柳輊議："克均書啟辭緣，稍似
周密，然不可數遣童清禮往來屑屑，以損國威。姑依兵曹所啟
施行何如？"鄭文炯、韓致亨、李克墩、成俊、李世佐、申浚、
尹孝孫、趙益貞、安琛、金敬祖、李蓀、成世明議："依兵曹
所啟何如？"朴楗議："夷狄為患，自古有之。古昔帝王，或誘
以利，或威以兵，皆未免後世之譏。今建州野人，犯邊掠民，
正宜聲罪致討，而以天地大德，置而不論，遣官諭之。彼雖頑
囂，承命駿奔，此則我國恩威，素服其人心也。然此輩人面獸
心，未可以仁義威刑感服也。童清禮之歸，雖曰禮順，安知此
心一如前日乎？且待夷狄，示之以弱不可，加之以無名之師，
亦不可。彼若一心歸順，則必來報其情，當持重以待之，不可
先自數數遣使，以示其弱也。"曹叔沂議："請依監司所啟施
行。"從世謙等議。

　　甲申，海西野兒定河、毛憐、亦迷河、建州等衛女直都督
等官加忽赤厄提捏克賞哈等，各來朝貢方物。賜綵段、衣服有
差。實錄。

弘治十年，即朝鮮燕山君三年，丁巳(1497)

正月癸卯朔

　　壬子，朝鮮實錄書：初，尼个車兀狄哈虜美錢鎮城底斡朵
里而去，至是節度使李朝陽探問尼个車事，及伊伊厚等來居南

京利害以啟。曰："北征之後，兀狄哈雖若不近境，而其自相
報復，無歲無之。以此觀之，伊伊厚等來徙之前，不無鼠竊之
變。若伊伊厚與尼个車有通謀之跡，而城底野人知之，則豈無
一人來告者乎？以已往事勢推料，則尼个車與伊伊厚，似無相
應之跡。且伊伊厚來居南京，利害非臣所逆料也。然臣之愚
意，以爲五鎮城底野人，至爲繁盛，阿令介居接加訖羅，里中
幾百餘戶，又以驍勇兀狄哈作黨，漸至繁衍，則其將來之變，
未可知也。且城底野人與兀狄哈世相報仇，於我國有利，而若
自相和睦，不無相應嚮道之弊矣。伊伊厚須勒還本土，而以敬
差官李坫賫來事目，反覆開諭，則唯以誠心歸順雖死不還爲
辭。今國家業已許留，而又逆料未然之害，強驅逐之，則豈無
鼠竊狗偷之心？"啟下兵曹。兵曹啟："伊伊厚、尼个車互生釁
隙，無通謀應援之跡。然非類之人，來居近境，終必滋蔓；後
日之害，實爲可慮。但國家初許居加訖羅地面，旋即督還，退
居南京，今無故而又迫逐，不得安接，則非徒在彼有怨憤之
心，在我待夷之道，亦不弘矣。仍留居伊伊厚等，而若有他種
類援伊伊厚例願欲來居者，令邊將嚴禁不納。"　平安道觀察使
李克均馳啟云："滿浦僉使俞起昌牒報云：'因建州衛野人金亐
唐介出來，問達罕有無？答曰：'今月初一日，率同衛人一百
五十名往中原，月二十七日皆還矣。'臣意謂達罕處下送衣服、
賜物等，若給之，則達罕必感恩，左、右衛聞之則憤怨矣。"啟
下兵曹。兵曹回啟："童清禮入歸時，建州衛酋長達罕則親自
出迎，備陳誠欵，頗有效順之狀，故欲慰其意，賜給物件，已
曾下送。左、右衛酋長等，其時亦各遣人迎候，而獨達罕處賜
物，則左、右酋長等不無缺望，亦依達罕賜物下送，令滿浦鎮
將招致語之曰：'前者童清禮往還時，爾酋長等各遣麾下迎送
甚勤，特賜某某物件，令爾酋長知朝廷之意。'以此開諭入送，

以待回答，更審情僞以啟。"命議于曾經政丞及政府、六曹參判以上、知邊事宰相。　　丁巳，議達罕及左、右衛酋長賜物當否。尹弼商、魚世謙、鄭文炯、韓致亨、李克墩、成俊、柳輊、李世佐、柳洵、申浚、尹孝孫、李季男、洪興、許琛、自新議："請依兵曹所啟。"李季仝議："前者童清禮之行，建州衛酋長達罕親領軍馬，奉迎使命于境上，其誠欵可嘉，故朝廷屢施恩典，以答其向慕之心，兼赦不即刷還之罪，以辨其誠僞，然後乃定招討之策，斯乃西邊急務耳。清禮在彼之時，左、右衛酋長則皆伏窟穴，隱然有自重之勢，而忌使者深探道路，揚言火剌溫聲息，恐惑使者，使半途而還，不得直詣阿亡介之家。其譎詐已著，而慮其缺望生釁，反加賜物與達罕比，則彼以謂朝廷不辨誠僞，均賜物件。臣意先賜達罕，以悅其心，且使遠夷知附大國者，有微勞必得厚賞，然後徐觀左、右衛酋長之意，更議賞物何如？"朴楗議：'童清禮之行，達罕親自出迎，左、右衛酋長亦遣人迎候，其心可嘉。然遣清禮，爲刷還虜口也。至今無一口刷還，雖有效順之狀，無其實，而特賜物件，則祗益彼驕心，損我國威。"朴安性議："依兵曹所啟，但達罕親自出迎，左、右衛遣人迎候，賜物自有輕重。"從弼商等議。

議伊伊厚事。尹弼商、魚世謙、韓致亨、柳輊、李世佐、李洵、尹孝孫、鄭文炯、朴楗、呂自新、趙益貞、申浚、洪興、李季男、安琛議："伊伊厚與尼个車，旣無相通之跡，又已退居南京地面，是朝廷威命已行於彼。今又迫逐似已甚，今欲預防未兆之釁，促起怨恨之心，亦不便。依兵曹所啟，姑令仍居，徐觀其變，臨機處置何如？"李克墩議："異類雜處，古今所患。彼類之言，亦不可盡信。況伊伊厚本與尼个車同居，今雖構釁別居，終必和解，將來之患，不可勝言。頃者許居加訖羅地面，已是失計，今不可顯然許居南京，姑語之曰：'今則農務方作，不可督還，當待秋還本。'以是語之，羈縻不絕，更察其彼此虜情，處置何如？"成俊議："伊伊厚言不得居南京，將移蒲州。南京距鍾城隔遠，蒲州迫於平安道。臣意平安賊變，緊於永安，若移蒲州，則是益致平安之寇。臣在兵曹，已啟許留南京，今何更議。但勿許他種來居，兵曹所啟似當。"朴安性議：'南京與穩城、柔遠、美錢等鎮，相距不遠。彼居南京，歲月積久，與城底野人嫁娶，生齒漸繁，則國家雖欲驅逐，不可得也。居我近地，備諳邊圍虛實，或與亏知介等相應，則非細故也。薺浦數外之倭，亦未刷還。內地尙然，況於越江之地乎？臣意令邊將招城底酋長阿令介等，及伊伊厚同類人，開諭禍福，期於還本乃已。如其不聽，更議措置何如？"李季仝議："今觀李朝陽所啟之辭，近來兀狄哈與兀良哈等，遞相殺伐，非伊伊厚等謀引本種入爲侵害，自有他種兀狄哈，本與城底野人有讎怨者，往來報仇。所謂'夷狄相攻，中國之利'也，況伊伊厚等初來叩關，國家既許納欵，俾居近地，而今無故再三迫逐，使不得安業，則彼必怨怒爲邊患，不可不慮。依兵曹所啟，姑令仍居爲便。若復與本種解仇釋怨，往來互市，聯結城底野人，窺覘我虛實，則亦非細事。須令邊將伺察動靜，預爲之備何如？"從弼商等議。　甲子，議政府啟："滿浦乃野人往來之地，其來先問鎮將職秩，若位高則敬畏之，秩卑則輕忽之。今鄭灝才不卓異，秩且卑，請選武臣堂上有才者差遣。"從之。

　　是日，泰寧等三衛，及海西肥河、建州、毛憐等衛，女直都督等官加哈察、亦把哈，并頭目哥魯等，來貢。賜宴，并綵段、衣服等物有差。實錄。

二月癸酉朔

　　辛巳，朝鮮實錄書：禮曹啟："附廟後倭、野人侍立闕下，因入賀禮有例。今者路狹，只入賀，勿令侍立。"承旨姜龜孫啟："倭、野人來服，聖德所關，宜使觀光，侍立百官之末何如?"從之。

丙申，賜建者衛都督完者禿、肥河衛都督加哈察大帽金帶，從其請也。實錄。

三月癸卯朔

辛亥，朝鮮實錄書：唐人押解官田命淳啟："臣到遼東，謁見總兵官羅雄。雄云：'汝國江上有聲息乎?'臣對以無有。雄曰：'賊人當農月乘船渡江，欲搶虜汝國農民，宜令體探人沿江隱伏，伺見賊人過江，燒毀其船，與城內相應，出兵邀截，虜可擒而保無後患矣。'"左承旨慎守勤請下諭邊鎮。從之。

四月壬申朔

丁酉，朝鮮實錄書：兵曹啟："建州左、右衛野人書契內，年前童清禮之來，期以明春，更會於滿浦，故遣人候之而不來。請於四月間，會見清禮於滿浦。臣等意，西方自許渾殺畋獵野人後，累有邊警。平安道軍士不足於防戍，故至用黃海道軍士，冬則合防，夏則分防，人馬俱困，弊不可勝言。而向者三衛人等，皆遣人迎候童清禮，舘待甚厚。自後三衛人等絡繹不絕。且聞三衛酋長相語曰：'今已歸順朝鮮，慎勿作賊。'此雖不可盡信，然近聞邊警稍息，又安可皆以為詐乎！前日遣清禮時，廷議不一。或言大國遣使於小醜，虧損國威。臣等以謂歷代帝王，或遣金帛，或遣子女，皆為百姓計也。今遣清禮，有何害焉？請因其請而更遣，以通我國之意，以探彼人之情。請收群議。"傳曰："可。" 庚子，尹弼商議："野人禀性奸黠，才計有餘。今欲見清禮，再請不已，臣未知其有何術也？今若陷於術中，非徒無益，亦貽後世之議，但當權辭以却，斷勿從之。歷代帝王，致金繒之奉，位侯王之上，遣女以嫁，非可法

之事也。欲以姑息安民之計，臣竊不取，此所謂慕虛名而取實
禍也。"愼承善議："遣清禮於事體無妨。"魚世謙、鄭文炯、申
浚、尹孝孫、趙益貞、李陸、金悌臣、鄭錫堅議："觀其書契，
欲見清禮於滿浦而已。則今遣清禮於其地，恐非其意，況徒從
之煩，賜予禮物，徒有其弊，而使命無名。當依書契，許於滿
浦相見，以慰歸附之心。今不聽其請，則是絕物也。"韓致亨、
李克墩、柳輊、李世佐、柳洵、曹淑沂議："初遣清禮時旣賜
物，及還又遺之衣服，至於左衛、右衛亦賜物，猶不感懼，一
口尙不刷還。今又遣清禮，則非徒使命無名，亦有自輕之失。
臣等意謂，待刷還一二口，乃遣清禮，一以示嘉賞之意，一以
責未盡刷還之罪，則似合以大制小之義。彼之欲會於滿浦者，
乃其私約，且不過欲因清禮受國家恩賞而已。況當此農月，清
禮多率人馬，久留邊鎮，徒費粮餉。且待野人，有滿浦僉使，
有節度使、觀察使焉。今使清禮憧憧往來，則其待野人專在清
禮口舌，非但無益，必有後弊。"從弼商議。

五月壬寅朔

　　辛亥，朝鮮實錄書：傳于兵曹曰："前日有議，不可遣童
清禮于三衛者，待彼刷還虜口，然後遣之何如？"兵曹啓曰：
"今遣清禮，一以探道路紆直，一以知彼人情僞。近來野人不
服，頻來作賊，西方之民被耗久矣。今若因此歸順，無復有邊
警，則爲益多矣。"傳曰："知道。"　庚申，兵曹判書盧公弼等
啓："前日左衛酋長送書契請見童清禮。臣等以爲許令往見，
無損於國家，而萬一彼人因此歸順，則西方疲卒可得休息。且
擇秩卑解事武臣與之俱往，俾探虜之情僞，兼審山川險易，道
路迂直，則後日倘有問罪之舉，所向不迷矣。以朝議不可遂
止。今又三衛都督，皆致書契請見清禮，其情難知。然臣等以
爲清禮往來虜中，有更來之語，而竟不至，故彼疑我國之有

謀，汲汲求見，欲知其情歟？自庚戌年搆釁以來，尚恐我兵入攻，不遑寧處，今因此機，欲令清禮導達誠欵，以成和好之計歟？清禮之歸，當有賜物，故急於相見邀恩賞歟？要之不出此三者。自古帝王待夷之道，叛則討之，服則撫之，不過恩威二柄而已。今野人屢犯邊境，而不能舉師討罪；聲言歸順，而又不即施恩招納，而欲坐令胡虜懾服，以絕寇盜之心，斯亦難矣。三衛之請彌篤，今若不遣，則將何辭以對？古人云：‘百聞不如一見。’李克均久在西邊，備諳虜情，必知所處，請召之，與前議之臣遣歸便否所對之辭，更令商確以啟。”傳曰：“可。” 先是，尼个車兀狄哈阿乙所等十八人來居永安道鍾城越邊，下諭敕還本土。至是，節度使李朝陽啟：“當初出來時，多般嚴敕，略無還意。雖非誠心歸順，今若迫逐，生釁可慮。何以措置？”兵曹據此啟：“國家辛亥年入征尼个車之後，怨我必深，而阿乙所等三戶總十八人，去年十月，自尼个車出來，願居越邊加訖羅地面，本曹疑之，令邊將督還。今觀節度使所啟，其勢固非口舌所可制。初則督還而不肯聽從，遂許留居，則非徒虧損國威，繼此而來者亦無畏忌，非所以示威也。必欲遣還，則當拿致許接者，治其拒命之罪，或舉兵而入，壞撤廬舍迫逐之，然後乃可也。但彼人實爲尼个車之種，未可的知，且稱向國出來，又無搆釁於我，而疾之已甚，則人面獸心之輩，豈無懷怨肆毒之心，後日邊患，亦爲可慮。請收群議措置。”從之。 丙寅，尹弼商、魚世謙、鄭文炯、韓致亨、李克墩、李世佐、柳洵議：“虜中情態，果如兵曹所啟。但前日清禮之行，專爲責還人口，而一不刷還。前約七歲兒，又至今不送，頓無可賞之事。今徒以彼言，委遣清禮，非徒無名，大損國威。前日賜物，彼托以清禮不來即還本處之語，無禮莫甚。今若聽從其言，彼益輕我矣。臣等意，姑待彼效力，遣之猶未

晚也。且正當農時，霖雨又作，率人馬，費粮餉，空行空返，
有何利哉？"成俊議："被虜人口一不刷還，前約七歲兒童，待
暖出送，而至今不送，顧無可賞之事。而徒以彼請，再遣清
禮，實爲無名。但虜人情態無常，順逆難信。後如有問罪之
舉，則彼地道路山川，難於卒探，宜更遣清禮，擇武士之有知
識可爲後行先鋒者，帶率以往，使之預審道路迂直，山川險
易，何如？"李克均議："國家每當征討，未知道路，倉皇猝入，
顛倒而還，故虜不知懼，邊塵屢驚，是以冬則合防，夏則別
防，西民之生有不可忍言。幸今歸順，雖不可信，願國家不可
不示之以誠。其曰：'前日清禮之行，未知朝廷之意，不以直
路導之，今若再來，當迎于坦路，無隱窟穴'云云，則清禮再
行，正合事機。況清禮世酋之種，前日之行，敬畏至此。今又
質其子弟而入送，則保無變矣。使清禮賜物，仍語之曰：'前
日虜口，何至今不刷還，以負朝廷待汝之恩！'責之如是，以觀
其情亦可也。且清禮之行，備悉山川險阻，道路迂直，部落居
止，則彼之背我必不輕矣。"申浚、李陸、金悌臣、鄭錫堅、曹
淑沂、李克圭議："兵曹所啟，籌無遺策。然再遣清禮，事出
無名，且損國體。況虜情多詐，又安知不以清禮知道路迂直爲
疑，而以爲拘留之謀哉？意外之變，不可不慮也。賜物曾在滿
浦，彼以清禮之不來，不肯受去。依前議，姑遣清禮於滿浦，
頒給賜物，因與談話，探彼情狀，以諭國意，使彼感恩，而益
堅效順之心，何如？"從克均議。尹弼商、魚世謙、鄭文炯、韓
致亨、李克墩、成俊、李世佐、柳洵、申浚、李陸、金悌臣、
曹淑沂、鄭錫堅、李克圭議："初伊伊厚出來時，國家不欲來
居近地，責還本土，然後不得已移居南京。南京亦近地，而其
後同類連屬出來，猶不能截然禁之。臣等意，阿乙所亦其同
類，獨可以舉兵驅逐乎？令邊將姑語之曰：'汝等不從國命，

多引同類，濫居近地。後復如是，悔不可追。'以是權辭開諭以安之耳，第不可截然拒絕，使懷怨毒，亦不可顯然許居，使之滋蔓。今兵曹所啟，似合大體。"李克均議："前日伊伊厚等，慕義來居近地，願被聲教，而督令遠徙，既已不廣。今阿乙所等，以伊伊厚族類，來居加訖羅，乃伊伊厚等初接之地也。然伊伊厚既已移居，則阿乙所不可獨留此處，以此權辭開諭，使之自移，不須舉兵驅逐，以開釁端。雖終不移居，於帝王來撫之意，不甚乖也。"從克均議。尹弼商、魚世謙、鄭文炯、韓致亨議："林川新定城基，與本邑相距纔七里，區域無別，風氣不異，雖遷於此，民無疫疾，亦難保也。今姑仍舊，以待後日。大臣之去，令更審以啟。"從之。

七歲兒入質之說，上年十一月甲辰，童清禮自建州回時啟報未及，當是別啟，似亦本非的然要約也。

己巳，朝鮮實錄書：兵曹與李克均同議童清禮賫去事目以啟曰："清禮稱，宣慰官擇武臣李允儉、李之芳、金碩亨、李宗仁等四人，稱軍官，勿露形迹。帶傳語向化高崇禮及京通事一人，賜物押去者二人，吹角簫者各一。官給乘馱，且賜物于三衛酋，語之曰：'我於年前使來時，汝等各遣麾下，敬迎朝命，誠心效順，殿下嘉之，特賜物。但虜來人口，一不刷還。前約七歲童子，待暖刷還，而又負之。繼而仇郎浦洞內新造者皮船五隻，具楫埋置，爲我人所發，以此不信汝等歸順之言。今又三衛同辭，請見我甚懇，故在大國寬仁之度，不忍絕之，乃命遣我。朝廷待汝等如是，而汝等歸順無可驗之實，朝廷其信之乎？汝等今欲自明，則虜口不可不還，造船之人不可不捕告，禍福皆由爾等所作，大兵一臨，玉石俱焚，悔不可追。各

敕麾下永世安業，不亦樂乎！復命之日，將何辭以啟？其悉陳
之。'且語歧州衞酋長曰：“汝不多部落，附於建州衞，屢犯我
邊，以此朝廷欲舉問罪之師。第因三衞哀乞請和，朝廷寬仁，
咸赦汝等，豈不聞知？今若不悛，則汝所居部落，最近我境，
必不得寧，急還人口以贖前罪。'其語溫下衞酋長曰：'汝等久
居慶興城底，世蒙國恩，非他彼人之比。近者項時哈、分和等
作耗三水地面，擒虜人口，罪在不赦。故拘分和之父主成可于
慶源，將欲舉兵問罪。適分和等刷還虜口，願贖其罪，且主成
可效順於我亦久，以此放還，並赦本衞。汝等亦有耳目，豈不
聞見？今後各自戒飭，毋或犯邊。'若問李玉入送與否？答曰：
'汝衞無事可通行，故不使耳。'且語其兄阿亡介曰：'汝爲世酋
之種，汝母即我國之人，汝亦生長我土，而妄投遠地。汝子弟
仍居本朝，勤勞國事，汝雖遠居，情豈有異，特賜物以示恩
典。'若更請居越邊，答之曰：'汝所居密邇中朝之境，汝所出
入，必細知之，恐或奸細之人構于中朝，朝鮮誘置邊地云爾，
則我國無辭以對，以是爲難。'其未盡條件，令觀察使臨時措
置。”從之。　　李克均啟：“世宗、世祖朝，重待野人，故投化
侍朝者多。且永安道則沿邊城底，投居者頗多。而平安道則彼
此遙隔，亦無投化者。今侍朝者非身自向化，皆娶我國人所生
也。臣意今清禮之歸，若有投化來居者，擇其淳謹人率來，使
之侍朝何如？”傳曰：“祖宗朝雖或如是，然人面獸心，豈可盡
信？”命議于政丞及曾經政丞。

六月辛未朔

　　辛卯，朝鮮實錄書：禮曹諭三衞書曰：“惟爾三衞，自其
父祖世輸誠欵，國家特加撫綏，待以恩信。頃來奸細之徒，不
念莫大之恩，屢犯邊境，邊將請加兵討罪者非一再矣。然不辨
罪之所在，遽行征討，使玉石俱焚，非帝王仁義之師。故去年

冬，爲遣清禮，審爾情狀。爾等各遣麾下，來迎境上，敬奉朝
命。殿下嘉之，命賜衣襲。其各領受，仰體朝廷恩恤之意，禁
戢麾下，益著效順之誠。如或不悛，復蹈前非，問罪之師，不
得不擧，各警爾心，毋貽後悔。"

七月庚子朔

丙午，朝鮮實錄書：御經筵。執義姜景敍啟事畢，又啟：
"童清禮前年既往還，今何用更遣？自古交通夷狄，終必有
患。"王問左右，特進官李克均曰："前年清禮之往，野人數百
來云：'國家遣使，今復蘇矣。'清禮語之曰：'汝宜縛賊來。'彼
曰：'我等名雖酋長，實無統屬，何能縛致？但於使臣之往，
當指賊人家，遂出來迎命，果指賊人家。且云明年若更來，則
當導以坦道，然後可知我等情狀。'臣意以爲國家每當加討，未
諳道路，如盲蛇走蘆田，若備諳道路，則何有如此乎！且國家
於對馬島，多輸布穀以通好，西方野人則不然。今因彼人之請
遣使，則西方防戍之勞可省矣。且已諭遣清禮之意而還止，則
彼人之叛，將如前矣。"柳子光曰："贈與之物甚少，雖朋友間
相贈，豈宜如是！"克均曰："對馬島則至遣土人，今者朝議牴
牾，故不得從優耳。然丁亥年征討時，臣初聞賊巢甚近，及行
軍登山失路，臣獨與數騎下江邊得路，然後率軍出來。臣意欲
知彼部落道路遠近者，將爲後日用兵之計耳。且今因彼之請而
遣之，未爲辱也。"景敍曰："一視同仁，王者之政。欲知道路
而擊之，不仁也。自古帝王不事於外夷。且彼類甚多，豈可人
人而贈物乎？莫若來者厚待，去者不追，自固我邊鄙而已也。"
克均曰："景敍徒事文學，未諳邊鄙，故其言如此。自固邊鄙
而不事於外，乃經常之言，然爲國固當爲權宜之擧。臣曩在邊
圉，軍士一二人護守農民百餘，豈可以一二人能護百餘之衆
乎？我朝非中國例，軍士甚少，何以固邊鄙乎？若如景敍之

言，則舞干羽于兩階，修文德以來之，今可行之乎？"景叙曰：
"論啟累事，一不蒙允。臣等職在言責，心實痛悶。"王曰："所
啟數事，皆不可聽。遣清禮事，知邊事宰相豈不熟計而言之？"
子光曰："邊事宜從將臣之言。"景叙曰："自古介胄之士重征
伐，縉紳之士守和親，各執所見。今若欲遣清禮，須更收議施
行。且自建事尤宜快從，吏曹官吏亦不可不鞫。"末二語即景叙先
啟之事。　庚戌，御經筵。講至北匈奴求和親不許，侍講官金
銓曰："帝王之待夷狄，來者不拒，去者不追。今再遣童清禮
于三衛，兼賜物件，臣恐彼之貪求無厭，遂以爲例，末流之
弊，不可救矣。國家於南方島夷，糜費不貲，此已然之明驗。
清禮不必遣。"　特進官洪興曰："今遣清禮厚賜物件，彼虜人
面獸心，今當賜物之時，雖外爲順服之狀，萬一不愜，則必肆
凶毒。況國家經費，取之有度，用之有節，豈可妄費！且中朝
以我國爲禮義之邦者，以其有上下之分也。清禮本夷種也，今
爲上使，以衣冠子弟爲卒徒，多賞物件，若朝貢上國然，非徒
紊上下之分，其爲卑屈亦甚矣。國家於南倭，歲給米麴，其往
來皆有慰宴，以此州縣疲弊，此始不慮終之所致也。今三衛之
事，若不謹之於初，則厥終之弊，必如南倭，後悔無及。且令
清禮與平安道監司同議措置。清禮本輕薄奸詐，其心必欲厚待
本衛，其能盡心於國事乎？亦豈以本衛之事盡言於我哉？若曰
知道路迂直，則自平安道通於三衛之路非一，彼肯豈導以直路
耶？況前此往還者亦多，何待清禮之再往乎？"領事魚世謙曰：
"興之言當矣。國家非欲徒費賞賜，欲使邊圉得安，虜口得還
也。臣聞諸克均曰：'平安之民，困於侵掠，不能安業，言之
可爲於邑。'今虜人請見清禮，至於再三，幸而因此歸順，無復
寇盜，則西民得遂其生，防戍之卒亦不甚困，一道晏然矣，豈
可慮小弊而不遣乎？此言固亦有理。然前云七歲童子，待春乃

還，而至今不還，國家已受其欺。今不詰問其故，又從其請，再遣清禮，似乎輕率。況前此固無遣使於夷虜之體。初遣清禮，已爲不可，今又陞堂上而遣之，事體顚倒，莫甚於此。宜令邊將窮詰其不還之由，得其向背情僞，然後議于大臣而遣之可也。漢數見辱於匈奴，然猶遣使不已者，勢不得已也。今建州非此之比，待彼誠心歸順，然後遣之，使恩威並行，此眞待夷之道。今此去非徒損威，彼亦不以爲恩矣。"知事慮公弼曰："自許渾殺田獵野人之後，三衛之人，連兵入寇，冬則合戍，夏則分戍，非徒本道之民不能安業，黃海之軍往戍於彼者，亦不得休息，人馬俱困，此國家大患。自年前清禮之遣，始有歸順之狀，西虜絡繹來語曰：'我等自此不復背恩矣。'克均目覩其事，故請遣耳。自古帝王之待夷狄，恩威並用，非舉兵征之，則敦招撫之道，不可坐待來格，如唐虞舜干羽之爲也。況此舉因彼累請，固非歲俸金繒之例也。"世謙曰："世祖朝與三衛無釁，然多作兵船，以示將伐之意。野人怯其威，若風亂之日，則以爲朝鮮之兵將至矣，皆奔走登山，不得耕耘，窮困失巢。其後臣爲從事官，見李滿住之子言於臣曰：'一蛇螫人之足，則見他蛇必殺之。朝鮮若舉兵問罪，則必不饒我矣。不敢犯邊，願爲邊氓。'其畏威如此。今則雖曰歸順，而累犯邊鄙，且不還七歲童子，是玩我也。若實歸服，則豈無其迹乎？"公弼曰："其虜去人口，轉賣于深處，故不得刷還耳。且此則歧州衛所犯，而七歲童子待春刷還云者，亦歧州衛所言，非達罕也。"世謙曰："前則待春刷還，今則非達罕之言，前後相異，變詐無常，亦不可信也。"公弼曰："若屢犯邊鄙，則不得已舉兵矣。若然則道路迂直，山川險易，不可不知也，是故擇年少武臣使之從行。此舉何害於義乎？"世謙曰："昔光武將伐蜀，馬援聚米爲山，指示向方。光武曰：'虜在吾目中矣。'光武一見聚米爲山，尙能知賊之窟穴。今亦何待於清禮之再往，然後知其道路山川耶？"詮曰："古人云作事謀始。今欲得西民一年之安，苟爲姑息，不計萬世之弊。遣使賞賜，一開其端，則谿壑之慾無窮，將至於歲奉金繒矣，其弊可勝言哉！"湜曰："虜人本無統令，雖非有意於侵掠，然因畋獵而來，見農民布野，則必搶虜而去。今以清禮之往，謂無邊患，誤矣。"子光曰："國家待之如此，而彼若犯邊，則舉兵示威可也。臣於丁亥年，見李滿住雖爲都督，然以板爲屋，藩籬之外，草莽彌野，人居不稠，伐之易矣。"詮曰："後雖舉兵伐之，今自示先弱，則邊民解弛，武略不競矣。"公弼曰："雖云我國未有遣使於夷虜之例，然世宗朝，朴好文亦奉使於野人。"興曰："朴好文則我國人也，今則以夷狄爲上使，以衣冠子弟爲卒徒，是冠屨倒置也。"子光曰："休屠王太子爲漢丞相，清禮若賢，則豈不可爲上使也？"王曰："已議而措置，此爲國安民之策，清禮業已起程，不可追還。"　癸丑，御經筵。講至北匈奴乞和親，許之。班彪曰："報答之。辭令必有適。"今立稿草並上。知事李克墩曰："班彪之言，合於事體。凡爲辭命，不可不愼。祖宗朝答野人書契，或轉至中朝。自此之後，凡犯中朝語，一切禁諱。今於書契之答，亦當議諸大臣，酌量可否，使合事情可也。"領事尹弼商曰："'交接得其情，則却敵折衝；應對入其數，則反爲輕欺。'彪之此言，甚得其當。凡待夷狄，務合情禮，不可輕舉。請從克墩所啟。"

八月庚午朔

是日，朝鮮實錄書：御經筵。講至鄭衆使匈奴，世佐曰："衆連上書固爭是也，而帝意以衆憚於遠征，故切責而至繫廷尉。凡人主光明正大，虛懷聽之，則無此弊矣。"順孫曰："日者李克均啟遣童清禮，則邊患寢息。臣意雖遣清禮，豈息邊

患？大抵王者之於夷狄，來者不拒，往者不追，無遣使贈遺之
事。清禮則業已往矣，自今以後，請勿遣使。”
九月己亥朔

　　丙午，朝鮮實錄書：承旨慎守勤啟：“當初兀狄哈伊伊厚
等稱歸順，來住加訖羅，朝廷以人面獸心，其誠難信，遣敬差
官李岾與節度使同議，開諭還土。伊伊厚等托言待秋收穀乃
還，而移居于南京，迄今不還。臣意伊伊厚等在近境，而歲月
積久，滋蔓盤據，則處置實難，是養虎遺患。近者李季仝語臣
曰：‘穩城與柔遠堡，皆賊路初面，防禦最緊，軍卒殘劣，柔
遠則土兵僅五十餘人。伊伊厚等環居其地，則窺覘虛實，不可
不慮。臣意亦謂，南方三浦倭人，初約定戶數不多，而生齒漸
繁，難以制之。北方之患，恐或如是。’季仝備諳虜情，故與臣
所言如此。請問措置方畧，初來伊伊厚等外，後來人戶多寡，
及來住地名，我境相距遠近，仍居利害，令曹淑沂明審馳啟，
漸次敕還，以祛後日之患。”傳曰：“議于宰相，且召季仝問
之。”季仝啟：“近聞五鎮兵力，比前甚劣，而穩城、柔遠、美
錢等鎮，尼个車出來要衝之地，兵力尤單弱。伊伊厚等來居近
地，而北征時虜殺也堂只，子壻族類等，往來柔遠城底野人等
家，求爲婚姻，有欲仍居其地者。又有鍾城野人來告，尼个車
等欲來居近地者，其數亦不少。若然則五鎮單弱，而兀狄哈等
環居四面，窺覘我虛實，則將來之禍，恐或不細。臣意以爲當
遣重臣，簡練軍額。果殘弱，則當發下三道富戶入居，以實邊
圉。一以招城底野人之最親信者，秘問伊伊厚之類誠心歸順與
否，及其後來居者幾戶？若其滋蔓，則須預爲之備，以祛後日
之患。”傳曰：“將收議處之。” 辛酉，尹弼商議：“永安道臣未
嘗往來，不知形勢，凡百軍務，難以遙度。然伊伊厚來住近
境，臣亦以爲未安。三浦之事，實可鑒矣。李季仝所啟發下三

道富戶入居事，事涉重大，勢難遽行。但五鎮兵力甚劣，不可
不慮。然遣重臣簡鍊軍額，恐亦未穩。本道民心，易動難靜，
凡大臣之行，輒生疑惑。一以龍蛇畜之，一以赤子待之，似合
事宜。今此曹淑沂之去，五鎮富强之策，伊伊厚等驅逐之略，
一一責付從長磨勘以啟何如？”鄭文炯議："穩城，賊路初面，
防禦最緊。曩時士馬精强，近因將帥撫禦乖方，軍馬殘弱，誠
非細故。異類密邇環居，將來之患，甚爲可慮。鎮邑蘇復，專
在將帥，廣擇勇將及賢守令任之，則庶務無弊，軍民安業矣。
且入居事亦從李季仝之啟何如？且伊伊厚等，居處與我境隔
遠，禁之實難，姑令曹淑沂招諭，漸令移居可也。”韓致亨、柳
輊、尹孝孫議："季仝、守勤所啟事，令本道觀察使、節度使
同議，磨鍊以啟後更議。”李克墩議："伊伊厚與南方居倭不同。
倭則投居我地，衣食於我；此則自居彼地，與我不相資。但永
居近地，窺我虛實，乘我便隙，引類作耗，將來之禍，不可勝
言。故臣前日以當遣還爲議。今廟筭已定，許令住活。彼已知
我國之意，今更卒然驅逐，則非徒生怨，國令似乎輕數，且委
遣重臣更張，則亦恐駭彼見聞。姑依守勤所啟，令曹淑沂審度
形勢啟聞後更議處置。”成俊議："五鎮以豆滿江爲界，江外乃
彼地，自城底至深處，諸種野人，數多屯居，是自居其地，非
三浦倭人居於境內之比也。雖城底禁之爲難，況南京距穩城二
息餘程乎？若禁之而不從，則臣恐其損威也。若論後日之害，
遠近何異？若以爲窺覘虛實，則兀狄哈等本與城底野人互相婚
嫁，因緣來往，諸鎮虛實，固已聞知，豈待近居而後知之！臣
之所見如此。然一人偏見，不足爲信。邊圍事勢，隨宜而變，
令曹淑沂親審便否以啟後更收衆議施行。”李世佐、金敬祖議：
"臣等不知五鎮形勢，與南京距我地遠近。但兀狄哈等辜恩負
德，搶殺邊將，即今奄棄本土，新徙所不居之地，其設心未可

定料，將來之患亦無窮矣。今議者或云南京雖近我境，本是彼地，往來居住，無與於我。或云不宜使居近地，蔓難圖也。臣未知何議爲是。近來久不遣大臣巡邊，邊備必至解弛，可遣大臣審察本道防禦形止，及軍器精鍊與否，與節度使、觀察使審度措置方略。果不可使居邊地，則招諭伊伊厚等，多般設策，以還本土。如不聽命，則自有不得已之舉，焚蕩室廬，使不安厥居何如？”柳洵議：“臣未嘗踐歷五鎮，措置事宜，臣不敢遙度。但以理揆之，彼爲强者所侵，無所於歸，來居我境外之地，且稱歸順，則舉兵迫逐，於理不順，於義不便。故臣前獻議，但當擇邊將謹隄備，以絕其侮我之心而已。今季仝所啟，五鎮兵力甚劣，穩城、柔遠等鎮，尤爲單弱，當發下三道富戶入居，以實邊圉，此固慮之深矣。臣意今新授節度使曹淑沂，有文武才略，能識邊方機宜，雖不別遣大臣，令淑沂往審五鎮虛實，及來居近境尼个車等存留當否，兼陳措置方略以啟後更議何如？”成俔、洪興議：“伊伊厚來居近境，今雖誠心歸順，種落蔓延，則終有難圖之勢，不可不慮。然遽爾發兵驅逐，彼必生怨。令節度使開諭入送，如其不遜，不得已驅逐。”朴楗議：“兀狄哈等捨其田廬，來居近境，其心難測。五鎮兵馬，比前寡弱，兇徒近隣，尤爲可慮。然今所處南京，非我境土，迫逐之無所據。雖開諭督還本土，亦不肯從。必不得已而舉兵逐之，彼必憤怨，即爲報復之計，如是則兵連禍結，益自凋弊，此誠國家大慮也。伊伊厚等誠心歸順與否，雖智者不能料也。但當慎簡軍將，惠恤軍民，修我甲兵，鍊我士卒，實我邊圉。令曹淑沂，各鎮軍額多寡，通考軍戶籍。若比舊減數，下三道富實戶入居事議定何如？”安琛議：“癰疽之毒，不可久留心腹。北方城底野人，環擁五鎮，生齒日繁，將來之患，不可勝數。今又兀狄哈伊伊厚等，稱爲歸順，來居近境，滋蔓之勢，將恐比於三浦倭人，臣意以爲不如早爲之圖。"趙益貞議：
"臣足不到五鎮，職不經邊務，伊伊厚去就便否，遙度爲難。
且前議已盡，不敢復有他議。"從弼商議。

十月己巳朔

　　乙亥，朝鮮實錄書：三衛宣諭官童淸禮復命啓："三衛野
人李木長哈等七人，去七月初到滿浦待我國使臣。及聞臣先
聲，三人先還報其酋長，四人留待。臣語之曰：'今吾多賫賜
物，若汝輩迎我於去年之路，則我終不敢行矣。前所約滿車路
頗平坦，可來迎也。'四人曰：'固當如約。'遂先去。八月二十
三日，右衛酋長甫下土，率三衛野人五十，迎臣于滿浦。二十
四日，觀察使宣慰甫下土等，贈物有差。二十五日，臣乘舟，
夕宿高山里；甫下土等越江，宿皇城坪。二十六日，臣越江，
與甫下土等由滿車路行十餘里，于羅山城野人十一來迎。又行
五十里許，至理山飛羅野宿。理山，我國郡名。胡語謂澗水爲飛
羅。二十七日，贈于羅山城野人十一，各綿布一匹、紙二卷，
遂偕行。僅十餘里，有地名曰三歧，其東北有捷徑，乃指建州
衛路也；其西有溪水，即理山飛羅上流也。沿此溪有小徑，乃
指理山路也。自三歧渡澗水凡二十餘處，經四十餘里，有嶺曰
鬱地，其嶺不高峻，樹木甚密。又行十里，露宿山麓，于羅山
城野人十餘來告曰：'我輩與高麗素無釁怨，己亥年掩殺我老
弱，每念至此，心甚痛焉，願自今上京肅拜。'臣錄其姓名而
來。二十八日，行纔三十里，風雪驟至，遂留宿，乃滿車坪
也。二十九日，行十餘里，有平野，廣可二三里，長可三十餘
里，而地甚肥厚。同行野人語臣云：'吾輩欲居此地久矣，畏
高麗不敢也。今旣歸順，欲於明春移居。'又行四五里，有嶺曰
陣高介，斬大樹橫路，竪板如盾形，乃野人金山赤下設險也。
同行野人語云：'此乃高麗入征時留援軍處也。'又行七八里，

有人家八戶，乃管老等新徙處也。其人爭持飯肉饋臣等，莫不有喜色。又行十五餘里，有人家四戶，乃金山赤下黨與也，皆自門隙窺覘，無迎接之意。又行一二里，到蒲州江，山赤下等三十餘人，或佩櫜鞬，或帶劍，騎步相間。一人着甲，至江上，或揮劍，或彎弓射地，大叫馳突，隔江呼同行野人曰：'汝輩何爲引高麗使臣至此？高麗使臣嘗抵汝居，啗汝資汝，不數月興兵，斬汝祖先而去。今汝引而復來，欲害誰邪？遂阻臣使不得渡，臣遂留江上。九月初一日，山赤下等阻臣如昨，臣無如之何。臣兄阿亡哈，率麾下十八人，由山赤下之里渡江而來曰：'彼輩不足畏。若終不許渡，當轉向他處。"已而山赤下遣人語臣曰：'我欲往見，第未知許否，趑趄耳。'臣罵曰：'濟我阻我，任汝爲之！汝居距此江僅一二里，何必身履汝里，然後始知汝徑路乎？汝果欲見我，可速來也。'山赤下等七人渡江來，再拜而坐。臣問曰：'汝何阻我？'山赤下曰：'我曾得罪於高麗，慮三衛通謀害我，故欲救死耳。'臣曰：'若欲擊汝，當舉兵而來，豈單弱如此乎？汝曾約刷還七歲兒，竟負約，罪一也；虜邊民，罪二也，今又阻我，罪三也。汝終不悛，是汝自伐也。汝若革心，當許汝從行。'山赤下曰：'諾。'乃還渡。聚船十餘欲濟臣，有野人四輩來止之，復呼噪馳逐。有野人來告臣曰：'我家前灘可涉。'臣乃裝載而退，山赤下等大懼，其同惡者爭發船來迎。臣不解馱物，若不肯渡者。其人請渡甚勤，臣乃渡。行至山赤下家。山赤下與其父及里中人，携酒四五壺來饋。臣語其父曰：'汝於我國素無讎怨，何爲作耗於渭原？'其父曰：'不肖兒輩，嗛其二事，敢爲不恭。'臣問二事云何？曰：'浪甫乙看，於吾七寸親也，昔會寧人無故誘殺；且壬寅年高麗捕富寧逃民，吾戚亦見拘繫。此二事兒輩嗛之。'臣曰：'國家殺甫乙看者，以其伊鋤應哈謀背國家也；甫乙看之子六人，而其三子與其父一時被殺，其三子得脫，乃謀復讎，而一子又戰死，厥後二子及姪相繼歸順矣，汝反爲七寸親欲復讎耶？虛誰羅野人容隱富寧逃民，罪固當死，國家拘執，旋即放還，恩至大矣，汝何誘之於此乎？達罕乃汝酋長也，其先祖皆見殺於國家，達罕若如汝心，豈肯歸順？'諸野人等語其人曰：'今使臣悉知我輩本末，不宜多言。'其人曰：'吾過矣。使臣若果愛我，我當隨行，惟命是從。'臣又行五里許而宿，同行野人語臣曰：'昔中原使臣來此，夜宿吹角，被虜者聞之脫來。今使臣亦當吹之，且此地與火剌溫兀狄哈爲隣，故多盜竊，尤宜吹角以備之。'臣從其言。初二日，行二十里許，有野人王夫里哈等居之。又行三十餘里，到阿羅可舍里，建州衛都督羅下子羅吾將，率二三騎，使人吹角來迎曰：'我欲備儀物迎命。今使臣忽至，未暇如禮。'其人甚美，年纔二十三，身長可八尺，氣象俊偉，襲其父爵，亞於酋長，乃臣六寸親也。臣遂留宿。與諸野人語及刷還事，羅吾將在傍聞之曰：'吾亦欲刷還人物，第恐使臣不知我心如玉，反謂我亦嘗盜竊也。'臣曰：'吾所目覩，安有如此。今雖刷還，斷無疑汝之理。汝若果能刷還，國家知汝效順之意。'曰：'然則吾麾下曾買高麗人，當縛致。'即馳遣一人。臣贈其人紅綀布一匹。建州衛野人趙三波之子八人，各携酒一器飮臣曰：'三衛酋長旣歸順，我輩亦欲歸順。'臣給綿布各一匹、紙各一卷。此輩世世爲邊患者也。初三日，行三十里許，有野人家十餘，即羅吾將所居。又行二十餘里，有五十餘家，即達罕所居。未至十里，達罕子甫羅多及左衛酋長土老等，率十餘人，皆携酒來迎。行五里許，達罕率麾下三十餘人，着笠衣，綠紗胸背，令人吹螺來迎，馬上以銀盃酌酒饋臣。先導至其家。臣令達罕設長床，置書契于其上。達罕與群下百餘人，皆四拜後，東西列坐，饋宣頒賜物，又語事目之意。達罕等叩頭，仍饋臣以炙雞燒酒，相與酬酢，或彈琵琶，或引屎屎音，其制與奚琴略同。或擊拍板。達罕醉舞，語羣下曰：'作耗雖得金帛，心常恐怖，不得伸脚而寢，豈如今日受恩賜爲可樂乎！'既罷，達罕又邀臣于寢處，更設酒殽作樂，使其妻行酒，極歡而罷。溫下衛野人朴古里等，去八月告滿浦曰：'建州衛沈者羅老屯有高麗被虜表姓人，我輩欲刷還，者羅老等不許。厥後其被虜人乃逃，者羅老等謂我輩招誘，乃率二百餘騎圍我里四日，我輩不敢抗，給馬一匹、牛二頭，願國家諭建州衛，使不復擾。'臣到建州衛，問其酋長達罕，答以不知。者羅老屯所居野人適在坐，曰：'此事酋長所不知也。初溫下衛賣高麗人于我屯，我屯買之。厥後溫下衛欲還買，托曰欲還其本國。我屯答曰："若然，則我自刷還，豈與汝乎？"遂不許。已而其人逃，是必溫下人招誘耳。'臣曰：'溫下衛初雖虜我邊氓，其後乃欲刷還，而汝不許，汝亦不自刷還，殊無歸順之意。然既往勿咎，自今毋更擾彼輩。'其人曰：'敢不敬從。'臣問建州衛曰：'高沙里相望處，埋車皮船，是誰所爲也？'曰：'此必前年作耗清原者事也。自使臣來往之後，保無此事矣。'臣曰：'其船乃新造，非經年舊船也。'曰：'凡造船覆而埋之，及發無腐朽之色，使臣毋恃其如新也。'臣兄阿亡哈語臣曰：'吾弟此去，必啟諸種野人歸順，而他日若有犯邊者，國家必治吾弟矣。吾居處雖遠，當尋捕作耗者也。且作耗者必乘月渡江。凡月明時，邊將伏兵以伺，若賊渡江，不須登時捕逐，乃暗取其船。流之江中，使不得渡，厥明搜捕，縛手詣其里中，聲罪斬之，則同惡者畏怖，不復犯邊矣。'初四日，達罕等宰牛置酒宴慰臣等。臣語之曰：'大人今日受恩賜，榮幸極矣，自今毋令麾下作耗。'達罕曰：'大黨則從此永絕，其小小竊發者，難保其必無也。高麗築城設門，嚴法以制之，其民尚有強盜者，且如人家役使三箇奴僕，而失其什物，尙不知某人偷去，況今野人散居草野，安知某人作耗乎？我輩雖欲探討，若操弓矢竄伏草間，則我輩亦畏害身，終不能強探。自今如有作耗者，不須起大軍，只遣裨將命我輩搜捕，則當盡力捕之，以付官軍，國家顯戮於蒲州江邊，使我野人共視，則雖竊發者亦可永絕。'臣曰：'大人之言是矣，然亦不可信。我欲一言，大人無乃見惡乎？自今禍福專在大人，今隨我軍卒頗多，而其道途險夷，皆歷知之，國家若欲擊之，其勢甚易。大金乃我遠祖，其強莫盛，欲征兀狄哈，竟不得言。近年兀狄哈犯東北鄙，我成宗大王興大軍以征，焚蕩室廬，使不得安居，兀狄哈四散，爲奴虜於諸種野人，大人曾聞否？'達罕叩頭。臣又曰：'彼強者，尙伐之如此其易，況此地距我國，由險路則可三日程，由坦道則纔二日程。大人若效順，則永世安業；不然，子孫無遺育矣。我言一則恐嚇大人，一則佑大人者也，毋忘此言。'達罕呼左右曰：'汝等體念此言。此則道路固易於兀狄哈，若有作耗，其來伐之誠易矣。兀狄哈，大金所不能制，今高麗能破之，況我輩乎？'又曰：'高麗若盡識道路，則作耗者自服矣，使臣須審知道路而去。'初五日，臣到都督羅吾將家，距達罕所居可二十餘里矣。羅吾將率麾下，携酒迎臣于五里。及到其居，宰牛宴臣等。臣給賜物，羅吾將拜受甚喜。臣遂留宿。初六日，臣到左衛，其地距羅吾將家六十餘里。酋長土老，率麾下四十餘人，着紗帽，衣大紅袞龍團領，令人吹小角，出迎五里，馬上相飮，先導而行。到其家，土老等拜書契，受賜物。臣諭之如語達罕。土老曰：'三衛一心也，更無他語。後有作耗者，當於附近處進告。'遂設酌，日夕而罷。土老妻盛飾，率婢五七，辟人來拜。初七日，臣留左衛，語酋長甫下土曰：'今日當往大人所居，以頒賜物，欲令部落知和親之意。'

甫下土曰：'本衛與火剌溫兀狄哈構釁，故我今住他處，雖到其處，亦非本衛，願於此處受賜。'臣不得已，乃贈之。甫下土以非其所居，不得設宴，乃解牛二頭，付臣行廚。三衛酋長及群下同辭告臣曰：'我輩告變，只許於滿浦，故遠人奔告，不能無稽緩，願自今許三衛各於近邑告之。且我輩朝貢，請依前例。'又曰：'許渾濫殺無辜，其妻子莫不痛心。'初八日，臣發還，甫下土及達罕、多之哈、臣兄阿亡哈等，率三衛諸種二百餘人護送。夕宿阿羅可舍。其里野人家音可等，以牛酒饋臣等，臣贈紙及扇子。臣又付野人馬可古大以青紅縣布等物，使寄于羅山城裨將青英哈、南大等。甫下土曰：'使臣所問割鼻人，今在家音可之家。然今若責出，彼謂我潛告，必構怨於我。使臣到本國，待家音可之去，乃責出來，不得不從。'臣語家音可等曰：'爾輩向慕我國，待我甚厚，其心可嘉。他日國家雖少賜物，汝輩宜親來受之。'皆曰：'諾。'臣錄頭頭人姓名而來。初九日，野人王斜老等十餘，以其馬牛買自作只被虜良女延壽以來。臣夕宿蒲州江上，野人吾老道來告曰：'去五月，山行于渭源地，見有三老人下巢鷹。若如前日，則當虜來。以今歸順，故只奪鷹子。'羅吾將所遣野人來語臣曰：'欲將被虜人崔孝宗詣使臣所在。孝宗不信，不肯行，我將使臣所贈紅綿布示之，孝宗乃悟即行。我意謂孝宗既知向本國，必不逃，夜宿不縛。孝宗慮或轉賣他處，幸其見解，乃逃。我即刻木分移諸路，諭山行野人使不拘留也。'及臣到滿浦，移文于水下鎮將，使報孝宗之還。初十日，行五里許，山赤下與其父母，持牛酒饋臣等于路，仍以前年虜去渭原女子付臣。臣夕宿鬱地洞口。十一日，宿鬱地山麓。初昏，溫下衛所居四十餘人，皆携酒來慰，又贈生牛一頭。十二日，臣率三衛護送野人二百餘越江。十三日，與滿浦僉使李胤宗宴護送野人。"傳曰："知道。"

建州三衛道里，形勢明晰。明人之籌邊，未有能及此者。朝鮮諸臣，亦以蔽塞爲意者多，雖得此明晰之報告，未必有何實益。總之以一國之力，不能化此藐小之屬夷，使同内服，其於政治文化，俱無以大字小之量。朝鮮人物，規模狹小，不足責矣。明廷亦無遠大之開闢計畫，觀此時建州種族雖狡，其魄力則不過如此。

溫下衛，非建州部屬，而逼近建州。觀其來告者滿浦邊將，所告賣買交涉之沈者羅老屯，乃建州衛屬，可見。

歧山衛，在蒲州江邊，距江止一二里，實在建州衛之域内。建州三衛相距亦不過數里數十里，中間所謂設險，亦無城堡可言，斬木橫路，豎板如盾，大畧不過如此。此時中國不能馴服建州，而放棄遼東邊内之東八站地，漸成化外，豈不可惜！若有遣往奉使之人，如朝鮮所使之童清禮，盡得其情以歸，措施當不似朝鮮之蔽塞。夫明之不得使虜之人，非不能得也，即訪之朝鮮亦何難，蓋不欲得之也。

丁丑，遼東都指揮僉事李杲有罪贖杖還職。初，毛憐衛女直都指揮林脱脱等，齎敕諭番文，求入貢。備禦撫順都指揮僉事王璽，以達於鎮巡等官。繼聞各夷有謀入寇者，璽復以聞，未報，輒送脱脱等赴都司。杲亦不知其當待報也，遂遣入京。所司劾之，下巡按御史究治。璽先就逮，贖杖還職。杲以公事出，至是始論結云。　癸未，考郎兀衛都督幹羅脱打吉陸等，遣兀者等衛女直都指揮宋哈答等來貢，乞賜故都督僉事阿古哈祭。從之，賜宋哈答等宴，及織金衣、綵段等物如例。實錄。

十一月戊戌朔

辛亥，朝鮮實錄書：平安道觀察使鄭敬祖馳啟：“建州衛野人沈吾乙只，與溫下衛野人李時驢未切族，而時驢未乃兼司僕李玉三四寸親。二人相語云：'吾族類繁盛，幾至二百餘戶。頃者朝鮮宣諭官之來，三衛並蒙恩賜，而我輩獨未蒙恩，一以憾慨，一以健羨。吾族親李玉若來，吾輩亦當如彼。'野人金主成可云：'戎虜衛名雖殊，率皆連族，凡所作爲，無不相知。昔年高山里作賊者，三衛之人，而三衛指我輩爲賊，可愧之甚。且大國已令童僉知再來三衛，審見道路形勢。獨於本衛請送李玉，而至今不送，尤可恨也。'"命示于曾經政丞及議政府。尹弼商議："建州衛沈吾乙只等請遣李玉，其情未可知也。其曰'童僉知再來三衛'之言，當答曰：'童清禮之遣，國家只以其兄切欲相見，故特許之耳。其道路形勢，國家何欲知之。汝輩之言誤矣。汝等本不作賊，國家待之無疑，何嫌而有此言？'彼若更請，當曰：'如此事非我擅啟。'權辭以對何如？"盧思慎議："溫下衛請送李玉，非一二度，且居吾近境，雖小部落，未可輕絕。其遣李玉便否，請令兵曹考例，熟議以啟。"愼承善議："遣李玉，似可累次求見，誠意懇至，然後可許也。"魚世謙、韓致亨議："溫下衛族親，自稱二百餘戶，其實難知。因小醜一時之請，輕遣使臣，以損威重，恐爲未便。彼若更來，誠心懇請，令兵曹臨時啟禀，更議施行。"鄭文炯議："李玉請見事，兵曹已受教行移，伏惟上裁。"從世謙等議。

十二月戊辰朔

　　壬辰，毛憐衛及建州左、右衛，海西野兒定河、兀者等衛女直都督等官加忽赤賞哈古魯哥老童等，各來貢。賜宴，并綵段、衣服等物有差。實錄。

正編卷十四

弘 治 朝

弘治十一年，即朝鮮燕山君四年，戊午(1498)

正月丁酉朔

二月丁卯朔

　　癸未，朵顏、泰寧、福餘，并海西弗提等衛女直都指揮歹都等，來貢。賜宴，并綵段、衣服等物有差。實錄。

四月丙寅朔

　　乙酉，朝鮮實錄書：尹弼商議：“也堂只及伊伊厚等，雖曰誠心歸順，在我之計，似不可撫接，令該曹磨鍊以啟何如？”慎承善議：“曾聞也堂只既依法治罪，其子巢巢古等欲居父之死鄉，又何意耶？以今觀之，軀幹雖殘弱，未能成事，然父子報復之情，不容自已，況人面獸心乎？權辭遠送似便。”魚世謙、成俊議：“大抵待夷狄之道，自古無上策，況後日之變，非臆見所能逆料。然各鎮可信野人，皆云伊伊厚等本系元是女眞人，因尼个車兀狄哈乖亂，來還本土。來者不拒，帝王待夷狄之大度，不宜強逐之，以生他變。令該曹商確條啟後更議何如？”從世謙等議。　　己丑，兵曹啟：“伊伊厚等本女眞遺種，以尼个車部落役屬，不勝侵虐，逃還兀良哈地面，誠心歸順。自古夷狄部落，相聚和好，則邊城必受侵耗之患，隄防之事，不可不嚴，令節度使伺候措置。也堂只子巢巢古等四名，雖云殘劣，結怨最深，來居柔遠城底，深知虛實，不無將來之患。接待之際，恐潛懷復讎之計，當諭以'汝等被誅人之子，城底近處居生不當事。'開諭遠逐。如欲效順居生，則依會寧斡朵里金丹多茂例，內地城子堅固處，妻子家產并入置。辭緣啟聞後，區處節目更磨鍊。且也堂只一時被誅人子孫等，亦來接與否，並詳悉訪問以啟何如?"尹弼商、鄭文炯、李克均、柳輊、朴安性、尹孝孫、朴崇質、趙益貞、權景祐、鄭錫堅、安瑚、李克生、鄭叔墀、李昌臣、洪瀚議："來者不拒，於帝王待夷之道似當。然巢巢古之父也堂只死於穩城，巢巢古雖微，其復讎之心，豈可頃刻忘于懷。今雖迷劣，若世世仍居，則其子孫之桀驁，安保其必無也。況此類世讎必報，恐有意外之變。今當語之曰：'汝父死於穩城，汝返歸附來投近地。汝與邊將不無相嫌，其退舍遠地可也。若誠欲來居，移入內地，母子相見，幸甚。於此二策，汝將何居?'以此嚴加曉諭，又語：'隣居野人，使之移居。汝若不聽，罪亦及汝事。'并說何如？且被誅人子孫訪問事，恐致騷擾，使彼懷憤，勿行爲便。"魚世謙議："前者北伐時，誘致頭頭野人戮之者不少，死於鋒鏑者亦多，未聞其子孫必能報復也。巢巢古等殘劣遺醜，何必深慮後患也。若以近居城底爲疑，但當開諭使移居遠地，不須明言被誅人之子，以起憤心。若果誠心效順，則仍居其地不妨。若他餘被誅人子孫，不宜訪問，恐生弊端也。"從弼商等議。

五月丙申朔

己亥，朝鮮實錄書：尹弼商、鄭文炯、李季仝、姜龜孫、權景祐議："今觀平安道敬差官柳順汀啟本之辭，沈般車、金亏唐可等，俱爲報變出來，而亏唐可等六人乃達罕所使，般車則非酋長所遣。前者童清禮之往，達罕云誠心歸順，自後保無賊變。乃今其麾下白書老等作賊如是，不可容忍。宜留亏唐介

及從來一人，其餘各人遣還，依前事目開諭，督還虜口。順汀
當依賚去事目，觀勢措置。而今取旨欲行往復之際，彼不肯
留，若遽入歸，安能以權辭制彼之行止，誠恐緩也。然彼人行
止，亦未逆料，且邊境之事，難以遙度，從長規畫事，下諭何
如?"李克墩、成俊、成俔議:"古云待夷狄無上策，拘囚同類
人，督還他人虜口，又非策之善者也。彼類雖號酋長，其麾下
必不一一聽令。達罕既不能禁止白書老作賊，則豈能使白書老
還虜口乎? 況達罕方與我講好，今來亏唐可乃達罕使人，而不
審其犯者爲某人，遽囚達罕之使，則達罕以爲何如也? 達罕若
能刷還一口，當權辭慰遣，以待後功; 若終不能刷還，則其放
遣也何以語之，非徒虧損國威，又生其怨。臣等妄謂姑嚴責遣
還，以竢彼之所爲何如? 且順汀責亏唐可之辭則善矣。其曰
'爲宣慰而來'，則似乎失言。彼有何功而以宣慰爲名乎? 且彼
之來謁，未可期以日月，順汀爲彼久留邊邑，損威亦多。依前
事目，交付鎮將上來何如?"從弼商等議。　　甲寅，平安道敬差
官柳順汀啟:"溫下衛野人朴撒塔木、朴三下、金時乙巨，建
州衛野人宣夫介、金仇加等，賚達罕及沈於乙巨等書契二通，
來告曰:'聞朝臣下來，遣子弟迎謁，未蒙恩數，反見拘執，
我何負於國家，今乃爾耶? 請轉達此書放遣。'臣答曰:'日者
三衛酋長皆云自此可無寇盜，今作耗至此，爾輩負國家深矣。
爾可拿致作耗者以贖罪; 若終不拿致，必玉石俱焚。'宣夫介等
對曰:'達罕與沈於乙巨等詰責白書老。書老佩弓矢，率妻子
長在草野，謀欲拒捕，我輩何能拿致乎?'臣答曰:'達罕既是
酋長，而於乙巨族類亦多。若同心共圖，何難之有?'宣夫介對
曰:'當與酋長共圖之。縱不能拿致書老，其虜去人亦當刷
還。'"成俊、李克均議:"書老拿致勢難，果如所啟。若盡刷還
虜口，則亏唐介等當更取稟，給物放遣。阿伊山等刷還事，當

待金仇加等回來，更議施行。"從之。

十一月癸巳朔

丁巳，速平江及海西兀者等衛女直都指揮速哈帖古山等，來貢。賜宴，并綵段、衣服等物有差。　乙酉，海西考郎兀等衛女直都督幹羅脫等，來貢。賜宴，并綵段、衣服等物有差。

兀思哈里等衛指揮使忽答木、阿刺孫、苦出納，并童寬山等衛指揮僉事阿刺孫等二十四人，請陞職。兵部擬上，命陞忽答木等三人爲都指揮僉事，阿刺孫爲指揮同知。實錄。

閏十一月壬戌朔

庚寅，朝鮮實錄書：議野人金阿羅豆子入侍，及倭人仇羅沙、也文國助加職事。尹弼商、鄭文炯、韓致亨、成俊、李克均議："有才向化，自願侍朝者，許授兼司僕，祖宗朝故事。阿羅豆世居北邊阿山堡下，聞其子羅松介有射鵰之才，許令侍朝何如？仇羅沙、也文等所請，於國家無損，姑從願陞職，何如？"從之。

十二月壬辰朔

丙申，朝鮮實錄書：下書咸鏡北道節度使曹淑沂曰："胡馬性馴可騎，野人如欲進好馬，卿其點擇上送。"

癸卯，海西兀者等衛及建州左衛女直都督等官察安察等，各來貢。賜宴，并衣服、綵段等物。既而察安察乞賜蟒衣、金帶等物，命以蟒衣一賜之。實錄。

弘治十二年，即朝鮮燕山君五年，己未(1499)

正月辛酉朔

二月辛卯朔

壬辰，朝鮮實錄書：平安道節度使李朝陽馳啟："前者賊兵圍仇寧鎮，雖解圍，而猶聚屯不退，因火其青水堡民家二十餘戶，又火官舍，掠物而去。請要害處築城設柵。"命議之。韓致亨、成俊議："今觀事變啟本，賊人逗留不退，必有所窺，請諭節度使，令更加措置，隨機應變，毋或違失。其請築城設柵諸堡，必皆緊處，然臣等未曾目覩，令兵曹，賊變緊緩及民力有裕與否，詳議啟聞後更議何如？"愼承善、呂自新、卞宗仁議："楸仇非、大小夫號里、廟洞、云豆里等處，賊來初日，以木柵難禦，請依所啟，農務前，抄三浦船軍，與隣邑烟戶軍，趁時築城；牛仇里、登公仇非，則歇處也，待秋築城；甲巖，則與本鎭隔遠，依所啟設木柵，擇壯勇軍守護耕作何如？且賊人逗留不退，請令益加措置。"鄭文炯議："彼人等成群絡繹，彼此見形，作賊之計顯然。然已日暖，江心已破，越涉爲難，彼必不得久留，無足患矣。但農作時逼，鼠竊狗偷，是可慮也。請令各鎭謹候望，嚴守備，以待變。且築城等事，令兵曹擬議何如？"尹弼商議："今觀啟本，彼人等迄今不散，諸鎭越邊，互相恣行，如今雖不得利，其計窺覘虛實，要欲作耗。更加謹愼，毋或小弛事，下諭何如？且築城事，觀其形勢，似難從之。"從致亨等議。　乙巳，平安道節度使李朝陽馳啟曰："今觀賊勢稍盛，留此累朔，非徒有作耗之心，必欲報前怨，而又不欲刷還末應山。況今江界府拘留彼人族黨，豈無含怨，釁端以此不絕，今年防禦最緊。臣以庸劣，當此邊患，不能措置，脫有大變，則恐遺國家之恥，請擇遣良將，措置得宜，俾安邊民。"命議于政丞等。尹弼商議："李朝陽受方面重任，遇有賊變，固當盡心措置，斃而後已。今見賊勢熾張，遽稱庸劣，請遣良將，甚爲無禮。法當治罪，然事變極緊，不宜易將，今姑容忍，下諭責之何如？"愼承善議："今觀啟本，賊勢若此，請擇遣助防將，率京中精兵，分道赴防。"韓致亨議："彼人雖作耗，不久解冰，令節度使防禦諸事倍加措置，臨機應變。"成俊議："平安道江邊，臣未曾目見，然聞軍士不實，防禦處多虛踈，彼賊入侵甚易，且無城底野人，賊變無由預知，眞邊圉極緊處。且今年邊患，近古所未有，而無大侵害，節度使措置，不可爲不用心。雖李朝陽自謂庸劣，然在朝之人，可任邊將如朝陽者無幾，安可易將！况兩界每二月望時解冰，想今必已解冰矣。然乘者皮船潜入作賊，亦可畏也。防禦諸事，益謹措置，常如見敵事，下諭何如？"從俊議。　諭平安道節度使李朝陽曰："卿受方面重寄，前遇賊變，盡心措置，備禦之策，不可謂不得其宜也。予念授閫鉞之任者，世不多得，臨機易將，非兵家之利，卿何謙退爲也？想今江冰已解，賊勢將退，然潜乘小船。投間竊發，甚可慮也。卿其益謹隄備，毋失事機，使邊塵永清，以副予委任之意。"　丁巳，平安道節度使李朝陽馳啟："彼賊乘船越江入寇理山郡九天烟臺等處，虜甲士金得光等八人以去。"傳曰："其示于政丞等。"尹弼商等啟："烟臺甲士金得光、烟臺干金自同等八人無去處，其被虜之數，恐不止此，請遣敬差官詳悉推刷。虞候具誠、龜城府使吳自瑩，亦令義禁府拿鞫何如？"

三月庚申朔

　　辛酉，朝鮮實錄書：兵曹啟："平安道沿邊諸鎮，邊警不絕，抄遣軍士防備。"命議于政丞等。尹弼商、韓致亨議："兵曹所啟當矣。然江邊粮儲甚少，遣軍官勢亦難。今江冰已解，彼亦自退。"愼承善議："平安道屢被寇竊，固非其道兵力所禦，須擇送京軍，以助氣勢。"鄭文炯議："大抵平平防禦，每年自十一月至翌年二月望前合冰時，別遣京外軍士防禦，至二月望後冰解則罷，只以道兵分防。冰旣解，則賊只乘小船，潜掠農民而已。我愼候望，則彼何能爲，不必更遣京外兵，如合冰時也。"成俊議："平安道糧儲甚少，賊變之發，未知定在何時，而京軍長在沿邊，則徒費糧餉，無益於防禦。"傳曰："知道。"

命議邊將不謹隄備罪。尹弼商議："李胤宗依律施行何如？李朝陽以主將，不能措置各鎮防備，致使被虜，亦可罪也。然近日之事，遙度其勢，專在鎮將不謹守備耳，罪不專在於朝陽。具誠、吳自瑩之事觀之，可知其概矣。一朝陽，其於各堡如之何哉？"鄭文炯議："胤宗罪固重矣。但死罪比律處決未便，杖一百、邊遠充軍似當。朝陽之罪，律當如是。然近來彼賊憤戾竊發，倍於前昔，朝陽安得不刻意措置？但防禦處多，士卒未能一心應變，以致此故。今雖過於朝陽者，如此鼠竊，恐不能無，況賢於朝陽者亦未易得也。"韓致亨議："胤宗預知聲息，不爲之備，致人畜被虜，且畏怯逗遛不進，罪當死，請依啟本施行。主將不能措置，使人畜被虜，法當治罪。然此道防禦處甚多，鼠竊狗偷，恐未及備禦。祖宗以來，主將或治罪，或末減，有前例。"成俊議：'胤宗預知聲息，而實聽彼人刷還末應山之語，不謹隄備，使人畜被虜。罪固當死，但以比律擬死罪，似未安。滿浦被寇，非防禦虛疎所致，實是意外之變。況節度使在處隔遠，安可及機措置？雖賢於朝陽者，恐未免此變。"傳曰："胤宗定烽燧軍。朝陽予欲罪，特宥之。"仍諭朝陽曰："卿受閫鉞之寄，成敗利害，在於指顧，而坐失機會，致使虜騎竊發，虜掠人畜，焚蕩人家。究厥所由，誰任其咎？固宜如律不饒，然臨機易將，兵家所忌，而加以邊報不絕。茲予特垂恩典，佇俟後日之效。卿其益自感勵，謀不失機，動必收功，以紓予西顧之憂。" 辛未，平安道節度使李朝陽馳啟："賊乘小船犯碧團境，又現形于昌洲鎮界。"

　　丙戌，建州左衛故都指揮僉事馬抹敦子馬哈忽答，及建州右衛故都指揮同知佟可可子金八，即勤伯，各來貢，請襲父職。從之。實錄。

四月庚寅朔

壬辰，朝鮮實錄書：咸鏡道節度使柳濱馳啟："野人二十餘騎寇三水郡，殺居民七人，虜男女三十三、牛馬十餘而去。"傳曰："近日具誠皆已抵罪，而猶不懲戒，邊患如此不絕，何耶？必防禦疎虞之故也。欲大懲一人以警之，其令議于大臣，及知邊事宰相、兵曹堂上等。"承旨鄭湄壽啟："此是大事，必當廣詢，所謂知邊事宰相，只知其道之事，不知大體者有之。大抵知事體者，雖非目覩，而料事必當，請別選可議宰相與議。"王曰："其選之。凡有大事，特召共議。"遂選李克墩、李克均、李世佐、朴楗、愼守勤、朴安性、申浚、柳洵、成俔、姜龜孫、洪貴達、李季仝、尹孝孫、朴崇質等以啟，曰："今日邊事，請令與議。"傳曰："可。"尹弼商、鄭文炯、成俊、李克墩、朴楗、愼守勤、朴安性、柳洵議："賊騎纔二十，而殺掠之數乃至四十，頭畜亦多，如蹈無人之境，專是邊將忽於防備故也。柳之淵當拿來鞫治。急遣秩高朝官，其殺掠之數及防禦疎虞形止，詳問以來。其防禦措置節目，令該曹議啟何如？"成俔、姜龜孫、卞宗仁議："今觀賊勢深入內地，虜獲甚多，非他畋獵野人乘時鼠竊之比。頃者再犯西鄙，又寇此地，其計深矣。宜遣助防將。但三水之爲鎮，土瘠人貧，其供頓之費，反有弊焉。臣等以謂，揀南道精卒倍常數入防爲便。且韓世忠指胡地爲樂土，爲賊鄉導，其邊民困於徭賦可知矣。昇平日久，邊將視防備爲尋常，至於疎虞，此甚可慮。時遣重臣巡行邊陲，審察軍機，幸甚。柳之淵罪固重矣，拿來推鞫，按律斷罪何如？"李季仝、呂自新、尹孝孫、朴崇質、李堪議："前此溫下衛野人來告聲息於滿浦鎮者屢矣，本曹據此一一行移三水鎮，非不預知也。今觀啟本之辭，賊兵纔二十餘人，又非本鎮兵力不足而然也。賊來之時，烟臺體探無一人飛報者，其鎮將

之不謹隄備可知，罪固重矣。然不可只據啟本，遽定大罪。急
遣敬差官詳鞫，啟聞後議罪何如？”從弼商等議。　己酉，平安
道節度使李朝陽馳啟：“虜寇碧潼鎮，碧團僉使要擊，斬首二
級，射殺一人，獲其弓箭、銅器等物。”朝陽又啟，請乘險設
伏、令守令助防、造戰船、開西路等事，命議之。尹弼商議：
“滿浦戰船造作事、各鎮各堡助防守令分定分番事，請依所啟。
溫下衛彼人等由平安道上京事，彼雖懷憤發怒，不可從，請依
前開說。”慎承善議：“戰船請造艤江邊，又量置射牌，以待不
虞。平安道，國之後門，其不開路久矣。請令節度使開說，有
武才守令，各鎮分防，二朔相遞，似當。”鄭文炯議：“彼人等
彼此竊發，每次得利而去。其備禦之方，該曹時方議啟措置，
未可遽議。江邊各鎮軍士分番，各官守令分守防禦節次，請依
所啟。用戰船，前古所無，未可輕議。平安道不可開路，依前
答說何如？”成俊議：“凡守令，非徒防禦，治民爲大，累朔空
官，至爲未便，雖救一時，非長久之策。道內防禦緊處，僉
使、萬戶及節度使諸鎮軍官中，擇堪爲助防者差定爲便。今若
無可當人，後日軍官改差時擇定何如？滿浦鎮戰船事，觀其所
啟，似可造泊。其造作節次，令該曹議啟施行何如？彼人由平
安道來朝事，成宗朝議其利害，已還閉矣，今不可更許開路，
依前永安後門上京事，令鎮將反覆開諭何如？”李克均議：“夏
節江邊各堡，守令分防，似爲周密。臣意各堡既有權管，又置
軍官，足以禦敵。況夏節賊數不多，若謹防禦，則雖不以守令
分防可矣。守令，一邑之長，其防守之際，支費馱輸，往還不
絕，甚妨農務。冬節則不得已也，夏節分防，至爲未穩。令該
曹揀選權管，勿使守令防守何如？彼人等欲由平安路上京，古
也，然今賊變方熾，我當權辭以觀其隙，當語之曰：‘汝果有
功，所言必聽。然三衛及汝等之人，鼠竊無已，邊將於此時，

不可從汝之言上達請路。雖他人有所犯邊，汝等或進告事變，或刷還被虜人物，毋改前心，克輸厥誠，國家必厚待汝。汝等亦諳事理，而敢以不可請之事告我乎？汝等若刷還則論賞，進告則厚待，錄汝姓名，具由以啟，我不負汝，汝亦無負。'以此權辭遣之，何如？臣昔在江邊，體探伏兵等事，已經試之。體探，軍之耳目也，而不謹則被虜。伏兵，所以出彼不意，而爲虜所知，則反以資敵。江邊草間，蚊虻如雲，不裹頭則不可忍。江邊人率無恒心，驍勇者鮮，每夜潛伏，狃於尋常，豈能不寢而察敵哉？黃海道蕨藜鐵，請多輸江邊，伏兵時鋪以待之，則賊至而履，必有驚聲，伏兵可以先知而候之。況禦敵之事非一，在邊將出謀多方耳。戰船造作事，請依所啟。"卞宗仁、呂自新議："内地守令僉節制使分防事，請依所啟。有武才守令數小，依前例加遣何如？滿浦鎮造船事，亦請依所啟。直路上來事，則驛路凋殘，連絡上來，尤爲殘弊。由會寧上京事，權辭開說。邊將日令兵初昏伏于要害處，夜暗時移伏隱密處，則彼賊之來，伏兵可以先知走報。"伏兵事從克均議，守令分防事從弼商議，戰船造排事從自新議，開路事從俊議。

五月庚申朔

　　戊辰，朝鮮實錄書：咸鏡南道節度使柳濱馳啟："彼賊五十餘騎寇三水郡甘坡里，虜男女四口、牛二頭而去。"傳曰："賊屢犯我邊，虜掠人畜，何以處之？其議之。"尹弼商議："彼人等作耗不已，是不有我也，不可不討。然問罪之師，不宜輕舉，且今非其時也。"愼承善議："前日三水被虜人民，不爲小矣，而今又虜去，臣恐不伐則賊寇無已時矣，當大舉往征其罪。然如今農月，不宜動衆，請於石毛里等可疑處，擇壯勇軍士百餘守護，若有賊變，應敵勦殺。"鄭文炯議："此虜乘時鼠竊，自古而然，然今年竊發尤數，發則得利而去，邊民可矜。

該曹及大小邊將，豈不用心措置？但以虜謀叵測，邊將屢致失
機，誠爲痛心。然當今備禦之方，庶無遺策，徐當休養士卒，
大興問罪之舉。"韓致亨議："三水郡軍民單弱，不可不慮，宜
令該曹措置防備。比來彼賊作耗如此，當舉兵問罪，然不可輕
舉，徐觀其變處之何如？"成俊議："近年兩界賊變，前古所無，
且我無釁焉，而彼之作耗至此，所不可忍也。祖宗朝因賊變，
或有問罪之舉，今亦若此不已，則終不得不問罪矣。但兩界防
禦，恐有未盡之策，姑令知邊事如李季仝等，親巡邊圍，審設
備禦之策，何如？"李季仝、權健、申溥、李堪議："近來建州
衛野人。誘我逃叛及被虜者，使之嚮導，侵犯不已。朝廷別遣
軍士，加設木柵，將又加發本道內地有武才守令、僉使及軍士
赴防，隄備之事，不爲不嚴。而邊將失機，軍民屢被殺虜，又
入三水地面，再掠人畜而去。本郡地瘠民貧，加以疾疫，士卒
凋弊，勢難枝梧。雖欲多遣軍官，糧餉不敷，而驛路有弊。今
宜蠲除貢物，以休其力，悉徙京外罪應徙邊者以實之，以爲永
久之計，似便。然臨機措置之策，遙度爲難，令兩道節度使備
悉勘啟後，參酌施行，何如？"傳曰："復令前議宰相及知邊事
宰相會議。"尹弼商、鄭文炯、韓致亨、成俊、李克均、卞宗
仁、李季仝、呂自新、權健、申溥、李堪議："大舉問罪，此
是大事，不可輕易爲之也。然既已受辱，焉可已也。但胡地多
泥淖處，惟冬十一月至正月冰堅，可以行師之時也。當預定期
會，而亦當先定主將。主將既定，則凡干軍務，以爲己任而措
置之矣。然欲舉大事，當觀歲之豐歉，且先遣大臣，自三水巡
至平安道邊鎮，申嚴防備，或造船以示往征之意，使彼疑大兵
將至於朝夕，不得耕耘，以至困弊。因乘此機，往征其罪，焚
蕩巢穴，散其積穀，絕其生理，彼必自服矣。"傳曰："往征事
依所啟。而主將亦擇其有智略者以啟。但巡邊使，則予之淺

計，以爲曩者北征之時，先聲已聞於彼，故彼皆逃散，大舉無功，徒爲勞師而還。今若先遣巡邊使造船示威，則彼必先知將伐之意，遠避於雪深之處矣。如是則雖舉大兵，恐其徒勞而無功也。"弼商等啟："臣等初意，以爲年之豐歉，未可預占，而往征難必。若不遣巡邊使以示威，則彼益輕我也。今承上教，實爲允當。"傳于成俊曰："卿雖年深，此實重事，非卿誰往征之？"俊啟："臣年老有病，請副以重臣。"命以李克均爲副。

咸鏡南道節度使柳濱馳啟："野人又寇三水地面，虜我邊民七口。我軍乘小船追逐，舟覆，四人溺死，斬野人首一級。"命議之。　辛未，右議政成俊、左贊成李克均啟："以臣等爲西征將帥，今者國家受辱於野人屢矣，朝廷皆爲痛憤，聖上之軫慮，豈偶然哉！以是臣等受命之日，不敢以老病爲辭。臣等謂西征非北征之例，北征則從一路往還，而辛亥年北征時，猶命三將，臣俊亦與焉。西征則入征之路非一，若分四五道往征，則宜各置將，非臣等二人所能統也。臣等嘗從征西北，素嬰風疾，若臨機冒寒病深，不得已更命他將，則凡諸措置必窘矣。請又以李季仝爲將，同議措置。將大軍遠征，其任非輕，故請加將帥耳，豈爲一身計哉！命下之日，將此意啟之，而政丞等以謂朝廷亦不可無重臣。臣等謂國家舉大事，固當爲萬全之計。雖臣等三人出征，朝廷豈無其人乎？自古如此事，朝廷之論與將帥之議不同，斷在於上耳。世宗朝，崔潤德等爲將往征，而朝廷以爲不可，世宗獨斷從潤德之計。且金宗瑞等請置五鎮以爲界，而其時政丞黃喜請以鏡城爲界，世宗亦獨斷而從宗瑞之計。辛亥北征，成宗亦獨斷而從許琮之計。大抵邊事，非經歷者難以遙度。黃喜賢相而不知邊事，故其計如此。欲舉大事，當從主將之言，在殿下獨斷之耳。今雖命三將，若臨時臣等不病，則一將當不從征。"且請以司僕寺正閔孝曾、軍器寺

副正成希顏、執義柳順汀、司諫安潤德爲從事官。從之。俊等
又啟：“請領兵二萬，內禁衛七十，兼司僕二十，羽林衛十，
且令司僕寺預擇戰馬，軍器寺擇銃筒軍習放。”從之。　諭平
安、咸鏡道觀察使、節度使曰：“西賊屢犯我邊，當舉兵以討。
虜若聞有此舉，將逃竄深匿，或設備以拒，甚可慮也。有洩此
機，當處斬，妻子爲孥。其不能檢舉，鎮將推考罷黜，觀察
使、節度使當重論。卿其知悉。”又諭咸鏡道觀察使、北道節度
使曰：“人言道內邊將互相離鎮群飲，予甚驚焉。守禦之道，
當勒兵戒嚴，常若敵至，豈可狃安忘備，日事遊飲乎？卿其用
心檢舉，毋使因循。”弘文舘副提學崔璡等上劄曰：“竊聞兵凶
器也，戰危事也，故聖人重之，必長慮遠顧。事勢急，然後不
得已而應之。豈嘗不忍小忿，遽興師與區區蜂蠆之徒較之哉！
恭惟殿下，承祖宗積累之緒，休養生息，中外乂安，民不見兵
久矣。間者西虜搆釁，屢肆狗鼠之竊，係累我人口頭畜，使邊
境之民不得安耕桑之業，國家以此爲羞，議欲舉兵遠討，以快
一時之憤。蕞爾小醜，固當懲討；然自古聖王之禦戎狄也，皆
以禽獸畜之，不與約誓，不與攻伐，來則懲而禦之，去則備而
守之而已，未嘗言征伐之事。如秦皇、漢武之失策，何足法
乎？殿下於此，固已洞照。臣等不敢復以此累塵天聽。就度今
日國家之勢，有大不可者。頃年以還，歲比不登，前歲之飢，
甚於往年。平安一方，又爲朝聘往來之道，轉輸之弊，供頓之
煩，一道騷然。平居亦不能自支，而今年雨澤不時，牟麥不
熟，稻苗纔立，旱徵已成，西成未可必矣。假令小稔，興師動
衆，徵發不小，豈殿下固本恤民之意乎？且胡地沍寒，道路險
僻，風氣與我土大異。方冬寒時，積雪盈丈，陷人沒馬，不待
施兵接刃，而死傷者過半。雖少得志，必不能補其所亡也。曩
者辛亥之役，動二萬之衆，不見所獲，而士馬物故，蹄踵交

道。其得失之驗，不徵之遠而在近，大臣豈不知乎？殿下豈不聞乎？此臣所以爲殿下重此舉者也。伏願殿下更與大臣商議，姑停是舉；申飭邊帥，繕器械，訓士卒，外示懷綏之惠，内固備禦之方，則邦域晏然，邊鄙無虞，誠百世之長策也。"傳曰："如此事非有口者皆得言之也。已與知邊事宰相議之，豈淺識儒生所識哉！" 尹弼商議："彼人等再寇三水得利，陸續作耗，其勢已成，至爲可慮。況今金得光通書内，沈諸衆巨、李彼先老等二百名，將寇三水、甲山之言，似不虛矣。亟遣鍊事宰相，其防備勦殺之策，詳加措置。柳濱所啟民戶撤去便否，亦令審檢以啟，何如？"慎承善議："三水居民，累被殺掠虜居，如驅羊豕，無一人敢拒之者。所得雖少，爲盜不已者此也。且賊人所入之路，如石毛老等可疑處，未聞防戍。固當先固扃鐍，以待不虞。若無守者而防禦虛疎，則彼何憚而不肆虜掠乎？國家興師問罪甚當，擇良將勁卒往征，以示一怒何如？"鄭文炯議："彼賊累次往來，侵掠不已，意必以爲無人之境，任意留連，進退窺覘，此甚可慮。姑令節度使領軍留住，慎候望體探，乘時殺虜追逐，以沮凶謀爲便。且此界人物本少，加以前年疾疫，今年被虜殺五十餘口，其餘存者幾何，堪爲嘆息。城堡排設、居民疊入節目，竢秋遣大臣審定措置啟聞，以固邊鎮，何如？"韓致亨議："石毛老里等處，雖無關防，韓世忠嚮導作賊後，當益謹防備。未久彼賊累次深入，虜掠人畜，必是主將不能防備所致。節度使拿來推鞫何如？"成俊議："柳濱所啟賊變，至爲可慮。其魚面等處，不可不築城設堡也。未設間，一應居民移置内地爲便。"呂自新議："三水被掠去人馬之數，其實難知，令其道觀察使更詳推刷以啟，何如？江邊人家撤去事，請依所啟，且多定別軍，來往守護農作爲便。"卞宗仁議："三水居民連年被虜，是乃韓世忠指揮作賊也。如阿伊山例，以重賞購還，廣示於衆，置之極刑，何如？民家撤去事，來往耕耘失時，丁寧三水境內，亦無可耕之地，請設堡增置戍兵，領出領入，趁時耕耘，何如？孟孫等深入彼土，忘生相戰，奪敵所騎馬，斬一級而還，其功可賞。"從弻商議。　兵曹判書李季全啟："田霖雖處散，請擬三水巡邊使。"傳曰："田霖無乃殘酷人耶？"成俊啟："霖非殘酷，有廉介武才，不可不用。"命以卞宗仁爲巡邊使。　癸酉，弘文館副提學崔璡等上疏曰："臣等聞夷狄之患，自古有之，雖三代、漢、唐之盛時，亦不能止其侵擾，惟幸明主御之有道。來則禦之，去則守之，時有所亡失，亦不與之較。故雖有邊鄙不靖之憂，而無腹心疲弊之患。夫明主之爲此者何也？誠以夷狄虎狼也，見人不得不噬，而亦不可盡滅也。必欲草薙而禽獼之，則未有不反爲所傷也。唯末世好大喜功之君，不知先王待夷狄之道，驅南畝之民，以事於危險必死之地，意欲蕩覆巢穴，俾無噍類，一則拓彊土以建不世之功，一則多斬獲以快一時之憤。不知交鋒接刃，肝腦塗地，所得如毫末，而所喪如丘山，邊患未息，而國內已虛竭。一有天災水旱，斯民益困，則何所不至。以漢事觀之。文帝時匈奴方熾，候騎至雍，烽火照甘泉，夷狄之患可謂極矣。當時命周亞夫等三人，鎮要害之處以備之，未嘗交兵鏖戰，以決勝負，而終其世，方內乂安，國家殷富。武帝雄才大略，以匈奴爲不足滅也，歲歲出師，不能得志，兵連禍結三十餘年，雖拓地千里，而海內虛耗，盜賊並興，武帝亦已悔之矣。自當時觀之，則文帝似儒弱不斷，武帝似威武莫測，而較其終，得失之迹，則不可同年而語矣。恭惟我朝，聖神開運，列聖相承，克盡懷綏之道，邊陲寧謐，百姓安業，將百有餘年矣。時雖有竊發，亦不至甚。近者西戎無故犯邊，殺虜人畜，自一至再，自再至三，將至於不可忍矣。大臣廷議，皆以爲可

伐。武夫唾手，欲斬酋豪之頭，懸之闕下，此誠千載一時，夷
狄值百年離衰之運者也。然以我國家觀之，其不可伐者有二
焉。比年以來，乾文屢變，坤載不寧，冬雷夏雹，災異疊臻，
加之以水旱，五穀不稔，咸鏡、全羅兩道，飢饉尤甚，遣使賑
恤，僅得蘇復。今年又自春徂夏，三月不雨，兩麥不熟，民何
所恃以就農功乎？天之譴告亦甚矣。此正殿下側身修行，日慎
一日之秋也，豈宜勞民動衆，懸隔山河，以與小醜從事乎？古
人云：‘興師十萬，日費千金。’今西成雖小稔，用二萬之衆，
計其輜重，轉輸之人亦不下二萬，是用四萬人往討也，其費從
可知矣。況平安一道，土瘠民貧，雖豐年，不能如他道之飽
暖，近年以來，凶災尤甚，何以支四萬人之衆乎？大軍之後，
千里蕭條，百姓流離，殿下何以救之耶？且自古兵興之後，必
有水旱飢饉。何者？鋒刃之下，殺傷過當，骸骨暴露，怨氣充
積。足以傷陰陽之和。如此，則國家之憂，將不止於外矣。此
不可伐者一也。胡人與禽獸無異，散處山谷險狹之間，平時相
聚爲盜，潛來殺掠，以爲衣食之資。一遇大軍，則獸驚鳥駭，
竄伏林莽，或隱蔽要害，突出狙擊，雖孫吳之將，百萬之師，
無所用之。昔在庚辰年，世祖命申叔舟往征建州衛，曾未虜
獲，而我之武士勇健者，大半陷沒，至今惜之。此雖爲將者失
於處置，亦其地險之使然也。己亥年，成宗命尹弼商往征之，
僅得老弱，以爲首級。辛亥年，命許琮征北狄，亦無功，而士
馬物故，枕藉道路，當時見者，至今流涕。此皆已然之明驗。
今不忍一時之憤，興動大衆，涉千里而伐小虜，雖全師而還，
勞民已甚。萬一蹉跌，虧損國威，所失甚大。此不可伐者二
也。傳曰：‘千鈞之弩不爲鼷鼠發機。’願殿下遠覽前代帝王成
敗之迹，近觀我朝得失之驗，懼天災時變之興，念四方生靈之
難，慎舉大事，擇邊將以分守要害，明賞罰以陞黜勇怯，自然

邊塵稍息，不至騷擾。若鼠竊狗盜，雖三代聖人，亦不能保其
不爲也。臣等俱以庸劣，待罪經幄，雖一政事之失，苟關大
體，敢不仰籲天聽，以效萬一。況此舉動，所關不細，不可輕
忽。臣等所以冒犯雷霆，再瀆宸聽者也。伏願殿下，察其憂國
之誠，不以人廢言，則國家幸甚，生靈幸甚。”傳曰：“似若以
一時之憤，成萬世之恨。然大議已定，不可止也。” 丙子，受
常參，御經筵。參贊官崔璡曰：“臣等請停西征，未得蒙允。
臣謂今年兩麥不登，民間艱食，市價登貴，綿布之直，不滿三
斗，京中如此，況外方乎？從征二萬之師，盡賣田地以備軍
裝，臣恐不斬一敵，而國家先自困矣。”正言李孝敦曰：“民間
云，今年之歉，甚於乙巳。假使今秋少稔，若興大軍，則糧餉
必不給矣。”特准官朴崇質曰：“近年雖不至大歉，而民間如此
者，凡民戶無餘丁，非實軍則皆奉足，或多逃散，逐末趨利者
眾，不事農業，故農民小而費食者多，米穀之貴，從可知矣。
今之所當先務者，使農民多而游手者少，申嚴防備，固守邊關
可也，豈興兵動眾之秋乎？”持平權世衡曰：“此舉假使得利，
兵連禍結，必貽患矣。敵加於己，不得已而應之可也；鼠竊狗
盜，不足較也，何必勞師遠征乎？”領事成俊曰：“今所啟之言，
大概皆是。近年不至大歉，而市價如此者，如崇質所啟，農民
小而費食者多故也。凡民戶無餘丁，盡錄於軍籍，農民之小可
知矣。其已付軍籍者不可減也。自今請勿盡括遺丁，以業農
事。且軍粮計戶曹置簿之數，則似足矣，然恐有名無實也，請
令其道監司更審虛實。”王曰：“西征之舉，固當視歲之豐凶也。
然我民被殺虜甚多，今若入征，而多所斬獲，則彼必懼而
自戢。”

六月己丑朔

　　乙未，朝鮮實錄書：議西征便否。李世佐議：“建州賊屢

犯邊境，赫然之舉，不得不爾。但今調兵二萬，驍卒並計，不下四五萬，往還散料，糜損必多。本道軍需不敷，一舉蕩用，後若有不得已之舉，軍需何從而出？況此道稅入數少，十餘年間未易儲峙。癸丑年，世宗朝大舉入征，調發之數，亦不至此。其時征討規模，具錄武定寶鑑。量減軍數，以爲後日之計。"慎守勤、柳洵、金諶議："虜騎犯邊，人畜屢被殺掠。當此之時，大舉問罪，孰不以爲可乎！然有五不可：鼠竊狗偷，彼虜常情，今年寇攘尤甚，良由邊將解弛所召，不此之顧，遽用大衆，不戰而先疲，一不可也。今年凶歉，近所未有，秋雖小登，民尚艱食，行齎居送，八道騷然，虛內事外，二不可也。平安一道，我國門戶，蓄積不可不敷，今此大舉，耗費必多，將來之慮，可爲寒心，三不可也。咸鏡道軍卒，亦在調發之例，城底斡朵里雖曰內附，非我族類，變態難料，虛彼事外，此實啟戎心，四不可也。虜新犯我，彼必有備，況山川險遠，而捷獲亦未可必，徒能焚蕩其廬舍，斬獲其老弱，所得不能補其所亡，且虜之乘險議後，勢所必至，五不可也。事雖當舉，有此五不可。爲今計，申嚴警備，來則斬獲而已。無已，則遣一元帥，用本道士馬，耀兵江外，足以示威。且彼積釁，有不容已，年又豐登，可以用衆，然後定赫然之舉，亦未晚也。"姜龜孫、韓斯文議："西北鄙賊虜，肆毒已甚，宜興問罪之師。然師出萬全，未能預料。倘不得利，徒勞兵傷財耳。但賊以韓世忠等嚮導，深入內地，侵犯非一，不可謂狗偷而置之也。臣謂遣一元帥，只率平安、黃海兩道之軍渡江，陳兵以諭曰：'爾惡滔天，不可容貸。若不盡還虜口，繫頸世忠等以謝，當舉兵誅戮。'且斥數息里之地爲限界，斬伐樹木，使不得越入窺覘。退駐巨鎮，分兵持久，以待明春。彼或違越，驅逐而勦殺之，不勞大師，而邊患可息矣。"安處良、洪興、李季男議：

"彼虜屢犯邊境，固當大舉，直擣其穴。然興師大事，不可輕易。臣聞平安一道，積儲不敷，加以去年凶歉，今年農事亦未可知，遽興大師，實爲未安。況彼虜負險恃固，坐而待戰。我率疲卒數萬，深入其穴，全勝而還，未可知也。臣意姑停問罪之師，分遣助戰之將，於彼虜入寇之處，與其邊將，分兵守禦，以觀其勢。若鼠竊不止，興師問罪，亦未晚也。"李誼、李復善、鄭叔墀、閔師騫議："西賊屢犯邊境，虜殺人畜，以軫聖上西顧之憂，不可施仁而化，不可賜物而感，當擇士馬之精強者，深入其阻，聲罪致討，殄殲無遺，大示天威可也。但近來連歲凶歉，民產不敷，加之以平安一道，儲蓄亦不裕。姑遣良將巡備西方，以待豐年往討，未爲晚也。"李昌臣議："臣按漢史：元狩太初間，匈奴入右北平，殺虜人民，又入五原、酒泉。武帝以雄才大略，憤不自勝，召問廷臣。韓安國、主父偃、嚴安之徒，皆上書諫伐，而獨王恢進攻伐之策，帝遂嘉納。遣衛、霍擊之，盡漢兵勢，雖或克獲，胡輒報之，士馬物故，亦略相當，兵連禍結，海內虛耗。微輪臺一詔，幾不免爲秦矣。今三衛野人，辜恩負德，屢犯西塞，問罪之師，在所當興。然師還之後，彼必來報，邊患無時而息，臣竊慮焉。漢武又設馬邑之營，欲誘匈奴，使韓安國將兵邀之，匈奴覺之而遁。先儒嘗譏之曰：'一虜不得見，況單于之面乎？'臣愚亦以謂，戎狄雖頑如禽獸，而狡黠有餘。今西戎自寇邊以來，意謂王師朝夕必至，逐水草遷徙以待之，聞我鼓擊之聲，則必鳥舉而雲散矣。若大興師旅，終不見一虜而還，則費財勞民，其害幾許，臣竊慮焉。大抵禦戎之策有二：赫一時之怒，則皆欲遣將問罪；圖萬全之計，則固宜內修外攘，伏惟上裁。" 乙巳，平安道節度使李朝陽馳啟："青水堡甲士李孝信等十人，因體探越江，遇賊盡見搶虜。"命拿鞫權管池漢宗。 壬子，命議青

水堡體探軍被擄事。尹弼商議："遣體探軍時，邊將當領軍巡
邊，察賊變有無而後遣之。今不如是，以致被虜，拿來推鞫甚
可。節度使所啟，於沿邊要害處，以內地有武才守令，分定輪
番防戍，似為得策；政府以其有弊，故停之。若從此策，臣意
以謂庶無今日之辱。況從中遙制，兵家所忌乎！"韓致亨議：
"不謹措置，累被殺虜，專是邊將之過。急遣警邊使李克均。
巡檢防禦諸事，越邊野人畋獵禁防事，令該曹磨鍊後更議，何
如？"成俊議："體探軍士致令被虜，權管、助防將不可不懲戒。
越邊畋獵野人捕獲事，節度使所啟似當。"李克均議："前此體
探乘昏到江，登山止宿，翌日早朝，得便地移居看審，例也。
今不依舊，罪在權管、助防軍官。助防將池允濟，並令拿鞫。
越邊野人捕獲事，言之雖易，行之甚難。雖一時得意，未可再
也。臣聞於李英山，英山昌城府使時，送姜孝福等三十人，深
入體探，遇靉陽堡人，給酒肉令其引路，探見裴山賊人。右賊
與諸野人居隔遠，數亦不過六十餘家。昌城以下作賊處，皆是
裴山賊引路也。明年雖有征討，裴山所居，勢不能及也，抄當
道兵二千餘名，今年九十月間，問罪似可。然臣所聞所計，豈
合廟筭，請命招英山及姜孝福，廣取大臣之議。"李季仝議：
"近來野人累次作耗，暴逆莫甚，已令邊將常加謹備，乘勢勦
捕，而每失事機，輒被殺虜。今欲渡兵掩獲畋獵往來者，以雪
其憤，其策似疎。深入我地作耗者，猶不能獲，況越邊道路，
素不能悉乎？彼若先為之備，非徒失利，其害反深。不若固我
邊備，待入寇而勦擊之為便。"從克均議。

　　是日，巡按山東監察御史羅近諜報："朵顏衛虜騎二千屯
虹螺山，而泰寧、福餘二衛虜酋借兵于他處，俱欲入寇。又虜
騎三千入廣寧雙臺等處刦掠，官軍嬰城自守，無敢禦之者。請
下所司，議所以防禦之策。"兵部覆奏："遼東與各邊不同，海

西每年一貢，三衛每年再貢，互市相通，世受中國厚恩。雖時有寇掠，原無聚衆反叛之謀，祇因邊臣生事，往往誘殺熟虜以爲功，委官覆按，亦不舉正其罪，所以結怨虜人，致啟邊釁，彼得以復讎藉口，我軍數至喪敗。且三衛之賊易弭，而海西之寇難平。今不圖，恐讎怨積深，導引北虜爲寇，其患非細。請令巡按御史覆按雙臺之役，人畜殺掠幾何？官軍亦曾對敵及策應與否？——分別功罪以聞。自今若有誘殺熟虜冒功，爲首者以謀殺漢人律罪之；同行知情者，俱調南方烟瘴衛分；分守、守備等官，知情者降三級；鎮巡官知情故縱者，奏請處分。仍請敕鎮巡等官，各率其屬，秣馬勵兵，振揚威武，優恤士卒，作其銳氣，有警設策防禦。必敵勢衆大，本鎮力不能支，乃會合鄰兵，相機從事。其各路城堡，士馬器械，仍下巡按御史，閱實聞奏。"從之。實錄。

　　當時東夷情狀如此，而女眞獨稱海西，與朶顏等三衛，偶因邊將誘殺冒功，不免寇掠報怨，且信其無聚衆反叛之謀，然則虜雖爲暴，而實甚馴也。至建州女眞，則并不在爲寇之列，可知建州當日爲尤馴。蓋邊軍狎虜不叛，又誘殺以生事，不知殖邊之道；徒以兵力取夷，夷弱則欺之，夷强則憚之，皆足以貽患矣。

　　乙卯，朝鮮實錄書：議往討裴山賊便否。尹弼商、韓致亨、鄭叔墀、李昌臣議："今聽李英山之言，裴山之賊獨居一隅，其類不多，與他部落不相接，無救援之勢，雖遣偏師，可以易制。但三水及平安道沿邊作耗，定是三衛之人所爲，其非裴山賊明矣。清水堡之事，恐或然矣。然今年加兵於此，則三衛之人驚動，多般設險，又有才智之人，別出奇計以備之，明

年大舉，必不得利，且慮蹉跌。臆意以謂選卒鍊兵，且儲糧
餉，又秘形跡，使彼忘備，徑往問罪，如雷霆之不及掩耳，期
於殄殲。今舍此而討彼，比之於棋，恐失先後之手。"成俊、李
季仝、呂自新、洪興、李復善、閔師騫議："裴山賊事，臣等
所聞，亦如克均所啟，不可不問罪。然征伐大事，不可遙度。
今克均之行，更細探問賊巢遠近，山川險夷，用軍多少，并度
糧儲足不足以啟後更議，何如？"李世佐議："裴山野人若果引
路嚮導，則今秋輕兵掩襲，似合機宜。但邊人欲邀一時之利，
喜造言生事，其言不可盡信。裴山賊前無搆釁於我，今信聽邏
卒之言，挑怨近江之寇，是無事而更添一賊也。若又大軍路經
靉陽堡近境，則投鼠忌器，古人所深戒。"柳洵、朴崇質議：
"凡用兵，必不得已而後用之，則言順事成，動無不善。近來
建州賊，屢於邊邑爲鼠狗之盜，國家不能容忍，方選卒運糧，
爲明年征討之舉。今青水堡不依例偵候，白晝遣兵越江，自投
於張口之虎，此特守將輕妄不謹之罪，不足爲恥，不足爲怒。
惟當拿致守將，重治之耳，何必爲此別爲掩擊之舉乎！況聞裴
山屯與靉陽堡，相距不遠。今我用兵於彼，靉陽必報遼東，如
或達于朝廷，則於明年大舉之計，恐或有妨。且今議者欲用本
道兵數千，臣意明年大舉，亦不得不用本道兵，連歲赴征，恐
不能堪也。且以此賊爲終不可遺，則明年大舉時，用偏師入攻
爲便。"洪貴達議："若如李英山之言，則青水之賊，亦是裴山
人所爲，宜先討之。但國家將舉大兵，以討諸虜之寇吾邊者，
其策已定，不宜驚動小醜，以警三衛耳目，使之有備。敵若有
備，則雖舉大師，恐不得利。且裴山形勢，初因靉陽而知之，
今討裴山，靉陽必先知之，遼東亦豈不知？彼若有言，則明年
大事，恐或有礙，豈可見小利而先爲可疑之勢哉！且今裴山往
討之兵，不可遠徵，須用平安軍士。明年西征，又不得不用本

道之兵，以多年邊戍之兵，而連年勞於征討，自就凋耗，非計之得也。且西征糧餉不足，故自今轉運內地之穀，恐慮未充，今討裴山，其兵少不下數千，其費豈不可慮乎？將上項數段，熟思深計，則大事未舉，先討小虜，非國家大計也。臣意以謂裴山之賊必須攻之，則西征時分道入討爲便。"金諶、權健、申溥議："裴山形勢，臣未嘗知之。英山傳聞之言，未可盡信。且舉兵大事，遙度爲難。今警邊使臨發，更令審度形勢以聞，然後更議，何如？"從成俊議。

　　裴山云非建州，而其地則近靉陽，是毛憐境也。建州之寄住毛憐衛，在明人并稱爲建州女眞，朝鮮此時又歧視之。欲討建州，不欲先討裴山以驚動建州，要之此亦建州部落也。於時建州，在明了無聲息，惟其中有小部落，從鴨綠江邊時時擾及朝鮮，致煩朝鮮累議征討。要亦向非建州三衛及毛憐衛著名之酋有所動作。此皆足見當日建州之馴擾。

七月己未朔

庚申，朝鮮實錄書：西征都元帥成俊啟："前日議征裴山賊時，臣請先遣李克均于西鄙，審其山川險夷，道路遠近，及軍需軍卒，當用幾何，以啟後入征。而克均老病，欲針灸而行。請先遣從事官一人，馳往審問。且前者姜孝福等三十餘人，追賊至其地，山川道路形勢，請令從事官問孝福馳啟。孝福若未詳知，當遣他人體探。然今虜兵不戢，不可輕率遣之，當與節度使同議，募遣驍勇者十餘人體探爲當。若路梗未能深入賊藪，詳探形勢，則難以入征。不特此也，若本道軍需不足，則當須轉運南道軍需，入征之舉，勢似益緩。"傳曰："速

遣從事官。"克均啟："成宗朝，臣爲都元帥，往鎮西塞。成宗
送火車三十六，臣即分置諸鎮，只留三車。於冬月試以十五人
挽之，值雪深不能運。臣取村家雪馬，傅火車其上，以一雌牛
牽之，雖丘陵谿谷之險，亦能上下。臣以謂可用於戰陳，依樣
造進，成宗亦以爲可。臣請更造，試置船上，伺賊入寇，更互
發火，則彼雖衆强，何能當哉！"傳曰："可。"俊又啟："金繼宗
老於戰陳，可以當百者也，已滌垢當叙，故臣欲差助防將以
遣。今以憲府之駁，命姑停削案，罪人未可授國大事；雖使授
之，彼亦不能安心莅事。今繼宗事干人，一一發明，三公亦以
爲非其罪也，故命削其案，未幾還收成命。如此紛更，於事體
何如？"傳曰："體宗信可用人也，其依前教削案，仍授助防
將。"　　三水郡被虜人口推刷敬差官金瑄來復命，圖三水賊人入
寇之路，及被虜人等家舍以進，仍啟："甲士韓哲同，當彼人
入寇之時，馳由徑路，毀其機道，以絕賊路，奪賊馬六匹。請
論哲同之功，以勸邊人。"傳曰："韓哲同其論功。"　　丁卯，去
六月，溫下衛野人金加乙軒等到滿浦江邊報變，僉使崔漢洪館
待之，問於女眞訓導高敬孫曰："建州衛彼人犯邊作耗，將舉
兵征討乎？"敬孫答曰："犬豕之事，國家何足介意。而興師動
衆乎？"漢洪據此牒呈于節度使曰："彼之所犯重大，自相疑畏，
托以告變、刷還人口，實覘幾微。彼人兇狡有餘，若賂遣鄉通
事與供舘人引問，則無識之徒貪得一時之利，不顧國家大計，
自謂推論無據，漏洩軍機，至爲可疑。雖得罪人置之極刑，無
補後悔。今後出來彼人等，數其負信曰：'某月日虜去人畜刷
來，則優待如常。不爾，則雖來報變，却之不納事。'開諭閉關
不納，何如？"節度使馳啟，命議之。尹弼商議："彼人自知罪
重，心恐征討，托以報變，連續出來，窺覘之計明甚。與彼人
嚴禁買賣，勿令漏洩入征之計。崔漢洪所報閉關不納事，請問

該曹及知邊事宰相。"愼承善議:"彼人累犯邊境,虜掠人畜,自知罪重,托以報變,實欲觀我之興師致討耳。不然,何不刷還自受其賞耶? 朴古里等來告事變,恐亦如是。且'人畜刷來,則自有重賞。'如此開諭,以觀其變,何如?"鄭文炯議:"彼人所告古慈城指向出來人,相逢還率歸事,及建州衛人等發兵聲息,未委虛實,然大概皆是因緣進退,窺覘我用兵與否耳。然邊備則豈可以爲虛語而忽之也。宜令節度使敕諭諸鎮,常如賊至,愼固防禦何如? 且常時來往彼人,相接時言語相通禁止事,依啟本施行。"韓致亨議:"彼人等自知其罪,托以報變,數來窺覘。下諭邊將,所管軍民嚴加戒飭,毋得漏洩入征之計。"從弼商議,仍命更議于知邊事宰相及該曹。李克均議:"彼人之情,不過崔漢洪所料。然今若閉關不納,則必彼疑我益深。今當語之曰:'前此作賊,皆於水下而不於水上者,專是汝等嚴加禁防耳。邇來頻寇水上,必汝等和議送之,而謀欲免罪,待其入來之時,來報而已。汝之情實,雖童子乃知,何以數數來報而無顯功乎? 前日童清禮建州衛入歸時,酋長等處皆有賜物,彼報之曰:"若有賊發,即當報告,并力捕之。"近來年年作賊,酋長等一無來報,國家負汝乎? 汝等負我歟! 汝等之罪貫盈矣。然國家置而不問,待之如初者,三衛之人豈皆盡反。其中犬豕之輩,聲言田獵而出,作耗我地,衛父老實不知耳。今若加兵,有罪無罪,並皆受罪。聖上不忍加兵以此。汝先自疑,將不緊語來報而覘我,可乎? 勿以我不知而待汝也。汝等若力可以推刷,則推刷;不能,則國家不須督汝刷還矣。歸報諸衛父老,各敬爾心,無負國家。國家若加兵,豈效汝狗偷鼠竊,使汝等不知乎? 汝勿疑之。作賊之人,一一題名來告,告則國家當直汝矣。'以此開諭之,又嚴禁滿浦之人交相私語,勿洩軍機事,下諭何如?"李季仝、權健、申溥議:"彼人等托以報變，連續出來，迹似窺覘。若與邊民言語無禁，恐或漏洩。然私相買賣，其來已久，今不可遽禁。且虜去人刷還事，雖累負約，不曾拒絕。今若閉關，形迹反露。但令邊將嚴加戒飭，慎勿漏洩，似便。"呂自新議："古慈城指向出來人執捉還入歸，知其重罪，托以事變來告，因此窺覘我軍機必矣。依啟本，虜去人畜畢刷來後，厚待論賞事開諭，何如？"從克均議。　　己巳，咸鏡道觀察使李承健上書曰："臣以駑鈍，濫蒙聖恩，受方面重寄，揆分踰涯。但才器淺短，職分內事猶多舛錯，況出位言事，可謂自量乎！然區區之心，欲獻一言，伏惟聖上恕其狂僭焉。因今北虜梗化，西北邊氓累被搶虜，近日三水人韓世忠每爲嚮導，來必得利，如蹈無人之境，其患豈但今日而止！彼諳邊備虛實，山川迂直，與之合謀，伺隙乘便，剽掠之心方張而未已，攘斥之策何如而可？專在邊將得人，率勵士卒，騁謀制勝而已。我國壤地褊小，邊幅之長，唯咸鏡一道爲最，故先王朝置南、北節度使，以分形勢。北則以鏡城爲營，南則以北青爲營。然北則主將據要衝以援四方，諸鎮堂堂，虜不易犯。南則賊路凶險，諸鎮寡弱，主將又不長在邊圉，其累見敗耗，勢使然也。何者？北則不帶家屬，南則許率妻孥，故爲節度者，以北青爲家，居邊之日常少，不得不爾也。北青去甲山、三水邊地五六百餘里，高山峻嶺，雄峙其間，越險之難，人馬俱極，疾行五六日，乃得至焉。聞寇之至，倉黃罔措而已，烏能及哉！臣意妄謂，移營甲山，不帶家室，革去評事，置虞候一人，與主將分據東西，裹糧坐甲，衝東則此應，擊西則彼赴，然後庶可禦也。或者謂甲山爲府，土田不多，人民眇少，何以爲主營？臣則以爲不然。主將移此，則營屬奴婢餘數百人，其衞前倍蓰，從而歸之者衆。又割北青之地聖代、金昌、伐聖浦等處以補之，則雖不徙民以實，自成一大都護矣。度其勢而應其變，扼其項而附其背，誠克敵制勝之良謀也。外此他求，臣未知其可也。且三水一郡，所恃而存者江山之險耳，所耕而食者，魚面等數里耳。今也賊入腹中，備悉虛弱，江山失其險，魚面輟其耕，無魚面等里，則是無三水也。無三水，則咸興、定平爲受敵之地，其無日蹙之嘆乎？於要害之地亟置巨鎭，揀選邊將，嚴兵固守，以禦其侮，策之上也。或者謂雖置巨鎭，戍兵安出？臣意妄謂，浪城、道安兩鎭水卒，可罷而移戍也。前朝之季，沿海無防之處，故倭寇得以竊發，由慶尙入江原，由江原入朔方，以至于咸州、北青耳，非絕大海直抵此也。今則慶尙、江原沿邊諸邑，皆置其鎭，彼安能侵彼達此也？又有一說焉，平安與咸鏡接壤，如有聲息，劃即馳啟，又相飛報，毋失事機可矣。今轉聞下諭之間，道途悠遠，日期已逝，雖悔莫追，此又備邊之二欠事也。自古國家之患，莫大於紛更。利於舊不什則不改，故古人重改作。臣亦非不知變更之難也，今在北方親度事勢，不敢含嘿，欲已不已，出於至情，誠非諛也。伏望聖上恢納污之量，以臣之言，下詢大臣。如曰有理，採而納之，無任殞越之至。”傳曰：“其議于曾經政丞及知邊事宰相、兵曹。” 庚午，兵曹判書李季仝啟：“今秋講武已定。本曹多事，而臣則今受西征元帥之命，請遞臣職。”傳于承政院曰：“兵曹任重，季仝不須赴征，其問于元帥等。” 西征都元帥成俊等啟：“當初臣等二人，受元帥之任。強請以季仝爲副者，臣等俱老不堪任。其明年大舉，則非一路入征，不得已分三路，則臣等三人，亦各盡其一路，季仝決不可遞也。且季仝非徒武班景慕，士林無不心服。教云：‘雖非季仝，豈無他人？’爲西征者，臣等時未見如季仝者也。野人屢犯，故今將往征，然入征後邊患永息則已，若因此攝讋，肆暴如舊，則不得已亦問其罪。其時則臣等必皆老

死，雖不死而存，必不能任事，季仝年少有時望，當從事西
北，使知彼土形勢，以待後日之用。講武雖大事，參判、參議
亦可措置。昔世祖幸江原道高城溫井沐浴，因行打圍，其時兵
曹判書金磧適不在，以崔恒爲假判書，使措置其事。”傳曰：
“知道。” 辛未，巡邊使卜宗仁來復命，圖獻三水郡山川賊路
形勢，居民戶數，仍請設新堡于魚面；且啟：“甲山有積生驛，
其傍民居稠密，而有大川直注于鴨綠江，其川水入江之處，即
惠山、仁遮外兩鎮之間也，去兩鎮絕遠，彼賊若造者皮船從江
遡流而上，則直至積生驛，兩鎮必不及知而禦之。前者此處素
無賊變，今則韓世忠爲嚮導，故恐其作耗也。當置堡於兩鎮之
間，以防不虞。”傳曰：“其議于曾經政丞及政丞、知邊事宰相、
兵曹。” 戊寅，平安道觀察使宋軼馳啟：“彼賊十餘名入寇楸
坡、梨洞，射殺騎兵延允同，即令萬戶徐虎領兵追逐。” 辛
巳，咸鏡南道節度使權仲愷馳啟：“惠山鎮水下十餘里梨洞，
彼賊三十餘騎入寇，又二百餘騎越江屯聚。僉使朴文祖率兵邀
擊，奪所掠牛五頭、男女八口，斬賊一級，獲賊馬四匹、弓矢
器具。我軍戰死者二，見虜者男女七人、牛馬六匹。”傳曰：
“彼賊屢犯，殺虜如此，其可謂之鼠竊狗偷而忽之哉！積計殺
虜之數，及相戰被傷者，已過百餘人，一隅殆將空虛。予意受
辱既多，當大舉示威。然明年大舉已定，固不可輕舉，政院之
意何如？其議于大臣。”弼商啟：“世祖設咸鏡南道節度使，置
營北青，率眷留鎮，與北道節度使共爲掎角之勢，非直爲三
水、甲山防禦，而深謀遠慮存焉。今李承健所啟，移營甲山，
勿令率眷，又革評事。其偏處一隅，有同萬戶，非世祖設立之
本意也。此事係關甚重，一遵成筭，實合事體。”王從之。 壬
午，從事官柳順汀馳啟曰：“臣到昌城府，招姜孝福問裴山賊
事。孝福曰：‘去辛亥年九月晦時，孝福與池魚變等二十人深

入體探，日不記，巳時渡江，由雲頭洞入宿洪丹坪，坪距昌城
六十里。翌日平明，向西行，到七十里許，地名件羅伊峴，遇
素識唐人崔敏等五人，仍與共宿，詳問賊居。敏曰："自靈陽
堡而北二日程，有大、小裴山，厥初彼賊三家，來居于兩山之
間，其後又六家來居，資產富饒，一家口數不下二三十，與三
衛野人連結作賊。汝國水下各鎮被寇者，皆此賊也。右賊居
處，距汝國昌城三四日程，距蒲州江野人居一日程。若入征，
則彼賊所未及相救處也。"孝福曰："汝可指示賊居否？"敏曰：
"當指示。"率孝福等行半日程，語之曰："此地名古加隱洞也。
由此向西北行六十餘里，則有一洞，名曰馬尙峴洞。又行四十
五里許，則有坪曰臨之里。又行九十里，則可見裴山賊居也。
汝可由此路探之。"孝福等依指示入去，到馬尙峴底，日沒而
宿。翌日曉發，巳時末到臨之里，聞呼犬聲，知彼賊出來。登
山窺望，有彼賊六十餘人，或騎或步，持牛二十頭，載網出
獵，遮列坪路。孝福等粮盡路梗，未能更進，遂舍初入之路，
尋他捷路而還。二更末到宿一坪，名曰時梗坪。翌日朝發，酉
時到府。自臨之里距時梗，一百二十里許；自時梗距府，六十
餘里。若由洪丹路到臨之里，則道路迂遠。且件羅伊峴以上，
樹木葱鬱，溪流回曲，然無高險難行之處。若由時梗路至臨之
里，則路近，但樹木蒙密，與件羅伊峴同，而亦無高險之處。
若用兵，則由此路入征爲便。'臣又問池魚變等十九人，其所言
與孝福等同。臣與節度使李朝陽同議，更欲遣人詳盡體探，募
得孝福等二十餘人，令入去。孝福等云：'時方水漲草密，入
去甚難。且今彼賊布散江邊，若見我等蹤迹，必尋到追捕。來
八月望後，則水落草枯，木葉方脫，蹤迹未易尋追，須待此時
體探。'"命議之。尹弼商、韓致亨議："今觀柳順汀所啟，姜孝
福等云，裴山之賊窟穴道路，當時難以體探。雖得往探，入征

未便事意臣等猶未解，或請依前議。"魚世謙議："裴山事前日
議得時，臣有他故未參其議。今見順汀所啟，并聽姜孝福之
言，與李英山之言不同。且孝福之言曰：'雖無高山絕壁，其
路則只通一馬。'然則非大軍橫行之地明矣。其部落多少，則只
於初面隱身遙望耳，非躡山川遠近而歷數之也，奚知只有六十
家乎？見其部人田獵時，以牛馬載網，度其居不遠。然其群聚
以獵，不計遠近，馱載獵具，何以必其居之近乎？凡征伐大
事，古人慎之。故恃其力者謂之驕兵，因怒者謂之忿兵。今以
野人鼠竊之罪，興兵動衆，不幾於驕忿乎？前者北征時，城底
野人與彼往來者，指路而行，且令金長孫體探遠近，皆謂必無
差跌，然竟無成功，軍多不還。今以姜孝福之言，輕舉勞民，
臣恐前日北征之禍在今日也。帝王之道寬仁耳，寬彼之罪，仁
吾之民，其要在忍之而已。"李克均、李季仝、呂自新、權健、
李堪議："今觀順汀所啟，及聽姜孝福之言，與李英山所啟不
同。道路遠近，彼人所居，未能的知。況方彼人田獵之時，布
山絡野。今若體探，萬一被虜，恐洩事機。姑停以待明年大舉
何如？"卞宗仁議："今觀順汀所啟，裴山之賊，居處難以體探，
今年入征未便。明年大舉之時，并征何如？"成俊議："今觀順
汀所啟，若如唐人所言，則裴山賊只有九家而已。安可爲九家
舉兵入征？況姜孝福等所言，與前日李英山所啟各異，其道路
遠近，及水下入寇，皆此賊之言，不可謂的實。今且彼人因田
獵布野，不可遣人體探。依前所啟，來年大舉入征，何如？"從
俊議。弼商、世謙、文炯、致亨、克均議："惠山僉使朴文祖
先知平安報變，當於賊人可疑處預先隄備，以待賊變，不能乘
機勦殺，此固有罪。今觀權仲愷所啟，文祖與賊相戰，奪虜去
我國男女八名、牛五頭，斬虜二級，又奪賊馬四匹，射殺一
匹，并奪賊所賚衣服雜物。其所被虜老男女四名，男女三名，

被殺老男一名，馬二匹，牛四頭。以此計之，則文祖奪殺人畜
二十，被虜殺人畜十五。令該曹功過分揀，磨鍊啟聞後更議，
何如？"宗仁、季仝、自新、健、溥、堪議："朴文祖不謹隄備，
被虜人畜誠爲有罪。其搏戰斬賊，還奪人畜之功，似若相當。
然其所言不可盡信，令本道觀察使，被虜口數與追逐節次，詳
鞫啟聞後更議。"從弼商等議。弼商、世謙、致亨、克均議：
"魚面倉，依卜宗仁所啟，於其所圖獻地，姑設土堡萬戶，近
地人民並疊入過冬。夏節則其於江外石毛老、甘坡等地賊人要
害處設農堡，各給軍士五十名，遠出體探，守護農作，則民不
失業，可以依舊生生。但魚面倉軍民，皆三水軍卒，魚面之
民，仰於萬戶，而不領於三水，三水亦虛矣。今觀察使李承
健，欲罷道內道安、浪城兩堡萬戶，以其軍卒入防魚面之地，
其意似當。然祖宗朝所設，今不可輕易革罷。令節度使、觀察
使同議三水赴防軍人若何而足？魚面赴防軍人幾何而足？入居
幾戶？來往赴防幾戶？軍民出處，及時啟聞後更議，何如？"季
仝、自新、健、堪議："魚面、甘坡、石毛老設堡事，請依所
啟。且魚面置萬戶，甘坡、石毛老定權管防戍爲便。宜令觀察
使、節度使城基大小，置軍之數，與軍人出處，同議以啟。但
以江外沃壤，不宜虛棄，渡江耕種，脫有賊變，勢不及救。設
使江外築堡，守護農民，非權管之力所能獨當。自江以外，一
皆禁耕，何如？"從季仝議。　丙戌，承旨權柱啟："野人犯邊，
無世無之，而今則一日之間邊報再至，未有若此時之甚也，臣
實痛憤。古之帝王，度疆非一，有置之度外，以禽獸畜之不與
較者；有整兵討罪，以示赫然之怒者。如其置之度外，則已
矣；不然，當興赫然之師。今之議者皆曰今年不可征。臣意以
謂明年之歉，未可知也。假使明年歲稔得征，自今明年至秋冬
竊發未已，則受辱莫甚。今年當減其軍數，輕兵征討，以示國

威也。雖曰軍資不足，當初元帥等議征之時，豈不計軍資足不足，意必有處置之事矣，其後以軍糧不足請停者，是萬全之計也。臣白面書生，何足以知之？然臣爲兵房承旨，掌出納兵事，故素懷此計，不敢不達；非必欲行臣之計也。前者下問于本院，臣適不在，故未及啟達耳。若於今年不征，則亦當訪問其別設措置之策也。”傳曰：“其議之。”尹弼商、鄭文炯、韓致亨、李季仝、呂自新、權健、申溥議：“近來建州衞野人屢犯邊境，自干天誅，宜興赫然之師，往問其罪。然用兵大事，必須審度事勢，乃可成功。今江邊粮料罄乏，不宜用大衆。方運粮以圖明年大舉，今不可輕舉忿兵也。萬一偏師入攻，或至蹉跌，非徒虧損國威，益啟彼人輕侮之心，是豈細事！帝王之事，當求萬全，宜養兵畜銳，分道入直擣巢穴，雖不能掃蕩醜類，亦足示威。姑且含忍，以待明年何如？”克均則以謂當征。言於左右，左右不以爲然，獨不議，啟曰：“都元帥成俊今日不來，當同議以啟。”　丁亥，右議政成俊啟：“臣以病至家，而今病小間。見昨日諸宰議，皆云今年粮料不足，將待明年大舉，此臣等已議之意也。臣今者更思之，咸鏡道城底野人與我國人混處交通，我國之事無不知之。今會寧城底野人，以彼侵軼之故，避居平安道，兩地因緣連族，或因婚媾，凡秘密之事無不備知。癸丑年，世宗朝北征之時，凡小大邊事皆緘封不漏，外人不得聞知。臣等當初計不及此，不能措置。明年大舉，彼人想必預知，雖大舉致討，不見一虜而還，徒爲受其辱耳。今年則虜必不料吾計，而未及設備，即以本道及近處軍士，出其不意掩擊，何如？”傳曰：“政丞之議，甚愜予意。然今年以孤軍入征，則如觸蜂家，遇一二怒蜂，衆蜂皆起，事必不濟，予以此爲慮耳。”俊啟：“臣非不慮此，然西征之事已不密，計彼必知，明年之舉，恐不見一虜而返。大抵興師動衆，必視歲豐凶。今年平安、黃海道稍稔，若明年凶歉，雖欲大舉得乎？臣意謂以本道輕騎，直擣虜之不意，則庶幾得意。"傳曰："卿意如此，依所啟。"

八月戊子朔

是日，朝鮮實錄書：坡平府院君尹弼商、左議政韓致亨、領中樞鄭文炯、左參贊洪貴達啟："用兵大事，不可輕舉。明年大舉，國議已定。今若孤軍入征，恐或失利，益生戎心也。姑待一年，鍊卒選軍，分道致討，則庶可得志也。"貴達又啟："用兵不可煩數，今年致討而明年又大舉，則本道近道之軍不得休息，當待明年一舉問罪，何如？"傳曰："西征事予亦深慮。李克墩、成俊今年入征之事，反覆來言，故予姑從之。卿等之言甚是。" 己丑，諭平安道節度使李朝陽、咸鏡南道節度使權仲愷曰："蕞爾醜虜，罔念我德，鼠竊疆域，我民之見虜者多。每邊報至，未嘗不痛心疾首，輒下諭以勉之。而數月內星報相望，其被殺掠尤甚，豈非狃於尋常，坐失事機乎？近邊帥有罪，率多寬貸，未聞有一人感激奮勵，以贖前罪。是予先自失刑，祇益其慢弛也。自今失守禦、致虜作耗者，繩以重律不饒。其知會小大邊吏。" 庚寅，議西征遲速利害。尹弼商、魚世謙、鄭文炯、朴楗、卞宗仁、李季仝議："今年不可輕舉。彼若知吾再舉，遠徙以避之，則明年雖大舉，不見一虜，徒損國威而已，豈望其耀武於殊俗乎？"成俊議："臣受元帥之任，籌邊之策，不可不爲之深慮。西征之事，不可遷延，以失機會。臣於前日請今年抄本道及近道兵，由一路入征；來年大舉，諸道兵分三路共討者，去今年賊變，近古所未有，不惟上意震怒，群下孰不痛憤。但來年大舉之策，初不愼密，傳播人口，雖後馳書勿令漏泄，然咸鏡五鎮之民，日與城底野人相從，言語之間，安可保其秘不漏泄乎？臣受元帥重任，凡設施之方，晝夜思度，妄意以爲彼以來年備我，我以今年不意而入，彼不料我再舉，而我乘其不意，則彼將不及備我，我或有得利之理。臣之兩年再舉之請，以此也。"魚世謙議："臣於邊事素不慣習，其入攻遲速利害，不敢臆議。然今年入攻之計，乘彼不意，期於得利而已。但王者之師，當以萬全爲主，偏師不可以示威，恐或蹉跌，徒損國威。明年之舉，縱彼傳聞，豈能盡空巢穴，跧伏山林，以經歲月乎？前者累次入攻，使彼必先聞，至有投降請居皇城坪者。其後入征時，不能盡避，效首虜者頗多，何患於無功，而冒利輕動乎？況利不利，雖善兵者不能預料。待明年大舉勦滅，未爲晚也。"傳曰："卿等兩議，似皆有利，不可偏廢。予不可以獨斷，須更議歸一。"俊啟："他日利害不可逆料也。然臣任元帥之責，邊事責之久矣，今不可改議。"弼商曰："諸葛孔明，古之名將也，然其出師之際，乃曰：'成敗利鈍，非臣所能逆知也。'大抵兵家利害，不可預料。然臣之所議，不過如此。"世謙曰："成俊受元帥之命，故其所言專主於取勝，若以俊之計入征，則庶幾得利也。然帝王之舉，常在萬全，豈可覬於僥倖也。"傳曰："書曰：'庶言同則繹。'須更與六曹堂上及宰相前日不得與議者，同議以啟。"　甲午，李克墪、李世佐議："今年入征便否，諸議已盡，臣不敢贅。臣聞謀從衆則合天心，公卿大臣皆以爲不便，則豈可以一二人計畫，輕舉大事乎？世宗朝癸丑年西征，非如今日鼠竊而舉也。世祖丁亥年、成宗己亥年西征，皆承命，亦不得已。況世祖神武英斷，然猶勤於內治，不以征伐爲心，豈不以西方民兵單弱，欲其休養生息而已也。況今西界之釁，肇於許渾之妄舉；彼之鼠竊，非陵我，特懷憤耳。勉循衆議，儲糧養銳，待時而動，何如？"朴楗、朴崇質、朴安性、柳洵、申俊議："兵家料敵，不可取必。然以今日之勢觀之，彼虜數犯邊境，殺虜人民，自知罪盈惡極，當有問罪之舉，設備以待。今從一路孤軍懸入，無功而還，則徒勞我民。萬一蹉跌，則受侮不小。且今年興師，明年又大舉，則當道之人疲於奔命，不戰而自弊。臣意以爲今年休兵養士，儲峙粮餉，申飭邊鎮，益嚴隄備。彼虜若不得利，當自戢矣。如或不悛，侵犯猶如是，則明年大發兵，依癸丑之征，多張形勢，分道而入。自救不暇，敢發兇謀？帝王用兵，必不得已而後舉，舉之當爲萬全之計，不可輕舉數動，規規於小利。”洪貴達、成俔議：“三衛野人，皆我賊。今若輕兵深入，只擊一處，則諸部落必聞之，相扼其險要，遮斷歸路，豈不危哉！且今年入征，須用平安、黃海兩道之兵，明年大舉，亦不得不用此兵，連年遠征，其勢必不能支，則豈不可慮哉！本道軍需亦不足。雖云輕兵入征，其軍數必不下七八千，糧費豈少，而明年用大衆，其費幾何？豈宜爲此小醜，連年黷武？願畜力養銳，以俟明年，分道而進，一時並攻，可以得志而還。”李世英、崔漢源、金對、朴元宗、李蓀議：“邇來西北之變，前古所無，舉兵問罪，不得不爾。但獻議者，一則云出其不意，輕兵突擊爲便；一則帝王之師，當圖萬全，今不可輕舉。甲可乙否，羣議角立。臣等以爲戎虜仁義不足，而奸狡有餘，自犯邊後，意謂王師朝夕必至，備我益深。今若舉輕兵，一路而入，利不利非臣等之所敢知也。莫若養威畜銳，待明年大舉，則律而直，直而壯，庶幾乎王者之師矣。”從前日弼商等議。　丁酉，平安道觀察使宋軼馳啟：“野人七十餘人犯江界楸坡鎮，圍其城。”命議之。尹弼商、魚世謙、鄭文炯、成俊、卞宗仁、李季仝、呂自新議：“明年大舉已定，今以一處潛竊，不可改議。若遇一處被虜，又發一怒，則用兵煩數，其怒何時已也？營爲處置，以待明年，未爲晚也。”

九月戊午朔

丁卯，朝鮮實錄書：警邊使李克均馳啟曰：“今九月初四日，山羊會親羅兀百餘名，爲賊所擄，楊世英力戰致死，獨李之芳斬首一級。賊又犯阿耳，虜金得光等九人，及馬十二匹去。”命召坡平府院君尹弼商、咸從府院君魚世謙、領中樞院事鄭文炯、左議政韓致亨、右議政成俊、兵曹判書李季仝、知中樞府事呂自新、兵曹參判權健、參知李堪，傳曰：“今觀事變，誠近古所無。前日議得宰相，或云內修德政而已，災變則謹天戒，修德政，可以銷之。若此頑凶之徒侵掠不息，豈德政之可弭耶？欲待明年往征之，則彼將今日虜若干人，明日虜若干人，坐視不救可乎？前日廟算，今可更籌，卿等其議之。”弼商等啟：“臣意以謂今年以六七千孤軍分道深入賊境，則彼將伏兵於要路而掩襲矣，此何異投肉於餓虎。明年以二萬兵大舉征討，則彼必分力禦之，而莫敢當我矣。此臣所以前日獻議之意也。”傳曰：“今若以六七千懸軍遠踐賊境爲不可，坐視無罪之民多被殺虜而不救，孰若興兵征討而一洗前恥乎？不幸而功不得成，比於前日山羊會之變，則萬萬矣。”俊啟：“今年入征事，臣於前日累次議啟，其時以衆議不可而止。今則時已太晚，雖欲入征，凡攻戰之具，必未及辦。征伐大事，不可輕舉，不得不待來年。”傳曰：“所謂落葉歸根也。”致亨、俊啟：“今者平安一道，賊變不息，而軍需本小，又今助防將及諸將等羣食其穀，則必罄盡無餘矣。請令戶曹，禁商賈使不得買販，預先布置，如何？”傳曰：“依卿所啟，內需司貿穀亦停之。”傳曰：“米三百碩送于內需司。”　庚午，御書六事下承政院曰：“其以此意與政丞、曾經政丞、知邊事宰相、兵曹堂上議啟。其一曰：賊變如此，節度使降職爲助防將何如？其二曰：警邊使豈措置慢忽而然耶？然恐防禦之事，視爲尋常，以致此變，更諭何

如？其三曰：遣朝臣看防禦形止，且問相戰根因何如？其四
曰：某種賊以何意如是作耗乎？其問兵判。其五曰：警邊使留
過冬節，措置防禦。其六曰：何時可西征？”尹弼商、鄭文炯、
韓致亨、成俊、呂自新、卞宗仁、李季仝、權健、申溥、李堪
議：“近日之變，節度使誠爲有罪，但臨陣易將，兵家所忌，
姑降一資仍職何如？警邊使以大臣受重任，安有視爲尋常慢忽
之理，但到界未久，措置方略，時未施行爾，然更諭令益謹措
置，何如？既委大臣措置，又遣朝臣審視，似乖大體。其防禦
形止，相戰根因，令警邊使即速詳悉馳啟，何如？”李季仝意，
以爲前年正月納剌衛白書老與母族火剌溫結黨，托言報父之
讎，使阿伊山指導金昌里作賊，此其始也。其後事變來告野
人，皆云近日之賊，白書老所爲，而建州衛沈項時哈亦同謀
也，然未能詳知。”傳曰：“皆依所啟。但兵判所啟之意，下諭
于警邊使。”

　　丁丑，兵部覆奏：“巡按遼東監察御史羅賢所言：‘廣寧、
開原、撫順三馬市，每遇夷人持馬貂諸物來市，被鎮守等官及
勢家，縱令頭目僕從，減價賤市，十償三四，夷人受其挫勒，
折閱積久，懷怨殊深，往往犯邊，多坐此故。’請自今馬市在廣
寧者，委按察司分巡官；在開原者，委安樂州知州；在撫順
者，委備禦官，仍申明舊例禁約。敢襲前弊者，捕送巡撫、巡
按等官究治，計贓至二百貫以上者，頭目、僕從人等，發極邊
衛分充軍；職官調別邊各衛帶俸，遇赦不宥；若因而激變夷
人，致引邊釁，從重論；干礙鎮守等官，奏劾按問。又邊關守
備等官，雖由鎮巡等官會舉，本部依擬奏請任用，然到任未
久，有被鎮巡總官員受賂更換，及調往別城者。官既行賂以免
禍，士被剝削而受害，請行巡按監察御史，今後凡有賂求之
人，須指實劾奏，永不再用。若本處缺官，須暫委別官帶管

者，仍即會推具奏，以俟請用。其守堡官員，雖得徑自委用，亦須從公會委，不許用意頻調。又開原、撫順分守、守備等官，并勢家，多與海西、建州胡人交結，爲親戚、俺答名色，遇其將來，出關迎之，以其進貢上馬抵易，或睹馬匹，約貢還分其所賜。馬既不良，隨後倒死。騎操者乏良馬之用，領送者有陪償之害。請嚴設條禁，犯者許領送并知識人，首告按問，各治以罪，遇赦不宥。"從之。實錄。

　　撫順設關，始於天順間，其後遂有馬市，既通朝貢，又許互市，所以利便於建州者如此。明史食貨志東夷馬市，除廣寧專待朵顏等三衛外，惟開原有廣順、鎮北二關，其撫順馬市竟不載。在清修明史本意，凡女眞受屬於明，皆在所諱。開原馬市，其始已專待女眞，并建州亦由此通貢市；後雖專待海西，海西猶是女眞，明史不爲最後效忠之王台等哈達四衛立傳，即已并海西而諱之。食貨志中之開原馬市，已覺非所願紀載，至撫順一市，則中葉以後始開以專待建州，惟恐涉及即易觸諱，直删去之。諸如此類，明史所以不可不改修也。明雖有史，而一代事實不具，若久因循，則吾通紀爲不可少之作品矣。

　　互市爲國家所以馭夷，而其後乃爲邊將及勢家所以漁利。因漁利之故，而邊將勢家轉通夷虜以罔朝廷。本意祇爲求充囊橐，弊之所積，遂以棄地通敵，不至賣國不止矣。結交胡人，爲親戚、俺答名色。俺答，當即清代之所謂諳達，蓋猶家丁云爾。屬夷投靠邊將勢家，結爲親戚，充作家丁，以抵盜貢品之利，奉之邊將勢家。而夷之黠者，於其中自能挾制此邊將勢家，以自求其所大欲。於此可推見清太祖之敬事李成梁，始爲成梁所狎玩，卒且假以

權位，餌以土地，遂成清一代之王業，其機括皆具於明實
錄此一則矣。

己卯，朝鮮實錄書：平安道警邊使李克均馳啟賊變。傳
曰："收議于政丞、知邊事宰相，且予欲改前日今年勿征之
議。"尹弼商等議啟："教云當改前議。臣等謂今者彼虜陵轢，
雖甚可怒，然姑待明年入征可也。前議已定，不可輕改。臣等
今觀啟本云，李秉正當出城防備，乃其任也。今乃留鎮碧團，
非國家命送之意，請即馳問。且今所虜人民，皆黃海軍士，非
京中軍卒也。抄擇京中精銳軍士四百名，仍給弓五百丁、矢五
百部，使之留防，以備緩急。而前此山羊會賊變，及今所被虜
中精銳軍士，皆不與焉，其故何歟？國家烟臺設立之意，欲知
其變急也。而近來多有賊變，而一無報知。且平安人馬疲困，
其何術以蘇復乎？請并馳問。"成俊獨啟曰："臣初欲今年入征。
李克均在京時，每啟此意。至於克均下去之後，又建今年入征
之議。然若今年欲舉，則當於七八月間，而今則時已太晚，不
可征也。雖軍士皆已抄定，然當更考其壯弱，而且日迫，軍士
亦不能及裝束。"傳曰："政丞等所啟事目，下議于警邊使可也。
且近者山羊會賊變時，彼入已渡江伏兵，伺吾民之出，盡虜而
去。今又如此，警邊使不能措置，亦可馳問以啟。"
十月丁亥朔
己酉，朝鮮實錄書：警邊使李克均馳啟："建州衛野人王
時方巨、宣夫介、李羅多，溫下衛野人朴散塔木等，來告曰：
'先是山羊會賊變時，被虜人金彥謙等，永安道城底居生馬阿
乙豆，給價刷來。'云云。若實刷來，則將何如接待？"傳曰：
"收議于政丞及知邊事宰相。"鄭文炯、韓致亨、成俊、李季仝、
呂自新議："金彥謙一敗軍降將也，其刷還與否，不甚緊關，

而滿浦節制使對王時方巨，當以重賞酬之，其言似爲過重。刷還之後，彼必矜功，欲受重賞矣。今不可以凡人刷還之例酬功，請令警邊使比凡人稍優贈給。" 李克均馳啟備邊事目："(一)歧州、建州、左、右等衞，時方作耗，聲罪致討，允合義舉。唯溫下衞效順，來往其間，雖有一二作耗之人，不可遽爾加兵。彼四衞既被征討，則溫下衞自然讋服，依舊報變，請廣收廟算。傳曰："議之。"

十二月丙戌朔

壬辰，朝鮮實錄書：警邊使李克均馳啟曰："去十一月二十二日，右衞彼人馬阿乙豆等，刷還我被虜人山羊會權管金彥謙等，到滿浦云，請從平安道朝京。"傳曰："其議于政丞、曾經政丞。"尹弼商議："馬阿乙豆，其功可嘉，固當厚賞，然由西路朝京，斷不可從。賞賜物件及待之之目，令兵曹磨鍊以啟何如？"愼承善、鄭文炯、韓致亨、魚世謙、成俊議："彼人論賞節目，及書契翻譯之事，令該曹磨鍊後更議施行，何如？"從弼商議。兵曹啟："馬阿乙豆雖還金彥謙等，然平安道不可開路，當諭以依前從永安道以朝；而其賞賜物件，令警邊使斟酌優給。且彥謙爲權管，不謹措置，彼賊之來懵然不知，親羅兀軍六十餘人被殺虜，身亦不免，請治其罪。"從之。兩界邊城，當農月，先出軍巡審賊變有無，放民耕耘，謂之"親羅兀。"

己酉，左議政韓致亨、右議政成俊、左參贊洪貴達啟："臣等於邊事晝思夜度，乃得一計以獻。國家開咸鏡一路以通野人往來，平安道則境接毛憐衞，而不許通朝路，必經建州衞得達咸鏡道。毛憐與建州素構隙，當其來往，慮其被害，故其來不數，開通西路，乃其願也。今西征之計已久，而我民被虜者多，必洩其事，雖大舉入征，慮或無功。令開西路，則彼喜而信我，我出其不意入征，必有所得。"仍上劄曰："臣等竊惟三衛野人，爲我西鄙之患，近來尤甚。聖上軫宵旰之憂，臣等何嘗寢食之安乎！每晝思夜度，苦無良策。自下西征之命，雖在卒伍之賤，莫不奮迅騰躍，誓掃漠北，況臣等之心乎！雖然，殺伐非聖人之武，且勢有難易，事有成敗之不可恃，故議者不能無甲可乙否之殊。請先陳三者之議，參以臣等之議，仰塵睿鑑。議者曰：‘入征之舉，其勢似難者有三：祖宗朝，亦有入征得功之時，乘其不慮耳。今則虜之爲患，於我既極，自知其所爲，其備之亦當無所不至，況我民被虜在彼者甚多，入征之期，自當言之。我師之至，彼必先竄，尚不見虜面，亦何所益乎？且彼若先設險邀截，則我兵深入，進退無路，豈不大可虞哉？其難一也。今我西征元軍二萬，大小諸將亦且數百，并輜重僕從，率計不下六七餘萬，往來所食，必費數十年之儲。既征之後，則彼復結怨於我益甚，十餘年間，邊城未嘗解嚴，破費倍前矣，不知以何物而供之？其難二也。入征之期，必犯冬月。虜地之寒，倍蓰於他，假使所獲雖多，我師雖完，士馬凍傷自斃者必多，得不償亡，亦何益乎？其難三也。’議者又曰：‘兵家之事，威不足恃，謀不可無，盍亦餌誘而計取乎？野人今且自知其罪，方深被討之懼。今若語之曰：“汝虜我人多，故不得已欲問爾罪。爾苟還我人，誠心歸順，則棄舊就新，自是王者之度。”如是，則彼必有應之者。宜如祖宗朝例，復開平安之路，許其來朝，優其舘待而送之，則彼將相率而盡還虜獲矣。兵不血而邊境安，豈非策乎’？當時朝論，大率如上兩段。臣等亦以爲野人之罪，固當往征，然事勢則果有三難。若如後段之論，權其辭許其自新，彼負罪懷懼之虜，必有自幸而來附者。前此三衛野人，雖許來朝，必須由北路回遠，故頗有趑趄者。今若許由西路，則正中其願也，豈不樂而從之乎？彼恃其許和，則必不設備，從而征之，所謂利用侵伐也。平安之路，世宗朝或以爲可開，或以爲不可開，故有時而開，亦有時而塞。今之議者必有以爲不可者。臣等意以爲此路開塞，古亦不常，今後權宜開之，何妨？及夫彼虜歸順，邊境告平，然後託以境連上國，天使往還之路，復塞之，亦何妨乎？伏惟上裁。"傳曰："自祖宗朝以來，不開西路者必有深意。彼人雖欲由西路，吾托以祖宗之意而答之，則彼人亦不深怒。今若旋開旋塞，則彼必構怨。然卿等必有所得而言矣，徐當議於諸宰而定之。"致亨等更啟："近來驛路凋殘，西北尤甚。今西方有事，察訪之任，在所當擇。祖宗朝皆以官高者差遣，世祖以金之慶爲察訪，秩滿爲大司成。擇差秩高者，則驛路可蘇。"不答。致亨等更啟："前日山羊會之變，楊世英身中數矢，且戰且進，卒以彼衆我寡，至於殞命。國家固當優加贈恤，以示獎勸，而禮曹所啟恤典甚薄。請賜其母米，且復戶。"從之。

庚戌，海西兀者等衞，及兀者右、兀者前等衞，弗提等衞，亦迷河等衞，速平江等衞女直都督等官幹黑能、禿忽剌、赤卜革、打吉陸、完者禿、老童、劄里革、捏克、速哈等，各來貢。賜宴，并綵段、衣服等物有差。實錄。

弘治十三年，即朝鮮燕山君六年，庚申（1500）

正月丙辰朔

己未，朝鮮實錄書：内禁衞金彥謙，前爲山羊會權管，領軍偵賊，被虜，至是刷還。承政院啟："彥謙身爲主將，不逆戰降賊，請罪之。"命下義禁府鞠之，律當斬待時。傳曰："姑減死，還送本道，以開立功自新之路，何如？其議之。"尹弼商議："彥謙秩卑，雖非守將將帥之例，亦是權管，非士卒之類。猝遇賊變，與士卒力戰而死，如楊士英可矣。貪生惡死，先自投降，甘心爲虜。此而不深罪之，則在邊將士將必效此，實非細故。臣意以爲在國家大計，固當依律。"鄭文炯議："凡我國邊將，不謹守備，爲賊所掩襲者頗多，然皆減死極邊充軍，使之立功自贖，古有其例。彥謙之罪，實非故犯。"成俊、韓致亨議："彥謙不謹隄備，爲賊所乘，身亦被虜，律固當死。但觀推案墜馬顛仆，遂至被虜，與斂手投降有間。且近日初虜者，聞刷還人不免於死，則恐絕後來欲還之心。臣意以爲宜減死屬本道官奴。"傳曰："彥謙決杖一百，定屬平安道官奴。" 甲子，左承旨權柱啟："前日政丞等啟，近來平安道賊變不止，特從權宜，開西路，許野人往來，以息邊警；然後托以境連上國，天使往來之路，而復塞之，則於策爲當。臣意以謂，今也開路而後復塞之，則其怨倍昔，不可不博採羣議也。"傳曰："承旨之言，正合我意。祖宗朝亦因有弊而塞之，其議之。"尹弼商、鄭文炯、李克墩、李世佐、呂自新、尹孝孫議："今見政府所啟，欲開西路以弭邊患，又欲乘其懈怠，利用侵伐。臣等意，以爲凡措置大事，固當慮始圖終，無隙可投，然後乃可施行。西關開閉，祖宗朝已試之。其始開也，必有謀臣獻議，試其利害。其復閉也，列聖詳試其弊，知其終不可開，故復閉之。其不可開者有三：先王朝，中國屢敕我國，不許野人交接，而西路乃是天使往來之地，其不可一也。黃海、平安，驛路凋弊，朝京使臣、防戍將卒，絡繹往來，暫無休息，近又年儉，疲弊亦甚，其不可二也。西路於平安路近且便，故欲朝者輻輳，朝廷不得已，擇其可接者許之，則其不得朝者怨恨必深，寧閉關以絕其望，不可使一人喜而百人怒也，其不可三也。又有大不可者：彼虜曾不犯邊，誠心歸順，猶當度我利害而處之。今虜方侵掠邊民，肆毒已甚，而乃許開關，則非徒示弱於彼，我之受侮莫甚。且棄信背恩，慕利貪得，虜之常情，豈以開西關一事，用弭邊患哉？況既與之來朝，又乘其無備而伐之，亦非帝王之武。前日童清禮之行，議者皆曰：'如是則可無邊警，南道成卒可除，平安一道賴以蘇息。'清禮往還之後，彼之作耗，倍蓰於前。求利未得，而禍反生焉。後門之開，臣等恐亦類此。"成俔、姜龜孫、朴崇質議："我朝自祖宗以來，待西北野人，久矣不許西路，皆從北門而來，豈無意也？雖云往者許開西路，未幾還閉者，是知其不可開而塞之也。其不可開有三：山川形勢，道路險夷，不可使敵人知之，況北門則道路遼夐，而西路最近，若開此路，三衛野人來朝者皆從此而入，國家將不能盡從其願。如不從其願，則彼必以爲待有厚薄，遂生怨釁。此一不可也。平安一路，境連上國，年年朝聘，列郡殘弊，國家欲救而無術，若許通路，則凋瘵之民，何由蘇息？二不可也。大抵戎虜天性桀驁，彼雖欸塞歸順，我不可恃以無虞，亦難以恩信懷服。曩遣清禮撫綏酋長，而邊患尤甚。開路示恩，以招野人，而使邊徼晏然，臣等不知其策，況乘其既順而反討之，豈王者之道也乎？倘或一乘其隙而誅戮之，邊塵其可永息，而國家無西顧之憂乎？此三不可也。"李季仝、權健、李琚、柳濱議："自古待戎，非征則和。今政府所啟，以平安一道，兵力刓弊，軍需匱乏，用兵非其時，請開西路，姑紓邊患，其策似得。然本道人烟尠少，舘驛凋殘，非惟不合於示威，供頓亦必難支。祖宗朝嘗試之，終不果，豈非以此歟！此路一開，諸種野人皆有款塞之請，若不得盡從，則其構怨必倍。臣等意以謂既不能征伐以威之，又不能綏撫以懷之，則必有所恃以爲固者。祖宗朝，沿鴨綠江築長城，起滿浦至昌城而止。頃緣朝廷不以爲意，頹圮殆盡，使敵騎長驅而入。其修治之勞，昌城以下新築之功，比諸創始，大有徑庭。今舉大衆成此大役，列亭障，謹候望，則將萬世恃以爲固，其利豈可勝言！警邊使李克均，久在西陲，備諳形勢，其建置方略，令商度以聞，何如？"傳曰："其留政院。" 丁卯，警邊使李克均遺書成俊曰：“僕久在塞上，備悉虜情，雖仁義不足，計謀有餘，雲集鳥舉，巧爲逃竄。明年雖爲大舉，必無所得，恐未副國家委寄之責，日夜煎慮。愚意用兵有奇有正，當用奇之時，不可守正；今則用奇之時也。彼虜方因彥謙刷還，願由西路上京，違之則搆怨尤甚，許之則鼠竊稍戢，明年防夏亦歇。今因其請，今年上送若干人厚待，明年又托以正朝會禮宴，令揀頭頭數百人上京，則彼必爭先上來。其家人習知已前厚待，亦無疑懼。乘其不意，從中處置，旋舉大兵，入擣巢穴，壯弱俱殲，非特雪近來之羞，數十年間庶幾無復窺我邊鄙。此兵家之奇計，當今之急務也。況此乃國家故事，而上國亦嘗爲之，今何獨疑乎？此議坡平獨大言沮之。然知坡平爲將，則當首建議爲之無疑，而今乃如是，此僕之痛恨也。若曰雖無所得，耀兵可也，不必用奇云爾。則此近於帝王仁義之師，更無議爲也。然前此彼虜掠吾軍民不得肆者，猶畏我兵强也。然比來悉知我兵强弱，侵陵若是，彼無所懲，則當不止也。明年大舉，只耀兵而已，若無所得，則彼不懲艾，跳梁益甚，恐西鄙自此無寧歲矣。虛守仁義之名，實受無窮之禍，智者所不爲也。”俊以其書啓之。命議于宰相。尹弼商、鄭文炯、李克墩、李世佐議：“開西路已爲不可，又多殺獲，權開引誘，尤非美策。用奇設謀，僥倖成事，將帥臨機所爲，非帝王之事。且殺獲既多，則其怨轉深，況誘致于京，以詭謀處之，則怨歸朝廷，非祖宗朝已行之例也。此策似難施行。”柳洵議：“平安一路，我國門戶，中國使价往來，騎駄轉輸，無時休息，兼以防戍將率，絡繹交馳，郵驛不支，軍戶併困，其不可更開西路明矣。但此虜比來梗化，國家方欲征討，而連歲凶荒，士馬困乏，興師動衆，恐乖萬全。若因虜來欵，順其情願，許由此路，則不待勞師，邊患可紓者，是亦一時之權宜也，祖宗朝亦嘗行之矣。若書狀所論，虜人歸欵後，乘虛擣其巢穴云者，兵家之詭謀，容或有此，然非帝王用武之經也。"成倪、呂自新、朴崇質、尹孝孫議："平安一道，困弊之狀，姑置勿論。戎虜之心，狙變無常。彼雖懷服，不足爲喜，惡逆不足與較，不過羈縻而已。當無事之時，誠心款塞，固當閉而不納；況今釁隙已成之後，信彼詐謀，許開西路，則非徒虧損國威，亦必以我爲畏怯而輕侮之矣。且兵家用奇，在閫外將帥臨時措置，非帝王之所爲。況人已服而復伐之，於義安乎？此策決不可行。"李季仝、權健、李琚、柳濱議："近來平安道作耗者，非諸衛皆然，不過一二衛，托以復讎爲寇也。若開西路，則歸順往來，刷還人口者，首先入貢，而作耗者自生疑懼，數年之內必不肯來矣。其從中處置，皆歸順之道也，然則作耗者益厚其怨，歸順者更構釁隙，諸部連結，迭起爲寇，則邊民之害，不可勝言，防戍之勞，不可以歲月而止，西邊羸弱之卒，將何以當之？今宜固我邊圉，畜我兵力，以制之爾。臣等前議築城事，伏惟留神焉。"傳曰："其留政院。"　辛未，左議政韓致亨、右議政成俊、左贊成朴健啟："臣等非不知平安一道之疲弊，特以權宜救時之務啟之耳。世祖開此西路，至成宗辛亥年復塞之。虜由此路朝京，非始於今也。今者許開此路，使虜上來，而虜若誠心歸順，被虜人物盡數刷還，則何須與較，而必加征討乎？不爾，則虜恃國家開路許入，而懈於設備，我乘其不虞而往征之，則庶有所獲也。臣聞虜知今年入征之計，藏匿家資於山藪，聞我師入征，爲逃竄之計。今雖舉衆而入，不見一虜而還，則非徒無益而已。平安道數少軍需，盡蕩無餘，而士馬俱至困頓，此誠可慮。近日金允濟遞會寧府使而來，臣問之，答曰：'城底野人已聞西征事。'大抵我國之人，計料淺短，雖秘密事，無不漏洩，虜知西征之事明矣。況我國人民被虜於彼者，小大軍機，能無不說乎？虜必設備益深。我師入征，則不特無功而已，亦安保其不敗乎？近日李克均馳啟，金彥謙刷還，野人等請由西路朝京。今若開，則虜必相續來朝，而作耗者亦必來矣。在世祖朝，嘗誘引頭頭野人，于咸吉道殺之，即舉師入征。其時雖有傷敗，而勇健者亦多見殺。今者國議已定，而上自裁斷。臣等以淺短之計，非敢必開西路。所懷如是，故敢啟。"傳曰："不開西路，卿等以爲未穩，然則奈何？"致亨等更啟："臣等非敢以爲未穩，臣等所懷如此也。大抵懲之不深，則爲惡不止。虜既知我入征，而預爲之避，我師入征，不見虜面，則雖耀兵而還，不可以此威服虜心，而彼之爲惡，將益肆矣，臣等恐自此西鄙無寧歲矣。且虜地山川險隘，設機檻以待之，則我師傷敗，必至困頓。且近年以來，凶荒太甚，黃豆則八道皆不熟。臣聞民間綿布一匹，換豆二斗。豆甚稀貴，戰馬將何以喂養乎？平安道軍士知賊路遠近，而最號精強，西征則必以此爲先鋒。然軍需二萬四千六百碩，今將輸入于本道，其弊不可勝言。然則此道之軍，號爲精強者，亦皆困弊。且下三道，物力殷富，我國之根本也。兼御史點兵而還，應在四月之間，正當農月，軍士贏糧長立官門，不暇治農，則今年失業可知矣。以如此失業者，驅之矢石，其能有功乎？臣等晝夜思之，今年西征，恐未爲良策也。"傳曰："卿等之言，所關甚大，不可輕斷。"　壬申，受常參，御經筵。大司憲安琛曰："近年以來，諸道農事不實，而全羅道沿海諸郡，失農尤甚。救荒節目，宜速措置；西征亦不可舉。"王曰："西征業已定議，不可停也。"琛曰："今當西征，諸道軍機監司、節度使皆已整敕以待，不須別遣從事官點檢。如不得不遣，則請除帶行軍官，以省支供之弊。"王曰："舉大事，不可拘小弊而中沮。"琛曰："從事官職兼御史，其與軍官一行，亦乖事體。洪伯慶罪不可赦，而命祇贖，於法何？”不聽。後復有言者，略之。　　丁丑，傳于都元帥成俊曰：“今茲西征之舉，大臣臺諫皆以爲不可，當舉於何年？且西征已定而不即討之，則其間賊必犯邊，虜去我民者多矣，將若之何？”俊啟：“今年則軍需不足，内地軍糧只二萬四千餘碩，今皆未能輸入。且轉輸亦皆從征軍馬也，道路險遠，馱載擔負之際，騷擾莫甚。若以此即入賊穴，則將不得斬獲之功，而反有自斃者矣，有何益焉。臣等以謂姑待明年討之可也。”傳曰：“初議也，卿等皆欲爲之，而臨時請停，其於國家事體何？”俊啟：“上教允當。但臣初未知西道軍糧數少，又未知道路艱險，未易輸入，故其初議時未即啟達，此則臣之罪也。”傳曰：“今年停西征。”

　　朝鮮狃於文弱，爲建州所擾，極思一振兵威。既決西征，而將帥又有先一年即動兵，可乘其不備之說，爲廟堂所沮。其說則以仍待今年大舉，以符原議，而策萬全。其推宕之詞，至今年又併原議而停之。建州介居兩大，因利乘便，叛服無常。明既守文之世，朝鮮亦積弱之邦。建州挾其狃詐，嗜慾攻取，有進無已。得一豪傑生其間，兩大國莫之能制，其氣象已先見矣。

二月乙酉朔

　　己亥，先是會同館夷人考郎兀衛都指揮早哈，與成討溫衛都指揮婁得會飲爭坐，早哈手刃婁得斃之。禮部以聞，下法司會議禁約事宜：“（一）今後進貢夷人到邊，鎮巡等官收其兵器，不許藏帶，仍選差通事伴送，務要謹慎約束，不許撥置各夷生事，及索取有司財物。到京之後，伴送人員與同通事，俱要用心鈐束。其禮部原委主事，遵依原擬職掌事宜，逐一舉行。大通事每五日一次，到館戒諭夷人，各令守分。所有禮部等衙門各年事例，會議斟酌，逐一開陳。(一)兵部委官點閘夫牌，戒諭伴送，仍巡察一應奸弊。工部委官點視器用房屋，毋容損失。(一)今後但遇夷人筵宴，光祿寺堂上官提調，務在豐潔整齊。其朝望、朝見、辭酒飯，行該日侍班監察御史巡視，但有菲薄，聽其舉奏。(一)今後夷人進貢到京，軍民人等敢有在街聚觀嬉戲，拋擲瓦礫，打傷夷人者，枷號示衆。(一)禮部主事令專一在舘提督。凡遇夷人到舘，務俾舍止得宜，出入有節，鈐束下人，毋致侵盜；貿遷日期，估計時價，毋令奸詐之徒，巧取夷人財物。(一)今後有違例將軍器貨與夷人者，問擬斬罪。在京在外軍民人等，與朝貢夷人私通往來，投托買賣，及撥置害人，因而透漏事情者，俱發邊衛充軍，軍職調邊衛。通事伴送人等有犯，係軍職者如例，係文職者除名。(一)夷人朝貢到京，例許貿易五日。有司拘集鋪行，令將帶不係違禁貨物，兩平交易。若原來伴送及館夫、通事人等，引領各夷潛入人家，私相交易者，沒入價值私貨；夷人未給賞者，量為遞減，通行守邊官員，不許將曾經違犯夷人起送。若夫牌鋪行人等，違例私相買賣，枷號示衆。(一)在京及沿途官吏一應人等，敢有將引夷人，收買違禁之物，及引誘宿娼，就于各該地方，枷號示衆。其夷人回還，禮、兵二部各委官，盤點行李，驗無夾帶違禁之物，方許起程。"議入，上命通行榜諭禁約，違者重罪不宥。實錄。

三月乙卯朔

己卯，朝鮮實錄書：警邊使李克均馳啟："賊虜三十餘人現形楸坡洞。虞候曹漢孫抄遣權孟衡、崔石萬、車宥等邀擊，到水渚里洞川伺之。賊積柴燃火，夜深熟睡，孟衡等齊奮突入，斬首九級，射殺二人，其餘亦多中箭而走。"傳曰："令漢孫第其軍功以啟。且漢孫不可自等第其功績，擇遣敬差官詳問接戰形止，兼慰戰士。”辛巳，警邊使李克均馳啟：“賊虜潛入江界梨坪，臣之所帶軍官蘇起坡捕而斬之。”

四月甲申朔

己丑，朝鮮實錄書：野人請居咸鏡道惠山等地，召鄭文炯、成俊、李克墩、李克均、李季仝、呂自新、權健、柳濱議其便否。成俊、文炯等啟：“臣爲咸鏡道監司時，呂自新亦爲節度使。其時野人金丹多茂等三四人，欲來居我國城底，故臣等馳啟，朝議以爲不可以上之。今則野人之數甚多，若不早圖，則後必難制。今節度使權仲愷，亦以野人不歸本土之意，再三啟聞。今雖下書問之，彼必以前啟之意啟之。請別遣賢能朝士一人，假爲軍官，而別立節度使之前，與野人等相與面講，審知其情以啟後處置，何如？”克均啟：“前者臣以都元帥赴平安時，野人欲來居于滿浦等處，臣意以爲可也，即馳啟，而朝議不可，故止之。今來野人，必於彼土生理艱苦，故決意來居，節度使雖反復開諭拒之，必不能遠去也。且今朝議以來居爲不可者，恐後日厥類滋蔓難制耳。然若拂意驅逐，則彼必懷憤，肆毒於邊陲矣，其害尤甚。臣意許之爲便。”傳曰：“彼人等若堅執不歸，則終必不得已而許之。今以政丞等所啟之意，別遣朝臣往審虜情後處置可也。”成俊等啟曰：“廣興倉守高荆山，嘗爲其道都事，備知邊事，宜可差遣。”傳曰：“可。”

五月甲寅朔

癸亥，朝鮮實錄書：平安道節度使金允濟馳啟：“巡審鴨江之北，草木茂盛，故彼賊托稱畋獵，長在江邊，窺覘虛實，乘便作耗。或云國家當舉義兵，不可用詭謀。臣意以爲此言似迂。臣久在兩界，深知賊情，可以計制，不可以義服。臣意因滿浦出來野人，開諭三衛曰：‘汝等來覘江邊三十里內者，我當擊之。'云云。然後江邊諸鎮，擇壯勇軍五十餘人，分四隊乘夜渡江，擊其來窺者，使賊不得恣行，何如？"命議于政丞等。尹弼商、韓致亨議："請令該曹議啟。"愼承善議："依節度使所啟。"鄭文炯議："江邊畋獵，自古而然。我當伺候彼人情態，勤愼防禦，固守之耳。送兵越邊，擊其來窺者，前古所無，亦是危道。雖或有一時之利，與犬豕搆釁，反復連兵，可乎？臣意依舊愼守我疆而已。"成俊議："彼賊因畋獵窺覘我虛實，若如節度使之策，擊其來覘者，則彼必不得肆行矣。姑試此策似當，然以弱卒好行此策，恐反有害。審量我軍壯弱，地勢便否，謹愼措置事，下諭何如？"李克均議："允濟所啟似當。臣受命本道，每欲行之，但沿邊各鎮內，昌城、碧團、高山里、江界等軍，可以率而行之；餘鎮軍士殘弱不可用。然此事可一而不可再也。若得其便，行之無妨。"從弼商議。

六月癸未朔

　乙酉，朝鮮實錄書：正言李思恭啟："童清禮上言求職，議者云可授衛將等職。夫衛將之任，典禁兵，殿最僚屬，其任重矣，不可授向化之人。且濟用監僉正趙元卿，無故降授，臣意以爲元卿不合於濟用，則當移授於同品之官，不當無故降授也。"傳曰："清禮事不允。元卿果有曖昧，其於元職相准處換差。"　己亥，御經筵。掌令鄭麟仁曰："童清禮前者奸放出宮女，憲府請罪，殿下謂向化之人不足數也，命勿論。今者又以上言，命叙衛將。衛將典禁兵，殿最僚屬，不可使胡種任是職也。"不從。

　　以下朝鮮廷臣累論童清禮不可爲衛將，皆不從，略之。要之，清禮之先斡朵里女眞人，於朝鮮亦向化效忠，備承恩遇。

十二月辛巳朔

　　己酉，先是海西野人都指揮尚古，因乞陞都督不遂，遂有犯邊之謀，且久阻諸屬夷，俱不入貢。至是，成討溫衛女直伍因住等百三十餘人，至開原馬市求貢，且言尚古亦有歸順之漸。分守開原監丞黃延、參將胡忠撫之。鎮巡等官奏謂，此延、忠二人善撫所致，請少加勞賜。從之。實錄。

弘治十四年，即朝鮮燕山君七年，辛酉(1501)

正月庚戌朔

　　丙辰，遼東守臣奏：“海西成討溫衛女直夷伍因住等，自以所貢馬小，乞免揀選。又入貢人數，每衛乞增至十人。而建州等衛都督察等，亦乞每衛許十人入貢，又來貢指揮人乞隨帶舍人一名。”禮部議謂：“建州等衛入貢人數，有天順八年及成化十年會議事例，行之已久，請令譯者諭之，俾遵舊政。其所進馬匹、方物，請移文鎮巡等官，不必揀選，以盡柔遠之道。”從之。實錄。

　　　此所謂每衛十人入貢，謂每衛有入貢之職分者十人。其每一人來貢時，所帶人數尚多，在天順、成化兩次定例可證。

　　壬申，提督會同舘禮部主事劉綱言：“舊例，各處夷人朝貢到舘，五日一次放出，餘日不許擅自出入。惟朝鮮、琉球二國使臣，則聽其出外貿易，不在五日之數。近者刑部等衙門奏行新例，乃一概革去，二國使臣頗觖望。又舊例，夷人領賞之後，告欲貿易，聽鋪行人等持貨入舘，開市五日，兩平交易。而新例，凡遇夷人開市，令宛平、大興二縣，委官選送鋪戶入舘，鋪戶夷人兩不相投。其所賣者，多非夷人所欲之物。乞俱仍舊爲便。又新例，外夷到舘，凡事有違錯，不分輕重，輒參問提督主事，及通事、伴送人等。且主事在舘提督，不過總其大綱，與通事、伴送專職者不同，今一體參問，情既無辜，且不足以示體統於四夷，乞量爲處分。禮部議謂："前二事宜如綱奏。外夷到舘，如有殺人重事，乃參問提督官，其餘事情俱參問通事、伴送人等。"從之。實錄。

此見明代待遇朝貢夷人各例，且其提督主事處分之改寬，正因海西女眞在舘，出殺人重情之故，宜錄於此，庶見女眞部夷受明約束情狀。海西且然，建州尤託在邊內，更可想也。

丙子，海西弗提等衛、兀者前等衛，女直都督亦把哈、赤卜革等，成討溫等衛、者帖列山等衛、野兒、定河等衛，撒剌兒等衛、斡蘭河、可令河、兀魯罕等衛，女直都指揮、指揮失你克、牙失帖木、咬里哈不克、脫因帖木兒、忽失哈魯卜花、忽失禿答禿、哈火禿等，各來貢。賜宴，并綵段、衣服等物有差。實錄。

二月庚辰朔

辛巳，海西考郎兀等衛女直都督斡羅脫等來貢。賜宴，并衣服、綵段等物如例。其斡羅脫及都指揮咬納等十五人，命於正賜外，別加賜以勞之，以其有奪回人口功也。　甲申，毛憐衛女直都指揮產察等，及喜樂溫河等衛女直都指揮猛黑禿等，各來貢。賜宴，并綵段、衣服等物如例。有同來指揮速古，以病歿於舘，命順天府給棺殮。　戊戌，建州右等衛女直都督尚哈、女直都指揮阿答禿，并建州等衛女直都指揮卜剌答、女直指揮加豬等，各來貢。賜宴，并綵段、衣服等物有差。　甲辰，命加賜考郎兀衞都督幹羅脫蟒衣一事，從其請也。實錄。

四月戊寅朔

　　庚辰，賜建州衞都督僉事弗喇答祭，從其父致仕都督完者
禿請也。實錄。

　　　　　完者禿是時已致仕，其子弗喇答代爲都督僉事，而又
　　前卒。完者禿，距成化初襲職，已三十年矣。

五月戊申朔

　　乙亥，朝鮮實錄書：向化童清禮上疏陳弊："一曰，兩界
人物逃來内地者，請出其不意，搜捕刷還。二曰，武科試取
時，馬上則以弱弓射革未便，宜以常射候强弓射之，使得習
熟。三曰，兩界守令，文武交差。四曰，軍器寺所藏軍器，年
久破毀者，給兩界軍士，使自修補。五曰，野人潛買他人官教
而受祿者，摘發痛懲。六曰，邊方守令，勿率私妾。七曰，兩
界文武鄉試，本道人外，勿許赴。"命問于政丞韓致亨等，啟
曰："皆善。但鄉試賓貢、守令私妾事，已有成法。"傳曰："擇
其可行者行之。"　戊戌，平安道節度使金允濟馳啟："阿耳權
管報云，今六月十七日未明時，野人四百餘名，乘者皮船，船
舷皆立鹵楯，蔽江而下，以襲我國守護二船。于安贊洞，虜殺
守船甲士三人，虜十三人並器械而去。"

七月丁未朔

　　壬子，初，海西兀者前衞都督都里吉次子尙古，以舍人入
貢，授指揮；後貢駱駝，並歸被虜人口，求陞都督，不許，止
陞都指揮僉事。尙古怒去，絕朝貢，時入爲寇，仍率兵遮絕海
西諸胡之入貢者，諸胡并怒之。尙古後悔過，遣五十騎叩邊歸
款。守臣貪功，遣百戶至虜中招之，約爲求陞。尙古遂率五百

騎入貢，至開原。守臣驗放尙古等五十人赴京。泰甯衛都督猛革忒木兒等聞之，大怨邊將，謂尙古阻其貢，今反容入貢，遂入寇遼陽。既去，仍留書於邊，言諸胡所以侵犯者，實出於此。建州、左、右衛亦各遣人來言，尙古若誅，則衆怨俱解。守臣因請誅尙古，或投之南荒，以謝諸胡。兵部議謂：“尙古初使人至邊，意在服罪，以釋諸胡之忿。當時守臣，止應曉諭令回，俟至冬入貢，不應擅遣人入境招之，以致諸胡不平。今尙古既入貢，又不可誅戮。若如所請，恐結怨海西諸衛，更生他患。守臣不善爲謀，一至於此，請併行近所遣按事、給事中等官，查勘以聞。令守臣書諭猛革忒木兒等，許令改悔自新，并歸所虜人口以自贖。”從之。　壬戌，刑科給事中任良弼奏：“虜酋尙古，號稱黠鷔，數犯邊陲，一旦欵塞來歸，疑有覬覦之情。古稱難於受降，匪徒防其譎詐，蓋意外之變，將來之害，皆不可不爲之慮。今尙古入貢在京，而遼陽遽有寇掠之慘，究其所自，似在尙古。欲與之官，恐將來之禍愈甚；欲置之法，恐招徠之信或虧。請令按事官詳覈其事，奏聞議處。”從之。　丁卯，遼東鎮巡等官奏：“本鎮自三月以來，亢陽不雨，河溝乾涸，人馬通行，以致虜數入寇。自六月以後，苦雨不息，城垣倉庫，多就傾頹，新舊邊墻墩堡，坍塌過半。秋高時，虜賊擁衆長驅。以戰，則兵力寡少；以守，則墻垣未築。請東西二路，仍增設遊擊將軍二員，於瀋陽、甯遠駐兵；或選京兵五千，赴彼策應。”兵部覆奏：“遼東自成化十二年，命官整飭邊備之後，迨今二十餘年。請集廷臣議，舉文職大臣一員，往彼提督軍務，整飭邊備。所請增設遊擊及京兵，命熟計其便以聞。”上從之，於是命都察院右都御史王宗彝往，賜之敕曰：“遼東地方，接連諸種夷虜，皆我藩籬。比年以來，守臣撫馭失宜，啟釁召侮。朵顏等三衛，譸報誘殺。海西等衛，不平招撫尚古，互相搆結，侵犯遼陽西六堡，及海州修邊處，殺虜官軍人畜，備極慘酷。又犯清河、鹹場等處，屯聚不散。況今淫雨爲災，城堡墩墻，坍塌過半，而武備廢弛，邊防不固，已非一日。近鎮巡等官奏報，邊方之患，莫甚此時。今特命爾前去彼處提督軍務，整飭邊備。凡調度軍馬，區畫錢糧，處置夷情，修理邊方等項，及三種夷人應否征剿，俱與鎮巡等官計議而行。如果用兵，爾須親臨提督。凡軍中一應事務，從爾便宜處置；鎮巡等官，俱聽節制。軍職敢有畏怯，致誤事機，因循沮撓邊務者，除都指揮量爲處治，指揮以下，就便拏問。其鎮巡官所奏東西二路遊擊將軍，應否添設，都指揮崔鑑等堪否任使，及賊果勢衆，應否添調兵務，務要會議停當，作急奏來定奪。其餘事情，俱照兵部奏准原擬施行。朕以爾曾巡撫邊方，諳練戎務，特茲簡命。爾須殫心竭力，廣詢博訪，計慮周密，籌畫得宜，以靖一方之患，以紓東顧之憂；毋或和同苟且，虛飾支吾，有負委任。故敕。” 戊辰，兵科給事中屈伸等言：“泰甯諸虜，內附日久，受恩最深。一旦以尚古爲辭，大肆寇掠，殺虜軍民，攻陷屯堡，百年來所未有。今日問罪之師，當舉無疑。若以西事方殷，未遑東顧，但責守臣嚴兵積粟，以爲備禦計。即如兵部議，欲省諭泰甯都督猛革武木兒等，亦宜數其犯邊之罪，且云‘朝廷震怒未已，宜速送被虜人口，爲自新之計。’今兵部所擬，止稱‘爾等糾衆犯邊，朝廷開天地之量，已往之罪不復追究。’臣等竊謂不然。中夏外夷并包無外，固天地之量也。若外夷肆侮，荼毒生靈，天地之心，甯有恝然而不動者？今惟曰‘不復追究’，誠恐德加而不懷，恩厚而愈驕。在我徒示怯弱之形，在彼亦無創艾之意。王者威攘之令，固如是乎？又稱‘若將所虜漢人送回，俱有重賞。’臣等以爲，漢人係泰甯諸衛親行虜獲者，設若送回行賞，是前日之犯

邊，不以爲罪，今日之歸俘，反以爲功，誨以爲盜之利，啟其
無賴之心。王者懷柔之典，固如是乎？又詰問番文所言，如瞎
子一般，朵顏情由復書，與爾分別，是又招尙古之故智也。
今泰甯已行侵犯，又與尙古聲言入寇者不同。若復爲彼分別，
恐諸夷觀望而起；欲一一以副其意，日亦不給也。況泰甯進
貢，前此未聞阻絕，所留番文，得於風帳墙上，眞僞未可知，
豈可輕信而遽行耶？”兵部覆奏：“請令遼東守臣不必遺書，止
於泰甯來邊互市者，曉諭得實回奏。”從之。實錄。

閏七月丁丑朔

　　己丑，兵科給事中艾洪言：“巡撫遼東都御史陳瑤，本憸
壬之士，剛愎自用，濫膺撫巡之責，虛負贊理之名，安邊謀
謨，一無所展，誘降啟釁，貽害地方。鎮守太監孫振、總兵官
定西侯蔣驥，素昧遠猷，巧爲欺罔，虜賊連肆搶掠，若罔聞
知，專務扶同，不聞敵愾。此三人者，罪實同科。臣愚以爲，
尙古犯邊之日，宜即差人曉諭。其不退聽，當興問罪之師。計
不出此，反誘其來朝，使一人獲利而衆夷梗化，故猛革忒木兒
輩，假以爲詞，舉兵入寇。推原其始，罪在瑤等。況尙古見在
會同館，病且危篤，設有不虞，非惟本夷搆怨，傳聞諸夷，復
起別辭，邊圉自此多事矣。請會推有風力謀勇官，往代其任，
逮瑤等還，下獄治罪。”命所司知之。　　壬辰，巡按山東監察御
史車梁奏：“遼東海西并朵顏等三衛，世受國恩，正宜輯制諸
夷，爲我藩籬。奈何禽獸之性，變詐不常，陽爲進貢，陰實覘
伺。前來貢者尙未回，而乃敢入境爲寇，既又分駐塞外不退。
迹其所爲，姦謀不淺。今秋高馬肥，恐猝有乘隙深入之舉，不
可不慮。請拘留進貢夷人於廣甯爲質，責其送回被虜人口；或
降敕切責，令彼革心向化。仍戒飭鎮巡分守等官，嚴兵爲備。
來則出兵以戰，退則收兵以守，不許仍前怠忽，以墮賊計。且

遼陽一城，兵馬止四千有奇，先因按伏他處，在城空虛，致賊乘虛而入。或列城有警，人馬亦各不敷。請照正統間百戶畢恭所奏事例，令巡撫等官，勾選各鎮操軍，并在安樂二州達官等戶內餘丁，各三丁選一，更撥一丁貼助父子，馬步軍餘五十人爲隊，大約原軍五千，倍之合得一萬，隨軍操演，遇警策應，有功一體陞賞。其鎮守等官以下，凡役占餘丁者抵罪。此乃邊人所自願，非抑勒而强使者。若通行各邊，倣此勾考，則不假金帛招募，旬月之間，可致數萬，亦安攘之一策也。”兵部議謂：“來貢夷人，義不可拘留，請仍如本部近日奏處施行。其選取餘丁之策可用，請令開原、三萬、遼、海諸處一體施行。”從之。　　甲午，監察御史余本實等奏：“遼東遼陽失機，已聞遣官按覈。臣等竊聞議者皆云，鎮巡等官太監孫振、定西侯蔣驥、都御史陳瑤，招撫尙古入貢，以致諸胡不平，大招寇敗。陛下寬仁，姑俟按報，未即置振等于法。查得各官始送尙古赴京，以遠夷聽撫爲功，妄稱兵不血刃，威伸絕域，遂原其既往之辜，許以自新之路。及聞諸胡咸以招撫尙古藉口，則又奏稱莫若將尙古安置南荒，或明正典刑，以爲諸胡戒。一尙古也，先以爲功而欲賞，後以爲罪而欲誅，則是招撫失策，明自知之，其罪固不可掩矣。既而邊釁已開，又不嚴加防禦，致賊擁衆深入，如蹈無人之墟，自長勝等堡直抵高架子、沈家屯二十餘處，縱橫殺掠，人畜蕩然，暴屍滿野，哭聲震天，長老以爲百年來未嘗遭此慘酷，其罪益不可掩矣。而振等尙優游在職，何以示戒？且邊人素畏各官之威，不畏勘官，必且觀望顧忌不敢首實，一也。始謀招撫，復欲誅之，且以招撫出自朝廷，虧損國體，二也。振等身負重愆，百計求免，憂懣荒迷之中，安能備邊，三也。請徵振等還，下獄抵法。”兵科給事中屈伸等復以爲言。命下所司知之。實錄。

八月丙午朔

乙丑，刑科給事中徐忱言六事。其二恤邊民，謂："遼陽自都御史陳瑤等，招致尚古等入貢之後，邊民大被虜患，乞正其罪。……"兵都覆奏謂："所言宜從。"上曰："陳瑤等事狀，仍令前所差官，并勘明白具奏。餘從所議。"實錄。

九月丙子朔

戊子，兵科給事中屈伸等、監察御史耿明等並奏："據遼東鎮巡官陳瑤等奏報，廣寧敗虜斬首功，則是達賊失利，我軍全勝。據都御史王宗彝續奏，廣寧人馬近一萬，虜衆長驅而入，大遭殺掠，則是內地傷殘，已復不淺。良由瑤等圖免罪戾，匿不以聞。請併下勘事給事中按問，先徵還瑤等抵罪。"兵部覆奏，上命陳瑤等，待勘報至日以聞。實錄。

十一月乙亥朔

乙酉，吏科右給事中鍾渤、刑部郎中王益謙，會巡按監察御史，按問分守遼陽副總兵孫文毅、少監劉恭、守堡指揮使白璽等，失於備虜，喪亡男婦一千九百四十有奇，畜產三千二百；并按備禦海州都指揮僉事李繼祖，虜至不援，劉恭又坐占地取賄，及邊吏誘引尚古入貢之罪，具傳其狀還奏之。且劾總兵蔣驥、巡撫都御史陳瑤納賄邀功，又不嚴飭軍令，致虜深入；及分守開原右參將胡忠、左監丞黃廷，誘夷啟釁。下刑部議。文毅、璽議斬；恭贖徒追贓畢取回閑住；繼祖及指揮張欽等五人，皆遠衛充軍；忠、延逮問。會廣寧復以師敗，驥、瑤以捷聞，言者攻之，命下巡按御史勘報，言驥、瑤隱匿喪亡，反以功奏，冀掩眞罪，而都指揮僉事李恕、右參將盛銘及指揮使韓俊等，不能先事設備，亦宜有罪。于是刑部請逮繫驥、瑤至京，會官廷鞫之。有旨令代驥、瑤還，恕等下巡按御史逮問。實錄。

海西女眞兀者前衛夷尙古一案，至是始結。陳瑤以是時始命候代，直至次年猶未離任。實錄載其十五年三月丙申，陳修邊殺賊之功，上以瑤旣取回，准以功贖罪。四月，對品調外，謫敍州知府。皆見下。明列卿表，瑤，廣西全州人，成化壬辰進士。明督撫非實官，皆以都察院官差任。僉都御史奉差則爲巡撫，對品調外則爲知府。僉憲與知府，皆正四品官也。承平之世，內重外輕，調外即爲謫官。明之督撫及巡按，內外遷謫之跡尤顯，皆以差而非缺也。

弘治十五年，即朝鮮燕山君八年，壬戌(1502)

正月甲戌朔

癸巳，海西兀者等衛女直都督黑幹熊疑是幹黑能之誤。等，及馬英山等衛，右城、納木河等衛，女直都指揮速木哈、喇籠哈等，各來貢。賜宴，并綵段、衣服等物有差。實錄。

二月甲辰朔

丙辰，毛憐衛女直都督產察等，及喜樂溫河等衛女直都指揮余籠等來貢。賜宴，并綵段等物如例。實錄。

三月癸酉朔

丁丑，建州衛及建州左、建州右衛女直都督等官脫羅、克禿、伯尙哈、喇卜答、塔失等，各來貢。賜宴，并綵段、衣服等物各有差。實錄。

庚辰，朝鮮實錄書：先是，命童清禮賫酒果往諭上京野人金主成哥，令刷出韓世忠、末應山；且命禮曹饋餉時，亦以此開諭，務要刷還。至是，清禮來啟："主成哥云：'韓世忠素不聞姓名，亦不知居處。雖或有之，我離家已久，其間存沒，或轉買於兀剌溫、兀狄哈等處，亦難料之。雖欲刷還，未可預定。我今還去，更細聞見。如得聞之，即當力圖刷還。末應山等，寓建州衛，距我衛三日程。其所寓主即家應哈及赤剌外云："前日刷去艾山，想必殺之，不肯刷出末應山，奈何？"'同來野人朴沙治下傍坐，驚問曰：'堅推世忠何故耶？'臣倉卒間難其對，似若不聞。三問不答。屢問不止，不獲已，權辭對曰：'世忠本非居咸鏡道，以南方人被罪徙甲山。其在南方時，一族皆習舟楫，禦島夷爲世業。頃者，聞世忠被虜，舉族逃散，不知去處。若得推還世忠，則其族必還舊居，復任世業矣。若與汝等，有事則陸地當用弓馬，人皆可爲；島夷則必用舟楫，非世忠不可，故敢欲刷還。世忠年踰六十，他無所用。'沙治下答曰：'爾國聞彼入寇時，世忠爲之前導，必欲刷來殺之矣。'臣又曰：'汝等初云不知世忠，今乃言入寇等事，汝等情狀，不待刑訊自服矣。'沙治下答曰：'吾等還去，則當盡力聞見。'"傳曰："清禮及前日禮曹判書李世佐所啟辭，其問政丞。" 癸未，前此童清禮啟："兩界人物，逃來内地者頗多。若欲推刷，則非他人所能也。令如臣類詳知者，推刷則可得。"至是，命收議于政丞。尹弼商議："兩界人物逃來内地者，固當刷還。然使向化刷還，非徒多弊，實乖大體。令觀察使曲盡刷還，誠爲穩當。"韓致亨議："兩界軍民，避重就輕，任情逃避。今方入居之時，不可不刷還。今下去之人，非親自刷還，付書狀于監司，監司定差使員，差使員聽其指示推刷耳。其與奉使之人不同，且以單騎往還，似若無弊。且三人所知處各異，則不可以一人之指示推刷，故分遣三人事。臣等於前日啟之耳。"成俊議："兩界入居之處，人物逃移内地者，不可不刷還。而無人指示，則推刷無據。但向化三人下去，則果有騷擾之弊，其中擇遣可信一人，令觀察使帶率，聽其指示推刷何如？"從俊議。 前此童清禮及禮曹所啟韓世忠等刷還事，問于政丞。尹弼商議："今觀主成哥所言，及朴沙治下所答之辭，雖以書契諭之，萬無刷還之理，不可不諭。"韓致亨議："自祖宗朝通諭野人書，以女眞字翻譯漢字。主成哥云：'漢字、女眞字皆不知。'且云：'酋長之言，莫肯聽從。'其意蓋恐賫諭書往傳之際，爲世忠等交結野人所害，而爲是難辭耳。令禮曹更語主成哥云：'汝還本土，若細聞見刷還世忠，便宜馳報滿浦等處，則當厚賞。但書契則雖不傳，修送無妨。"成俊議："觀主成哥等所言，韓世忠等刷還似難。若先下諭書而彼不聽從，則徒受辱矣。彼人等且云'還去聞見，盡力爲之，'更令禮曹於後日接見時，語彼人等曰：'如能刷還世忠等，則國家當厚賞。'而待彼人等還去聞見啟聞後，更議施行，何如？"李克均議："今見李世佐所啟，主成哥之言非飾辭。況三衛之人，待溫下衛如奴隸，誰肯聽信？臣在江界，聞世忠距溫下衛一息餘程。其所居處，本隸建州衛，非主成哥所能刷還。但世忠與主成哥子分和作黨，寇三水境內石毛老等處，分和豈不知所處？更令禮曹語其本末，令歸本落，聞見在處，刷還與否，報于滿浦盡力成事，當有重賞事開說。諭書則姑停，幸甚。"從俊議。

庚寅，毛憐衛女直指揮使等官忽必忽等來貢，乞陞職。命忽必忽等五人，陞都指揮僉事，綽乞等二人，陞指揮使。仍賜宴，并綵段、衣服等物如例。實錄。

丙申，鎮守遼東總兵定西侯蔣驥、巡撫都御史陳瑤，各疏陳修邊殺賊之功，乞以贖罪，爲兵科所駁。兵部亦言："驥等所陳，圖免啟釁誤事之罪。請候其到京，會官推問。"上曰："蔣驥、陳瑤既以取回，准以功贖罪。驥令原府帶俸，瑤待到京之日聞奏。"實錄。

四月壬寅朔

丙午，巡撫遼東都御史陳瑤，以有罪行取至京。刑部請如

科道所劾逮問。上宥之，命對品調外任，遂調四川敍州府知
府。　丁未，刑科都給事中于瑁、監察御史馮允中等，復交章
劾奏前鎮守遼東總兵官蔣驥、巡撫都御史陳瑤，謂：“二人擅
開邊釁，罪狀已明。既有旨取回，謂宜兼程就獄，引咎責躬。
顧乃棲遲道路，欲遂夤緣，猥陳功伐，覬免重譴。今驥幸得原
府帶俸，而瑤亦從輕外調。命下之日，中外沸騰，咸謂前者大
同失機，總兵官王爾治以重罪，都御史洪漢亦已罷黜。今驥、
瑤無事則貪功以啟釁，有警則坐視以喪師，事敗復隱實以罔
上，其罪惡尤其於爾、漢，而反輕釋之，不唯無以熄嗷嗷之
議，而亦不足以服爾、漢之心。請仍如刑部所擬，以正其罪，
以爲守邊者之戒。”不允。實錄。

　辛未，朝鮮實錄書：領議政韓致亨、左議政成俊、右議政
李克均、兵曹判書李克墩、左參贊申浚、右參贊尹孝孫、吏曹
判書姜龜孫議：“接待唐官護送軍于義順舘。雖義州官吏開端
失當，然不可中止，姑令該曹措置舘待之具。但遼東等地，本
是高句麗之地，故自鴨綠江至遼河，所居之人皆我國之民。高
皇帝初定天下，以鴨綠爲界，慮兩國人民互相往來，設爲東寧
衞以處元居民，使地界截然限隔。其後遼陽人戶漸盛，於東八
站散處耕食，以此屢被野人侵掠。中國初置靉陽堡，次置鳳凰
城，今又置湯站，距義州纔半日程。中國雖揚言爲朝鮮朝貢之
路，實則欲以八站爲内地，爲闢土之計也。半日程相望之處，
義州興利人必朝往夕返，因此避重就輕者，漸至投居，實非細
故。兩國關防，不可不謹。今又托以護送，咫尺之地，必越江
累日經宿，則其交接之弊，不可勝言，豈但支供米布而已也。
來千秋使之行，別付贈物于通事，因詮語總兵官及都司曰：
‘前者護送我國宰相，序班每到江上。其後因朝廷之旨，至遼
東而止。故唐官及護送軍，亦至江上而止。今越江留宿義順

舘，在我主人之道，固宜感動，但未知前後異宜。'微辭開說，以試其意。唐官出來，雖或都司之令，湯站護送軍全數越江，則必非都司所知。以告都司之意語湯站、鳳凰城等鎮守，聽其答辭回還後，更議指置。"

五月壬申朔

庚寅，朝鮮實錄書：鄭眉壽書啟曰："平安道被虜人物，咸鏡道五鎮諸部落野人，從而刷還，要功於國家，其來已久。然而近年平安道被虜人物，視舊倍蓰，而咸鏡道彼人刷還之數亦多，自言一人刷還之價，牛馬不下十餘頭，或至十五。其所償牛馬，非一人之有，或人出一二頭求買，往來亦甚艱。質諸被刷人，則其言不甚相遠。彼人之強為刷還，其慾不止求索本價而已，必欲上京耳。國家若充償本價，則不勝其費，而虜情亦不厭，況於盡令上京乎？此皆必不可為之事也。以是去年朝廷酌定，以綿布五千餘匹，人給五匹；其費雖多，虜情則不以為足。朝廷雖遣朝官開諭，彼人面獸心，豈可以言語曉解？臣再度巡行，彼人羣聚陳訴，皆以為有功未得上京為辭，怨恨滋甚。以是去年冬，伊訓野人掠奪會寧人物，今者汝泡里野人又掠茂山人物。此無他，積憤未消，而時時刦掠，恐動朝廷耳。此安知非城底野人合謀所為？如此小事，不足為恤，平安道人物被虜不絕，則咸鏡野人刷還亦不止，而未得其欲，則其為怨恨，愈久而益甚。大抵本道六鎮，專以城底彼人作為藩蔽，而近處部落歸順分屬，此萬世之利也。今因此故，怨恨起於城底，則恐有後日不測之釁。伏望命大臣別議處置，幸甚。南道兵營置於北青，節度使兼領府使，挈帶家眷，此則甲山、三水雖在極邊，前此斷無聲息故也。去丁未年間，會寧野人金丹多茂始通路，繼之以韓世忠嚮導，數來作耗。自後諸種野人，往來畋獵，動留旬朔，乘間竊發。因此節度使長戍惠山鎮，其評

事、軍官及諸驤從，一切供頓，甲山府專辦，日就凋殘，北青
府營衙前奴婢，則晏然無事。朝廷已知此意，不令節度使挈
家，以其長戌惠山，不在本營也。然北青府本營之旃猶在，故
一應衙前奴婢，仍役本府。節度有時出來，或有聲息，則五六
日餘程，踰越三四大嶺，驛騎顛覆，亦甚未便。節度使既不帶
家眷，則置本營於北青有何益哉？若移營于甲山府，則營衙前
四百餘人、奴婢數百餘人，自然移役於甲山，土兵足以捍禦，
而甲山亦可蘇復矣。沿革重事，似難輕爲。然臣之所見如是，
敢此上達。"命議于知邊事宰相。尹弼商議："古人云：'耕當問
奴，織當問婢。'咸鏡道六鎮諸落野人，刷還平安道被虜人物論
賞事，令兵曹磨鍊以啟後更議，何如？咸鏡南道節度使移營，
沿革重事，不可輕易爲之。況臣爲都承旨時，親承密敎。世祖
懲李施愛之變，乃傳曰：'咸吉爲道，一帶長蛇之形，傍無州
縣之援，雖姜孝文不得民心，若於南道加設一節度使，脫有緩
急，勢必相救，其變亂不至如是，以此加設一使，汝其知之。
我萬世之後，廷臣必欲議革。'聖訓洋洋，至今盈耳。世祖本
意，非爲三水、甲山而設也。雖曰南道兵使不挈家而赴任，平
安道寧邊亦猶是也。若有事，則節度使長在江邊，其不革寧邊
本營者，以其祖宗所定耳。此事在成宗朝再三收議，其時臣悉
書世祖之敎以啟。今年老，精神亦耗，未得記憶。"韓致亨議：
"被虜人物刷還，野人以本價充償，則其費不貲，而弊將不止。
且一年上來野人之數，國家既已酌定，而弊猶難勝。今若從其
所願，許令多數上來，則殘弊各官各驛，支待之弊，其可勝
乎？救弊節目，令該曹磨鍊以啟後更議，何如？甲山移營事，
眉壽所啟似當。前此甲山等處野人聲息不緊，故節度使留防北
青，往來巡行耳。今以聲息緊急，移營于甲山，則非徒營衙前
奴婢有遷徙之弊，甲山土品不饒，無可耕之地，恐未安接也。

令該曹便否磨鍊以啟後更議，何如？"成俊議："平安道人物刷
還，彼人論賞事果難。若充償本價，則國家將不勝其費。盡令
上京，則所經驛路亦不勝其弊。其中最有功者，於上京數元
定，其餘令監司、節度使巡行時，以不得從願之意，反覆開
諭，別給鹽布以慰，何如？世廟分咸鏡南、北道各置兵營，其
慮深長，非只爲防禦也。然古來凡所措置，久則弊必生，弊生
則不得不更張。今南道之弊，果如鄭眉壽所啟。他無可救之
策，姑依所啟何如？"李克均議："彼人刷還賞功，果不副所望。
臣意客人上京之數，豐年則十七八運，凶年則十三運。以此運
數分半，一半城底彼人，一半刷還彼人，以此爲定。彼將待其
運次，不爲深怨矣。然彼貪戾，以未得初運爲爭，則當語之
曰：'人數實多，不可一時上送。部落中分其運次，於汝不害，
自有上京之時，姑待運次'事開諭，幸甚。然非以臣計爲得
請令該曹斟酌磨鍊施行，何如？南道兵營移於甲山，此實救弊
長策。世廟初置南、北兵營，非爲防戍也，其慮深遠。當今之
弊，果如所啟，姑從所啟施行，何如？"　丁酉，兵曹啟："今
見彼人書契，不成文理，未得詳究情意，大概自叙前功，望其
還給前日被虜人也。當初節度使耀兵時，彼賊五人內，老豆等
四人逢箭致死，唯沙乙豆生存，留置巨濟。以此雖從實開說，
而彼不信聽，構怨益深。必親見沙乙豆，然後當悉其始末，不
生怨恨。然無辭還給，則彼必不知德我，反生輕侮之心。若終
不還，則亦非待夷之道。今若更來請之，當語之曰：'五人內
四人，當初拒敵官兵，中箭而死，獨一人投降就擒，國家憐其
無知，生存之。汝若革心輸誠，返我逆民末應山、韓世忠，及
邇來虜去人，則當啟國家還給。'若如是開說之後，萬一沙乙豆
病死，則彼必以我爲誑。審問沙乙豆存沒後開說，何如？"
從之。

六月辛丑朔

戊申，六科十三道交章劾雲南金騰鎮守左監丞孫叙、江南鎮守太監董讓、遼東梁玘、山西陳逵不職，俱乞取回京，選人更代。前遼東總兵官定西侯蔣驥，及今降補叙州知府陳瑤，罪重罰輕，乞照王爾、洪漢等事例降革。下兵部覆奏。命孫叙不必取回；梁玘、董讓、陳逵，待勘報至日聞奏；蔣驥、陳瑤已有處分矣，置之。實錄

己未，朝鮮實錄書：命議人口刷還野人論賞事。尹弼商、韓致亨議：“刷還人口野人，若於年例上來野人運數內充送，則非徒年例上來之人，以減其數生怨；刷還野人，數年間亦未得畢來，其怨益深。論賞刷還野人事，既已議定，野人亦知此意，今不可紛更，依禮曹所啟何如？”成俊議：“刷還彼人盡令上送之弊，前議已悉。但臣反覆思之，世宗朝待倭人有定例，其後或因權宜，例外優賜，苟快一時之望，以開後日之弊。今之待倭人之難，何可勝言！今若為野人之喜，待之優例，則國家南北受弊，將何以堪之？以臣所見，禮曹所啟甚當。”李克均議：“凡事百聞不如一見。鄭眉壽觀察本道待接野人非一，必深知野人之情以啟。臣反覆計之，不過前議。又見節度使李良，聞其彼人情狀，亦如臣所料。彼人接待之事，當從前例。此特一時權宜之事，不可苟循前例。”從俊議。

十二月己亥朔

甲辰，先是，分守開原參將胡忠及監丞黃延，俱以誘致夷人尚古，下巡按監察御史逮問，奏擬忠充軍，延贖杖還職。忠具奏自辨，都察院覆奏：“忠令人遠入夷寨招致尚古，又多放夷人入關，罪固難掩。但下則惑於通事白洪之言，上則制於鎮巡官之令，苟圖目前，不知遠慮。今尚古陞職回衛，蔣驥、陳瑤、黃延俱從末減，而忠獨加重，宜不能服其心。然比以私使

人境外虜掠律，亦未當。請覆治之。”時給事中鄒文盛、郎中楊茂仁方按事山東，遂以命之。文盛等還言：“忠所奏辨，間有飾詞。前勘給事中鍾渤等所劾，當以充軍，固不爲過。以驥、瑤律之，則罪同罰異。”于是都察院請會刑部、大理寺詳議，皆言：“忠之招致尚古，有鎮巡之命，而其入朝，實驥、瑤强之，比律充軍，誠爲未當。但驥、瑤之宥免，出自特旨，非常例，亦難援比。忠本黃延同事，罪當同科，宜坐奏事不以實，贖徒還職。”從之。實錄。

　　尚古之歸結，仍是陞職回衛。招撫來歸，不當失信，是也。其處冒昧貪功、輕易招撫之邊帥，則廷臣雖屢以爲言，帝不罪亦不允。鎮守既屬奄人，近習自多沮惑。孝宗令主，亦祇能不譴及言官耳。奄之亡明，豈一朝一夕之故哉！

弘治十六年，即朝鮮燕山君九年，癸亥 (1503)

正月己巳朔

　　乙亥，朝鮮實錄書：御經筵，受輪對。都總府經歷崔巨源曰：“臣曾爲柔遠僉使，饋城底彼人，酋長中樞阿速跪曰：‘前此鎮將必差堂上官，今何堂下官來耶？彼人誇其已職，不無蔑視之弊，國威埋沒。今後高嶺、潼關、柔遠、美錢、訓戎、慶興鎮，請差堂上官。”

　　乙未，鎮守遼東太監朱秀、都督僉事楊玉、巡撫都御史張鼐奏：“去歲十二月，泰甯三衛虜賊，夜寇瑞昌堡境，射傷建州入貢夷，及摽掠驛傳車牛。甯遠備禦都指揮張天祥等，率軍赴之，從尖山臺追至歪頭山，賊反迎敵，爲我軍斬首二十七級。又追至高廟兒，獲所拖車牛，復斬首十一級。”命降敕獎勵秀等，賞奏捷者紵絲衣一襲、新鈔一千貫。實錄。

二月戊戌朔

　　庚戌，朝鮮實錄書：受輪對。刑曹正郎朴永文曰："咸
鏡道五鎮城底野人，每年節度使、觀察使各二度饋餉，以爲
恆例。一鎮所饋，數至千餘，一饋所費，雞犬豕三百餘口，
大口魚千餘尾，燒酒四百餘瓶，鹽百餘碩，皆取辦於軍民。
節度使、觀察使每饋務欲豐肥，守令雖知弊甚，亦不欲被
譴，臨時督納，迫於星火，雞豚狗彘，境内掃如，以轉買於
彼人。且五鎮鹽盆，以軍戶循環煮取，定數輪納，每有不充
其數。守令嚴加督徵，因此牛馬盡斃，家產蕩然，逃散者相
繼不已。其幸存者，長立軍門，不顧農業，日益困窮。而野
人種落，日益繁盛。若不廢四度之饋，則邊氓不得安接，而
貽弊不貲。臣意節度使、觀察使，每年春秋一時巡邊，謂野
人曰：'自今以後，汝等功勞，兵使、監司同巡共議，分揀
上送，國法已定。'則彼必以同巡爲恒式，而無怨於兩度之
饋矣。"

　　壬子，巡撫遼東都御史張鼐奏："建州左衛夷人革里右得
等，殺敗海西達賊，奪回所掠三人，乞令次進額外許令二三人
赴京，量加賞賜，以示獎勞。"兵部覆奏："進貢夷人有常數，
不可加。但可如其奪回漢人之數，照有功賞格，出内帑之物，
付鎮巡等官，就彼給賞。"從之。實錄。

三月戊辰朔

　　乙亥，遼東鎮巡官奏："阿速江衛并堝坎、蘇分地面野人，
及寄住毛憐等衛女直都指揮我里哥等孫男刮答等，并林脫等，
俱欲朝貢。各夷不憚跋涉，納款歸誠，若拒沮使回，必致嗟
怨。乞每年准令三五人輪流朝貢，以慰遠人之心。"兵部覆奏：
"建州寄住毛憐衛女直，歲有來朝之數。阿速江衛蘇分地面野

人，舊無來朝，今乃欲求朝貢，其向化之情，有可憫念，宜令鎮巡等官，支給官庫錢糧，參酌禮部賞格，量加犒賜，發回原衛地，仍令通事備爲省諭。"從之。實錄。

　　　　此爲實錄中明見建州寄住毛憐衛之文。明史以寄住毛憐衛載入正統以後新設衛之首。前已覺其於事理不合，斷爲寄住毛憐，即永樂間所設，令建州衛酋長阿哈出分授其少子猛哥不花者，明代已不能釐鑿區分。豆滿江濱有一毛憐衛，鴨綠江濱又有一毛憐衛，而混其設置之年，使成疑團，得此則釋然矣。

　　　　是日，建州左等衛女直指揮等官鎖魯塔、阿失帖木，并速平江等衛野人女直都指揮速哈，毛憐衛女直都指揮亦里哈等，各來貢。賜宴，并綵段、衣服等物有差。實錄。

　　戊子，巡按遼東監察御史王獻臣奏："三衛達子近牆下營，需索鹽米。廣甯衛守備都指揮張天祥等，伏兵與之告語，因知建州進貢夷人至石河鋪，遂遣家人張通等射傷夷人，繼入達子營，殺獲幼男百餘人，又獲告語達子首八級。其營內所斬首，燒燬九十顆，而轉賣官軍幼男、達婦首二十餘級，得銀二千餘兩。"下兵部覆議，謂："御史所奏，與鎮巡等官先次報捷，事相背馳，請遣官按覈。"命大理寺左少卿吳一貫、錦衣衛都指揮僉事楊玉往勘，務得其實以聞。實錄。

　　　　因三衛達子射殺建州貢夷，守備有保護之責，而襲殺達子以救過，事在正月乙未，已論賞矣。至是巡按盡翻前說，遂成御審大案，事詳後。

六月甲申朔

是日，朝鮮實錄書：初，歧州衛野人等作賊于平安道高山里堡，將只等四人爲官軍所殺，沙乙豆生擒，移置于慶尚道巨濟縣。至是，野人王山赤下通書契，自叙前功，欲還前日被虜人。兵曹啟："沙乙豆生存，彼不信之。必親見沙乙豆，然後當悉其始末，不生怨恨。然無辭還給，則彼必不我聽，而反生輕侮之心。若終不還，則亦非待夷之道。後若更來請之，姑語之曰：'四人則當初抗官兵，中箭而死，獨一人投降就擒，國家憐其無知，生存之。汝若革心輸誠，反我逆民末應山、韓世忠，及邇來虜去人，則當啟國家還給。'云云可也。且彼人多將介，誘去朴貴同及妻子，而都指揮產察密告于我，蒲州彼人虜良女莫非，而莽哈奪來，又捕斬多將介。此輩皆酋長，請於秋來爲先上京何如？"又啟："彼人高發大逃來，請入侍朝。然才非出衆，性亦不馴，不可聽也。若不聽所願，則詳知我邊虛實，將入蒲州，何以處之？"命議之。尹弼商、成俊、李克均、柳洵議："逆民韓世忠、末應山等，刷還未可必也。但沙乙豆留之無益。依兵曹所啟，令江界府，使見彼通信人傳意，則彼必有答請之辭，邊將啟聞後措置，幸甚。產察、莽哈，最強酋長，爲諸部所推服，今又首告朴貴等刷還事，當從情願，令上京除職，以收後日之用。"從之。尹弼商、柳洵議："高發大才不出衆，性亦不馴，不宜侍朝。如此等人許令上京授職，則城底彼人蜂起難禁。彼雖詳知我邊虛實，移入蒲州，若我防備不疎，何畏之有？"成俊議："高發大雖才不出衆，我國虛實，備嘗知之，不可令移入蒲州，以資寇兵，許令上京授職侍朝何如？"李克均議："高發大三寸叔高崇禮，臣爲本道觀察使時，啟聞侍朝。崇禮之才亦不出衆，祖宗朝侍朝野人，如發大者多。臣意許令上京授職，從便居住何如？"從克均議。

八月乙未朔

丁酉，朝鮮實錄書：兵曹啟："野人<u>汝乙豆</u>論罪及<u>産察</u>論賞事，請速斷。"命收議。<u>尹弼商</u>、<u>成俊</u>議："<u>汝乙豆</u>累次作賊，不可不明示典刑，以警後來。若畏其子報復，久囚獄中，或至自盡，或致逃逸，則彼人不畏國威，將恣意犯邊，深可慮也。兵曹所啟，甚合事宜。"<u>李克均</u>議："臣非不知<u>汝乙豆</u>久囚，果如兵曹所啟，但<u>汝乙豆</u>死，則其子二人絕無捕獲之理，徒使遺孽至死報怨耳。前此彼人無典刑者，其子必不疑其父死，將於族親所在處逗留聞見。<u>産察</u>既知論賞，必當盡心捕獲。姑緩其死，并其子捕獲共誅之，則恐無後慮。"<u>柳洵</u>議："觀<u>汝乙豆</u>作賊刼殺事狀，乃是劇賊。久囚牢獄，不爲逃逸之計，則何必自盡？當於境上明示典刑，其子令邊將捕獲，甚當。"

辛亥，初，<u>遼東</u>都指揮僉事<u>張斌</u>，以罪奪官。其孫<u>天祥</u>，入粟仍爲都指揮僉事，備禦<u>廣寧前屯衛</u>。<u>弘治</u>十五年十二月，虜賊十餘騎入境，射傷<u>建州</u>朝貢夷人<u>金奴</u>等四人，掠去駕車牛十二隻。車夫<u>于虎</u>馳報，<u>天祥</u>將會兵追襲。<u>斌</u>與<u>天祥</u>及其子<u>洪</u>謀，賊傷進貢人，事不可掩。<u>于虎</u>走二十里來報，比<u>汝</u>出關又四十里，賊去遠無及矣。不若率兵出<u>毛喇關</u>，趨<u>夾喇灣歪頭山</u>三衛營，出其不意掩殺之，指爲前賊，可以贖罪。<u>天祥</u>及指揮<u>徐還</u>等如其言，得虜首三十八、牛十二、馬二十餘、弓矢甲冑數百事，其幼男婦女首級皆棄之。又以原報賊少，斬首過多，妄言是夜三更，<u>尖山臺</u>舉火，<u>天祥</u>聞警出城，道遇<u>于虎</u>報賊，三十餘人出關二十里，見前賊百餘騎於<u>歪頭山</u>，追及之，斬首二十七，又馳五十里，追及于<u>高廟</u>，約二百騎，斬首十一級，全軍而還，以捷告。復以賊首二級，遺守備都指揮<u>郭震</u>。<u>郭震</u>不受，而以其事報鎮巡等官，皆信而奏之。有敕獎勵，次第頒賞。巡按監察御史<u>王獻臣</u>疑之，移文駁勘。指揮<u>楊茂</u>，於<u>斌</u>爲

妻弟，故有隙，子欽有求于天祥，不許，復銜之，以斌、天祥
謀刦虜營事詐爲前屯衛移文，呈獻臣，得之以聞。命大理寺丞
吳一貫、錦衣衛指揮楊玉，會續差御史余濂按之，于是盡得其
實。而斌以茂欽服罪，復上章訴理，欲牽合匿名律文，覬得不
坐。時議謂獻臣先已駁行，不係訴告，于虎等佐證甚明，謂賊
入時尖山臺未嘗舉火，虎入城傳報，天祥始領軍出城，非徑途
相遇。虎報賊十騎，而天祥云三十，旋增至二百，其數不同。
撲營在夾喇灣，而云先戰歪頭山，後戰高廟，其地里亦異。天
祥稱奪回車牛，而虎等執非原物，亦以角細毛深不食穀草，非
境內所生。斌以謀非己出，而虎稱斌面諭天祥，使之盡力。楊
茂又言是日遇斌飲酒，斌自云撲營上戰，當已得功。於是斌等
語塞。而參政甯舉、僉事王中、守備官郭震，覆勘皆同。聽調
隨行軍士劉賢等，皆款服無異。一貫等具獄以聞。張斌以謀殺
人造意律，斬；天祥依從而加功律，茂依詐爲指揮使司文書
律，欽依投匿名文書律，各絞；隨軍將士擬罪有差。且請明正
典刑，榜示各邊，以爲後戒。仍宜諭三衛夷人，使知朝廷德
意，釋彼讎怨，爲我藩籬。又劾太監宋秀、總兵官楊玉、都御
史張鼐、去任御史王獻臣，奏事失詳，及守備官郭震扶同轉達
之罪，有旨命三法司議處。於是合請移文巡按御史，將斌等械
繫，待報處決；從行將士俞謙等，依律逮問。其榜示各邊，宣
諭三衛，略如一貫等議。得旨：“斌等并謙俱准擬。謙等免逮
問，不錄其功。秀、玉、鼐、震姑宥之，玉、鼐、震仍各罰俸
一月。” 乙卯，巡撫遼東都御史張鼐，以會奏廣甯都指揮張天
祥等捷報，失於詳審，上章自劾，請罷所任待罪。上慰留之，
令用心治事。實錄。

九月甲子朔

　　辛巳，朝鮮實錄書：成俊、李克均啟：“咸鏡道，國之藩

籬，若無五鎮，則邊事可憂。世宗朝，許城底野人授兼司僕。
野人性愚直，不如我國人奸詐，如欲侍朝者，許授雜職。如童
清禮者，則當授衛將等職。兀良哈乃野人中平民，斡朶里乃大
金支裔也。清禮之父童所老加茂，嘗有功於先王朝。世宗欲設
會寧鎮，而未得其地，所老加茂自撤其家而獻其地，其功不
細。世宗重有功，許嫁禮賓寺判事之女。清禮外祖，乃士族
也，豈宜待之有內外乎？臣曾以此啟之，而弘文館以人面獸
心，不宜侍朝彈之，事遂寢。世祖朝，亦許野人立朝，今亦簡
拔其尤者授其職，彼必爭自向慕。"傳曰："可。"

　　　童清禮爲所老加茂之子，所老加茂爲於虛里之子，於
虛里爲清肇祖同母弟。肇祖投明，於虛里世世臣服朝鮮，
清禮更累效勞績，入建州宣諭，報告所歷，且條陳邊政，
居然有朝鮮士大夫之風，後卒爲朝鮮戮死，亦緣國內黨派
之殊，非有異種之過。此朝鮮之不能善待向化人也。

　　　兀良哈乃野人中平民，斡朶里乃金裔，朝鮮有此論
斷。則清之先爲金後，又不但若普通女眞種族而已，斡朶
里其爲一姓再興歟？

十一月甲子朔

　　是日，朝鮮實錄書：禮曹判書金應箕啟："野人產察，今
當論功。前例李達罕子上京，特賜接見，賞之以物，及其還
也，賜物加厚。大凡初見時，當厚賜以悅其心。今產察初接見
時，何以爲之？且野人立功上來，則初授司勇，後若有功，陞
司猛，以此而上。至嘉善、嘉靖以上，有特旨乃除。今產察於
中朝爲都督僉使，而坐諸野人之上，諸野人或有爲同知中樞、
司猛者，產察今授何職？"王曰："產察之功，與達罕子孰優？

若功優，則當別厚賜。” 戊辰，野人產察授資憲知中樞，莽哈嘉善准職。

辛巳，<u>海西益實左</u>等衛、<u>兀者右</u>等衛，并<u>撒剌兒</u>等衛，<u>女直</u>都督等官<u>台束</u>，并<u>幹黑能</u>、<u>禿忽剌</u>、<u>魯卜花</u>等，各來貢。賜宴，并綵段、衣服等物有差。<u>實錄</u>。

十二月甲午朔

乙未，<u>朝鮮實錄</u>書：咸鏡北道節度使<u>李蓀</u>啟，野人<u>撒知</u>等請朝京。命議之。<u>尹弼商</u>、<u>成俊</u>、<u>朴安性</u>、<u>姜龜孫</u>、<u>宋軼</u>、<u>李秉正</u>、<u>李季男</u>議：“<u>撒知</u>自其父<u>也堂只</u>被殺之後，畏國家威德，率家口移居城底。<u>兀良哈</u>一例，許令上送，以安其心，似合帝王懷遠之體。”<u>李克均</u>、<u>柳洵</u>、<u>李季仝</u>、<u>鄭眉壽</u>議：“<u>撒知</u>之父<u>也堂只</u>，<u>尼个車兀狄哈</u>之有名巨酋，授本國同知中樞者也。辛亥北征時，<u>也堂只</u>率其妻子及種類二十餘人，橫行於境上，令鎮將收捕以啟。師還之後，命皆誅之，移其妻于<u>全州</u>，今已死矣，其子若孫含怨深矣。頃者節度使馳啟，<u>撒知</u>、<u>伊伊厚</u>等自失窟穴，移居于<u>加訖羅</u>地面，請內屬爲藩屏，願比城底<u>斡朶里</u>，爲國效誠。朝廷疑而不許，更詰其情。則又曰，窮困來降，保無他意。然猶不許近居。羈縻之者，今已五六年，似無所疑矣。然其心非懷德而忘怨，其實種類衰弱，力不足以桀鶩耳。夷狄禽獸，未可輕信。今若許其入朝，彼必請見其母。言其母已歿云，則更起憤怨。此則許其入朝，欲爲維之以恩德，而反益其怨也。入朝之請，斷不可從。今當語之曰：‘汝父<u>也堂只</u>，雖無功勞，遠來輸誠，朝廷嘉之，擢授中樞之職。不念國恩，反與都骨連兵作耗，罪惡極矣。朝廷舉師問罪之日，汝父若兄首伏其辜。汝乃罪人之子，不可與他比，必須有大功勞，當轉達朝廷，論其功賞。不然者，如體探斥堠等尋常之事，安足上聞。’如此開諭，庶合事體。”<u>朴楗</u>、<u>李顆</u>議：“<u>撒知</u>

依於城底彼人家久矣，既不能斥還本土，則當撫之如元居彼人。如有報邊功勞，則依元居人例上送，何如？"成倪議："撤知今居城底，意欲上京，雖投誠歸順，朝廷已誅其父而移其母，勢弱不能報復，然其心豈敢忘之。禽獸之情難測，勿許上來爲便。"從克均等議。　甲辰，左議政李克均啟："產察、會寧等處酋長；莽哈、鍾城等處酋長，而莽哈尤雄悍，猾虜也。前日產察亦語禮官曰：'待莽哈不可小異於我。'今雖不可接見，命官饋送，賜物授爵，亦依產察例，何如？且有功野人，亦皆論功輪次上京，其不上京者，賫給賜物。如有以不得上京爲怒者，令邊將語之曰：'今年江原道、京畿年穀不登，驛路殘弊，以此不得上京。'何如？"傳曰："依所啟。"

弘治十七年，即朝鮮燕山君十年，甲子(1504)

正月癸亥朔

己丑，海西益實左衛都督台束等，并兀思哈里等衛、兀者右等衛女直都指揮忽答木堵里吉等，各來貢。賜宴，并綵段、衣服等物有差。實錄。

是日，朝鮮實錄書：咸鏡北道節度使李蓀馳啟："尼个車欲與兀良哈和親結婚，恐生邊警。"命召政丞等議之。尹弼商、成俊、柳洵、朴楗、朴安性、李季仝、鄭眉壽、宋軼、姜龜孫、韓期文、柳濱、洪自阿、李良議："尼个車與兀良哈未隙時，共謀寇邊，朝廷患之。辛亥北征，兀良哈實爲嚮導，自爾作仇，互相殺掠，未有寧歲，而吾邊鎮則晏然無警，今已十四年矣。何者？尼个車遠處忽河之濱，兀良哈近在城底，爲我藩屏。二虜若不通好，雖欲入寇，其路無由。今若解仇交質，連結婚姻，則邊鄙之患復如前。宜下諭節度使，及其未然，修城堡，整士馬，預爲之備，行間謀，沮通好，毋致解仇何如？"

辛丑，建州右等衛女直都督等官尚哈等，并建州左等衛女直都指揮鎖魯塔等，各來朝。賜宴，并綵段、衣服等物有差。實錄。

七月己丑朔

己丑，朝鮮實錄書。平安道節度使呂允哲馳啟："六月十九日，彼賊來寇仇寧鎮，虜人物八口及牛馬而去。"兵曹啟："節度使呂允哲、朔州府使李公信，不能措置，致賊入寇，請鞫之。"遣弼善、柳續鞫之。　庚寅，平安道節度使呂允哲馳啟："去六月二十六日，野人寇阿耳鎮，殺軍士一名，虜人物五名，牛三頭、馬二匹而去。"兵曹啟："允哲慢於隄備，五六日之間再召賊寇，請拿來鞫之。"傳曰："可。"　辛丑，平安道節度使呂允哲馳啟："今七月初七日，賊入渭原境，與於陽怪堡權管姜玉成等相遇，玉成及旅帥申致先戰死。"傳曰："人民必多被殺傷，其遣官鞫之。"

十一月丁亥朔

乙未，先是，遼東廣甯前屯衛致仕指揮使楊茂，與其子欽，詐爲公文，告革職指揮僉事張斌，使其孫都指揮僉事天祥，掩殺虜人，以開邊釁。巡按監察御史王獻臣奏之。獻臣尋以他事被逮，上命大理寺右少卿吳一貫及錦衣衛指揮使楊玉，往會交代監察御史余濂勘問。一貫復奏委山東左參政甯擧、兵備副使錢承德、僉事王忠、分守山海關指揮僉事趙承文究其事，斌等皆承服。乃擬斌造謀殺人罪，斬；天祥及其叔父洪、指揮徐還，皆從而加功；茂盜用印信，欽投匿名文書，罪皆絞。既奏請得旨，而天祥等累上疏訟冤。天祥尋死於獄，詔逮斌等至京，令三法司、錦衣衛於午門外會問，與所勘獄詞異，乃并逮諸勘官至。上御午門，一一親鞫之。上曰："彼虜人也，殺之何罪，而當以死？"衆皆諉於一貫。玉謂："臣武人不知書，不知律，惟一貫是從。”上曰：“汝武人不知書律，然亦知人之有死乎?”問一貫，對曰：“臣等固嘗疑之。”上曰：“罪疑則當惟輕，何以從重?”皆語塞不能對。左都御史戴珊從容奏曰：“一貫等擬議失當，無所逃罪，然亦無私。”於是天顏頓霽，都察院會擬：“茂欽等初擬絞罪，已當。一貫等推按失實，罪當贖徒。洪還於師旋之際，呈報欠明，罪當贖杖。斌事已白，宜免其罪。”命“茂、欽依律處決，斌准辯，洪、還皆有功，並有其罪。一貫等偏聽枉斷，係人命軍情，姑從輕，一貫、玉各降五級。趙承文、甯舉、錢承德、王忠、余濂，各降二級，改調遠方。王獻臣不察姦弊，輒據匿名文書妄奏，降雜職，遠方叙用。天祥、洪、還等功次，兵部仍稽考奏聞。”於是一貫降雲南嵩明州同知，承德新興州知州，忠石屏州同知，濂雲南布政使照磨，獻臣廣東都許馬驛驛丞。實錄。

　　甲辰，海西納木河等衛女直都指揮吉撒兀等來貢。賜宴，并綵段、衣服等物有差。實錄。

十二月丁巳朔

　　丁卯，海西甫兒門及兀者左等衛女直都指揮劄哈等，各來貢。賜宴，并衣服、綵段等物有差。實錄。

弘治十八年，即朝鮮燕山君十一年，乙丑(1505)

正月丁亥朔

　　己酉，海西兀者等衛女直都督赤卜革等，撒剌兒等衛、阿速江等衛女直都指揮都魯卜花、弗亦馬等，及建州右等衛女直都指揮沙哈忒、速魯紅等，各來貢。賜宴，并綵段、衣服有差。實錄。

三月丙戌朔

　　乙未，毛憐衛女直都督產察，及建州左等衛女直都指揮塔失等，各來貢。賜宴，并綵段、衣服等物有差。實錄。

五月乙酉朔

己丑，海西渚冬河等衛<u>女直</u>都指揮歹察等，各來貢。賜宴，并綵段、衣服等物有差。實錄。

是月辛卯初七日。帝崩，以下入<u>武宗實錄</u>。

六月甲寅朔

丙辰，陞毛憐衛指揮使亦出哈爲都指揮僉事，指揮僉事乃看爲指揮使，指揮使特魯格爲都指揮僉事，更與之敕。俱以天順等年授職，各歷二十五年有餘，從其援例以請也。

正 德 朝

武宗正德元年，即朝鮮燕山君十二年，丙寅(1506)

正月辛卯朔

壬辰，<u>朝鮮實錄</u>書：傳曰："彼土逃歸人<u>韓世忠</u>刷還野人等，厥數雖衆，其功不細，畢致闕庭，賞賚以送。其召三公及兵曹堂上議之。"<u>柳洵</u>、<u>許琛</u>、<u>朴崇質</u>、<u>任士洪</u>、<u>崔應賢</u>議："<u>朴撒塔木</u>等刷還<u>世忠</u>之功宜賞。但彼人多出牛馬或奴口女子，其意皆欲上京，數至二百餘名。若盡令上京，則驛路騷擾，支待亦煩。今遣鍊達朝官，同節度使到<u>江界府</u>，招諸彼人餉慰，仍說曰：'爾等功不細，國家豈不重賞。但數百人不可一時上京，且路遠，若分運則今年不得盡往，雖至後年必不盡焉，功亦虛棄。爾中其切於上京，與不欲往者，分揀言之，則在此者，國家亦當隨其功重賞。'云云。彼必不欲來者亦多。且彼人所言功勞之事，恐有虛張者，亦令覈實而來，然後論定其賞何如？"從之。

二月辛亥朔

　　庚申，陞朶陵山衛即朶林山衛都指揮僉事答昇哈爲都指揮同知，亦馬忽山衛指揮使鎖納爲都指揮僉事，葛林衛指揮同知塔嗒住、撒刺兒衛指揮同知兀乞捏俱爲指揮使，兀魯罕河衛苦赤納爲指揮僉事。各夷授職已餘二十五年，因其陳乞，乃如例遞陞。　　庚午，建州右等衛野人女直都指揮牙禿哈等，來朝貢馬。賜宴，并金織衣、綵段等物有差。實錄。

三月辛巳朔

　　壬辰，寄住毛憐衛女直都指揮重塔等，來朝貢馬匹。賜宴，賞襲衣、綵段、絹布有差。　　劄嶺衛指揮使亦刺速，以受任逾二十五年，乞陞。命爲都指揮僉事。實錄。

四月庚戌朔

　　庚申，特許建州左衛夷黑答撒、失保、主成，襲陞其叔父及從兄之職，爲都指揮僉事，以三人愬其父附順效勞而死於邊故也。實錄。

　　建州左衛爲清之先。自董山以叛被誅，其家屬多戍邊者。董山之弟董重羊，定爲即童倉之合音。其始尙代董山領衛事，效朝貢，後仍謫戍福建。於成化十一年，其妻入關，乞與同居内地。建州頭目又累請取回；皆不允。成化二十年，建州衛都督完者禿，又累上書言董重羊忠順效勞，實無反叛情罪，謫戍福建，乞宥之還；仍不允。至是，黑答撒、失保、主成等三人，訴其父附順效勞而死於邊，必即前所謂忠順效勞而戍福建者，今則已死而其子來訴也。其中失保之名，清武皇實錄興祖之父名石報奇，後來改定高皇帝實錄，石報奇作錫寶齊篇古，一加“篇古”，其對音更難辨。從初修實錄求對音，失保正石報奇其人也。後來景祖等所襲正爲都指揮僉事，明人亦稱清太祖爲建州枝部，說皆相合。

癸亥，陞建州衛都指揮同知廣武子都指揮使，都指揮僉事得力額、撒剌奴，俱爲都指揮同知，故都督僉事脫羅子脫原保、都指揮使保能姪章成、故都指揮僉事把搭孫子撒哈歹、撒哈忒子產察，各襲原職。實錄。

是時脫羅亦已故，而由其子脫原保襲職，則建州左衛之掌印指揮亦正易人。脫原保不見於清實錄。清自由其枝部所自分者爲識別，載石報奇於董山之下一世，而興祖則在太宗建號時，爲四親廟之第一世，其尊稱爲祖，分義宜然，無可疑矣。

九月戊寅朔

是月初二日己卯，朝鮮内變，廢其國王，遷于喬桐縣，推戴成宗第二子懌，是謂中宗。以下朝鮮入中宗實錄，且於是年即改元，以下即稱中宗元年。

十月丙午朔

甲子，朝鮮實錄書：右副承旨李繼福啟曰：“僉知全五倫，以滿浦僉使遞來，曰：‘韓世忠、末應山等，滿浦人亡入賊境，世爲西邊患。嚮者購求此賊。諸野人等刷還，國家不論其功，野人等發怒，謀欲起兵，恐啟邊釁，請速措置。’”上問三公柳洵等議啟曰：“此固當速行其賞。廢朝多事不暇及此，致令發憤，請先令其道監司開諭。賞賜物件，令禮曹隨後磨鍊下送。”傳曰：“可。”戊辰，右議政柳順汀啟曰：“濟州牧使全五倫，有才可用。其前爲滿浦僉使時，深入賊穴，刷還韓世忠、末應

山，功亦不細，又受一州重寄，跋涉道路，請給一資入送何
如?"傳曰:"可。"

　　五倫，咸鏡道慶源人。順汀爲其道評事時，五倫爲鎮
撫，門第卑下，拔起軍伍，又無才智可稱，而其鄉多產貂
皮，又善事人，故能至於此云。

十一月丙子朔

　　丁丑，朝鮮實錄書:傳曰:"刷還韓世忠等野人賞賜事，
先以諭書下諭，其賜物急速下送，令全五倫頒賜。"因三公議
也。柳洵、朴元宗、柳順汀等議曰:"建州人自以刷還韓世忠
爲大功，而久未受賞，憤怨必深。當以禮曹、兵曹同議之辭，
急速下諭本道監司，令滿浦僉使詳悉開諭，分揀功勞高下，慰
諭分與，必得其宜。當急遣五倫，使之處置爲便。"五倫久在滿
浦，備知彼人事情者也。

　　丙申，海西兀者等衞女直都督幹黑能等，來朝貢馬及貂
皮。賜宴，并金織衣、綵段等物有差。實錄。

正德二年，即朝鮮中宗二年，丁卯(1507)

正月乙亥朔

　　丁亥，泰甯衞都督李來罕，遣頭目阿都赤等，海西野兒定
河等衞女直都督加忽赤等，各來朝貢馬及方物。賜宴，并鈔
錠、綵段有差。實錄。

　　己亥，忽魯愛衞都指揮僉事苦出納，與兀者前衞都指揮同
知尙古相仇殺。尙古率眾攻圍苦出納村寨，苦出納射之。畏尙
古部復仇，率其妻子畜產來降。兵部議發兩廣安置。既而聞尙
古親屬將興兵報復，慮生邊患，復議殺苦出納，以償尙古之
死。行鎮巡等官勘處，以仇殺釁由尙古，苦出納又非尙古部

落，宜如初議，乃安置于兩廣，仍以苦出納等三人，照原職于桂林中衛中所帶俸，那可潑著等二十人各食糧有差。實錄。

尚古之歸結如此，此皆明史所不足載。而明廷對女眞，朝覲訟獄，猶備共主之尊。當清代諱飾失眞之後，得此皆顯存眞相，不可不備錄者也。

閏正月乙巳朔

壬子，海西等處益實衛女直都督台束等，來朝貢方物馬匹。賜鈔錠、綵段等物有差。台束中途爲盜竊取貨物，詔遣官伴送以歸。實錄。

二月乙亥朔

戊寅，建州左等衛女直都督脫原保等，貢馬。賜宴，賞金織衣、綵段等物有差。實錄。

脫原保正名爲都督，始納貢。

辛巳，陞木束河衛指揮使阿古尙爲都指揮僉事，從其請也。　乙酉，陞阿的納河衛指揮使答古、滿涇衛指揮使納赤哈、愛河衛指揮同知咬羅、兀者前衛副千戶赤府納，各一級，以自陳授職逾二十五年故也。　丁酉，陞古魯渾山衛指揮使賽哈，爲都指揮僉事。命益實衛指揮同知鎖羅哥禿子太平、牙魯衛指揮僉事范察子凡察，各襲父職，從其請也。實錄。

范察子又名凡察，女眞之俗如此。可知凡察、范察爲女眞人習用之名，而清先世祖名范察，孫又名凡察，不必疑其爲一人也。

四月甲戌朔

　　甲申，賜故建州右衛都督<u>不花禿</u>及<u>海西亦迷河衛</u><u>女直</u>都督僉事<u>捏克祭</u>，各一壇，從其子乞，禮部爲之請也。<u>實錄</u>。

　　　　凡察子<u>不花禿</u>，此時始卒。

　　壬辰，陞建州衛都指揮僉事<u>馬哈蘭</u>、<u>亦領哈</u>，俱爲都指揮同知。以指揮使<u>阿兒忽里</u>子<u>撒哈答</u>，陞襲爲都指揮僉事。<u>實錄</u>。

九月辛丑朔

　　丙午，賜<u>考郎兀衛</u><u>女直</u>都督同知<u>斡羅脫</u>、<u>拂提衛</u>右都督<u>打吉六祭</u>，皆從其陳乞也。<u>實錄</u>。

十二月庚午朔

　　戊寅，<u>海西</u><u>葛林</u>等衛<u>女直</u>都指揮等官<u>答魯哈</u>等，來朝獻馬及貂皮。賜宴，并綵段、衣服等物有差。<u>實錄</u>。

正德三年，即<u>朝鮮</u><u>中宗</u>三年，戊辰(1508)

正月己亥朔

　　辛酉，<u>海西</u>等處<u>兀者</u>等衛<u>女直</u>都督等官<u>斡黑能</u>等，來朝貢馬及貂皮。賜宴，并綵段有差。<u>實錄</u>。

二月己巳朔

　　丁亥，賜<u>考郎兀衛</u>都督僉事<u>捨剌罕</u>蟒衣，從其乞也。<u>實錄</u>。

　　己丑，<u>建州左</u>等衛<u>女直</u>都督<u>脫原保</u>等，各來朝貢馬。賜宴，及金織衣、綵段等物有差。<u>實錄</u>。

三月戊戌朔

　　是日，賜建州右衛都督<u>尙哈</u>紵絲蟒衣，從其乞也。<u>實錄</u>。

　　　　此當是<u>不花禿</u>之承襲人。

十二月甲子朔

庚辰，<u>女直</u>大通事<u>王玘</u>坐累罷，鴻臚寺序班<u>張澤</u>呈乞推補。錦衣衛帶俸指揮僉事大通事<u>王喜</u>呈：“<u>女直</u>舊不設大通事，今宜免補。”禮部謂：“<u>弘治</u>十三年，<u>女直</u>大通事<u>劉福</u>致仕，<u>孝宗皇帝</u>命，會同兵部從公選補，乃用<u>玘</u>。今<u>澤</u>所呈，與<u>喜</u>矛盾，請加裁定。”有旨照例會推可用者以聞。實錄。

丙寅，<u>朝鮮實錄</u>書：<u>辛服義</u>、<u>童清禮</u>凌遲處死，妻子爲奴，籍沒家產。<u>朴從善</u>、<u>金上佐</u>、<u>鄭揚貴</u>處斬。流<u>李惟清</u>于<u>康津</u>，<u>平皋</u>副正<u>信</u>于<u>海南</u>，<u>殷正</u>副正<u>玉山</u>于<u>東萊</u>，<u>松山</u>副上<u>健</u>于<u>昆陽</u>，<u>高安</u>正<u>精</u>于<u>高城</u>。<u>朴元宗</u>以下至執杖之人，論賞有差。百官進箋陳賀，頒赦子中外。　戊辰，以逆臣<u>辛服義</u>等伏誅事告宗社。　己巳，傳曰：“<u>童清智</u>已議免罪，其子息亦勿緣坐。”

　　廢立之際，名爲“靖國”。廷臣論靖國功，不屬其懲者發怨言。<u>服義</u>先爲翰林，被譴下獄，靖國時僅起官。<u>清禮</u>亦前以被論降職，靖國時得授一階。因相與言論功不平，招青盲<u>朴從善</u>問聖壽，冀主上明年有厄。事發在上月庚申，一干人皆連染者。　<u>清智</u>，<u>清禮</u>弟。<u>清禮</u>以<u>女直</u>向化人，<u>朝鮮</u>此時，能以國內法任意處刑，備極嚴酷，見<u>女直</u>之屬<u>朝鮮</u>，並無抵抗力。<u>清禮</u>尤爲同化效忠之夷，<u>朝鮮</u>亦無顧惜。所謂靖國，自是親屬之篡奪，不預謀而爭預其賞，遂遭慘禍。要之，<u>清禮</u>絕不以夷族自待，則可見也。

戊子，<u>建州衛女直</u>都指揮<u>詔巴</u>等，來朝貢馬。賜綵段、鈔錠有差。實錄。

正德四年，即朝鮮中宗四年，己巳(1509)

正月甲午朔

二月癸亥朔

　　戊辰，海西肥河等衞女直野人都指揮長哈奴等，來朝貢馬。賞綵段、表裏、絹布等物有差。實錄。

三月癸巳朔

　　丁酉，海西等衞女直都督脫原保等，來朝貢馬匹方物。賜鈔錠、織金、文綺等物有差。實錄。

　　　　海西或是建州之誤，若類列而以海西冠首，則此書法爲太混。

　　丙午，命建州衞舍人童子，襲其父弗剌答職，爲都督僉事。實錄。

四月壬戌朔

　　甲子，海西木速河等衞女直都指揮阿兒忽答等，海西弗提等衞女直都指揮木長哈等各來貢。賜宴，給賞有差。實錄。

五月壬辰朔

　　是日，陞毛憐衞指揮速古一級，以速古嘗有邊功故也。命建州左衞都指揮僉事佟失古你子掃你，代父原職。　戊戌，泰寗三衞女直都指揮僉事滿蠻，率其部落男婦二萬有餘，欲附邊墻築土圈潛住，以避北虜。守臣以聞，且言鎮安等堡舊有土圈可容。下兵部議。實錄。

　　　　泰寗三衞，此時亦混稱女直，前亦有例，當非誤書。蓋其時同爲兀良哈，種族甚相近，而與北虜蒙古則甚相遠。但正爲小王子東侵時，其後亦折入蒙古矣。

辛丑，海西兀者等衛女直都指揮帖古山等、木速河等衛女直都指揮阿兒忽答等，各來朝貢馬。賜宴，并賞綵段、衣服有差。實錄。

閏九月庚申朔

己巳，兵科給事中屈銓奏："遼東地方雖稱邊境，其分巡、分守等官，以至錢糧吏役，俱出山東。近年巡撫都御史多山東人，土壤相連，行事不便，後宜推別省人。萬一邊情重大，急於用人，即不在回避之例。"吏部覆議，從之。實錄。

始以二'東'並稱，合爲一布政使所轄，馭邊漸棘，漸有分列之勢，特不重民政，終不設布政使耳。

十一月己未朔

戊寅，海西忽石門等衛女直指揮塞革等，來朝貢馬。賜鈔錠等物有差。實錄。

乙酉，海西女直察剌禿山衛指揮的力吉，奏討番文，借用渚冬河衛印信。禮部言："借者與者，俱屬違法，宜拘各夷究治，及裁其賞賜，以示懲戒。"詔令姑置之，給賞如例無減，惟省諭使知之，後有不用本衛印者罪之。實錄。

此亦可考見明之馭夷。

十二月戊子朔

癸卯，朝鮮實錄書：先是，咸鏡道觀察使高荆山，以慶興鎮僉使崔三俊及虞候權然，不謹防禦，致被虜擄金石崇女子等三人而去，具由馳啟。兵曹啟曰："依律科罪，則杖一百、邊遠充軍也。今觀推案，彼人與金石崇有嫌故也，實非犯邊，依律似乎過重。"上命收議。大臣金壽童議："邊事至重，若鎮將少有不謹備禦，致有賊變，當依律科罪，以嚴軍令。但虞候權然，其時防禦於會寧鎮，則與本鎮將同科，過重。節度使崔漢洪，守任日淺，似宜寬論。"朴元宗議："聞近來邊將等，狃於昇平，防禦事不謹措置。府使崔三俊，依律治罪，以警他鎮邊將爲當。節度使則與鎮將稍異，上裁寬宥，深合事宜。且虞候亦非如鎮將例，而與鎮將同律科罪，似乎過重。"成希顏議："虞候權然、府使崔三俊，不謹防備，致有賊變。變雖不大，罪不可全釋。節度使則鎮守日淺，在所容恕。"上從希顏議。傳曰："今見議得，宜以律爲之者有之矣。然情法過重，節度使崔漢洪則棄之，鎮將崔三俊則笞五十、贖而遞差；虞候權然亦遞差。"

正德五年，即朝鮮中宗五年，庚午(1510)

正月戊午朔

　　庚午，海西吉灘等衛女直都指揮僉事吉納等，貢貂皮馬匹。賜宴，并綵段等物有差。實錄。

三月丙辰朔

　　丁巳，建州并奴兒河等衛女直都督等官童子等，貢馬及貂皮。賞綵緞、衣物有差。實錄。

四月丙戌朔

　　辛卯，賜毛憐衛都督產察蟒龍織金衣服，從其請也。實錄。

　　甲寅，建州左等衛女直都督脫原保等，來朝貢馬。賜鈔錠、綵段等物有差。實錄。

五月乙卯朔

　　戊午，朝鮮實錄書：咸鏡北道節度使崔漢洪狀啟曰："五鎮城底彼人等，執前日撫夷堡作賊兀狄哈等妻子以來，其後或上京受賞。其不得受賞者，懷憤矜功，請秋成饋餉時，兼致慰藉，使知國恩，以釋前憾，以勸將來。"禮曹啟曰："令其道節度使等其功勞，列名啟聞後論賞，以此命宰相議啟何如?"上可之。金壽童、成希顏議："城底彼人等，擒獲撫夷堡作賊兀狄哈妻子時，其有功者已論賞矣。餘隨從人，雖無現功，亦有從征之勞，令節度使第其功勞。錄啟後，其次有功者或賞緜布；又其次者給紙鹽等物，以慰其心。"盧公弼、鄭眉壽、閔孝曾、朴安性、李蓀、辛允武議做此。上從壽童等議。

六月乙酉朔

壬子，陞建州右衛都指揮僉事克里哈、逞家奴，俱都指揮同知。都指揮僉事哈良男老察、引赤干男童子亦，指揮僉事哈剌男阿里忽哈，俱令襲職。實錄。

八月甲申朔

壬辰，朝鮮實錄書：王山赤下，一名王撒察，自稱寄住毛憐衛女直。是年七月初三日，率麾下二十名渡江。滿浦僉使高自謙館之，問其來由。見所持書契，乃中朝人所書。詰之，則"去年正朝赴京時，吾倩書所懷于中朝解文人。"其書大略曰："朝鮮國殺我祖父鎖失哈及我父木刀哈。弘治年間，有使臣童清禮清禮本胡人向化，入我國受職，常詐往來本土。到毛憐衛時，我請與高崇禮朝京，蒙有旨賜與地方，許令田獵。我之兒子五人，張羅捕獐，皆爲朝鮮人所殺，以此居常心痛。請兵部尚書移文朝鮮國，使許我管下人朝貢往來，陞職受賞，又許從滿浦鎮路如京。"自謙見此書契，仍答曰："此書當傳報主將，轉達朝廷。但爾所謂滿浦鎮路，則乃中朝使臣往來之路，固不可許汝由此上京。汝欲如京，則從後門即咸鏡舊路。舊路可也。"王山赤下憮然作色，又不肯食，因大怒曰："若不許西路，則終不可由後門而去。唯我一虜，殺之何難。若果不許西路，則貴

國雖殺我，我不可還。"節度使李允儉具由馳啟。朝廷命允儉反
覆開說，厚饋入送。　　甲午，謝恩使書狀官宋澄來啟曰："臣
詣皇朝，與建州衛人入貢者同坐。其人曰：'汝國殺童清禮，
然乎？'臣答曰：'清禮蒙義向化，我國厚待，位至中樞，因病
而死，汝聞之妄也。'其人不信，曰：'清禮與我同祖，若果殺
之，吾當報復。'"　丙申，平安道節度使李允儉，因滿浦僉使高
自謙牒呈，狀啟曰："今八月初五日，溫火衛彼人朴撒塔木、
朴阿郎可等進告曰：'火刺溫亐知介與我衛人及建州衛人等，
欲作賊朝鮮，相與議曰："今年旱氣太甚，江水至淺，可以騎
馬渡江。汝等詳知朝鮮道路，其先往看審作賊便宜處還來。"故
我衛人及建州衛人等，托稱田獵採參，今八月初九日發行，向
古慈城近處。'僉使問曰：'汝等某人爲首出來乎？'答曰：'聞聲
即來，故未知何人作首。我衛指路人則初九日定先出來。我等
還家細問，若果發兵，則當使弟阿郎可不分晝夜來告，無事則
不送。'云。"傳曰："清禮之事，野人何知？必其兄弟漏洩也。
昨昨宋澄之言如彼，而今李允儉書狀又到，其作賊之謀，亦必
不虛。其收議于三公。"金壽童議："童清禮在向化中位最高，
自奉諭書歸來彼土之後，彼人皆知其爲人。城底野人之交通五
鎮人民者，雖細微之事，亦皆知之，清禮之事，豈不得知！建
州之人亦必因此而知之矣。雖知之，清禮之罪當誅，彼何以執
此爲名而敢報復乎？但宋澄書啟，有朝貢野人報復之語，而邊
報亦來，不可以朴撒塔木之進告爲尋常也。待阿郎可更報，朝
廷亦當措置矣。請諭邊將益嚴堤備，隨機應變。"柳順汀議：
"六鎮人與城底野人，稱爲收養，潛相交通，雖國家秘密事，
無不傳說。鎮將雖嚴禁，未能一一禁斷，其來已久。清禮之
事，必此輩漏洩。今朴撒塔木等告變，未知果因清禮之事謀報
復也。凡野人報變，不可盡信，亦不可不信。朴撒塔木居國近

境，前此亦屢報變，頗有驗，今所告不可謂尋常而忘備也。邇來四鄙久無聲息，將卒必解弛。若火剌溫與溫下、建州兩衛人合兵出來，其勢難支。其江灘水淺，可以馬渡。宜於淺處預定提備守禦，使賊騎不得衝突。請諭邊將嚴加措置。待朴撒塔木更報變，隨機應變。雖向化人，有罪則當誅，清禮之死，建州衛人雖聞之，有何恤焉！然漏洩國事於野人，類此不可不痛斷，令邊將嚴加防禁，如得與野人交通形迹，則推考啟聞痛懲。"成希顏議："童清禮每年受由，猶賜暇、在告之稱。往北道五鎮等處，則城底彼人爭相贈與。近無是事，彼人必疑清禮不來之故，問於我國邊民，邊民解事者，誰不以實言之，因此建州衛人知之必矣。雖知之，彼人亦有人心，自知有罪當刑之理，何敢以此爲讎怨報復乎？但有邊報，請諭邊將預爲堤防，極力措置。"上從順汀議。

十一月癸丑朔

　　丁卯，海西兀者右等衛女直都指揮僉事桑吉答等，來朝貢馬。賜宴，及賞綵段、鈔絹有差。實錄。

十二月癸未朔

　　丁酉，朝鮮實錄書：平安道節度使李長坤馳啟曰："彼人問童清禮被誅之由，未知何以爲答。"命政府議啟。金壽童、柳順汀、成希顏、李蓀、金應箕、洪景舟等議："彼人若問清禮之死，當以實答之曰：'清禮罪重，法當緣坐。特以向化，誅止其身，餘皆不問。'以此答之當矣。"上從之。

　　戊申，海西兀者并毛憐等衛女直都督僉事幹黑能等，來朝貢馬。賜宴，并賞綵段、衣服絹帛有差。實錄。

正德六年，即朝鮮中宗六年，辛未(1511)

正月壬子朔

　　壬戌，朝鮮實錄書：政院啟曰："野人謝知，肅拜時勃慢無禮，請治其罪，以懲後來野人。"禮曹請囚禁示威後開諭。傳曰："此乃彼人事，其以禮曹所啓，問于三公。"三公議啓曰："所與未滿其意則發怒，此固野人常事。令禮曹郎官率羅將，到野人所在，嚴詰其由，隨後開諭曰：'固當上達治罪。但汝等野人，固不足數，故不治耳。'以此開諭，猶復不順，則囚禁似可。"禮曹啓曰："凡野人所爲，專在通事指揮，請就野人所在，杖譯官以懾其心，並依所啓。"

辛未，建州右等衛女直都督等官尙哈等，各貢貂皮馬匹。賜宴，并賞金織衣服等物有差。　己卯，賞毛憐衛夷人亦里哈等綵段、絹鈔、衣物，以其來乞故都督僉事產察諭祭也。實錄。

二月壬午朔

丁酉，海西益實衛，并建州左等衛女直都督等官台束等，來朝貢馬并貂皮。賞綵段、表裏、絹鈔有差。　辛丑，命亦迷河衛舍人賽哈襲其父捏克原職都督僉事。實錄。

己酉，朝鮮實錄書：咸鏡北道節度使馳啓曰："兀狄哈等殺虜城底野人幾盡，惟餘五六名，移接東長城外。請於賊路初面，美錢水洞及吾里洞兩口，錢江烟臺及松峯底，於汀灘通望處，除守護，加設烟臺，以固防禦。"從之。

三月辛亥朔

甲寅，建州喜樂溫河等衛女直都督僉事并野人千戶頭目童子等，來朝貢馬。賜宴，及綵段、絹鈔有差。實錄。

　　建州部落居婆豬江之後，僅有建州三衛及寄住毛憐衛一衛，歷來紀載甚明。而此處喜樂溫河衛之上，冠以建州，則建州又多此一衛也。前於成化三年，明遣李秉、趙輔等征建州，克捷之後，所獲戰利之品，有喜樂溫河衛銅印。與此相證，可見喜樂溫河一衛，果在建州。朝鮮實錄中有建州之溫下衛，亦作溫火衛，皆即此衛。特在建州無氣力，爲建州三衛所包舉，有如附庸。後來清太祖吞并同部，名目甚多，此衛當亦其一。朝鮮實錄中屢言建州有附屬之歧州衛，則尚未能證之於明實錄也。

四月庚辰朔

丁酉，朝鮮實錄書：北道人楊番碩、番致兄弟，從童清禮上來，依清禮居生。及清禮被誅，欲錄於向化案，上書陳訴。禮曹不許，番碩等憤之，又上言曰：“吾等欲還歸本土，請令兵曹勿禁。”兵曹以番碩等傲慢無禮，請令該司推考，從重科罪後，置下三道僻郡。上命政府議。金壽童、柳順汀、成希顔、金應箕、洪景舟、辛允武等議：“依兵曹所啟。”李蓀議：“請依兵曹所啟，論罪後分配絕島，使不得任便出入。”上從李蓀議。

十二月丁丑朔

庚子，建州并海西兀者衛女直都督僉事童子等，進貢馬匹。賜綵段、衣物有差。實錄。

正德七年，即朝鮮中宗七年，壬申(1512)

正月丁未朔

癸亥，海西葛林等衛女直都指揮僉事答魯哈等，貢馬及貂皮。賜宴，并賞綵段、絹鈔有差。　　己巳，賜進貢夷人泰甯等衛頭目納挨、海西兀者等衛女直都指揮帖古山、建州衛女直都督童子等、喜樂溫河衛女直都指揮馬申哈、海西撒剌兒等衛女直都指揮僉事都魯花等宴，并賞綵段、絹鈔有差。實錄。

二月丙子朔

是日，海西木蘭河等衛女直都指揮使掃里等，貢馬。賜宴，并賞綵段、絹鈔有差。　　甲午，海西把河等衛女直都指揮僉事哈剌等，貢馬及貂皮。賜宴，賞綵段、絹鈔有差。實錄。

三月丙午朔

　　庚戌，海西成討溫等衛女直都督同知奄禿等來朝，貢駝馬方物。賜宴，并賞綵段等物有差。實錄。

四月乙亥朔

　　辛巳，建州右衛女直都指揮牙禿哈等，各來朝貢馬。賜宴，并賞金織衣段等物有差。　癸酉，陞弗提衛指揮使伯赤爲都指揮僉事。實錄。

　　乙未，朝鮮實錄書：北道節度使馳啟曰：“野人虜我軍十一人而去。”丙申，兵曹啟曰：“觀北道節度使狀啟，我國之人多被虜去，邊將與萬戶罪當拿致推鞫。而如此則往復之間，防禦虛疎，宜遣諳鍊朝士推問其罪，兼檢邊備虛實。”傳曰：“可。”　丁酉，兵曹啟曰：“北道人物擄去事，不可的知某虜所爲，第疑每下虜名與奴木哈亦虜名素有隙，每下已爲奴木哈所殺，而遺種尚在，常懷報復。今者之事，恐此虜所爲。先是，我國之人被擄而去，奴木哈以謂每下所爲。每下以此恨之，欲殺奴木哈，奴木哈反殺之。每下子孫常欲報復，曰：“我父之事，由於朝鮮人被擄之故，春來城内之民布耕於野，則必欲虜去”云，故兵曹疑之。每下與木哈俱是城底居虜也。童清禮族類多居其地，慮共謀來寇。預治邊備事，馳驛諭于咸鏡南道節度使與平安道節度使。傳曰：“可。”　壬寅，左議政柳順汀、右議政成希顏、吏曹判書宋軼、左贊成李蓀、右贊成金應箕、左參贊洪景舟、右參贊辛允武、戶曹判書張順孫、禮曹判書申用漑、兵曹判書鄭光弼、刑曹判書李自健、工曹判書朴說、兵曹參判洪淑、參議李長生等議曰：“每下與奴木哈自相讎怨，打殺其子，奴木哈又射殺每下。此自中報復之事，不關於我國。而每下之子速古乃等，居近境，自其父受職，世蒙國恩。今謂其父之死，其源出於我國人物轉賣之事，遂生賊謀，寇掠兩堡軍民，其罪固重。今若置而不懲，非徒長其頑惡，近居諸種野人，必並無畏懼自戢之心。可即勦討，以示國威。然此小虜，非深處巨種，雖不煩兵力，只敕城底頭頭野人捉來，亦可易致。節度使令會寧鎮將，遣城底頭頭人，往諭速古乃部落人：'每下與奴木哈自作讎怨，互相殺傷，不關我國。而速古乃等聚兵入寇，搶虜軍民，罪不可赦。爾等與速古乃居同部落，其作謀起事，雖小必知。況今聚黨寇邊，爾不禁戢，又不來告其謀，爾亦罪同。將舉兵問罪，但慮無罪之徒並被誅戮，姑待汝捉拿以來，其速根捕來獻。雖速古乃等自知其罪，逃匿他處，其蹤跡去留，爾無不知。即宜聽命，無貽後悔。'又招諭莽哈：'國家以爾爲酋長，待之甚厚，爵位亦不次以授。爾宜戒戢管下，捍外衛內，以報國恩。今爾管下速古乃，聚兵作寇，爾豈不知！而無意禁戢，此豈國家待爾之意耶？'且曰：'速古乃入寇之謀，初不相知。入寇之後，爾宜捉捕來獻，以置於罪。而縱管下寇掠，任其所爲，茫若不知其所犯者，爾心亦不可知。其速捉致，以聽國家處分。不爾，則國家待爾，亦不小饒。'反覆開說，其所答之辭及聽命與否，詳悉馳啓後更議施行。"順汀等又啓曰："謂之更議者，城底頭頭人往諭而不聽。且莽哈亦不禁戢，則不可置而不論，不得已往征其罪。今若議征，則邊將必與頭頭野人不力捕入寇之人。以臣等之議，先諭于彼，以待馳啓然後更議。"傳曰："依議施行。"

五月甲辰朔

　　是日，朝鮮實錄書：兵曹判書鄭光弼曰："咸鏡道富寧城等鎮，近者旬日之間，彼人三入寇，此必城底每下遺種所爲。必須別遣軍官，然後知國家注意防禦。但今農月，驛路凋弊，五鎮粮儲亦不敷，故有計未果耳。"上曰："若謹防禦，則每下子孫雖怨憤，何能入寇？防禦之策，其退議于賓廳。"右議政成希顏、驪平府院君閔孝曾、礪原府院君宋軼、左贊成李蓀、右贊成金應箕、左參贊洪景舟、右參贊辛允武、戶曹判書張順孫、禮曹判書申用溉、兵曹判書李自健、工曹判書朴說、判尹安潤德、兵曹參判洪淑、工曹參判崔漢洪、兵曹參議李長生等議啟曰："觀此虜勢，皆在不遠之地，而旬日之間，三入擄去，此出於憤怨，其勢不止於此。此虜知我邊備虛實，道路曲直，禦之固難。臣等之議，以爲遣將往禦似當。然先諭城底諸酋以捉致之意，撫護我軍卒，以觀其變。姑遣軍官南道一十、北道二十，往守要害，何如？本道萬戶，或有不合者，亦當擇遣。南道節度方有寧，儒士也，入寇之路，連於南道，若有事變，則不得身先士卒，徑遞何如？北道節度使柳湄，今被推考，自以爲終不得保，管下亦以爲將遞，雖有號令，必不順從，防禦慮或解弛。當諭湄曰：'邊備常加戒嚴，則賊豈易入寇？近日之事固失矣，毋以此爲狃而益加措置。諸鎮防禦或有虛踈者，三品以下卿其直斷，堂上則馳啟。'如此則上下之心皆固矣。體探軍士被擄，則鎮將以獲罪爲虞。若使體探軍士不由道路，登山往來，則萬無被擄之理。時遣體探預知聲息事，並諭何如？"傳曰："可。"　丙午，平安道節度使李長坤馳啟："理山郡境內，鴨綠江越邊，彼人等出來，結幕畋獵，稱云或騎船沿江上下。郡守陳兵往語彼人曰：'須即還去。若不從令，則當報主將，撤幕碎船，不得接跡。'再三開諭，終不聽從。若嚴禁，則恐生怨開釁；若不禁，則非徒有竊發之患，邊將亦狃於見聞，解弛無戒。何以處之？"啟下兵曹。兵曹啟："若慮生小釁，不加禁斷，遂成滋蔓，後雖欲禁，勢有所難。請令邊將申諭入送。"傳曰："可。"

　　己酉，建州左衛女直都指揮使朵兒只等，各來朝貢馬。賜宴，并賞金織衣段等物有差。實錄。

　　乙卯，朝鮮實錄書：咸鏡北道節度使柳湄馳啟："每下子弟雖連續鼠竊，而本道饑荒，人馬疲困，追逐勢難，故令五鎮城底彼人徵聚同征。彼人等咸叩頭曰：'每下受職中樞，仰國歸順，而擄賣朝鮮人。事覺，爲奴木哈所害。而其子弟妄量發憤，犯邊作賊，不恭莫甚。各當詳聞今教辭緣，盡心效死云。'但每下子弟居會寧鎮一日餘程，而如此作賊，鼠竊難禁，故既令徵聚入征矣。且雖以狄攻狄，而事關於邊鎮，故臣到會寧鎮防禦。"　丁巳，野人百餘名突入茂山鎮，搶去候望人馬匹軍裝。萬戶吳淋射殺一人，緣軍士單弱，不得進，請救於節度使柳湄。湄領軍馳赴，則已無及矣。柳湄開具啓聞。兵曹啓曰："今彼人等，茂山長城底突入無忌，守護候望人等馬匹軍裝，多數被奪，則人物亦必有被擄者。請令敬差官尹殷輔備細推考，急速啓聞。"上允之。　　庚申，咸鏡北道節度使柳湄馳啓："去四月二十九日，送城底彼人等，征討每下子速古乃等部落。今五月初五日，彼人劉吾未等捕賊人林好澄可、莽哈等。捕賊人南蒙介來告曰：'此人等皆速古乃切族，而作賊時正犯人也。'五月初六日，推問兩人，皆言其族類，及隨從速古乃而作賊根因。因于會寧府。"命下兵曹。

　　癸亥，建州右衛進貢夷人石勒厄等，至陽樊驛，賊劉六奄至殺之，死傷者二十九人，被虜而回者三人。事聞，兵部請加優恤，以示懷柔。於是命石勒厄等五人，各陞襲一級，賞銀十兩；四海等二十四人，銀十兩；被虜者，五兩。實錄。

閏五月甲戌朔

　　辛丑，朝鮮實錄書：咸鏡北道節度使尹熙平馳啓曰："上甫乙下居彼人中樞李伊里哈進告：'每下子速古乃等，率軍四百名，二百名則退屯，二百名則來于其家。以朝鮮人物擄來時，進告會寧府，無價刷還爲怒，打破窗門，奪牛三頭。'彼人巨哈進告：'虛濟居吾郎哈將帥巨乙夫，率軍三十餘名，前五

六日魚游澗等處，向歸會寧鎮。'羅也灘居吾郎哈中樞脫列進
告："虛濟居吾郎哈巨老，率步兵五十餘名，端川吾乙足指
向。'云。"傳曰："措置諸事，其令議政府、府院君、六曹參判
以上會議。"左議政柳順汀等議曰："今速古乃等居近我境，世
蒙國恩，一朝托以微釁，侵掠不已，是必知我邊備踈虞，乃敢
爾也。觀其勢非止速古乃，吾郎哈巨乙夫亦聚兵作耗。他部落
將繼竊發，大爲邊患，未可知也。臣等所議事件，逐一開具：
其一，安邊、德源、文川、高原、永興、定平、咸興、洪原等
官軍糧，姑先輸入北道；江原、慶尙等道軍糧，輸運充數。其
二，以牛馬易胡人毛物，已有禁令，以馬易馬，曾無禁防，邊
人因此給我牛馬七八頭易胡馬一匹，以是胡人馬畜日繁，邊方
畜產日減，自今雖以馬易馬，亦令痛禁，犯者以潛賣禁物條論
斷，不糾檢兵使及鎮將亦重論。其三，京畿、江原、忠淸、全
羅、慶尙道，凡徵贖布貨，限北道軍糧周足，令各道監司盡數
輸送北道，本道監司分付各邑貿穀，以補軍糧。其四，司贍寺
常緜布，每年勿論南、北道，量數入送貿穀，且依平安道許令
換穀，内需司租穀，亦納本道，以京倉米換給。其五，國家以
時徙南民實邊，旋即逃還，且邊將或非其人，非但多市邊馬而
來，其遞還多率從馬，遠路困頓，全還者蓋寡，因此北道人
馬，日就減耗，加以興販之徒，駄載不緊物貨，久留邊方，耗
費邊粟，且市軍士牛馬，轉與彼人交易毛物，其弊難禁，亦倣
中朝山海關於磨天嶺上設關門，擇遣五品以上有物望文臣一
員，兼帶御史，周年相遞糾察。其六，凡禦敵若無鐵甲，則掩
心衣最爲便好，邊方軍士貧不能辦，司贍寺鼠破緜布積於無
用，量宜分付各司染皂，用紙爲絮，造一千領，分送兩界甚
當。"仍啟曰："鍾城府使南順宗，雖能治民，短於武才，須更
擇有武才人差遣。臣等意，彌中若不許和，必不懇請，事有機

會，許和爲便。”傳曰：“僉議甚當。許和事甚關，更議歸一
以啟。”

六月癸卯朔

　　丙午，朝鮮實錄書：兵曹啟：‘諸種部落，乘我邊鄙虛疎，
因速古乃等寇邊得利，爭效作耗。如莽哈、忽非哈等，亦非惟
不肯誠心刷還其速古乃等擄去人口，反以諸種叛亂爲幸。莽哈
則五鎮城底人等入征速古乃時，屢違期不赴，今又稱病，二十
日後乃來。又以舍地以上諸部落聚兵作賊恐嚇之。忽非哈則城
底彼人等入征之時，道經其家，使人招致，托以初不通諭，頑
不赴征，又請放速古乃同黨南蒙介。此皆詐譎悖慢。然此人等
包藏之惡，當時未露，而不可大加詰責，使之含憤。姑令邊將
語之曰：‘速古乃等因自中報復，至寇掠邊民，以速罪辜。若
終不悔禍，則豈逭天誅乎？其居與我居相連，其道路迂直，其
同黨作賊人居住部落，其臨時避患率妻子隱伏之數，其家財糧
物掘土埋置之處，人無不詳知。若興師問罪，一舉蕩盡，兵戈
所指，不無玉石俱焚之患。速古乃等，非如居無定處，乍往乍
來，而不知我國事之人。自其祖先，世居近境。其父每下，厚
蒙國恩，爵至中樞，與他歸順之人同心效誠，無有一事違誤。
今雖身死，其向國之心，人所共知。今有四男四女，俱已長
成，若踵乃父之事，以乃父之誠向國，則國家亦以待乃父之恩
待之，非徒其兄弟姊妹安居樂業，如上京除職恩典之事，族類
閭里，亦皆可得。今何托以微釁，敢肆蜂蠆之毒乎？雖或擄我
人畜，轉賣他處，或作爲盜賊，刷還得價，其與繼父之業，受
國厚恩，享有無窮之利，其爲厚薄何如也？況巢穴一覆，則身
且不保。宜速深思利害禍福所在，悉還擄去人畜，束身來謝。
如或少緩，悔無所及。莽哈受國厚恩，爲酋長，待以不次之
爵，宜戢管下，以報國恩。而於速古乃寇邊設計之時，不早力

禁，且不捕獻賊魁，其前日誠心向國之意安在？忽非哈亦世蒙
國恩，當修忠欵，以承家業，而今速古乃叛亂之初，不與五鎮
野人同力勦捕，今反言南蒙介無罪，何耶？何不捕獲罪魁，且
刷還擄去人口，以繼乃兄產察忠欵乎？'如是反覆開說，以觀其
意，且探得諸種向背，以時啟聞。南蒙介等移囚內地巨鎮，防
禦隄備，極盡措置事，行移何如？"允之。　丙辰，平安道兵使
馳啟曰："今六月初九日，彼賊入非兒里堡。初十日，又入廣
平堡。領軍士逐之，賊棄船而走。"　咸鏡北道兵使尹熙平馳啟
曰："我國軍民，自經廢朝，困弊未蘇，加之以連年失農，彼
賊則其時皮物，放賣牛馬布物，累年儲畜，因此有桀驁之心。
今者乘軍民飢困之極，東良以上十三部落，互相入寇。舍地、
加忽、忽非哈、何伊亂、莽哈等並不從命。如是，則其諸種部
落野人，桀驁之心可知。非徒此也，若一城一柵不守，則六鎮
城底兀剌哈等皆爲寇敵，誠非細慮。南道各官軍資，漸次量宜
輸入北道，江原道穀食亦次次輸轉，司贍寺常縣布優數題給，
南道各官及江原道貿穀漸次輸入。"戶曹啟曰："前者自安邊至
洪原各邑米豆移納北道事，已受教。慶尙、江原兩道米麵次次
漕轉事，及同道今年農事豐歉，審定後，司贍寺縣布輸入貿穀
等事，並已受教行移矣。今所啟縣布貿穀事，回啟後更磨鍊何
如？"允之。　丁巳。傳曰："今觀兩界所報，彼人更迭作賊，
予甚憫慮。軍糧雖云不足，加送別軍官何如？并議之。"柳順
汀、成希顏、金應箕、辛久武、黃衡、鄭光弼、洪淑、李秉
正、崔漢洪、李長生、崔淑生等議啟曰："北道賊變日甚，軍
民飢困，當今急務，不過運糧益兵而已。南官軍糧令本道觀察
使，來八月望前畢輸北道，別軍官精選五十人北道四十五人南
道五人分送，而令助防將一員領去，聽尹熙平節度助防爲當。
小醜跳梁已甚，當問其罪。然北道殘弊之餘，連年凶歉今年亦

旱，秋事可知。假使稍稔，軍民僅得救死，其後用兵，安有餘
力？當繕兵鍊卒，廣儲軍資，竢時而動，不宜輕舉。今叛亂部
落，皆莽哈、忽非哈等麾下，姑令邊將督責此輩拿致，以觀其
情可也。梁楊、萬洞木柵孤危，就合茂山堡防禦似便。但慮堡
柵相去差遠，往來農作不便耳。大抵木柵與石城，形勢不同，
非別施方畧，不可守也。樹柵用大木，務要堅緻，柵内草家蓋
覆，上用黏泥厚塗之，以防賊火。外設坑坎，坎外設鹿角城，
以防賊之乘夜闌入。又常擇取戰角、放神機箭者各一人，能走
者一二人，每日昏，於柵外通望峰頭，潛遣偵候。若有賊變，
輒吹角放火，遣能走者馳報隣鎮。如是則賊雖夜至，柵既設
備，未易猝入，又聞峯頭角聲與放火，慮有游兵在外，其勢必
遁走矣。凡守邊方略，不可遙授，然觀其形勢，有合用此策
處，則試用之無妨。且南道節度使吳堡所啟，圖畫彼土形勢
事，亦可施行。” 辛未，左議政柳順汀、右議政成希顏啟曰：
“今速古乃無結怨之事，而作賊于甫老知，自是徙居深處，此
必有異心而然。且速古乃居處，與莽哈相近，必與莽哈通謀。
莽哈受國厚恩久矣，不得自爲叛亂，乃潛嗾速古乃等先發。故
臣等欲令鎮將詰責矣。今聞邊將召詰，諸野人皆來，而莽哈則
百般托故不來，此必防塞要路，預備朝廷之來擊也。且前日召
莽哈接待時，城底野人等盛飾衣服而來，節度使饋餉。六百餘
人，只殺犬十餘口、酒十餘盆而已。其日適天雨，野人衣服盡
濕，請糧米，但人給一升送。彼人悉知我國虛弱，且叛亂者皆
得利而無害，盡投於叛亂之徒，則六鎮將盡棄矣。咸鏡一道，
連年飢饉，今年尤甚，宜遣重臣措置，撫綏救荒等事，不可以
小弊而不送。然物論以其道殘弊，而不當遣重臣云，則鄭光弼
勿送可也。且今若不送鄭光弼，宜遣黄衡。衡前爲會寧府使，
知莽哈異於衆酋，啟請于朝，拔擢于衆中，初授資憲，莽哈之

待黃衡如父。今宜速遣，且聞高荆山昨日入來，請即並召，同議轉運諸事。"傳曰："皆如啟。"

七月壬申朔

　　庚辰，朝鮮實錄書：咸鏡北道兵使尹熙平馳啟曰："六月十八日，野人五十餘騎將入寇穩城，令境內各部落酋長，各領麾下戰却之。" 辛巳，平安道觀察使馳啟曰："義州牧使成世貞追逐彼賊，還其所擄男女七口，斬敵首四級。" 甲申，野人二千餘人，自昌城府林之里指仇寧方山等處，分道入寇。節度使李長坤與昌州僉使李承碩、碧團僉使尹就約邀擊，會精兵三百餘人，分左右尋蹤直前。賊於大路衢設內外木柵，中作大幕，傍有五幕。官軍乘不意，大呼突入，賊蒼黃失措，奔竄四潰，只二十餘人從柵內逆射。官軍圍立四面，發矢必中。然柵甚牢緻，因前一日天雨，板木霑濕，縱火不焚。賊雖中箭多仆地，官軍不得入柵內，只斬六級而回兵。官軍無一人死者。" 辛酉，先是七月初五日，野人寇平安道義州，擄男女七口、牛四頭而去。義州牧使即發兵追討，奪被擄人畜，斬賊四級。至是論賞有差。 平安道昌州鎮將李承碩、碧團鎮將尹就等率軍深入，斬賊六級。論賞亦有差。 乙亥，咸鏡道巡邊使黃衡馳啟云："使莽哈等領其軍五六百名入征速古乃等，而速古乃等逃匿，未得擒獲，而我國人前日被擄十九名刷還。臣詰責莽哈，勿令罷兵，使還入賊穴，無遺捕來。莽哈從命，故更以所領軍卒，二十六日入送矣。" 庚子，巡邊使黃衡馳啟曰："北道節度使尹熙平，於甫化堡之地，農民二名，牛四、馬一被擄。"熙平馳啟："彼人進告內甲山斥候人三名、追蹤人三名，亦爲彼人射殺云。"

八月壬寅朔

　　戊申，朝鮮實錄書：左議政柳順汀、右議政成希顏、左贊成李蓀、右贊成金應箕、左參贊洪景舟、右參贊鄭光弼、戶曹判書張順孫、刑曹判書朴說等議啟曰：“黃衡詰責莽哈等語，深得事體。雖不遣官軍，城底虜兵不爲不多。況官軍不可入送之意，黃衡已諭之乎？姑令莽哈等獨自入征，以觀虜情爲當。且令黃衡待莽哈回來，擒賊與否，馳啟後取稟上來何如？”上曰“可。”咸鏡道巡邊使黃衡啟本，大略開諭莽哈等，使入征速古乃等，莽哈等應諾，且請官軍並力入征。兵曹請收議，大臣故有是議。

十月辛丑朔

庚寅，朝鮮實錄書：兵曹以平安道節度使啟本啟曰：“建州衛都督達罕子沙乙豆，來滿浦鎮言曰：‘王山赤下近日來謁，其受例物，請優給入送。’云。酌中接待事，請收大臣之議。”柳順汀、成希顏、宋軼、李蓀、金應箕、辛允武議：“王山赤下實是賊虜，然若來歎，義不可拒，當接待。語之曰：‘爾居最近我境，其輸誠納歎，宜在人先。爾不念此，日以盜竊爲事。若數爾罪惡，死有餘辜。前日爾之子弟沙乙豆等五人，乘江冰初合，斷擄行人，將縛人繩子潛入高沙里地面，被獲於我，究問情狀，前後作賊，一一輸服。此雖不道子弟所爲，爾豈不知？國家特用寬典，不加顯戮，使居南方，賜之田宅，隨意過活，且不問罪于爾。國恩至重爾猶不念，反以殺無辜爲辭，敢爲報復之計，寇抄不已。至於近日，搶擄高沙里鎮人。觀爾所爲，合遣二神將覆爾巢穴，殲盡爾類。然大國包容之量，置之不問有日矣。今爾忽叩邊關，其誠否難知。在我來者不拒之意，不宜絕之，故依他例待之。爾自今棄其舊惡，誠心歸順，則可轉禍爲福，永安厥居矣。不爾，顛覆之禍，將焉得逃？’以此開陳利害，以觀其意。依他野人例贈饋。而彼若有不滿辭色，則又語之曰：‘爾無勞效，此亦足矣。爾若自後革面向道，盡情事大，則國家待爾不得不厚。’并以是開說入送，何如？”上曰："可。"

十一月辛未朔

丁丑，朝鮮實錄書：咸鏡道巡邊使黃衡書狀云："臣觀捕賊事勢，莽哈初度入征，深處諸胡，諭以利害，悉皆順服。唯餘賊百餘，分散逃竄。若令四鎮彼人鍾城將帥尼應巨大等也。入征，不分順逆斬獲，則歸順者還逆構怨，以莽哈爲責，已自相攻擊，兵連禍結，邊釁不絕，固欲止軍，權諭無辭矣。適四鎮彼人等曰：'尼个車欲報怨，舉軍出來，且莽哈再入，賊黨逃散，難以得功。'云。故聲言從願罷軍，更令莽哈等期以盡獲賊魁。"云。

正德八年，即朝鮮中宗八年，癸酉(1513)

正月辛未朔

甲申，朝鮮實錄書：左議政成希顏、右議政宋軼、右贊成金應箕、右參贊洪景舟、吏曹判書金詮、同知中樞府事李秉正等議啟曰："卒戶曹參判李拱妻琴氏上言之意，其家翁姜子李亨守，曾定役于甲山，前日有軍功，欲因此免放云。亨守果有功矣，然軍功賞格議定時，無免放之條，今不可違例免放，且野人劉吾乙未拜爵事，大抵野人歸附受爵者，身死，則多有盜取告身來附者。此人非徒驍勇絕倫，其用心非如他野人類，當授堂上官加資。然前來野人等皆不受大爵矣，今此人獨受堂上加而去，他野人必驚駭相謂曰：'吾等雖有功，未受堂上加，彼獨以何功陞堂上乎？'皆失其望。今當只授堂下官，使此人獨知後日上來時必授堂上加，則他野人不知其故也。莽哈當初上來時，威名甚大，故即授資憲加。前此辛未年上來時，給三合爐口、鞍具馬以賞之。今且其功不小，只賞木緜五匹，則彼必缺望，請依前例賞賜何如？"傳曰："琴氏上言，留于政院。劉吾乙未等事，依所啟。"

戊子，命兵部右侍郎石玠，兼都察院左僉都御史，提督遼東軍務。時海西賊首老鼠、乃留等，及都督加哈叉、竹孔革等，屢犯邊，阻各夷朝貢，而泰寕、福餘等衞，與滿蠻的相侵，朶顏等衞久不通市，守臣以聞。廷議謂建州三衞初非犯邊，其爲邊寇者，惟海西老鼠耳。若遽用兵，適激其變，莫若先懷柔，徐議征討。乃命玠往撫諭，鎭巡等官幷諸路將官，俱聽節制；都指揮以下，不用命者，俱以軍法從事。實錄。

都督加哈叉、竹孔格，即清實錄中扈倫四部之輝發都督噶哈襌、葉赫部長楮孔格。扈倫即忽剌溫，輝發在明時未詳何衞，葉赫則爲塔魯木衞。清實錄不言其原來衞名，直以輝發、葉赫等名謂之國名，以與其所謂滿洲國者相配。但在明實錄，此時亦徑稱爲都督而不冠衞名。海西忽剌溫諸部，原受之衞職，已不繫輕重，明亦認爲自成部落，非土官奉職者比矣。文中所謂建州三衞，亦錯誤，當是泰寕等三衞。

癸巳，朝鮮實錄書：先是，平安道節度使崔漢洪馳啟曰："建州衞彼人浪老吾投等三人來言曰：'彼人童公哈里、童老者等水下作賊，設計聚兵結約，故來告。'問以何故欲來作賊？則答云：'童公哈里等去七月向義州地面乘船越江人物潛擄時，非徒不能得利，其族類五人反見斬獲，以此欲爲報仇。'云。"事下兵曹。至是，兵曹議啟曰："近來平安彼人等連續入寇，屢被斬獲，一不得利。其窺伺之心，彼豈少弛？防備諸事，倍加措置，不可以尋常而忽之。但其以義州作賊見敗之故，欲爲報復之言，則宜嚴辭答之，以絕其心。彼若出來，當語之曰：'彼等初無鼠竊之意，只因魚獵，來近越邊，我國安貪軍功，掩襲擊殺，則失在我人，因懷憤怨，圖復其讎可矣。包藏凶計，聚眾作耗，則隨處有備，何往不敗。身為盜賊，死不旋踵，乃理之常。宜革心改面，而反以報復為辭。雖爾類稍有知識者，聞之必以無義責之。爾須歸語以解其意。彼猶執迷不悛，則是自作孽，豈能免禍。'以此開諭何如?"從之。

二月庚子朔

壬子，朝鮮實錄書：禮曹啟曰："野人劉吾乙未拜辭時，怒擲官教、鈒帶、及賜物不受，曰：'吾所望堂上職，而今乃如此，何面目見吾麾下乎？寧結項而死，誓不還本上。'其言至為不恭。今若不詰責而送，則必生輕慢之心。請遣郎官責其無禮之罪，令義禁府郎官，多率羅將，就所見處，杖囚鄉通事及差備通事，還收所授官教、鈒帶及賜物而送，似可。然此人年少驍勇，眾所推服，因此結怨，以沮野人向國之心，且生邊患，不可不慮。請收議何如?" 左議政成希顏議曰："劉吾乙未本骨幹亏知哈，非城底吾都里之類，聞其人勇健有才略，為眾所推服，雖強如莽哈者，亦有所疑畏，不得相抗，常言盡心力為國事云，故國家今超授資穹職。大抵懷重寶者必望其高價，其為人如是，其所欲寧可禁乎？特授堂上加，實合事宜。但今此上京，彼人之中速古乃入征時，有功者居半，皆以布物差等賜給，以酬其勞，而無有一人以功授一級者。若於此時，劉吾乙未別蒙超授，則彼有功者，應懷快快，此朝廷所以欲大授劉吾乙未而未果者也。劉吾乙未若悉此意，則彼亦人耳，豈無感悟之心乎？臣恐彼不知朝廷之意，而其所得大違於所望，故忽有此不恭之言也。令禮曹遣郎官責審起怒之由。如吾乙未已悉朝廷之意，而猶發其憤，則已矣。如不知朝廷之意，而妄動其怒，則先將朝廷以今勢不得陞爾堂上，姑超授資穹職之意，次詰'爾雖不知朝廷之意，遽發憤怒，甚無禮，解事巨酋不宜如是。'反覆責之，以觀其彼回心服罪後，更議施行。"右議政宋軼議："臣意以爲遣禮曹郎官。速古乃入征野人，各以其功，曾已論賞事，一一開說，兼責無禮之罪，則彼亦人耳，豈無感悟之心。彼雖怒猶未解，朝廷斷無變易之理。"上用成希顏議。禮曹郎官依大臣議開諭，則吾乙未謝罪，請來秋朝貢上來時授我堂上加云。

三月庚午朔

戊寅，建州等衛女直都指揮僉事完者禿等、速平江等衛女直野人都指揮使速哈等各貢馬。賜宴，給賞有差。實錄。

五月戊辰朔

壬午，時女直、韃靼入貢，奏進番文，有爲中國書者，審爲被掠邊民冒名來朝，遂爲同類代書。禮部議："宜并治伴送指揮王經、通事劉恩等罪。"詔："詐冒情弊，所當究問，但念遠夷，并伴送通事等，俱從寬宥之。令鎮巡官善爲宣諭，今後朝貢者姓名，務驗實名，毋仍詐冒。恩等奪俸糧一月。"丁亥，海西兀失等衛都指揮僉事撒哈答等、弗朵禿河等衛都指揮僉事申克捏寺、木吉里等衛都指揮僉事失魯等、兀失等衛都指揮同知忽塔木等，隨滿河等衛女直都指揮僉事失哈等、剖眞河衛頭目塔卜等、石門等衛都指揮同知管迷等，各來朝貢馬。賜宴，并賞綵段等物有差。癸巳，海西兀者等衛女直都指揮僉事帖古山、尙古等各來朝貢馬。賜宴，并賞綵段等物有差。實錄。

六月戊戌朔

辛亥，兵部侍郎石玠至開原，遣大通事馬俊出境招諭諸夷。兀失衛女直撒哈答等先受約束，弗朵、克木里、吉速、塔兒河、忽石門、塔蘭城、哥吉等夷五百餘人，俱來貢馬；都督加哈叉等四人、虜酋老鼠、乃留、竹孔革等三人，率部落二千人亦入關，各修職貢。兵部以聞，詔以玠撫諭有勞，并俊，俱賜敕獎勵。召玠還京，仍諭入貢諸夷常額，斟酌驗放，不得過多，繼今仍循舊例。實錄。

海西諸夷招諭而來朝貢，扈倫諸部仍舊受屬，下條遂有塔魯木衛貢夷之名。

甲寅，海西兀者等衛野人女直都督僉事幹黑能、嘔罕河等衛女直都督褚養加等，各貢馬貂皮。賜宴，并賞綵段、絹鈔有差。實錄。

戊午，命海西塔魯木衛入貢番夷三人，充御馬監勇士。實錄。

七月丁卯朔

己巳，海西肥河等衛女直右都督同知加哈察等、木塔等衛女直都指揮同知納兒乞卜等、哥吉河等衛女直都指揮使劄魯哈等，各貢馬及貂皮。賜宴，并賞綵段、絹鈔有差。實錄。

辛未，初，建州海西等衛夷人搆結達賊，屢為邊患，兵部議差本部侍郎石玠往撫諭之。玠至，言海西兀者衛朝貢夷人安失塔等，傳謂夷人老鼠、乃留、加哈又等將入寇。於是御史張鵬劾玠，以為“廷臣皆言，海西夷人朝貢過期，鎮巡官自能撫諭，及太監岑章等言，各夷告報欲來朝貢，而玠乃謂各夷欲來為患，兩次奏捷，貪為己功。且奏保今陞嘉興府同知張龍、泗州知州仇惠、大通事馬俊。夫龍淫邪無恥之徒，嘗為瑾黨，固天下所共棄者；俊則緣事謫戍，遇赦冠帶；惠則畏縮避賊，亦豈知兵？蓋玠欲設兵備，所以為龍之本，其欲調耿賢，又所以為俊之地，乞亟罷黜。”奏上，詔：“邊方梗化，議差大臣往撫，鵬不察事端，一概濫言。本當究治，姑宥之。”實錄。

癸酉，賜女直兀者衛都督幹黑能、亦迷河衛都督賽哈，蟒衣各一襲，從其請也。實錄。

八月丙申朔

己亥，陞兵部左侍郎石玠俸一級，通事馬俊陞署一級，遼東鎮巡官并都督張洪各賞銀十兩、綵幣一表裏，餘各賞勞有差，以撫夷有功故也。　兵部奏：「海西夷人竹孔革等四人，聽撫入貢，輒求陞襲，并給印與敕。從之則示弱，不從則興怨。臣等會廷臣議，以爲竹孔革之父的兒哈你，本塔魯木衛指揮僉事，以入寇被殺，今竹孔革既悔罪歸順，宜免勘，暫准襲其父職，以敕付遼東鎮巡官收貯，俟一年以上不擾邊境，方許給之；老鼠、乃留舊無職事，未可輒授，宜於常賜外量加賞賚，亦以五年爲期，無所侵犯，鎮巡官議奏；加哈又曁其子逞得革等，求易賜敕，恐冒名而來，未可輒易，宜令鎮巡官勘實，如無職事，亦如老鼠、乃留例。」詔如議，仍令大通事省諭各夷知之。實錄。

　　的兒哈你，清武皇帝實錄作奇里哈尼；逞得革作奇內根打喇漢。後奇里哈尼改作齊生噶尼，其音乃與明實錄稍不同。奇內根打喇漢，後改作齊納根達爾漢，「達爾漢」爲尊稱，其名則與明實錄音相合也。

癸丑，准夷人雙城等衛指揮同知等官捨勒等六人，各陞一級。兵部奏：「夷人受職，率二十五年所部無寇邊者，議擬陞職。捨勒等俱景泰、天順、成化年間所授職，宜如例陞級。」故有是命。實錄。

十月乙未朔

己亥，朝鮮實錄書：先是，禮曹啟尼麻車事。宋軼、尹金

孫、申用溉、柳聘年、徐克哲、黃誠昌等議："去辛亥年。犯
邊殺將之後，雖屢歸順，不許。今已二十三年。彼欲自新納
欵，而終絕不許，則不無生怨作耗。後若更來扣關，令邊將語
之曰：'汝罪深重，今雖歸順，但不可聽汝。若於我國輸誠立
功，則當報主將，聽其進退。'以此開說爲當。"金應箕、姜澂、
鄭光國等議："辛亥年犯邊之事，尼麻車亦必預知其謀，罪不
可赦。彼雖來欵，固拒不納似可。但辛亥年間罪之後，已經二
十三載，今若不許，則終無自新之路。且北鄙連年凶歉，人物
凋殘已甚，彼若懷憤作耗，則恐或難支。來者不拒，帝王待夷
之道也。若更來納欵，特許自新，令邊將開諭是意。其中頭頭
六七人，別例一運上送，何如？"李蓀議："尼麻車祖宗以來許
待已久，前者彼賊陷造山堡，慶興府使羅嗣宗因邀擊被殺，朝
廷以爲尼麻車所爲，舉兵問罪。厥後尼麻車連續扣關，告以造
山堡殺將非其自犯，乃都骨所爲，而誤蒙非辜，請依祖宗朝例
許待事來懇。臣於壬戌、癸亥年間爲北道節度使時，詳聞之，
殺將之賊，實都骨也。而若尼麻車，則只有都骨作賊時，不即
報告之罪耳。臣意無大罪而久不許待，恐有結怨作耗之弊。近
邊彼人誠懇來欵，而固拒不納，亦非王者待夷之道。"上從宋軼
等議。

　　乙巳，虜掠遼東、開原，既出境，太監王秩、參將高欽追
之，被圍數日，士馬死傷甚衆，守臣以聞。兵部議："開原與
泰寧、海西、建州諸境，各有界限，邊墻之外任其牧放無禁。
比年分守、備禦等官，略不爲備，故虜深入。及虜既去，乃徐
出境，俘斬牧放夷人，以掩罪冒功，故諸夷憤怨報復，爲患不
已。今宜申飭邊吏，凡遇賊侵犯，若在邊墻之內，即時斬獲
者，方許報功；若經宿或私出境，及去邊墻五里以外者，雖有
斬獲功不論，仍以失事啟釁治罪。欽及指揮惠綺、王用，俱宜

罷回原衛；指揮王宣、陳鈇等，宜令原差給事中及巡按御史逮問；秩去留惟上裁之。”仍調遊擊將軍耿賢統遊兵三千於開原防禦，詔留秩及欽、綺，餘如議。後遼東鎮巡官復奏：“酋虜貪殘無厭，今我拘於禁例，畫地自限，使虜志益驕，士氣大沮，非計也。請自今追剿犯邊達賊，若抵其巢，凡有斬獲，無論大小男婦，俱令報功，庶夷虜知畏。”兵部復議：“夷近邊百里內爲寇者，方令出兵，必長壯首級，乃得論功；若不犯邊及百里外牧放者，仍遵禁例。”從之。實錄。

十一月乙丑朔

　　己卯，朝鮮實錄書：先是，兵曹因咸鏡北道節度使啟本，啟曰：“亏知介往來，或以興販刷還，或以歸順和親爲名，深處彼人，來屯近境，多至三百餘名，至爲荒唐。在我固當益備，果如所啟。然南道與北道同是緊關，不可撤此備彼。且北道軍儲不裕，省費尤當先慮，別軍官不可遣也；以前赴防當還軍官，試才武勇人十員，仍擇留防爲當。阿令介誘致尼麻車等百餘人，托以歸順，至率妻子來屯，竟未遂願，使尼麻車含寃而還，且都骨、亏知介和親當否？阿令介分明傳說于莽哈，而莽哈隱諱不服，請令鎮將窮詰得情，以察幾微。”至是，節度使曹閏孫馳啟曰：“阿令介非徒誘致尼麻車而已，都骨使送甫老留於其家，與莽哈共謀，其和親諸姓亏知介之事明白，而飾辭不服。莽哈則國恩至重，麾下當日益趨附，而以尼麻車及諸姓亏知介等誘致私和，外示回國，內懷二心，且問各鎮彼人分明進告之事，而並諱不告。鎮將詰問之際，雖言辭褻慢，含忍不治，故因此志意驕橫，勢將難制。且速古乃新家排設，携妻子耕農，與莽哈家甚邇，而莽哈誣告邊將曰：‘速古乃已死。’其意亦甚奸譎。臣意莽哈所欲已滿，深處人亦應來附，脫有不愜其意，便生桀驁，誠可慮也。”兵曹仍啟曰：“莽哈背恩逞詐，內懷疑懼，要結黨援，情狀已著。萬一應接之間，恩威失當，則遂成邊釁。措置便宜，令大臣及知邊事宰相商議施行。"從之。　庚辰，宋軼等啟曰："莽哈在常時尚且桀驁，今觀啟本，則有內懷疑懼之意，恐生變故也。姑勿煩以書諭，特遣知虜情朝官，密諭曹閏孫審察虜情，上來後更議，何如？"可之。宋軼等請遣奉常寺判官潘碩坪。

十二月乙未朔

丙辰，朝鮮實錄書：敬差官潘碩坪還自咸鏡道，條列虜情以啟。

正德九年，即朝鮮中宗九年，甲戌(1514)

正月乙丑朔

辛卯，毛憐、海西、建州右衛女直都指揮僉事厄提等，各來朝貢馬。賜金織、綵幣等物有差。實錄。

二月乙未朔

庚申，建州右等衛女直都督尚哈等、建州右衛女直都指揮同知奴木哈等、毛憐女直都指揮同知苦女等、速平江等衛女直都指揮僉事亦里巴加等、海西吉灘等衛女直都指揮僉事阿都赤等，來朝貢馬。賜宴，賞綵段、表裏有差。實錄。

尚哈當爲建州右衛之掌印都督，說已見前。

三月甲子朔

丙寅，朝鮮實錄書：兵曹啟曰："滿浦鎮撫權孝根被擄刷還，言酋長達罕、阿古大首謀捉去孝根。所言的實，則達罕父子，其負國逞詐之罪，固當嚴治。反受其欺，至給賞物，甚違事理。然自前不顯懲其罪者，以彼虜人面獸心，不可繩以禮法，在我但施恩信，撫御而已，不必暴發隱情。今遽收繫問

罪，非徒終難處置，不無結怨生釁之弊。若阿古大等因事功出
來，令鎮將詰責曰：'爾居近界，有同藩垣，頃年入賊之徒，
若爾衞下人，則爾無不知，雖深處人必由爾境。爾雖不爲自
犯，其不禁戢之罪，與自犯不遠，不得無責。'以此嚴辭開諭，
何如？"依允。

　　達罕此時尚在，距成化初襲職時，已四十四年，明實
錄始終紀其完者禿之名。"達罕"則建州三衞首長之尊稱，
明未嘗以此易其名也。其在弘治十四年四月庚辰，書明
"賜其子弗喇答祭，爲從致仕都督完者禿所奏請。"則完者
禿老而致仕，在弘治十四年以前，乃其子弗喇答代爲都督
僉事，又前卒。及正德八年三月戊寅，又書建州衞都督僉
事完者禿貢馬，則以其子前卒，仍起掌衞事矣。及此又見
而其子同見，其名爲阿古大。

　　甲戌，毛憐并海西吉灘等衞女直都指揮同知苦女等來朝貢
馬。賜宴，并賞綵段、絹布等物有差。實錄。
四月甲午朔
　　戊戌，海西吉河等衞女直都指揮僉事堵失等，來朝貢。賜
宴，并賞衣幣等物有差。實錄。

正編卷十五

正 德 朝

正德十年，即朝鮮中宗十年，乙亥（1515）

正月己未朔

　　丙子，海西益實左等衛女直都督僉事台束等，貢馬及方物。賜宴，給賞有差。實錄。

　　己卯，朝鮮實錄書：命議莽哈子阿叱豆之陞堂上事。鄭光弼議：“野人初來授初職，每次以陞，例也。非有大功，斷不可越等。”金應箕、申用漑、張順孫等議同。傳曰：“可。”野人中樞莽哈拜辭于闕庭，禮房承旨李自華押例給之物而分賜之。莽哈以賜物不稱其意，且憤其子阿叱豆之不陞堂上，多發不遜之言，出光化門外，打其通事曰：“此官教還給于承旨”云。

二月己丑朔

　　辛卯，朝鮮實錄書：政院啟曰：“去二十八日，野人莽哈拜辭於闕庭時，以其賜物不滿於意，且其子阿叱豆之不陞堂上，發忿揚言曰：‘咸鏡百姓之安居樂業，是誰之功？而待我如是之薄乎！’至毆通事之類。臣等當即啟之，而此乃禽獸常性，以爲尋常而不啟矣。但此人在虜中最桀鷔者也，在闕庭亦如此肆毒，況於邊方哉！不可不罪之，故敢啟。”傳曰：“是意言于該曹。”　禮曹啟曰：“莽哈固當罪之，然此委係待夷之事，請收議於大臣。”傳曰：“可。”　壬辰，左議政鄭光弼，右議政

金應箕，右贊成申用溉，左參贊張順孫、知中樞府事尹珣、柳
聃年，戶曹判書高荆山，豐昌君沈亨，雞林君崔漢洪，訓鍊院
都正曹漢孫，菁陽君柳繼宗，吏曹參判沈貞，兵曹參判李長
生，判決事金克成，僉知中樞府事李胤宗、全五倫，通禮院右
通禮徐祉，弘文舘應敎李蘋等，議莽哈事。光弼啟曰：“莽哈
在此時當治其罪。今已發程，已失事機，勢難追討矣。大抵莽
哈事，臣等僉議，則如李蘋及臣意，皆欲捉來拘留他處，或遠
流絕島，而擇其族親中稍有才器者，待以待莽哈之禮，而布諭
莽哈之罪，則似可矣。如沈貞則以爲自我先動，則後日釁端恐
或難測云。此兩意欲分別啟之。而但北道兵力甚殘弱，脫有大
事，恐不能支，徐觀其勢而圖之。又使兵使潛候所爲，隨即啟
聞。至於罪盈惡極而圖之，甚合事體。且北道兵使亦須精擇而
送之，然後應變撫御之道，可得其宜矣。”傳曰：“莽哈桀驁，
發怒之事，不可置而不論也。然及其在此而治罪則可矣，而昨
日始啟其事，即欲議得而日晚未果。大抵待夷之道，先固在我
之勢而應之，其如沈貞等議可也。且北道兵使，前因憲府之啟
而問于大臣，則曰無踰於此人者，予意亦以爲於文臣中則未知
也，武臣則如此之人必不易得，憲府但以南方敗軍之事爲言，
然庚午之事出於不意，不可以此責之，使之速赴可也。” 甲
午，左議政鄭光弼、左參贊張順孫等啟曰：“莽哈事更聞之，
其陵蔑我國，非特今時也，前日李蘋所啟必有所聞而然也。請
即召李蘋及女眞通事詳問之，然後更議之。且諳虜情知邊事如
姜允禧以庶孼爲靖國功臣，陞嘉善。者，皆使來陳其策，何如？”
傳曰：“莽哈果凌蔑我國，而不之較，則彼必以爲我國糧少兵
弱，不能抗衡云爾。然不先固其本而生釁於彼人，不可，故前
議如是矣。此甚關係之事，須更議處之。姜允禧及他知邊事
者，皆使來陳，且侍從之臣，雖不諳邊事，亦能知古今事變，

明日皆令來議可也。”　光弼持衆議啟之曰：“更問于通事及李
蘋，則其桀驁發怒之事甚多。尹殷輔、李蘋及他宰相，則皆以
爲治罪爲當。弘文舘官員許磁、柳溥、柳墩、任權等，則皆曰
不宜輕易爲之。沈貞之言，亦不過前議。小臣聽衆論，更詳思
之，北方兵力甚虛弱，莽哈今去而作亂與否，不可必也。今若
治莽哈之罪，則其致亂必也。”史臣曰：“大臣請廣取廷議，雖
有得於博詢樂取之意，然當國大臣不能獨斷，輒取人議，發言
盈庭，國論莫定，體統不尊，識者憂之。沈貞獨以爲自我先動
不可，光弼拘於此言，啟曰更思之，則不可先自搖動。上從
之。光弼牽制沈貞之偏執，屢改其議，不能決斷如此。朝廷何
足以倚重，然比於執拗以敗大事者則優矣。”　乙未，憲府曰：
“莽哈事，國家受辱甚矣。彼必陰有禍心，而來肆桀驁，朝廷
皆議而廟筭已定矣，有懷必達，故敢啟。拿致則慮有後害，不
可爲也。宜遣官語之曰：‘有所言之事，須即還來。’諭以溫言。
若彼率其子而來，則古亦有交質子之事，詰問其罪，使質子而
去。彼若不來，則其有禍心可知矣。臣等非必欲爲此事也，但
所懷如此，故啟之。且其發怒事，承旨於莽哈未發去前啟之，
則可及處之，而至於發去後啟，使失機會，豈可在喉舌之任
乎？色承旨李自華，請遞而推考，且北道今方有事，兵使須當
擇送。金錫哲已爲敗軍之將，豈可送於北道乎！請速遞而擇送
之。”傳曰：“莽哈發怒事，固不可容忍，但北道今方虛踈，不
可不計我國之事而先動，故前日之議如是矣。色承旨事，予亦
以爲可推，然豈以此而遞之乎？推之可也。金錫哲有文學，如
此之人豈易得乎？若遞而得其優者則可也，若不得焉，須速使
赴任措置諸事可也。”再啟不允。　丙申，傳于政府、兵曹、戶
曹堂上等曰：“近觀莽哈跋扈之意，是輕我國也。其所以輕之
者，乃家在城底，窺覘北方虛踈故。乃曰‘邊氓得安，皆我之

力’，於此可知輕我國之一端也。邊患之作何疑哉！知有邊患
而不預措置，拱手待亂，其可乎？若不預措而邊患甚棘，則豈
曰朝廷有人乎！予觀祖宗朝舊事，祖宗憂念於兩界，宵旰不
忘，其時大臣亦以邊事爲己任，措置於邊患未萌之前，邊圉按
堵。予聞咸鏡道一路，亘控南北，若備禦失宜，邊患大起，則
其勢難支，虜騎長驅，咸鏡一道蕩然失所，豈不寒心哉！事至
於此，雖欲百般措置，不亦晚乎？今者大臣非不規畫措置，欲
加軍糧，或屯田，或移粟。然其移粟豈能用足乎？邊釁已萌而
設屯田，豈不緩乎？往者南方倭亂將作之勢，言者甚多，而朝
廷以爲無虞，別不措置，以致庚午之亂，陷城殺將，南方之人
爲魚爲肉，豈不慘哉！然人皆曰南夷不如北狄之難禦，北方足
食足兵馬之策。當今之急務也，徒煩論議，不別爲措置，兵食
與馬，何由而足？不可計其小弊也。予意當否，亦未可知。令
京外之民，皆納粟於北方，計其多少，不計公私，賤或作良，
或免役節目磨鍊何如？公私賤免役，雖曰非輕，祖宗朝若有邊
急之事，隨其功勞，或有免賤者。大抵近來公私賤甚多，而良
民少，故軍額因此而耗。雖爲免役，予意以爲不妨。北道節度
使則有之，別遣重臣，稱爲巡邊使，留駐中道，一以措置兵
糧，一以觀其虜勢。若有變故，則因此而禦之；若無事；則觀
勢上來，何如？今抄徙民事，義州則似不急，而北方邊釁可
慮，人物稀少。事有緩急，姑停義州而先入北道，何如？且雖
足兵而軍馬不可單弱，北道牛馬不與野人興販之法，非不嚴
矣，然邊將視爲餘事，故邊氓潛相貿賣。別遣剛明文臣，痛行
禁止。且本道馬匹稀貴，南方諸道牧場馬匹，量數入送，分給
無馬軍丁，何如？足馬之策，其亦議之。此外可議之事，急急
措置甚可。”鄭光弼、金應箕、申用漑、高荊山、韓亨允、李長
生、金克成、李世應等議啟曰：“北界士馬殘弊，糧需頓乏，

至爲可慮。納粟免賤免役，從權救弊，似可施行。但我國良賤
之法甚嚴，若非有切急之害，免賤之法不可行也。唯外居公私
賤中，欲免役者，作罪分配人中，除關係綱常及入居人外，欲
免罪者，許令納粟，隨其多少，免役爲當。本道極爲殘弊，別
遣重臣留駐中路，措置諸事，其弊更多。專任觀察使、節度
使，倍前措置，毋失事機爲當。”　御書講。參贊官李沅曰：
“莽哈事已與廟堂議定，但臣意則異於是。臣於庚午年，以軍
籍敬差官往北道，聞莽哈已有桀驁之心，與守令等相頡頏，上
京時亦於驛路作弊，近日到舘時，謂別坐不祇迎，及其肅拜
時，又打通事，而闕庭無禮之事，亦甚多矣。至曰‘北道有事，
則政丞往禦乎？’此亦有挾而言，此甚包藏之人。若陰嗾部落，
作賊於邊境，安保其必無。若不罪之，則今所議之事，亦或因
通事知之，反有怨我之心，是徒爲養亂矣。臣不知邊事，但所
懷如是，故敢啟。”傳曰：“莽哈以成宗朝事觀之，如西征等事，
至爲盛舉，而示其威嚴矣。然其時則兵刃有餘矣，今則兵力甚
弱，而北道尤甚，糧餉亦乏，勢難興師，故累議而不一。其不
治罪者，計其國家之勢，不可先動而然也，豈不欲示威於夷狄
乎？但以時不可而未能耳。朝議已定，近當觀其虜勢，而徐爲
之措置。”　丁酉，兵曹參議金克成啟曰：“臣入直內曹，見義
禁府經歷李長卿，則曰，北平舘別坐李紳語余曰：‘今留舘野
人買禿，乃居美錢者也，而其言曰：莽哈暴虐無比，其在本
土，奪奸人妻，多行桀驁之事者也。今國家果議其罪云。’此事
朝廷雖祕密爲之，而買禿已知之，此實機會之事，不可不急爲
措置，故啟之。欲見李紳詳問其節次，而恐其事緩，故未暇爲
也，請招李紳而更問之。”傳曰：“速招李紳問之。”政院招紳問，
啟與長卿之言大不相同。傳曰：“令禁府推之。”　戊戌，僉知
中樞府事全五倫啟曰：“莽哈雖在會寧廳座，亦不敢慢忽，況

於闕庭乎？此必包藏禍心而然也。今留舘野人必皆知之，而不預爲措置，若入巢穴之後，則雖欲問罪，不可傳也。請及時處置。"傳曰："朝議已定，不可爲也。"　左議政鄭光弼、右議政金應箕啓曰："野人皆推重黃衡，而莽哈亦深敬服。其鎮服野人者，何有過於黃衡乎！請以衡爲本道兵使。且今事機已洩，莽哈必知之，後日更來與否，未可知也。若不更來而爲叛亂，則變且不測，更議處之，何如？"傳曰："人物有數，無踰於金錫哲者。今若移黃衡爲北道節度使，則豈不緩乎！"光弼等又啓曰："黃衡爲胡人畏服，而莽哈亦畏之。衡若往，則可以鎮服矣。"傳曰："如啓。"　右贊成申用漑、左參贊張順孫、知中樞府事安潤德啓曰："國家事機，莽哈已知之，若緩之則恐未及措置，須及未入巢穴，拿來何如？"傳曰："果如所啓，則不可緩也。"光弼等啓曰："當遣義禁府郎官一人，及有武才識理武臣一人，又率通事而去，拿致莽哈父子。今若馳去，則可及於吉州等處。又遣秩高諳鍊朝官一人，開諭莽哈之罪於五鎮城底野人，及一行歸還人等而饋之，則彼等必皆自安矣。"傳曰："可。"　己亥，御朝講。領事鄭光弼曰："莽哈之事如此，邊方何不憂慮乎？北道今無精兵，又乏軍資。今之事勢，不得已多抄驍勇者入送，以備不虞，然無穀食則何能養之乎？作罪者納粟免罪，國家之所深恥也，然亦權宜處之，何如？採銀事，臣亦多見其泛濫，但事急矣，固當從權許之。"上曰："咸鏡道變在朝夕，故已爲足食足兵之策，公賤納粟，亦其一也。若令採銀，則恐或傳播中原，而更使之納貢，故禁之耳。雖或間有盜採者，不如許採之爲多也。"光弼曰："前則以莽哈含憤而黃衡可以鎮壓之，故請移於北道矣。莽哈已令拿來，則存撫野人，柳聃年豈下於黃衡乎？雖其病愈未久，以聃年代衡何如？"上曰："黃衡在平安道故初以爲緩矣。今已下諭使速赴任，不須

紛更也。"掌令權希孟、正言閔壽元論啟前事。希孟曰："前者
請使承旨親啟公事，未久還停。朝廷之事，何可使宦寺將之
乎？近者莽哈之事，亦使宦寺出納，至爲未便。須引見大臣，
面議可否，詳審處之可也。昔在宋時，宣仁皇后垂簾聽政，其
時可使女寺傳命，而必垂簾親聽者，重國事也。"癸卯，御朝
講。……參贊官許磁曰："以莽哈之事，至於如此紛擾，於事
體何如乎？北道士馬困頓，軍需不敷，卒有邊患，其何能支
乎？世祖朝，野人浪孛兒罕者，上京時欲多率衛從，楊汀爲兵
使而止之。孛兒罕凌辱楊汀，楊汀即聞于朝。及其來京也，世
祖於思政殿引見孛兒罕曰：'汝何辱吾將帥乎！吾當罪汝，而
特原之。'仍別饋厚賚而送之。孛兒罕感泣，而有憾於楊汀，語
其子浪伊升哥曰：'上恩至重，楊汀何乃奏此事乎？'伊升哥曰：
'當必報此憾。'世祖密諭楊汀曰：'汝須寬待，毋爲薄絕以構邊
釁。'楊汀務從諭命，而伊升哥之謀自熄。伊升哥後入朝爲兼司僕。
此傳聞之言也。今莽哈亦當諭寬待，使之無疑，何如？"同知事
朴說曰："邊方不得久無事，往者南方之變是也。今不能措置
北方之事，則後必難禦矣。莽哈特以其子不陞堂上而含憤，以
此而罪之，則諸野人必皆以爲朝鮮之待莽哈厚矣，至今至於如
此，朝鮮不可信也云爾，則其爲後日之患何如哉！"

　　丙午，海西并建州等衛女直左都督等官褚養哈等，來朝貢
馬及貂皮。賜宴，賞襲衣、綵段如例。實錄。

　　己酉，朝鮮實錄書：領議政柳洵、左議政鄭光弼、右議政
金應箕、交城君盧公弼、右贊成張順孫、刑曹判書姜渾等議
曰："李紳之事，臣等以爲禁府所推，果不乖違，如欲得其情
實，必問買禿而後可也。買禿既不問，則刑杖之下，徒致人隕
命而已。待朝士豈宜若此？請勿推。"傳曰："知道。"敬差官
弘文館應教李蘋以書啟曰："臣入本道，廣問莽哈之事，非特

往來泛濫，其在部落將上京，語其麾下曰：'我若在家，汝等作賊，則邊將必以我與知也。待我上京，汝須作賊於甫老知、甫乙下等堡可也。'其麾下百餘人，去冬向甫老知來，適大雪塞路，未利還去事。會寧野人傳說，故南道節度使李安世聞而語臣。且胡俗兄死則弟娶兄妻，例也。莽哈死，則其弟住張哈必娶其妻，而不存莽哈之家。若生則其妻必待生還，莽哈之家猶存也。莽哈妻父金佐花老者，居雲頭城近處，而見其女日夜悲哀之狀，烏得無心。莫若速致極刑，一以示朝廷之威，一以斷求見之心，何如?"傳曰："莽哈事須於明日使政府、府院君、六卿判尹、知邊事宰相及弘文舘，會議于闕庭可也。" 左議政鄭光弼、右議政金應箕、刑曹判書姜渾、兵曹判書申用漑、右贊成張順孫、吏曹判書朴說、右參贊李繼孟、知中樞府事安潤德、柳聃年、戶曹判書高荊山、工曹判書安瑭、漢城府判尹李自健、兵曹參判李長生、刑曹參判柳湄、豐昌君沈亨、雞林君崔漢洪、菁陽君柳繼宗、兵曹參議金克成、判決事尹殷輔、禮曹正郎潘碩枰等議："臣之意，以爲莽哈來則囚于禁府，以李蘋持去事目數其罪，推問後，處于南方絕島。黃衡往北道，見虜情，然後更議處之爲當。"弘文舘直提學金安老，應敎柳溥，校理洪彥弼，副校理柳墩、閔壽千，修撰柳沃、柳仁淑，副修撰金絿，著作尹自任，正字任權等議："臣等未知邊事，又未諳虜情，故處此事不得其當否耳。然不可置於極刑，又不可還送。"禮曹判書金詮、訓鍊院都正曹漢孫、僉知中樞府事李胤宗、右通禮徐祉等議："其初捉來，必欲治罪，今不可赦也，宜置重典。"僉知中樞府事全五倫議："臣意以爲處莽哈于南方絕島，其子則授職侍朝，又移妻子使與莽哈同居，則彼族類及部落必不深怨，又不疑莽哈之還而至於報復也。"交城君盧公弼議："莽哈之罪，雖欲治之，但北方士馬單弱，軍糧不敷，若

處莽哈于絕島，則其部落必以爲殺之，而稱爲報復，蜂起作
賊，則兵連禍結，可勝言哉！臣意以爲囚莽哈于禁府，問其無
禮之罪，然後特放厚接，而送質其子而侍朝，如祖宗以野人爲
兼司僕之例，則其貪利慈子之心，雖欲叛必不輕發。古昔帝王
用不測之威，而施不測之恩者是也。如是處之，則邊患必無。”
傳曰：“國家待夷，不可以小罪論重典也。莽哈素稱桀驁，今
雖有闕庭之失，此人面獸心之常態。當責曰：‘汝有大失，回
程後聞之，故拿來耳。’又諭曰：‘汝泛濫甚多，欲置大罪。但
汝久居藩籬，向國之情非偶然，故特恕耳。後勿如是。’嚴辭論
諭，放還其土，則彼之見拿以當死之心，豈不感恩而悔過乎？
質子侍朝之事，予意以爲前來向化則已矣，今不可多許其來
居，此晉氏之所戒也。卿等審度遠慮，更議處置，毋失事機。”
光弼等啟曰：“臣等之意，以爲拘留則其部落族屬之報復，不
至於大變。若放還，則必與深處亏知介同心作計，欲報拿致之
怨，其禍豈可測哉，以此不可爲彌縫之計矣。”張順孫啟曰：
“今欲質子使勿作賊，此不可也。昔漢高祖尙不顧太公矣，莽
哈豈能有顧子之心乎？”領議政柳珣議：“莽哈於闕庭無禮，前
此入朝野人如此者有之矣。而夷虜與禽獸無異，不足深責，故
置而不論。莽哈則其中桀驁，脅有徒衆者，而適有李紳言端，
恐彼懷疑，爲邊境之患，故朝議遣人追捕。今旣拿來，處之之
宜，恐無上策。莽哈闕庭之失，其種類豈以爲大罪乎？其心以
爲莽哈拿去，必受重罪，此人別無罪狀，而朝廷處之至此，我
輩後日亦當如此，必有懷疑離叛之心。其中頭頭人尤當疑恐，
若有倡之者，則虜情好亂，從之者衆，大爲邊境之患必矣。彼
雖聞莽哈不死，延生島中，其懷怨致毒一也。古人有言：‘同
舟遇風波，胡越一心。’雖素與莽哈有隙者，同舟之勢，豈念前
心乎？臣意以爲莽哈父子下義禁府，囚繫十數日，遣委官嚴

辭詰問，數其無禮之罪，終以大國包容，寬恕不治，解說而放遣，則彼或懷感悔悟，而不爽前日歸化之心矣。狼子野心，豈可終保，此亦不得已之策也。然與留之不遣，必成邊患者，大有間矣。或有欲放遣莽哈而留其子侍朝，若質子然，是大不然。凡爲質皆因和好而成，今其父既爲我囚繫，而其子豈肯安心侍朝乎？或至逃逸，因更生釁，終爲異日之患，是亦不可不慮。”宋軼、孫仲暾、金謹思、方有寧、趙元紀、李沆、許磁議，與柳洵議同。大司憲權敏手，大司諫慶世昌，司諫李荇，執義許遲，掌令權希孟，持平尹仁鏡、金公望，獻納崔重演，正言金麟孫、閔壽元等啟曰：“莽哈無禮，事當在舘時處置，則必有良策矣。至於出歸，或云治罪，或云不論，群議不定，置而不舉。及聞李紳言端，然後拿來，此不正也。凡事正始然後可以圖終。今殺之不正，流于絕島亦不正，且不可復還本土也。大抵國之大事，爲首相者不知，大臣任大事，豈如此乎？初四日、六日、八日、十日議，皆不問領議政，故云。如此而至於乖戾，然後使臣等議之。臣等未敢論其是非也。傳曰：“知道。”仍命宣醞。　　壬子，義禁府都事金麟孫、都總府都事金漢洪等拿莽哈來，啟曰：“臣等入吉州，稱向北道奉命使臣，令吹角大平簫，入本府，坐大廳，使通事招莽哈曰：‘暫見後欲發行也。’莽哈具冠帶而來，臣等曰：‘有傳教，須下庭跪聽。乃言曰：汝到京時有無禮事，故令吾等拿來，當依法具項鎖枷杻以行。’莽哈痛哭失聲，罔知所爲，一行野人皆慴伏莫敢起。使通事言曰：‘只拿莽哈去耳，汝等無憂懼。’莽哈曰：‘不知有無禮事，無乃北道兵使有啟事變者乎？’語其一行野人曰：‘朝廷拿我去，不知定死與否？使吾麾下勿以我拿去，輕爲妄作。’且言曰：‘吾於禮曹賜宴時，有一老相，以上旨勸吾盡飲，意以爲老病，無復覿天顏，故強飲十六爵，不覺失性。而通事洪珍，

素相與親狎者，因醉昏擠之耳。'同行野人云：'若殺此人，吾
輩豈能安接，國家亦不能防禦亐狄哈。'云。"傳曰："知道。"
禁府以莽哈招辭啟。其招曰："吾雖居異土，專仰國家以資生，
故國家待之甚厚，位至二品。國恩如此至重，則萬無便生驕傲
之心也。所謂闕庭下直時所賜衣帶，手自散置，毆打通事曰：
'若不帶朝鮮官職，則吾之所爲，其誰止之？咸鏡人民，非我
豈得安靜。若作變，則政丞其能往禦乎？以我有功，薄待如
此。'國家於我怨讎也。及出勤政門外，投擲子阿叱豆之所受官
教，向闕瞋目，以足蹙地云者，則其日待客內官，勤勸賜酒，
飲十六爵，沈醉不省人事，所爲之事，專不記憶，使同類野人
等，御路近處，列立鞠躬，後出來事遲晚。子阿叱豆之早年喪
母，故懷抱長養，暫不相離。監司、兵使皆言：'若率上京，
則將繼我授職'云，故率來耳。我之醉酒無禮，子何與知？且
若在前無禮，則六鎮守令及監司兵使必不推獎，使至高職矣。
犬豕至無知也，而麾喚必隨人指揮，況吾雖野人，豈敢爲如此
無禮之事乎？"傳曰："以此招辭，其更問于大臣而處之可也。"
　乙卯，咸鏡北道節度使黃衡，自平安道來謝恩。傳曰："以
卿爲平安道兵使者，以西方防禦之最緊也。今又值莽哈之事，
大臣皆以爲知北狄之情者莫如卿也，不得已移拜云，故命召促
赴。且莽哈事朝議不一，或曰竄逐南方絕島，或曰嚴辭開諭使
還本土，或曰可置重典，或曰質子而送莽哈。卿能審虜情及北
方之勢，其商度啟之。"衡書啟曰："莽哈無禮闕庭，作弊一路，
罪固不赦。但莽哈前者斬蒲州賊多將介，捕豐城賊汝乙頭，且
速古乃之類雖不盡捕生擒，斬頭至於八人，其他刷還被掠人物
頗多，自以爲有功也。然豈徒盡忠於我國乎，亦必爲身故耳。
前日請爵而不得，又今請子職而不許，彼犬豕桀驁之心，憤怨
而至此也。臣之妄意，莽哈則不可加爵，其子阿時他即阿叱豆

之。則論父之功，優授職秩，使之侍朝，以爲質焉，則必叩頭而謝，豈有異心乎？在我先朝，童所老加毛世居會寧，煽亂不絕，國家待之，不得已妻以懿親，授以資憲，爲會寧等處阿牧官之職，營舍于長城內潤洞之地，使之居焉，又定驍尉知印主事吹驟赤等人，以爲隨行。國恩如此其至重矣，乃於庚辰年，聲言浪伊升哥、李巨乙、知介等也乙阿，領諸部千餘人，圍會寧、鏡城、明川等處，期日俱發，侵犯虜掠。其後國家的知其童所老加毛之凶謀，而終不加誅者，哀憫邊民之有後患也。今莽哈略無叛形，但以無禮，拿致罪之，臣恐遠近諸部咸以爲莽哈盡心於國者尙且如此，我輩安能無患，因而疑恐，煽動邊禍，則北地士馬寡弱，軍資不敷，兵器不利，何能爲用，良用憂慮。且莽哈業已發行，使邊將但責無禮則可也，而今旣拿致，若赦還則怨極變速，罪之則厥兄弟甚兇，必爲報復，處之甚難。”傳曰：“今聞卿言果是也。且卿到京不久，議畢而發，則於公私兩宜也。”仍賜酒。　丙辰，傳于大臣等曰：“今觀柳洵之議，嚴辭開諭可還本土，此帝王寬容待夷，潛消邊患之義也。盧公弼、宋軼之議，爵其子阿叱豆之，使之侍朝，而莽哈則許還本土，邊患可息，此古之帝王羈縻質子之事也。黃衡之議，以爲莽哈於北鄙有大功而被罪，則非徒彼人不信我國，其兄弟必煽動諸種作賊不絕矣。若旣下去，則令邊將詰責其罪可也；而今已拿來，處置實難。此言是也。然羣議不一，莫知至當之論。卿等更議以啟。”

三月戊午朔

　　己未，海西亦失等衛女直都指揮僉事土郝等，建州左等衛女直都督脫原保等，各來朝貢馬貂皮。賜宴，給襲衣、綵段、絹鈔有差。實錄。

脫原保掌建州左衞印，明人奏議中，有可證其事明恭順者，明經世文編有王瓊之本兵敷奏文。瓊任本兵，在正德十年至十五年末，所奏雖難定其月日，但必知其爲正德十年閏四月由戶部改兵部以後，故附於此。脫原保雖恭順，但能告變，不能爲明緝犯，亦不足效勞力於中朝，是爲建州夷最馴弱之時代。若能捕斬同類，以媚朝廷，即必有大欲存焉，如後來清太祖之於克五十是矣。

本兵敷奏：爲計處夷情以靖地方事。看得遼東巡撫都御史張貫奏：「要會官計議，行令彼等挑選各路兵馬，分爲奇正哨掖，整搠齊備，督令各官統領，分投一齊出境，直至犯邊賊營，若係長壯達賊，盡行誅戮報官，幼男婦女，俘獲解京，焚彼巢穴，毀其委積，振旅而還」等因。

臣等議得：禦夷之道，撫剿二者，不可偏廢。撫勦之法，順逆二者，不可混施。查得成化十四年，建州海西夷人犯邊，都御史陳鉞主於剿，侍郎馬文升主於撫。以剿爲是者，病撫之不能息兵；以撫爲說者，忌剿之或啟邊釁。卒之命將出師，擣巢殺戮，雖威振殊俗，而至今藉口，思欲報讎，蓋緣撫剿之勢有所偏執，而不能審順逆之宜故也。

今建州等賊，叛服不常，乘機寇掠，節次侵犯開原、清河、鹹塲、靉陽等處，殺死官軍，殘害地方。照依成化年間事例，興師問罪，未爲不宜。但詳奏內，建州左衞都督脫原保等說稱：「孛速合、金奴尙、叟四等做了賊，我們勸化，他不從。」建州左衞都督尙哈說稱：「有都督牙委哈的兒子金奴尙、叟四，與左衞趙士四哈、桑失哈，四箇人商量做賊，我們攔當他不住。」等情。顯是中間亦有歸化效順之人。若便擣巢殺戮，未免玉石不分。成化十四年，本部尚書余子俊等所議，以爲"寧成功於門庭之間，勿遠致於敵人之境。來則擊之，使無遺類；去則置之，不必窮追"等語，誠爲至論。近日灊陽等處節報，賊衆三千入境，斬首五十三顆，國威自振，虜自知畏，何必搗巢盡誅，然後快心？合無照依成化十四年事例，不必會議。本部馬上齎文，交與遼東鎮撫官等，督令通事人等，於各夷近邊答話及入市交易之時，宣諭朝廷恩威。大意謂："爾等世受國恩，每年進貢，宴賞甚厚。今速長加等自作不靖，犯我邊境。朝廷欲照成化年間事例，整人馬搗爾巢穴，大加殺戮，使爾種類無遺，事無難舉。但念中間必有歸化效順之人，如都督脫原保等所說情詞，不忍一概誅戮。今後務須堅守臣節，敬順朝廷，不許聽信奸夷誘引，一概犯邊。各夷中間，有能擒斬速長加等曾經犯邊達賊者，鎮巡等官審實具奏，大加陞賞，以酬其功，決不失信。"將宣諭過緣繇回奏查考。其鎮巡等官，務要協謀計議，料度虜情，調集精兵，預謀戰守。夷人納款，進貢交易，照例施行。倘來犯邊，督兵剿殺。如近日灊陽舊古河之捷，陞賞自不吝惜。若賊勢敗散，料無伏兵，亦許乘勝追逐，出境剿殺；但不許搗巢窮追，妄殺無辜，或墮賊奸計，責有所歸。

正德間，建州左衛都督脫原保、右衛都督尙哈，實錄前載甚明。此尙哈亦作左衛都督，版刻之誤也。右衛都督尙哈，實錄於弘治十四年二月戊戌、十七年正月辛丑、正德三年三月戊戌朔、六年正月辛未、九年二月庚申，皆見之，常與左衛都督脫原保相互朝貢。此文既在正德年間，所稱犯邊賊名，當與清實錄未相銜接。其速長加一名，與景祖之兄曹常剛，後改索昌安，而明人譯作草場者，音同而非一人也。景祖兄弟在邊反側時，當在嘉靖中葉以後，

招降者爲遼撫侯汝諒。汝諒任遼撫，在嘉靖三十八年以後
也，據山中聞見錄。速長加乃祝孔革之父，詳下。

　　庚申，朝鮮實錄書：咸鏡道敬差官李蘋馳啟曰：“臣見莽
哈同行把里革等五人，及莽哈同生朱章介即住張哈。等四百五
十二人，言‘莽哈得罪朝廷，特以野人之故，不即置刑，欲徐
徐推問決罰耳。汝等勿咎。’彼人等羅拜曰：‘自作大惡，有何
怨尤。我等當終始一心，不負朝廷，但恐朝廷以我有嫌疑也，
悚懼無已’云。”　乙丑，鄭光弼、金應箕、申用溉、張順孫、
金詮、高荆山、安潤德、李自健、李繼孟、柳聃年、崔漢洪、
柳湄、李長生、金克福、金克成、李世應等議：“莽哈非徒無
禮於闕庭，其言辭亦甚悖慢。此非無知野人之比，其心凶暴譎
詐。國家以有微功，授以高爵，每於來朝，別饋厚賜，待之異
於他虜，宜感恩誠心圖報，反生驕傲，遂至於此。若無異心，
不應如是。在京詰責其無禮，赦而遣之，則國家處之得宜，而
彼亦不至含怨。今既拿致囚繫，雖賜放還，其憤恨必不少解，
安可保其懷恩誠順乎？若不懷恩誠順，則必起邊釁，誘引深處
種落，侵犯各鎮，其禍不可勝言。雖慮其族類之爲莽哈報復，
不至如莽哈身自怨叛之甚也。禍之大小如是。以北方軍馬殘
弊，糧需乏窘，防備爲難，而放遣勢又不可。大抵待夷之道，
有權有機，當視其時與勢耳，不可一以帝王包容之量施之。臣
等之意以爲，并其父子置諸絕島爲當。”南袞、成夢井、金錫
哲、李世佐、鄭光國等議同。李蓀議：“莽哈既已拿囚致怨，
今雖放還本土，必懷憤叛亂；雖不送還，其部落亦必報復，固
不知如何而得當也。臣意妄謂，放還本土而叛亂，則此特一時
之憤，其禍雖速，從之者必少，不過鼠竊耳；若不放還，則非
但其部落深懷報復之心，同體受職者亦有疑貳之心，其中豪悍

者因此成言，煽動諸酋，一心叛亂，則恐患害尤重矣。往者浪伊哥向化來朝，位至嘉善，光廟以有二心殺之。諸部胡虜，一心叛亂，分入重鎮，非惟殺擄人畜，以至攻城殺將，其禍慘矣。其後命將討之，吉州牧使吳益昌全軍覆沒，且至彼虜奏告中朝，遣使來責。殺一胡虜之害，至於此極。懲前繼後之念，臣不能自已。國家以罪莽哈，業已曉諭諸虜。今之放還，非徒失信於彼，抑亦虧捐國威，處之又難。今適頒赦，且有國恤，依此措辭，教授解放，如舊館待以送，則赦罪之典不爲無名，拿囚之憤庶可少解。且非情願而勒令質子，恐亦未當。"姜渾、朴說、黃衡、尹珣、安瑭、韓亨允、丁壽崗、李陌等議同。上從鄭光弼等議，仍傳曰："莽哈父子同處何如？更議可也。"僉啟曰："父子同處何妨！"黃衡猶有未滿之容。　莽哈父子同配珍島。　丙寅，同副承旨許磁承命往義禁府諭莽哈，以置諸絕島之意，即舍土叩頭以謝曰："我本無罪，只緣被酒，以致無禮耳。我平日向國如仰山，凡有教令，盡力爲之爾。且今北方作賊於邊圍者多有焉，如使我立功贖罪，則蒙上恩不小"云。

戊辰，義禁府啟曰："莽哈使通事洪琛傳譯曰：'吾醉酒所犯，雖至杖流，固當甘受。但子阿叱豆之並被流放，不勝悶憐，請留京師授爵侍朝，此吾所願也。'又守直通事觀莽哈形止，自聞流配之命後，父子相携不食，曰：'吾等生復何爲，而必就謫地乎！'恐或自縊也。"傳曰："當語莽哈曰：'汝罪甚大，而國家特從末減，使父子同處，且衣食僕從，無不周備，上恩豈不重乎？而又何作他心哉！此事朝廷已議定，不可煩達'云爲當。"　庚午，同副承旨許磁啟曰："莽哈云：'妻子奴婢等欲請率來居生。'"傳曰："其令議政府及該曹堂上議其可否。"左議政鄭光弼、右議政金應箕、兵曹判書申用漑、左贊成張順孫、右參贊李繼孟、禮曹判書金詮、參判成夢井、參議丁壽崗等議曰：“莽哈妻子及奴婢馬畜，出來同聚居生，宜若無害。但奴婢似多，只令婢子二口出來似當。”傳曰：“斯速移文北道，令率來。”光弼等復啟曰：“若用空言往諭，則其妻子必不信，不肯出來矣。言於莽哈，令致私標，使其妻子取信何如？”傳曰：“可。” 辛未，女眞通事李孝曾來啟曰：“去夜三更，追及莽哈於龍仁，諭之以率來妻子同聚居之意，且令造私標，以示左驗於妻子。莽哈良久思量，答曰：‘我初欲率來妻子奴婢者，意謂國家幸使我侍朝耳。今我既已遠流絕島矣，而又令無辜妻子來從，則其爲曖昧爲如何哉？況妻子聞我遠流，則其不肯出來審矣。我之兄弟二人若聞之，則亦安能出送哉？雖持標示之，無益矣。’竟不從。” 己卯，鄭光弼、金應箕等啟曰：“近聞五鎭守令等，托以威制有罪野人，或打殺，或打傷臂脚，如此成風，其來久矣。今若聞朝廷治莽哈之罪，則無知武士，藉此益加威制。此風若長，則野人之怨叛者必多矣。雖不以書諭之，請令新授評事親承傳教，往語黃衡，嚴加禁斷。”
四月戊子朔

　　庚寅，建州右等衛女直都督等官牙禿哈等，來朝貢馬。賜宴，并給賞綵段等物有差。實錄。

　　丙申，朝鮮實錄書：莽哈押去禁府都事朴瑊來啟曰：“臣已付莽哈于珍島矣。莽哈云：‘國家雖賜奴婢田地家舍，又妻我以有實良女，皆非吾所願。吾則欲還本土也。請以子阿叱豆之與次子羅伊哈等置于京中，送我于本土，則我當益勵爲國之誠也。且亐知介、亐乙未借等擄朝鮮人十餘名，置其屯所，今已十年矣。若放吾還送，則吾當益勵刷還，且並擒亐乙未借以獻之。’又曰：‘吾之財物在吉州者，皆入送于本家，以給妻子可也。’”傳曰：“其財物盡送于其妻子事，言于該曹。且莽哈他餘所言，皆非輕易之事也。以此意後日問于大臣可也。”

十一月癸未朔

丁酉，海西禿都河等衛女直都指揮僉事厄里厄等，各貢
馬。賜宴，并給賞綵段等物有差。實錄。

十二月癸丑朔

丁巳，海西察剌禿山等衛女直都指揮僉事瓦塔等，各來朝
貢馬。賜宴，并賞金織衣、綵段等物有差。　丁卯，海西嘔罕
河等衛女直都指揮僉事乃胯等，各來朝貢馬。賜宴，并金織
衣、綵段等物有差。　戊寅，海西卜魯丹河等衛女直都指揮同
知亦哈納等，各來朝貢馬。賜宴，并賞金織衣、綵段等物有
差。實錄。

正德十一年，即朝鮮中宗十一年，丙子(1516)

正月癸未朔

壬寅，海西益實左等衛女直都督僉事台束等，各備方物朝
貢。賜宴，并賞金織衣、綵段等物有差。實錄。

乙巳，朝鮮實錄書：禮曹啟曰：“前日通事以莽哈妻所送
衣服物件傳給莽哈，莽哈還送其妻之物，如馬勒等物亦存焉。
恐有以此等物相通，為密約之事，其所送細微之物，則可許送
矣。如衣服等物，請勿許送。”命收議于三公。　丙午，柳洵議
曰：“莽哈受其妻所送物件，以其衣服雜物報答為信，今當付
禿里兀等以送，給付其妻。但其中斷髮為髢而送，或有因此為
奸細約信，亦可疑也，此則不必並送也。莽哈報答物件，今付
禿里兀，令語其妻曰：‘莽哈受汝所送物，乃以所有物件報答
為信，朝廷授我令傳給云’而已，不必別有他辭。”鄭光弼議：
“禿里兀等賫來衣服雜物，既付莽哈。莽哈所送物件內，如衣
服靴精等物，似無他情，今宜傳付。但彼人聚兵請兵時，以木
標、馬鞭等物，相傳為信，此虜中常事，則今此小髢木標、馬
勒，斷不可傳付矣。莽哈答辭，則當曰：‘父子受朝廷恩恤，

於飲食衣服等事，果無艱窘，但時思想本土而已，更無他語。'"金應箕議："莽哈所送物件內衣服靴精等物，付禿里兀傳送爲當。但其奸謀可疑，小髦、胡勒、木標等物，不可傳付。"

三月壬午朔

是日，建州右衛女直都指揮同知阿哈禿等，來朝貢馬。賜宴，并賞綵段、金織衣等物有差。實錄。

四月壬子朔

戊辰，朝鮮實錄書：咸鏡北道節度使黃衡馳啟曰："莽哈同生弟住張哈等，以莽哈流配絕島不放還之故，城底家財雜物盡移深處。鎮將雖再三招致，而巧辭不來，奸譎難測。防禦諸事，嚴加措置待變"云。命召政府及府院君、兵曹堂上議之。文城府院君柳洵、領議政鄭光弼、左議政金應箕、交城君盧公弼、左贊成申用漑、右贊成金詮、兵曹判書高荆山、右參贊南袞議："今觀黃衡所啟，住張哈不順情狀已著。然諸部彼人，能聽順住張哈之言，共力作耗，未可知也。虜情難測，隄備之事，不可輕忽。但今方農時，合番立防，非徒廢農，敵未至而我力先困，此非長策。令黃衡密探虜情，商度事機，審量施行。"上曰："近見邊方馳啟，南方已有邊釁矣，北方亦重。可用武臣預令薦拔，以備後用。"光弼曰："住張哈等將欲泄憤，故懷不樂之心。臣不敢知住張哈，聞見兄莽哈生存，將欲爲兄報復。以至誠報復乎？欲自得其利而然耶？抑未知諸部盡從住張哈而煽亂乎？時無各別措置之事，但如黃衡所啟，待其一一探報，以爲處置可也。武人事，兵曹所當料度任用，而退居武人亦當收用也。"

五月辛巳朔

戊子，朝鮮實錄書：延訪領議政鄭光弼、左議政金應箕、右議政申用漑、左贊成金銓、左參贊李自健、右參贊南袞、太司憲趙元紀、副提學李荇、司諫柳溥，……用溉曰："守令不能奉行，如還上文記已納者，亦不爻周後復徵之，甚者徵之一族切隣，其弊不細。且軍士立番者無奉足，此由國家不減軍額故也。咸鏡道軍士，以住張哈無形之事，至於合番留防，敵未至而我先困，且刑獄豈無冤枉，須更申戒飭，以誠實應天，則庶可以弭灾矣。……"爻周，當是謂周易卦三百八十四爻。一年而再徵，是未滿三百八十四日之數也。柳溥曰："莽哈在珍島城外，若乘間渡海，必生大變。今以不殺爲仁，而使彼逃還本土，其害可勝言哉！"用溉亦以溥啟爲是。光弼曰："人君於一草一木，尙不可遽除，況莽哈乃人爾，豈可無名而遽殺乎！當譏察守直，以觀事勢可也。"上曰："果不謹守直，而或得登陸路以逃，則爲患大矣，守直當謹。"

　　卦氣之學，以一卦當六日七分，正是以三百八十四爻，配周年之日數。自漢以來，用以治曆，元郭守敬始廢之。以一年爲爻周，朝鮮猶存古語。

　　庚戌，朝鮮實錄書：政院以北道兵使啟本，啟曰："巨張哈欲我國勿許巨叱耳入於長城，又曰：'巨叱耳、南乃等相戰，事不干於朝鮮，其勿禁止'等語，辭甚不遜，請議大臣處之。"傳曰："可。" 上御宣政殿簷下，引見領議政鄭光弼、左議政金應箕、右議政申用溉、禮曹判書權鈞、左贊成金銓、右贊成朴說、兵曹判書高荆山、左參贊李自健、工曹判書柳聃年、右參贊南袞、刑曹判書李長坤、左尹金錫哲、兵曹參判柳湄、吏曹參判宋千喜、海陽君尹熙平、嘉原君李長生……光弼曰："北道兵使啟本，以爲住張哈欲我國勿許巨叱耳入于長城內。臣未知巨叱耳果可即入長城內也。住張哈之意，謂必巨叱耳言于我國，故如是耳。巨叱耳雖入長城，不可捕給也。若捕給，則城底人皆不信我國也。此則住張哈欲試觀我國所爲而然也，我國則當挫抑之。今雖挫抑，豈便生事！但於莽哈奴之來告也，邊將當使之語住張哈曰：‘莽哈之罪甚大，爾何以南乃、巨叱耳爲言乎？爾將何爲耶？’以此答之可也，不可無答辭。”荆山曰：“臣嘗觀野人若有相侵之事，則不爲之備而逃避者，例也。今巨叱耳逃入長城，或匿他處，住張哈必以爲我國許之入也。若住張哈逐巨叱耳入于長城，則宜不饒而制之。臣意住張哈迄今不娶其兄莽哈之妻者，恐莽哈生還也，其意非實欲報復也。今觀啟本無答辭，當作答辭而諭邊將也。”光弼曰：“邊將宜詰之曰：何以云勿許入長城內乎？則可也，而今無答辭。”用漑曰：“住張哈每爲橫逆之辭，而移入彼地，此則恐莽哈之生還，故若爲報復之計，又以虛聲恐動我國也。巨叱耳來入長城，若捕給，則是陷於其術中矣。今當詰問其所言之意，而或令鎮將深責之，則可知其情，且不敢陵犯我國矣。”長坤曰：“若逐巨叱耳而入我長城，則在當問罪，不可置也。胡人被鬪而率妻子來投長城，乃例也。且巨叱耳，服我國者也，若捉給住張哈，則六鎮胡人皆離叛矣。”袞曰：“臣意黃衡失之矣。衡之爲北道兵使。此乃利害判然者，不宜捉給，亦不須取稟也。”熙平曰：“巨叱耳乃功重者也，南乃則居檢天，而與巨叱耳爲婚家。南乃送人于巨叱耳，巨叱耳夜馳告于會寧，其功非輕。故臣於其時，以爲宜論賞云，而竟未施行。今巨叱耳不能避而來入長城，若至事急，則必投于舘矣，如不能令居于舘，則令上來爲向化可也。”湄曰：“臣爲兵使時，速古乃欲報復，其父愁隱豆逃來入舘，請上京，臣稟于朝廷，則不許。其後愁隱豆見侵於速古乃，全五倫爲鍾城府使，以其無禮於其父，遂去之。崔漢洪爲兵使時，於辛未年二月，速古乃聚兵欲作賊，有體探人知之，故回兵而去。臣爲兵使時，速古乃又聚兵而來，巨叱耳進告，臣令全五倫語之曰：'汝無故而來，欲掠人畜而去，當問罪。'巨叱耳更探問來告曰：'速古乃實聚兵五十餘名而來。'臣又令語之曰：'汝何以自中之事，敢擾我國乎？若是則當如辛亥年之舉。'遂皆散去。今住張哈侵南乃，而巨叱耳逃來于舘，則令上來居京可也。若捕給住張哈，則城底彼人必皆曰：'告事變者尙且如此！'皆離叛矣。"上曰："告事變者不可捉給也。"

六月辛亥朔

　　是日，朝鮮實錄書：御朝講。……張希壽曰："近聞北道以貿易之故，我國鐵物盡入於彼地。古則胡人之箭皆以鹿角爲鏃，今則皆用鐵鏃。鐵物之多入彼地，從可知矣。此必將以鐵物貿皮物，以塞宰相及朋友之請，或營己私故也。朝官所着貂鼠皮，一切禁斷。且近者朝官好著黃狂皮襖子，此亦可痛禁也。"光弼曰："此言至當。果以鐵物貿皮物，則鐵物多入於彼地，又以農牛貿皮物，尤爲不當。"上曰："鐵物多入彼地，其不利於我國大矣，專由皮物貿易故也。黃狂皮事，予所未知也。"光弼曰："黃狂皮作襖，古所未見，自廢朝初年始焉。且咸鏡之民，本皆愚直。國家以採銀貿穀之故，許遣商賈，然商賈以緜布貿民穀。其地之民，貪於綿布，罄盡所儲之穀以易之。以此商賈深入五鎭，禁物多入於彼地矣。"上曰："咸鏡道採銀，初欲補軍資。然所貿之穀，皆民之穀，雖採銀無益矣。"光弼曰："臣意磨天嶺、磨雲嶺最爲高。截貿銀商人，使不得踰越此嶺，只納穀於端川以南，次次輸入於北道可也。若使商人深入北道，則京商皆奸黠之徒，陰誘其民，率來于京，又多貿農牛而來，亦甚不可。"表憑曰："勿令採銀，上敎至當。商賈之貿銀者，誰能載穀而歸乎？皆持有色之衣，往貿其地之穀，罄民穀而補軍資，尙安有所益哉?"上曰："採銀事，予意則初以爲難，而大臣以爲當採矣。"表憑曰："以端川採銀之故，鐵物多入於彼地，銀亦多入於中原，民且盡耗所儲之穀，此三大弊也。"光弼曰："北道之民，常不節用，平居飮食費用甚多，一遇凶荒，便至飢死。須當貿穀以補軍資，或以此救荒可也，但二弊宜可除也。"　壬子，議政府啓曰："住張哈及同生愁隱豆等，以其兄莽哈賊魁代斬之事，爲南乃誣告，率軍與南乃相戰。則當語之曰：'汝兄莽哈賊魁代斬之事，我國所不知之事，而汝托此言與南乃相戰。以此見之，汝兄非徒代斬之事，他餘不道之事甚多，使城底彼人毋得進告明矣。'當如是嚴辭以答。巨叱耳以城底居人，凡深處虜中所爲，連續來告於我國，有功者也。假使見侵，南乃投入長城，若不許接而黜送，則非徒巨叱耳也，六鎭城底彼人等，向國之情漸薄，雖有變故，必不來告。在前則彼人等，自古相戰時，鎭將於長城內嚴兵示威。今彼人等若托以追捕仇人，擅入長城，則是無異敵加之兵，不得已而應之，見機應敵可也。黠虜聲言報復南乃，以試邊將之意，其實偵知我國重輕。令邊將嚴辭峻截，以爲'莽哈無禮於朝廷，自速其辜，非因外人構辭。而汝以賊魁代斬之事，自疑成言，必是莽哈所犯之實，旣出汝口。汝若不戢，當馳啓朝廷，推鞫汝兄，必加重罪。莽哈一己之事，不關汝輩，而相煽不靖，俱陷於罪，不亦愚乎?'請令此意開諭。"從之。　乙未，全羅道兵馬節度使崔漢洪狀啓曰："臣至珍島，莽哈與其子請見曰：'聞使到鎭，未忘北道久謁之分。嘗爲北道兵使。且欲聞京中消息，以是來謁。'臣答曰：'爾以彼人，位至二品，賞賚之厚，近古所無。不知國恩之重，乃於閫庭發怒。如我國之人，則當置重典。朝廷特以化外之人，用寬典流於此，更有何言?'莽哈父子墮淚。莽哈更告曰：'請聞於朝，置吾子於此，而放吾身何如?'臣答曰:'此道凡諸軍務,則節度使可以啟禀。
如爾等事,則法不得啟達。'莽哈曰:'來此苦留,生莫如死,
每欲自盡,特爲迷子,苟延性命耳。且往年上京時,政丞曰:
"爾子一人當許侍朝。"余以吾子非徒不解朝語,年少迷劣,遂
辭而不從。到今追思,悔不可及'云。莽哈所接家,在城外,
與隣家隔遠孤單,逃亡可慮。臣更問曰:'汝家單獨無隣,不
亦畏盜乎?'莽哈答曰:'果如所敎。然罪人所居,有何盜物
乎?'臣答曰:'凡盜不計其多少,只見一斗米,殺人於路者,
常常有之,不可不爲之備。當令本官多發士軍防護。'莽哈叩頭
而退。"　丁卯,咸鏡北道兵使黃衡生擒潼關城底居作賊野人入
巨里、所陽介二名,械送于京。命下詔獄推之。史臣曰:"衡,
勇將也,一時將卒咸服其才。而陋其貪,雖屢被臺駁,未見有
改。所至必有不謹之聲,而朝廷惜其才,不得廢棄。"　戊辰,
義禁府啟曰:"入巨里、所陽介等招辭,與黃衡啟本大概相同,
他無更推之意。"傳曰:"其當照律乎? 當議于大臣乎? 其問于
府官。"回啟曰:"城底吾都里作賊,生擒者,在前邊將,推之
於其處而明白,則自爲處置,未有生擒上送照律之時矣。其罪
當死,然收議而處之爲當。"傳曰:"其議于政府。"鄭光弼、金
應箕、金詮、朴說、高荆山、李自健、南袞議:"當初入巨里
等就擒時,邊將拘囚啟禀,尸諸境上當矣。今不如是而傳送到
京,其踰長城搶擄人畜罪犯,皆已招服,置諸典刑,傳首五
鎭,令邊將聚城底彼人,咸共觀之,知畏國法,允合事宜。今
後凡擒作耗野人勿上送,例皆囚禁馳啟事,並諭邊將,何如?"
　辛未,咸鏡北道兵使黃衡擒前日潼關鎭人家作賊城底吾都里
召兒,押送于京。命下禁府推之。　壬申,傳曰:"入巨里等
雖斬首而送,日候甚暖,豈能傳示野人。其令諳練武臣押去,
與兵使多聚城底野人,而廣示典刑,何如? 其言于政府。"

七月庚辰朔

是日，朝鮮實錄書：咸鏡北道節度使馳啟曰："前日野人甘吐等，結黨擄潼關鎮人物而去，今野人仁多好拿送。若上送則驛路有弊，請囚鏡城鎮推考。"

丙戌，建州等衛女直都指揮同知哈你合等，來朝貢馬。賜宴，并賞織金文綺、絹帛有差。實錄。

九月己卯朔

辛巳，朝鮮實錄書：御朝講。南袞曰："近聞中朝事，甚可驚也。於我國雖無聲息之及，然遼東奏請于帝，而使我國出兵應援，亦不可不虞也。今國家雖恐起兵端，驚動人心，然兵事不可不預料。一朝事發，則其時獨不驚動乎？如柳聃年預遣于平安道，朝夕聞見，隨宜措處可也。"上曰："湯站若有變，則不可不慮。但恐預為議兵，則搖動人心。"柳聃年曰："預先議定，令節度使知而處之可也。"領事金應箕曰："若出救援，則平安一道永無平時矣。昔挾攻建州衛之事謂尹弼商受命往征事也。亦由帝命耳。"南袞曰："兵糧軍器等事，當遣大臣措處矣。"上曰："預議措處之言當矣。朝廷共議可也。"趙元紀曰："我國本與建州衛有隙。前日建州衛謂我國使臣曰：'何擁兵之多也？我等豈慉向上國之人乎？'使臣答曰：'擁兵之多，非畏汝等，畏虎狼也。'其後建州衛於中朝班序，請立於我國使臣之前。而有蘇新者，言于禮部，以為不可，故我國使臣乃立於前。若竊發於阨塞之地，則使臣率兵雖多，何益哉？今者彼若有心於湯站，則湯站大地，其發兵必多矣。"應箕曰："此必大舉而來，故欲攻湯站矣。"上曰："此非鼠竊狗偷，主將既陷死，則聖節使尹熙平安保其無事赴京乎？"應箕曰："想已過遼東矣。"諭平安道觀察使安潤德、節度使柳繼宗曰："今達子入寇靉陽等處。我國地連上國，賊變如此，良用軫慮。夫事有備則無患，若不預爲之計，倉卒將不及救。道內各官軍士，除死亡外，時存額數多寡強弱，及軍粮留庫實數，軍器精鍊與否，其盡心詳考，馳啟以爲後圖。”黃海諭意亦同。　　乙酉，聖節使尹熙平狀啟曰：“八月十八日，建州衞野人千餘突入靉陽堡城外，擄掠人物。助防康繼宗、指揮趙昂、趙鐸，旗牌曾玉等戰沒，指揮王宣中箭而走，執繼宗而去。戰敗軍士不知其數。且聞帝都近處，易州、大同等處，達子多聚兵馬，窺伺竊發。”云。　　丁酉，御朝講。掌令柳權、正言尹自任啟前事，不允。自任又啟曰：“今國家恐中原徵兵於我國，預先措置，其計至矣。但古者國之用兵，當令秘密。今者咸鏡道莽哈之黨，未必不爲窺伺，且與平安道野人相通往來，亦必有所聞。今此之舉，宜爲秘密。以此意下諭其道監司，何如？”上曰：“時無徵兵之事，預爲料度而漏洩則果不可爲。”　　下書於平安道觀察使安潤德、節度使柳繼宗曰：“中朝野人聲息甚急，慮有不虞之事。今遣工曹判書柳聃年令巡審邊圉，卿其同議，預先措置。”
十月己酉朔

　　是日，朝鮮實錄書：親講儒生。上曰：“非時雷雨，此乃天災，大可驚恐，上下當交修不逮。”領議政鄭光弼曰：“天變如此，不可謂尋常而忽之，救荒亦可深慮。”右議政申用漑曰：“灾變不息，誠可慮也。”禮曹判書權鈞曰：“近來灾變甚多，而今又天災物怪，間見層出，上於敬天勤民之事，尤當軫念。且今年農事不實，民無以卒歲，措置之策，宜倍常時。”左議政金應箕曰：“中原靉陽堡等處有賊變，我國亦有灾變，大可慮也。”用漑曰：“邇來太白晝見，此爲兵象。中原聲息亦如此，㺚子以千百爲群，江冰若合，則必作耗我邊境。況今江邊失農，百姓飢困，如或軍興，將何以爲之？凡事當預爲措置。”右參贊南袞曰：“雨雹乃陰盛之灾，中國無紀綱，故夷狄如此橫

恣。且早寒淩淩，亦恐陽氣不足之所致也。大抵立紀綱，乃爲
治之先務，水旱凶荒之時，盜賊亦隨以興。救荒防禦之事，更
加措置爲當。”大司憲金瑠曰：“十月雷雨，天變之大者；邇來
物怪亦多。人事有失，故天變應之。凶荒之時，軍旅必興，中
原聲息如此，大可憂懼。救荒防禦不等事，當盡措置，然其本
則乃在上敬天勤民而已。”上曰：“各道皆飢，而平安、黃海爲
尤甚，以其無軍糧故，已令移粟。今聞㺚子作賊於鳳凰城，中
原有事，尤可慮也。”　乙卯，咸鏡道觀察使李長坤狀啟曰：
“臣到會寧府，設例宴餉彼人。產察弟忽非家、莽哈弟住張哈
等，作頭來謁。臣語住張哈曰：‘汝居會寧屬境，新府使到任
五朔，一不來謁，今始出來何也？’答曰：‘兄莽哈之子勸我入
歸，言移居他處也。故率爾挈家而入，愧懼未敢來謁耳。’臣語之
曰：‘聽姪兒之言，不告鎮將而歸，慚則有之，有何所犯而懷
懼也。無乃汝有將心而先自縮懼耶？汝入歸久而後出來，意謂
爲莽哈必所經營，何至今無聲息也。’住張哈扣頭誓天曰：‘如
蟲小胡，厚蒙國恩。莽哈身犯大罪，不死竄謫，安敢少有異
心。但莽哈以失禮得罪，故吾亦出入官府，恐復失禮，未敢出
來。今聞觀察使奉新命來巡，敢冒死來謁。’且曰：‘吾兄性惡，
故在此時來謁府使，醉輒發狂。吾常痛禁，故不至於得罪。今
因與兄同行人之言，聞兄失禮得罪之由，安敢少有怨乎！’臣權
辭答曰：‘因邊將之啟，國家已悉汝常禁戒莽哈，故以汝爲胡
人中有禮者。今聞汝言，恭而無僞，果非莽哈之比。汝若執此
誠欵，終始歸仰，則爾部落宗族，並享安全之福。若不念莽哈
罪惡，而懷怨作耗，則邊將當即焚蕩汝部落，屠戮汝宗族。以
一莽哈之故，舉族受禍，於汝心何如？’住張哈曰：‘乞上京厚
恩。’臣語之曰：‘胡人上京，例用功勞次弟，不可以私請先後。
但會寧府使以汝爲今年上京當次’云。再拜扣頭，喜見於色。

臣已令依其願，先運上送。臣聞邊將之言，細探其情，則去年冬，莽哈妻因會寧府傳信於其父，知其不死，意其必還，而復有望之之意。住張哈挈家入歸，其侵迫南羅等事，皆欲免莽哈後日之責，非其誠也。臣又語之曰：'近聞汝以南羅漏說莽哈代斬賊魁爲辭，侵督不已，是欲使南羅激憤，作賊於我境，如速古乃之爲也。不然則侵迫南羅，何至此也。激南羅使之爲賊，則汝實賊魁，國家有問罪之舉，則汝當先之，汝將何辭？'住張哈曰：'嚴教至此，安敢違越。自今絕意，當不復侵責南羅。'再三扣頭就座。飲酒半酣，更進曰：'願聞莽哈存歿，欲行祭'云。語之曰：'莽哈罪大惡極，萬無生還之理，勿問其存歿，無望其生還。'住張哈答曰：'惡兄已死，則望之何益！'再拜而退。觀其色無驚愕慘感之容，似有自幸之意。其子年十五歲者，坐後行，臣招前饋酒，且給烹豚。住張哈進謝曰：'蒙恩至此，感喜罔極，前疑頓釋。'携其子起舞，大醉極歡。告行時，再言'惡兄雖未還，乃如之何？'臣乘其醉，更饋酒引問其意，則其欲速聞莽哈之存歿，非出於祭兄之誠，似欲決知其已死，而合得莽哈之物也。翌日，臣向鍾城府，住張哈先到長城道傍，跪拜馬前曰：'昨日蒙教，盡釋疑懼。自今當一心無二，仰事大國。'臣嚴辭峻責曰：'南羅作賊，則汝當知之。'遂反覆陳利害以諭之。住張哈曰：'謹依教。'臣意但當申敕住張哈，勿令侵迫南羅，而靜以鎮之，則保無他釁。此非臣之獨計，鎮將權勝、李苣及邊軍故老之言皆如此。大抵待遇彼虜，隨例施恩，猶足以得其歡心，不可少加優異，釀成驕傲。莽哈之驕蹇凌轢，其初失於待之過優也。"

正德十二年，即朝鮮中宗十二年，丁丑(1517)

正月丁丑朔

癸未，海西渚冬河衛女直指揮使伴哥松吉答等，贖還漢人被虜者五人，乞照速古例陞級。兵部議，宜俯順夷情。從之。實錄。

二月丁未朔

乙卯，海西嘔罕河等衛女直左都督等官褚養哈等，貢馬及貂皮。賜宴，并賞綵幣、金織衣、鈔錠如例。實錄。

乙巳，朝鮮實錄書：平安道觀察使安潤德、節度使李長坤狀啟：“野人千餘名，來屯於方山鎮越邊。”

三月丙子朔

己丑，海西嘔罕河衛夷人褚養哈等入貢，道永平，擾害驛遞。遼東伴送舍人傅鐸奏之。禮部議覆。詔大通事譯審明白，嚴加撫諭。禮部仍量差通事送歸。既而海西兀者等衛夷幹黑能等歸，伴送舍人亦請遣通事護送。許之。遂著爲令。實錄。

四月丙午朔

是日，朝鮮實錄書：御朝講。領事鄭光弼曰：“近者雲霧晝暗，無終日之晴，又有日月之暈，不知將有何事也。西鄙之事亦爲可慮。野人屯聚者，雖言欲寇中原，何地不可寇也？議者或以爲可遣助防將，然其道凶歉，今方救荒之不給，何以加遣乎？”上曰：“日月之暈，古人謂小人陵君子，夷狄侵中國之兆也，予甚驚惶。野人不得利於中國，則恐移寇於我疆也。今救荒方急，不可發兵，然助防將無乃可遣耶？”

戊午，建州左衛女直都指揮使章成等、林家山等族族頭番人額古等，各來貢。俱賜宴，給賞如例。實錄。

戊辰，朝鮮實錄書：領議政鄭光弼等啟曰：“西北兩界，邊釁已兆。若中原徵兵征討，則不得已而從之矣；若野人入我西鄙，則不得已而禦之矣。軍馬瘦弱，儲峙不饒，軍器不鍊，至爲可慮。擇一二大臣能諳軍旅者，專主其事，爲長遠之計。與兵、戶曹酌其緩急，以措置爲己責，則無難處之事矣。”傳曰："祖宗朝及廢朝初年，兩界之事，李克均等常時亦嘗籌畫，況今邊釁已兆乎？卿等所啟至當。依所啟差出，使之分掌措置可也。"

五月乙亥朔

丁亥，建州右等衛女直都指揮僉事阿剌哈等，來朝貢馬。賜宴，給賞如例。實錄。

六月乙巳朔

壬子，朝鮮實錄書：咸鏡道觀察使李長坤馳啟曰："前者兵使語穩城柔遠鎮城底彼人等曰：'汝等若移居越邊賊路洞口，則當別運上京。'野人等信之，即棄其田宅，越江移居。非徒不得別運上京，見侵於兀狄哈，多被殺擄。受罔至此，憤怨方劇。彼若分散，則柔遠以賊路孤危之鎮，無脣齒之勢；若乘憤引入他賊，則爲患不貲。今冬則量數上京，以息邊患何如？"三公請依所啟。從之。　咸鏡、平安道兩道觀察使馳啟，溫下衛野人金主成介來居閭延越邊未彥川事。命政府、兵曹及知邊事宰相等會議。鄭光弼、金應箕、申用漑、金詮、高荆山、柳湄、金錫哲、尹熙平議："虜人近居我境，漸至滋蔓，非國之利。但金主成介來居地面，道路形勢，非防禦所及。雖驅迫，未必從令。來居已至六年之久，賊路迂直，彼必審知之。若不撫綏，一切迫逐，既非我地，無辭可執，徒損國威。令兩道邊將使人語之曰：'非汝本居，密處我境，法所當禁。但汝曾受國爵，必不背恩，姑許留居，以觀汝所爲。今後若許他人來接，若有他寇來擾近境，皆汝任其咎。當併汝居驅逐。'使不得安居。"云。李繼孟、柳聃年議："茂昌等四邑，雖廢棄已久，而皆我地也。金主成介若久居，備諳道路，乘時作耗，則其害切近。若不驅逐遠地，而諭以報變，使之仍居，則蔓後難圖，正如三浦倭人，終至不可計。"上從三公議。　乙卯，平安道節度使李長生馳啟曰：“達子分道入寇湯站地方，擄掠人畜，不知其數。鳳凰城、湯站防禦官，率軍九百餘人拒戰，遼東都指揮使徐政，領軍五百餘騎，接戰于清河堡，軍卒死者百餘人。再戰于連州，達子佯北，徐政突陣追逐，陷于賊中，力戰勢窮而死，徐軍還者僅百餘。又三汊河以西、山海關以東，達子聲息，傳報不絕。遼東軍卒東西奔救，無有寧日。”丁巳，平安道節度使李長生馳啟曰：“今五月二十一日，建州衛酋長李達罕，率麾下二人出來，到滿浦。因前日有旨探問㺚子情狀，則曰屯聚者非㺚子也，乃左、右衛彼人也。所聚之地，非沈古河，乃東齊川邊也。作賊形止，首人姓名，軍兵強弱，號令等事，不分明答說。更待可信彼人出來，詳加探問馳報云。”政府啟曰：“平安道之事大緊，不得已詳細探問。今將語達罕曰：‘彼人等再再作賊於中原地方，必經我地。我國則本厚撫爾等，故置而不問。但上國責我以不禁，則我國處置實難。彼等亦空屯出來，貪於虜掠，曠歲橫行，無乃有他衛人欲復怨報讎者，從後圖之乎？’或使邊將，或遣朝臣，如此語之，以探其情。”傳曰：“可遣朝官諳練邊事者以此探問。”

　　達罕此時尚在，距致仕重起又十六年矣。

　　遼東時有建州來寇，致有戰死之都指揮。朝鮮為中國憂邊，已有數月，而明實錄竟尚未見。正德朝國事昏濁，邊報亦遂閣置耶？

　　癸亥，遼東建州左等衛指揮張家奴等，來朝貢馬。時諸夷洗改原敕職名，以覬厚賞。事覺，仍賞如例。實錄。

　　正德朝昏亂已極，然貢夷作弊，此時尚有發覺之說，則綱紀猶在，特政昏無暇及此耳。

八月甲辰朔

丙午，朝鮮實錄書：御朝講。上曰："兩界之事皆重，而西方尤重。"特進官高荆山曰："黃海道軍士防戍於平安道者，遞代煩數，人甚苦之，故使近邑近人戍之。而自前年獯子聚兵漸多，以此黃海道亦不免赴防。今聞童居于哈夷名，慕義而相通者也。之言曰：'近日則人馬俱困，不得舉事，合冰之後，當更舉'云。彼言雖似恐嚇，然合冰後事，則不可不慮。兩界定虜衛，取才者加口傳，預爲之規畫處置可也。"上曰："獯子之事不知爲何如也，當先事而圖之。" 戊申，御朝講。上曰："人君不可有自足之心，況灾變之臻，百姓之艱困，無如此時乎？西方之事，若合冰之後，則至爲可慮，而飢荒亦甚，甚可憂也。"用漑曰："此道年年凶荒，彼賊往來近境，皇帝又自失德，雖或有事，若無軍糧，不能有爲。如此等事，皆可憂慮。"遵曰："今聞西賊，非鼠竊狗偷，必有豪傑之人主其號令，有紀律而肆行者也。我國臣事上國，賊過門庭而不問，其於事君之道可謂盡乎？朝廷大臣雖極措置，然平壤三縣之間，赤地千里，至爲可慮。然今若得人，則必能盡備禦之方矣。"上曰："賊寇過門庭，所當阻遏，而平安之道，連歲遭荒，軍糧不給，如此事不可易處也。"用漑曰："賊雖過我門庭，而不可先發以挑其怒也。平安道軍糧已乏，又遭凶荒，今雖入穀救荒，所周其能幾許乎？克愊曰："賊眾往來之地，只隔一江，不可置之度外也。於至誠事大之道，爲不可也，而又有唇亡齒寒之勢，不可不預爲之處也。然平安一道，飢荒太甚，策無可施，而漕轉軍糧恐不得無事到泊也。"用漑曰："運糧一事，亦出於不得已也。運穀者皆不樂歸，行至黃海道長山串，皆托風逗遛，不無半途下陸之弊。可諭黃海道都事，使之觀風，候逆順而送之也。”　咸鏡北道評事柳沃上疏曰：“……寓兵於農，更迭番休。番則防戍，休則歸農，此國家良法美意也。助防之弊，頃年爲極。其始以合凍之時，六鎮防備最急，抄發鏡城以南三官之卒以戍之，冰解而罷。自壬申年，始加煩擾，於本番之外別作一番，號稱爲助番，從十月至明年正月，分戍六鎮鎮堡，從二月至九月，分戍鏡城以南鎮堡，使之間二朔立番，一朔而遞。每年直番者四朔，推移輪轉，與本番相埒。行者齎，居者送，吁嗟滿途，往還之際，荼毒併身。幸而不死，足纔及門，本邑之徵督又至。一歲之中，無一日居家自便，作爲生計。展轉赤立，所不忍見。六鎮防備固甚緊急，而助戍冬月，其來已久，事出於不得已，今不可廢。若鏡城以南鎮堡，則不唯距虜穴頗遠，由長白而南，峻嶺巨川，間疊無數，夏日霖潦，人馬不得通，明斥堠，謹烽燧，寇至必知，知而爲之備，足以相待，其勢與六鎮差異，壬申賊變，雖曰屢作，問其所自，則皆由任邊者之過也。其初也，有虜人爲父復讎，自相仇敵，而容護其讎，激而釁之；其終也，又畏被擄，凡斥堠探邏等事，一廢不舉，至移烟臺於內地，環城之外，皆爲虜人潛伺窺覘之所，直來破栅，而猶不得知。不悟錯置失宜，所以致此，而更作新弊，驅就盡之民，奪其農時，轉益失所，豈固邊長策乎！請速停罷，庶三邑之民少得息肩。古之與敵國對邊者，呼吸之間，成敗立見，猶務鎮重，不妄擾民。況今之事勢，與此不同。所與接壤者，特野人已居城底者，廬落成蔭，仰我鼻息。而在深處者，亦多懷化輸欵，其間爲偷竊，不過以衣食爲志耳。羈縻以待之，推誠而服其心。凡所以撫禦之道，動思萬全，以就寧靜，不宜作爲張皇，紛紜擾之，賊未至而先自取困也。與野人爭相貿買，以我有用，易彼無用，此六鎮深患，而貂皮爲甚。

國家設法禁之，任方面者每加糾摘，禁之愈嚴而犯之愈多，其
故何哉？臣聞欲去弊者，先塞其源，導其源而能遏其流者，未
之有也。俗尚侈靡，競貴異物，此所由致弊之源，而其爲貿
買，特其流耳。定爲限級，非堂上官。不得以貂皮爲耳掩。法
非不立也，而近來奢泰成習，下流賤品，莫不僭著，富家巨室
迭相矜衒，如衣裘衾席之屬，亦皆以此爲之，鄉閭小會，婦女
無貂衣者，恥不肯赴焉。其所從出，則不由乎他，特在乎兩界
而已。由是每有一人除拜鎮邑，其來也，囑托坌集，及其既赴
也，簡牘填委，一有不及，嫌責隨至。爲鎮將者，非但取以自
私，困於徵索，有不能自已，侵漁百端。或以鹽粟，或以牛馬
鐵物，日事貿買，唯恐或後。至有許令互市而陰收其稅者，竭
邊民之力，輸國家禁物以資野人，無有窮已，豈不痛哉！伏願
殿下先杜其源，凡以貂皮爲衣裘衾席及僭著耳掩者，嚴立科
條。奢靡之禁，始于宮壼，簡素之風，行于朝廷，則其爲貿買
者，將不禁而自止矣。然此未可以法禁制之，轉而化之，儉而
約之，要在殿下以身率之耳。」

　　戊辰，初建州三衛夷人侵犯邊境，降敕撫諭，至是納欵。
兵部議請仍諭鎮巡等官，不宜弛備。從之。實錄。

　　　　建州犯邊，損兵折將之事不書，至納款則書之，足證
　　朝鮮所慮者，非出傳聞有誤，明廷自不欲顯其失敗之
　　跡耳。
　　　　武宗實錄於是年九月以後，北平圖書所存之本缺文甚
　　多，直至明年七月，始有斷續不全之文可見。缺九卷有
　　餘，即缺事實九个月有餘，其中必有大可考證建州事跡
　　者，當再覓他本補綴之。

十二月壬寅朔

　　乙卯，朝鮮實錄書：平安道觀察使申鏜馳啟曰：“奏請使指路甲士來言，到湯站地，遇千戶金英壽曰：‘去十月，達子入搶，所統軍士皆着白衣，臨戰大呼曰：“我是朝鮮勇軍，助戰以來，”以片箭射殺達子。達子拾取片箭曰：“果是朝鮮人之箭”，棄馬散之’云。野人等不知見詿，搆嫌於我。丁寧防禦諸事，更加措置。”傳曰：“湯站指揮使其軍着白衣，號爲朝鮮軍，與達子相戰，果疑而潰云。近有灾變，又合冰之時，且有此事，邊釁已構矣。自上有軫念防禦之意，欲使大臣知之。”　丙申，檢詳柳墩以三公意啟曰：“……平安道觀察使、節度使，已抄有武才守令，各別防戍，則今雖不遣助防將可也。此道凶荒太甚，當斟酌緩急而措置也。獤子等出來高山里，則以湯站白衣助戰之人非我國之意，隱然開諭，使彼人洞知其由可也。兵事當早圖，令兵曹磨練爲當。”傳曰：“知道。”　乙丑，平安道節度使李長生馳啟曰：“今十一月二十五日，建州衛彼人浪老吾土等七人，來到滿浦曰：‘去十月十五六日間，朝時應可等入寇遼東。時兵馬或着白衣，或戴黑草笠，其射御甚驍勇，不類中國兵卒，疑朝鮮軍馬助戰也。’鎮將答曰：‘萬一天子徵兵我國，則當總率精兵，直衝汝之部落。既無徵兵之詔，與汝素無讎怨，何忍加兵於汝乎？’老吾土答曰：‘必遼東假做朝鮮貌樣，以恐嚇我等也。願令公造牌而刻吾姓名，押署以給，則朝鮮兵馬之人，當示以免死。’”　平安道節度使李長生馳啟曰：“今十二月初九日，金主成可子三人，女婿童尚時等，出來滿浦，告于僉使曰：‘我等被建州衛侵掠，移居茂昌越邊，家皆瀕江，未知許居與否？’來告。僉使以前議得之意開諭，答曰：‘我等世受國恩，來居近地，當備他盜。若降諭書，則當持以示他人，使不得來居。明年二月，當更來聽命。’問人家凡幾

戶？答曰：'主成可率二子同居，長子、次子及我則各居，并
他人，凡九戶來居。西南距一日程有金卓時所居，不過二十餘
戶，合溫火一衛，不過百餘戶。我等東距三水三四日程，西南
距滿浦幾十日程。'云。"

　　　　前已證明朝鮮所謂溫火衛或溫下衛，即明之喜樂溫河
衛。此更詳溫火衛之爲建州附庸實狀。清滿洲源流考作齊
努溫河衛，注云："舊訛喜樂溫，今改正。永樂五年正月，
置齊努溫等十二衛，以部人圖成阿等爲指揮等官。"案齊努
溫河在吉林城西南五十里，出庫呼訥窩集，入溫德亨河。
今按源流考，專以譯音相近爲根據，又自居於滿洲臣僕之
列，任意附會，而世必信以爲眞。其實喜樂溫河，明實錄
亦作喜樂溫和。朝鮮於"河"字作"火"，亦作"下"，非有此
河，亦諧其聲耳。明設喜樂溫河衛，在永樂五年，其時必
原設在豆滿江流域之建州部，後從建州衛遷入遼東邊內，
以先有建州種人之寄住毛憐衛，相依相倚而來。成祖之引
近建州種人，以阿哈出子弟從征韃靼有功，遂使近居邊
內。後乃爲入室之狼，遂取其王業而代之，事固非意所
及也。

正德十三年，即朝鮮中宗十三年，戊寅(1518)

正月辛丑朔

　　　　己卯，朝鮮實錄書：御朝講。掌令柳沃……沃又曰："臣
往咸鏡道觀之，莽哈之弟住張哈庸甚，不知報父兄之讎者也。
大抵野人喜居城底，離落成村，若無私憤，必不聽住張哈之
言，而起兵犯邊也。臣到會寧北鎮一日程途，皆高山峻嶺。頃
者會寧府使吳堡爲扦後將，有野人百餘名負險射二三矢，堡招

而諭之曰：‘節度使於爾有何怨，敢爾若是！’又到一處，復射四五矢，堡又開說之。堡若從而射之，或退北，則大變必生矣。”上曰：“夷狄來侵，不得已應之可也。自生邊釁，甚不可也。”

三月庚子朔

　　戊申，朝鮮實錄書：御朝講。特進官尹煕平曰：“甫乙下之鎮號稱北門，其處野人，皆帶嘉善、嘉靖之加，僉使須以堂上官差之，可以鎮壓。”上曰：‘邊將豈必堂上，然後鎮撫胡人，堂上之路，不可多啟也。” 己未，憲府啟曰：“龍川郡守申孝昌，前任珍島郡守時，與謫配野人莽哈，作耦而射，且所爲多泛濫。龍川非獨防禦緊關，治民之事亦重，孝昌不可差遣，請遞之。”傳曰：“孝昌與莽哈對射，則其餘事不必問。但頃者聞銓曹堂上之言，武班之中只數此人，予熟聞之矣，全人不已難乎！” 乙丑，御夜對。參贊官李秅曰：“平安道事變書狀云：‘義州越邊野人，多數屯住，擄掠人畜，今奏請使迎逢軍，隱伏林藪，不得進去遼東’云。且滿浦僉使崔世節牒呈：‘某月某日，三衛野人作耗中原，若不得利，則將作賊于方山地面’云。其野人來告滿浦之言，與義州牧使邊報相同。初五，百餘騎見形於義州越邊，則不可尋常置之也。野人跋扈中原，其勢張皇，則宜當預防。狃於無事，邊備疎漏，則侵犯之患，安保其無也。且奏請使路梗，不以時還，亦大可驚也。”上曰：“近來野人數犯中原，幸不得利，則不無轉入我國之患。邊將視爲尋常，使防禦虛疎，則必有大患，須使預防。至當。”

六月己巳朔

　　丙戌，朝鮮實錄書：咸鏡道觀察使孫仲暾狀啟曰：“有住張哈，欲爲其兄莽哈報讎，射殺城底吾道里一名，擄七人。且捕前日與莽哈同時上京把里革等，窮詰曰：‘無罪吾兄，汝何讒訴朝鮮，拘留不還乎？'言多不遜，勢將滋蔓。"兵曹啟曰：
"此雖住張哈自中之亂，然語涉其兄之言，多有陵犯，不可稽
緩處置。請與三公及知邊事宰相，共議措置。"鄭光弼、申用
漑、安瑭、戶曹判書高荆山、知事黃衡、兵曹判書柳聃年、左
尹崔漢洪、兵曹參判方有寧、工曹參判尹熙平、參知趙邦彥等
議啟曰："臣等料住張哈必將舉大事，而先威壓城底野人，使
不得漏說所爲。若我國兵力有裕，則固宜嚴治其罪。然在今軍
兵甚不裕，不可更出他計，當令新兵使召住張哈，嚴辭詰諭。
若自生疑貳之心，不出來，則令城底野人就住張哈之處而諭
之，以細探虜情。其所問所答之辭，具錄馳啟後，更議措置。
但尹熙平之意，欲朝廷爲遣宣傳官嚴責之，蓋以臣等之所議爲
緩也。然臣等以謂，不可徑曰朝廷知之也，當謂之曰：'朝廷
若知爾之所爲，必將問罪矣。爾若不悛而猶爾，則不得已報于
朝廷也。'"傳曰："可也。"

七月戊戌朔

是日，朝鮮實錄書：政院以咸鏡道觀察使啟本，啟曰：
"此非輕事，明日召大臣及知邊事宰相議于闕庭措置何如？"傳
曰："如啟。"其啟本曰："城底彼人廣大進告曰：'今六月初五
日，越江除草時，住張哈領軍圍立擄去，謂曰："吾兄莽哈死
生，兩使前報告細知而還說。不爾，則當日加侵困，將並擄
去。"'以此城底彼人等痛哭告悶，將欲逃散。處置何如？" 己
亥，領議政鄭光弼、左議政申用漑、右議政安瑭、左贊成南
袞、知中樞府事黃衡、兵曹判書柳聃年、吏曹判書李長坤、漢
城府左尹崔漢洪、同知中樞府事李之芳、工曹參判尹熙平、行
護軍曹潤孫、同知中樞府事金克成、兵曹參判丁壽崗、參議朴
光榮、參知趙邦彥等，以議事會賓廳。上引見領議政鄭光弼等
曰："北道住張哈事，何以處之？"光弼曰："臣等在外已議之.

大概一意，故不一一進啟。臣以群意啟之。或曰當謂住張哈曰：‘爾雖相擾於自中，勢將侵犯我境也，非但爲爾兄而然也。爾若不畏我國而侵犯如此，則將殺爾兄。如此而猶相攻擊，則斬莽哈以示之’云。此崔漢洪之謀也。或曰當揚兵于住張哈所居之地，不接兵而以威諭之曰：‘爾之侵擾城底，罪當致討，仍踐禾穀，使不得秋穫’云。此尹熙平之謀也。此數人之意，雖似歧異，而大綱則皆如前日之議，須嚴詰諭，以觀虜情。且前日所移文報兵使，兵使諭住張哈者，時未還報。雖舉事，必不及其還報之前，待其報而措置未晚也。今則兵曹預擇將帥，而徐爲兵機之事，戶曹亦預儲軍餉，以待其不虞可也。”兵曹堂上又曰：“城底胡人依恃我國，如此見侵，則或離散，或附於住張哈矣。若彼人來擾之時，城底吾都里有越城而入者，則勿令驅出，完聚城內，使之保全可也。”柳聃年曰：“住張哈遣人問其兄去處于兩使，此甚倨傲也。”李長坤曰：“如此之事，前亦有之，常曰‘吾兄其終不得蒙恩耶？’大抵兵家之事，在彼時無擾亂，而在此先爲騷動，此甚不可也。今之侵掠城底者，未知厥終欲何爲而如是也。但時不犯邊，固無問罪之事也。”申用漑曰：“以擄去城底野人爲緩，而不問其罪，則城底之人無所依賴，或離散，或附於住張哈，則我國無藩籬，蔓必難圖。須及於未張大之時而救之可也。然今則當待前所移文回報而處之。若猶如前之無禮，則不可不問罪也。”柳聃年曰：“彼人來寇之時，城底野人即令越入長城，使之防護可也。且高嶺鎮軍卒單弱，敵人必先寇于此。今僉使林千孫常時備禦，猶可能也。如此擾亂之時，幸有彼人來于此，則必短於應變措置矣。遞此人而增其軍卒事，更諭于兵使可也。”上曰：“果不可輕易舉兵，先諭兵使可也。邊將尤當擇遣，林千孫可遞也。”光弼曰：“如軍官之輩，亦可擇送也。”

八月戊辰朔

　　庚午，朝鮮實錄書：右承旨金正國啟曰：“咸鏡北道兵使狀啟住張哈叛逆事。”上御思政殿，領議政鄭光弼、左議政申用溉、右議政安瑭入侍。上曰：“住張哈叛亂如是，城底野人實我國藩籬，若見侵於住張哈，不得居接，則豈不可虞乎？欲聞卿等之議。”光弼曰：“在外與諸知邊事者議之，皆以爲難處。若有兵力，則當示之威武，然後可也。吾都里順服於國家而爲之藩籬者，邊將見其爲住張哈之所侵而不爲之救，是亦損國威也。以今議之時，年少武班之人，皆欲一示國威，而特未敢形言爾。然臣意，國家近來兵食不足，兩界凶荒，近年尤甚。今雖用兵，住張哈之擒來，未可必也。萬一失利，張哈之聲勢益張，尤爲邊患，國家又不得已，聚他道之兵以禦之，將爲國家之大患矣。莫如令邊將，別示矜恤之意於吾都里，而軍糧軍器之備，令戶曹、兵曹別爲措置，以待邊報而議之可也。”用溉曰：“住張哈之勢，必不聞朝廷之命而自戢矣。今若慰安吾都里曰‘國家將問罪於住張哈，汝勿搖動’云，而其後張哈又侵吾都里，而國家不能問罪，則吾都里必不信服矣。臣意欲使邊將曉諭住張哈曰：‘汝不自戢，則國家將問罪於汝，而汝兄莽哈亦不得保其首領云矣。’但張哈雖聞此言，而亦如前叛亂，則國家又將何以哉？臣則了不知邊事，意則如此，而未知其善策也。”安瑭曰：“臣尤未知兵事，大概之意，與光弼、用溉無異也。但臣意以爲，如此有邊事之時，則邊將必須各別擇遣。今北道兵使申公濟，雖長於治民，且能射，而必不及曾經其處兵使之有威望者也。成宗朝，平安道有事，李克均年年入歸者，以其處野人等素憚其威故也。今若亦別遣前日曾經北道邊將之有威望者，則甚可也。”光弼曰：“每每遞邊將，亦不可也。若遣重臣巡邊，則吾都里等聞之，亦有恃而不爲逃散矣。且有一

事，兩界軍士以取才事，退計十年之後，盡集于京，甚不可
也。令其道兵使，一切取才，使之防禦，而給其祿俸可也。雖
以京中之人擇入，豈如土兵素知其處之事乎？"上曰："此言是
也。且近間平安、黃海道連年凶甚，軍粮之事豈不可虞乎！"
癸未，兵曹判書柳聃年，以咸鏡南道節度使鄭仁謙啟本，啟
曰："此束古乃者，壬申年作賊於甲山地面，其時黃衡不能制
之，今出來田獵云。若然，則此虜不可不擒，請召大臣議之。"
命召三公及知邊事宰相等，與兵曹同議。鄭光弼等議啟曰：
"束古乃者，虜中最跋扈。因此虜跋扈，而莽哈、住張哈相繼
而叛，此虜乃亂之根本也。若出來近境，則猶可以計擒之，但
誤擒他虜，則邊釁將大起，必如成宗朝許混生事於平安道也。"
李長坤曰："南道人皆欲擒之，然則其地人聞朝廷欲擒之意，
必輕動妄舉。今欲擒之，當遣將帥率四五騎，二三軍官，單騎
急趨。抄發土兵若干，以計擒之。此事不可委於邊將，當遣別
將以圖之。"傳曰："可。"於是三公即與吏曹判書等僉議，以李
之芳名書啟，曰："此人有謀畧，且強勇，請及明日遣之。"傳
曰："可。"光弼啟曰："之芳卒然有遠行，其衣服可命賜給。"傳
曰："可。" 政院僉議啟曰："防禦使李之芳明日出遣，事已議
定。此甚難處之事，若不能善處，則必生邊釁。當於明日朝啟
後，命三公與兵曹判書於上前商議，面命之芳何如？"傳曰：
"可。" 甲申，上御思政殿，引見防禦使李之芳，於是領議政
鄭光弼、右議政安瑭、兵曹判書柳聃年亦在。命召副提學趙光
祖，適以肅拜詣闕，聞將遣防禦使，以爲不可輕議，上即召
入。光祖曰："此廟堂大臣與知邊事宰相，業已詳議而處之者，
非如臣迂闊儒者所得輕議也。然此機會，似小而實大，臣恐邊
事將作，是爲之兆。束古乃之有罪與否，則未之知也。但帝王
之舉，動在萬全，必須理直，然後事可舉也。今者束古乃無有

心謀，只爲獵獸而來，我乃邀擒於不意。如此等事，邊將雖或便宜以處，亦爲不可；若由朝廷自行盜賊之謀，遣宰相爲掩襲之事，於義爲何如乎？若擒之而非束古乃，則其爲患將有不可勝言者矣。雖眞束古乃，而若以爲有罪，則當興問罪之師也。今非梗於邊境，而潜師掩擄，是誠不可。雖遣將而不得擒，則胡人必不信於我，以爲詐譎也。”上曰：“斯言是也。若束古乃今來擾邊，則虜之猶可也。但因山行而來，行盜賊之謀而掩擄，爲何如哉？”光弼曰：“此眞儒者之至言也。但自三代以下，處置邊事，不得一從帝王之道也。今無乃可遣乎？”光祖曰：“兵機亦在於一心而已。古昔帝王之待夷狄，得其道者，不必親履其地而後知之。然凡事皆不過仁義而已。且今年北方旱霜，農收專歉，如遇邊患，必不得制也。王者之待夷狄，當實邊寬民，使不生事；而彼若先事擾邊，敵加於己，不得已而應之，徐興問罪之師，固當於理也，然猶審度我兵力，不可輕動；況無名之舉乎？雖曰住張哈可因此舉而自戢，恐未必然也。昔在成宗朝，滿浦僉使許混潜擒山行之虜，因此數十餘年邊患不息，民罹其害，成宗誅混以懲後來。今者自朝廷遣大臣邀虜於草莽之間，挾欺詐之術，行盜賊之謀，於國事何如？臣恐徒生邊事，重傷國體也。”聃年拂然厲聲曰：“事若失處，果可生事。然古云‘耕當問奴，織當問婢’，若此之事，當聽臣之言也。”傳曰：“光祖之言亦有深意。事甚非輕，不可輕動，可更會政府及知邊事六卿而議之。”　大司諫尹殷弼，司諫尹自任，掌令李佑、蔡紹權，獻納魚泳濬，持平金湜、朴薫，正言權雲啟曰：“今聞朝廷急遣李之芳擒束古乃。此事出於廟算，非人人所可得而議也。大抵王者之待夷狄，當以誠信。束古乃雖於壬申年犯邊作賊，而其時不即征討，其後又不侵邊，今出其不意而擒之，雖能擒，而不可謂不生邊釁，況不可必其能擒乎？若不能擒，則爲患甚大。敵加於己，不得已而應之可也。彼爲山行，無心而來，我乃有心擒擄，潛伏草莽之間，出其不意掩襲之，於王者之道，亦大有虧損也。”傳曰：“防禦使不可遣之意，與予意合，當不遣也。”　領議政鄭光弼、右議政安瑭、左參贊趙元紀、知中樞黃衡、吏曹判書李長坤、戶曹判書高荆山、兵曹判書柳聃年、工曹參判尹熙平、漢城右尹崔漢洪、護軍曹閏孫等議：“以帝王之道，則此乃奇謀也。而三代以下，一以王道從事，恐不能也。若擒束古乃，則住張哈亦可鎮靜。非徒此也，亦可以鎮服邊方也。束古乃入來之地本我土，乃鴨綠江內地也。每諭邊將嚴備不弛，勿使之入也，而不能焉。前者論以若入此者，當論以犯邊之罪，而束古乃今乃入獵，此舉不爲無名。”漢城判尹洪淑、刑曹判書李惟清、同知中樞金克成等議：“兵家有奇有正，或用正道而問罪，或用奇謀，亦不得已也。束古乃，前向義我國而中背者也，不無罪焉。今者遣將擒之，非無辭也，但其時不即擒。今用偏帥擒之，則束古乃誠有罪焉，恐無罪者亦橫被擒，因此而致激邊患。”傳曰：“反覆計之，今非犯邊，只因田獵而來，乃擒之，無罪之人不無橫被擒擄。”光弼等又啟曰：“其時非不欲擒之，而顧不能耳。今若擒此虜，則莽哈之罪亦明。莽哈前日詐告束古乃之死。臣等之意如此，然上意已定，不敢更啟。”　壬辰，蒙古書啟曰：“朝鮮國王前：建州右衛都督沙吾章惶恐文奏何故前時正直年年皇帝前服從今子沙吾將我此衛皇帝前服從愛恤昧入又我沙吾將蠻人子同戰盜賊始作是故爾邊地此邊來坐今於此坐故馬阿乙豆使送滿浦縣城文致奏達其條慈心朝鮮國王皇帝聖旨知道。正德十三年。”以上蒙古書辭也。蒙古學翻譯而啟。啟下兵曹。

　　建州用蒙古文作書達於朝鮮，朝鮮之蒙古學譯出漢文，

竟不可解。此朝鮮譯學之荒，非原書之詭異也。然竟不再
譯明，而久且入於實錄，終不知書爲何語，則設此譯學何
爲？政府亦更荒唐矣。但觀其篇幅無幾，其中可解之字若
干，可斷其爲尋常通問，於邊事當無出入，想當然亦以此
遂不求甚解耳。然終是政府之偷惰，至少亦應整頓譯學也。

十一月丁酉朔

　　壬寅，朝鮮實錄書：政院將禮曹意，以咸鏡北道兵使申公
濟啟本，入啟曰：“此乃關於邊事，不可獨斷，請與大臣及知
邊事宰相議之。”傳曰：“後日大臣會議時並議之。”其啟本之意，
則住張住之兄愁隱豆欲於別運上京，莽哈妻娚管禿者亦請上京
事也。

正德十四年，即朝鮮中宗十四年，己卯(1519)

正月丙申朔

二月乙丑朔

　　辛巳，海西渚冬河衛女直都指揮僉事松吉答等，冒其父祖
故名來貢；及兀者左衛指揮同知也克赤，原賜敕字磨滅，不可
辨。通事譯奏其故。命禮、兵二部集議，請移文遼東鎮巡官省
諭各夷：“父祖已故及衰老不任朝貢者，許其具奏襲替。”從之。

　　癸未，給賜進貢夷人海西渚冬河等衛女直都指揮僉事松吉答
等，綵段、鈔絹、衣服等物如例。實錄。

　　己丑，朝鮮實錄書：兵曹以咸鏡道兵使李之芳書狀，啟
曰：“彼人金巨應仇乃等二十餘家，來寓閭延越邊。若許之以
容，則部落漸盛，後必難圖。此大事，不可獨斷，請與政府同
議處之。”從之。此事後不見所議。

五月癸巳朔

　　己亥，給賞海西塔魯木等衛女直都督僉事等官竹孔革等衣

服、綵段、絹帛有差。　　辛丑，傳旨以毛憐衛降虜隴禿里爲御馬監勇士。兵部請如例編之兩廣。不聽。實錄。

　　　　葉赫之先爲塔魯木衛，此又明證。正德間之暗邊將，狎降虜，女直夷亦有預其中者。

六月癸亥朔
　　甲戌，朝鮮實錄書：下平安道節度使尹熙平啓本，其略曰：“臣遣軍官金仁孫等，於閭延城底等處探審，則彼人金阿宋可等，本居富寧者，移居閭延城底。城內種菜，城外墾田種粟，並皆茂盛。其造家甚牢，四面設木柵，又設東西兩門，有同久遠部落，凡十七戶也。備持牛酒饋之，仁孫等諭之曰：‘汝等敢冒邦憲，擅居我境，至爲不當。斯速撤家，還歸汝土。’答曰：‘此處禾穀方盛，今若棄還，則彼此不及，終必飢餓。朝廷斬我頭投諸水中則已；不然，何忍棄我方茂之穀而還歸乎？’且其各戶多積箱籠。問其由，則答曰：‘會寧居人等三百餘人，將欲來居，先輸財物置此，朝廷終何禁止？’仁孫等更諭曰：‘汝等不即還去，則朝廷自有問罪之舉，悔之何及。’彼人等高聲佯應曰：‘當如敎令云，非獨此處，沿江上下，彼人來居者，總計九十二戶，壯者無慮四百餘名。’此人等來居已久，甚非國家之利，雖欲驅逐，勢有不能。閭延、茂昌之墟，本是我國之土，城子如舊，而金阿宋可等二十戶，以會寧舊居之虜，擅自移居，略無畏忌，爲心腹之疾。三百餘戶又欲移居，已輸財物，勢將滋蔓。若因循姑息，不早圖之，他日爲患恐將難制。觀其所答，辭甚不遜，無還去之意。江界、咸興、三水、甲山之境，將不久受害，何以爲之？”命議于政府、該曹、及知邊事宰相。　　丙子，左議政申用漑、右議政安瑭、右贊成李長坤、兵曹判書李繼孟、知邊事黃衡、高荆山、右參贊李耔、兵曹參判朴英、參議金謹思、參知成雲等議移居彼人事曰：“今觀尹熙平啟本，閭延江邊來居者，非特金主成可族親，他部落相率來居，多至九十餘戶而移入江內，居閭延舊城傍近者二十戶，爲一大部落，將爲兩界巨害。固當驅逐，使不得接跡。但主成可等來居已久，且前有許居之辭，遽即驅逐，恐生怨忿。然當初遣咸鏡南道軍官開諭主成可時，有一彼人居江內閭延城，軍官以擅入江內數罪曰：‘不即撤去，汝等族類亦不得安接。’主成可等曰：‘謹從敎云。’今則擅入江內，據舊城而居，乃至二十戶，以此數罪，則主成可雖被迫逐，不甚生怨。令節度使更遣軍官，以擅入江內多引他人，責主成可，以非本土而擅出近邊，漁獵我境，責其隨後來居江外者，仍語之曰：‘汝等前旣諭之，猶不即去，當數以逆命而罪之。恐爾禾穀未收，難於即去，故貰之。禾穀將熟，今可刻日收穫，更有何待？若不即還，當領兵大懲，爲此約束。而汝若如前，則罪在汝等，悔無所及’云爾，則彼人等自料其不得久居之意，必有撤還之計。遣軍官嚴辭峻責，探其情狀，馳啟後更議施行。”從之。　　戊子，諭全羅道觀察使金安國、節度使黃琛曰：“大抵事久則情忽，變生於不慮。道內珍島流配彼人莽哈父子，國家置於絕島之中，似無遁逸之勢。若口熟方言，習慣國俗，則以彼懷土之情，久畜狡謀，而防護漸懈，則事出難測。卿其勿示形迹，密加措置，俾無後悔。”

辛巳，寄住毛憐等衛女直都指揮僉事克古奴等，來朝貢馬。賞金織衣、綵段、表裏、絹鈔有差。實錄。

七月壬辰朔

辛丑，陞毛憐衛指揮使孫昌爲都指揮僉事。實錄。

八月壬戌朔

戊寅，朝鮮實錄書，引見李長坤等。　　上曰："方略常時不爲論難，故昨日宣傳官等，皆不能對爲將方略，今可論難。"聃年曰："上若如此，則在下之人自然興慕矣。"長坤曰："今之武士，全不讀陣書，甚無識。"荊山曰："習陣事狃於舊習，但持笏記而已。當如吳子三令之事，每月每行。如有誤處，輒論罪，則自然知其坐作進退之節矣。"長坤曰："地震之變，古人皆以爲兵象。如前朝紅巾、唐時安史之亂，可以鑑戒。今當預習武事。朝中可將者，只有黃衡、柳聃年而已，須預示勸勵之方可也。且軍士皆無馬，此狃於姑息苟且。"荊山曰："平安道築城，今未得畢。彼連上國之境，當遣大臣而董治之。"上曰："變生後不可及救，況中原亦亂，㺄子作耗，必延及我國，當脩武備而待之。"聃年曰："上教至當。"上曰："其論方略。"長坤問于左右曰："若賊來衝，則當倚險而待耶？即立防牌而防之耶？"衡曰："不可據險，立防牌而待變可也。大抵雖無防牌，立而待之可也。"錫哲曰："臨時見賊之多寡而處之，兵不可預料。"聃年曰："咸鏡之事尤重於平安道。"長坤曰："所言是也。然自前朝，我國之受賊，皆自平安道也。盜賊終爲大禍者，必平安道也。然六鎭之事，亦至爲難。萬一胡羌跋扈，則彼地非我所有。六鎭之事，金宗瑞排置之功，雖云至矣，然非人力之所可持矣。"荊山曰："咸鏡南道之事有至難者。彼敵之來近地者甚多，不得已將舉兵而正之耳。然其勢甚難，固所當慮。"左右商論不已。上設問之曰："賊若圍城，則固當自守。若曠日持久不解，而糧食盡絕，則何以爲之？"長坤曰："圍城而持久者，必欲拔其城也，爲將帥者通之於外，使得救援可也。且城圍而持久者，必有所恃而然也。若潛遣銳卒，先攻其所恃處，則自然解圍而去。"荊山曰："凡兵事皆可臨時應變。將得其人，

則事皆成矣。"漢洪曰："北道向化胡人，與我民雜處，軍籍時
雖推刷，而無屬處。彼居其地，多養材力，而必與其類陰相通
好，國家雖欲置之，彼居我土，則亦我之民，不可棄也。且長
坤言軍士無馬，自經廢朝盡納其馬於國，空得馬價而有之。今
當推刷，或給兒馬，或給綿布可也。"荊山曰："漢洪之言雖正，
今不可盡給馬也。"　己丑，平安道觀察使許磁馳啟曰："聖節
使護送軍回程時，道遇獷子千餘名，我軍十餘名及馬三十餘匹
被擄云。"即召政丞及兵曹、知邊事宰相，引見曰："平安道馳
啟事，乃近日所無者。若此則赴京亦難，聞之甚驚慮。"安瑭
曰："彼賊非不知我國之人，而乃擄去，恐將有大變也。此可
以邀擊其追逐與否，及我軍被擄之多少，至於節度使凡所施
爲，皆令馳啟，然後可處置。又令招滿浦近處野人開諭之，亦
可也。"李長坤曰："彼賊若避靉陽堡，則必由我境而還，亦可
以邀擊。今聞結陣於松站云。若使二三人往窺之，可知其留住
與否。以書狀觀之，凡處置之事，無一言及之。以此知常時軍
令不嚴明也。"瑭曰："彼賊必由一路而往來，其勢可邀擊也。"
上曰："更無他路，而必由此路耶？"長坤曰："只一路耳。"黃衡
曰："邀擊之勢易也。"長坤曰："邀擊之事下諭何如？"柳繼宗
曰："彼賊若來寇，則必不遽還，或留十餘日，或留七八日乃
還。今使邀擊，尚可及矣。"長坤曰："雖今邀擊，或發內地兵，
則必甚紛擾，只使江邊軍邀擊。"高荊山曰："節度使今以病不
出云，凡所施爲，誰能措置？"上曰："果然矣。今使二品人即
馳往，與節度使同議處置何如？"左右皆曰不可。長坤曰："擇
通達者一人，以單騎馳諭何如？"荊山曰："柳榮元可也。"左右
曰可。乃命招之。荊山曰："兵使有病，則其何以處之？"長坤
曰："柳榮元今受上教而去，可能處置；定州牧使吳堡，亦可
措置，并下諭何如？"上曰："既有節度使，不可又使他人號令

也。節度使雖病，號令則可行。”長坤曰：“賊兵絡繹往來，邀
擊不可不爲也。”上曰：“可擊也。然恐生邊釁也。”長坤曰：“彼
旣先失，今雖邀擊，未必怨矣。”上曰：“大抵兵事解弛，今可
共議措置。萬一有邊事，則軍馬甚不足，如之何?”聃年曰：
“春秋例爲點考，而軍馬則贏弱。”長坤曰：“禁軍軍裝皆借用，
故皆不精善。”承旨朴世熹曰：“尙衣院弓角，陳陳相因。以此
造弓給軍士，何如?”長坤曰：“武人專不喜射，不可不懲勸。
時時殿坐于後苑，使武士爭勝負賞罰，則武士自然感動矣。”
庚寅，御朝講。上曰：“昨日所議護送軍被虜事，不可說也。
今謝恩使還來時，迎護事令兵曹議之何如?”領事安瑭曰：“謝
恩使聞之，必不遽還。”上曰：“邀擊事昨議已定。其曰：‘彼賊
先爲無道，我以此聲罪，則敵不敢報復於我’云，此言未知何
如?”特進官高荆山曰：“見彼敵之勢，利盡於中原，則必犯我
土。”瑭曰：“此雖偶遇之事，然團鍊使使健卒先探歸路而行，
則必無此辱矣。”執義朴守紋曰：“臣聞護送軍多負私物，不持
軍裝。大抵賊兵甚多，我軍至少，則不能支矣。其勢不可坐此
遙度，但武備解弛，今不可不嚴懲。”上曰：“徐可詳聞而處之。
節度使、義州牧使勢可邀擊，而無設施之策，未知其所由也?”
司諫李淸曰：“閫外之事，皆付於邊將，何待朝廷之命令乎?
節度使、義州牧使亦可罪也。”上曰：“團鍊使固當有罪，而節
度使、義州牧使亦宜治罪。”　召對經筵官。上曰：“昨日或議
舉兵問罪者，甚不可也。彼若來犯，則可擊也，不可故爲生事
也。”參贊官韓忠曰：“邀擊固不可也。舉兵問之，近於王政，
而亦難舉也。”侍讀官李希閔曰：“古人相時而動。今平安道不
足以救民，況可動兵乎?”上曰：“西方之事，當擇人而付之。”
九月壬辰朔

　辛亥，朝鮮實錄書：政院將兵曹意啟曰：“平安道節度使

啟本，内建州衛野人事，甚爲可慮，請與大臣議處。"其酋長來言於邊將曰："我部落有一人，無罪見殺於朝鮮。其子弟欲報復，宜可慰勞，使之安集"云。節度使具由以聞。上曰："其與政府及知邊事宰相同議以啟。"

正德十五年，即朝鮮中宗十五年，庚辰(1520)

正月庚寅朔

壬寅，朝鮮實錄書：御朝講，參贊官李蘋曰："臣在朔州時見之，野人之來居閭延、茂昌等處者漸蔓，朝廷遣人諭之，而拒命不從。此不過勞一將而殄殲也，若久而不除，則恐有前日三浦之患矣。況其地近三水、咸興，冰合之時，則無所不往，而咸興之路尤易直來。若於此時長驅而入，則雖有觀察使，豈能善其措置而禦之乎？此甚重事，臣上來後見黃衡，歷言此事，衡亦憂之。且莽哈同來人回去後，其弟住張哈數其罪而殺之。當莽哈定罪之時，臣以爲當殺，而朝廷不從。今住張哈收其兄妻，而以其兄存故，不得肆意，但潛奸而已。其時若殺莽哈，則其家牛馬匹段，住張哈皆有之，而必無報仇之志矣。今則交結尼麻車，安知其不有後日之變也。"上曰："此言是矣。攻討之事，予亦曾已計之矣。但近來邊事虛踈，軍食不裕，故難以爲計耳。"蘋曰："彼人之勢，漸至滋蔓，蔓則難圖，不可不攘也。"

二月庚申朔

癸亥，毛憐等衛女直都指揮僉事忠塔等、建州左衛都指揮使張兀里等，各來貢。賜宴，并賞綵幣、金織衣等如例。實錄。

壬申，朝鮮實錄書：南袞等議啟曰："野人三十餘戶，丁丑年來居閭延、茂昌，二周年間，已成九十餘戶。滋蔓若是，後必難圖，逐之甚可。但今春遣將分軍，糧儲不足，措置諸事，必不及於解冰前矣。待來秋議舉何如？但夏秋之間，置而不問，則彼人等無所畏憚，亦似不可。閭延之地，接連咸鏡南道，令平安道節度使與南道節度使一時遣人，嚴辭開諭不可久居之意可也。且此事前年六月收議下書，而今二月始回報，至爲遲緩，請推平安道節度使。”上曰：“可。”

三月己丑朔

辛丑，建州右等衛女直都指揮僉事哈答等、建州左等衛女直都指揮僉事賈委等，各來朝貢。賜宴，并賞綵幣、金織衣等有差。實錄。

四月戊午朔

甲子，建州右等衛女直都指揮僉事鎖失等、毛憐等衛女直都指揮僉事木的革等，各來貢。賜宴，并賞金織衣、綵幣如例。實錄。

丙寅，朝鮮實錄書：政院以咸鏡南道兵使啟本，啟曰：“在前閭延、茂昌來居之胡，開諭時不得有驕傲之辭，但淹延不自引去而已。今觀啟本，則金朱成哈逢當兵使遣人開諭之際，以兵六十自衛，居其中據床而謂曰：‘汝之生死在吾處置中，驅命可惜，後勿更來。汝國若欲使我不得居于此地，則我亦爲汝國患，應不淺淺。汝當還報汝國。’其爲言辭，至爲傲慢。待秋成驅逐事，大臣已論啟矣。國家受辱，今非偶然，當各別措置兵務。”傳曰：“彼人等辭極倨傲，雖百端開諭，不自引去，不可不驅逐矣。然若驅逐，則必開邊釁；若不驅逐，則終爲我患，必如三浦之倭也。來初十日朝啟後，牌招曾經政丞、議政府全數，六曹判書、漢城府判尹、知邊事宰相議啟可也。”次日丁卯，有大會議，然仍依違愼重而已。不錄。

癸未，毛憐等衛女直都指揮僉事孫古奴等貢馬。賞綵幣、銀鈔、金織衣如例。實錄。

六月丁巳朔

辛巳，朝鮮實錄書：命金詮等議邊事。僉曰：“莽哈被罪後，住張哈憑藉報復，雖殺南羅、巨耳，是則自中耶羅也。胡言報讐爲耶羅。不可以此輕舉兵威，以開邊釁。姑令鎮將觀其所爲，果有異於前，則招語城底頭頭彼人曰：‘爾與兄莽哈，向國納欵，本無異志。莽哈自作大罪，竄謫遠島，後爾亦退居阿伊難，久不來見。托稱耶羅，殺巨耳、南羅、右巨耳等，非他彼人之比，密居城底，與我編氓無異。爾不告鎮將而擅殺之，其罪大矣。今者見爾所爲，亦不恭順，當置重典。然國家一視同仁，不可輕舉，姑置勿問。今後爾如前有不順之事，當置顯戮，雖悔何及。’以是多般開諭，以觀其意，馳啓後更議爲當。且咸鏡道入居不爲不多，而守令存恤失宜，多致逃亡，遂至殘弊。然遷民重事，姑停入居。三水、甲山所管鎮堡，隨其土兵多少，以本道端川以南犯杖罪以上者及他道犯全家者爲先，優數入送，以實土兵爲當。”命下該司。

閏八月丙戌朔

庚寅，建州等衛女直都督同知撒魯都等，來朝賀。賜宴，并綵段諸物有差。實錄。

九月乙卯朔

辛未，朝鮮實錄書：鍾城府使金世準上疏略曰：“臣聞慶源城底野人朴山，特一凶狡之胡，曉解我國言語，假著我國冠服，出入傍鎮閭閻，甚恣，洞知鎮堡强弱，軍卒多寡，而潛娶富寧居向化之女而率歸者，前後非一。此輩投化已久，無異編氓。朴山以野人敢爲婚媾，同類效此者亦多。我國貧民亦利其賂遺，互爲婚嫁，投入彼境者，亦將不少。其可不早爲之防。朴山嘗曰：‘我受鎮將路引，能出入無畏。’其文今在篋中，其言眞僞固未可知。設若是言，給胡人路引，使之恣行內地，是誠何心？伏願廣收衆議，處之得宜，以固邊圉。莽哈之弟住張哈，因其兄獲罪，含憤蓄怒，怨恨國家。彼必嘯聚部落，潛圖大變矣。在昔日，則城底人將深處賊情，無不來告於邊將，而今則住張哈所爲，或先知，而問之皆曰不知。外示向我，內實附彼，使胡情不通，賊勢日盛，亦可慮也。然臣觀住張哈之爲人，猥下庸劣，年且衰耗，豈能圖大事乎。請屢敕邊將，使一心力，謹守邊境。” 領議政金詮、左議政南袞、右議政李惟清等，議金世準上疏事，以啟曰：“朴山居于慶源城底，而娶妻于富寧，出入自恣，了無禁防。守令亦有給路引者，故有責朴山無忌憚出入者，則曰篋笥中自有路引云。其給路引守令，若至推考，則必爲騷擾。然此人則不可安然置之，密喻監司、兵使，使禁其出入。住張哈今不可攻之，令邊將謹守邊疆，置而勿問爲當。”

十二月乙酉朔

庚戌，海西塔木、毛憐等衛女直都指揮使納兒乞木等，嘔罕河等衛女直都指揮使亦里哈等，各朝貢進馬。賜宴，并賞衣服、綵段等物有差。實錄。

是日，塔山前衛女直都督僉事速黑忒進小熊一隻。鴻臚寺奏異物非年例，上特納之。實錄。

此清實錄中扈倫部之哈達國；速黑忒，作錫赫納。

正德十六年，即朝鮮中宗十六年，辛巳(1521)

正月甲寅朔

戊辰，海西塔山前衛女直都督僉事速黑忒等、毛憐衛女直都指揮僉事木的革等、建州右等衛女直都指揮僉事牙令哈等，各進貢。賜宴，并賞綵幣等物有差。實錄。

二月甲申朔

丁酉，建州右等衛女直都指揮同知逞家奴等、海西考郎兀等衛女直都督僉事失剌罕、應襲舍人娘你哈等，阿眞同眞衛都指揮僉事灘納哈等，來朝貢馬匹、貂鼠皮。賜宴，給賞如例。實錄。

壬子，命毛憐衛指揮僉事木哈尙襲祖職都督僉事。初，木哈尙祖郎卜兒罕，天順二年授都督僉事，爲高麗人所殺。天順四年，木哈尙與姪塔納哈爭襲，英宗皇帝因釐其祖職爲二，命木哈尙爲指揮僉事，塔納哈爲正千戶。及是，塔納哈已故無嗣，木哈尙奏乞併襲爲都督僉事。兵部議，令巡撫遼東都御史覈實，乃許之。實錄。

　　郎卜兒罕見殺，事已詳前。朝鮮作浪孛兒看，亦作劉甫乙看。自天順四年至今，已越六十年。兩爭襲之人，其一甫死，其一尙在，而始併襲爲一職。女眞人多壽，不橫死則每享長年。歷數諸酋，皆少夭死者矣。

是日，女直都指揮同知逞家奴來朝貢馬。賞金織衣并彩段、鈔絹有差。實錄。

三月癸丑朔

甲子，建州左等衛女直都督等官脫原保等，以馬匹、貂皮來貢。賜綵段、鈔絹及金織衣有差。實錄。

　　是月十四日丙寅，帝崩，以下入世宗實錄。

四月壬午朔

甲辰，建州衛夷人都督等官童子等二百五十一名，來朝貢馬。給賞段絹、鈔錠、衣服有差。舊例，外夷來朝，俱賜筵

宴。時以國喪暫免，止令邊境守臣舘待。是年十二月以前入貢
者，悉如之。實錄。

七月庚戌朔

乙丑，海西塔山前衛女直都督速黑忒等、兀思哈里衛女直
都督僉事忽答木等，俱入貢方物。詔賜文綺、靴襪有差。實錄。

九月己酉朔

甲子，朝鮮實錄書：咸鏡道觀察使李思鈞狀啟曰："慶源
住野人朴山，近居江內，衣服語音大類吾民，潛娶青巖向化女
關，人皆不知，同類索妻者爭附。既是巨害，況乾元權管金世
禎遣軍官取野麻時，朴山等亦拔劍迫逐。慶源府使聞之，使人
又復捽打隣胡四人，縛致朴山兄弟及子各一人，囚諸府獄。臣
尋到于府，聚胡設餉。諸酋皆曰：'朴山萬死猶輕。'須當此機，
繩以國法，訊問取服，舉徙南邊，移乾元堡于其洞口，以遏賊
路何如？"傳曰："下是書狀于賓廳，令左議政南袞、兵曹參判
方有寧議啟。"南袞等議曰："前年金世準、柳聃年等，嘗言朴
山奸黠之事，今又得罪，不是無名，須可訊問論罪。"從之。

十二月己卯朔

壬辰，毛憐等衛指揮使乃哈等八名口來降。詔禮部給賞，
仍其原職，差官伴送，安插兩廣衛分，聽調殺賊。實錄。

嘉 靖 朝

嘉靖元年，即朝鮮中宗十七年，壬午(1522)

正月己酉朔

丁卯，海西女直夷人阿者等衛都指揮同知歹速等，來朝貢
馬。賜金織衣、綵段有差。實錄。

壬申，海西建州女直夷人都指揮僉事鎖奴兒等入貢。禮部

奏："各夷原降敕書，與年貌不同，疑有奸僞，乞行彼處鎮巡，自後嚴覈以聞。"詔可。實錄。

此時尚以敕書與年貌相覈爲說，與萬曆間不同。

三月戊申朔

辛亥，海西弗提衞女直都督罔加奴等貢馬、貂皮。賞金織衣、綵段、絹鈔有差。外，都督亦把哈，另進一小豹子。上以非常貢，却不受，仍以遼東都指揮甯寶等違例濫放，奪俸一月。命禮部通行各鎮巡官知之。實錄。

此爲世宗初政，與正德間寶遠物蓄珍禽者不同。然正德間尚不若宣德間之甚。

甲寅，改海西夷人速黑忒等賞物折銀，不爲例，從其請也。

扈倫四部，哈達先强，此可見其已承特眷。

是日，朝鮮實錄書：御晝講。上臨文曰："書雲觀請避御弭灾，豈移御爲能避灾乎？近來灾變屢臻，雨雪非時，固當交修不逮，以消變異也。"參贊官崔世節曰："前年冬暖如春，今又雨雪不時，此皆陰盛所致。夷狄婦寺，蓋其陰類也。邊方軍卒，甚爲凋瘵，而西方之虛疎，甚於北方，爲政者亦撫御失道。軍無立馬着衣者，猝有緩急，誰與爲敵？臣在滿浦時，野人之來居閭延、茂昌者，僅三十餘戶，今聞部落漸至繁盛。繁盛則上土、滿浦等鎮，將有朝夕之變，臣意以爲，早爲驅逐則患小，不逐則患大矣。"上曰："閭延、茂昌事，大臣每言之，滋蔓則恐有三浦之變。然驅逐非輕，況軍糧告匱乎?"特進官尹熙平曰："野人之來居閭延、茂昌，非自今始，其來已久。李克均巡邊時，路不由閭延等地，由三水、甲山通行，故未知其居已久。然姜允禧、金碩亨，皆諳邊地者也，皆曰'其來已久。'而黃衡，獨以爲新入居住，以開驅逐之議。臣意以爲邊鎮虛弱，防禦不密。不此之圖，而徑往驅逐，則禦此而失彼，禦彼而失此，固不當輕逐也。況山路崎嶇，道路遐遠，雖立威遠逐，將即還來矣。且其土地肥厚，水泉甘美，耕稼有利，漁獵有得，貂鼠多產，其即還來居，不言可知。"世節曰："熙平所言本來居住者，即溫下衛也。溫下衛本無酋長，但部落散居矣。閭延、茂昌新所來居者，即金朱成哈也。自此人來居以後，六鎮野人，或四五家、三四家，年年移居其處。大抵六鎮以野人爲藩籬，恐六鎮將爲虛踈也。"熙平曰："溫下衛、建州衛，相雜而居，今若輕爲驅逐，則恐此兩衛相和而發，以爲邊患。"世節曰："建州衛與海西衛，年年相鬨，無連和之疑也。"

　　溫下衛之眞相，曰"無酋長"，又曰"與建州相和而居"，則明是建州之附庸。其金主成可一名，屢見錄中，然並非酋長。又曰："建州與海西，年年相鬨，無連和之疑"，則溫下衛又屬海西種，非建州同族。明錄言喜樂溫和衛，原不謂爲建州，茲可證其同異矣。

　　乙卯，女直通事王臣言："海西女直夷人，陽順陰逆，貢使方出，寇騎即至。今會同兩館，動有千數，臣等引領約束，頗知情弊，謹條陳上請：（一）海西都督速黑忒，雖號強雄，頗畏法度。彼處頭目，亦皆慴伏。宜降敕切責，及差廉幹官一

員，同往撫順節次犯邊竹孔革等部落；如無效，將差去官并速
黑忒治罪。（一）夷人敕書，多不係本名，或伊祖父，或借買他
人，或損壞洗改，每費審譯。宜令邊官，審本敕親子孫，實名
填注，到京奏換。（一）夷人陞襲，自有事例。往往具奏行邊，
年久不報，懷怨回家，致生邊釁。宜再行定規，到邊催繳。
（一）夷人宴賞日期，自有定例。即今積聚數多，宴賞遲誤。及
至領賞，又多濫惡，故不懷惠。（一）速黑忒、牙令哈、阿剌哈
等，俱自稱有招撫邊夷功，宜查實陞賞。"上命該部議行。　庚
午，賜塔山前衛女直都督速黑忒、弗提衛都督汪加奴大帽金
帶，建州左衛都督脫原保紵絲蟒衣，從其請也。實錄。

　　　　明廷馭邊之政，中葉以來，情事畢具於此時實錄。歷
來所云查究敕書真偽，不過有此空文。夷人以朝貢為取盈
之計，會同兩館，動有千數貢夷住宿。兩館者，東江米巷
稱裏館，安定門外有外館。其間更有分住各官房，亦屬兩
館之內。內外城皆有故址，明、清兩朝會典等書可考也。
　　　　至夷情之強弱順逆，亦具王臣疏中。海西女真，是時
獨強。以前諸姓各自分部，所謂諸姓忽剌溫，雖習尚獷
悍，然姓多部衆，地小力分。至是，則海西漸併為四部，
而皆稱一姓，清實錄所謂扈倫四部，皆姓納喇者也。扈倫
乃乾隆間改譯，太祖武皇帝實錄原作胡籠，即明時之忽喇
溫。其四部中，哈達與烏喇本姓納喇，而葉赫與輝發尚是
冒姓加入，成一忽剌溫之集合體，此亦詳具清實錄。清代
納喇氏多見葉赫後人，如明珠之稱納蘭太傅，孝欽后之稱
那拉后，皆是葉赫納喇氏，即其初皆冒姓納喇，而結忽剌
溫統一之局者也。
　　　　清太祖未併海西以前，海西成扈倫四部。哈達始終世

世順服於明，而又最強，早爲四部之長，繼而葉赫代興。明稱哈達爲"南關"，葉赫爲"北關"，以哈達貢市在開原南之廣順關，葉赫貢市在開原北之鎮北關也。哈達既滅於清太祖，葉赫知危而後自托於明，故南、北關皆可爲爲明扞邊最力者。明史以其爲女眞，與清同族，諱不列入屬夷傳。此疏言速黑忒之強而畏法，即倚任哈達，以制他部之時。竹孔革即葉赫部酋，斯時尚在節次犯邊之列。

貢夷數多，宴賞遲誤，政令叢脞，夷亦怨困，積重之勢，已不易拔其病本。自永樂以來，馭夷已非長策，及今而弊害畢露。

建州爲清之的系。是時，董山之孫脫原保尙爲掌衛都督。但女眞主力，時在海西，海西又在塔山前衛之速黑忒。其哈達之名，明代所未言，清實錄言之，在夷中自有異稱耳。

丙辰，朝鮮實錄書：御朝講。上曰："元成宗信一人妄言，欲要邊功，此甚不可。人君之待夷狄，有不得已之事，則當舉兵致討矣，豈可舉無名之師，以搆邊隙哉！"同知事金謹思曰："輕信一人妄言者，不但有係於邊事，於政事之間，亦不當輕信一人之言。"侍講官蘇世良曰："古語有之，'耀德不耀兵'，大抵將相得其人，則邊事不足慮矣。宋時司馬光作相，外夷相戒，愼勿生事開邊隙；韓琦、范仲淹爲將，西賊聞之心膽寒，此明驗也。我國三面受敵，西方之患尤大，所當深慮。"上曰："野人來居閭延、茂昌者，人皆以爲驅逐矣。驅之則必生嫌怨，用兵不可輕也，予甚難之。"領事李惟清、大司憲尹殷輔曰："驅逐不可輕舉。"特進官李繼孟曰："癰疽結於心腹，不可不治。驅逐甚當。"上曰："今不可輕舉，但於其初，何不備防，使居我土乎？"

四月丁卯朔

　　癸未，建州左等衛女直都督僉事脫原保等，來朝貢馬。賜段絹、鈔錠有差。　丁亥，賜海西兀者衛都督幹黑能諭祭，從其孫頭克循例乞請也。實錄。

　　己丑，朝鮮實錄書：咸鏡道兵使禹孟善狀啟："潼關僉使都瑞麟，貿買毛物，輕價重收，以侵虐之。至今野人告訴，故今已囚禁推考矣。且鍾城府使李承碩、判官潘舜英等，擅逐此邊野人，使不得安接，亦令推考耳。"傳曰："都瑞麟與野人私通貿買，甚爲非矣，先罷後推可也。李承碩等務欲要功，驅逐野人，以開邊釁，甚爲非也。庚午年三浦倭變，亦起於邊將之失措。如此之事，固當痛懲之也。予意以爲非但推考而已，可以罷職而囚禁推考也。若以此意言于兵曹，則兵曹自當處之。"

　　御書講。上曰："今觀咸鏡道兵使狀啟，則潼關僉使都瑞麟，侵虐野人，貿買毛物，至使彼人生怨，此可重治也。鍾城府使李承碩、判官潘舜英等，野人之安接者，擅自撤去，以開邊釁，甚可非也。"繼孟曰："臣今聞此言，不勝驚愕。邊將失道如此，彼野人以犬豕之心，豈知邊將之所爲，必謂朝廷使之驅逐矣。大抵近來邊將，營生求利，徵毛物以招貪黷之議，階邊釁之釁，此其巨弊也。故勿貿貂皮事，臣曾累啟。近聞風俗日益奢侈，至如貂皮，爭用極品，故如此耳。"

五月丙午朔

　　壬子，朝鮮實錄書：鄭光弼等議金主成哈驅逐與否，以啟曰："金主成哈等，迫近我境，至居閭延城內，耕我疆土。邊將遣人開諭，而略無忌憚，言且不遜，罪在不赦，固當舉兵驅逐矣。但開邊事重，不可不度時量力而爲之。姑令邊將益嚴防備，更遣人詰責，以觀其意。如或頑然耕種如舊，則其罪益深，在我不爲無辭，雖遣一驍將，掃清疆外，似無不可。此則臨時更議，以圖萬全。何如?"傳曰："知道。"

七月乙巳朔

丁巳，朝鮮實錄書：平安道兵使狀啟："建州衛彼人童時代仇等，出來滿浦云：'毛隣衛酋長忽非哈等赴京，以賜物銀兩賂太監，請於鴨綠江內地開路赴京，已蒙允俞。'忽非哈通于閭延，使迎于半程，故本鎮使童時代仇等探其來期，領兵越江，遮絕師路，還令入送。臣申飭曰：'彼人等私相符應，欲探邊將之意，造飾來告。丁寧閭延，彼人雖迎逢下歸，愼勿輕犯，以損國威。'" 兵曹啟曰："毛隣衛鴨綠江越邊開路事，問于備邊司，則難於獨斷，請與政府堂上議之。"傳曰："明日於闕庭會議。" 戊午，領中樞府事鄭光弼、左議政南袞、右議政李惟清、兵曹判書張順孫、戶曹判書高荆山、左參贊沈貞、工曹判書安潤德、知中樞府事韓亨允、同知中樞府事崔漢洪、兵曹參判方有寧、參議朴壕、參知洪彥弼等議啟曰："臣等觀童時代仇之報，必爲鴨綠江越邊居者所誘，欲探我國意耳。豈中原有如此之命乎? 滿浦將不能揣知其詐，輒以弱辭應之。今此兵使之啟，則似無遺策。但代仇若不再來，須令往來之人招之，更以兵使之言，嚴辭答之爲當。且將是意曉諭會寧，通問于忽非哈曰：'爾往返中原，從何道里?'聽其所言，則可知童時代仇之言眞僞也。且諭南、北道，使豫知所以處之之意。"傳曰："依啟。" 辛未，備邊司啟曰："前日平安道閭延、茂昌來居金主成哈許居便否，曾已行移問之。則邊將等以謂主成哈所居，與四郡相遠，且其來已久，勢難驅逐事馳啟。故使之更諭曰：'已曾來居主成哈等六七家外，萬一多引同類來居，則汝等家舍燒蕩，即時驅逐，使不得安居'事，分明約束。而其後多引同類來居者，逐年漸多，勢成部落，肆意漁獵，任然侵

耕，略不畏忌。邊將雖舉前約，諭令還土，反出慢語，其勢漸
張。往日三浦之患，亦可鑑矣。頃者建州衛野人所報，忽非哈
賂請中朝江邊開路之言，萬無其理。是必主成哈等，欲試朝廷
處置，搆虛傳說。必須驅逐攘却，毋令滋熾，然後庶無邊患。
且主成哈所居處，隨居野人，皆是忽非哈管下。今秋咸鏡監司
及兵使巡邊時，招忽非哈語之曰：'近日閭延來居之人，多是
汝管下。汝自乃祖曁乃兄，亘居會寧近處，誠心歸順。汝管下
人亦從汝命，分居賊路。凡事變等事，隨聞告報。朝廷亦厚待
汝，其所蒙恩不淺。今者汝管下人，棄其元居，移居我境，此
何故也？頃者速古乃地名。作賊之事，莽哈之罪，固然也。然
亦汝管下人，則汝亦不爲無罪。今又汝管下人冒禁移居，以至
越江漁獵，而汝任其所爲，概不禁戢，何耶？其移居者老弱幾
口，强壯幾口耶？汝其一一刷還，使住元居處，俾朝廷無疑貳
之心，汝亦永蒙天休，何如？可不審處乎！其移居人亦冒禁至
此，而謂終無後悔耶？'如是反覆開諭。其問答辭緣，急速馳啟
後，更議處置，何如？"

八月甲戌朔

乙亥，朝鮮實錄書：傳于政院曰："今觀平安道兵使之啟，
建州衛彼人金者致哈言于滿浦曰：'左、右衛彼賊等，同謀起
軍，朝鮮各鎮及遼東等處作賊'，是雖不可信，滿浦僉使潘碩
枰今則行公矣。若聞罷職之奇，必登時出來矣。兵使雖今代
將，防禦必致虛踈。李誠彥令一二日間發程。"朝鮮文字，"消息"
謂之"奇"。　癸未，御朝講。侍講官蔡紹權曰："閭延、茂昌之
憂，與三浦無異，將有大患。請與大臣等規畫便宜，圖於未
然。"上曰："閭延、茂昌之事，朝廷每論便宜，不得其當耳，
豈可一日忘之。且觀滿浦之報，野人等非徒窺覘我境，亦掠侵
中原。若侵犯中原，則中原必請兵於我，軍機諸事，須於平時

整齊，可以臨機制變矣。但近觀都總府點考入直軍裝，多有收贖之弊。"領事南袞曰："軍士不奉國意，專不治軍裝。至於内禁衛，持弓箭入番者少。軍士之不整，未有甚於此時也。閭延、茂昌，乃我土地，而野人耕食已七八年。今不驅逐，使長子孫，繁衍熾盛，則不計國家之恩德，將爲寇賊，其患豈不大哉！朝廷内修之政未舉，人心未堅，軍裝俱乏，將何以外攘，臣竊憫焉。且頃者南方告變，朝廷驚懼，特遣當一隅之將，而稽緩如彼。將驕卒惰，莫此爲甚，何事可成也？"上曰："兵戎大事，一舉則中外驚懼，何以則處得其宜乎？"南袞曰："臣聞之，李芑自義州遞還時，見監司柳聃年，則曰：'野人奸譎之謀，不待其發而後知也，不可使之蔓延矣。竢今年冰合，與南道兵使共舉，不難驅逐。'聃年乃老將，非喜爲生事之人，豈不熟計而言也，下問措置之方。若只以道内兵力軍糧可以舉事，則今雖驅逐可也。"

九月甲辰朔

　　己酉，朝鮮實錄書：備邊司提調張順孫等啟曰："金住張哈多聚部落，來居閭延，所當驅逐。平安、咸鏡兩道，因前日朝廷移文，方措置云。若舉此事，則節目甚多，請召大臣議之。"傳曰："依啟。"於是，鄭光弼、金詮、南袞、李惟清、李繼孟、洪淑、沈貞、李沅、李沆、崔漢洪、柳湄等方圖議，傳曰："閭延、茂昌夷虜驅逐，莫大之事，故予常懷不忘。反覆度之，此胡接近我境，部落滋蔓，當可早逐。然帝王興兵，要得其時，予不知此可當討之時乎？土兵勢弱，則當遣京兵，邊患轉劇，則八道之兵勢必搖動，此實非輕。況平安、黃海兩道，水災雨雹，相繼而作，上下所當憂念，此豈舉兵之時乎？成宗朝，胡夷陷城殺將，成宗聞許琮之議，決意問罪。此雖不得已之舉，有言責者莫不歸罪於許琮，蓋慮邊患也。兵爲凶器，戰乃危事，帝王之所當謹。古云朝廷如腹心，邊方如四支，此計内外輕重而言，亦内修外攘之事也。當今可謂盡内修而欲爲外攘乎？廟筭雖已定，予意決不可輕舉，待時而動可也。"金詮等啟曰："上敎至當。臣等亦持兩端議之，且驅逐則不可，然豈可忘備。請遣從事官于兩道，平安、咸鏡曉以今年不舉師之意，審觀城池之堅否，軍資之虛實，以措置其所不足之事。傳曰："從事官依啟送之。"　左議政南袞、右議政李惟清、兵曹判書張順孫、戶曹判書高荊山、工曹判書安潤德、漢城府判尹韓亨允、右參贊李荇、雞林君崔漢、青城君沈順經、漢城府右尹柳湄、兵曹參議洪彥弼等議啟曰："閭延、茂昌之事，議之非一再，而本道兵使遣人探問來居之意，諭以速還之事，亦云數矣。而野人所答之辭，漸至於傲慢不恭。今春命臣等議其驅逐之便否，而傳敎以爲當内修然後可以外攘。臣等聞是敎，不覺歎服。凡帝王之開邊起兵，至爲重大，不可輕舉，故臣等不復啟矣。今觀本道啟本云：'三衛之人，前後來居者歲二百餘戶，而今方出來者絡繹不絕。其居候州者，與三水之鎮相接而居。上土迫近於江界，此所謂終致西北之患也。況忽非哈乃會寧之荼毒者，而又欲來居其地。'云。如是則咸鏡北道之野人亦將相率而來，其終爲西北之大患，概可知矣。勢至於此，不可不驅逐，僉議皆然。今冬已半，而明春則非徒農務緊要，必不及措置諸事矣。請於明年秋冬之交，舉兵驅逐可也。且近來防備疏漏，軍糧乏蓄，器械不精，若舉大事，不可如是。宜令本道及備邊司，預先措置何如？"傳曰："此事非輕，故每令議之。若果如彼滋蔓，則終爲國家之患必矣，其勢不可不驅逐矣。然朝廷之議，相持兩端，而予常重開兵之端，故亦不能適從。頃者倭使之來，求請之事頗多，而皆不遂願，其憤怨必深。南邊之禍，不可不慮。而且今南方倭奴見形不絕，開春則必當入寇我境。如此則南北皆有邊事，國家所當軫念者也。予意以爲兵端不可輕開，今宜下書于本道監司及兵使處，問以驅逐之難易，使之條陳其便否，然後朝廷更議何如？事勢已如彼，予亦不當膠固矣。然如此大事，當熟計而措置。"袞等又啟曰："西北之患甚大，若不速驅逐，則將至滋蔓，終於莫大之患，故臣等啟之如是。而自上又欲下問于本道監司及兵使，是不信朝廷之議，恐傷於事體。況本道監司及兵使啟本之意，以爲當於未繁盛前驅逐，但不知驅逐後處置之事也，其意亦以驅逐爲先策也。而在此知邊事宰相等，同然一辭，不可不圖之於未燬之前云，今不當更問。南方倭奴之事，臣等非不憂慮，而欲舉事於西邊，以勢不得不爾故也。"傳曰："予之欲問於本道者，爲舉兵非輕，故欲旁求方略耳。本道邊將以驅逐後事爲憂，則可知舉兵之難矣。若賊寇先侵我境，我不得已舉兵應之則可也。今野人等雖來居我空地，別無顯着之罪，可謂無名之師也，雖得驅逐，不能防守，則恐有後悔。今南方未必無事，而又開西北之釁，必成狼狽之勢也。雖當驅逐，再三商議，毋用輕忽可也。"袞等又啟曰："今承傳教，重開兵端，如是丁寧，臣等不敢更啟。自古帝王待夷狄之道，當如上教。然臣等之啟，恐其貽禍將來也。今雖不可定其驅逐之時，然使本道及備邊司措置諸事，鍊兵積穀，以待其變可也。彼人等來居已久，必有恣慢之心，終豈無不道之罪乎？"

嘉靖二年，即朝鮮中宗十八年，癸未(1523)

正月癸卯朔

己酉，海西兀者等衛女直都指揮同知尹答溫等，來朝貢。賜宴如例。　丁巳，海西玄城衛女直都指揮僉事米希察等、朶林衛女直都指揮額眞哥等、法因河衛女直都指揮僉事土刺等，俱來朝貢馬。實錄。

二月壬申朔

辛巳，海西撒剌兒等衛女直都督都指揮都魯花等，來朝貢馬。給馬價如例。實錄。

戊子，朝鮮實錄書：咸鏡道觀察使許磁馳啟曰：「臣以爲住成哈不遵約束，邊將雖累次使人嚴辭開諭，略不疑畏，反出悖慢之語。其後朝廷慮其動衆之弊，不之驅逐，彼必有輕國之心。今者諭于忽非哈，使之刷還，似傷國威，事甚未穩。而且忽非哈性殘才劣，素無威重，不能懾服下人。今者閭延等地來居之人，聽忽非哈之言，徙還本土與否，未可知也。今雖開說，恐終無益。且臣於戊寅年赴京時，忽非哈數人獨在玉河館，臣問於序班，則答云：‘欲受職，亦請湯站內路，因此留在。’云。」下備邊司。備邊司回啟曰：「自產察爲都督，忽非哈代其任，其移居野人，皆是管下。責其不能禁戢之事，因廟筭移文。而今來啟本，以爲‘開說無益’云，似乖大體。其令更問，反覆開諭。其問答辭緣，急速馳啟何如？」傳曰：「依啟。」

咸鏡北道節度使禹孟善馳啟曰：「鍾城鎮甲士黃亨進告曰：‘前年十月晦時，歸到江邊，彼人云：「忽非哈去八月出歸，至今不還，因留蒲州。且中原以忽非哈居中路以截㺚子來寇，賞賜不貲，職除都督。以此有不還仍居之志」云。’臣晝思夜度，他無至當之策。且六鎮士馬，自庚午年入居以後，不至單弱，又有長城、長江之險，若戒謹防戍，則邊無生患之慮。下三道多丁作罪人等，請逐年入送，則士馬稍敷，防預亦必實矣。」

己亥，海西、建州、益實等衛女直都指揮僉事撒哈答等，來朝貢馬。賜宴，并綵段、絹鈔、金織衣及馬價有差。實錄。

三月壬寅朔

戊申，建州左衛女直都指揮同知扣你赤等貢馬。　女直撒剌衛都督僉事都魯花乞大帽金帶。兵部言其約束部落有功，詔

賜之。　丁巳，建州左衛女直都指揮乃哈等三十二人，來朝貢
馬。　癸亥，毛憐等衛女直都督木哈尙等一百三十四人，來朝
貢馬。賜綵幣、衣鈔有差。實錄。

四月壬申朔

　　己丑，建州右衛夷人牙令哈等八十餘人貢馬。詔賜織金綵
段、折鈔、靴韈有差。實錄。

　　　　上年正月戊辰，已書牙令哈爲都指揮僉事，此但作
　"夷人"，略也。牙令哈旋爲諫官所論。前王臣疏內亦及其
　人，可考當時女眞情實。

閏四月辛丑朔

　　是日，朝鮮實錄書：備邊司堂上高荆山等啓曰："平安道
兵使李之芳所啓閭延、茂昌來居野人驅逐事，令議于本司。此
乃邊方重事，國家利害所係，臣等不敢擅議，請如前與大臣共
議何如？"傳曰："本司堂上皆是大臣，不必事事每與政府同議，
宜商略便宜之策，作公事報府，則政府自當可否矣。"荆山等又
啓曰："兵難遙度，在朝廷謀議邊事，雖極詳盡，不如鎭將親
審其利害也。今有不可輕易開邊之敎，臣等不敢違越。然邊將
再三請逐之意，必有所在。臣等聞溫火衛野人來居我土者，勢
甚滋蔓，而咸鏡六鎭野人，皆將相率移來矣。前者滿浦鎭越邊
來居者，初則五六餘家，火其廬舍驅逐後，又來居者今幾至二
十餘戶。其勢自三水至義州等鎭，必多移來而遍處矣，終爲邊
關莫大之患。彼邊將等，豈偶然審度利害而如是啓聞乎？臣之
議，前雖曰不可開邊，安知今日更有所聞而異其議乎？若令野
人任其來居，而終不欲驅逐則已；不然，則當於未甚滋蔓之時
圖之可也。今豐儲守李芘，以軍籍敬差官將去本道，請與大臣

議定，有面囑鎮將之事，則使芃密傳，而不欲煩爲文牒，俾下人有所騰播也。自本司作公事報府，而府若不可驅逐云，則言語易通，彼野人等若聞其議，則尤無所忌憚，將絡繹而來，甚非小慮也。今則朝廷之議，亦頗以驅逐爲當。"傳曰："果此事非輕，欲逐則難，而否則終不可除之，其爲邊患大矣。若卿等不敢擅議，依所啓即與大臣議定可也。"仍傳于政院曰："即召政府及兵曹堂上、備邊司同議。"　領議政南袞、左議政李惟清、戶曹判書高荆山、兵曹判書洪淑、工曹判書安閏德、漢城判尹韓亨允、右參贊李荇、兵曹參判方有寧、參議洪彦弼等議啓："閭延、茂昌來居野人驅避事，前者再三議之，而朝議不一。或云驅逐，或云舉事非其時。在政府者，皆不知兵家之事，莫得其策矣。此乃國家大事，不可容易處之。然以平安道事勢觀之，柳聃年、李之芳等，非如庸將，熟審兵家利害而不喜生事者也。前者啓本每云：'今若驅逐，則禍速而小。'滿浦僉使李誠彦則乃以儒者，亦請驅逐，必備審彼處形勢便宜，以啓後事而然耳。今臣等所聞，與其親見者或異，一舉驅逐，亦非不可。但大事在下者不敢擅斷，故啓之。且本道之人，知兵使啓本之意，不知朝廷處置之何如，方跂足以待之。若以當逐下諭，而終不爲，則非徒邊將解體，野人聞之亦無所畏憚也。備邊司堂上云：'不可以文字交報，使下人得聞機事。'是言當矣。今李芃下去本道，以朝廷之意而密傳李之芳等曰：'更審彼處人心及軍勢便否，用兵難易，備細馳啓。'而使道內之人略不知爲何事，則庶無漏通野人之慮矣。請令備邊司及兵曹等磨鍊事件，付送李芃，待其回啓而復更議處之，何如？"傳曰："兵使則以邊圉之事爲己任，故每以驅逐爲言。驅逐當否，則朝廷當存遠慮，計其利害而議定也。開邊重大，固當愼察。李芃非凡人，依所啓磨鍊事件而付送，待其回報，然後更議可

也。”　壬子，滿浦僉使李誠彥上疏，論閭延、茂昌不可不驅逐
之意下其疏于政院曰：“觀此疏意，則以爲閭延、茂昌，雖以
其道之軍馬，可以驅逐。其所以措置之略，若招我問之，則可
知云。然其事當爲萬世大計，不可輕舉。朝廷既議之，而磨鍊
事目付送李芄，使之更審虜情耳。今不可以一人之議，更有所
議。且不可爲公事，其直下此疏于該曹留之。”　丁巳，御朝
講。上曰：“自古開邊，皆自小人啟之，一啟則兵連禍結。我
朝閭延、茂昌事，議者云日至滋蔓，必有後患，宜速驅逐；然
朝議不一。今李芄計較思慮，非偶然之人也，必當具由回報
矣。但邊將之意，無不以驅逐爲良策。芄之所報亦未可知也。
大抵喜開邊，則邀功生事之人，從而出焉。彼野人非我族類
者，耕食我土地，則宜當逐之矣。但逐之之時，其不傷吾民
乎？”領事南袞曰：“上教至此，實生民之福也。邊事重大，臣
等專不知邊事，議邊之時，罔知攸宜。凡關軍務，雖有備邊
司，政府亦當共議。而不知兩界地勢，又不能畫策便宜，如此
而處於重地，尤爲未安。”　戊午，禮曹判書金克成、參判趙舜
啟曰：“會寧百姓朴伊沙介，刷還者岐州衛酋長王山赤下，自
前作賊於我國邊境者也。每欲來貢，而自知罪重，不敢者久
矣。今因刷還之功，近當上來。此人不可以城底野人例待之。
然優待之，則其意必以我國畏怯而如是，反生驕悍之心矣。固
當先數其前日作賊之罪，曰：‘爾罪甚大，然今歸順，而刷還
人物，故如此優待’云爾。則彼必畏服而感恩矣。且王朔時三
人等，與於刷還之功；李个具等五人，本以城底野人，請於王
山赤下，無功而上來。若有功者，則賞之宜矣；無功者，其廩
祿不可與有功者例給之也。若不當給而給之，則恐爲成例。諭
于李个具等曰：‘汝等不當次而來，故不給’云，則何如？且今
閭延等地，方欲驅逐，不可謂無邊釁也。王山赤下若不優待，

而其心有所不洽而歸，則恐有後事。如此機會，所當審處，請
與政府、兵曹同議處之。"傳曰："依所啟，可會議於闕庭。但
非急速之事，則或於朝參日，大臣等齊會處議之亦可。　辛
酉，領議政南袞、左議政李惟清、右議政權鈞、兵曹判書洪
淑、禮曹判書尹殷輔議："王山赤下，依癸卯年接待莽哈例，
特除嘉善同知，依科給祿。而前日作耗事狀，姑勿開說。且李
个具等五人，亦依年例上京野人之例，給其祿俸。後日當次上
來之時，令邊將毋得上送，何如？王山赤下乃酋長稱號者，而
有刷還人物之功，不可不厚待。"傳曰："皆依啟爲之。"

五月庚午朔

　　丙戌，朝鮮實錄書：傳曰：問于政府、兵曹、知邊事宰相等
處。"平安道節度使李之芳前後啟本，閭延、茂昌之事，勢雖
如此，難以驅逐之意，前已盡諭矣。然朝廷觀其啟本，則必議
驅逐之舉。今年諸道旱災已甚，亦有霜隕之處，陰盛陽微，甚
可畏焉。古人云：'陰盛則夷狄侵中國。'前者住張哈以莽哈之
事，甚怨我國。已殺歸順之夷，北方之邊釁，不日而發。南方
時無邊患，日本之求，今年若不聽，則連年失望，不無其患。
今若驅逐西夷，則我國難支三面之侵。非特此也，以內修外攘
計之，朝廷之事，豈謂盡修乎？人心亦豈謂大定乎？此事雖舉
於堅冰之時，若預爲之備，則平安一道之民甚爲缺望。兵使啟
本，亦觀其民情，其言不一。驅逐之事，雖云不得已，後日防
禦之事亦重。況如軍籍，不可中止，而臺論尙欲停之，以救旱
災。其可舉兵致討，以開後日之邊患乎？時未知朝議之何如？
若一定則後難改之，故云耳。"　丁亥，領中樞府事鄭光弼、領
議政南袞、左議政李惟清、右議政權鈞、戶曹判書高荊山、兵
曹判書洪淑、判尹韓亨允、左參贊李荇、右參贊李沆，及知邊
事宰相金錫哲等議啟曰："臣等見啟本及備忘記，前亦累聞上

教，當內修而外攘也。今未內修而先舉外攘之方，果不可也。見李之芳啟本云：‘輕蔑我國，言辭不遜，如此而不爲處置，則是示其弱也。’今年凶歉，不可大舉，姑依李誠彥上疏，趙明干等三十八家，分三道逐之，則必大獲捷矣。如此而招其群魁語之曰：‘汝等久居不還，則當以次盡逐’云爾，則彼必戢退矣。若不戢退，則後日大舉，可以執此爲辭。近來我國久不用兵。今雖大舉，將卒之輯和未可必也。姑先試其一隅，則功少而國威有所立矣。”傳曰：“邊功當謀於衆，不可獨斷。彼處之事，予亦不知其何如？今見李芃所上圖形，彼人耕作於我境，恐其滋蔓，所當驅逐。然李誠彥上疏，欲用五千之兵，難以卒辦。且舉單小之軍，而或有不利，則必損國威。且若定某時驅逐云爾，則彼道百姓，以爲今當凶荒之歲，何以與此大事也。況措置諸事，必致使命頻數，不可輕舉。當隨後更議舉事也。”光弼又獨啟曰：“李誠彥在朝時，臣與之議，有難之之辭。今誠彥到彼，必有所見，故上疏矣。自江界越邊至義州皆來居云，滋蔓則後難圖也。雖不可大舉，今若先逐三十八家，則意者今後無復有來居者矣。雖非大舉，亦豈至用孤軍取敗乎？”南袞等又啟曰：“臣等聞上教至當。然凡事退托而爲之不果，則遂至於遷延矣。自前日始來居，于今七年，而不爲驅逐，故今至二十餘戶，今若不逐，後則恐無下手處也。今逐三十八家，則不至多用兵馬，而國威立矣。”傳曰：“雖三十八家，豈能盡擒？若有逃躲者，後必作耗矣。三衛野人，亦恐致怨於我也。雖曰邊將可以逐之，如成宗朝許混之要功生事，則大不可也。當待豐稔而舉事。”

　　庚寅，陞建州右衛都指揮僉事牙令哈爲都督僉事。實錄。

　　甲午，朝鮮實錄書：御朝講。上曰：“頃見平安監司啟本，滿浦野人之事，至爲可慮。無乃其待之不如古，而言語之間亦或有所差誤？頃三邑入居者亦欲驅逐，此議何如？"領事南袞曰："但聞其奇，而未知其事之首尾，其欲驅逐者，臣意以爲無妨。前日金錫哲云：'爲南道兵使時，惠山越邊野人四十餘家，新入居之。令僉使姜貴孫驅出，則回報曰："野人云不可棄此土田，强拒而不歸。"即治罪其邑吏，使之驅逐，曰："國家今方欲逐閭延、茂昌來居野人，何可使彼虜來居前所未居之地耶？不可不逐。"然後即逐之。'邊將如是驅逐，乃其例也。閭延、茂昌來居野人，當其初來也，聽其邊將驅逐之言，則恐不至於如此滋蔓。而自上重難其事，在下亦不敢啟，今則必須舉兵而後可以逐之也。"上曰："此言果是。"南袞曰："彼人等列居義州越邊。其距滿浦四十餘里之地，則無來居之者。而今見啟本，又逼居滿浦越邊，故臣等頃者之議，欲姑逐滿浦來居者耳。建州衛酋長接待之事，自有前例，何更有不能接待之事而然耶？彼人六十餘名，一時出來，以微事發怒而還，臣恐欲遏其志，故開釁端也。王山赤下不可厚待之意，邊將常言之，其後果驕悍，作耗於我。今則向慕刷還人物，故許待矣。頃者以野人薄待事，一路察訪，及守令皆受罪矣。禮曹受敎，亦令厚待，故待之過重。及其來館也，只供以橫看所付之物，彼人等乃敢發怒曰：'一路之待，不如是之薄也，今何以薄待乎？'其待此人亦似難也。且於禮曹宴享之日，力請滿浦開路之事。會寧城底來居李个古等，略不與於刷還之功，而亦隨王山赤下而來，遂有過分之望，是甚不可。"特進官朴壕曰："王山赤下之事果然矣，然不可以彼之怒，而供以橫看不付之物，以啟後弊。但恐其供者緩慢，令本曹郎官親往檢舉，然後無復有如是之言矣。但於宴享之日，極言欲通平安往來之路。彼既知其路之不可通而如是，事甚荒唐。李个古亦以中樞發明，亦爲過甚。"南袞曰："國家初則嘉其向慕之意，而欲厚待之。今則彼

人等以不可從之事，强請不已。李个古等五人之來，本欲受
祿，而不得所願，彼必懷憤心，然決不可從其言也，但邊釁則
不知終何如也？"上曰："邊事至大，而乃至於此，當更加置
念也。"

六月庚子朔

戊申，建州左衛女直都督脫原保等，來朝貢馬。賜綵段、
鈔絹、衣服、靴襪有差。實錄。

　　實錄見脫原保，此爲最後。其下於嘉靖三年六月，見
左衛都督章成，乃保能之承襲人。六年，實錄缺九月至十
二月。八年，則建州左衛都督方巾，以後皆見方巾，或是
脫原保之承襲人，襲職或在缺文四个月中。又世宗實錄爲
鈔補本，脫漏甚多，且有誤錄武宗錄錯入之二卷。俟更覓
不缺之本核之，或更有發見也。

　　癸丑，都給事中許復禮言："頃朵顏衛夷人把兒孫、建州
右衛都指揮僉事牙令哈，各以送回被虜人口。守臣上其功，因
授把而孫千戶、牙令哈都督僉事。臣竊聞二夷欺詐百端，窺我
軍弱備弛，縱部虜掠，因以所虜詐稱奪回人數，以希陞賞。況
把兒孫往年殺害參將陳乾，尚未伏法，而反加秩，是爲醜虜夷
所愚矣，乞追奪之。各守臣曲爲陳請，亦宜懲誡。"兵部覆言：
"牙令哈歷年效勞在邊，在法與把兒孫不同。"上曰："牙令哈仍
與都督，把兒孫待役有年勞，奏來授職。各邊鎮被虜逃回人，
守臣從實奏報；若匿情罔上者罪之。"實錄。

　　牙令哈爲建州右衛夷，事不見於明史，而殊域周咨錄
載之特詳，錄以明其始末。周咨錄云："嘉靖元年，建州

右衛都指揮牙令哈，奏稱贖送人口有功，比例討陞都督職事。遼東巡撫李承勛題請，行鴻臚寺通事王臣等，審得：牙令哈，成化十五年授職。正德十等年，贖送被虜軍人漢人，交與指揮寧榮等。又領三堂鈞批，捉拿反叛王浩等，交與指揮劉尚德。兵部議擬具題，上命牙令哈准陞都督僉事。時朵顏把兒孫亦准授千戶。給事許復禮疏請將把兒孫、牙令哈陞授暫行追寢。兵部尙書彭澤議，謂：'許復禮前題，無非制馭外夷、愛惜名器之意，相應俯從。合無將各夷今陞官職，俱暫且停止，行文各督撫，將把兒孫來貢人役，并牙令哈，明白宣諭，令其回還，照舊管束部落，時修職貢。如果積有年勞，功績異常，候鎮巡官再爲奏到，另行議擬陞賞，毋自疑沮，有負聖恩。再照，各邊撫鎮副參遊擊守備等官，平居則惟圖玩愒，畧無經久之謀，臨事則代爲請求，苟安目前之利，走回男婦，日見題知，進送漢人，每言勞績，殊不知邊方若能戒嚴，人口何緣出境？計其節次送回之人，多非開報搶虜之數。上下扶同，已非一日，兵政廢弛，實肇於斯。合無本部通行撫鎮等官，今後大小失事，督令所屬從實開報。凡遇虜中走回男婦，及進送漢人，必須查對先年奏報之數。如果相同，照常施行。若有欺隱情弊，指實參提。'上乃命'牙令哈旣歷年效勞，與竹孔革事體相同，已陞了罷。餘悉如議。'云云。"據此，皆題覆奉旨原文，自必不誤。蓋兵部原議從科臣言追寢陞職之命，旨特寬之。右衛旣有邀寵之牙令哈，旋即有犯邊之王杲矣。

七月己巳朔

辛未，建州右衛女直都指揮同知乃哈等，來朝貢馬。賜綵段、絹匹、鈔錠有差。實錄。

八月戊戌朔

　　丁未，建州等衛女直都督等官授此字不明。魯都等，各來賀。俱宴賜如例。實錄。

九月戊辰朔

　　乙酉，朝鮮實錄書：舍人尹止衡將備邊司公事啟曰："閭延、茂昌不可輕易驅逐事，曾聞上教矣。然屢觀節度使啟本，不得已驅除，故今備邊司公事如此矣。閭延來居彼人，則雖不得驅逐；滿浦越邊來居者，則不可不早驅逐。且今年江邊農事豐稔，宜令本道兵馬驅逐，以絕從來彼人之心，則來居閭延者，亦不得安然來住矣。如此則不勞大軍，而邊患可息也，請勿失此機。"　傳曰："閭延、茂昌驅逐事，不可輕舉大軍，故不聽耳。然備邊司公事，以本道軍馬可能驅逐，則當早驅除，粘付爲公事可也。"　傳曰："今朝備邊司所啟閭延、茂昌驅逐事，因其公事，已命粘付爲公事矣。然兵端不可輕起，不能固我邊備，而卒然起兵，不可也。是故前者議論不一，今不可容易爲之。與知邊事宰相、侍從及大臣等更議，決定驅逐何如？還招舍人言此意可也。"　丁亥，鄭光弼、李沆、曹閏孫、曹繼商、金克成、尹殷輔、金錫哲、沈順經議："臣常以開邊爲重。今審備邊司牒呈：'閭延越邊以下，來居彼人，歲增日加，若不早驅，勢益滋蔓。宜早驅除，以絕從來彼人之心，且令閭延居人不得安心住活。'似爲長筭。"李荇議：'彼人迫近我境，漸至滋蔓，當早驅逐。但驅逐之時，雖只用本道軍馬；驅逐之後，則兩界防備諸事，必當倍倍。不多年之間，兵力軍糧，恐不能支。且今無犯邊之釁，自我先起兵端，以構嫌隙，非策之善。鍊兵積穀，竢彼有釁，聲罪伐之，則彼亦無所辭，而於我爲萬全之道。'金克愊議："今觀李之芳啟本，驅逐之舉，似若可爲。但彼人來居，雖迫近我疆，亦是胡地，別無聲罪之端。今若舉兵驅逐，彼必逃遁。旋兵之後，即復來居，雖欲更逐，我之兵力先困，又安知虜心憤我無名之討，嘯聚他部落，覘我虛實，連歲侵邊，以啟將來之患乎？大抵師出不可無名，凡干武備等事，今姑倍加措置。竢彼生釁，聲其罪惡，一舉蕩覆其巢，則彼必畏服而勢不復來矣。臣前於經筵入侍時，以不可輕舉之意啟之者，以此也。”傳曰：“今見議得之意，欲驅者多，而欲止之議少，當從衆議。然不可驅之意，亦豈偶然計乎！竢彼有釁，聲罪致討，及捨根本而制枝葉等言，此亦熟計也。然當從衆議而驅逐，依鎮將所啟。但邊釁不可輕易開端，更折衷諸議而處之可也。”南袞等回啟曰：“開邊重難之事，臣等非不計也；而驅逐後之事，亦非不計也。第以彼人自言‘自滿浦越邊至鴨綠江頭，成部落列居’云。若於今年農事偶然之時，不舉兵驅逐，則今年成一部落，又明年加一部落，彼勢漸强，患終不淺。大抵凡事有機，機不可失。邊將觀機審勢，屢請驅逐之舉，亦豈不熟慮乎？觀農事及事勢，此舉不得已也。前日李芃下去時，問於李之芳，則只用本道軍馬而驅之亦有餘云。若然，國之兵力不困而彼亦畏服，滋蔓之勢不成矣。驅逐時，以節度使爲主將，其道堂上守令爲衛將，而別軍官則以內禁衛兼司僕，抄送三四十可也。且彼人將居鴨綠江邊，如咸鏡道城底野人，而不許朝貢，則以此懷狠，鼠竊狗偷之害，亦不可不慮，此舉尤不得已也。”傳曰：“驅逐事從衆議決定可也。節度使李之芳、虞侯許光弼雖秩滿，仍任事捧承傳，而節度使處亦下有旨，諭此不遞之意可也。別軍官亦以出身可堪其任者，磨鍊以送事，諭兵曹亦可。”南袞等啟曰：“李之芳仍任可也。但兵家之事，當秘密也。今若承傳，則必騰播矣。敵人先知而生謀，則甚不可也。宜遣備邊司郎官一人，下諭仍任之意，兼問

彼地形勢，用兵多少。若軍官抄發之數，則節度使必料度而請
之矣。"傳曰："依啟。"　己丑，備邊司郎官沈思遜拜辭，下書
于平安道節度使李之芳曰："卿秋滿當遞，但沿江來居彼人等
驅逐之舉，卿實主之，姑令仍任。第兵難遙度，茲遣沈思遜，
欲與審度形勢，算無遺策，其詳察賷去事目。驅逐時方略，秘
密規畫，作急馳啟。"思遜賷去事目："其一，舉事之期，須待
合冰，日時不可預定，大概斟酌以啟。其二，本道兵馬之數，
前啟本內除赴操軍外，合該五千餘名，可以策應濟事云。舉師
時，幾道入驅？每一道領將幾員？兵馬幾名？分定備細商確道
路遠近以啟。其三，入驅時，雖用本道兵馬，以一當百者，唯
江邊土兵爲然，可以用濟。然若盡用江邊土兵，則諸鎮皆空，
用何處軍卒守禦，以備不虞？備細商確以啟。其四，道內領
軍，可當守令僉使、萬戶，當以幾員部署？若本道人員不足，
則連境黃海道內，有勇略領軍，可當守令、僉使、萬戶等，並
抄磨鍊以啟。其五，只用本道兵馬，則軍糧非如他道輸運之
難。舉師之後，備禦亦當倍蓗於前，道路遠近，分揀軍糧，或
私備，或官給，便否？備細磨鍊以啟。其六，江邊各鎮軍器不
足，則內地各官軍器，揀擇移置。入征臨時，軍士私持軍器，
用不用相考分揀？用後還納便否？磨鍊以啟。其七，兩兵相
接，火炮切要。本道火砲不足於用，則京火砲破陣軍幾名下送
耶？相考以啟。其八，兵難遙度，未盡條件，其更商議磨鍊
以啟。"

十月丁酉朔

　　丁未，朝鮮實錄書：平安道兵使李之芳書狀內，請遣位高
重臣，以主驅逐茂昌野人事。命史官收議于政府。領議政南袞
議："今不可更遣重臣。今當諭之曰：'委任於卿，卿當出師萬
全。'"上從其議。　乙卯，三公及兵曹、備邊司，承命會賓廳，

以潘碩枰書狀議。啟曰："平安道所驅逐池寧怪，則不過一日
程。咸鏡南道所驅逐茂昌，則幾三四日程。程途遠近不均，故
日期不同。或先或後，則甚不可也。其計程途遠近，而一樣酌
定日期爲當。甲山府使郭翰雖已遞，而姑留之，猶可爲諸將，
而新府使朴世榮亦堂上，可使爲衛將也。部將則不得已自京下
送。且江原道亦無武臣可爲諸將。而六鎮雖有二員，若移用一
員，則邊備虛疎。今次驅逐後，不無邊患，當先備六鎮。辛亥
年北征時，先遣大臣，以備平安道防禦。今驅逐平安道及咸鏡
南道，則六鎮不可不固守矣。抄發江原道軍馬事，兵使雖啟
請，此但驅逐而非大舉，則不可起他道之兵耳。兵使潘碩枰必
以爲平安道之兵四千，故欲如其數，然平安道則乃全驅也，宜
用四千之眾矣。南道則雖二三千之兵，亦可用也。但以其本道
之兵使之足用事，備邊司隨後磨鍊以啟。且潘碩枰有武才，故
前此屢爲邊將，而但時未經用兵耳。今授大兵赴境外，甚爲未
安。擇諳練邊事之人而送之，同議處置爲當。驅逐後防禦措置
事，備邊司隨當措置。"傳曰："兩道同日驅逐事，依啟。江原
道軍馬不可抄發事，知道。衛將則甲山新府使爲堂上官，而前
府使仍在，猶可使之爲將也。部落多送，則必有內虛之弊，當
少數送之。六鎮事，初以爲有二員處，則一員可使爲諸將矣，
然如此倍常措置之時，果不可移用也。南道遣知兵事之人，則
既有兵使，而又遣他將，似不信任兵使也。不可以同品之人而
送之，宜以秩高如曹閏孫者送之。"　乙丑，平安道觀察使金磁
拜辭，啟曰："今驅逐池寧怪等處，而不驅逐閭延、茂昌。朝
廷雖只驅池寧怪，而閭茂野人必自疑，合力拒之。我國人雖語
曰：'此舉不及汝等也。'亦必不信。況如金朱成哈之言辭勃慢
者，獨免驅逐；彼若合力拒暴，而脫有不幸，則必大損國威。
若不驅則已，驅逐則閭、茂并驅之可也。且不驅逐之前，則彼

必有畏懼之心；若驅逐而少有磋跌，則彼必益輕我國也。臣意
以爲軍機之事，不可若是其疎略也。且平安道事，專委兵使李
之芳。自古軍將有都元帥、副元帥，而今但委之芳，若有病
故，則不得已臣當其責。臣專不知兵事，恐不能處置大事也。”
傳曰：“金磋所啓至當，即牌召政府及備邊司更議。”　南袞、
李惟清、權鈞、李荇、高荆山、洪淑、安潤德、柳聃年、金克
愊、韓亨允等議啓曰：“今只驅池寧怪而不并驅閭延、茂昌之
事，朝廷非不料也。但平安道自池寧怪、閭延而驅之，咸鏡南
道自茂昌而驅之，如是則皆入其野人巢穴矣。朝廷雖只驅池寧
怪，而亦無異於並逐。虞候李長吉亦知此意而去，待其回啓，
乃可知矣。南道兵使潘碩枰處進退日期，與平安道同議合驅
事，備邊司已下諭矣，待其回答，乃可措置，故朝廷時未定議
耳。金磋他事則可能也，至於兵事則全不知，監司若能知兵，
則他將不必別遣，宜遣資憲一人，往留于江界滿浦，而勿與之
芳號令，以爲援兵也。之芳三年於此道，凡軍旅之事，必已規
畫處置，更使他將互主之，則不可也。”傳曰：“既以委任之意
諭之芳，不可更遣他將也。若別遣資憲人，則之芳亦不自安。
如金克成者，文武全才，以吏曹判書爲監司，若降授然。當此
有事之時，用知兵者任一道之責，亦出於不得已也，如是則之
芳亦自快於心，而凡軍機處置之事得矣。”

十一月丁卯朔

　　庚午，朝鮮實錄書：御晝講。特進官韓亨允曰：“閭延、
茂昌野人，驅逐難易不同。臣意以爲野人來居已久，彼以其地
爲己物而居生，今若逐之，則必生憤怨，邊警年年有之無疑
矣。彼地兵民休息之方，更加留神處之。”上曰：“予意與朝議，
皆以此事爲難。我之兵食不足，而先起釁端，恐有後患。但驅
逐亦計後患而爲之，且已定計，不可不逐也。而驅逐後倍加措

置可也。於我國使臣赴京時，不無侵陵之患，此亦難矣。"亨允曰："咸鏡道本非我地，而於前朝避役之民皆歸其地矣。至我世宗朝，始設六鎮，而野人願托以生焉。使臣往來中原，道路有害，上教至當。但今者兵力寡弱，此可憂者也。近來民間專無馬匹，若倉卒則難用於戰場矣。司僕寺兒馬，雖散給於民間，其中最良者則還爲國用，散給何妨乎?"上曰："邊方之事，不可不計其終也。彼若驅逐而自退，則好矣。徒爲恐動而已，則不可也。凡事不可不預備也。"亨允曰："臣忝備邊司堂上，司中之事當盡力爲之。自上亦須留念。此機至爲可懼也。"

　　"咸鏡道本非我地"，朝鮮於此自承。所云世宗時始設六鎮，則指迫建州入婆豬江以後，其在明初。朝鮮以遼末之事，高麗曾一度闢境至豆滿江以北。高麗臣尹瓘立界碑於公嶮鎮之說，冒奏於明，得明慨許，遂爲朝鮮國境；其居民實皆女眞。清先世斡朵里發祥之地，實在於此。以前舉國莫能知，清歷帝亦不能數其祖典，是故有待於今日之考訂也。

　　辛未，朝鮮實錄書：平安道觀察使金克成啟曰："驅逐事，兵使李之芳專掌措置，但臣發行臨迫，故不得已可爲之事，書諸單子以啟：一曰，凡行軍有上將，必有副將。軍中號令，上將有故，則聽副將節制。今者李之芳所領諸將，皆用其道守令，恐難統一。臣意不計小弊，別遣副將一人，以圖萬全何如？二曰，邊臣當從朝廷規畫，不可少有違越。今者茂昌等地來居野人，或云無遺驅逐，或云只上下端驅逐，時未一定。咸鏡道則從某處至某處，平安道則從某處至某處驅逐事，亦未區畫。巡邊使曹閨孫發行前，詳議早定何如？三曰，節度使出疆

後，觀察使當於邊城留鎭待變，而道內驍將驍卒盡數從軍。萬
一水下有警，無帶率使任之人，令兵曹軍官量數差遣，事畢間
率防何如？”傳曰：“予意欲別遣資憲一人，而慮於道內有弊，
故以金磁爲觀察使兼領邊事。而磁短於將帥之才，故遞卿吏曹
判書而代之，是專爲邊事也。若復別遣他將，則是無送卿之意
也。常時則不可帶率軍官；今方舉師之時，帶行可也。但近日
武士多數下送，京中亦不可虛疎，且於本道供億有弊，不可多
送也。從征軍官外，曾已別定九人，卿其率去可也。”　壬申，
領中樞府事鄭光弼，領議政南袞，左議政李惟清，右議政權
鈞，判中樞府事高荆山，右贊成李荇，工曹判書安潤德，兵曹
判書洪淑，戶曹判書金克愊，漢城府判尹韓亨允，右參贊李
沆，知中樞府事曹閏孫、金錫哲、崔漢洪等啟曰：“慶源地居
野人朴山，出入內地，交通婚嫁，多有作弊，得罪於會寧府，
致死杖下。其子支，分配于南海巨濟等處。朴山則旣有罪，固
當死也。其緣坐子支幾四十餘人，皆徙于南方，此甚未便。雖
我國之人，亦是法外之事，況待野人，何可如是？臣等聞慶源
野人等，以此常懷憤怨，多有不恭之事。兵使亦知此意，故其
書狀之辭如是。今已定罪而還放，則政令似乎紛紜，然其忿恨
如是，以一時權宜，依兵使書狀特命放還之意，令兵曹曉諭野
人，以解忿心何如？且兩道時方有事，不可使六鎭之人又有怨
忿也。”又啟曰：“金克成所啟，驅逐時，平安、咸鏡兩道之兵，
當分掌驅逐。而自南道入者，當到於茂昌；自平安道入者，當
到於閭延。兩路遠近均適事，定議下去之意，是也。然其道路
形勢，待兩道啟聞，可定其議也。且非徒驅其上下端而已，盡
驅其屯落可也。”荆山曰：“兩界居人爲兼司僕、內禁衛者，必
知其道路形勢，故已定軍官而應援軍時未發，以此人等直送於
驅處。而金克成啟請軍官各別抄給，何如？”傳曰：“初以只用

本道之兵，而今以兼司僕、內禁衛之居其地者入送矣；且所送者皆有名武士。只計其一事，而不周徧計之，固爲不可，更加詳料可也。又計其道供億之費，驛路之弊，故前日又磨鍊實番部將九人入送矣。監司亦不可不給軍官，則以已赴兼司僕、內禁衛，爲部將而據給，何如？"又傳于南袞等曰："朴山緣坐，當初熟計而處之也。但此公事出於何時耶？近來所爲之事乎？祖宗朝所爲之事乎？近日所爲，則可放也。若久遠之事，則彼人已於分配處男婚女嫁，還戀所配之地，不肯分離也。況久居此土，道路遠近，人物虛實，無所不知，如此而入送，則甚不當也。"南袞等啟曰："此事於去年始出矣。朴山與權管相詰，傷打我國人，前年七月始定罪到配所，必無男婚女嫁者矣。彼知南方虛實，不可入送之敎，允當矣。然南方人物稠密，彼雖見之，必畏服而無慢忽之理也。初入送時，兵曹受敎而不報政府，故臣等不能知始末矣。"荊山啟曰："令其道居人爲部將而領軍，則無物望而人不畏服，故更啟矣。部將十人，則已皆以出身朝官定之。若以本道所居內禁衛兼司僕爲部將，則其所率領之人，皆其族屬，何能整齊，不可據爲部將也。以內禁衛兼司僕給克成，下去隨宜任使，似當。"傳曰："朴山事當初處置時，不各別議而爲之，故未能省記也。若不男婚女嫁而無分離之恨，則其速放還可也。"傳于荊山曰："欲令邊事不至虛疎，又欲令一道無道路之弊，故云耳。但備邊司審思而啟之，別定軍官可也。"　癸酉，御朝講。掌令柳潤德啟張順孫、崔世節事，不允。上曰："驅逐野人，兩界有事。且獻俘倭人于中朝，南方之倭，亦不可謂無怨也。今方南北有事之時，急務在於足食也。"領事南袞曰："上敎至當。閭延、茂昌野人，挈妻牽牛而來居，漸至滋蔓，此是邊將處置失宜所致。臣聞知邊事有識人及金錫哲之言，當初數家來接時，不爲處置，使至滋蔓，不數年間，至於難制。聞彼人謂‘當連居鴨綠江邊’云。今若不爲之所，則漸至强盛，處之尤難矣。古之帝王，雖有兵端，務必寢息，不肯先動病民。今則出於勢，不得已也。彼人雖無拒敵之勢，驅民於鋒刃之下，是豈輕乎？但爲萬世之計也。今若驅逐而使不安接，則彼必深怨，邊釁之起丁寧矣，然朝廷當有處之也。”上曰：“兵雖不可輕舉，因仍姑息，則其勢難救，故不得已爲之也。但舉師之後，邊釁必生，而中原一路，使价往來亦難也。”袞曰：“前則中原邊事，不緊措置，故東八站鎮堡邊將，皆以軍士爲之，放軍侵漁而已，無捍衛之心，故彼人輕之。其時使臣往來，多有疑懼。今則中朝邊境之事甚完固，遴選邊將，精鍊兵卒，靉陽堡亦有主將，彼人不得下來云。然不可以常時例爲之也。雖於中路有變，朝廷當預知措置，而一以收復我境爲心，則可也。”　甲戌，傳曰：“驅逐之事，朝廷雖欲秘密，而見平安道兵使書狀，則‘無賴興利之徒，數多出入，交通漏洩’云。彼若知而先備，則驅之甚難。驅吾民入胡地，出於不得已也。今既興師動衆，舉師之期，來月內速定可也。明日，大臣等會于閤門外，承旨其以此意議啟可也。”　傳于都承旨金希壽曰：“見爾前日所啟西征錄，則與今驅逐之事，雖不盡合，大概則畧同矣。驅逐終始，其一一記錄，事畢後備書傳後可也。”　乙亥，寧遠郡守金麒孫賫平安道兵使啟本而來。上御思政殿，引見巡邊使曹閏孫，領議政南袞，左議政李惟清，右議政權鈞，判中樞府事高荆山，兵曹判書洪淑，工曹判書安潤德，知中樞府事柳聃年，戶曹判書金克愊，漢城府判尹韓亨允，平安道觀察使金克成，都承旨金希壽，左承旨金末文，右承旨金克愷，右副承旨尹仁鏡，同副承旨蘇世良，記事官安士彥，假注書金光準，記事官金豐、金渢等入侍，金麒孫亦參入。麒孫以兵使李之芳意啟曰：“閭延、茂昌來居野人，今雖驅逐，若無畏服之意，則明年必更來居。年年舉師，而逐之爲難。永絕根抵之略，時未計料，故令臣聞見朝廷處置及備邊司議論矣。且李之芳之意，以爲紿以聲息聞見，而招其酋長，率行入驅，兩軍齊到於閭、延。回還時，數其當初言不遜之罪而斬頭，諭其餘衆曰：‘汝等皆當盡滅，但以脅從來居，故特不加誅戮矣。後勿如是來居可也。’云，則彼必有畏懼之心矣。大抵虜俗若敗亡之地，則必不更居。”上問于南袞等曰：“此事何如？”袞曰：“金朱成哈先來居之，故其後倣此滋蔓，以此數罪甚當，此知兵事者之謀也。但招來而斬之，則似乎失信。他日如有探問之事而招致，必不信矣。雖不如此，今兩道舉師，驅之示威，亦不能更來也；殺之則不可。”惟清、洪淑曰：“此乃將帥之權畧。然招來而反殺之，則後雖有可言之事而招之，必不來矣。”權鈞曰：“驅逐之時，招而殺之，不正也。招其頭頭者，數罪而還送可矣。”荊山曰：“此兵家詭道。去辛亥年，亦招來而竟多殺，其後檢善等處之人，招而不來。此豈可乎？但招其酋長，率行軍前，則其率下之人，必不敢抗敵。畢逐後，數罪而放之可也。”閏德曰：“事出於正，然後雖虜情亦服矣。以不順之事示之，則必不畏服。”柳聃年曰：“金麒孫所啟，兵家權略。但彼人所居之地，皆非聲教所及，彼不侵我境，而招來殺之，則大不可也。”克愊曰：“兵家之事，亦有如是者也。若梟其酋長之首，則其下人必畏怯矣。然招來而殺之，事甚不順。”亨允曰：“大抵兵事直爲壯，曲爲老。辛亥年事，臣目覩之，興販買賣者無名殺之，甚不當也。李之芳之計，欲使更不來居，而如是啟之也。但其酋長者，招來而殺之，則事甚不直，不可也。”南袞曰：“兵家之事，不可一以正道爲之。之芳之計，以爲驅逐後更來居之，則年年舉師甚難，故如是啟之。但招而出來，則軍中率行，事畢後數罪而放之，不妨。然彼知

其舉兵之事，則必不肯出來矣。且征李滿住時，令承文院製榜
文，回兵時掛之於路而來矣。今若驅逐而盡數還歸，則但驅之
而已，彼何能知其不殺之意乎？須以此意張榜諭之可也。"潤德
曰："前者張榜時，亦啟請而爲之矣。使知蒙古書者，書之張
榜，則彼得知來居之非，而我師亦不爲無名矣。"曹閏孫曰：
"臣今受巡邊使重任，而不知其處山川形勢及道路，是不可遙
度。今見李之芳之啟，殺頭頭者，似乎快矣。然以後事計之，
不可如是。"上曰："招而殺之不可也，率行軍前數罪而放之，
則可矣。以蒙古書書其驅逐之意張榜，亦可也。且起兵事反覆
計之，速定其日期可也。"南袞曰："已與備邊司議之，使秘密
措置矣。然前日沈思遜到平安道，面見監司言之之時，多有知
之者云。咸鏡北道雖不知之，抄軍於端川，則吉州之人亦必聞
之。況吏胥浮薄之徒，將必漏洩。大抵此舉見年之豐凶而決
定，故遂至於晚矣。南道則近日始知而措置矣。前日征李滿住
也，乘曉月正明時動兵焉。然則十二月二十日間正當，而諸事
未得整齊也。正月二十日間，則太晚矣，江冰亦恐銷解也。臣
等在外議之，正月五六日發軍，則還軍應在望時也。"荆山曰：
"臣見彼處之冰，自水底先凝，至極寒始堅。雖令速爲，勢亦
難也。今年立春在十二月望後，則日氣必早暖，而冰亦易解
也。正月望前還軍，則冰不及泮矣。"閏孫曰："今日始發行，
到三水以至茂昌，乃二十日程也。到彼措置，則十二月內必不
能及也。正月初十日前舉兵，則事不審而可得爲也。"洪淑曰：
"正月望前爲之當也。"克愊曰："望前無冰泮之理，雪消後行
軍，則可得喂馬，而凡事不審也。"荆山曰："臣前於十二月入
歸，雪深草沒，難以喂馬，故不得已歲後爲之耳。"閏孫曰：
"江邊之事，臣未得詳知。但甲山之水，雖冬暖之歲，歲時則
必合。若其湍急處，則雖凝不堅，下雨則輒泮。立春在歲前，

正月望時則月明，舉兵似宜矣。但不得已由水路往還，其間若下雨冰泮，不可待雪消以便於喂馬而爲之也，須早入驅可也。”上曰：“斟酌道路遠近而爲之可也。”閩孫曰：“彼道事，臣雖未得詳知。北道則防禦軍器整齊矣，南道則不如是，帶去兵馬亦不整齊。如有未盡之事，當即馳啟。”聘年曰：“臣前於南方見之，士卒不畏軍令。軍必用命，而後可以制勝克敵矣，須嚴猛可矣。”上曰：“軍令雖不各別嚴猛，自有軍令矣。”南袞曰：“聘年所啟之意，欲各別嚴重矣。”權鈞曰：“受命之後，號令皆在將帥，不可各別傳教。”洪淑曰：“前日收職牒人及前衙萬戶等，皆以軍官下送于兩道，在此安生受祿者有之，而此人等則從軍入死地，付軍職給祿何如？”南袞曰：“以公罪作散者無叙用承傳，故不得叙用矣。以前衙入送戰場之意，自上何以知之？今若特命付祿叙用而送之，則彼知上恩矣。”權鈞曰：“以前衙入送未便。”洪淑曰：“初議則以爲只驅下端而已，今觀兩道兵使啟本，則不可不盡驅也。”上曰：“不得已盡驅。”荊山曰：“咸鏡道則自茂昌而下，平安道則自閭延分道入驅，兩軍合而盡驅可也。初議則只驅逐下端，今見事勢，不得已盡數驅逐。閭延以下，來居者勢尤强盛，言亦不遜，不得不驅也。舉師而只制枝葉，則事體未便，不可不盡驅也。”　南袞等退賓廳，啟曰：“李之芳所啟之事，於上前已盡啟之。但議論不一，必須歸一。之芳之意，酋長一二人招來數罪而殺之，則後必畏，更不出來矣。但招來殺之，則似乎失信，皆以爲不可。若招而出來，則率行于軍中，而畢驅後曉諭舉師之意，張榜而諭之可也。且其酋長輩，若率行軍中，則率下之人必爲其酋長，不敢拒命矣。”傳曰：“引見時議論亦如是矣。但彼酋長輩招而出來，則率行于軍，畢驅後數其罪，張榜而諭之可也。且若招而不來，則還有虧損軍威之弊矣。招而不來，則驅逐之中，落後者擒之，數罪而言之曰：‘國家當盡滅無遺，以特恩只令驅逐，使保首領，乃上恩也。’以此兩意諭于金克成、曹閏孫等亦可也。”南袞等啟曰：“上教至當。當以此兩意諭于金麒孫而送之。曹閏孫所去南道，則無部落可招也。”傳曰：“知道”。以下下教將帥四六文，不錄。　　甲申，備邊司啟曰：“北道城底野人，與茂昌等處野人，往來相通。驅逐時，被逐之虜，懷怨奔竄，入向北道，則不無煽動之弊。城底野人等，亦不無疑懼不安之心矣。臨其舉師之時，招其酋長，以語國家不得已禁斷來居之虜，使之退還舊居之意，且諭之曰：‘前日居于城底者，或移居于彼地，而被逐之後，必有來居于城底者矣。如此之人，若以得罪爲疑，則必語之曰：“國家只逐其冒禁來居者耳。爾等雖還舊居，萬無加罪之理。前日惠山鎮彼人冒禁來居，故驅之而已，此亦其例也。汝等其勿疑懼。”云。’”傳曰：“招酋長皆言之之意，是矣。使彼先知，則不可也。其待曹閏孫舉師入驅後二三日言之，可也。”以下籌議指授，不爲事實者，從略。

十二月丁酉朔

戊戌，朝鮮實錄書：承文院以閭延、茂昌驅逐榜文入啟。其文曰：“朝鮮國平安道節度使奉兵曹關該，爲曉諭野人事：國家西北兩界，原係大明太祖高皇帝准請之地。自咸鏡道厚州姑未坪起，至平安道碧潼郡，沿江上下，皆係我國邊境，自來不許野人占住。此疆彼界，截然有限。頃者金主成哈，請居我茂昌越邊之地，卑辭乞哀，誠意懇至。國家以主成哈曾是歸順，視同我民，只許本身住活。丁寧曉諭‘無得連結他虜犯我境界；若或有違，並汝逐還。’其所以待遇之厚，戒諭之明，爾等豈不知乎？所當謹守約言，圖報恩遇，而乃反驕倨自肆，忘我之恩，背我之約。不數三年間，誘引諸部種落，沿江列居。耕獲我田野，畋漁我山川。不有我國禁，以逞蔑我之心，罪惡

貫盈，義難容貸，即當數其所犯，斥還本土。而第緣國家待人
不迫，冀以自新，乃令邊將申諭，而爾等不服己罪，凌轢使
者，奪其騎馬而提曳之曰：‘今日殺汝亦惟我，生汝亦惟我。’
又曰：‘非斬我頭投諸江，我無聽汝之理。’其兇悍之性，至於
如此！豈但我國之辱，天地神明之所共憤也。我待以仁，爾肆
其惡；我示以順，爾應以逆。孽自汝作，又誰咎哉！舉兵問
罪，不得不爾。然以國家好生之心，不忍便行誅戮，戒諸軍：
‘若無干犯戎行，人口一無所殺，牛馬一無所害，財產一無所
掠，但使之驅逐出境。’爾得還守其生業，我亦保守其疆界，豈
非兩全哉！如或不悛，在法無赦。各思自全，毋貽後悔。故茲
榜示，爾宜知悉。”大提學李荇之製也。　丙午，諭咸鏡道巡邊
使曹閏孫、觀察使許硈、南道節度使潘碩枰、平安道觀察使金
克成、節度使李之芳等曰：“予嘗觀古今之策，以爲兵凶戰危，
非所不得已，則不得舉也。然周宣六月之師，亦爲玁狁之故，
則今此驅逐之舉，豈得已哉！予以主成哈嘗歸順於我，許居茂
昌越邊之地，爲國蕃衛。彼虜不念我恩，誘引他種，沿江列
居，部落彌蔓。屢諭斥還，益肆惡語，其蔑我甚矣。失今不
圖，後難爲計。今日之事，不得不爾。卿等皆參籌畫，豈有不
知，而更以言諭乎？第念邊民狃於昇平，不識國家此舉實爲久
遠計也。嗚呼！予豈忍驅我赤子以就於凶危之地哉！彼虜生齒
漸蕃，地形漸逼，氣勢益強，慢傲益深，國家終至於不可制，
則吾邊氓之禍，其可盡言哉！彼虜之害，前則以歲月計；今日
之勢，非朝則夕。我之所以應之者，豈容少緩？此亦卿等所盡
知，尚恐邊氓猶有未解予意者也。嗚呼！時當沍寒，邊塞尤
甚，念惟士卒暴勞飢渴之苦，予雖有輕煖甘珍，何忍獨御哉！
臨臥忘寢，對案廢飧，不敢晷刻暫忘于懷，想惟卿等亦當如
是，思與士卒同體予意。故諭。”　備邊司郎官李公楷賫去平安

道事目：“一曰，師期：平安道則來甲申年正月十一日、咸鏡
道則初六日事，曾已啟聞。但今年則立春在歲前，十一日舉師
差緩，依南道所啟，初六日畫定舉師。一曰，平安道則閭延，
南道則茂昌，至入驅後，兩軍准到金主成哈屯，相會後還師
事，已下諭矣。然金主成哈屯與金巨大屯，相距遙遠，若無可
驅之虜，則先驅兵馬，留待相會，勢必糧盡困極矣。不特此
也，擁大兵久住他境，不無意外之虞。畢驅所受屯後，除留待
還師便否，通諭相議爲之。一曰，平安道則所經里數及虜家，
果譬南道差倍矣。南道則軍馬單弱，水路險阨，征馬喂養，不
如平安道矣。平安道則至金巨大屯而入驅事開說。一曰，大軍
與彼虜交鋒時，軍令若不嚴重，則將士勢必濫殺，非國家驅逐
本意，須三令五申，勿令恣意。”　丁未，滿浦僉使李誠彥上疏
曰：“臣今在邊隅，察得四郡形勢。四郡之地，險於吳蜀。賊
若入據，難用兵馬，又不用舟楫。其間若有智能者出，統領群
胡，以行紀律，輒於有事時守上下扼吭，則雖有杜預之智，鄧
艾之才，不得裹氊推轉以下，燃炬燒鎖以進。我土則賊路四通
五達。今彼人出入我境，恣行漁獵。各鎮堡主山之外，皆爲彼
人漁獵之場。獵機漁梁，幕宇馬跡，遍滿山野，至登鎮堡後
山，窺占虛實。漁獵彼人，不得捕誅，國有定法。故各鎮候
卒，相逢近境，不得下手，只以言語禁止。彼不知畏，恣行無
忌，漸至大熾，則爲患不小，正如癰疽結於腹背。臣以是區區
疏陳，眷眷報使轉啟者，不啻再三，而未蒙俞允久矣。今聞驅
逐之旨，此臣夙昔所願，一朝獲伸，踴躍鼓舞，歡欣樂聞。但
驅逐之說，初出於何所？歷觀古今王者之於夷狄，有罪則征
討，無罪則防備，未聞有驅逐之事也。但聞山陵有惡虎驅逐之
言，然見惡獸，豈容不射，若不殺而徒驅之，則輒驅輒還，軍
無休息時矣。今者驅虜之策，何異於是哉！彼土無沃饒之地，

來居此土者，耕農漁獵之利，什倍本土，豈能以火廬驅逐，斥去之乎？非但不能斥去，恐有受辱之弊也。我國以蕞爾小邦，三面受敵，而隋唐竭天下之力不能屈，夷戎盡一地之兵不敢犯者，徒以我土士氣精銳，爭奮踴躍，鋒不可當，以至於此。今四郡虜勢，自三水至滿浦，列居江邊者不爲不多。溫火衛初面，建州衛初面，連境混處，虜居極繁。四郡之虜，亦皆初居此地而移來者也。此地距山端他時哈、池寧貴朴山等家，或一日程，或二日程許。建州衛酋長李銅兒所居部落，亦一日程許。虛空橋以上虜居，又各有附近元居彼人。我軍雖至閭延以返，十三四日乃可返。彼人請兵相救，則只在數日之內。我軍無斬獲爭奮之事，將士懈惰，踟躕冰路，徒有寒縮摧挫之苦，畧無勇敢鋒銳之氣。及入其境，只開諭諸寇，焚蕩室廬。置敵於後，引軍深入，乃兵家大忌，必敗之道也。彼將嘯聚其群，又請元居野人以絕我歸，或斫木塞路，或伐冰奪路，於兩岸無陸路，絕壁扼吭之口，挾水登山，左右俯射，則我軍長蛇之卒，雖列百里，勢不得首尾相救，事至於此，則雖使孫吳爲將，不知爲謀矣。爲今之計，節度使率大軍直入虛空橋，歷虞芮、趙明干，至閭延；咸鏡將士亦歷厚州、茂昌至閭延。而虛空橋以下，元舍吾大、朴山、童他時哈等三屯，分遣偏將掩取，則必得大獲矣。三屯分遣將士，仍屯於趙明干等處要害之地，以救邀擊絕路之謀，則上下之軍，聲勢相應，軍威大振，觸之者碎，犯之者糜。彼皆奔竄山谷，救死不暇，何遑謀我？彼居本土者，聞聲遁避，自謀保全，不得相救。且理山等虜，亦可畏威遠遁。何不出此萬全之計，而欲擧驅逐之末計乎？臣刻意此擧，常與諸胡相語，粗知山川形勢，內外胡居道路遠近，可及相救等事。今欲擧此，不納臣言，則是'耕不問奴，織不問婢'。臣恐宋襄之仁，不獨貽笑於前矣。臣聞前朝統合三韓，而鐵嶺以北、狄踰以西，或入或出，旋得旋失，國無常界。恭惟我太祖，天縱聖武，奄有大東，南盡于海，西北抵于鴨綠，東北抵于豆滿。猶慮夷狄之近境，越江艱險，櫛風沐雨，親征西胡，遠近望風，莫不奔潰，北至東寧，東至皇城，南至于海，胡地一空。太宗繼世，漸磨既久，莫敢誰何！第緣昇平日久，守臣失禦，鏡城以北陷爲賊藪。太宗軫念恢復，力不能及。至於世宗朝，江界以西亦被侵掠。群臣獻議縮地。而祖宗所受，雖尺地寸土，不可棄也。不從群議，斷自聖慮，連舉大兵，西征北伐，以復舊疆，置鎮守之。逮及世祖朝，群議復起，又棄四郡，可爲痛心。雖然，世祖、成宗連舉征討，胡虜遠遁。婆猪江以東，也虜江以西，略無虜居。遭遇廢朝，國家多事，無暇西顧。至聖明當天，胡虜歸順，邊方寧謐。一不示威，李滿住子孫，若曾若玄，咸聚還舊，他虜亦漸來居。婆猪以東，虜居之盛，近尤甚焉。閭閻撲地，耕種地窄，漸至列居四郡。也虜以南，亦漸來居。上自三水，下至義州，將爲夷虜之居。不但此也，我國力不能禁，隔江相處，備知虛實，乘時動發，則臣恐鴨綠以東，又復有出入之勢矣。殿下其忍坐視祖宗暴露民骨創得之地，轉爲虜居而不救乎？思之不覺慨然涕流焉。且彼虜今被驅逐，旋復仍居，更被征討則已矣。脫有即今還土，彼則無小失傷，我則冒寒遠征，人馬困乏，羸弱凍死，委首於冰路，則不得示威，反貽譏笑，大損國威，略不知畏，其爲患有不可勝言者矣。今一驅逐，後欲征討，彼之待我之謀，有甚於今日，恐不能施功於其間矣。今若征討，大示威嚴，則彼將畏威相戒曰：‘不可更得罪於大國’云爾，則邊患猶得小歇。辛亥北征，人皆謂彼之報復必大，而彼乃畏縮，至今不起，邊境晏然，豈非畏威然耶！驅逐、征討，彼之怨怒一，而我之用力懸殊，只自示我之弱、益彼之驕也已。今年驅逐，

彼必仍居，更議征討，又復爲患。大舉西征事，終至於是而後
已，何能連動三舉乎？今若征討，則可除驅逐一舉之勞費矣。
王者於夷狄，兵殺以威之，仁德以撫之。近者威之，遠者撫
之，乃攘斥夷狄之道也。今者不以兵殺斥逐，而欲以仁德斥
去，是猶治病不以藥石也。今之議驅逐者，必曰‘彼雖來居近
地，無犯邊之罪，征討無名。今姑驅逐，如不退去，更議征討
可也。’是大不然。節度使承國家之命，每年春秋，遣軍官開諭
其不可之意，又詰之曰‘如不退去，當舉兵問罪’云者，非一二
年矣。彼之不即退去者，由我之言不信，無足畏也。大抵我國
之病，皆由言不信、行不重也。軍令之不嚴，由是也；法禁之
不一，由是也；紀綱之不立、朝廷之不肅，皆由是也。書云
‘朕言不再’之說，何謂也。國家遣軍官開諭，遣大臣開諭，有
何異乎？況童他時哈，則本鎮每年焚廬驅逐仍居者乎？人之於
子，固有慈愛諄諄教之，如不順從，必撻之杖之，甚者論以不
孝告官殺之。此虜來居禁地，來耕我土，不從國命，言且不
遜，遣人開諭，奪馬窘辱，以此成罪，不可謂無名。國之於此
賊，有何慈愛，而不一發怒，猶恐其見怒也？古之帝王，或有
好大而征討者。今之征討，孰曰無名？孰曰好大？誠勢所不已
也。我先祖宗連舉征討，豈爲病民？豈不慮後日之患也？亦所
不得已也。或云‘當今之時，不宜加兵於夷狄’云者，臣不知其
意焉！我殿下以英武之資，承熙赫之業，不於此時乘機斥去，
而坐貽捍禦之憂於後嗣，何異養癰待潰，反毒五臟者乎？宋眞
宗當澶淵之役，厭苦兵革，不聽寇準之言，反信讒間之說，曰
‘數十年當有捍禦者，吾不忍生靈疲困，姑聽其和可也。’不知
‘和’之一字，終爲宋家亡國之謀，悍禦之孫竟不出，而遂使
徽、欽幽死於金，恭帝降元，以亡其國。若使宋朝諸君，聽寇
準、李綱、岳飛之言，則事豈至是乎？先儒曰：‘苟道之所在，

則雖爭之彼地，可也。’況今爭其我疆乎？臣今疊疊開口以煩聖聽者，豈無所蘊。我之待彼，終不得和好之事，又有一焉。今雖驅逐還土，而彼必不棄四郡漁獵之利，依舊結幕，長住我境，而必待入寇，或到城底，或至搶攎，而後捕誅乎？不預防於未見，而欲救之於眼前，雖有飛將，其何能及？彼已怨忿還土，其報復之意，豈偶然哉！征討之後，將約之曰‘鴨綠以東，胡人入來，雖曰漁獵，並以寇賊論’云。而江界境內，各鎮堡驍勇軍士，抄出別加撫恤。臨時觀勢，或送四五十，或送七八十，分休體探，伺其胡虜入境。虜俗燔柴就寢，因其火光，短兵相接，可得盡殺。其逃躲者，伏兵捕捉。如是數三，則虜不得躡足於鴨綠江東矣。若只驅逐，征討之後，又以此爲難而不捕，不能禁彼出入我境，則上土以上，農民不得出頭矣。但茂昌邑城越邊，會寧野人金伊郎哈、金合多、金下古、金三馬，鍾城野人金者通介等五家來居，命咸鏡將士勿屠殺其家。溫火衛朴阿陽介等六家，同居於此，勢難分辨，寧失溫火之人，勿害六鎮野人，幸甚。金主成哈等部落居其次，實是罪魁，誅討必自此始，則庶可大獲矣。茂昌以下，固無六鎮野人作戶來居者，子弟婚嫁隨居者，間或有之。如曰六鎮子弟者勿殺撫慰，則雖不得盡免，其脫死者傳說其類，六鎮之虜庶可感其國恩矣。且征討之後，在我備禦之策，不可與平時同規。條陳七事，並錄于後，伏願殿下採擇焉。”所陳七事皆內政，無預建州史實，從略。　　傳曰：“今觀李誠彥上疏陳弊事，自有該司回啟，不須議之。其曰閭延、茂昌之虜，請勿驅逐而欲征討。此雖已定之事，實是大關，故不可不議諸朝廷。朝廷初欲驅此虜者，不欲開邊釁也。如彼人面獸心之徒，沿江列居，滋蔓難圖，則必有後患，故爲邊氓而欲速驅也。但此國之大事，予何頃刻忘之，夙夜反覆思之，終有難處之道。今若驅逐，而如節度使、

僉使之言，不示國之大威，則彼必更出來居，難擧再逐。我之
將士冒寒赴敵，非徒凍傷，肝腦塗地者必多。彼虜不久還居，
則徒傷我民而益彼之驕，必有後議。若擧兵征討，則不可無名
而討之，須待其釁端，而後聲罪致討也。何至如辛亥北征，盡
殲無遺，以致邊域之大患乎？朝廷復有殺虜之令，則前敎將士
勿令恣殺，是爲虛文也。持此兩端而計之，則莫如待彼虜之釁
端，然後擧兵討之，然則胡虜必自服其罪，我國之擧事亦順理
也。然大事已臨期，而勢難中止，其更議以啟。"南袞等議啟
曰："臣等承上旨，且見李誠彥疏意。驅逐事，臣等之意亦不
過是也。彼必隨所聞見而如是啟之，欲無遺殲滅。朝廷已令將
士切戒貪殺，不可又使殺虜也。但此啟本來後，若不更諭朝廷
之意，則彼必不能定意矣。請令備邊司，更以切戒貪殺之意下
諭何如？"傳曰："知道。"　丙辰，平安道虞候李長吉，賷兵使
李之芳啟本來。啟曰："平安道則至金巨大屯而入驅，咸鏡南
道至金主成哈屯而入驅。西路遠而南路近。若皆擧師於來正月
初六日，則未至十一日，師期日南道之軍已至主成哈之屯，西
道之軍半不及於巨大之屯。深處大屯，徑聞南道驅逐聲息，若
已奔竄，則必不知朝廷意在開諭也。不得已，西道軍先入，南
道軍差後而入，偕到於深處大屯，當旋師而並驅，何如？且諭
西道所經，初面彼虜曰：'前者屢遣軍官，禁其耕田漁獵，而
汝等不從，故今國家令邊將備軍容到深處，開諭驅逐之意也。
此朝廷不殺之仁，非殺害爾類，毋或畏懼也。'以此諭之，則初
面虜必不驚動。故之芳令臣上達耳。"其啟本曰："本月初四日，
理山郡守金舜皐，率軍二十名看審冰路。當日來言曰：'初四
日，滿浦鎮離發，一息二十餘里，斜乙外坪止宿。初五日，一
息餘里鷹坪止宿。初六日，三息許趙明干止宿。初七日，二息
十五餘里許下無路止宿。初八日，二息十餘里閭延坪止宿。無

輜重輕騎而窮日入歸，至閭延乃五日程也，師行則幾六七日程
也。道路險阨，邀絕可疑處；水草周足，下營可當處；及虜居
戶數，並皆圖形而來。其四郡列居彼人之中，附託來居之人，
猶可說也。閭延金阿宋可等十屯，茂昌金主成哈等屯，則首謀
罪魁，固當數罪先逐。故兩道兵准到閭延大示國威事，已再度
馳啟矣。然今先到金主成哈屯，焚蕩其室廬，則罪魁閭延之
虜，勢必盡遁，開諭數罪無據矣。今南道則金主成哈、金巨大
屯，本道則金阿宋可屯，兩道同日齊到，一時焚蕩，使彼不得
預知遁散，俛首聽命，此甚穩便矣。南道啟本，入歸時四日，
還來時二日程也。探審如是，則南道自初面四日入來，二日徑
還，作計非無矣。不但此慮也，兩道遠近不同，南道兵留二
日，然後本道兵方到。兩道兵勢，想必相乖矣。雖其發日不
同，本道則至金阿宋可屯，南道則至金巨大屯，正月十一日齊
到，各自回還時，驅逐便當矣。兩道軍機差謬，則師期日迫，
取稟無暇；只以文字而取稟，則恐不得詳細，故令虞候李長
吉，授道路圖形上送。"傳曰："即招政府及備邊司議定下諭。"

　　領議政南袞、左議政李惟清、右議政權鈞、左贊成李荇、右
贊成李沆、判中樞府事高荆山、兵曹判書洪淑、戶曹判書安潤
德、知中樞府事柳聃年、漢城府判尹韓亨允等議啟曰："南道
近，故先到所驅之屯；西道遠，故不及到所驅之屯，恐不見虜
面而數罪矣。然軍機號令，不可輕數變改也。依前送李公檣、
韓鵬賷去事目而施行便當矣。"　下咸鏡道觀察使許磁啟本，仍
傳曰："議啟。"其啟本曰："今十二月十七日，三水郡守奉承
宗，以冰路探審事。本月十四日未明發行，到水下一息七里許
車餘伊結陣處看審，則郊草不爲周足。十息十八里許蓮淵坪結
陣處，則郊草稍存。自蓮淵至五里許厚州洞口，過三里許冬郎
仇未灘，冰厚雖八九寸，其灘合冰處亦未甚堅，冰上水深四五

寸。自此以下，則彼人畋獵處不遠，故回軍。三更還鎮云。甲
山、三水，雖曰積陰之處，今年日候不寒嚴，數日以來，前冰
還解。假令冬郎仇未合冰，春日已逼，堅牢未可的知。住還之
間，春幾一朔，元軍二千八百名，大小將士隨從合計，則小不
下馬五千餘匹，軍人六千五百餘名，皆由一冰路往還。故臣日
夜憂慮，深思熟計，尚未得要領。以臣淺見，參之衆論，則除
弱卒羸馬，而勇敢一千餘名，抄率五百餘名，留鎮厚州、甫山
等處，以爲聲援；四百餘名，領率輕齎，入驅還師，似合機
宜。且天時難知，或灘水未冰，或日煖水涌，流水沒脛，衆軍
齊到三水，萬一有意外之變，則啟稟進退，亦非良計，須令該
司預爲規畫指揮。"云。南袞等議啟曰："脫有是變，擇中途寬
平之地，作大陣下營，率弱卒羸馬寄置營中，抄輕騎入驅事，
具於沈思遜賚去事目，依事目施行便當。"傳曰："知道。"

嘉靖三年，即朝鮮中宗十九年，甲申（1524）

正月丙寅朔

　　丙子，朝鮮實錄書：宣傳官金台俊，自平安道軍中來，啟
曰："江界雨雪極寒，人甚苦之。賴地多柴木，擁火救凍，軍
馬無傷。今月初六日始行。師初屯，童他時哈等二十三人，聞
動兵之奇，欲觀變而來，曰：'今見師行之勢，非若常時，必
盡滅吾輩。'主將引見前開諭曰：'非滅汝類，大將之巡入他境，
豈宜草草。但巡視汝等部落所居之地。若無犯我疆，則使之安
居住活。其居於不當居之地者，則驅而使之出我疆界而已。毋
或疑懼而搖動。'童他時哈等信聽此言，隨前鋒而入。"

　　癸未，海西塔山前等衛女直都督僉事速黑忒等，來朝貢
馬。賜宴，并給賞如例。實錄。

　　甲申，朝鮮實錄書：平安道觀察使金克成馳啟曰："節度
使李之芳，正月初九日到虛空橋，留左衛將李茵、中衛將韓

珪、右衛將柳泓，而自領八都將向閭延。十二日，菡因刈取馬草，陳于上洞口。虜騎百餘，從谷中出，大呼亂擊。我軍逆戰。菡爲虜所圍，自射賊三人，大呼突出，爲賊箭所中。因日暮，且行且止，回軍入陳中。江界軍官金南海，甲士田富成、田國寶戰死，韓珪所領兵四名亦死。滿浦鎮飛報曰：‘李童兒領兵千餘，將寇本鎮；建州衛酋長沈阿時應介、沈甫乙厚等，欲邀擊從征軍士，皆因彼人進告傳報者也。’”

　　驅逐之效，所得如此。朝鮮慕效中國，但能弄冗蔓之文字，幹畧非其所長。當時對女直，猶能以上國自居，可見小夷之易與，而明初以來之馭夷，皆不得其道也。

　　乙酉，朝鮮實錄書：領議政南袞、左議政李惟清、右議政權鈞、判中樞府事高荆山、兵曹判書洪淑、戶曹判書安潤德、知中樞府事柳聃年、漢城府判尹韓亨允啟曰：“今送助防將等，雖未及於驅逐之時，然驅逐後亦有防備之事，下送可也。李菡等見傷，請擇遣事知醫一人，令賫藥往救。”上曰：“然。”仍出御思政殿，引見袞等。上曰：“予意初以爲只驅閭延、茂昌來居野人而已。今見此報，必深處野人預知之，與城底野人相應作賊矣。”南袞曰：“驅逐事，時未的知。然彼果作賊，則必多請兵出來。彼居我土近地者，與我國人交通，凡事無不聞見耳。世宗朝討李滿住之後，建州衛與我國作嫌，若知此奇，則不無起兵之心矣。若果率千餘兵而來，則必不即解散，而作賊於邊鎮矣。然二三日間邊報當至矣。”權鈞曰：“雖作賊於邊鎮，李之芳想必還來，可以及救矣。”南袞曰：“三衛將見敗之事，若馳報於之芳，必整軍禦之。彼雖率千餘兵，而不得與我接戰矣。”安潤德曰：“李之芳初入驅時，以三衛將留鎮于虛空橋之

意，必逆料賊之要擊而備之也。但三衛將不遠斥堠，而李蒳軍
勢單弱，故致此敗矣。"高荆山曰："見前後書狀，則死傷之數
亦不同矣。童他時哈所居，距滿浦二十餘里，必與李童兒相通
作賊明矣，然時未知眞否也。但李之芳未及出來之時，乘其空
陣作賊耳。今送助防將軍官，雖未及之芳出來之前，然此驅逐
之後，不無邊患，今可下送。"韓亨允曰："李童兒果若領兵橫
行，則監司必已馳啟而至。今不啟，彼人必不出來矣。"南袞
曰："黃衡知邊事，庚辰年言于臣曰：'今年內不驅閭延、茂昌
野人，則終必有後患。'其時國家不肯驅逐，朝議與武人，過半
以謂不當驅逐，與衡議不同，莫適所從。遷延至今，賊勢大
熾，沿江列居，過一二年，則勢不能驅之，人皆慨嘆。今若驅
逐而無事，則國家之幸也。此後若連年作賊，則禦之甚難。爲
今之計，多蓄軍粮，以備不虞可也。無軍粮則必不能防禦矣。"
高荆山曰："彼人往來者，皆令江界官宴享，故江界官至爲疲
弊，終不可支矣，勢不可不驅，故今則驅逐矣。豈料有如此不
虞之變乎？"閔德曰："南道則今聞金世瀚之言，依朝廷處置爲
之，而其處彼人扣頭言之曰：'當還本土'云，亦無士馬物故者
矣。不意西鄙有此差跌。"　戊子，三公啟曰："臣等聞兩界將
士，雖無所成之功，冒風雪苦寒，往還異地，宣慰至當。但前
者北征，亦遣承旨、副提學矣。然北征時則事甚重大，非如今
時之例，而其時下去將帥皆一品，故如此矣。今則曹閏孫以二
品下去，而李之芳亦以其道節度使入驅，今遣承旨，恐似過
重。臣等意，雖以卑秩近臣遣慰，其恩數亦至重矣。"傳曰：
"考前例，皆以承旨與堂上人遣慰，故今亦欲遣承旨，予意猶
以爲過矣。今聞三公之啟至當，宜以秩卑內臣往慰。其遣直提
學閔壽千于咸鏡道，典翰金安鼎于平安道。"史臣曰："古者將
兵在外者獻捷，則遣使宣慰，勞其功也。李之芳領大眾逐小

醜，措置失宜，略無小利。虛空橋之敗，衛將幾殆，且畏虜人尾擊，恐怯鼠竄，徑從他路而還，不獲一虜，而使我軍馬過半死傷，填棄雪壑，爲虜所收，無釐動衆，祇增國辱。朝廷即當赫怒，按以軍律，而反遣侍從宣慰之。人君猶愼一嚬笑，況行賞乎？上明知李之芳、曹閏孫無功可賞，而欲將表裏而賞之，因承旨金希壽之言而止之。不知所勞者何人，所賞者何功？將用兵而失紀律，君待將而失刑賞，紀綱之解紐可見矣。” 壬辰，御思政殿，引見李公檣。公檣以備邊司郎官，往平安道驅逐處，而還來復命，故引見。公檣啟曰：“今月初二日早朝，兵使傳令行軍。適波湯洞居彼人朴也郎哈父子，率十餘人，以歲謁到滿浦。兵使招語之曰：‘國家聞野人來居四郡，而使我巡審其居而已。主將出疆遠行，軍威不可不嚴，汝等見我軍威甚嚴，無乃疑慮乎？若汝妻子不知其情，望見軍威，逃竄山谷，則豈無凍傷乎？’即令也郎哈，速遣汝所率人曉諸他里，以還家安住，愼勿輕動之意，而使王山赤留館，率也郎哈由水路而行。行到三十里許，越邊斜乙外洞，將過他時哈屯，他時哈騎馬望見先鋒，疑懼不即來謁。使人責其不來，仍令來謁兵使下營處。其屯妻子皆伏匿山林，只有守家者二三人而已。他時哈來謁于陣前，主將曰：‘我不害汝，汝等千萬勿疑，宜速招還汝妻子，毋使凍傷。’時哈喜謝曰：‘我當親招往來矣。’且先導軍馳報曰：‘騎馬彼人六七，自江上而來，忽遇斥堠軍卒回去。’左火烈將李誠彥，遣通事追呼，野人不能逃避，來謁軍前，乃茂昌居童尙時、金舍知也。問其下來之由，則答曰：‘欲謁滿浦令公而來也。’主將言曰：‘若妻子得聞此奇，其乃無輕動乎？’皆曰：‘軍威甚盛可畏，妻子愚癡，應必惶恐，相與走匿耳。’因饋酒食慰安其意，留宿陣中。初七日早朝，主將見在陣軍馬冒寒，多有病傷疲困，令諸將揀其羸馬弱卒，差人令還於滿浦鎮。是日行三十餘里止宿。初八日，朴也郎哈先到其屯，率十餘人迎謁於軍前。彼人妻子見我軍容之盛，皆驚惶逃匿於山間。也郎哈見其不害初面居住野人，然後先使其子招還兒女，皆出見之，始無畏意。行到五六里許，野人朴山等十餘人，列立江邊，待我軍之至，羅拜馬首。問其酋長，則元舍吾大而欲見其子，入歸溫火衛，今已半朔云。出疆三日，士馬凍餒，沿路多有顛仆者，主將到雲頭里，擇其難於運行者，差人由池寧怪舊路入送于上土鎮。初九日，行二十餘里，到虛空橋越邊，下營止宿。初十日，令左、右、中衛率騎步二千餘人留屯，以爲援兵，逐分八隊，各選精銳之兵三千餘，從江水列隊而行。行到五里許，有小甫里洞，及大、小難時哈等洞三賊路。三衛野人由此路出入，以獵我土，而往來閭延、茂昌者，亦必由此路，故皆有足踏之迹也。且於此地，可作陣阻備之處也，故令三衛將留陣于虛空橋舊城，戒以謹飭斥堠。行到虞芮城內止宿。十一日，官軍至趙明于初路，彼人童海陰“陰”下作“套”。等迎拜馬首曰：‘我等聞大軍之至，留待令公之來矣。但妻子驚恐失措，登山隱伏。’主將諭以不害之意，諸虜皆俯伏而謝。海套仍曰：‘願陪行次指路。餘人欲獵獐子，當及下營處以謁。’其志實不欲往謁也。十二日，行到閭延下端。彼人金巨大、巨應仇乃時、汝應哈等六七人騎馬下來，謁于軍前。主將招跪馬首，問之曰：‘酋長何不盡來乎？’答曰：‘家有遠近，我等先得聞奇，故馳來矣。下營處，則必皆來謁矣。’閭延舊城乃地窄，故近江作陣。諸屯野人數十人來會陣外，請入謁見。姑令通事領留，待其放炮入來，預令行廚預備所饋之物，仍使備陳軍威。然後通事領諸酋入，于營陳之前列坐其次，開諭曰：‘國家非欲罪汝也。汝等冒居禁地，國家屢遣邊將開諭，而不肯還去，故只令驅逐而已。汝等勿驚動，其速決意而往。’

彼人等答曰：'國家之禁，非不知也。漁獵之利甚便，故淹延
歲月，以至于今耳。令公領大衆入來，我軍必以爲無噍類矣。
今聞令公之言，有如將斬頭而止於割耳也。'皆欣然喜謝曰：
'我等當徧曉諸屯，使之自焚其家。'主將且責曰：'前者邊將使
人時，老老好者，凌辱無禮，罪莫甚焉。童尙時亦云："斬我
頭埋此地，然後可去。"如此等事，罪固難赦。國家初與尙時約
曰："更引他類來居，則當併汝逐之。"而今何誘引如是滋蔓
耶？'尙時答曰：'後來人皆曰："汝獨爲朝鮮子，我何獨不爲朝
鮮子乎？"'主將丁寧告之以速還之意，則答曰：'雪消即當還舊
土。'主將仍令列坐饋酒，慰解其情；密令炮手，設觸天火于陣
中四隅，不意放炮，諸虜驚惶失措，胡馬十六七匹奔逸，我軍
之疲馬亦驚逸。諸虜尋馬驚起，使之還坐，仍辭曰：'我輩退
家，盡撤財產，以待敎令。'主將皆令遣還，約曰：'明朝當放
火炮，汝等聞炮聲，一時並火爾居。'彼人曰：'軍士多來，則
妻子驚懼；若放炮，則妻子亦驚。請勿放炮，我當自火。'十三
日，主將令軍官看審火否。則彼人自知其非，登山逃匿。其未
火者，令我軍移其財物火之，且問金巨大等曰：'南道亦有三
水軍馬入歸，汝聞是奇乎？'答曰：'不知。'諭其尙時以歸家之
意，則不歸其家。探觀其意，則恐我軍直到其家，故欲觀勢。
回軍時，阿松介及子與金舍知等辭去而言曰：'行次愼重'而
去。主將曰：'無知之人，若橫行於道路，則當殲滅無遺。'彼
人笑曰：'阨塞處多，故如此云。'然其言似有心焉。主將語阿
郎哈等曰：'汝當指路到滿浦。若如此，則啟聞朝廷，別恤而
慰勞之，何難焉！'彼人等曰：'今見火居，妻子無所依托，請
計屯之多少，而勿火其一二家，爲妻子止息焉。'主將曰：'汝
亦有率下人，其人若不聽從汝言，則汝必怒矣。余何以不遵朝
廷之號令，而不撤汝居乎？'且臣見之，則彼人之詐者，只撤其

屋上蓋草，焚燒使有煙氣，若爲盡焚之狀。我軍知之，以次盡火而來矣。且沈海套有屯有一小家，欲焚之，則云妻產兒未久。主將曰‘若依朝廷之令，則當焚之矣。然我寧得罪，不忍焚之’云。彼人喜謝。主將曰：‘今之火廬，不無怨心乎？’答曰：‘大軍初至，則我等意其盡死矣。只焚土木而去，何有怨心乎？’其日到巴山洞，聞李菡見敗之奇，皆曰：‘後多有虜家，前有趙明干等處，多有阨塞之地。’故日雖夕，而至於趙明干止宿。彼人五六名，見我軍行止，而或進或退。其時李誠彥爲捍後將，不擒來矣。軍中皆曰：‘何不擒來耶？’彥誠曰：‘日已夕，而報於主將後擄之，則勢有不及，故未果耳。’且有一人稱溫火衛野人，來告曰：‘聞李童兒率騎步兵並各百餘人，於前路一息間留伏作賊。’令通事問之，初則顛倒步來，而辭去時則云有騎來之馬，欲往見之遽歸，意其必間諜而來，仍令拘留。翌日，十五日。其越村未盡火者，金麒孫、金舜臯等盡火而還。彼人五六名，或騎或步，隨我軍行止。我軍將伏兵邀截，適有彼人兒馬二匹逸于軍中，我軍逐之，到越村林藪，林藪中有彼賊三十餘人隱伏，見我軍追馬，意其追己，遁去矣。我軍過行，則彼必還來，伏兵待之。果前騎馬賊五人，內二人由他道而往，一人驚走，其二人未及走者被縛。且金舜臯至一大家，彼人持弓矢伏于家後，將欲彎弓而射之。碧潼居兼司僕南自中以胡語言之曰：‘汝等雖走，皆死矣。’彼人趑趄不能去者彼縛。彼人之逃在山頂者，望見大呼曰：‘勿去，勿去。’且趙明干下端有二家不盡焚之，率軍二十餘名往火之。彼人三名亦有隱伏，見我軍數少，突起拔劍而來，軍官一人射中其臀，其佩弓矢者皆走，中臀者被縛。臣見一江村，山高不能攀緣而入。到虛空橋近處，則乃賊路相遇之地，故戒嚴軍中，整陣而來。又到李菡相戰處，則有血染地。到小難時哈洞，望見有煙氣，意彼人留屯，遣兵四十名伺之。回報云：‘若夏月草長時，則猶可登山潛入而射矣。今則雪夜月明，踏雪有聲，勢有所不能也。’曉月落後，平明見之，則彼人已移去，只有火燒餘也。日晚，入虛空橋，其地洞口四面回包，因城伏兵，若聞野人來，則令將帥抄軍措置矣。戰死之屍，使斥堠軍卒收斂。賊猶在谷中，有一人來報云：‘賊與斥堠軍交戰。’誤傳也。李長吉率軍入洞口。軍人畏不敢進。長吉督往見之，凡戰死之屍身，十里置一，意必以我軍覓屍而往，欲邀擊之也。到慈城內伏兵止宿。有彼人追來。夜有一人，有脫笠者，從冰路入來。我軍之伏兵者，疑其我國之軍士，亦有脫笠而落後未及來者也，將欲射之而不射。問爲誰耶？則彼人驚走，必是彼人之斥堠者也。十七日，到慈城三歧伊。三歧伊路且險阨，賊路要害之地，故監司亦令李敬智江界判官。預率伏兵。敬智令于伏兵者曰：‘彼人深入此處，然後吹螺。’而騎馬賊四人入來。我軍聞其馬蹄之聲，以爲彼人多來，徑自吹螺。彼人知我軍有伏，還去。是日，彼人四十餘名追來。主將擇其能射者金麒孫、李長吉遣之。彼人所持杖劍，光芒照日。此地路狹而險，故長蛇而行。彼人計我軍勢，不能前援後救故也。我軍欲窮追，恐彼人佯敗而走，故不果云。主將親自捍後。十九日，入來于上土。翌日，結陣點考。李菡見圍時，柳泓在遠地，聞李菡相戰，吹角而進。彼人聞角聲稍却。江界軍官金南海，素善射之。南海馬仆而起，急劇發射，俄而賊縛南海而去。李菡相戰時，軍士之馬死傷者大概六七十矣，軍士死傷者不下五十人，李菡射賊三人，皆墜馬。發第四矢，爲流矢所中，不能發矢，回馬欲避，賊從後以劍擊菡耳後傷之。”上曰：“李菡只著笠乎？”公檣曰：“不著甲冑矣。”上曰：“野人見擒者幾人？”公檣曰：“也郎介、羅松介凡十四人。”上曰：“戰時所獲野人幾何？”公檣曰：

"三人。"上曰："矢傷者幾人？"公橋曰："彼人愁虛大云：'李童兒擄我國人十五六而去，吾土人三人中矢而來，一人至死，二人時不死'云，則彼人見傷者，疑或有之也。" 癸巳，傳曰："昨聞李公橋之言，且見平安道兵使書狀，戰塲死者甚多，予甚惻愴。其戰亡屍身，要須尋覓，且是爲國亡身者也，固當施之恤典。其令禮曹考前例以啟。且李菡、柳泓、韓珪，爲衛將兵敗，兵使請依律定罪。菡今方被傷，雖不可遽加其罪，令三公及備邊司堂上等，詳議其定律而啟。" 傳曰："奏聞使賫來賞賜將帥等物，若時在京中人，即當召給。其在外者，則不宜輕易下送，欲姑藏之，待其上來分給，亦似未安，將何以處之？並議于三公以啟。"領議政南袞、左議政李惟清、右議政權鈞等議啟曰："今此皇恩，果非尋常之比，欲頒赦，百官加，上意至當。然臣等見聞前例，在世宗朝，獻俘受敕，正如今時之事，而無頒赦、百官加等事。近來恩數太數。古人云'赦不數下'，赦不宜數行。在前頒赦，出於不得已爲之矣，此則無前例；而今又爲之，則恐將爲例也。當自上酌行之。邊將等欽賜物件，其邊將在外者，下送授之無妨。但臣等今見皇帝賞賜物件，只及於奏聞書內有姓名者而已，不及於其時捕倭有功之人。如蘇世讓，初以不能捕倭，被推罷職，而今反蒙賞。其如趙世幹，實多功勞，反無賞賜。臣等意以謂此乃皇帝之賜也，似不當更改。然分其無功應受之物，均及有勞之將，則皇恩遍及，而將卒皆必有激勵之心，足以勸人樂赴戰也。"傳曰："頒赦與百官加事，予意亦以爲頻數，可勿行也。皇帝賞賜將帥等物件分給事，中朝不知將帥等功勞有無，只見奏聞書內有姓名之人而論賞矣。然此非我國之事，出於帝命，不可在此更改，依敕書分給。趙世幹雖曰有功，國家已曾論賞，豈以不與皇帝之賞有所憾也。"袞等又啟曰："驅逐將士論賞事，今承上教。

考前例，成宗朝辛亥年北征將士，分其等第論賞。一等則賞加一級，二三等則只賜唐表裏矣。且彼辛亥年事，則及征討而又有功勞，故如是耳。今只驅逐而已，少無勳勞，事有輕重。今此論賞，須於北征時賞格減等施之。"傳曰："今之事，果非如征討之例，只驅逐而別無功勞，論賞無名，且不可以爲冒苦寒往來異地之事論賞也。其下人等，尤不宜分等論賞也。但將帥等只賜唐表裏可也。宣慰使已下去，送表裏于宣慰使，令傳授可也。"袞等又啟曰："李菡等敗軍，至爲駭愕。國家初爲此舉，非欲殲滅彼人，只欲驅逐，而今至於敗軍，必有其由，請推考。"傳曰："李菡則果宜推之，其餘諸將，則皆已力戰，且有斬級之功，不宜與敗軍者同罪，但可推考也。況功過相准，推辭不可同也。李菡罪重當拿推，其餘則更議以啟。"袞等回啟曰："今見此牒文，乃韓珪等所啟，不可以此爲信也。當令兵曹憑閱推問。"傳曰："李菡等其令宣慰使推考。"　甲午，政院啟曰："臣等見平安道節度使啟本。驅逐時，軍卒無去處者，及李菡戰敗死亡者，並計之，幾至五十餘人。臣等意以爲，其中迷劣人及凍傷死者，必多有之。大抵軍中，初則未詳知死亡之數，及其終也，方知其數。今知死亡之多如是，而又賜主將等表裏，則其道人民，恐以爲朝廷論賞未得其中也。雖微細之物，人君論賞，必有功者然後可也。今無功可賞，既遣內臣宣慰，又賜表裏，恐其太過，請更問大臣處之。"傳曰："所啟至當。其初聞虛空橋雖士卒被傷，而主將無事回軍。予意以爲賞典不可自下爲之，故予欲賞之以表裏，而今詳知死亡甚多，論賞果未便。此若不賞，則曹閏孫表裏亦可停耶？其遣史官議於三公。"領議政南袞曰："今此驅逐之舉，軍中之人多數亡失，雖非大將之過，然所得不能償其所亡，良可惻然，姑停恩賞。待三衛將推覈啟聞後，更議爲便。"左議政李惟清曰："自古動大衆，不無利害。今此驅逐之舉，人馬死傷之數，不能的知，而遽施恩數，事體未安。兩道點檢後，更議無妨。"右議政權鈞曰："賞一勸千，貴乎得中。若失中，是僭也。李之芳領大衆驅小虜，不善措置，虛空橋之戰，死亡被擄，多至五十名，且畏怯虜人尾擊，徑還上土，以開彼虜之輕我，山端等處，彼虜居之，棄而不逐，以遺後日之慮，責固難辭，又何褒焉？" 工曹正郎金世瀚，自北道巡邊使曹闓孫軍中還。上引見于思政殿，問軍中事。世瀚曰："闓孫率可用兵一千八百名。十六日，三水軍發，軍過加乙波知，到古未坪。先鋒將李珣，捕彼人五名。令從事官李芚及臣，持女眞書榜文開諭後，令李珣率到陣中，盛陳兵威，引野人五名入陣中，使之列立行拜禮。五人中壯者二名，年可三十五六許，少者三人，年亦十五六七許，朴阿陽哈之子羅陽哈也。問曰：'何以出來？'答曰：'忽剌溫亏知介等，聞平安道人馬數數往來於閭延等處，將欲邀截於中路。童尙時傳聞于族親溫火衛彼人處，傳道於父。父使我進告於三水，故出來而見捕。童尙時則告變歸滿浦矣。'先送通事于阿陽哈家，使之傳通于童尙時處，留羅陽哈于軍中，爲指路，到厚州。初八日，到於同仇非。初九日，到來浦洞下，朴阿陽哈、金舍知、金伊郎哈等，以榜文開諭，令萬戶金世瓊，偕通事及金舍知持榜文，更使傳通于童尙時處。初十日，至薰頭坪結陣。金世瓊回報云：'令舍知傳送榜文于童尙時家，則童尙時歸于滿浦未還。到其家見之，則只有迷劣長子而已。其次子牙山有勇。問其歸處，則答以歸妻家未還。盡燒野人財物，以榜文開諭，則野人扣頭冰上而謝之曰："我等更來居之，則雖殺我何恨。"略無怨恨之色矣。'十一日，還到奉浦洞。十二日，到古未坪。十三日，到三水郡。照名點名，人無凍傷者，馬八匹死傷矣。主將初令于軍中曰：'一軍馬料，各持細切草二十斗。'故間雖有冰路脚傷而死，其饑困顛仆之馬，則末之有焉。
所經道路，若於冰上雪積處，則馬難躝行，故或由林藪間行
矣。彼人家數，無慮三四十家也，且於屯内無家產，只有皮穀
及污毁木槽與瓢而已。自三水至薰頭坪，里數計以常時急行，
則五息許矣。"上曰："軍行長蛇乎？鶴翼乎？"世瀚曰："路狹則
長蛇，廣則鶴翼矣。"上曰："往見彼人數幾何耶？"世瀚曰："大
概童尙時屯有六七人，皆年老無勇。初則軍士圍立其屯，皆不
肯出。遂令遠圍，令通事招之，然後出來矣。"上曰："壯者歸
何處云乎？問之乎？"世瀚曰："顯名如阿山者，歸妻家云。臣
意以謂疑其歸於平安道作賊。凡軍非勇猛者，及馬之困疲者，
則還出送，而所領軍爲千八百矣。"　諫臺啟許淳、金光準講經
等事。憲府又啟曰："今三衛將李菡、韓珪、柳泓等，於虛空
橋遇小賊致敗，虧損國威大矣。無事之時，尙或有一人被擄，
則邊將率皆拿推；況今領大衆，以致於敗，不可置彼處而推之
矣，請令拿推。且李之芳雖不與三衛將同事致敗，而以主將，
致令軍馬多傷者，措置失宜而然也，并須拿推。且咸鏡南道兵
使潘碩枰，不察軍機，誤啟權勛探審道路情由，此甚不可，請
罷職後推考。"皆不允。　乙未，傳曰："平安、咸鏡道將帥等
處，欲給表裏，三公之意如此，而臺諫時方請推，姑勿施
恩賞。"

二月丙申朔

　　是日，朝鮮實錄書：備邊司啟曰："李菡等孤軍遠出，猝
遇賊變，以至交兵，其被殺被擄人數必多，請擇定差使員，憑
考元軍目，詳悉閱實啟聞後。戰亡人恤典，令禮曹磨鍊施行。"
依允。　丁酉，備邊司啟曰："前者司受教内，彼虜拒敵官軍，
則當大示國威，而虛空橋作耗，至爲痛憤。非止此也，回軍時
陣後追來，持弓矢，據要害，拔劍突前，所當登時襲殺，快示

國威，而猶不爾也。擒來彼人等，分囚于內地各官，<u>虛空橋</u>留鎮我軍等，某屯某人首倡來犯，以至殺擄事，備細推問。如不輸情，用刑杖窮推得實。而萬一彼人出來于<u>滿浦</u>，則嚴辭語之曰：'汝等居國禁地，至耕我土，屢遣人開諭，頑不聽從，言且不遜，其罪固重，當殄滅無遺。國家特用寬恩，只令驅出。爾等宜束手聽命之不暇，反生惡逆，來犯<u>虛空橋</u>，留陣官軍多數殺擄，其罪尤不可赦。其時首倡人等，及時搜捉，來獻軍門；被擄我民，亦即刷還，則必有異賞。不爾，則不得已更舉大眾，以問其罪，其中無罪者，亦未免玉石俱焚之禍。'以此反覆開諭，期於畢刷，而冒禁來居各屯人，則所當盡皆驅逐，還由直路而來，而聞變中止。最以近境居<u>童他時哈</u>等三屯虜戶，不可不盡驅逐。擇解事鎮將，量給精兵，遣語彼屯曰：'江邊列居諸屯內，爾屯戶數甚少，大者既去，則小者自出，故不敢加兵。爾等不畏國威，偃然仍居，至爲不當。'陳利害開說，使速出去。"依允。　　<u>平安道</u>兵使狀啟曰："去十二月二十日後，連日酷寒，軍馬凍傷入來。本月初六日出疆後，士馬多致疲困，故<u>小甫皇里</u>下營，疲困人馬，抄擇守護將，定體從<u>虛空橋</u>路入送。初十日爲始，日氣稍緩，人馬並無故往還，到<u>巴山洞</u>日，聞<u>虛空橋</u>賊變，必是近處彼人所爲，故以今所帶率<u>閭延</u>、<u>金羅松哈</u>、<u>波陽洞</u>朴阿郎可等，及<u>趙明干</u>以下<u>童諧豆</u>等十一名，捕捉下來。彼賊等見我軍之行，登絕頂，煙氣相報。而三衛將飛報云：'監司以救援事，今月十四日到外叱懼，聞彼人大舉來圍<u>滿浦</u>之報，即時還鎮'云。十六日朝，以<u>李菡</u>等戰傷處戰亡人輸來事，抄送驍勇軍。彼賊等見我軍之盛，自縮不出。然從征士馬，積雪酷寒，多日露宿，困疲莫甚。非但此也，人馬糧料已盡，無糧闕食者亦多。商度則<u>古道洞</u>上立巖峽口，水急不冰，兩峯壁立，惟巖底水路，廣不過數丈。水上彼賊，煙氣相望，滿浦圍城設備丁寧。賊若剖冰遮道，則持重兵雖不敗績，飢疲士馬被拘不出，變故莫測也。古道洞以下各里，彼人距滿浦不遠，仍留不去。擄去人不即刷還，則遣兵掩襲，逆者則斬，降者則生擒囚禁，期於刷還事。"啟下備邊司。　戊戌，臺諫啟前事。憲府啟曰："虛空橋留陣諸將，大軍遇小敵，不善措置，多被搶殺，請拿推。李之芳以主將，不逐三屯，徑由他道而返，其畏怯虧損國威至矣，請並拿推。潘碩枰軍機重事，不能詳察，以權勛審探道路事誤錯啟達，請罷職後推考。"諫院啟曰："三衛將李菡，輕出見敗，韓珪不能救援，柳泓未及奔救，其罪一也，請皆拿推。李之芳、潘碩枰事，亦啟如前。且備邊司欲令鎮將驅逐三屯，其計失矣。三衛將提大兵，猶且敗衄，況可以偏師懸入，能克敵制勝乎？且北方之寒甚於西方，而西方則有凍傷者，北方則無有云，恐是虛語也。且巡邊使曹閏孫，使西方之人懸入，以致凍傷，請推。"傳曰："許淳、光準可遞講經事。大臣已議其不可，今不可改。三衛將李菡、韓珪逢賊，柳泓及往救之，其罪自有輕重，不可皆拿推，姑令敬差官推問可也。李之芳不逐三屯，徑出他路，似乎失矣，然聞賊變而乃爾，不須拿推。潘碩坪始令權勛探道路，而勛不即牒報，此勛之失也，非碩坪之過耳。逐三屯事，兵使報云，只令一陣之軍足以驅之，故備邊司欲逐之耳，不須中止。"

己亥，引見政府及備邊司堂上曰："西北諸將事，臺諫請拿推何如？"領中樞府事鄭光弼曰："三衛將及李之芳所失之事，臣未詳知。然虛空橋之見敗，初非有接戰之計，不意遇敵，失措見敗，其罪可恕。況之芳方措置邊事，今若拿來，其約束改矣。且三屯驅逐事，不可輕舉，請先開諭，不去然後驅逐，何如？"領事南袞曰："李菡等各受偏將之責，當自盡其道，而見敗如是，此非主將所知。況邊事首尾，之芳必詳知，不可以他將代也。且三屯不盡驅逐之意，必有所以，或軍卒疲弱，勢有不可爲也，豈可以小失而拿推？令敬差官推問爲當。潘碩坪事，特是誤錯，不必拿推。"李荇曰："三衛將事，果非之芳所失。然遠入彼土，不遵朝議，不逐三屯，所失大矣。且一年之內，再興大衆，甚不當也。碩坪文書之誤，不推也。閏孫若有凍傷人，必自首矣，何必推之？"持平張季文曰："三衛將使軍卒多被殺搶，此而不懲，則彼人皆謂敗軍之將尚在云爾，不可不遞。碩坪事是非小失，請罷推。"正言洪石堅曰："三衛將業已敗軍，皆可拿推。李之芳虧損國威，潘碩坪不察軍機，皆可罷之。"上曰："三衛將領大軍，多被殺傷，若以敬差官推之，則似輕。李之芳以主將誤事，似當拿推，然三屯終不驅逐則已，不然則今方將士憤怨，須及此時驅逐可也，宜皆委諸之芳，責其成效，以待畢逐後拿推亦可。碩坪事，西北將士果皆儒士，則當以武臣有識者差送可也。閏孫事，書狀內云無凍傷者，則今不可推也，當令監司更審以啟。"仍傳于政院曰："三衛將拿來。李之芳三屯驅逐後推問。碩坪當遞差也。" 傳于義禁府曰："前黃州牧使李菡、江界府使韓珪、定州牧使柳泓等，閭延等處野人驅逐時，以衛將留陣于虛空橋，而李菡則不謹斥堠，輕出遇賊，韓珪則不能趁時力救，并令軍卒多被殺擄，柳泓則事變聞知，不即救援，並拿來推考。"

庚子，海西塔魯木衛女直都督竹孔革等三百七十八人，來朝貢馬。賜宴，及綵幣、襲衣、絹鈔有差。實錄。

壬寅，朝鮮實錄書：平安道節度使李之芳馳啟曰："前者虛空橋被虜江界甲士田保成等二人，逃還本土，復被本賊追搶，止宿于宇宙峴事。童他時哈弟進告于滿浦僉使李誠彥，即率精兵七十餘騎，馳往接戰，射中五人，其弓矢馬匹，皆棄而走。"

乙巳，建州右衛女直都督牙令哈等二百十三人，來朝貢馬。賜宴，給賞有差。實錄。

戊申，建州、海西等衛女直都督掃撒等二百四十九人，來朝貢馬。賜宴，給賞有差。實錄。

乙酉，海西塔山前衛女直都督速黑忒，以陞職七年，懇蟒衣。予之。實錄。

乙卯，朝鮮實錄書：平安道節度使李之芳啟本云：“本月十二日，遣虞候李長吉領兵一百五十，使逐波蕩洞、古道洞兩屯。又遣僉使李誠彥領兵一百五十，自餘屯洞入。誠彥進圍童他時哈屯，彼人持弓矢突出，以拒官軍，官軍挾擊，斬他時哈等二十三，擒童可可呂等三，得本國馬二、牛四與弓矢。又於他時哈家得文書一軸，乃驅逐時大將所各日甘結騰寫冊，及諸將名錄，軍都目軍令等書令，虛空橋作賊時所得也。既盡斬獲，焚其廬舍而還。長吉進圍朴也郎介家，擒二人。又圍古道洞，彼人八名，持弓亂射，即縱兵挾擊，斬首七級，生擒四人，得本國被虜人一名馬五，又奪彼人弓矢，焚蕩其家舍。我軍二人中流矢，鏃雖穿甲，不及於膚。兩軍皆翌日即還，且被擄人言，前日驅逐時，溫火衛野人於立巖灘中鑿絕水路，聚軍三四日，以竢我軍入三屯，要截作賊設計。今聞此言，又觀誠彥所得文書，此地野人其作賊於虛空橋明矣。臣當推問閱實啟之。”

是日，建州右衛女直都指揮僉事佟野捌等來降，徙居廣寧。　丙辰，海西建州、撒剌兒等衛女直都督都魯花等，來朝貢馬。賜宴，給賞有差。實錄。

戊午，朝鮮實錄書：臺諫啟前事，又曰：“李菡、柳泓以敗軍事推問，而使保放，軍法當嚴，請囚禁推之。”傳曰：“用僉事不允。即前事。李菡爲賊所傷，若被囚疾病，則後雖欲致之於罪不可得，故姑令保放，待珪至並推矣。”

已未，以塔魯木衛都督僉事竹孔革陞職久，給金帶、大帽各一，從其請也。實錄。

北關葉赫，是時正就撫，明廷正羈縻之。

庚申，朝鮮實錄書：傳于政院曰：“今以柳泓招事觀之，則李菡、韓珪在賊上路，柳泓在賊下路，其間相距八九里，故初不知菡遇賊。有一人過虛空橋，呼曰：‘李菡與賊相遇。’即領兵吹角奔救，賊聞角聲驚退云。韓珪招辭亦與此同。但菡既刃傷，珪亦路病，推辭的實，不必刑問。且柳泓事，則有韓等招辭爲可證，非不即救援，而今其傳旨推辭云：‘泓聞菡等遇賊之奇，而不即救援’云，似與其情相異，此可以分辨。然在軍律不可全釋，其遣史臣收議三公。”領議政南袞議云：“大抵議人之罪，必須參酌情法，使有罪者不得幸免，無罪不得濫蒙可也。今觀李菡等供辭，則柳泓之罪似當末減。先王朝有勿拘傳旨之教，姑令禁府照律，自上裁斷似當。”左議政李惟清議云：“柳泓事觀菡等招辭，則非逗遛不即救援之例，按律輕重適中照律，何如？”　右議政權鈞議曰：“今觀李菡等招辭，則非不即時救援也，宜令原情照律後上裁，何如？”　辛酉，傳于政院曰：“柳泓事，領左相皆云令禁府照律後上裁。若令禁府照律，而以其情末減，則是似乎自上特減，有所不可者。軍機之事不可全釋，故欲以可當律而論之耳。”回啟曰：“此事無適律，未知當以何律論也？今以菡等供辭觀之，則柳泓之罪似不如菡也。”傳曰：“泓與菡等結陣相遠，聞奇馳到，賊聞角聲而退，非不即救援之例，此似乎無罪，量其輕重適宜照律事，言于禁府。”　備邊司堂上高荊山等議啟曰：“滿浦僉使李誠彥啟本云，我國被擄人逃還時，又爲彼人所擄，誠彥即馳往奪取而來，其功可以論賞。誠彥又於三屯驅逐時，多有斬獲之功，亦宜有賞格也。又其兵使啟本，言生擒野人三十名，請分配內地。彼人元愁伊羅，則虛空橋作賊事已服，請處刑典云。其論賞可否？及其啟本所言之事，今令大臣等議之何如？"傳曰："賞格事，則我國受辱於小酋甚矣。雖或斬獲一人、刷還一人，只可小泄其憤，不可以爲功也。若彼來攻我，直犯其鋒，奪取被擄之人而來，則可以賞之矣。今誠彥因彼人來告，幸得刷還，而輒行大賞，則邊將聞之，必曰某功雖小而得大賞，如此而已可矣，恐人心從此解弛矣。其將則只賜表裏，軍卒則布物可矣。我人之被擄者尚多，邊將知其有大功，然後受重賞之意，豈其不可耶？且李之芳不逐三屯而來，故臺諫請拿推，答以畢逐三屯後推之，而大臣則以爲不必推也。然大將有誤事，亦不可全赦不問，令敬差官推之，何如？"三公與備邊司又啟曰："李之芳啟本云：'時蕃水等地彼人等，依舊結幕，或來畋漁，恣意出入，窺覘我虛實。請立柱於地境，使人守之。彼若無緣相越，則請以盜賊論之。今以立標之意，先曉彼人，又定驍勇軍卒，若潛隱入來者，斬首無妨'云。之芳此計，似亦當行。但先王朝，許混斬彼人來畋者，以獲賊得賞，其後事露被罪。亦今恐有如許混者，則論以大罪事，並錄于事目中，使邊將知之，何如？"又其啟本云：'生擒野人童阿求舍及童可可呂，皆驍勇之人，請勿殺，使處於內地，而邊方有事，則以此人爲嚮導'云。之芳必察其無罪，觀其可用，故如此云耳。前時生擒野人，亦有處於內地，周其生息之資，用以爲邊方嚮導者，今亦如此爲之可也。且三屯驅逐時，我軍無有所傷，而斬獲亦多，江邊軍士，自以爲盡力驅逐，而必望恩賞之至矣。今若不行賞典，則彼且缺望，不可不賞也。元愁伊羅，其鑿冰邀截我

軍時，參謀明白，刑之可也。李誠彥表裏事，上教至當矣。且
誠彥前日驅逐時已入歸，而三屯驅逐時亦與焉，其軍卒亦必有
如此者，待其三屯驅逐時功勞等第啟本俱到，而一時論賞，何
如？李之芳事，前日臺諫論其有誤，朝廷亦以爲非者，以不逐
三屯而徑還故也。其時以此事下問臣等。臣等以爲彼豈無計較
而然乎，以此啟之。而及見其後日啟本，則云‘我軍回還時，
彼人於立巖灘阨塞之處，聚衆鑿冰，邀截我軍’云。若於其時
之芳直入三屯，則恐有大敗之辱也。之芳之徑還，果不誤矣。
今令敬差官推之可矣。若拿來推之，而終若無罪，則將何以處
之？”傳曰：“渡江者論以盜賊，猶之可也。但如此峻截，則彼
之作賊事，雖欲來告而不得者，懼誅故也。待夷狄之道，似不
如此也。渡江者皆令斬之，則許混之事將復出矣，更量爲之，
何如？且元愁伊羅、童阿求舍等事，當依啟。論賞事，則三屯
驅逐時，雖云距戰故斬來，然凡論功者，或彼陷我城，得以救
之者，或彼擄我人，得以斬之，則論賞可也。此則因驅逐而得
之，亦至於論賞，則喜功生事之人，必多出矣，此亦更議可
也。之芳之事，大臣以爲彼豈無計而然乎，以其不逐三屯，故
朝廷皆以爲當拿推云。今當以違朝廷節制推之，而自陳其彼人
鑿冰邀截，故徑出云爾，則當自上裁斷矣。然若拿推，則過重
矣，使敬差官推之可也。”大臣等又啟曰：“要功生事之辭，上
教允當。但時蕃水與滿浦路相遠，若告變者，則當自滿浦來，
豈自時蕃水乎？凡自時蕃嶺往來者，皆荒唐人也。此人不禁，
則我國之人，凡事皆漏通。如驅逐時師期，彼人皆已前知，是
豈可乎？若滿浦之路，則勿防禁。時蕃嶺往來者，則一皆禁斷
可也。且我國人越往外者，亦論其罪，至當。李誠彥不論賞
事，上教亦當。李之芳當初違朝廷節制，則當敬差官推之可
矣。然臣等議以爲，之芳所爲計較，無顯然之非而推之，則待

邊將之道，似不重矣。"傳曰："滿浦路勿禁事，當如啟。之芳
之事，予亦知其非誤也。然在朝廷，則當推其不從號令而自
明，然後自上裁斷可矣。今者脫使宣傳官及時驅逐，而若不即
如令，則其貽後憂亦大矣。赴京使臣，以文臣有專對之才者擇
送可矣，然今則有聲息，姑以武臣擇送可也。"三公啟曰："賊
變不可預知，宜遣武臣也。臣等今與備邊司議之，平安道內將
必多事。邊方軍卒，豈知義理，當以賞罰勸懲之也。彼之獲功
雖不多，人人必想望其恩賞之至。今若不行賞，則恐彼之有所
解弛也。江邊之卒若不用力，則難以罰而勸之。此事機之大，
似當賞也。"傳曰："誠彥則非相戰斬獲之例，因驅逐而得之，
是不必優賞。然無知之人，希望賞賜而不得，則將必解體矣，
論功可也。"　壬戌，李菡、韓珪等罪，禁府以斬待時入啟。傳
曰："依啟。"仍傳于政院曰："李菡等以軍法重，故已依啟矣。
但菡有病，不可久因牢獄，宜速啟覆事，言于政府可也。"　甲
子，御書講。臺諫啟曰："平安道兵使李之芳多有所失，故前
者請拿推，而上教以爲三屯畢逐後當推，以此中止。今則只令
憲府推考，至爲未便，請令禁府推之。"不允。

三月丙寅朔

　　是日，朝鮮實錄書：平安道兵使李之芳生擒野人四名，移
囚內地，至熙川，三人逃歸。　戊辰，臺諫啟曰："李之芳於
三衛之敗軍，不得無責，畏怯彼人，徑由他路，而且軍卒多被
凍傷，此措置失宜之所致。其罪至重，不可只令憲府推之。凡
軍事宜責主將，若是緩治，則軍律漸解矣。請下獄推之。"不
從。以後臺諫屢請下之芳獄，不允。　辛未，臺諫啟前事。又啟
曰："頃聞生擒野人，江界判官李敬智移囚于他邑，三人在路
逃躲，軍律解弛，虧損國威。請拿推詔獄，嚴明治罪。"命拿推
敬智，餘不允。　壬申，傳曰："彼人被擄者移居於他邑，此

好生之道也，而率多道亡。亡而見捉者當殺。其未捉者若得捉，則亦依軍法何如？”乙亥，執義朴閏卿、正言趙仁奎等啟前事。不允。閏卿曰：“平安之民，以從征士卒多死之故，父哭其子，子哭其父，婦哭其夫，聲徹于天，之芳之不能鎮服人心可知也。上教欲以之芳鎮服邊圉，豈有不得人心者能鎮服邊圉乎？”上曰：“之芳之以秩滿而不遞者，以三屯不逐，故與大臣議而仍任矣。今驅逐已畢，而猶不遞之之意，予未之知也。”領事李惟清曰：“之芳已驅逐而不遞者，以邊釁始開，而近日邊事又多，故欲限今年仍任而然也。凡人若久於一職，皆厭之而欲遞。今若遞之，則之芳必以爲喜也。臺諫所言皆當，然之芳留三衛于虛空橋者，不可非也。其三衛之將見敗，在大將已入之後，相距既遠，安得以知之？設或知之，力不可及矣。若其不逐三屯者，豈無計而然也？後日更入而盡逐，則不可謂不任其職矣。”平安道兵使李之芳馳啟曰：“建州衛野人來問于滿浦僉使李誠彥曰：‘我輩聞本國將與中原挾擊我輩部落，此言然乎？’誠彥答曰：‘國家將奏聞中原，挾擊汝輩，使無子遺。’使彼人騷擾。誠彥所答甚誤。”上命以之芳啟本示三公。傳曰：“生擒野人，分囚內地，而移囚時或逃躲。但彼居內地，越江而逃，則甚不可。而野人多居內地，尤所不宜。彼生擒野人中，其刷還我國人被擄者，及無罪者，入送于本土可也；其不能刷還而有罪者，處刑示威何如？其議于三公。”丙子，聽啟覆義禁府囚，前黃州牧使李菡、前江界府使韓珪，以虛空橋戰敗之罪，啟初覆。上顧問大臣曰：“此公事何如？”領事南袞曰：“以軍律論之，則固當依法；以情而言之，則亦似曖昧，在自上裁斷。”大司憲成雲曰：“原情定罪，雖若可矣，然軍律不可低昂。若一低昂，則當死之人得以不死。夫兵死地，有罪者不加之以法，則誰肯捨生而就死地乎？自古軍律則雖小罪不賞，若戰敗則其罪必死。戰敗而生之，則誰肯力戰乎?"司諫曹漢弼曰："今軍律解弛，故一見小虜，輒爲所敗，以致虧損國威。聞李蔉留陣，不謹斥候，其出入山谷，有似遊覽。觀其致敗之由，實是軍律解弛之故也。其招辭雖曰力戰，何可取信?"雲曰：'臣聞新羅時軍令嚴明，爲將者寧死鋒鏑之下，不苟免而偷生，故士卒用命，而戰輒有功。由此觀之，軍律安可不嚴!"上曰："情則可恕，然軍律如此，其依公事爲之。"　臺諫啟曰："李之芳不可令憲府推之。雖知其邀截而徑來，委任之事，不可如此，況其不知乎? 其狀辭無據，何可取實而恕其情乎? 軍法不可撓屈也。"傳曰："李之芳事，前於臺諫之啟，已令拿來。今又令敬差官推之者，非前後異命也。近以其啟本觀之，則我國被擄逃還者，言'彼人於驅逐時，聚衆於立巖灘欲邀截我軍'云，其時幸不徑來，以凍餒之卒，當預備之賊，若復見敗，豈不爲寒心哉! 之芳之所以徑來者，豈無計而然耶? 已令敬差官推之，不可使拿推也。"　己卯，御朝講。特進官崔重洪曰："臣自中朝回還時，於曹家庄遇野人入朝中國者。有一野人自言于通事曰：'我乃爾國人，少時居貞陵洞，我國都城內西部坊名。以甲士赴防于邊鎮，爲野人所擄，爲富虜養子。我名崔元孫也。吾妻則聞已適他人矣。吾子致孫，尚居貞陵洞，聞其已屬爲軍士。常望其入來中國。冀於路中相見而不得。我之入中朝，今已五次矣。且聞爾國於正月初六日入驅閭延、茂昌等地，盡焚室廬。我往見之，果然矣。彼人非居爾國之地，爾國何爲如是其已甚乎! 是以野人等於爾國使价之行，欲邀截於鳳凰城、湯站等處矣，爾等戒心而去。'以我國言語之分明。"因是啟，使訪問貞陵洞近處居人，曾有元孫、致孫與否，則虛矣。大司諫金楊震、持平任權，以李之芳事論啟。不允。　命三公議李之芳拿推便否。領議政南袞議："之芳拿推事，臺諫

請之彌旬，豈無深計而然歟？勉從其請，似無不可。然古人
云：'人主愛一嚬一笑。'嚬笑之微，尚不可輕，況賞罰之重乎？
小有差失，則所關大矣。今此驅逐之議，出於之芳，乃首事之
人也。若因此舉，永除關西腹心之疾，則實國家萬世之利也。
臺諫所云不逐三屯，開新路徑還等事，雖不無失，亦非罪之大
者也。首事之人無大闕敗，而一朝至於被逮推鞫，則非徒道內
人心驚動，抑虜人被逐者聞之，亦必快於心而自相喜賀矣。其
於國體，所損豈不大乎？臣之所見如是，故前日經筵亦粗達是
意。"左議政李惟清議："三屯驅逐之議，雖出於朝廷，之芳聞
命驅逐，頗有擒斬。若萬世永賴，則不可謂無功勞也。依臺諫
之啟，拿推似當。臣恐邊方將士，解體者必多，緩急難爲用
矣。臣前日經筵反覆啟之，爲是故也。推考定罪，輕重在上，
憲府推之何妨？"右議政權鈞議："李之芳不逐三屯，徑還上土，
事涉畏怯，已令推之，畢推以啟後上裁何如？" 臺諫啟曰：
"李之芳之罪甚大，不可不以詔獄推之。彼人欲邀截之言，其
於徑還之時無聞焉。其後以無據之事，敢屢啟聞，希免己罪，
不可以此爲用謀略而徑還也。三屯驅逐，諸將論賞云。初當盡
驅，而反自畏怯，徑由他路而還。自朝廷命之，然後乃逐，雖
少有斬獲之功。今主將時方被論，而管下將士論功，至爲顛
倒，人無所勸懲矣。大抵人主愛一嚬一笑，況邊將論賞之事
乎？且乘彼人不意斬獲，而言曰：'彼爲拒暴，故如是。'此言
不可信也。若賞此人等，則必有徼外生事之患。今不可行賞
也。"不允。 傳曰："明日朝賀時，三公必至，其議三屯驅逐
將論賞便否？" 庚辰，三公及備邊司堂上等議啟曰："三屯驅
逐將士論賞事，臺諫以爲主將李之芳時方被推，今不可論賞。
然之芳當初不逐三屯而來，此雖所失，而其後之芳撥畫措置，
遣偏將分兩道夾擊，盡逐三屯，豈無其功？彼人常時作耗，而

邊地將卒盡力防禦，況今以朝廷之命，往擊三屯而盡逐之，又有斬獲之功，必須論賞，然後將士益力矣。"傳曰："前者夜戰之功，滿浦僉使李誠彥與彼人夜戰有功。及驅逐之功，雖皆可賞，而不可使疊受其賞也。且不當賞之以爵，而以物論賞。"備邊司堂上又啟曰："驅逐之功，當以一等論。夜戰之功，當以二等論。"傳曰："然。"　三公又啟曰："前者平安道兵使，請移生擒野人童阿古、斜加里哈等于内地。上教以爲移置之時，恐有逃躱之弊，無罪者放還本土，有罪者誅斬示威。臣等意以爲兵使當初所以擒送，非欲盡誅，欲使其族類刷還我國人之計也。且世宗朝，亦還放生擒野人矣。今來彼人，若有刷還吾國人而有功者，特許還送；其中作耗罪大者，明置典刑，以示軍威，何如？"傳曰："可。"　辛巳，聽啟覆承旨蘇世良啟李菡、韓珪敗軍虛空橋之罪。上問大臣曰："將何如？"領事李惟清曰："以軍律言之，則罪之可也；以情論之，李菡則以刘馬芻領軍而出，似非輕出而遇賊也。韓珪則言所將之卒，射殺賊魁，又自力戰，故賊勢退却，似非不登時力救也。當自上酌量。"上曰："軍律固不可不嚴也，然只坐不嚴斥候而已，非專不設斥候也，且有斬獲之功，減死何如？"掌令柳潤德、獻納崔克成，請勿減死，力爭之。上曰："李菡等果使軍卒多被死傷，若無斬獲之功，其罪固不可減也。古人云：'功過相准。'今菡等若功過相准，則當專釋其罪矣；以其罪大於其功，故定其罪矣。然亦當使適於情法也。"潤德曰："斬二三人，何功之有？"克成曰："李菡等失律致敗，使國威虧損，今減其罪，則西北有事，誰復盡力？"潤德曰："彼若盡殺虜人，則可以爲功過相准。今使軍卒死亡，而雖少有斬獲，其功不足以掩其過也。"上曰："若功過相准，則可以專釋其罪矣。以其罪大而功小，故只減死而已，不可謂不治其罪也。減死可也。"　李菡流熊川，韓珪流順天。

　　甲申，臺諫啟前事。命下李之芳于義禁府推鞫。　　乙酉，憲
府啟曰："平安道宣慰使金安鼎推問李菡時，其事干守令，或
在他道者，不爲取稟，擅囚推之未便，請推。"命推安鼎。　　戊
子，平安道兵使李之芳馳啟曰："前日移囚內地時，逃躱野人
元愁伊羅，自死於巖穴中，得其尸身。其持刀子等物上送。"傳
曰："藏于攸司。"　　庚寅，憲府啟曰："滿浦僉使李誠彥，於建
州衛野人對接之際，野人問曰：'朝鮮與上國同議挾擊於我，
然乎？'誠彥答曰：'然。'彼人素有疑於我國，今聞此言，得不
動搖乎？況憑藉上國，尤非也。且三屯驅逐時，賊之拒我者可
以生擒，而多擒老弱女人，與驅逐本意大乖，彼必怨我，仍起
邊釁。請推誠彥，使知其失。"從之。

四月乙未朔

　　己亥，朝鮮實錄書：義禁府囚人李之芳上疏曰："虛空橋
等處，地勢隘窄，脫有賊虜阻截之變，則由徑路回還，勢不得
不爾。若不較時勢，膠柱不變，則恐乖萬全之計。當初發軍
時，與監司金克成反覆籌畫，而回軍時如有變故，即徑入慈城
舊路事，丁寧密約。以此，金克成聞虛空橋賊變，即令江界判
官李敬智，率軍馳據池寧怪、三千、岐伊等地。臣初不與金克
成面約，則大軍行止，何得逆料而送援軍，據要害之地乎？觀
察使發送李敬智時，亦有馳啟。考此啟本，則其虛實立辨，而
徑還之情，亦可露矣。"　　下李之芳照律以違主將一時之令照律。
及其上疏，曰："之芳事當初拿推，亦過也。以臺諫論執日久，
敬差官又已上來，無可推之者，故令拿推矣。而今其照律如
此，當詳覆而決之耶？抑不詳覆而自上斟酌決之耶？議于三公
以啟。"

　　壬寅，賜毛憐衛都督木哈尙金帶、大帽各一，從其請也。
實錄。

木哈尚尚在，距天順三年己卯爭襲時，至今甲申，已六十六年。

癸卯，朝鮮實錄書：領議政南袞議曰：“臣意前已盡啟。但有司照律，拘於傳旨，不得不爾。參究情法，自上裁之。且罪之輕重，睿鑑所洞照，何必待詳覆乎？”左議政李惟清議曰：“李之芳驅逐後徑還上土，必有計較，不當推考事，臣等反覆啟之。以臺諫連日論啟，故勉從之耳。凡死罪詳覆者，或爲囚求生道，或爲疑似註誤，得實而然也。之芳之事，本無情，律雖如此，不必詳覆，決斷簡在聖心。”左議政權鈞議曰：“似不至重，而照律過中。”傳曰：“李之芳只罷其職。”下備邊司公事曰：“比言李菡、韓珪等，於虛空橋結陣之初，生擒野人三名，至敗戰後，發憤斬之，詐稱臨戰時所斬，而欺罔牒報，請定罪。李菡等既已被罪，不必追論也。”平安道觀察使金克成馳啟曰：“野人高時下打厮役人童甫澄可，率其妻唐女出來于滿浦，僉使李誠彥不稟而上送，至于平壤矣。且甫澄可請居于我國，何以處之？”乙巳，平安道觀察使金克成馳啟曰：“生擒野人童阿求舍，已行刑矣。”乙卯，平安道敬差官金安鼎，以驅逐時軍馬死亡數列錄以啟曰：“驅逐時，寧邊等二十九官，合騎步兵凡二千四百七十四人。其中死亡及被擄者，五十一人；而刷還及逃還者，合十六人；以凍傷不入歸而還家者，四十餘人；點閱時未及到者，四十一人；亡還者十五人；其未及入歸閭延而物故者，十七人。馬凡二千九百九十五匹。其中故失者三百五十七匹，閭失及棄置與被擄者，並四十八匹。臣所未及點覈者，祥原、中和、三登、熙川軍馬，而其文案，移送于監司而來。”命移授監司而來，故如是。戊午，下禮曹所啟童甫澄可公事于政院曰：“今見公事，言甫澄可之妻大姐，本唐

女，當解送中國。甫澄可則已至平壤，必知我國虛實，不可還
送本土，請流絕島。彼人雖已至平壤，豈能知我國之事乎？非
如莽哈之罪，而解送其妻，流其身于遠地，怨必多矣。且使胡
虜多處内地，固爲不可。其可還送本土與否？招政府郎官議于
三公。” 壬戌，領議政南袞、左議政李惟清等議曰：“童浦澄
可事，臣等更思之，前此胡人之處於南方者已多，而今此胡，
以其妻爲唐女，解送中國，而獨流其身于内地，則其怨必多，
還送于本土可也。”右議政權鈞議曰：“此胡以其妻爲唐女，解
送中原，則此胡還送可也。而不可使胡人多處於内地之敎，亦
當矣。但甫澄可初到滿浦，其僉使李誠彦謂之曰：‘我國將入
征李童兒，當以汝爲嚮導’云。此胡若入歸，傳是言于李童兒，
則恐虜情由此而搖動也，請流于絕島，何如？”傳曰：“多處野
人于内地不可，故更議之耳。虜人以誠心向慕者，與得罪於其
地，不可入送者，則處之於南方可也。非如是者，則入送于本
土可也。右相之言亦當。若入送此胡，必傳鎭將之言于虜中
矣。但今邊釁旣開，爲邊將者，宜常慮在朝夕，而嚴加措置
也，豈待此胡之入歸，而後有所益開邊釁乎？此胡則入送于本
土可也。” 諫院啟：“滿浦僉使李誠彦，於三屯驅逐時，虛稱
拒捕彼人男女三十餘名，或殺或擒而來，此已甚非。又於接待
野人時言之曰：‘國家將請兵中原，挾攻汝輩，’使虜情搖動。
其後又見童浦澄可，謂之曰：‘我國近日將入征李童兒，汝若
不出來，亦必見戮，汝之出來善矣。’又不申報主將，擅送甫澄
可至于平壤。此甚不當，非但不合於邊帥，其生邊釁亦可慮
也，請罷其職而推之。”傳曰：“李誠彦待夷人之時，妄言多矣，
又不啟稟，擅送甫澄可，以致朝論紛紜至此，其所失多矣，臺
諫之啟當也。然今將有邊患，不可輕遞邊將。今雖不遞，彼若
聞朝廷論議，則亦必自改，不可遞也。” 甲子，臺諫啟前事。

從之。史臣曰：“李誠彥以尙氣喜事之人，與節度使李之芳唱議上疏，以爲驅逐不可得已。及出師，之芳等皆不經大事，計慮不遠，節度乖方，天又寒冽，士馬飢凍死者殆半。且聞虛空橋賊變，畏怯，徑由間道冒夜馳還，沿江上下，僵尸相屬，委棄資糧器杖，狼藉無筭。虜人見之侮笑曰：‘朝鮮驅逐，甚利於我。’之芳等懼罪，令軍士穿江冰，投屍匿之，盡掩其迹，物故之數不以實聞。邊民怨此二人入骨；胡人亦以爲侵擾我輩，由此二人，深疾之。時議以爲大失，故臺諫請罷其職。”又曰：“驅逐之舉，南袞在内而主其議，李之芳、李誠彥在外而獻其說。才入部落初面，李菡身被刃傷，幾乎見擒，全軍敗散。開邊之罪，誰當其咎？況李菡欲免罪責，追殺無辜，詐稱戰斬；誠彥希望恩賞，枉殺髦倪，益彼怨懟，罪固罔赦。而無威斷之怒，至於臺諫論啟累月而勉從。朝廷既失於用兵，又失於責將。”

五月乙丑朔

　　是日，朝鮮實錄書：諫院啟曰：“臣等見金安鼎啟本，則韓珪、柳泓所報曰：‘李菡被圍時，吾等力戰，斬首三級，虜人中箭者三四十名。’而今見李光榮、李長孫及事干人招辭，則於小甫里洞口，彼人三名現形，執授李光榮，拘諸虛空橋陣中；及菡見敗而還，不勝其憤，斬其三人，出肝食之，非接戰而斬之明矣。其供又云：‘虜人中箭者亦非三四十人，不過五六名。’珪等方其牒報時，深欲邀功。及其逮推禁府，則乃云：‘李菡之結陣，與其陣相去頗遠。’其辭與初不同。柳泓、韓珪欺罔之罪，西道之人無不知之。若不治其罪，則西人將不服，而朝廷亦可謂不識邊事也。請速定其欺罔之罪。”傳曰：“柳泓、韓珪之事，當更見其時牒報，及監司啟本、禁府推辭，然後發落。”　丙寅，傳曰：“韓珪、柳泓事于供辭，與義禁府推辭，

頗相類矣。但其敗戰後不勝其憤，斬其拘留野人，而乃云力戰
所斬，此則誤矣。其推之。” 丁卯，御晝講。侍講官金安鼎啟
曰：“臣往平安道，點閱士馬物故者，且推虛空橋戰敗事。其
所以致敗者，專由於李菡也。當初大將雖令三衛將留屯刈草，
若整軍結陣，則賊雖至，不得猝入矣。臣聞彼人初聞入遂之
事，來叩頭乞曰：‘大軍雖不入，吾輩當自焚室廬而入歸矣’
云，其哀乞若奴僕然。菡見而忽之，以為彼輩將於我何，遂率
十八九人入小甫里洞，領卒刈草。此地乃賊路最緊處也，彼人
見菡軍單弱，遂以為輕而犯之，此皆李菡所致也。且韓珪等牒
報云：‘自巳時至日沒相戰。’臣推問其相戰事，則乃暫時而已。
其牒又云：‘虜人中箭者三四十人。’臣問諸江界甲士池玉連，
則云虜人中箭者只三四人，且菡等於初陣虛空橋時，有虜人三
名適出來，菡等以為來覘我軍，即捉授李光榮。及為虜所敗，
乃發憤斬之。韓珪等以此為力戰斬級，其欺罔之實矣。且其接
戰時諸將之不力救事推之，則乃云：‘柳泓則果在遠處，奔馳
來到，賊已潰散，不及救矣。’其刈草時散處諸將之供：‘雖曰
在八九里外不及救’云，其實則皆可救而不救矣。且死亡士卒，
臣初聞其甚多，此則皆過實之言也。其時又聞自滿浦至彼地，
死人相枕籍于路，陷冰死者亦多云。此皆平安之民，喜動浮
言，故扇為此等語也。其死亡軍卒，則以軍目點閱，其數終不
可諱矣。且軍卒亡，其子支者當更出保人，彼安可得以諱之
乎？且彼處之民，皆以為驅逐之事非朝廷所為，乃李之芳啟
請，滿浦僉使李誠彥又上疏請之。此事實出於此兩人，深怨
之。乃至入逐時，軍卒皆稱病不從，僵仆于地。監司金克成率
軍隨入滿浦，見道傍散卒，令杖之。佯若有病而不起，克成謂
下人曰：‘此人當斬，其載來。’散卒聞此言，然後皆起而走。
及李之芳被拿而來也，其民等相與揚言曰：‘國家豈不知其所

失乎？'此則臣所親見。彼處軍卒所爲，皆不合於軍律，設使驅
之死地，爲軍卒者當赴之如不及，豈宜如此頑悍乎？後日國家
雖有事，領此軍卒，難以善戰。其不逐三屯事，非之芳所獨
爲。其時士卒困頓，軍糧且盡，而又於水下還來之路有煙氣，
知彼人要截，與諸將商議徑還，非偶然計之者也。但其出來
後，不即以此意詳悉馳啟，則之芳之所失也。若其戰馬之所以
多斃者，方初抄軍時，軍士率多貧乏，故奪其族親及隣里之馬
而與之。彼軍卒等，皆以爲是非我物，不勤喂飼，故死者尤
多，凡死者四百餘匹矣。臣之未及點閱者，只三登、中和、祥
原、熙川四邑而已。大抵平安道人心頑悍，非獨軍卒，凡百姓
莫不如此。其守令不合於心，則輒訴于監司。告訐成風，風俗
甚不美矣。且以生擒彼人爲臨戰所斬，欺罔牒報事，柳泓若不
及戰，則似不預焉。而彼之所以承服者，未可知也。大凡賊與
李菡暫遇相擊，非相持久戰也。"上曰："韓珪先入接戰，柳泓
則未及赴救，而其牒報乃同署名者，何也？"安鼎曰："其所以
同署名者，若問之，則必有其由矣。柳泓不及接戰，則果似不
當與韓珪連署。"上曰："賊徒聞泓角聲，然後潰散，則泓之不
及接戰明矣。"安鼎曰："此事若推問，則可知其實。"　己卯，
平安道節度使曹闉孫馳啟曰："彼人童阿古舍及愁汝應巨，則
皆行刑。童可可呂家屬，當入送于南海。因在江界李多郎可，
則正月物故矣。"平安道觀察使金克成馳啟曰："平壤囚胡人童
甫澄可，以其所着枷端，擊守直人李檢長殺之。此胡勇捷過
人，不食五日，略無飢色。"　庚辰，下平安道觀察使啟本曰：
"童甫澄可所犯之罪至大，不可還送本土也。且其人勇略過人，
則雖入送本土，將不無邊釁矣。但其將入送之言，若已諭其本
主，澄可本主，高時打下也。則不入送亦難矣。其已諭與否，斯
速下書于平安道監司，問之以啟可也。且澄可入送當否，其即

牌召政府郎官，令政府堂上、該司堂上同議以啟。"政院啟曰：
"臣等見平安道監司啟本，則其言辭甚詳。甫澄可當入送事，
必不諭其本主矣。若已諭之，則雖下書必不及止矣。請竢大臣
定議，然後下書何如？"傳曰："所啟之意甚當。竢大臣定議後
下書可也。"政院啟曰："甫澄可事，禮曹曾已掌之，請並招禮
曹議之。"領議政南袞議曰："甫澄可，虜中之叛人也，於義不
當納，故招諭其酋，送還本土，事前已受教行移矣。然彼既深
入我境，道路及虛實，想必詳知。爲我國計，不送誠便，而第
患無名耳。今既自取誅戮，何可容貸，且監司啟稟事竟，滿浦
宜無不知。高時打下招致事，亦可及止之矣。借使未及，殺人
者償命，天下所共之法也，待其酋長出來，以實語之亦可。時
袞以病不得詣闕，故遣史官議來。左議政李惟清、右議政權鈞、右
贊成李荇、兵曹判書洪淑、右參贊李沆、禮曹判書尹殷輔、兵
曹參判朴壕、禮曹參判金安老、兵曹參議洪彥弼、參知李偉會
議以啟曰："甫澄可入送事，想已諭其主矣。雖或未有，堅囚
甫澄可于滿浦，招其主高時打下，顯數其罪而殺之，似當。"傳
曰："若已諭其主，則當招其主諭而殺之也。雖未及諭之，亦
必招諭而殺之乎？更議以啟。且甫澄可更詳覆而斷之乎？抑以
軍令行之乎？其並議之。"惟清等啟曰："甫澄可若我國人，則
宜詳覆而刑之。此乃胡人，當以軍法行刑也。且必招其主而語
之曰：'此人叛汝而來。初欲還入送，今適殺人，故不得已行
刑'云，則於事體正而不譎矣。"傳曰："可。"

六月甲午朔

戊戌，朝鮮實錄書：傳曰："議政府狀啟，據禮曹報，莽
哈有好馬，壯肥，走長步短，自稱受賜，恐有騎坐逃躲之弊。
宜令諭以國法，謫居人不得畜好馬，使自賣之。又令更加禁
防，毋得緩急云。予思之，莽哈謫居我土非一日，安居守業，

積以歲月。若欲逃躲，豈有難哉？彼自無心，而我先如此，則彼必生疑。但令所管官禁防如前，無少弛，似可。其招政府郎官於合坐收議。"

甲辰，建州左衛女直都督章成等四十七人，入朝貢馬。賜段絹、衣鈔、靴鞋有差。實錄。

　　章成爲都指揮使保能之姪，與脫原保同在正德元年襲先職。保能即伏當伽之兄，既終於都指揮職，襲者亦祇有此職名矣。自上年見脫原保後，實錄更不復見，疑已不存。而章成此時職名又進爲都督，或即代脫原保者耶？脫原保爲脫羅子，襲脫羅都督僉事職，實錄有明文。脫羅以後，世系不明。所見世宗實錄，訛缺太甚，將來或再校他本，可更得其詳，未敢必也。

　　丙午，朝鮮實錄書：傳曰："平安道監司金克成啟本言：'後次驅逐時，生擒野人男子可可呂、婦女節仇里，今以分置南海人送。且可可呂在其地，與節仇里潛通。及驅逐時，節仇里夫死，可可呂請娶節仇里爲妻，此雖不可，亦可强從其願，以安其心。'云。此甚不可，豈以安彼人之心，而從不義之願乎？其言于兵曹，且婦女不可搶擄，尤不可分置，其問于兵曹。" 庚戌，平安道節度使曹閏孫啟本曰："虞候李長吉體探時，慈城南北洞野人五名，或持斧，或持杖，狙伏林間。我軍掩襲斬獲，故割耳上送。" 甲寅，備邊司堂上高荊山、安潤德、韓亨允、兵曹判書洪淑、參判朴壕啟曰："平安道兵使曹閏孫啟本，虞候李長吉擄斬野人之入時蕃嶺者；又云，彼人還居于閭延。此事前日傳教，令兵曹及備邊司同議之。其斬彼人事，長吉乃依受教之法而爲之，大抵軍機之事，用法者當有賞，不用法者當有罰。而今此事，一依受教而爲之，正是出例開端之始，似可賞也。然邊功事重，而當初廟籌議定此事之時，無論賞之議，自下不敢擅便爲之，敢稟焉。且彼人之來居者，國家已舉兵驅逐，而乃後人來，耕田造家，不可置而不問，所宜禁戢也。然此亦大事，不可擅便，敢稟。"傳曰："其擒斬彼人事，有司受教行移，而李長吉依受教爲之。若輒論功，則慮有要功濫僞之事也。若賊人入疆界，擄掠人物，相與接戰而擒斬，則當論其功也。長吉則似不可論賞。且禁彼人等復入閭延事，邊將不待朝廷處置，先爲之設策措置則善矣。今方民力疲困之時，不可屢動師旅。隨人而隨逐，予意欲姑緩之，見其勢而徐圖之。然此大事，當議于大臣也。來二十五日，大妃殿誕日，宰樞當詣闕，其時政府、備邊司、兵曹同議可也。" 戊午，領議政南袞、左議政李惟淸、右議政權鈞、左參贊柳聃年、右參贊李沆、判中樞府事高荆山、兵曹判書洪淑、戶曹判書安潤德、漢城府判尹韓亨允、兵曹參判朴壕、參議潘碩枰，議啟曰："伏見平安道兵使曹閏孫啟本云：'驅逐後，野人復入閭延等處，耕田作廬。'是必彼人不畏我兵威，有輕侮之心而然爾。若使彼人着心作農而安業，則後日難可開諭出送，必仗兵力，至於勞師，然後可逐。臣等意以爲使彼人不得安心接居可也。前日備邊司，因本道兵使啟本爲公事，行移于兵使云：'待彼人農作成熟，令人踐踏。'兵使曹允孫又馳啟云：'今方大熱，水又漲溢，難可舉行，請待秋成行之。'彼人所耕禾穀，則使兵使待秋，遣人踐踏可也。請於今時，令兵使即抄驍勇軍入送慈城地。且彼人耕耘者，可斬則斬之。勢難，則隱伏林莽，以苦彼人；使不得耕作，令失其利，何如？且前日已令鎭將諭彼人曰：'入我界者，一以盜賊論之。'而今乃如是復來，請更令備邊司行移，使鎭將復諭彼人曰：'汝輩入我地，則國家必罪邊將，汝等不可生還，宜速出去。’以此諭之，何如？且彼人等復來居之事，至於作室廬，然後邊將始知之，請下諭邊將曰：‘邊事無致解弛，宜多方措置，使彼人不得來居’爲當。且其入時蓄水彼人斬首事，上教以爲不宜論賞，此實不喜邊功之意，上教至當。然其將帥則不必希望賞賜，其士卒則必盡力擒獲。今此有功之人，請令兵使等第馳啟，令其道監司，以臟贖物賞之，何如？必須如此，後亦盡力也。”傳曰：“前日李之芳累度馳啟云：‘彼人室廬，今雖焚蕩，後必復來，請嚴整以待。’予意亦慮如此。故已與朝廷議其處之之方也。彼人必復來居之意，上下非不知也。但抄勇軍入送，隱伏林莽而狙擊之。事若一二度，則可爲也，安能晝夜每令如是乎？但如是則彼人亦必生謀計以待之，反有受辱之弊矣。宜令邊將諭彼人曰：‘前日國家只逐汝等，待之厚矣。乃反冒禁來居，必見盡滅，宜速出去。’如是而猶不出去，則竢一二年舉兵擊之可也。抄軍狙擊之策，似難舉行，其更議以啟。下諭邊將事，不可謂邊將全不善措，然責邊將之道當如是。其下諭曰：‘邊將無乃有懈弛乎？宜盡力措置’可也。且論賞事，若賊擄掠我人，追而奪之，或接戰而勝之，則論賞可也。此事則朝廷已定議使立限界，入限內者皆令斬之。故長吉等依此下諭而爲之，此其職掌所當爲之事，故令勿行賞耳。今若賞其下人，則獨不賞其帥不可。今雖賞之，當用臟贖，非用爵秩，以弓箭等物並賜其將，何如？其更議之。”南袞等啟曰：“抄軍狙擊之事，臣等非欲每使邊將常常多率軍人入擊也，常時邊將例遣軍斥候，故令欲如此入送而擊之也。今上教以爲此計不可行也。果若如此爲之，則邊將必膠固，以爲此乃朝廷節制，不可不行，常常送軍狙擊，或致受辱，則不可矣。但今既令下諭邊將，請於其諭旨內曰：‘宜多方措置，使彼人不得安接’，何如？不賞邊功事，

上教至當。故臣等只請賞其士卒也。此事果依朝廷節制而爲
之，不必論賞也。但不論賞，則士卒雖見彼人，必自隱伏而避
之，豈肯擒斬乎？今則士卒盡心斬獲，若欲激礪士卒之心，則
不可不行賞也。若其將帥，則雖以微物賞之，不在其物，惟德
其物矣。雖弓箭等物，若自京師下送則可也。且北道六鎭及西
邊鎭將，以文臣參叙至當，如此則傍邑守令，雖欲爲不法之
事，或取效，或畏憚而不敢爲之矣。故此事臣等曾欲啟請耳。
然平時則文臣可以鎭撫士卒矣，今則西方已結釁報復之心，彼
豈一日忘于懷耶？在我備之之道，當謂朝夕將有事也。如此待
之而無事，則善矣。今若多以儒生鎭邊，使同平時之事，而變
生於不虞，則不可矣。滿浦之鎭，野人告變者，及三衛野人常
常出來，必審視鎭將容貌聲音，以占知其智勇優劣。今者滿浦
僉使李壽童，於朝廷所任，則何往不可乎？若邊圉之事，則此
人未嘗諳焉。一朝委授是任，其接野人及防備之事，豈無疎迂
者乎？彼人若知主將之爲文臣，則必生輕易之心。脫有事變，
儒生安能被甲應敵，以收功萬全乎？今當嚴備邊圉之時，此人
不合是任矣。且義州牧使申玉衡，今除承旨，而臺諫論其不
合，若已上來，而臺諫論之不已，則是使此人不得爲義州倅，
而又不得爲承旨也。新除牧使尹止衡，亦儒者不合是任。義州
雖不如滿浦之煩擾，然沿江一帶最大都會也，請令玉衡仍爲義
州牧使。滿浦僉使李壽童亦遞之，而以相當者擇叙。此乃臣等
相會所常慮之事，故啟之耳。"傳曰："下諭邊將事，依啟。賞
格事，邊將或有要功生事者，故初令勿賞耳。今若獨賞其士
卒，則有異，當並賞其帥。其令該司磨鍊回啟。申玉衡之人
物，予亦不細知也。此人前亦擬于承旨，又解文，故除承旨
耳。然臺諫如是論啟，其遞承旨，仍爲義州牧使李壽童事，前
僉使李誠彥所失甚多，故改之，當擇其人物之優於誠彥者送

之。壽童人物相當，故除之。其責非如軍卒，但善爲智略而已。今義州牧使纔授而即遞，若又遞壽童，則於彼人聞見，有不可焉，徐見其行事而處之可也。"

八月癸巳朔

　　戊午，朝鮮實錄書：平安道節度使曹閏孫馳啟曰："虞候李長吉牒報云：'本月十九日，先遣五斥候兵，距閭延二息。逢彼賊三十餘騎，據隘險，設弓弩，又作掘坎，見我軍，散伏密林。我軍據高岸圍之，彼賊登山遁散。是夕，賊步卒五十人、騎馬二十餘名，遮路大吼而進。我軍張鶴翼陣，據高山之麓，相戰良久。賊軍在下，我軍在上，彼賊乃退。日暮，我軍移屯高坡。夜中，彼賊復犯前軍，我軍堅壁不動，別遣斥堠軍候察之。有角聲自胡屯動地而來。我軍督兵且戰且進，大破之，距胡屯十里矣。賊數十人中箭，走入深林，遂斬首三級，奪馬三匹。馳入閭延坪，其禾穀或刈穫而積置，或未刈焉。其未刈者，踐踏之；其積置者，則焚之。又盛張旗幟，放火炮，動鼓角，馳馬以進，大示兵威，佯若渡江，而入至深灘而止。巳時回軍。彼賊振鼓角亂噪而至，我軍且戰且退。我軍或中箭，或被槍，馬亦中箭，然無死亡。行止一息餘，彼賊三十餘人，分左右搤吭邀截，騎兵五十餘名，尾擊我軍挑戰。左突擊將平允文、右突擊將李增壽，逆戰大破之。賊二十餘人，中箭或墮深壑，或入深林。斬一級，奪一馬。我軍則只一人中箭，救藥還蘇。全軍到混邪洞北'云。故臣慮彼賊或邀截於中路，領軍二百入援矣。"觀察使金克成亦馳啟是事。傳曰："此事非賊犯邊，乃我軍入彼相戰也。彼人若多中箭，則我軍亦必有傷者，而乃云全師而還，無乃邊將畏其被罪而若是啟乎？其將此意下諭本道監司，我軍之有傷與否？令詳悉馳啟。"　己未，備邊司堂上安潤德、洪淑、韓亨允啟曰："臣等昨聞平安道虞候李長吉入閭延遇賊之事，深以爲驚。及見兵使書狀，則云'李長吉入歸時，先遣斥候，知虜人伏兵，先據險而戰，得以不敗。又焚其禾穀，到深江而還。兵使又率援兵二百入歸。'其所爲之事，似不差跌矣。然其措置之事，當豫爲之。但三屯驅逐時，多有斬獲；今又斬三級，焚其禾穀，彼必含怨思有以報復於我，邊事當益加措置。且此舉非邊將所自爲也，前日廟筭已定，故兵曹催促入送者。且此啓本，必兵使得報即啓者也，想從後詳悉更啓。待啓本入來，而兵曹與備邊司共議爲公事，何如？"傳曰："知道。"　平安兵使曹閏孫馳啓曰："臣月二十一日，自上土發軍，至水注巖，夜暗路險，駐馬待曉。行至獐項，逢价川甲士張之孫，賫來順川郡守李世曾牒呈：'蹊田軍馬，皆無事出來，于三川歧伊結陣。'臣見此後，往池寧怪洞口等處待變。"　庚申，御晝講。侍講官沈思遜曰："平安道前旣興兵驅逐，頃又抄軍入閭延，踏損彼人禾穀，連年入征，非如南方安居耕食之民，其飢渴倍於他道，九重之上，何以盡知之乎？請別爲下諭，以慰其勞，何如？"上曰："平安道前年驅逐，人多死亡。今年蹊田之役，不當復舉。而第緣彼人來居，故不得已興師入歸，使不得接迹，然後若拒之，則不可不相戰矣。今雖曰全師而還，安可必其無傷人乎？如此之事，不當數爲也。"思遜曰："蹊田之役，長吉旣率軍四百而入征，今又兵使率二百人援之云。凡所率至六百餘名，未知以何地之兵而入也？若以水下之兵，則水下亦防禦之所，不可率征也。大抵七十里之遠地，往來征役，其勞苦可勝言哉！"傳曰："當初彼人耕種時不逐之，至其刈穫，始踏躝而焚之，彼必有憤怨之心矣。今則我衆彼寡，得全師而還，然不可常如此也，當與朝廷大臣更議而處之。其以此意傳于備邊司可也。"　平安道兵使曹閏孫，具書馳獻虜馘四級。傳曰："注書看審後處置。"

九月壬戌朔

丁卯，朝鮮實錄書：會大臣于賓廳，議唐人刷還事，及閭延、茂昌踏損事。三公及備邊司堂上等啟：“閭延、茂昌等野人禾穀踏損事，上教以爲當初耕種時不禁，而至於收穫而踏損，彼人必以此結怨，上教當矣。但今年三四月間，前兵使李之芳被朝議拿來，而新兵使曹閨孫未及赴任，故其間耕種時不得禁之，而彼人得以還來。今若使彼人耕種收穫，得以饒其生，則反無驅逐之意。一得其利，彼必無還歸之理。今後則令兵使遠斥堠，豫知耕種之時，及其出來之節，見其勢而措置，則彼人亦不得出來，而踏損自然不數矣。”傳曰：“被擄於野人者，我國刷還甚多。而前日問于禮部，則云朝廷不知也。雖刷還一人，宜奏于帝，而刷還之人，遼東獨知而不以聞，此事當修文書而奏之歟？抑令使臣言于禮部歟？今日使行，雖未及議遣，正朝使亦將入送，今日三公皆會，于查對遣注書收議。”三公議啟曰：“唐人之被擄者，皆建州衛、毛隣衛野人等所爲也。我國之刷還者甚多，而遼東不以聞焉，此必懼其得罪而然也。然我國使臣，於遼東多有資賴，若不先告於遼東，而徑達于朝廷，則遼東必怨我矣。但今正朝使入歸，至遼東行茶禮後，問于大人曰：‘凡刷還人，我國以至誠解送，其將此意奏聞乎否？’聞其答說後，更議處之，何如？”上曰：“可。”

十一月辛酉朔

丙戌，海西兀里奚山衛女直都指揮僉事哈的納等九十一人，貢馬來朝。實錄。

　　明年正月乙酉，賜織金文綺鈔錠有差。實錄於此，獨分兩次書之。

出 版 後 記

　　明元清系通紀，初名清朝前紀，繼改滿洲開國史，迭經增補後易今名。"明元"謂明代紀元，"清系"謂清代世系，蓋謂以明代之紀元敘清代之世系也。清代祖先在明以前及無年可記載或不能系於一年者，若滿洲名義、布庫里英雄、女眞源流、建州地址變遷之類，列作前編，共四卷。其編年紀事則謂之正編，紀事始自洪武四年，永樂元年而後排年敘次。

　　是書以明歷朝實錄及朝鮮實錄書爲主，輔以刊版行世之書，鈔本祕笈難爲徵信者皆不隨意取證，故其記事居十之八，考訂居十之一強，而論述不及十之一焉。其所紀事，"既爲明史所削而不存，又爲清史所諱而不著，則此一編，正爲明清兩史補其共同之缺"，故於明清史之研究，猶多參考之價值。

　　一九三四年九月，前編四卷正編五卷刊行，孟森爲自序一文，其後陸續付印；迄一九三七年夏行世者凡前編四卷正編十五卷，敘事至嘉靖三年止。其時，明朝後一百二十年關乎滿清之資料已基本收備，亦大體成篇，惟明末數年尚待勘定，惜盧溝橋亂起，心史先生即以翼年一月憂慮而逝，遺稿留弟子商鴻逵處。商氏不負師命，日積月累，至二十世紀六十年代初將是書補且完稿，成一全帙；可歎"文化大革命"運動作，心史原稿及商氏補足本盡遭毀棄，不可復問。今存者僅刊印之前編四卷正編十五卷而已。此次即據以整理。

　　原書紀年之書法不盡相同，如永樂元年書作"元年，朝鮮太宗三年"，而正統元年則作"元年，即朝鮮世宗十八年，丙辰”，後多類此，我們遂將前者改作“元年，即朝鮮太宗三年，癸未”，並於每條紀年之末復增西元紀年，以便查找。原書無目錄，茲據正文爲補作一目，冠於書首。原書每冊之最前爲本冊之“刊誤”，即將之改於正文相應處。

　　整理工作由劉德麟先生擔任。

中華書局編輯部

二〇〇六年九月